DICIONÁRIO JURÍDICO

Maria Helena Diniz

Titular de Direito Civil da PUCSP. Professora de Direito Civil Comparado, de Teoria Geral do Direito, de Filosofia do Direito e Coordenadora da Subárea de Direito Civil Comparado nos Cursos de Pós-Graduação em Direito da PUCSP.

DICIONÁRIO JURÍDICO

A – C

3ª edição
revista, atualizada e aumentada

Editora
Saraiva

Editora Saraiva

Av. Marquês de São Vicente, 1697 – CEP 01139-904
Barra Funda – São Paulo-SP
Vendas: (11) 3613-3344 (tel.) / (11) 3611-3268 (fax)
SAC: (11) 3613-3210 (Grande SP) / 08000557688 (outras localidades)
E-mail: saraivajur@editorasaraiva.com.br
Acesse: www.saraivajur.com.br

FILIAIS

AMAZONAS/RONDÔNIA/RORAIMA/ACRE
Rua Costa Azevedo, 56 – Centro
Fone: (92) 3633-4227 – Fax: (92) 3633-4782 – Manaus

BAHIA/SERGIPE
Rua Agripino Dórea, 23 – Brotas
Fone: (71) 3381-5854 / 3381-5895
Fax: (71) 3381-0959 – Salvador

BAURU (SÃO PAULO)
Rua Monsenhor Claro, 2-55/2-57 – Centro
Fone: (14) 3234-5643 – Fax: (14) 3234-7401 – Bauru

CEARÁ/PIAUÍ/MARANHÃO
Av. Filomeno Gomes, 670 – Jacarecanga
Fone: (85) 3238-2323 / 3238-1384
Fax: (85) 3238-1331 – Fortaleza

DISTRITO FEDERAL
SIG QD 3 Bl. B - Loja 97 – Setor Industrial Gráfico
Fone: (61) 3344-2920 / 3344-2951
Fax: (61) 3344-1709 – Brasília

GOIÁS/TOCANTINS
Av. Independência, 5330 – Setor Aeroporto
Fone: (62) 3225-2882 / 3212-2806
Fax: (62) 3224-3016 – Goiânia

MATO GROSSO DO SUL/MATO GROSSO
Rua 14 de Julho, 3148 – Centro
Fone: (67) 3382-3682 – Fax: (67) 3382-0112 – Campo Grande

MINAS GERAIS
Rua Além Paraíba, 449 – Lagoinha
Fone: (31) 3429-8300 – Fax: (31) 3429-8310 – Belo Horizonte

PARÁ/AMAPÁ
Travessa Apinagés, 186 – Batista Campos
Fone: (91) 3222-9034 / 3224-9038
Fax: (91) 3241-0499 – Belém

PARANÁ/SANTA CATARINA
Rua Conselheiro Laurindo, 2895 – Prado Velho
Fone/Fax: (41) 3332-4894 – Curitiba

PERNAMBUCO/PARAÍBA/R. G. DO NORTE/ALAGOAS
Rua Corredor do Bispo, 185 – Boa Vista
Fone: (81) 3421-4246 – Fax: (81) 3421-4510 – Recife

RIBEIRÃO PRETO (SÃO PAULO)
Av. Francisco Junqueira, 1255 – Centro
Fone: (16) 3610-5843 – Fax: (16) 3610-8284 – Ribeirão Preto

RIO DE JANEIRO/ESPÍRITO SANTO
Rua Visconde de Santa Isabel, 113 a 119 – Vila Isabel
Fone: (21) 2577-9494 – Fax: (21) 2577-8867 / 2577-9565 – Rio de Janeiro

RIO GRANDE DO SUL
Av. Ceará, 1360 – São Geraldo
Fone: (51) 3343-1467 / 3343-7563
Fax: (51) 3343-2986 / 3343-7469 – Porto Alegre

SÃO PAULO
Av. Marquês de São Vicente, 1697 – Barra Funda
Fone: PABX (11) 3613-3000 – São Paulo

ISBN 978-85-02-07184-1 obra completa
ISBN 978-85-02-06475-1 (A - C)

Dados Internacionais de Catalogação na Publicação (CIP)
(Câmara Brasileira do Livro, SP, Brasil)

Diniz, Maria Helena
    Dicionário jurídico / Maria Helena Diniz. – 3.
ed. rev., atual. e aum. – São Paulo : Saraiva, 2008.
    Obra em 4 v.
    1. Direitos - Dicionários I. Título

07-1436   CDU-34(03)

Índice para catálogo sistemático:
1. Dicionário técnico jurídico   34(03)

Diretor editorial Antonio Luiz de Toledo Pinto
Diretor de produção editorial Luiz Roberto Curia
Editora Manuella Santos
Assistente editorial Rosana Simone Silva
Produção editorial Ligia Alves
              Clarissa Boraschi Maria Coura
Preparação de originais Maria Lúcia de Oliveira Godoy
Arte e diagramação Cristina Aparecida Agudo de Freitas
              Gislaine Ribeiro
              Tavares Produção Gráfica
Revisão de provas Rita de Cássia Queiroz Gorgati
              Alzira Muniz Joaquim
              Luciene Ruzzi Brocchi
Serviços editoriais Karla Maria de Almeida Costa
Secretária Fabiana Dias da Rocha
Capa Roney S. Camelo

[DATA DE FECHAMENTO DA EDIÇÃO: 30-9-2007.]

Agradeço, nesta oportunidade,
ao Conselho de Administração da Editora Saraiva, nas pessoas de:

Sr. Jorge Eduardo Saraiva (Presidente);

Sr. Ruy Mendes Gonçalves (Vice-Presidente),

bem como aos seguintes diretores:

Sr. José Luiz Machado Alvim de Próspero (Diretor Presidente),

Dr. Antonio Luiz de Toledo Pinto (Diretor Editorial Jurídico),

Sr. Arlindo André Batista Meira (Diretor de Produção),

Sr. Dary de Oliveira Ilha (Diretor de Sistemas),

Dr. Henrique Hildebrand Garcia (Diretor Jurídico),

Sr. João Luís Ramos Hopp (Diretor Financeiro),

Dr. Luiz Roberto Curia (Diretor de Produção Editorial Jurídico),

Sr. Maurício Pereira Fanganiello (Diretor de Planejamento),

Sr. Nilson Lepera (Diretor de Vendas),

Sr. Sérgio Ramires Salzano (Diretor Financeiro) e

Sra. Sônia Regina Alves dos Santos (Diretora de Recursos Humanos)

pela enorme confiança que em mim depositam e pelo grande prestígio atribuído
a todas as minhas obras, tornando o sonho uma realidade;

à Dra. Manuella Santos, pelo grande auxílio que, com dedicação e competência,
tem prestado às revisões técnicas de meus livros;

aos meus *leitores*, pela aceitação de minhas obras, aumentando em mim, cada vez mais, o firme propósito e o entusiasmo de continuar a pesquisar, a estudar e a escrever, que tanto preenchem e alegram meus dias;

aos meus *mestres*, pelo amor e carinho dispensados e pelos sábios ensinamentos, que constituíram os alicerces de minha cultura jurídica;

aos meus *alunos* e *ex-alunos*, pela amizade e pelo afeto que nos unem, que são, para o professor, o maior estímulo para agüentar o ritmo de sua doação;

à minha valorosa *equipe*, pela contribuição prestada, ao longo desses anos de magistério, nos seminários de Direito Civil da Faculdade de Direito da PUCSP e nas atividades do Instituto Internacional de Direito;

aos meus *amigos*, que, com lealdade, me acompanham e apóiam nesta difícil escalada à conquista do ideal acalentado;

a todos aqueles com quem tive e tenho o privilégio de conviver, estudar, aprender e trabalhar, em ação de graças, pelo precioso e maravilhoso tesouro espiritual que foi e é a essência do nosso relacionamento;

aos meus *pais*, pela surpreendente e extraordinária lição de que, para vencer na vida, servirão de instrumentos: o espírito de compreensão, de colaboração e de amizade; a grandeza nos afetos; a palavra amiga; a mão estendida aos necessitados; o sorriso franco; a crença na imensa força das idéias; a maturidade intelectual; a severidade nos estudos; a busca da qualidade e não da perfeição; a gratidão; a sinceridade; a lealdade; a elegância no agir e no falar; a coerência entre o pensamento e a ação; a perseverança; a tolerância; a paciência; a esperança; a infatigabilidade e dedicação ao trabalho; o respeito a si mesmo e às pessoas, procurando nelas o que têm de melhor e dando a elas o melhor de si; a aceitação do amargor da derrota, das preterições e da injustiça; o senso de responsabilidade; a leitura da cartilha da humildade e, sobretudo, a confiança nos valores e princípios morais; e, finalmente,

a *Deus*, pela imensa força interior que me dá; pela paz de espírito, pela serenidade e pela enorme fé que tenho.

                                                           Maria Helena Diniz

Ao Dr. Juarez de Oliveira,
uma especial homenagem, pelo grande estímulo que
tem dado na realização de minhas obras literárias

"Verba secundum significationem interpretanda sunt."

"Non enim lex est quod scriptum est, sed quod legislator voluit, quod judicio suo probavit et recepit" (Aphorismos jurídicos, in *Phrases e curiosidades latinas*, colacionadas por Arthur Rezende, Rio de Janeiro, 1952, n. 7.030 e 4.165).

NOTA INTRODUTÓRIA

Decidimos escrever este *Dicionário jurídico* a convite da Editora Saraiva, apesar de ser uma tarefa árdua, para atender, com síntese e objetividade, não só à imperiosa necessidade de tornar mais acessível aos estudantes e profissionais do direito a significação exata dos vocábulos, locuções e expressões, inclusive latinas e estrangeiras, figurantes na linguagem legal, científico-jurídica, médico-forense, lógica, histórica, sociológica e jusfilosófica, afastando seu emprego indevido, mas também às alterações havidas no direito nacional e internacional, provocadas por nova legislação e por tratados ou convenções, e na ciência jurídica, motivadas pelas conquistas de modernas teorias.

Para tanto, analisamos, de forma didática e dialético-reflexiva, mais de 70 mil verbetes, por nós selecionados, procurando, ante sua ambigüidade, vagueza ou falta de univocidade, dar-lhes uma definição precisa, concisa e técnica, buscando-lhes o sentido exato sob a luz de uma nova meditação, voltada, principalmente, ao aspecto semântico.

Nesta tarefa, valemo-nos de inúmeras obras jurídicas, jusfilosóficas, lógicas e, principalmente, das seguintes: *Enciclopédia Saraiva do Direito*, coordenada por Rubens Limongi França (1977-1982); *Vocabulário jurídico*, de De Plácido e Silva (1991); *Dicionário jurídico*, da Academia Brasileira de Letras Jurídicas, organizado e dirigido por Othon Sidou (1995); *Phrases e curiosidades latinas*, de Arthur Rezende (1952); *Novo dicionário jurídico brasileiro*, de José Náufel (1965); *Dicionário jurídico*, de Ana Prata (1992); *Dicionário jurídico brasileiro Acquaviva* (1993); *Vocabulário técnico e crítico de filosofia*, de André Lalande (1993); *Dicionário brasileiro da língua portuguesa*, da Mirador Internacional (1975); *Grande e novíssimo dicionário da língua portuguesa*, de Laudelino Freire (1954); *Grande dicionário brasileiro*, da Editora Melhoramentos (1973); *Enciclopédia familiar de medicina e saúde*, de Morris Fishbein (1966); *Dicionário de filosofia*, de José Ferrater Mora, Martins Fontes (1996); *Dicionário de política*, de Norberto Bobbio, Nicola Matteucci e Gianfranco Pasquino, Editora UnB, v. 1 e 2 (1995); *Dicionário de sentenças latinas e gregas*, de Renzo Tosi, Martins Fontes (1996); *Dicionário de direito imobiliário e afins*, de Afonso Celso F. de Rezende, ed. Copola (1997); *Vocabulário de bolso jurídico e multidisciplinar*, de Afonso Celso F. de Rezende, ed. Copola (2000); *Dicionário de termos financeiros*, de Luiz Fernando Rudge, editado por Santander Banespa (2003).

Advertimos nosso leitor de que algumas das definições contidas nessas obras foram por nós reproduzidas pela sua excelência, objetividade e exatidão e que mantivemos, ainda, em vários verbetes os conceitos que lhes foram dados pela legislação pertinente, usando, assim, a linguagem legal, ou seja, a prescritiva.

Entregamos ao público este dicionário sem a ilusão de termos alcançado uma obra exaustiva e perfeita, que esgotasse a conceituação semântica de todos os vocábulos, locuções e expressões mais usuais no foro, ou que afastasse, de vez, os possíveis mal-entendidos, erros ou sofismas. Como todos os dicionários, este também apresenta suas lacunas, pois procuramos tão-somente, na medida do possível, esboçar algumas explicações de nível semântico aos verbetes por nós selecionados. Seria, sumamente, gratificante se esta obra fosse útil, evitando o uso errôneo e equívoco dos termos, mas, se alguma falha houver, que pelo menos nosso esforço abra caminho a outros estudiosos que, como nós, conforme as palavras de Rilke, não podem deixar de escrever sob pena de negar a si mesmos.

Maria Helena Diniz

ABA. 1. Palavra que, comumente, designa, no *feminino*: a) beira, costa, lado ou margem; b) parte pendente de alguns móveis, aos quais está ligada por dobradiças. **2.** Se empregada no *masculino*, indica: a) título do bispo, em certas igrejas orientais; b) pai ou padre. **3.** Em *Acepção técnica*, usual nas empreitadas, indica: a) tábua ou friso de madeira que guarnece o teto; b) arremate do forro que serve como moldura para encobrir as extremidades dos caibros nos telhados, formando beirais. **4.** *Direito comparado.* Ordem dos Advogados dos Estados Unidos da América.

AB ABRUPTO. *Locução latina.* O mesmo que EX ABRUPTO. Significa de repente; rapidamente; inopinadamente; asperamente; inesperadamente; sem avisar.

AB ABSURDO. *Locução latina.* Por absurdo. Quando, ao se comprovar uma verdade, se supõe um efeito contrário ao que se pretende, chegando-se a uma conseqüência inadmissível pela razão, fazendo, então, uma demonstração conforme o método *ab absurdo*, ou seja, de modo absurdo.

AB ABUSU AD USUM NON VALET CONSEQUENTIA. *Aforismo jurídico.* O abuso de uma coisa não é argumento contra o seu uso.

ABAC. Sigla da Associação Brasileira dos Administradores de Consórcio.

ABACELAR. *Direito agrário.* **1.** Colocar bacelo na vinha. **2.** Enterrar plantas, temporariamente, para serem transplantadas no momento oportuno.

ABACHARELAR. 1. Colar grau de bacharel. **2.** Opinar à maneira dos bacharéis; imitar o procedimento de vida dos bacharéis.

ABACTO. 1. Violência. **2.** *Medicina legal.* Aborto provocado por meios terapêuticos. **3.** *Direito penal.* O mesmo que ABIGEATO, ou seja, furto de gado bovino e eqüino ou de animais que se encontram em campos, currais ou retiros.

ABACTOR. *Direito penal.* **1.** Palavra utilizada para indicar o autor do furto de animais, ou seja, o ladrão de gado. **2.** O mesmo que ABÍGEO.

AB ACTU AD POSSE VALET ILLATIO. *Adágio escolástico.* Do que foi se pode inferir o que poderá ser.

ABADE. *Direito canônico.* **1.** Superior de uma ordem monástica. **2.** O detentor do governo do seu mosteiro ou de uma abadia. **3.** Pároco, confessor. **4.** Ermitão antigo e venerável. **5.** Prelado nomeado pelo Papa, que está à frente de um território próprio, separado da diocese, tendo os mesmos poderes e direitos dos bispos. Quanto às funções

exercidas, poder-se-á ter certas classes de abade, tais como: a) *Abade bento.* O que recebe a bênção pontificial, tendo em sua abadia jurisdição quase episcopal. b) *Abade dos abades.* Chefe de uma ordem monástica com vários mosteiros ou prelado de uma abadia, cujas normas regem vários mosteiros. c) *Abade ecumênico.* Título de determinados monges gregos e do patriarca de Constantinopla e Alexandria. d) *Abade eletivo.* O promovido em razão de eleição. e) *Abade geral.* O que governa não apenas o seu mosteiro, mas também a ordem a que pertence. f) *Abade in partibus.* Titular de abadia situada em terras de povo não católico. g) *Abade isento.* O que só deve obediência à Santa Sé, não estando sujeito à autoridade episcopal. h) *Abade nullius.* O que tem jurisdição eclesiástica externa, governando território próprio, com clero e povo, independentemente de qualquer diocese. O abade *nullius* não precisa ser bispo, apesar de ter todos os direitos e deveres ordinários que competem a um bispo em sua diocese. i) *Abade perpétuo.* O que desempenha suas funções como superior da abadia em caráter vitalício e inamovível. j) *Abade primaz.* Superior de certas ordens monásticas não estruturadas hierarquicamente, com poderes determinados pela Santa Sé, não tem jurisdição plena sobre os outros abades, mosteiros ou conventos da ordem. Tem a obrigação, a cada cinco anos, de apresentar à Santa Sé um relatório circunstanciado sobre o estado da ordem. k) *Abade regular de regime.* É o superior de um mosteiro autônomo de monges. Se eleito pela comunidade monástica, deve, dentro de três meses, contados da eleição, receber uma bênção especial do bispo da diocese em que estiver situado o mosteiro. Nada obsta, porém, que seja escolhido pelo bispo. Governa o mosteiro em que vive segundo as normas religiosas e estatutárias de sua ordem, tendo, portanto, jurisdição interna. Geralmente, tal cargo é vitalício. Após receber a bênção do bispo, além das prerrogativas que tem por direito particular, passa a ter certos privilégios, como o uso de insígnias pontificiais, do anel e da cruz peitoral. l) *Abade soberano.* Título concedido, na Inglaterra, ao abade que tem assento na Câmara dos Lordes. m) *Abade superior de congregação monástica.* Tem funções similares às do abade primaz. Esse cargo existe em ordens monásticas que, apesar da autonomia de cada mosteiro sob a direção de um abade local, estabelecem um vínculo de dependência a um abade superior eleito vitalícia ou temporariamente. n) *Abade temporário.* É o eleito, em regra, por três ou quatro anos. o) *Abade-vigário.* É aquele incumbido da direção de uma paróquia.

ABADECÍDIO. *Direito penal.* Assassinato de um abade.

ABADESSA. 1. *Direito canônico.* Superiora ou prioresa de mosteiros autônomos de monjas, quer sejam eles federados ou não. Inclui-se entre as superioras maiores religiosas, sob a designação geral de *antistita,* ou seja, prelada, empregando-se ou não o vocábulo "abadessa" conforme o prescrito em normas de cada direito particular. Se sua eleição for *ad vitam,* a abadessa receberá uma bênção especial do bispo do local em que estiver situado o mosteiro. Nos dias atuais a Santa Sé não tem favorecido a vitaliciedade desse múnus, logo, a duração do cargo dependerá dos estatutos do mosteiro, que, além de definirem o regime interno, estabelecerão a autoridade e os direitos e deveres oriundos dessa função. Pode-se ter: a) *abadessa comendatária ou secular.* Devota que tem por comenda uma abadia de mulheres ou o governo secular de alguma igreja paroquial. b) *Abadessa geral.* Aquela que dirige sua ordem. c) *Abadessa isenta.* É aquela cuja autoridade se subordina tão-somente à Santa Sé. d) *Abadessa não isenta.* A que depende da jurisdição episcopal. e) *Abadessa perpétua.* A que foi eleita para governar vitaliciamente uma abadia. f) *Abadessa trienal.* A que exerce suas funções durante três anos. **2.** Na *gíria,* esse vocábulo designa a regente de uma casa de prostituição.

ABADIA. *Direito canônico.* **1.** Função, domínio, dignidade e regime abacial. **2.** Mosteiro de religiosos ou religiosas sob a direção de abade ou abadessa, em oposição ao priorado. **3.** Residência particular do abade. **4.** Território eclesiástico, com igreja, residências de monges, dependências agrícolas, renda e bens sob a jurisdição de um abade. **5.** Igreja paroquial cujo cura é abade.

ABADIA COMENDATÁRIA OU SECULAR. *Direito canônico.* A que está sob a direção de um leigo.

ABADIA EPISCOPAL. *Direito canônico.* É a fundada pelo bispo ou com sua autorização.

ABADIA GERAL. *Direito canônico.* É a que tem jurisdição sobre os mosteiros da mesma ordem monástica.

ABADIA ISENTA. *Direito canônico.* A que está sob o comando da Santa Sé.

ABADIA-MADRE. *Direito canônico.* O mesmo que ABADIA GERAL.

ABADIA NÃO ISENTA. *Direito canônico.* A que se sujeita à jurisdição episcopal.

ABADIA NULLIUS. *Direito canônico.* É a circunscrição eclesiástica com território, clero e povo próprios, governados por um abade não investido de caráter episcopal, não estando integrada, portanto, em nenhuma diocese.

ABADIA REAL. *Direito canônico.* A que for fundada sob iniciativa e proteção do rei.

ABADIA REGULAR. *Direito canônico.* É a chefiada por um monge da própria ordem monástica.

ABADIA TERRITORIAL. *Direito canônico.* É a prelazia territorial que é uma determinada porção do povo de Deus, territorialmente delimitada, confiada a um prelado ou abade, que a governa.

AB AETERNO. *Locução latina.* Desde a eternidade; há muito tempo.

ABAFAMENTO. *Medicina legal.* **1.** Ação ou efeito de abafar; asfixiar. **2.** Sufocação; dispnéia; falta de ar; asma. **3.** Amortecimento. **4.** Irascibilidade; irritação. **5.** Na *gíria,* apropriação indébita; furto; sonegação; subtração.

ABAFAMENTO DE BULHAS CARDÍACAS. *Medicina legal.* Diminuição da intensidade do som valvular durante o exame por auscultação do coração.

ABAGMENTO. *Medicina legal.* Remédio ou qualquer substância abortiva.

ABAIXO-ASSINADO. 1. *Direito civil.* Subscrição. Alude à assinatura, de próprio punho, de uma pessoa firmada num documento público ou particular, imprimindo uma presunção *juris tantum* de autenticidade, assumindo a paternidade do ato e reforçando, assim, a veracidade do declarado. A subscrição vincula o signatário do papel ao que foi por ele firmado, salvo os vícios de consentimento, sujeitando-o a responder pelo seu teor, uma vez que exprime sua vontade e constitui elemento probatório do querer manifestado. **2.** *Direito constitucional.* Meio individual ou coletivo do exercício de uma ação política dirigida a órgãos do Estado, principalmente ao Congresso e Assembléias Legislativas, para que estudem os problemas apresentados, as reivindicações ou os protestos. **3.** *Direito administrativo* e *direito do trabalho.* Documento assinado por várias pessoas, geralmente uma classe, dirigido a uma autoridade competente, para que esta decida a solicitação feita, manifestando a vontade coletiva sobre certo assunto, reivindicando ou solicitando a concessão de certa medida útil ou proveitosa à coletividade. **4.** O mesmo que ABAIXO-FIRMADO.

ABAIXO DA AVALIAÇÃO. *Direito civil, direito comercial* e *direito processual civil.* Preço que se atribui a determinada coisa por valor inferior ao constante da avaliação anteriormente feita. Nas vendas em hasta pública, o menor preço é o da avaliação.

ABAIXO DO CUSTO. 1. O mesmo que ABAIXO DA AVALIAÇÃO. **2.** *Direito comercial.* Venda feita por preço menor que o do custo ou bem inferior ao valor mercadológico da coisa. Se um comerciante vender mercadorias pelo preço abaixo do custo, sem qualquer justificação plausível, poderá estar agindo de má-fé, com fraude contra credores, presumindo-se, em caso de falência, que há uma liquidação precipitada. Além disso, essa venda poderá indicar um meio ruinoso ou fraudulento de obter numerário, sendo motivo para pleitear o próprio pedido de falência. Entretanto, no leilão será possível que se venda um bem por preço abaixo do custo, diante do melhor lance ofertado.

ABAIXO-FIRMADO. *Vide* ABAIXO-ASSINADO.

A BALA. A tiros.

ABALANÇAR. 1. Calcular. 2 Contabilizar. 3 Cotejar a receita com a despesa.

ABALIENAÇÃO. 1. *Direito romano.* Alienação ou transmissão de terras, gado, coisas ou escravos, a quem estava no pleno gozo do *jus civile.* **2.** *Medicina legal.* Alienação mental; demência.

ABALIZADOR. *Direito agrário.* **1.** Assessor de agrimensor. **2.** Instrumento utilizado como medida na agrimensura (Afonso Celso F. de Rezende).

ABALO DE CRÉDITO. *Direito civil* e *direito comercial.* Efeito decorrente da prática de um ato ou da ocorrência de um fato que provoque desconfiança quanto à idoneidade moral ou econômico-financeira da pessoa, comprometendo sua atividade social, mercantil ou empresarial, por trazer a diminuição ou a eliminação total de sua boa fama e, conseqüentemente, de seu crédito, podendo, por exemplo, paralisar seus negócios, provocar a retração de fornecedores ou de clientela ou impedir o auxílio a recursos bancários. Isto é assim porque o abalo de crédito porá em dúvida a sua capacidade de cumprir os compromissos assumidos. Se o abalo de crédito advier de uma caluniosa ou difamante notícia, eivada de falsidade sobre a conduta de alguém ou sobre sua situação financeira, de um ato atentatório injusto, como protesto indevido de título em que esteja obrigado, ou, ainda, de uma ação judicial requerida indevida e maliciosamente, o autor do abalo terá, além da responsabilidade penal, a civil, devendo reparar todos os danos que causou, sejam eles morais ou patrimoniais.

ABALROAÇÃO. 1. Ataque; abordagem; investida; acometimento. **2.** Ato ou efeito de abalroar. **3.** Choque violento, encontro ou colisão de qualquer espécie de veículo, produzindo dano maior ou menor. **4.** *Direito marítimo.* Choque, em mar, rio ou lago, entre navios ou embarcações, ou entre navio e hidroavião, que estejam navegando, ou tenham condições de navegar, dentro ou fora do porto, causando dano. **5.** *Direito aeronáutico.* Colisão entre aeronaves em pleno vôo ou em manobras no solo.

ABALROAÇÃO CULPOSA. A resultante de ato culposo do condutor ou da tripulação de um ou de ambos os veículos colididos. Preciso será que haja negligência, imperícia ou imprudência do comandante, do condutor ou do pessoal de bordo.

ABALROAÇÃO DÚBIA. *Vide* ABALROAÇÃO MISTA.

ABALROAÇÃO FORTUITA. A provocada por caso fortuito ou força maior, como: greve, motim, ventanias, tempestades, densa neblina etc., sem que haja concorrência de qualquer falta cometida pelo pessoal dos veículos chocados.

ABALROAÇÃO MISTA OU DÚBIA. A oriunda de causa indeterminada, impossibilitando apurar-se, à vista das provas existentes, a quem cabe a culpa da colisão ou se houve ou não caso fortuito. É aquela em que não se pode afirmar qual o motivo que realmente causou o choque entre veículos ou de quem foi a culpa pela colisão.

ABALROADOR. Diz-se do veículo causador da colisão com outro, por defeito ou por culpa de quem o conduz.

ABALROAMENTO. 1. O mesmo que ABALROAÇÃO. **2.** Encontro inesperado de dois navios, desde que não se dê por hostilidade de guerra. **3.** Choque de navio em condições de navegabilidade contra cais, bóias etc.

ABALROAMENTO AÉREO NO DIREITO INTERNACIONAL PRIVADO. Colisão entre aeronaves de nacionalidades diversas que requer normas, cuja aplicação possa afastar os conflitos entre as leis nacionais, dando uma solução quanto aos limites indenizatórios a serem pagos em ressarcimento dos danos causados às pessoas e aos bens transportados.

ABALROAR. 1. Atacar; enfrentar; lutar. **2.** Atracar o navio com balroas; aferrar com arpéu. **3.** Abordar; achegar; emproar. **4.** Representa a ação de colisão havida entre dois veículos ou o encontrão de um navio contra bóia, trapiche, cais etc.

AB ALTO. *Locução latina.* Usa-se para exprimir alguma coisa feita, dita ou escrita por alto, superficialmente, sem um acurado exame, por suspeita, por presunção.

AB AMICIS HONESTA PETAMUS. *Expressão latina.* Aos amigos apenas se deve pedir o que é honesto.

ABANAÇÃO. 1. *Direito agrário.* Ato técnico de separar da palha os grãos de cereais (arroz, feijão, café etc.). **2.** *Direito romano.* Desterro, pelo período de um ano, a que se condenava, entre os romanos, o homicida involuntário. **3.** *História do direito.* Desterro de um ano que era imposto ao homicida involuntário ou culposo.

ABANDEIRAR. *Direito marítimo.* Termo utilizado para indicar a aquisição da nacionalidade do navio. Assim que ela tiver sido reconhecida por um país, o navio terá o direito-dever de desfraldar a bandeira desse Estado, ao qual passa a pertencer, fazendo, então, parte do seu território.

ABANDONATÁRIO. Aquele que se apodera de objeto abandonado por outrem.

ABANDONMENT OF SUITS. *Expressão inglesa.* Abandono da causa.

ABANDONO. 1. Ação ou efeito de abandonar. **2.** Desarrimo; falta de assistência; desamparo total; desabrigo intencional a uma pessoa perante a qual se tem deveres. **3.** Repúdio; desprezo; rejeição; descuramento. **4.** Negligência; indolência; descaso numa atividade que se deve cumprir ou realizar. **5.** Deserção. **6.** Cessação de uma relação jurídica por ato unilateral e voluntário do titular do direito, como renúncia ou desistência. Para tanto, exige-se, conforme o caso, passividade da pessoa, prática de um ato real ou efetivação de uma deliberação negocial formalizada por escrito.

ABANDONO ALFANDEGÁRIO. *Direito alfandegário.* Aquele em que o proprietário da mercadoria importada dela desiste, encoberto pelo anonimato ou falsa identidade, com o escopo de livrar-se de ônus oriundo da não-legalização (Othon Sidou).

ABANDONO ASSECURATÓRIO. *Direito marítimo.* Também denominado "sub-rogatório". Consiste na cessão feita pelo segurado dos seus direitos de propriedade sobre os efeitos ou bens segurados atingidos por um sinistro à seguradora, a fim de obter indenização de perda total. Há, portanto, uma transferência do domínio dos bens apreendidos, desvalorizados ou avariados, à seguradora, que os recuperará e pagará, integralmente, ao segurado o *quantum* estipulado no contrato de seguro. É, em suma, o negócio jurídico pelo qual o segurado transmite seus direitos sobre o bem segurado à seguradora. Assim, o segurado poderá optar pela indenização da avaria, conservando a propriedade da coisa deteriorada, ou pela indenização pela perda total, transmitindo o domínio dos salvados à companhia seguradora.

ABANDONO COLETIVO DE TRABALHO. *Direito penal.* Enquadra-se entre os delitos contra a organização trabalhista, por ser a paralisação do trabalho causada por empregados, perturbando a ordem social e a vida econômica, prejudicando a organização trabalhista e os direitos dos indivíduos, por ser levada a efeito pela violência contra pessoas ou coisas, ou por provocar a interrupção de obra ou serviço público, lesando interesses da coletividade. Trata-se da greve injusta ou irregular.

ABANDONO DA CAUSA. *Direito processual civil.* Ocorre quando o autor deixa de promover os atos e diligências que lhe competiriam para o andamento de sua causa por mais de trinta dias. Com isso, operar-se-á a extinção do processo sem resolução do mérito, havendo, então, por ordem do juiz, o arquivamento dos autos, desde que a parte intimada processualmente não venha a suprir a falta em quarenta e oito horas.

ABANDONO DA POSSE E DA PROPRIEDADE. *Direito civil.* **1.** *Abandono da posse.* Ocorre quando o possuidor, intencionalmente, se afasta do bem com o escopo de se privar de sua disponibilidade física e de não mais exercer sobre ele quaisquer atos possessórios, por exemplo, quando alguém atira na rua um bem que lhe pertence com o propósito de se desfazer dele. Todavia, nem sempre o abandono da posse acarreta abandono de propriedade, por exemplo, se se jogar objeto no quintal da própria residência ou se se atirar coisas ao mar para salvar navio do naufrágio, pois, nestas hipóteses, não há intenção de não mais desejar os bens como seus, de maneira que o dono das referidas coisas tem o direito de recuperá-las. Igualmente se dá quanto às casas de veraneio, pois o fato de seu proprietário se ausentar, temporariamente, não acarreta a perda, por não haver resolução de abandonar a posse do imóvel, uma vez que a desocupação do bem em certos períodos alternados representa fenômeno normal de sua utilização. Ao contrário, caracterizado estará o abandono de um imóvel se seu possuidor se ausentar indefinidamente sem deixar representante, desinteressando-se da coisa pela sua não-utilização. É possível, ainda, que ocorra a perda da posse da coisa por abandono do representante se o possuidor, tendo ciência da infidelidade do preposto, abster-se de reaver o bem ou for impedido ao tentar fazê-lo. **2.** *Abandono da propriedade imobiliária.* Ato unilateral em que o titular do domínio se desfaz, voluntariamente, do seu imóvel, porque não quer mais continuar sendo, por várias razões, seu dono. É necessário, para que haja derrelição, intenção abdicativa, pois simples descuido não a caracteriza. O imóvel abandonado passará, três anos depois, ao domínio do Município ou do Distrito Federal se se achar nas respectivas circunscrições e situado em zona urbana, e, também, três anos depois, se localizado em zona rural, passando à propriedade da União. Somente após o decurso desses prazos configurar-se-á o abandono, e a coisa arrecadada, não reclamada por ninguém, passará ao domínio público. **3.** *Abandono da propriedade móvel.* Opera-se apenas quando houver *intentio* do seu dono de se despojar dela. Basta que se deduza, inequivocamente, do seu comportamento em relação à coisa o seu propósito de abandoná-la, como, por exemplo, se deixar o bem em locais públicos ou em terrenos baldios. Trata-se do abandono tácito, que alguns autores designam como "abandono presumido".

ABANDONO DE ANIMAIS EM PROPRIEDADE ALHEIA. *Direito penal.* Ato de deixar animais em propriedade alheia, sem o consenso de quem de direito, com o intuito de causar dano total ou parcial àquele imóvel, destruindo plantações, cercas, arruamentos, pastos etc.

ABANDONO DE BEM PELO ESTADO. *Direito administrativo.* Ocorre quando o Estado abandona bem desapropriado, deixando-o sem serventia, não atendendo sua aplicação à finalidade pública específica pela qual se deu a desapropriação, desviando-se da destinação declarada. Se o abandono fosse *total*, o expropriado prejudicado tinha direito a retrocessão, ou seja, a uma indenização de perdas e danos. Atualmente, o expropriado terá direito de preferência, pelo preço atual da coisa, para reincorporá-la ao seu patrimônio. Se o abandono for *parcial*, ou melhor, quando houver em relação a uma parte ou sobra de terreno certo prejuízo em razão de desapropriação parcial, o expropriado poderá pleitear, ante o fato de aquela parcela do imóvel ficar bastante prejudicada ou sem serventia, que a Administração venha a adquirir a totalidade do bem ou a pagar quantia correspondente ao todo expropriado. Fácil é perceber que, apesar de se dizer que o Estado *abandonou* o bem, na verdade, deixou de *desapropriar* fração do terreno, deixando-a sem utilidade.

ABANDONO DE CARGO PÚBLICO. *Direito administrativo* e *direito penal.* **1.** Constitui ilícito administrativo, além de configurar crime contra a Administração Pública. **2.** *Direito penal.* Consiste no fato de o funcionário público, regularmente investido no cargo, ausentar-se, intencional, injustificada e arbitrariamente, do local onde exerce suas funções, por mais de trinta dias, não cumprindo seus deveres, acarretando probabilidade de dano para o setor público. Logo, para sua configuração, e conseqüente aplicação da pena de detenção e multa, não se exige a ocorrência de um prejuízo real causado à Administração; basta que haja tão-somente perigo de dano ao Poder Público, sendo o prejuízo, portanto, uma circunstância agravante, por perturbar a marcha administrativa. **3.** *Direito administrativo.* Trata-se de infração administrativa decorrente do não-cumprimento do dever funcional de assiduidade, isto é, o de comparecer ao serviço para desempenhar as suas atribuições, nos dias e horário estabelecidos legalmente, a fim de que a Administração possa oferecer bens e utilidades à comunidade. O funcionário que descumprir esse dever sujeitar-se-á à pena de demissão mediante processo administrativo, desde que não se verifique causa excludente do delito, como justa causa, força maior ou coação irresistível, que torne impossível seu comparecimento ao serviço. Constitui, portanto, na seara administrativa, grave falta do cumprimento do dever de assiduidade, por atentar contra a continuidade da prestação do serviço público. Não se exige para sua caracterização que haja intenção do servidor de abandonar o cargo, bastando que tenha consciência da violação do primordial dever funcional de assiduidade.

ABANDONO DE COISA. *Direito civil.* Ato pelo qual o titular do direito que recai sobre ela se abstém de exercê-lo, com o deliberado propósito de não mais retomá-lo, por ter renunciado à posse ou à propriedade da coisa. Por exemplo, além do abandono da posse e da propriedade de coisa móvel ou imóvel (*v. Abandono da Posse e da Propriedade*), poderá ocorrer: **1.** *Abandono de coisa dada em comodato.* Ocorrerá se o comodatário: a) violar a obrigação legal de guardar e conservar a coisa infungível que lhe foi emprestada como se fosse sua, omitindo-se dos cuidados requeridos pelo bem, por negligência ou desídia, fazendo com que haja sua deterioração e conseqüente desvalorização ou, então, sua perda; b) infringir o dever legal de, em caso de sinistro, salvar o bem dado em comodato antes das coisas que lhe pertencem. Assim, se, na hipótese de risco, preferir salvar os bens próprios, deixando a *res* emprestada perder-se ou deteriorar-se, ter-se-á abandono; c) causar dano ao bem ou vir a perdê-lo, devido à sua utilização indevida, configurando-se abandono implícito. Em todas as hipóteses acima mencionadas o comodatário deverá responder perante o comodante pelos danos causados ao objeto. **2.** *Abandono de coisa dada em depósito.* Consiste no ato de o depositário infringir o dever de ter, na custódia da *res* depositada, o cuidado e a diligência que costuma com o que lhe pertence, respondendo, então, pela sua perda ou deterioração se contribuiu culposamente para que isso acontecesse. **3.** *Abandono de coisa dada em locação.* Ato ilícito praticado por locatário que deixa de tratar do bem alugado como se fosse seu, causando sua perda ou deterioração, devendo por isso ser punido com rescisão contratual e indenização de perdas e danos.

ABANDONO DE CONCUBINO OU DE COMPANHEIRO. *Direito civil.* Forma extintiva do concubinato puro (união estável) ou impuro, suscetível de produzir efeitos jurídicos, tais como o de assegurar certas vantagens e o de ressarcir os danos causados, embora haja inteira liberdade de qualquer dos concubinos ou conviventes pôr fim à união a qualquer momento. Logo, a causa e a deliberação do rompimento serão entregues aos próprios concubinos ou conviventes. Se o abandono for justificado por má conduta, injúrias, vexames de ordem escandalosa ou abusos de qualquer sorte, poderá dar origem a ações indenizatórias por dano moral e patrimonial, à partilha, em razão de dissolução de sociedade de fato e do patrimônio conseguido pelo esforço comum, à remuneração pelos serviços rurais ou domésticos prestados durante o tempo da concubinagem, para

que não haja locupletamento ilícito etc. Em caso de união estável aplica-se, salvo contrato escrito entre os companheiros, às relações patrimoniais, no que couber, o regime de comunhão parcial de bens, inclusive em caso de partilha por separação dos conviventes. Quanto à locação do imóvel residencial, por exemplo, o abandono do companheiro poderá acarretar as seguintes situações: a) o convivente poderá notificar o fato ao senhorio, cessando, assim, por mútuo acordo a relação *ex locato*, eximindo-se de qualquer responsabilidade pelo aluguel, hipótese em que o companheiro deverá devolver o prédio locado, se nele não quiser morar; b) se o companheiro pretender ficar residindo no imóvel alugado, os direitos e deveres decorrentes da relação locatícia transmitir-se-lhe-ão automaticamente por não ser o contrato de locação *intuitu personae*. A lei permite também que, em caso de óbito do locatário, o companheiro tenha direito à continuidade da locação ajustada por tempo determinado ou indeterminado, sub-rogando-se nos seus direitos e deveres; c) o concubino, ou companheiro, poderá dar, se quiser, por algum tempo, assistência material ao outro, continuando a pagar os encargos locatícios até o final do termo contratual. No concubinato impuro não há direito a alimentos com base em abandono do amante. Já na relação concubinária pura, concede-se ao companheiro o direito a alimentos se estiver necessitado e estando dissolvida a união estável, vindo a perdê-lo se passar a viver em concubinato, se formar outra união estável, vier a convolar núpcias ou tiver comportamento indigno. Quanto à guarda dos filhos comuns, estes ficarão com a mãe se não foram reconhecidos pelo pai, que, então, não terá sobre eles direito algum. Se este os reconheceu, exercerá o poder familiar, tendo direito de visita. Havendo razões graves, o magistrado decidirá quem desfrutará a guarda, embora, comumente, os filhos fiquem com a mãe. Se, portanto, ocorrer o abandono injusto e lesivo do convivente pelo seu companheiro ou companheira, as conseqüências dele advindas serão as mesmas.

ABANDONO DE CÔNJUGE. 1. *Direito civil.* Violação do dever de vida em comum no domicílio conjugal, durante um ano contínuo, por culpa exclusiva de um dos cônjuges, sem que haja qualquer motivo justo. Esse abandono voluntário e injustificado é causa de *separação judicial litigiosa* ou de *divórcio consensual, ou litigioso, direto*, se houver separação de fato por mais de dois anos. Logo, se o abandono for justificado por motivos relevantes, não há qualquer razão conducente à dissolução da sociedade conjugal por via judicial. **2.** *Direito canônico.* Ato que, apesar de não atentatório ao vínculo matrimonial, é contrário à integridade da vida conjugal, podendo ser, se injustificado e malicioso, uma das causas admitidas pela Igreja Católica para pleitear separação temporária. Percebe-se que o *abandono malicioso* não é suficiente para uma separação definitiva, de sorte que o cônjuge abandonado não poderá obstar o restabelecimento conjugal se o outro retornar ao lar. O *abandono legítimo*, quando fundamentado em causa justa (adultério, filiação a uma seita acatólica, sevícias) que escuse um dos consortes ao cumprimento de seus deveres, permite a separação por autoridade própria.

ABANDONO DE DEPÓSITO. *Direito civil* e *direito bancário.* Ocorrerá se, extinto o contrato de depósito regular e voluntário pelo decurso do prazo de vinte e cinco anos, os bens não forem reclamados, caso em que serão recolhidos ao Tesouro Nacional e devidamente relacionados em nome de seu proprietário, lá permanecendo se não forem requeridos no prazo de cinco anos, findo o qual se incorporarão ao patrimônio nacional. Os créditos resultantes de contratos de qualquer natureza que se encontrarem em poder de estabelecimentos bancários, comerciais e industriais e nas Caixas Econômicas, e não forem as respectivas contas reclamadas ou movimentadas pelos credores por mais de vinte e cinco anos, serão recolhidos ao Tesouro Nacional e aí escriturados em conta especial, sem juros, à disposição dos seus proprietários ou de seus sucessores, durante cinco anos, em cujo termo se transferirão do patrimônio nacional.

ABANDONO DE DIREITOS. Intenção voluntária e inequívoca do titular de despojar-se, efetivamente, de um direito e das prerrogativas dele oriundas, sem quaisquer preocupações com seu destino ulterior e com as conseqüências desse seu ato. É o *despojamento tácito* de seu direito, por não ser preciso que haja explicitação da sua *intentio* de assim proceder.

ABANDONO DE EMBARCAÇÃO. *Direito marítimo.* Ato de abandonar navio ou embarcação pela impossibilidade de as pessoas se manterem a bordo em segurança, em razão de perigo real ou iminente.

ABANDONO DE EMPREGO. *Direito do trabalho.* **1.** Falta grave do empregado, consistente na inten-cional ausência prolongada e ininterrupta ao trabalho, por mais de trinta dias, sem comunicação, causa justificada ou autorização do empregador, com o firme propósito de não mais retornar ao emprego. Tem-se, nesta hipótese, *abandono de emprego objetivo*, no qual compete ao empregado faltoso o ônus da prova de sua intenção de deixar o emprego. **2.** Ausência de um empregado ao serviço, pelo fato de registrar-se em outra empresa, onde permanece trabalhando, ainda que por um dia, uma vez que não se exige, nesta hipótese, o decurso do prazo de trinta dias, competindo ao empregador a demonstração do *animus* do empregado de não continuar mais no emprego. Tem-se, neste caso, *abandono de emprego subjetivo*. O abandono de emprego, em qualquer das modalidades acima apontadas, acarretará perda do direito à indenização, ao aviso prévio, ao 13º salário proporcional, às férias proporcionais e à movimentação do *quantum* depositado no Fundo de Garantia por Tempo de Serviço. O abandono de emprego compreende, portanto: a) um *ato-causa*, ou seja, ato omissivo efetivado pelo empregado faltoso; b) um *efeito imediato*, consistente na ausência intencional, definitiva e injustificada do cumprimento da obrigação de trabalhar; e c) um *efeito mediato*, que é a *resilição unilateral* do contrato de trabalho, sem causa, por parte do empregado, resultante de sua própria vontade, havendo uma renúncia tácita em sua persistência na atitude de não concorrer para o serviço sem apontar motivos plausíveis para tanto.

ABANDONO DE ESTABELECIMENTO EMPRESARIAL *Direito comercial* e *direito falimentar.* Um dos fatores que caracterizam a falência do empresário. Dar-se-á quando o empresário, ao fechar a casa comercial ou o estabelecimento sem razão justificável ou ao afastar-se dela sem deixar procurador bastante para administrá-la, tendo recursos suficientes para saldar ou liquidar seus débitos negociais, demonstrar seu intento de subtrair-se ao cumprimento de suas obrigações, prejudicando seus credores. Tal comportamento do abandonante evidencia sua falência, podendo conduzir à declaração judicial desse estado, requerida pelos credores à vista do abandono, tornando, assim, jurídica uma situação que, *de fato*, revelava a falência.

ABANDONO DE FUNÇÃO. *Direito canônico.* Consiste no ato pelo qual um clérigo (presbítero e diácono) ordenado *in sacris*, injustificadamente e sem licença do seu Ordinário, intencionalmente deixa, contínua ou permanentemente, o múnus eclesiástico que lhe foi confiado para, por exemplo, ingressar num noviciado religioso. Ante o não-cumprimento de uma obrigação assumida e do dever de obediência religiosa, que pode causar dano ao bem comum, o abandonante, antes do processo correspondente, judicial ou administrativo, será admoestado. A pena estabelecida ao infrator é a suspensão *a divinis*, ficando a critério do Ordinário a fixação do tempo dessa sanção.

ABANDONO DE HERANÇA. *Direito civil.* **1.** Ato jurídico unilateral através do qual o herdeiro declara expressamente, por escritura pública ou termo judicial, que não aceita a herança a que tem direito, despojando-se de sua titularidade. Esta sua renúncia terá que ser total, por haver impossibilidade de repúdio parcial da herança, uma vez que esta é uma unidade indivisível até a partilha. Mas a pessoa que suceder, concomitantemente, a título universal, como herdeiro, e, a título singular, como legatário, está autorizada por lei a renunciar integralmente à herança, conservando o legado ou vice-versa; pode também repudiar ou aceitar ambos. A renúncia à herança não lhe criará qualquer direito, pois o renunciante é considerado como se nunca tivesse herdado. **2.** O mesmo que RENÚNCIA DA HERANÇA.

ABANDONO DE IMÓVEL LOCADO DURANTE A AÇÃO DE DESPEJO. *Direito processual civil.* Se, após o ajuizamento da ação de despejo, o locatário vier a abandonar o imóvel, no curso da lide, desocupando-o antes de qualquer decisão judicial, o locador não poderá retomar, de fato, o prédio, mas sim requerer, antes da prolação da sentença judicial para retomada do imóvel, ao juiz, mediante petição expositiva do fato, alegando o abandono predial, a expedição em seu favor de mandado de imissão na posse do imóvel, inclusive com a remoção dos móveis que, porventura, lá se encontrarem, para as mãos de depositário judicial ou particular.

ABANDONO DE INCAPAZ. *Direito penal.* Crime que consiste em abandonar pessoa que está sob seu cuidado, guarda, vigilância ou autoridade, e, por qualquer motivo, incapaz de defender-se dos riscos resultantes do abandono. Tal incapacidade poderá ser física ou mental, permanente ou temporária, fazendo com que a vítima não possa se proteger, diante de um perigo concreto, se for abandonada ou deixada sem assistên-

cia pela pessoa que, em razão de lei (curador, por exemplo), de contrato (enfermeiro, diretor de escola etc.) ou de ato lícito (monitor num *camping*, por exemplo) ou ilícito (sequestrador, quem mantiver outrem em cárcere privado), tem sua custódia. O infrator poderá ser punido com detenção, mas, se de seu ato criminoso advier grave lesão corporal ou morte, deverá ser punido com reclusão. Tais penas aumentarão de um terço se o abandono se der em local ermo ou se o agente for ascendente, descendente, cônjuge, irmão, tutor ou curador da vítima e, ainda, se a vítima for maior de sessenta anos.

ABANDONO DE INVENÇÃO. *Direito de propriedade industrial.* Ocorria se o titular da patente de invenção ou o seu representante legal não fizessem uso efetivo da invenção patenteada, sem qualquer razão plausível ou sem motivo de força maior, por mais de três anos consecutivos, hipótese em que se tinha a caducidade da referida patente. Pela novel lei a patente se extingue pela renúncia, ressalvado o direito de terceiro. Por isso melhor será falar-se em renúncia da patente.

ABANDONO DE LAR CONJUGAL. *Vide* ABANDONO DE CÔNJUGE.

ABANDONO DE MENOR. *Direito civil.* **1.** Ato ilícito dos pais que determina a perda do poder familiar. Assim, o pai ou mãe que deixar o filho em abandono, privando-o de condições imprescindíveis a sua subsistência, saúde e instrução obrigatória, ainda que, eventualmente, em virtude de falta, ação ou omissão, será destituído do poder familiar, ficando, então, o menor sob tutela. **2.** Estado de abandono que se dá, por declaração judicial, quando o menor estiver em situação de efetiva desassistência, ameaçado em sua saúde, segurança e moralidade, porque não lhe foi nomeado tutor ou porque os deveres do poder familiar ou da tutela foram negligenciados, caso em que se terá a tutela geral e supletiva do Estado. Assim, o menor, sem tutor ou sob poder familiar ou tutela omissiva ou negligente, privado de qualquer assistência, incidirá na tutela concorrente do Estado, que pretenderá regularizar seu *status familiae*.

ABANDONO DE NAVIO. *Direito marítimo.* **1.** *Vide* ABANDONO ASSECURATÓRIO e ABANDONO LIBERATÓRIO. **2.** Comumente, designa o fato de a tripulação deixar a embarcação quando, em razão de um sinistro, estiver próxima de se perder.

ABANDONO DE POSTO. *Direito penal militar.* Consiste no ato pelo qual um militar, sem ordem de seu superior hierárquico, vier a se ausentar do posto que devia guarnecer ou deixar de executar as tarefas de sua incumbência. O infrator será punido com detenção pelo ato de afastar-se do posto antes de ser rendido ou de haver concluído o serviço para o qual fora designado.

ABANDONO DE PRÊMIO. *Direito comercial.* Desistência do comprador, que recebeu opção em operação a termo sobre títulos da Bolsa de Valores, de pagar uma indenização (prêmio), caso, então, em que deverá indenizar a outra parte.

ABANDONO DE PROLE. *Direito civil.* **1.** Infração ao dever de a família assegurar, com prioridade, os direitos da prole à vida, à saúde, à alimentação, à educação, ao esporte, ao lazer, à cultura, à profissionalização etc. Deveras, cabe aos pais o dever de sustentar os filhos menores, com recursos próprios, frutos de seu trabalho, rendimentos comuns do casal e usufruto dos bens que aqueles porventura tiverem. Quando o pai, por exemplo, estiver impossibilitado de prover a mantença dos filhos, incumbe à mãe fazê-lo. Isto é assim por ser o sustento dos filhos menores um dever de ambos os cônjuges, decorrente do parentesco, tendo também a obrigação de prestar alimentos a filhos maiores necessitados. Percebe-se que, enquanto a obrigação alimentícia pode durar toda a vida, sendo recíproca, além de se subordinar à penúria do alimentando e à capacidade econômica do alimentante, o dever de sustento do filho terminará com a maioridade, sendo unilateral, prescindível da necessidade do filho e medido na proporção dos bens próprios do pai e da mãe. Mas a maioridade, por si só, não exonera os pais se o filho, que não trabalha, cursa estabelecimento de ensino. O inadimplemento desse dever legal e moral de velar pela formação da prole configura abandono de filho, que acarreta a sanção civil representada pela perda do poder familiar, que, pela sua excepcionalidade, é aplicada com cautelas, tendo-se em vista os superiores interesses do menor. Se a desídia não apresentar gravidade acentuada, o magistrado poderá, tão-somente, suspender o poder familiar ou, então, fazer uso de medidas menos drásticas. A perda, suspensão temporária ou restrições ao poder familiar dependerá da gravidade da falta cometida no exercício dos deveres inerentes às relações entre pais e filhos, ficando a adoção desta ou daquela

sanção civil ao sabor do prudente arbítrio do órgão judicante, que se baseará nos fatos ocorridos e nos fundamentos legais. **2.** Ato de não se reclamar o filho de quem injusta ou ilegalmente o detenha.

ABANDONO DE RECÉM-NASCIDO. *Direito penal.* Crime cometido pela mãe que, por ter concebido *extra matrimonium*, pretende, dolosamente, para ocultar desonra própria, advinda, por exemplo, de adultério ou incesto, expor o filho recém-nascido, removendo-o para local diverso daquele em que lhe seria prestada assistência, ou abandoná-lo, privando-o da necessária proteção. A pena de detenção cabível na hipótese em tela agravar-se-á se, do fato, advier grave lesão corporal ou morte. A consumação desses delitos ocorrerá se houver perigo concreto para o recém-nascido.

ABANDONO DE SERVIÇO. *Direito do trabalho.* Causa justa para que o empregador rescinda o contrato de trabalho fundando-se na prática de atos indisciplinares, na insubordinação ou desídia do empregado, que, contudo, não tem nenhuma intenção de deixar o emprego definitivamente.

ABANDONO DE SERVIDÃO. *Direito civil.* Dá-se quando, para exonerar-se de pagar as despesas com uso e conservação da servidão, o dono do prédio serviente, tendo que suportar esse encargo, abandona-o, total ou parcialmente, em favor do proprietário do prédio dominante, independentemente de seu consentimento.

ABANDONO DO ÁLVEO. *Direito civil.* Tem-se a acessão natural por abandono de álveo por um rio que seca ou se desvia em virtude de fenômeno natural, deixando o leito primitivo, devido a qualquer acidente. É um dos meios de aquisição de propriedade da área descoberta em razão do abandono do leito do rio. O álveo abandonado da corrente pertencerá aos proprietários ribeirinhos das duas margens, sendo que a divisão se fará tendo por base a linha mediana do álveo abandonado, pertencendo a cada um na extensão de sua testada, por uma linha perpendicular da margem, nos pontos extremos, à linha mediana do álveo. Embora o conceito de álveo abandonado, como forma de acessão, requeira o abandono permanente do antigo leito do rio, é possível que este volte, em consequência de fatos naturais, ao seu antigo curso, caso em que ocorrem duas situações: a) quando o desvio se der naturalmente, o retorno do rio ao álveo antigo recomporá a situação dominial anterior, ou seja, aqueles que eram os proprietários dos terrenos invadidos pelo novo curso do rio voltam a sê-lo com o retorno sem direito a qualquer indenização; b) quando o abandono resultar da ação humana, retornando o rio ao leito antigo, continuará a pertencer ao expropriante, a não ser que os antigos donos, preferindo obter de volta suas propriedades, resolvam indenizar o Estado.

ABANDONO DO DUPLO BINÁRIO. *Direito penal.* Ato de o direito penal adotar o sistema unitário, pelo qual aos imputáveis se aplica a pena e aos semi-imputáveis unicamente a pena ou a medida de segurança (Paulo José da Costa Jr.).

ABANDONO DO ESTADO ECLESIÁSTICO. *Direito canônico.* 1. Ato direto ou indireto pelo qual uma pessoa que recebeu as ordens sagradas, voluntariamente, se subtrai aos deveres inerentes à condição jurídica clerical, reduzindo-se ao estado laical, mediante pedido de legítima dispensa, obtida por escrito da Santa Sé, desde que comprovada a existência de uma grave razão. 2. Redução ao estado laical pela demonstração do ânimo de abandonar a condição clerical, em razão de o clérigo ter sido ordenado *in sacris* sob influência de medo grave, sendo, nesta hipótese, legítimo o pedido de dispensa das obrigações do estado eclesiástico quando, após a cessação da coação, o clérigo não ratificar expressa ou tacitamente sua ordenação. 3. Consiste na redução ao estado laical sem pedido de qualquer dispensa, caso em que se tem o abandono ilegítimo da condição jurídica clerical, punido com a pena de degradação, mantendo-se a obrigação do celibato.

ABANDONO DO ESTADO RELIGIOSO. *Direito canônico.* 1. Ato pelo qual o religioso que emitiu votos perpétuos se separa, por decisão própria, definitivamente, de seu Instituto, em razão de legítimos e graves motivos, devidamente comprovados, pedindo o indulto de secularização, que será concedido pelo Ordinário do lugar, se se tratar de religioso de direito diocesano, e pela Santa Sé, nos demais casos. Com a concessão do indulto o religioso perderá, em definitivo, sua condição canônica, subtraindo-se a seus deveres. 2. Ato pelo qual um religioso que fez votos temporários solicita, por iniciativa própria, antes de transcorrido o prazo pelo qual emitiu aqueles votos, a sua dispensa para abandonar o seu estado. 3. Ato de religioso professo de votos perpétuos que, sem licença, sai ilegitimamen-

te da casa religiosa, com *animus* de não mais retornar, reduzindo-se ao estado laical. 4. Ato através do qual o religioso que professou votos perpétuos se afasta de seu Instituto legitimamente, não mais regressando a ele, com o firme propósito de se subtrair à obediência religiosa, configurando-se, então, um abandono ilícito do estado religioso.

ABANDONO DO PROCESSO. *Vide* ABANDONO DA CAUSA.

ABANDONO INTELECTUAL DA FAMÍLIA. 1. *Direito penal.* Crime cometido pelos pais que, injustificadamente, deixarem de fornecer a filho em idade escolar, ou seja, entre sete e catorze anos, a educação a que tem direito. Se os pais, dolosamente e sem justa causa, não tomarem as providências necessárias para que seu filho, qualquer que seja a civil natureza da filiação, receba a instrução de primeiro grau, deverão ser punidos com detenção ou multa. 2. *Direito civil.* É causa justificativa da perda do poder familiar, pois os pais que privarem filho de instrução obrigatória estarão omitindo-se de um dever legal e constitucional.

ABANDONO LIBERATÓRIO. 1. *Direito comercial marítimo.* Ato pelo qual o proprietário ou comparte de um navio vem a abandoná-lo ou a fazer cessão dele e dos fretes vencidos e a vencer na respectiva viagem, a fim de se eximir de responsabilidade dos compromissos oriundos de atos do comandante, ou de outros prepostos, não só para consertar, habilitar e aprovisionar a embarcação, mas também para reparar danos a terceiros, declarando a seus credores que terão para cobrar, tão-somente, as fortunas do mar (navio e fretes). Tal caso configura o *abandono liberatório de navios.* 2. *Direito civil.* a) Poder de exigir a entrega de coisa ou dinheiro a quem, sendo titular de um direito real de fruição sobre uma coisa gravada, a abandonou. Assim sendo, o enfiteuta terá direito de abandonar o bem enfitêutico do senhorio direto, assentando, no registro imobiliário, independentemente de seu consentimento, o seu ato abdicativo, consolidando, assim, o domínio útil no direto, sem direito, porém, à remissão do foro, por esterilidade ou destruição parcial do prédio enfitêutico, nem pela perda total de seus frutos. No caso de destruição total do prédio, perecerá o próprio direito, extinguindo-se a obrigação de pagar o *canon.* Esse abandono não terá lugar em prejuízo dos credores, que poderão, por sua vez, embargá-lo, prestando fiança pelas pensões futuras, até que sejam pagos de suas dívidas; b) direito do sujeito obrigado *propter rem* de liberar-se de um dever, abandonando o direito real, por força do qual está vinculado. Por exemplo, o abandono do prédio serviente ao dono do prédio dominante, nas hipóteses em que o titular do serviente se obrigou a custear as obras de conservação e uso da servidão, exonerando-se do pagamento daquelas despesas.

ABANDONO MATERIAL. *Direito penal.* Ato punível consistente em deixar, sem justa causa, de prover a subsistência do cônjuge, ou de filho menor de dezoito anos ou inapto para o trabalho, ou de ascendente inválido ou maior de sessenta anos, não lhes proporcionando os recursos necessários ou faltando ao pagamento de pensão alimentícia judicialmente acordada, fixada ou majorada; deixar, sem justa causa, de socorrer descendente ou ascendente, gravemente enfermo.

ABANDONO MATERIAL DA FAMÍLIA. 1. *Direito penal.* Consiste no crime doloso de: a) deixar de prover, injustificadamente, a subsistência de cônjuge, de filho menor de dezoito anos ou inapto para o trabalho ou de ascendente inválido ou valetudinário, não providenciando os recursos que lhes forem necessários; b) faltar, sem razão plausível, ao pagamento de pensão alimentícia fixada provisória ou definitivamente pelo juiz; c) omitir socorro, sem justa causa, a descendente ou ascendente gravemente enfermo; d) elidir, de qualquer modo, inclusive por abandono injustificado do emprego ou função, sendo solvente, o pagamento de pensão alimentícia judicialmente estabelecida, acordada ou majorada. Se se configurar qualquer uma dessas figuras típicas, o infrator poderá receber a pena de detenção ou multa. **2.** *Direito civil.* a) É caso de destituição de poder familiar, operada por sentença judicial, por constituir grave violação de dever legal e constitucional privar filho menor de condições imprescindíveis à sua subsistência; b) é violação da obrigação de prestar alimentos, que é recíproca entre ascendentes e descendentes e colaterais de segundo grau, dando origem à ação de alimentos, podendo chegar até mesmo à decretação de prisão civil. Tanto na seara penal como na cível, o bem jurídico tutelado é a preservação ou proteção da família, no que tange ao aspecto material, sem o qual ela não poderia subsistir nem viver com dignidade, ante a sonegação de provimentos necessários à habitação, à alimentação, ao vestuário, aos medicamentos etc.

ABANDONO MORAL DA FAMÍLIA. 1. *Direito penal.* Crime contra a assistência familiar por parte dos pais, do tutor ou da pessoa a quem tenha sido confiada a guarda ou vigilância de menor de dezoito anos, que redunda no aviltamento do caráter do incapaz, por permitir-lhe, expressa ou tacitamente, a prática de atos atentatórios à moral ou aos bons costumes, como: freqüência habitual em casa de jogo ou mal-afamada, em espetáculos idôneos para pervertê-lo, participação em representações ofensivas ao pudor, convivência com pessoa viciada (jogador, toxicômano etc.) ou de má vida (prostituta, criminoso), residência ou trabalho em casa de prostituição ou de comércio sexual, mendicância ou prestação de serviço, gratuito ou oneroso, a mendigo para excitar a comiseração pública. Quem assim agir poderá sofrer pena de detenção ou multa. **2.** *Direito civil.* a) Constitui motivo de perda ou suspensão do poder familiar ou de remoção da tutela. Haverá abandono moral sempre que o responsável pelo menor o deixar em estado habitual de vadiagem, libertinagem, criminalidade etc., permitindo que exerça qualquer atividade contrária à moralidade. Urge lembrar, ainda, que se terá abandono moral se a pessoa (pais ou tutor) em cuja companhia vive o menor for dada a práticas imorais, como: prostituição, lenocínio, uso de entorpecentes, alcoolismo, vida desregrada, perversão sexual ou abusos de ordem sexual etc. Para apurar o abandono moral bastará averiguar a ocorrência de um dos seguintes critérios: ocupação do menor em atividade contrária à moral ou aos bons costumes ou imoralidade da conduta de seus pais, tutor ou responsável; b) é causa de separação judicial litigiosa por constituir grave violação ao dever de mútua assistência a exposição do outro consorte a companhias degradantes, a freqüência a ambientes de baixa moral, submetendo o outro cônjuge a situações humilhantes, e a prática homossexual, dando origem a injúria grave, por ofender a integridade moral do consorte.

ABANDONO NOXAL. *Direito civil.* Ato pelo qual o dono de uma coisa móvel perdida prefere entregá-la a quem a encontrou, a fim de liberar-se do pagamento do achádego, ou seja, da recompensa, acrescida da indenização pelas despesas feitas com sua conservação e transporte. Com isso, o descobridor adquirirá a propriedade da coisa.

ABANDONO SUB-ROGATÓRIO. *Vide* ABANDONO ASSECURATÓRIO.

AB ANTIQUO. *Locução latina.* **1.** Rejeição da proposta. **2.** Pelo modo antigo.

ABAR. Sigla de Associação Brasileira de Arbitragem.

ABARCAMENTO. **1.** Ato ou efeito de abarcar, envolver. **2.** *Direito penal.* Açambarcamento; manobra empresarial que visa adquirir grandes quantidades de uma mesma mercadoria ou de valores negociáveis, diminuindo sua disponibilidade no mercado, a fim de provocar a alta de preços ao sabor de seus interesses, desatendendo as leis de oferta e procura para, conseqüentemente, obter lucros e vantagens com sua revenda. Constitui não só crime contra a economia popular, mas também abuso de poder econômico. **3.** Monopólio.

ABARCAR. **1.** *Direito penal.* Monopolizar negócio retirando bens do mercado. **2.** *Direito comercial.* Empreender vários negócios.

À BARRA. **1.** À entrada do porto; prestes a desembarcar. **2.** À mostra; a descoberto. **3.** A público.

À BARRA DE. Perante o tribunal de; ao julgamento de.

ABARREGAR. Unir-se em concubinato; amasiar-se.

ABARROTADO. **1.** Na *linguagem comum,* indica: repleto; superlotado. **2.** *Direito comercial.* Excesso de mercadoria em estoque ou colocada à venda no mercado, além da capacidade do consumo interno ou internacional, gerando a predominância da oferta sobre a procura e, conseqüentemente, o barateamento de seu preço. **3.** *Direito marítimo.* Navio cheio até as escotilhas, ou melhor, excessivamente carregado.

ABARTICULAÇÃO. *Medicina legal.* **1.** O mesmo que DIARTROSE. **2.** Articulação defeituosa ou frouxa.

ABASIA. *Medicina legal.* **1.** Falta de coordenação motora no andar, devido à existência de perturbação no sistema nervoso, que, freqüentemente, acompanha os casos de histeria. **2.** Impossibilidade de andar em razão de defeito na coordenação muscular.

ABASIA PARÉTICA. *Medicina legal.* Ausência de coordenação motora nas pernas, em razão de paralisia muscular.

ABASTECIMENTO. **1.** *Direito comercial.* Ato de prover ou suprir as necessidades do mercado relativamente a uma ou várias mercadorias que estão em falta. É o fornecimento do necessário ou do que for suficiente para atender os reclamos do mercado. **2.** *Direito administrativo.* Providência tomada pelo Estado, intervindo na economia, para suprir as exigências do mercado consumidor não só de produtos e serviços necessários, mas também de matéria-prima, disciplinando sua distribuição, o racionamento de seu consumo e controlando seu preço.

ABATE. **1.** Matança de gado. **2.** Corte de árvore. **3.** Redução de preço; desconto feito em preço, dívida, conta, fatura etc.

ABATE SANITÁRIO. *Direito ambiental.* Operação de abate de animais infectados ou dos seus contatos diretos e indiretos, segundo a legislação vigente, realizado em abatedouro reconhecido pelo Sistema Brasileiro de Inspeção de Produtos de Origem Animal.

ABATEMENT OF ACTION. *Expressão inglesa.* Extinção do processo sem resolução do mérito.

ABATEMENT OF NUISANCE. *Expressão inglesa.* Repressão à perturbação do sossego público, da posse ou da propriedade.

ABATIMENTO. **1.** O mesmo que ABATE, por consistir no ato de abater. **2.** *Medicina legal.* Depressão; enfraquecimento; sensação geral de fraqueza do corpo e do ânimo; alquebramento; prostração; desfalecimento; desânimo. **3.** *Direito marítimo.* a) Ângulo que faz a quilha do navio com a esteira, indicando desvio para o través; b) desvio do rumo; deriva. **4.** *História do direito.* Castigo humilhante infligido, na época do feudalismo, ao cavaleiro infrator de um dever militar, que consistia em colocar sinais em seu escudo indicativos do abaixamento de dignidade. Tratava-se do "abatimento de honra". **5.** *Direito comercial.* a) Redução de preço de mercadoria ou serviço ou desconto efetuado em qualquer quantia ou conta, por praxe mercantil ou convenção entre as partes; b) bonificação pelo pagamento à vista de uma fatura comercial. **6.** *Direito civil.* a) Benevolência do credor pela redução de parte de uma dívida; b) redução ou desconto feito em um débito, em virtude de pagamento antecipado; c) redução de preço de coisa vendida, por apresentar vício ou defeito oculto que a torne imprópria ao seu uso ou lhe diminua o valor, mediante a *actio quanti minoris* ou ação estimatória. Esta ação pressupõe do comprador ou adquirente o intuito de conservar a coisa, reclamando que seu preço seja reduzido proporcionalmente à depreciação causada pelo defeito oculto; d) direito de o comprador pedir, na venda *ad mensuram,* a redução do preço se o imóvel adquirido não corresponder às dimensões dadas; e) direito de o credor de coisa certa, deteriorada sem culpa do devedor, exigir a diminuição proporcional do preço; f) justa redução do valor de obra encomendada e executada com inobservância das instruções recebidas; g) direito de o inquilino, se os reparos ou reformas urgentes no prédio locado durarem mais de dez dias, pleitear a redução proporcional do aluguel; se durarem mais de um mês e tolherem o uso regular do bem, o locatário poderá rescindir o contrato. **7.** *Direito alfandegário.* Redução de direitos alfandegários em razão de avarias, ocasionadas por força maior, sofridas pelas mercadorias que estão sujeitas à fiscalização aduaneira. Tal redução está autorizada nos casos legais e na hipótese de perda de mercadorias frágeis, suscetíveis de quebra, como vidros, louças etc. **8.** *Direito tributário.* É, *stricto sensu*, a diminuição da base de cálculo dos impostos. Em *lato sensu*, é uma diminuição, um desconto. Por exemplo, no imposto de renda, o abatimento abrange um gasto necessário, de cunho pessoal, que reduz seu pagamento.

ABAULAMENTO. Superfície curva das ruas calçadas que facilita o escoamento das águas pluviais.

ABBERUFUNGSRECHT. *Termo alemão.* Vide RECALL.

ABCEDER. *Medicina legal.* Supurar; degenerar em abcesso.

ABCÊNCIA. *Medicina legal.* Perda momentânea da memória causada por fadiga ou afecção cerebral.

ABCISÃO. *História do direito.* Ato pelo qual o carrasco cortava uma parte do corpo do condenado, determinado por sentença.

ABDICAÇÃO. 1. *História do direito.* Ato pelo qual, na Grécia antiga, o filho, sendo vivo o pai, era privado, por sentença, dos seus direitos de família. **2.** *Direito político.* Ato formal pelo qual se opera a renúncia voluntária ou forçada de um monarca ao trono, consignando a desistência definitiva, absoluta e irrevogável de todos os seus direitos, que se transmitem ao sucessor legítimo da coroa. **3.** *Direito administrativo.* Pedido de demissão pelo qual uma pessoa declara renunciar, voluntariamente, à função pública de que se acha investido.

ABDICAR A PÁTRIA. Exilar-se; emigrar.

ABDICATIO HEREDITATIS. *Locução latina.* Renúncia à herança.

ABDITAE CAUSAE. *Locução latina.* Causas desconhecidas.

ABDITA RERUM. *Locução latina.* Coisas desconhecidas.

ABDOME AGUDO CIRÚRGICO. *Medicina legal.* Dor abdominal, localizada ou difusa, e estado de choque, conseqüente à peritonite, úlcera perfurada, gonococia etc. que requerem imediata intervenção cirúrgica, para que não ocorra o óbito do paciente.

ABDOMINOPATIA. *Medicina legal.* Doença do abdome, especialmente no útero e seus anexos.

ABDOMINUTEROTOMIA. *Medicina legal.* Abertura cirúrgica do útero pelo abdome, para extração do feto.

ABDUÇÃO. 1. *Lógica jurídica.* a) Modo de argumentar exigindo prova da premissa menor; b) silogismo jurídico em que a premissa maior é certa, ao passo que a menor e a conclusão são apenas prováveis; c) argumento que apresenta fatos em premissas similares ao fato enunciado na conclusão, que poderiam ser verdadeiros sem que esta última o fosse. Com isso a conclusão é apenas admitida como representando um fato do qual os fatos da premissa constituem um ícone (Peirce); d) método que atesta a existência de um tipo de intuição não globalizante, pois à medida que se procura uma resposta, interpretando a realidade, surgem, em diversos momentos, pequenos conhecimentos que levam à compreensão da realidade (Peirce). **2.** *Direito romano.* Rapto por violência, fraude ou sedução. **3.** *Direito militar.* Ação de deslocar para a retaguarda de um exército em marcha uma ou mais filas de soldados. **4.** *Medicina legal.* a) Movimento pelo qual se tem o afastamento de um órgão da posição paralela ao corpo humano; b) o mesmo que ABLAÇÃO.

ABDUCTION. *Termo inglês.* Seqüestro com violência.

ABEAGÃO. *Direito agrário.* Capataz encarregado da administração e inspeção da fazenda.

ABECIP. Sigla de Associação Brasileira de Crédito Imobiliário e Poupança.

ABEGOARIA. *Direito agrário.* Trabalho de inspeção e administração da fazenda, do gado e dos trabalhadores rurais.

A BENEPLÁCITO DE. Com a aprovação de.

AB EPISTOLIS. 1. *Locução latina.* Das cartas. **2.** *Direito canônico.* Título de certos funcionários da chancelaria romana.

ABEREMURDER. *Termo inglês.* Homicídio qualificado.

ABERRAÇÃO. 1. Na *linguagem jurídica* em geral, indica: a) antijuridicidade; b) tudo que se afastar do racional, do justo, do natural, conduzindo ao erro, ao absurdo, ao extravagante, ao extravio de idéias, ao raciocínio desregrado. **2.** Na *linguagem médico-legal,* designa anomalia em razão de afastamento de alguns caracteres da espécie humana, como, por exemplo, o mongolismo.

ABERRATIO DELICTI. *Locução latina.* **1.** Desvio do delito. **2.** *Direito penal.* Ocorre quando, por erro ou acidente, na prática de um crime, advier resultado diferente do pretendido pelo agente. O desvio recai sobre o objeto jurídico do crime, por exemplo, se o agente, ao pretender incendiar um prédio, acabar matando o vigia.

ABERRATIO FINIS LEGIS. *Expressão latina.* **1.** Desvio ou afastamento de finalidade da lei. **2.** *Direito administrativo.* Designa o desvio de poder ou de finalidade do ato que ocorre quando o administrador comete uma distorção, utilizando o poder discricionário, de que é detentor, para a consecução de interesses particulares, deixando de concretizar os fins públicos. Há, portanto, um desvio de finalidade pública para a concretização de fins privados, suscetível de invalidar o ato administrativo eivado de desvio de poder.

ABERRATIO ICTUS. *Locução latina.* **1.** Desvio do golpe ou da pontaria. **2.** *Direito penal.* Dá-se quando o agente, por acidente ou erro no uso dos meios de execução do crime, vem a atingir pessoa diversa da que tinha em mente ofender. O criminoso pratica um ato no qual, pretendendo acertar determinada pessoa, alcança terceira por ele não visada. É o erro acidental na execução do crime quanto à pessoa da vítima. Por exemplo, desejando matar "A", ao atirar contra ele, o disparo, por erro na execução, atinge, indiretamente, "B", ferindo-o ou matando-o.

ABERRATIO PERSONAE. *Direito penal.* Trata-se do erro de representação quanto à pessoa (*error in persona*) cometido pelo agente ao interpretar falsamente a realidade. Por exemplo, agride "A", pensando que é "B", que costuma passar sempre àquela hora naquela praça deserta.

ABERRATIO REI. *Locução latina.* Erro de coisa.

ABERTO. 1. Exposto ao público; patenteado; manifestado. **2.** Lacerado; não cicatrizado. **3.** Livre; acessível. **4.** Instaurado. **5.** Não selado; sem fecho ou invólucro. **6.** Não saldado em conta corrente. **7.** Diz-se do torneio esportivo patrocinado por liga desportiva que venha a permitir a inscrição de associações não filiadas, desde que tenham representação regular e legalmente organizada.

ABERTO AO PÚBLICO. Diz-se do local onde pode comparecer número indeterminado de pessoas, em certos momentos, ou mediante o preenchimento de condições impostas por quem exerce direitos sobre aquela localidade. É o caso dos cinemas, teatros, hotéis, restaurantes, cartórios, igrejas etc.

ABERTURA. 1. Estado indicativo do início da execução de um ato, evento ou da realização de um fato. **2.** Franquia; acesso. **3.** Princípio de exercício ou de função pública. **4.** Ato pelo qual se alarga ou prolonga uma rua. **5.** Estabelecimento de nova estrada, praça, rua etc. **6.** Ato pelo qual se inicia o despacho de mercadorias ou de bagagens para o estrangeiro ou em passagem pela alfândega, para que se verifique sua espécie e qualidade, classificando-as para o pagamento do *quantum* ou de taxa alfandegária a que estão sujeitas por lei. **7.** Disposição política para entendimentos. **8.** Permissividade; tolerância.

ABERTURA DA AUDIÊNCIA. *Direito processual.* Ato que inicia qualquer sessão processual, a ser realizada em dia e hora previamente marcados, perante juiz ou tribunal, seja de atendimento e ouvida das partes e das testemunhas arroladas, dos peritos e assistentes técnicos solicitados, do membro do Ministério Público que estiver intervindo na causa, ou, ainda, de ciência de informação sobre o fato alegado em juízo, mandando, para tanto, o órgão judicante apregoar as partes, seus advogados e demais pessoas cujo comparecimento for obrigatório. Tal pregão, em voz alta, pelo qual se inicia a audiência, é feito pelo porteiro dos auditórios ou pelo oficial de justiça que, no momento, faça suas vezes, sendo documentado pelo escrivão ou pelo seu auxiliar.

ABERTURA DE CONCORRÊNCIA. *Direito administrativo.* Ato pelo qual uma repartição pública convoca interessados na execução de uma obra, no fornecimento de material, na realização de um serviço etc., para que possa escolher o que oferecer condições mais favoráveis ao fim proposto, ou seja, aquele que melhor atenda as especificações do edital.

ABERTURA DE CONTA CORRENTE. *Direito bancário.* **1.** Contrato pelo qual o banco abre a uma pessoa um crédito para ser usado de uma só vez ou paulatinamente, conforme as condições estipuladas. Firma-se a obrigação de inscrever, em contas especiais de débito e crédito, os valores monetários correspondentes às suas remessas, sem que um credor ou devedor do outro se julgue, senão no instante do encerramento da conta. **2.** *Vide* CONTA CORRENTE.

ABERTURA DE CRÉDITO. 1. *Direito bancário.* Contrato pelo qual o banco (creditador) se obriga a colocar à disposição do cliente (creditado) ou de terceiro, por prazo certo ou indeterminado, sob cláusulas convencionadas, uma importância até um limite estipulado, facultando-se a sua utilização no todo ou parceladamente, sendo que, ao se extinguir o contrato, a quantia deverá ser restituída, nos termos ajustados, acrescida de juros e comissões. **2.** *Direito comercial.* a) Ato de colocar à disposição de alguém mercadorias para serem usadas pelo creditado, que se obriga ao reembolso dentro do prazo avençado; b) ato através do qual um estabelecimento comercial autoriza freguês a efetuar transações a prazo ou a descoberto. **3.** *Direito administrativo.* Ato pelo qual o governo estabelece verbas necessárias para custear certos serviços públicos.

ABERTURA DE CRÉDITO A COBERTO. *Vide* ABERTURA DE CRÉDITO GARANTIDA.

ABERTURA DE CRÉDITO A DESCOBERTO. *Direito bancário.* Dá-se quando o banco, pela confiança que lhe inspira o cliente, concede o crédito baseado apenas na honestidade pessoal do devedor, considerando suficiente, como garantia, o seu patrimônio.

ABERTURA DE CRÉDITO BANCÁRIO. *Vide* ABERTURA DE CRÉDITO.

ABERTURA DE CRÉDITO BANCÁRIO SIMPLES. *Direito bancário.* Ocorrerá se o creditado puder inutilizar o crédito sem, contudo, ter a possibilidade de reduzir parcialmente, com entradas, o montante do débito. A disponibilidade reduzir-se-á na medida do uso se não sacar de uma só vez a soma colocada à sua disposição. O creditado não poderá realimentar o montante convencionado, em sua conta, mediante contribuições ativas.

ABERTURA DE CRÉDITO CONJUGADO À CONTA CORRENTE. *Direito bancário.* Operar-se-á se o creditado tiver direito de efetuar o reembolso, utilizando novamente o crédito reintegrado. Por exemplo, suponha-se que o banco abra um crédito de R$ 200,00; se o cliente utilizar R$ 100,00 e efetuar, alguns dias depois, depósito no valor da quantia sacada, a disponibilidade voltará a ser a que fora originariamente assegurada. Essa abertura de crédito dita em conta corrente estabelece em favor do creditado um crédito rotativo (*revolving credit*). O creditado poderá fazer reembolsos parciais para renovar o crédito posto à sua disposição. Portanto, restaurar-se-á a disponibilidade, no todo ou em parte. Na medida em que for utilizando a importância que lhe foi concedida, o creditado poderá restituir ao creditador, no todo ou em parte, o montante que sacou, com valores ativos de remessas suas. Se assim agir, terá, novamente, a possibilidade de fazer uso do crédito total, se sua devolução for integral; ou de alcançar, de novo, o *quantum* que o valor devolvido comportar, diminuindo seus encargos, já que o ativo que entrar em sua conta corrente produzirá juros em seu benefício.

ABERTURA DE CRÉDITO GARANTIDA. *Direito bancário.* Dar-se-á se o banco ao concedê-la ao cliente exigir penhor, hipoteca, retenção de valores, caução, fiador ou avalista. Trata-se da "abertura de crédito a coberto".

ABERTURA DE CRÉDITO SIMPLES. *Vide* ABERTURA DE CRÉDITO BANCÁRIO SIMPLES.

ABERTURA DE ESTABELECIMENTO. *Direito comercial.* Instalação dos negócios de uma empresa ou firma que, efetivamente, inicia suas atividades empresariais em local indicado para esse fim no contrato social, caracterizando-se o estabelecimento como um meio para a consecução das finalidades da empresa, sendo uma unidade empresarial de produção técnica.

ABERTURA DE FALÊNCIA. *Direito comercial.* Declaração do estado falimentar do devedor, sociedade empresária ou empresário, por meio de sentença judicial, que fixa o termo legal de falência, nomeia administrador judicial, marca prazo para os credores do falido comprovarem seus créditos e ordena que sejam tomadas todas as providências imprescindíveis aos interesses da massa falida.

ABERTURA DE HOSTILIDADES. *Direito internacional público.* Início do estado de beligerância ou de guerra entre dois ou mais países pela repentina prática de atos hostis (invasão, apresamento) ou pela declaração, formal e prévia, de um Estado a outro comunicando a intenção de ir à luta armada.

ABERTURA DE INQUÉRITO POLICIAL. *Direito processual penal.* Comunicação de crime de ação pública ou privada para que a autoridade policial possa apurar o fato. Se o crime for de ação pública, a autoridade policial poderá iniciar o inquérito de ofício, assim que dele tiver conhecimento, ou mediante requisição de autoridade judiciária ou do Ministério Público, ou, ainda, a requerimento do ofendido ou de quem tiver qualidade para representá-lo. Tal requerimento, por sua vez, deverá narrar, minudentemente, o fato ocorrido, descrever o indiciado na medida do possível e arrolar testemunhas, com indicação de sua profissão e residência. Se o crime for de ação privada, o inquérito só poderá ser instaurado a requerimento de quem tiver qualidade para intentá-lo. Assim que tiver ciência do crime cometido, a autoridade policial deverá tomar todas as medidas necessárias para sua apuração, tais como: dirigir-se ao local onde foi perpetrado o delito, providenciando para que não haja alteração do estado e da conservação das coisas; apreender os instrumentos e objetos relacionados com o fato; colher as provas que servirem para esclarecer o ocorrido; ouvir a vítima e o indiciado, devendo o respectivo termo ser assinado por duas testemunhas que lhe tenham ouvido a leitura; proceder a reconhecimento de pessoas e coisas, fazendo, inclusive, acareações; determinar a realização do exame de corpo de delito ou das perícias que forem reputadas necessárias; ordenar a identificação do indiciado pelo processo datiloscópico e juntar aos autos sua folha de antecedentes; averiguar a vida pregressa do indiciado sob o prisma individual, familiar, social e econômico, sem olvidar a análise de seu caráter, temperamento e de seu estado de ânimo antes, durante e depois do crime. O inquérito policial deverá findar-se dentro de dez dias, se houver prisão em flagrante ou preventiva, contados do dia em que se executar a ordem de prisão, ou dentro de trinta dias, se o indiciado estiver solto, com ou sem fiança.

ABERTURA DE INVENTÁRIO. *Direito processual civil.* Ato que dá início ao inventário e deve ser requerido, no foro do último domicílio do autor da herança, por quem tenha legítimo interesse, dentro do prazo de sessenta dias, a contar da abertura da sucessão, pois, se não o for, o imposto será calculado com o acréscimo de multa de 10% e se o atraso for de cento e oitenta dias, a multa será de 20%. Tal prazo poderá ser prorrogado pelo juiz de ofício ou a requerimento do interessado. Para requerer a abertura do inventário, basta juntar a certidão de óbito do autor da herança e a procuração do advogado signatário da petição, exceto se tal requerimento for feito pela Fazenda Pública, que é representada, nas comarcas do interior, por funcionário administrativo, como o coletor. O juiz instaurará o inventário *ex officio* se, dentro do prazo legal, o inventário não se iniciou e a requerimento: a) de quem estiver na posse e administração do espólio; b) do consorte sobrevivente; c) do herdeiro; d) do legatário; e) do testamenteiro; f) do cessionário do herdeiro ou do legatário; g) do credor do herdeiro, do legatário ou do *de cujus*; h) do administrador judicial da falência do herdeiro, do legatário, do *auctor successionis* ou do consorte supérstite; i) do Ministério Público, havendo herdeiros incapazes; j) da Fazenda Pública, quando houver interesse. O inventário deverá concluir-se dentro dos doze meses subseqüentes ao seu requerimento. Entretanto, como dificilmente os processos terminam nesse prazo, a lei autoriza a dilatação do lapso de tempo pelo juiz de ofício ou a requerimento do inventariante.

ABERTURA DE PRAZO. 1. *Direito civil.* Data em que se inicia o cômputo de prazo para a execução de uma obrigação ou para o exercício de um direito. **2.** *Direito processual civil.* Assinalação do início de prazo, num processo em curso, oriundo de citação, vista, leitura de sentença ou publicação de súmula de acórdão. É o termo *a quo*, pelo qual começa a fluir o prazo, em oposição ao *ad quem*, que é quando cessará. Sem a fixação desses termos, impossível será saber se o prazo iniciou ou terminou.

ABERTURA DE SUCESSÃO. *Direito civil.* Operar-se-á no momento do falecimento do *de cujus*, transmitindo-se, *ipso iure* e sem solução de continuidade, a propriedade e a posse dos bens do finado aos seus herdeiros sucessíveis, legítimos ou testamentários, que estejam vivos, naquele instante, independentemente de qualquer ato. É preciso lembrar que o legatário, em relação ao herdeiro legítimo ou testamentário, tem uma situação diferente, pois só entra na posse dos bens após a partilha, adquirindo a propriedade dos bens infungíveis desde a abertura da sucessão e dos fungíveis somente depois da partilha, tendo em vista que é sucessor a título singular, já que seu direito sucessório se refere a bens determinados e precisos. Adota, como se pode ver, nosso direito o *droit de saisine*, princípio que determina a transmissão do domínio e da posse da herança ao herdeiro no momento da morte do *de cujus*, independentemente de quaisquer formalidades, ante a necessidade de não se dar ao acervo hereditário a natureza de *res derelicta* ou de *res nullius*, sujeita à dominação do primeiro ocupante.

ABERTURA DE TESTAMENTO. *Direito civil.* Ação judicial de abrir testamento cerrado, após o óbito do testador, na presença do escrivão e do apresentante do instrumento, verificando sua integridade e autenticidade pela inexistência de vicio externo, procedendo-se à leitura pelo escrivão, em presença de quem o entregou, lavrando-se, em seguida, o auto de abertura, que deverá ser rubricado pelo juiz e assinado pelo apresentante, e ordenando-se, por fim, seu cumprimento e fiel execução.

ABERTURA DE TÍTULOS. Na *linguagem técnica da contabilidade,* consiste no ato pelo qual o contador vem a abrir, na escritura, os títulos subordinativos das contas individuais ou representativos de operações mercantis do mesmo gênero.

ABERTURA DE VAGA. *Direito administrativo.* Dá-se em caso de óbito ou de saída de funcionário público; de lei que aumente o quadro do funcionalismo, criando cargos e concedendo dotação para seu provimento; de decreto que, ao admitir promoções, transferências, aposentadorias, demissões, exonerações etc., contenha dotação permissiva de preenchimento dos cargos vagos.

ABERTURA DE VISTA. *Direito processual.* Termo que o escrivão lavra nos autos, de acordo com a lei ou com o despacho judicial, para que os interessados no processo requeiram, dentro de certo lapso temporal, o que reputarem ser de direito.

ABERTURA DO CAPITAL. *Direito financeiro.* Oferta pública de parcela do capital social de uma companhia, que passará a ter suas ações negociadas em mercado e distribuídas entre outros acionistas além dos que representam o controle acionário. Apenas os valores mobiliários de emissão da companhia registrada na Comissão de Valores Mobiliários poderão ser negociados no mercado de valores mobiliários (Luiz Fernando Rudge).

ABERTURA DO PEITO. *Direito agrário.* Mal cardíaco causado por esforços demasiados feitos por animais de sela e de tiro, que os torna fracos das pás e dos quartos dianteiros, fazendo-os cair para frente, ao andar.

ABERTURA POLÍTICA. *Ciência política.* Complexo de atos executados pelo Poder Público para retomar o Estado de Direito, finda a ditadura.

ABESANA. *Direito agrário.* Primeiro sulco aberto pelo arado, que serve de guia ao arador para proceder à abertura dos seguintes.

ABESTOSE. *Medicina legal.* Fibrose pulmonar causada em empregados contaminados por amianto, por estarem a ele expostos durante muito tempo.

ABGABE. *Termo alemão.* Contribuição; tributo.

ABGREGAÇÃO. Afastamento; separação; desagregação.

AB HOC ET AB HAC. *Expressão latina.* Sem ordem; ao acaso; a torto e a direito; confusamente. Emprega-se tal expressão quando alguém fala sobre assunto que não entende.

ABICAR. *Direito marítimo.* Ancorar; tocar com o bico da proa no cais, na praia ou na margem.

ABIGEATO. *Vide* ABACTO.

ABÍGEO. *Vide* ABACTOR.

AB IMIS FUNDAMENTIS. *Expressão latina.* Em sentido literal, significa "desde os mais remotos fundamentos", podendo, também, ser empregada para designar desde o princípio; em sua essência; desde a base.

AB IMMEMORIALI. *Locução latina.* Empregada para referir-se a algo existente desde tempos imemoriais, ou seja, desde época antiqüíssima, da qual não se tem, na atualidade, memória.

AB IMO AD SUMMUM. *Expressão latina.* Usada para indicar a consideração de algo desde suas mais profundas causas até as suas últimas conseqüências, ou melhor, do princípio ao fim. Pode ser utilizada no sentido de inteiramente.

AB IMO CORDE. *Locução latina.* **1.** Sinceramente. **2.** Do fundo do coração.

AB IMO PECTORE. *Locução latina.* **1.** Com lisura. **2.** Com franqueza.

AB INCUNABULIS. *Locução latina.* Desde o princípio; desde a origem.

AB INITIO. *Locução latina.* Desde o começo; desde o princípio.

AB INITIO VALIDI, POST INVALIDI. *Expressão latina.* A princípio válidos, depois inválidos.

AB INTEGRO. *Locução latina.* Por inteiro; por completo.

AB INTESTATO. *Locução latina.* Usada para designar o *de cujus* que faleceu sem deixar testamento.

AB INTRA. *Locução latina.* De dentro.

ABIOSE. *Medicina legal.* **1.** Vida latente. **2.** Estado do que é incapaz para viver.

ABIÓTICO. *Medicina legal.* **1.** Onde não se pode viver por falta de algum elemento indispensável à vida, oxigênio, por exemplo. **2.** Inapto para viver. **3.** Morto; sem vida.

ABIOTO. *Medicina legal.* Nome dado à cicuta, por ser substância mortífera.

ABIOTROFIA. *Medicina legal.* **1.** Perda de vitalidade; degeneração celular sem lesão aparente. **2.** Nutrição insuficiente, com perda de resistência orgânica.

AB IRATO. *Locução latina.* Em estado de cólera; ato irrefletido praticado num momento de raiva. Arrebatadamente; levado pela cólera ou ira.

ABISSUS ABISSUM INVOCAT. *Expressão latina.* A violência atrai a violência.

ABJEÇÃO. Torpeza; aviltamento; último grau de baixeza.

ABJUDICAÇÃO. *Direito processual civil.* Ato judicial que impõe a retirada do bem do ilegítimo detentor para restituí-lo a quem de direito.

ABJUDICAR. *Direito processual civil.* Desapossar, em razão de sentença judicial, o possuidor ilegítimo daquilo que pertence a outrem.

ABJURAÇÃO. **1.** *História do direito.* Processo solene, previsto na lei sálica, utilizado por alguém que pretendesse sair de sua família, exonerando-se de todos os deveres para com ela, e, conseqüentemente, perdendo todos os direitos dela decorrentes. **2.** *Direito canônico.* Ato público e solene pelo qual se renuncia, perante o Ordinário do lugar, na presença de duas testemunhas, aos erros praticados nos delitos de apostasia, heresia e cisma, retratando-se e retornando à crença dos dogmas de fé da Igreja. É uma das condições para que se opere a absolvição da excomunhão. **3.** *Direito político.* Ato público e solene de jurar renúncia a uma opinião política.

ABJURAR. **1.** Renunciar. **2.** Retratar-se.

ABJURGAR. *Vide* ABJUDICAR.

ABJURGATÓRIA. **1.** Reprovação. **2.** Censura agressiva. **3.** Repreensão.

ABLAÇÃO. *Medicina legal.* **1.** Extirpação cirúrgica de órgão, de parte do corpo humano ou de tumor. **2.** Diminuição de alimentos a serem dados a enfermo para corrigir ou modificar certos estados mórbidos, como, por exemplo, congestão, obesidade etc. **3.** Lapso de tempo entre dois acessos de febre.

ABLACTAÇÃO. *Medicina legal.* **1.** Cessação da secreção láctea. **2.** Ato de desmamar criança.

ABLÉFARO. *Medicina legal.* Pessoa que não possui pálpebras.

ABLEPSIA. *Medicina legal.* **1.** Perda das faculdades intelectuais. **2.** Perda da visão.

ABLUIR. *Direito processual.* Na perícia forense consiste em fazer reaparecer, mediante uso de produtos químicos, escritos apagados por falsário ou pelo tempo.

ABNEGAÇÃO. **1.** Renúncia. **2.** Sacrifício voluntário em proveito alheio. **3.** Denegação; recusa.

ABNETO. *Direito civil.* Trineto.

ABNODAÇÃO. *Direito agrário.* Ato de cortar nós de árvores.

ABNORMIS SAPIENS. *Locução latina.* Usada para designar sábio que não se filia a nenhuma Escola.

ABNT. Sigla de Associação Brasileira de Normas Técnicas, que é uma associação de utilidade pública, sem fins lucrativos, tendo por escopo a difusão de normas técnicas, padrões de qualidade, métodos de ensaio, regras de projetos e execução de obras (Afonso Celso F. de Rezende).

ABOAR. *Direito processual civil* e *direito civil.* Demarcar.

ABOCADAR. *Medicina legal.* Morder algo, deixando marca dos dentes, o que constitui valiosa prova de identificação do delinqüente. A perícia, com o escopo de evitar qualquer alteração da dentada, rega o objeto que a contém com uma solução de formol, álcool e ácido acético, cobrindo-o, posteriormente, com silicone.

ABOLETAR. *Direito administrativo.* **1.** Requisitar. **2.** Colocar tropas em residências particulares, mediante requisição, para atender a uma eventualidade ou necessidade.

ABOLIÇÃO. **1.** Ato de extinguir instituição jurídica, revogar lei ou cessar prática consuetudinária. **2.** *História do direito.* Extinção do tráfico e da escravidão de negros. **3.** *Medicina legal.* Perda, suspensão ou supressão de certas funções, como, por exemplo, abolição da sensibilidade ou do movimento.

ABOLICIONISMO. **1.** *Direito tributário.* Teoria econômica defensora da diminuição ou da isenção de tarifas alfandegárias. **2.** *Direito político.* Movimento ou conjunto de princípios sociais em defesa da extinção do tráfico e da escravatura.

ABOLITIO CRIMINIS. *Locução latina.* Abolição do crime pelo advento de uma nova lei que deixar de considerar delito a figura típica prevista pela norma por ela revogada.

AB OMNI PARTE. *Expressão latina.* Sob todos os aspectos.

ABONAÇÃO. *História do direito.* Era o reforço da fiança ou ato pelo qual uma ou mais pessoas se responsabilizavam pela solvabilidade do fiador. Era, portanto, a "fiança da fiança", constituindo-se na sua garantia acessória. Tal subfiança é hoje, ainda, admitida por alguns autores como contrato atípico.

ABONADO. 1. *História do direito.* Antigo fiador afiançado. **2.** *Direito comercial.* a) Aquilo que está garantido, por exemplo, firma abonada; b) pessoa que possui recursos econômicos, como, por exemplo, um comerciante abonado.

ABONADOR. 1. *História do direito.* Era, tecnicamente, o "fiador do fiador", que somente tinha responsabilidade se o abonado se tornasse inadimplente. Mas há quem ache, como Flávio Augusto Monteiro de Barros, que ainda é admissível pelo novo Código Civil, se se entender a subfiança como contrato atípico. **2.** *Direito comercial.* Pessoa que se responsabiliza por outrem ou que garante alguma coisa, por exemplo, abonador de assinatura.

ABONNER. *Termo francês.* Assinar.

ABONO. 1. *Direito do trabalho.* a) Ato de relevar faltas, não se descontando os dias de ausência do trabalho; b) gratificação paga ao empregado, em razão de disposição legal ou por ato de liberalidade do empregador, que não constitui salário, uma vez que não corresponde a qualquer contraprestação de serviço; c) apresentação ou recomendação de uma pessoa, para que esta consiga emprego. **2.** *Direito civil.* a) Ato pelo qual alguém, outrora, garantia a solvência do fiador, constituindo uma subfiança ou fiança de segundo grau; b) ato em que uma pessoa se responsabiliza pelo cumprimento de uma obrigação ou pelo pagamento de uma dívida, por exemplo, efetuando fiança, dando alguma garantia real; c) ato de provar a identidade de outrem, sem assumir qualquer responsabilidade pelo cumprimento das obrigações por ele assumidas; d) ato de reconhecer a assinatura ou firma alheia, por exemplo, abono de assinatura ou firma. **3.** *Direito comercial.* Contrato acessório da fiança mercantil, havendo responsabilidade solidária entre os cofiadores, sendo que as testemunhas da abonação, nas fianças prestadas judicialmente, também ficariam solidariamente obrigadas na falta do fiador principal. **4.** *Direito tributário.* Possível redução de imposto, por exemplo, bonificação e abono percentual. **5.** *Direito administrativo.* a) Direito do funcionário público de receber diárias ou proventos alusivos a serviços extraordinários ou em comissão (por exemplo, abono de comis-

sões); b) gratificação concedida a funcionário público que seja chefe de numerosa família em aumento mensal de seu vencimento ou saldo. Trata-se do abono familiar. **6.** *Direito processual.* Aprovação feita por advogado, que apõe sua assinatura nas despesas apresentadas por auxílio da justiça, autorizando seu constituinte a pagá-las. É o abono de despesa judicial.

ABONO AJUSTADO. *Direito do trabalho.* É o estabelecido, expressa ou tacitamente, no contrato de trabalho, sendo, por isso, considerado salário.

ABONO ANUAL. *Direito previdenciário.* Décimo terceiro salário ou gratificação natalina. Corresponde ao valor da renda mensal do benefício no mês de dezembro ou no mês da alta ou da cessação do benefício, para o segurado que recebeu auxílio-doença, auxílio-acidente, aposentadoria, salário-maternidade, pensão por morte ou auxílio-reclusão. O recebimento de benefício por período inferior a doze meses, dentro do mesmo ano, determina o cálculo do abono anual de forma proporcional. O período igual ou superior a quinze dias, dentro do mês, será considerado como mês integral para efeito de cálculo do abono anual. O valor do abono anual correspondente ao período de duração do salário-maternidade será pago, em cada exercício, juntamente com a última parcela do benefício nele devido.

ABONO DE FAMÍLIA. *Direito do trabalho.* Pagamento suplementar atribuído ao empregado como compensação proporcional aos seus encargos de família, para atender às necessidades alimentares e educacionais dos seus filhos menores ou dos incapacitados para o trabalho, por serem inválidos. Trata-se do abono familiar ou salário-família.

ABONO DE FÉRIAS. *Direito do trabalho.* Conversão opcional de 1/3 das férias em dinheiro, sendo calculado com base no valor da remuneração a que o empregado faz jus nos dias a ele correspondentes. Trata-se de uma prerrogativa própria do empregado, concedida por lei, sendo independente de qualquer anuência do seu empregador.

ABONO DE PERMANÊNCIA EM SERVIÇO. *Direito previdenciário.* Benefício devido mensalmente pela previdência social, no valor de 25% do salário, ao segurado que, tendo direito à aposentadoria por tempo de serviço, optar pela continuação de sua atividade laborativa. Tal abono, que será concedido a partir da data da entrada do requerimento, reajustando-se na forma dos demais benefícios, não variará com base na evolução do seu salário-de-contribuição nem se incorporará à pensão ou à aposentadoria.

ABONO ESPECIAL. *Direito previdenciário.* Dá-se quando o segurado, o aposentado, o pensionista ou o dependente receber auxílio-doença ou auxílio-reclusão por mais de seis meses.

ABONO ESPONTÂNEO. *Direito do trabalho.* Gratificação eventual que, por não estar prevista no contrato de trabalho, não tem caráter salarial, consistindo tão-somente num ato de liberalidade do empregador, uma vez que não tem correspondência com alguma contraprestação de serviço realizada pelo empregado.

ABONO FAMILIAR. *Direito previdenciário* Salário-família.

ABONO OCASIONAL. *Vide* ABONO ESPONTÂNEO.

ABONO SALARIAL. *Direito do trabalho.* Quantia que, tendo o valor de um salário mínimo, deve ser paga a empregado que estiver cadastrado há pelo menos cinco anos no PIS-PASEP ou no Cadastro Nacional do Trabalhador (CNT) ou que, ao exercer atividade remunerada pelo menos durante trinta dias do ano-base, tiver percebido até dois salários mínimos médios de remuneração mensal no período trabalhado.

ABORDAGEM. 1. O mesmo que ABALROAÇÃO. **2.** *Direito marítimo.* a) Ato pelo qual um navio inimigo ou pirata encosta-se ao lado de outro para, violentamente, saqueá-lo ou aprisioná-lo; b) ato de um navio aproximar-se de outro, ao entrar na barra, para receber piloto, que o conduzirá; c) ato de aproximação de uma embarcação de outra, encostando-lhe o bordo, para prestar-lhe assistência; d) ato ilícito de achegar-se a um navio para operar transferência de suas mercadorias ao outro, pois a lei alfandegária proíbe que qualquer embarcação seja abordada por outra antes de seu descarregamento.

AB ORE AD AUREM. *Expressão latina.* Em segredo; discretamente.

ABORÍGENE. Indígena; nativo.

AB ORIGINE. *Locução latina.* Desde a origem.

ABORTADEIRA. *Medicina legal.* Pessoa que provoca aborto em si própria ou em outrem.

ABORTAMENTO. *Medicina legal.* **1.** Técnica interruptiva da gestação antes de seu termo, provocando ou não a expulsão do feto morto ou vivo, sem condições de viabilidade. **2.** Expulsão, espontânea ou não, do embrião ou do feto não vital. **3.** Ato de abortar, de impedir nascimento.

ABORTAMENTO INSTRUMENTAL. *Medicina legal.* Manobra que, mediante uso de instrumental cirúrgico (curetas uterinas, velas de Hégar), provoca aborto ou completa o já iniciado.

ABORTAMENTO MEDICAMENTOSO. *Medicina legal.* Técnica que, para provocar aborto, usa substâncias naturais ou químicas, como fumo, arruda, quinino, apiol, arsênico, chumbo, cantárida, pituitrina, com o escopo de intoxicar o organismo da gestante, visando, por efeito secundário, o descolamento do ovo.

ABORTICÍDIO. *Direito penal* e *medicina legal.* Ação intencional de destruir feto, ainda no útero, tendo o mesmo significado de aborto provocado.

ABORTIFACIENTE. *Medicina legal.* Droga abortiva, ou abortífero, que provoca contração uterina, expelindo o feto, ingerida oralmente ou administrada diretamente no útero, por via endovenosa, vaginal ou retal.

ABORTISMO IDEOLÓGICO. Argumento pró-aborto fundado na idéia de que este método deve ser legalizado porque o feto não merece qualquer consideração cultural de "ser humano".

ABORTISMO PRIVADO. Argumento em favor da legalização do aborto baseado em razões particulares de cada casal ou gestante, como: a) gravidez involuntária oriunda de estupro ou incesto; b) eutanásia pré-natal, se houver possibilidade de a criança nascer com defeito físico ou mental, por considerar que, não tendo condições dignas de viver, o melhor para ela seria a morte; c) questão psicoterapêutica, pois, se a mãe estiver com saúde mental abalada, a gravidez poderá agravá-la.

ABORTISMO SOCIOECONÔMICO. Argumento pró-aborto que pretende descriminalizá-lo baseando-se em necessidades de caráter social, econômico e político, tais como: perigo de superpopulação; risco de uma humanidade faminta; existência de mulheres que, pertencentes a classes menos favorecidas, se socorrem do aborto clandestino, arriscando seriamente sua vida.

ABORTIVO. *Medicina legal.* **1.** Que procede de abortamento. **2.** Que produz abortamento, abrangendo as técnicas: a) *diretas: sucção,* introdução no útero de uma cânula ou de um tubo plástico, pontudo e cortante, que fura o saco amniótico, aspirando as partes fetais e o material placentário para um vasilhame; *dilatação do colo uterino* (laminárias, balões, esponjas, dilatadores metálicos); *microcesárea*, retirada do produto da concepção por via abdominal; *microcureta*, colocação de DIU (dispositivo intra-uterino), objeto pequeno em alças, que, abandonado na cavidade uterina, provoca o descolamento do embrião; *punção das membranas do ovo* pelo aborteiro ou pela gestante, mediante emprego de instrumentos longos e pontiagudos, como pinças, agulhas de tricô, fios de arame, hastes de madeira etc.; *deslocamento das membranas do ovo*, obtido por meio de sondas, injeções intra-uterinas etc.; *processos químicos*, como o uso de prostaglandina (droga que, imediatamente, provoca o trabalho de parto), de sal, mediante introdução de uma agulha com solução salina no abdome da mulher, penetrando o saco amniótico, envenenando o feto; b) *indiretas* ou *extra-uterinas*, que empregam *agentes físicos*, sejam eles térmicos, como pedilúvios, escalda-pés, compressas de bolsa de água quente ou aplicações de gelo no ventre, sejam elétricos, visando a produção de eletricidade, aplicando-se choques elétricos por máquina estática na gestante, ou *agentes mecânicos*, provocando quedas, fazendo massagens e compressões no abdome ou dando fortes pancadas ou violentos pontapés.

ABORTO. *Medicina legal.* **1.** Produto do abortamento de embrião ou feto não vital. **2.** Interrupção da gravidez, antes de seu termo normal, seja ela espontânea ou provocada, tenha havido ou não expulsão do feto.

ABORTO ACIDENTAL. *Medicina legal.* Interrupção não intencional do ciclo gravídico provocada por um agente externo, como emoção violenta, susto, traumatismo (queda) etc.

ABORTO CIRCUNSTANCIAL. *Medicina legal.* Aquele em que inexiste qualquer propósito feticida, isto é, não há intenção diretamente dirigida à interrupção artificial da gravidez, e, além disso, tal resultado não se dá por culpa, ou seja, por negligência, imprudência ou imperícia.

ABORTO CLANDESTINO. *Medicina legal.* É o praticado em condições anti-higiênicas por pessoas não habilitadas.

ABORTO CONSENSUAL. *Direito penal.* É o provocado com a anuência da gestante, agravando-se a pena se ela for menor de quatorze anos ou portadora de alguma deficiência mental, ou, ainda, se aquele consenso foi obtido por fraude, grave ameaça ou violência. Além disso, se do fato resultar lesão corporal grave, a pena será aumentada de um terço; se causar a morte da gestante, será duplicada.

ABORTO CRIMINOSO. 1. *Direito penal.* Crime consistente na interrupção, vedada por lei, da vida intra-uterina normal, em qualquer de suas fases evolutivas, haja ou não expulsão do produto da concepção do ventre materno. Assim, constituirá crime: a) o *auto-aborto* ou *aborto procurado*, se a gestante, intencionalmente, vier a tirar a vida do feto, instigada ou auxiliada por outrem, provocando em si mesma o abortamento; b) o *aborto consentido*, provocado por terceiro com anuência da gestante, que, além de dolosamente retirar a vida do nascituro, pode causar dano à incolumidade físico-mental da mãe, inclusive pondo em risco sua vida; c) *aborto sofrido* ou *provocado por terceiro sem consentimento da gestante*. **2.** *Medicina legal.* Configuração do crime de aborto se se provar: a existência de gravidez, a ocorrência do aborto provocado pela presença de lesões no produto da concepção (ovo, embrião ou feto) ou na mulher (infecção, febre, hemorragia profusa, perfurações do útero, da vagina e das vísceras abdominais) ou pelo encontro do instrumento abortivo dentro do corpo da gestação, da placenta, dos resíduos do córion e da caduca. **3.** *Direito canônico.* Crime punido pelo Ordinário com excomunhão *latae sententiae*, alcançando todos os que interromperam, dolosa ou provocadamente, o curso da gravidez, causando morte do feto, incluindo, portanto, a mãe, a parteira, o médico etc. A lei canônica não pune o aborto frustrado, ou seja, a tentativa de aborto.

ABORTO CULPOSO. *Medicina legal.* Interrupção não intencional da gestação por culpa, ou seja, por negligência ou imperícia de médico que venha a aniquilar o produto da concepção.

ABORTO ECONÔMICO. *Medicina legal.* Interrupção criminosa da gravidez, aniquilando o feto, sob a alegação de que a gestante ou o casal não tem recursos financeiros suficientes para prover, adequadamente, o sustento e a educação desse filho, que, ainda, viria a agravar a situação econômico-familiar, lesando os demais filhos, que poderiam ficar na penúria.

ABORTO EMBRIONÁRIO. *Medicina legal.* Interrupção da gravidez operada até a 15ª semana de vida intra-uterina, ou seja, até o terceiro mês da gestação.

ABORTO ESPONTÂNEO. *Medicina legal.* Interrupção natural e não intencional da gravidez causada por doenças surgidas no curso da gestação, por péssimas ou precárias condições de saúde da gestante preexistentes à fecundação (anemia profunda, cardiopatia) ou por defeitos estruturais do ovo, do embrião ou do feto.

ABORTO EUGÊNICO OU EUGENÉSICO. *Medicina legal.* e *biodireito.* Interrupção criminosa da gestação quando: a) houver suspeita de que o nascituro apresenta doenças congênitas, anomalias físico-mentais graves, como microcefalia, anencefalia, retinite pigmentosa, sífilis, mongolismo, epilepsia genuína, demência precoce, idiotia amaurótica etc.; b) se desejar determinado sexo ou tipo físico, e o embrião não pertencer ao almejado. É praticado, portanto, com o escopo de aperfeiçoar a raça humana, logrando seres geneticamente superiores ou com caracteres genéticos predeterminados, para alcançar uma forma depurada de eugenia, que substitui o direito de procriar pelo direito de nascer com maiores dotes físicos. É preciso vedá-lo, pois toda seleção eugenésica, ou não, contraria a natureza ética da procriação, ferindo a dignidade humana, e, além disso, não há diagnóstico genético que *garanta*, com toda certeza, a transmissibilidade de deficiências físico-mentais, e ninguém poderia prever quais os caracteres mais úteis para a humanidade, porque o homem vale pelo que é e não pelo seu aspecto físico.

ABORTO FETAL. *Medicina legal.* É o ocorrido após a 15ª semana de gestação.

ABORTO *HONORIS CAUSA*. *Medicina legal.* **1.** É o criminosamente praticado por gestante que, para preservar sua honra, aniquila o feto, ocultando sua gravidez da sociedade, evitando escândalo e mantendo sua reputação social. É comum em gestante solteira ou adúltera que teve relações sexuais com outro homem na ausência do marido etc., e pode ser efetuado pela própria pessoa ou por outra, com o seu consenso. **2.** O mesmo que ABORTO POR MOTIVO DE HONRA.

ABORTO HUMANITÁRIO. *Direito penal.* **1.** Interrupção, permitida por lei, de gravidez resultante de estupro, desde que provocada com prévia anuência da gestante ou, se incapaz, de seu representante legal, por médico, independentemente de autorização judicial, desde que comprovada a violência ou o delito sexual. Visa tutelar a liberdade sexual da mulher. **2.** O mesmo que ABORTO NO CASO DE ESTUPRO OU ABORTO SENTIMENTAL.

ABORTO IMPUNÍVEL. *Vide* ABORTO LEGAL.

ABORTO INDIRETO. *Medicina legal.* Interrupção não deliberada da gravidez, decorrente de efeitos de remédios ministrados à gestante no tratamento de doença de que é portadora.

ABORTO LEGAL. *Direito penal.* É o autorizado por lei, de modo que, se ocorrer, nenhuma sanção haverá. Trata-se do aborto necessário e do aborto em caso de estupro, praticados por médico, sem necessidade de autorização judicial.

ABORTO MOLAR. *Medicina legal.* É o que ocorre pela expulsão do útero de "mola hidatiforme", em razão de degeneração do ovo.

ABORTO NECESSÁRIO. *Direito penal.* É o admitido por lei, desde que praticado por médico, com ou sem o consenso da gestante, quando não houver outro meio ou recurso para salvar sua vida em perigo, independentemente de autorização judicial ou policial. Há quem ache que, nessa hipótese, o médico, antes de proceder à intervenção cirúrgica, deve obter autorização do Poder Judiciário, enquanto outros, com razão, asseveram que seria de bom senso apenas uma confirmação de colegas de reconhecida idoneidade do sério risco de vida que corre a gestante.

ABORTO NO CASO DE ESTUPRO. 1. *Direito penal.* O mesmo que ABORTO HUMANITÁRIO ou ABORTO SENTIMENTAL. **2.** *Medicina legal.* É aquele em que seu único árbitro é o médico, que correrá dois riscos: deixar-se levar pelas informações dos interessados (gestante e seu marido, pai ou amante) ou retardar a intervenção cirúrgica aguardando decisão da justiça. Mas, como a norma permissiva dessa prática abortiva não exige audiência do Ministério Público ou da autoridade policial, nem autorização judicial, deverá o médico, na ausência de inquérito policial, processo criminal, peças informativas etc., certificar-se da ocorrência do delito sexual, baseando-se nos indícios que encontrar e que estiverem ao seu alcance, tais como marcas de violência e presença de espermatozóides na vagina. Havendo dúvidas é melhor que ele se abstenha.

ABORTO OCASIONAL. *Vide* ABORTO CIRCUNSTANCIAL.

ABORTO OFICIAL. *Medicina legal* e *direito penal.* É o levado a efeito, sob vigilância do Poder Público, por médicos especialistas, em condições bastante higiênicas e em clínicas ou hospitais bem instalados.

ABORTO OVULAR. *Medicina legal.* É o praticado até a 8ª semana de gestação.

ABORTO PERMITIDO. *Vide* ABORTO LEGAL.

ABORTO POR D & E. *Medicina legal.* É aquele feito por dilatação e curetagem depois da 12ª semana de gravidez, sendo altamente perigoso para a gestante.

ABORTO POR MOTIVO DE HONRA. *Vide* ABORTO *HONORIS CAUSA.*

ABORTO PRETERDOLOSO. *Medicina legal* e *direito penal.* Crime qualificado pelo resultado culposo, advindo de aborto dolosamente provocado, que pode ser morte ou lesão corporal de natureza grave causado na gestante. Ter-se-á, portanto, essa figura penal quando: a) houver provocação do aborto, com ou sem consenso da gestante, em conseqüência do qual ela venha a morrer ou a sofrer lesão corporal grave; b) o aborteiro empregar meios para provocar aborto, consentido ou não, que, todavia, não vem a ocorrer, causando o falecimento da gestante ou lesão corporal de natureza grave. Logo, se, em razão do aborto ou das técnicas abortivas utilizadas, a gestante sofrer lesão corporal leve, o agente responderá tão-somente pelo aborto que provocou. Se advier morte, a pena cominada pelo aborto será duplicada. Se operar-se lesão corporal grave, aquela pena será aumentada de um terço.

ABORTO PRETERINTENCIONAL. *Vide* ABORTO PRETERDOLOSO.

ABORTO PROFILÁTICO. *Vide* ABORTO EUGÊNICO.

ABORTO PROVOCADO. *Direito penal* e *medicina legal.* Interrupção deliberada da gravidez pela própria gestante, ou por terceiro, com ou sem seu consentimento, mediante o concurso de causas extrínsecas ou de agentes externos de ordem física (sonda, raios X, curetagem uterina etc.), química (medicamentos) ou mecânica (massagens etc.), para atender a motivos terapêuticos, eugênicos, econômicos, morais, sociais, psicológicos etc. Pode ser, portanto, criminoso ou legal.

ABORTO QUALIFICADO. *Vide* ABORTO PRETERDOLOSO.

ABORTO RETIDO. *Medicina legal.* Operar-se-á quando o feto, aniquilado espontaneamente, não for expulso do útero por meios naturais.

ABORTO SENTIMENTAL. *Vide* ABORTO HUMANITÁRIO e ABORTO NO CASO DE ESTUPRO.

ABORTO TENTADO. *Direito penal* e *medicina legal.* Tentativa criminosa e frustrada de interrupção da gravidez, por resultar na sobrevivência do produto da concepção.

ABORTO TERAPÊUTICO. *Direito penal* e *medicina legal.* Abrange duas modalidades: o *aborto necessário*, se praticado para salvar a vida da gestante que corre perigo, desde que não haja outra alternativa, e o *aborto para evitar-lhe enfermidade grave*, ou seja, evitar grave e iminente perigo para a sua saúde. Somente o *aborto necessário* é permitido pela lei, subsistindo o delito penal quando se interromper o ciclo gravídico com o escopo de preservar a saúde da gestante.

ABORTO TRAUMÁTICO. *Medicina legal.* É o que sobrevém após a ocorrência de traumatismos indiretos (quedas, coito violento, pancadas, massagens e compressões no abdome) ou diretos (ducha vaginal, dilatação do colo uterino, punção e deslocamento da membrana do ovo mediante técnicas abortivas, curetagem do útero, DIU etc.).

ABORTO VIBRIÔNICO. *Direito agrário.* Interrupção da prenhez de ovelhas, vacas ou éguas causada pela bactéria *vibrio foetus,* que invade os capilares uterinos e placentários, interferindo na nutrição do feto, causando-lhe a morte.

ABORTO *VULNERANDI ANIMUS.* *Direito penal.* Interrupção da gravidez, sem que o agente a queira, oriunda de lesões corporais dolosas ou culposas que causou na gestante. O agente tem tão-somente a intenção de ferir a vítima, não visando a morte do produto da concepção. O aniquilamento fetal dá-se independentemente da vontade do agente, resultando de uma agressão feita por ele à gestante.

AB OVO. *Locução latina.* **1.** Desde a origem. **2.** Desde o início.

ABP. Sigla de Associação Brasileira de Propaganda.

ABPI. Sigla de Associação Brasileira de Propriedade Intelectual. Associação sem fins lucrativos que abrange escritórios de agentes de propriedade intelectual e de especialistas do ramo, com o escopo de defender a propriedade intelectual.

ABRAMET. *Direito civil* e *direito de trânsito.* Sigla de Associação Brasileira de Acidentes e Medicina de Tráfego.

ABRASÃO. **1.** Subtração de palavra, número ou trecho de documento escrito, através de rasura ou raspagem, que, para sua validade, requer a ressalva. **2.** *Direito processual.* Ação de rasurar documentos judiciais, permitida somente mediante ressalvas acerca da retificação feita. A ressalva confirma o sentido pretendido, restituindo a validade do ato. **3.** *Direito comercial.* Raspaduras em livros mercantis são consideradas como vícios que, se forem substanciais, ilidem sua fé a favor do comerciante, podendo até mesmo servir de prova contra ele se os fatos evidenciarem malícia nas alterações efetivadas. Tais vícios para serem sanados requerem uma ressalva. **4.** *Medicina legal.* a) Ação irritante de purgante drástico; b) escoriação; ferimento leve ou superficial da pele ou das membranas mucosas por atrito ou raspagem, terapêutica ou acidental; lesão corporal leve, em cuja superfície se pode desprender linfa, formando dentro de vinte e quatro horas uma crosta serosa amarelada ou sangue, sedimentando-se uma crosta hemática de cor avermelhada. Se o ferimento se der em cadáver pelo fato de ter sido arrastado, ter-se-á uma crosta de aspecto coriáceo, de pergaminho amarelo; c) raspagem ou excisão de pequenos fragmentos mucosos ou epitélios, de natureza superficial, em ossos ulcerosos ou cariados, na córnea, no útero etc.; curetagem; d) ato de retirar tártaro dos dentes.

ABRASCE. Abreviatura de Associação Brasileira de *Shopping Centers.*

AB-REAÇÃO. *Medicina legal.* Exteriorização verbal ou por gestos de emoções contidas, libertando-se o paciente de uma impressão desagradável causada por um trauma.

AB REO DICERE. *Expressão latina.* Falar em favor do réu.

ABREVIAÇÃO. 1. Ato de abreviar, resumir ou reduzir. **2.** *Direito civil.* Resumo em obra literária ou científica executado pelo autor, pelo editor ou por outra pessoa por ele autorizada.

ABREVIAÇÃO DE PRAZO. *Direito processual.* Redução de prazo dilatório concedido por norma dispositiva para que as partes, de comum acordo, se preparem para um ato do processo, desde que haja motivo justo e legítimo, submetido ao órgão judicante. O prazo peremptório, como o recursal, por sua vez, é irredutível, ainda que haja mútuo consenso dos litigantes, por ser fixado por norma cogente.

ABREVIATURA. 1. Fração de palavra suscetível de designar o vocábulo todo. **2.** Cifra ou sinal que, ao reduzir palavras ou expressões suprimindo letras ou sílabas, representa os vocábulos mais curtamente. Consiste, portanto, na representação de um termo ou expressão mediante a indicação de letras, que supre o que foi desprezado, por

exemplo, Vossa Excelência (V. Exª), recorrente (recte.), Meritíssimo Juiz (MM. Juiz). **3.** Sigla, se formada pela adoção das letras iniciais da denominação de um estabelecimento ou instituto, constituindo expressão pela qual aquelas pessoas jurídicas passam a ser conhecidas por todos. Por exemplo, Organização das Nações Unidas (ONU), Ordem dos Advogados do Brasil (OAB) etc. **4.** Rubrica, forma reduzida de uma assinatura. **5.** *Direito comercial.* Expressão simplificada de frases ou títulos comumente empregados em correspondência comercial ou na contabilidade mercantil. Por exemplo, valor pago (vr. pg.) por sua ordem e conta (p/s/o e c/), importância escriturada a seu crédito (a s/crédito), sua conta (s/c), recebido por conta (recº p/c), vossa fatura (v/fat.) etc. **6.** *Direito processual.* Representação vedada por lei de termos ou expressões contidos nos autos do processo, por meio de algumas de suas letras, por dificultar a compreensão textual, levantando dúvidas interpretativas e pondo em risco o direito dos litigantes. Na prática, tem sido um recurso amplamente adotado apenas no que concerne ao emprego de abreviaturas já consagradas e conhecidas por todos, não causando nenhum problema, uma vez que ninguém as confunde. Fora esse caso excepcional, para os termos ou assentos de ordem processual não se admitem siglas, supressões de letras, sílabas ou palavras. Todos os vocábulos, datas e números deverão ser mencionados por extenso, para que possam ser lidos sem emissão de idéias dúbias ou ambíguas.

ABRIDGEMENT OF DAMAGES. *Expressão inglesa.* Redução judicial do valor indenizatório.

ABRIGO DE CONTÊINERES DE RESÍDUOS. *Direito comercial.* É o local destinado a armazenar externamente os resíduos em contêineres ou outro recipiente resistente, estanque e com tampa, onde ficarão disponíveis para a coleta pública.

ABRIGO DE HIGIENIZAÇÃO. *Direito ambiental.* Lugar destinado a higienizar, ou seja, a limpar e desinfetar contêineres, carros coletores, suportes de sacos de resíduos, baldes, pás, panos de limpeza e demais utensílios usados no gerenciamento de resíduos de serviços de saúde.

ABRIGO DE MENORES. *Direito da criança e do adolescente.* Estabelecimento que tem por finalidade recolher, provisoriamente, menores, não implicando privação da liberdade.

ABRIR. 1. Iniciar a execução ou efetivação de um ato jurídico, por exemplo, abrir testamento para cumprir a vontade do *de cujus* exarada em suas cláusulas. **2.** Distratar; desistir de um ajuste anteriormente feito, por exemplo, abrir o contrato. **3.** Dar início ao funcionamento da empresa, por exemplo, abrir o estabelecimento.

ABRIR PREÇO. Dar o primeiro lance.

ABRIR VISTA. *Direito processual.* Concessão, no processo em curso, feita pelo escrivão, ou escrevente autorizado, aos procuradores, ao órgão do Ministério Público que funcione no feito ou aos representantes da Fazenda Pública, para examinarem os autos, dentro ou fora do cartório. Se tais autos não forem devolvidos dentro do prazo legal, aquele que os retirou "com vista" será intimado a restituí-los, e, se deixar de fazer essa devolução dentro em vinte e quatro horas, perderá o direito de vista fora do cartório.

AB-ROGAÇÃO DA LEI. *Teoria geral do direito.* Supressão ou revogação total da lei anterior, que pode ser *expressa*, se a nova norma contiver dispositivo declarando a extinção da lei anterior em todos os seus preceitos, ou *tácita*, se houver total incompatibilidade entre a nova lei e a antiga, fato em que a novel passará a reger inteiramente a matéria tratada na anterior. Louvável é a ab-rogação expressa, por isso a cláusula de revogação deverá enumerar, expressamente, as leis ou disposições legais revogadas. Assim, evitar-se-iam antinomias e obscuridades.

AB-ROGAÇÃO DE ATO ADMINISTRATIVO. *Direito administrativo.* Iniciativa da mesma autoridade que editou ato administrativo originariamente não viciado, substituindo-o, em razão de defeito superveniente, por outro, que o revogará, na íntegra, tácita ou expressamente, suprimindo seus efeitos *para o futuro*. Situa-se, portanto, na esfera discricionária da autoridade pública e produz efeitos *ex nunc*. Será, todavia, possível a ab-rogação de ato administrativo, editado por órgão inferior, por parte de uma autoridade hierarquicamente superior apenas se esta estiver investida do poder de substituição ou de avocação. Em suma, significa a cessação de ato administrativo em razão de uma superveniente inoportunidade, inconveniência ou iniquidade ocorridas ante uma mudança na situação fática por ele regida, mantendo-se os efeitos já produzidos.

AB-ROGAÇÃO DE TRATADO INTERNACIONAL. *Direito internacional público.* Extinção total de tratado, pela vontade comum dos Estados signatários, que efetuam outro posterior. Aplica-se o princípio *lex posterior derogat priori* sempre que o segundo tratado ditar a lei dos Estados signatários do primeiro. Como o segundo tratado não é *res inter alios acta* haverá ab-rogação expressa ou tácita do primeiro, conforme ficar declarada ou não no tratado posterior a cessação dos efeitos do anterior. A tácita pressuporá, portanto, que a matéria contida nos dois tratados é igual e incompatível, isto é, que as disposições do tratado posterior são conflitantes com as do anterior, de tal sorte que os tratados não podem ser aplicados simultaneamente, prevalecendo, então, o posterior.

AB-ROGAÇÃO EXPRESSA. *Teoria geral do direito.* Declaração expressa da insubsistência da norma anterior.

AB-ROGAÇÃO POR DESUSO. *Teoria geral do direito.* **1.** Cessação total dos efeitos de uma norma pelo seu desuso (*desuetudo*), fazendo com que ela, apesar de vigente, perca sua eficácia social. A norma vai deixando, paulatinamente, de ser aplicada ou de produzir efeitos, porque aos poucos vai se formando um novo proceder ou, até mesmo, um costume *contra legem*, em sentido contrário aos seus comandos, mais consentâneo com a realidade social. **2.** *Vide* COSTUME *CONTRA LEGEM.*

AB-ROGAÇÃO TÁCITA. *Teoria geral do direito.* Revogação da norma anterior devida à sua incompatibilidade com a novel lei editada sobre a matéria.

AB-ROGANTE. *Teoria geral do direito.* Que ab-roga.

AB-ROGÁVEL. *Teoria geral do direito.* O que é suscetível de ser integralmente extinto.

ABSCESSO. *Medicina legal.* Acúmulo de pus, numa cavidade, provocado por uma inflamação.

ABSCONDITUM MENTIS. *Locução latina.* O que está escondido na mente.

ABSENS HAERES NON ERIT. *Expressão latina.* Ausente não será herdeiro.

ABSENS NON DICITUR REVERSURUS. *Aforismo jurídico.* Ausente não se diz quem deve logo regressar.

ABSENS, STUDIORUM CAUSA, HABETUR PRO PRAESENTE. *Aforismo jurídico.* Ausente por motivo de estudo reputa-se presente.

ABSENTEE OWNERSHIP. *Locução inglesa.* Propriedade, cujo titular é o ausente.

ABSENTEÍSMO. 1. *Direito agrário.* Sistema de exploração da terra em que seu proprietário a confia a um terceiro (arrendatário ou não), recebendo um aluguel ou outra forma de pagamento pela utilização alheia do imóvel rural. **2.** *Direito do trabalho.* Hábito do empregado de ausentar-se do serviço sem justificativa. **3.** *Ciência política.* a) Ato reiterado de se ausentar da pátria; b) abstenção do exercício de voto; abstencionismo; c) costume de preferir as coisas estrangeiras em detrimento das nacionais.

ABSENTEÍSTA. *Direito agrário.* Proprietário que entrega a administração de suas terras a um terceiro que, então, passa a ser seu intermediário em relação aos lavradores.

ABSENTE REO. *Locução latina.* Usada freqüentemente em direito, significa "na ausência do réu".

ABSENTISMO. *Vide* ABSENTEÍSMO.

ABSICHT. *Termo alemão.* Intenção.

ABSIT INIURIA VERBIS. *Expressão latina.* Não haja ofensa nas palavras.

ABSOLTO. *Direito processual.* Aquele que foi absolvido.

ABSOLUTAMENTE CAPAZ. *Direito civil.* É aquele que, além da capacidade de direito, possui *capacidade de fato* ou *de exercício*, ou seja, aptidão de exercer por si os atos da vida civil.

ABSOLUTAMENTE INCAPAZ. *Direito civil.* É aquele que tem capacidade de gozo ou de direito para adquirir direitos e contrair obrigações na vida civil, mas não possui *capacidade de fato* ou *de exercício*, porque há proibição total do exercício daqueles direitos, não podendo exercê-los direta e pessoalmente, devendo ser representado. Em suma, é a pessoa que não pode exercer sozinha os atos da vida civil, que geram direitos e deveres, como: o menor de dezesseis anos; o que, por enfermidade ou deficiência mental, não tiver o necessário discernimento para a prática daqueles atos; o que, mesmo por causa transitória, não puder exprimir sua vontade.

ABSOLUTIDADE. *Filosofia geral.* Característica do que é absoluto.

ABSOLUTIO AB INSTANTIA. *Expressão latina.* Absolvição da instância.

ABSOLUTION. *Termo inglês.* Absolvição.

ABSOLUTISMO. *Ciência política.* **1.** Sistema de governo em que a autoridade do governante é absoluta, única, centralizada, por exercer as funções legislativa, executiva e judiciária sem nenhum contrapeso jurídico ou qualquer limitação institucionalizada, com restrição dos direitos dos súditos. **2.** Regime político desenvolvido na Europa nos séculos XVII e XVIII no qual a soberania e todos os poderes concentravam-se nas mãos do monarca absoluto, que não prestava contas de sua administração ou de seus atos, pois não se submetia à Igreja nem ao Império. **3.** Poder discricionário, sem qualquer limitação, exceto as oriundas da lei fundamental do Estado em que se assenta esse regime político. **4.** Poder conferido, em certas épocas, a determinado órgão da soberania nacional, para indicar a "força" de que está investido para cumprir sua função, por exemplo, absolutismo dos constituintes. **5.** Regime político arbitrário, discricionário e violento, onde a vontade do dirigente não encontra o freio legal, nem o das liberdades públicas. **6.** Despotismo, como um atentado às instituições do Estado; tirania. **7.** O mesmo que TOTALITARISMO.

ABSOLUTO. *Filosofia do direito* e *teoria geral do direito.* **1.** Aquilo que subsiste por si, contendo em si toda sua razão de ser. O que é em si, e por si, por bastar a si próprio, sendo independente de qualquer outra coisa ou condição. **2.** Que não tem limites; que não sofre restrição. Nesta acepção, pode-se falar em: *absoluto absoluto*, que não tem qualquer limitação, sendo considerado como *um ser*, e *absoluto relativo*, que é o absoluto dentro de certos limites ou restrições, por não constituir *um ser*, mas sim uma *qualidade de certos seres*, sendo absoluto apenas ante os seus modos de ser (caracteres ou atributos). **3.** Idéia em que se baseiam todas as outras. **4.** Que enuncia um sentido completo. **5.** Imperioso; despótico; tirano; autoritário; soberano. **6.** Incondicional. **7.** Incontestável.

ABSOLUTÓRIO. *Direito processual.* Relativo a ato ou fato que absolve ou que envolve absolvição, por exemplo, sentença absolutória.

ABSOLVER. 1. *Direito processual penal.* Relevar a culpa imputada ou a pena que lhe é correspondente, pondo termo ao juízo. Declarar improcedente a acusação feita, reconhecendo a inocência do réu, isentando-o da sanção cabível ao delito que lhe fora imputado. **2.** *Direito processual civil.* Julgar improcedente a ação proposta em relação ao réu.

ABSOLVERE DEBET JUDEX POTIUS IN DUBIO, QUAM CONDEMNARE. *Aforismo jurídico.* Em caso de dúvida, o juiz deve absolver e não condenar.

ABSOLVERE NOCENTEM SATIUS EST QUAM CONDEMNARE INNOCENTEM. *Expressão latina.* Antes mil vezes absolver o culpado do que uma só vez condenar o inocente.

ABSOLVIÇÃO. **1.** Ato ou efeito de absolver. **2.** *Direito processual civil.* Ato judicial que declara a improcedência da ação, por considerar o autor carecedor do direito em que funda seu pedido, liberando o réu. **3.** *Direito processual penal.* Ato judicial que reconhece a improcedência da acusação ou da ação penal intentada, isentando o acusado de toda pena, por considerá-lo inocente ante as provas apresentadas. **4.** *Direito canônico.* Ato do juiz eclesiástico que isenta de culpa o indiciado.

ABSOLVIÇÃO *AD CAUTELAM.* *Direito canônico.* Ato em que o juiz eclesiástico isenta, provisoriamente, excomungado de pena, enquanto se resolve a apelação da sentença que o expulsou da Igreja.

ABSOLVIÇÃO *AD REINCIDENTIAM.* *Direito canônico.* Ato em que, provisoriamente, se concede a isenção de pena a um excomungado quando houver circunstâncias que o impeçam de dirigir-se ao prelado que o condenou. Logo, deverá cumpri-la assim que cessar aquele impedimento.

ABSOLVIÇÃO ANÔMALA. *Direito processual penal.* Dá-se quando o magistrado, apesar de reconhecer a existência do delito, não aplica a pena.

ABSOLVIÇÃO CRIMINAL. *Direito processual penal.* Ato judicial que reconhece a improcedência da acusação, isentando o imputado da pena, fundando-se na inexistência de fato criminoso, na falta de provas da existência daquele fato, na atipicidade do fato ocorrido, na excludente de ilicitude e de culpabilidade ou na falta de provas suficientes para a condenação.

ABSOLVIÇÃO DA CAUSA. *Direito processual civil.* É a que se opera na perempção da ação.

ABSOLVIÇÃO DE FUNCIONÁRIO. *Direito administrativo.* Reintegração no cargo, por meio de sentença penal absolutória, de servidor público demitido, desde que se funde na inexistência do fato, na falta de provas da existência deste ou na sua existência sem qualquer vinculação do autor a ele.

ABSOLVIÇÃO DE INSTÂNCIA. *Direito processual civil.* É a extinção do processo sem resolução do mérito, perdendo o autor a possibilidade de prosseguir a demanda, a não ser que intente de novo a ação, instituindo nova instância. Ante a falta ou inexistência de algum dos pressupostos de constituição e do desenvolvimento do processo ou a não-ocorrência de qualquer das condições da ação, o órgão judicante deverá desvincular o réu do processo em curso, por ser inadmissível o julgamento do *meritum causae*, decretando a absolvição da instância ou a carência da ação. A absolvição da instância advém de um juízo de admissibilidade relativo ao objeto formal do processo e, geralmente, provocado por exceção peremptória, em que se consubstancia, liminarmente, a defesa do réu. Resulta de uma inobservância culposa do autor a um pressuposto legal, por isso aplica-se-lhe uma sanção ao se absolver o réu não da ação, mas da instância. É, portanto, a absolvição do réu da instância um encerramento anormal do processo sem resolução do mérito, pela falta de pressuposto processual ou condição da ação ou pela verificação da falta *in omittendo* do autor. Se houver uma sentença terminativa, pela inexistência de condições de procedibilidade da ação, extinguindo o processo sem resolução do mérito, não será permitido ao julgador de segundo grau, a pretexto de modificarem-se os fundamentos, decidir o *meritum causae*.

ABSOLVIÇÃO SUMÁRIA. *Direito processual penal.* Ato judicial que expressa a decisão de não imputar ao réu o fato delituoso, isentando-o de pena e excluindo-o de julgamento pelo Tribunal do Júri, por inexistir culpabilidade, em razão de erro de fato, coação irresistível, obediência hierárquica, insuficiência mental, embriaguez completa e acidental, ou por existir circunstância que exclua o crime por ocorrência de legítima defesa, estado de necessidade, estrito cumprimento de dever legal ou exercício regular de um direito. Isto é assim porque, não havendo culpabilidade nem antijuridicidade, tecnicamente não se terá crime, conseqüentemente nada haverá a ser julgado pelo Tribunal do Júri.

ABSOLVIDO. **1.** Aquele que recebe a absolvição por ter sido julgado inocente ou isento da pena, ficando livre da acusação que lhe foi feita. **2.** *Direito processual civil.* a) Demandado absolvido da instância, por ter havido encerramento do processo, sem resolução do mérito; b) aquele que foi absolvido, em ação julgada improcedente, por ter o juiz rejeitado o pedido do autor ou pronunciado a decadência ou a prescrição. **3.** *Direito processual penal.* Réu absolvido, não tendo sido condenado a nenhuma sanção, por ter a sentença reconhecido: a inexistência do fato; a ausência da prova da existência do fato; a atipicidade do fato; a inexistência da prova de ter o réu concorrido para o crime; a existência de excludentes de antijuridicidade e de culpabilidade; a insuficiência de provas para a condenação.

ABSORÇÃO. 1. *Direito comercial.* Transformação, fusão e incorporação de sociedades empresárias. *Transformação* é a operação pela qual uma sociedade passa, independentemente de dissolução ou liquidação, de uma espécie para outra; *fusão* é a união de duas ou mais sociedades para formar uma nova, que lhe sucederá em todos os direitos e obrigações; *incorporação* é a operação pela qual uma ou mais sociedades são absorvidas por outra, que lhes sucede em todos os direitos e deveres, logo, a incorporada deixará de existir no instante em que seu patrimônio for absorvido pelo da sociedade incorporadora, que, então, terá seu capital aumentado, alargando, ainda, sua esfera de ação. Em todas essas operações denota-se uma absorção, ou seja, uma ação pela qual algo recolhe em si alguma coisa. **2.** *Direito internacional público.* Desaparecimento de um Estado, em razão de anexação forçada ou de incorporação voluntária. Foi o que ocorreu, por exemplo, em 1938 com a Áustria, que foi absorvida pela Alemanha.

ABSQUE BONA FIDE, NULLA VALET PRAESCRIPTIO. *Expressão latina.* Nenhuma prescrição vale sem a boa-fé.

ABSTENÇÃO. 1. Na *linguagem comum,* é o ato ou efeito de se deixar, voluntariamente, de cumprir um dever ou de exercer um direito. **2.** Na *linguagem jurídica* em geral: a) renúncia a um direito; b) não-exercício de um direito ou de uma função; c) obrigação negativa em que se assume o dever de não praticar certo ato; d) dever jurídico, pois há um dever geral de abstenção sempre que a efetivação de um ato violar direito ou causar dano moral ou patrimonial a outrem; e) crime, como a omissão de socorro, ou ato ilícito, como a ocultação pelo alienante de vícios redibitórios por ele conhecidos da coisa vendida.

ABSTENÇÃO DA ADMINISTRAÇÃO. *Direito administrativo.* Inércia da autoridade pública ao decidir algo do qual, conforme o caso, pode surgir uma decisão implícita que venha a causar sérios danos aos administrados.

ABSTENÇÃO DE ATO. *Direito civil.* Obrigação negativa (de não dar, não fazer ou suportar) pela qual o obrigado (devedor) assume perante o credor o dever de não praticar certo ato. Se o devedor vier a efetivar, por negligência ou por interesse, o ato que lhe foi proibido, o credor poderá exigir que o desfaça, sob pena de desfazê-lo à sua custa, devendo, ainda, o inadimplente ressarcir os prejuízos, pagando indenização de perdas e danos. Na obrigação negativa, o devedor ficará constituído em mora a partir do dia em que executar o ato a que devia se abster.

ABSTENÇÃO DE INCIDÊNCIA FISCAL. *Direito tributário.* Ação do contribuinte tendente a eliminar, reduzir ou retardar obrigações tributárias, empregando meios lícitos ou ilícitos, em razão de tributações excessivas, por exemplo, venda de imóveis sobre os quais recaem onerosos impostos; mudança de domicílio fiscal; privação do consumo de produtos cujo preço é muito elevado devido à carga fiscal; desistência de importar mercadorias gravadas com altas taxas alfandegárias etc.

ABSTENÇÃO DO JUIZ. *Direito processual.* Declaração de suspeição ou de impedimento para julgar determinada causa, feita por um magistrado, em virtude não só de suas relações com o objeto da referida causa, de dependência ou de parentesco com o réu, mas também de decoro ou consciência.

ABSTENÇÃO DO ÓRGÃO DO MINISTÉRIO PÚBLICO. *Direito processual.* Recusa do órgão do Ministério Público de exercer as obrigações que lhe competem na atuação da função jurisdicional, por se encontrar suspeito ou impedido legalmente, por exemplo, se tiver interesse pessoal no julgamento da causa em favor da parte contrária, se houver parentesco com o juiz ou qualquer das partes etc.

ABSTENÇÃO ELEITORAL. *Ciência política.* Renúncia do eleitor ao direito de votar, deixando de comparecer às urnas.

ABSTENÇÃO POLÍTICA. *Ciência política.* Ato em que o parlamentar deixa de votar, em sinal de protesto ou como forma decorosa de uma cômoda evasiva.

ABSTENÇÃO PROIBIDA. *Ciência política.* Exigência político-jurídica do exercício do direito-dever de voto, tornando-o obrigatório e sancionando, com determinadas penas, quem deixar de votar.

ABSTENÇÃO VENAL DO LICITANTE. *Direito administrativo* e *direito penal.* Crime licitatório, punido com detenção e multa, praticado por licitante que, aceitando oferecimento de vantagem, se abstém ou desiste de licitar.

ABSTENCIONISMO. 1. *Ciência política.* a) Prática de se abster do voto em eleições, pelo não-comparecimento; b) o mesmo que ABSENTEÍSMO. **2.** *Direito eleitoral.* a) Ato de não participar em atividades políticas; b) ato de não votar.

ABSTENCIONISTA. 1. Pessoa física ou jurídica que, intencionalmente, deixa de cumprir um dever ou de exercer um direito. **2.** Partidário do absenteísmo, por seguir sua prática.

ABSTENTO. 1. *Direito canônico.* a) Excomungado; b) aquele que foi suspenso do exercício das funções eclesiásticas. **2.** *Direito civil.* O que renunciou ou desistiu da herança.

ABSTINÊNCIA. Renúncia voluntária à satisfação de um desejo ou necessidade (Lalande).

ABSTRAÇÃO. *Filosofia geral, filosofia do direito* e *teoria geral do direito.* Ação intelectual de considerar em separado objeto que esteja unido ou anexo a outro, isolando seus atributos, considerando os que certos grupos de objetos tenham em comum. Consiste em separar o que é sempre o mesmo em objetos que são diversos. A imagem de um *ser real* é oferecida à inteligência, que com ela trabalha, despojando-a de tudo que a individualizar, desvendando sua essência, ou seja, o tipo de ser de que ela constitui a realização concreta. A inteligência considera o que há de uno em espécies diversas e delas destaca os gêneros. Essa operação intelectual é a "abstração extensiva", que é maior ou menor conforme seja maior ou menor a extensão dos conceitos atingidos por ela. A extensão do gênero é maior que a de suas espécies. A abstração conduz a inteligência à visão de uma essência, que é a idéia. A idéia, portanto, vem a ser o resultado da abstração.

ABSTRACT OF RECORD. *Locução inglesa.* Relatório do processo.

ABSTRACT OF TITLE. *Locução inglesa.* Certidão do Cartório Imobiliário.

ABSTRATA. *Direito civil.* Designa coisa incorpórea, seja ela principal ou acessória, que não tem existência tangível, sendo relativa a direitos que a pessoa natural ou jurídica tem sobre coisas.

ABSTRATO. 1. *Filosofia geral* e *filosofia do direito.* a) O que resulta de abstração; b) qualidade ou relação considerada separada da representação; c) é o particular isolado do universal pela percepção, ou o universal isolado do particular pelo intelecto, mediante reflexão; d) o que se distancia da realidade, sendo, por isso, de difícil compreensão. **2.** *Lógica dialética.* É um dos aspectos do conhecimento do concreto, que é o ponto de partida e de chegada do conhecimento. **3.** *Direito civil* e *direito comercial.* Autonomia e independência do título de crédito ou do título cambial em relação ao negócio jurídico que lhe deu causa.

Assim sendo, desde que em circulação pela sua emissão, abstrai-se de sua causa, libertando-se do ato de onde se originou, prevalecendo, assim, tão-somente, as obrigações exaradas na declaração cartular. É o que se dá com a nota promissória, a duplicata mercantil, o cheque, a letra de câmbio, com o escopo de facilitar sua livre circulação, fazendo com que prevaleçam as obrigações expressas no seu contexto. O título cambial é *abstrato*, por ser autônomo, desligando-se do negócio jurídico causal. Todavia, se viciado for, ressurgirá o ato que lhe deu causa.

ABSTRUSO. *Teoria geral do direito.* **1.** Oculto. **2.** Ininteligível; de difícil compreensão. **3.** Incongruente; incoerente; confuso. **4.** Intrincado. Assim sendo, emprega-se tal vocábulo para designar teorias, razões ou despachos indecifráveis, por exporem o que neles se contém de modo obscuro ou intrincado, tornando sua intenção ininteligível.

ABSURDO. 1. *Lógica jurídica.* O que viola as regras da lógica. **2.** Na *linguagem comum,* é o que não é razoável.

ABULIA. *Medicina legal.* Doença mental que se caracteriza pela ausência ou diminuição da vontade. O paciente torna-se praticamente alheio ao que o cerca, devido a sua apatia. A supressão total da vontade é rara, dando-se, excepcionalmente, em casos de hipnose profunda ou de estupor catatônico; já a diminuição ou enfraquecimento da vontade é mais freqüente. A abulia faz com que o doente perca: a capacidade de perseverar, a força para decidir qualquer coisa, a capacidade motora, pois seus movimentos são muito lentos, a disposição para o trabalho disciplinado etc. Essa moléstia favorece o paciente à prática de crimes ou de contravenções, pois, à medida que lhe diminui a vontade, aumenta-lhe a sugestionabilidade, que o tornará uma presa fácil para acumpliciar-se num delito, cedendo à vontade alheia mais forte que a sua.

ABULOMANIA. *Vide* ABULIA.

ABUNDANS CAUTELA NON NOCET. *Aforismo latino.* Precaução em demasia não prejudica.

AB UNO DISCE OMNES. *Expressão latina.* Por um cidadão se pode avaliar as qualidades do povo.

AB URBE CONDITA. *Expressão latina.* Designa "desde a fundação da cidade" de Roma. Utilizada para indicar fatos ocorridos antes do nascimento de Cristo, que eram contados a partir do ano 753 a.C. (data da fundação de Roma) e seguidos das iniciais Ab.U.C. (abreviação da Expressão latina *ab urbe condita*).

ABUSO. 1. Uso excessivo, impróprio ou injusto de alguma coisa. 2. Excesso no exercício de uma função ou exercício irregular de um direito. 3. Ato contrário à lei, à moral e aos bons costumes; ato ilícito, imoral, anti-social. 4. Violência sexual; estupro; defloramento. 5. Ardil para iludir a boa-fé de outrem.

ABUSO DA CONDIÇÃO DE SÓCIO. *Direito comercial.* É uma das causas de dissolução de sociedade empresária, seja ela de pessoas ou de capital, em razão de violação, inadimplemento das obrigações sociais, fuga de algum dos sócios, sonegação de lucros, descoroçoando algum acionista etc.

ABUSO DA INEXPERIÊNCIA. *Direito penal.* 1. Ato de tirar proveito próprio ou alheio, utilizando-se da inexperiência, simplicidade, ingenuidade e debilidade mental de outrem, induzindo-o dolosamente a efetivar atos que podem lesá-lo ou arruiná-lo, tais como prática de jogo ou aposta, especulação com títulos e mercadorias. 2. Crime de induzimento à especulação bolsista. 3. O mesmo que ABUSO DA SITUAÇÃO DE ALGUÉM.

ABUSO DA SITUAÇÃO DE ALGUÉM. *Direito penal.* 1. Crime de induzimento à especulação. 2. O mesmo que ABUSO DA INEXPERIÊNCIA.

ABUSO DE AUTORIDADE. 1. *Direito administrativo.* a) Ato praticado por órgão ou funcionário público no exercício de sua função além dos limites das atribuições que lhe foram conferidas por determinação legal; b) desvio de poder. 2. *Direito civil.* Excesso cometido no exercício do poder familiar. 3. *Direito penal.* a) O mesmo que ABUSO DE PODER OU EXERCÍCIO ARBITRÁRIO DO PODER; b) delito praticado por funcionário público (carcereiro, responsável por prisão ou estabelecimento destinado à execução de medida de segurança detentiva), no exercício de suas funções, em razão de: recebimento e recolhimento ilegal de alguém à prisão; prolongamento ilegal de execução de medida privativa de liberdade por tempo juridicamente relevante, por deixar, intencionalmente, de expedir ou executar a ordem de liberdade; submissão da pessoa que está sob sua custódia a vexames e constrangimentos ilegais; diligência abusiva, seja ela civil, penal ou judicial. 4. *Direito do trabalho.* Ato abusivo e ilegal praticado pelo patrão contra o empregado.

ABUSO DE CARGO OU FUNÇÃO. *Direito administrativo.* Ato exorbitante praticado por funcionário público no desempenho de suas funções, sem que haja qualquer motivo que o legitime.

ABUSO DE CONFIANÇA. 1. Na *linguagem jurídica* em geral, é o ato de alguém prevalecer-se, para fins diversos ou ilícitos, da confiança que lhe foi dada. 2. *Direito penal.* a) Circunstância subjetiva agravante no crime de furto, pelo fato de ter sido praticado por uma pessoa contra outra que nela confiou, justificando aumento de pena. O agente furta coisa que, apesar de estar na posse e sob a vigilância do seu dono, encontra-se a sua disposição, em razão de confiança nele depositada pelo ofendido. Por exemplo, há abuso de confiança suscetível de configurar furto qualificado o praticado por vigia; o mesmo se diga do ato de empregado que furta coisas de patrão, em sua casa, e do comportamento de hóspede que subtrai bens daquele que o hospeda; b) elemento do crime de apropriação indébita, em que o agente tem posse ou detenção desvigiada do objeto apropriado, por ser sócio, co-herdeiro ou co-proprietário.

ABUSO DE CONFIANÇA PÚBLICA. *Direito penal.* Crime de peculato cometido por funcionário público *ratione officii* que desvia ou se apropria, em proveito próprio ou de terceiro, de coisa móvel (dinheiro, objetos etc.), pública ou particular, que, em razão do cargo que ocupa, está sob sua guarda.

ABUSO DE CRÉDITO. *Direito comercial.* Ato pelo qual o empresário, às vésperas da falência, com o intuito de retardá-la, usa imoderadamente o crédito conquistado que ainda lhe resta, contraindo obrigações ou débitos superiores às possibilidades de liquidação, obtendo empréstimos a juros elevados e mobilizando recursos para salvar a empresa. Esses atos, por importarem desmesurados acréscimos de despesa, dissipam o seu patrimônio, que é a garantia dos seus credores, e podem configurar um *delito falimentar*. Mas, se a falência que se pretende procrastinar não chegar a ser declarada, o abuso de crédito não constituirá crime falimentar, que, além de supor a condição de falido, é apurado somente no processo de falência.

ABUSO DE DIREITO. *Direito civil.* Exercício anormal ou irregular de um direito, ou seja, além de seus limites e fins sociais, causando prejuízo a outrem, sem que haja motivo legítimo que o justifique. É um ato ilícito *sui generis*, que gera o dever de ressarcir o dano causado.

ABUSO DE DIREITO NO EXERCÍCIO DA DEMANDA. *Direito processual civil.* Atitude do autor que, baseado em motivo legítimo, se utiliza dos atos processuais ou neles procede, ilegitimamente, com espírito emulativo, como, por exemplo, quando: opõe injustificada resistência ao andamento do processo, por lhe ser conveniente a demora no julgamento da lide; altera, intencionalmente, a verdade dos fatos ao propor a demanda; provoca incidentes, no evolver do processo, manifestadamente infundados; usa o processo para obter objetivo ilegal; procede de maneira temerária em qualquer ato processual. Nestes casos temos abuso de direito no exercício da demanda manifestado conjuntamente com o abuso de direito de demandar, cabendo ao autor a obrigação de indenizar a parte contrária pelos prejuízos que esta sofreu em quantia não excedente a 20% ao valor da causa, mais os honorários advocatícios e as despesas que efetuou, e a pagar multa fixada pelo juiz, em quantia não superior a 1% sobre o valor da causa.

ABUSO DE FIRMA OU RAZÃO SOCIAL. *Direito comercial.* Consiste no fato de um sócio usar indevida ou arbitrariamente o nome da firma ou da razão social, exorbitando suas funções, em negócios alheios aos fins perseguidos pela sociedade, em casos taxativamente proibidos pelo contrato social ou em sentido contrário às limitações previstas no ato de constituição. Por exemplo, se a norma estatutária vedar aos sócios avalizar em favor de terceiros obrigação alheia à empresa, e algum deles der fiança em tal hipótese, configura-se o abuso de firma, que traz, em seu bojo, a responsabilidade de reparar os danos advindos desse ato.

ABUSO DE FUNÇÃO. *Direito administrativo.* Abuso de poder; mau exercício da função pública.

ABUSO DE INCAPAZ. *Direito penal.* Ato pelo qual se procura, aproveitando-se da inexperiência, necessidade ou paixão do menor de dezoito anos ou da alienação ou debilidade mental de alguém, por sugestão ou persuasão, induzi-lo à prática de um ato suscetível de produzir efeito jurídico em prejuízo próprio ou de terceiro. A consumação desse delito penal não requer a efetividade do dano patrimonial, bastando que haja sua iminência, ou melhor, o perigo do dano, sendo por tal motivo um crime formal. Se o agente abusar de menor que já atingiu dezoito anos, ter-se-á "estelionato"; se tirar proveito da ingenuidade, falta de cultura ou simplicidade, configurar-se-á "induzimento à especulação".

ABUSO DE LEGÍTIMA DEFESA. *Direito penal.* Ato culposo ou doloso do ofendido, ou agredido, que consiste no excesso de uso dos meios necessários para repelir uma agressão injusta, atual e iminente, empregando-os imoderadamente. O abuso de legítima defesa é punido por não haver o ofendido procedido com moderação, pois só será permitido, com tolerância, algum excesso que seja escusável, ou melhor, não intencional, e atribuível às fortuitas e súbitas circunstâncias da repulsa.

ABUSO DE LIBERDADE. *Ciência política.* Prática de ato contrário aos fins ou ao uso das liberdades previstas pelo ordenamento jurídico, que poderá vir a lesar direitos alheios ou até mesmo pôr em jogo a segurança do regime, por exemplo, o mau uso da liberdade de expressão; o uso anti-social da liberdade de livre convicção e manifestação do pensamento, incitando terceiros à desobediência civil, à discriminação racial etc.

ABUSO DE LIBERDADE DE IMPRENSA. *Direito das comunicações.* **1.** Ato que exorbita os limites ou uso contrário aos fins das liberdades de manifestação e divulgação do pensamento garantidas pela ordem jurídica, sob pena de ressarcimento do dano causado. **2.** Mau uso dos meios de informação. Constituem exemplos de abuso de liberdade de imprensa: publicação de notícias falsas; ofensa à moral pública e aos bons costumes; incitação à prática de crime; revelação de segredos do Estado; apresentação de fatos verídicos de forma a provocar alarme social ou perturbar a ordem pública; uso de palavras insultantes; injúria, calúnia ou difamação mediante uso dos meios de comunicação em massa etc.

ABUSO DE MANDATO. *Direito civil.* Ato do representante, mandatário ou procurador que venha a exceder os poderes outorgados pelo mandante, contrariando as instruções recebidas exaradas na procuração. Os negócios além dos limites do mandato por ele efetivados só estabelecerão um liame contratual em relação ao mandante se este os ratificar. Logo, o mandatário que, ao assumir obrigações com terceiros, exceder os poderes contidos na procuração, sem que haja ratificação do mandante, estará obrigado a responder, a qualquer tempo, perante aqueles, pelo excesso cometido, e reputar-se-á mero gestor de negócios.

ABUSO DE PODER. 1. *Direito administrativo.* Ato em que o funcionário público excede ou desvia, no exercício de suas funções, os poderes legais que lhe foram conferidos, em detrimento do direito alheio ou da administração pública. Trata-se do "excesso de poder", ou "desvio de poder", que pode ser sanado pelos *writs* constitucionais: *habeas corpus*, *habeas data*, mandado de segurança individual ou coletivo, mandado de injunção, ação de inconstitucionalidade e ação popular. **2.** *Direito penal.* Crime contra a administração da justiça que consiste em ordenar ou executar medida privativa de liberdade individual sem as formalidades legais. **3.** *Vide* ABUSO DE AUTORIDADE, n. 3.

ABUSO DE PODER ECLESIÁSTICO. *Direito canônico.* Excesso no exercício dos poderes oriundos das funções eclesiásticas, punido proporcionalmente à gravidade da culpa nos casos não arrolados expressamente no Código Canônico.

ABUSO DE PODER ECONÔMICO. *Direito penal.* **1.** Crime contra a economia popular que ocorre quando, para monopolizar o mercado, se elimina a concorrência com o intuito de obter lucros arbitrários e excessivos. Redunda em desvio do poder econômico. **2.** *Vide* AÇAMBARCAMENTO.

ABUSO DE RELIGIÃO. *Direito canônico.* **1.** Prática conducente ao mau uso das crenças religiosas. **2.** Politeísmo; idolatria.

ABUSO DE RESPONSABILIDADE DE MERO FAVOR. *Direito comercial.* Ato gracioso do devedor falido com a intenção de prestar solidariedade humana, demonstrar *status* ou conjurar a crise de numerário, sacando ou emitindo letras a amigos ou a pessoas da coletividade a que pertence, como a familiar, religiosa, política etc. Assim, se um empresário falido emitir duplicatas, der avais, cauções etc. sem a *intentio* de obter lucro, por serem relativos a transações inexistentes, poderá lesar seus credores, além de todos os integrantes da sociedade, por estar violando a segurança do crédito, a lisura na prática da mercancia, a boa-fé comercial e a veracidade das obrigações exaradas nos documentos creditícios. Não se requer, portanto, para que se dê o abuso de responsabilidade de mero favor que haja um real prejuízo aos credores, bastando que se tenha o perigo do dano.

ABUSO DE TUTELA. 1. *Direito civil.* Ato comissivo ou omissivo praticado pelo tutor responsável pelo menor que não se acha sob o poder familiar, excedendo os poderes que lhe foram conferidos, causando prejuízo à pessoa, aos bens e à formação moral do tutelado. Tais atos abusivos poderão operar-se: a) no desempenho das prerrogativas do poder familiar, por exemplo, de atos dirigidos a corrigir o menor, pois o tutor só poderá punir moralmente o tutelado, embora haja decisão de que pode e deve corrigilo, exercendo direito inerente e essencial à sua autoridade, sendo que apenas haverá abuso se exceder os meios empregados, causando dano à saúde do pupilo, hipótese em que será, então, destituído da tutela, por ato da autoridade judicial competente; b) na administração dos bens e interesses do tutelado, pois a lei proíbe ao tutor a efetivação de certos atos, mesmo com autorização judicial. Faltará legitimação ao tutor para as seguintes práticas, sob pena de nulidade: obter para si, mesmo por interposta pessoa, por contrato particular, bens móveis ou imóveis pertencentes ao pupilo; alienar, a título gratuito, os bens do menor; adquirir crédito, ou direito, contra o menor, por negócio jurídico em que figure como cessionário. Isto é assim porque a prática desses atos revela desonestidade, ante o dever do tutor, sujeito a inspeção judicial, de velar pelo menor e administrar-lhe os bens. **2.** *Direito penal.* Prática de crime doloso, punido com reclusão, contra o tutelado que acarretará a incapacidade para o exercício da tutela.

ABUSO DO DIREITO DE DEMANDAR. *Direito processual civil.* Ato de má-fé do autor ao invocar a tutela jurisdicional, por não estar o pedido condicionado a uma pretensão ou a um motivo legítimo, intentando a demanda sem a devida regularidade, por espírito de emulação, mero capricho ou erro grosseiro, acarretando um resultado ilícito. Por exemplo, se o litigante deduzir pretensão cuja falta de fundamento não lhe era possível, com razoabilidade, desconhecer; se, ao propor a ação, alterar intencionalmente a verdade dos fatos ou omitir alguns que sejam essenciais ao julgamento da causa; se utilizar o processo com o intuito de obter uma finalidade ilegal; se proceder de modo temerário na proposição da lide. O *abuso do direito de demandar* não se confunde com o abuso de direito no exercício da demanda (*v.*), que poderá dar-se conjunta ou separadamente com o primeiro. O *abuso do direito de demandar* não abrange atos exorbitantes ou maliciosos levados a efeito pelo autor que inicialmente propôs a ação estando fundado em motivo legítimo, pois tais atos geram o *abuso de direito no exercício da demanda*.

ABUSO DO PODER FAMILIAR. 1. *Direito civil.* Ato omissivo ou comissivo praticado pelo pai, ou mãe, em relação a filho menor, desempenhando mal seus deveres paternos, descurando-se da defesa dos interesses do filho, não tomando as medidas reclamadas pela segurança de sua pessoa e de seus haveres. O genitor que assim proceder poderá sofrer suspensão ou destituição do poder familiar. Ficará suspenso não só o genitor que deixar filho em estado de vadiagem, libertinagem, criminalidade ou o privar de alimentos, pondo em risco sua saúde, como também o que dilapidar os bens do filho, arruinando-o, ou o que sofrer condenação, por sentença irrecorrível, decorrente de crime cuja pena exceda de dois anos de prisão. Destituir-se-á do poder familiar o pai, ou mãe, que: castigar imoderadamente o filho, deixá-lo em abandono ou praticar atos contrários à moral e aos bons costumes; incidir, reiteradamente, nas faltas acima arroladas. **2.** *Direito do trabalho.* Ato do pai, ou mãe, que concorrer, por ação ou omissão, para que o menor trabalhe em local ou serviço perigoso, insalubre ou prejudicial à sua saúde. O genitor que assim agir perderá o poder familiar. **3.** *Direito penal.* Prática de crime doloso, sujeito à pena de reclusão, cometido pelo genitor contra filho, que gera, entre as interdições de direito, a incapacidade, permanente ou temporária, para o exercício do poder familiar.

ABUSO DO PRIVILÉGIO. *Direito canônico.* Uso ilícito ou excessivo de algum privilégio concedido por autoridade eclesiástica, implicando sua perda.

ABUSO NO USO. *Vide* DESVIO DE USO TOTAL.

ABUSUS NON TOLLIT USUM. *Aforismo jurídico.* O abuso não exclui o uso.

AB UTROQUE LATERE. *Expressão latina.* **1.** Em acepção jurídica, indica as duas partes que intervêm no ato negocial ou na relação jurídica processual. **2.** Designa, literalmente, de ambos os lados.

AB UTROQUE PARTE DOLUS COMPENSANDUS. *Expressão latina.* O dolo de ambas as partes compensa-se reciprocamente.

ABYSSUS ABYSSUM INVOCAT. *Expressão latina.* Abismo chama outro abismo. Indica que a falta cometida predispõe a prática de outras mais graves.

ACABAMENTO. 1. Ação de concluir uma obra, terminar a confecção de algum objeto. **2.** Benfeitoria feita à coisa para aformoseá-la ou valorizá-la. **3.** *Medicina legal.* Prostração física do enfermo.

ACABRAMAR. *Direito agrário.* Tolher os movimentos do boi, ligando com uma corda as patas ao chifre, para evitar sua fuga ou para impedir que maltrate a pessoa que o cura ou marca.

ACADEMIA. *Direito civil.* Associação, particular ou oficial, com o objetivo de atender a fins literários, artísticos, científicos ou recreativos.

ACADEMIA BRASILEIRA DE LETRAS. *Direito civil.* Entidade composta por pessoas de alta intelectualidade, que se destacam nas letras brasileiras.

ACADEMIA NACIONAL DE POLÍCIA. Órgão competente para: a) realizar o recrutamento e a seleção de candidatos à matrícula em cursos de formação profissional para ingresso nos cargos da Carreira Policial Federal; b) formar o pessoal selecionado, por meio de cursos específicos; c) propor e participar da elaboração de convênios e contratos com órgãos e entidades congêneres nacionais e estrangeiros, de natureza pública e privada; d) realizar planos, estudos e pesquisas que visem ao estabelecimento de doutrina orientadora, em alto nível, das atividades policiais do País; e) promover a difusão de matéria doutrinária, informações e estudos sobre a evolução dos serviços e técnicas policiais; e f) estabelecer intercâmbio com as escolas de polícia do País e organizações congêneres estrangeiras, objetivando o aperfeiçoamento e a especialização dos servidores policiais.

ACADEPOL. Sigla de Academia de Polícia Civil de São Paulo. Órgão subordinado à Delegacia-Geral de Polícia, tendo atribuição para promover: concursos públicos para provimento de cargos das carreiras policiais civis e para selecionar professores das classes administrativas da Polícia Civil e despachantes policiais; cursos de aperfeiçoamento, especialização, atualização, treinamento etc. (Afonso Celso F. de Rezende).

ACALCULIA. *Medicina legal.* Perda, por motivo patológico, da capacidade de calcular.

ACALMIA. *Medicina legal.* Período calmo, no estado febril, que sucede ao da vivacidade das idéias.

AÇALMO. *Direito internacional público.* Provisão ou abastecimento durante a guerra; munição de guerra.

ACAMAMENTO. *Direito agrário.* **1.** Acondicionamento de folhas de fumo para fermentar. **2.** Ação de acondicionar hastes de trigo ou de outras gramíneas, caídas em conseqüência de ventania.

ACÂMATO. *Medicina legal.* **1.** Pessoa de compleição robusta. **2.** Completo repouso dos músculos; posição em que um membro, por não estar tenso, nem frouxo, pode conservar-se, sem cansaço, por longo tempo.

AÇAMBARCAMENTO. *Direito penal.* **1.** Crime contra a economia popular praticado por comerciante (pessoa física ou jurídica) ao reter, em suas mãos, comprando em grande quantidade, matéria-prima, meios de produção ou produtos necessários ao consumidor, em regra gêneros de primeira necessidade, com o escopo de obter, esporadicamente, o monopólio, dominando o mercado, diminuindo a disponibilidade de certas mercadorias, e provocando, assim, uma precipitada e arbitrária elevação do preço, da qual se locupletará numa posterior revenda, uma vez que eliminou a concorrência, abarcando uma parcela bastante significativa do mercado. **2.** *Vide* ABUSO DE PODER ECONÔMICO.

AÇAMBARQUE. Monopólio.

AÇAMOUCADO. *Direito civil.* **1.** Serviço feito sem cuidado. **2.** Construção pouco sólida. **3.** Mau emprego de materiais de construção.

ACAMPSIA. *Medicina legal.* Impossibilidade de movimento de articulação.

ACANÔNICO. *Direito canônico.* Ato praticado em oposição aos cânones da Igreja.

AÇÃO. **1.** *Direito comercial.* a) Documento ou título representativo de uma fração ou cota do capital de uma sociedade anônima, ou de uma em comandita por ações, que confere ao seu titular um direito de crédito perante aquela a que pertence. O valor nominal da ação é aferido mediante a divisão do capital social pelo número das ações. Tal valor nominal, em regra, está consignado no *certificado da ação.* O valor real é o resultante da divisão do patrimônio líquido da sociedade pelo número de ações; b) cota ou capital de uma pessoa numa sociedade empresária. **2.** *Direito processual.* a) Direito legítimo de pessoa física ou jurídica pleitear em juízo, perante os tribunais, o reconhecimento do que lhe é devido ou a proteção contra a violação do que lhe é reconhecido por lei. É o meio para preservar um direito contra violação de terceiro ou para exigir seu reconhecimento ou respeito pela sociedade. Nesses casos tem-se *ação privada.* É, em suma, o direito de invocar a tutela jurisdicional do Estado para satisfazer uma pretensão tutelada por lei; b) demanda ou processo intentado em juízo com o escopo de pedir o cumprimento de uma obrigação, de cessar a violação ou o desconhecimento de um direito por parte de terceiro; c) ato através do qual o representante do Ministério Público ou particular requer, judicialmente, a aplicação de uma sanção contra o infrator de norma penal. Ato pelo qual o órgão do Ministério Público (promotores de justiça, procuradores da República etc.) pede justiça ante o interesse público do direito violado. É o que ocorre, por exemplo, nos delitos contra a vida, na lesão ao patrimônio da Fazenda Pública etc. Trata-se nesses casos de *ação pública.* Todavia, na seara penal, pode haver ação privada, movida por particular, como a de injúria. **3.** *Direito militar.* Combate; batalha. **4.** *Filosofia geral* e *filosofia do direito.* Acidente indicativo da modificação produzida pela própria substância.

AÇÃO ACESSÓRIA. *Direito processual civil.* É a que se liga a uma ação principal, sendo proposta perante o juiz competente para decidir da ação principal. Constituem ações acessórias: a medida cautelar para evitar os azares do *periculum in mora,* desde que haja *fumus boni iuris;* o arresto; o seqüestro; a sustação de protesto; o depósito preparatório da ação; a interpelação; a habilitação incidente etc.

AÇÃO *AD EXHIBENDUM.* *Direito processual civil.* Ação exibitória. Destina-se a satisfazer a pretensão de um litigante contra outro ou contra terceiro, à exibição de coisa ou documento.

AÇÃO *ADIPISCENDAE POSSESSIONIS.* *Direito processual civil.* **1.** É a movida para pedir posse de coisa em poder de outrem. **2.** O mesmo que AÇÃO DE IMISSÃO NA POSSE.

AÇÃO ADMINISTRATIVA PÚBLICA. *Direito administrativo.* Atividade exercida por órgãos do Poder Executivo, no exercício de suas funções, para atingir finalidades públicas ou atender a necessidades de interesse geral, recorrendo, para tanto, ao serviço público, caso em que se terá a gestão dos bens públicos, ou à polícia, mediante prescrições.

AÇÃO AFIRMATIVA. Instrumento temporário de política social, praticado por entidades privadas ou pelo governo, por meio do qual se pretende integrar certo grupo de pessoas à sociedade, com o escopo de aumentar a sua participação ou acesso em certas esferas sociais, nas quais seria alijado por diversos motivos como etários, raciais, posição social, necessidade de cuidados especiais em razão de deficiência etc. (Roberta F. Kaufmann).

AÇÃO ANULATÓRIA. *Direito processual civil.* **1.** É a proposta para extinguir ato negocial, pela ocorrência de incapacidade relativa, vício social ou vício de consentimento de uma das partes, existente anterior ou contemporaneamente à formação daquele negócio. Se julgada procedente, terá efeito *ex nunc.* **2.** *Vide* AÇÃO DE NULIDADE NEGOCIAL.

AÇÃO ANULATÓRIA DE DÉBITO FISCAL. *Direito tributá-rio.* É a proposta para: a) invalidar débito fiscal cujo título, por exemplo, contenha defeitos, com ou sem o prévio depósito judicial do montante integral do crédito tributário, pleiteando a anulação do lançamento vulnerador de seu direito; b) obter restituição de tributo que lhe foi denegada por uma decisão, provando ter havido pagamento indevido. Se ajuizada sem o referido depósito, o Fisco não está inibido de promover a execução fiscal para a cobrança do crédito. Essa ação terá procedimento ordinário, sendo que sua iniciativa competirá ao sujeito passivo da obrigação tributária, que poderá se antecipar ao executivo fiscal da Fazenda, antecedendo-se à cobrança do Poder Público. Em suma, é ação de natureza administrativa, interposta pelo contribuinte contra decisão que denegou seu pedido de devolução do tributo, por pagamento indevido ou, então, para invalidar lançamento tributário.

AÇÃO ANULATÓRIA DE PARTILHA. *Direito processual civil.* É a que tem por escopo desfazer partilha amigável em caso de erro essencial, dolo, coação ou intervenção de incapaz. Se se tratar de partilha julgada por sentença, seu desfazimento operar-se-á mediante ação rescisória.

AÇÃO AO PORTADOR. *Direito comercial.* Título representativo do valor da cota com que sócio entra para a formação do capital social, sem conter inscrição do nome do seu possuidor, circulando livremente e transferindo-se pela simples tradição.

AÇÃO À ORDEM. *Direito comercial.* É a transmissível por endosso, que está autorizado em cláusula expressa contida no título.

AÇÃO APROPRIATÓRIA. *Direito processual civil.* É a proposta pelo proprietário de um terreno contra pessoa que nele veio, sem seu consenso, a edificar, semear ou plantar, pleiteando a apropriação da construção, sementes e plantas, indenizando o responsável somente se este agiu de boa-fé ou se ambos usaram de má-fé.

AÇÃO AQUISITÓRIA. *Direito processual civil.* É a movida pelo proprietário de um terreno urbano contra dono de prédio requerendo judicialmente, mediante pagamento de valor previamente arbitrado, a aquisição da metade de sua divisa, onde pretende colocar traves.

AÇÃO BENEFICIÁRIA. *Direito comercial.* É a que confere ao sócio direito de participação nos lucros e no ativo societário, somente depois de pagos o dividendo ou o valor das ações privilegiadas ou ordinárias.

AÇÃO BONIFICADA. *Direito comercial.* É a oriunda da elevação de capital com aproveitamento de reservas e distribuição gratuita aos acionistas proporcional às suas ações.

AÇÃO CAMBIAL. *Direito processual.* É a promovida pelo credor do título para a cobrança judicial, parcial ou total, de letras de câmbio, contas assinadas, cheques, notas promissórias e duplicatas, enquanto conservam a força advinda do título. Funda-se essa ação no título cambiário vencido, protestado ou não. O tomador (credor) poderá mover essa ação não só contra o principal devedor (aceitante da letra, reconhecente da duplicata, emitente da nota promissória) como também contra endossantes e avalistas, por serem co-responsáveis. Designa-se também "ação cambiária" ou "execução cambial".

AÇÃO CAUTELAR. *Direito processual civil.* É a que visa prevenir qualquer lesão de direito ou a eficácia futura do processo principal. Constituem ações cautelares: arresto, caução, seqüestro, busca e apreensão, produção antecipada de provas, alimentos provisionais, apreensão de títulos etc.

AÇÃO CAUTELAR FISCAL. *Direito processual tributário.* Aquela em que a Fazenda Pública procura obter medida liminar declaratória da impenhorabilidade de bens do contribuinte com débito constituído (Eduardo M. Ferreira Jardim).

AÇÃO CHEIA. *Direito comercial* e *direito financeiro.* Ação com direitos (dividendos, juros sobre o capital, bonificação e subscrição) não exercidos pelo titular (Luiz Fernando Rudge).

AÇÃO CIVIL. 1. *Direito processual civil.* É aquela pela qual se pleiteia, judicialmente, uma pretensão fundada em direitos de natureza civil, ou seja, pertencentes à área familiar, sucessória, obrigacional ou real. **2.** *Direito processual penal.* É a proposta pela vítima de uma infração à norma penal, para obter o ressarcimento do dano sofrido, ou seja, é aquela em que o ofendido, seu representante legal ou seu herdeiro pleiteiam, em juízo, os efeitos civis do delito contra eles perpetrado, ou melhor, a reparação do prejuízo que lhes foi causado.

AÇÃO CIVIL COLETIVA. *Direito processual civil.* É a movida, a título coletivo, pelos que forem responsáveis, em virtude de lei, pela proteção dos interesses e dos direitos do consumidor, para pleitear reparação de danos sofridos por cada um.

AÇÃO CIVIL PÚBLICA. *Direito constitucional* e *direito processual civil.* É aquela pela qual o órgão do Ministério Público ou outros legitimados ativos (as pessoas jurídicas, públicas ou privadas) ingressam em juízo com o intuito de proteger o patrimônio público e social, o meio ambiente, o consumidor, ou, ainda, quaisquer interesses difusos e coletivos, pleiteando a fixação da responsabilidade e, conseqüentemente, a reparação pelos danos causados (Hugo Nigro Mazzilli).

AÇÃO COGNITIVA. *Vide* AÇÃO DE CONHECIMENTO.

AÇÃO COLETIVA TRABALHISTA. *Direito processual trabalhista.* É aquela em que grupos de pessoas, figurantes no processo mediante representações, por serem titulares de certos direitos e interesses gerais e abstratos de caráter normativo, pretendem um pronunciamento judicial sobre tais interesses, dirimindo o conflito econômico ou de interesses existente, criando um direito que substituirá, assim, a convenção coletiva que não foi pactuada ou interpretará uma cláusula normativa, autônoma ou heterônoma de trabalho. Visa, por exemplo, solucionar, sem aplicar norma preexistente, controvérsias na fixação de novas condições de trabalho, criando outras e constituindo um novo estado jurídico, que se projetará, a partir da sentença, *erga omnes*. A sentença coletiva cumprirá a função de um contrato coletivo de trabalho, por constituir um ato jurisdicional similar, pelos efeitos que produz, à norma jurídica. Se, decorrido um ano da vigência da sentença coletiva, esta houver se tornado injusta e inaplicável, é possível mover ação coletiva para alterá-la, denominada "ação coletiva de revisão". A revisão poderá ser proposta pelo sindicato, pelo empregador, pelo empregado interessado, pelo tribunal prolator da sentença que se pretende revisar, ou, ainda, pela Procuradoria do Trabalho. Costuma-se, no Brasil, denominar, impropriamente, a ação coletiva de *dissídio coletivo*, que, na verdade, constitui a própria lide, ou melhor, a pretensão resistida.

AÇÃO COMERCIAL. *Direito processual civil.* É aquela intentada para defender ou garantir obrigação meramente comercial. Recai sobre atividade econômica organizada para a produção ou circulação de bens ou de serviços ou contrato mercantil com o escopo de proteger, judicialmente, direito de natureza comercial, por exemplo, é comercial a ação que tiver a pretensão de obter de um sócio a integralização da cota com que se comprometeu para constituir o capital social.

AÇÃO COMINATÓRIA. *Direito processual civil.* É a proposta para obter, judicialmente, a prática de um ato ou a sua abstenção consignadas em lei ou em um contrato, sob pena de responder pelo seu inadimplemento. Hodiernamente, não mais é admitida, pois o direito de exigir, em juízo, a prestação da obrigação de fazer ou de não fazer concretiza-se mediante rito ordinário, podendo o autor, na petição inicial, pedir a cominação da pena pecuniária para o caso de não-cumprimento da sentença. Todavia, não se pode olvidar que ainda há alguns procedimentos especiais ligados à antiga ação cominatória, como, por exemplo, a ação de prestação de contas.

AÇÃO COMISSÓRIA. *Direito civil* e *direito processual civil.* É a proposta pelo senhorio direto contra o enfiteuta, pleiteando a decretação do comisso, a extinção da enfiteuse e a reversão do domínio útil, em razão de o enfiteuta ter deixado de pagar as pensões devidas por três anos consecutivos, caso em que o senhorio o indenizará das benfeitorias necessárias que fez no bem enfitêutico. O comisso não opera de pleno direito, devendo ser, portanto, pronunciado por sentença judicial. Caberá, como vimos, ao senhorio direto propor ação contra o foreiro, a fim de que comprove e decrete o comisso. Só depois da sentença do magistrado é que o enfiteuta perderá o seu domínio útil, consolidando-se o direito de propriedade na pessoa do senhorio direto. Entretanto, as partes poderão estipular, se o quiserem, no contrato enfitêutico, que a falta de pagamento do *canon* não acarretará o comisso, desde que tal cláusula seja decretada judicialmente.

AÇÃO COMMUNI DIVIDUNDO. *Direito processual civil.* É a que tem por fim promover, em juízo, a divisão de coisa comum, ou seja, é o meio pelo qual um condômino poderá obrigar os outros co-proprietários a partilhar a coisa comum, assegurando assim, por meio da declaração judicial, o quinhão que lhe é cabível na propriedade comum.

AÇÃO COMPENSATÓRIA. *Direito processual civil.* É aquela movida por tutor ou curador contra pupilo ou curatelado para obter o ressarcimento das despesas feitas no exercício legal de suas funções ou para receber a remuneração a que tem direito pela sua administração.

AÇÃO COMUM. *Vide* AÇÃO ORDINÁRIA.

AÇÃO COM VALOR NOMINAL. *Direito comercial.* Ação com valor fixado pelo estatuto social da companhia que a emitiu (Luiz Fernando Rudge).

AÇÃO CONDENATÓRIA. *Direito processual civil.* É a que tem por escopo a obtenção de uma sentença judicial que, além de declarar a existência da relação jurídica, ou melhor, do direito subjetivo violado, aplique uma sanção a réu, condenan-do-o a satisfazer uma prestação de dar, de fazer ou de não fazer. O réu condenado a cumprir a prestação assumirá, em caso de inadimplemento voluntário, o risco de ser executado pelo autor, que, para tanto, proporá uma ação executiva, pois a sentença prolatada na condenatória ser-virá como título executivo contra o réu.

AÇÃO CONEXA. *Direito processual civil.* É a movi-da, simultânea ou cumuladamente, com outra quando, apesar de terem fins diversos, lhes for comum o objeto ou a causa de pedir, por ser necessário que haja um único julgamento. Tal conexão poderá ocorrer, por exemplo, se houver ação proposta contra o devedor principal e o fiador, uma vez que o objeto do pedido é co-mum, e o julgamento de uma importará o da outra.

AÇÃO CONFESSÓRIA. *Direito processual civil.* **1.** É a movida pelo dono do prédio dominante, na hipótese de servidão predial, contra o dono do prédio serviente, que vem dificultando o uso da servidão, desde que, na petição inicial, se prove a existência daquela servidão e os prejuízos so-fridos. **2.** É a proposta pelo usufrutuário, usuário ou titular do direito real de habitação para asse-gurar o exercício de seu direito.

AÇÃO CONSIGNATÓRIA. *Vide* AÇÃO DE CON-SIGNAÇÃO EM PAGAMENTO.

AÇÃO CONSTITUTIVA. *Direito processual civil.* É a ação de conhecimento que tem por fim a criação, a modificação ou a extinção de uma relação jurí-dica, sem estatuir qualquer condenação do réu ao cumprimento de uma prestação, produzindo efeitos *ex tunc* ou *ex nunc*. Por exemplo, são ações desse tipo as que visam a anulação de um negócio jurídico, por apresentar vício de con-sentimento (erro, dolo, coação, lesão ou estado de perigo) ou vício social (fraude), ou a sepa-ração judicial litigiosa, dissolvendo a sociedade conjugal.

AÇÃO CONTRA ATO ADMINISTRATIVO. *Direito adminis-trativo.* É a medida judicial tomada pelo adminis-trado que sofreu gravame em seus direitos pela prática de ato administrativo ilegal. O adminis-trado lesado poderá propor, então, conforme o caso, não só ação popular, *habeas corpus*, man-dado de segurança, ação de nulidade de patente de invenção e de marca de indústria e comércio como também ações comuns, como a penal, a ordinária, a declaratória, a condenatória ou a constitutiva, o interdito possessório, a nuncia-ção de obra nova ou a imissão na posse.

AÇÃO CONTRA DANOS CAUSADOS POR ANIMAL. É a movida pelo lesado contra dono ou detentor de animal com o fim de obter a reparação de dano causado por este a sua pessoa ou a seus bens, ante a presunção de culpa *in vigilando*, salvo se se comprovar uma das excludentes le-gais, quais sejam caso fortuito, força maior ou culpa da vítima.

AÇÃO CONTRATUAL. *Direito processual civil.* É a pro-posta pela parte lesada para exigir o adimple-mento do contrato.

AÇÃO CONTRAVENCIONAL. *Direito processual penal.* Ação por contravenção.

AÇÃO CRIMINAL. 1. *Direito processual penal.* É a ação que, movida pela prática de crime, visa determi-nar a responsabilidade penal por um fato, apu-rando sua autoria, absolvendo ou condenando o imputado, em conformidade com as provas constantes nos autos. **2.** *Direito canônico.* É a re-servada ao fiscal, ou melhor, ao promotor de justiça incumbido da acusação penal. Contudo, qualquer fiel poderá pleitear a reparação dos prejuízos ou de algum escândalo ocorrido.

AÇÃO CRIMINOSA. *Direito penal.* Ato comissivo ou omissivo que se subsume em tipo penal incri-minador.

AÇÃO CUMULADA. *Direito processual civil.* É a que ocorre quando duas lides são apensadas, po-dendo ser propostas concomitantemente. Por exemplo, poder-se-á ter cumulação da ação de demarcação com queixa de esbulho ou de tur-bação de posse com a de divisão e demarcação de terras particulares. Com isso o autor, além de requerer a demarcação, instruída com título de propriedade, formulará não só o pedido de rein-tegração ou de manutenção da posse do terreno invadido como também o de divisão total ou parcial da coisa, citando-se confinantes e con-dôminos. Com a cumulação o órgão judicante poderá proferir um só julgamento.

AÇÃO DA SOBERANIA. *Direito constitucional.* Ato em que uma nação exerce sua soberania para, atra-vés de órgão competente, fixar sua Constitui-ção, emitindo normas sobre o regime em que se fundam a organização política, as relações entre governantes e governados, a estrutura dos Po-deres Públicos, a determinação das pessoas inte-grantes dos órgãos de sua administração públi-ca, através dos quais exteriorizará sua vontade, e as funções e competências dos Poderes Execu-tivo, Legislativo e Judiciário.

AÇÃO DE ACIDENTE DE TRABALHO. *Direito processual. trabalhista* e *direito processual civil.* É a proposta pelo empregado acidentado, seus herdeiros ou cônjuge supérstite contra o empregador para obter indenização por doença, perda ou redução da capacidade laborativa ou por morte provocadas, direta ou indiretamente, por acidente verificado no exercício do trabalho.

AÇÃO DE ADJUDICAÇÃO COMPULSÓRIA. *Direito civil.* e *direito processual civil.* É a proposta pelo compromissário-comprador munido de promessa devidamente registrada, nos casos de recusa da entrega de imóvel comprometido, da outorga de escritura definitiva, ou, ainda, na hipótese de o imóvel ter sido alienado a terceiro, havendo pago totalmente o preço estipulado, para obter sentença judicial que ordene a incorporação do referido imóvel ao seu patrimônio, servindo de título para o assento imobiliário.

AÇÃO DE ALIMENTOS. *Direito processual civil.* É a movida para exigir de parente (ascendente, descendente ou colateral de 2º grau) ou de ex-cônjuge, separado extrajudicial ou judicialmente ou divorciado, e, ainda, de convivente, meios necessários à subsistência proporcionais à necessidade e aos recursos econômico-financeiros do alimentante. Em se tratando de ex-cônjuge, urge lembrar que, se o cônjuge necessitado tiver comportamento indigno, passar a viver em concubinato, ou união estável, ou se se casar novamente, perderá os alimentos, exonerando-se o devedor. Se cessar o concubinato, há julgados que entendem que se restaurará a pensão alimentícia, enquanto outros consideram que não mais revigorará, pois a concubina deverá ser indenizada por prestação de serviços domésticos ou irá efetuar a partilha dos bens comuns por sociedade de fato. O concubinato, união estável, e o novo casamento do devedor de alimentos não alteram sua obrigação, embora o *quantum* da prestação possa ser suscetível de redução. Convém, ainda, não olvidar que, se no divórcio a mulher, por exemplo, renunciou ao exercício do direito à pensão alimentícia, posteriormente carecerá de ação para pleitear alimentos ao ex-marido, ante a insubsistência do vínculo matrimonial, mesmo que alegue alteração de sua situação econômica. A decisão que fixa o *quantum* dos alimentos traz ínsita a cláusula *rebus sic stantibus*, o que equivale dizer que são modificáveis, dado que a fixação da prestação alimentar faz-se em atenção às necessidades do alimentando e às possibilidades financeiras do alimentante. Assim, se sobrevier mudança na fortuna de quem o supre ou na de quem os recebe, poderá o interessado reclamar do magistrado, conforme as circunstâncias, exoneração, redução ou agravação do encargo. Cumpre ressaltar, ainda, que, salvo decisão judicial, a prestação alimentícia de qualquer natureza será atualizada monetariamente na forma dos índices oficiais de atualização vigentes.

AÇÃO DE ANULAÇÃO. *Direito processual civil.* **1.** É a proposta para invalidar ato jurídico lesivo, não consentâneo com as normas jurídicas, efetivado por relativamente incapaz, sem a devida assistência de seu representante legal ou eivado de algum vício de consentimento ou social. **2.** *Vide* AÇÃO ANULATÓRIA e AÇÃO DE NULIDADE NEGOCIAL.

AÇÃO DE ANULAÇÃO E SUBSTITUIÇÃO DE TÍTULOS AO PORTADOR. *Direito processual civil.* É a movida pelo proprietário de títulos ao portador que os perdeu, deles foi injustamente desapossado ou recebeu informação de que foram destruídos contra pessoa desconhecida, mediante a apresentação de provas fornecidas pelas financiadoras ou corretoras de valores que, por meio de mapas diários, recibos de cautelas etc., têm condições não só de comprovar perda, destruição ou extravio como também de identificar os títulos. Apenas com essa identificação será possível anular e substituir o título perdido, extraviado ou destruído.

AÇÃO DE ATENTADO. *Direito processual civil.* É a proposta pelo prejudicado na ação principal contra a outra parte, que cometeu atentado no curso do processo, solicitando o restabelecimento do estado anterior, a suspensão da causa principal, a proibição de qualquer manifestação do réu até a purgação do atentado e a reparação das perdas e danos sofridos. Essa cautelar é freqüente nas ações de manutenção de posse, de nunciação de obra nova e nos interditos proibitórios.

AÇÃO DE AUTORIA. *Vide* AÇÃO DE EVICÇÃO.

AÇÃO DE AVARIAS. *Direito processual civil.* É a decorrente de uma pretensão fundada em lei e em contrato de transporte, exercida em caráter pessoal, para obter ressarcimento de perdas ou danos sofridos pelos objetos durante transporte aéreo, marítimo ou terrestre, em razão de causa externa ou de gastos extraordinários com os bens feitos durante a viagem, apurando-se a responsabilidade do segurador, do ressegurador, do armador, do fretador, do expedidor, do comandante, do consignatário etc.

AÇÃO DE CAUÇÃO ÀS CUSTAS. *Direito internacional privado* e *direito processual civil.* É a proposta pelo réu para garantir o pagamento das custas processuais pelo autor, nacional ou estrangeiro, que residir fora do País ou dele se ausentar no curso da demanda, sem possuir imóveis que o assegurem, exigindo que preste caução suficiente para aquele pagamento. Não se confunde com a *cautio judicatum solvi* ou *cautio pro expensis*, porque a caução às custas não se apresenta como uma restrição imposta à capacidade processual do estrangeiro, mas como uma garantia para o pagamento das custas processuais, sem atenção à nacionalidade dos litigantes, aplicando-se tanto a nacionais como a estrangeiros. Na *cautio judicatum solvi* limita-se a capacidade processual do estrangeiro para subordinar a certa condição o seu direito de ação. Em nosso país proscreve-se a fiança às custas do processo por consideração de nacionalidade, não se exigindo que estrangeiro a preste ao invocar a intervenção de tribunal brasileiro para a solução de um conflito jurídico, por constituir uma restrição à proteção jurídica que o Estado oferece aos indivíduos e uma limitação à capacidade do estrangeiro de estar em juízo.

AÇÃO DE CHEQUE. *Direito processual civil.* É a movida pelo beneficiário, avalista ou coobrigado para exigir o importe do título e os encargos supletivos (Othon Sidou).

AÇÃO DECLARATÓRIA. *Direito processual civil.* É a que visa obter imediata declaração da existência ou da inexistência de uma relação jurídica, da autenticidade ou falsidade de um documento ou, excepcionalmente, da ocorrência ou não de uma situação fática, solucionando a dúvida em que se encontram os litigantes, tornando certo o que estava incerto.

AÇÃO DECLARATÓRIA DE CONSTITUCIONALIDADE. *Direito constitucional* e *direito processual.* É aquela que visa a declaração em tese da constitucionalidade de uma norma por estar conforme à Carta Magna. Podem propor a ação declaratória de constitucionalidade de lei ou ato normativo federal: a) o Presidente da República; b) a Mesa do Senado Federal; c) a Mesa da Câmara dos Deputados; d) a Mesa da Assembléia Legislativa ou da Câmara Legislativa do Distrito Federal; e) o Governador de Estado ou do Distrito Federal; f) o Procurador-geral da República; g) o Conselho Federal da Ordem dos Advogados do Brasil; h) o partido político com representação no Congresso Nacional; e i) a confederação sindical ou entidade de classe de âmbito nacional. A petição inicial indicará: a) o dispositivo da lei ou do ato normativo questionado e os fundamentos jurídicos do pedido; b) o pedido, com suas especificações; c) a existência de controvérsia judicial relevante sobre a aplicação da disposição objeto da ação declaratória. A petição inicial, acompanhada de instrumento de procuração, quando subscrita por advogado, será apresentada em duas vias, devendo conter cópias do ato normativo questionado e dos documentos necessários para comprovar a procedência do pedido de declaração de constitucionalidade. A petição inicial inepta, a não fundamentada e a manifestamente improcedente serão liminarmente indeferidas pelo relator. Cabe agravo da decisão que indeferir a petição inicial. Proposta a ação declaratória, não se admitirá desistência, nem intervenção de terceiros no processo.

AÇÃO DECLARATÓRIA DE INCONSTITUCIONALIDADE. *Vide* AÇÃO DE INCONSTITUCIONALIDADE.

AÇÃO DECLARATÓRIA EM MATÉRIA FISCAL. *Direito processual tributário.* É a movida pelo contribuinte para, judicial e preventivamente, esclarecer dúvida sobre a existência, ou não, de relação jurídica tributária, se se tratar de tributo de autolançamento, ainda que não tenha sido afirmada pelo Fisco. Todavia, a propositura desta ação não impedirá que o Fisco venha a fazer o lançamento tributário *sub examine*.

AÇÃO DECLARATÓRIA INCIDENTAL. *Direito processual civil.* É a proposta pelo litigante, no curso do processo, requerendo ao magistrado que declare, por sentença, a existência, ou não, de uma relação jurídica, da qual dependerá o julgamento final. Por exemplo, se estiver em andamento uma ação de alimentos a filho não reconhecido, sendo negada a paternidade pelo réu, o autor poderá mover a ação declaratória incidental para que se declare a existência, ou não, daquela paternidade, que constitui pressuposto necessário para o julgamento da lide atinente aos alimentos pleiteados.

AÇÃO DE CLÁUSULA RETRO. *Direito processual civil.* Meio pelo qual o vendedor pretende, em razão de cláusula de retrovenda, retomar o imóvel, devolvendo o preço e demais despesas ao comprador.

AÇÃO DE COBRANÇA. *Direito processual civil.* É a proposta pelo credor para receber seu crédito, chamando o devedor inadimplente a juízo, para reclamar o pagamento, baseado no seu direito de exigir o cumprimento de um débito oriundo de qualquer obrigação.

AÇÃO DE COMISSO. *Vide* AÇÃO COMISSÓRIA.

AÇÃO DE COMPANHIA ALAVANCADA. *Direito comercial.* Ação de companhia que usa capitais de terceiros (proprietários), que estão sujeitos aos custos, benefícios e riscos advindos da alavancagem feita pela companhia (Luiz Fernando Rudge).

AÇÃO DE CONCORDATA PREVENTIVA. *História do direito.* Era aquela pela qual se pretendia evitar a declaração da falência, obstando a quebra do comerciante devedor em estado de insolvência, desde que se oferecesse aos credores quirografários, por saldo de seus créditos, um pagamento mínimo, conforme percentual previsto em lei.

AÇÃO DE CONCORDATA SUSPENSIVA. *História do direito.* Era aquela em que se requeria a cessação dos efeitos da falência, já decretada, desde que não houvesse qualquer ação penal contra o falido impetrante. O pedido deveria ser feito em autos separados, mas apensados aos da falência.

AÇÃO DE CONHECIMENTO. *Direito processual civil.* É a que intenta que o magistrado tome conhecimento da pretensão do autor e da resistência que lhe opõe o réu, inteirando-se do conflito de interesses, a fim de que profira uma sentença fundada na convicção que teve da legitimidade da pretensão do autor, declarando a lei reguladora do caso *sub judice* ou o direito a ele aplicável. Na ação de conhecimento podem se agrupar as ações meramente declaratórias, as condenatórias e as constitutivas.

AÇÃO DE CONSIGNAÇÃO DE ALUGUEL. *Direito processual civil.* É um procedimento especial de jurisdição contenciosa que equivale ao pagamento da dívida locatícia, desde que observadas as formas legais, tendo por escopo a extinção da obrigação. Consiste num pagamento forçado: o locatário compele o locador a receber o débito locativo, liberando-se com a oblação real, afastando sua mora e instaurando a do locador. O devedor deverá consignar sua dívida ao credor se este não a quiser receber, se estiver em local não sabido, se houver dúvida sobre quem a deva receber, se existir litígio sobre o objeto do pagamento, se houver concurso de preferência aberto contra o credor ou se este for incapaz para receber o pagamento. A pretensão do autor é a de solver o débito locatício, liberando-se da obrigação, por isso, a ação de consignação em pagamento não se presta à apuração e à liquidação de crédito do locatário relativo a despesas com reparos no prédio, para compensá-lo com o débito de aluguéis, por pressupor a liquidez deste que se pretende extinguir e o depósito integral da dívida. Conseqüentemente, a pretensão do locatário de exonerar-se da obrigação só poderá ser satisfeita com o depósito judicial do *quantum* devido em sua íntegra. Feito o depósito, o locador passará a arcar com os riscos do não-recebimento, ao passo que o locatário apenas terá alguma responsabilidade se a quantia depositada for insuficiente ou se a ação for improcedente. É preciso lembrar que essa ação é meio inadequado para discutir o *quantum debeatur*, por pressupor a existência de uma obrigação líquida e certa que se almeja extinguir. Na consignação as condições primordiais da ação são a prova da liquidez do débito e o depósito feito devidamente no prazo certo. É, portanto, um meio indireto de libertar o locatário do pagamento do débito locativo devido em face da recusa do locador. Julgada procedente a consignatória, sendo o réu sucumbente, o juiz extinguirá a obrigação do locatário com o depósito judicial do valor locativo, e o réu-demandado-consignatário será condenado a pagar as custas processuais e os honorários de advogado.

AÇÃO DE CONSIGNAÇÃO EM PAGAMENTO. 1. *Direito processual civil.* É aquela em que o devedor ou terceiro, nos casos admitidos em lei, requer ao magistrado a citação do interessado para comparecer em local, dia e hora indicados, a fim de receber o pagamento da quantia ou coisa devida, provando o depósito e a recusa, manifestada pelo credor por escrito ao estabelecimento bancário. Isto é assim porque se após o referido depósito não houve manifestação de recusa do credor, o devedor liberado está da obrigação, ficando à disposição do credor a quantia depositada. A não-recusa do credor ao depósito, que, substituindo aquele pagamento, extingue a obrigação, faz com que o devedor receba então a quitação de sua dívida. **2.** *Direito tributário.* É um meio especial de pagamento por parte do contribuinte não somente no caso de o Fisco se recusar a receber o crédito, subordinar o pagamento do tributo à quitação de um outro, ao pagamento de alguma multa ou penalidade, ao cumprimento de uma obrigação acessória ou de alguma exigência administrativa não fundada em lei, mas também se mais de uma pessoa jurídica de direito público exigir tributo idêntico sobre o mesmo fato gerador. Se pela sentença a ação for julgada procedente, a importância depositada em juízo convolar-se-á em renda. Se julgada improcedente, no todo ou em parte, cobrar-se-á o crédito tributário com juros moratórios.

AÇÃO DE CONSTRUÇÃO E CONSERVAÇÃO DE TAPUME. *Direito processual civil.* **1.** É a proposta pelo proprietário de imóvel para obter o reconhecimento judicial da obrigação de o dono do prédio confinante contribuir pecuniariamente, concorrendo para as despesas de construção e conservação de tapumes divisórios, ou, ainda, para haver do confinante a co-propriedade destes, no caso de não ter participado de sua construção ou conservação. Isto é assim porque todos os proprietários têm interesse de que os imóveis sejam separados por tapumes, devendo, portanto, participar em partes iguais das despesas de sua construção ou conservação. Para tanto deverá haver um acordo prévio entre eles. Na falta desse acordo, o interessado deverá ingressar em juízo para obter aquele pagamento. Se não tomar essas providências e erguer o tapume, presume-se que o fez por conta própria, não lhe sendo, então, possível cobrar do outro sua parte nos dispêndios. Todavia, permitido está por lei que o proprietário que não concorreu para as despesas do tapume possa adquirir sua meação, embolsando o vizinho que o levantou com metade do valor da construção, mediante procedimento judicial especial. Enquanto não fizer isso, nenhum uso poderá fazer da parede, muro, cerca ou vala. **2.** É a movida pelo proprietário para haver de seu confinante a metade do valor das despesas efetuadas com a construção ou conservação de tapume para deter a passagem de animais de grande porte. Trata-se do "tapume comum", que constitui direito do proprietário do prédio contíguo, devendo sua construção ser paga em partes iguais pelos confinantes, por ser uma imposição legal. **3.** É a proposta pelo proprietário para exigir que seu vizinho cerque à própria custa a sua propriedade para deter dentro de seus limites animais de pequeno porte. Isto se deve ao fato de ser esse "tapume especial" uma obrigação do proprietário ou detentor desses animais, que deve, portanto, arcar sozinho com as despesas de sua construção, não podendo pleitear

o pagamento equivalente à metade do valor dos dispêndios ao seu vizinho, porque esse tapume representa um interesse particular. Se não construir o tapume, deverá pagar os danos causados pelos animais no prédio contíguo, a menos que haja alguma excludente da responsabilidade civil. **4.** É a que pretende assegurar o ingresso de um proprietário no prédio vizinho, quando for impedido, para decotar cerca viva ou reparar muro divisório.

AÇÃO DE CONTESTAÇÃO DE MATERNIDADE. *Direito civil* e *direito processual civil.* É a proposta pela mulher para negar a maternidade de quem se inculca, no registro de nascimento, ser seu filho.

AÇÃO DE CONTESTAÇÃO DE PATERNIDADE. *Direito civil* e *direito processual civil.* É a movida pelo marido para impugnar a paternidade de filho nascido de sua mulher, apresentando as provas cabíveis. Isto porque a presunção de paternidade é *juris tantum*, no que concerne ao pai, que poderá ilidi-la provando o contrário se demonstrar que: houve adultério, pois se achava fisicamente impossibilitado de coabitar com a mulher nos primeiros cento e vinte e um dias ou mais dos trezentos que houverem precedido ao nascimento do filho, porque, por exemplo, acometido de doença grave geradora de impotência *coeundi* absoluta, que o impedia de manter relações sexuais, acarretando, destarte, impotência *generandi* absoluta; não houve inseminação artificial homóloga, nem fertilização *in vitro*, visto que não doou sêmen para isso ou que houve troca de material germinativo, ou nem mesmo inseminação artificial heteróloga, já que não a autorizou ou que ela se deu por vício de consentimento. Essa ação de contestação de paternidade é proposta contra o filho, que, sendo menor, não pode ser representado pelo próprio autor, que seria seu representante legal; o juiz da causa deverá nomear um curador *ad hoc*, cuja intervenção não se dispensa, por oficiar, no feito, o Ministério Público. A mãe, embora não seja parte na lide, poderá intervir para assistir o filho. A sentença proferida deverá ser averbada à margem do registro de nascimento para competente ratificação; sendo oponível *erga omnes*, produz efeito em relação aos outros membros da família.

AÇÃO DE CONTRAFAÇÃO. *Direito civil* e *direito processual civil.* É aquela pela qual o autor de obra artística, literária ou científica ou o cessionário de direito autoral ingressam em juízo para obter, daquele que publicar ou reproduzir a obra sem seu consenso, a indenização por perdas e danos.

AÇÃO DE CONVERSÃO. *Direito processual civil.* Aquela que converte a separação judicial em divórcio.

AÇÃO DE CUMPRIMENTO. *Direito processual trabalhista.* É a pleiteada pelo empregado beneficiado ou pelo sindicato, seu substituto processual, para executar uma sentença coletiva, que não é condenatória, para que ela, executando-se, passe a condenar indiretamente. Para tanto o empregado deverá juntar a certidão da sentença coletiva, para provar o direito pretendido que nela foi apreciado e reconhecido. Tal certidão é título executivo do direito material reconhecido. Assim, por exemplo, se o empregador não efetuar o pagamento do salário em conformidade com a decisão dada, o empregado ou o sindicato poderão mover a ação de cumprimento, juntando certidão daquela decisão, apresentando a reclamação no juízo competente para dar execução àquela sentença coletiva, que contém comando normativo. Na ação de cumprimento não se poderá, portanto, questionar sobre matéria de fato e de direito já apreciadas na sentença coletiva, simplesmente porque o direito material pretendido foi criado, genérica e abstratamente, por aquela decisão, que dirimiu o conflito coletivo de natureza econômica. Na ação de cumprimento reclama-se tão-somente a execução da sentença normativa, fazendo valer aquele direito já reconhecido. Todavia, uma vez ajuizada, o empregador reclamado que não cumprir a sentença normativa exeqüenda poderá pleitear a suspensão da eficácia da mesma para o caso *sub judice* se provar sua incapacidade econômico-financeira.

AÇÃO DE DANO. *Direito processual civil.* É a proposta pelo lesado contra o lesante pelos danos morais e/ou patrimoniais que culposamente lhe foram causados, comissiva ou omissivamente, pleiteando o reconhecimento do dano e a sua reparação *in natura*, ou seja, a reconstituição do *statu quo ante* e, se impossível for, o pagamento de uma indenização consistente em certa soma em dinheiro, cujo valor deverá ser estabelecido por lei, pelo consenso entre as partes ou pelo juiz.

AÇÃO DE DANO IMINENTE. *Direito processual civil.* É aquela proposta pelo proprietário contra o dono de prédio contíguo que ameaça ruir, pleiteando não só sua demolição ou seus reparos necessários, mas também uma caução pela iminência do dano.

AÇÃO DE DANO INFECTO. *Direito processual civil.* É a medida preventiva pela qual se visa não só impedir uso anormal, perigoso ou nocivo de propriedade adjacente ante dano que provavelmente ocorrerá, solucionando conflitos entre vizinhos e amparando os *jura vicinitatis*, como também evitar que ruína, demolição ou vício de construção do prédio vizinho venha a causar prejuízo a outro, mediante obtenção por sentença de uma caução que garanta a indenização de danos futuros.

AÇÃO DE DECLARAÇÃO DE AUSÊNCIA. *Direito civil* e *direito processual civil.* É a que tem por escopo preservar os bens deixados por pessoa que desapareceu sem dar qualquer notícia e sem deixar representante, requerendo-se ao órgão judicante a declaração judicial de sua ausência, instituindo-se sua curatela, por ser o ausente considerado absolutamente incapaz, e procedendo-se à arrecadação de seus bens, que serão administrados pelo curador. A curatela dos bens do ausente perdurará por um ano. Durante esse lapso de tempo, o magistrado ordenará a publicação de editais, de dois em dois meses, convocando o ausente a reaparecer e retomar a posse de seus haveres. Passado um ano da arrecadação dos bens do ausente sem que se saiba dele, os interessados poderão requerer que se abra, provisoriamente, a sucessão, cessando a curatela. A abertura da sucessão provisória também se dará se após três anos não se tiver notícia, nem se souber o paradeiro da pessoa que desapareceu, mas deixou representante ou procurador. Essa sucessão provisória passará a ser definitiva se houver prova do óbito do ausente ou se, dez anos, ou cinco, se o ausente contar com oitenta anos, após o trânsito em julgado da sentença de abertura da sucessão, o ausente não regressar. Os sucessores deixarão de ser provisórios, adquirindo o domínio dos bens recebidos, porém, sua propriedade será resolúvel se o ausente retornar nos dez anos seguintes à abertura da sucessão definitiva, caso em que só poderá requerer ao juiz a entrega dos bens existentes no estado em que se encontrarem, os sub-rogados em seu lugar ou o preço que os herdeiros houverem recebido pelos alienados depois daquele tempo, respeitando-se, assim, direitos de terceiros, uma vez que não se desfazem aquisições por eles realizadas. Se, entretanto, o ausente regressar depois de passados os dez anos de abertura da sucessão definitiva, não terá direito a nada, não mais podendo recuperar seus bens.

AÇÃO DE DEMARCAÇÃO DE TERRAS. *Direito civil* e *direito processual civil.* É a proposta pelo proprietário ou pelo titular de um direito real (enfiteuta, usufrutuário, condômino, nu-proprietário) contra o dono do prédio contíguo, com o fim de aviventar rumos apagados e renovar marcos destruídos ou arruinados, sendo as despesas proporcionalmente repartidas. A ação demarcatória pode ser: a) *simples*, se tiver por escopo sinalizar os limites, ou seja, fixar, restabelecer ou aviventar os marcos da linha divisória de dois prédios contíguos; ou b) *qualificada*, quando cumular os pedidos de fixação de rumos e aviventação dos já existentes com o de restituição de glebas indevidamente ocupadas pelo dono do prédio confinante, se o interessado não quiser, antes de mover essa ação, recorrer diretamente aos interditos possessórios. Para tanto, o proprietário deverá comprovar que uma parcela de seu terreno, sem área determinada, está, indevidamente, fazendo parte do domínio de seu vizinho.

AÇÃO DE DEMOLIÇÃO. *Direito processual civil.* **1.** É medida cautelar preventiva dirigida ao magistrado para que este ordene a demolição de um prédio em ruínas, ante o receio de alguma lesão que ele possa causar, ou determine as reparações que forem necessárias. **2.** É a cumulada com pedido possessório, em que o autor pleiteia o desfazimento de uma construção ou plantação que tenha sido levada a efeito, prejudicando sua posse. **3.** É a que tem por escopo exigir, judicialmente, a demolição de obra construída sem observância dos direitos de vizinhança, das leis e posturas municipais, de normas legais estaduais e federais. Em regra, o magistrado não ordena a demolição se sem ela o dano puder ser evitado, mediante preenchimento das condições legais ou reparos necessários.

AÇÃO DE DEPÓSITO. *Direito processual civil.* É a que objetiva a devolução da coisa depositada em poder do depositário. Se julgada procedente, o magistrado ordenará a expedição do mandado para que seja entregue ao depositante a coisa em litígio, ou o seu equivalente em dinheiro, dentro do prazo de vinte e quatro horas. Se esse mandado não for cumprido, a prisão do depositário infiel será decretada judicialmente.

AÇÃO DE DESAPROPRIAÇÃO. *Direito administrativo* e *direito processual administrativo.* **1.** É o procedimento pelo qual o Poder Público despoja, compulsoriamente, alguém de uma propriedade móvel ou imóvel, sob a alegação de necessidade e utilidade públicas ou interesse social, adquirindo-a mediante justa e prévia indenização, que será paga em dinheiro ou, se o expropriado concordar, em títulos de dívida pública com cláusula de exata atualização monetária. É ressalvado à União o direito de desapropriar imóvel rural que não esteja cumprindo sua função social quando, tendo em vista o interesse social, objetivar a realização da justiça social através da reforma agrária, pagando ao proprietário uma indenização justa e prévia em títulos de dívida agrária com cláusula de preservação do valor real, para evitar enriquecimento ilícito do Estado. Se a indenização oferecida pelo expropriante for contestada pelo expropriado, o magistrado determinará que seja o bem avaliado por perito e pelos assistentes técnicos das partes e arbitrará a indenização, sendo-lhe vedado qualquer pronunciamento sobre a questão da utilidade e necessidade públicas ou interesse social. **2.** É o procedimento pelo qual a União poderá adquirir bens pertencentes aos Estados, Municípios e Distrito Federal, e os Estados, os dos Municípios, desde que autorizados por lei. **3.** É o ato pelo qual o Poder Público, ou melhor, a União e os Estados, apropriam-se de coisa incorpórea pertencente a outrem, fundados na utilidade pública e ante o pagamento de prévia indenização, em face do interesse da coletividade na difusão de obras literárias, científicas e artísticas. Por exemplo, poderão desapropriar inventos, obras publicadas cujo autor se recuse, sem motivo justificado, a divulgá-las etc. Confere-se ao Poder Público, ainda, o direito de desapropriar criações científicas, artísticas ou tecnológicas para proteger ou preservar o patrimônio cultural brasileiro.

AÇÃO DE DESERDAÇÃO. *Direito civil* e *direito processual civil.* É a ação ordinária movida por quem tiver interesse jurídico na exclusão do herdeiro necessário de sua legítima, comprovando a veracidade do motivo legal apresentado pelo testador para não beneficiar aquele herdeiro que se portou mal com ele. O herdeiro instituído ou aquele a quem a deserdação aproveitar terá quatro anos, contados da abertura da sucessão, para mover ação ordinária contra o deserdado, a fim de comprovar a veracidade da causa apontada pelo testador e efetivar a deserdação. Se conseguir provar cabalmente o fato, a sentença privará o herdeiro necessário de sua legítima. Se não conseguir provar a ocorrência da causa legal da deserdação, nulas serão a instituição do herdeiro e todas as disposições testamentárias que prejudicarem a reserva legitimária do deserdado.

AÇÃO DE DESFORÇO IMEDIATO. *Direito civil.* É o ato pelo qual o esbulhado busca restituir, por sua própria força, a posse do bem. Ao exercer esse direito, o possuidor deverá agir pessoalmente, assumindo toda a responsabilidade, embora possa ser auxiliado por amigos e serviçais, empregando todos os meios necessários, inclusive armas, até conseguir recuperar a posse perdida, reação esta que deverá ser imediata ou assim que lhe for possível agir. Entretanto, se após a consumação do esbulho já houver transcorrido certo prazo, o melhor mesmo será recorrer às vias judiciais.

AÇÃO DE DESLIGAMENTO DA ADOÇÃO. *História do direito.* Era a intentada por aquele que foi adotado simplesmente, enquanto menor ou interdito, para, unilateralmente, romper, em razão de repúdio, o vínculo da adoção, dentro de um ano, a contar da data em que atingiu a maioridade ou em que cessou a interdição, se lhe fosse conveniente, sem que tivesse de justificar a causa que o levou a isso.

AÇÃO DE DESPEJO. *Direito processual civil.* É a proposta pelo locador de prédio urbano ou rústico para que o ocupante a título de locação ou sublocação o desocupe, retomando-o, desde que tenha havido infração contratual ou legal. Essa ação segue o rito ordinário. Se julgada procedente, haverá notificação ao réu-locatário para que desocupe o imóvel dentro do prazo estipulado pelo órgão judicante, sob pena de desalojamento compulsório, realizado por dois oficiais de justiça, que estarão autorizados a fazer, até mesmo, uso da força pública. Poderá, ainda, aquele que requerer o despejo pleitear a *concessão de liminar para desocupação do imóvel locado* em quinze dias, sem que a parte contrária seja ouvida (*inaudita altera parte*), expondo seu direito ameaçado e o receio da lesão com a demora da prestação jurisdicional, indicando as provas que serão produzidas. Todavia, o requerente, para tanto, deverá prestar caução no valor correspondente a três meses de aluguel se a ação de despejo se fundar: a) no descumprimento do mútuo acordo, feito por escrito e assinado pelos contratantes e por duas testemunhas, onde se ajustou o prazo mínimo de seis meses para desocupação, contado da aposição das assinaturas no instrumento; b) na rescisão de contrato de trabalho, se a ocupação do imóvel pelo inquilino estiver relacionada com seu emprego, desde que haja prova escrita daquela extinção contra-

tual ou desde que ela tenha sido demonstrada em audiência prévia. Entretanto, se não houver entre empregado e empregador qualquer relação jurídica *ex locato*, mas tão-somente um contrato de prestação de serviço, pelo qual se paga parte do salário em moradia, não haverá possibilidade de, findo aquele contrato, se reclamar o quarto, mediante despejo, se o empregado não o restituir. Com a cessação da prestação de serviço, extinto estará o direito de usar o cômodo, assim, se não o devolver, ter-se-á esbulho, e a ação para obter a restituição será a de reintegração de posse; c) no término da vigência de locação para temporada, desde que a ação tenha sido proposta até trinta dias após o vencimento daquele contrato; d) na morte do locatário sem sucessor legítimo, ou seja, viúvo ou companheiro, descendente ou ascendente ou pessoa sob sua dependência econômica, residentes no imóvel locado, estando o prédio ocupado por pessoa não autorizada legalmente, hipótese em que, entendemos, apesar de a lei permitir o despejo com concessão de liminar para desocupação em quinze dias, a ação cabível para reaver o bem seria a de reintegração de posse com concessão de medida liminar, por estarmos diante de um esbulho, visto inexistir relação *ex locato*, uma vez que o ocupante do imóvel não faz jus a esse benefício, pois não está autorizado por lei a ali permanecer; e) na permanência do sublocatário no imóvel, já estando extinta a locação celebrada com o inquilino.

AÇÃO DE DESTITUIÇÃO DE PODER FAMILIAR. *Direito civil* e *direito processual civil.* É a ação judicial promovida pelo outro cônjuge, por um parente do menor, pelo próprio menor, se púbere, pela pessoa a quem foi confiada a guarda do menor ou pelo Ministério Público, para destituir do poder familiar o genitor que: a) castigar imoderadamente o filho, tornando-o vítima de maus-tratos; b) deixar o filho em abandono, privando-o de condições necessárias a sua subsistência, saúde e instrução obrigatória; c) praticar atos contrários à moral e aos bons costumes, entregando-se à prostituição, ao lenocínio, ao uso de entorpecentes etc.; d) incidir, reiteradamente, em atos que arruínem os bens do filho ou que violem os deveres inerentes ao poder familiar, indicando abuso de autoridade. A perda do poder familiar operar-se-á por sentença judicial se o magistrado se convencer de que há uma dessas causas que a justificam, abrangendo, por ser medida imperativa, toda a prole e não somente um ou alguns dos filhos. A perda do poder familiar, em regra, é permanente, embora o seu exercício possa ser restabelecido se provada a regeneração do progenitor ou se desaparecido o motivo que a determinou, mediante processo judicial de caráter contencioso.

AÇÃO DE DISCRIMINAÇÃO DE TERRAS DA UNIÃO E DO ESTADO. *Direito processual administrativo.* É a movida pela União ou pelo Estado contra aqueles que, por qualquer razão, discordaram ou não concordaram amigavelmente com que se procedesse à descrição, à medição e à separação de suas terras das públicas, para que, judicialmente, tais atos possam ser realizados, discriminando as do domínio da União ou as de propriedade do Estado.

AÇÃO DE DISSOLUÇÃO DA ADOÇÃO. 1. *História do direito.* Era aquela proposta pelo adotante contra o adotado para obter a ruptura da adoção, alegando ingratidão. **2.** *Direito processual civil.* Ruptura do vínculo da adoção somente para *efeito sucessório*, pela comprovação, em juízo, feita pelo herdeiro instituído, da existência de um dos casos que autorizam a *deserdação* de herdeiro necessário, tais como: injúria grave, ofensas físicas, relações ilícitas com o cônjuge do adotante, desamparo do adotante em alienação mental ou grave enfermidade, ou a *indignidade* como cumplicidade ou autoria em crime de homicídio voluntário ou tentativa deste contra a pessoa do adotante, de seu cônjuge, companheiro, ascendente ou descendente, acusação caluniosa em juízo ou crime contra a honra do adotante, de seu cônjuge ou companheiro, impedimento da execução de atos de última vontade do adotante, mediante violência ou fraude. Essa espécie de exclusão do adotado processa-se em juízo, tendo prazo de quatro anos, contados da abertura da sucessão, mediante ação ordinária em que se demonstre a existência dos casos acima apontados, cessando os efeitos sucessórios da adoção com o trânsito em julgado da sentença.

AÇÃO DE DISSOLUÇÃO DE SOCIEDADE DE FATO ENTRE CONCUBINOS. *Direito processual civil.* Aquela que, comprovada a existência de sociedade de fato, é movida para a sua dissolução judicial e partilha do patrimônio adquirido com o esforço comum ou com a prestação de serviços.

AÇÃO DE DISSOLUÇÃO E LIQUIDAÇÃO DE SOCIEDADE SIMPLES E EMPRESÁRIA. *Direito processual civil.* É a movida por iniciativa de qualquer dos sócios ou do Ministério Público para que o juiz decrete o fim da sociedade e sua conseqüente liquidação, nos casos previstos no contrato social ou em lei. Terminará a pessoa jurídica de direito privado, dentre outras causas, pela: a) dissolução deliberada unanimemente pelos membros, mediante distrato, salvo o direito da minoria e de terceiro. Realmente, se a minoria desejar que ela continue, impossível será sua dissolução por via amigável, a não ser que o contrato contenha cláusula que preveja sua extinção por maioria simples. Se a minoria pretender dissolvê-la, não o conseguirá, a não ser que o órgão judicante apure as razões e verifique que há motivo justo, por exemplo, a marginalização do sócio quando a maioria lhe impede que examine os livros, afastando-o de atividades sociais e privando-o, injustificadamente, de remuneração *pro labore* ou, ainda, quando os demais sócios utilizem a sociedade para negócios pessoais, com vendas fictícias, acarretando risco patrimonial. Portanto, sem motivo justo o sócio minoritário não poderá propor ação para dissolver a pessoa jurídica. Terceiro não poderá impedir a dissolução, mas apenas defender-se contra qualquer lesão decorrente da deliberação extintiva; b) dissolução judicial quando: figurar qualquer causa de extinção prevista em norma jurídica ou nos estatutos, e, apesar disso, a sociedade continuar funcionando, caso em que o juiz, por iniciativa de qualquer dos sócios, poderá decretar seu fim; a sentença concluir pela impossibilidade da sobrevivência da pessoa jurídica, estabelecendo seu término em razão de suas atividades nocivas, ilícitas ou imorais, mediante denúncia popular ou do órgão do Ministério Público. A associação, por sua vez, só poderá ser compulsoriamente dissolvida ou ter sua atividade suspensa por decisão judicial, exigindo-se no primeiro caso trânsito em julgado. A extinção da pessoa jurídica não se opera de modo instantâneo. Qualquer que seja o seu fator extintivo, tem-se o fim da entidade, porém, se houver bens de seu patrimônio e dívidas a resgatar, ela continuará em fase de liquidação, durante a qual subsistirá para a realização do ativo e pagamento de débitos, cessando, de uma vez, quando se der ao acervo econômico o destino próprio. O remanescente do seu patrimônio social será partilhado entre os sócios ou seus herdeiros. Para tanto será nomeado no processo um liquidante. Com o encerramento da liquidação, o credor que ainda não foi satisfeito poderá não só reclamar dos sócios, individualmente, o pagamento do que é devido até o limite da soma por aqueles recebida como também propor ação de perdas e danos contra o liquidante. Todavia, urge lembrar que os credores da sociedade em extinção não poderão intervir no processo de liquidação judicial, embora possam, por meio do magistrado, solicitar informações do liquidante. A existência da pessoa jurídica de direito privado finda pela sua dissolução e liquidação.

AÇÃO DE DIVISÃO. *Vide* AÇÃO *COMMUNI DIVIDUNDO.*

AÇÃO DE DIVISÃO E DE DEMARCAÇÃO. *Direito processual civil.* Trata-se de ação de divisão cumulada com a de demarcação de um imóvel comum, movida por condômino, mediante a qual se demarcará o terreno pelos seus limites exteriores, na presença dos condôminos e proprietários confrontantes, procedendo-se à sua divisão, que se processará somente com os co-proprietários, atribuindo-se-lhes o quinhão próprio. Tanto a divisão como a demarcação serão promovidas por agrimensor, assistido por perito nomeado pelo órgão judicante e pelos assistentes técnicos das partes.

AÇÃO DE DIVÓRCIO. *Direito civil* e *direito processual civil.* É a proposta por um ou ambos os consortes ou, em caso de incapacidade, pelo seu curador, descendente ou irmão, para obter a dissolução de um casamento válido e, conseqüentemente, a extinção do vínculo matrimonial, operada mediante sentença judicial, habilitando as pessoas a convolar novas núpcias.

AÇÃO DE DOAÇÃO. *Direito civil* e *direito processual civil.* É a proposta pelo donatário para obter a entrega de coisa que lhe foi doada.

AÇÃO DE EMANCIPAÇÃO. *Direito civil.* e *direito processual civil.* É a movida pelo menor com dezesseis anos contra tutor, com o propósito de requerer a sua citação e a do órgão do Ministério Público, para, em dia, hora e local estipulados, venham assistir à justificação por ele apresentada, que comprovará sua capacidade de praticar atos da vida civil e de gerir seus bens sem a devida assistência de seu representante legal. O juiz, após ouvir o tutor, ao conceder-lhe a emancipação, considerando-o capaz antes dos dezoito anos, deverá comunicá-la, de ofício, ao oficial do registro se não constar dos autos haver sido efetuada aquela comunicação dentro de oito dias, pois cabe ao interessado promover tal registro, já que antes dele a emancipação não produzirá efeito.

AÇÃO DE ENRIQUECIMENTO INDÉBITO. *Direito cambiário.* É aquela em que o portador, havendo desoneração da responsabilidade cambial, que perdeu o exercício da ação executiva do título cambiário move contra o sacado ou contra a pessoa contra quem aquele título foi sacado não para cobrar a importância do título cambiário, mas para pedir a restituição do *quantum* e dos juros legais recebidos indevidamente pelo réu, a suas expensas.

AÇÃO DE ENRIQUECIMENTO SEM CAUSA OU ILÍCITO. *Direito civil* e *direito processual civil.* É a intentada por quem foi lesado em seu patrimônio por pagamento de débito condicional antes do advento da condição, por ato ilícito, erro do *solvens* ou do *accipiens* ou pagamento indevido, para obter de volta do que se locupletou à sua custa a importância que lhe foi desviada sem justa causa ou sem qualquer fundamento jurídico.

AÇÃO DE ESBULHO. *Vide* AÇÃO DE REINTEGRAÇÃO DE POSSE.

AÇÃO DE ESTADIA. *Direito marítimo.* É a proposta pelo comandante ou fretador de um navio contra o consignatário de carregamento para receber a importância alusiva às despesas de estadia ou sobreestadia do navio feitas, em determinado porto, por culpa do réu.

AÇÃO DE ESTADO E DE CAPACIDADE. *Direito civil* e *direito processual civil.* É a que visa estabelecer, defender ou modificar o estado, nas relações de família, ou a capacidade de uma pessoa; daí ser esta ação personalíssima, uma vez que busca garanti-los contra qualquer ataque. Por exemplo: ação de contestação ou de investigação de maternidade e paternidade; suspensiva ou destitutiva do poder familiar, de separação judicial, de divórcio; de invalidação do casamento, para pedir a posse em nome do ventre, de interdição e seu levantamento, de reconhecimento da filiação, de emancipação etc. Denomina-se também "ação prejudicial".

AÇÃO DE EVICÇÃO. *Direito civil* e *direito processual civil.* É a proposta pelo adquirente contra o alienante, em caso de perda total ou parcial de coisa alienada ocorrida em virtude de sentença judicial que a concedeu a terceiro, que era seu real proprietário por título anterior à venda, com o escopo de: a) se total a evicção, obter a devolução, com juros legais e atualização monetária, do preço ou das quantias que pagou, o ressarcimento dos prejuízos que teve, a indenização dos frutos que tiver sido obrigado a restituir ao reivindicante, o pagamento das despesas do contrato, as custas judiciais e honorários advocatícios, o valor das benfeitorias necessárias ou úteis que não lhe foram abonadas ou o valor das vantagens das deteriorações da coisa; b) se parcial a evicção, optar entre a rescisão do contrato e a restituição da parte do preço correspondente ao desfalque sofrido, calculado de acordo com o valor da coisa ao tempo em que se evenceu.

AÇÃO DE EXCUSSÃO. *Direito civil* e *direito processual civil.* É a proposta pelo credor hipotecário ou pignoratício, quando o débito vencido não for pago, para promover a venda judicial em hasta pública da coisa gravada com direito real de garantia, a fim de que, com o preço alcançado, o débito possa ser quitado. Isto se deve ao fato de se ter abolido a *lex commissoria*, que permitia que o credor se adjudicasse a coisa gravada, desde que o débito não fosse pago na data de seu vencimento.

AÇÃO DE EXECUÇÃO FISCAL. *Direito tributário* e *direito processual civil.* É aquela pela qual a Fazenda Pública (federal, estadual ou municipal), em caso de inadimplência do devedor, cobra judicialmente sua dívida ativa, ou seja, todo crédito proveniente de tributos, multas, foros, ou preços, desde que sejam inscritos na forma da lei, em livro próprio na repartição fiscal, líquidos, certos e exigíveis. Trata-se de uma execução por quantia líquida e certa, pois o título executivo, que fundamenta tal ação, materializa aquela dívida ativa e a obrigação do devedor de pagar a quantia líquida e certa nele consignada. É proposta no domicílio do réu, e, com a citação deste, ter-se-á o imediato pagamento da dívida ou a penhora de bens suficientes para satisfazer o débito, os juros e as custas judiciais. É também denominada "ação executiva fiscal".

AÇÃO DE EXIBIÇÃO DE DOCUMENTO OU COISA. *Direito processual civil.* É a que tem por fim obrigar alguém (litigante ou terceiro) a exibir ou a trazer, a juízo, coisa ou documento que se encontre em seu poder, por conter dados imprescindíveis para evidenciar os direitos do autor. Se se pleitear a exibição de coisa, ter-se-á ação *ad exhibendum*. Se se requerer a exibição de documento, a ação designar-se-á *ad adendo*.

AÇÃO DE EXIBIÇÃO DE LIVROS EMPRESARIAIS. *Direito comercial* e *direito processual civil.* É a proposta para que, judicialmente, se promova a verificação em livros empresariais, a fim de se examinar os lançamentos de contabilidade, para comprovar fato ali registrado, atendendo a interesse do requerente. A exibição total dos livros só será admitida quando for requerida por alguém que venha a comprovar seu interesse comum na sociedade empresária, por exemplo, em caso de falência, sucessão mercantil, administração da firma etc. Se for necessário um exame pericial dos livros empresariais, este deverá ser feito por técnicos versados em ciências econômicas e contábeis legalmente habilitados.

AÇÃO DE EXONERAÇÃO DE PENSÃO ALIMENTÍCIA. *Direito processual civil.* Ação movida pelo ex-cônjuge condenado a pensionar a ex-mulher, para exonerar-se da obrigação de pagar pensão alimentícia, em razão do fato da superveniência da modificação no estado de fato ou de direito da credora, que, por exemplo, passou a viver, maritalmente, com outro homem, pública e notoriamente.

AÇÃO DE EXTINÇÃO DE FUNDAÇÃO. *Direito processual civil.* É a requerida pela minoria de diretores de uma fundação vencida na forma estatutária e pelo órgão do Ministério Público, por considerar que ela não mais poderá alcançar sua finalidade, uma vez que está vencido o prazo de sua existência, pleiteando a decretação de sua extinção. O patrimônio da fundação declarada extinta destinar-se-á a uma outra que persiga fins similares ou idênticos, exceto se no seu estatuto houver alguma cláusula em contrário.

AÇÃO DE EXTINÇÃO DO USUFRUTO. *Direito civil* e *direito processual civil.* É a proposta pelo nu-proprietário contra o usufrutuário para que seja decretado, judicialmente, o fim do direito real de fruição, e, conseqüentemente, a restituição da coisa frutuária, pelas seguintes razões: implemento de condição resolutiva estabelecida pelo instituidor, cessação da causa de que se origina, destruição da coisa, não sendo fungível, para obter a sub-rogação do direito no valor da indenização, consolidação, pelo não-uso da coisa em que recai o usufruto, culpa do usufrutuário que aliena, deteriora a coisa ou abusa de sua fruição, percebendo de modo imoderado seus frutos e pela resolução do domínio de quem constituiu o usufruto. Nos casos de morte do usufrutuário, renúncia ou advento do termo, não há necessidade de se recorrer ao Poder Judiciário para averbar a extinção do ônus no registro competente. Isto é assim porque não é a declaração judicial que põe fim ao usufruto, pois o ônus já está extinto, uma vez que com a morte ou renúncia do usufrutuário ou com o advento do termo certo consolidou-se a propriedade total ao nu-proprietário. O interessado deve apenas requerer ao titular do Registro Imobiliário que averbe o fato gerador da extinção do direito real de fruição, apresentando o atestado de óbito, a escritura pública da renúncia ou o advento do termo. O oficial fiscalizará se houve o pagamento do imposto e só averbará com a comprovação daquele. Se houver litígio a respeito, mesmo quanto ao imposto devido, o Poder Judiciário intervirá não para extinguir o gravame, mas para solucionar a dúvida.

AÇÃO DE FALSIDADE. *Direito processual civil.* É a intentada para solicitar, em juízo, a declaração de inautenticidade de um documento público ou particular ou de alguma outra prova. O processamento desse pedido incidental exige, primordialmente, que a decisão da falsidade documental seja prejudicial, ou melhor, necessária à decisão da ação principal.

AÇÃO DEFENSIVA. *Direito processual civil.* Aquela em que o autor visa acautelar dano eventual a um direito seu.

AÇÃO DE FILIAÇÃO. *Direito civil* e *direito processual civil.* É a proposta pelo filho ou por seus herdeiros, na hipótese de ter morrido menor ou incapaz, contra o pai ou a mãe ou contra ambos, para pleitear a aceitação ou o reconhecimento da filiação, que foi negada ou não reconhecida. Essa ação é imprescritível para o filho.

AÇÃO DE FORÇA ESPOLIATIVA. *Vide* AÇÃO DE REINTEGRAÇÃO DE POSSE.

AÇÃO DE FORÇA IMINENTE. *Vide* INTERDITO PROIBITÓRIO.

AÇÃO DE FORÇA TURBATIVA. *Vide* AÇÃO DE MANUTENÇÃO DE POSSE.

AÇÃO DE FRUIÇÃO. *Direito comercial.* É aquela que substitui, a critério da assembléia, a ação amortizada, fazendo com que o acionista passe a ter, quanto a ela, direitos mais restritos ou limitados pelo estatuto ou pela deliberação assemblear que decidiu por aquela substituição. Todavia, tais limitações não poderão retirar os direitos essenciais ou inderrogáveis que sempre terá o titular de qualquer ação.

AÇÃO DE GARANTIA. *Direito processual civil.* **1.** *Vide* AÇÃO DE EVICÇÃO. **2.** Denominar-se-á "ação de garantia de direito autoral" se destinada à proteção da propriedade literária, artística ou científica, podendo ser proposta, no caso de haver qualquer turbação ou violação estipulada em lei, pelo autor e seus sucessores (herdeiros, cessionários), editor, tradutor, colaborador, comentador ou compendiador. As mais comuns são as medidas cautelares preparatórias, como: seqüestro, busca e apreensão e exibição de livros. **3.** O mesmo que AÇÃO DE CONTRAFAÇÃO. **4.** Denominar-se-á "ação de garantia de nome empresarial" se movida para obter a exclusividade do nome empresarial, repelir a usurpação ou cominar pena se ela ocorrer, com conseqüente indenização dos danos causados, anular registro de nome empresarial que não poderia ter sido feito, solucionar conflito de propriedade, que se dará quando o titular de nome empresarial, com registro local, tiver ciência da existência de nome idêntico, com registro federal, caso em que se decidirá pelo pré-uso, ou seja, verificar-se-á qual dos dois nomes é de uso anterior.

AÇÃO DE GESTÃO DE NEGÓCIO. *Direito processual civil.* Aquela proposta pelo dono do negócio contra o gestor para exigir a devolução da coisa ao estado anterior ou a indenização da diferença.

AÇÃO DE GOZO. *Direito comercial.* É a que confere aos titulares (fundadores da companhia) participação nos dividendos e no acervo, e lhes dá preferência para a aquisição de novas ações (Luiz Fernando Rudge).

AÇÃO DE *HABEAS CORPUS*. *Direito processual* e *direito constitucional.* É a proposta por qualquer pessoa em seu favor ou de outrem ou pelo Ministério Público para assegurar a liberdade pessoal violada ou ameaçada, seja por ato ilegal ou constitucional de autoridade pública ou de particulares (cárcere privado, mantença, sem necessidade, em clínica, por exemplo). É remédio específico destinado não só à libertação daqueles que estiverem presos sem justa causa, mas também à defesa dos que tiverem sua liberdade pessoal ameaçada. Todavia, não terá cabimento *habeas corpus* nas hipóteses de punição disciplinar e prisão administrativa atual ou iminente dos responsáveis por dinheiro ou valor pertencente à Fazenda Pública. Ter-se-á *habeas corpus* preventivo ou cautelar se proposto para evitar ou impedir violência ou coação contra o indivíduo, assegurando sua liberdade, e *habeas corpus* suspensivo ou constitutivo se movido para sanar a violência ou coação já cometida por uma autoridade contra a pessoa, protegendo sua liberdade, que foi atentada, desfazendo a situação oriunda de ato constritivo daquele direito. Visa, portanto, tutelar o direito de liberdade do indivíduo.

AÇÃO DE *HABEAS DATA*. *Direito processual civil.* É a ação sumária e especial que visa assegurar o conhecimento de informações relativas à pessoa do impetrante constantes em registros ou bancos de dados de entidades governamentais ou de caráter público (*habeas data* preventivo); ou retificar dados inverídicos ou incorretos existentes nos registros informativos, quando não se preferir fazê-lo por processo sigiloso, judicial ou administrativo; ou anotar, nos assentamentos do interessado, contestação ou explicação sobre dado verdadeiro, mas justificável e que esteja sob pendência judicial ou amigável (*habeas data* corretivo). Trata-se de remédio para tutelar certos direitos garantidos constitucionalmente, como os relativos à honra, à tranqüilidade, ao patrimônio, à privacidade contra atos praticados por órgãos públicos ao anotarem e registrarem informações sobre a pessoa, uma vez que todos aqueles valores poderão ser vulnerados por informação errônea. Assim, se alguém for vítima de um dado inverídico ou incorreto contido em um registro ou quiser obter informes pessoais constantes nos registros ou bancos de dados de entidades governamentais ou de caráter público, não logrando o pretendido por meio extrajudicial, autorizado estará, constitucionalmente, a impetrar o *habeas data*. A petição inicial deverá ser instruída com prova: a) da recusa ao acesso às informações ou do decurso de mais de dez dias sem decisão; b) da recusa em fazer a retificação ou do decurso de mais de quinze dias, sem decisão; ou c) da recusa em fazer a anotação da inexatidão do dado ou do decurso de mais de quinze dias sem decisão. Da sentença que conceder ou negar o *habeas data* cabe apelação. Quando a sentença conceder o *habeas data*, o recurso terá efeito meramente devolutivo. Quando o *habeas data* for concedido e o presidente do Tribunal ao qual competir o conhecimento do recurso ordenar ao juiz a suspensão da execução da sentença, desse seu ato caberá agravo para o Tribunal a que presida. Nos casos de competência do Supremo Tribunal Federal e dos demais Tribunais caberá ao relator a instrução do processo. O pedido de *habeas data* poderá ser renovado se a decisão denegatória não lhe houver apreciado o mérito. Os processos de *habeas data* terão prioridade sobre todos os atos judiciais, exceto *habeas corpus* e mandado de segurança. O julgamento do *habeas data* compete: 1) originariamente: a) ao Supremo Tribunal Federal, contra atos do Presidente da República, das Mesas da Câmara dos Deputados e do Senado Federal, do Tribunal de Contas da União, do Procurador-geral da República e do próprio Supremo Tribunal Federal; b) ao Superior Tribunal de Justiça, contra atos de Ministro de Estado ou do próprio Tribunal; c) aos Tribunais Regionais Federais contra atos do próprio Tribunal ou de juiz federal; d) a juiz federal, contra ato de autoridade federal, excetuados os casos de competência dos Tribunais Federais; e) a tribunais estaduais, segundo o disposto na Constituição do Estado; f) a juiz estadual, nos demais casos; 2) em grau de recurso: a) ao Supremo Tribunal Federal, quando a decisão denegatória for proferida em única instância pelos Tribunais Superiores; b) ao Superior Tribunal de Justiça, quando a decisão for proferida em única instância pelos Tribunais Regionais Federais; c) aos Tribunais Regionais Federais, quando a decisão for proferida por juiz federal; d) aos Tribunais Estaduais e ao do Distrito Federal e Territórios, conforme dispuserem a respectiva Constituição e a lei que organizar a Justiça do Distrito Federal; 3) mediante recurso extraordinário ao Supremo Tribunal Federal, nos casos previstos na Constituição.

AÇÃO DE HOMOLOGAÇÃO DE SENTENÇA ESTRANGEIRA. *Direito processual civil* e *direito internacional privado.* É aquela que conferirá efeitos à sentença alienígena na ordem jurídica do País, sem, contudo, apreciar o mérito, submetendo aquela sentença a um processo e julgamento limitados ao exame de requisitos extrínsecos, ou seja, da competência, da regularidade da citação e do respeito à ordem pública nacional. Trata-se do processo de *exequatur*, pelo qual se concederá no *forum* valor de título exeqüendo à sentença estrangeira, que, então, não será tida como mero meio probatório. Nesse processo será inadmissível apresentar novo pedido que não foi apreciado pelo juiz estrangeiro. O juiz do *exequatur* apenas poderá conceder a homologação ou recusá-la, sem poder alterar o julgamento feito no exterior. Como se vê pelo sistema do juízo de delibação (modalidade de *exequatur*), o processo homologatório da sentença estrangeira, que é sumário, visa tão-somente o exame formal do cumprimento daqueles requisitos externos e internos e da inocorrência de ofensa à ordem pública, aos bons costumes e à soberania nacional.

A homologação é ato jurisdicional do Superior Tribunal de Justiça tendente a prolatar sentença homologatória, que imprimirá eficácia à decisão estrangeira no território brasileiro, reconhecendo os direitos adquiridos dela resultantes.

AÇÃO DE HONORÁRIOS. *Direito processual civil.* É a proposta não só por profissionais liberais como também por peritos e tradutores para cobrar o que têm direito, em razão de um contrato de prestação de serviço escrito e devidamente formalizado, com assinatura de duas testemunhas, ou de aprovação dos honorários por decisão judicial. Se verbal aquele contrato, a ação será de cognição, observando-se o procedimento sumário, procedendo-se ao arbitramento.

AÇÃO DE IMISSÃO NA POSSE. *Direito processual civil.* É a que tem por escopo a aquisição de posse por via judicial, sendo proposta pelo autor, desde que imprima ao feito o rito comum (ação ordinária de imissão na posse), que objetivará a obtenção da posse nos casos legais. Postula-se esta ação tanto se a lide tratar de bens móveis, aplicando-se o rito sumário, como se se tratar de bens imóveis, caso em que a ação terá rito sumário, se o seu valor for inferior a sessenta salários mínimos, ou rito ordinário, se superior.

AÇÃO DE INCONSTITUCIONALIDADE. *Direito constitucional* e *direito processual.* **1.** É a via pela qual, sem que haja lesão a direito individual, se tem a instauração de um procedimento hábil para identificar as normas (leis, atos normativos federais e estaduais) contrárias ao comando constitucional, invalidando-as. A titularidade ativa dessa ação foi ampliada, passando a ser do Presidente da República, das mesas do Senado Federal, da Câmara dos Deputados, das Assembléias Legislativas, ou da Câmara Legislativa do Distrito Federal, do governador do Estado ou do Distrito Federal, do Procurador-Geral da República, do Conselho Federal da OAB, dos partidos políticos com representação no Congresso Nacional e de confederação sindical ou entidade de classe de âmbito nacional (Afonso Celso F. de Rezende). **2.** É o instrumento para, sem haver caso concreto a solucionar, reconhecer omissão, falha ou falta do Poder Público, por ter deixado de praticar ato imprescindível para tornar exeqüível preceito constitucional. Se a omissão for do Poder Legislativo, dar-se-lhe-á ciência do fato, mas, se for do órgão administrativo, este, além de cientificado, deverá proceder à regulamentação exigida pela Constituição, dentro do prazo de trinta dias, sob pena de ser sancionado. **3.** É a ação direta proposta pelos Estados-Membros para obter do Tribunal de Justiça do Estado a fiscalização de leis municipais e estaduais contrárias à Constituição do Estado. **4.** É a ação contra ato legislativo ou executivo (federal, estadual ou municipal), por meio de via de exceção, para resolver caso concreto, por ter havido lesão a direito individual assegurado constitucionalmente. Se uma lei se opuser à Constituição, ferindo direito individual, e se aplicadas ambas (a lei e a norma constitucional) a um caso *sub judice*, o órgão judicante ver-se-á na contingência de decidir a questão em conformidade com a lei, infringindo preceito constitucional, ou, consoante este, desrespeitando a lei, devendo, então, determinar qual das duas normas conflitantes regerá o caso, e optando, obviamente, pela constitucional, ante sua superioridade, julgando, então, inaplicável a lei ao caso concreto em apreço, por transgredir preceito constitucional. O controle de constitucionalidade por via de exceção (ou de defesa) só pode ser exercido ante um caso *sub judice.* O órgão judicante poderá declarar a inconstitucionalidade da lei ao decidir o litígio entre as partes; logo, tal declaração é mera conseqüência da lide, operando seus efeitos apenas em relação aos litigantes. Se a decisão chegar ao Supremo Tribunal Federal por via recursal, ele poderá remeter a declaração de inconstitucionalidade, oriunda da apreciação do caso concreto, ao Senado Federal para que este suspenda a execução da lei. As decisões declaratórias de inconstitucionalidade podem, em caso de lesão a direito individual, advir, incidentalmente, de remédios jurídicos, como mandado de injunção, *habeas corpus*, mandado de segurança, ação popular e *habeas data.*

AÇÃO DE INDENIZAÇÃO DE PAREDE DIVISÓRIA. *Direito processual civil.* Ação proposta pelo proprietário de prédio confinante para obter do dono de um imóvel vago vizinho, que edificou neste, travejando na parede divisória do primeiro, a indenização da metade do valor da parede e do solo correspondente, passando a ser condômino.

AÇÃO DE INDENIZAÇÃO POR DANOS. *Direito processual civil.* É a intentada com o escopo de assegurar ao lesado, em seu direito ou patrimônio, a reparação pecuniária do dano moral e/ou patrimonial que lhe foi causado por ato omissivo ou comissivo voluntário e objetivamente imputável do próprio agente ou de terceiro, seja ele lícito, se fundado no risco, ou ilícito, se baseado na culpa, ou por fato de animal ou coisa inanimada.

AÇÃO DE *IN REM VERSO*. *Vide* AÇÃO DE ENRI-QUECIMENTO SEM CAUSA OU ILÍCITO.

AÇÃO DE INTEGRALIZAÇÃO DE CAPITAL. *Direito comercial.* É aquela que pretende a declaração da incapacidade da sociedade empresária e do administrador judicial de falências para obrigar os acionistas das sociedades por ações ou das sociedades limitadas à efetivação da integralização das ações ou das cotas por eles subscritas.

AÇÃO DE INTERDIÇÃO. *Direito civil* e *direito processual civil.* É a que visa apurar os fatos que justificam a nomeação de curador, verificando não só se é necessária a interdição e se ela aproveitaria ao argüido da incapacidade como também a razão legal da curatela, ou seja, se o indivíduo é, ou não, incapaz de dirigir sua pessoa e seu patrimônio. A sentença judicial põe a pessoa e os bens do interditado (portador de enfermidade mental, toxicômano, ébrio habitual, quem, por outra causa duradoura, não puder exprimir sua vontade, como, por exemplo, surdo-mudo sem educação apropriada que o habilite a manifestar sua vontade, pródigo) sob a direção de curador, pessoa idônea que valerá por ele, exercendo seu encargo pessoalmente. A sentença poderá concluir por incapacidade absoluta ou relativa, deferindo, no primeiro caso, a *curatela plena,* e, no segundo, a *limitada.* A pessoa só poderá receber curador mediante processo judicial que culmina com *sentença declaratória,* e não constitutiva, de seu estado de incapacidade. Referimos aqui à classificação dos civilistas alusiva ao reconhecimento judicial de uma situação fática, ou seja, da alienação mental como *causa* da incapacidade que gera a interdição, pois não é a sentença que cria a incapacidade, porém, a insanidade mental. Não se está mencionando, para configurar a natureza daquela sentença, a questão processual relativa ao momento da eficácia da sentença de interdição, ou seja, ao seu efeito *ex nunc.* Deveras, o *efeito* da sentença de interdição é, em regra, *ex nunc,* por isso os processualistas, baseados nesse critério classificatório, consideram-na uma sentença constitutiva. Geralmente, seus efeitos começam a atuar a partir da sentença, antes mesmo do trânsito em julgado. Mas, como nem sempre tal ocorre, alguns autores chegam a afirmar que essa sentença é, concomitantemente, declaratória e constitutiva. Em regra, só depois de decretada a interdição é que se recusa a capacidade de exercício, sendo nulo ou anulável qualquer ato praticado pelo doente mental, conforme seja considerado ab-

soluta ou relativamente incapaz, embora seja possível invalidar ato praticado por alienado mental mesmo antes da decretação judicial de sua interdição, desde que se comprove juridicamente a existência de sua insanidade ou doença mental geradora da incapacidade, por ocasião da efetivação do ato negocial.

AÇÃO DE INTERDITO PROIBITÓRIO. *Direito processual civil.* É a proteção preventiva da posse, ante a ameaça de turbação ou esbulho, proposta pelo possuidor direto ou indireto que tenha um receio fundado ou justo de que a violência virá, pouco importando a intenção do réu em praticar ou não a turbação ou esbulho, evitando, dessa forma, a consumação do fato não querido, uma vez obtido o mandado judicial para segurar-se da violência iminente. Procedente a ação, o juiz proíbe o réu de praticar o ato, sob pena de pagar multa pecuniária, e inclusive perdas e danos, em favor do próprio autor ou de terceiro (por exemplo, uma instituição filantrópica).

AÇÃO DE INVENTÁRIO E PARTILHA. *Direito processual civil.* É a tendente à relação, descrição, avaliação e liquidação de todos os bens pertencentes ao *de cujus* ao tempo de sua morte, para distribuí-los entre seus sucessores. Tem por objetivo não só verificar o patrimônio do autor da herança, mediante a descrição, a avaliação dos bens da massa partível e a apuração das dívidas passivas, mas também liquidar o acervo com a realização do ativo e o pagamento dos débitos. Assim, ao fazer um levantamento de todos os bens do finado, revela essa ação o acervo líquido, possibilitando, então, a distribuição, entre os herdeiros, da herança, que será objeto da partilha. Infere-se daí que a ação de inventário e partilha individualiza o direito de propriedade dos sucessores do *de cujus.* A partilha é a divisão oficial do monte líquido, apurado durante o inventário, entre os sucessores do *de cujus,* para lhes adjudicar os respectivos quinhões hereditários. É mister salientar que o inventário e a partilha constituem um único procedimento, que se cinde em duas fases distintas.

AÇÃO DE INVESTIGAÇÃO DE MATERNIDADE. *Direito processual civil.* É a promovida contra a suposta mãe ou, se já tiver falecido, contra seus herdeiros pelo próprio filho, se capaz, ou por seu representante legal, se incapaz, para obter os direitos que lhe são cabíveis.

AÇÃO DE INVESTIGAÇÃO DE PATERNIDADE. *Direito processual civil.* É a ação ordinária proposta pelo filho ou seu representante legal, se incapaz, contra suposto genitor ou seus herdeiros, podendo ser cumulada com a de petição de herança, com a de alimentos e com a de anulação de registro civil, para pleitear o reconhecimento judicial de sua filiação e os direitos dela decorrentes, pois a sentença que o conceder produzirá efeitos *ex tunc*, retroagindo até o dia do nascimento ou mesmo da concepção, se isto for do interesse do reconhecido. Poderá ser tal ação contestada não só pelo pretenso pai como também por qualquer pessoa que tenha interesse no não-reconhecimento da filiação, em razão de ser herdeira do investigado. Na ação as provas da filiação alegada poderão ser: a posse do estado de filho, a testemunhal, o exame odontológico, o exame prosopográfico e o exame de sangue pelo DNA. Nítido é o caráter subsidiário dessas provas, com exceção do DNA, que é quase seguro, que, aliadas a outros elementos, poderão reforçar a evidência da filiação. Se o suposto pai não atender no prazo de trinta dias a notificação judicial, ou negar a alegada paternidade, o juiz remeterá os autos ao representante do Ministério Público para que intente, havendo elementos suficientes, a ação de investigação de paternidade.

AÇÃO DE LAUDÊMIO. 1. *História do direito.* Era a que competia ao senhorio direto da enfiteuse para pleitear do enfiteuta, ou de seu herdeiro, que transferiu o domínio útil do bem aforado por venda, dação em pagamento, incorporação a sociedade anônima, não lhe tendo comunicado o fato para que exercesse o direito de opção ou a percepção do laudêmio, o pagamento de 2,5% sobre o preço da alienação, se outra taxa não estivesse fixada no título do aforamento, por ter-se omitido ao pagamento daquele *quantum* a que estava obrigado. Todavia, poderia essa ação ordinária dirigir-se contra o adquirente da coisa enfitêutica, se este se obrigasse a satisfazer o laudêmio. Isto era assim devido ao direito, concedido por lei, de o senhorio direto receber o laudêmio, que era a compensação a que fazia jus por não ter exercido o seu direito de preferência. É preciso lembrar que o foreiro não era obrigado a pagá-lo nas cessões gratuitas (como nos casos de doação, dote, troca por coisa infungível, herança), na desapropriação por utilidade pública e nas transferências do domínio útil de terrenos de marinha destinados à construção de conjuntos habitacionais de interesse social. **2.** *Direito civil.* É a hábil para exigir pagamento de laudêmio, na hipótese de alienação fiduciária que tenha como objeto bem enfitêutico, se houver a consolidação do domínio útil no fiduciário.

AÇÃO DE LEVANTAMENTO DE INTERDIÇÃO. *Direito civil* e *direito processual civil.* É aquela em que o curador do interdito requer, em juízo, ante a verificação da cessação da causa de alienação mental geradora da incapacidade do seu curatelado, que seja ele desvinculado dos efeitos da sentença de interdição. Se, após a apresentação do laudo pericial, o pedido for acolhido, ante as provas apresentadas, o juiz decretará o levantamento da interdição, uma vez demonstrada a cessação da causa que lhe deu origem.

AÇÃO DE LIBERDADE. *História do direito.* **1.** No Brasil-Colônia era a concedida a quem, sendo livre, encontrava-se ilegalmente no cativeiro. **2.** No Brasil-Império era aquela movida pelo escravo para pedir alforria mediante indenização do valor correspondente ou por estar enquadrado em uma das leis que o beneficiavam.

AÇÃO DE LICENÇA DE CASAMENTO. *Direito civil* e *direito processual civil.* É a interposta por filho incapaz para requerer ao magistrado a autorização para convolar núpcias, injustamente negada pelo seu representante legal, que será chamado a juízo para deduzir os motivos de sua recusa.

AÇÃO DE LOCUPLETAMENTO. *Vide* AÇÃO DE ENRIQUECIMENTO SEM CAUSA OU ILÍCITO.

AÇÃO DE MANDADO DE INJUNÇÃO. *Direito processual* e *direito constitucional.* Ação cível, constitutiva e executória, que garante o exercício de direito reconhecido constitucionalmente de que se vê privado por falta de regulamentação infraconstitucional.

AÇÃO DE MANDADO DE SEGURANÇA. *Direito processual civil.* É aquela que se caracteriza pelo seu rito acelerado, sendo cabível para proteção de direito líquido e certo, ameaçado ou violado, do interessado (pessoa natural ou jurídica), por ato ou omissão ilegal ou inconstitucional, inclusive se praticado por autoridade ou agente público. Requer dois pressupostos: a) a aplicação indevida da lei ou da Constituição ou sua não-aplicação pela autoridade pública; b) a comprovação, de plano, do fato relacionado com o direito. Quem conta com um direito líquido e certo deve guardá-lo, juridicamente, movendo mandado de segurança contra toda e qualquer ameaça fundada. Ao Judiciário compete restaurar a ordem, restabelecendo o direito violado e evitando que se desorganize o Estado, garantindo os cidadãos contra aqueles que lhes querem violar o direito. A sentença assegurará ao impetrante o direito por ele reclamado, não comportando que se o substitua por uma indenização das perdas e danos. Convém lembrar, ainda, que a norma constitucional admite o mandado de segurança coletivo, autorizando a sua impetração por entes representativos (partidos políticos, sindicatos, associações, entidades de classe) legalmente constituídos e em funcionamento há pelo menos um ano, na defesa dos interesses dos membros ou associados, ou seja, de um direito coletivo.

AÇÃO DE MANDATO. *Direito processual civil.* **1.** É a intentada pelo mandatário contra o mandante para obter o pagamento da remuneração ajustada, o reembolso das despesas feitas no exercício de sua função ou uma indenização das perdas e danos. **2.** É a que pretende apurar a existência, ou não, do mandato, assim como a questão de sua validade ou invalidade. **3.** É a movida pelo mandante contra o mandatário para exigir o adimplemento da obrigação por ele assumida, inclusive a prestação de contas de sua gerência.

AÇÃO DE MANUTENÇÃO DE POSSE. *Direito processual civil.* É o meio de que se pode servir o possuidor que sofrer turbação, a fim de manter a sua posse, receber indenização pelos danos sofridos e obter a cominação da pena para o caso de reincidência, ou, ainda, se de má-fé o turbador remover ou demolir construção ou plantação feita em detrimento de sua posse. Aquele possuidor que sofrer embaraço na sua posse, sem contudo perdê-la, poderá propor ação de manutenção de posse, provando a existência desta e a turbação, sem discutir a qualidade do direito do turbador, nem a natureza ou profundidade do dano, requerendo ao magistrado a expedição do competente mandado de manutenção. Quando a turbação for nova, isto é, com menos de ano e dia, dar-se-á a manutenção liminar, sem a audiência da outra parte. Porém, contra as pessoas jurídicas de direito público, há necessidade de prévia audiência dos respectivos representantes legais. É mister salientar que as normas processuais sobre a manutenção de posse são aplicadas somente aos casos de turbação de bens imóveis. Em se tratando de bens móveis, o procedimento é sumário, não havendo medida liminar, quando mais necessária se faria. Entretanto, se a posse data de menos de ano e dia, ninguém será mantido senão contra quem não tiver melhor posse. Será tida como melhor posse: a) a fundada em justo título; b) a mais antiga

na falta do título ou sendo os títulos iguais; c) a atual, sendo da mesma data. Se impossível essa apuração, por serem todas duvidosas, o órgão judicante determinará o seqüestro do bem até que, em decisão definitiva, se demonstre qual a melhor. Não cabe a manutenção de posse para proteger servidões contínuas não aparentes e servidões descontínuas, devido à ausência de sinais visíveis, salvo quando os respectivos títulos provieram do possuidor do prédio serviente ou daquele de quem este o houve, casos em que se distinguem da mera tolerância. Caberá tal ação se essas servidões se apresentarem de modo ostensivo. Tal distinção entre servidão contínua e descontínua perdeu, com o novo Código Civil, sua relevância. Dúvidas existem, quanto à contagem do prazo de ano e dia nesta ação, quando múltiplos forem os atos turbativos praticados pela mesma pessoa, formando, no conjunto, a turbação de que se queixa o lesado. Há quem ache que se deve computar o prazo do primeiro ato de turbação; outros entendem que dos últimos se deve contar o lapso extintivo. Melhor será, então, distinguir: a) se há um, dentre eles, que importe, realmente, uma privação da posse, daí correrá o prazo; b) se há vários atos distintos, sem nexo de causalidade entre eles, cada um será autônomo, para efeito de contagem; c) se há atos sucessivos, ligados entre si, há apenas uma turbação, e contar-se-á do último deles o prazo para efeito de ser admitido o rito sumário.

AÇÃO DEMARCATÓRIA. *Vide* AÇÃO DE DEMARCAÇÃO DE TERRAS.

AÇÃO DE MODIFICAÇÃO DE CLÁUSULA EM SEPARAÇÃO CONSENSUAL. *Direito processual civil.* Aquela proposta, com base em alguma modificação no estado de fato ou de direito, relativa à guarda de filhos, ao reajuste de pensão alimentícia etc.

AÇÃO DEMOLITÓRIA. *Vide* AÇÃO DE DEMOLIÇÃO.

AÇÃO DE MÚTUO. *Direito civil* e *direito processual civil.* É a proposta pelo mutuante contra o mutuário para obter a devolução de coisa do mesmo gênero, qualidade e quantidade da que lhe foi emprestada, respondendo, ainda, pelos juros convencionados e pelos moratórios.

AÇÃO DE *NEGOTIUS GESTIS*. *Direito civil* e *direito processual civil.* **1.** É a proposta pelo *dominus negotii* para exigir do gestor a prestação de contas de sua gestão após a ratificação do negócio pelo gerido, restituindo não só tudo o que veio ter às suas mãos por efeito de sua gerência como qualquer proveito retirado da gestão, ressarcindo, ainda, os danos que eventualmente houver causado. **2.** É a intentada pelo gestor contra o dono do negócio para haver não só o reembolso das despesas necessárias ou úteis feitas durante a gestão, com os juros legais, desde o desembolso, se o negócio foi bem administrado e se ratificado pelo *dominus negotii*, como também a indenização pelos prejuízos que teve por causa daquela gestão e o *quantum* relativo às despesas, com os juros legais, desde o desembolso, se a gestão se propôs a acudir prejuízo iminente ou redundou em proveito do dono do negócio ou da coisa.

AÇÃO DE NULIDADE DE DOAÇÃO. *Direito civil* e *direito processual civil.* É a proposta pelo interessado a fim de que seja declarada a nulidade ou anulabilidade da doação, fazendo com que o bem doado retorne ao patrimônio do doador ou ao seu espólio se: a) ocorrerem casos de nulidade comum aos contratos em geral, como, por exemplo, se não houver capacidade ativa ou passiva dos contratantes, se o objeto for ilícito ou impossível ou se não houver observância da forma prescrita em lei; b) apresentar os vícios que lhe são peculiares, como, por exemplo, doação universal, compreensiva de todos os bens do doador, doação inoficiosa na parte excedente à cota disponível, por não resguardar a legítima dos herdeiros necessários, sendo que, neste caso, a nulidade só atingirá o excesso da legítima. Em todas essas hipóteses, nula será a doação, enquanto no caso de cônjuge adúltero ao seu cúmplice será anulável; c) houver a presença de vícios de consentimento, como, por exemplo, o erro, o dolo, a coação, a lesão, o estado de perigo e de vício social, a fraude contra credores, hipóteses em que a doação será anulável, pois, havendo simulação, será nula.

AÇÃO DE NULIDADE DE PARTILHA. *Direito civil* e *direito processual civil.* É a ação de *nulidade relativa* intentada com o escopo de desconstituir a partilha, ante a ocorrência de causas que lhe inquinam a eficácia, dentro do prazo legal: a) de um ano, no caso de rescisão de partilha amigável, contado: na coação, do dia em que ela cessou, no erro, estado de perigo, lesão, fraude de credores ou dolo, do dia em que se realizou o ato, e, na hipótese de haver herdeiro incapaz, do dia em que cessou a incapacidade; b) de dois anos, na hipótese de partilha judicial, que é rescindível nos

casos mencionados acima, se realizada sem as formalidades legais ou se houver preterição de herdeiro ou inclusão de quem não o seja. Se procedente a ação, os herdeiros deverão repor frutos e rendimentos que auferiram desde a data do ato anulado até o dia da anulação, a fim de serem incluídos na nova partilha. É mister não olvidar que as inexatidões materiais que não afetem a partilha, como as atinentes à nomenclatura dos imóveis partilhados, menção de área, designação de seu número etc., podem ser corrigidas, a qualquer tempo, mediante requerimento dos interessados, nos mesmos autos do inventário, convindo todas as partes. Se houver exclusão de herdeiro, a partilha estará eivada de *nulidade absoluta.* O herdeiro prejudicado poderá usar da ação de nulidade ou petição de herança, sujeitas a prazo de prescrição de dez anos.

AÇÃO DE NULIDADE DE PATENTE. *Direito processual civil.* É a proposta, a qualquer tempo da vigência da patente como matéria de defesa, pelo Instituto Nacional da Propriedade Industrial ou por qualquer pessoa que tenha legítimo interesse para pleitear a invalidação ou o cancelamento do registro da patente, por inobservância das condições legais, por sua concessão contrariando direitos de terceiro, pelo fato de o título não corresponder ao seu verdadeiro objeto, por omissão, no seu processamento, de providências imprescindíveis à apreciação e expedição da carta patente etc.

AÇÃO DE NULIDADE DE REGISTRO. *Direito processual civil.* É aquela em que o interessado pleiteia judicialmente a declaração da nulidade, absoluta ou relativa, do registro, por ter sido levado a efeito em desacordo com as normas jurídicas, ou do título, com reflexos no registro que dele foi feito. Nem o cartório nem o serventuário têm legitimidade para propor ou responder ação que invalida registro, uma vez que não são partes interessadas; logo, não podem se opor à execução do que ficar decidido em juízo. Nulo ou anulado o registro, entendido amplamente como registro *stricto sensu*, matrícula e averbação, por sentença definitiva, nenhum assento posterior nele baseado poderá ter subsistência, ante o princípio da continuidade e o encadeamento lógico dos registros. Mas, se a nulidade declarada for parcial, não lesará a parte que permaneceu válida, se desta for separável. Poderá a nulidade absoluta ser declarada pelo juiz quando ele a encontrar provada no curso de qualquer procedimento. Assim, se o magistrado deparar com nulidade que, comprovadamente, tiver como causa a incapacidade absoluta do agente, a ilicitude ou a impossibilidade do objeto, a inobservância de formalidade especial ou a declaração taxativa de lei que negue efeito a um ato, poderá de ofício pronunciá-la. Por exemplo, se encontrar num processo escritura de compra e venda de bens de menor feita sem autorização judicial e com registro já efetivado, declarará nulo o título causal do negócio, e, em conseqüência, o seu registro também se invalidará. Como se vê pode ocorrer que a nulidade de pleno direito do registro ou do título que lhe deu causa, desde que provada, invalide-o, independentemente de ação direta. Será tido, por exemplo, como nulo: a) o registro efetuado após a sentença da abertura da falência ou do termo legal nela fixado pelo juiz, salvo se a apresentação e o lançamento do protocolo tiverem sido feitos anteriormente; b) o registro lavrado fora das horas regulamentares ou em dias em que não houver expediente, respondendo o oficial, por isso, civil e criminalmente. A nulidade do registro não obstará a que ele produza efeitos entre as partes ou em relação a terceiros ou ao próprio serventuário, pois, enquanto não for cancelado, produzirá seus efeitos mesmo que se comprove que o título que lhe deu origem esteja extinto, nulo ou rescindido. A invalidação do registro por motivo de nulidade absoluta, embora, às vezes, independa de ação direta, deverá advir de sentença, transitada em julgado, prolatada em ação direta ou incidente, no curso de outra ação. Conseqüentemente, não bastará para que se invalide um registro que o órgão judicante o reconheça como nulo, em ação que não se destine a invalidá-lo; preciso será que o interessado peça a declaração incidente da nulidade e que o juiz competente declare argüida a nulidade. O registro poderá ser também invalidado por incapacidade relativa do agente, por efeito do julgado em ação de declaração de anulabilidade do ato que se apresentar eivado de vício de consentimento ou social e por efeito de julgado sobre fraude à execução. A alienação ou oneração de bens será considerada fraude de execução quando sobre eles pender ação fundada em direito real, objeto de registro imobiliário, ou quando, ao tempo da alienação ou oneração, corria contra o devedor demanda capaz de torná-lo insolvente. Ficam sujeitos à execução, podendo ser penhorados, os bens alienados ou gravados com ônus real em fraude de execução. Se forem os bens alienados ou onerados em fraude de execução penhorados em execução por quantia certa contra o devedor solvente ou arrecadados em execução contra o devedor insolvente, ao devedor competirá embargar a execução. A sentença proferida no processo de execução, ante os embargos do devedor, considerando válida a penhora ou arrecadação, equivalerá a julgado anulatório da alienação ou da oneração, praticado em fraude de execução, e, por conseqüência, invalidará o registro desse ato. Tal nulidade relativa do registro deverá ser declarada em sentença proferida em ação direta ou incidental.

AÇÃO DE NULIDADE DE TESTAMENTO. *Direito civil* e *direito processual civil.* É a ação de rito ordinário que tem por finalidade declarar a ineficácia do testamento, por conter um vício, uma vez que não satisfaz as condições intrínsecas, atinentes à vontade legalmente manifestada do disponente, ou as condições extrínsecas, que objetivam assegurar a autenticidade daquela manifestação volitiva. O pedido de declaração de *nulidade absoluta* do testamento poderá ser feito por qualquer interessado ou pelo Ministério Público, quando lhe couber intervir, e deverá ser pronunciado pelo juiz quando conhecer do ato ou de seus efeitos e o encontrar provado, não lhe sendo, todavia, permitido supri-lo, mesmo que haja requerimento das partes, quando: a) for feito por testador incapaz; b) seu objeto for ilícito ou impossível; c) não observar as formas prescritas em lei para cada uma das modalidades de cédulas testamentárias, ordinárias e especiais; d) a lei taxativamente o declarar nulo ou lhe negar efeito, pois proíbe o testamento conjuntivo, seja simultâneo, recíproco ou correspectivo; e) suas disposições forem nulas por: instituir herdeiro ou legatário sob a condição captatória de que este disponha também por testamento em benefício do testador ou de terceiro; referir-se a pessoa incerta, cuja identidade não se possa averiguar; favorecer pessoa incerta, cometendo a determinação de sua identidade a terceiro; deixar ao arbítrio do herdeiro ou de outrem fixar o valor do legado não remuneratório; favorecer pessoa não legitimada a suceder; por ter havido simulação, que é a declaração enganosa da vontade do testador, visando produzir efeito diferente do indicado no testamento com intenção de violar norma jurídica. Sendo declarado nulo, o testamento deixa de prevalecer, subordinando-se a transmissão da herança à sucessão legítima. É preciso não olvidar que a ineficácia do testamento poderá ser total ou parcial. Dessa forma, a nulidade de uma cláusula não induzirá à de toda a cédula testamentária, que deve ser, sempre que possível, aproveitada e cumprida. Logo, se a ineficácia for de uma cláusula do testamento, subsistirá a sucessão testamentária quanto às demais, a não ser que haja uma conexão tão íntima que impeça uma disposição de prevalecer sem a outra. A *nulidade relativa* do testamento, que não tem efeito antes de julgada por sentença nem se pronuncia de ofício, podendo ser alegada somente pelos interessados, aproveita exclusivamente ao que a pleiteou, salvo o caso de solidariedade ou indivisibilidade, e dá-se por vício oriundo de: a) erro substancial na designação da pessoa do herdeiro, do legatário ou da coisa legada, a não ser que, pelo contexto do testamento, por outros documentos ou por fatos inequívocos, se puder identificar a pessoa ou coisa a que o testador queria referir-se; b) dolo, ou seja, artifício malicioso para induzir o testador em erro ou para mantê-lo no erro em que já se encontrava; c) coação, que é o estado de espírito em que o disponente, ao perder a energia moral e a espontaneidade da vontade, elabora o testamento que lhe é exigido; d) fraude, que é o emprego de artifício malicioso por alguém para enganar o testador, induzindo-o a dispor de modo diverso do que ele faria se não houvesse tais artifícios. O próprio testador pode, ainda, no testamento fraudar credores, como quando reconhece dívidas.

AÇÃO DE NULIDADE DO CASAMENTO. *Direito civil* e *direito processual civil.* É a ação de estado, de rito ordinário, que visa declarar a nulidade absoluta ou relativa do casamento, sendo processada e julgada por juiz de direito, exigindo a intervenção necessária do representante do Ministério Público, que pode opinar pela nulidade ou anulabilidade do casamento. A *nulidade absoluta* do casamento será decretada, inclusive de ofício pelo juiz, no interesse de toda a coletividade, sendo insuprível e insuscetível de ratificação, podendo ser alegada pelo prejudicado ou pelo Ministério Público, quando lhe caiba intervir, se houver: a) infração de impedimento matrimonial absolutamente dirimente; b) realização por enfermo mental sem o necessário discernimento para os atos da vida civil. A *nulidade relativa* do casamento pressupõe provocação da parte, ou de seu representante, por ser decretada no interesse pri-

vado da vítima; logo, o juiz não poderá decidir de ofício, podendo ser suprida pelo magistrado, a requerimento das partes, sendo suscetível, portanto, de ratificação. Será anulável o casamento: a) realizado por menor em idade núbil, quando não autorizado pelo seu representante legal; b) de incapaz de consentir ou manifestar, de modo inequívoco, o consentimento; c) realizado por mandatário, sem que ele ou o outro contratante soubesse da revogação do mandato, e não sobrevindo coabitação entre os cônjuges; d) em razão de incompetência da autoridade celebrante; e) de mulher e de homem menor de dezesseis anos, salvo se realizado para evitar imposição ou o cumprimento de pena criminal ou se resultar gravidez; f) em razão de erro essencial quanto à pessoa do outro cônjuge que diga respeito à sua identidade, honra e boa fama; g) ante a ignorância de crime praticado por um dos cônjuges antes do casamento, de defeito físico irremediável capaz de impossibilitar a satisfação sexual, de moléstia grave e transmissível, por contágio ou herança, preexistente ao matrimônio, capaz de pôr em risco a saúde do outro consorte ou de sua descendência ou de doença mental grave que, por sua natureza, torne insuportável a vida em comum ao cônjuge enganado.

AÇÃO DE NULIDADE DO REGISTRO E DO USO DE MARCA. *Direito processual civil.* É a em que se objetiva a declaração da invalidação de registro de marca, levado a efeito de forma contrária ao estipulado na lei, movida pelo Instituto Nacional da Propriedade Industrial ou qualquer pessoa com legítimo interesse (comerciante ou industrial, ou melhor, empresário).

AÇÃO DE NULIDADE NEGOCIAL. *Direito civil* e *direito processual civil.* É a movida para obter a privação dos efeitos do negócio praticado em desobediência ao prescrito em norma jurídica, pleiteando-se sua nulidade absoluta ou relativa. Objetivar-se-á a declaração de *nulidade absoluta* do negócio jurídico, para que não produza qualquer efeito, sendo tido como se nunca tivesse existido desde sua formação, pois sua ineficácia operar-se-á *ex tunc*, por estar inquinado por vícios essenciais, se: a) tiver sido praticado por absolutamente incapaz; b) contiver objeto ilícito, impossível ou indeterminável o seu objeto; c) não revestir a forma prescrita em lei ou preterir alguma solenidade imprescindível para sua validade; d) tiver sido praticado com infração à lei; e) a lei taxativamente o declarar nulo ou proibir-lhe a prática sem cominar sanção; f) houver simula-

ção. Pleitear-se-á a declaração de sua anulabilidade ou *nulidade relativa* se se tratar de ato negocial que se acha inquinado por vício capaz de lhe determinar a ineficácia, mas que poderá ser eliminado, restabelecendo-se sua normalidade. A declaração judicial de sua ineficácia operar-se-á *ex nunc*, de modo que o negócio produzirá efeitos até esse momento. Isto é assim porque a anulabilidade prende-se a uma desconformidade que a norma considera menos grave, uma vez que o negócio anulado viola preceito concernente a interesse meramente individual, acarretando uma reação menos extrema. Assim serão declarados os atos negociais: a) se praticados por pessoa relativamente incapaz, sem a devida assistência de seu representante legal; b) se viciados por erro, dolo, coação, estado de perigo, lesão ou fraude contra credores; c) se a lei assim o declarar, tendo em vista a situação particular em que se encontra determinada pessoa. Como se vê, mesmo nulo ou anulável o negócio jurídico, é imprescindível a manifestação do Poder Judiciário a esse respeito, porque a nulidade absoluta ou relativa não opera *ipso iure*.

AÇÃO DE NUNCIAÇÃO DE OBRA NOVA. *Direito processual civil.* É a que visa impedir que o domínio ou a posse de um bem imóvel sejam prejudicados em sua natureza, substância, servidão ou fins por obra nova no prédio vizinho. Por exemplo, é proibido por lei abrir na construção vizinha janela a menos de metro e meio, assim como é vedado ao dono de prédio superior desviar águas de um córrego há anos utilizadas pelo proprietário de imóvel rural. Só cabe esta ação para obra contígua em vias de construção; se já estiver concluída ou na fase final de conclusão, como na da pintura, descabe tal remédio, que visa suspender a obra até que haja sua demolição, se efetivamente prejudica a posse ou a propriedade do nunciante. Isto porque seu principal objetivo é o embargo à obra, ou seja, impedir sua construção, mesmo que ela não acarrete dano atual, bastando que permita antever algum resultado turbativo se vier a completar-se. Eis porque há cominação de multa para o caso de reinício ou de reconstrução, bem como condenação em perdas e danos.

AÇÃO DE PARTILHA. *Vide* AÇÃO DE INVENTÁRIO E PARTILHA.

AÇÃO DE *PARTU AGNOSCENDO*. *Direito processual civil.* É a proposta pela mãe grávida, antes do parto, ou pelo curador do ventre, para obter o reconhecimento da filiação matrimonial do nascituro, ante o fato de estar viúva, separada judicialmente de seu marido ou ter sido seu casamento declarado nulo ou anulável, cientificando, assim, seu ex-marido ou herdeiros da sua gravidez.

AÇÃO DE PASSAGEM DE ÁGUA. *Direito civil* e *direito processual civil.* **1.** É a que tem por objeto solucionar lide atinente à obrigação do prédio inferior de receber águas pluviais ou nascentes procedentes de prédio superior, incluindo-se nesse ônus as advindas do derretimento de neve ou do gelo, excluindo-se as extraídas de poços, piscinas ou reservatórios, as oriundas de fábricas ou usinas, as elevadas artificialmente e as que caem dos tetos das casas. **2.** É aquela pela qual o dono de um prédio rústico, mesmo que se trate de chácara, sítio, quintal, horta, pátio ou jardim, com o escopo de facilitar a exploração agrícola e industrial e de atender às primeiras necessidades da vida, pleiteia o direito de canalizar, por via subterrânea, águas através de prédios rústicos alheios, consagrando assim o direito à servidão de aqueduto, mediante prévia indenização dos proprietários que, com isso, vierem a sofrer danos. **3.** É a movida por proprietário de prédio inferior que recebe águas de nascente artificial para reclamar seu desvio ou a indenização do prejuízo sofrido.

AÇÃO DE PASSAGEM FORÇADA. *Direito civil* e *direito processual civil.* É a proposta por proprietário de prédio rústico ou urbano que se encontra naturalmente encravado em outro, sem saída para a via pública, nascente ou porto, para reclamar do vizinho que lhe deixe passagem, fixando-se a esta judicialmente o rumo, mediante pagamento de uma indenização cabal, calculada por peritos com base nos incômodos ou prejuízos que dessa passagem possam advir ao imóvel onerado.

AÇÃO DE PERDA DE PODER FAMILIAR. *Vide* AÇÃO DE DESTITUIÇÃO DE PODER FAMILIAR.

AÇÃO DE PERDAS E DANOS. *Direito processual civil.* **1.** *Vide* AÇÃO DE DANO. **2.** É a movida pelo credor para obter, judicialmente, a liquidação das perdas e danos não estabelecida por lei ou por convenção das partes, ante a obrigação que tem o devedor inadimplente ou moroso de reparar os prejuízos que causou. Reclama-se, portanto, o equivalente do dano suportado pelo credor, em virtude de o devedor não ter cumprido, total ou parcialmente, absoluta ou relativamente, a obrigação, expressando-se numa soma de dinheiro correspondente ao desequilíbrio sofrido pelo lesado. Para conceder indenização de perdas e danos, o magistrado deverá considerar se houve: a) dano positivo ou emergente, que consiste num déficit real e efetivo no patrimônio do credor, hipótese em que a indenização poderá se processar de duas formas: o autor do dano será condenado a proceder à restauração do bem danificado ou a pagar o valor das obras necessárias a essa reparação. Se a obrigação não cumprida consistir em pagamento em dinheiro, a estimativa do dano emergente já estará previamente estabelecida pelos juros de mora e custas processuais, sem prejuízo da pena convencional; b) dano negativo ou lucro cessante, alusivo à privação de um ganho pelo credor, ou seja, ao lucro que ele deixou de auferir, em razão do descumprimento da obrigação pelo devedor. Logo, o devedor faltoso só responderá pelos lucros que foram ou poderiam ser previstos na data da obrigação; c) nexo de causalidade entre o prejuízo e a inexecução culposa da obrigação por parte do devedor. Ao apurar os danos oriundos de inadimplemento contratual, o juiz deverá agir com prudência, estipulando uma indenização justa, abrangendo a restauração do que o credor perdeu e a composição do que deixou de ganhar, atendo-se, na fixação do *quantum* das perdas e danos, ao tempo do julgamento, ao lugar da estimação, que será aquele em que o pagamento deveria se efetuar, e à pessoa do lesado, principalmente sua situação patrimonial, para poder estabelecer a repercussão que teve sobre ela a inexecução da obrigação. Além disso, o inadimplente deverá suportar o ônus da inflação; assim, na indenização de danos caberá corrigir seu valor, utilizando-se, para esse fim, dentre outros critérios, os índices de atualização monetária.

AÇÃO DE PETIÇÃO DE HERANÇA. *Direito civil* e *direito processual civil.* É a proposta pelo herdeiro do *de cujus*, seja ele legítimo ou testamentário, por título universal ou singular, contra aquele que detém ou possui *pro herede* ou *pro possessore* os bens da herança como se fossem seus, para obter o reconhecimento de sua qualidade de herdeiro e haver, então, a cota hereditária a que tem direito. Esta ação poderá vir cumulada com a de investigação de paternidade, de reconhecimento de filiação, de nulidade de testamento etc.

AÇÃO DE POSSE EM NOME DO VENTRE. *Direito civil* e *direito processual civil.* É a movida em caso de mulher grávida enviuvar e não ter condições de exercer o poder familiar, desde que o nascitu-

ro tenha que receber herança, legado ou doação, com o intuito de requerer a nomeação de curador ao ventre, que terá autoridade sobre a pessoa e bens do nascituro. Se a mãe estiver interdita, seu curador será o do nascituro. Se ela puder exercer o poder familiar, deverá requerer exame médico para comprovar sua gravidez, a fim de que o juiz possa investi-la na posse dos direitos sucessórios que caibam ao nascituro.

AÇÃO DE PREEMPÇÃO OU PREFERÊNCIA. *Direito civil* e *direito processual civil.* É a proposta por aquele que sofreu violação no seu direito de preferência. Se este for pessoal, tal ação será movida para pleitear indenização de perdas e danos, hipótese em que a ação seguirá o rito comum (ordinário ou sumário). Se o direito de preferência for real, seu titular proporá ação para optar entre a reclamação das perdas e danos ou a obtenção, para si, da coisa, depositando o preço, caso em que a ação será de rito comum, se inexistir previsão de rito especial.

AÇÃO DE PRESTAÇÃO DE CONTAS. *Direito civil* e *direito processual civil.* É a intentada para exigir que a pessoa a quem devam as contas ser prestadas as receba, hipótese em que se terá a "ação de prestação de contas espontânea", ou, então, para obrigar que sejam prestadas por quem as deve, caso em que se configurará a "ação de prestação de contas provocada", pleiteada por quem tiver o direito de exigi-las.

AÇÃO DE PROPOSTA DE SEGURO. *Direito civil* e *direito processual civil.* É a intentada pelo segurado, signatário da proposta, contra a seguradora, nos casos em que: a) a apólice for emitida em desconformidade com a proposta, requerendo-se, em razão da insuficiência da cobertura oferecida por aquela, a complementação de riscos que nela foram desprezados e a indenização dos prejuízos causados; b) houver excessos do corretor, que vieram a causar danos, que devem ser reparados; c) ocorrer retardamento na expedição da apólice, evidenciado um prejuízo da mora, que deve ser indenizado.

AÇÃO DE RECLAMAÇÃO. 1. *Direito processual trabalhista.* É a que tem por fim a solução de lide regida pelo direito do trabalho. **2.** *Direito processual civil.* É o remédio regimental destinado a preservar a competência do Supremo Tribunal Federal e a garantir a autoridade de suas decisões.

AÇÃO DE RECONHECIMENTO. *Direito processual civil.* **1.** O mesmo que AÇÃO DE INVESTIGAÇÃO DE MATERNIDADE ou AÇÃO DE INVESTIGAÇÃO

DE PATERNIDADE. **2.** É aquela pela qual uma pessoa pode obrigar, judicialmente, outra a vir a juízo para reconhecer firma, obrigação ou sinal contidos em algum documento probatório apresentado para esclarecer dada situação.

AÇÃO DE RECONHECIMENTO DE FILIAÇÃO. *Vide* AÇÃO DE INVESTIGAÇÃO DE MATERNIDADE e AÇÃO DE INVESTIGAÇÃO DE PATERNIDADE.

AÇÃO DE RECUPERAÇÃO DE TÍTULOS AO PORTADOR. *Direito processual civil.* **1.** É a proposta por quem foi desapossado, de modo injusto, de títulos ao portador, para reivindicá-los. **2.** É similar à "ação de anulação e substituição de títulos ao portador".

AÇÃO DE REDUÇÃO DE PREÇO. *Direito civil* e *direito processual civil.* Também denominada "ação estimatória" ou "ação *quanti minoris*", é a proposta pelo adquirente de coisa que contém vício redibitório para reclamar abatimento no preço, a fim de conservar o bem sem acarretar redibição do contrato. Por ela o adquirente lesado, com o intuito de conservar a coisa, exigirá, judicialmente, que seu preço seja reduzido proporcionalmente àquilo em que o defeito oculto a depreciou.

AÇÃO DE REFORÇO DE GARANTIA. *Direito civil* e *direito processual civil.* É a proposta pelo credor contra devedor, no caso de desvalorização econômica ou deterioração do objeto dado em garantia, para que a venha reforçar ou colocar outro bem em seu lugar, sob pena de se considerar a dívida vencida. Assim, se o devedor, injustamente, não fizer o referido reforço, o credor, então, poderá proceder à excussão da garantia, sem que ao devedor socorra o prazo estipulado. Todavia, se o ônus real tiver sido dado por terceiro, este, havendo depreciação ou deterioração da coisa onerada, não poderá ser intimado a substituí-la, salvo se agiu com dolo ou culpa ou se se obrigou a isto por cláusula expressa.

AÇÃO DE REINTEGRAÇÃO DE POSSE. *Direito processual civil.* É a movida pelo esbulhado a fim de recuperar a posse perdida em razão de violência, clandestinidade ou precariedade não só contra o esbulhador, mas também contra terceiro que recebeu a coisa esbulhada sabendo que o era. Se o esbulho datar de menos de ano e dia, essa ação receberá a denominação de "ação de força nova espoliativa" e iniciar-se-á pela expedição de mandado liminar, a fim de reintegrar o possuidor imediatamente. Se for de mais de um ano e dia, teremos a "ação de força velha espoliativa", na qual o magistrado fará citar o réu para que ofereça sua defesa, confrontando as suas provas com as do autor e decidindo quem terá a posse. Ambas as ações seguem o rito ordinário depois da contestação, distinguindo-se apenas no fato de que só na força nova espoliativa cabe mandado liminar.

AÇÃO DE REIVINDICAÇÃO DE COISA. *Direito processual civil.* É a proposta pelo proprietário quando for totalmente privado de seu bem, móvel ou imóvel, para retomá-lo, com todos os seus acessórios, de quem quer que injustamente o detenha, devido a seu direito de seqüela. Se impossível for tal devolução, por ter perecido a coisa, o proprietário terá direito de receber seu valor se o possuidor estiver de má-fé. Para tanto, o proprietário deverá provar seu domínio fundado em justo título, individualizar o bem, mencionando todos os elementos que o tornem conhecido, demonstrar que a coisa reivindicada se encontra, injustamente, na posse do réu, pouco importando que essa posse seja de boa ou de má-fé, em nome próprio ou de outrem.

AÇÃO DE REIVINDICAÇÃO DE NOME. *Direito processual civil.* É a movida pelo titular do direito ao nome contra terceiro que o usou indevidamente, causando-lhe danos.

AÇÃO DE REMIÇÃO. *Direito processual civil.* É o pedido judicial para liberar coisa móvel ou imóvel do ônus que lhe pesa, ou seja, da hipoteca, da anticrese ou do penhor, por servir de garantia de uma dívida, mediante o pagamento integral daquele débito.

AÇÃO DE REPARAÇÃO DE DANO. *Vide* AÇÃO DE DANO.

AÇÃO DE REPARAÇÃO DE DANO DECORRENTE DE CRIME. *Direito processual civil* e *direito processual penal.* É a proposta para obter a completa satisfação de dano efetivo ou do perigo de dano causado pela prática de um delito. Certos ilícitos, devido à sua gravidade, por infringirem norma de direito público, constituindo crime ou contravenção, e por causarem dano ao ofendido e a terceiro, têm repercussão tanto na esfera cível como na criminal, hipótese em que haverá dupla reação da ordem jurídica: a imposição de pena ao criminoso e a reparação do dano causado à vítima. É o que ocorre, por exemplo, em caso de assassinato, em que o delinqüente deverá ser condenado à pena de reclusão e a reparar o prejuízo causado aos familiares da vítima, pagando as despesas de seu funeral e luto da família e prestando alimento às pessoas a quem o falecido os devia. Há o princípio da independência da responsabilidade civil relativamente à criminal, porém, não se poderá questionar mais sobre a existência do fato (isto é, do crime e suas conseqüências) ou de quem seja seu autor quando estas questões se encontrarem decididas no crime. Logo, enquanto o juízo criminal não tiver formado convicção sobre tais pontos, os processos correrão independentemente, e as duas responsabilidades (civil e penal) poderão ser, de fato, separadamente investigadas. Em nosso ordenamento a instância criminal julga o fato em seu aspecto social reprimindo o delinqüente por meio de penas; logo a pretensão pecuniária só poderá ser pedida no juízo cível, que julgará a reparação do prejuízo causado à vítima. Portanto, será impossível a reparação de dano no processo criminal.

AÇÃO DE REPETIÇÃO. 1. *Vide* AÇÃO DE ENRIQUECIMENTO SEM CAUSA OU ILÍCITO. **2.** *Direito tributário.* É a intentada, independentemente de protesto, pelo contribuinte que tem direito à restituição, total ou parcial, de tributo pago indevidamente, por inexistir causa necessária que legitimasse a sua cobrança.

AÇÃO DE RESGATE. *Vide* AÇÃO DE REMIÇÃO.

AÇÃO DE RESTITUIÇÃO. *Vide* AÇÃO DE ENRIQUECIMENTO SEM CAUSA OU ILÍCITO, AÇÃO DE ENRIQUECIMENTO INDÉBITO e AÇÃO DE REPETIÇÃO.

AÇÃO DE RETRATO. *Vide* AÇÃO DE CLÁUSULA RETRO.

AÇÃO DE RETROVENDA. *Vide* AÇÃO DE CLÁUSULA RETRO.

AÇÃO DE RETROVENDENDO. *Vide* AÇÃO DE CLÁUSULA RETRO.

AÇÃO DE REVISÃO DE CRÉDITO. *Direito comercial* e *direito processual civil.* É a ação de rito ordinário intentada por administrador judicial ou por credor admitido na falência, até o encerramento desta, para obter a retificação ou exclusão de um crédito, corrigindo as falhas anteriormente havidas, desconhecidas e não alegadas, alusivas à falsidade ou erro essencial de documentos, à fraude, à simulação, ao dolo etc.

AÇÃO DE REVOGAÇÃO DA DOAÇÃO. *Direito civil* e *direito processual civil.* É a movida pelo doador para rescindir, no todo ou em parte, unilateralmen-te, a liberalidade concedida a favor do donatário, fazendo com que o bem retorne ao seu patrimônio, respeitando direitos de terceiro, alegando: a) descumprimento do encargo, pois a doação onerosa poderá ser revogada por inexecução daquele, desde que o donatário incorra em mora; b) ingratidão do donatário, uma vez que este tem obrigação moral de ser grato ao doador, devendo abster-se de atos que constituam prova de ingratidão, como, por exemplo, atentar contra a vida do doador, desde que o ato não seja culposo ou oriundo de legítima defesa ou de irresponsabilidade do donatário, por motivo de demência; ofender-lhe fisicamente, provocando-lhe, dolosamente, lesão corporal leve ou grave; injuriar ou caluniar gravemente o doador, causando-lhe humilhações, que representam um atentado contra a sua integridade moral; deixar de ministrar ao doador alimentos para sua sobrevivência, estando ele na penúria e não tendo parentes a quem reclamar prestação alimentícia. Pode ocorrer também a revogação quando o ofendido for o cônjuge, ascendente, descendente ou irmão do doador. Todavia, será mister lembrar que a revogação por ingratidão só é admissível na doação pura e simples. Logo, não poderão ser revogadas por ingratidão: a doação remuneratória, salvo na parte que exceder ao valor do serviço prestado pelo donatário ao doador; a doação modal, que, por exigir contraprestação do donatário, o desobriga do dever de gratidão; a doação levada a efeito para pagamento de obrigação natural, por ser inexigível juridicamente; e a doação feita para determinado casamento, pois esta apenas se perfaz com a realização do ato nupcial, e sua revogação atingirá o cônjuge inocente e os filhos do casal.

AÇÃO DE REVOGAÇÃO DO BEM DE FAMÍLIA. *Direito civil* e *direito processual civil.* É a proposta pelo credor contra seu devedor, pleiteando a extinção do bem de família por ele instituído ilegalmente e em prejuízo de débito anteriormente existente, uma vez que a destinação de um prédio para domicílio da família, com cláusula de isenção de execução por dívida, posterior ao ato, só poderia se dar sob a condição de inexistir qualquer dívida que pudesse ser por ela prejudicada.

AÇÃO DE SEPARAÇÃO JUDICIAL. *Direito civil* e *direito processual civil.* É a ação intentada por um ou ambos os cônjuges para obter a dissolução da sociedade conjugal, não rompendo o vínculo matrimonial. Ter-se-á *separação judicial consensual* quando ambos os consortes, ou um deles com a aceitação do outro, casados há mais de um ano, propuserem ação para legalizar a conveniência de viverem separados, pleiteando, sem justificação dos motivos, a homologação judicial, depois de ouvido o Ministério Público. Para tanto, devem requerê-la em petição assinada por ambos, por seus advogados ou por advogado escolhido de comum acordo e instruída com os seguintes dados e documentos exigidos por lei: a) certidão de casamento; b) pacto antenupcial, se houver; c) descrição dos bens móveis e imóveis do casal e respectiva partilha, que só poderá ser anulada por vício de consentimento; d) acordo relativo à guarda dos filhos menores, estabelecendo o regime de visitas a que terá direito aquele que não ficar com a prole, repartição das férias escolares e dias festivos; e) valor da contribuição dos cônjuges para criar e educar os filhos, na proporção de seus recursos; f) pensão alimentícia de um cônjuge a outro, se este não possuir bens suficientes para se manter; g) declaração a respeito do nome do cônjuge, esclarecendo se voltará a usar o de solteiro ou continuará com o de casado. Verificando que a petição preenche todos os requisitos legais, o juiz ouvirá, separadamente, ambos os consortes, esclarecendo-os. Estando plenamente conscientizados de seus atos e das condições avençadas, mandará reduzir a termo suas declarações e, após ouvir o representante do Ministério Público, no prazo de cinco dias, homologará o acordo. Tal sentença homologatória perderá sua eficácia com a reconciliação, pois está permitido aos consortes restabelecer, a qualquer tempo, a sociedade conjugal, desde que o façam mediante requerimento nos autos de separação. Operar-se-á *separação judicial litigiosa* a pedido de um dos cônjuges, mediante processo contencioso, qualquer que seja o tempo de casamento, estando presentes hipóteses legais que tornem insuportável a vida em comum, como, por exemplo: conduta desonrosa; grave violação dos deveres matrimoniais; ruptura da vida em comum há mais de um ano; grave doença mental, manifestada após o casamento, de cura improvável e que já dure mais de dois anos. O juiz poderá considerar outros fatos que tornem evidente a impossibilidade da vida em comum. A ação de separação litigiosa pode ser precedida por uma separação de corpos, que é medida cautelar, consistente na suspensão autorizada do dever de coabitação. A ação de separação litigiosa obedece o rito ordinário e somente poderá ser proposta pelo cônjuge (ou pelo seu representante, se incapaz) que não lhe deu causa, com base nas circunstâncias legais que a autorizam, cabendo-lhe o ônus da prova. Nada impede, porém, que as partes, a qualquer tempo, no curso da separação litigiosa, requeiram sua conversão em consensual. O foro competente para sua propositura é o do domicílio da mulher. A sentença somente decretará a dissolução da sociedade conjugal se o juiz reconhecer a culpabilidade do réu ou de ambas as partes. Competirá ao órgão judicante deliberar a partilha dos bens. O cônjuge declarado culpado perde o direito de usar o sobrenome do outro, desde que expressamente requerido pelo cônjuge inocente e se a alteração não acarretar qualquer dano. Este pode renunciar a qualquer momento o direito de usar o sobrenome daquele. O cônjuge inocente, se desprovido de recursos, tem direito a alimentos. O culpado, se precisar de alimentos, não havendo parente em condição de prestá-los, nem tendo ele aptidão para o trabalho, o outro cônjuge deverá assegurar esses alimentos. Os filhos menores ficarão com aquele genitor que tiver melhores condições de exercer a guarda. Se o juiz entender que não devem ficar com nenhum deles, a guarda será deferida à pessoa que revelar compatibilidade com a natureza da medida, levando-se em conta o grau de parentesco e afetividade. Mesmo depois de efetuada a separação litigiosa há possibilidade de reconciliação, desde que esta não lese direitos de terceiros, adquiridos antes e durante a separação, seja qual for o regime de bens.

AÇÃO DE SIMULAÇÃO. *Direito processual civil.* É a que tem por objeto tornar nulo ato negocial simulado, lesivo a direitos de terceiro e atentatório da lei, podendo ser proposta pelo credor, pelo terceiro lesado ou pelo representante do Poder Público ou da Fazenda.

AÇÃO DE SOLDADA. *Direito processual civil, direito do trabalho* e *direito marítimo.* É a intentada pelo comandante ou membro da tripulação de um navio para reclamar do proprietário da embarcação, de seu agente ou consignatário o pagamento de sua remuneração (soldada) vencida ou a vencer, nas hipóteses admitidas em lei.

AÇÃO DE SONEGADOS. 1. *Direito processual civil.* É a ação ordinária movida pelos herdeiros legítimos ou testamentários ou pelos credores da herança, ajuizada no foro do inventário, para requerer a pena de sonegados, comprovando que os bens ocultados dolosamente ou não colacionados pertencem ao espólio, não só contra o inventariante, depois de encerrada a descrição dos bens com a declaração feita por ele de não existirem outros por inventariar e partir, por não ter descrito bens do espólio que se encontram em seu poder ou no poder de outrem, com anuência sua, mas também contra co-herdeiro, depois de, inveridicamente, declarar no inventário que não os possui, ficando provada sua ocultação maliciosa daqueles bens. Procedente a ação, o bem ocultado ou não colacionado pelo herdeiro será restituído ao espólio e partilhado entre os outros co-herdeiros como se o sonegador nunca tivesse existido. Se o bem sonegado não mais estiver em seu poder por já o ter alienado ou perdido, o co-herdeiro sonegador terá de pagar o seu valor mais as perdas e danos. Se o sonegador for o inventariante, herdeiro do autor da herança, sofrerá dupla sanção: perda dos direitos sobre os bens sonegados e remoção do cargo. Mas, se não for sucessor do *de cujus*, incorrerá apenas na destituição do cargo. O testamenteiro sonegador, além de ser destituído da testamentaria, perderá o direito à vintena e será removido também do cargo de inventariante. **2.** *Direito processual tributário.* É a ação pela qual a Fazenda Pública, por ter direitos fiscais relativos aos bens sonegados, poderá reclamar que eles sejam inventariados, sem, contudo, pedir a aplicação da pena de sonegados que é inadmissível quando não se descrevem os bens, com a anuência dos herdeiros, a fim de diminuir o montante do imposto *mortis causa*. **3.** *Direito penal* e *direito processual penal.* É a ação proposta pelo prejudicado para responsabilizar penalmente o sonegador que se apropriou de coisa alheia móvel, ocultando-a na qualidade de inventariante ou testamenteiro, requerendo ao órgão judicante a aplicação da pena de reclusão de um a quatro anos e multa, aumentada de um terço.

AÇÃO DE SUCESSÃO DEFINITIVA. *Direito civil* e *direito processual civil.* **1.** *Vide* AÇÃO DE DECLARAÇÃO DE AUSÊNCIA. **2.** É a intentada pelos interessados para adquirir o domínio e a disposição dos bens do ausente e para requerer o levantamento das cauções prestadas quando: houver prova cabal da morte do ausente, tiver decorrido o lapso temporal de dez anos, contado do trânsito em julgado da sentença que concedeu a abertura da sucessão provisória ou ficar provado que o ausente conta com oitenta anos de nascido e que de cinco datam as últimas notícias suas. Entretanto, preciso será ressaltar que tal propriedade será resolúvel se o ausente regressar nos dez anos seguintes à abertura da sucessão definitiva, hipótese em que poderá pleitear ao órgão judicante a devolução dos bens no estado em que estiverem ou, então, a entrega dos sub-rogados em seu lugar ou do preço que os herdeiros receberam pelos alienados, respeitando, porém, os direitos de terceiro. Eis por que é costume entre os civilistas a afirmação de que tal sucessão é "quase-definitiva". Se, entretanto, o ausente retornar após os dez anos de abertura da sucessão definitiva, não mais poderá exigir seus bens.

AÇÃO DE SUCESSÃO PROVISÓRIA. *Direito civil* e *direito processual civil.* **1.** *Vide* AÇÃO DE DECLARAÇÃO DE AUSÊNCIA. **2.** É a requerida por qualquer interessado (cônjuge não separado judicialmente, herdeiro presumido legítimo ou testamentário, pessoa que tiver sobre os bens do ausente direito subordinado à condição de morte, credor de obrigações vencidas e não pagas, ou, na falta de qualquer destes, o Ministério Público), depois de um ano da arrecadação dos bens do ausente sem que se saiba do seu paradeiro ou de algum representante seu, para que se abra, provisoriamente, a sucessão, cessando a curatela dos bens do ausente, ou após três anos, se ainda não se souber de seu paradeiro, apesar de ter deixado representante ou procurador. Aquele que promover a abertura da sucessão provisória pedirá a citação pessoal dos herdeiros presentes, do curador e, por edital, a dos ausentes para oferecerem artigos de habilitação. A sentença que determinar a abertura da sucessão provisória produzirá efeitos somente 180 dias depois de sua publicação pela imprensa. Assim que transitar em julgado, ter-se-á abertura do testamento, se houver, e proceder-se-á ao inventário e partilha dos bens como se fosse o ausente falecido. A herança do ausente passará a seus herdeiros, que, sendo sucessores provisórios e condicionais, deverão guardar os bens, para serem devolvidos quando reclamados pelo desaparecido, por ocasião de sua volta. Para assegurar ao ausente a devolução dos seus bens: a) o juiz determinará a conversão dos bens móveis, sujeitos à deterioração ou a extravio, em imóveis ou em títulos de dívida pública da União ou dos Estados; b) os herdeiros imitidos na posse dos bens darão garantias de sua restituição, mediante penhores, hipotecas, equivalentes aos quinhões respectivos, sob pena de não entrarem na posse daqueles bens, que ficarão sob a administração de um curador ou de outro herdeiro, designado pelo juiz, que preste as mencionadas garantias; c) os imóveis serão confiados, na partilha, aos sucessores provisórios mais idôneos; d) os imóveis não poderão ser alienados, exceto em caso de desapropriação ou por ordem judicial, para lhes evitar ruína ou por ser mais conveniente convertê-los em títulos de dívida pública; e) os sucessores provisórios, empossados nos bens, ficarão representando ativa e passivamente o ausente, de modo que contra eles correrão as ações pendentes e as que de futuro àquele se moverem; f) o descendente, ascendente ou cônjuge que for sucessor provisório do ausente fará seus todos os frutos e rendimentos dos bens que a este couberem. Os demais sucessores deverão capitalizar metade desses frutos e rendimentos, de acordo com o representante do Ministério Público, e prestar anualmente contas ao juiz competente; g) o excluído da posse provisória poderá, se justificar falta de meios, requerer lhe seja entregue metade dos rendimentos do quinhão que lhe tocaria. Se se provar durante a sucessão provisória a data certa do óbito do ausente, abrir-se-á a sucessão em prol dos herdeiros, convertendo-se a sucessão provisória em definitiva. Se o ausente retornar ou enviar notícias, cessarão para os sucessores provisórios todas as vantagens, ficando obrigados não só a tomar medidas assecuratórias até a devolução dos bens, com seus frutos e rendimentos, ao seu real dono, que é o ausente, como também a dar contas dos bens e de seus acrescidos. Se o ausente não regressar dez anos depois de passada em julgado a sentença que concedeu a abertura da sucessão provisória, poder-se-á, então, mover a ação de sucessão definitiva.

AÇÃO DE SUSPENSÃO DE PODER FAMILIAR. *Direito processual civil.* É a de que podem dispor um parente do menor, em qualquer grau, ou o órgão do Ministério Público, perante a Justiça da Infância e da Juventude, para, expondo sumariamente o fato, pedir o afastamento temporário do genitor, interrompendo ou suspendendo o exercício de seu poder familiar sobre o filho, por ter havido: abuso do poder por pai ou mãe, falta aos deveres paternos, dilapidação dos bens do filho ou condenação, por sentença irrecorrível, do pai ou da mãe em crime cuja pena exceda de dois anos de prisão. Se a pena de suspensão foi imposta ao pai, a mãe assumirá o exercício do poder familiar; se já tiver falecido ou for inca-

paz, o magistrado nomeará um tutor dativo ao menor. A suspensão do poder familiar acarretará ao pai (ou mãe) perda de alguns ou de todos os direitos em relação à pessoa e aos bens do filho, mas não o exonerará do dever de alimentá-lo. Urge lembrar que a suspensão do poder familiar poderá não só alcançar o filho lesado como toda a prole.

AÇÃO DE TOMADA DE CONTAS. *Direito processual civil.* É a intentada pelo gestor de negócio alheio contra o *dominus negotii* para exigir que este lhe tome as contas de sua administração, liberando-o, assim, das responsabilidades oriundas do encargo que assumiu voluntariamente.

AÇÃO DE TUTELA. *Direito civil* e *direito processual civil.* É a intentada pelo tutelado contra o tutor para obter a prestação de contas e a indenização pelos prejuízos causados, na administração de seus bens, dolosa ou culposamente.

AÇÃO DE TUTELA DO PSEUDÔNIMO. 1. *Direito civil* e *direito processual civil.* É o meio judicial para fazer valer direitos, proteger o pseudônimo ou reparar lesões à designação personativa, que pode abranger: a) a ação de reclamação, se houver negação do pseudônimo ao legítimo titular; b) a ação de usurpação, se alguém se apossar ou usar, pessoal e indevidamente, pseudônimo alheio; c) a ação de proibição, se terceiro usar, não pessoalmente, o pseudônimo de outrem; d) a ação de responsabilidade civil por dano moral e/ou patrimonial sofrido. **2.** *Direito penal* e *direito processual penal.* a) É a ação cabível para punir, com detenção e multa, aquele que imputar, dolosa e falsamente, a outrem a autoria de obra artística, literária ou científica por meio de uso de pseudônimo adotado pelo artista, escritor ou cientista; b) é a ação que se propõe para punir não só aquele que, ao praticar estelionato, fez uso de pseudônimo alheio como também o que, dolosamente, injuriou outrem, desfigurando seu pseudônimo.

AÇÃO DE USUCAPIÃO. *Direito civil* e *direito processual civil.* É a movida pelo possuidor de coisa móvel ou imóvel que, ante a sua posse prolongada, com a observância dos requisitos legais, vem pedir, judicialmente, a declaração do seu domínio e o reconhecimento de outros direitos reais, tais como usufruto, uso, habitação, ou servidão predial. A sentença declaratória na ação de usucapião e seu respectivo assento não têm valor constitutivo e sim meramente probante, como um elemento indispensável para introduzir o imóvel usucapido no registro imobiliário, a fim de que ele possa, daí por diante, com essa forma originária, seguir o curso normal de todos os bens imóveis, quer em sua utilização, quer na criação de seus direitos reais de fruição ou de disposição, antes do que não seria possível criá-los. O registro da sentença não confere aquisição da propriedade, mas regulariza a situação do imóvel e permite sua livre disposição, alienação, hipoteca etc.

AÇÃO DE VALOR. *Direito militar.* Ato de coragem individual, excedente à média ordinária da conduta de uma tropa em combate.

AÇÃO DIFERIDA. *Direito comparado.* Ação de sociedade anônima que dá ganho a seu titular apenas após os demais acionistas serem remunerados (Othon Sidou).

AÇÃO *DIFFAMARI*. *Direito processual civil.* É a intentada pelo lesado por edição, divulgada pela imprensa, de material difamante que venha a abalar seu crédito, contra o responsável por aquela publicação, com o escopo de obter a indenização pelo prejuízo moral e material à sua honra ou a publicação de desagravo em jornal.

AÇÃO DIRETA. *Direito processual civil.* **1.** A intentada diretamente contra aqueles que se identificam com a relação processual estabelecida. **2.** A resultante de obrigação contraída ou de infração cometida por pessoa submetida à autoridade daquele a quem se dirige a ação. **3.** A movida pelo beneficiário de uma obrigação contra terceiro que, apesar de não ter sido parte no ato negocial, a ele está vinculado, com a intenção de forçá-lo ao adimplemento do avençado. **4.** A proposta pelo beneficiário de uma obrigação contra o próprio devedor, a fim de dele exigir o cumprimento do estipulado no ato negocial.

AÇÃO DIRETA DE INCONSTITUCIONALIDADE. *Direito constitucional* e *direito processual.* **1.** É aquela pela qual se argúi, diretamente, perante o órgão judicante competente, a inconstitucionalidade de um ato ou de uma omissão necessários para materializar uma norma constitucional. Podem propor ação direta de inconstitucionalidade: a) o Presidente da República; b) a mesa do Senado Federal; c) a mesa da Câmara dos Deputados; d) a mesa da Assembléia Legislativa ou a mesa da Câmara Legislativa do Distrito Federal; e) o governador de Estado ou o governador do Distrito Federal; f) o procurador-geral da República; g) o Conselho Federal da Ordem dos Advogados do Brasil; h) partido político com representação no Congresso Nacional; i) confederação sindical ou entidade de classe de âmbito nacional. A petição indicará: a) o dispositivo da lei ou do ato normativo impugnado e os fundamentos jurídicos do pedido em relação a cada uma das impugnações; b) o pedido, com suas especificações. A petição inicial, acompanhada de instrumento de procuração, quando subscrita por advogado, será apresentada em duas vias, devendo conter cópias da lei ou do ato normativo impugnado e dos documentos necessários para comprovar a impugnação. A petição inicial inepta, a não fundamentada e a manifestamente improcedente serão liminarmente indeferidas pelo relator. Cabe agravo da decisão que indeferir a petição inicial. Proposta a ação direta, não se admitirá desistência. O relator pedirá informações aos órgãos ou às autoridades das quais emanou a lei ou o ato normativo impugnado. As informações serão prestadas no prazo de trinta dias, contado do recebimento do pedido. Não se admitirá intervenção de terceiros no processo de ação direta de inconstitucionalidade. **2.** *Vide* AÇÃO DE INCONSTITUCIONALIDADE.

AÇÃO DISCIPLINAR. *Direito administrativo.* É a que se destina à apuração de falta cometida por servidor público.

AÇÃO DISCRIMINATÓRIA. *Vide* AÇÃO DE DISCRIMINAÇÃO DE TERRAS DA UNIÃO E DO ESTADO.

AÇÃO DIVISÓRIA. *Vide* AÇÃO *COMMUNI DIVIDUNDO.*

AÇÃO DO ESTADO. *Direito administrativo.* Providência tomada pela Administração Pública para atender: a) às necessidades políticas, imprescindíveis à existência de uma sociedade politicamente organizada, estabelecendo não só normas estabilizadoras das instituições promotoras da ordem legal ou jurídica, mas também normas responsáveis pela organização política do Estado; b) às necessidades físicas, mediante organização de mecanismos que atendam à saúde pública e instituição de serviços voltados à assistência social, à polícia sanitária, à segurança pública etc.

AÇÃO DÚPLICE. *Direito processual civil.* Ação cumulativa em que os litigantes são, recíproca e concomitantemente, autores e réus. Ocorre, por exemplo, na ação divisória ou demarcatória.

AÇÃO EDILÍCIA. *Direito civil* e *direito processual civil.* **1.** É a também denominada "ação redibitória" ou "estimatória", que deve ser proposta, havendo vício redibitório da coisa alienada, dentro dos prazos decadenciais: a) de trinta dias, contados da tradição da coisa móvel; b) de trinta dias, se se tratar de relação de consumo onde se deu fornecimento de produtos, ou serviços, não duráveis; c) de noventa dias, se, na relação consumerista, se alienou bem durável, contados da data em que se evidenciar o defeito; d) de um ano, se se tratar de bem imóvel. Porém, como imóvel é bem durável, sendo a relação de consumo, o prazo será de noventa dias. O lesado, para rejeitar a coisa defeituosa, rescindindo o contrato, utilizar-se-á da ação redibitória. Se pretender ficar com o bem, reclamando abatimento do preço, proporá a estimatória. **2.** *Vide* AÇÃO REDIBITÓRIA e AÇÃO DE REDUÇÃO DE PREÇO.

AÇÃO EFICAZ. *Direito militar.* É a exercida por manobra de militares, numa campanha, destruindo o inimigo.

AÇÃO EMANCIPATÓRIA. *Vide* AÇÃO DE EMANCIPAÇÃO.

AÇÃO EM CAUSA PRÓPRIA. *Direito processual civil.* É aquela em que o próprio litigante vem, pessoalmente, a juízo, por ter habilitação legal para isso, propor ou defender-se de ação proposta contra si.

AÇÃO EM TESOURARIA. *Direito comercial.* Estoque de ações que a companhia mantém em seu poder (Luiz Fernando Rudge).

AÇÃO ENDOSSÁVEL. *Direito comercial.* Ação nominativa de sociedade anônima transmissível por endosso, desde que averbada em seus registros.

AÇÃO ESCOLA NACIONAL DE DEFESA DO CONSUMIDOR. É a que visa: a) ministrar cursos de capacitação técnicos e multiplicadores para órgãos e entidades integrantes do SNDC, sem prejuízo de outros convidados; b) promover estudos, conferências, seminários, debates e discussões de temas conexos ao Direito do Consumidor; c) estimular a ampliação da produção acadêmica e científica sobre questões relacionadas a Direito do Consumidor; d) contribuir para a criação, fortalecimento e ampliação de programas de educação em Direito do Consumidor e áreas conexas; e) fortalecer o diálogo entre a comunidade acadêmica, os gestores de políticas públicas e os diversos atores envolvidos nas relações de consumo; f) estimular a utilização de dados estatísticos como subsídio ao aprofundamento de estudos que envolvam a temática da proteção e defesa do consumidor; g) organizar publicação com os resultados da Ação Escola Nacional de Defesa do Consumidor.

AÇÃO ESCRITURAL. *Direito comercial.* É aquela que, por não haver emissão de título, deverá ficar depositada, em nome de seu titular, na instituição por ele indicada, que sempre tomará por base o registro na conta de depósito de ações, lançando em seus livros qualquer transferência que haja daquela ação de companhia.

AÇÃO ESPECIAL. *Direito processual civil.* É a que tem procedimento disposto em normas próprias, que lhe dão andamento diverso do da ação de rito ordinário.

AÇÃO ESPOLIATIVA. *Vide* AÇÃO DE REINTEGRAÇÃO DE POSSE.

AÇÃO ESTIMATÓRIA. *Vide* AÇÃO DE REDUÇÃO DE PREÇO e AÇÃO EDILÍCIA.

AÇÃO EXECUTIVA. *Direito processual civil.* É a ação autônoma e especial intentada com base em título executivo extrajudicial ou judicial contra devedor solvente.

AÇÃO EXECUTIVA FISCAL. *Vide* AÇÃO DE EXECUÇÃO FISCAL.

AÇÃO *EX EMPTO*. *Direito processual civil.* **1.** É a proposta pelo comprador contra o vendedor para obter: a) a entrega do bem vendido na medida, quantidade e qualidade consignadas no texto contratual; b) a complementação da área do imóvel, por constatar que não corresponde às dimensões da escritura, a rescisão do contrato ou o abatimento do preço, na compra e venda de imóvel *ad mensuram*, ante o fato de ser impossível aquela complementação da área; c) a rescisão contratual, a devolução do preço e a indenização pelos frutos, danos sofridos e despesas feitas com o bem adquirido, na hipótese de ter havido evicção. **2.** *Vide* AÇÃO DE EVICÇÃO.

AÇÃO EXIBITÓRIA. *Vide* AÇÃO DE EXIBIÇÃO DE DOCUMENTO OU COISA e AÇÃO DE EXIBIÇÃO DE LIVROS EMPRESARIAIS.

AÇÃO EXONERATÓRIA DE TUTOR. *Direito civil* e *direito processual civil.* É a intentada pelo representante do Ministério Público, ou por quem tiver legítimo interesse, para requerer à Justiça da Infância e da Juventude a remoção de tutor que se tornou incapaz de exercer a tutoria, revelando-se negligente ou prevaricador.

AÇÃO *EXPENSA LITIS*. *Direito processual civil.* É a movida por um cônjuge contra o outro para exigir que ele concorra com as despesas judiciais oriundas de ação de nulidade ou anulação do seu casamento ou de separação judicial de ambos.

AÇÃO EXPLETÓRIA. *Direito civil* e *direito processual civil.* Também designada como "ação de redução de disposição testamentária" ou "ação de suplemento de legítima", é a proposta pelo herdeiro necessário para assegurar sua legítima, pleiteando a redução da liberalidade feita pelo testador além de sua cota disponível, até completar a legítima.

AÇÃO EXPLOSIVA. *Medicina legal.* É a reação imediata e instintiva do indivíduo ante insignificante estímulo, chegando a agredir outrem, que nele esbarrou.

AÇÃO EXPROPRIATÓRIA. *Direito processual civil.* Ação proposta em caso de desapropriação de bens pelo Poder Público, para discussão do preço.

AÇÃO *EX VENDITO*. *Vide* AÇÃO *EX EMPTO*.

AÇÃO FALIMENTAR. *Direito comercial.* É a movida contra devedor empresário que, injustificadamente, não pagar obrigação líquida e vencida, constante de título executivo, requerendo a declaração de sua falência, comprovada com a apresentação de certidão do instrumento do protesto ou daquele título de crédito, representativo daquela já mencionada obrigação líquida e vencida que não foi cumprida.

AÇÃO *FAMILIAE ERCISCUNDAE*. *Vide* AÇÃO DE PARTILHA.

AÇÃO FISCAL. *Direito processual civil.* **1.** É a movida pelo Fisco para apurar a existência de um crédito tributário e, conseqüentemente, cobrá-lo. **2.** É o procedimento administrativo estabelecido em razão de violação das leis fiscais. **3.** É o procedimento pelo qual os agentes de fiscalização da Fazenda Pública, no exercício de suas funções, penetram em estabelecimentos comerciais ou industriais para fiscalizá-los, mediante exame de escrituração de documentos, de livros empresariais, de patentes de registro etc. Essa ação fiscal dos agentes é comprovada pelo seu visto e rubrica ou pelo termo de abertura e encerramento de fiscalização.

AÇÃO FISCALIZADORA. *Direito bancário* e *direito financeiro.* Conjunto de normas e instruções do Banco Central, regulando a atividade de fiscalização sobre as instituições financeiras, para manter a estabilidade do Sistema Financeiro Nacional, aperfeiçoar os instrumentos financeiros e as instituições e resguardar os interesses dos investidores e credores (Luiz Fernando Rudge).

AÇÃO HÍBRIDA. *Direito comparado.* Aquela em que, havendo concorrência entre responsabilidade contratual e extracontratual, o lesado poderia optar pelas normas que lhe seriam mais favoráveis ou convenientes em um e em outro regime (Clóvis do Couto e Silva e Sérgio Severo).

AÇÃO HIPOTECÁRIA. *Direito civil* e *direito processual civil.* É a proposta pelo credor da hipoteca para requerer a excussão hipotecária, ou seja, a venda judicial do bem onerado, uma vez que a dívida garantida por hipoteca não foi paga, para haver o valor de seu crédito, pedindo que se lhe reconheça o direito de preferência, ou melhor, de ser pago prioritariamente sem se sujeitar a concursos ou rateios.

AÇÃO IDÊNTICA. *Direito processual civil.* É a ação que, além de conter a mesma *causa petendi*, tem o mesmo pedido e as mesmas partes de outra. Se argüida tal identidade na contestação, o autor será ouvido dentro de dez dias, e o magistrado, então, a julgará conforme o estado do processo e declarará sua extinção por litispendência ou coisa julgada.

AÇÃO IMOBILIÁRIA. *Direito processual civil.* É a tendente a solucionar demanda, alusiva a direito real sobre imóvel, abrangendo: a) a reivindicatória; b) a possessória; c) a atinente a direitos reais de garantia sobre imóveis e ao penhor agrícola; d) a sobre apólice de dívida pública com cláusula de inalienabilidade; e) a relativa ao direito à sucessão aberta.

AÇÃO IMPROCEDENTE. *Direito processual civil.* É a que ocorre quando a decisão judicial não acata a pretensão do autor, por absolver o réu da instância, não chegando a apreciá-la, ou por absolvê-lo do pedido, se, ao examiná-la, a rejeitar.

AÇÃO IMPRÓPRIA. *Direito processual civil.* É a inadequada à natureza da causa, ao seu valor ou ao direito que se pretende defender. Não diz, portanto, respeito à denominação errônea da ação. Se a ação imprópria puder ser adaptada ao procedimento legal correspondente, o pedido não será indeferido, os atos anteriores que puderem ser aproveitados serão ratificados, e, para que se dê prosseguimento à ação, os atos omitidos deverão ser, então, praticados.

AÇÃO INCIDENTE. *Direito processual civil.* É a intentada no curso de uma demanda, seguindo seu próprio procedimento, para decidir direitos de terceiro, questões prejudiciais ou exceções. Dentre essa modalidade de ação citamos: os embargos de terceiro, a exibição de documentos, o atentado, a habilitação incidente de herdeiros etc.

AÇÃO INDIRETA. *Direito processual civil.* É a proposta para defesa de direitos contra terceiro que não tenha qualquer relação direta com o autor, a fim de proteger interesse imediato, por exemplo, a intentada pelo credor ao requerer a partilha a favor de seu devedor, que é herdeiro do *de cujus*, para que, sendo partilhados aqueles bens, possa receber o *quantum* que lhe era devido.

AÇÃO INDISCIPLINAR. *Direito desportivo.* **1.** Procedimento desleal com o intuito de impedir o desenvolvimento normal de um certame desportivo. **2.** Desrespeito, por gestos ou palavras, ofendendo moralmente os juízes de um certame desportivo, os concorrentes ou, ainda, o público torcedor.

AÇÃO INESTIMÁVEL. *Direito processual civil.* Causa que não tem uma estimação prévia de seu valor, atribuído pelo autor.

AÇÃO INOMINADA. *Direito processual civil.* É a que, não havendo previsão legal específica, se caracteriza por particularidades próprias.

AÇÃO INSTITÓRIA. *Direito processual civil.* É a intentada contra o empregador, mandante ou preponente, para exigir que ele responda por obrigação assumida pelo empregado, mandatário ou preposto, nessa qualidade, dentro dos limites de mandato expresso, tácito ou funcional, ou desde que haja ratificação do mandante do excesso porventura havido.

AÇÃO INTEGRALIZADA. *Direito comercial.* É a ação de sociedade anônima ou em comandita por ações, cujo valor total já foi pago pelo subscritor ou possuidor, constituindo-se, por isso, num instrumento de crédito do acionista contra a sociedade, ou seja, num direito de crédito potencial, que somente poderá ser exigido por ocasião da dissolução e liquidação da sociedade, salvo nos casos excepcionalmente permitidos em lei.

AÇÃO INTERROGATÓRIA. *Direito processual civil.* É a interpelação judicial pela qual o interessado requer, judicialmente, seja declarada a vontade de outrem de usar um direito que lhe é cabível, cuja abstenção possa fazê-lo dele decair, por exemplo, a ação que visa compelir uma pessoa a usar o seu direito de preferência ou a declarar que não pretende exercê-lo.

AÇÃO JUDICIAL. *Direito processual civil.* É o exercício da ação, ou melhor, exprime o ato diante do qual o titular de um direito, ao propor uma demanda, invoca a proteção judicial.

AÇÃO LIBERADA. *Direito comercial.* **1.** O mesmo que AÇÃO INTEGRALIZADA. **2.** É a adquirida pela sociedade com o firme propósito de retirá-la de circulação, resgatando-a ou amortizando-a.

AÇÃO LIBERA IN CAUSA. *Direito penal* e *direito processual penal.* **1.** É a ação livre na causa do crime. **2.** *Vide ACTIO LIBERA IN CAUSA.*

AÇÃO MANDAMENTAL. *Direito processual civil.* É a em que se busca uma determinação ao requerido a que cumpra uma obrigação (Marcelo B. Dantas).

AÇÃO MERITÓRIA. *Direito canônico.* É a praticada com o escopo de obter a graça divina ou algum mérito.

AÇÃO MISTA. *Direito processual civil.* **1.** O mesmo que AÇÃO DÚPLICE. **2.** É a ação pessoal que, por lei, tem uma direção real, uma vez que o autor a promove pleiteando, concomitantemente, a coisa que lhe pertence e o cumprimento de uma pena decorrente de contrato ou de lei civil, pelo réu, por exemplo, a ação de sonegados contra inventariante em que o autor solicita, judicialmente, não só a restituição da coisa ou o pagamento da quantia equivalente ao seu valor, mais perdas e danos, mas também a perda do direito sobre aquele bem e a destituição do inventariante sonegador de sua função.

AÇÃO MOBILIÁRIA. *Direito processual civil.* É a que tem por objeto coisa móvel, direito real sobre coisa móvel, direito obrigacional ou direito autoral. Conforme o direito defendido, poderá ser esta ação pessoal ou real.

AÇÃO MODIFICATIVA. *Direito processual civil.* É a que, em relação jurídica continuativa, decide sobre questões já resolvidas, alterando efeitos da coisa julgada formal, ante a superveniência de uma modificação no estado de fato ou de direito (Othon Sidou).

AÇÃO MONITÓRIA. *Direito processual civil.* É aquela que cabe quando se pretende, baseado em cognição sumária da prova escrita sem eficácia de título executivo, obter mandado para o pagamento de soma em dinheiro, entrega de coisa fungível ou de determinado bem móvel, na esperança de que não haja oposição dos embargos, pois se houver instaurar-se-á o contraditório, seguindo-se o procedimento ordinário (Ada Pellegrini Grinover).

AÇÃO NÃO INTEGRALIZADA. *Direito comercial.* Ação de sociedade anônima ou comandita por ações, em que seu subscritor não recolheu todo seu valor, sendo por isso nominativa ou endossável (Othon Sidou).

AÇÃO NEGATÓRIA. *Direito processual civil.* **1.** É a que tem por escopo negar um direito ou uma relação jurídica, como, por exemplo, a negatória de paternidade. **2.** É a movida pelo proprietário que, apesar de conservar o bem em seu poder, sofre turbação no exercício de seu direito, para defender seu domínio. **3.** É à qual pode recorrer o dono de prédio serviente para provar que inexiste ônus real ou para defender seus direitos contra o proprietário do imóvel dominante que, sem título, pretender ter servidão sobre o prédio ou, então, para ampliar os direitos já existentes.

AÇÃO NEGATÓRIA DE MATERNIDADE. *Vide* AÇÃO DE CONTESTAÇÃO DE MATERNIDADE.

AÇÃO NEGATÓRIA DE PATERNIDADE. *Vide* AÇÃO DE CONTESTAÇÃO DE PATERNIDADE.

AÇÃO NEGATÓRIA DE PRORROGAÇÃO DE LOCAÇÃO COMERCIAL. *Direito processual civil.* É aquela em que o locador requer do Judiciário uma declaração que o desobrigue da prorrogação de contrato de locação mercantil, citando os mesmos motivos que poderia alegar na contestação da renovatória iniciada pelo inquilino, desde que o faça antes da propositura da renovação, propiciando ao locatário o direito de apresentar exceções ou cobrir proposta de terceiro mais vantajosa. A negatória do dever de prorrogar o contrato, cumulada com o pedido de retomada, é usual quando o locador pretende a devolução do imóvel para demolição e edificação, excluir da renovação a parte não destinada ao comércio do inquilino, mas sublocada a terceiro, ou a retomada para uso próprio. Se o locador ou o compromissário-comprador propuserem a negatória, o locatário poderá contestar, se pleitear, por via reconvencional, a renovação, ou, então, ajuizar em apartado a ação renovatória, que será apensada à negatória.

AÇÃO NEGATÓRIA DE SERVIDÃO. *Direito processual civil.* Ação movida por quem refuta a existência de uma servidão que onere propriedade sua.

AÇÃO *NEGOTIORUM GESTORUM*. *Vide* AÇÃO DE *NEGOTIUS GESTIS*.

AÇÃO NOMINADA. *Direito processual civil.* Aquela cuja denominação é correspondente ao direito ou à pretensão pretendida ou, ainda, ao procedimento em que se desenvolve (Othon Sidou).

AÇÃO NOMINATIVA. *Direito comercial.* É o título representativo da participação de sócio no capital e nos lucros de uma sociedade anônima ou em comandita por ações que, além de assegurar a fruição dos direitos do proprietário (acionista), traz inscrito seu nome no Livro de Registro de Ações Nominativas; conseqüentemente, a cessão ou transferência da referida ação somente poderá se operar por meio de termo lavrado no Livro de Transferência das Ações Nominativas existente no escritório da sociedade, devidamente assinado pelo cedente (proprietário) e cessionário (adquirente) ou por seus representantes, desde que munidos de poderes especiais para tanto. Toda ação será nominativa, com identificação do seu titular, até ser integralizada; logo, apenas depois disso poderá transformar-se em ação ao portador. Todavia, há sociedades que exigem que as ações tenham, obrigatoriamente, a forma nominativa.

AÇÃO NOXAL. *Direito processual civil.* É a que tem por objeto uma demanda na qual se reclama indenização por perdas e danos.

AÇÃO NUNCIATIVA. *Vide* AÇÃO DE NUNCIAÇÃO DE OBRA NOVA.

AÇÃO OBLÍQUA. *Vide* AÇÃO INDIRETA.

AÇÃO ORDINÁRIA. 1. *Direito comercial.* É a que representa a fração do capital que se subordina aos riscos sociais, conferindo apenas ao seu titular as vantagens oriundas, normalmente, de sua condição, como a percepção de dividendos, o direito de voto em assembléias etc. **2.** *Direito processual civil.* É a que não tem rito próprio ou especial, integrando o procedimento comum ordinário, dando aos litigantes não só grande liberdade de defesa, mas também de produção de provas ou de especificação de elementos probatórios, sendo por isso mais solene e demorada e tendo as seguintes fases: postulatória, saneadora, instrutória e decisória, que podem ser aglutinadas se, no momento em que os autos sejam conclusos para o julgamento conforme o estado do processo, o juiz decrete sua extinção sem resolução do mérito ou profira o julgamento antecipado da lide. **3.** *Direito processual penal.* É a própria para os crimes apenados com reclusão, iniciando-se com a denúncia ou queixa (se se tratar de ação penal privada), seguindo-se da citação do réu para interrogatório, preparando sua defesa prévia, e da ouvida das testemunhas arroladas na peça acusatória ou das indicadas pelo réu ou seu defensor. Finda a instrução probatória e concluídas as diligências solicitadas e deferidas, abrir-se-á vista dos autos para alegações finais, passando-se, finalmente, à fase decisória, sendo os autos conclusos ao órgão judicante para prolatar a sentença.

AÇÃO PARA OUTORGA DE SUPRIMENTO JUDICIAL DE CONSENTIMENTO. *Direito processual civil.* **1.** *Vide* AÇÃO DE LICENÇA DE CASAMENTO. **2.** Ação movida por um dos cônjuges quando o outro denegar, injustificadamente, ou não puder dar a autorização para a prática de certos atos, como: alienar os bens do casal, gravar de ônus real os imóveis, pleitear como autor e réu acerca de bens e direitos imobiliários, prestar fiança ou aval, fazer doação, não sendo remuneratória ou de pequeno valor, dos bens ou rendimentos comuns, requerendo o suprimento judicial daquela autorização negada, para que possa efetivar aqueles atos. Caberá ao magistrado verificar se é justa ou não a recusa de um dos consortes e dar, se for o caso, sua autorização para que o outro pratique o ato pretendido, ponderando as peculiaridades de cada caso. Esta ação não terá cabimento se o regime de bens for o da separação absoluta, pois os cônjuges poderão praticar aqueles atos sem a outorga conjugal. **3.** Ação em que se pede o suprimento judicial do consenso de outrem, sempre que a lei o entender necessário.

AÇÃO PARA VENDA DE COISA COMUM. *Direito processual civil.* É a proposta por condômino de coisa indivisível, ou de bem, cuja divisão o torne impróprio à sua destinação, para obter, ante divergências entre os comunheiros, autorização judicial para vender o bem ou sua parte ideal a estranho em hasta pública, respeitando o direito preferencial reconhecido aos demais consortes. Assim, se outro condômino quiser a cota ideal ou a coisa comum, deverá depositar o preço. Se muitos forem os condôminos, terá preferência o que tiver benfeitorias de maior valor, e, na falta destas, o de quinhão maior. Se nenhum condômino tiver feito benfeitoria na coisa comum e os quinhões forem iguais, realizar-se-á uma licitação entre estranhos e, antes de adjudicada a coisa ao que deu maior lanço, proceder-se-á à licitação entre os condôminos, a fim de que a coisa seja adjudicada a quem afinal oferecer melhor lanço, preferindo, em condições iguais, o condômino ao estranho.

AÇÃO PARCIAL. *Direito militar.* Combate em que somente frações de grandes unidades táticas se empenham.

AÇÃO PAULIANA. *Direito processual civil.* Também chamada de "revocatória", é a ação contra devedor insolvente, pessoa que com ele celebrou negócio ou terceiro adquirente de má-fé movida por credor, havendo fraude a seu crédito ou transferência fraudulenta de bens a terceiro, para revogar o negócio lesivo a seus interesses, repondo o bem no patrimônio do devedor, cancelando a garantia real concedida em proveito do acervo sobre que se tenha de efetuar o concurso creditório, possibilitando a efetivação do rateio, aproveitando a todos os credores e não apenas ao que a intentou. Essa ação requer os seguintes pressupostos: a) crédito do autor anterior ao ato fraudulento; b) prejuízo ao credor causado pelo ato que se pretende revogar; c) intenção de fraudar presumida pela consciência do estado de insolvência; d) prova da insolvência do devedor; e) ausência de consignação em juízo pelo devedor do pagamento do seu débito.

AÇÃO PENAL. *Vide* AÇÃO CRIMINAL. **1.** *Direito processual civil.* É proposta para requerer a satisfação de cláusula penal, em razão do inadim-plemento contratual, ou a aplicação de uma pena legal, ante o descumprimento de um dever ou de uma prestação. **2.** *Direito processual militar.* É aquela ação pública que apenas poderá ser intentada mediante denúncia do Ministério Público Militar, requerendo, ao órgão judicante competente, que o indiciado seja enquadrado em determinado artigo do Código Penal Militar, por ter ofendido diretamente à organização e às normas regulamentadoras das Forças Armadas. Em atentados perpetrados por militar contra a segurança externa do Estado, como, por exemplo, violação de terras alienígenas ou provocação a País estrangeiro, a ação penal será movida pelo Ministério a que se subordina o agente e dirigida ao procurador-geral da justiça militar. Se um civil provocar conflito ou divergência entre o Brasil e outro Estado, o Ministério da Justiça requisitará a ação penal. Se se tratar de deserção, o comandante lavrará o *termo de deserção*, juntamente com a *parte de ausência*, comunicando o fato ao auditor, que sorteará e convocará o Conselho Especial de Justiça para julgar o desertor. O mesmo se dará em caso de crime de insubmissão.

AÇÃO PENAL CONTRAVENCIONAL. *Direito processual penal.* É iniciada após a fase judicialiforme desenvolvida na polícia, tendo por objeto uma pretensão punitiva contra o infrator de uma contravenção, pela portaria da autoridade policial, pelo juiz, de ofício ou a requerimento do órgão do Ministério Público, ou pelo auto de prisão em flagrante, que, neste tipo de ação, equivalem à denúncia, apesar de não interromperem a prescrição. Como se vê, o Ministério Público não participa do processo judicialiforme, intervindo somente na fase em que o processo corre perante o magistrado.

AÇÃO PENAL PRIVADA. *Direito processual penal.* É a movida mediante queixa do ofendido ou de quem tenha qualidade para representá-lo, uma vez que o *ius accusationis* lhe pertence, pois o Estado, titular do *jus puniendi*, lhe transfere, em certos casos taxativamente previstos em lei, o direito de agir e de acusar. Trata-se da "ação penal privada principal".

AÇÃO PENAL PRIVADA ADESIVA. *Direito processual penal.* É aquela em que o ofendido entra no processo como assistente do Ministério Público.

AÇÃO PENAL PRIVADA SUBSIDIÁRIA DA PÚBLICA. *Direito processual penal.* É a proposta pelo ofendido, mediante queixa, sendo o crime de ação pública, em caso de desídia ou inação do órgão do Ministério Público, quando este, por certas razões, deixar de oferecer, dentro do prazo legal, a denúncia. Todavia o Ministério Público poderá aceitar ou repudiar a queixa, apresentar denúncia substitutiva, intervir no processo, fornecendo inclusive elementos probatórios, interpor recurso ou retomar a ação como parte principal, se houver negligência do querelante.

AÇÃO PENAL PÚBLICA. *Direito processual penal.* É a promovida pela denúncia do órgão do Ministério Público, dependa ou não de representação do ofendido ou de requisição do ministro da Justiça, por ser de sua competência exclusiva, sendo o *dominus litis.* Recebendo a *informatio delicti* da autoridade policial devidamente elaborada e formada a *opinio delicti,* deverá apresentar a denúncia, sendo o crime de ação penal pública.

AÇÃO PENAL PÚBLICA CONDICIONADA. *Direito processual penal.* É aquela cuja propositura pelo Ministério Público se subordina a uma condição legal de procedibilidade ou de perseqüibilidade, que é a representação penal do ofendido, ou de seu representante legal, ou a requisição ministerial, ou seja, do ministro da Justiça. A atuação, em raras hipóteses legais, como, por exemplo, nos crimes contra a honra ou patrimônio ou nos crimes praticados contra a honra do presidente da República ou de chefe de governo estrangeiro, sem uso da imprensa, ficará, então, na dependência de uma prévia provocação que lhe outorgue a legitimação para acusar, sendo que, nos dois primeiros exemplos, a *persecutio criminis* dependerá da iniciativa do ofendido, e, nos dois últimos, de requisição ministerial.

AÇÃO PENAL PÚBLICA INCONDICIONADA. *Direito processual penal.* É movida por denúncia do Ministério Público que não se prende à interferência ou à iniciativa de quem quer que seja, não admitindo, portanto, representação nem requisição ministerial, por ser sua iniciativa exclusiva do Ministério Público.

AÇÃO PENDENTE. *Direito processual.* É aquela que, por estar a lide em curso, ainda não foi julgada.

AÇÃO PEREMPTA. 1. *Direito processual civil.* É a que se paralisou, perdendo sua eficácia, parando no estado em que se encontrava, não podendo mais o seu autor, devido à sua inércia durante o prazo prefixado legalmente, movimentá-la. É uma sanção processual contra autor inativo que, por exemplo, deixar de promover diligência ou ato de sua competência, dentro do prazo legal,

abandonando a causa, operando-se, então, a extinção do processo sem julgamento. **2.** *Direito processual penal.* É a ação privada principal, já exercitada, sobre a qual incide a perempção, ou seja, a causa extintiva de punibilidade, como, por exemplo, em caso de absolvição de instância, atingindo não só o *jus puniendi* como também a relação processual penal, sendo declarada de ofício pelo órgão judicante, sem que haja qualquer provocação do interessado.

AÇÃO PERIGOSA. *Direito desportivo.* É ato imprudente ou intencionalmente brutal, durante certame desportivo, que constitua, ao adversário, iminência de ofensa física.

AÇÃO PERSECUTÓRIA. *Direito processual civil.* É a ação real ou pessoal pela qual o autor demanda coisa que lhe pertence ou lhe é devida e não se encontra em seu patrimônio ou está em poder de terceiro.

AÇÃO PESSOAL. *Direito processual civil.* É a tendente a exigir o reconhecimento de um direito pessoal ou a reclamar a satisfação de uma obrigação assumida pelo réu, seja ela de dar, fazer ou não fazer, resultante de contrato, lei ou ato ilícito.

AÇÃO PETITÓRIA. *Direito processual civil.* É a intentada para garantir o reconhecimento ou a proteção do direito de propriedade ou de qualquer outro direito real.

AÇÃO PIGNORATÍCIA. *Direito processual civil.* É a movida pelo credor de dívida garantida pelo penhor para excutir o bem empenhado, tendo preferência, em relação aos demais credores, no pagamento.

AÇÃO POLICIAL. É todo ato praticado para manter a ordem e a segurança públicas, podendo ser: *preventivo,* se tender a evitar a prática de delitos; *repressivo,* se procurar sanar o mal causado por ato criminoso, indicando o delinqüente e enviando-o a julgamento; *judicial,* se investigar ou esclarecer as causas do crime contra a pessoa ou contra o patrimônio, apontando o responsável pelo ato delituoso, para ser incriminado e julgado.

AÇÃO POPULAR. *Direito constitucional* e *direito processual.* É o meio pelo qual qualquer cidadão, no gozo de seus direitos políticos, pode provocar o pronunciamento do órgão judicante sobre atos ilegais ou inconstitucionais, comissivos ou omissivos, lesivos ao patrimônio público, histórico ou cultural, no sentido de decretar a invalidade dos atos lesivos, condenando os beneficiários e responsáveis à indenização das perdas e danos. Logo, não visa defender diretamente a legalidade, por ser via de proteção do patrimônio público, procurando atender o interesse coletivo e a probidade da gestão do patrimônio público. Tem ela duplo sentido: o *corretivo*, por pretender a reparação de erro que fira o patrimônio público, e o *supletivo*, por suprir a inércia da autoridade pública que se descurou, pois dirige-se contra pessoas jurídicas de direito público, sejam elas federais, estaduais ou municipais, alcançando ainda empresas e fundações públicas e sociedades de economia mista, desde que manipulem dinheiro público. O autor, por assumir a defesa de interesses da coletividade, com o escopo de preservar as coisas públicas e restabelecer a moralidade administrativa, sem ter qualquer compensação pecuniária, estará livre do pagamento das custas processuais e do ônus da sucumbência, exceto se estiver agindo de má-fé.

AÇÃO POSSESSÓRIA. *Direito processual civil.* É aquela ação real invocada pelo possuidor que, sendo ameaçado, molestado ou esbulhado de sua posse, tiver a pretensão de repelir tais agressões e continuar na posse.

AÇÃO PRATICADA POR ORGANIZAÇÃO CRIMINOSA. *Direito penal* e *direito processual penal.* Crime resultante de ação de bando ou quadrilha cuja pena será reduzida de um a dois terços quando a colaboração espontânea do agente levar ao esclarecimento de infrações penais e sua autoria. Não será concedida liberdade provisória, com ou sem fiança, aos agentes que tenham tido intensa e efetiva participação na organização criminosa. O prazo máximo da prisão processual será de cento e oitenta dias, visto que o réu não poderá apelar em liberdade. Os condenados por crime decorrente de organização criminosa iniciarão o cumprimento da pena em regime fechado.

AÇÃO PREFERENCIAL. *Direito comercial.* É o título emitido por sociedade anônima sob garantia de prioridade na percepção de dividendos fixos ou cumulativos, no reembolso do capital, com prêmio ou sem ele, ou na acumulação de ambos os privilégios acima indicados. Consiste no direito a dividendos no mínimo dez por cento maiores do que os atribuídos às ações ordinárias, exceto em se tratando de ação com dividendos fixos ou mínimos, cumulativos ou não.

AÇÃO PREJUDICIAL. *Vide* AÇÃO DE ESTADO E DE CAPACIDADE.

AÇÃO PREPARATÓRIA. *Direito processual civil.* É a medida acautelatória proposta para agrupar elementos necessários, indispensáveis ou preparatórios ao ajuizamento da ação principal, como, por exemplo, vistoria, exibição de livros ou documentos, depósito de coisa etc.

AÇÃO PREVENTIVA. *Direito processual civil.* É a intentada para se reclamar do juiz da causa a efetivação de medidas cautelares, tendentes a prevenir interesses ou a evitar danos graves e de difícil reparação a um direito. Tais medidas, dentre outras, são: arresto, busca e apreensão, seqüestro, produção antecipada de provas, protesto, interpelação, notificação etc.

AÇÃO PRINCIPAL. *Direito processual civil.* É aquela que, coexistindo com outras ações acessórias, contém o objetivo principal do litígio, que constitui o fundamento do juízo. É a ação em que, por ser dotada de autonomia e existência própria, a sentença final decide a demanda de modo definitivo.

AÇÃO PRIVADA. *Vide* AÇÃO PENAL PRIVADA, AÇÃO PENAL PRIVADA ADESIVA e AÇÃO PENAL PRIVADA SUBSIDIÁRIA DA PÚBLICA.

AÇÃO PROVOCATÓRIA. *Direito processual civil.* É a que tem por escopo provocar o reconhecimento judicial de um direito contrário ao que foi emitido num ato privado ou particular.

AÇÃO PÚBLICA. *Vide* AÇÃO PENAL PÚBLICA, AÇÃO PENAL PÚBLICA CONDICIONADA e AÇÃO PENAL PÚBLICA INCONDICIONADA.

AÇÃO PUBLICIANA. *Direito processual civil.* Ação reivindicatória intentada pelo possuidor em via de adquirir o bem por usucapião, pleiteando a posse hábil para que possa obter o domínio. É a proposta pelo possuidor de boa-fé e com justo título que tenha perdido a posse de coisa contra quem a detenha injustamente, desde que não seja o seu legítimo e real proprietário.

AÇÃO *QUANTI MINORIS*. *Vide* AÇÃO DE REDUÇÃO DE PREÇO e AÇÃO ESTIMATÓRIA.

AÇÃO QUASE-INSTITÓRIA. *Direito processual civil.* É aquela em que terceiro, por ter negociado com o mandatário dentro dos limites do mandato, intenta contra mandante para obter, judicialmente, o cumprimento da obrigação assumida e contraída em seu nome pelo seu procurador.

AÇÃO *QUOD IUSSU*. *Direito processual civil.* É a movida por quem contrair obrigação com menor relativamente incapaz que estava autorizado, pelo seu representante legal, a efetivar aquele ato negocial com o fim de obter indenização pelo prejuízo que lhe foi causado, uma vez que há responsabilidade civil do representante legal por ato lesivo praticado por filho ou pupilo.

AÇÃO *QUOD METUS CAUSA*. *Direito processual civil.* É a interposta por quem foi coagido a alienar ou dar algum bem contra quem o possuir, pedindo sua devolução com todos os seus acessórios e rendimentos.

AÇÃO REAL. *Vide* AÇÃO PETITÓRIA.

AÇÃO RECOGNITIVA. *Vide* AÇÃO DE ESTADO E DE CAPACIDADE e AÇÃO PREJUDICIAL.

AÇÃO RECONVENCIONAL. *Direito processual civil.* É a ação do réu contra o autor, constituindo, na verdade, um contra-ataque, devendo ser, apesar de autônoma, conexa com a ação principal seguindo o mesmo procedimento, ante o princípio da economia processual, uma vez que o objeto ou a causa de pedir são os mesmos. Além disso, a ação principal e a reconvenção deverão ser decididas numa só sentença.

AÇÃO *RECUPERANDAE POSSESSIONIS*. *Vide* AÇÃO DE REINTEGRAÇÃO DE POSSE.

AÇÃO RECURSÓRIA. *Direito processual civil.* É a intentada pela pessoa que tiver, ante a ocorrência de certos fatos previstos em lei, direito de regresso, para exigir o que lhe é devido, recuperando do réu importância que pagou na qualidade de coobrigado civil ou comercial, ou a título de indenização, decorrente de liame contratual, sempre que a causa do dever de indenizar seja ato de terceiro (réu). Por exemplo, é a movida pelo devedor que paga ao credor dívida solidária contra os demais coobrigados, para receber o *quantum* que lhe é cabível, por ser correspondente a parte de cada um deles na obrigação assumida, ou a intentada pelo fiador que solveu todo o valor do débito contra os outros fiadores, para haver a quantia que despendeu, deduzida a sua parte.

AÇÃO REDIBITÓRIA. *Direito processual civil.* **1.** *Vide* AÇÃO EDILÍCIA. **2.** É a proposta pelo adquirente de bem que apresenta vício redibitório conhecido pelo alienante, para, ante sua rejeição à coisa defeituosa, rescindindo o contrato, reaver, por via judicial, o preço pago e obter o reembolso das despesas contratuais e a indenização das perdas e danos, uma vez que o bem se tornou impróprio ao uso ou teve seu valor diminuído.

AÇÃO REGRESSIVA. *Vide* AÇÃO RECURSÓRIA.

AÇÃO REIPERSECUTÓRIA. *Vide* AÇÃO PERSECUTÓRIA.

AÇÃO REIVINDICATÓRIA. *Vide* AÇÃO DE REIVINDICAÇÃO DE COISA.

AÇÃO REMISSÓRIA. *Direito processual civil.* Ação em que o autor visa a sua liberação de uma obrigação.

AÇÃO RENOVATÓRIA DE CONTRATO DE LOCAÇÃO. *Direito processual civil.* É aquela que, na falta de acordo entre os contratantes, é proposta pelo locatário, seu cessionário ou sucessor, ou pelo sublocatário contra o locador, seu espólio ou seus sucessores, para obter um novo contrato de locação de imóvel urbano destinado à exploração de atividade empresarial que se justapõe ao anterior, tendo por escopo proteger o fundo de comércio, ou melhor, o ponto ou local de negócio que constitui elemento material de estabelecimento comercial. Tal ação deverá ser instruída com os seguintes documentos indispensáveis à sua propositura: a) prova de ser o contrato a renovar celebrado por escrito, com prazo determinado de cinco anos, e de que o locatário explora o mesmo ramo de atividade empresarial há três anos ininterruptos; b) prova de fiel e exato cumprimento do contrato em curso pelo inquilino, demonstrando a observância a todas as exigências legais e contratuais, mediante a apresentação de documentos, recibos de aluguéis ou de encargos locatícios etc.; c) indicação clara e precisa das condições oferecidas para a renovação da locação, feita no seu próprio texto ou em documento à parte; d) indicação de fiador, que poderá ser o mesmo do contrato a renovar. Se for outro, imprescindível será sua indicação e qualificação completa; e) autorização escrita e expressa do consorte do fiador casado, exceto se o regime de bens for o da separação absoluta, pois, sem a devida outorga, não pode prestar fiança, porque anulável será a que for prestada sem o consentimento do cônjuge; f) prova de que o fiador do contrato ou o que o substituir na renovação aceita assumir todos os encargos oriundos da fiança prestada; g) prova, quando for o caso, de ser cessionário ou sucessor do locatário, em razão do título oponível ao proprietário. Se a renovação for proposta pelo sublocatário do imóvel, ter-se-á a citação do sublocador e do locador, como litisconsortes, exceto se, em razão da locação originária a ser renovada, o sublocador dispuser de prazo que admita renovar a sublocação, hipótese em que, se procedente a renovação, o proprietário terá o dever de renová-la. Conseqüentemente, com a procedência da renovatória, formar-se-á um vínculo locatício entre locador e sublocatário, que, então, se transformará em locatário, eliminando-se a figura do locatário-sublocador. A sentença que conceder a renovação deverá estabelecer o prazo da prorrogação, que será de cinco anos, ou seja, o mesmo do contrato renovando. O prazo do novo contrato renovado judicialmente será por período igual ou não superior a cinco anos, começando a fluir no dia seguinte ao do término do contrato anterior vencido, sem solução de continuidade.

AÇÃO REPETITÓRIA. *Direito processual civil.* É a movida pelo ausente reaparecido, dentro do prazo decenal da sucessão provisória, para obter a devolução de seus bens no estado em que se encontrarem, dos sub-rogados em seu lugar ou do preço dos que foram alienados pelos seus herdeiros provisórios (Othon Sidou).

AÇÃO RESCISÓRIA DE SENTENÇA. *Direito processual civil.* É um *remedium iuris* para desconstituir uma decisão de mérito, inquinada de nulidade, elidindo coisa julgada, se proposta dentro do prazo bienal. Conseqüentemente, não tem a natureza jurídica de um recurso, sendo uma *ação autônoma de impugnação*, nos seguintes casos previstos em lei, que dão azo à sua propositura: a) sentença dada por prevaricação, concussão ou corrupção do juiz; b) decisão proferida por juiz impedido ou absolutamente incompetente; c) sentença resultante de dolo da parte vencedora em detrimento da parte vencida, ou de colusão entre as partes, com o escopo de fraudar a lei; d) decisão que ofenda coisa julgada; e) sentença que viole literal disposição de lei; f) decisão fundada em prova cuja falsidade tenha sido apurada em processo criminal, ou seja, provada na própria ação rescisória; g) documento novo obtido pelo autor, depois da sentença, cuja existência era por ele ignorada, ou que não pôde ser por ele utilizado, desde que, por si só, seja capaz de lhe assegurar pronunciamento favorável; h) existência de fundamento para invalidar confissão, desistência ou transação em que a sentença se baseou; i) decisão fundada em erro de fato, resultante de atos ou de documentos da causa. Na rescisória há um julgamento do julgamento, pois tem-se por objeto a sentença rescindenda, com o escopo de converter sua invalidade em rescindibilidade. O ajuizamento da ação rescisória não impede o cumprimento da sentença ou

acórdão rescindendo, ressalvada a concessão, caso imprescindíveis e sob os pressupostos previstos em lei, de medidas de natureza cautelar ou antecipatória de tutela. Tem cabimento, em tese, a ação rescisória contra atos que se pronunciarem sobre o mérito no âmbito executivo, não importando que se trate de sentença ou de decisão interlocutória, bastando que em relação ao ato de julgamento tenha se operado o fenômeno da preclusão. A supressão da autonomia do processo de execução traz a possibilidade de ação rescisória contra decisões interlocutórias que, na fase executiva, apreciem, ainda que parcialmente, o mérito (Flávio Luiz Yarshell).

AÇÃO RESCISÓRIA TRABALHISTA. *Direito processual trabalhista.* É aquela que tem por escopo desconstituir sentença trabalhista, transitada em julgado, eivada de ilegalidade ou de nulidade, regendo-se pela lei vigente por ocasião da prolatação da sentença rescindenda. Atualmente aplica-se à rescisória trabalhista o regime legal acima apontado, para a rescisória de sentença da justiça comum. Isto é assim porque, sendo uma ação, não poderá seu direito ficar restrito à seara do direito do trabalho, por estar garantido constitucionalmente.

AÇÃO RESOLUTIVA. *Vide* AÇÃO RESOLUTÓRIA.

AÇÃO RESOLUTÓRIA. *Direito processual civil.* É a medida judicial que, ante a culposa inadimplência contratual de uma das partes, tem por finalidade a dissolução ou resolução de um contrato, exonerando os contratantes do adimplemento das obrigações nele exaradas, convertendo-as em perdas e danos, ou melhor, no dever de indenizar, que é a conseqüência da resolução contratual, e, ainda, produzindo efeito retroativo, pois extingue os direitos de crédito adquiridos por terceiro antes da extinção da obrigação. Todavia, se a obrigação dissolvida contiver cláusula resolutiva expressa, o autor da ação resolutória poderá cumular os pedidos de resolução e de devolução da coisa, ainda que tenha sido adquirida por terceiro, o que não sucederá se não houver estipulação da mencionada cláusula, pois o autor da resolução não terá direito algum à restituição da coisa adquirida por terceiro, que será seu legítimo proprietário, embora possa pleitear uma indenização do devedor para haver o valor daquele bem.

AÇÃO RESTITUTÓRIA. *História do direito.* Era aquela que, em caso de dissolução de casamento sob regime dotal, a mulher ou seus herdeiros propunham para receber de volta o dote.

AÇÃO *RETINENDAE POSSESSIONIS*. *Vide* AÇÃO DE MANUTENÇÃO DE POSSE.

AÇÃO REVISIONAL DE ALUGUEL. *Direito processual civil.* É a intentada pelo locador ou pelo locatário, não havendo mútuo consenso entre eles, após três anos de vigência do contrato ou do acordo que porventura houverem feito anteriormente, para pleitear em juízo a revisão do preço estipulado para o aluguel, atualizando o valor locativo. Nesta ação não se pretende arbitrar um novo aluguel, mas tão-somente reajustar o já fixado. Como vimos, terá legitimidade ativa para movê-la tanto o locatário, pedindo a redução proporcional do aluguel, se houver, por exemplo, desvalorização do imóvel, como o locador, requerendo sua majoração pela importância do ponto ou pela não-correspondência do valor locativo com o do imóvel urbano. Além disso, convém salientar que o locatário-sublocador terá direito de propor a revisão judicial contra o sublocatário legítimo, isto é, desde que a sublocação esteja autorizada pelo senhorio. Essa ação revisional de aluguel desenrolar-se-á mediante rito sumário, em cujo âmbito se procederá ao arbitramento judicial do aluguel, que será feito por uma perícia, que apurará o valor estimado do prédio locado, exigível da citação.

AÇÃO REVOCATÓRIA FALIMENTAR. *Direito comercial* e *direito processual civil.* É aquela que, proposta pelo administrador judicial ou por qualquer credor, tem por escopo obter a ineficácia de um ato jurídico do devedor perante a massa falida, se levada a efeito antes da falência, sem, contudo, anulá-lo, para que os bens por ele desviados indevidamente passem a reintegrar o patrimônio do devedor, e, conseqüentemente, entrem na massa falida, indenizando os danos causados aos credores.

AÇÃO REVOCATÓRIA *STRICTO SENSU*. *Direito processual civil.* **1.** O mesmo que AÇÃO PAULIANA. **2.** É aquela pela qual se requer, em juízo, a revogação de ato jurídico, negocial ou não, eivado de vício extrínseco ou intrínseco ou por causa superveniente que o infirme.

AÇÃO RUTILIANA. *Vide* AÇÃO PAULIANA.

AÇÃO SEM VALOR NOMINAL. *Direito comercial.* Ação cujo preço de emissão é fixado pelos fundadores, na constituição da companhia, e no aumento de capital, pela Assembléia Geral ou pelo Conselho de Administração. Trata-se da ação para a qual não se convenciona valor (Luiz Fernando Rudge).

AÇÃO SEQÜESTRÁRIA. *Direito processual civil.* *Vide* AÇÃO DE DEPÓSITO, da qual se diferencia pelo fato de ser o depósito feito pelo órgão judicante.

AÇÃO SOCIAL. *Direito processual civil.* **1.** A proposta pelos sócios para obtenção das contas recíprocas da sociedade. **2.** É a movida pela sociedade por ações contra a diretoria para responsabilizá-la civilmente pelos danos que, com seus atos abusivos, causou diretamente ao patrimônio da sociedade. Todavia, o acionista, em caso de omissão da assembléia na tomada de iniciativa de demandar diretor que exorbitou seus poderes, vulnerando interesses dos sócios, poderá agir subsidiariamente, intentando *ação social subsidiária*.

AÇÃO SUBSIDIÁRIA DA REIVINDICAÇÃO. *Direito processual civil.* É a intentada pelo proprietário de coisa móvel ou imóvel que não pode ser por ele reivindicada, por ter perecido ou por ter sofrido deteriorações, insuscetíveis de recuperação, contra possuidor ou detentor, de boa ou de má-fé, para pleitear o valor correspondente à coisa, aos frutos e acessórios.

AÇÃO SUMÁRIA. **1.** *Direito processual civil.* É a que obedece ao procedimento sumário, rotulado, outrora, impropriamente, de procedimento sumaríssimo, que se caracteriza pela simplificação de atos, possibilitando a decisão da demanda em pouco tempo e com um mínimo de despesa. É a que tem procedimento suscetível de processar e decidir a demanda em curto espaço de tempo, simplificando os atos, havendo tão-somente as formalidades essenciais a todo juízo. Poderão, por exemplo, ser assim processadas, dentre outras, as causas cujo valor não exceda sessenta vezes o salário mínimo vigente no país e as causas, qualquer que seja o valor, de arrendamento rural e de parceria agrícola; cobrança ao condômino de qualquer quantia devida ao condomínio; ressarcimento por dano em prédio urbano ou rústico ou pelo causado em acidente de veículo de via terrestre; cobrança de seguro, relativo ao provocado em acidente de veículo, de honorários de profissionais liberais e nos demais casos previstos em lei. **2.** *Direito processual penal.* É o procedimento penal alusivo à apuração e ao julgamento de crimes, previstos no Código Penal, apenados com detenção.

AÇÃO SUMARÍSSIMA. 1. *Direito processual civil.* É a que segue o procedimento sumaríssimo no Juizado Especial Cível, que tem competência para conciliação, processo e julgamento de causas cíveis de menor complexidade, como aquelas cujo valor não exceder a quarenta vezes o salário mínimo; as suscetíveis de seguir o rito sumário (*Vide* AÇÃO SUMÁRIA); a ação de despejo para uso próprio; as ações possessórias sobre bens imóveis de valor não excedente a quarenta vezes o salário mínimo. **2.** *Direito processual penal.* É o procedimento usado para decidir sobre as contravenções penais, e, nos juizados especiais criminais, que têm competência para a conciliação, o julgamento e a execução das infrações penais de menor potencial ofensivo, ou seja, as contravenções penais e os crimes a que a lei comine pena máxima não superior a um ano, excetuados os casos em que a lei preveja procedimento especial. **3.** *Direito processual trabalhista.* É o procedimento a que se submete o dissídio individual cujo valor não exceda a quarenta vezes o salário mínimo vigente na data do ajuizamento, desde que a Administração Pública direta, autárquica ou fundacional não seja parte na demanda.

AÇÃO TERAPÊUTICA. *Medicina legal.* É a que se opõe a um estado doentio do paciente, restabelecendo o seu equilíbrio fisiológico. Conforme o meio empregado, poderá ser mecânica, física, psíquica, cirúrgica, medicamentosa, higiênica etc.

AÇÃO TRABALHISTA. *Direito processual do trabalho.* É a movida para solucionar dissídios entre empregado e empregador. A ação, quanto aos créditos resultantes das relações de trabalho, tem prazo prescricional de cinco anos para os trabalhadores urbanos e rurais, até o limite de dois anos após a extinção do contrato de trabalho.

AÇÃO TRANSMISSÍVEL. *Direito processual civil.* É a suscetível de ser exercida ou continuada pelos herdeiros ou sucessores do titular, desde que tenha por objeto um direito patrimonial, como, por exemplo, a ação de reparação de dano.

AÇÃO TURBATIVA. *Vide* AÇÃO DE MANUTENÇÃO DE POSSE.

AÇÃO UNIVERSAL. *Direito processual civil.* É a proposta para obter a universalidade ou a parte ideal de uma herança ou de um patrimônio.

AÇÃO VAZIA. *Direito comercial.* Ação cujos direitos (dividendo, juros sobre o capital, bonificação e subscrição) já foram exercidos (Luiz Fernando Rudge).

AÇÃO VEXATÓRIA. *Direito processual civil.* É aquela que, ao ser intentada, caracteriza a litigância de má-fé, ante o abuso de direito por parte do autor, ou interveniente, alterando dolosamente a verdade dos fatos, provocando incidentes infundados etc., gerando, assim, a sua responsabilidade por dano processual à outra parte, que, então, terá direito a uma indenização pelos prejuízos sofridos, inclusive despesas processuais que foram efetuadas e honorários de seu advogado.

AÇÃO VINDICATÓRIA. *Vide* AÇÃO DE REIVINDICAÇÃO DE COISA.

AÇÃO VIOLENTA. 1. *Direito desportivo.* Ato brutal intencional que se caracteriza por ofensa física violenta ao seu adversário, isto é, a outro jogador, num certame, inclusive a juiz de futebol. **2.** *Direito penal.* Agressão física causando lesão corporal a outrem.

ACAPITALAR. *Ciência política.* Tornar uma cidade capital do Estado.

ACAPNÉIA. *Medicina legal.* Diminuição de dióxido de carbono no sangue e nos tecidos, causando o "mal-das-montanhas", em decorrência da permanência da pessoa em locais de grande altitude.

ACAREAÇÃO. *Direito processual civil* e *direito processual penal.* Ato de cotejar ou confrontar, a pedido das partes ou por iniciativa do magistrado, duas ou mais pessoas (testemunhas ou partes litigantes), cujos depoimentos não foram concordes, para que possam ser esclarecidas, através de reperguntas, as contradições ou divergências em suas declarações, ouvindo-as concomitantemente, chegando-se à verdade dos fatos. Poderá tal cotejo ter lugar entre testemunhas, acusados, partes litigantes, isto é, autor e réu, acusado e testemunha ou acusado e ofendido.

ÁCARO. *Medicina legal.* Animal parasita e microscópico cujo hábitat é a matéria orgânica em decomposição. Disseca ou mumifica cadáveres, absorvendo as serosidades.

ACARRO. *Direito agrário.* Local resguardado do sol onde, no verão, fica o gado lanífero.

ACASALADO. *Direito civil.* Amancebado.

ACASO. 1. *Direito civil.* Acontecimento alheio à vontade humana que, por ser inevitável e imprevisível, constitui uma excludente de responsabilidade civil **2.** *Direito penal.* Ato imprevisível e inevitável que pode ocasionar um crime, que, estando isento de dolo, excluirá o agente de qualquer responsabilidade penal, por ser inimputável.

ACATAFASIA. *Medicina legal.* Impossibilidade, em razão de lesão no cérebro, de ordenar palavras numa frase, fazendo com que o paciente não exprima suas idéias de forma coerente.

ACATALEPSIA. 1. *Medicina legal.* a) Incerteza de diagnóstico; b) vacilação cerebral; c) impossibilidade real ou aparente, em virtude de deficiência mental, de compreensão ou de conhecimento. **2.** *Filosofia do direito.* Doutrina céptica que entende que o conhecer humano é uma mera probabilidade, por nele haver ausência de certeza.

ACATAMATESIA. *Medicina legal.* Incapacidade de entender a linguagem.

ACATAMENTO. Ato pelo qual a pessoa física ou jurídica obedece a uma ordem, a um preceito legal ou a uma determinação judicial, cumprindo-os.

ACATISIA. *Medicina legal.* Psicose oriunda de fobia ou de neuralgia que impede a pessoa de ficar sentada.

ACATÓLICO. *Direito canônico.* **1.** Dissidente do catolicismo. **2.** Cristão não pertencente à Igreja Católica. **3.** Vínculo jurídico de pessoas não sectárias das normas do direito canônico.

ACAUTELADO. 1. *Direito processual civil.* O que usa de medidas cautelares. **2.** *Direito penal.* Guardado com cautela.

ACAUTELAMENTO. Ato de prevenir-se.

ACAVALAMENTO. *Medicina legal.* Deslocamento de fragmentos ósseos em razão de fratura.

ACB. *Direito ambiental.* Abreviatura de Agente de Controle Biológico.

ACC. *Direito internacional privado.* Abreviatura de adiantamento de contrato de câmbio, ou seja, da antecipação de recursos de uma exportação a ser realizada no futuro por conversão do valor em reais, para uso na produção dos bens a exportar (Luiz Fernando Rudge).

ACCELERATION CLAUSE. *Locução inglesa.* Cláusula de vencimento antecipado da obrigação.

ACCEPTANCE. *Termo inglês.* **1.** Aceite cambial. **2.** Companhia especializada em aceites cambiais (Luiz Fernando Rudge).

ACCEPTANS ACTUM, CUM OMNIBUS SUIS QUALITATIBUS ACCEPTARE VIDETUR. *Aforismo jurídico.* O aceitante de um ato aceita-o com todas as suas qualidades.

ACCEPTILATIO. *Termo latino.* Perdão de débito pela quitação, ou seja, a dívida é paga ficticiamente, uma vez que não há pagamento.

ACCEPTILATIO AUTEM EST VELUTI IMAGINARIA SOLUTIO. *Expressão latina.* O perdão da dívida pela quitação é pagamento imaginário.

ACCESSIO CEDIT PRINCIPALI. *Expressão latina.* O acessório segue o principal.

ACCESSIO POSSESSIONEM. *Locução latina. Direito civil.* Conjunção de posses, pela qual a posse pode ser continuada pela soma do tempo do atual possuidor com o de seus antecessores. Abrange: a) a *sucessão*, pela qual se tem transmissão *causa mortis*, que ocorre quando os herdeiros tomam o lugar do *de cujus*, continuando a sua posse, como efeito da sucessão universal, com os mesmos caracteres (vícios e qualidades). Logo, o sucessor universal continua com direito à posse de seu antecessor; b) a *união*, que se opera na hipótese da sucessão singular (compra e venda, doação, dação, legado), ou melhor, quando o objeto adquirido constitui coisa certa ou determinada. O adquirente, nessa aquisição de posse a título singular, constitui para si nova posse, embora receba uma de outrem. Isto porque a posse do sucessor singular é pessoal, nascendo, portanto, desligada da do alienante. Todavia, está o adquirente autorizado, legalmente, a unir, se quiser, ou se lhe convier, sua posse à do seu antecessor. Em regra, o direito de somar posses visa adquirir a propriedade pela usucapião, por exemplo, se o seu antecessor já tinha posse contínua e pacífica por cinco anos, o adquirente terá o benefício da usucapião ordinária se também possuir o bem imóvel, contínua e pacificamente, por outros cinco anos.

ACCESSIO TEMPORIS. *Locução latina.* Acessão de tempo, indicando: a) modo de aquisição da propriedade por meio de usucapião, ligando-se a posse ao tempo; b) aquisição de um direito pelo transcurso do tempo, como, por exemplo, o direito à renovação da locação mercantil, após cinco anos de contrato e três anos ininterruptos de exploração do comércio no mesmo ramo.

ACCESSORIUM CORRUIT SUBLATO PRINCIPALI. *Expressão latina.* O acessório se destrói tirando o principal.

ACCESSORIUM SEQUITUR PRINCIPALE. *Expressão latina.* O acessório segue o principal.

ACCESSORIUM SUI PRINCIPALIS NATURAM SEQUITUR. *Expressão latina.* O acessório segue a natureza de seu principal.

ACCIDENTALIA NEGOTII. *Expressão latina.* Elementos acidentais do negócio jurídico introduzidos por cláusulas especiais como condição, modo ou termo.

ACCIDENTAL KILLING. *Locução inglesa.* Homicídio acidental.

ACCIPERE. *Termo latino.* **1.** Aceitar. **2.** Submeter-se.

ACCIPERE JUDICIUM. *Locução latina.* Aceitar os termos da sentença.

ACCIPIENS. *Termo latino.* **1.** Aquele que recebe. **2.** Credor. **3.** Pessoa a quem se transferiu a propriedade de um objeto.

ACCORDO DI PRINCIPIO. *Direito internacional privado.* Carta de intenção.

ACCOUNTABILITY. 1. *Termo inglês.* Responsabilidade. **2.** *Direito constitucional.* a) Sistema relativo à interação entre os eleitores e mandatários, caso em que se tem a vertical *accountability*. b) Sistema decorrente de mecanismos formais ou informais, da separação constitucional de poderes, de freios e contrapesos, e de contenção e responsabilização recíprocas entre diferentes agências e agentes governamentais, denominado de horizontal *accountability* (O' Donnel). Neste sentido há quem ache como Ana Tereza Lemos – Nelson e Flavianne F. Bitencourt Nóbrega, que o Ministério Público talvez seja uma agência de *accountability*, por ser uma instituição capaz de atuar efetivamente na responsabilização horizontal, por meio de controle externo, na função de investigador, inclusive na apuração de crime dentro e fora do inquérito ou de fatos envolvendo autoridades policiais, podendo até mesmo presidir atividades de investigação criminal. Hugo Nigro Mazzilli discrimina as principais formas de exercício do controle externo do Ministério Público: fiscalização da apresentação ou não da notícia *criminis*; acompanhamento do inquérito policial para coleta de elementos de convicção à formação da *opinio delictis*; apuração de crimes em que estejam envolvidos policiais, governantes e pessoas poderosas que possam influenciar e desvirtuar as investigações; as visitas às delegacias e aos locais onde estejam pessoas sujeitas à prisão processual; acompanhamento de lavratura de atos e termos policiais e combate à tortura e aos meios ilícitos de prova. **3.** *Direito comercial.* Conjunto de normas de prestação de contas e responsabilidade pelos resultados, por parte de administradores de uma empresa (Luiz Fernando Rudge).

ACCOUNT BOOK. *Locução inglesa.* Livro de escrituração empresarial.

ACCREDITED REPRESENTATIVE. *Locução inglesa.* Representante com poderes especiais.

ACCRUED CAPITAL. *Locução inglesa.* Capital integralizado.

ACCUMULATED DIVIDEND. *Locução inglesa.* Dividendo acumulado ou não distribuído.

ACCUMULATED EARNING TAX. *Direito comparado.* Imposto sobre lucros suspensos.

ACCUMULATIO PERSONARUM. *Direito romano.* Litisconsórcio.

ACCUSARE NEMO SE DEBET NISI CORAM DEO. *Aforismo jurídico.* Ninguém é obrigado a acusar a si próprio, senão em presença de Deus. Tal asserção decorre do princípio de que não se pode obrigar uma pessoa a fazer afirmações contra si mesma, a não ser que o faça, voluntariamente, pela confissão.

ACCUSATIO INOFFICIOSI TESTAMENTI. *Expressão latina.* Acusação de testamento inoficioso feita por herdeiros prejudicados.

ACCUSATION. *Termo inglês.* **1.** Denúncia. **2.** Acusação.

ACCUSATIO SUSPECTI TUTORIS. *Expressão latina.* Acusação de tutor suspeito por falta de probidade funcional.

ACE. *Direito internacional privado.* Abreviatura de adiantamento sobre cambiais entregues.

ACEDENTE. *Direito civil.* Aquele que consente ou anui, concedendo o que lhe foi pedido.

ACEDER. 1. Acrescer. **2.** Concordar; consentir.

ACEFALIA. 1. *Medicina legal.* Falta, no embrião ou feto, da cabeça ou de parte dela. Quando houver ausência do encéfalo, ter-se-á anencefalia, que, se combinada com a falta da medula, se denominará amielia. Se houver falta da cabeça e dos braços, ter-se-á acefalobraquia. Em caso de ausência do coração e da cabeça, configurar-se-á a acefalocardia. Se se constatar, além da falta da cabeça, a do estômago e parte superior do abdome, ter-se-á acefalogastria. Na ausência da cabeça e dos pés, surge a acefalopodia; na hipótese de se ter falta da cabeça e das mãos, a acefaloquiria. A acefalorraquia caracteriza-se pela ausência da cabeça e da coluna vertebral. Quando houver falta da cabeça e do tórax, caracterizada estará a acefalotoracia. **2.** *Direito administrativo, direito civil* e *ciência política.* Ausência de direção ou de autoridade que tenha cargo de chefia.

ACÉFALO. 1. *Direito administrativo, direito civil* e *ciência política.* Que não tem chefe ou autoridade superior. **2.** *Direito canônico.* Concílio não presidido pelo papa ou por seu representante. **3.** *Medicina legal.* O que apresenta acefalia.

ACEFALOMIA. *Medicina legal.* Anormalidade caracterizada pelo tamanho disforme da cabeça.

ACEITAÇÃO. 1. *Direito civil.* Ato de aceitar alguma coisa; aquiescência; aprovação. Pode ser: a) *expressa*, se manifestada verbalmente ou em documento escrito; b) *tácita*, se caracterizada pela prática de ato indicativo da intenção de aceitar. **2.** *Direito comercial.* O mesmo que ACEITE. **3.** *Direito bancário.* Processo de verificação do enquadramento de uma operação, para fins de liquidação, aos requisitos previamente estabelecidos no regulamento do sistema de liquidação, especialmente no tocante à administração e contenção de riscos.

ACEITAÇÃO DA BELIGERÂNCIA. *Direito internacional público.* Reconhecimento por um Estado da guerra iniciada por outro que o agrediu, garantindo seu direito à reparação ulterior.

ACEITAÇÃO DE DOAÇÃO. *Direito civil.* É o ato do beneficiário de anuir na liberalidade que lhe está feita. Sendo a doação um contrato, requer para sua formação o consentimento das partes; assim, de um lado, ter-se-á o *animus donandi*, isto é, a vontade do doador de beneficiar o donatário, e, de outro, a aceitação do donatário, que é a sua manifestação de vontade consentindo na liberalidade do doador. Em regra, a aceitação é expressa quando o donatário manifesta claramente o desejo de receber o benefício, seja por escrito ou oralmente, no próprio ato da liberalidade. Se o doador marcar prazo para que o donatário aceite ou não a liberalidade, entender-se-á que a aceitou, tacitamente, se não se manifestar, desde que a doação não esteja sujeita a encargo. A aceitação também será tácita se o donatário recolher imposto após a liberalidade, pedir registro de escritura etc., pois tais atos revelam firme intuito de aceitar o benefício. As doações feitas em contemplação de casamento futuro com certa pessoa, quer pelos nubentes, quer por terceiro a um deles, a ambos ou aos filhos que, de futuro, tiverem um do outro, não poderão ser impugnadas por falta de aceitação e somente ficarão sem efeito se o matrimônio não se realizar. Somente nesta hipótese será dispensável a aceitação, que se dará com a celebração do ato nupcial.

ACEITAÇÃO DE HERANÇA. *Direito civil.* É o ato jurídico unilateral pelo qual o herdeiro, legítimo ou testamentário, manifesta, livremente, sua vontade de receber a herança que lhe é transmitida.

ACEITAÇÃO DE LETRA DE CÂMBIO. *Direito comercial.* É o ato pelo qual o sacado reconhece a obrigação cambial, assinando a letra de câmbio e assumindo, então, o dever de cumpri-la, sem impor qualquer restrição, na data de seu vencimento. Tal ato denomina-se "aceite", sendo o sacado o aceitante. Se a letra emitida não for assinada pelo sacador, e o sacado a aceitar assim mesmo, diz-se que aceitou em branco, admitindo que outra pessoa a preencha, substituindo o credor originário. Se colocar qualquer restrição ou modificação, ter-se-á a negativa ao aceite.

ACEITAÇÃO DE PROPOSTA CONTRATUAL. *Direito civil.* É a manifestação, expressa ou tácita, da vontade do destinatário de uma proposta contratual feita dentro do prazo, aderindo a ela em todos os seus termos, tornando o contrato definitivamente concluído, desde que chegue, oportunamente, ao conhecimento do ofertante. Se o aceitante, ao declarar sua vontade em relação à oferta, não aderir a todos os seus termos, ter-se-á nova proposta, exonerando o primeiro proponente, pois este só a aceitará se ela lhe aprouver. Se o negócio jurídico contratual for *entre presentes*, a policitação poderá estipular ou não prazo para a aceitação. Se a proposta não contiver prazo para a aceitação, esta deverá ser manifestada imediatamente, senão a oferta deixará de ter força vinculativa. Se a proposta estipular prazo, a aceitação deverá ser pronunciada no termo concedido, sob pena de desvincular-se o policitante. Se o contrato for *entre ausentes*, existindo prazo, este deverá ser obedecido, mas, se a aceitação se atrasar, por exemplo, por falha do correio, o proponente deverá dar ciência do fato ao aceitante, sob pena de responder por perdas e danos. Se o ofertante não estipular qualquer prazo, a aceitação deverá ser manifestada dentro de tempo suficiente para chegar a resposta ao conhecimento do proponente.

ACEITAÇÃO DE TESTAMENTARIA. *Direito civil.* É ato de aquiescência voluntária do testamenteiro de cumprir a função, que lhe foi dada pelo testador, de executar cabalmente um testamento, fazendo com que as disposições de última vontade sejam atendidas pelos herdeiros do testador falecido. Sendo a testamentaria um *munus privatum*, ninguém pode ser obrigado a exercê-la, senão por anuência livre, daí ser imprescindível sua aceitação, por gerar deveres e responsabilidades. Essa aceitação pode ser: a) *expressa*, se o nomeado o declarar explicitamente; b) *tácita*, se iniciar a execução testamentária sem fazer qualquer pronunciamento; c) *presumida*, se aceitar legado feito a ele para esse fim. A aceitação da testamentaria deve constar de um termo subscrito pelo juiz e pelo testamenteiro.

ACEITAÇÃO DIRETA DA HERANÇA. *Direito civil.* É a feita pelo próprio herdeiro, ao manifestar sua *intentio* de receber a herança.

ACEITAÇÃO DO MANDATO. *Direito civil.* É a concordância do mandatário de cumprir sua função de representar o mandante, agindo em seu nome e por conta deste, requisito essencial para que o contrato se torne perfeito e acabado. Será *expressa*, se tal anuência se der por escrito ou verbalmente; *tácita*, se o mandatário, ao receber o mandato, iniciar sua execução; e *presumida*, se o negócio que deverá ser executado for da profissão do mandatário, embora fique em silêncio, ou se for oferecido por meio de anúncio público, e o mandatário não fizer constar imediatamente a sua recusa. Nessas duas hipóteses, se o mandatário não quiser aceitar a função dada, deverá, com a maior brevidade, apresentar sua negativa, sob pena de ter de responder pelas perdas e danos sofridos pelo mandante.

ACEITAÇÃO EXPRESSA DA HERANÇA. *Direito civil.* É a resultante de declaração escrita, pública ou particular, do herdeiro manifestando seu desejo de receber a herança. Assim sendo, a mera manifestação verbal do herdeiro no sentido de aceitar a herança, ainda que perante testemunhas, não valerá como aceitação.

ACEITAÇÃO INDIRETA DA HERANÇA. *Direito civil.* É a que ocorre quando alguém a aceita pelo herdeiro, caso em que se terá: a) aceitação pelos sucessores, se o herdeiro falecer antes de declarar se aceita ou não a sucessão. Seu direito de aceitar passará aos seus herdeiros, valendo a declaração destes como se daquele partisse; b) aceitação pelo tutor ou curador de heranças, legados, com ou sem encargo, em lugar do herdeiro incapaz, desde que devidamente autorizados pelo magistrado; c) aceitação por mandatário ou gestor de negócios, sendo que esta última estará subordinada à confirmação do herdeiro; d) aceitação pelos credores, se o herdeiro os prejudicar com sua renúncia, mas, para tanto, será necessária a autorização judicial. Todavia, o credor que aceitar herança em nome do renunciante só poderá se beneficiar até o montante de seu crédito, de modo que o remanescente será devolvido àquele a quem a renúncia beneficia, e não ao renunciante, que não é mais herdeiro.

ACEITAÇÃO POR INTERVENÇÃO. *Direito comercial.* É a feita por terceiro interveniente, indicado na letra de câmbio pelo sacador ou por qualquer outro endossante, aceitando o título, antes ou depois do protesto, na recusa do sacado em acatar aquela letra. O interveniente, então, passará a ter a mesma responsabilidade cambial do sacado se este a aceitasse.

ACEITAÇÃO PRESUMIDA DA HERANÇA. *Direito civil.* É a simples omissão de recusa da herança. Se algum interessado (credor, legatário etc.) em saber se o herdeiro aceita ou não a herança vier a requerer ao juiz, após vinte dias da abertura da sucessão, que se dê ao herdeiro prazo de trinta dias para pronunciar-se, decorrido tal lapso de tempo, o silêncio do herdeiro será interpretado como aceitação.

ACEITAÇÃO TÁCITA. *Direito civil.* Aquela em que o negócio contratual dispensa aceitação expressa, ou que se dá quando o proponente a tiver dispensado e não chegou a tempo a recusa (Othon Sidou).

ACEITAÇÃO TÁCITA DA HERANÇA. *Direito civil.* É a inferida da prática de atos, positivos ou negativos, somente compatíveis à condição de herdeiro, demonstrando sua vontade de aceitar a herança, por exemplo, administração dos bens do espólio, cessão onerosa de direitos hereditários, intervenção no inventário concordando com avaliações etc.

ACEITANTE. 1. *Direito civil.* O que assume uma obrigação. **2.** *Direito comercial.* Sacado que assina um título de crédito (letra de câmbio, duplicata, nota promissória etc.), obrigando-se a cumpri-lo no dia do seu vencimento.

ACEITE. *Vide* ACEITAÇÃO DE LETRA DE CÂMBIO.

ACEITE BANCÁRIO. *Direito bancário.* **1.** Declaração expressa de obrigação assumida pelo banco sacado, de que concorda em pagar certa quantia em determinada data. **2.** Aceite por bancos comerciais em letras de câmbio, emitidas em decorrência de operações de crédito, garantidas com caução de *warrants* (Luiz Fernando Rudge).

ACEITE DE DUPLICATA MERCANTIL ORDINÁRIO. *Direito comercial.* Aceite para o qual basta a aposição da assinatura do comprador no local apropriado do título de crédito.

ACEITE DE DUPLICATA MERCANTIL POR COMUNICAÇÃO. *Direito comercial.* Aceite resultante da retenção da duplicata mercantil pelo comprador autorizado pela instituição financeira cobradora, com a comunicação por escrito, ao vendedor, de seu aceite (Fábio Ulhoa Coelho).

ACEITE DE DUPLICATA MERCANTIL POR PRESUNÇÃO. *Direito comercial.* Aceite que, na lição de Fábio Ulhoa Coelho, advém do mero recebimento da mercadoria pelo adquirente, salvo se há motivo legal de recusa, com ou sem devolução do título ao vendedor.

ACEITE DE HONRA. *Direito comercial.* Ato de qualquer pessoa anuir e efetuar o pagamento de letra de câmbio, no ato de protesto por falta ou recusa do aceite pelo sacado, honrando qualquer assinatura nela lançada, evitando, assim, aquele protesto, assumindo a responsabilidade cambial.

ACEITE DOMICILIADO. *Direito cambiário.* Aquele em que o sacado indica outro domicílio seu para fins de pagamento da letra de câmbio (Othon Sidou).

ACEITE LIMITADO. *Direito cambiário.* Aquele em que o sacado limita, em letra de câmbio, sua obrigação a uma parte do valor sacado, responsabilizando-se pelo pagamento de uma certa quantia (Othon Sidou).

ACEITE MODIFICADO. *Direito cambiário.* Aquele em que o sacado vem a introduzir na letra de câmbio uma modificação que não se relaciona com o valor do título.

ACEITE PARCIAL. *Vide* ACEITE LIMITADO.

ACEITE POR INTERVENÇÃO. *Direito cambiário.* Aquele em que o sacador de uma cambial é indicado por uma terceira pessoa para aceitar o título no prazo de dois dias úteis.

ACEITE PRESUMIDO. *Direito comercial* e *direito cambiário.* É a cobrança, em juízo, de duplicata ou triplicata não aceita, mas protestada, desde que se demonstre, por meio de documento hábil, não só a entrega da mercadoria como também o aceite cambial do devedor dentro do prazo e das condições legais.

ACEITE QUALIFICADO. *Vide* ACEITE MODIFICADO.

ACEITE SOB CONDIÇÃO. *Direito cambiário.* É o que abrange tanto o aceite modificado como o parcial ou limitado.

ACELERAÇÃO DE PARTO. **1.** *Medicina legal.* Antecipação da data do parto. **2.** *Direito penal.* Lesão corporal grave oriunda de traumatismos físicos ou psíquicos, visando a expulsão do produto da concepção, vivo, antes do termo do ciclo gravídico, apenada com reclusão. É preciso que esta lesão corporal ocorra depois de vinte e oito semanas de gravidez, por ser imprescindível que o bebê tenha condições de sobrevivência, pois, se morrer, ter-se-á a figura criminal do aborto.

ACEPÇÃO. *Teoria geral do direito.* Exato sentido de uma palavra ou frase.

ACEPTILAÇÃO. *Vide ACCEPTILATIO.*

ACERTAMENTO. *Direito administrativo.* É o ato administrativo (visto, homologação, aprovação) imprescindível para que o direito potencial de um interessado passe a ser atual, por manifestar o preenchimento de todas as condições jurídicas exigidas legalmente a fim de que se possa admitir a legitimidade de um ato ou o reconhecimento de um direito. O acertamento contém duas fases: a) a *material*, quando se coletam dados, pessoais ou não, verificam-se registros ou pede-se um ato médico que ateste a idoneidade física do candidato para prestar o serviço no cargo que pretende assumir; b) a *documental*, que é o ato de reproduzir, num documento, o resultado a que se chegou com aquelas pesquisas ou verificações.

ACERVED CAPITAL. *Locução inglesa.* Capital integralizado.

ACERVO. **1.** *Direito civil.* a) Conjunto de bens integrantes do patrimônio de uma pessoa física ou jurídica (acervo patrimonial); b) bens arrecadados no inventário, para serem partilhados a quem de direito (acervo hereditário); c) soma de bens; d) soma de serviços prestados. **2.** *Direito comercial.* Totalidade dos bens do falido (massa falida). **3.** *Sociologia geral.* Conjunto de bens de uma comunidade.

ACESSÃO. **1.** *Direito civil.* É o modo originário de aquisição da propriedade pelo aumento do volume ou do valor da coisa, de modo que ficará pertencendo a seu proprietário tudo aquilo que a ela se aderir ou incorporar, ante o princípio de que o "dono da coisa principal será o da acessória", tendo sobre esta última todos os direitos que teria em relação à primeira. Isto é assim, em face de um fundamento de ordem prática, devido à inconveniência de se destacar o que acede, tanto econômica como juridicamente, pois será melhor atribuir-se a propriedade do todo ao dono da coisa principal do que estabelecer um condomínio indesejado e de difícil administração, dada a grande desproporção entre os valores dos quinhões de cada um dos condôminos. Daí aceitar-se que a aquisição da propriedade da coisa acedente deve operar-se em favor do dono do prédio a que adere. A coisa acedida é a principal, e a acedente, a acessória. **2.** *Direito internacional público.* É a adesão solene a um convênio feito entre dois ou mais Estados por um terceiro país não signatário.

ACESSÃO AO TRONO. *Ciência política.* Ato de, em um regime monárquico, elevar alguém ao poder, na qualidade de rei ou imperador.

ACESSÃO ARTIFICIAL. *Direito civil.* **1.** É a incorporação ou união de uma coisa acessória (móvel) à principal (imóvel) resultante de um comportamento humano ativo, ou melhor, do trabalho do homem, como, por exemplo, a construção e a plantação. Distingue-se da *benfeitoria*, por ser a acessão artificial obra que cria coisa nova, que se adere à propriedade anteriormente existente. **2.** *Vide* BENFEITORIA.

ACESSÃO DE POSSE. *Vide ACCESSIO POSSESSIONUM.*

ACESSÃO DO LEGADO. *Direito civil.* Acréscimos feitos ao imóvel após a instituição do legado que não farão parte constitutiva da liberalidade, salvo se houver declaração do testador em sentido contrário.

ACESSÃO IMOBILIÁRIA. *Direito civil.* É o acréscimo a um bem imóvel resultante de acontecimento natural ou de obra humana.

ACESSÃO INDUSTRIAL. *Vide* ACESSÃO ARTIFICIAL.

ACESSÃO INTELECTUAL. *Vide* ACESSÃO ARTIFICIAL.

ACESSÃO MISTA. *Direito civil.* É aquela em que os acréscimos feitos a uma coisa se devem em parte à acessão natural, ou seja, a um acontecimento devido à força da natureza, e em parte à acessão artificial, ou melhor, a ato humano voluntário, como, por exemplo, as sementeiras.

ACESSÃO MOBILIÁRIA. *Direito civil.* Acréscimo a bem móvel, decorrente da sua natureza (frutos, produtos e rendimentos) ou do trabalho humano (especificação, confusão, comistão, adjunção).

ACESSÃO NATURAL. *Direito civil.* É a união ou incorporação de bem acessório (imóvel) ao principal (também imóvel), advinda de acontecimento natural, produzindo-se espontaneamente, sem que haja qualquer intervenção humana, por exemplo, a formação de ilhas, o aluvião, a avulsão e o abandono de álveo.

ACESSIBILIDADE. Possibilidade e condição de alcance para utilização, com segurança e autonomia, total ou assistida, dos espaços, mobiliários e equipamentos urbanos, das edificações, dos transportes e dos sistemas e meios de comunicação por pessoa portadora de deficiência ou com mobilidade reduzida.

ACESSO. *Direito administrativo.* **1.** Ingresso a cargo público de candidato aprovado em concurso. **2.** Ascensão de funcionário a uma classe hierárquica mais elevada, em seu respectivo quadro ocupacional, levando-se em conta seu merecimento ou sua antiguidade, sendo, portanto, uma forma de provimento de cargo público. **3.** Possibilidade de consulta aos documentos de arquivo.

ACESSO AO CONHECIMENTO TRADICIONAL ASSOCIADO. *Direito ambiental.* Obtenção de informações sobre conhecimento ou prática individual ou coletiva associada ao patrimônio genético de comunidade indígena ou comunidade local para fins científicos, de pesquisa e de desenvolvimento tecnológico, visando, por exemplo, sua aplicação industrial.

ACESSO AO ENSINO FUNDAMENTAL. *Direito educacional.* É um direito público subjetivo, podendo qualquer cidadão, grupo de cidadãos, associação comunitária, organização sindical, entidade de classe ou outra legalmente constituída, e, ainda, o Ministério Público, acionar o Poder Público para exigi-lo. Compete aos Estados e aos Municípios, em regime de colaboração, e com a assistência da União: a) recensear a população em idade escolar para o ensino fundamental, e os jovens e adultos que a ele não tiveram acesso; b) fazer-lhes a chamada pública; c) zelar, junto aos pais ou responsáveis, pela freqüência à escola. Em todas as esferas administrativas, o Poder Público assegurará em primeiro lugar o acesso ao ensino obrigatório, contemplando em seguida os demais níveis e modalidades de ensino, conforme as prioridades constitucionais e legais. Qualquer das partes mencionadas anteriormente tem legitimidade para peticionar no Poder Judiciário, sendo gratuita e de rito sumário a ação judicial correspondente. Comprovada a negligência da autoridade competente para garantir o oferecimento do ensino obrigatório, poderá ela ser imputada por crime de responsabilidade. Para garantir o cumprimento da obrigatoriedade de ensino, o Poder Público criará formas alternativas de acesso aos diferentes níveis de ensino, independentemente da escolarização anterior.

ACESSO AO FGTS E AO SEGURO-DESEMPREGO PELO EMPREGADO DOMÉSTICO. *Direito do trabalho.* Inclusão facultativa do empregado doméstico no Fundo de Garantia do Tempo de Serviço (FGTS) mediante requerimento do empregador. O empregado doméstico que for dispensado sem justa causa fará jus ao benefício do seguro-desemprego, no valor de um salário mínimo, por um período máximo de três meses, de forma contínua ou alternada. O benefício será concedido ao empregado inscrito no FGTS que tiver trabalhado como doméstico por um período mínimo de quinze meses nos últimos vinte e quatro meses contados da dispensa sem justa causa. Para se habilitar ao benefício, o trabalhador deverá apresentar ao órgão competente do Ministério do Trabalho e Emprego: a) Carteira de Trabalho e Previdência Social, na qual deverão constar a anotação do contrato de trabalho doméstico e a data da dispensa, de modo a comprovar o vínculo empregatício, como empregado doméstico, durante pelo menos quinze meses nos últimos vinte e quatro meses; b) termo de rescisão do contrato de trabalho atestando a dispensa sem justa causa; c) comprovantes do recolhimento da contribuição previdenciária e do FGTS durante o período acima referido na condição de empregado doméstico; d) declaração de que não está em gozo de nenhum benefício de prestação continuada da Previdência Social, exceto auxílio-acidente e pensão por morte; e e) declaração de que não possui renda própria de qualquer natureza suficiente à sua manutenção e de sua família. O seguro-desemprego deverá ser requerido de sete a noventa dias contados da data da dispensa. Novo seguro-desemprego só poderá ser requerido a cada período de dezesseis meses decorridos da dispensa que originou o benefício anterior. As despesas decorrentes do pagamento do seguro-desemprego serão atendidas à conta dos recursos do Fundo de Amparo ao Trabalhador (FAT).

ACESSO AO PATRIMÔNIO GENÉTICO. *Direito ambiental.* Obtenção de amostra de componente do patrimônio genético para fins científicos, de pesquisa, de desenvolvimento tecnológico, de bioprospecção ou conservação, visando a sua aplicação industrial ou de outra natureza.

ACESSO AO PATRIMÔNIO GENÉTICO E REPARTIÇÃO DE BENEFÍCIOS. *Biodireito.* Valoriza e promove o uso sustentável da biodiversidade brasileira com vistas ao desenvolvimento econômico e social do País, em particular para a competitividade da bioindústria brasileira, respeitando-se os direitos e obrigações decorrentes das atividades de acesso ao patrimônio genético e ao conhecimento tradicional associado, a garantia aos direitos das comunidades tradicionais e povos indígenas, a sua inclusão no processo produtivo e a repartição de benefícios resultantes da exploração econômica dessas atividades.

ACESSO À TECNOLOGIA E TRANSFERÊNCIA TECNOLÓGICA. *Direito ambiental.* Realização de ações que tenham por objetivo o acesso, o desenvolvimento e a transferência de tecnologias para a conservação e utilização da diversidade biológica ou tecnologia desenvolvida a partir de amostra de componente do patrimônio genético, ou o conhecimento tradicional associado.

ACESSO DE ESTRANGEIRO A TRIBUNAL BRASILEIRO. *Direito internacional privado.* É o direito, reconhecido pela doutrina, pelas convenções e tratados internacionais, de estrangeiro, domiciliado ou não em nosso País, poder invocar ou ser submetido à jurisdição brasileira, comparecendo como autor ou réu perante o tribunal brasileiro competente para apreciar alguma controvérsia de seu interesse. Porém, sua capacidade para estar em juízo, ativa ou passivamente, obedecerá à *lex domicilii*, com a ressalva da *lex fori*, no que for relativo a preceito de ordem pública.

ACESSO DELIRANTE. *Medicina legal.* Explosiva manifestação psicótica em que, na confusão mental, as idéias eróticas, megalômanas ou místicas passam a ocupar destaque especial, trazendo, além de fugas, agressões, emagrecimento, insônia e depressão.

ACESSO DO IDOSO À JUSTIÇA. *Direito processual civil.* Aplica-se, subsidiariamente, o procedimento sumário previsto no Código de Processo Civil, naquilo que não contrarie os prazos legais. O Poder Público poderá criar varas especializadas e exclusivas do idoso. É assegurada prioridade na tramitação dos processos e procedimentos e na execução dos atos e diligências judiciais em que figure como parte ou interveniente pessoa com idade igual ou superior a sessenta anos, em qualquer instância. O interessado na obtenção da prioridade, fazendo prova de sua idade, requererá o benefício à autoridade judiciária competente para decidir o feito, que determinará as providências a ser cumpridas, anotando-se essa circunstância em local visível nos autos do processo. A prioridade não cessará com a morte do beneficiado, estendendo-se em favor do cônjuge supérstite, companheiro ou companheira, com união estável, maior de sessenta anos. Tal prioridade se estende aos processos e procedimentos na Administração Pública, empresas prestadoras de serviços públicos e instituições financeiras, ao atendimento preferencial junto à Defensoria Pública da União, dos Estados e do Distrito Federal em relação aos Serviços de Assistência Judiciária. Para o atendimento prioritário será garantido ao idoso o fácil acesso aos assentos e caixas, identificados com a destinação a idosos em local visível e caracteres legíveis.

ACESSÓRIA. *Direito civil.* Garantia de uma obrigação principal, por exemplo, fiança, hipoteca, penhor etc.

ACESSÓRIO. *Direito civil.* Qualificação de bem que se adere a uma coisa principal, seguindo a sorte desta, no que atina à sua existência, destinação e natureza. Assim sendo, o dono do bem principal será o do acessório, salvo exceção convencional ou legal. Dentre os bens acessórios temos: frutos, produtos, rendimentos, benfeitorias, acessões naturais ou artificiais, pertenças e partes integrantes.

ACESSÓRIO NATURAL. *Direito civil.* É o que se liga, em razão da natureza, ao principal, como, por exemplo, os frutos.

ACESSÓRIO POR DESTINO. *Direito civil.* É o que se une ao bem principal, tendo em vista sua utilização ou destinação, por exemplo, instrumentos agrícolas utilizados em uma fazenda.

ACESSÓRIOS DO NAVIO. *Direito marítimo.* Constituem as peças (máquinas, âncoras, lanchas, munições, aparelhos, fretes a vencer) indispensáveis ao navio ou que complementam seu aparelhamento, permitindo-lhe a navegação, sem, contudo, acompanhar a sorte da embarcação (coisa principal).

ACESSÓRIOS DO SOLO. *Direito civil.* São as coisas aderentes ao solo que podem ser usadas pelo seu proprietário, tais como: produtos orgânicos de sua superfície, minerais existentes em seu subsolo, obras de aderência permanente, feitas acima ou abaixo de sua superfície. Todavia, pela norma constitucional, as jazidas, minas e demais recursos minerais e os potenciais de energia hidráulica constituem propriedade distinta da do solo, pois pertencem à União, garantindo-se ao cessionário a propriedade do produto da lavra. Sua pesquisa e lavra dependerão de autorização ou concessão federal, na forma da lei, dada exclusivamente a brasileiros ou a empresa brasileira de capital nacional. É assegurada ao proprietário do solo a participação nos resultados da lavra, na forma e no valor que a lei dispuser.

ACHACAR. *Direito penal.* Extorquir quantia em dinheiro.

ACHADA. **1.** *Direito civil.* Ato de encontrar coisa móvel perdida (descoberta) ou coisa oculta ou enterrada (achado de tesouro). **2.** *História do direito.* Multa cobrada daquele que danificasse terra alheia ou furtasse seus frutos.

ACHÁDEGO. *Direito civil.* É a recompensa a que tem direito aquele que encontrar coisa perdida (descobridor) e restituí-la a seu proprietário. Tal prêmio é acrescido da indenização pelas despesas efetuadas com a conservação e transporte da coisa. Pelo Código Civil essa recompensa não pode ser inferior a cinco por cento do valor da coisa encontrada e abrange a indenização pelas despesas que o descobridor teve com sua conservação e transporte.

ACHADO DE TESOURO. *Direito civil.* Ato de encontrar depósito antigo de coisas preciosas, oculto e de cujo dono não haja memória. Quem o encontrar, casualmente, dividi-lo-á com o proprietário do prédio. O tesouro pertencerá por inteiro ao proprietário do prédio se for encontrado por ele, ou em pesquisa que ordenou, ou, ainda, por terceiro não autorizado. Se encontrado em terreno aforado, o tesouro será dividido por igual entre o descobridor e o enfiteuta, ou será deste por inteiro, quando ele mesmo o encontrou.

ACHAQUE. **1.** *Direito penal.* Meio de extorquir, mediante comoventes justificativas mentirosas, dinheiro de uma pessoa. **2.** *Gíria.* Facada ou golpe. **3.** *História do direito.* a) Imposto, crédito fiscal, tributo sobre a criminalidade ou proventos pagos ao Estado pelas condenações; b) pensão que se dava ao rei; c) ato de apresentar queixa contra alguém.

ACHAT. *Termo francês.* Compra.

ACHATAMENTO SALARIAL. *Direito do trabalho.* É a diferença entre o salário fixado e o poder aquisitivo da moeda nacional, ou melhor, é o salário estipulado abaixo da taxa de aumento do custo de vida.

A CHEGAR. *Direito comercial.* **1.** Locução que designa coisa ou mercadoria comprada que está em viagem, sendo que sua venda se efetivará, em regra, mediante expedição do conhecimento de transporte. **2.** Balanço, pouco rigoroso, feito sem que suas parcelas se correspondam aritmeticamente. **3.** Defeito na escrituração, que poderá acarretar a invalidação do documento.

ACIDENTAL. 1. *Direito civil.* a) Elemento secundário do ato negocial, nele inserido mediante cláusulas, como a condição, o encargo e o termo; b) ato realizado independentemente da vontade do agente, não envolvendo culpa, apesar de ocorrer interferência volitiva de outrem; c) caso fortuito; aquilo que acontece por acaso; d) acessório. **2.** *Filosofia geral* e *filosofia do direito.* Aquilo que está no sujeito por acidente e não necessariamente. **3.** *Medicina legal.* Fenômeno que surge no curso de uma doença, sem ter com ela qualquer ligação.

ACIDENTE. 1. *Direito civil.* Caso fortuito, ou seja, acontecimento involuntário e imprevisto suscetível de causar prejuízo a alguém ou seu patrimônio sem gerar responsabilidade civil, por ser excludente de antijuridicidade, ante a ausência de dolo ou de culpa. **2.** *Medicina legal.* a) Fenômeno inesperado que pode sobrevir no curso de uma moléstia; b) perda de sentido, função ou movimento. **3.** *Filosofia geral* e *filosofia do direito.* Aquilo que é contingente, por não fazer parte da essência ou substância de algo.

ACIDENTE AERONÁUTICO. *Direito aeronáutico.* Acontecimento que gera prejuízos causados pelas aeronaves a terceiros, a passageiros e a mercadorias transportadas, na superfície do solo, em manobras de aterrissagem ou decolagem, em razão de abalroamento aéreo ou colisão no ar ou, ainda, por qualquer falha ocorrida em pleno vôo.

ACIDENTE CATASTRÓFICO. Acidente que ocasione a perda de vida humana, a invalidez, a necessidade de tratamento médico ou doença ocupacional permanentes, a perda do complexo de lançamento ou do sistema de lançamento, a perda irreversível em propriedade do Estado, de pessoa natural ou jurídica, ou dano ambiental severo e irreversível.

ACIDENTE CRÍTICO. Acidente que ocasione a invalidez, a necessidade de tratamento médico ou doença ocupacional temporárias, ou dano maior reversível ao complexo de lançamento, ao sistema de lançamento, à propriedade do Estado, de pessoa natural ou jurídica, ou ao meio ambiente.

ACIDENTE DESPREZÍVEL. Acidente que ocasione ferimentos ou doença ocupacional leves ou danos leves ao complexo de lançamento, ao sistema de lançamento, à propriedade do Estado, de pessoa natural ou jurídica, ou ao meio ambiente.

ACIDENTE DE TIRO. *Direito penal.* Dano oriundo de imperícia do atirador, deficiência no funcionamento da arma ou má qualidade da munição usada por ele.

ACIDENTE DE TRABALHO. *Direito do trabalho.* Acontecimento casual e imprevisto que cause dano, produzindo lesão corporal, doença profissional ou perturbação funcional a empregado, pelo exercício, dentro ou fora do local e horário de trabalho, de seu ofício a serviço da empresa, que possa atingir, total ou parcialmente, permanente ou transitoriamente, sua capacidade laborativa ou acarretar sua morte. Portanto, se houver autolesão, ou seja, intenção do operário de causar dano a si próprio, descaracterizado estará o acidente de trabalho. Será devido o benefício de auxílio-doença decorrente de acidente do trabalho aos segurados: empregado, trabalhador avulso, especial e médico-residente. O presidiário somente fará jus ao benefício de auxílio-doença decorrente de acidente do trabalho, bem como ao de auxílio-acidente, quando exercer atividade remunerada na condição de empregado, trabalhador avulso, médico-residente ou segurado especial.

ACIDENTE DE TRAJETO. *Direito do trabalho.* É o que pode sofrer o trabalhador na ida ou na volta do trabalho ou em viagens a serviço da firma, caracterizando-se como acidente do trabalho.

ACIDENTE DE TRÂNSITO. *Direito civil.* **1.** Acontecimento casual ou culposo provocado por veículos automotores em via pública, lesivo a pessoas ou bens. Dentre as principais causas determinantes desse acidente temos: desobediência às normas do Código de Trânsito; excesso de velocidade; sono ao volante; embriaguez; falta de ajuste psicofísico para dirigir veículo; nervosismo habitual ou esporádico; uso de drogas; conversa com acompanhante ou passageiro; estado depressivo; imperícia do condutor; falha mecânica; ultrapassagem imprudente nas curvas; culpa de pedestre; más condições do veículo ou de visibilidade etc. **2.** Dano causado a pessoas ou bens nas ferrovias, sendo, atualmente, típico o caso dos "pingentes" ou "surfistas de trem".

ACIDENTE DO MAR. *Direito marítimo.* Imprevisto lesivo ocorrido durante viagem a bens, a pessoas transportadas ou ao próprio navio, causando-lhe avarias. O sinistro marítimo originar-se-á, por exemplo, de encalhes, naufrágios, tempestades, explosões, defeitos do navio, incêndios a bordo, maremotos, alijamentos, varações involuntárias etc.

ACIDENTE ELÉTRICO. *Medicina legal* e *direito do trabalho.* Decorre de contato eventual com corrente elétrica ou raio. É comum em indústrias, onde os equipamentos elétricos constituem causa potencial de acidente do trabalho. Tal acidente provoca choques e lesões, causando surdez, cegueira, hemorragias, queimaduras, paralisias, afetando o sistema nervoso, chegando até mesmo a acarretar a morte.

ACIDENTE EM SERVIÇO PARA FIM DE PROMOÇÃO POST MORTEM. *Direito militar.* Acidente que ocorre com o militar da ativa provocando seu óbito no cumprimento do dever, gerando o reconhecimento da pátria à promoção a que faria jus. Considera-se acidente em serviço para fim de promoção *post mortem* aquele que se dá: a) em ação de combate ou na manutenção da ordem pública; b) em conseqüência de ferimento recebido em campanha ou na manutenção da ordem pública, ou por doença, moléstia ou enfermidade contraída nessas ocasiões, ou que nelas tenha a sua causa eficiente; c) no exercício de suas atribuições funcionais durante o expediente normal ou, quando determinado por autoridade competente, em sua prorrogação ou antecipação; d) no cumprimento de ordem emanada de autoridade militar competente; e) no decurso de viagens em objeto de serviço, previstas em regulamentos ou autorizadas por autoridade militar competente; f) no decurso de viagens impostas por motivo de movimentação efetuada no interesse do serviço ou a pedido; g) no deslocamento entre a sua residência e o local de trabalho, ou naquele em que a missão deva ter início ou prosseguimento, e vice-versa. Considera-se, ainda, acidente em serviço para fim de promoção *post mortem*, mesmo quando não seja ele a causa única e exclusiva da morte, a doença, moléstia ou enfermidade que nele tenha a sua causa eficiente, desde que entre o acidente e o falecimento haja relação de causa e efeito. O militar é, também, promovido *post mortem* se, ao falecer, satisfazia condições de acesso e integrava a faixa dos que concorrem à promoção pelos critérios de antigüidade ou de merecimento. Tal promoção independe das situações acima mencionadas. A promoção por bravura exclui a promoção *post mortem* do militar falecido em conseqüência do ato de bravura.

ACIDENTE *IN ITINERE*. *Vide* ACIDENTE DE TRAJETO.

ACIDENTE MAIOR. *Direito ambiental.* Designa todo evento inesperado, como uma emissão, um incêndio ou uma explosão de grande magnitude no curso de uma atividade dentro de uma instalação exposta a riscos de acidentes maiores, envolvendo uma ou mais substâncias perigosas e que exponha os trabalhadores, a população ou o meio ambiente a perigo de conseqüências imediatas ou de médio e longo prazos.

ACIDENTE MARGINAL. Acidente que ocasione ferimentos ou doença ocupacional de menor monta, ou danos de pouca dimensão ao complexo de lançamento, ao sistema de lançamento, à propriedade do Estado, de pessoa natural ou jurídica, ou ao meio ambiente.

ACIDENTE NO SERVIÇO PÚBLICO. *Direito administrativo.* Ocorrência de fato que venha a causar a funcionário, durante o exercício do serviço público, lesões corporais que acarretem suspensão ou redução, temporária ou permanente, da capacidade profissional, gerando a responsabilidade civil do Estado.

ACIDENTE NUCLEAR. *Direito nuclear* e *direito ambiental.* Evento danoso e acidental decorrente de liberação de energia de origem nuclear provocada por usinas ou por veículos movidos por essa energia ou que a transportem, atingindo *pessoas*, causando-lhes lesões epidérmicas, alterações genéticas, deformações psíquicas, intoxicações, doenças cancerígenas, esterilidade, necrose óssea, catarata e até morte, e *bens*, alcançando plantas, animais, coisas inanimadas (móveis ou imóveis), pela poluição da atmosfera, deterioração do meio ambiente, contaminação e explosões, acarretando-lhes destruição ou avarias. Consiste, portanto, em qualquer evento não intencional, incluindo erro de operação, falhas de equipamento ou outras causas, cujas conseqüências efetivas ou potenciais não possam ser negligenciadas do ponto de vista de radioproteção ou segurança nuclear.

ACIDENTE PESSOAL. *Direito previdenciário.* O evento com data caracterizada, exclusivo e diretamente externo, súbito, involuntário, violento, e causador de lesão física, que, por si só e independente de toda e qualquer outra causa, tenha como conseqüência direta a morte, ou a invalidez permanente, total ou parcial, do segurado, ou que torne necessário tratamento médico, observando-se que:

a) incluem-se nesse conceito:

a.1) o suicídio, ou a sua tentativa, que será equiparado, para fins de indenização, a acidente pessoal, observada legislação em vigor;

a.2) os acidentes decorrentes de ação da temperatura do ambiente ou influência atmosférica, quando a elas o segurado ficar sujeito, em decorrência de acidente coberto;

a.3) os acidentes advindos de escapamento acidental de gases e vapores;

a.4) os acidentes oriundos de seqüestros e tentativas de seqüestros; e

a.5) os acidentes decorrentes de alterações anatômicas ou funcionais da coluna vertebral, de origem traumática, causadas exclusivamente por fraturas ou luxações, radiologicamente comprovadas.

b) excluem-se desse conceito:

b.1) as doenças, incluídas as profissionais, quaisquer que sejam suas causas, ainda que provocadas, desencadeadas ou agravadas, direta ou indiretamente por acidente, ressalvadas as infecções, estados septicêmicos e embolias, resultantes de ferimento visível causado em decorrência de acidente coberto;

b.2) as intercorrências ou complicações conseqüentes da realização de exames, tratamentos clínicos ou cirúrgicos, quando não decorrentes de acidente coberto;

b.3) as lesões decorrentes, dependentes, predispostas ou facilitadas por esforços repetitivos ou microtraumas cumulativos, ou que tenham relação de causa e efeito com os mesmos, assim como as lesões classificadas como: Lesão por Esforços Repetitivos – LER; Doenças Osteomusculares Relacionadas ao Trabalho – DORT; Lesão por Trauma Continuado ou Contínuo – LTC; ou similares que venham a ser aceitas pela classe médico-científica, bem como as suas conseqüências pós-tratamentos, inclusive cirúrgicos, em qualquer tempo; e

b.4) as situações reconhecidas por instituições oficiais de previdência ou assemelhadas, como "invalidez acidentária", nas quais o evento causador da lesão não se enquadre integralmente na caracterização de invalidez por acidente pessoal.

ACIDENTES DA NAVEGAÇÃO. *Direito marítimo.* São os seguintes casos: a) naufrágio, encalhe, colisão, abalroação, água aberta, explosão, incêndio, varação, arribada e alijamento; e b) avaria ou defeito no navio, nas suas instalações, que ponha em risco a embarcação, as vidas e fazendas de bordo. Deve-se observar, para a abertura de inquérito, se a avaria ou o defeito, motivo da apuração, colocou em risco a embarcação, as vidas e fazendas de bordo. Inexistindo o risco o fato não se enquadra como objeto de inquérito.

ACIDENTES E FATOS DA NAVEGAÇÃO. *Direito marítimo.* 1. Fortunas do mar. 2. Acontecimentos náuticos extraordinários oriundos de abalroação marítima; socorro prestado a navio em perigo; avaria comum.

ACIDENTES PÓS-VACINAIS. *Medicina legal.* Ocorrência lesiva causada a pessoa por uma vacina, em razão de reação alérgica ou febril por ela provocada.

ACIDENTES SÉRICOS. *Medicina legal.* São os provocados em pessoas que tenham tomado injeções de soros heterólogos, manifestando-se sob a forma de choque anafilático, de doença de soro, de reação térmica ou atópica etc.

ACIDENTE TERAPÊUTICO. *Medicina legal.* É o oriundo de aplicação de determinada medicação para fins de cura, que venha a causar, imprevisivelmente, algum dano ao paciente.

ACIDENTE TERMINAL. *Medicina legal.* Doença que, ao aparecer na evolução de outro estado patológico, poderá causar a morte do enfermo.

ACIDENTE-TIPO. *Direito do trabalho.* É o ACIDENTE DE TRABALHO (*v.*) em que é possível se estabelecer o exato momento de sua ocorrência.

ÁCIDO DESOXIRRIBONUCLÉICO (ADN) E ÁCIDO RIBONUCLÉICO (ARN). *Medicina legal* e *direito ambiental.* Material genético que contém informações determinantes dos caracteres hereditários transmissíveis à descendência.

ACIDOSE. *Medicina legal.* Impregnação ácida dos tecidos e do sangue causada por excesso de produção de ácidos pelo organismo, trazendo como conseqüências: vômitos, perturbações visuais, náuseas, dores de cabeça etc.

ACIÉSIA. *Medicina legal.* Esterilidade feminina.

ACINESIA. *Medicina legal.* 1. Perda ou inibição, total ou parcial, do ato muscular, e, conseqüentemente, dos movimentos espontâneos do corpo. 2. Alteração na capacidade motora, que pode causar tremedeiras ou lentidão na mobilidade voluntária, sem que tenha havido qualquer tipo de lesão corporal.

ACINESIATROFIA. *Medicina legal.* Atrofia de órgão em virtude de falta de ação ou de movimento.

ACIONADO. *Direito processual civil* e *direito processual penal.* Aquele contra quem uma ação foi proposta. É o réu, o suplicado ou o demandado.

ACIONADOR. *Direito processual civil* e *direito processual penal.* Aquele que promove a ação contra outrem. É, portanto, o autor, o suplicante, o demandante ou o requerente.

ACIONAR. **1.** *Direito processual civil* e *direito processual penal.* Propor ou intentar ação contra alguém. **2.** *Direito comercial.* Incorporar uma sociedade por ações; pôr em função uma firma ou empresa para obter sucesso em sua atividade.

ACIONARIADO. *Direito comercial.* Organização empresarial, adotada em sociedades por ações, que permite a participação de empregado ou operário na qualidade de acionista, tendo todos os direitos como tal, podendo fazer parte na administração da empresa e auferir os lucros a que fizer jus. Com isso busca-se conciliar capital e trabalho e obter aumento de rendimento do operário e da produtividade da firma.

ACIONARIATO. *Direito comercial.* Sistema de propriedade privada, muito em voga nos dias atuais, originário da propagação de ações que representam o capital das sociedades anônimas.

ACIONÁRIO. *Vide* ACIONISTA.

ACIONISTA. *Direito comercial.* É o titular da ação integralizada, ou seja, da cota de capital da sociedade anônima ou da sociedade em comandita por ações. Se o valor nominal não estiver totalmente pago, seu titular denomina-se "subscritor", que se converterá em acionista quando integralizar a ação, mediante o correspondente pagamento, passando a ter o direito de: participar dos lucros sociais; fiscalizar a administração dos negócios sociais; vender suas ações; participar nas reuniões assembleares, discutindo e votando; assumir cargos administrativos etc.

ACIONISTA CONTROLADOR. *Direito comercial.* É a pessoa física ou jurídica ou um grupo de pessoas que, por estarem sob controle comum ou ligados por um acordo de voto, detêm a maioria dos votos nas deliberações assembleares, o poder de direção das atividades sociais, orientando o funcionamento da companhia, e o poder de eleger a maioria daqueles que vão administrar a empresa.

ACIONISTA DISSIDENTE. *Direito comercial.* É o que, por não concordar com as decisões assembleares, se retira da companhia, tendo o direito de ser reembolsado do valor de suas ações, desde que venha a reclamar o pagamento desse *quantum* à empresa dentro do prazo de trinta dias, contado da publicação da ata daquela assembléia geral, cujas matérias não obtiveram sua aprovação.

ACIONISTA MAJORITÁRIO. *Direito comercial.* É o detentor de mais de 50% das ações ordinárias de uma sociedade por ações.

ACIONISTA MINORITÁRIO. *Direito comercial.* É o sócio que conta com menos de 50% das ações de uma sociedade anônima ou de uma sociedade em comandita por ações.

ACIONISTA REMISSO. *Direito comercial.* É o que não cumpriu seu dever de integralizar o capital subscrito, ou melhor, de pagar totalmente o montante das ações com que se comprometera a entrar para participar da sociedade por ações. Se incorrer em mora, a companhia irá executá-lo ou, então, vender suas ações em Bolsa.

ACIPIENTE. *Direito civil.* Adquirente ou comprador que recebe a propriedade do bem vendido mediante tradição.

ACK-ACK. *Locução inglesa.* Arma antiaérea.

ACKNOWLEDGMENT OF CHILD. *Locução inglesa.* Reconhecimento de paternidade.

ACLAMAÇÃO. *Ciência política.* **1.** Ato de se reconhecer, de modo solene, no regime monárquico, um soberano. **2.** Declaração conjunta e verbal de uma assembléia, sem necessidade de escrutínio, aprovando um determinado ato ou elegendo alguém para certo cargo.

À CLEF. *Locução francesa.* À chave. Diz-se de uma obra de ficção cujas personagens, tiradas da vida real, podem ser identificadas.

ACLIVE. *Direito civil.* Obliqüidade de um terreno.

ACME. **1.** *Psicologia forense.* Máximo de desenvolvimento pessoal (Pradines). **2.** *Filosofia geral.* Período em que um filósofo ou doutrina exerce maior influência.

ACNEMIA. *Medicina legal.* **1.** Atrofia da parte carnosa posterior da perna. **2.** Mutilação das pernas.

AÇO. **1.** Na *linguagem da mineração,* é o brilho intenso da pedra preciosa encontrada. **2.** *Linguagem comum.* a) Liga de ferro com carbono, que endurece quando, depois de aquecida, é resfriada repentinamente; b) arma branca; c) amálgama de estanho que, na fabricação de espelho, lhe dá propriedade de refletir imagens.

ACOBARDAMENTO. Covardia.

AÇÕES AMORTIZADAS. *Direito comercial.* São aquelas de propriedade do acionista que tem, perante a sociedade por ações, todos os direitos decorrentes de seu *status* de sócio, a não ser, havendo liquidação, o da devolução do montante do valor nominal de suas ações, cuja soma lhe foi paga, em dinheiro, antecipadamente, com os fundos disponíveis. Ao acionista cujas ações foram amortizadas serão distribuídas ações de fruição.

AÇÕES D'APPORT. *Direito comercial.* Ações representadas pelo ingresso, na formação de sociedade anônima, por bens ou direito (Othon Sidou).

AÇÕES DE LIBERDADE. *História do direito.* Aquelas que eram admitidas em favor do escravo, como a ação oprimida, por pecúlio, pelo fundo de emancipação e por disposição legal.

AÇÕES DE SAÚDE. Implementadas para as aquisições de imunobiológicos, inseticidas, medicamentos e outros insumos estratégicos, são efetuadas pelo Ministério da Saúde e suas entidades vinculadas. Podem ser realizadas por intermédio de organismos multilaterais internacionais, de que o Brasil faça parte, e obedecendo aos procedimentos por estes adotados.

AÇÕES E RECURSOS NECESSÁRIOS À SUPRANACIONALIDADE. *Direito internacional público.* Instrumentos necessários à estabilidade interpretativa dos tratados da União Européia, que evitam choque de soberania decorrente de conflito jurisdicional. Tais ações e recursos são: a) *ação por incumprimento* proposta pela Comissão da União Européia ou por cada Estado-Membro, destinada ao controle do adimplemento pelos Estados-Membros dos deveres exigidos pelo direito comunitário; b) *recurso de anulação* interposto pelos Estados-Membros, conselho ou comissão, para anular, total ou parcialmente, alguma disposição comunitária, ou pelos particulares, para invalidação de ato jurídico que lhes seja prejudicial; c) *ação por omissão*, para controlar a inação de instituições comunitárias que venha a prejudicar os princípios da Comunidade Européia; d) *ação de responsabilidade civil*, para obter reparação, extracontratual, pela comunidade dos danos causados por suas instituições ou agentes no desempenho de suas funções; e) *recurso ordinário*, para solucionar questões de direito contra decisão de tribunal de 1ª instância; f) *reenvio prejudicial*, para garantia da uniformidade na aplicação do direito comunitário nas jurisdições de cada Estado-membro da União (Sidnei Agostinho Benetti).

AÇÕES ESCRITURAIS. *Direito comercial.* São aquelas em que não há emissão de certificados, sendo a sua propriedade comprovada por uma conta aberta em nome do acionista, nos livros da firma depositária; logo, sua circulação ou transferência só poderá ocorrer mediante ordens ou autorização de seu proprietário.

AÇÕES FUNGÍVEIS. *Direito comercial.* Títulos que, em sociedade anônima, são custodiados por instituição financeira, que podem substituí-los por outros de igual valor.

AÇÕES IMPRESCRITÍVEIS. *Direito civil.* São aquelas que poderão ser propostas, em juízo, a qualquer tempo, não estando adstritas, em seu exercício, a qualquer prazo legal, ou melhor, prescricional. Serão imprescritíveis as pretensões que versarem sobre: a) direitos da personalidade; b) estado da pessoa, salvo os direitos patrimoniais dele decorrentes, como, por exemplo, o reconhecimento da filiação para receber herança; c) bens públicos; d) direito de família, no que concerne à questão inerente à pensão alimentícia, à vida conjugal e ao regime de bens; e) pretensão do condômino de a qualquer tempo exigir a divisão da coisa comum, de pedir-lhe a venda ou a meação de muro divisório; f) exceção de nulidade; g) ação para anular a inscrição do nome empresarial feita com violação da lei ou do contrato. A prescritibilidade é, portanto, a regra, e a imprescritibilidade, a exceção.

AÇÕES NÃO INTEGRALIZADAS. *Direito comercial.* São as que não foram, integralmente, pagas pelo sócio.

AÇÕES NOMINATIVAS ENDOSSÁVEIS. *Direito comercial.* São aquelas transferíveis por endosso, desde que haja uma averbação de sua transferência nos registros sociais.

AÇÕES NUMERÁRIAS. *Direito comercial.* Títulos que representam a realização ou aumento de capital em razão de aporte de dinheiro ou de incorporação de reservas e lucros suspensos (Othon Sidou).

AÇÕES SEM VALOR NOMINAL. *Direito comercial.* São aquelas cujos certificados ou títulos não mencionam o seu valor nominal, ou seja, o *quantum* com que o acionista concorre para a formação do capital social, por não exprimir aquele valor a real situação da sociedade. Não contêm, portanto, no título qualquer valor expresso em moeda. São bastante úteis no mercado mobiliário e no investimento em ações.

AÇÕES SINCRÉTICAS. *Direito processual civil.* Aquelas em que se tem a convivência, num só processo, dos processos de conhecimento e execução, ou seja, de realidades completamente diferentes (Dorival Renato Pavan).

ACOIMAR. 1. Punir. **2.** Castigar.

AÇOITAMENTO. *História do direito penal.* Ato de dar com açoites; fustigar; chicotear. Esse método era empregado para punir o réu-escravo condenado, sendo que a sentença fixava o número de açoites, que não poderia ser superior a cinqüenta por dia.

ACOITAR. *Direito penal.* Dar abrigo a criminoso, seja ele autor ou cúmplice do crime, subtraindo-o à ação da autoridade pública, se o crime por ele cometido for punido com reclusão, fornecendo veículo e dinheiro para sua fuga, escondendo-o, apagando vestígios ou indícios, ocultando armas do crime etc. A prática desses atos gera responsabilidade criminal; assim, quem auxiliar delinqüente poderá sofrer pena de detenção e multa, salvo se for seu ascendente, descendente, cônjuge ou irmão. Pretende a lei com isso impor a obrigação de não se impedir a ação policial e judiciária na sua luta contra o crime.

AÇOITE. *História do direito.* **1.** Suplício em que se usava chicote. **2.** Instrumento formado com tira de couro, usado para surrar escravos.

ACÓLITO. 1. Prosélito de uma teoria. **2.** Auxiliar.

ACOMODAÇÃO. 1. *Direito processual civil.* Composição amigável da demanda, ou melhor, conciliação nas causas alusivas ao direito de família, feita espontaneamente ou por proposta do órgão judicante, dando assim fim ao dissídio. O termo de conciliação, subscrito pelas partes litigantes e devidamente homologado pelo magistrado, terá força de sentença. **2.** *Direito do trabalho.* Proposta de conciliação, obrigatória na justiça trabalhista, a ser realizada pelo juiz, na audiência de julgamento, ao término da defesa. **3.** *Direito penal.* a) É similar à corrupção passiva, ou seja, à infração por funcionário público de dever funcional a pedido de outrem em troca de vantagem; b) consiste no silêncio de uma pessoa obtido por meio de suborno, promessa de pagamento em dinheiro ou satisfação de interesses. **4.** *Direito civil.* Local onde alguém pode se alojar. **5.** *Medicina*

legal. Modificação, nos três últimos meses de gestação, da posição do feto. **6.** *Sociologia jurídica.* É o processo associativo que culmina na integração social, fazendo com que permaneçam as diferenças, interesses ou hábitos, procurando a cessação de pendências sem, contudo, eliminar o conflito latente, pois tão-somente pode superar um prévio processo conflitivo. Como subespécies desta acomodação social temos a política e a econômica. **7.** *Sociologia da religião.* É a teoria que aceita a infinitude do cristianismo, isto é, a existência de cristãos não só dentro das igrejas, mas também fora delas.

ACOMPANHAMENTO DE CONTRATO. *Direito administrativo.* É o poder-dever da Administração Pública de orientar, fiscalizar, intervir e aplicar sanções contratuais, por meio dos órgãos interessados ou por delegação feita a consultorias ou assessorias.

ACONDICIONAMENTO. 1. *Direito comercial.* Modo pelo qual os artigos comerciais, os frutos, os produtos industriais, as mercadorias são empacotados, embalados ou preparados para embarque ou para venda no mercado consumidor. **2.** *Medicina legal.* Conjunto de medidas higiênicas e sanitárias para favorecer o desenvolvimento dos órgãos humanos numa determinada direção.

ACONDROPLASIA. *Medicina legal.* Doença intra-uterina que provoca a parada do desenvolvimento ósseo do feto no sentido do comprimento.

A CONTADO. *Direito comercial.* Pagamento à vista.

A CONTRARIO. *Filosofia do direito* e *lógica jurídica.* Raciocínio pelo qual se deduz de uma oposição nas hipóteses uma oposição nas conseqüências.

A CONTRARIO SENSU. *Locução latina.* **1.** Pela razão contrária. **2.** *Teoria geral do direito.* Argumento interpretativo pelo qual de uma proposição admissível e precisa pode-se concluir aquela que lhe é contrária ou oposta, por estar implicitamente excluída. Esse argumento funda-se num princípio não lógico, isto é, no princípio da diferença. Assim, se a norma "X" incluir certo comportamento, excluído estará outro de seu âmbito. Se proibir, por exemplo, a conduta "C", qualquer conduta "não C" estará permitida. Se a norma "Y" arrolou, taxativamente, as condutas que recaem sob sua égide, *a contrario sensu*, as demais não serão por ela alcançadas.

ACOPULIA. *Medicina legal.* Inaptidão física ou psíquica da mulher para a prática do ato sexual.

ACÓRDÃO. *Direito processual civil* e *direito processual penal.* Decisão prolatada por órgão colegiado, ou melhor, por tribunal superior, tomada por voto dos magistrados que o compõem.

ACORDO. 1. *Direito civil.* Convenção ou ajuste entre os contratantes, conjugando suas vontades para a efetivação do ato negocial, gerando uma obrigação de dar, de fazer ou de não fazer. **2.** *Direito internacional público.* Ato pelo qual os Estados atendem a seus interesses políticos, territoriais, comerciais ou econômicos, celebrando entre si convenções ou pactos. **3.** *Direito processual.* Ajuste feito pelas partes litigantes para pôr termo à demanda. **4.** *Direito do trabalho.* Conjugação das vontades do patrão e do empregado alusiva às funções que devam ser desempenhadas ou ao regime de trabalho.

ACORDO BÁSICO DE COOPERAÇÃO TÉCNICA. *Direito internacional público.* Instrumento firmado entre dois ou mais sujeitos de Direito Internacional Público, cujo objeto é a implementação de programas e projetos de cooperação entre as partes.

ACORDO BILATERAL. *Direito internacional público.* É aquele feito por dois países para reger negócio mercantil do interesse de ambos.

ACORDO COLETIVO DE TRABALHO. *Direito do trabalho.* **1.** Também designado como "convenção coletiva de trabalho". **2.** Consiste no acordo de caráter normativo celebrado diretamente entre o patrão de uma empresa e um ou mais sindicatos ou órgãos sindicais de hierarquia superior, com o escopo de regular as condições de trabalho e as questões salariais, melhorando-as, sem obstar a inclusão de cláusulas complementares ao sistema previdenciário. Terá eficácia plena e obrigatória entre as partes convenientes, mas, por ato de autoridade pública, seus efeitos estender-se-ão, além de àquelas partes, a todos da mesma categoria profissional.

ACORDO COMERCIAL. *Direito internacional público.* Convenção feita entre países com a finalidade de disciplinar suas relações de intercâmbio comercial.

ACORDO COMPENSADO. *Direito do trabalho.* É aquele feito entre empregador e empregados para convencionar a compensação de horas não trabalhadas, que, contudo, não poderá exceder a duas horas por dia.

ACORDO DE ACIONISTAS. *Direito comercial.* É o contrato que se submete às normas comuns de validade de qualquer negócio jurídico privado, concluído entre acionistas de uma mesma companhia, ou seja, entre titulares de ações de certa sociedade anônima, tendo por fim regular o exercício dos direitos referentes a suas ações, tanto no que se refere ao voto como à negociabilidade daquelas. É, portanto, um contrato plurilateral, onde, ocorrendo manifestação de duas ou mais vontades para atingir a mesma finalidade, não haverá entre os contratantes interesses antagônicos, mas sim comuns a todos. Não haverá aplicação da *exceptio non adimpleti contractus* no contrato plurilateral; a impossibilidade da execução da obrigação de uma das partes não extingue o contrato nem libera os demais contraentes se seu objetivo for alcançável. Esse contrato parassocial poderá estabelecer-se como um sindicato de bloqueio, ou seja, uma reunião de determinados acionistas para uma oposição sistemática aos controladores. Deve-ras, o acionista controlador estará limitado por normas disciplinadoras do exercício de controle do poder, indicando suas responsabilidades, protegendo o acionista minoritário.

ACORDO DE COMPENSAÇÃO. *Direito internacional privado.* É o que visa orientar as operações entre os governos de dois Estados. Designa-se também *clearing agreement*, que é um acordo bilateral entre dois países para a compra, durante um determinado período, de certa quantidade de bens produzidos por esses países, com a utilização de uma moeda livremente conversível de um terceiro país, ou seja, de uma moeda forte.

ACORDO DE COMPLEMENTAÇÃO ECONÔMICA MERCOSUL E BOLÍVIA. *Direito internacional público.* É o que tem por objetivo: a) estabelecer o arcabouço jurídico e institucional de cooperação e integração econômica e física que contribua para a criação de um espaço econômico ampliado, que tenda a facilitar a livre circulação de bens e serviços e a plena utilização dos fatores produtivos; b) formar uma área de livre comércio entre as Partes Contratantes em um prazo máximo de dez anos, mediante a expansão e a diversificação do intercâmbio comercial e a eliminação das restrições tarifárias e não-tarifárias que afetam o comércio recíproco; c) promover o desenvolvimento e a utilização da infra-estrutura física, com especial ênfase na progressiva liberalização das comunicações e do transporte fluvial e terrestre e na facilitação da navegação pela Hidrovia Paraná-Paraguai, Porto Cáceres-Porto Nova Palmira; d) estabelecer um arcabouço normativo para a promoção e a proteção dos investimentos; e) promover a complementação e a cooperação econômica, energética, científica e tecnológica; f) promover consultas, quando corresponda, nas negociações comerciais que se efetuem com terceiros países e blocos de países extra-regionais.

ACORDO DE CRÉDITO AO COMPRADOR. *Direito bancário* e *direito internacional privado.* Trata do *Buyers Credit*, que é uma forma de financiamento internacional concedido por intermédio de uma instituição financeira em que o importador utilizará o financiamento obtido em um banco. O exportador receberá à vista e o importador pagará a prazo, podendo, inclusive, o exportador conceder um prazo de noventa dias para o importador, e este último conseguir um prazo junto a um banco por mais noventa dias. Os prazos de pagamento podem variar, de acordo com o contrato de financiamento.

ACORDO DE CREDORES. *Direito civil.* Composição amigável entre credores e devedor com o fim de reduzir o crédito ou facilitar a forma de pagamento.

ACORDO DE SEDE. *Direito internacional público.* É o realizado, em regra, entre um Estado e uma organização internacional com o propósito de firmar o regime jurídico da instalação física daquela organização no território do Estado signatário.

ACORDO DE SEGREDO. *Direito internacional privado.* É o que pode ser objeto de uma carta de intenção, com o intuito de preservar segredos que possam dar dividendos a uma das partes no decorrer da negociação. É uma obrigação de não divulgar certas informações e conhecimentos confidenciais, sendo na verdade um contrato autônomo, usual na tratativa de contrato de comunicação de conhecimento tecnológico (Maristela Basso).

ACORDO EM FORMA SIMPLIFICADA. *Direito internacional público.* É aquele que, pela prática diplomática, não está, em regra, sujeito a qualquer ratificação, feito de modo simplificado previsto constitucionalmente ou, pelo órgão competente para obrigar o Estado na seara internacional, seguindo procedimento não previsto expressamente pela Carta Magna, versando, geralmente, sobre questões técnico-econômicas ou militares.

ACORDO EMPRESARIAL. *Direito do trabalho.* **1.** É a convenção entre sindicatos (o patronal e o dos trabalhadores) – acordo intersindical – ou entre empregados de uma mesma empresa e o sindicato patronal. Poderá ser iniciado pelos empregados dentro do prazo de oito dias de que dispõe seu sindicato, desde que este permaneça inerte, não efetivando o acordo, que terá aplicação apenas entre eles. **2.** O mesmo que ACORDO COMPENSADO.

ACORDO ENTRE CAVALHEIROS. *Direito internacional público.* É o que decorre de declarações de vontade dos órgãos de relações exteriores (ministros, estadistas, chefes de Estado ou de governo) de dois ou mais países, indicativas da linha de conduta que se almeja seguir, sem, contudo, possuir o perfil de uma obrigação jurídico-negocial, consistindo numa mera declaração de intenção. Os contratantes não são Estados soberanos, mas pessoas físicas investidas em altos cargos de chefia, por isso os *gentlemen's agreements* não são tratados, consistindo tão-somente em acordos internacionais despidos de eficácia jurídica, em compromissos de honra, pelos quais seus signatários assumem o dever moral de cumpri-los enquanto detiverem o poder governamental.

ACORDO EXECUTIVO. *Direito internacional público.* Consiste no tratado celebrado pelo chefe do Poder Executivo (presidente da República), sem que haja prévio consenso parlamentar ou aprovação do Senado.

ACORDO EXECUTIVO COMO EXPRESSÃO DE DIPLOMACIA ORDINÁRIA. *Direito internacional público.* É o celebrado pelo presidente da República no desempenho do dever diplomático de manter relações ordinárias com Estados alienígenas, desde que dependa apenas de verbas orçamentárias alocadas para esse fim e possa desconstituí-lo, unilateralmente, mediante uma comunicação expressa à outra parte.

ACORDO EXECUTIVO COMO SUBPRODUTO DE TRATADO. *Direito internacional público.* É o pactuado pelo presidente da República com o abono parlamentar, por ter tomado por base a aprovação do Congresso de certo tratado, efetivando, por exemplo, acordo para suplementá-lo.

ACORDO FRAUDULENTO. *Direito civil.* É o conluio entre duas ou mais pessoas com a intenção de fraudar credores.

ACORDO INTERNACIONAL. *Direito internacional público.* É o firmado entre dois ou mais países para assegurar sua segurança ou fomentar o comércio entre eles, sendo, se acarretar gravame ao patrimônio nacional, imprescindível que o Congresso Nacional o aprove, por ser de sua competência exclusiva resolver definitivamente qualquer acordo, tratado ou ato internacional que traga compromissos gravosos àquele patrimônio.

ACORDO INTERNACIONAL SOBRE TARIFAS E COMÉRCIO (GATT). *Direito internacional público.* Contrato multinacional que visa resolver questões comerciais, mediante painéis de *experts* e comitês especiais de investigação, tendo por princípios: o tratamento igual ao dispensado à nação mais favorecida; o tratamento nacional ao produto importado; a manutenção das tarifas existentes e redução a cada rodada de negociação; a permissão de restrições quantitativas aos países menos desenvolvidos; a proibição de subsídios à exportação, além da possibilidade de suspender, adiar e transformar os acordos tarifários, durante certo tempo, havendo ameaça aos produtos e produtores nacionais (Ani Caprara).

ACORDO INTERSINDICAL. *Vide* ACORDO EMPRESARIAL, n. 1.

ACORDO OPERACIONAL. *Direito internacional privado.* Acordo celebrado entre empresas brasileiras e estrangeiras de navegação, com o propósito de racionalizar o emprego da frota em serviços regulares, através da troca de espaços segundo os princípios da equivalência e reciprocidade, no transporte marítimo internacional de contêineres, entre embarcações operadas por empresas estrangeiras, e embarcações, próprias ou afretadas, operadas por empresas brasileiras de navegação.

ACORDO OPERATIVO. *Direito administrativo.* Documento parte integrante dos *Contratos de Conexão com a Rede Elétrica* e ao *Contrato de Uso do Sistema de Transmissão*, especificando o conjunto de requisitos técnicos e procedimentos operacionais a serem seguidos coordenadamente pelos *Usuários* da rede elétrica e pelas concessionárias proprietárias das instalações da rede elétrica.

ACORDO PRELIMINAR. *Direito internacional público.* É o concluído por um Estado que se compromete a efetivar um acordo final sobre igual questão. É designado *pactum de contrahendo*.

ACORDO-QUADRO SOBRE MEIO AMBIENTE DO MERCOSUL. *Direito ambiental* e *direito internacional público.* Assinado em Assunção, no dia 22 de junho de 2001, tem por escopo: o desenvolvimento sustentável e a proteção do meio ambiente mediante a articulação entre as dimensões econômica, social e ambiental, contribuindo para uma melhor qualidade do meio ambiente e de vida das populações. Orienta-se, *inter alia*, para tanto, pelo seguinte:

a) promoção da proteção do meio ambiente e aproveitamento mais eficaz dos recursos disponíveis mediante a coordenação de políticas setoriais, com base nos princípios de gradualidade, flexibilidade e equilíbrio;

b) incorporação da componente ambiental nas políticas setoriais e inclusão das considerações ambientais na tomada de decisões que se adotem no âmbito do MERCOSUL, para fortalecimento da integração;

c) promoção do desenvolvimento sustentável por meio do apoio recíproco entre os setores ambientais e econômicos, evitando a adoção de medidas que restrinjam ou distorçam de maneira arbitrária ou injustificável a livre circulação de bens e serviços no âmbito do MERCOSUL;

d) tratamento prioritário e integral às causas e fontes dos problemas ambientais;

e) promoção da efetiva participação da sociedade civil no tratamento das questões ambientais; e

f) fomento à internalização dos custos ambientais por meio do uso de instrumentos econômicos e regulatórios de gestão.

ACORDO SIMULATÓRIO. *Direito civil.* **1.** É o levado a efeito entre as partes com o intuito de enganar terceiro, celebrando ato de negócio inexistente ou não correspondente à situação verdadeira. **2.** *Vide* SIMULAÇÃO.

ACORDOS INTERNACIONAIS DE PREVIDÊNCIA SOCIAL. *Direito previdenciário.* Têm por objetivo garantir os direitos de seguridade social previstos nas legislações dos Estados da comunidade internacional aos respectivos trabalhadores e dependentes legais residentes ou em trânsito no país. Estabelecem relações de prestação de benefícios previdenciários que não implicam na modificação da legislação vigente no país, cumprindo a cada Estado signatário do acordo ou do ajuste analisar os pedidos de benefícios apresentados e decidir quanto ao direito e condições, conforme sua própria legislação aplicável.

ACORIA. *Medicina legal.* **1.** Vontade desordenada e incontrolável de beber e comer. **2.** O mesmo que BULIMIA. **3.** Falta congênita ou acidental da pupila.

ACORMO. *Medicina legal.* Feto monstruoso, consistente numa massa redonda, com o aspecto de uma cabeça, tendo o cordão umbilical ligado ao pescoço.

ACOSMIA. *Medicina legal.* Irregularidade que aparece nas crises de uma doença.

ACOSTADO. 1. *Direito marítimo.* a) Embarcação auxiliar que acompanha os barcos de pesca; b) coisa jogada à praia; c) maneira pela qual uma embarcação que se aproxima do cais se acha no porto, por exemplo, encostada ao armazém ou ao ancoradouro. **2.** *História do direito.* Fidalgo que vivia ao lado do rei prestando-lhe serviços em troca de moradia e do pagamento de uma tença.

ACOSTAGEM. *Direito marítimo.* Ato de atracar embarcação a um cais ou a outro navio.

ACOSTAMENTO. 1. *Direito civil.* Habitação concedida àqueles que estão a serviço de outrem. **2.** *Direito de trânsito.* É a parte da via diferenciada da pista de rolamento destinada à parada ou estacionamento de veículos, em caso de emergência, e à circulação de pedestres e bicicletas, quando não houver local apropriado para esse fim.

ACOVILHAR. *Direito penal.* Dar proteção a criminoso.

ACQUIRED RIGHT. *Locução inglesa.* Direito adquirido.

ACQUIS. *Termo francês.* Adquirido.

ACQUISITIO DOMINII PER POSSESSIONEM PROLIXAM ET JUSTAM VEL ACQUISITIO PER USUM. *Expressão latina.* Significa usucapião, que é a aquisição do domínio pela posse prolixa e justa ou a aquisição pelo uso.

ACQUITS-À-CAUTION. *Expressão francesa.* É a expressão indicativa da caução que se presta na franquia temporária, ou melhor, na livre entrada de direitos, outorgada a determinados produtos.

ACRACIA. 1. *Ciência política.* Falta de governo. **2.** *Medicina legal.* Fraqueza; impotência.

ACRANIA. *Medicina legal.* Falta congênita, total ou parcial, do crânio.

ACRASIA. *Medicina legal.* **1.** Ausência de autodomínio. **2.** Aberração orgânica.

ACRE. *Direito agrário.* Medida agrária que corresponde, no sistema anglo-americano, a 4.047 m².

ACREDITADO. 1. *Direito internacional público.* Agente diplomático (ministro plenipotenciário, embaixador) credenciado para representar o governo de seu país, exercendo atividades em seu nome, em outro Estado, que o aceita e o reconhece, acatando suas credenciais. **2.** *Direito comercial.* É aquele que, pela sua idoneidade moral e econômico-financeira, pode dispor de um crédito.

ACREDITADOR. Pessoa que concede crédito ou abono.

A CRÉDITO. 1. *Direito comercial.* É expressão usual para designar parcela representativa de um "haver" em benefício de quem se faz um lançamento em conta corrente. Assim, por exemplo, uma fatura de mercadorias adquiridas por um comerciante, ou empresário, será levada a crédito na conta corrente do vendedor, que será o credor na contabilidade daquele comprador. **2.** *Direito civil* e *direito comercial.* Ato negocial cujo pagamento será feito parceladamente ou a prestações.

ACRESCER. *Direito civil.* **1.** Consiste no direito do co-herdeiro ou co-legatário de receber o quinhão originário de outro co-herdeiro ou co-legatário que não quis ou não pôde recebê-lo, desde que sejam, pela mesma disposição testamentária, conjuntamente chamados a receber a herança ou o legado em cotas não determinadas. **2.** Ligar-se um imóvel à propriedade imobiliária por formação de ilha, aluvião, avulsão, abandono de álveo, ou um móvel a um imóvel, mediante construção e plantação.

ACRESCIDOS. 1. *Direito administrativo.* São os terrenos que, natural ou artificialmente, se formam por aluvião ou por aterro onde existirem os da marinha, constituindo bens dominiais da União. **2.** *Direito civil.* Acessórios, frutos ou rendimentos da coisa. **3.** *Direito processual civil.* Custas aumentadas após o encerramento do processo.

ACRIMINAÇÃO. *Direito penal.* Ato de acusar alguém da prática de um crime.

ACRISIA. *Medicina legal.* Inexistência de crise no estado evolutivo de uma moléstia.

ACROAMÁTICO. *Filosofia geral.* **1.** Esotérico (Renouvier). **2.** Ensino do apodítico, da ciência (Boutroux).

ACROBACIA. *Direito aeronáutico.* Manobra de aeronave.

ACROCÉFALO. *Medicina legal.* Pessoa que possui a abóbada craniana demasiadamente desenvolvida, tomando uma forma cônica.

ACROFOBIA. *Medicina legal.* Receio doentio ou pavor mórbido de lugares de grande altitude.

ACROGRAMA. Sigla.

ACROLOGIA. *Filosofia do direito.* Investigação dos princípios absolutos ou das causas primordiais no âmbito jurídico.

ACROMATOPSIA. *Medicina legal.* Incapacidade de distinguir cores.

ACROMEGALIA. *Medicina legal.* Doença crônica de adultos causada por perturbação da glândula pituitária, consistindo no paulatino e permanente crescimento das extremidades do corpo humano, principalmente dos pés, das mãos e da cabeça.

ACROMICRIA. *Medicina legal.* Síndrome caracterizada pela ausência de desenvolvimento das extremidades do corpo humano.

ACROMODERMIA. *Medicina legal.* Doença que consiste na descoloração completa da pele.

ACRONARCÓTICO. *Medicina legal.* Veneno vegetal que atua no cérebro e na medula espinhal provocando estupor.

ACRONFÁLIO. *Medicina legal.* Extremidade do cordão umbilical que, após o nascimento, fica presa ao recém-nascido.

ACROTOMIA. *Medicina legal.* Amputação das extremidades dos membros.

ACT. *Termo inglês.* 1. Estatuto. 2. Ato ou declaração do Parlamento dirigido a regular ou reforçar uma lei já existente, definindo direitos, conferindo-os ou limitando-os em relação a uma classe ou a uma pessoa.

ACTA APOSTOLICAE SEDIS. *Direito canônico.* Documentos onde estão consignados os atos da Sé Apostólica, abrangendo atos pontifícios (encíclicas, bulas etc.), de congregações, dos ofícios e dos tribunais de Cúria de Roma (rescritos, decretos, instruções etc.). Trata-se da revista oficial onde são publicadas as leis eclesiásticas universais.

ACTA DIURNA. *Direito romano.* Jornal oficial criado por Júlio César, em Roma, para registrar atos oficiais.

ACTA DIURNA URBIS. *Direito romano.* Jornal, elaborado por escribas, na antiga Roma republicana.

ACTA SIMULATA VERITATIS SUBSTANTIAM MUTARE NON POSSUNT. *Expressão latina.* Os atos simulados não alteram a substância da verdade.

ACTE PEU AMICAL. *Expressão francesa.* Ato pouco amistoso.

ACTINODERMATITE. *Medicina legal.* Inflamação da derme causada pela aplicação de raios X.

ACTIO. *Termo latino.* Vocábulo utilizado para designar ação, execução ou maneira pela qual se procura defender direito.

ACTIO AD EXHIBENDUM. *Expressão latina.* Ação de exibição proposta contra o detentor da coisa para obrigá-lo a apresentá-la em juízo.

ACTIO AD SUPLENDAM LEGITIMAM. *Expressão latina.* Ação de complemento de legítima conferida a herdeiro necessário lesado pelo testador que, injustificadamente, dispôs de seus bens, privando-o de sua cota hereditária.

ACTIO AESTIMATORIA. *Locução latina.* Ação estimatória concedida a comprador de coisa viciada para obter diminuição proporcional do preço.

ACTIO AQUAE PLUVIAE ARCENDAE. *Expressão latina.* Ação conferida a dono de prédio rural para desviar água pluvial requerendo a demolição de obras que alteraram o curso natural da água da chuva em seu prejuízo.

ACTIO AUCTORITATIS. *Locução latina.* Usada para designar ação de garantia do comprador ameaçado de evicção contra o vendedor do objeto, para que este o garantisse na ação real contra ele movida.

ACTIO CALENDARII. *Locução latina.* Indicativo da ação do livro de contas para cobrar as nele fixadas.

ACTIO CALUMNIAE. *Locução latina.* Ação de calúnia.

ACTIO CERTAE CREDITAE PECUNIAE. *Expressão latina.* Usada para designar a ação de cobrança de uma quantia líquida e certa em dinheiro, emprestada (*mutuum*) ou devida em razão de estipulação (*stipulatio*), de contrato literal (*litteris*) ou, ainda, de enriquecimento sem causa.

ACTIO COMMODATI CONTRARIA. *Expressão latina.* Usada para designar a ação de comodato contrária, utilizada para exigir do comodante o pagamento das despesas necessárias à conservação do bem emprestado feitas pelo comodatário.

ACTIO COMMUNI DIVIDUNDO. *Direito romano.* Ação de divisão da coisa comum.

ACTIO CONDITIO EX MUTUO. *Expressão latina.* Designava a ação para pagamento de mútuo, proposta para exigir a devolução da coisa emprestada.

ACTIO CONDUCTI. *Locução latina.* Ação de divisão de coisa comum.

ACTIO CONFESSORIA. *Locução latina.* Utilizada para indicar a ação confessória, que é concedida, por exemplo, ao titular de uma servidão predial para obter do dono do prédio gravado o reconhecimento daquela servidão, cessando qualquer ato que impeça o seu exercício.

ACTIO CONSTITUTORIA. *Locução latina.* Designava a ação constitutória, pela qual o devedor se obrigava a pagar seu débito num dia determinado.

ACTIO CRIMINALIS. *Locução latina.* Ação criminal.

ACTIO DAMNI INFECTI. *Locução latina.* Ação de dano infecto ou temido.

ACTIO DAMNI INIURIA DATI. *Expressão latina.* Era a ação de dano culposo a coisa alheia, para que o lesado pudesse reclamar uma indenização.

ACTIO DE AGRO VECTIGALI. *Expressão latina.* Era a ação pela qual o colono reclamava de qualquer posseiro a terra que lhe fora arrendada por tempo indeterminado.

ACTIO DE ALBO CORRUPTO. *Direito romano.* Era a ação popular movida contra aquele que intencionalmente alterasse aquilo que num edito tivesse sido apresentado ao público.

ACTIO DE ARBORIBUS CAEDENDIS. *Expressão latina.* Usada para designar a ação do dono de terreno rural que quisesse obrigar seu vizinho a cortar plantas que tivessem invadido suas terras.

ACTIO DE EDENDO. *Locução latina.* Ação de edição.

ACTIO DE EFFUSIS ET DEJECTIS. *Expressão latina.* Era a ação promovida contra o ocupante de uma casa pelos danos causados por objetos dela arremessados.

ACTIO DE EO QUOD CERTO LOGO DARI OPORTET. *Expressão latina.* Usada para designar, literalmente, a "ação do que é preciso entregar em local certo", pela qual se demandava o devedor no lugar onde se encontrasse.

ACTIO DE GLANDE LEGENDA. *Expressão latina.* Era o interdito pelo qual o dono de um prédio pleiteava o direito de passar a cada três dias no terreno vizinho para colher os frutos caídos das suas árvores.

ACTIO DE IN REM VERSO. *Locução latina.* 1. Ação de repetição de indébito. 2. Ação para obter a devolução de quantias pagas indevidamente.

ACTIO DE MORIBUS MULIERIS. *Expressão latina.* Era a ação concedida ao marido contra sua mulher, em razão de falta por ela cometida, exigindo sua condenação na perda total ou parcial do dote.

ACTIO DE NEGOTIIS GESTIS. *Expressão latina.* Ação de tomada de prestação de contas do gestor de negócios.

ACTIO DEPENSI. *Direito romano.* Ação proposta pelo fiador que pagou o débito contra o devedor para reaver o que despendeu.

ACTIO DEPOSITI. *Locução latina.* Ação de depósito.

ACTIO DE POSITIS ET SUSPENSIS. *Direito romano.* Ação contra ocupante de uma edificação que tinha algum objeto que podia cair na via pública e causar dano (Aloísio Surgik).

ACTIO DE RATIONIBUS DISTRAHENDIS. *Expressão latina.* Designava ação penal movida contra tutor que subtraísse bens do pupilo, com o propósito de condená-lo a pagar o dobro do valor daqueles bens.

ACTIO DE SEPULCHRO VIOLATO. *Direito romano.* Era a ação para exigir indenização pela violação de sepultura.

ACTIO DE SERVO CORRUPTO. *Expressão latina.* Ação cabível ao dono do escravo romano que fora corrompido por terceiro, para obter deste o dobro do valor daquele servo.

ACTIO DUPLEX. *Locução latina.* Ação dúplice.

ACTIO EST JUS PERSEQUENDI JUDICIO QUOD SIBI DEBEATUR. *Expressão latina.* Ação é o direito de perseguir, judicialmente, o que é devido.

ACTIO EX DELICTO. *Locução latina.* Ação em virtude de delito.

ACTIO EX EMPTO. *Locução latina.* 1. Ação de coisa comprada não entregue. 2. Ação de reivindicação pelo comprador da entrega da coisa vendida.

ACTIO EX VENDITA. *Expressão latina.* Era a ação de coisa vendida, pela qual o vendedor reclamava do comprador o cumprimento de suas obrigações.

ACTIO FAMILIAE ERCISCUNDAE. *Direito romano.* Ação de partilha de herança.

ACTIO FAMOSA. *Locução latina.* Indicava a ação destinada a punir aquele que difamasse outrem, ferindo sua reputação.

ACTIO FIDUCIAE CONTRARIA. *Expressão latina.* Era a ação pela qual, na Roma antiga, o fiduciário reclamava o ressarcimento dos danos causados pela execução da convenção (*pactum fiduciae).*

ACTIO FIDUCIAE DIRECTA. *Expressão latina.* Ação civil concedida, no direito romano, ao fiduciante para obter do fiduciário a devolução do objeto fiduciado.

ACTIO FINIUM REGUNDORUM. *Expressão latina.* Usada para designar a ação demarcatória ou a de fixação de limites de prédio rústico.

ACTIO FURTI ET DAMNI. *Locução latina.* Ação de furto e dano.

ACTIO IN PERSONAM. *Locução latina.* Ação pessoal.

ACTIO IN REM. *Locução latina.* Ação real.

ACTIO JUDICATI. *Locução latina.* Era a ação que pretendia a execução do julgado quando não ocorria o cumprimento espontâneo.

ACTIO LEGIS AQUILIA. *Vide ACTIO DAMNI INIURIA DATI.*

ACTIO LIBERA IN CAUSA. *Expressão latina.* Designava, literalmente, a "ação livre na causa do crime", que foi adotada pelo Código Penal brasileiro, no sentido de ato culposo ou doloso de se deixar alguém em estado de inconsciência com o intuito de praticar um crime, por exemplo, é o que se dá no caso de haver embriaguez dolosa ou culposa ou de rixa qualificada, ocorrendo lesão corporal ou morte.

ACTIO NEGATORIA. *Locução latina.* Ação promovida para obter a declaração de que um bem não está gravado de nenhum direito real (servidão, usufruto, habitação etc.).

ACTIO NEGOTIORUM GESTORUM. *Direito romano.* Ação do gestor de negócios para haver reembolso das despesas que fez com a gestão.

ACTIO NEGOTIORUM GESTORUM CONTRARIA. *Direito romano.* Ação de gestão de negócios contrária que era movida pelo gestor contra o proprietário dos bens geridos.

ACTIO NEGOTIORUM GESTORUM DIRECTA. *Direito romano.* Ação de gestão de negócios direta, movida pelo proprietário dos bens geridos contra o gestor.

ACTIONES ARBITRARIAE. *Direito romano.* Aquelas em que o magistrado podia, antes de sentenciar, fixar eqüitativamente as satisfações devidas pelo demandado e só condená-lo se ele não restituísse, não pagasse ou não exibisse o que devia.

ACTIONES BONAE FIDEI. *Direito romano.* Aquelas que deixavam ao juiz margem de apreciação das obrigações, segundo o critério de eqüidade, conforme a *bona fides* (Aloísio Surgik).

ACTIONES REI PERSEQUENDI. *Expressão latina.* Ações para reclamar a coisa.

ACTIONES STRICTI JURIS. *Direito romano.* Ações em que o juiz ficava adstrito a conhecer ou a absolver o réu, sempre que apurasse ser verdadeira, ou não, a pretensão do autor, sem levar em consideração outros fatos (Aloísio Surgik).

ACTIONES TRANSEUNT AD HAEREDES ET IN HAEREDIS. *Aforismo jurídico.* As ações passam aos herdeiros e também contra os herdeiros.

ACTIO NOXALIS CAPUT SEQUITUR. *Expressão latina.* A ação danosa segue o causador.

ACTIO NULLITATIS. *Locução latina.* Ação de nulidade.

ACTIO OB SEPULCHRUM VIOLATUM. *Expressão latina.* Ação por violação de sepulcro.

ACTIO PAULIANA. *Locução latina.* **1.** Exprime a ação movida para anular atos de devedor efetuados com fraude contra credores. **2.** *Vide* AÇÃO PAULIANA.

ACTIO PERSONALIS MORITUR CUM PERSONA. *Aforismo jurídico.* A ação pessoal extingue-se com o indivíduo, sendo, portanto, intransmissível.

ACTIO PIGNORATITIA. *Locução latina.* Ação de penhor.

ACTIO POPULARIS. *Locução latina.* Era, no direito romano, a ação intentada por qualquer pessoa para atender a interesse público.

ACTIO QUANTI MINORIS. *Vide* AÇÃO DE REDUÇÃO DE PREÇO e *ACTIO AESTIMATORIA.*

ACTIO REDHIBITORIA. *Locução latina.* Ação redibitória.

ACTIO SACRAMENTI. *Locução latina.* **1.** Aposta de soma em dinheiro feita pelas partes litigantes relativa à verdade de suas afirmações. Quem declarava o injusto, perdia a importância para o erário. **2.** Observância de solenidades, sob pena de perder a demanda.

ACTIO TRIBUTORIA. *Locução latina.* Era, no direito romano, a ação pela qual terceiro obtinha uma indenização, que devia ser paga pelo *pater familias* que permitiu que seu filho ou seu escravo comerciassem com seu pecúlio.

ACTIVE SHAREHOLDER. *Locução inglesa.* Acionista controlador.

ACTIVITY BASED COSTING (ABC). *Direito comercial.* **1.** Custeio baseado em atividades. **2.** Método contábil que permite a aquisição pela empresa de melhor entendimento sobre como e onde realiza seus lucros (James G. Heim).

ACT OF GOD. *Expressão inglesa.* **1.** Caso fortuito; força maior. **2.** Ato de Deus.

ACT OF LAW. *Locução inglesa.* Força da lei.

ACTOR AGIT, QUAND VULT, ET NON COGITUR, SED CONTRARIUM EST IN REO. *Aforismo jurídico.* O autor demanda quando quer, sem poder ser obrigado a isso; quanto ao réu, porém, dá-se o contrário.

ACTORE NON PROBANTE, REUS ABSOLVITUR. *Aforismo jurídico.* Se o autor não provar, absolve-se o réu.

ACTOR ET REUS, IDEM ESSE, NON POTEST. *Aforismo jurídico.* Ninguém pode ser autor e réu ao mesmo tempo.

ACTOR FORUM REI SEQUI DEBET. *Expressão latina.* O autor deve seguir o foro do réu.

ACTOR FORUM REI SEQUITUR. *Vide ACTOR FORUM REI SEQUI DEBET.*

ACTOR FORUM REI, SIVE IN REM, SIVE IN PERSONAM SIT ACTIO, SEQUITUR. *Aforismo jurídico.* O autor segue o foro do réu, seja a ação real, seja pessoal.

ACTORI NON LICET QUOD REO DENEGATUR. *Aforismo jurídico.* Ao autor não é lícito o que ao réu se denega.

ACTORI ONUS PROBANDI INCUMBIT. *Aforismo jurídico.* Ao autor incumbe o ônus da prova.

ACTOR PROBAT ACTIONEM. *Expressão latina.* O autor prova a ação.

ACTOR VENIRE DEBET INSTRUCTIOR QUAM REUS. *Expressão latina.* O autor deve comparecer em juízo com mais provas que o réu.

ACTUM NIHIL DICITUR, CUM ALIQUID SUPEREST AGENDUM. *Aforismo jurídico.* O ato, quando incompleto, não diz nada.

ACTUS AGENTUM NUNQUAM ULTRA EORUM INTENTIONEM OPERANTUR. *Aforismo jurídico.* O ato nunca produz efeito além da intenção dos agentes.

ACTUS, A PRINCIPIO NULLUS, NULLUM PRODUCIT EFFECTUM. *Aforismo jurídico.* O ato nulo de princípio nenhum efeito produz.

ACTUS CORRUIT, OMISSA FORMA LEGIS. *Aforismo jurídico.* O ato é nulo quando se omite a forma da lei.

ACTUS DEBET SEMPER INTERPRETARI, UT ALIQUID OPERETUR, NON UT SIT INANIS ET INUTILIS. *Aforismo jurídico.* O ato deve ser sempre interpretado de modo que produza algum efeito, e não para que fique inútil.

ACTUS IN DUBIO, VALIDUS INTERPRETARI DEBET. *Aforismo jurídico.* O ato, em caso de dúvida, deve ser interpretado como válido.

ACTUS JUDICIALIS POTENTIOR EST EXTRAJUDICIALI. *Aforismo jurídico.* O ato judicial pode mais que o extrajudicial.

ACTUS LIMITATUS, LIMITATUM PRODUCIT EFFECTUM. *Aforismo jurídico.* O ato limitado produz efeito limitado.

ACTUS, NON A NOMINE, SED AB EFFECTU, JUDICATUR. *Aforismo jurídico.* O ato não é julgado pelo nome, mas pelo efeito.

ACTUS NON DICITUR PERFECTUS, QUANDO PARTIM EST FACTUS, ET PARTIM NON. *Aforismo jurídico.* O ato não se diz perfeito quando parte é feita e parte não.

ACTUS SIMULATUS NULLIUS EST MOMENTI. *Expressão latina.* Ato simulado nenhum valor possui.

AÇUDE. Construção que visa represar águas.

ACUDIR. 1. *Direito civil.* Ato de gerir negócio alheio, ante ausência de seu dono, para evitar prejuízo iminente. **2.** *Direito internacional público.* Ato de humanidade que consiste na obrigação, emanada de norma internacional, de um navio ir a encontro de outro que esteja pedindo socorro, em razão de sinistro, recolhendo seus passageiros e tripulantes.

ACUIDADE AUDITIVA. *Medicina legal.* Capacidade maior ou menor de captar sons agudos.

ACUIDADE VISUAL. *Medicina legal.* Agudeza da percepção do sentido da visão.

ACULTURAÇÃO. *Sociologia geral.* Assimilação da cultura de povos civilizados pelos incultos.

ACULTURAÇÃO JURÍDICA. *Sociologia jurídica.* Universalização do direito, que se opera, relativamente às grandes questões, devido ao grande intercâmbio existente entre os povos, apesar de apresentarem cultura diversa.

ACUMPLICIAMENTO. *Direito penal.* Ação de se tornar cúmplice.

ACUMULAÇÃO. Ato de reunir em si simultaneamente mais de uma coisa, de uma função ou de um direito.

ACUMULAÇÃO DE AÇÕES. *Direito processual civil.* É o instituto processual pelo qual o autor formula mais de um pedido contra o mesmo réu, num mesmo processo e perante o mesmo juiz, em razão de identidade de interesses, de fins e de forma. Imprescindível será que haja compatibilidade jurídica dos pedidos, unidade de competência judicial para conhecer dos pedidos cumulados e uniformidade procedimental, pois o procedimento deverá ser o mesmo para todos os pedidos; logo, incabível será, por exemplo, a acumulação se um pedido seguir o rito ordinário, e o outro, o sumário. Com isso estar-se-á atendendo ao princípio da economia processual.

ACUMULAÇÃO DE AUTOS. *Direito processual.* Consiste na reunião de dois ou mais processos em um só.

ACUMULAÇÃO DE CARGOS. *Direito administrativo.* É o exercício simultâneo de dois ou mais cargos públicos ou de funções por um agente, percebendo proventos distintos para cada atividade ou só uma remuneração pelo desempenho de todas, com o escopo de realizar certos fins, desde que preenchidas as condições legais. Essa acumulação está, por lei, justificada, excepcionalmente, pela necessidade de efetivação de certas tarefas de ordem científica ou técnica ou pela carência de pessoal especializado para levar adiante determinada atividade.

ACUMULAÇÃO DE DELITOS. *Direito penal.* **1.** O mesmo que CONCURSO DE DELITOS. **2.** Opera-se quando o agente vem a cometer várias infrações, praticando um ou mais atos delituosos. Pode-se ter, então: a) *concurso formal*, se o agente com uma só ação ou omissão praticar dois ou mais crimes, idênticos ou não. Se as penas forem iguais cominar-se-á ao delinqüente uma só aumentada de um sexto até metade. Se, porém, não o forem, aplicar-se-á a mais grave, aumentada de um sexto até metade; b) *concurso material*, se o sujeito, mediante mais de uma ação ou omissão, vier a cometer dois ou mais crimes, sejam eles idênticos ou não, hipótese em que lhe serão aplicadas, cumulativamente, as penas privativas de liberdade em que haja incorrido. Se houver aplicação cumulativa de reclusão e detenção, executar-se-á primeiro a pena de reclusão; c) *crime continuado*, se o agente, mediante mais de uma ação ou omissão, vier a praticar dois ou mais delitos da mesma espécie, quando, então, pelas condições de tempo, local, modo de execução, deverão os subseqüentes ser considerados como continuação do primeiro.

ACUMULAÇÃO DE FÉRIAS. *Direito do trabalho* e *direito administrativo.* Reunião de diversos períodos de férias não gozadas a seu tempo, caso em que serão somados, possibilitando o seu gozo de uma só vez.

ACUMULAÇÃO DE FUNÇÕES. *Vide* ACUMULAÇÃO DE CARGOS.

ACUMULAÇÃO DE JUROS VENCIDOS. 1. *Direito civil.* a) Conjugação dos frutos do capital que se venceram, ou seja, dos juros capitalizados, devidos e já vencidos; b) juros compostos. **2.** *Direito tributário.* É a reunião dos juros moratórios com as demais sanções, denominadas "penalidades", uma vez que não exclui a liquidez do crédito tributário.

ACUMULAÇÃO DE MANDATOS LEGISLATIVOS. *Direito constitucional.* Vedada constitucionalmente desde a expedição do diploma, consiste no exercício simultâneo da função parlamentar com outro cargo público eletivo ou com cargo, função ou emprego remunerados exercidos em autarquias, empresas públicas, sociedades de economia mista ou pessoas jurídicas de direito público.

ACUMULAÇÃO DE PARTES. *Direito processual civil.* É o litisconsórcio, pelo qual duas ou mais pessoas poderão litigar, conjuntamente, no mesmo processo, ativa ou passivamente, desde que haja: a) comunhão de direitos e obrigações relativamente à lide; b) mesmo fundamento de fato e de direito; c) conexão entre as causas pelo objeto e pela *causa petendi*; e d) afinidades de questões por um ponto comum de fato ou de direito.

ACUMULAÇÃO DE PEDIDOS. *Vide* ACUMULAÇÃO DE AÇÕES.

ACUMULAÇÃO DE PENAS. *Direito penal.* É o efeito jurídico da acumulação de delitos (*v.*).

ACUMULAÇÃO DE PROVENTOS. *Direito previdenciário.* Recebimento conjunto de rendas ou de pensões pelo aposentado, nos casos admitidos por lei.

ACUMULAÇÃO DE SANÇÕES. *Direito administrativo.* Aplicação de mais de uma penalidade, desde que as sanções sejam de índoles diversas, como a civil, a penal e a administrativa, em decorrência de um ato lesivo praticado por funcionário público.

ACUMULAÇÃO DE VENCIMENTOS. *Direito administrativo.* Percepção, permitida somente em casos excepcionais, previstos em lei, de mais de uma remuneração, pelo agente, em virtude do exercício de atividades, cargos ou funções públicas.

ACUMULAÇÃO REMUNERADA. *Direito administrativo.* Recebimento simultâneo, mas distinto, de vencimentos e gratificações oriundos não só do exercício extraordinário ou especial, admitido legalmente, no cargo público, como também de participação do agente em órgãos de deliberação coletiva.

ACÚMULO DE SERVIÇOS. *Direito processual civil.* É a sobrecarga excessiva de serviço cometido ao órgão judicante, que o autoriza a elevar os prazos que lhe são concedidos.

ACUPUNTURA. *Medicina legal.* É uma especialidade médica que implica a elaboração de diagnóstico e de prognóstico, prescrição de terapêutica e realização de procedimento específico. Tem o escopo de tratar certas doenças ou dores. Consiste na aplicação de estímulos periféricos, por meio de punção, com agulhas metálicas próprias, em locais anatômicos específicos, chamados *pontos de acupuntura*, os quais interessam a pele, o subcutâneo, o plano muscular, chegando por vezes ao periósteo. Podem associar-se à prática da acupuntura outros recursos, que envolvem estímulos de naturezas variadas, como mecânica, térmica, elétrica, química, luminosa. Os procedimentos executados na prática da acupuntura são: punção com agulha de acupuntura; aplicação de eletroestimulação com agulha de acupuntura; aplicação de agulha de permanência; infiltração de medicamentos em ponto de acupuntura; sangria de ponto de acupuntura com ou sem aplicação de ventosa; aplicação de moxibustão, de moxa elétrica, de eletroestimulação percutânea, de ventosa, de esfera de metal ou semente de vacária em ponto de auriculoterapia ou de *laser* de baixa potência em ponto de acupuntura.

ACUSABILIDADE. *Direito penal.* Qualidade de acusável.

ACUSAÇÃO. 1. *Direito processual penal.* a) Ato de denunciar alguém como culpado, pleiteando, judicialmente, perante o órgão competente, sua condenação; b) exposição oral, no plenário do julgamento, da pretensão punitiva, aduzindo os argumentos comprobatórios e justificadores de sua procedência e da culpabilidade do réu; c) imputação de um crime ou de uma contravenção a alguém. **2.** *Direito comercial.* Declaração de que se está ciente de alguma comunicação ou da entrega de uma mercadoria.

ACUSAÇÃO FALSA. *Direito penal.* **1.** Também designada "acusação caluniosa". **2.** Consiste no ato de atribuir, estando de má-fé, a alguém, sabendo de sua inocência, a autoria de crime.

ACUSAÇÃO GENÉRICA. *Direito processual penal.* Denúncia, vedada legalmente, que expõe fato criminoso sem narrá-lo, em todas as suas circunstâncias. A lei requer que haja comunicação pormenorizada da acusação formulada. A acusação precisa ser motivada.

ACUSADO. *Direito processual penal.* **1.** Pessoa sobre quem recai a acusação de um delito. **2.** Réu denunciado ou processado, em juízo, como autor ou co-autor de um crime ou contravenção.

ACUSADOR. *Direito processual penal.* É aquele que, por meio de denúncia ou de queixa, se encarrega de promover a responsabilidade criminal da pessoa a quem é imputado algum crime. Pode ser ele *particular* ou *público*. O *acusador particular* é: a) nos crimes de ação penal privada, o advogado constituído pelo ofendido, ou por seu representante legal, ou o assistente judiciário nomeado pelo magistrado, que apresentarão, munidos de poderes especiais, a queixa-crime, promovendo todos os atos processuais que forem necessários

para apurar a responsabilidade penal do acusado; b) nos crimes de ação penal pública, o advogado constituído pela vítima, ou por seu representante legal, para auxiliar o Ministério Público em sua atuação; é também denominado "acusador auxiliar". O *acusador público*, em se tratando de ação penal pública, é o órgão do Ministério Público, que, no desempenho do seu múnus de patrocinar a tutela do *jus puniendi* do Estado, a intentará através da denúncia, promovendo a persecução penal de alguém, ao imputar-lhe, formalmente, a prática de um fato penal relevante, salvo nos casos em que, para tanto, depender de requisição do ministro da Justiça ou de representação do ofendido ou de quem tenha a qualidade para representá-lo.

ACUSADOR PARTICULAR. *Direito processual penal.* Advogado que, na qualidade de assistente do Ministério Público, atua na ação penal pública, ou que, na ação penal privada, promove a responsabilidade criminal do réu.

ACUSADOR PÚBLICO. *Direito processual penal.* Representante do Ministério Público, que acusa o réu em processo criminal.

ACUSANTE. *Vide* ACUSADOR.

ACUSAR. 1. *Direito penal.* Imputar a alguém a autoria ou co-autoria de crime ou contravenção; denunciar; promover a demonstração da culpa de alguém, apresentando provas do delito por ele praticado. **2.** *Direito comercial.* Declarar ciência sobre algo comunicado ou recebimento de coisa enviada.

ACUSATÓRIO. *Direito processual penal.* Relativo à acusação, por exemplo, prova acusatória, indício acusatório etc.

ACUSIA. *Medicina legal.* Abolição da sensação acústica devido a alterações do ouvido ou do centro nervoso.

ACUSMATAGNOSIA. *Medicina legal.* Surdez mental.

ACUSTICOFOBIA. *Medicina legal.* Medo de sons.

ADA. Sigla de Agência de Desenvolvimento da Amazônia. *Vide* AGÊNCIA DE DESENVOLVIMENTO DA AMAZÔNIA.

AD ABSURDUM. *Lógica jurídica.* **1.** *Demonstratio ad absurdum* ou demonstração apagógica, que é o raciocínio por redução ao impossível, em razão de sua contrariedade, que tem como hipótese a proposição oposta à conclusão a ser demonstrada. A demonstração decorrente gera uma conclusão inaceitável, que, por isso, acaba levando ao reconhecimento da *verdade* da proposição oposta. **2.** Por absurdo.

AD ABUNDANTIORUM CAUTELAM. *Expressão latina.* Para maior segurança.

ADAGIÁRIO. *Teoria geral do direito.* Coleção ou registro de adágios.

ADÁGIO. *Teoria geral do direito.* Aforismo, máxima, brocardo ou breve enunciação que contêm em seu bojo a experiência e a sabedoria do tempo, expressando, concisa e precisamente, certas verdades jurídicas, sendo que muitas delas foram abarcadas em lei, transformando-se em princípios gerais do direito. Tem, por isso, o adágio grande importância na interpretação e na aplicação do direito positivo.

ADAPTAÇÃO FUNCIONAL. *Direito administrativo.* Estágio probatório em que o funcionário público é submetido, sob a orientação do Estado, para ajustar-se ao serviço público que passará a desempenhar.

AD ARBITRIUM. *Locução latina.* **1.** Por arbítrio; à vontade; de livre convicção. **2.** *Teoria geral do direito.* Argumento *ad arbitrium* como instrumento judicial, pelo qual o juiz, no exercício do poder de decisão jurisdicional, está limitado às lindes da lei, no que atina a sua competência, às formas probatórias dos atos jurídicos etc., para formar sua convicção, tendo certa liberdade na seleção das provas apresentadas e ao exercer o controle lógico, social e valorativo na apreciação do caso *sub judice.*

AD ARGUMENTANDUM TANTUM. *Expressão latina.* Só para argumentar.

AD AUGUSTA PER ANGUSTA. *Expressão latina.* **1.** Não se vence na vida sem lutas. **2.** Ao bom resultado pelo caminho áspero.

AD BENEPLACITUM. *Locução latina.* Com permissão.

AD CALENDAS GRAECAS. *Locução latina.* **1.** Nunca. **2.** Dia que jamais chegará. **3.** Débito que jamais será pago.

AD CAPTANDUM VULGUS. *Locução latina.* Para captar a simpatia popular.

AD CAUSAM. *Locução latina.* Para a causa.

AD CAUTELAM. *Locução latina.* Por cautela; por precaução.

AD COLORANDUM POSSESSIONIS. *Expressão latina.* Para justificar a posse.

AD CORPUS. *Locução latina.* Pelo todo ou por corpo.

ADDE. *Termo latino.* Acrescente.

ADDENDA. *Termo latino.* Informações complementares.

ADDICTUS. *Termo latino.* Assinalado.

AD DIEM. *Locução latina.* **1.** No dia aprazado. **2.** Indica termo final, ou seja, dia em que vence, encerra ou termina o prazo.

ADDITIO IN DIEM. *Expressão latina.* Fixação de dia para a venda.

AD DOMUM. *Locução latina.* Em casa.

ADDUCERE ALIQUEM IN DISCRIMEN CAPITIS. *Expressão latina.* Pôr em perigo a cabeça de alguém.

ADECON. Abreviação de Ação Declaratória de Constitucionalidade.

AD EFFECTUM. *Locução latina.* Para efeito.

AD EFFECTUM VIDENDI. *Expressão latina.* **1.** Para efeito de se ver. **2.** Utilizada para indicar que certo documento, no ato da decisão, deverá estar à vista do órgão judicante, sem precisar ser incluído nos autos do processo.

ADENASTENIA. *Medicina legal.* Deficiência glandular.

ADENÇÃO. *Direito civil.* Revogação de um ato jurídico, ou melhor, de doação ou legado.

ADENDA. *Direito civil.* É o aditamento ou acréscimo em texto escrito, já concluído, complementando-o.

ADENDO. *Direito autoral.* **1.** Suplemento. **2.** Acréscimo feito em um livro para complementá-lo.

ADENE. Sigla de Agência de Desenvolvimento do Nordeste. *Vide* AGÊNCIA DE DESENVOLVIMENTO DO NORDESTE.

ADENSAMENTO. *Direito civil.* Ação de compactação para tornar o concreto mais uniforme para que haja segurança na construção.

ADEPÇÃO. *Direito civil.* Aquisição.

ADEQUADO. *Filosofia geral.* **1.** O que tem as qualidades intrínsecas da idéia verdadeira (Espinosa). **2.** Enunciado ou idéia que representa perfeitamente seu objeto (Lalande). **3.** Conhecimento distinto ou analisado em noções simples de modo que dele se conhece *a priori* a possibilidade (Leibniz).

ADERÊNCIA. 1. *Direito civil.* a) Relação entre a pessoa e a coisa, existente no direito real, conferindo ao seu titular ação real contra quem injustamente detiver a coisa, conservação desta em seu poder até que se constitua uma situação contrária em proveito de outro titular e direito de seqüela, ou seja, de seguir seu objeto onde quer que se encontre; b) acessório do bem, como acessão natural ou artificial. **2.** *Direito comercial.*

Participação em sociedade, nela se integrando.
3. *Medicina legal.* União anormal de superfícies
orgânicas que, normalmente, estariam separadas, como, por exemplo, ocorre na peritonite.
4. *Sociologia jurídica.* Aproximação grupal ou individual.

ADERNAMENTO. *Direito marítimo.* Trata-se da banda,
que é a inclinação assumida pela embarcação,
tirando-a de seu prumo e fazendo submergir,
parcialmente, um de seus bordos, em decorrência de distribuição de pesos ou perda de estabilidade inicial: a) investigar defeito de construção;
b) má-estivação da carga, particularmente carga
no convés (peso alto); c) deslizamento da carga
para um dos bordos, por rompimento de peias,
má-amarração ou a falta destas; d) manobra
errada de líquidos; e) anteparas de tanques de
combustíveis com rachadura ou furos, acarretando alagamento de compartimentos contíguos
e afetando a estabilidade; e f) superfície livre em
tanques ou porões que, combinados com o estado do mar, possa provocar o adernamento ou
emborcamento da embarcação.

ADESÃO. **1.** *Direito internacional público.* Declaração
solene e formal pela qual um país acata as obrigações decorrentes de uma convenção internacional ou de um tratado celebrado por outros
Estados, passando, assim, a dele participar como
alta parte contratante. **2.** *Direito civil.* Anuência
a um contrato, mediante aceitação de cláusulas
e condições previamente redigidas e impressas
pelo outro contratante, aderindo a uma situação
contratual já definida em todos os seus termos
(*v.* CONTRATO POR ADESÃO). **3.** *Direito das relações de consumo.* É o compromisso entre a operadora de TV a cabo e o assinante, decorrente da
assinatura de contrato, que garante ao assinante
o acesso ao serviço, mediante o pagamento de
valor estabelecido pela operadora.

A DESCOBERTO. **1.** *Direito comercial* e *direito bancário.* Locução utilizada para indicar: a) operação
bancária pela qual alguém faz uso de fundo
bancário sem ter o *quantum* disponível para
isso, emitindo, portanto, cheque sem fundos;
b) retirada autorizada de dinheiro, baseada na
confiança, sem que se tenha crédito ou depósito
correspondente, ou qualquer outra caução ou
garantia, representada na quantia a ser sacada,
para o acreditador, senão a idoneidade moral do
devedor. Trata-se do "saque a descoberto" feito
mediante cheque contra o banco que o autoriza
ou ordem de pagamento. **2.** *Direito penal.* A ope-

ração bancária a descoberto, mediante emissão
de cheque sem provisão de fundos, é crime de
estelionato.

ADÉSPOTA. **1.** *Direito civil.* a) Terra vaga, que não
se encontra sob posse ou domínio de alguém; b)
coisa sem dono ou abandonada. **2.** *Direito romano.*
Res nullius que abrangem as coisas *extra commercium* (fora do comércio) e as *res derelictae*
(abandonadas) (José Carlos de Moraes Salles).

AD ESSENTIAM. *Locução latina.* **1.** Para a essência.
2. Designa algum elemento ou formalidade essencial para a validade do ato jurídico.

AD EVACUANDUM. *Locução latina.* Para desocupar.

AD EXEMPLUM. *Locução latina.* Por exemplo.

AD EXIMERE TEMPUS. *Expressão latina.* Para ganhar
tempo.

AD EXITUM. *Locução latina.* Diz-se da verba honorária de advogado contratado para atuar, processualmente, até o final da demanda, assumindo os riscos desta para conseguir o proveito que
antevia ao aceitar o patrocínio da causa sem
nada receber antecipadamente. Obtido o resultado jurídico por ato efetivado pelo advogado,
surge o seu direito creditório à verba honorária
ad exitum.

AD EXTRA. *Locução latina.* **1.** Por fora. **2.** O que se
acrescenta a algo, para completá-lo.

AD EXTREMUM. *Locução latina.* Até o fim.

AD EXTREMUM CASUM. *Expressão latina.* Em caso
extremo.

AD FACTO AD JUS NON DATUR CONSEQUENTIA. *Aforismo jurídico.* Somente por si o fato não constitui
direito.

AD FINEM. *Locução latina.* Até o fim.

AD FUTURAM MEMORIAM. *Expressão latina.* Para re-
cordação futura.

AD GLORIAM. *Locução latina.* Pela glória.

AD GUSTUM. *Locução latina.* **1.** Por gosto. **2.** Sujeito
a prova.

AD HOC. *Locução latina.* **1.** Para isto; para fim determinado; somente para certo ato. **2.** Designa
pessoa nomeada, em caráter transitório, para
exercer uma função determinada.

AD HOMINEM. *Locução latina.* **1.** Ao homem, contra
a pessoa. **2.** *Lógica jurídica.* Argumento ou racioci-
nio *ad hominem* é aquele pelo qual alguém faz
uso de palavra, ato, convicção, asserção ou opinião do interlocutor contra ele mesmo, para obter
o convencimento de verdade jurídica. Por exem-

plo, se o adversário admite, por convicção, certa tese, fato ou valor, não poderá deixar de acatar as suas conseqüências, uma vez que se fundam na autoridade de sua própria afirmação.

AD HONOREM. *Locução latina.* **1.** Pela honra; gratuitamente. **2.** Em regra, designa a função onde não há qualquer remuneração ou proventos.

ADHUC SUB IUDICE LIS EST. *Expressão latina.* **1.** A questão ainda está submetida ao juiz. **2.** Questão ainda não resolvida judicialmente. **3.** A questão ainda está para ser julgada.

AD HUNC MODUM. *Expressão latina.* Desta maneira.

ADIAFORIA. *Filosofia geral.* Indiferença do espírito.

ADIAMENTO. Fixação ou designação de um novo dia para a execução de um ato que deveria ter sido realizado, e não o foi, na data marcada.

ADIANTAMENTO. **1.** *Direito civil* e *direito comercial.* a) Pagamento antecipado e parcial de uma obrigação antes de seu vencimento; b) pagamento de mercadorias feito por conta do valor da fatura; c) financiamento feito por uma instituição bancária a uma sociedade empresária, promovido pela garantia de títulos ou de bens; d) importância antecipada pelo contratante ao contratado antes de ter sido executado o respectivo serviço. **2.** *Direito administrativo.* Avanço ou promoção na hierarquia administrativa. **3.** *Direito do trabalho. Quantum* pago antecipadamente ao empregado sujeito a posterior desconto no salário.

ADIANTAMENTO DA LEGÍTIMA. *Direito civil.* É a doação de pais a filhos, ou de um cônjuge a outro, que importa a antecipação da legítima, ou seja, daquilo que por morte do doador o donatário iria receber. É, portanto, uma entrega adiantada, por conta da herança, da legítima do herdeiro necessário, feita mediante doação de ascendente a descendente. Essa doação deverá ser, por isso, conferida no inventário do doador, por meio da colação, mas este poderá dispensar tal verificação, determinando, em tal hipótese, que saiam os bens doados de sua metade disponível, desde que não a excedam. Se nada prescrever, impor-se-á a colação.

ADIANTAMENTO DE CONTRATO DE CÂMBIO (ACC). *Direito internacional privado.* Instrumento contratual representativo de uma antecipação, total ou parcial, do preço da moeda estrangeira, adquirida a termo pelo banco, contra a entrega de seu valor equivalente em moeda nacional ao exportador (Hilário de Oliveira). É um incentivo financeiro à exportação, por financiar a produção de mercadorias.

ADIANTAMENTO DE CONTRATO DE CÂMBIO INDIRETO (ACCI). *Direito comercial.* Linha de crédito usada por produtores rurais e fabricantes de matéria-prima, de produtos intermediários e materiais de embalagens a serem negociados no exterior após sua efetiva industrialização, pelo fabricante final (exportador, que figura como cessionário interveniente garante) por ser financiamento originário de negociação cedular, de curto prazo (Hilário de Oliveira).

ADIANTAMENTO SOBRE CAMBIAIS ENTREGUES (ACE). *Direito internacional privado.* Antecipação da moeda nacional ao exportador, mediante entrega de cambial emitida contra o importador. Trata-se de uma antecipação de recursos sobre exportação de mercadoria já embarcada.

ADIÇÃO. **1.** *Direito civil.* a) Ato de aceitar doação ou herança; b) aumento ou acréscimo que se faz, legalmente, em alguma coisa para corrigi-la ou completá-la. **2.** *Direito processual civil.* a) Transferência de bens imóveis por sentença ou adjudicação feita pelo juiz; b) esclarecimento de dúvida ou correção de erro do pedido, feitos antes de oferecida a contestação, desde que não se altere sua substância. **3.** *Direito militar.* Ato de considerar adido qualquer militar.

ADIÇÃO DE NOME. *Direito civil.* a) Acréscimo feito ao patronímico, mediante processo especial, para, por exemplo, evitar embaraços no setor empresarial ou em atividade profissional, em razão de homonímia, encaixando no próprio nome o sobrenome materno; b) direito concedido, com a celebração do casamento, a um dos cônjuges de usar, se quiser, o patronímico do outro, mediante o aditamento deste ao seu; c) permissão a mulher solteira, separada, divorciada ou viúva que viva com homem solteiro, separado, divorciado ou viúvo de usar o apelido de família deste, se tiver filho com ele ou se a vida em comum já perdurar por mais de cinco anos, desde que ele concorde com isso.

ADIÇÃO IN DIEM. *História do direito.* Cláusula adjeta à compra e venda que estipulava que o contrato apenas se tornava definitivo se dentro de certo prazo não surgisse um terceiro oferecendo melhores condições ou proposta mais favorável. Tratava-se do "pacto de melhor comprador".

ADIÇÃO LÓGICA. *Lógica jurídica.* Soma lógica de dois ou mais conceitos ou de duas ou mais proposições.

ADICIONAL. 1. *Direito administrativo.* Gratificação concedida a funcionário por tempo de serviço público prestado ou por exercer sua atividade em certos locais. **2.** *Direito tributário.* Percentagem que se acresce, em regra, na incidência de direito aduaneiro, cobrada como aumento da tarifa instituída. Trata-se de "taxa adicional", que, por lei, poderá ser acrescentada a um tributo já existente.

ADICIONAL AO FRETE PARA A RENOVAÇÃO DA MARINHA MERCANTE (AFRMM). *Direito marítimo.* É o que incide sobre o frete cobrado pelas empresas brasileiras e estrangeiras de navegação que operem em porto nacional, para cobrir os encargos oriundos da intervenção da União nas atividades de navegação comercial, de acordo com o conhecimento de embarque e o manifesto de carga, pelo transporte de carga de qualquer natureza, e constitui fonte básica do Fundo da Marinha Mercante. O AFRMM não incidirá sobre a navegação fluvial e lacustre, exceto sobre cargas de granéis líquidos transportadas no âmbito das regiões Norte e Nordeste.

ADICIONAL DA REMUNERAÇÃO. *Direito do trabalho.* Quantia acrescida à remuneração ou ao salário do empregado, em razão de lei ou de contrato. São decorrentes de lei os adicionais de insalubridade, de trabalho noturno, de transferência do operário do seu local de trabalho, de periculosidade e por horas extras. Além disso, lícito é estipular no contrato de trabalho qualquer adicional que venha a estimular a assiduidade, a produtividade e a permanência no emprego. Designa-se também "adicional salarial", e constitui, na verdade, uma verba indenizatória, e não remuneratória, pois tem por escopo compensar o trabalhador do desgaste por ele sofrido, no exercício de suas atividades laborativas, em condições pouco favoráveis. Todavia, a grande maioria da jurisprudência e doutrina tem entendido que constitui realmente uma parte integrante da remuneração, por ser habitual e não transitória.

ADICIONAL DE ATIVIDADE PENOSA. *Direito administrativo.* É o devido aos servidores que exercem suas atividades funcionais em zonas de fronteira ou em locais de difíceis condições de vida.

ADICIONAL DE COMPENSAÇÃO ORGÂNICA. *Direito militar.* É a parcela remuneratória devida ao militar, mensalmente, para compensação de desgaste orgânico resultante do desempenho continuado das seguintes atividades especiais:

1) – tipo I: a) vôo em aeronave militar, como tripulante orgânico, observador meteorológico, observador aéreo e observador fotogramétrico; b) salto em pára-quedas, cumprindo missão militar; c) imersão, no exercício de funções regulamentares, a bordo de submarino; d) mergulho com escafandro ou com aparelho, cumprindo missão militar; e) controle de tráfego aéreo; 2) – tipo II: trabalho com raios X ou substâncias radioativas.

ADICIONAL DE FÉRIAS. *Direito administrativo* e *direito do trabalho.* É o *quantum* de um terço a mais sobre a remuneração do período de férias, que deverá ser pago, automaticamente, ao servidor público ou ao empregado.

ADICIONAL DE HABILITAÇÃO. *Direito militar.* Parcela remuneratória mensal, devida ao militar, inerente aos cursos realizados com aproveitamento.

ADICIONAL DE HORAS EXTRAS. *Direito do trabalho.* Remuneração devida por horas extraordinárias de trabalho. O empregado que prorrogar seu horário habitual terá direito a receber a hora suplementar ou extraordinária com um acréscimo de, no mínimo, cinqüenta por cento sobre a hora normal.

ADICIONAL DE INSALUBRIDADE. *Direito do trabalho.* Acréscimo pago sobre o salário mínimo, cabível nos casos em que o empregado tenha de exercer suas atividades em local ou sob condições insalubres, nocivas e prejudiciais à saúde, por estar exposto a agentes físicos, químicos ou biológicos capazes de provocar o aparecimento de doenças.

ADICIONAL DE PERICULOSIDADE. *Direito do trabalho.* Remuneração acrescida ao salário do trabalhador, em razão de desempenhar sua função em situações de risco, por exemplo, ficar em contato com explosivos, objetos inflamáveis etc.

ADICIONAL DE PERMANÊNCIA. *Direito militar.* É a parcela remuneratória devida ao militar, mensalmente, incidente sobre o soldo do posto ou da graduação, referente ao período em que continuar ou tenha continuado em serviço, após ter completado o tempo mínimo de permanência no serviço ativo, nos seguintes percentuais e situações: a) cinco por cento: militar que, em atividade, a partir de 29 de dezembro de 2000, tenha completado ou venha a completar setecentos e vinte dias a mais que o tempo requerido para a transferência para a inatividade remunerada; e b) cinco por cento a cada promoção: militar que, tendo satisfeito o requisito acima mencionado, venha a ser promovido em atividade ao posto ou graduação superior.

ADICIONAL DE PRODUTIVIDADE. *Direito do trabalho.* Utilizado em convenção e acordo coletivo trabalhista, cujo percentual decorre de arbitramento entre empregador e empregado e recai sobre o piso salarial, conforme as metas ocorridas na produção ou nas vendas efetuadas (Afonso Celso F. de Rezende).

ADICIONAL DE TARIFA AEROPORTUÁRIA (ATAERO). *Direito aeronáutico.* Recurso que visa a realização de dispêndios de capital na manutenção, reaparelhamento, reforma e expansão das instalações aeroportuárias.

ADICIONAL DE TRANSFERÊNCIA. *Direito do trabalho.* Acréscimo salarial pago ao empregado pela transferência provisória de seu local de trabalho, devido ao fato de ser, por esse motivo, afastado de seu domicílio. Deixará de ser devido, assim que o operário retornar ao local em que, pelo contrato, seu serviço deve ser executado, pois só terá cabimento o pagamento desse adicional enquanto durar o motivo determinante daquela transferência.

ADICIONAL NOTURNO. 1. *Direito administrativo.* Acréscimo de 25% no valor-hora do salário de servidor público que trabalhar durante a noite, computando-se cada hora como de cinqüenta e dois minutos e trinta segundos. **2.** *Direito do trabalho.* Acréscimo de 20% ao salário do empregado pelo exercício de sua atividade laborativa no período da noite, compensando-o do seu desgaste físico.

ADICIONAL POR TEMPO DE SERVIÇO. *Direito administrativo.* É o *quantum* devido ao servidor, à razão de 1% por ano de serviço público efetivo, que incidirá sobre o seu vencimento a partir do mês em que completar o anuênio.

ADICIONAL SALARIAL. *Vide* ADICIONAL DA REMUNERAÇÃO.

ADIÇÕES EM ASSENTOS. *Direito civil.* Inscrições e averbações no Registro Civil de atos relativos não só ao estado e à capacidade da pessoa física, mas também aos atributos da personalidade. Assim, por exemplo, deverá haver *inscrição* dos nascimentos, casamentos, óbitos, emancipações, interdições, sentenças declaratórias de ausência, opções de nacionalidade, e *averbação* das sentenças que decidirem sobre invalidação matrimonial, separação judicial, divórcio, reconhecimento de filiação, alteração de nome etc.

A averbação deverá ser feita à margem da inscrição a ela pertinente. Por exemplo, à margem da inscrição de um casamento far-se-á a averbação da separação judicial.

A DICTO SECUNDUM QUID AD DICTUM SIMPLICITER. 1. *Expressão latina.* Do que é dito relativamente a alguma coisa, ao que é dito sem restrição. **2.** *Lógica jurídica.* Sofisma consistente em passar de uma afirmação verdadeira num domínio limitado para a asserção geral correspondente (Lalande).

ADIDO. *Direito administrativo.* Funcionário contratado, não pertencente ao quadro efetivo (extranumerário), que exerce função temporária em repartição pública, que não é a sua, por determinação de autoridade competente.

ADIDOS COMERCIAIS. *Direito internacional público.* Funcionários que prestam serviços de técnica comercial ou empresarial junto a embaixadas, legações ou consulados, em nação estrangeira, fazendo estudos, apresentando planos ou programas que possam ampliar as relações econômico-financeiras do Estado que representam com aquele onde exercem suas atividades de exame de assuntos comerciais que, como fonte de informação ou fator de desenvolvimento de intercâmbio, possam interessar ao seu governo.

ADIDOS DIPLOMÁTICOS. *Direito internacional público.* Funcionários que, por serem membros do corpo diplomático, servem junto a uma embaixada, legação ou consulado, na qualidade de auxiliares do embaixador, ministro plenipotenciário ou cônsul.

ADIDOS MILITARES. *Direito internacional público.* São membros, ou melhor, oficiais das forças armadas agregados a embaixada ou legação de seu país, em nação estrangeira, tendo a missão de estudar a organização militar, naval e aeronáutica dessa potência, analisando questões relativas a assuntos atinentes ao Exército, Marinha e Aeronáutica que possam interessar ao seu governo. Poder-se-á ter, portanto, adidos militares, navais e aeronáuticos.

ADIECTUS SOLUTIONIS GRATIA. *Expressão latina.* Aquele que executa certa obrigação final em lugar do obrigado.

AD IGNORANTIAM. *Lógica jurídica.* **1.** Argumento em que se exige que o adversário admita a prova ou indique outra melhor (Leibniz). **2.** Ato de que o interlocutor aproveita-se, ignorando fato que se oporia ao argumento por ele invocado (Lalande).

ADIMPLEMENTO DA OBRIGAÇÃO. *Direito civil.* Ato de cumprir uma obrigação, extinguindo-a.

AD IMPOSSIBILIA NEMO TENETUR. *Aforismo jurídico.* Ninguém é obrigado a fazer o impossível.

ADIN. Abreviação de Ação Direta de Inconstitucionalidade.

ADINAMIA. *Medicina legal.* Fraqueza; debilidade; falta de força.

AD INFINITUM. *Locução latina.* Até o infinito.

A DINHEIRO. *Direito civil* e *direito comercial.* À vista; pagamento na ocasião da efetivação do negócio em moeda de contado.

AD INSTAR. *Locução latina.* À maneira de; à semelhança de.

AD INTERDICTA. *Locução latina.* Diz-se da posse tutelada por interditos possessórios.

AD INTERIM. *Locução latina.* Interinamente; provisoriamente ou temporariamente.

AD INTERNECIONEM. *Locução latina.* Até o extermínio.

AD INTRA. *Locução latina.* Por dentro.

ADIPOCERA. *Medicina legal.* Substância amarelo-esbranquiçada, mole e gordurosa que aparece em cadáver que, num estágio de avançada putrefação, se encontra durante muito tempo na água, terra úmida ou pantanosa. É, portanto, o processo de saponificação de cadáver.

ADISPISCENDAE POSSESSIONIS. *Direito romano. Actio* pela qual se obtinha posse do bem que estava em poder de outrem. Em suma, era o interdito que procurava obter posse que nunca se teve.

ADITAMENTO. 1. *Direito civil.* a) Ato de acrescentar algo com o escopo de completar, reforçar ou ampliar algum documento, explicando, corrigindo ou alterando afirmações nele exaradas; b) *Vide* ADIÇÃO. **2.** *Direito comercial.* Acréscimo feito na razão social de uma firma para indicar a natureza da sociedade.

ADITAMENTO À PETIÇÃO INICIAL. *Direito processual civil.* Acréscimo alterando o pedido ou a *causa petendi* que, realizada a citação, poderá ser feito somente com o consentimento do réu, sendo inadmissível após o saneamento do processo. Nada impede, contudo, que o autor desista da ação antes da citação do réu, formulando nova petição inicial, ou, ainda, quando citado o réu, antes de decorrido o prazo para sua resposta. Correrão por conta do autor as custas, acrescidas em razão do aditamento realizado antes da citação.

ADITAMENTO DA DENÚNCIA. *Direito processual penal.* Adição de algum elemento novo à peça que promove a ação penal pública, para suprir alguma omissão havida, relativa ao nome de alguém implicado no crime ou ao fato criminoso atribuído ao indiciado. Poderá dar-se a qualquer tempo antes da prolatação da sentença final.

ADITAMENTO DE QUEIXA. *Direito processual penal.* É, em se tratando de ação penal privada, o acréscimo de elemento novo feito pelo Ministério Público ou pelo querelante na queixa apresentada, suprindo-a.

ADITAMENTO DO LIBELO. *Direito processual penal.* Emenda que, na ação penal pública, o assistente do Ministério Público acrescenta no libelo e nos articulados apresentados pelo promotor público, no processo de competência do Tribunal do Júri, devido ao aparecimento de algum fato superveniente ou elemento novo relacionado com a conduta *sub judice.*

ADITÍCIO. Aquilo que tem por fim aditar, completar ou reforçar o que já existe; aditivo complementar. Por exemplo, documento aditício, prova aditícia.

ADITIVO. *Direito ambiental* e *direito agrário.* Substância ou produto adicionado a agrotóxicos, componentes e afins para melhorar sua ação, função, durabilidade, estabilidade e detecção ou para facilitar o processo de produção.

ADITIVO ALIMENTAR. *Direito do consumidor.* Qualquer ingrediente adicionado intencionalmente aos alimentos, sem propósito de nutrir, com o objetivo de modificar as características físicas, químicas, biológicas ou sensoriais, durante a fabricação, processamento, preparação, tratamento, embalagem, acondicionamento, armazenagem, transporte ou manipulação de um alimento. Ao agregar-se poderá resultar em que o próprio aditivo ou seus derivados se convertam em um componente de tal alimento. Esta definição não inclui os contaminantes ou substâncias nutritivas que sejam incorporadas ao alimento para manter ou melhorar suas propriedades nutricionais.

ADJACÊNCIA. *Direito civil.* **1.** Vizinhança; contiguidade de uma coisa a outra. **2.** Dependência acessória existente entre coisas.

ADJACENTE. 1. *Direito civil.* Qualidade daquilo que está contíguo, confinante ou próximo a alguma coisa. **2.** *Filosofia geral* e *filosofia do direito.* Aquilo que é acessório, não subsistindo por si só.

ADJEÇÃO. 1. Nas *linguagens comum* e *jurídica*: a) adição; b) acréscimo. **2.** *Direito civil.* É a representação convencional para que alguém solucione a obrigação do devedor.

ADJECTUS SOLUTIONIS CAUSA. *Locução latina.* **1.** Designa a pessoa indicada no título pelas partes para receber o pagamento em lugar do credor. **2.** Literalmente significa "acrescentado para receber um pagamento". **3.** Pessoa designada expressamente no título para receber pagamento, como se fosse o credor, apesar de nem sempre agir em seu nome (Orlando Gomes).

ADJECTUS SOLUTIONIS GRATIA. *Vide ADJECTUS SOLUTIONIS CAUSA.*

ADJETO. *Direito civil.* **1.** Aquilo que se acrescenta ou se junta a outro, ficando em situação de dependência ou de acessoriedade. Por exemplo, pacto adjeto à compra e venda; contrato pignoratício adjeto ao mútuo. **2.** Indicativo da pessoa, alheia ao vínculo obrigacional, designada pelo credor, por ser a mandatária ou cessionária de seu crédito, para receber o pagamento do devedor, que, então, ao efetuar a prestação ao *adjectus*, se liberará da obrigação, como se tivesse pago ao seu credor. Tal pagamento denomina-se *adjectus solutionis causa.*

ADJUDICAÇÃO. 1. *Direito administrativo.* É a fase da licitação que qualifica uma proposta como aceitável pelos seus caracteres intrínsecos, adjudicando o contrato ao melhor ofertante ou licitante vencedor. Assim sendo, o proponente, cuja proposta foi mais favorável à Administração Pública, será proclamado adjudicatário, se conveniente for sua contratação para o Estado. **2.** *Direito processual civil.* Ato judicial de índole coativa pelo qual se opera a transferência de propriedade de certos bens a determinadas pessoas, mediante pagamento do preço ou reposição da diferença, em razão de processos de execução, execução fiscal, inventário e condomínio de coisa indivisível. Não se efetuará a adjudicação sem que da execução seja cientificado, por qualquer modo idôneo e com pelo menos 10 dias de antecedência, o senhorio direto, o credor com garantia real ou com penhora anteriormente averbada, que não seja de qualquer modo parte na execução. É, portanto, ato pelo qual se entrega bem penhorado a requerimento do exequente, que ofereceu por ele preço não inferior ao da avaliação. Se o valor do crédito for inferior ao do bem, o adjudicante depositará de imediato a diferença, ficando esta à disposição do executado; se superior, a execução prosseguirá pelo

saldo remanescente. Igual direito terão: o credor com garantia real; os credores concorrentes que tiverem penhorado o mesmo bem; o cônjuge, os descendentes e ascendentes do executado. Se houver mais de um pretendente, proceder-se-á entre eles a licitação: em igualdade de oferta, terá preferência o cônjuge, descendente ou ascendente, nessa ordem.

ADJUDICAÇÃO COMPULSÓRIA. *Vide* AÇÃO DE ADJUDICAÇÃO COMPULSÓRIA.

ADJUDICAÇÃO EM HASTA PÚBLICA. *Direito processual civil.* Ato executório pelo qual o Estado, no exercício da função jurisdicional, mediante leilão ou hasta pública, transfere ao exequente ou credor, para satisfazer seu crédito, o *quantum* a ele correspondente, obtido pelo preço da maior oferta ou lanço que se alcançou na penhora dos bens do executado.

ADJUDICAÇÃO NA SUCESSÃO. *Direito processual civil.* É o ato processual pelo qual se transfere, na sucessão legítima ou testamentária, bens do espólio a quem de direito. Tal adjudicação dar-se-á, por exemplo, nas seguintes hipóteses: a) separados os bens que forem necessários para pagamento dos credores devidamente habilitados, o magistrado ordenará sua alienação em praça ou leilão para solver, em dinheiro, o passivo, mas, se o credor requerer que lhe sejam adjudicados, para o seu pagamento, os bens já reservados, o juiz somente deferirá seu pedido se todas as partes anuírem com isso; b) se os bens forem insuscetíveis de divisão cômoda, não cabendo na meação do consorte supérstite ou no quinhão de um só herdeiro, será possível sua adjudicação, mas o adjudicatário deverá repor em dinheiro a diferença entre o valor da coisa e sua meação ou cota hereditária.

ADJUDICATED RIGHTS. *Locução inglesa.* Direitos declarados administrativa ou judicialmente.

ADJUDICATORY PROCESS. *Locução inglesa.* Processo adjudicatório.

AD JUDICEM AGERE. *Expressão latina.* Agir perante o juiz.

AD JUDICEM DICERE. *Expressão latina.* Falar na presença do juiz.

AD JUDICIA. *Locução latina.* Para o foro.

AD JUDICIA ET EXTRA. *Locução latina.* Para fim judicial e extrajudicial.

ADJUNÇÃO. *Direito civil.* É a justaposição ou união de uma coisa móvel a outra também móvel, formando um todo, que não mais torne possível destacar a acessória da principal, sem deterioração.

ADJUNÇÃO DE ANIMAIS. *Direito agrário.* Reunião de animais de proprietários diversos, numa só fazenda, desde que sejam da mesma espécie.

ADJUNTO. 1. Ajudante; auxiliar. **2.** Substituto. **3.** Associado.

ADJURAÇÃO. *Direito processual.* Confirmação de juramento anterior (Othon Sidou).

AD JURA RENUNCIATA NON DATUR REGRESSUS. *Expressão latina.* Aos direitos renunciados não se dá regresso, ou seja, os direitos renunciados não podem ser recuperados.

ADJUTÓRIO. *Direito agrário.* Mutirão.

ADJUVANTE. Produto utilizado em mistura com produtos formulados para melhorar a sua aplicação.

AD LIBITUM. Vide *AD ARBITRIUM.*

AD LIMINA APOSTOLORUM. 1. *Expressão latina.* Ao limiar dos apóstolos. **2.** *Direito canônico.* Visita qüinqüenal que os bispos fazem a Roma, para prestar contas do estado de suas dioceses ao Papa.

AD LITEM. *Locução latina.* Para o processo.

AD LITTERAM. *Locução latina.* Literalmente.

AD LITTERIS ET VERBIS. *Locução latina.* Letra por letra.

AD MANDATUM FACIENDI. *Expressão latina.* Para cumprir mandato.

AD MENSURAM. *Locução latina.* Por medida.

ADMINÍCULA. *Direito civil.* É qualquer concessão feita pelo proprietário do prédio dominante ao do serviente para possibilitar o exercício regular da servidão.

ADMINICULES. *História do direito.* Indícios que só tinham validade como apoio a outras provas. Por exemplo, tremor na voz, inconstância nas afirmações do acusado etc.

ADMINÍCULO. *Direito processual civil* e *direito processual penal.* **1.** Começo ou complemento de prova. **2.** Meio indireto de prova para auxiliar o julgamento ou para contribuir na formação de uma prova perfeita. **3.** Indício ou presunção que possa fortalecer uma prova, confirmando-a.

ADMINISTRAÇÃO. *Direito administrativo* e *direito civil.* **1.** Ato de administrar ou dirigir negócios comuns ou alheios. **2.** Estudo dos fatos e princípios da arte de administrar ou governar. **3.** Direção de estabelecimento empresarial, de associação ou sociedade simples. **4.** Prédio onde se trata de assuntos de administração pública ou particular. **5.** Conjunto de funcionários administrativos de uma empresa ou de uma repartição pública. **6.** Atividade estatal para a consecução dos fins essenciais do Estado que não se reduza às esferas legislativa ou jurisdicional, atendendo aos interesses públicos ou às necessidades da coletividade de modo direto e imediato. **7.** Rede estatal prestadora de serviços públicos.

ADMINISTRAÇÃO ADUANEIRA. *Direito alfandegário.* Significa: para o Reino dos Países Baixos: a administração central responsável pela implementação da legislação aduaneira e para a República Federativa do Brasil: a Secretaria da Receita Federal, Ministério da Fazenda.

ADMINISTRAÇÃO AEROPORTUÁRIA LOCAL. *Direito aeronáutico.* Órgão ou empresa responsável pela operação de aeródromo, com estrutura operacional definida e dedicada à sua gestão.

ADMINISTRAÇÃO ATIVA. *Direito financeiro.* Tipo de estratégia para se administrar um fundo ou carteira de investimento, objetivando do administrador um desempenho superior ao de uma determinada carteira de referência ou índice, sem que ele necessite perseguir a lucratividade de um índice de mercado (Luiz Fernando Rudge).

ADMINISTRAÇÃO CIVIL. *Direito civil.* **1.** É o ato de dirigir não só uma sociedade simples ou uma associação como também a pessoa e os bens de menores ou de incapazes. **2.** É a direção de negócios próprios ou alheios incidentes na lei civil.

ADMINISTRAÇÃO COMERCIAL. *Direito comercial.* Consiste na direção ou gerência de uma sociedade empresária, tratando de todos ou de parte de seus negócios. Em regra, é o contrato social que indica os sócios que deverão investir-se desse poder, porém, nada obsta a que preveja a atribuição da administração a estranhos. O sócio investido na administração poderá praticar todos os atos que não excederem os limites normais dela, desde que proceda sem dolo. Poderá movimentar somas devidas à sociedade, movendo ação contra os devedores, pagar os débitos sociais, receber ou dar quitação, admitir empregado, fazer locações de imóveis necessários à sociedade etc.

ADMINISTRAÇÃO CONTRATADA. *Direito administrativo.* É o regime de execução indireta de obras públicas pelo qual o Estado, ao celebrar contrato de empreitada, entrega a terceiro, pessoa alheia à Administração Pública, a realização desse serviço, mediante uma retribuição fixa ou proporcional ao trabalho efetuado.

ADMINISTRAÇÃO DA CADEIA DE ABASTECIMENTO. *Direito comercial.* **1.** *Supply Chain Management.* **2.** É a abordagem que visa oferecer o máximo valor ao cliente e o máximo retorno sobre o ativo fixo, através da gestão efetiva dos fluxos de materiais, produtos, informações e recursos financeiros, de extremo a extremo da cadeia, desde as fontes de suprimento até o consumidor final. É a integração dos membros da cadeia, sem verticalização, mas com a focalização de cada empresa em seu negócio principal (James G. Heim).

ADMINISTRAÇÃO DA FALÊNCIA. *Direito comercial.* Consiste na gerência da massa falida pelo administrador judicial, sob a imediata direção e fiscalização do juiz. Geralmente o administrador judicial será escolhido, pela sua idoneidade moral e financeira, segundo os critérios legais, dentre profissionais, como advogados, economistas, administradores de empresas ou contadores, ou, ainda, dentre pessoas jurídicas especializadas, e deverá assinar termo de compromisso de bem e fielmente desempenhar o cargo, assumindo todas as responsabilidades inerentes àquela administração, ou seja, àqueles atos praticados para arrecadação, defesa e conservação dos bens da massa falida. Se o administrador judicial nomeado for pessoa jurídica, dever-se-á declarar o nome de profissional responsável pela condução do processo de falência ou de recuperação judicial, que não poderá ser substituído sem autorização do juiz.

ADMINISTRAÇÃO DA JUSTIÇA. *Direito processual.* **1.** Atos praticados pelo Estado no exercício de sua função jurisdicional, assegurando, ao decidir as questões submetidas a juízo, a integridade do direito e a manutenção da ordem jurídica pela observância das normas e pela punição às violações atentatórias aos interesses particulares e públicos. **2.** Conjunto de órgãos integrantes do Poder Judiciário encarregados de fazer a distribuição da justiça, quais sejam tribunais superiores, tribunais de justiça, eleitorais, militares e do trabalho, juízes singulares e auxiliares ou serventuários da justiça.

ADMINISTRAÇÃO DA SOCIEDADE. *Direito civil* e *direito comercial.* **1.** *Vide* ADMINISTRAÇÃO CIVIL, ADMINISTRAÇÃO COMERCIAL e ADMINISTRAÇÃO IMPLÍCITA. **2.** É a exercida pelo sócio indicado pelo estatuto social, excluindo os demais, que não poderão interferir na gerência ou representar a sociedade, embora possam se informar dos negócios sociais, tendo acesso aos livros e conhecendo o estado do patrimônio comum. **3.** Atos praticados por qualquer sócio, porque, se o contrato não indicar o gerente so-

cial, haverá presunção de que terá o direito de geri-la, e válido será o que fizer, ainda em relação aos sócios que não consentiram, podendo, porém, qualquer destes opor-se antes de levado o ato a efeito. Todavia, tal direito de oposição subordinar-se-á à aprovação da maioria, e o impugnante de má-fé responderá pelas conseqüências resultantes, exceto se não tiver procedido dolosamente.

ADMINISTRAÇÃO DE CATEGORIAS. *Direito comercial.* **1.** *Category Management.* **2.** É a técnica de gestão de categorias de produtos como centros de resultados, de forma a garantir que todas elas contribuam com margens de lucro positivo. Isto minimiza a possibilidade de algumas categorias de produtos serem subsidiadas por outras (James G. Heim).

ADMINISTRAÇÃO DE HERANÇA. *Direito civil.* Atos praticados pelo inventariante, durante o processo de inventário, até a partilha, na gerência dos bens da massa partível, com a incumbência de administrá-los, arrolá-los e descrevê-los, devendo, para tanto: separar coisas alheias em poder do inventariado; receber créditos; pagar dívidas, embora não possa quitar dívida hipotecária sem licença do juiz do inventário; promover o recolhimento de tributos que recaiam sobre os bens da herança e devidos pela sua transmissão aos herdeiros; requerer medidas conservatórias dos direitos; concordar com sublocações e cessões de locação; alugar prédio do espólio, desde que não seja a longo prazo; alienar onerosa e excepcionalmente, com autorização judicial, as coisas do acervo hereditário para fazer frente, se necessário, aos encargos do monte (pagamento de débitos e impostos) ou para evitar deterioração ou perecimento; comparecer às assembléias de acionistas; relacionar e individuar os herdeiros e legatários; convocá-los; submeter ao juiz o plano da partilha; custear o processo; representar ativa e passivamente a herança, em juízo ou fora dele. Todos esses seus atos estão submetidos à fiscalização dos herdeiros, sob a superintendência do juiz; logo, clara é sua responsabilidade civil pelos danos que vier a causar, dolosa ou culposamente, no encargo de gerir bem alheio, ainda que seja parcialmente interessado, no caso de também ser herdeiro.

ADMINISTRAÇÃO DE IMÓVEIS. *Direito civil.* **1.** É o contrato que se apresenta quando um dos contratantes (proprietário ou administrador judicial), mediante mandato ou autorização, confere ao outro a gestão de imóveis ou a direção de negócios relativos a seus interesses imobiliários, comprometendo-se a pagar uma taxa pelos serviços prestados. **2.** Atividade econômica exercida, em regra, por firmas ou escritórios imobiliários, corretores ou advogados, que, além da gestão de imóveis alheios, exercem intermediação na compra e venda de bens de raiz.

ADMINISTRAÇÃO DE MASSA FALIDA. *Vide* ADMINISTRAÇÃO DA FALÊNCIA.

ADMINISTRAÇÃO DE MATERIAIS. *Direito comercial.* **1.** *Inbound Logistcs.* **2.** Segmento da logística empresarial, também denominada logística de entrada, que corresponde ao conjunto de operações relativas ao fluxo de materiais e informações, desde a fonte das matérias-primas até a entrada da fábrica. É portanto a logística dos insumos de uma empresa (James G. Heim).

ADMINISTRAÇÃO DE NEGÓCIOS. *Direito civil.* **1.** É a gestão de negócios pela qual alguém, sem estar munido de qualquer procuração, passa a dirigir ou gerir negócio alheio, em nome e por conta de seu dono, em conformidade com o interesse e a vontade presumível daquele. **2.** Complexo de atos que abrangem toda a gerência ou direção dada, por alguém, a negócios próprios ou alheios.

ADMINISTRAÇÃO DE OBRAS. *Direito civil.* Consiste no conjunto de atos praticados por um técnico ou profissional de fiscalização da técnica da construção e de direção dos trabalhos nela efetuados, mediante o pagamento de uma comissão. Trata-se do instituto da construção por administração.

ADMINISTRAÇÃO DIRETA. *Direito administrativo.* Complexo de serviços públicos administrativos exercidos, diretamente, pelo governo (União, Estados ou Municípios), através dos órgãos estatais, como ministérios e secretarias, integrados na estrutura da chefia do Executivo.

ADMINISTRAÇÃO DO CONDOMÍNIO. *Direito civil.* Ato de gerência da coisa comum praticado por procurador escolhido pelos condôminos, estranho ou não, dentro dos poderes delimitados, ou por qualquer deles, não havendo deliberação sobre quem deverá ser o administrador, que, por iniciativa própria, resolver assumir, por mandato tácito, a gestão da coisa, desde que não haja oposição dos demais. O administrador comum, ao representar o condomínio, deverá não só prestar contas de todos os seus atos, com direito ao reembolso das despesas que tiver com a administração da coisa, como também administrar sem qualquer retribuição, a não ser que haja prévio consentimento dos outros co-proprietários a esse respeito. Só lhe serão conferidos poderes não exorbitantes à simples administração, dado que não lhe será lícito alienar o bem ou conferir posse, uso ou gozo do imóvel de estranho sem anuência dos demais condôminos. Apenas lhe será permitido dispor das coisas que, ordinariamente, são destinadas à venda, como alienação de frutos e produtos de uma propriedade agrícola.

ADMINISTRAÇÃO DO CONDOMÍNIO EM EDIFÍCIO DE APARTAMENTOS. *Direito civil.* Conjunto de atos de gerência do administrador judicial, que pode ser pessoa física ou jurídica, eleito por dois anos pela assembléia geral dos condôminos, em edifício de apartamentos, praticados por este na qualidade de órgão executor de suas deliberações e sob sua fiscalização, em juízo ou fora dele, na defesa dos interesses comuns, zelando para que todos os serviços sejam bem executados, provendo obras de conservação do prédio, cobrando e arrecadando as contribuições para fazer frente às despesas condominiais. Ao lado do síndico, para auxiliá-lo ou substituí-lo, eventualmente, a assembléia poderá nomear um sub-síndico. Nada impede, ainda, que o síndico delegue a pessoa de sua inteira confiança e sob sua responsabilidade certas funções administrativas, desde que haja aprovação assemblear. Esse indivíduo é o administrador (*v.* ADMINISTRAÇÃO DE IMÓVEIS). Há, ainda, um órgão consultivo, constituído por três condôminos, com mandato por dois anos, que tem por objetivo precípuo assessorar o síndico na solução dos problemas alusivos ao condomínio.

ADMINISTRAÇÃO DO PORTO ORGANIZADO. *Direito marítimo.* Aquela exercida diretamente pela União ou entidade concessionária, com o objetivo de coordenar, regular ou fiscalizar todas as atividades que envolvam tanto a navegação como as operações portuárias.

ADMINISTRAÇÃO DOS BENS PENHORADOS. *Direito processual civil.* **1.** Complexo de atos de gestão de bens penhorados praticados por depositário público ou por pessoa designada, com o intuito de, sob a fiscalização judicial, guardá-los e conservá-los até o final da execução, ocasião em que serão entregues ao arrematante ou adjudicatário ou a quem de direito. **2.** Gerência de estabelecimentos comerciais, industriais ou agrícolas sobre os quais vier a recair a penhora, realizada sob a superintendência do juiz por pessoa por ele nomeada, desde que não haja indicação contratual do administrador.

ADMINISTRAÇÃO ECONÔMICA. *Direito comercial.* Conjunto de normas, atos e atividades funcionais que visam obter um aumento da produção, da distribuição e do consumo de bens.

ADMINISTRAÇÃO ESPECIAL. *Direito civil.* Ato de gerir alguns negócios especiais expressamente indicados no mandato.

ADMINISTRAÇÃO FERROVIÁRIA. *Direito civil* e *direito administrativo.* Empresa privada, órgão ou entidade pública competentes, que já existam ou venham a ser criados, para construção, operação ou exploração comercial de ferrovias. Sujeita-se à supervisão e à fiscalização do Ministério dos Transportes e deve: a) cumprir e fazer cumprir, nos prazos determinados, as medidas de segurança e regularidade do tráfego que forem exigidas; b) obter autorização para a supressão ou suspensão de serviços de transporte, inclusive fechamento de estação, que só poderão ocorrer após divulgação ao público com antecedência mínima de trinta dias; c) prestar as informações que lhes forem solicitadas.

ADMINISTRAÇÃO FINANCEIRA. 1. *Direito financeiro.* Complexo de normas e atos alusivos à gestão do dinheiro público, visando a arrecadação e o emprego de recursos patrimoniais para atingir a realização do interesse público. **2.** *Direito previdenciário.* É a que visa controlar o fluxo de caixa previdenciário e buscar a descentralização de competências e atribuições, objetivando a otimização dos procedimentos de alocação e aplicação de recursos.

ADMINISTRAÇÃO GERAL. *Direito civil.* Atos de gerência de todos os negócios do mandante, desde que para a sua prática não se determinem poderes expressos e especiais.

ADMINISTRAÇÃO GERAL DA FAZENDA. *Direito administrativo* e *direito financeiro.* Gestão dos negócios públicos fazendários confiada, por delegação, a funcionários, devidamente investidos na função de mandatários do Poder Público, que, sob a superintendência do ministro da Fazenda e fiscalização do Tribunal de Contas, devem arrecadar impostos, administrar os bens públicos, autorizar despesas para atender às necessidades imprescindíveis ao funcionamento dos demais órgãos administrativos etc.

ADMINISTRAÇÃO IMPLÍCITA. *Direito civil.* **1.** Ato de gestão praticado por qualquer dos sócios, em caso de omissão do contrato social em relação ao múnus da administração, ante a presunção de que, nessa hipótese, cada sócio tem o direito de administrar. **2.** *Vide* ADMINISTRAÇÃO DA SOCIEDADE, n. 3.

ADMINISTRAÇÃO INDIRETA. *Direito administrativo.* Complexo de atos ou serviços prestados por autarquias ou entidades públicas criadas por lei, descentralizadas, no exercício de suas próprias atividades ou em funções estatais de ordem administrativa, por delegação do Estado.

ADMINISTRAÇÃO-JUIZ. *Direito administrativo.* Sistema de jurisdição pelo qual a Administração Pública passa a ter função jurisdicional, podendo, inclusive, julgar em causa própria em demandas ou conflitos de interesses com os administrados.

ADMINISTRAÇÃO LEGAL. *Direito civil.* Gerência de negócios ou bens alheios exercida por alguém em razão de determinação legal. É, por exemplo, a do tutor em relação aos bens do seu pupilo; do curador, quanto ao patrimônio do curatelado; dos pais, no que atina aos bens dos filhos menores sujeitos ao poder familiar.

ADMINISTRAÇÃO MUNICIPAL. *Direito administrativo.* Complexo de órgãos e funcionários públicos que exercem, na área de competência municipal, funções e atividades para a consecução do interesse público.

ADMINISTRAÇÃO NO COMANDO DA AERONÁUTICA. *Direito aeronáutico.* É a gerência econômica, financeira e patrimonial dos bens e valores públicos a cargo das organizações do Ministério da Defesa, bem como a gerência dos recursos de pessoal civil e militar previstos em legislação pertinente.

ADMINISTRAÇÃO PASSIVA. *Direito financeiro.* Tipo de estratégia para administração de fundo ou carteira de investimento, pelo qual o administrador busca replicar a carteira de um índice previamente definido (Luiz Fernando Rudge).

ADMINISTRAÇÃO PATRIMONIAL. *Direito previdenciário.* É a que tem por fim buscar a racionalização de métodos e procedimentos de gestão, mediante a descentralização de procedimentos operacionais, visando à identificação das necessidades e à alocação ideal dos insumos disponíveis, para maximizar o aproveitamento dos suprimentos imobiliários e mobiliários da previdência social. Com isso, procura-se: a) agilizar os programas de desimobilização dos imóveis que não podem ser utilizados pela rede física de atendimento, inclusive daqueles ocupados irregularmente por terceiros, bem como fazer a regularização dominial dos imóveis da previdência social; b) reduzir a quantidade de imóveis locados de terceiros, mediante a realização de permutas e a conclusão dos trabalhos de diagnóstico da alocação dos imóveis pertencentes ao ex-Inamps; c) instituir sistemática de controle individualizado do pagamento dos imóveis vendidos; d) rever as normas internas e padronizar procedimentos relativos à locação de imóveis de propriedade da previdência social a terceiros e de propriedade de terceiros à previdência social, inclusive com revisão de valores de aluguéis, de modo a adequá-los à realidade do mercado atual; e) dar continuidade ao programa permanente de monitoramento das condições de conservação das unidades de serviço, priorizando os imóveis utilizados para atendimento ao público; f) priorizar a conclusão de obras paralisadas; g) instituir sistema para o monitoramento dos contratos de prestação de serviços e de licitação em curso, e constituir um catálogo de bens e serviços com os preços respectivos, com vistas à redução dos preços e ao melhor cumprimento dos serviços contratados; h) reestruturar, em âmbito nacional, os arquivos permanentes de documentos oriundos das diversas linhas da previdência, buscando, no máximo possível, a utilização de meios eletrônicos; i) elaborar e manter atualizado cadastro de imóveis, de móveis e de veículos pertencentes à previdência social, bem como controlar a distribuição, manutenção e alienação destes; j) modernizar e ampliar a capacidade de atendimento da central 191, aumentando o número de jurisdições atendidas, melhorando a qualidade das informações prestadas por intermédio desse serviço; k) estabelecer a relação custo/benefício quando da aquisição de equipamentos de informática, adequando as configurações indispensáveis à execução das atividades, bem como uniformizar, na medida do possível, os aplicativos de trabalho; l) dar continuidade ao processo de contratualização da prestação de serviços de informática; m) concluir a informatização da linha e implantar sistemas gerenciais, com vistas à maior agilidade no processo administrativo e redução de custos operacionais; n) implantar sistema de controle de material de consumo; o) implantar sistemática de avaliação e acompanhamento do desempenho nas unidades locais de serviços gerais, mediante indicadores de excelência dos serviços.

ADMINISTRAÇÃO PENITENCIÁRIA. *Direito penitenciário.* Conjunto de normas relativas à execução das penas privativas de liberdade e das medidas de segurança detentivas, prescrevendo a estrutura, a organização, o funcionamento e o modo de desempenho dos órgãos administrativos competentes para tanto.

ADMINISTRAÇÃO POR FUNÇÕES. *Direito comercial.* É a que agrupa cargos pelas habilidades necessárias ao desenvolvimento das atividades empresariais, controlando e minimizando riscos (James G. Heim).

ADMINISTRAÇÃO POR PROCESSOS. *Direito comercial.* 1. *Process Management.* 2. É a que agrupa cargos em torno de um fluxo de atividades empresariais que visa atender às necessidades dos clientes (James G. Heim).

ADMINISTRAÇÃO PORTUÁRIA. Entidade de direito público ou privado, denominada Autoridade Portuária, que exerce a exploração e a gestão do tráfego e da operação portuária na área do porto público, podendo essas atividades ser realizadas diretamente pela União ou mediante concessão.

ADMINISTRAÇÃO POSTAL BRASILEIRA. É a ECT, ou seja, a Empresa Brasileira de Correios e Telégrafos.

ADMINISTRAÇÃO PRIVADA. *Direito civil* e *direito comercial.* Ato de direção e gerência de bens, móveis ou imóveis, integrantes de um patrimônio particular pertencente a pessoa natural ou jurídica, em razão do direito de propriedade, de lei ou de mandato outorgado com esse escopo pelo titular da coisa administrada. Compreende, portanto, todos os atos ou serviços do administrador dirigidos à conservação e proteção de negócios e bens particulares.

ADMINISTRAÇÃO PROVISÓRIA. *Direito civil.* 1. Gerência do administrador provisório, que é nomeado pelo prazo de dois anos para gerir bens e negócios de psicopatas, alcoólatras habituais e toxicômanos que, apesar de internados por três meses em estabelecimento especializado para tratamento da doença, não conseguiram se recuperar, sendo, portanto, impedidos de praticar atos de administração ou disposição de seus bens. O administrador provisório deverá prestar judicialmente contas de suas funções a cada três meses, relatando a evolução do estado de saúde do doente, que está sob sua guarda, e situação dos bens administrados. Sua função cessa, se em processo de interdição aquelas pessoas forem declaradas absoluta ou relativamente incapazes, com a nomeação de um curador. 2. Atos de administração de herança efetivados pelo administrador provisório, que terá, até ser prestado o compromisso do inventariante, a posse do espólio e a legitimidade para representá-lo ativa e passivamente.

ADMINISTRAÇÃO PÚBLICA. *Direito administrativo.* **1.** Conjunto de órgãos e agentes subordinados ao Poder Executivo e incumbidos do exercício de atos ou serviços necessários à consecução do interesse público. **2.** Gestão de bens, negócios e serviços públicos, na forma da lei. **3.** Atividade administrativa desenvolvida pela entidade pública, mediante atos concretos e executórios, para a realização imediata de interesses gerais ou coletivos ou do bem comum da coletividade. Em outras palavras, é o conjunto de atividades diretamente destinadas à execução de tarefas tidas como de interesse público em uma coletividade (Giorgio Pastori). **4.** Direção do Estado. **5.** Administração direta ou indireta da União, dos Estados, do Distrito Federal ou dos Municípios, a abranger, inclusive, as entidades com personalidade jurídica de direito privado sob o controle do poder público e as fundações por ele mantidas.

ADMINISTRAÇÃO REQUERENTE. *Direito alfandegário.* É a administração aduaneira que solicita assistência.

ADMINISTRAÇÃO REQUERIDA. *Direito alfandegário.* É a administração aduaneira à qual é solicitada assistência.

ADMINISTRAÇÃO RURAL. *Direito agrário.* Gerência ou direção econômica, com intuito de lucro, dada a prédio rural pelo seu proprietário, arrendatário ou responsável pela sua exploração, que, em regra, é um técnico, ou seja, engenheiro agrônomo ou economista rural.

ADMINISTRAÇÃO TRIBUTÁRIA. *Direito tributário.* Complexo de órgãos e agentes públicos que cuidam do lançamento e fiscalização de tributos.

ADMINISTRADO. 1. *Direito civil.* Aquele cujos bens ou pessoa estão subordinados à administração de outrem, em virtude de lei ou mandato. **2.** *Direito administrativo.* a) Qualquer pessoa enquanto sujeito de relação jurídico-administrativa; b) funcionário público quando participante de relação jurídico-administrativa, subordinando-se ao Estado enquanto Administração Pública. **3.** *História do direito.* Designação dada, na época colonial, ao índio retido em cativeiro.

ADMINISTRADOR. 1. *Direito civil* e *direito comercial.* a) Pessoa encarregada de gerir interesses, bens ou patrimônio alheio, ou até mesmo próprio, praticando atos necessários a sua conservação e de-

senvolvimento; b) aquele que dirige associação, sociedade simples ou empresária. **2.** *Direito agrário.* Preposto do proprietário na gerência de um imóvel rural. **3.** *Direito administrativo.* Órgão ou agente incumbido da gestão de negócios ou de interesses públicos, administrando o patrimônio estatal.

ADMINISTRADOR APOSTÓLICO. *Direito canônico.* Sacerdote que tem o dever de gerir, por ordem da Santa Sé, uma diocese vaga ou provida, assumindo direitos e deveres dos bispos permanentes, se tiver funções permanentes; mas, se suas funções forem temporárias, seus direitos e obrigações serão os dos vigários capitulares.

ADMINISTRADOR DA DÍVIDA PÚBLICA. *Direito administrativo* e *direito financeiro.* É todo servidor lotado na Secretaria Adjunta III da Secretaria do Tesouro Nacional (STN) que desempenhe atividades vinculadas à gestão da dívida pública. Cabe ao administrador da dívida pública: a) ter elevada conduta profissional, agindo sempre com zelo, honradez, discrição e dignidade; b) exercer suas atividades profissionais com competência e diligência, buscando o aprimoramento técnico, a atualização permanente, devendo encorajar todos os envolvidos na atividade a adotar tal conduta; c) exercer juízo profissional independente; d) ter conduta equilibrada e isenta, não participando de quaisquer transações e atividades que possam comprometer a sua dignidade profissional ou desabonar a sua imagem pública, bem como a da instituição (STN); e) manter confidencialidade quanto às informações e atividades referentes ao trabalho realizado na área onde atua, sendo a ele absolutamente vedada a utilização desses dados em benefício de seus interesses particulares ou de terceiros; f) ser estritamente profissional e imparcial no tratamento com o público; g) levar em conta, na realização de seus eventuais investimentos pessoais, os conflitos de interesse com as atividades exercidas; h) procurar fazer-se sempre acompanhar de um colega da STN, ao participar de encontros profissionais com pessoas ou instituições que tenham interesses junto ao Tesouro Nacional. São deveres do administrador da dívida pública: a) realizar seu trabalho com lealdade à instituição (STN), guardando total sigilo profissional no tocante à utilização de informações privilegiadas sobre ato ou fato não divulgado no mercado, ressalvada sua obrigação de divulgar, ao público, as informações exigíveis nos termos da lei; b) atuar de modo a assegurar a exatidão e a qualidade na realização do trabalho sob sua responsabilidade profissional; c) assumir claramente a responsabilidade pela execução do seu trabalho e pelos pareceres e opiniões profissionais de sua autoria; d) guardar a devida imparcialidade, a fim de que prevaleça o equilíbrio e a justiça no exercício das atividades que caracterizam a gestão financeira; e) repassar, a terceiros, exclusivamente as informações de domínio público, por meio da Mesa de Comunicação com o Mercado, dotada de equipamentos e segurança necessários; f) recusar, no exercício de suas atividades profissionais, qualquer tipo de ajuda financeira, gratificação, comissão, doação, ou vantagem de qualquer espécie, para si, familiares ou qualquer pessoa; g) notificar, imediatamente, ao Comitê de Ética acerca de quaisquer situações contrárias à ética, ilegais, irregulares ou duvidosas de que tenha conhecimento, ficando garantido o sigilo quanto à fonte de informação; h) obter prévia e expressa autorização da STN para publicação de estudos, pareceres, pesquisas e demais trabalhos de sua autoria que envolvam assuntos relacionados às atividades da Secretaria. É vedado ao administrador da dívida pública: a) efetuar aplicações de recursos particulares em ativos financeiros que façam parte da relação de ativos divulgada pelo Comitê de Ética; b) adquirir diretamente qualquer título da dívida pública mobiliária federal; c) utilizar informações privilegiadas para qualquer fim em benefício próprio ou de terceiros; d) comentar assuntos internos que envolvam informações confidenciais ou que possam vir a antecipar algum comportamento do mercado; e) aceitar presentes, salvo de autoridades estrangeiras, nos casos protocolares em que houver reciprocidade. Não se consideram presentes os brindes que não tenham valor comercial ou que, distribuídos por entidades de qualquer natureza a título de cortesia, propaganda, divulgação habitual ou por ocasião de eventos especiais ou datas comemorativas, não ultrapassem o valor unitário de cem reais.

ADMINISTRADOR DE NÚCLEOS OU DE DISTRITO DE COLONIZAÇÃO. *Direito agrário.* É o responsável pela implantação, coordenação e consolidação dos serviços técnicos, administrativos e comunitários das unidades de colonização, até sua emancipação total.

ADMINISTRADOR JUDICIAL. 1. *Direito processual.* Pessoa a quem o magistrado incumbe a tarefa de gerir patrimônio ou bens submetidos a juízo.

2. *Direito falimentar.* O administrador judicial é o profissional idôneo, preferencialmente advogado, economista, administrador de empresas, ou contador, ou pessoa jurídica especializada, escolhido, a critério do juiz, para assumir a gerência da massa falida sob a imediata direção e fiscalização judicial. Se o administrador judicial nomeado for pessoa jurídica, declarar-se-á o nome de profissional responsável pela condução do processo de falência ou de recuperação judicial, que não poderá ser substituído sem autorização do juiz. Ao administrador judicial compete, sob a fiscalização do juiz e do Comitê, além de outros deveres que esta Lei lhe impõe: 1 – na recuperação judicial e na falência: a) enviar correspondência aos credores, comunicando a data do pedido de recuperação judicial ou da decretação da falência, a natureza, o valor e a classificação dada ao crédito; b) fornecer, com presteza, todas as informações pedidas pelos credores interessados; c) dar extratos dos livros do devedor, que merecerão fé de ofício, a fim de servirem de fundamento nas habilitações e impugnações de créditos; d) exigir dos credores, do devedor ou seus administradores quaisquer informações; e) elaborar a relação de credores; f) consolidar o quadro-geral de credores a ser homologado pelo juiz; g) requerer ao juiz convocação da assembléia-geral de credores nos casos previstos em Lei ou quando entender necessária sua ouvida para a tomada de decisões; h) contratar, mediante autorização judicial, profissionais ou empresas especializadas para, quando necessário, auxiliá-lo no exercício de suas funções; i) manifestar-se nos casos previstos em Lei; 2 – na recuperação judicial: a) fiscalizar as atividades do devedor e o cumprimento do plano de recuperação judicial; b) requerer a falência no caso de descumprimento de obrigação assumida no plano de recuperação; c) apresentar ao juiz, para juntada aos autos, relatório mensal das atividades do devedor; d) apresentar o relatório sobre a execução do plano de recuperação. 3 – na falência: a) avisar, pelo órgão oficial, o lugar e hora em que, diariamente, os credores terão à sua disposição os livros e documentos do falido; b) examinar a escrituração do devedor; c) relacionar os processos e assumir a representação judicial da massa falida; d) receber e abrir a correspondência dirigida ao devedor, entregando a ele o que não for assunto de interesse da massa; e) apresentar, no prazo de 40 (quarenta) dias, contado da assinatura do termo de compromisso, prorrogável por igual período, relatório sobre as causas e circunstâncias que conduziram à situação de falência, no qual apontará a responsabilidade civil e penal dos envolvidos; f) arrecadar os bens e documentos do devedor e elaborar o auto de arrecadação; g) avaliar os bens arrecadados; h) contratar avaliadores, de preferência oficiais, mediante autorização judicial, para a avaliação dos bens caso entenda não ter condições técnicas para a tarefa; i) praticar os atos necessários à realização do ativo e ao pagamento dos credores; j) requerer ao juiz a venda antecipada de bens perecíveis, deterioráveis ou sujeitos a considerável desvalorização ou de conservação arriscada ou dispendiosa; l) praticar todos os atos conservatórios de direitos e ações, diligenciar a cobrança de dívidas e dar a respectiva quitação; m) remir, em benefício da massa e mediante autorização judicial, bens apenhados, penhorados ou legalmente retidos; n) representar a massa falida em juízo, contratando, se necessário, advogado, cujos honorários serão previamente ajustados e aprovados pelo Comitê de Credores; o) requerer todas as medidas e diligências que forem necessárias para o cumprimento desta Lei, a proteção da massa ou a eficiência da administração; p) apresentar ao juiz para juntada aos autos, até o 10º (décimo) dia do mês seguinte ao vencido, conta demonstrativa da administração, que especifique com clareza a receita e a despesa; q) entregar ao seu substituto todos os bens e documentos da massa em seu poder, sob pena de responsabilidade; r) prestar contas ao final do processo, quando for substituído, destituído ou renunciar ao cargo; s) não poderá transigir, sem autorização judicial, após ouvidos o Comitê de Credores e o devedor no prazo de dois dias, sobre obrigações e direitos da massa falida e conceder abatimento de dívidas, mesmo que sejam consideradas de difícil recebimento.

ADMINISTRAR. Gerir negócios públicos ou particulares.

ADMINISTRATIVISTA. Pessoa versada em direito administrativo, por estudá-lo, ou por escrever obras sobre ele.

AD MISERICORDIAM. *Locução latina.* Por compaixão.

ADMISSÃO. 1. *Direito administrativo.* a) Ato administrativo discricionário que visa integrar, nos quadros do funcionalismo público, pessoa que lhe é estranha, para prestar serviços na quali-

dade de extranumerário contratado; b) ato administrativo vinculado pelo qual se concede ao administrado o gozo de um bem ou serviço público, desde que preenchidos os requisitos legais para tanto. Por exemplo, ocupação de terras públicas por flagelados, internamento em hospital público etc. **2.** *Direito civil.* Ato pelo qual se aceita o ingresso de alguém em uma associação ou sociedade. **3.** *Direito comercial.* a) Autorização concedida em Bolsa de Valores para que certo título nela possa ser negociado; b) aceitação de um novo sócio em sociedade empresária, alterando-se o contrato social. **4.** *Direito internacional público.* Reconhecimento do governo de pessoa enviada como representante de um outro Estado para cuidar de determinado assunto ou negócio de interesse de ambos os países. **5.** *Direito processual.* a) Ato judicial de dar entrada a uma petição, a um documento ou a uma defesa, em razão de sua procedência, admitindo que alguém venha a litigar, em juízo, por preencher os requisitos exigidos pela lei processual, ou de receber um recurso interposto por um dos litigantes dentro do prazo legal; b) ato pelo qual se permite não só a produção de provas, prática de uma diligência pedida, como também a concessão de prazo para realizá-las. **6.** *Direito do trabalho.* Ato de alguém ser aceito em estabelecimento de entidade empregadora para prestar serviços mediante recebimento de uma remuneração (salário). **7.** *Lógica jurídica.* Efeito do reconhecimento de uma proposição formulada pelo adversário.

ADMISSÃO TEMPORÁRIA. *Direito aduaneiro* e *direito tributário.* **1.** Concessão para a entrada livre, por tempo determinado, de certos artigos, por exemplo, animais e mercadorias destinados a feiras, coleções de numismática para uma exposição, material cênico de companhia teatral para dado espetáculo, desde que o interessado preste caução, de conformidade com o valor que deveria pagar por essas mercadorias, comprometendo-se a não as entregar ao público consumidor, exceto se pagar o imposto devido. **2.** Regime aduaneiro que permite uma operação de importação, com suspensão do pagamento de tributos, de bens que venham a permanecer no País, durante certo tempo, devendo ser devolvidos ao exterior sem modificações que lhes confiram nova individualidade. P. ex., a admissão de carros e equipamentos utilizados pelas equipes de corridas de Fórmula 1; de bens destinados a exposições, feiras, demonstrações etc. (Antonio Carlos Rodrigues do Amaral).

ADMITIR. 1. Considerar algo como verdadeiro. **2.** Acatar. **3.** Tomar algo como ponto de partida sem se preocupar se é verdadeiro ou falso, provável ou improvável (Lalande).

ADMITTATUR. *Termo latino.* **1.** Carta ou certificado de exame; título de capacidade. **2.** Salvo-conduto para permitir que seu portador seja recebido em certo lugar.

ADMITTITUR ET IMPRIMATUR. *Direito canônico.* Fórmula utilizada em licença eclesiástica para a publicação de obra que não traga matéria ortodoxa.

AD MODUM. *Locução latina.* À maneira de.

ADMOESTAÇÃO. 1. Advertência; chamar a atenção; aviso; conselho. **2.** *Direito do trabalho* e *direito administrativo.* Pena disciplinar com que se repreende empregado ou funcionário que cometeu uma falta regulamentar de pouca gravidade. Tal repreensão poderá ocorrer *em público*, se uma autoridade superior ou empregador a realizar na presença de outros empregados, ou *em particular*, se feita apenas ao faltoso, reservadamente, sem que possa ser ouvida por outrem. Deverá ser em qualquer dos casos transcrita na fé de ofício do funcionário, mas, como é oral, dificilmente deixará vestígios na folha de serviço. **3.** *Direito processual.* a) Advertência feita pelo juiz a ambos os litigantes ou ao réu para que tenham cautela, atendendo à lei ou às ordens judiciais; b) repreensão judicial às testemunhas que não se comportarem de modo conveniente, aos serventuários da justiça quando não seguirem suas ordens ou não cumprirem seus serviços, ou, ainda, aos advogados que não agirem corretamente, não tendo ética profissional, quando, por exemplo, será ordenado o cancelamento de injúrias por eles inseridas em peças processuais ou cassadas suas palavras, se proferirem, em defesa oral, expressões injuriosas. **4.** *Direito canônico.* Citação judicial, no foro canônico, contra quem não obedecer ordem do juiz.

ADMONIÇÃO. *Direito processual penal.* Repreensão ou advertência leve. Por exemplo, a audiência admonitória, quando o réu obtém a suspensão condicional da pena, e o juiz o adverte sobre as conseqüências da prática de nova infração penal e do descumprimento das condições impostas.

ADN. *Medicina legal.* Abreviação de ácido desoxirribonucléico.

AD NAUSEAM. *Locução latina.* **1.** Até a exaustão. **2.** Excessivamente. **3.** Argumentação exaustiva.

AD NECESSITATEM. *Locução latina.* Por necessidade.

AD NEGOTIA. *Locção latina.* Para negócios.

AD NOSTRAM CONSUETUDINEM. *Locução latina.* Conforme nosso costume.

ADNR. *Medicina legal, biodireito* e *direito ambiental.* É o DNA recombinante resultante da combinação *in vitro* de genes oriundos de organismos diferentes.

ADNOME. *Direito civil.* Vocábulo ou sinal distintivo que se acrescenta ao nome completo (filho, júnior, neto, sobrinho) para diferenciar parentes que tenham o mesmo, não sendo usual, no Brasil, a utilização de ordinais para distinguir membros da mesma família, por exemplo, Otávio Silva Carvalho Segundo, embora haja alguns exemplos desse uso entre nós. É, também, designado "agnome".

AD NUTUM. *Locução latina.* **1.** Pela vontade; por um simples sinal ou aceno de cabeça; por arbítrio. **2.** *Direito administrativo.* Diz-se da demissão de funcionário público que ocupa cargo de confiança ou comissão, pois, não tendo efetividade, pode ser dispensado pelo simples arbítrio, sem qualquer justificação do órgão governamental que o nomeou, não tendo qualquer direito a indenização. **3.** *Direito civil.* Diz-se do ato jurídico ou negocial que pode ser desfeito, revogado ou resolvido pela vontade de uma das partes.

ADOÇÃO. *Direito civil.* Ato jurídico solene pelo qual, observados os requisitos legais, alguém mediante intervenção judicial, estabelece, independentemente de qualquer relação de parentesco consangüíneo ou afim, um vínculo fictício de filiação, trazendo para sua família, na condição de filho, pessoa, maior ou menor, que, geralmente, lhe é estranha. Dá origem, portanto, a uma relação jurídica de parentesco civil entre adotante e adotado e entre os parentes daquele com o adotado. É uma ficção legal que possibilita que se constitua entre o adotante e o adotado um laço de parentesco de 1º grau em linha reta.

ADOÇÃO À BRASILEIRA. *Direito civil.* Declaração falsa assumindo paternidade ou maternidade alheia, sem observância das exigências legais para adoção e sem apreciação judicial. Atenta contra a fé pública cartorária, mas acata o Estatuto da Criança e do Adolescente e a norma constitucional no sentido de dar a alguém uma convivência familiar.

ADOÇÃO CONJUNTA. *Vide* ADOÇÃO CUMULATIVA.

ADOÇÃO CUMULATIVA. *Direito civil.* É aquela em que alguém é adotado por duas pessoas que sejam marido e mulher ou conviventes ou, ainda, por ex-cônjuges, desde que tenha havido estágio de convivência antes da separação do casal e haja acordo sobre guarda e visita.

ADOÇÃO DE MENOR POR ESTRANGEIRO. *Direito civil.* Ato excepcional pelo qual menor brasileiro passa a ser filho de adotante estrangeiro não domiciliado no Brasil, desligando-se do vínculo que o prendia aos pais de sangue. Essa adoção é assistida pelo Poder Público, na forma da lei, que estabelecerá casos e condições para sua efetivação. Há, portanto, algumas restrições legais, como: a) impossibilidade de adoção por procuração; b) exigência de estágio de convivência, se o adotante for domiciliado no exterior, a ser cumprido no território nacional, de quinze dias, no mínimo, se o adotando for criança de até dois anos de idade, e de trinta dias, no mínimo, se tiver mais de dois anos de idade; c) comprovação da habilitação do adotante para adotar, consoante as leis de seu país de origem, mediante documento expedido pela autoridade competente do seu domicílio; d) apresentação de estudo psicossocial do adotante feito por agência especializada e credenciada no seu país de origem, que atestará sua sanidade mental, idoneidade moral, condições econômicas para adotar etc.; e) apresentação de texto pertinente à legislação estrangeira, acompanhado de prova de sua vigência, a pedido do juiz, de ofício, ou do Ministério Público, pois o conhecimento da lei alienígena é essencial para evitar problemas que, eventualmente, possam surgir; f) juntada aos autos de documentos estrangeiros, devidamente autenticados pela autoridade consular, com observância dos tratados e convenções internacionais; g) permissão da saída do adotado do território nacional apenas após a consumação da adoção.

ADOÇÃO *INTUITU PERSONAE*. *Direito civil.* Aquela em que o genitor manifesta a vontade de disponibilizar o filho à adoção e, sem que tenha havido a suspensão ou a perda do poder familiar, indica, fundamentadamente, pessoa determinada para ser o adotante, antes que este tenha convivido com o adotando e, por isso, ainda não criado o vínculo de afeto; desnecessário será que o indicado esteja previamente inscrito no cadastro de adotantes; embora deva ser submetido, antes da pronúncia de adoção, à avaliação psicossocial por equipe interdisciplinar (Suely Mitie Kusano).

ADOÇÃO LEGITIMANTE. *Vide* ADOÇÃO PLENA.

ADOÇÃO NO DIREITO INTERNACIONAL PRIVADO. *Direito internacional privado.* É aquela em que o adotado ou o adotante são estrangeiros, sendo norteada por dois sistemas: a) o da *lei da nacionalidade*, pelo qual, se adotando e adotante tiverem nacionalidades diversas, prevalecerá, por exemplo, na Alemanha, Portugal, Grécia, Japão, China e Coréia, para regular a adoção, a legislação nacional do adotante, ao passo que, na França, se aplicará a lei nacional do adotando, e, se um deles, adotando ou adotante, for francês, prevalecerá a lei francesa; b) o da *lei do domicílio*, acatado pelos países latinos e da *common law*, através do qual, se ambos tiverem o mesmo domicílio, se aplicará a lei local, mas, se o adotando estiver domiciliado em outro país, sua lei deverá ser considerada. A forma a ser observada será a do nosso país, se realizada a adoção de brasileiro no Brasil (*locus regit actum*) por estrangeiro, o que requererá decisão judicial. A capacidade para adotar e os efeitos da adoção deverão ser apreciados pela lei do domicílio do adotante, e a capacidade para ser adotado, pela legislação do domicílio do adotando. Casos há em que a adoção permitida pela lei pessoal dos interessados não poderá ser realizada num certo país onde a lei venha a impor limitações em razão de ordem pública, por exemplo, no Brasil, não estará permitido ao tutor adotar pupilo sem antes prestar contas de sua administração e saldar o seu alcance. Como no Brasil prevalece a lei do domicílio, qualquer estrangeiro aqui radicado poderá adotar, mesmo que a lei de seu país de origem ignore o instituto da adoção. Contudo, se a lei pessoal dos interessados admitir a adoção e a *lex fori* não, prevalecerá esta, pois não se poderá adotar em país que desconheça o instituto. Ter-se-á, então, um conflito de instituição, que se resolverá em favor da lei territorial. Os efeitos da adoção regem-se pela lei do domicílio do adotante, principalmente no que atina à sua sucessão, e pela lei domiciliar do adotando, em tudo que se refira ao nome, direitos e deveres em relação a sua família natural e a que passa a integrar. É preciso não olvidar que, quanto aos efeitos sucessórios da adoção, dependerão eles da *lex domicilii* do *de cujus*, sendo inoperante a do local onde se efetivou a adoção, a da nacionalidade ou a do domicílio do herdeiro. Feita a adoção internacional, os efeitos internos e a extensão extraterritorial dos mesmos reger-se-ão pela lei do novo domicílio do adotado, que é o do adotante, pois, fixada a adoção, a partir dela o adotado menor passará a ter o mesmo domicílio legal do adotante, porém, atingindo a maioridade, terá o seu próprio domicílio.

ADOÇÃO PLENA. *História do direito.* Era a espécie de adoção pela qual o menor adotado passava a ser, irrevogavelmente, para todos os efeitos legais, filho legítimo dos adotantes, desligando-se de qualquer vínculo com os pais de sangue e parentes, salvo os impedimentos matrimoniais. Apresentava essa modalidade de adoção os seguintes caracteres: a) efetivação por maior de vinte e um anos, independentemente de seu estado civil, ou por casal, ligado pelo matrimônio ou por concubinato, desde que um deles tivesse completado aquela idade, comprovada a estabilidade conjugal ou familiar; b) diferença mínima de idade entre adotante e adotado, que devia ser de pelo menos dezesseis anos; c) limitação de idade do adotado plenamente, visto que essa modalidade de adoção abrangia criança de até doze anos e adolescente entre doze e dezoito anos de idade, em situação regular ou irregular, podendo estender-se, excepcionalmente, aos menores entre dezoito e vinte e um anos, desde que já estivessem sob a guarda ou tutela do adotante; d) irrevogabilidade, mesmo que os adotantes viessem a ter filhos, aos quais os adotados estivessem equiparados, tendo os mesmos deveres e direitos, inclusive sucessórios; e) estágio de convivência entre adotante e adotando pelo prazo que a autoridade judiciária fixasse, que poderia ser dispensado se o menor não tivesse mais de um ano de idade ou se, qualquer que fosse sua idade, já estivesse na companhia do adotante durante tempo suficiente para se poder avaliar a conveniência da constituição do vínculo; f) consentimento dos pais ou do representante legal do adotado, que deviam, após o consenso, ser ouvidos pela autoridade judiciária e pelo representante do Ministério Público, tomando-se por termo as declarações. Tal anuência era dispensada se seus pais fossem desconhecidos ou destituídos do pátrio poder, e, se o adotando tivesse mais de doze anos, devia dar o seu consentimento; g) rompimento automático do vínculo de parentesco com a família de origem, salvo os impedimentos matrimoniais; h) criação de verdadeiros laços de parentesco entre o adotado e a família do adotante; i) intervenção judicial na sua criação, pois só se aperfeiçoava perante o juiz, em processo judicial.

ADOÇÃO *POST-MORTEM*. *Direito civil.* Os efeitos da adoção iniciam-se com o trânsito em julgado da sentença, salvo se o adotante vier a falecer no curso do procedimento, caso em que terá efeito retroativo à data do óbito. É preciso que o adotante já houvesse, antes do falecimento, requerido a adoção, cujo processo está em andamento. Será necessário, para que não seja concedida tal adoção, prova cabal de que o adotante já falecido não mais pretendia adotar.

ADOÇÃO PRÉ-NATAL. *Biodireito.* Ato de adotar alguém, antes de seu nascimento, como filho, para protegê-lo, assegurando-lhe uma convivência familiar, e solucionando problema de embriões excedentes e da recusa da entrega da criança pela mãe gestacional.

ADOÇÃO PRONTA. *Direito civil.* Entrega de criança ao adotante efetivada diretamente pela mãe ou pai biológicos antes do processo regular, buscado apenas para regularizar ou homologar uma situação fática. É um modo ilegal de colocação de menor em família substituta (Suely Mitie Kusano).

ADOÇÃO RESTRITA. *Vide* ADOÇÃO SIMPLES.

ADOÇÃO SIMPLES. *História do direito.* Era a concernente ao vínculo de filiação que se estabelecia entre o adotante e o adotado, que podia ser pessoa maior ou menor entre dezoito e vinte e um anos, sendo tal posição de filho não definitiva ou irrevogável. Não havia qualquer parentesco civil entre o adotado e os parentes do adotante, nem extinção dos direitos e deveres resultantes do parentesco natural, com exceção do pátrio poder, que se transferia do pai natural para o adotivo. Para que ocorresse era preciso a observância dos seguintes requisitos: a) idade mínima do adotante superior a trinta e quatro anos; b) diferença mínima de idade entre o adotante e o adotado de pelo menos dezesseis anos; c) consentimento do adotado ou de seu representante legal; d) escritura pública de adoção, que devia ser averbada à margem do registro de nascimento do adotado.

ADOÇÃO SINGULAR. *Direito civil.* É a feita por um adotante, independentemente do estado civil, desde que seja maior de dezoito anos.

ADOÇÃO UNILATERAL. *Direito civil.* Aquela em que um dos cônjuges ou companheiros adotar filho do outro, mantendo-se os vínculos de filiação entre o adotado e o cônjuge ou companheiro e de parentesco entre os respectivos parentes.

ADOLESCÊNCIA. *Direito civil.* Idade que sucede à infância e vai até os dezoito anos. É o período da vida que se situa entre doze e dezoito anos.

ADOLESCENTE. *Direito do menor.* É o que está na adolescência, que compreende a idade entre doze e dezoito anos, tendo direitos especiais como: a) admissão no trabalho com a idade de catorze anos no mínimo; b) proibição de trabalho noturno, perigoso ou insalubre; c) garantia de obtenção de vantagens previdenciárias; d) acesso à escola; e) direito de voto a partir de dezesseis anos; f) aceitação de mandato; g) permissão para fazer testamento ou para testemunhar atos jurídicos; h) exercício de emprego público para o qual não for exigida a maioridade; i) permissão para casar-se; j) exercício na justiça criminal do direito de queixa, renúncia e perdão; l) direito à convivência familiar e comunitária; m) prevenção à ocorrência de ameaça ou violação dos seus direitos à informação, à cultura, ao lazer, aos esportes, à venda de produtos e à autorização para viagens. Tem, por outro lado, deveres pela prática de crimes ou contravenções, sendo submetido a penas disciplinares, a prestação de serviços à comunidade, a regime de semiliberdade ou de internação etc.

ADÔMIDE. *Direito internacional privado.* Pessoa que não tem domicílio conhecido, nem mesmo o de origem, hipótese em que, para solucionar suas pendências, se adota o critério da residência. Esta é um *quid facti*, um mero elemento de domicílio voluntário, a que se há de recorrer quando alguém não o possuir, constituindo simples estada ou morada ocasional ou acidental, estabelecida transitória ou provisoriamente, sem intuito de permanência. Na falta desta última poderá ser demandado onde for encontrado.

ADOPTION ANONYME. *Locução inglesa.* O mesmo que *INKOGNITOADOPTION*.

ADOPTIO NATURA IMITATUR. *Expressão latina.* A adoção imita a natureza.

ADOPTIO PER TESTAMENTUM. *Locução latina.* Adoção por testamento.

AD OSTENTATIONEM. *Locução latina.* A título de ostentação ou por vaidade.

ADOTADO. *Direito civil.* Aquele que foi tomado como filho ao adquirir a filiação civil por meio da adoção.

ADOTANDO. *Direito civil.* É o candidato à adoção.

ADOTANTE. *Direito civil.* Aquele que adquire a paternidade civil ao aceitar estranho como filho, mediante adoção, que estabelece o parentesco civil.

AD PAENITENDUM PROPERAT CITO QUI IUDICAT. *Expressão latina.* Quem julga apressadamente se arrepende.

AD PATRES. *Locução latina.* **1.** Morte. **2.** Para os antepassados.

AD PEDEM LITTERAE. *Locução latina.* **1.** Ao pé da letra. **2.** Diz-se da transcrição feita literalmente.

AD PERPETUAM REI MEMORIAM. *Expressão latina.* **1.** Para eterna memória das coisas. **2.** Aplicável às diligências acautelatórias que são produzidas, em juízo, pela parte que suspeitar, fundamentemente, que possam desaparecer provas a serem colhidas, ou às provas produzidas antes da propositura da ação, se houver fundado temor de que seja impossível ou difícil a verificação de determinados fatos durante o processo, por exemplo, um exame pericial feito antecipadamente a fim de evitar a destruição de algum fato, por ser transitório ou suscetível de desaparecer. Daí falar-se em vistoria *ad perpetuam rei memoriam*, depoimento *ad perpetuam rei memoriam*, que são requeridos para que os fatos, assinalados num dado momento, fiquem registrados para poderem ser, a qualquer momento, alegados.

AD PERSONAM DOMINI PERSPICTUR. *Expressão latina.* Relativo à pessoa do dono.

ADPF. Abreviação de Argüição de descumprimento de preceito fundamental.

AD POMPAM VEL OSTENTATIONEM. *Expressão latina.* **1.** Para pompa e ostentação. **2.** Designa coisas que são utilizadas apenas à pompa e à ostentação.

AD PRAETERITA PERTINENS. *Expressão latina.* Pertencente ao passado.

AD PROBANDUM TANTUM. *Expressão latina.* Somente para provar.

AD PROBATIONEM. *Locução latina.* **1.** Para a prova. **2.** Indica, por exemplo, forma que deve ser observada para efeito de prova de um ato negocial; logo, sua inobservância não acarretará a invalidade do mesmo.

AD PROBATIONEM TANTUM. *Vide AD PROBANDUM TANTUM.*

AD PROCESSUM. *Locução latina.* Para o processo.

AD PROMISSIO. *Direito romano.* Contrato verbal acessório.

AD PUDOREM. *Locução latina.* **1.** Muito empregada na *lógica jurídica*, significa "para a dignidade". **2.** Diz-se do argumento pelo qual se apela para os sentimentos de dignidade ou de amor próprio do adversário.

AD QUEM. *Locução latina.* **1.** Para o qual; para onde; termo final. **2.** Empregada para designar o dia até o qual se conta ou o juízo ou tribunal para o qual se recorreu de uma decisão de instância inferior. Tem, portanto, na linguagem jurídica, dois sentidos, quais sejam: a) o dia final de contagem de um prazo (termo final), daí falar-se em *dies ad quem*; b) o tribunal para onde o processo em grau de recurso será remetido, donde a expressão "tribunal *ad quem*".

ADQUIRENTE. *Direito civil.* É a pessoa natural ou jurídica a quem se confere, gratuita ou onerosamente, a propriedade de coisa móvel ou imóvel ou a titularidade de um direito, em razão de lei ou de ato jurídico.

ADQUIRIDOS. *Direito civil.* Aqüestos.

ADQUIRIR. *Direito civil.* Obter posse ou propriedade de algo.

ADQUISTOS. *Direito civil.* **1.** Aqüestos; bens adquiridos. **2.** Diz-se dos bens adquiridos a título oneroso, na constância de casamento regido por comunhão.

ADR. *Direito comparado.* **1.** Sigla de *Alternative Dispute Resolution.* **2.** Abreviação de *American Depositary Receipt* (recibo de ações de companhia não sediada nos Estados Unidos, emitido por banco e custodiado em banco norte-americano, usado para captar recursos no exterior e reforçar a liquidez das ações da companhia – Luiz Fernando Rudge).

AD REFERENDUM. *Locução latina.* **1.** Sob a condição de ser submetido a; para apreciação. **2.** Em sentido amplo é empregada para indicar ato que, por ser praticado por alguém sem amplos poderes, necessita, para seu aperfeiçoamento, da aprovação de pessoa com competência na matéria ou de uma autoridade superior, vigorando, portanto, somente depois da confirmação do poder competente, ou seja, do seu referendo, que o tornará válido. Por exemplo, a nomeação feita por órgão executivo que depender da aprovação do Legislativo será *ad referendum*; a deliberação por diretor de uma sociedade sobre matéria de competência da assembléia será *ad referendum*, por depender da apreciação desta. **3.** *Direito civil.* Diz-se de contrato provisório dependente de ulterior apreciação por quem de direito. **4.** *Direito constitucional.* Termo aplicado às leis que requerem aprovação popular, ou seja, para sua validade precisam ser submetidas a um plebiscito. **5.** *Direito internacional público.* Fórmula diplomática a que se submete uma proposta a um governo sob a condição de este acatá-la ou não. Assim, a negociação internacional *ad referendum* será a efetuada pelo diplomata, mas dependente de ulterior aprovação pelo governo de seu Estado.

AD REM. *Locução latina.* **1.** À coisa; francamente; categoricamente; sem subterfúgios. **2.** Juridicamente é empregada, na seara do direito civil, para indicar o direito pessoal que se tem sobre a coisa (*ius ad rem*), diferenciando-o do direito real sobre a coisa (*ius in re*). Pelo *ius ad rem* o credor tem um direito pessoal à coisa, de modo que só poderá adquiri-la ou obtê-la mediante uma prestação do devedor.

AD RETRO. *Locução latina.* Usada para exprimir a cláusula de retrovenda, ou *ad retro*, inserida no contrato de compra e venda, pela qual se reserva ao vendedor o direito de recobrar o imóvel, dentro de certo prazo, restituindo o preço e as despesas feitas pelo comprador.

AD-ROGAÇÃO. *História do direito.* Ato político-religioso pelo qual, na era romana, uma pessoa que já não estava sob o poder familiar era adotada por outra.

ADSEVERATIS PER PARTEM IN JUDICIO NON CONTRADICENS FATERI VIDETUR. *Expressão latina.* Quem não contradiz o alegado pela parte em juízo parece confessar.

AD SIMILIA. *Locução latina.* Por semelhança.

AD SOLEMNITATEM. *Locução latina.* **1.** Para a solenidade. **2.** Diz-se da forma solene exigida em lei para que o ato ou negócio jurídico tenha validade, por lhe ser essencial, de tal sorte que sua omissão acarretará a nulidade daquele ato ou negócio.

AD SOLVENDUM. *Locução latina.* Para pagamento.

AD SUBSTANTIAM. *Locução latina.* "Para a substância" do ato ou do negócio.

AD SUBSTANTIAM ACTUS. *Expressão latina.* Para a substância do ato.

AD SUMMAN. *Locução latina.* Em conclusão.

AD SUUM QUEMQUE HOMINEM QUAESTUM ESSE AEQUUM EST CALLIDUM. *Expressão latina.* É justo que todos sejam astutos em seu próprio interesse.

AD TEMPUS. *Locução latina.* Por algum tempo; temporário; a tempo; oportunamente.

ADUA. *História do direito.* Trabalho feito por vassalos, reparando o castelo do senhor feudal.

ADUANA. *Direito aduaneiro ou alfandegário.* **1.** Alfândega ou local onde se pagam impostos devidos pela entrada de mercadorias estrangeiras num país. **2.** Órgão fiscal que trata dos impostos sobre os produtos em sua entrada ou saída do país, velando para impedir importações ou exportações que estejam vedadas legalmente. **3.** Imposto ou direito pago, na repartição competente, em razão de importação ou exportação de mercadorias. É o tributo sobre o comércio internacional. **4.** *Vide* ALFÂNDEGA.

ADUANEIRO. *Direito aduaneiro* ou *alfandegário.* **1.** Aquilo que é referente à aduana. **2.** Empregado alfandegário. **3.** Sistema econômico de Colbert, instituído no século XVIII, que preconizava a exploração do comércio exterior em prejuízo de algumas nações e com vantagens para outras. **4.** Diz-se do imposto que se paga pela importação de mercadoria ou do direito a ele relativo. **5.** Designa não só os *direitos de fronteiras*, formados pelos impostos de exportação e importação que alcançam a saída dos produtos nacionais ou nacionalizados para o exterior, como também os institutos que lhes são peculiares: *drawback* (devolução ao produtor dos direitos pagos pela importação da matéria-prima estrangeira utilizada no produto, por ocasião da exportação); *dumping* (introdução no país de produtos estrangeiros com preço bem abaixo do mercado, para lesar a indústria nacional); porto livre (lugar onde são introduzidas ou expedidas mercadorias no país ou para o estrangeiro, com isenção de tributos); zona franca (área nacional onde a importação pode ser feita sem ônus alfandegários); *Zollverein* (união aduaneira pela qual alguns países convencionam para que as mercadorias entrem e saiam de um para outro sem qualquer tributação); cláusula da nação mais favorecida (obrigação de o Estado signatário de tratado internacional de comércio estender ao outro país contratante qualquer vantagem não prevista que venha a dar a um terceiro Estado, não signatário); e contingenciamento (cláusula especial que visa suprimir, no que for possível, a importação, baseando-se no princípio da compensação).

ADUÇÃO DE PROVAS. *Direito processual civil.* Apresentação das provas em juízo para demonstrar a veracidade do fato alegado em que se funda a ação ou a defesa.

ADULTERAÇÃO. *Direito penal.* **1.** Ato ou efeito de adulterar ou falsificar. **2.** Falsificação; contra-fação. **3.** Substituição indevida e criminosa de alguma coisa por outra de menor valor ou de qualidade inferior. **4.** Alteração ou modificação dolosa de mercadorias, documentos, substâncias alimentícias ou medicinais, fazendo-os passar como verdadeiros quando, na verdade, são falsificados.

ADULTERAÇÃO DE LAUDO PERICIAL. *Medicina legal* e *direito penal.* Falsificação dolosa, no todo ou em parte, das observações feitas pelo médico-legista em seu laudo pericial.

ADULTERAÇÃO DE SINAL IDENTIFICADOR DE VEÍCULO AUTOMOTOR. *Direito penal.* Delito consistente em adulterar ou remarcar o número de chassi ou qualquer sinal identificador de veículo automotor, de seu componente ou equipamento, sendo punido com reclusão e multa. Se o agente cometer esse crime no exercício da função pública ou em razão dela, a pena é aumentada de um terço. Incorre nas mesmas penas o funcionário público que contribui para o licenciamento ou registro do veículo remarcado ou adulterado, fornecendo indevidamente material ou informação oficial.

ADULTERINE GUILD. *Locução inglesa.* Sociedade irregular.

ADULTERINO. *Direito civil.* **1.** Diz-se, apenas sob o prisma didático, pois juridicamente está vedada qualquer discriminação na filiação, do filho nascido em razão de adultério de um ou de ambos os genitores. Assim, será adulterino aquele que nascer de casal impedido de casar em virtude de casamento anterior. O filho adulterino pode resultar de duplo adultério, ou seja, de adulterinidade bilateral, se descender de homem casado e mulher casada, ou, ainda, de adulterinidade unilateral, se gerado por homem casado e mulher livre ou solteira, caso em que é adulterino *a patre*, ou por homem livre ou solteiro e mulher casada, sendo, então, adulterino *a matre*. Trata-se do filho não matrimonial. **2.** Diz-se do concubinato impuro em que um dos amantes ou ambos são casados.

ADULTÉRIO. **1.** *Direito civil.* Relação sexual entre uma pessoa casada e outra que não seja o seu cônjuge, constituindo uma infração ao dever recíproco de fidelidade, desde que haja voluntariedade de ação e consumação da cópula carnal propriamente dita. É causa de ação de separação judicial litigiosa por ser ilícito civil. **2.** *História do direito.* Crime contra o casamento, consistente na prática do inequívoco ato sexual de um dos cônjuges com pessoa que não fosse o outro consorte, punido com detenção. A ação penal apenas podia ser exercida pelo cônjuge ofendido, desde que não estivesse separado judicialmente do ofensor, não tivesse consentido no adultério, nem o tivesse, tácita ou expressamente, perdoado. A condenação em crime de adultério, além da detenção, podia vir a ser causa de impedimento matrimonial.

ADULTÉRIO CASTO. *Vide* INSEMINAÇÃO ARTIFICIAL.

ADÚLTERO. *Direito civil.* Aquele que violou o dever de fidelidade conjugal, por ter tido relação sexual com terceiro.

AD ULTIMUM. *Locução latina.* Finalmente.

ADULTO. **1.** Aquele que chegou à plenitude do desenvolvimento de suas funções biológicas. **2.** Aquele que, por ser plenamente capaz para praticar todos os atos da vida civil, atingiu a maioridade.

AD UNUM. *Locução latina.* Até o último; sem exceção; sem excetuar um.

AD UNUM OMNES. *Expressão latina.* Por unanimidade; todos sem exceção.

AD USUCAPIONEM. *Locução latina.* Para a usucapião.

AD USUM. *Locução latina.* Segundo o uso; conforme o costume.

AD USUM FORENSE. *Expressão latina.* De acordo com o costume do foro, conforme a praxe forense.

ADUZIR. **1.** Expor. **2.** Oferecer argumentos.

AD VALIDITATEM. *Locução latina.* Para validade.

AD VALOREM. *Locução latina.* **1.** Segundo o valor; pelo valor. **2.** Termo usual para designar a tributação feita pelo valor da mercadoria, como ocorre, por exemplo, no imposto sobre comércio exterior. É, portanto, a alíquota que incide sobre mercadoria, considerando-se apenas seu valor, deixando de lado seu volume, peso ou medida.

ADVANCE CARE MEDICAL DIRECTIVE. *Expressão inglesa.* Decisão ou ordem antecipada para o cuidado médico (DACM).

ADVANCE DIRECTIVE. *Locução inglesa.* Decisão ou ordem antecipada (DA).

ADVANCE FREIGHT. *Locução inglesa.* Frete pago por antecipação.

ADVANCE PAYMENT BONDS. *Direito internacional privado.* Garantias de pagamento antecipado.

ADVANCED PRICING AGREEMENT. *Expressão inglesa.* Acordo prévio de preços de transferência, oriundo dos EUA, com o escopo de permitir que o Fisco otimize à arrecadação e aos contribuintes a viabilização de negócios sob o prisma de *transfer pricing,* minimizando os riscos de uma autuação fiscal e maximizando um planejamento tributário internacional. É um acordo entre contribuinte e autoridade fiscal que define preços de transferência a serem praticados por um período determinado. O Brasil só pode celebrálo com países com os quais tem um tratado para evitar bitributação. *Vide TRANSFER PRICING.*

AD VANUM. *Locução latina.* Desnecessário; em vão; inútil.

ÁDVENA. *Direito internacional privado.* **1.** Estrangeiro; adventício; forasteiro. **2.** Diz-se daquele que não é natural do país onde se encontra. É a pessoa estrangeira, domiciliada ou não no Brasil, desde que não se tenha naturalizado.

ADVENOMANIA. *Medicina legal.* Mania de falar segundo os idiomas estrangeiros (Afonso Celso F. de Rezende).

ADVENTÍCIO. O que vem de fora.

ADVENTO. **1.** Chegada; começo; aparecimento. **2.** Começo de obrigação; implemento de condição estatuída num ato jurídico.

AD VERBUM. *Locução latina.* Literalmente.

AD VERECUNDIAM. *Locução latina.* **1.** Utilizada na *Lógica jurídica.* para designar o argumento em que se invoca opinião de pessoas que, pelo seu notável saber jurídico, gozam de autoridade. **2.** O mesmo que *ARGUMENTO AB AUCTORITATEM* e *ARGUMENTO AD VERECUNDIAM.*

ADVERSÁRIO. **1.** Aquele que se opõe a alguém ou a alguma coisa. **2.** Indivíduo pertencente a outro partido político. **3.** Parte contra quem se está litigando em juízo; pessoa que defende interesse contrário ou adverso na mesma causa.

ADVERSE POSSESSION. *Locução inglesa.* Usucapião de coisa imóvel.

ADVERSO. **1.** Contrário; oposto; desfavorável. **2.** Diz-se do advogado da parte contrária.

ADVERSUS FISCUM USUCAPIO NON PROCEDIT. *Aforismo jurídico.* Não cabe usucapião contra o Fisco.

ADVERSUS OMNES. *Locução latina.* Contra todos.

ADVERTÊNCIA. **1.** Ação ou efeito de advertir. **2** *Vide* ADMOESTAÇÃO. **3.** Instrução ou aviso aos usuários de medicamentos que favoreçam o uso correto, prudente e seguro do medicamento, a fim de se prevenir um agravo à saúde, mas que, não necessariamente, contra-indique seu uso.

AD VERTIGINEM. *Lógica jurídica.* Argumento de que se uma prova não é aceita, não há como chegar à certeza sobre o ponto de que se trata (Locke).

ADVERTIR. 1. Censurar. **2.** Chamar a atenção. **3.** Punir.

ADVERTISING. *Termo inglês.* **1.** Propaganda. **2.** Publicidade.

AD VINDICTAM. *Locução latina.* Por vingança.

ADVISING BANK. *Locução inglesa.* Banco avisador existente na praça do exportador, que transmite a abertura da carta de crédito sem responsabilidade de sua parte, entregando crédito documentário ao exportador.

ADVOCACIA. 1. Arte ou ação de advogar. **2.** Profissão exercida por pessoa formada em ciências jurídicas e sociais, não só patrocinando causas no cível, no crime, na área trabalhista, mercantil etc., representando as partes em juízo, para defendê-las e fazer valer seus direitos contra terceiros, mas também orientando consulentes quanto às questões pertinentes a temas jurídicos, emitindo pareceres etc. Profissão independente em face dos Poderes Públicos, inclusive perante a magistratura, por não haver qualquer relação de subordinação do advogado a quem quer que seja, devendo tão-somente, na sua conduta profissional, prestar contas à Ordem dos Advogados do Brasil.

ADVOCACIA ADMINISTRATIVA. 1. *Direito penal.* Crime punido com detenção ou multa que consiste em patrocinar, direta ou indiretamente, interesse particular perante a Administração Pública, aproveitando-se das condições e facilidades de acesso decorrentes da sua qualidade de funcionário. Esse delito será cometido diretamente se o próprio funcionário público agir, patrocinando causa particular, com a intenção de atender a interesse que advoga de terceiro, e indiretamente se se valer, para tanto, de interposta pessoa, que passará, então, a praticar atos sob suas instruções. **2.** *Direito administrativo.* Ilícito administrativo consistente no patrocínio, por funcionário público, de causa particular, própria ou de terceiro, em qualquer setor da Administração Pública e não apenas na repartição em que está lotado, tirando proveito de seu livre acesso junto a colegas ou da influência que goza entre eles. Como é um delito formal prescinde de qualquer dano que porventura possa advir de sua ação ilícita.

ADVOCACIA DE PARTIDO. Exercício da advocacia, em regra por tempo indeterminado, para um cliente ou constituinte, que, geralmente, é uma empresa, mediante pagamento de uma quantia mensal ou semanal, não tendo por base o valor das causas, recebendo, ainda, se for empregado da firma, os benefícios conferidos pelas leis trabalhistas e previdenciárias. Nesta última hipótese, a relação entre a empresa e o advogado será um misto de patrocínio e vínculo empregatício.

ADVOCACIA DO ESTADO. É o ministério peculiar e próprio dos procuradores que, no exercício de atividade contenciosa e consultiva, defendem interesses e direitos subjetivos da Administração Pública, no que atina a problemas alusivos à desapropriação, à intervenção do Estado no domínio econômico, ao poder de polícia, aos limites da atividade fiscal, à organização dos serviços públicos, às relações com os funcionários, aos contratos administrativos, à ação estatal na área educacional etc. Os procuradores ligam-se ao Estado, através de concurso público, por um vínculo jurídico-funcional, estando sujeitos às sanções disciplinares, tendo prerrogativas e deveres estabelecidos no estatuto da Ordem dos Advogados do Brasil e na legislação administrativa. A advocacia do Estado, além da função de consultoria jurídica, abrange a representação judicial e extrajudicial da Administração Pública e dos órgãos integrados na organização estatal, como autarquias, sociedades de economia mista, empresas públicas etc.

ADVOCACIA EMPRESARIAL. *Vide* ADVOCACIA DE PARTIDO.

ADVOCACIA-GERAL DA UNIÃO. *Direito administrativo.* Instituição que, diretamente ou através de órgão vinculado, tem, além da função de representar a União, judicial ou extrajudicialmente, a atividade de consultoria e assessoramento jurídico do Poder Executivo. Esse órgão está sob a chefia do advogado-geral da União, livremente nomeado pelo presidente da República dentre pessoas maiores de trinta e cinco anos que tenham notável saber jurídico e reputação ilibada. O ingresso nas classes iniciais às carreiras dessa instituição, porém, far-se-á mediante concurso de títulos e provas.

ADVOCACIA POPULAR. É a que visa atender as massas marginalizadas do campo e da periferia urbana, e assistir as associações profissionais, sindicatos e movimentos sociais (Wolkmer).

ADVOCACIA *PRO BONO*. É a que busca institucionalizar o assistencialismo, concatenando-o com as normas que regem a prestação de serviços advocatícios. É a contribuição voluntária de profissionais de direito à sociedade, intervindo nas injustiças sociais e atendendo a organizações para promover direitos: da criança e do adolescente; de afro-descendentes; de pessoas com necessidades especiais etc. A participação assistencial dos advogados, voluntária e gratuita, deverá estar sob cuidadosa vigilância e controle externo do Tribunal de Ética e Disciplina, para que não possa ocorrer concorrência desleal, captação de clientela e obtenção de dividendos políticos (Fernando Castelo Branco).

ADVOCACIA PÚBLICA. *Direito administrativo.* É a exercida pelos integrantes da Advocacia-Geral da União, da Defensoria Pública e das Procuradorias e Consultorias Jurídicas dos Estados, do Distrito Federal, dos Municípios, das autarquias e fundações públicas, estando obrigados à inscrição na OAB para o exercício de suas atividades. Tem base institucional e guarda relação estatutária com a Administração Pública. É organizada em carreira e disciplinada em leis orgânicas de âmbito federal, estadual e municipal. Abrangem os advogados públicos, servidores concursados que se tornam estáveis após 3 anos de efetivo exercício na função e atuam em defesa do Estado ou dos entes públicos a que pertencem (União, Estados, Municípios e suas respectivas autarquias e fundações), como: advogados da União, procuradores da Fazenda, procuradores federais, procuradores do Banco Central, procuradores do Estado, procuradores do Município e defensores públicos.

ADVOCATI TEMPERET SE AB INJURIA. *Expressão latina.* Os advogados devem abster-se de ofender.

ADVOCATURA. *Vide* ADVOCACIA.

ADVOCATUS DIABOLI. *Locução latina.* **1.** Advogado que defende o indefensável. **2.** Advogado que sustenta argumentos descabidos e protelatórios, incorrendo na litigância de má-fé (Marcus Cláudio Acquaviva).

ADVOGADO. 1. Aquele que exerce a advocacia. **2.** Colaborador do órgão jurisdicional por ter não só a função de orientar, através de consultoria e assessoria, mas também de patrocinar, mediante honorários, aquele que tiver direitos ou interesses jurídicos a pleitear ou a defender em juízo, assistindo-o e representando-o, oralmente ou por escrito, invocando a lei e exigindo o seu cumprimento, exercendo, portanto, atividade de administração da justiça. **3.** Profissional legalmente habilitado e devidamente inscrito na Ordem dos Advogados do Brasil para atuar na tutela de interesses particulares.

ADVOGADO CONSTITUÍDO. É aquele contratado, mediante mandato *ad judicia*, por uma pessoa para agir em juízo em seu nome. O mandato judicial, que deve ser feito por escrito, tem por objeto a defesa ou o patrocínio dos interesses de seu constituinte perante qualquer juízo ou tribunal; logo, o procurador deverá ser advogado regularmente inscrito na Ordem dos Advogados do Brasil, sob pena de nulidade.

ADVOGADO DATIVO. É o nomeado pelo juiz ou colocado à disposição pelo Estado para postular em juízo em nome de pessoa que não tem meios ou recursos próprios para obter o patrocínio de um advogado para sua causa. É, portanto, aquele que, por determinação do Poder Público, prestará assistência judiciária a pessoas menos favorecidas.

ADVOGADO DE OFÍCIO. É o nomeado pelo órgão judicante *ex officio*, sem necessidade de qualquer requerimento, em processo-crime, quando o réu não tiver defensor.

ADVOGADO DO DIABO. *Direito canônico.* É o promotor da fé, nomeado pelo Papa, que, nos processos de beatificação e canonização, tem a incumbência de levantar objeções ou apresentar provas que possam impedir a admissão do candidato entre os beatos e santos, com o escopo único de tutelar os direitos da Igreja, evitando que se declare a santidade de pessoa cujas ações heróicas ou milagres não tenham sido, convincentemente, demonstrados.

ADVOGADO EMPREGADO. *Direito do trabalho.* É o que tem relação empregatícia com sociedade de advogados ou empresa empregadora. A relação de emprego não lhe retira a isenção técnica nem reduz a independência profissional inerentes à advocacia. Sua jornada de trabalho não poderá exceder à duração diária de trabalho de quatro horas contínuas e à de vinte horas semanais, exceto se houver acordo ou convenção coletiva ou em caso de dedicação exclusiva. Os honorários de sucumbência pertencem por inteiro ao advogado, qualquer que seja a atividade empresarial do empregador, mas se forem percebidos por advogado empregado de sociedade de advogados serão partilhados entre ele e a empregadora, na forma estabelecida em acordo. Urge lembrar a questão da incompatibilidade da advocacia com a ocupação de funções de direção e gerência em instituições financeiras, inclusive privadas. Compete ao sindicato de advogados e, na sua falta, à federação ou confederação de advogados a representação destes nas convenções coletivas celebradas com as entidades sindicais representativas dos empregadores, nos acordos coletivos celebrados com a empresa empregadora e nos dissídios coletivos perante a Justiça do Trabalho, aplicáveis às relações de trabalho. Convém ressaltar que se considera dedicação exclusiva a jornada de trabalho do advogado empregado que não ultrapasse quarenta horas semanais, prestada à empresa empregadora. Prevalece a jornada com dedicação exclusiva, se este foi o regime estabelecido no contrato individual de trabalho quando da admissão do advogado no emprego, até que seja alterada por convenção ou acordo coletivo. A jornada de trabalho prevista em lei não impede o advogado de exercer outras atividades remuneradas, fora dela. Considera-se jornada normal do advogado empregado, para todos os efeitos legais, não só a fixada em quatro horas diárias contínuas e vinte horas semanais, mas também aquela maior, até o máximo de oito horas diárias e quarenta horas semanais, desde que estipulada em decisão, ajustada em acordo individual ou convenção coletiva, ou decorrente de dedicação exclusiva. Os honorários de sucumbência, por decorrerem precipuamente do exercício da advocacia e só acidentalmente da relação de emprego, não integram o salário ou a remuneração, não podendo, assim, ser considerados para efeitos trabalhistas ou previdenciários. Os honorários de sucumbência dos advogados empregados constituem fundo comum, cuja destinação é decidida pelos profissionais integrantes do serviço jurídico da empresa ou por seus representantes.

ADVOGADO-GERAL DA UNIÃO. 1. *Direito administrativo.* É o mais elevado órgão de assessoramento jurídico do Poder Executivo, ao qual incumbe assessorar o presidente da República em assuntos de natureza jurídica, elaborando pareceres e estudos ou propondo normas, medidas, diretrizes, assisti-lo no controle interno da legalidade dos atos da Administração Pública Federal, sugerir-lhe medidas de caráter jurídico reclamadas pelo interesse público e apresentar-lhe as informações a serem prestadas ao Poder Judiciário quando impugnado ato ou omissão presidencial, dentre outras atribuições fixadas em Lei Complementar. **2.** *Direito processual.* É o que deve patrocinar as causas de interesse do Poder Público federal, inclusive as relativas aos titulares dos

Poderes da República, podendo delegar aos respectivos representantes legais a tarefa judicial, como também, se for necessário, aos seus substitutos nos serviços de advocacia-geral. Em cada Estado e municípios, as funções correspondentes à Advocacia-Geral da União caberão ao órgão competente indicado na legislação específica.

AD VOLUNTATEM. *Locução latina.* Conforme a vontade.

AEB. 1. *Direito aeronáutico.* Sigla de Agência Espacial Brasileira. **2.** *Direito previdenciário.* Sigla de Atualização Especial de Benefício, que é uma transação do Sistema Único de Benefícios, designada no ambiente de *mainframe* como SUB/ONL. Foi criada para alteração, eventual e emergencial, de dados de benefícios que exigiam ação imediata, como ações judiciais, concessão a ex-combatentes e estatutários e provimento a recursos. A transação possui algumas características muito peculiares, conducentes a dar maior importância ao levantamento de sua utilização: a) altera informações diretamente na base de dados de benefícios, sem qualquer crítica posterior; b) não é utilizada pelas agências, que são responsáveis pela manutenção de benefícios — autorização para uso deveria ser restrita a servidores das gerências executivas; c) não existe um processo de reversão ou cancelamento das alterações efetuadas; d) pode alterar, em processo *on-line*, várias informações de benefícios existentes, desde agência pagadora até valor de benefício; e) não está interligada com nenhum outro sistema, não permitindo verificação automática da exatidão das informações. Trata-se, então, de uma transação que, além de ser uma ferramenta com poder enorme em relação a valores de benefícios a serem pagos, foge completamente do processo padrão de manutenção e atualização destes.

AEQUALITAS IN OMNIBUS, IN JUDICIIS MAXIME, SERVANDA EST. *Aforismo jurídico.* A igualdade deve ser conservada em tudo, principalmente em juízo.

AEQUITAS. *Termo latino.* Eqüidade.

AEQUITAS LUCET PER SE. *Expressão latina.* A eqüidade brilha por si mesma.

AEQUITAS RELIGIO JUDICANTIS. *Expressão latina.* A eqüidade é a religião do juiz.

AEQUITAS SEQUITUR LEGEM. *Expressão latina.* A eqüidade acompanha a lei.

AEQUO ANIMO. *Locução latina.* Com igual ânimo.

AEQUO PULSAT PEDE. *Expressão latina.* Atingir igualmente a todos.

AEQUUM EST UT CUJUS PARTICIPAVIT LUCRUM, PAR-TICIPET ET DAMNUN. *Expressão latina.* É justo que o participante dos lucros responda pelos prejuízos.

AERAÇÃO. Operação destinada à remoção do gás do interior da câmara de fumigação. Pode ser realizada de maneira natural ou com o uso de aparelhos que promovam a ventilação forçada ou a sucção do produto do interior da câmara. A aeração deverá ser sempre realizada por técnico habilitado da empresa fumigadora, com os devidos equipamentos de proteção individual, após o término do tempo de exposição.

AEREMIA. *Medicina legal.* Acidente sofrido por operário a quem se comprime o ar, como ocorre com o mergulhador profissional.

AERIS CONFESSI. *Locução latina.* Dívida confessada.

AEROCLUBE. *Direito aeronáutico* e *direito civil.* Associação civil com patrimônio e administração próprios, com serviços locais e regionais, cujos objetivos principais são o ensino e a prática da aviação civil, de turismo e desportiva em todas as suas modalidades, podendo cumprir missões de emergência na prestação de socorro às vítimas de sinistros ou de notório interesse da coletividade.

AERÓDROMO. *Direito aeronáutico.* **1.** Superfície de terras ou de águas, ou plataforma flutuante, utilizada, habitualmente, para partida e chegada de aeronaves. **2.** Local reservado com instalações próprias para a realização de experiências de aeronaves. **3.** Área destinada a pouso, decolagem e movimentação de aeronaves.

AERÓDROMO-BASE. *Direito aeronáutico.* Recinto onde se estabelecem os aparelhos e o pessoal técnico-especializado de cada unidade aeronáutica.

AERÓDROMO MILITAR. *Direito aeronáutico.* Aquele que se subordina à arma da aviação, destinado, portanto, ao uso militar, para a defesa do país.

AERÓDROMO PARTICULAR. *Direito aeronáutico.* Local destinado ao uso privado de aeroplanos ou aeronaves pertencentes a pessoas naturais, associações ou empresas, vedando-se qualquer exploração comercial. Estranhos somente poderão utilizá-lo com permissão do seu proprietário.

AERÓDROMO PÚBLICO. *Direito aeronáutico.* É o aberto ao tráfego público, utilizado por qualquer aeronave, nacional ou estrangeira, mediante pagamento de taxas de uso, sendo explorado diretamente pela União ou indiretamente por empresa especializada da Administração federal, desde que haja concessão, autorização ou convênio com Estado ou Município.

AERODUTO. *Direito civil.* É o conduto existente em edifícios para a veiculação de ar necessário às suas instalações de ventilação.

AEROFAGIA. *Medicina legal.* Afecção causada pela contínua deglutição, consciente ou inconsciente, de grandes quantidades de ar, que ficam acumuladas no esôfago e no estômago. É muito comum em pessoas histéricas ou portadoras de gastrites com perturbações nervosas.

AEROFOBIA. *Medicina legal.* Horror ao ar e às correntes de ar que se apresenta em certas pessoas.

AEROLEVANTAMENTO. *Direito militar* e *direito aeronáutico.* Constitui-se de uma fase aeroespacial, de captação e registro de dados, e de uma fase decorrente, de interpretação e tradução dos dados registrados. A fase aeroespacial de aerolevantamento é caracterizada por operação técnica de captação de dados da parte terrestre, aérea ou marítima do território nacional, por meio de sensor instalado em plataforma aérea ou espacial, complementada por operação de registro de tais dados, utilizando recursos da própria plataforma captadora ou de estação receptora localizada a distância. A fase decorrente caracteriza-se por operações técnicas destinadas a materializar informações extraídas dos dados registrados na fase aeroespacial, sob a forma de mosaico, carta-imagem, ortofoto, carta e de outras. O produto obtido na fase aeroespacial é designado original de aerolevantamento e, o obtido na fase decorrente, produto decorrente. O original de aerolevantamento será preservado e mantido sob controle, com a finalidade de realizar o Cadastro de Levantamentos Aeroespaciais do Território Nacional (CLATEN), tendo em vista o desenvolvimento e a defesa nacionais.

AERONAUTA. *Direito aeronáutico.* Profissional que, faz parte da tripulação de uma aeronave, exercendo funções técnicas ou não, necessárias a sua condução, mediante pagamento de uma remuneração. Dentre os tripulantes técnicos temos: a) o comandante, o primeiro e o segundo oficiais responsáveis pela operação e segurança do avião; b) o navegador; c) o mecânico de vôo; e d) o radioperador. Exercem funções não técnicas os comissários de bordo, que, além de zelar pelo cumprimento das normas regulamentares alusivas à segurança dos passageiros, deverão atendê-los, cuidar das bagagens, documentação, malas postais etc. Enfim será considerado aeronauta o comandante, o mecânico de vôo, o rádio-operador e o comissário, assim como aquele que, habilitado pelo Ministério da Aeronáutica, exerça função remunerada a bordo de aeronave civil nacional.

AERONÁUTICA. *Direito aeronáutico.* **1.** Arte do aeronauta. **2.** Ciência que se ocupa dos princípios básicos, normas técnicas e métodos de construção e condução de aeronaves. **3.** Navegação ou meio de locomoção aérea para transporte de passageiros ou de cargas. **4.** Órgão integrante das Forças Armadas de um País (Força Aérea); é a aviação militar de um Estado soberano.

AERONAVE. *Direito aeronáutico.* **1.** Aparelho de navegação aérea idôneo de elevar-se e circular pelos ares transportando passageiros e mercadorias, realizando investigações meteorológicas, auxiliando na exploração de jazidas de petróleo, fazendo levantamentos aerofotogramétricos, prestando serviços de socorro a vítimas de acidentes, colocando redes aéreas de eletrificação, semeando e combatendo pragas lesivas às plantações, fomentando atividades aerodesportivas, defendendo a nação etc. **2.** Todo aparelho manobrável em vôo, que possa sustentar-se e circular no espaço aéreo, mediante reações aerodinâmicas, apto a transportar pessoas e cargas.

AERONAVE DE TRANSPORTE MÉDICO. *Direito aeronáutico.* Aeronave de asa fixa ou rotativa utilizada para transporte inter-hospitalar de pacientes e aeronave de asa rotativa para ações de resgate, dotada de equipamentos médicos homologados pelo Departamento de Aviação Civil.

AERONAVE EXPERIMENTAL. *Direito aeronáutico.* Aeronave fabricada ou montada por construtor amador, com o emprego de materiais, mesmo ainda não homologados, que não comprometam a segurança do vôo.

AERONAVEGAÇÃO. *Direito aeronáutico.* Navegação aérea.

AERONAVE HOSTIL. O mesmo que AERONAVE SUSPEITA DE TRÁFICO DE SUBSTÂNCIAS E DROGAS AFINS.

AERONAVE MILITAR. *Direito militar.* Aquela que, pertencente às Forças Armadas, é requisitada para efetuar missões militares.

AERONAVE SUSPEITA DE TRÁFICO DE SUBSTÂNCIAS E DROGAS AFINS. *Direito aeronáutico.* É a que adentrar o território nacional, sem Plano de Vôo aprovado, oriunda de regiões reconhecidamente tidas como fontes de produção ou distribuição de drogas ilícitas, ou omitir aos órgãos de controle de tráfego aéreo informações necessárias a sua identificação, ou não cumprir determinações destes mesmos órgãos, se estiver cumprindo rota presumivelmente utilizada para distribuição de drogas ilícitas. E estará sujeita à medida coercitiva de averiguação, intervenção e persuasão, de forma progressiva e sempre que a medida anterior não obtiver êxito, executada por aeronave de interceptação, com o objetivo de compelir a aeronave suspeita a efetuar o pouso em aeródromo que lhe for indicado e ser submetida a medida de controle no solo pelas autoridades policiais federais ou estaduais.

As medidas de averiguação visam a determinar ou a confirmar a identidade de uma aeronave, ou, ainda, a vigiar o seu comportamento, consistindo na aproximação ostensiva da aeronave de interceptação à aeronave interceptada, com a finalidade de interrogá-la, por intermédio de comunicação via rádio ou sinais visuais, de acordo com as regras de tráfego aéreo, de conhecimento obrigatório dos aeronavegantes.

As medidas de intervenção seguem-se às medidas de averiguação e consistem na determinação à aeronave interceptada para que modifique sua rota com o objetivo de forçar o seu pouso em aeródromo que lhe for determinado, para ser submetida a medidas de controle no solo.

As medidas de persuasão seguem-se às medidas de intervenção e consistem no disparo de tiros de aviso, com munição traçante, pela aeronave interceptadora, de maneira que possam ser observados pela tripulação da aeronave interceptada, com o objetivo de persuadi-la a obedecer às ordens transmitidas.

A aeronave suspeita de tráfico de substâncias entorpecentes e drogas afins que não atenda aos procedimentos coercitivos será classificada como *aeronave hostil* e estará sujeita à medida de destruição, consistente no disparo de tiros, feitos pela aeronave de interceptação, com a finalidade de provocar danos e impedir o prosseguimento do vôo da aeronave hostil e somente poderá ser utilizada como último recurso e após o cumprimento de todos os procedimentos que previnam a perda de vidas inocentes, no ar ou em terra. A medida de destruição terá que obedecer às seguintes condições: a) emprego dos meios sob controle operacional do Comando de Defesa Aeroespacial Brasileiro – COMDABRA; b) registro em gravação das comunicações ou imagens da aplicação dos procedimentos; c) execução por pilotos e controladores de Defesa Aérea qualificados, segundo os padrões estabelecidos pelo COMDABRA; d) execução sobre áreas não densamente povoadas e relacionadas com rotas presumivelmente utilizadas para o tráfico de substâncias entorpecentes e drogas afins; e e) autorização do Presidente da República ou da autoridade por ele delegada.

AEROPORTO. *Direito aeronáutico.* **1.** *Vide* AERÓDROMO. **2.** Campo de pouso e decolagem de aeronaves, tendo instalações técnicas para suas operações, embarque e desembarque de passageiros, recebimento e despacho de cargas e para a prestação de serviços complementares à navegação aérea. **3.** Porto de hidroavião. **4.** Todo aeródromo público dotado de instalações e facilidades para apoio de operações de aeronaves e de embarque e desembarque de pessoas e cargas.

AEROPORTO ADUANEIRO OU INTERNACIONAL. *Direito aeronáutico e direito alfandegário.* Aquele em que há instalações alfandegárias, uma vez que as operações de desembarque e descarga submetem-se às vistas da alfândega, da polícia e da saúde pública, nele circulando aeronaves nacionais e estrangeiras que, regularmente ou não, prestam serviços internacionais.

AEROPORTO DE CONTROLE SANITÁRIO. *Direito aeronáutico.* É o aeroporto doméstico e ou internacional, estratégico do ponto de vista epidemiológico e geográfico, localizado no território nacional, onde é exercida a vigilância sanitária.

AEROPORTO DOMÉSTICO. *Direito aeronáutico.* É todo aeroporto designado pelas autoridades competentes, como um aeroporto de entrada e saída de tráfego aéreo nacional.

AEROPORTO INTERNACIONAL. *Direito aeronáutico.* É aquele pertencente ao País em cujo território está situado um ponto de entrada ou saída para o tráfego aéreo internacional, onde são satisfeitas as formalidades aduaneiras, de imigração, de saúde pública e controle zôo e fitossanitário e demais formalidades análogas.

AEROTITE. *Medicina legal.* Afecção dolorosa causada por inflamação do ouvido médio, decorrente de diferenças existentes entre a cavidade deste e a pressão atmosférica, que se dá em aviadores de grandes altitudes, em operários que trabalham em túneis e em escafandristas de grandes profundidades.

AEROVIÁRIO. *Direito aeronáutico.* Aquele que trabalha em empresa aeroviária ou encarregada de transportes aéreos, efetuando, em terra, serviços de conservação, manutenção e despacho de aeronaves.

AES EQUESTRE. *Direito romano.* Dinheiro pela compra de cavalos.

AESTOFISIOLOGIA. *Psicologia forense.* Estudo das relações entre a fisiologia e a psicologia da sensação (Spencer).

A EXCEPTIO REI IN IUDICIO DEDUCTAE VEL REI JUDICATAE. *Expressão latina.* A exceção da coisa deduzida em juízo ou de coisa julgada.

A FACTO AD JUS NON DATUR CONSEQUENTIA. *Aforismo jurídico.* O fato por si não constitui direito.

AFASIA. *Medicina legal.* Afecção orgânica provocada por lesão no córtex cerebral que, ao alterar o centro nervoso, acarreta perda ou diminuição da faculdade de usar a palavra, escrita ou oral, e a linguagem táctil (mímica), como símbolos de idéias, tornando seu portador incapaz para os atos da vida civil, por insanidade mental, que é causa determinante de interdição, uma vez que estará impossibilitado, total ou parcialmente, de exprimir seu pensamento e de compreender o que ouve ou lê.

AFASTAMENTO DE EMPREGADO. *Direito do trabalho.* **1.** Consiste na não-prestação de serviço pelo empregado, em razão de suspensão do contrato de trabalho, sem direito à percepção salarial, por falta disciplinar, por estar sob auxílio-enfermidade ou seguro-doença etc. **2.** É a não-prestação de serviço pelo empregado, havendo interrupção do contrato de trabalho, com direito de receber o salário, em virtude, por exemplo, de seu casamento, óbito de parente, nascimento de seu filho, alistamento eleitoral, férias anuais, depoimento em juízo, greve e *lock-out* lícitos etc.

AFASTAMENTO DE SERVIDOR PÚBLICO. *Direito administrativo.* Sanção administrativa consistente na cessação, temporária ou definitiva, do exercício do servidor público, por determinação da Administração Pública, em razão de falta disciplinar cometida, acarretando a privação dos vencimentos e das vantagens a que teria direito até o restabelecimento daquele exercício.

AFASTAMENTO DO CARGO DE SERVIDOR PÚBLICO. *Direito administrativo.* Interrupção temporária do exercício das atividades do cargo, com ou sem prejuízo dos vencimentos, em virtude de solicitação feita pelo funcionário público à Administração pelas seguintes razões: casamento, luto, mandato eletivo, estudo no exterior, tratamento de saúde, exercício de outro cargo público, férias, prisão preventiva etc.

AFASTAMENTO DO PAÍS DE SERVIDORES CIVIS DA ADMINISTRAÇÃO PÚBLICA FEDERAL. *Direito administrativo.* Saída de servidores civis federais do País, para fins de execução de serviço público ou cultural, com ônus ou com ônus limitado. Apenas será autorizado nos seguintes casos: a) negociação ou formalização de contratações internacionais que, comprovadamente, não possam ser realizadas no Brasil ou por intermédio de embaixadas, representações ou escritórios sediados no exterior; b) missões militares; c) prestação de serviços diplomáticos; d) serviços relacionados com a atividade-fim do órgão ou entidade, de necessidade reconhecida pelo ministro de Estado; e) intercâmbio cultural, científico ou tecnológico, acordado com interveniência do Ministério das Relações Exteriores ou de utilidade reconhecida pelo ministro de Estado; f) bolsas de estudo para curso de pós-graduação *stricto sensu*. A participação em congressos internacionais, no exterior, somente poderá ser autorizada com ônus limitado, salvo nos casos de financiamento aprovado pelo Conselho Nacional de Desenvolvimento Científico e Tecnológico (CNPq), pela Financiadora de Estudos e Projetos (Finep) ou pela Coordenação de Aperfeiçoamento de Pessoal de Nível Superior (Capes), cujas viagens serão autorizadas com ônus, não podendo exceder, nas duas hipóteses, a quinze dias. O afastamento do País por prazo superior a quinze dias somente poderá ser autorizado mediante prévia audiência da Casa Civil da Presidência da República, inclusive nos casos de prorrogação da viagem. Fora desses casos, as viagens somente poderão ser autorizadas sem ônus. Fica delegada competência aos ministros de Estado e ao advogado-geral da União para autorizarem os afastamentos do País, sem nomeação ou designação, de servidores civis da Administração Pública federal. O afastamento de servidores dos órgãos essenciais da Presidência da República e Agência Espacial Brasileira será autorizado pelo ministro de Estado Chefe da Casa Civil. A autorização deverá ser publicada no Diário Oficial da União, até a data do início da viagem ou de sua prorrogação, com indicação do nome do servidor, cargo, órgão ou entidade de origem, finalidade resumida da missão, País de destino, período e tipo do afastamento.

AFASTAMENTO PREVENTIVO. *Direito administrativo.* Medida acautelatória que, em processo disciplinar, priva servidor público do exercício de suas funções por sessenta dias, sem prejuízo de sua remuneração.

À FÉ. Locução utilizada pelos cartorários para indicar que o conteúdo dos textos por eles firmados exprime a verdade, sob sua palavra de honra. Daí a usual expressão "ao que me reporto e dou fé".

AFECÇÃO. *Medicina legal.* **1.** Estado mórbido do organismo vivo que causa perturbação patológica generalizada ou localizada em determinado órgão. **2.** Doença, enfermidade. **3.** Modificação no estado psíquico produzida por causas externas, provocando alterações das funções cerebrais, fazendo com que surjam a psicose, a mania, a fobia, a loucura etc.

AFEIÇÃO. 1. *Direito penal.* Afeto, simpatia, amizade que podem dar causa ao crime de prevaricação, pois, para atender à satisfação de um sentimento pessoal, o agente poderá não só retardar ou deixar de praticar um ato de ofício como também efetuá-lo contra o disposto no comando legal. **2.** *Direito civil.* Critério para decidir sobre questões familiares (p. ex. guarda, visita etc.) e as relativas à reparação de dano moral indireto pela perda de bens patrimoniais que representam recordações de família, de noivado, de homenagens recebidas etc. Logo, tais bens serão avaliados pelo seu preço ordinário e pelo de afeição, contanto que este não se avantaje àquele.

AFEIDOMIA. *Direito civil.* Prodigalidade, ou seja, dilapidação desordenada ou imoderada de bens feita por uma pessoa, sem se preocupar com qualquer poupança, que poderá arruiná-la economicamente e levá-la à interdição e à consequente declaração de sua incapacidade relativa para a prática de certos atos da vida civil sem a assistência de um curador, como, por exemplo, emprestar, agir em juízo, alienar, hipotecar etc.

AFERIÇÃO. *Direito administrativo.* Ato pelo qual a autoridade municipal procede à fiscalização de pesos, medidas e balanças usados no comércio para pesar e medir as mercadorias, averiguando se correspondem aos padrões oficiais, ao cotejá-los, prevenindo assim a ocorrência de fraudes na pesagem ou na medição e de gravames ao público consumidor.

AFERIDO. 1. Conferido. **2.** Avaliado. **3.** Medido.

AFESIA. *Medicina legal.* Atenuação dos sintomas de uma doença.

AFETAÇÃO. 1. *Direito administrativo.* a) Ato pelo qual um bem móvel ou imóvel, pertencente ao Estado ou a um particular, por deliberação da Administração Pública, passa a ter uma destinação própria para atender a finalidades de utilidade pública ou de uso público; b) imposição pela qual a pessoa administrativa atribui o bem ao uso de serviço público dela dependente; c) deliberação de um órgão da Administração de colocar um de seus bens dominiais à disposição de um serviço público, ligado a outra pessoa administrativa; d) é a aposição de encargo ou ônus a um prédio ou bem, e que se destina à segurança pública de alguma obrigação ou dívida, à utilidade pública, ou ao uso público (De Plácido e Silva); e) é a destinação fática ou jurídica de um bem a uma "utilização de interesse público, o que caracterizará, conforme o caso, como bem público de uso comum ou como bem público de uso especial" (Moreira Neto). **2.** *Direito civil.* Ônus imposto a um bem para assegurar o adimplemento de uma obrigação. Neste sentido, ter-se-á a afetação de um imóvel se for dado em garantia de um débito (hipoteca). **3.** *Direito processual.* Decretação judicial que destina uma parte dos vencimentos de funcionário para o atendimento do dever de prestar alimentos.

AFETIVIDADE. Característica do que é afetivo.

AFFACTURAGE. *Termo francês.* Faturização.

AFFAIRE. *Termo francês.* Negócio escuso.

AFFAUAGE. *História do direito.* Direito concedido pelo senhor feudal ao vassalo de tirar lenha de sua floresta para atender às suas necessidades domésticas.

AFFECTIO MARITALIS. *Locução latina.* **1.** Desejo dos cônjuges de viver como marido e mulher. **2.** Afeição entre os consortes, cujo desaparecimento demonstra "falência" da sociedade conjugal.

AFFECTIO POSSIDENDI. *Locução latina.* Disposição de possuir uma coisa.

AFFECTIO SOCIETATIS. *Locução latina.* **1.** Vontade ou intenção de constituir e manter uma sociedade; é elemento essencial na sua formação, por ser a intenção das partes, num contrato social, de se associar, formando uma sociedade, que será uma pessoa jurídica de direito privado, distinta de seus membros. **2.** Intenção de cooperar como sócio. **3.** Vontade de submeter-se ao regime societário, contribuindo ou colaborando ativamente para atingir a finalidade social.

AFFECTIO TENENDI. *Locução latina.* Intuito de deter uma coisa.

AFFIDAVIT. 1. *Termo latino.* a) Confirmou; jurou; assegurou; b) era muito usado pelos romanos para indicar uma declaração feita por testemunha sob juramento perante uma autoridade competente, sendo que, hodiernamente, seu uso se restringe às práticas judiciárias norte-americana e inglesa. **2.** Na *linguagem fiscal,* consiste na declaração jurada prestada por estrangeiro, portador de títulos da dívida pública ou de outros valores, com o escopo de obter a isenção dos tributos que sobre eles cairiam, quando em poder de nacionais, evitando-se, assim, a saída do ouro.

AFFINES INTER SE NON SUNT AFFINES. *Expressão latina.* Os afins entre si não são afins.

AFFINITAS IN SUPERSTITE NON DELUTUR. *Expressão latina.* A afinidade não se apaga no sobrevivente.

AFFINITAS JURE NULLA SUCCESSIO PROMITTITUR. *Expressão latina.* A afinidade não assegura, juridicamente, a sucessão.

AFFINITAS NON PARIT AFFINITATEM. *Expressão latina.* Os parentes dos cônjuges não são afins entre si.

AFFINITATIS CAUSA FIT EX NUPTIIS. *Aforismo jurídico.* A causa da afinidade provém das núpcias.

AFFIRMANS PROBAT. *Locução latina.* Quem afirma deve provar.

AFFIRMANTI INCUMBIT PROBATIO. *Expressão latina.* **1.** A prova incumbe a quem acusa. **2.** O mesmo que *AFFIMANS PROBAT.*

AFFRANCHISE. *Termo inglês.* **1.** Conceder direitos civis. **2.** Emancipar.

AFIANÇABILIDADE. *Direito processual penal.* Condição favorável à prestação da fiança pelo preenchimento dos requisitos legais.

AFIANÇADO. 1. Abonado; assegurado; acreditado. Diz-se nesse sentido débito "afiançado", por ser o objeto da fiança prestada. **2.** *Direito processual penal.* Aquele que prestou fiança (réu afiançado). **3.** *Direito civil.* Pessoa a favor da qual se prestou fiança (devedor afiançado); aquele cujo débito é garantido por uma fiança prestada por terceiro perante o seu credor.

AFIANÇADOR. *Direito civil.* Aquele que presta fiança a alguém, ou seja, o fiador.

AFIANÇAR. 1. *Direito civil.* Prestar fiança; assumir responsabilidade por prestar fiança; ser fiador de alguém. **2.** *Direito processual penal.* Pagar fiança nos crimes em que a lei a admitir para escapar da prisão.

AFILIAÇÃO. *Direito civil.* Ato de inscrever-se em uma associação.

AFIM. *Direito civil.* Pessoa que se liga a outra por vínculo de afinidade.

A FINAL. Locução usual no foro que indica ato ou alguma providência a ser cumprida no fim do processo ou quando encerrar a instância.

AFINIDADE. *Direito civil.* Parentesco contraído em razão do casamento, ou de união estável, por ser o liame jurídico estabelecido entre um cônjuge, ou convivente, e os parentes consangüíneos do outro, nos limites estabelecidos na lei, desde que decorra de matrimônio válido ou companheirismo. Esse parentesco por afinidade é um vínculo pessoal, portanto, os afins de um cônjuge, ou companheiro, não são afins entre si, logo, não há afinidade entre concunhados; igualmente não estão unidos por afinidade os parentes de um cônjuge, ou companheiro, e os do outro. Se houver um segundo matrimônio, os afins do primeiro casamento não se tornarão afins do cônjuge tomado em segundas núpcias. Em nosso direito constitui impedimento matrimonial a afinidade em linha reta, assim, não podem casar genro e sogra, sogro e nora, padrasto e enteada, madrasta e enteado, mesmo depois da dissolução, por morte ou divórcio, do matrimônio que deu origem a esse parentesco. O mesmo se diga da dissolução da união estável. Porém, na linha colateral, cessa a afinidade com o óbito do cônjuge, ou companheiro, por conseguinte, não está vedado o casamento entre cunhados.

AFIRMAÇÃO. 1. *Direito processual civil.* a) Ato de sustentar um fato alegado pela outra parte como verdadeiro (confissão); b) compromisso ou termo assinado perante autoridade competente; c) alegação de um fato dependente ou não de prova ulterior; d) formalidade requerida nos arbitramentos e vistorias judiciais; e) aquilo que se afirma perante autoridade competente para constituir meio de prova num processo. **2.** *Direito civil.* a) Ato pelo qual, sem qualquer vício de consentimento, alguém expressa sua vontade na realização de um ato negocial, estabelecendo um vínculo obrigacional; b) ato solene e inequívoco pelo qual os nubentes anuem, na celebração do ato nupcial; c) confirmação de um ato, por exemplo, quando o credor confirma o pagamento feito pelo seu devedor; d) ato pelo qual se aceitam cláusulas contratuais feitas perante tabelião. **3.** *Direito processual penal.* Formalidade necessária na queixa-crime. **4.** *Direito administra-*

tivo. Ato formal indispensável na investidura de cargos públicos (compromisso).

AFIRMAÇÃO DE SUSPEIÇÃO. *Direito processual civil.* **1.** Ato pelo qual um dos litigantes argúi, por meio de exceção, a suspeita da parcialidade do juiz ou do órgão judicante que preside a causa por um dos seguintes motivos: a) amizade íntima ou inimizade capital do juiz com qualquer das partes; b) existência de relação creditícia entre uma das partes e o juiz ou entre aquela e os parentes deste, em linha reta ou colateral até o terceiro grau; c) fato de ser o magistrado herdeiro presuntivo, donatário ou empregador de uma das partes; d) recebimento pelo juiz de dádivas antes ou depois de iniciado o processo; e) circunstância de ter o magistrado aconselhado alguma das partes sobre o objeto da causa ou subministrado meios para atender às despesas do litígio; f) manifestação de interesse por parte do juiz no julgamento da causa em favor de uma das partes. **2.** Declaração do próprio juiz, considerando-se suspeito por motivo íntimo.

AFIRMANTE. 1. Aquele que afirma. **2.** *Lógica jurídica.* Aquele que, numa discussão, sustenta proposições afirmativas.

AFIRMATIVO. Que constitui uma afirmação.

AFIXAÇÃO. 1. Ato ou efeito de afixar algo, divulgando fato que se pretende tornar conhecido. **2.** Ato de pregar em local próprio e visível ao público qualquer aviso ou edital, dando-lhe publicidade para que se tome ciência de seu conteúdo ou para que se o cumpra.

AFOGAMENTO. *Medicina legal.* Asfixia produzida pela penetração de água ou qualquer outro líquido nas vias respiratórias da vítima, acarretando perda da consciência e dos reflexos, trazendo a morte pela privação do ar. O cadáver do afogado apresenta sinais: a) *externos*, como pele anserina, cogumelo de escuma, erosões nos dedos, corpos estranhos sob as unhas, maceração epidérmica, lesões feitas por pedras ou pela fauna cadavérica, entre outros; b) *internos*, como escuma traqueobrônquica, enfisema aquoso, manchas de Paltauf ou equimoses subpleurais, partículas sólidas nos pulmões, diluição do sangue, líquido nas vias digestivas e no ouvido médio, congestão do fígado, pequenas equimoses no pâncreas etc. O afogamento poderá ocorrer pela submersão do corpo ou só da cabeça, sendo homicida, suicida ou acidental. Nem sempre se tem afogamento, pois um corpo encontrado na água poderá tratar-se de um cadáver que nela caiu ou nela foi jogado.

AFONIA. *Medicina legal.* Perda ou diminuição da voz, que poderá estar ligada a erro médico ou acidente de trabalho. No primeiro caso, é resultado da negligência ou imperícia do profissional que age, culposamente, no tratamento, o que lhe ocasionará responsabilidade civil e penal. No segundo, trata-se das pessoas que utilizam a voz em sua profissão, como professores, cantores etc., o que dará origem ao recebimento de certos benefícios.

AFÔNICO. *Medicina legal.* Pessoa que perdeu, total ou parcialmente, a voz.

AFORADA. *Direito processual civil.* Causa que se encontra no foro, estando já submetida ao conhecimento do juiz competente.

AFORADO. *Direito civil.* Diz-se do imóvel que foi dado em aforamento, mediante pagamento feito pelo enfiteuta de um foro ou pensão anual ao senhorio direto.

AFORADOR. *Direito civil.* Pessoa que deu um imóvel em aforamento ou em enfiteuse, cedendo o domínio útil ao foreiro ou enfiteuta, conservando apenas o domínio direto. É, portanto, o senhorio direto.

AFORAMENTO. *Direito civil.* É o direito real sobre coisa alheia que autoriza o enfiteuta a exercer, restritiva e perpetuamente, sobre coisa imóvel todos os poderes do domínio, mediante pagamento ao senhorio direto do *canon*, ou seja, de uma renda anual. Apresenta os seguintes caracteres: a) requer a presença de duas pessoas: da que tem o domínio do imóvel aforado (senhorio direto) e da que possui o bem de modo direto, tendo sobre ele uso, gozo e disposição (enfiteuta), desde que não afete sua substância. O senhorio direto é titular do domínio direto ou iminente e está afastado da coisa, o enfiteuta ou foreiro o é do domínio útil. O domínio direto do senhorio manifestava-se no recebimento do *canon*, na percepção do laudêmio em caso de alienação. Mas, hoje, pelo novo Código Civil, é defeso cobrar tal laudêmio. Todavia, na alienação fiduciária que tiver por objeto bem enfitêutico, será exigível, por lei, o pagamento do laudêmio se houver a consolidação do domínio útil no fiduciário; b) constitui um direito real imobiliário. Só pode recair sobre bens imóveis alheios (terras não cultivadas, terrenos que se destinem à edificação, terrenos de marinha e acrescidos); c) não pode ser temporário. A perpetuidade lhe é essencial; d) contém a obrigação do enfiteuta de pagar renda anual e invariável chamada foro,

canon ou pensão. A enfiteuse podia ser adquirida por meio de escritura pública devidamente assentada no Registro Imobiliário competente; por sucessão testamentária, quando o testador, por exemplo, transmitia o domínio direto ao herdeiro ou ao legatário e o domínio útil a outro; e, ainda, por usucapião, desde que presentes os requisitos legais. Atualmente, o Código Civil proíbe constituição de novas enfiteuses.

AFORAMENTO ADMINISTRATIVO. *Direito administrativo.* Uso de um bem público por um particular, desde que este pague ao Estado uma quantia anual.

AFORAR. 1. *Direito civil.* a) Dar em aforamento um prédio rústico; b) efetuar enfiteuse por ato *inter vivos* ou *causa mortis*, concedendo ao foreiro o domínio útil do imóvel. **2.** *Direito processual civil.* Levar a causa a juízo; dar entrada da petição inicial, intentando uma ação em juízo.

À FORÇA. Locução usada para indicar "com o emprego de meios violentos".

AFORCIADA. *Direito penal.* Estuprada; violentada.

AFORCIAR. *Direito penal.* Violentar; estuprar; possuir à força.

A FORFAIT. *Direito civil.* Diz-se do contrato no qual o preço de uma coisa ou de um serviço é invariável, por ser previamente estabelecido.

AFORIA. *Medicina legal.* Esterilidade feminina.

AFORISMO. *Teoria geral do direito.* **1.** Máxima consagrada pela tradição que, em poucas palavras, contém uma verdade jurídica, constituindo uma regra de grande alcance, fundada na experiência e na reflexão e aceita por todos. **2.** Proposição doutrinária. **3.** O mesmo que BROCARDO, ADÁGIO.

AFORMOSEAMENTO. *Direito civil.* **1.** Ato pelo qual se torna um imóvel mais agradável, enriquecido ou bonito, fazendo-se nele melhoramentos ou benfeitorias voluptuárias. **2.** Ato de adornar bem móvel ou imóvel.

AFORRAMENTO. 1. Na *linguagem econômica,* significa qualquer ato de poupança ou de economia. É uma reserva das sobras, ou parcela economizada, que se consegue liberar das despesas comuns, destinando-se a constituir um fundo de previsão econômica para dias mais difíceis ou para alguma emergência. **2.** Efeito de libertar; alforria; libertação.

A FORTIORI. 1. *Locução latina.* Por mais forte razão. **2.** *Lógica jurídica.* Diz-se da argumentação na qual a conclusão se estabelece à vista de outra para qual havia menor motivo. Parte-se de uma razão menos evidente e conclui-se pela de maior evidência. O argumento *a fortiori* é utilizado para a determinação de um limite *a quo*, como, por exemplo, na fórmula "quem pode o mais, pode o menos". O *a fortiori* compreende os argumentos *a maiori ad minus* e *a minori ad maius*, que levam o magistrado a aplicar norma aos casos não regulados, nos quais se encontra a razão suficiente da hipótese explícita, mas mais forte. Para que se caracterize o argumento *a fortiori* é necessário não só analisar a relação e sua natureza de assimetria e transitividade, mas também que a extensão do direito ou do dever não esteja compartida e vice-versa, que a intensidade da situação jurídica não se transforme em extensão.

AFRETADOR. *Direito marítimo.* Pessoa que aluga, no todo ou em parte, uma embarcação para transporte de coisas, mercadorias ou pessoas, em uma ou mais viagens, mediante pagamento de frete, primagem, estadia e sobrestadia. O afretador é, portanto, o condutor do navio, que tem o dever de carregá-lo e descarregá-lo no prazo estipulado, sob pena de indenizar o fretador pagando metade do frete; por isso, pode ser designado também como "carregador". O afretador tem responsabilidade civil por todos os danos que vier a causar, inclusive se introduzir no navio, sem anuência do comandante ou do fretador, mercadorias proibidas por lei fiscal ou se praticar atos ilícitos durante a carga e descarga.

AFRETAMENTO. 1. *Direito marítimo.* É o contrato pelo qual o armador ou proprietário de um navio, que é o *fretador*, compromete-se a alugá-lo, ou seja, a colocá-lo, no todo ou em parte, à disposição de um *afretador* para o transporte de mercadorias ou de pessoas, em uma ou mais viagens, mediante o recebimento do *frete* (aluguel). O instrumento em que está consignado esse contrato designa-se "carta-partida", mas, se o afretamento for parcial, além desta, o comandante, ao receber a mercadoria, deverá lavrar o conhecimento de embarque, que configurará a execução contratual. O afretamento total distingue-se do *time-charter*, pois neste o armador cederá o uso do navio mediante contrato de ajuste, em que se responsabilizará pelo serviço de equipagem e pelo provimento do necessário para a expedição marítima, sem obrigação de transporte. O subfretamento poderá ocorrer no afretamento total quando o afretador subfretar a terceiros, visando conseguir lucro com a diferença entre o frete cobrado e o que pagará ao fretador. O contrato pode apresentar-se em três modalidades: a) a *locatio navis*, se abranger toda a embarcação, caso em que o afretador terá sua posse; b) a *locatio navis et operarum magistri et nauticorum*, em que o proprietário do navio conservará sua posse através do comandante, mas a embarcação e o seu serviço de equipagem ficarão à disposição do afretador; c) a *locatio operis vehendarum mercium*, pela qual o navio será angariado, tanto no porto de partida como no de escala, para tantos transportes quantos se quiser. **2.** *Direito aeronáutico.* É o contrato pelo qual o fretador se compromete com o afretador, mediante pagamento de frete, a realizar uma ou mais viagens preestabelecidas ou durante determinado período de tempo, reservando-se o controle sobre a tripulação e a condução técnica da aeronave. Esse contrato deverá ser efetivado por instrumento público ou particular, podendo ser assentado no Registro Aeronáutico Brasileiro.

AFRETAMENTO A CASCO NU. *Direito marítimo.* Contrato em virtude do qual o afretador tem a posse, o uso e o controle da embarcação, por tempo determinado, incluindo o direito de designar o comandante e a tripulação.

AFRETAMENTO POR TEMPO. *Direito marítimo.* Contrato em virtude do qual o afretador recebe a embarcação armada e tripulada, ou parte dela, para operá-la por tempo determinado.

AFRETAMENTO POR VIAGEM. *Direito marítimo.* Contrato em virtude do qual o fretador se obriga a colocar o todo ou parte de uma embarcação, com tripulação, à disposição do afretador para efetuar transporte em uma ou mais viagens.

AFRIKANER. *Direito comparado.* Na África do Sul, diz respeito aos dois terços da população branca.

AFRMM. *Direito marítimo* e *direito tributário.* Sigla para designar *Adicional ao Frete para Renovação da Marinha Mercante,* que consiste na contribuição parafiscal, conforme declarado pelo STF, incidente sobre a entrada no porto de descarga da mercadoria importada; a contribuição é calculada sobre o valor do frete e possui alíquotas variadas: 25% na navegação de longo curso; 10% na navegação de cabotagem e 40% na navegação fluvial e lacustre (Antonio Carlos Rodrigues do Amaral).

AFRODISÍACO. *Medicina legal.* Medicamento próprio para estimular ou excitar o apetite sexual, restaurando a potência.

AFRONTA. 1. *Direito comercial.* Ciência dada por um comparte na embarcação aos outros parceiros sobre a venda que pretende realizar de seu quinhão, para que exerçam o direito de preferência. **2.** *Direito processual civil.* a) Confrontação de fatos alegados pelos litigantes; b) declaração do maior lanço oferecido em arrematação judicial feita ao magistrado pelo oficial encarregado; c) aviso dado por oficial, em leilão público ou arrematação, a quem fez o lanço de que sua oferta foi aceita por ter sido a maior entre as dos demais lançadores; d) acareação de duas ou mais testemunhas para esclarecimento da verdade; e) comparação de documentos para verificar o que neles há de verdadeiro. **3.** *História do direito.* Jurisdição; alçada.

AFRÓSINA. *Medicina legal.* Loucura, demência.

AFTER DATE. *Locução inglesa.* Após a data.

AFTER MARKET. *Locução inglesa.* **1.** Depois do mercado. **2.** Período de negociação que se dá fora do horário regular do pregão (Luiz Fernando Rudge).

AFTONGIA. *Medicina legal.* Impossibilidade de emitir sons em razão de espasmo dos músculos da fonação.

AGASALHADOS. *Direito marítimo.* **1.** Quantidade de mercadorias cujo transporte gratuito é permitido aos membros da equipagem de um navio, com o escopo de comerciá-las em outro porto, objetivando lucro, desde que os limites legais concernentes ao peso, volume etc. sejam respeitados. **2.** Acomodações reservadas numa embarcação ao pessoal da equipagem, que não poderão ser cedidas, em caso de afretamento total, ao afretador.

AGASTAMENTO. *Medicina legal.* Irritação nervosa produzida por causas excitantes e perturbadoras do sistema nervoso, ocasionando cólera, ansiedade, palpitação etc.

AGATANHADO. *Medicina legal.* Diz-se daquele que foi ferido a unhadas, apresentando arranhaduras.

AGE. *Direito comercial.* Forma abreviada de Assembléia Geral Extraordinária de Sociedade Anônima.

AGÊNCIA. 1. Estabelecimento que presta serviços como intermediário em negócios alheios, mediante recebimento de uma remuneração. **2.** Retribuição paga a despachante ou a intermediário para cuidar de certo negócio ou pelo serviço por ele prestado. **3.** Ato de mediação, ocupação ou função de agente. **4.** Período de tempo de duração dos serviços de agente. **5.** Lugar onde está estabelecido o agente. **6.** Repartição de um serviço, público ou particular, em local diverso do da administração. **7.** Sucursal ou filial de sociedade empresária, banco ou casa comercial fora de suas sedes, onde se executam negócios por conta e sob as instruções do estabelecimento central.

AGÊNCIA BRASILEIRA DE COOPERAÇÃO DO MINISTÉRIO DAS RELAÇÕES EXTERIORES (ABC/MRE). *Direito administrativo.* Órgão do Ministério das Relações Exteriores encarregado de coordenar, negociar, aprovar, acompanhar e avaliar, em âmbito nacional, a cooperação para o desenvolvimento em todas as áreas do conhecimento, não só de outros países e organismos internacionais, como também a entre o Brasil e os países em desenvolvimento; e administrar recursos financeiros nacionais e internacionais alocados a projetos e atividades de cooperação para o desenvolvimento por ela coordenados.

AGÊNCIA BRASILEIRA DE INTELIGÊNCIA (ABIN). *Direito administrativo.* Criada por lei, é órgão integrante do Gabinete de Segurança Institucional da Presidência da República e central do Sistema Brasileiro de Inteligência, tem por competência: a) planejar, executar, coordenar, supervisionar e controlar as atividades de inteligência do País, obedecidas a política e as diretrizes superiormente traçadas na forma da legislação específica; b) executar a Política Nacional de Inteligência e as ações dela decorrentes, sob a supervisão da Câmara de Relações Exteriores e Defesa Nacional, do Conselho de Governo; c) planejar e executar ações, inclusive sigilosas, relativas à obtenção e análise de dados para a produção de conhecimentos destinados a assessorar o Presidente da República; d) planejar e executar a proteção de conhecimentos sensíveis, relativos aos interesses e à segurança do Estado e da sociedade; e) avaliar as ameaças, internas e externas, à ordem constitucional; f) promover o desenvolvimento de recursos humanos e da doutrina de inteligência; e g) realizar estudos e pesquisas para o exercício e o aprimoramento da atividade de inteligência.

AGÊNCIA COMERCIAL. *Direito comercial.* **1.** É o contrato pelo qual uma pessoa se obriga, mediante retribuição, a realizar certos negócios, em zona determinada, com caráter de habitualidade, em favor e por conta de outrem, sem subordinação hierárquica. Há na agência ou representação comercial uma atividade de intermediação exercida profissionalmente pelo representante comercial, sem qualquer dependência hierárquica, mas em conformidade com instruções dadas pelo representado, tendo por finalidade recolher ou agenciar propostas ou pedidos para transmiti-las ao representado. **2.** Estabelecimento que representa outro com o fim de efetivar negócios mercantis em outra praça.

AGÊNCIA DE CORREIOS COMERCIAL TIPO I (ACC I). É a unidade de atendimento destinada à prestação de serviços e à venda de produtos comercializados pela ECT, a cliente do segmento de varejo, pessoa física ou jurídica, que se apresente na Agência e demande pequenas quantidades de serviços e produtos, conforme as especificações constantes de edital. Na Agência de Correios Comercial Tipo I – ACC I deve ser garantido, além do atendimento ao usuário dos serviços públicos de carta, de cartão postal e de telegrama, no mínimo o atendimento aos demais serviços postais básicos definidos em portaria do Ministério das Comunicações, sem prejuízo de outras atividades que vierem a ser estabelecidas, a critério da ECT. A Agência de Correios Comercial Tipo I – ACC I realizará, também, a prestação de outros serviços e a venda de outros produtos da ECT, bem como de produtos e serviços de terceiros, desde que autorizada por esta. Entende-se por serviços e produtos de terceiros os provenientes de contratos firmados entre a ECT e os administradores daqueles produtos e serviços. A Agência de Correios Comercial Tipo I – ACC I pode ser própria ou de terceiros, devendo ser instalada em região definida pela ECT. Quando de terceiros, a Unidade terá, ainda, as seguintes características: a) compartilhamento com negócios compatíveis e não concorrentes com os da ECT, conforme definido no edital padrão de licitação; e b) instalação em regiões-alvo descritas no edital de licitação com o objetivo único e exclusivo de definir sua localização.

AGÊNCIA DE CORREIOS COMUNITÁRIA. Unidade de atendimento destinada a viabilizar, no mínimo, a prestação de serviços postais básicos em pequenas localidades com população superior a quinhentos habitantes, bem como em áreas urbanas onde predomine o interesse social e a exploração econômica de serviços postais não se mostre viável.

AGÊNCIA DE DESENVOLVIMENTO DA AMAZÔNIA (ADA). *Direito administrativo.* Autarquia federal vinculada ao Ministério da Integração Nacional, com o objetivo de implementar políticas e viabilizar instrumentos de desenvolvimento da Amazônia. Com competência para: a) propor e coordenar a implantação do Plano de Desenvolvimento da Amazônia, sob supervisão do Ministério da Integração Nacional; b) gerir o Fundo de Desenvolvimento da Amazônia; c) aprovar projetos a serem executados no âmbito do Fundo de Desenvolvimento da Amazônia; d) autorizar contratação e liberar recursos do Fundo de Desenvolvimento da Amazônia, mediante proposição do agente operador; e) auditar e avaliar os resultados da aplicação dos recursos do Fundo de Desenvolvimento da Amazônia; f) implementar estudos e pesquisas destinados à identificação de potencialidades e vulnerabilidades socioeconômicas e ambientais e propor estratégias e ações compatíveis com o espaço regional; g) fortalecer as estruturas produtivas da região, a partir da mobilização do seu potencial; h) promover ações voltadas ao desenvolvimento social na região; i) estruturar e implementar redes de informações em apoio às atividades produtivas; j) promover a cooperação técnica, tecnológica e financeira com organismos nacionais ou internacionais, voltada à integração e ao desenvolvimento regional; k) elaborar estudos de viabilidade de projetos de integração e de desenvolvimento regional; l) implementar programas de capacitação gerencial, de formação e qualificação de recursos humanos adequados ao mercado regional; m) realizar estudos de ordenamento e gestão territoriais e avaliar impactos das ações de integração e de desenvolvimento na região, especialmente do ponto de vista ambiental; e n) verificar a adequabilidade dos projetos à política de desenvolvimento regional.

AGÊNCIA DE DESENVOLVIMENTO DO NORDESTE (ADENE). *Direito administrativo.* Órgão de natureza autárquica federal, vinculado ao Ministério da Integração Nacional, com o objetivo de implementar políticas e viabilizar instrumentos de desenvolvimento do Nordeste. Tem competência para: a) propor e coordenar a implantação do Plano de Desenvolvimento do Nordeste, sob supervisão do Ministério da Integração Nacional; b) gerir o Fundo de Desenvolvimento do Nordeste; c) aprovar projetos a serem executados no âmbito do Fundo de Desenvolvimento do Nordeste; d) autorizar contratação e liberar recursos do Fundo de Desenvolvimento do Nordeste, mediante proposição do agente operador;

e) auditar e avaliar os resultados da aplicação dos recursos do Fundo de Desenvolvimento do Nordeste; f) implementar estudos e pesquisas destinados à identificação de potencialidades e vulnerabilidades socioeconômicas e ambientais e propor estratégias e ações compatíveis com o espaço regional; g) fortalecer as estruturas produtivas da região, a partir da mobilização do seu potencial; h) promover ações voltadas ao desenvolvimento social da região; i) estruturar e implementar redes de informações em apoio às atividades produtivas; j) promover a cooperação técnica, tecnológica e financeira com organismos nacionais ou internacionais, voltada à integração e ao desenvolvimento regional; k) elaborar estudos de viabilidade de projetos de integração e de desenvolvimento regional; l) implementar programas de capacitação gerencial, de formação e qualificação de recursos humanos adequados ao mercado regional; m) realizar estudos de ordenamento e gestão territoriais e avaliar impactos das ações de integração e de desenvolvimento na região, especialmente do ponto de vista ambiental; e n) verificar a adequabilidade dos projetos à política de desenvolvimento regional.

AGÊNCIA DE FOMENTO. Órgão ou instituição de natureza pública ou privada que tenha entre os seus objetivos o financiamento de ações que visem a estimular e promover o desenvolvimento da ciência, da tecnologia e da inovação.

AGÊNCIA DE INFORMAÇÕES. *Direito comercial.* Estabelecimento autônomo que presta serviços não só de coleta e fornecimento de informações confidenciais, de natureza particular ou comercial, sobre pessoa natural ou jurídica, mas também de informações ou esclarecimentos sobre ações judiciais ou protestos que, porventura, existirem em relação à pessoa investigada.

AGÊNCIA DE PROMOÇÃO DE EXPORTAÇÕES (APEX). *Direito internacional privado.* É um serviço social autônomo realizado por pessoa jurídica de direito privado, sem fins lucrativos e de utilidade pública, que tem por escopo inserir novas empresas exportadoras brasileiras no mercado internacional, ampliando mercados, para atingir o fim maior da criação de empregos e aumento da renda nacional. Sua atribuição é executar as políticas de promoção das exportações nacionais, com especial enfoque àquelas que favoreçam empresas de pequeno porte e a geração de empregos, trabalhando em cooperação com

o Poder Público, segundo as políticas nacionais de desenvolvimento, particularmente as relativas às áreas industrial, comercial, de serviços e tecnológica. Oferece apoio financeiro a diversas atividades da pequena empresa exportadora, tais como pesquisas de mercado, coleta de informação comercial e treinamento e capacitação de funcionários especializados em comércio exterior, entre outras (Antonio Carlos Rodrigues do Amaral).

AGÊNCIA DE PROPAGANDA. *Direito comercial.* Pessoa jurídica especializada na arte e técnica publicitária, e que, por meio de profissionais a seu serviço, estuda, concebe, executa e distribui propaganda aos veículos de divulgação (jornal, rádio, TV, revista etc.), por ordem e conta do cliente anunciante, com o escopo de promover venda de produtos e serviços, difundir idéias ou informar o público sobre organizações ou instituições a que serve.

AGÊNCIA DE TURISMO. *Direito comercial.* Agência de viagens que, no país, presta serviços turísticos aos usuários.

AGÊNCIA DE VIAGEM. *Direito comercial.* Empresa que desempenha atividades para incentivar e promover o deslocamento temporário da pessoa física, individualmente ou em grupo, de sua habitual residência para outro local do seu país ou para o exterior, para fins recreativos, culturais, sociopolíticos, religiosos, industriais, comerciais ou econômicos. Auxilia, portanto, no traslado de pessoas ao contratar com o passageiro o transporte, que será realizado por outra empresa, além de prestar serviços correlatos e de turismo. Tem a agência de viagem as funções de: vender excursões e passagens por conta própria ou de empresas de transporte; organizar, promover e executar viagens ou excursões individuais ou coletivas; prestar, mediante remuneração, serviços turísticos, inclusive de guia, intérprete, fornecendo informações a viajantes; propiciar serviços especializados, mediante remuneração, relacionados com passeios, viagens, acomodações em hotéis etc. A agência de viagem apresenta-se sob duas modalidades. Pode ser: a) *agência de turismo,* que presta diretamente, no seu país, serviços aos clientes; b) *agência operadora turística,* que executa serviços de natureza turística para agências de viagens, no País ou no exterior.

AGENCIADOR. *Direito comercial.* Profissional que encaminha negócios alheios, mediante comissão ou percentagem sobre as vendas ou atos negociais realizados por sua intermediação.

AGENCIADOR DE PROPAGANDA. *Direito do trabalho.* Profissional vinculado aos veículos de divulgação, que a eles encaminha propaganda por conta de terceiro.

AGÊNCIA ESPACIAL BRASILEIRA (AEB). *Direito administrativo* e *direito aeronáutico.* Autarquia federal, de natureza civil, vinculada ao Ministério da Ciência e Tecnologia, dotada de autonomia administrativa e financeira, com patrimônio e quadro de pessoal próprios, sede e foro no Distrito Federal, com a finalidade de promover o desenvolvimento das atividades espaciais de interesse nacional. Possui as seguintes competências: a) executar e fazer executar a Política Nacional de Desenvolvimento das Atividades Espaciais (PNDAE), bem como propor as diretrizes e a implementação das ações dela decorrentes; b) propor a atualização dessa política e as diretrizes para sua consecução; c) elaborar e atualizar o Programa Nacional de Atividades Espaciais (PNAE) e as respectivas propostas físicas e orçamentárias; d) promover o relacionamento com instituições congêneres no País e no exterior; e) analisar propostas de acordos, convênios e outros instrumentos internacionais, em articulação com o Ministério das Relações Exteriores, objetivando a cooperação no campo das atividades espaciais, e acompanhar a sua execução, ouvido o Ministério da Ciência e Tecnologia; f) emitir pareceres relativos a questões ligadas às atividades espaciais que sejam objeto de análise e discussão nos foros internacionais e neles fazer-se representar, em articulação com o Ministério das Relações Exteriores e ouvido o Ministério da Ciência e Tecnologia; g) estimular a participação da iniciativa privada nas atividades espaciais; h) estimular a pesquisa científica e o desenvolvimento tecnológico nas atividades de interesse da área espacial, incentivando a participação de universidades e outras instituições de ensino, pesquisa e desenvolvimento; i) estimular o acesso das entidades nacionais aos conhecimentos obtidos no desenvolvimento das atividades espaciais, visando ao seu aprimoramento tecnológico; j) articular a utilização conjunta de instalações espaciais, visando à integração dos meios disponíveis e à racionalização de recursos; k) identificar as possibilidades comerciais de utilização das tecnologias e aplicações espaciais, visando estimular iniciativas empresariais

na prestação de serviços e produção de bens; l) estabelecer normas e expedir licenças e autorizações relativas às atividades espaciais; m) aplicar as normas de qualidade e produtividade nas atividades espaciais.

AGÊNCIA EXECUTIVA. *Direito administrativo.* **1.** A autarquia especial ou fundação pública, assim qualificada pelo Poder Executivo, que tenha cumprido os seguintes requisitos: a) ter um plano estratégico de reestruturação e de desenvolvimento institucional em andamento; b) ter celebrado Contrato de Gestão com o respectivo Ministério supervisor. A qualificação como Agência Executiva será feita em ato do Presidente da República. O Poder Executivo editará medidas de organização administrativa específicas para as Agências Executivas, visando assegurar a sua autonomia de gestão, bem como a disponibilidade de recursos orçamentários e financeiros para o cumprimento dos objetivos e metas definidos nos Contratos de Gestão. Tal agência tem maior autonomia de gestão do que as autarquias e fundações públicas comuns. Ampla é sua autonomia gerencial, orçamentária e financeira e deve firmar contrato de gestão com a administração central, comprometendo-se a efetuar as metas de desempenho que lhe foram atribuídas. **2.** O mesmo que AGÊNCIA REGULADORA, segundo alguns autores.

AGENCIAMENTO. *Direito comercial.* Ato, efeito ou ação de agenciar.

AGÊNCIA NACIONAL DE ÁGUAS (ANA). *Direito administrativo* e *direito ambiental.* Autarquia sob regime especial, com autonomia administrativa e financeira, vinculada ao Ministério do Meio Ambiente, tem por finalidade implementar, em sua esfera de atribuições, a Política Nacional de Recursos Hídricos. A atuação da ANA obedecerá aos fundamentos, objetivos, diretrizes e instrumentos da Política Nacional de Recursos Hídricos e será desenvolvida em articulação com órgãos e entidades públicas e privadas integrantes do Sistema Nacional de Gerenciamento de Recursos Hídricos, cabendo-lhe: a) supervisionar, controlar e avaliar as ações e atividades decorrentes do cumprimento da legislação federal pertinente aos recursos hídricos; b) disciplinar, em caráter normativo, por meio de resolução da Diretoria Colegiada, a implementação, a operacionalização, o controle e a avaliação dos instrumentos da Política Nacional de Recursos Hídricos; c) participar da elaboração do Plano Nacional de Recursos Hídricos e supervisionar a sua implementação; d) prestar apoio à elaboração dos planos de recursos hídricos das bacias hidrográficas; e) outorgar, por intermédio de autorização, o direito de uso de recursos hídricos em corpos de água de domínio da União; f) fiscalizar, com poder de polícia, os usos de recursos hídricos nos corpos de água de domínio da União; g) elaborar estudos técnicos para subsidiar a definição, pelo Conselho Nacional de Recursos Hídricos, dos valores a serem cobrados pelo uso de recursos hídricos de domínio da União, com base nos mecanismos e quantitativos sugeridos pelos comitês de bacia hidrográfica; h) estimular e apoiar as iniciativas voltadas para a criação de comitês de bacia hidrográfica; i) implementar, em articulação com os comitês de bacia hidrográfica, a cobrança pelo uso de recursos hídricos de domínio da União; j) arrecadar, despender e aplicar o que lhe for próprio e distribuir, para aplicação, as receitas auferidas, por intermédio da cobrança pelo uso de recursos hídricos de domínio da União; k) planejar e promover ações destinadas a prevenir ou minimizar os efeitos das secas e inundações, no âmbito do Sistema Nacional de Gerenciamento de Recursos Hídricos, em articulação com o órgão central do Sistema Nacional de Defesa Civil, em apoio aos Estados e Municípios; l) declarar corpos de água em regime de racionamento preventivo e aplicar as medidas necessárias para assegurar seus usos prioritários em consonância com os critérios estabelecidos em decreto, ouvidos os respectivos comitês de bacia hidrográfica, se houver; m) promover a elaboração de estudos para subsidiar a aplicação de recursos financeiros da União em obras e serviços de regularização de cursos de água, de alocação e distribuição de água e de controle da poluição hídrica, em consonância com o estabelecido nos planos de recursos hídricos; n) definir e fiscalizar as condições de operação de reservatórios por agentes públicos e privados, visando garantir o uso múltiplo dos recursos hídricos, conforme estabelecido nos planos de recursos hídricos das respectivas bacias hidrográficas; o) disciplinar, em caráter normativo, e autorizar a adução de água bruta que envolver recursos hídricos de domínio da União, inclusive mediante o estabelecimento de tarifas e a fixação dos padrões de eficiência para prestação do respectivo serviço; p) promover a coordenação das atividades desenvolvidas no âmbito da rede hidrometeorológica nacional, em articulação com os órgãos e entidades públicas e privadas que a integram, ou que dela sejam usuários; q) organizar, implantar e gerir o Sistema Nacional de Informações sobre Recursos Hídricos; r) estimular a pesquisa e a capacitação de recursos humanos para a gestão de recursos hídricos; s) prestar apoio aos Estados na criação de órgãos gestores de recursos hídricos; t) propor ao Conselho Nacional de Recursos Hídricos o estabelecimento de incentivos, inclusive financeiros, à conservação qualitativa e quantitativa de recursos hídricos; u) promover o intercâmbio com entidades nacionais e internacionais relacionadas a recursos hídricos; v) representar o Brasil nos organismos internacionais de recursos hídricos, em articulação com o Ministério das Relações Exteriores e com outros órgãos e entidades envolvidas; e x) celebrar convênios e contratos com órgãos e entidades federais, estaduais, municipais e com pessoas jurídicas de direito privado, envolvendo assuntos relacionados a recursos hídricos e sua competência. Em suma é o órgão incumbido de: a) supervisionar, controlar e avaliar as ações e atividades decorrentes do cumprimento da legislação federal pertinente aos recursos hídricos; b) fiscalizar, com poder de polícia, os usos dos recursos hídricos nos corpos de água de domínio da União; c) fiscalizar as condições de operação de reservatórios por agentes públicos e privados, visando garantir o uso múltiplo dos recursos hídricos, conforme estabelecido nos planos de recursos hídricos das respectivas bacias hidrográficas e, nos aproveitamentos hidrelétricos, em articulação com o Operador Nacional do Sistema Elétrico (ONS); d) celebrar convênios e contratos com órgãos e entidades federais, estaduais, municipais, e com pessoas jurídicas de direito privado, envolvendo assuntos relacionados a recursos hídricos de sua competência.

AGÊNCIA NACIONAL DE AVIAÇÃO CIVIL (ANAC). Autarquia sob regime especial, com independência administrativa, autonomia financeira, ausência de subordinação hierárquica e mandato fixo de seus dirigentes, com sede e foro no Distrito Federal, vinculada ao Ministério da Defesa, tem por finalidade regular e fiscalizar as atividades de aviação civil e de infra-estrutura aeronáutica e aeroportuária. A ANAC, no exercício de suas competências, deverá observar orientações, diretrizes e políticas formuladas pelo Conselho de Aviação Civil – CONAC. A ANAC atuará como Autoridade de Aviação Civil. Cabe à ANAC adotar medidas para o atendimento do interesse público e para o desenvolvimento e fomento da aviação civil, da infra-estrutura aeronáutica e aeroportuária do País, atuando com independência, legalidade, impessoalidade e publicidade, competindo-lhe:

– implementar, em sua esfera de atuação, a política de aviação civil;

– representar o País junto aos organismos internacionais de aviação civil, exceto nos assuntos relativos ao sistema de controle do espaço aéreo e ao sistema de investigação e prevenção de acidentes aeronáuticos;

– elaborar relatórios e emitir pareceres sobre acordos, tratados, convenções e outros atos relativos ao transporte aéreo internacional, celebrados ou a serem celebrados com outros países ou organizações internacionais;

– realizar estudos, estabelecer normas, promover a implementação das normas e recomendações internacionais de aviação civil, observados os acordos, tratados e convenções internacionais de que seja parte a República Federativa do Brasil;

– negociar o estabelecimento de acordos e tratados sobre transporte aéreo internacional, observadas as diretrizes do CONAC;

– negociar, realizar intercâmbio e articular-se com autoridades aeronáuticas estrangeiras, para validação recíproca de atividades relativas ao sistema de segurança de vôo, inclusive quando envolvam certificação de produtos aeronáuticos, de empresas prestadoras de serviços e fabricantes de produtos aeronáuticos para a aviação civil;

– regular e fiscalizar a operação de serviços aéreos prestados, no País, por empresas estrangeiras, observados os acordos, tratados e convenções internacionais de que seja parte a República Federativa do Brasil;

– promover, junto aos órgãos competentes, o cumprimento dos atos internacionais sobre aviação civil ratificados pela República Federativa do Brasil;

– regular as condições e a designação de empresa aérea brasileira para operar no exterior;

– regular e fiscalizar os serviços aéreos, os produtos e processos aeronáuticos, a formação e o treinamento de pessoal especializado, os serviços auxiliares, a segurança da aviação civil, a facilitação do transporte aéreo, a habilitação de

tripulantes, as emissões de poluentes e o ruído aeronáutico, os sistemas de reservas, a movimentação de passageiros e carga e as demais atividades de aviação civil, ressalvadas as competências do Comando da Aeronáutica sobre as atividades de controle do espaço aéreo;

– expedir regras sobre segurança em área aeroportuária e a bordo de aeronaves civis, porte e transporte de cargas perigosas, inclusive o porte ou transporte de armamento, explosivos, material bélico ou de quaisquer outros produtos, substâncias ou objetos que possam pôr em risco os tripulantes ou passageiros, ou a própria aeronave ou, ainda, que sejam nocivos à saúde;

– regular e fiscalizar as medidas a serem adotadas pelas empresas prestadoras de serviços aéreos, e exploradoras de infra-estrutura aeroportuária, para prevenção quanto ao uso por seus tripulantes ou pessoal técnico de manutenção e operação que tenha acesso às aeronaves, de substâncias entorpecentes ou psicotrópicas, que possam determinar dependência física ou psíquica, permanente ou transitória;

– regular e fiscalizar a outorga de serviços aéreos;

– conceder, permitir ou autorizar a exploração de serviços aéreos;

– promover a apreensão de bens e produtos aeronáuticos de uso civil, que estejam em desacordo com as especificações;

– fiscalizar as aeronaves civis, seus componentes, equipamentos e serviços de manutenção, com o objetivo de assegurar o cumprimento das normas de segurança de vôo;

– proceder à homologação e emitir certificados, atestados, aprovações e autorizações, relativos às atividades de competência do sistema de segurança de vôo da aviação civil, bem como licenças de tripulantes e certificados de habilitação técnica e de capacidade física e mental, observados os padrões e normas por ela estabelecidos e, em especial: a) homologar e certificar os produtos e os processos industriais aeronáuticos; b) reconhecer a homologação e a certificação estrangeira, nos termos dos acordos internacionais celebrados com outros países; c) expedir "Certificado de Homologação de Empresa" para empresas fabricantes de produtos aeronáuticos, fiscalizando-as; d) expedir "Certificado de Homologação de Tipo"; e) expedir "Certificado de Autorização de Vôo Experimental"; f) aprovar a aeronavegabilidade de produtos aeronáuticos para exportação; g) homologar e expedir certificado de homologação de empresa de transporte aéreo; h) homologar e expedir certificado de homologação de empresa de revisão, reparo ou manutenção de aeronaves, motores, hélices e outros produtos aeronáuticos; i) vistoriar aeronaves para expedição de certificados de aeronavegabilidade; e j) conceder certificados de aeronavegabilidade para aeronaves;

– administrar o Registro Aeronáutico Brasileiro;

– regular as autorizações de horários de transporte (HOTRAN), observadas as condicionantes do Sistema de Controle do Espaço Aéreo Brasileiro e da infra-estrutura aeroportuária disponível;

– compor, administrativamente, conflitos de interesses entre prestadoras de serviços aéreos e de infra-estrutura aeronáutica aeroportuária;

– regular e fiscalizar a infra-estrutura aeronáutica e aeroportuária, visando a garantir sua compatibilidade com a proteção ambiental e com o ordenamento do uso do solo;

– aprovar os planos diretores dos aeroportos e os planos aeroviários estaduais;

– propor ao Presidente da República, por intermédio do Ministro de Estado da Defesa, a declaração de utilidade pública, para fins de desapropriação ou instituição de servidão administrativa, dos bens necessários à construção, manutenção e expansão da infra-estrutura aeronáutica e aeroportuária;

– conceder ou autorizar a exploração da infra-estrutura aeroportuária, no todo ou em parte;

– estabelecer o regime tarifário, revisões e reajustes referentes à exploração da infra-estrutura aeroportuária;

– homologar, registrar e cadastrar os aeródromos;

– arrecadar, administrar e suplementar recursos para o funcionamento de aeródromos de interesses federal, estadual ou municipal;

– aprovar e fiscalizar a construção, a reforma e a ampliação de aeródromos e sua abertura ao tráfego, observada a legislação e as normas pertinentes e após prévia análise pelo Comando da Aeronáutica, sob o ponto de vista da segurança da navegação aérea;

– expedir normas e padrões que assegurem a compatibilidade, a operação integrada e a interconexão de informações entre aeródromos;

– expedir normas e estabelecer padrões mínimos de segurança de vôo, de desempenho e eficiência, a serem cumpridos pelas prestadoras de serviços aéreos e de infra-estruturas aeronáutica e aeroportuária, inclusive quanto a equipamentos, materiais, produtos e processos que utilizarem e serviços que prestarem;

– expedir certificados de aeronavegabilidade;

– regular, fiscalizar e autorizar os serviços aéreos prestados por aeroclubes, escolas e cursos de aviação civil;

– expedir, homologar ou reconhecer a certificação de produtos e processos aeronáuticos de uso civil, observados os padrões e normas por ela estabelecidos;

– integrar o Sistema de Investigação e Prevenção de Acidentes Aeronáuticos – SIPAER;

– reprimir infrações à legislação, inclusive quanto aos direitos dos usuários, e aplicar as sanções cabíveis;

– arrecadar, administrar e aplicar suas receitas;

– contratar pessoal por prazo determinado, de acordo com a legislação aplicável;

– adquirir, administrar e alienar seus bens;

– apresentar ao Ministro de Estado da Defesa proposta de orçamento;

– elaborar e enviar o relatório anual de suas atividades ao Ministério da Defesa e, por intermédio da Presidência da República, ao Congresso Nacional;

– aprovar o seu regimento interno;

– administrar os cargos públicos, os cargos comissionados e as gratificações;

– decidir, em último grau, sobre as matérias de sua competência;

– deliberar, na esfera administrativa, quanto à interpretação da legislação sobre serviços aéreos e de infra-estrutura aeronáutica e aeroportuária, inclusive casos omissos, quando não houver orientação normativa da Advocacia-Geral da União;

– deliberar, na esfera técnica, quanto à interpretação das normas e recomendações internacionais relativas ao sistema de segurança de vôo da aviação civil, inclusive os casos omissos;

– editar e dar publicidade às instruções e aos regulamentos necessários à aplicação da legislação;

– promover estudos sobre a logística do transporte aéreo e do transporte intermodal, ao longo de eixos e fluxos de produção, em articulação com os demais órgãos governamentais competentes e entidades privadas interessadas;

– firmar convênios de cooperação técnica e administrativa com órgãos e entidades governamentais, nacionais ou estrangeiros, tendo em vista a descentralização e fiscalização eficiente dos setores de aviação civil e infra-estrutura aeronáutica e aeroportuária; e

– contribuir para a preservação do patrimônio histórico e da memória da aviação civil e da infra-estrutura aeronáutica e aeroportuária, em cooperação com as instituições dedicadas à cultura nacional, orientando e incentivando a participação das empresas do setor.

AGÊNCIA NACIONAL DE ENERGIA ELÉTRICA (ANEEL).

Direito administrativo. É uma autarquia sob regime especial, vinculada ao Ministério de Minas e Energia, com sede e foro no Distrito Federal e prazo de duração indeterminado. A Agência Nacional de Energia Elétrica (ANEEL) tem por finalidade regular e fiscalizar a produção, transmissão, distribuição e comercialização de energia elétrica, em conformidade com as políticas e diretrizes do governo federal. No exercício de suas atribuições, a ANEEL promoverá a articulação com os Estados e o Distrito Federal, para o aproveitamento energético dos cursos de água e a compatibilização com a política nacional de recursos hídricos. Além disso, orientará a execução de suas atividades finalísticas de forma a proporcionar condições favoráveis para que o desenvolvimento do mercado de energia elétrica ocorra com equilíbrio entre os agentes e em benefício da sociedade, observando as seguintes diretrizes: 1) prevenção de potenciais conflitos, por meio de ações e canais que estabeleçam adequado relacionamento entre agentes do setor de energia elétrica e demais agentes da sociedade; 2) regulação e fiscalização realizadas com o caráter de simplicidade e pautadas na livre concorrência entre os agentes, no atendimento às necessidades dos consumidores e no pleno acesso aos serviços de energia elétrica; 3) adoção de critérios que evitem práticas anticompetitivas e de impedimento ao livre acesso aos sistemas elétricos; 4) criação de condições para a modicidade das tarifas, sem prejuízo da oferta e com ênfase na qualidade do serviço de energia elétrica; 5) criação de ambiente para o setor de energia elétrica que incentive o investimento, de forma que os concessionários, permissionários e autorizados tenham asseguradas a viabilidade econômica e financeira, nos termos do respectivo contrato; 6) adoção de medidas efetivas que assegurem a oferta de energia elétrica a áreas de renda e densidade de carga baixas, urbanas e rurais, de forma a promover o desenvolvimento econômico e social e a redução das desigualdades regionais; 7) educação e informação dos agentes e demais envolvidos sobre as políticas, diretrizes e regulamentos do setor de energia elétrica; 8) promoção da execução indireta, mediante convênio, de atividades para as quais os setores públicos estaduais estejam devidamente capacitados; 9) transparência e efetividade nas relações com a sociedade. À ANEEL compete: 1) implementar as políticas e diretrizes do governo federal para a exploração de energia elétrica e o aproveitamento dos potenciais de energia hidráulica; 2) incentivar a competição e supervisioná-la em todos os segmentos do setor de energia elétrica; 3) propor os ajustes e as modificações na legislação necessários à modernização do ambiente institucional de sua atuação; 4) regular os serviços de energia elétrica, expedindo os atos necessários ao cumprimento das normas estabelecidas pela legislação em vigor; 5) regular e fiscalizar a conservação e o aproveitamento dos potenciais de energia hidráulica, bem como a utilização dos reservatórios de usinas hidrelétricas; 6) regular e fiscalizar, em seu âmbito de atuação, a geração de energia elétrica oriunda de central nuclear; 7) aprovar metodologias e procedimentos para otimização da operação dos sistemas interligados e isolados, para acesso aos sistemas de transmissão e distribuição e para comercialização de energia elétrica; 8) fixar critérios para cálculo do preço de acesso aos sistemas de transmissão e distribuição e arbitrar seus valores, nos casos de negociação frustrada entre os agentes envolvidos, de modo a garantir aos requerentes o livre acesso, na forma da lei; 9) incentivar o combate ao desperdício de energia no que diz respeito a todas as formas de produção, transmissão, distribuição, comercialização e uso da energia elétrica; 10) atuar, na forma da lei e do contrato, nos processos de definição e controle dos preços e tarifas, homologando seus valores iniciais, reajustes e revisões, e criar mecanismos de acompanhamento de preços; 11) autorizar a transferência e alteração de controle acionário de concessionário, permissionário ou autorizado de serviços ou instalações de energia elétrica; 12) autorizar cisões, fusões e transferências de concessões; 13) articular-se com o órgão regulador do setor de combustíveis fósseis e gás natural para elaboração de critérios de fixação dos preços de transporte desses combustíveis, quando destinados à geração de energia elétrica, e para arbitramento de seus valores, nos casos de negociação frustrada entre os agentes envolvidos; 14) fiscalizar a prestação dos serviços e instalações de energia elétrica e aplicar as penalidades regulamentares e contratuais; 15) cumprir e fazer cumprir as disposições regulamentares do serviço e as cláusulas dos contratos de concessão ou de permissão e do ato da autorização; 16) estimular a melhoria do serviço prestado e zelar, direta e indiretamente, pela sua boa qualidade, observado, no que couber, o disposto na legislação vigente de proteção e defesa do consumidor; 17) intervir, propor a declaração de caducidade e a encampação da concessão de serviços e instalações de energia elétrica, nos casos e condições previstos em lei e nos respectivos contratos; 18) estimular a organização e operacionalização dos conselhos de consumidores e comissões de fiscalização periódica compostas de representantes da ANEEL, do concessionário e dos usuários; 19) dirimir, no âmbito administrativo, as divergências entre concessionários, permissionários, autorizados, produtores independentes e autoprodutores, entre esses agentes e seus consumidores, bem como entre os usuários dos reservatórios de usinas hidrelétricas; 20) articular-se com outros órgãos reguladores do setor energético e da administração federal sobre matérias de interesse comum; 21) promover a articulação com os Estados e o Distrito Federal para o aproveitamento energético dos cursos de água e a compatibilização com a Política Nacional de Recursos Hídricos; 22) dar suporte e participar, em conjunto com outros órgãos, de articulação visando ao aproveitamento energético dos rios compartilhados com países limítrofes; 23) estimular e participar das atividades de pesquisa e desenvolvimento tecnológico necessárias ao setor de energia elétrica; 24) promover intercâmbio com entidades nacionais e internacionais; 25) estimular e participar de ações ambientais voltadas para o benefício da sociedade, bem como interagir com o Sistema Nacional de Meio Ambiente em conformidade com a legislação vigente, e atuando de forma harmônica com a Política Nacional de Meio Ambiente; 26) determinar o aproveitamento ótimo do potencial de energia hidráulica; 27) diminuir os limites de carga e tensão de consumidores, para fins de escolha do seu fornecedor de energia elétrica; 28) expedir as outorgas dos direitos de uso dos recursos hídricos para fins de aproveitamento dos potenciais de energia hidráulica, em harmonia com a Política Nacional de Recursos Hídricos; 29) extinguir a concessão e a permissão de serviços de energia elétrica, nos casos previstos em lei e na forma prevista no contrato; 30) elaborar editais e promover licitações destinadas à contratação de concessionários para aproveitamento de potenciais de energia hidráulica e para a produção, transmissão e distribuição de energia elétrica; 31) emitir atos de autorização para execução e exploração de serviços e instalações de energia elétrica; 32) celebrar, gerir, rescindir e anular os contratos de concessão ou de permissão de serviços de energia elétrica e de concessão de uso de bem público relativos a potenciais de energia hidráulica, bem como de suas prorrogações; 33) organizar e manter atualizado o acervo das informações e dados técnicos relativos às atividades estratégicas do serviço de energia elétrica e do aproveitamento da energia hidráulica; 34) expedir as autorizações para a realização de estudos, anteprojetos e projetos, estipulando os valores das respectivas cauções; 35) declarar a utilidade pública, para fins de desapropriação ou de instituição de servidão administrativa, dos bens necessários à execução de serviço ou instalação de energia elétrica, nos termos da legislação específica; 36) desenvolver atividades de hidrologia relativas aos aproveitamentos de energia hidráulica e promover seu gerenciamento nos termos da norma vigente; 37) cumprir e fazer cumprir o Código de Águas, na área de sua responsabilidade; 38) regulamentar e supervisionar as condições técnicas e administrativas necessárias à descentralização de atividades; 39) celebrar convênios de cooperação, em especial com os Estados e o Distrito Federal, visando à descentralização das atividades complementares de regulação, controle e fiscalização, mantendo o acompanhamento e a avaliação permanente da sua condução; 40) definir e arrecadar os valores relativos à compensação financeira pela exploração de recursos hídricos para fins de geração de energia elétrica, nos termos da legislação vigente, fiscalizando seu recolhimento; 41) arrecadar os valores relativos aos *royalties* devidos pela Itaipu Binacional ao Brasil e de outros aproveitamentos binacionais, nos termos dos regulamentos próprios definidos em acordos internacionais firmados pelo Governo brasileiro e fiscalizar seus recolhimentos e utilizações; 42) apurar e arrecadar os valores da taxa de fiscalização; 43) fixar os valores da cota anual de reversão, da cota das contas de consumo de combustíveis fósseis, das cotas de reintegração dos bens e instalações em serviço e outras transferências de recursos aplicadas ao setor de energia elétrica, e fiscalizar seus recolhimentos e utilizações, quando for o caso.

AGÊNCIA NACIONAL DE PETRÓLEO (ANP). *Direito administrativo.* Autarquia sob regime especial, com personalidade jurídica de direito público e autonomia patrimonial, administrativa e financeira, vinculada ao Ministério de Minas e Energia, com prazo de duração indeterminado, como órgão regulador da indústria do petróleo. Tem por finalidade promover a regulação, a contratação e a fiscalização de atividades econômicas integrantes da indústria do petróleo. Cabe-lhe: a) implementar, em sua esfera de atribuições, a política nacional de petróleo e gás natural, contida na política energética nacional, com ênfase na garantia do suprimento de derivados de petróleo em todo o território nacional e na proteção dos interesses dos consumidores quanto a preço, qualidade e oferta dos produtos; b) promover estudos visando à delimitação de blocos, para efeito de concessão das atividades de exploração, desenvolvimento e produção; c) regular a execução de serviços de geologia e geofísica aplicados à prospecção petrolífera, visando ao levantamento de dados técnicos, destinados à comercialização, em bases não-exclusivas; d) elaborar os editais e promover as licitações para a concessão de exploração, desenvolvimento e produção, celebrando os contratos delas decorrentes e fiscalizando a sua execução; e) autorizar a prática das atividades de refinação, processamento, transporte, importação e exportação; f) estabelecer critérios para o cálculo de tarifas de transporte dutoviário e arbitrar seus valores; g) fiscalizar diretamente, ou mediante convênios com órgãos dos Estados e do Distrito Federal, as atividades integrantes da indústria do petróleo, bem como aplicar as sanções administrativas e pecuniárias previstas em lei, regulamento ou contrato; h) instruir processo com vistas à declaração de utilidade pública, para fins de desapropriação e instituição de servidão administrativa, das áreas necessárias à exploração, desenvolvimento e produção de petróleo e gás natural, construção de refinarias, de dutos e de terminais; i) fazer cumprir as boas práticas de conservação e uso racional do petróleo, dos derivados e do gás natural e de preservação do meio ambiente; j) estimular a pesquisa e a adoção de novas tecnologias na exploração, produção, transporte, refino e processamento; k) organizar e manter o acervo das informações e dados técnicos relativos às atividades da indústria do petróleo; l) consolidar anualmente as informações sobre as reservas nacionais de petróleo e gás natural transmitidas pelas empresas, responsabilizando-se por sua divulgação; m) fiscalizar o adequado funcionamento do Sistema Nacional de Estoques de Combustíveis e o cumprimento do Plano Anual de Estoques Estratégicos de Combustíveis; n) articular-se com os outros órgãos reguladores do setor energético sobre matérias de interesse comum, inclusive para efeito de apoio técnico ao CNPE; o) regular e autorizar as atividades relacionadas com o abastecimento nacional de combustíveis, fiscalizando-as diretamente ou mediante convênios com outros órgãos da União, Estados, Distrito Federal ou Municípios. Caberá, também, à ANP exercer, a partir de sua implantação, as atribuições do Departamento Nacional de Combustíveis – DNC, relacionadas com as atividades de distribuição e revenda de derivados de petróleo e álcool. Quando, no exercício de suas atribuições, a ANP tomar conhecimento de fato que configure ou possa configurar infração da ordem econômica, deverá comunicá-lo ao Conselho Administrativo de Defesa Econômica (CADE), para que este adote as providências cabíveis, no âmbito da legislação pertinente.

AGÊNCIA NACIONAL DO PETRÓLEO, GÁS NATURAL E BIOCOMBUSTÍVEIS. *Direito administrativo.* Entidade integrante da Administração Federal Indireta, submetida ao regime autárquico especial, como órgão regulador da indústria do petróleo, gás natural, seus derivados e biocombustíveis, vinculada ao Ministério de Minas e Energia.

AGÊNCIA NACIONAL DE SAÚDE SUPLEMENTAR (ANS). *Direito administrativo.* Autarquia sob regime especial, vinculada ao Ministério da Saúde, com sede e foro na cidade do Rio de Janeiro, prazo de duração indeterminado e atuação em todo o território nacional, como órgão de regulação, normatização, controle e fiscalização das atividades que garantam a assistência suplementar à saúde. Tem autonomia administrativa, financeira, patrimonial e de gestão de recursos humanos, assim como nas suas decisões técnicas, e mandato fixo de seus dirigentes. Caberá ao Poder Executivo instalar a ANS, devendo o seu regulamento, aprovado por decreto do Presidente da República, fixar-lhe a estrutura organizacional básica. Constituída a ANS, com a publicação de seu regimento interno, pela diretoria colegiada, ficará a autarquia, automaticamente, investida no exercício de suas atribuições. A ANS terá por finalidade institucional promover a defesa do interesse público na assistência suplementar à saúde, regulando as operadoras setoriais, inclusive quanto às suas relações com prestadores e consumidores, contribuindo para o desenvolvimento das ações de saúde no País. Compete à ANS propor políticas e diretrizes gerais ao Conselho Nacional de Saúde Suplementar (CONSU) para a regulação do setor de saúde suplementar; estabelecer as características gerais dos instrumentos contratuais utilizados na atividade das operadoras; elaborar o rol de procedimentos e eventos em saúde, e suas excepcionalidades; fixar critérios para os procedimentos de credenciamento e descredenciamento de prestadores de serviço às operadoras; estabelecer parâmetros e indicadores de qualidade e de cobertura em assistência à saúde para os serviços próprios e de terceiros oferecidos pelas operadoras; estabelecer normas para ressarcimento ao Sistema Único de Saúde (SUS); estabelecer normas relativas à adoção e utilização, pelas operadoras de planos de assistência à saúde, de mecanismos de regulação do uso dos serviços de saúde; deliberar sobre a criação de câmaras técnicas, de caráter consultivo, de forma a subsidiar suas decisões; normatizar os conceitos de doença e lesão preexistentes; definir a segmentação das operadoras e administradoras de planos privados de assistência à saúde, observando as suas peculiaridades; estabelecer critérios, responsabilidades, obrigações e normas de procedimento para garantia dos direitos assegurados em lei; estabelecer normas para registro dos produtos definidos legalmente; decidir sobre o estabelecimento de subsegmentações aos tipos de planos definidos normativamente; estabelecer critérios gerais para o exercício de cargos diretivos das operadoras de planos privados de assistência à

saúde; estabelecer critérios de aferição e controle de qualidade dos serviços oferecidos pelas operadoras de planos privados de assistência à saúde, sejam eles próprios, referenciados, contratados ou conveniados; estabelecer normas, rotinas e procedimentos para concessão, manutenção e cancelamento de registro dos produtos das operadoras de planos privados de assistência à saúde; autorizar reajustes e revisões das contraprestações pecuniárias dos planos privados de assistência à saúde, de acordo com parâmetros e diretrizes gerais fixados conjuntamente pelos Ministérios da Fazenda e da Saúde; expedir normas e padrões para o envio de informações de natureza econômico-financeira pelas operadoras, com vistas à homologação de reajustes e revisões; proceder à integração de informações com os bancos de dados do Sistema Único de Saúde; autorizar o registro dos planos privados de assistência à saúde; monitorar a evolução dos preços de planos de assistência à saúde, seus prestadores de serviços e respectivos componentes e insumos; autorizar o registro e o funcionamento das operadoras de planos privados de assistência à saúde, bem assim ouvidos previamente os órgãos do sistema de defesa da concorrência, sua cisão, fusão, incorporação, alteração ou transferência do controle societário; fiscalizar as atividades das operadoras de planos privados de assistência à saúde e zelar pelo cumprimento das normas atinentes ao seu funcionamento; exercer o controle e a avaliação dos aspectos concernentes à garantia de acesso, manutenção e qualidade dos serviços prestados, direta ou indiretamente, pelas operadoras de planos privados de assistência à saúde; avaliar a capacidade técnico-operacional das operadoras de planos privados de assistência à saúde para garantir a compatibilidade da cobertura oferecida com os recursos disponíveis na área geográfica de abrangência; fiscalizar a atuação das operadoras e prestadores de serviços de saúde com relação à abrangência das coberturas de patologias e procedimentos; fiscalizar aspectos concernentes às coberturas e o cumprimento da legislação referente aos aspectos sanitários e epidemiológicos relativos à prestação de serviços médicos e hospitalares no âmbito da saúde suplementar; avaliar os mecanismos de regulação utilizados pelas operadoras de planos privados de assistência à saúde; fiscalizar o cumprimento das disposições legais; aplicar as penalidades pelo descumprimento legal; requisitar o fornecimento de informações às operadoras de planos privados de assistência à saúde, bem como da rede prestadora de serviços a elas credenciadas; adotar as medidas necessárias para estimular a competição no setor de planos privados de assistência à saúde; instituir o regime de direção fiscal ou técnica nas operadoras; proceder à liquidação das operadoras que tiverem cassada a autorização de funcionamento; promover a alienação da carteira de planos privados de assistência à saúde das operadoras; articular-se com os órgãos de defesa do consumidor visando a eficácia da proteção e defesa do consumidor de serviços privados de assistência à saúde; zelar pela qualidade dos serviços de assistência à saúde no âmbito da assistência à saúde suplementar; administrar e arrecadar as taxas instituídas legalmente.

AGÊNCIA NACIONAL DE TELECOMUNICAÇÕES (ANATEL). *Direito administrativo.* É uma entidade integrante da Administração Pública Federal indireta, submetida a regime autárquico especial e vinculada ao Ministério das Comunicações, com a função de órgão regulador das telecomunicações, com sede no Distrito Federal, podendo estabelecer unidades regionais. Compete à ANATEL o exercício da fiscalização da execução, comercialização e uso dos serviços de telecomunicações, do cumprimento dos compromissos e obrigações assumidos pelas prestadoras de serviços ou a elas impostos, da implantação e funcionamento das redes de telecomunicações, aplicando sanção na forma da lei, em relação, especialmente: a) à prestação do serviço nos regimes público e privado; b) ao uso de radiofreqüência a qualquer título, de recursos de numeração e de órbita; c) à certificação e homologação de produtos de telecomunicações, inclusive os de radiodifusão; d) à compatibilidade da operação integrada e a interconexão entre as redes, incluídos os equipamentos terminais; e) aos serviços de radiodifusão e seus auxiliares e ancilares nos aspectos técnicos; f) ao recolhimento dos tributos e receitas aos fundos administrados pela ANATEL, bem como a implementação dos programas, projetos e atividades que aplicarem recursos desses fundos, de acordo com a legislação em vigor; g) à composição societária das prestadoras de serviços; e h) à situação econômico-financeira e operacional das prestadoras, com vistas a assegurar a qualidade e a continuação dos serviços prestados, bem como resguardar os direitos dos usuários.

AGÊNCIA NACIONAL DE TRANSPORTES AQUAVIÁRIOS (ANTAQ). *Direito administrativo.* Tem sede e foro no Distrito Federal e personalidade jurídica de direito público por estar submetida ao regime autárquico especial e vinculada ao Ministério dos Transportes, com a qualidade de órgão regulador das atividades portuária e de transporte aquaviário. A ANTAQ tem por finalidade: 1) implementar, em sua esfera de atuação, as políticas formuladas pelo Ministério dos Transportes e pelo Conselho Nacional de Integração de Políticas de Transporte (CONIT), segundo os princípios e as diretrizes estabelecidos em lei; e 2) regular, supervisionar e fiscalizar as atividades de prestação de serviços de transporte aquaviário e de exploração da infra-estrutura portuária e aquaviária, exercidas por terceiros, com vistas a: a) garantir a movimentação de pessoas e bens, em cumprimento a padrões de eficiência, segurança, conforto, regularidade, pontualidade e modicidade nos fretes e tarifas; b) harmonizar os interesses dos usuários com os das empresas concessionárias, permissionárias, autorizadas e arrendatárias, e de entidades delegadas, preservado o interesse público; e c) arbitrar conflitos de interesses e impedir situações que configurem competição imperfeita ou infração contra a ordem econômica. À ANTAQ compete, em sua esfera de atuação, adotar as medidas necessárias ao atendimento do interesse público e ao desenvolvimento das atividades portuária e de transporte aquaviário e, em especial: 1) promover estudos específicos de demanda de transporte aquaviário e de serviços portuários; 2) promover estudos aplicados às definições de tarifas, preços e fretes, em confronto com os custos e os benefícios econômicos transferidos aos usuários pelos investimentos realizados; 3) propor ao Ministério dos Transportes o plano geral de outorgas de exploração da infra-estrutura aquaviária e portuária, bem como de prestação de serviços de transporte aquaviário; 4) exercer o poder normativo relativamente à prestação de serviços de transporte e à exploração da infra-estrutura aquaviária e portuária, garantindo isonomia no seu acesso e uso, assegurando os direitos dos usuários, fomentando a competição entre os operadores e intensificando o aproveitamento da infra-estrutura existente; 5) celebrar atos de outorga, de transferência e de extinção de direito, para a concessão à exploração da infra-estrutura aquaviária e portuária, gerindo e fiscalizando os respectivos contratos e demais

instrumentos administrativos e aplicando sanções; 6) celebrar atos de outorga de autorização, de transferência e de extinção de direito de prestação de serviços de transporte pelas empresas de navegação interior, de apoio marítimo, de apoio portuário, de cabotagem e de longo curso, gerindo os respectivos contratos e demais instrumentos administrativos, fiscalizando e aplicando sanções; 7) assumir, sob sua administração, os instrumentos de outorga para exploração de infra-estrutura portuária e aquaviária e de prestação de serviços de transporte aquaviário celebrados, resguardando os direitos das partes; 8) aprovar as propostas de revisão e reajuste de tarifas encaminhadas pelas Administrações Portuárias, após comunicação ao Ministério da Fazenda com antecedência mínima de quinze dias; 9) acompanhar os preços, nos casos de serviços públicos autorizados; 10) promover estudos referentes à composição da frota mercante brasileira e à prática de afretamentos de embarcações, para subsidiar as decisões governamentais quanto à política de apoio à indústria de construção naval e de afretamento de embarcações estrangeiras; 11) representar o Brasil junto a organismos internacionais, bem como em convenções, acordos e tratados, observadas as diretrizes do Ministro de Estado dos Transportes e as competências específicas dos demais órgãos federais; 12) supervisionar a participação de empresas brasileiras e estrangeiras na navegação de longo curso e navegação interior de percurso internacional, em cumprimento aos tratados, convenções, acordos e outros instrumentos internacionais dos quais o Brasil seja signatário; 13) promover e julgar as licitações e celebrar os contratos de concessão para a exploração dos portos organizados marítimos, fluviais e lacustres e da infra-estrutura aquaviária; 14) cumprir e fazer cumprir as cláusulas e condições avençadas nos contratos de concessão quanto à manutenção e reposição dos bens e equipamentos reversíveis à União e arrendados nos termos da lei; 15) autorizar e fiscalizar projetos e a realização de investimentos no âmbito das outorgas estabelecidas; 16) propor ao Ministério dos Transportes a declaração de utilidade pública para fins de desapropriação ou instituição de servidão administrativa dos bens necessários à implantação ou manutenção dos serviços afetos à sua área de atuação; 17) estabelecer padrões e normas técnicas relativas às operações de transporte aquaviário de cargas especiais e de produtos perigosos, e de passageiros, ressalvadas as competências de outros órgãos públicos; 18) fiscalizar o funcionamento e a prestação de serviços das empresas de navegação de longo curso, de cabotagem, de apoio marítimo, de apoio portuário e interior; 19) acompanhar e fiscalizar as atividades de operadores estrangeiros que atuam no transporte internacional com o Brasil; 20) autorizar a construção e a exploração de terminais portuários privativos, de uso exclusivo ou misto, e supervisionar sua exploração; 21) autorizar, em caráter especial e de emergência, a prestação de serviço de transporte aquaviário sob outras formas de outorga; 22) analisar e classificar, quanto a suas reversibilidades e indenizações, os bens das concessionárias, bem como os investimentos autorizados e por elas realizados; 23) tomar as medidas para que os investimentos em bens reversíveis sejam contabilizados em contas específicas; 24) disciplinar atos e procedimentos para a incorporação ou desincorporação de bens, no âmbito das outorgas; 25) disciplinar o regime de autorização para construção e exploração de terminais portuários privativos, sejam de uso exclusivo ou misto, inclusive as condições de transferência de titularidade; 26) autorizar às empresas brasileiras de navegação de longo curso, de cabotagem, de apoio marítimo, de apoio portuário e interior o afretamento de embarcações estrangeiras para o transporte de carga; 27) descentralizar o acompanhamento e a fiscalização da execução dos atos de outorga, mediante convênios de cooperação técnica e administrativa com órgãos e entidades da Administração Pública Federal, dos Estados, do Distrito Federal e dos Municípios; 28) participar de foros internacionais, sob a coordenação do Ministério dos Transportes; 29) firmar convênios de cooperação técnica e administrativa com entidades e organismos nacionais e internacionais; 30) autorizar o transporte de carga prescrita por empresas estrangeiras, respeitados os tratados, convenções e acordos internacionais; 31) promover, no âmbito de sua área de atuação, o cumprimento dos protocolos e acordos internacionais dos quais o Brasil seja signatário; 32) habilitar ao tráfego marítimo internacional as instalações dos portos organizados e dos terminais de uso privativo; 33) manter cadastro das empresas brasileiras e estrangeiras de navegação; 34) estabelecer ligação permanente com o Sistema de Arrecadação do Adicional ao Frete para Renovação da Marinha Mercante (AFRMM), para atualizar as informações sobre as empresas de navegação, afretamentos, acordos e associações; 35) aplicar penalidades nos casos de não-atendimento à legislação, de descumprimento de obrigações contratuais ou má prática comercial por parte das empresas de navegação e de exploração da infra-estrutura portuária e aquaviária; 36) supervisionar e fiscalizar as atividades das administrações portuárias e dos portos delegados, respeitados os termos legais; 37) estabelecer critérios e acompanhar a execução dos contratos de arrendamento de áreas e instalações portuárias, identificando eventuais irregularidades e propondo medidas corretivas; 38) aplicar sanções por descumprimento de obrigações contratuais por parte das empresas de transporte aquaviário e de exploração da infra-estrutura portuária e aquaviária; 39) propor ao Ministério dos Transportes a definição da área física dos portos organizados; 40) indicar os presidentes dos Conselhos de Autoridade Portuária (CAP); 41) decidir, em última instância administrativa, sobre recurso para o arrendamento de áreas e instalações portuárias; 42) dirimir administrativamente conflitos de interesses entre o Poder Concedente e os prestadores de serviços de transporte e arbitrar disputas que surgirem entre os referidos prestadores de serviços e entre estes e os usuários; 43) decidir, em última instância, sobre matérias de sua alçada, admitido pedido de reconsideração, por uma única vez, à diretoria; 44) atuar na defesa e proteção dos direitos dos usuários, reprimindo as infrações e compondo ou arbitrando conflitos de interesses; 45) exercer, relativamente aos transportes aquaviários, as competências legais em matéria de controle, prevenção e repressão das infrações contra a ordem econômica, ressalvadas as cometidas ao Conselho Administrativo de Defesa Econômico (CADE); 46) dar conhecimento ao CADE, à Secretaria de Direito Econômico do Ministério da Justiça ou à Secretaria de Acompanhamento Econômico do Ministério da Fazenda, conforme o caso, de fato que configure ou possa configurar infração contra a ordem econômica; 47) organizar, manter e divulgar as informações estatísticas relativas a sua esfera de atuação; 48) deliberar, na esfera administrativa e no âmbito de suas atribuições e competências, quanto à interpretação da legislação pertinente às atividades portuárias, e sobre casos omissos; 49) elaborar o seu orçamento e proceder à respectiva execução financeira; 50) arrecadar, apli-

car e administrar suas receitas; 51) adquirir e alienar bens, adotando os procedimentos legais adequados para efetuar sua incorporação e desincorporação; 52) administrar pessoal, patrimônio, material e serviços gerais; 53) elaborar relatório anual de atividades e desempenho, destacando o cumprimento das políticas do setor, a ser enviado ao Ministério dos Transportes. A ANTAQ deverá observar as prerrogativas específicas do Comando da Marinha e atuará sob sua orientação em assuntos de Marinha Mercante que interessarem à defesa nacional, à segurança da navegação aquaviária e à salvaguarda da vida humana no mar, devendo ser consultada quando do estabelecimento de normas e procedimentos de segurança que tenham repercussão nos aspectos econômicos e operacionais da prestação de serviços de transporte aquaviário. Constituem a esfera de atuação da ANTAQ: a) a navegação fluvial, lacustre, de travessia, de apoio marítimo, de apoio portuário, de cabotagem e de longo curso; b) os portos organizados; c) os terminais portuários privativos; d) o transporte aquaviário de cargas especiais e perigosas. A ANTAQ articular-se-á com as demais agências para resolução das interfaces do transporte aquaviário com as outras modalidades de transporte, visando à movimentação intermodal mais econômica e segura de pessoas e bens e harmonizará sua esfera de atuação com a de órgãos dos Estados e dos Municípios encarregados do gerenciamento das operações de transporte aquaviário intermunicipal e urbano.

AGÊNCIA NACIONAL DE TRANSPORTES TERRESTRES (ANTT). *Direito comercial* e *direito administrativo*. Entidade integrante da Administração Federal indireta, submetida ao regime autárquico federal e vinculada ao Ministério dos Transportes, com a qualidade de órgão regulador da atividade de exploração da infra-estrutura ferroviária e rodoviária federal e da atividade de prestação de serviços de transporte terrestre. Tem por finalidade: a) implementar, em sua respectiva esfera de atuação, as políticas formuladas pelo Ministério dos Transportes e pelo Conselho Nacional de Integração de Políticas de Transporte, segundo os princípios e as diretrizes estabelecidos em lei; b) regular, supervisionar e fiscalizar as atividades de prestação de serviços e de exploração da infra-estrutura de transportes, exercidas por terceiros, com vistas a: garantir a movimentação de pessoas e bens, em cumprimento a padrões de eficiência, segurança, conforto, regularidade, pontualidade e modicidade nos fretes e tarifas; harmonizar os interesses dos usuários com os das empresas concessionárias, permissionárias, autorizadas e arrendatárias, e de entidades delegadas, preservado o interesse público; e arbitrar conflitos de interesses e impedir situações que configurem competição imperfeita ou infração contra a ordem econômica. Constituem a esfera de atuação da ANTT: a) o transporte ferroviário de passageiros e cargas ao longo do Sistema Nacional de Viação; b) a exploração da infra-estrutura ferroviária e o arrendamento dos ativos operacionais correspondentes; c) o transporte rodoviário interestadual e internacional de passageiros; d) o transporte rodoviário de cargas; e) a exploração da infra-estrutura rodoviária federal; f) o transporte multimodal; g) o transporte de cargas especiais e perigosas em rodovias e ferrovias. A ANTT articular-se-á com as demais agências para resolução das interfaces do transporte terrestre com os outros meios de transporte, visando à movimentação intermodal mais econômica e segura de pessoas e bens, e harmonizará sua esfera de atuação com a de órgãos dos Estados, do Distrito Federal e dos Municípios encarregados do gerenciamento de seus sistemas viários e das operações de transporte intermunicipal e urbano. A ANTT articular-se-á também com entidades operadoras do transporte dutoviário, para resolução de interfaces intermodais e organização de cadastro do sistema de dutovias do Brasil. Tem a ANTT como atribuições gerais: a) promover pesquisas e estudos específicos de tráfego e de demanda de serviços de transporte; b) promover estudos aplicados às definições de tarifas, preços e fretes, em confronto com os custos e os benefícios econômicos transferidos aos usuários pelos investimentos realizados; c) propor ao Ministério dos Transportes os planos de outorgas, instruídos por estudos específicos de viabilidade técnica e econômica, para exploração da infra-estrutura e a prestação de serviços de transporte terrestre; d) elaborar e editar normas e regulamentos relativos à exploração de vias e terminais, garantindo isonomia no seu acesso e uso, bem como à prestação de serviços de transporte, mantendo os itinerários outorgados e fomentando a competição; e) editar atos de outorga e de extinção de direito de exploração de infra-estrutura e de prestação de serviços de transporte terrestre, celebrando e gerindo os respectivos contratos e demais instrumentos administrativos; f) reunir, sob sua administração, os instrumentos de outorga para exploração de infra-estrutura e prestação de serviços de transporte terrestre anteriormente celebrados, resguardando os direitos das partes e o equilíbrio econômico-financeiro dos respectivos contratos; g) proceder à revisão e ao reajuste de tarifas dos serviços prestados, segundo as disposições contratuais, após prévia comunicação ao Ministério da Fazenda; h) fiscalizar a prestação dos serviços e a manutenção dos bens arrendados, cumprindo e fazendo cumprir as cláusulas e condições avençadas nas outorgas e aplicando penalidades pelo seu descumprimento; i) autorizar projetos e investimentos no âmbito das outorgas estabelecidas, encaminhando ao ministro de Estado dos Transportes, se for o caso, propostas de declaração de utilidade pública; j) adotar procedimentos para a incorporação ou desincorporação de bens, no âmbito dos arrendamentos contratados; k) promover estudos sobre a logística do transporte intermodal, ao longo de eixos ou fluxos de produção; l) habilitar o operador do transporte multimodal, em articulação com as demais agências reguladoras de transportes; m) promover levantamentos e organizar cadastros relativos ao sistema de dutovias do Brasil e às empresas proprietárias de equipamentos e instalações de transporte dutoviário; n) estabelecer padrões e normas técnicas complementares relativos às operações de transporte terrestre de cargas especiais e perigosas; o) elaborar o seu orçamento e proceder à respectiva execução financeira. Cabe à ANTT, como atribuições específicas pertinentes ao transporte ferroviário: a) publicar os editais, julgar as licitações e celebrar os contratos de concessão para prestação de serviços de transporte ferroviário, permitindo-se sua vinculação com contratos de arrendamento de ativos operacionais; b) administrar os contratos de concessão e arrendamento de ferrovias; c) publicar editais, julgar as licitações e celebrar contratos de concessão para construção e exploração de novas ferrovias, com cláusulas de reversão à União dos ativos operacionais edificados e instalados; d) fiscalizar diretamente, com o apoio de suas unidades regionais, ou por meio de convênios de cooperação, o cumprimento das cláusulas contratuais de prestação de serviços ferroviários e de manutenção e reposição dos ativos arrendados; e) regular e coordenar a atuação dos concessionários, assegurando neutralidade com relação aos interesses dos usuários, orientando e disciplinando o tráfego mútuo e o direito de passagem de trens de passageiros e cargas e arbitrando as questões não resolvidas pelas partes; f) articular-se com órgãos e instituições dos Estados, do Distrito Federal e dos Municípios para conciliação do uso da via permanente sob sua jurisdição com as redes locais de metrôs e trens urbanos destinados ao deslocamento de passageiros; g) contribuir para a preservação do patrimônio histórico e da memória das ferrovias, em cooperação com as instituições associadas à cultura nacional, orientando e estimulando a participação dos concessionários do setor. Cabe ainda à ANTT, como atribuições específicas pertinentes ao transporte rodoviário: a) publicar os editais, julgar as licitações e celebrar os contratos de permissão para prestação de serviços de transporte rodoviário interestadual e internacional de passageiros; b) autorizar o transporte de passageiros, realizado por empresas de turismo, com a finalidade turística; c) autorizar o transporte de passageiros, sob regime de fretamento; d) promover estudos e levantamentos relativos à frota de caminhões, empresas constituídas e operadores autônomos, bem como organizar e manter um registro nacional de transportadores rodoviários de cargas; e) habilitar o transportador internacional de carga; f) publicar os editais, julgar as licitações e celebrar os contratos de concessão de rodovias federais a serem exploradas e administradas por terceiros; g) fiscalizar diretamente, com o apoio de suas unidades regionais, ou por meio de convênios de cooperação, o cumprimento das condições de outorga de autorização e das cláusulas contratuais de permissão para prestação de serviços ou de concessão para exploração da infra-estrutura.

AGÊNCIA NACIONAL DE VIGILÂNCIA SANITÁRIA (ANVISA). Autarquia sob regime especial, vinculada ao Ministério da Saúde, com sede e foro no Distrito Federal, prazo de duração indeterminado e atuação em todo o território nacional, caracterizada pela independência administrativa, estabilidade de seus dirigentes e autonomia financeira, tem por finalidade institucional promover a proteção da saúde da população por intermédio do controle sanitário da produção e da comercialização de produtos e serviços submetidos à vigilância sanitária, inclusive dos ambientes, dos processos, dos insumos e das tecnologias a eles relacionados, e de portos, aeroportos e fronteiras. Compete à Agência: 1) coordenar o Sistema Nacional de Vigilância Sanitária; 2) anuir sobre a concessão de patentes para produtos e processos farmacêuticos; 3) estabelecer normas, propor, acompanhar e executar as políticas, as diretrizes e as ações de vigilância sanitária; 4) estabelecer normas e padrões sobre limites de contaminantes, resíduos tóxicos, desinfetantes, metais pesados e outros que envolvam risco à saúde; 5) intervir, temporariamente, na administração de entidades produtoras, que sejam financiadas, subsidiadas ou mantidas com recursos públicos, assim como nos prestadores de serviços e produtores exclusivos ou estratégicos para o abastecimento do mercado nacional; 6) administrar e arrecadar taxa de fiscalização de vigilância sanitária; 7) autorizar o funcionamento de empresas de fabricação, distribuição e importação dos produtos e de comercialização de medicamentos; 8) anuir com a importação e exportação dos produtos; 9) conceder registros de produtos, segundo as normas de suas áreas de atuação; 10) conceder e cancelar o certificado de cumprimento de boas práticas de fabricação; 11) interditar, como medida de vigilância sanitária, os locais de fabricação, controle, importação, armazenamento, distribuição e venda de produtos e de prestação de serviços relativos à saúde, em caso de violação da legislação pertinente ou de risco iminente à saúde; 12) proibir a fabricação, a importação, o armazenamento, a distribuição e a comercialização de produtos e insumos, em caso de violação da legislação pertinente ou de risco iminente à saúde; 13) cancelar qualquer autorização de funcionamento, inclusive a especial, de empresas, em caso de violação da legislação pertinente ou de risco iminente à saúde; 14) coordenar as ações de vigilância sanitária realizadas por todos os laboratórios que compõem a rede oficial de laboratórios de controle de qualidade em saúde; 15) estabelecer, coordenar e monitorar os sistemas de vigilância toxicológica e farmacológica; 16) promover a revisão e atualização periódica da farmacopéia; 17) manter sistema de informação contínuo e permanente para integrar suas atividades com as demais ações de saúde, com prioridade para as ações de vigilância epidemiológica e assistência ambulatorial e hospitalar; 18) monitorar e auditar os órgãos e entidades estaduais, distrital e municipais que integram o Sistema Nacional de Vigilância Sanitária, incluindo-se os laboratórios oficiais de controle de qualidade em saúde; 19) coordenar e executar o controle da qualidade de bens e produtos por meio de análises previstas na legislação sanitária, ou de programas especiais de monitoramento da qualidade em saúde; 20) fomentar o desenvolvimento de recursos humanos para o sistema e a cooperação tecnocientífica nacional e internacional; 21) autuar e aplicar as penalidades previstas em lei; 22) fomentar e realizar estudos e pesquisas no âmbito de suas atribuições; 23) monitorar a evolução dos preços de medicamentos, equipamentos, componentes, insumos e serviços de saúde, podendo, para tanto: a) requisitar, quando julgar necessário, informações sobre produção, insumos, matérias-primas, vendas e quaisquer outros dados em poder de pessoas de direito público ou privado que se dediquem às atividades de produção, distribuição e comercialização dos bens e serviços previstos no item acima, mantendo o sigilo legal quando for o caso; b) proceder ao exame de estoques, papéis e escritos de quaisquer empresas ou pessoas de direito público ou privado que se dediquem às atividades de produção, distribuição e comercialização dos bens e serviços ora previstos, mantendo o sigilo legal quando for o caso; c) quando for verificada a existência de indícios da ocorrência de infrações legais, mediante aumento injustificado de preços ou imposição de preços excessivos dos bens e serviços referidos, convocar os responsáveis para, no prazo máximo de dez dias úteis, justificar a respectiva conduta; d) aplicar a penalidade prevista em lei; 24) controlar, fiscalizar e acompanhar, sob o prisma da legislação sanitária, a propaganda e publicidade de produtos submetidos ao regime de vigilância sanitária; 25) avaliar, registrar e fiscalizar produtos, atividades e projetos relacionados a organismos geneticamente modificados; 26) coordenar e executar as ações de vigilância sanitária nas áreas de portos, aeroportos, fronteiras, entrepostos e terminais alfandegados.

AGÊNCIA NACIONAL DO CINEMA (ANCINE). Autarquia especial, com autonomia administrativa e financeira, vinculada ao Ministério do Desenvolvimento, Indústria e Comércio Exterior, com sede e foro no Distrito Federal, tem por finalidade promover a regulação, a fiscalização e o fomento das atividades cinematográficas e videofonográficas, de acordo com o estabelecido na legislação e nas políticas e diretrizes emanadas do Conselho Superior do Cinema. A ANCINE terá por objetivos: a) promover a cultura nacional e a língua portuguesa mediante o estímulo ao desenvolvimento da indústria cinematográfica e videofonográfica nacional em sua área de atuação; b) promover a integração programática, econômica e financeira de atividades governamentais relacionadas à indústria cinematográfica e videofonográfica; c) aumentar a competitividade da indústria cinematográfica e videofonográfica nacional por meio do fomento à produção, à distribuição e à exibição nos diversos segmentos de mercado; d) promover a auto-sustentabilidade da indústria cinematográfica nacional visando ao aumento da produção e da exibição das obras cinematográficas brasileiras; e) promover a articulação dos vários elos da cadeia produtiva da indústria cinematográfica nacional; f) estimular a diversificação da produção cinematográfica e videofonográfica nacional e o fortalecimento da produção independente e das produções regionais com vistas ao incremento de sua oferta e à melhoria permanente de seus padrões de qualidade; g) estimular a universalização do acesso a obras cinematográficas e videofonográficas, em especial as nacionais; h) garantir a participação diversificada de obras cinematográficas e videofonográficas estrangeiras no mercado brasileiro; i) garantir a participação das obras cinematográficas e videofonográficas de produção nacional em todos os segmentos do mercado interno e estimulá-las no mercado externo; j) estimular a capacitação dos recursos humanos e o desenvolvimento tecnológico da indústria cinematográfica e videofonográfica nacional; e k) zelar pelo respeito ao direito autoral sobre obras audiovisuais nacionais e estrangeiras. Compete à ANCINE: a) executar a política nacional de fomento ao cinema, definida pelo Conselho Superior do Cinema; b) fiscalizar o cumprimento da legislação referente à atividade cinematográfica e videofonográfica nacional e estrangeira nos diversos segmentos de mercados; c) promover o combate à pirataria de obras audiovisuais, inclusive em articulação com órgãos governamentais e associações privadas; d) aplicar multas e sanções, na forma da lei; e) regular, na forma da lei, as atividades de fomento e proteção à indústria cinematográfica e videofonográfica nacional, resguardando a livre manifestação do pensamento, da criação, da expressão e da informação; f) coordenar as ações e atividades governamentais referentes à indústria cinematográfica e videofonográfica, ressalvadas as competências dos Ministérios da Cultura e das Comunicações; g) articular-se com os órgãos competentes dos entes federados com vistas a otimizar a consecução dos seus objetivos; h) gerir programas e mecanismos de fomento à indústria cinematográfica e videofonográfica nacional; i) estabelecer critérios e diretrizes para a aplicação de recursos de fomento e financiamento à indústria cinematográfica e videofonográfica nacional; j) promover a participação de obras cinematográficas e videofonográficas nacionais em festivais internacionais; k) aprovar e controlar a execução de projetos de produção, co-produção, distribuição, exibição e infra-estrutura técnica a serem realizados com recursos públicos e incentivos fiscais, ressalvadas as competências dos Ministérios da Cultura e das Comunicações; l) fornecer o Certificado de Produto Brasileiro às obras cinematográficas e videofonográficas; m) fornecer Certificados de Registro dos contratos de produção, co-produção, distribuição, licenciamento, cessão de direitos de exploração, veiculação e exibição de obras cinematográficas e videofonográficas; n) gerir o Sistema de Informações e Monitoramento da Indústria Cinematográfica e Videofonográfica nos seus diversos meios de produção, distribuição, exibição e difusão; o) articular-se com órgãos e entidades voltados ao fomento da produção, da programação e da distribuição de obras cinematográficas e videofonográficas dos Estados membros do Mercosul e demais membros da comunidade internacional; p) prestar apoio técnico e administrativo ao Conselho Superior do Cinema; q) arrecadar e fiscalizar a Contribuição para o Desenvolvimento da Indústria Cinematográfica Nacional – CONDECINE; r) estabelecer critérios e diretrizes gerais para a fiscalização da aplicação dos recursos do Programa de Apoio ao Desenvolvimento do Cinema Nacional – PRODECINE; s) aprovar e controlar a execução de projetos de comercialização de obras cinematográficas e videofonográficas brasileiras de produção independente a serem realizados no âmbito do PRODECINE; t) aferir, semestralmente, o cumprimento da obrigatoriedade de as empresas proprietárias, locatárias ou arrendatárias de sala, espaços ou locais de exibição pública comercial exibirem obras cinematográficas brasileiras de longa-metragem; e u) atualizar, em consonância com a evolução tecnológica, as definições referidas em lei.

AGÊNCIA OPERADORA TURÍSTICA. *Direito comercial.* Agência de viagem que presta serviços turísticos no país e no exterior para agências de turismo.

AGÊNCIAS NACIONAIS DE REGULAÇÃO DOS TRANSPORTES TERRESTRE E AQUAVIÁRIO. *Direito administrativo.* Têm por finalidade: 1) implementar, em suas respectivas esferas de atuação, as políticas formuladas pelo Conselho Nacional de Integração de Políticas de Transporte e pelo Ministério dos Transportes, segundo os princípios e diretrizes estabelecidos em lei; 2) regular ou supervisionar, em suas respectivas esferas e atribuições, as atividades de prestação de serviços e de exploração da infra-estrutura de transportes, exercidas por terceiros, com vistas a: a) garantir a movimentação de pessoas e bens, em cumprimento a padrões de eficiência, segurança, conforto, regularidade, pontualidade e modicidade nos fretes e tarifas; b) harmonizar, preservado o interesse público, os objetivos dos usuários, das empresas concessionárias, permissionárias, autorizadas e arrendatárias, e de entidades delegadas, arbitrando conflitos de interesses e impedindo situações que configurem competição imperfeita ou infração da ordem econômica. Para atingir tais fins foram instituídas a Agência Nacional de Transportes Terrestres (ANTT) e a Agência Nacional de Transportes Aquaviários (ANTAQ), entidades integrantes da Administração Federal indireta, submetidas ao regime autárquico especial e vinculadas ao Ministério dos Transportes.

AGÊNCIAS REGULADORAS. *Direito administrativo.* **1.** Autarquias federais especiais dotadas de poder regulador e dever, atribuídos institucionalmente pelo sistema legal, para atuar administrativamente dentro dos estritos limites autorizados por lei, criando regulação com parceria com os agentes regulados para a consecução de uma relação entre usuários, agentes econômicos e agências para que a sociedade possa atingir os objetivos fundamentais do Estado brasileiro. Tais agências reguladoras são órgãos democráticos, que realizam obrigatoriamente consultas e audiências públicas, canalizando conflitos existentes entre os agentes econômicos e os usuários em razão de sua especificidade e peculiaridade e atendendo a um dever de ofício ao elaborar textos que receberão críticas e sugestões da sociedade naquelas consultas ou audiências públicas (Maria D'Assunção Costa Menezello). Dentre elas: ANATEL, ANEEL, ANVISA, ANTAQ, ANS, ANP etc. **2.** O mesmo que AGÊNCIA EXECUTIVA, para alguns autores. **3.** Autarquias instituídas por lei com o objetivo de, em conformidade com as políticas e diretrizes do Governo Federal, regular, outorgar e fiscalizar serviços públicos.

AGENCY FEES. *Locução inglesa.* Despesas com agências.

AGENDA. 1. *Direito internacional público.* Pauta de reunião de consulta entre chefes de Estado ou seus delegados (Othon Sidou). **2.** Na *linguagem comum,* é o caderno onde os compromissos são anotados.

AGENDAR. Registrar compromissos em uma agenda.

AGENESIA. *Medicina legal.* **1.** Ausência ou formação incompleta de um órgão, em razão de parada de seu crescimento. **2.** Impotência para gerar, que pode ser: a) *concipiendi,* se ocorrer na mulher, sendo provocada pela hiperacidez do líquido vaginal, inexistência do útero ou das trompas, atrofia dos ovários etc.; b) *generandi,* se no homem, manifestada pela ausência de espermatozóides, anomalia na ejaculação, oligospermia etc.

AGENESIA DO EIXO CÉREBRO-ESPINHAL. *Medicina legal.* Ausência de medula (amielia) ou do encéfalo (anencefalia).

AGENESIA HIMENAL. *Medicina legal.* Falta congênita do hímen.

AGENESIA PENIANA. *Medicina legal.* Ausência congênita do pênis.

AGENESIA VAGINAL. *Medicina legal.* Ausência congênita da vagina.

AGENÉSICO. *Medicina legal.* Aquele que não pode procriar.

AGENÓSSOMO. *Medicina legal.* Anomalia congênita caracterizada pela ausência de genitália ou pela existência de órgãos geniturinários rudimentares ou inseridos dentro do abdome.

AGENS INVITUS NEMO COMPELLITUR. *Aforismo jurídico.* Ninguém é obrigado a demandar.

AGENTE. 1. *Direito civil* e *direito administrativo.* Pessoa incumbida de cuidar de negócios ou interesses alheios, sejam estes públicos ou particulares. **2.** *Direito civil.* Pessoa que pratica ato jurídico, tendo responsabilidade por ele. **3.** *Direito administrativo.* Aquele que exerce função pública ou está encarregado de uma delegação pública. **4.** *Direito comercial.* Aquele que é encarregado da gerência, direção ou administração de uma empresa. **5.** *Direito penal.* Autor de crime por ato culposo ou doloso, omissivo ou comissivo, causador do dano. **6.** *Medicina legal.* Força ou substância mórbida ou curativa capaz de agir sobre o organismo humano.

AGENTE ADMINISTRATIVO. *Direito administrativo.* É o encarregado de fazer funcionar o serviço público, constituindo-se no funcionário público ou no agente que não pertence aos quadros do funcionalismo.

AGENTE AMBIENTAL VOLUNTÁRIO (AAV). Pessoa física, maior de dezoito anos, vinculada à entidade civil ambientalista ou afim, sem fins lucrativos, regularmente constituída e credenciada junto ao Ministério do Meio Ambiente ou ao IBAMA, que, sem remuneração de qualquer título, e no exercício do direito de cidadania, dedica parcela de seu tempo a participar de atividades de educação ambiental, proteção, preservação e conservação dos recursos naturais em Unidades de Conservação Federal e Áreas Protegidas.

AGENTE AUTÔNOMO. *Direito comercial.* **1.** *Vide* AGENTE COMERCIAL. **2.** Aquele que exerce representação comercial autônoma, sem relação empregatícia, em caráter não eventual, na mediação para a realização de negócios mercantis, agenciando propostas ou pedidos, transmitindo-os ao representado e praticando, ou não, atos relacionados com a execução daqueles negócios.

AGENTE AUXILIAR DO COMÉRCIO. *Direito comercial.* Aquele que exerce atividade mercantil como auxiliar do empresário, sujeito às normas comerciais relativas às suas operações, com a finalidade de facilitá-las, fomentando seu desenvolvimento. Exercem tal função dentre outros: o corretor, o leiloeiro, o gerente, o guarda-livros, o caixeiro, o administrador de armazém de depósito, o comissário de transporte. O agente auxiliar do comércio poderá ser: a) *dependente,* se hierarquicamente subordinado ao empresário, com quem efetivará um contrato de trabalho, em razão de existir um vínculo empregatício, sendo, portanto, um preposto comercial; b) *autônomo,* se efetuar serviços para vários empresários, sem ter com eles qualquer relação de dependência ou de subordinação hierárquica, por exemplo, é o que ocorre com o leiloeiro e com o corretor.

AGENTE BIOLÓGICO. *Direito ambiental.* Bactérias, fungos, vírus, clamídias, riquétsias, micoplasmas, prions, parasitas, linhagens celulares, outros organismos e toxinas.

AGENTE BIOLÓGICO DE CONTROLE. *Direito ambiental.* O organismo vivo, de ocorrência natural ou obtido por manipulação genética, introduzido no ambiente para o controle de uma população ou de atividades biológicas de outro organismo vivo considerado nocivo.

AGENTE CAPAZ. 1. *Direito administrativo.* Aquele que tem competência para editar ato administrativo. **2.** *Direito civil.* Pessoa que tem capacidade para exercer por si só os atos da vida civil, por ter dezoito anos completos, não apresentar qualquer insanidade mental ou ser emancipada.

AGENTE COMERCIAL. 1. *Direito comercial.* Aquele que se obriga a agenciar propostas ou pedidos em favor de uma empresa, sendo um colaborador externo independente ou autônomo que tem a função de colocar no mercado os produtos da empresa por ele representada, recebendo comissão expressa em percentual sobre o valor das mercadorias vendidas ou faturadas. **2.** *Direito internacional público.* Pessoa que, sob a chefia de cônsul ou autoridade diplomática, trata de assuntos comerciais dentro dos limites de sua circunscrição.

AGENTE COMUNITÁRIO DE SAÚDE (ACS). *Biodireito.* Tem como atribuição o exercício de atividades de prevenção de doenças e promoção da saúde, mediante ações domiciliares ou comunitárias, individuais ou coletivas, desenvolvidas em conformidade com as diretrizes do SUS e sob supervisão do gestor municipal, distrital, estadual ou federal. Aquele a quem cabe, no âmbito do Programa de Agentes Comunitários de Saúde, desenvolver atividades de prevenção de doenças e promoção da saúde, por meio de ações educativas individuais e coletivas, nos domicílios e na comunidade, sob supervisão competente. São consideradas atividades do ACS, na área de atuação: a) utilizar instrumentos para diagnóstico demográfico e sociocultural da comunidade; b) executar atividades de educação para a saúde individual e coletiva; c) registrar, para controle das ações de saúde, nascimentos, óbitos, doenças e outros agravos à saúde; d) estimular a participação da comunidade nas políticas públicas voltadas para a área da saúde; e) realizar visitas domiciliares periódicas para monitoramento de situações de risco à família; f) participar em ações que fortaleçam os elos entre o setor saúde e outras políticas públicas que promovam a qualidade de vida; g) desenvolver outras atividades pertinentes à sua função.

AGENTE CONSIGNATÁRIO. *Direito comercial.* É o preposto comercial incumbido da guarda e da conservação de bens ou valores que recebeu do proprietário, devendo, ainda, por ordem do dono, mostrar ao comprador as fazendas e os gêneros arrecadados, tendo o dever de restituí-los dentro do prazo de vinte e quatro horas, se requerida a devolução judicialmente, sob pena de prisão.

AGENTE CONSOLIDADOR, OU OPERADOR DE TRANSPORTES NÃO ARMADOR, OU *NON VESSEL OPERATING COMMON CARRIER* (NVOCC). *Direito marítimo.* Trata-se da empresa sediada no exterior, que opera no transporte de cargas através da contratação de armador constituído.

AGENTE CONSULAR. *Direito internacional público.* Funcionário público enviado ao exterior e encarregado dos negócios de um consulado, tendo suas atribuições consignadas numa patente ou provisão expedida pelo ministro das Relações Exteriores, a qual receberá o *exequatur* do governo onde vai servir, sendo reconhecido como *persona grata*. Dentre as funções exercidas pelo cônsul em país estrangeiro, zelando pelos interesses dos nacionais lá residentes ou em trânsito e pelos do país que está representando, temos: a) as *comerciais*, desempenhadas na prestação de assistência aos empresários e navegadores de seu País, informando-os e auxiliando-os dentro das normas dos direitos comercial e marítimo; b) as *fiscais*, prestadas na autenticação de documentos e no visto de faturas de mercadorias a serem exportadas para o país que representa; c) as *notariais*, manifestadas na celebração de matrimônio, no registro de nascimento dos filhos de naturais do seu país, na lavratura de testamentos feitos por nacionais de passagem ou nas circunscrições de seu consulado. Os agentes consulares poderão ser: a) *de carreira* (cônsules *missi*), se forem funcionários efetivos do quadro de carreira diplomática; b) *honorários* (cônsules *electi*), se escolhidos pelo Presidente da República para desempenhar atribuições limitadas, dentre brasileiros com reputação ilibada, preferencialmente empresários ou profissionais liberais e domiciliados no País em que vão servir, desde que fiquem subordinados a repartições consulares de carreira ou a missões diplomáticas, uma vez que não são funcionários oficiais do Estado.

AGENTE DA AUTORIDADE. *Direito administrativo.* Aquele que representa uma autoridade pública, em virtude de delegação de poderes para o desempenho de funções especificadas legalmente.

AGENTE DA AUTORIDADE DE TRÂNSITO. *Direito de trânsito.* Pessoa, civil ou polícia militar, credenciada pela autoridade de trânsito para o exercício das atividades de fiscalização, operação, policiamento ostensivo de trânsito ou patrulhamento.

AGENTE DE CÂMBIO. *Direito comercial.* **1.** Cambista; banqueiro. **2.** Pessoa provisionada ou nomeada pelo Poder Público para servir como intermediária nos negócios de câmbio. Trata-se do "corretor de câmbio".

AGENTE DE COMBATE ÀS ENDEMIAS. *Biodireito.* Tem como atribuição o exercício de atividades de vigilância, prevenção e controle de doenças e promoção da saúde, desenvolvidas em conformidade com as diretrizes do SUS e sob supervisão do gestor de cada ente federado.

AGENTE DE CONTROLE BIOLÓGICO. *Direito ambiental.* Um inimigo natural, antagonista ou competidor ou outra entidade biótica capaz de replicação ou reprodução, utilizado para o controle de pragas.

AGENTE DE CUSTÓDIA. *Direito financeiro.* Instituição autorizada a exercer, para investidores titulares de ativos e seus representantes, atividades de custódia e registro de ativos junto à Companhia Brasileira de Liquidação e Custódia - CBLC.

AGENTE DE INSPEÇÃO DO TRABALHO. *Direito do trabalho.* Pessoa que tem a competência legal para orientar e executar a fiscalização direta do cumprimento das leis trabalhistas em zona urbana ou rural. Para tanto, deverá: a) instruir os responsáveis pelo cumprimento das leis de proteção ao trabalhador; b) examinar livros, fichas de registro de empregados, carteiras de trabalho, folhas de pagamento, quadro de horários, registro de pontos, condições de higiene e segurança no trabalho, acordos e convênios existentes, cadastro de admissões e dispensas de funcionários etc.; c) ouvir empregados e empregador no local de trabalho para poder concluir sua inspeção; d) lavrar os autos de infração às leis; e) proceder às diligências e instrução de processos atinentes ao trabalho etc. No exercício dessas funções terá livre acesso a todas as dependências dos estabelecimentos ou empresas sujeitos ao regime trabalhista, sendo que seus dirigentes ou prepostos terão de prestar-lhe todas as informações necessárias e exibir-lhe todos os documentos relativos ao cumprimento da legislação trabalhista. O agente de inspeção, finda sua tarefa, deverá lavrar o *termo de visita*, concedendo prazo para que as irregularidades encontradas sejam sanadas.

AGENTE DE LEILÃO. *Direito comercial.* **1.** O mesmo que LEILOEIRO. **2.** Aquele nomeado pela Junta Comercial que atua como auxiliar autônomo do comércio, desde que afiançado e matriculado no Registro Público de Empresas Mercantis, tendo a função de vender, dentro ou fora de seu estabelecimento, mediante oferta pública e com autorização de seus donos, as mercadorias que lhe foram confiadas para essa finalidade.

AGENTE DE LIGAÇÃO. **1.** *Direito militar.* É o militar que, em campanha, tem a tarefa de estabelecer a ligação entre os comandos e as unidades isoladas, prestando informações sobre a situação destas. **2.** *Direito internacional privado.* É a empresa brasileira de navegação designada dentre as participantes para representá-las perante a Agência Nacional de Transportes Aquaviários para a prática de atos constantes da norma para homologação de acordo operacional entre empresas brasileiras e estrangeiras de navegação para troca de espaços no transporte marítimo internacional, ficando solidariamente responsável com cada participante pelas informações que prestar em seu nome.

AGENTE DE NAVEGAÇÃO. *Direito comercial marítimo.* Pessoa física ou jurídica incumbida pela empresa de navegação de que é preposta de gerir ou administrar seus negócios em certo porto, tomando todas as providências necessárias ao despacho das embarcações nele aportadas; recebendo as cargas desembarcadas e entregando-as a seus destinatários; efetivando contratos de afretamento para o transporte de mercadorias ou efeitos a outros portos feito pelos navios pertencentes à empresa por ele representada; cobrando os respectivos fretes.

AGENTE DE NAVIO. *Vide* AGENTE DE NAVEGAÇÃO.

AGENTE DE NEGÓCIOS. *Direito comercial.* É o intermediário na realização de negócios de um empresário, pondo-o em contato com o interessado, mediante pagamento de uma comissão pelos serviços prestados.

AGENTE DE POLÍCIA. **1.** Membro de corporação policial com a função de zelar pela ordem e segurança públicas, apresentando os delinquentes às autoridades competentes para apurar sua responsabilidade penal. **2.** Pessoa vestida à paisana encarregada de efetuar serviços policiais. **3.** Pessoa pertencente às polícias sanitária, judiciária, de emigração etc.

AGENTE DESCONSOLIDADOR. *Direito marítimo.* Empresa sediada no Brasil, que representa o agente consolidador no País e é responsável pela desunitização e desconsolidação documental da carga.

AGENTE DE SEGURO. *Direito comercial.* Pessoa física ou jurídica que loca seu serviço para exercer mandato mercantil em favor de uma seguradora, agindo autonomamente por conta alheia, dentro de instruções e limites estipulados pela mandante e de acordo com as normas do seguro, e representando-a junto às partes interessadas que com ele contratam, ao desempenhar tarefas, em nome da seguradora, que a ela seriam atribuíveis, como levantamento do risco, escrituração das apólices emitidas, recepção de proposta, aceitação do seguro, liquidação de sinistros etc. À seguradora pertencerá o direito ao prêmio, recaindo sobre ela todas as responsabilidades pelo risco que advier. O agente de seguro poderá ser: *emissor*, se apenas puder aceitar proposta, registrar sua aceitação e emitir as apólices; ou *de simples representação*, se estiver habilitado a proceder em nome da seguradora, dentro dos limites do mandato.

AGENTE DE TRANSMISSÃO. *Direito militar.* Oficial ou praça encarregado de levar informações ou ordens entre tropas em operações militares.

AGENTE DE VISTORIA. *Direito comercial.* Preposto de empresa seguradora, que tem a tarefa de verificar mercadorias descarregadas nos armazéns e de receber reclamações por deterioração ou perda de carga, ocorrida durante o seu manuseio ou transporte (Antonio Carlos Rodrigues do Amaral).

AGENTE DIPLOMÁTICO. *Direito internacional público.* Delegado especial incumbido de cuidar dos negócios diplomáticos, dos interesses políticos e econômicos de sua pátria no local em que prestar serviços, por ser encarregado ou credenciado pelo governo de um País para representá-lo em outro. Serve de intermediário entre o Estado que representa e aquele onde exerce suas funções. O agente diplomático pode ser: a) *ordinário*, se for diplomata de carreira, ou seja, se ingressou na diplomacia mediante cursos e concursos exigidos por lei, sendo, portanto, um funcionário público subordinado ao Ministério das Relações Exteriores; b) *extraordinário*, se tiver função esporádica, por ter sido nomeado, ante seu notório saber e reputação ilibada, pelo poder competente, para representar o país em congressos internacionais políticos, culturais ou econômicos. São agentes diplomáticos os embaixadores, os internúncios, os delegados apostólicos, os ministros plenipotenciários, os ministros residentes e os secretários de embaixada.

AGENTE DO CRIME. *Direito penal.* É o responsável pela prática de um delito, como autor ou cúmplice.

AGENTE DO FISCO. *Direito tributário.* Funcionário público subordinado ao Ministério da Fazenda que tem a tarefa de fiscalizar e arrecadar as rendas públicas advindas da tributação.

AGENTE DO GOVERNO. *Direito administrativo.* Aquele que, por ordem do chefe do governo, é designado para auxiliá-lo na sua administração, assinando juntamente com ele todos os decretos expedidos, promovendo ou editando atos necessários à consecução do interesse público e ao perfeito funcionamento do organismo estatal. Trata-se do ministro de Estado ou do secretário de Estado.

AGENTE DO PODER EXECUTIVO. *Vide* AGENTE DO GOVERNO.

AGENTE ECLESIÁSTICO. *Direito canônico.* Sacerdote escolhido por províncias eclesiásticas para tratar de negócios da Igreja.

AGENTE FIDUCIÁRIO. *Direito bancário* e *direito civil.* Aquele a quem, havendo regime fiduciário sobre créditos imobiliários, são conferidos poderes gerais de representação da comunhão dos beneficiários, inclusive os de receber e dar quitação, incumbindo-lhe: a) zelar pela proteção dos direitos e interesses dos beneficiários, acompanhando a atuação da companhia securitizadora na administração do patrimônio separado; b) adotar as medidas judiciais ou extrajudiciais necessárias à defesa dos interesses dos beneficiários, bem como à realização dos créditos afetados ao patrimônio separado, caso a companhia securitizadora não o faça; c) exercer, na hipótese de insolvência da companhia securitizadora, a administração do patrimônio separado; d) promover, na forma em que dispuser o Termo de Securitização de Créditos, a liquidação do patrimônio separado; e) executar os demais encargos que lhe forem atribuídos no Termo de Securitização de Créditos. O agente fiduciário responderá pelos prejuízos que causar por descumprimento de disposição legal ou regulamentar, por negligência ou administração temerária. E no caso de insolvência da companhia securitizadora, o agente fiduciário assumirá imediatamente a custódia e administração dos créditos imobiliários integrantes do patrimônio separado e convocará a assembléia-geral dos beneficiários para deliberar sobre a forma de administração.

AGENTE FIDUCIÁRIO DOS DEBENTURISTAS. *Direito comercial.* Aquele que representa legalmente os debenturistas na sociedade.

AGENTE FINANCEIRO. *Direito financeiro.* Instituição financeira que representa entidade pública em operações financeiras, com ou sem assunção de co-responsabilidade em que participe, como garantidor, financiador ou endossante (Luiz Fernando Rudge).

AGENTE FUMIGANTE. *Direito agrário.* É a substância ou mistura de substâncias que apresentam propriedade de volatilização quando submetidas à ação do calor ou de outra fonte adequada de energia, destinadas ao tratamento de plantas ornamentais, mediante a liberação de uma quantidade adequada do princípio ativo e eventuais carreadores.

AGENTE INCAPAZ. *Direito civil.* Pessoa absoluta ou relativamente incapaz para praticar por si os atos na vida civil

AGENTE INDÍGENA DE SAÚDE (AIS). Membro de uma aldeia capacitado pela FUNASA para prestar assistência à saúde dos integrantes de sua própria aldeia. A base de atuação do AIS será a família indígena, que promoverá por meio de visitas domiciliares a educação sanitária, assistência primária, vigilância à saúde, prevenção e controle de doenças.

AGENTE MARÍTIMO. *Direito marítimo.* Empresa que atua no ramo de agenciamento marítimo (conforme seus objetivos sociais) e representa o armador nacional ou estrangeiro.

AGENTE NATURAL. 1. *Direito civil. Vide* FORÇA MAIOR. **2.** *Economia política.* É a matéria em geral e as forças que dela decorrem.

AGENTE OPERADOR DO FGTS. *Direito previdenciário.* Entidade responsável pelo cadastramento de agentes financeiros e promotores do FGTS, de acordo com os critérios definidos pelo Conselho Curador. Cabe ao agente operador, na qualidade de responsável pelo cadastramento de todos os agentes que atuem no âmbito do FGTS: 1) Criar e operacionalizar o cadastramento centralizado de todos os agentes do FGTS, mantendo estrutura compatível, de forma a garantir o adequado atendimento das seguintes premissas: a) sistemática de cadastramento ágil e desburocratizada; b) manutenção de sistema centralizado de cadastramento a nível nacional, contendo as informações necessárias para o adequado acompanhamento do desempenho e cumprimento das atribuições dos cadastrados; c) estabelecimento de um sistema de comunicação acessível a todos os agentes financeiros, de modo a poder receber, atualizar e fornecer as informações constantes do cadastro. 2) Requisitar e acessar as informações necessárias, junto a qualquer dos agentes que atuam no âmbito do FGTS, com vistas ao cumprimento das suas atribuições, podendo realizar auditorias, inclusive com técnicos independentes, quando julgar necessário para avaliação das tarefas inerentes ao FGTS. 3) Analisar o pedido de cadastramento e proceder à inclusão do solicitante no cadastro. Nos casos de insuficiência de informações necessárias ao cadastramento, o agente operador formalizará ao solicitante a necessidade de apresentação dos dados adicionais, sendo facultado, a este, reprocessar o pedido de cadastramento, se sanadas as deficiências apontadas. 4) Acompanhar e orientar a atuação dos agentes financeiros, fiscalizando as atividades relacionadas ao FGTS, por meio de sistema informatizado e padronizado de gerenciamento e controle. A ação fiscalizadora do agente operador tem por objetivo a verificação do cumprimento do disposto nesta Resolução e nos demais atos normativos no âmbito do FGTS. 5) Acompanhar a atuação dos agentes promotores e/ou mutuários finais, identificando eventuais irregularidades na sua atuação, apontando-as ao agente financeiro responsável, para providências cabíveis. 6) Apurar as denúncias de terceiros sobre irregularidades na atuação de agentes financeiros, agentes promotores e/ou mutuários finais, tomando as providências cabíveis para correção, responsabilização e reparação, quando for o caso. 7) Promover a avaliação do desempenho dos agentes, nos termos das diretrizes do Conselho Curador, especialmente quando da habilitação dos agentes financeiros para as novas operações de crédito. Tal avaliação será feita com base na sua eficiência e eficácia para o cumprimento das atribuições estabelecidas pelo Conselho Curador do FGTS, sendo objeto de atos normativos específicos elaborados pelo gestor das aplicações e pelo agente operador. 8) Monitorar o limite de comprometimento dos agentes financeiros e dos agentes promotores e empreendedores, para as operações com recursos do FGTS, na forma prevista na legislação. 9) Verificar se as entidades interessadas em se cadastrarem como agentes do FGTS cumprem os requisitos de: habilitação jurídica, regularidade fiscal e capacidade técnica, operacional e financeira, em conformidade com a legislação e diretrizes vigentes.

AGENTE PATOGÊNICO. *Medicina legal.* Agente externo suscetível de produzir algum estado mórbido.

AGENTE PENITENCIÁRIO FEDERAL. *Direito penitenciário.* Aquele que, compondo o quadro de pessoal do Departamento de Polícia Federal, tem as atribuições de: a) exercer as atividades de atendimento, vigilância, custódia, guarda, assistência e orientação de pessoas recolhidas aos estabelecimentos penais federais e nas Superintendências da Polícia Federal; b) acompanhar os processos de reeducação, reintegração social e ressocialização do detento; c) assessorar e assistir autoridades dirigentes dos órgãos integrantes do Sistema Penitenciário Federal; e d) executar outras ações de interesse da segurança pública.

AGENTE POLÍTICO. *Direito administrativo.* **1.** Diz-se daquele que tem a titularidade de cargo integrante da estrutura constitucional e da organização política do Estado, como: chefe do Executivo, nas três esferas, ministro de Estado, secretário de Estado, senador, deputado e vereador. **2.** Titular de cargo estrutural à organização política do País (Celso Antônio Bandeira de Mello).

AGENTE PROMOTOR DO FGTS. *Direito previdenciário.* É a entidade, pública ou privada, que articula ações e diligências para a execução das metas físicas e sociais dos programas de aplicação do FGTS, devidamente aparelhada para desempenhar as atribuições e assumir as responsabilidades que lhe são inerentes, definidas nas resoluções do Conselho Curador. Há, no âmbito do Fundo, dois tipos de agentes promotores: a) agente promotor gerenciador, contratado pelo mutuário das operações do FGTS, pessoa física ou jurídica, para exercer, total ou parcialmente, as atividades que lhe são inerentes, conforme previsto em regulamentação; b) agente promotor empreendedor, aquele que toma emprestados os recursos mediante operação de crédito com o agente financeiro, respondendo integralmente pela viabilização do empreendimento, desde seu planejamento até a sua conclusão e início do retorno dos recursos, na forma prevista em regulamentação.

AGENTE PROVOCADOR. *Direito penal.* **1.** Cabeça de motim ou de rebelião. **2.** Aquele que induz outro à realização de atos de revolta. **3.** Pessoa que leva outrem ao crime para atender a um interesse diferente do representado pelo delito perpetrado, por exemplo, para fazer com que o executor do ato delituoso seja condenado e preso e, assim, assumir seu lugar num negócio ou, então, conviver com sua mulher etc.

AGENTE PÚBLICO. *Direito administrativo.* Aquele que presta serviços à União, Estados e Municípios ou realiza atividades cabíveis ao Poder Público, no exercício de uma função pública. Incluem-se nesta categoria o AGENTE POLÍTICO (*v.*); o *servidor público*, que mantém com o Poder Público relação profissional trabalhista de caráter não eventual, como é o caso do funcionário público, do servidor de autarquia, do contratado pela legislação trabalhista, ainda que a título precário, e do remanescente dos antigos extranumerários; e o *particular em colaboração com a administração*, que exerce uma função pública, sem caráter profissional, em razão de requisição estatal (jurado, membro de mesa receptora ou apuradora de voto etc.), de gestão espontânea da coisa pública em casos emergenciais (gestor de negócio) ou de concordância do Poder Público (concessionário, permissionário etc.).

AGENTE SECRETO. 1. Espião. **2.** Emissário secreto da polícia. **3.** Encarregado de uma missão secreta.

AGENTES FINANCEIROS DO FGTS. *Direito previdenciário.* São as entidades credenciadas para atuar de forma contínua no âmbito do FGTS. Serão considerados credenciados como agentes financeiros as entidades que já integram o Sistema Financeiro da Habitação (SFH), em conformidade com os critérios estabelecidos pelo Conselho Monetário Nacional, bem como os que vierem a ser credenciados para esse fim, pelo Banco Central do Brasil (BACEN), e que preencham os demais critérios estabelecidos pelo Conselho Curador do FGTS. A habilitação consiste na autorização para o agente financeiro ou promotor participar de determinada operação, tendo como base a avaliação de seu desempenho em operações anteriores e no cumprimento das atribuições estabelecidas pelo Conselho Curador do FGTS, bem como a verificação da sua capacidade em assumir as atribuições e responsabilidades inerentes à operação proposta. Os agentes financeiros são responsáveis pela habilitação dos agentes promotores. O agente operador habilitará os agentes financeiros e poderá, mediante justificação circunstanciada, invalidar a habilitação dos agentes promotores, feita pelo agente financeiro. Cada operação de crédito é precedida da atualização cadastral e da habilitação, sendo que o *mutuário* é a entidade caracterizada como pessoa física ou jurídica, pública ou privada, responsável pela operação de crédito perante o agente financeiro, inclusive pela alocação da contrapartida e pelo respectivo retorno dos recursos na forma contratualmente estabelecida.

AGENTE TRANSMISSOR. *Medicina legal.* O que concorre para propagar doenças, atuando, por exemplo, como hospedeiro.

AGENTE VIAJANTE. *Direito comercial.* Aquele que viaja por conta de um estabelecimento empresarial, como seu representante, para colocar seus produtos no mercado ou para tratar de seus interesses, cobrando, por exemplo, contas, em decorrência de vendas anteriormente feitas, percebendo, além do ordenado, comissões.

AGENZIA DI VIAGGI. *Expressão italiana.* Agência de viagens.

AGE QUOD AGIS. *Expressão latina.* Presta atenção no que está fazendo; concentre-se no seu trabalho.

AGER ADSIGNATUS. *Locução latina.* Terra pública loteada para ser distribuída a particulares.

AGER ARCIFINALIS. *Locução latina.* Terra não demarcada.

AGER DIVISUS ET ADSIGNATUS. *Expressão latina.* **1.** Terreno dividido e atribuído. **2.** *Direito romano.* Designava uma forma de propriedade decorrente da cessão ou distribuição de parcela *ager publicus* à plebe ou a particulares para seu proveito.

AGE-PENSION. *Locução inglesa.* Pensão de velhice.

AGERE INVITUS NEMO COMPELLITUR. *Expressão latina.* Ninguém é compelido a agir contra a vontade.

AGERE NON VALENTI NON CURRIT PRAESCRIPTIO. *Expressão latina.* A prescrição não corre contra quem não pode agir.

AGER LIMITANEUS. *Locução latina.* Terra situada na fronteira com o inimigo.

AGER PRIVATUS. *Locução latina.* Terras do domínio particular.

AGER PUBLICUS. *Locução latina.* Terras do domínio público.

AGER VECTIGALIS. *Locução latina.* Empregada, na era romana, para designar os terrenos pertencentes a Roma concedidos pela comunidade a um particular, que tinha o encargo de pagar um foro anual (*vectigal*), sob pena de ser desapossado.

AGEUSIA. *Medicina legal.* Perda total ou parcial do paladar.

AGGRIEVED PERSON. *Locução inglesa.* Terceiro prejudicado.

ÁGIO. *Direito comercial.* **1.** Diferença existente entre os valores nominal e real da moeda ou de um título, ou melhor, é o desconto ou bonificação concedida ou obtida na aquisição de um título de crédito ou de uma dívida pública. **2.** Diferença que há entre a cotação oficial ou valor real da moeda de um país em relação à de outro. **3.** Lucro ou diferença que se pode obter numa operação de câmbio. **4.** Usura ou quantia que se faz pagar, além do juro, quando se toma emprestada uma importância. **5.** Especulação sobre títulos públicos ou ações de companhias comprados na baixa dos preços da Bolsa para serem vendidos na alta. **6.** Comissão paga ou recebida por banqueiro ou agente de câmbio pela troca de moeda estrangeira. **7.** Diferença paga pelo importador de produto estrangeiro, no regime de compensação, ao exportador de mercadoria nacional, fazendo, assim, uma operação vinculada, para que esse último coloque, ao preço da concorrência, seu produto no país do qual o primeiro vai importar. Com isso o exportador vende sua mercadoria no exterior por preço mais baixo que o real, sendo que o percentual alusivo a essa diferença paga pelo importador é o ágio. **8.** Lucro especulativo sobre oscilações dos fundos públicos. **9.** Taxa de juros cobrada em empréstimos feitos por bancos ou por particulares.

ÁGIO-OURO. *Direito comercial.* Consiste na diferença entre os valores do ouro e da moeda-papel em determinado momento, quando estiver em alta.

AGIOTA. **1.** Aquele que empresta dinheiro a juros elevados e ilegais. **2.** O que especula com efeitos de dívidas públicas ou fundos públicos, vendendo-os ou comprando-os se estiverem em alta ou baixa. **3.** Especulador de Bolsa. **4.** Agente do mercado negro.

AGIOTAGEM. *Direito penal.* **1.** Crime contra a economia popular que consiste no empréstimo a juros extorsivos e excessivos, acima do admitido legalmente. **2.** Especulação ilícita com fundos públicos, câmbios e valores mobiliários para obter grandes lucros com o menor emprego possível de capital. **3.** Usura; prática que visa ocultar a verdadeira taxa do juro ou sujeitar o devedor a maiores prestações ou encargos, além do estipulado no título. **4.** Operação com mercadorias que tem o escopo de aumentar, diminuir ou estabilizar os seus preços, visando lucros indevidos.

AGITAÇÃO. 1. *Medicina legal.* Excitação física ou moral; inquietação. **2.** *Direito político.* Perturbação política ou da ordem pública; revolução; comoção. **3.** *Direito penal.* Crime contra a segurança nacional e a ordem político-social.

AGITADOR. *Direito penal.* O que excita o povo para atingir certo fim político, social ou religioso, subvertendo a ordem pública, para estabelecer uma ditadura de classe, de partido político, de grupo ou indivíduo, sob pena de reclusão, uma vez que se trata de crime contra a segurança nacional.

AGLOBULIA. *Medicina legal.* Diminuição de glóbulos vermelhos do sangue.

AGLOMERAÇÃO. *Direito administrativo.* Ajuntamento acidental de coisas ou de pessoas, com pouca estabilidade, em razão de desastre, obstrução da via pública, desfile etc.

AGLOSSO. *Medicina legal.* Aquele que é mudo, por lhe faltar a língua.

AGLOSSOSTOMIA. *Medicina legal.* Carência de boca e de língua.

AGLUTINAÇÃO. *Medicina legal.* **1.** Reunião dos bordos de feridas por meio de uma camada de líquido coagulante, facilitada por uma sutura ou pelo uso de esparadrapo. **2.** Aderência de partes contíguas do organismo que foram acidentalmente separadas, por exemplo, por um ferimento.

AGMATOLOGIA. *Medicina legal.* Ramo da medicina especializado no tratamento de fraturas.

AGNAÇÃO. 1. *Direito civil.* Superveniência de filho após a feitura de testamento, sem que o ascendente testador tivesse conhecimento disso. Daí a expressão "agnação do póstumo". **2.** *Direito romano.* Consangüinidade por linha masculina.

AGNATIO. *Direito romano.* Parentesco civil pelo lado paterno.

AGNATI SUNT PER PATREM EX EADEM FAMILIA. *Expressão latina.* Os agnados são, pelo pai, da mesma família.

AGNIÇÃO. *Direito processual.* Ato de admitir uma afirmação da parte contrária.

AGNOME. *Vide* ADNOME.

AGNOSIA. *Medicina legal.* Perturbação intelectual que leva à incompreensibilidade das coisas ou dos fatos, apesar de os órgãos sensoriais ficarem intactos, permitindo, tão-somente, uma percepção simples, pois o paciente é incapaz de emitir juízo sobre o que vê, ouve ou sente.

AGNOSTICISMO. *Filosofia geral.* Teoria que considera fútil a metafísica (Baldwin).

AGNÓSTICO. *Filosofia geral.* Filósofo que considera o absoluto inacessível, e por isso só acata como verídica a proposição que tenha evidência lógica.

AGO. *Direito comercial.* Abreviatura de Assembléia Geral Ordinária de Sociedade Anônima.

AGONIA. *Medicina legal.* Período que antecede à morte, caracterizado pela extinção paulatina das funções vitais e da consciência.

AGONÍSTICO. O que se refere à luta pela vida.

AGONIZANTE. *Medicina legal.* **1.** Moribundo. **2.** Aquilo que causa agonia.

AGORAFOBIA. *Medicina legal* e *psicologia forense.* Medo generalizado de ficar em situação difícil ou embaraçosa, ou de não poder obter auxílio em caso de necessidade. Caracteriza-se pela sensação mórbida de angústia causada pelo medo de ficar sozinho em espaços abertos ou de atravessar uma praça pública vazia.

AGRACIADO. 1. *Direito penal.* Aquele que recebeu anistia ou indulto. **2.** Na *linguagem comum,* pessoa que recebeu título honorífico.

AGRAFIA. *Medicina legal.* Incapacidade, causada por um desequilíbrio cerebral, de exprimir pensamento por meio da escrita.

ÁGRAFO. O que não é escrito.

AGRAMATISMO. *Medicina legal.* **1.** Vício de pronúncia consistente na omissão de fonemas. **2.** Afecção cerebral que acarreta impossibilidade de manifestação das idéias com correção gramatical.

AGRARIANISMO. *Direito agrário.* Sistema social que preconiza a divisão ou repartição de terras entre os agricultores.

AGRARIEDADE. *Direito agrário.* Termo indicativo do denominador comum das normas pertinentes ao direito agrário, conferindo-lhe a "especialidade" que o distingue dos outros ramos jurídicos, por nele haver uma coordenação entre normas de direito privado e de direito público, uma vez que, com base no princípio da função social da propriedade, rege as situações emergentes da atividade empresarial rural.

AGRÁRIO. *Direito agrário.* **1.** Partidário da política agrária, das normas agrárias ou da reforma agrária. **2.** Aquilo que se refere ao campo como fator de produção agropecuária, à agricultura ou à propriedade rural destinada à pecuária ou à cultura agrícola. **3.** Diz-se daquilo que pretende fomentar o sistema de uma eqüitativa repartição de terras agricultáveis para obter maior aproveitamento econômico mediante exploração na agricultura, na pecuária, ou, ainda, no extrativismo.

AGRARISMO. *Direito agrário.* **1.** O mesmo que AGRARIANISMO. **2.** Doutrina que defende a terra como fonte principal da riqueza dos povos, difundindo estudos teórico-científicos e leis sobre o direito agrário.

AGRARISTA. *Direito agrário.* Cultor do direito agrário, que se dedica ao seu estudo, pesquisando, interpretando a legislação agrária, escrevendo e publicando artigos e monografias sobre esse especial ramo jurídico.

AGRAVAÇÃO. 1. *Direito civil.* Aumento de encargos, responsabilidades ou ônus que recaem sobre alguém. **2.** *Direito penal.* a) Fato ou circunstância que torna mais grave um crime; b) ofensa injuriosa feita a alguém. **3.** *Direito processual civil.* Ato de obter reforma de decisão ou de despacho judicial, pelo próprio magistrado que os proferiu ou por tribunal superior. **4.** *Direito tributário.* Aumento de imposto.

AGRAVAÇÃO DA PENA. *Direito penal.* Aumento previsto legalmente da pena a ser aplicada a um criminoso ante a ocorrência, em sua prática omissiva ou comissiva, de determinadas condições ou circunstâncias, relativas ao agente, à vitima ou ao local da infração, tidas como agravantes, por serem reveladoras de maior maldade ou periculosidade do agente ou de maior gravidade delitual.

AGRAVAÇÃO DO ENCARGO. 1. *Direito civil.* Aumento da pensão alimentícia que ocorre se o alimentante, em razão de mudança em sua fortuna, passar a ter melhores condições financeiras. **2.** *Direito tributário.* Majoração de impostos, tornando o encargo do contribuinte mais oneroso.

AGRAVAÇÃO DO RISCO. *Direito civil.* **1.** Aumento de risco previsto no contrato de seguro, em razão de força maior ou de ato de terceiro, sem que haja, em regra, direito da seguradora de obter a majoração do prêmio, a não ser que exista cláusula contratual expressa que a permita. Além

disso, o segurado deverá comunicar à seguradora, sob pena de perder o direito ao seguro, todo incidente, isto é, qualquer fato imprevisto, alheio à sua vontade, que possa agravar o risco, para que ela possa tomar alguma providência, como rescindir o contrato, reclamar perante autoridade administrativa etc. **2.** Aumento de risco oriundo da prática de atos culposos do segurado, que, então, perderá o direito ao seguro, pois à seguradora será permitido cancelá-lo.

AGRAVADA. 1. *Direito processual.* a) Parte litigante contra a qual é interposto um recurso de agravo; b) decisão judicial a que se interpôs recurso de agravo. **2.** *História do direito.* Dizia-se da mulher que foi ofendida em sua dignidade ou honra se seduzida com promessa de casamento; raptada; deflorada, se menor; ou violentada, se honesta. A prática desses atos gerava para o ofensor responsabilidade civil de reparar o mal causado pelo casamento ou por uma indenização correspondente à condição e estado da agravada. Todavia, o fato de ter havido uma indenização civil não excluia o ofensor da responsabilidade penal se o ato por ele praticado estivesse previsto como crime.

AGRAVADO. 1. *Direito processual civil.* a) Parte contra quem se intenta o recurso de agravo, ou seja, parte contrária àquela que recorre mediante recurso de agravo de uma decisão que lhe foi desfavorável. É, portanto, aquele que sofreu o recurso de agravo; b) juiz *a quo*, isto é, aquele cuja decisão ou despacho é objeto de agravo; c) aquele que sofreu injustiça ou agravo por decisão ou despacho judicial; d) diz-se do despacho do qual se vem a recorrer por agravo. **2.** *Direito civil.* a) Qualificação dada a ato ou fato que veio a sofrer aumento ou majoração; b) diz-se daquele que foi ofendido em sua dignidade.

AGRAVANTE. 1. *Direito penal.* Circunstância prevista em lei que aumenta a pena a ser aplicada pela prática de um crime, por torná-lo mais grave, como, por exemplo: a) reincidência; b) infração criminal, que pode ser: por motivo fútil ou torpe; para facilitar ou assegurar a execução, a ocultação, a impunidade ou vantagem de outro crime; por embriaguez proposital para cometer o crime; por emprego de recursos que tornem difícil ou impossível a defesa do ofendido, como traição, emboscada, simulação; por uso de meio insidioso ou cruel, como, por exemplo, veneno, explosivo, tortura etc.; contra ascendente, descendente, irmão, cônjuge, criança, velho, mulher grávida ou enfermo; com abuso de autoridade ou tirando proveito de relações domésticas, de coabitação ou hospitalidade; com abuso de poder ou dever inerente a cargo, ofício ou profissão; quando o ofendido estava sob proteção imediata da autoridade; quando a vítima estava sofrendo qualquer desgraça, como incêndio, acidente, naufrágio etc. **2.** *Direito processual civil.* Diz-se da pessoa que interpõe recurso de agravo, por estar inconformada com decisão ou despacho dado pelo órgão judicante, tendo por fim modificá-lo. **3.** *Direito civil.* Qualidade do que se tornou mais grave, passando a ter encargos e ônus mais pesados ou majorados.

AGRAVAR. 1. *Direito processual.* a) Interpor recurso de agravo; b) manifestar inconformismo com uma decisão interlocutória que veio a resolver uma questão incidente. **2.** *Direito civil.* a) Aumentar, majorar o gravame de qualquer ato pela prática de outro ou pela ocorrência de algum fato que altere a sua normalidade; b) impor maior ônus ou responsabilidade; c) ofender a honra de outrem. **3.** *Direito penal.* a) Tornar o agente merecedor de maior pena, pela configuração de certas circunstâncias previstas em lei que aumentam a sanção penal; b) praticar atos que possam, em virtude de lei, aumentar a gravidade de um delito ou a intensidade da pena.

AGRAVINHO. *Direito processual.* **1.** Diz-se do agravo inominado que, no processo penal, objetiva a reparação de gravame causado em despacho exarado pelo relator. **2.** Agravo regimental ou recurso previsto no regimento interno dos tribunais. Assim, no Supremo Tribunal Federal, será cabível esse recurso contra decisão do presidente do tribunal, do presidente de turma ou do relator que vier a causar gravame ao direito do litigante.

AGRAVO. 1. *Direito processual.* a) Prejuízo que uma decisão judicial causa a um litigante; b) recurso interposto a tribunal superior competente para modificar ou reformar decisão interlocutória de juiz de instância inferior. O agravo de instrumento e o retido são formas de agravar e não modalidades autônomas de recursos. **2.** *Direito civil.* a) Afronta ou ofensa; b) majoração de um encargo, ônus ou responsabilidade.

AGRAVO DE INSTRUMENTO. 1. *Direito processual civil.* a) Recurso contra decisões proferidas durante o processo sem limitação de qualidade ou quantidade; b) recurso contra decisão interlocutória proferida no processo ao resolver questão inci-

dente ou ao provocar algum gravame à parte ou interessado. Cabível em caso de decisão suscetível de causar à parte lesão grave e de difícil reparação, bem como nos casos de inadmissão da apelação e nos atinentes aos efeitos em que a apelação é recebida, quando será admitida sua interposição por instrumento. É interposto diretamente ao tribunal para que seja possível a atribuição de efeito suspensivo e fica adstrito a casos de urgência (p. ex. exame de decisões que concedem ou negam pedido de liminar de tutela antecipada, de decisões sobre competência do juízo ou decisões falimentares). Interposto o agravo de instrumento em situações diferentes das previstas como excepcionais, o relator, ou o órgão colegiado, se a parte recorrer da decisão do relator, deverá convertê-lo em agravo retido. Mas o relator não fará tal conversão na hipótese de decisão de inadmissão da apelação e na relativa aos efeitos em que a apelação é recebida (Heloísa C. M. Moura). E, uma vez, julgado o agravo retido não mais se poderá desfazer a conversão, subtraindo-se a utilidade do agravo de instrumento então interposto (Leonardo José C. da Cunha); c) recurso contra decisão de liquidação; d) recurso ao Supremo Tribunal Federal contra decisão interlocutória proferida em causa em que forem partes litigantes, de um lado, Estado estrangeiro ou organismo internacional e, de outro, Município ou pessoa domiciliada ou residente no País. **2.** *Direito processual trabalhista.* É o interposto contra despacho de presidente do Tribunal Regional do Trabalho, denegatório de recurso de competência dessa Corte; ou de recurso extraordinário. **3.** *Direito eleitoral.* Recurso interposto dentro de três dias da denegação de recurso especial. **4.** *Direito processual penal militar.* Recurso cabível contra decisão denegatória de recurso extraordinário.

AGRAVO DE MESA. *Vide* AGRAVINHO.

AGRAVO DE ORDENAÇÃO NÃO GUARDADA. *História do direito.* Aquele que, nas Ordenações Filipinas, era oponível a decisão interlocutória que se desviava das formalidades processuais.

AGRAVO DE PETIÇÃO. *Direito processual trabalhista.* Recurso interposto contra decisão do juiz, ou do presidente, alusiva à execução, aos embargos, à validade de arrematação, remição ou adjudicação, dentro do prazo de oito dias contado da decisão impugnada. Tal recurso não tem efeito suspensivo, apesar de o juiz, ou presidente, a seu critério, quando entender conveniente, poder sobrestar o andamento do processo até decidir do recurso.

AGRAVO INOMINADO. *Direito processual.* **1.** Recurso que se interpõe contra despacho do relator que indeferir embargos. **2.** *Vide* AGRAVINHO, n. 1.

AGRAVO INSUFICIENTEMENTE INSTRUÍDO. *Direito processual.* Recurso a que faltar alguma peça processual essencial, sem a qual o tribunal não poderá julgar.

AGRAVO INTERNO. *Direito processual civil.* Recurso contra decisão de indeferimento liminar de embargos infringentes, de indeferimento de recurso extraordinário e de recurso especial pelo relator e de indeferimento de recurso pelo relator. Tal recurso deve ser interposto dentro do prazo de cinco dias.

AGRAVO MANIFESTAMENTE IMPROCEDENTE. *Direito processual.* Recurso considerado pelo relator como destituído de mérito.

AGRAVO NO AUTO DO PROCESSO. *História do direito.* **1.** Recurso, interposto oralmente ou por petição, que era reduzido a termo, para que dele se conhecesse como preliminar por ocasião do julgamento da apelação cível. **2.** Aquele que era conhecido pelo órgão *ad quem* como preliminar do recurso de apelação cível e cujas hipóteses de cabimento eram expressamente previstas em norma processual (Heloísa C. M. de Moura).

AGRAVO REGIMENTAL. 1. *Vide* AGRAVINHO, n. 2. **2.** *Direito processual trabalhista.* Recurso cabível contra despacho: a) do presidente de turma que vier a indeferir embargos; b) de presidente do tribunal ou de turmas que indeferir agravo de petição; c) do presidente do tribunal que, em dissídio coletivo de natureza econômica, conceder ou negar efeito suspensivo a recurso ordinário; d) de relator que negar prosseguimento a recurso de revista ou a agravo de instrumento; e) do relator que indeferir petição de ação rescisória; f) do presidente de turma que deferir apenas parcialmente os embargos.

AGRAVO RETIDO NOS AUTOS. *Direito processual civil.* Recurso cabível, dentro do prazo de dez dias, contra decisão interlocutória, independentemente de preparo. É o recurso requerido na petição do agravo para retê-lo nos autos do processo, a fim de que haja, preliminarmente, o seu conhecimento, pelo tribunal, quando do julgamento da apelação. Se o litigante não pleitear expressamente, nas razões ou contra-razões da apelação, o exame do agravo pelo tribunal, reputar-se-á que houve desistência tácita a ele. A lei veda agravo retido da decisão posterior à sentença que inadmite apelação. Cabe agravo retido de decisão interlocutória proferida na audiência de instrução e julgamento, devendo ser interposto oral e imediatamente, bem como constar do respectivo termo, nele expostas sucintamente as razões do agravante. O agravo de instrumento converter-se-á em agravo retido, salvo quando se tratar de decisão suscetível de causar à parte lesão grave e de difícil reparação, bem como nos casos de inadmissão da apelação e nos relativos aos efeitos em que a apelação é recebida, mandando remeter os autos ao juiz da causa. Recurso adequado para reformar decisões interlocutórias da primeira instância e para situações em que não haja premente necessidade de uma imediata análise pelo tribunal. Há obrigatoriedade da interposição oral do agravo retido contra decisão proferida em audiência de instrução e julgamento. Para Antonio Adonias A. Bastos a lei processual admite, como vimos, o agravo retido, oral e imediato, contra decisões interlocutórias proferidas em audiência de instrução e julgamento. Já Caetano Levi Lopes nele vislumbra uma espécie de preclusão instantânea para a parte insatisfeita com a decisão proferida em audiência de instrução e julgamento, que deverá imediatamente impugná-la, na via oral, sob o risco de, não o fazendo, ser atingida pela preclusão.

AGRAVOS À SAÚDE DO TRABALHADOR. *Direito do trabalho.* Acidentes e doenças relacionados ao trabalho que requerem notificação e intervenção nos ambientes e condições de trabalho, subsidiando o controle social. São agravos à saúde do trabalhador de notificação compulsória: acidente de trabalho fatal; acidentes de trabalho com mutilações; acidente com exposição a material biológico; acidentes do trabalho com crianças e adolescentes; dermatoses ocupacionais; intoxicações exógenas (por substâncias químicas, incluindo agrotóxicos, gases tóxicos e metais pesados); lesões por esforços repetitivos, distúrbios osteomusculares relacionados ao trabalho (DORT); pneumoconioses; perda auditiva induzida por ruído; transtornos mentais relacionados ao trabalho; e câncer relacionado ao trabalho. O Instrumento de Notificação Compulsória é a Ficha de Notificação, a ser padronizada pelo Ministério da Saúde, segundo o fluxo do Sistema de Informação de Agravos de Notificação (SINAN).

AGRAVO SEM EFEITO SUSPENSIVO. *Direito processual civil.* Recurso que, ao ser interposto, não obsta a imediata produção dos efeitos da decisão agravada.

AGRAVO TRANSFORMADO. *História do direito.* Recurso interposto pela parte que se considerava lesada com o despacho do juiz decorrente de agravo anteriormente apresentado pelo outro litigante.

AGREDIDO. *Direito penal.* Aquele que sofreu uma agressão ou foi atacado.

AGREDIR. *Direito penal.* **1.** Assaltar ou atacar fisicamente uma pessoa ou seus bens juridicamente protegidos. **2.** Insultar ou injuriar alguém, ferindo-o em sua reputação ou honra.

AGREEMENT OF THE PEOPLE. *História do direito.* Pacto popular que Cromwell editou em 1653 na Inglaterra, com o nome de "Instrumento de Governo".

AGREGAÇÃO. 1. *Direito civil.* a) Mistura de coisas, formando uma nova espécie, que se opera na especificação, confusão, comistão e adjunção; b) reunião de pessoas; c) conjunto de várias coisas singulares, formando um todo único (coisa coletiva). **2.** *Direito administrativo.* Instituto pelo qual ocupante de cargo permanente e de provimento em comissão terá direito, após dez anos de exercício ininterrupto e sendo afastado do cargo, de perceber os mesmos vencimentos até ser aproveitado em outro.

AGREGAÇÃO DE ESTADOS. *Direito internacional público.* Fato em que dois ou mais países passam a ser um só. Por exemplo: a fusão do Egito com a Síria, em 1958, dando origem à República Árabe Unida, que durou até 1961, quando aqueles países reassumiram sua identidade. Trata-se de uma fusão de Estados.

AGREGADO. 1. *Direito civil.* a) Associado; b) diz-se do que foi misturado; c) qualidade de coisas reunidas, formando uma universalidade. **2.** *Direito agrário.* a) Pessoa que trabalha em uma fazenda agrícola e pecuária; b) lavrador que se instala em terras alheias, nelas cultivando produtos para sua subsistência, com a anuência do proprietário, mediante o preenchimento de certas condições. É o "morador de condição". **3.** *Direito administrativo.* Extranumerário incluído entre os funcionários efetivos de uma repartição, em razão de uma necessidade do serviço público. **4.** *Direito militar.* Aquele que está sem classificação numa tropa, sendo tido como excedente em alguma unidade.

AGREGADO RECICLADO. *Direito ambiental.* É o material granular proveniente do beneficiamento de resíduos de construção que apresentem características técnicas para a aplicação em obras de edificação, de infra-estrutura, em aterros sanitários ou outras obras de engenharia.

AGRÉMENT. *Termo francês* e *direito internacional público.* Ato que antecede à designação de um agente diplomático, pelo qual o governo de um Estado consulta o de outro onde será acreditado para saber se lhe é conveniente recebê-lo como seu representante, na qualidade de embaixador, por exemplo. Esta prática visa impedir que o agente seja acreditado em país que não o considere *persona grata.* Trata-se do *demande d'agrément,* ou seja, pedido de anuência.

AGREMIAÇÃO. *Direito civil.* Associação, sem fins lucrativos, que tem por escopo atender não só a finalidades desportivas, culturais, artísticas, recreativas, sociais, religiosas e beneficentes como também à defesa de interesses profissionais.

AGRESSÃO. 1. *Direito penal.* a) Ato comissivo ou omissivo pelo qual se agride, material ou moralmente, outrem, ofendendo-o; b) incitamento; investida; instigação. **2.** *Direito internacional público.* Ataque armado pelas forças militares de um país a outro, sem que tenha havido prévia declaração do estado de guerra.

AGRESSÃO AO AMBIENTE. *Medicina legal.* Perturbação psicológica manifestada pelo desejo que uma pessoa possui de agredir o ambiente em que vive, por sentir-se acossada por ele, gerando até, em casos extremos, o suicídio, ante a impossibilidade de realizar seu intento.

AGRESSÃO ARMADA. *Direito internacional público.* Consiste no ataque armado ou no emprego de força militar de um País contra outro, sem que haja declaração antecipada de guerra ou qualquer justificativa, seja de legítima defesa de seus direitos territoriais ou de desagravo de ofensa ou violação de um direito oficialmente reconhecido, desrespeitando sua soberania e integridade territorial.

AGRESSÃO ATUAL. 1. *Direito penal.* Ataque à vida ou à integridade física de uma pessoa que se manifesta no momento em que, para removê-lo ou reprimi-lo mediante reação, se comete o fato delituoso. É um dos requisitos da legítima defesa, constituindo excludente da criminalidade do ato reacionário. **2.** *Direito civil.* Ataque à posse de um bem que se opera no instante em que, para recuperar a coisa esbulhada, o possuidor age pessoalmente. Trata-se de uma das condições para que se tenha o "desforço imediato".

AGRESSÃO DE FUNCIONÁRIO. *Direito administrativo.* Atentado pelo qual funcionário público, civil ou militar, por abuso de autoridade, submete pessoa sob sua guarda a vexame ou a constrangimento ilegal, leva à prisão aquele que se propõe a pagar fiança legal ou pratica ato lesivo à honra ou ao patrimônio de pessoa natural ou jurídica.

AGRESSÃO FÍSICA. *Direito penal.* Ataque a alguém, causando-lhe lesões corporais, que podem resultar em morte.

AGRESSÃO IMINENTE. *Direito penal.* Atentado que está em vias de acontecer ou prestes a começar, consistindo em requisito para que se dê a excludente da legítima defesa.

AGRESSÃO INDIRETA. *Direito internacional público.* Apoio a rebeldes de uma guerra civil em uma potência estrangeira; a subversão; o incitamento à revolta; a espionagem; a penetração econômica; a inspeção aérea e por meio de satélites (Fulvio Attinà).

AGRESSÃO INJUSTA. *Direito penal.* É a que não advém de provocação do agredido, nem decorre do exercício legal de alguma função pública ou autorizada pela lei; logo, o ato daquele que reagir contra ela é justificado, permitindo a alegação da legítima defesa e, conseqüentemente, a exclusão da criminalidade.

AGRESSÃO INTERNACIONAL. *Direito internacional público.* 1. O mesmo que AGRESSÃO ARMADA. 2. Atentado econômico ou político feito, injustificadamente, por um país contra outro, ferindo sua independência econômica ou política. 3. Intervenção imprópria de um Estado prejudicando outro (Galtung, Quincy Wright, Attinà e Herz).

AGRESSÃO MORAL. *Direito penal.* Aquela que se manifesta mediante ataques verbais, ofensivos e injuriosos contra o ofendido, lesando sua reputação, honra ou dignidade.

AGRESSÃO MÚTUA. *Direito penal.* Atentado recíproco, fazendo com que, simultaneamente, o agressor se apresente como agredido, e o agredido se mostre como agressor; com isso, equilibram-se a responsabilidade e a culpabilidade, que se anulam ante a compensação.

AGRESSIVIDADE. 1. *Direito penal.* Disposição de alguém para agredir outrem. 2. *Direito comercial.* Ação dinâmica na oferta de mercadorias. 3. *Medicina legal.* Irritabilidade nervosa que se apre-

senta em alguns doentes mentais, levando-os a agir com violência, agredindo as pessoas que os cercam.

AGRESSIVO. 1. *Direito penal.* a) Propenso a ofender alguma pessoa física ou moralmente; b) aquilo que envolve agressão. 2. *Direito comercial.* O que torna as vendas ativas tanto quanto comportar o comércio. 3. *Direito financeiro.* Característica do investidor ou do fundo de investimento que procura aplicações com maior risco e com retorno mais elevado ao longo do tempo.

AGRESSOR. 1. *Direito penal.* a) Aquele que ataca outrem por meio de atos ou palavras; b) provocador de alguma rixa. 2. *Direito internacional público.* a) Invasor; b) Estado que declara a guerra, recusando qualquer arbitragem ou, se a admitir, não acatando a decisão tomada.

AGRÍCOLA. *Direito agrário.* 1. Relativo à agricultura. 2. Que se entrega à agricultura.

AGRICULTURA. *Direito agrário.* 1. Lavoura do campo; cultivo da terra. 2. Arte de explorar sistematicamente o solo ou fazer com que a terra produza plantas úteis ao homem, na sua alimentação, economia e indústria. 3. Matéria ou objeto do direito agrário. 4. Sistema de conhecimentos de práticas e técnicas usadas pelo agricultor em suas atividades.

AGRICULTURA BIOLÓGICA. *Direito agrário* e *direito ambiental.* Agricultura que procura conservar a genuinidade dos produtos alimentares, sem se valer do estímulo químico de fertilizantes (Alberto Ballarin Marcial). Tem por objetivos prioritários: a) manter a qualidade elevada dos produtos; b) garantir a origem biológica; c) educar o consumidor na aquisição do produto; d) dar continuidade aos fornecimentos; e) diversificar, suficientemente, as produções (Fábio Maria De Mattia).

AGRICULTURA ECOLÓGICA. *Direito agrário* e *direito ambiental.* Atividade agrícola que procura não destruir o solo nem poluir as águas (Alberto Ballarin Marcial).

AGRICULTURA ORGÂNICA. *Direito agrário.* Aquela que não usa produtos químicos para fertilizar a terra, adubando-a com esterco de animais e usando alho como inseticida.

AGRICULTURA SUSTENTÁVEL. *Direito agrário* e *direito ambiental.* Aquela que visa diminuir a contaminação e a agressão ambiental, com o escopo de não esgotar recursos minerais, possibilitando a continuidade de seu uso.

AGRI LIMITATI. *Locução latina.* Lotes demarcados.

AGRIMENSOR. *Direito processual civil.* Perito legalmente habilitado que presta serviços, juntamente com assistentes técnicos, de medição, levantamento, demarcação e divisão de terras, proferindo um laudo, com base no qual o magistrado prolata a sentença.

AGRI OCCUPATORI. *Locução latina.* Terra pública que podia ser ocupada por particulares, sem sair do patrimônio estatal.

AGRIOTIMIA. *Medicina legal.* **1.** Loucura furiosa. **2.** Tendência para a prática de atos com requintes de crueldade.

AGRIPNOCOMA. *Medicina legal.* Estado em que o doente parece estar dormindo, quando, na verdade, está acordado, podendo, às vezes, até chegar ao delírio.

AGROBIOLOGIA. *Direito agrário.* Estudo da nutrição e crescimento das plantas e da produção das colheitas, relativamente ao cultivo do solo.

AGROINDUSTRIAL. *Direito agrário.* Aquilo que é, concomitantemente, relativo à agricultura e à indústria.

AGROINDUSTRIALIZAÇÃO. *Direito agrário.* Atividade de beneficiamento e/ou transformação dos produtos provenientes de explorações agrícolas, pecuárias, pesqueiras, aqüícolas, extrativistas e florestais.

AGROLOGIA. *Direito agrário.* Ciência que visa conhecer os terrenos em relação à agricultura.

AGRONOMETRIA. *Direito agrário.* Cálculo da produção provável das terras cultivadas.

AGRÔNOMO. *Direito agrário.* Aquele que é versado em agronomia, ou seja, o perito em cultura dos campos, ou engenheiro-agrônomo, diplomado em escola superior, que exerce profissionalmente suas atividades.

AGROPECUÁRIA. *Direito agrário.* Teoria e prática da agricultura e da pecuária, ou seja, da atividade agrária produtiva no campo, com fins de exploração mista, baseada ao mesmo tempo na lavoura e na pecuária de animais de médio e grande porte.

AGROTÓXICO. *Direito agrário.* **1.** Substância química usada para combater pragas na lavoura. **2.** Produto ou agente de processo físico, químico ou biológico destinado ao uso nos setores de produção, no armazenamento e beneficiamento de produtos agrícolas, nas pastagens, na proteção de florestas, nativas ou plantadas, e de outros ecossistemas e de ambientes urbanos, hídricos e industriais, cuja finalidade seja alterar a composição da flora ou da fauna, a fim de preservá-las da ação danosa de seres vivos considerados nocivos e das substâncias e produtos empregados como desfolhantes, dessecantes, estimuladores e inibidores de crescimento.

AGROVILA. *Direito urbanístico.* Núcleo urbanizado criado pelo governo federal em áreas em desenvolvimento, para servir de moradia e de assistência ao trabalhador rural.

AGRUPAMENTO. **1.** Grupo. **2.** Ato de reunir-se em grupo ou associar-se.

AGRUPAMENTO DE EMPREGADORES. Consórcio de empregadores.

AGRUPAR. Associar-se, reunir-se ou juntar-se em grupo.

AGU. Sigla de Advocacia-Geral da União.

ÁGUA ABERTA. *Direito marítimo.* **1.** É a ocorrência de abertura nas obras vivas que permita o ingresso de água nos espaços internos de bordo ou a descarga de líquidos dos tanques por qualquer falha que comprometa a estanqueidade da embarcação: a) se a tripulação era adequadamente treinada; b) se houve falta de habilitação para desempenhar funções; c) se houve falha nas bombas usadas para esgoto do alagamento, ou no bombeamento das dalas; d) verificar o estado de conservação das bombas de esgoto; e) se houve avarias no chapeamento ou suas uniões nas obras vivas. Se de madeira, verificar as condições de calafetagem; f) verificar as condições de bujões de casco e buchas do eixo; g) se houve falha na segurança dos equipamentos de fechamento de aberturas; h) se a embarcação estava segurada, juntar cópia da apólice do seguro; i) em compartimentos inundados, localização da avaria nas obras vivas e providências para interromper o veio d'água; j) com vazão das bombas de esgotamento; k) com uso da camisa de colisão ou coxim de abordagem; l) em compartimentos estanques que evitaram a propagação da inundação a outros locais; m) com estanqueidade do navio, especialmente a do porão alagado; n) com diagrama, indicando o local e a extensão da água aberta; o) com arribada; p) com varação; q) em transbordo ou alijamento de carga e de combustível; r) com assistência e socorro prestados; e s) com plano de estivação da carga, especialmente a do porão. **2.** Arribada forçada de um navio, em porto que não era o seu destino, para abastecer-se de água, que, em alto-mar, lhe faltara e o obrigara a desviar-se de sua rota.

AGUADA. 1. *Direito marítimo.* a) Provisão ou abastecimento de água potável feitos por uma embarcação antes de iniciar a viagem ou durante seu curso; b) local onde o navio se abastece de água. **2.** *Direito civil.* Fonte existente numa propriedade, que fornece água potável aos que nela habitam, sendo que seu proprietário, após dela utilizar-se, não poderá desviar seu curso de modo a impedir o seu uso pelos prédios inferiores. **3.** *Direito agrário.* Local, nos campos, onde os animais bebem; bebedouro.

ÁGUA-FURTADA. *Direito civil.* Compartimento situado no último andar de uma casa, onde existem janelas que se abrem para o telhado, modificando sua vertente.

AGUAGEM. 1. *Direito marítimo.* Corrente impetuosa, em alto-mar ou junto às costas, que faz esgarrar o navio da derrota que leva. **2.** Na *gíria comercial,* indica a emissão de títulos para reforçar o capital social de uma sociedade anônima, prejudicado pela efetivação de péssimos negócios. **3.** Na *linguagem comum* designa a grande massa de água que, impetuosamente, corre em razão de enchentes.

AGUAMENTO DO CAPITAL. *Economia política.* Prática que visa aumentar o valor real dos fundos sociais, supercapitalizando-os.

ÁGUA MINERAL NATURAL. Água obtida diretamente de fontes naturais ou por extração de águas subterrâneas. É caracterizada pelo conteúdo definido e constante de determinados sais minerais, oligoelementos e outros constituintes considerando as flutuações naturais.

ÁGUA NATURAL. Água obtida diretamente de fontes naturais ou por extração de águas subterrâneas. É caracterizada pelo conteúdo definido e constante de determinados sais minerais, oligoelementos e outros constituintes, em níveis inferiores aos mínimos estabelecidos para água mineral natural. O conteúdo dos constituintes pode ter flutuações naturais.

ÁGUA PRODUZIDA. É a água normalmente produzida junto com o petróleo.

ÁGUAS. 1. *Direito marítimo.* Fendas por onde entra água numa embarcação. **2.** *Direito civil.* a) Indicam o conjunto de normas que disciplinam as relações entre vizinhos, alusivas às águas de nascentes e pluviais, que, com o escopo de harmonizar interesses e contendas, criam direitos e deveres recíprocos, constituindo, portanto, um *regime de águas* legalmente estabelecido; b) *res nullius,* águas sem dono, insuscetíveis de apropriação particular, que, às vezes, em determinadas circunstâncias, em conformidade com a utilidade que tiverem a particulares e à coletividade, poderão ser apropriadas, mediante prévia autorização administrativa, por particulares, gerando servidões e obrigações entre proprietários de prédios confinantes, ou pelo Poder Público, como, por exemplo, os potenciais de energia hidráulica, que constituem, para efeito de exploração ou aproveitamento, propriedade distinta da do solo e pertencem à União. **3.** *Direito administrativo.* Constituem o domínio público hídrico, abrangendo: a) as águas públicas de uso comum (lagos, cursos de água naturais, desde que navegáveis, mar interior e territorial). São as águas que, em razão de seu volume, extensão ou curso mais ou menos considerável, pertencem ao domínio do Estado; b) as águas públicas dominicais, que são as situadas em terras do domínio público; c) as águas comuns de todos, ou seja, as correntes ou nascentes que, havendo caminho público que as tornem acessíveis, podem ser usadas gratuitamente por todos para atender a suas necessidades vitais.

ÁGUAS ADJACENTES. *Direito internacional público.* Constituem as águas marítimas compreendidas entre o alto-mar e o território de um Estado. Abrangem, portanto, não só a faixa do mar territorial, sujeita à soberania estatal, como também as águas marítimas interiores, tais como baías, portos, recôncavos, estuários, enseadas e golfos.

ÁGUAS ALHEIAS. 1. *Direito civil.* São as particulares situadas numa propriedade privada, onde somente será permitida a pesca, profissional ou desportiva, com a anuência de seu dono, sob pena de perda do peixe e de indenização dos danos causados. **2.** *Direito administrativo.* Consistem nas águas públicas, de uso comum ou dominicais, pertencentes ao Estado. São águas públicas de uso comum: mar territorial, golfos, baías, enseadas, portos, canais, correntes, lagos navegáveis, fontes e reservatórios públicos, nascentes, braços de correntes públicas, desde que navegáveis. São águas públicas dominicais as situadas em terreno dominical, desde que não sejam do domínio público de uso comum ou não forem comuns. **3.** *Direito penal.* Objeto do crime de usurpação de águas, que consiste no desvio ou represamento, em proveito próprio ou de outrem, de águas alheias, sob pena de detenção e multa.

ÁGUAS ARTIFICIAIS. *Direito civil.* São águas cujas nascentes, álveos ou condução advêm de obra humana, por exemplo, tanques, açudes, represas, reservatórios etc. Os proprietários de prédios inferiores deverão receber águas artificiais do prédio superior que correrem para o seu, mediante pagamento de uma indenização, podendo, se quiserem, ainda, reclamar que desviem o seu curso.

ÁGUAS COLATÍCIAS. *Direito civil.* São as que correm pelas vertentes, descendo naturalmente de montanhas, podendo, por exemplo, resultar do derretimento de neve.

ÁGUAS COMUNS. *Direito civil.* Consistem nas correntes não navegáveis ou flutuáveis que, por não serem públicas ou particulares, os proprietários dos prédios por elas banhados podem, livremente, se utilizar para agricultura, indústria etc., sem causarem dano para os seus vizinhos, uma vez que, se tais correntes atravessam prédios contíguos, indispensável é a comunhão. Logo, nenhum vizinho poderá captar toda água ou o seu curso, privando o dono do prédio confinante ou inferior da cota a que tem direito. Poderá, entretanto, alterar-lhe o álveo, desde que mantenha o mesmo ponto de saída para o prédio inferior, bem como efetivar nas duas margens obras que venham a facilitar a captação de águas, desde que não cause nenhum gravame ao seu vizinho. Se a corrente apenas os banhar, há possibilidade de divisão, sendo a repartição feita por peritos, por intervalos de tempo, de lugar e de medida. A ação de divisão de águas obedece o rito sumário e é raramente movida, a não ser em casos em que o curso de água for pequeno, e o dono de um dos terrenos marginais pretender usá-lo em sua totalidade, sem se ater às necessidades de terceiros. O dono do prédio banhado por águas apenas poderá realizar obras de captação de água em uma das margens, sendo que seu direito de utilizá-las está limitado pelos dos prédios vizinhos, superiores, inferiores e fronteiros.

ÁGUAS COMUNS DE TODOS. *Direito administrativo.* São as nascentes ou cursos d'água que podem ser usados por todos para atender a suas primeiras necessidades vitais, ou seja, beber, lavar roupa, dessedentar animais e consumo doméstico, havendo caminho público que os tornem acessíveis. Se inexistir tal caminho, o proprietário marginal não poderá impedir que seu vizinho deles se utilizem, o que dará origem a uma servidão *aquae haustus* de tirar água de poço, cisterna ou rio particular, mediante pagamento de uma indenização pelos danos causados ao seu dono com o trânsito pelas suas terras. Todavia,

o direito ao uso dessas águas cessará assim que o vizinho puder haver, sem dificuldade, a água de que precisa.

ÁGUAS CONTÍGUAS. 1. *Direito internacional público.* a) Águas de rios e lagos que servem de divisa a dois Estados; b) aquelas que abrangem a faixa de águas marítimas adjacente ao mar territorial, situadas entre o alto-mar, ou melhor, início do mar livre, e o limite externo do mar territorial, sobre a qual o Estado costeiro não tem o domínio, embora possua certos direitos de jurisdição, de natureza fiscal e administrativa, alusivos à polícia aduaneira, sanitária ou de imigração, à segurança da navegação e do Estado e à proteção da zona para conservação da pesca. **2.** *Direito civil.* Águas ou correntes de uso comum que servem de limites a duas propriedades.

ÁGUAS CORRENTES. *Direito civil.* São as de rios, ribeirões, córregos, riachos, não navegáveis ou flutuáveis, dotadas de movimento numa certa direção.

ÁGUAS COSTEIRAS. *Direito internacional público.* São as situadas entre a costa marítima e o limite interior do mar territorial, sobre as quais o Estado costeiro exerce, livremente, sua soberania sem quaisquer restrições jurídico-internacionais.

ÁGUAS DE POÇO. *Direito civil.* São as extraídas mediante perfuração do solo até atingir um lençol d'água subterrâneo, para serem utilizadas pelo dono do prédio, cujos direitos em relação a elas estão assegurados, uma vez que vedadas estão quaisquer construções que venham a poluí-las ou as escavações que tirem da sua fonte a água que lhe for necessária.

ÁGUAS DO NAVIO. *Direito marítimo.* Rasto deixado pela embarcação.

ÁGUAS DORMENTES. *Direito civil.* Consistem em acúmulos de água que não têm curso, como lagos, tanques etc. São também chamadas "águas estantes" ou "águas paradas".

ÁGUAS DO VENTO. *Direito civil.* Águas pluviais não aproveitadas.

ÁGUAS ESCOLATÍCIAS. *Direito civil.* Águas que, ao se infiltrarem pelos poros, regos, canais e meatos da terra, escorrem do prédio superior para o inferior.

ÁGUAS ESTADUAIS. *Direito administrativo.* São as que se incluem entre os bens do Estado, podendo ser superficiais ou subterrâneas, fluentes, emergentes e em depósito, ressalvadas, neste caso, na forma da lei, as decorrentes de obras da União, desde que localizadas em terreno de seu domínio e desde que os rios nele tenham nascente e foz.

ÁGUAS ESTAGNADAS. *Direito civil.* **1.** Aquelas que, em virtude da impermeabilidade do solo, de obras feitas para esse fim ou, ainda, de falta de inclinação do terreno, permanecem imobilizadas. Incluem-se as águas pluviais, as de transbordamento de correntes, as de fontes captadas ou de açudes. **2.** *Vide* ÁGUAS MORTAS.

ÁGUAS ESTANTES. *Vide* ÁGUAS DORMENTES.

ÁGUAS EXTERIORES. *Direito internacional público.* **1.** O mesmo que ÁGUAS CONTÍGUAS. **2.** Lagos ou rios limítrofes, isto é, situados entre dois países, sendo que suas margens pertencem ao domínio e jurisdição do Estado cujas terras beiram. **3.** Aquelas que não pertencem, no todo ou em parte, ao território do Estado, mas estão sob sua jurisdição fiscal e administrativa, por lhe serem adjacentes. Logo, poderão ser: a) *estrangeiras*, se estiverem sob o domínio de outro país; b) *livres*, se não fizerem parte do território de qualquer Estado, constituindo o alto-mar; c) *territoriais*, se adjacentes a uma das margens pertencentes ao Estado.

ÁGUAS FEDERAIS. *Direito administrativo.* São aquelas que constituem o domínio da União, como: a) lagos, rios e quaisquer correntes de água em terrenos de sua propriedade ou que banhem mais de um Estado, sirvam de limites com outros países, se estendam a território estrangeiro ou dele provenham, bem como os terrenos marginais e as praias fluviais; b) mar territorial; c) os potenciais de energia hidráulica.

ÁGUAS FLUTUÁVEIS. *Direito civil.* Consistem nas águas de rios não navegáveis que, pelo seu volume, se prestam ao transporte de madeiras por flutuação, seja por estas deslizarem soltas à mercê de sua torrente, seja pela utilização de jangadas ou balsas.

ÁGUAS FLUVIAIS. *Direito civil* e *direito administrativo.* São as que constituem os rios.

ÁGUAS FREÁTICAS. *Direito civil* e *direito administrativo.* São as águas superficiais contidas nos aquíferos mais próximos da superfície terrestre, aflorando, provenientes do veio subterrâneo, naturalmente àquela superfície, em virtude da infiltração das chuvas, do levantamento de vapores, da ação capilar do solo etc., constituindo-se em mananciais, fontes ou vertentes, podendo ser minerais ou não.

ÁGUAS INTERIORES. *Direito civil* e *direito administrativo.* São as marítimas, fluviais e lacustres localizadas num dado território. Assim, suas margens estão sob o domínio e jurisdição do país em que aquele território se situar.

ÁGUAS INTERNACIONAIS. *Direito internacional público.* Aquelas que abrangem rios e lagos que percorrem territórios de vários países (como os rios Amazonas e Nilo) ou servem de limite entre eles (como o Bravo, entre o México e os Estados Unidos), separando-os, pertencendo a cada um deles os trechos que atravessam seus territórios ou até o meio do álveo, em caso de serem limítrofes, possibilitando a ambos o aproveitamento de seus recursos econômicos. Assim, por exemplo, a pesca poderá ser praticada pelos Estados costeiros em toda a extensão do rio que percorrer seus territórios. A liberdade de navegação será regulamentada através de acordos firmados entre os Estados, conforme os interesses de cada um. O aproveitamento e distribuição de suas águas para fins de abastecimento potável, uso industrial ou irrigatório seguem as normas de direito interno de cada país e as convenções internacionais, não podendo diminuir a corrente em detrimento de qualquer Estado co-ribeirinho. O critério para utilização do potencial energético dos cursos dessas águas, possibilitando desenvolvimento econômico, será o do mútuo consenso ou o da colaboração conjunta entre os Estados costeiros e limítrofes. A imposição a cada país costeiro ou ribeirinho, oriunda de normas consuetudinárias, do dever de não causar dano ao Estado vizinho ao realizar obras para a consecução de seus interesses deve ser respeitada. A cooperação entre os Estados ribeirinhos para melhor aproveitamento dos cursos d'água internacionais é imprescindível. Há uma comunidade de interesses, que se caracteriza pela igualdade das nações ribeirinhas no uso do rio internacional, excluindo-se de qualquer delas algum privilégio. Reconhecidos estão direitos iguais a todos os Estados co-ribeirinhos pertencentes ao mesmo sistema de águas internacionais.

ÁGUAS JURISDICIONAIS BRASILEIRAS (AJB). *Direito internacional público.* **1.** *Vide* ÁGUAS ADJACENTES, ÁGUAS CONTÍGUAS e ÁGUAS TERRITORIAIS. **2.** São as submetidas à jurisdição brasileira, abrangendo o mar territorial e o mar adjacente, que prevenirá e resolverá problemas alusivos: à atividade pesqueira; à segurança territorial do País; à exploração de riquezas existentes no mar ou no subsolo marítimo; à extração de petróleo do fundo do mar; à imposição de tributos a estrangeiros que explorarem as riquezas da faixa oceânica contígua ao território do Estado; à conservação de espécies marítimas; à poluição marítima; ao suprimento das deficiências de Estados que não têm plataforma continental submarina; ao uso das vias oceânicas para colocação de cabos submarinos, atendendo a fins de comunicação, ou para passagem de navios; ao controle de embarque de passageiros e cargas etc. **3.** São águas jurisdicionais brasileiras: a) as águas marítimas abrangidas por uma faixa de doze milhas marítimas de largura, medidas a partir da linha de baixa-mar do litoral continental e insular brasileiro, tal como indicada nas cartas náuticas de grande escala, reconhecidas oficialmente no Brasil (Mar Territorial); b) as águas marítimas abrangidas por uma faixa que se estende das doze às duzentas milhas marítimas, contadas a partir das linhas de base que servem para medir o Mar Territorial, que constituem a Zona Econômica Exclusiva (ZEE); c) as águas sobrejacentes a Plataforma Continental quando esta ultrapassar os limites da Zona Econômica Exclusiva; d) as águas interiores, compostas das hidrovias interiores, assim consideradas rios, lagos, canais, lagoas, baías, angras e áreas marítimas consideradas abrigadas. **4.** São consideradas águas sob jurisdição nacional: A) as águas interiores: a) as compreendidas entre a costa e a linha de base reta, a partir de onde se mede o mar territorial; b) as dos portos; c) as das baías; d) as dos rios e de suas desembocaduras; e) as dos lagos, das lagoas e dos canais; f) as dos arquipélagos; g) as águas entre os baixios a descoberta e a costa; B) águas marítimas, todas aquelas sob jurisdição nacional que não sejam interiores.

ÁGUAS LIVRES. *Direito internacional público.* São as águas oceânicas que constituem o alto-mar, não estando submetidas ao domínio ou à jurisdição de qualquer país. Consistem na *res communis omnium*, pertencente à comunidade internacional.

ÁGUAS MANENTES. *Vide* ÁGUAS DORMENTES.

ÁGUAS MARÍTIMAS. *Direito internacional público.* São as dos oceanos ou dos mares, abrangendo: o mar territorial; o alto-mar; as baías, golfos, portos, enseadas, estuários e recôncavos.

ÁGUAS METEÓRICAS. *Direito civil* e *direito administrativo.* Consistem naquelas que advêm, mediata ou imediatamente, das chuvas. Se as águas pluviais caírem em local público de uso comum, passam para o domínio público de uso comum; com isso proibida estará a construção de reservatórios nesses lugares, sem a licença da Administração. As águas pluviais que correm por lugares públicos, assim como as dos rios públicos, podem ser utilizadas por qualquer proprietário dos terrenos por onde passem, desde que observados os regulamentos administrativos. Se caírem em terras particulares, pertencem ao dono do prédio, que delas poderá dispor livremente, salvo se houver direito em sentido contrário. Não lhe será permitido desperdiçar essas águas em prejuízo de outros prédios que delas se utilizem, sob pena de indenização aos respectivos donos, nem desviá-las de seu curso natural, dando-lhes outro, sem que haja expressa anuência dos proprietários dos prédios que as irão receber, sob pena de pagar perdas e danos e de desfazer essas obras erguidas para o desvio das águas.

ÁGUAS MINERAIS. *Direito civil.* São as decorrentes de fontes, naturais ou artificiais, ou nascentes que têm propriedades terapêuticas devido a sua composição físico-química, sendo um agente medicamentoso. Constituem propriedade distinta da do solo para efeito de exploração ou aproveitamento e pertencem à União, sendo que sua pesquisa e lavra poderão efetivar-se com sua autorização e concessão. Caberá ao Ministério da Saúde e às Secretarias da Saúde o seu controle sanitário, bem como a fiscalização do local e dos equipamentos relacionados com a sua industrialização e comercialização e a fixação dos padrões de sua identidade e qualidade.

ÁGUAS MORTAS. *Direito civil.* **1.** *Vide* ÁGUAS DORMENTES. **2.** Marés pequenas, do quarto crescente e do minguante; maré de quadratura; maré de quarto.

ÁGUAS MUNICIPAIS. *Direito administrativo.* São as águas públicas de uso comum, navegáveis ou flutuáveis, pertencentes ao Município, por estarem localizadas em seu território, assim como as águas públicas dominicais situadas em terrenos que estejam sob o domínio do Município, desde que não sejam de uso comum.

ÁGUAS NACIONAIS. *Direito internacional público.* São as águas marítimas, fluviais ou lacustres pertencentes ao domínio público do Estado, em cujas terras se situam.

ÁGUAS NÃO CONTÍGUAS. *Direito internacional público.* São as águas territoriais compreendidas dentro dos limites do Estado até o alto-mar, não se confrontando com as que estão sob o domínio de outro País.

ÁGUAS NASCENTES. *Vide* ÁGUAS FREÁTICAS.

ÁGUAS NAVEGÁVEIS. *Direito administrativo.* São as de domínio público por poderem ser utilizadas como via de transporte por embarcações, em conformidade com as normas regulamentares que regem os limites de seu uso.

ÁGUAS NEUTRAS. *Direito internacional público.* **1.** O mesmo que ÁGUAS LIVRES. **2.** Aquelas que pertencem a um país neutro, que não está participando de uma guerra existente entre outros; logo, não poderão ser utilizadas para quaisquer operações militares, nem violadas pelos beligerantes.

ÁGUAS NOCIVAS. *Direito civil* e *direito ambiental.* São as contaminadas ou poluídas, que, por apresentarem insalubridade, podem trazer gravames à saúde da população ou dos animais e ameaçar a fauna aquática, não devendo ser utilizadas para fins recreativos, agrícolas, industriais ou comerciais.

ÁGUAS PARADAS. *Vide* ÁGUAS DORMENTES.

ÁGUAS PERENES. São as que correm o tempo todo, mesmo se secarem, no todo ou em parte, durante algum estio forte.

ÁGUAS PLUVIAIS. *Vide* ÁGUAS METEÓRICAS.

ÁGUAS POLUÍDAS. *Vide* ÁGUAS NOCIVAS.

ÁGUAS POTÁVEIS. **1.** *Direito civil.* a) São as utilizáveis ou próprias para beber e para o uso doméstico; b) águas para consumo humano cujos parâmetros microbiológicos, físicos, químicos e radioativos atendam ao padrão de potabilidade e não ofereçam riscos à saúde. **2.** *Direito penal.* Constituem objeto não só do crime de envenenamento como também do de conspurcação de águas de uso comum ou particular, punindo-se todo aquele que as tornar prejudiciais à saúde ou impróprias para o consumo.

ÁGUAS PRIVADAS. *Direito civil.* Aquelas que estão sob o domínio do proprietário das terras particulares por elas atravessadas, por não serem navegáveis ou flutuáveis.

ÁGUAS PÚBLICAS. *Direito administrativo.* São as que estão sob o domínio público da União, dos Estados e dos Municípios, classificando-se em águas públicas de uso comum e águas públicas dominicais. Estas são as águas situadas em terrenos que também o sejam, quando elas não forem públicas de uso comum ou comuns. Já aquelas referem-se aos mares territoriais, incluindo seus golfos, baías, enseadas e portos; as correntes, canais, lagos e lagoas navegáveis ou flutuáveis; as correntes de que se façam essas águas; as nascentes quando forem de volume considerável; os braços de quaisquer correntes públicas, desde que os mesmos influam na navegabilidade ou flutuabilidade; as águas situadas em zonas periodicamente assoladas pelas secas (obs.: caracterizam as águas públicas de uso comum a sua perenidade).

ÁGUAS QUEBRADAS. São as de maré muito pequena.

ÁGUAS REMANESCENTES. *Direito civil.* Aquelas que excedem o seu aproveitamento para fins industriais ou as necessidades do prédio a que estão destinadas.

ÁGUAS REPRESADAS. **1.** *Direito administrativo.* São aquelas acumuladas artificialmente pelo Poder Público para atender às necessidades da coletividade ou para efeito de irrigação de interesse geral. Trata-se das águas dos açudes. **2.** *Direito civil.* São as pluviais ou fluviais concentradas por iniciativa privada para práticas desportivas, recreativas ou para uso industrial.

ÁGUAS SELVAGENS. *Direito civil.* São as pluviais em pequeno volume que, após se concentrarem num ponto do terreno, se espalham em diversas direções, vindo a perder-se ou a formar requeiras transitórias.

ÁGUAS SERVIDAS. *Direito civil.* Águas provenientes da higiene pessoal e da higienização de utensílios e superfícies em cozinhas domésticas, comerciais e industriais.

ÁGUAS SOBEJAS. *Vide* ÁGUAS REMANESCENTES.

ÁGUAS SUBÁLVEAS. **1.** O mesmo que ÁGUAS FREÁTICAS ou ÁGUAS SUBTERRÂNEAS. **2.** São as que escorrem sob o álveo das águas superficiais.

ÁGUAS SUBTERRÂNEAS. **1.** Para alguns autores, o mesmo que ÁGUAS FREÁTICAS. **2.** Aquelas que se acumulam ou têm seu curso por debaixo da terra, em camada inferior e acima da argilosa, correndo a grandes profundidades do solo. Em regra, para sua extração, ou seja, para que venham à superfície, será preciso uma obra ou o engenho humano, denominado poço artesiano. Somente poderão ser exploradas ou aproveitadas industrialmente mediante autorização ou concessão federal, por ser a propriedade do subsolo distinta da do solo para aquele efeito, já que tais águas se incluem na categoria de jazidas.

ÁGUAS SUPERABUNDANTES. *Vide* ÁGUAS REMANESCENTES.

ÁGUAS SUPERFICIAIS. *Direito civil.* Aquelas que se acham na superfície das ilhas e dos continentes, abrangendo as águas-vivas e as águas correntes, sendo, portanto, terrestres.

ÁGUAS TERRESTRES. *Direito civil.* Aquelas que abrangem as subterrâneas e as superficiais, que, por sua vez, podem ser paradas ou correntes.

ÁGUAS TERRITORIAIS. *Direito internacional público.* Consistem não só nas águas marítimas que banham as costas do País, constituindo o mar territorial, que apresenta uma largura de duzentas milhas, medidas a partir da linha da baixa-mar do litoral continental e insular, como também nas existentes dentro da jurisdição estatal, sejam elas marítimas, fluviais ou lacustres, contíguas ou não.

ÁGUAS TURVAS. *Direito civil.* São as águas de uma ribeira ou de um tanque, desde que misturadas com limo, sendo convenientes para certas pescas.

ÁGUAS VERTENTES. *Direito civil.* Aquelas que caem das montanhas ou das serras, descendo pelo natural declive das encostas.

ÁGUAS-VIVAS. *Direito civil.* **1.** Diz-se da maior enchente das marés, havendo lua nova ou cheia. **2.** Consistem nas águas correntes, oriundas de nascentes, constituindo os rios, regatos, ribeirões, poços e tanques pertencentes ao proprietário das terras de cujo subsolo brotaram.

AGUAZIL. *História do direito.* Designava: o juiz da terra que era eleito, o vereador, o governador da província, o meirinho e o esbirro (Othon Sidou).

AGÜEIRO. 1. *Direito administrativo.* a) Rego por onde passavam antigamente as águas das estradas; b) funcionário público municipal encarregado de consertar as fontes públicas utilizadas para atender ao consumo da coletividade. **2.** *Direito agrário.* Orifício feito nos muros de prédios rústicos para permitir a passagem de águas aproveitáveis à agricultura. **3.** *Direito civil.* Cano onde se acumulam as águas do telhado.

À GUISA DE. Ao modo de.

AIDE MÉMOIRE. *Locução francesa.* Resumo de uma obra, fixando seus dados mais importantes.

AIDP. *Direito internacional público.* Sigla de Associação Internacional de Direito Penal.

AIDS. *Medicina legal.* Síndrome da imunodeficiência adquirida, causada pelo vírus "HIV", caracterizando-se como um conjunto de alterações decorrentes da perda da imunidade mediada por células, manifestando-se pelo surgimento de infecções fatais e de algumas formas de cânceres, tendo maior incidência entre homossexuais promíscuos e viciados em drogas endovenosas. Decorre essa doença de uma série de fatores: contato sexual com pessoa por ela infectada; amamentação, estando a mãe contaminada; exposição a sangue contaminado mediante transfusão sangüínea ou uso de drogas injetáveis com agulhas comunitárias; ou transmissão perinatal ou vertical operada pela mãe infectada ao bebê. É uma doença infecto-contagiosa que enfraquece o sistema imunológico da pessoa. Seu portador apresenta sintomas como: perda de peso, febre ou diarréia por mais de três meses, cansaço, ínguas, suores noturnos, manchas vermelhas espalhadas pelo corpo etc.

AIR-BAG. *Direito de trânsito.* Bolsa de ar instalada em veículo para salvar vidas em caso de colisão. O sistema *air-bag* é acionado assim que o automóvel venha a sofrer um choque frontal ou semifrontal contra uma parede sólida a uma velocidade de, mais ou menos, 22 km por hora. A bolsa esvazia-se alguns segundos depois, evitando a sufocação do ocupante do veículo. É, portanto, o dispositivo de segurança especial para proteção extra em batidas, armazenado no volante ou no painel do veículo, que infla, em caso de acidente frontal, em um décimo de segundo, fazendo com que surja uma almofada de proteção entre o volante e a pessoa.

AIR MAIL. *Locução inglesa.* Correio aéreo.

AIRWAY. *Termo inglês.* Rota aérea.

AIRWAY BILL (AWB). *Direito internacional privado.* **1.** Conhecimento de embarque aéreo emitido pela *International Air Transport Association* (IATA), que possibilita a remessa de mercadorias com o mesmo conhecimento para vários lugares do mundo ou o transporte de passageiros com o mesmo bilhete. **2.** É o documento entregue ao agente exportador por uma companhia de transporte, no qual constam o material embarcado e a responsabilidade pela entrega ao destinatário.

AITÍA. *Termo grego.* Causa.

AJOUTER FOI. *Locução francesa.* Dar crédito.

AJUDA. 1. *Direito canônico.* Capela sucursal de uma Igreja paroquial. **2.** *Direito civil.* Assistência, co-operação, auxílio. **3.** *Direito penal.* Auxílio prestado por alguém ao autor da infração penal, concorrendo para a prática do delito, incidindo nas penas a este cominadas, desde que pelo menos tenha havido a tentativa do crime. **4.** *Direito processual.* Cooperação em função jurídica, como ocorre, por exemplo, com o auxiliar da acusação, que colabora, em juízo, com o representante do Ministério Público; com o assistente técnico nomeado pelo litigante, que vem em auxílio do perito judicial, ajudando na peritagem; com o juiz substituto, que é um ajudante do juiz titular em seus eventuais impedimentos.

AJUDA-ALIMENTAÇÃO. *Direito do trabalho.* Subsídio pago pela empresa que participa do Programa de Alimentação ao Trabalhador. Não constitui salário *in natura*, nem tem natureza salarial.

AJUDA DE CUSTO. 1. *Direito administrativo.* Quantia paga a funcionário público, civil ou militar, a título de indenização por despesas de viagem e de instalação no novo local onde passará a exercer sua função, em razão de transferência, remoção ou nomeação. Esse auxílio não é computado como parte integrante dos vencimentos, por ser eventual, destinando-se, tão-somente, a cobrir despesa extraordinária que se apresenta num dado momento. **2.** *Direito do trabalho.* a) Consiste no abono, de caráter indenizatório, concedido pelo empregador a empregado, independentemente do seu salário, para que este possa fazer frente às despesas com transporte e estadia ou diárias em viagens que tenha de fazer em razão de serviço prestado à empresa fora de seu estabelecimento, na qualidade de vendedor, demonstrador ou propagandista. Trata-se das diárias que, por terem o mesmo regime legal da ajuda de custo, alguns autores as consideram como tal; b) tecnicamente é a indenização das despesas feitas pelo empregado com a sua transferência para local diverso daquele em que está domiciliado, onde passará a exercer seu trabalho para a empresa empregadora.

AJUDA TÉCNICA. *Direito do consumidor.* Os produtos, instrumentos, equipamentos ou tecnologia adaptados ou especialmente projetados para melhorar a funcionalidade da pessoa portadora de deficiência ou com mobilidade reduzida, favorecendo a autonomia pessoal, total ou assistida.

AJUIZADO. *Direito processual civil* e *direito processual penal.* **1.** Processado; submetido à apreciação ou ao conhecimento do juiz. **2.** Aquilo que está em juízo. **3.** Apreciado; julgado; avaliado.

AJUIZADOR. *Direito processual civil* e *direito processual penal.* Julgador; perito; avaliador.

AJUIZAMENTO. *Direito processual civil* e *direito processual penal.* Proposição da petição inicial, da queixa ou da denúncia.

AJUIZAR. *Direito processual civil* e *direito processual penal.* **1.** Ingressar em juízo; ato de propor uma ação. **2.** Formar um juízo; julgar; avaliar; decidir uma demanda.

AJUIZÁVEL. *Direito processual civil* e *direito processual penal.* Aquilo que pode ser objeto de uma ação judicial.

AJUNTAÇÃO. 1. *Direito civil.* Ato de juntar; ajuntamento. **2.** Na *gíria,* significa "amancebamento".

AJUNTAMENTO. 1. Na *linguagem popular,* o mesmo que MANCEBIA. **2.** *Direito civil.* a) Reunião lícita de pessoas ou coisas; b) ato sexual. **3.** *Direito processual civil.* Ato pelo qual um documento é anexado aos autos do processo.

AJUNTAMENTO ILÍCITO. *Direito penal.* Aglomeração ou reunião de pessoas em estradas, ruas ou praças públicas com caráter subversivo ou com o propósito de perturbar a ordem ou a moralidade pública, provocando tumulto, para: cometer algum crime; impedir a realização de alguma solenidade religiosa ou cívica; coibir o exercício normal de atividades alheias ou de algum direito ou, ainda, o cumprimento de um dever legal; exercer ato de ódio ou desprezo contra qualquer cidadão. A ilicitude de tais atos decorre do fato de atentarem contra coisas, instituições ou pessoas.

AJURAMENTADO. Aquele que prestou juramento.

AJURIDICIDADE. *Teoria geral do direito.* Qualidade do que conflita com a ordem jurídica.

AJUSTADO. *Direito civil* e *direito comercial.* Contratado; convencionado; pactuado; combinado.

AJUSTADOR. *Direito civil* e *direito comercial.* Aquele que serve de intermediário para a conclusão de um contrato entre as partes.

AJUSTAMENTO. *Direito civil* e *direito comercial.* **1.** O mesmo que AJUSTE. **2.** Composição amigável, sem que se leve a controvérsia a juízo. **3.** Ato pelo qual se fecha entre segurado e seguradora, amigavelmente ou sem qualquer impugnação quanto à importância a ser paga, a conta de uma avaria ou perda.

AJUSTAR. 1. *Direito civil* e *direito comercial.* Combinar; contratar. **2.** *Direito processual civil.* a) Terminar uma demanda por meio de transação; b) reunir elementos probatórios de um sinistro; c) liquidar e apurar a indenização devida.

AJUSTE. 1. *Direito civil* e *direito comercial.* a) Convenção; acordo nas condições ou cláusulas contratuais; b) liquidação de contas que têm entre si duas ou mais pessoas; c) reconciliação amigável entre pessoas desavindas. **2.** *Direito marítimo.* Acordo efetuado entre armador e tripulante com intermediação do comandante do navio, que escolherá a equipagem, ou seja, o conjunto de pessoas empregadas exclusiva e permanentemente no serviço a bordo da embarcação, mediante pagamento de soldadas (salários) ou de participação em provento eventual. Poderá ser feito por prazo fixo (ao mês), prazo limitado, mas indeterminado (por viagem), ou por prazo indeterminado ou por parte no frete. É também chamado "contrato de engajamento". **3.** *Direito penal.* Consiste no acordo premeditado feito por duas ou mais pessoas para efetivarem um ato criminoso. Tal ajuste é circunstância elementar dos crimes de bigamia, lenocínio etc.

AJUSTE CRIMINOSO. *Direito penal.* Ato de contratar e pagar alguém para praticar ação delituosa.

AL. Abreviatura de *aliud*, utilizada na expressão *se por al* (se por outro motivo, fato ou coisa).

ALABIA. *Medicina legal.* Dificuldade apresentada na fala.

À LA CARTE. *Expressão francesa.* Prato que está incluído no cardápio de um restaurante.

ALADI. *Direito internacional público.* Sigla de Associação Latino-Americana de Integração.

À LA DIABLE. *Expressão francesa.* Desordenadamente.

ALADROADO. *Direito penal.* Pessoa com tendência para furtar.

ALAGAMENTO. 1. *Direito civil.* Inundação provocada em razão de chuvas, transbordamento de rios, rompimento de açudes, gerando responsabilidade civil apenas quando motivada por inércia ou ato culposo de alguém, que, então, deverá ressarcir os prejuízos causados. Assim sendo, se advier apenas de fenômeno da natureza, não haverá qualquer responsabilidade, por ser a força maior excludente de ilicitude. **2.** *Direito marítimo.* a) Diz-se do fato ocorrido em embarcação que, apesar de estar cheia de água, não foi ao fundo; b) naufrágio.

ALALC. *História do direito.* Sigla da Associação Latino-Americana de Livre Comércio, que visava a criação de condições que favorecessem o estabelecimento de um mercado comum latino-americano, eliminando, progressiva e gradualmente, os obstáculos ao comércio intra-regional, obtendo sua liberação, sem, contudo, formar de imediato uma união aduaneira, pois cada Estado signatário conservava sua tarifa alfandegária em relação a terceiros países. A ALALC foi substituída pela ALADI (Associação Latino-Americana de Integração).

ALALIA. *Medicina legal.* **1.** Paralisia dos músculos dos órgãos vocálicos, que causa diminuição ou perda da articulação de palavras, sílabas ou fonemas. **2.** O mesmo que AFASIA.

ALALO. *Medicina legal.* Medo.

ÁLALO. *Medicina legal.* Aquele que está, definitiva ou transitoriamente, impossibilitado de falar.

ALANTÍASE. *Medicina legal.* Botulismo; envenenamento que se dá pela ingestão de substância alterada.

ALARGAMENTO. 1. *Direito administrativo.* Ato pelo qual a Administração, mediante desapropriação por utilidade pública, aumenta a largura de uma rua, estrada, canal etc., para atender às exigências do tráfego ou para embelezar ou tornar mais higiênica a cidade. **2.** *Direito marítimo.* Ato de mudar de direção do vento, fazendo-se a embarcação ao largo.

ALARME. 1. *Direito militar.* Grito para pegar em armas. **2.** *Direito penal.* Aviso popular que vem a apontar um criminoso, logo após o delito, clamando por sua prisão. Trata-se do clamor público ou alarme público. **3.** Na *linguagem comum:* a) sinal dado por alguém de que um fato está ocorrendo ou da existência de perigo; b) inquietação causada pela ameaça de algum perigo.

A LATERE. *Locução latina.* **1.** Ao lado; junto. **2.** *Direito canônico.* Diz-se de certos cardeais enviados pelo Papa, com poderes extraordinários junto a concílios. São os legados *a latere.*

ALAVANCAGEM. *Direito financeiro.* **1.** Aquisição de ativos, títulos ou valores mobiliários com recursos de terceiros. **2.** Operações de compra e venda de ativos, títulos e valores mobiliários para liquidação no futuro, com depósito prévio de margens de garantias. **3.** Importância relativa dos empréstimos na estrutura de capital. **4.** Relação entre o passivo e o patrimônio. Quanto maior o passivo a longo prazo, representado por recursos tomados de terceiros, maior a alavancagem. Se a taxa de retorno supera o custo financeiro dos recursos tomados, a operação beneficia os acionistas (Luiz Fernando Rudge).

ALBERGADO. **1.** *Direito civil.* Asilado; hóspede; recolhido em albergue. **2.** *Direito penal.* Condenado que pode cumprir sua pena com o benefício da prisão-albergue.

ALBERGADOR. *Direito civil.* Hospedeiro; aquele que hospeda terceiros, mediante contrato de hospedagem ou de hotelaria.

ALBERGAGEM. **1.** *História do direito.* Direito que os senhorios e padroeiros de mosteiros tinham de ser recolhidos pelos seus enfiteutas, que os hospedavam fornecendo, ainda, alimentos. **2.** *Direito civil.* Hospedagem. **3.** *Direito penal.* Ocultação de criminoso.

ALBERGAR. **1.** *Direito civil.* Hospedar alguém, em hotéis, pensões ou educandários, mediante remuneração, tendo-se a responsabilidade civil de ressarcir danos causados ao hóspede, ao morador ou ao aluno. **2.** *Direito penal.* Ocultar criminoso ou pessoa perseguida pela justiça.

ALBERGARIA. *Direito civil.* **1.** Estabelecimento onde se alojam pessoas, com ou sem fornecimento de alimentação. **2.** Contrato de hospedagem pelo qual o hoteleiro se compromete perante o hóspede a prestar serviços de hotelaria, a alugar salão para eventos culturais, quarto ou apartamento mobiliado, a fornecer alimentos, a guardar bagagem ou bens, mediante pagamento de remuneração diária. Abrange hotel, hotel-residência, hotel de lazer, pousada, pensão, motel, hospedaria, albergue de turismo etc.

ALBERGUE. *Direito civil.* **1.** Instituição de caridade e de assistência. **2.** Asilo. **3.** Hospedaria.

ALBERGUEIRO. *Direito civil.* Hoteleiro.

ALBERGUE NOTURNO. Asilo que acolhe mendigos à noite, fornecendo local para dormirem.

ALBIDÚRIA. *Medicina legal.* Estado mórbido que se caracteriza pela emissão de urina descorada.

ALBINÁGIO. *História do direito.* **1.** Incapacidade do estrangeiro para transmitir ou recolher sucessão. **2.** Direito conferido ao senhor ou ao soberano de recolher herança de estrangeiro falecido no seu território. **3.** Sucessão do Fisco nos bens do *de cujus* estrangeiro sem herdeiro e sem testamento.

ALBINISMO. *Medicina legal.* Anomalia congênita que se caracteriza pela ausência ou diminuição de melanina na pele, nos cabelos e nos olhos, que se apresentam sem coloração.

ALBÓI. **1.** *Direito civil.* Fresta aberta no teto das águas-furtadas para permitir iluminação e ventilação. **2.** *Direito marítimo.* Pequena abertura nas cobertas do navio, por onde penetram o ar e a luz.

ALBUFEIRA. *Direito civil.* **1.** Lago formado, em razão do vento ou das ondas, por marés ou pelas águas do mar. **2.** Represa artificial de águas correntes ou pluviais para fins de irrigação.

ALBUMINOSE. *Medicina legal.* Aumento de albuminas no sangue.

ALBUMINÚRIA. *Medicina legal.* Estado mórbido que se caracteriza pela presença de albumina na urina, ocasionada por funcionamento anômalo dos rins, por dieta muito rica em proteínas ou por exercício físico cansativo.

ALCA. *Direito internacional público.* Sigla de Área de Livre Comércio das Américas, congregando 34 países americanos.

ALÇA. **1.** *História do direito.* a) Era o mesmo que RECURSO ou APELAÇÃO; b) no plural, pagamento das perdas e danos. Indicava gastos incertos, mas indispensáveis, experimentados pela ocorrência de acontecimentos lesivos às coisas alheias; c) gratificação que era dada a um intermediário do negócio. **2.** *Direito marítimo.* a) Argola de ferro ou presilha para segurar peça do poleame de um navio; b) anel formado no chicote de um cabo, cosendo-o a ele. **3.** *Direito militar.* Peça móvel e graduada para variar, conforme o afastamento do alvo, o ângulo feito pela arma com a linha de mira.

ALCABALA. *História do direito.* Tributo real que era cobrado nas compras e vendas.

ALCACER. *Direito agrário.* **1.** Forragem ainda verde para o gado. **2.** Campo com ervas para o gado. **3.** Terreno com plantação de cevada, centeio ou trigo.

ALÇADA. **1.** *História do direito.* Competência dada a um magistrado ou tribunal para conhecer determinada causa proposta ou julgar um recurso. Era, portanto, o limite de jurisdição. Hoje, com a extinção do Tribunal de Alçada Civil e Criminal, a competência destes é exercida pelos desembargadores do Tribunal de Justiça. **2.** *Direito administrativo.* Limite da jurisdição dos chefes de repartições públicas na administração de atos e serviços que lhes foram confiados e nas soluções das questões que foram submetidas à sua apreciação.

ALCADAR. *História do direito.* Ato de sujeitar mercadorias ao "alcaldamento", ou melhor, ao "alealdamento", na alfândega, ou seja, a um antigo *imposto*, a que alguns artigos estavam submetidos, e a um *manifesto*, que era feito dos efeitos importados e exportados, para evitar que estrangeiros levassem, em retorno, moedas de ouro ou de prata. Consistia, ainda, no *exame*, feito nas alfândegas, das mercadorias saídas do reino, para que os efeitos importados e exportados não viessem causar perturbação na balança de comércio. Na verdade, a grafia correta é "alealdar" e não "alcadar", que entrou no vocabulário em virtude de um erro de cópia feito por alguns lexicógrafos.

ALCADE. *História do direito.* Juiz de jurisdição civil.

ALCAGÜETE. *Direito penal.* Alcoviteiro; corretor de prostitutas; proxeneta; rufião.

ALCAIDE. **1.** *História do direito.* a) Oficial de justiça que, além de executar diligências necessárias à justiça, fazia penhoras, defendendo o juiz e rebatendo a violência nos atos de penhora, embargos e prisões; b) governador de província, detentor de jurisdição civil e militar; c) patrão de uma embarcação. **2.** *Direito administrativo.* Prefeito; autoridade administrativa. **3.** *Direito comercial.* a) Mercadoria de baixa qualidade; b) mercadoria que não se vende por estar deteriorada ou desvalorizada, ficando, portanto, fora de uso ou de consumo.

ALCAIOTE. *Direito penal.* **1.** O mesmo que ALCAGÜETE, por ser aquele que induz alguém a satisfazer a lascívia de outrem, servindo de mediador ou intermediário na prática do lenocínio; favorecendo a prostituição; mantendo casa destinada a fins libidinosos; praticando o rufianismo e facilitando o tráfico de mulheres. **2.** Cáften; rufião; proxeneta; lenão.

ALCANÇADO. *Direito administrativo* e *direito processual penal.* Diz-se da pessoa a quem se imputa a apropriação ou desvio de dinheiro ou de valores confiados a sua guarda, em razão de seu cargo ou função pública, estando, por isso, sujeita à prisão administrativa. Urge lembrar que não terá cabimento *habeas corpus* na hipótese de punição disciplinar e prisão administrativa, atual ou iminente, de responsável por dinheiro ou valor pertencente à Fazenda Pública.

ALCANCE. **1.** *Direito civil.* Saldo a débito de pessoa que fez prestação de contas da administração feita por ela de bens alheios, que vencerá a ju-

ros legais. **2.** *Direito militar.* a) Distância que uma arma pode atingir com seu projétil; b) distância compreendida entre a origem do tiro e o ponto de queda. **3.** *Direito penal.* a) Peculato, ou melhor, apropriação por funcionário público de valores confiados a sua guarda, em razão de seu cargo; b) desfalque de dinheiro, por parte da pessoa que o administra, em proveito próprio ou para desviá-lo dos fins a que se destina, configurando-se o "abuso de confiança". **4.** *Direito administrativo.* Diferença, para menos, encontrada num ajuste de contas entre os valores confiados a um funcionário público, ante o cargo por ele ocupado, perante a Administração, em virtude de ter havido sua sonegação, extravio ou desvio. O agente público faltoso estará sujeito à prisão administrativa.

ALCAVALA. *História do direito.* Era a sisa cobrada na venda ou troca de imóveis, móveis ou semoventes.

ÁLCOOL. **1.** *Medicina legal.* Líquido claro e incolor, apto para o consumo humano, obtido por destilação de soluções fermentadas de açúcar, cereais ou substâncias que contêm amido. Pode atuar como medicamento, bebida ou veneno. O abuso do álcool pode acarretar gastrite crônica, lesões no fígado, rins e outros órgãos, além de debilitar o sistema nervoso central, causando estupor, *delirium tremens*, alterações no raciocínio etc. O estado de embriaguez é porta aberta para a prática de delitos. **2.** *Direito penal.* Seu uso gera contravenção penal, consistente na violação da proibição de servir bebidas alcoólicas a menor de dezoito anos, a quem se encontrar embriagado, ao alienado mental ou a pessoa judicialmente vedada de freqüentar bares.

ALCOÓLATRA. **1.** *Medicina legal.* Aquele que, por fazer uso imoderado de bebidas alcoólicas, sofre de alcoolismo; viciado em bebidas alcoólicas, desviando-se do instinto de conservação. **2.** *Direito civil.* Pessoa que, ante as perturbações mentais causadas pelo álcool consumido habitual e exageradamente, pode sofrer interdição, tendo de ser, declarada relativamente incapaz, assistida, nos atos da vida civil, pelo seu representante legal. **3.** *Direito penal.* Pessoa propensa à criminalidade. Nos dias de repouso ou festivos, nos quais mais se bebe, aumenta o número de crimes e de acidentes nas vias públicas, devido aos transtornos da saúde mental ocasionados pela embriaguez.

ALCOOLEMIA. *Medicina legal.* **1.** Quantidade de álcool etílico encontrada no sangue. **2.** Presença de álcool no sangue.

ALCOOLISMO. *Medicina legal.* Intoxicação, aguda ou crônica, resultante do consumo excessivo de bebidas alcoólicas. Se for aguda, ter-se-á embriaguez, se crônica, alterações permanentes ou duradouras nas funções orgânicas conducentes a uma psicose alcoólica.

ALCOOLISMO CRÔNICO. *Medicina legal.* Estado patológico oriundo do abuso ou excesso de bebidas alcoólicas que se transforma em psicose, trazendo confusão mental, tremor da língua e das extremidades digitais; alucinações visuais móveis; delírio alcoólico; demência; *delirium tremens*, acompanhado de febre, fraqueza, desordens musculares, alucinações terrificantes, angústia, ansiedade, excitação, expressão abobalhada, insônia, sugestionabilidade etc. Em casos mais graves o alcoolismo crônico pode conduzir o paciente à síndrome de Korsakov, cujos sintomas são, dentre outros: distúrbios de memória; paralisia dos músculos oculares; idéias delirantes; proliferações vasculares na substância cinzenta da parede do terceiro ventrículo etc.

ALCORÃO. *Direito comparado.* Livro sagrado onde estão os ensinamentos doutrinários de Maomé e, conseqüentemente, as fontes do direito do islã, que, em alguns Estados árabes, pela sua importância, tornam ociosas quaisquer normas de direito positivo.

ALCORCA. *Direito civil.* **1.** Espécie de fosso construído em propriedade rústica, formando o valado, com o escopo de resguardá-la ou limitá-la. **2.** Sulco ou rego para facilitar o escoamento das águas.

ALCOUCE. *Direito penal.* Casa de prostituição, bordel, onde se alugam quartos para encontros entre as prostitutas e os homens que as procuram, mediante pagamento. Sua mantença é proibida e punida pela lei penal, haja ou não intenção lucrativa ou mediação direta do seu proprietário ou gerente.

ALCOVITAGEM. *Direito penal.* Ato de servir de intermediário em relações amorosas.

ALCOVITEIRO. *Vide* ALCAIOTE.

ALCOVITERIA. *Direito penal.* **1.** Lenocínio; rufianismo; proxenetismo. **2.** Ofício de alcoviteiro. **3.** Ato de alugar cômodo para fins libidinosos por parte do proprietário ou do gerente de bordel.

ALCSA. *Direito internacional privado* e *direito internacional público.* Sigla de Área de Livre Comércio Sul-Americano, pretendida pela Bolívia, Chile, Peru, Venezuela e Colômbia para integrar o Mercosul.

ALCUNHA. *Direito civil.* Designação dada a alguém devido a uma particularidade sua ou defeito. Por exemplo, "Tiradentes", "Pelé", "Gordo", "Zarolho", agregando-se por vezes de tal sorte à personalidade da pessoa que, se não for jocoso, poderá ser acrescentado, sob certas condições, ao nome da pessoa.

ALDEIA. **1.** *Direito administrativo.* Pequeno povoado dependente de vila ou de cidade mais próxima, a cuja comarca pertence, pois não tem jurisdição nem administração. **2.** *Direito militar.* Conjunto de casas de construção precária, nos arredores de acampamentos ou de quartéis, onde moram as famílias dos soldados. **3.** *História do direito.* Corte; cidade.

ALDEIA DE ÍNDIOS. *Direito administrativo.* Local onde se encontram agrupamentos de índios, sob a direção de missionários, de autoridade leiga ou de repartição a quem foi confiada sua proteção.

ALDH. *Direito civil.* Sigla de Associação Lusófona de Direitos Humanos, que visa uma tomada de consciência de que se devem respeitar os direitos humanos mediante ciclo de palestras e de divulgação de publicações de profissionais de todas as áreas.

ÁLEA. **1.** *Direito civil.* a) Designa cláusula contratual contida em seguro, loteria etc., cujo adimplemento dependerá do acaso, de um acontecimento futuro, de um risco assumido ou de sorte; b) evento incerto quanto a sua ocorrência; c) incerteza, no instante da efetivação do contrato, quanto à verificação de um evento futuro, alheio ou independente da vontade das partes contratantes, do qual dependerá a existência ou o valor de uma das prestações; d) sorte, perigo, azar, incerteza de fortuna, risco etc. **2.** *Direito administrativo.* Acontecimento futuro que poderá causar desequilíbrio econômico no contrato administrativo feito por iniciativa da Administração Pública. Tal álea poderá ser: *ordinária* ou *normal*, se as partes contratantes assumirem o risco relativo à possível ocorrência de um evento futuro desfavorável, mas previsível ou suportável, por ser usual no negócio efetivado, por exemplo, se se tratar de empreitada, comum é o risco sobre o aumento do custo do material de construção ou da mão-de-obra, não se justificando, por isso, qualquer pedido de alteração contratual; ou *extraordinária*, se as partes assumirem risco futuro imprevisível que, pela sua extemporaneidade, impossibilidade de previsão e onerosidade excessiva a um dos contratantes, ao desafiar todos os cálculos feitos no instante da celebração contratual, autoriza a revisão judicial do contrato ou a contratual feita pela autoridade administrativa, restaurando o equilíbrio.

ALEA JACTA EST. *Expressão latina.* A sorte está lançada.

ALEALDAR. Legalizar.

ALEATÓRIA. 1. Dependente de fatores incertos. **2.** Casual. **3.** Acidental.

ALEATÓRIO. 1. *História do direito.* Casa destinada, pelos romanos, aos jogos de azar. **2.** *Direito civil.* a) Ato dependente do acaso, de um acontecimento incerto, favorável ou não; b) incerto, eventual, sujeito ao acaso; c) diz-se do contrato cujo cumprimento ou exigibilidade da obrigação nele exarada depende de um risco futuro e incerto, que poderá dar-se ou não, assumido por uma ou por ambas as partes contratantes, do qual dependerão os prejuízos ou as vantagens. É o que ocorre, por exemplo, no contrato de seguro, no de garimpo e pesquisa, nos jogos, nas apostas, nas loterias, no de venda de coisa esperada, pois neles a prestação depende de um evento casual, incerto e desconhecido, sendo, por isso, insuscetíveis de estimação prévia e dotados de uma extensão incerta. Com a manifestação da vontade dos contraentes, formado está o contrato aleatório, apesar de se relegar a prestação para implemento posterior, dependente de algum fato incerto; logo, os efeitos do negócio submetem-se a esse acontecimento incerto. As partes colocam-se sob a perspectiva de uma álea, que se refletirá na existência ou na quantidade da prestação combinada, expondo-se elas à eventualidade recíproca de perda ou ganho. No contrato de seguro, por exemplo, o segurado, em troca do prêmio, poderá vir a receber a indenização, se ocorrer um sinistro, ou nada receber, se este não advier. O risco assumido pode ser: *total* ou *absoluto*, quando só uma das partes cumpre a sua prestação, sem nada receber em troca; *parcial* ou *relativo*, quando, apesar de serem desproporcionados os montantes, cada um dos contraentes fornece alguma prestação. Esse risco de perder ou ganhar pode sujeitar um ou ambos os contratantes, porém, a incerteza do evento terá de ser dos dois, sob pena de não subsistir a obrigação, uma vez que tal lucro ou perda está na dependência do acontecimento incerto para ambos os contratantes. Cada um deles se encontra adstrito a pagar sem nada receber,

ou a receber sem nada pagar, ignorando, desde o momento da formação do contrato, de quem será a vantagem ou de quem será a perda.

ALEGAÇÃO. *Direito processual civil.* **1.** Genericamente, é o recurso ou argumento dialético utilizado, em juízo, pelos advogados das partes litigantes para reforçar seus direitos, apontando a sua fundamentação jurídica. **2.** Razões de fato ou de direito sustentadas, na pendência da lide, com o escopo de comprovar uma pretensão jurídica, formando a convicção do órgão judicante sobre o objeto da demanda. **3.** Conjunto de asserções do advogado da parte, invocando fatos que deseja ver provados, rebatendo os que considerar incorretos, retirando daí os efeitos jurídicos. **4.** Peça processual oferecida nos autos em sustentação ou impugnação, de fato ou de direito, por qualquer um dos litigantes. **5.** Ato ou efeito de alegar.

ALEGAÇÃO SEM PROVA. *Direito processual.* Argumento apresentado em juízo que não tem valor, uma vez que não é provado.

ALEGAÇÕES DO RÉU. *Direito processual civil.* Consistem nas razões de fato ou de direito pelas quais o advogado do réu procura contestar ou impugnar, em juízo, o pedido feito pelo autor, resistindo à sua pretensão, negando, justificadamente, o seu direito, ao apresentar a defesa do réu, seja ela indireta de natureza processual, seja direta ou indireta de mérito. Trata-se da "contestação".

ALEGAÇÕES FINAIS. 1. *Direito processual civil.* a) Peça processual que contém a exposição escrita dos advogados das partes, encerrando um resumo, acrescentado da conclusão tirada dos autos em face dos fatos e do direito, de todas as alegações feitas, abrangendo os argumentos e as provas constantes nos autos, dirigidas ao esclarecimento dos direitos em litígio. É apresentada quando a causa abrange questões complexas de fato ou de direito, antes do julgamento da demanda, em dia e hora marcados pelo magistrado; b) debate oral que se realiza na audiência de instrução e julgamento, após o término da instrução, quando o órgão judicante concede a palavra ao advogado do autor, ao do réu e ao órgão do Ministério Público, sucessivamente, pelo prazo de vinte minutos para cada um, prorrogável por mais dez, a critério do magistrado. Se houver litisconsorte ou terceiro, o prazo, que formará com o da prorrogação um só todo, dividir-se-á entre os do mesmo grupo, se não convencionarem de modo diverso. Quem pretender, no todo ou em parte, a coisa ou o direito sobre que convertem autor e réu poderá, até ser proferida a sentença, oferecer oposição contra ambos, sustentando suas razões em primeiro lugar, seguindo-se-lhe os opostos, cada qual pelo prazo de vinte minutos. **2.** *Direito processual penal.* a) Razões oferecidas por escrito, no procedimento ordinário, relativo às ações penais por crimes punidos com reclusão, dentro do prazo de três dias, para cada um, pelo Ministério Público, pelo assistente, se tiver sido constituído, e pelo defensor do réu. Se houver dois ou mais réus com defensores diversos, o prazo será comum; b) arrazoados feitos oralmente, no procedimento sumário, alusivo aos processos por crimes apenados com detenção, e no procedimento sumaríssimo das contravenções penais e concernente aos crimes de homicídio culposo ou de lesões corporais culposas, antes da prolatação da sentença, consistindo na última oportunidade das partes para se manifestarem nos autos do processo. Após a inquirição das testemunhas de defesa, dar-se-á na audiência a palavra ao órgão do Ministério Público e ao defensor do réu, sucessivamente, ou, se for admitido, ao próprio réu, pelo tempo de vinte minutos para cada um, podendo ser prorrogado, a critério do juiz, por mais dez, após os quais seguir-se-á a prolatação da sentença. **3.** *Direito processual trabalhista.* Razões finais aduzidas pelas partes, após o término da instrução, em prazo não superior a dez minutos para cada uma, para, logo em seguida, o juiz ou o presidente renovar a proposta de conciliação e proferir, não se realizando esta, a sua decisão.

ALEGADA. *Direito processual.* Informação dada pela parte contrária em uma demanda, evidenciando um fato, que poderá dar novo rumo ao feito.

ALEGADO. *Direito processual.* **1.** Aquilo que foi mencionado nos autos. **2.** O que se apresenta como alegação. **3.** Argumentação escrita ou oral promovida pelos advogados dos litigantes, esclarecendo fatos ou direitos.

ALEGANTE. *Direito processual.* **1.** A parte litigante que alega, em juízo, um direito. **2.** O que faz a alegação em uma demanda processada judicialmente.

ALEGAR. *Direito processual.* **1.** Apontar vícios ou irregularidades de um processo que possam alterar sua solução ou até mesmo anulá-lo. **2.** Fazer alegação, escrita ou oral, em juízo, citando argumentos jurídicos, doutrinários e jurisprudenciais que sirvam de fundamento ao direito que se pretende ou de defesa ao direito que se nega.

3. Apresentar fatos como prova. **4.** Mostrar a inépcia de uma petição. **5.** Provar uma situação jurídica que se apresenta controvertida.

ALEGATIO PARTIS NON FACIT IUS. *Expressão latina.* A mera alegação não faz direito.

ALEGÁVEL. *Direito processual.* Aquilo que pode ser alegado em juízo para sustentar um direito ou para defender o réu.

ALEGORIA. *Filosofia geral.* Simbolismo presente numa narração, num quadro etc., fazendo com que os elementos do simbolizante correspondam aos do simbolizado (Lalande).

ALEIJADO. *Medicina legal.* Pessoa que apresenta aleijão, por ter algum membro mutilado, estar paralítico, com alguma deformidade ou privado do uso das pernas, braços ou mãos, em razão de paralisia ou atrofia.

ALEIJÃO. **1.** *Medicina legal.* a) Deformidade, que pode ser hereditária, provocada por ofensa física ou por algum acidente ou sinistro, caracterizada pela mutilação dos membros inferiores ou superiores ou por deformação horripilante capaz até mesmo de causar repugnância a quem a vê; b) monstruosidade; aborto da natureza; c) defeito moral. **2.** *Psicologia forense.* Causa de anomalias psíquicas que, por provocar complexo de inferioridade, podem levar, às vezes, o aleijado a praticar crimes. **3.** *Direito civil.* a) Dano estético que causa na vítima de uma ofensa física ou lesão corporal uma deformidade de aparência desagradável, caso em que o lesante deverá pagar uma indenização. Como o dano estético pode ser, em certos casos, corrigido *in natura*, por meio de cirurgia plástica, esta se incluirá na reparação do dano e na sua liquidação; b) *Vide* DANO ESTÉTICO. **4.** *Direito penal.* É o resultado de uma lesão corporal que ofenda a integridade corporal ou a saúde fisiológica ou psíquica de outrem, causando-lhe debilidade ou deformidade permanente, perda ou inutilização de membro, sentido ou função, acarretando para o lesante a aplicação de pena de reclusão.

ALEITAMENTO MATERNO. **1.** *Medicina legal.* Alimentação da criança ao peito, que traz vantagens físicas e psicológicas. **2.** *Direito penal.* Direito assegurado a filhos de presidiárias.

ALEIVE. *Direito penal.* **1.** Calúnia. **2.** O mesmo que ALEIVOSIA. **3.** Traidor. **4.** Falso testemunho.

ALEIVOSIA. **1.** *Direito penal.* Crime perpetrado de modo traiçoeiro, com falsas demonstrações de amizade, sendo, por isso, qualificado, tendo a pena agravada, por exemplo, homicídio cometido com aleivosia; furto praticado com abuso de confiança. **2.** Na *linguagem comum,* indica fingimento de amizade; dolo; traição; fraude.

ALELUIA. 1. *Direito canônico.* a) Diz-se do "sábado santo"; b) trecho litúrgico que, na missa, segue o gradual; c) grito de alegria e de louvor recepcionado do judaísmo pela religião cristã. **2.** *Medicina legal.* Planta purgativa da família das compostas que exerce ação violenta sobre o útero.

ALÉM BARREIRA HIMENIAL. *Medicina legal.* **1.** O que está situado na vagina. **2.** Diz-se da pesquisa de alguma moléstia venérea na vagina, com o intuito de comprovar conjunção carnal em mulher que possui hímen complacente.

ALÉM-MAR. *Direito marítimo.* Diz-se das terras que ficam do outro lado do mar.

ALÉRGENO. *Medicina legal.* Substância causadora de alergia ou agente capaz de provocar o estado de alergia. Consiste, portanto, numa substância química, num agente físico ou em qualquer organismo que estimule a produção de anticorpos, que, por sua vez, desencadeiam a manifestação alérgica.

ALERGENTE. *Vide* ALÉRGENO.

ALERGIA. *Medicina legal.* **1.** Intolerância do organismo com certos agentes químicos, biológicos e físicos que se manifesta por meio de asma, bronquite, urticária, espirro, febre do feno etc. **2.** Suscetibilidade do organismo para certas substâncias inofensivas, como lã, sabão, cosméticos etc., devida, provavelmente, a uma debilidade, de origem hereditária, estrutural ou funcional da pessoa ou até mesmo a fatores emocionais ou a problemas psicológicos do paciente. **3.** Suscetibilidade anormal apresentada pelo organismo para a ação de algum vírus ou remédio, reagindo de modo diverso à aplicação subseqüente dessa mesma substância.

ALERGIA ALIMENTAR. *Medicina legal.* Perturbação que se dá em algumas pessoas sensíveis a certos alimentos, como camarão, marisco, ovo, ervilha, tomate, carne de porco etc., que, pelas proteínas que contêm, possuem propriedades alergênicas, provocando eczema, dermatite ou inflamação da pele.

ALESAGEM. *Direito militar.* Operação de alargar o diâmetro da alma do cano de um canhão ou espingarda.

ALESTESIA. *Medicina legal.* Estado patológico em que o paciente não possui sensação táctil no ponto tocado, mas no ponto simétrico que o corresponde na outra metade do seu corpo.

ALETOLOGIA. *Lógica jurídica.* Discurso sobre a verdade.

ALEUCEMIA. *Medicina legal.* Diminuição ou perda de leucócitos no sangue.

ALEXETÉRIO. *Medicina legal.* **1.** Preservativo. **2.** Antídoto.

ALEXIA. *Medicina legal.* Perda da capacidade de ler, por não poder reconhecer ou compreender as palavras escritas, em virtude de alguma alteração cerebral causada por doença ou lesão.

ALEXINA. *Medicina legal.* Substância bactericida produzida pelos leucócitos e existente no soro do sangue normal, que confere imunidade natural em relação a certas doenças bacterianas.

ALFABETIZAÇÃO. 1. Na *linguagem comum,* é o ato de ensinar alguém a ler, a escrever e a contar. **2.** *Direito civil.* Um dos deveres de quem tem a guarda de menor, isto é, promover sua instrução primária. **3.** *Direito constitucional.* Direito de todos e dever do Estado e da família.

ALFABETIZADO. 1. Pessoa que sabe ler, escrever e contar, tendo instrução elementar. **2.** Aquele que recebeu instrução primária. **3.** *Direito civil.* Requisito, por exemplo, para: a) mandante constituir procurador por instrumento particular, pois, se não puder ou não souber ler ou escrever, só lhe será permitido fazer procuração por escritura pública; b) alguém testemunhar em testamento, pois as testemunhas instrumentárias não podem assinar umas a rogo das outras. Além do mais, mesmo a que sabe assinar seu nome não poderá servir de testemunha no testamento porque é imprescindível que saiba ler e escrever para assinar a rogo de testador, quando por este designada, ou para ler o testamento do cego, quando por ele for escolhida, ou, ainda, para reconhecer a assinatura do testador; c) fazer testamento particular, que só poderá ser escrito e assinado pelo próprio testador, não admitindo assinatura a rogo etc.

ALFAIA. 1. *Direito canônico.* Paramento usado em Igreja. **2.** *Direito civil.* a) Objeto que serve para adornar pessoas, como jóia, ou para enfeitar a habitação, como móvel, quadro, tapete, bibelô, escultura, baixela, lustre etc.; b) objeto do *penhor legal,* como garantia locatícia, pois o locador tem privilégio especial sobre as alfaias e utensílios de uso doméstico, nos prédios rústicos e urbanos, quanto às prestações do ano corrente e do ano anterior. Ele poderá, se não receber os aluguéis, reter os bens móveis existentes no interior do prédio locado, para garantir o seu pagamento. Se se tratar de prédio urbano, o penhor legal abrangerá não só a mobília do locatário, mas também qualquer coisa móvel que se encontrar no prédio, como, por exemplo, jóias, livros, animais domésticos, roupas, quadros, alimentos etc. Se o prédio for rústico, o penhor recairá, além de na mobília, nos animais, frutas colhidas, plantas em vaso, madeiras cortadas, sementes, instrumentos agrícolas etc. Enfim, poderá apreender todos os bens móveis que estiverem no prédio locado, desde que não sejam impenhoráveis ou pertencentes a outrem, ou seja, só poderá reter objetos que realmente pertençam ao devedor. Depois que houver retido os móveis suficientes para cobrir o valor do débito, deverá requerer ao magistrado a homologação do penhor, juntando à petição o contrato de locação e a prova de que os aluguéis não foram pagos. **3.** *Direito comercial.* Utensílios que guarnecem um estabelecimento empresarial.

ALFÂNDEGA. *Direito aduaneiro* ou *alfandegário.* **1.** O mesmo que ADUANA. **2.** Repartição pública, ligada à Secretaria da Receita Federal, encarregada de arrecadar tributos (direitos aduaneiros) fixados para importação e exportação de mercadorias e de fiscalizar o cumprimento das leis fiscais de sua competência e das relativas ao comércio exterior, à navegação de navios nacionais ou não, instaurando processos em casos de infração. A alfândega poderá ser: *marítima*, se existente em porto de mar; *fluvial*, se localizada em rio; *seca* ou *de fronteira*, se situada em pontos de trânsito terrestre nas linhas divisórias de países estrangeiros. Para auxiliar esta repartição fiscal há postos alfandegários que têm a função de cobrar direitos aduaneiros em pontos de pouca importância. **3.** Edifício ou local onde funciona a repartição acima mencionada e onde também se armazenam mercadorias para pesagem, medição, classificação, cálculo e pagamento dos direitos aduaneiros.

ALFANDEGADO. *Direito aduaneiro.* **1.** O que foi armazenado ou despachado na alfândega. **2.** O que pode ser convertido em aduana.

ALFANDEGAGEM. *Direito aduaneiro.* Ação de alfandegar.

ALFANDEGAMENTO. *Direito administrativo* e *direito aduaneiro.* É aquele em que a Secretaria da Receita Federal, independentemente de abertura de concorrência, poderá alfandegar: portos organizados e instalações portuárias de uso público e de uso privativo localizadas dentro ou fora do porto organizado. Mas, em caso de portos organizados ou de instalações de uso público, só será admitido quando houver sido observado o procedimento licitatório para a concessão de sua exploração. O alfandegamento somente é efetivado se há disponibilidade de recursos humanos e materiais, após definidas as condições de instalação dos órgãos de fiscalização aduaneira e de infra-estrutura indispensável à segurança fiscal, e desde que a empresa interessada assuma a condição de fiel depositária da mercadoria sob sua guarda. O alfandegamento é subordinado ao preenchimento pela empresa interessada dos seguintes requisitos, além de outros que a Secretaria da Receita Federal venha a estabelecer: a) comprovação da concessão, no caso de porto organizado, ou do direito de construir, reformar, ampliar, melhorar, arrendar e explorar, em se tratando de instalação portuária; b) prévia habilitação ao tráfego internacional pelo Ministério dos Transportes; c) pré-qualificação como operador portuário do responsável pela exploração da instalação portuária de uso público. Podem ser alfandegados silos ou tanques para armazenamento de produtos a granel, localizados em áreas contíguas a porto organizado ou instalações portuárias, ligados a estes por tubulações, esteiras rolantes ou similares, instaladas em caráter permanente, que não se submetem aos requisitos enumerados mas subordina-se a comprovação do direito de construção e uso das tubulações, esteiras rolantes ou similares. O alfandegamento poderá abranger a totalidade ou parte da área do porto organizado ou da instalação portuária.

ALFANDEGAR. *Direito aduaneiro.* Despachar ou depositar mercadorias na alfândega.

ALFANDEGÁRIO. *Direito aduaneiro.* Aquilo que está relacionado com a alfândega.

ALFANDEGAR PORTOS. *Direito aduaneiro.* Consiste no ato de a União estabelecer aduana em porto que não a possui, aparelhando-o e tornando-o idôneo para receber navios de passageiros, controlar mercadorias ou artigos a serem exportados e fiscalizar os produtos importados desembarcados, cobrando, devidamente, os tributos alfandegários.

ALFAQUEQUE. *História do direito.* Pessoa que resgatava escravos, adquirindo-os, sem ter qualquer intenção de revendê-los ulteriormente.

ALFARRÁBIO. 1. Livro raro e antigo. **2.** Livro que tem pouca utilidade.

ALFERES. 1. *História do direito.* Era o oficial militar imediatamente inferior ao tenente. **2.** *Direito militar.* É o hoje designado 2º tenente do exército brasileiro, que possui patente de oficial inferior à de tenente.

ALFERESIA. *Medicina legal.* Epilepsia infantil.

ALFINETES. *História do direito.* **1.** Antiga contribuição que se pagava para cobrir despesas particulares da rainha de Portugal. **2.** Mesada que era paga pelo marido, geralmente pertencente à nobreza, à mulher para que esta adquirisse seus adornos, tais como jóias e adereços. **3.** Quantia dada pelo marido, ou por parentes, à mulher casada sob o regime dotal, para fazer frente às suas despesas particulares, desde que retirada de uma parte dos rendimentos dos bens dotais.

ALFORRIA. *História do direito.* **1.** Doação da liberdade, ou melhor, ato autêntico pelo qual o senhor dava liberdade aos seus escravos. **2.** Libertação de escravos mediante lei.

ALFORRIADO. *História do direito.* Escravo liberto. Aquele que recebia de seu senhor a carta de alforria, que era o instrumento que lhe assegurava a liberdade.

ALGAZARRA. *Direito penal.* Gritaria que, por perturbar o sossego alheio, constitui contravenção penal.

ALGEMAS. *Direito penal.* Argolas de ferro dotadas de fechadura que são utilizadas para prender, pelos pulsos, as mãos de prisioneiro cuja fuga se receia.

ALGEROZ. *Direito civil.* **1.** Parte do telhado mais saliente para obter o desvio de águas da parede que o sustenta. **2.** Cano para escoamento de águas pluviais.

ALGIA. *Medicina legal.* Dor que aparece em qualquer parte do corpo, sem ter correspondência a uma lesão anatômica.

ALGIBE. *Direito civil.* Reservatório de águas pluviais ou fluviais.

ALGIDEZ. *Medicina legal.* Esfriamento glacial nas extremidades do corpo que pode levar a colapso.

ALGOFILIA. 1. *Medicina legal.* Aberração sexual pela qual o paciente provoca dor ou sofrimento físico ou moral a si ou a seu parceiro para aumentar ou excitar o prazer e atingir o orgasmo. **2.** *Direito civil.* É causa de anulação de casamento,

por consistir em erro essencial contra a pessoa do cônjuge, e de separação judicial litigiosa por maus-tratos, sevícia ou injúria grave. **3.** *Direito penal.* a) Causa de lesão corporal a outrem, pois o sadismo conduz o agente a praticar violências físicas, atentado ao pudor e estupro; b) exibicionismo.

ALGOFOBIA. *Medicina legal.* Medo mórbido que um paciente apresenta da dor física ou moral.

ALGOLAGNIA. *Vide* ALGOFILIA.

ALGOLAGNIA ATIVA. *Medicina legal.* **1.** Sadismo. **2.** Perversão sexual presente geralmente em homens que consiste em causar dor física ou moral ao parceiro para obter excitação e satisfação sexual, maltratando-o, torturando-o e humilhando-o.

ALGOLAGNIA PASSIVA. *Medicina legal.* **1.** Masoquismo. **2.** Perversão sexual que consiste em provocar sofrimento moral em si mesmo ou dor no próprio corpo, real ou imaginária, para obter qualquer excitação erótica. É mais comum nas mulheres.

ALGOPSICALIA. *Medicina legal.* Estado melancólico com que o paciente, ante percepções visuais e auditivas imaginárias pervertidas, fica em desespero, podendo chegar ao suicídio.

ALGOR. *Medicina legal.* Sensação de frio violento, sem qualquer sintoma de tremor, que caracteriza o primeiro grau de uma febre intermitente.

ALGOSPASMO. *Medicina legal.* Cãibra muito dolorosa.

ALGÓSTASE. *Medicina legal.* Perda ou diminuição da sensibilidade a dor que se opera nos ferimentos por armas brancas ou de fogo ou em grandes traumatismos.

ALGOZ. *História do direito.* Carrasco ou verdugo que tinha a função de executar a pena de morte.

ALGUAZIL. 1. *História do direito.* a) Era o funcionário administrativo e judicial; b) antigo governador ou chefe da província, detentor do poder militar e judiciário; c) juiz ordinário de primeira instância. **2.** *Direito penal.* Agente de polícia. **3.** *Direito processual.* Oficial de justiça.

ALHEAÇÃO. *Vide* ALIENAÇÃO.

ALHEADO. *Direito civil.* **1.** Transferido; cedido. **2.** Louco; alienado mental.

ALHEAMENTO. *Direito agrário.* Diz-se da desídia de titular do domínio ou posse de imóvel rural quanto aos trabalhos próprios da produção agrária, que deveriam ser especificamente de sua obrigação. A legislação procurou, com apoio no imposto territorial rural, fazer com que os detentores de áreas próprias ao cultivo ou à pecuária assumissem a direção dos trabalhos agropecuários, para que se tivesse maior produtividade, realizando uma reforma agrária, efetivando uma política de desenvolvimento rural que, além da tributação progressiva da terra e do imposto de renda, procura dar assistência e proteção à economia rural, fomentar a colonização pública e particular, controlar o contrato de arrendamento rural etc.

ALHEAR. *Direito civil.* **1.** Vender. **2.** Transferir. **3.** Alienar.

ALHEIO. *Direito civil.* **1.** Aquilo que é de outra pessoa. **2.** Estrangeiro. **3.** Pessoa estranha. **4.** Afastado. **5.** Alienado, doido.

ALIADO. 1. *Direito internacional público.* a) Diz-se do país que faz parte de uma aliança com outro; b) confederado. **2.** Em *linguagem política,* indica coligado ou partido ligado a outro para atender à realização de determinada finalidade comum a ambos.

ALIANÇA. 1. *Direito civil.* a) Anel usado para simbolizar noivado ou casamento; b) afinidade. **2.** *Direito internacional público.* a) Confederação entre Estados soberanos, coligação, liga; b) pacto ou acordo celebrado entre dois ou mais países, para a consecução de seus interesses ou para a obtenção de prestação de socorro mútuo, seja ele econômico ou militar; c) forma de cooperação política ou militar entre nações que, mediante compromisso, formalizado pela assinatura de tratado ou acordo, pretendem proteger seus interesses (Hopmann e Sullivan, Riker, Edwards e Attinà).

ÁLIBI. *Direito processual penal.* Alegação feita pelo réu ou suspeito, ao se defender, provando que, no momento em que o crime foi perpetrado, se encontrava em outro local, demonstrando, assim, sua inocência, pois, ante a impossibilidade física de estar em dois lugares ao mesmo tempo, não poderia ter sido o autor do delito que lhe é imputado.

ALICANTINA. *Direito processual.* Meio ardiloso utilizado por uma das partes litigantes contra a outra no processo, criando-lhe embaraços, com o firme propósito de prejudicá-la na demanda.

ALICERCE. 1. *Direito civil.* a) Apoio, base; b) escavação para sustentar parede de um prédio por meio de alvenaria colocada abaixo do nível do solo. O confinante que construir em primeiro lugar poderá assentar a parede divisória até meia espessura no terreno vizinho, sem que por isso perca o seu direito de haver meio valor dela, se o vizinho a travejar, hipótese em que o primeiro fixará a largura e a profundidade do alicerce, se o terreno não for de rocha. Se a parede divisória pertencer a um dos vizinhos e não tiver capacidade para ser travejada pelo outro, não poderá este fazer-lhe alicerce ao pé, sem que preste àquele caução pelo risco a que a insuficiência da nova obra exponha a construção anterior. **2.** *Teoria geral do direito.* Fundamento de alguma coisa.

ALICIAÇÃO. 1. *Direito penal.* Ato de aliciar ou subornar. **2.** *Direito penal militar.* Delito praticado por militar ou civil, na guerra ou na paz, que realizam promessas enganosas, subornando outrem, para que se rebele contra a ordem estatal. **3.** *Direito militar.* Ato de alistar homens para que venham a se incorporar às Forças Armadas. **4.** Na *linguagem jurídica* em geral, consiste no ato de reunir pessoas, incitando-as a atingir certo objetivo, quase sempre ilícito.

ALICIAMENTO. *Vide* ALICIAÇÃO.

ALICIAMENTO DE COLONOS AGRÍCOLAS. *Direito agrário.* Ato de se admitir, mediante induzimento, trabalhadores agrícolas em um estabelecimento agrário, retirando-os de outra fazenda antes do término do contrato de locação de seus serviços. A pessoa que assim proceder deverá pagar em dobro ao locatário lesado a importância pela avença desfeita que ao locador houvesse de caber durante quatro anos.

ALICIAMENTO DE TRABALHADORES DE UM LOCAL PARA OUTRO, NO TERRITÓRIO NACIONAL. *Direito penal.* Consiste no crime contra a organização do trabalho em que, dolosamente, se induz os trabalhadores, por meio de incitações, a saírem de uma localidade do território nacional, atraindo-os para outra, dentro do País, apenado com detenção e multa. Incorre na mesma pena quem recrutar trabalhadores fora da localidade de execução do trabalho, dentro do território nacional, mediante fraude ou cobrança de qualquer quantia do trabalhador, ou, ainda, não assegurar condições do seu retorno ao local de origem. A pena é aumentada de um sexto a um terço se a vítima é menor de dezoito anos, idosa, gestante, indígena ou portadora de deficiência física ou mental.

ALICIAMENTO DE TRABALHADORES PARA O FIM DE EMIGRAÇÃO. *Direito penal.* Crime contra a organização do trabalho perpetrado com o intuito de levar, mediante promessas enganosas, dois ou mais trabalhadores para outro país, retirando-os do Brasil, para fins de emigração, punido com detenção e multa.

ALICIAR. 1. Seduzir; incitar com promessas; enganar tendo o escopo de atingir fim ilícito. **2.** Peitar, subornar, atrair, chamar a si etc.

À LIDE. *Direito processual civil.* **1.** O mesmo que *AD LITEM.* **2.** Denunciação da lide.

ALIENABILIDADE. *Direito civil.* **1.** Qualidade daquilo que é alienável. **2.** Aquilo que pode ser transferido a outrem.

ALIENAÇÃO. 1. *Direito civil.* Ato de alienar, ou seja, transferir gratuita ou onerosamente a outrem um direito ou a propriedade de uma coisa, que, então, passará a integrar o patrimônio alheio. **2.** *Medicina legal.* a) Desarranjo das faculdades psíquicas; b) loucura, demência. **3.** Na *linguagem comum,* pode indicar indiferença moral, política, social e até mesmo intelectual.

ALIENAÇÃO CRIMINOSA. *Direito penal.* Modalidade de estelionato consistente na venda, troca, dação em pagamento, locação ou ato de dar em garantia coisa alheia como própria, coisa própria inalienável gravada de ônus ou litigiosa ou imóvel que se prometeu vender a terceiro, mediante pagamento em prestações, silenciando sobre qualquer dessas circunstâncias.

ALIENAÇÃO DE BENS DE INCAPAZES. *Direito civil.* Ato praticado pelos pais, tutores ou curadores, mediante prévia autorização judicial, com o escopo de transferir bens de seus filhos, pupilos ou curatelados a outrem, em razão de urgente necessidade, devidamente comprovada, dessa venda. Ao contrário do que ocorre quanto aos bens de menor sob poder familiar, em que a venda é levada a efeito por autorização do juiz, através de expedição de alvará, no caso de tutela requerer-se-á manifesta vantagem para o pupilo e prévia avaliação judicial do imóvel a ser vendido para assegurar a obtenção do preço efetivo da coisa, evitando-se qualquer simulação. Os bens do interdito também só poderão ser alienados ou arrendados em hasta pública, desde que haja vantagem na operação, sempre mediante autorização judicial. Será dispensável o sub-hastamento se o curador for o próprio cônjuge ou o pai. Neste caso, a alienação operar-se-á, então, por autorização judicial, e a metade do produto da venda será depositada para garantir a subsistência do incapaz.

ALIENAÇÃO DE ESTABELECIMENTO. *Direito comercial.* **1.** Trespasse. **2.** Transferência *inter vivos* ou *causa mortis* da titularidade do estabelecimento empresarial, ou melhor, da universalidade de fato inserida no patrimônio (*universitas juris*) do empresário. Com a alienação do estabelecimento mercantil, ou melhor, do complexo unitário de bens instrumentais de que se utiliza a atividade empresarial, ter-se-á também a do aviamento, a cessão de clientela e, conseqüentemente, a interdição de concorrência para o alienante, que terá o dever de não concorrer com o novo adquirente.

ALIENAÇÃO DE MANUSCRITO OU OBRA DE ARTE. *Direito autoral.* Ato de o autor de manuscrito ou obra de arte plástica alienar o objeto em que se materializam, podendo ainda transmitir o direito de reproduzi-los ou expô-los ao público. Se houver autorização para sua reprodução por qualquer processo, esta deverá ser feita por escrito e presumir-se-á onerosa. O autor que alienar manuscrito ou obra de arte, sendo originais, ou direitos patrimoniais sobre obra intelectual terá direito a participar da mais-valia que a eles advier, em benefício do vendedor, quando novamente alienados. A participação do autor será de vinte por cento sobre o aumento de preço obtido em cada alienação, em face da imediatamente anterior. Para a determinação do aumento obtido, corrigir-se-á o preço da aquisição, aplicando-se-lhe o índice de atualização monetária em vigor. Ao vendedor caberá comprovar o preço pelo qual adquiriu a obra, o manuscrito ou os direitos patrimoniais, exibindo o respectivo documento. Se não puder fazer tal comprovação, a participação do autor recairá sobre o valor integral do preço de alienação.

ALIENAÇÃO DE UNIDADES AUTÔNOMAS. *Direito civil.* Transmissão e cessão de direitos sobre a unidade autônoma, no condomínio de prédios de apartamentos, feitas pelo condômino livremente, independendo de qualquer anuência dos demais, que nem mesmo terão direito de preferência, por ser de sua propriedade exclusiva. Deveras, cada consorte tem direito de propriedade exclusiva sobre seu apartamento, podendo usar as partes comuns do edifício (vestíbulo, escadas, elevadores, corredores etc.), desde que não cause dano ou incômodo aos demais comunheiros.

É lícito ao titular não só ceder, com sua unidade autônoma, o uso das partes e coisas comuns a estranho e imiti-lo na sua posse como também alienar ou gravar de ônus real cada unidade, sem o consentimento dos demais condôminos. Não pode alienar a garagem a pessoa estranha ao condomínio, uma vez que aquela se caracteriza como serventia das unidades. Todavia, essa restrição não é aplicável aos edifícios-garagens, onde são unidades autônomas vinculadas às respectivas frações ideais. É preciso ressaltar, ainda, que o condômino não tem direito de preferência para adquirir vaga de garagem autônoma vendida com o apartamento a estranho por outro consorte proprietário, que poderá aliená-la livremente. Mas há direito de preferência do condômino (proprietário) e do possuidor direto (locatário) em iguais condições à locação do abrigo para veículos em relação a estranhos (não moradores). Esse tipo de condomínio caracteriza-se juridicamente pela justaposição de propriedades distintas e exclusivas, ao lado do condomínio de partes do edifício forçosamente comuns. Cada proprietário de fração autônoma, portanto, poderá usar livremente as partes comuns, atendendo à sua destinação.

ALIENAÇÃO DO CONTROLE DE SOCIEDADE ANÔNIMA. *Direito comercial.* Consiste no ato pelo qual o acionista controlador transfere seu poder de gestão da sociedade a outrem.

ALIENAÇÃO DO QUINHÃO. *Direito civil.* Ato pelo qual cada condômino pode transferir a outrem a sua parte indivisa, respeitando o direito preferencial reconhecido aos demais condôminos. Não poderá, enquanto pender o estado de indivisão, vender sua parte a estranho, se o outro comunheiro a quiser, tanto por tanto. Aquele condômino que for preterido poderá haver para si o quinhão vendido, depositando o preço. E se muitos forem os consortes que pretenderem a parte alienada, terá preferência o que tiver benfeitorias de maior valor e, na falta destas, o de quinhão maior. Se os quinhões forem iguais e se nenhum dos condôminos tiver feito benfeitorias na coisa comum, realizar-se-á licitação entre estranhos e, antes de adjudicada a coisa àquele que ofereceu maior lanço, proceder-se-á à licitação entre os condôminos, a fim de que a coisa seja adjudicada a quem afinal oferecer melhor lanço, preferindo, em condições iguais, o condômino ao estranho. O proprietário de parte indivisa na coisa comum não poderá loteá-la para venda a prestações. Se, contudo, for divisível a coisa comum, pode o consorte alheá-la, sem qualquer

preferência para os demais co-proprietários. A doutrina e a jurisprudência têm entendido que, quando o consorte vende sua parte ideal, localizando-a, indicando área, divisas e confrontações, essa venda só prevalecerá se no decorrer do processo divisório o quinhão do condômino-vendedor for exatamente a parte objetivada no contrato de compra e venda, sendo, portanto, condicional esse negócio jurídico, pois, se o seu quinhão não coincidir com o atribuído ao vendedor, desfeito estará.

ALIENAÇÃO EM FRAUDE DE EXECUÇÃO. 1. *Direito civil* e *direito processual civil.* Transferência de bens do devedor a outrem com o propósito de subtraí-los de execução ou penhora iminente ou já iniciada pelo credor. A fraude de execução somente estará configurada quando a alienação se realizar na pendência da demanda que originou a penhora, contra a qual se insurge o adquirente mediante embargos de terceiro. Se a alienação for anterior àquela demanda, ter-se-á fraude a credores, mesmo que ao tempo da venda houvesse outras demandas afetando o patrimônio do devedor alienante. O reconhecimento da fraude e da ineficácia da alienação poderá ser declarado incidentalmente no processo de execução, independentemente de ação específica. **2.** *Direito penal.* a) Ato doloso de fraudar execução de sentença condenatória, evitando a penhora não só por alienação de bens, desvio, destruição ou danificação destes como também por simulação de débitos. Essa alienação criminosa é punida com detenção ou multa; b) transferência ou cessão de coisa própria, inalienável em fraude contra credor pignoratício, quando estiver na posse do bem empenhado, sob pena de reclusão e multa.

ALIENAÇÃO FIDUCIÁRIA EM GARANTIA. *Direito civil.* Transferência feita pelo devedor ao credor da propriedade resolúvel e da posse indireta de um bem móvel, infungível ou fungível, ou de um bem imóvel como garantia do seu débito, resolvendo-se o direito do adquirente com o adimplemento da obrigação, ou melhor, com o pagamento da dívida garantida. A alienação fiduciária poderá ser contratada por pessoa física ou jurídica, não sendo privativa das entidades que operam no SFI, podendo ter como objeto, além da propriedade plena: a) bens enfitêuticos, hipótese em que será exigível o pagamento do laudêmio, se houver a consolidação do domínio útil no fiduciário; b) o direito de uso especial para fins de moradia; c) o direito real de uso, desde que suscetível de alienação; e d) a propriedade superficiária. O contrato de alienação fiduciária celebrado no âmbito do mercado financeiro e de capitais, bem como em garantia de créditos fiscais e previdenciários, deverá conter, além dos requisitos definidos no Código Civil, a taxa de juros, a cláusula penal, o índice de atualização monetária, se houver, e as demais comissões e encargos. Se a coisa objeto de propriedade fiduciária não se identifica por números, marcas e sinais no contrato de alienação fiduciária, cabe ao proprietário fiduciário o ônus da prova, contra terceiros, da identificação dos bens do seu domínio que se encontram em poder do devedor. O devedor que alienar, ou der em garantia a terceiros, coisa que já alienara fiduciariamente em garantia, ficará sujeito à pena prevista no Código Penal. É admitida a *alienação fiduciária de coisa fungível e a cessão fiduciária de direitos sobre coisas móveis*, bem como de *títulos de crédito*, hipóteses em que, salvo disposição em contrário, a posse direta e indireta do bem objeto da propriedade fiduciária ou do título representativo do direito ou do crédito é atribuída ao credor, que, em caso de inadimplemento ou mora da obrigação garantida, poderá vender a terceiros o bem objeto da propriedade fiduciária independente de leilão, hasta pública ou qualquer outra medida judicial ou extrajudicial, devendo aplicar o preço da venda no pagamento do seu crédito e das despesas decorrentes da realização da garantia, entregando ao devedor o saldo, se houver, acompanhado do demonstrativo da operação realizada. É um negócio jurídico uno, apesar de composto de duas relações jurídicas: uma obrigacional, que se expressa no débito contraído, e outra real, representada pela garantia, que é um ato de alienação temporária ou transitória, uma vez que o fiduciário recebe o bem não para tê-lo como próprio, mas com o fim de restituí-lo com o pagamento da dívida. É também um negócio jurídico subordinado a uma condição resolutiva, uma vez que a propriedade fiduciária cessa em favor do alienante com o implemento dessa condição, ou seja, com a solução do débito garantido, de modo que o alienante que transferiu a propriedade fiduciariamente readquire-a com o pagamento da dívida. Logo, ao direito do fiduciário (o credor ou adquirente) sobre os bens adquiridos aplicam-se as normas relativas à propriedade resolúvel, pois o fiduciante (devedor), ao celebrar esse negócio, tem a intenção de recuperar o domínio do bem alienado em garantia, bastando que venha a cumprir sua obrigação. Fácil é perceber que, em vez de dar o bem em penhor, o fiduciante transmite o seu domínio ao fiduciário, apesar de conservar a posse direta, admitindo que, se a dívida não for paga, ele o venda para pagar seu crédito com o preço alcançado e, se for paga, restitua-lhe a propriedade do referido bem. Percebe-se que, enquanto o penhor é direito real de garantia, constituído sobre coisa alheia, uma vez que o devedor pignoratício continua dono do bem dado em garantia, na alienação fiduciária o fiduciante transfere a propriedade de seu bem ao credor, que passará a ter direito real sobre a coisa.

ALIENAÇÃO FRAUDULENTA. *Direito civil.* **1.** Operar-se-á quando se tiver: a) qualquer ato de transferência gratuita de bens ou de perdão de débito levado a efeito pelo devedor insolvente, independentemente de má-fé; b) negócio jurídico oneroso praticado por devedor insolvente; c) outorga de garantias reais pelo devedor insolvente a um dos credores quirografários; d) pagamento antecipado do débito, frustrando a igualdade que deve haver entre os credores quirografários. **2.** *Vide* FRAUDE CONTRA CREDORES.

ALIENAÇÃO IMOBILIÁRIA. *Direito civil.* Ato negocial que envolve imóvel, contendo obrigação de transferir o domínio, mediante pagamento do preço.

ALIENAÇÃO JUDICIAL. *Direito processual civil.* **1.** Consiste na venda ou transferência do domínio de um bem ou de um direito operadas em juízo ou por determinação do órgão judicante. **2.** *Vide* VENDA PÚBLICA.

ALIENAÇÃO JUDICIAL EM AMBIENTE VIRTUAL. *Direito processual civil.* Realização de hasta pública por via das páginas eletrônicas (Internet) dos Tribunais ou juízos, dando maior publicidade ao ato, permitindo a prática da alienação judicial com máxima segurança às partes e a todos que se interessarem nas aquisições (Cassio Scarpinella Bueno).

ALIENAÇÃO MENTAL. **1.** *Medicina legal.* a) Estado psicopatológico, de caráter temporário ou permanente, que afeta as faculdades mentais, podendo acarretar perda ou diminuição da adaptação ao meio social ou à realidade ambiental, falta de autoconsciência ou transtorno de ordem intelectual; b) distúrbio mental ou neuromental grave e persistente no qual, esgotados os meios habituais de tratamento, haja alteração completa ou considerável da personalidade, comprometendo gravemente os juízos de valor e realidade, destruindo a autodeterminação do pragmatismo e tornando o paciente total e permanentemente impossibilitado para qualquer trabalho. O *quadro clínico de alienação mental* apresenta os seguintes elementos: a) transtorno intelectual: atinge as funções mentais em conjunto e não apenas algumas delas; b) falta de autoconsciência: o indivíduo ignora o caráter patológico de seu transtorno ou tem dele uma noção parcial ou descontínua; c) inadaptabilidade: o transtorno mental é evidenciado pela desarmonia de conduta do indivíduo em relação às regras que disciplinam a vida normal em sociedade; e d) ausência de utilidade: a perda da adaptabilidade redunda em prejuízo para o indivíduo e para a sociedade (Beca Soto). São necessariamente casos de alienação mental: a) estados de demência (senil, pré-senil, arterioesclerótica, luética, coréica, doença de Alzheimer e outras formas bem definidas); b) psicoses esquizofrênicas nos estados crônicos; c) paranóia e a parafrenia nos estados crônicos; d) oligofrenias graves. São excepcionalmente considerados casos de alienação mental: a) psicoses afetivas, mono ou bipolar, quando comprovadamente cronificadas e refratárias ao tratamento, ou quando exibirem elevada freqüência de repetição fásica, ou ainda quando configurarem comprometimento grave e irreversível de personalidade; b) psicoses epilépticas, quando caracterizadamente cronificadas e resistentes à terapêutica, ou quando apresentarem elevada freqüência de surtos psicóticos; c) psicoses pós-traumáticas e outras psicoses orgânicas, quando caracterizadamente cronificadas e refratárias ao tratamento, ou quando configurarem um quadro irreversível de demência. Não são casos de alienação mental: a) transtornos neuróticos, da personalidade e outros transtornos mentais não psicóticos; b) desvios e transtornos sexuais; c) alcoolismo, dependência de drogas e outros tipos de dependência orgânica; d) oligofrenias leves e moderadas; e) psicoses do tipo reativo (reação de ajustamento, reação ao "stress"); f) psicoses orgânicas transitórias (estados confusionais reversíveis). **2.** *Direito civil.* Causa de interdição, suscetível de tornar o afetado absoluta ou relativamente incapaz, conforme o grau de perturbação mental, para praticar atos na vida civil sem a representação ou assistência do seu curador. **3.** *Direito penal.* Motivo de: a) inimputabilidade penal absoluta, pois exclui o alienado de qualquer responsabilidade pelo crime que, porventura, vier a praticar, se seu desenvolvimento mental for incompleto ou retardado ou, ainda, se, pela doença, for totalmente incapaz de ter qualquer discernimento; b) imputabilidade restrita, ante a menor intensidade da perturbação mental a que está cometido o delinqüente, hipótese em que a pena poderá ser reduzida de um a dois terços.

ALIENAÇÃO PARENTAL. *Direito civil.* Processo consistente em afastar criança e adolescente do convívio de um ou de ambos os pais. Constitui uma violação ao direito à convivência familiar (Goldrajch, Andrade Maciel e Silva Valente).

ALIENAÇÃO POR INICIATIVA PARTICULAR. *Direito processual civil.* Se a adjudicação de bens penhorados não se realizar, o exeqüente poderá requerer sua alienação por sua própria iniciativa ou por intermédio de corretor credenciado perante autoridade judiciária. O juiz fixará o prazo para sua efetivação, a forma de publicidade, o preço mínimo, as condições de pagamento e as garantias e, se for o caso, a comissão de corretagem. A alienação será formalizada por termo nos autos, assinado pelo juiz, pelo exeqüente, pelo adquirente e, se for presente, pelo executado, expedindo-se *carta de alienação do imóvel*, para o devido registro imobiliário, ou, se bem móvel, *mandado de entrega* ao adquirente.

ALIENADO. **1.** *Medicina legal.* Indivíduo que, por ser portador de uma doença psíquica, sofre das faculdades mentais, como o demente ou o que não tiver discernimento ou o que não possui desenvolvimento mental completo. **2.** *Direito civil.* a) Bem ou direito que foi cedido ou transferido a outrem; b) enfermo mental tido como absoluta ou relativamente incapaz, sujeito à curatela, após o processo de interdição. **3.** *Direito penal.* Indivíduo que, em razão de perturbação mental, não responde pelo crime que pratica ou tem a pena reduzida.

ALIENADOR. *Direito civil.* Aquele que transfere seus bens ou direitos para a titularidade de outra pessoa.

ALIENA GRATIA. *Locução latina.* Indica ato cujo objeto é de interesse de terceiro, por exemplo, o mandato *aliena gratia* é constituído para defender interesse de um terceiro, e não do mandante.

ALIENANTE. *Vide* ALIENADOR.

ALIENAR. **1.** *Direito civil.* Ato *inter vivos* de transferir o domínio de um bem ou de ceder um direito a outrem. **2.** *Medicina legal.* Enlouquecer.

ALIENARE QUI NON POTEST, NEC ALIENATIONE CONSENTIRE. *Aforismo jurídico.* Não pode consentir na alienação quem não pode alienar.

ALIENATÁRIO. *Direito civil.* É o adquirente ou cessionário, ou seja, aquele a quem se transmitiu ou se cedeu alguma coisa ou algum direito, que passará, então, a integrar seu patrimônio.

ALIENATÓRIO. *Direito civil.* Aquilo que é transmissível por alienação, ou melhor, bem ou direito suscetível de ser cedido ou transferido a outrem, que passará a ter sua titularidade.

ALIENA VITIA IN OCULIS HABEMUS, A TERGO NOSTRA SUNT. *Expressão latina.* Temos vícios alheios diante dos olhos, os nossos, nas costas.

ALIENÍGENA. *Direito civil.* Estrangeiro que ainda não se naturalizou, ou melhor, que ainda não veio a adquirir a nacionalidade do País onde está domiciliado.

ALIENIGENISMO. *Ciência política.* Teoria segundo a qual os povos americanos tiveram sua origem em outro continente ou país.

ALIENI JURIS. *Locução latina.* Designa a pessoa que estava sujeita ao poder alheio. Na era romana considerava-se como *alieni juris* a mulher casada, o filho-família e o liberto reduzido ao estado semi-servil. Tais pessoas eram tidas como relativamente incapazes para reger seu patrimônio, mas tinham outros direitos, como o *ius suffragii* e o *ius honorum.*

ALIENISMO. *Medicina legal.* 1. Estado de loucura. 2. Tratamento ou estudo de doenças mentais.

ALIENISTA. *Medicina legal.* 1. Médico especialista em psiquiatria e no tratamento dos alienados mentais. 2. Aquilo que está relacionado com a alienação mental.

ALIENO NOMINE. *Locução latina.* Em nome alheio. Essa expressão é comumente empregada para referir-se ao exercício de um direito em nome de terceiro.

ALIENO NOMINE DETINENDI. *Expressão latina.* Deter em nome alheio. É usual para designar o "fâmulo da posse", que tem apenas posse natural baseada na mera detenção da coisa, uma vez que exerce sobre o bem não uma posse própria, mas a posse de outra pessoa e em nome desta, em obediência a uma ordem ou instrução.

ALIENO TEMPORE. *Locução latina.* Fora do prazo ou do tempo.

ALIENUM FACTUM NEMO PROMITTERE POTEST. *Aforismo jurídico.* Fato alheio ninguém pode prometer.

ALIENUM LECTUM CONCUTERE. *Expressão latina.* Cometer adultério.

ALIGEIRAMENTO. *Direito marítimo.* É uma das finalidades do alijamento, consistindo na operação de diminuir o peso de uma embarcação, despojando-a de sua carga ou acessórios dispensáveis, para obter maior celeridade, apressando sua marcha, ou para facilitar sua navegação, em caso de perigo ou de necessidade.

ALIJADO. *Direito marítimo.* Aquilo que foi lançado ou atirado fora de uma embarcação.

ALIJAMENTO. *Direito comercial, direito marítimo* e *direito aeronáutico.* 1. Ação de alijar; ato de tornar leve. 2. Ato deliberado de lançar n'água, no todo ou em parte, a carga ou outros bens existentes a bordo, com a finalidade de salvar a embarcação ou parte da carga ou de outros bens. 3. Lançamento voluntário, necessário e extraordinário de objetos para fora do navio ou da aeronave para aliviá-los, desembaraçando-os da carga ou de algum acessório, havendo perigo iminente, ou para evitar algum mal maior, obtendo a segurança da navegação ou do vôo. Constitui, portanto, uma avaria comum ou grossa feita em benefício do navio, da aeronave ou da carga. Deve iniciar-se pelo lançamento das mercadorias e efeitos que estiverem em cima do convés, passando depois aos mais pesados e de menor valor, aos situados na coberta e mais à mão, até que se fique fora de perigo, buscando-se sempre salvar a embarcação, o avião e as cargas remanescentes. Deve-se procurar, durante essa operação, anotar quais foram os volumes alijados. Esse alijamento poderá ser: a) *regular,* se feito por deliberação do comandante, tomada conjuntamente com os oficiais ou com todos os interessados, salvo em caso de emergência; b) *irregular,* se não forem tomadas as cautelas acima mencionadas. O alijamento deverá ser declarado em ata, sendo precedido de protesto formado a bordo, que deverá ser ratificado assim que se dê entrada no porto ou no aeroporto, seja ele de destino ou não. É preciso não olvidar que o alijamento não acarreta abandono da carga lançada; ela continuará a pertencer a seus legítimos proprietários e, se recuperada, a eles deverá ser entregue, pagando-se a quem a entregar o salvádego e as despesas que teve com o seu salvamento.

ALIJAMENTO SUCESSIVO. *Direito marítimo.* É o que se dá depois que o navio, salvo do perigo que provocou o alijamento, tiver de fazê-lo novamente (Othon Sidou).

ALIJAR. *Direito comercial, direito marítimo* e *direito aeronáutico.* Aliviar, intencionalmente, embarcação ou aeronave para salvá-las, arremessando a totalidade ou apenas parte de sua carga, livrando-as de algum perigo iminente e melhorando sua navegabilidade aérea ou marítima.

ALIJO. *Direito marítimo.* 1. O mesmo que ALIJAMENTO. 2. Bote que acompanha a embarcação para receber a carga que esta arremessa.

ALIMA. *História do direito.* Sentença ou dever que continham a obrigação de se entregarem cavalos, burros, bois ou ovelhas a quem de direito.

ALIMENTAÇÃO. 1. Ação ou efeito de alimentar. **2.** Sustento. **3.** Tudo aquilo que servir para alimentar. **4.** Abastecimento renovado de coisas necessárias. **5.** No *sentido técnico-industrial,* indica: a) carregamento ou adução de combustível a um motor; corrente a um circuito ou rede; carvão a um alto-forno etc.; b) introdução do material a ser trabalhado numa máquina, por exemplo, colocação de metal em um laminador; c) mecanismo que alimenta uma máquina. **6.** *Direito civil.* Subsistência prestada a alguém, por imposição legal, abrangendo o fornecimento de alimentos, medicamentos, vestuário, educação etc. **7.** *Direito do trabalho.* Componente de salário do empregado, muito comum no trabalho marítimo, doméstico ou agrícola.

ALIMENTAÇÃO ADEQUADA. É direito fundamental do ser humano, inerente à dignidade da pessoa humana e indispensável à realização dos direitos consagrados na Constituição Federal, devendo o poder público adotar as políticas e ações que se façam necessárias para promover e garantir a segurança alimentar e nutricional da população.

ALIMENTAÇÃO ARTIFICIAL. *Medicina legal.* Introdução de alimento no estômago mediante o uso de sonda, se a pessoa não puder tomá-lo de modo usual.

ALIMENTAÇÃO RETAL. *Medicina legal.* Administração de substância nutritiva concentrada feita através do reto.

ALIMENTADO. *Direito civil.* Pessoa que recebe a pensão alimentícia, ou seja, aquela a quem se fornecem os alimentos.

ALIMENTADOR. *Direito civil.* Aquele que paga ou presta alimento a outrem, por força de lei, em razão de vínculo de parentesco com o alimentando. Têm o dever legal de prestar alimentos os ascendentes, descendentes maiores, irmãos germanos ou unilaterais. O ex-cônjuge ou ex-companheiro, que os deve por força de outro fundamento legal, uma vez que não é parente do outro consorte, sendo que o seu dever de assistência converte-se em obrigação alimentar se houver dissolução da sociedade conjugal ou da união estável.

ALIMENTA IN LITEM. *Expressão latina.* Indica os alimentos provisionais, ou seja, a pensão alimentícia exigida na pendência das ações matrimoniais.

ALIMENTANDO. *Vide* ALIMENTADO.

ALIMENTANTE. *Vide* ALIMENTADOR.

ALIMENTÁRIO. *Vide* ALIMENTADO.

ALIMENTÍCIO. *Direito civil.* **1.** Tudo aquilo que servir para alimentar ou atender ao que for necessário para a subsistência de alguém. **2.** Diz-se da prestação de alimentos devida a certa pessoa, por força de lei, ou seja, da quantia que se paga, periodicamente, para atender às necessidades do alimentando. **3.** *Direito do consumidor.* Diz-se da mercadoria que se destina à alimentação pública, ou seja, refere-se aos gêneros alimentícios. **4.** *Direito penal.* Refere-se àquela substância que, se alterada ou falsificada, e entregue ao consumo público, configura crime de corrupção, alteração ou falsificação de substância alimentícia, apenado com reclusão e multa, se for doloso, e com detenção e multa, se culposo.

ALIMENTO. É toda substância ou mistura de substâncias no estado sólido, líquido, ou pastoso ou qualquer outra forma adequada, destinadas a fornecer ao organismo humano os elementos normais à sua formação, manutenção e desenvolvimento.

ALIMENTO BIOLÓGICO. *Direito agrário.* Alimento obtido em empresa biológica, que o faz, transforma e armazena, conservando, ao máximo, o seu valor nutritivo, sem o recurso de produtos químicos, aditivos, radiações ionizantes etc. (Cerretelli, Bagnoli, Bruno e Accordi).

ALIMENTOS. *Direito civil.* **1.** Todas as despesas ordinárias a que o alimentando faz jus. **2.** Prestações, em dinheiro ou *in natura,* a serem pagas para atender às necessidades imprescindíveis à vida daquele que, por si, não as pode prover, compreendendo despesas com alimentação, habitação, vestuário, tratamento médico, diversões e, se a pessoa alimentada for menor de idade, ainda verbas para sua instrução e educação. Incluem também parcelas despendidas com sepultamento por parentes legalmente responsáveis pelos alimentos.

ALIMENTOS ACAUTELATÓRIOS. O mesmo que ALIMENTOS PROVISIONAIS.

ALIMENTOS A IDOSO. *Direito civil.* Os alimentos serão prestados ao idoso na forma da lei civil. A obrigação alimentar é solidária, podendo o idoso optar entre os prestadores. As transações relativas a alimentos poderão ser celebradas perante o Promotor de Justiça, que as referendará, e passarão a ter efeito de título executivo extrajudicial nos termos da lei processual civil.

Se o idoso ou seus familiares não possuírem condições econômicas de prover o seu sustento, impõe-se ao Poder Público esse provimento, no âmbito da assistência social.

ALIMENTOS CIVIS. *Direito civil.* São os concernentes a necessidades intelectuais e morais, tais como educação, instrução, assistência e recreação.

ALIMENTOS DEFINITIVOS. O mesmo que ALIMENTOS REGULARES.

ALIMENTOS DIETÉTICOS. *Direito do consumidor.* São aqueles especialmente formulados e/ou produzidos de forma que sua composição atenda a necessidades dietoterápicas específicas de pessoas com exigências físicas, metabólicas, fisiológicas e/ou patológicas particulares.

ALIMENTOS ESPECIALMENTE FORMULADOS PARA GRUPOS POPULACIONAIS ESPECÍFICOS. São aqueles obtidos por combinação de diversos ingredientes, de modo que cumpram com a finalidade nutricional a que se destinam.

ALIMENTOS *EXPENSA LITIS*. *Direito processual civil.* São os fixados judicialmente para que o alimentando possa concorrer às despesas processuais.

ALIMENTOS LEGÍTIMOS. *Direito civil.* São os impostos por lei em virtude do fato de existir entre as pessoas um vínculo de família oriundo de parentesco, de casamento ou da união estável.

ALIMENTOS MODIFICADOS. *Direito do consumidor.* São aqueles aos quais se agregam, subtraem ou substituem (total ou parcialmente) um ou mais ingredientes em relação ao alimento convencional correspondente, de modo a se obterem alimentos que cumpram com a finalidade a que se destinam.

ALIMENTOS NATURAIS. *Direito civil.* São os que compreendem o estritamente necessário à subsistência do alimentando, ou seja, alimentação, remédios, vestuário e habitação.

ALIMENTOS PROVISIONAIS. *Direito processual civil.* São os pleiteados, antes ou durante a ação principal alusiva à investigação de paternidade, à dissolução da sociedade ou do vínculo matrimonial etc., mediante medida cautelar, com o escopo de obter a fixação, em caráter provisório, de uma quantia pecuniária suficiente para a sobrevivência ou mantença do autor e de seus filhos e dependentes, enquanto não forem fixados os alimentos definitivos, abrangendo, além de despesas para alimentação, habitação, vestuário, medicamentos e educação, as oriundas das custas judiciais. Têm por objetivo garantir tão-

somente a subsistência do alimentando durante a demanda. Em suma, serão provisionais se concedidos concomitantemente ou antes da ação de separação judicial, de nulidade ou anulação de casamento, de alimentos etc., para manter o suplicante ou sua prole na pendência da lide.

ALIMENTOS PROVISÓRIOS. *Direito processual civil.* São os fixados incidentalmente no curso de um processo de cognição ou liminarmente em despacho inicial, em ação de alimentos, de rito especial, após prova de parentesco, casamento ou união estável.

ALIMENTOS REGULARES. *Direito civil.* São os estabelecidos pelo magistrado ou pelas partes (no caso de separação judicial consensual ou extrajudicial), com prestações periódicas, de caráter permanente, embora sujeitos a revisão.

ALIMENTOS RESSARCITÓRIOS. *Direito civil.* São os destinados a indenizar a vítima de um ato ilícito. Por exemplo, o autor de homicídio tem responsabilidade civil de prestar alimentos a quem a pessoa por ele assassinada devia.

ALIMENTOS VOLUNTÁRIOS. *Direito civil.* São os resultantes de declaração de vontade, *inter vivos* ou *causa mortis*, caso em que se inserem no direito das obrigações ou no direito das sucessões. Por exemplo, suponhamos o caso do devedor que, ao fazer uma doação não remuneratória, estipule ao donatário a obrigação de prestar-lhe alimentos se ele vier a necessitar, sendo que, se este não cumprir a obrigação, dará motivo à revogação da liberalidade por ingratidão; ou quando, na separação (judicial ou extrajudicial) consensual, por ex. o marido convenciona pensão a ser dada à mulher. Por disposição testamentária, o testador pode instituir, em favor do legatário, o direito a alimentos, enquanto viver.

ALIMONY. *Termo inglês.* Pensão alimentícia.

ALIMPA. *Direito agrário.* Corte de ramos supérfluos, de plantas nocivas etc.

ALÍNEA. *Teoria geral do direito.* Subdivisão de artigo de lei assinalada por uma letra ou número.

ALINHAMENTO. 1. Ação ou efeito de alinhar, ou seja, de dispor em linha. 2. *Direito administrativo.* a) Ato pelo qual a repartição pública municipal fixa os limites das vias públicas, determinando sua largura e o local onde os prédios que as margeiam devem ser edificados, visando facilitar a circulação ou embelezar a cidade. Se a autoridade administrativa competente determinar, por exemplo, o alargamento de uma rua, por necessidade pública, alterando o alinhamento anterior, deverá pagar uma indenização ao proprietário proporcional à área perdida. Este, porém, não terá direito a nenhuma reparação se havia construído fora do alinhamento legal; b) demarcação administrativa, ou melhor, fixação de limites entre duas propriedades particulares feita pela Administração Pública a pedido do interessado que nela pretende construir; c) conjunto dos meios pelos quais a Administração Pública procede à fixação da largura da via pública.

ALINHAMENTO GERAL. *Direito administrativo.* É o feito tendo por escopo limitar as vias públicas para o seu percurso, total ou parcial, separando-as por meio de marcos ou divisas, das propriedades privadas marginais.

ALINHAMENTO INDIVIDUAL. *Direito administrativo.* Consiste na indicação da linha que separa a propriedade de cada particular da via pública.

ALIOSE. *Medicina legal.* Suspensão aparente da vida ocasionada pela falta de oxigênio, de água etc.

ALIPINA. *Medicina legal.* Substância oftalmológica para diminuir a sensibilidade à dor, agindo como um anestésico local.

ALIQUID NOVI. *Locução latina.* Algo novo.

ALIQUIS NON DEBET ESSE JUDEX, IN PROPRIA CAUSA, QUIA NON POTEST ESSE JUDEX ET PARS. *Aforismo jurídico.* Não se pode ser juiz em causa própria, porque ninguém pode ser juiz e parte ao mesmo tempo.

ALÍQUOTA. 1. *Direito tributário.* Termo utilizado pela lei para designar índice, ou percentagem, a ser aplicado sobre a base de cálculo do fato gerador do tributo, com o escopo de determinar o *quantum* devido ao Fisco a título de prestação tributária, possibilitando sua cobrança. **2.** *Direito civil.* Quinhão do herdeiro.

ALÍQUOTA AD VALOREM. *Direito tributário.* É a incidente sobre o valor de mercadoria importada ou vendida, sem se ater ao seu peso, volume, superfície ou qualidade, uma vez que se expressa mediante percentagem sobre a base de cálculo referida em dinheiro. É, portanto, a aplicável sobre a base de cálculo do valor monetário, por exemplo, dez por cento do valor daquela mercadoria.

ALÍQUOTA A FORFAIT. *Direito tributário.* É um método de lançamento por estimativa, correspondendo ao preço fixado com antecipação, indicando renúncia a uma valoração precisa.

ALÍQUOTA CONDENSADA. *Direito tributário.* É aquela que, sendo única, se aplica a vários fatos tributáveis sob diferentes alíquotas, provocando uma condensação de alíquotas menores numa só percentagem.

ALÍQUOTA ESPECÍFICA. *Direito tributário.* É aquela que se revela numa unidade monetária fixa, aplicada sobre uma base de cálculo alusiva a volume, peso, metro, qualidade etc., por exemplo, R$ 5,00 por quilo.

ALÍQUOTA FIXA. *Direito tributário.* É a correspondente a um índice invariável aplicado para determinar a prestação da obrigação tributária sobre o valor variável da base de cálculo. Por essa alíquota o débito tributário será proporcional, já que cresce ou diminui em função do aumento ou decréscimo da base de cálculo.

ALÍQUOTA VARIÁVEL. *Direito tributário.* É a que leva a uma contribuição referencial, que variará em função da base de cálculo. Se esta aumentar ou diminuir, haverá alteração gradual, progressiva, degressiva ou regressiva do *quantum* devido ao Fisco.

ALÍQUOTA ZERO. *Direito tributário.* Técnica pela qual se aplica uma alíquota de zero por cento para obter efeito similar ao da isenção.

ALISTABILIDADE. 1. Qualidade de alistável por ter as condições exigidas para isso. **2.** *Direito eleitoral.* Ato de se tornar eleitor, adquirindo capacidade eleitoral ativa para o exercício do direito de voto.

ALISTAMENTO. 1. Ação ou efeito de alistar, arrolar, recrutar. **2.** Em *linguagem comum,* indica lista, rol. **3.** *Direito militar.* Recrutamento de homens para servir o Exército, a Marinha ou a Aeronáutica. **4.** Ato de se inscrever perante autoridade pública competente para adquirir o exercício de algum direito.

ALISTAMENTO DE JURADOS. *Direito processual penal.* Convocação de cidadãos maiores e capazes, isentos os acima de sessenta, para prestarem o serviço de júri.

ALISTAMENTO ELEITORAL. *Direito eleitoral.* Ato de natureza administrativa pleiteado pelo interessado a uma autoridade competente, desde que seja maior de dezoito anos, brasileiro nato ou naturalizado, consistente na sua qualificação e inscrição como eleitor. Tal qualificação é a prova de que o cidadão preenche as condições legais para exercer o direito de voto, garantido constitucionalmente, e a inscrição, por sua vez, é a inclusão de seu nome na lista dos eleitores. Urge não olvidar que esse alistamento é *obrigatório*, por sê-lo também o voto, tornando o inscrito apto para votar, para ser eleito e para se filiar a algum partido político. Todavia é *facultativo* para os analfabetos, para os maiores de setenta anos e para aqueles que estão na faixa etária entre dezesseis e dezoito anos.

ALISTAMENTO MILITAR. *Direito militar.* Ato obrigatório por lei, pelo qual todo brasileiro nato ou naturalizado, na data em que completar dezessete anos, deve apresentar-se para a prestação do serviço militar.

ALITER. *Termo latino.* De outro modo.

ALIUD. *Termo latino.* **1.** Outro. **2.** Diverso.

ALIUD AGERE. *Locução latina.* Agir diversamente.

ALIUD EST CELARE, ALIUD TACERE. *Expressão latina.* Uma coisa é ocultar, outra é calar.

ALIUD EST DARE, ALIUD PROMITTERE. *Expressão latina.* Uma coisa é dar, outra é prometer.

ALIUD EST PRAETIUM REI, ALIUD POSSESSIONIS. *Expressão latina.* Uma coisa é o preço do bem, outra, o da posse.

ALIUD PRO ALIO INVITO CREDITORI DARE NON POTEST. *Expressão latina.* Não se pode dar uma coisa por outra contra a vontade do credor.

ALIUNDE. *Termo latino.* De outro lugar; de outra parte.

ALIUS EST QUI SEMINAT ET ALIUS EST QUI METIT. *Expressão latina.* **1.** Tirar proveito do trabalho alheio. **2.** Um semeia e outro colhe.

ALJUBE. **1.** *Direito canônico.* Cárcere para eclesiásticos recalcitrantes submetidos à jurisdição episcopal. **2.** *História do direito.* a) Cárcere provisório sem ar e sem luz onde se colocavam aqueles que iam comerciar nas minas sem autorização do rei, os contrabandistas, arruaceiros ou os que desobedecessem a seus superiores; b) presídio destinado, em Portugal, aos religiosos.

ALL CHARGES TO GOODS. *Expressão inglesa.* Todas as despesas incluídas no valor da mercadoria.

ALLEGANS CASUM FORTUITUM ILLUM PROBARE TENETUM. *Expressão latina.* Aquele que alega o caso fortuito deve prová-lo.

ALLEGARE NIHIL, ET ALLEGATUM NON PROBARE PARIA SUNT. *Aforismo jurídico.* Alegar e não provar o alegado importa nada alegar.

ALLEGATIO ET NON PROBATIO, QUASI NON ALLEGATIO. *Aforismo jurídico.* Quem alega e não prova faria melhor se ficasse calado.

ALLEGATIO PARTIS NON FACIT JUS. *Aforismo jurídico.* Alegação da parte não faz direito.

ALLGEMEINES PERSÖNLICHKEITSRECHT. *Locução alemã.* Direito geral da personalidade.

ALLOCATION OF LOSSES. *Locução inglesa.* Redistribuição de perdas ou prejuízos.

ALLONGE. *Termo francês.* Alongamento.

ALLOWANCE PENDENTE LITE. *Expressão inglesa.* Alimentos provisionais.

ALL RIGHT. *Locução inglesa.* Tudo certo.

ALL RISKS. *Direito internacional privado.* Cláusula padronizada de contrato de seguro criada pelo *Institute of London Underwriters*, pela qual o seguro não cobre somente os danos arrolados na apólice.

ALMÁCEGA. *Direito civil.* Pequeno tanque usado para receber águas pluviais.

ALMA DO CANO. Consiste no vazio interior cilíndrico do cano de uma arma de fogo.

ALMARADO. *Direito agrário.* Diz-se do touro ou do cavalo que possuem, ao redor dos olhos e da boca, uma circunferência de cor diversa da de sua cabeça.

ALMARGEADO. *Direito agrário.* **1.** Diz-se do gado solto no pasto. **2.** Indica terreno deixado para pastagem ou coberto de erva para pasto.

ALMARGEM. *Direito agrário.* **1.** Campo para pastagem. **2.** Erva para pasto.

ALMIRANTADO. *Direito militar.* **1.** Posto de almirante. **2.** Tribunal e administração superior da Marinha militar. **3.** O que está sob o comando de um almirante.

ALMIRANTE. *Direito militar.* **1.** Chefe supremo da força naval ou oficial que ocupa o posto mais elevado na Marinha. **2.** Diz-se do navio em que está o almirante.

ALMOCREVE. *Direito comercial.* Pessoa que tem o encargo de alugar ou de conduzir bestas de carga; é o transportador de mercadorias por meio de animais, respondendo pelas perdas e avarias que causar por culpa sua.

ALMOEDA. *História do direito.* Designava, outrora, venda pública, venda por leilão ou em hasta pública.

ALMOTAÇAR. *História do direito.* Antigo ato de taxar preços para a venda de mercadorias de primeira necessidade ou gêneros alimentícios ao público consumidor, tendo o mesmo sentido atual de "tabelar preços".

ALMOTACÉ. *História do direito.* Inspetor de pesos e medidas e da tarifação de gêneros alimentícios.

ALMOXARIFADO. Local ou depósito onde são guardadas as mercadorias, os materiais ou os objetos a serem usados por um estabelecimento, público ou particular, ou a serem por ele fornecidos a outro.

ALMOXARIFE. Pessoa encarregada da guarda, fiscalização, arrecadação e distribuição dos objetos de propriedade de uma repartição pública ou de um estabelecimento particular, dirigindo todos os serviços do almoxarifado. O funcionário público que tiver sob sua guarda valores pertencentes à Fazenda Pública designar-se-á "exator" e será responsável por todos os bens que lhe forem confiados.

ALMSHOUSE. *Termo inglês.* Asilo.

ALMUDE. *História do direito.* Medida de capacidade que, no Brasil-Colônia, correspondia a 31,94 litros.

ALOCAÇÃO DE RECURSOS DAS DISPONIBILIDADES FINANCEIRAS DO FUNDO DE AMPARO AO TRABALHADOR. *Direito previdenciário.* Alocação feita em depósitos especiais, remunerados, no Banco do Brasil S/A, de recursos excedentes da Reserva Mínima de Liquidez do Fundo de Amparo ao Trabalhador (FAT), para a concessão de empréstimo, em caráter excepcional, à União Federal, por intermédio do Ministério da Saúde, visando ao pagamento dos serviços assistenciais do Sistema Único de Saúde, prestados em regime de atendimento ambulatorial e de internações hospitalares, lastreados em títulos públicos especiais, do Tesouro Nacional, com registro no Sistema Especial de Liquidação e de Custódia (SELIC), administrado pelo Banco Central do Brasil. Cabe ao Ministro de Estado do Trabalho e Emprego determinar a adoção das providências indispensáveis à alocação daqueles recursos, independentemente de quaisquer outros atos de natureza administrativa.

ALOCAÇÃO EFICIENTE. *Direito financeiro.* Otimização de ganhos e minimização de riscos, pela colocação dos recursos disponíveis em diferente ativos, mercados ou atividades (Luiz Fernando Rudge).

ALOCAR. *Direito financeiro.* Destinar verba, consignada em orçamento, à finalidade prevista.

ALOCINESIA. *Medicina legal.* **1.** Movimento reflexo. **2.** Perturbação da mobilidade em que o paciente, ao mover um membro, acaba movimentando o do lado oposto.

ALOCROÍSMO. *Medicina legal.* Doença em que a pessoa confunde as cores ou não as percebe.

ALÓCTONE. *Sociologia geral.* Aquele que não é natural do país em que habita.

ALODIAL. *Direito civil.* **1.** Diz-se do bem ou propriedade particular livre de qualquer ônus, foro ou encargo. Assim, por exemplo, será alodial o terreno que não estiver sujeito a enfiteuse. **2.** Designa terra de conformação firme ou segura.

ALODIALIDADE. *Direito civil.* Qualidade daquilo que está livre de ônus, pensão, encargo etc.

ALOEROTISMO. *Medicina legal.* Erotismo provocado com o concurso de outra pessoa.

ALOFTALMIA. *Medicina legal.* Diferença apresentada entre os dois olhos de uma mesma pessoa na coloração da íris.

ALÓGENO. *Medicina legal.* **1.** Pertencente a outra raça. **2.** Aquilo que decorre de causa externa.

ALOGIA. **1.** *Lógica jurídica.* Absurdo; contra-senso. **2.** *Medicina legal.* Afasia oriunda da ausência de pensamentos ou idéias provocada por lesão nos centros nervosos.

ALÓGICO. *Lógica jurídica.* **1.** Fora da lógica. **2.** Aquilo que não é lógico, nem ilógico, por não estar sujeito a princípios ou a regras da lógica.

ALOGOTROFIA. *Medicina legal.* Irregularidade de nutrição que causa acréscimo anormal em determinadas partes do corpo.

ALÓGRAFO. *Direito civil.* Escrita ou assinatura que alguém faz a rogo e sob a responsabilidade de outrem.

ALOJADO. **1.** *Direito civil.* Hospedado. **2.** *Direito comercial.* Arrumado em loja ou armazenado. **3.** *Direito militar.* Aquartelado.

ALOJAMENTO. **1.** Ação ou efeito de alojar, hospedar, pôr em loja. **2.** *Direito militar.* a) Compartimento dos quartéis utilizado pelos soldados para pernoite; b) hospedagem fornecida por particulares a militares durante a guerra. **3.** *Direito civil.* Local onde se hospeda alguém.

ALOJAMENTO CONJUNTO. Modalidade de acomodação em que o recém-nascido sadio permanece alojado em berço contíguo ao leito da mãe, 24 horas por dia, até a saída da mãe do hospital.

ALOLALIA. *Medicina legal.* Perturbação nervosa que conduz o paciente a pronunciar palavras diferentes das que pretende.

ALONGA. *Direito comercial.* Folha de papel anexada a cheque ou a título de crédito para que nela sejam lançados o endosso ou o aval, quando naqueles não houver espaço para tanto.

ALONGAMENTO. 1. *Direito comercial.* Extensão de título cambiário ou cheque feita através de uma folha suplementar colada às suas margens, para aposição de endossos ou avais. **2.** Ação de alongar. **3.** Prolongamento; dilação.

ALONGUE. *Vide* ALONGAMENTO.

ALONIMATO. *Direito autoral.* Publicação de obra com nome diverso do de seu autor, que usa, por exemplo, um pseudônimo.

ALOPATIA. *Medicina legal.* Sistema de tratamento em que, pelo emprego de certas substâncias ou remédios, se produzem no organismo efeitos contrários aos da doença.

ALOPECIA. *Medicina legal.* Perda total ou parcial de cabelos ou pêlos causada por doença ou qualquer acidente. Se a queda se der em zonas isoladas, ter-se-á a "alopecia areata"; se advier de desnutrição, designar-se-á "alopecia caquética".

ALOPLASTIA. *Medicina legal.* Cirurgia plástica em que são utilizados tecidos ou substâncias diversos dos do corpo humano.

ALOPOIESE DO DIREITO. *Filosofia do direito.* Negação da auto-referência operacional do direito, pois, havendo reprodução do sistema por critérios do meio ambiente, o sistema é determinado por injunções diretas do mundo exterior, como, por exemplo, da economia, do poder, das relações familiares etc. (Marcelo Neves).

ALOPSICOSE. *Medicina legal.* Perturbação psíquica na percepção dos fenômenos externos, sem que haja quaisquer alterações nas faculdades motoras do paciente.

ALOQUEZIA. *Medicina legal.* **1.** Evacuação de matéria fecal por meio de abertura acidental do intestino ou por um ânus artificial. **2.** Evacuação de matéria não fecal pelo intestino.

ALOQUIRIA. *Medicina legal.* Estado patológico em que o paciente tem sensações tácteis não na parte do corpo que lhe foi tocada, mas em seu ponto simétrico.

ALOTRANSPLANTE. *Medicina legal.* Enxerto de tecidos e órgãos feito entre seres humanos, mas que têm caracteres hereditários diversos.

ALOTRIODONTIA. *Medicina legal.* Implantação viciosa ou irregular de dentes.

ALOTRIOFAGIA. *Medicina legal.* Perversão do apetite, que leva o paciente a comer substâncias nocivas ou não nutritivas. É muito comum em algumas mulheres no início da gravidez.

ALOTRIOGEUSTIA. *Medicina legal.* Perversão no paladar.

ALOTRIOLOGIA. *Lógica jurídica.* Introdução de doutrinas, pensamentos ou idéias estranhas à essência do discurso, por não se referirem ao tema central.

ALOTRIOSMIA. *Medicina legal.* Perturbação do olfato, fazendo com que o paciente sinta cheiro diverso do real.

ALOTRIOTECNIA. *Medicina legal.* Expulsão de um feto monstruoso.

ALPENDRE. *Direito civil.* **1.** Teto suspenso por colunas, formando saliência por cima da porta principal ou entrada de um prédio para proteção contra chuvas ou sol ou para enfeite. **2.** Pátio coberto.

ALPINISMO. *Direito desportivo.* Desporto consistente em escalar montanhas de grande altitude.

ALQUEIRAMENTO. *Direito agrário.* **1.** Ato de medir alqueires ou de calcular por alqueires. **2.** Estimativa de alqueires de cereais que uma terra pode produzir. **3.** Medição de alqueires de semeadura que um campo de trigo pode levar.

ALQUEIRE. *Direito agrário.* Unidade de medida agrária de valor variável conforme a região, utilizada para medir terras. No Estado de São Paulo equivale cada alqueire a 24.200 m^2, em Minas Gerais, Goiás e Rio de Janeiro, a 48.400 m^2 e nos Estados do Nordeste, a 27.225 m^2.

ALQUILARIA. *Direito comercial.* **1.** Contrato de aluguel de animal de carga ou montaria para efetivar transporte de mercadorias ou pessoas, sem que o locador participe da condução, que será feita pelo locatário ou por pessoa por ele indicada. **2.** Contrato de locação de coisa (barco, carro etc.) para condução de cargas ou qualquer outro bem, sem o respectivo condutor, pois o locatário se encarregará de deslocar aquelas mercadorias. **3.** Estabelecimento onde se opera a locação de animais. **4.** Profissão de alquilador, ou seja, daquele que aluga animais para transporte de pessoas ou coisas.

ALTA. 1. *Direito comercial.* a) Aumento de preço ou valor das mercadorias em conseqüência da lei da maior procura e menor oferta; b) subida de cotação de mercadorias e valores de Bolsa ou de títulos de crédito público. **2.** *Direito militar.* a) Ato de regressar ao serviço militar após uma licença ou uma doença; b) nota dada em hospital militar a praça curado ou convalescente, para que retorne ao seu posto ou corpo; c) parada em algum local, quando uma força estiver em marcha. **3.** *Medicina legal.* a) Ordem ou licença dada por médico a paciente, considerando seu tratamento encerrado ou autorizando sua saída de um hospital; b) ato médico que determina a finalização da modalidade de assistência que vinha sendo prestada ao paciente, ou seja, a finalização da internação hospitalar. O paciente pode receber alta curado, melhorando ou com seu estado de saúde inalterado. O paciente poderá, caso necessário, passar a receber outra modalidade de assistência, seja no mesmo estabelecimento, seja em outro, seja no próprio domicílio. **4.** *Direito penal.* Causa de crime contra a economia popular, mediante notícia falsa ou operações fictícias, provocando alta de preços.

ALTA ATMOSFERA. *Direito internacional público.* Parte situada além do espaço territorial aéreo de um país, onde será livre a navegação aérea.

ALTABAIXO. *Medicina legal.* Golpe de cima a baixo.

ALTA INDAGAÇÃO. 1. *Filosofia do direito.* a) Pesquisa das causas primeiras. Análise fenomenológica, no sentido de Husserl. Análise da essência dos fenômenos. Indagação transcendente; b) intuição dos valores. Referente aos juízos de valor; c) intuição intelectual, na acepção de Bergson. **2.** *Direito processual.* Questão litigiosa que não poderá ser solucionada sem pesquisas ou investigações de fatos relevantes, por estar fundada em circunstância duvidosa, que necessita ser devidamente comprovada. Essa investigação é, em regra, objeto de processo de rito ordinário, que, por ser mais demorado, permite uma pesquisa, um estudo aprofundado ou um exame minucioso, além das alegações feitas pelas partes, baseados em testemunhas, perícias, diligências e vistorias que possam permitir a solução da pendência pela descoberta de provas convincentes. A investigação de paternidade seria, por exemplo, uma questão de alta indagação processual.

ALTA JUSTIÇA. *História do direito.* Jurisdição, na Idade Média, a que eram submetidos todos os crimes perpetrados, salvo aqueles que envolviam algum membro da família real.

ALTA PARTE CONTRATANTE. *Direito internacional público.* Estado signatário de tratado bilateral ou plurilateral.

ALTAR. 1. *Direito canônico.* a) Mesa que, em regra, se situa no fundo do templo, para a celebração da missa; b) Estado eclesiástico; c) local consagrado a um santo. **2.** Na maçonaria é a mesa triangular em que tomam assento o venerável e outros dignatários.

ALTARAGEM. *Direito canônico.* **1.** Doações para missas em intenção às almas do purgatório. **2.** Oferendas que se colocam no altar. **3.** Honorários a que tem direito o padre pelos serviços prestados no altar.

ALTAREIRO. *Direito canônico.* **1.** Sacristão, ou melhor, aquele que tem a função de limpar e ornar os altares da Igreja. **2.** Padre que canta durante a missa. **3.** Beato; "papa-hóstias".

ALTARISTA. *Direito canônico.* É o cônego da Basílica do Vaticano encarregado de cuidar do altar-mor e dos paramentos litúrgicos.

ALTA TRAIÇÃO. 1. *Direito internacional público.* Conluio com potência estrangeira, antes ou durante uma guerra, para atentar contra a soberania nacional e a segurança externa, pondo em perigo a posição do Estado como potência internacional. **2.** *Direito político.* Atentado levado a efeito por um cidadão contra a segurança do Estado ou sua estabilidade interna. Trata-se do crime político de lesa-pátria.

ALTEAMENTO. *Direito civil.* Altura mais elevada.

ALTERABILIDADE DE LANÇAMENTO. *Direito tributário.* Qualidade do lançamento de ser suscetível de modificação ou alteração por impugnação do interessado, que poderá reclamar a pretensão tributária nele consubstanciada, por recurso de ofício ou iniciativa de ofício da autoridade administrativa, nas seguintes hipóteses legais, quando: a) a lei assim o determinar; b) a declaração não for prestada, por quem de direito, no prazo e na forma da legislação tributária; c) a pessoa legalmente obrigada, embora tivesse prestado a devida declaração, deixar de atender a qualquer pedido de esclarecimento formulado pela autoridade administrativa, recusando-se a prestá-lo ou não o prestando satisfatoriamente; d) se comprovar falsidade, erro ou omissão quanto a qualquer elemento definido na lei tributária como sendo de declaração obrigatória; e) se demonstrar omissão ou inexatidão, por parte da pessoa legalmente obrigada, no exercício da atividade que lhe foi dada; f) se comprovar ação ou omissão do sujeito passivo, ou de terceiro legalmente obrigado, que dê lugar à aplicação da pena pecuniária; g) se provar que o sujeito passivo, ou terceiro em seu benefício, agiu com dolo, fraude ou simulação; h) deve ser apreciado fato não conhecido ou não provado por ocasião do lançamento anterior; i) se comprovar que, no lançamento anterior, houve fraude, falta ou omissão funcional da autoridade que o efetuou de ato ou formalidade essencial. Como se pode ver há possibilidade de existir atividade modificadora dos atos de lançamento, alterando-os.

ALTERAÇÃO. 1. *Direito civil.* a) Ação ou efeito de alterar ou modificar algo; b) mudança ou modificação havida na coisa em sua substância, estado, qualidade, quantidade, valor ou finalidade; c) modificação de um texto contratual ou de uma de suas cláusulas; d) mudança feita em planta de prédio que vai ser construído, sendo que, se o proprietário com ela não concordar, terá direito de pleitear que o construtor pague a diferença havida na construção, cuja alteração não consentiu; e) modificação em obra literária ou científica feita pelo autor, salvo na obra dramática, pois nesta o autor não poderá efetuar mudanças sem o consenso do empresário responsável por sua representação ou se o editor se opuser a emendas que importem gastos extraordinários. **2.** *Direito penal.* Modificação feita em substância alimentícia ou medicinal com o intuito de falsificar a qualidade, o fim ou o valor nutritivo ou terapêutico, resultando algum dano ao usuário. **3.** *Filosofia do direito.* Passagem de uma qualidade para outra no ser. **4.** *Medicina legal.* Inquietação; agitação; disputa; irritação de origem nervosa. **5.** *Teoria geral do direito.* Modificação de uma lei por outra, sendo que disposição especial não altera a geral anterior, desde que não haja incompatibilidade em relação ao caso *sub judice*. Nada obsta a subsistência de leis gerais e especiais, regendo, paralelamente, as hipóteses por elas disciplinadas, sem risco de contradição. Se a lei nova apenas estabelecer disposições gerais ou especiais, sem conflitar com a antiga, não a revogará.

ALTERAÇÃO CONTRATUAL. *Direito civil.* Modificação no contrato, que poderá ser feita por: a) rescisão voluntária por ambas as partes contratantes; b) escusa por caso fortuito ou força maior; c) revisão judicial por onerosidade excessiva que cause desigualdade superveniente das obrigações contratadas e conseqüente enriquecimento ilícito de um dos contratantes. Fora dessas hipóteses, será inadmissível qualquer mudança nas estipulações feitas no contrato, que deverão ser fielmente cumpridas, sob pena de execução patrimonial contra o inadimplente.

ALTERAÇÃO DA COISA COMUM. *Direito civil.* Modificação feita em coisa comum pelo condômino, desde que autorizado pelos demais comunheiros, pois, na utilização do bem, deve ater-se à destinação econômica da coisa e atender aos interesses do condomínio.

ALTERAÇÃO DA ORDEM. *Direito penal.* Rebelião; desordem.

ALTERAÇÃO DE CONDIÇÕES DE TRABALHO. *Direito do trabalho.* Modificação levada a efeito, no contrato individual de trabalho, pelo empregador, com a concordância do seu empregado, desde que não venha a lhe causar, direta ou indiretamente, algum prejuízo, moral ou patrimonial, sob pena de nulidade da cláusula modificativa das condições que regem a relação de emprego. Tais alterações são alusivas ao modo e à forma de salário, à qualificação profissional, ao horário de trabalho, à remoção do local de trabalho, à transferência de funções etc.

ALTERAÇÃO DE DOCUMENTO. *Direito penal.* Crime consistente na modificação do conteúdo de um documento público ou particular, alterando-o substancialmente, no todo ou em parte, pela supressão, adição ou substituição de palavras, expressões, números ou sinais, sob pena de reclusão e multa.

ALTERAÇÃO DE FIRMA. *Direito comercial.* É a que se opera mediante contrato modificativo quando: a) se substitui uma firma comercial por outra; ou b) se modifica uma firma, ou melhor, nome ou razão social, sob a qual o empresário ou a sociedade exerce a atividade econômica organizada para a produção ou a circulação de bens ou de serviços e assina-se nos atos a ela alusivos. Essas mutações são feitas por meio de *alteração no contrato social* (*v.*), devidamente arquivada na Junta Comercial, anotando-se tal ocorrência no registro da firma. Essa modificação poderá dar-se por inúmeras causas, dentre elas a retirada de sócio que lhe empresta o nome ou o falecimento do titular da firma. Feita a alteração da razão social, será imprescindível torná-la pública, mediante avisos colocados em jornais ou circulares enviadas a seus clientes.

ALTERAÇÃO DE LIMITES. *Direito penal.* Crime perpetrado por aquele que, com a intenção de se apropriar, total ou parcialmente, de imóvel alheio, suprime ou desloca tapume, marco ou qualquer outro sinal indicativo da linha lindeira ou divisória. Tal crime é apenado com detenção e multa.

ALTERAÇÃO DE LOCAL ESPECIALMENTE PROTEGIDO. *Direito penal.* Crime pelo qual alguém, mesmo que seja o proprietário, altera, dolosamente, sem que haja autorização ou licença da autoridade competente, pertencente ao Serviço do Patrimônio Histórico e Artístico Nacional ou ao Ministério da Agricultura, Pecuária e Abastecimento, o aspecto de local protegido especial e legalmente, em razão de tombamento ou classificação feita pelo Ministério supracitado, sob pena de detenção ou multa.

ALTERAÇÃO DE MARCA DE ANIMAL. *Direito penal.* Consiste em crime contra o patrimônio mediante dolosa supressão ou modificação indevida, em gado ou rebanho alheio, de marca ou sinal indicativo da propriedade, fazendo-os desaparecer ou tornando-os irreconhecíveis. É apenado com detenção e multa.

ALTERAÇÃO DE MOEDA. *Direito penal.* Crime contra a fé pública consistente em modificar o valor da moeda metálica ou do papel-moeda, diminuindo o seu peso ou aumentando a sua inscrição indicativa de valor. Causa gravame não só ao particular, que ficará lesado em seu patrimônio, ao aceitar a moeda, que não tem o seu valor real, como também ao Estado, uma vez que é de sua competência alterar aquele valor. Esse crime é punido com reclusão e multa.

ALTERAÇÃO DE NOME CIVIL. *Direito civil.* Modificação do nome de uma pessoa natural em razão, por exemplo, de: a) mudança no estado de filiação, pois, com o reconhecimento de filho, este receberá os apelidos do genitor que o reconheceu, prevalecendo o sobrenome paterno, se reconhecido tanto pela mãe como pelo pai. Na adoção, o adotado deverá acrescentar ao seu nome o sobrenome do adotante; b) casamento, por surgir para qualquer dos cônjuges o direito de usar, se quiser, o patronímico do outro, podendo perder esse direito, em certos casos, com a anulação do matrimônio, separação judicial ou extrajudicial, se culpado, e divórcio; c) união estável, já que a mulher solteira, separada, divorciada ou viúva que viva com homem solteiro, separado ou viúvo poderá usar o apelido de família deste, acrescentando-o ao seu, se tiver filho com ele ou se a vida em comum já perdure há algum tempo, e desde que ele concorde com isso; d) modificação do nome do pai ou do marido, que faz com que seus filhos menores ou sua mulher tenham, obrigatoriamente, de mudar o patronímico anteriormente usado por ele. Quanto aos filhos maiores tal alteração será facultativa; e) erro gráfico evidente ou falha ortográfica, hipótese em que se terá, na verdade, uma retificação e não uma alteração; f) exposição ao ridículo ou a situações vexatórias, desde que se prove o escárnio a que é exposto seu portador; g) embaraços no setor empresarial ou em atividade profissional, evitando, por exemplo, homonímia; h) tradução de prenome, que é caso de retificação do registro; i) desuso do patronímico, pela incoincidência com o usado no meio social; j) supressão de um dos componentes do nome; l) transformação de prenome simples em composto ou duplo em simples, salvo se se tratar de nome célebre, desde que se respeite o apelido de família; m) inclusão de nome de família materno; n) acréscimo de nomes intermediários, inserindo apelido, colocando nome dos avós etc.; o) inversão dos elementos que compõem o prenome composto; p) descoberta do nome verdadeiro; q) mudança de sexo; r) proteção por ter sido vítima ou testemunha de crime.

ALTERAÇÃO DE NOME EMPRESARIAL. *Vide* ALTERAÇÃO DE FIRMA.

ALTERAÇÃO DE SUBSTÂNCIA ALIMENTÍCIA OU MEDICINAL. *Direito penal.* Crime contra a saúde pública que consiste não só em mudar a qualidade da substância de gêneros alimentícios ou remédios, reduzindo-lhes o valor nutritivo ou terapêutico, como também em suprimir, total ou parcialmente, qualquer elemento de sua composição normal ou substituí-lo por outro de qualidade inferior, apenado, se doloso, com reclusão e multa, e, se culposo, com detenção e multa.

ALTERAÇÃO DO PORTO DE DESTINO. *Direito marítimo.* Mudança de porto de destino que pode dar-se, desde que solicitada à Capitania dos Portos ou delegacia de despacho e por ela autorizada, se ocorrer necessidade de: a) acrescentar porto de escala para abastecimento; b) prestar serviços médico-hospitalares a passageiro ou tripulante, cujo tratamento não poderia ser administrado com os recursos de bordo, desde que para tal ocorrência não tenham contribuído as pessoas, serviços ou aparelhos de bordo; c) substituir o porto de destino, sem prejuízo de terceiros, quando ocorrer o aparecimento de carga em porto diferente, e sem prejuízo dos controles estabelecidos pelos diversos órgãos federais na fiscalização marítima; d) desembarcar corpo de tripulante ou passageiro, que tenha falecido de causa natural, devidamente comprovada por laudo necrológico. A capitania dos portos ou delegacia que receber uma das solicitações acima, comunicará a alteração ao Comando do Controle Naval do Tráfego Marítimo e à capitania de destino inicial e de jurisdição do novo destino da embarcação.

ALTERAÇÃO NA ESTRUTURA JURÍDICA DA EMPRESA.

Direito comercial. Modificação que pode ocorrer em sua organização, feita mediante reforma estatutária, alteração do contrato social ou por operações de transformação, incorporação, cisão e fusão. Pela transformação, a sociedade passa de uma espécie societária para outra, alterando-se apenas a sua forma, por exemplo, a sociedade em nome coletivo transforma-se em comandita simples, desde que haja consenso unânime dos sócios, salvo se tal operação estiver prevista no contrato social. Na incorporação, uma ou mais sociedades são absorvidas por outra, que lhes sucederá em todos os direitos e deveres; logo, a sociedade incorporada desaparecerá, e seu patrimônio integrar-se-á ao da incorporadora, que terá um aumento de capital. Na fusão, ter-se-á uma união de duas ou mais sociedades, formando uma nova, que lhes assumirá as obrigações e lhes sucederá nos direitos. A cisão é a operação pela qual a companhia transfere parcelas do seu patrimônio para uma ou mais sociedades, constituídas para esse fim ou já existentes, extinguindo-se a companhia cindida, se houver versão de todo o seu patrimônio, ou dividindo-se o seu capital, se aquela versão for parcial.

ALTERAÇÃO NO CONTRATO SOCIAL. *Direito comercial.* Modificação feita no estatuto social de uma empresa, atingindo uma ou mais cláusulas, em razão de retirada ou morte de algum dos sócios, de imposição legal ou de acordo entre eles para elevar ou reduzir o capital social, alterar poderes de gerência, dispor sobre remuneração *pro labore* ou sobre o percentual dos lucros de cada cotista, mudar o ramo de atividade empresarial etc. É preciso não olvidar que é direito dos sócios, principalmente ante a nossa economia inflacionária, o aumento de capital social com inclusão de novos cotistas, inclusive menores, por deliberação da maioria, reajustando a cifra do cabedal social às atuais necessidades da firma. O mesmo se diga da redução de capital social, pois este deve exprimir a realidade da situação patrimonial da empresa, pela diminuição do número de cotas societárias, em virtude de falecimento de algum dos sócios. Tais alterações

no contrato social, que poderão ser feitas por escritura pública ou particular, independentemente da forma de que se reveste o ato constitutivo, darão origem aos chamados *contratos modificativos*, por não implicarem constituição de nova sociedade. Dependerá do consentimento de todos os sócios (*quorum* de unanimidade) qualquer modificação no contrato social envolvendo mudança de sócio, de denominação social; de finalidade e da sede da sociedade; do capital social, aumentando-o ou reduzindo-o; dos poderes de administração; da participação societária nos lucros e nas perdas ou da responsabilidade pelas obrigações sociais. As demais alterações contratuais, não havendo previsão estatutária de deliberação unânime, poderão ser decididas por maioria absoluta de votos. Assim, nada impede que o estatuto institucional da sociedade seja alterado sem a assinatura de sócio minoritário, que, em sendo a sociedade limitada, terá apenas o direito de recesso, por não estar de acordo com a disciplina da vida societária imposta pelos demais sócios. Se se assegura à maioria do capital o direito de alterar o estatuto, garantido estará ao sócio divergente o direito de sair ou de se conformar *ad libitum*. Logo, se lhe for impossível concordar com a alteração, será ele quem se retirará e não a sociedade que o demite. Com isso, consagra-se uma defesa ao minoritário de não ficar sob o jugo da decisão dos sócios em maioria de capital, subordinando-se às novas condições de desenvolvimento societário. O dissidente poderá obter o reembolso de suas cotas, na proporção do último balanço aprovado ou com fundamento em balanço especialmente levantado na data do recesso, por força de estipulação contratual. O contrato social prevalecerá com todas as cláusulas e condições até que a maioria dos sócios resolva alterá-las. A forma habilitante para as alterações contratuais é o ato deliberativo de todos os sócios ou dos cotistas majoritários. Tal ato consiste numa *conditio juris*, ou seja, no pressuposto legal exigido para a validade dos aditivos levados a efeito e devidamente arquivados pela Junta Comercial, que é o tribunal administrativo, a quem compete, tão-somente, examinar se houve observância das solenidades extrínsecas e intrínsecas, não podendo apreciar o conteúdo das cláusulas estatutárias, a substância dos atos, nem se envolver em discussões contenciosas de competência dos juízes e tribunais. Com o arquivamento do *contrato modificativo* há uma presunção a favor do ato arquivado, embora não confira nem retire direitos, fazendo apenas com que tenha validade *erga omnes*. Se a alteração não for arquivada, não produzirá efeitos relativamente a terceiros nem afetará a responsabilidade dos sócios, pois valerá entre eles.

ALTERCAÇÃO. 1. Contestação; contenda; disputa. **2.** Ato ou efeito de altercar; argumentar; disputar; defender em polêmica.

ALTER EGO. *Locução latina.* Designa o "outro eu" ou a pessoa em quem se tem confiança.

ALTERIDADE. 1. Na *linguagem comum*, indica estado ou qualidade do que é outro, diferente, distinto. **2.** *Filosofia do direito.* Fato imprescindível para o direito que visa, mediante normas jurídicas, regular conduta de uma ou mais pessoas em relação à de outro ou de outros. Daí a *alteridade*, não no sentido escolástico tradicional, que a entende como a situação de duas pessoas sob o ponto de vista da relação entre agente e destinatário, a qual vincula ambas as partes, mas deixa independentes os comportamentos de cada um, que em si mesmos não são contemplados sob o aspecto de sua fusão. A alteridade jurídica, no sentido da egologia, é a que se refere à intersubjetividade do comportamento mesmo, segundo a qual este regula um fazer compartido, isto é, donde o ato de alguém, enquanto está impedido ou permitido por outro, resulta ser um ato conjunto de ambos. É, portanto, a correlação entre o fazer de um e o impedir de outro.

ALTER IDEM. *Locução latina.* Novamente.

ALTERNATIVA. 1. *Direito civil.* a) Escolha do credor ou do devedor entre duas ou mais coisas diferentes; b) sucessão de duas ou mais coisas que, alternadamente, ocorrem umas depois das outras. Cada coisa com continuidade sucede a outra, e cada uma por sua vez; c) diz-se da obrigação em que, de duas ou mais prestações convencionadas, o devedor se libera do vínculo pelo cumprimento de uma delas. **2.** *Lógica jurídica.* a) Diz-se da proposição que contém duas asserções contraditórias ou opostas, sendo que uma exclui a outra. Assim, se uma for verdadeira, a outra será falsa; b) refere-se tal vocábulo a uma proposição disjuntiva, cujos componentes são designados "alternativos". **3.** *Medicina legal.* Loucura periódica na qual os acessos de melancolia e de mania se alternam.

ALTERNATIVE DISPUTE RESOLUTION (ADR). 1. *Direito comparado.* No direito anglo-americano, é o mecanismo paraestatal de solução de controvérsia jurídica (Sálvio de Figueiredo Teixeira). Meio de solução de disputas ou de conflitos por intermédio de arbitragem, integrando a mediação. Nos EUA, a *American Arbitrative Association* prepara profissionais da ADR, ministrando cursos sobre negociação, mediação, arbitragem etc. As técnicas da ADR são utilizadas para resolução de: a) conflitos na área trabalhista; b) litígios nos contratos de: seguro, direito imobiliário, empreitada, franquia; c) demandas envolvendo direitos de família e de informática, ou questões de responsabilidade civil e de contratos internacionais etc. (Gevaerd). **2.** *Direito internacional público.* Programas de implementação de métodos alternativos para a solução de disputar. Tais ADRs foram criados por entidades internacionais, entre elas, por exemplo, a *American Arbitration Association*, sediada em Nova York, a Câmara Internacional do Comércio e a própria ONU.

ALTERNATO. 1. *Direito agrário.* Método pelo qual se procura fazer com que num terreno se possam ter ou produzir vários produtos. Trata-se da "cultura alternativa". **2.** *Política jurídica.* a) Direito que têm os Estados, para conservar a igualdade entre si, de revezar o primeiro lugar, como ocorre, por exemplo, na assinatura de tratados; b) privilégio pelo qual as cidades ou potências tornam-se, de modo sucessivo, a sede do governo ou da administração.

ALTERUM NON LAEDERE. *Locução latina.* **1.** Designa o princípio pelo qual todos os sujeitos têm a obrigação de não perturbar a atividade alheia lícita e de não interferir na esfera jurídica de outrem. **2.** Não lesar ninguém.

ALTISTA. *Direito comercial.* **1.** Aquele que especula em Bolsa ou na praça do comércio, jogando apenas na alta do câmbio ou dos títulos. **2.** Especulador que procura obter, mediante manobras, a valorização das mercadorias, dos títulos de crédito e dos valores de Bolsa.

ALTO COMANDO DAS FORÇAS ARMADAS. *Direito administrativo* e *direito militar.* Órgão de assessoramento imediato ao presidente da República, com competência para auxiliá-lo nas decisões relativas à política militar e à coordenação de assuntos pertinentes às Forças Armadas.

ALTO-MAR. 1. *Direito internacional público.* a) Consiste na parte do mar que, por se iniciar no limite das águas territoriais, não pertence a nenhum Estado soberano, sendo livre à navegação, à pesca e à colocação de cabos e oleodutos submarinos, não se submetendo à jurisdição de qualquer potência; b) é a *res communis*, por envolver interesses de toda a sociedade internacional; c) água situada além da zona contígua. **2.** *Direito marítimo.* Diz-se da zona do mar em que os atos jurídicos somente serão válidos quando efetivados pelo capitão do navio, que exerce toda autoridade, tendo em mãos todos os poderes administrativos, como os de juiz, tabelião e polícia.

ALTO PREÇO. Preço elevado.

ALTRUÍSMO. *Psicologia forense.* Sentimento de amor para com outro (A. Comte e Spencer).

ALTURA. 1. *Direito civil.* Espaço compreendido acima da superfície terrestre, ou melhor, do solo, podendo ser utilizado pelo proprietário do prédio até o limite fixado pela municipalidade, que designa o número de andares que podem ser erguidos etc. Por exemplo, a lei sobre a zona de proteção dos aeroportos pode preceituar que as construções não devem exceder a certa altura, dentro do setor de aproximação dos aviões, para que não haja ameaça à segurança do vôo. **2.** *Direito marítimo.* Posição de um navio em relação a uma cidade ou a um acidente geográfico costeiro.

ALTURA DA FACHADA. *Direito civil.* Distância entre os pontos mais alto e mais baixo de um prédio, considerando-se sua frente para a rua.

ALTURA DO MAL. *Direito penal.* É a intensidade da ofensa física ou moral causada a alguém por ato punível, em conformidade com a qual far-se-á a graduação da pena. Consiste na avaliação da extensão do mal praticado ou daquele que se pretende praticar.

ALTURA VIVA DA ÁGUA. *Direito civil.* É a parte da seção superior ao fundo regular do rio e ao nível de seu recipiente. Assim, se houver cessação do curso do rio, nenhuma água ficará naquela seção.

ALUCINAÇÃO. 1. *Medicina legal.* a) Percepção de sensações imaginárias visuais, olfativas, gustativas, tácteis ou auditivas que não têm nenhuma base real objetiva; b) delírio; c) desvario, perda da razão. **2.** *Psicologia forense.* Interpretação anormal de experiências ideativas como percepções reais. Distingue-se da ilusão, por ser esta uma percepção errônea de dados sensoriais presentes. Na alucinação nada impressiona os sentidos, ao passo que na ilusão há um objeto que realmente os excita, isto é, há uma verdadeira sensação, produzida por algo real, embora o paciente a receba de modo deformado. **3.** *Filosofia do direito.* Percepção sem objeto.

ALUCINAÇÃO AUDITIVA. *Medicina legal.* Doença mental em que o paciente ouve vozes, ruídos ou sons inexistentes que o molestam.

ALUCINAÇÃO AUTOSCÓPICA. *Medicina legal.* Estado patológico pelo qual o doente julga estar vendo sua própria imagem.

ALUCINAÇÃO COMBINADA. *Medicina legal.* Enfermidade que provoca simultaneamente percepção imaginária auditiva, visual e olfativa.

ALUCINAÇÃO GUSTATIVA. *Medicina legal.* Estado mórbido em que o paciente imagina sentir apenas gostos desagradáveis em seu paladar.

ALUCINAÇÃO IMPERATIVA. *Medicina legal.* Estado patológico que produz impulsos irresistíveis, levando o doente a praticar atos violentos e repugnantes.

ALUCINAÇÃO OLFATIVA. *Medicina legal.* Doença em que o enfermo percebe, imaginariamente, odores agradáveis e desagradáveis.

ALUCINAÇÃO TÁCTIL. *Medicina legal.* Sensação táctil fantasiosa ou imaginária que leva o doente a sentir cócegas, picadas, mordidas etc.

ALUCINAÇÃO VISUAL. *Medicina legal.* Estado patológico pelo qual o enfermo vem a ter, imaginariamente: a) visões agradáveis, que o conduzam ao êxtase, ou desagradáveis, tais como imagens de animais que o atacam, por exemplo; b) percepções que o façam ver as coisas somente na cor vermelha, em volume aumentado ou diminuído, situadas fora do campo visual etc.

ALUCINÓGENO. *Medicina legal.* Substância que produz fantasias, devaneios e alucinações, tais como o ácido lisérgico, a maconha etc.

ALUCINOSE. *Medicina legal.* Estado mórbido que provoca transtorno nas percepções sensoriais caracterizado por múltiplas alucinações, sem que o doente esteja em demência, uma vez que tem consciência da irrealidade do fenômeno, que é causado pelas infecções a que está cometido.

ALUGADO. *Direito civil.* Bem móvel ou imóvel que foi tomado em aluguel ou locado.

ALUGADOR. *Direito civil.* **1.** Locador. **2.** Pessoa que aluga a alguém um objeto. **3.** Aquele que dá a coisa em aluguel.

ALUGAR. *Direito civil.* Ato de efetivar contrato de locação de coisa móvel ou imóvel (rústico ou urbano), de serviço ou de obra.

ALUGATÁRIO. *Direito civil.* **1.** Inquilino; locatário. **2.** Aquele que recebe um bem em aluguel para usá-lo temporariamente.

ALUGATRIZ. *Direito civil.* Carro de praça ou de aluguel.

ALUGUEL. *Direito civil.* **1.** Locação ou ato de tomar ou dar algo para ser utilizado por tempo determinado, mediante pagamento de um preço certo. **2.** Remuneração, em moeda nacional, paga, periodicamente, pelo locatário ao locador pela cessão do direito de uso da coisa infungível que lhe foi alugada. O preço da locação deve ser sério, pois, se for irrisório, ter-se-á empréstimo dissimulado, ou melhor, comodato. O valor do aluguel é normalmente estabelecido de acordo com a vontade de ambas as partes. O aluguel deverá ser certo e determinado, estando vedada sua vinculação à variação cambial ou ao salário mínimo. Admite-se reajuste do *quantum* locativo, observando-se os critérios estipulados em lei específica. O aluguel é variável para mais ou para menos, salvo se for congelado por força da legislação de emergência. Somente será majorado em conformidade com o índice de variação oficial, evitando-se, assim, principalmente especulações imobiliárias oriundas de constantes aumentos.

ALUGUEL DE EMBARCAÇÃO. *Direito comercial.* Cessão temporária do uso de embarcação, mediante pagamento de aluguel, desde que classificada na atividade de turismo e diversões. É vedada a locação de embarcações de esporte ou recreio.

ALUGUEL FIXO OU MÍNIMO. *Direito comercial.* Remuneração paga pelo lojista, em razão de contrato com *shopping center*, pelo uso da loja, baseada nos metros quadrados que esta possui, representada por uma prestação pecuniária reajustável periodicamente por indexação preestabelecida. O reajuste do aluguel mínimo é trimestral, e será em dobro, p. ex., em dezembro (Natal) e maio (Dia das mães). Logo, nestes meses o aluguel mínimo será o dobro do devido nos demais meses, chamado impropriamente de 13º ou 14º aluguel, que não constitui um aluguel a mais, mas decorre da forma organizacional do *shopping*, que visa uma cooperação entre empreendedor e lojistas, visto que a empresa que o fundou não teve apenas por finalidade alugar lojas, mas sim participar do lucro obtido por elas, colaborando para que os lojistas tenham privilégios, como publicidade e segurança. Assim sendo, como o mês de dezembro, por ex., ante as festas natalinas, proporciona lucro maior, o lojista deverá pagar remuneração mais alta.

ALUGUEL MÓVEL OU PERCENTUAL. *Direito comercial.* É a remuneração do uso da loja, em *shopping center*, a ser paga pelo lojista, calculada sobre a percentagem na receita bruta efetuada por ela, consistindo, portanto, numa prestação pecuniária proporcional ao faturamento bruto mensal da atividade comercial do lojista. Se o valor do aluguel percentual apurado suplantar o do ALUGUEL FIXO OU MÍNIMO (*v.*), o lojista deverá pagar ao empreendedor do *shopping* quantia correspondente à diferença entre os dois. Assim, o aluguel percentual apenas será exigido se o faturamento da loja permitir que ele ultrapasse a soma representativa do aluguel mínimo. Prevalecerá o que obtiver maior índice, ou seja, aquele em que predominar valor mais alto. Se for o valor percentual do faturamento bruto obtido pela loja, será este o devido; se for o aluguel mínimo corrigido, este preponderará. Deste modo, prevalecerá o mínimo se o apurado pelo faturamento for menor, e o percentual se o apurado for maior. Com isso o empreendedor compensa o que deixa de ganhar das lojas menos rentáveis com o que perceber a mais no aluguel das que têm atividades mais lucrativas. Se os aluguéis fossem fixos, só haveria no *shopping* lojas com o mesmo nível de lucratividade e, portanto, ter-se-ia o fracasso do sistema implantado.

ALUGUEL PROVISÓRIO. *Direito civil* e *direito processual.* É, na ação revisional, o preço do aluguel fixado pelo juiz, baseado em dados fornecidos pelo autor, não excedente de 80% do pedido que é devido desde a citação (Othon Sidou).

ALUNO. **1.** Aquele que recebe instrução; discípulo; educando; aprendiz. **2.** *Direito do trabalho.* É o que tem direito, sendo menor empregado, ao tempo necessário para freqüentar as aulas. **3.** *Direito desportivo.* Aquele que, sendo atleta, tem direito de ausentar-se do trabalho para a prestação de provas e exames. Além disso, as instituições de ensino deverão definir normas para verificar o rendimento e controlar a freqüência do estudante que integrar representação desportiva nacional.

ALUVIAL. *Direito civil.* **1.** Terreno produzido ou formado por aluvião. **2.** Encontrado em aluvião. **3.** Aquilo que for atinente a aluvião.

ALUVIÃO. *Direito civil.* Modo originário de adquirir propriedade imóvel, consistindo na acessão natural, que se opera pelo acréscimo paulatino de terras às margens de um rio, mediante lentos e imperceptíveis depósitos, aterros naturais ou desvio das águas. Esse acréscimo importa em aquisição da propriedade por parte do dono do imóvel a que se aderem essas terras. Será *própria* a aluvião quando o acréscimo se formar por depósitos ou aterros naturais nos terrenos marginais do rio, e *imprópria* quando tal acréscimo se formar em razão do afastamento das águas que descobrem parte do álveo. O proprietário que se beneficiar com a aluvião oriunda de desvio de águas de um rio não estará obrigado a ressarcir aquele que suportou o refluxo; este deverá suportar o dano sozinho. Não se considera como terreno aluvial o solo descoberto pela retração de águas dormentes (aluvião imprópria), como lagos e tanques; logo, os donos dos terrenos confinantes não os adquirem, assim como não perdem os que as águas invadirem. Isto é assim porque, com o recuo das águas, não há acréscimo paulatino ou lento formado por depósito de materiais arrastados pelas correntes, contrariando dessa forma a definição de acessão. Entretanto, se o lago ou lagoa for pertencente ao domínio particular, claro está que o proprietário marginal adquire as terras oriundas da retração das águas. Igualmente, não se consideram como aluvião os aterros artificiais ou acréscimos de terras feitos pelo proprietário ribeirinho para alterar a conformação periférica de seu imóvel, sem prejuízo de terceiros. Se causar dano a alguém deverá ressarci-lo na forma do direito comum.

ALUVIONÁRIO. *Direito civil.* **1.** Formado por aluvião. **2.** Aquilo que é relativo a aluvião.

ALUVIÔNICO. *Direito civil.* Referente a terreno aluvial.

ALVA. 1. *História do direito.* Túnica branca que devia ser usada pelos condenados à morte quando se dirigiam ao patíbulo. **2.** *Direito canônico.* Veste talar, de cor branca, que o padre usa para celebrar a missa ou outros ofícios.

ALVAÇUZ. *Direito marítimo.* **1.** Pequeno paiol situado na popa do navio. **2.** Cômodo do porão do navio utilizado para guardar ferragens, cabos etc.

ALVARÁ. 1. *Direito administrativo.* Instrumento de autorização ou licença expedido por autoridade administrativa em favor de um particular para a prática de certo ato, exercício de um direito ou efetivação de determinada atividade, por exemplo, alvará para construção. **2.** *Direito processual.* a) Ato judicial certificando alguma medida incidente ou confirmando algum ato, estado ou direito; b) ordem escrita emanada pelo magis-

trado em favor de alguém, reconhecendo, autorizando ou determinando certos atos ou direitos. Tem por objeto o cumprimento de uma decisão tomada numa sentença ou num despacho, por exemplo, alvará de suprimento de consentimento, alvará para venda etc.; c) despacho. **3.** *História do direito.* a) Diploma assinado pelo monarca, favorecendo alguém em negócios públicos ou de interesse privado; b) carta de escritura autêntica; c) passaporte; d) ato administrativo de competência do rei, cuja vigência era de apenas um ano, referendado pelo Secretário de Estado e publicado pela chancelaria-mor, com o escopo de promulgar deliberações temporárias daquele soberano. Era, portanto, um decreto do Executivo, que vinha introduzir modificações sobre algo que já estivesse estabelecido.

ALVARÁ DE SOLTURA. *Direito processual penal.* Instrumento de ordem judicial assinado pelo magistrado para colocar em liberdade o acusado que, estando preso, foi absolvido, cumpriu a pena ou obteve *habeas corpus*.

ALVARÁ EM APENSO. *Direito processual civil.* É o que, requerido por terceiro, se processa em apenso nos autos do inventário, por apresentar matéria conexa com o processo principal. Por exemplo, o alusivo à outorga de escritura de imóvel compromissado à venda pelo *de cujus*, uma vez efetivada a quitação (Sebastião Amorim e Euclides de Oliveira).

ALVARÁ INCIDENTAL. *Direito processual civil.* É o requerido no curso do processo de inventário ou arrolamento, quando formulado por inventariante, herdeiro ou sucessor. É comum em levantamento de depósito, alienação, troca de bens, outorga de escrituras etc. (Sebastião Amorim e Euclides de Oliveira).

ALVARENGA. 1. *História do direito.* Território incerto. **2.** *Direito marítimo.* Embarcação utilizada para carga e descarga de navio não atracado ao cais.

ALVARENGAGEM. *Direito marítimo.* Ato de transportar cargas de um navio para a alvarenga, e desta para outra embarcação que não tiver atracado no cais ou trapiche.

ALVARENGUEIRO. *Direito marítimo.* Tripulante ou proprietário da alvarenga.

ALVAZIL. 1. *Direito processual.* Termo que indica oficial de justiça. **2.** *Direito penal.* Agente de polícia de grau inferior. **3.** *História do direito.* Vereador, governador de província ou juiz ordinário que, sendo eleitos pelo povo, eram encarregados de decidir as causas em primeira instância.

ALVEDRIO. *Direito civil.* Vontade livre manifestada sem qualquer constrangimento externo.

ALVENARIA. *Direito civil.* **1.** Arte de pedreiro. **2.** Obra feita com tijolos, pedras ligadas com cimento ou outro material de construção.

ÁLVEO. 1. *Direito civil.* Leito de rio, ou de qualquer curso de água, entre as duas margens. Consiste na superfície coberta pelas águas, sem que transbordem para o solo natural e ordinariamente enxuto. **2.** *Direito marítimo.* Pequeno barco, bote. **3.** *Medicina legal.* a) Camada de matéria medular no cérebro que cobre o hipocampo maior; b) porção dilatada do canal torácico, receptáculo do quilo.

ÁLVEO ABANDONADO. 1. *Direito internacional público.* Leito de um rio limítrofe de dois países que, em razão de desvio de águas, veio a secar. A fronteira entre os dois Estados ficará, em regra, inalterada na linha mediana do álveo abandonado, pois o talvegue do rio (do antigo leito) continuará a assinalar a linha confinante, salvo se aqueles Estados, por mútuo acordo, decidirem traçar outro limite fronteiriço, atendendo a algum interesse de ordem econômica ou política. A esse respeito será preciso que os países confinantes assinem um tratado sobre a delimitação fronteiriça fluvial, abordando a questão do abandono de álveo, evitando problemas futuros. Se vier a abrir novo curso d'água, este pertencerá ao país em cujo território estiver. **2.** *Direito civil.* Depressão de terreno que, anteriormente, servia como leito de um rio, cujas águas secaram, abrindo, naturalmente, novo curso, ou foram desviadas por obra particular ou pública. A acessão natural por abandono de álveo dá-se por um rio que seca ou se desvia em virtude de fenômeno natural. O álveo abandonado da corrente pertence aos proprietários ribeirinhos das duas margens, sendo que a divisão será feita com base em sua linha mediana, pertencendo a cada um na extensão de sua testada, por uma linha perpendicular da margem, nos pontos extremos, à linha mediana do álveo. Os donos dos terrenos por onde as águas, natural e acidentalmente, abrirem novo curso não terão nenhum direito de ser indenizados, por se tratar de força maior que não pode ser evitada. Se, porém, a mudança da corrente se der por utilidade pública, o prédio ocupado pelo novo álveo deverá ser indenizado, e o álveo abandonado passará a pertencer ao expropriante para que se compense da despesa feita. Neste último caso não há aces-

são porque o abandono do álveo foi artificial. Embora o conceito de álveo abandonado como forma de acessão requeira o abandono permanente do antigo leito do rio, é possível que o rio volte, em conseqüência de fatos naturais, ao seu antigo curso, caso em que ocorrem duas situações: a) quando o desvio se der naturalmente, o retorno do rio ao álveo antigo recomporá a situação dominial anterior, ou seja, aqueles que eram os proprietários dos terrenos invadidos pelo novo curso do rio voltarão a sê-lo com o retorno; b) quando o abandono resultar da ação humana, retornando o rio ao leito antigo, continuará a pertencer ao expropriante, a não ser que os antigos donos, preferindo obter de volta suas propriedades, resolvam indenizar o Estado.

ALVEÓLISE. *Medicina legal.* Destruição dos alvéolos dentários; piorréia alveolar.

ALVEOLITE. *Medicina legal.* **1.** Inflamação dos alvéolos pulmonares. **2.** Periostite dos alvéolos dentários.

ALVÉOLO. *Medicina legal.* **1.** Cada uma das pequenas cavidades onde a raiz dos dentes se encaixa nos maxilares (alvéolo-dental). **2.** Pequenas células pulmonares em que se realiza a hematose; fundo do saco onde terminam as últimas ramificações brônquicas (alvéolo-pulmonar). **3.** Músculo facial que nasce nas apófises alveolares (alvéolo-labial).

ÁLVEO MATERNO. *Medicina legal.* Útero.

ALVIDRADOR. *Direito processual civil.* **1.** Perito ou avaliador que dá assistência ao órgão judicante quando a prova do fato depende de conhecimento técnico. **2.** Árbitro que atua quando os litigantes pretendem resolver a controvérsia mediante compromisso.

ALVIDRAMENTO. *Direito processual civil.* **1.** Avaliação. **2.** Arbitramento. **3.** Decisão do avaliador.

ALVÍSSARAS. *Direito civil.* **1.** O mesmo que ACHÁDEGO. **2.** Prêmio ou recompensa que se dá a quem restitui objeto perdido a seu proprietário ou traz boas notícias.

ALVOS ESTRATÉGICOS. *Biodireito* e *direito comercial.* Aqueles considerados no âmbito empresarial com grande percentual de mercado num curto e médio prazo, focados na diferenciação de produtos e na inovação, para o desenvolvimento de um novo patamar de competitividade para a bioindústria brasileira, nacional e internacional.

AMABIMUS. *Lógica jurídica.* Equivalência das quatro modais: possível, contingente, impossível, necessário (Lalande).

AMADOR. 1. *Direito desportivo.* Aquele que pratica desporto por prazer e não por profissão. **2.** *Direito marítimo.* Aquele que, não sendo profissional, está habilitado a conduzir embarcação de esporte ou de recreio, de propulsão mecânica ou a vela, dentro dos limites correspondentes a cada categoria, assim discriminada: a) categoria de Capitão Amador – para navegar entre os portos nacionais e estrangeiros; b) categoria de Mestre Amador – para navegar entre portos nacionais, dentro dos limites da navegação costeira; c) categoria de Arrais Amador – para a navegação de interior de porto, dentro dos limites estabelecidos pela Capitania dos Portos, e para a navegação de interior fluvial e lacustre; d) categoria de Motonauta – para operar exclusivamente a embarcação miúda da modalidade moto aquática (*jet-ski*); e) categoria de Veleiro – para conduzir embarcação a vela ou a remo, dentro dos limites estabelecidos pelas Capitanias dos Portos. Qualquer categoria de Amador poderá conduzir moto aquática, observando-se as limitações da classe de navegação e de idade.

AMADRASTADO. *Direito civil.* Aquele que tem madrasta.

A MAIORI AD MINUS. *Lógica jurídica.* É um dos argumentos *a fortiori*, pelo qual se a lei autoriza o mais, implicitamente permite o menos, como bem expressa o brocardo: *In eo quod plus est semper inest et minus*, ou seja, "àquele a quem se permite o mais, não se deve negar o menos". É o argumento que consiste em ter por ordenado ou permitido, de modo implícito, algo menor do que está ordenado ou permitido *expressis verbis*. Por esse argumento passa-se da validade de uma disposição mais extensa para a de outra menos ampla. Trata-se, na verdade, de um *argumento quase-lógico*, por misturar elementos lógicos e extralógicos. Há quem o considere analógico, entendendo que, tanto nele como na analogia, se procura verificar se uma mesma norma, aplicável a uma relação jurídica prevista, deve ser também aplicada à não prevista, em razão de juízos valorativos. Contudo, parece-nos que a argumentação *a maiori ad minus* não é analógica, pois na analogia o juiz deve averiguar se há ou não igual *ratio juris* e semelhança que permita atribuir ao fato não regulado a mesma conseqüência jurídica do previsto, enquanto no argumento *a maiori ad minus* não há igual *ratio*, mas maior intensidade. Por exemplo, se está legalmente permitido emprestar dinheiro, estabelecendo-se juros de 6%, com maior razão admitir-se-á o empréstimo com 4% de juros. Percebe-se que o argumento *a maiori ad minus* é uma inferência que possibilita uma interpretação extensiva, constituindo-se numa simples subsunção.

AMALFITANO. *Direito marítimo.* Relativo a um código náutico do século X, feito na Itália, em Amalfi, que constituiu a base do direito internacional marítimo na Europa.

AMALHAR. *Direito agrário.* Recolher o gado à malhada ou abrigá-lo em um curral de tábuas, por exemplo.

AMAMENTAÇÃO. 1. *Direito do trabalho.* Causa de proteção à mulher que trabalha, dando-se-lhe dois períodos diários de descanso, de meia hora cada um, para amamentar seu filho, até que atinja a idade de seis meses, podendo ser tal prazo aumentado, se imprescindível para a saúde da criança. Para tanto deverá a empresa manter, no local destinado à guarda dos filhos de suas trabalhadoras, berçário, saleta de amamentação, cozinha dietética e instalação sanitária. **2.** *Medicina legal.* Alimentação da criança feita pela mãe; lactação; aleitamento; ato de amamentar.

AMANCEBADO. *Direito civil.* Aquele que está amasiado; o que vive em concubinato.

AMANCEBAMENTO. *Direito civil.* Concubinato; amasiamento; união de pessoas de sexo diferente sem que haja qualquer vínculo matrimonial entre elas.

A MANDADO DE. À ordem de; a mando de.

À MANEIRA DE. Ao modo de; à semelhança de.

AMANSIA. *Direito agrário.* Ato de amansar touro ou outro animal para habituá-lo ao trabalho.

AMANTE. 1. *Direito civil.* a) Aquele que vive em concubinato impuro; amásio; concubina; b) o que mantém relação sexual com outra pessoa, mesmo que com ela não viva *more uxorio*, pela ausência do ânimo de viver em estado de casado. **2.** *Direito marítimo.* Cabo grosso utilizado para içar ou sustentar parte de uma embarcação.

AMANUENSE. 1. *História do direito.* Escravo romano encarregado de secretariar seu amo, porque era perito em todos os ramos de escrita. **2.** Copista; escrevente. **3.** *Direito administrativo.* Empregado de repartição pública que, outrora, tinha a função de efetivar registros, redigir correspondência oficial ou fazer cópias.

AMARAGEM. *Direito aeronáutico.* Pouso de um hidroavião na água.

AMARAR. *Direito aeronáutico.* Pousar o hidroavião na água; descer o hidroavião ao mar.

AMARINHAR. *Direito marítimo.* **1.** Equipar o navio; prover a embarcação de tripulantes. **2.** Ato de inscrever-se como marinheiro.

AMARIZAR. *Vide* AMARAR.

AMARRA. *Direito marítimo.* Corda ou corrente grossa que prende o navio à âncora ou a um ponto fixo. A perda da amarra ou o seu abandono para salvar a embarcação e a carga constitui *avaria grossa*. Se, porém, essa perda se der por caso fortuito, ter-se-á *avaria simples*.

AMARRAÇÃO. 1. *Direito marítimo.* a) Ato de amarrar; b) local onde se amarra um navio; ancoradouro. **2.** Conjunto de petrechos (âncoras, cordas ou correntes) utilizados para prender o navio ao cais. **3.** *Direito militar.* Operação que possibilita estabelecer a pontaria por meio de referências.

AMARRADO. 1. *Direito civil.* Diz-se da caça que foi descoberta pelo cão, que a acirra até que o caçador dela se aproxime. **2.** *Direito marítimo.* Navio ancorado.

AMÁSIO. *Direito civil.* **1.** Concubino; amancebado; aquele que se une a pessoa de sexo oposto, sem casamento. **2.** Amante.

AMATALOTAR. *Direito marítimo.* **1.** Ato de revezar-se no serviço de bordo. **2.** Associar-se em viagem ou em serviços de navio.

AMAUROSE. *Medicina legal.* Perda da visão por perturbação nervosa, sem que haja qualquer lesão nos olhos.

AMAXOFOBIA. *Medicina legal.* Medo mórbido de andar de automóvel.

AMAZIA. *Medicina legal.* Carência congênita de glândulas mamárias.

AMAZONA. 1. *Medicina legal.* a) Mulher que apresenta falta congênita de seios. b) Virago. **2.** *Direito desportivo.* Mulher que pratica hipismo.

AMAZÔNIA LEGAL. *Direito administrativo.* Região que abrange o Acre, Amazonas, Rondônia, Roraima, Pará, Amapá, Tocantins e parte do Maranhão.

AMBICÍDIO. *Direito penal.* Trata-se do pacto feito entre duas pessoas para a realização de homicídio seguido de suicídio.

AMBIDESTRO. *Medicina legal.* Aquele que se utiliza de ambas as mãos com facilidade e habilidade.

AMBIENTE. 1. *Direito civil.* Conjunto de elementos naturais (água, terra, ar, vegetação etc.) que envolvem os seres vivos, imprescindíveis para sua existência, influenciando no seu desenvolvimento e na qualidade de sua vida, sendo causa, se poluídos, de responsabilidade civil. **2.** *Direito administrativo* e *direito ambiental.* a) Dá origem a medidas de controle de caráter policial-administrativo, tais como, por exemplo, imposição de multa, advertência, fechamento de estabelecimentos industriais, interdição etc., desde que haja qualquer gravame, dano ecológico ou poluição ambiental. Isto é assim porque o direito não pode ficar inerte à devastação ecológica, pois as conquistas científicas ou tecnológicas podem destruir os bens da natureza, contaminando rios, com despejos industriais, contendo resíduos de plástico, arsênico, chumbo, da destilação de álcool ou de outras substâncias venenosas; destruindo florestas e reservas biológicas; represando rios; usando energia nuclear etc; b) meio que cerca ou envolve os produtos para telecomunicações em operação.

AMBIENTE DE CONTRATAÇÃO LIVRE (ACL). *Direito administrativo.* Segmento do mercado no qual se realizam as operações de compra e venda de energia elétrica, objeto de contratos bilaterais livremente negociados, conforme Regras e Procedimentos de Comercialização específicos.

AMBIENTE DE CONTRATAÇÃO REGULADA (ACR). *Direito administrativo.* Segmento do mercado no qual se realizam as operações de compra e venda de energia elétrica entre Agentes Vendedores e Agentes de Distribuição, precedidas de licitação, ressalvados os casos previstos em lei, conforme Regras e Procedimentos de Comercialização específicos.

AMBIGÜIDADE. 1. *Teoria geral do direito* e *filosofia do direito.* a) Um dos argumentos sofísticos lingüísticos em que a refutação se realiza em conformidade com a linguagem utilizada; b) conceito semiótico que supera a função puramente lógica ou jurídica tradicional, consistindo na associação de um número finito de significados alternativos com a mesma forma fonética; c) palavra que pode conduzir a várias interpretações, ante o fato de conter diferentes significados; d) possibilidade de interpretação dúbia de uma palavra; existência de duplo sentido ou dubiedade interpretativa numa disposição de lei ou em cláusula contratual, em razão de algum defeito de redação, que levanta dúvida relativamente ao seu real significado, requerendo do intérprete ou do aplicador uma interpretação racional, ou seja, mais consentânea com a realidade fático-social e com os valores positivos. **2.** *Direito romano.* Expressão muito usada pela dogmática jurídica em matéria interpretativa. Por exemplo, no pacto ambíguo de compra e venda, exigia-se interpretação contra o vendedor; no texto legal, ordenava-se que o costume e a jurisprudência tivessem força de lei; nas palavras, requeria-se que valesse o significado mais adequado ao ato.

AMBIGUITAS CONTRA STIPULATOREM EST. *Expressão latina.* Indica regra interpretativa do contrato, segundo a qual as cláusulas ambíguas devem ser interpretadas contra o contratante que as estipulou.

AMBIGUITAS, VEL DUBIETAS, IN MELIOREM SEMPER PARTEM EST INTERPRETANDA. *Aforismo jurídico.* A ambigüidade, ou a dúvida, deve ser interpretada no melhor sentido.

AMBÍGUO. 1. *Teoria geral do direito* e *filosofia do direito.* a) Aquilo que apresenta duplo sentido; b) erro formal caracterizado pela diversidade de significação atribuída às palavras; c) diz-se do termo que apresenta vários sentidos alternativos com a mesma estrutura fonemática; d) sentido que admite interpretações contrárias ou diversas. **2.** *Direito processual.* Diz-se do acórdão ou da sentença que, pela ambigüidade, dão lugar aos embargos declaratórios.

AMBIL-ANAK. *Sociologia jurídica.* Costume de sociedade patrilinear e patrilocal que permite, na hipótese de um casal sem filho varão, o casamento da filha com prerrogativa matrilinear e matrilocal, sendo que tal concessão só poderá ser feita por uma geração.

AMBÍLEVO. *Medicina legal.* Aquele que é incapaz de fazer uso de qualquer das mãos com facilidade ou habilidade.

AMBILIANO. *Sociologia jurídica.* Diz-se do matrimônio entre malaios, em que o marido subordina-se à mulher ou à família desta. É uma modalidade de matriarcado.

AMBIOPIA. *Medicina legal.* Perturbação visual caracterizada pela duplicação dos objetos.

AMBISSÉXUO. *Medicina legal.* **1.** Aquele que possui dois sexos; hermafrodita. **2.** Bissexual, ou seja, o que tem atração sexual por ambos os sexos.

ÂMBITO. 1. *Direito eleitoral.* Suborno ou compra de votos para ganhar eleição. **2.** Na *linguagem*

comum, designa recinto onde se situa qualquer coisa ou onde ocorre qualquer fato. **3.** *Teoria geral do direito.* Ponto principal ou núcleo de uma questão. **4.** *Direito civil.* Meio ilícito para a obtenção de um objetivo.

AMBIVALÊNCIA. *Psicologia forense.* Coexistência, numa mesma pessoa, de dois sentimentos opostos e contraditórios, como amor e ódio, dando origem a certos impulsos, conscientes ou não, que constituem sintomas de esquizofrenia, conducente à prática de determinados crimes, como, por exemplo, infanticídio, levado a efeito por uma mãe que, em razão de atitude ambivalente, pode transferir à criança o rancor que tem pelo seu pai.

AMBIVERSÃO. *Psicologia forense.* Tipo de personalidade intermediária entre a extroversão e a introversão.

AMBLIAFIA. *Medicina legal.* **1.** Apatia física. **2.** Insensibilidade táctil.

AMBLIOPIA. *Medicina legal.* Perturbação da visão, sem que haja qualquer lesão no globo ocular, enfraquecendo-a ante efeitos tóxicos de certas drogas.

AMBLOSE. *Vide* ABORTO.

AMBLÓTICO. *Medicina legal.* **1.** Abortivo. **2.** Aquilo que é relativo ao aborto.

AMBULANCE CHASING. *Locução inglesa.* Prática ilegal cometida por advogado que emprega corretores para se apresentarem num acidente de trânsito, influenciando o lesado a internar-se num hospital onde um médico ou enfermeira que faz parte de sua organização apresenta conta médico-hospitalar com acréscimo vultoso. Modalidade de crime de colarinho branco.

AMBULÂNCIA. *Medicina legal.* Veículo apropriado e equipado para transportar enfermos ou feridos.

AMBULÂNCIA AÉREA. *Medicina legal.* Avião ou helicóptero preparado para recolher ferido ou enfermo, transportando-o para hospital ou pronto-socorro.

AMBULÂNCIA DE RESGATE. Veículo de atendimento de urgências pré-hospitalares de pacientes vítimas de acidentes ou pacientes em locais de difícil acesso, com equipamentos de salvamento (terrestre, aquático e em alturas).

AMBULÂNCIA DE SUPORTE AVANÇADO. Veículo destinado ao atendimento e transporte de pacientes de alto risco em emergências pré-hospitalares e/ou de transporte inter-hospitalar que necessitam de cuidados médicos intensivos. Deve contar com os equipamentos médicos necessários para essa função.

AMBULÂNCIA DE SUPORTE BÁSICO. Veículo destinado ao transporte inter-hospitalar de pacientes com risco de vida conhecido e ao atendimento pré-hospitalar de pacientes com risco de vida desconhecido, não classificado com potencial de necessitar de intervenção médica no local e/ou durante o transporte até o serviço de destino.

AMBULÂNCIA DE TRANSPORTE. Veículo destinado ao transporte em decúbito horizontal de pacientes que não apresentam risco de vida, para remoções simples e de caráter eletivo.

AMBULANTE. 1. *Direito comercial.* Diz-se daquele vendedor que, por não ter estabelecimento fixo, vai a vários lugares, oferecendo suas mercadorias à venda. Trata-se do mascate ou vendedor itinerante que, por não terem um ponto comercial para a sede de seus negócios, têm por domicílio o local onde forem encontrados. **2.** *Medicina legal.* Diz-se de enfermidade que surge, sucessivamente, em várias partes do corpo humano, como, por exemplo, reumatismo ambulante.

AMBULANTE DE BILHETES. Pessoa física que comercializa as loterias federais de bilhetes e os produtos conveniados autorizados, exercendo suas atividades em locais de acesso franqueado ao público. A critério da Caixa poderá ser definida uniformidade de vestuário para essa categoria.

AMBULATÓRIO. 1. *Direito do trabalho.* Enfermaria instalada em indústrias, ou em grandes estabelecimentos, para atender aos seus operários, inclusive quando vítimas de acidente de trabalho, efetivando curativos, consultas e pequenas cirurgias. **2.** *História do direito.* Jurisdição dos tribunais, que não possuíam sede fixa, exercendo suas funções ora em um local, ora em outro. **3.** Em *sentido figurado*, designa a instabilidade volitiva humana, que pode levar, por exemplo, o testador a revogar seu testamento quando e como lhe aprouver, desde que se atenha ao disposto em lei.

AMEAÇA. 1. Na *linguagem comum,* designa a perspectiva de um mal, que vem a abolir ou a restringir a livre manifestação da vontade de alguém, atemorizando-o, enunciada por palavra, gesto ou sinal. **2.** *Direito civil.* Coação ou ato pelo qual alguém exerce uma pressão física ou moral sobre outra pessoa, sua família, seus bens ou sua honra, para obrigá-la a realizar certo negócio. Urge lembrar que a ameaça do exercício normal de um direito não consistirá ilícito nem coação suscetível de anular o negócio. **3.** *Direito constitucional.* Diz-se da perturbação da ordem interna tendente a colocar em perigo as instituições jurídicas e a segurança do Estado e dos cidadãos. Trata-se da *ameaça interna*, que constitui crime contra a segurança nacional. **4.** *Direito internacional público.* Ânimo que apresenta um país em agredir outro, fazendo com que este tome providências, inclusive belicosas, para resguardar a integridade de seu território, de modo a não se surpreender com a execução da *ameaça externa*. **5.** *Direito penal.* a) Advertência de futura pena; b) promessa de fazer um mal injusto e grave a outrem, incutindo-lhe sério receio. Por ser um crime contra a liberdade individual, será apenado com detenção ou multa; c) constrangimento ilegal que consiste em levar alguém, mediante violência ou grave ameaça, ou depois de lhe haver reduzido a capacidade de resistência, a não fazer o que a lei permite ou a fazer o que ela não manda. **6.** *Direito processual civil.* a) Causa justificadora do pedido de interdito proibitório, pois este só é cabível na hipótese de haver ameaça de turbação ou de esbulho da posse; b) intimação.

AMEAÇO. *Medicina legal.* Princípio de alguma doença.

AMEALHADO. *Direito civil.* Economizado ou ajuntado aos poucos.

AMEAR. *Direito civil.* Proceder à meação dos bens.

AMELIA. *Medicina legal.* Ausência congênita dos membros do corpo humano.

ÂMELO. *Medicina legal.* Feto que apresenta excrescência verrugosa onde deveriam estar seus membros.

AMELOPIA. *Medicina legal.* Perda parcial ou diminuição da visão.

AMÊNCIA. *Medicina legal.* Desenvolvimento anormal da mente, congênito ou não, equivalente à idiotia.

AMENDE. *Termo francês.* Multa.

AMENDE HONORABLE. *Locução francesa.* Retratação pública do ofensor.

AMENORRÉIA. *Medicina legal.* Ausência de menstruação geralmente causada pela falta de hormônios.

AMENTAL. *Medicina legal.* Aquele que é portador de alguma enfermidade mental ou de algum tipo de demência ou loucura.

AMERICAN DEPOSITARY RECEIPTS (ADRs). *Direito internacional privado.* Valores mobiliários, emitidos por bancos norte-americanos, que possibilitam a captação de recursos no mercado de capitais dos Estados Unidos por sociedades anônimas sediadas fora desse país.

AMERICANISMO. *Sociologia geral.* **1.** Costume próprio ou peculiar dos americanos. **2.** Simpatia às instituições dos Estados Unidos da América do Norte.

AMERICANOCRACIA. *Direito internacional público.* Controle político-econômico de um país pelos Estados Unidos.

AMERICANOFILIA. *Sociologia geral.* Predileção pelo povo e pelas instituições americanas.

AMERICANOFOBIA. *Medicina legal.* Aversão mórbida a tudo que é americano.

AMERICANOMANIA. *Sociologia geral.* Admiração demasiadamente excessiva às coisas da América.

AMERÍNDIO. Aquilo que é concernente aos indígenas da América.

AMETROPIA. *Medicina legal.* Designação genérica de miopia, hipermetropia e astigmatismo.

AMICABLE COMPOUNDER. *Locução inglesa.* Árbitro.

AMICUM PERDERE EST DAMNORUM MAXIMUM. *Expressão latina.* Perder um amigo é o maior dos males.

AMICUS CERTUS IN RE INCERTA CERNITUR. *Expressão latina.* O amigo certo é aquele que se manifesta nos momentos incertos.

AMICUS CURIAE. 1. *Locução latina.* a) Amigo da corte, da cúria ou da justiça; b) perito nomeado pelo juiz para aconselhá-lo (Paulo Rónai). **2.** *Direito processual civil.* a) Aquele que busca, em juízo, a tutela de interesses ou direitos não subjetivados nas partes litigantes, nem nele próprio, mas que influenciam o julgamento da causa (Cássio Scarpinella Bueno). É o legítimo representante desses interesses e direitos de outrem; b) eventual interessado, entidade de classe, associação, organização não governamental que, na função de interveniente, apresente memorial ou faça sustentação oral nos julgamentos de Juizados Especiais Federais; c) interveniente (Cássio Scarpinella Bueno); d) forma de intervenção processual que possibilita a participação do cidadão nas ações sobre controle concentrado de constitucionalidade de normas jurídicas, de interesse social relevante; e) pessoa ou entidade que não é parte na causa, mas tem interesse na matéria em julgamento, e que requer ao tribunal permissão para submeter uma manifestação com objetivo de influenciar uma decisão importante para a sociedade. Sua atuação poderá dar-se mediante sustentação oral, memorial-manifestação contendo informações valiosas, em processos que envolvam interesses coletivos ou difusos. Sua tarefa não é beneficiar um dos litigantes, mas auxiliar o tribunal, daí exercer uma assistência qualificada (Paulo Afonso Linhares); f) na ação direta de inconstitucionalidade há possibilidade de intervenção processual do *amicus curiae*, investido de representatividade adequada de uma entidade ou órgão, para manifestar sobre questão de direito subjacente à própria controvérsia constitucional, havendo interesse geral da coletividade ou estando em jogo valores essenciais de grupos, classes ou estratos sociais, possibilitando ao STF a análise de elementos informativos necessários à resolução da controvérsia (Edgard Silveira Bueno Filho).

AMICUS HUMANI GENERIS. *Expressão latina.* Amigo de todos.

AMIELIA. *Medicina legal.* Ausência da medula espinhal.

AMIELONEURIA. *Medicina legal.* Funcionamento defeituoso ou paralisia da medula espinhal.

AMIGAÇÃO. *Direito civil.* Concubinato.

AMIGAR. *Direito civil.* Amasiar-se.

AMIGÁVEL. 1. *Direito civil.* Diz-se do ato negocial feito mediante consenso mútuo das partes, por intermédio de acordo ou transação extrajudicial. **2.** *Direito processual civil.* Diz-se: a) da composição feita pelas partes durante a pendência judicial, pondo fim à controvérsia, extinguindo obrigação duvidosa ou litigiosa. Trata-se da transação judicial; b) da separação judicial ou extrajudicial em que os consortes, por mútuo consenso, deliberam sobre os bens, guarda de filhos, alimentos, dissolvendo a sociedade conjugal; c) da conciliação nas ações de alimentos.

AMIGDALECTOMIA. *Medicina legal.* Extirpação das amígdalas.

AMIGDALITE. *Medicina legal.* Inflamação das amígdalas.

AMIGDALOPATIA. *Medicina legal.* Doença das amígdalas.

AMIGDALOTOMIA. *Medicina legal.* Incisão das amígdalas ou extirpação de parte delas.

AMIGDALOTRIPSIA. *Medicina legal.* Ablação das amígdalas por esmagamento.

AMILHAGEM. *Direito agrário.* Ato de dar rações de milho aos animais.

AMILÚRIA. *Medicina legal.* Presença de amido na urina.

AMIMIA. *Medicina legal.* Perda da capacidade de usar gestos como símbolos de idéias ou sentimentos, ou seja, afasia de compreensão de mímica, em virtude de uma lesão cerebral de recepção.

À MÍNIMA. *Direito processual penal.* É a apelação interposta pelo Ministério Público, pelo assistente de acusação ou pelo representante do ofendido contra sentença penal que veio a condenar o réu ao cumprimento de uma pena muito leve.

A MINORI AD MAIUS. *Lógica jurídica.* É o argumento *a fortiori*, que consiste em passar da validade de uma disposição normativa menos extensa para outra mais extensa, necessitando-se, para tanto, do auxílio de valorações. É aquele que "se a lei proíbe o menos, com maior razão proíbe o mais". Assim, se se proíbe a entrada de cães, com mais razão está proibida a de ursos; se a negligência deve ser punida, tanto mais o deverá o ato doloso. Não se trata, em nosso entender, de um raciocínio analógico, mas sim de uma interpretação extensiva.

AMIOCARDIA. *Medicina legal.* Fraqueza do músculo cardíaco.

AMIOSTASIA. *Medicina legal.* Tremor involuntário dos músculos colocados em ação para realizar qualquer movimento.

AMIOSTENIA. *Medicina legal.* Diminuição da força dos músculos.

AMIOTAXIA. *Medicina legal.* Convulsão involuntária, de origem reflexa, provocada por neurites ou tabes.

AMIOTONIA CONGÊNITA. *Medicina legal.* Doença infantil que, ante a flacidez muscular esqueletal, se caracteriza pela incapacidade de a criança mover-se livremente e manter-se em posição ereta.

AMIOTROFIA. *Medicina legal.* Atrofia muscular.

AMIR. *Vide* EMIR.

AMIRADO. *Direito internacional público.* Cargo de emir.

AMISSÃO. Perda de algo (bem, direito ou prazo).

AMISSIO LUCRI EST DAMNUM. *Expressão latina.* A perda do lucro é dano.

AMIZADE. 1. Sentimento de afeto que liga as pessoas. **2.** Qualidade de amigo. **3.** Reciprocidade na afeição.

AMIZADE ÍNTIMA. 1. *Direito processual.* a) Causa impeditiva de testemunho, por exemplo, entre cônjuges e parentes até terceiro grau, pois há uma implícita e presumida amizade íntima entre eles; b) motivo de exceção de suspeição se existente entre magistrado, testemunha, perito, administrador judicial etc. e a pessoa de um dos litigantes, do acusado, do falido etc. **2.** Comumente significa o laço de afeição que liga duas pessoas que apresentam intimidade por estarem em contato permanente ou por terem convivência.

AMNÉSIA. *Medicina legal.* Perda ou diminuição considerável da memória, em razão de afecção cerebral, em regra associada a um conflito emocional repentino.

AMNÉSIA ANTERÓGRADA. *Medicina legal.* Perda da memória, seguida a um trauma, trazendo dificuldade para fixar fatos recentes, sem perder a capacidade de lembrar do passado.

AMNÉSIA AUDITIVA. *Medicina legal.* Incapacidade de compreensão da palavra falada.

AMNÉSIA INFANTIL. *Psicologia forense.* Esquecimento de episódios que ocorreram nos seis primeiros anos de vida.

AMNÉSIA LACUNAR. *Medicina legal.* Perda passageira da memória concernente ao período em que a fixação foi impossível ou insuficiente.

AMNÉSIA PARCIAL. *Psicologia forense.* Esquecimento de números, de nomes próprios etc., provocado pela fadiga.

AMNÉSIA PROGRESSIVA. *Psicologia forense.* Lento e contínuo desgaste da memória, acarretando sua perda (Ribot).

AMNÉSIA RETROANTERÓGRADA. *Medicina legal.* Dificuldade de fixar acontecimentos presentes e recordar fatos pretéritos.

AMNÉSIA RETRÓGRADA. *Medicina legal.* Confusão da memória quanto ao passado, que fica no esquecimento, pois o paciente só consegue fixar o momento presente.

AMNÉSIA VERBAL. *Medicina legal.* Perda da memória para palavras.

ÂMNIO. *Medicina legal.* Membrana inferior da bolsa que contém o líquido amniótico e envolve o feto, protegendo-o até o nascimento.

AMNIORREXE. *Medicina legal.* Ruptura da bolsa, na gestante, que pode ser espontânea, acidental ou provocada.

AMO. 1. *Direito civil.* Dono da casa; senhor. **2.** *Direito do trabalho.* Empregador.

AMOEDAÇÃO. *Economia política.* Cunhagem de moeda.

AMOEDAR. *Economia política.* **1.** Cunhar moeda. **2.** Reduzir a dinheiro.

AMOJO. *Direito agrário.* **1.** Desenvolvimento que a rês apresenta no úbere nas vésperas do parto. **2.** Estado lactescente dos grãos de cereais. **3.** Entumescimento produzido pelo leite nas vacas, cabras etc.

AMONTOA. *Direito agrário.* **1.** Operação agrícola que consiste em juntar terra ao pé das plantas que têm raízes adventícias, para firmá-las ao solo. **2.** Operação de chegar terra aos pés do algodoeiro com o escopo de eliminar excesso de umidade.

AMONTOADOR. *Direito agrário.* Arado de duas aivecas próprio para levantar a terra, aconchegando-a às plantas.

AMOQUE. *Medicina legal.* Estado psicopatológico que, em regra, ocorre entre malaios, caracterizando-se por alucinações visuais e depressão seguida de impulso homicida.

AMOR. 1. *Direito civil.* a) Cuidado que uma pessoa tem com o que lhe é próprio, descurando-se do alheio. Eis a razão pela qual o Código Civil de 1916 prescrevia que o gestor de um negócio teria responsabilidade civil por dano advindo de caso fortuito se se descuidasse dos interesses do dono para atender aos próprios, ou melhor, por amor dos seus; b) sentimento que liga pessoas casadas ou companheiros. **2.** Na *linguagem comum,* pode indicar: a) fenômeno cerebral ou afetivo causado por instinto que impele o homem ao que se lhe afigurar belo, digno, grandioso; b) afeição, grande amizade, simpatia, ligação espiritual, carinho etc.; c) afeição de uma pessoa a outra de sexo oposto; d) veneração; e) desejo sexual. **3.** Na *linguagem filosófica,* é a tendência de apego aos objetos.

AMORAL. 1. *Medicina legal.* Aquele que se situa fora de qualquer noção de moral ou de seus valores, por ser a eles indiferente, uma vez que não os tem em conta ou não os conhece, podendo, por isso, enveredar pela senda do crime, em razão da ausência de sentimento de culpa. **2.** *Psicologia forense.* Pessoa que não tem o senso moral, sendo por isso cruel, desalmada, insensível etc.

AMORALIDADE. *Medicina legal.* Qualidade de amoral.

AMORALISMO. Doutrina negadora da moral.

AMORFO. *Medicina legal.* **1.** Feto anormal acardíaco, sem forma definida. **2.** Deformação. **3.** Pessoa apática, sem qualquer iniciativa. **4.** Indivíduo sem caráter definido. **5.** Diz-se da doença que evolve sem que haja diferenciação de seus caracteres.

AMORFOSOMIA. *Medicina legal.* Disformidade do corpo humano.

AMOR-PRÓPRIO. 1. Egoísmo. **2.** Orgulho pessoal.

AMORTECEDOR. *Direito marítimo.* Mola de barômetro ou cronômetro própria para diminuir o efeito da trepidação dos navios.

AMORTIZAÇÃO. 1. *Direito civil.* a) Ato ou efeito de amortizar; b) pagamento parcial de uma dívida efetivado periodicamente; c) quantia empregada, de modo parcelado, para amortizar um débito; d) extinção; e) diminuição; f) resgate gradual de uma obrigação, mediante parcelas sucessivas, até que se tenha o seu pagamento total, ante a impossibilidade de ser a dívida paga de uma só vez. **2.** *Direito administrativo.* Estabelecimento público com a função de emitir, substituir, trocar, queimar e resgatar títulos de dívida pública ou papel-moeda em circulação. **3.** *Direito tributário.* Dedução que poderá ser legalmente feita pelo contribuinte do imposto sobre a renda, com o escopo de se promover a tributação pelo líquido efetivo do que se apurar de seus rendimentos. **4.** *Direito comercial.* Parcela que, anualmente, é retirada pelo empresário do lucro líquido verificado em seu negócio com o objetivo de atender à depreciação de certos bens ativos que figuram no balanço.

AMORTIZAÇÃO DE AÇÕES. *Direito comercial.* **1.** Ato pelo qual a sociedade anônima distribui a todos ou a alguns de seus acionistas, a título de antecipação, somas de dinheiro que caberiam às ações, na hipótese de liquidação, retiradas dos fundos disponíveis, sem que haja diminuição do capital. **2.** Aquisição de ações pela própria sociedade emissora.

AMORTIZAÇÃO DE DÍVIDA PÚBLICA. *Direito administrativo.* Resgate anual da dívida pública, seja ela interna ou externa, feito pelo governo, mediante cotas que, para essa finalidade, foram consignadas no orçamento, até que se opere a completa extinção da mencionada dívida.

AMORTIZAÇÃO NEGATIVA. *Direito financeiro.* Prestação de financiamentos, principalmente, do Sistema Financeiro de Habitação, cujo valor não cobre o custo do financiamento e deforma projeções de capitalização dos recursos necessários à continuidade das operações (Luiz Fernando Rudge).

AMORTIZAR. 1. *Direito civil.* Extinguir, paulatinamente, uma dívida através de seu parcelamento, ou seja, pagando prestações periódicas, nas quais se incluem os juros, até que se tenha o seu resgate. **2.** *Direito comercial.* a) Diminuir, de modo gradual, nos livros contábeis, até se obter a extinção total, o custo contabilizado de qualquer item de propriedade (por exemplo, máquina industrial), por débitos periódicos à conta de despesas ou à de lucros e perdas; b) ato de a sociedade anônima comprar suas próprias ações com fundos disponíveis.

AMOR VINCIT OMNIA. *Expressão latina.* O amor vence todas as coisas.

AMOSTRA. 1. *Direito civil.* a) Pequena porção ou exemplar de uma coisa que se dá para demonstrar ou para que se verifiquem sua qualidade, caracteres, tipo etc. Assim, se se operar uma venda à vista de amostra, o vendedor estará assegurando ao comprador as qualidades apresentadas pela coisa vendida; b) é representada por quantidade, fragmentos ou partes de qualquer matéria-prima, produto ou bens estritamente necessários para dar a conhecer sua natureza, espécie e qualidade. **2.** *Direito comercial.* a) Modelo ou pequena parte da mercadoria que, antes da venda, se fornece para dar a conhecer ou provar sua natureza, espécie e qualidade, não tendo qualquer valor comercial. Se a venda se efetivar à vista de amostras, ou se o contrato designar qualidade de mercadoria conhecida nos usos do comércio, não poderá o comprador recusar-se a recebê-la, desde que conforme à amostra ou à qualidade designada. Se houver qualquer dúvida, esta será solucionada por arbitradores; b) propaganda de mercadoria que se opera mediante distribuição gratuita. **3.** *Direito agrário.* Material biológico colhido de animais sacrificados ou enfermos destinados ao isolamento e à identificação de agentes etiológicos.

AMOSTRA DO LOTE. *Direito do consumidor.* É a quantidade de produtos retirados aleatoriamente do lote que serão efetivamente verificados.

AMOSTRA-TIPO. *Direito comercial.* É a que indica a espécie de mercadoria oferecida à venda pelo empresário, não havendo a possibilidade de se exigir a absoluta identidade com o modelo apresentado. O comprador, então, não poderá reclamar mercadoria com todos os caracteres e qualidades da amostra, mas apenas produto da mesma espécie do tipo ou que tenha os caracteres gerais da amostra.

AMOSTRA VIVA. *Direito agrário.* É a fornecida pelo requerente do direito de proteção que, se utilizada na propagação da cultivar, confirme os descritores apresentados.

AMOTERAPIA. *Medicina legal.* Tratamento de certas moléstias mediante uso de areia.

AMOTINAÇÃO. *Direito penal.* **1.** Ato de amotinar, rebelar, de se revoltar contra governo. **2.** Motim; revolta; rebelião; sublevação armada ou sedição, perturbando a ordem pública, podendo trazer perigo à existência do Estado e à forma de governo. **3.** Motim de presos, perturbando a disciplina da prisão. É crime punido com detenção, além da pena correspondente à violência.

AMOTINADO. *Direito penal.* Revoltado, rebelado ou sublevado.

AMOTINADOR. *Direito penal.* O que amotina.

AMOTINAMENTO. *Vide* AMOTINAÇÃO.

A MOTU PROPRIO. *Expressão latina.* Espontaneamente; sem provocação; por vontade própria.

AMOVIBILIDADE. 1. Qualidade do que pode ser transferido ou removido. **2.** Transferibilidade. **3.** *Direito administrativo.* a) Qualidade do cargo que é transitório, ou seja, que não é efetivo, por isso seu titular dele poderá ser privado *ad nutum* pela autoridade superior competente; b) removibilidade de funcionário de um cargo para outro ou de um lugar para outro, sem que possa alegar qualquer direito em seu benefício.

AMPARO. 1. Sustento; coisa ou pessoa que ampara. **2.** Asilo. **3.** Abrigo. **4.** Proteção; patrocínio.

AMPELOTERAPIA. *Medicina legal.* Tratamento de certas moléstias por meio de uvas, em razão de seu efeito laxativo.

AMPLA DEFESA. 1. *Direito administrativo.* Direito concedido a todos os funcionários e particulares envolvidos em algum inquérito ou processo administrativos, fundado no princípio constitucional de que ninguém pode ser condenado sem ser ouvido. **2.** *Direito processual.* Direito assegurado a todos aqueles que estão implicados num processo, admitindo-se o contraditório, ou seja, dando possibilidade à produção de provas.

AMPLIAÇÃO. 1. Ato ou efeito de ampliar. **2.** Dilatação; alargamento. **3.** Generalização do significado de um vocábulo. **4.** Aumento de responsabilidade, ônus ou encargos.

AMPLIAÇÃO DA CAPACIDADE DE RODOVIAS PA-VIMENTADAS. *Direito administrativo.* Conjunto de operações necessárias à execução de melhorias técnicas em rodovias existentes, tais como: recuperação de acostamento, implantação de intersecção em dois níveis, rotatórias, retificação de curvas, duplicação da via nas travessias urbanas, implantação de 3ª faixa e substituição de obras de arte.

AMPLIAÇÃO DA PENA. *Direito penal.* Aumento ou agravação da pena aplicada ou a ser aplicada.

AMPLIAÇÃO DA PENHORA. *Direito processual civil.* Ato pelo qual se opera a continuação de uma penhora, ante a insuficiência de bens penhorados.

AMPLIAÇÃO DE HABITAÇÃO. *Direito urbanístico.* São obras e serviços que resultem em aumento da área construída da unidade habitacional, com vistas a sanar o problema de adensamento excessivo, adequando a quantidade de cômodos passíveis de serem utilizados como dormitório na residência ao número de moradores, considerando o limite de três pessoas por cômodo.

AMPLIAÇÃO DO PRAZO. Dilatação do prazo.

AMPLIATIVA. *Teoria geral do direito.* **1.** Diz-se da interpretação cujo efeito for mais extenso que a expressão contida no texto da norma, ultrapassando o núcleo do sentido normativo. **2.** O mesmo que INTERPRETAÇÃO EXTENSIVA.

AMPUTAÇÃO. 1. *Medicina legal.* a) Cirurgia para extirpação total ou parcial de um membro ou órgão do corpo; b) mutilação, eliminação, corte; c) ato de mutilar. **2.** *Direito do trabalho.* Causa de incapacidade para o trabalho. **3.** *Direito penal.* Objeto de crime de lesão corporal grave. **4.** *Direito civil.* Ato que poderá gerar responsabilidade civil por dano ao corpo.

AMTSGERICHT. *Termo alemão.* Magistrado.

AMURADA. *Direito marítimo.* Prolongamento do costado da embarcação, acima da parede interna do casco.

AMUSIA. *Medicina legal.* Perda total ou parcial da capacidade sensorial de apreciar e compreender sons musicais, em virtude de algum vício cerebral de recepção.

ANACEFALEOSE. *Filosofia do direito.* Resumo de argumentos que, outrora, eram apresentados nas discussões de ordem filosófica.

ANACÔMIA. *Medicina legal.* Restabelecimento da saúde.

ANACROASIA. *Medicina legal.* Incapacidade de compreensão das palavras ouvidas.

ANACTESIA. *Medicina legal.* Convalescência; recuperação das forças.

ANACUSIA. *Medicina legal.* Surdez.

ANAFIA. *Medicina legal.* Perda total ou parcial da sensibilidade táctil.

ANAFILAXIA. *Medicina legal.* Reação, que pode causar a morte, a alguma substância injetada no organismo.

ANAFRODISIA. 1. *Medicina legal.* Diminuição do desejo sexual masculino, causada por doenças ou perversão sexual, que pode levar à impotência. **2.** *Direito civil.* Fator importante para dar origem à anulação do casamento.

ANAGNOSASTENIA. *Medicina legal.* Impossibilidade de ler, apesar de distinguir as palavras impressas.

ANAGÓGICO. *Lógica jurídica.* Indutivo (Leibniz).

ANAIS. 1. Publicação feita anualmente ou que trata de assuntos discutidos num dado congresso. **2.** Registro de fatos ou lembranças. **3.** História de um povo contada, periodicamente, ano por ano.

ANALFABETO. 1. *Direito civil.* Aquele que não sabe ler nem escrever, necessitando, para assumir uma obrigação, que alguém firme o documento a seu rogo, na presença de duas testemunhas idôneas, que também o assinarão, ou que tenha um mandatário especial para tanto. **2.** *Direito do trabalho.* Aquele que, por ser inculto, deverá ter, para efeito de quitação, sua impressão digital aposta nos recibos de pagamento. **3.** *Direito processual civil.* Aquele que, por ter instrução primária, não poderá servir como árbitro no juízo arbitral.

ANALGESIA. *Medicina legal.* Insensibilidade à dor produzida por drogas, anestésicos ou bloqueio nervoso.

ANÁLISE. 1. *Direito processual.* Exame de fato *sub judice* para chegar a uma decisão. **2.** *Teoria geral do direito.* a) Crítica; b) processo pelo qual o espírito vai do composto ao simples; c) operação para decomposição de um todo, por exemplo, do produto do pensamento em seus vários elementos; d) estudo de algo complexo, determinando seus aspectos essenciais; e) observação ou exame.

ANÁLISE DE CONTROLE. É aquela efetuada, antes da entrega ao consumo ou da entrada em processo de fabricação, em matérias-primas e produtos, destinada a comprovar a sua conformidade com seu padrão de identidade e qualidade, de acordo com os dispositivos legais vigentes ou com o respectivo registro na Agência Nacional de Vigilância Sanitária (ANVISA).

ANÁLISE DE RISCO DE AGENTE DE CONTROLE BIOLÓGICO. *Direito ambiental.* Estimação da probabilidade de ocorrência de um dano ou efeito diferente do esperado, provocado por um ACB (agente de controle biológico).

ANÁLISE DE RISCO DE PRAGAS (ARP). *Direito ambiental.* Estimativa e manejo do risco de praga.

ANÁLISE FISCAL. É aquela efetuada sobre as mercadorias, em caráter de rotina, para a apuração de infração ou verificação de sua conformidade com os padrões estabelecidos em legislação sanitária pertinente.

ANÁLISE FUNDAMENTALISTA. *Direito financeiro.* Análise de mercados baseada nos fatores econômicos, dependendo de estatísticas, projeções, condições de oferta e demanda de bens e serviços e os fundamentos da economia e das empresas. Metodologia para determinar o preço justo de uma ação, que se fundamenta na expectativa de lucros futuros (Luiz Fernando Rudge).

ANÁLISE JURÍDICA. *Teoria geral do direito.* Interpretação de normas jurídicas.

ANÁLISE TÉCNICA. *Direito financeiro.* Análise de mercado baseada na interpretação de gráficos de preços, volumes e outros indicadores. Metodologia para estudar o movimento de preços das ações, relacionados aos volumes negociados, para determinar tendências de alta, estabilidade ou baixa, em busca da oportunidade de comprar e vender ações a preços compensadores. Mostra como os preços se comportaram no passado, e projeta uma série de expectativas de movimentos de preços no futuro (Luiz Fernando Rudge).

ANALISTA DO BANCO CENTRAL DO BRASIL. *Direito bancário.* É aquele que está incumbido: 1. da formulação, execução, acompanhamento e controle de planos, programas e projetos relativos a: a) gestão das reservas internacionais; b) políticas monetárias, cambial e creditícia; c) emissão de moeda e papel-moeda; d) gestão de instituições financeiras sob regimes especiais; e) desenvolvimento organizacional; e f) gestão da informação e do conhecimento; 2. da gestão do sistema de metas para a inflação, do sistema de pagamentos brasileiro e dos serviços do meio circulante; 3. do monitoramento do passivo externo e a proposição das intervenções necessárias; 4. da supervisão do Sistema Financeiro, compreendendo: a) organização e a disciplina do sistema; b) fiscalização direta das instituições financeiras e das demais instituições autorizadas a funcionar pelo Banco Central do Brasil; c) monitoramento indireto de instituições financeiras, de conglomerados bancários, de cooperativas de crédito, de sociedades de crédito ao microempreendedor, de administradoras de consórcio, de agências de fomento, de demais entidades financeiras independentes e de conglomerados financeiros que não possuam entre suas empresas bancos de qualquer espécie; d) prevenção de ilícitos cambiais e financeiros; e) monitoramento e análise da regularidade do funcionamento das instituições sujeitas à regulação e à fiscalização do Banco Central do Brasil; f) proposta de instauração de processo administrativo punitivo aplicado às instituições sujeitas à regulação e à fiscalização do Banco Central do Brasil; e g) análise de projetos, de planos de negócio e de autorizações relacionadas ao funcionamento de instituições sujeitas à fiscalização do Banco Central do Brasil; 5. da elaboração de estudos e pesquisas relacionados a: a) políticas econômicas; b) acompanhamento do balanço de pagamentos; c) desempenho das instituições financeiras autorizadas a funcionar no País; e d) regulamentação de matérias de interesse do Banco Central do Brasil; 6. da formulação e proposição de políticas, diretrizes e cursos de ação relativamente à gestão estratégica dos processos organizacionais; 7. da fiscalização das operações do meio circulante realizadas por instituições custodiantes de numerário; 8. da elaboração de relatórios, pareceres e de propostas de atos normativos relativos às atribuições previstas em lei; 9. da realização das atividades de auditoria interna; 10. da elaboração de informações econômico-financeiras; 11. do desenvolvimento de atividades na área de tecnologia e segurança da informação voltadas ao desenvolvimento, à prospecção, à avaliação e à internalização de novas tecnologias e metodologias; 12. do desenvolvimento de atividades pertinentes às áreas de programação e execução orçamentária e financeira, de contabilidade e auditoria, de licitação e contratos, de gestão de recursos materiais, de patrimônio e documentação e de gestão de pessoas, estrutura e organização; 13. da representação do Banco Central do Brasil nos órgãos governamentais e nas instituições internacionais, ressalvadas as competências privativas dos Procuradores do Banco Central do Brasil; 14. da atuação em outras atividades vinculadas às competências do Banco Central do Brasil, ressalvadas aquelas privativas dos Procuradores do Banco Central do Brasil; e 15. do planejamento, a organização e o acompanhamento da execução das atividades dos titulares do cargo de técnico do Banco Central do Brasil.

ANALÍTICA. *Filosofia geral.* Estudo das formas do entendimento (Kant).

ANALÍTICA TRANSCENDENTAL. *Filosofia geral.* Ciência das formas *a priori* do entendimento puro (Kant).

ANALÍTICO. 1. *Filosofia geral.* O que constitui uma análise. **2.** *Lógica jurídica.* a) Juízo em que o predicado está contido no sujeito (Kant); b) método consistente num conjunto de procedimentos lógicos (Hamelin). **3.** *Psicologia forense.* Aquela pessoa que considera as coisas em seus elementos (Lalande).

ANALOGIA. *Teoria geral do direito.* É a aplicação, a um caso não regulado de modo direto ou específico por uma norma jurídica, de uma prescrição normativa prevista para uma hipótese distinta, mas semelhante ao caso não contemplado, fundando-se na identidade do motivo da norma e não na identidade do fato. É um apotegma lógico-decisional, ou seja, um procedimento quase lógico, que envolve: a constatação de uma semelhança entre fatos-tipos diferentes e um juízo de valor que venha a apontar a predominância das semelhanças sobre as diferenças. Se não houver o elemento diferencial, os casos serão equivalentes, iguais, e não semelhantes, logo, ter-se-á igualdade fática e não similitude. A analogia não é uma técnica interpretativa, tampouco uma fonte de direito, mas um procedimento que serve para integrar lacuna normativa, partindo de um exame comparativo entre duas situações jurídicas, aplicando à não legislada a solução dada à que tem característica essencial semelhante. O processo analógico constitui um raciocínio que, baseado em razões de relevante similitude, se funda na igualdade jurídica (*ratio juris*), que é o elemento justificador da aplicabilidade da norma a casos não previstos, mas substancialmente semelhantes, sem contudo ter por objetivo perscrutar o exato significado da norma, partindo, tão-somente, do pressuposto de que a questão *sub judice*, apesar de não se enquadrar no dispositivo legal, deverá cair sob sua égide por identidade de razão.

ANALOGIA DE ATRIBUIÇÃO. *Teoria geral do direito.* Aquela em que, na lição de André Franco Montoro, o termo é aplicável em sentido próprio a uma realidade (analogado principal) e por extensão a outra, que tem relação de dependência com a anterior (analogado derivado). Por exemplo, direito objetivo e direito subjetivo etc.

ANALOGIA DE PROPORÇÃO. *Teoria geral do direito.* Aquela em que o vocábulo aplica-se a várias realidades, que apresentam uma relação de proporcionalidade (André Franco Montoro). Por exemplo, direito estatal e direito não-estatal.

ANALOGIA DE RELAÇÃO. *Vide* ANALOGIA DE ATRIBUIÇÃO.

ANALOGIA EXTRÍNSECA. *Vide* ANALOGIA DE ATRIBUIÇÃO.

ANALOGIA FIGURADA. *Vide* ANALOGIA METAFÓRICA.

ANALOGIA IMPRÓPRIA. *Vide* ANALOGIA METAFÓRICA.

ANALOGIA *IN BONAM PARTEM*. *Direito penal.* É a única admitida na seara penal, ante o princípio *nullum crimen, nulla poena sine lege*, usada somente para favorecer o réu, jamais para criar delito ou agravar a pena, visto que as leis penais restringem a liberdade individual, não se podendo permitir que o juiz acrescente outras limitações além das previstas pela lei.

ANALOGIA INTRÍNSECA. *Vide* ANALOGIA DE PROPORÇÃO.

ANALOGIA *JURIS*. *Teoria geral do direito.* É a que se estriba num conjunto de normas para extrair elementos que possibilitem sua aplicabilidade ao caso *sub judice* não previsto, mas similar. É o processo que, com base em várias disposições legais disciplinadoras de um instituto semelhante ao não contemplado, reconstrói a norma ínsita no sistema pela combinação de muitas outras.

ANALOGIA *LEGIS*. *Teoria geral do direito.* Consiste na aplicação de uma norma existente destinada a reger caso semelhante ao não previsto, importando uma maior vinculação a um determinado preceito, partindo da similitude entre as hipóteses (prevista e não prevista) quanto a seus aspectos essenciais, chegando assim à conclusão da igualdade da conseqüência jurídica.

ANALOGIA METAFÓRICA. *Teoria geral do direito.* É a analogia figurada ou imprópria, em que o termo tem um sentido próprio, mas se aplica a outras realidades, em sentido figurado. Por exemplo, rei da soja, rei da voz, rei do café etc. (André Franco Montoro).

ANALÓGICO. *Teoria geral do direito.* **1.** Aquilo que tem analogia. **2.** Baseado em analogia. **3.** Relativo à analogia. **4.** Feito por analogia.

ANALOGISMO. *Teoria geral do direito.* Raciocínio ou argumentação que se utilizam do procedimento analógico.

ANALOGISTA. *Teoria geral do direito.* Aquele que argumenta por meio de analogia.

ANÁLOGO. 1. *Teoria geral do direito.* a) Aquilo que apresenta similitude; b) diz-se do termo ao qual se podem aplicar vocábulos comuns, com os quais guarda alguma relação de semelhança. **2.** *Lógica jurídica.* Termo aplicável a várias realidades que tenham entre si uma certa similitude. Tal termo é suscetível de ser classificado em três categorias, que correspondem às seguintes modalidades de *analogia*: a) a *intrínseca*, se o termo puder ser aplicado a diferentes realidades que tenham entre si uma relação de proporcionalidade; b) a *extrínseca*, se o termo que se aplicar diretamente a uma dada realidade puder, por extensão, ser aplicado a uma outra realidade (analogado secundário) que tenha com o anterior (analogado principal) uma relação de dependência, em regra causal; c) a *metafórica*, se o termo tiver um significado próprio, mas puder ser aplicado, em sentido figurado, a outras realidades.

ANAMATRA. Sigla de Associação Nacional dos Magistrados da Justiça do Trabalho, fundada em 1970, e que congrega Juízes togados e suas associações regionais para a defesa de interesses comuns perante autoridades e entidades nacionais e internacionais (Afonso Celso F. de Rezende).

ANAMNÉSIA. *Medicina legal.* Reaquisição da memória.

ANANASTASIA. *Medicina legal.* Incapacidade mórbida para levantar-se.

ANAPLASTIA. *Medicina legal.* **1.** Ato de restaurar, mediante cirurgia plástica, alguma parte do corpo que tenha sido afetada por deformidades, lesões acidentais ou congênitas. **2.** Restauração por obra da natureza de alguma função do corpo.

ANAPP. Sigla de Associação Nacional das Entidades Abertas da Previdência Privada, hoje Associação Nacional da Previdência Privada.

ANARCOSSINDICALISMO. *Vide* SINDICALISMO REVOLUCIONÁRIO.

ANARCOSSINDICALISTA. *Ciência política.* O que luta pelo ideal propugnado por Karl Marx, tendo por base a socialização dos instrumentos de produção e dos lucros obtidos.

ANARQUIA. *Ciência política.* **1.** Sistema político-social pelo qual o indivíduo se emancipa do Estado e do direito objetivo e se desenvolve livremente, dispensando-se, por isso, o governo. **2.** Ausência de governo; negação do poder. **3.** Desordem.

ANARQUISMO. *Ciência política.* **1.** Movimento anarquista, que repudia qualquer governo. **2.** Teoria que propugna, por valorizar excessivamente a liberdade, a eliminação de qualquer autoridade, a desvalorização do ordenamento jurídico e a substituição da soberania estatal pela ação livre, deixando o indivíduo agir de acordo com sua vontade, sem que haja qualquer limitação desta, instaurando, assim, uma sociedade sem qualquer sujeição a uma política autoritária, devendo haver cooperação voluntária e auxílio mútuo na vida social e obediência espontânea às normas, mediante um consenso social, inexistindo qualquer órgão que as faça cumprir ou que exija, compulsoriamente, sua observância. **3.** Teoria que nega aprioristicamente qualquer governo ou submissão à heteronomia jurídico-estatal.

ANARQUISMO COMUNITÁRIO. *Ciência política.* Doutrina proposta por Bakunin e Kropotkine, que propugna a formação de grupos comunais cooperativos, fundados no auxílio mútuo e na solidariedade social.

ANARQUISMO INDIVIDUALISTA. *Ciência política.* Teoria que defende a existência de uma ordem social reestruturada, formada por pessoas livres de qualquer controle político-social (Thoreau, Godwin e Tucker).

ANARQUISTA. *Ciência política.* Pessoa adepta do anarquismo.

ANARTRIA. *Medicina legal.* Impossibilidade, devida a uma lesão central ou do hipoglosso, de articular palavras.

ANATA. 1. *Direito civil.* Renda anual de qualquer emprego. **2.** *Direito canônico.* Rendimento de um ano de benefício que era pago à Santa Sé pelos providos em algum cargo eclesiástico, por ocasião de sua nomeação.

ANATEL. *Vide* AGÊNCIA NACIONAL DE TELECOMUNICAÇÕES.

ANÁTEMA. *Direito canônico.* Excomunhão.

ANATERAPIA. *Medicina legal.* Tratamento médico que consiste em dar ao paciente doses progressivamente maiores.

ANATOCISMO. 1. *Direito civil.* Cobrança de juros sobre o juro vencido e não pago, que se incorporará ao capital desde o dia do vencimento. Trata-se da capitalização dos juros não admitida legalmente, mesmo que expressamente convencionada em contrato, salvo em operações regidas por normas especiais. **2.** *Direito comercial.* Cumulação dos juros vencidos aos saldos liquidados em conta corrente de ano a ano, permitindo-se a contagem posterior dos juros sobre os saldos apurados. **3.** Delito de usura.

ANATOMICAL GIFT. *Locução inglesa.* Doação de órgãos.

ANCESTRAL. *Direito civil.* Ascendente; antepassado.

ANCIEN RÉGIME. *História do direito.* Antigo regime de governo existente antes da Revolução de 1793, entre 1789 a 1791, em que o Estado e a sociedade francesa derrubaram o regime feudal, possibilitando o advento da Constituição.

ANCILLARY ATTACHMENT. *Locução inglesa.* Medida cautelar de seqüestro de bens.

ANCILOBLEFARIA. *Medicina legal.* Aderência congênita das bordas das pálpebras.

ANCILOCOLPIA. *Medicina legal.* Oclusão vaginal.

ANCILOPODIA. *Medicina legal.* Impossibilidade de mover o pé.

ANCILOQUILIA. *Medicina legal.* Aderência mútua dos lábios.

ANCILORRINIA. *Medicina legal.* Oclusão das fossas nasais causada pela aderência de suas paredes.

ANCILOSE. *Medicina legal.* Impossibilidade absoluta ou relativa de movimento numa articulação.

ANCILOTIA. *Medicina legal.* Aderência das paredes do conduto auditivo.

ANCONÓCACE. *Medicina legal.* Moléstia na articulação do cotovelo.

ÂNCORA. 1. *Direito marítimo.* Instrumento de ferro apropriado que se lança ao fundo do mar para fixar o navio, estabilizando-o contra as correntes marítimas. Seu abandono para salvar a embarcação ou em benefício comum configura avaria grossa, mas sua perda causada por força maior ou acidente do mar constitui avaria simples. **2.** *Direito comercial.* Diz-se da loja de departamento, em *shopping center*, que constitui ponto de atração pública impelindo clientela às lojas-satélites, promovendo campanhas publicitárias para a expansão do comércio.

ÂNCORA CAMBIAL. Instrumento de política econômica utilizado pelo governo com vistas à estabilização do nível dos preços através da fixação da taxa cambial, para controlar a cotação de uma moeda em relação a outra (Luiz Fernando Rudge).

ANCORADOURO. *Direito marítimo.* Local onde o navio se fixa em determinado ponto do porto. Trata-se, nesse caso, do *ancoradouro comum*, mas existem também os de: *visita*, onde a embarcação é obrigada a fundear para fins de inspeção; *vigia*, onde fica para observação, em caso de suspeita de alguma moléstia contagiosa a bordo; *quarentena*, ou isolamento, onde permanece durante período designado pela polícia sanitária, por estar interditada; *carga*, local onde recebe as mercadorias a serem transportadas; *descarga*, onde se opera o descarregamento das mercadorias que foram transportadas; *fabrico*, se fundeado para consertos, limpeza etc.; *embarque* e *desembarque* de passageiros.

ANCORADOURO DE FRANQUIA. *Direito marítimo.* Local onde fundeiam os navios.

ANCORAGEM. *Direito marítimo.* **1.** Ato de ancorar uma embarcação. **2.** Taxa que se paga para fundear um navio num porto como retribuição das vantagens dele recebidas com faróis, bóias, práticos etc.

ANCORAR. *Direito marítimo.* Fundear uma embarcação, em determinado local, lançando âncora.

ANDAIME DE BALANÇO. *Direito civil.* Estrado montado em suspensão por cordas, usado por pedreiros na construção de prédios.

ANDAIME DE PEDREIRO. *Direito civil.* Estrado de metal ou de madeira utilizado, provisoriamente, pelos empregados de empreiteira na construção de edifícios.

ANDAMENTO. 1. *Direito processual.* Curso de um processo. **2.** *Direito civil.* a) Regular execução de uma obra ou de um serviço; b) prosseguimento de uma execução iniciada contra o devedor pelo credor, se este, injustificadamente, a retardar.

ANDAR. *Direito civil.* Cada um dos pavimentos de um prédio, distinguidos por números ordinais, quando forem vários, servindo para diversos fins, como moradia, consultório, escritório, loja etc.

ANDAR À GANDAIA. Vadiar; viver na ociosidade.

ANDAR AO FANICO. Ficar esperando frete casual, ganhando pouco e incertamente.

ÄNDERUNG. *Termo alemão.* Reforma.

ANDES/SN. Sindicato Nacional dos Docentes das Instituições de Ensino Superior.

ANDORINHAS. *Direito comercial.* Veículos usados para o transporte de cargas, mudanças ou passageiros.

ANDROFAGIA. *Vide* ANTROPOFAGIA.

ANDROFOBIA. *Medicina legal.* Aversão ao sexo masculino.

ANDROFONOMANIA. *Medicina legal.* Loucura homicida.

ANDROGINIA. 1. *Medicina legal.* a) Pseudo-hermafroditismo parcial masculino, com aparência feminina; b) sexo dúbio ou duplo. **2.** *Direito civil.* Causa de anulação de casamento, fundada em erro essencial sobre a pessoa do outro cônjuge, representada pelo defeito físico irremediável.

ANDRÓGINO. *Medicina legal.* Hermafrodita.

ANDROLEPSIA. 1. *História do direito.* Direito que tinham os atenienses de aprisionar três habitantes de uma cidade onde se refugiasse um homicida, considerando-os responsáveis pelo assassinato até que o verdadeiro criminoso se apresentasse ou fosse punido. **2.** *Direito internacional público.* Represália de um Estado a uma outra nação que consiste no seqüestro de pessoas ou bens desta, forçando-a a dar-lhe satisfação sobre determinada ofensa ou lesão a seus interesses ou direitos.

ANDROMANIA. *Medicina legal.* Ninfomania.

ANDROPAUSA. *Medicina legal.* Queda da produção de testosterona (hormônio masculino), que causa menor interesse sexual, disfunção erétil, acúmulo de gordura no abdome e osteoporose.

ANEEL. *Direito administrativo.* Sigla de Agência Nacional de Energia Elétrica.

ANEL NUPCIAL. *Direito civil.* Presente que o noivo oferece à sua eleita, formalizando o pedido de casamento.

ANEMASIA. *Medicina legal.* **1.** Anemia epidêmica que se apresenta em trabalhadores de minas. **2.** Falta de sangue.

ANEMIA. *Medicina legal.* Estado patológico caracterizado pela diminuição de glóbulos vermelhos no sangue.

ANENCEFALIA. *Medicina legal.* Ausência total ou parcial dos centros nervosos ou de cérebro, ou melhor, de encéfalo e medula espinhal.

ANENCEFALOTROPIA. *Medicina legal.* Atrofia do encéfalo.

ANENERGIA. *Medicina legal.* Perda de forças ou de vigor.

ANERITROCROMATOPSIA. *Medicina legal.* Ausência da percepção do vermelho.

ANERITROPSIA. *Vide* ACROMATOPSIA ou DALTONISMO.

ANERKENNUNGSTHEORIE. *Termo alemão.* Teoria do reconhecimento.

ANERVIA. *Medicina legal.* **1.** Falta de sensibilidade. **2.** Paralisia.

ANESTESIA. *Medicina legal.* Abolição da sensibilidade dolorosa, acompanhada ou não de inconsciência.

ANESTESIOLOGISTA. *Medicina legal.* Médico especialista que anestesia o paciente antes das operações, responsabilizando-se pelos danos que advierem de sua imprudência, negligência ou imperícia.

ANEXAÇÃO. 1. *Direito internacional público.* a) Incorporação de um País a outro, vindo, então, a perder sua autonomia; b) junção de parte do território de um Estado a outro; c) reunião de um Estado a outro, mantendo uma certa independência política. **2.** *Direito civil.* Junção de um bem acessório ao principal.

ANEXADO. *Direito civil* e *direito internacional público.* Estado, território ou bem que se uniu ou se incorporou a outro.

ANEXECTOMIA. *Medicina legal.* Ablação dos anexos do útero.

ANEXIM. Dito moral.

ANEXIONISMO. *Direito internacional público.* Doutrina que propõe, por razões étnicas, a reunião de pequenos Estados aos grandes, seus vizinhos.

ANEXITE. *Medicina legal.* Inflamação dos ovários e da trompa.

ANEXO. 1. *Direito civil.* Acessório que depende da coisa principal. **2.** *Direito comercial.* Filial de um estabelecimento, que a ele se liga administrativamente, embora dele seja separada. **3.** *Direito processual.* Documento juntado aos autos para comprovar alguma afirmação.

ANFAC. Sigla de Associação Nacional de *Factoring*, criada em 1982.

ANFAVEA. Sigla de Associação Nacional dos Fabricantes de Veículos Automotores.

ANFETAMINA. *Medicina legal.* Droga utilizada como estimulante medicinal que pode conduzir o paciente a uma dependência psicológica, sendo que seu abuso acarreta convulsão, alucinação, aumento da temperatura do corpo e até mesmo a morte.

ANFIBOLIA. 1. *Filosofia do direito.* Forma particular de equívoco que, na concepção kantiana, consiste em confundir as noções do entendimento puro ou transcendental com os objetos da experiência. **2.** *Medicina legal.* Período, no curso de uma enfermidade, em que há dúvidas no diagnóstico, por ser este muito difícil.

ANFICTIONIA. *História do direito.* Liga pacífica de cidades – estados gregos vizinhos, formada por conselheiros, que as representavam, e resolviam assuntos de interesse comum (Othon Sidou).

ANFODIPLOPSIA. *Medicina legal.* Defeito visual em que cada olho separadamente registra duas imagens do mesmo objeto.

ANFRACTUOSO. *Medicina legal.* Diz-se do trajeto irregular, sinuoso, formado, no corpo humano, pelo projétil de uma arma de fogo.

ANGÁRIA. 1. *Direito internacional público.* Requisição feita por um país beligerante, mediante pagamento, de navios particulares, de qualquer nacionalidade ou pertencentes a um Estado neutro que se encontrem em suas águas territoriais, para transporte de munições, armas e soldados. **2.** *Direito administrativo.* Requisição de navio para serviço público. **3.** *História do direito.* Requisição de animal de carga ou de tiro para serviço do Estado ou da Igreja.

ANGEL CAPITAL. *Direito financeiro.* Modalidade de fundo de investimento que compra participação acionária em empresas. Direcionado para negócios em fase de formação (Luiz Fernando Rudge).

ANGEL INVESTOR. *Direito financeiro.* Aquele que fornece recursos para uma empresa em fase de formação. Normalmente este investidor tem participação nos resultados da nova empresa. Tais investimentos se caracterizam por altos riscos e altos prêmios de risco em potencial (Luiz Fernando Rudge).

ANGIOCARDITE. *Medicina legal.* Inflamação do coração e dos grandes vasos sangüíneos.

ANGIOLIPÓIDE. *Medicina legal.* Lesão no rosto similar ao lúpus vulgar.

ANGLOFILIA. *Sociologia geral.* Predileção pelos costumes ingleses.

ANGLOFOBIA. *Medicina legal* e *psicologia forense.* Aversão ao que é originário da Inglaterra.

ANGLOMANIA. *Psicologia forense.* Admiração demasiadamente exagerada a tudo que é inglês.

ANGÚSTIA. *Medicina legal* e *psicologia forense.* **1.** Estado de ansiedade ou opressão. **2.** Aflição psíquica que causa frustração com a vida atual e a possibilidade de alguma futura realização. **3.** Sensação contínua de inquietude ou de sofrimento suscetível de gerar uma neurose.

ANIMA. *Psicologia forense.* Para Jung, é o arquétipo do feminino, influenciador da psique do homem. Contrapõe-se ao *animus*, atuante no psiquismo da mulher (Lídia Reis de Almeida Prado).

ANIMAIS BRAVIOS. *Direito civil.* São os entregues à sua natural liberdade, constituindo-se *res nullius*, mas sujeitos a apropriação mediante ocupação propriamente dita. Assim, se forem apreendidos ou caçados pertencerão àqueles que os apreender e os domesticar, que deverão apor-lhes sua marca.

ANIMAIS DOMÉSTICOS. 1. *Direito civil.* São os mansos ou domesticados pelo homem, sendo por ele assinalados. Serão mansos se nasceram e vivem em poder de seu proprietário, e domesticados se, sendo anteriormente bravios, acostumaram-se a prestar serviços àquele que os apreendeu. Os animais mansos ou domesticados que não forem assinalados por seu dono, se tiverem perdido o hábito de retornar ao local onde costumavam recolher-se, serão tidos como coisa sem dono, exceto se o seu proprietário ainda estiver a sua procura. **2.** *Direito ambiental.* São todos aqueles animais que, por meio de processos tradicionais e sistematizados de manejo e/ou melhoramento zootécnico, tornaram-se domésticos, apresentando características biológicas e comportamentais em estreita dependência do homem, podendo apresentar fenótipo variável diferente da espécie silvestre.

ANIMAIS SINANTRÓPICOS. *Direito ambiental.* São aqueles que vivem junto ao homem, a despeito da vontade deste, que podem transmitir doenças ou causar agravos à saúde humana, como: rato, barata, mosca, mosquito, pulga, formiga etc.

ANIMAL. *Direito civil.* Bem semovente, ou seja, ser vivo irracional, dotado de sensibilidade e movimento próprios, suscetível de ser apropriado pelo homem e oferecido em penhor agrícola.

ANIMAL AQUÁTICO. *Direito agrário.* Peixes, moluscos, crustáceos e outros animais destinados à aqüicultura, em qualquer fase de seu desenvolvimento.

ANIMAL DE PRODUÇÃO. *Direito agrário.* É todo aquele silvestre, exótico e doméstico destinado à reprodução e produção de produtos e subprodutos.

ANIMAL EXÓTICO. *Direito ambiental.* Espécime da fauna exótica. É todo aquele cuja distribuição geográfica não inclui o território brasileiro e as espécies introduzidas pelo homem, inclusive doméstica em estado asselvajado. Também é considerada exótica a espécie que tenha sido introduzida fora das fronteiras brasileiras e das suas águas jurisdicionais e que tenha entrado em território brasileiro.

ANIMAL SILVESTRE. *Direito ambiental.* Espécime da fauna silvestre. É todo aquele pertencente às espécies nativas, migratórias e quaisquer outras aquáticas ou terrestres que tenham todo ou parte do seu ciclo de vida ocorrendo dentro dos limites do território brasileiro, ou das águas jurisdicionais brasileiras.

ANIMISMO. *Filosofia geral.* **1.** Teoria que considera os corpos como vivos e intencionados (Piaget). **2.** Doutrina pela qual a alma é princípio do pensamento e da vida orgânica (Stahl).

ANIMO SOLO POSSESSIONEM ADIPISCI NEMO POTEST. *Expressão latina.* Ninguém pode adquirir posse apenas intencionalmente.

ANIMUS. *Termo latino.* Intenção, vontade, ânimo. Elemento subjetivo imprescindível para a caracterização de certos delitos ou ilícitos e para a configuração de certas situações ou atos negociais.

ANIMUS ABANDONANDI. *Locução latina.* Intenção de abandonar.

ANIMUS ABUTENDI. *Locução latina.* Intenção de abusar, prejudicando um direito real (esfera privatística) ou configurando um abuso de autoridade, um excesso de poder (esfera publicística).

ANIMUS ADJUVANDI. *Locução latina.* Ânimo de ajudar ou favorecer, que pode integrar elemento subjetivo de certos crimes, como no de quadrilha, favorecimento pessoal, favorecimento real, prevaricação etc., concorrendo para sua perpetração ou para favorecer algo.

ANIMUS AEMULANDI. 1. *Locução latina.* Intenção de emular, dissimular, imitar, copiar ou reproduzir; ânimo de rivalizar. **2.** *Direito processual civil.* Se houver ajuizamento de demanda ou prática de atos processuais onde se denote espírito de emulação, ter-se-á responsabilidade por perdas e danos.

ANIMUS ALIENO NOMINE TENENDI. *Expressão latina.* Intenção de possuir em nome de terceiro, sendo considerado detentor da coisa, e não seu possuidor.

ANIMUS AMBULANDI. *Locução latina.* Intenção de ir e vir, de se locomover.

ANIMUS APROPRIANDI. *Locução latina.* Intenção de apropriar-se.

ANIMUS AUCTORIS. *Locução latina.* Intenção de ser autor.

ANIMUS CALUMNIANDI. *Locução latina.* Ânimo de caluniar, que consiste no elemento subjetivo do crime de calúnia.

ANIMUS CANCELLANDI. *Locução latina.* Propósito de revogar ou de cancelar, pondo fim a um ato negocial ou a uma proposta.

ANIMUS CELANDI. *Locução latina.* Intenção de ocultar algo, por exemplo, um impedimento matrimonial ou as qualidades essenciais da pessoa ou do objeto, podendo conduzir à invalidação do ato; os vícios redibitórios da coisa, acarretando, então, o dever de restituir o valor recebido e indenizar as perdas e danos; o cadáver, o recém-nascido, originando figuras delituosas etc.

ANIMUS CONFIDENDI. *Locução latina.* Intenção de confiar.

ANIMUS CONFITENDI. *Locução latina.* Propósito de confessar, admitindo algo.

ANIMUS CONSULENDI. *Locução latina.* Intenção de aconselhar ou informar.

ANIMUS CONTRAHENDAE SOCIETATIS. *Expressão latina.* Ânimo de fazer ou formar uma sociedade. Trata-se da *affectio societatis*.

ANIMUS CONTRAHENDI. *Locução latina.* Propósito de pactuar, contratar ou vincular-se contratualmente.

ANIMUS CORRIGENDI. *Locução latina.* Intenção de corrigir.

ANIMUS CUSTODIENDI. *Locução latina.* Intenção de guardar, conservar ou salvar uma coisa.

ANIMUS DAMNI VITANDI. *Expressão latina.* Propósito de evitar o dano.

ANIMUS DECIPIENDI. *Locução latina.* Vontade de iludir ou enganar, caracterizando a simulação, a reserva mental.

ANIMUS DEFENDENDI. *Locução latina.* Intenção de defender.

ANIMUS DELINQUENDI. *Locução latina.* Intenção de delinqüir ou vontade deliberada de praticar um crime.

ANIMUS DERELINQUENDI. *Locução latina.* Vontade ou intenção de abandonar uma coisa.

ANIMUS DETINENDI. *Locução latina.* Intenção de deter ou reter uma coisa, de tê-la ou conservá-la como própria.

ANIMUS DIFFAMANDI. *Locução latina.* Intenção de difamar, que é o elemento subjetivo do crime de difamação.

ANIMUS DIFFERENDI. *Locução latina.* Intenção de prorrogar, retardar ou adiar.

ANIMUS DISPONENDI. *Locução latina.* Vontade de dispor.

ANIMUS DOLANDI. *Locução latina.* Propósito de prejudicar; intenção dolosa.

ANIMUS DOMINANDIS. *Locução latina.* Ânimo de dominar.

ANIMUS DOMINI. *Locução latina.* Intenção de agir como dono, de obter o domínio de uma coisa ou de ser proprietário.

ANIMUS DONANDI. *Locução latina.* Intenção de doar, de fazer uma liberalidade ou de dar algo.

ANIMUS FALSANDI. *Locução latina.* Propósito de mentir, constituindo elemento subjetivo do crime de falso testemunho.

ANIMUS FALSIFICANDI. *Locução latina.* Intenção de falsificar.

ANIMUS FRAUDANDI. *Locução latina.* Intenção de fraudar.

ANIMUS FURANDI. *Locução latina.* Intenção de furtar ou roubar.

ANIMUS HABENDI. *Locução latina.* Propósito de ter uma coisa, de possuí-la.

ANIMUS HOSTILIS. *Locução latina.* Ânimo de ter uma atitude hostil.

ANIMUS INFRINGENDI. *Locução latina.* Intenção de infringir, violar, desrespeitar alguma norma ou dever jurídico.

ANIMUS INJURIAE FACIENDAE. *Expressão latina.* Propósito de cometer injúria ou ato injurioso.

ANIMUS INJURIANDI. *Locução latina.* Ânimo de injuriar; vontade consciente e deliberada de ofender alguém na sua dignidade ou decoro.

ANIMUS INSAEVIENDI. *Locução latina.* Intenção de praticar sevícia.

ANIMUS JOCANDI. *Locução latina.* Intenção de pilheriar, brincar ou gracejar.

ANIMUS LAEDENDI. *Locução latina.* Propósito de lesar, prejudicar ou ferir.

ANIMUS LUCRANDI. *Locução latina.* Ânimo de lucro.

ANIMUS LUCRI FACIENDI. *Expressão latina.* Intenção de tirar vantagem ou proveito; propósito de fazer lucro.

ANIMUS LUDENDI. *Vide* ANIMUS JOCANDI.

ANIMUS MANENDI. *Locução latina.* Propósito de permanecer, em caráter definitivo, em determinado lugar, caracterizando o domicílio civil.

ANIMUS METUS. *Locução latina.* Intenção de causar medo em alguém, mediante, por exemplo, coação.

ANIMUS MORANDI. *Locução latina.* Intenção de demorar ou de retardar o adimplemento de uma obrigação.

ANIMUS MUTANDI. *Locução latina.* Ânimo de se mudar.

ANIMUS NARRANDI. *Locução latina.* Intenção de relatar algo, de narrar ou de dar uma notícia ou um acontecimento, sem intuito de ofender, pois a imprensa tem a função de pôr o público a par dos acontecimentos.

ANIMUS NECANDI. *Locução latina.* Intenção de matar.

ANIMUS NEGOTIA ALIENA GERENDI. *Expressão latina.* Ânimo de gerir negócio alheio no interesse de seu dono.

ANIMUS NOCENDI. *Locução latina.* Intenção de prejudicar ou de causar dano ou prejuízo.

ANIMUS NON REVERTENDI. *Locução latina.* Intenção de não voltar.

ANIMUS NOVANDI. *Locução latina.* Intenção de novar, ou seja, de contrair uma nova obrigação, extinguindo a anterior.

ANIMUS OBLIGANDI. *Locução latina.* Intenção de obrigar-se.

ANIMUS OCCIDENDI. *Locução latina.* **1.** Propósito de matar. **2.** O mesmo que *ANIMUS NECANDI*.

ANIMUS OCUPANDI. *Locução latina.* Intenção de adquirir por ocupação.

ANIMUS OFFENDENDI. *Vide* ANIMUS NOCENDI.

ANIMUS OPUGNANDI. *Locução latina.* Intenção de resistir.

ANIMUS POSSIDENDI. *Locução latina.* Intenção de possuir, de ter a posse.

ANIMUS PRAEVARICANDI. *Locução latina.* **1.** Propósito de prevaricar, isto é, de faltar, por interesse ou má-fé, aos deveres ou obrigações do próprio cargo. **2.** Intenção de tornar-se corrupto.

ANIMUS RECIPIENDI. *Locução latina.* Ânimo de receber.

ANIMUS REMANENDI. *Locução latina.* Propósito de permanecer ausente.

ANIMUS REMITTENDI. *Locução latina.* Intenção de deixar.

ANIMUS REM SIBI HABENDI. *Expressão latina.* **1.** Intenção de possuir uma coisa para si. **2.** O mesmo que *ANIMUS DOMINI.*

ANIMUS RENUNCIANDI. *Locução latina.* Propósito de renunciar.

ANIMUS RESTITUENDI. *Locução latina.* Intenção de devolver.

ANIMUS RETINENDI POSSESSIONEM. *Expressão latina.* Intenção de conservar a posse, de reter a coisa possuída.

ANIMUS RETORQUENDI. *Locução latina.* Ânimo de replicar, revidar, refutar ou retorquir.

ANIMUS REVERTENDI. *Locução latina.* Propósito de regressar, retroceder, reverter ou voltar.

ANIMUS REVOCANDI. *Locução latina.* Ânimo de revogar, retirando a eficácia de um ato.

ANIMUS SIMULANDI. *Locução latina.* Intenção de simular.

ANIMUS SOCII. *Locução latina.* Desejo de ser sócio.

ANIMUS SOLVENDI. *Locução latina.* Intenção de pagar ou de cumprir uma obrigação.

ANIMUS TENENDI. *Locução latina.* Intenção de ter.

ANIMUS TRADENDI. *Locução latina.* Propósito de entregar uma coisa ou de efetivar a tradição do bem alheado.

ANIMUS ULTRAJANDI. *Locução latina.* Ânimo de ultrajar, consistindo, por exemplo, no elemento subjetivo do crime do ultraje público ao pudor.

ANIMUS UXORIS. *Locução latina.* Intenção de ser esposa.

ANIMUS VIOLANDI. *Locução latina.* Intenção ou propósito de violar.

ANIMUS VULNERANDI. *Locução latina.* Ânimo de ferir.

ANISTIA. 1. *Direito penal.* Medida de clemência do Poder Público que, por razões político-sociais, vem beneficiar os condenados por crimes coletivos, em regra políticos, isentando-os de pena, apagando todos os efeitos da condenação, desconstituindo a *res judicata* e integrando-os no pleno gozo de seus direitos. Produz, portanto, efeitos *ex tunc*; com isso, se a pessoa anistiada vier a cometer outro crime, não será tida como reincidente. É preciso, ainda, lembrar que, como a anistia só alcança os efeitos penais da sentença, não poderá obstar a ação civil de reparação de dano. **2.** *Direito administrativo.* Perdão, concedido por lei, que leva ao esquecimento das infrações administrativas dos funcionários, arquivando-se os processos que, porventura, estiverem pendentes, suspendendo-se o cumprimento das penas cominadas e cancelando-se os efeitos das já executadas. O funcionário anistiado será reintegrado, devendo, para tanto, aguardar uma vaga de emprego em cargo equivalente ao que ocupava antes de ter recebido a sanção ou repressão disciplinar.

ANISTIA A SERVIDOR PÚBLICO CIVIL E EMPREGADO DA ADMINISTRAÇÃO PÚBLICA FEDERAL. *Direito administrativo.* É a concedida a agente público que tenha sido exonerado, demitido ou dispensado com violação de norma constitucional ou legal ou despedido, dispensado ou exonerado por motivo político ou por interrupção de atividade profissional em decorrência de movimentação grevista, fazendo com que retorne ao serviço no cargo ou emprego anteriormente ocupado, salvo se já tenha sido extinto ou privatizado. Tal anistia só gerará efeitos financeiros a partir do efetivo retorno à atividade.

ANISTIADOS POLÍTICOS. *Direito penal.* São declarados anistiados políticos aqueles que, no período de 18 de setembro de 1946 a 5 de outubro de 1988, por motivação exclusivamente política, foram: a) atingidos por atos institucionais ou complementares, ou de exceção na plena abrangência do termo; b) punidos com transferência para localidade diversa daquela onde exerciam suas atividades profissionais, impondo-se mudanças de local de residência; c) punidos com perda de comissões já incorporadas ao contrato de trabalho ou inerentes às suas carreiras administrativas; d) compelidos ao afastamento da atividade profissional remunerada, para acompanhar o cônjuge; e) impedidos de exercer, na vida civil, atividade profissional específica em decorrência das Portarias Reservadas do Ministério da Aeronáutica; f) punidos, demitidos ou compelidos ao afastamento das atividades remuneradas que exerciam, bem como impedidos de exercer atividades profissionais em virtude de pressões ostensivas ou expedientes oficiais sigilosos, sendo trabalhadores do setor privado ou dirigentes e representantes sindicais; g) punidos com fundamento em atos de exceção, institucionais ou complementares, ou sofreram punição disciplinar, sendo estudantes; h) demitidos, sendo servidores públicos civis e empregados em todos os níveis de governo ou em suas fundações públicas, empresas públicas ou empresas mistas ou sob controle estatal, exceto nos Comandos militares; i) punidos com a cassação da aposentadoria ou disponibilidade; j) desligados, licenciados, expulsos ou de qualquer forma compelidos ao afastamento de suas atividades remuneradas, ainda que com fundamento na legislação comum, ou decorrentes de expedientes oficiais sigilosos; k) punidos com a transferência para a reserva remunerada, reformados, ou, já na condição de inativos, com perda de proventos, por atos de exceção, institucionais ou complementares, na plena abrangência do termo. O período de mandato exercido gratuitamente conta-se apenas para efeito de aposentadoria no serviço público e de previdência social; l) compelidos a exercer gratuitamente mandato eletivo de vereador, por força de atos institucionais; m) punidos com a cassação de seus mandatos eletivos nos Poderes Legislativo ou Executivo, em todos os níveis de governo; n) na condição de servidores públicos civis ou empregados em todos os níveis de governo ou de suas fundações, empresas públicas ou de economia mista ou sob controle estatal, punidos ou demitidos por interrupção de atividades profissionais, em decorrência de decisão de trabalhadores; o) sendo servidores públicos, punidos com demissão ou afastamento, e que não requereram retorno ou reversão à atividade, no prazo que transcorreu de 28 de agosto de 1979 a 26 de dezembro do mesmo ano, ou tiveram seu pedido indeferido, arquivado ou não conhecido e tampouco foram considerados aposentados, transferidos para a reserva ou reformados; p) impedidos de tomar posse ou de entrar em exercício de cargo público, nos Poderes Judiciário, Legislativo ou Executivo, em todos os níveis, tendo sido válido o concurso. Fica assegurado o direito de requerer a correspondente declaração da condição de anistiado político aos sucessores ou dependentes daquele que seria beneficiário da condição de anistiado político.

ANISTIA FISCAL. *Direito tributário.* Ato decorrente de lei do poder tributante que declara a exclusão de infrações tributárias cometidas antes de sua vigência, para todos os efeitos, desde que não sejam abrangidos crime, contravenção ou atos praticados com dolo, fraude, simulação ou conluio. A anistia tão-somente opera a extinção do crédito alusivo à infração, não se confundindo com a remissão, que vem a cancelar o crédito atinente ao tributo. A anistia poderá ser *geral*, caso em que independerá de requerimento ou formalidades, ou *limitada* a certo tributo ou região ou sob condição de pagamento em prazo prefixado. Nesta última hipótese, será preciso que a autoridade administrativa despache petição do interessado, devidamente instruída com a prova do cumprimento dos requisitos exigidos. Todavia, tal despacho não gerará direito adquirido, podendo dar-se a aplicação de sanções contra dolo na moratória. É a anistia, portanto, o perdão de infração aos deveres tributários, excluindo a sua punibilidade.

ANISTIA INTERNACIONAL. *Direito internacional.* É um movimento mundial que procura assegurar, pelos meios mais práticos, um maior respeito por alguns direitos fundamentais proclamados na Declaração Universal dos Direitos Humanos. Luta não só pela libertação dos prisioneiros de consciência, em razão de suas crenças, cor, sexo, origem étnica, idioma ou religião, e que não usaram ou defenderam o uso da violência, mas também por julgamentos justos e sem protelações para todos os presos políticos, e pelo fim da tortura, das execuções e dos "desaparecimentos". Empenha-se pela criação de um Tribunal Penal Internacional. Trata-se de uma organização imparcial. Não apóia nem se opõe a qualquer governo, facções políticas, ideologias e religiões. A Anistia Internacional conta com mais de um milhão de membros espalhados em cerca de 150 países. Em 1977, recebeu o Prêmio Nobel da Paz e, em 1978, foi agraciada com o Prêmio de Direitos Humanos das Nações Unidas.

ANISTIA PREVIDENCIÁRIA. *Direito previdenciário.* Remissão relativa a matéria previdenciária que só poderá ser concedida através de lei específica, federal, estadual ou municipal.

ANISTIÁVEL. Aquilo que pode ser anistiado.

ANO. Medida de tempo correspondente a doze meses.

ANO AGRÁRIO. 1. *Direito agrário.* Espaço de tempo entre o início e o término da colheita ou safra principal da cultura explorada pelo agricultor. **2.** *Direito civil.* Tempo de duração da locação de serviços agrícolas.

ANO AGRÍCOLA. *Direito agrário.* Período decorrente entre a semeadura, a colheita e a comercialização do produto. É aquele que se inicia com o preparo da terra para o plantio, encerrando-se com a colheita, embalagem, armazenamento, transporte e comercialização do produto rural *in natura* ou beneficiado. Em regra, tal encerramento opera-se no dia 31 de outubro do ano civil.

ANO-BASE. *Direito tributário.* É o considerado como ponto referencial para computar-se um fenômeno de ordem tributária ou financeira.

ANO-CALENDÁRIO. *Direito comercial.* Período de tempo idêntico ao ano civil, mas que se inicia e termina em dias que não o 1º de janeiro e 31 de dezembro (Othon Sidou).

ANO CIVIL. 1. É o computado de 1º de janeiro a 31 de dezembro. Tal período corresponde à revolução da Terra em torno do Sol, que leva 365 dias (ano comum) ou 366 (ano bissexto). **2.** Lapso de tempo de doze meses contado do dia do início ao dia e mês correspondentes do ano seguinte, de modo que, se no ano ou mês do vencimento não houver o dia correspondente ao do início do prazo, este findará no primeiro dia subseqüente.

ANO COMERCIAL. É o que apresenta 360 dias, ou seja, doze meses de trinta dias, embora tenha o início e o fim do ano civil.

ANO CORRENTE. É o atual, ou seja, aquele em que estamos vivendo.

ANO CRIMINAL. É o compreendido no período sucessivo de 365 dias, para efeito de execução da pena e para cômputo do prazo prescricional.

ANODIA. *Medicina legal.* Mania que algumas pessoas têm de falar indecorosamente, desacertadamente e sem sentido.

ANODINIA. *Medicina legal.* Ausência de dor.

ANODMIA. *Medicina legal.* Privação total ou parcial do olfato.

ANO ECLESIÁSTICO. *Direito canônico.* Aquele pelo qual se contam as festividades comemoradas pelos católicos, iniciando-se no primeiro domingo do advento.

ANO ECONÔMICO. *Direito administrativo* e *direito financeiro.* Tempo decorrido entre a abertura e o encerramento das contas do Estado.

ANO E DIA. Prazo computado de certo fato ou ato para pleitear, mediante procedimento especial, determinado direito ou alguma medida liminar, sem que se considere o último dia (*dies ad quem*). Por exemplo, a proteção da posse disciplinada por procedimento especial de manutenção ou reintegração só poderá ser levada a efeito dentro de "ano e dia" da turbação ou do esbulho sofrido; após o transcurso desse prazo, o procedimento será ordinário. Há determinados direitos que podem perecer pelo transcurso do tempo de "ano e dia", por exemplo, se, após tal prazo de ano e dia da construção de janelas, terraços, goteiras, sacadas etc. em prédio alheio, o seu proprietário prejudicado não exigir que se as desfaçam, perderá tal direito, e aquelas construções serão mantidas.

ANO EMERGENTE. Aquele que se conta de qualquer data do ano civil até igual data do ano civil seguinte.

ANOESIA. *Medicina legal.* Idiotia.

ANO FINANCEIRO. *Direito administrativo* e *direito financeiro.* **1.** Período que flui entre o início e o término da atividade contábil do Estado. Não se confunde com o exercício financeiro, pois este abrange, além do ano financeiro, o prazo adicional ou complementar para liquidação de contas e verbas contidas no orçamento. **2.** *Vide* ANO ECONÔMICO.

ANO FISCAL. *Direito administrativo* e *direito financeiro.* Período de um ano civil, ou seja, de 1º de janeiro a 31 de dezembro, dentro do qual um órgão governamental opera a apuração de receitas e a efetivação de despesas.

ANOFTALMIA. *Medicina legal.* Ausência congênita do aparelho ocular.

ANO JUDICIAL. Período do ano em que os tribunais estão em funcionamento. Atualmente, a atividade jurisdicional é ininterrupta.

ANO LETIVO. *Direito educacional.* Tempo compreendido entre a abertura e o encerramento das aulas num estabelecimento de ensino.

ANOMALIA. *Medicina legal.* **1.** Anormalidade. **2.** Malformação psíquica ou física congênita ou não. **3.** Desvio acentuado de conduta, fora do padrão normal.

ANOMALIA PSÍQUICA. *Direito civil.* Alteração da faculdade mental de um indivíduo que o torna absoluta ou relativamente incapaz para reger sua pessoa e bens, devendo, por isso, ser submetido a um processo de interdição.

ANOMALIA SEXUAL. *Medicina legal.* Desvio ou perversão sexual.

ANÔMALO. 1. *Teoria geral do direito.* a) Aquilo que é contrário às normas ou aos princípios estabelecidos; b) irregular. **2.** *Direito processual.* Diz-se do processo que tiver marcha irregular por ter havido tumulto ou intuito protelatório. **3.** *Medicina legal.* Aquele que apresenta alguma malformação, congênita ou não, causada por agentes patógenos (genes deficientes; drogas, como a talidomida e a cortisona; irradiações *roentgen* do feto; viroses maternas, como a rubéola; uso no parto de fórcipe alto etc.).

ANOMIA. 1. *Medicina legal.* a) Perda total ou parcial da faculdade de dar nome aos objetos ou de reconhecer e lembrar seus nomes; b) estado individual caracterizado por ansiedade, isolamento social ou desorientação, podendo levar ao suicídio. **2.** *Teoria geral do direito.* a) Ausência de norma; b) dissídio entre uma lei escrita e os supremos princípios do justo (Tércio Sampaio Ferraz Jr.). **3.** *Ciência política.* a) Anarquia; b) ausência de organização. **4.** *Sociologia jurídica.* a) Ausência de princípios sociais; b) situação numa sociedade em que os padrões normativos de conduta e crença estão enfraquecidos ou desapareceram.

ANÔMICO. Desorganizado.

ANOMOCARDIOSTENIA. *Medicina legal.* Palpitação irregular do coração.

ANOMOCEFALIA. *Medicina legal.* Disformidade da cabeça, que acarreta deficiências de ordem intelectiva, que repercutem na capacidade civil e na responsabilidade penal de seu portador.

ANOMOCROMIA. *Medicina legal.* Desigualdade ou irregularidade que se apresenta na coloração da pele.

ANONA. *História do direito.* Distribuição feita gratuitamente pelo Estado, na era romana, de cereais ao povo, impedindo a carestia de mantimentos.

A NON DOMINO. *Expressão latina.* Por parte de quem não é o dono. Assim, a aquisição *a non domino* seria aquela em que o alienante da coisa móvel ou imóvel não é o seu proprietário legítimo, por não ter o seu domínio.

ANONIMATO. 1. Ato de escrever anonimamente, ou seja, sem identificação, passando os direitos autorais ao editor. **2.** Condição do autor de algum escrito não assinado. **3.** Condição de alguém que, tendo nome, o oculta. **4.** Causa de apreensão policial de impresso que exprima o exercício da liberdade de manifestação do pensamento e de informação sem conter a identificação de seu autor. **5.** Abuso de liberdade de pensamento que pode ser punido criminalmente. **6.** Ação de uma pessoa que, ao ocultar seu nome, vem a atacar outra, injuriando-a, caluniando-a ou difamando-a, procurando esquivar-se, assim, da responsabilidade.

ANÔNIMO. 1. Escrito não assinado ou que se apresenta sem identificação do nome ou do pseudônimo do seu autor. **2.** Aquele que, sendo autor de obra intelectual ou de algum documento, oculta seu nome ou não assina o que escreve. **3.** *Direito comercial.* No *feminino*, designa a sociedade empresária que não tem firma social, mas sim um título, uma vez que seu capital está dividido em ações nominativas ou ao portador.

ANONIQUIA. *Medicina legal.* Ausência congênita de unhas.

ANONYMIZERS. *Direito virtual.* Serviços que possibilitam uma navegação anônima na *web* (Amaro Moraes e Silva Neto).

ANOOPSIA. *Medicina legal.* Estrabismo em que o olho fica voltado para cima.

ANOPIA. *Medicina legal.* Falta do globo ocular.

ANOQUE. *Direito agrário.* Local apropriado para o preparo de erva-mate ou onde ela é recolhida para fins de exportação.

ANORCO. *Medicina legal.* **1.** Aquele que não possui testículos. **2.** Castrado.

ANOREXIA. *Medicina legal.* Falta de apetite.

ANOREXIA NERVOSA. *Medicina legal.* Condição neurótica em que o doente perde o apetite e emagrece demasiadamente.

ANORMAL. 1. Aquilo que está fora da norma, sendo exceção à regra. **2.** Irregular. **3.** Aquele que tem desenvolvimento intelectual ou físico defeituoso.

ANORMALIDADE SOCIAL. *Sociologia jurídica.* Comportamento de uma pessoa ou de um grupo em desobediência aos preceitos acatados por uma sociedade.

ANORQUIA. 1. *Medicina legal.* a) Ausência de testículos, congênita ou pós-traumática, que pode ser unilateral ou bilateral; b) atrofia dos testículos. **2.** *Direito civil.* Causa de anulação de casamento por erro essencial quanto à pessoa de seu portador, uma vez que acarreta a impotência e incapacidade de gerar.

ANORQUIDIA. *Vide* ANORQUIA.

ANO SECULAR. É o último de um século.

ANOSIA. *Medicina legal.* Diminuição ou desapareci-mento dos sintomas de alguma moléstia.

ANOSTEOSE. *Medicina legal.* **1.** Atrofia senil dos os-sos. **2.** Desenvolvimento ósseo defeituoso.

ANOTAÇÃO. 1. *Direito civil.* a) Observação feita em textos legais ou em obras literárias ou cientí-ficas pelo autor ou com autorização de seus herdeiros; b) averbação promovida no registro civil, no assento originário, para que se atente sobre alguma alteração ou correção, e no regis-tro de imóveis, relativa a qualquer ocorrência que venha a impor ônus ou a atingir o direito real ou a pessoa nele interessada e, conseqüen-temente, o registro, alterando-o; c) arrecadação de bens de ausente que, devidamente arrolados, são apresentados ao juiz para que indique um administrador ou um depositário para eles. **2.** *Direito do trabalho.* Registro feito pelo empregador na carteira profissional (ou carteira de traba-lho e previdência social) de seus empregados, abrangendo data de admissão, salário, natureza da função assumida etc. **3.** *Direito processual civil.* Apontamento feito pelo perito, no curso das di-ligências, para poder elaborar o laudo pericial. **4.** *História do direito.* a) Inventário dos bens do réu ausente; b) assinatura do imperador, no direito romano.

ANOTAÇÃO DE RESPONSABILIDADE TÉCNICA (ART). 1. É o registro, pelo responsável técnico habi-litado, referente à execução dos procedimentos estabelecidos no Plano de Manutenção, Opera-ção e Controle (PMOC) de sistemas de clima-tização e em outros sistemas e obras previstas em legislação pertinente. **2.** Consiste no registro de todo contrato escrito ou verbal, por meio de formulário próprio, para a execução de obras ou prestação de serviços referentes à Engenharia, Arquitetura, Agronomia, Geologia, Geografia e Meteorologia.

ANOTIA. *Medicina legal.* Carência congênita das orelhas.

ANO ÚTIL. Período de 365 dias de trabalho pro-dutivo, excluindo-se feriados, sábados, domin-gos e os dias de férias.

ANÓVEAS. *História do direito.* Pena consistente no pagamento de um valor nove vezes superior ao que o magistrado obteve ou recebeu por subor-no das partes.

A NOVO. **1.** *Locução latina.* De novo. **2.** *Direito proces-sual.* Empregada, na linguagem forense, para de-signar: a) processo que vai a novo julgamento; b) processo novamente iniciado perante outro tribunal.

ANOVULAR. *Medicina legal.* Diz-se da descarga cí-clica de sangue uterino não acompanhada de óvulo.

ANOXEMIA. *Medicina legal.* Falta de oxigenação no sangue.

ANP. Sigla de Agência Nacional de Petróleo.

ANRIQUE. *Direito marítimo.* Corda com que se pren-de a bóia à unha da âncora, numa embarcação.

ANSCHAUUNG. *Termo alemão.* Intuição.

ANSCHLUSS. **1.** *Termo alemão.* Anexação. **2.** *Histó-ria do direito.* Golpe nazista contra a Áustria em 1939, simulando um plebiscito para anexá-la à Alemanha, desencadeando a Segunda Guerra Mundial.

AN SICH SEIENDES. *Expressão alemã.* Algo em si existente.

ANSICHSEIN. *Termo alemão.* Ser em si mesmo.

ANSIEDADE. *Medicina legal.* **1.** Angústia; aflição. **2.** Atitude aflitiva provocada pelo medo de que advenha alguma desgraça.

ANSPEÇADA. *História do direito.* Posto abaixo de cabo-de-esquadra e acima de soldado, no Brasil colonial e imperial (Othon Sidou).

ANSTAND. *Termo alemão.* Obrigação natural.

ANSWER. *Termo inglês.* Contestação.

ANTAGÔNICO. 1. Oposto; contrário. **2.** *Medicina le-gal.* a) Diz-se de músculo que tem atuação opos-ta à de outro; b) diz-se do medicamento que produz efeito contrário ao de outro.

ANTAGONISMO. 1. Rivalidade. **2.** Hostilidade; oposição. **3.** Situação contrária. **4.** *Medicina legal.* Reação do organismo, transformando e elimi-nando substância tóxica.

ANTAGONISTA. *Direito processual.* Adversário numa demanda, seja ele autor ou réu, que procura contrariar as alegações ou afirmações feitas pelo outro litigante.

ANTANAGOGE. *Retórica.* **1.** Réplica feita a um ad-versário, utilizando-se as mesmas provas e ar-gumentos que lhe serviram para fundamentar uma acusação. **2.** Retorsão.

ANTARQUISMO. *Ciência política.* Sistema de oposi-ção a todos os governos.

ANTE ACTA. *Locução latina.* Antes do ato; primeiro; preliminarmente.

ANTECEDÊNCIA. 1. Procedimento anterior relativamente a um ato a ser praticado. **2.** Anterioridade em relação a um certo momento. **3.** Momento oportuno para que um ato possa ser praticado, assegurando o exercício de algum direito. **4.** Período apropriado para que um contratante possa rescindir ou prorrogar um contrato.

ANTECEDENTE. 1. Aquilo que existiu anteriormente; fato que determina outro posterior. **2.** *Direito processual penal.* a) Referência sobre a verificação de processo anterior onde a pessoa tenha tido participação passiva; b) dado sobre a vida pregressa ou pretérita do indivíduo, que constitui importante fator atenuante ou agravante na fixação da pena e na concessão de *sursis*. **3.** *Direito processual civil.* a) Diz-se da formalidade preliminar indispensável para a execução regular de um ato ou para sua eficácia; b) diz-se do processo preparatório, ou ato anterior à ação principal, necessário ao seu cumprimento. **4.** *Direito civil.* Circunstância anterior ou fato importante para a efetivação do ato negocial. **5.** *Lógica jurídica.* a) Primeira das proposições de um silogismo reduzido a duas; b) proposição que, num juízo hipotético condicional, enuncia a condição da qual depende uma segunda proposição. **6.** *Medicina legal.* Fenômeno que precede a uma doença, cujo conhecimento é necessário para o seu diagnóstico.

ANTECEDENTE CONCESSO, CONCEDITUR CONSEQUENS; VEL ANTECEDENS VIDETUR, QUI VOLUIT CONSEQUENTEM. *Aforismo jurídico.* Antecedente concedido, concedido o conseqüente; por outra: o antecedente quer quem quis o conseqüente.

ANTE CERTAM DIE. *Expressão latina.* Antes do termo ou do dia determinado.

ANTECESSOR. 1. O que precede algo. **2.** Antepassado; ascendente. **3.** Aquele que ocupou cargo, realizou alguma tarefa ou praticou ato antes de outro. **4.** Aquele que antecedeu a outrem na posse de bens.

ANTECIPAÇÃO. 1. Ato de antecipar. **2.** *Direito civil.* Prática de um ato antes do tempo avençado ou previsto por lei, por exemplo, antecipação do pagamento de uma dívida, quando o devedor a resgata antes do termo fixado para seu vencimento. **3.** *Direito comercial.* Pagamento antecipado de parte das mercadorias consignadas. **4.** *Direito tributário.* a) Empréstimo contraído por conta de rendas que irão ser arrecadadas; b) recolhimento do pagamento do tributo antes do momento devido. Com o escopo de acelerar a sua arrecadação, o Poder Público deixa à discrição do contribuinte, oferecendo-lhe certas vantagens, a decisão de pagar um tributo que ainda não é devido, segundo a lei vigente, mas que o será no futuro, por ocasião da ocorrência do fato gerador. **5.** *Ciência política.* Despesa que é feita antes de ser o crédito votado pelo parlamento. **6.** *Retórica jurídica.* a) Refutação prévia de possíveis objeções a serem feitas; b) figura da escolha que tem por fim insinuar que há motivo para substituir uma qualificação, que pode ter levantado objeções por outra (Perelman e Olbrechts-Tyteca).

ANTECIPAÇÃO BANCÁRIA. *Direito bancário.* É a operação pela qual alguém recebe do banco certa importância, dando garantia real para o pagamento da quantia adiantada. Tal garantia poderá consistir em mercadorias ou títulos representativos delas, como conhecimentos de depósito ou de transporte, *warrants* e títulos de crédito cotados na Bolsa. É operação bem diversa da de desconto, porque neste há transferência da propriedade de títulos de terceiros para os bancos, enquanto na antecipação os títulos depositados servem tão-somente de garantia.

ANTECIPAÇÃO DA LEGÍTIMA. *Direito civil.* Ato *inter vivos* pelo qual o pai doa bens a seu filho ou pelo qual um cônjuge faz doação a outro. Constitui adiantamento da legítima por ser uma partilha em vida daquilo que por morte do doador o donatário receberia. Tal doação será conferida no inventário do doador por meio da colação.

ANTECIPAÇÃO DA TUTELA. *Vide* TUTELA ANTECIPADA.

ANTECIPAÇÃO DO FATO GERADOR DO TRIBUTO. *Direito tributário.* Técnica legislativa que, por motivo político-fiscal, pretende facilitar a arrecadação e a fiscalização. Consiste em considerar como ocorrido o fato gerador do imposto num momento anterior ao que normalmente deveria dar-se, fazendo com que a dívida tributária nasça numa data que não seria aquela em que, de fato, ocorreria o fenômeno econômico descrito hipoteticamente pela norma.

ANTECIPAÇÃO DO PAGAMENTO. 1. *Direito civil.* Execução do pagamento da dívida antes da data de seu vencimento. Ocorrerá: a) por conveniência do devedor, quando o prazo for estabelecido em seu favor, pois, se assim se der, nada obstará que renuncie ao benefício que lhe foi concedido, antecipando, se lhe for conveniente, o pagamento do débito, sem ter, contudo, direito a repetição ou desconto. Se o prazo for instituído em favor do credor, o devedor não poderá obrigá-lo a receber antes do dia fixado. Se estipulado em proveito de ambos os contratantes, um não poderá antecipar o vencimento sem o consenso do outro; b) em virtude de lei, com a finalidade de proteger os interesses do credor e garantir a segurança das relações creditórias. A lei estatui que ao credor assistirá o direito de cobrar a dívida, antes de vencido o prazo estipulado no contrato, se: executado o devedor, se abrir concurso creditório ou se se decretar sua falência; os bens hipotecados, empenhados ou dados em anticrese forem penhorados em execução por outro credor; cessarem ou se tornarem insuficientes as garantias do débito, fidejussórias ou reais, e o devedor, intimado, se negar a reforçá-las. **2.** *Direito comercial.* Cumprimento de débitos não vencidos, que não produzirá efeitos em relação à massa falida se efetivado pelo devedor dentro do termo legal da falência.

ANTECIPAÇÃO DO PARTO. *Direito penal.* **1.** Lesão corporal grave, punida com reclusão, que consiste no intencional desencadeamento das contrações uterinas antes do termo do ciclo gravídico, ou do período determinado para o nascimento, com expulsão de feto vivo e com condições de viabilidade. **2.** Lesão corporal gravíssima se a provocação do parto, antes do termo final da gestação, resultar em aborto.

ANTECIPAÇÃO DO VENCIMENTO. *Direito comercial.* Adiantamento do momento em que se pode exigir o pagamento de um débito, por exemplo, com a falência ter-se-á o vencimento antecipado de todas as dívidas do falido, com abatimento dos juros legais.

ANTECIPAÇÃO SOCIAL. *Sociologia jurídica.* Comportamento de pessoas que, dependendo das atitudes de outros, aparentemente se acomodam com o intuito de paralisar a ação dos demais.

ANTECIPADO. Diz-se do ato que for praticado ou levado a efeito antes do tempo em que deveria, normalmente, ocorrer.

ANTECIPATED BREACH OF CONTRACT. *Expressão inglesa.* Quebra antecipada do contrato.

ANTECIPO. *Vide* ANTECIPAÇÃO.

ANTECONTRATO. *Direito civil.* Contrato preliminar que gera tão-somente para as partes uma obrigação recíproca de fazer o contrato definitivo.

ANTEDATA. 1. *Direito penal.* Ato de apor data falsa, anterior à verdadeira, em título ou documento, particular ou público, com o escopo de fazer crer que houve uma situação jurídica anterior inexistente, constituindo-se num delito, ou seja, no crime de falsidade documental, suscetível de punição criminal, pois a alteração para apor antedata é índice de falsidade. **2.** *Direito civil.* Data constante em algum documento anterior àquela em que foi escrito ou elaborado, configurando uma simulação, conducente à nulidade do ato negocial, se uma das partes pretendeu, com isso, tirar vantagens em prejuízo da outra. Havendo essa simulação, o prejudicado poderá pleitear a nulidade do ato da antedata, evitando, dessa forma, que venha a produzir os efeitos pretendidos pelo simulador. **3.** *Direito tributário.* Ação pela qual o contribuinte apõe em documento data anterior, com o propósito de fraudar a lei, para escapar ao cumprimento de algum dever fiscal, passível de ser anulada a pedido do representante da Fazenda Pública.

ANTEDATADO. Diz-se do documento, particular ou público, ou do título em que, por simulação ou com falsidade, se colocou data anterior à de sua efetivação ou se alterou, para dia anterior, a data nele aposta.

ANTEDESVIO. *Medicina legal.* Desvio do útero para diante.

ANTE DIEM. *Locução latina.* Um dia antes.

ANTEILWERTE. *Termo alemão.* Valores participantes.

ANTELAÇÃO. *Vide* PREFERÊNCIA.

ANTE LITEM. *Locução latina.* Antes da lide.

ANTE MORTEM. *Locução latina.* Antes da morte.

ANTENEASMIA. *Medicina legal.* Mania de suicídio.

ANTENOME. *Direito civil.* **1.** Prenome ou nome próprio de uma pessoa, que vem em primeiro lugar ao se enunciar o seu nome completo. O prenome pode ser *simples* (Maria, João, Carlos), *duplo* (Maria Amélia, José Mário) ou, ainda, *triplo* ou *quádruplo*, como se dá, em regra, em famílias reais (Caroline Louise Marguerite, princesa de Mônaco), assim como pode ser livremente escolhido, desde que não exponha o portador ao ridículo, caso em que os oficiais do registro poderão recusar-se a registrá-lo. Se os pais não se conformarem com a recusa do oficial, este submeterá por escrito o caso, independente de cobrança de quaisquer emolumentos, à decisão do juiz competente; **2.** título indicativo de profissão ou qualidade, por exemplo: o nobiliárquico ou honorífico, como conde, duque, comendador, aposto antes do prenome, denominado *axiônio*; o eclesiástico, como cardeal, monsenhor, padre; o qualificativo de identidade oficial, como senador, desembargador, prefeito etc.; e o acadêmico e científico, como mestre, doutor etc.

ANTENUPCIAL. *Direito civil.* **1.** Aquilo que antecede ao casamento. **2.** Diz-se do pacto celebrado antes do casamento, pelo qual os nubentes fazem estipulações concernentes aos seus bens, mediante escritura pública, só tendo eficácia perante terceiros se assentado no registro imobiliário. **3.** Ato de liberalidade feito antes das núpcias, mediante escritura pública, tendo em vista sua realização, por um terceiro contemplando um ou ambos os nubentes, por um nubente a outro ou por ambos, desde que o regime de bens não seja o da separação obrigatória e os bens doados não excedam à metade dos do doador.

ANTE NUPTIAS. *Locução latina.* Antes das núpcias.

ANTEPARA. *Direito marítimo.* Cada uma das divisões que separam os vários compartimentos dos navios.

ANTEPARA ESTANQUE. *Direito marítimo.* Divisão à prova d'água que, havendo avaria a bordo, impede que a água, invadindo um dos compartimentos, venha a passar para outro.

ANTEPARTO. *Medicina legal.* Período da gestação que antecede ao parto.

ANTEPASSADO. *Direito civil.* **1.** Ancestral. **2.** Ascendente.

ANTEPORTO. *Direito marítimo.* Local que existe na entrada de alguns portos para refúgio de embarcações.

ANTEPOSSUIDOR. *Direito civil.* Aquele que teve posse anterior, precedendo a outra pessoa na posse da coisa.

ANTEPREDICAMENTO. *Lógica jurídica.* **1.** Questão preliminar. **2.** Conhecimento prévio de determinadas noções, indispensável para a compreensão das categorias.

ANTEPROJETO. *Direito constitucional.* Esboço preliminar de projeto a ser analisado por parlamentares. Dada sua redação final, após estudo e discussão, transformar-se-á em projeto de lei.

ANTERIOR. 1. Fato que ocorreu antes de outro; **2.** Ato que precedeu a outro.

ANTERIORIDADE. 1. Prioridade de data ou de uma pessoa em relação a outra pela prática de algum ato anterior ou pela satisfação de alguma exigência requerida por lei. **2.** Dualidade do que é anterior. **3.** Precedência.

ANTERIORIDADE DA LEI PENAL. *Direito penal.* Necessidade de norma penal anterior ao crime que preveja certa conduta como delituosa, para que haja criminalidade e sua conseqüente punição.

ANTERIORIDADE DA LEI TRIBUTÁRIA. *Direito tributário.* Princípio constitucional tributário pelo qual há obrigatoriedade de inclusão, no orçamento anual, de todas as receitas, bastando que a lei tenha vigência no tempo que anteceder ao exercício financeiro em que se dará a cobrança das exigências fiscais criadas ou aumentadas. O princípio da anualidade inexiste, atualmente, no Brasil; assim sendo, uma norma que venha a criar tributo ou a majorá-lo poderá ser aplicada no ano seguinte, independentemente de prévia autorização orçamentária.

ANTERIORIDADE DA NOMEAÇÃO PARA CARGO PÚBLICO. *Vide* ANTIGÜIDADE.

ANTERIUS. *Vide* PRIUS.

ANTE TEMPUS. *Locução latina.* Antes do tempo próprio; prematuramente.

ANTEVERSÃO. *Medicina legal.* Inclinação do útero, fazendo não só com que seu fundo se volte para diante e se aproxime da sínfise e do púbis como também com que o colo se dirija para trás, para a concavidade do sacro.

ANTIABORTIVO. *Medicina legal.* Contrário ao abortamento.

ANTIANAFILAXIA. *Medicina legal.* **1.** Tratamento para prevenção ou cura de desordens anafilácticas. **2.** Condição em que não se obtém a reação anafiláctica em razão da existência de anticorpos livres no sangue.

ANTIATÁVICO. Aquele que não sofre influência de seus predecessores ou antepassados.

ANTIBÉLICO. *Direito internacional público.* Contrário à guerra.

ANTIBIÓTICO. *Medicina legal.* Substância antimicrobiana ou citostática que visa impedir a vida de germes.

ANTIBIOTICOTERAPIA. *Medicina legal.* Tratamento à base de antibióticos.

ANTIBULA. *Direito canônico.* Bula emanada de um antipapa.

ANTICANÔNICO. *Direito canônico.* Aquilo que contraria os cânones eclesiásticos.

ANTICARCINOMATOSO. *Medicina legal.* Aquilo que combate o câncer.

ANTICATEGORIA. Acusação feita para responder a uma outra.

ANTICATOLICISMO. *Direito canônico.* Doutrina contrária à concepção católica.

ANTICEPTICISMO. *Filosofia geral.* Teoria oposta ao cepticismo.

ANTICIENTÍFICO. *Teoria geral do direito.* Aquilo que contraria os conhecimentos da ciência.

ANTICIPATED SALE. *Locução inglesa.* Venda antecipada.

ANTICIPATORY BREACH. *Locução inglesa.* **1.** Teoria desenvolvida em País de *common law* que admite que o contrato pode ser havido, desde logo, como descumprido se uma das partes manifesta, por palavras ou atos inequívocos, o firme propósito de, advindo o termo, negar-se à execução (João Baptista Villela, Washofsky e Tedeschi). **2.** *Vide* INADIMPLEMENTO CONTRATUAL ANTECIPADO.

ANTICÍVICO. *Ciência política.* O que é contrário aos deveres de um cidadão.

ANTICIVILIZADOR. *Ciência política.* Aquilo que visa impedir a civilização.

ANTICLERICAL. *Direito canônico.* O que é contrário ao clero.

ANTICLERICALISMO. *Direito canônico.* Conjunto de idéias polêmicas relativas ao clero católico (Verucci).

ANTICOLONISTA. *Ciência política.* Aquele que é adversário da política colonial, uma vez que não admite a existência de colônias.

ANTICOMERCIAL. *Direito comercial.* O que contraria os usos mercantis.

ANTICOMUNISMO. *Ciência política.* Oposição à ideologia e aos fins do comunismo (Buckley e Bonet).

ANTICONCEPCIONAL. *Medicina legal.* Diz-se do processo ou do medicamento que tem por fim impedir a gravidez.

ANTICONCÍLIO. *Direito canônico.* Reunião de protesto contra as decisões de um concílio.

ANTICONJUGAL. *Direito civil.* Ato contrário às normas disciplinadoras da vida conjugal.

ANTICONSTITUCIONAL. *Direito constitucional.* Diz-se do ato ou da norma que contrariam a Constituição política do Estado, lei suprema do País.

ANTICORPO. *Medicina legal.* Agente da imunidade que torna inócua substância orgânica, introduzida no corpo, capaz de produzir alguma doença. Tal agente poderá ser produto de reação dos antígenos ou estar presente, normalmente, no organismo humano.

ANTICRESE. *Direito civil.* Convenção mediante a qual o credor, retendo um imóvel do devedor, percebe os seus frutos para conseguir a soma de dinheiro emprestada, imputando na dívida, até o seu resgate, as importâncias que for recebendo. A anticrese autoriza, portanto, o credor a reter o imóvel, para perceber os seus frutos e rendimentos, com o escopo de compensar o débito dos juros e amortizar o capital da dívida, não tendo o direito de promover a venda judicial do bem dado em garantia. É um *direito real de garantia* sobre coisa alheia porque: a) adere ao imóvel para a percepção de seus frutos, rendimentos ou utilidades pelo credor; b) o credor pode opor seu direito ao adquirente do imóvel dado em garantia, pois tem ação real e direito de seqüela, podendo acompanhar sua garantia em caso de transmissão *inter vivos* ou *causa mortis*, uma vez constituída por escritura pública e assentada no registro imobiliário, logo, qualquer mudança da propriedade não alterará a sua situação de credor anticrético; c) o credor pode opor o seu *jus utendi* e *fruendi*, bem como o de retenção, aos credores quirografários do devedor e aos hipotecários; d) os frutos da coisa gravada não podem ser penhorados por outros credores do devedor. Se tal penhora se realizar, o anticresista poderá utilizar-se dos embargos de terceiro para impugnar esse ato; e) é indivisível, atendo-se à regra geral que rege os direitos reais de garantia. A anticrese confere preferência ao anticresista sobre qualquer outro crédito posterior, de modo que o credor hipotecário, com registro posterior, não pode executar o imóvel, enquanto a anticrese subsistir. Para tanto deverá opor-se à excussão alegando direito de retenção, necessário para solver seu crédito, com os rendimentos do imóvel. Se houver excussão do imóvel ante o fato de o anticresista permitir que outro credor o execute sem opor seu direito de retenção ao exeqüente, não terá ele preferência alguma sobre o *quantum* apurado no praceamento do bem. Só lhe é conferido direito de retenção, que apenas se extingue ao fim de quinze anos.

ANTICRESISTA. *Direito civil.* Credor anticrético; aquele que recebeu a posse de um imóvel alheio como garantia em anticrese, para dele perceber seus frutos e rendimentos, até que seu crédito seja pago.

ANTICRÉTICO. *Direito civil.* Aquilo que é relativo à anticrese.

ANTICRISTIANISMO. Doutrina contrária ao cristianismo ou oposta às idéias cristãs.

ANTICRÍTICA. Crítica que se faz para refutar uma outra.

ANTICRONISMO. *Direito civil.* Erro na data aposta em um texto documental, em razão de algum engano ou equívoco.

ANTICULTURAL. Contrário à cultura ou às manifestações científicas e artísticas.

ANTIDEMOCRACIA. *Ciência política.* a) Doutrina contrária à democracia; b) sistema político que propugna a oposição às idéias democráticas.

ANTIDÉSPOTA. *Ciência política.* Pessoa ou coisa contrárias ao despotismo.

ANTIDINÁSTICO. *Ciência política.* O que se insurge contra a dinastia ou é contrário aos seus interesses.

ANTIDIVORCISTA. *Direito civil.* O que é contrário ao divórcio ou à sua concessão.

ANTIDOGMATISMO. *Filosofia geral.* Corrente contrária a dogmas.

ANTIDORAL. *História do direito.* Dizia-se, na era romana, do mimo que se dava ao doador para exprimir a gratidão pelo benefício recebido.

ANTÍDOTO. *Medicina legal.* 1. Contraveneno, uma vez que pode prevenir ou neutralizar os efeitos de um veneno. 2. Medicamento para inativar os efeitos de outro.

ANTIDOUTRINÁRIO. O que está em desacordo com determinada doutrina.

ANTI-DUMPING DUTY. *Expressão inglesa.* Direito alfandegário que recai sobre mercadoria importada.

ANTIECONÔMICO. *Economia política.* 1. Tudo que se opõe às leis da economia política. 2. Contrário aos interesses econômicos.

ANTIESPORTIVO. *Direito desportivo.* 1. Aquele que tem conduta contrária à de um bom desportista. 2. O que se opõe ao desporto ou aos seus interesses.

ANTIESTATISMO. *Ciência política.* Teoria contrária à intervenção estatal nas atividades dos particulares.

ANTIFASCISMO. *Ciência política.* Oposição ao fascismo.

ANTIFEMINISMO. Oposição ao feminismo.

ANTIFERNAL. *Direito civil.* Diz-se do bem dado pelo marido à mulher em pacto antenupcial.

ANTIFILANTRÓPICO. O que é contrário ao sentimento de caridade.

ANTIFILOSOFIA. *Filosofia geral.* Doutrina avessa a estudos filosóficos.

ANTIFLOGÍSTICO. *Medicina legal.* Aquilo que combate a inflamação.

ANTIFRANCÊS. *Sociologia geral.* Contrário a tudo que é francês.

ANTÍGENO. *Medicina legal.* Substância que, ao ser introduzida no organismo humano, estimula a formação de anticorpos específicos.

ANTIGENOTERAPIA. *Medicina legal.* Tratamento que consiste em inocular antígenos no corpo, como meio curativo, provocando, como reação, a formação de anticorpos.

ANTIGERMANISMO. *Sociologia geral.* Teoria contrária às idéias germânicas.

ANTIGO. 1. O que é anterior; o feito em primeiro lugar. 2. Precedente. 3. O que existiu outrora. 4. O que é conhecido há muito tempo. 5. Estado anterior de uma coisa. 6. Diz-se de coisa ou fato de que não se tem idéia exata de seu tempo. 7. *Direito do trabalho* e *direito administrativo.* Aquele que não está mais no exercício de um cargo ou profissão.

ANTIGOVERNAMENTAL. *Ciência política.* 1. Pessoa avessa ao governo constituído. 2. Aquilo que contraria o governo.

ANTIGÜIDADE. 1. Dualidade do que é antigo. 2. Tempo muito antigo. 3. Lapso de tempo que vai do fim da pré-história até a queda do Império Romano. 4. *Direito administrativo.* a) Anterioridade da nomeação para cargo público; b) tempo de serviço do funcionário público que lhe dá direito de ser promovido para um cargo mais alto. 5. *Direito do trabalho.* Critério usado para promoção, dentro da categoria profissional, e para recebimento de adicional de tempo de serviço, o qual integrará o salário.

ANTI-HITLERISMO. *Ciência política.* Posição doutrinária contrária às idéias nazistas ou ao hitlerismo.

ANTI-HUMANITÁRIO. 1. Aquilo que é contrário aos princípios da humanidade. 2. Qualidade do que é desumano.

ANTIIBERISMO. *Sociologia geral.* Corrente contrária à união dos povos ibéricos.

ANTIIMIGRANTISTA. *Direito internacional privado.* Contrário à imigração.

ANTIINDUSTRIAL. *Economia política.* O que se opõe aos interesses e ao desenvolvimento industrial.

ANTIINFALIBILISTA. *Direito canônico.* Aquele que nega a infalibilidade do Papa.

ANTIJURIDICIDADE. *Teoria geral do direito.* **1.** Diz-se de qualquer ato ou conduta contrários ao direito. **2.** Relação de contrariedade existente entre a ação humana e a norma jurídica.

ANTILEGAL. *Teoria geral do direito.* **1.** Ilegal. **2.** O que é contrário à lei.

ANTILIBERALISMO. *Filosofia geral.* Doutrina que se opõe às idéias liberais.

ANTILOGIA. 1. *Teoria geral do direito.* a) Contradição apresentada em palavras ou em idéias num mesmo texto; b) oposição de incompatibilidade entre argumentos que, por não apresentarem contraditoriedade, podem coexistir, não se excluindo mutuamente, uma vez que há um momento de plausibilidade que os expõe à crítica concomitantemente. Por exemplo, "A" e "B" são casados conforme a legislação do país "X", que admite o divórcio. "A" é cidadão de "X", mas "B" é cidadão de "Y", que não o permite. Se em "X" inexistir qualquer norma solucionadora desse conflito, ter-se-á a seguinte antilogia: o órgão judicante não deverá conceder o divórcio, pois o vínculo matrimonial não poderá romper-se em relação a um dos cônjuges e manter-se relativamente ao outro, ou o magistrado deverá dar o divórcio, pois não se pode negá-lo ao consorte "A", que, legalmente, tem assegurado tal direito. **2.** *Retórica jurídica.* Raciocínio que consiste em antepor um argumento oposto a um já dado, para diminuir-lhe a força probante. **3.** *Medicina legal.* Conjunto de sintomas contraditórios que dificulta ou impede o diagnóstico.

ANTILÓGICO. *Lógica jurídica.* **1.** Absurdo. **2.** Tudo que é contrário às regras lógicas.

ANTIMETROPIA. *Medicina legal.* Estado que apresenta hipermetropia em um dos olhos e miopia no outro.

ANTIMILITARISMO. *Ciência política.* **1.** Hostilidade à guerra. **2.** Sistema político contrário ao militarismo.

ANTIMINISTERIAL. *Ciência política.* **1.** O que é contra a ação de determinado ministro de Estado. **2.** Tudo que se opõe a um ministério ou ao Gabinete de ministros.

ANTIMNÉSIA. *Psicologia forense.* Falta de sentimento de novidade ligado a uma percepção familiar (Lalande e Lemaitre).

ANTIMONARQUISMO. *Ciência política.* Sistema político que combate a monarquia como forma de governo.

ANTIMORALISMO. *Filosofia geral* e *filosofia do direito.* Corrente que não admite qualquer escala de valores morais.

ANTINACIONALISMO. *Ciência política.* Doutrina contrária ao nacionalismo, por opor-se aos interesses da nação.

ANTINOMIA. *Filosofia do direito.* **1.** Oposição existente entre normas e princípios no momento de sua aplicação. **2.** Contradição inevitável a que, segundo Kant, chega o espírito quando se aplica a certos conceitos, ou melhor, ao empregar as concepções *a priori* ao transcendente e absoluto. **3.** Reunião de proposições que parecem ser contraditórias e provadas, mas, na verdade, a contradição é apenas aparente ou a prova de uma daquelas é, no mínimo, não concludente.

ANTINOMIA APARENTE. *Teoria geral do direito.* Presença de duas normas conflitantes, cujos critérios solucionadores são normas integrantes do ordenamento jurídico, de modo que o aplicador poderá conservá-las, optando por uma delas. Tal conciliação dá-se por meio da aplicação de um dos critérios normativos fornecidos pelo próprio ordenamento: hierárquico, cronológico e da especialidade.

ANTINOMIA DE DIREITO INTERNACIONAL. 1. *Direito internacional privado.* É a qualificação de modo diverso da mesma relação jurídica por leis de dois ou mais Estados, cada qual elegendo elementos de conexão não coincidentes. Por exemplo, o estado e a capacidade de brasileiro domiciliado na Itália regem-se, conforme o direito internacional privado brasileiro, pela lei italiana (*lex domicilii*), mas, pelo direito internacional privado italiano, aplica-se o direito brasileiro (lei da nacionalidade). Para solucionar esse conflito ter-se-á a obrigatoriedade imposta ao órgão judicante de aplicar a norma de direito internacional privado de seu país, ignorando a do Estado estrangeiro, igualmente interessado. Assim sendo, não há qualquer *colisão*, pois esta é *aparente*, uma vez que inexiste conflito formal de normas, por haver, na verdade, duas que se integram: a) a norma *colisional* de direito internacional privado (interno), que faz remissão a uma norma de direito substancial (interno) para qualificar determinado fato; e b) a norma *substancial* (incorporada ao direito interno, se estrangeira), a que a lei de direito internacional privado remete o aplicador. No direito internacional privado, portanto, só há *antinomia aparente.* **2.** *Direito internacional público.* É a colisão que aparece entre tratados ou convenções internacionais, costumes internacionais, princípios gerais de direito reconhecidos pelas nações civilizadas, decisões judiciárias, opiniões dos publicistas mais qualificados como meio auxiliar de determinação de normas de direito criadas pelas organizações internacionais e atos jurídicos unilaterais. No que se refere aos conflitos entre tratados, os critérios para solucioná-los são: a) *prior in tempore potior in jus*, que dá preferência ao feito em primeiro lugar, desde que esses tratados conflitantes não tenham sido elaborados pelas mesmas partes; b) *lex posterior derogat priori*, que se aplica sempre que o segundo tratado ditar a lei dos Estados signatários do primeiro; c) *lex specialis derogat generale*, aplicável apenas nos casos de tratados sucessivos entre os mesmos signatários; d) *lex superior derogat inferiori*, pelo qual a norma superior se liga não à natureza da fonte, mas ao valor por ela colimado, por exemplo, uma norma que visar a ordem pública internacional deverá prevalecer sobre a que pretender a mera segurança de um dos contratantes. Como se vê, tal *antinomia* será sempre *aparente*.

ANTINOMIA DE DIREITO INTERNO. *Teoria geral do direito.* É a contradição que se dá entre normas dentro de um mesmo ramo do direito (por exemplo, duas normas de direito civil conflitantes) ou entre procedentes de diferentes ramos jurídicos (por exemplo, norma de direito administrativo conflitante com uma de direito constitucional). Poderá ser, quanto à sua solução, real ou aparente. Será *real* se inexistir critério normativo para sua solução, e *aparente* se puder ser resolvida pelo magistrado mediante o emprego dos critérios hierárquico, cronológico ou da especialidade.

ANTINOMIA DE DIREITO INTERNO-INTERNACIONAL. *Teoria geral do direito.* É a contradição que surge entre norma de direito interno e norma de direito internacional público, sendo que tal questão se resume no problema das relações entre dois ordenamentos, na prevalência de um sobre o outro na sua coordenação. Nesse conflito, que ocorre quando uma lei interna contraria um tratado internacional, a jurisprudência consagra a superioridade da norma internacional sobre a interna se esse conflito for submetido a um juízo internacional. Mas, se for levado à apreciação do juízo interno, este poderá, conforme as normas de seu País, reconhecer: a) a autoridade relativa do tratado e de outras fontes jurídicas na ordem interna, entendendo-se que o legislador interno não pretendeu violar o tratado, exceto nos casos em que o fez claramente, hipótese em que a lei interna prevalecerá; b) a superioridade do tratado sobre a lei mais recente em data; e c) a superioridade do tratado sobre a norma interna, ligando-a, porém, a um controle jurisdicional da constitucionalidade da lei. Tudo dependerá do reconhecimento das normas internacionais feito pela lei nacional do juiz.

ANTINOMIA DE SEGUNDO GRAU. *Teoria geral do direito.* É a que se dá quando houver conflito entre os critérios: a) *hierárquico* e *cronológico*, hipótese em que, sendo uma norma anterior-superior antinômica a uma posterior-inferior, pelo critério hierárquico deve-se optar pela primeira, e, pelo cronológico, pela segunda. Assim a meta-regra *lex posterior inferiori non derogat priori superiori* resolveria o problema, isto é, o critério cronológico não seria aplicável quando a lei posterior fosse inferior à anterior, pois, de outro modo, o critério hierárquico seria inoperante. Prevalecerá o hierárquico por ser mais forte do que o cronológico, visto que a competência se apresenta mais sólida do que a sucessão no tempo, e, além disso, a aplicação do critério cronológico sofre uma limitação, uma vez que não é absoluta, já que esse critério só será válido para normas que se encontrem no mesmo nível; b) de *especialidade* e *cronológico*, se houver uma norma anterior-especial conflitante com uma posterior-geral. Seria a primeira preferida pelo critério de especialidade, e a segunda, pelo critério cronológico. Neste caso valeria o metacritério *lex posterior generalis non derogat priori speciali*, segundo o qual a especialidade prevalece sobre a cronológica. Tal meta-regra não tem valor absoluto, pois, às vezes, *lex posterior generalis derogat priori speciali*, tendo em vista determinadas circunstâncias surgidas; logo, conforme o caso, haverá supremacia ora de um, ora de outro critério; c) *hierárquico* e de *especialidade*, se uma norma superior-geral for antinômica a uma inferior-especial, prevalecendo a primeira se aplicado o critério hierárquico, e a segunda se utilizado o da especialidade. Nesse conflito não será possível estabelecer uma meta-regra preferindo o critério hierárquico ao da especialidade, ou vice-versa, sem contrariar a adaptabilidade do direito. Poder-se-á preferir qualquer um dos critérios, não existindo nenhuma prevalência. Teoricamente, dever-se-ia optar pelo hierárquico, mas, na prática, ante o princípio da isonomia, segundo o qual se deve tratar igualmente os iguais e desigualmente os desiguais, pode-se aplicar a lei especial, ainda que ordinária, sobre a norma constitucional, atendendo ao princípio da justiça *suum cuique tribuere*, baseado na interpretação de que "o que é igual deve ser tratado como igual, e o que é diferente, de maneira diferente".

ANTINOMIA IMPRÓPRIA. *Teoria geral do direito.* É a que ocorre em virtude do conteúdo material das normas, não impedindo que o sujeito aja conforme a elas, mesmo que com elas não concorde. Pode apresentar-se como: a) *antinomia de princípios*, se houver desarmonia numa ordem jurídica pelo fato de fazerem parte dela diferentes idéias fundamentais, entre as quais se pode estabelecer um conflito, por exemplo, quando as normas protegem valores opostos, como liberdade e segurança, sacrificando um deles total ou parcialmente; b) *antinomia valorativa*, se o legislador não for fiel a uma valoração por ele próprio realizada, por exemplo, quando prescreve pena mais leve para delito mais grave. Se isso acontecer, o aplicador da norma deverá aceitá-la, não podendo ser removida pela ciência do direito; c) *antinomia teleológica*, se ocorrer incompatibilidade entre os fins propostos por certa norma e os meios previstos por outra para a consecução daquelas finalidades. O legislador busca alcançar um fim com uma norma, mas em outra rejeita os meios para obter tal objetivo (Karl Engisch).

ANTINOMIANISMO. 1. *Ciência política.* Consiste no antagonismo contra a lei ou a legalidade, que pode aparecer na rejeição pelo anarquismo de qualquer autoridade legislativa do poder estatal. **2.** *Direito canônico.* Concepção doutrinária de que, pela fé e graça de Deus, haverá libertação dos cristãos não só pela obediência à lei de Moisés como também pelo legalismo e pelos padrões morais da cultura.

ANTINOMIA PARCIAL-PARCIAL. *Teoria geral do direito.* É a que ocorre quando duas normas tiverem um campo de aplicação conflitante em uma parte e não conflitante em outra.

ANTINOMIA PRÓPRIA. *Teoria geral do direito.* É a que se dá por razão formal, independentemente do conteúdo material das normas. Ocorre quando uma conduta aparece, ao mesmo tempo, preceituada em duas normas distintas, sendo permitida por uma e proibida por outra. Se ambas tiverem caráter deôntico oposto, se seus conteúdos forem negação interna um do outro e se possuírem as mesmas condições de aplicação, somente uma delas poderá ser aplicada, pois uma nega a outra. O sujeito ficará num dilema por não poder atuar segundo uma norma sem violar a outra, devendo optar, sendo que esta sua opção por uma das normas de conflito implicará a desobediência da outra, levando-o a recorrer a critérios para sair dessa situação anormal.

ANTINOMIA REAL. *Teoria geral do direito.* É a contradição entre duas normas emanadas de autoridades competentes num mesmo âmbito normativo, fazendo com que o aplicador fique numa posição insustentável pela ausência de qualquer critério normativo para sua solução ou pela existência de conflito entre os critérios aptos a resolvê-la (Tércio Sampaio Ferraz Junior). Trata-se de uma *lacuna de conflito*, pois as normas conflitantes se excluem reciprocamente, por ser impossível remover a contradição, pela dificuldade de destacar uma como a mais forte, por serem ambas igualmente válidas e por não haver um critério que permita decidir entre elas, obrigando o órgão judicante, mediante uma interpretação corretiva e eqüitativa, a solucionar o caso *sub judice*, a que se aplicam, segundo os critérios de preenchimento de lacunas. O magistrado não terá o poder de eliminar a antinomia, que subsistirá após sua decisão, pois, na verdade, não resolverá a colisão normativa, mas o caso concreto submetido à sua apreciação. Só o legislador poderá eliminá-la pela edição de uma norma derrogatória que opte por uma das antinômicas. Essa terceira norma estabelecerá, então, que, em caso de antinomia real, uma das duas, ou ambas, perderá a validade.

ANTINOMIA TOTAL-PARCIAL. *Teoria geral do direito.* É a que se dá se uma norma não puder ser aplicada, em nenhuma circunstância, sem conflitar com outra, sendo que esta tem um campo de aplicação que conflita com a anterior apenas em parte.

ANTINOMIA TOTAL-TOTAL. *Teoria geral do direito.* É aquela em que uma norma não pode ser aplicada, em nenhuma circunstância, sem conflitar com outra.

ANTINUPCIAL. *Direito civil.* O que é contrário ao matrimônio.

ANTIPARLAMENTARISMO. *Ciência política.* Doutrina política adversa à implantação do regime parlamentarista.

ANTIPATRIOTISMO. *Ciência política.* Falta de patriotismo ou ausência de interesse pelas coisas da pátria.

ANTIPLURALISTA. *Economia política.* Tudo que contrariar a sociedade econômica pluralista.

ANTIPOLÍTICA. *Ciência política.* **1.** Aversão à política. **2.** Política errada.

ANTIPOPULAR. O que é adverso ao povo.

ANTIPROGRESSISTA. O que é contrário ao progresso.

ANTIPROTECIONISTA. *Economia política.* Aquilo ou aquele que são contrários ao protecionismo.

ANTI-RACIONALISMO. *Filosofia geral.* Corrente doutrinária que se opõe ao racionalismo.

ANTI-REALISMO. *Filosofia geral.* Opinião contrária à proposta pelo realismo.

ANTI-REPUBLICANO. *Ciência política.* O que é infenso à república, combatendo as idéias republicanas.

ANTI-REVISIONISMO. *Ciência política.* Corrente de opinião que se opõe à revisão.

ANTI-REVOLUCIONÁRIO. *Ciência política.* Que é contrário à revolução.

ANTI-SEMITISMO. *Ciência política.* **1.** Doutrina política adversa aos judeus. **2.** Hostilidade ao judaísmo.

ANTI-SOCIAL. *Sociologia jurídica.* **1.** O que é contrário à ordem social, aos interesses da sociedade, aos costumes sociais e à organização social. **2.** O que é contrário à boa ordem da sociedade (Lalande). **3.** Associal.

ANTI-SOCIALISMO. 1. *Ciência política.* Sistema político infenso às idéias socialistas ou ao regime socialista. **2.** *Medicina legal.* Estado psicopático conducente a tendências associais, tornando o enfermo arredio a qualquer contato social.

ANTI-SUBMARINO. *Direito militar.* Instrumento destinado à destruição de submarino.

ANTI-SUIT INJUNCTIONS. *Direito inglês.* Medidas próprias de país de *common law*, pelas quais, a pedido de uma parte, um juiz estatal proíbe a parte adversa de iniciar ou de prosseguir um processo perante uma outra jurisdição, inclusive estrangeira, o que traz, em matéria internacional, problemas de competência. Entretanto, hodiernamente tem ocorrido uma propagação dessas medidas no âmbito da arbitragem inter-nacional, para fazer cumprir uma convenção de arbitragem ou para paralisar o procedimento arbitral (Thiago M. Nunes; Gaillard e Clavel).

ANTITANQUE. *Direito militar.* Diz-se do que se usa para destruir tanques.

ANTITEÍSMO. *Filosofia geral.* Corrente filosófica que entende haver oposição entre a natureza divina e a humana.

ANTITEOLÓGICO. *Direito canônico.* Tudo que contraria os princípios da teologia.

ANTÍTESE. 1. No *sentido lógico*, é a oposição de contrariedade ou de contraditoriedade entre os sentidos de dois termos ou de duas proposições. Por exemplo, haverá: a) *antítese de contrariedade*, se uma norma disser "é proibido entrar nesta sala" e outra prescrever "é proibido omitir entrar nesta sala", pois o comportamento "entrar nesta sala" é, concomitantemente, proibido e obrigatório; b) *antítese de contraditoriedade*, se por uma norma for permitido fumar na sala de aula e por outra for obrigatória a sua omissão, uma vez que a conduta "fumar na sala de aula" será, ao mesmo tempo, permitida e proibida ou obrigatória. **2.** Na *acepção lógico-transcendental*, indica o segundo momento de uma oposição entre conhecimentos, em relação à tese, a que se liga a razão que sustenta, concomitantemente, a tese e a antítese, levando à renúncia do absoluto, que não é um dado, por só poder ser assinalado como uma finalidade. Assim, por exemplo, a idéia de direito apresenta contradição inamovível entre justiça, certeza e fim, pois o pensamento filosófico não poderá solucioná-la, visto que a decisão entre elas dependerá da consciência individual. É, em suma, a oposição à tese. **3.** *Retórica jurídica.* a) Inclusão numa mesma frase de dois termos ou duas idéias ou expressões inteiramente contrários entre si; figura que salienta a oposição entre duas idéias; b) juízo, comportamento, tendência ou procedimento que se opõem a outra coisa, possibilitando que se aprove um pela oposição com a outra, por exemplo, direitos objetivo e subjetivo ou direito e dever. A colocação de um desses termos como antítese do outro faz com que se os dissocie ou se estabeleça um contínuo por oposição, de sorte que a preferência por um deles levará a uma opção reforçada pelo outro. Com isso se faz sobressair uma noção pela outra.

ANTITÉTICO. 1. Qualidade daquilo que contém uma antítese. **2.** Contraditório ou contrário.

ANTÍTIPO. 1. Figura representativa de outra. **2.** Tipo oposto. **3.** *Direito canônico.* Realidade de que um tipo é o símbolo profético, por exemplo, Cristo é o antítipo do cordeiro pascal.

ANTITÓXICO. *Medicina legal.* **1.** Substância capaz de reagir contra uma intoxicação. **2.** Medida de combate à toxicomania, como edição de normas e criação de organizações que lutem contra o tráfico e o uso de substâncias entorpecentes; eliminação de fatores conducentes à utilização de drogas psicógenas, abrangendo as psicoanalépticas (estimulantes psíquicos como o pervitin), as psicolépticas (heroína, codeína, morfina e tranqüilizantes) e as psicodislépticas (maconha, LSD e mescalina).

ANTITRINITÁRIO. *Direito canônico.* O que nega o dogma da Santíssima Trindade.

ANTITRISMO. *Medicina legal.* Espasmo que impede o ato de se fechar a boca.

ANTITRUSTE. Lei que dispõe sobre a prevenção e a repressão às infrações contra a ordem econômica, orientada pelos ditames constitucionais de liberdade de iniciativa, livre-concorrência, função social da propriedade, defesa dos consumidores e repressão ao abuso do poder econômico.

ANTIUNITÁRIO. *Ciência política.* **1.** O que é adverso à forma unitária de governo. **2.** Aquilo que não está de acordo com a união de partidos políticos ou com a unidade dos povos.

ANTIVACANISTA. *Direito canônico.* Aquilo que é contrário à doutrina político-religiosa do Vaticano.

ANTIVENÉREO. *Medicina legal.* **1.** Mecanismo de combate à propagação de doenças venéreas. **2.** Aquilo que previne ou cura moléstia venérea.

ANTOFOBIA. *Medicina legal.* Horror doentio às flores.

ANTOLOGIA. *Direito civil.* Coletânea de textos selecionados de bons autores, protegida como obra intelectual, sem qualquer gravame aos direitos autorais alusivos aos escritores das partes que a compõem, desde que haja indicação da origem e do nome deles.

ANTOLOGISTA. *Direito civil.* Aquele que organiza uma antologia.

ANTONOMÁSICA. *Retórica jurídica.* Figura da escolha, que é uma espécie de sinédoque, que consiste em tomar um nome comum por um nome próprio, ou um nome próprio por um nome comum (Littré).

ANTRACEMIA. *Medicina legal.* Envenenamento do sangue causado por óxido de carbono.

ANTRACOSE PULMONAR. *Medicina legal.* Pneumoconiose de carvão; doença grave que afeta operários de minas de carvão, por advir da infiltração de partículas desse elemento nos seus pulmões, causada pela inalação de seu pó durante a execução do trabalho.

ANTRAZ. *Medicina legal.* Inflamação dérmica dolorosa, de origem estafilocócica, que se inicia no aparelho glandular pilossebáceo como um furúnculo, atingindo o tecido subcutâneo, podendo gerar vários focos purulentos e gangrena.

ANTRO. 1. Local perigoso. **2.** Lugar onde se pratica corrupção.

ANTROPOCÊNTRICO. *Filosofia geral.* O que faz do homem o centro do mundo (Lalande).

ANTROPOCENTRISMO. Doutrina filosófica que considera o ser humano como o centro do universo.

ANTROPOFAGIA. 1. Canibalismo. **2.** Ato de comer carne humana.

ANTROPÓFAGO. Aquele que come carne humana.

ANTROPOFOBIA. *Medicina legal.* Estado mórbido caracterizado pelo pavor da sociedade ou das relações sociais.

ANTROPOLOGIA. Ciência que tem por escopo o estudo do homem como ser animal, moral e social.

ANTROPOLOGIA CRIMINAL. *Direito penal.* Ciência que estuda o delinqüente sob o prisma sócio-ambiental, físico e psíquico, verificando causas, fatores ou motivos de sua delinqüência, para chegar à sua prevenção e a uma conclusão científica que traga subsídios para a viabilidade de um tratamento penitenciário individualizado do detento e uma orientação da reação social contra a criminalidade.

ANTROPOLOGIA FORENSE. *Medicina legal.* Estudo dos aspectos médico-legais da pessoa do delinqüente relacionados à sua identificação, delimitando-lhe a idade, raça, peso, altura, conformação, sinais profissionais etc.

ANTROPOLOGIA JURÍDICA. Ciência que estuda as lógicas que comandam os "processos de juridicização" próprios de cada sociedade, através da análise de discursos (orais e/ou escritos), práticas e/ou representações. "Processos de juridicização" envolvem a importância que cada sociedade atribui ao direito no conjunto da regulação social, qualificando (ou desqualificando), como jurídicas, regras e comportamentos já incluídos em outros sistemas de controle social, tais como a moral e a religião. Visa: a) estudar a seqüência dos conflitos, mais do que eles próprios, bem como as razões pelas quais as normas são ou não aplicadas, mais do que elas próprias; b) considerar o indivíduo um ator do *pluralismo jurídico*, relacionado a vários grupos sociais e a múltiplos sistemas agenciados por relações de colaboração, coexistência, competição ou negação. A produção da antropologia jurídica continua alicerçada em países ocidentais industrializados de língua inglesa (estima-se que Estados Unidos e Canadá agrupem mais da metade de todos os atuais antropólogos do direito). No dito "Terceiro Mundo" pouco se ensina antropologia jurídica por razões de ordem ideológica, pois a maioria dos Estados adota concepções unitárias de direito legadas por ex-colonizadores. No Brasil há poucos profissionais e inexiste uma associação que os agrupe. Um dos seus mais agitados debates refere-se à universalidade dos direitos humanos e a seus possíveis limites (Ana Lúcia P. Schritzmeyer).

ANTROPOLOGIA POLÍTICA. *Ciência política.* Aquela que visa não só estudar, com método científico, as instituições políticas, averiguando as diferenças nelas existentes e sua interdependência relativamente às outras formas de organização social, mas também examinar, empiricamente, a natureza dos sistemas políticos, para desvendar os princípios que regem as relações internas e externas dos membros das comunidades políticas (Balandier, Easton e Gentili).

ANTROPOLOGIA SOCIAL. *Sociologia jurídica.* Complexo de estudos sobre a estrutura social de sociedades iletradas.

ANTROPOMETRIA JUDICIÁRIA. *Medicina legal.* **1.** Conjunto de processos para mensurar o corpo humano ou as suas partes. **2.** Método de Bertillon, apropriado para a identificação judiciária, consistente em verificar os caracteres somáticos identificadores do indivíduo, apontando suas particularidades, como anomalias, cicatrizes, deformidades, tatuagens, impressões digitais etc.

ANTROPOMORFISMO. *Filosofia geral.* **1.** Ação de atribuir a Deus a natureza humana (Leibniz). **2.** Doutrina que, para explicar Deus, os fenômenos físicos, a vida etc., aplica noções tiradas da natureza ou do comportamento humano.

ANTROPÔNIMO. *Direito civil.* Prenome.

ANTROPOTEÍSMO. *Filosofia geral.* Esforço da vontade racional ao dirigir-se à vida superior (Prat).

ÂNTUMO. *Direito romano.* Filho nascido depois de preparado o testamento do *pater*, mas antes do óbito deste.

ÂNUA. 1. Que decorre em um ano. **2.** Diz-se de rendimento, salário, remuneração ou tença que devem ser pagos anualmente. **3.** *História do direito.* Carta que narrava os acontecimentos ocorridos em um ano.

ANUAL. 1. Aquilo que ocorre todos os anos. **2.** O que dura um ano ou é correspondente a esse período. **3.** Diz-se das obrigações que são cumpridas de ano a ano, como, por exemplo, o pagamento do foro efetivado anualmente pelo enfiteuta ao senhorio direto.

ANUÁRIO. 1. Espécie de livro publicado anualmente que serve de catálogo indicativo do estado e do movimento de determinadas profissões, contendo notícias que lhes interessam de ordem econômica, literária, científica, política, artística etc. **2.** Registro dos principais eventos ocorridos durante o ano.

ANUÊNCIA. *Direito civil.* **1.** Ato de consentir. **2.** Manifestação da vontade que expressa a aprovação, a autorização ou o consentimento necessários para a prática de um ato jurídico, imprescindível para a sua validade.

ANUIDADE. Prestação ou quantia que devem ser pagas anualmente, compreendendo amortização e juros.

ANUIR. *Direito civil.* **1.** Aprovar, assentir, consentir ou autorizar a efetivação de um ato jurídico. **2.** Aceitar um ato já efetivado, sem apresentar oposição.

ANULABILIDADE. *Direito civil.* Sanção imposta pela norma jurídica que determina a ineficácia *ex nunc* de um ato ou negócio jurídico: a) praticado por pessoa relativamente incapaz, sem a devida assistência de seu legítimo representante legal; b) viciado por erro, dolo, coação, estado de perigo, lesão ou fraude contra credores; c) declarado anulável por lei, tendo em vista a situação particular em que se encontra determinada pessoa. Trata-se da *nulidade relativa*, sendo que com a sua declaração judicial o negócio produzirá efeitos até esse momento, resguardados os direitos de terceiro. Essa nulidade relativa é pronunciada no interesse do prejudicado com o negócio ou de um grupo de pessoas, restringindo seus efeitos aos que a alegaram; por isso, só poderá ser por eles alegada ou por seu representante legítimo, não sendo permitida, portanto, a decretação *ex officio* pelo juiz. A anulabilidade refere-se a negócio que se acha inquinado de vício capaz de lhe determinar a ineficácia, mas que poderá ser eliminado, restabelecendo-se a sua normalidade, por ser sanável, suprível ou suscetível de confirmação. Tal confirmação consiste no ato jurídico pelo qual alguém faz desaparecer os vícios dos quais se encontra inquinada uma obrigação contra a qual era possível prover-se por via de nulidade ou de rescisão. Mas, para tanto, será mister que o confirmante conceda a ratificação num momento em que haja cessado o defeito que maculava o negócio, e que o ato confirmativo não incorra em vício de nulidade. A ação de anulabilidade prescreve em prazos mais ou menos exíguos.

ANULABILIDADE DE CASAMENTO. *Direito civil.* Modo de dissolução da sociedade conjugal e do vínculo matrimonial pelo reconhecimento de sua invalidade, feito por sentença judicial proferida em ação anulatória, ajuizada para esse fim, desde que se verifiquem os seguintes casos: a) casamento realizado com pessoa por qualquer motivo coacta ou que tenha manifestado sua vontade por vício de consentimento; b) casamento de pessoa incapaz de consentir ou de manifestar, de modo inequívoco, o seu consentimento, como os loucos e surdos-mudos que não puderem exprimir sua vontade; c) casamento de indivíduo sujeito ao poder familiar, tutela ou curatela sem o consentimento do pai, tutor ou curador; d) matrimônio contraído por mulheres e por homens menores de dezesseis anos, exceto se para evitar a imposição ou o cumprimento de pena criminal ou em caso de gravidez; e) casamento em que houve por parte de um dos nubentes, ao consentir, erro essencial quanto à pessoa do outro alusivo: à sua identidade; à sua honra e boa fama; à ignorância de crime por ele praticado; à ignorância de ser ele portador de defeito físico irremediável conducente à insatisfação sexual ou de moléstia grave e transmissível por contágio ou herança, preexistente ao matrimônio; à ignorância anterior ao casamento de doença mental grave; f) casamento realizado perante autoridade incompetente *ratione loci*; g) casamento por procuração, sem que o mandatário ou o outro contraente soubesse da revogação do mandato, não sobrevindo coabitação entre os cônjuges. Em todas essas hipó-

teses de anulação de matrimônio só o cônjuge enganado ou seu representante poderão propor a ação anulatória, por serem tais motivos de índole subjetiva. Todavia, o matrimônio anulável tem validade pendente resolutivamente, produzindo efeitos se o cônjuge não propuser aquela ação dentro do prazo legal. Decorrido este sem a propositura da ação anulatória, o casamento será automática e definitivamente válido. Mesmo anulado, produzirá efeitos *ex nunc*, não apagando os já produzidos. Por tal razão há quem diga que a anulação em muito se assemelha ao divórcio, dele diferenciando-se por dissolver o vínculo matrimonial por razões anteriores ou concomitantes ao casamento, enquanto o divórcio o extingue por motivos supervenientes. A sentença anulatória do matrimônio tem caráter constitutivo, pois dissolve casamento existente, revelando uma verdade oculta. A anulabilidade do casamento é decretada no interesse privado da vítima, podendo ser suprida pelo magistrado a requerimento das partes, e, portanto, confirmada. Como vimos, o casamento anulável pode ser confirmado pelo decurso do tempo se não for requerido pelas pessoas interessadas em sua anulação no prazo previsto em lei, passando a ser válido. Desaparecerá, conseqüentemente, o vício originário, portanto, jamais poderá ser dissolvido, exceto pela morte de um dos esposos ou pelo divórcio. A nulidade relativa não poderá ser decretada de ofício pelo órgão judicante, pois pressupõe provocação da parte prejudicada. Da sentença que declarar a anulação do casamento o juiz, de ofício, deverá apelar ao tribunal superior, haja ou não recurso voluntário da parte vencida, pois decisão dessa natureza está sujeita ao duplo grau de jurisdição, não produzindo efeito senão depois de sua confirmação por instância superior. Uma vez transitada em julgado, a sentença de anulação do casamento deverá ser averbada no livro de casamentos do registro civil.

ANULAÇÃO. **1.** *Teoria geral do direito.* Invalidação; ato de tornar nulo ou anulável algum negócio. **2.** *Direito civil.* a) Ato de tornar anulável certo negócio que, apesar de conter um vício, comporta confirmação mediante ato ulterior; b) perda da validade ou do efeito jurídico de um ato ou contrato, em razão de violação de lei ou de cláusula contratual. **3.** *Direito administrativo.* Ato da administração decorrente de decreto, portaria ou regulamento, emitidos por órgão competente, declarando desfeito certo ato que apresente algum defeito ou seja considerado inoportuno ou prejudicial. **4.** *Direito processual civil.* a) Decretação judicial da anulabilidade de um ato jurídico, eivado de vício suscetível de invalidá-lo, declarando-o insubsistente para produzir efeitos *ex nunc*; b) ação proposta para invalidar ato anulável.

ANULAÇÃO DE APÓLICE OU DE TÍTULOS AO PORTADOR. *Direito processual civil.* Processo pelo qual o legítimo possuidor, ao justificar, perante o juízo competente, extravio, perda ou destruição do título, requer sua anulação. Para tanto, deverá, na petição inicial, descrever aquele título, indicando não só a quantidade, espécie, valor nominal e demais atributos individualizadores, a época e o local de sua aquisição, como também as circunstâncias fáticas de sua perda, sem olvidar, ainda, a indicação do momento em que recebeu os últimos juros e dividendos.

ANULAÇÃO DE ATO ADMINISTRATIVO. *Direito administrativo.* Invalidação de ato administrativo ilegal, por ter sido praticado em desobediência a uma norma jurídica, decretada pela Administração, hipótese em que se terá anulação *ex officio* ou pelo Poder Judiciário, caso em que se configurará a anulação provocada ou por sentença, desfazendo seus efeitos *ex tunc*, ou seja, retroativamente. Difere, portanto, da revogação do ato administrativo, que se funda em motivos de mérito, ou seja, na sua inoportunidade ou inconveniência.

ANULAÇÃO DE ATO JURÍDICO. *Vide* ANULABILIDADE.

ANULAÇÃO DE CAMBIAL. *Direito processual civil.* Processo mediante o qual o legítimo portador de uma cambial poderá, justificando previamente sua perda ou destruição, pleitear judicialmente não só a invalidação do título, devidamente especificado na inicial, como também o reconhecimento do direito de receber o seu valor dos obrigados diretos, dos regressivos e dos avalistas.

ANULAÇÃO DE CONTRATO DE TRABALHO. *Direito do trabalho.* **1.** Nulidade parcial, decorrente de causa legal ou contratual, alcançando os pactos adjetos, que poderá ser sanada sem que se atinja o contrato de trabalho em execução. Tal saneamento não convalidará a cláusula nula, mas a corrigirá ou a substituirá. O reconhecimento da nulidade de uma cláusula do contrato operará efeitos *ex tunc*. **2.** Nulidade total do contrato de trabalho, por incapacidade negocial, por objeto ilícito ou impossível etc., que terá o condão de extingui-lo, cessando as obrigações recíprocas, uma vez que põe fim ao vínculo trabalhista, que será desconstituído, apesar de se reconhecerem todos os efeitos anteriormente produzidos. Como se vê o ilícito trabalhista fulmina todo o contrato, que, embora inválido totalmente, produz efeito *ex nunc*, já que as partes não poderão voltar ao estado anterior, ante o fato de o empregado ter prestado serviços que, por sua vez, devem ser remunerados, evitando-se, dessa forma, o enriquecimento sem causa; conseqüentemente, não se apagarão os direitos e deveres oriundos da relação de emprego executado.

ANULAÇÃO DE DECISÃO. *Direito processual civil.* Forma suscetível de desconstituir ato decisório do Judiciário mediante: a) ação rescisória, se se tratar de decisão de mérito enquadrada numa das causas arroladas em lei, tais como: se dada por prevaricação, concussão ou corrupção do juiz; se proferida por juiz impedido ou absolutamente incompetente; se resultante de dolo da parte vencedora em detrimento da parte vencida ou de colusão entre as partes para fraudar a lei; se ofender coisa julgada; se violar literal disposição de lei; se se fundar em prova cuja falsidade tenha sido apurada em processo criminal, ou seja, provada na própria ação rescisória; se, depois da sentença, o autor obtiver documento novo, cuja existência ignorava ou de que não pôde fazer uso, capaz, por si só, de lhe assegurar pronunciamento favorável; se houver fundamento para invalidar confissão, desistência ou transação em que se baseou a sentença; se fundada em erro de fato, resultante de atos ou de documentos de causa; b) interposição de recurso para obter nova decisão de órgão superior sobre o objeto formal ou material do processo.

ANULAÇÃO DE LANÇAMENTO. *Direito tributário.* Ação de rito ordinário proposta pelo contribuinte para invalidar um lançamento ilegal que esteja lesando seu direito, ante o fato de ter havido uma apuração ou apreciação do fato gerador contrária à lei, perfeccionando a formação do crédito do imposto.

ANULAÇÃO DE LICITAÇÃO. *Direito administrativo.* Consiste no desfazimento, por motivo de ilegalidade, determinado pelo Judiciário ou pela autoridade administrativa, do procedimento para contratação, por entidades públicas, de serviços, obras e fornecimento de materiais.

ANULADO. Tudo aquilo que foi invalidado ou declarado sem efeito.

ANULADOR. Indivíduo ou coisa que anulam.

ANULANTE. Anulatório; aquilo que anula.

ANULAR. 1. Invalidar. 2. Desfazer algo. 3. Destruir os efeitos de um ato que contém algum vício ou defeito substancial ou que é ilegal.

ANULATÓRIA. *Direito processual civil.* 1. Diz-se da ação que visa anular um ato jurídico ou um contrato. 2. Designa a decisão judicial que, sem apreciação do mérito, vem a anular um processo por falta de preenchimento de certas formalidades essenciais à sua validade.

ANULATÓRIO. Aquilo que tem o objetivo ou a força para anular algo; anulativo.

ANULÁVEL. 1. O que se pode anular. 2. Qualidade do ato jurídico passível de anulação, por apresentar defeito, como incapacidade relativa do agente, vício de consentimento ou social, que possa ser argüido, judicialmente, para obter a sua invalidação e a cessação de seus efeitos *ex nunc.*

ANUNCIANTE. 1. Aquele que anuncia algo. 2. Pessoa responsável por um anúncio.

ANUNCIAR. 1. Tornar público; publicar. 2. Noticiar. 3. Fazer conhecer ou dar a conhecer.

ANÚNCIO. 1. Notícia pública em revistas, jornais, TV, rádio etc., com o objetivo de tornar conhecido um fato ou uma coisa. 2. Participação. 3. Aviso. 4. Mensagem de venda, transmitida em veículos de comunicação, com o escopo de influenciar os prováveis compradores de um produto ou serviço. 5. *Direito urbanístico.* Qualquer veículo de comunicação visual presente na paisagem visível do logradouro público, composto de área de exposição e estrutura, podendo ser: a) *anúncio indicativo*: aquele que visa apenas identificar, no próprio local da atividade, os estabelecimentos e/ou profissionais que dele fazem uso; b) *anúncio publicitário*: aquele destinado à veiculação de publicidade, instalado fora do local onde se exerce a atividade; c) *anúncio especial*: aquele que possui características específicas, com finalidade cultural, eleitoral, educativa ou imobiliária.

ANÚNCIO CLASSIFICADO. Pequeno anúncio de oferta ou procura de bens, utilidades e serviços que, juntamente com outros da mesma natureza, vem a formar uma seção especializada de jornal ou de revista.

ANÚNCIO COMERCIAL. *Direito comercial.* 1. Propaganda feita por um empresário para divulgar as qualidades de suas mercadorias, com o propósito de movimentar sua atividade econômica organizada para a produção ou circulação de bens ou de serviços, utilizando-se, para tanto, de veículos de comunicação, ou seja, de jornais, revistas, catálogos, cartazes, tabelas, listas de preços, programas de TV ou de rádio etc. 2. Oferta ao público no mercado de capitais, na subscrição de ações de sociedades anônimas ou das debêntures, em que se opera a aceitação dos subscritores à oferta dos títulos, que serão emitidos sob as cláusulas aludidas no prospecto.

ANÚNCIO COOPERATIVO. *Direito comercial.* É o financiado por mais de uma firma, tendo por finalidade associar certo produto a uma organização de varejo.

ANÚNCIO DE ADVOGADO. Ato de o advogado anunciar os seus serviços profissionais, individual ou coletivamente, com discrição e moderação, para finalidade exclusivamente informativa, vedada a divulgação em conjunto com outra atividade. O anúncio deve mencionar o nome completo do advogado e o número da inscrição na OAB, podendo fazer referência a títulos ou qualificações profissionais, especialização técnico-científica e associações culturais e científicas, endereços, horário do expediente e meios de comunicação, vedadas a sua veiculação pelo rádio e televisão e a denominação de fantasia. Títulos ou qualificações profissionais são os relativos à profissão de advogado, conferidos por universidades ou instituições de ensino superior reconhecidas. Especialidades são os ramos do direito, assim entendidos pelos doutrinadores ou legalmente reconhecidos. Correspondências, comunicados e publicações, versando sobre constituição, colaboração, composição e qualificação de componentes de escritório e especificação de especialidades profissionais, bem como boletins informativos e comentários sobre legislação, somente podem ser fornecidos a colegas, clientes, ou pessoas que os solicitem ou os autorizem previamente. O anúncio de advogado não deve mencionar, direta ou indiretamente, qualquer cargo, função pública ou relação de emprego e patrocínio que tenha exercido, passível de captar clientela. O uso das expressões "escritório de advocacia" ou "sociedade de advogados" deve estar acompanhado da indicação de número de registro na OAB ou do nome e do número de inscrição dos advogados que o integrem. O anúncio, no Brasil, deve adotar o idioma português e, quando em idioma estrangeiro, deve estar acompanhado da respectiva tradução. O anúncio sob a forma de placas na sede profissional ou na residência do advogado deve observar discrição quanto ao conteúdo, forma e dimensões, sem qualquer aspecto mercantilista, vedada a utilização de *outdoor* ou equivalente. O anúncio não deve conter fotografias, ilustrações, cores, figuras, desenhos, logotipos, marcas ou símbolos incompatíveis com a sobriedade da advocacia, sendo proibido o uso dos símbolos oficiais e dos que sejam utilizados pela Ordem dos Advogados do Brasil. São vedadas referências a valores dos serviços, tabelas, gratuidade ou forma de pagamento, termos ou expressões que possam iludir ou confundir o público, informações de serviços jurídicos suscetíveis de implicar, direta ou indiretamente, captação de causa ou clientes, bem como menção ao tamanho, qualidade e estrutura da sede profissional. Considera-se imoderado o anúncio profissional do advogado mediante remessa de correspondência a uma coletividade, salvo para comunicar a clientes e colegas a instalação ou mudança de endereço, a indicação expressa do seu nome e escritório e partes externas de veículo, ou a inserção de seu nome em anúncio relativo a outras atividades não advocatícias, faça delas parte ou não.

ANÚNCIO DE SUSTENTAÇÃO. *Direito do consumidor.* É o de uma campanha de publicidade que se segue ao anúncio de lançamento de um produto.

ANÚNCIO INSTITUCIONAL. Trata-se daquele de relações públicas, que procura destacar o significado benéfico de uma instituição para a comunidade.

ANÚNCIO PROMOCIONAL. *Direito comercial.* Aquele que tem por escopo a promoção de vendas de determinado produto.

ANÚNCIO PÚBLICO. 1. *Direito processual.* Trata-se do formulado na forma da lei para dar publicidade obrigatória a determinados atos processuais, como os leilões públicos, que deverão ser precedidos de anúncios publicados de conformidade com as normas que os exigem, sob pena de anulação da venda judicial. **2.** *Direito civil* e *direito comercial.* a) Modalidade de declaração unilateral designada de promessa de recompensa; b) proposta de contrato dirigida a uma pessoa indeterminada ou a uma pluralidade inorgânica de pessoas, que assume o aspecto de oferta ao público, sendo obrigatória quando encerrar os requisitos essenciais ao contrato ou a fixação de um prazo moral para a aceitação. Há vários contratos que se formam mediante ofertas ao público, como, por exemplo, o por adesão, o realizado por licitação, a exposição de objetos em lojas, com fichas indicativas de preço etc. Constitui, ainda, tipo peculiar de oferta a que resulta do progresso técnico, com a adoção de aparelhos automáticos, nos quais a mercadoria é exposta, e o preço, fixado, formando-se o contrato com a introdução de moeda numa ranhura. O aparelho automático é que representa o proponente, e o público, o oblato. O anonimato do destinatário cessa com a sua aceitação.

ÂNUO. 1. Anual. **2.** O que se repete anualmente.

ANÚRIA. *Medicina legal.* Diminuição ou supressão da secreção da urina.

ANUSITE. *Medicina legal.* Inflamação do ânus.

ANVERSO. *Economia política.* **1.** Face anterior ou lado oposto ao verso de um documento ou título. **2.** Face da moeda que contém a efígie ou o emblema.

ANVERSO CAMBIAL. *Direito comercial.* Face de qualquer título, como letra de câmbio, nota promissória, duplicata ou cheque, onde se encontram não só as cláusulas obrigacionais como também as assinaturas do sacador e aceitante, se se tratar de letra de câmbio, do emitente, se for cheque ou nota promissória, ou do reconhecente, se duplicata. Com isso, o verso será reservado à transferência do título cambial, mediante aposição dos endossos necessários para tal fim.

ANVISA. Sigla de Agência Nacional de Vigilância Sanitária.

ANWEISUNG. *Termo alemão.* Contrato por assinação.

ANWENDUNG DER GESETZE. *Expressão alemã.* Elemento de conexão.

AO ARREPIO DE. Ao contrário de.

AO CASUAL. Casualmente; de modo fortuito.

AOCLESIA. *Medicina legal.* **1.** Remissão de sintomas de alguma moléstia. **2.** Estado de bem-estar.

AO CONTRÁRIO DE. Diversamente; ao oposto de.

AO CRITÉRIO DE. Ao juízo de; à vontade de.

A OCULTAS. Às escondidas.

AO CUSTO. Pelo preço de fábrica.

AO INFINITO. Interminavelmente.

AO JUGO DE. Ao poder de.

AO PAR. *Direito comercial.* **1.** Igualdade de valores. **2.** Valor nominal de título ou ação de sociedade anônima sem qualquer abatimento ou desconto.

AO PÉ DESTA. *História do direito.* Expressão que, outrora, se usava em pedido de certidão ou atestado, para que a informação prestada pela autoridade fosse escrita na própria petição.

À ORDEM. *Direito comercial.* Cláusula inserida nos títulos de crédito para indicar que poderão ser transferidos a outrem por endosso, sem qualquer outra formalidade.

AORTECTASIA. *Medicina legal.* Dilatação da aorta.

AORTEURISMA. *Medicina legal.* Aneurisma da aorta.

AORTISMO. *Medicina legal.* Complexo de fenômenos patológicos que atestam a tendência constitucional do paciente a doenças aórticas.

AORTITE. *Medicina legal.* Inflamação da aorta.

AORTOCLASIA. *Medicina legal.* Ruptura da aorta.

AORTOMALACIA. *Medicina legal.* Amolecimento da aorta.

AORTOSTENOSE. *Medicina legal.* Estreitamento da aorta.

AORTOTOMIA. *Medicina legal.* Intervenção cirúrgica na aorta.

AOS COSTUMES. *Direito processual civil* e *direito processual penal.* Locução abreviada de "às perguntas de costume...", atinente às formuladas pelo magistrado, antes de proceder à inquisição de testemunha ou de qualquer pessoa que irá ser interrogada em juízo, para averiguar se há ou não algum impedimento do depoente, em virtude de parentesco, amizade íntima ou inimizade que tenha em relação à pessoa a cujo respeito deporá. A locução "aos costumes nada disse" indica tão-somente que o depoente respondeu negativamente "às perguntas de costume", não havendo, portanto, qualquer impedimento em depor.

AO SERVIÇO DE. Às ordens de.

AO TALANTE DE. À vontade de.

À OUTRANCE. *Locução francesa.* Sem tréguas; a qualquer preço.

APAC. *Direito civil.* Sigla de Associação de Proteção e Assistência aos Condenados.

APADRINHAR. **1.** Patrocinar; defender. **2.** Favorecer; proteger. **3.** Servir de padrinho.

APAGAR. **1.** Fazer desaparecer algo; extinguir. **2.** Aniquilar; desfazer. **3.** *Direito marítimo.* Colher a vela.

APAGOGIA. *Lógica jurídica.* Demonstração de uma dada proposição pelo uso do método da redução ao absurdo da proposição contrária.

APAGÓGICO. *Lógica jurídica.* **1.** Raciocínio pelo absurdo (Leibniz). **2.** Raciocínio que demonstra uma tese pela exclusão de outras (Wundt).

APÁLAGE. *Medicina legal.* Consiste na transição do estado doentio ao de saúde.

APALPADEIRA. *Direito penal.* Mulher que revista outra, nas estações alfandegária ou policial, a fim de verificar se traz consigo contrabando, armas ou objetos furtados.

APANÁGIO. **1.** *História do direito.* a) Terras ou pensões que eram dadas aos filhos segundos e às viúvas nobres para seu sustento; b) pensão alimentícia a que o consorte viúvo, sem meios de subsistência, tinha direito, retirada dos rendimentos dos bens deixados pelo finado; c) porção de terras pertencente ao domínio real, doada pelo soberano aos príncipes, que retornava à coroa assim que não mais tivessem aqueles nobres descendência do sexo masculino; d) dote usual no Império e previsto no Código Civil de 1916. **2.** *Direito civil.* Prestação alimentícia a que alguém está obrigado em virtude de lei. **3.** Aquilo que é inerente a alguma coisa.

APANHADEIRA. *Direito agrário.* Mulher que trabalha na colheita de frutas ou cereais.

APANHADURA. *Direito agrário.* Colheita.

APANHIA. *História do direito.* Ato de capturar e escravizar os naturais de terras não civilizadas.

APANIGUADO. Aquele que é favorecido ou protegido por outrem.

APANIGUAR. Favorecer; proteger; apadrinhar; sustentar.

APANTISMO. *Medicina legal.* Obliteração total de um órgão.

APANTROPIA. *Medicina legal.* Medo mórbido da sociedade humana, que se manifesta pelo desejo de solidão.

APARADEIRA. *Medicina legal.* Mulher que faz parto sem ter habilitação profissional para isso.

APARATO. *Medicina legal.* Conjunto de sintomas graves e acentuados de uma moléstia.

APARATO MORBOSO. *Medicina legal.* Alterações que indicam uma doença.

APARCEIRAR. *Direito civil.* **1.** Tomar como parceiro ou sócio. **2.** Entrar em parceria ou sociedade.

APARCELAMENTO. Divisão em parcelas; fracionamento.

APARCERIA. *Direito agrário.* Contrato em que o dono ou possuidor (arrendatário ou concedente) da terra se associa a um lavrador (*aparceiro*) para cultivar um pedaço da área, a fim de distribuir os produtos em partes iguais ou proporcionais.

APARECIMENTO. **1.** Ato ou efeito de aparecer, tornar-se visível, manifestar-se ou apresentar-se de alguma maneira. **2.** *Direito civil.* Ato de surgir alguém ou alguma coisa ou de ocorrer algum fato suscetível de alterar uma situação jurídica, por exemplo, o aparecimento do ausente fará com que se extingam as vantagens auferidas pelos seus sucessores provisórios.

APARELHAGEM. **1.** Ato de aparelhar pedra ou madeira para a consecução de alguma obra. **2.** *Direito comercial.* a) Equipamento; b) montagem ou eficiência de um serviço ou de uma firma; c) instrumentos ou conjunto de aparelhos ou utensílios. **3.** *Direito militar.* Armas para certa ação, por exemplo, aparelhagem de guerra. **4.** Na *linguagem comum,* consiste no ato de preparar ou de colocar algo em condições de realizar a finalidade a que se destina.

APARELHAGEM DE FÁBRICA. *Direito tributário.* Número de trabalhadores que prestam serviços em uma fábrica, indicativo da capacidade de sua produção para a fixação do valor dos emolumentos que deverão ser pagos.

APARELHAMENTO. *Direito administrativo.* Conjunto de órgãos especializados para desempenhar ou executar certas funções, cujos titulares são os agentes públicos federais, estaduais ou municipais.

APARELHO. **1.** Conjunto de instrumentos, peças ou utensílios necessários para a realização de um serviço ou profissão ou para o desempenho de uma função ou de alguma atividade. **2.** *Medicina legal.* a) Conjunto de órgãos que exercem uma função especial, por exemplo, aparelho respiratório; b) dispositivo colocado no corpo para a imobilização de um órgão ou para a correção de alguma deformidade. **3.** Refúgio clandestino de subversivos, contendo seu aparelhamento. **4.** *Direito militar.* Trem militar e aprestos para guerra.

APARELHO PARTIDÁRIO. *Ciência política.* Conjunto de pessoas que, num partido político, exercem funções diretivas e executivas, ou que nele desenvolvem atividade profissional, garantindo-lhe o funcionamento (Belligni).

APARELHOS DE NAVIO. *Direito marítimo.* Constituem os acessórios imprescindíveis para a navegação normal de uma embarcação, abrangendo: mastros, velas, cabos, âncora, amarras, botes, escaleres etc.

APARELHOS DE PRÓTESE. **1.** *Medicina legal.* São os utilizados para suprir a perda de algum órgão. **2.** *Direito de trabalho.* São os fornecidos pelo empregador para suprir a perda de órgão havida em razão de acidente de trabalho, independentemente da indenização a que faz jus o operário acidentado.

APARELHOS DO OFÍCIO. **1.** Instrumentos imprescindíveis e úteis ao exercício de uma profissão. **2.** *Direito processual civil.* Bens impenhoráveis, desde que comprovadamente indispensáveis ao desempenho de uma profissão ou que apresentem uma utilidade evidente.

APARELHOS HIGIÊNICOS. *Direito civil.* Instalações sanitárias, as quais não podem, sem anuência do vizinho, ser instaladas à parede-meia.

APARÊNCIA. **1.** Aspecto exterior de algo. **2.** Coisa que parece ser algo, mas, na verdade, não o é.

APARENTE. *Direito civil.* **1.** Visível ou aquilo que se mostra à vista, por exemplo, uma servidão é *aparente* quando seus sinais são visíveis pelo uso do dono do prédio contíguo. **2.** Aquele que parece, mas não é, por exemplo, herdeiro *aparente.*

A PARI. *Locução latina.* Por igual razão.

APARITMESE. *Retórica jurídica.* Figura de pensamento que consiste em separar um todo nas suas várias partes, que, sucessivamente, se enumeram.

APAROQUIADO. *Direito canônico.* **1.** Aquilo que está dividido em paróquias. **2.** Aquele que se tornou paroquiano, por residir na paróquia.

APARTAÇÃO. *Direito agrário.* **1.** Ato de separar de outros determinado número de animais. **2.** Separação de gado *vacum* pertencente a várias fazendas. **3.** Partilha dos bezerros do ano entre o fazendeiro e o vaqueiro.

APARTADO. Aquilo que foi separado ou colocado à parte, por exemplo, autos em *apartado.*

APARTAMENTO. **1.** *Direito agrário.* Efeito de escolher e separar animais. **2.** *Direito civil.* a) Muro ou cerca divisória; b) ato pelo qual se retiram bens para constituir uma parte reservada a certo fim, como apartamento ou partilha de herança; c) aposento separado do tráfego ou do serviço comum de uma casa; d) parte independente de um prédio de vários andares, destinada a residência ou escritório; e) separação de coisas conjuntas, adjuntas ou confusas; f) desunião entre duas pessoas, por exemplo, apartamento de um casal, mediante separação judicial ou divórcio. **3.** *Direito marítimo.* a) Ângulo formado pela quilha da embarcação com a esteira, indicando o desvio de sua rota para o través; b) distância da costa ou do porto.

APARTE. *Vide* APARTAÇÃO.

APARTES. *Direito autoral.* Anotações em obra teatral ou roteiro de filmes, explicando como a ação se desenvolve, descrevendo cenários e figurinos.

APARTHEID. *Ciência política.* **1.** Indica a política ou regime de segregação racial, que tem por escopo fazer com que haja o predomínio da raça branca sobre a negra. **2.** Manutenção da supremacia de uma aristocracia branca, baseada em uma hierarquia de castas raciais, onde há uma correlação entre a cor da pele e a possibilidade de acesso aos direitos e ao poder social e político (Gentili, Kuper e Legassick).

APART-HOTEL. *Direito civil.* Compreende um conjunto de unidades habitacionais pertencentes a mais de um proprietário, em regime de condomínio, de modo que a administração condominial de coisa comum presta serviços aos proprietários (ou usuários em seu nome), tais como: arrumação e limpeza dos apartamentos, lavagem de roupas, recepção etc. Cada unidade será usada ou explorada economicamente pelo seu proprietário, que poderá dar-lhe o destino que quiser, usando-a como moradia ou cedendo seu uso a terceiro, a quem ficará permitida, posteriormente, até mesmo a sua compra. O contrato pelo qual se faz a cessão do uso da unidade habitacional do *apart-hotel* é o inominado misto, que abrange a locação de imóvel para fins residenciais, de coisas móveis e a prestação de serviços. Não se confunde com a locação de apartamento mobiliado, por conter prestação de serviço pela administração condominial do *apart-hotel*, nem pode ser considerado hospedagem. Como não se submete à lei do inquilinato, não será suscetível de gerar para o proprietário o direito de usar a ação de despejo; assim, se o seu usuário não o restituir, cabível será a ação possessória. Todavia, excepcionalmente, o *apart-hotel* poderá ser um contrato de hotel, fornecendo alojamento, locando coisas e servindo de depósito de bagagem, desde que as unidades habitacionais sejam: a) de um só dono; b) exploradas pela administração condominial como meio de hospedagem, apesar de pertencentes a vários proprietários; c) administradas por uma única empresa hoteleira, embora pertençam a diferentes donos; d) em parte exploradas como meio de hospedagem, mediante administração de empresa de hotelaria, apesar de pertencentes a vários proprietários.

APARTIDÁRIO. *Ciência política.* Que não segue ou não adere a um partido.

APASCENTAR. *Direito agrário.* Levar animais ao pasto.

APATIA. 1. *Direito canônico.* Indiferença total em relação às coisas terrenas. **2.** *Medicina legal.* Indolência; ausência de vigor; inércia; falta de interesse; indiferença. **3.** *Ciência política.* Desinteresse pelos fenômenos políticos (Sani).

APÁTRIDA. *Direito internacional privado.* Pessoa sem pátria ou nacionalidade. A perda desta dá-se, por exemplo: em virtude de imposição legal; pela aceitação de pensão de governo alienígena; a título de pena, por prestar serviço militar no exterior sem permissão do governo nacional; no caso de indivíduo nascido num Estado que aceite o *jus sanguinis*, sendo seus genitores oriundos de um país que adote o *jus soli*; na hipótese de casamento de mulher com estrangeiro cujo país não reconheça o matrimônio como modo aquisitivo de nacionalidade, uma vez que há países na Europa em que ela perde sua nacionalidade, vindo a assumir a do marido.

APATRIOTISMO. *Ciência política.* Falta de patriotismo.

APATRONAR. *Direito agrário.* Ato de laçar o gado, de modo que o laço caia a tiracolo, no pescoço e entre as mãos.

APATRULHAR. Ato de fazer rondar por patrulhas.

APAULISTADO. Aquele que tem hábitos peculiares aos habitantes de São Paulo.

APAZIGUAR. Pacificar; acalmar.

APEDEUTA. Pessoa que é ignorante, por não ter recebido instrução.

APEDEUTISMO. Falta de instrução; ignorância.

APEDIDO. *Direito civil.* Escrito inserido num jornal como matéria paga e de interesse particular, sem a responsabilidade da direção ou da redação do periódico.

APEGAÇÃO. 1. *Direito civil.* a) Confrontação ou limite entre duas propriedades contíguas; b) medição dos bens aforados colocada no instrumento público que os materializa. **2.** *Direito processual civil.* Ato de apreender alguma coisa quando, judicialmente, se tomar sua posse, exercendo sobre ela atos possessórios.

APEGADO. *Direito civil.* Vizinho; contíguo.

APEGAMENTO. *Medicina legal.* Contaminação, contágio ou inoculação.

APEIRAGEM. *Direito agrário.* **1.** Trem de lavoura. **2.** Aparelhamento necessário para arreamento de carroça ou arado.

APEIRÓN. *Termo grego.* **1.** Sem fim. **2.** Sem limite. **3.** Indefinido.

APELAÇÃO. *Direito processual.* Recurso interposto à sentença definitiva ou terminativa de um juiz ou tribunal inferior para o de instância imediatamente superior, com o escopo de obter sua reforma total ou parcial, mediante o pronunciamento de uma nova sentença, que poderá confirmar ou não a proferida na jurisdição de grau inferior.

APELAÇÃO CIVIL. *Direito processual civil.* Recurso interposto em ação cível ou comercial pelo prejudicado por uma sentença de juiz inferior que veio a extinguir o processo, com ou sem resolução do mérito, com o intuito de conseguir, junto à segunda instância, o reexame da causa e da decisão proferida pelo órgão inferior, e, conseqüentemente, uma nova decisão. A apelação poderá apresentar três efeitos: a) o de impedir que a decisão impugnada transite em julgado; b) o devolutivo, transferindo ao tribunal *ad quem* o conhecimento da matéria impugnada, que foi examinada no juízo *a quo*, para que, com o julgamento de todas as questões discutidas em primeira instância, se tenha uma nova decisão, substituindo a recorrida. A apelação será recebida apenas no efeito devolutivo quando interposta contra sentença que homologar a divisão ou demarcação, condenar à prestação de alimentos, decidir o processo cautelar, rejeitar liminarmente embargos à execução ou julgá-los improcedentes, julgar procedente o pedido de instituição de arbitragem ou confirmar a antecipação dos efeitos da tutela; c) o suspensivo, se sua interposição vier a impedir a imediata produção ou concretização dos efeitos da sentença recorrida. O juiz não receberá a apelação quando a sentença estiver em conformidade com súmula do Superior Tribunal de Justiça ou do Supremo Tribunal Federal.

APELAÇÃO COMUM. *Direito processual civil.* É a utilizada ordinariamente, sendo seu processamento inteiramente disciplinado pelas normas do Código de Processo Civil.

APELAÇÃO CRIMINAL. *Direito processual penal.* Recurso interposto pelo representante do Ministério Público ou pelo réu prejudicado contra: a) sentença definitiva de condenação ou absolvição; b) sentença prolatada por juiz singular; c) decisão do Tribunal do Júri, se satisfeitos os pressupostos legais, ou seja, se ocorrer nulidade posterior à pronúncia; se for a sentença do juiz-presidente contrária à lei expressa ou à decisão dos jurados; se houver erro ou injustiça no tocante à aplicação da pena ou da medida de segurança; se for a decisão dos jurados manifestamente contrária à prova dos autos; d) decisão definitiva, se para ela não houver sido previsto o recurso em sentido estrito; e) decisão com força definitiva ou interlocutória mista, se for incabível recurso em sentido estrito. A apelação poderá ser interposta em relação a todo o julgado ou somente a parte dele, mediante petição ou por termo nos autos, daí poder ser plena ou limitada. Se a sentença impugnada for condenatória, a apelação terá efeitos devolutivo e suspensivo. A apelação de sentença condenatória terá efeito suspensivo apenas nas hipóteses em que: a) o juiz tenha aplicado pena acessória definitiva ou imposto medida de segurança; b) o delito permitir ao réu livrar-se solto; c) o réu for primário e de bons antecedentes. O réu não poderá apelar sem prestar fiança ou recolher-se à prisão, exceto se for primário, tiver bons antecedentes ou for condenado por crime de que se livre solto. Se o condenado fugir após a apelação, esta será declarada deserta. A apelação de sentença absolutória não obstará a que o réu seja colocado em liberdade imediatamente. A apelação penal é dita *à máxima*, se tiver por escopo diminuir a pena imposta ao réu, ou *à mínima*, se pretender elevar a pena que lhe foi imposta. Tais apelações só poderão ser interpostas por órgão do Ministério Público.

APELAÇÃO ESPECIAL. *Direito processual civil.* É a interposta: a) ao Supremo Tribunal Federal (juízo *ad quem*) nas causas em que forem partes, de um lado, Estado estrangeiro ou organismo internacional e, de outro, Município ou pessoa domiciliada no Brasil, regendo-se, na segunda fase do procedimento recursal, pelo regimento interno daquele tribunal; b) ao tribunal de segunda instância em procedimento sumário.

APELAÇÃO *EX OFFICIO*. *Direito processual civil.* Era o quase-recurso, previsto na legislação processual anterior, interposto pelo juízo *a quo* ao *ad quem*, pleiteando nova apreciação da causa, mantido, hodiernamente, apenas por ex. no que atina à sentença que: a) for proferida contra a União, o Estado ou Município; b) julgar improcedente a execução de dívida ativa da Fazenda Pública. Em todas essas hipóteses previstas em lei o magistrado ordenará a remessa dos autos ao tribunal, haja ou não apelação voluntária do vencido, sob pena de seu presidente avocá-los. Isto é assim porque tais decisões estão sujeitas ao duplo grau de jurisdição, produzindo efeitos somente após sua confirmação pelo tribunal superior. Essa apelação terá efeito devolutivo e suspensivo.

APELAÇÃO INCIDENTAL. *Direito processual civil.* Trata-se do recurso adesivo, subordinado ao principal. É aquela cujo procedimento adere ao decorrente da interposição da apelação principal, subordinando-se a ele. Sua impetração retardar-se-á, portanto, até a verificação da apelação da parte contrária, à qual se adere.

APELAÇÃO LIMITADA. *Direito processual civil.* Constitui não só a interposta para impugnar parte de uma sentença como também a apelação restrita ao objeto formal do processo, nas hipóteses de sua extinção sem resolução do mérito, devendo o tribunal *ad quem* determinar o prosseguimento do feito para que o juízo *a quo* proceda, no momento oportuno, à resolução do mérito.

APELAÇÃO NA DESAPROPRIAÇÃO. *Direito administrativo* e *direito processual.* Recurso interposto para a instância superior contra sentença que fixar o preço da indenização expropriatória. Se interposta pelo expropriado, essa apelação terá efeito devolutivo, deferindo-se a solução da lide à instância superior, mas, se o for pelo expropriante, terá efeito devolutivo e suspensivo.

APELAÇÃO NECESSÁRIA. *Direito processual civil.* 1. É a interposta obrigatoriamente pelo magistrado, nos casos previstos em lei. 2. O mesmo que APELAÇÃO *EX OFFICIO*.

APELAÇÃO ORDINÁRIA. *Direito processual penal.* É a interposta para impugnar sentença quando o crime for apenado com reclusão, caso em que o procurador dará parecer dentro de dez dias, retornando os autos ao tribunal, sendo examinados pelo relator por igual prazo, passando em seguida pelo revisor, que, também dentro de igual prazo, após o exame do processo, pedirá dia para o julgamento.

APELAÇÃO PARA O SUPREMO TRIBUNAL FEDERAL. Recurso cabível nas causas em que forem partes, de um lado, Estado estrangeiro ou organismo internacional e, do outro, Município ou pessoa domiciliada ou residente no Brasil, tendo seu procedimento disciplinado pelo regimento interno do Supremo Tribunal Federal.

APELAÇÃO PLENA. *Direito processual civil* e *direito processual penal.* Recurso que visa a apreciação e o julgamento pelo tribunal *ad quem* de todas as questões suscitadas e discutidas no processo, mesmo que a sentença impugnada não as tenha apreciado por inteiro. Tem por escopo a impugnação total da sentença.

APELAÇÃO *POLLA* JUSTIÇA. *História do direito.* Recurso processual, instituído em 1355 em Portugal, que, em caso de injúria, autorizava o juiz a apelar de sua própria decisão.

APELAÇÃO PRINCIPAL. *Direito processual civil.* É a impugnação à sentença não só imediata e espontânea, mas também autônoma e independente.

APELAÇÃO SUMÁRIA. *Direito processual penal.* Recurso cabível contra sentença, em se tratando de contravenção ou de crime apenado com detenção, caso em que o procurador da justiça terá cinco dias para apreciar os autos, proferindo seu parecer, tendo o relator igual prazo para pedir designação de data para o julgamento.

APELAÇÃO VOLUNTÁRIA. *Direito processual civil.* Recurso interposto espontaneamente pela parte vencida e interessada ou por terceiro prejudicado em seus direitos pela sentença impugnada, tenha ela solucionado ou não o litígio, pleiteando sua reforma.

APELADO. *Direito processual.* 1. Aquele contra quem se apelou. Trata-se do antagonista ou adversário, no litígio, da parte vencida, no todo ou em parte, que, inconformada com a sentença, interpõe apelação ao tribunal superior. 2. Juiz ou tribunal *a quo*, de cujo ato decisório se apela, visando reformá-lo total ou parcialmente.

APELANTE. *Direito processual.* Aquele que apela de uma sentença, interpondo recurso contra a decisão *a quo* que lhe foi prejudicial. Podem apelar a parte vencida, o terceiro prejudicado com a sentença impugnada ou o Ministério Público não só no processo em que atuar como parte, mas também no que funcionar como *custos legis*. No processo criminal poderão apelar, em caso de sucumbência, o Ministério Público, o querelante, o assistente de acusação ou o acusado.

APELAR. 1. *Direito processual.* Interpor recurso de apelação, pelo inconformismo com o decidido, recorrendo de decisão de primeira instância para a imediatamente superior, com o escopo de obter sua reforma total ou parcial, invocando novo ato decisório. **2.** *Direito administrativo.* Pedir alguma reparação, dirigindo-se a uma autoridade administrativa. **3.** *Direito desportivo.* Usar o jogador de meios indevidos para resolver uma certa situação difícil. **4.** Na *linguagem comum,* indica socorrer-se do auxílio de outrem a fim de encontrar uma solução ou remédio para uma necessidade ou para um caso prejudicial.

APELATÓRIO. *Direito processual.* **1.** Articulado do apelante. **2.** Aquilo que for relativo à apelação.

APELÁVEL. *Direito processual.* **1.** Suscetível de apelação. **2.** De que se pode interpor recurso de apelação.

APELIDO DE FAMÍLIA. *Direito civil.* É também designado "sobrenome", por ser o sinal que identifica a procedência da pessoa, indicando sua filiação ou estirpe, sendo, por isso, imutável, podendo advir da família paterna, materna ou de ambas. Pode ser *simples* (Almeida, Carvalho) ou *composto* (Araújo Mendes, Souza Mello, Matos Lima), assim como acompanhado das partículas *de*, *do*, *da*, *dos* e *das*, que dele fazem parte, indicando, às vezes, procedência nobre. O apelido de família é adquirido *ipso iure*, com o simples fato do nascimento, pois a sua inscrição no registro competente tem caráter puramente declaratório. O filho reconhecido receberá o apelido de quem o reconhecer, prevalecendo o sobrenome paterno se reconhecido tanto pelo pai como pela mãe. Em relação ao filho extramatrimonial não reconhecido, prevalecerá o patronímico materno. Qualquer dos cônjuges poderá, ainda na vigência do casamento, reconhecer filho havido fora do casamento. A aquisição do sobrenome pode decorrer, também, de ato jurídico, como adoção, casamento ou ato de interessado, mediante requerimento ao magistrado. Na adoção, como o adotado se desliga de qualquer vínculo com os pais de sangue e parentes, exceto quanto aos impedimentos matrimoniais, terá o sobrenome do adotante. Com a celebração do casamento surgirá para o cônjuge o direito de usar, se quiser, o patronímico do outro, perdendo tal direito com a anulação do matrimônio, separação extrajudicial ou judicial, se culpado e o outro o requerer e se a alteração não o prejudicar, e divórcio. A mulher solteira, separada ou viúva que viva com homem solteiro, separado ou viúvo poderá usar o apelido de família deste se tiver filho com ele ou se a vida em comum já perdurar por mais de cinco anos, desde que ele concorde com isso. Essa averbação do sobrenome do companheiro deve ser feita por acréscimo, pois não permite a lei a substituição do nome da mulher pelo do homem, mas o aditamento deste àquele.

APELO. 1. Na *linguagem comum,* designa invocação, convocação ou chamamento. **2.** *Direito processual.* Recurso; apelação.

APENAÇÃO. 1. *Direito penal.* Sanção prevista pela norma penal que deve ser aplicada em caso de sua violação ou pela prática do delito nela consignado. **2.** *Direito processual penal.* Aplicação pelo Judiciário da pena prevista na norma penal, em razão da ocorrência de sua violação.

APENADO. 1. *Direito penal* e *direito processual penal.* O condenado; o sentenciado; aquele que está sujeito à pena que lhe foi aplicada; o preso (recluso ou detento); o interno. **2.** Soldado auxiliar pago pelo Município. **3.** Aspirante a policial. **4.** Embargado. **5.** Notificado. **6.** Alugado; contratado.

APENAR. 1. Aplicar pena a alguém. **2.** Intimar ou notificar alguém, cominando pena, para que compareça ou venha a prestar algum serviço. **3.** Embargar. **4.** Alugar; contratar.

APENDER. Apensar; juntar.

APENDICALGIA. *Medicina legal.* Dor na região íleocecal, sem que constitua um sintoma de inflamação.

APÊNDICE. 1. Aquilo que está apenso. **2.** Complemento colocado no fim de uma obra para completá-la ou esclarecê-la. **3.** Coisa apensa a outra, por ser acessória desta. **4.** Parte saliente de um corpo.

APENDICECTOMIA. *Medicina legal.* Extirpação do apêndice íleo-cecal por meio de cirurgia.

APENDICITE. *Medicina legal.* Inflamação do apêndice íleo-cecal, ou seja, do pequeno tubo cilíndrico, em forma de verme, implantado na parte inferior e interna do cécum, a dois ou três centímetros abaixo da válvula íleo-cecal.

APENHADO. *Direito civil.* Aquilo que foi dado em penhor.

APENHADOR. *Direito civil.* Aquele que submete um bem a penhor.

APENHAR. *Direito civil.* Dar algo em penhor; empenhar.

APENHORAR. *Vide* APENHAR.

APENSAÇÃO. 1. Anexação. **2.** Ato ou efeito de apensar.

APENSAMENTO DE AUTOS. *Direito processual.* Consiste na anexação dos autos de um processo aos de outro, facilitando o julgamento do feito, evitando decisões contraditórias e atendendo ao princípio da economia processual. Por exemplo, se "A" for réu em uma ação de despejo, em razão de falta de pagamento, e autor em uma de consignação em pagamento, poderá pleitear ao juiz que preside o feito o apensamento dos autos, sendo que os que forem apensados conservarão sua numeração própria. Por essa razão, o apensamento difere da juntada, pois nesta os autos ou os documentos juntados passarão a integrar os autos principais, conservando sua própria numeração.

APENSÃO. *Medicina legal.* Consiste na suspensão de um membro, mediante o uso de uma atadura ou de outro meio qualquer.

APENSAR. 1. Anexar. **2.** *Direito processual.* Juntar aos autos documentos ou outros autos alusivos a outro processo, em razão de determinação judicial *ex officio* ou por requerimento da parte.

APENSO. 1. Aquilo que está anexo ou apensado. **2.** *Direito processual.* Documento anexado aos autos, sem que deles faça parte integrante.

APEPSIA. *Medicina legal.* Má digestão habitual causada por perturbação das funções digestivas.

APERCEBIMENTO DE GUERRA. *Direito militar.* Armamento.

APERCEPÇÃO. *Teoria geral do direito.* Trata-se da intuição, que é a visão direta de um objeto, que se dá de modo imediato, ante a consciência, sem qualquer intermediário, ou melhor, é a apreensão do objeto, que se efetua diretamente.

APERFEIÇOAMENTO. 1. Ato ou efeito de tornar algo perfeito ou mais perfeito. **2.** Retoque. **3.** Aquisição de maior grau de instrução. **4.** Ato de completar algo. **5.** Melhoramento. **6.** Correção.

APERTIS VERBIS. *Locução latina.* **1.** Claramente; explicitamente; expressão em palavras claras, sem quaisquer subterfúgios. **2.** Falar abertamente.

APERTO. 1. Opressão. **2.** Rigor. **3.** Penúria. **4.** Angústia. **5.** Brevidade de tempo. **6.** Urgência. **7.** Local apertado. **8.** Multidão compacta de pessoas.

APERTO LIBRO. *Locução latina.* De livro aberto.

APERTÓRIO. *Medicina legal.* Instrumento usado para dilatar o colo do útero a fim de facilitar a saída do feto.

APETITE. 1. *Filosofia do direito.* Termo empregado pelos escolásticos para exprimir o desejo implicado numa tendência. **2.** *Medicina legal.* a) Sensualidade; b) impulso conducente a satisfazer desejos; c) vontade de comer.

APEX JURIS. *Locução latina.* Sutileza do direito.

APH. Sigla de Atendimento Pré-Hospitalar.

ÁPICE. 1. O grau mais alto. **2.** Apogeu.

APIFOBIA. *Medicina legal.* Medo mórbido de abelhas.

APÍICO. *Medicina legal.* Tudo que não produzir supuração.

APIÓIDE. *Medicina legal.* O que não está purulento.

APIREXIA. *Medicina legal.* a) Intervalo existente entre dois acessos febris; b) ausência, suspensão ou cessação da febre.

APIROGENÉTICO. *Medicina legal.* Que não produz febre.

APLICABILIDADE DE NORMA CONSTITUCIONAL. *Direito constitucional.* É a qualidade da norma de poder ser aplicada. Tomando por critério a questão da intangibilidade e da produção dos efeitos concretos, pode-se, sob o prisma da aplicabilidade, distinguir as normas constitucionais em: a) *normas com eficácia absoluta*, que são as intangíveis, pois contra elas nem mesmo há o poder de emendar, por conterem uma força paralisante total de toda a legislação que, explícita ou implicitamente, vier a contrariá-las; b) *normas com eficácia plena*, que são as que podem ser imediatamente aplicadas, por serem idôneas, desde sua entrada em vigor, para disciplinar as relações jurídicas ou o processo de sua efetivação, uma vez que contêm todos os elementos imprescindíveis para que haja a possibilidade da produção dos efeitos previstos, já que, apesar de suscetíveis de emenda, não requerem normação infraconstitucional subseqüente; c) *normas com eficácia relativa restringível*, que têm aplicabilidade imediata, embora sua eficácia possa ser reduzida, restringida, nos casos e na forma que a lei estabelecer, logo, têm seu alcance reduzido pela atividade legislativa; d) *normas com eficácia relativa complementável*, que têm aplicação mediata, por dependerem de norma posterior, ou seja, de lei complementar ou ordinária, que lhes desenvolva a eficácia, permitindo o exercício do direito ou do benefício consagrado.

Tais normas podem ser: *normas de princípio institutivo*, dependentes de lei para dar corpo a instituições, pessoas e órgãos nelas previstos, e *normas programáticas*, que comandam o próprio procedimento legislativo, por serem estabelecedoras de programas constitucionais a serem desenvolvidos mediante legislação integrativa da vontade do constituinte.

APLICAÇÃO. *Economia política.* Investimento de capital em certo empreendimento (Othon Sidou).

APLICAÇÃO ANALÓGICA. *Teoria geral do direito.* Emprego da analogia.

APLICAÇÃO DA LEI. *Teoria geral do direito.* Ato pelo qual o poder competente, após a interpretação, aplica a lei para criar norma individual.

APLICAÇÃO DA LEI NO ESPAÇO. *Direito internacional privado.* **1.** Trata-se da eleição, por meio do elemento de conexão, da norma de direito substantivo, qualificadora da relação jurídica subjacente interjurisdicional, em caso de concurso ou conflito de normas no espaço, feita pelo juiz declarado competente para presidir a causa. Tal elemento de conexão indicado na Lei de Introdução ao Código Civil será o critério para a resolução daquele possível conflito, pois apontará qual será o ordenamento jurídico a ser aplicado. Como as normas jurídicas têm vigência e eficácia apenas no território do respectivo Estado, só produzem efeitos em outro se este permitir. As nações consentem na aplicação de leis estrangeiras nas questões que afetam súditos estrangeiros em matéria de direito civil, comercial, criminal, administrativo etc. Logo, se houver um conflito entre normas pertencentes a dois ou mais ordenamentos jurídicos, como disciplinar as relações jurídicas privadas, constituídas no trato internacional, já que as pessoas, pelo seu estado convivencial, podem, por intercâmbio cultural mercantil ou por via matrimonial, estabelecer relações supranacionais? O direito internacional privado procurará dirimir tal conflito entre normas, por conter disposições destinadas a indicar quais as normas jurídicas que devem ser aplicadas àquelas relações. Por exemplo, na hipótese de casamento, no Brasil, entre uma brasileira com vinte e um anos e um argentino também com vinte e um anos de idade, aqui domiciliado, qual será a norma aplicável: a brasileira ou a argentina? O argentino precisaria do consentimento de seus pais, já que pela legislação argentina a maioridade só é atingida aos vinte e dois anos, ou seria dispensado dessa exigência,

segundo a lei brasileira? Há um conflito de leis no espaço; tanto a lei brasileira como a argentina coexistem. As normas brasileira e argentina sobre celebração de casamento emanam de poderes diversos, regulando, concomitantemente, de maneiras diferentes, aquela relação jurídica. Como o casamento não pode ser disciplinado por normas diversas, uma há de prevalecer sobre a outra; assim, será o direito internacional privado que determinará qual delas deverá ser aplicada àqueles nubentes, impondo-se a lei brasileira, já que o ato matrimonial se realizará em território nacional, e o argentino aqui se encontra domiciliado. **2.** *Vide* EXTRATERRITORIALIDADE, TERRITORIALIDADE, TERRITORIALIDADE MODERADA e CONFLITO DE LEIS NO ESPAÇO.

APLICAÇÃO DA LEI NO TEMPO. *Teoria geral do direito.* Trata-se do problema da obrigatoriedade da lei no tempo, no aspecto da limitação da eficácia de nova norma em conflito com uma anterior. Como revogar é cessar o curso de vigência da norma, não implicando, necessariamente, a eliminação total da eficácia, quando a nova norma vier modificar ou regular, de forma diferente, a matéria versada pela anterior, no todo (ab-rogação) ou em parte (derrogação), poderão surgir conflitos entre as novas disposições e as relações jurídicas já definidas sob a vigência da velha norma revogada. A norma mais recente só terá vigor para o futuro ou regulará situações anteriormente constituídas? A novel repercutirá sobre a revogada, atingindo os fatos pretéritos já consumados sob sua égide, afetando os efeitos produzidos de situações já passadas ou incidindo sobre efeitos presentes ou futuros de situações pretéritas? O direito intertemporal soluciona o conflito de leis no tempo, apontando critérios para aquelas questões, disciplinando fatos em transição no tempo, passando da égide de uma lei a outra. Para solucionar tais questões, os critérios utilizados são: a) o das disposições transitórias, chamadas direito intertemporal, que são elaboradas pelo legislador no próprio texto normativo para conciliar a nova norma com as relações já definidas pela anterior. São disposições que têm vigência temporária, com o objetivo de resolver e evitar os conflitos ou lesões que emergem da nova lei em confronto com a antiga; b) o dos princípios da retroatividade e da irretroatividade das normas, construções doutrinárias para solucionar conflitos entre a norma mais recente e as relações jurídicas definidas sob a égide da anterior, na ausência de norma transitória (*v.* RETROATIVIDADE e IRRETROATIVIDADE). Não se podem aceitar a retroatividade e a irretroatividade como princípios absolutos. O ideal será que a lei nova retroaja apenas em alguns casos. Por isso o direito pátrio prescreve que a nova norma em vigor tem efeito imediato e geral, respeitando sempre o ato jurídico perfeito, o direito adquirido e a coisa julgada.

APLICAÇÃO DA LEI PENAL MILITAR. *Direito militar.* É regida pelo princípio *nullum crimen nulla poena sine lege*, pelo da irretroatividade em relação à lei mais severa e pelo da retroatividade da mais benigna, cessando, em virtude desta, a própria vigência da sentença condenatória irrecorrível, salvo quanto aos efeitos de natureza civil. Requer, ainda, que a pesquisa, para averiguar a lei a ser aplicada, se atenha ao momento da ação e não ao do resultado. Mantido está também o princípio da territorialidade, no caso da aplicação da lei penal militar aos delitos ocorridos a bordo de aeronaves ou navios brasileiros, onde estiverem, sob comando militar ou militarmente ocupados por ordem legal de autoridade competente, ainda que de propriedade particular, quando, então, se denominam "território nacional por extensão", com ampliação, inclusive, a aviões ou embarcações alienígenas, desde que se encontrem em local submetido à administração militar e o crime atente contra as instituições militares. A lei penal militar é aplicável não só ao militar na ativa, da reserva ou reformado, mas também ao servidor civil que preste serviços em qualquer instituição militar pertencente à Marinha, ao Exército e à Aeronáutica, uma vez que está subordinado, por lei ou regulamento, à disciplina militar.

APLICAÇÃO DE CAPITAIS. *Direito civil* e *direito comercial.* É o emprego de capitais ou de bens com o escopo de obter rendimentos, seja por meio de empréstimo, de aquisição de imóveis, apólices ou títulos de dívida pública, locação de bens etc.

APLICAÇÃO DE PENA. *Direito processual penal.* Consiste na imposição de uma sanção, determinada na lei penal, pelo Judiciário, dentro dos limites legais, em virtude da ocorrência da prática de crimes, aos agentes imputáveis.

APLICAÇÃO DO DIREITO. *Teoria geral do direito.* É uma decorrência de competência legal, por ser o momento da aplicação da norma característica do direito positivo, já que as normas positivas existem, fundamentalmente, para serem aplicadas

por um órgão competente, juiz, tribunal, autoridade administrativa ou particular. O juiz aplica as normas gerais ao sentenciar; o legislador, ao editar as leis, aplica a Constituição; o Poder Executivo, ao emitir medidas provisórias e decretos, aplica norma constitucional; o administrador ou o funcionário público aplicam sempre normas gerais ao ditarem atos administrativos; simples particulares aplicam norma geral ao fazerem seus contratos e testamentos. Ater-nos-emos aqui, principalmente, à aplicação feita pelo Poder Judiciário, que consiste em submeter um caso particular ao império de uma norma jurídica. O magistrado, ao aplicá-la, cria uma norma individual, devendo interpretá-la, ao subsumir; integrá-la, ao preencher lacunas, e corrigi-la, ao solucionar antinomias reais, mantendo-se sempre dentro dos limites marcados pelo direito. Pode-se dizer que a aplicação jurídica encerra as seguintes operações técnicas: a) construção de conceitos jurídicos e ordenação sistemática do direito pela ciência jurídica, que podem influenciar na decisão judicial; b) determinação da existência da norma jurídica no espaço e no tempo, pelo órgão; c) interpretação da norma pelo jurista e pelo órgão; d) integração do direito pelo órgão aplicador; e) investigação corretiva do direito pelo órgão e pelo jurista; f) determinação, pelo órgão, da norma ou das normas aplicáveis, por servirem de fundamento de validade à norma individual (sentença); g) estabelecimento de uma relação entre a norma individual, criada pelo órgão para o caso *sub judice*, com outras do ordenamento, que se sabe válidas.

APLICAÇÃO DOS PRINCÍPIOS GERAIS DO DIREITO. *Teoria geral do direito.* É a que ocorre quando, em caso de lacuna, a analogia e o costume falham no seu preenchimento. Com isso o magistrado suprirá a deficiência da ordem jurídica adotando os princípios gerais do direito, que são cânones que, às vezes, não foram ditados, explicitamente, pelo elaborador da norma, mas que estão contidos de forma imanente no ordenamento jurídico. O órgão judicante, empregando deduções, induções e, ainda, juízos valorativos, deverá seguir o seguinte roteiro, apontado por R. Limongi França, ao aplicar os princípios gerais do direito: a) buscar os princípios norteadores da estrutura positiva da instituição a que se refere o caso *sub judice*; b) sendo inócua a primeira medida, deverá atingir os princípios que informam o livro ou parte do diploma onde aquele se encontra, a seguir os da disciplina a que corresponde o diploma, e assim por diante até chegar aos princípios gerais de todo o direito escrito, de todo o regime jurídico-político e da própria sociedade das nações, embora estes últimos só digam respeito às questões de direito internacional público; c) procurar os princípios de direito consuetudinário, que não se confundem com as normas costumeiras, mas que são o ponto de partida de onde aquelas advêm; d) recorrer ao direito das gentes, especialmente ao direito comparado, onde se descobre quais são os princípios que regem o sistema jurídico das nações civilizadas, desde que estes não contradigam os do sistema jurídico interno; e) invocar os elementos de justiça, isto é, os princípios essenciais, podendo para tanto penetrar no campo da jusfilosofia.

APLICAÇÕES COM RECURSOS DO FGTS. *Direito bancário.* São as realizadas diretamente pela Caixa Econômica Federal, pelos demais órgãos integrantes do Sistema Financeiro da Habitação (SFH) e pelas entidades para esse fim credenciadas pelo Banco Central do Brasil como agentes financeiros, exclusivamente segundo critérios fixados pelo Conselho Curador do FGTS, em operações que contenham, por exemplo, as garantias: a) hipotecária; b) caução de créditos hipotecários próprios, relativos a financiamentos concedidos com recursos do agente financeiro; c) caução dos créditos hipotecários vinculados aos imóveis objeto de financiamento; d) hipoteca sobre outros imóveis de propriedade do agente financeiro, desde que livres e desembaraçados de quaisquer ônus; e) cessão de créditos do agente financeiro, derivados de financiamentos concedidos com recursos próprios, garantidos por penhor ou hipoteca; f) hipoteca sobre imóvel de propriedade de terceiros; g) seguro de crédito; h) garantia real ou vinculação de receitas, inclusive tarifárias, nas aplicações contratadas com pessoa jurídica de direito público ou de direito privado a ela vinculada; i) aval em nota promissória; j) fiança pessoal; l) alienação fiduciária de bens móveis em garantia; m) fiança bancária.

APLICAÇÕES FINANCEIRAS DE RENDA FIXA. *Direito comercial* e *direito bancário.* São, por exemplo: 1. As operações conjugadas que permitam a obtenção de rendimentos predeterminados, tais como as realizadas: a) nos mercados de opções de compra e de venda em bolsas de valores, de mercadorias e de futuros (*box*); b) no mercado a termo nas bolsas de que trata a letra *a* anterior, em opções de venda coberta e sem ajustes diários;

c) no mercado de balcão. 2. As operações de transferência de dívidas realizadas com instituição financeira e demais instituições autorizadas a funcionar pelo Banco Central do Brasil. 3. Os rendimentos auferidos pela entrega de recursos a pessoa jurídica, sob qualquer forma e a qualquer título, independentemente de ser ou não a fonte pagadora instituição autorizada a funcionar pelo Banco Central do Brasil.

APLICADO. 1. Empregado. **2.** Aposto; sobreposto. **3.** Diligente; atento; estudioso. **4.** Aderente. **5.** *Direito canônico.* Paroquiano.

APLICADOR. *Teoria geral do direito.* Aquele que aplica a norma jurídica.

APLICAR. 1. Empregar. **2.** Adaptar; adequar. **3.** Introduzir na prática. **4.** Impor. **5.** Assinar por sentença ou ordem superior; adjudicar. **6.** Atribuir; conceder.

APLICÁVEL. 1. Adequado; apropriado. **2.** Aquilo que pode ser aplicado.

APLOMB. *Termo francês.* **1.** Segurança. **2.** Desenvoltura.

APMP. Sigla de Associação Paulista do Ministério Público.

APNÉIA. *Medicina legal.* Suspensão temporária da respiração.

APNEOSFIXIA. *Medicina legal.* Suspensão do pulso e da respiração.

APNEUMATOSE. *Medicina legal.* Atelectasia congênita dos pulmões.

APNEUMIA. *Medicina legal.* Falta de pulmões.

APNEUMONEURIA. *Medicina legal.* Ausência de ação nervosa nos pulmões.

APNEUSTIA. *Medicina legal.* **1.** Ausência de respiração. **2.** Falta de movimentos de inspiração.

ÁPOCA. 1. Na *linguagem comum,* denomina-se "devo que pagarei", locução que encabeça documento em que se declara uma dívida. **2.** *Direito civil.* Quitação ou recibo. **3.** *História do direito.* Documento em que o devedor confessava ter recebido uma quantia, que se comprometia a restituir.

APOCALIPSE. 1. *Direito canônico.* Último livro do *Novo Testamento,* que contém as revelações feitas a João Evangelista na Ilha de Patmos. **2.** *Retórica jurídica.* Discurso de difícil compreensão.

APOCATÁSTASE. 1. *Direito canônico.* Teoria da regeneração final dos ímpios. **2.** *Medicina legal.* Restabelecimento da saúde do paciente.

APOCEIRAR. *Direito agrário.* Fazer pequena escavação em torno de uma planta para regá-la.

APOCENOSE. *Medicina legal.* **1.** Aumento de fluxo de sangue. **2.** Evacuação parcial ou anormal.

APOCIESIA. *Medicina legal.* **1.** Parto. **2.** Fase final da gestação.

APÓCOPE. *Medicina legal.* Fratura em que se tem perda ou separação de alguma substância óssea.

APÓCRIFO. **1.** *Direito civil.* a) Diz-se de obra ou documento não autênticos ou falsos; b) aquilo que não pertence ao autor, ao tempo ou à época a que é atribuído; c) o que é duvidoso, suspeito ou não reconhecido; d) de autoria desconhecida. **2.** *Direito canônico.* Diz-se de livro considerado pela Igreja despido de caráter divino. **3.** Na *linguagem etimológica,* designa o secreto, o oculto, o escondido.

APOCRISIA. *Medicina legal.* Evacuação de substâncias mórbidas provocada por secreção crítica.

APODEMIALGIA. *Medicina legal.* Vontade mórbida de deixar a pátria ou de viajar.

APODERAMENTO. *Direito civil.* **1.** Ato de tomar posse de alguma coisa. **2.** Posse violenta de algo.

APODERAR. *Direito civil.* Tomar posse.

APODIA. *Medicina legal.* Ausência congênita dos pés.

APODÍCTICA. **1.** *Lógica jurídica.* Demonstração da verdade de um princípio mediante o emprego do simples raciocínio, sem necessidade de se recorrer à prova de fato. **2.** *Teoria geral do direito.* Modalidade de lógica intrínseca ou dedutiva da interpretação da lei que visa alargar o sentido normativo pelo uso dos argumentos *a pari, a verisimili, a contrariis, a correlativis, a subrogatis, a minori, a maiori, a separatis* e *ex vi comparativi.*

APODÍCTICO. *Lógica jurídica.* **1.** Diz-se do juízo cuja afirmação ou negação é tida como necessária. **2.** Diz-se da proposição insuscetível de contestação, por ser o resultado de uma demonstração. **3.** Evidente.

APODIOXE. *Retórica jurídica.* Rejeição de um dado argumento, por ser considerado absurdo, sem que se proceda a qualquer discussão.

APODIXE. *Lógica jurídica.* Demonstração que, por ser evidente, não admite qualquer contradição.

APODO. **1.** *Direito civil.* Apelido; alcunha. **2.** Gracejo; comparação ridícula.

APODOPNÉICO. *Medicina legal.* Diz-se dos recursos capazes de restabelecer a respiração em hipótese de asfixia.

APÓDOSE. *Filosofia do direito.* Conseqüência jurídica, positiva ou negativa (Engisch).

APOFILAXIA. *Medicina legal.* Diminuição do poder de resistência do organismo humano.

APOGAMIA. *Sociologia jurídica.* Costume aceito por determinados grupos consistente no casamento sem seleção com relação às similaridades físico-culturais, como raça, profissão, religião etc.

APOGEUSIA. *Medicina legal.* Depravação do paladar.

APÓGRAFO. **1.** Reprodução. **2.** Instrumento copiador de desenhos. **3.** Traslado. **4.** Cópia de um escrito ou documento original.

APOGRAFHIA. *Termo inglês.* Inventário.

APOIO. **1.** Fundamento. **2.** Arrimo; amparo; proteção. **3.** Prova, argumento ou qualquer coisa com que se possa demonstrar algo. **4.** Aprovação.

APOIO DIRETO. Patrocínio ou doação efetuados diretamente pelo patrocinador ou doador ao proponente.

APOIO MARÍTIMO. *Direito marítimo.* Navegação mercante realizada entre os portos ou terminais marítimos e as plataformas tripuláveis (Geraldo Bezerra de Moura).

APOLEPISMO. *Medicina legal.* Escamação da pele.

APOLEPSIA. *Medicina legal.* Supressão de alguma secreção natural.

APÓLICE. **1.** Título representativo da dívida pública. **2.** Certificado escrito que materializa uma obrigação comercial ou civil. **3.** Documento emitido pela sociedade seguradora formalizando a aceitação da cobertura solicitada pelo proponente, nos planos individuais, ou pelo estipulante, nos planos coletivos. Instrumento do contrato de seguro, que deve conter as condições gerais e as vantagens garantidas pelo segurador, bem como consignar: os riscos assumidos; o valor do objeto do seguro; o prêmio devido ou pago pelo segurado; o termo inicial e final de sua vigência; o começo e o fim dos riscos por ano, mês, dia e hora; a extensão dos riscos, pois, se os limitar ou particularizar, o segurador não responderá por outros; casos de decadência, caducidade, eliminação ou redução dos direitos do segurado ou do beneficiário; e o quadro de garantia aprovado pelo Departamento Nacional de Seguros Privados e Capitalização. **4.** Ação de uma sociedade anônima, isto é, a cota ou a parte-capital de um sócio.

APÓLICE À BASE DE OCORRÊNCIA. *Direito civil* e *direito comercial.* Aquela que, no caso de responsabilidade civil, define como objeto do seguro o pagamento ou o reembolso estipulado pelo tribunal ou por acordo aprovado pela seguradora, a título de perdas e danos, devido a terceiros pelo segurado, em decorrência de ato ou fato, pelo qual seja responsabilizado, ocorrido durante o período de vigência da apólice. Para tanto, o segurado deverá pleitear a garantia durante a vigência da apólice ou nos prazos prescricionais em vigor.

APÓLICE À BASE DE RECLAMAÇÕES (*CLAIMS MADE BASIS*). *Direito civil* e *direito comercial.* Aquela que define como objeto do seguro o pagamento, a título de perdas e danos, devido a terceiros pelo segurado, em decorrência de ato ou fato, pelo qual seja responsabilizado, ocorrido durante o período de vigência da apólice ou, quando expressa e contratualmente previsto, em data anterior compreendida no período de retroatividade de cobertura, desde que o terceiro tenha a ele apresentado sua reclamação, durante a vigência da apólice ou nas hipóteses legais, ou seja, durante o prazo complementar ou suplementar, quando aplicável. A apólice à base de reclamações constitui alternativa para a contratação de seguros de responsabilidade civil, em modalidades sujeitas a risco de latência prolongada ou a sinistros com manifestação tardia.

APÓLICE ABERTA. *Direito civil* e *direito comercial.* Será aberta a apólice se o risco se desenvolver ao longo da atividade, determinando a individualização e a especificação dos objetos segurados por meio de averbações realizadas dentro do período de sua vigência, como sucede no seguro de transporte. Por outras palavras, os riscos serão averbados à medida que for necessária sua cobertura. Na apólice aberta, o contrato de seguro aperfeiçoar-se-á com a emissão da apólice geral, que consigna as condições do seguro, havendo o depósito de um prêmio inicial para depois dar origem aos riscos sucessivos, que integram a apólice em cada averbação, acarretando o dever de pagar a complementação do prêmio.

APÓLICE AO PORTADOR. *Direito civil* e *direito comercial.* Aquela que não indica por escrito o nome do favorecido, sendo, portanto, da propriedade daquele que a apresentar. Esse tipo de apólice, inadmissível no seguro de vida, é transferível por tradição simples, outorgando-se a quem a detenha.

APÓLICE À ORDEM. *Direito civil* e *direito comercial.* É a transmissível por endosso da pessoa a cujo benefício se deu sua emissão.

APÓLICE DE CARGA. *Direito comercial.* Designa o conhecimento de transporte de mercadorias por terra, água e ar, constituindo-se no seu título representativo, tendo foros de título de crédito, negociável e suscetível de endosso.

APÓLICE DE COMPANHIA. *Direito comercial.* Ação de sociedade anônima.

APÓLICE DE DÍVIDA PÚBLICA. *Direito financeiro.* Título que instrumentaliza um crédito que seu proprietário tem contra o erário, que o emitiu, por representar um empréstimo feito ao governo. Trata-se, portanto, de título de crédito emitido pelo governo para a cobertura, realização de um empréstimo interno ou externo ou antecipação de receita, estando, ainda, sujeito a juros semestrais ou anuais.

APÓLICE DE FRETAMENTO. *História do direito.* Convenção referente ao arrendamento de navio ou embarcação.

APÓLICE DE SEGURO. *Direito comercial.* Documento pelo qual a seguradora se obriga a pagar uma indenização ao segurado, em caso de sinistro, devendo conter todos os ajustes estipulados por eles, consignando: o risco assumido, o valor da coisa segurada, o prêmio devido pelo segurado etc. É, portanto, o instrumento do contrato de seguro.

APÓLICE ESPECÍFICA. *Direito civil* e *direito comercial.* É a que instrumentaliza o contrato de seguro que se ocupa apenas de um certo risco.

APÓLICE FLUTUANTE. *Direito civil* e *direito comercial.* É o instrumento do contrato de seguro em que está prevista a substituição da coisa segurada, fazendo-se o seguro por uma soma global, como se verifica em relação a mercadorias armazenadas. Na apólice flutuante o risco não se individualiza de plano, mas mediante atos sucessivos que se incorporam ao contrato, permanecendo indefinida a quantificação do seguro e sua determinação temporal; há, pois, um risco variável, uma vez que oscila o seu instante e volume. Portanto, o seu objeto poderá modificar-se no curso do contrato.

APÓLICE NOMINATIVA. *Direito civil* e *direito comercial.* É o instrumento do contrato de seguro que menciona o nome do segurador, o do segurado e o do seu representante, se houver, ou o do terceiro em cujo nome é feito.

APÓLICE PLÚRIMA. *Direito civil* e *direito comercial.* É o instrumento do contrato de seguro que diz respeito a vários riscos assumidos.

APÓLICE ROTATIVA. *Direito financeiro.* Diz-se do título de dívida pública cujo valor é resgatado periodicamente.

APÓLICE SIMPLES. *Direito civil* e *direito comercial.* É o instrumento do contrato de seguro cujo objeto é determinado precisamente, sem que haja possibilidade de substituí-lo.

APÓLIDA. *Vide* APÁTRIDA.

APOLITICALHAR. *Ciência política.* Fazer má política.

APOLITICISMO. *Ciência política.* Alheamento político.

APOLÍTICO. 1. *Ciência política.* Aquilo ou aquele que não é político. **2.** *Direito administrativo.* Diz-se do servidor público que é alheio a quaisquer interesses partidários.

APOLOGÉTICA. 1. *Direito canônico.* Parte da teologia que visa defender a religião contra seus adversários. **2.** Defesa argumentativa em prol de alguma doutrina ou idéia.

APOLOGIA. 1. Louvor; elogio; encômio. **2.** Discurso escrito ou oral que tem por fim a defesa de alguma pessoa, coisa, ato ou causa.

APOLOGIA DO CRIME OU DO CRIMINOSO. *Direito penal.* Manifestação escrita ou oral que venha a elogiar ou exaltar ato criminoso ou o autor do crime com a *intentio* de incitar sua imitação ou eliminar a repugnância de outrem. Tal atitude, se feita publicamente, constitui crime contra a paz pública, por configurar uma provocação à ordem legal, sendo punível com detenção ou multa.

APONIA. *Medicina legal.* Ausência ou cessação da dor.

ÁPONO. *Medicina legal.* Diz-se do medicamento que acalma a dor do paciente.

APONTADO. *Direito comercial.* Diz-se do título de crédito que, tendo sido protestado, foi anotado pelo oficial para protestar, no caso de não ser pago pelo devedor no prazo marcado no aviso que lhe foi expedido.

APONTADOR. 1. *Direito do trabalho.* Livro onde se anotam serviços e faltas dos operários. **2.** *Direito administrativo.* Empregado de obra pública encarregado de arrolar os operários, apontando seus serviços e faltas cometidas.

APONTAMENTO. 1. Nota ou registro do que foi observado. **2.** *Direito agrário.* Preparo para a moagem dos engenhos pernambucanos de açúcar. **3.** *Direito civil.* Plano de obra literária ou artística. **4.** *Direito cambiário* e *direito comercial.* Nota que o ofi-

cial de protestos toma de um título cambial para protestá-lo, posteriormente, caso não seja aceito ou pago no prazo estipulado no aviso expedido ao devedor.

APONTAMENTO DE TÍTULO. *Direito comercial* e *direito cambiário.* Ato pelo qual se apresenta um título cambial, por falta de aceite ou pagamento, ao ofício de protesto, para que, mediante tal apresentação, o oficial venha a extrair a intimação ao devedor, com o escopo de cientificá-lo daquele apontamento, pedindo a satisfação do pagamento ou a justificação do motivo por que não o fez, a fim de promover, em seguida, de modo regular, o protesto.

APOPLEXIA. 1. *Medicina legal.* a) Paralisia súbita e coma causados pela extravasação de sangue no cérebro ou na medula espinhal, caracterizados pela perda de sensibilidade, motilidade e conhecimento, sem que haja, contudo, qualquer alteração essencial das funções circulatórias e respiratórias; b) grande extravasação ou derramamento de sangue num órgão do corpo humano, por exemplo, no pulmão, no tecido nervoso etc. **2.** *Direito agrário.* Doença que seca os frutos da videira.

APOPNEUSE. *Medicina legal.* Sufocação.

APOPSIQUIA. *Medicina legal.* Desmaio.

APORÉTICA JURÍDICA. *Filosofia do direito.* Estudo sistemático das aporias jurídicas.

APORIA. *Filosofia do direito.* **1.** Questão sem saída, por apresentar tantas respostas quantos forem os pensadores. **2.** Irresolução. **3.** Dúvida, real ou aparente, que o orador tem ou finge ter sobre o que pretende afirmar ou dizer. **4.** Dificuldade lógica decorrente da circunstância de haver ou de parecer haver razões idênticas tanto pró quanto contra uma certa proposição. **5.** Antinomia, no caso de duas razões parecerem comprovantes.

APORREADO. 1. Aquele que foi espancado a porrete. **2.** Diz-se do animal que não foi domado por culpa do domador.

APORRINOSE. *Medicina legal.* Fluxo sangüíneo que escorre pelo nariz.

APORTAMENTO. *Direito marítimo.* Entrada de um navio ou de uma embarcação no porto, onde atracam ou fundeiam.

A PORTAS FECHADAS. *Direito processual civil.* Diz-se da audiência que, em regra, por versar sobre questões de família, é realizada em segredo de justiça.

APORTUGUESADO. *Sociologia geral.* O que tem maneiras ou costumes peculiares ao povo português.

APOSCEPARNISMO. *Medicina legal.* Ferida craniana oblíqua causada por instrumento cortante, que veio a seccionar uma parte do osso.

APOSENTADORIA. **1.** Ato de aposentar; jubilação. **2.** Estado da pessoa que se aposentou. **3.** *Direito do trabalho.* Direito que o empregado tem de desligar-se, regularmente, dos quadros da empresa empregadora, por tempo de serviço, velhice, invalidez ou incapacidade, recebendo uma mensalidade. **4.** *Direito previdenciário.* Mensalidade ou pensão a que faz jus o aposentado. **5.** Hospedagem. **6.** *Direito administrativo.* Desligamento regular, com remuneração *ad vitam*, integral ou não, do estipêndio, do funcionário público, civil ou militar, dos quadros do serviço público ativo, por motivo de idade, invalidez ou tempo de serviço.

APOSENTADORIA A PEDIDO OU FACULTATIVA. *Direito administrativo.* Consiste na cessação do exercício da função pública por iniciativa do servidor, desde que tenha preenchido as condições exigidas legalmente, assegurando-se-lhe o direito ao recebimento da remuneração.

APOSENTADORIA COMPULSÓRIA. *Direito administrativo.* Consiste no afastamento automático e obrigatório do funcionário do serviço público, em decorrência de norma constitucional, que assim o exige, em razão de invalidez, tendo direito aos proventos integrais ou proporcionais, ou pelo fato de ter o servidor completado setenta anos de idade, caso em que receberá proventos proporcionais ao tempo de contribuição.

APOSENTADORIA DISCIPLINAR. *Direito administrativo.* Sanção imposta pelo Estado ao funcionário público que incorreu em determinada falta, consistente em um descanso forçado.

APOSENTADORIA ESPECIAL. **1.** *Direito administrativo.* Cessação do exercício de funções públicas, com direito a remuneração, conforme exigências previstas em lei diversas do comum, principalmente no que atina ao tempo mínimo de serviço público, como ocorre com a aposentadoria dos ex-combatentes, dos magistrados, dos aeronautas etc. **2.** *Direito previdenciário.* É a renda mensal devida ao segurado que tenha trabalhado durante quinze, vinte ou vinte e cinco anos, conforme o caso, sujeito a condições especiais que prejudiquem a saúde ou a integridade física.

A concessão da aposentadoria especial depende de comprovação pelo segurado, perante o Instituto Nacional do Seguro Social (INSS), do tempo de trabalho permanente, não ocasional nem intermitente, exercido em condições especiais que prejudiquem a saúde ou a integridade física, durante o período mínimo acima mencionado. O segurado deve comprovar, além do tempo de trabalho, exposição aos agentes nocivos químicos, físicos, biológicos ou associação de agentes prejudiciais à saúde ou à integridade física, pelo período equivalente ao exigido para a concessão do benefício. Consideram-se tempo de trabalho os períodos correspondentes ao exercício de atividade permanente e habitual (não ocasional nem intermitente), durante a jornada integral, em cada vínculo trabalhista, sujeito a condições especiais que prejudiquem a saúde ou a integridade física, inclusive férias, licença médica e auxílio-doença decorrente do exercício dessas atividades. Essa aposentadoria consiste em uma renda mensal equivalente a 100% do salário-de-benefício.

APOSENTADORIA EXCEPCIONAL DE ANISTIADO. *Direito previdenciário.* Direito que tem, na condição de anistiado, o segurado da previdência social que, em razão de motivação política, foi atingido por ato de exceção, institucional ou complementar, que o puniu, demitiu ou compeliu ao afastamento de atividade abrangida pela previdência social e o que foi impedido de exercer atividade profissional em virtude de pressões ostensivas ou expedientes oficiais sigilosos, no período de 18-9-1946 a 5-10-1988. O segurado tem, ainda, a garantia de ser promovido, para fins de aposentadoria, ao cargo, emprego ou posto a que faria jus se estivesse em serviço ativo, obedecidos os prazos de permanência em atividade e respeitadas as características e peculiaridades da carreira a que pertencia. Tal direito não tem o segurado demitido ou exonerado mediante processo administrativo ou aplicação de política de pessoal do governo, da empresa ou da entidade a que estava vinculado.

APOSENTADORIA POR IDADE. *Direito previdenciário.* **1.** *Vide* APOSENTADORIA POR VELHICE. **2.** É aquela que, uma vez cumprida a carência exigida, será devida ao segurado que completar sessenta e cinco anos de idade, se homem, ou sessenta, se mulher, reduzidos esses limites para sessenta e cinqüenta e cinco anos de idade para os trabalhadores rurais, respectivamente homens e mulheres. A comprovação do efetivo exercício de atividade rural é feita em relação aos meses imediatamente anteriores ao requerimento do benefício, mesmo que de forma descontínua, durante período igual ao da carência exigida para a concessão do benefício. A aposentadoria por idade será devida: 1. ao segurado empregado, inclusive o doméstico, a partir: a) da data do desligamento do emprego, quando requerida até essa data ou até noventa dias depois dela; b) da data do requerimento, quando não houver desligamento do emprego ou quando for requerida após o prazo previsto na alínea *a*; 2. para os demais segurados, da data da entrada do requerimento. Essa aposentadoria consistirá numa renda mensal de 70% do salário-de-benefício, mais 1% deste, por grupo de doze contribuições, não podendo ultrapassar 100% do salário-de-benefício. A aposentadoria por idade pode ser requerida pela empresa, desde que o segurado empregado tenha cumprido o período de carência e completado setenta anos de idade, se do sexo masculino, ou sessenta e cinco anos, se do sexo feminino, sendo compulsória, caso em que será garantida ao empregado a indenização prevista na legislação trabalhista, considerada como data da rescisão do contrato de trabalho a imediatamente anterior à do início da aposentadoria. A aposentadoria por idade poderá ser decorrente da transformação de aposentadoria por invalidez ou auxílio-doença, desde que requerida pelo segurado, observado o cumprimento da carência exigida na data de início de benefício a ser transformado.

APOSENTADORIA POR INVALIDEZ. 1. *Direito administrativo.* É a devida a servidor público em razão de invalidez permanente, proporcional ao tempo de contribuição, exceto se decorrente de acidente em serviço, moléstia profissional ou doença grave, contagiosa ou incurável, na forma da lei. **2.** *Direito previdenciário.* É a devida ao segurado que, estando ou não em gozo de auxílio-doença, for considerado incapaz e insuscetível de reabilitação para o exercício de atividade que lhe garanta a subsistência, e lhe será paga enquanto ele permanecer nessa condição. Os proventos são proporcionais ao tempo de contribuição, exceto se decorrentes de acidente em serviço, moléstia profissional ou doença grave, contagiosa ou incurável. A sua concessão depende da verificação da sua incapacidade por exame médico-pericial a cargo da Previdência Social,

podendo o segurado, às suas expensas, fazer-se acompanhar de médico de sua confiança. Se o segurado já era portador da lesão ou da moléstia ao filiar-se ao Regime Geral de Previdência Social, não terá direito a essa aposentadoria, salvo se a incapacidade advier de agravamento dessa lesão ou doença.

APOSENTADORIA POR TEMPO DE CONTRIBUIÇÃO. *Direito previdenciário.* É a quantia devida, a partir de 16 de dezembro de 1998, após a carência de cento e oitenta contribuições mensais, ao segurado com trinta anos de contribuição ou à segurada com vinte e cinco anos. Relativamente ao período anterior a 16 de dezembro de 1998, exigem-se as seguintes condições: a) aposentadoria integral ao segurado que completar trinta e cinco anos de contribuição e tiver cinqüenta e três anos de idade, e à segurada com trinta anos de contribuição e quarenta e oito de idade, período este acrescido de um adicional de 20%, que, na data da publicação da Emenda Constitucional n. 20, faltava para completar o tempo de contribuição, podendo optar pela norma anterior em que não se exige a idade mínima; b) aposentadoria proporcional para o segurado a partir dos trinta anos de contribuição e cinqüenta e três de idade, e para a segurada a partir dos vinte e cinco anos de contribuição e quarenta e oito de idade, período este acrescido de um adicional de 40%, que, na data da publicação daquela Emenda, faltava para completar o tempo de contribuição mínima necessária (Afonso Celso F. de Rezende); c) aposentadoria integral especial a professor de ensino básico particular após trinta anos de contribuição, se do sexo masculino, ou vinte e cinco anos, se do sexo feminino, e a professor do ensino superior da rede particular após trinta e cinco anos de contribuição, se do sexo masculino, ou trinta anos, se do sexo feminino.

APOSENTADORIA POR TEMPO DE SERVIÇO. *Direito administrativo.* É a cessação voluntária ou facultativa do exercício de cargo ou função pública, sendo assegurado ao funcionário público o direito de perceber os proventos após determinado tempo de serviço. Assim sendo, o servidor público será aposentado voluntariamente, desde que cumprido tempo mínimo de dez anos de efetivo exercício no serviço público e cinco anos no cargo efetivo em que se dará a aposentadoria, observadas as seguintes condições: a) sessenta anos de idade e trinta e cinco anos de contribuição, se homem, e cinqüenta e cinco anos de idade e trinta de contribuição, se mulher, com proventos integrais. O mesmo se diga para professor da rede de ensino público superior; b) sessenta e cinco anos de idade, se homem, e sessenta, se mulher, com proventos proporcionais ao tempo de contribuição; c) trinta anos de contribuição e idade mínima de cinqüenta e cinco anos, se do sexo masculino, ou vinte e cinco anos de contribuição e cinqüenta anos de idade, se do sexo feminino, tratando-se de profissional que trabalha na rede de escola pública na educação infantil e no ensino fundamental e médio.

APOSENTADORIA POR TEMPO DE SERVIÇO DO JORNALISTA PROFISSIONAL. *Direito previdenciário.* Devida somente a jornalista profissional que tinha direito adquirido à época da revogação da norma que a previa, observado o contido legalmente, desde que se completasse: a) o mínimo de trinta anos de serviço em empresas jornalísticas, inclusive na condição de contribuinte individual, ex-autônomo; b) o mínimo de vinte e quatro contribuições mensais, sem interrupção que determine a perda da qualidade de segurado. Considera-se jornalista profissional aquele que, devidamente registrado no órgão regional do Ministério do Trabalho e Emprego, exerça função habitual e remunerada, em qualquer das seguintes atividades: a) redação, condensação, titulação, interpretação, correção ou coordenação de matéria a ser divulgada, contenha ou não comentário; b) comentário ou crônica, por meio de quaisquer veículos de comunicação; c) entrevista, inquérito ou reportagem escrita ou falada; d) planejamento, organização, direção e eventual execução de serviços técnicos de jornalismo, como os de arquivo, ilustração ou distribuição gráfica de matéria a ser divulgada; e) planejamento, organização e administração técnica; f) ensino de técnicas de jornalismo; g) coleta de notícias ou informações e respectivos preparos para divulgação; h) revisão de originais de matéria jornalística, com vistas à correção redacional e à adequação da linguagem; i) organização e conservação de arquivo jornalístico e pesquisa dos respectivos dados para a elaboração de notícias; j) execução de distribuição gráfica de texto, fotografia ou ilustração de cunho jornalístico, para fins de divulgação; k) execução de desenhos artísticos ou técnicos de cunho jornalístico, para fins de divulgação.

APOSENTADORIA POR VELHICE. 1. *Direito administrativo.* É a concedida, voluntariamente, ao servidor público que completar sessenta e cinco anos de idade, se homem, e sessenta, se mulher, com direito aos proventos proporcionais ao tempo de serviço, ou, compulsoriamente, ao que atingir setenta anos de idade, com proventos proporcionais ao tempo de serviço. **2.** *Direito previdenciário.* É a garantida ao segurado que, uma vez cumprida a carência, completar sessenta e cinco anos de idade, se homem, e sessenta, se mulher, reduzido em cinco anos o limite de idade para os trabalhadores rurais de ambos os sexos, assim como para os que exerçam suas atividades em regime de economia familiar, nestes incluídos o produtor rural, o garimpeiro e o pescador artesanal. **3.** *Vide* APOSENTADORIA POR IDADE.

APOSENTADORIA–PRÊMIO. *Direito administrativo.* Benefício financeiro agregado à remuneração percebida pelo servidor público em atividade, quando ele passa à inatividade tendo completado o tempo integral para sua aposentadoria (Palhares Moreira Reis).

APOSENTADORIA PROGRAMADA. *Vide* FUNDO DE APOSENTADORIA PROGRAMADA INDIVIDUAL E PLANO DE INCENTIVO À APOSENTADORIA PROGRAMADA INDIVIDUAL.

APOSENTADORIA PROPORCIONAL. *Vide* APOSENTADORIA POR TEMPO DE SERVIÇO.

APOSENTADORIA VOLUNTÁRIA. *Vide* APOSENTADORIA POR TEMPO DE SERVIÇO.

APOSENTADORIA VOLUNTÁRIA POR IDADE E TEMPO DE CONTRIBUIÇÃO. *Direito previdenciário.* O servidor fará jus à aposentadoria voluntária por idade e tempo de contribuição, com proventos, desde que preencha, cumulativamente, os seguintes requisitos: a) tempo mínimo de dez anos de efetivo exercício no serviço público da União, nos Estados, no Distrito Federal ou nos Municípios; b) tempo mínimo de cinco anos de efetivo exercício no cargo efetivo em que se der a aposentadoria; e c) sessenta anos de idade e trinta e cinco anos de tempo de contribuição, se homem, e cinqüenta e cinco anos de idade e trinta de tempo de contribuição, se mulher.

APOSENTAR. 1. Hospedar. **2.** Dar aposentadoria. **3.** Desligar-se de cargo, emprego, função ou serviço, conservando o direito de perceber uma remuneração integral ou parcial.

APOSFACELISE. *Medicina legal.* Gangrena de feridas ou fraturas provocada por atadura muito apertada, podendo gerar responsabilidade civil médica.

APÓS-GUERRA. *Sociologia jurídica.* Período seguido a uma guerra, no qual se podem averiguar seus efeitos na economia e na vida social do povo.

APOSIA. *Medicina legal.* Falta ou diminuição da sede.

APOSIÇÃO. **1.** Ação ou efeito de apor. **2.** Adjunção. **3.** *Medicina legal.* Justaposição de órgãos adjacentes.

APOSIÇÃO DE SELO. *Direito administrativo* e *direito processual.* Ato pelo qual uma autoridade administrativa ou judiciária coloca seu sinete para dar autenticidade a um documento submetido à sua apreciação, promovendo sua inviolabilidade, ou para interditar a abertura de um prédio ou de uma coisa móvel.

APOSIRMA. *Medicina legal.* Escoriação da pele.

APOSITIA. *Medicina legal.* O mesmo que ANOREXIA, ou seja, repugnância a alimentos.

APOSSADO. *Direito civil.* Aquele que está de posse de algo.

APOSSAMENTO. *Direito civil.* **1.** Fruição da posse da coisa. **2.** Ação de tomar posse.

APOSSAR. *Direito civil.* Tomar posse.

A POSSE AD ESSE. *Expressão latina.* Do poder ao ser, isto é, da possibilidade à realidade.

APOSTA. **1.** *Direito civil.* a) Convenção em que duas ou mais pessoas de opiniões discordantes sobre qualquer assunto prometem, entre si, pagar certa quantia ou entregar determinado bem àquela cuja opinião prevalecer em virtude de um evento incerto. Na aposta tal acontecimento dependerá de ato incerto de terceiro ou de fato independente da vontade dos contratantes, que robustecerá uma opinião, por exemplo, em uma luta de boxe, dois espectadores efetuam uma aposta, estabelecendo que ganhará determinada quantia aquele que previr quem será o vencedor daquela competição desportiva; b) modalidade de jogos a dinheiro efetuada sobre corridas de cavalos, patrocinadas por entidades legalmente autorizadas, nelas também compreendendo os concursos, jogos lotéricos, remates ou leilões de apostas. As apostas serão feitas de acordo com as modalidades previstas no Plano Geral de Apostas, devidamente homologada pelo órgão competente do MAPA e somente poderão ser realizadas nas dependências do hipódromo, na sede social e subsede dos *jockeys clubs*, nas agências autorizadas e por intermédio de agentes credenciados. **2.** *Direito penal.* São contraven-

ções penais a aposta sobre corrida de cavalos fora do hipódromo e a sobre qualquer outra competição esportiva.

APOSTALAGMO. *Medicina legal.* Junção de pus, em ponto afastado de uma inflamação, originando um abscesso.

APÓSTASE. *Medicina legal.* **1.** Crise de um ataque da moléstia. **2.** Formação de um abscesso.

APOSTASIA. **1.** *Ciência política.* Abandono de um partido ou opinião. **2.** *Direito canônico.* Abjuração; negação da fé ou da religião.

APÓSTATA. **1.** *Ciência política.* Aquele que renuncia a idéias partidárias, desertando para partido político contrário. **2.** *Direito canônico.* a) Pessoa que abandonou a religião professada para abraçar outra; b) aquele que renega, sem dispensa, seus votos monásticos.

APOSTEMA. *Medicina legal.* **1.** Ferida moral. **2.** Tumor; abscesso; supuração.

A POSTERIORI. *Locução latina.* **1.** Etimologicamente, significa "segundo as conseqüências". **2.** Argumento segundo as conseqüências necessárias de uma hipótese ou proposição. **3.** Método experimental que advém de conseqüências ou de fatos observados para a evidência de certas leis ou princípios. **4.** Diz-se da lei resultante das necessidades sociais observadas. **5.** Diz-se da execução de uma coisa segundo os acontecimentos realizados.

APOSTILA. **1.** *Direito administrativo.* Ato administrativo unilateral de assentamento através do qual a Administração Pública vem a anotar, declarar ou fazer aditamento em documento público, registrando fatos ou atos de interesse estatal e particular, por exemplo, a anotação feita no título de nomeação para cargo público atinente à transferência, remoção ou aposentadoria do servidor público. Vê-se, portanto, que é o ato jurídico pelo qual se anota, em documento anterior, fato que vem a completá-lo ou a interpretá-lo, passando a fazer parte dele. É, enfim, o ato pelo qual o documento, a fim de que possa valer o que nele está exarado, é registrado ou averbado e devidamente anotado, trazendo em si a presunção de veracidade, preservando direitos, reconhecendo situações preexistentes ou possibilitando seu exercício. Assim sendo, por exemplo, apostila-se o título de nomeação ou o diploma para que a pessoa nomeada ou diplomada possa exercer seu cargo ou sua profissão. **2.** *Direito civil.* a) Breve nota ou adição feita à margem de uma escritura pública; b) reparo que se faz à margem de um manuscrito ou livro. 3. Recomendação que se apõe à margem de um memorial ou requerimento. 4. *Direito educacional.* Resumo de aulas proferidas em estabelecimentos de ensino.

APOSTILA DE MALDIZER. *Direito penal.* Difamação; calúnia.

APOTEGMA. *Teoria geral do direito.* 1. Máxima sentenciosa. 2. Dito incisivo e breve.

APOTELESMA. *Medicina legal.* Fim de uma moléstia.

APPEAL COURT. *Locução inglesa.* Tribunal.

APPEASEMENT. *Ciência política.* Consentimento em fazer concessão a algum objetivo de um antagonista. Por exemplo, o que se deu em 1938, quando, por ocasião da Conferência de Munique, Chamberlain e Daladier anuíram à ocupação parcial da Tchecoslováquia pela Alemanha, em troca da paz (Rowse e Attinà).

APPELLATIO ADMITTENDA VIDETUR IN DUBIO. *Expressão latina.* Havendo dúvida, a apelação deve ser admitida.

APPELENTSCHEIDUNG. *Termo alemão.* Apelo ao legislador.

APPLICANT. *Termo inglês.* Tomador ou importador que é cliente do *Issuing Bank*.

APPLICATION SERVICE PROVIDER. *Locução inglesa.* Provedor externo que presta serviços de treinamento a várias empresas.

APPOINTER. *Termo francês.* Pagar o ordenado.

APPOSITIO CUSTODIS. *Locução latina.* Encargo de custódia de uma coisa.

APPRAISEMENT. *Termo inglês.* Avaliação.

APPROBARE CENSETUR REM, VEL PERSONAM, QUI EA UTITUR. *Aforismo jurídico.* Julga-se aprovar a coisa, ou a pessoa, quem dela usa.

APPROBARE QUIS NON POTEST, QUOD SEMEL IMPUGNAVIT. *Aforismo jurídico.* Aprovar não pode quem uma vez impugnou.

APPROBARI DEBET AB OMNIBUS, QUOD OMNES TANGIT. *Aforismo jurídico.* Aprovado deve ser por todos o que a todos toca.

APPROBATIONE TOTIUS, QUAELIBET EJUS PARS APPROBATA CENSETUR. *Aforismo jurídico.* A aprovação do todo importa a de cada uma das partes.

APPROBATUM SEMEL, NON POTEST AMPLIUS REPROBARI. *Aforismo latino.* Aprovado uma vez, não pode mais ser reprovado.

APRAGIA. *Medicina legal.* 1. Inércia. 2. Cessação do coeficiente funcional dos órgãos humanos.

APRAXIA. 1. *Medicina legal.* Perda da faculdade de executar, espontaneamente, movimentos coordenados, sem que tenha havido qualquer paralisia muscular. 2. *Psicologia judiciária.* Falta de compreensão da natureza e do uso das coisas conducente à prática de atos desordenados.

APRAZAMENTO. 1. Determinação de prazo para a prática de certo ato ou para o cumprimento de uma obrigação. Tal aprazamento pode ser estipulado pelas partes ou determinado pelo magistrado. 2. Notificação de um prazo. 3. Protelação; adiamento de prazo.

APRAZAR. 1. Marcar ou determinar prazo para a efetivação de um ato ou adimplemento de uma obrigação. 2. Delimitar prazo. 3. Adiar. 4. Ajustar. 5. Indicar o dia de.

APRAZIMENTO. Aprovação, consentimento ou beneplácito de alguém para o cumprimento de alguma coisa ou para a solução de uma questão jurídica.

APREÇADO. Avaliado.

APRECIAÇÃO. 1. Avaliação de alguma coisa; estimação do valor do bem. 2. Ato de avaliar. 3. *Direito processual.* a) Estudo, para formar um juízo, que antecede ao julgamento; b) exame judicial de um fato pelo órgão judicante. 4. *Direito autoral.* Breve crítica de obra literária, artística ou científica.

APRECIAÇÃO DA PROVA. *Direito processual civil* e *direito processual penal.* Exame judicial sobre as provas produzidas e constantes dos autos, para obter um criterioso julgamento da questão *sub judice*, aplicando-se a norma ao caso concreto. Como se vê, a convicção do juiz baseia-se, em regra, na avaliação das provas dos autos. Assim sendo, pelo sistema da persuasão racional, adotado pela lei processual brasileira, o juiz, na aferição de provas, terá liberdade para atribuir valores às carreadas para os autos, formando livremente seu convencimento, tendo tão-somente duas limitações metodológicas: a) o convencimento deve ter sido baseado apenas na apreciação das provas; e b) a convicção deve ser motivada na sentença, pois o órgão judicante deverá indicar os valores conferidos às provas e o fundamento de sua decisão.

APRECIAÇÃO JUDICIAL DA PETIÇÃO INICIAL. *Direito processual civil.* Ato judicial de despachar ou indeferir a petição inicial. Se for despachada, será ordenada a citação do réu, para que este responda ao autor. Se indeferida, a parte poderá apelar, sob pena de extinção do processo sem resolução do mérito.

APRECIADO. 1. Estimado. **2.** Avaliado.

APREENDER. 1. Tomar posse de alguma coisa. **2.** Tomar conhecimento de algo, assimilando-o mentalmente; compreender.

APREENSÃO. 1. *Direito administrativo.* Ato administrativo, oriundo do poder de polícia, consistente no fato de a Fazenda Pública assenhorear-se, sem prévia autorização judicial, de bens pertencentes a particular que, por motivo de ilegalidade, por exemplo, contrabando, não poderiam estar em seu poder. **2.** *Direito civil.* Ato pelo qual se adquire a posse de uma coisa. **3.** *Direito processual civil.* a) Medida judicial cautelar através da qual se requer, judicialmente, que se retire pessoa ou coisa do poder de alguém que injustamente a detenha, por exemplo, busca e apreensão de pessoa ou coisa; b) processo em que o interessado pleiteia, judicialmente, a apreensão de um título não devolvido ou sonegado pelo emitente, sacado ou aceitante, mediante comprovação da entrega do título a eles; c) ato pelo qual a autoridade fiscal competente apreende embarcação registrada sub-repticiamente ou que tenha perdido, há mais de seis meses, as condições para continuar sendo considerada nacional, colocando-a à disposição do juiz de direito da comarca. **4.** *Direito processual penal.* Ato judicial de ofício ou a requerimento das partes que determina a busca domiciliar, com o escopo de prender criminoso ou apreender: a) coisas achadas ou obtidas por meios criminosos; b) instrumentos de falsificação ou de contrafação e objetos falsificados ou contrafeitos; c) armas, munições ou instrumentos utilizados na prática de crime ou destinados a fim delituoso; d) objetos necessários à prova da infração ou à defesa do réu; e) cartas, abertas ou não, destinadas ao acusado ou em seu poder, quando haja suspeita de que o conhecimento do seu conteúdo pode ser útil à elucidação do fato; f) pessoas vítimas de crimes; g) elementos de convicção. Não será permitida, porém, a apreensão de documento em poder do defensor do acusado, exceto quando constituir elemento do corpo de delito. **5.** *Filosofia do direito.* Simples operação mediante a qual se concebe uma idéia. **6.** *Psicologia forense.* a) Receio; b) desassossego espiritual por temor do futuro.

APREENSÃO DA EMBARCAÇÃO. *Direito marítimo.* Além da multa aos proprietários, as embarcações serão apreendidas nas condições de inobservância das seguintes situações: a) embarcação navegando em área para a qual não foi classificada; b) condutor não habilitado; c) embarcação sem o Título de Inscrição da Embarcação (TIE) ou suspeita de documento obtido por fraude; d) utilizar a embarcação para a prática de crime; e) falta de indicações externas do costado; f) sem luzes e marcas previstas no Regulamento Internacional para Evitar Abalroamento no Mar (RIPEAM); g) estado de conservação da embarcação; h) inobservância de determinações para interromper a singradura; i) violação de lacre da Capitania dos Portos; j) utilizar comercialmente a embarcação para transporte de passageiros ou carga; k) descumprimento das restrições das áreas seletivas para a navegação; l) tráfego em áreas de segurança; m) conduzir a embarcação em estado de embriaguez alcoólica ou sob efeito de substância tóxica de qualquer natureza; n) a caracterização do aluguel de embarcações de esporte e/ou recreio. As embarcações ficarão fora de tráfego até que sejam sanadas as deficiências encontradas e serão recolhidas ao depósito da Capitania dos Portos ou órgão subordinado. As embarcações e objetos achados por terceiros serão recolhidos ao depósito na Capitania dos Portos ou órgão subordinado. Quando ocorrer apreensão de embarcação ou de outro objeto, será obrigatoriamente lavrado auto de apreensão, que deverá ser assinado pela autoridade que os apreendeu e, sempre que possível, por testemunhas. Se a embarcação apreendida não puder ser removida para o depósito do órgão competente, poderá ser lacrada, impossibilitando sua movimentação, e será nomeado um fiel depositário, lavrando-se o respectivo termo. Se, dentro de quinze dias, contados da data em que a embarcação ou objeto tiver sido apreendido ou achado, o proprietário não se apresentar ao órgão competente para retirá-lo, será notificado a fazê-lo dentro de quinze dias, sob pena de ser a embarcação ou objeto vendido em leilão. A embarcação ou objeto apreendido ou achado só será entregue ao legítimo proprietário depois que este satisfizer o pagamento correspondente a: despesas realizadas por aqueles que encontraram ou apreenderam a embarcação ou objeto; despesas realizadas com a conservação e guarda da embarcação ou objeto; multas e taxas devidas.

APREENSÃO DO PRODUTO E DO INSTRUMENTO DE INFRAÇÃO ADMINISTRATIVA OU DE CRIME AMBIENTAL. *Direito penal.* Verificada a infração, serão apreendidos seus produtos e instrumentos, lavrando-se os respectivos autos. Os animais serão libertados em seu hábitat ou entregues a jardins zoológicos, fundações ou entidades assemelhadas, desde que fiquem sob a responsabilidade de técnicos habilitados. Tratando-se de produtos perecíveis ou madeiras, serão estes avaliados e doados a instituições científicas, hospitalares, penais e outras com fins beneficentes. Os produtos e subprodutos da fauna não perecíveis serão destruídos ou doados a instituições científicas, culturais ou educacionais. Os instrumentos utilizados na prática da infração serão vendidos, garantida a sua descaracterização por meio da reciclagem.

APREGOAÇÃO. *Direito financeiro.* Forma pela qual o operador de pregão de bolsas anuncia sua intenção de comprar ou vender os ativos negociados. Um operador menciona o que deseja fazer (comprar, vender), qual o ativo, título ou valor mobiliário, qual a quantidade e o preço da operação e o outro operador pode fazer uma contra-oferta para a mesma quantidade do mesmo ativo, e o negócio se conclui, quando ambas as partes aceitam um mesmo preço. Temos diferentes formas de apregoação: a) negócio direto: operador se propõe a comprar e vender o mesmo ativo para comitentes diversos; b) leilão comum: operação destacada das demais, em que o operador menciona o que deseja fazer, e permite a interferência de compradores ou vendedores a um preço melhor; c) leilão especial: semelhante ao leilão comum, permitindo a interferência somente para compra a melhor preço; d) por oferta: operador insere oferta de compra ou venda no sistema eletrônico (Luiz Fernando Rudge).

APREGOADO. 1. Anunciado por meio de pregão. **2.** Relativo a pregão. **3.** Diz-se dos nubentes cujo pregão dos papéis de casamento já está feito. **4.** Publicado.

APREGOAR. 1. Anunciar com pregão. **2.** Convocar por meio de pregoeiro. **3.** Publicar.

APREGOAR UMA VENDA. *Direito processual civil.* Anunciar venda, em voz alta, numa hasta pública ou leilão público, por meio de leiloeiro oficial escolhido ou pelo porteiro do auditório forense, realizando-a com aquele que tiver apresentado o maior lanço.

A PRÊMIO. Diz-se do capital que se põe para render juros.

APRENDIZ. 1. *Direito civil.* Primeiro grau da maçonaria, que é uma associação, sendo-lhe vedada a participação nas reuniões secretas. **2.** *Direito marítimo.* Diz-se do menor matriculado na Escola de Aprendizes Marinheiros, destinada à formação de pessoas para o serviço da Armada. **3.** *Direito do trabalho.* Menor que está aprendendo um ofício, iniciando-se numa profissão, sob a orientação de um mestre, tendo direito a uma remuneração. É o maior de quatorze anos e menor de vinte e quatro anos que celebra contrato de aprendizagem. A idade máxima (24 anos) não se aplica a aprendizes portadores de deficiência.

APRENDIZAGEM. 1. *Direito do trabalho.* Contrato em que o empregador assume a obrigação não apenas de pagar o salário, mas também de submeter o empregado, que deverá ser menor, à formação metódica do ofício, em cursos especializados ou na própria empresa, para cujo exercício foi contratado, devendo ele seguir o regime de aprendizagem. Consiste esta na formação técnico-profissional, ministrada segundo as diretrizes e bases da legislação educacional em vigor, obedecendo aos seguintes princípios: a) garantia de acesso e freqüência obrigatória ao ensino regular; b) atividade compatível com o desenvolvimento do adolescente; c) horário especial para o exercício das atividades. Assegurar-se-á ao adolescente até quatorze anos uma bolsa de aprendizagem, e ao maior de quatorze serão garantidos os direitos trabalhistas e previdenciários. Proíbem-se ao adolescente empregado, aprendiz, em regime familiar de trabalho, aluno da escola técnica, assistido em entidade governamental ou não-governamental, não só o trabalho noturno, entre as 22h de um dia e as 5h do dia seguinte, perigoso, insalubre ou penoso como também o realizado em horários e locais que não permitam a freqüência à escola. Dever-se-ão assegurar ao adolescente as condições de capacitação profissional para o exercício de atividade laboral remunerada. **2.** *Psicologia jurídica.* Denominação dada a mudanças comportamentais como resultado de experiências ou treinamentos anteriores.

APRESAMENTO. *Direito militar.* Direito conferido ao navio de guerra inimigo de apoderar-se de outro navio público, civil ou privado, e de sua carga com o escopo de fazer com que o tribunal de presas se pronuncie sobre seu confisco. O direito de presa não se aplica relativamente ao navio público de guerra, porque sua propriedade passará a ser do captor pelo simples ato de captura.

APRESAR. 1. Capturar. 2. Aprisionar. 3. Tomar como presa.

APRESENTAÇÃO. 1. Na *linguagem jurídica* em geral, significa, em regra: a) ato pelo qual se levam à presença de alguém um documento ou um fato, para sua ciência, ou para que haja consecução de algum objetivo pretendido; b) presença da pessoa, da coisa ou do fato em certo momento ou perante determinada pessoa. 2. *Direito canônico.* a) Nomeação para algum benefício eclesiástico; b) festividade celebrada pelos católicos, comemorando a data em que o Menino Jesus foi apresentado no templo. 3. *Direito civil.* Ato de exibir título de propriedade, ou modificativo daquele, ao oficial do Registro Imobiliário, para que este providencie o registro ou a averbação devida. 4. *Direito comercial* e *direito cambiário.* a) Aspecto de uma mercadoria oferecida à venda, com o escopo de atrair o consumidor; b) ato pelo qual o sacador ou portador exibe letra de câmbio ou duplicata mercantil ao sacado, ou comprador, para que este a aceite ou pague. 5. *Direito processual.* a) Ato de comparecer em juízo por si ou por outrem; b) provimento dado a uma pessoa de algum ofício da Fazenda ou justiça; c) ato de dar entrada dos autos de recurso na instância superior; d) ato de exibir, perante o órgão judicante, coisas, documentos, enfim, quaisquer objetos que forem necessários à instrução do feito; e) ato de designar peritos para funcionar no feito; f) ato pelo qual o criminoso é levado à presença de autoridade policial ou judiciária para ser processado; g) ato de arrolar testemunhas. 6. *Medicina legal.* Posição do feto, no ventre materno, ao nascer, segundo a parte que estiver em contato com a entrada da bacia. 7. *Direito do consumidor.* Ato pelo qual o fornecedor de serviço presta informações fundamentais aos consumidores sobre o produto ou serviço oferecido (Fernando Gherardini Santos).

APRESENTAÇÃO CEFÁLICA. *Medicina legal.* Diz-se do parto em que a cabeça do feto é a primeira extremidade a surgir.

APRESENTAÇÃO DA COISA. *Direito administrativo* e *direito processual.* Exibição, voluntária ou devida, em virtude de ordem administrativa ou judicial, de alguma coisa perante outra pessoa.

APRESENTAÇÃO DA LETRA DE CÂMBIO. *Direito comercial.* Ato pelo qual o sacador ou portador leva uma letra de câmbio ao devedor, para que este venha a resgatá-la, ou ao cartório, para ser protestada por falta de aceite ou pagamento.

APRESENTAÇÃO DA PESSOA. Ato pelo qual uma pessoa, espontânea ou compulsoriamente, é levada à presença de outra, por exigência legal ou por ser isso de seu interesse.

APRESENTAÇÃO DE CREDENCIAIS. *Direito internacional público.* Ato pelo qual um representante diplomático de um país se apresenta ao governo do Estado onde deverá servir, exibindo os títulos que o investem na função que irá exercer.

APRESENTAÇÃO DE DOCUMENTO. *Direito administrativo* e *direito processual.* Ato de exibir, perante autoridade judiciária ou administrativa, documento esclarecedor de algum fato ou para que seja levado a registro.

APRESENTAÇÃO DE RAZÕES. *Direito processual.* Ato de entrega de qualquer escrito, contendo defesa judicial, em cartório, para ser juntado aos autos do processo.

APRESENTAÇÃO DE TESTEMUNHAS. *Direito processual.* 1. Ato de arrolar as testemunhas que deverão depor num processo. 2. Ato de levar testemunhas à presença do magistrado para serem inquiridas, ou interrogadas, ou para prestarem depoimento sobre fatos alusivos ao processo.

APRESENTAÇÃO ESPONTÂNEA DO ACUSADO. *Direito processual penal.* Ato pelo qual o criminoso, espontaneamente, procura a autoridade policial ou judiciária para se confessar autor do delito. Tal apresentação não obsta a decretação de sua prisão preventiva nos casos autorizados legalmente. Além disso, relativamente àquele que se tiver apresentado, voluntariamente, à prisão, confessando crime de autoria ignorada ou imputada a outrem, não terá efeito suspensivo a apelação interposta da sentença absolutória, mesmo nos casos em que a lei lhe conferir tal efeito.

APRESENTAÇÃO PODÁLICA. *Medicina legal.* Diz-se do parto em que os pés do feto são a primeira parte de seu corpo a aparecer.

APRESENTAÇÃO PÚBLICA DA OBRA. *Direito civil* e *direito autoral.* 1. Aspecto gráfico de um livro. 2. Direito do autor de uma obra intelectual de divulgá-la, mediante representação, dramaticamente, sendo executada, exibida, projetada em fita cinematográfica ou transmitida por radiodifusão. Situam-se neste terreno o contrato *de representação* e o *de execução.*

APRESENTANTE. Aquele que faz a apresentação.

APRESENTAR ARMAS. *Direito militar.* Ordem de comando dada a quem se achar armado, para que faça uma continência, executando, com sua arma, movimentos regulamentares, que levam esta a uma posição final de apresentação temporária.

APRÉSTAMO. 1. *Direito canônico.* Crédito destinado ao sustento de padres, sem constituir renda de um benefício. **2.** *Direito civil.* a) Consignação de frutos de uma propriedade, para pagamento de determinados encargos; b) propriedade sujeita a esse gravame ou ônus.

APRESTOS. 1. *Direito civil.* Preparativos necessários para a realização ou execução de um ato jurídico, designados de atos preliminares ou diligências, resultantes de despesas ou encargos. **2.** *Direito marítimo.* Preparativos imprescindíveis para equipar e abastecer a embarcação, possibilitando sua navegabilidade.

A PRIORI. *Filosofia do direito.* Vocábulo de origem latina que quer dizer independente da experiência. Assim, algo é *a priori* se for prévio à experiência ou alheio a ela; conseqüentemente, aquilo que depender de certas condições empíricas só poderá ser estabelecido *a posteriori*, ou seja, após a verificação do fato. Tal *locução latina* indica a conclusão a que se chega tendo como fundamento uma hipótese, ou melhor, sem qualquer verificação de conseqüência ou resultado anterior.

APRIORISMO. *Filosofia geral* e *filosofia do direito.* Sistema de argumentação, ou de raciocínio *a priori*, baseado em hipóteses, sem a consideração dos fatos reais ou da experiência.

APRIORÍSTICO. *Filosofia geral* e *filosofia do direito.* Aquilo que é relativo ao apriorismo.

APRISIONAR. 1. *Direito penal.* Encarcerar; colocar na prisão; prender um criminoso. **2.** *Direito marítimo.* Apresar ou capturar um navio inimigo.

APROAR. *Direito marítimo.* **1.** Dar um rumo à embarcação, colocando sua proa na direção pretendida. **2.** Arribar; chegar a um porto.

APROBATIVO. Aquilo que indica aprovação.

APROCTIA. *Medicina legal.* Ausência de ânus.

APRONTO. *Direito desportivo.* Exercício final para averiguar as condições técnicas de um atleta.

À PROPOS. *Locução francesa.* A propósito.

APROPRIAÇÃO. 1. *Direito civil.* a) Ato ou efeito de apropriar; b) apossamento de coisa alheia; c) ocupação, que é a aquisição originária da propriedade, consistente em fazer própria coisa sem dono (*res nullius*) ou abandonada pelo seu proprietário (*res derelictae*); d) acomodação ou adaptação da coisa ao fim a que se destina. **2.** *Direito internacional público.* a) Ocupação da *res hostilis*, ou seja, ocupação bélica ou militar, sem que se configure modo aquisitivo de propriedade, visto que o ocupante não terá qualquer direito de soberania sobre o território ocupado; b) tomada de posse por um Estado de território que não pertença a outro; c) ocupação apenas no sentido de exploração e uso do espaço cósmico, da Lua e demais corpos celestes, sem que haja a proclamação de soberania do Estado explorador. **3.** *Direito penal.* Apoderamento ilícito de coisa alheia, com ou sem violência (roubo ou furto).

APROPRIAÇÃO DE COISA ACHADA. *Direito penal.* Ato daquele que, ao encontrar coisa perdida, não a restitui ao seu dono nem a entrega à autoridade competente, dentro do prazo legal, apropriando-se dela, sob pena de detenção ou multa.

APROPRIAÇÃO DE COISA HAVIDA POR ERRO, CASO FORTUITO OU FORÇA MAIOR. *Direito penal.* Ato daquele que, ao receber coisa por erro, caso fortuito ou força maior, dela se apropria, não a restituindo ao seu proprietário ou não a entregando à autoridade competente, sob pena de detenção ou multa. Trata-se do crime de apropriação indébita acidental.

APROPRIAÇÃO DE TESOURO. *Direito penal.* Ato daquele que, ao achar um tesouro em prédio alheio, se apropria, no todo ou em parte, da cota cabível ao proprietário do terreno, sob pena de detenção ou multa.

APROPRIAÇÃO INDÉBITA. *Direito penal.* Crime consistente no abuso de confiança, em que aquele que tem a guarda, posse ou detenção de coisa móvel alheia, por qualquer título, com a obrigação de restituí-la ou aplicá-la somente ao uso determinado, dela se apodera dolosamente. É, portanto, a lesão de um direito patrimonial sobre coisa móvel alheia, pelo abuso da detenção ou posse não criminosamente obtida, por lhe ter sido entregue em confiança.

APROSEXIA. *Medicina legal.* Impossibilidade de prestar atenção decorrente, em regra, de fadiga mental.

APROSOPIA. *Medicina legal.* Má-formação fetal caracterizada pela ausência, total ou parcial, da face.

APROVAÇÃO. 1. Ato ou efeito de aprovar. **2.** Consentimento para a realização de um ato jurídico. **3.** Confirmação da autenticidade de um ato; reconhecimento de um ato já praticado, dando-lhe existência jurídica. **4.** Homologação de ato judicial; ratificação de um ato jurídico ou contrato anteriormente efetivado. **5.** Decisão da banca examinadora, considerando habilitado o candidato que se submeteu a um concurso público. **6.** *Direito civil.* Auto lavrado pelo tabelião que aprova algum ato, para sua legalidade, como, por exemplo, o *auto de aprovação* de testamento cerrado. **7.** *Direito administrativo.* Ato unilateral pelo qual a Administração, discricionariamente, permite a efetivação de certo ato jurídico (aprovação prévia) ou concorda com um ato já praticado, para conferir-lhe eficácia (aprovação *a posteriori*). Trata-se, portanto, de um ato administrativo que tem por escopo controlar atos editados por órgão público.

APROVAÇÃO DE CONTAS. 1. *Direito civil.* Ato pelo qual o dono do negócio ou o mandante consideram boas e satisfatórias as contas apresentadas pelo gestor ou mandatário. **2.** *Direito falimentar.* Homologação judicial das contas apresentadas pelo administrador judicial concernentes à administração da massa falida, por ocasião não só de sua renúncia, substituição ou destituição do cargo ou do término da liquidação como também da recuperação judicial ou extrajudicial obtida pelo devedor. Tal aprovação de contas é dada após a ouvida dos interessados, do órgão do Ministério Público e do administrador judicial, em caso de impugnação de sua administração. **3.** *Direito constitucional.* a) Homologação prévia das contas prestadas anualmente pelo Presidente da República, feita pelo Tribunal de Contas da União; b) homologação feita pelo Tribunal de Contas da União das contas apresentadas pelos administradores e demais responsáveis por bens e valores públicos.

APROVAÇÃO DE ESTATUTO. *Direito comercial.* **1.** Ato pelo qual a assembléia geral de acionistas de uma sociedade anônima ou em comandita por ações aceita os termos ou as alterações do estatuto social apresentado. **2.** Ato pelo qual a autoridade competente homologa estatuto de uma fundação, para que ela possa dar início a suas atividades.

APROVAÇÃO DE NOMES DE EMBARCAÇÕES. *Direito marítimo.* É dada pelas capitanias dos portos, delegacias e agências que: a) poderão, sem prévia consulta à Diretoria de Portos e Costas (DPC), autorizar e alterar os nomes das embarcações classificadas na navegação interior; b) reservam-se no direito de não autorizar nomes que possam causar constrangimento, tais como nomes obscenos e/ou esdrúxulos; c) quando for solicitada reserva de nome para embarcação a ser inscrita e/ou registrada a referida reserva terá a validade de cento e oitenta (180) dias a partir da data da autorização das capitanias, delegacias ou agências. Caso neste período a inscrição não seja confirmada, a reserva de nome deverá ser cancelada.

APROVAÇÃO DE PLANOS E PROJETOS. *Direito administrativo.* Ato administrativo pelo qual o Poder Público acata plano, projeto ou programa alusivo à Administração Pública, para ser executado dentro do período previsto.

APROVAÇÃO DO BALANÇO. *Direito comercial.* Ato pelo qual os sócios reconhecem a exatidão da demonstração das contas e dos lucros alusivos à administração econômica da sociedade empresária a que pertencem.

APROVAÇÃO DO GOVERNO. 1. *Direito administrativo.* Ato pelo qual o governo anui na execução de um ato ou vem a reconhecê-lo. **2.** *Direito civil.* Ato pelo qual o governo aceita previamente o estatuto social, autorizando a constituição de certas sociedades. Isto é assim porque há determinadas sociedades que, para adquirirem personalidade jurídica, dependem de prévia autorização governamental, como, por exemplo, as sociedades estrangeiras, as agências de seguros, as caixas econômicas etc.

APROVAÇÃO DO ORÇAMENTO. *Direito constitucional.* Ato através do qual o Poder Legislativo controla o orçamento da União e das entidades da Administração direta e indireta.

APROVAÇÃO DO TESTAMENTO CERRADO. *Direito civil.* Ato pelo qual o tabelião, ao receber o testamento, após saber que o testador o tem por bom, firme e valioso, o aprova, lavrando o auto de aprovação, lendo-o e, em seguida, assinando-o, juntamente com duas testemunhas e o testador, se este puder; caso contrário a assinatura far-se-á a seu rogo por uma daquelas. É o auto lavrado pelo tabelião perante o testador e duas testemunhas, exigido legalmente, para que o testamento cerrado seja válido.

APROVAÇÃO FRAUDULENTA DE CONTA OU PARECER. *Direito penal.* Fraude e abuso na fundação ou administração de sociedade por ações consistente no fato de o diretor, gerente ou fiscal obter, por interposta pessoa que comparece para votar ou por conluio com o acionista, de má-fé, a aprovação de conta ou parecer na assembléia geral ordinária, lesando acionistas e a sociedade.

APROVEITADOR. *Direito comercial.* Explorador; indivíduo que tira proveito indevido ou exagerado de uma atividade mercantil, industrial ou empresarial.

APROVEITAMENTO. 1. *Direito administrativo.* Possibilidade de a Administração Pública utilizar funcionário público, posto em disponibilidade, em outro cargo de natureza e vencimento compatíveis com o anteriormente ocupado por ele. É, portanto, o reingresso no serviço público de funcionário em disponibilidade. **2.** Na *linguagem jurídica* em geral, consiste no benefício, vantagem ou utilidade que se colhe de atos praticados por si ou por outrem.

APROVEITAMENTO DA GESTÃO DE NEGÓCIO. *Direito civil.* Utilidade ou benefício que o dono do negócio obtém em razão de ato praticado pelo gestor, que, então, deverá ser indenizado pelas despesas necessárias ou úteis que fez e pelos prejuízos que teve durante a gestão da coisa alheia.

APROVEITAMENTO DA NULIDADE. *Direito processual.* Alegação de nulidade feita pelo interessado, beneficiando-o, uma vez que torna ineficaz o ato em que se manifesta.

APROVEITAMENTO DE ESTAMPILHA. *Direito tributário.* Utilização de selo ou estampilha em documento ou produto para cumprir finalidade fiscal, produzindo efeitos jurídicos.

APROVEITAMENTO DO RECURSO. *Direito processual.* Interposição de recurso; utilização de um recurso cabível ao caso no tempo oportuno.

APROVEITAMENTO ENERGÉTICO DOS ATERROS. *Direito ambiental.* Técnica de aterro sanitário que possibilita a extração e utilização do gás combustível, principalmente metano, produzido pela digestão dos elementos orgânicos depositados no aterro (Celso A. P. Fiorillo e Marcelo A. Rodrigues).

APROVEITAMENTO INDUSTRIAL. Utilização de riqueza natural, abrangendo tanto o solo como o subsolo, transformando-a em produto útil ao consumo da coletividade ou ao uso público ou privado.

APROVISIONAMENTO. *Direito comercial.* Provisão; abastecimento.

APROXIMAÇÃO. 1. Ato ou efeito de tornar-se mais próximo. **2.** Prêmio da loteria destinado aos dois números mais próximos daquele em que o primeiro prêmio cair. **3.** Avaliação por pouco, mais ou menos.

APSEFALESIA. *Medicina legal.* Perda ou falta do tato.

APSIQUIA. *Medicina legal.* Perda ou falta dos sentidos; síncope; estado de absoluta inconsciência.

APSIQUISMO. *Medicina legal.* Idiotismo; ausência de inteligência.

APSITIRIA. *Medicina legal.* Paralisia histérica das cordas vocais, impeditiva da emissão de qualquer som ou do mais leve murmúrio.

APTIALIA. *Medicina legal.* Ausência momentânea ou mórbida de secreção salivar.

APTIDÃO. 1. *Direito civil.* Capacidade jurídica para adquirir e exercer direitos, contrair obrigações ou praticar atos na vida civil ou empresarial. **2.** *Direito administrativo.* Idoneidade de uma pessoa para desempenhar uma função ou ocupar um cargo público, por preencher os requisitos técnicos exigidos, além de ter capacidade jurídica. **3.** *Direito do trabalho.* Qualidade específica de uma pessoa para aprender um ofício ou exercer uma determinada profissão.

APTO. 1. *Direito administrativo.* Termo indicativo do indivíduo que é capaz, idôneo, hábil ou habilitado para exercer função pública. **2.** *Direito civil.* Aquele que tem capacidade jurídica para a prática de atos na vida civil.

APUD. *Termo latino.* **1.** Entre; perto de; junto de. **2.** Extraído da obra de.

APUD ACTA. 1. *Locução latina.* Nos autos. **2.** *Direito processual penal.* Procuração cujo termo é lavrado pelo escrivão nos próprios autos de um processo, perante o magistrado da causa ou duas testemunhas, se impossível for a presença do juiz, assinada pelo outorgante, autor ou réu, assistente ou oponente. A procuração *apud acta* apenas tem validade para a demanda em cujos autos foi lavrada.

APUD IUDICEM. *Locução latina.* Fase complementar, no procedimento *ordo iudiciorum privatorum*, que se desenvolvia perante um *iudex unus* ou colegiado de *recuperatores*, conforme o objeto da demanda, que conheciam as razões e provas e prolatavam a decisão (Othon Sidou).

APULSO. *Direito agrário.* Direito de fazer o gado passar pela propriedade de outrem para o conduzir a um tanque comum.

APUNHALAR. *Direito penal* e *medicina legal.* Ferir ou matar com punhal.

APURAÇÃO. 1. Resultado final a que se chega após um exame acurado numa investigação. **2.** Conclusão que se tira da análise de um processo ou dos elementos constitutivos de um ato jurídico. **3.** Averiguação da veridicidade de um fato ou da culpa na prática de um delito. **4.** Seleção do que é melhor. **5.** Liquidação de contas. **6.** Exame; averiguação. **7.** Contagem de votos. **8.** Ato de apurar.

APURAÇÃO DE CONTAS. Resultado obtido, depois de um cuidadoso exame, na liquidação de contas.

APURAÇÃO DE ELEIÇÃO. *Direito eleitoral.* Procedimento que consiste na separação e contagem dos votos que foram dados, numa eleição, aos candidatos e aos partidos políticos.

APURAÇÃO DE FATO. Sindicância para verificar as circunstâncias que motivaram determinado fato, evidenciando-o.

APURAÇÃO DE HAVERES DE SÓCIO. *Direito comercial.* Verificação do que é devido a um sócio quando de seu desligamento da sociedade, em razão de sua morte, retirada ou exclusão. Ter-se-á, então, a dissolução parcial da sociedade em relação ao sócio que dela se desliga, por isso, os demais deverão pagar o valor de sua cota-parte do capital social. Com a morte ou retirada de um sócio romper-se-á o vínculo contratual que o prendia à sociedade, que terá, então, o dever de promover um balanço para a determinação e a liquidação do seu cabedal. Logo, a dissolução parcial da sociedade funda-se no princípio conservativo da *societas* e no instituto da liquidação da cota do excluído, promovida pelo órgão social, para a apuração, somente e exclusivamente, dos seus haveres, fazendo-se o pagamento pela forma estabelecida no contrato social. Preciso será que tais haveres sejam apurados mediante dois procedimentos: a) um *contábil*, que é a determinação da cota, que constata as mutações qualitativas e quantitativas do patrimônio social, precisando seu valor numérico; e b) outro *jurídico*, ou seja, a *liquidação da cota*. A determinação da cota reembolsável a quem de direito far-se-á mediante balanço, que configurará, graficamente, a relação entre o ativo e o passivo da sociedade. Como se deve pagar ao retirante ou ao seu herdeiro a quantia correspondente à sua cota, na proporção do último balanço aprovado, o princípio da igualdade da partilha tem conduzido, hodiernamente, à avaliação contemporânea de todos os bens, especialmente em face da inflação existente no País. Realmente, há forte tendência doutrinária e jurisprudencial reagindo, diante do injusto enriquecimento da sociedade, e indiretamente dos sócios que nela permanecem, e do correspondente empobrecimento do sócio retirante, contra o cálculo dos haveres efetuado segundo os valores considerados no último balanço aprovado, pois, devido à política inflacionária que assola o nosso País, os valores contabilizados não traduziriam os atuais bens, que constituem o ativo da firma. Assim sendo, a apuração dos haveres do sócio retirante deverá ser feita com base em balanço especial, se não houver um recente, pois não poderá ser baseada no último balanço de exercício, por não exprimir este o valor real do patrimônio social. Conseqüentemente, a *liquidação da cota* do ex-sócio deve ater-se à real situação patrimonial da firma à época de sua retirada ou de seu falecimento, revelando o acervo líquido e possibilitando a distribuição a quem de direito. Logo, na apuração de haveres, ao se entregar ao sócio retirante ou aos herdeiros ou consortemeeiro o *quantum* do que lhe pertença no cabedal social, não existe qualquer ato translativo de propriedade de cotas societárias e sim mero pagamento. Com a dissolução parcial da sociedade haverá perda da condição de sócio para o retirante, e, com a liquidação de sua cota, terse-á transferência do valor a ela referente, acarretando uma diminuição do capital social, por não mais existir a cota societária do excluído, retirante ou morto. Isto é assim porque o sócio não possui nenhum direito real contra a sociedade, tendo apenas um direito creditório.

APURAÇÃO DE UM ATO CRIMINOSO. *Direito penal.* Conclusão obtida pelo exame da evidência do ato delituoso e da sua imputabilidade ao agente.

APURADO. 1. Selecionado. **2.** Resultado de um inquérito, exame ou investigação. **3.** Evidenciado. **4.** Aquilo que é feito com dificuldade; incidentado. **5.** Aprimorado; esmerado. **6.** Pobre; sem recurso.

APURADOR. 1. O que apura; aquele que deve realizar uma apuração. **2.** Condição daquele que apura.

APURAR. 1. Investigar; sindicar a verdade de um fato; averiguar; verificar. **2.** Selecionar. **3.** Encontrar o valor exato de uma operação. **4.** Verificar o resultado de uma eleição por meio da contagem de votos. **5.** Calcular quantias de receita, ganho ou lucro; contar dinheiro resultante de vendas de ingressos, mercadorias etc. **6.** Aperfeiçoar. **7.** Criar dificuldades. **8.** Ficar sobrecarregado de serviço. **9.** No *sentido técnico-industrial,* indica refinar ou melhorar a substância, sem alterar sua natureza.

AQUADRELAMENTO. *História do direito.* **1.** Rol. **2.** Recenseamento dos habitantes de uma localidade para fins fiscais.

AQUADRILHAMENTO. Ato de se alistar, formando quadrilhas ou turmas, para fins criminosos ou não.

AQUA ET IGNIS INTERDICERE. 1. *Expressão latina.* Privar da água e do fogo. **2.** *Direito romano.* a) Exílio; b) interdição.

AQUÁRIO. *Direito financeiro.* Espaço contíguo à Sala de Negociações (pregão) de uma bolsa de valores ou de mercadorias, destinado ao público, separado daquela por uma parede de vidro, permitindo acompanhar o desenrolar do pregão, sem nele, entretanto, poder interferir (Luiz Fernando Rudge).

AQUARTELAMENTO. 1. *Direito militar.* a) Quartel militar; alojamento onde se recolhem as tropas; b) ação de alojar as tropas ou soldados nos quartéis. **2.** *Direito marítimo.* Ação de içar o mais possível, para barlavento, as costas das velas da proa. **3.** *Direito civil.* a) Ação de dividir em quartéis (os pés-direitos de uma medianeira); b) ato de hospedar-se.

AQUAVIÁRIO. 1. *Direito marítimo.* Todo aquele com habilitação certificada pela autoridade marítima para operar embarcações em caráter profissional. Os aquaviários constituem os seguintes grupos: *marítimos*: tripulantes que operam embarcações classificadas para a navegação em mar aberto, apoio marítimo, apoio portuário, e para a navegação interior nos canais, lagoas, baías, angras, enseadas e áreas marítimas consideradas abrigadas; *fluviários*: tripulantes que operam embarcações classificadas para a navegação interior nos lagos, rios e de apoio portuário fluvial; *pescadores*: tripulantes que exercem atividades a bordo de embarcações de pesca; *mergulhadores*: tripulantes ou profissionais não tripulantes com habilitação certificada pela autoridade marítima para exercer atribuições diretamente ligadas à operação de embarcação e prestar serviços eventuais a bordo ligados a atividades subaquáticas; *práticos*: aquaviários não tripulantes que prestam serviços de praticagem embarcados; *agentes de manobra e docagem*: aquaviários não tripulantes que manobram navios nas fainas em diques, estaleiros e carreiras. **2.** *Direito civil* e *direito comercial.* Transporte por via fluvial ou marítima.

AQUEDUTO. *Direito civil.* **1.** Servidão rústica de passagem de água consistente no direito de conduzir, através do prédio serviente contíguo, água canalizada para ser utilizada pelo dominante. **2.** Canal, galeria ou encanamento por onde correm as águas de um lugar para outro. **3.** Tipo de canal aberto ou coberto, em forma de construção monumental, para conduzir água das nascentes das montanhas às cidades, em declive natural.

AQUEDUTO CEREBRAL. *Medicina legal.* Canal que faz a ligação do terceiro e quarto ventrículos do cérebro.

À QUELQUE CHOSE MALHEUR EST BON. *Expressão francesa.* A desgraça, muitas vezes, traz bons resultados.

A QUEM DE DIREITO. Pessoa física ou jurídica, de direito público ou privado, competente legalmente para tratar de certo assunto, resolver um caso ou com capacidade para adquirir certos direitos.

AQUEME. *História do direito.* **1.** Governador; dirigente; chefe etc. **2.** Rabi.

AQÜESTOS. *Direito civil.* Bens que cada um dos cônjuges, ou ambos, adquire na vigência do casamento, por qualquer título, que irão integrar a comunhão, se assim estiver previsto ou se não houver disposição em contrário no pacto antenupcial. Logo, tais bens, conforme o regime matrimonial adotado, poderão entrar ou não para a comunhão.

AQÜICULTURA. *Direito agrário.* **1.** Cultivo de organismos que tenham na água seu normal ou mais freqüente meio de vida. É, portanto, o cultivo de animais aquáticos, incluindo peixe, molusco, crustáceo e outros animais que tenham qualquer fase de seu desenvolvimento na água. **2.** Tratamento dos lagos, rios e esteiros para que haja uma boa produção piscatória.

AQUIESCÊNCIA. 1. Adesão tácita ou expressa da pessoa a uma decisão judicial ou a um ato jurídico que venham a afetá-la, renunciando à interposição de um recurso ou à anulação da eficácia do ato. **2.** Consentimento ou anuência para a realização de certo ato jurídico. **3.** Assentimento, expresso (escrito ou verbal) ou tácito, a ato ou negócio jurídico.

AQUILAE NON GERUNT COLUMBAS. *Expressão latina.* Os filhos herdam as qualidades e as deficiências dos pais.

AQUILA NON CAPIT MUSCAS. *Expressão latina.* Aquele que tem espírito elevado não se preocupa com ninharias.

AQUILATADO. 1. Avaliado; apurado. **2.** Aperfeiçoado.

AQÜILÉGIO. Cano, goteira, tubo ou reservatório de água.

AQUILHADO. *Direito marítimo.* Embarcação que possui quilhas.

AQUILIA. *Medicina legal.* **1.** Afecção rara caracterizada pela ausência dos componentes do suco gástrico produzidos pelas glândulas do estômago. **2.** Falta congênita de um ou de ambos os lábios.

AQUÍLIA. *Direito romano.* Lei penal, proposta por Aquílio (287 a.C.), relativa à indenização de dano causado a outrem por morte ou ferimento de escravo ou animal ou por destruição de alguma coisa que lhe pertencesse.

AQUILIANA. *Direito civil.* Culpa e responsabilidade civil não contratual.

AQUILOMBAR. *História do direito.* **1.** Fazer quilombo. **2.** Reunir em quilombo.

AQUILOPLASTIA. *Medicina legal.* Reparação, total ou parcial, do lábio inferior.

AQUINHOADO. *Direito civil.* Aquele que recebeu seu quinhão na partilha de bens, a qualquer título.

AQUINHOAMENTO. *Direito civil.* Ação de aquinhoar, pela qual o testador indica vários herdeiros, aquinhoando herança apenas a alguns, fazendo com que se adjudiquem os bens dos aquinhoados e depois, se houver remanescente, seja o mesmo distribuído por igual aos demais.

AQUINHOAR. *Direito civil.* **1.** Repartir em quinhões; distribuir ao herdeiro a parte dos bens que lhe é cabível na partilha do acervo hereditário. **2.** Tomar para si algum quinhão daquilo que se reparte. **3.** Dar quinhão a alguém.

AQUIRIA. *Medicina legal.* Ausência congênita de uma ou das duas mãos.

AQUIROPODIA. *Medicina legal.* Falta congênita das mãos e dos pés provocada por gene dominante.

AQUISIÇÃO. *Direito civil.* Ato ou efeito de adquirir.

AQUISIÇÃO A NON DOMINO. *Direito civil.* Transmissão de imóvel por quem não é seu dono.

AQUISIÇÃO CAUSA MORTIS. *Direito civil.* É a que se opera mediante ato jurídico, que produzirá efeitos após a morte do sujeito a quem pertencem os objetos a serem adquiridos. É o que ocorre com o testamento e o legado.

AQUISIÇÃO CONDICIONAL. *Direito civil.* É a que depende de um acontecimento futuro e incerto (condição).

AQUISIÇÃO DE BOA-FÉ. *Direito civil.* Aquela em que o adquirente ignora o vício impeditivo da aquisição do bem, acreditando que está recebendo a coisa ou o direito de seu legítimo titular, supondo haver lisura no negócio.

AQUISIÇÃO DE DIREITO. *Direito civil.* Consiste na conjunção do direito com o seu titular, ou seja, no fato de alguém ser titular de um direito subjetivo, em razão de lei ou de convenção. É o ato pelo qual uma pessoa se investe na qualidade de titular de um direito real ou pessoal.

AQUISIÇÃO DE DIREITO A TÍTULO GRATUITO. *Direito civil.* Aquela em que não há qualquer contraprestação, pois o alienante transfere coisa sua ao patrimônio de outrem, por liberalidade, com o firme propósito de beneficiá-lo, por exemplo, legado, doação etc. Uma das partes procura proporcionar à outra uma vantagem econômica sem exigir uma contraprestação correspectiva.

AQUISIÇÃO DE DIREITO A TÍTULO ONEROSO. *Direito civil.* É a que ocorre quando o adquirente tem seu patrimônio enriquecido, em virtude de uma contraprestação, como o pagamento de preço, por exemplo, na compra e venda. Ter-se-á um enriquecimento patrimonial da parte, correspondente a uma prestação correspectiva.

AQUISIÇÃO DE DIREITO A TÍTULO SINGULAR. *Direito civil.* Aquela em que se adquirem uma ou várias coisas determinadas, apenas no que concerne aos direitos, como sucede, por exemplo, com o legatário, que herda coisa individuada.

AQUISIÇÃO DE DIREITO A TÍTULO UNIVERSAL. *Direito civil.* Aquela em que o adquirente substitui o seu antecessor na totalidade de seus direitos ou numa cota ideal deles, tanto nos direitos como nas obrigações, como é o caso do herdeiro.

AQUISIÇÃO DE DIREITO COMPLEXA. *Direito civil.* Aquela em que é necessária a intercorrência simultânea ou sucessiva de mais de um fato, por exemplo, usucapião, que requer: posse prolongada, lapso de tempo, inércia do titular e, em certas hipóteses, justo título e boa-fé.

AQUISIÇÃO DE DIREITO DERIVADA. *Direito civil.* É a que ocorre quando houver transmissão do direito de uma pessoa a outra, existindo uma relação jurídica entre o anterior e o atual titular, operando, portanto, uma mudança da titularidade do direito. Por exemplo, ter-se-á aquisição derivada da propriedade de uma casa se a escritura pública de compra e venda for levada a registro na circunscrição imobiliária competente. Se a aquisição for derivada, o adquirente terá seu direito limitado pela extensão do de seu antecessor, de forma que, por exemplo, se alguém adquirir imóvel de quem não era proprietário, esse vício que inquinava o direito do antecessor continuará a ferir o do adquirente, ou, se alguém comprar um prédio gravado com servidão, esse ônus real também será transmitido. A aquisição derivada pode ser: a) *translativa*, se o direito se transferir integralmente, como na compra e venda à vista devidamente transcrita no registro imobiliário; b) *constitutiva*, se o antigo titular do direito ainda tiver algum poder sobre a coisa, como sucede na doação com reserva de usufruto em favor do doador, hipótese em que o donatário terá tão-somente a nua-propriedade, pois não poderá usar do bem doado nem auferir de seus rendimentos.

AQUISIÇÃO DE DIREITO ORIGINÁRIA. *Direito civil.* É a que se dá se o direito nascer no momento em que o titular se apropria do bem de maneira direta, sem interposição ou transferência de outra pessoa, por exemplo, a ocupação de uma coisa abandonada, a apropriação de uma concha que o mar atira à praia, a caça e a pesca etc.

AQUISIÇÃO DE DIREITO SIMPLES. *Direito civil.* Aquela em que o fato gerador da relação jurídica consiste num só ato, por exemplo, assinatura de um título de crédito.

AQUISIÇÃO DE MÁ-FÉ. *Direito civil.* É a que se dá quando o adquirente tem ciência de que a coisa foi adquirida de quem não era o seu legítimo senhor e possuidor.

AQUISIÇÃO DE NACIONALIDADE. *Direito internacional privado* e *direito constitucional.* Expressão utilizada para indicar que uma pessoa pertence a um país, sendo considerada cidadã, por ser nacional ou naturalizada. A nacionalidade brasileira é adquirida conforme às normas estabelecidas na Constituição Federal. Assim, serão brasileiros natos: a) os nascidos no Brasil, mesmo que seus pais sejam estrangeiros, desde que não estejam a serviço de seu Estado; b) os nascidos no exterior, de pai ou mãe brasileiros, desde que um deles esteja a serviço do Brasil; c) os nascidos no estrangeiro de pai ou mãe brasileiros que venham a residir no Brasil e optem, a qualquer tempo, pela nacionalidade brasileira. Serão considerados como brasileiros naturalizados: a) os que, na forma da lei, adquiram a nacionalidade brasileira, exigidas aos originários de países de língua portuguesa apenas residência por um ano ininterrupto e idoneidade moral; b) os estrangeiros de qualquer nacionalidade, residentes no Brasil há mais de quinze anos ininterruptos e sem condenação penal, desde que requeiram a nacionalidade brasileira.

AQUISIÇÃO DE PROPRIEDADE. *Direito civil.* É a personalização desse direito real num titular.

AQUISIÇÃO DE PROPRIEDADE IMÓVEL. *Direito civil.* É a que se opera pelo assento do título no registro do imóvel, pela acessão, pela usucapião ou pelo direito hereditário. Pode ser: a) *originária*, se o indivíduo fizer seu o bem sem que este lhe tenha sido transmitido por alguém, não havendo qualquer relação entre o domínio atual e o anterior, como sucede na acessão e na usucapião; b) *derivada*, se houver transmissibilidade, a título singular ou universal, do domínio por ato *causa mortis* (direito hereditário) ou *inter vivos* (registro).

AQUISIÇÃO DE PROPRIEDADE MÓVEL. *Direito civil.* É a que se opera originariamente pela ocupação ou usucapião, porque nestes modos aquisitivos não há qualquer ato volitivo de transmissibilidade, e derivadamente pela especificação, confusão, comistão, adjunção, tradição e sucessão hereditária, porque estas só se perfazem com a manifestação da vontade de transferir o patrimônio da coisa móvel a outrem.

AQUISIÇÃO DERIVADA DA POSSE. *Direito civil.* É a que requer a existência de uma posse anterior, que é transmitida ao adquirente, em virtude de um título jurídico, com a anuência do possuidor primitivo, sendo, portanto, bilateral. Pode-se adquirir a posse por qualquer um dos modos aquisitivos de direitos, ou seja, por atos jurídicos gratuitos ou onerosos, *inter vivos* ou *causa mortis*. Qualquer que seja a natureza do ato, haverá transferência da posse do antigo para o novo possuidor. São modos aquisitivos derivados da posse: a tradição, o constituto possessório e a acessão.

AQUISIÇÃO DO NOME CIVIL. *Direito civil.* É a que se opera *ipso jure*, com o simples fato do nascimento, pois a inscrição do nome no registro competente tem caráter puramente declaratório, podendo também advir de ato jurídico, como reconhecimento de filiação, adoção, união estável, casamento ou por ato de interessado, mediante requerimento ao magistrado.

AQUISIÇÃO DOS FRUTOS. *Direito civil.* É a que ocorre por força de lei, que a confere ao proprietário do bem que os produz e ao possuidor de boa-fé, somente quanto aos frutos percebidos tempestivamente, por equipará-lo ao dono, uma vez que possui a coisa.

AQUISIÇÃO E PERDA DE TERRITÓRIO. *Direito internacional público.* Como a aquisição de um território por um Estado gera a sua perda para outro, os modos aquisitivos constituem também os de perda. Na antigüidade a aquisição territorial operava-se através da: a) *descoberta*, seguida da ocupação, pois tinha-se a *terra nullius* ou a *terra derelictae*, se abandonada pelo seu primitivo descobridor; b) *conquista*, mediante vitória numa batalha, aniquilando os nativos. Hodiernamente é possível a aquisição e a perda do território por: *cessão onerosa*, similar à permuta ou à compra e venda, como sucedeu com o Brasil ao comprar o Acre da Bolívia, em 1903, por dois milhões de libras esterlinas e prestação de certos serviços; *cessão gratuita*, mediante tratados de paz, efetivados, em regra, no final de uma guerra, por negociações entre vencidos e vencedores, como se deu entre Alemanha e França, em 1919, em que, pelo Tratado de Versalhes, se operou a devolução da Alsácia-Lorena à soberania francesa, que as havia perdido em 1871 para a Alemanha; *decisão política de uma organização internacional*, que se limita a indicar como deve ser feita a partilha de certa região controvertida, como ocorreu com a Palestina, em 1947, ou com a plataforma continental do Mar do Norte, em 1969.

AQUISIÇÃO *INTER VIVOS*. *Direito civil.* É a que se dá mediante atos praticados pelos próprios interessados, uma vez que se opera durante a vida do alienante e adquirente, por exemplo, compra e venda, doação, permuta etc.

AQUISIÇÃO ORIGINÁRIA DA POSSE. *Direito civil.* É a que se realiza independentemente de translatividade, sendo, portanto, em regra, unilateral, visto que independe da anuência do antigo possuidor, ou seja, efetiva-se unicamente por vontade do adquirente, sem que haja colaboração de ou-trem. São modos aquisitivos originários da posse: a) a *apropriação do bem* pela qual o possuidor passa a ter condições de dispor dele livremente, excluindo a ação de terceiros e exteriorizando, assim, seu domínio. Essa apreensão é, no nosso entender, *unilateral*, pois recai sobre coisas sem possuidor atual, por terem sido abandonadas (*res derelictae*) ou por não serem de ninguém (*res nullius*), ou sobre bens de outrem, porém, sem o consentimento deste, por meio dos vícios da violência e clandestinidade, desde que cessados há mais de ano e dia. A apreensão revela-se, em relação aos bens móveis, pela ocupação, e, quanto aos imóveis, pelo seu uso (*v.* APREENSÃO); b) o *exercício do direito*, que, objetivado na sua utilização econômica, consiste na manifestação externa do direito que pode ser objeto da relação possessória (uso, servidão). Assim, se alguém, em terreno alheio, construir um aqueduto, utilizando-o sem oposição do proprietário, estará exercendo a posse de uma servidão, pois, com o decurso do prazo legal, adquirida estará essa posse, podendo, então, o adquirente protegê-la mediante interditos possessórios, isto é, ter o exercício do direito e usá-lo, gozando de suas vantagens; c) a *disposição da coisa ou do direito*, isto porque a disponibilidade é o ato mais característico da exteriorização do domínio. Logo, adquire-se a posse de modo unilateral, pelo fato de se dispor da coisa ou do direito. Por exemplo, se uma pessoa dá em comodato coisa pertencente a outrem, essa circunstância indica que ela se encontra no exercício de um dos poderes inerentes ao domínio, qual seja o de disposição; portanto, fácil é deduzir que adquiriu a posse do bem, uma vez que já a desfrutava.

AQUISIÇÃO POR JUSTO TÍTULO. *Direito civil.* Ato de adquirir propriedade com base em documento hábil, fundado numa justa causa, que, externamente, atende a todos os requisitos exigidos por lei para transferir algum direito ou a propriedade de um bem móvel ou imóvel.

AQUISIÇÃO PRESCRITIVA. *Direito civil.* Usucapião.

AQUISITIVO. 1. Aquilo que é relativo à aquisição. Assim, por exemplo, o ato *aquisitivo* é aquele por cujo meio se opera a aquisição de um direito. **2.** Próprio para ser adquirido.

A QUO. 1. *Direito processual.* a) Juízo de instância inferior ou primeiro grau de jurisdição; b) juiz ou tribunal de cuja decisão se pode recorrer. **2.** *Direito civil.* Início de um prazo ou dia inicial (*dies a quo*).

AQUOCAPSULITE. *Medicina legal.* Inflamação da membrana posterior da córnea.

AQUOSIDADE. *Medicina legal.* Serosidade.

AR. *Direito civil.* Mistura gasosa, inodora, transparente e ponderável de que se compõe a atmosfera que envolve a Terra, sendo um elemento vital indispensável, gerando responsabilidade civil a quem o poluir e limitações ao direito de construir, em relação aos vizinhos ou confrontantes, para que ele não lhes seja tirado, assim como não lhes falte luz.

ARACNODACTILIA. *Medicina legal.* Anomalia hereditária na qual os ossos dos dedos das mãos e, às vezes, dos pés se tornam extremamente longos e delgados.

ARADA. *Direito agrário.* **1.** Lavoura; terra lavrada com arado. **2.** Ato de arar. **3.** Preparação da terra para o plantio.

A RADICE. *Locução latina.* Desde a raiz.

ARADO. 1. *Direito agrário.* a) Lavoura; b) máquina agrícola própria para lavrar a terra, preparando-a para a sementeira e o plantio. **2.** *Direito marítimo.* Gancho utilizado para procurar âncora ou outro objeto que esteja invisível debaixo da água.

ARADURA. *Direito agrário.* **1.** Ação de arar a terra. **2.** Trecho de terra que foi arado, num dia, por uma junta de bois.

ARAMADO. *Direito civil.* Cerca de arame farpado, utilizada como tapume divisório, construída pelos proprietários dos prédios confinantes, sendo que, se um deles não quiser pagar a metade de seu custo, o outro poderá propor uma ação a fim de obter o reconhecimento judicial da obrigação de contribuir pecuniariamente para aquela construção. Se não tomar essa providência e erguer o tapume, presume-se que o faz por conta própria, não lhe sendo, então, possível cobrar do outro sua parte nas despesas. Todavia, aquele que não concorreu para pagar os dispêndios tidos com o tapume, poderá adquirir sua meação, embolsando o vizinho que o levantou com metade do valor da construção, mediante procedimento processual, pois, caso contrário, nenhum uso poderá fazer da cerca.

ARANZEL. 1. *Retórica.* Discurso prolixo ou tedioso. **2.** Formulário ou regulamento. **3.** *História do direito.* Expressão antiga com que se designava a taxa alfandegária.

ARAPUCA. 1. *Direito penal.* a) Conto do vigário; b) local oculto onde se assalta quem se espera. **2.** *Direito bancário.* Casa bancária malformada.

ARAQUES. Roubos de miudezas sem valor.

ARAR. *Direito agrário.* Ato de lavrar, sulcar a terra.

A RATIONE. *Locução latina.* **1.** Pela razão. **2.** Por hipótese.

A RATIONIBUS. *Locução latina.* Usada nas argumentações jurídicas, no sentido de "pelas razões".

ARATÓRIO. *Direito agrário.* Qualquer instrumento usado na cultura do campo.

ARAUTO. 1. *Direito internacional público.* Embaixador ou representante do governo que era enviado a um país estrangeiro com a finalidade de avisá-lo que a paz ou a guerra lhe era declarada pelo seu Estado. **2.** Pregoeiro.

ARBITER. *Direito romano.* Sentenciador, na fase *apud iudicem* do procedimento *ordo iudiciorum privatorum*, designado pelo pretor para decidir em causas versando sobre coisa ilíquida.

ARBITER NIHIL EXTRA COMPROMISSUM FACERE POTEST. *Expressão latina.* O árbitro nada pode fazer fora do compromisso.

ARBITRADO. *Direito processual.* O que foi julgado por árbitro.

ARBITRADOR. *Direito processual.* Aquele que funciona como perito ou técnico no arbitramento, avaliando coisas ou fatos e estabelecendo, em laudo, um valor pecuniário.

ARBITRAGEM. 1. *Direito internacional público.* Decisão pela qual uma terceira potência intervém, pondo fim a um litígio entre dois Estados soberanos. Tal decisão terá caráter obrigatório, tendo os mesmos efeitos de uma decisão judicial. É o meio empregado com o escopo de evitar a guerra, procurando uma solução pacífica para as controvérsias entre as nações. **2.** *Direito processual civil.* a) Jurisdição ou poder conferido a certas pessoas determinadas por lei ou indicadas pelas partes para solucionarem a controvérsia judicial ou extrajudicial relativa a direito patrimonial disponível, suscitada entre elas. É o julgamento feito por árbitros, ou seja, o processo que decide um litígio entre duas partes, que escolhem, para tanto, árbitros. Manifesta-se por meio de um procedimento realizado pela formação de um juízo arbitral, culminando com uma sentença, a que se dá o nome de laudo arbitral, que deverá ser homologada pelo juiz togado. A arbitragem poderá fundamentar-se: na *cláusula compromissória,* que é a convenção em que as partes, num contrato ou em documento apartado a ele referente, comprometem-se a submeter o eventual litígio relativo àquele contrato à arbitragem. Se apesar de firmada, houver resistência por uma das partes quanto à instituição da arbitragem, o interessado pode requerer a sua citação para comparecer em juízo para lavrar o compromisso na audiência designada para esse fim; e no *compromisso*, que é um contrato em que as partes se obrigam a remeter o litígio surgido entre elas ao julgamento de árbitros, contendo a nomeação deles, a indicação do litígio e os limites da *res judicata* arbitral; b) meio privado – institucional ou *ad hoc* para a solução de controvérsias; c) forma extrajudicial de solução de litígios, pela qual árbitros (em número ímpar) decidem sobre o ponto neles discutido, baseado em critérios pré-estabelecidos e conhecidos pelos litigantes. **3.** *Direito processual trabalhista.* Forma heterônoma do conflito coletivo de trabalho, pois a solução do litígio será dada por terceiro (árbitro), pronunciando decisão vinculativa (Ruprecht). **4.** *Direito financeiro.* Pode ser, segundo Luiz Fernando Rudge: a) sistema que possibilita a liquidação física e financeira de operações interpraças, por meio da qual o mesmo investidor, atuando no mercado a vista, poderá comprar em uma bolsa e vender em outra, a mesma ação, em iguais quantidades, desde que haja convênio firmado entre as duas bolsas; b) operação financeira em que se consegue resultado positivo, sem que haja necessidade de investimento de recursos próprios e sem que corram riscos; c) operação em que se compram ou vendem ativos em uma praça (especialmente *commodities* e moedas), para vender ou comprar em outra, em busca de lucro; d) solução extrajudicial de conflitos. O procedimento pelo qual as partes recorrem ao Juízo Arbitral da Bolsa, para resolver pendências ou litígios, sem utilização do Poder Judiciário, conforme estabelecido no Estatuto Social, Regulamentos e Normas da BM&F – Bolsa de Mercadorias e Futuros; e) meio para solução de controvérsias e conflitos. Permite que, em caso de divergência entre os contratantes, recorra-se a árbitros escolhidos de comum acordo entre os interessados, que sejam imparciais, de confiança das partes em litígio, e tenham conhecimento técnico sobre o assunto em questão.

ARBITRAGEM *AD HOC*. *Direito internacional privado.* Ocorre quando: a) as partes podem estabelecer o procedimento arbitral. No momento de celebrar a convenção arbitral as partes, preferencialmente, poderão acordar sobre a designação dos árbitros e, quando for o caso, dos árbitros substitutos, ou estabelecer a modalidade pela qual serão designados; b) se as partes nada tiverem previsto, aplicar-se-ão as normas de procedimento da Comissão Interamericana de Arbitragem Comercial (CIAC) – conforme o estabelecido na Convenção Interamericana sobre Arbitragem Comercial Internacional do Paraná de 1975; c) tudo o que não foi previsto pelas partes, pelo Acordo e pelas normas de procedimento da CIAC, será resolvido pelo tribunal arbitral atendendo aos princípios normativos.

ARBITRAGEM COMERCIAL. *Direito comercial.* **1.** Cálculo feito para encontrar a maneira mais lucrativa na realização de um negócio mercantil. **2.** Procedimento em que as partes indicam árbitros para solucionarem pendências surgidas entre elas, oriundas de operações comerciais alusivas a preços de mercadorias, às condições de entrega, aos direitos ou deveres etc.

ARBITRAGEM COMERCIAL INTERNACIONAL. *Direito internacional privado.* **1.** Meio privado para a solução de controvérsias relativas a contratos comerciais internacionais entre particulares, pessoas físicas ou jurídicas. **2.** Forma heterocompositiva dos conflitos de interesses ante a inserção da cláusula arbitral (*arbitration clause*) no contrato comercial internacional, fazendo com que os problemas sejam submetidos à apreciação de árbitros, especialistas no assunto em tela, nomeados *ad hoc* na Corte de Arbitragem da Câmara de Comércio Internacional. Trata-se do compromisso, que é exatamente esse acordo entre os contratantes, com o escopo de instaurar um juízo arbitral para solucionar conflitos de interesses que, porventura, surgirem entre eles. Tal cláusula arbitral constitui em si mesma antes um contrato do que um procedimento, possuindo, portanto, caráter híbrido; logo, ser-lhe-ão aplicáveis não só as normas gerais internas e internacionais alusivas ao conflito normativo em matéria obrigacional, mas também as processuais. Se houver decisão por juízo arbitral no exterior, para que essa sentença arbitral possa ser executada no Brasil, imprescindível será que ocorra seu reconhecimento por meio de processo homologatório de sentença estrangeira. Se se tratar de arbitragem institucional, o litígio será solucionado pelas fórmulas de Câmara de Comércio ou de organismo profissional, sendo a lei aplicável a da sede destas instituições. Se for arbitragem privada, com escolha de árbitros particulares, sem que se determine a lei a ser aplicada, os árbitros escolherão aquela que for mais consentânea com o negócio, atendendo aos interesses dos contratantes. É mister lembrar que a maioria dos contratos internacionais inclui uma cláusula compromissória, dispondo que a arbitragem ora será feita pela instituição arbitral da própria corporação, ora por centros de arbitragem especializados, como a *London Corn Trade Association,* a *Liverpool Cotton Association,* a *London Court of Arbitration,* a *American Arbitration Association* ou a Corte de Arbitragem da Câmara de Comércio Internacional.

ARBITRAGEM DE CÂMBIO. *Direito internacional privado* e *direito cambiário.* Cálculo feito para tornar possível a escolha de dois ou mais mercados para compra e venda simultânea de cambiais estrangeiras, a fim de se obter lucro com a discrepância havida nas cotações. É a operação em que os banqueiros têm por escopo compensar as oscilações de câmbio, adquirindo títulos ou valores numa praça para revendê-los em outra, onde o preço seja melhor. Trata-se, portanto, de uma forma de liquidação de contas, no comércio cambiário, utilizando-se uma terceira praça, efetuando, desse modo, câmbio direto.

ARBITRAGEM INSTITUCIONAL. *Direito internacional privado.* É o procedimento perante as instituições arbitrais que se regerá por seu próprio regimento. Os Estados deverão incentivar as entidades arbitrais sediadas em seus territórios para que adotem um regulamento comum. Tais instituições poderão publicar, para seu conhecimento e difusão, as listas públicas de árbitros, denominação e composição dos tribunais e regimentos internos.

ARBITRAGEM LIVRE. *Direito processual civil comparado.* Procedimento especial de arbitragem, usual na Itália, em que, mediante um compromisso livre, irregular ou impróprio, com força de lei, as partes litigantes entregam a um ou mais fiduciários comuns, na qualidade de árbitros, uma folha de papel em branco, já assinada por eles, para que nela exarem sua decisão, que não terá o valor de um laudo, prevalecendo como um pacto diretamente firmado e concluído pelas partes.

ARBITRAGEM OBRIGATÓRIA. *Direito internacional público.* É a fundada na existência de um tratado de arbitragem permanente, no qual os Estados se comprometeram a recorrer a tal procedimento, ante a ocorrência de qualquer controvérsia entre eles.

ARBITRAGEM *ON-LINE.* *Direito virtual.* Procedimento de solução de conflito realizado a distância e por meios eletrônicos, sem que as partes ou seus representantes necessitem submeter suas demandas e comparecer fisicamente perante uma Corte de arbitragem. Tal ocorre por meio do sistema de solução de conflitos de nomes de domínio e marcas instituído pela *ICANN (Internet Corporation of Assigned Names and Numbers),* denomidado *Uniform Dispute Resolution Policy (UDRP).*

ARBITRAL. 1. Relativo a árbitros ou a arbitragem. **2.** Aquilo que decorre de decisão de árbitros, ou seja, processo arbitral. **3.** Procedimento que utiliza árbitros para a solução de pendências entre duas ou mais partes. **4.** Sentença proferida por árbitros.

ARBITRAMENTO. 1. Avaliação; averiguação; estimativa; determinação de valor pecuniário. **2.** *Direito processual civil.* Exame feito por peritos para determinar o valor, em dinheiro, de uma coisa ou esclarecer algum fato, orientando o órgão judicante. Em outras palavras, é o exame pericial que tem em vista apurar o valor da coisa ou da obrigação a ela ligada, muito comum na desapropriação, nos alimentos e na indenização dos danos por atos ilícitos. Traduz-se também pelo procedimento para apreciar o valor de bens ou de fatos ante a ausência de dados certos para sua avaliação, evidenciando elementos idôneos, segundo normas técnicas, com que se possa provar aquela estimação, determinando, assim, o valor desconhecido daquilo que se pretende avaliar e encontrando sua equivalência pecuniária. Tal procedimento será sempre cabível quando não houver um valor oficial conhecido ou uma estipulação certa, em razão dos quais se possa efetivar uma estimação pecuniária. Em suma, trata-se tão-somente de uma apreciação estimativa de fatos ou de coisas que não têm critérios de avaliação objetivos ou certos. **3.** *Direito do trabalho.* Técnica incompleta usada como um dos meios de solução de conflitos coletivos de trabalho, mediante árbitro escolhido pelas partes. **4.** *Direito financeiro.* Análise da mercadoria entregue, quanto ao tipo, qualidade e especificações, realizada por árbitros credenciados pela BM&F – Bolsa de Mercadorias e Futuros (Luiz Fernando Rudge).

ARBITRAMENTO DA CAUÇÃO ÀS CUSTAS. *Direito processual.* Procedimento para estimar o *quantum* das custas, ante o fato de inexistir base para um cálculo de avaliação.

ARBITRAMENTO DA GRATIFICAÇÃO AO TUTOR. *Direito civil.* Medida a ser tomada se não houver estipulação que fixe o *quantum* da gratificação a que o tutor faz jus, para que se lhe determine o exato valor.

ARBITRAMENTO DA INDENIZAÇÃO. *Direito processual civil.* Procedimento para estimar o montante da indenização do dano, causado pela prática de ato ilícito, a que tem direito o lesado, estipulando-se, de acordo com os dados apurados, qual a soma correspondente, tendo por medida a avaliação pecuniária do dano indenizável, cuja extensão é determinada pela diferença entre a situação em que o lesado se encontra e aquela em que se acharia se a lesão não tivesse ocorrido, apreciando-se o prejuízo integral produzido pelo fato lesivo, abrangendo o dano emergente e o lucro cessante, e averiguando-se: a) o grau de culpa do lesante; b) as situações econômicas da vítima e do causador do dano, desde que estas influam sobre o montante do prejuízo; c) a influência de acontecimentos exteriores ao fato prejudicial, visto que a responsabilidade civil requer liame de causalidade entre o dano e a ação que o produziu. Logo, nenhum elemento de compensação poderá ser levado em conta na reparação, a não ser que esteja relacionado diretamente com o dano sofrido; d) o lucro obtido pela vítima com a reparação do dano, hipótese em que se operará a dedução do montante do dano do valor do benefício auferido, desde que vinculado ao fato gerador da obrigação de indenizar, não tendo resultado de circunstâncias fortuitas. O dano será avaliado por arbitramento sempre que houver impossibilidade de se estimar matematicamente o quantitativo pecuniário a que tem direito o ofendido. Deveras, há casos, principalmente de dano moral, em que a liquidação se faz mediante arbitramento, que é realizado por peritos no curso da ação de indenização, que calculam o montante a ser pago à vítima. Todavia, é bom não olvidar que o laudo pericial não vincula o juiz, que poderá alterá-lo na sentença judicial.

ARBITRAMENTO DE RENDIMENTOS. *Direito tributário.* Cálculo feito, tendo como base os elementos disponíveis, na fixação dos rendimentos para a incidência do imposto sobre a renda.

ARBITRAMENTO DE RETRIBUIÇÃO. *Direito civil.* Fixação do valor da remuneração, ante a ausência de estipulação que o determine previamente, levando-se em conta, por exemplo, em se tratando de prestação de serviços, o costume do lugar, o tempo de serviço e sua qualidade.

ARBITRAMENTO NA EXECUÇÃO. *Direito processual.* Técnica pericial para estimar o valor da liquidação, ante o fato de nos autos do processo não constarem elementos certos para a fixação daquele *quantum*.

ARBITRAR. 1. Resolver como árbitro. **2.** Sentenciar na qualidade de árbitro. **3.** Avaliar por meio de peritos. **4.** Decidir por arbitramento.

ARBITRARIEDADE. 1. *Direito administrativo.* Ato unilateral da vontade da Administração emitido fora das normas legais, ou exorbitando o poder que lhe foi concedido, ferindo os direitos dos administrados. **2.** *Ciência política.* Despotismo. **3.** *Direito processual.* Ato judicial não baseado em lei, oriundo de valoração pessoal.

ARBITRÁRIO. 1. Aquilo que não tem fundamentação legal. **2.** O que depende da vontade de alguém. **3.** O que não é permitido. **4.** O que não é obrigatório. **5.** Despótico.

ARBITRARY PUNISHMENT. *Locução inglesa.* Pena fixada pelo juiz.

ARBITRATION CLAUSE. *Direito internacional privado.* **1.** Cláusula inserida no contrato comercial internacional estipulando que os litígios surgidos deverão ser apreciados por árbitros nomeados *ad hoc* na Corte de Arbitragem da Câmara de Comércio Internacional. **2.** *Vide* ARBITRAGEM COMERCIAL INTERNACIONAL.

ARBÍTRIO. 1. *Direito civil.* Poder de agir conforme a própria vontade. Por exemplo, ao promitente cabe o arbítrio de revogar a promessa antes que se dê a prestação do serviço. **2.** *Direito processual.* a) Juízo livre; julgamento baseado apenas na valoração pessoal do juiz; b) julgamento fundado nas provas; c) julgamento de árbitros. **3.** *Direito administrativo.* É o oposto de discrição, por ser ato que não conhece qualquer limitação jurídica, opondo-se ao Estado de Direito ou ao regime da legalidade.

ARBÍTRIO DE CÂMBIO. *Direito cambiário* e *direito internacional privado.* Cálculo estimativo determinante da praça estrangeira mais vantajosa economicamente no câmbio de moedas, levando em consideração o valor e o estado do câmbio em outros lugares, assim como sua cotação mercadológica, para obter lucro sobre o desembolso feito anteriormente, a fim de operar sobre aquela praça determinando câmbio.

ARBÍTRIO JUDICIAL. *Direito processual.* Ato judicial de apreciar os elementos probatórios contidos nos autos do processo, para, prudentemente, formar um convencimento, prolatando uma decisão, fundado na legalidade. Tem, portanto, como fundamento o princípio da livre investigação das provas.

ARBITRIO JUDICIS. *Locução latina.* Ao arbítrio do juiz.

ARBITRIO JUDICIS RELINQUITUR QUOD IN JURE DEFINITUM NON EST. *Aforismo jurídico.* Ao arbítrio do juiz deixa-se o que por direito não é definido.

ARBITRIUM REGULATUM. *Locução latina.* Arbítrio moderado ou regulado.

ÁRBITRO. 1. *Direito processual civil.* a) Pessoa escolhida pelas partes para decidir suas controvérsias; b) membro de um juízo arbitral. O árbitro, juiz de fato e de direito, apesar de não ser togado, deverá decidir de conformidade com a lei e o compromisso, aplicando a eqüidade, quando a lei a permitir, ou mesmo sem permissão legal, se assim ficar convencionado entre os interessados. A causa que lhe for confiada poderá ter qualquer valor, e sua decisão não estará sujeita a recursos ou a homologação pelo Poder Judiciário. Poderá ser árbitro quem quer que tenha a confiança das partes interessadas, excetuando-se o incapaz, o analfabeto e o legalmente impedido de servir como juiz, ou o suspeito de parcialidade. Deve proceder com imparcialidade, independência, competência, diligência e discrição. As partes podem nomear um ou mais árbitros, sempre em número ímpar, podendo indicar seus suplentes. Se nomearem árbitros em número par, estes podem indicar mais um. As partes podem, de comum acordo, estabelecer o processo de escolha dos árbitros ou adotar as normas de um órgão arbitral institucional ou entidade especializada. Só se pode recusar um árbitro se ocorrer algum motivo superveniente à sua nomeação. Mas pode o interessado recusá-lo por causa anterior à sua nomeação se: a) não foi nomeado diretamente pela parte; b) o motivo para sua recusa apenas foi conhecido após sua nomeação. A argüição dessa recusa deve ser apresentada pelo interessado, diretamente, ao árbitro ou ao presidente do tribunal arbitral, deduzindo suas razões e apresentadas as provas pertinentes. Acolhida a exceção, afasta-se o árbitro, e, se houver indicação de substituto, este assumirá seu lugar. **2.** *Direito desportivo.* Indivíduo que dirige um prélio esportivo. **3.** *Direito internacional público.* Pessoa ou entidade política encarregada pelos Estados divergentes de decidir o litígio, proferindo decisão de cunho obrigatório.

ÁRBITRO DESEMPATADOR. *Direito processual civil.* Terceira pessoa nomeada pelas partes para proferir, em caso de empate havido ante dois pronunciamentos contrários dos árbitros, o voto de desempate.

ARBORICÍDIO. *Direito ambiental.* Destruição de árvores pelo homem, acarretando responsabilidade civil.

ARBORICULTOR. *Direito agrário.* Aquele que se dedica à cultura de árvores.

ARCA. 1. Na *linguagem fiscal,* indica: a) o local onde, numa repartição, se guardam valores públicos, designado caixa-forte; b) os recursos financeiros do governo, significando erário ou Tesouro Nacional. **2.** Cargo ou função que têm por fim guardar e zelar por bens alheios, por exemplo, a arca dos órfãos. **3.** *História do direito.* Contrato pelo qual o monarca dava cavalos aos capitães da cavalaria, fornecendo-lhes numerários para que os mantivessem em boa forma. **4.** *Direito civil.* Depósito de água. **5.** *Direito militar.* Divisão onde vai a carga em arma de fogo. **6.** Sigla de Apoio Religioso Contra a AIDS.

ARCABOUÇO. 1. *Direito civil.* Armação de uma construção. **2.** *Medicina legal.* Esqueleto.

ARCADA. Construção em forma de arcos.

ARCA DA ALIANÇA. *Direito canônico.* Cofre sagrado em que se encerravam as Tábuas da Lei, entregues a Moisés no Monte Sinai.

ARCA DA BOMBA. *Direito marítimo.* Local do porão dos navios onde se junta a água que fazem e de onde a bomba a sorve e despeja.

ARCADA DENTÁRIA. *Medicina legal.* Arco formado pela coroa dos dentes, cuja análise é comum em perícia técnico-criminal para identificação de pessoas (Afonso Celso F. de Rezende).

ARCA DA PIEDADE. *História do direito.* Cofre onde se guardavam as quantias destinadas à alforria dos escravos.

ARCA DE ÁGUA. Reservatório de água para ser distribuída.

ARCA DO CORPO. *Medicina legal.* Tórax; cavidade delimitada pelas costelas.

ARCA DO NAVIO. *Direito marítimo.* Costado.

ARCAICO. Antiquado; antigo; perempto.

ARCAIZANTE. *Sociologia geral.* Aquilo que produz atraso cultural.

ARCANA IMPERII. *Locução latina.* Segredos do governo ou do Estado.

ARCÁRIO. Indivíduo responsável pelo cofre público.

ARCEBISPADO. *Direito canônico.* **1.** Renda do arcebispo. **2.** Diocese regida por arcebispo. **3.** Local onde reside o arcebispo. **4.** Dignidade de arcebispo.

ARCEBISPO. *Direito canônico.* Prelado metropolitano que tem bispos sujeitos à sua autoridade, por estar na direção de uma arquidiocese.

ARCIFÍNIO. 1. Limite geográfico natural. **2.** *Vide* FRONTEIRA NATURAL.

ARCO. *Medicina legal.* Classificação do sistema dactiloscópico de Vucetich, em que a impressão digital se caracteriza pela ausência de delta, pois as linhas, mais ou menos paralelas, vão de uma borda a outra do desenho sem formar ângulo (A. Almeida Jr. e J. B. de O. e Costa Jr.).

ARCOCELE. *Medicina legal.* Hérnia do reto.

ARCOCISTOCOLPOSSIRINGE. *Medicina legal.* Fístula que se apresenta no ânus, na bexiga e na vagina.

AR COMPRIMIDO. Ar condicionado sob forma de pressão, distribuído em pistolas ou garrafas de aço, utilizado nos trabalhos sob a água, nas minas, para tração de pequenas locomotivas e no funcionamento de máquinas.

ARCONTE. *História do direito.* Magistrado que, na antigüidade grega, tinha o poder de legislar, passando, após a era de Sólon, a ser mero executor das leis.

ARCORRAGIA. *Medicina legal.* Hemorragia no ânus.

ARCO SENIL. *Medicina legal.* Opacidade acinzentada, em forma de círculo, encontrada freqüentemente na córnea de pessoas idosas, na periferia da íris, servindo de prova para a determinação da idade.

ARCO SENIL CORNEAL. *Medicina legal.* Alteração senil no globo ocular, muito comum no sexo feminino, que se forma por depósito granuloso, que se apresenta, em regra, a partir de quarenta anos (Flamínio Fávero, Moacir da Costa Couto).

ARC-OVER. *Direito espacial.* Mudança de direção do míssil, no impulso ascensional, para entrar em seu trajeto predeterminado.

ARCUS NIMIS INTENSUS RUMPITUR. *Expressão latina.* O rigor excessivo pode trazer resultados desastrosos.

ARDIL. 1. *Direito civil.* Artifício malicioso empregado pelo agente para obter de outrem o seu consentimento na realização de um ato ou negócio jurídico que o prejudica, mas aproveita ao autor do dolo, sendo, por isso, elemento que vicia o ato praticado, que poderá, então, ser anulado. **2.** Na *linguagem comum,* é qualquer ação onde houver astúcia, estratagema ou artimanha.

ARE. *Direito agrário.* Medida agrária de superfície que corresponde a cem metros quadrados.

ÁREA. *Direito civil.* **1.** Espaço delimitado de terreno pertencente a um imóvel, exprimindo seu tamanho total. **2.** Parte de terra computada numa determinada medida. **3.** Medida de uma superfície. **4.** Espaço descoberto na parte interna de uma edificação. **5.** Espaço entre edifícios.

ÁREA ABERTA. *Direito civil.* Área cujo perímetro não está totalmente guarnecido de paredes, sendo aberto em um de seus lados para o logradouro público.

ÁREA AGRICULTÁVEL. *Direito agrário.* Parte de um imóvel rural suscetível de exploração econômica.

ÁREA AMBIENTAL. *Direito ambiental.* Visa estimular a geração de produtos estratégicos na área ambiental visando novos patamares de qualidade ambiental e competitividade, mediante articulação entre os elos das cadeias produtivas, conservação e aproveitamento sustentável da biodiversidade, inclusão social e desenvolvimento de tecnologia limpas.

ÁREA APROVEITÁVEL. *Direito ambiental* e *direito agrário.* Área passível de exploração agrícola, pecuária, granjeira, aqüícola ou florestal. É a área total do imóvel, excluídas: a) as áreas não tributáveis; b) as áreas ocupadas com benfeitorias úteis e necessárias, como as áreas com casas de moradia, galpões para armazenamento da produção, banheiros para gado, valas, silos, currais, açudes e estradas internas e de acesso; as áreas com edificações e instalações destinadas a atividades educacionais, recreativas e de assistência à saúde dos trabalhadores rurais; as áreas com instalações de beneficiamento ou transformação da produção agropecuária e de seu armazenamento; outras instalações que se destinem a aumentar ou facilitar o uso do imóvel rural, bem assim a conservá-lo ou evitar que ele se deteriore.

ÁREA COBERTA REAL DE CONSTRUÇÃO. *Direito urbanístico.* É a medida de superfície de qualquer dependência coberta, nela incluídas as superfícies das projeções de paredes, pilares e demais elementos construtivos.

ÁREA COMERCIAL. *Direito comercial.* Território adjacente a um centro comercial do qual depende economicamente.

ÁREA COMUM. *Direito civil.* **1.** Área aberta ou fechada, usada por várias pessoas, que se estende por mais de uma propriedade vizinha, permitindo, entre os proprietários contíguos, uma servidão predial comum de ar e luz. **2.** No condomínio imobiliário, constitui a parte do edifício que pode ser usada por qualquer condômino, como vestíbulo, escadas, elevadores, corredores, jardins etc., desde que não cause dano aos demais comunheiros.

ÁREA DA CAUDA. *Direito aeronáutico.* Superfície da cauda de um avião.

ÁREA DE AGROPECUÁRIA. *Direito agrário.* Visa estimular a geração de produtos agropecuários estratégicos visando novos patamares de competitividade e a segurança alimentar, mediante a diferenciação de produtos e a introdução de inovações que viabilizem a conquista de novos mercados.

ÁREA DE COBERTURA. *Direito administrativo.* Área geográfica em que uma Estação Móvel pode ser atendida pelo equipamento de rádio de uma Estação Rádio-Base.

ÁREA DE CONCESSÃO DE SERVIÇO MÓVEL CELULAR. *Direito administrativo.* Área geográfica delimitada pelo Ministério das Comunicações, independente da divisão político-geográfica do território nacional, dentro da qual a entidade prestadora de Serviço Móvel Celular deve explorar o serviço nos termos do contrato de concessão, observando a regulamentação que lhe é pertinente.

ÁREA DE CONTROLE. *Direito administrativo.* Área geográfica em que o Serviço Móvel Celular é controlado pela Central de Comutação e Controle.

ÁREA DE DELINQÜÊNCIA. *Sociologia jurídica.* Zona urbana em que ocorre maior coeficiente de delinqüência, tendo elevado índice de criminalidade.

ÁREA DE DETERIORAÇÃO. *Sociologia jurídica.* Zona urbana que apresenta estado precário de edificação, devido ao alto grau de desajustamento de seus habitantes.

ÁREA DE EXPEDIÇÃO. *Direito comercial.* É a área demarcada nos armazéns, próxima das rampas ou plataformas de carregamento, onde os materiais, que serão embarcados ou carregados, são pré-separados e conferidos, a fim de agilizar a operação de carregamento (James G. Heim).

ÁREA DE EXPOSIÇÃO DO ANÚNCIO. *Direito urbanístico.* A área que compõe cada face da mensagem do anúncio, devendo, caso haja dificuldade de determinação da superfície de exposição, ser considerada a área do menor quadrilátero regular que contenha o anúncio.

ÁREA DE FRONTEIRA. *Direito ambiental* e *direito administrativo.* Franja territorial dinâmica que constitui uma zona de risco epidemiológico, com processo de troca espacial, demográfica, sócio-econômica e cultural que dilui as particularidades nacionais e determina problemas sanitários reais e potenciais, às vezes, específicos, podendo obrigar a realização de atividades nacionais conjuntas, para seu controle.

ÁREA DE FUMIGAÇÃO. Local predeterminado que possibilite a execução da fumigação com segurança. Deve possuir as seguintes características: a) plano e nivelado; b) seguro e com acesso controlado; c) não ser área de circulação de pessoas; d) possuir recuo de, no mínimo, cinco metros da circulação de pessoal não autorizado.

ÁREA DE META. *Direito desportivo.* Área retangular do campo de futebol formada por uma seção da linha de fundo, duas retas de 5,5 m perpendiculares a ela e situadas a mesma distância de cada poste, e por outra reta, que vem a completar o retângulo.

ÁREA DE PRESERVAÇÃO PERMANENTE. *Direito ambiental.* Área protegida legalmente, coberta ou não por vegetação nativa, com a função ambiental de preservar os recursos hídricos, a paisagem, a estabilidade geológica, a biodiversidade, o fluxo gênico de fauna e flora, proteger o solo e assegurar o bem-estar das populações humanas. Consideram-se de preservação permanente: A) as florestas e demais formas de vegetação natural situadas: a) ao longo dos rios ou de qualquer curso d'água desde o seu nível mais alto em faixa marginal cuja largura mínima será: 1) de trinta metros para os cursos d'água de menos de dez metros de largura; 2) de cinqüenta metros para os cursos d'água que tenham de dez a cinqüenta metros de largura; 3) de cem metros para os cursos d'água que tenham de cinqüenta a duzentos metros de largura; 4) de duzentos metros para os cursos d'água que tenham de duzentos a seiscentos metros de largura; 5) de quinhentos metros para os cursos d'água que tenham largura superior a seiscentos metros; b) ao redor das lagoas, lagos ou reservatórios d'água naturais ou artificiais; c) nas nascentes, ainda que intermitentes, e nos chamados "olhos d'água", qualquer que seja a sua situação topográfica, num raio mínimo de cinqüenta metros de largura; d) no topo de morros, montes, montanhas e serras; e) nas encostas ou partes destas, com declividade superior a quarenta e cinco graus, equivalente a cem por cento na linha de maior declive; f) nas restingas, como fixadoras de dunas ou estabilizadoras de mangues; g) nas bordas dos tabuleiros ou chapadas, a partir da linha de ruptura do relevo, em faixa nunca inferior a cem metros em projeções horizontais; h) em altitude superior a mil e oitocentos metros, qualquer que seja a vegetação; B) as florestas e demais formas de vegetação natural, declaradas de preservação permanente por ato do Poder Público, quando destinadas: a) a atenuar a erosão das terras; b) a fixar as dunas; c) a formar faixas de proteção ao longo de rodovias e ferrovias; d) a auxiliar a defesa do território nacional a critério das autoridades militares; e) a proteger sítios de excepcional beleza ou de valor científico ou histórico; f) a asilar exemplares da fauna ou flora ameaçados de extinção; g) a manter o ambiente necessário à vida das populações silvícolas; h) a assegurar condições de bem-estar público. A supressão total ou parcial de florestas de preservação permanente só será admitida com prévia autorização do Poder Executivo Federal, quando for necessária à execução de obras, planos, atividades ou projetos de utilidade pública ou interesse social. As florestas que integram o patrimônio indígena ficam sujeitas ao regime de preservação permanente.

ÁREA DE PRESTAÇÃO DE SERVIÇO DE TV A CABO. *Direito administrativo.* É a área geográfica constante da outorga de concessão, onde o serviço de TV a cabo pode ser executado e explorado, considerando-se sua viabilidade econômica e a compatibilidade com o interesse público, de acordo com critérios definidos em regulamento baixado pelo Poder Executivo.

ÁREA DE PROTEÇÃO AMBIENTAL. *Direito ambiental.* É uma área em geral extensa, com certo grau de ocupação humana, dotada de atributos abióticos, bióticos, estéticos ou culturais especialmente importantes para a qualidade de vida e o bem-estar das populações humanas, e tem como objetivos básicos proteger a diversidade biológica, disciplinar o processo de ocupação e assegu-

rar a sustentabilidade do uso dos recursos naturais. A Área de Proteção Ambiental é constituída por terras públicas ou privadas. Respeitados os limites constitucionais, podem ser estabelecidas normas e restrições para a utilização de uma propriedade privada localizada em uma Área de Proteção Ambiental. As condições para a realização de pesquisa científica e visitação nas áreas sob domínio público serão estabelecidas pelo órgão gestor da unidade. Nas áreas sob propriedade privada, cabe ao proprietário estabelecer as condições para pesquisa e visitação pelo público, observadas as exigências e restrições legais. A Área de Proteção Ambiental disporá de um conselho presidido pelo órgão responsável por sua administração e constituído por representantes dos órgãos públicos, de organizações da sociedade civil e da população residente, conforme se dispuser em normas regulamentares.

ÁREA DE PROTEÇÃO AMBIENTAL DELTA DO PARNAÍBA. *Direito ambiental.* Área localizada nos Municípios de Luís Corrêa, Morro da Mariana e Parnaíba, no Piauí; Araioses e Tutóia, no Maranhão; Chaval e Barroquinha, no Ceará; e nas águas jurisdicionais, com o objetivo de: a) proteger os deltas dos rios Parnaíba, Timonha e Ubatuba, com sua fauna, flora e complexo dunar; b) proteger remanescentes de mata aluvial; c) proteger os recursos hídricos; d) melhorar a qualidade de vida das populações residentes, mediante orientação e disciplina das atividades econômicas locais; e) fomentar o turismo ecológico e a educação ambiental; f) preservar as culturas e as tradições locais.

ÁREA DE QUEBRA. *Direito comercial.* É a área demarcada nos armazéns, geralmente, próxima da entrada, onde as embalagens, produtos e materiais recebidos são desembalados, separados, classificados e até reembalados, de acordo com o sistema, ou interesse, de armazenamento do armazém ou empresa (James G. Heim).

ÁREA DE REFÚGIO. *Sociologia jurídica.* Região que, por ser menos acessível ante suas condições climáticas ou de subsistência desfavoráveis, é apossada por grupos inaptos a vencerem numa competição com outros mais aptos, que, por isso, tomaram a melhor parte do território.

ÁREA DE REGISTRO. *Direito administrativo.* Área em que a Estação Móvel é registrada por ocasião de sua habilitação no Serviço Móvel Celular.

ÁREA DE RELEVANTE INTERESSE ECOLÓGICO. *Direito ambiental.* É uma área em geral de pequena extensão, com pouca ou nenhuma ocupação humana, com características naturais extraordinárias ou que abriga exemplares raros da biota regional, e tem como objetivo manter os ecossistemas naturais de importância regional ou local e regular o uso admissível dessas áreas, de modo a compatibilizá-lo com os objetivos de conservação da natureza. A Área de Relevante Interesse Ecológico é constituída por terras públicas ou privadas.

ÁREA DE SAÚDE HUMANA. *Biodireito.* Visa estimular a geração e controle de tecnologias e a conseqüente produção nacional de produtos estratégicos na área de saúde humana para posicionar competitivamente a bioindústria brasileira na comunidade biotecnológica internacional, com potencial para gerar novos negócios, expandir suas exportações, integrar-se à cadeia de valor e estimular novas demandas por produtos e processos inovadores, levando em consideração as políticas de saúde.

ÁREA DESCOBERTA REAL DE CONSTRUÇÃO. *Direito urbanístico.* É a medida da superfície de qualquer dependência descoberta, que se destina a outros fins que não apenas o de simples cobertura (terraços, *playgrounds* etc.), incluídas as superfícies das projeções de paredes, pilares e demais elementos construtivos.

ÁREA DE SENSIBILIDADE AMBIENTAL. *Direito ambiental.* É a área de concentração de espécies marinhas e costeiras, de importância ecológica, social, cultural e econômica.

ÁREA DE SERVIÇO. *Direito administrativo.* Área em que Estações Móveis têm acesso ao Serviço Móvel Celular e na qual uma Estação Móvel pode ser acessada, inclusive por um usuário qualquer da rede pública de telecomunicações, sem conhecimento prévio de sua exata localização, podendo conter uma ou várias áreas de controle.

ÁREA DE TRANSIÇÃO. *Sociologia jurídica.* Zona urbana cuja utilização dos terrenos vem sofrendo alterações, a fim de serem os prédios empregados para finalidades diversas daquelas para as quais foram construídos.

AREA DEVELOPMENT FRANCHISE. *Expressão inglesa.* Franquia de desenvolvimento de área.

ÁREA DEVIDAMENTE ISOLADA E DESTINADA EXCLUSIVAMENTE A FUMANTE. *Direito ambiental.* Área que, no recinto coletivo, é exclusivamente destinada aos fumantes, separada da destinada aos não fumantes por qualquer meio ou recurso eficiente que impeça a transposição da fumaça. É proibido o uso de produtos fumígenos em recinto coletivo, salvo em área destinada exclusivamente a seus usuários, devidamente isolada e com arejamento conveniente. A área destinada aos usuários de produtos fumígenos deve apresentar adequadas condições de ventilação, natural ou artificial, e de renovação do ar, de forma a impedir o acúmulo de fumaça no ambiente. Nos hospitais, postos de saúde, bibliotecas, salas de aula, teatro, cinema e repartições públicas federais, somente é permitido fumar se houver áreas ao ar livre ou recinto destinado unicamente ao uso de produtos fumígenos. Nos gabinetes individuais de trabalho das repartições públicas federais é permitido, a juízo do titular, o uso de produtos fumígenos. Nas aeronaves e veículos coletivos somente é permitido fumar quando transcorrida, em cada trecho, uma hora de viagem e desde que haja, nos referidos meios de transporte, parte especialmente reservada aos fumantes, devidamente sinalizada. A inobservância do acima mencionado sujeita o usuário de produtos fumígenos a advertência e, em caso de recalcitrância, sua retirada do recinto por responsável por este, sem prejuízo das sanções previstas na legislação local.

ÁREA DO PORTO ORGANIZADO. *Direito marítimo.* É a compreendida pelas instalações portuárias, quais sejam, ancoradouros, docas, cais, pontes e píeres de atracação e acostagem, terrenos, armazéns, edificações e vias de circulação interna, bem como pela infra-estrutura de proteção e acesso aquaviário ao porto, tais como guias-correntes, quebra-mares, eclusas, canais, bacias de evolução e áreas de fundeio, que devam ser mantidas pela administração do porto.

ÁREA DO TERMINAL PESQUEIRO PÚBLICO. É compreendida pelas instalações de apoio à atividade pesqueira, tais como, ancoradouros, docas, cais, pontes e píeres de acostagem, terrenos, armazéns frigorificados, ou não, edificações, entrepostos e vias de circulação interna, bem como pela infra-estrutura de proteção e acesso aquaviário ao Terminal Pesqueiro Público, compreendendo guias-correntes, quebra-mares, eclusas, canais, bacias de evolução e áreas de fundeio.

ÁREA ECOLOGICAMENTE SENSÍVEL. *Direito ambiental.* Abrange regiões das águas marítimas ou interiores, definidas por ato do Poder Público, onde a prevenção, o controle da poluição e a manutenção do equilíbrio ecológico exigem medidas especiais para a proteção e a preservação do meio ambiente.

ÁREA EDIFICADA. 1. *Direito civil.* É a constituída pelo terreno ocupado pelo edifício, sendo anotada, geralmente, para fins estatísticos. **2.** *Direito urbanístico.* É qualquer construção que caracterize um imóvel, tais como casas, edifícios, galpões, garagens etc.

ÁREA ENDÊMICA. *Direito marítimo.* Trata-se de área epidêmica de doenças transmissíveis de interesse da saúde pública. Abrange áreas geográficas nacionais e internacionais de ocorrência de casos de cólera, febre amarela, malária, difteria, doença diarréica aguda, coqueluche, doença meningocócica, febre tifóide, hepatites virais, pestes, poliomielite, viroses emergentes e outras que o Ministério da Saúde, em caráter emergencial, julgar necessário o emprego de medidas sanitárias. Em suma é a área geográfica reconhecidamente de transmissão de determinada doença.

ÁREA FECHADA. *Direito civil.* É a inteiramente cercada por um muro ou por qualquer tapume que venha a assinalar a linha divisória do terreno.

ÁREA GLOBAL. *Direito civil.* Totalidade de uma construção no que se refere às suas medidas individualizadas para efeitos técnicos e legais nas plantas dos arquitetos e nos processos de registro de incorporação imobiliária.

ÁREA INDENE. Área geográfica reconhecidamente sem transmissão de uma determinada doença.

ÁREA INDUSTRIAL. *Sociologia jurídica.* Zona urbana onde há predomínio de atividades fabris. Tem por objetivo estimular a produção nacional de produtos estratégicos na área industrial para que a bioindústria brasileira possa caminhar na direção de novos patamares de competitividade, com potencial para expandir suas exportações e estimular novas demandas por produtos e processos inovadores.

ÁREA INFECTADA. *Direito marítimo.* Área delimitada, com fundamentos em princípios epidemiológicos, pela administração sanitária, que notifica a presença em seu país de certa doença. A área infectada não há de coincidir, necessariamente, com a demarcação administrativa, senão que é parte do território que, por razão de suas características de densidade e mobilidade populacional, pela possível intervenção de vetores e reservatórios animais ou por ambas as causas, presta-se à transmissão da doença notificada.

ÁREA INTERSTICIAL. *Sociologia jurídica.* Zona residencial urbana deteriorada pela expansão de centro comercial próximo.

ÁREA INVADIDA. *Direito civil.* **1.** Parte de um terreno alheio ocupada violenta e injustamente por posseiros, caso em que cabível será a propositura da ação de reintegração de posse. **2.** Parte de um terreno contíguo que, ante confusão de limites, veio a ser ocupada pelo proprietário confinante, hipótese em que a ação demarcatória solucionará o problema.

AREAL. *Direito administrativo.* Praia.

ÁREA LIVRE DE IMÓVEL EDIFICADO. A área descoberta existente entre a edificação e qualquer divisa do imóvel que a contém.

ÁREA METROPOLITANA. *Sociologia jurídica* e *direito urbanístico.* Conjunto de uma grande cidade, composto pelos seus subúrbios e comunidades satélites autônomas.

ÁREA NATURAL. *Sociologia jurídica.* Zona diferenciada pela ação de fatores geográficos e sociais e não pela oriunda de planos administrativos.

ÁREA *NON AEDIFICANDI*. *Direito administrativo.* Área onde é proibida a construção.

ÁREA PÁTIO. Área de zona primária demarcada pelo titular da unidade da Secretaria da Receita Federal (SRF), para permanência de cargas destinadas a movimentação imediata.

ÁREA PENAL. *Direito desportivo.* É a área retangular do campo de futebol em que se contém a área de meta.

ÁREA PERIGOSA. Área geográfica associada a um acidente, potencial ou ocorrido, cujas consequências sejam catastróficas ou críticas no interior dessa área.

ÁREA PRIVATIVA. *Direito civil.* Área usada com exclusividade por um condômino, como a unidade habitacional e a vaga de garagem num edifício de apartamentos.

ÁREA REMOTA. *Direito aeronáutico.* É a área definida pela administração aeroportuária para fins de estacionamento de aeronaves que necessitam, dentre outros, de atendimento especial técnico ou de natureza sanitária.

ÁREA RURAL. *Direito agrário.* Terra destinada à lavoura e à criação de gado.

ÁREA RÚSTICA. *Vide* ÁREA RURAL.

ÁREAS AEROPORTUÁRIAS. *Direito aéreo.* Aquelas que, de acordo com a localização, classificam-se em: a) Área Terminal de Passageiros (ATP); b) Área Edificada Externa (AEEX); e c) Área Não Edificada (ANE). Tais áreas são qualificadas em função da respectiva localização e da sua natureza em: doméstica e internacional; exclusivamente doméstica; e exclusivamente internacional. As atividades desenvolvidas nas áreas aeroportuárias estão assim classificadas: a) Administrativas Indispensáveis; b) Operacionais Essenciais; c) Operacionais Acessórias; e d) Comerciais. Consideram-se Atividades Administrativas Indispensáveis: Serviço de Proteção ao Vôo; Serviço Contra-Incêndio; Serviço de Controle e Fiscalização das Atividades de Aviação Civil; Serviço de Polícia Federal; Serviço de Vigilância Sanitária; Serviço de Defesa Sanitária Animal e Vegetal; Serviço de Fiscalização Aduaneira; Serviço de Juizado de Menores; Serviço de Telecomunicações Aeronáuticas; Serviço de Apoio ao Comércio Exterior; e Serviços de Polícia Civil e Militar. Denominam-se Atividades Operacionais Essenciais os serviços próprios das empresas de transporte aéreo e de serviços aéreos especializados, abaixo discriminados, desde que para seu uso exclusivo: despacho de aeronaves, passageiros e respectivas bagagens (*check-in)*; recebimento e despacho de carga e de bens transportados por aeronaves; manutenção de aeronaves e serviços correlatos; carga e descarga de aeronaves; serviços de telecomunicações e meteorologia; serviços auxiliares de pista; abrigo de aeronaves; venda de passagens, reservas e informações, quando feita diretamente pelo transportador; comissaria; e administração específica dos serviços mencionados nos incisos anteriores, a critério exclusivo da entidade administradora do aeroporto. Consideram-se Atividades Operacionais Acessórias: serviços auxiliares aeroportuários; serviços de fornecimento de combustível e lubrificantes de aviação; e serviços de manutenção de aeronaves e equipamentos aeronáuticos, desde que necessária sua instalação na área aeroportuária, a juízo da entidade administradora do aeroporto. As áreas destinadas às Atividades Operacionais Essenciais ou Acessórias limitam-se, estritamente, àquelas necessárias ao funcionamento dos serviços correspondentes. As áreas consideradas excedentes, a critério da entidade administradora do aeroporto, serão classificadas como comerciais, que são aquelas que não se enquadram nas acima arroladas.

ÁREAS DE COMPETÊNCIA DO MINISTÉRIO DA AGRICULTURA, PECUÁRIA E ABASTECIMENTO. *Direito administrativo.* São as de: a) política agrícola, abrangendo produção, comercialização, abastecimento, armazenagem e garantia de preços mínimos; b) produção e fomento agropecuário, inclusive das atividades pesqueiras e da heveicultura, isto é, da cultura de seringueiras; c) mercado, comercialização e abastecimento agropecuário, inclusive estoques reguladores e estratégicos; d) informação agrícola; e) defesa sanitária animal e vegetal; f) fiscalização dos insumos utilizados nas atividades agropecuárias e da prestação de serviços no setor; g) classificação e inspeção de produtos e derivados animais e vegetais, inclusive em ações de apoio às atividades exercidas pelo Ministério da Fazenda, relativamente ao comércio exterior; h) proteção, conservação e manejo do solo, voltados ao processo produtivo agrícola e pecuário; i) pesquisa tecnológica em agricultura e pecuária; j) meteorologia e climatologia; k) cooperativismo e associativismo rural; l) energização rural, agroenergia, inclusive eletrificação rural, quando custeada com recursos do Orçamento Geral da União; m) assistência técnica e extensão rural; n) política relativa ao café, açúcar e álcool; o) planejamento e exercício da ação governamental nas atividades do setor agroindustrial canavieiro. No exercício da competência, relativa ao fomento à pesca e à aqüicultura, o Ministério da Agricultura, Pecuária e Abastecimento deverá: a) organizar e manter o Registro Geral da Pesca; b) conceder licenças, permissões e autorizações para o exercício da pesca comercial e artesanal e da aqüicultura nas áreas de pesca do Território Nacional, compreendendo as águas continentais e interiores e o mar territorial, da Plataforma Continental, da Zona Econômica, Exclusiva, áreas adjacentes e águas internacionais, para captura de: espécies altamente migratórias, conforme Convenção das Nações Unidas sobre os Direitos do Mar, excedendo-se os mamíferos marinhos; espécies subexploradas ou inexploradas; e espécies sobreexploradas ou ameaçadas de sobreexploração; c) autorizar o arrendamento de embarcações estrangeiras acima referidas de pesca para operar na captura das espécies, exceto nas águas interiores e no mar territorial; d) autorizar a operação de embarcações estrangeiras de pesca, nos casos previstos em acordos internacionais de pesca firmados pelo Brasil, a exercer suas atividades nas condições e nos limites estabelecidos no respectivo pacto; e) estabelecer medidas que permitam o aproveitamento sustentável dos recursos pesqueiros altamente migratórios e dos que estejam subexplotados ou inexplotados; f) fornecer ao Ministério do Meio

Ambiente os dados do Registro Geral da Pesca relativos a licenças, permissões e autorizações concedidas para pesca e aqüicultura, para fins de registro automático dos benefícios no Cadastro Técnico Federal de Atividades Potencialmente Poluidoras e Utilizadoras de Recursos Ambientais; g) repassar ao Instituto Brasileiro do Meio Ambiente e dos Recursos Naturais Renováveis (IBAMA) cinqüenta por cento das receitas das taxas ou dos serviços cobrados em decorrência das atividades relacionadas na letra *b* acima, que serão destinados ao custeio das atividades de fiscalização da pesca e da aqüicultura; h) subsidiar, assessorar e participar, em interação com o Ministério das Relações Exteriores, de negociações e eventos que envolvam o comprometimento de direitos e a interferência em interesses nacionais sobre a pesca, a produção e comercialização do pescado e interesses do setor neste particular.

ÁREAS DE COMPETÊNCIA DO MINISTÉRIO DA CIÊNCIA E TECNOLOGIA. *Direito administrativo.* São as de: a) política nacional de pesquisa científica e tecnológica; b) planejamento, coordenação, supervisão e controle das atividades da ciência e tecnologia; c) política de desenvolvimento de informática e automação; d) política nacional de biossegurança; e) política espacial; f) política nuclear; g) controle da exportação de bens e serviços sensíveis.

ÁREAS DE COMPETÊNCIA DO MINISTÉRIO DA CULTURA. *Direito administrativo.* São as de: a) política nacional de cultura; b) proteção do patrimônio histórico e cultural; c) aprovação da delimitação das terras dos remanescentes das comunidades dos quilombos, bem como determinação das suas demarcações, que serão homologadas mediante decreto.

ÁREAS DE COMPETÊNCIA DO MINISTÉRIO DA DEFESA. *Direito administrativo* e *direito militar.* São as de: a) política de defesa nacional; b) política e estratégia militares; c) doutrina e planejamento de emprego das Forças Armadas; d) projetos especiais de interesse da defesa nacional; e) inteligência estratégica e operacional no interesse da defesa; f) operações militares das Forças Armadas; g) relacionamento internacional das Forças Armadas; h) orçamento de defesa; i) legislação militar; j) política de mobilização nacional; k) política de ciência e tecnologia nas Forças Armadas; l) política de comunicação social nas Forças Armadas; m) política de remu-

neração dos militares e pensionistas; n) política nacional de exportação de material de emprego militar, bem como fomento às atividades de pesquisa e desenvolvimento, produção e exportação em áreas de interesse da defesa e controle da exportação de material bélico de natureza convencional; o) atuação das Forças Armadas, quando couber, na garantia da lei e da ordem, visando a preservação da ordem pública e da incolumidade das pessoas e do patrimônio, bem como sua cooperação com o desenvolvimento nacional e a defesa civil e o apoio ao combate de delitos transfronteiriços e ambientais; p) logística militar; q) serviço militar; r) assistência à saúde, social e religiosa das Forças Armadas; s) constituição, organização, efetivos, adestramento e aprestamento das forças navais, terrestres e aéreas; t) política marítima nacional; u) segurança da navegação aérea e do tráfego aquaviário e salvaguarda da vida humana no mar; v) política aeronáutica nacional e atuação na política nacional de desenvolvimento das atividades aeroespaciais; x) infra-estrutura aeroespacial, aeronáutica e aeroportuária; y) ordenação territorial, em conjunto com o Ministério da Integração Nacional.

ÁREAS DE COMPETÊNCIA DO MINISTÉRIO DA EDUCAÇÃO. *Direito administrativo* e *direito educacional.* São as de: a) política nacional de educação; b) educação infantil; c) educação em geral, compreendendo ensino fundamental, ensino médio, ensino superior, educação de jovens e adultos, educação profissional, educação especial e educação a distância, exceto ensino militar; d) avaliação, informação e pesquisa educacional; e) pesquisa e extensão universitária; f) magistério; g) assistência financeira a famílias carentes para a escolarização de seus filhos ou dependentes.

ÁREAS DE COMPETÊNCIA DO MINISTÉRIO DA FAZENDA. *Direito administrativo.* São as de: a) moeda, crédito, instituições financeiras, capitalização, poupança popular, seguros privados e previdência privada aberta; b) política, administração, fiscalização e arrecadação tributária e aduaneira; c) administração financeira e contabilidade pública; d) administração das dívidas públicas interna e externa; e) negociações econômicas e financeiras com governos, organismos multilaterais e agências governamentais; f) preços em geral e tarifas públicas e administradas; g) fiscalização e controle do comércio exterior; h) realização de estudos e pesquisas para acompanhamento da conjuntura econômica; i) autorização, ressalvadas as competências do Conselho Monetário Nacional: da distribuição gratuita de prêmios a título de propaganda quando efetuada mediante sorteio, vale-brinde, concurso ou operação assemelhada; das operações de consórcio, fundo mútuo e outras formas associativas assemelhadas, que objetivem a aquisição de bens de qualquer natureza; da venda ou promessa de venda de mercadorias a varejo, mediante oferta pública e com recebimento antecipado, parcial ou total, do respectivo preço; da venda ou promessa de venda de direitos, inclusive cotas de propriedade de entidades civis, tais como hospital, motel, clube, hotel, centro de recreação ou alojamento e organização de serviços de qualquer natureza com ou sem rateio de despesas de manutenção, mediante oferta pública e com pagamento antecipado do preço; da venda ou promessa de venda de terrenos loteados a prestações mediante sorteio; de qualquer outra modalidade de captação antecipada de poupança popular, mediante promessa de contraprestação em bens, direitos ou serviços de qualquer natureza; e da exploração de loterias, inclusive os *Sweepstakes* e outras modalidades de loterias realizadas por entidades promotoras de corridas de cavalos.

ÁREAS DE COMPETÊNCIA DO MINISTÉRIO DA INTEGRAÇÃO NACIONAL. *Direito administrativo.* São as de: a) formulação e condução da política de desenvolvimento nacional integrada; b) formulação dos planos e programas regionais de desenvolvimento; c) estabelecimento de estratégias de integração das economias regionais; d) estabelecimento das diretrizes e prioridades na aplicação dos recursos do Fundo Constitucional de Financiamento do Nordeste (FNE), do Fundo Constitucional de Financiamento do Norte (FNO), do Fundo Constitucional de Financiamento do Centro-Oeste (FCO), do Fundo de Desenvolvimento do Nordeste, do Fundo de Desenvolvimento da Amazônia e do Fundo de Recuperação Econômica do Estado do Espírito Santo (FUNRES); e) estabelecimento de normas para cumprimento dos programas de financiamento dos fundos constitucionais e das programações orçamentárias dos fundos de desenvolvimento regionais de que trata o item *d*; f) acompanhamento e avaliação dos programas integrados de desenvolvimento nacional; g) defesa civil; h) obras contra as secas e de infra-estrutura hídrica; i)

formulação e condução da política nacional de irrigação; j) ordenação territorial, em conjunto com o Ministério da Defesa; k) obras públicas em faixas de fronteiras.

ÁREAS DE COMPETÊNCIA DO MINISTÉRIO DA JUSTIÇA. *Direito administrativo.* São as de: a) defesa da ordem jurídica, dos direitos políticos e das garantias constitucionais; b) política judiciária; c) direitos da cidadania, direitos da criança, do adolescente, dos índios e das minorias; d) entorpecentes, segurança pública, trânsito, Polícias Federal, Rodoviária e Ferroviária Federal e do Distrito Federal; e) defesa dos direitos das pessoas portadoras de deficiência e promoção da sua integração à vida comunitária; f) defesa da ordem econômica nacional e dos direitos do consumidor; g) planejamento, coordenação e administração da política penitenciária nacional; h) nacionalidade, imigração e estrangeiros; i) ouvidoria-geral; j) ouvidoria das polícias federais; k) assistência jurídica, judicial e extrajudicial, integral e gratuita, aos necessitados, assim considerados em lei; l) defesa dos bens e dos próprios da União e das entidades integrantes da Administração Federal indireta; m) articulação, integração e proposta das ações do Governo nos aspectos relacionados com as atividades de repressão ao uso indevido do tráfico ilícito e da produção não autorizada de substâncias entorpecentes e drogas que causem dependência física ou psíquica; n) assistência ao Presidente da República em todas as matérias não afetas a outro Ministério. Os atos de nomeação de Ministro de Estado são referendados pelo Ministro de Estado da Justiça. Os atos de nomeação do Ministro de Estado da Justiça e de exoneração de qualquer Ministro de Estado não terão referenda ministerial. A competência relativa aos direitos dos índios inclui o acompanhamento das ações de saúde desenvolvidas em prol das comunidades indígenas.

ÁREAS DE COMPETÊNCIA DO MINISTÉRIO DA PREVIDÊNCIA SOCIAL. *Direito administrativo.* São as de: a) previdência social; b) previdência complementar.

ÁREAS DE COMPETÊNCIA DO MINISTÉRIO DA SAÚDE. *Direito administrativo.* São as de: a) política nacional de saúde; b) coordenação e fiscalização do Sistema Único de Saúde; c) saúde ambiental e ações de promoção, proteção, recuperação da saúde individual e coletiva, inclusive a dos trabalhadores e dos índios; d) informações de saúde; e) insumos críticos para a saúde; f) ação preventiva em geral, vigilância e controle sanitário de fronteiras e de portos marítimos, fluviais e aéreos; g) vigilância de saúde, especialmente drogas, medicamentos e alimentos; h) pesquisa científica e tecnológica na área de saúde.

ÁREAS DE COMPETÊNCIA DO MINISTÉRIO DAS COMUNICAÇÕES. *Direito administrativo.* São as de: a) política nacional de telecomunicações, inclusive radiodifusão; b) regulamentação, outorga e fiscalização de serviços de telecomunicações; c) controle e administração do uso do espectro de radiofreqüências; d) serviços postais.

ÁREAS DE COMPETÊNCIA DO MINISTÉRIO DAS RELAÇÕES EXTERIORES. *Direito administrativo.* São as de: a) política internacional; b) relações diplomáticas e serviços consulares; c) participação nas negociações comerciais, econômicas, técnicas e culturais com governos e entidades estrangeiras; d) programas de cooperação internacional; e) apoio a delegações, comitivas e representações brasileiras em agências e organismos internacionais e multilaterais.

ÁREAS DE COMPETÊNCIA DO MINISTÉRIO DE MINAS E ENERGIA. *Direito administrativo.* São as de: a) geologia, recursos minerais e energéticos; b) aproveitamento da energia hidráulica; c) mineração e metalurgia; d) petróleo, combustível e energia elétrica, inclusive nuclear; e) energização rural, agroenergia, inclusive eletrificação rural, quando custeada com recursos vinculados ao Sistema Elétrico Nacional.

ÁREAS DE COMPETÊNCIA DO MINISTÉRIO DO DESENVOLVIMENTO AGRÁRIO. *Direito administrativo* e *direito agrário.* São as de: a) reforma agrária; b) promoção do desenvolvimento sustentável do segmento rural constituído pelos agricultores familiares.

ÁREAS DE COMPETÊNCIA DO MINISTÉRIO DO DESENVOLVIMENTO, INDÚSTRIA E COMÉRCIO EXTERIOR. *Direito administrativo.* São as de: a) política de desenvolvimento da indústria, do comércio, dos serviços; b) propriedade intelectual e transferência de tecnologia; c) metrologia, normalização e qualidade industrial; d) políticas de comércio exterior; e) regulamentação e execução dos programas e atividades relativas ao comércio exterior; f) aplicação dos mecanismos de defesa comercial; g) participação em negociações internacionais relativas ao comércio exterior; h) formulação da política de apoio à microempresa e empresa de pequeno porte e artesanato; i) execução das atividades de registro do comércio.

ÁREAS DE COMPETÊNCIA DO MINISTÉRIO DO ESPORTE E DO MINISTÉRIO DO TURISMO. *Direito administrativo.* São as de: a) política nacional de desenvolvimento do turismo e da prática dos esportes; b) promoção e divulgação do turismo nacional, no País e no exterior; c) estímulo às iniciativas públicas e privadas de incentivo às atividades turísticas e esportivas; e d) planejamento, coordenação, supervisão e avaliação dos planos e programas de incentivo ao turismo e aos esportes.

ÁREAS DE COMPETÊNCIA DO MINISTÉRIO DO MEIO AMBIENTE. *Direito administrativo* e *direito ambiental.* São as de: a) política nacional do meio ambiente e dos recursos hídricos; b) política de preservação, conservação e utilização sustentável dos ecossistemas, da biodiversidade e das florestas. No exercício dessa competência, nos aspectos relacionados à pesca, caberá ao Ministério do Meio Ambiente: fixar as normas, critérios e padrões de uso para as espécies sobreexplotadas ou ameaçadas de sobreexplotação, assim definidas com base nos melhores dados científicos existentes, subsidiar, assessorar e participar, em interação com o Ministério das Relações Exteriores, de negociações e eventos que envolvam o comprometimento de direitos e a interferência em interesses nacionais sobre a pesca; c) proposição de estratégias, mecanismos e instrumentos econômicos e sociais para a melhoria da qualidade ambiental e do uso sustentável dos recursos naturais; d) políticas para integração do meio ambiente e produção; e) políticas e programas ambientais para a Amazônia Legal; f) zoneamento ecológico-econômico, que será exercido em conjunto com os Ministérios da Agricultura, Pecuária e Abastecimento, do Desenvolvimento, Indústria e Comércio Exterior e da Integração Nacional.

ÁREAS DE COMPETÊNCIA DO MINISTÉRIO DO PLANEJAMENTO, ORÇAMENTO E GESTÃO. *Direito administrativo.* São as de: a) formulação do planejamento estratégico nacional; b) avaliação dos impactos socioeconômicos das políticas e programas do Governo Federal e elaboração de estudos especiais para a reformulação de política; c) realização de estudos e pesquisas para acompanhamento da conjuntura socioeconômica e gestão dos sistemas cartográficos e estatísticos nacionais; d) elaboração, acompanhamento e avaliação do plano plurianual de investimentos e dos orçamentos anuais; e) viabilização de novas fontes de recursos para os planos de governo; f) formulação de diretrizes, coordenação das negociações, acompanhamento e avaliação dos financiamentos externos de projetos públicos com organismos multilaterais e agências governamentais; g) coordenação e gestão dos sistemas de planejamento e orçamento federal, de pessoal civil, de organização e modernização administrativa, de administração de recursos da informação e informática e de serviços gerais; h) formulação de diretrizes e controle da gestão das empresas estatais; i) acompanhamento do desempenho fiscal do setor público; j) administração patrimonial; k) política e diretrizes para modernização do Estado.

ÁREAS DE COMPETÊNCIA DO MINISTÉRIO DOS TRANSPORTES. São as de: a) política nacional de transportes ferroviário, rodoviário e aquaviário; b) marinha mercante, portos e vias navegáveis; c) participação na coordenação dos transportes aeroviários. As competências atribuídas ao Ministério dos Transportes compreendem: a) a formulação, coordenação e supervisão das políticas nacionais; b) o planejamento estratégico, o estabelecimento de diretrizes para sua implementação e a definição das prioridades dos programas de investimentos; c) a aprovação dos planos de outorgas; d) o estabelecimento de diretrizes para a representação do Brasil nos organismos internacionais e em convenções, acordos e tratados referentes aos meios de transportes; e) a formulação e supervisão da execução da política referente ao Fundo de Marinha Mercante, destinado à renovação, recuperação e ampliação da frota mercante nacional, em articulação com os Ministérios da Fazenda, do Desenvolvimento, Indústria e Comércio Exterior e do Planejamento, Orçamento e Gestão; e f) o estabelecimento de diretrizes para afretamento de embarcações estrangeiras por empresas brasileiras de navegação e para liberação do transporte de cargas prescritas.

ÁREAS DE COMPETÊNCIA DO MINISTÉRIO DO TRABALHO E EMPREGO. *Direito administrativo* e *direito do trabalho.* São as de: a) política e diretrizes para a geração de emprego e renda e de apoio ao trabalhador; b) política e diretrizes para a modernização das relações de trabalho; c) fiscalização do trabalho, inclusive do trabalho portuário, bem como aplicação das sanções previstas em normas legais ou coletivas; d) política salarial; e) formação e desenvolvimento profissional; f) segurança e saúde no trabalho; g) política de imigração.

ÁREAS DE FRONTEIRA DA BIOTECNOLOGIA. *Biodireito.* Aquelas que se constituem em inovações tecnológicas de alto valor agregado com potencial de geração de novos mercados nacionais e internacionais, com vistas ao desenvolvimento futuro da biotecnologia e da bioindústria.

ÁREAS DE INTERESSE ECOLÓGICO. *Direito ambiental.* São aquelas assim declaradas mediante ato do órgão competente, federal ou estadual, que: a) se destinem à proteção dos ecossistemas; b) sejam comprovadamente imprestáveis para a atividade rural.

ÁREAS DE LIVRE COMÉRCIO. *Direito alfandegário.* Constituem áreas de livre comércio de importação e exportação as que, sob regime fiscal especial, são estabelecidas com o objetivo de promover o desenvolvimento de regiões fronteiriças específicas da Região Norte do País e de incrementar as relações bilaterais com os países vizinhos, segundo a política de integração latino-americana. A entrada de produtos estrangeiros nas áreas de livre comércio far-se-á com a suspensão dos impostos de importação e sobre produtos industrializados, que será convertida em isenção quando destinados a: consumo e venda internos; beneficiamento, em seu território, de pescado, recursos minerais e matérias-primas de origem agrícola ou florestal e de pecuária; agropecuária e piscicultura; instalação e operação de atividades de turismo e serviços de qualquer natureza; estocagem para comercialização no mercado externo; atividades de construção e reparos navais; internação como bagagem acompanhada. A venda de mercadorias nacionais ou nacionalizadas efetuada por empresas estabelecidas fora das áreas de livre comércio para empresas ali sediadas, destinadas aos fins acima arrolados, será, para os efeitos fiscais, equiparada a uma exportação. A mercadoria estrangeira estocada em área de livre comércio, quando sair para qualquer ponto do território nacional, ficará sujeita ao pagamento de todos os impostos exigíveis sobre importações do exterior. Compete à Superintendência da Zona Franca de Manaus administrar as áreas de livre comércio e à Secretaria da Receita Federal exercer a vigilância e a repressão ao contrabando e ao descaminho, podendo, para tanto, expedir as normas necessárias ao controle aduaneiro e fiscalização de mercadorias admitidas nessas áreas. Urge ressaltar que se excetuam do regime das áreas de livre comércio as armas e munições, perfumes, fumo e seus derivados, bebidas alcoólicas e automóveis de passageiros. O Regulamento Aduaneiro prevê como áreas de livre comércio os municípios de Tabatinga (AM), Guajará-Mirim (RO), Pacaraima (RR), Bonfim (RR), Macapá (AM), Santana (AM), Basiléia (AC), Epitaciolândia (AC) e Cruzeiro do Sul (AC).

ÁREAS DE RESERVA LEGAL. *Direito ambiental.* São áreas averbadas à margem da inscrição de matrícula do imóvel no Registro de Imóveis competente, nas quais é vedada a supressão da cobertura vegetal, admitindo-se apenas sua utilização sob regime de manejo florestal sustentável. Para efeito da legislação do ITR, essas áreas devem estar averbadas na data de ocorrência do respectivo fato gerador. Na posse, a reserva legal é assegurada por Termo de Ajustamento de Conduta, firmado pelo possuidor com o órgão ambiental estadual ou federal competente, com força de título executivo e contendo, no mínimo, a localização da reserva legal, as suas características ecológicas básicas e a proibição de supressão de sua vegetação.

ÁREAS DE RESERVA PARTICULAR DO PATRIMÔNIO NATURAL. *Direito registrário* e *direito ambiental.* Consideram-se de reserva particular do patrimônio natural as áreas privadas gravadas com perpetuidade, averbadas à margem da inscrição de matrícula do imóvel, no registro de imóveis competente, destinadas à conservação da diversidade biológica, nas quais somente poderão ser permitidas a pesquisa científica e a visitação com objetivos turísticos, recreativos e educacionais reconhecidas pelo IBAMA. Para efeito da legislação do Imposto Territorial Rural, tais áreas devem estar averbadas na data de ocorrência do respectivo fato gerador.

ÁREAS DE SEGURANÇA DA NAVEGAÇÃO. *Direito marítimo.* Zonas em que não é permitido o tráfego e fundeio de embarcação, como: a) a menos de 200 m de instalações militares; b) usinas hidrelétricas, dentro dos limites fixados pelos concessionários responsáveis pelos reservatórios de água, ou perto de termoelétricas e nucleoelétricas; c) fundeadouros de navios mercantes; d) canais de acesso aos portos; e) proximidades das instalações do porto; f) áreas especiais nos prazos determinados em aviso aos navegantes.

ÁREAS DE SERVIDÃO FLORESTAL. *Direito registrário* e *direito ambiental.* São aquelas averbadas à margem da inscrição de matrícula do imóvel, no registro de imóveis competente, nas quais o proprietário voluntariamente renuncia, em caráter permanente ou temporário, a direitos de supressão ou exploração da vegetação nativa, localizada fora das áreas de reserva legal e de preservação permanente.

ÁREAS ECOLOGICAMENTE SENSÍVEIS. *Direito ambiental.* Regiões de águas marítimas ou interiores, definidas por ato do Poder Público, onde a prevenção, o controle da poluição e a manutenção do equilíbrio ecológico exigem medidas especiais para a proteção e a preservação do meio ambiente, com relação à passagem de navios.

ÁREA SIGILOSA. Aquela em que documentos, materiais, comunicações e sistemas de informação sigilosos são tratados, manuseados, transmitidos ou guardados, requerendo, portanto, medidas especiais de segurança e permissão de acesso.

ÁREAS INADEQUADAS À MORADIA. *Direito urbanístico.* São áreas que por questões de segurança e/ou salubridade (exemplo: lixões, alagados, favelas, cortiços, mocambos, palafitas e áreas sujeitas a enchentes, erosões ou desmoronamento), ou por questões que envolvam o uso e ocupação do solo (exemplo: áreas de proteção ambiental), não apresentam condições de adequada habitabilidade.

ÁREAS PIONEIRAS. *Direito agrário.* Terras virgens suscetíveis de exploração agrícola, pecuária, agroindustrial ou extrativa, em regiões do país que buscam o desenvolvimento e o progresso.

ÁREAS PRIORITÁRIAS. *Direito administrativo.* Zonas ou regiões delimitadas, previamente, pelo INCRA para a implantação de projetos de reforma agrária, mediante desapropriação por interesse social, com o escopo de transformá-las em propriedades familiares economicamente rentáveis ou, ainda, efetuar obras de renovação, melhoria e valorização dos recursos naturais, incrementar a industrialização no meio rural ou criar áreas de proteção à fauna e à flora, preservando-as de atividades predatórias etc.

ÁREAS PRIORIZADAS. *Direito ambiental.* Aquelas que apresentam importância nas demandas do setor produtivo ou da sociedade, seja em atendimento à saúde pública, à agropecuária, à indústria e ao meio ambiente, resultando na priorização de produtos de interesse estratégico nacional para o atendimento de demandas de relevância social e com potencial de mercado significativo.

ÁREAS SELETIVAS PARA NAVEGAÇÃO. *Direito marítimo.* São os limites de navegação estabelecidos para embarcações, equipamentos e atividades que interfiram na navegação, nas proximidades das praias no litoral, dos lagos ou das lagoas, de modo a proteger os banhistas. Considerando-se como linha-base a linha de arrebentação das ondas, ou, quando não houver, do início do espelho d'água: a) para propulsão a vela, a partir de 100 m da linha-base; b) para propulsão a motor, ultraleves motorizados, reboque de esqui aquático, pára-quedas e painéis de publicidade, a partir de 200 m além da linha-base; c) para as embarcações de aluguel, a área de utilização deverá ser perfeitamente delimitada, em toda sua extensão, por quem as alugar com equipamentos de balizamento, e a atividade previamente autorizada pelo órgão estadual ou municipal. As áreas restritas ou proibidas à operação, bem como os limites para os rios, lagos e lagoas, poderão ser estabelecidos pelos órgãos estaduais ou municipais competentes. Fica estabelecida como área permitida ao tráfego de embarcações para lançamento n'água ou recolhimento a extremidade navegável das praias ou outra área definida pelos governos estaduais ou prefeituras, desde que haja sinalização indicativa e delimitada. O fundeio nessa área só será permitido no tempo mínimo necessário ao embarque de pessoal, material ou às fainas de recolhimento ou lançamento da embarcação. Em virtude de as embarcações serem obrigadas às limitações da classe de navegação, os critérios de afastamento do litoral seguem as limitações das embarcações para as quais foram classificadas. A observância dos limites estabelecidos pela classificação possibilitará maior segurança para as vidas das pessoas a bordo da embarcação.

ÁREAS URBANIZÁVEIS. *Direito urbanístico.* Zonas municipais, situadas fora do perímetro urbano, constantes de loteamentos aprovados pelos órgãos competentes, para serem utilizadas para fins habitacionais, comerciais ou industriais.

ÁREA TERMINAL DE TRÁFEGO AÉREO. *Direito aéreo.* A área de atuação dos serviços prestados nas operações aéreas de um aeródromo público.

ÁREA TOTAL DO ANÚNCIO. *Direito urbanístico.* É a soma das áreas de todas as superfícies de exposição do anúncio, expressa em metros quadrados.

ÁREA URBANA. *Sociologia jurídica.* Território delimitado geograficamente, cuja densidade demográfica venha a alcançar o coeficiente estabelecido por convenção.

ÁREA ÚTIL. *Vide* ÁREA PRIVATIVA.

ÁREA UTILIZADA. *Direito agrário* e *direito tributário.* É a, efetivamente, empregada para atividade rural. É a porção da área aproveitável do imóvel rural que, no ano anterior ao de ocorrência do fato gerador do ITR, tenha: a) sido plantada com produtos vegetais; b) servido de pastagem, nativa ou plantada, observados, quando aplicáveis, os índices de lotação por zona de pecuária; c) sido objeto de exploração extrativa, observados, quando aplicáveis, os índices legais de rendimento por produto; d) servido para a exploração de atividade granjeira ou aqüícola, ou seja, como área ocupada com benfeitorias, construções e instalações para a criação, dentre outros, de suínos, coelhos, bichos-da-seda, abelhas, aves, peixes, crustáceos, répteis e anfíbios; e) sido objeto de implantação de projeto técnico.

A RECTO AD OBLIQUUM. *Expressão latina.* Do reto para o oblíquo; do direto para o indireto.

AREEIRO. *Direito marítimo.* Barco a vapor utilizado para conduzir areia oriunda da dragagem dos portos para alto-mar.

A REMOTIS. *Locução latina.* **1.** Em particular. **2.** À parte.

ARENA. 1. *Direito civil.* a) Circo; b) espaço destinado à realização de espetáculo público. **2.** *Direito desportivo.* Diz-se do direito, que tem o atleta, de usufruir, se participante de espetáculo desportivo de um percentual do *quantum* recebido pela associação desportiva não só para autorizar a fixação, transmissão ou retransmissão por quaisquer meios, obedecidos os contratos firmados, como também para comercializar imagens.

ARENAE FODIENDAE. *Direito romano.* Direito de retirar areia de terreno alheio.

ARENATA. *Direito agrário.* Terra estéril pelo fato de ser arenosa.

ARENGA. 1. Ação de disputar. **2.** Discurso prolixo, afetado, enfadonho. **3.** Razão prolixa, difusa e impertinente.

ARÉOLA EQUIMÓTICA. *Medicina legal.* Pequena área de equimose que aparece na pele entre as zonas de contorno no orifício da entrada do projétil da arma de fogo.

AREOLITE. *Medicina legal.* Inflamação da aréola do mamilo.

AREÓPAGO. 1. *História do direito.* Antigo tribunal de Atenas, que se reunia numa colina de igual nome não só para julgar homicídios e lesões corporais dolosos como também para exercer funções políticas, como a de supervisionar a vida da cidade, a conduta dos cidadãos, a educação e as relações trabalhistas. **2.** Na *linguagem atual,* indica reunião de magistrados.

AREOTECTÔNIA. *Direito militar.* Arte que se ocupa da defesa e do ataque das praças de guerra.

AREPENE. 1. *Direito romano.* Medida agrária utilizada pelos romanos equivalente a 120 pés quadrados. **2.** *Direito agrário.* Terreno que se lavra em meio dia.

ARESTEIRO. *Direito processual.* Advogado que se baseia em casos julgados.

ARESTO. *Direito processual.* **1.** Decisão de um tribunal sobre um caso submetido à sua apreciação, implicando extinção do processo sem resolução do mérito, julgando antecipadamente ou não a lide ou resolvendo questão incidente no curso do processo. **2.** O mesmo que ACÓRDÃO. **3.** Ato decisório, proferido por órgão fracionário de tribunal, que serve de paradigma para a resolução de casos similares. **4.** Acórdão insuscetível de recurso ordinário.

ARFADA. *Direito marítimo.* Balanço do navio no sentido da proa à popa.

ARGAMASSA. *Direito civil.* **1.** Reboco. **2.** Mistura de água, cal e areia ou cimento usada para assentar ou revestir alvenarias.

ARGAMBLIOPIA. *Medicina legal.* Ambliopia causada pela falta prolongada de uso da visão.

ARGANÉU. *Direito marítimo.* **1.** Peça de ferro circular ou triangular que se prende na embarcação com a finalidade de engatar estralheiras e talhas. **2.** Argola da âncora.

ARGENTÁRIO. 1. *Direito romano.* Indivíduo que era incumbido de receber e guardar o dinheiro do povo. **2.** *Direito comercial.* a) Corretor de câmbio; cambista; banqueiro; b) capitalista. **3.** *Direito tributário.* Coletor de impostos.

ARGENTARIUS. *Termo latino.* Cambista.

ARGENTUM DEI. *Locução latina.* **1.** Princípio de pagamento. **2.** Arras ou sinal.

ARGIROSE. *Medicina legal.* Descoloração cinzenta permanente da pele, da conjuntiva e dos órgãos internos, provocada pelo abuso de sais de prata.

ARGOLA. 1. *História do direito.* Peça circular onde se prendiam os escravos e os criminosos. **2.** *Direito agrário.* Anel de ferro que se coloca na cartilagem do septo nasal dos touros para dominá-los ou conduzi-los com maior facilidade. **3.** *Direito desportivo.* Apresto de ginástica consistente em duas argolas suspensas de um pórtico por cordas.

ARGONAUTA. *História do direito.* Navegante que encontrou novos caminhos marítimos.

ARGOS. *Ciência política.* Agente secreto; espião.

ARGOT. *Termo francês.* **1.** Gíria. **2.** Linguagem usada pelo ladrão. **3.** Calão.

ARGÚCIA. 1. Raciocínio que apresenta sutileza ou contém sofismas. **2.** Finura de observação.

ARGÜENTE. *Direito processual civil.* **1.** Parte litigante que argumenta juridicamente contra a outra, impugnando alguma alegação ou ato. **2.** Aquele que faz ou suscita uma argüição.

ARGÜIÇÃO. 1. *Direito processual.* a) Interrogatório; b) acusação; c) arrazoado com que a parte argumenta contra a outra. **2.** Ação de argüir, publicamente, algum candidato, verificando seus conhecimentos.

ARGÜIÇÃO DE COISA JULGADA. *Direito processual.* Alegação da coisa julgada, verificada em processo anterior, que solucionou o *meritum causae,* para obter a intangibilidade do conteúdo da sentença, conferindo-lhe força obrigatória e impedindo o reexame da matéria nela tratada, ou seja, outra manifestação do órgão judicante sobre a relação jurídica nela definida.

ARGÜIÇÃO DE DESCUMPRIMENTO. *Direito processual.* Alegação feita perante o Supremo Tribunal Federal de infração de norma constitucional.

ARGÜIÇÃO DE DESCUMPRIMENTO DE PRECEITO FUNDAMENTAL (ADPF). *Direito constitucional.* Instrumento de controle abstrato de constitucionalidade que visa evitar ou reparar lesão a preceito fundamental resultante de ato de Poder Público. A ADPF cabe ainda quando for relevante o fundamento da controvérsia constitucional sobre lei ou ato normativo federal, estadual ou municipal, incluídos ou anteriores à Constituição, daí ser também instrumento de controle abstrato do direito pré-constitucional.

ARGÜIÇÃO DE FALSIDADE. *Direito processual civil.* Ato de alegar, em juízo, falsidade de documento exibido como prova por qualquer das partes litigantes durante a fase de instrução do processo, comprovando a alegação, para que haja declaração judicial daquela falsidade.

ARGÜIÇÃO DE INCAPACIDADE MATRIMONIAL. *Direito civil.* Alegação da existência de algum impedimento matrimonial ou de alguma causa suspensiva de celebração do casamento para evitar a realização deste, indicando os fundamentos e as provas da incapacidade do nubente para convolar núpcias. Trata-se da oposição dos impedimentos matrimoniais e das causas suspensivas, que tem por efeitos: a) impossibilitar a obtenção do certificado de habilitação; e b) adiar o casamento.

ARGÜIÇÃO DE INCONSTITUCIONALIDADE. *Direito processual.* Pronunciamento de membro de tribunal, antes ou durante o julgamento de recurso ou de feito originário, alegando inconstitucionalidade de lei ou ato normativo, para a devida apreciação pelo órgão (Othon Sidou).

ARGÜIÇÃO DE NULIDADE. *Vide* ARGÜIÇÃO DE FALSIDADE.

ARGÜIÇÃO DE RELEVÂNCIA. *Direito processual.* Alegação da relevância da questão federal para excluir a inadmissibilidade do recurso extraordinário, compensando as restrições a este, tendo-se em vista o interesse público e a garantia dos direitos fundamentais do homem. Com ela pretende-se remover obstáculo regimental à prolação de juízo positivo de admissibilidade do recurso extraordinário. É simples incidente do procedimento desse tipo de recurso, que visa obter um juízo de admissibilidade do apelo. Compete ao Supremo Tribunal Federal o exame da argüição de relevância. Se ficar demonstrado que o acórdão, objeto do ato, decidiu questão federal relevante, o Supremo Tribunal Federal o julgará.

ARGÜIÇÃO DE SUSPEIÇÃO. *Direito processual.* Alegação de suspeição.

ARGÜIDO. *Direito processual.* 1. Alegado. 2. Aquele contra quem foi argüida alguma coisa; aquele que se submeteu à argüição. 3. Réu; acusado.

ARGÜIR. 1. *Direito processual.* Apresentar razões de defesa; acusar; argumentar juridicamente provando algo; alegar. 2. Na *linguagem comum,* indica o ato de examinar algum candidato, inquirindo-o, para averiguar sua cultura.

ARGÜITIVO. *Direito processual.* Que encerra argüição (Othon Sidou).

ARGUMENTA AFFERRE. *Locução latina.* Apresentar provas.

ARGUMENTAÇÃO. 1. Ato de argumentar. 2. *Retórica jurídica.* Utilização de certa motivação com a finalidade de persuadir. 3. *Filosofia do direito.* a) Conjunto de argumentos jurídicos com vistas a uma só conclusão; b) modalidade típica de raciocínio jurídico, coordenado logicamente, com o objetivo de apresentar razões ou motivos, procurando convencer alguém de alguma coisa. 4. *Lógica jurídica.* Conjunto ordenado de proposições em que uma delas, que é a conclusão, é inferida das demais, designadas "premissas". Há o elemento inferencial da argumentação, denominado "antecedente", que abrange as premissas e o

elemento resultante, que é o "conseqüente" ou a "conclusão". Tais elementos estão intimamente ligados por relações recíprocas de concordância, designadas "inferência" e "conseqüência".

ARGUMENTAÇÃO DEDUTIVA. *Lógica jurídica.* 1. Aquela que conclui por intermédio de um elemento total. É a argumentação que procede do geral para o particular. 2. Argumentação em que a conclusão resulta das premissas, ou seja, alcança-se aquela por meio de um terceiro termo, ou melhor, de um que vem, no antecedente, fazer a ligação entre os dois termos, unidos na conclusão. Chega-se, portanto, à conclusão por intermédio de um terceiro termo. 3. É uma argumentação progressiva suscetível de provar verdades novas, porque a conclusão não está ínsita na primeira premissa, uma vez que dela resulta.

ARGUMENTAÇÃO DEMONSTRATIVA OU APODÍTICA. *Lógica jurídica.* Sob o prisma da verdade e da matéria combinadas, é aquela cuja conclusão lógico-formal é uma proposição imprescindivelmente verdadeira, afirmativa, em matéria necessária, ou negativa, em matéria impossível.

ARGUMENTAÇÃO DOGMÁTICA. *Teoria geral do direito.* Argumentação que, no pensamento tópico, releva o aspecto *resposta*, de modo que certos *topoi* são colocados, pelo menos temporariamente, fora de dúvida, sendo tidos como absolutos. Como a norma decide conflitos, se tivermos em face dela um *dubium*, teremos uma questão dogmática. A argumentação dogmática tem início com o questionamento da consistência desse conflito jurídico. Esta primeira fase denomina-se *translatio*, onde se verifica se há, de fato, um *dubium* e se ele é jurídico. A etapa seguinte é a *conjectural*, que se ocupa da consistência fática das alegações, articulando um fato em relação a um autor. Na *definitio*, que consiste na proposição de um objeto direto que modifica o conteúdo do fato, admite-se, mas outra coisa, discutindo-se, portanto, a relação entre o fato e o seu sentido tipificado pela norma. Quando se admite algo, mas *de iure*, surge um quarto momento, que é o da *qualificação* adverbial do fato, conforme a alternativa *jure-non jure*.

ARGUMENTAÇÃO DO PARTICULAR AO PARTICULAR. *Retórica jurídica.* Argumentação pelo exemplo, que tende a passar deste para uma conclusão também particular, sem enunciar qualquer regra (Perelman e Olbrechts-Tyteca).

ARGUMENTAÇÃO INDUTIVA. *Lógica jurídica.* 1. Aquela que conclui pelo particular, ou melhor, por intermédio da enumeração de casos particulares para atingir o geral. Constitui um processo de descoberta de verdades gerais, partindo-se da observação de casos particulares. Trata-se da *indução generalizadora*. **2.** Aquela em que se vai de um ou mais casos particulares a um outro análogo, hipótese em que se terá a *indução particularizadora* ou analógica, porque a indução de um particular a outro baseia-se no princípio de que o predicado que convier a um também será conveniente a outro similar. Assim, pelo particular, a argumentação indutiva pode concluir outro análogo. **3.** Aquela cuja conclusão é obtida por meio das partes subjetivas de um dos dois termos, ligados na conclusão. Não há qualquer termo médio, mas sim um meio da argumentação consistente na *enumeração* de *partes* ou *indivíduos*.

ARGUMENTAÇÃO INDUTIVA POR ANALOGIA. *Lógica jurídica.* É a que vai do particular a outro particular semelhante (Goffredo Telles Jr.).

ARGUMENTAÇÃO PELO EXEMPLO. *Retórica jurídica.* É aquela que supõe um prévio acordo sobre a possibilidade de generalização a partir de casos particulares (Perelman e Olbrechts-Tyteca).

ARGUMENTAÇÃO PROVÁVEL OU HIPOTÉTICA. *Lógica jurídica.* Se examinarmos a argumentação do ponto de vista da verdade e da matéria combinadas, será ela *provável* se sua conclusão lógico-formal for uma proposição contingente, ou seja, afirmativa ou negativa em matéria contingente. A conclusão a que se chegar poderá ser verdadeira, mas não necessariamente.

ARGUMENTAÇÃO SOFÍSTICA OU PARALOGÍSTICA. *Lógica jurídica.* Aquela em que, sob o prisma da verdade e da matéria combinadas, a conclusão é impossível, tanto no sentido lógico-formal de não poder resultar das premissas como no sentido lógico-material de ser uma proposição impossível, negativa em matéria necessária ou afirmativa em matéria impossível, mas formalmente válida como conclusão, por ser impossível tanto no sentido lógico-formal quanto no lógico-material.

ARGUMENTAÇÃO TÓPICA. *Teoria geral do direito.* É um modo típico de raciocínio jurídico que procede por questionamentos sucessivos, apresentando uma relação "pergunta-resposta", por ser, na lição de Theodor Viehweg, uma técnica de pensar por problemas ou de discussão problemática. Consiste num pensar aberto e problemático, uma *ars inveniendi*, ou seja, a arte de descobrir

premissas, pontos de vista ou *topoi*, que presidirão a solução dos casos concretos. É uma técnica que, dado um problema, procura assinalar e indicar possibilidades, desvendando caminhos, tendo por fim uma decisão.

ARGUMENTAÇÃO ZETÉTICA. *Teoria geral do direito.* É a que, no pensamento tópico, acentua o aspecto "pergunta", pondo em dúvida os *topoi*, que permanecerão sempre abertos. Se a norma decide conflito e se estiver em função de um *dubium*, teremos a questão zetética. A argumentação zetética busca o fundamento das normas para além do dogma, apresentando três níveis: análise, crítica e metacrítica. Na *análise*, a norma é tomada como uma ação lingüística, envolvendo questões relativas ao seu autor (orador), ao seu destinatário (ouvinte) e a ela própria como técnica de comunicação (objeto), concebendo-se-a como algo escrito ou oral que contém alguma intenção (vontade da lei ou do legislador). A análise busca a determinação da vontade e da possibilidade da ampliação analógica. Essa ampliação conduz o pensamento ao nível da *crítica*, no qual a norma é articulada dentro de uma situação, examinada na sua estrutura, repertório e objetivos, sendo interrogada no seu próprio fundamento (dever de prova). Nesse mesmo nível, encontra-se o conflito normativo, que, preliminarmente, é um desdobramento da análise, pois levanta a possibilidade de incompatibilidade entre dois *scripti* e *voluntates*. Nesta fase, a norma é avaliada por outra, tendo-se em vista sua hierarquia e seu âmbito de incidência. O nível crítico introduz o pensamento problemático na *metacrítica*, onde a norma é questionada no seu sentido metanormativo, além de sua vigência, ou melhor, na sua eficácia e fundamento axiológico.

ARGUMENTAR. 1. *Teoria geral do direito.* a) Apresentar argumentos; b) aduzir os raciocínios para tirar conseqüências de um fato ou de um princípio; concluir; c) discutir algo, questionando; d) alegar, trazer ou expor como argumento; e) raciocinar, procedendo por questionamentos sucessivos; f) propor o argumento. **2.** *Direito processual.* a) Servir de argumento, prova ou documento; b) apresentar argumentação sobre algum assunto, na defesa ou na acusação.

ARGUMENTA SOLVERE. *Locução latina.* Destruir provas.

ARGUMENTATIVO. *Teoria geral do direito.* **1.** Aquilo que se assemelha ao argumento. **2.** Em que há argumento.

ARGUMENTO. 1. *Teoria geral do direito.* a) Raciocínio com que se chega a uma conclusão; b) raciocínio que tem por fim provar ou refutar uma proposição, persuadindo alguém de sua verdade. **2.** *Filosofia geral* e *semiótica.* Signo que, para seu interpretante, é um signo de lei (Peirce).

ARGUMENTO *AB ABSURDUM.* **1.** *Teoria geral do direito.* Raciocínio que, pelo uso de termos destituídos de sentido ou por ferir regras lógicas, é inconcebível ou impossível. **2.** *Lógica jurídica.* Demonstração de uma proposição, que conduz à falsidade, fazendo com que se reconheça a verdade da proposição oposta. Trata-se da prova pelo absurdo. Tal argumento não é o destituído de sentido, mas aquele que possui um sentido falso. Ocorre sempre que se admitir uma idéia, um fato ou um princípio em contrário ao que se está defendendo, para daí chegar-se a uma conclusão favorável, ou seja, dá-se quando se evidencia o absurdo de uma interpretação da lei contrária à que se está invocando.

ARGUMENTO *AB AUCTORITATEM. Teoria geral do direito.* **1.** *Vide AD VERECUNDIAM.* **2.** É o que busca demonstrar uma tese mediante o recurso às opiniões daqueles que a acatam. Com esse argumento procura-se o melhor convencimento, daí ser usual a citação de opiniões de juristas insignes, daqueles que pelas suas obras transmitem maior credibilidade em pareceres, em processos ou em fundamentações de decisões. Trata-se do argumento de autoridade, que é um *topos* de qualidade, porque é o prestígio da pessoa invocada que garante a tese que se sustenta, podendo ser, contudo, um *topos* de quantidade, quando um grande número de opiniões for invocado para defender uma tese adotada. Não raro o *topos* de qualidade combina-se com o de quantidade. Tal ocorre quando a força da tese apresentada advém não só do renome de uma autoridade (qualidade), mas também da maioria dos juristas (quantidade).

ARGUMENTO *A CONTRARIO. Teoria geral do direito.* **1.** *Vide A CONTRARIO SENSU.* **2.** Aquele que parte do fato de que um dispositivo normativo inclui certo comportamento num modo deôntico, excluindo de seu âmbito qualquer outra conduta. Assim, se uma conduta "C" está proibida, qualquer conduta "não C" está permitida. Para a aplicação desse argumento convém ater-se aos seguintes princípios: a) quando, em certas circunstâncias, a norma jurídica permite uma conduta somente a tais pessoas, isto implica que, nas mesmas circunstâncias, esse comportamento está proibido a todas as demais; b) quando, em determinadas hipóteses, uma norma jurídica veda certo comportamento somente a algumas pessoas, isto implica que, nas mesmas condições, essa conduta está permitida a todas as demais; c) quando, em algumas circunstâncias, uma norma ordena certa conduta somente a determinadas pessoas, isto implica que, em idênticas circunstâncias, as demais estão isentas dessa obrigação; d) quando, em certas hipóteses, uma norma permite somente a algumas pessoas optar entre a execução e a omissão de determinado ato, isto implica que, nas mesmas condições, as demais não têm tal direito. Tal argumento funda-se no princípio da diferença, que permite dizer quando um caso se opõe a outro, ou seja, baseia-se no fato de que um objeto diverso de outro em várias notas também o será quanto à qualidade sob a qual existe a diferença. Tira-se da própria norma, por antítese, outro argumento.

ARGUMENTO *A CONTRARIO SENSU. Vide* A CONTRARIO SENSU.

ARGUMENTO *AD CRUMENAM. Expressão latina.* "Argumento com a bolsa"; suborno.

ARGUMENTO *AD HOMINEM. Teoria geral do direito.* Aquele que limita a validade de uma tese a alguns valores ou fatos, visando a obtenção de acordos prévios para uma discussão, estabelecendo-lhes as bases. Aparece na argumentação jurídica no que atina à concessão de fatos sem implicância da conseqüência jurídica ou às presunções *juris tantum.*

ARGUMENTO *AD HUMANITATEM. Filosofia geral* e *retórica jurídica.* O que é válido para toda a humanidade nacional e não apenas para um dado grupo particular (Perelman e Olbrechts-Tyteca).

ARGUMENTO *AD IGNORANTIAM. Lógica jurídica.* Argumento que afirma uma idéia como verdadeira porque não houve demonstração de sua falsidade, sendo tal idéia admitida por presunção legal (Fábio Ulhoa Coelho).

ARGUMENTO *AD MISERICORDIAM. Lógica jurídica.* Argumento em que o convencimento se funda no apelo à piedade. É muito utilizado no Tribunal do Júri pelo interlocutor (Fábio Ulhoa Coelho).

ARGUMENTO *AD PERSONAM. Teoria geral do direito.* É o que visa desqualificar o adversário.

ARGUMENTO *AD REM*. *Teoria geral do direito.* **1.** É também designado *ad humanitatem*, por dizer respeito a coisas ou a verdades aceitas, universalmente, por todos. **2.** É o que se refere a provas que sustentam a validade de uma tese em função de fatos ou verdades em que ela se baseia ou se funda. Dentre os argumentos *ad rem*, incluem-se o: a) argumento *a causa*, que funda a validade da tese na demonstração das causas do fenômeno; b) argumento *a loco*, que visa privilegiar, ou não, as condutas em conformidade com o local onde se deram, por exemplo, as atenuantes e as agravantes criminais, dependendo do lugar em que o crime foi perpetrado; c) argumento *a tempore*, que procura privilegiar ou enfraquecer dado comportamento, tendo em vista o tempo; d) argumento *a modo*, que visa salientar a maneira em que se deu a realização de uma ação, atribuindo maior ou menor peso na argumentação.

ARGUMENTO *AD VERECUNDIAM*. *Vide AD VERECUNDIAM* e ARGUMENTO *AB AUCTORITATEM*.

ARGUMENTO *A FORTIORI*. *Vide A FORTIORI*.

ARGUMENTO *A MAIORI AD MINUS*. *Vide A MAIORI AD MINUS*.

ARGUMENTO *A MINORI AD MAIUS*. *Vide A MINORI AD MAIUS*.

ARGUMENTO *APAGOGICUM*. *Vide* ARGUMENTO *AB ABSURDUM E* ARGUMENTO *INDIRECTUM*.

ARGUMENTO *A PARI OU A SIMILI AD SIMILE*. *Teoria geral do direito.* O argumento *a simili ad simile* é, modernamente, idêntico ao *a pari*. Na antiga retórica diferenciavam-se tais argumentos de modo que o *a pari* era concernente à semelhança hierárquica entre proposições que eram avaliadas quantitativamente, enquanto o *a simili* apenas comparava elementos qualitativos. O argumento *a simili ad simile* é aquele pelo qual não se conclui sobre a identidade do fato com a norma nem sobre a identidade dos fatos entre si, mas sim sobre a semelhança entre estes, aplicando-se-lhes a mesma *ratio legis*.

ARGUMENTO *APODICTICUM*. *Lógica jurídica.* Argumento em que a tese está, potencialmente, contida no princípio da demonstração. É também designado argumento *directum*.

ARGUMENTO *A POSTERIORI*. *Teoria geral do direito.* **1.** Argumento fundado em fatos demonstrados, visto ser dependente de condições empíricas. **2.**

Raciocínio que procura demonstrar *per effectum*, daí ser também conhecido como *ab affectis*, por repousar no conhecimento das conseqüências para chegar às causas menos conhecidas. Por exemplo, é a argumentação que procura fundar a validade de uma proposição jurídica, mediante a enumeração de julgados ou de dados jurisprudenciais (*argumentum a judicato*).

ARGUMENTO *A PRIORI*. *Vide A PRIORI*.

ARGUMENTO *BACULINUM*. É o utilizado pelo emprego de violência ou de força.

ARGUMENTO DA APROXIMAÇÃO PROGRESSIVA. *Retórica jurídica.* É aquele que se utiliza do exemplo hierarquizado para fundamentar algo (Whately).

ARGUMENTO DA DIREÇÃO. *Retórica jurídica.* Aquele que consiste em um alerta contra a utilização do procedimento das etapas: se se ceder agora, ceder-se-á mais na próxima vez. É muito comum nas negociações entre Estados, patrões e empregados, quando não se quer parecer ceder ante a força, ameaça ou chantagem (Perelman e Olbrechts-Tyteca).

ARGUMENTO DA HIERARQUIA DUPLA. *Retórica jurídica.* É o baseado na correlação entre os termos da hierarquia discutida e os de uma aceita, que estão vinculadas entre si, servindo uma de critério ou de definição à outra (Perelman e Olbrechts-Tyteca). É um argumento *a fortiori*.

ARGUMENTO DE COMPARAÇÃO. *Retórica jurídica.* Aquele pelo qual se coteja dois objetos entre si, para avaliá-los um em relação ao outro (Perelman e Olbrechts-Tyteca).

ARGUMENTO DE FONTE. *Teoria geral do direito.* Aquele baseado na obra que veio a inspirar o legislador.

ARGUMENTO DE RECIPROCIDADE. *Retórica jurídica.* Aquele que aplica, a duas situações correspondentes, o mesmo tratamento (Perelman e Olbrechts-Tyteca).

ARGUMENTO *DIRECTUM*. *Vide* ARGUMENTO *APODICTICUM*.

ARGUMENTO DO DESPERDÍCIO. *Retórica jurídica.* Aquele em que se diz que uma vez iniciado um ato e aceitos os sacrifícios que se perderiam em caso de desistência desse ato, urge seguir na mesma direção (Perelman e Olbrechts-Tyteca).

ARGUMENTO *EX CONCESSIS*. *Vide* ARGUMENTO *AD HOMINEM*.

ARGUMENTO *EX CONCESSO*. *Lógica jurídica.* Modalidade de argumento *ad hominem*, também denominado argumento por retorsão, que consiste em partir do princípio de que o adversário reconhece como verdadeiro, para dele inferir, a demonstração da tese negada e a refutação da defendida (Puigarnau).

ARGUMENTO EXEMPLAR OU *EXEMPLA*. *Teoria geral do direito.* Trata-se do exemplo, que é o argumento quase-lógico, por ser uma forma retórica de argumentação correspondente à indução lógica. Ter-se-á tal argumento quando se utilizarem decisões judiciais para dar força argumentativa a uma conclusão ou se constituírem *standards* jurídicos. Os exemplos fortalecerão uma conclusão quanto maior for a semelhança entre eles e deles com o caso a que estão sendo aplicados. Logo, a força argumentativa está na autoridade dos exemplos apresentados. Além disso, será preciso não olvidar que os exemplos podem fundar-se, também, na diferença, hipótese em que, pela sua dissemelhança quanto ao caso, colocam em relevo ou confirmam uma conclusão oposta.

ARGUMENTO *INDIRECTUM*. *Vide* ARGUMENTO *AB ABSURDUM*.

ARGUMENTO INTRÍNSECO. *Lógica jurídica.* É aquele tirado da própria natureza do assunto.

ARGUMENTO JURÍDICO. *Teoria geral do direito.* Raciocínio pelo qual se tira uma conseqüência, fundamentada na opinião comum (Othon Sidou).

ARGUMENTO PELO SACRIFÍCIO. *Retórica jurídica.* Aquele argumento de comparação pelo qual se alega o sacrifício a que se está disposto a se sujeitar para a obtenção de certo resultado (Perelman e Olbrechts-Tyteca).

ARGUMENTO POR CONGRUÊNCIA. *Lógica jurídica.* Argumento fundado na conveniência de uma proposição cuja verdade tem sido demonstrada, concludentemente, com outras proposições conhecidas como verdadeiras, com o objetivo de tornar patente a verdade da primeira (Puigarnau).

ARGUMENTO POR RETORSÃO. *Vide* ARGUMENTO *EX CONCESSO*.

ARGUMENTO PRAGMÁTICO. *Retórica jurídica.* Aquele que possibilita a apreciação de um ato ou fato conforme suas conseqüências, presentes ou futuras, favoráveis ou desfavoráveis (Perelman e Olbrechts-Tyteca).

ARGUMENTO RETÓRICO. *Retórica jurídica.* Argumento que, sem ser rigoroso dialeticamente, é formulado em um discurso para despertar o sentimento do ouvinte (Puigarnau).

ARGUMENTUM AD CRUMENAM. *Expressão latina.* Uso de suborno, na falta de razão convincente.

ARGUMENTUM BACULINUM. *Locução latina.* Emprego da violência para conseguir um objetivo.

ARGUMENTUM ET SILENTIO. *Teoria geral do direito.* Também designado "argumento *a contrario*" porque, em regra, aparece nos casos de silêncio legal, chegando-se à qualificação deôntica do fato não previsto.

ARIANISMO. *Ciência política.* Doutrina popularizada pelo nazismo que exalta a raça ariana, por considerar os povos que a ela pertencem superiores na capacidade de governo, na civilização e na organização social.

ARINQUE. *Direito marítimo.* Cabo com um chicote preso à bóia e outro à âncora, indicando a posição desta.

A RISCO. *Direito comercial.* Operação que, por não ter qualquer garantia, torna-se insegura quanto ao seu resultado.

ARISTEROCARDIOTROPIA. *Medicina legal.* Desvio do coração para o lado esquerdo.

ARISTOCRACIA. 1. *Ciência política.* Forma legítima de governo em que o poder é outorgado a pessoas da nobreza. 2. *Sociologia jurídica.* a) Classe nobre composta por fidalgos; b) classe social superior pelo merecimento real ou saber; c) sociedade politicamente organizada controlada por uma camada social privilegiada; d) elite como classe dirigente; e) poder exercido pelos melhores ou por homens de maior dignidade, assim considerados por motivos de cultura, talento, nobreza da estirpe a que pertencem, bravura, fortuna etc.

ARISTOCRATISMO. *Ciência política.* 1. Partido favorável à aristocracia. 2. Modos próprios ou peculiares ao aristocrata. 3. Preceitos de aristocrata.

ARISTODEMOCRACIA. *Ciência política.* Governo do qual participam a nobreza e o povo.

ARITMOCRACIA. *Ciência política.* Governo da maioria.

ARITMOMANIA. *Medicina legal.* 1. Impulso mórbido de contar objetos que se apresentam à vista ou de fazer operações aritméticas distintas. 2. Preocupação mórbida com certos números. 3. Mania de repetir certo número de vezes as mesmas contas.

ARKHÉ. *Termo grego.* 1. Poder. 2. O que tem o domínio suficiente sobre o mundo, mantendo-o ordenado ou sujeito a uma ordem.

ARMA. 1. *Medicina legal.* Instrumento usado pelo homem para o ataque ou a defesa, tendo por escopo causar dano a outrem, matando-o ou causando-lhe lesões corporais. **2.** *Direito militar.* a) Corpo do Exército, indicativo do caráter de sua organização ou finalidade, por exemplo, arma da infantaria, arma de artilharia etc.; b) processo de combate. **3.** No *plural*, pode designar a representação em escudo das insígnias e divisa, por exemplo, Armas do Estado, ou seja, seus emblemas ou sinais representativos.

ARMA AUTOMÁTICA. *Medicina legal.* Arma de fogo que, pela pressão de gás ou força de recuo e pela ação de mola, pode ejetar o cartucho vazio depois do primeiro tiro, inserindo o seguinte do depósito, disparando e repetindo tal ciclo enquanto o gatilho for mantido acionado e houver munição no depósito. É designada também "arma de repetição".

ARMA BRANCA. *Medicina legal.* É a confeccionada em ferro ou aço polido, ferindo com a ponta ou com o gume, por exemplo, espada, faca, punhal etc.

ARMA BRASONADA. *Direito militar.* Arma de uso restrito que possui as Armas Nacionais gravadas na armação.

ARMAÇÃO. 1. *Direito civil.* a) Madeiramento que se constrói para cobrir prédios ou para formar a própria estrutura dos edifícios; b) vigamento de um prédio. **2.** *Direito comercial.* Madeiramento de prateleiras de lojas, armazéns, onde são colocadas as mercadorias que serão oferecidas ao público. **3.** *Direito agrário.* Divisão do terreno em tanques e canteiros ou alagamentos, na cultura de arroz. **4.** *Direito marítimo.* a) Conjunto de providências tomadas pelo armador para prover e explorar a embarcação comercialmente; b) aparelhos empregados em navegação marítima para que seja possível a efetivação da viagem projetada; c) atos concernentes ao ajuste com o capitão e a tripulação e à aquisição de todo material necessário; d) equipagem de um navio; e) utensílios de pesca. **5.** *História do direito.* Associação que explorava a caça de índios.

ARMAÇÃO COMUM. *Direito civil.* É a constituída por vigas comuns a duas casas contíguas.

ARMAÇÃO DE PESCARIA. *Direito marítimo.* É a que abrange os barcos, redes, aparelhos, caniçadas, enfim, tudo que for necessário para pescar em grande escala.

ARMA CIENTÍFICA. *Direito militar.* Aquela em que se exige habilitação científica para o posto de oficial, como a engenharia e a artilharia.

ARMA CONTUNDENTE. *Medicina legal.* Instrumento que contém saliências obtusas ou superfícies duras, que atuam violentamente contra o corpo da vítima, causando-lhe lesões superficiais ou profundas, como equimoses, hematomas, bossas sangüíneas, escoriações, feridas lácero-contusas, ruptura de partes moles ou de órgãos internos, luxações ou fraturas ósseas etc. Exemplos desse tipo de arma são o soco inglês, a palmatória, o bastão, o cassetete, o chicote etc.

ARMA CORTANTE. *Medicina legal.* Instrumento que produz ferimentos causados por gume mais ou menos afiado, seccionando tecidos, retalhando ou separando o corpo da vítima. Por exemplo, cutelo, guilhotina, faca, navalha, espada, bisturi, canivete etc. Causa tal arma a ferida incisa, que poderá ser: a) *simples*, se o instrumento apenas penetrar os tecidos numa direção mais ou menos perpendicular à superfície do corpo; b) *com retalho*, se penetrar obliquamente, provocando um retalho cortado em bisel, que penderá de um lado, ficando preso na extremidade; c) *mutilante*, se atravessar os tecidos lado a lado, retirando uma parte do corpo.

ARMA CORTO-CONTUNDENTE. *Medicina legal.* É aquela que, além de cortar, contunde o corpo. Por exemplo, foice, machado, facão, enxada etc.

ARMA CURTA. *Medicina legal.* É a que se utiliza nas lutas corpo a corpo, como o punhal e a navalha.

ARMADA. *Direito militar.* **1.** Esquadra ou Marinha de Guerra; conjunto de embarcações da Marinha para defender a ordem interna e externa do País. **2.** Exército, ou seja, força militar terrestre.

ARMA DE ALCANCE. *Medicina legal.* Aquela que lança projéteis a grandes distâncias, como fuzil, espingarda, obus, canhão etc.

ARMA DE ARREMESSO. *Medicina legal.* É a que atira projétil ao longe, dependendo de manejo humano, como dardo, flecha etc.

ARMA DEFENSIVA. *Medicina legal.* Aquela utilizada para defesa contra ataques do adversário, como capacete, malha, couraça, escudo etc.

ARMA DE FOGO. 1. *Medicina legal.* Aquela que, pela deflagração da pólvora, arremessa projéteis, como a pistola e a espingarda, provocando perfuração e contusão na vítima. **2.** *Direito ad-*

ministrativo. a) Arma de pequeno poder ofensivo utilizável por cidadão idôneo para sua defesa pessoal e patrimonial, desde que autorizado por autoridade competente e obtenha o Certificado de Registro de Arma de Fogo; b) arma de maior poder ofensivo cuja utilização requer habilitação especial. 3. *Direito militar.* Arma que dispara projéteis, empregando a força expansiva dos gases gerados pela combustão de um propelente confinado em uma câmara que, normalmente, está solidária a um cano que tem a função de propiciar continuidade à combustão do propelente, além de direção e estabilidade ao projétil. *Vide* ARMA PROIBIDA.

ARMA DE FOGO DE USO PERMITIDO. *Direito militar.* É aquela cuja utilização é autorizada a pessoas físicas, bem como a pessoas jurídicas, de acordo com as normas do Comando do Exército e nas condições previstas em lei.

ARMA DE FOGO DE USO RESTRITO. *Direito militar.* Aquela de uso exclusivo das Forças Armadas, de instituições de segurança pública e de pessoas físicas e jurídicas habilitadas, devidamente autorizadas pelo Comando do Exército, de acordo com legislação específica.

ARMA DE FUSTE E FERRO. *Medicina legal.* Aquela cujo ferro está preso numa haste, como a lança e o chuço.

ARMA DE PORTE. *Direito militar.* Arma de fogo de dimensões e peso reduzidos, que pode ser transportada por um indivíduo em um coldre e disparada, comodamente, com somente uma das mãos pelo atirador, enquadrando-se nesta definição as pistolas, revólveres e garruchas.

ARMADO. 1. *Direito civil.* Reforçado, numa construção, com trançado de varetas ou arame de ferro. 2. *Direito militar.* a) No *feminino*, posição de uma arma prestes a ser disparada; b) aquele que está munido de arma. 3. *Direito marítimo.* Guarnecido de peças de artilharia.

ARMADOR. 1. *Direito marítimo.* a) Aquele que tem a incumbência de armar o navio, providenciando seu equipamento e também sua exploração comercial, quer seja o seu proprietário ou não. Ou melhor, é aquele que, tendo as qualidades necessárias para praticar atividade empresarial, sendo proprietário, comparte ou caixa de um navio ou o tendo recebido em locação, providenciará não só todo o equipamento da embarcação, adquirindo o material imprescindível à navegação e ao transporte de carga e passageiros, como também a contratação do comandante e da tripulação, por intermédio deste, e a exploração mercantil do navio; b) dono ou contratador de armação de pescaria grossa; c) pessoa física ou jurídica que, em seu nome e sob sua responsabilidade, apresta a embarcação com fins comerciais, pondo-a ou não a navegar por sua conta. 2. *Direito aeronáutico.* Proprietário, locatário ou empresário que se encarrega de explorar comercialmente a aeronave, provendo-a de tudo que for necessário para a navegação aérea, colocando-a em condições de viajar.

ARMADOR BRASILEIRO. *Direito marítimo.* Pessoa física residente e domiciliada no Brasil que, em seu nome ou sob sua responsabilidade, apresta a embarcação para sua exploração comercial.

ARMADOURAS. *Direito marítimo.* Tiras de madeira colocadas no costado do navio em construção para fixar as escoras que o esteiam.

ARMAMAXA. *Direito militar.* Carro utilizado para o transporte de bagagens militares.

ARMAMENTISMO. *Direito internacional público.* Preconização do aumento de material bélico de um Estado.

ARMAMENTO. 1. *Direito marítimo.* a) Ato de equipar uma embarcação com tudo que for imprescindível para torná-la apta à navegação, incluindo-se o material e a tripulação; b) equipamento de um navio. 2. *Direito internacional público.* a) Ato de preparação para a guerra; b) conjunto de material bélico ou de meio técnico, ofensivo ou defensivo, de que se acham providos o Exército, a Marinha e a Aeronáutica de um país. 3. *Direito militar.* Depósito ou equipamento de armas com que contam as Forças Armadas.

ARMA MISTA. *Medicina legal.* Aquela que ao mesmo tempo perfura e contunde (pérfuro-contundente), perfura e corta (pérfuro-cortante) ou corta e contunde (corto-contundente). Possui, portanto, caracteres de duas armas.

ARMA OFENSIVA. *Medicina legal.* Aquela que serve para o ataque, por exemplo, punhal, espingarda, baioneta, pistola etc.

ARMA PERFURANTE. *Medicina legal.* É a que causa perfurações no corpo da vítima, por ser um instrumento longo, terminado em ponta mais ou menos aguda. Por exemplo, lima, agulha, alfinete, prego, florete, espinho etc.

ARMA PERFUROCONTUNDENTE. *Vide* ARMA DE FOGO.

ARMA PERFUROCORTANTE. *Medicina legal.* Instrumento formado por uma lâmina, que pode apresentar um ou mais gumes. Por exemplo, punhal (dois gumes); faca e espada (um gume); estilete triangular ou quadrangular (mais de dois gumes). Tal arma causa feridas pérfuro-incisas, podendo acarretar afastamento e secção das fibras.

ARMA PORTÁTIL. *Direito militar.* É aquela cujo peso e dimensões permitem que seja transportada por um único homem, mas não conduzida em um coldre, exigindo, em situações normais, ambas as mãos para a realização eficiente do disparo.

ARMA PROIBIDA. 1. *Direito penal.* Aquela que, por ser ofensiva, tem seu porte vedado pela lei penal. Seu uso somente será permitido se houver licença prévia da autoridade competente. **2.** *Direito administrativo.* Aquela em que, por ser de uso restrito ou vedado, há obrigatoriedade de seu proprietário cadastrar-se como atirador, colecionador ou caçador no Comando do Exército.

ARMAS EM FUNERAL. *Direito militar.* Voz de comando para que as armas sejam colocadas na posição conveniente a qualquer ato fúnebre, isto é, com a coronha para cima e a boca para baixo.

ARMA SEMI-AUTOMÁTICA. *Medicina legal.* Arma de fogo que contém pressão de gás ou força de recuo e ação de mola, para ejetar o cartucho vazio depois do primeiro tiro e para recarregar, mas que requer soltura e novo aperto do gatilho para que haja disparo de cada tiro sucessivo.

ARMAS ESPIRITUAIS. *Direito canônico.* Mecanismos utilizados pela Igreja, tais como excomunhão, censura, privação dos sacramentos, para castigar determinadas infrações às normas religiosas, sem, contudo, causar dano à pessoa ou aos bens do infrator.

ARMAS OBSOLETAS. São as fabricadas há mais de cem anos, sem condições de funcionamento eficaz e cuja munição não mais seja de produção comercial. São também consideradas obsoletas as réplicas históricas de comprovada ineficácia para o tiro, decorrente da ação do tempo, de dano irreparável, ou de qualquer outro fator que impossibilite seu funcionamento eficaz, e usadas apenas em atividades folclóricas ou como peças de coleção.

ARMAZÉM. *Direito comercial.* **1.** Prédio ou galpão onde as mercadorias são guardadas e depositadas, por conta e ordem de seu proprietário. **2.** Depósito onde se abrigam as mercadorias em trânsito para serem recolhidas, nos portos de embarque, por outros navios, que as conduzirão ao local de destino. **3.** Depósito de mercadorias para carga, se destinadas à exportação, ou para descarga, se consignadas ao comércio local. **4.** Estabelecimento comercial onde são vendidos bebidas e gêneros alimentícios (armazém de gêneros alimentícios) ou ferragens e materiais similares (armazém de ferragens). **5.** Local coberto onde os produtos são recebidos, classificados, estocados e expedidos (James G. Heim). **6.** *Vide* WAREHOUSE.

ARMAZÉM DE ATACADO. *Direito comercial.* Casa onde se vendem mercadorias por grosso, para revender ou retalhar.

ARMAZÉM DE CAIS. *Direito marítimo.* Armazém que é provido de aparelhos para carga e descarga das embarcações.

ARMAZÉM DE DEPÓSITO. *Direito comercial.* Lugar que tem por fim a guarda e o depósito de mercadorias litigiosas, sob a fiscalização do Tribunal do Comércio. O trapicheiro e o administrador desse armazém serão obrigados a assinar no referido tribunal, ou perante o juiz de direito competente, termo de fiéis depositários das mercadorias recebidas, e, à vista dele, se lhes será passado título competente, que deverá, então, ser lançado no Registro Público de Empresas Mercantis.

ARMAZÉM DE RETÉM. *Direito comercial.* Depósito de gêneros para reserva, até que haja probabilidade de vendê-los com lucro.

ARMAZÉM DE SECOS E MOLHADOS. *Direito comercial.* Local onde são vendidos gêneros alimentícios, bebidas, utensílios etc.

ARMAZÉM GERAL. *Direito comercial.* **1.** Depósito autorizado a receber e guardar mercadorias, até que se lhes dê uma destinação, mediante pagamento de taxa ou comissão estipulada, emitindo, para tanto, dois títulos de crédito: o conhecimento de depósito e o *warrant*. O conhecimento de depósito representa a prova de entrega da mercadoria, reconhecendo seu portador como o proprietário daquela, e o *warrant* refere-se ao crédito e ao valor daquela mercadoria, podendo ser tido, de acordo com alguns autores, como uma promessa de pagamento ou como uma garantia sobre o próprio depósito. **2.** Armazém operado por terceiro que presta serviços a clientes do mercado (James G. Heim).

ARMAZÉM PRIVADO. *Direito comercial.* Armazém operado por uma empresa, ou por um terceiro, para seus próprios produtos (James G. Heim).

ARMAZÉM PÚBLICO. O mesmo que ARMAZÉM GERAL.

ARMAZÉM REGULADOR. *Direito comercial.* É o instituído pelo Poder Público para o depósito de certas mercadorias sujeitas ao seu controle, com o escopo de equilibrar a exportação ou de obter na venda melhor preço e cotação mercadológica.

ARMAZENAGEM. 1. *Direito comercial.* a) Ato de armazenar; b) taxa paga por mercadoria guardada em armazém geral ou trapiche como comissão pela sua conservação. **2.** *Direito aduaneiro.* Multa cobrada pela alfândega em decorrência de atraso ou mora além do prazo estipulado para a retirada de uma mercadoria.

ARMAZENAMENTO. É o conjunto de atividades e requisitos para se obter uma correta conservação de resíduos de animais, insumos e produtos acabados.

ARMÉE. *Termo francês.* Exército.

ARMIPOTENTE. *Direito internacional público.* Estado poderoso em armas durante uma guerra.

ARMISTÍCIO. *Direito internacional público.* **1.** Convenção entre Estados beligerantes para cessar ou interromper, parcial ou totalmente, as hostilidades, temporariamente ou até que se celebre o tratado de paz. **2.** Pacto acertado entre duas ou mais potências em guerra, estabelecendo-lhes cláusulas de caráter econômico, permitindo, por exemplo, o comércio entre elas e os Estados neutros. Trata-se do *trève marchande* ou armistício para o comércio.

ARMISTÍCIO ESPECIAL. *Direito internacional público.* Acordo mútuo estabelecido, por um breve período de tempo, para que os países beligerantes possam, durante a trégua na luta armada, dispor sobre assuntos militares de seu interesse.

ARMISTÍCIO GERAL. *Direito internacional público.* Convenção estabelecida entre nações em guerra para suspender totalmente qualquer hostilidade terrestre, aérea ou marítima, com o intuito de serem acertadas as condições de paz.

ARN. *Medicina legal.* Abreviação de ácido ribonucléico.

A ROGO. *Direito civil.* A pedido. Tal locução indica assinatura feita por alguém a pedido daquele que não pode assinar o documento.

AROMATERAPIA. *Medicina legal.* Uso terápico do aroma natural de plantas, oriundo de óleos essenciais que satisfazem a mente e o corpo do paciente, sendo um coadjuvante no tratamento holístico, através de ação direta em massagens, banhos, inalações, compressas etc. (J. Nitoli Hernandez).

AROMATISMO. *Medicina legal.* Envenenamento provocado por bebidas aromáticas, como licores, aperitivos etc.

ARPANET. Acrônimo de *Advanced Research Projects Agency Network* – Rede da Agência de Projetos de Pesquisa Avançados.

ARPOADO. *Direito civil.* Diz-se do peixe fisgado ou golpeado com arpão, que pertencerá ao pescador que o apreendeu ou o tenha perseguido, mesmo que outro venha a apanhá-lo.

ARQUÉ. *Filosofia geral.* Aquilo do qual derivam todas as coisas e no qual se ultimam todos os seres. É uma realidade que permanece idêntica no transmutar-se de suas alterações (Aristóteles).

ARQUÊ. *Filosofia pura.* Primeiro princípio de tudo.

ARQUEAÇÃO. *Direito marítimo.* **1.** Ato de determinar a capacidade-limite de um navio em relação à carga que pode transportar, no que atina ao seu peso ou volume. Tal operação é feita, no local do registro do navio, pelas autoridades alfandegárias, se no país de origem, e pelos cônsules, se no exterior, que fornecerão uma certidão desse ato ao proprietário da embarcação. **2.** Também chamada de "Tonelada de registro", é a designação técnica da embarcação pela medição de sua capacidade cúbica, baseada na unidade de medida conhecida por Tonelada Moorson, equivalente a 2,832 metros cúbicos (Geraldo Bezerra de Moura).

ARQUEAÇÃO BRUTA. *Direito marítimo.* **1.** Volume de todos os espaços internos do navio ou da embarcação (Geraldo Bezerra de Moura). **2.** É a expressão do tamanho total de uma embarcação, determinada de acordo com as determinações legais, sendo função do volume de todos os espaços fechados. A arqueação bruta é um parâmetro adimensional.

ARQUEAÇÃO LÍQUIDA. *Direito marítimo.* **1.** Volume dos espaços que se destinam à carga e aos passageiros (Geraldo Bezerra de Moura). Também conhecida como *Net Tonnage* ou *Register Tonnage.* **2.** Expressão da capacidade utilizável da embarcação, determinada de acordo com as prescrições legais, sendo função do volume dos espaços fechados destinados ao transporte de carga, do número de passageiros transportados, do local onde serão estes transportados, da relação calado/pontal e da arqueação bruta.

ARQUEOPLASMA. *Medicina legal.* Intumescência abdominal causada pelo acúmulo de matéria fecal ou pela presença de algum corpo estranho no intestino.

ARQUESTETISMO. *Filosofia geral.* Teoria que entende ser a sensibilidade e a vida anteriores aos seus órgãos, uma vez que constituem a causa de seu desenvolvimento (Cope, Schelling e Jouffroy).

ARQUÉTIPO. **1.** *Filosofia geral.* Protótipo ideal das coisas. **2.** *Psicologia forense.* a) Idéia geral que serve de modelo (Taine); b) é, para a psicologia analítica, equivalente ao gene para a genética, ao padrão de comportamento para a zoologia e ao instinto para a fisiologia. É a forma de agir, pensar, sentir, recorrente e típica, comum à humanidade (Lídia Reis de Almeida Prado).

ARQUEU. *Filosofia geral.* Princípio que faz parte da matéria e do pensamento, explicando o desenvolvimento do ser vivo (Van Helmont).

ARQUIBANCADA. *Direito civil* e *direito desportivo.* Construção civil constituída por uma série de assentos dispostos em fileiras, em vários planos, utilizada em teatros, estádios, escolas e cinemas, com o escopo de proporcionar aos espectadores boa visibilidade.

ARQUIDEMOCRÁTICO. *Ciência política.* Aquilo que é demasiadamente democrático.

ARQUIDIOCESE. *Direito canônico.* **1.** Diocese dirigida por um arcebispo a que outras estão subordinadas. **2.** Arcebispado.

ARQUIEPISCOPAL. *Direito canônico.* Relativo a arcebispo.

ARQUITETO. *Direito civil* e *direito autoral.* **1.** Aquele que tem propriedade intelectual da obra que criou. **2.** O que projeta, idealiza ou dirige construções de prédios.

ARQUITETÔNICA. **1.** *Filosofia do direito.* Metodologia que possibilita coordenar as partes de um sistema jurídico. **2.** *Direito civil.* Arte de construção de edifícios. **3.** *Filosofia geral.* a) Arte dos sistemas; b) doutrina do que há de científico no conhecimento (Kant); c) aquilo que depende das causas finais (Leibniz); d) ciência a cujos fins estão subordinados os de uma outra (Aristóteles).

ARQUITETURA. *Direito civil.* Arte voltada à estética das construções e à finalidade útil do espaço gerado (Afonso Celso F. de Rezende).

ARQUITETURA GERÔNTICA. *Direito civil.* É a que procura, nas edificações, proporcionar ao idoso melhores condições, servindo a todas as necessidades de seu organismo.

ARQUITETURA RURAL. *Direito agrário.* Arte de construir prédio rústico de acordo com as exigências do trabalho agrícola.

ARQUIVAMENTO. **1.** *Direito administrativo.* Registro ou anotação que se faz, na repartição competente, de algum ato ou documento importante para as instituições governamentais ou de valor histórico. **2.** *Direito processual.* Encerramento do andamento de um processo ou de inquérito policial. **3.** *Direito comercial.* Ato pelo qual se registram, mediante depósito, um documento ou um contrato na repartição competente, ou seja, na Junta Comercial, para que tenham eficácia e autenticidade. **4.** Na *linguagem comum,* é a ação de arquivar, isto é, guardar em arquivo, ou depositar.

ARQUIVAMENTO DE CONTRATO. *Direito comercial.* Ato ou efeito de arquivar um contrato social e suas alterações, depositando-o na Junta Comercial, para que tenha autenticidade e eficácia jurídica *erga omnes.*

ARQUIVAMENTO DE DOCUMENTO. *Direito comercial.* **1.** Ato pelo qual se registra e autentica um documento, na Junta Comercial, alusivo, por exemplo, à constituição de uma sociedade, à alteração de seus estatutos, à sua dissolução, para que possa irradiar efeitos jurídicos. **2.** Ato de arquivar ou depositar um documento, em razão de não ter mais nenhuma utilidade.

ARQUIVAMENTO DE INQUÉRITO POLICIAL. *Direito processual penal.* Ato pelo qual o Ministério Público, destinatário da *informatio* policial, requer o encerramento do inquérito, ante a ausência de elementos suficientes para a propositura da ação penal, caso em que o magistrado, se julgar improcedentes os motivos alegados, poderá remetê-lo ao procurador-geral, que oferecerá a denúncia, designará outro órgão do Ministério Público para oferecê-la ou, ainda, manterá o pedido de arquivamento, hipótese em que o juiz, então, não poderá ordenar que a autoridade policial proceda a novas investigações. A autoridade policial, neste caso, somente poderá efetuar outras averiguações se tiver conhecimento de novas provas convincentes que, porventura, surgirem, uma vez que o fato da decisão de arquivamento não faz coisa julgada.

ARQUIVAMENTO DE PROCESSO. **1.** *Direito processual.* Recolhimento do processo ao arquivo do juízo em que se achar, em razão de não ter preenchido certas formalidades legais, não ter cabimento ou, ainda, já estar concluído. **2.** *Direito proces-*

sual do trabalho. Encerramento do processo ante o não-comparecimento do autor ou reclamante à audiência inicial. Para evitar que isso ocorra, se não puder comparecer por motivo relevante, deverá fazer-se representar por outro empregado pertencente a mesma profissão ou por seu sindicato, que, segundo alguns autores, apenas poderá pedir ao juiz o adiamento da audiência, embora, como da lei não conste essa restrição, há quem ache que tal representação produz todos os efeitos, inclusive o da realização da audiência com todos os seus atos: depoimento, conciliação etc. Se, porventura, ocorrer o arquivamento, o reclamante deverá pagar as custas processuais, exceto se perceber salário inferior ao dobro do mínimo legal ou for contemplado pelo benefício da assistência judiciária gratuita. O arquivamento não obsta que haja propositura de novo processo, tendo o mesmo objeto. Se o reclamante der causa a dois arquivamentos, perderá, durante seis meses, o direito de ação perante a justiça trabalhista.

ARQUIVAMENTO DOS AUTOS. *Direito processual civil.* Ato pelo qual os autos de um processo são recolhidos a arquivo, declarando-se a extinção do processo, sem resolução do mérito, que ocorre quando aquele ficar parado por mais de um ano, em virtude de negligência das partes, ou o autor não promover atos e diligências que lhe competem, abandonando a causa por mais de trinta dias.

ARQUIVAMENTO E REGISTRO DE TRATADOS INTERNACIONAIS. *Direito internacional público.* Ato de registrar e arquivar os tratados celebrados por qualquer membro da ONU, levado a efeito pelo seu secretariado, cujo serviço jurídico publica mensalmente um boletim denominado *Statement of Treaties and International Agreements Registered or Filed and Recorded with the Secretariat During*, que contém o resumo dos tratados e acordos registrados e arquivados.

ARQUIVAMENTO IMPLÍCITO DE INQUÉRITO. *Direito penal militar.* Não-oferecimento de denúncia pelo órgão do Ministério Público Militar contra um dos partícipes do delito, ou apresentação de denúncia, excluindo algum fato apurado. Tal omissão não é admitida juridicamente (Carlos Frederico de Oliveira Pereira).

ARQUIVISTA. Aquele que tem a incumbência de organizar, conservar e guardar um arquivo, sendo responsável por ele.

ARQUIVO. **1.** Registro. **2.** Título de publicações de sociedades científicas. **3.** Arte do arquivista. **4.** Local ou móvel onde se conservam, em depósito, documentos escritos. **5.** Repositório de documentos importantes para as instituições governamentais ou civis ou de grande valor histórico, cuja conservação é tida como de interesse ou utilidade públicos. **6.** Conjunto de tudo que estiver guardado ou arquivado, ou melhor, conjunto de informações armazenadas. **7.** *Direito de informática.* Grupo de registros que, em banco de dados, representa um grupo de campos.

ARQUIVO DE CARTÓRIO. *Direito processual.* Cartório de um juízo onde estão guardados papéis públicos, autos findos ou que não tiveram andamento, documentos e objetos cuja conservação seja da alçada deste serviço auxiliar da justiça.

ARQUIVO MORTO. Conjunto ordenado de papéis necessários apenas para consulta esporádica (Othon Sidou).

ARQUIVO NACIONAL. *Direito administrativo.* Órgão específico singular subordinado ao ministro de Estado que, por ser o órgão central do Sistema Nacional de Arquivos, tem por finalidade implementar a política nacional de arquivos por meio da gestão, do recolhimento, da preservação e da divulgação do patrimônio documental do País, garantindo pleno acesso a informação com o objetivo de apoiar as decisões governamentais de caráter político-administrativo e o cidadão na defesa de seus direitos, e de incentivar a produção de conhecimento científico e cultural.

ARQUIVO PARTICULAR. *Direito comercial.* Repositório mantido por particular (sociedade, comerciante, cartório) para a guarda de documentos. Os arquivos privados de pessoas físicas ou jurídicas que contenham documentos relevantes para a história, a cultura e o desenvolvimento nacional podem ser declarados de interesse público e social. A declaração de interesse público e social não implica a transferência do respectivo acervo para guarda em instituição arquivística pública, nem exclui a responsabilidade por parte de seus detentores pela guarda e preservação do acervo. O proprietário ou detentor de arquivo privado declarado de interesse público e social deverá comunicar previamente ao Conselho Nacional de Arquivos (CONARQ) a transferência do local de guarda do arquivo ou de quaisquer de seus documentos, dentro do território nacional. A alienação de arquivos privados declarados de interesse público e social deve ser precedida de notificação à União, titular do direito de preferência, para que manifeste, no prazo máximo de sessenta dias, interesse na aquisição. Os proprietários ou detentores de arquivos privados declarados de interesse público e social devem manter preservados os acervos sob a sua custódia, ficando sujeito à responsabilidade penal, civil e administrativa, na forma da legislação em vigor, aquele que desfigurar ou destruir documentos de valor permanente. Os proprietários ou detentores de arquivos privados declarados de interesse público e social poderão firmar convênios, ajustes e acordos com o CONARQ ou com outras instituições, objetivando o apoio para o desenvolvimento de atividades relacionadas à organização, preservação e divulgação do acervo. A perda acidental, total ou parcial, de arquivos privados declarados de interesse público e social ou de quaisquer de seus documentos deverá ser comunicada ao CONARQ por seus proprietários ou detentores.

ARQUIVO PERMANENTE. Conjunto de documentos públicos de valor permanente, que deve ser preservado pelo seu valor histórico, probatório e informativo.

ARQUIVO PRIVADO. *Vide* ARQUIVO PARTICULAR.

ARQUIVO PÚBLICO. *Direito administrativo.* Repositório para recolhimento de papéis e documentos de interesse público, cuja conservação constitui utilidade pública, mantido por pessoas jurídicas de direito público, sob a responsabilidade do Estado. Os documentos arquivados não poderão ser retirados, senão mediante certidão outorgada ao interessado, que a deverá requerer por escrito. São arquivos públicos os conjuntos de documentos: a) produzidos e recebidos por órgãos públicos de âmbito federal, estadual, do Distrito Federal e municipal, em decorrência de suas funções administrativas, legislativas e judiciárias; b) produzidos e recebidos por agentes do Poder Público, no exercício de seu cargo e/ou função; c) produzidos e recebidos por pessoas físicas e jurídicas que, embora se submetam a regime jurídico de direito privado, desenvolvam atividades públicas, por força de lei; d) produzidos e recebidos pelas empresas públicas, sociedades de economia mista, fundações privadas instituídas por entes políticos territoriais e concessionárias e permissionárias de serviços públicos. Às pessoas físicas e jurídicas acima mencionadas compete a responsabilida-de pela preservação adequada dos documentos produzidos e recebidos no exercício de atividades públicas. Os documentos públicos de valor permanente, que integram o acervo arquivístico das empresas em processo de desestatização, parcial ou total, serão recolhidos a instituições arquivísticas públicas, na sua esfera de competência, por serem inalienáveis e imprescritíveis. Tal recolhimento constituirá cláusula específica de edital nos processos de desestatização. As empresas desestatizadas, as concessionárias ou as permissionárias providenciarão, em conformidade com as normas arquivísticas emanadas do Conselho Nacional de Arquivos (CONARQ), a identificação, classificação e avaliação do acervo arquivístico. Os documentos de valor permanente poderão ficar sob a sua guarda enquanto necessários ao desempenho de suas atividades.

ARQUIVOS DE CONSUMO. *Direito do consumidor.* **1.** Banco de dados do Serviço de Proteção ao Crédito (SPC) e cadastro de consumidores, que contém informações sobre o consumidor, relacionadas ao mercado de consumo. Só podem ser usadas pelo fornecedor, por meio de solicitação individualizada, quando houver uma relação de consumo. **2.** Formas de armazenamento de informações pessoais e de consumo relativas aos consumidores (Renato Afonso Gonçalves).

ARRAIAL. 1. *Direito militar.* Acampamento de militares. **2.** *Sociologia jurídica.* a) Local de povoação temporária, mais ou menos densa; b) pequena povoação; c) lugar onde há aglomeração popular festiva.

ARRAIS. *Direito marítimo.* Mestre que tem o comando de barco de pequena tonelagem, que faz todo o serviço costeiro.

ARRAIS–AMADOR. *Direito marítimo.* Quem está apto para conduzir embarcação nos limites da navegação interior.

ARRAISONNER UN NAVIRE. *Expressão francesa.* Inspecionar um navio.

ARRANCA–TOCOS. *Direito agrário.* Instrumento com que se retiram os restos de tronco ou de raízes após o corte das árvores.

ARRANGEMENT WITH CREDITORS. *Expressão inglesa.* Concordata (recuperação judicial ou extrajudicial no Brasil).

ARRANJO. 1. Negociata, manobra ou combinação fraudulenta com o intuito de lesar terceiros. **2.** Acordo sobre um negócio. **3.** Especulação com fundos públicos.

ARRAS. *Direito civil.* Designam o sinal, que vem a ser uma quantia em dinheiro ou outra coisa móvel, dado por um dos contratantes ao outro, a fim de concluir o contrato e, excepcionalmente, assegurar o pontual cumprimento da obrigação.

ARRAS CONFIRMATÓRIAS. *Direito civil.* Consistem na entrega de uma soma em dinheiro ou de outra coisa móvel fungível feita por uma parte à outra, em sinal de firmeza do contrato e como garantia de que será cumprido, visando impedir, assim, o arrependimento de qualquer das partes. Infere-se daí o seu triplo objetivo: a) confirmar o contrato, tornando-o obrigatório e fazendo-o lei entre as partes; b) antecipar o pagamento do preço, de sorte que o seu *quantum* será imputado no preço convencionado; c) determinar, previamente, as perdas e danos pelo não-cumprimento das obrigações a que tem direito o contraente que não deu causa ao inadimplemento. A parte inocente poderá pedir indenização suplementar, se provar maior prejuízo, valendo as arras como taxa mínima.

ARRAS PENITENCIAIS. *Direito civil.* Configuram-se quando os contratantes, ao ocorrer a entrega do sinal, estipulam expressamente o direito de arrependimento, tornando resolúvel o contrato, atenuando-lhe a força obrigatória, mas à custa da perda do sinal ou de sua devolução mais o equivalente. Não há direito à indenização suplementar.

ARRASTÃO. *Direito agrário.* Vara que nasce junto ao pé da videira.

ARRASTAR-E-SOLTAR. *Direito virtual.* Recurso consistente em pressionar o botão do *mouse* para movimentar itens em sistemas operacionais com *interface* gráfica.

ARRAZOADO. *Direito processual.* Discurso oral ou escrito de que se servem os litigantes, em juízo, num processo, tendo por fim defender sua causa, apresentando as razões ou alegações sobre a demanda.

ARRAZOAMENTO. **1.** *Direito marítimo.* Ato pelo qual a autoridade marítima portuária chama um navio à fala, ou seja, procede ao seu exame, assim que chegar ao porto, para sindicar sua procedência e as condições sanitárias em que se encontra. **2.** *Direito processual.* Ato ou efeito de arrazoar, defender ou expor, alegando razões sobre uma causa, seja pró ou contra.

ARREAÇÃO. *Direito agrário.* Sangria da seringueira, mediante entalhes.

ARREATADO. *Direito marítimo.* Diz-se do navio atracado.

ARREBANHAR. Retirar animais sem o consenso de seu proprietário ou até mesmo por meio de violência.

ARREBATAMENTO. *Direito penal.* **1.** Ação de arrebatar ou de tirar algo com violência. **2.** Ato de sequestrar.

ARREBATAMENTO DE COISA. *Direito penal.* **1.** Furto. **2.** Roubo. **3.** Ato de retirar coisa que se achava em poder de outrem, seu proprietário ou não, com o intuito de dela se apoderar.

ARREBATAMENTO DE INOPINO DO OBJETO MATERIAL. *Direito penal.* Apreensão de objeto por ação rápida sem violência contra o corpo da vítima (furto) ou com violência física empregada diretamente contra o sujeito passivo (roubo), arrancando, por exemplo, objetos presos a seu corpo, como correntes, pulseiras, relógios etc. (Damásio E. de Jesus).

ARREBATAMENTO DE PRESO. *Direito penal.* Crime que consiste em arrebatar preso do poder de quem o tenha sob sua custódia ou guarda, com o objetivo de maltratá-lo.

ARRECADAÇÃO. Vocábulo que exprime a apreensão e o arrolamento de coisas em poder de alguém, para serem recolhidas em certo local seguro, onde serão guardadas ou depositadas, para entregar a quem de direito, ou submetidas a determinadas circunstâncias, a fim de que se cumpra alguma formalidade legal, como preliminar de outro ato, que se seguirá.

ARRECADAÇÃO DE BENS. *Direito processual.* Medida judicial que arrecada bens de falido e do devedor insolvente, de herança jacente e de ausentes, com o escopo de salvaguardá-los.

ARRECADAÇÃO DE BENS DO AUSENTE. *Direito processual civil.* Ato judicial que visa apreender e recolher bens do ausente, assim declarado, judicialmente, por ter desaparecido de seu domicílio sem ter deixado representante, ou melhor, procurador para administrar seu patrimônio, entregando-os a um curador nomeado pelo juiz, que terá seus poderes e deveres fixados pelo órgão judicante, de acordo com as circunstâncias do caso. Com isso preservar-se-ão os bens do ausente, impedindo seu perecimento. A curatela dos bens do ausente perdura, em regra, por um ano, durante o qual o magistrado ordenará a publicação de editais, de dois em dois meses, convocando-o para retomar a posse do que lhe pertence. Se após um ano da arrecadação dos bens do ausente, ou, se ele deixou representan-te ou procurador, em se passando três anos, os interessados poderão requerer a abertura da sucessão provisória, cessando a curatela.

ARRECADAÇÃO DE BENS DO DEVEDOR INSOLVEN-TE. *Direito processual civil.* Ato judicial que ordena o recolhimento dos bens do devedor insolven-te, impedindo, assim, a livre disponibilidade, acautelando os interesses do credor, confiando sua guarda e conservação ao depositário, que perceberá uma remuneração fixada judicial-mente, pelo seu trabalho, atendendo à situação dos bens, ao tempo de duração do seu serviço, e às dificuldades que, porventura, tiver com sua execução. Tal depositário terá direito de receber o que veio a despender em razão do encargo que lhe foi dado, mesmo que venha a causar, culposamente, dano à parte, caso em que, além de perder a remuneração arbitrada, deverá pa-gar uma indenização pelo prejuízo causado.

ARRECADAÇÃO DE HERANÇA JACENTE. *Direito civil.* Apreensão judicial dos bens do *de cujus* quando não houver herdeiro, legítimo ou testamentário, notoriamente conhecido, ou a herança for repu-diada pelas pessoas sucessíveis, confiando-os à guarda e administração do curador até sua en-trega aos herdeiros legal ou devidamente habi-litados ou até que sejam havidos como vagos, pondo-se, assim, a seguro o patrimônio heredi-tário, que não pode ficar à mercê de interesses estranhos ou opostos à herança.

ARRECADAÇÃO DE IMPOSTOS. *Direito tributário.* Pro-cedimento pelo qual os órgãos fiscais da Admi-nistração Pública federal, estadual ou municipal cobram impostos dos contribuintes e os reco-lhem aos respectivos cofres.

ARRECADAÇÃO DE PRESO. *Direito penal.* Captura de pessoa que esteja respondendo a processo crimi-nal ou cuja condenação já tenha sido proferida, com o fim de recolhê-la à prisão.

ARRECADAÇÃO DE SALVADOS. *Direito marítimo* e *di-reito aduaneiro.* Ação de autoridade alfandegária de recolher os bens que se salvaram de um nau-frágio, guardando-os em certo local, sob a fisca-lização e custódia de um funcionário aduaneiro, até que se lhes dê uma destinação.

ARRECADAÇÃO NA FALÊNCIA. *Direito falimentar.* Re-colhimento do patrimônio ativo, ou seja, dos bens, livros e documentos do falido, feito pelo administrador judicial, assim que assumir seu compromisso, assistido pelo representante do Ministério Público, e, se houver necessidade, com o auxílio do oficial de justiça, requeren-

do para tal fim as providências judiciais que forem necessárias. Isto é assim porque, com a decretação da falência, o falido perde a posse e a administração dos bens do patrimônio falen-cial (direitos reais, pessoais, pretensões, ações e exceções), que não poderão ficar sem um ad-ministrador. Logo, o administrador judicial, ao proceder à arrecadação, substituirá o falido na administração do seu patrimônio.

ARRECADAÇÃO NA PENHORA. *Direito processual civil.* Ato pelo qual o oficial de justiça encarregado de promover a penhora vem a promover a remoção dos bens oferecidos a ela para o poder do depo-sitário público ou da pessoa que for nomeada para substituí-lo. Como se vê, o auto da penhora deverá conter a nomeação do depositário, que poderá ser o próprio devedor cujos bens foram penhorados, caso em que se terá a arrecadação simbólica, ou uma das pessoas arroladas na norma processual, tais como: Banco do Brasil; Caixa Econômica Federal; banco em que o Es-tado-Membro da União tenha mais da metade do capital social integralizado ou, na sua falta, de uma agência daquele ou qualquer estabeleci-mento de crédito indicado pelo juiz, se se tratar de quantia em dinheiro, metal, pedra preciosa ou, ainda, papéis de crédito; depositário judi-cial, se móvel ou imóvel urbano; ou depositário particular, se se tratar de outros bens. Com a expressa anuência do exeqüente ou nos casos de difícil remoção, os bens poderão ser deposi-tados em poder do executado. As jóias, pedras e objetos preciosos deverão ser depositados com registro do valor estimado de resgate.

ARRECOVA. *Direito comercial.* Carga ou bagagem.

ARREGENERATIVO. *Medicina legal.* **1.** Diz-se da au-sência de regeneração após uma lesão ou mo-léstia. **2.** Termo utilizado para indicar falta de regeneração dos glóbulos vermelhos do sangue, em casos de anemia aplástica.

ARREGIMENTAR. *Direito militar.* **1.** Alistar. **2.** Agru-par em regimentos.

ARREMATAÇÃO. *Direito processual civil.* Ato do pro-cesso de execução por quantia certa contra deve-dor solvente, cujos bens serão vendidos em leilão ou hasta pública, determinados pelo magistrado. Em outras palavras, é o ato executório processu-al de venda ou compra em leilão ou hasta públi-ca pelo melhor lanço. Constitui o ato culminante da expropriação forçada, por ser a transferência feita pelo Estado a um terceiro interveniente (ar-rematante) dos bens penhorados, uma vez que ofereceu o melhor lance. A arrematação far-se-á mediante o pagamento imediato do preço pelo arrematante ou, no prazo de até 15 dias, mediante caução. A arrematação poderá ser tornada sem efeito, p. ex., por vício de nulidade, pelo não pagamento do preço, pela falta de prestação de caução, pela prova da existência de ônus real ou de gravame não mencionado no edital, pelo requerimento do arrematante, na hipótese de embargos à arrematação, pela oferta de preço vil etc. Não se confunde com a adjudicação, que é a translatividade da propriedade daqueles bens ao exeqüente.

ARREMATAÇÃO COMUM. Aquela que é feita em leilão particular, sendo concedida a propriedade da coisa àquele que fizer a melhor oferta.

ARREMATAÇÃO DE IMÓVEL. *Direito processual civil.* Ato pelo qual se adquire a propriedade de um imóvel mediante oferta do maior lanço em hasta pública. Se o arrematante tiver interesse poderá adquirir o imóvel em prestações, desde que apresente, por escrito, sua proposta, nunca inferior à avaliação, com oferta de pelo menos 30% à vista, sendo o restante garantido por hipoteca sobre o próprio imóvel.

ARREMATADO. *Direito processual civil.* Aquilo que foi adquirido em leilão ou hasta pública.

ARREMATANTE. *Direito processual civil.* Aquele que vem a arrematar bens alienados em leilão ou em praça, oferecendo o maior lance.

ARREMATANTE REMISSO. *Direito processual civil.* Aquele que não paga o preço da arrematação dentro de três dias, sendo, por isso, sujeito a multa de 20% calculada sobre o lance, em favor do exeqüente.

ARREMATE. 1. *Direito civil.* Execução da herança pelo seu cumprimento, mediante seu deferimento ao herdeiro legítimo ou testamentário. **2.** *Direito agrário.* Feira de animais ou de gado onde são feitas negociações de compra e venda.

ARREMESSO. *Direito penal.* Ação de lançar objeto sobre determinada via pública, local de uso comum ou alheio, podendo ofender, sujar ou molestar alguém, considerada contravenção penal referente à incolumidade pública.

ARREMESSO DE PROJÉTIL. *Direito penal.* Crime contra a segurança dos meios de comunicação e transporte e outros serviços públicos, pois aquele que arremessar projétil contra veículo em movimento, destinado ao transporte público terrestre, aéreo ou marítimo, deverá ser punido com detenção.

ARREMESSO LATERAL. *Direito desportivo.* Ato de repor, no futebol, com as duas mãos a bola em jogo, depois de ela ter saído por uma das linhas laterais.

ARRENDADO. *Direito agrário.* Diz-se do imóvel rural que foi dado em arrendamento, no qual o arrendatário irá explorar o cultivo de plantas, criar animais, exercer indústria rural ou o extrativismo animal ou vegetal.

ARRENDADOR. *Direito agrário.* É o proprietário, usufrutuário, usuário ou possuidor que ceder o uso de imóvel rural, arrendando-o ao arrendatário, para a produção de bens primários obtidos com o trabalho humano.

ARRENDAMENTO. *Direito civil.* Contrato pelo qual se cede a alguém, por determinado prazo e mediante pagamento de uma renda convencionada, o uso e o gozo de um bem infungível (prédio urbano ou rural, veículo etc.).

ARRENDAMENTO DE AERONAVES. *Direito aeronáutico.* Contrato pelo qual se concede, temporariamente, o uso de aeronave destinada às operações de empresas de serviços aéreos regulares, não regulares e de serviços especializados, mediante prévia autorização do diretor-geral do Departamento de Aviação Civil. Quando se tratar de arrendamento de aeronave estrangeira será obrigatória a anuência da Comissão de Coordenação do Transporte Aéreo Civil (COTAC). O prazo do arrendamento deverá enquadrar-se às normas do Banco Central do Brasil e do Regulamento Aduaneiro no que se refere à admissão temporária de bens no País, mas o diretor-geral do Departamento de Aviação Civil poderá prorrogar o prazo das operações se considerar procedentes as razões invocadas pela empresa arrendatária. O arrendamento de aeronave estrangeira sob a forma de *wet leasing* (incluindo tripulação estrangeira) somente será autorizado para atender a comprovadas situações de emergência e em caráter eventual, devendo restringir-se ao período de tempo para a correção da anormalidade existente nos serviços da arrendatária. O contrato de arrendamento, qualquer que seja a sua modalidade, poderá ser celebrado mediante instrumento público ou particular, devidamente testemunhado, traduzido para o idioma nacional quando celebrado no exterior. Todos os contratos de arrendamento, para que tenham vigência perante terceiros, deverão ser inscritos no Registro Aeronáutico Brasileiro. Em todos os contratos de arrendamento é obrigatória a inserção da cláusula definidora da responsabilidade civil decorrente da operação da aeronave, compreendendo danos a passageiros, cargas, tripulantes e terceiros no solo.

ARRENDAMENTO DE CARGO PÚBLICO. *História do direito.* Modalidade antiga de provimento de cargo público, em que o Estado o cedia a um particular, por tempo determinado, mediante quantia arrecadada aos cofres públicos.

ARRENDAMENTO DE EMBARCAÇÕES ESTRANGEIRAS DE PESCA. É autorizado pela Secretaria Especial de Aqüicultura e Pesca da Presidência da República e observará as seguintes modalidades: a) arrendamento pleno: quando o arrendatário recebe a embarcação do arrendador já armada e tripulada na forma da legislação brasileira em vigor; b) arrendamento a casco nu: quando o arrendatário tem a prerrogativa de designar o comandante e a tripulação da embarcação. O arrendamento de embarcação estrangeira de pesca por empresa ou cooperativa de pesca brasileira é considerado instrumento temporário da política de desenvolvimento da pesca oceânica nacional, visando propiciar os seguintes benefícios: a) aumento da oferta de pescado no mercado interno e geração de divisas; b) aperfeiçoamento de mão-de-obra e geração de empregos no setor pesqueiro nacional; c) ocupação nacional e sustentável da zona econômica exclusiva; d) estímulo à formação de frota nacional capaz de operar em águas profundas e utilização de equipamentos que incorporem modernas tecnologias; e) expansão e consolidação de empreendimentos pesqueiros; f) fornecimento de subsídios para aprofundamento de conhecimento dos recursos vivos existentes na plataforma continental e na zona econômica exclusiva; g) aproveitamento sustentável de recursos pesqueiros em águas internacionais.

ARRENDAMENTO DE IMÓVEL PARA SERVIÇO PÚBLICO. *Direito civil.* Contrato em que o locador se compromete a alugar, por tempo determinado ou indeterminado, a um órgão público um bem imóvel, onde será instalado um setor da Administração Pública, mediante pagamento de uma retribuição.

ARRENDAMENTO MERCANTIL. *Direito comercial.* Trata-se do *leasing* financeiro, que é o contrato pelo qual uma pessoa física ou jurídica, pretendendo utilizar determinado equipamento, comercial ou industrial, ou certo imóvel, consegue que uma instituição financeira o adquira, arrendando-o ao interessado, por tempo determinado, possibilitando ao arrendatário, findo tal prazo, optar entre a devolução do bem, a renovação do arrendamento ou a aquisição do bem arrendado, mediante um preço residual fixado no contrato, isto é, o que fica após a dedução das prestações até então pagas. No arrendamento mercantil de imóveis é permitido estipular cláusula de reajuste com periodicidade mensal, por índices de preços setoriais ou gerais ou pelo índice de remuneração básica dos depósitos de poupança.

ARRENDAMENTO RESIDENCIAL. *Direito civil.* Contrato que tem por objeto o arrendamento com opção de compra de bens imóveis adquiridos para atender necessidade de moradia de população de baixa renda. Esse contrato deverá conter: prazo contratual, valor da contraprestação e critérios de atualização, opção de compra e preço para essa opção ou critério para sua fixação. O contrato de aquisição de imóveis pelo arrendador e o de transferência do direito de propriedade ao arrendatário deverão ser celebrados por instrumento particular com força de escritura pública e registrados no Cartório de Registro de Imóveis competente. Havendo inadimplemento no arrendamento, findo o prazo da notificação ou interpelação, sem pagamento dos encargos atrasados o arrendador está, ante o esbulho possessório, autorizado a propor ação de reintegração de posse.

ARRENDAMENTO RURAL. *Direito agrário.* Contrato agrário pelo qual uma pessoa cede a outra, por prazo determinado ou não, o uso e o gozo de um imóvel rural, no todo ou em parte, incluindo ou não outros bens, benfeitorias ou facilidades, com o objetivo de nele ser exercida atividade de exploração agrícola, pecuária, agroindustrial, extrativa ou mista, mediante certa retribuição ou aluguel, observados os limites percentuais do Estatuto da Terra.

ARRENDATÁRIO. *Direito agrário.* **1.** Pessoa ou conjunto familiar, representado pelo seu chefe, que recebe o imóvel rural, para nele exercer atividade de exploração agrícola, pecuária, agroindustrial, extrativa ou mista, mediante pagamento de aluguel. **2.** Aquele que, comprovadamente, utiliza a terra, mediante pagamento de aluguel, em espécie ou *in natura*, ao proprietário do imóvel rural, para desenvolver atividade agrícola, pastoril ou hortifrutigranjeira, individualmente ou em regime de economia familiar, sem utilização de mão-de-obra assalariada de qualquer espécie.

ARRENDIRE. *Direito comparado.* Contrato de arrendamento em que o dono da terra (afincado) dá a um camponês (*arrendire*) uma parcela de sua propriedade, em troca de serviços pessoais e de pagamento de um foro de usufruto (Bacacorzo).

ARRENEGADO. *Direito canônico.* Aquele que renunciou ou renegou a religião cristã.

ARREPENDIMENTO. 1. *Direito civil.* a) Ato de arrepender-se; b) desistência de um ato, voltando atrás em uma deliberação tomada; c) ato pelo qual, oportunamente, se retira a anuência dada à formação de um negócio jurídico combinado, ainda não perfeito e acabado; d) ação do contratante que desiste de um contrato já ajustado. **2.** *Direito penal.* Desistência voluntária da prática de um crime, deixando de consumá-lo, não mais prosseguindo sua execução. Logo, somente caberá um caso de tentativa inacabada ou imperfeita.

ARREPENDIMENTO DO CONSUMIDOR. *Direito do consumidor.* Direito que tem o consumidor de voltar atrás, desistindo, dentro de sete dias, de compra efetuada fora de estabelecimento comercial.

ARREPENDIMENTO EFICAZ. *Direito penal.* É o que se opera quando o agente, após a ultimação do processo de execução do crime, voluntariamente, passa a desenvolver nova ação ou atividade, impedindo ou evitando a produção do resultado anteriormente pretendido. Requer, portanto, dois requisitos: execução concluída e resultado impedido pelo agente. Dá-se quando o agente ultima a fase executiva do delito e, desejando evitar a produção do evento, passa a atuar para impedir sua realização. Por exemplo, se o criminoso envenena a vítima e em seguida ministra-lhe um antídoto, salvando-a, ter-se-á arrependimento eficaz, conseqüentemente, não se lhe aplicará a sanção pelo crime, pois este não chegou a ser executado, operando-se a exclusão da tipicidade do delito. Se, no entanto, não conseguir salvá-la, não impedindo sua morte, responderá por homicídio, apesar de seu arrependimento.

ARREPENDIMENTO LEGAL. *Direito civil.* Retratação autorizada legalmente.

ARREPENDIMENTO POSTERIOR. *Direito penal.* Causa atenuante da pena em razão da reparação do dano físico ou moral ou da restituição, nos crimes cometidos sem violência ou grave ameaça à pessoa, até a data do recebimento da denúncia ou queixa, por ato voluntário do agente. Por exemplo, na fraude por pagamento através de cheque sem provisão de fundos inexistirá justa causa para a ação penal se o agente, voluntariamente, pagar o título antes da denúncia.

ARREPSIA. *Psicologia forense.* Estado de irresolução, em que o espírito humano não consegue decidir-se entre duas razões opostas e de igual valor.

ARRÉRAGES. *Termo francês.* Atrasados de um pagamento.

ARRESTADO. *Direito processual civil.* **1.** Embargado. **2.** Apreendido judicialmente. **3.** Pessoa contra a qual se defere o pedido de arresto. **4.** Diz-se do bem sobre o qual recai a inibição.

ARRESTANDO. *Direito processual civil.* Diz-se do bem que está para sofrer arresto.

ARRESTANTE. *Direito processual civil.* **1.** Aquele que requer, judicialmente, o arresto. **2.** Juiz que determina o arresto.

ARRESTAR. *Direito processual civil.* **1.** Apreender bens por meio do arresto. **2.** Confiscar.

ARRESTO. *Direito processual civil.* Apreensão judicial dos bens do devedor, para garantir ao credor a solução do débito, até que se decida uma ação pendente ou ainda a ser proposta, evitando que aqueles sejam desviados, prejudicando a cobrança do crédito. Assim, assegura-se ao credor, preventivamente, a solvabilidade do próprio devedor. Diferencia-se, portanto, do seqüestro, já que este consiste na apreensão da coisa litigiosa, enquanto no arresto há um processo de inibição ou constrição, pois apreendem-se tantos bens quantos forem necessários ou suficientes para saldar o débito, embargando-os. Trata-se de medida acautelatória ou asseguratória dos direitos do credor, pois os bens do devedor serão entregues à custódia de um depositário até que haja a resolução da pendência ou da causa. É cabível sempre que houver fundado motivo que possa colocar em risco o êxito de uma futura execução. Para a concessão do arresto é essencial: a) prova literal da dívida líquida e certa. Equipara a essa prova, a sentença, líquida ou ilíquida, pendente de recurso, condenando o devedor ao pagamento de dinheiro ou de prestação que possa converter-se em dinheiro; b) prova documental; ou c) justificação do fato de o devedor, sem domicílio, intentar ausentar-se ou alienar seus bens ou deixar de pagar obrigação no prazo estipulado ou de o devedor, com domicílio, ausentar-se, cair em insolvência, contrair débitos extraordinários, colocar bens em nome de terceiro ou praticar ato para lesar credores ou de o devedor, que possui bens de raiz, pretender aliená-los, hipotecá-los ou dá-los em anticrese, sem ficar com algum, livre e desembargado, equivalente a dívida.

ARRESTO DE IMÓVEIS. *Direito processual civil* e *direito processual penal.* Apreensão judicial de bens imóveis, nas hipóteses admitidas em lei, com o escopo de garantir a execução. O arresto de imóveis poderá ser decretado de início, revogando-se, porém, se no caso de quinze dias não for promovido o processo de inscrição da hipoteca legal. Será levantado o arresto ou cancelada a hipoteca se, por sentença irrecorrível, o réu for absolvido ou julgada extinta a punibilidade.

ARRESTO DE MÓVEIS. *Direito processual civil* e *direito processual penal.* Dar-se-á quando o responsável não possuir bens imóveis ou se os que possuir tiverem valor insuficiente. Ocorrendo tal hipótese poderão ser arrestados bens móveis suscetíveis de penhora, nos termos em que é facultada a hipoteca legal dos imóveis.

ARRESTO DE NAVIO. *Direito marítimo, direito comercial* e *direito processual civil.* Embargo de navio ou medida cautelar típica, destinada a garantir a futura cobrança de débito. O arresto é motivado por "créditos privilegiados", que acompanham o navio onde quer que se encontre, como: tributos devidos ao Estado e custas e despesas judiciais; salários devidos por serviços prestados no navio; indenizações por salvamento, pelas avarias grossas e por acidente marítimo; obrigações assumidas pelo comandante do navio no exercício dos poderes que lhe sejam conferidos legalmente, contraídas sobre o casco ou equipamentos do navio, quer representadas por letras (notas promissórias, letras de câmbio etc.) firmadas pelo comandante, quer não; créditos garantidos por hipoteca marítima; débitos com operadores portuários não estatais; despesas com depositários, bem como com aluguéis de armazéns, relativamente a aparelhos do navio, e as com custeio e conservação do navio; faltas na entrega da carga e avaria simples; dívidas provenientes do contrato de construção e da compra do navio, assim como de seu conserto e de seus aparelhos e equipamentos. O arresto pode ser também motivado por créditos "não privilegiados", de natureza e origem distinta dos acima arrolados, não acompanhando o navio onde quer que esteja. Apenas será admitido o arresto por essa modalidade de créditos no porto onde o navio se encontre matriculado, mediante prestação de caução e após o ajuizamento da ação de cobrança da dívida, qualquer que seja sua espécie. Vale dizer: nessa hipótese, a medida cautelar de arresto somente poderá ser incidental a outro processo e não preparatória. Qualquer que seja a natureza do crédito (privilegiado ou não), somente poderá ser arrestado o navio que se encontre sem carga ou que não tenha recebido a bordo mais do que 25% de sua lotação. Todavia, qualquer que seja a quantidade de carga recebida a bordo, o arresto não será admitido se o navio já estiver com todas as autorizações, dadas pelas autoridades portuárias, necessárias para zarpar, a não ser que seja crédito oriundo de abastecimento ou fornecimento realizados no mesmo porto e para a mesma viagem.

ARRESTO DE POTÊNCIA. O mesmo que ARRESTO DO PRÍNCIPE.

ARRESTO DO PRÍNCIPE. *Direito internacional público.* Ato de um Estado soberano que, no período de guerra, impede a saída de navios de carga ou de passageiros, nacionais ou estrangeiros, que se encontrem nos seus portos ou em suas águas territoriais, interditando-os. Denomina-se também "arresto de potência".

ARRETAMENTO. *Direito civil.* Ato de vender com pacto de retrovenda.

ARRÊT DE RÉGLEMENT. *História do direito.* Recurso que, na época do absolutismo francês, colmatava lacunas das ordenações (Olivier Martin, Deteix, Glasson e Gilissen).

ARRÊT DU CONSEIL. *História do direito.* No absolutismo francês, era o recurso interposto pelo tribunal ao monarca absoluto, em caso de dúvida grave, para que ele preenchesse a lacuna emitindo, julgando, em Conselho, o *arrêt du conseil* (Gilissen e Loyseau).

ARRÊTÉ. *Termo francês.* 1. Decreto. 2. Acórdão.

ARRIBADA. *Direito marítimo.* É o ato deliberado de fazer entrar a embarcação num porto ou lugar não previsto ao empreender a viagem, que não seja o porto de escala nem o de destino. Haverá arribada, também, se o navio regressar ao porto de partida sem efetuar a viagem iniciada: a) incluindo a necessidade que a impôs e as despesas decorrentes; b) deve-se ter o maior número possível de dados técnicos e numéricos, quando se tratar de embarcações estrangeiras de pesca ou de pesquisa, tais como: características da embarcação; capacidade de aguada, víveres e combustível; capacidade de produção de água; consumo diário de água, de víveres e de combustível; número de pessoas a bordo; quantidade de água, de combustível e de víveres existentes a bordo por ocasião do último abastecimento e da arribada, bem como onde foi efetuado; c) se a embarcação executava faina escoteira ou com outras da mesma nacionalidade e armação; d) se houve mau tempo não suportável pela embarcação; e) se foi realizada para atender interesses particulares do comandante ou tripulação; f) se houve treinamento inadequado da tripulação; g) se houve falta de habilitação para desempenhar funções; h) se houve acidente com a carga, navio ou suas máquinas e equipamentos que impossibilitassem o prosseguimento da viagem; i) se foram lançados no Diário de Navegação a Ata de Deliberação e o Protesto Marítimo; j) se foram tomadas providências para colocar, de imediato, a embarcação em condições de prosseguir viagem normal.

ARRIBADA FORÇADA OU NECESSÁRIA. *Direito marítimo.* Entrada de um navio em porto não previsto em sua rota, por circunstâncias alheias à vontade do comandante, como desarranjo nas máquinas, acidente com carga ou equipagem, falta de víveres etc., que o obrigam a mudar de rumo. As despesas oriundas dessa arribada forçada serão consideradas avarias comuns. Assim que cessar o motivo da arribada o navio deverá seguir seu curso, sob pena de haver responsabilidade do seu dono ou do capitão pelas despesas que a demora vier a acarretar.

ARRIBADA VOLUNTÁRIA OU ARBITRÁRIA. *Direito marítimo.* Entrada da embarcação num porto que não é o de seu destino, por deliberação de seu comandante, que, por esse ato de ribaldia ou barataria ou pela violação de seus deveres, terá que responder pelas perdas e danos oriundos dessa sua voluntariedade, uma vez que nenhum motivo a justifica. Se danos forem causados aos efeitos segurados, a seguradora não responderá por eles, pois somente o comandante deverá arcar com a responsabilidade pelos prejuízos advindos de seu ato voluntarioso, pagando uma indenização pelas perdas e danos.

ARRIÈRE-PENSÉE. *Locução francesa.* Restrição mental.

ARRIMO. *Direito civil.* 1. Amparo; auxílio material. 2. Pessoa que protege e ampara outra, fornecendo meios para sua subsistência. 3. Obra de alvenaria construída para a segurança de alguma coisa, como o muro de arrimo feito para segurar um terreno mais elevado, evitando seu desmoronamento, ou a estaca de arrimo, que serve de apoio a uma construção, sustentando o que deve ficar firme.

ARRIMO DE FAMÍLIA. 1. *Direito civil.* Única pessoa que dá amparo à sua família, encarregando-se de sua subsistência. 2. *Direito militar.* Causa de isenção do serviço militar.

ARRIOSTE. *Direito marítimo.* Cabo de ancoragem.

ARRIOTA. *Direito agrário.* Trabalho para obter o látex das seringueiras.

ARRISCADO. 1. *Direito comercial.* Diz-se de qualquer negócio que mostra especulação, contendo grandes riscos, sem apresentar segurança aos que dele participam. 2. *Direito civil.* a) Termo que designa negócio ou operação que, por sua aparência, demonstram ser perigosos ou de grandes riscos, podendo acarretar sérios prejuízos aos que os realizarem, por não haver qualquer indício de segurança. Assim sendo, o gestor de negócio poderá ser responsabilizado pelo caso fortuito se efetuar operações arriscadas, mesmo que o dono do negócio tivesse o hábito de fazê-las; b) diz-se do negócio feito precipitadamente, sem as devidas cautelas.

ARRITMIA. *Medicina legal.* Falta de regularidade nas pulsações.

ARRIVAGE. *Termo francês.* 1. Chegada de um navio ao porto. 2. Chegada de mercadorias.

ARRIVAL CONTRACT. *Direito internacional privado.* Contrato de compra e venda internacional que contém a cláusula FAS quando a mercadoria estiver acondicionada em *contêineres*, devendo o carregador entregar os *contêineres* na estação de chegada indicada contratualmente, pronta para o despacho aduaneiro *Vide* CLÁUSULA FAS e *FREE ARRIVAL STATION*.

ARRIVISMO. Atitude descomedida e desonesta, visando posição social, ganhos financeiros ou vantagem.

ARRIVISTA. Trapaceiro; velhaco; embusteiro.

ARROBA. *Direito agrário.* Medida de peso correspondente a quinze quilos.

ARROGAÇÃO. *Direito civil.* 1. Ação de tomar ou de conferir a si o direito sobre um bem, sem que haja qualquer fundamentação jurídica. É o ato de se apossar indevidamente de coisa alheia. 2. Adoção de pessoa *sui juris* que não mais se encontra sob o poder familiar de outrem (adrogação).

ARROGAR. *Direito civil.* 1. Adotar pessoa *sui juris*. 2. Exigir direitos que não se tem.

ARROLAMENTO. 1. *Direito processual civil.* a) Processo de inventário simplificado, caracterizado pela redução de atos formais ou de solenidades. Ocorrerá quando aos herdeiros maiores e capazes convier fazer a partilha amigável dos bens do espólio, que será de plano homologada pelo juiz, mediante prova da quitação dos tributos relativos a eles e às suas rendas, ou quando o valor dos bens do espólio for igual ou inferior a 2.000 OTNs (hoje TR); b) ato pelo qual se faz a discriminação de pessoas ou de coisas, colocando-as num rol ou lista. Daí falar-se em arrolamento de testemunhas, arrolamento de bens etc. **2.** *Direito militar.* Alistamento, recrutamento ou composição do rol de pessoas figurantes no sorteio militar ou obrigadas ao serviço ativo do Exército.

ARROLAMENTO CAUTELAR. *Direito processual civil.* Medida cautelar de arrolamento que visa impedir o extravio ou dissipação de bens, garantindo que a situação não se modifique, mediante arrecadação prévia de bens, para que haja uma justa divisão na ação principal.

ARROLAMENTO COMUM. *Vide* ARROLAMENTO SIMPLES.

ARROLAMENTO DE BENS. *Direito processual civil.* Procedimento ou medida cautelar específica requerida sempre que houver sério risco ou fundado receio de extravio ou dissipação de bens alheios, para entregá-los a um depositário, que lavrará auto, descrevendo com minúcias os bens depositados, registrando as ocorrências necessárias à sua conservação. Tal arrolamento de bens não é apenas *ad probationem*, por consistir na pretensão à segurança da própria prestação por meio do depósito dos bens em mãos de pessoa nomeada judicialmente. Essa medida poderá ser requerida por quem tiver interesse na conservação daqueles bens, decorrente de direito já constituído ou a constituir mediante ação própria.

ARROLAMENTO SIMPLES. *Direito processual civil.* Para Sebastião Amorim e Euclides de Oliveira, é a forma simplificada de inventário de bens de valor até 2.000 OTNs (hoje TR).

ARROLAMENTO SUMÁRIO. *Direito processual civil.* Forma abreviada de inventário-partilha na hipótese de haver consenso de herdeiros maiores e capazes, qualquer que seja o valor dos bens (Sebastião Amorim e Euclides de Oliveira).

ARROMBADA. *Direito marítimo.* Borda falsa de navio.

ARROMBAMENTO. 1. *Direito penal.* Destruição de qualquer coisa destinada à proteção ou à segurança de uma propriedade, mediante o uso de violência ou de força. **2.** *Direito processual civil.* Ato de diligência efetuado pelo oficial de justiça, mediante mandado judicial, determinando que se proceda à abertura de cofres, móveis ou portas, para procurar coisas ou pessoas que devam ser penhoradas, apreendidas, despejadas ou presas.

ARROMBAMENTO NA EXECUÇÃO DA PENHORA. *Direito processual civil.* Providência judicial em que dois oficiais de justiça, auxiliados por policial, cumprindo o mandado, arrombarão portas e gavetas de móveis onde presumirem que se encontram os bens do devedor, apreendendo-os, a fim de tornar possível a execução da penhora, que fora obstada.

ARROMBAMENTO NA EXECUÇÃO DO DESPEJO. *Direito processual civil.* Efetivação do despejo por meio de oficiais de justiça, utilizando-se a força pública, chamando-se a polícia civil ou militar, havendo necessidade, se o réu-locatário, com o término do prazo estipulado no edital notificatório para a desocupação do imóvel, não o desocupar voluntariamente. Se o inquilino despejado não quiser retirar seus móveis, utensílios ou pertenças do prédio, os oficiais de justiça entregá-los-ão à guarda ou custódia de depositário judicial da comarca onde o imóvel se situa, se houver, ou de depositário particular, que poderá ser o próprio retomante, desde que nomeado no auto do despejo pelos oficiais de justiça e tenha consentido na indicação. Na prática, porém, o próprio locador-retomante removê-los-á e constituir-se-á depositário até que o locatário os reclame. O depositário perceberá a título de remuneração uma quantia fixada pelo juiz, atendendo à situação dos bens ao tempo do serviço e às dificuldades de sua execução. O depositário terá direito de receber o que despender no exercício da guarda, mas deverá responder pelos danos que dolosa ou culposamente vier a causar, podendo perder, inclusive, a remuneração que lhe foi arbitrada.

ARROTÉIA. *Direito agrário.* Terra desbravada há pouco tempo para fins de cultivo.

ARRUAÇA. *Direito penal.* Constitui uma contravenção penal que se caracteriza por tumulto popular, atitude inconveniente em solenidades oficiais ou espetáculos públicos, perturbação do trabalho ou do sossego alheio com gritarias ou algazarras ou motim de rua.

ARRUAMENTO. *Direito administrativo.* **1.** Ação de marcar o alinhamento para que se estabeleça uma nova rua em local ainda não aproveitado pelo distrito. **2.** Parcelamento do solo em quadras, mediante abertura de vias de circulação.

ARRUFADO. *Direito marítimo.* Embarcação que possui proa muito elevada.

ARRUINADO. 1. *Direito civil.* a) Diz-se de um bem destruído ou inutilizado; b) insolvente; c) aquele que perdeu ou dissipou seu patrimônio. **2.** *Direito comercial.* Falido.

ARRUINAR. 1. Cair em ruína. **2.** Esbanjar bens. **3.** Deteriorar ou destruir bens por falta de conservação. **4.** Reduzir ao estado de insolvabilidade; ficar na miséria.

ARRUMAÇÃO. 1. *Direito comercial.* a) Maneira de escrituração ordenada de livros comerciais, registrando-se todas as operações realizadas no estabelecimento; b) arranjo na escrita pelo qual o empresário procura escriturar seus livros, encobrindo falhas e sonegando impostos e afastando-se das regras da contabilidade. **2.** *Direito marítimo.* a) Estiva; depósito da carga do lastro, da aguada e das munições de guerra, no porão de um navio, feito convenientemente; b) lançamento na carta marítima do ponto em que o navio se encontra; c) conjunto de sinais atmosféricos indicativos da direção em que há terra próxima; d) determinação do rumo.

ARRUMADOR. *Direito marítimo.* Estivador ou aquele que tem a incumbência de dispor, de modo conveniente, a carga de um navio no seu porão ou nos armazéns do porto.

ARS BONI ET AEQUI. *Expressão latina.* Arte do justo e do necessário.

ARS DELUDITUR ARTE. *Expressão latina.* A astúcia é lograda pela astúcia.

ARSENAL. 1. *Direito marítimo.* Local onde são feitos e consertados os navios. **2.** *Direito militar.* a) Lugar onde se guardam as munições e os instrumentos de guerra das Forças Armadas; b) estabelecimento onde se fabricam materiais bélicos. **3.** *Medicina legal.* Meio terapêutico para combater doença.

ARS GRATIA ARTIS. *Locução latina.* Arte pela arte.

ARS LONGA, VITA BREVIS. *Expressão latina.* A arte é longa e a vida, breve.

ARTE. 1. *Direito civil.* Regra que deve ser seguida para se fazer, com acerto, alguma coisa ou uma obra intelectual, protegidas pelo direito autoral.

2. *Direito do trabalho.* Ofício desempenhado por alguém. **3.** *Filosofia do direito.* Conjunto de regras para a produção de um efeito jurídico estético. **4.** *Sociologia jurídica.* Coisa determinada, na forma e no conteúdo, pela estrutura social.

ARTE COMERCIAL. *Direito comercial.* Arte aplicada para atingir fins mercantis, como, por exemplo, promoção de vendas.

ARTE DE JULGAR. *Direito processual.* Conjunto de regras técnicas judiciárias conducente a uma perfeita execução do ato de julgar o caso *sub judice*, por estar ligado à prudência objetiva e à imparcialidade do julgador.

ARTE DRAMÁTICA. *Direito civil.* Gênero literário que compreende obras destinadas à representação em cena.

ARTEFATO. *Direito tributário.* Produto de fábrica entregue ao consumo público e sujeito à tributação, agrupando-se segundo sua matéria-prima principal, por exemplo, artefato de borracha, ferro, seda etc.

ARTEFATO EXPLOSIVO OU MORTÍFERO. *Direito militar e direito penal.* Pode ser: a) arma ou artefato explosivo ou incendiário, que tenha o propósito ou a capacidade de causar morte, lesões corporais graves ou danos materiais substanciais; ou b) arma ou artefato que tenha o propósito ou a capacidade de causar morte, lesões corporais graves ou danos materiais substanciais pela emissão, a propagação ou o impacto de produtos químicos tóxicos, agentes ou toxinas biológicas ou substâncias semelhantes, ou radiação ou material radioativo.

ARTEFATOS PIROTÉCNICOS. *Direito marítimo.* São dispositivos que se destinam, de dia e à noite, à indicação de que uma embarcação ou uma pessoa se encontra em perigo, ou que foi entendido o sinal de socorro emitido. Desse modo, há: 1. Sinais de socorro, que são dos seguintes tipos: a) foguete manual estrela vermelha com pára-quedas – é o dispositivo de acionamento manual que, ao atingir 300 m de altura, ejeta um pára-quedas com uma luz vermelha intensa de 30.000 candelas por 40 segundos. É utilizado em navios e embarcações de sobrevivência para fazer sinal de socorro visível a grande distância; b) facho manual luz vermelha – é o dispositivo de acionamento manual que emite luz vermelha intensa de 15.000 candelas por 60 segundos. É utilizado em embarcações de sobrevivência para indicar sua posição à noite, vetorando o navio ou aeronave para a sua posição; c) sinal fumígeno flutuante laranja – é o dispositivo de acionamento manual que emite fumaça por 3 ou 15 minutos para indicar, durante o dia, a posição de uma embarcação de sobrevivência, ou a de uma pessoa que tenha caído n'água; d) sinal de perigo diurno/noturno – é o dispositivo de acionamento manual que, por um dos lados, emite uma luz intensa vermelha de 15.000 candelas por 20 segundos e, pelo outro, fumaça laranja por igual período. É utilizado nas embarcações para indicar sua posição exata, de dia ou à noite. 2. Sinais de salvamento, destinados às comunicações em fainas de salvamento. São os sinais manuais com estrela nas cores vermelha, verde ou branca.

ARTE JURÍDICA. *Teoria geral do direito.* 1. Técnica de julgamento ou de aplicação do direito. 2. Tópica jurídica ou técnica de pensar por problemas, tendo em vista uma solução. 3. Conjunto de regras apontadas pela retórica e dialética jurídicas que visam as ações de legislar e julgar.

ARTE MILITAR. *Direito militar.* Tática utilizada pelas Forças Armadas para dirigir os movimentos, a formação das tropas e o emprego do material bélico ou de armas.

ARTE NÁUTICA. *Direito marítimo.* Arte de navegação.

ARTERIARCTIA. *Medicina legal.* Estreitamento das artérias.

ARTERIECTOPIA. *Medicina legal.* Deslocação patológica de uma artéria.

ARTERIORISMA. *Medicina legal.* Dilatação de uma artéria.

ARTERIORRAGIA. *Medicina legal.* Hemorragia causada pela ruptura de uma artéria.

ARTERIOSCLEROSE. *Medicina legal.* Endurecimento das artérias que se opera em pessoas de idade avançada, prejudicando a circulação sangüínea e a nutrição dos tecidos, causando sonolência, dor de cabeça, cãibras, pressão alta e demência senil ou arteriosclerótica.

ARTERIOSTENOSE. *Medicina legal.* Obstrução de uma artéria.

ARTERIOXEROSE. *Medicina legal.* Lesão das artérias devida à senilidade.

AR TERRITORIAL. *Direito internacional público.* Espaço aéreo, situado acima do território e das águas jurisdicionais do Estado, sobre o qual este exerce sua soberania. Constitui *res communis* o espaço aéreo sobrejacente ao alto-mar.

ARTESANATO. *Direito autoral.* Atividade daquele que executa obra manualmente, ainda que com o auxílio de máquinas.

ARTESÃO. *Direito comercial.* Aquele que efetua trabalho manual, desenvolvido em pequenas fábricas ou oficinas instaladas em sua moradia, confeccionando mercadorias ou produtos, em pequena escala, destinados ao consumo público.

ARTES GRÁFICAS. *Direito civil.* 1. Artes aplicadas à decoração, à representação, ao desenho e à pintura. 2. Gravuras, litografias, fotografias, xilografias etc. relacionadas à confecção de livros ou de outras publicações.

ARTES LIBERAIS. *Direito civil.* São as que requerem estudo e aplicação da inteligência humana.

ARTICLES OF AGREEMENT. *Expressão inglesa.* Indica instrumento do contrato ou documento que o representa.

ARTICLES OF AMENDMENT. *Expressão inglesa.* Contrato modificativo ou instrumento de alteração do contrato social.

ARTICLES OF DISSOLUTION. *Expressão inglesa.* Instrumento ou documento representativo da dissolução de uma sociedade.

ARTICLES OF PARTNERSHIP. *Expressão inglesa.* Utilizada para designar o contrato social ou o estatuto de uma sociedade.

ARTICULAÇÃO. 1. *Direito processual.* Exposição sobre fato ou direito, apresentando em artigos ou parágrafos os argumentos que, oportunamente, serão provados na pendência da ação. É a exposição jurídica dividida em parágrafos ou artigos. 2. *Medicina legal.* Juntura natural dos ossos.

ARTICULADO. *Direito processual.* 1. Alegação de fatos ou de razões com que se procuram fundar, comprovadamente, a defesa ou a acusação, formulada em artigos ou parágrafos numerados e separados. 2. Libelo; razões finais ou de apelação; contestação; embargos ou petição elaborados por artigos. 3. Sucessão ordenada de artigos alusivos à matéria de fato ou de direito, na qual se fundam a acusação ou a defesa.

ARTÍCULO. *Direito autoral.* 1. Subdivisão de capítulo. 2. Cada trecho de obra escrita.

ARTICULUS TEMPORIS. *Expressão latina.* Momento decisivo.

ARTÍFICE. 1. *Direito civil.* a) Aquele que exerce uma arte, trabalhando sob encomenda. Se for contratado em razão de sua habilidade técnica ou de seu renome deverá cumprir sua obrigação de fazer pessoalmente. Em caso de inexecução, poderá o credor requerer judicialmente que o devedor seja condenado a pagar uma multa por dia de atraso (*astreinte*) no cumprimento; b) autor; c) inventor. **2.** *Direito comercial.* Obreiro ou oficial que executa sua arte em conformidade com as encomendas recebidas em sua oficina. **3.** *Direito do trabalho.* Operário.

ARTIFICIAL. 1. *Direito civil.* Aquilo que é produzido pela arte ou indústria do homem. **2.** *Direito processual.* Diz-se da prova sem consistência, por não corresponder à realidade.

ARTIFICIAL INSEMINATION BY DONOR (AID). *Medicina legal.* Inseminação heteróloga que se dá quando o óvulo da mulher recebe espermatozóide de quem não é seu marido ou companheiro.

ARTIFICIAL INSEMINATION BY HUSBAND (AIH). *Medicina legal.* Inseminação homóloga em que o óvulo da mulher é fecundado pelo sêmen de seu marido ou companheiro.

ARTIFICIALISMO. *Filosofia geral.* Crença que, existente na antigüidade e na Era Medieval, entendia que tudo era produzido do modo como são fabricados os objetos artificiais (Piaget).

ARTIFÍCIO. 1. *Direito civil.* a) Habilidade; b) produto de uma arte; c) meio para executar um artefato; d) ardil utilizado pelo agente para prejudicar terceiro, por exemplo, fraude contra credores; e) meio astucioso empregado pelo agente para induzir outrem a praticar um ato que o prejudicará, mas que aproveitará ao autor do dolo ou a terceiro; f) simulação. **2.** *Direito penal.* Meio fraudulento de obter, para si ou para outrem, vantagem ilícita em prejuízo alheio, mediante induzimento ou manutenção de alguém em erro, configurando tal ato o crime de estelionato.

ARTIGO. 1. *Teoria geral do direito.* a) Divisão ordenada do texto legal por numeração seguida no seu início, sendo, portanto, o elemento estrutural da norma, que consiste em sua unidade básica; b) cada parágrafo de uma articulação. **2.** *Direito civil.* Escrito ou comentário publicado na imprensa ou em revistas sobre um tema, protegido pelo direito autoral. **3.** *Direito comercial.* Mercadoria ou objeto colocado à venda.

ARTIGO EXPLOSIVO. É o que contém uma ou mais substâncias explosivas.

ARTIGOS ACUMULATIVOS. *Direito processual.* São os feitos além do libelo, isto é, a réplica ou a tréplica.

ARTIGOS CRÍTICOS. *Medicina legal.* São artigos ou produtos médicos utilizados em procedimentos invasivos com penetração de pele e mucosas adjacentes, tecidos subepteliais, e sistema vascular, incluindo também todos os artigos que estejam diretamente conectados com esses sistemas. Pelo grande risco de transmissão, devem se esterilizados.

ARTIGOS DE ATENTADO. *Direito processual civil.* Articulado elaborado com o fim de provar que, no curso do processo, houve atentado, isto é, inovação do estado de fato da lide. A ação de atentado é um procedimento cautelar específico cometido pela parte que, no curso do processo: viola penhora, arresto, seqüestro ou imissão na posse; prossegue em obra embargada ou pratica qualquer outra inovação ilegal no estado de fato.

ARTIGOS DE CONSUMO. *Direito do consumidor.* Gêneros que satisfazem, diretamente, às necessidades do homem.

ARTIGOS DE FALSIDADE. *Direito processual civil.* Articulado pelo qual a parte contra quem se produziu um documento argúi sua falsidade na contestação ou no prazo de dez dias, contados da intimação de sua juntada aos autos. Tal incidente de falsidade deverá ser suscitado em petição dirigida ao juiz que preside a causa.

ARTIGOS DE GUERRA. *Direito militar.* Antigas disposições penais alusivas a militares que, hodiernamente, constituem o Código Penal Militar.

ARTIGOS DE HABILITAÇÃO INCIDENTE. *Direito processual civil.* Pedido articulado requerendo, em juízo, a habilitação dos sucessores da parte que vier a falecer.

ARTIGOS DE LIQUIDAÇÃO DE SENTENÇA. *Direito processual civil.* Processo de conhecimento que visa a formação de uma sentença declaratória do que se contém, virtualmente, na sentença exeqüenda. Tais artigos são deduzidos pela parte quando, para determinar o valor da condenação, for preciso alegar e provar fato novo.

ARTIGOS DE OPOSIÇÃO. *Direito processual civil.* Forma articulada de intervenção de terceiro para fazer valer uma pretensão incompatível com o direito do autor e do réu.

ARTIGOS NUNCIATIVOS. *Direito processual civil.* Alegações apresentadas por artigos, formuladas no pedido de embargo de obra nova, requerendo a suspensão desta e a imposição de pena.

ARTIGOS SEMICRÍTICOS. *Medicina legal.* São artigos ou produtos que entram em contato com a pele não íntegra ou com mucosas íntegras. Requerem desinfecção de alto nível ou esterilização para ter garantida a qualidade do seu múltiplo uso.

ARTIGO ÚNICO. *Teoria geral do direito.* Preceito legal que contém somente um dispositivo, como, por exemplo, o decreto que promulga tratado internacional.

ARTILHARIA. 1. *Direito militar.* a) Uma das armas do Exército; b) tropa de artilheiros; c) conjunto de material bélico, canhões e demais bocas-de-fogo utilizados para atirar projéteis a grande distância; d) conhecimento técnico imprescindível a um artilheiro. **2.** *Direito desportivo.* Linha de artilheiros no futebol ou quinteto de ataque.

ARTIMANHA. *Direito civil.* Dolo; fraude; ardil; artifício etc.

ARTISTA. 1. *Direito civil* e *direito autoral.* a) Aquele que se dedica às artes, tendo direito exclusivo de reproduzir suas criações ou de autorizar sua exploração comercial, mediante pagamento de direitos autorais; b) artífice; c) o que exerce arte dramática, representando papéis, tendo o direito sobre a sua interpretação ou execução assegurado pela lei autoral. **2.** *Direito comercial.* Artesão. **3.** *Direito do trabalho.* Empregado de teatro ou de circo, como bailarino, músico etc., que tem sua atividade profissional regulada pelas leis trabalhistas.

ARTISTAS INTÉRPRETES OU EXECUTANTES. *Direito autoral.* Atores, cantores, músicos, bailarinos ou outras pessoas que representem um papel, cantem, recitem, declamem, interpretem ou executem em qualquer forma obras literárias ou artísticas ou expressões de folclore.

ARTRITE. *Medicina legal.* Inflamação dos tecidos de uma articulação.

ARTROSE. *Medicina legal.* Doença de uma articulação que se manifesta por meio de um processo degenerativo.

ARTROSSINOVITE. *Medicina legal.* Inflamação da membrana sinovial da articulação.

ARTROSTEÍTE. *Medicina legal.* Inflamação do tecido ósseo de uma articulação.

ARVÍCOLA. *Direito agrário.* Aquele que vive no campo ou em terra de lavoura, como o lavrador, o agricultor etc.

ARVICULTURA. *Direito agrário.* **1.** Agricultura. **2.** Cultura de cereais.

ARVORADO. *Direito militar.* Soldado com funções de cabo.

ARVORAR. 1. *Direito agrário.* Arborizar; plantar árvores. **2.** *Direito administrativo.* Elevar alguém a um cargo. **3.** *Direito marítimo.* Colocar mastros. **4.** Na *linguagem comum,* assumir por autoridade própria missão, encargo etc.

ÁRVORE. 1. *Direito civil.* Vegetal lenhoso, de tronco alto, que, quando constituir acessório do solo, será considerado bem imóvel por natureza, sendo móvel por antecipação se dele for retirado ou destinado ao corte. A árvore pode ser cultivada, silvestre, frutífera ou infrutífera. **2.** *Direito marítimo.* Mastro ou peça do mastro.

ÁRVORE BRÔNQUICA. *Medicina legal.* Trata-se do conjunto formado pelos brônquios e suas ramificações, apresentando a forma de uma árvore de cabeça para baixo, com seus ramos.

ÁRVORE DE PORFÍRIO. *Filosofia geral.* É a relação de subordinação lógica e ontológica da substância, considerada como gênero supremo, aos gêneros e espécies inferiores até chegar ao indivíduo.

ÁRVORE GENEALÓGICA. *Direito civil.* Representação gráfica da ascendência de uma pessoa, a partir de um tronco comum, que se ramifica, mostrando todos os descendentes e colaterais.

ÁRVORE LIMÍTROFE. *Direito civil.* Aquela situada na linha divisória da propriedade, caso em que se presume pertencer em comum aos donos dos prédios confinantes, até prova em contrário. Trata-se da *árvore meia,* em que cada proprietário é dono de parte dela e não de parte ideal, havendo, portanto, um condomínio necessário. Sendo comum a árvore: nenhum de seus donos poderá cortá-la sem anuência do outro ou exigir que seja abatida; cortada ou arrancada, deverá ser partilhada entre os proprietários confrontantes; serão comuns também as despesas com o seu corte e colheita de frutos, sendo que estes deverão ser repartidos pela metade, quer tombem naturalmente, quer seja provocada a sua queda ou haja colheita.

AS. *Direito romano.* **1.** Totalidade da herança. **2.** Moeda de cobre.

A SACRIS. *Locução latina.* Das coisas sagradas.

ASAFIA. *Medicina legal.* **1.** Vício de pronunciação impeditivo da articulação distinta das palavras. **2.** Rouquidão.

ASARCIA. *Medicina legal.* Magreza extrema.

ASCELIA. *Medicina legal.* Ausência congênita de pernas.

ASCENDÊNCIA. *Direito civil.* Linha reta dos ascendentes, subindo-se da pessoa ao seu antepassado, sem qualquer limitação. São parentes na linha ascendente o pai, o avô, o bisavô etc. O grau de parentesco é contado pelo número de gerações, ou seja, de relações existentes entre o genitor e o gerado. Tantos serão os graus quantas forem as gerações: de pai a filho, um grau; de avô a neto, dois graus; de bisavô a bisneto, três graus etc. Em outras palavras, cada geração representa um grau.

ASCENDENTE. **1.** *Direito civil.* Pessoa de quem se descende: pai, mãe, avô, avó, bisavô, bisavó etc. **2.** *Direito processual penal.* Parente em linha reta, de quem o ofendido se origina, que tem o exercício do direito de queixa ou de representação, no lugar do ofendido.

ASCENSÃO. *Direito administrativo.* Acesso.

ASCESE. *Psicologia forense.* Enorme esforço da vontade para obter firmeza de caráter e energia moral (Dugas).

ASCESE ERÓTICA. *Filosofia geral.* Combinação, exigida pelo conhecer, entre razão e emoção, entre compreender e querer compreender (João M. Adeodato).

ASCETA. *Filosofia geral.* Aquele que é adepto do ascetismo.

ASCETISMO. *Filosofia geral.* Método moral em que se deve procurar satisfazer o menos possível os instintos (Lalande).

ASCRÍTICO. *História do direito.* **1.** Colono que cultivava terras alheias. **2.** Estrangeiro integrado na comunidade social.

ASEIDADE. *Filosofia geral.* Qualidade do que possui em si mesmo a razão e o princípio de sua existência (Schopenhauer e Lalande).

À SES RISQUES ET PÉRILS. *Expressão francesa.* Sob a responsabilidade de alguém.

ASFIGMIA. *Medicina legal.* Ausência momentânea do pulso, em regra devida a um espasmo arterial.

ASFIXIA. *Medicina legal.* Suspensão da respiração e da circulação ou oxigenação do sangue nos pulmões, seguida de morte, aparente ou real, causada por estrangulação, esganadura, sufocação, submersão ou ação de gases irrespiráveis.

ASFIXIA MECÂNICA. *Medicina legal.* Impedimento da entrada de ar nos pulmões por: *sufocação,* causada por obliteração das vias respiratórias ou compressão do tórax impeditivas dos movimentos da respiração; *enforcamento,* ou seja, constrição do pescoço por um laço, determinada pelo peso do corpo da vítima; *estrangulamento,* isto é, constrição do pescoço, que é apertado pelas mãos do agressor, roda de um veículo etc.; *esganadura,* constrição do pescoço produzida pela mão ou antebraço do agente; *afogamento,* morte provocada pela inspiração de água; *soterramento,* quando o ar não pode ingressar na via respiratória, por ter sido substituído por terra, cimento, areia etc.

ASFIXIA POR CONFINAMENTO. *Medicina legal.* É a resultante da diminuição de oxigênio no ambiente, causada pela falta de renovação de ar ou, ainda, pela introdução de gases tóxicos em recintos fechados.

ASFIXIOLOGIA FORENSE. *Medicina legal.* Ramo da medicina legal que cuida do estudo das asfixias relacionadas com o direito penal, diferenciando as acidentais das criminosas e das suicidas.

ASILADO. *Direito internacional privado.* **1.** Refugiado. **2.** Aquele que está sob a guarda de uma nação. **3.** Internado em asilo.

ASILO. **1.** *Direito internacional privado.* Abrigo concedido por um país ou por sua legação a um estrangeiro perseguido, por motivo político, pelo seu Estado. **2.** *Direito civil.* Estabelecimento particular de caridade onde se recolhem crianças abandonadas, pessoas doentes ou idosas para serem tratadas ou alimentadas às suas expensas. **3.** *Direito administrativo.* a) Estabelecimento público encarregado de acolher mendigos, velhos ou crianças abandonadas; b) estabelecimento público que recolhe doentes mentais; hospício. **4.** *Direito penal.* Crime contra a administração da justiça que consiste em acolher, conscientemente, um criminoso.

ASILO DIPLOMÁTICO. **1.** *Direito internacional público.* Asilo concedido na sede de missões diplomáticas (embaixadas e consulados), na residência dos chefes dessas missões, nos acampamentos militares, em navios de guerra ou aeronaves militares aos acusados por crimes políticos, tendo-se em vista que esses locais são, ficticiamente, partes do território que representam e, por isso, invioláveis. **2.** *Direito internacional privado.* É aquele em que um Estado concede na sede de uma legação ou em navio ancorado no mar costeiro (Francioni, Ronning e Baldi).

ASILO EXTRATERRITORIAL. *Vide* ASILO DIPLOMÁTICO.

ASILO MARÍTIMO. *Direito internacional público.* Recolhimento dado aos navios de guerra, pelo prazo máximo de vinte e quatro horas, de Estados beligerantes em um porto de nação neutra, ante o fato de terem ali ancorado por força maior, onde receberão os devidos socorros e provimentos necessários para prosseguirem a viagem.

ASILO NEUTRAL. *Vide* ASILO NEUTRO.

ASILO NEUTRO. *Direito internacional público.* É o concedido por um Estado neutro, situado fora da região onde estão ocorrendo as operações de guerra, a membros das Forças Armadas dos Estados beligerantes e a seus materiais bélicos, tomando todas as precauções para que seu território não se transforme num palco de guerra, sob pena de violar seu dever de imparcialidade, devendo, para tanto, proceder ao desarmamento das tropas, ficando com a custódia de todo o material bélico. É aquele, portanto, concedido, em tempo de guerra, no território de uma nação neutra, mediante o respeito de certas condições, a tropas ou a navios dos Estados beligerantes (Baldi).

ASILO POLÍTICO. *Direito internacional privado.* Proteção concedida por um Estado a uma pessoa estrangeira que está sendo perseguida e processada em seu País de origem, ou por um terceiro Estado, como autora de crime político, consistindo em não conceder a extradição, segundo tratado firmado. Todavia, no Brasil, há uma súmula do Supremo Tribunal Federal que entende ser a concessão desse asilo não impeditiva da extradição, cuja procedência é de sua apreciação e não do governo. Funda-se esse asilo na competência exercida pelo Estado sobre seu território, permitindo a entrada de uma pessoa e protegendo-a enquanto nele permanecer. O asilado político deverá sujeitar-se, no Brasil, aos deveres impostos pelo direito internacional, pelas disposições legais vigentes no território e pelas que o governo fixar.

ASILO TERRITORIAL. *Direito internacional público* e *direito internacional privado.* É o concedido por um país em seu próprio território (Leduc e Baldi) *Vide* ASILO POLÍTICO.

ASINUS ASINUM FRICAT. *Expressão latina.* Elogio mútuo feito, exageradamente, por pessoas que não têm mérito.

ASINUS IN CATHEDRA. *Expressão latina.* Ignorante que se faz passar por mestre.

ASMA. *Medicina legal.* Doença do aparelho respiratório que se caracteriza por acessos de sufocação, com ofegos chiantes, tosse e sensação de constrição provocada por contrações brônquicas espasmódicas.

ASPERMIA. *Medicina legal.* **1.** Ausência de secreção seminal ou incapacidade de ejacular o sêmen. **2.** Esterilidade masculina; impotência.

ASPIRAÇÃO OU SUCÇÃO UTERINA. *Medicina legal.* Técnica abortiva direta que se opera mediante a introdução na abertura do útero de uma cânula ou de um tubo plástico, pontudo e cortante, que fura o saco amniótico, aspirando as partes fetais e o material placentário para um vasilhame.

ASPIRANTE. **1.** *Direito militar.* Aluno que conclui cursos das Escolas de Guerra e faz o estágio para poder assumir o primeiro posto do oficialato da hierarquia do Exército, da Aeronáutica e da Marinha. **2.** Na *linguagem comum,* é aquele candidato que pretende obter título, cargo ou dignidade. **3.** *Direito administrativo.* Classe de empregado em certas repartições públicas correspondente à de amanuense.

ASQUEMATIA. *Medicina legal.* Perturbação da personalidade que impede perceber certas atitudes dos membros, ante a sensação de que não pertencem ao corpo.

ASQUISTODATILIA. *Medicina legal.* Ausência de divisão dos dedos da mão.

ASSACADILHA. **1.** *Direito penal.* Imputação caluniosa. **2.** Pequeno dito agressivo ou malévolo.

ASSALARIADO. *Direito do trabalho.* Aquele que trabalha mediante contraprestação de um salário.

ASSALARIAR. *Direito do trabalho.* Contratar empregado mediante pagamento de salário predeterminado.

ASSALTADO. *Direito penal.* Aquele que foi atacado por outrem.

ASSALTANTE. *Direito penal.* Aquele que assalta ou ataca alguém.

ASSALTO. **1.** *Direito penal.* a) Ataque violento feito a uma pessoa, visando subjugá-la ou penetrar em algum local para nele praticar ato criminoso, como roubo, assassinato etc.; b) arremetida súbita de ladrão por cilada; c) ato de investir ou atacar de repente. **2.** *Direito desportivo.* a) Período de duração de uma luta de boxe; b) duelo simulado entre dois esgrimistas.

ASSASSINATO. *Direito penal.* Homicídio premeditado; ato de tirar a vida de uma pessoa com o emprego de qualquer meio.

ASSASSÍNIO. *Vide* ASSASSINATO.

ASSASSINO. *Direito penal.* Aquele que comete o assassínio; agente do crime de homicídio; homicida.

ASSÉDIO MORAL. *Direito do trabalho* e *direito civil.* **1.** Terrorismo psicológico. **2.** Manipulação perversa. **3.** Conduta abusiva, de natureza psicológica, por parte do empregador ou de empregados entre si, que atenta, de modo prolongado, contra a dignidade psíquica do trabalhador estável, expondo-o a situações humilhantes, que têm por efeito excluir sua relação empregatícia, vencendo-o pelo cansaço, ou deteriorar o ambiente de trabalho durante a jornada em que exerce suas funções, fazendo com que se demita por pressão (Sônia A. C. Mascaro Nascimento). Por isso, pode dar origem à responsabilidade civil por dano moral.

ASSÉDIO SEXUAL. *Direito penal.* Ato de constranger alguém com gestos, palavras ou com emprego de violência, prevalecendo-se de relações de confiança, de autoridade ou empregatícia, com o escopo de obter vantagem sexual.

ASSEGNO BANCARIO. *Locução italiana.* Cheque.

ASSEGNO CIRCOLAR. *Locução italiana.* Cheque circular.

ASSEGURAMENTO. *Direito civil* e *direito processual civil.* Ato ou efeito de assegurar; meio pelo qual se garantem ou se concedem a alguém, em face da função exercida ou do direito de que se é titular, a fruição de uma vantagem, mediante a concessão de um benefício, ou a proteção a um direito ameaçado ou violado, por meio de interposição de ação ou de recurso.

ASSEMBLÉIA. *Direito civil* e *direito comercial.* Reunião de pessoas convocadas, por estarem em igualdade de situação e ligadas pelo mesmo interesse ou por identidade de funções, para deliberar assuntos de sua competência, em razão de lei, estatuto social ou regulamento.

ASSEMBLÉIA CONSTITUINTE. *Direito constitucional.* É a especialmente eleita ou convocada para elaborar, reformar ou revisar Constituição política de um Estado.

ASSEMBLÉIA CONSTITUINTE EXCLUSIVA. *Ciência política.* Tese defendida por Goffredo Telles Jr. de que deve haver uma assembléia soberana eleita pelo povo, com poder constituinte originário, tendo como única missão realizar a revisão constitucional dissolvendo-se logo em seguida.

ASSEMBLÉIA CONSTITUTIVA. *Direito comercial.* Assembléia geral convocada para a constituição de uma sociedade anônima ou em comandita por ações. É, portanto, a reunião inicial de um determinado grupo, com o objeto de criar, fundar ou instalar uma sociedade, desde que represente dois terços do capital social.

ASSEMBLÉIA CONSULTIVA. *Direito administrativo.* Órgão consultivo dos Poderes Públicos que emite pareceres sobre assuntos de sua competência ou responde a suas consultas. Tais pareceres não têm força deliberativa ou decisiva.

ASSEMBLÉIA DA SOCIEDADE. *Direito civil* e *direito comercial.* Reunião de sócios previamente convocados segundo as normas estatutárias, para deliberação sobre o objeto da convocação, pertençam eles a uma sociedade simples ou empresária.

ASSEMBLÉIA DE CONDÔMINOS. *Direito civil.* Órgão deliberativo do condomínio em edifícios de apartamentos, constituído por todos os consortes, que, em regra, decide pelo voto da maioria, apurada não pelo número de pessoas, mas pelas cotas ideais, havendo hipóteses em que há necessidade de unanimidade, como as que envolvem atos de disposição de partes comuns.

ASSEMBLÉIA DE CREDORES. *Direito processual civil* e *direito falimentar.* Reunião de credores habilitados de um devedor comum, realizada no concurso creditório, em razão de sua falência ou insolvência, convocada para que deliberem sobre as providências que deverão ser tomadas relativamente aos seus créditos, ao modo de realização do ativo ou à destinação que deverá ser dada à massa arrecadada. Só pode ser formada pelos que venham a representar o passivo habilitado na falência ou na recuperação judicial.

ASSEMBLÉIA DELIBERATIVA. Órgão que, por maioria de votos, toma deliberações normativas.

ASSEMBLÉIA DISTRITAL. *Ciência política.* Câmara legislativa do Distrito Federal, cujos componentes são os deputados distritais.

ASSEMBLÉIA ELEITORAL. *Direito eleitoral.* Reunião de eleitores de cada circunscrição eleitoral para o exercício do voto.

ASSEMBLÉIA ESPECIAL. *Direito comercial.* Reunião feita para garantir ao titular de determinadas classes de ações preferenciais o direito de se opor às alterações do estatuto da sociedade anônima que venham a diminuir seus privilégios.

ASSEMBLÉIA EXTRAORDINÁRIA. *Direito comercial.* É aquela em que se convocam sócios para a deliberação de assunto inesperado, fora da época preestabelecida no contrato social.

ASSEMBLÉIA GERAL. 1. *Direito comercial.* Reunião de todos ou da maioria dos acionistas ou sócios de sociedade anônima, em comandita por ações ou de sociedade limitada, previamente convocada e realizada na forma da lei e do estatuto social, sendo sujeita a *quorum* para deliberar sobre assuntos de interesse societário e para tomar decisões atinentes à sua defesa, ao seu desenvolvimento e ao seu destino. Pode ser ordinária ou extraordinária. **2.** *Direito civil.* Sessão que visa reunir a totalidade ou a maioria dos membros de uma associação ou sociedade de fins literários, desportivos, científicos ou artísticos para deliberar sobre assunto de seu interesse. Na associação, competir-lhe-á privativamente: destituir os administradores e alterar o estatuto. **3.** *Direito falimentar.* A assembléia-geral de credores, presidida pelo administrador judicial, tem por atribuições deliberar sobre: 1. Na recuperação judicial: a) aprovação, rejeição ou modificação do plano de recuperação judicial apresentado pelo devedor; b) a constituição do Comitê de Credores, a escolha de seus membros e sua substituição; c) o pedido de desistência do devedor; d) o nome do gestor judicial, quando do afastamento do devedor; e) qualquer outra matéria que possa afetar os interesses dos credores; 2. Na falência: a) a constituição do Comitê de Credores, a escolha de seus membros e sua substituição; b) a adoção de outras modalidades de realização do ativo; c) qualquer outra matéria que possa afetar os interesses dos credores.

ASSEMBLÉIA GERAL DE CREDORES. *Direito falimentar.* Vide ASSEMBLÉIA GERAL item 3.

ASSEMBLÉIA GERAL EXTRAORDINÁRIA. *Direito comercial.* Reunião de acionistas de uma sociedade anônima convocada fora de época para deliberações de caráter excepcional, como: reforma estatutária; destituição de administradores; autorização para emissão de debêntures ou de partes beneficiárias; suspensão de exercício dos direitos do acionista; deliberação sobre transformação, fusão, incorporação e cisão da companhia, sua dissolução e liquidação, eleição e destituição de liquidantes e julgamento de suas contas; autorização para os administradores confessarem falência ou pedir recuperação; alteração do dividendo obrigatório e participação em grupo de sociedade.

ASSEMBLÉIA GERAL ORDINÁRIA. *Direito comercial.* Assembléia anual obrigatória na sociedade anô-nima, feita nos quatro meses seguintes ao término do exercício social, para tomar as contas dos administradores, discutir e votar as demonstrações financeiras; deliberar sobre a destinação do lucro líquido do exercício e a distribuição dos dividendos; eleger os administradores e os membros do Conselho Fiscal, quando for o caso, e aprovar a correção da expressão monetária do capital social.

ASSEMBLÉIA LEGISLATIVA ESTADUAL. *Direito constitucional.* **1.** Órgão do Poder Legislativo dos Estados-Membros da Federação que atua dentro dos limites estabelecidos pelas Constituições Estadual e Federal, agregando deputados eleitos pelo povo, que têm a competência de elaborar, discutir e aprovar as leis de sua alçada. **2.** Local onde se realiza a reunião dos membros do Poder Legislativo do Estado.

ASSEMBLÉIA LEGISLATIVA NACIONAL. *Direito constitucional.* Órgão político que compreende a Câmara dos Deputados e o Senado, composto por representantes (deputados federais e senadores) eleitos pelos cidadãos, que têm competência para elaborar, discutir e aprovar leis no âmbito de todo o País. É também denominada "Congresso Nacional" ou "Assembléia Nacional".

ASSEMBLÉIA POPULAR. *Direito político.* Comércio.

ASSEMBLÉIA REPRESENTATIVA. *Direito constitucional.* **1.** Câmara dos Deputados. **2.** É a formada pelos representantes da nação.

ASSEMBLER. *Direito do consumidor.* Fabricante final.

ASSEMELHAÇÃO. 1. *Teoria geral do direito.* Ato, fato ou coisa que, por não estar prevista normativamente, pode ser disciplinada por lei que rege caso semelhante. **2.** *Direito administrativo.* Diz-se do que ocorre com a função que, não estando especificada legalmente, fica sujeita a norma disciplinadora de outra análoga. **3.** *Direito militar.* É o que se dá, na seara penal, em relação a crime considerado militar, perpetrado por civil, se se tratar de delito contra a segurança externa do País ou contra as instituições militares, e, no âmbito administrativo, por tornar sujeito à jurisdição militar civil que exerce função nas Forças Armadas. **4.** *Direito tributário.* É o que se dá no que atina à mercadoria não classificada para a tarifa alfandegária, que, por tal razão, é taxada, relativamente à alíquota a ser aplicada e à base de cálculo, por analogia a outra classificada.

ASSEMELHADO. 1. *Direito militar.* Diz-se daquele que, embora não seja militar, exerce função civil ou militar a bordo de navio de guerra, em arsenal, fortaleza ou repartição sob jurisdição militar. **2.** *Teoria geral do direito.* Diz-se do ato, fato, função ou coisa que, por não estarem definidos especificamente em norma, devem ser regulados por lei disciplinadora do que lhes seja similar ou análogo.

ASSEMELHADO A PESCADOR ARTESANAL. *Direito agrário.* Aquele que, sem utilizar embarcação pesqueira, exerce, na beira do mar, rio ou lagoa, atividade de captura ou extração de elementos animais ou vegetais que tenham na água seu meio normal ou mais freqüente de vida, desde que matriculado no Ibama (exemplo: caranguejeiro, marisqueiro, eviscerador (limpador de pescado), observador de cardumes, pescador de tartarugas, catador de algas etc.).

ASSEMIA. *Medicina legal.* Incapacidade de compreender linguagem falada, escrita ou mímica, causada por uma lesão cerebral.

ASSENHOREAMENTO. *Direito civil.* **1.** Apossamento. **2.** Ato de tomar posse de algum bem.

ASSENSO. *Direito civil.* Consentimento; aprovação; anuência.

ASSENTADA. **1.** *Direito processual civil.* Termo processual em que o escrivão, antes do depoimento testemunhal, declara a presença da testemunha, em juízo, qualificando-a devidamente, e identifica o processo, sem olvidar da data e do local onde o ato se realiza. **2.** *Direito comercial.* Ata de uma sessão da sociedade. **3.** *Ciência política.* Assembléia de eleitores.

ASSENTAMENTO. **1.** *Direito administrativo.* Conjunto de anotações alusivas à vida funcional do funcionário público, lançadas em livros próprios da repartição, por constituir sua fé de ofício. **2.** *Direito civil* e *direito registrário.* Registro público, ou seja, anotação relativa aos atos que devem ser assentados no Registro Imobiliário e nos livros próprios do Registro Civil, tais como casamentos e sua dissolução, nascimentos, interdições, ausência, morte etc., dando-lhes autenticidade. **3.** *Direito comercial.* a) Lançamento efetuado pelo empresário nos livros comerciais, alusivo a todas as operações de comércio e aos atos praticados no exercício da mercancia habitual, obedecendo às regras da arte de escrituração mercantil; b) assento das praxes mercantis na Junta Comercial. **4.** *História do direito.* Pensão em dinheiro ou mantimentos que o monarca instituía em benefício dos fidalgos de sua casa.

ASSENTAMENTO DE USOS. *Direito comercial.* Registro de usos comerciais feito pelas juntas comerciais.

ASSENTE. *Direito civil.* Diz-se do negócio jurídico que foi concluído ou fechado.

ASSENTIMENTO. *Direito civil.* **1.** Consentimento; acordo; aprovação; anuência. **2.** Concordância ou aprovação de uma resolução tomada por outra pessoa, diferenciando-se, assim, do consentimento enquanto concordância coletiva, como, por exemplo, dos condôminos para a alienação da coisa comum.

ASSENTO. **1.** *Vide* ASSENTAMENTO. **2.** *Direito tributário.* Situação definida em lei necessária à ocorrência do fato gerador. É o fato em que se apóia o tributo, por ser a matéria sobre a qual incide o imposto. **3.** *Direito militar.* a) Alistamento de soldados; b) contrato de fornecimento do Exército feito antigamente. **4.** *História do direito.* Registro de acórdão ou aresto proferido por um tribunal. **5.** *Direito comercial.* a) Lançamento de operações contábeis; b) registro anotado pelos corretores em seus cadernos manuais; c) registro de decisões de Juntas Comerciais assinado pelos membros presentes à reunião. **6.** *Direito administrativo.* Ato pelo qual alguém é empossado no cargo ou função para que foi nomeado ou eleito.

ASSENTO INDIVIDUAL. *Direito administrativo.* Local onde se faz o registro do início, da interrupção e do reinício do exercício do servidor público, contendo todos os seus dados pessoais alusivos à sua vida funcional na Administração Pública.

ASSEPSIA. *Medicina legal.* **1.** Tratamento para evitar a introdução de germes infecciosos microbianos no organismo. **2.** Esterilização.

ASSERÇÃO. Afirmação.

ASSERTIVO. *Vide* ASSERTÓRIO.

ASSERTÓRIO. **1.** *História do direito.* Dizia-se do juramento afirmativo da verdade dos fatos, havendo falta de prova. **2.** *Direito romano.* a) Relativo àquele que se incumbia de solucionar determinados assuntos ou ao defensor; b) aquilo que era alusivo à alforria dos escravos. **3.** *Filosofia do direito.* Diz-se, segundo Kant, do enunciado em que a afirmação ou a negação é tida como verdadeira, sem que se lhe junte a idéia de necessidade.

ASSERTÓRICO. *Lógica jurídica.* Juízo em que a afirmação ou a negação tem valor de realidade, ou seja, de verdade (Kant).

ASSESSABLE CAPITAL STOCK. *Expressão inglesa.* Capital não integralizado.

ASSESSMENT. *Termo inglês.* Tributação.

ASSESSMENT LIST. *Locução inglesa.* Cadastro dos contribuintes de imposto.

ASSESSMENT PERIOD. *Locução inglesa.* Ano fiscal.

ASSESSOR. 1. *Direito processual.* Manual que contém fórmulas do processo, orientando advogados. **2.** *Direito internacional público.* Consultor jurídico que acompanha o embaixador, para aconselhá-lo nas decisões jurídicas que deve tomar. **3.** *Direito administrativo.* Pessoa ou órgão que vêm a desempenhar, pelos seus conhecimentos especializados, junto a outra pessoa (física ou jurídica) a função de conselheiro, assistente, auxiliar ou adjunto. É aquele que fornece assessoramento técnico ou jurídico.

ASSESSORIA. 1. Cargo ou função de assessor. **2.** Escritório especializado na coleta e análise de dados estatísticos, científicos ou técnicos sobre determinado assunto. **3.** Órgão que assiste, auxilia tecnicamente ou aconselha uma pessoa física ou jurídica em assuntos especializados.

ASSESSORIA ADMINISTRATIVA DA VICE-PRESIDÊNCIA DA REPÚBLICA. *Direito administrativo.* Órgão encarregado de: a) orientar, coordenar e executar as atividades de caráter orçamentário e financeiro, a administração do pessoal, as comunicações de natureza administrativa, e as de apoio e de serviços gerais dos escritórios da Vice-Presidência e da residência oficial do vice-presidente da República; b) elaborar e submeter ao chefe de gabinete os manuais e rotinas administrativas das áreas de sua competência; c) propor ao chefe de gabinete a requisição, empréstimo, aluguel, compra, cessão e doação dos bens permanentes e de consumo da Vice-Presidência da República; d) fazer a manutenção dos bens sob a guarda da Vice-Presidência da República; e) articular-se com os órgãos especializados da Presidência da República para a realização dos serviços gerais e para a obtenção dos bens permanentes e de consumo utilizados pela Vice-Presidência da República. A assessoria administrativa será integrada pelos seguintes órgãos: setor de orçamento e finanças; setor de pessoal; setor de serviços gerais. O assessor-chefe da assessoria administrativa será o ordenador de despesas da Vice-Presidência da República, cabendo-lhe assinar documentos de natureza contratual, nomear comissões permanentes ou especiais de licitação e autorizar a instauração de processos de licitação, sua dispensa ou declarar sua inexigibilidade. O assessor-chefe da assessoria administrativa será substituído, em suas faltas ou impedimentos, por servidor lotado na Vice-Presidência da República para esse fim designado pelo chefe de gabinete.

ASSESSORIA DE COMUNICAÇÃO SOCIAL DA VICE-PRESIDÊNCIA DA REPÚBLICA. *Direito administrativo.* Órgão competente para: a) estabelecer, manter e promover contatos do vice-presidente da República com a imprensa; b) orientar a preparação da sinopse diária do noticiário; c) executar tarefas de relações públicas e de divulgação; d) manter registro atualizado de matérias relativas à Vice-Presidência da República.

ASSESSORIA DE ESTUDOS E ATIVIDADES ESPECIAIS NO ESTADO-MAIOR DAS FORÇAS ARMADAS. *Direito militar.* Órgão subordinado, diretamente, ao ministro da Defesa, com o objetivo de realizar estudos e desenvolver providências de interesse do órgão, integrado por militares da ativa ou da reserva e especialistas civis, conforme a estrutura estabelecida. O chefe da Assessoria de Estudos e Atividades Especiais é um oficial-general do posto de contra-almirante ou equivalente, de preferência com um dos cursos da Escola Superior de Guerra.

ASSESSORIA DE PROGRAMAS ESPECIAIS. *Direito administrativo.* Órgão ligado ao Ministério da Ciência e Tecnologia com competência para: a) planejar, coordenar e acompanhar as ações voltadas ao Programa de Apoio ao Desenvolvimento Científico e Tecnológico e outras que venham a ser criadas no âmbito de sua área de competência; b) organizar as ações em sua área de competência, de modo a contribuir para o aperfeiçoamento dos mecanismos de coordenação e planejamento pelo Conselho Nacional de Desenvolvimento Científico e Tecnológico; c) fortalecer os mecanismos de interação entre os setores acadêmicos e produtivos; d) aperfeiçoar a infra-estrutura de apoio e de serviços essenciais ao bom desempenho das atividades de ciência e tecnologia em todo o País.

ASSESSORIA DIPLOMÁTICA DA VICE-PRESIDÊNCIA DA REPÚBLICA. *Direito administrativo.* Órgão que tem a função de: a) executar as tarefas específicas de cerimonial, em articulação com a assessoria militar; b) planejar e coordenar o programa de viagens nacionais e internacionais do vice-presidente da República; c) informar o vice-presidente da República sobre a política externa brasileira e a correspondente ação governamental; d) organizar, acompanhar e assessorar as audiências do vice-presidente da República com agentes diplomáticos, funcionários de organizações internacionais e personalidades estrangeiras; e) articular-se com o Cerimonial da Presidência da República e do Ministério das Relações Exteriores, sempre que necessário. A chefia da assessoria diplomática será exercida pelo diplomata hierarquicamente mais antigo nela em exercício.

ASSESSORIA ESPECIAL DA PRESIDÊNCIA DA REPÚBLICA. *Direito administrativo.* Compete assistir direta e imediatamente ao Presidente da República no desempenho de suas atribuições e, especialmente, realizar estudos e contatos que por ele lhe sejam determinados em assuntos que subsidiem a coordenação de ações em setores específicos do Governo; assistir ao Presidente da República, em articulação com o Gabinete Pessoal, na preparação de material de informação e de apoio, de encontros e audiência com autoridades e personalidades nacionais e estrangeiras; preparar a correspondência do Presidente da República com autoridades e personalidades estrangeiras; participar, juntamente com os demais órgãos competentes, do planejamento, preparação e execução das viagens de que participe o Presidente da República; e encaminhar e processar proposições e expedientes da área diplomática em tramitação na Presidência da República.

ASSESSORIA ESPECIAL DE ASSUNTOS INTERNACIONAIS. *Direito administrativo.* É o órgão que tem a incumbência de: a) assessorar o ministro de Estado da Ciência e Tecnologia nos assuntos relacionados com a cooperação internacional em ciência e tecnologia; b) promover a cooperação internacional nos campos relacionados com ciência e tecnologia; c) promover, acompanhar a implementação e participar de acordos e tratados internacionais em ciência e tecnologia; d) articular e colaborar com entidades governamentais e privadas, em negociações de programas e projetos, relacionados com a política nacional de ciência e tecnologia, junto às agências internacionais de desenvolvimento e cooperação; e) supervisionar e coordenar as ações de cooperação internacional nos órgãos subordinados e entidades vinculadas.

ASSESSORIA JURÍDICA. Órgão que auxilia na solução de assuntos jurídicos.

ASSESSORIA MILITAR DA VICE-PRESIDÊNCIA DA REPÚBLICA. *Direito administrativo.* Órgão incumbido de: a) assessorar o vice-presidente da República

em assuntos militares, bem como no que concerne à participação em cerimônias; b) coordenar o serviço de transporte do vice-presidente da República, inclusive os meios aéreos colocados à sua disposição; c) colaborar nas tarefas de segurança pessoal do vice-presidente da República em coordenação com o gabinete militar da Presidência da República; d) participar do planejamento e realização das viagens nacionais e internacionais do vice-presidente da República em articulação com a assessoria diplomática. A chefia da assessoria militar será exercida pelo oficial mais antigo, respeitada a hierarquia militar.

ASSESSORIA PARLAMENTAR DA VICE-PRESIDÊNCIA DA REPÚBLICA. *Direito administrativo.* Órgão com competência para: a) assessorar o vice-presidente da República em seus contatos com a Câmara dos Deputados e o Senado Federal; b) manter a Vice-Presidência da República informada sobre as atividades em curso no Congresso Nacional.

ASSESSORIA TÉCNICA DA VICE-PRESIDÊNCIA DA REPÚBLICA. *Direito administrativo.* Órgão com incumbência de: a) realizar estudos e pesquisas de interesse do vice-presidente da República sobre a realidade brasileira; b) promover e manter contatos com as áreas técnicas governamentais e privadas que possam colaborar nas atividades da vice-presidência da República; c) assessorar o vice-presidente da República em seus contatos com órgãos públicos e com organizações não governamentais.

ASSESSÓRIO. Relativo a assessor.

ASSESSOR TÉCNICO. *Direito administrativo.* Aquele que, por possuir conhecimento especializado sobre determinado assunto da Administração Pública, presta seus serviços junto à autoridade competente, orientando-a tecnicamente em tudo que disser respeito à sua especialidade.

ASSET. *Termo inglês.* Ativo.

ASSET ALLOCATION. *Locução inglesa.* **1.** Alocação de recursos. **2.** Seleção de categorias de ativos, títulos e valores mobiliários para montagem de carteiras administradas de investimentos (Luiz Fernando Rudge).

ASSET – BACKED SECURITY. *Locução inglesa.* **1.** Título lastreado em ativos. **2.** Obrigação ou certificado com lastro em contratos de crédito e empréstimos, ou recebíveis (Luiz Fernando Rudge).

ASSET MANAGEMENT. *Locução inglesa.* **1.** Administração de ativos ou de recursos. **2.** Gestão de ativos. **3.** Administração de carteiras de investimentos (Luiz Fernando Rudge).

ASSETS. *Termo inglês.* Usado para indicar os bens do ativo.

ASSEXUAL. *Medicina legal.* **1.** O que não tem órgãos sexuais funcionais. **2.** Aquele que não apresenta interesse sexual.

ASSIBGE. Sindicato Nacional dos Trabalhadores em Fundações Públicas Federais de Geografia e Estatística.

ASSICE. *História do direito.* Coleção de usos e julgados dos povos latinos que, com as Cruzadas, no século XIII, se deslocaram para o Oriente Médio.

ASSIDERAÇÃO. *Medicina legal.* **1.** Homicídio provocado pela imersão em água gelada. **2.** Ação letal do frio sobre o organismo humano.

ASSIDUIDADE. **1.** *Direito administrativo.* a) Comparecimento habitual do funcionário público para desempenhar as funções da esfera de sua competência, fazendo jus a contraprestação em dinheiro pelo serviço que efetivamente prestou. Se não cumprir o dever de assiduidade, sofrerá sanção administrativa, que poderá chegar à pena de demissão; b) pontualidade no cumprimento do serviço público. **2.** Na *linguagem comum,* é a qualidade daquele que aparece com freqüência em determinado local onde deve desempenhar suas funções.

ASSIETTE. *Termo francês.* Idéia de posição sólida e estável, ou melhor, bem assentada.

ASSIGNATION. *Termo francês.* Citação em juízo.

ASSILABIA. *Medicina legal.* Afasia que leva o doente a ler separadamente as letras de uma sílaba, apresentando incapacidade de reuni-las silabicamente.

ASSILOGÍSTICAS. *Lógica jurídica.* Conseqüências lógicas válidas que não podem ser postas sob a forma de um silogismo regular (Lalande).

ASSIMBOLIA. **1.** *Medicina legal.* Incapacidade, decorrente de uma lesão cerebral, de compreender idéias expressas por sinais antes familiares. **2.** *Psicologia forense.* Perturbação intelectual que leva o sujeito a não compreender o sentido dos signos (Mochi).

ASSIMILAÇÃO. **1.** *Sociologia jurídica.* Processo de interpenetração e fusão de culturas, conhecimentos, atitudes de pessoas ou grupos que, participando de uma mesma experiência, se incorporam na vida cultural comum, fazendo com

que as diferenças desapareçam. **2.** *Filosofia do direito.* Operação pela qual se procura transformar o que é diferente em algo similar. **3.** Na *linguagem comum,* indica adaptação, identificação, ação de tornar semelhante ou igualação. **4.** *Medicina legal.* a) Transformação do alimento em energia ou tecido corpóreo; b) nutrição celular. **5.** *Psicologia forense.* Apropriação de idéias ou sentimentos alheios, incorporando-os ao próprio conhecimento ou atitude.

ASSIMILAÇÃO DE PAVILHÕES. *Direito internacional público.* Ato pelo qual um navio estrangeiro, sem que haja perda de sua nacionalidade, fica sob a proteção do pavilhão de um outro país em igualdade de condições com as embarcações nacionais.

ASSIM O PROMETO. *Direito processual penal.* Palavras com que os jurados, nominalmente chamados pelo magistrado, prestam compromisso em resposta à seguinte exortação: "Em nome da lei, concito-vos a examinar com imparcialidade esta causa e a proferir a vossa decisão, de acordo com a vossa consciência e os ditames da justiça".

ASSINAÇÃO. **1.** *Direito civil.* a) Ato ou efeito de assinar; b) consignação; c) ordem escrita para que alguém receba soma assinada sobre certo fundo; d) cessão de dívida. **2.** *Direito canônico.* Ordem dada pelo prelado a um religioso para habitar em determinado convento. **3.** *Direito processual civil.* a) Termo utilizado em relação a prazo fixado pelo juiz em despachos interlocutórios; b) era o prazo de dez dias determinado pelo juiz para o cumprimento de um despacho e implicava a notificação da pessoa para que assim procedesse. Indicava marcação de prazo para que nele se cumprissem ato ou determinação emanados de autoridade judicial.

ASSINADO. **1.** *Direito civil.* Ato ou documento em que consta uma assinatura. **2.** *Direito processual civil.* Prazo marcado para o cumprimento de um despacho. **3.** *História do direito.* Apólice usada como papel-moeda na Primeira República Francesa.

ASSINALAMENTO. **1.** *Direito civil.* Ato de colocar marcos nos limites de uma propriedade para especificar suas divisas com outra e suas dimensões. **2.** *Direito agrário.* Ato de marcar animais, colocando-lhes o sinal do proprietário, para distingui-los dos pertencentes a outra fazenda.

ASSINANTE. **1.** *Direito civil.* Subscritor ou aquele que apôs sua assinatura num documento. **2.** *Di-*

reito comercial. Pessoa que contrata o recebimento de um periódico, pagando por isso certa quantia. **3.** *Direito processual civil.* Aquele que marca um prazo para ser cumprido por outra pessoa.

ASSINAR. 1. *Direito civil.* Subscrever um documento. **2.** *Direito processual civil.* Marcar prazo para a prática de ato processual.

ASSINAR VENCIDO. *Direito processual.* Apor assinatura no documento em que está consignado o voto vencido.

ASSINATURA. 1. Ação ou efeito de assinar. **2.** Nome assinado, firma ou rubrica que confirma um ato ou legaliza o documento. **3.** Ato de assinar o nome, de próprio punho ou a rogo, em documento, aprovando-o ou atestando sua autoria. **4.** *Direito comercial.* Ajuste que, mediante pagamento de uma certa quantia, confere o direito de receber periódicos (jornais, obras, revistas etc.) ou de freqüentar casa de diversão por certo número de espetáculos. **5.** Preço do ajuste acima mencionado. **6.** *História do direito.* Custas ou emolumentos que designavam os honorários percebidos pelos magistrados pela assinatura de certos documentos.

ASSINATURA ABREVIADA OU RUBRICA. *Direito civil.* É a composta pela abreviação do prenome seguida do sobrenome.

ASSINATURA APOSTÓLICA. *Direito canônico.* Supremo Tribunal da Santa Sé, que tem funções gerais alusivas a toda atividade judicial da Igreja, possuindo competências específicas estabelecidas juridicamente.

ASSINATURA A ROGO. *Direito civil.* É a feita por uma pessoa, a pedido e em nome de outra que não pode ou sabe subscrever, desde que na presença de no mínimo duas testemunhas.

ASSINATURA AUTORIZADA. *Direito civil.* É a que confere com a existente nos registros do órgão incumbido da conferência do documento, para garantir sua autenticidade.

ASSINATURA BÁSICA. É o preço pago pelo assinante à operadora de TV a cabo pela disponibilidade do serviço básico.

ASSINATURA COMERCIAL. Preço pago pelo assinante à operadora de TV a cabo pela disponibilidade do serviço comercial.

ASSINATURA COMPLETA OU POR EXTENSO. *Direito civil.* Aquela que contém o nome completo da pessoa, abrangendo seu prenome e sobrenome.

ASSINATURA DE FAVOR. *Direito cambiário.* Firma contida em letra de câmbio para dar-lhe garantia, sem vincular o firmante ao negócio jurídico que deu origem ao título (Othon Sidou).

ASSINATURA DE PRÓPRIO PUNHO. *Direito civil.* É a feita pela mão da pessoa que assina o documento.

ASSINATURA DIGITAL. *Direito virtual.* **1.** É a que se caracteriza pela utilização de processo de chave pública e de chave privada, atribuídas a uma pessoa, onde a primeira é objeto de divulgação pública, na internet, e a segunda é conhecida apenas pelo seu titular. Tais chaves se compõem de elementos criptográficos (Paulo M. R. Brancher). **2.** Processo de codificação de dados criado a partir de um par de chaves criptográficas. **3.** É a que se constitui por signos ou chaves pertencentes ao autor, sendo a transformação de uma mensagem, mediante o emprego de sistema de cifragem assimétrica, de modo que o possuidor da mensagem a inicia e a chave pública do assinante determina de forma confiável se tal transformação se fez empregando a chave privada correspondente à pública do assinante e se a mensagem foi alterada, desde o momento em que se deu aquela transformação (Ricardo Luís Lorenzetti).

ASSINATURA DIGITALIZADA. *Direito virtual.* É uma espécie de cópia reprográfica da assinatura autógrafa, feita por um equipamento conhecido por *scanner*, que copia a assinatura feita em papel e a transfere para a tela do computador (Valéria E. de Melo Gregores).

ASSINATURA EM BRANCO. *Direito civil.* É a colocada em papel ainda não redigido ou não preenchido, mas que o será posteriormente.

ASSINATURA HOLÓGRAFA. *Direito civil.* É a lançada pelo próprio assinante.

ASSINATURA MECANIZADA. *Direito civil.* É a aposta no documento através de máquinas próprias. Trata-se da assinatura impressa ou feita por sinete, chancela ou carimbo.

ASSINATURA PÚBLICA. *Vide* FIRMA PÚBLICA.

ASSINATURA REAL. *História do direito.* Despacho dado pelo monarca aos decretos e cartas régias apresentadas pelos ministros.

ASSINATURA SINALÁTICA. *Direito civil.* **1.** Rubrica. **2.** Firma representada por um sinal próprio do assinante e não de seu nome por extenso.

ASSINATURA SOCIAL. *Direito comercial.* É a aposição de firma social de uma sociedade empresária, pela qual ela assume obrigações, feita pelo sócio que a representa, tendo poderes estatutários para tanto. Já nas sociedades anônimas tal assinatura é a das pessoas que as administram e assinam por elas.

ASSINCLITISMO. *Medicina legal.* Apresentação oblíqua da cabeça do feto no parto; falta de coincidência entre o eixo da bacia e o da cabeça do feto, durante o trabalho de parto.

ASSISADO. Que tem sido prudente, sensato e judicioso.

ASSISE OF NOVEL DISSEISIN. *Expressão inglesa.* Mandado de reintegração de posse de um bem imóvel.

ASSISTED HATCHING. *Medicina legal.* Rompimento da zona pelúcida do óvulo por meio de furos feitos em laboratório, com o escopo de facilitar a implantação do embrião no endométrio. É uma técnica auxiliar à implantação (Roger Abdelmassih).

ASSISTÊNCIA. **1.** *Direito civil.* a) Proteção que se dá aos relativamente incapazes para a prática de certos atos da vida civil; b) auxílio econômico ou moral devido entre parentes e entre marido e mulher. **2.** *Direito processual civil.* a) Intervenção judicial de alguém numa causa na qual tem legítimo interesse jurídico, sem ser autor ou réu. Essa *assistência processual* é *simples*, porque o terceiro, por ter interesse jurídico na decisão da causa, ingressa no processo para auxiliar um dos litigantes; b) intervenção litisconsorcial quando houver entre o interveniente e a parte contrária, ou o adversário do assistido, uma relação jurídica, que será atingida pela sentença com força de coisa julgada. Nesta hipótese a assistência toma o aspecto de *litisconsórcio*, pelo qual alguém se integra na lide na qualidade de parte; c) intervenção do representante legal em juízo para cuidar dos interesses da pessoa que está sob sua guarda e proteção. Trata-se da *assistência legal* imposta pela lei para que se complete a capacidade processual do incapaz. **3.** *Direito processual penal.* Intervenção do ofendido, ou de seu representante legal (cônjuge, ascendente ou descendente), na ação pública penal, sendo admitido como parte, ao lado do Ministério Público, enquanto a sentença não transitar em julgado. Trata-se da assistência de acusação. **4.** *Direito marítimo.* Auxílio prestado pelo comandante do navio a uma embarcação em perigo em alto-mar.

ASSISTÊNCIA AERONÁUTICA. *Direito aeronáutico.* É a que o comandante da aeronave está obrigado a prestar a quem estiver em perigo no mar, no ar ou na terra, desde que não cause dano à aeronave, à sua tripulação, a seus passageiros ou a terceiros.

ASSISTÊNCIA AO CRIME. *Direito penal.* Co-autoria; cumplicidade; ato de concorrer dolosamente, de qualquer maneira, para o crime.

ASSISTÊNCIA AO MUNICÍPIO. *Direito administrativo.* Atividade da União ou do Estado-Membro com o fim de suprir alguma deficiência técnico-municipal, fornecendo cursos, orientação especializada, pareceres etc., instituindo órgãos para atender a tais finalidades. Em São Paulo o órgão que presta essa assistência é a Fundação Centro de Estudos e Pesquisas de Administração Municipal (CEPAM); em Minas Gerais é o Instituto Mineiro de Administração Municipal (IMAM).

ASSISTÊNCIA AO SERVIDOR PÚBLICO. *Direito administrativo.* Auxílio prestado pelos órgãos públicos a funcionário legalmente investido em cargo público, mediante fornecimento gratuito de assistência médico-hospitalar, cursos de aperfeiçoamento, equipamentos de proteção à saúde, se se tratar de trabalho insalubre etc.

ASSISTÊNCIA COMPLEMENTAR. *Direito civil.* É a necessária para a validade dos atos praticados pelos relativamente incapazes.

ASSISTÊNCIA DE ACUSAÇÃO. *Direito processual penal.* Participação ou intervenção adesiva de um auxiliar do Ministério Público, designado pelo ofendido ou por seu representante legal, na lide. Trata-se da *ação penal adesiva.* O ofendido, apesar de não ter proposto a ação penal, é parte legítima para deduzir sua pretensão punitiva, formando com o Ministério Público um litisconsórcio ativo facultativo.

ASSISTÊNCIA EMERGENCIAL. *Direito do trabalho.* Obrigação da empresa de dar ao empregado acidentado toda sorte de auxílio e de prestação de socorros de urgência, equipando-se, para tanto, de material médico.

ASSISTÊNCIA E PROTEÇÃO ÀS VÍTIMAS DE TRÁFICO DE PESSOAS. *Direito internacional.* Ato de cada Estado proteger a privacidade e a identidade das vítimas de tráfico de pessoas, incluindo, entre outras (ou *inter alia*), a confidencialidade dos procedimentos judiciais relativos a esse tráfico e assegurar que o seu sistema jurídico ou administrativo contenha medidas que forneçam às vítimas de tráfico de pessoas, quando necessário: a) informação sobre procedimentos judiciais e administrativos aplicáveis; b) assistência para permitir que as suas opiniões e preocupações sejam apresentadas e tomadas em conta em fases adequadas do processo penal instaurado contra os autores das infrações, sem prejuízo dos direitos da defesa. Cada Estado-Parte deve levar em consideração a aplicação de medidas que permitam a recuperação física, psicológica e social das vítimas de tráfico de pessoas, incluindo, se for caso disso, em cooperação com organizações não-governamentais, outras organizações competentes e outros elementos de sociedade civil e, em especial, o fornecimento de: a) alojamento adequado; b) aconselhamento e informação, especialmente quanto aos direitos que a lei lhes reconhece, numa língua que compreendam; c) assistência médica, psicológica e material; e d) oportunidades de emprego, educação e formação. Cada Estado-Parte deverá considerar a idade, o sexo e as necessidades específicas das vítimas de tráfico de pessoas, principalmente se forem as crianças, incluindo o alojamento, a educação e os cuidados adequados. E, além disso, envidará esforços para garantir a segurança física das vítimas de tráfico de pessoas enquanto estas se encontrarem no seu território e assegurará, por meio de medidas legais, a essas vítimas a possibilidade de obter indenização pelos danos sofridos.

ASSISTÊNCIA E SALVAMENTO. *Direito marítimo.* Serviço remunerado, prestado por entidade pública ou privada às embarcações, coisas ou bens em perigo no mar, áreas portuárias e águas interiores, por força de acidentes ou avarias, visando sua recuperação, manutenção das suas condições operativas ou reboque para reparos em estaleiro ou oficina especializada.

ASSISTÊNCIA FARMACÊUTICA. *Direito do consumidor.* Conjunto de ações e serviços relacionados com o medicamento, destinados a apoiar as ações de saúde demandadas por uma comunidade. Envolve o abastecimento de medicamentos em todas e em cada uma de suas etapas constitutivas, a conservação e controle de qualidade, a segurança e a eficácia terapêutica dos medicamentos, o acompanhamento e a avaliação da utilização, obtenção e a difusão de informação sobre medicamentos e a educação permanente dos profissionais de saúde, do paciente e da comunidade para assegurar o uso racional de medicamentos.

ASSISTÊNCIA HOSTIL. *Direito internacional público.* Auxílio dado, durante as hostilidades, por um Estado neutro a um beligerante.

ASSISTÊNCIA JUDICIÁRIA GRATUITA. *Direito administrativo* e *direito processual.* Instituição pública encarregada da defesa dos direitos de pessoas sem recursos pecuniários, junto aos juízes e tribunais, por meio de procuradores indicados e da dispensa do pagamento de despesas processuais. É dever-função do Estado a todos os que comprovarem insuficiência de recursos, por estarem impossibilitados de pagar as custas do processo e os honorários advocatícios sem prejuízo do seu sustento ou do de sua família.

ASSISTÊNCIA JUDICIÁRIA GRATUITA DA PROCURADORIA-GERAL DO ESTADO. *Direito processual.* Área responsável pela orientação jurídica e defesa em juízo dos cidadãos necessitados, de forma direta, ou por meio de convênios ou de advogados credenciados.

ASSISTÊNCIA JURÍDICA INTEGRAL. *Vide* ASSISTÊNCIA JUDICIÁRIA GRATUITA.

ASSISTÊNCIA LITISCONSORCIAL. *Direito processual civil.* É a que se dá quando o interesse da parte principal da ação coincidir com o do terceiro.

ASSISTÊNCIA MARÍTIMA. *Direito marítimo.* Socorro que o comandante de um navio deve prestar a outro, em caso de abalroamento ou outro acidente, auxiliando-o o mais que puder, desde que isso não cause risco para sua embarcação, equipagem e passageiros. Tal assistência poderá ser remunerada se houver o desvio de rota ou a ocorrência de qualquer fato que lhe cause despesas, as quais serão suportadas pela embarcação assistida e pela sua carga.

ASSISTÊNCIA MÉDICA. *Direito do trabalho.* É a prestação de serviços clínicos, cirúrgicos, farmacêuticos e odontológicos em empresas, compreendendo, obrigatoriamente, um exame médico do empregado admitido, que deverá ser renovado periodicamente, acompanhado, sempre que possível, de abreugrafia.

ASSISTÊNCIA MÚTUA. 1. *Direito internacional público.* Diz-se do tratado celebrado entre dois ou mais países para a concessão de auxílio recíproco no campo militar, na ocorrência de ataques armados, para manter a paz e a segurança entre os signatários, por todos os meios possíveis. **2.** *Direito civil.* Dever que o consorte tem para com o outro, abrangendo, como ensina Clóvis Beviláqua, os cuidados pessoais nas moléstias, o socorro nas desventuras, o apoio nas adversidades e o auxílio constante nas vicissitudes da vida, sob pena de se ter injúria grave, que pode originar a ação de separação judicial.

ASSISTÊNCIA NA MODALIDADE ASILAR. Atendimento, em regime de internato, ao idoso sem vínculo familiar ou sem condições de prover à própria subsistência de modo a satisfazer as suas necessidades de moradia, alimentação, saúde e convivência social. Mas fica vedada a permanência em asilo, de caráter social, de idoso portador de doença que requer assistência médica permanente ou de enfermagem intensiva, cuja falta possa agravar ou pôr em risco sua vida ou a de terceiros.

ASSISTÊNCIA NA MODALIDADE NÃO ASILAR. É o atendimento em: a) centro de convivência destinado à permanência diurna do idoso, onde são desenvolvidas atividades físicas, laborativas, recreativas, culturais, associativas e de educação para a cidadania; b) centro de cuidados diurno, destinado à permanência diurna do idoso dependente ou que possua deficiência temporária e necessite de assistência médica ou multiprofissional; c) casa-lar, residência, em sistema participativo, cedida por instituições públicas ou privadas a idosos sem família, detentores de renda insuficiente para sua manutenção; d) oficina abrigada de trabalho, que é o local destinado ao desenvolvimento, pelo idoso, de atividades produtivas, permitindo-lhe elevar sua renda; e) atendimento domiciliar, que é o serviço prestado, por profissionais da área de saúde ou por pessoas da comunidade, ao idoso que vive só e seja dependente, a fim de suprir as suas necessidades da vida diária.

ASSISTÊNCIA PÚBLICA. *Direito administrativo.* Instituição do governo que presta socorro médico e cirúrgico, ou serviços de diversas naturezas, gratuitamente, às pessoas necessitadas, sejam elas físicas ou jurídicas. Essa assistência pode ser de *auxílio*, se: a) visa prestar serviços médicos de urgência em caso de doença ou acidente, através do pronto-socorro; b) pretende proteger instituições pias, mantendo-as ou socorrendo-as, para que atendam doentes pobres, velhos, crianças abandonadas ou órfãs; ou de *fomento*, se o Poder Público procura favorecer instituições culturais ou artísticas para desenvolver a cultura e a arte.

ASSISTÊNCIA QUALIFICADA. *Vide* ASSISTÊNCIA LITISCONSORCIAL.

ASSISTÊNCIA RELIGIOSA. *Direito canônico.* Corpo dos assistentes que compõem o conselho de uma ordem religiosa.

ASSISTÊNCIA SOCIAL. *Direito previdenciário.* É a política social que provê o atendimento das necessidades básicas, traduzidas em proteção à família, à maternidade, à infância, à adolescência, à velhice e à pessoa portadora de deficiência, independentemente de contribuição à seguridade social. A organização da assistência social obedece às seguintes diretrizes: a) descentralização político-administrativa; b) participação da população na formulação e controle das ações em todos os níveis.

ASSISTÊNCIA SOCIAL AO IDOSO. *Direito previdenciário.* A assistência social aos idosos será prestada, conforme os princípios e diretrizes previstos na Lei Orgânica da Assistência Social, na Política Nacional do Idoso, no Sistema Único de Saúde e demais normas pertinentes. Aos idosos, a partir de sessenta e cinco anos, que não possuam meios para prover sua subsistência, nem de tê-la provida por sua família, é assegurado o benefício mensal de um salário mínimo, nos termos da Lei Orgânica da Assistência Social (LOAS). O benefício já concedido a qualquer membro da família não será computado para os fins do cálculo da renda familiar *per capita* a que se refere a LOAS. Todas as entidades de longa permanência, ou casa-lar, são obrigadas a firmar contrato de prestação de serviços com a pessoa idosa abrigada. No caso de entidades filantrópicas, ou casa-lar, é facultada a cobrança de participação do idoso no custeio da entidade. O Conselho Municipal do Idoso ou o Conselho Municipal da Assistência Social estabelecerá a forma de participação prevista em lei, que não poderá exceder a 70% de qualquer benefício previdenciário ou de assistência social percebido pelo idoso. Se a pessoa idosa for incapaz, caberá a seu representante legal firmar o contrato acima mencionado. O acolhimento de idosos em situação de risco social, por adulto ou núcleo familiar, caracteriza a dependência econômica, para os efeitos legais.

ASSISTÊNCIA TÉCNICA. *Direito administrativo.* Atendimento dado pelo Poder Público aos produtores rurais, sejam eles lavradores, pecuaristas, silvicultores ou extrativistas, por meio da Empresa Brasileira de Assistência Técnica e Extensão Rural (EMBRATER).

ASSISTENTE. 1. *Direito civil.* a) Aquele que auxilia outrem; b) o que ajuda alguém nas suas funções, como ocorre com o professor-assistente; c) o que presencia um ato ou uma cerimônia; d) aquele que participa da prática de ato jurídico assistindo a pessoa relativamente incapaz. **2.** *Direito processual.* a) Indivíduo que intervém no pleito, por ter interesse jurídico, não sendo autor nem réu; b) parte ofendida, ou seu representante, que intervém no processo, auxiliando o Ministério Público, pessoalmente ou por procurador. **3.** *Medicina legal.* Parteira que assiste o parto, nele intervindo.

ASSISTENTE DE ACUSAÇÃO. *Direito processual penal.* Também designado "assistente do Ministério Público", é o ofendido, ou seu representante legal, que ingressa em processo de ação penal pública para auxiliar, pessoalmente ou por meio de procurador, o Ministério Público, propondo meios probatórios, requerendo perguntas às testemunhas, aditando o libelo e os articulados, participando do debate oral, arrazoando os recursos interpostos pelo Ministério Público, além de interpor recurso da sentença de impronúncia ou da sentença definitiva. É parte adjunta no processo penal.

ASSISTENTE JUDICIÁRIO. *Direito processual.* É o devidamente habilitado para o exercício da advocacia, sendo nomeado pelo magistrado, a requerimento da parte desprovida de meios para custear as despesas processuais, para patrocinar sua causa, praticando todos os atos necessários para esse fim.

ASSISTENTE LITISCONSORCIAL. *Direito processual civil.* Aquele que se integra à lide na qualidade de parte, prestando assistência a um dos litigantes, por haver entre ele (interveniente) e o adversário do assistido uma relação jurídica, que poderá ser atingida pela sentença.

ASSISTENTE SOCIAL. *Direito previdenciário.* Técnico especializado, de nível universitário, formado em serviço social, que tem a tarefa de auxiliar pessoas, grupos e comunidades a utilizarem suas iniciativas, procurando ajustar as necessidades humanas ao meio ambiente.

ASSISTENTE TÉCNICO. *Direito processual civil.* Perito indicado pela parte para atuar juntamente com o perito judicial sempre que a prova do fato dependa de conhecimento técnico ou científico. É o perito assessor da parte que o indicou por ser de sua confiança, não estando sujeito a impedimento ou suspeição, tendo o dever de diligen-ciar a averiguação de tudo que, dependendo de conhecimento especializado, possa contribuir para a solução da demanda, oferecendo seu parecer no prazo comum de dez dias após a apresentação do laudo do perito judicial.

ASSISTIDO. 1. Autor ou réu que recebe auxílio de terceiro interveniente, que tem interesse jurídico. **2.** Relativamente incapaz, isto é, aquele que, para praticar ato da vida civil, depende de um assistente. **3.** O que foi socorrido ou auxiliado. **4.** Aquele que recebe assistência judiciária. **5.** Beneficiário em gozo do recebimento do capital segurado sob a forma de renda.

ASSOCIAÇÃO. 1. *Direito administrativo.* Direito do agente público de reunir-se para formar uma associação de classe, não lhe sendo permitida, porém, a sindicalização. **2.** *Direito civil.* a) Contrato pelo qual um certo número de pessoas, ao se congregar, coloca em comum serviços, atividades, conhecimentos etc. em prol de um mesmo ideal, objetivando a consecução de determinado fim, econômico ou não, com ou sem capital e sem intuitos lucrativos. Poderá ter finalidade altruística (associação beneficente), egoística (associação literária, esportiva ou recreativa) ou econômica não lucrativa (associação de socorro mútuo); b) modalidade de agrupamento dotado de personalidade jurídica, sendo pessoa jurídica de direito privado, voltada à realização de finalidades culturais, sociais, pias, religiosas, recreativas etc., cuja existência legal surge com o assento de seu estatuto, em forma pública ou particular, no registro competente, desde que satisfeitos os requisitos legais, tendo ela objetivo lícito e estando regularmente organizada. **3.** *Medicina legal.* Reunião de medicamentos para obter maior efeito com doses menores.

ASSOCIAÇÃO AMERÍNDIA DE COOPERAÇÃO SOLIDÁRIA COM OS POVOS INDÍGENAS DA AMÉRICA. *Direito internacional privado.* Associação sem fins lucrativos regida pelo direito espanhol, sediada na Catalunha e autorizada a se instalar no Brasil, que tem por escopo: a) apoiar os povos indígenas da América na conservação e resgate de seu patrimônio étnico-cultural; b) da mesma forma, apoiar os povos ou organizações indígenas, atendendo às suas demandas de projetos sanitários, educativos, culturais, de desenvolvimento comunitário ou outros por eles solicitados, seja por meio da elaboração conjunta de projetos de assistência técnica para a sua execução, ou da apresentação e/ou gestão de recursos ante órgãos oficiais ou outros, em nível tanto espanhol quanto internacional; c) estabelecer convênios de colaboração mútua com órgãos locais relacionados a projetos que respondam às demandas identificadas de comum acordo com os povos indígenas; d) divulgar e promover a vida e a cultura dos povos indígenas dentro da sociedade espanhola, com a finalidade de estimular atitudes orientadas para a cooperação e a solidariedade, assim como o respeito universal pela diversidade étnica, cultural e histórica. A Associação tem duração indefinida e dissolve-se por decisão da Assembléia Geral Extraordinária ou por resolução jurídica por justa causa. O âmbito de atuação da Associação é principalmente o da Catalunha. Eventualmente, e regidas pelos mesmos estatutos, podem ser criadas delegações fora desse território, tais como Valência, Brasil e outros. A totalidade dos recursos financeiros é administrada pela sede central da Catalunha. A Associação tem domicílio em Castelldefels, sendo que a mudança de domicílio decide-se em assembléia geral ordinária ou extraordinária.

ASSOCIAÇÃO BRASILEIRA DE ARBITRAGEM. *Direito processual civil.* Pessoa jurídica de direito privado criada para estimular, no meio empresarial, a adoção da arbitragem para solucionar conflitos de interesse ou litígios entre empresas ou entre essas e seus empregados. Para tanto procurará formar árbitros, integrando advogados no sistema arbitral e esclarecer a classe empresarial das vantagens da arbitragem, que possibilita uma solução eficaz e rápida da lide.

ASSOCIAÇÃO BRASILEIRA DE *SHOPPING CENTERS* (ABRASCE). *Direito civil.* Associação civil, com personalidade jurídica, devidamente registrada, que exerce suas funções, atingindo seus objetivos, mediante um instrumento que é o *shopping center.*

ASSOCIAÇÃO CRIMINOSA. *Direito penal.* É a *societas criminis*, que consiste no conluio entre duas ou mais pessoas para a prática de um crime. Trata-se da co-autoria, em que se punem os agentes individualmente, de acordo com sua participação na consumação do delito acertado.

ASSOCIAÇÃO CULTURAL. *Direito civil.* É a que visa atividade científica, literária, musical ou artística, por exemplo, academia de letras, observatório astronômico, associação de geologia e geografia, comissão organizadora de exposições, associação cultural de intercâmbio internacional, associação de titulares de direitos de autor etc.

ASSOCIAÇÃO DAS VÍTIMAS DA IMPRENSA ANTIÉTICA (AVIA). *Direito civil.* Órgão, criado durante o painel "Política de Direitos Humanos e a OAB", que constituirá um departamento da Comissão de Direitos Humanos da OAB, onde os lesados poderão recorrer à Ordem dos Advogados do Brasil para obter a reparação dos danos causados pela falta de ética dos veículos de comunicação no tratamento de notícias, desrespeitando normas e invadindo a competência jurisdicional ao fazerem prejulgamentos antes da apuração dos fatos.

ASSOCIAÇÃO DE AGENTES DE SEGURO. *Direito civil.* Aquela que coloca em comum as comissões decorrentes de suas operações, para reparti-las proporcionalmente. Como exemplo temos: a) a *organização de seguros mútuos*, que é formada por pessoas que se unem, através de estatuto, com o intuito de repartir entre os associados o ressarcimento de dano que, eventualmente, um deles possa vir a sofrer em razão de certo sinistro. Os próprios segurados atuarão, concomitantemente, como seguradores e segurados, de tal forma que a responsabilidade pelo risco será compartilhada por todos os associados, respondendo cada um pelo gravame sofrido por qualquer deles. Como essa modalidade de seguro não foi prevista pelo novo Código Civil, apenas o seguro-mútuo voltado à atividade agrícola, a acidente de trabalho e à saúde poderá ser explorado por cooperativas, por estar submetido a regime especial; b) a *tontina*, em que, sem intenção lucrativa, determinadas pessoas, mediante operação aleatória mercantil, colocam em comum bens ou dinheiro para que os rendimentos ou capitais dos que morrerem se acresçam aos dos associados sobreviventes.

ASSOCIAÇÃO DE AMIGOS DO BAIRRO. *Direito civil.* É a formada por proprietários, que se reúnem não só para a proteção de seus imóveis contra dano eventual, mas também para a defesa do bairro, obtendo melhorias.

ASSOCIAÇÃO DE ASSISTÊNCIA SOCIAL. *Direito civil.* Aquela que, sem fins lucrativos, como hospital beneficente, hospício, creche, asilo, dispensário, orfanato, atende pessoas enfermas, carentes, abandonadas, marginalizadas, portadoras de doença mental etc., objetivando socorrê-las, auxiliá-las ou integrá-las à vida econômico-social, uma vez que procuram ampará-las, orientá-las, higiênica ou sanitariamente, e reeducá-las, a fim de que, premidas pelas necessidades, não se tornem anti-sociais, enveredando pelo caminho da criminalidade e da improdutividade.

ASSOCIAÇÃO DE ESTRANHO. *Direito comercial.* Aquela que requer anuência dos demais membros da sociedade para que terceiro, alheio ao contrato social, possa participar da cota social, integrando-se como membro da pessoa jurídica. Tal associação será tida como *res inter alios* se o ingresso não for consentido pelos sócios, pois, se assim não fosse, o princípio da incessibilidade da cota sem autorização do contrato social viria a naufragar.

ASSOCIAÇÃO DE FIÉIS. *Direito canônico.* Grupos nos quais fiéis, clérigos ou leigos, ou, conjuntamente, clérigos e leigos, procuram, por esforço comum, fomentar uma vida mais perfeita, promover o culto público ou a doutrina cristã, exercer obras de apostolado, de evangelização ou de caridade, ou, ainda, animar a ordem temporal com espírito cristão.

ASSOCIAÇÃO DE JUÍZES PARA A DEMOCRACIA. *Direito civil.* Fundada em 1991, em São Paulo, por magistrados, com o objetivo de promover a crescente conscientização da função judicante como proteção dos direitos humanos; defesa dos direitos do menor, do pobre e das minorias, visando a emancipação social dos desfavorecidos; promoção dos princípios da democracia pluralista; e difusão da cultura jurídica democrática (Marcelo Mendonça).

ASSOCIAÇÃO DE LOJISTAS. *Direito civil* e *direito comercial.* Pessoa jurídica de direito privado, sem intuito lucrativo, que tem por fim: a) cultivar relações entre pessoas físicas e jurídicas locatárias de lojas do *shopping center*, promovendo entre elas um intercâmbio de informações e experiências; b) estabelecer normas disciplinadoras das atividades comerciais de seus associados; c) realizar estudo ou pesquisa e serviço de utilidade para os associados; d) praticar atos que beneficiem os interesses dos associados; e) amparar os interesses dos associados perante órgãos públicos ou entidades de direito privado; f) cooperar com órgãos de identidades afins para obtenção de maior unidade de ação no tratamento dos assuntos relativos à comercialização em *shopping center*; g) promover a divulgação das atividades do *shopping*, utilizando para tanto os recursos referentes ao Fundo de Promoção do *Shopping Center*. Os lojistas, em relação a essa associação, terão os deveres de: a) associar-se obrigatoriamente, sob pena de suspensão temporária das atividades sociais, de rescisão do contrato entre empreendedor e lojista infrator, sem direito de receber quaisquer indenizações por parte do proprietário do *shopping*; b) pagar mensalmente uma contribuição pecuniária ou taxa de associação; c) pagar contribuições para o Fundo de Promoção do *Shopping*, cujas verbas destinar-se-ão à propaganda e à publicidade, beneficiando, sem qualquer distinção, tanto o dono da loja-âncora como o da satélite.

ASSOCIAÇÃO DE MALFEITORES. *Direito penal.* É a *societas sceleris*, ou seja, a que tem por finalidade reunir malfeitores para praticar crimes, organizar quadrilhas ou tramar conspiração.

ASSOCIAÇÃO DE PROFISSIONAIS LIBERAIS. *Direito civil.* É a que visa agrupar profissionais liberais que exerçam a mesma atividade, como a Associação dos Advogados de São Paulo, para promover a defesa dos interesses da classe e o aprimoramento da profissão, mediante a realização de cursos, a publicação de trabalhos, a formação de biblioteca, a manutenção de fichário de jurisprudência e de legislação, a informação forense diária etc.

ASSOCIAÇÃO DE PROTEÇÃO E ASSISTÊNCIA AOS CONDENADOS. *Direito civil.* Associação civil fundada em 1974, com sede no presídio Humaitá, em São José dos Campos (Estado de São Paulo), que tem por escopo a recuperação dos condenados, reeducando-os, e a proteção da sociedade.

ASSOCIAÇÃO DESPORTIVA. *Direito civil* e *direito desportivo.* Aquela que tem sua autonomia resguardada constitucionalmente quanto à sua organização e funcionamento e procura organizar, ensinar e fomentar a prática dos desportos.

ASSOCIAÇÃO DE TITULARES DE DIREITOS DE AUTOR. *Direito civil.* Associação para o exercício e defesa de direitos autorais, sem intuito de lucro. Aos autores é vedado pertencer a mais de uma associação para a gestão coletiva de direitos da mesma natureza, podendo o titular transferir-se, a qualquer momento, para outra associação, desde que comunique o fato, por escrito, à associação de origem. As associações com sede no exterior far-se-ão representar, no país, por associações nacionais constituídas na forma da lei. Com o ato de filiação, as associações tornam-se mandatárias de seus associados para a prática de todos os atos necessários à defesa judicial ou extrajudicial de seus direitos autorais, bem como para sua cobrança, apesar de os titulares de direitos autorais poderem praticar, pessoalmente, aqueles atos mediante comunicação prévia à associação a que estiverem filiados. As associações manterão um único escritório central para a arrecadação e distribuição, em comum, dos direitos relativos à execução pública das obras musicais e lítero-musicais e de fonogramas, inclusive por meio da radiodifusão e transmissão por qualquer modalidade, e da exibição de obras audiovisuais, visto que o escritório central não terá finalidade de lucro e será dirigido e administrado pelas associações que o integrem. O escritório central e as associações atuarão em juízo e fora dele em seus próprios nomes como substitutos processuais dos titulares a eles vinculados. O recolhimento de quaisquer valores pelo escritório central somente se fará por depósito bancário. O escritório central poderá manter fiscais, aos quais é vedado receber do empresário numerário a qualquer título. O sindicato ou associação profissional que congregue não menos de um terço dos filiados de uma associação autoral poderá, uma vez por ano, após notificação, com oito dias de antecedência, fiscalizar, por intermédio de auditor, a exatidão das contas prestadas a seus representados.

ASSOCIAÇÃO DE UTILIDADE PÚBLICA. *Direito civil* e *direito administrativo.* Aquela que, pelos seus serviços sócio-assistenciais ou educacionais prestados gratuita e desinteressadamente à coletividade, faz jus a subsídios ou auxílios financeiros governamentais, desde que haja declaração de sua utilidade pública federal, estadual e municipal, considerando preenchidas as rígidas condições que lhe são impostas, ficando, assim, sujeita ao controle e à contínua fiscalização da Administração Pública competente, que vão muito além do mero poder de polícia.

ASSOCIAÇÃO ESPIRITUALISTA. *Direito civil.* Entidade relativa à prática da teosofia ou à divulgação da doutrina esotérica ou kardecista.

ASSOCIAÇÃO ESTUDANTIL. *Direito civil.* É a que visa atender aos interesses do corpo discente de escolas, colégios ou universidades, tais como: grêmio, centro acadêmico, União Nacional de Estudantes, associação de pais e mestres, associação dos pós-graduandos da PUCSP etc.

ASSOCIAÇÃO FLORESTAL. *Direito civil* e *direito ambiental.* É aquela que, para fins de registro no IBAMA, tem sua constituição como entidade civil, sem fins lucrativos, e é administrada, comprovadamente, por no mínimo 2/3 (dois terços) de associados consumidores de matéria-prima florestal. A Associação Florestal é responsável

em direcionar os plantios para a região do associado, exceto quando a matéria-prima for originária de outra unidade da Federação. Cabe à associação executar o plantio, em áreas próprias ou de terceiros, referente ao volume de matéria-prima a ser consumida ou utilizada por seus associados no ano subseqüente. Deve plantar no mínimo seis árvores por metro cúbico sólido de matéria-prima, oito árvores por estéreo de lenha e doze árvores por metro de carvão, mas a SUPES através de sua Câmara Técnica pode adotar índices diferentes. Para o plantio efetuado em áreas de terceiros deve ser firmado Termo de Responsabilidade de Fomento Florestal. A Associação Florestal deve fornecer ao proprietário rural credenciado as mudas para plantio, replantio, insumos e defensivos que se fizerem necessários, assim como assistência técnica prestada por engenheiro florestal ou agrônomo. O proprietário da área deve realizar a manutenção e conservação do povoamento, até completar o primeiro ciclo de corte da espécie. A Associação Florestal define o valor a ser recolhido a seu favor pelo associado, correspondente ao volume necessário ao seu consumo anual, considerando o custo de implantação e manutenção do projeto. A associação que não possua floresta deve efetuar plantio correspondente, no mínimo, ao volume total necessário à atividade ou consumo dos seus associados, referente ao período legal ou do seu registro até o término do segundo ano agrícola subseqüente. Cabe-lhe definir o valor a ser recolhido a seu favor pelo associado, e executar o plantio, em áreas próprias ou de terceiros, referente ao volume de matéria-prima necessário ao consumo ou utilização anual de seus associados. A Associação, na eventual ocorrência de qualquer insucesso do empreendimento, seja por razões administrativas, edafoclimáticas, silviculturais ou por inadimplemento dos proprietários rurais e outros fatores que impeçam a obtenção do volume projetado, deve repor o volume equivalente, ressalvada a hipótese de caso fortuito ou força maior.

ASSOCIAÇÃO FORMADA PARA A MANUTENÇÃO DE ESCOLAS LIVRES OU DE EXTENSÃO CULTURAL. *Direito civil.* Aquela que visa o ensino e o aperfeiçoamento cultural, procurando promover cursos de especialização ou extensão universitárias, como: universidade popular, instituto educacional particular formado por grupo de professores, como o Instituto de Direito Administrativo. Paulista (IDAP) etc.

ASSOCIAÇÃO ILÍCITA. *Direito penal.* Grupo formado para a consecução de fins ilícitos, imorais ou atentatórios dos bons costumes que, por isso, pode ter seu estabelecimento interditado e seus bens confiscados.

ASSOCIAÇÃO INTERNACIONAL DE DESENVOLVIMENTO. *Direito internacional público* e *direito internacional privado.* É a que tem por escopo auxiliar os Estados-Membros que, por estarem em situação financeira precária, não podem arcar com as condições impostas pelo Banco Mundial (Granziera e Lavalle).

ASSOCIAÇÃO LUSÓFONA DE DIREITOS HUMANOS (ALDH). *Direito civil.* Tem como finalidade a defesa dos valores, da cultura e dos direitos dos povos de língua portuguesa, que no seu espírito e prática almejam a cooperação pacífica entre todas as raças e credos. Em outras palavras, isso significa uma atuação consciente nas áreas mais sensíveis à preservação do Planeta na sua globalidade, tais como a criança abandonada, o desemprego em massa, os núcleos de fome e subdesenvolvimento, os crimes ecológicos, a espoliação irracional dos recursos naturais, o analfabetismo, a assistência à saúde etc., não deixando de atender às necessidades espiritualmente mais elevadas do ser humano, não menos necessárias para a sua saúde e felicidade. A ALDH deve contar com a participação e apoio não só de juristas mas também de personalidades ligadas às mais diversas disciplinas: das científicas às humanas, das econômicas às artísticas, dando possibilidade ao surgimento de uma consciência interdisciplinar que esteja à altura do pensar e lutar pelos direitos do ser humano universal.

ASSOCIAÇÃO MÉDICOS SEM FRONTEIRAS. *Direito internacional privado.* Associação sediada em Genebra (Suíça), autorizada a funcionar no Brasil, que tem por objetivo: a) reunir sem discriminação nem exclusão, dentre médicos e pessoas das profissões médicas e paramédicas, voluntários para levar sua assistência às populações assoladas por cataclismos, acidentes coletivos ou situações de beligerância; b) mobilizar em favor dessas populações todos os meios humanitários ao seu dispor para lhes proporcionar socorros dentro dos prazos mais breves possíveis, com a eficiência, a competência e a dedicação necessárias; c) procurar todas as colaborações nacionais e internacionais adequadas para permitir satisfazer a sua missão em todas as partes do mundo onde possam ter de vir a servir. A associação põe-se ao dispor dos organismos internacionais, dos governos ou das autoridades constituídas dos países assolados, bem como das organizações públicas ou privadas e das coletividades nacionais ou regionais que, nesses mesmos países, recorrem a ela. A associação reserva-se o direito de tomar a iniciativa de enviar, na medida das suas possibilidades, equipes de socorro de emergência às populações assoladas. E reserva-se igualmente o direito de recusar a sua participação, quer por decisão da direção, quer, em recurso, por decisão da assembléia geral. Sempre na medida de seus meios materiais e com vistas a melhorar a capacidade de intervenção médica de emergência, a associação prevê de pôr a funcionar, nas principais universidades da Suíça, institutos médicos ou organizações, os meios de reciclagem e de treino indispensáveis para os seus membros que terão de intervir no terreno. A associação adota uma carta que consta do anexo aos estatutos. No momento da sua adesão, todos os aderentes devem declarar por sua honra que têm pleno conhecimento dessa carta e comprometem-se a respeitá-la e a sujeitar-se a ela durante a duração de sua adesão à associação.

ASSOCIAÇÃO MÚTUA DE ASSISTÊNCIA DOS PROFISSIONAIS DA ENGENHARIA, ARQUITETURA E AGRONOMIA. *Direito civil.* Entidade sem fins lucrativos criada, consoante autorização legal, pelo Conselho Federal de Engenharia, Arquitetura e Agronomia (CONFEA), tendo por objetivo instituir, para os que nela se inscreverem, planos de benefícios e prestações na forma da legislação vigente, em conformidade com suas disponibilidades desde que salvaguardado o equilíbrio econômico-financeiro.

ASSOCIAÇÃO PARA O EXERCÍCIO DE ATIVIDADE DE GARIMPAGEM. *Direito administrativo.* É a admitida nas áreas e nas condições estabelecidas pela União. O Estado poderá favorecer sua organização em cooperativa, levando em conta a proteção do meio ambiente e a promoção econômico-social dos garimpeiros. Tal cooperativa terá prioridade na autorização ou concessão para pesquisa e lavra dos recursos e jazidas minerais garimpáveis, dentro de sua área de atuação fixada pelo governo.

ASSOCIAÇÃO PIA. *Direito civil.* É a beneficente ou filantrópica, que tem finalidade caritativa, como ocorre com as mantenedoras da Santa Casa de Misericórdia, de estabelecimento de socorro a crianças carentes (creche), a pessoas enfermas, a doentes mentais ou excepcionais (APAE), a alcoólatras etc. Como exemplo, pode-se citar, ainda, a Federação Paulista de Autismo (FEPA), que presta assistência, inclusive financeira, às associações que atendem os autistas e seus familiares, tendo sua diretoria composta por representantes das associações filiadas, buscando centralizar as ações desenvolvidas para otimizar os resultados comuns. Essa entidade pia está registrada no Conselho Nacional de Serviço Social e destina a renda apurada ao atendimento gratuito das suas finalidades, sendo que seus diretores e associados não percebem nenhuma remuneração pelos serviços prestados.

ASSOCIAÇÃO POLÍTICA. *Direito civil* e *ciência política.* Partido político ou entidade integrados por pessoas com idéias comuns, tendo por finalidade conquistar o poder para a consecução de um programa. Adquire personalidade jurídica com o registro de seu estatuto no Tribunal Superior Eleitoral, passando a ser pessoa jurídica de direito público interno da Administração indireta. O partido político poderá ser livremente criado, tendo autonomia para definir sua estrutura interna, organização e funcionamento, devendo seu estatuto estabelecer normas de fidelidade e disciplina partidárias. Ser-lhe-á proibido receber recursos financeiros de entidades ou governos estrangeiros, devendo prestar contas de seus atos à justiça eleitoral.

ASSOCIAÇÃO POLÍTICA PARAMILITAR. *Direito constitucional.* Proibida constitucionalmente, é aquela que busca a realização de objetivos políticos com organizações de caráter militar.

ASSOCIAÇÃO PROFISSIONAL. *Vide* ASSOCIAÇÃO SINDICAL.

ASSOCIAÇÃO PÚBLICA. *Direito administrativo.* Consórcio público com personalidade jurídica de direito público, por conjugar esforços de entidades públicas, que firmam acordos para a execução de uma finalidade pública, celebrados com a ratificação, mediante lei, do protocolo de intenções.

ASSOCIAÇÃO RECREATIVA OU SODALÍCIA. *Direito civil.* É a que visa o entretenimento ou o divertimento de seus associados, como, por exemplo, o clube social, que procura a integração e o desenvolvimento comunitário nacional, proporcionando lazer, ao realizar programas prioritários no desenvolvimento do desporto nacional, consolidar

intercâmbio entre os clubes, democratizando o turismo, despertar interesses culturais e educacionais, promover festas e comemorações de datas significativas, reunir-se em federação, formando a Associação Brasileira de Clubes Sociais etc., demonstrando confraternização, solidariedade e ajuda recíprocas.

ASSOCIAÇÃO RELIGIOSA. *Direito civil* e *direito canônico.* Aquela que, organizada de acordo com as normas de direito comum, abrange, por exemplo: a) a *confraria* ou irmandade, que é uma associação de leigos que presta obediência às leis civis, embora esteja, quanto à sua organização interna e administrativa, sob a autoridade e inspeção do bispo, destinada à manutenção do culto, ao auxílio espiritual de seus membros, ao exercício de obras de piedade, por exemplo, a Confraria do Santíssimo Sacramento e a de Nossa Senhora da Boa Morte. Embora tenha os deveres consignados em seus regulamentos, sofre intervenção de atos episcopais na sua administração, no sentido de conduzi-la à fiel efetivação de suas finalidades. A confraria não se confunde com a *devoção*, que constitui mera congregação de fato, não regida por normas estatutárias; b) a *fábrica paroquial*, que é o conselho constituído por pessoas que administram, sob a fiscalização da autoridade eclesiástica, bens ou rendas paroquiais destinados à conservação ou reparação da Igreja e às despesas do culto; c) a *ordem monástica*, composta por pessoas cuja vida individual ficará absorvida na coletiva, por fazerem votos de pobreza, obediência e castidade; d) o *cabido*, que, em sentido estrito, consiste na associação de cônegos, conselheiros do bispo, tendo direitos e deveres, bens patrimoniais, representação jurídica ativa e passiva e selo para expedir atos capitulares, e, em sentido amplo, abrange a corporação de clérigos para prover ao serviço do culto, por exemplo, o Capítulo da Ordem Beneditina, a ela incorporado para tomar deliberações.

ASSOCIAÇÃO SECRETA. *Direito civil.* Aquela que, tendo objetivos lícitos (humanitários, educativos, filosóficos, morais, religiosos, científicos), embora sua finalidade e conteúdo ideológico ou místico sejam apenas revelados aos iniciados ou filiados, poderá ser tida como pessoa jurídica de direito privado, desde que devidamente registrado seu ato constitutivo, fazendo-se titular de direitos e obrigações. Por exemplo, Fraternidade, Bucha e Maçonaria.

ASSOCIAÇÃO SINDICAL. *Direito civil* e *direito do trabalho.* Organização profissional representativa de uma categoria profissional idêntica, similar ou conexa, formada pela livre adesão de assalariados de uma empresa, para fins de estudo, coordenação, defesa de interesses profissionais ou econômicos, sejam coletivos ou individuais, e participação nas negociações coletivas de trabalho, sem que haja necessidade de autorização estatal para sua fundação, ressalvado o registro no órgão competente, vedando-se a interferência do Poder Público em sua organização. Por exemplo, sindicato dos metalúrgicos; sindicato acionário ou acordo de acionistas de uma mesma companhia, regido pelo direito civil, visando a defesa de seus interesses, a regulação do exercício dos seus direitos alusivos ao voto, à negociabilidade das suas ações, à orientação a ser seguida nas deliberações societárias etc.; o sindicato do servidor público civil; o sindicato agrícola ou rural e de colônia de pescadores etc.

ASSOCIAÇÃO VERBAL. *Psicologia forense.* Fenômeno utilizado como detector de mentiras, pelo qual uma palavra pode fazer com que outra seja lembrada pela similaridade de idéia, conteúdo (vermelho, sangue) ou qualidade (guerra, bomba). É a conexão de vocábulos entre si.

ASSOCIACIONISMO. *Filosofia jurídica.* Sistema filosófico pelo qual a associação de idéias pode explicar o mecanismo do raciocínio jurídico.

ASSOCIACIONISMO PATRONAL. *Direito do trabalho.* Conjunto de sindicatos de empregadores.

ASSOCIACIONISMO VOLUNTÁRIO. *Sociologia geral.* Livre formação de grupos, aos quais o acesso se dá por escolha de pessoas que perseguem interesses mútuos (Cesareo, Dumazedier e Guinchat e Hausknecht).

ASSOCIAÇÕES DE EMPRESAS AGRÁRIAS. *Direito agrário.* Associações formadas por empresários agrários, com o escopo de: reabastecimento; alienação dos produtos agrícolas (cooperativas, consórcios agrários etc.), transformação de produtos agrícolas; fornecimento de adubos, máquinas, sementes etc.; concessão de crédito; obtenção de seguro (sociedades de seguro contra doença de animais); prestação de serviços assistenciais em favor dos associados (associação nacional dos cultivadores de plantas oleaginosas) etc.

ASSOCIADO. 1. *Direito civil.* Aquele que faz parte de uma associação, participando de suas ativi-

dades. **2.** *Direito comercial.* O que, não sendo sócio, participa dos lucros da sociedade, ou seja, aquele que tem interesse nos lucros societários, sem ter a qualidade de sócio.

ASSOCIATIVA. *Lógica jurídica.* Propriedade de uma operação.

ASSOCIATIVIDADE. *Lógica jurídica.* Propriedade de uma operação associativa (Lalande).

ASSOCIATIVO. *Psicologia forense.* Relativo à associação de idéias.

ASSOLDADADO. *Direito militar.* Diz-se do militar, por ser remunerado mediante pagamento de soldo ou soldada.

ASSUADA. *Direito penal.* Agrupamento de pessoas com a intenção de provocar tumultos, desordens, arruaças, brigas, constituindo contravenção penal.

ASSUETA FIERI, FACILE PRAESUMUNTUR. *Aforismo jurídico.* Facilmente presumimos o que costumamos fazer.

ASSUMIR. 1. *Direito administrativo.* Entrar em exercício; tomar posse de cargo público. **2.** *Direito civil.* Chamar para si; tomar para si um encargo; avocar. É nesse sentido que se diz: "assumir uma obrigação ou um encargo". **3.** *Direito penal militar.* Tomar o comando de estabelecimento militar sem ordem ou autorização de superior, caracterizando crime.

ASSUNÇÃO. 1. *Direito administrativo.* Ato de assumir cargo público. **2.** *Direito civil.* Assumir uma obrigação. **3.** *Lógica jurídica.* Proposição ou premissa menor de um silogismo.

ASSUNÇÃO DE DÍVIDA. *Direito civil.* Ato em que terceiro, com consenso do credor, se responsabiliza pelo débito do devedor, que, assim, se exonerará. Trata-se da *cessão de débito.*

ASSUNTIVO. *Lógica jurídica.* Qualificativo da proposição que foi utilizada como auxiliar na exposição de uma demonstração.

ASSUNTO. *Teoria geral do direito.* Argumento; matéria de que se trata.

ASSUNTOR. *Direito civil.* Aquele que assume dívida de outrem, obrigando-se perante o credor a pagá-la.

ASSURANCE. *Termo inglês.* Indica garantia, seguro, escritura de venda de um imóvel, segurança ou transferência de domínio.

ASSURANCE SANTÉ. *Locução francesa.* Convênio médico.

ASTASIA. *Medicina legal.* Incapacidade de manter-se de pé, resultante de incoordenação motora.

ASTENIA. *Medicina legal.* Debilidade; fraqueza; diminuição das forças do organismo humano.

ASTISIA. *Medicina legal.* Impotência masculina.

ASTOMIA. *Medicina legal.* Ausência congênita da boca.

ASTREINTE. *Direito processual civil.* Instituto de criação jurisprudencial francesa que inspirou a sanção pecuniária compulsória, introduzida no Brasil como instrumento às ações que visam cumprir obrigação de fazer (ou não fazer). O magistrado concede um prazo ao devedor para cumprir tal obrigação; esgotado esse lapso temporal sem seu adimplemento, deverá pagar uma multa até o dia em que a cumprir. A *astreinte* é, pois, a multa destinada a forçar o devedor indiretamente a fazer o que deve e não a reparar dano decorrente de inadimplemento. Tal multa diária pode ser cobrada ainda que não haja, no contrato, a cláusula penal.

ASTRONAUTA. *Direito espacial.* Tripulante de nave que viaja da Terra ao espaço, para explorá-lo.

ASTRONÁUTICA. *Direito espacial.* **1.** Ciência que cuida da construção e manobra de naves destinadas a viagens interplanetárias. **2.** Arte de dirigir uma astronave.

ASTÚCIA. **1.** *Direito penal.* Dissimulação que dificulta ou impossibilita a defesa, constituindo uma agravante da pena. **2.** *Filosofia do direito.* Recurso de persuasão e conquista do poder, segundo os sofistas. **3.** Na *linguagem comum:* a) ardil, habilidade para enganar alguém; b) sagacidade; c) estratagema.

ATA. **1.** *Direito canônico.* a) Determinação ou assento de algum cabido ou comunidade eclesiástica; b) resolução eclesiástica tomada em concilio; c) narração da vida e do martírio dos santos. **2.** *Direito civil.* a) Registro fiel das deliberações tomadas por uma assembléia de condomínio, assinado por todos os condôminos presentes ou pelos que presidiram a reunião; b) narração escrita dos fatos ocorridos no curso de uma reunião de associação ou sociedade simples ou registro de resoluções tomadas por um órgão consultivo ou deliberativo. **3.** *Direito comercial.* Registro escrito das deliberações e ocorrências havidas em reuniões assembleares ordinárias ou extraordinárias promovidas por sociedades empresárias.

ATACADISTA. *Direito comercial.* **1.** Comerciante que compra por grosso artigos de sua especialidade para revendê-los a outros empresários em grandes partidas ou escalas. **2.** Estabelecimento onde se vende por atacado ou em grande quantidade.

ATACADO. **1.** *Direito comercial.* Termo usado para indicar venda por grosso, ou seja, em grandes quantidades, a outros empresários, que revendem as mercadorias compradas. **2.** *Direito penal.* Aquele que sofreu um assalto.

ATACANTE. **1.** *Direito penal.* Agressor; assaltante. **2.** *Direito desportivo.* Jogador da linha de ataque no futebol.

ATA DA SOCIEDADE ANÔNIMA. *Direito comercial.* Registro das deliberações tomadas em todas as assembléias gerais da sociedade anônima, sejam elas ordinárias ou extraordinárias, para que possam valer como direito. O livro de ata deverá ser registrado na Junta Comercial.

ATA DE AUDIÊNCIA. *Direito processual.* Assento feito pelo escrivão em livro próprio, sob a direção do juiz, relativo às ocorrências havidas nas audiências judiciais.

ATA DE INSTALAÇÃO. *Direito civil* e *direito comercial.* Relato pormenorizado onde se registram as deliberações atinentes à instalação de uma associação, sociedade simples ou empresária. Tal ata poderá ser importante para o registro e aquisição da personalidade jurídica de determinados tipos de sociedade.

ATA DELIBERATIVA. **1.** *Direito marítimo.* É a lavrada no diário de navegação, por ordem do capitão do navio, registrando deliberações sobre medidas a serem tomadas ante certos fatos alusivos à carga ou ao navio. Esta ata precede ao protesto marítimo, a ser formulado como justificativa da providência que foi tomada. **2.** *Direito administrativo, direito civil* e *direito comercial.* Registro dos fatos ocorridos e das resoluções adotadas por um órgão, que, havendo maioria de votos, toma deliberações normativas.

ATA DE PROCEDIMENTO DE CONSERVAÇÃO DE RESTOS MORTAIS HUMANOS. *Medicina legal.* Documento escrito que tem por objetivo relatar todo o procedimento de conservação de restos mortais humanos.

ATALAIA. **1.** Na *linguagem comum,* indica: a) guarda, sentinela, vigia; b) espionagem; ato de alguém postar-se, em certo local, para observar outrem, anotando seus atos. **2.** *Direito penal.* Tocaia; ato de esperar uma pessoa para agredi-la em emboscada, podendo qualificar o crime ou agravar a pena, por impossibilitar a defesa do ofendido. **3.** *Direito marítimo.* a) Observatório montado em local alto para assinalar fatos que se passam ao longe, no mar ou em terra; b) estrutura operacional e administrativa com a capacidade de prever, apoiar e controlar o atendimento do prático aos navios dentro de uma zona de praticagem, nas manobras de entrada e saída de portos e terminais, possibilitando a disponibilidade permanente do serviço de praticagem. Trata-se da estação de praticagem.

ATA NA FALÊNCIA. *Direito comercial.* É aquela onde se registram os fatos que ocorreram na assembléia de credores.

ATAQUE. 1. *Direito penal.* Ação de atacar; assalto; agressão; injúria; acusação. **2.** *Medicina legal.* Acesso súbito, periódico ou não, de um mal. **3.** *Direito militar.* Carga introduzida num projétil. **4.** *Direito desportivo.* a) Linha dianteira no jogo de futebol; b) ação de levar a bola, numa partida de futebol, em direção ao arco contrário, com a intenção de fazer gol.

ATAQUE CONTRA UMA POPULAÇÃO CIVIL. *Direito penal.* Qualquer conduta que envolva a prática múltipla de atos contra uma população civil, de acordo com a política de um Estado ou de uma organização de praticar esses atos ou tendo em vista a prossecução dessa política.

ATAQUE ESPECULATIVO. *Direito financeiro.* Venda ostensiva e em volume significativo de moedas debilitadas, feita por investidores que pretendem forçar o governo a promover uma desvalorização (Luiz Fernando Rudge).

ATARAXIA. *Medicina legal.* **1.** Ausência de emoção. Imperturbabilidade de ânimo nas adversidades da vida. **2.** Indiferença que ocorre na senilidade e nos estados neuropáticos. **3.** Impotência sexual causada pelo desinteresse.

ATAVISMO. *Medicina legal.* Reaparecimento em determinadas pessoas de certos caracteres, ou tendências, de ordem física ou moral, não presentes nas gerações imediatamente anteriores, mas peculiares a ascendentes mais remotos.

ATAXIA. *Medicina legal.* Falta de coordenação nos movimentos voluntários em razão de lesão do cerebelo ou dos cordões posteriores da medula.

ATAXODINAMIA. *Medicina legal.* Perturbação funcional de um órgão.

ATAXOFEMIA. *Medicina legal.* Ausência de coordenação dos músculos da voz, acarretando incapacidade de coordenação das palavras ou linguagem desconexa.

AT... DAY'S SIGHT. *Expressão inglesa.* A... dias de vista.

ATECNIA. 1. *Linguagem comum.* Falta de técnica. **2.** *Medicina legal.* a) Escassez de virilidade; b) impotência *generandi* ou *coeundi*; c) debilidade.

ATEÍSMO. *Filosofia geral.* Doutrina negadora da existência de Deus.

ATELECTASIA. *Medicina legal.* **1.** Distensão incompleta dos pulmões no recém-nascido. **2.** Ausência de dilatação dos pulmões.

ATELENCEFALIA. *Medicina legal.* Desenvolvimento incompleto do encéfalo.

ATELIA. *Medicina legal.* Falta congênita de uma parte do corpo humano.

ATELIER. *Direito comercial.* Pequena oficina para confecção de objetos de arte ou de moda.

ATELOCARDIA. *Medicina legal.* Desenvolvimento incompleto do coração.

ATELOGNATIA. *Medicina legal.* Defeito congênito do queixo.

ATELOPODIA. *Medicina legal.* Imperfeição congênita dos pés.

ATELOPROSOPIA. *Medicina legal.* Deformação na face.

ATEMORIZANTE. Que causa medo.

ATEMORIZAR. 1. Provocar medo. **2.** Causar algum temor.

ATEMPAR. Marcar prazo para a realização de um ato ou ocorrência de um fato.

ATENAZAMENTO. *História do direito.* **1.** Ato proibido de atormentar o criminoso, apertando seu corpo com tenaz fria ou incandescente. **2.** Tortura. **3.** Suplício em que o carrasco, com tenazes, arrancava partes do corpo do condenado, cobrindo as feridas com chumbo derretido ou cera fervente, para evitar hemorragia, que lhe apressaria a morte (João Bernardino Gonzaga).

ATENÇÃO. *Psicologia forense.* Processo mental que consiste em focalizar certos aspectos ou fatos, tornando-os mais vivos, para obter uma percepção mais aguda.

ATENÇÃO BÁSICA. *Medicina legal.* Caracteriza-se por um conjunto de ações de saúde, no âmbito individual e coletivo, que abrangem a promoção e a proteção da saúde, a prevenção de agravos, o diagnóstico, o tratamento, a reabilitação e a manutenção da saúde. É desenvolvida por meio do exercício de práticas gerenciais e sanitárias democráticas e participativas, sob forma de trabalho em equipe, dirigidas a populações de territórios bem delimitados, pelas quais assume a responsabilidade sanitária, considerando a dinamicidade existente no território em que vivem essas populações. Utiliza tecnologias de elevada complexidade e baixa densidade, que devem resolver os problemas de saúde de maior freqüência e relevância em seu território. É o contato preferencial dos usuários com os sistemas de saúde. Orienta-se pelos princípios da universalidade, da acessibilidade e da coordenação do cuidado, do vínculo e continuidade, da integralidade, da responsabilização, da humanização, da eqüidade e da participação social. A Atenção Básica considera o sujeito em sua singularidade, na complexidade, na integralidade e na inserção sociocultural e busca a promoção de sua saúde, a prevenção e tratamento de doenças e a redução de danos ou de sofrimentos que possam comprometer suas possibilidades de viver de modo saudável. A Atenção Básica tem a saúde da família como estratégia prioritária para sua organização de acordo com os preceitos do Sistema Único de Saúde. A Atenção Básica tem como fundamentos: a) possibilitar o acesso universal e contínuo a serviços de saúde de qualidade e resolutivos, caracterizados como a porta de entrada preferencial do sistema de saúde, com território adscrito de forma a permitir o planejamento e a programação descentralizada, e em consonância com o princípio da eqüidade; b) efetivar a integralidade em seus vários aspectos, a saber: integração de ações programáticas e demanda espontânea; articulação das ações de promoção à saúde, prevenção de agravos, vigilância à saúde, tratamento e reabilitação, trabalho de forma interdisciplinar e em equipe e coordenação do cuidado na rede de serviços; c) desenvolver relações de vínculo e responsabilização entre as equipes e a população adscrita garantindo a continuidade das ações de saúde e a longitudinalidade do cuidado; d) valorizar os profissionais de saúde por meio do estímulo e do acompanhamento constante de sua formação e capacitação; e) realizar avaliação e acompanhamento sistemático dos resultados alcançados, como parte do processo de planejamento e programação; e f) estimular a participação popular e o controle social. Visando à operacionalização da Atenção Básica, definem-se como áreas estratégicas para atuação em todo o território nacional a eliminação da hanseníase, o controle da tuberculose, o controle da hipertensão arterial, o controle da diabetes mellitus, a eliminação da desnutrição infantil, a saúde da criança, a saúde da mulher, a saúde do idoso, a saúde bucal e a promoção da saúde.

ATENÇÃO CONCENTRADA. *Psicologia forense.* Processo mental dirigido para determinado ponto ou assunto.

ATENÇÃO FRANJADA. *Psicologia forense.* Processo mental que consiste em captar inconsciente ou subconscientemente fatos, atos ou palavras ocorridos no desenrolar de um assunto tratado. Por exemplo, se, ao se encontrar pessoa que há muito não se vê, notar-se que algo mudou em sua fisionomia e, após pensar, perceber-se, pela atenção franjada, que aquela mudança se deu pela ausência de óculos.

ATENÇÃO INTEGRAL À SAÚDE DO IDOSO. *Direito do idoso* e *biodireito.* É dada por intermédio do Sistema Único de Saúde (SUS), garantindo-lhe o acesso universal e igualitário, em conjunto articulado e contínuo das ações e serviços, para a prevenção, promoção, proteção e recuperação da saúde, incluindo a atenção especial às doenças que afetam preferencialmente os idosos. A prevenção e a manutenção da saúde do idoso serão efetivadas por meio de: a) cadastramento da população idosa em base territorial; b) atendimento geriátrico e gerontológico em ambulatórios; c) unidades geriátricas de referência, com pessoal especializado nas áreas de geriatria e gerontologia social; d) atendimento domiciliar, incluindo a internação, para a população que dele necessitar e esteja impossibilitada de se locomover, inclusive para idosos abrigados e acolhidos por instituições públicas, filantrópicas ou sem fins lucrativos e eventualmente conveniadas com o Poder Público, nos meios urbano e rural; e) reabilitação orientada pela geriatria e gerontologia, para redução das seqüelas decorrentes do agravo da saúde. Incumbe ao Poder Público fornecer aos idosos, gratuitamente, medicamentos, especialmente os de uso continuado, assim como próteses, órteses e outros recursos relativos ao tratamento, habilitação ou reabilitação. É vedada a discriminação do idoso nos planos de saúde pela cobrança de valores diferenciados em razão da idade. Os idosos portadores de deficiência ou com limitação incapacitante terão atendimento especializado e prioritário. Ao idoso internado ou em observação é assegurado o direito a acompanhante, devendo o órgão de saúde proporcionar as condições adequadas para a sua permanência em tempo integral, segundo o critério médico. Caberá ao profissional de saúde responsável pelo tratamento conceder autorização para o acompanhamento do idoso ou, no caso de impossibilidade, justificá-la por escrito. Ao idoso que esteja no domínio de suas faculdades mentais é assegurado o direito de optar pelo tratamento de saúde que lhe for reputado mais favorável. Não estando o idoso em condições de proceder à opção, esta será feita: a) pelo curador, quando o idoso for interditado; b) pelos familiares, quando o idoso não tiver curador ou este não puder ser contactado em tempo hábil; c) pelo médico, quando ocorrer iminente risco de vida e não houver tempo hábil para consulta a curador ou familiar; d) pelo próprio médico, quando não houver curador ou familiar conhecido, caso em que deverá comunicar o fato ao Ministério Público. As instituições de saúde devem atender aos critérios mínimos para o atendimento às necessidades do idoso, promovendo o treinamento e a capacitação dos profissionais, assim como orientação a cuidadores familiares e grupos de auto-ajuda. Os casos de suspeita ou confirmação de maus-tratos contra idoso serão obrigatoriamente comunicados pelos profissionais de saúde a quaisquer dos seguintes órgãos: a) autoridade policial; b) Ministério Público; c) Conselho Municipal do Idoso; d) Conselho Estadual do Idoso; e) Conselho Nacional do Idoso.

ATENDIBILIDADE. *Direito processual civil.* Grau de aceitação de uma prova, ou seja, aceitação parcial desta, levando em consideração apenas parte dela.

ATENDIMENTO INDIVIDUALIZADO. Ação desenvolvida em estabelecimento onde se realiza o atendimento com apenas um profissional de saúde em cada turno de trabalho.

ATENDIMENTO PRÉ-HOSPITALAR (APH). *Medicina legal.* Conjunto de procedimentos técnicos e de profissionais treinados que procuram manter a vida da vítima até sua chegada a um hospital.

ATENDIMENTO PRÉ-HOSPITALAR FIXO. *Medicina legal.* O atendimento pré-hospitalar fixo é aquela assistência prestada, num primeiro nível de atenção, aos pacientes portadores de quadros agudos, de natureza clínica, traumática ou ainda psiquiátrica, que possa levar ao sofrimento, a seqüelas ou mesmo à morte, provendo um atendimento e/ou transporte adequado a um serviço de saúde hierarquizado, regulado e integrante do Sistema Estadual de Urgência e Emergência.

Este atendimento é prestado por um conjunto de unidades básicas de saúde, unidades do Programa de Saúde da Família (PSF), Programa de Agentes Comunitários de Saúde (PACS), ambulatórios especializados, serviços de diagnóstico e terapia, unidades não-hospitalares de atendimento às urgências e emergências e pelos serviços de atendimento pré-hospitalar móvel.

ATENDIMENTO PRÉ-HOSPITALAR MÓVEL. *Medicina legal.* Considera-se como nível pré-hospitalar móvel, na área de urgência, o atendimento que procura chegar precocemente à vítima, após ter ocorrido um agravo à sua saúde (de natureza clínica, cirúrgica, traumática, psiquiátrica), que possa levar ao sofrimento, a seqüelas ou mesmo à morte, sendo necessário, portanto, prestar-lhe atendimento e/ou transporte adequado a um serviço de saúde devidamente hierarquizado e integrado ao Sistema Único de Saúde. Podemos chamá-lo de atendimento pré-hospitalar móvel primário, quando o pedido de socorro for oriundo de um cidadão, ou de atendimento pré-hospitalar móvel secundário, quando a solicitação partir de um serviço de saúde, no qual o paciente já tenha recebido o primeiro atendimento necessário à estabilização do quadro de urgência apresentado, mas necessite ser conduzido a outro serviço de maior complexidade para a continuidade do tratamento. O serviço de atendimento pré-hospitalar móvel deve ser entendido como uma atribuição da área da saúde, sendo vinculado a uma Central de Regulação, com equipe e frota de veículos compatíveis com as necessidades de saúde da população de um Município ou uma região, podendo, portanto, extrapolar os limites municipais. Essa região de cobertura deve ser previamente definida, considerando-se aspectos demográficos populacionais, territoriais, indicadores de saúde, oferta de serviços e fluxos habitualmente utilizados pela clientela. O serviço deve contar com a retaguarda da rede de serviços de saúde, devidamente regulada, disponibilizada conforme critérios de hierarquização e regionalização formalmente pactuados entre os gestores do sistema loco-regional.

ATENTADO. 1. *Direito penal.* a) Ação criminosa, ofendendo a lei, a ordem pública ou os bons costumes; b) agressão violenta contra pessoa, coisa, entidade pública ou instituição, perturbando a ordem social; c) execução do delito, tenha havido ou não produção dos resultados pretendidos pelo agente. Logo, se o crime não se consumar, ter-se-á tentativa e não atentado. **2.** *Direito processual civil.* a) Inovação contra o direito operada, de modo abusivo, pelo litigante, no estado da coisa litigiosa, estando pendente a causa, acarretando prejuízo à outra parte. Inovação ilegal no estado anterior da lide, alterando substancialmente a *res in iudicium deducta* (Ovídio A. Baptista da Silva). Trata-se de uma modificação ilícita feita por um dos litigantes a fim de lesar o outro. A reparação desse dano poderá ser promovida mediante "artigos de atentado" processados perante o juiz da ação principal; b) ato ilícito processual que vem a desestabilizar a situação da matéria de fato que está sendo julgada; c) ação oriunda do ato inovatório ilegal que alterou, lesivamente, a situação processual, com o escopo de obter o restabelecimento do *statu quo ante.* Essa ação será processada e julgada pelo magistrado que conheceu originariamente a causa principal; d) processo para obter o restabelecimento da situação anterior àquela inovação. No processo de atentado incidental apenas têm legitimidade as partes do processo principal para propor ou contestar a ação; e) ato praticado pela parte no curso do processo: violando penhora, arresto, seqüestro ou imissão na posse; prosseguindo em obra embargada ou praticando qualquer outra inovação ilegal no estado de fato; f) criação de uma situação nova, ou a mudança de *statu quo,* pendente a lide, lesiva à parte e sem razão de direito, sendo, em geral, qualquer prática de ato novo, positivo ou negativo, que mude o estado fático (Pontes de Miranda).

ATENTADO À DIGNIDADE DA JUSTIÇA. *Direito processual civil.* **1.** Fraude da execução feita pelo devedor. **2.** Resistência injustificada às ordens judiciais. **3.** Sonegação de bens suscetíveis de execução.

ATENTADO À IMAGEM. *Direito civil.* É a violação ao direito à imagem-retrato, pela reprodução pública da fotografia ou ao direito à imagem-atributo, pela biografia sem autorização do seu titular, ou de seus sucessores, dando origem à obrigação de indenizar.

ATENTADO AO PUDOR. *Direito penal.* Crime contra a liberdade sexual consistente no ato libidinoso ou impudico, diverso do da conjunção carnal, praticado com violência, grave ameaça ou fraude contra pessoa de qualquer sexo, para saciar paixões lascivas ou por depravação moral. O crime será qualificado se dele resultar lesão corporal ou morte.

ATENTADO AO PUDOR MEDIANTE FRAUDE. *Direito penal.* Ato de induzir alguém, mediante fraude, a praticar ou submeter-se à prática de ato libidinoso diverso da conjunção carnal. A pena de reclusão será aumentada se a vítima for menor de 18 e maior de 14 anos.

ATENTADO AOS COSTUMES. *Direito penal.* Ato contrário aos bons costumes e à moral.

ATENTADO CONTRA A LIBERDADE. *Direito constitucional* e *direito penal.* **1.** Ato dirigido contra o direito de ir e vir, garantido constitucionalmente com a medida do *habeas corpus.* **2.** Ato que venha a ferir o direito de associação, de livre manifestação do pensamento ou de convicção política ou filosófica. **3.** Ato que viola os direitos e garantias individuais consagrados constitucionalmente. **4.** Ato ilegal. **5.** Abuso de poder.

ATENTADO CONTRA A LIBERDADE DE ASSOCIAÇÃO. *Direito penal.* Crime que consiste em constranger uma pessoa, usando de violência ou grave ameaça, a participar ou deixar de participar de associação profissional ou sindicato.

ATENTADO CONTRA A LIBERDADE DE TRABALHO. *Direito penal.* **1.** Crime de constranger alguém, mediante violência ou grave ameaça, a exercer, ou não, arte, ofício, profissão ou indústria ou a trabalhar, ou não, durante certo período ou em determinados dias. **2.** Crime contra a organização do trabalho que consiste em, mediante violência ou grave ameaça, constranger alguém a abrir ou fechar o seu estabelecimento de trabalho ou a participar de paralisação de atividade econômica.

ATENTADO CONTRA A SEGURANÇA DE SERVIÇO DE UTILIDADE PÚBLICA. *Direito penal.* Crime que visa prejudicar a segurança ou o funcionamento de serviço de água, luz, gás, força ou calor ou qualquer outro de utilidade pública, punido com reclusão e multa. A pena poderá ser aumentada de um terço até metade se o dano ocorrer em virtude de subtração de material essencial ao funcionamento dos serviços.

ATENTADO CONTRA A SEGURANÇA DE TRANSPORTE MARÍTIMO, FLUVIAL OU AÉREO. *Direito penal.* Crime de expor a perigo embarcação ou aeronave, próprias ou de outrem, ou ainda de praticar qualquer ato para impedir ou dificultar navegação marítima, fluvial ou aérea, sob pena de reclusão.

ATENTADO CONTRA A SEGURANÇA PÚBLICA. *Direito penal.* Ato criminoso que visa destruir ou perturbar a paz e a incolumidade pública, subvertendo a ordem.

ATENTADO CONTRA O SENTIMENTO RELIGIOSO. *Direito penal.* Crime de ultraje, impedimento ou perturbação a culto religioso. Tal ato delituoso consiste em escarnecer de alguém publicamente, por motivo de crença ou função religiosa, impedir ou perturbar cerimônia ou prática do culto, vilipendiar publicamente ato ou objeto de culto religioso, sob pena de detenção ou multa. Se houver emprego de violência, a pena será aumentada de um terço, sem prejuízo da correspondente à violência.

ATENTADO TERRORISTA COM BOMBA. *Direito penal.* É o praticado por pessoa que ilícita e intencionalmente entrega, coloca, lança ou detona um artefato explosivo ou outro artefato mortífero dentro ou contra um logradouro público, uma instalação estatal ou governamental, um sistema de transporte público ou uma instalação de infra-estrutura: a) com a intenção de causar morte ou grave lesão corporal; ou b) com a intenção de causar destruição significativa desse lugar, instalação ou rede que ocasione ou possa ocasionar um grande prejuízo econômico. Também constitui delito a tentativa de cometer qualquer dos delitos acima enumerados. Ainda, a) deles participar como cúmplice; b) organizar e dirigir outros na perpetração desses delitos; c) contribuir de qualquer outra forma na perpetração de um ou mais desses delitos supramencionados por um grupo de pessoas que atue com um propósito comum; essa contribuição deverá ser intencional e ocorrer seja com a finalidade de colaborar com a atividade ou o propósito delitivo genérico do grupo, seja com o conhecimento da intenção do grupo de cometer o delito ou delitos de que se trate.

ATENTATÓRIO. *Direito penal.* 1. O que ofende ou prejudica a liberdade de alguém. 2. Aquilo que contraria a lei, os bons costumes, a ordem pública ou a pessoa física de alguém.

ATENUAÇÃO. *Direito penal.* Diminuição de pena; redução; abrandamento.

ATENUANTE. 1. *Direito penal.* Circunstância prevista em lei que, se ocorrer, pode diminuir o grau de responsabilidade do réu e, conseqüentemente, a pena, seja esta pecuniária ou de restrição da liberdade. 2. *Medicina legal.* Medicamento que torna ralo o sangue.

ATERMAR. 1. *Direito processual civil.* Marcar prazo. 2. *Direito civil.* Determinar o termo de algum ato jurídico.

ATERMIA. *Medicina legal.* Sensação decorrente da ausência de calor.

A TERMO. 1. *Direito comercial.* Diz-se dos contratos mercantis com prazo certo. 2. *Direito civil.* Diz-se do negócio que contém cláusula que, por vontade das partes, subordina os efeitos do ato negocial a um acontecimento futuro e certo.

ATEROMA. *Medicina legal.* 1. Quisto sebáceo. 2. Arteriosclerose que se caracteriza pela degeneração gordurosa do revestimento interno dos vasos, que apresenta placas e quistos calcários.

ATERRADO. 1. *Direito aeronáutico.* Diz-se do avião pousado em terra ou no solo. 2. *Direito civil.* Fala-se do terreno alteado de nível por meio de aterro ou do que está coberto de terra.

ATERRAGEM FORÇADA. *Direito aeronáutico.* Ato de pousar no solo, em caso de emergência, em razão de falha do motor, condições atmosféricas adversas etc.

ATERRAGEM INDUSTRIAL. *Direito ambiental.* Ato de aterrar resíduos sólidos de origem industrial (Celso A. P. Fiorillo e Marcelo A. Rodrigues).

ATERRAGEM SANITÁRIA. *Direito ambiental.* Ato de aterrar resíduos sólidos não industriais.

ATERRISSAGEM. 1. *Direito aeronáutico.* Aterragem; pousar o avião no solo. 2. *Direito marítimo.* Ato de aproximar a embarcação do litoral, vinda do alto-mar em direção a terra.

ATERRO. *Direito civil.* 1. Elevar o nível de um terreno. 2. Terraplenagem; ato de entulhar ou aterrar. 3. Local que foi aterrado.

ATERRO ARTIFICIAL. *Direito civil.* Acréscimo de terra feito pelo proprietário ribeirinho para alterar a conformação periférica de seu imóvel, sem prejuízo de terceiros.

ATERRO DE RESÍDUOS DA CONSTRUÇÃO CIVIL. *Direito ambiental.* É a área onde serão empregadas técnicas de disposição de resíduos da construção civil Classe "A" no solo, visando a reservação de materiais segregados de forma a possibilitar seu uso futuro e/ou futura utilização da área, utilizando princípios de engenharia para confiná-los ao menor volume possível, sem causar danos à saúde pública e ao meio ambiente. Os resíduos de construção Classe "A" são os reutilizáveis ou recicláveis como agregados, tais como: a) de construção, demolição, reformas e reparos de pavimentação e de outras obras de infra-estrutura, inclusive solos provenientes de terraplanagem; b) de construção, demolição, reformas e reparos de edificações: componentes cerâmicos (tijolos, blocos, telhas, placas de revestimento etc.), argamassa e concreto; c) de processo de fabricação e/ou demolição de peças pré-moldadas em concreto (blocos, tubos, meios-fios etc.) produzidas nos canteiros de obras.

ATERRO DE RESÍDUOS PERIGOSOS – CLASSE I. *Direito ambiental.* Técnica de disposição final de resíduos químicos no solo, sem causar danos ou riscos à saúde pública, minimizando os impactos ambientais e utilizando procedimentos específicos de engenharia para o confinamento destes.

ATERRO NATURAL. *Direito civil.* Aluvião ou acréscimo paulatino de terras às margens de um rio, mediante lentos e imperceptíveis depósitos feitos por obra da natureza. Tal acréscimo importará em aquisição da propriedade por parte do dono do imóvel a que se aderem essas terras.

ATERRO SANITÁRIO. *Direito administrativo* e *direito ambiental.* **1.** Ato de enterrar lixo em uma grande vala no solo, para evitar contaminação do ar e da água. Mas o ideal seria queimá-lo em incineradores especiais, pois as cinzas não contêm germes que possam causar dano ao homem e ao meio ambiente. **2.** Obra de engenharia destinada a receber os resíduos no solo sem risco de contaminação das águas subterrâneas. É dotado de obras de saneamento e controle ambiental, tais como drenos e canalizações que permitem a capacitação, desvio e destino adequado de gases e percolados. **3.** Técnica de disposição final de resíduos sólidos urbanos no solo, por meio de confinamento em camadas cobertas com material inerte, segundo normas específicas, de modo a evitar danos ou riscos à saúde e à segurança, minimizando os impactos ambientais.

ATESTADO. 1. *Direito civil.* Documento que atesta ou declara sobre a verdade de um fato. **2.** *Direito administrativo.* Ato em que a Administração Pública comprova fato de que tem conhecimento pelo respectivo órgão competente, por não constar de registro ou arquivo em poder da repartição.

ATESTADO DE BOA CONDUTA. Documento onde se declaram o bom comportamento e a idoneidade de uma pessoa.

ATESTADO DE EXAME. Documento comprobatório de um exame realizado.

ATESTADO DE IDADE. Certidão autenticada da idade de uma pessoa, comprovando-a.

ATESTADO DE IDEOLOGIA. *Direito administrativo.* Documento que atesta a convicção filosófica, religiosa ou política de alguém. Esse atestado não pode ser exigido como requisito para que uma pessoa possa assumir cargo ou função pública. A autoridade que o impuser como condição para a posse de funcionário deverá ser responsabilizada administrativa e criminalmente.

ATESTADO DE IDONEIDADE FINANCEIRA. Documento escrito e assinado por pessoa física ou jurídica atestando a aptidão de alguém no âmbito das finanças, por ser responsável e por ter capacidade para administrar seus interesses.

ATESTADO DE ÓBITO. 1. Atestado médico que constata a *causa mortis.* **2.** Certificado de falecimento de uma pessoa, extraído do assento de óbito.

ATESTADO DE POBREZA. *Direito processual.* Documento fornecido pela autoridade competente, atestando que certa pessoa não tem recursos financeiros e não pode, portanto, pagar as despesas processuais, tendo direito à concessão de assistência judiciária aos necessitados.

ATESTADO DE SANIDADE. Certidão da boa saúde de alguém.

ATESTADO DE VIDA. Declaração comprobatória de que alguém está vivo, passada por serventuário público ou por pessoas sem essa autoridade, desde que tenham suas firmas reconhecidas.

ATESTADO FALSO. *Direito penal.* **1.** Documento público ou particular que contém declaração de um fato não verídico. **2.** Documento passado por alguém, investido de função pública ou não, falsificando, total ou parcialmente, ou alterando o teor de certidão ou atestado verdadeiros, para comprovar fato que habilite outrem a obter cargo público, isenção de ônus ou de serviço de caráter público ou qualquer outra vantagem. Trata-se de crime de falsidade material de atestado ou certidão. **3.** Documento passado por médico, no exercício de sua função, atestando a existência de um fato irreal ou negando a ocorrência de um verdadeiro. Se tal atestado médico ideologicamente falso se deu com a intenção de obter lucro, além da detenção aplica-se uma multa. **4.** Certidão falsa passada por pessoa competente, em razão de função pública, para provar fato ou circunstância que venha a habilitar alguém a obter cargo público, isenção de ônus ou de serviço de caráter público ou qualquer outra vantagem. Tal ato constitui crime de falsidade ideológica punido com detenção.

ATESTADO LIBERATÓRIO. *Direito do trabalho.* Certidão dada pelo empregador a artista, declarando que rescindiu, antes do prazo estipulado, injustamente o contrato, liberando-o para trabalhar em outra empresa.

ATESTADO MÉDICO. *Medicina legal.* **1.** Declaração escrita de médicos atestando um estado mórbido ou a sanidade (Veloso de França). **2.** Afirmação verídica feita por profissional, certificando um fato médico e suas conseqüências, desde que tenha examinado o paciente ou dele cuidado. Urge lembrar que há proibição legal de exigência de atestado de gravidez e esterilização para fins admissionais ou de permanência da relação empregatícia. O atestado médico pode ser: a) *administrativo*, se exigido por autoridade administrativa, atestando vacinação variólica, sanidade física e mental para acesso em repartições públicas e escolas; b) *judiciário*, se requisitado pelo órgão judicante, como aquele em que os jurados atestam suas faltas no Tribunal do Júri, justificando-as; c) *oficioso*, se pedido por qualquer pessoa para atender a interesses particulares, justificando suas faltas na escola, no trabalho etc.

ATESTANTE. Pessoa que emite ou passa um atestado.

ATESTAR. Certificar por escrito; passar atestado; provar; afirmar algo oficialmente; testemunhar.

ÁTICO. *Direito civil.* Pequeno andar que, encimando os demais, aprimora ou disfarça o telhado (Afonso Celso F. de Rezende).

ATIMIA. 1. *Medicina legal.* a) Demência; b) melancolia; c) ausência do timo. **2.** *História do direito.* Estado do cidadão, que, na Grécia antiga, era banido da pátria.

ATIPICIDADE. 1. *Direito penal.* Qualidade de um ato delituoso ou lesivo não caracterizado legalmente, isto é, não enquadrado na definição legal. **2.** Na *linguagem jurídica* em geral: a) caráter daquilo que se afasta do tipo; b) ausência de tratamento jurídico.

ATIPICIDADE DA FALTA ADMINISTRATIVA. *Direito administrativo.* Qualidade de a falta administrativa poder ser apreciada discricionariamente pelo administrador público.

ATÍPICOS. *Direito civil.* Diz-se dos contratos que, apesar de se afastarem dos modelos legais, uma vez que não são disciplinados ou regulados expressamente por lei, são permitidos juridicamente, desde que não contrariem a lei e os bons costumes, ante o princípio da autonomia da vontade e a doutrina do número *apertus* em que se desenvolvem as relações contratuais. Os particulares, dentro dos limites legais, poderão criar as figuras contratuais que necessitarem no mundo dos negócios. Trata-se dos contratos inominados.

ATIREOSE. *Medicina legal.* Ausência congênita da tireóide, dando origem ao cretinismo.

ATITUDE. 1. *Sociologia jurídica.* Tendência de agir coerentemente em relação a certo objeto. **2.** *Direito espacial.* Posição de um foguete, míssil ou satélite determinada pela inclinação do seu eixo em relação a um ponto de referência.

A TÍTULO DE. *Direito civil.* Expressão usada para indicar "na qualidade de" ou para classificar a natureza de algum ato jurídico a que se refere, por exemplo "a título oneroso", ou, ainda, para significar que o ato é praticado por alguém na qualidade de proprietário ou de possuidor, cujo direito se assenta num justo título.

A TÍTULO GRATUITO. *Direito civil.* Diz-se do ato jurídico ou contrato feitos por mera liberalidade, proporcionando vantagens, sem que haja qualquer ônus, encargo ou contraprestação para a parte beneficiada, por exemplo, a doação pura e simples.

A TÍTULO LUCRATIVO. *Direito comercial.* Diz-se do ato praticado para obter lucro.

A TÍTULO ONEROSO. *Direito civil.* Qualificação dada a ato jurídico ou contrato que trazem para ambas as partes deveres e direitos, por exemplo, compra e venda.

A TÍTULO PRECÁRIO. *Direito civil.* Diz-se da posse temporariamente desfrutada por mero favor ou confiança por parte de quem recebe a coisa com o dever de restituí-la, sem a intenção de tê-la ou de possuí-la para si. É a posse provisória, como a do usufrutuário, comodatário etc.

ATIVA. 1. *Direito administrativo.* Condição dos que exercem efetivamente cargo ou função pública. **2.** *Direito militar.* Diz-se do militar que está em atividade nas Forças Armadas. **3.** *Direito tributário.* a) Diz-se da dívida que compõe o ativo; b) termo usado para indicar o crédito das pessoas jurídicas de direito público no âmbito fiscal.

ATIVIDADE. 1. Na *linguagem jurídica* em geral, é o conjunto de ações ou serviços desempenhados pela pessoa. Constitui, portanto, o âmbito de ação, onde o agente desenvolve suas aptidões. **2.** *Direito administrativo.* Efetividade no exercício de cargo ou função pública.

ATIVIDADE AGRÁRIA. *Direito agrário.* Diz-se da multiplicidade de atos ou trabalhos feitos pelo produtor ou rurícola, visando uma produção econômica, com fito de lucro e em caráter profissional, comercializando ou industrializando os frutos.

ATIVIDADE COMERCIAL. *Direito comercial.* É a exercida por empresários quando efetivarem atividades econômicas organizadas para a produção ou a circulação de bens ou serviços.

ATIVIDADE CONEXA. *Direito agrário.* É a alusiva à classificação, à comercialização e ao transporte de produtos agrícolas.

ATIVIDADE DE ANALISTA DE VALORES MOBILIÁRIOS. *Direito comercial.* Consiste na avaliação de investimento em valores mobiliários, em caráter profissional, com a finalidade de produzir recomendações, relatórios de acompanhamento e estudos para divulgação ao público, que auxiliem no processo de tomada de decisão de investimento.

ATIVIDADE DE PESQUISA. *Direito ambiental.* A realizada em laboratório, regime de contenção ou campo, como parte do processo de obtenção de OGM (Organismo Geneticamente Modificado) e seus derivados ou de avaliação da biossegurança de OGM e seus derivados, o que engloba, no âmbito experimental, a construção, o cultivo, a manipulação, o transporte, a transferência, a importação, a exportação, o armazenamento, a liberação no meio ambiente e o descarte de OGM e seus derivados.

ATIVIDADE DE USO COMERCIAL DE OGM E SEUS DERIVADOS. *Direito ambiental.* É a que não se enquadra como atividade de pesquisa, e que trata do cultivo, da produção, da manipulação, do transporte, da transferência, da comercialização, da importação, da exportação, do armazenamento, do consumo, da liberação e do descarte de OGM e seus derivados para fins comerciais.

ATIVIDADE DISCRICIONÁRIA. *Direito administrativo.* Complexo de atos efetuados pelos agentes públicos, que, baseados nos critérios de oportunidade e conveniência, escolhem uma das várias possibilidades de aplicação que a norma contém.

ATIVIDADE DO ESTADO. *Direito administrativo.* Conjunto de atos praticados em nome do Estado pelas autoridades públicas.

ATIVIDADE ECONÔMICA. 1. *Direito administrativo.* Diz-se do serviço estatal de natureza industrial ou comercial exercido por empresa pública ou sociedade de economia mista. **2.** *Direito comercial.* Soma de ações dirigidas à produção, circulação e consumo de riquezas e à prestação de serviços.

ATIVIDADE ECONÔMICA ORGANIZADA. *Direito comercial.* Conjunto de atos exercidos organizada e profissionalmente pelo empresário, visando a produção ou a circulação de bens ou de serviços.

ATIVIDADE EMPRESARIAL. *Direito comercial.* Conjunto de atos que, com profissionalidade, visam a produção ou circulação de bens e serviços com objetivo lucrativo mediato ou imediato. Trata-se da atividade comercial.

ATIVIDADE ESPECIAL DE SALTO EM PÁRA-QUEDAS. *Direito militar.* **1.** É a exercida por pára-quedistas da Aeronáutica, através de lançamento e descida com o uso de pára-quedas, em cumprimento a missão militar, determinada por autoridade competente, mediante ordem de missão, ordem de instrução ou programa de instrução. **2.** *Vide* ORDEM DE MISSÃO, ORDEM DE INSTRUÇÃO e PROGRAMA DE INSTRUÇÃO.

ATIVIDADE ESPECIAL DE VÔO. *Direito militar.* É a exercida por tripulante orgânico, a bordo de aeronave, de forma continuada, indispensável ao cumprimento de missão determinada por autoridade competente, mediante ordem de missão, programa de instrução ou ordem de instrução.

ATIVIDADE ESSENCIAL. *Direito do trabalho.* Serviço essencial.

ATIVIDADE FINANCEIRA DO ESTADO. *Direito tributário.* Complexo de atos realizados pelo Poder Público para obter dinheiro, junto ao povo e às empresas, a fim de manter os serviços públicos. Essa arrecadação é feita, em regra, pela cobrança de impostos, pela emissão de títulos públicos comercializados no mercado e, excepcionalmente, através de empréstimos compulsórios.

ATIVIDADE ILÍCITA. 1. *Direito penal.* Consiste em todo comportamento que, por lesar direito alheio, violando os deveres impostos por lei, é considerado crime pela ordem jurídica, uma vez que consiste na ofensa à sociedade pela infração de norma imprescindível a sua existência. **2.** *Direito civil.* É toda conduta omissiva ou comissiva praticada em desacordo com o ordenamento jurídico, atingindo o interesse privado de alguém, causando-lhe dano moral ou patrimonial.

ATIVIDADE INDUSTRIAL. *Direito empresarial.* Exploração de indústria extrativa, de construção, de manufatura etc.

ATIVIDADE NUCLEAR. *Direito constitucional, direito civil* e *direito ambiental.* Exploração de competência exclusiva da União dos serviços e instalações nucleares e do monopólio da pesquisa, lavra, reprocessamento, industrialização e comércio de minérios nucleares, desde que destinados a finalidades pacíficas e com aprovação do Congresso Nacional, tendo, ainda, responsabilidade civil objetiva por danos nucleares.

ATIVIDADE PENOSA. *Direito do trabalho.* Trabalho que causa mal-estar no operário comprometendo sua saúde, em virtude do local onde é exercido (Othon Sidou).

ATIVIDADE POLÍTICO-PARTIDÁRIA. *Ciência política.* Complexo de atos que se realizam em virtude de vinculação a um partido político, por exemplo, participação em campanhas eleitorais, exercício de cargos nos órgãos do partido etc.

ATIVIDADE PREDATÓRIA. *Direito agrário* e *direito ambiental.* Vedada aos produtores rurais, consiste no ato de degradar a terra pela sua exploração irracional através de desmatamentos ou desflorestamentos, eliminação da vegetação pelo fogo, gastos inúteis dos recursos naturais etc.

ATIVIDADE PRIVADA. *Direito civil* e *direito comercial.* Conjunto de atos praticados para a consecução de interesses particulares ou pessoais.

ATIVIDADE PÚBLICA. *Direito administrativo.* É a relativa aos serviços públicos em geral.

ATIVIDADE RURAL. *Direito agrário.* É considerada como atividade rural: 1. a agricultura; 2. a pecuária; 3. a extração e a exploração vegetal e animal; 4. a exploração de atividades zootécnicas, tais como apicultura, avicultura, cunicultura, suinocultura, sericicultura, piscicultura e outras culturas de pequenos animais; 5. a atividade de captura de pescado *in natura*, desde que a exploração se faça com apetrechos semelhantes aos da pesca artesanal (arrastões de praia, rede de cerca etc.), inclusive a exploração em regime de parceria; 6. a transformação de produtos decorrentes da atividade rural, sem que sejam alteradas as características do produto *in natura*, feita pelo próprio agricultor ou criador, com equipamentos e utensílios usualmente empregados nas atividades rurais, utilizando exclusivamente matéria-prima produzida na área rural explorada, tais como: a) beneficiamento de produtos agrícolas: 1. descasque de arroz e de outros produtos semelhantes; 2. debulha de milho; 3. conservas de frutas; b) transformação de produtos agrícolas: 1. moagem de trigo e de milho; 2. moagem de cana-de-açúcar para produção de açúcar mascavo, melado, rapadura; 3. grãos em farinha ou farelo; c) transformação de produtos zootécnicos: 1. produção de mel acondicionado em embalagem de apresentação; 2. laticínio (pasteurização e acondicionamento do leite; transformação do leite em queijo, manteiga e requeijão); 3. produção de suco de laranja acondicionado em embalagem de apresentação; 4. produção de adubos orgânicos; d) transformação de produtos florestais: 1. produção de carvão vegetal; 2. produção de lenha com árvores da propriedade rural; 3. venda de pinheiros e madeira de árvores plantadas na propriedade rural; e) produção de embriões de rebanho em geral, alevinos e girinos em propriedade rural, independentemente de sua destinação (reprodução ou comercialização).

ATIVIDADES AÉREAS DOS SERVIÇOS ESPECIALIZADOS. *Direito aeronáutico.* São as de: a) aerofotografia, aerofotogrametria, aerocinematografia, aerotopografia; b) prospecção, exploração ou detecção de elementos do solo ou do subsolo, do mar, da plataforma submarina, da superfície das águas ou de suas profundezas; c) publicidade aérea de qualquer natureza; d) fomento ou proteção da agricultura em geral; e) saneamento, investigação ou experimentação técnica ou científica; f) ensino e adestramento de pessoal de vôo; g) provocação artificial de chuvas ou modificação de clima; e h) qualquer modalidade remunerada, distinta do transporte público.

ATIVIDADES DE ATENÇÃO E DE REINSERÇÃO SOCIAL DE USUÁRIOS OU DEPENDENTES DE DROGAS. *Direito penal.* As *atividades de atenção ao usuário e dependente de drogas e respectivos familiares* são aquelas que visam à melhoria da qualidade de vida e à redução dos riscos e dos danos associados ao uso de drogas. As *atividades de reinserção social do usuário ou do dependente de drogas e respectivos familiares* são aquelas direcionadas para sua integração ou reintegração em redes sociais. As atividades de atenção e as de reinserção social do usuário e do dependente de drogas e respectivos familiares devem observar os seguintes princípios e diretrizes: a) respeito ao usuário e ao dependente de drogas, independentemente de quaisquer condições, observados os direitos fundamentais da pessoa humana, os princípios e diretrizes do Sistema

Único de Saúde e da Política Nacional de Assistência Social; b) a adoção de estratégias diferenciadas de atenção e reinserção social do usuário e do dependente de drogas e respectivos familiares que considerem as suas peculiaridades socioculturais; c) definição de projeto terapêutico individualizado, orientado para a inclusão social e para a redução de riscos e de danos sociais e à saúde; d) atenção ao usuário ou dependente de drogas e aos respectivos familiares, sempre que possível, de forma multidisciplinar e por equipes multiprofissionais; e) observância das orientações e normas emanadas do CONAD; f) o alinhamento às diretrizes dos órgão de controle social de políticas setoriais específicas;

ATIVIDADES DE PREVENÇÃO DO USO INDEVIDO DE DROGAS. *Direito penal.* São aquelas direcionadas para a redução dos fatores de vulnerabilidade e risco e para a promoção e o fortalecimento dos fatores de proteção. As atividades de prevenção do uso indevido de drogas devem observar os seguintes princípios e diretrizes: a) o reconhecimento do uso indevido de drogas como fator de interferência na qualidade de vida do indivíduo e na sua relação com a comunidade à qual pertence; b) a adoção de conceitos objetivos e de fundamentação científica como forma de orientar as ações dos serviços públicos comunitários e privados e de evitar preconceitos e estigmatização das pessoas e dos serviços que as atendam; c) o fortalecimento da autonomia e da responsabilidade individual em relação ao uso indevido de drogas; d) o compartilhamento de responsabilidades e a colaboração mútua com as instituições do setor privado e com os diversos segmentos sociais, incluindo usuários e dependentes de drogas e respectivos familiares, por meio do estabelecimento de parcerias; e) a adoção de estratégias preventivas diferenciadas e adequadas às especificações socioculturais das diversas populações, bem como das diferentes drogas utilizadas; f) o reconhecimento do "não-uso", do "retardamento do uso" e da redução de riscos como resultados desejáveis das atividades de natureza preventiva, quando da definição dos objetivos a serem alcançados; g) o tratamento especial dirigido às parcelas mais vulneráveis da população, levando em consideração as suas necessidades específicas; h) a articulação entre os serviços e organizações que atuam em atividades de prevenção do uso indevido de drogas e a rede de atenção a usuários e dependentes de drogas e respectivos familiares; i) o investimento em alternativas esportivas, culturais, artísticas, profissionais, entre outras, como forma de inclusão social e de melhoria da qualidade de vida; j) o estabelecimento de políticas de formação continuada na área da prevenção do uso indevido de drogas para profissionais de educação nos 3 (três) níveis de ensino; k) a implantação de projetos pedagógicos de prevenção do uso indevido de drogas, nas instituições de ensino público e privado, alinhados às Diretrizes Curriculares Nacionais e aos conhecimentos relacionados a drogas; l) a observância das orientações e normas emanadas do CONAD; m) o alinhamento às diretrizes dos órgãos de controle social de políticas setoriais específicas. As atividades de prevenção do uso indevido de drogas dirigidas à criança e ao adolescente deverão estar em consonância com as diretrizes emanadas pelo Conselho Nacional dos Direitos da Criança e do Adolescente (CONANDA).

ATIVIDADES DESENVOLVIDAS NAS ÁREAS AEROPORTUÁRIAS. *Direito aeronáutico.* São as *administrativas indispensáveis*, como: a) serviços de proteção ao vôo; b) serviço contra-incêndio; c) serviço de controle e fiscalização das atividades de aviação civil; d) serviço de polícia federal; e) serviço de vigilância sanitária; f) serviço de defesa sanitária animal e vegetal; g) serviço de fiscalização aduaneira; h) serviço de juizado de menores; i) serviços de telecomunicações aeronáuticas; j) serviço de apoio ao comércio exterior; e k) serviços de polícia civil e militar. As *operacionais essenciais*, que são os serviços próprios das empresas de transporte aéreo e de serviços aéreos especializados, abaixo discriminados, desde que para seu uso exclusivo: a) despacho de aeronaves, passageiros e respectivas bagagens; b) recebimento e despacho de carga e de bens transportados por aeronaves; c) manutenção de aeronaves da empresa aérea, aquelas de sua propriedade, as fretadas e as arrendadas para uso próprio e serviços correlatos; d) carga e descarga de aeronaves; e) serviços de telecomunicações e meteorologia; f) serviços auxiliares de pista; g) abrigo de aeronaves; h) venda de passagens, reservas e informações quando feitas diretamente pelo transportador; i) comissária; e j) administração específica dos serviços mencionados nos incisos anteriores. Qualquer dos serviços mencionados poderá ser operado em *pool* pelas empresas de transporte aéreo ou empresa por elas constituída, com a finalidade de prestar tais serviços, mediante prévia aprovação da autoridade aeronáutica. As atividades operacionais essenciais dos serviços aéreos que utilizam regularmente os aeroportos habilitam-se às áreas de que necessitam, obedecida a seguinte ordem de prioridade: a) transporte aéreo regular, doméstico e/ou internacional; b) transporte aéreo não regular, doméstico e/ou internacional; c) transporte não regular – táxi aéreo; e d) serviço aéreo especializado público. As *operacionais acessórias*, como: a) serviços auxiliares aeroportuários; b) serviços de fornecimento de combustíveis e lubrificantes de aviação; c) serviços de manutenção de aeronaves e equipamentos aeronáuticos, desde que necessária sua instalação na área aeroportuária; e d) serviços de atendimento preferencial de passageiros das empresas aéreas. As *Comerciais*, que são as que não se enquadram nas arroladas anteriormente.

ATIVIDADES DE UNITIZAÇÃO E DESUNITIZAÇÃO DE CARGA. *Direito alfandegário.* Entende-se por unitização e desunitização a operação física de colocação e retirada, respectivamente, de mercadorias, agrupadas em volumes ou não, em unidade de carga. A unitização ou desunitização de carga, quando realizada em recintos alfandegados, somente será feita por agentes previamente credenciados pela Secretaria da Receita Federal. O Secretário da Receita Federal estabelecerá: os termos, requisitos e condições para credenciamento dos agentes a que se refere o artigo anterior; as sanções aplicáveis aos agentes credenciados. Equiparam-se aos agentes credenciados para as atividades de unitização e desunitização de carga em recintos alfandegados os operadores de terminais alfandegados, nos casos em que sejam consignatários das mercadorias objeto de trânsito aduaneiro.

ATIVIDADES ESPACIAIS. *Direito espacial.* Consistem no esforço sistemático para desenvolver e operar sistemas espaciais, bem como a necessária e correspondente infra-estrutura, visando a permitir ao homem ampliar seu conhecimento do universo, em particular do planeta Terra e sua atmosfera, bem como explorar, com objetivos utilitários, a disponibilidade desses novos dispositivos. As atividades espaciais de um país organizam-se usualmente em programas, compostos de subprogramas, projetos e atividades de caráter continuado. Ao conjunto desses programas costuma-se referir como o programa espacial do

país. De forma análoga, o Programa Nacional de Atividades Espaciais (PNAE) representará o conjunto das iniciativas proposto pela Agência Espacial Brasileira e aprovado pelo presidente da República.

ATIVIDADES ESPORTIVAS DE ALTA VELOCIDADE. *Direito desportivo.* São atividades esportivas ou recreativas que, durante qualquer momento da sua prática, atinjam velocidade sobre águas superior a 10 nós.

ATIVIDADES HEMOTERÁPICAS. *Medicina legal.* É todo conjunto de ações referentes ao exercício das especialidades previstas em Normas Técnicas ou regulamentos do Ministério da Saúde, além da proteção específica ao doador, ao receptor e aos profissionais envolvidos, compreendendo: a) captação, triagem clínica, laboratorial, sorológica, imunoematológica e demais exames laboratoriais do doador e do receptor, coleta, identificação, processamento, estocagem, distribuição, orientação e transfusão de sangue, componentes e hemoderivados, com finalidade terapêutica ou de pesquisa; b) orientação, supervisão e indicação da transfusão do sangue, seus componentes e hemoderivados; c) procedimentos hemoterápicos especiais, como aféreses, transfusões autólogas, de substituição e intra-uterina, criobiologia e outros que advenham de desenvolvimento científico e tecnológico, desde que validados pelas Normas Técnicas ou regulamentos do Ministério da Saúde; d) controle e garantia de qualidade dos procedimentos, equipamentos reagentes e correlatos; e) prevenção, diagnóstico e atendimento imediato das reações transfusionais e adversas; f) prevenção, triagem, diagnóstico e aconselhamento das doenças hemotransmissíveis; g) proteção e orientação do doador inapto e seu encaminhamento às unidades que promovam sua reabilitação ou promovam o suporte clínico, terapêutico e laboratorial necessário ao seu bem-estar físico e emocional.

ATIVIDADES INSALUBRES. *Direito do trabalho.* São aquelas que, por sua natureza, condições ou método de trabalho, expõem os empregados a agentes físicos, químicos ou biológicos nocivos à saúde, produzindo doenças. A caracterização quantitativa ou qualitativa da insalubridade e o meio de proteção aos empregados determinam-se de acordo com o disposto pela repartição competente em matéria de segurança e higiene do trabalho.

ATIVIDADES JURÍDICO-ESTATAIS. *Direito administrativo.* São a declaração do direito, a aplicação do direito ao caso concreto, a manutenção da ordem interna e a defesa do País contra a agressão externa (Massami Uyeda).

ATIVIDADES PERIGOSAS. *Direito do trabalho.* São as que, por sua natureza ou métodos de trabalho, implicam o contato permanente com inflamáveis ou explosivos em condições de risco acentuado.

ATIVIDADES PLURIATIVAS. *Direito agrário.* Atividades econômicas não agrícolas desenvolvidas pelos agricultores nos Projetos de Assentamentos.

ATIVIDADES RELACIONADAS COM O DESPACHO ADUANEIRO. *Direito alfandegário.* São aquelas que visam ao desembaraço aduaneiro de mercadorias ou de bens, inclusive bagagem de viajante, na importação ou na exportação, sob qualquer regime e por qualquer via de transporte, e que consistem basicamente em: a) preparação, entrada e acompanhamento de documentos que tenham por objeto o despacho aduaneiro; b) assistência à verificação de mercadoria, na conferência aduaneira; c) assistência à retirada de amostras para exames técnicos e periciais; d) recebimento de mercadorias ou de bens desembaraçados; e) solicitação, assistência e desistência de vistoria; f) subscrição de documentos que sirvam de base ao despacho aduaneiro; g) ciência e recebimento de intimações, notificações, autos de infração, despachos, decisões e dos demais atos e termos processuais relacionados com o procedimento fiscal; h) subscrição de termo de responsabilidade. Excluída está a remessa postal internacional, cujo desembaraço poderá ser feito por despachante aduaneiro, pessoalmente, por seu destinatário ou por qualquer mandatário do destinatário. Somente mediante cláusula expressa específica do mandato poderá o mandatário subscrever termo de responsabilidade em garantia do cumprimento de obrigação tributária, pedido de restituição de indébito, de compensação ou desistência de vistoria.

ATIVIDADE SUBSIDIÁRIA DO ESTADO. *Direito constitucional* e *direito administrativo.* Trata-se da exploração direta de atividade econômica pelo Estado, apenas quando necessária, ante os imperativos da segurança nacional ou a relevância do interesse coletivo.

ATIVIDADE TÉCNICA. *Direito administrativo.* Operação exercida por servidor público que ocupa cargo ou presta serviços de ordem técnica.

ATIVIDADE URBANÍSTICA. *Direito urbanístico.* É a que visa a humanização, a ordenação e a harmonização dos ambientes em que vive o homem (José Afonso da Silva).

ATIVIDADE VINCULADA. 1. *Direito agrário.* Aquela em que o produtor rural que trabalha em regime empresarial emprega mecanismos científicos para preservar e conservar os recursos naturais. **2.** *Direito administrativo.* Conjunto de atos realizados obrigatoriamente pelos agentes públicos, ante certa situação, de conformidade com o estabelecido em lei, sem ter qualquer possibilidade de apreciar sua oportunidade ou conveniência.

ATIVISMO. 1. *Filosofia do direito.* Teoria científico-jurídica dirigida à atividade que busca uma meta. **2.** *Ciência política.* Doutrina que enfatiza o uso da força para alcançar finalidades políticas.

ATIVISTA. *Ciência política.* Partidário do ativismo.

ATIVO. 1. *Medicina legal.* Diz-se do mal que está progredindo ou regredindo. **2.** *Direito comercial.* a) Acervo de um estabelecimento empresarial; b) capital em circulação; c) bens, direitos, créditos e valores de uma sociedade empresária ou do empresário individual. **3.** *Direito civil.* Totalidade de bens móveis ou imóveis, créditos ou direitos que venham a constituir o patrimônio de uma pessoa natural ou jurídica.

ATIVO CIRCULANTE. *Direito comercial.* Representa o numerário que está em caixa e nos bancos, os créditos vencíveis dentro do exercício corrente e os valores liquidáveis dentro desse prazo. Em suma, é o relativo aos valores que podem ser imediatamente convertidos em dinheiro, encontrando-se no giro comercial ou industrial, e aplicados em efeitos comerciais. É, portanto, o capital de giro da empresa.

ATIVO COMPENSÁVEL. *Direito comercial.* Conta formulada para registrar em livros comerciais ou industriais uma situação econômica, sem representar a existência de haveres da pessoa jurídica. Esse valor de compensação não constitui uma realidade econômica da sociedade em cuja escrita figura. É a anotação contábil de mero registro de valores artificiosa ou ficticiamente incorporados ao ativo.

ATIVO CORRENTE. *Vide* ATIVO CIRCULANTE.

ATIVO DE COMPENSAÇÃO. *Direito bancário.* É o correspondente a uma obrigação que o diminui ou anula, verificando-se apenas pelo registro de direitos, sendo representado, por exemplo, por títulos caucionados, hipotecas, cauções etc.

ATIVO DE DIREITO. *Direito comercial.* É o representado por duplicatas mercantis, papéis de crédito, letras de câmbio, título e ponto do estabelecimento explorado, contrato de locação, nome comercial ou industrial, clientela, registro de marcas de indústria e comércio e patentes de invenção.

ATIVO DE INFORMAÇÃO. *Direito virtual.* É o patrimônio composto por todos os dados e informações geradas e manipuladas durante a execução dos sistemas e processos das entidades.

ATIVO DE PROCESSAMENTO. *Direito virtual.* É o patrimônio composto por todos os elementos de *hardware* e *software* necessários para a execução dos sistemas e processos das entidades, tanto os produzidos internamente quanto os adquiridos.

ATIVO DIFERIDO. *Direito comercial.* É o representado pelas contas relativas às aplicações de recursos em despesas que contribuem para a formação do resultado de mais de um exercício social, inclusive juros pagos ou creditados aos acionistas durante o período antecedente ao início das operações sociais (Eduardo M. Ferreira Jardim).

ATIVO DISPONÍVEL. *Direito comercial.* É o existente em dinheiro nas caixas dos estabelecimentos ou nos bancos, colocado à disposição imediatamente, por ser recurso já mobilizado, que se encontra à mão do empresário (comerciante ou industrial) para fazer frente às suas necessidades empresariais.

ATIVO ESTÁTICO. *Direito comercial.* É a conta que figura no ativo, não sendo mobilizável de imediato, apesar de poder ser convertida em dinheiro. Trata-se do ativo imobilizável, integrado pelo patrimônio do estabelecimento, composto de coisas imóveis e móveis, ou seja, de bens de uso da sociedade empresária empregados para a consecução dos fins almejados.

ATIVO FICTÍCIO. *Direito comercial.* **1.** O mesmo que ATIVO COMPENSÁVEL. **2.** É o ativo nominal, sujeito a compensação que, ulteriormente, venha a se realizar.

ATIVO FINANCEIRO. *Direito comercial.* Título emitido por instituições e empresas para manter a riqueza de quem o possui, sendo, ainda, um passivo para quem fez a emissão. P. ex., valor negociado em Bolsa.

ATIVO FIXO. *Direito comercial.* Parcela do ativo geral que abrange coisas infungíveis, incorpóreas ou inalienáveis, imprescindíveis para o negócio, tais como: móveis, máquinas industriais, estabelecimento comercial, fundo de comércio, imóveis etc. É parte integrante do patrimônio empresarial, indispensável para o funcionamento da empresa.

ATIVO IMOBILIZADO. *Direito empresarial.* **Aquele que se compõe de bens** (terreno, construção, máquinas etc.) e direitos (marca, patente, direito autoral) destinados à manutenção da atividade empresarial. *Vide* ATIVO ESTÁTICO.

ATIVO IMOBILIZADO EM SERVIÇO. *Direito administrativo.* Conjunto de todos os bens, instalações e direitos que, direta ou indiretamente, concorram, exclusiva e permanentemente, para manutenção das atividades da concessionária ou permissionária de serviço público de energia elétrica, ou exercidos com essa finalidade, inclusive os de propriedade industrial e comercial.

ATIVO INCORPÓREO. *Direito comercial.* Conjunto de créditos ou títulos a receber, como letras de câmbio, cheques, notas promissórias, duplicatas mercantis etc.

ATIVO LÍQUIDO. *Direito comercial.* Saldo verificado na dedução do passivo do ativo geral. É o apurado na realização do ativo geral, do qual se faz o pagamento de todo o passivo. Consiste na diferença existente entre o ativo geral e o passivo da empresa, excluído o valor de seu capital. Deveras, com o pagamento dos débitos ter-se-á o líquido dos haveres sociais. Constitui o *capital líquido* disponível da pessoa jurídica, ressaltando sua condição econômica, pois, quanto maior for aquela diferença, melhor será sua situação financeira.

ATIVO MATERIAL. *Direito comercial.* É o representado pelos valores positivos do empresário (comerciante ou industrial), tais como: dinheiro em caixa ou em banco, mercadorias, veículos, equipamentos, imóveis etc.

ATIVO NÃO FINANCEIRO. *Direito empresarial.* Matéria-prima.

ATIVO NÃO REALIZÁVEL. *Direito comercial.* É o que não pode ser convertido em moeda corrente.

ATIVO NOMINAL. *Vide* ATIVO FICTÍCIO.

ATIVO PENDENTE. *Direito comercial.* Soma de bens (frutos ou rendimentos) ainda não incorporados a patrimônio de uma pessoa jurídica, apesar de poderem constituir objeto de uma negociação.

ATIVO PERMANENTE. *Direito comercial.* É o que abrange: a) os investimentos, ou seja, as contas representativas de bens e direitos por participações permanentes em outras sociedades e por direitos de qualquer natureza, não destinados à manutenção da atividade da empresa; b) o ativo imobilizado; c) o ativo diferido (Eduardo M. Ferreira Jardim).

ATIVO REAL. *Direito comercial.* Parcela do ativo geral que representa os bens, os valores ou os direitos rotativos, suscetíveis de serem convertidos em moeda a curto ou longo prazo. Por exemplo, contas correntes, mercadorias estocadas, duplicatas a receber etc.

ATIVO REALIZÁVEL. *Vide* ATIVO REAL.

ATIVO SOCIAL. *Direito civil* e *direito comercial.* Ativo variável de uma sociedade, seja ela simples ou empresária. É, portanto, o fundo social.

AT LAW. *Locução inglesa.* Conforme a lei.

ATLETA. *Direito desportivo.* Pessoa treinada para competições desportivas, sejam elas profissionais ou não.

ATLÉTICOS. *Psicologia forense* e *medicina legal.* Aqueles que apresentam espáduas largas, peito saliente e musculoso, pés e mãos avantajados, queixo e nariz desenvolvidos (Kretschmer).

ATLETISMO. *Direito desportivo.* Conjunto de exercícios desportivos, compreendendo saltos, corridas, arremessos etc.

ATLIPTO. *Medicina legal.* Diz-se do pulso quando é livre ou igual.

ATMOSFERA IPVS. *Direito ambiental.* Atmosfera imediatamente perigosa à vida e à saúde.

ATMOSFERA TERRITORIAL. *Direito internacional público.* Espaço aéreo que, por estar acima do território de um Estado e de suas águas territoriais, se submete à soberania desse país. Logo, o espaço aéreo situado sobre a superfície do alto-mar é reconhecido como livre.

ATO. 1. Na *linguagem jurídica* em geral, aquilo que se faz. **2.** *Direito administrativo.* Deliberação ou determinação do Poder Público. **3.** *Direito civil.* a) Cada uma das partes em que se divide uma peça teatral; b) manifestação de vontade do agente para adquirir, modificar ou extinguir direitos. **4.** *Direito canônico.* a) Manifestação dos fiéis de certos sentimentos, convicções e propósitos, por exemplo, ato de fé, de contrição, de humildade etc.; b) oração que contém aquela manifestação; c) ação de receber sacramentos, por exemplo, ato de batismo.

ATO ABSTRATO. *Direito administrativo.* Aquele que pode ser reiteradamente aplicado, alcançando um número indeterminado de destinatários. Por exemplo, regulamento (Celso Antônio Bandeira de Mello).

ATO ACAUTELATÓRIO. *Direito processual.* É o que se processa sem suspensão ou interrupção, inclusive na época em que se tinha o período das férias forenses.

ATO ACESSÓRIO. *Direito civil.* É o que se subordina ao principal, complementando-o. Logo, sua existência e seus efeitos dependem do ato principal.

ATO ADICIONAL. *Ciência política.* **1.** Ato que completa ou altera a Constituição do Estado, dela fazendo parte integrante. **2.** Emenda constitucional, votada pelo Legislativo, que vem a criar uma nova instituição política ou a estabelecer um novel regime de governo, como, por exemplo, ocorreu com a Emenda Constitucional n. 4, de 1961, que instituiu o regime parlamentarista de governo no Brasil.

ATO ADMINISTRATIVO. 1. *Direito administrativo.* a) É, segundo Celso Antônio Bandeira de Mello, "a declaração do Estado (ou de quem lhe faça as vezes — como, por exemplo, um concessionário de serviço público) no exercício de prerrogativas públicas, manifestada mediante providências jurídicas complementares da lei, a título de lhe dar cumprimento, e sujeita a controle de legitimidade por órgão jurisdicional"; b) ato jurídico da Administração Pública que tem por fim a aquisição, o resguardo, a modificação ou a extinção de direitos em matéria administrativa. **2.** *Direito civil.* É o praticado pelo administrador de negócios ou bens alheios para conservar e resguardar os direitos do administrado.

ATO ADMINISTRATIVO AMPLIATIVO. *Direito administrativo.* Manifestação da vontade estatal aumentando a esfera jurídica da ação do destinatário, por exemplo, licença, permissão, concessão ou autorização.

ATO ADMINISTRATIVO ARBITRÁRIO. *Direito administrativo.* Manifestação do agente público que, por violar alguma lei, vem a lesar direito subjetivo público ou liberdade pública do administrado. O titular do órgão administrativo age movido por seus interesses ou preferências, sem qualquer fundamento legal.

ATO ADMINISTRATIVO BILATERAL. *Direito administrativo.* Contrato administrativo realizado entre a Administração e os particulares, no qual estes também manifestam sua vontade, por exemplo, uma concessão de serviço público.

ATO ADMINISTRATIVO COLETIVO. *Direito administrativo.* É o oriundo da manifestação volitiva dos membros que integram um órgão da Administração Pública.

ATO ADMINISTRATIVO COMPLEXO. *Direito administrativo.* É o que decorre da vontade concomitante ou sucessiva de dois ou mais órgãos do Estado ou de vários sujeitos da Administração Pública, como ensina Zanobini. Pode ser o ato administrativo complexo: a) *igual*, se o concurso volitivo for de órgãos de mesmo valor jurídico; b) *desigual*, se a vontade da Administração advier de mais de um órgão estatal, mas de valores jurídicos diversos, fazendo com que o ato seja formalmente peculiar à vontade dominante; c) *interno*, se a manifestação da vontade da Administração concretizar-se por meio de pronunciamentos vindos de órgãos da mesma entidade pública; d) *externo*, se a volição do Estado se der mediante a expressão de vontade emanada de órgãos diversos, dando origem ao *acordo*, segundo ensina Zanobini.

ATO ADMINISTRATIVO CONSTITUTIVO. *Direito administrativo.* É o decorrente da vontade do Poder Público que visa criar, modificar ou extinguir direitos, por exemplo, demissão de um agente público, nomeação de funcionário etc.

ATO ADMINISTRATIVO DECLARATÓRIO. *Direito administrativo.* Manifestação volitiva da Administração Pública para reconhecer situação jurídica já existente ou possibilitar o exercício de certos direitos, como, por exemplo, expedição de uma certidão de matrícula escolar, conclusão de vistoria predial, verificando sua habitabilidade etc.

ATO ADMINISTRATIVO ESPECIAL. *Direito administrativo.* Declaração de vontade de um órgão administrativo do Estado, no cumprimento de suas funções, configurando uma situação jurídica individual, como é a nomeação para um cargo público.

ATO ADMINISTRATIVO EXTERNO. *Direito administrativo.* Declaração estatal que produz efeitos a terceiros, estranhos aos quadros do funcionalismo público, por exemplo, admissão, portaria dirigida ao público etc.

ATO ADMINISTRATIVO FORMAL. *Direito administrativo.* Manifestação do Poder Executivo sobre assunto administrativo, por exemplo, circular, portaria, aviso, regulamento, instrução etc.

ATO ADMINISTRATIVO GERAL. *Direito administrativo.* Declaração da vontade da Administração Pública dirigida a pessoas indeterminadas, como um edital de concurso público, regulamento de promoção de funcionário, circular dirigida a autoridades que ocupam certos cargos, ordem para dissolver uma passeata etc.

ATO ADMINISTRATIVO INTERNO. *Direito administrativo.* Manifestação volitiva do Estado que gera conseqüências jurídicas apenas dentro dos limites da Administração Pública, por exemplo, parecer, informação ou proposta. Dirige-se aos funcionários públicos.

ATO ADMINISTRATIVO MATERIAL. *Direito administrativo.* É o decorrente da manifestação de vontade dos Poderes Legislativo e Judiciário, por exemplo, concessão de licença a parlamentares, nomeações, posse no cargo de magistrado, distribuição dos feitos, imposição de multas, censura e advertência a juízes, convocação de sessões extraordinárias etc.

ATO ADMINISTRATIVO RESTRITIVO. *Direito administrativo.* É o originário da vontade estatal para reduzir a esfera jurídica do destinatário ou para impor-lhe novos deveres ou ônus, por exemplo, proibição, ordem, sanção administrativa etc.

ATO ADMINISTRATIVO SIMPLES. *Direito administrativo.* Declaração volitiva de um só sujeito ou órgão, por exemplo, licença de habilitação para dirigir automóvel.

ATO ADMINISTRATIVO TÁCITO. *Direito administrativo.* Manifestação da vontade implícita da Administração Pública, resultante de presunções legais *iuris et de iure*, que originam atos simples. Marcello Caetano ensina que a lei, em certos casos, ordena que se interprete para certos efeitos o silêncio de um órgão administrativo como deferimento ou indeferimento do pedido sobre o qual ele deveria pronunciar-se e não o fez.

ATO ADMINISTRATIVO UNILATERAL. *Direito administrativo.* É o que se forma pela vontade de um só agente ou de um órgão administrativo, por exemplo, demissão de funcionário, nomeação, multa etc. Não afetará seu caráter unilateral o fato de haver concurso da vontade do particular, requerendo sua prática ou acatando seus efeitos, como, por exemplo, no pedido de alvará de *licença* para construção ou na aceitação da *outorga* de uma comenda.

ATOAGEM. *Direito marítimo.* Ato de conduzir a reboque uma embarcação.

ATO AGRÁRIO. *Direito agrário.* Ação voluntária que visa produzir frutos vegetais ou animais, pelo uso da terra, com base na função social da propriedade rural.

ATO ALEATÓRIO. *Direito civil.* Aquele em que não há equivalência nas prestações das partes, por ser o objeto coisa incerta ou de valor incerto, por exemplo, uma colheita.

ATO ANULÁVEL. *Direito civil.* É o inquinado de vício suscetível de lhe determinar a ineficácia, mas que poderá ser eliminado, restabelecendo-se sua normalidade. Será anulável se for praticado por relativamente incapaz, sem estar devidamente assistido por seu legítimo representante, se estiver viciado por erro, dolo, coação, lesão, estado de perigo ou fraude contra credores ou se a lei assim o declarar. Tal ato é confirmável, podendo ser reafirmado para que tenha validade, ressalvando-se os direitos de terceiros. Essa confirmação expressa, feita pelas partes, retroage à data em que se efetivou o ato, produzindo efeitos desde então.

ATO ARBITRÁRIO. *Direito administrativo.* Aquele praticado por uma autoridade, com desvio de poder.

ATO ATENTATÓRIO. *Direito civil.* Aquele que visa perturbar a intimidade das pessoas, a propriedade e a ordem pública.

ATO ATRIBUTIVO. *Direito processual civil.* Ato judicial que confere ou transfere direitos ou deveres em proveito de alguém.

ATO AUTÊNTICO. *Direito civil.* Ato lavrado pelo oficial público (escrivão, tabelião, notário) ou por ele reconhecido, observando-se a lei, conferindo fé pública.

ATO BÉLICO. *Direito militar* e *direito internacional público.* Ato que um Estado beligerante pratica contra outro durante a guerra. *Vide* ATO DE GUERRA.

ATO BIFRONTE. *Direito civil.* É o válido perante as partes, mas ineficaz em relação a terceiros, ou o misto, isto é, o que possui qualidade civil e mercantil.

ATO BILATERAL. *Direito civil.* Aquele em que a declaração volitiva emana de duas ou mais pessoas, porém dirigidas em sentido contrário, podendo ser *simples*, quando conceder benefício a uma das partes e encargo à outra (doação, depósito gratuito etc.), e *sinalagmático*, se conferir vantagens e ônus a ambos os sujeitos (compra e venda, locação etc).

ATO *CAUSA MORTIS.* *Direito civil.* É o que produz efeitos jurídicos após a morte de quem o praticou, por exemplo, testamento.

ATOCIA. *Medicina legal.* Esterilidade feminina.

ATO CIVIL. *Direito civil.* É o que se compreende na seara do direito civil, sendo relativo aos direitos de família, das sucessões, das coisas, das obrigações e dos contratos.

ATO COATOR. *Direito constitucional.* É todo ato de autoridade que atinge direito subjetivo individual, impedindo seu exercício, por ser ilegal, ou oriundo de abuso de poder. Pode ser corrigido por meio de *habeas corpus* ou mandado de segurança. É, portanto, aquele em que uma autoridade impede o exercício de um direito líquido e certo pelo seu titular, transgredindo a lei ou ultrapassando os limites dos poderes que, legalmente, lhe foram conferidos.

ATO COLETIVO. *Direito civil.* É o formado pela união de declarações volitivas simultâneas e paralelas, convergindo para o mesmo lado, com o objetivo de atingir uma finalidade comum, por exemplo, constituição de uma sociedade, instituição de uma fundação, rescisão de locação feita por locatários que alugaram em comum a coisa, deliberação comum de condôminos numa assembléia geral etc. Constitui a expressão da vontade da coletividade dirigida a um interesse harmônico.

ATO COMPLEMENTAR. *Vide* LEI COMPLEMENTAR.

ATO COMPLEXO. *Vide* ATO COLETIVO.

ATO COMPOSITIVO DO LITÍGIO. 1. *Direito processual civil.* a) Resultado de um negócio jurídico processual, pois as partes, por meio de declarações volitivas unilaterais ou bilaterais, podem, de imediato, criar, modificar ou extinguir direitos processuais. Por exemplo, transação entre os litigantes, renúncia do autor do direito em que se funda a ação, reconhecimento pelo réu da procedência do pedido etc.; b) resolução do mérito da causa pelo órgão jurisdicional. **2.** *Direito processual penal.* Extinção de punibilidade do querelado pela aceitação do perdão concedido pelo querelante, principalmente na ação penal privada.

ATO COMUTATIVO. *Direito civil.* Aquele em que há equivalência nas prestações das partes, por haver certeza quanto a elas.

ATO CONCESSIVO. Ato pelo qual se faz alguma concessão.

ATO CONCRETO. *Direito administrativo.* Aquele que se esgota em uma única aplicação a um caso. Por exemplo, exoneração de funcionário (Celso Antônio Bandeira de Mello).

ATO-CONDIÇÃO. *Direito administrativo.* Aquele que, isoladamente ou por um acordo com outrem, produz efeito jurídico pela aplicação de uma situação jurídica já criada. Por exemplo, aceitação ou demissão de um cargo público, acordo na concessão de um serviço público etc. É o que decorre da manifestação de vontade de alguém que, exercendo um poder conferido por lei, tem por escopo colocar-se numa dada situação jurídica preestabelecida.

ATO CONFIRMATIVO. *Direito civil.* É o que assegura ou confirma a validade de um ato anterior.

ATO CONSENSUAL. *Direito civil.* É o que requer, para sua validade, tão-somente o consentimento das partes, qualquer que seja a forma pela qual venha a se manifestar, por exemplo, locação de coisa móvel, compra e venda de bens móveis, parceria rural etc. Não tem forma solene prescrita em lei, logo, sua forma é de livre escolha dos agentes.

ATO CONSERVATÓRIO. *Direito civil.* Aquele que visa conservar ou manter um direito já integrado ao patrimônio, por exemplo, medida adotada pelo herdeiro para evitar perda ou deterioração de bens do acervo hereditário.

ATO CONSTITUTIVO. 1. *Direito civil.* a) É o que tem por escopo constituir um direito em benefício de outrem; b) aquele que tem por objeto a constituição de uma pessoa jurídica, desde que devidamente registrado. **2.** *Direito comercial.* É o que tem por fim constituir uma sociedade empresária, já que esta requer para sua formação a manifestação de vontade de duas ou mais pessoas, que conjugam seus esforços para a consecução do fim comum. Trata-se do estatuto social, que, levado a assento, formará a sociedade empresária.

ATO CONSUMADO. Aquele que se consumou ou se exauriu, impossibilitando o restabelecimento da situação anterior.

ATO CONTENCIOSO. *Direito processual civil.* É o que se sujeita a contestação em juízo ou o que resulta de litígio ou controvérsia, levando a uma discussão da relação jurídica.

ATO CONTÍNUO. *Direito civil.* Aquele que é constante ou praticado continuamente.

ATO CRIMINOSO. *Direito penal.* Crime ou contravenção penal previstos em lei, que os descreve como delituosos. O ato criminoso poderá ser: a) *material* ou de dano, se para sua consumação exigir efetiva lesão material de um bem juridicamente tutelado; b) *formal* ou de perigo, se para sua configuração não houver necessidade de um dano ao bem jurídico tutelado; c) *doloso*, se o agente pretendeu o resultado; d) *culposo*, se sua vontade se voltar para a atividade de que resulta

a consumação do delito por mera imperícia, negligência ou imprudência; e) *instantâneo*, se se consumar com a verificação do resultado num dado momento do tempo; f) *permanente*, se o momento de sua consumação for um segmento de duração temporal; g) *continuado*, se requerer diversas práticas delituosas da mesma espécie, conexas entre si; h) *habitual*, se a prática sucessiva do ato chegar a tornar-se um hábito do agente; i) *progressivo* ou complexo, se o criminoso passar da consumação de um fato típico para a de um segundo, de que aquele é elemento constitutivo; j) *comum*, se tipificado no Código Penal; l) *especial*, se contido em leis extravagantes de ordem militar, fiscal, eleitoral etc.

ATO DA ADMINISTRAÇÃO. *Direito administrativo.* É o gênero que abrange o ato "de" administração e o ato administrativo. É a atividade, jurídica ou não, da Administração Pública. O ato jurídico dirigido à consecução do interesse público é o administrativo, e o ato não jurídico, ou seja, a operação material da responsabilidade do agente, é o fato administrativo.

ATO DA CAUSA. *Direito civil.* **1.** É o que contém, como elemento acidental, um falso motivo, nele figurando expressamente, integrando-o como sua razão determinante, caso em que o torna anulável. Trata-se do erro quanto ao fim colimado (falso motivo), que só vicia o ato quando expresso como razão essencial. **2.** É o *dolo causam* ou principal, que dá causa ao negócio jurídico, sem o qual ele não se teria concluído, acarretando sua anulabilidade. **3.** Coação, desde que seja a causa determinante do negócio jurídico, que será, então, anulado.

ATO DE ACUSAÇÃO. *Direito processual penal.* **1.** Denúncia promovendo a imputação criminosa a certa pessoa. **2.** *Em sentido genérico,* abrange também a queixa-crime onde se imputa ou acusa alguém pela prática de um crime ou contravenção.

ATO DE ADMINISTRAÇÃO. 1. *Direito administrativo.* a) O mesmo que ATO ADMINISTRATIVO, que, segundo o preclaro Celso Antônio Bandeira de Mello, pode ser classificado, quanto à natureza da atividade, em: *ato de administração ativa*, se pretender criar uma utilidade pública, constituindo situação jurídica, por exemplo, licença, nomeação, concessão ou autorização; *ato de administração consultiva*, se tiver por fim informar ou sugerir alguma providência administrativa a ser estabelecida no ato de administração ativa, por exemplo, parecer; *ato de administração controladora*, se tiver por escopo impedir ou permitir a produção de efeitos de ato de administração ativa por meio de um exame de sua conveniência ou legalidade, por exemplo, homologação ou aprovação; *ato de administração verificadora*, se pretender apurar ou documentar a preexistência de uma situação fática ou jurídica, por exemplo, exames para verificar se o funcionário está realmente doente para obter licença, se alguém está apto para ocupar certa função, registro e certificação documentando dada situação etc.; *ato de administração contenciosa*, se julgar, em procedimento contraditório, determinada situação, por exemplo, julgamento de funcionário em processo administrativo, decisão do conselho de contribuintes etc.; b) ato administrativo cujo efeito exterior está relacionado com interesses primários da Administração Pública; c) ato jurídico de administração de atividade interna, tendente a atender interesses secundários dos Poderes e órgãos, sendo exercido pelo Executivo, Judiciário e Legislativo. **2.** *Direito civil.* a) Ato de gestão de um patrimônio para conservá-lo, preservá-lo e fazê-lo prosperar; b) ato para preservar direitos de um patrimônio insuscetíveis de transmissão; c) o concernente ao exercício de direitos restritos sobre o objeto, sem que haja alteração em sua substância (locação).

ATO DE ADMINISTRAÇÃO ATIVA. *Direito administrativo.* É aquele que visa a criação e a produção de utilidade pública, constituindo situação jurídica, como licença, nomeação, autorização, concessão etc. (Celso Antônio Bandeira de Mello).

ATO DE ADMINISTRAÇÃO CONSULTIVA. *Direito administrativo.* Segundo Celso Antônio Bandeira de Mello, é aquele que informa, elucida e sugere providências administrativas. Por exemplo, parecer.

ATO DE ADMINISTRAÇÃO CONTENCIOSA. *Direito administrativo.* É o que julga, em procedimento contraditório, certa situação. Por exemplo, julgamento de funcionário em processo administrativo, decisão de Conselho de Contribuinte etc. (Celso Antônio Bandeira de Mello).

ATO DE ADMINISTRAÇÃO CONTROLADORA. *Direito administrativo.* É aquele que obsta ou permite a produção ou eficácia de ato de administração ativa mediante prévio ou posterior exame da sua conveniência ou legalidade. Por exemplo, aprovação prévia ou homologação posterior (Celso Antônio Bandeira de Mello).

ATO DE ADMINISTRAÇÃO VERIFICADORA. *Direito administrativo.* É o que apura ou documenta a preexistência de uma situação fática ou jurídica (Celso Antônio Bandeira de Mello).

ATO DE APELAÇÃO. *Direito processual.* Recurso interposto para impugnar decisão final prolatada por juiz singular ou pelo Tribunal do Júri, a fim de que, em instância superior, se reexamine a questão jurídica.

ATO DE AUTORIDADE. *Direito administrativo.* Decisão ou manifestação de representante de pessoa jurídica de direito público, ou melhor, do Poder Público, ou de seus delegados, no exercício de suas funções.

ATO DE BENEFÍCIO. *Direito civil.* Ato de liberalidade praticado para contemplar outrem, que o aceita, transferindo-lhe bens ou vantagens, por exemplo, doação.

ATO DECISÓRIO. *Direito processual.* Aquele em que o órgão judicante decide um litígio, resolvendo-o, dando ganho de causa a um dos litigantes, fundamentado na lei e nas provas produzidas em juízo.

ATO DECLARATIVO. *Direito processual.* Aquele pelo qual, em razão de lei ou decisão judicial, se declara a existência ou inexistência de um direito ou a falsidade ou autenticidade de um documento. É também designado "ato declaratório".

ATO DECLARATÓRIO AMBIENTAL (ADA). *Direito ambiental.* Documento fornecido pelo IBAMA contendo declaração indispensável ao reconhecimento das áreas de preservação permanente e de utilização limitada para fins de apuração do ITR.

ATO DE COMÉRCIO. *História do direito.* Era o praticado com o escopo de obter lucro, em obediência às normas mercantis, facilitando a circulação de riquezas ou uma interposição na troca indireta. Para Carvalho de Mendonça havia: a) ato de comércio por natureza, se resultante da mediação com finalidade de lucro, por exemplo, compra de bens móveis para revenda, corretagem e operação bancária; b) ato de comércio por conexão, se, tendo natureza civil, se transformava em comercial por subordinação a um outro ato mercantil, por exemplo, seguro de mercadorias ou do estabelecimento comercial ou aquisição de máquinas para uso da firma; c) ato de comércio por força de lei, por exemplo, operação sobre título de crédito ou título de dívida pública, duplicata de faturas etc. O novo Código Civil afasta da base do direito comercial os atos de comércio e o comerciante, destacando o empresário (individual ou coletivo) e a atividade econômica organizada, exercida profissionalmente pelo empresário, visando a produção ou a circulação de bens ou de serviços.

ATO DE CONCILIAÇÃO. *Direito processual civil.* É o comparecimento dos litigantes perante o órgão judicante para pôr fim ao litígio, apresentando fórmulas, contendo acordo ou desistência do feito. O juiz mandará tomá-lo por termo, que, assinado pelas partes e por ele homologado, terá valor de sentença.

ATO DE CORTESIA. *Direito internacional público.* É o que indica amizade, deferência ou cordialidade de um Estado com outro, estreitando as relações existentes entre ambos.

ATO DE CRUELDADE. *Direito penal.* É o que, na execução de um crime, decorre da perversidade dos instintos do criminoso, constituindo circunstância agravante da pena, por revelar maior grau de periculosidade do agente.

ATO DE DEFESA. *Direito penal.* Ato legítimo de alguém reagir contra uma agressão física ou moral dirigida a sua pessoa, a seu direito ou a seu patrimônio. Trata-se da legítima defesa.

ATO DE DESFORÇO IMEDIATO. *Direito civil.* É o exercido pelo possuidor esbulhado em sua posse contra o esbulhador, para restituir-se, por sua própria força, à posse do bem. Ao exercer tal direito, o possuidor deverá agir pessoalmente, assumindo toda a responsabilidade, embora possa ser ajudado por amigos e serviçais, empregando todos os meios necessários, inclusive armas, até conseguir recuperar sua posse, reação esta que deverá ser imediata ou assim que lhe for possível agir.

ATO DE DESÍDIA. *Direito do trabalho.* É o decorrente de negligência, desleixo ou indolência habitual do empregado na execução do serviço, de costumeiras faltas ou de impontualidade ao serviço, constituindo motivo justo de rescisão do contrato de trabalho pelo empregador.

ATO DE DEUS. *Direito civil.* Ato da natureza como força maior, por exemplo.

ATO DE DISPOSIÇÃO. *Direito civil.* Alienação gratuita ou onerosa de um bem, transferindo-o de uma pessoa a outra por ato *inter vivos* ou *causa mortis*, por exemplo, doação, compra e venda, legado etc. Tal ato implica o exercício de amplos direitos sobre o objeto.

ATO DE GESTÃO. **1.** *Direito constitucional.* Modalidade de intervenção do Estado no domínio da economia. **2.** *Direito civil.* É o praticado por aquele que, sem ter autorização do interessado, intervém na gestão de negócio alheio, conforme a vontade presumida de seu dono. **3.** *Direito administrativo.* É o que o agente da Administração Pública pratica, no exercício do serviço público, sem usar dos poderes de comando, gerindo o patrimônio público ou os bens do domínio privado do Estado, regulando o bom funcionamento dos negócios públicos, por exemplo, gestão de serviço público, venda de um bem, admissão ou dispensa de funcionários etc. **4.** *Direito financeiro.* É o que visa a realização de uma operação financeira de receita ou de despesa, conforme as pautas vigentes do orçamento anual.

ATO DE GOVERNO. *Direito administrativo.* Espécie de ato administrativo que advém do governo, no exercício do seu poder político, para garantir a ordem pública do Estado.

ATO DE GUERRA. *Direito internacional público.* É o praticado pela nação ao exercer seus direitos beligerantes.

ATO DE HOSTILIDADE. *Direito internacional público.* Agressão material de um país a outro, inconciliável através de relações pacíficas entre os dois Estados, podendo originar a declaração de guerra pelo ofendido.

ATO DE IMPÉRIO. *Direito administrativo.* Ato administrativo praticado pela Administração, fazendo valer sua vontade no exercício de seu Poder Público ou de sua autoridade, ordenando ou proibindo algo, por exemplo, ordem de interdição de um estabelecimento.

ATO DE IMPROBIDADE. *Direito do trabalho.* É o que revela desonestidade do empregado no desempenho de seu trabalho, prejudicando o patrimônio da empresa ou de terceiros.

ATO DE IMPROBIDADE ADMINISTRATIVA. *Direito administrativo.* Ato que viola o princípio da moralidade administrativa consistente no fato de o agente público obter enriquecimento ilícito, auferindo vantagens patrimoniais indevidas no exercício de suas funções; causar, por ação ou omissão, dolosa ou culposa, qualquer dano ao erário e atentar contra os princípios da Administração Pública, descumprindo certos deveres, como os de lealdade às instituições, imparcialidade, legalidade etc.

ATO DE INSTITUIÇÃO. *Direito administrativo.* É o que confere ao funcionário público as atribuições inerentes ao seu cargo (nomeação, promoção) ou o que o destitui de suas funções (remoção, aposentadoria, demissão).

ATO DE INSUBORDINAÇÃO. *Direito do trabalho.* É o que se dá quando o empregado, sem motivo justo, opõe-se contra uma ordem lícita e específica do empregador para executar algum serviço próprio de sua função, descumprindo-a.

ATO DE JUSTIÇA. *Direito processual.* Aquele que reconhece um direito, opondo-o a uma injusta pretensão de terceiro, conferindo-o ao seu legítimo titular.

ATO DE LIBERALIDADE. *Direito civil.* É o que confere, gratuitamente, vantagens ou benefícios a outrem.

ATO DE LIBIDINAGEM. *Direito penal.* Crime de atentado ao pudor que consiste na prática de ato imoral diverso da conjunção carnal com pessoa de qualquer sexo, empregando violência ou grave ameaça.

ATO DE MERA TOLERÂNCIA. *Direito civil.* É o praticado em propriedade alheia, com o consenso ou condescendência de seu senhor e possuidor, sem que haja em favor do agente qualquer situação jurídica fundada em posse. O ato de mera tolerância decorre de uma anuência expressa ou concessão do dono, sendo revogável pelo concedente. Não se concede qualquer direito ao concessionário e não se dá parcela alguma do direito do senhor da coisa. Há apenas uma autorização revogável por aquele que a concedeu. Representa uma indulgência pela prática do ato que, na realidade, não cede direito algum, mas, tão-somente, retira a ilicitude do ato de terceiro sem o consenso prévio do possuidor, que, sem renunciar à sua posse, mantém, ante aquela atividade, um comportamento omisso e consciente. Esse ato tolerado é forma de concessão benévola e revogável, não induzindo, portanto, posse.

ATO DE NOTORIEDADE. Aquele que é ou se tornou de conhecimento público.

ATO DE POLÍCIA. **1.** *Direito administrativo.* É o que, preventiva ou repressivamente, garante e fiscaliza o cumprimento das normas administrativas, na execução de atos da Administração Pública e no fiel desempenho das funções públicas. **2.** *Direito penal.* É o que assegura a ordem pública, prevenindo, impedindo ou reprimindo a ação dos infratores da lei, dos bons costumes e da moral.

ATO DE RECONHECIMENTO. *Direito civil.* É o que reconhece um fato, um estado, uma pessoa, uma coisa, um documento ou uma relação jurídica, por exemplo, reconhecimento de firma, de filho, de dívida etc.

ATO DE ÚLTIMA VONTADE. *Direito civil.* É o realizado para produzir efeitos após a morte do testador, por exemplo, testamento, legado ou codicilo. Regula relação de direito após o falecimento do sujeito.

ATO DE VIOLÊNCIA. **1.** *Direito penal.* É o praticado mediante uso de violência física (agressão) ou moral (grave ameaça), reduzindo à impotência a vontade do ofendido. **2.** *Direito civil.* a) Coação que vicia o consentimento, tornando anulável o negócio praticado, mediante pressão física ou moral exercida sobre a pessoa, bens ou honra do contratante; b) ato ilícito em que se emprega a força, proibida por lei, dirigida a direito ou propriedade alheia.

ATO DIPLOMÁTICO. *Direito internacional público.* **1.** Documento escrito, enviado ou recebido por agente diplomático, alusivo às relações entre o Estado por ele representado e o país junto ao qual está acreditado e desempenhando suas funções. **2.** Tratado ou convenção celebrados entre dois ou mais países soberanos.

ATO DISCIPLINAR. *Direito administrativo.* É o praticado por agente público para manter a ordem do serviço e assegurar a observância da hierarquia funcional e das normas regulamentadoras das funções públicas que supervisiona.

ATO DISCRICIONÁRIO. *Direito administrativo.* Aquele que a Administração Pública pratica, tendo certa liberdade de decisão baseada em critérios de conveniência e oportunidade, segundo o que for melhor para, ante um caso concreto, satisfazer ao interesse público que a lei pretende realizar.

ATO DISSIMULADO. *Direito civil.* É o praticado pelas partes para obter vantagem ilícita com o escopo de encobrir uma relação jurídica ou obrigação, prejudicando direitos de terceiro.

ATO DOLOSO. **1.** *Direito civil.* Ato pelo qual, por meio de expediente astucioso, se induz alguém, intencionalmente, a praticar um negócio que o lesa e aproveita ao autor do dolo ou a terceiro. O negócio praticado, nessas condições, será passível de anulação. **2.** *Direito penal.* Aquele pelo qual o acusado demonstrou intenção deliberada de o praticar e de ter querido o resultado criminoso.

ATO DO PROCESSO. *Direito processual.* É o que se desenvolve no processo pelo magistrado e seus auxiliares (Eliezer Rosa).

A TODO RISCO. Locução usada para indicar seguro feito sobre todo risco, qualquer que seja sua natureza.

ATO EMULATIVO. *Direito civil.* É o praticado dolosamente pelo agente, no exercício normal de um direito, em regra o de propriedade, isto é, com a firme intenção de causar dano a outrem e não de satisfazer a uma necessidade ou a um interesse do seu titular, por exemplo, se um proprietário constrói em sua casa uma chaminé falsa com o único objetivo de retirar a luz do seu vizinho.

ATO ENTRE VIVOS. *Direito civil.* É o que visa constituir uma relação jurídica, que produzirá efeitos em vida de seu titular ou dos contratantes ou interessados.

ATO EQUÍVOCO. *Teoria geral do direito.* Aquele em que a manifestação da vontade nele exarada se presta a mais de uma interpretação, ante a falta de certeza ou a dúvida que apresenta.

ATO ESPOLIATIVO. *Direito civil.* É o esbulho da posse de alguém, ou melhor, ato pelo qual se despoja o possuidor de sua posse, injustamente, por violência, clandestinidade ou abuso de confiança.

ATO ESSENCIAL. *Direito processual.* É o necessário para a regular tramitação do feito, por ser indispensável à validade, à existência e ao andamento do processo, por exemplo, citação do réu, contestação, sentença e sua publicação etc.

ATO EXCESSIVO. *Direito administrativo.* Aquele em que o agente público usa de seu poder imoderadamente ou exorbita das funções de que se encontra investido.

ATO EXECUTIVO. *Direito administrativo.* É o que advém de órgão do Poder Executivo, para executar as normas legais, cumprindo suas funções de modo a dar bom andamento à Administração Pública, gerindo seus serviços, recursos e bens, para a consecução de fins de interesse geral.

ATO EXECUTÓRIO. 1. *Direito administrativo.* Ato administrativo que possui força executória independentemente de qualquer pronunciamento jurisdicional. **2.** *Direito penal.* Aquele em que o criminoso executa o crime preconcebido. **3.** *Direito processual.* Ato de cumprir uma sentença ou despacho judicial.

ATO EXTRAJUDICIAL. *Direito processual civil.* Ato executado para garantir uma relação jurídica, produzido fora do juízo ou foro.

ATO FORMAL. *Direito civil.* É o que se subordina a uma solenidade, prevista em lei, para que tenha validade, por ser de sua substância. É também designado "ato solene".

ATO FRAUDULENTO. *Direito civil.* É aquele ardilosamente praticado para prejudicar terceiro.

ATO GRATUITO. *Direito civil.* Aquele que, por pretender beneficiar alguém, encerra uma liberalidade, uma vez que não contém qualquer contraprestação suscetível de aferição econômica.

ATO ILÍCITO. *Direito civil.* Aquele que é praticado em desacordo com a ordem jurídica, violando direito subjetivo individual. Causa dano moral ou patrimonial a alguém, criando o dever de reparar tal prejuízo. Logo, produz efeito jurídico, só que este não é desejado pelo agente, mas imposto pela lei.

ATO ILÍCITO PRATICADO POR SERVIDOR PÚBLICO. *Direito administrativo.* Ato ilegal, comissivo ou omissivo, de servidor público que pode dar origem a ação: a) administrativa, por violação de norma que rege sua relação com a administração; b) penal, se o ato estiver tipificado como crime; c) civil, para ressarcir dano causado a terceiro ou ao erário (Mirtô Fraga).

ATO IMPERFEITO. *Direito civil.* Aquele em que falta algum elemento essencial para que possa ser perfeito e acabado, por exemplo, a doação não aceita pelo donatário, por ser tal aceitação imprescindível.

ATO INAMISTOSO. *Direito internacional público.* Descortesia de um país em relação a outro, criando dificuldades diplomáticas entre eles. *Vide* ATO POUCO AMISTOSO.

ATO INCONSTITUCIONAL. *Direito constitucional.* É o que contraria a Constituição, por ser incompatível com ela ou por estar em desconformidade com suas normas.

ATO INDAGATIVO. *Direito processual.* É o que requer perquirição de provas.

ATO INDISCIPLINAR. *Direito administrativo.* É o ato do servidor público em desrespeito a ordem emanada de autoridade hierarquicamente superior ou em violação a um dever próprio de sua condição, constituindo uma falta disciplinar.

ATO INEQUÍVOCO. *Teoria geral do direito.* É o praticado de maneira clara, demonstrando a intenção do agente, não estando, por isso, sujeito a qualquer impugnação.

ATO INEXISTENTE. *Direito civil.* É o que não tem existência jurídica, por não conter os elementos constitutivos essenciais à sua formação, por exemplo, casamento entre pessoas do mesmo sexo ou ausência de consentimento de uma das partes na celebração de um contrato consensual.

ATO INFRACIONAL. *Direito penal.* É o tipificado como crime ou contravenção penal pelo Estatuto da Criança e do Adolescente.

ATO INSTITUCIONAL. 1. *Direito civil.* Ato que visa instituir uma sociedade ou associação. **2.** *Direito constitucional.* Manifestação do poder constituinte originário, decorrente de governo revolucionário ou de emergência, encerrando normas de caráter constitucional, apesar de transitórias, sem que haja qualquer tramitação pelo Parlamento, com o intuito de restabelecer a ordem jurídica, garantindo a soberania nacional e os Poderes Públicos. É, portanto, ato subsidiário à Constituição de um país.

ATO INTEMPESTIVO. Aquele praticado fora do prazo.

ATO INTERNACIONAL. *Direito internacional público.* **1.** Tratado. **2.** Convenção. **3.** Ato de organismo internacional.

ATO INTERRUPTIVO. *Direito civil.* É o que interrompe o prazo prescricional, inutilizando a prescrição iniciada, de modo que aquele prazo recomeçará a correr da data do ato que interrompeu a prescrição, recontando-se, então, o prazo prescricional como se nunca houvesse fluído, por exemplo, reconhecimento do direito pelo devedor, protesto judicial, ato judicial constituindo em mora o devedor etc.

ATO *INTER VIVOS*. *Direito civil.* Aquele que produz efeitos jurídicos durante a vida daquele que o celebrou.

ATO IRREGULAR. *Direito administrativo.* Aquele que apresenta vício material irrelevante ou incurso em formalização defeituosa em razão de violação de norma que impõe padronização interna dos instrumentos pelos quais se veicula o ato administrativo. Por exemplo: expedição de ato, por meio de aviso, quando, por lei, deveria ser feito por portaria (Celso Antônio Bandeira de Mello).

ATO JUDICIAL. *Direito processual civil.* Ato praticado em juízo, ou melhor, nos domínios do Judiciário, no decorrer de um processo ou na presença do órgão judicante, provocando uma medida ou solução sobre um litígio ou direito. Enfim, é o praticado em juízo pelo magistrado, perante ele ou a seu mandado, por exemplo, sentença, ajuizamento de petição judicial, transação judicial etc.

ATO JURÍDICO EM SENTIDO ESTRITO. *Direito civil.* É o que gera conseqüências jurídicas previstas em lei e não pelas partes interessadas, não havendo regulamentação da autonomia privada. Segundo Orlando Gomes, classifica-se em: a) *ato material*, se consistir numa atuação da vontade, que lhe dá existência imediata, porque não se destina ao conhecimento de determinada pessoa, não tendo, portanto, destinatário. Trata-se de ato a que a ordem jurídica confere efeitos inevitáveis, de maneira que tais conseqüências jurídicas estão adstritas tão-somente ao resultado da atuação, produzindo-se independentemente da consciência que o agente tenha de que seu comportamento o suscita, por exemplo, ocupação, derrelição, fixação de domicílio, comistão, confusão, adjunção, especificação, acessão etc.; b) *participação*, se consistir em declaração para ciência ou comunicação de intenção ou de fato, tendo por escopo produzir *in mente alterius* um evento psíquico. Tem, necessariamente, destinatário, pois o sujeito pratica o ato para dar conhecimento a outrem de que tem certo propósito ou que ocorreu determinado fato, por exemplo, intimação, interpelação, notificação, oposição, aviso, confissão, denúncia, convite etc.

ATO JURÍDICO PERFEITO. *Direito constitucional* e *teoria geral do direito.* **1.** É o consumado segundo a norma vigente ao tempo em que se efetuou, produzindo seus efeitos jurídicos, uma vez que o direito gerado foi exercido. A segurança do ato jurídico perfeito é um modo de garantir o direito adquirido pela proteção que se concede ao seu elemento gerador, pois, se a novel norma considerasse como inexistente ato já consumado sob o amparo da precedente, o direito adquirido, fundado em lei, dela decorrente desapareceria por falta de fundamento. Se a norma constitucional não o resguardasse, haveria destruição de direitos subjetivos, formados sob o império da antiga norma, prejudicando interesses legítimos de seus titulares, causando a desordem social. **2.** O que se aperfeiçoou sob a égide da velha lei, por terem sido cumpridos todos os requisitos para sua formação, podendo vir a produzir, futuramente, efeitos. **3.** Aquele que está apto a produzir suas conseqüências jurídicas, imunizando-se de qualquer alteração legal quanto a sua forma. Assim, se alguém tiver um direito por ele resguardado, não poderá tê-lo negado apenas porque uma nova norma veio a exigir outra solenidade para sua exteriorização.

ATO JURISDICIONAL. *Direito processual civil.* 1. O que emana de autoridade judiciária competente, em conformidade com as normas processuais, solicitado por quem tenha legítimo interesse na causa ou provocado *ex officio* pelo órgão judicante, por exemplo, sentença, acórdão, despacho, decisão interlocutória etc. 2. Ato de julgar, ato de jurisdição contenciosa.

ATO LEGISLATIVO. *Direito constitucional.* 1. Norma geral e obrigatória emanada do Poder Legislativo. 2. Em *sentido amplo,* pode abranger os decretos do Executivo e as resoluções do Judiciário.

ATO LEGÍTIMO. *Direito civil.* É o plenamente fundamentado no justo interesse do agente, legal e devidamente amparado.

ATO LIBIDINOSO. *Direito penal.* É o diverso da conjunção carnal, praticado para satisfazer a libido de pessoa de qualquer sexo. Por exemplo, cópulas ectópicas (anal, bucal, buco-vulvar, vestibular, perineal ou *inter femora*), toques impudicos, beijo ou sucção das partes pudendas ou seios.

ATO LÍCITO. *Direito civil.* É o conforme à lei, tendo por fim imediato adquirir, resguardar, transferir, modificar ou extinguir direitos.

ATO MÉDICO ESPECÍFICO. *Medicina legal.* Utilização de meios e recursos para prevenir moléstia, recuperar e manter a saúde do homem e da coletividade, contidos em normas técnicas aceitas pelos órgãos competentes e ensinados nos cursos de medicina (Veloso de França).

ATO MÉDICO GENÉRICO. *Medicina legal.* É o realizado pelo agente de saúde (enfermeiro, dentista, fonoaudiólogo etc.) visando a saúde individual ou coletiva (Veloso de França).

ATO MÉDICO *LATO SENSU*. *Vide* ATO MÉDICO GENÉRICO.

ATO MÉDICO-LEGAL. *Medicina legal.* Documento fornecido pelo médico-legista, esclarecendo, baseado em conhecimentos técnicos, matéria de sua competência, a pedido da justiça ou de um particular, por exemplo, atestado, relatório, parecer, consulta etc.

ATO MÉDICO *STRICTO SENSU*. *Vide* ATO MÉDICO ESPECÍFICO.

ATÔMICO. O que se refere a átomos.

ATOMISMO. *Filosofia geral.* Teoria que sustenta que a matéria é formada por átomos.

ATOMÍSTICA. *Filosofia geral.* 1. Física dos átomos (Perrin). 2. *Vide* ATOMISMO.

ATOMÍSTICO. *Filosofia geral.* 1. Prosélito do atomismo. 2. *Vide* ATÔMICO.

ATO MODIFICATIVO. *Direito civil.* É o que modifica o direito, sem alterar sua substância, em seu conteúdo, objeto ou titulares.

ATO *MORTIS CAUSA*. *Direito civil.* Expressa o ato de última vontade, que surte efeitos apenas após o óbito do testador.

ÁTOMOS. Elementos materiais que se conservam sem alteração nas reações químicas e que são qualitativamente idênticos para um mesmo corpo simples (Lalande).

ATO NÃO ESSENCIAL. *Direito processual civil.* Aquele cuja preterição não invalida o processo, podendo ser suprido se os litigantes não a argüirem.

ATO NÃO FORMAL. *Vide* ATO CONSENSUAL.

ATO NEGOCIAL. *Direito civil.* Negócio jurídico.

ATO NEUTRO. *Direito civil.* Ato que, por não ser oneroso nem gratuito, não exige nenhuma contraprestação nem revela o ânimo de favorecer alguém. Conseqüentemente, não é transmissivo de patrimônio, por exemplo, abandono, renúncia etc.

ATONIA. *Medicina legal.* 1. Fraqueza; debilidade. 2. Relaxamento de tecidos e órgãos. 3. Inércia de ordem moral ou intelectual. 4. Diminuição da tonicidade normal de um órgão contráctil. 5. Ausência de tensão.

ATO NORMATIVO. 1. *Direito administrativo.* a) Instrumento legal do Executivo que tem o escopo de regulamentar ou esclarecer o conteúdo de alguma norma (lei, portaria, decreto, regulamento); b) parecer jurídico da Consultoria aprovado pelo presidente da República ou ministro de Estado. 2. *Direito do trabalho.* É o que visa o conteúdo de um futuro contrato, tendo as seguintes características primordiais: manifestação de vontade sucessiva, dando existência à relação nele prevista, e unificação da disciplina do contrato ou da relação que dele decorre.

ATO NOTÓRIO. *Direito processual.* É o de conhecimento público, dispensando prova para demonstrar sua existência, tendo-se em vista que é tido como certo por todos.

ATO NULO. *Direito civil.* É o que não produz qualquer efeito por ofender, gravemente, princípios de ordem pública e por estar inquinado por vícios essenciais. Será nulo: a) se for praticado por pessoa absolutamente incapaz; b) se tiver objeto ilícito, indeterminável ou impossível ou, ainda, se o motivo determinante comum a ambas as partes for ilícito; c) se não revestir a forma prescrita em lei ou preterir alguma solenidade imprescindível para sua validade; d) quando, apesar de ter elementos essenciais, for praticado com infração à lei e aos bons costumes; e) quando a lei taxativamente o declarar nulo ou proibir-lhe a prática, sem cominar sanção de outra natureza; f) se houver simulação. O ato negocial nulo é como se nunca tivesse existido desde sua formação, pois a declaração de sua invalidade produz efeitos *ex tunc.*

ATO OBRIGATÓRIO. *Direito civil.* É o que deve ser praticado por obrigação prevista contratualmente ou imposta por lei, podendo ser exigido judicialmente.

ATO OBSCENO. *Direito penal.* Crime de ultraje ao pudor público consistente na prática, em local aberto ou exposto ao público, de ato de natureza sexual gravemente ofensivo ao pudor, tais como conjunção carnal, bestialidade, exibicionismo, masturbação, pigmalionismo etc.

ATO OFICIAL. *Direito administrativo.* 1. O emanado de autoridade legalmente constituída. 2. Diz-se da solenidade alusiva a datas ou fatos relevantes.

ATO OFICIOSO. 1. *Direito processual civil.* É o praticado *ex officio* pelo magistrado no curso do processo, voluntariamente ou por imposição de lei. 2. Na *linguagem comum,* é o levado a efeito com o escopo de prestar um favor, desinteressadamente, a alguém.

ATO ONEROSO. *Direito civil.* Aquele que requer uma contraprestação suscetível de aferição econômica entre os agentes, por exemplo, compra e venda, locação, permuta etc.

ATO ORDINATÓRIO. *Direito processual.* Aquele que tem por finalidade a organização do processo, como juntada e vista obrigatória. Independe de despacho, devendo ser praticado de ofício pelo servidor e revisto pelo juiz quando necessário.

ATO ORIGINAL. 1. *Direito civil.* a) Escrito particular não copiado de outro; b) é o contido nos livros de notas ou nos protocolos dos escrivães. 2. *Direito processual.* É o exarado nos autos do processo.

ATO PERFEITO E ACABADO. *Teoria geral do direito.* Aquele que atende a todos os requisitos exigidos por lei para sua validade.

ATOPIA. *Medicina legal.* 1. Hipersensibilidade humana oriunda de predisposição hereditária. 2. Deslocamento.

ATOPOGNOSIA. *Medicina legal.* 1. Impossibilidade de se localizar uma sensação. 2. Perda da memória daqueles movimentos que se adaptam às circunstâncias.

ATO POLICIAL. *Direito penal.* É o praticado por autoridade policial para manter a ordem pública, zelando pela segurança social, pelos bons costumes e pela moral e reprimindo atos criminosos.

ATO POLÍTICO. *Direito administrativo.* 1. O mesmo que ATO DE GOVERNO. 2. É o fundado no interesse comum, na utilidade pública ou na necessidade nacional, concernente: à defesa externa ou interna do Estado, do regime e das instituições; à fixação dos fins a serem perseguidos pela Administração Pública; à organização estatal e às relações entre os Poderes e com os países estrangeiros. Por exemplo, nomeação e exoneração de ministros de Estado, decretação de estado de sítio, convocação extraordinária do Legislativo feita pelo Poder Executivo e rompimento de relações com outra nação.

ATO POUCO AMISTOSO. *Direito internacional público.* Ato inamistoso praticado por um Estado, ao interferir, por exemplo, em assuntos de outro país.

ATO PREPARATÓRIO. 1. *Direito civil.* É o destinado a preparar a formação do principal, como, por exemplo, a negociação preliminar que antecede à celebração do contrato. 2. *Direito processual civil.* Medida acauteladora intentada antes do ajuizamento da ação principal, por exemplo, arresto, seqüestro, busca e apreensão, atentado, alimentos provisionais, protesto, notificação etc. 3. *Direito penal.* Aquele que antecede à execução do crime, possibilitando-a ou assegurando seu êxito, delineando-se na fase do *iter criminis.* Às vezes, apesar de alheio à repressão criminal, a lei considera-o como crime *sui generis.* É o que se dá, por exemplo, com a infração chamada quadrilha ou bando e a alusiva a petrechos para falsificação de moeda.

ATO PREVENTIVO. *Direito processual civil.* É o efetivado durante a ação principal, consistindo em medida acauteladora preventiva.

ATO PRINCIPAL. *Direito civil.* É o que tem existência autônoma ou própria, independendo de qualquer outro, por exemplo, a locação com garantia fidejussória. O contrato locatício é o ato principal, e a fiança, o acessório, visto que tem sua vida ligada ao principal.

ATO PRIVADO. *Direito civil.* **1.** É o feito por meio de instrumento particular, sem intervenção de notário ou oficial público. **2.** O feito de forma a que ninguém tenha dele conhecimento.

ATO PROBATÓRIO. *Direito processual civil.* É o que prova uma alegação feita em juízo, por exemplo, perícia, produção de documento, apresentação de testemunha etc.

ATO PROCESSADO EM JUÍZO. *Direito processual civil.* Também denominado "ato processual". É o praticado no processo por iniciativa das partes, do juiz ou do escrivão, movimentando a ação, uma vez que visa constituir, conservar, desenvolver, modificar ou extinguir a relação jurídico-processual. Por exemplo, petição inicial, contestação, citação, exceção de coisa julgada, notificação, designação da audiência, habilitação de herdeiro por morte de um dos litigantes, sentença, decisão interlocutória, despacho, absolvição de instância, transação judicial, renúncia ao processo, abertura de vista, conclusão dos autos ao juiz, remessa do processo ao órgão jurisdicional *ad quem*, termo de juntada de documento, certidão de publicação de ato decisório, cumprimento de mandado pelo oficial de justiça etc.

ATO PROCESSUAL. *Direito processual.* Ato que forma o processo como, por exemplo, a petição inicial ou a contestação (Eliezer Rosa).

ATO PROFISSIONAL. *Direito civil* e *direito do trabalho.* Aquele praticado no exercício de uma profissão.

ATO PROTELATÓRIO. *Direito processual civil.* O que tem por escopo prejudicar o andamento regular do processo.

ATO PÚBLICO. 1. *Direito civil.* Aquele efetivado por escritura pública na presença de um notário, sendo um ato autêntico. **2.** *Direito administrativo.* Manifestação da vontade do Estado por meio de funcionários públicos, no exercício de suas funções e dentro dos limites de sua competência legal ou constitucional.

ATO PURO E SIMPLES. *Direito civil.* Aquele em que a vontade do agente se manifesta sem impor qualquer condição, ônus, encargo ou restrição.

ATOR. *Direito civil.* Aquele que representa personagens em teatro, cinema, televisão etc.

ATORDOAMENTO. *Medicina legal.* **1.** Perturbação sensorial provocada por quedas, pancadas, uso de álcool ou narcótico. **2.** Vertigem.

ATO REALIZADO SEM DIREITO. *Teoria geral do direito.* É o exercido por quem age sem ter direito. O agente exerce poder que não tem, respondendo, por isso, pelo ato, independentemente de qualquer dano que cause (Orlando Gomes).

ATO RECOGNITIVO. *Direito civil.* Aquele em que o agente vem a reconhecer a existência de um direito de outrem, de uma relação jurídica ou de um dever próprio.

ATO RECORRÍVEL. *Direito processual.* O que permite a interposição de recurso em instância superior.

ATO REGULAMENTAR. *Direito administrativo.* **1.** Aquele que regulamenta uma lei, disciplinando a forma de sua aplicação, para que ela irradie seus efeitos. **2.** É o emanado do Poder Executivo, regulamentando assuntos peculiares à Administração Pública, ajustando-se às exigências impostas legalmente.

ATO REGULAR. *Direito civil.* Aquele que é apto a produzir efeitos jurídicos, por ter sido praticado conforme os ditames da lei, atendendo a todas as solenidades exigidas.

ATO RELEVANTE. *Direito processual.* É o indicativo de alguma medida ou formalidade que devem ser seguidas para que haja eficácia processual. É o que não se pode deixar de praticar para obter os fins por ele almejados, por ser indispensável ao procedimento judicial.

ATO RENUNCIATIVO. *Direito civil.* Aquele em que o agente desiste, expressa ou tacitamente, de algum direito que lhe competia, por exemplo, renúncia de prescrição, renúncia ao exercício do direito a alimentos etc.

ATOS DE CORRUPÇÃO. *Direito administrativo.* Abrangem: a) a solicitação ou a aceitação, direta ou indiretamente, por um funcionário público ou pessoa que exerça funções públicas, de qualquer objeto de valor pecuniário ou de outros benefícios como dádivas, favores, promessas ou vantagens para si mesmo ou para outra pessoa ou entidade em troca da realização ou omissão de qualquer ato no exercício de suas funções públicas; b) a oferta ou outorga, direta ou indiretamente, a um funcionário público ou pessoa que exerça funções públicas, de qualquer objeto de valor pecuniário ou de outros benefícios como dádivas, favores, promessas ou vantagens a esse funcionário público ou outra pessoa ou entidade em troca da realização ou omissão de qualquer ato no exercício de suas funções públicas; c) a realização, por parte de um funcionário público ou pessoa que exerça funções públicas, de qualquer ato ou omissão no exercício de suas funções, a fim de obter ilicitamente benefícios para si mesmo ou para um terceiro; d) o aproveitamento doloso ou a ocultação de bens provenientes de qualquer dos atos acima arrolados; e) a participação, como autor, co-autor, instigador, cúmplice, acobertador ou mediante qualquer outro modo na perpetração, na tentativa de perpetração ou na associação ou confabulação para perpetrar qualquer dos atos mencionados.

ATOS DE GUERRA. *Direito internacional público* e *direito militar.* Qualquer guerra, invasão, atos inimigos estrangeiros, hostilidades com ou sem guerra declarada, guerra civil, rebelião, revolução, insurreição, lei marcial, poder militar ou usurpado ou tentativas para usurpação do poder.

ATOS DO ESCRIVÃO. *Direito processual civil.* São os praticados pelo escrivão no desenvolvimento do processo, tais como protocolo geral de expedição, lavratura dos termos do processo, guarda dos autos e documentos processuais, publicação da sentença etc.

ATOS DO JUIZ. *Direito processual civil.* Consistem em: *sentenças*, pelas quais o órgão judicante põe termo ao processo, decidindo ou não o mérito da causa; *decisões interlocutórias*, em que o magistrado, no curso do processo, resolve questões incidentes; e *despachos*, demais atos praticados pelo juiz no processo, a requerimento das partes ou de ofício.

ATOS DO REGISTRO CIVIL. *Direito civil.* **1.** São os que visam possibilitar ao Estado o controle público dos elementos alusivos à personalidade dos sujeitos de direito: nascimento, estado, capacidade, óbito etc. **2.** Os imprescindíveis para estabelecer a existência legal das pessoas jurídicas, que só terá início com o assento de seus atos constitutivos em livro especial.

ATOS DO TUTOR. *Direito civil.* São aqueles que o tutor, sob a inspeção do juiz, deve praticar quanto: a) à pessoa do pupilo, dirigindo-lhe a educação, provendo sua guarda e sustento, defendendo-o em juízo e fora dele, representando-o ou assistindo-o; e b) à administração dos bens do tutelado.

ATO SECRETO. *Direito processual civil.* É o que se verifica quando a causa exige segredo de justiça.

ATO SIMPLES. *Direito civil.* É, segundo *Kuntze*, o decorrente das declarações volitivas de um, dois ou mais agentes constituídos, dirigidas em sentido contrário.

ATO SIMULADO. *Direito civil.* **1.** É o que contém uma simulação, apresentando intenção de prejudicar terceiro ou de violar comando legal, uma vez que pretende ocultar um ato, modificando o aparente, ou fazer com que o ato oculto negue o aparente. **2.** *Vide* SIMULAÇÃO.

ATO SINALAGMÁTICO. *Direito civil.* **1.** Ato constituído pelo acordo de duas vontades, conferindo direitos e deveres a ambos os agentes. **2.** *Vide* ATO BILATERAL.

ATOS LESIVOS. *Direito civil.* **1.** São os que, apesar de causarem lesões aos direitos de outrem, por motivo legítimo estabelecido em lei, não acarretam o dever de indenizar, porque a própria norma jurídica lhes retira a qualificação de ilícitos. Trata-se da legítima defesa, do exercício regular de um direito e do estado de necessidade. **2.** Condutas comissivas ou omissivas que causam dano moral e/ou patrimonial, gerando para o lesante o dever de indenizar o lesado.

ATOS NÃO OFENSIVOS AO DIREITO DO TITULAR DE PROGRAMA DE COMPUTADOR. *Direito autoral.* Não constituem ofensa aos direitos do titular de programa de computador: a) reprodução, em um só exemplar, de cópia legitimamente adquirida, desde que se destine à cópia de salvaguarda ou armazenamento eletrônico, hipótese em que o exemplar original servirá de salvaguarda; b) citação parcial do programa, para fins didáticos, desde que identificados o programa e o titular dos direitos respectivos; c) ocorrência de semelhança de programa a outro, preexistente, quando se der por força das características funcionais de sua aplicação, da observância de preceitos normativos e técnicos, ou de limitação de forma alternativa para sua expressão; d) integração de um programa, mantendo-se suas características essenciais, a um sistema aplicativo ou operacional, tecnicamente indispensável às necessidades do usuário, desde que para o uso exclusivo de quem a promoveu.

ATOS NÃO OFENSIVOS AOS DIREITOS AUTORAIS. *Direito autoral.* Aqueles que não violam os direitos do autor, como: 1. A reprodução: a) na imprensa diária ou periódica, de notícia ou de artigo informativo, publicado em diários ou periódicos, com a menção do nome do autor, se assinados, e da publicação de onde foram transcritos; b) em diários ou periódicos, de discursos pronunciados em reuniões públicas de qualquer natureza; c) de retratos, ou de outra forma de representação da imagem, feitos sob encomenda, quando realizada pelo proprietário do objeto encomendado, não havendo a oposição da pessoa neles representada ou de seus herdeiros; d) de obras literárias, artísticas ou científicas, para uso exclusivo de deficientes visuais, sempre que a reprodução, sem fins comerciais, seja feita mediante o sistema Braille ou outro procedimento em qualquer suporte para esses destinatários. 2. A reprodução, em um só exemplar de pequenos trechos, para uso privado do copista, desde que feita por este, sem intuito de lucro. 3. A citação em livros, jornais, revistas ou qualquer outro meio de comunicação, de passagens de qualquer obra, para fins de estudo, crítica ou polêmica, na medida justificada para o fim a atingir, indicando-se o nome do autor e a origem da obra. 4. O apanhado de lições em estabelecimentos de ensino por aqueles a quem elas se dirigem, vedada sua publicação, integral ou parcial, sem autorização prévia e expressa de quem as ministrou. 5. A utilização de obras literárias, artísticas ou científicas, fonogramas e transmissão de rádio e televisão em estabelecimentos comerciais, exclusivamente para demonstração à clientela, desde que esses estabelecimentos comercializem os suportes ou equipamentos que permitam a sua utilização. 6. A representação teatral e a execução musical, quando realizadas no recesso familiar ou, para fins exclusivamente didáticos, nos estabelecimentos de ensino, não havendo em qualquer caso intuito de lucro. 7. A utilização de obras literárias, artísticas ou científicas para produzir prova judiciária ou administrativa. 8. A reprodução, em quaisquer obras, de pequenos trechos de obras preexistentes, de qualquer natureza, ou de obra integral, quando de artes plásticas, sempre que a reprodução em si não seja o objetivo principal da obra nova e que não prejudique a exploração normal da obra reproduzida nem cause um prejuízo injustificado aos legítimos interesses dos autores. São livres as paráfrases e paródias que não forem verdadeiras reproduções da obra originária nem lhe implicarem descrédito. As obras situadas permanentemente em logradouros públicos podem ser representadas livremente, por meio de pinturas, desenhos, fotografias e procedimentos audiovisuais.

ATOS NÃO REGISTRÁVEIS. *Direito civil* e *direito registrário.* **1.** Os constitutivos de pessoas jurídicas quando seu objeto indicar que promovam atividades ilícitas ou imorais, contrariando a ordem pública, a moral e os bons costumes. **2.** Aqueles em que não há previsão legal impondo o seu registro imobiliário, como: cessão de direitos hereditários; locação de serviço em imóvel; locação predial por prazo menor de cinco anos, sem direito de vigência em hipótese de alienação; promessa de permuta, salvo se inserida num contrato de incorporação imobiliária; opção de compra de imóvel; ocupação de terreno não aforado, em faixa de marinha; protesto contra alienação de bens; arrendamento; comodato e contrato preliminar ou pré-contrato.

ATO SOLENE. *Vide* ATO FORMAL.

ATOS PRATICADOS POR ESTAGIÁRIO INSCRITO NA OAB. Aqueles que pode praticar o estagiário devidamente inscrito na OAB: a) em conjunto com o advogado ou o defensor público, como os atos advocatícios arrolados por lei que podem ser por ele também subscritos; b) isoladamente, sob a responsabilidade do advogado, como o de: retirar e devolver autos em cartório, assinando a respectiva carga; obter, junto aos escrivães e chefes de secretarias, certidões de peças ou atos de processos em curso ou findos; assinar petições de juntada de documentos a processos judiciais ou administrativos; c) isoladamente, como ato extrajudicial, desde que autorizado ou tenha recebido substabelecimento do advogado.

ATOS PROIBIDOS AO EMPREGADO DA CASA DA MOEDA DO BRASIL. Ao empregado da CMB é proibido: 1) ausentar-se do serviço durante o expediente, sem prévia autorização do chefe imediato; 2) retirar, sem prévia anuência da autoridade competente, qualquer documento ou objeto da Empresa; 3) opor resistência injustificada ao andamento de documento e processo ou à execução de serviço; 4) cometer a pessoa estranha à CMB o desempenho de atribuição que seja de sua exclusiva responsabilidade; 5) coagir ou aliciar, mediante pressão, colegas de trabalho ou subordinados no sentido de filiarem-se a associação profissional ou sindical ou a partido político; 6) cometer a outro empregado atribuições estranhas ao cargo que ocupar e exercer, exceto em situações de emergência e/ou transitórias; 7) exercer quaisquer atividades que sejam incompatíveis com o exercício do cargo ou função e com o horário de trabalho; 8) fazer propaganda político-partidária ou proselitismo religioso nas dependências da CMB; 9) tratar desigualmente as partes ou seus colegas de trabalho, por questão ou motivo de convicção política, religiosa ou racial; 10) ingressar ou permanecer nas dependências da CMB fora do horário de expediente, sem autorização de um diretor; 11) valer-se do cargo para lograr proveito pessoal ou de outrem; 12) receber propina, comissão, presente ou vantagem de qualquer espécie, em razão de suas atribuições; 13) aceitar comissão, emprego ou pensão de estado estrangeiro; 14) praticar usura sob qualquer de suas formas; 15) proceder de forma desidiosa; 16) utilizar em proveito próprio, em detrimento dos interesses da Empresa, pessoal ou recursos materiais da CMB em serviços ou atividades particulares; 17) referir-se de modo depreciativo, verbalmente ou por escrito, no exercício de seu emprego ou função, aos seus superiores hierárquicos ou a seus atos; 18) aceitar emprego ou trabalho, ainda que indiretamente, mesmo em caráter técnico-profissional, de empresa que explore qualquer ramo de atividade semelhante ao da CMB; 19) provocar discussão, desordem ou escândalo, no recinto da CMB, ou desacatar qualquer superior hierárquico; 20) apresentar-se, publicamente ou nas dependências da CMB, em estado de embriaguez ou de incontinência pública; 21) revelar, dentro ou fora das dependências da CMB, fato, informação ou documento de natureza sigilosa, do qual tenha conhecimento em razão do seu cargo ou função; 22) manifestar-se pela imprensa, escrita ou falada, ou qualquer outro meio de divulgação, sobre assuntos ligados à CMB, sem a expressa autorização do presidente; 23) praticar ou explorar jogos de azar nas dependências da CMB; 24) praticar ato lesivo à honra, à moral ou à imagem de colegas de trabalho, superiores hierárquicos, clientes ou fornecedores da CMB; 25) praticar ofensa física contra colegas de trabalho, superiores hierárquicos, clientes ou fornecedores da CMB, salvo em legítima defesa própria ou de outrem, devidamente comprovada.

ATOS-REGRA. *Direito administrativo.* São, conforme ensina Celso Antônio Bandeira de Mello, os que criam situações gerais, abstratas e impessoais, que, por isso, podem ser a qualquer momento modificadas por quem as estabeleceu, sem que se lhes possa opor direito adquirido, como, por exemplo, um regulamento.

ATOS SUJEITOS A REGISTRO IMOBILIÁRIO. *Direito civil* e *direito registrário.* São os arrolados em lei, podendo ser assim classificados: a) os relativos à declaração ou à aquisição de propriedade, como: compra e venda, permuta, doação, dação em pagamento, transferência de imóvel a sociedade, quando integrar cota social, divisão do imóvel, consensual ou judicial, usucapião, desapropriação amigável e sentenças que fixarem, em processo expropriatório, o valor da indenização, incorporação, instituição e convenção de condomínio, loteamento urbano e rural, contrato para adquirir casa própria pelo Sistema Financeiro da Habitação ou incorporação de bens imóveis do patrimônio público para formação do capital de empresa pública ou sociedade de economia mista, acessão; b) os alusivos à constituição de um direito real sobre imóvel alheio de fruição (servidão, superfície, usufruto ou uso e habitação), de garantia (hipoteca, anticrese ou penhor) e de aquisição (compromisso de venda e compra, cessão e promessa de cessão que tenham por objeto imóvel loteado ou não ou unidade autônoma condominial); c) os atinentes à formação do patrimônio familiar, como: instituição do bem de família, convenções antenupciais; d) os decorrentes de decisões judiciais, tais como: penhora, arresto e seqüestro de imóveis, citação de ação real ou pessoal reipersecutória relativa a imóvel, arrematação e adjudicação em hasta pública, sentença que, no inventário, arrolamento e partilha, adjudicar bens de raiz em pagamento das dívidas da herança ou ato de entrega de legado de imóvel, formal de partilha e sentença de adjudicação em inventário ou arrolamento, quando não houver partilha, imissão provisória na posse e respectiva cessão e promessa de cessão; e) os concernentes a direitos pessoais relativos a imóveis, tais como: contrato de locação de prédio urbano em que se tenha consignado cláusula de vigência no caso de alienação de coisa locada ou empréstimos por obrigações ao portador ou debêntures, inclusive as conversíveis em ações; f) os oriundos de limitação constitucional-administrativa a imóveis, como: tombamento, participação do proprietário do solo quanto à lavra, termo de responsabilidade pela preservação de florestas; termos administrativos ou das sentenças declaratórias da concessão de uso especial para fins de moradia e do contrato de concessão de direito real de uso de imóvel público.

ATO SUBJETIVO. 1. *Direito administrativo.* É o que cria situação particular, concreta e pessoal, produzida quanto à formação e efeitos pela vontade das partes, sendo imodificável por uma só delas e gera direitos assegurados à persistência do que dispuseram. Por exemplo: o contrato (Celso Antônio Bandeira de Mello). **2.** *Direito civil.* Negócio jurídico em que a vontade constitui o fator principal.

ATO SUBSTANCIAL. *Direito civil.* **1.** É o que tem por fim tutelar direitos ou fazer com que se executem as leis. **2.** É o indispensável para a validade de um ato.

ATO SUPÉRFLUO. *Direito processual civil.* É o que representa um excesso da parte, sendo desnecessário ao andamento normal do processo, apesar de ser relativo à demanda.

ATO SUSPENSIVO. *Direito processual civil.* É o que interrompe, provisoriamente, a execução de uma decisão judicial, o curso de um prazo processual ou, ainda, a efetivação de um ato judicial.

ATOS VEDADOS AO EMPREGADO DA CAIXA ECONÔMICA FEDERAL. *Direito bancário.* A ele não é permitido: 1) retirar, sem prévia autorização da chefia competente, qualquer documento ou objeto da CEF; 2) valer-se do cargo ou função para tirar proveito pessoal; 3) coagir ou aliciar empregados com objetivos de natureza partidária, bem como fazer propaganda política na CEF ou atender desigualmente partes ou empregados por motivo de convicção política ou religiosa; 4) manter relação de emprego, ainda que de natureza técnica ou especializada, participar de gerência, conselho e administração de organização bancária ou de empresa concorrente da CEF; 5) participar como sócio de empresas que transacionem com a CEF, salvo se se tratar de sociedade anônima na qual o empregado não ocupe qualquer posição nos colegiados; 6) pleitear, como procurador ou intermediário de terceiro, junto à CEF; 7) praticar usura, sob qualquer forma, ou servir de intermediário para tal prática, mesmo em caráter eventual; 8) receber remuneração, presente, comissão, favor de partes ou vantagens de qualquer espécie, em razão de suas atribuições e em função de favorecimento; 9) revelar, dentro ou fora da CEF, fato ou informação de natureza sigilosa de que tenha ciência em razão do cargo ou função; 10) cometer a pessoa estranha à CEF, salvo nos casos previstos em lei, neste Regulamento, ou em normas internas, o desempenho de encargo que lhe competir ou a seus subordinados; 11) descumprir leis, regulamentos, normas e atos da Administração; 12) manifestar-se, sem autorização do Presidente ou da autoridade competente, em nome da CEF, pela imprensa ou qualquer outro meio de divulgação; 13) utilizar veículo de divulgação para tratar de assuntos pessoais ou criticar a Administração ou superiores hierárquicos; 14) promover, subscrever ou fazer circular rifa, sorteio ou loteria de qualquer espécie, exceto os produtos lotéricos ou similares administrados pela CEF, ou exercer comércio dentro da Empresa; 15) empregar recursos materiais da CEF em atividade ou serviço particular; 16) pleitear, administrativamente, através de terceiros, vantagens ou tratamento especial com relação à situação funcional; 17) deixar de pagar dívidas legalmente exigíveis; 18) provocar discussão, desordem ou escândalo no recinto da CEF; 19) referir-se, de modo ofensivo, em petição, informação, parecer ou despacho, às autoridades e atos da CEF ou da Administração Pública; 20) entrar ou permanecer, sem autorização, fora do horário de trabalho, nas dependências da CEF; 21) apresentar-se publicamente, ou na CEF, em visível estado de embriaguez e de incontinência ou sob efeitos de tóxicos; 22) escriturar voluntariamente com inexatidão documentos e outros papéis, ou informá-los incorretamente.

ATO TELEOLÓGICO. *Filosofia geral.* Ato pelo qual o sujeito se aproxima dos valores, inserindo-os na realidade (Hartmann).

ATO TERRORISTA. Qualquer ato de uma ou mais pessoas, sendo ou não agentes de um poder soberano, com fins políticos ou terroristas, seja a perda ou dano dele resultante acidental ou intencional.

ATO TRANSCENDENTE. *Filosofia geral.* Ato pelo qual o sujeito sai de si, projetando-se para um objeto exterior, para interiorizá-lo, fazendo com que integre sua subjetividade (Hartmann).

ATO TRANSITIVO. *Direito civil.* É o concernente à transferência de coisa ou de direito para outrem.

ATO TRANSLATIVO. *Direito civil.* **1.** Diz-se daquele que serve de título para obter a transferência de um bem ou direito. **2.** É o ato pelo qual a propriedade de coisa ou direito passa de um titular a outro, por exemplo, tradição, assento no Registro Imobiliário etc.

ATO UNILATERAL. 1. *Direito civil.* É o que requer uma declaração unitária de vontade para produzir seus efeitos, dispensando o concurso da vontade de outrem. É, portanto, o ato volitivo proveniente de um ou mais sujeitos, desde que na mesma direção, colimando um único objetivo (testamento, codicilo, renúncia, promessa de recompensa, título ao portador etc.). Subdivide-se em: *receptício,* se seus efeitos só se produzirem após o conhecimento da declaração pelo destinatário (concentração na obrigação alternativa); e *não receptício,* se sua efetivação independer do endereço a certo destinatário (renúncia de herança). **2.** *Direito administrativo.* É o formado pela declaração volitiva de uma só parte, por exemplo, multa, autorização, demissão de agente público etc.

ATO UNÍLOQUO. *Vide* ATO UNILATERAL.

À TOUT SEIGNEUR TOUT HONNEUR. *Expressão francesa.* A cada um se deve homenagear conforme sua dignidade, posição social etc.

ATO VÁLIDO. *Direito civil* e *teoria geral do direito.* Aquele que está conforme a lei.

ATO VICIADO. *Direito civil.* Aquele que contém vício de consentimento (erro, lesão, estado de perigo, dolo ou coação) ou social (fraude contra credores) suscetíveis de anulá-lo, embora possa ser confirmado, ressalvando-se os direitos de terceiros. Se apresentar o vício social da simulação poderá ser declarado nulo.

ATO VINCULADO. *Direito administrativo.* É o praticado pela Administração Pública, sem qualquer margem de livre apreciação, desde que se preencham os requisitos fixados pela lei numa dada situação predeterminada. Por exemplo, admissão, licença para edificação, aposentadoria por tempo de serviço etc.

ATO VOLUNTÁRIO. *Direito civil.* É o levado a efeito pelo agente espontaneamente, sem que haja qualquer obrigação de praticá-lo.

ATÓXICO. *Medicina legal.* Aquilo que não contém veneno ou tóxico.

AT PENTIUM. *Direito virtual.* Unidade com grande poder de processamento, além de capacidade de armazenamento de informações e velocidade de trabalho muito superiores aos demais equipamentos.

ATPF. *Direito ambiental.* Sigla de Autorização para Transporte de Produtos Florestais.

ATRABILIÁRIO. *Medicina legal.* Aquele que está cometido de cólera negra.

ATRABÍLIS. *Medicina legal.* Bile negra segregada pelas cápsulas supra-renais ou pelo pâncreas, causando hipocondria ou melancolia no paciente.

ATRACAÇÃO. *Direito marítimo.* **1.** Ação de atracar ou amarrar um navio no cais, doca, trapiche ou ponte flutuante. **2.** Ato de encostar uma embarcação ao costado de outra.

ATRAÇÃO. *Direito comercial.* Diversão, espetáculo ou representação que atraem um número considerável de pessoas.

ATRAÇÃO SEXUAL. *Medicina legal.* Força que impele, sexualmente, uma pessoa a outra.

ATRAENTE. *Direito agrário.* Substância utilizada para atrair a praga-alvo e induzi-la a ingerir a isca ou entrar em contato com o princípio ativo ou facilitar sua captura.

ATRAQUELIA. *Medicina legal.* Curteza do pescoço.

ATRASO. 1. *Direito civil.* a) Falta ou demora de pagamento; b) retardamento no cumprimento de uma obrigação ou na prestação de um fato. **2.** O mesmo que MORA. **3.** *Direito processual.* Demora na prática de atos processuais. **4.** *Direito comercial.* a) Demora injustificada na entrega de mercadoria, que não chega a seu destino na data marcada, dando origem ao pedido de indenização do transportador pelos danos causados; b) retardamento de trem, sem que tenha havido força maior ou motivo justo, chegando além do tempo de tolerância admitida na execução do horário, possibilitando aos lesados pleitear o ressarcimento pelos prejuízos sofridos, que será pago pela estrada de ferro ou pela empresa concessionária de serviço dessa natureza; c) retardamento de avião, ultrapassando o tempo previsto para o vôo, que pode resultar dano aos viajantes, bagagens e mercadorias, dando origem à responsabilidade do fornecedor do serviço, podendo o consumidor exigir perdas e danos pelos prejuízos que teve, exceto se oriundos de força maior.

ATRASOFREMIA. *Psicologia forense.* Nervosismo resultante de atraso na execução do trabalho.

ATRAVESSADOR. *Direito comercial.* Aquele que, interpondo-se entre o produtor e o vendedor, compra grandes partidas de mercadorias destinadas ao consumo ou ao mercado, retendo-as em estoque para forçar a alta de preço, obtendo, assim, ao revendê-las, grandes lucros. Trata-se do "açambarcador".

ATRAVESSADOURO. *Direito civil.* **1.** Caminho aberto ou construído numa propriedade particular, desde que não se dirija a fonte, ponte ou lugar público, para uso de seus habitantes. **2.** Atalho feito em terras lavradas, para atravessá-las. **3.** Passagem forçada, se for o único meio de o dono do prédio encravado atingir via pública, nascente ou porto, constituindo uma restrição legal ao proprietário contíguo similar à servidão. **4.** Ato de mera tolerância de um proprietário a outro, permitindo-lhe passagem por um atalho de suas terras, para encurtar, por exemplo, distância, sem que com isso lhe dê a posse; conseqüentemente, nada obstará que o feche quando lhe aprouver.

ATREMIA. *Psicologia forense.* **1.** Estado psicopatológico peculiar em caso de neurastenia da mulher. **2.** Incapacidade histérica de andar causada pelo enfraquecimento da energia moral, fazendo com que o paciente tenha de ficar deitado por um longo período de tempo.

ATRESIA VAGINAL. *Medicina legal.* Falta de abertura da vagina.

ATRESIA VULVAR. *Medicina legal.* Inexistência de abertura na vulva.

ATRETOMETRIA. *Medicina legal.* Imperfuração do útero.

ATRIBUIÇÃO. **1.** *Direito administrativo.* Ato de conferir, ao titular de um cargo ou função pública, competência para exercer suas atividades ou poder específico para tomar conhecimento ou não de algum assunto administrativo. **2.** *Direito civil.* a) Ato de assegurar a alguém, satisfeitas as condições legais, a titularidade de um direito; b) soma de poderes conferidos por lei, para que uma pessoa possa praticar atos válidos; c) privilégio ou prerrogativa. **3.** *Direito penal.* Imputação da autoria de um crime a alguém. **4.** *Direito processual.* Poder conferido a um magistrado para presidir uma causa e decidi-la, designando os limites da jurisdição.

ATRIBUIÇÃO DO CARGO DE ANALISTA ADMINISTRATIVO. *Direito administrativo.* O exercício de todas as atividades administrativas e logísticas relativas às competências constitucionais e legais a cargo da ANA, fazendo uso de todos os equipamentos e recursos disponíveis para a consecução dessas atividades.

ATRIBUIÇÕES DAS UNIVERSIDADES. *Direito educacional.* Obrigações ou deveres que têm as universidades, tais como: a) criar, organizar e extinguir, em sua sede, cursos e programas de educação superior previstos na Lei de Diretrizes e Bases da Educação Nacional, obedecendo às normas gerais da União e, quando for o caso, do respectivo sistema de ensino; b) fixar os currículos dos seus cursos e programas, observadas as diretrizes gerais pertinentes; c) estabelecer planos, programas e projetos de pesquisa científica, produção artística e atividades de extensão; d) fixar o número de vagas de acordo com a capacidade institucional e as exigências do seu meio; e) elaborar e reformar os seus estatutos e regimentos em consonância com as normas gerais atinentes; f) conferir graus, diplomas e outros títulos; g) firmar contratos, acordos e convênios; h) aprovar e executar planos, programas e projetos de investimentos referentes a obras, serviços e aquisições em geral, bem como administrar rendimentos conforme dispositivos institucionais; i) administrar os rendimentos e deles dispor na forma prevista no ato de constituição, nas leis e nos respectivos estatutos; j) receber subvenções, doações, heranças, legados e cooperação financeira resultante de convênios com entidades públicas e privadas.

ATRIBUIÇÕES DE INVENTARIANTE DE BENS DE ÓRGÃOS OU ENTIDADES PÚBLICAS EXTINTAS. *Direito administrativo.* Obrigações que tem, em caso de extinção de órgãos e entidades públicas, o inventariante de: a) identificar, localizar, relacionar e dar destinação aos bens móveis e imóveis dos órgãos e entidades extintas, ouvido previamente o Ministro supervisor; b) levantar e relacionar direitos e obrigações, documentos, livros, contratos e convênios dos órgãos e entidades extintas, submetendo ao ministro supervisor as providências julgadas necessárias; c) proceder, mediante termo próprio, à transferência dos acervos técnicos, logísticos, bibliográficos e documentais aos órgãos que tiverem absorvido as correspondentes atribuições dos órgãos e entidades extintas; d) apresentar ao ministro supervisor relatórios periódicos e final dos atos e fatos do processo de inventário, inclusive as tomadas e prestações de contas dos órgãos e entidades extintos; e) proceder à regularização contábil dos atos administrativos pendentes e remanescentes, inclusive à análise das prestações de contas dos convênios e instrumentos similares, dos órgãos e entidades extintos, podendo, para tanto, designar comissões de qualquer natureza; f) representar, ativa e passivamente, os respectivos órgãos e entidades nos atos administrativos durante o processo de inventário, podendo também rescindir contratos, convênios e outros instrumentos, quando o interesse da Administração assim indicar; g) praticar os atos de gestão orçamentária, financeira, patrimonial, contábil e administrativa, inclusive de pessoal, dos órgãos e entidades extintos, os quais conservarão a sua denominação, acrescida da expressão "em extinção"; h) exonerar os ocupantes de cargos em comissão e funções gratificadas das áreas cujas competências não tenham sido transferidas a outro órgão; i) propor ao ministro supervisor a nomeação para os cargos em comissão e funções gratificadas, necessários aos trabalhos do inventário; j) transferir dos órgãos e entidades extintos para o Ministério da Administração Federal e Reforma do Estado os cargos em comissão e funções gratificadas desnecessários ao processo de inventário, após atendidas as necessidades do Ministério supervisor; k) remanejar os cargos efetivos, em comissão e funções gratificadas com os respectivos ocupantes aos órgãos que absorveram as correspondentes competências, mediante ato próprio publicado no *Diário Oficial da União*; l) exercer outras atribuições que lhe forem cometidas pelo ministro de Estado supervisor para ultimar o processo de inventário.

ATRIBUIÇÕES DO ASSISTENTE DE CHANCELARIA DA CLASSE A. *Direito internacional público.* Referem-se a atividades de nível médio envolvendo orientação, controle e execução de rotinas de apoio administrativo, em grau menor de complexidade, as tarefas de natureza diplomática e consular na Secretaria de Estado das Relações Exteriores e nos postos no exterior; atividades de administração pública específicas da Secretaria de Estado das Relações Exteriores e execução de serviços peculiares às missões diplomáticas e repartições consulares, tais como: 1) Prestar apoio administrativo aos servidores da carreira de diplomata, abrangendo tarefas de secretariado, taquigrafia e datilografia, inclusive de textos técnicos de relativa simplicidade em idioma estrangeiro. 2) Executar serviços de apoio administrativo em tarefas peculiares ao Ministério das Relações Exteriores, tais como aqueles relacionados com atividades de cerimonial, prática consular, acordos e atos internacionais, difusão e cooperação cultural, cooperação técnica, promoção comercial, administração da Secretaria de Estado das Relações Exteriores e dos postos no exterior. 3) Executar trabalhos datilográficos e de processa-mento de dados, em português e em língua estrangeira, com correção de linguagem e perfeição técnica, inclusive os que envolvam assuntos sigilosos. 4) Operar equipamento de informática e executar trabalhos de processamento de dados e de tabelas em microcomputadores. 5) Executar trabalhos de tradução e interpretação de textos em idiomas estrangeiros. 6) Redigir expedientes de rotina relacionados com o serviço que esteja executando. 7) Participar, sob orientação superior, da elaboração de trabalhos de pesquisa e de levantamento de dados, no âmbito das atividades desenvolvidas pela Secretaria de Estado das Relações Exteriores, pelas missões diplomáticas e repartições consulares. 8) Participar, sob supervisão, de estudos e pesquisas de natureza técnica sobre a administração geral e específica dos serviços diplomático e consular. 9) Controlar, sob orientação superior, a observância de leis, regulamentos e normas relativos à administração de pessoal. 10) Estudar e propor, com base na vivência adquirida no desempenho das atribuições, medidas destinadas a racionalizar o trabalho, a reduzir o custo das operações e a melhorar os padrões de produção. 11) Auxiliar na elaboração da proposta orçamentária da unidade administrativa em que estiver servindo. 12) Executar, sob orientação superior, na unidade administrativa em que estiver servindo, rotinas relativas à administração de material e patrimônio. 13) Executar, sob supervisão, tarefas relativas à aquisição de material permanente e de consumo, mediante concorrência ou qualquer outra modalidade de licitação, inclusive preparando os expedientes e reunindo a documentação necessária à realização desses processos. 14) Executar, sob supervisão, rotinas relacionadas com serviços auxiliares de contabilidade. 15) Participar, sob supervisão, da execução de tarefas típicas da atividade consular, tais como: emissão de documentos de viagem, concessão de vistos, despacho de navios, prática de atos notariais, legalização de documentos e assistência a brasileiros no exterior. 16) Executar, sob supervisão, atividades relacionadas com a escrituração e o recolhimento da renda consular. 17) Participar, sob supervisão, dos trabalhos de elaboração de normas, rotinas e métodos de operação e manutenção do sistema de comunicações do Ministério das Relações Exteriores. 18) Participar da fiscalização do cumprimento das normas, instruções e prescrições em matéria de comunicações, em especial no que diz respeito ao sigilo das comunicações. 19) Executar tarefas relacionadas com a recepção e a transmissão de mensagens processadas pelo sistema de comunicações do Ministério das Relações Exteriores. 20) Executar tarefas relacionadas com a cifração e decifração de mensagens sigilosas, principalmente quando envolverem matéria afeta à segurança nacional. 21) Executar tarefas relacionadas com o serviço de recebimento, protocolo, distribuição e expedição de correspondência oficial na Secretaria de Estado das Relações Exteriores, nas missões diplomáticas e repartições consulares. 22) Executar rotinas relacionadas com a classificação, expedição, guarda e recuperação de correspondência oficial, inclusive sigilosa, na secretaria de Estado, nas missões diplomáticas e repartições consulares. 23) Executar tarefas relacionadas com o preparo e a expedição de malas diplomáticas. 24) Participar, sob supervisão, da execução de programas de treinamento e aperfeiçoamento de pessoal nas tarefas típicas da carreira de assistente de chancelaria. 25) Supervisionar o trabalho de equipes auxiliares. 26) Executar tarefas outras que lhe forem atribuídas em caso de necessidade da Administração e que guardem correlação com as atribuições do cargo.

ATRIBUIÇÕES DO ASSISTENTE DE CHANCELARIA DA CLASSE ESPECIAL. *Direito internacional público.* Referem-se a atividades de nível médio envolvendo planejamento, supervisão, orientação, controle e execução de rotinas de apoio administrativo, em grau médio de complexidade, a tarefas de natureza diplomática e consular na Secretaria de Estado das Relações Exteriores e nos postos no exterior; atividades de administração pública específicas da Secretaria de Estado das Relações Exteriores e execução de serviços peculiares às missões diplomáticas e repartições consulares, tais como: 1) Prestar apoio administrativo aos servidores da carreira de diplomata, abrangendo tarefas de secretariado, taquigrafia e datilografia, inclusive de textos técnicos em idioma estrangeiro. 2) Executar serviços de apoio administrativo em tarefas peculiares ao Ministério das Relações Exteriores, tais como aqueles relacionados com atividades de cerimonial, prática consular, acordos e atos internacionais, difusão e cooperação cultural, cooperação técnica, promoção comercial, administração da Secretaria de Estado das Relações Exteriores e dos postos no exterior. 3) Executar trabalhos datilográficos e de processamento de dados, em português e em

língua estrangeira, com correção de linguagem e perfeição técnica, inclusive os que envolvam assuntos sigilosos. 4) Operar equipamento de informática e executar trabalhos de processamento de dados e de tabelas em microcomputadores. 5) Executar trabalhos de tradução e interpretação de textos em idiomas estrangeiros. 6) Redigir expedientes de rotina relacionados com o serviço que esteja executando. 7) Participar da elaboração de trabalhos de pesquisa e de levantamento de dados, no âmbito das atividades desenvolvidas pela Secretaria de Estado das Relações Exteriores, pelas missões diplomáticas e repartições consulares. 8) Auxiliar na definição de objetivos e no planejamento administrativo e financeiro das atividades da unidade administrativa em que estiver servindo. 9) Participar, sob orientação superior, de estudos e pesquisas de natureza técnica sobre administração geral e específica dos serviços diplomático e consular. 10) Controlar, sob orientação superior, a observância de leis, regulamentos e normas relativos à administração de pessoal. 11) Estudar e propor, com base na vivência adquirida no desempenho das atribuições, medidas destinadas a racionalizar o trabalho, a reduzir o custo das operações e a melhorar os padrões de produção. 12) Colaborar na elaboração da proposta orçamentária da unidade administrativa em que estiver servindo. 13) Executar, na unidade administrativa em que estiver servindo, rotinas relativas à administração de material e patrimônio. 14) Executar, sob orientação superior, tarefas relativas à aquisição de material permanente e de consumo, mediante concorrência ou qualquer outra modalidade de licitação, inclusive preparando os expedientes e reunindo a documentação necessária à realização desses processos. 15) Executar, sob orientação superior, rotinas relacionadas com serviços auxiliares de contabilidade. 16) Participar, sob orientação superior, da execução de tarefas típicas da atividade consular, tais como: emissão de documentos de viagem, concessão de vistos, despacho de navios, prática de atos notariais, legalização de documentos e assistência a brasileiros no exterior. 17) Executar, sob orientação superior, atividades relacionadas com a escrituração e o recolhimento da renda consular. 18) Participar, sob orientação superior, dos trabalhos de elaboração de normas, rotinas e métodos de operação e manutenção do sistema de comunicações do Ministério das Relações Exteriores. 19) Participar da fiscalização do cumprimento das normas, instruções e prescrições em matéria de comunicações, em especial no que diz respeito ao sigilo das comunicações. 20) Executar tarefas relacionadas com a recepção e a transmissão de mensagens processadas pelo sistema de comunicações do Ministério das Relações Exteriores. 21) Executar tarefas relacionadas com a cifração e decifração de mensagens sigilosas, principalmente quando envolverem matéria afeta à segurança nacional. 22) Executar tarefas relacionadas com o serviço de recebimento, protocolo, distribuição e expedição de correspondência oficial na Secretaria de Estado das Relações Exteriores, nas missões diplomáticas e repartições consulares. 23) Executar rotinas relacionadas com a classificação, expedição, guarda e recuperação de correspondência oficial, inclusive sigilosa, na secretaria de Estado, nas missões diplomáticas e repartições consulares. 24) Executar tarefas relacionadas com o preparo e a expedição de malas diplomáticas. 25) Participar, sob orientação superior, da elaboração e execução de programas de treinamento e aperfeiçoamento de pessoal nas tarefas típicas da carreira de assistente de chancelaria. 26) Orientar e supervisionar o trabalho de equipes auxiliares. 27) Executar tarefas outras que lhe forem atribuídas em caso de necessidade da administração e que guardem correlação com as atribuições do cargo.

ATRIBUIÇÕES DO ASSISTENTE DE CHANCELARIA DA CLASSE INICIAL. *Direito internacional público.* Referem-se a atividades de nível médio envolvendo controle e execução de rotinas de apoio administrativo às tarefas de natureza diplomática e consular na Secretaria de Estado das Relações Exteriores e nos postos no exterior; atividades de administração pública específicas da Secretaria de Estado das Relações Exteriores e execução de serviços peculiares às missões diplomáticas e repartições consulares, tais como: 1) Prestar apoio administrativo aos servidores da carreira de diplomata, abrangendo tarefas de secretariado, taquigrafia e datilografia, inclusive de textos em idioma estrangeiro. 2) Executar serviços de apoio administrativo em tarefas peculiares ao Ministério das Relações Exteriores, tais como os relacionados com atividades de cerimonial, prática consular, acordos e atos internacionais, difusão e cooperação cultural, cooperação técnica, promoção comercial, administração da Secretaria de Estado das Relações Exteriores e dos postos no exterior. 3) Executar trabalhos datilográficos e de processamento de dados, em português e em língua estrangeira, com correção de linguagem e apuro técnico, inclusive os que envolvam assuntos sigilosos. 4) Operar equipamento de informática e executar trabalhos de processamento de dados e de tabelas em microcomputadores. 5) Executar trabalhos de tradução e interpretação de textos de relativa simplicidade em idiomas estrangeiros. 6) Redigir expedientes de rotina relacionados com o serviço que esteja executando. 7) Participar, sob supervisão, da elaboração de trabalhos de pesquisa e de levantamento de dados, no âmbito das atividades desenvolvidas pela Secretaria de Estado das Relações Exteriores, pelas missões diplomáticas e repartições consulares. 8) Controlar, sob supervisão, a observância de leis, regulamentos e normas relativas à administração de pessoal. 9) Sugerir, com base na vivência adquirida no desempenho das atribuições, medidas destinadas a racionalizar o trabalho, a reduzir o custo das operações e melhorar os padrões de produção. 10) Auxiliar na elaboração da proposta orçamentária da unidade administrativa em que estiver servindo. 11) Executar, sob supervisão, na unidade administrativa em que estiver servindo, rotinas relativas à administração de material e patrimônio. 12) Participar da execução de tarefas relativas à aquisição de material permanente e de consumo, mediante concorrência ou qualquer outra modalidade de licitação, inclusive preparando, sob orientação superior, os expedientes e reunindo a documentação necessária à realização desses processos. 13) Executar, sob supervisão, rotinas relacionadas com serviços auxiliares de contabilidade. 14) Auxiliar na execução de tarefas típicas da atividade consular, tais como: emissão de documentos de viagem, concessão de vistos, despacho de navios, prática de atos notariais, legalização de documentos e assistência a brasileiros no exterior. 15) Participar da execução de atividades relacionadas com a escrituração e o recolhimento da renda consular. 16) Participar da fiscalização do cumprimento das normas, instruções e prescrições em matéria de comunicações, em especial no que diz respeito ao sigilo das comunicações. 17) Executar tarefas relacionadas com a recepção e a transmissão de mensagens processadas pelo sistema de comunicações do Ministério das Relações Exteriores. 18) Executar tarefas relacionadas com a cifração e decifração de mensagens sigilosas, principalmente quando envolverem matéria afeta à segurança nacional. 19) Executar tarefas relacionadas com o serviço de recebimento, protocolo, distribuição e expedição de correspondência oficial na Secretaria de Estado das Relações Exteriores, nas missões diplomáticas e repartições consulares. 20) Executar rotinas relacionadas com a classificação, expedição, guarda e recuperação de correspondência oficial, inclusive sigilosa, na secretaria de Estado, nas missões diplomáticas e repartições consulares. 21) Executar tarefas relacionadas com o preparo e a expedição de malas diplomáticas. 22) Auxiliar na execução de programas de treinamento e aperfeiçoamento de pessoal nas tarefas típicas da Carreira de Assistente de Chancelaria. 23) Controlar o trabalho de equipes auxiliares. 24) Executar tarefas outras, que lhe forem atribuídas em caso de necessidade da Administração e que guardem correlação com as atribuições do cargo.

ATRIBUIÇÕES DO CARGO DE ESPECIALISTA EM GEOPROCESSAMENTO. *Direito administrativo.* É o exercício de atividades de nível superior de elevada complexidade e responsabilidade, relativas à operação de sistemas de geoprocessamento e de tratamento de informações geográficas, referentes à regulação, outorga e fiscalização do uso de recursos hídricos, à implementação, operacionalização e avaliação dos instrumentos da política nacional de recursos hídricos, à análise e desenvolvimento de programas e projetos de despoluição de bacias hidrográficas, eventos críticos em recursos hídricos e promoção do uso integrado de solo e água, entre outras ações e atividades análogas decorrentes do cumprimento das atribuições institucionais da ANA, referentes ao geoprocessamento e tratamento de informações geográficas. Integram as atribuições do cargo de Especialista em Geoprocessamento a promoção e o fomento ao desenvolvimento de pesquisas científicas e tecnológicas relativas ao geoprocessamento, voltadas para o conhecimento, o uso sustentado, a conservação e a gestão de recursos hídricos, e a promoção de cooperação e divulgação técnico-científica, bem como a transferência de tecnologia na área.

ATRIBUIÇÕES DO CARGO DE ESPECIALISTA EM RECURSOS HÍDRICOS. *Direito administrativo.* É o exercício de atividades de nível superior de elevada complexidade e responsabilidade, relativas à gestão de recursos hídricos, envolvendo a regulação, outorga e fiscalização do uso de recursos hídricos, à implementação, operacionalização e avaliação dos instrumentos da política nacional de recursos hídricos, à análise e desenvolvimento de programas e projetos de despoluição de bacias hidrográficas, eventos críticos em recursos hídricos e promoção do uso integrado de solo e água, entre outras ações e atividades análogas decorrentes do cumprimento das atribuições institucionais da ANA, referentes à gestão de recursos hídricos. Integram as atribuições do cargo de Especialista em Recursos Hídricos a promoção e o fomento ao desenvolvimento de pesquisas científicas e tecnológicas, voltadas para o conhecimento, o uso sustentado, a conservação e a gestão de recursos hídricos, e a promoção de cooperação e divulgação técnico-científica, bem como a transferência de tecnologia na área.

ATRIBUIÇÕES DO OFICIAL DE CHANCELARIA DA CLASSE A. *Direito internacional público.* Referem-se a atividades de nível superior envolvendo supervisão, orientação, controle e execução de tarefas técnicas e administrativas, em grau de significativa complexidade, em apoio às atividades de natureza diplomática e consular na Secretaria de Estado das Relações Exteriores e nos postos no exterior. Atividades de administração pública específica da Secretaria de Estado, das Relações Exteriores; execução de serviços peculiares às missões diplomáticas e repartições consulares, tais como: 1) Prestar apoio técnico aos servidores da carreira de diplomata em tarefas de secretariado, taquigrafia e datilografia, inclusive de textos técnicos em idioma estrangeiro na ausência de ocupantes de cargo com atribuições específicas. 2) Supervisionar, orientar, controlar e executar serviços técnicos em atividades peculiares ao Ministério das Relações Exteriores, tais como os relacionados com cerimonial, prática consular, acordos e atos internacionais, difusão e cooperação cultural, cooperação técnica, científica e tecnológica, promoção comercial e administração da Secretaria de Estado das Relações Exteriores e dos postos no exterior. 3). Coordenar, orientar, revisar e executar trabalhos datilográficos e de processamento de dados, em português e em língua estrangeira, com correção de linguagem e perfeição técnica, inclusive os que envolvam assuntos sigilosos. 4) Realizar trabalhos de processamento de dados em microcomputadores. 5) Coordenar, orientar, revisar e executar trabalhos de tradução e interpretação de textos em idiomas estrangeiros, inclusive os que envolvam o uso de linguagem e termos téc-

nicos. 6) Redigir relatórios, pareceres, informações e expedientes relacionados com o serviço que esteja executando. 7) Elaborar trabalhos de pesquisa e de levantamento de dados, no âmbito das atividades desenvolvidas pela Secretaria de Estado das Relações Exteriores, pelas missões diplomáticas e repartições consulares. 8) Representar em reuniões setores específicos da Secretaria de Estado das Relações Exteriores, das missões diplomáticas e repartições consulares, quando designado. 9) Prestar apoio técnico à definição de objetivos e ao planejamento administrativo e financeiro das atividades da unidade administrativa em que estiver servindo. 10) Participar de estudos e pesquisas de natureza técnica sobre administração geral e específica dos serviços diplomático e consular. 11) Controlar a observância de leis, regulamentos e normas relativos à administração de pessoal. 12) Estudar e propor, com base na vivência adquirida no desempenho das atribuições, medidas destinadas a racionalizar o trabalho, reduzir o custo das operações e melhorar os padrões de produção. 13) Participar da elaboração da proposta orçamentária da unidade administrativa em que estiver servindo. 14) Coordenar e executar, na unidade administrativa em que estiver servindo, rotinas relativas à administração de material e patrimônio. 15) Coordenar e executar tarefas relativas à aquisição de material permanente e de consumo, mediante concorrência ou qualquer outra modalidade de licitação, inclusive preparando os expedientes e reunindo a documentação necessária à realização desses processos. 16) Coordenar e executar atividades de tesouraria e de acompanhamento da execução orçamentária e financeira, envolvendo a preparação de relatórios, demonstrativos e demais expedientes conexos. 17) Participar da execução de tarefas típicas da atividade consular, tais como: emissão de documentos de viagem, concessão de vistos, despacho de navios, prática de atos notariais, legalização de documentos e assistência a brasileiros no exterior. 18) Executar atividades relacionadas com a escrituração e o recolhimento da renda consular. 19) Participar dos trabalhos de elaboração de normas, rotinas e métodos de operação e manutenção do sistema de comunicações do Ministério das Relações Exteriores. 20) Participar da fiscalização do cumprimento das normas, instruções e prescrições em matéria de comunicações, em especial no que diz respeito ao sigilo das comunicações. 21) Supervisionar, orientar, controlar e executar tarefas relacionadas com a recepção e a transmissão de mensagens processadas pelo sistema de comunicações do Ministério das Relações Exteriores. 22) Supervisionar, orientar, controlar e executar tarefas relacionadas com a cifração e decifração de mensagens sigilosas, principalmente quando envolverem matéria afeta à segurança nacional. 23) Supervisionar, orientar, controlar e executar tarefas relacionadas com o serviço de recebimento, protocolo, distribuição e expedição de correspondência oficial na Secretaria de Estado das Relações Exteriores, nas missões diplomáticas e repartições consulares. 24) Supervisionar, orientar, controlar e executar tarefas relacionadas com a classificação, expedição, guarda e recuperação de correspondência oficial, inclusive sigilosa, na secretaria de Estado, nas missões diplomáticas e repartições consulares, especialmente na ausência de ocupantes da categoria funcional específica. 25) Supervisionar, orientar, controlar e executar tarefas relacionadas com o preparo e a expedição de malas diplomáticas. 26) Cumprir missão de correio diplomático. 27) Participar da elaboração e execução de programas de treinamento e aperfeiçoamento de pessoal nas tarefas típicas das carreiras de oficial de chancelaria e de assistente de chancelaria. 28) Supervisionar, orientar e controlar o trabalho de equipes auxiliares. 29) Executar tarefas outras, que lhe forem atribuídas em caso de necessidade da administração e que guardem correlação com as atribuições do cargo.

ATRIBUIÇÕES DO OFICIAL DE CHANCELARIA DA CLASSE ESPECIAL. *Direito internacional público.* Referem-se a atividades de nível superior envolvendo planejamento, supervisão, orientação, controle e execução de tarefas técnicas e administrativas, em grau de significativa complexidade, em apoio às atividades de natureza diplomática e consular na Secretaria de Estado das Relações Exteriores e nos postos no exterior; e atividades de administração pública específicas da Secretaria de Estado das Relações Exteriores; execução de serviços peculiares às missões diplomáticas e repartições consulares, tais como: 1) Prestar apoio técnico aos servidores da carreira de diplomata em tarefas de secretariado, taquigrafia e datilografia, inclusive de textos técnicos em idioma estrangeiro na ausência de ocupantes de cargo com atribuições específicas. 2) Planejar, supervisionar, orientar, controlar e executar serviços técnicos em atividades peculiares ao Ministério das Relações Exteriores, tais como os relacionados com cerimonial, prática consular, acordos e atos internacionais, difusão e cooperação cultural, cooperação técnica, científica e tecnológica, promoção comercial e administração da Secretaria de Estado das Relações Exteriores e dos postos no exterior. 3) Coordenar, orientar, revisar e executar trabalhos datilográficos e de processamento de dados, em português e em língua estrangeira, com correção de linguagem e perfeição técnica, inclusive os que envolvam assuntos sigilosos. 4) Realizar trabalhos de processamento de dados em microcomputadores. 5) Coordenar, orientar, revisar e executar trabalhos de tradução e interpretação de textos em idiomas estrangeiros, inclusive os que envolvam o uso de linguagem e termos técnicos. 6) Redigir relatórios, pareceres, informações e expedientes relacionados com o serviço que esteja executando. 7) Elaborar trabalhos de pesquisa e de levantamento de dados, no âmbito das atividades desenvolvidas pela Secretaria de Estado das Relações Exteriores, pelas missões diplomáticas e repartições consulares. 8) Representar em reuniões setores específicos da Secretaria de Estado das Relações Exteriores, das missões diplomáticas e repartições consulares, quando designado. 9) Prestar apoio técnico à definição de objetivos e ao planejamento administrativo e financeiro das atividades da unidade administrativa em que estiver servindo. 10) Participar de estudos e pesquisas de natureza técnica sobre administração geral e específica dos serviços diplomáticos e consular. 11) Controlar a observância de leis, regulamentos e normas relativos à administração de pessoal. 12) Estudar e propor, com base na vivência adquirida no desempenho das atribuições, medidas destinadas a racionalizar o trabalho, reduzir o custo das operações e melhorar os padrões de produção. 13) Participar da elaboração da proposta orçamentária da unidade administrativa em que estiver servindo. 14) Coordenar e executar, na unidade administrativa em que estiver servindo, rotinas relativas à administração de material e patrimônio. 15) Coordenar e executar tarefas relativas à aquisição de material permanente e de consumo, mediante concorrência ou qualquer outra modalidade de licitação, inclusive preparando os expedientes e reunindo a documentação necessária à realização desses processos. 16) Coordenar e executar atividades de tesouraria e de acompanhamento da execução orçamentária e financeira, envolvendo a preparação de relatórios, demonstrativos e demais expedientes conexos. 17) Participar da execução de tarefas típicas da atividade consular, tais como: emissão de documentos de viagem, concessão de vistos, despacho de navios, prática de atos notariais, legalização de documentos e assistência a brasileiros no exterior. 18) Executar atividades relacionadas com a escrituração e o recolhimento da renda consular. 19) Participar dos trabalhos de elaboração das normas, rotinas e métodos de operação e manutenção do sistema de comunicações do Ministério das Relações Exteriores. 20) Participar da fiscalização do cumprimento das normas, instruções e prescrições em matéria de comunicações, em especial no que diz respeito ao sigilo das comunicações. 21) Planejar, supervisionar, orientar, controlar e executar tarefas relacionadas com a recepção e a transmissão de mensagens processadas pelo sistema de comunicações do Ministério das Relações Exteriores. 22) Planejar, supervisionar, orientar, controlar e executar tarefas relacionadas com a cifração e decifração de mensagens sigilosas, principalmente quando envolverem matéria afeta à segurança nacional. 23) Planejar, supervisionar, orientar, controlar e executar tarefas relacionadas com o serviço de recebimento, protocolo, distribuição e expedição de correspondência oficial na Secretaria de Estado das Relações Exteriores, nas missões diplomáticas e repartições consulares. 24) Planejar, supervisionar, orientar, controlar e executar tarefas relacionadas com a classificação, expedição, guarda e recuperação de correspondência oficial, inclusive sigilosa, na secretaria de Estado, nas missões diplomáticas e repartições consulares, especialmente na ausência de ocupantes da categoria funcional específica. 25) Planejar, supervisionar, orientar, controlar e executar tarefas relacionadas com o preparo e a expedição de malas diplomáticas. 26) Cumprir missão de correio diplomático. 27) Participar da elaboração e execução de programas de treinamento e aperfeiçoamento de pessoal nas tarefas típicas das carreiras de oficial de chancelaria e de assistente de chancelaria. 28) Planejar, supervisionar, orientar e controlar o trabalho de equipes auxiliares. 29) Executar tarefas outras, que lhe forem atribuídas em caso de necessidade da administração e que guardem correlação com as atribuições do cargo.

ATRIBUIÇÕES DO OFICIAL DE CHANCELARIA DA CLAS-SE INICIAL. *Direito internacional público.* Referem-se a atividades de nível superior envolvendo orientação, controle e execução de tarefas técnicas e administrativas, em grau de significativa complexidade, em apoio às atividades de natureza diplomática e consular na Secretaria de Estado das Relações Exteriores e nos postos no exterior. Atividades de administração pública específicas da Secretaria de Estado das Relações Exteriores; execução de serviços peculiares às missões diplomáticas e repartições consulares, tais como: 1) Prestar apoio técnico aos servidores da carreira de diplomata em tarefas de secretariado, taquigrafia e datilografia, inclusive de textos técnicos em idioma estrangeiro na ausência de ocupantes de cargo com atribuições específicas. 2) Orientar, controlar e executar serviços técnicos em atividades peculiares ao Ministério das Relações Exteriores, tais como os relacionados com cerimonial, prática consular, acordos e atos internacionais, difusão e cooperação cultural, cooperação técnica, científica e tecnológica, promoção comercial e administração da Secretaria de Estado das Relações Exteriores e dos postos no exterior. 3) Orientar, revisar e executar trabalhos datilográficos e de processamento de dados, em português e em língua estrangeira, com correção de linguagem e perfeição técnica, inclusive os que envolvam assuntos sigilosos. 4) Realizar trabalhos de processamento de dados em microcomputadores. 5) Orientar, revisar e executar trabalhos de tradução e interpretação de textos em idiomas estrangeiros, inclusive os que envolvam o uso de linguagem e termos técnicos. 6) Redação de relatórios, pareceres, informações e expedientes relacionados com o serviço que esteja executando. 7) Elaboração de trabalhos de pesquisa e de levantamento de dados, no âmbito das atividades desenvolvidas pela Secretaria de Estado das Relações Exteriores, pelas missões diplomáticas e repartições consulares. 8) Representar em reuniões setores específicos da Secretaria de Estado das Relações Exteriores, das missões diplomáticas e repartições consulares, quando designado. 9) Prestar apoio técnico à definição de objetivos e ao planejamento administrativo e financeiro das atividades da unidade administrativa em que estiver servindo. 10) Participar de estudos e pesquisas de natureza técnica sobre administração geral e específica dos serviços diplomático e consular. 11) Controlar a observância das leis, regulamentos e normas relativas à administração de pessoal. 12) Estudar e propor, com base na vivência adquirida no desempenho das atribuições, medidas destinadas a racionalizar o trabalho, a reduzir o custo das operações e melhorar os padrões de produção. 13) Participar da elaboração da proposta orçamentária da unidade administrativa em que estiver servindo. 14) Executar, na unidade administrativa em que estiver servindo, rotinas relativas à administração de material e patrimônio. 15) Executar tarefas relativas à aquisição de material permanente e de consumo, mediante concorrência ou qualquer outra modalidade de licitação, inclusive preparando os expedientes e reunindo a documentação necessária à realização desses processos. 16) Executar atividades de tesouraria e de acompanhamento da execução orçamentária e financeira, envolvendo a preparação de relatórios, demonstrativos e demais expedientes conexos. 17) Participar da execução de tarefas típicas da atividade consular, tais como: emissão de documentos de viagem, concessão de vistos, despacho de navios, prática de atos notariais, legalização de documentos e assistência a brasileiros no exterior. 18) Executar atividades relacionadas com a escrituração e o recolhimento da renda consular. 19) Participar dos trabalhos de elaboração de normas, rotinas e métodos de operação e manutenção do sistema de comunicações do Ministério das Relações Exteriores. 20) Participar da fiscalização do cumprimento das normas, instruções e prescrições em matéria de comunicações, em especial no que diz respeito ao sigilo das comunicações. 21) Orientar, controlar e executar tarefas relacionadas com a recepção e a transmissão de mensagens processadas pelo sistema de comunicações do Ministério das Relações Exteriores. 22) Orientar, controlar e executar tarefas relacionadas com a cifração e decifração de mensagens sigilosas, principalmente quando envolverem matéria afeta à segurança nacional. 23) Orientar, controlar e executar tarefas relacionadas com o serviço de recebimento, protocolo, distribuição e expedição de correspondência oficial na Secretaria de Estado das Relações Exteriores, nas missões diplomáticas e repartições consulares. 24) Orientar, controlar e executar tarefas relacionadas com a classificação, expedição, guarda e recuperação de correspondência oficial, inclusive sigilosa, na secretaria de Estado, nas missões diplomáticas e repartições consulares, especialmente na ausência de ocupantes da categoria funcional específica. 25) Orientar, controlar e executar tarefas relacionadas com o preparo e a expedição de malas diplomáticas. 26) Cumprir missão de correio diplomático. 27) Participar da elaboração e execução de programas de treinamento e aperfeiçoamento de pessoal nas tarefas típicas das carreiras de oficial de chancelaria e de assistente de chancelaria. 28) Orientar e controlar o trabalho de equipes auxiliares. 29) Executar tarefas outras, que lhe forem atribuídas em caso de necessidade da administração e que guardem correlação com as atribuições do cargo.

ATRIBUIÇÕES DO TRIBUNAL DE CONTAS DA UNIÃO. São atribuições inerentes a todos os cargos do Tribunal de Contas da União: a) exercer com zelo e dedicação as atribuições do cargo; b) cumprir e fazer cumprir as normas legais e regulamentares; c) atender com presteza e tratar com urbanidade o público interno e externo; d) levar ao conhecimento da autoridade superior as irregularidades de que tiver ciência; e) zelar pela economia do material e a conservação do patrimônio do Tribunal; f) guardar sigilo sobre assunto do Tribunal; g) ser assíduo e pontual ao serviço, mantendo conduta compatível com a moralidade administrativa; h) efetuar e atualizar registros em sistemas manuais ou informatizados do Tribunal; i) consultar, extrair, organizar e consolidar dados e informações de bases informatizadas; j) utilizar os aplicativos necessários ao desempenho das atividades técnicas e administrativas a cargo do Tribunal; k) elaborar relatórios, instruções, representações, atas, minutas de pareceres, de normativos e de atos administrativos inerentes à sua área de atuação; l) propor e elaborar estudos e instrumentos que visem ao aperfeiçoamento das atividades técnicas e administrativas no âmbito do Tribunal; m) acompanhar e manter organizada e atualizada a legislação, a doutrina e a jurisprudência relativas à sua área de atuação; n) participar de atividades de aperfeiçoamento, atualização e pesquisa, acompanhando matérias e realizando estudos técnicos e científicos inerentes à sua área de atuação, com vistas ao seu aprimoramento profissional; o) disseminar conhecimentos adquiridos em decorrência de participação em eventos de interesse do Tribunal; p) responsabilizar-se por informações, documentos e processos, sigilosos ou não, por materiais, máquinas, instalações e equipamentos, atendimento, bem como pela qualidade dos serviços executados; q) executar outros trabalhos técnicos ou administrativos inerentes à sua área de atuação.

ATRIBUIÇÕES SUBSIDIÁRIAS PARTICULARES DO EXÉRCITO. *Direito militar.* Além de outras ações cabe ao Exército: a) contribuir para a formação e condução de políticas nacionais que digam respeito ao Poder Militar Terrestre; b) cooperar com órgãos públicos federais, estaduais e municipais e, excepcionalmente, com empresas privadas, na execução de obras e serviços de engenharia, sendo os recursos advindos do órgão solicitante; c) cooperar com órgãos federais, quando se fizer necessário, na repressão aos delitos de repercussão nacional e internacional, no território nacional, na forma de apoio logístico, de inteligência, de comunicações e de instrução; d) atuar, por meio de ações preventivas e repressivas, na faixa de fronteira terrestre, contra delitos transfronteiriços e ambientais, isoladamente ou em coordenação com outros órgãos do Poder Executivo, realizando, dentre outras, as ações de: patrulhamento; revista de pessoas, de veículos terrestres, de embarcações e de aeronaves; e prisões em flagrante delito.

ATRIBUTIVIDADE. *Filosofia do direito.* Qualidade inerente à norma jurídica de atribuir, na concepção de *Petrazycki*, a quem seria lesado por sua eventual violação a faculdade de exigir do violador, por meio do poder competente, seu cumprimento ou a reparação do mal sofrido.

ATRIBUTIVO. 1. *Lógica jurídica.* Diz-se do que enuncia ou indica um atributo. **2.** Na *linguagem jurídica:* a) o que confere cargo, função, privilégio ou jurisdição; b) aquilo que compete a alguma autoridade; c) o privativo de certa atribuição conferida ou jurisdição.

ATRIBUTO. 1. Na *linguagem jurídica,* é aquilo que é peculiar ou inerente a uma coisa, função ou cargo. É a qualidade própria ou o elemento fundamental assegurados por lei à pessoa natural ou jurídica, em razão de um cargo ou função, para que possam exercer uma atividade ou fruir de um direito. Por exemplo, o direito de usar, gozar e dispor de um bem é atributo do proprietário; o poder de julgar é atributo do magistrado etc. **2.** *Lógica jurídica.* a) Algo que se afirma ou se nega a respeito do sujeito; b) qualidade da substância.

ATRIBUTO DO PARÁGRAFO. *Direito virtual.* Alteração textual, que atinge todo o parágrafo, por exemplo, no espaço entre linhas.

ATRIBUTO DO TEXTO. *Direito virtual.* Alteração textual que afeta uma palavra.

ATRIBUTOS DA EMPRESA. *Direito comercial* e *direito empresarial.* Consistem em elementos imprescindíveis ao exercício da atividade empresarial, manifestada na produção ou troca de bens ou serviços, por exemplo, clientela, aviamento, fundo de comércio e estabelecimento empresarial.

ATRIBUTOS DA PERSONALIDADE NATURAL. *Direito civil.* São os caracteres assumidos pela personalidade suscetíveis de repercutirem juridicamente, como nome, estado, capacidade, domicílio e direitos de defender a integridade física, moral e intelectual.

ATRIÇÃO. 1. *Medicina legal.* Escoriação resultante de algum atrito ou fricção. **2.** *Direito canônico.* Pesar ou arrependimento pela ofensa a Deus, em razão de temor do castigo.

ATRICIONÁRIO. *Direito canônico.* Aquele que absolve o pecador, por entender que seu arrependimento dispensa o sacramento da confissão.

ATRIPLICISMO. *Medicina legal.* Envenenamento provocado por erva.

ATRIQUÍASE. *Medicina legal.* Moléstia que causa a queda de cabelos.

ATROCIDADE. *Direito penal.* Crime praticado com crueldade, barbaridade e desumanidade.

ATROFIA. *Medicina legal.* **1.** Falta ou diminuição do desenvolvimento de célula, tecido ou órgão decorrentes de falha de nutrição, velhice, ferimento ou moléstia. **2.** Enfraquecimento ou perda de alguma faculdade mental. **3.** Perda de energia.

ATROÍSMO. *Retórica jurídica.* Acúmulo de argumentos ou provas.

ATROPELAMENTO. *Direito civil* e *direito penal.* **1.** Ato de empurrar alguém numa multidão em tumulto, causando lesões corporais. **2.** Ato de alguém ir de encontro a outrem ou a alguma coisa, atropelando-os com veículo motorizado ou não, causando dano. Assim sendo, quem atropelar uma pessoa deverá responder criminal ou civilmente pelos danos e ofensas físicas que provocar por culpa sua, em virtude de imposição penal e ante a ilicitude de seu ato, consignada em lei, que impõe a obrigação civil de reparação do prejuízo oriundo de lesão corporal.

ATROPISMO. *Medicina legal.* Sintoma decorrente do abuso de atropina e beladona, provocando um estado patológico.

AT SIGHT. *Locução inglesa.* À vista.

ATTACHÉ. *Termo francês.* Adido diplomático.

ATTACHMENT. *Termo inglês.* **1.** Arresto. **2.** Apreensão judicial.

ATTORNEY. *Termo inglês.* Consultor jurídico; advogado.

ATTORNEY–CLIENT PRIVILEGE. *Expressão inglesa.* Sigilo profissional do advogado.

ATTORNEY FOR GOVERNMENT. *Expressão inglesa.* Procurador-geral.

ATTORNEY GENERAL. *Locução inglesa.* Ministério Público.

ATTORNEY GENERAL'S BILL. *Expressão inglesa.* Representação do Procurador-geral.

ATTORNEYSHIP. *Termo inglês.* Mandato *ad judicia*; representação.

ATUAÇÃO. 1. Na *linguagem jurídica* em geral, é o modo pelo qual alguém age ao desempenhar atividade profissional, função ou cargo. **2.** *Direito administrativo.* Atividade aplicada pelo Poder Público no exercício de suas funções ao setor econômico, político etc.

ATUAL. 1. *Direito civil.* a) Real, efetivo, existente; b) diz-se do ato realizado no momento presente. **2.** *Direito penal.* Elemento qualificativo da agressão à vítima que justifica a legítima defesa. **3.** *Direito processual civil.* Diz-se do interesse de quem vem a agir em juízo, que será legítimo por sua atualidade.

ATUALIZAÇÃO. Fato de tornar atual (Lalande).

ATUALIZAÇÃO DA OBRIGAÇÃO PECUNIÁRIA. *Direito civil.* É a que se opera para evitar que o credor sofra as conseqüências da desvalorização da moeda, mediante cláusulas de atualização da prestação, que são: a) as de *escala móvel*, que estabelecem uma revisão, pré-convencionada pelas partes, dos pagamentos que deverão ser feitos de conformidade com as variações do preço de determinadas mercadorias ou serviços (cláusula-mercadoria) ou do índice geral do custo de vida (cláusula *index-number*); b) as de *atualização monetária*, que consistem em revisões estipuladas pelas partes ou impostas por lei, baseadas em índices oficiais.

ATUALIZAÇÃO ESPECIAL DE BENEFÍCIO. *Vide* AEB.

ATUÁRIA. *Direito civil* e *direito comercial.* Parte da Estatística voltada ao cálculo de seguros ante a conduta da coletividade e os eventuais fatores do risco (Othon Sidou).

ATUARIAL. Relativo à atuária.

ATUÁRIO. *Direito civil* e *direito comercial*. **1.** Técnico ou contador especializado em seguros, com a função de fazer cálculos e de estabelecer as bases das operações da companhia seguradora. **2.** Sujeito versado em cálculos financeiros. **3.** Bacharel em ciências atuariais.

ATUMULTUAR. Excitar à desordem; amotinar.

AUCTIONEER. *Termo inglês.* Leiloeiro.

AUCTORI INCUMBIT ONUS PROBANDI. *Aforismo jurídico.* Ao autor compete o ônus da prova.

AUCTORI INCUMBIT PROBATIO. *Expressão latina.* O ônus da prova compete a quem a alega.

AUCTORITAS. 1. *Termo latino.* Autorização. **2.** *Direito romano.* Direito de iniciativa privativa do Senado.

AUCTORITAS PRUDENTUM. *Locução latina.* Autoridade dos jurisconsultos.

AUCTUÁRIO. *Direito civil.* Suplemento adicional de uma obra que já foi publicada.

AUDACES FORTUNA JUVAT. *Expressão latina.* O bom êxito depende da audácia.

AUDACTER CALUMNIARE, SEMPER ALIQUID HAERET. *Expressão latina.* Calúnia ousada, alguma coisa sempre fica pegada.

AUDI ALTERAM PARTEM. *Expressão latina.* Ouve-se também a outra parte.

AUDIATUR ET ALTERA PARS. *Aforismo jurídico.* Ouça-se a parte contrária, isto é, a parte contrária deve ser ouvida no julgamento.

AUDIÇÃO. 1. *Direito civil.* a) Representação ou exibição de obra teatral ou musical; b) ato em que o autor lê sua obra para certo público antes de sua publicação. **2.** *Medicina legal.* Capacidade de ouvir, percebendo ruídos ou o que se fala.

AUDIÊNCIA. 1. *Direito processual civil.* a) Sessão solene em que o juiz, na sede do juízo ou em local por ele designado, interroga as partes, ouve os advogados e pronuncia o julgamento; b) ato processual no qual se tem, sob a presidência do magistrado, a instrução, o debate dos fatos e do direito e a decisão da causa; c) ato de ouvir, em juízo, os litigantes ou o órgão do Ministério Público; d) oportunidade que se dá ao litigante para arrazoar verbalmente ou por escrito; e) ação do órgão judicante de escutar as partes, peritos ou testemunhas. **2.** *Direito civil.* a) Ciência ou informação sobre um fato de que se deve dar conhecimento a outrem para que se cumpra o determinado em lei, com o escopo de provocar

sua anuência à pratica de certo ato jurídico ou sua aprovação a ato já executado ou efetivado; b) assistência dada pelo representante de pessoa relativamente incapaz para que possa praticar atos válidos na vida civil. **3.** *Direito administrativo.* Recepção dada por autoridade pública a pessoa que deseja lhe falar sobre assuntos de seu interesse.

AUDIÊNCIA ADMONITÓRIA. *Direito processual penal.* É a que se dá quando o acusado, beneficiado pela suspensão condicional da pena, é chamado à presença do juiz para que este o torne ciente das condições do benefício recebido.

AUDIÊNCIA CONTRADITÓRIA. *Direito processual.* É aquela em que são ouvidas as partes que estão litigando em juízo.

AUDIÊNCIA DE INSTRUÇÃO E JULGAMENTO. *Direito processual civil.* Ato processual público e solene presidido pelo juiz da causa, documentado pelo escrivão, em termo próprio, uma vez que é marcado para instrução, discussão e decisão do litígio.

AUDIÊNCIA DE PUBLICAÇÃO DE SENTENÇA. *Direito processual civil.* Ato decisório em que o juiz de primeiro grau provê a composição ou decisão da causa em julgamento mediante a sua leitura na audiência de instrução e julgamento ou sua publicização em mãos do escrivão, nos dez dias seguintes à realização daquela audiência.

AUDIÊNCIA ESPECIAL. 1. *Direito processual civil.* É a que se efetiva em procedimento especial do processo de conhecimento, não assumindo, em certos casos, o rito ordinário, por exemplo, a audiência de interrogatório de interditando. **2.** *Direito processual penal.* É a que se realiza em procedimento especial, como a audiência admonitória alusiva à concessão de *sursis* ao réu condenado, onde há uma leitura da sentença, advertindo-o das conseqüências de nova infração penal e da violação das obrigações impostas.

AUDIÊNCIA ORDINÁRIA. *Direito processual civil.* É a de instrução e julgamento, realizada em processo de conhecimento que segue o rito ordinário.

AUDIÊNCIA PRELIMINAR. *Direito processual civil.* Primeira audiência a ser designada no procedimento sumário na qual o juiz tentará a conciliação das partes, versando a causa sobre direito que admita transação. Se tiver êxito, tal conciliação será reduzida a termo e homologada por sentença na própria audiência. Não sendo obtida a conciliação, o juiz fixará os pontos controvertidos, decidirá as questões processuais pendentes e determinará as provas a serem produzidas, designando audiência de instrução e julgamento se necessário. Não obtida a conciliação, a audiência prosseguirá, sendo que o réu, então, fornecerá resposta, ou seja, contestação ou impugnação ao valor da causa, exceção (Nelson Nery Jr. e Rosa Mª A. Nery). E se o direito em litígio não admitir transação, ou se as circunstâncias da causa evidenciarem ser improvável sua obtenção, o juiz poderá, desde logo, sanear o processo e ordenar a produção da prova.

AUDIÊNCIA PÚBLICA. 1. *Direito administrativo.* É a marcada por autoridade administrativa para receber pessoa que tenha alguma reivindicação a fazer, questão a resolver ou queixa a dar. **2.** *Direito ambiental.* Reunião pública com o intuito de explanar aos interessados a atividade de aquisição de dados sísmicos, para dirimir dúvidas e recolher críticas e sugestões a respeito.

AUDIÊNCIA SOLENE. É a que se reveste de formalidades especiais, para que nela se realize algum ato relevante.

AUDIÊNCIA SUMARÍSSIMA. *História do direito.* Era a de conciliação, instrução e julgamento, que se realiza no processo de conhecimento que segue o rito sumário. Hoje corresponde à audiência de conciliação.

AUDIMUDEZ. *Medicina legal.* Mudez congênita, sem que haja surdez.

AUDIOGRAMA. *Medicina legal.* Gráfico indicativo da relação entre a freqüência do som e a percepção do ouvido.

AUDIOLOGIA. *Medicina legal.* **1.** Tratamento de problemas auditivos. **2.** Ciência que se ocupa da audição.

AUDIOMETRIA. *Medicina legal.* Teste para medir a acuidade auditiva, no que concerne às variações de intensidade e altura.

AUDIT OPINION. *Locução inglesa.* Opinião do auditor.

AUDITOR. 1. *Direito processual.* a) Juiz togado, adjunto a tribunais de justiça militar; b) funcionário ou magistrado incumbidos de informar um tribunal ou repartição pública sobre a aplicação de normas a casos concretos que ocorrerem. **2.** *Direito comercial.* Perito-contador ou técnico de contabilidade incumbido de examinar livros contábeis ou escrituração de um estabelecimento empresarial, dando parecer e atestando sua exatidão, confrontando-os com os documentos comprobatórios dos lançamentos feitos. **3.** *História do direito.* Tratava-se do *ouvidor*, isto é, funcionário versado em leis que tinha a tarefa de informar o tribunal ou a repartição pública sobre a legalidade de certos atos ou a respeito da interpretação de normas nos casos concretos que eram submetidos à sua apreciação. Correspondia ao que, nos dias atuais, chamamos de "consultor jurídico". **4.** *Direito agrário.* Fiscal Federal Agropecuário, graduado em medicina veterinária, designado por Portaria do Departamento de Inspeção de Produtos de Origem Animal (DIPOA).

AUDITOR AMBIENTAL. *Direito ambiental.* Profissional que tenha certificação e registro para realizar auditorias de sistema de gestão e controle ambiental e que atenda os requisitos legais para realizar auditorias ambientais.

AUDITOR AMBIENTAL LÍDER. *Direito ambiental.* Profissional que tenha certificação e registro para liderar auditorias de sistema de gestão e controle ambiental e que atenda os requisitos estabelecidos normativamente para liderar auditorias ambientais.

AUDITOR DA LEGACIA. *Direito canônico.* Assessor do núncio incumbido de conhecer das causas eclesiásticas que chegam ao tribunal da nunciatura, em razão de apelação dos ordinários e metropolitanos.

AUDITOR DA MARINHA. *Direito marítimo.* Juiz de direito de primeira instância que tem por tarefa conhecer e julgar as causas atinentes à Armada ou à Marinha de guerra.

AUDITOR DA ROTA. *Direito canônico.* Um dos doze prelados que formam a Rota Romana, ou seja, o tribunal que tem por escopo conhecer e decidir, em apelação, as causas eclesiásticas de todo o mundo católico, que lhes são submetidas em grau de recurso.

AUDITOR DE GUERRA. *Direito militar.* Juiz de direito de primeira instância que atua nas causas criminais de jurisdição militar. É o juiz togado agregado a um tribunal militar.

AUDITOR FISCAL. *Direito financeiro.* Funcionário da Secretaria da Receita Federal.

AUDITORIA. 1. *Direito processual.* a) Cargo de auditor; b) local ou tribunal onde o auditor exerce suas funções. **2.** *Direito comercial.* Função de auditor junto a uma empresa mercantil. **3.** *Direito agrário.* É a avaliação sistemática, a cargo da Divisão Operacional Industrial e do Departamento de Inspeção de Produtos de Origem Animal (DOI/DIPOA), com aviso prévio, objetivando determinar o cumprimento dos requisitos higiênico-sanitários e tecnológicos previstos no Regulamento da Inspeção Industrial e Sanitária dos Produtos de Origem Animal (RIISPOA), Leis, Decretos-lei, Resoluções, Portarias, Regulamentos Técnicos, Instruções Normativas, Instruções de Serviço e Circulares. É a avaliação e verificação, mediante o exame de processos e atividades, aplicável às entidades delegadas e pessoas credenciadas, em intervalos definidos, com o objetivo de verificar se foram implementadas e se estão sendo mantidas as condições em que a delegação ou o credenciamento foi concedido.

AUDITORIA AMBIENTAL. *Direito ambiental.* Processo sistemático e documentado de verificação, executado para obter e avaliar, de forma objetiva, evidências que determinem se as atividades, eventos, sistemas de gestão e condições ambientais especificados ou as informações relacionadas a estes, estão em conformidade com os critérios de auditoria estabelecidos na Resolução do CONAMA.

AUDITORIA CONTÁBIL DEPENDENTE. *Direito comercial.* Empresa prestadora de serviços de contabilidade, encarregada de examinar e de dar parecer sobre balanços, contas e escrituração mercantil das sociedades abertas.

AUDITORIA CONTÁBIL INDEPENDENTE. *Direito comercial.* É a exercida por empresa contratada para fazê-la.

AUDITORIA DE GESTÃO. É a auditoria realizada nos Serviços/Seção de Inspeção de Produtos de Origem Animal (SIPA) com o objetivo de avaliar a eficiência e eficácia da gestão através da apuração dos resultados apresentados na execução dos programas de trabalho e avaliação dos resultados. Tem por objetivo: a) determinar a conformidade ou não-conformidade dos procedimentos técnicos administrativos no gerenciamento das atividades de inspeção industrial e sanitária de produtos de origem animal; b) verificar e avaliar a eficiência e eficácia do desempenho da gestão do SIPA; c) verificar e avaliar o cumprimento da missão do Departamento de Inspeção de Produtos de Origem Animal (DIPOA), as atribuições e as responsabilidades; o objetivo maior da auditoria é a avaliação da eficiência e eficácia e da adequação do cumprimento das normas técnicas/administrativas bem como a constatação da regularidade das atividades.

AUDITORIA EXTERNA. *Vide* AUDITORIA CONTÁBIL INDEPENDENTE.

AUDITORIA FINANCEIRA E ORÇAMENTÁRIA. *Direito administrativo.* Ato pelo qual um técnico examina a contabilidade da Administração Pública, tendo por finalidade resguardar bens, verificar a exatidão das contas e a boa execução do orçamento, emitindo um parecer.

AUDITORIA FISCAL PREVIDENCIÁRIA – AFP. *Direito previdenciário.* É o procedimento fiscal externo que objetiva orientar, verificar e controlar o cumprimento das obrigações previdenciárias por parte do sujeito passivo, podendo resultar em lançamento de crédito previdenciário, em Termo de Arrolamento de Bens e Direitos, em lavratura de Auto de Infração ou em apreensão de documentos de qualquer espécie, inclusive aqueles armazenados em meio digital ou em qualquer outro tipo de mídia, materiais, livros ou assemelhados.

AUDITORIA FLORESTAL. *Direito ambiental.* Ato de avaliação independente e qualificada de atividades florestais e obrigações econômicas, sociais e ambientais assumidas de acordo com o Plano de Manejo Florestal Sustentável (PMFS) e o contrato de concessão florestal, executada por entidade reconhecida pelo órgão gestor, mediante procedimento administrativo específico. Sem prejuízo das ações de fiscalização ordinárias, as concessões florestais serão submetidas a auditoria florestal, de caráter independente, em prazos não superiores a 3 (três) anos, cujos custos serão de responsabilidade do concessionário. Em casos excepcionais, previstos no edital de licitação, nos quais a escala da atividade florestal torne inviável o pagamento dos custos das auditorias florestais pelo concessionário, o órgão gestor adotará formas alternativas de realização das auditorias, conforme regulamento. A auditoria apresentará suas conclusões em um dos seguintes termos: a) constatação de regular cumprimento do contrato de concessão, a ser devidamente validada pelo órgão gestor; b) constatação de deficiências sanáveis, que condiciona a manutenção contratual ao saneamento de todos os vícios e irregularidades verificados, no prazo máximo de 6 (seis) meses; c) constatação de descumprimento, que, devidamente validada, implica a aplicação de sanções segundo sua gravidade, incluindo a rescisão contratual. As entidades que poderão realizar auditoria florestal serão reconhecidas em ato administrativo do órgão gestor. Qualquer pessoa física ou jurídica, de forma justificada e devidamente assistida por profissionais habilitados, poderá fazer visitas de comprovação às operações florestais de campo, sem obstar o regular desenvolvimento das atividades, observados os seguintes requisitos: a) prévia obtenção de licença de visita no órgão gestor; b) programação prévia com o concessionário.

AUDITORIA GOVERNAMENTAL. *Direito administrativo.* Área pública que faz, no final de exercício financeiro, o balanço orçamentário, financeiro, patrimonial, e a demonstração do patrimônio líquido, com o escopo de avaliar os resultados obtidos pelos administradores e emitir parecer sobre o controle das contas (Léia Rodrigues Maia).

AUDITORIA INDEPENDENTE. *Direito financeiro.* Exame analítico da escrituração contábil de uma empresa, levada a efeito sem vínculo com a referida empresa, para dar maior credibilidade às informações divulgadas e segurança aos usuários (Luiz Fernando Rudge).

AUDITORIA INTERNA. 1. *Vide* AUDITORIA CONTÁBIL DEPENDENTE. **2.** *Direito previdenciário.* É o instrumento gerencial da gestão da Previdência Social que tem como atividade principal a avaliação da qualidade do desempenho das áreas-meio e fim do Instituto Nacional do Seguro Social (INSS), em relação às atribuições, normas e procedimentos definidos para estas, visando colaborar para a maximização dos resultados a serem alcançados. O objetivo geral da auditoria interna é assegurar que não ocorram erros potenciais, através do controle de suas causas, destacando-se entre os objetivos específicos a serem atingidos os seguintes: a) observar o cumprimento das normas legais, instruções normativas, estatutos e regimentos; b) assegurar, nas informações contábeis, financeiras, administrativas e operacionais, sua exatidão, confiabilidade, integridade e oportunidade; c) antecipar-se, preventivamente, ao cometimento de erros, desperdícios, abusos, práticas antieconômicas e fraudes; d) propiciar informações oportunas e confiáveis, inclusive de caráter administrativo/operacional, sobre os resultados e efeitos atingidos; e) salvaguardar os ativos financeiros e físicos quanto à sua boa e regular utilização e assegurar a legitimidade do passivo; f) contribuir com a implementação de programas, projetos, atividades, sistemas e operações, visando a eficiência, eficácia e economicidade dos recursos; g) auxiliar a alta administração

e demais membros do corpo gerencial a se desincumbirem de maneira eficaz de suas atribuições. A supervisão das atividades de auditoria, a cargo dos servidores da auditoria, será exercida junto aos órgãos da direção-geral, estadual e de execução local do INSS e junto a entidades que prestam serviços ao INSS, em regime de convênio e contrato.

AUDITORIA JURÍDICA. 1. Trabalho desempenhado por advogado, mediante contratação prévia e escrita, para rever processo de qualquer natureza ou proceder a avaliação de situação concreta que lhe for apresentada, para emitir parecer vinculante (Jayme Vita Roso). **2.** Ato de constatar a licitude de títulos jurídicos e das convenções da empresa no âmbito de seu funcionamento ou das suas relações com os fornecedores e clientes (Héctor P. O. Charry e L. Martel).

AUDITOR INDEPENDENTE NO ÂMBITO DO MERCADO DE VALORES MOBILIÁRIOS. É aquele que tem o dever de: a) verificar se as informações e análises apresentadas no relatório da administração estão em consonância com as demonstrações contábeis auditadas e informar à Comissão de Valores Mobiliários caso não estejam; b) elaborar relatório circunstanciado, a ser endereçado à administração da entidade auditada, contendo observações a respeito das deficiências ou da ineficácia dos controles internos e procedimentos contábeis da entidade auditada; c) comunicar à Comissão de Valores Mobiliários circunstâncias que possam configurar atos praticados pelos administradores em desacordo com as disposições legais e regulamentares aplicáveis às atividades da entidade auditada e/ou relativas à sua condição de entidade integrante do mercado de valores mobiliários, atos estes que tenham ou possam vir a ter reflexos sobre as demonstrações contábeis auditadas e eventuais impactos nas operações da entidade; d) conservar em boa guarda, pelo prazo de cinco anos, toda a documentação, correspondência, papéis de trabalho, relatórios e pareceres relacionados com o exercício de suas funções; e) dar acesso à fiscalização da Comissão de Valores Mobiliários a todos os documentos que tenham servido de base à emissão do parecer de auditoria; f) possibilitar, no caso de substituição por outro auditor, resguardados os aspectos de sigilo e obtida a prévia concordância da entidade auditada, o acesso do novo auditor contratado aos documentos e informações que serviram de base para a emissão do último parecer de auditoria; g) comunicar à

Comissão de Valores Mobiliários, no prazo máximo de dez dias a contar do fato ocorrido, os casos em que as demonstrações contábeis ou o parecer de auditoria, divulgados nos jornais em que seja obrigatória a sua publicação, estejam em desacordo com as demonstrações contábeis auditadas ou com o parecer originalmente emitido; h) ao emitir parecer adverso ou com ressalva, indicar com clareza quais as contas ou subgrupos específicos de ativo, passivo, resultado e patrimônio líquido que estão afetados e em quanto, bem como os efeitos nos dividendos e no lucro/prejuízo por ação.

AUDITÓRIO. 1. *Direito processual.* Local onde o magistrado costuma dar audiência, prolatando sua decisão, ou onde o expediente judiciário se processa. **2.** Lugar onde se agrupam ouvintes de concertos ou onde se realizam espetáculos ou comemorações. **3.** Reunião de pessoas que têm por fim ouvir um discurso ou assistir a uma solenidade ou sessão.

AUDIT REPORT. *Locução inglesa.* Relatório do auditor.

AUF FESTEN UND OFFEN. *Direito comercial.* Tipo de operação de Bolsa que se inclui na venda com opção ou a prêmio, sendo o contrato fechado ou aberto, em que o comprador se reserva o direito de aceitar, parcial ou totalmente, os títulos comprados, pagando-os por preço superior ou com prêmio.

AUFHEBUNG. *Termo alemão.* Revogação.

AUFLASSUNG. *Termo alemão.* Transmissão.

AULA. 1. Na *linguagem comum,* designa: preleção em estabelecimento de ensino; lição de uma disciplina. **2.** *Direito canônico.* A parte situada bem no interior da capela-mor.

ÁULICO. *História do direito.* **1.** Aquele que participava da aula ou de reunião pedagógica. **2.** Cortesão.

AULISTA. *Direito marítimo.* Aprendiz ou praticante de piloto de navio.

AULUS AGERIUS. *Direito romano.* Pessoa hipotética; fulano.

AUMENTO DE CAPITAL. *Direito comercial.* Acréscimo no patrimônio da sociedade empresária, previsto no estatuto social, que se dá por deliberação em assembléia de acionistas, ordinária ou extraordinária, ou, então, por conversão de debêntures ou partes beneficiárias em ações.

AUMENTO DE GOVERNABILIDADE. *Ciência política.* Capacidade política do governo de intermediar interesses, garantir legitimidade perante a sociedade e governar (José Tarcízio de Almeida Melo).

AUMENTO DE PERIODICIDADE DE RECOLHIMENTO DAS CONTRIBUIÇÕES PREVIDENCIÁRIAS ARRECADADAS PELO INSS. *Direito previdenciário.* Possibilidade de ser aumentada, de modo diferenciado, em conjunto ou separadamente, para até três meses, a periodicidade de recolhimento das contribuições previdenciárias arrecadadas pelo Instituto Nacional do Seguro Social (INSS), devidas por: a) segurados empresários, trabalhador autônomo ou a este equiparado; b) empregador doméstico, relativamente a salários-de-contribuições em valores até o limite estabelecido legalmente.

AUMENTO DE VENCIMENTO. *Direito administrativo.* Majoração no padrão de remuneração dos servidores públicos.

AUMENTO SALARIAL. *Direito do trabalho.* Acréscimo no salário percebido pelo empregado como contraprestação de serviços prestados ao empregador.

AURA. *Medicina legal.* Fenômeno que precede uma crise de epilepsia ou histeria.

AURA POPULARIS. *Locução latina.* Inconstância da opinião pública.

AUREA MEDIOCRITAS. *Locução latina.* Mediocridade áurea.

AURES HABENT ET NON AUDIUNT. *Expressão latina.* Têm ouvidos e não ouvem.

AURICULAR. *Direito processual.* Diz-se da testemunha que, diretamente, ouviu contar algo, não tendo presenciado o ato.

AURI SACRA FAMES. *Expressão latina.* Ambição desmedida.

AURO SUADENTE, NIHIL POTEST ORATIO. *Expressão latina.* Se o dinheiro persuade, nada vale a palavra.

AUSCULTAÇÃO. *Medicina legal.* Detecção e percepção de sons respiratórios ou cardíacos pelo uso de estetoscópio, possibilitando diagnósticos.

AUSÊNCIA. 1. *Direito civil.* a) Desaparecimento de uma pessoa de seu domicílio, sem dar notícia de seu paradeiro e sem deixar representante ou procurador que queira ou possa exercer o mandato, reconhecido por sentença declaratória, registrada no cartório do domicílio anterior do ausente; b) falta de comparecimento; c) afastamento de alguém do seu domicílio, sendo conhecido seu paradeiro. **2.** *Direito processual civil.* Não-comparecimento do litigante ao ato processual para o qual foi citado ou notificado, podendo acarretar revelia. **3.** *Direito penal.* Afastamento do local da prática do crime, constituindo um álibi.

AUSÊNCIA DO PAÍS. *Direito processual civil.* Fato de uma pessoa estar fora do país onde está domiciliada, sendo conhecido o local onde se encontra.

AUSENTE. *Direito civil.* **1.** Aquele que não está presente. **2.** Aquele que se encontra desaparecido do seu domicílio, sem que se tenha notícia do seu paradeiro e sem que tenha deixado representante ou procurador que queira ou possa administrar seus bens. **3.** Aquele que se encontra em lugar afastado, mas conhecido.

AUSFFALLMUSTER. *Termo alemão.* Venda concluída sem amostra, mas em que o vendedor, posteriormente, envia uma ao comprador para que este veja, antes de receber a mercadoria, como ela será, visando evitar reclamações sobre a qualidade ou vício da coisa vendida, atuando, então, a amostra como representante da mercadoria.

AÜSSPERRUNG. *Termo alemão.* Locaute.

AUSTAGA. *Direito marítimo.* Aparelho próprio para içar velas de embarcações.

AÚSTE. *Direito marítimo.* Nó dado nos chicotes das amarras para emendá-las umas às outras.

AUTARCIA. **1.** Qualidade daquele que basta a si mesmo. **2.** Suficiência. **3.** *Economia política.* Auto-suficiência econômica.

AUTARQUIA. **1.** *Direito econômico.* a) Qualidade de tudo aquilo que basta a si mesmo; b) sistema político-nacionalista baseado no autoprotecionismo econômico; c) auto-suficiência econômica de um país. **2.** *Direito administrativo.* Pessoa jurídica de direito público interno, de Administração indireta, criada por lei, com capacidade administrativa, fiscalizada e tutelada diretamente pelo Estado. Executa certas atividades e serviços típicos de natureza administrativa e possui patrimônio e receita próprios. Por exemplo, INCRA, CADE, INSS e USP. Seus funcionários são servidores autárquicos, equiparados aos funcionários públicos para certos efeitos.

AUTARQUISMO. *Direito econômico.* Doutrina político-econômica que preconiza a autarquia.

AUTARQUIZAÇÃO. *Direito administrativo.* Processo de descentralização de serviços públicos, que serão entregues a uma autarquia.

AUT CAESAR, AUT NIHIL. *Expressão latina.* Ou César ou nada.

AUTEM GENUIT. *Locução latina.* Narração longa e fastidiosa.

AUT ENIN DO TIBI UT DES, AUT DO UT FACIAS, AUT FACIO UT DES, AUT FACIO UT FACIAS. *Expressão latina.* Dou para que dês, ou dou para que faças, ou faço para que dês, ou faço para que faças.

AUTÊNTICA. *Direito canônico.* Certificado em que uma autoridade eclesiástica declara a autenticidade de uma relíquia, autorizando sua veneração.

AUTENTICAÇÃO. *Direito civil* e *direito registrário.* **1.** Ato de legalizar algum ato reconhecendo-o como verdadeiro. **2.** Ato do tabelião ou oficial de justiça de declararem corresponder a cópia de um documento ao original de onde foi extraída.

AUTENTICAÇÃO DIGITAL. *Direito virtual.* Opera-se quando a identidade do proprietário das chaves é verificada previamente por uma terceira entidade de confiança das partes, que publicou as chaves públicas certificadas em diretórios seguros e que certificará a ligação entre a chave pública e a pessoa que a emitiu, bem como a sua validade.

AUTENTICADO. *Direito civil.* **1.** Diz-se do ato legalizado. **2.** O que foi legalmente reconhecido pelo notário; ato público do tabelião, atestando a verdade de um documento. **3.** Aquilo que pode produzir efeitos jurídicos por ter preenchido as formalidades necessárias à sua validade. **4.** Tudo o que se tornou autêntico por emanar de pessoa ou órgão competentes.

AUTENTICIDADE. **1.** *Direito civil.* Qualidade do que é autêntico ou verdadeiro. **2.** *Direito administrativo.* Característica da manifestação volitiva da Administração Pública, indicativa de que, ante o princípio da presunção da veracidade, o ato administrativo merece fé até que se prove o contrário. **3.** *Direito registrário.* Qualidade do que é confirmado, por ato de autoridade, de coisa, documento ou declaração verdadeiros (Walter Ceneviva).

AUTÊNTICO. *Direito civil.* **1.** Ato revestido das formalidades legais exigidas para sua validade. **2.** Ato emanado de oficial público ou de autoridade competente. **3.** Digno de fé pública. **4.** Ato do próprio punho da pessoa. **5.** Diz-se do ato advindo de pessoas aptas a legalizar e autenticar documentos que devem ser apresentados judicialmente. **6.** Documento original. **7.** Ato em que se reconhece seu autor.

AUTISMO. *Medicina legal.* Estado mental que se caracteriza pelo alheamento do mundo exterior, podendo levar à esquizofrenia voltada à introversão.

AUTÍSTICO. *Psicologia forense.* Pensamento associativo e simbólico do sonho e do devaneio, por ser individual (Bleuler).

AUT NULLUS AUT CAESAR. *Expressão latina.* Ou César ou ninguém.

AUTO. *Direito processual.* Descrição autenticada e circunstanciada dos fatos ocorridos no processo e dos atos processuais.

AUTO–ABORTO. *Medicina legal.* É o provocado pela própria gestante, ao empregar técnicas abortivas, com o escopo de expulsar o produto da concepção.

AUTO–ACUSAÇÃO. *Direito penal.* Confissão, imputando a si próprio a autoria de um crime, perante autoridade competente.

AUTO–ACUSAÇÃO FALSA. *Direito penal.* Crime contra a administração da justiça que consiste em acusar-se, perante autoridade, de crime inexistente ou praticado por outra pessoa, punido com detenção ou multa.

AUTO–AFIRMAÇÃO. *Psicologia forense.* Manifestação que conduz o agente a afirmar-se perante si mesmo.

AUTOCÍDIO. *Direito penal.* Suicídio; ato de provocar, voluntária ou intencionalmente, a própria morte, que pode ser provado através da análise da vida pregressa do suicida, do exame do local onde se deu e do cadáver.

AUTO CIRCUNSTANCIADO. Escrito detalhado sobre elementos necessários de um ato.

AUTOCOMPOSIÇÃO. *Direito trabalhista.* Solução do conflito pelas partes envolvidas, que se materializa na convenção coletiva de trabalho (Pedro Paulo Teixeira Manus).

AUTOCONSCIÊNCIA. *Psicologia forense.* Reflexão sobre o próprio pensamento.

AUTOCONSCIÊNCIA DO HOMEM. *Filosofia geral.* **1.** Ser no mundo. **2.** Para Van Acker, é o ser em relação ao mundo ambiente, ao qual dá um sentido inteligível, tornando-o conhecido.

AUTOCONTRATO. 1. *Direito civil.* Negócio jurídico em que uma só pessoa vem a representar ambas as partes, como no caso, por exemplo, do contratante que intervém por si mesmo, em seu próprio nome, e como representante de outrem, manifestando sua vontade sob dois ângulos diversos, de tal sorte que haja duas vontades jurídicas diferentes, embora expressas por uma única pessoa. Assim sendo, a vontade declarada pelo representante consistirá numa mera adesão ao conteúdo do contrato, tal como foi estabelecido pelo representado, ressalvando-se seus interesses. É o caso da venda feita a si próprio pelo mandatário em causa própria, sendo que o contrato de fornecimento, realizado por uma mesma pessoa como parte e como administradora da entidade jurídica fornecedora, também poderá ser tido como autocontrato. **2.** *Direito comercial.* a) *self-leasing*, isto é, contratos entre empresas do mesmo grupo societário indicam contratação consigo mesmo; b) ato de o comissário ou mandatário adquirirem para si mercadorias que possuem por conta ou em nome do comitente, desde que não haja conflito de interesses prejudicando o mandante ou o comitente.

AUTOCRACIA. 1. *Ciência política.* a) Sistema político em que o governo é exercido por um só indivíduo, que tem poderes absolutos; b) poder absoluto ou absolutismo jurídico. **2.** *Sociologia jurídica.* Dominação política discricionária exercida por uma pessoa, assumindo a forma de tirania, ditadura ou despotismo.

AUTOCRINIA. *Direito administrativo.* Diz-se da jurisdição indireta, pela qual um órgão estatal vem a conferir poderes a outro hierarquicamente inferior.

AUTOCRÍTICA. *Direito civil.* Crítica de obras feita pelo seu próprio autor.

AUTÓCTONE. *Sociologia geral.* Indígena.

AUTO DE ABERTURA. 1. *Direito processual civil.* Solenidade processual que antecede à execução de determinado ato judicial, consubstanciando-se em termo lavrado por ordem da autoridade que a preside, sendo firmado por ela, juntamente com os interessados presentes, escrevente e testemunhas. **2.** *Direito comercial.* Formalidade ocorrida em determinadas diligências oficiais, como na abertura de estabelecimento empresarial, sendo tal ato autorizado pela autoridade competente (judicial, policial ou administrativa) e lavrado devidamente.

AUTO DE ADJUDICAÇÃO. *Direito processual civil.* Ato processual consignando a atribuição judicial do imóvel penhorado ao credor que vier a oferecer preço não inferior ao do edital da praça, se esta findar-se sem que tenha havido lançamento. A adjudicação considerar-se-á perfeita e acabada com a lavratura e assinatura desse auto pelo juiz, pelo adjudicante, pelo escrivão e, se for presente, pelo executado, expedindo-se a respectiva carta, se bem imóvel, ou mandado de entrega ao adjudicante, se bem móvel.

AUTO DE APREENSÃO. *Direito processual penal.* Documento oficial em que, circunstanciadamente, se consigna a apreensão de pessoa ou de coisa, em busca domiciliar ou pessoal, devidamente lavrado pelos executores da ordem judicial ou policial e assinado por duas testemunhas que a tudo tenham presenciado.

AUTO DE APROVAÇÃO. *Direito civil.* Termo lavrado pelo oficial público em aprovação a testamento cerrado, em presença de duas testemunhas, declarando que o testador lhe entregou o testamento e que o tinha por seu, bom, firme e valioso. O auto de aprovação apresenta três partes: *introdução*, que contém a qualificação dos participantes e a consignação do local e da data; *confirmação*, que atesta a entrega e assegura a autenticidade do testamento; e *encerramento*, de que constam a leitura do termo de aprovação e a coleta de assinaturas.

AUTO DE ARREMATAÇÃO. *Direito processual civil.* Ato processual que consigna a aquisição do bem em hasta pública, lavrado em vinte e quatro horas depois da realização da praça ou leilão, assinado pelo juiz, pelo escrivão, pelo arrematante e pelo leiloeiro.

AUTO DE CORPO DE DELITO. *Direito processual penal.* Peça probatória do processo criminal que atesta a evidência, a natureza e a existência do crime perpetrado, fundada na inspeção ocular do local e do objeto do delito, feita por peritos oficiais, que chegam a formar um laudo, esclarecendo o fato material do crime. O exame de corpo de delito pode ser: *direto*, se efetivado sobre fatos que deixam vestígios ou sinais, ou *indireto*, se pautado em fatos que não apresentam quaisquer vestígios.

AUTO-DE-FÉ. *Direito canônico.* Proclamação e execução solenes da sentença que era, outrora, prolatada pela Inquisição contra o herege condenado à fogueira ou contra escritos heréticos que deviam ser queimados.

AUTODEFESA. 1. *Direito processual.* a) Reação moderada, autorizada legalmente, do ofendido em defesa de sua pessoa ou de seus bens ou direitos contra uma agressão atual e injusta, por exemplo, legítima defesa ou desforço imediato; b) defesa feita pelo próprio réu, numa ação penal, de sua causa, desde que tenha habilitação para tanto. **2.** *Direito do trabalho.* Prerrogativa de os empregados forçarem o empregador à negociação, recusando-se a prestar serviços. Trata-se do exercício do direito de greve (Pedro Paulo Teixeira Manus).

AUTO DE FLAGRANTE. *Direito processual penal.* Documento oficial em que se narra circunstanciadamente a prisão do criminoso, logo após a prática do crime. Esse auto é lavrado pelo escrivão ou por pessoa designada pela autoridade policial, depois de ter prestado o compromisso, e assinado pelo condutor que efetuou a prisão, pelas testemunhas da infração ou da apresentação do preso à autoridade, pelo preso, pela autoridade e pelo escrivão.

AUTO DE INFRAÇÃO. 1. *Direito tributário.* Peça que inicia o procedimento administrativo fiscal, para comprovar a irregularidade apurada e a exigência do Fisco, consignando a transgressão praticada pelo contribuinte, contra a norma fiscal, sonegando impostos ou desobedecendo instruções dadas pela autoridade competente, a data e o horário em que se deu a individualização do autuado, contendo a assinatura do infrator (autuado), do agente fiscal (autuante) e das testemunhas. Esse auto devidamente lavrado tem por fim fazer com que o contribuinte faltoso venha a pagar o imposto a que se furtou e a multa correspondente à violação da lei fiscal. **2.** *Direito administrativo.* Ato em que a Administração Pública comunica a alguém que transgrediu norma administrativa e a sua sujeição ao pagamento de uma multa. **3.** *Direito previdenciário.* a) É o destinado a registrar ocorrência de infração praticada contra a seguridade social e a possibilitar a instauração do respectivo processo. A sua lavratura compete ao fiscal de contribuições previdenciárias; b) é o documento destinado ao registro de ocorrência de infração praticada no âmbito do regime da previdência complementar, operado pelas entidades fechadas de previdência complementar. Em uma mesma atividade de fiscalização, serão lavrados tantos autos de infração quantas forem as infrações cometidas. O auto de infração conterá os seguintes requisitos: local e data de sua lavratura; identificação do autuado; descrição sumária da infração; os fundamentos legais da autuação e das circunstâncias em que foi praticada; identificação da autoridade autuante com cargo ou função, número de matrícula e assinatura; e prazo e local para apresentação da defesa. O auto de infração será emitido em tantas vias quantas necessárias, sendo uma destinada à instauração do processo administrativo, uma à notificação de cada autuado e outra à entidade fechada de previdência complementar.

AUTO DE INFRAÇÃO DE CERTIFICAÇÃO (AIC). *Direito virtual.* Documento preenchido pelo Fiscal de ICP-Brasil ao constatar infração por Prestador de Serviço de Certificação (PSC) durante a fiscalização.

AUTO DE INVESTIGAÇÃO. *Direito processual penal.* Ato processual de inquirição testemunhal, feito administrativamente sobre algum crime, servindo de base ao processo judicial.

AUTO DE LINHA. *Direito comercial.* Veículo ferroviário, leve e descoberto, usado para serviços de manutenção e inspeção. É chamado também de "dresina".

AUTO DE PARTILHA. *Direito processual civil.* Documento judicial contendo o nome do autor da herança, do inventariante, do consorte ou companheiro supérstite, dos herdeiros, dos legatários e dos credores, o ativo, o passivo e o líquido partível, com as necessárias especificações, e o valor de cada quinhão, completando-se com uma folha de pagamento aos herdeiros, declarando a cota a pagar a cada um, a relação dos bens componentes de seu quinhão, as características que os individualizem e os ônus que os onerem. Serve de título de transmissão de bens, devendo ser assentado no Registro Imobiliário competente.

AUTO DE PENHORA. *Direito processual civil.* Termo processual que consubstancia a penhora, contendo a descrição de todas as diligências levadas a efeito na consecução da penhora, o rol dos bens apreendidos, o nome do exeqüente e do executado, a data, a referência do mandado judicial e a indicação do depositário, sendo assinado pelo oficial de justiça, depositário e testemunhas.

AUTO DE PERGUNTAS. *Direito processual.* Termo processual lavrado no cível e no crime para anotação dos depoimentos dos litigantes e das respostas ou declarações das testemunhas às perguntas que lhes foram formuladas, assinado pelos advogados, pelo comparecente, pelo escrevente e pela autoridade judicial.

AUTO DE RECONHECIMENTO. *Direito civil.* Auto lavrado pelo tabelião ao reconhecer pessoa ou coisa.

AUTO DE RESISTÊNCIA. *Direito processual civil.* Documento elaborado pelo oficial de justiça para comprovar alguma diligência efetuada, na hipótese de o devedor ter impedido a penhora de seus bens, resistido à ordem judicial ou ter sido preso.

AUTODESTRUIÇÃO. *Direito penal.* Suicídio.

AUTODETERMINAÇÃO. 1. *Direito internacional público.* É o princípio oriundo do direito à existência de cada Estado soberano, cuja soberania interna manifesta seu domínio sobre seu território, pessoas e bens que nele se situarem, submetendo-os à sua jurisdição, compreendendo sua prerrogativa de escolher a forma de governo, de formular sua ordem jurídica etc., sendo sua soberania externa a qualidade que o torna competente para efetivar relações com outros Estados, por meio de tratados e convenções, e para declarar a guerra ou a paz. É, portanto, o direito de um Estado de não se sujeitar à soberania de outro contra sua vontade (Umozurike e Shukri). **2.** *Ciência política.* a) Possibilidade de um povo de determinar seu destino político pelo exercício do direito de voto; b) capacidade que uma população, definida étnica e culturalmente, tem para dispor de si e para escolher a forma de governo (Baldi). **3.** *Teoria geral do direito.* Ato volitivo para tomar e manter uma decisão livremente, sem influência de outrem.

AUTO DE VISTORIA. *Direito administrativo.* Habite-se.

AUTÓDROMO. *Direito desportivo.* Local onde se realizam as corridas de automóveis.

AUTO–EROTISMO. *Medicina legal.* **1.** Emoção sexual obtida sem que haja qualquer estímulo ou excitação exterior proveniente de outra pessoa. Trata-se da *delectatio morosa* sem o objeto da libido ou do coito psíquico. **2.** Conduta sexual em que há produção endógena do desejo, sem estímulo externo conhecido.

AUTO–ESTRADA DA INFORMAÇÃO. *Direito virtual.* Todo e qualquer meio digital, ou não, de convergência entre computadores, que possa formar a infra-estrutura física global de telecomunicações, que gera a comunicabilidade, acessibilidade, conectividade e interatividade, possibilitando o tráfego de veículos automatizados, que contém os produtos digitalizados (mensagens, imagens, sons, obras audiovisuais etc.), resultando na transitação de informações, no sentido lato, e compondo a sociedade da informação (Adalberto Simão Filho).

AUTO-EXECUTÁVEL. *Direito constitucional.* Diz-se da norma constitucional de aplicação imediata, independente de normação ulterior.

AUTO-EXECUTORIEDADE. *Direito administrativo.* Qualidade do ato administrativo de atuar, de imediato, assim que for editado, sem a necessidade de título anterior ou prévio emitido pelo juiz, mesmo contra o administrado recalcitrante, compelindo-o a cumprir suas determinações.

AUTOFAGIA. *Medicina legal.* Estado de demência que conduz o doente a devorar sua própria carne.

AUTOFALÊNCIA. *Direito comercial.* Declaração feita pelo empresário, em juízo, de seu estado de insolvabilidade, ao requerer sua falência, expondo as causas da impossibilidade do prosseguimento da atividade empresarial e o estado de seus negócios, juntando ao requerimento: 1) demonstrações contábeis referentes aos três últimos exercícios sociais e as levantadas especialmente para instruir o pedido, confeccionadas com estrita observância da legislação societária aplicável e compostas obrigatoriamente de: a) balanço patrimonial; b) demonstração de resultados acumulados; c) demonstração do resultado desde o último exercício social; d) relatório do fluxo de caixa; 2) relação nominal dos credores, indicando endereço, importância, natureza e classificação dos respectivos créditos; 3) relação dos bens e direitos que compõem o ativo, com a respectiva estimativa de valor e documentos comprobatórios de propriedades; 4) prova da condição de empresário, contrato social ou estatuto em vigor ou, se não houver, a indicação de todos os sócios, seus endereços e a relação de seus bens pessoais; 5) os livros obrigatórios e documentos contábeis que lhe forem exigidos por lei; 6) relação de seus administradores nos últimos cinco anos, com os respectivos endereços, suas funções e participação societária. Os credores, por sua vez, poderão opor-se a esse pedido de autofalência, desde que provem, judicialmente, que o devedor tem meios para saldar seus débitos sem recorrer à falência.

AUTOFALSIFICAÇÃO. *Direito penal.* Falsificação feita pelo agente modificando sua própria escrita ou assinatura para eximir-se de alguma obrigação ou obter vantagem, podendo dar origem à falsidade ideológica ou ao estelionato.

AUTOFINANCIAMENTO. *Direito empresarial.* Ato pelo qual a empresa financia seus próprios investi-

mentos, evitando ficar na dependência de outras organizações.

AUTO FISCAL. *Vide* AUTO DE INFRAÇÃO.

AUTOFOBIA. *Medicina legal.* Medo mórbido ou doentio de si próprio e da solidão.

AUTOFONIA. *Medicina legal.* **1.** Fenômeno subjetivo consistente na ressonância anormal da voz, provocada por afecção no ouvido médio. **2.** Alucinação verbal.

AUTOGESTÃO. 1. *Direito comercial.* Co-gestão. **2.** *Sociologia jurídica.* Sistema de organização de atividades sociais, desenvolvidas mediante a cooperação de várias pessoas, onde as decisões sobre a gerência são tomadas por todos os partícipes, com base na atribuição do poder decisório às coletividades definidas por cada uma das estruturas específicas de atividade (Follis, Bourdet, Drulovic e Rosanvallon).

AUTOGOVERNO. *Ciência política.* **1.** Poder dado a ente político de escolher seus governantes. **2.** Governo de si próprio.

AUTÓGRAFO. *Direito autoral.* **1.** Assinatura de próprio punho do autor. **2.** Escrito original feito pelo autor.

AUTO-HEMOTERAPIA. *Medicina legal.* Tratamento baseado na utilização do próprio sangue do paciente, administrado por meio de injeção, em caso de furunculose.

AUTO-HIPNOSE. *Medicina legal.* Hipnose autoinduzida por pessoa capaz de hipnotizar a si mesma.

AUTO-IMPLANTAÇÃO OVULAR. *Medicina legal.* Implantação do ovo no próprio útero da mulher que cedeu seu óvulo para ser fertilizado em laboratório com sêmen de seu marido.

AUTO-INCRIMINAÇÃO. *Vide* AUTO-ACUSAÇÃO.

AUTO-INOCULAÇÃO. *Medicina legal.* **1.** Inoculação em uma pessoa do vírus que existe em seu próprio corpo. **2.** Inoculação de um indivíduo através de vacina feita com material de seu próprio corpo. **3.** Disseminação de certa infecção de uma a outra parte do mesmo corpo.

AUTO-INTEGRAÇÃO. *Teoria geral do direito.* Método pelo qual o ordenamento jurídico se completa, em caso de lacuna, recorrendo à fonte dominante do direito: a lei. O procedimento típico é a *analogia.*

AUTO-INTOXICAÇÃO. *Medicina legal.* Estado em que há perturbação devido à retenção, no organismo, de substâncias nocivas.

AUTOJUSTIÇA. *Vide* AUTODEFESA.

AUTOLANÇAMENTO. *Direito tributário.* **1.** Ocorre quando o próprio contribuinte se encarrega da apuração do montante de sua obrigação tributária, lançando-a junto à repartição competente, efetuando o pagamento sem que haja prévio exame desta extinguindo o crédito tributário desde que haja ulterior homologação do lançamento por aquela repartição. **2.** Conjunto de operações intelectuais realizadas pelo particular em cumprimento de um dever de colaboração imposto pela lei, e que refletem o resultado de um processo de interpretação do ordenamento jurídico-tributário e de aplicação deste ao caso concreto, com a finalidade de obter o *quantum* de um débito tributário (Estevão Horvath).

AUTOLESÃO. *Direito do trabalho.* Ato de causar, propositadamente, dano a si mesmo, insuscetível de indenização, inclusive por acidente no trabalho.

AUTOLIMITAÇÃO. **1.** *Direito civil.* a) Restrição imposta pelo próprio agente à sua vontade, por meio de condição, termo ou encargo; b) sujeição da vontade de um contratante às condições ou cláusulas estipuladas no contrato. **2.** *Direito internacional público.* Restrição a que se submete o Estado ao efetivar um ajuste ou acordo internacional, comprometendo-se a obedecer aos atos internacionais, inclusive na seara do direito interno, dando continuidade às suas obrigações internacionais.

AUTOLÓGICA. *Lógica jurídica.* Expressão que se refere a si mesma.

AUTOMAÇÃO. *Economia política.* Sistema mecânico no qual há substituição da mão-de-obra humana pela máquina.

AUTOMAÇÃO DE DECISÕES. *Direito empresarial* e *direito virtual.* Uso de informática ou de gerenciamento de dados para facilitar e tornar mais segura a tomada de decisões, pois fornece informações úteis para diferentes processos nas empresas.

AUTOMAÇÃO DE ESCRITÓRIO. *Direito virtual.* Informatização de escritório por meio de integração total de programas entre seus computadores e de uso de *software*, possibilitando a circulação de arquivos de um para outro, o que o auxilia nas suas múltiplas tarefas.

AUTOMAÇÃO INDUSTRIAL. *Direito virtual.* Processo que requer elaboração de *software* específico, feito para cada tipo de produto e conforme as dimensões da indústria.

AUTOMÁTICO. **1.** O que é mecânico (Goblot). **2.** Fenômeno que se apresenta numa regularidade determinada (Lalande).

AUTOMATISMO. **1.** *Psicologia forense.* a) Movimento feito independentemente da vontade; b) ação reflexa decorrente da excitação da matéria viva, sem que haja intervenção volitiva ou consciente; c) atividade psíquica desenvolvida independentemente da ação da vontade, podendo escapar, em algumas hipóteses, à esfera da consciência, como ocorre na sugestão hipnótica, no sonho, na distração, nos atos instintivos, no hábito, no sonambulismo, nas manifestações epilépticas e histéricas de natureza automática etc. **2.** *Direito previdenciário.* Formação de relação jurídica previdenciária *ope legis.* Ocorre, por exemplo, no seguro social obrigatório e estatutário, pois a relação jurídica a ele alusiva instaurar-se-á, de imediato, até mesmo contra a vontade de empregado, empregador e órgão previdenciário, desde que se cumpram as condições legais.

AUTOMATIZAÇÃO. *Direito do trabalho.* Sistema de produção baseado em máquinas que operam por si mesmas, sem interferência humana, podendo gerar, se intensificado for, o desemprego.

AUTOMOBILE CONTAINER. *Locução inglesa.* Usada para designar o recipiente apropriado para transportar automóveis com segurança.

AUTOMOBILISMO. *Direito desportivo.* Esporte praticado com automóveis.

AUTOMÓVEL. *Direito de trânsito.* Veículo automotor destinado ao transporte de passageiros, com capacidade para até oito pessoas, *exclusive* o condutor.

AUTOMUTILAÇÃO. *Medicina legal.* Mutilação feita, em regra, por um alienado em seu próprio corpo para não cumprir o serviço militar ou para simular acidente de trabalho.

AUTÔNIMO. *Direito autoral.* Caráter da obra em que seu autor assina o próprio nome.

AUTONOMIA. **1.** *Direito civil.* Princípio pelo qual a vontade dos contratantes produz efeitos de lei. **2.** *Direito internacional privado.* Poder dos contratantes de escolher a lei que regerá o contrato celebrado. **3.** *Direito constitucional.* Poder concedido aos Estados-Membros e aos Municípios de se autogovernarem, dentro das limitações impostas constitucionalmente. **4.** *Teoria geral do direito.* Situação de independência em que se encontram as pessoas natural ou jurídica quanto aos aspectos econômicos, financeiros ou políticos. **5.** *Direito internacional público.* Soberania do Estado independente, que lhe consagra o direito de regular seu destino por conta própria.

AUTONOMIA ADMINISTRATIVA. *Direito administrativo.* Soma de poderes de que dispõe a pessoa jurídica de direito público interno de Administração direta ou indireta para o exercício das atividades ou serviços públicos, assim como para gerir seus bens e recursos.

AUTONOMIA ADUANEIRA. *Direito alfandegário* e *direito internacional privado.* **1.** Regime administrativo pelo qual um porto passa a ter personalidade jurídica, administrando a si próprio. **2.** Circunstância em que se admite tarifa única para qualquer produto ou mercadoria importados ou exportados.

AUTONOMIA DAS OBRIGAÇÕES CAMBIÁRIAS. *Direito comercial.* Efeito de serem os títulos de crédito executáveis, pois cada titular sucessivo tem um direito próprio, independente do anterior, em relação à causa, não podendo ser opostas, ao subseqüente titular do direito cartular, as exceções oponíveis ao portador anterior, decorrentes de convenção extracartular, nem poderá ser oposta ao terceiro possuidor do título a falta de titularidade de quem lho transferiu. Há a autonomia do titular do direito cartular e a autonomia do direito do titular do título de crédito. Essa autonomia das obrigações cambiárias atende aos interesses do comércio e da circulação cartular. O signatário da declaração cambial ficará, por ela, vinculado e solidariamente responsável pelo aceite e pelo pagamento da letra, mesmo que haja alguma falsificação ou nulidade de qualquer outra assinatura.

AUTONOMIA DA VONTADE. *Direito civil.* Princípio no qual se funda a liberdade contratual dos contratantes, consistindo no poder de estipular livremente, como melhor lhes convier, mediante acordo de vontades, a disciplina de seus interesses, suscitando efeitos tutelados pela ordem jurídica, desde que se submetam à norma jurídica e seus fins não contrariem a ordem pública e os bons costumes.

AUTONOMIA DE CLÁUSULAS. *Direito civil.* Diz-se das cláusulas contratuais que constituem obrigações suscetíveis de serem cumpridas por si mesmas, por estarem separadas do contexto contratual, sendo independentes das demais e consideradas como se tivessem sido escritas em um documento separado, tendo vida própria.

AUTONOMIA DE UM RAMO DO DIREITO. *Teoria geral do direito.* Independência de um ramo do direito, por ter objeto, princípios e normas próprios. Assim, por exemplo, o Direito civil é um ramo autônomo do direito privado, e o direito tributário, do direito público.

AUTONOMIA DIDÁTICA. *Direito administrativo.* Poder concedido pela entidade pública competente aos estabelecimentos de ensino para que estes organizem cursos e estabeleçam o regime escolar, fixando seus currículos.

AUTONOMIA DOS PODERES. *Direito constitucional.* Independência conferida aos três Poderes (Executivo, Legislativo e Judiciário) no exercício de suas funções, pois a esfera de ação de um não pode ser invadida por outro, embora deva haver entre eles uma harmonia ou cooperação na execução dos fins do Estado.

AUTONOMIA LEGISLATIVA. *Ciência política.* Autodeterminação e competência privativa para reger seus próprios atos.

AUTONOMIA MUNICIPAL. *Direito constitucional.* Capacidade do Município de organização político-administrativa e de gestão dos assuntos de seu peculiar interesse, dentro dos limites fixados constitucionalmente, podendo contrapor a sua livre deliberação à eventual ingerência de outras esferas governamentais, ou seja, da federal ou da estadual.

AUTONOMIA POLÍTICA. *Direito constitucional.* Capacidade de autodeterminação dentro do âmbito normativo preestabelecido, abrangendo o autogoverno, a auto-administração e a competência para reger normativamente certos assuntos.

AUTONOMIA PRIVADA. *Direito civil.* **1.** Poder de autoregulação dos interesses mediante a efetivação de contratos, constituindo, modificando ou extinguindo relações jurídicas, limitado pelas normas de ordem pública e pelos bons costumes. **2.** Liberdade de contratar ou não. **3.** Liberdade de determinar o conteúdo do contrato, escolhendo uma das modalidades contratuais reguladas por lei (contratos inominados), introduzindo alterações ou cláusulas que melhor se coadunem com seus interesses e com as peculiaridades do negócio, ampliando ou restringindo os efeitos do vínculo contratual. **4.** Poder conferido aos contratantes de modificar o esquema legal contido nas normas dispositivas, prescritas para o caso de não terem seguido uma regulamentação própria ou de omitirem-na. **5.** Liberdade de escolher o outro contratante. **6.** Liberdade para criação de novo tipo de contrato, distinto dos previstos pela ordem jurídica, conforme as necessidades do negócio jurídico, dando origem ao contrato inominado.

AUTONOMIA PRIVADA COLETIVA. *Direito do trabalho.* É, no âmbito do direito coletivo do trabalho, o poder das entidades sindicais de auto-organização e auto-regulamentação dos conflitos coletivos de trabalho, produzindo normas que regulam as relações atinentes à vida sindical, às relações individuais e coletivas de trabalho entre trabalhadores e empregadores (Pedro Paulo Teixeira Manus).

AUTONOMIA SOCIOLÓGICA. *Sociologia jurídica.* **1.** Poder político; liderança; autoridade grupal. **2.** Classe dominante.

AUTONOMIA SUCESSÓRIA. *Direito civil.* Poder que têm os herdeiros para derrogar normas relativas à partilha judicial desde que não sejam de ordem pública (Othon Sidou).

AUTÔNOMO. 1. Na *linguagem jurídica* em geral: a) o que é independente; b) o que não está sujeito a nenhuma potência estranha, governando-se e dirigindo seu destino segundo leis próprias; c) o que tem existência própria. **2.** *Direito do trabalho.* Profissional que trabalha por conta própria sem qualquer vínculo empregatício. **3.** *Direito civil* e *direito comercial.* Diz-se do título de crédito que, uma vez firmado conforme os requisitos legais, destaca-se do negócio jurídico subjacente, passando a circular por si, encerrando obrigações independentes.

AUTOPATIA. *Psicologia forense.* Egoísmo exagerado, causador de insensibilidade a qualquer emoção, alegria ou sofrimento alheios.

AUTOPATROCÍNIO. *Direito previdenciário.* A faculdade de o participante manter o valor de sua contribuição e a do patrocinador, no caso de perda parcial ou total da remuneração recebida, para assegurar a percepção dos benefícios nos níveis correspondentes àquela remuneração ou em outros definidos em normas regulamentares.

AUTOPISTIA. *Direito canônico.* Fé ou crença nas verdades reveladas, sendo dispensável qualquer demonstração.

AUTOPLASTIA. *Medicina legal.* Restauração de uma parte da pele destruída, mediante aplicação de material do mesmo corpo.

AUTOPOIESE. *Filosofia geral* e *filosofia do direito.* **1.** Construção do sistema por si próprio. **2.** Auto-referência dos elementos sistêmicos, que é concebida em três momentos interdependentes: a auto-referência elementar ou de base; a reflexividade, que diz respeito à referência de um processo a si mesmo, e a reflexão, que é relativa à referência do sistema à sua própria identidade (Luhmann). **3.** Enlace hipercíclico de elemento, processo, estrutura e identidade (Teubner).

AUTOPRIMAZIA NORMATIVA. *Direito constitucional.* É a da norma constitucional cuja validade não deriva de outra norma com dignidade hierárquica superior (Canotilho).

AUTOPRODUTOR DE ENERGIA ELÉTRICA. Pessoa física ou jurídica ou empresas reunidas em consórcio que recebam concessão ou autorização para produzir energia elétrica destinada ao seu uso exclusivo.

AUTÓPSIA. *Medicina legal.* **1.** Pormenorizado exame médico-legal, interno e externo, das partes de um cadáver, abrindo-o, para estudos médicos ou conclusões judiciais, reconhecendo as causas do óbito, esclarecendo fatos criminosos, questões de acidente de trabalho, suicídios etc. **2.** O mesmo que NECROPSIA e NECROSCOPIA.

AUTOPSICOSE. *Medicina legal.* Afecção mental caracterizada pelo desenvolvimento das idéias que o doente tem de si mesmo.

AUTÓPTICO. *Filosofia geral.* Ponto de vista relativo a fatos ou relações estáticas que surgem, de imediato, à simples inspeção do objeto estudado (Ampère e Lalande).

AUTOPUNIÇÃO. *Medicina legal.* Ato aplicado pela pessoa a si própria para expiar uma culpa imaginária ou real.

AUTOQUÍRIA. *Vide* SUICÍDIO.

AUTOR. 1. *Direito civil* e *direito autoral.* a) Pessoa por quem foi transmitido um direito a outrem, por exemplo, o *de cujus* é o autor da herança; b) o que faz nascer algo, como o autor de uma proposta contratual; c) aquele que cria obra artística, literária ou científica, fazendo jus aos direitos autorais. **2.** *Direito penal.* Agente do crime ou da contravenção; pessoa natural que pratica o ato delituoso, idealizando-o, executando-o sozinho ou dele co-participando ou, ainda, incumbindo outrem de sua execução. O autor poderá ser: *intelectual*, se idealizar o crime, ordenando a outrem a incumbência de executá-lo; *material*, se executar crime idealizado por outrem, sozinho ou em co-autoria; *intelectual* e *material*, se levar a efeito crime por ele mesmo idealizado; *mediato*, se praticar o crime através de terceiro, que atua sem ter culpa; *co-autor*, se executar ato delituoso omissivo ou comissivo juntamente com outros; *mercenário*, se cometer crime engendrado por outrem, mediante pagamento. O autor é aquele que deu causa ao crime. **3.** *Direito processual civil.* Parte que provoca a atividade jurisdicional, promovendo um feito contencioso, movendo ação contra outrem, pleiteando o cumprimento de uma obrigação ou o respeito a um direito seu. Trata-se do autor de uma ação processual. **4.** *Direito processual penal.* É a parte acusadora na ação penal.

AUTORAL. *Direito autoral.* Aquilo que é relativo aos autores de obras literárias, científicas ou artísticas.

AUTOR DA HERANÇA. *Direito civil.* É o *de cujus.* Com o óbito de uma pessoa, ter-se-á a transmissão do ativo e do passivo ao seu herdeiro, em virtude de lei ou testamento. Com a morte do autor da herança, o sucessor passa a ter a posição jurídica do finado, sem que haja qualquer alteração na relação de direito, que permanece a mesma, apesar da mudança de sujeito. Não há direito adquirido à herança senão após a morte do *de cujus*; a sucessão hereditária só é aberta no momento do falecimento daquele, instante em que os seus herdeiros adquirem a posse e a propriedade dos bens que constituem o acervo hereditário, sem necessidade de praticarem qualquer ato ou de requererem ao magistrado a imissão na posse.

AUTO-REVISÃO DO ATO ADMINISTRATIVO. *Direito administrativo.* Poder de uma autoridade de categoria superior da Administração Pública de reexaminar, espontaneamente ou por provocação dos administrados, os atos editados pelos subordinados, confirmando-os, modificando-os ou desfazendo-os.

AUTORIA. 1. *Direito autoral.* a) Qualidade ou condição de autor de obra literária, científica ou artística; b) paternidade da obra. **2.** *Direito penal.* Responsabilidade pelo crime. Neste caso a *autoria* poderá ser: *singular*, se um só indivíduo idealizar e executar o crime; *coletiva*, se diversas pessoas, simultaneamente, participarem da idealização e da execução do delito, dando origem ao concurso de delinqüentes; e *incerta*, se vários forem os agentes que praticaram, sem prévio acordo, o crime, tendo, porém, consciência do concurso. **3.** *Direito processual civil.* a) Responsabilidade pela ação; b) condição do terceiro que intervém na ação por denunciação da lide.

AUTORIDADE. 1. *Ciência política.* a) Capacidade ou qualidade do poder de mandar; b) poder que, pela sua legitimidade ou legalidade, deve ser obedecido pelos cidadãos; c) Poder Público estatal, ou seja, o sociopolítico e administrativo com direito de mandar e de se fazer obedecer; d) delegado do Poder Público. **2.** *Sociologia jurídica.* Forma de controle baseado no poder atribuído a ocupantes de certas posições ou cargos. **3.** *Teoria geral do direito.* a) Pessoa ou texto científico-jurídico que se invocam para reforçar uma *opinio*; b) pessoa que tem renome ou prestígio intelec-

tual; c) força obrigatória de um ato emanado pelo poder competente.

AUTORIDADE ADMINISTRATIVA. *Direito administrativo.* **1.** Agente público ou representante de entidade paraestatal que administre editando atos administrativos, agindo em nome da pessoa jurídico-administrativa. **2.** Pessoa física ou jurídica, permissionária ou concessionária de serviço público, com funções recebidas em delegação do Poder Público. **3.** Agente ou delegado do Poder Público designado pelo Estado, na seara da Administração Pública, para editar atos administrativos, executar leis e tomar as medidas que forem necessárias ao interesse público.

AUTORIDADE CENTRAL CONTRA SEQÜESTRO INTERNACIONAL DE CRIANÇAS. *Direito internacional.* É a que segundo a Convenção sobre os Aspectos Civis do Seqüestro de Crianças e Adolescentes tem competência para: 1) representar os interesses do Estado brasileiro na proteção das crianças e dos adolescentes dos efeitos prejudiciais resultantes de mudança de domicílio ou de retenção ilícita; 2) estabelecer os procedimentos que garantam o regresso imediato das crianças e adolescentes ao Estado de sua residência habitual; 3) receber todas as comunicações oriundas das Autoridades Centrais dos Estados contratantes; 4) promover ações de cooperação técnica e de colaboração com as Autoridades Centrais dos Estados contratantes e outras autoridades públicas, a fim de localizar a criança ou o adolescente deslocado ou retido ilicitamente e assegurar, no plano administrativo, se necessário e oportuno, o seu regresso; 5) tomar medidas apropriadas para: a) fornecer informações relativas à legislação brasileira e dados estatísticos referentes ao seqüestro de crianças e adolescentes; b) informar-se mutuamente sobre o funcionamento da Convenção e, na medida do possível, eliminar os obstáculos que eventualmente se apresentem; c) proceder à troca de informações relativas à situação social da criança ou do adolescente, em caso de necessidade; d) padronizar os requerimentos para regresso de crianças ou adolescentes e para a organização e o exercício efetivo do direito de visita, de acordo com a recomendação da Convenção sobre os Aspectos Civis do Seqüestro Internacional de Crianças; e) assegurar a restituição voluntária da criança ou do adolescente ou facilitar uma solução amigável; f) assegurar a organização ou a proteção do efetivo exercício do direito de visita; g) garantir junto ao Departamento de Polícia Federal do

Ministério da Justiça, por meio da Divisão de Polícia Criminal Internacional (INTERPOL), a localização de crianças e adolescentes deslocados ou retidos ilicitamente; e h) evitar novos danos à criança ou ao adolescente ou prejuízo às partes interessadas, tomando ou fazendo tomar as medidas preventivas previstas em lei; 6) utilizar dados armazenados no Sistema de Informação para a Infância e Adolescência (SIPIA), para análise e decisão quanto: a) aos nomes dos interessados no processo de solicitação de prestação de assistência, de forma a assegurar o regresso da criança ou do adolescente que tenha sido deslocado ou retirado de sua residência habitual na violação do direito de custódia; b) aos nomes de crianças e adolescentes desaparecidos ou que tenham sido deslocados ou retirados de sua residência habitual; c) ao cruzamento dos dados sobre crianças desaparecidas com os de crianças dadas em adoção internacional, para possível identificação de adoções ilegais; e d) às estatísticas relativas às informações sobre crianças e adolescentes desaparecidos ou que tenham sido deslocados ou retirados de sua residência habitual em violação de um direito de custódia; 7) tomar medidas em conjunto com outras autoridades públicas para acordar ou facilitar, conforme as circunstâncias, a obtenção de assistência judiciária e jurídica; 8) fornecer ao Departamento de Polícia Federal os dados referentes às crianças e aos adolescentes desaparecidos ou que tenham sido deslocados ou retirados de sua residência habitual em violação do direito de custódia, para que sejam feitas diligências nacionais e internacionais; e 9) adotar as providências, em conjunto com o Ministério das Relações Exteriores e com o Departamento de Polícia Federal, para assegurar o regresso das crianças e adolescentes brasileiros transferidos ilicitamente para o exterior.

AUTORIDADE CERTIFICADORA. *Direito virtual.* Entidade de confiança que administra a gestão de certificados digitais mediante emissão, revogação e renovação dos mesmos por aprovação individual. Ao assinar os certificados que emite, a autoridade certificadora cria um relacionamento entre ela e o certificado emitido (Luiz Fernando Rudge).

AUTORIDADE CIVIL. *Direito civil.* Aquela que dirige negócios ou assuntos de ordem civil, alusivos aos indivíduos enquanto cidadãos, atuando, portanto, na seara governamental não militar.

AUTORIDADE COATORA. *Direito administrativo.* Agente que edita ato administrativo lesivo ao direito do administrado, sendo, por isso, suscetível de ser impugnado.

AUTORIDADE COMPETENTE. *Direito administrativo.* Aquela que, legalmente, tem competência para conhecer certo ato.

AUTORIDADE CONSTITUÍDA. *Direito administrativo.* Aquela investida de Poder Público, por estar legalmente no cargo que exerce.

AUTORIDADE CONSULAR. *Direito internacional.* Competência dada ao cônsul designado pelo Estado para exercer determinadas funções, zelando pelos seus interesses comerciais, econômicos, culturais e científicos e pelos dos concidadãos residentes no território do Estado-receptor, dentro dos limites de sua jurisdição.

AUTORIDADE DE COISA JULGADA. *Direito processual.* Intocabilidade ou imutabilidade do comando contido em uma decisão como ato processual (coisa julgada formal) e em relação ao seu conteúdo e efeitos (coisa julgada material), por não mais competir qualquer recurso.

AUTORIDADE DE JUSTIÇA. *Direito processual civil.* Poder conferido aos órgãos judiciários, no exercício de suas funções, para efetivar atos imprescindíveis à distribuição da justiça, dirimindo os litígios.

AUTORIDADE DE TRÂNSITO. *Direito de trânsito.* Dirigente máximo de órgão ou entidade executivo integrante do Sistema Nacional de Trânsito ou pessoa por ele expressamente credenciada.

AUTORIDADE JUDICIAL. *Vide* AUTORIDADE JUDICIÁRIA.

AUTORIDADE JUDICIÁRIA. *Direito processual.* **1.** Membro do Poder Judiciário, no exercício de suas funções, investido de uma parcela da autoridade estatal para manter a ordem na sociedade, reequilibrando as relações jurídicas ameaçadas ou violadas. **2.** Órgão do sistema judiciário.

AUTORIDADE LEGISLATIVA. *Direito constitucional.* Agente do Poder Legislativo incumbido de discutir, votar e aprovar leis.

AUTORIDADE MARÍTIMA (AM). *Direito militar.* Autoridade exercida diretamente pelo Comandante da Marinha, responsável pela salva-guarda da vida humana e segurança da navegação no mar aberto e hidrovias interiores, bem como pela prevenção da poluição ambiental causada por navios, plataformas e suas instalações de apoio.

AUTORIDADE MILITAR. *Direito militar.* Aquela detentora de poderes para administrar ou solucionar questões militares oriundas das funções das Forças Armadas, zelando pela segurança nacional.

AUTORIDADE POLICIAL. 1. *Direito administrativo.* Agente do Poder Executivo que ocupa cargo e exerce funções policiais, zelando pela ordem e segurança públicas, reprimindo atos atentatórios ao direito, à moral e aos bons costumes, conduzindo delinqüentes à presença da autoridade competente para serem julgados e punidos. **2.** *Direito processual penal.* Delegado de polícia e agente público investido do poder de polícia.

AUTORIDADE PORTUÁRIA. *Direito marítimo.* **1.** É a administração do porto. **2.** Autoridade responsável pela administração do porto organizado, competindo-lhe fiscalizar as operações portuárias e zelar para que os serviços se realizem com regularidade, eficiência, segurança e respeito ao meio ambiente.

AUTORIDADE SANITÁRIA. Autoridade que tem diretamente a seu cargo, em sua demarcação territorial, a aplicação das medidas sanitárias apropriadas de acordo com as leis e regulamentos vigentes no território nacional, e tratados em outros atos internacionais, dos quais o Brasil é signatário.

AUTORITÁRIO. 1. Aquele que se impõe pela autoridade. **2.** Relativo à autoridade. **3.** Que tem caráter de autoridade. **4.** Despótico. **5.** Diz-se do regime em que há discricionariedade do governo, fazendo com que a força prevaleça sobre suas leis. **6.** Diz-se do Poder Público que, no exercício de suas funções, exorbita da autoridade que lhe foi legalmente conferida.

AUTORITARISMO. *Ciência política.* **1.** Despotismo. **2.** Sistema autoritário. **3.** Sistema político que privilegia a autoridade governamental, concentrando o poder político em uma só pessoa ou órgão, deixando as instituições representativas em plano secundário (Stoppino, Germani, Linz e Hamilton).

AUTORIZAÇÃO. 1. *Direito administrativo.* a) Permissão dada por autoridade administrativa a pessoa física ou jurídica para praticarem legalmente um ato ou fazerem alguma coisa; b) outorga de competência especial dada por um órgão administrativo a outro; c) ato administrativo discricionário e precário pelo qual o poder concedente torna possível ao postulante a realização de certa atividade, serviço ou a utilização de determinados bens particulares ou públicos, de seu exclusivo ou predominante interesse, condicio-

nado à aquiescência prévia da Administração; d) ato administrativo unilateral, editado pela Agência Nacional de Transportes Aquaviários (ANTAQ), que autoriza a pessoa jurídica a operar nas navegações de longo curso, de cabotagem, de apoio marítimo e de apoio portuário, por prazo indeterminado. **2.** *Direito constitucional.* Anuência do órgão para que o chefe do Executivo se ausente, temporariamente, do Estado. **3.** *Direito civil.* a) Documento em que se autoriza a prática de um ato ou negócio; b) outorga marital ou uxória para efetivar certos negócios. **4.** *Teoria geral do direito.* É a propriedade do lesado pela violação da norma jurídica. Assim sendo, o direito subjetivo de defender direitos, que, na lição de Goffredo Telles Jr., é a autorização de assegurar o uso do direito subjetivo, de modo que o lesado, pela violação da norma, está autorizado, por ela, a resistir contra a ilegalidade, a fazer cessar o ato ilícito, a reclamar reparação pelo dano e a processar criminosos, impondo-lhes pena por meio dos órgãos competentes do Poder Público ou através dos processos legais.

AUTORIZAÇÃO ADMINISTRATIVA. *Direito administrativo.* Ato administrativo unilateral e discricionário que permite a um particular o exercício de uma atividade ou o uso de um bem público, por exemplo, alvará de licença.

AUTORIZAÇÃO CONJUGAL. *Direito civil.* Autorização dada por um cônjuge a outro, para que este possa praticar certos atos.

AUTORIZAÇÃO DE ACESSO. *Direito ambiental.* Instrumento expedido pelo órgão competente que permite, sob condições específicas, o acesso à amostra de componente do patrimônio genético e ao conhecimento tradicional associado.

AUTORIZAÇÃO DE AFRETAMENTO. *Direito marítimo.* Ato pelo qual a ANTAQ autoriza a empresa brasileira de navegação a afretar embarcação estrangeira para operar na navegação de apoio marítimo.

AUTORIZAÇÃO DE RETORNO AO BRASIL. *Direito internacional privado.* Documento de viagem concedido pelas missões diplomáticas ou repartições consulares brasileiras ao nacional brasileiro que, estando no exterior e necessitando regressar ao território nacional, não preencha os requisitos para a obtenção de passaporte. Tem validade pelo prazo da viagem de regresso ao território nacional e será recolhida pelo controle imigratório do Departamento de Polícia Federal quando da chegada de seu titular ao País. É, portanto, o documento de viagem, de propriedade da União, expedido pelas missões diplomáticas ou repartições consulares àquele que, para regressar ao território nacional, não preencha os requisitos para a obtenção de passaporte ou de *laissez-passer*.

AUTORIZAÇÃO DE SAÍDA DE PRESO. *Direito penal.* Permissão dada a preso provisório ou a condenado que cumpre pena em regime fechado ou semiaberto para sair do estabelecimento, mediante escolta, em caso de: a) falecimento ou doença grave de cônjuge, ascendente, descendente ou irmão; b) necessidade de tratamento médico. Tal permissão deverá ser dada pelo diretor do estabelecimento onde o preso se achar.

AUTORIZAÇÃO DE SERVIÇO DE TELECOMUNICAÇÕES. *Direito administrativo.* Ato administrativo vinculado, que faculta a exploração, no regime privado, de modalidade de serviço de telecomunicações quando preenchidas as condições objetivas e subjetivas necessárias.

AUTORIZAÇÃO DE USO. *Direito administrativo.* Ato discricionário pelo qual o Poder Público defere ao particular, a título oneroso ou gratuito, o uso de certo bem público.

AUTORIZAÇÃO DE USO DE RADIOFREQÜÊNCIA. *Direito administrativo.* Ato administrativo vinculado, associado à concessão, permissão ou autorização para prestação de serviço de telecomunicações, que atribui ao interessado, por prazo determinado, o direito de uso de radiofreqüência nas condições legais e regulamentares.

AUTORIZAÇÃO DE USO ESPECIAL. *Direito administrativo* e *direito urbanístico.* Ato de o Poder Público competente autorizar o uso gratuito de imóvel público urbano àquele que, até 30 de junho de 2001, o possuiu como seu, por cinco anos ininterruptamente e sem oposição, se contiver área de até 250 metros quadrados a ser utilizado para fins comerciais. O possuidor poderá, com o objetivo de contar o prazo, acrescentar sua posse à do antecessor, contanto que ambas sejam contínuas.

AUTORIZAÇÃO DO GOVERNO. *Direito administrativo.* Ato em que o Poder Executivo permite o funcionamento de certas pessoas jurídicas.

AUTORIZAÇÃO ESPECIAL DE ACESSO E DE REMESSA. *Direito ambiental.* Documento que permite, sob condições específicas, o acesso à amostra de componente do patrimônio genético e sua remessa à instituição destinatária e o acesso ao conhecimento tradicional associado, com prazo de duração de até dois anos, renovável por igual período.

AUTORIZAÇÃO EXPRESSA. É a feita inequivocamente e por escrito, indicando claramente o ato autorizado, para que a pessoa designada possa praticá-lo com eficácia e validade.

AUTORIZAÇÃO JUDICIAL. *Direito civil.* Consentimento dado pelo magistrado para que alguém possa praticar ato jurídico ou efetivar negócios na vida civil, por exemplo, a autorização ao tutor para vender bens de menores sob tutela.

AUTORIZAÇÃO LEGAL. Permissão exigida por lei para a prática de certos atos.

AUTORIZAÇÃO MARITAL. *Direito civil.* Permissão dada, expressamente, pelo marido para que sua mulher possa praticar, com validade, certos atos, por exemplo, alienar seus imóveis. Tal autorização poderá ser suprida judicialmente, havendo recusa, sem justa causa, de concedê-la. Haverá dispensa dessa autorização se o regime matrimonial de bens for o da separação absoluta.

AUTORIZAÇÃO ORÇAMENTÁRIA. *Direito constitucional* e *direito financeiro.* Aquela que abrange não só a inclusão no orçamento dos tributos que deverão ser cobrados no exercício financeiro subseqüente como também a sua aprovação pelo poder competente.

AUTORIZAÇÃO PARA EXPLORAÇÃO DE BINGO. *Direito desportivo.* Ato de conceder permissão a entidade credenciada para explorar o jogo de bingo, abrangendo um único sorteio para o bingo eventual e um período máximo de doze meses para o bingo permanente. A autorização deve ser requerida à Caixa Econômica Federal, ao INDESP, ou à Secretaria da Fazenda da Unidade da Federação onde se pretende explorar o bingo, ou à Loteria Estadual, desde que tivesse sido firmado o convênio, com antecedência mínima de trinta dias da data pretendida para o início do evento, instruindo-se o correspondente pedido com os seguintes documentos e informações: a) certidão de credenciamento, observado o prazo de sua vigência, com apensamento das certidões e declarações, quando for o caso; b) definição do local, da data e do horário de realização do sorteio, salvo quando se tratar de bingo permanente; c) previsão de vendas, definindo o preço unitário da cartela e a quantidade a ser impressa; d) plano de distribuição dos prêmios, com descrição minuciosa da sua natureza, tal como bens móveis e imóveis, veículos, viagens ou serviços, quando se tratar de bingo eventual, obedecidos os percentuais de destinação dos recursos que vierem a ser arrecadados com o sorteio, conforme previsão legal; e) comprovante de reserva de recursos para o recolhimento dos impostos e demais tributos incidentes sobre o evento, conforme previsão de vendas e o total da premiação oferecida, quando se tratar de bingo eventual; f) projeto detalhado de aplicação de recursos na melhoria do desporto olímpico, com prioridade para a formação do atleta, devidamente aprovado pelo Conselho Fiscal da entidade desportiva requerente; g) modelo de cartela impressa, da qual constarão o nome da entidade, a denominação do concurso, local, data e horário de sua realização, a premiação prometida, número de série e de ordem do documento e demais informações úteis aos adquirentes; h) informações sobre o sistema de distribuição de cartela e dos selos de autenticação; i) atestado sobre a regularidade dos equipamentos utilizados para a extração dos números emitidos por órgão de aferição idôneo e laudo pericial relativo ao sistema de processamento de dados que realizará o sorteio, subscrito por especialista, pessoa física ou jurídica, devidamente habilitada; j) declaração da entidade requerente e de suas contratadas, com firma reconhecida, autorizando o banco ou a administração de cartões de crédito a fornecer a quantidade de cartelas vendidas, quando solicitado pelo INDESP ou pelos órgãos conveniados; k) parecer favorável da Prefeitura do Município onde se instalará a sala de bingo, versando sobre os aspectos urbanísticos e o alcance social do empreendimento; l) prova de que a sede da entidade desportiva é situada no mesmo município em que será realizado o sorteio do bingo eventual ou em que funcionará a sala de bingo permanente; m) certidão, emitida pelo órgão de proteção do consumidor da Unidade da Federação da sede da entidade desportiva, ou da empresa comercial por ela contratada, de que não existam pendências contra os consumidores. Se a administração do bingo eventual ou permanente for entregue à sociedade empresária, a entidade desportiva juntará ao pedido de autorização, além dos documentos acima referidos, outros arrolados em lei especial.

AUTORIZAÇÃO PARA TRANSPORTE DE PRODUTOS FLORESTAIS (ATPF). *Direito ambiental.* É um documento de responsabilidade do IBAMA na sua impressão, expedição e controle, que será fornecido considerando o volume aprovado na exploração ou o volume especificado na Declaração de Venda de Produto Florestal (DVPF), com os dados relativos: a) ao comprador que estiver registrado no IBAMA, mediante a apresentação da Declaração de Venda de Produto Florestal, com firma reconhecida; b) ao detentor de plano de manejo florestal, das autorizações de exploração florestal, de desmate, de utilização de matéria-prima florestal e de castanheira, quando estes forem os destinatários da matéria-prima florestal. Será fornecida pelo IBAMA, devidamente personalizada, com os dados relativos ao usuário com os requisitos exigidos. A ATPF será fornecida com validade compatível com o período necessário ao transporte, sendo o prazo máximo de até noventa dias, exceto para o transporte de madeira em tora em jangadas, quando o prazo poderá ser de até cento e vinte dias.

AUTORIZAÇÃO PARA VIAJAR. *Direito da criança e do adolescente.* Permissão judicial expressa para criança menor de doze anos viajar para fora da comarca desacompanhada de seus pais ou responsável. Dispensada estará tal autorização judicial se: a) a viagem se fizer a comarca contígua ou na mesma região metropolitana; b) a criança estiver em companhia de ascendente ou colateral maior até o 3º grau ou de pessoa maior autorizada pelos pais ou responsável. Conseqüentemente, permite-se que adolescente com mais de doze anos viaje desacompanhado e sem autorização judicial. Dispensa-se autorização judicial para viagens de criança ou de adolescente ao exterior, estando eles acompanhados dos pais ou responsável, mas, se viajarem na companhia de um dos pais, o outro deverá dar sua autorização expressa, com firma reconhecida, o que se justifica se se tratar de casal separado. Contudo, nenhuma criança ou adolescente nascido no Brasil poderá sair do País em companhia de estrangeiro domiciliado no exterior sem prévia e expressa autorização judicial.

AUTORIZAÇÃO PATERNA E MATERNA. 1. *Direito civil.* Consentimento dado pelos pais ao menor relativamente incapaz para: a) a prática de ato jurídico, assistindo-o; b) a aquisição da capacidade civil, antes da idade legal, por meio da emancipação; c) efetuar casamento. **2.** *Direito comercial.* Anuência dada para o menor praticar atividade econômica organizada voltada à circulação e produção de bens e serviços, que, com isso, se emancipará.

AUTORIZAÇÃO POLICIAL. *Direito penal.* Permissão ou licença dada pela autoridade policial para a prática de certos atos ou a realização de determinados negócios, por exemplo, licença policial para funcionamento de certas empresas ou casas de diversões públicas.

AUTORIZAÇÃO TÁCITA. Permissão que, não sendo manifestada expressamente, é obtida pela dedução da prática de outros atos semelhantes, que venham a demonstrar a aprovação daquele que se pretende realizar.

AUTORIZAÇÃO UXÓRIA. *Direito civil.* É a dada pela mulher para que seu marido possa praticar certos atos validamente. Dispensada estará tal autorização se o regime matrimonial for o da separação absoluta. Essa autorização poderá, se negada injustamente, ser suprida pelo magistrado.

AUTORIZAMENTO. *Teoria geral do direito.* Palavra que designa a autorização enquanto propriedade da norma jurídica. O autorizamento é a essência específica da norma jurídica porque, na lição de Goffredo Telles Jr., o que compete a ela é autorizar ou não o uso das faculdades humanas. A norma jurídica autoriza, por exemplo, o credor a exigir o pagamento que lhe é devido. O credor possui esta faculdade com ou sem a norma jurídica, que somente autoriza o uso dessa faculdade. É a norma jurídica que autoriza ao lesado o uso da faculdade de coagir, por meio do poder competente, o violador da norma a cumpri-la ou a reparar o dano causado.

AUTORIZANTE. *Teoria geral do direito.* É a qualidade distintiva da norma jurídica, pois, como define Goffredo Telles Jr., é ela um "imperativo autorizante". O gênero próximo é indicado pelo termo "imperativo", e a diferença específica, pelo "autorizante". A norma jurídica é imperativa porque prescreve as condutas devidas e os comportamentos proibidos e, por outro lado, procura assegurar de modo efetivo o fato de que não se produzirão os comportamentos vedados, pois é autorizante, uma vez que autoriza o lesado pela sua violação a exigir a reposição das coisas ao estado anterior.

AUTORIZAR. 1. Permitir. **2.** Consentir.

AUTORIZATÁRIO. *Direito administrativo.* Qualidade daquele que recebe uma autorização para exercer determinado ato.

AUTOR POPULAR. *Direito constitucional.* Qualquer cidadão que propõe ação popular para a defesa de interesse coletivo.

AUTORRAFIA. *Medicina legal.* Fechamento de uma ferida, utilizando-se as partes dilaceradas de seus lábios.

AUTOS. *Direito processual civil.* Conjunto de peças processuais, ou seja, dos atos e dos termos do processo. Tais peças, devidamente encadernadas, devem ser rubricadas pelo escrivão e pelo juiz, mas este apenas nos atos em que intervier. Na capa ou rosto dos autos devem ser colocados os seguintes dados: espécie da ação, forma do procedimento, nome das partes, vara, nome do titular do ofício e data do início da autuação. Os autos devem ser redigidos em língua portuguesa; logo, os documentos estrangeiros deverão ser traduzidos, obrigatoriamente, por pessoa habilitada e juramentada.

AUTO-SATISFAÇÃO. *Direito civil.* Ato de justiça privada, autorizado por lei, pelo qual o possuidor turbado ou esbulhado poderá, por sua própria força, manter-se ou restituir-se na posse.

AUTOSCOPIA EXTERNA. *Psicologia forense.* Alucinação em que o paciente julga ver-se diante de si mesmo (Sollier).

AUTOS DA EXECUÇÃO. *Direito processual civil.* Autos onde a execução se processa perante o juízo.

AUTO-SEXOLATRIA. *Psicologia forense.* Excessiva estima pelo próprio sexo.

AUTOS ORIGINAIS. *Direito processual civil.* São peças autênticas, utilizadas no processo para registrar, imediatamente, todos os feitos. São também designados "autos principais".

AUTO-SOROTERAPIA. *Medicina legal.* Tratamento de uma moléstia pelo uso de soro derivado do sangue do próprio doente.

AUTOS PERDIDOS. *Direito processual civil.* São os que, ao serem extraviados, podem ser restaurados, no juízo de origem, pela formação de novos autos, substituindo aqueles. Se os autos originais aparecerem, neste se prosseguirá, apensando-se-lhes os da restauração.

AUTOS PRINCIPAIS. *Vide* AUTOS ORIGINAIS.

AUTOS REFORMADOS. *Direito processual civil.* São os formados em substituição total ou parcial aos que foram perdidos, extraviados ou inutilizados.

AUTOS SUPLEMENTARES. *Direito processual civil.* São os constituídos de cópias das peças que formam os autos originais que vão se formando no curso do processo, para prevenir sua eventual perda, substituindo-os em caso de extravio.

AUTO-SUFICIÊNCIA. *Economia política.* Aptidão de pessoa jurídica para desenvolver sua própria economia.

AUTO-SUFICIENTE. *Economia política.* Diz-se do proprietário de capitais, imóveis, terras, maquinaria etc.

AUTO-SUGESTÃO. *Psicologia forense.* Influência de uma idéia na conduta e no juízo da pessoa.

AUTOTÉLICO. *Filosofia geral.* O que não tem fim nem objetivo fora de si mesmo (Baldwin).

AUTOTRANSPLANTE. *Medicina legal. Vide* TRANSPLANTE AUTOPLÁSTICO.

AUTOTREM. *Direito comercial.* Sistema de transporte em que caminhões de carga, por razão de economia, são transportados em vagões de estrada de ferro.

AUTOTUTELA. *Direito administrativo.* Poder da Administração Pública, dentro da esfera discricionária, de policiar seus próprios atos administrativos e a utilização dos bens públicos, protegendo a dominialidade pública. Procura na *autotutela dos atos administrativos* garantir sua eficácia, se perfeitos, recuperá-los, se apresentarem defeito removível (ratificação, reforma ou convenção) ou destruí-los, se forem ilegais (invalidação), inoportunos ou inconvenientes (revogação). Na *autotutela dominial*, age diretamente não só impedindo a degradação dos bens públicos, protegendo-os contra o mau uso, como também valendo-se de ações possessórias e de atos declaratórios de dominialidade (elencos, cadastros, inventários ou delimitações).

AUTOVACINA. *Medicina legal.* Vacina preparada com a cultura de germes obtidos das secreções do próprio paciente.

AUTUAÇÃO. 1. *Direito processual civil.* a) Termo lavrado na face anterior da capa dos autos, contendo: nome das partes, juízo, nome do escrivão, espécie da ação etc., assinalando o início do processo judicial; b) ato de juntar-se qualquer peça nova aos autos já existentes; c) descrição minudente, feita pelo escrivão, atestando o ingresso oficial do pedido em juízo e dos documentos que o acompanham. **2.** *Direito processual penal.* Ato pelo qual se promove o auto de infração ou contravenção, no qual o autuante faz constar todos os atos relativos à infração do autuado.

AUTUADO. 1. *Direito processual penal.* Aquele contra o qual se lavra o auto de infração ou contravenção. **2.** *Direito processual civil.* O que foi objeto de autuação.

AUTUANTE. *Direito processual.* **1.** Aquele que promove a autuação. **2.** Autoridade ou funcionário público que, no exercício de suas funções, lavra um auto de infração.

AUXILIAR. 1. Na *linguagem comum,* é a pessoa que tem a função de ajudar outra nos seus misteres; ajudante. **2.** *Direito administrativo.* Aquele que, sem ter cargo público efetivo ou permanente, atua como coadjuvante no quadro do funcionalismo da Administração Pública. **3.** *Direito penal.* Aquele que ajuda o autor do crime a subtrair-se da ação da autoridade pública, cometendo crime contra a administração da justiça, punido com detenção e multa, salvo se for ascendente, descendente, cônjuge ou irmão do criminoso.

AUXILIAR DE ACUSAÇÃO. *Direito processual penal.* Advogado que, como representante do ofendido, vem assistir ao órgão do Ministério Público, nos crimes de ação pública, na acusação contra o réu, sugerindo, inclusive, provas, prática de atos para esclarecer a veracidade dos fatos alegados, participando do debate oral e arrazoando os recursos interpostos. Trata-se do "assistente do Ministério Público".

AUXILIAR DE COMÉRCIO. *Direito comercial.* Preposto empresarial, como o corretor, o agente de leilão, o feitor, o guarda-livro, o caixeiro, o trapicheiro, o administrador de armazéns de depósito e o comissário de transporte.

AUXILIAR DE DEFESA. *Direito processual penal.* Aquele que, juntamente com o defensor principal, vem patrocinar a defesa do réu, atuando como seu assistente.

AUXILIAR DE ENFERMAGEM. Profissional com ensino médio completo e curso regular de auxiliar de enfermagem e curso de especialização de nível médio em urgências, titular do certificado de auxiliar de enfermagem com especialização em urgências, devidamente registrado no Conselho Regional de Enfermagem de sua jurisdição. Exerce atividades auxiliares básicas, de nível médio, habilitado a realizar procedimentos a ele delegados, sob supervisão do profissional enfermeiro, dentro do âmbito de sua qualificação profissional. Requisitos gerais: maior de dezoito anos; disposição pessoal para a atividade; capacidade física e mental para a atividade; equilíbrio emocional e autocontrole; disposição para cumprir ações orientadas; disponibilidade para recertificação periódica; experiência profissional prévia em serviço de saúde voltado ao atendimento de urgências e emergências; capacidade de trabalhar em equipe; disponibilidade para a capacitação bem como para a recertificação periódica. Competência/atribuições: auxiliar o enfermeiro na assistência de enfermagem; prestar cuidados de enfermagem a pacientes sob supervisão direta ou à distância do profissional enfermeiro; observar, reconhecer e descrever sinais e sintomas, na medida de sua qualificação; ministrar medicamentos por via oral e parenteral, mediante prescrição do médico, regulados por telemedicina; fazer curativos; prestar cuidados de conforto ao paciente e zelar por sua segurança; realizar manobras de extração manual de vítimas.

AUXILIAR DE JUSTIÇA. *Direito processual.* Funcionário que presta seu concurso cooperando para o funcionamento ou administração da justiça, como o escrivão, o oficial de justiça, o distribuidor, o partidor, o contador, o avaliador oficial, o depositário público, o porteiro do auditório, o secretário dos tribunais, o perito etc.

AUXILIAR DE PREGÃO. *Direito comercial.* Funcionário de sociedade corretora de valores ou de mercadorias, que assessora o operador de sua empresa, no pregão a viva voz (Luiz Fernando Rudge).

AUXILIAR DO GOVERNO. *Ciência política.* Pessoa de absoluta confiança do Chefe do Executivo, como o ministro e secretário de Estado, que com ele assina os atos emanados do Poder Executivo.

AUXILIARES DA EMPRESA. *Direito comercial.* Aqueles que se encontram a serviço da empresa, colaborando com ela, podendo ser: a) *dependentes*, se forem assalariados, subordinados ao empresário, como comerciários, industriários, operários, gerentes, vendedores etc.; b) *independentes*, se tiverem atividade autônoma em relação à empresa, exercida sem qualquer subordinação ao empresário, como os corretores de mercadorias nomeados pela Junta Comercial, os corretores de navios, os corretores de valores e os representantes comerciais.

AUXILIARES DO ADMINISTRADOR JUDICIAL. *Direito falimentar.* Aqueles que prestam auxílio ao administrador na falência e na recuperação judicial, mediante remuneração fixada pelo juiz, que, para tanto, considerará a complexidade dos trabalhos executados e os valores praticados no mercado para o desempenho de atividades semelhantes.

AUXILIAR LOCAL. 1. *Direito internacional público.* É o brasileiro ou o estrangeiro admitido localmente por tempo determinado para prestar serviços técnicos, administrativos ou de apoio que exijam familiaridade com as condições de vida, os usos e os costumes do país onde esteja sediado o posto. O auxiliar local presta serviços exclusivamente nas repartições e órgãos para os quais for contratado. É vedada a transferência entre repartições no exterior de contrato de trabalho de auxiliar local. O auxiliar local pode ser contratado para os seguintes empregos nas repartições subordinadas ao Ministério das Relações Exteriores: a) auxiliar de apoio, que executa tarefas ligadas à prestação de serviços gerais, definidas em contrato; b) auxiliar administrativo, que desempenha atividades de natureza administrativa nas diferentes áreas de atuação do posto; c) auxiliar técnico, contratado para a execução de tarefas técnicas nas áreas de comércio exterior, de cooperação científica, técnica e tecnológica, divulgação cultural, assuntos econômicos, assuntos administrativos e demais áreas de atuação do posto; d) assistente técnico, contratado para a execução de tarefas que requeiram especialização nas áreas de comércio exterior, de cooperação científica, técnica e tecnológica, divulgação cultural, assuntos econômicos, assuntos administrativos e demais áreas de atuação do posto; e) diretor e professor de centro de estudos brasileiros ou estabelecimentos congêneres, encarregados do ensino da Língua Portuguesa e da Literatura Brasileira. A contratação do auxiliar local dependerá de processo seletivo público e da existência de vaga na lotação fixada para cada repartição, mediante ato do ministro de Estado das Relações Exteriores. Os auxiliares e assistentes técnicos deverão ser aproveitados nos diversos setores dos postos de acordo com suas especializações. Os requisitos da admissão de Auxiliar Local serão especificados em regulamento, atendidas as seguintes exigências: a) possuir escolaridade compatível com as tarefas que lhe caibam; e b) ter domínio do idioma local ou estrangeiro de uso corrente no país, sendo que, no caso de admissão de Auxiliar Local estrangeiro, dar-se-á preferência a quem possuir melhores conhecimentos da língua portuguesa. As relações trabalhistas e previdenciárias concernentes aos Auxiliares Locais serão regidas pela legislação vigente no país em que estiver sediada a repartição. Serão segurados da previdência social brasileira os Auxiliares Locais de nacionalidade brasileira que, em razão de proibição legal, não possam filiar-se ao sistema previdenciário do país de domicílio. Tudo o que foi mencionado acima aplica-se aos Auxiliares civis que prestam serviços aos órgãos de representação das Forças Armadas brasileiras no exterior. **2.** *Direito aeronáutico.* É o brasileiro ou estrangeiro admitido localmente por tempo determinado para prestar serviços técnicos, administrativos ou de apoio que exijam familiaridade com as condições de vida, os usos e os costumes do país onde esteja sediada a Organização de Representação do Comando da Aeronáutica. Presta serviços exclusivamente na Representação para a qual for contratado, podendo ser destacado, de acordo com o interesse do serviço, para outras representações sediadas na mesma localidade. O auxiliar local poderá ser contratado para os seguintes empregos nas Representações subordinadas ao Comando da Aeronáutica, com sede no exterior: a) auxiliar de apoio que executa tarefas ligadas à prestação de serviços gerais, nas diferentes áreas de atuação da Representação; b) auxiliar administrativo, de nível médio, que desempenha atividades de natureza administrativa, nas diferentes áreas de atuação da Representação; c) auxiliar técnico, de nível médio, que é contratado para a execução de tarefas técnicas, nas diferentes áreas de atuação da Representação; d) assistente técnico, de nível superior, que é contratado para a execução de tarefas que requeiram especialização em áreas específicas de atuação da Representação.

AUXÍLIO. 1. Na *linguagem comum,* significa assistência, socorro, amparo, ajuda ou subsídio. **2.** *Direito penal.* a) Concorrência na prática de um crime conducente às penas de co-autoria; b) ajuda a criminoso, fora das hipóteses de co-autoria ou receptação, com a finalidade de tornar seguro o proveito do crime. Trata-se do "favorecimento real", punido com detenção e multa; c) amparo a criminoso, escondendo-o da ação da autoridade pública, punido com detenção e multa, por ser crime contra a administração da justiça. **3.** *Direito penal militar.* Ajuda prestada a militar com o firme propósito de passar para o lado inimigo, constituindo crime militar severamente punido.

AUXÍLIO ACIDENTÁRIO. *Vide* AUXÍLIO-ACIDENTE.

AUXÍLIO-ACIDENTE. *Direito previdenciário.* É o benefício previdenciário concedido, como indenização, ao segurado quando, após a consolidação das lesões decorrentes de acidente de qualquer natureza, resultarem seqüelas que impliquem redução da capacidade funcional. O auxílio-acidente mensal e vitalício corresponderá a 50% do salário-de-benefício do segurado. O auxílio-aci-

dente será devido a partir do dia seguinte ao da cessação do auxílio-doença, independentemente de qualquer remuneração ou rendimento auferido pelo acidentado. O recebimento de salário ou concessão de outro benefício não prejudicará a continuidade do recebimento do auxílio-acidente. O auxílio-acidente será concedido como indenização, ao segurado empregado, exceto o doméstico, ao trabalhador avulso e ao segurado especial quando, após a consolidação das lesões decorrentes de acidente de qualquer natureza, resultar seqüela definitiva, que implique: a) redução da capacidade para o trabalho que habitualmente exercia; b) redução da capacidade para o trabalho que habitualmente exercia, exigindo maior esforço para o desempenho da mesma atividade da época do acidente; c) impossibilidade do desempenho da atividade que exercia à época do acidente, porém permita o desempenho de outra, após processo de Reabilitação Profissional, nos casos indicados pela Perícia Médica do INSS. O auxílio-acidente também será devido ao segurado que, indevidamente, foi demitido pela empresa no período em que estava recebendo auxílio-doença decorrente de acidente de qualquer natureza, e que as seqüelas sejam definitivas. Não caberá a concessão de auxílio-acidente de qualquer natureza ao segurado: a) empregado doméstico, contribuinte individual e facultativo; b) que estiver desempregado na data em que ocorreu o acidente; c) que apresente danos funcionais ou redução da capacidade funcional sem repercussão na capacidade laborativa; e d) quando ocorrer mudança de função, mediante readaptação profissional promovida pela empresa, como medida preventiva, em decorrência de inadequação do local de trabalho.

AUXÍLIO-ALIMENTAÇÃO. *Direito administrativo.* É o concedido a todos os servidores civis ativos da Administração Pública federal direta, autárquica e fundacional, independentemente da jornada de trabalho, desde que efetivamente em exercício nas atividades do cargo. O auxílio-alimentação destina-se a subsidiar as despesas com a refeição do servidor, sendo-lhe pago diretamente. O servidor faz jus ao auxílio na proporção dos dias trabalhados, salvo na hipótese de afastamento a serviço com percepção de diárias. O auxílio-alimentação é concedido em pecúnia e tem caráter indenizatório. O auxílio-alimentação não é: a) incorporado ao vencimento, remuneração, proventos ou pensão; b) configurado como rendimento tributável; não sofrerá incidência de contribuição para o Plano de Seguridade Social do servidor público; c) caracterizado como salário-utilidade ou prestação salarial *in natura*; d) acumulável com outros de espécie semelhante, tais como cesta básica ou vantagem pessoal originária de qualquer forma de auxílio ou benefício-alimentação. O servidor, que acumular cargos na forma da Constituição, faz jus à percepção de um único auxílio-alimentação, mediante opção. O auxílio-alimentação é custeado com recursos dos órgãos ou entidades a que pertença o servidor, os quais deverão incluir na proposta orçamentária anual os recursos necessários à manutenção do auxílio.

AUXÍLIO DE AVALIAÇÃO EDUCACIONAL (AAE). *Direito administrativo* e *direito educacional.* Devido ao servidor que, em decorrência do exercício da docência ou pesquisa no ensino superior público ou privado, participe, em caráter eventual, de processo de avaliação educacional de instituições, cursos, projetos ou desempenho de estudantes realizado por iniciativa do Instituto Nacional de Estudos e Pesquisas Educacionais Anísio Teixeira (INEP) ou da Fundação Coordenação de Aperfeiçoamento de Pessoal de Nível Superior (CAPES). Caberá o pagamento do AAE em retribuição à participação em processo de avaliação, incluídas a realização de visitas de avaliação *in loco*, a participação em sessão de colegiado com atribuições de avaliação educacional, a atuação em comissão de especialistas, a emissão de parecer técnico e a elaboração de estudos e relatórios científicos de avaliação. O AAE somente será pago se as atividades forem exercidas sem prejuízo das atribuições do cargo do servidor, devendo ser objeto de compensação de carga horária, até o mês subseqüente, quando desempenhadas durante a jornada de trabalho; não se incorpora ao vencimento ou salário do servidor para qualquer efeito, e não poderá ser utilizada como base de cálculo para quaisquer outras vantagens, inclusive para fins de cálculo dos proventos da aposentadoria e das pensões.

AUXÍLIO-DESEMPREGO. *Vide* SEGURO-DESEMPREGO.

AUXÍLIO-DOENÇA. *Direito previdenciário.* É o devido ao segurado que, havendo cumprido, quando for o caso, o período de carência legal, ficar incapacitado para o seu trabalho ou para a sua atividade habitual por mais de quinze dias consecutivos. Será devido auxílio-doença, independentemente de carência, ao segurado obrigatório e facultativo, quando sofrerem acidente de qualquer natureza. Não será devido auxílio-doença ao segurado que se filiar ao Regime Geral da Previdência Social já portador da doença, ou da lesão, invocada como causa para o benefício, salvo quando a incapacidade sobrevier por motivo de progressão ou agravamento dessa doença, ou lesão. O auxílio-doença será devido ao segurado empregado e empresário a contar do 16º dia do afastamento da atividade, e, no caso dos demais segurados, a contar da data do início da incapacidade e enquanto ele permanecer incapaz. Quando requerido por segurado afastado da atividade por mais de trinta dias, o auxílio-doença será devido a contar da data da entrada do requerimento. Durante os primeiros quinze dias consecutivos ao do afastamento da atividade por motivo de doença, incumbirá à empresa pagar ao segurado empregado o seu salário integral ou, ao segurado empresário, a sua remuneração. A empresa que dispuser de serviço médico, próprio ou em convênio, terá a seu cargo o exame médico e o abono das faltas correspondentes ao período referido legalmente, somente devendo encaminhar o segurado à perícia médica da Previdência Social quando a incapacidade ultrapassar quinze dias. O auxílio-doença, inclusive o decorrente de acidente do trabalho, consistirá numa renda mensal correspondente a 91% do salário-de-benefício. O segurado em gozo de auxílio-doença, insusceptível de recuperação para sua atividade habitual, deverá submeter-se a processo de reabilitação profissional para o exercício de outra atividade. Não cessará o benefício até que seja dado como habilitado para o desempenho de nova atividade que lhe garanta a subsistência ou, quando considerado não recuperável, for aposentado por invalidez. O segurado empregado em gozo de auxílio-doença será considerado pela empresa como licenciado. A empresa que garantir ao segurado licença remunerada ficará obrigada a pagar-lhe durante o período de auxílio-doença a eventual diferença entre o valor deste e a importância garantida pela licença. Portanto o auxílio-doença e a aposentadoria por invalidez só se dão nos casos de acidente de qualquer natureza, inclusive decorrente do trabalho, bem como nos casos em que o segurado, após filiar-se ao RGPS, for acometido de alguma das doenças ou afecções relacionadas a seguir: a) tuberculose ativa; b) hanseníase; c) alienação mental; d) neoplasia maligna; e) cegueira; f) paralisia irreversível e incapacitante; g) cardiopatia grave; h) doença de Parkinson; i) espondiloartrose anquilosante; j) nefropatia grave; l) estado avançado da doença de Paget (osteíte deformante); m) Síndrome da Imunodeficiência Adquirida (AIDS); n) contaminação por radiação com base em conclusão da medicina especializada; ou o) hepatopatia grave.

AUXÍLIO EMERGENCIAL FINANCEIRO. Destinado a socorrer e a assistir famílias com renda mensal média de até 2 (dois) salários mínimos, atingidas por desastres, no Distrito Federal e nos Municípios em estado de calamidade pública ou em situação de emergência reconhecidos pelo Governo Federal, mediante portaria do Ministro de Estado da Integração Nacional.

AUXÍLIO EVENTUAL DE TERCEIROS. *Direito agrário.* O que é exercido ocasionalmente, em condições de mútua colaboração, não existindo subordinação nem remuneração.

AUXÍLIO-FUNERAL. *Direito previdenciário.* Benefício em dinheiro destinado ao pagamento das despesas com o enterro do segurado, com rendimento mensal dentro de certo limite, entregue ao cônjuge supérstite, companheiro, herdeiros ou, ainda, ao executor do funeral, que pode ser pessoa estranha que tenha arcado com aquelas despesas, em valor determinado, desde que apresente o comprovante delas ao órgão competente.

AUXÍLIO-GÁS. *Direito administrativo.* Programa destinado a subsidiar o preço do gás liquefeito de petróleo às famílias de baixa renda.

AUXÍLIO-INATIVIDADE. *Direito previdenciário.* Prestação pecuniária, de caráter previdencial, para assegurar um mínimo de recursos a maiores de setenta anos de idade e a inválidos, desde que incapacitados para o trabalho e sem qualquer outro meio de prover o próprio sustento.

AUXÍLIO-MATERNIDADE. *Direito constitucional.* Benefício dado à gestante, antes e depois do parto, permitindo-lhe a percepção do salário integral, apesar de seu afastamento do trabalho.

AUXÍLIO-NATALIDADE. *Direito previdenciário.* Proteção previdenciária que consiste no pagamento de uma única parcela, em valor determinado, pelo nascimento de filho de segurada gestante ou de segurado, pelo parto de sua esposa ou companheira não segurada.

AUXÍLIO PARA DIFERENÇA DE CAIXA. *Direito administrativo.* Vantagem outorgada a funcionário público, no desempenho de suas funções, consistente num acréscimo ao padrão de vencimentos para compensar diferença de caixa.

AUXÍLIO-REABILITAÇÃO PROFISSIONAL. Benefício pecuniário outorgado para assistência, acompanhamento e integração social, fora de unidade hospitalar, a paciente acometido de transtorno mental, egresso de internação em hospital ou unidade psiquiátrica.

AUXÍLIO-RECLUSÃO. *Direito previdenciário.* É o devido aos dependentes do segurado recolhido à prisão que não receber remuneração da empresa nem estiver em gozo de auxílio-doença, de aposentadoria ou de abono de permanência em serviço. O requerimento do auxílio-reclusão deve ser instruído com certidão do efetivo recolhimento à prisão, sendo obrigatória, para a manutenção do benefício, a apresentação de declaração de permanência na condição de presidiário. Será devido igualmente o benefício de auxílio-reclusão nas mesmas condições da pensão por morte aos dependentes do segurado recolhido à prisão, que não receber remuneração da empresa nem cstiver em gozo de auxílio-doença, aposentadoria ou abono de permanência ao serviço. Será devido o benefício de auxílio-reclusão em caso de recolhimento do segurado à prisão sem que tenha sido prolatada sentença condenatória. Equipara-se à condição de recolhido à prisão, a situação do maior de dezesseis e menor de dezoito anos de idade que se encontre internado em estabelecimento educacional ou congênere, sob custódia do Juizado da Infância e da Juventude. Considera-se pena privativa de liberdade, para fins de reconhecimento do direito ao benefício de auxílio-reclusão, aquela cumprida em regime fechado ou semi-aberto, sendo: a) regime fechado aquele sujeito à execução da pena em estabelecimento de segurança máxima ou média; b) regime semi-aberto aquele sujeito à execução da pena em colônia agrícola, industrial ou estabelecimento similar. Não cabe a concessão de auxílio-reclusão aos dependentes do segurado, que esteja em livramento condicional ou que cumpra pena em regime aberto, assim entendido aquele cuja execução da pena seja em casa de albergado ou estabelecimento adequado.

AUXÍLIO-TRANSPORTE. *Direito administrativo.* É o instituído em pecúnia, pago pela União, de natureza jurídica indenizatória, destinado ao custeio parcial das despesas realizadas com transporte coletivo municipal, intermunicipal ou interestadual pelos militares, servidores e empregados públicos da Administração Federal direta, autárquica e fundacional da União, nos deslocamentos de suas residências para os locais de trabalho e vice-versa, excetuadas aquelas realizadas nos deslocamentos em intervalos para repouso ou alimentação, durante a jornada de trabalho, e aquelas efetuadas com transportes seletivos ou especiais. É vedada a incorporação desse auxílio aos vencimentos, à remuneração, ao provento ou à pensão. O auxílio-transporte não será considerado para fins de incidência de imposto de renda ou de contribuição para o Plano de Seguridade Social e planos de assistência à saúde. O valor mensal do Auxílio-Transporte será apurado a partir da diferença entre as despesas realizadas com transporte coletivo e o desconto de seis por cento do: a) soldo do militar; b) vencimento do cargo efetivo ou emprego ocupado pelo servidor ou empregado, ainda que ocupante de cargo em comissão ou de natureza especial; c) vencimento do cargo em comissão ou de natureza especial, quando se tratar de servidor ou empregado que não ocupe cargo efetivo ou emprego. Para fins do desconto, considerar-se-á como base de cálculo o valor do soldo ou vencimento proporcional a vinte e dois dias. O valor do auxílio-transporte não poderá ser inferior ao valor mensal de despesa efetivamente realizada com o transporte, nem superior àquele resultante do seu enquadramento em tabela legalmente definida.

AUXOCARDIA. *Medicina legal.* Dilatação do coração em grau máximo.

À VAINCRE SANS PERIL, ON TRIOMPHE SANS GLOIRE. *Expressão francesa.* Quando se vence sem dificuldades, triunfa-se sem glória.

AVAL. *Direito cambiário.* Garantia literal e expressa dada por pessoa que, não sendo sacado, endossante nem aceitante, apõe sua assinatura no anverso ou verso da cédula, assegurando o pagamento do título (letra de câmbio, nota promissória, cheque ou duplicata).

AVAL ANTECIPADO. *Direito cambiário.* É o que se impõe antes que a obrigação principal se efetive.

AVAL COLETIVO. *Direito cambiário.* Garantia em que mais de um avalista responde em favor dos que intervieram num título cambial (Othon Sidou).

AVAL CONJUNTIVO. *Vide* AVAL CUMULATIVO.

AVAL CUMULATIVO. *Direito cambiário.* Aquele que, na mesma ocasião, é dado por mais de um avalista, em benefício de um mesmo obrigado (Othon Sidou).

AVAL DE AVAL. *Direito cambiário.* É o que se dá quando, havendo vários avalistas, um pretende avalizar o outro.

AVAL EM BRANCO. *Direito cambiário.* Aquele que contém tão-somente a assinatura do avalista, não indicando o beneficiário garantido.

AVAL EM PRETO. *Direito cambiário.* Aquele que contém a locução "por aval" e a indicação da pessoa a quem se garante.

AVAL EM SEPARADO. É o prestado em documento à parte, garantindo apenas aqueles beneficiários nele arrolados.

AVALIAÇÃO. 1. *Direito civil.* É a determinação do preço da coisa decorrente do ajuste feito pelos contratantes, dispensando a avaliação judicial. Essa avaliação convencional é muito usual nos contratos de mútuo com garantia hipotecária ou pignoratícia e no penhor. **2.** *Direito processual civil.* a) Exame pericial que tem por fim determinar o valor, em dinheiro, de alguma coisa ou obrigação, realizando-se em processo cautelar, em processo de conhecimento, em incidentes da execução e no processo de embargos do executado. Visa determinar o justo preço da coisa; b) arbitramento para apurar a equivalência pecuniária dentro de uma estimativa de valor entre coisas ou fatos, fixando-se o *quantum* das perdas e danos causados à vítima. Na avaliação da responsabilidade civil por ato ilícito, não há, portanto, mera estimação do justo preço da coisa; c) é a feita em caso de penhora pelo oficial de justiça, ressalvada a aceitação do valor estimado pelo executado, e caso sejam necessários conhecimentos especializados, o juiz nomeará avaliador, fixando-lhe prazo não superior a dez dias para entrega do laudo.

AVALIAÇÃO DA CAUSA. *Direito processual civil.* Determinação do valor da causa ou da ação, feita na petição inicial, para atender não só a exigência fiscal relativa ao pagamento da taxa judiciária como também a questão da competência do juiz, que, às vezes, se baseia no *ratione valori*.

AVALIAÇÃO DE DÍVIDA. *Direito comercial* e *direito falimentar.* Verificação do montante da dívida ativa ou passiva, apurando-se o valor representado consignado no título. Para tanto, em caso de falência, o administrador judicial levantará o inventário, estimando os bens existentes, consultando faturas e documentos, ouvindo o falido e utilizando parecer de avaliadores.

AVALIAÇÃO DE PROTEÇÃO DAS INSTALAÇÕES PORTUÁRIAS. *Direito marítimo.* Constitui-se fundamentalmente da análise de riscos de todos os aspectos relativos à operação e às instalações portuárias, a fim de determinar quais partes delas são mais suscetíveis e mais prováveis quanto a ocorrências de ameaças, ataques ou de atos ilícitos. Os riscos são uma função direta dessas possíveis ameaças e atos, juntamente com a vulnerabilidade do alvo e as conseqüências desses fatos. Portanto, as pessoas responsáveis pela realização da avaliação deverão ter conhecimentos adequados para avaliar a segurança das instalações portuárias de acordo com o previsto no Código Internacional de Proteção para Navios e Instalações Portuárias (*ISPS Code*). Os trabalhos a serem executados deverão atender às determinações dos organismos nacionais e internacionais de segurança e proteção de bens e serviços, quanto a pressupostas ameaças de danos à infra-estrutura dos portos e terminais, bem como de notórias e reconhecidas vulnerabilidades das suas áreas e instalações passíveis de atos de terrorismo e de outros incidentes similares e que possam afetar os portos de destino das embarcações. Para tanto é prevista a realização de pesquisas e levantamentos para avaliação dos riscos potenciais existentes nos portos e terminais, abrangendo a elaboração de um diagnóstico com a avaliação das áreas e instalações sob riscos de ocorrência de atos ilícitos e ameaça de atos de terrorismo e de outros tipos de incidentes, que possam comprometer a segurança das instalações e das atividades portuárias e dos portos de destino das embarcações. Deverão ser analisados e avaliados, no mínimo, os seguintes componentes físicos e atividades portuárias existentes em cada instalação portuária: 1) os serviços prestados e as atividades desenvolvidas na instalação portuária; 2) o tráfego e tipo de embarcações que freqüentam a instalação portuária; 3) os procedimentos operacionais de atendimento aos navios; 4) o manuseio de cargas e suprimentos no costado dos navios e a contrabordo; 5) os prestadores de serviços e assemelhados que atuam na instalação portuária; 6) os pontos de vulnerabilidade da instalação portuária e suas vias de acesso aquaviários e terrestres; 7) o modelo de segurança da instalação portuária; 8) áreas ou instalações de origem ou destino das cargas, inclusive as de unitização.

A avaliação deverá contemplar sempre os seguintes itens e considerações: a) áreas de acesso controlado – verificação das exigências de identificação com apresentação de documentos pessoais, vigilância permanente, controle de bagagens e pertences em geral; b) áreas de acesso restrito – observação de todas as condições exigidas no item "a" e as restrições específicas; c) acessos às embarcações – identificação da tripulação e de demais pessoas que tenham acesso ao navio, bem como das bagagens e pertences em geral; d) controles dos acessos para os serviços de suprimento e manutenção, praticagem e reboque – adoção dos mesmos procedimentos dos itens "a" e "b", tanto para as instalações como para as embarcações; e) áreas de embarque e desembarque de passageiros e tripulantes – verificação das formas de controle e dos tipos de equipamentos usados nos procedimentos de embarque e desembarque de passageiros e no recebimento de bagagens e demais pertences; f) vias de acesso – verificação, com representação gráfica das vias de acesso aquaviários e terrestres; g) cargas pré-embaladas e conteúdos de volumes em geral – verificação dos procedimentos e equipamentos utilizados no controle do carregamento e descarga das embarcações; h) áreas de fundeio e atracação – verificação dos procedimentos e equipamentos utilizados para vigilância e controle da navegação, fundeio, atracação e da estadia dos navios; i) áreas de estocagem e armazenamento – verificação dos critérios e formas de segregação de produtos perigosos ou especiais dos procedimentos, controles e equipamentos de vigilância utilizados; j) infra-estrutura de proteção – verificação das salas de controle, equipamentos, equipes de segurança e planos de proteção existentes; k) treinamento e divulgação – verificação do nível de conhecimento das equipes, a periodicidade dos treinamentos, bem como a existência de eventos destinados à divulgação dos procedimentos padrão de proteção, com indicação da eficácia e abrangência dos treinamentos e da divulgação desses procedimentos em caso de alerta; l) capacitação da segurança: diagnóstico da situação da instalação portuária quanto ao atendimento aos requisitos de segurança e medidas para melhor resposta da administração aos riscos de incidentes que atentam contra a segurança, com abordagem sobre investimentos, aparelhos, cursos, seminários etc.; m) caracterização das áreas sensíveis: representação gráfica da instalação segundo as áreas sensíveis a incidentes de segurança, ou seja, aquelas sujeitas a ações ilegais ou outros atos de mesma natureza, observando as suas funções e os tipos de cargas nelas existentes; n) comunicação e banco de dados: avaliação de sistemas de comunicação e integração dos agentes de segurança na instalação portuária e fora dela, bem como da disponibilidade de informações apropriadas para as situações de risco já verificadas ou que possam vir a ocorrer. No diagnóstico deverá ser observado e descrito o zoneamento do porto, com indicação da instalação alvo da avaliação, destacando e caracterizando, inclusive com representação gráfica, as áreas e instalações adjacentes e vias de acesso aquaviários e terrestres que necessitem de segurança, assim como os principais aspectos das atividades portuárias nelas desenvolvidas.

AVALIAÇÃO DE RISCO. *Direito ambiental.* Estudo qualitativo e quantitativo em que são considerados os dados toxicológicos, o tipo de dano causado, as doses utilizadas e os efeitos correspondentes, bem como os dados de exposição e de eficácia para inferir o grau de segurança do produto.

AVALIAÇÃO DO OFICIAL DE JUSTIÇA. *Direito processual civil.* É o dever funcional do oficial de justiça de avaliar os bens penhorados tanto na execução de título judicial como extrajudicial, desde que não seja necessário conhecimento especializado, hipótese em que haverá a nomeação de um avaliador pelo juiz (Cassio Scarpinella Bueno).

AVALIAÇÃO DOS CURSOS E INSTITUIÇÕES DE ENSINO SUPERIOR. *Direito educacional.* É o processo que compreende os seguintes procedimentos: a) análise dos principais indicadores de desempenho global do sistema nacional de ensino superior, por região e unidade da federação, segundo as áreas do conhecimento e o tipo ou a natureza das instituições de ensino; b) avaliação do desempenho individual das instituições de ensino superior, compreendendo todas as modalidades de ensino, pesquisa e extensão; c) avaliação do ensino de graduação, por curso, por meio da análise das condições de oferta pelas diferentes instituições de ensino e pela análise dos resultados do Exame Nacional dos Cursos; d) avaliação dos programas de mestrado e doutorado, por área do conhecimento.

AVALIAÇÃO DO SISTEMA DA QUALIDADE DA FÁBRICA. *Direito comercial.* Atividade que tem como objetivo a verificação do atendimento aos requisitos de capacitação fabril, tecnológica e do sistema da qualidade.

AVALIAÇÃO JUDICIAL. *Direito processual civil.* É a realizada por determinação do juiz, no decorrer das ações judiciais, para estimar o valor ou o preço dos bens em inventário, partilha, penhora etc. Essa avaliação é feita pelo perito oficial da justiça ou por outra pessoa designada pelo magistrado em razão de sua habilidade técnica.

AVALIAÇÃO REPETIDA. *Direito processual civil.* É uma nova avaliação feita em virtude de ter sido a primeira anulada por erro ou dolo do avaliador ou por ocorrência de fato que provocou a alteração do valor do objeto avaliado.

AVALIAÇÃO TOXICOLÓGICA. *Direito ambiental.* Estudo dos dados biológicos, bioquímicos e toxicológicos de uma substância ou de um produto por sua atuação em animais de laboratório ou outros sistemas de provas, com o objetivo de extrapolar os resultados para a espécie humana.

AVALIADOR. *Direito processual civil.* **1.** Funcionário da justiça ou perito oficial da justiça cujas atribuições estão fixadas na lei de organização judiciária. **2.** Pessoa que, por sua aptidão, é nomeada pela autoridade judicial para proceder à avaliação de bens em penhoras, inventários etc., devendo, para tanto, prestar compromisso por termo nos autos.

AVALISTA. *Direito cambiário.* Aquele que avaliza letra de câmbio, nota promissória ou duplicata em favor de alguém, garantindo o título; avalizador; dador do aval.

AVALIZADO. *Direito cambiário.* Aquele que foi beneficiado ou favorecido pelo aval prestado por outrem.

AVALIZADOR. *Direito cambiário.* Avalista; aquele que presta garantia pessoal em favor de alguém em título cambial, obrigando-se solidariamente.

AVALIZAR. *Direito cambiário.* Dar ou apor o aval em letra de câmbio ou nota promissória emitida por outrem, garantindo seu pagamento.

AVAL LIMITADO. *Direito cambiário.* Aquele pelo qual o avalista só se obriga pelo valor total do débito consignado no aval.

AVAL PLENO. *Vide* AVAL EM PRETO.

AVAL PÓSTUMO. *Direito cambiário.* Aquele que se dispõe após o vencimento do título. O aval posterior ao vencimento do título diante da impossibilidade de protesto produz os mesmos efeitos do anteriormente dado. É o prestado já estando a dívida vencida e não paga pelo devedor principal, logo o avalista poderá ser acionado pelo credor para efetivar aquele pagamento.

AVAL SUCESSIVO. *Direito cambiário.* É aquele que é dado a um avalista, anteriormente, obrigado (Othon Sidou).

AVANÇO. 1. *Direito comercial.* Lucro; ganho; juro de capital. **2.** *Direito do trabalho.* Adiantamento de salário, gratificação ou comissão. **3.** *Direito civil.* a) Adiantamento de qualquer obrigação ou débito; b) acrescentamento de crédito ou bens. **4.** Na *linguagem jurídica* em geral, pode designar também: a) melhoria de posto ou fortuna; b) utilização de dinheiro de outrem, sem a permissão deste, embora esteja sob a guarda da pessoa que dele se apossou; c) desfalque.

AVANÇO DA HERANÇA. *Direito civil.* Adiantamento da legítima.

AVANIA. *História do direito.* **1.** Insulto infligido pelos turcos a mercadores cristãos, obrigando-os a fazer grandes doações, alegando imposição de lei inexistente. **2.** Importância que um navio era obrigado a pagar a outro para livrar-se da agressão de corsários. **3.** Contribuição arbitrária cobrada por um negociante poderoso mediante fraude a um mais fraco.

AVANT-PREMIÈRE. *Locução francesa.* Apresentação de filme ou peça teatral, antes de sua estréia, a um público limitado.

AVARIA. *Direito marítimo.* **1.** Dano causado a um navio ou a sua carga. **2.** Despesa feita com o salvamento do navio. **3.** Despesas extraordinárias feitas para a segurança de embarcação ou da carga, em razão dos danos sofridos desde a partida até a chegada no porto de destino.

AVARIA COMUM. *Vide* AVARIA GROSSA.

AVARIA DAS MERCADORIAS DAS CÂMARAS. *Direito marítimo.* Deterioração de carga frigorificada, provocada por deficiência de refrigeração, manuseio, condicionamento ou peiação.

AVARIA GROSSA. 1. *Direito marítimo.* Também chamada "avaria comum". É a que deve ser suportada em grosso, ou seja, pelo navio e pela carga, para salvar o restante de ambos. Trata-se do dano causado, deliberadamente, ao navio ou à sua carga, em caso de desastre, perigo para salvá-los ou de despesas feitas com essa intenção, sendo suportada tal avaria pelo proprietário do navio, da carga ou pelos seguradores proporcionalmente aos seus interesses. **2.** *Direito comercial.* Dano sofrido por mercadorias durante seu transporte.

AVARIA NA CARGA. *Direito comercial.* Deterioração da carga, provocada por ação física ou química, decorrente de deficiência em seu manuseio, arrumação, condicionamento e operação.

AVARIA NO APARELHO DE GOVERNO E NO LEME. *Direito marítimo.* É a deterioração por deformação excessiva, ruptura ou mau funcionamento das rodas de leme, gualdropes, máquinas do leme e os acessórios por meio dos quais o leme é movimentado.

AVARIA OU DEFEITO NAS MÁQUINAS, MOTORES, CALDEIRAS E APARELHOS AUXILIARES. *Direito marítimo.* Deterioração por deformação excessiva, ruptura ou mau funcionamento das máquinas e aparelhos de bordo.

AVARIA PARTICULAR. *Vide* AVARIA SIMPLES.

AVARIAS-CONTRIBUIÇÃO. *Direito marítimo.* Aquelas que se concretizam numa obrigação, consistente em indenizar os prejuízos, sob forma de rateio proporcional, em vista de prejuízos comuns do infortúnio (Geraldo Bezerra de Moura).

AVARIAS-DANOS. *Direito marítimo.* Aquelas decorrentes de faltas náuticas (Geraldo Bezerra de Moura).

AVARIAS-DESPESAS. *Direito marítimo.* As provocadas por força maior.

AVARIA SIMPLES. *Direito marítimo.* Deterioração da coisa ou da embarcação ou despesas extraordinárias que se dão em razão de fatos ordinários da navegação determinados por fortuna do mar (encalhe, naufrágio, borrasca) ou por atos dos tripulantes ou do carregador. Esse prejuízo parcial será suportado ou só pelo navio ou só pela mercadoria que sofreu o dano ou deu causa à despesa, afetando apenas o proprietário do navio ou o da carga ou seu segurador, desde que o prejuízo não tenha advindo de culpa de alguém. É também denominada "avaria particular".

AVASSALADO. *Direito internacional público.* O que foi ou está submetido ao poder de país estrangeiro.

AVE CAESAR, MORITURI TE SALUTANT. *Expressão latina.* Salve, César! Os que vão morrer te saúdam. Eram palavras com que os gladiadores, antes da luta, se dirigiam a César.

AVENÇA. 1. *Direito civil.* a) Acordo entre litigantes, ajuste, convenção, contrato; b) quantia paga por serviços prestados por alguém a outrem durante certo prazo. **2.** *Direito processual civil.* Acordo feito entre litigantes, em juízo, para pôr fim a uma demanda. **3.** *História do direito.* Ajuste pelo qual o contribuinte de imposto indireto anuía em pagar, antecipadamente, à autoridade arrecadadora uma soma relativa ao valor das vendas prováveis, no período em que aquele imposto era exigido.

AVERAGE ADJUSTER. *Direito marítimo.* Regulador de avarias que deve conduzir as operações jurídicas e materiais do procedimento de liquidação das avarias (Daniel Azúa).

AVERAGE RATES. *Locução inglesa.* Taxas de carga e descarga.

AVERBAÇÃO. *Direito civil.* **1.** Declaração necessária para a ressalva de direitos que se processa na matrícula ou à margem do registro, com o escopo de informar terceiro da existência de determinado fato superveniente, que, não sendo constitutivo de domínio, de ônus reais ou de encargos, venha a atingir o direito real ou as pessoas nele interessadas e, conseqüentemente, o registro, alterando-o, por modificar, esclarecer ou extinguir os elementos dele constantes. A averbação modifica o registro sem, contudo, alterar sua essência. Consiste, portanto, no lançamento de todas as ocorrências ou fatos que, não estando sujeitos ao assento, venham a alterar o domínio, afetando o registro relativamente à perfeita caracterização e identificação do prédio ou do titular da propriedade. **2.** Ato de averbar. **3.** Anotação pela qual se faz constar de um documento algum fato que venha a modificar o seu conteúdo, por exemplo, averbação da sentença de divórcio no Livro de Registro de Casamento e no de Imóveis.

AVERIGUAÇÃO. 1. *Direito penal.* Investigação policial de fatos ou pessoas suspeitas de crime. **2.** *Direito processual.* Promoção de diligências necessárias para apurar a veracidade de um fato.

A VERO DOMINO. *Expressão latina.* Pelo verdadeiro proprietário.

AVERSÃO AO RISCO. *Direito financeiro.* **1.** Preferência, dado um mesmo retorno, por um investimento menos arriscado a um mais arriscado. **2.** Rejeição a investimentos em carteiras com prêmio de risco nulo (*fair games*). O investidor avesso ao risco não participa de um negócio pelo prazer do risco, como faz o jogador, mas sim porque vislumbra um prêmio de risco adequado. *Vide* também APOSTA, PRÊMIO DE RISCO e *FAIR GAME* (Luiz Fernando Rudge).

AVERSÃO AO RISCO GLOBAL. *Direito financeiro.* Aversão ao risco de investidores internacionais, que receiam conseqüências de uma crise generalizada na economia mundial (Luiz Fernando Rudge).

AVES COMERCIAIS. *Direito agrário.* São as destinadas ao abate ou à produção de ovos para consumo.

AVIAÇÃO. *Direito aeronáutico.* Sistema de navegação aérea realizada por meio de aparelhos mais pesados que o ar.

AVIAÇÃO AGRÍCOLA. *Direito agrário.* Navegação aérea empregada na agricultura, prestando serviço de pulverização na aplicação de inseticidas, adubos e sementes, no combate a incêndios em campos ou florestas etc.

AVIAÇÃO CIVIL. *Direito civil.* Navegação aérea que não serve a fins militares, sendo utilizada para o transporte de passageiros ou coisas.

AVIAÇÃO COMERCIAL. *Direito comercial.* Navegação aérea feita por aeronaves civis que operam na seara empresarial.

AVIAÇÃO MILITAR. *Direito militar.* Navegação aérea destinada a operações de combate; força aérea.

AVIAÇÃO NAVAL. *Direito marítimo.* É a que abrange aviões estacionados em porta-aviões e hidroaviões da Marinha.

AVIAÇÃO PARTICULAR. *Direito civil* e *direito comercial.* Navegação aérea feita por avião de uso particular de indivíduos ou de sociedades empresárias.

AVIADO. 1. *Direito agrário.* Aquele que presta serviços a empregador rural, mediante pagamento de salário, coletando castanha do Pará ou látex da seringueira. **2.** *Direito comercial.* Mascate que vai negociar no sertão por conta de um empresário da costa.

AVIADOR. 1. *Direito agrário.* Aquele que explora a atividade agroeconômica de extração do látex da seringueira ou de coleta de castanha do Pará, na selva do Amazonas, auxiliado por empregados contratados para tal fim. **2.** *Direito comercial.* a) Aquele que faz comércio de comissões e consignações; b) comerciante que vende mercadorias a prazo a seringueiros em troca de borracha. **3.** *Direito aeronáutico.* a) Piloto de aeroplano; b) aquele que se ocupa da navegação aérea.

AVIAMENTO. 1. *Direito comercial.* a) Ato preparatório da expedição de mercadorias vendidas num estabelecimento empresarial; b) conjunto de mercadorias que o seringueiro compra a prazo de um empresário a troco de borracha; c) conjunto de fatores pessoais, materiais ou imateriais que dão ao estabelecimento empresarial a aptidão de produzir lucros; d) material comercializado e usado para a confecção de roupas, por exemplo, botões, entretelas, linhas, fitas, rendas etc.; e) é o sobrevalor ou valor superior atribuído a bens do empresário que, organizados e aplicados em sua atividade, integram o estabelecimento. **2.** *Direito agrário.* Contrato de trabalho rural pelo qual o aviador entrega ao aviado dinheiro, mercadorias ou gêneros alimentícios em troca da coleta de castanha do Pará ou de látex da seringueira, transformado em pélas de borracha, durante o período de tempo avençado. Nada obsta a que o aviador pague, a título de adiantamento, a remuneração avençada para o período de tempo em que o aviado ficar na mata coletando castanhas ou látex. **3.** Na *linguagem farmacêutica,* indica o ato de preparar a receita médica.

AVIÃO. *Direito aeronáutico.* Aparelho mais pesado que o ar, empregado na navegação aérea para o transporte de coisas e pessoas.

AVIÃO-CORREIO. É o destinado ao transporte de correspondência.

AVIÃO DE BOMBARDEIO. *Direito militar.* Aquele que visa a destruição de objetivos.

AVIÃO DE CAÇA. *Direito militar.* Aeroplano militar ou naval que visa destruir, no ar, aviões inimigos.

AVIÃO DE CARGA. *Direito comercial.* É o que tem a finalidade de transportar cargas.

AVIÃO DE INTERCEPÇÃO. *Direito militar.* Avião de combate destinado à defesa contra aviões de bombardeio empenhados em reide aéreo.

AVIÃO DE OBSERVAÇÃO. *Direito militar.* Avião de tipo leve destinado à observação das posições do inimigo e dos tiros da artilharia da força a que pertence.

AVIÃO DE SAÚDE. Avião destinado ao transporte de feridos ou de medicamentos.

AVIÃO DE TURISMO. Avião particular para uso pessoal de seu proprietário.

AVIÃO-ESCOLA. É o de tipo leve e duplo comando, apropriado para o ensino da pilotagem.

AVIÃO MILITAR. *Direito militar.* É o avião de guerra pertencente ao Exército.

AVIÃO NAVAL. *Direito militar.* Avião de guerra, hidravião ou avião de terra de propriedade da Marinha.

AVIÃO-TANQUE. É o avião de carga equipado com tanques de combustível para transportar gasolina a bases aéreas ou para uso no reabastecimento de combustível em vôo.

AVIAR. 1. Executar; expedir; concluir. **2.** Preparar remédio prescrito em receita. **3.** Despachar mercadoria encomendada e vendida a um freguês. **4.** Vender mercadorias a prazo a seringueiro a troco de borracha.

AVIÁRIO. *Direito agrário.* Instalação física projetada e utilizada para criação e manutenção de aves.

AVIATÓRIO. O que é relativo à navegação aérea.

AVICULTURA. 1. *Direito agrário.* Arte de criar aves. **2.** *Direito comercial.* Comércio de aves domésticas.

AVINDO. *Direito civil.* Combinado; contratado; ajustado.

AVINDOR. Mediador; aquele encarregado de harmonizar pessoas desavindas, evitando demanda judicial; pessoa que põe de acordo os litigantes.

AVIR. Ajustar; pôr os litigantes de acordo; conciliar.

AVISO. 1. Na *linguagem comum,* designa: a) comunicação, informação, participação; b) admoestação, repreensão, advertência; c) conselho. **2.** *Direito administrativo.* a) Ato emanado de um ministro de Estado, fazendo uma comunicação oficial a outro ou a uma autoridade de categoria superior. Hoje é usual apenas nos ministérios militares; b) ato pelo qual o secretário de Estado transmite ordens, dá instruções ou presta esclarecimentos aos chefes de serviço; c) fórmula pela qual os auxiliares do chefe do Executivo, federal e estadual, fazem comunicações entre si ou para outras autoridades dentro da hierarquia administrativa; d) ordem emanada da autoridade competente a seu subordinado; e) instrução relativa a regulamento ou lei. **3.** *Direito marítimo.* Embarcação ligeira utilizada para transmitir ordens ou entregar correspondência das autoridades para seus delegados.

AVISO DE ACEITE. *Direito bancário.* É o expedido pelo portador de título cambial, recebido de seu proprietário para sua cobrança, avisando-o de que foi aceito pelo sacado em tal data.

AVISO DE EXTRAVIO DE TÍTULO. *Direito cambiário.* Notificação dada, quanto ao extravio de título de crédito, pelo portador ao sacado, aceitante ou emitente dele e aos demais coobrigados (avalistas ou endossantes), com o escopo de resguardar seus direitos, evitando que os notificados venham a pagar o referido título.

AVISO DE FÉRIAS. *Direito do trabalho.* Comunicação feita, por escrito, pelo empregador ao empregado da concessão de férias, desde que o faça com antecedência de, no mínimo, trinta dias.

AVISO DE LANÇAMENTO. *Direito tributário.* Comunicação escrita enviada aos contribuintes pelos órgãos públicos fiscais de que deverão pagar certo tributo.

AVISO DE LEILÃO. *Direito processual civil.* Comunicação feita por edital de leilão dos bens que deverão ser arrematados em juízo.

AVISO DE LIQUIDAÇÃO. *Direito bancário.* Comunicação expedida pelo estabelecimento bancário ao descontante do pagamento ou liquidação do título cambial que lhe foi endossado pelo proprietário, pelo obrigado ou coobrigado.

AVISO DE PAGAMENTO. *Direito bancário.* Também designado "aviso de cobrança". Comunicação do pagamento de títulos para cobrança aos cedentes destes, feita pelo banco encarregado de efetuá-la, declarando a importância líquida disponível.

AVISO DE PROTESTO DE TÍTULO. *Direito cambiário.* Comunicação do recebimento do instrumento de protesto de um título cambial que deve ser feita ao último endossante, que, por sua vez, deverá levar o fato ao conhecimento da pessoa que lhe endossou o título.

AVISO DE RECEPÇÃO. Recibo que se passa por ocasião do recebimento de carta, documento ou coisa, comprovando sua entrega.

AVISO DE SINISTRO. *Direito civil.* Comunicação formal específica à companhia de seguros da ocorrência de evento previsto na apólice, sua natureza e gravidade (Luiz Fernando Rudge).

AVISO DE VENCIMENTO DO TÍTULO. *Direito bancário.* Memorando enviado pela instituição financeira ou pelo banco encarregado da cobrança de título ao aceitante deste, comunicando-lhe o dia do seu vencimento.

AVISO PRÉVIO. 1. *Direito civil* e *direito comercial.* a) Comunicação feita, antecipadamente, por um contratante a outro de que pretende, sem justa causa, rescindir o contrato entabulado, que, contudo, perdurará durante um certo prazo; b) notificação feita, com certa antecedência, a alguém de que se pretende praticar um ato, a fim de que ele possa ser levado a efeito legalmente; c) notificação judicial ou extrajudicial feita por tomador ou prestador de serviço, de que vai rescindir unilateralmente o contrato, estipulado sem prazo para seu vencimento. Tal notificação deverá ser feita com antecedência de oito dias, se o salário foi fixado por um mês ou mais; de quatro dias, se ajustado por uma semana ou quinzena, e de véspera, se por menos de sete dias. 2. *Direito do trabalho.* a) Denúncia do contrato individual de trabalho por prazo indeterminado, notificando, antecipadamente, o outro contratante de que pretende, sem justa causa, rescindir aquele contrato, fixando seu termo final, pois deixará de vigorar após um certo lapso temporal, contado a partir da comunicação. É, portanto, a comunicação feita pelo empregado ao empregador, ou vice-versa, denunciando, com antecedência, que o contrato por tempo indeterminado cessará ao fim de certo prazo. Com isso evita-se que a parte avisada não seja colhida de surpresa com o rompimento contratual, possibilitando ao empregado arrumar um novo emprego e ao empregador um substituto do empregado, prevenindo danos e preservando o funcionamento empresarial; b) denúncia de contrato de trabalho por prazo determinado antes da data em que deveria terminar, desde que contenha cláusula assecuratória do direito recíproco de rescisão antes de expirado o termo estipulado. O valor das horas extraordinárias habituais integra o aviso prévio indenizado. O reajustamento salarial coletivo, determinado no curso do aviso prévio, beneficia o empregado pré-avisado da despedida, mesmo que tenha recebido antecipadamente os salários correspondentes ao período do aviso, que integra seu tempo de serviço para todos os efeitos legais.

AVIS RARA. *Locução latina.* O que é raro.

AVIS RARA AVIS CARA. *Expressão latina.* O que é raro é valioso.

À VISTA. 1. *Direito comercial.* Termo usado para indicar que o pagamento deverá ser feito no ato da aquisição, por ocasião da entrega da mercadoria, ou que o negócio se faz para liquidação no ato. 2. *Direito cambiário.* Vencimento do título de crédito na sua apresentação, isto é, na vista que dele se dá ao sacado para que o pagamento, desde logo, seja efetuado. Essa locução é usada, portanto, para designar o título cambial que deve ser pago à sua apresentação ou cujo prazo de vencimento é contado pela data do aceite, opondo-se à condição "à data", ou melhor, de prazo contado da data da extração do título.

AVITAL. *Medicina legal.* Sem vida.

AVITAMINOSE. *Medicina legal.* Estado mórbido provocado pela falta de vitaminas na alimentação.

AVITUALHAR. *Direito marítimo.* Abastecer a embarcação de víveres.

AVIVAMENTO. *Medicina legal.* Ato de tornar sangrentos os lábios de uma ferida para reuni-los por meio de uma sutura.

AVIVENTAÇÃO DE RUMOS APAGADOS. *Direito civil.* Ato de restabelecer ou restaurar os marcos feitos para assinalar os limites de uma propriedade com a contígua, através da demarcatória, repartindo-se as despesas proporcionalmente entre os interessados.

AVOCAÇÃO. 1. *Direito processual civil.* Ato pelo qual o magistrado chama a si o exame e a decisão de um processo pendente, submetido à apreciação de outro órgão. **2.** *Direito administrativo.* Ato decorrente do poder hierárquico pelo qual a autoridade administrativa, por motivo legal ou de interesse público, chama a si funções originariamente cometidas a um subordinado seu, assumindo toda a responsabilidade do ato avocado. **3.** *Direito do trabalho* e *direito previdenciário.* Ato pelo qual o ministro do Trabalho e do Emprego avoca a seu conhecimento, havendo interesse público, os assuntos de ordem administrativa alusivos às instituições da Previdência Social.

AVOCADO. *Direito processual civil* e *direito administrativo.* **1.** Ato ou assunto que é objeto de avocação. **2.** Órgão ou funcionário ao qual o superior hierárquico dirige a avocação de um ato.

AVOCAMENTO. *Direito processual civil* e *direito administrativo.* Ato ou efeito de avocar.

AVOCANTE. *Direito processual civil* e *direito administrativo.* Aquele que avoca ou requisita o processo.

AVOCATÓRIA. *Direito processual civil.* Carta ou mandado determinando o avocatório, de ofício ou por provocação da parte, pelos quais o juiz avoca ao seu juízo prevento todas as causas conexas que correm noutro juízo, por serem de sua competência ou ante princípio legal que determine o avocamento.

AVOCATÓRIO. *Direito processual civil.* Antigo instituto processual pelo qual um juiz da mesma hierarquia requisitava processo que estava sob a apreciação de outro, para julgá-lo, quando o considerasse de sua competência ou se houvesse lei determinante desse avocamento. Atualmente, no Brasil, havendo conflito de competência judiciária, o tribunal declarará qual juiz é o competente, pronunciando-se a respeito da validade dos atos praticados pelo incompetente.

AVOENGAS. *Direito civil.* Quinhões deixados pelo *de cujus* a netos que herdam por cabeça. Trata-se, na lição de Roberto Senise Lisboa, da transmissão direta de parte dos bens do avô em favor de seus netos, ante a morte anterior dos filhos daquele ou afastamento dos descendentes mais próximos da sucessão.

AVOENGO. 1. *História do direito.* Direito de preferência que era dado aos descendentes na sucessão dos bens que pertenciam aos avós ou bisavós. Tratava-se do "retrato por consangüinidade", ou seja, do direito de reversão dos bens dos avós para o patrimônio do neto, por licitação ou mediante indenização a quem os adquiriu. **2.** *Direito civil.* Aquilo que foi herdado dos avós.

AVOIRDUPOIS. *Termo francês.* Sistema inglês de pesos e medidas.

À VOL D'OISEAU. *Expressão francesa.* Por alto.

AVONDANÇAS. Cautelas ou providências que devem ser tomadas para que se proceda com razão e justiça.

AVÓS. *Direito civil.* Ascendentes em linha reta de 2º grau, que podem ser maternos ou paternos, conforme pertençam ao tronco da mãe ou do pai da pessoa cujo parentesco se está medindo.

AVOUÉ. *Termo francês.* Procurador judicial.

AVULSÃO. 1. *Direito civil.* É o repentino deslocamento de uma porção de terra por força natural violenta, desprendendo-se de um prédio para se juntar a outro. O dono do prédio desfalcado perderá a parte deslocada; mas poderá pedir indenização àquele que tirou proveito. Caberá ao dono do prédio favorecido optar entre a remoção da parte acrescida e o pagamento do seu respectivo valor ao proprietário reclamante, que, contudo, não terá direito a outras indenizações, pois o deslocamento avulsivo advém de acontecimento natural, e ninguém responde pelo fortuito. O dono do prédio favorecido só receberá a propriedade do acréscimo se indenizar o proprietário do prédio desfalcado ou, sem pagar tal indenização, se, em um ano, ninguém houver reclamado. Se não quiser pagar aquela indenização, deverá permitir a remoção da parte acrescida. É meio de aquisição originária de propriedade imóvel, desde que as terras aumentadas pela avulsão sejam consideradas acréscimo ou acessão natural e o dono do imóvel que sofreu a avulsão não as reclame dentro do prazo decadencial de um ano, perdendo então o direito de reivindicá-las ou de receber o seu valor. **2.** *Medicina legal.* Extração de um órgão ou de parte dele.

AVULSO. 1. *Direito comercial.* Diz-se do que for vendido fora da coleção de que faz parte. Por exemplo, de um livro pertencente a uma coleção vendido em separado diz-se que o foi em "avulso". **2.** *Direito do trabalho.* Diz-se do trabalhador que, sindicalizado ou não, com intermediação do sindicato, presta serviços remunerados a empresas, sem vínculo empregatício, tendo os direitos trabalhistas consignados em leis específicas para cada tipo de atividade, por exemplo, o trabalhador portuário.

AVUNCULAR. *Direito civil.* **1.** O que é pertencente ou relativo ao tio ou à tia. **2.** Casamento entre tia e sobrinho ou tio e sobrinha, que poderá dar-se desde que dois médicos os examinem e atestem-lhes a sanidade, afirmando não haver inconveniente, sob o ponto de vista da saúde de qualquer deles e da prole, na realização do matrimônio. Vigorará o impedimento matrimonial apenas se houver conclusão médica desfavorável. **3.** Diz-se do parentesco colateral em 3º grau, ou seja, entre tio e sobrinho.

AVUNCULICÍDIO. *Direito penal.* Ato de assassinar tio ou tia.

AVUNCULOCAL. *Sociologia jurídica.* Diz-se do regime matrimonial que impõe aos casados o dever de residir, preferencialmente, na localidade ou casa em que reside o tio materno do marido.

AXANTOPSIA. *Medicina legal.* Impossibilidade de ver ou de distinguir a cor amarela.

AXIOLOGIA JURÍDICA. *Filosofia do direito.* Ramo da filosofia jurídica que se ocupa dos problemas dos valores do direito, indicando as finalidades deste, cuidando da questão da justiça e dos demais valores que deve perseguir o ordenamento jurídico.

AXIOLÓGICO. *Filosofia geral* e *filosofia do direito.* **1.** O que é relativo a axiologia. **2.** Aquilo que se baseia em valores intrínsecos ou que os envolve.

AXIOMA. *Filosofia geral* e *filosofia do direito.* **1.** Premissa aceita como verdadeira, sem necessidade de ser demonstrada. **2.** Princípio identificador dos requisitos formais que devam satisfazer toda a ordem jurídica, por exemplo, os princípios da irretroatividade da norma, do respeito à hierarquia, de que não há responsabilidade sem culpa, da boa-fé etc. **3.** Proposição nuclear do direito, concebido como um sistema dedutivo, devendo ser primitiva, não contraditória e não dedutível.

AXIOMAS LÓGICOS DO DIREITO. *Lógica jurídica.* Consistem nos axiomas da lógica jurídica, que são, conforme nos ensina García Maynez: a) o *princípio de identidade*, ou seja, um enunciado que afirma a identidade de um objeto consigo mesmo é verdadeiro. Assim sendo, a norma que proíbe o que não está juridicamente permitido e a que permite o que não está juridicamente proibido são necessariamente válidas; b) o *princípio de não contradição*, isto é, dois enunciados contraditórios entre si não podem ser ambos verdadeiros. Logo, normas que se opõem contraditoriamente não podem ser tidas, ambas, como válidas; c) o *princípio do terceiro excluído*, quer dizer, dois enunciados que se opõem contraditoriamente não podem ser ambos falsos. Assim, se duas normas jurídicas se opõem contraditoriamente, não podem ambas carecer de validade; d) o *princípio da razão suficiente*, ou seja, todo enunciado, para ser verdadeiro, deve ter um fundamento suficiente de verdade. Conseqüentemente, a norma jurídica, para ser válida, deve ter um fundamento suficiente de validade. Esses axiomas lógico-jurídicos não têm o condão de apontar qual é a norma válida, mas apenas sob quais condições formais elas podem ter validade.

AXIOMAS ONTOLÓGICOS DO DIREITO. *Filosofia do direito.* São, na lição de García Maynez, princípios aprioristicos, válidos universalmente, que exprimem conexões essenciais entre as formas básicas da conduta regulada pelo direito. Dentre eles, temos: a) o *axioma ontológico de exclusão do meio*, pelo qual tudo o que não está juridicamente proibido está juridicamente permitido; b) o *axioma ontológico de inclusão*, segundo o qual o que é juridicamente obrigatório é juridicamente permitido.

AXIOMAS TELEOLÓGICOS. *Filosofia do direito.* São, como pondera Ulrich Klug, os fins em nome dos quais se julga e se extrai a correção do ato legislativo. Isto é assim porque todo ato de legislar pressupõe uma adequação a um fim. São os *quase-axiomas*, como, por exemplo, as máximas do direito justo de Stammler, quais sejam a do *respeito recíproco*, pela qual a pessoa é um fim e não um meio; a da *participação*, segundo a qual ninguém pode ser excluído, arbitrariamente, da comunidade etc.

AXIOMÁTICA. *Filosofia geral.* **1.** Conjunto de princípios postos por uma ciência. **2.** Estudo crítico de axiomas (Lalande).

AXIOMÁTICO. *Filosofia geral.* **1.** Aquilo que é originário de um axioma. **2.** O que tem caráter de axioma (Lalande).

AXIÔMETRO. *Direito marítimo.* Aparelho que possibilita saber a posição da roda do leme, indicando a direção da barra.

AXIÔNIMO. *Direito civil.* Palavra que indica uma forma cortês de tratamento, como, por exemplo, doutor, vossa senhoria, vossa excelência, meritíssimo, vossa santidade, senhor etc.

AXIOPISTIA. Grau de autoridade ou confiança de que os fatos históricos são merecedores.

AXUVAR. *História do direito.* Bens móveis com que a mulher entrava para o casamento, oferecidos pelo seu pai, que deviam ser devolvidos a ela, caso o matrimônio se dissolvesse.

AZAR. **1.** Na *linguagem comum,* designa má sorte, infortúnio, acaso, desgraça, mau agouro, vicissitude. **2.** *Direito civil.* a) Diz-se do jogo que depende de sorte; b) má sorte no jogo; c) cavalo que perde sempre nas corridas; d) elemento que autoriza, havendo contrato de seguro, mediante paga de um prêmio, se ocorrer, a indenização dos prejuízos dele resultantes; e) elemento predominante do contrato aleatório que depende da álea, como, por exemplo, sorte, acaso, destino ou risco. **3.** *Direito penal.* Diz-se do jogo explorado em local público, mediante o pagamento de entrada ou sem ele, que constitui contravenção penal. **4.** *Direito do trabalho.* Elemento contra o qual a Lei de Acidentes do Trabalho visa proteger o operário. **5.** *Direito administrativo.* Elemento predominante no contrato de risco firmado pela Petrobrás para descobrir petróleo e localizar hidratos de carbono gasosos ou líquidos. Assim, se a empresa for bem-sucedida, receberá o ressarcimento do seu investimento e um lucro, mas, se não obtiver sucesso na tarefa, arcará com todos os prejuízos.

AZEMEL. *História do direito.* **1.** Almocreve; condutor de besta de carga. **2.** Abarracamento de mouros; arraial.

AZIENDA. *Direito comercial.* **1.** Patrimônio explorado comercial e industrialmente. **2.** Fundo de comércio. **3.** Conjunto de bens materiais ou imateriais utilizados por empresário no desempenho de suas atividades. **4.** Patrimônio social distinto do individual dos sócios componentes da sociedade.

AZINHAGA. *Direito civil.* Caminho estreito entre montes, ou pelo campo, acompanhado de valado, fora dos povoados, que é objeto de questões alusivas à servidão de passagem.

AZOOSPERMIA. *Medicina legal.* Ausência de espermatozóides, constituindo causa da impotência *generandi.*

AZOTEMIA. *Medicina legal.* Excesso de uréia no sangue devido, em regra, a uma doença renal.

AZOTORRÉIA. *Medicina legal.* Insuficiência pancreática consistente no aumento da quantidade de matéria nitrogenosa na urina ou nas fezes.

AZOTÚRIA. *Medicina legal.* Moléstia caracterizada pela excessiva eliminação de uréia pela urina.

AZUL. **1.** *Medicina legal.* a) Cor do espectro equimótico, que se manifesta entre o terceiro e o sexto dia da provável agressão; b) embriagado. **2.** *Direito agrário.* Diz-se do gado cinzento do nordeste brasileiro.

AZULADOR. *Direito militar.* Oficial que azula as guarnições das espadas.

AZURADO. Fundo que é formado por finas linhas paralelas e juntas, dispostas no campo do documento onde são escritos números, com a finalidade de dificultar falsificação ou impedir rasuras, dando-lhes maior autenticidade (Othon Sidou).

BAASKAP. *Direito comparado.* Supremacia branca, na África do Sul.

BABAECA. Na *linguagem da mineração,* é a pedra mais clara encontrada na peneira.

BABISMO. *Sociologia jurídica.* Doutrina iraniana, fundada em 1844, que proclamava a igualdade dos sexos, proibia o concubinato, a poligamia, a mendicância, o uso de bebidas e drogas intoxicantes e o tráfico de escravos.

BABOVISMO. *Sociologia jurídica.* Doutrina social de Babeuf que preconizava que todos os homens deveriam ser absolutamente iguais nos haveres e obrigados a trabalhar, havendo apenas as diferenças de idade e sexo.

BABUGEM. 1. *Direito comercial.* Gíria usada na linguagem empresarial para indicar compra e venda feita por preço insignificante. **2.** *Direito agrário.* a) Camada superior e mais adubada do solo preparado para a agricultura; b) vegetação inicial que aparece no Nordeste após as secas; c) capim que brota após as chuvas e produz, quando muito novo, diarréia no gado *vacum.*

BACALAR. *Direito agrário.* Prédio rústico ou imóvel rural habitado, cultivado e explorado por muitas famílias em proveito próprio, com a utilização dos utensílios e animais que possuem.

BACAMARTE. 1. *Medicina legal.* Arma de fogo de cano curto e largo. **2.** *Direito agrário.* a) Cavalo reles; b) planta medicinal. **3.** Na *linguagem comum:* a) livro velho, muito pesado e grosso; b) indivíduo sem préstimo.

BACANAL. 1. Luxúria. **2.** Excesso de prazer sexual.

BACEN JUD. *Vide* PENHORA *ON LINE.*

BACHAREL EM DIREITO. Qualificação dada àquele que conclui o curso de ciências jurídicas e sociais das Faculdades de Direito, sendo condição não só para inscrição nos quadros da Ordem dos Advogados do Brasil, quando, então, passará a ser advogado, como também para o ingresso na magistratura, no Ministério Público, nas procuradorias estaduais ou municipais etc.

BACHARELISMO. *História do direito.* Predominância e influência de bacharéis de direito na vida cultural e política de uma nação e na estruturação do Estado, ocupando altos cargos públicos (Kozima).

BACHELOR OF LAWS. *Locução inglesa.* Bacharel em direito.

BACIA. 1. *Direito marítimo.* a) Conjunto de vertentes que circunscrevem um rio ou mar interior; b) ancoradouro onde as embarcações podem lançar âncora sem os riscos que teriam em alto-mar. Trata-se da bacia de um porto; c) vale para o qual converge um rio e seus afluentes; d) açude fechado por comportas, que são abertas ou fechadas para a entrada ou saída de água com a finalidade de recolher embarcações para conserto. Trata-se da bacia do dique. **2.** No sul do País designa circo onde se dá a luta de galos. **3.** *Medicina legal.* Pelve, que constitui importante elemento para a determinação do sexo, em caso de cadáver carbonizado ou putrefeito.

BACIA FLUVIAL. *Direito marítimo.* Planície entre montanhas, cujas águas convergem para um rio que a atravessa.

BACIA LACUSTRE. *Direito marítimo.* Aquela na qual, ante a composição do terreno, as águas constituem um lago.

BACIA MARÍTIMA. *Direito marítimo.* Conjunto de todas as vertentes ou bacias fluviais que vão desaguar no mar ou que rodeiam um mar interior.

BACILEMIA. *Medicina legal.* Presença de bacilos no sangue do paciente.

BACILO. *Medicina legal.* Bactéria com a forma de bastonete que causa doença contagiosa ou infecciosa, como febre tifóide, tétano, tuberculose, difteria etc.

BACILOSE. *Medicina legal.* Moléstia provocada por bacilo.

BACILÚRIA. *Medicina legal.* Eliminação de bacilos pela urina.

BACKBONE. *Termo inglês* e *direito virtual.* **1.** Rede de computador de alta capacidade. **2.** Grande e rápida conexão em rede que se interliga com redes de computadores de outros países. **3.** Rede principal que conecta redes menores à Internet, via cabo de telecomunicação de alta velocidade (Afonso Celso F. de Rezende). **4.** Conjunto de infra-estruturas de banda larga que tem fibra ótica, que percorre os principais pontos de concentração do tráfego de cada continente, administrados por escassos operadores no mundo (Antônio Jeová Santos e Paloma L. Gonzalez).

BACKDATING. *Termo inglês.* Pós-datar um cheque.

BACK FREIGHT. *Vide* FRETE DE RETORNO.

BACKGROUND. *Termo inglês.* **1.** Indica, em rádio, televisão ou cinema, tudo que é visto ou ouvido no fundo de uma cena. **2.** Radiação oriunda de diversas fontes de substância radioativa a ser medida.

BACK OFFICE. *Locução inglesa.* **1.** Retaguarda operacional. **2.** Área de processamento e contabilidade, que apóia e controla as operações feitas pelas instituições financeiras (Luiz Fernando Rudge).

BACKUP. *Termo inglês* e *direito virtual.* **1.** Cópia de segurança do sistema e dos arquivos em uso no computador guardada em CD-ROM ou disquete para possibilitar a recuperação de *softwares* ou o resgate de informações na hipótese de o disco rígido falhar. **2.** Programa que gera cópias de segurança.

BACKWARDATION. *Termo inglês.* **1.** Mercado invertido. **2.** Reflexo das pressões de demanda sobre operações de meses mais curtos no mercado futuro (Luiz Fernando Rudge).

BAÇO. *Medicina legal.* Glândula esponjosa, maior órgão linfático do corpo, situada no hipocôndrio esquerdo, entre o estômago e as falsas costelas, que, ao sofrer traumatismos, pode romper-se, causando forte hemorragia, que constituirá lesão corporal grave por implicar iminente perigo de vida.

BACTÉRIAS. *Medicina legal.* Microrganismos unicelulares que, pela ação das toxinas, causam enfermidades e são sensíveis às condições do meio em que vivem, sendo, por isso, facilmente controláveis, por não sobreviverem se submetidos, por longo período de tempo, a baixas ou altas temperaturas.

BACTERIEMIA. *Medicina legal.* Presença temporária de bactérias no sangue.

BACTERIOPEXIA. *Medicina legal.* Fixação de bactérias num órgão do corpo.

BACTERIOSE. *Medicina legal.* Moléstia provocada por bactérias.

BACTERIOTOXEMIA. *Medicina legal.* Intoxicação geral provocada pela presença de toxinas bacterianas no sangue do paciente.

BACTERISMO. *Medicina legal.* **1.** Existência de bactérias patogênicas no sangue, sem que haja estado de morbidez. **2.** Microbismo latente.

BAD FAITH. *Locução inglesa.* Má-fé.

BADGES OF FRAUD. *Locução inglesa.* Indícios de fraude.

BADWILL. *Direito comercial.* **1.** Valor maior do passivo que diminui o patrimônio líquido. **2.** Valor real do patrimônio da sociedade.

BAGACEIRA. *Direito agrário.* **1.** Local onde se colocam detritos de cana-de-açúcar moída para secar ao sol e servir de combustível no engenho ou, ainda, para alimentar animais. **2.** Aguardente que se extrai do bagaço da cana. **3.** Pilha de lenha.

BAGACEIRO. *Direito agrário.* Trabalhador rural que remove bagaços de cana para secagem ou o que transporta os secos para a fornalha.

BAGAÇOSE. *Medicina legal.* Moléstia respiratória causada pela inalação do pó de bagaço, provocando calafrios, febre, tosse e debilidade por muito tempo.

BAGAGEIRA. **1.** *Direito comercial.* a) Taxa devida pelo serviço de transporte de bagagens; b) furgão, ou melhor, carro usado nas ferrovias para transportar víveres e equipagens. **2.** *Direito administrativo.* Subsídio outorgado a militares ou a funcionários em comissão a título de pagamento de transporte de suas bagagens. É uma espécie de ajuda de custo.

BAGAGEIRO. **1.** *Direito desportivo.* Cavalo que, numa corrida, chega por último. **2.** *Direito comercial.* Condutor de bagagem. **3.** *História do direito.* Aquele que conduzia bestas no transporte de cargas.

BAGAGEM. **1.** *Direito militar.* Armas e equipagem da tropa. **2.** *Direito civil.* a) Tudo o que o viajante traz consigo para seu uso, sendo que o hospedeiro ou o hoteleiro terá sobre isso penhor legal, a fim de cobrir as despesas feitas por aquele em seu estabelecimento; b) conjunto de obras publicadas por um autor. **3.** *Direito comercial.* a) Objeto do contrato de transporte de pessoas; b) efeito, ou seja, valor negociável transportado com ou sem passageiro; c) conjunto de objetos novos ou usados destinados ao uso ou consumo pessoal do viajante, de acordo com as circunstâncias de sua viagem, ou objetos de pequeno valor, a serem oferecidos como presente. **4.** *Direito aduaneiro.* Conjunto de bens do passageiro, em qualidade ou quantidade que não revele destinação mercantil, isentando-o de imposto de importação. **5.** *Direito penal.* Como medida preventiva de crime, constitui contravenção penal o transporte, sem prévia autorização, de arma em valise ou pasta pelo viajante. **6.** *Sociologia jurídica.* Ralé; baixa sociedade.

BAGAGEM ACOMPANHADA. *Direito comercial.* É a que o viajante leva consigo, no mesmo meio de transporte em que viaja, exceto a que estiver acobertada por conhecimento de transporte.

BAGAGEM DESACOMPANHADA. *Direito comercial.* É a que chega ao País ou dele sai antes ou depois do viajante, ou que chega junto com ele, estando, porém, acobertada por conhecimento de transporte ou de carga ou documento equivalente.

BAGERÊ. Na *linguagem da mineração*, diz-se do cascalho ruim que não contém diamante.

BAGGAGE CLAIM AREA. *Expressão inglesa.* Retirada de bagagem.

BAGNES. *História do direito.* Trabalho forçado em navios ou estabelecimentos marítimos com que se puniam certos criminosos (*bagnards*). Esse trabalho consistia em faxina, carregamento e descarregamento de navio etc.

BAÍA. *Direito internacional público.* Espaço marítimo ou lugar côncavo da costa, no qual se pode aportar, cujas águas são nacionais, colocando-se sob a soberania e jurisdição do Estado que banham.

BAILIO. *História do direito.* Na Idade Medieval, era o magistrado que tinha função de prefeito da cidade.

BAILMENT LEASE. *Locução inglesa.* Locação de móvel com opção de compra.

BAIONETA. *Direito militar.* Lâmina pontiaguda ajustável à extremidade do cano do fuzil.

BAIRRO. *Direito administrativo.* Cada uma das circunscrições em que a cidade está dividida. Pode ser: a) *residencial*, se nele somente se admitir construção de imóveis para moradia; b) *comercial*, se admitir instalação de estabelecimentos de comércio, onde serão vendidas mercadorias ou prestados serviços com intuito de lucro; c) *industrial*, se destinado a fábricas ou a residência de seus operários; d) *rural*, se destinado à instalação de produtores rurais e assalariados ou de profissionais ligados à terra.

BAIXA. **1.** *Direito civil.* Cancelamento de registro público. **2.** *Direito comercial.* a) Queda da cotação de mercadoria ou títulos; b) diminuição de preço. **3.** *Direito militar.* a) Ato de deixar o exército, depois de ter cumprido o período regulamentar do serviço militar, retornando à atividade civil; b) perda sofrida pelas Forças Armadas em razão de aprisionamento, morte ou ferimentos de seus soldados. **4.** *Direito processual.* a) Ato de cancelar registro efetuado no livro de protocolo de um cartório alusivo aos autos do processo; b) ato de devolver ao juízo de instância inferior os autos que se encontravam em grau de recurso no tribunal de instância superior.

BAIXA DE JUROS. Diminuição da cotação da taxa de juros.

BAIXA DOS AUTOS. *Direito processual.* **1.** Ato de mandar um processo à instância inferior para sanar defeito ou julgar incidente. **2.** Remessa dos autos processuais, provisória ou definitivamente, ao juízo *a quo*, ou de origem, após o julgamento do último recurso cabível, para que se cumpra a decisão prolatada no juízo *ad quem*.

BAIXA GENERALIZADA. *Direito financeiro.* Tendência mercadológica em que os preços atuais são mais baixos que os anteriores (Luiz Fernando Rudge).

BAIXA-MAR. *Direito internacional público.* Nível mais baixo a que pode chegar a maré, que é fator determinante para marcar o início do mar territorial.

BAIXA NA CULPA. *Direito processual penal.* Ato de retirar o nome do réu ou acusado do rol dos culpados, se advier decisão absolutória ou de despronúncia.

BAIXA NA DISTRIBUIÇÃO. *Direito processual.* Ato de cancelar uma distribuição já feita por ser ela indevida, por falta de pagamento da sua devida preparação ou, ainda, por ter havido desistência ou transação.

BAIXAR UMA NORMA. *Direito administrativo.* Ato da autoridade pública de expedir medidas, dentro de sua competência, que devam ser de conhecimento geral. Assim, diz-se baixar um regulamento, uma lei, um aviso, um edital, uma portaria etc.

BAIXEL. **1.** *Direito marítimo.* Pequena embarcação. **2.** *Direito comercial.* Negócio.

BAIXIA. *Direito marítimo.* **1.** Baixa-mar. **2.** Paragem no mar onde se tem pouca altura de água.

BAIXIO A DESCOBERTO. *Direito marítimo.* Ilha que submerge na maré alta.

BAIXIOS. *Direito marítimo.* **1.** Locais em que as águas do mar, dos rios ou dos lagos têm pouca altura, dificultando ou impedindo a navegação. **2.** Bancos de areia ocultos sob a água, constituindo um perigo à navegação. Se houver acidente em razão de parada forçada da embarcação em um banco de areia, tal fato não será tido como avaria; logo, as despesas advindas correrão por sua conta, a não ser que haja convenção em contrário ou força maior.

BAIXISTA. **1.** *Direito comercial.* a) Aquele que está encarregado de fazer especulações na Bolsa, provocando a baixa das cotações dos efeitos comerciais, depreciando-os por meio de notícias falsas ou outros artifícios, com o escopo de obter lucro; b) bolsista que procura jogar apenas na baixa do câmbio. **2.** *Direito penal.* Aquele que tenta, através de notícias falsas, manobras ou operações fictícias, impedir a concorrência para auferir lucros, cometendo crime contra a economia popular, podendo ser punido com detenção e multa.

BAIXO-CALÃO. Diz-se de expressão de linguagem abjeta.

BAIXO-IMPÉRIO. *História do direito.* Império romano do Oriente, que perdurou de 395 a 1453.

BAIXO PREÇO. *Direito comercial.* Aquele que, no mercado, não atinge o valor do custo da produção.

BAJAR. *Direito agrário.* Produzir vagens.

BÁJULO. *Direito comercial.* Carregador; aquele que transporta mercadoria nas suas próprias costas.

BALA. 1. *Direito comercial.* a) Quantidade de papel ou outra mercadoria cobertas por um invólucro; b) medida de papel equivalente a dez resmas; c) volume de mercadoria, como algodão ou tecido, envolvido em aniagem; d) fardo ou saco de aniagem usados para o transporte de fazendas ou algodão; e) produto de glicose vendido em confeitarias. **2.** *Medicina legal.* Projétil de arma de fogo que, por ser pérfuro-contundente, provoca ferimento pérfuro-contuso. Pelo exame da bala é possível identificar a arma do crime.

BALA DE PAPEL. 1. *Direito comercial.* Pacote contendo dez resmas. **2.** *Direito penal* e *direito civil.* Agressão feita em cartas ou jornais, podendo gerar responsabilidade penal e civil para o ofensor, que deverá, então, reparar o dano patrimonial ou moral causado.

BALA DUM-DUM. *Medicina legal.* Projétil de arma de fogo, de ponta romba, que, ao seccionar, provoca grande destruição no corpo, sendo, por isso, condenado pelas leis alusivas à guerra.

BALA EXPLOSIVA. *Medicina legal.* Projétil oco que, contendo uma carga de pólvora e espoleta de fulminato de mercúrio, explode ao atingir o alvo.

BALAIADA. *História do direito.* Guerra civil que se deu no Maranhão no final da Regência.

BALA INCENDIÁRIA. *Medicina legal.* Bala ardente lançada para causar incêndio no campo inimigo.

BALA MORTA. *Medicina legal.* Projétil que perde a força da impulsão, vindo a cair por força de seu próprio peso.

BALANÇA. 1. Símbolo da justiça. **2.** *Direito comercial.* a) Instrumento utilizado para determinar o peso dos corpos relativamente a certa unidade; b) comparação das diferenças; c) balanço.

BALANÇA COMERCIAL. *Direito comercial.* **1.** Diferença, em valor, dentro de certo lapso de tempo, entre importações e exportações de mercadorias. Tal saldo mostra a posição das operações comerciais do país, no que atina aos pagamentos internacionais. **2.** Soma de pagamentos e recebimentos internacionais que indica o enriquecimento ou empobrecimento da nação, pois, se o *quantum* das exportações superar o das importações, ter-se-á uma estatística favorável, mas, se o das importações for maior que o das exportações, aquela será desfavorável. **3.** Base para o uso de divisas ou cambiais, imprescindíveis para pagamentos no exterior. **4.** Comparação feita entre o valor total das operações de venda e o valor total das de compra, para apuração da diferença havida entre eles.

BALANÇA DE PAGAMENTO. *Direito comercial.* **1.** Estatística comparativa do total de créditos e débitos de um Estado em relação a outro, alusivos aos recebimentos e pagamentos oriundos do exterior, mostrando o *quantum* que a economia nacional terá de receber ou pagar. Se tiver que pagar mais do que receber, sua moeda desvalorizar-se-á; se tiver que receber mais do que pagar, ter-se-á a valorização daquela, porque maior será sua procura no estrangeiro. Tal balança de pagamento regula o câmbio, pois, se estiver em nível, ele ficará estável; se não houver *déficit*, ter-se-á sua ascensão; se houver, sua queda. **2.** O mesmo que BALANÇA COMERCIAL, se empregada em acepção ampla. **3.** É a que tem por fim averiguar o saldo das atividades empresariais.

BALANÇA POLÍTICA. *Ciência política.* **1.** Equilíbrio de uma nação considerada em relação às outras, concluindo que sua força não as ultrapassa. **2.** Apuração dos votos de que dispõe uma facção política para garantir sua vitória numa eleição, se o saldo lhe for favorável.

BALANCEAMENTO. *Direito comercial.* Operação contábil que visa apurar saldo devedor ou credor de uma determinada conta.

BALANCE DUE. *Locução inglesa.* Usada para designar saldo a pagar.

BALANCE SHEET. *Locução inglesa.* Balanço comercial.

BALANCETE. *Direito comercial.* É também denominado "balancete de verificação", por consistir na relação de saldos de todas as contas da empresa num dado momento, visando a demonstração de que cada lançamento a crédito numa conta diz respeito a um débito em outra e a apresentação sintética do resultado das transações havidas. É o levantamento mensal promovido na escrita da empresa para averiguar a situação dos títulos devedores e credores.

BALANCETES DIÁRIOS E BALANÇOS. *Direito comercial.* Livro onde deverão ser registrados: a) a posição diária de cada uma das contas, ou títulos contábeis, pelo respectivo saldo, em forma de balancetes diários; b) o balanço patrimonial; e c) o de resultado econômico, no encerramento do exercício.

BALANCINS. *Direito marítimo.* **1.** Amantilhos. **2.** Cordas amarradas nas pontas das vergas para mantê-las em posição horizontal ou para fazê-las abaixar na direção em que o vento soprar.

BALANCISTA. 1. *Direito administrativo.* a) Funcionário público encarregado da aferição das balanças utilizadas nos estabelecimentos empresariais; b) funcionário público que pesa as cargas nos postos de controle das rodovias. **2.** *Direito comercial.* Encarregado da balança em matadouros, frigoríficos etc.

BALANÇO. 1. Na *linguagem contábil,* indica: a) exposição circunstanciada ou minuciosa do ativo e passivo de uma pessoa jurídica de direito privado, demonstrando não só as fontes de onde vieram os fundos, mas também os tipos de propriedade e os direitos nos quais aqueles estão investidos. Trata-se de um relatório financeiro e contábil de responsabilidade da administração, indicando a destinação que foi dada aos fundos enviados, exibindo os saldos apurados em cada conta, seja do ativo ou do passivo, obtidos num dado período contábil, resumindo todas as operações suscetíveis de contabilização efetivadas na empresa; b) quadro contábil representativo do ativo, do passivo e do patrimônio líquido do empresário ou da empresa, numa determinada data. O *ativo* compõe-se das contas indicativas da aplicação dos fundos obtidos junto aos proprietários ou a terceiros. Esse ativo pode ser: *ativo corrente*, se o conjunto de ativos puder ser convertido em caixa no período máximo de um ano, como a conta caixa, o título negociável, o valor a receber, a conta estoque, a conta despesa paga antecipadamente e a despesa diferida, ou *ativo não corrente*, se englobar contas atinentes aos bens de longa duração (máquinas, imóveis, patentes, marcas de indústria etc.) que não podem ser utilizados para as atividades empresariais. O *passivo* diz respeito às contas representativas da origem dos fundos obtidos junto a terceiros, tais como contas a pagar, empréstimos bancários de terceiros ou a longo prazo, notas promissórias a pagar, juros a pagar, salários a pagar, comissões a pagar, fundo de garantia por tempo de serviço, previdência social a pagar, impostos de renda a pagar, ICMS a pagar, IPI a pagar, provisão para férias ou para serviços profissionais, seguros a pagar, aluguéis a pagar etc. O passivo poderá ser: *corrente*, se constituído pelas contas a vencer no exercício, ou a *longo prazo*, se disser respeito às obrigações a vencer no exercício seguinte. O *patrimônio líquido* compõe-se das contas representativas dos fundos aplicados na empresa com os recursos advindos dos lucros obtidos ou de seu proprietário, tais como a conta capital, a conta de reserva e a conta lucros à disposição da Assembléia Geral; c) demonstração da posição financeira da empresa; d) amplo processo de análise e de verificação de todas as operações empresariais feitas num dado período; e) síntese dos resultados obtidos no passivo e no ativo, possibilitando averiguar a posição econômica da empresa. **2.** Na *linguagem jurídica* em geral, consiste na obrigação legal de todos os empresários, sociedades por ações, entidades públicas etc., com o intuito de prestação de contas do seu desempenho, consignada no documento oriundo de uma escrituração contábil, feita por especialista, atendendo a todas as formalidades legais, que lhe dão presunção *juris tantum* de validade e eficácia. **3.** *Direito comercial.* a) Levantamento da situação financeira de um estabelecimento bancário, comercial ou industrial que apura todas as contas do ativo e passivo, verificando os lucros e as perdas havidos; b) conferência de fichas ou livros de controle de entrada e saída de mercadorias, confrontando-os com o rol das existentes nos estoques; c) inventário das mercadorias estocadas, feito no final do exercício financeiro. **4.** *Direito falimentar.* Levantamento de todos os bens, mercadorias, dinheiro, dívidas e obrigações passivas que o falido deve fazer, em razão de lei, uma vez declarada sua falência. **5.** *Direito do trabalho.* Relatório contábil feito pelas entidades sindicais das operações de ordem financeira e patrimonial, executado sob a responsabilidade de contabilista legalmente habilitado, de conformidade com o plano de contas e as instruções baixadas pelo Ministério do Trabalho. Tal escrituração contábil basear-se-á em documentos de receita e despesa.

BALANÇO COMERCIAL. *Direito comercial.* Levantamento anual ou semestral das operações feitas em estabelecimento para assinalar sua situação econômico-financeira, indicando o ativo e o passivo. Esse balanço comercial deve ser extraído de livros legalizados, e seu extrato, datado e assinado pelo empresário ou pelos sócios da empresa. Além disso, deverá ser registrado no diário do estabelecimento.

BALANÇO COMERCIAL INTERNACIONAL. *Direito internacional privado.* Resultado obtido na confrontação das importações e exportações, apurando-se o crédito e o débito nas relações econômicas de um país em relação a outro, de cujo saldo se tira a sua balança econômica.

BALANÇO DE CONTAS. 1. *Direito comercial.* É o destinado a apurar o resultado da balança comercial. **2.** Na *linguagem contábil,* é a apuração do saldo de cada conta para encerrar o balanço final.

BALANÇO DE OPERAÇÕES. *Direito comercial.* Verificação de operações financeiras realizadas num certo período, computando as parcelas alusivas à despesa e à receita, apurando-se os resultados obtidos.

BALANÇO DE PAGAMENTOS. *Direito comercial.* É a verificação do saldo das atividades comerciais.

BALANÇO DE RESULTADO ECONÔMICO. *Direito comercial.* É o que contém a demonstração da conta de lucros e perdas, constando o crédito e o débito, e que acompanha, por isso, o balanço patrimonial.

BALANÇO DE SOCIEDADE ANÔNIMA. *Direito comercial.* Demonstração do patrimônio social numa determinada data, exprimindo com clareza a situação da sociedade anônima.

BALANÇO DINÂMICO. *Direito comercial.* Quadro contábil representativo da situação patrimonial atual de uma empresa em plena atividade, apurando-se seus valores por meio de critérios de avaliação econômica.

BALANÇO DO CURADOR. *Direito civil.* É o que deve ser feito anualmente pelo curador do incapaz ao juiz, prestando contas de sua administração. Todavia, o curador estará dispensado desse balanço anual se for seu cônjuge, se o regime matrimonial for o da comunhão universal, ou se os bens do incapaz se acharem descritos em instrumento público, qualquer que seja o regime de bens.

BALANÇO DO TUTOR. *Direito civil.* Apresentação feita anualmente pelo tutor em juízo, com audiência do Ministério Público, das contas organizadas em forma mercantil ou contábil, contendo descrição do ativo e justificativas do passivo, dispensando-se, tão-somente, a exibição de documentos atinentes a despesas de pouca monta, em que não se exigem recibos. Apesar de o legislador exigir balanços anuais, só reclama prestação de contas de dois em dois anos, quando o tutor deixar o ofício tutelar ou, ainda, quando o juiz achar conveniente. Os saldos apurados deverão ser recolhidos à Caixa Econômica ou aplicados na compra de imóveis ou títulos de dívida pública.

BALANÇO ECONÔMICO. 1. *Vide* BALANÇO COMERCIAL INTERNACIONAL. **2.** *Direito comercial.* Verificação da situação econômica de um estabelecimento comercial. **3.** *Direito administrativo.* Demonstração das variações patrimoniais que veio a substituir o que se designava de balanço econômico da gestão da coisa pública. Visa apurar o resultado patrimonial do exercício, evidenciando as alterações da situação líquida patrimonial resultantes da execução orçamentária.

BALANÇO ESPECIAL. *Direito comercial.* Relação entre o ativo e o passivo da sociedade, conducente à avaliação contemporânea de todos os bens, por ocasião da retirada de sócio. Com isso, exige-se que se pague ao retirante ou a quem de direito a quantia correspondente à sua cota, na proporção do balanço especialmente levantado para esse fim, não podendo servir de base para a apuração dos haveres do retirante o último balanço de exercício aprovado, por não exprimir o valor real do patrimônio social. A liquidação da cota do sócio retirante baseia-se na real situação patrimonial da sociedade à época de sua retirada. Assim sendo, far-se-á um balanço especial, computando-se todos os bens realizáveis, expressivos de valor, em função da empresa funcionando, apurando-se, com a maior exatidão possível, através de inventário atualizado, a consistência patrimonial da sociedade para, segundo esta, determinar a soma a ser paga ao retirante, rejeitando-se, por isso, o último balanço social ordinário aprovado, por ser inadequado à justa determinação do valor da cota societária do sócio retirante.

BALANÇO ESTÁTICO. *Direito comercial.* Quadro contábil que expressa o valor patrimonial, para efeito de liquidação, de um estabelecimento que não mais continuará suas atividades empresariais, encerrando-as.

BALANÇO FALSIFICADO. *Direito penal.* Quadro contábil representativo do ativo e do passivo que contém partes falsas e verdadeiras, caso em que apenas perderá eficácia a parte que tiver sido falsificada, sendo cabível contra o autor do delito uma ação penal, além da cível de perdas e danos.

BALANÇO FALSO. *Direito penal.* É o quadro contábil do ativo e do passivo que foi forjado por inteiro, não tendo qualquer eficácia, podendo gerar ação de perdas e danos movida pelo lesado e ação penal contra o autor do delito.

BALANÇO FINANCEIRO. *Direito financeiro.* **1.** Demonstração da receita e da despesa orçamentárias, expressando, ainda, os recebimentos e os pagamentos extra-orçamentários arrecadados durante o ano, registrando os saldos apurados no exercício anterior e os que se transferirão para o exercício seguinte. **2.** Quadro contábil das operações de entrada e saída de dinheiro dos cofres públicos, verificando o saldo ou o déficit do exercício financeiro. **3.** É a demonstração dos resultados finais das operações financeiras do exercício.

BALANÇO GERAL. *Direito comercial* e *direito administrativo.* Levantamento de todas as operações econômico-financeiras realizadas por um estabelecimento empresarial ou público, indicando seu estado patrimonial num certo período.

BALANÇO ORÇAMENTÁRIO. *Direito financeiro.* Modalidade de balanço público que tem por escopo a demonstração das despesas e receitas previstas, confrontando-as com as realizadas. É, em outras palavras, o quadro demonstrativo da previsão da receita e da fixação da despesa no orçamento fiscal e a execução destas, mostrando as diferenças entre a receita prevista e a arrecadada, assim como entre a despesa fixada e a efetivada.

BALANÇO PATRIMONIAL. *Direito civil, direito comercial* e *direito administrativo.* Quadro contábil demonstrativo do ativo e do passivo da gestão da Fazenda Pública ou de uma pessoa jurídica de direito privado, sendo, por isso, indicativo da posição integral da situação líquida patrimonial ou econômico-financeira de uma instituição pública ou privada no instante em que se deu o encerramento do exercício. Esse balanço exprime, no final de cada exercício social, a situação real do patrimônio da empresa, pois visa registrar não só o ativo, ou seja, os resíduos financeiros da execução orçamentária, os bens e valores patrimoniais e os créditos como também o passivo, abrangendo, portanto, todos os bens (móveis, imóveis e semoventes), os créditos, os débitos e compromissos a favor de terceiro.

BALANÇO PRIVADO. *Direito comercial.* Documento que expressa a situação patrimonial da empresa, demonstrando seu ativo e passivo.

BALANÇO PÚBLICO. *Direito administrativo.* É o que abrange não só o balanço orçamentário, financeiro e patrimonial como também a demonstração das variações patrimoniais e a avaliação dos elementos patrimoniais, pelos seguintes critérios: a) o do valor nominal, se se tratar de débitos, créditos ou títulos de renda, feita a conversão, quando em moeda estrangeira, à taxa de câmbio vigente na data do balanço; b) o do valor de aquisição ou o do custo de produção ou construção, se forem bens móveis ou imóveis; c) o do preço médio ponderado das compras, se forem bens de almoxarifado. O balanço público é a expressão sintética dos fatos contábeis alusivos ao patrimônio, refletindo o estado do ativo e do passivo e dos fatores financeiros relativos ao estado da execução orçamentária, oriundos da arrecadação da receita e do pagamento da despesa durante o exercício financeiro.

BALANÇO TRASEIRO. *Direito de trânsito.* Distância entre o plano vertical passando pelos centros das rodas traseiras extremas e o ponto mais recuado do veículo, considerando-se todos os elementos rigidamente fixados ao mesmo.

BALANITE. *Medicina legal.* Inflamação da glande do pênis.

BALANOPOSTITE. *Medicina legal.* Inflamação ocorrida na superfície da glande e na mucosa que reveste a face interna do prepúcio.

BALANORRAGIA. *Medicina legal.* Corrimento mucoso da glande, em razão de inflamação.

BALÃO. 1. *Direito desportivo.* Golpe, no judô, em que o aplicador, ao cair sobre o dorso, coloca um pé no côncavo do corpo do parceiro, atirando-o por cima da cabeça. **2.** *Direito de trânsito.* Ponto de retorno de veículos no tráfego. **3.** *Direito aeronáutico.* Aparelho voador, manobrável em vôo, apto para se sustentar e circular no espaço aéreo, mediante reações aerodinâmicas, e capaz de transportar pessoas e coisas para fins desportivos, turísticos, agrícolas, mercantis ou científicos.

BALÃO CATIVO. *Direito aeronáutico.* É o usado para fins de observação ou defesa, ficando preso ou fixo ao solo por um cabo de fios de aço, que se alongam ou encurtam por meio de um sarilho.

BALÃO DE BARRAGEM. *Direito aeronáutico* e *direito militar.* É o colocado numa grande altitude, preso a um cabo de aço, sendo destinado a dificultar os ataques aéreos do inimigo.

BALÃO DE ENSAIO. Notícia lançada, sem qualquer compromisso, para sondar a opinião pública, verificando a reação que suscita.

BALÃO DIRIGÍVEL. *Direito aeronáutico.* É o que possui um mecanismo de direção de vôo, que é acionado pelo piloto.

BALÃO LIVRE. *Direito aeronáutico.* Aquele cuja direção de vôo é determinada pela ação do vento, sendo sua ascensão e descida controladas pelo lastro e pela diminuição do gás que serviu para elevá-lo.

BALASTREIRA. 1. Máquina para transportar balastro, ou seja, mistura de areia ou cascalho que se assenta nas vias férreas para segurar os dormentes. **2.** Aparelho usado no transporte de terra em trabalhos de terraplanagem.

BALATEIRO. *Direito agrário.* Trabalhador rural que se dedica à extração do látex seco e duro da árvore denominada balata. Esse látex é usado na fabricação de material para correias de transmissão e de bolas de golfe.

BALA TRAÇADORA. *Medicina legal.* Projétil de arma de fogo que, por conter uma composição química, marca seu trajeto com um rasto de fogo ou fumaça.

BALAÚSTRE. *Direito civil.* Pequeno pilar em que se apóia uma viga ou travessa de corrimão (Afonso Celso F. de Rezende).

BALBÚCIE. *Medicina legal.* **1.** Gagueira. **2.** Defeito orgânico que causa dificuldade de pronunciar, levando o paciente a balbuciar.

BALÇA. 1. *Direito agrário.* a) Sistema de transporte pelo qual um aglomerado de mais ou menos cem peles de borracha, ligadas como a formar uma jangada, pesando cada uma de dez a sessenta quilos, desce, partindo dos seringais, o rio flutuando, impelido pela correnteza; b) porção de carne salgada que se transformará em charque; c) barca de couro de boi utilizada nos rios para transportar gado, carga e pessoas; d) funil de madeira para baldear vinhos. **2.** *Direito civil.* Tapume feito de arbustos, espinhos ou árvores utilizado para assinalar limites entre propriedades rurais ou entre estas e uma estrada, impedindo a entrada de animais e pessoas. **3.** *Direito marítimo.* Plataforma flutuante, feita de madeira, usada para transportar automóveis com passageiros ou, ocasionalmente, descarregar um navio ou salvar seus passageiros e tripulação em caso de naufrágio.

BALCANIZAÇÃO. *Ciência política.* Divisão de entidade continental ou regional em unidades politicamente separadas ou hostis entre si (Gentili).

BALCÃO. 1. *Direito comercial.* a) Local onde, ocasionalmente, se negociam as ações de empresas novas que ainda não estão registradas na Bolsa; b) mesa comprida sobre a qual o comerciante exibe as mercadorias que pretende vender, para serem examinadas pelos compradores; c) ofício de vender num estabelecimento empresarial. Daí dizer-se empregado de balcão para indicar o vendedor. **2.** *Direito civil.* a) Sacada ou varanda; b) pequena galeria que forma, nos teatros, uma segunda platéia sobre o primeiro pavimento. **3.** *Direito agrário.* Grande tabuleiro onde, nos engenhos, se seca o açúcar.

BALÇÃO. *Direito agrário.* Funil de madeira usado para colocar vinho em tonéis.

BALCEIRA. *Direito agrário.* Cana-de-açúcar pobre em sacarose, sendo, por isso, de péssima qualidade.

BALCONISTA. *Direito comercial.* Caixeiro; empregado auxiliar do comércio que trabalha junto ao balcão de estabelecimento comercial, atendendo a freguesia.

BALDEAÇÃO. 1. *Direito marítimo.* a) Mudança de carga ou passageiro para embarcação diferente da designada na apólice de seguro marítimo, após iniciada a viagem, por motivo de inavegabilidade ou força maior, caso em que os riscos continuarão a correr por conta da seguradora até que o navio substituído chegue ao porto de destino, mesmo que seja de bandeira diversa, não sendo esta inimiga; b) ação de lavar o convés do navio, atirando-se sobre ele baldes de água e esfregando-o com vassouras. **2.** *Direito civil.* Transferência de coisas ou pessoas de um meio de transporte para outro, podendo ser *imprevista*, se tal se der em razão de caso fortuito ou força maior, ou *negocial*, se houver cláusula contratual prevendo-a. **3.** *Direito comercial.* Ato de mudar a carga de qualquer veículo de transporte para outro.

BALDIO. 1. *Direito civil* e *direito administrativo.* Diz-se de terreno vago, não ocupado e inculto pertencente a um particular ou ao Estado. Se pertencer ao domínio público, designar-se-á "terra devoluta", sendo que neste se admite o compáscuo, desde que regulamentado por lei municipal. No terreno baldio particular é admitida a comunhão de pastagem por servidão regular ou por convenção. **2.** *Direito agrário.* a) Terreno estéril ou agreste; b) terra inculta ou não explorada por qualquer atividade agropecuária.

BALDO. *Direito agrário.* Barragem que forma as paredes dos açudes e evita que as águas transbordem, causando dano à população, às plantações e aos animais.

BALÍSTICA. 1. *Medicina legal.* Ciência que estuda os movimentos e o alcance do projétil de arma de fogo, prestando grande auxílio na descoberta de crimes. **2.** *Direito internacional público.* Categoria de engenho submetido ao direito aeroespacial relativo à trajetória de objetos espaciais em torno da Terra no espaço extra-atmosférico. Há Estados que se recusam a reconhecer a licitude dessa atividade, mesmo se efetuada em região reconhecida pelo direito internacional. Além disso, o país em cujo território cair um objeto espacial, no desempenho de uma missão, poderá não aplicar o acordo internacional sobre a volta de astronautas e aparelhos espaciais se vier a provar que a ação do engenho balístico causou danos, lesando direitos reconhecidos pelo direito internacional.

BALIZA. 1. *Direito agrário.* Animal que é apartado do rebanho pelo peão para servir como módulo convencional para o restante da apartação, ou seja, da classificação das criações pertencentes a várias fazendas. **2.** *Direito civil.* a) Marco; limite; b) sinal indicativo de uma passagem. **3.** *Direito desportivo.* a) Sinal que indica algum lugar como, por exemplo, o termo da carreira numa corrida de cavalos ou numa regata; b) alvo que, em certos jogos, se deve atingir com a bola. Assim, no futebol, será o retângulo formado por duas barras verticais e uma horizontal, cujas extremidades se apóiam sobre elas, no qual os jogadores devem fazer a bola entrar, marcando gol; c) pessoa que vai à frente, em desfiles desportivos, abrindo a marcha e fazendo demonstrações de destreza. **4.** *Direito militar.* Soldado que, em desfile cívico, vai à frente do batalhão, manejando um longo bastão. **5.** *Direito marítimo.* a) Peça de navio que corresponde aos braços de embarcação de madeira; b) bóia ou estaca colocada num banco de areia ou rochedo oculto no mar, indicando que a embarcação deve desviar desse local por trazer risco ou perigo à navegação. **6.** *Direito de trânsito.* Sinal colocado para impedir o trânsito em praças ou ruas, de modo que o veículo siga seu rumo, evitando algum perigo.

BALL BULLET. *Locução inglesa.* Bala; projétil de arma de fogo.

BALLOON MORTGAGE. *Locução inglesa.* Hipoteca constituída por meio de pagamento de valores iguais, sendo que o valor residual é pago no final do prazo.

BALLOT. *Termo inglês.* Voto secreto.

BALLOTAGE. *Termo francês.* Desempate em eleições em que o candidato mais votado não consegue obter a maioria dos votos válidos, devendo, por isso, concorrer, em segundo turno, com o segundo mais votado. É usado no Brasil para o cargo de Presidente da República, governador e prefeito de município com mais de 200 mil habitantes (Othon Sidou).

BALNEÁRIO. 1. Estância de águas minerais. **2.** Hospedaria ou local cujo elemento principal é o banho em mar ou em água mineral (Pontes de Miranda).

BALROA. *Direito marítimo.* Arpéu ou instrumento de ferro com ganchos usado para o abalroamento de uma embarcação com outra para baldeação, salvamento etc.

BALSA. *Vide* BALÇA.

BALSA PNEUMÁTICA. *Direito aeronáutico.* Espécie de salva-vidas formado por tubos de borracha inflados de ar, utilizado pelos passageiros ou tripulantes de aeronave havendo descida forçada ou queda no mar.

BALSEIRO. 1. *Direito agrário.* Dorna grande onde se colocam uvas para serem pisadas. **2.** *Direito marítimo.* Condutor ou proprietário de uma balsa.

BALSO. *Direito marítimo.* Nó feito num cabo para içar pessoas ou cargas.

BAMBÊ. *Direito agrário.* Faixa de mato que serve de linha divisória entre duas roças.

BANAIS. *História do direito.* Direito dos senhores feudais de forçarem os vassalos ou os habitantes de seus domínios a efetuarem certos trabalhos, mediante remuneração, como moer trigo em seus moinhos, cozer o pão nos seus fornos, pisar a uva nos lugares que lhes pertenciam etc.

BANAL. 1. *Direito civil.* Frívolo; fútil; que não é levado em consideração (como, por exemplo, a benfeitoria voluptuária, que não é indenizada), a não ser que venha a constituir dano, caso em que este será suscetível de ressarcimento. **2.** *Direito penal.* Motivo de ato criminoso. O homicídio, por exemplo, é qualificado se praticado por futilidade, como em razão de simples incidente de trânsito, do fato de a vítima ter caçoado do assassino etc.

BANALIDADE. *História do direito.* Tributo que era pago pelo vassalo que usava instalação fabril do senhor feudal.

BANANICULTURA. *Direito agrário.* Cultura de bananas.

BANANISTA. *Direito agrário.* Aquele que se dedica à cultura de bananas; bananicultor.

BANCA. 1. *Direito comercial.* a) Conjunto de banqueiros ou de bancos; b) operação comercial de giro, desconto, abertura de crédito, câmbio ou empréstimo. **2.** *Direito civil.* a) Quantia para apostar no jogo; b) soma reservada para estabelecer negócio temporário; c) atividade exercida num escritório de advocacia. **3.** Na *linguagem da mineração,* é o monte de cascalho lavado que se forma pelas batidas sucessivas da peneira usada pelo garimpeiro.

BANCADA. *Direito constitucional.* Conjunto de deputados ou senadores de um Estado ou de um partido político.

BANCA DE CONCURSO. *Direito administrativo.* Colegiado de membros que julga as provas e os títulos de candidatos ao preenchimento de cargos públicos.

BANCA EXAMINADORA. *Direito educacional.* Comissão de professores que funciona em concursos ou exames, possuindo graduação superior à do candidato.

BANCARIA. 1. *Direito canônico.* Negociação ou corretagem, na cúria romana, para obter a expedição de bulas papais. **2.** *Direito comercial.* Grande número de bancos.

BANCÁRIO. 1. *Direito comercial.* Aquilo que é relativo a banco. **2.** *Direito do trabalho.* Funcionário ou empregado de banco.

BANCARROTA. 1. *Direito comercial.* Estado de insolvência fraudulenta a que pode chegar um empresário se não efetuar, culposamente, seus pagamentos. **2.** *Direito administrativo.* Cessação de pagamentos de obrigações assumidas pelo Estado, caracterizando a insolvabilidade da Administração Pública, acarretando descrédito para ulteriores operações.

BANCARROTISMO. *Direito comercial.* **1.** Uma série de bancarrotas. **2.** Bancarrota entendida como um sistema.

BANCO. 1. *Direito comercial.* a) Estabelecimento de crédito para negociações de fundos particulares ou públicos; b) prédio onde se efetuam operações bancárias; c) balcão de comércio. **2.** *Medicina legal.* Local onde se faz o armazenamento de material, tecidos ou órgãos humanos para serem usados em transfusões e transplantes.

BANCO AGRÍCOLA. *Direito comercial.* Estabelecimento de crédito destinado a auxiliar a agricultura, através do custeio de sua exploração, financiando o cultivo de terra e a aquisição de instrumentos para a lavoura, tendo, não raras vezes, como garantia o penhor dos produtos.

BANCO CENTRAL DO BRASIL. *Direito bancário.* É uma autarquia federal, vinculada ao Ministério da Fazenda, com personalidade jurídica e patrimônio próprio que deve cumprir e fazer cumprir as disposições que lhe são atribuídas pela legislação em vigor e as normas expedidas pelo Conselho Monetário Nacional. É a entidade de cúpula do Sistema Financeiro Nacional cuja sede e foro encontram-se na Capital da República. O Banco Central tem por finalidade a formulação, a execução, o acompanhamento e o controle das políticas monetária, cambial, de crédito e de relações financeiras com o exterior; a organização, disciplina e fiscalização do Sistema Financeiro Nacional; a gestão do Sistema de Pagamentos Brasileiro e dos serviços do meio circulante. Seus objetivos são: a) zelar pela adequada liquidez da economia; b) manter as reservas internacionais do País em nível adequado; c) estimular a formação da poupança em níveis adequados às necessidades de investimento do País; d) zelar pela estabilidade e promover o permanente aperfeiçoamento do Sistema Financeiro Nacional. Compete-lhe: 1. Emitir papel-moeda e moeda metálica, nas condições e limites autorizados pelo Conselho Monetário Nacional. 2. Executar os serviços do meio circulante. 3. Determinar o recolhimento de até cem por cento do total dos depósitos à vista e de até sessenta por cento de outros títulos contábeis das instituições financeiras, na forma e condições fixadas pelo Conselho Monetário Nacional, podendo adotar percentagens diferentes em função das regiões geoeconômicas, das prioridades que atribuir às aplicações e da natureza das instituições financeiras. Além disso, determinar percentuais que não serão recolhidos, desde que tenham sido reaplicados em financiamentos à agricultura, sob juros favorecidos e outras condições fixadas. 4. Receber os recolhimentos compulsórios de que trata o inciso anterior e, ainda, os depósitos voluntários à vista das instituições financeiras. 5. Realizar operações de redesconto e empréstimo a instituições financeiras. 6. Exercer o controle do crédito sob todas as suas formas. 7. Efetuar o controle dos capitais estrangeiros. 8. Ser depositário das reservas oficiais de ouro, de moeda estrangeira e de direitos especiais de saque e fazer com estas últimas todas e quaisquer operações previstas no convênio constitutivo do Fundo Monetário Internacional. 9. Exercer a fiscalização das instituições financeiras e aplicar as penalidades previstas, podendo, inclusive, examinar os livros e documentos das pessoas naturais ou jurídicas que detenham o controle acionário de instituição sob fiscalização. 10. Conceder autorizações a instituições financeiras relacionadas com os assuntos abaixo, podendo incluir as cláusulas que julgar convenientes ao interesse público: a) funcionamento no País; b) instalação ou transferência de sede ou dependências, inclusive no exterior; c) transformação, fusão, cisão, incorporação ou encampação; d) realização de operações de câmbio, crédito e venda habitual de títulos da dívida pública federal, estadual ou municipal, ações, debêntures, letras hipotecárias e outros títulos de crédito ou mobiliários; e) prorrogação dos prazos concedidos para funcionamento; f) alteração de estatuto; g) alienação ou, por qualquer outra forma, transferência de controle societário. 11. Estabelecer condições para a posse e para o exercício de quaisquer cargos de administração de instituições financeiras privadas, assim como para o exercício de quaisquer funções em órgãos consultivos, fiscais e semelhantes. 12. Efetuar, como instrumento de política monetária, operações de compra e venda de títulos públicos federais. 13. Determinar que as matrizes das instituições financeiras registrem os cadastros das firmas que operam com suas agências há mais de um ano. 14. Entender-se, em nome do Governo brasileiro, com as instituições financeiras estrangeiras e internacionais. 15. Promover, como agente do Governo federal, a colocação de empréstimos internos ou externos, podendo, também, encarregar-se dos respectivos serviços. 16. Atuar no sentido do funcionamento regular do mercado cambial, da estabilidade relativa das taxas de câmbio e do equilíbrio no balanço de pagamentos, podendo para esse fim comprar e vender ouro e moeda estrangeira, bem como realizar operações de crédito no exterior, inclusive as referentes aos Direitos Especiais de Saque, e separar os mercados de câmbio financeiro e comercial. 17. Efetuar compra e venda de títulos de sociedades de economia mista e empresas do Estado. 18. Emitir títulos de responsabilidade própria. 19. Regular a execução dos serviços de compensação de cheques e outros papéis. 20. Exercer permanente vigilância nos mercados financeiros e de capitais, sobre empresas que, direta ou indiretamente, interfiram nesses mercados e em relação às modalidades ou processos operacionais que utilizem. 21. Funcionar como secretaria executiva do Conselho Monetário Nacional e da Comissão Técnica da Moeda e do Crédito, vinculada àquele Colegiado. 22. Acolher em depósito as disponibilidades de caixa da União. O Banco Central do Brasil opera exclusivamente com instituições financeiras públicas e privadas, vedadas operações bancárias de qualquer natureza com outras pessoas de direito público ou privado, salvo as expressamente autorizadas por lei. As atribuições e serviços a cargo do Banco Central do Brasil, quando não exercidos por ele, são contratados com o Banco do Brasil S.A., exceto por expressa disposição legal ou nos casos especialmente autorizados pelo Conselho Monetário Nacional. Com vistas à descentralização administrativa, o Banco Central do Brasil instala delegacias nas diferentes regiões geoeconômicas do País, mediante autorização do Conselho Monetário Nacional.

BANCO COMERCIAL. *Direito comercial.* **1.** Estabelecimento que recebe do público depósitos à vista ou a curto prazo, podendo movimentá-los em empréstimos. **2.** É o destinado a fazer operações próprias do comércio, como depósito, desconto, cobrança etc. Opera, portanto, no desconto de títulos de crédito, nas operações de câmbio, na abertura de créditos, na guarda de valores e na cobrança e pagamento de quaisquer espécies. **3.** É o que tem, através do crédito, a finalidade de auxiliar o comércio, fazendo empréstimos a estabelecimentos comerciais.

BANCO COOPERATIVO. *Direito comercial.* Banco comercial, constituído sob a forma de companhia fechada, com participação exclusiva de cooperativas de crédito singulares, bem como de federações e confederações de cooperativas de crédito. Não pode ter participação no capital social de instituições financeiras e de instituições autorizadas a funcionar pelo Banco Central, nem realizar operações de *swap* por conta de terceiros (Luiz Fernando Rudge).

BANCOCRACIA. *Ciência política.* Influência econômico-política dos banqueiros nos negócios estatais.

BANCO DE AREIA. *Vide* BAIXIOS.

BANCO DE COMPENSAÇÕES INTERNACIONAIS. *Direito bancário.* Sociedade limitada que tem por objetivo promover a cooperação entre bancos centrais, proporcionar mecanismos adicionais para operações financeiras internacionais e atuar como fiduciário ou agente em relação às compensações financeiras internacionais que lhe forem confiadas nos termos de acordos firmados com as partes interessadas.

BANCO DE DADOS. **1.** *Direito constitucional* e *direito do consumidor.* Conjunto de anotações relativas às pessoas, com a finalidade de prestar informações sobre elas. **2.** *Direito de informática.* É uma coleção de informações organizadas por computador. **3.** *Direito do consumidor.* Informações organizadas, arquivadas de modo permanente em estabelecimento que não seja o do fornecedor que lida, diretamente, com o consumidor (Antonio Herman de Vasconcellos e Benjamin).

4. *Direito civil* e *direito comercial.* Pessoa jurídica, de qualquer natureza, que preste, a terceiros, serviços de coleta, armazenamento, análise e circulação de dados e informações sobre pessoas físicas ou jurídicas, para fins de concessão de crédito ou outras transações comerciais.

BANCO DE DADOS DA SECRETARIA DE LOGÍSTICA E MOBILIZAÇÃO. Visa prover meios para otimizar a segurança e sigilo dos dados inseridos no Sistema de Informações do Banco de Dados da Secretaria de Logística e Mobilização do Ministério da Defesa (BDSELOM), e a confiabilidade dos mesmos. Tem por escopo manter um Banco de Dados atualizado, sob a responsabilidade da Secretaria de Logística e Mobilização, que permita acompanhar a disponibilidade dos recursos nacionais por meio do cadastro de bens e serviços de interesse para a Mobilização Nacional. O BDSELOM funciona em uma rede dedicada, aberta aos usuários cadastrados, por meio de um Portal BDSELOM. As formas de acesso ao BDSELOM são definidas por níveis de acesso e senhas dos usuários. Os níveis de acesso ao Banco de Dados e as senhas para os usuários serão administradas pelo responsável pelo "servidor" do BDSELOM. No sistema BDSELOM, em princípio, as máquinas serão dedicadas, e nas mesmas será instalado o sistema operacional LINUX, que bloqueará os *drives* de leitura e de gravação, e somente serão instalados aplicativos integrados ao mesmo. Os acessos e as operações realizadas pelos usuários, no BDSELOM, serão registrados detalhadamente, a fim de possibilitar as verificações necessárias. O Sistema do BDSELOM solicitará, aleatoriamente, a senha de acesso dos usuários, suspendendo as operações não autorizadas e emitindo um relatório para o Gerente do Sistema, para as devidas providências. O canal de comunicação deverá utilizar comunicação segura (SSL). Chaves 128 *bites*. Os integrantes do Sistema, pessoas físicas ou jurídicas, para terem acesso permanente ao Banco de Dados, ligar-se-ão ao Secretário de Logística e Mobilização do Ministério da Defesa que estabelecerá, de comum acordo com os interessados, os respectivos níveis de acesso. Os usuários deverão solicitar, quando necessário, a correção e a atualização das informações e dados cadastrais pertinentes, por "um meio de comunicação exclusivo" do BDSELOM, via correio eletrônico, já integrado ao aplicativo.

BANCO DE DADOS DE CRÉDITO. *Direito do consumidor.* Órgão que atua na área de crédito, coletando informações indicativas da condição econômica, financeira, bancária e judicial das pessoas. Tem a função de orientar no mercado aqueles que oferecem crédito (Renato Afonso Gonçalves).

BANCO DE DEPÓSITO. *Direito comercial.* É o que recebe dinheiro de particulares para guardá-lo ou aplicá-lo, emprestando-o a empresários ou a particulares para seus negócios, pagando juros ao depositante. Opera na coleta, intermediação e aplicação de recursos monetários nacionais ou estrangeiros.

BANCO DE DESCONTO. *Direito comercial.* É o que visa efetuar operações sobre letras de câmbio ou efeitos comerciais.

BANCO DE DESENVOLVIMENTO. *Direito comercial.* Instituição especializada em operações de crédito a longo prazo direcionadas à promoção e orientação do processo de desenvolvimento, gerindo crédito concebido como instrumento de política econômica. Como exemplo, podemos citar, na Alemanha, o *Kreditanstaldt*, na Itália, o *Istituto per la Ricostruzione Industriale* (IRI), e, no Brasil, o BNDE, o BRDE, o BADEP, o BDMG e o BADESP.

BANCO DE EMBRIÕES CONGELADOS. *Medicina legal.* e *biodireito.* Armazenamento de embriões excedentes em uma técnica de fertilização assistida, que foram congelados para uma futura gravidez ou doação, evitando-se, assim, sua crioconservação para fins mercantis ou experimentais.

BANCO DE EMISSÃO. *Direito comercial.* É o que emite notas ou bilhetes de banco.

BANCO DE ESPERMA. *Medicina legal.* *Vide* ESPERMATECA.

BANCO DE FINANCIAMENTO. *Direito comercial.* É o que tem por fim financiar somas a sociedades empresárias, participando de seus lucros.

BANCO DE GOVERNO. *Direito marítimo.* **1.** Banco situado no centro e à ré nas jangadas destinadas à pesca. **2.** Banco da embarcação onde se senta o mestre.

BANCO DE INVESTIMENTO. *Direito comercial.* Estabelecimento bancário especializado que realiza empréstimos ou operações de financiamento, a longo ou médio prazo, de capital fixo ou circulante, adquire ações para distribuição e revenda e faz o repasse de empréstimos obtidos no exterior.

BANCO DE LEITE HUMANO. *Medicina legal* e *direito da criança.* Estabelecimento especializado que, sem fins lucrativos, incentiva o aleitamento materno e providencia sua coleta, seu processamento, e controla sua qualidade, para posterior distribuição, sob prescrição médica. Tem competência para: a) promover, proteger e apoiar o aleitamento materno; b) operacionalizar, de forma otimizada, o excedente da produção láctica de suas doadoras; c) executar as operações de coleta, seleção e classificação, processamento, controle clínico, controle de qualidade e distribuição do Leite Humano Ordenhado (LHO), em conformidade com os dispositivos legais vigentes; d) responder pelo funcionamento dos Postos de Coleta a ele vinculados; e) buscar a certificação da qualidade dos produtos e processos sob sua responsabilidade; e f) a licença para funcionamento do Banco de Leite Humano condiciona-se à designação de um coordenador local de nível superior.

BANCO DE NEGÓCIOS. *Direito bancário.* Aquele que efetua operações financeiras por meio de capital social e das reservas e, em seu balanço, a porção, do ativo imobilizado, tem a forma de títulos em carteira e de participações financeiras.

BANCO DE OLHOS. *Medicina legal.* Local onde se armazenam córneas humanas removidas de recém-falecidos, para serem transplantadas a pessoas cegas.

BANCO DE ÓVULOS. *Medicina legal.* Depósito de óvulos doados, mediante licença especial e contrato sigiloso entre doadora e centro médico autorizado, para serem usados em casos de fertilização assistida, sem finalidade de comercialização.

BANCO DE SANGUE. *Medicina legal.* Local onde é coletado e guardado o sangue, doado por voluntários, para uso hospitalar em transfusões sangüíneas.

BANCO DE SANGUE DE CORDÃO UMBILICAL E PLACENTÁRIO PARA USO ALOGÊNICO NÃO-APARENTADO (BSCUP). *Medicina legal.* É o que tem competência para: a) efetuar a seleção de gestantes candidatas à doação de sangue de cordão umbilical e placentário, obtendo consenso livre e esclarecido, e realizar a coleta de células progenitoras hematopoéticas de sangue de cordão umbilical e placentário; b) receber células progenitoras hematopoéticas de sangue de cordão umbilical e placentário obtidas por outras equipes de coleta, sob a orientação e responsabilidade técnica do BSCUP; c) avaliar e processar células progenitoras hematopoéticas de sangue de cordão umbilical e placentário para utilização em transplantes alogênicos não-aparentados; d) providenciar a realização dos exames laboratoriais necessários à identificação de possíveis contra-indicações a seu emprego; e) garantir a qualidade e a conservação das células progenitoras hematopoéticas de sangue de cordão umbilical e placentário que estejam sob a sua responsabilidade; f) disponibilizar as unidades de células progenitoras hematopoéticas de sangue de cordão umbilical e placentário, para distribuição conforme a legislação vigente; g) fornecer à equipe médica responsável pela realização do transplante todas as informações necessárias a respeito da unidade a ser utilizada, cabendo ao médico do paciente a responsabilidade pela sua utilização; h) manter arquivo próprio com dados sobre: a mãe e o recém-nascido, os respectivos documentos de autorização de doação, as unidades doadas, as unidades processadas, as unidades armazenadas, as unidades descartadas e o motivo do descarte, as unidades fornecidas para transplante, os receptores e sua evolução após o transplante; i) enviar, preferencialmente por meio eletrônico, um relatório mensal com os dados de produção do BSCUP ao Sistema Nacional de Sangue e ao Órgão Federal de Vigilância Sanitária, informando: número de gestantes triadas; número de unidades coletadas; número de unidades processadas; número de unidades armazenadas; número de unidades descartadas e o(s) motivo(s) do descarte; número de unidades fornecidas para transplante.

BANCO DE SANGUE DE CORDÃO UMBILICAL E PLACENTÁRIO PARA USO AUTÓLOGO (BSCUPA). *Medicina legal.* Tem competência para: a) efetuar a coleta de células progenitoras hematopoéticas de sangue de cordão umbilical e placentário para uso autólogo; b) avaliar e processar células progenitoras hematopoéticas de sangue de cordão umbilical e placentário para uso autólogo; c) providenciar a realização dos exames laboratoriais necessários à identificação de possíveis contra-indicações a seu emprego; d) garantir a qualidade e a conservação das células progenitoras hematopoéticas de sangue de cordão umbilical e placentário autólogo que estejam sob a sua responsabilidade; e) disponibilizar as uni-

dades de células progenitoras hematopoéticas de sangue de cordão umbilical e placentário obtidas para uso autólogo e todas as informações pertinentes, quando necessário; f) manter arquivo dos documentos relativos a cada unidade armazenada; g) enviar, preferencialmente por meio eletrônico, um relatório mensal de produção do BSCUPA ao Órgão Federal de Vigilância Sanitária, informando o número: de unidades coletadas; de unidades processadas; de unidades armazenadas; de unidades descartadas, indicando o motivo do descarte; e de unidades utilizadas para fins terapêuticos.

BANCO DE *SOFTWARE*. *Direito virtual.* Área de livre acesso onde o *software* disponível pode ser, gratuitamente, copiado.

BANCO DE TECIDOS OCULARES HUMANOS. *Medicina legal.* É o serviço que, possuindo instalações físicas, equipamentos e profissionais que possibilitem o cumprimento das normas técnicas, seja destinado a captar, transportar, processar e armazenar tecidos oculares de procedência humana para fins terapêuticos, de pesquisa (laboratorial ou ensaio clínico, aprovados por comissões de ética) ou de ensino. Esse serviço deve funcionar em estabelecimento hospitalar que esteja autorizado pela Secretaria de Atenção à Saúde, do Ministério da Saúde, a realizar captação e/ou retirada, e/ou transplante, e/ou enxerto de órgãos ou tecidos, conforme estabelecido normativamente e que atenda, efetivamente, nas 24 horas do dia, a todos os chamados que venha a receber.

BANCO DO BRASIL S/A. *Direito bancário.* Sociedade de economia mista, cujas operações são, em regra, efetuadas por meio de suas carteiras, como a Carteira do Comércio Exterior (CACEX), a Carteira de Crédito Agrícola e Industrial (CREAI) e a Carteira de Crédito Geral (CREGE). Tem por função, na qualidade de agente financeiro do Tesouro Nacional: receber importâncias oriundas de arrecadação de impostos; realizar os pagamentos necessários à execução do orçamento geral da União; conceder aval e outras garantias; adquirir e financiar estoques de produção exportável; executar política de preços mínimos dos produtos agropastoris; ser agente pagador e recebedor no exterior; executar o serviço de dívida pública. É, além disso, o principal executor dos serviços bancários de interesse do Governo federal. Deve, ainda, dentre outras funções: realizar operações de compra e venda de moeda estrangeira; dar execução à política de comércio exterior; financiar atividades industriais e rurais; difundir e orientar o crédito etc.

BANCO DO NORDESTE DO BRASIL S.A. *Direito bancário.* Pessoa jurídica de direito privado, é uma instituição financeira pública de caráter regional. Organizado sob a forma de sociedade anônima de capital aberto, de economia mista, tem por missão impulsionar, como instituição financeira, o desenvolvimento sustentável do Nordeste do Brasil, através do suprimento de recursos financeiros e de suporte à capacitação técnica a empreendimentos da Região. Para cumprimento de sua missão, além da concessão de créditos para implantação de empreendimentos, o Banco do Nordeste prima, em parceria com os clientes, pela continuidade e sucesso dos negócios realizados, mediante processo de visita técnica e gerencial, aportando recursos adicionais, quando necessários. Classificado como banco múltiplo, o Banco do Nordeste está autorizado a operar com todas as carteiras permitidas às instituições financeiras assim classificadas, exceto a carteira de crédito imobiliário. Na qualidade de órgão de desenvolvimento, o Banco do Nordeste opera, dentre outros programas de fomento, o Fundo de Investimentos do Nordeste (FINOR) e o Fundo Constitucional de Financiamento do Nordeste (FNE).

BANCO DO POVO. *Direito comercial* e *direito financeiro.* Entidade típica de operações de crédito solidário, que executa políticas públicas voltadas ao microcrédito. Constitui-se por iniciativa da prefeitura ou de outros organismos públicos, para complementar mecanismos de crédito para atividades informais, ou para pequenas e médias empresas. Enquadra-se como uma Organização da Sociedade de Interesse Público (OSCIP) (Luiz Fernando Rudge).

BANCO DOS RÉUS. *Direito processual penal.* **1.** Local onde o réu se senta, em audiência criminal, quando é julgado. **2.** Ato de levar uma pessoa acusada a julgamento oral e concentrado pelo Tribunal do Júri. **3.** Expressão para designar que uma pessoa física foi submetida à ação penal pública ou privada.

BANCO ESPECIAL. *Direito comercial.* Diz-se do banco encarregado de efetuar certa operação ou de atender a determinada espécie de cliente, por exemplo, banco agrícola, banco de desconto, banco de depósito etc.

BANCO EUROPEU DE INVESTIMENTO (BEI). *Direito internacional.* É uma instituição autônoma no âmbito da Comunidade Européia que tem uma vertente bancária, angariando no mercado de capitais o grosso dos recursos financeiros de que necessita para financiar projetos conforme os objetivos prioritários da Comunidade. Os financiamentos do BEI são dirigidos a projetos que promovam melhorias ambientais, concentrados geograficamente, e projetos de infraestrutura, notadamente os que possam gerar receitas. Somente em 1993 o Banco foi autorizado a financiar projetos na América Latina.

BANCO HIPOTECÁRIO. *Direito comercial.* Modalidade de banco de crédito real que efetua empréstimos hipotecários, emitindo cédulas hipotecárias alusivas às operações realizadas e negociáveis na Bolsa de Valores.

BANCO INDUSTRIAL. *Direito comercial.* É o que visa incentivar a indústria, concedendo, para tanto, empréstimos.

BANCO INTERAMERICANO DE DESENVOLVIMENTO (BID). *Direito internacional.* Instituição financeira internacional que se constitui como importante fonte de financiamento externo para os países da região latino-americana e caribenha e de apoio a projetos vinculados a transportes, educação, agricultura, saneamento e meio ambiente. Sua política permite que os custos relativos aos juros a serem pagos durante a execução do projeto e a comissão de crédito sejam cobertos com contrapartida nacional.

BANCO MÚLTIPLO. *Direito bancário.* É o que opera simultaneamente com, no mínimo, duas das seguintes carteiras: de banco comercial, de investimento ou de desenvolvimento, de crédito imobiliário, de crédito, financiamento e investimento, e arrendamento mercantil (Luiz Fernando Rudge).

BANCO MUNDIAL. *Direito internacional.* É integrado pelo Banco Internacional de Reconstrução e Desenvolvimento (BIRD), a Associação Internacional de Desenvolvimento (AID) e a Corporação Financeira Internacional (CFI) e concede empréstimos para a implementação de projetos de desenvolvimento.

BANCO NACIONAL DE DESENVOLVIMENTO ECONÔMICO E SOCIAL (BNDES). *Direito bancário.* Empresa pública dotada de personalidade jurídica de direito privado e patrimônio próprio, sujeita às normas gerais orçamentárias e contábeis e à disciplina normativa do Conselho Monetário Nacional. A atribuição básica do banco é apoiar empreendimentos prioritários ao desenvolvimento da economia brasileira, com ênfase no estímulo à iniciativa privada nacional. A ação financiadora do BNDES objetiva alocar os recursos à sua disposição, de forma a garantir o maior e melhor impacto possível sobre o desenvolvimento nacional, promovendo o crescimento da produção de bens e serviços, modernização e capacitação tecnológicas, geração de empregos e ampliação da gama de produtos competitivos no mercado externo. Essa característica sempre exigiu do BNDES uma visão dinâmica das questões econômicas brasileiras, e identificação permanente dos problemas estruturais e dos pontos de estrangulamento a serem superados, bem como de setores-chave para aplicação de recursos. O BNDES atende uma demanda que se distribui por amplo leque de setores ou atividades: a) no que se refere aos empreendimentos industriais, apóia praticamente todos os seus segmentos; b) na infra-estrutura, apóia, entre outros, os sistemas de transporte e armazenagem, telecomunicação, geração, transmissão e conservação de energia, incluindo-se, ainda, a infra-estrutura econômica e social de complexos e grandes projetos industriais; c) desenvolvimento agrícola, apoiando, entre outros, a empresa rural e a mecanização agrícola; d) construção naval; e) comércio e serviços; f) comercialização de máquinas e equipamentos; g) conservação do meio ambiente; h) capacitação tecnológica; i) fortalecimento do mercado de capitais. Atento à necessidade de promover redução dos desequilíbrios regionais, o BNDES oferece condições mais favorecidas para pequenas e médias empresas localizadas nas regiões menos desenvolvidas do País. O atendimento a essas empresas se dá por meio de ampla rede de agentes financeiros locais, via repasses de recursos do BNDES. O BNDES pode conceder apoio financeiro a: a) empresas privadas nacionais ou estrangeiras, sediadas no País ou que venham a ser implantadas aqui; b) entidades do setor público ou por essas controladas, direta ou indiretamente; c) pessoas físicas domiciliadas e residentes no País, exclusivamente sob a forma de financiamento a acionista, nos casos de subscrição de capital; operações do setor agropecuário; transporte rodoviário de carga; d) empresa binacional, conforme estabelecido

pelo Estatuto das Empresas Binacionais Brasileiro-Argentino. A partir de janeiro de 1984, passou a exercer a função de agente financeiro do Fundo da Marinha Mercante (FMM), com o objetivo de apoiar financeiramente as atividades de fomento à renovação, ampliação e recuperação da frota da marinha mercante nacional. Em 1988, o BNDES assumiu as atribuições da Secretaria Executiva do Fundo Nacional de Desenvolvimento (FND), prestando apoio técnico, administrativo e de pessoal. Foi designado gestor do Fundo Nacional de Desestatização (FNDe), em 1990, e, em 1995, passou a gerir o Fundo de Amortização da Dívida Pública Mobiliária Federal (FAD). O BNDES é uma empresa pública vinculada ao Ministério do Planejamento, Orçamento e Gestão, e opera: a) diretamente, por meio da alocação de recursos ou prestação de garantias a empreendimentos ou operações de maior porte; b) indiretamente, mediante repasses de recursos para uma ampla rede de agentes credenciados, formada pelos bancos comerciais (privados e públicos), bancos múltiplos e de investimento, e bancos federais, regionais e estaduais de desenvolvimento. Essa rede, que atinge todas as regiões do País, financia, principalmente, iniciativas de alcance local ou regional, geralmente vinculadas a empreendimentos de micro, pequenas e médias empresas; c) de forma mista, por meio da participação conjunta do BNDES com seus agentes financeiros, visando não só minimizar riscos, mas, sobretudo, diversificar as fontes de recursos para os projetos apoiados.

BANCO RURAL. *Direito comercial.* É o que, sendo especializado em operações de crédito, tem por finalidade financiar o cultivo da terra e a aquisição de maquinarias agrícolas ou custear as explorações realizadas por produtores agrários.

BANCOS DE SOBRAS. *Direito comercial.* Dizia-se, outrora, dos bancos destinados a receber pequenas economias. Equivalem às Caixas Econômicas da atualidade, que têm por objetivo incentivar a poupança. Os ingleses os denominam *banks for savings*; os espanhóis, *cajas de ahorro*; e os franceses, *caisse d'epargne*.

BANCOS OFICIAIS DE CRÉDITO. *Direito comercial.* Estabelecimentos bancários que movimentam verbas do Poder Público federal e estadual e recebem depósitos do público, como, por exemplo, os bancos comerciais. Tais bancos têm por objetivo fomentar o bem-estar social, a produção agropecuária e a indústria extrativa, atuando no campo creditício a longo ou a médio prazo.

BANCOS POPULARES. *Direito comercial.* Cooperativas de crédito cujo capital é formado pelas cotizações de seus associados, que serão seus clientes, a quem fornecerão empréstimos de natureza variada para fazer frente a suas necessidades.

BANDA. 1. *Direito militar.* a) Corporação musical que tem militares como integrantes; b) faixa que os condecorados com grã-cruzes de determinadas ordens militares trazem a tiracolo; c) cinta de torçal vermelho usada por oficiais militares. **2.** *Ciência política.* Partido político ou facção, ou seja, grupo de pessoas que se reúnem para a consecução de um fim comum. **3.** *Direito civil.* Conjunto de músicos civis onde predominam os que tocam instrumentos de sopro. **4.** *Vide* ADERNAMENTO.

BANDA DE ARTILHARIA. *Direito marítimo.* Tiros de canhões situados a bordo de um navio.

BANDEIRA. 1. *Direito agrário.* a) Mutirão ou forma de ajuda mútua, não remunerada, usual na zona rural; b) inflorescência da cana-de-açúcar e do milho; c) monte de espigas de milho colocadas na roça durante a colheita; d) parte terminal do estipe da cana-de-açúcar, com pouca sacarose, empregada, por tal razão, apenas como semente; e) leva de trabalhadores rurais contratados apenas por um dia para executar algum serviço de suas especialidades; f) frota de canoas transportadoras de cacau. **2.** *Ciência política.* a) Insígnia de uma nação, corporação ou partido; pavilhão ou estandarte; b) idéia diretriz de uma teoria ou partido; c) partido político ou facção. **3.** *História do direito.* Expedição armada destinada a explorar os sertões brasileiros, descobrir minas e dominar os índios, procurando a civilização das terras exploradas, estabelecendo, para tanto, povoados. **4.** *Direito militar.* Emblema de união e disciplina militares. **5.** *Direito financeiro.* Acumulação de preços de poucos dias, que se assemelham graficamente a bandeiras e que, geralmente, se dá após um movimento forte de alta ou baixa das cotações (Luiz Fernando Rudge).

BANDEIRA ACADÊMICA. Grupo de acadêmicos em excursão.

BANDEIRA BRANCA. *Direito internacional público.* Bandeira de cor branca mostrada ao inimigo como sinal de rendição ou como convite para parlamentar.

BANDEIRA CIENTÍFICA. Expedição de cientistas.

BANDEIRADA. Cota fixa marcada pelo taxímetro dos carros de praça antes do início da corrida, ou melhor, o preço mínimo que se cobra em corrida de táxi.

BANDEIRA DA QUADRA. *Direito militar.* É a levada no tope do mastro grande do navio almirante.

BANDEIRA DE CANTO. *Direito desportivo.* Cada uma das quatro bandeiras, de cor bem visível, colocadas nos ângulos do campo de futebol.

BANDEIRA EM FUNERAL. Bandeira descida a meio pau, em sinal de luto.

BANDEIRA NACIONAL. 1. *Direito constitucional* e *direito internacional público.* Símbolo oficial do Brasil, usado em todas as manifestações do sentimento patriótico, sejam elas oficiais ou não. Se colocada à porta dos consulados e embaixadas ou à popa dos navios e aeronaves está a indicar que são prolongamentos do território nacional. **2.** *Direito penal militar.* Constitui crime militar o hasteamento de bandeira diversa da nacional com a finalidade de, na guerra, fazer o inimigo incidir em erro. **3.** *Direito marítimo.* Constitui crime a utilização de bandeira diversa por embarcação pesqueira com o fim de ludibriar a vigilância costeira.

BANDEIRANTE. 1. *Direito civil.* Membro da organização feminina e masculina de escotismo. **2.** *História do direito.* Homem que participava das bandeiras com o escopo de explorar o sertão, buscando riquezas, apresando índios e fundando povoados.

BANDEIRAS–DISTINTIVOS. *Direito marítimo* e *direito militar.* As que caracterizam estabelecimentos, forças, unidades de tropa e navios incorporados à Marinha Brasileira. P. ex., bandeira do Cruzeiro; flâmula de fim de comissão; bandeira da Cruz Vermelha; estandartes e símbolos.

BANDEIRAS–INSÍGNIAS. *Direito marítimo* e *direito militar.* São as constantes do cerimonial destinadas a assinalar a presença de certa autoridade e a distinguir cargos de autoridades militares ou civis, como estandarte presidencial; pavilhões de oficiais de Marinha; bandeiras-insígnias de autoridades civis e flâmulas de comando e de oficial superior.

BANDEIRA TURÍSTICA. Caravana de pessoas que viajam por recreação.

BANDEIRA VERMELHA. *Ciência política.* Emblema de partidos políticos revolucionários.

BANDEIRINHA. 1. *Ciência política.* Indivíduo politicamente volúvel. **2.** *Direito desportivo.* Juiz de linha; auxiliar do juiz de futebol que assinala com uma pequena bandeira a saída da bola pelas linhas laterais ou de fundo, determinando a quem compete repor a pelota em jogo.

BANDEIRISMO. *História do direito.* **1.** Atos praticados pelos bandeirantes. **2.** Fatos relativos à época das bandeiras.

BANDEIROLA. 1. *Direito agrário.* a) Panícula do milho; b) extremidade folhear dos galhos de erva-mate poupada pela escolha na colheita; c) pequena bandeira com uma haste fixada no chão para auxiliar nas operações de agrimensura. **2.** *Direito militar.* Pequena bandeira que se coloca nas trombetas da cavalaria.

BANDEJA. 1. *Direito agrário.* Enorme abano de palha com borda utilizado para ventilar e limpar o trigo. **2.** *Direito desportivo.* Maneira de encestar, no basquete, em que o jogador coloca a bola com a mão, na cesta; jogada no basquete que consiste em o jogador aproximar-se, quase sempre livremente, da cesta, lançando a bola em sua direção sem mover o pé de apoio.

BANDEL. *Direito administrativo.* Bairro destinado à habitação de estrangeiros.

BANDIDO. *Direito penal.* **1.** Malfeitor ou delinquente habitual especializado em roubo, estupro, homicídio etc. **2.** Salteador de avião. **3.** Indivíduo que vive do roubo ou fugido da perseguição da justiça.

BANDITISMO. 1. *Direito penal.* a) Forma de criminalidade organizada e habitual; b) ato ou vida de bandido. **2.** *Ciência política.* Ação de grupos que tentam desencadear a revolta popular contra instituições que gozam de forte consenso (Ambrosoli).

BANDO. 1. *Direito penal.* Quadrilha ou associação de mais de três pessoas com o objetivo de praticar atos delituosos, constituindo crime contra a paz pública, punido com reclusão. **2.** *Ciência política.* Partido ou facção. **3.** *Sociologia jurídica.* Famílias permanentemente associadas que habitam determinada região. **4.** *História do direito.* a) Pregão solene com que se intimava o povo a cumprir alguma ordem expedida pela autoridade pública; b) édito.

BANDO ARMADO. *Direito penal.* Grupo que visa subverter a ordem e cujos atos se projetam na seara dos delitos contra o Estado e sua segurança, tendo alta punibilidade.

BANDOLEIRO. *Direito penal.* **1.** Salteador de estradas que integra um grupo com uma chefia carismática. **2.** Integrante de um bando.

BANDO PRECATÓRIO. Grupo que pede, nas ruas, auxílio financeiro para obras.

BANDORIA. *Direito penal.* **1.** Bando. **2.** Devastação causada por uma quadrilha de malfeitores. **3.** Motim; revolta.

BANGÜÊ. 1. *Direito agrário.* Ladrilho pelo qual, no engenho de açúcar, escorrem as espumas que, às vezes, transbordam dos tachos, em razão de fervura. **2.** *História do direito.* a) Antigo engenho de açúcar movido a água ou a tração animal; b) padiola usada para transportar cadáveres de escravos.

BANGÜEIRO. *Direito agrário.* Aquele que prepara o caldo da cana-de-açúcar para fabricar rapaduras.

BANGÜEZEIRO. *Direito agrário.* Proprietário do engenho.

BANHADO. *Direito agrário* e *direito civil.* Terreno baixo e alagadiço; charco ou pântano encoberto de ervas, que escondem a água.

BANHOS. *Direito canônico.* Editais publicados pelo pároco, antes da celebração do casamento, com o escopo de divulgar as núpcias pretendidas, facilitando o conhecimento de algum impedimento matrimonial. Equivalem aos proclamas do casamento civil.

BANIMENTO. *Direito político.* Expulsão de um cidadão do território do seu país por ter praticado crime político.

BANK. *Termo inglês.* **1.** Banco; instituição financeira ou de crédito. **2.** Vara; foro. **3.** Tribunal pleno; grupo de câmaras; câmaras reunidas.

BANK ACCOUNT. *Locução inglesa.* Conta bancária.

BANK CHARTER. *Locução inglesa.* Carta patente bancária.

BANK CREDIT CARD. *Expressão inglesa.* Cartão de crédito bancário.

BANK DRAFT. *Locução inglesa.* Ordem de pagamento bancário.

BANKER'S ACCEPTANCE. *Locução inglesa.* Título de crédito a curto prazo com aceite bancário.

BANKING. *Termo inglês.* Operação bancária.

BANKING PRINCIPLE. *Locução inglesa.* Liberdade de emissão de notas pelos bancos.

BANK RATE. *Locução inglesa.* Juro bancário.

BANKRUPT. *Termo inglês.* Falido; insolvente.

BANKRUPTCY. *Termo inglês.* Falência; insolvência.

BANKRUPTCY TRUST. *Locução inglesa.* Administrador judicial da falência.

BANKRUPT'S ESTATE. *Locução inglesa.* Massa falida.

BANNERS. *Direito virtual.* Faixas contendo anúncios publicitários, que, ao serem clicados, conduzem o internauta ao *site*.

BANQUEIRO. **1.** *Direito comercial.* a) Aquele que executa operações bancárias; b) proprietário ou diretor de uma casa bancária. **2.** *Direito canônico.* Agente da cúria romana encarregado de solicitar a expedição de bulas ou breves das dispensas matrimoniais. **3.** *Direito agrário.* a) O incumbido da casa das caldeiras no engenho de açúcar durante a noite; b) trabalhador rural encarregado do trato da garapa em diferentes tachos, onde ela será limpa e reduzida a mel.

BANQUETA. *Direito civil.* Tapume de estacas que forma uma paliçada.

BANTU HOMELAND. *História do direito* e *direito comparado.* Reserva de mão-de-obra nativa, que constituía 7% do território sul-africano, elevando-se em 1936 para 13,7%, destinada às áreas industriais e minerais (Gentili).

BANTUS. *Direito comparado.* Nativos negros da África do Sul.

BANTUSTAN. *Vide BANTU HOMELAND.*

BAR. *Termo inglês.* a) Classe dos advogados; b) foro ou corte; c) impedimento.

BARAÇO. *História do direito.* Laço de corda usado para executar a pena de morte por enforcamento.

BARÃO. Título de nobreza imediatamente inferior ao de visconde.

BAR ASSOCIATION. *Locução inglesa.* Ordem dos Advogados.

BARATA. *História do direito.* Designava venda, permuta, negociação, título de dívida e letra sacada contra o Tesouro.

BARATARIA. **1.** *Direito comercial.* a) Fraude na atividade empresarial; b) negócio com finalidade especulativa. **2.** *Direito marítimo.* Ato culposo ou fraudulento, de natureza ilícita, praticado pelo comandante, no exercício de sua função, ou pela tripulação, ou por um e outra conjuntamente, do qual aconteça dano grave ao navio ou à sua carga ou aos passageiros, em oposição à presumida vontade legal do armador.

BARATO. **1.** *Direito comercial.* Diz-se do que possui preço baixo. **2.** *Direito civil.* Comissão cobrada pela pessoa que explora o jogo.

BARBAQUÁ. *Direito agrário.* Secador da erva-mate colhida.

BARBÁRIE. *Sociologia jurídica.* **1.** Estado de bárbaro. **2.** Selvajaria.

BÁRBARO. *História do direito.* Antigo povo que, não sendo grego ou romano, era hostil.

BARBATOA. *Direito agrário.* Vaca de cria nova amoitada no cerrado.

BARBEARIA. **1.** *Direito do trabalho.* a) Estabelecimento onde se prestam serviços de barbeiro e cabeleireiro; b) ofício de barbeiro. **2.** *Direito comercial.* Estabelecimento onde, além do ofício da barbearia, vendem-se produtos para nele serem usados pelos fregueses.

BARBECHADO. *Direito agrário.* Terreno preparado para a semeadura.

BARBECHO. *Direito agrário.* **1.** Roçado. **2.** Diz-se da primeira lavra que se dá com o arado a um alqueive ou a uma terra deixada em pousio.

BARBEIRAGEM. Na *gíria,* designa ação de dirigir mal um veículo.

BARBIANA. Indica, na *gíria,* a amante de um ladrão, que oculta seus roubos.

BARBILHO. *Direito agrário.* Objeto ou funda de esparto que se coloca no focinho dos animais para impedi-los de mamar, comer ou danificar as plantações.

BARBITÚRICO. *Medicina legal.* Produto derivado do ácido barbitúrico suscetível de provocar narcose ou sono, sendo, por isso, usado como sedativo, anestésico e antiespasmódico.

BARBITURISMO. *Medicina legal.* Intoxicação ou estado mórbido provocados pelo uso de barbitúricos, sendo caracterizados por dor de cabeça, calafrios, erupção cutânea e febre.

BARCA. *Direito marítimo.* **1.** Embarcação de fundo chato usada para transportar carga e passageiros, sendo o percurso de pequena distância. **2.** Navio mercantil de três mastros ou velas. **3.** Instrumento usado para medir a velocidade do navio; barquilha.

BARCAÇA. **1.** *Direito marítimo.* a) Embarcação de grande porte que auxilia a navegação, ao efetuar viagens costeiras entre dois ou mais portos, conduzindo passageiros e cargas; b) barco que contém aparelho adequado para o serviço de virar de quilha o navio para consertá-lo ou limpá-lo; c) embarcação costeira que, no norte do Brasil, é empregada na cabotagem, tendo velas como as da jangada. **2.** *Direito agrário.* Grande tabuleiro de madeira, coberto por telhado móvel de zinco, onde se coloca o cacau fermentado para secar ao sol.

BARCACEIRO. 1. *Direito marítimo.* Tripulante de barcaça. **2.** *Direito agrário.* Trabalhador rural que cuida da barcaça, impedindo que a chuva umedeça as sementes de cacau nela colocadas para secagem ao sol.

BARCADA. 1. *Direito agrário.* Lote de animais que se aparta por vez na mangueira. **2.** *Direito marítimo.* Carga transportada numa barca.

BARCA DE PASSAGEM. *Direito marítimo.* É a embarcação utilizada nos rios ou ribeiras para transportar pessoas, bagagens e bestas de uma margem a outra.

BARCAGEM. *Direito comercial.* **1.** Contrato pelo qual se estipula a obrigação de transportar, em uma barca, pessoas, animais ou mercadorias. **2.** Frete pago pelo transporte em barca. **3.** Carga de uma barca; barcada.

BARCO. *Direito marítimo.* **1.** Embarcação costeira de um ou dois mastros. **2.** Embarcação menor que uma barca, utilizada para o transporte de carga ou passageiros, movida a remo, vela, vapor ou motor.

BAR CODE. *Termo inglês.* **1.** Código de barras. **2.** Método de codificação de dados alfanuméricos para leitura ótica rápida e precisa. O código de barras constitui-se em uma seqüência de barras e espaços (James G. Heim).

BARCO DE ASSALTO. *Direito militar.* Pequeno barco portátil utilizado em assalto militar anfíbio ou em operação terrestre para atravessar lago ou rio.

BARCO FÁBRICA. Aquela embarcação cujo produto final para a comercialização é elaborado e finalizado nas dependências internas da mesma, devendo estar obrigatoriamente inscrita no SIGSIF, para efetivação do comércio interestadual ou internacional.

BARCO-FAROL. *Direito marítimo.* Barco equipado com dispositivos de sinalização e com luz no topo do mastro, ancorado ao lado de um baixio, em local que oferece perigo à navegação ou onde for impossível a construção de um farol.

BARCO-FOGUETE. *Direito espacial.* Estágio final do veículo espacial pilotado e planejado para conduzir astronautas entre a Terra e uma órbita terminal.

BARCO-PILOTO. *Direito marítimo.* Barco forte e veloz que conduz pilotos ao encontro de navios que estão entrando no porto.

BARDA. *Direito agrário.* Tapume de madeira de um curral.

BARECOAT CHARTER. *Locução inglesa.* Navio armado pelo afretador, que assume a responsabilidade pelas gestões náutica e comercial (Lanari). Trata-se do fretamento a casco nu.

BARGAIN AND SALE. *Expressão inglesa.* Compromisso de compra e venda.

BARGAIN SALE. *Locução inglesa.* Mercadoria vendida a preço baixo.

BARGANHA. 1. *Direito civil.* Troca de coisas de pequeno valor. **2.** Trapaça; transação fraudulenta.

BARIENCEFALIA. *Medicina legal.* Imbecilidade.

BARLAVENTO. *Direito marítimo.* Lado do navio que recebe o vento em direção às velas.

BARQUEIRO. *Direito comercial.* **1.** Aquele que tem o ofício de conduzir barcos ou barcas, no transporte de mercadorias ou passageiros, entregando-os ao local de destino. **2.** Proprietário de embarcação utilizada como meio de transporte de carga e pessoas, mediante contrato de barcagem.

BARQUEJAR. *Direito comercial.* Conduzir ou dirigir um barco, transportando carga e passageiros, em observância a um contrato de barcagem.

BARQUILHA. *Direito marítimo.* Instrumento náutico colocado na popa do navio para medir a velocidade de sua marcha.

BARRA. 1. *Direito marítimo.* a) Alavanca do Cabrestante; b) cana do leme; c) peça que, atravessada ao mastaréu, o sustenta de pé; d) entrada estreita de um porto. O navio aguarda fora da barra não só a vinda do prático, que o manobra no percurso do canal, após ter recebido a ordem para entrar no porto, como também a vistoria, que é feita pela autoridade sanitária. **2.** *Direito desportivo.* a) Jogo que consiste no arremesso de uma peça curta de ferro, sendo vitorioso quem a atirar mais longe; b) nome dado ao halter, no halterofilismo. **3.** *Direito processual.* Gradil que, outrora, separava o público do juiz na sala de audiências. **4.** *Direito financeiro.* Linha vertical em um gráfico, representativa de preços de um determinado ativo num período de tempo, onde as cotações (máxima e mínima) são indicadas pelos extremos superior e inferior, e as cotações de abertura e de fechamento, por pequenos traços horizontais, à direita e à esquerda da barra respectivamente (Luiz Fernando Rudge).

BARRACA. **1.** *Direito comercial.* a) Banca de madeira e lona usada nas feiras livres; b) armazém ou depósito onde o barraqueiro recebe frutas entregues pelos seus proprietários, guardando-as até que sejam retiradas para venda; c) casa comercial que lida com couros, lãs etc. **2.** *Direito agrário.* Morada rústica ou choupana onde habita o seringueiro. **3.** Na *linguagem comum,* pode indicar, ainda, beliche colocado em embarcação destinada à pesca com rede, no qual os pescadores ficam abrigados. **4.** *Direito desportivo.* Modalidade de jogo de bilhar. **5.** *Direito militar.* Tenda militar de acampamento feita de lona.

BARRACÃO. **1.** *Direito comercial.* a) Estabelecimento comercial ou armazém localizado em lugar pouco habitado, destinado a vender gêneros de primeira necessidade, mediante dinheiro ou vales de prestação de serviços; b) estabelecimento situado nos engenhos e usinas de açúcar; c) abrigo para materiais de construção; d) pequena construção ao pé do mercado, nas regiões de Goiás, para depósito de gêneros do País; e) em Portugal, designação dada a mercado de peixes. **2.** *Direito marítimo.* Toldo de lona armado a bordo em tempo de chuva. **3.** *Direito agrário.* Local destinado à habitação do dono ou arrendatário de seringal que serve também como depósito da borracha extraída ou de mercadorias para seu sustento ou para a venda aos colhedores de látex.

BARRACO. *Sociologia jurídica.* Pequena casa de tijolo ou madeira, coberta com palha, telha ou zinco, situada em bairros bem pobres.

BARRAGEM. *Direito civil.* **1.** Construção de pedra, ferro e cimento usada para represar água, dando origem a um reservatório, represa, lago artificial, açude ou tanque. **2.** Tapume feito de tronco de árvore, entrelaçando-se seus ramos dentro da água para evitar a passagem de peixes.

BARRAGEM AÉREA. *Direito militar.* Cortina de fogo de artilharia antiaérea.

BARRAGEM DE BALÕES. *Direito militar.* Cortina de balões presos ao solo usada como barragem contra aviões inimigos.

BARREGÃ. *Direito civil.* Concubina.

BARREGÃO. *Direito civil.* Concubino.

BARREIRA. **1.** *Direito civil.* Tapume ou estacada que visa impedir a passagem pela propriedade por ela protegida. **2.** *Direito comercial.* Mercado de porcos. **3.** *Direito desportivo.* Formação linear de jogadores de futebol que, em caso de penalidade, objetiva dificultar a ida à meta da bola chutada a gol.

BARREIRA ALFANDEGÁRIA. *Direito aduaneiro* e *direito tributário.* Posto fiscal colocado à entrada da cidade, que constitui ponto de acesso ao território nacional, para cobrar não só direitos aduaneiros relativos ao consumo de mercadorias estrangeiras em trânsito como também pedágios.

BARREIRA DO SOM. *Direito aeronáutico.* Aumento grande e repentino da resistência aerodinâmica que se dá quando a velocidade da aeronave se aproxima da do som.

BARREIRA ELETRÔNICA. *Direito de trânsito.* É a estação ou o conjunto de estações com a finalidade de exercer o controle e a fiscalização do trânsito em vias públicas, por meio de equipamentos mecânicos, elétricos e eletrônicos. A barreira eletrônica substitui ou complementa a ação do agente da autoridade de trânsito. 1) A autoridade de trânsito com circunscrição sobre a via disporá sobre a homologação, localização, instalação, sinalização, operação e fiscalização das barreiras eletrônicas. 2) Para sua instalação será necessária a prévia homologação, atendidas, no mínimo, as seguintes exigências: a) registro do equipamento no Instituto Nacional da Propriedade Industrial (INPI); b) certificação pelo Instituto Nacional de Metrologia (INMETRO) ou entidade por ele credenciada de que o equipamento atende aos requisitos técnicos estabelecidos pelo CONTRAN. 3) A barreira eletrônica, após instalada, será aferida pelo Inmetro ou entidade por ele credenciada, anualmente ou quando notada alguma irregularidade no seu funcionamento ou, ainda, após sofrer manutenção. 4) A autoridade de trânsito com circunscrição sobre a via deverá informar ao Departamento Nacional de Trânsito (DENATRAN), com antecedência mínima de trinta dias da entrada em operação da barreira eletrônica: a) o local da instalação; b) a data prevista de entrada em operação; c) o ato de homologação da barreira eletrônica, juntando cópia dos documentos exigidos por norma; d) as razões que determinaram a instalação da barreira eletrônica naquele local. 5) A autoridade de trânsito com circunscrição sobre a via deverá encaminhar ao Denatran, anualmente, relatório estatístico comparativo do comportamento do trânsito na via, antes e após a instalação da barreira eletrônica. 6) Uma barreira eletrônica, para a sua homologação, deve atender, no mínimo, aos seguintes requisitos técnicos: a) possuir estrutura rígida, com os acessórios necessários para ser fixada no local de sua instalação; b) ser dotada de lâmpadas indicativas da situação que está sendo verificada no trânsito; c) conter sinal sonoro indicador da infração; d) possuir sensores adequados à sua finalidade; e) possuir dispositivo digital que indique ao condutor do veículo o cometimento da infração; f) ser dotada de dispositivo que possibilite a identificação do veículo em infração; g) ser dotada de equipamento capaz de processar e registrar as informações coletadas; h) resistir às intempéries. 7) A barreira eletrônica deve permitir a aferição e calibração no local onde estiver instalada. 8) A barreira eletrônica deve atender aos preceitos estabelecidos pelo Código de Trânsito Brasileiro e seu Regulamento, no tocante à instalação, sinalização e sonorização, devendo, ainda, ser convenientemente iluminada, permitindo a sua visualização por motoristas e pedestres possuidores de visão normal, a uma distância mínima de 100 m, em condições de tempo bom.

BARREIRAS. *Direito urbanístico.* Qualquer entrave ou obstáculo que limite ou impeça o acesso, a liberdade de movimento e a circulação com segurança das pessoas, classificadas em: a) barreiras arquitetônicas urbanísticas: as existentes nas vias públicas e nos espaços de uso público; b) barreiras arquitetônicas na edificação: as existentes no interior dos edifícios públicos e privados; c) barreiras arquitetônicas nos transportes: as existentes nos meios de transportes; d) barreiras nas comunicações: qualquer entrave ou obstáculo que dificulte ou impossibilite a expressão ou o recebimento de mensagens por intermédio dos meios ou sistemas de comunicação, sejam ou não de massa.

BARREIRAS NAS COMUNICAÇÕES E INFORMAÇÕES. *Direito urbanístico.* Qualquer entrave ou obstáculo que dificulte ou impossibilite a expressão ou o recebimento de mensagens por intermédio dos dispositivos, meios ou sistemas de comunicação, sejam ou não de massa, bem como aqueles que dificultem ou impossibilitem o acesso à informação.

BARREIRA SOCIAL. *Sociologia jurídica.* Elemento cultural que dificulta o acesso a um grupo ou camada social.

BARREIRO. *Direito agrário.* Local baixo e úmido em que ocorrem eflorescências salino-salitrosas procuradas por animais, por necessidade de ingestão de sal, e por trabalhadores rurais, que delas extraem o sal de cozinha, denominado "sal da terra".

BARRETE. *Direito canônico.* Cobertura quadrangular, de uso comum e litúrgico, com que os clérigos protegem a cabeça, sendo preta para os padres, roxa para os bispos, vermelha para os cardeais e branca para o Papa.

BARRIGA DE ALUGUEL. *Medicina legal* e *biodireito.* Diz-se do ventre mercenário disposto a oferecer-se para receber embrião alheio, mediante o pagamento de altas somas, entregando o bebê àqueles que concederam o óvulo e o sêmen ou aos que efetivaram o contrato de locação de útero. Há proibição legal e constitucional dessa prática, pois a norma veda a locação de partes do corpo humano, que são incomercializáveis, sendo apenas admissível empréstimo ou cessão gratuita e temporária de útero no âmbito familiar, num parentesco até colateral de segundo grau, proibindo-se, portanto, qualquer tipo de pagamento.

BARRIL. Unidade de medida de líquidos que equivale a 159 litros.

BARRISTER. *Termo inglês.* Causídico que atua junto a tribunal superior.

BARRUFO. *Direito civil.* Jogo de azar praticado com dados, sendo vencedor quem escolher o número relativo aos pontos feitos com aqueles.

BARTHOLINITE. *Medicina legal.* Inflamação crônica ou aguda, em regra de origem blenorrágica, das glândulas vulvovaginais.

BARTOLISMO. *História do direito.* Tendência dos jurisconsultos do século XVIII de interpretar o direito conforme opinião da Escola de Perugia, fundada pelo pós-glosador Bartolo de Sassoferato.

BARULHO. **1.** *Direito civil.* Ruído que excede à anormalidade, prejudicando o sossego da vizinhança e dando ao vizinho o direito de reclamação. **2.** *Direito penal.* Ruído produzido por animal, perturbando trabalho ou sossego alheio, não impedido por quem tem a sua guarda, constituindo contravenção penal punida com prisão simples ou multa.

BASE. 1. *Teoria geral do direito.* Aquilo que serve de fundamento a uma coisa, ato ou fato. **2.** *Direito espacial.* Plataforma de concreto que suporta o dispositivo de liberação de foguetes. **3.** *Direito financeiro.* Diferença aritmética entre os preços de um ativo financeiro no mercado futuro e no mercado a vista (Luiz Fernando Rudge).

BASE AÉREA. *Direito militar.* Local utilizado para operações, abrigo e reparação de aviões militares, assim como armazenamento de munições, alojamento do pessoal e da administração.

BASEBALL. *Direito desportivo.* Jogo disputado por equipes, usual nos Estados Unidos, que consiste no lançamento de uma pequena bola, que deverá ser rebatida com um bastão, e em corridas para atingir outras posições.

BASE DA CONSTRUÇÃO. *Direito civil.* É o alicerce, que constitui o fundamento da construção, com o qual se obtêm a segurança e a solidez do prédio, pelas quais responde o empreiteiro, durante cinco anos, em razão do material, se o tiver fornecido, e do solo, pouco importando, quanto a este, não o achando firme, tiver prevenido o dono da obra a tempo. O empreiteiro não se liberará dessa responsabilidade de garantia de solidez da obra se prevenir, em tempo hábil, o comitente, expressamente, da inconsistência do solo e da deficiência ou má qualidade dos materiais por ele fornecidos e se, mesmo assim, o dono da obra exigir a continuidade de sua execução. Se os danos forem causados por falta de solidez e segurança da obra dentro do período de responsabilidade do empreiteiro, este deverá fazer as devidas reparações. Todavia, será preciso esclarecer que não terá tal responsabilidade se a região vier a sofrer modificações por fenômenos sísmicos.

BASE DA DEMANDA. *Direito processual civil.* Razão de fato e de direito que fundamenta o pedido de tutela jurisdicional.

BASE DE CÁLCULO. *Direito tributário.* a) Medida padrão ou grandeza econômica adotada pela lei tributária que indica o modo de apuração do valor da prestação pecuniária a ser arrecadada. Por exemplo, a base de cálculo do imposto sobre a propriedade predial e territorial urbana é o valor venal do imóvel; b) expressão numérica valorativa do fato gerador ou elemento dimensionável do fato gerador, sendo, portanto, o núcleo da hipótese de incidência.

BASE DE CÂMBIO. *Direito civil.* Cotação de moeda estrangeira no dia do vencimento de obrigação a ser cumprida. Se nesse dia não houver cotação, esta será a do dia seguinte. Se num mesmo dia ela apresentar variações, a base será feita pela média entre as várias cotações daquele dia.

BASE DE OPERAÇÕES. *Direito militar.* **1.** Força estabelecida à retaguarda do exército em campanha, com o escopo de assegurar a chegada de socorros. **2.** Lugar onde tal força se estabelece.

BASE DO NEGÓCIO. *Direito civil.* **1.** Representação mental de uma ou de ambas as partes ao tempo da conclusão do ato negocial, determinante da decisão de contratar (base subjetiva do negócio). **2.** Conjunto de circunstâncias cuja existência, ou persistência, é tida como imprescindível para que o objetivo das partes seja atingido, pois, se deixarem de existir aquelas circunstâncias, justificada estará a resolução do negócio (base objetiva dele).

BASE DO PREÇO. *Direito processual civil.* Exato custo por que certa coisa será objeto de ato judicial, consoante determinação da lei. A base do preço para adquirir coisas poderá ser convencional, se houver ajuste das partes, ou legal, se decorrer de lei, como ocorre na arrematação, remição e adjudicação, hipóteses em que se toma como critério o preço da avaliação ou o do maior lanço.

BASE DO RECURSO. *Direito processual civil.* É o preceito legal que o autoriza e o seu exercício por quem sofreu sucumbência ou dano em razão de ato jurisdicional.

BASE IMPONÍVEL. *Vide* BASE DE CÁLCULO.

BASE INDUSTRIAL DE DEFESA (BID). *Direito militar.* É o conjunto das empresas estatais e privadas, bem como organizações civis e militares, que participem de uma ou mais das etapas de pesquisa, desenvolvimento, produção, distribuição e manutenção de produtos estratégicos de defesa.

BASE MONETÁRIA. *Economia política.* Quantidade de papel-moeda que se encontra em poder do público, abrangendo depósitos em banco.

BASES. *Ciência política.* Círculo político regional eleitor de um congressista, que o representa em sua Câmara.

BASE TERRITORIAL. *Direito do trabalho.* Área territorial onde empregados exercem atividade representativa de uma categoria profissional.

BAS-FOND. *Termo francês.* **1.** Ralé; escória social. **2.** Local onde vive a ralé.

BASIC DISCLOSURE DOCUMENT. *Expressão inglesa.* Circular de Oferta de Franquia (COF), ou seja, dossiê de informação que se exige do franqueador.

BASIC LIFE SUPPORT (BLS). *Medicina legal.* Técnica básica de ressuscitação, aplicada em até 8 minutos após a parada cardiorrespiratória, consistindo em três manobras: desbloqueio das vias respiratórias, restauração da respiração pelo método boca a boca e massagem cardíaca para ativar a circulação sangüínea.

BASÍLICA. 1. *Direito romano.* Grande edifício usado, na antiga Roma, como corte de justiça e local de assembléias públicas. **2.** *Direito canônico.* a) Igreja principal; b) título canônico conferido a uma igreja ou catedral sem qualquer alusão à sua forma arquitetônica; c) barraca piramidal de damasco usada nas procissões da sé patriarcal; d) relicário; oratório onde são guardadas as relíquias.

BASÍLICAS. *Direito romano.* Coleção de sessenta livros, contendo leis romanas traduzidas para o grego e abrangendo as Institutas, o Código, as Novelas e os Editos de Justiniano e de outros imperadores.

BASÍLISE. *Medicina legal.* Deformação cirúrgica da base do crânio do feto ocorrida para possibilitar o parto.

BASOFOBIA. *Medicina legal.* Medo mórbido de andar.

BASTANTE. 1. *Direito civil.* Aquilo que é suficiente por estar investido de autoridade para a prática de certos atos (por exemplo, procuração bastante) ou por possuir bens para atender a uma obrigação (por exemplo, fiador bastante). **2.** *Direito processual civil.* Tudo que é concedido através de condições físicas ou morais suficientes e legalmente necessárias. Assim, quando se fala que na penhora se deve proceder à arrecadação de bens bastantes, entende-se que devem ser penhorados tantos quantos forem necessários para liquidar o débito.

BASTÃO. *Direito militar.* **1.** Insígnia do comando militar usada pelos marechais do Exército. **2.** Arma ofensiva e defensiva.

BASTARDIA. *História do direito.* Qualidade do filho extramatrimonial não reconhecido.

BASTARDO. 1. *Direito agrário.* Espécie de uva preta temporã, de bagos duros, unidos e doces. **2.** *História do direito.* Dizia-se do filho nascido de união não matrimonial. **3.** *Direito marítimo.* a) Vela triangular de pequena embarcação; b) cabo de atracar vergas nos mastros.

BASTIDA. 1. *Direito militar.* Trincheira feita para a defesa dos soldados, que, por trás dela, entram em ação. **2.** *Direito marítimo.* Conjunto de embarcações.

BASTILHA. *Direito processual penal.* Prisão que encerra uma disciplina muito rigorosa.

BASTONÁRIO. 1. Bedel. **2.** Presidente do Conselho da Ordem dos Advogados.

BATALHA. *Direito militar.* **1.** Combate entre exércitos ou armadas. **2.** Fileira ou coluna de tropa disposta para combate.

BATALHA AÉREA. *Direito militar.* Combate travado entre aviões.

BATALHA CAMPAL. *Direito militar.* Combate travado em campo raso.

BATALHA NAVAL. *Direito militar.* Combate travado entre navios.

BATALHÃO. 1. *Direito militar.* Corpo de infantaria, que faz parte de um regimento, e subdivide-se em companhias. **2.** *Direito agrário.* Auxílio mútuo prestado na plantação ou na colheita por pequenos agricultores.

BATALHA SECA. *Direito militar.* Simulacro de combate.

BATALHEIRA. *Direito agrário.* Terra pouco fértil onde abundam plantas chamadas "batalhas".

BATARISMO. *Medicina legal.* Gagueira.

BATATEIRO. 1. *Direito agrário.* Plantador de batatas. **2.** *Direito comercial.* Vendedor ambulante de batatas.

BATE-BOLA. *Direito desportivo.* Preparação física que os futebolistas usualmente fazem alguns minutos antes do jogo, para aquecer os músculos, que consiste, em regra, em chutar a bola à meta, fazendo com que o goleiro tente segurá-la.

BATEDOR DE CARTEIRA. *Direito penal.* Aquele que subtrai objetos trazidos pela vítima em bolsa ou carteira, cometendo crime de furto.

BATEDOR DE ESTRADA. *Direito militar.* Aquele que vai adiante do exército para examinar o terreno.

BATEDOURO. *Direito marítimo.* Forro protetor da vela no embate com o arco da gávea.

BATEIRA. 1. *Direito agrário.* Água que só cobre os canteiros do arrozal. **2.** *Direito marítimo.* a) Pequena embarcação, sem quilha, própria para o transporte de gêneros; b) canoa de grande porte, com fundo chato e sem mastro, utilizada nos rios do Pará.

BATEL. *Direito marítimo.* **1.** Embarcação usada para o transporte de peixes ou passageiros. **2.** Pequeno barco que serve para conduzir pessoas a bordo de navios que não estejam ancorados no cais.

BATELADA. *Direito marítimo.* Carga do batel.

BATELÃO. *Direito marítimo.* Barca de grande porte utilizada para transportar carga pesada e artilharia.

BATELEIRO. *Direito marítimo.* **1.** Tripulante do batel. **2.** Proprietário do batel.

BATERIA. 1. *Direito militar.* a) O disparar da artilharia; b) local onde as bocas de fogo estão dispostas e prontas a dispará-lo, abrigadas do ataque inimigo; c) fração de um regimento de artilharia de campanha sob o comando de um capitão. **2.** *Direito militar* e *direito marítimo.* Cada uma das pontes de um navio guarnecidas com suas peças de artilharia. **3.** *Direito agrário.* a) Processo de extração do látex da seringueira por meio de uma ordem dupla de tigelinhas; b) última das caldeiras onde, no engenho de açúcar, se coloca o xarope para cozer até chegar ao ponto adequado.

BATICARDIA. *Medicina legal.* Situação anormal do coração, localizando-se abaixo da posição ordinária.

BATIDA. 1. Na *linguagem policial,* consiste: a) na diligência procedida em estabelecimentos ou moradias suspeitas para averiguar se nelas estão sendo praticados atos atentatórios à lei, aos bons costumes ou à ordem pública; b) no encalço do criminoso; c) na providência tomada para prender pessoa contra quem há mandado de prisão. **2.** *Direito processual civil.* Diligência promovida pelo oficial de justiça para executar busca e apreensão de coisa ou pessoa, ante um mandado judicial.

BATIMENTO. 1. *Medicina legal.* Pulsação. **2.** *Direito civil.* a) Ato de construir ou edificar; b) ato de fincar estacas no solo em que se vai erguer uma construção, para solidificar o terreno e assegurar a solidez do prédio.

BATIMENTO FETAL. *Medicina legal.* Som produzido pela pulsação do coração do feto, constituindo um sinal de certeza da gravidez.

BATINA. *Direito canônico.* Veste talar dos padres.

BATISCAFO. *Direito marítimo.* Submarino destinado a explorar as grandes profundidades do mar.

BATISMO. 1. *Direito canônico.* Sacramento da Igreja que consiste em derramar água por cima da cabeça do neófito, pronunciando palavras solenes, visando, assim, apagar o pecado original. **2.** *Direito penal.* Diz-se da falsificação de um produto, tida como crime, ao qual se adiciona algo, diminuindo seu valor nutritivo ou terapêutico.

BATISMO DE FOGO. *Direito militar.* **1.** Primeira batalha da qual um militar participa. **2.** Primeiro ferimento na guerra.

BATISMO DE SANGUE. 1. *Direito canônico.* Martírio sofrido em defesa do cristianismo antes do sacramento do batismo. **2.** *Direito militar.* Primeiro sangue que se derrama em combate.

BATISTÉRIO. *Direito canônico.* **1.** Certidão de batismo. **2.** Local onde se situa a pia batismal.

BATOMETRIA. *Direito marítimo.* Ato de medir a profundidade do mar.

BATOQUE. *Direito agrário.* **1.** Furo circular que se faz no meio da orelha da rês para assinalá-la. **2.** Aparelho colocado nos galos para protegerlhes os esporões naturais.

BATRACA. *Medicina legal.* Tumor inflamatório na língua.

BATTERY. *Termo inglês.* Lesão corporal.

BATTLE OF THE FORMS. *Expressão inglesa.* Condições gerais do contrato.

BAZAR. *Direito comercial.* **1.** Estabelecimento onde se vendem objetos de armarinho, quinquilharias etc. **2.** Rua de lojas no Oriente. **3.** Loja onde são vendidos objetos usados, mas de certo valor. **4.** Empório. **5.** Pavilhão provisório onde se vendem à sorte coisas ali expostas.

BB – ADMINISTRADORA DE CARTÕES DE CRÉDITO S/A. *Direito comercial.* É uma sociedade anônima, subsidiária integral do Banco do Brasil, que tem como objeto social não só a administração e emissão de cartões de crédito e atividades afins como também a recepção das operações oriundas de outros bancos nacionais e estrangeiros associados ao sistema VISA.

BB – CORRETORA DE SEGUROS E ADMINISTRADORA DE BENS S/A. *Direito comercial.* Sociedade anônima subsidiária integral do Banco do Brasil, com sede e foro na Cidade de Brasília (DF) e prazo de duração indeterminado, que tem por objetivos sociais a corretagem de seguros dos ramos elementares e vida, de títulos de capitalização e planos previdenciários e a administração de bens.

BCG. *Medicina legal.* Vacina ministrada por via oral usada na prevenção de tuberculose e lepra.

BDRs. *Direito bancário.* Sigla de Certificados de Depósito de Valores Mobiliários, ou seja, *Brazilian Depositary Receipts*. Certificado representativo de valores mobiliários de emissão de companhia aberta sediada no exterior e emitidos por banco depositário no Brasil (Luiz Fernando Rudge).

BEARER BOND. *Locução inglesa.* Título de crédito ao portador.

BEAR MARKET. *Locução inglesa.* Mercado em baixa.

BEATIFICAÇÃO. *Direito canônico.* **1.** Ato de beatificar. **2.** Sentença papal, não definitiva, permitindo o culto público de um servo de Deus, tido como beato, pelas suas virtudes ou por milagres operados por sua intercessão. **3.** Estágio preparatório de canonização que se processa por via ordinária, quando se demonstra a santidade do beato (beatificação formal), ou por via extraordinária, quando, após a análise das virtudes do servo de Deus, se lhe confirma o culto público (beatificação equivalente).

BEATI POSSIDENTES. *Locução latina.* Detentores da posse real.

BEATNIK. *Termo inglês.* **1.** Indivíduo que tem comportamento e vestuário pouco convencionais, com tendência a externar uma filosofia de vida exótica. **2.** Movimento social que, nos EUA, se opôs aos valores convencionais por meio da poesia, da literatura, das artes e de atitudes permissivas relativas ao sexo e uso de drogas.

BEBEDEIRA. *Medicina legal.* **1.** Embriaguez. **2.** Tontura e vômito resultantes da ingestão ou aspiração de tóxicos.

BÊBEDO. *Medicina legal.* Bêbado; embriagado; perturbado pelo excesso de bebida ou pelo uso de entorpecentes ou tóxicos.

BEBIDA. 1. Na *linguagem comum,* é qualquer líquido que se pode ingerir para saciar a sede. **2.** *Medicina legal.* Líquido potável que contém álcool, podendo ter ação tóxica, que traz implicações jurídicas a seus consumidores, sejam ocasionais ou habituais, como, por exemplo, interdição por perturbação mental, imputação criminal pela prática de algum crime em estado de embriaguez voluntária etc. **3.** *Direito agrário.* a) Bebedouro de animais; b) fonte que, em imóvel rural, fornece água a seus habitantes e animais; c) manancial de água pluvial onde os animais costumam beber.

BECA. 1. Veste talar de professor universitário e bacharel usada em cerimônias solenes. **2.** *Direito processual.* a) Toga; veste talar e preta utilizada por magistrados no exercício de suas funções; b) magistratura; c) ofício de juiz togado; d) veste usada por membros do Ministério Público e advogados principalmente nas sessões do Tribunal do Júri.

BECO. 1. *Direito agrário.* Local por onde o gado pode escapar. **2.** *Direito administrativo.* Rua estreita, curta e, às vezes, sem saída.

BECORTOPNÉIA. *Medicina legal.* Coqueluche.

BEDEL. 1. *História do direito.* Oficial de justiça de jurisdição subalterna que conduzia a juízo os chamados a lá comparecer. **2.** *Direito do trabalho* e *direito educacional.* Empregado das universidades encarregado de fazer a chamada, anotando as faltas de alunos e mestres, e de atender aos pedidos dos professores, provendo o necessário para que ministrem as aulas.

BEETRIA. *História do direito.* Designação dada ao povo que, sendo livre, podia escolher seu administrador ou senhor.

BEGRIFFSJURISPRUDENZ. *Termo alemão.* Jurisprudência dos conceitos.

BEHAVIORAL FINANCE. *Locução inglesa.* **1.** Finança comportamental. **2.** Conjunto de estudos esclarecedores do papel da psicologia aplicada aos mercados financeiros e o comportamento do investidor (Luiz Fernando Rudge).

BEHAVIORISMO. *Psicologia forense.* Estudo do comportamento baseado na observação e análise das reações visíveis do organismo, em face de certos estímulos exteriores, rejeitando-se a introspecção. É, portanto, a teoria que restringe a psicologia à análise das reações e do comportamento (Lalande).

BEIJO. *Direito penal.* Ato de chegar os lábios a alguém ou a alguma coisa, podendo, se libidinoso, configurar crime de atentado ao pudor, quando em local público e contra a vontade da vítima.

BEIRA-CAMPO. *Direito agrário.* Vocábulo regional (próprio de São Paulo e Paraná), atualmente em desuso, usado para designar terreno rural compreendido entre o limite de um campo e um determinado ponto, perfazendo entre estes seiscentas braças.

BEIRADEIRO. 1. *Direito agrário.* Posseiro ou proprietário nordestino que se dedica às culturas de cebola e alho, em pequena área de terra, à beira de um rio. **2.** *Direito comercial.* Pequeno comerciante que, em regra, negocia com os cassacos das linhas férreas em construção, acompanhando as turmas conforme avançam nos trabalhos.

BEIRAL. *Direito civil.* **1.** Beira do telhado. **2.** Fileira de telhas que constitui a parte mais baixa do telhado dos prédios ou casas. **3.** Água pluvial que cai de uma telha do beirado, convergindo para o solo do próprio dono e não para o do vizinho. Para que o beiral não goteje sobre a propriedade contígua, dever-se-á construir calha por onde a água possa escorrer para o lado devido. Mas, se o proprietário que construiu o beiral vier a adquirir a servidão, chamada "estilicídio", após o prazo de ano e dia, sem que haja oposição do dono do prédio vizinho, este não mais poderá impedir o gotejamento para o seu lado.

BEIRA-MAR. 1. Costa. **2.** Litoral. **3.** Praia.

BELAS-ARTES. *Direito civil.* Artes que têm por finalidade o belo, tais como: desenho, escultura, pintura, arquitetura, música, arte dramática etc., sendo, por isso, protegidas juridicamente, resguardando-se o direito autoral de seus autores.

BELCHIOR. *Direito comercial.* **1.** Mercador de objetos usados e velhos; negociante de antiguidades. **2.** Estabelecimento onde se vendem objetos usados; casas de sebo.

BELEGUIM. 1. *História do direito.* Funcionário que, juntamente com o alcaide, efetuava as prisões. **2.** *Direito processual.* Oficial de justiça encarregado de intimar as partes. **3.** *Direito penal.* Agente da polícia.

BELICISMO. *Ciência política.* Doutrina que incita à guerra.

BÉLICO. *Direito militar.* Tudo o que for relativo à guerra.

BELIGERÂNCIA. *Direito internacional público.* **1.** Estado de guerra entre duas ou mais nações reconhecido pelas demais, que ficam neutras. **2.** Direito de fazer guerra com garantias internacionais idênticas às concedidas ao inimigo.

BELIGERANTE. *Direito internacional público.* Diz-se da nação que está em guerra.

BELÍGERO. *Direito internacional público.* O que serve na guerra.

BELIPOTÊNCIA. *Direito internacional público.* Qualidade do que é poderoso na guerra ou forte nas armas.

BELLUM OMNIUM CONTRA OMNES. *Expressão latina.* Guerra de todos contra todos.

BELONAVE. *Direito internacional público* e *direito militar.* **1.** Navio de guerra. **2.** Avião militar.

BELONOFOBIA. *Medicina legal.* Medo mórbido de tocar em agulha ou alfinete.

BEM. *Direito civil.* **1.** Coisa material ou imaterial que tem valor econômico e pode servir de objeto a uma relação jurídica. Nessa acepção, aplica-se melhor no plural. Para que seja objeto de uma relação jurídica será preciso que apresente os seguintes caracteres: a) idoneidade para satisfazer um interesse econômico; b) gestão econômica autônoma; e c) subordinação jurídica ao seu titular. **2.** Tudo aquilo que pode ser apropriado.

BEM ACESSÓRIO. *Direito civil.* É a coisa que supõe, para existir juridicamente, uma principal.

BEM ACESSÓRIO CIVIL. *Direito civil.* É o resultante de uma relação jurídica abstrata e sem vinculação material, como: o juro, no que concerne ao capital; o ônus real, em relação à coisa gravada; o aluguel, quanto à locação etc.

BEM ACESSÓRIO INDUSTRIAL. *Direito civil.* Aquele que se adere ao principal por intervenção do engenho humano (construção, plantação, fruto industrial, benfeitoria etc.).

BEM ACESSÓRIO NATURAL. *Direito civil.* É o originário de fato da natureza (fruto natural, produto orgânico ou inorgânico, subsolo e coisa que nele se achar sem dono conhecido, ilha formada no rio, álveo abandonado, terra de aluvião, avulsão etc.).

BEM COLETIVO. *Direito civil.* É o constituído por várias coisas singulares, consideradas em conjunto, formando um todo único, que passa a ter individualidade própria, distinta da dos seus objetos componentes, que conservam sua autonomia funcional. Pode apresentar-se como: a) uma *universalidade de fato*, por ser um conjunto de bens singulares, corpóreos e homogêneos, ligados entre si pela vontade humana para a consecução de um fim, por exemplo, uma biblioteca, um rebanho, uma galeria de quadros etc.; b) uma *universalidade de direito*, se constituído por bens singulares, corpóreos e heterogêneos, ou incorpóreos, a que a norma jurídica, com o escopo de produzir certos efeitos, dá unidade, por exemplo, massa falida, herança, fundo de negócio, patrimônio etc.

BEM COMUM. *Teoria geral do direito.* **1.** É o resultante da harmonização da liberdade, paz, justiça, segurança, solidariedade e utilidade social feita pelo juiz ao aplicar a lei ao caso concreto. **2.** É a ordem jurídica, pois, como ensina Goffredo da Silva Telles Jr., é o único bem que todos os participantes da sociedade política desejam necessariamente, uma vez que sem ordem jurídica não há sociedade. **3.** É o fim da própria vida social, por ser a *ratio formalis quae* do direito, que se obtém com a harmonização dos bens particulares com os da comunidade. Na idéia de "bem comum" há um dualismo: a) o bem comum determinante do sentido valorativo da ordem jurídica; e b) o bem comum de caráter social, fundamento das normas de direito, que atenderão ao interesse social, tendo por fim a garantia da paz e da justiça social. A fórmula "bem comum" visa limitar o poder "criador" do órgão judicante, fazendo com que, ao prolatar sua decisão, considere as valorações positivadas na sociedade, sem atentar às suas pessoais.

BEM CONSUMÍVEL. *Direito civil.* Aquele que termina logo com o primeiro uso, havendo imediata destruição de sua substância (por exemplo, alimento, dinheiro etc.).

BEM CORPÓREO. *Direito civil.* É o que tem existência material, como uma casa, um terreno, um livro etc., sendo o objeto do direito.

BEM DE FAMÍLIA CONVENCIONAL. *Direito civil.* Prédio residencial, rural ou urbano, cujo valor não ultrapasse um terço do patrimônio líquido ao tempo de sua instituição, que os cônjuges ou a entidade familiar destina, por via de testamento ou de escritura pública registrada, para abrigo e domicílio desta, incluindo, se o prédio for rural, mobília, utensílios de uso doméstico, gado e instrumentos de trabalho, com a cláusula de ficar isento da execução por dívidas futuras, salvo os que advierem de tributos relativos ao prédio ou despesas de condomínio. Pode abranger também valores mobiliários, cuja renda será destinada à conservação do imóvel e ao sustento da família. É um instituto que visa assegurar um lar à família, pondo-o ao abrigo de penhoras por débitos posteriores à instituição, salvo os que provierem de impostos relativos ao prédio. Contudo, sua impenhorabilidade ou inalienabilidade é relativa; somente subsiste enquanto viverem os cônjuges, ou companheiros, e até que os filhos completem a maioridade. Se um dos cônjuges falecer, o prédio não entrará em inventário nem será partilhado enquanto viver o outro, mas, se este se mudar do prédio e nele não ficar residindo filho menor, a cláusula será eliminada, e o imóvel, partilhado. Se ambos falecerem, dever-se-á esperar a maioridade de todos os filhos. O prédio entrará em inventário para ser partilhado somente quando a cláusula for eliminada.

BEM DE FAMÍLIA LEGAL. *Direito civil.* Único imóvel, urbano ou rural, da família impenhorável por lei, e seus móveis (excluídos os veículos, obras de arte e adornos suntuosos) devidamente quitados, desde que os cônjuges ou a entidade familiar nele tenha fixado residência permanente.

BEM DE VALOR CULTURAL. *Direito urbanístico.* É aquele de interesse paisagístico, cultural, turístico, arquitetônico, ambiental ou de consagração popular, público ou privado, composto pelas áreas, edificações, monumentos, parques e bens tombados pela União, Estado e Município, e suas áreas envoltórias.

BEM DIVISÍVEL. *Direito civil.* É o que pode ser fracionado em partes homogêneas e distintas, sem alteração ou desvalorização das qualidades essenciais do conjunto, formando um todo perfeito. Deve cada parte ser autônoma, tendo a mesma espécie e qualidade e prestando as mesmas utilidades e serviços do todo. Por exemplo, se se repartir um pacote de açúcar, cada metade conservará as qualidades do produto.

BEM DOMINICAL. *Direito civil* e *direito administrativo.* É o que compõe não só o patrimônio da União, dos Estados ou dos Municípios, bem como o das pessoas jurídicas de direito público a que se tenha dado a estrutura de direito privado, como objeto do direito pessoal ou real dessas pessoas de direito público interno. Pode abranger coisas móveis ou imóveis, como: título de dívida pública, estrada de ferro, terra devoluta, terreno de marinha, mar territorial, oficina e fazenda do Estado, queda d'água, jazida e minério, arsenal das Forças Armadas etc.

BEM DOTAL. *História do direito.* Dote ou conjunto de bens transferido pela mulher, ou por alguém em seu lugar, ao marido para que este, dos frutos e rendimentos desse patrimônio, retirasse o que fosse necessário para fazer frente aos encargos da vida conjugal, sob a condição de devolvê-lo com o término da sociedade conjugal.

BEM-ESTAR. *Direito civil.* 1. Conjunto de haveres suficientes para a comodidade da vida de uma pessoa. 2. Benefício ou utilidade promovidos para uso de uma pessoa.

BEM-ESTAR JURÍDICO. *Ciência política.* Situação em que os três poderes exercem, harmonicamente, seus poderes, assegurando os direitos individuais dos cidadãos.

BEM-ESTAR PÚBLICO. *Direito administrativo.* 1. Comodidade, sossego e segurança pública promovidos pelos Poderes Públicos. 2. Soma de benefícios ou utilidades para uso e gozo da coletividade.

BEM EXEQÜÍVEL. *Direito processual civil.* Aquele que pertence ao executado e sobre o qual, cumprindo-se a execução, a penhora pode recair.

BEM FORA DO COMÉRCIO. *Direito civil.* 1. É o inalienável legalmente, como, por exemplo, o bem de família, ou por convenção, caso em que está gravado de cláusula de inalienabilidade inserida no testamento ou na doação, assim como o insuscetível de apropriação, tal como: a) o bem não econômico de valor personalíssimo, como a vida, o nome, a imagem, a liberdade e a honra, ou o de uso inexaurível, como a água do alto-mar, o ar e a luz solar; b) a coisa da sociedade, como o bem público de uso comum do povo e o serviço monopolizado (gás, eletricidade etc.). 2. *Vide* BENS INALIENÁVEIS.

BEM IMÓVEL. *Direito civil.* Aquele que não pode ser transportado de um local para outro sem que haja alteração de sua substância ou sua destruição.

BEM IMÓVEL POR ACESSÃO FÍSICA ARTIFICIAL. *Direito civil.* É aquilo que o homem incorpora permanentemente ao solo, como a semente lançada à terra, o edifício e a construção, não podendo ser retirado sem destruição, modificação, fratura ou dano. Abrange, portanto, o bem móvel incorporado ao solo, que, pela aderência física, passa a ser tido como imóvel, como ocorre, por exemplo, com o tijolo ou o cano, que não poderão ser retirados sem causar dano à construção.

BEM IMÓVEL POR ACESSÃO INTELECTUAL. *Direito civil.* Bem móvel que o proprietário de um imóvel mantém, intencionalmente, empregado na sua exploração industrial, comercial ou agrícola, com o intuito de aformoseamento ou comodidade. Assim, por exemplo, se o proprietário utilizar trator próprio na exploração agrícola do seu imóvel, ele será considerado um bem imóvel por acessão intelectual. A imobilização da coisa dá-se quando ela é colocada a serviço do imóvel e não da pessoa. Trata-se, na verdade, de um tipo de pertença. *Vide* PERTENÇA.

BEM IMÓVEL POR DETERMINAÇÃO LEGAL. *Direito civil.* Trata-se do direito, que é um bem incorpóreo, considerado pela lei como imóvel para que possa receber maior proteção jurídica. Por exemplo, o direito real sobre imóvel (usufruto, uso, habitação, enfiteuse, anticrese e servidão predial) e o direito à sucessão aberta, ainda que a herança seja formada só de bens móveis.

BEM IMÓVEL POR NATUREZA. *Direito civil.* É o que abrange o solo com sua superfície, os seus acessórios e adjacências naturais, compreendendo as árvores e os frutos pendentes, o espaço aéreo e o subsolo.

BEM IMPENHORÁVEL. *Direito processual civil.* Aquele que é insuscetível de ser penhorado na execução judicial por ser inexeqüível.

BEM INCOMUNICÁVEL. *Direito civil.* É o excluído da comunhão de bens por ser afetado de incomunicabilidade, isto é, impedido de se comunicar ao outro cônjuge, razão pela qual não poderá entrar na comunhão conjugal, sendo do domínio particular do cônjuge a que pertence.

BEM INCONSUMÍVEL. *Direito civil.* É o que pode ser usado continuadamente, possibilitando que se aproveitem todas as suas utilidades sem atingir sua integridade. Todavia, poderá tornar-se consumível se destinado à venda, por exemplo, uma blusa é inconsumível porque não se esvai com o primeiro uso, mas, na loja, colocada à venda, torna-se consumível, pois a pretensão é fazer com que seja comprada e desapareça do acervo em que se integra. Além disso, pode tornar-se inconsumível coisa consumível, como se dá quando alguém empresta (*ad pompam vel ostentationis causam*) fruta para uma exposição, devendo devolvê-la, permanecendo, então, inconsumível até sua devolução.

BEM INCORPÓREO. *Direito civil.* É o que não tem existência tangível, sendo relativo ao direito que as pessoas física ou jurídica têm sobre coisa, produto de seu intelecto ou contra outra pessoa, apresentando valor econômico, como direito real, autoral e obrigacional.

BEM INDIVISÍVEL. *Direito civil.* É o que não pode ser fracionado por sua natureza, por determinação de lei ou por vontade das partes.

BEM INDIVISÍVEL POR DETERMINAÇÃO LEGAL. *Direito civil.* Aquele que, em razão de lei, não comporta divisão, por exemplo, a servidão predial, em relação ao prédio serviente, e a hipoteca, pois, ainda que o devedor cumpra uma parte do débito, o bem gravado continua integralmente onerado para garantir o saldo devedor.

BEM INDIVISÍVEL POR NATUREZA. *Direito civil.* É o que não pode ser partido sem alteração em sua substância ou valor. Assim, se for fracionado, não poderá mais prestar o serviço e a utilidade que o todo, anteriormente, oferecia. Por exemplo, um cavalo vivo dividido ao meio deixa de ser semovente; um quadro de Portinari partido ao meio perde sua integridade e seu valor.

BEM INDIVISÍVEL POR VONTADE DAS PARTES. *Direito civil.* É o que, mesmo sendo naturalmente divisível, adquire indivisibilidade, por tempo determinado ou não, em decorrência de vontade das partes. Por outro lado, podem estas acordar em dividir, em partes ideais, bem indivisível, como é o caso do condomínio.

BEM INTELECTUAL. *Direito civil* e *direito autoral.* É o relacionado com a propriedade intelectual, literária, científica ou artística.

BEM JURÍDICO. 1. *Vide* BEM. **2.** *Direito penal.* Bem individual, que é, concomitantemente, bem social protegido pela ordem jurídica, sendo punido aquele que atentar contra ele, por ser fundamental ao indivíduo e à sociedade. O direito, ao protegê-lo, está garantindo a manutenção e o desenvolvimento do indivíduo como membro da sociedade e da sociedade como unidade de indivíduos.

BEM LITIGIOSO. *Direito processual civil.* É o sujeito a controvérsia entre as partes litigantes, que o disputam numa demanda judicial. É litigioso por haver pretensão de duas ou mais pessoas sobre ele, deixando de sê-lo quando, por acordo das partes ou por sentença do juiz, for conferido por direito certo a uma delas, ocasião em que se porá fim à controvérsia e ao litígio.

BEM LIVRE. *Direito civil.* **1.** Aquele sobre o qual seu proprietário tem o domínio pleno, abrangendo o direto e o útil. Trata-se do bem alodial, que se distingue do aforado, em que o domínio direto está nas mãos de um e o útil nas de outro, mostrando-se fracionado. **2.** Aquele que não contém ônus real, encargo ou obrigação restringindo a ação de seu titular, sendo livre e desembargado. **3.** É o que, apesar de onerado pela enfiteuse, está livre de ônus de outra espécie, por exemplo, de hipoteca.

BEM MÓVEL. *Direito civil.* É aquele que, sem sofrer deterioração em sua substância ou forma, pode ser transportado de um local para outro, por força própria ou estranha. No primeiro caso, temos o *semovente*, que é o animal, e, no segundo, o *móvel propriamente dito* ou coisa inanimada, por exemplo, mercadoria, moeda, ação de companhia etc.

BEM MÓVEL POR ANTECIPAÇÃO. *Direito civil.* É o bem imóvel mobilizado pela vontade humana em função de finalidade econômica. Por exemplo, uma árvore abatida destinada ao corte para ser vendida torna-se móvel.

BEM MÓVEL POR DETERMINAÇÃO LEGAL. *Direito civil.* É o que a lei considera móvel, por exemplo, direito real sobre objeto móvel e a ação correspondente, direito pessoal de caráter patrimonial e a ação respectiva, direito autoral e energia que tenha valor econômico, como a elétrica, a nuclear, a radiante etc.

BEM MÓVEL POR NATUREZA. *Direito civil.* Coisa corpórea que pode ser removida sem dano, por força própria ou alheia, com exceção da que acede ao imóvel; logo, o material de construção, enquanto não for nela empregado, é um bem móvel.

BEM-NASCIDO. *Sociologia jurídica.* Nobre; pessoa de linhagem; ilustre de nascimento.

BEM PARAFERNAL. *História do direito.* Era o trazido pela mulher ao casamento, sendo por ela administrado, não fazendo parte do dote. Podia ser tido também como parafernal se sua aquisição pela mulher se desse após o matrimônio, mas a título de causa anterior a ele. Era, portanto, o bem particular da mulher casada sob o regime dotal que não estava incluído no dote, pois ela o conservava em sua propriedade, tendo sobre ele a administração, a fruição e a disposição, embora não pudesse aliená-lo, se imóvel, sem a anuência de seu marido.

BEM PARTICULAR. *Direito civil* e *direito comercial.* **1.** É o pertencente a pessoa natural ou a pessoa jurídica de direito privado. **2.** É o próprio de uma pessoa em relação a outra, livre de qualquer comunicação, por exemplo, bem particular do marido ou da mulher. **3.** Aquele que pertence apenas ao sócio, não tendo qualquer relação com o patrimônio da sociedade de que faz parte e não sendo obrigado pelos compromissos sociais. Isto é assim porque, com o assento do contrato ou estatuto social no registro competente, a pessoa jurídica começa a existir, passando a ter aptidão para ser sujeito de direitos e obrigações e a ter capacidade patrimonial, constituindo seu patrimônio, que não tem nenhuma relação com o de seus sócios, adquirindo vida própria e autônoma, não se confundindo com os seus membros, por ser uma nova unidade orgânica.

BEM PARTICULAR DO HERDEIRO. *Direito civil.* Aquele que já pertencia ao herdeiro antes de receber a herança, não respondendo, portanto, pelos débitos do *de cujus.*

BEM PARTICULAR DO MENOR. *Direito civil.* Aquele que pertence ao menor, não tendo sido recebido por ato paterno ou materno nem herdado de seus pais, proveniente, adventiciamente, de outras origens.

BEM PARTILHADO. *Direito civil.* **1.** É o oriundo da partilha de bens da herança ou de bens sociais, em que cada pessoa recebe o que tem direito. É, portanto, o quinhão a que cada uma faz jus. **2.** Parte cabível a cada condomínio após a divisão feita da propriedade em comum.

BEM PENHORÁVEL. *Direito processual civil.* Aquele que pode ser objeto de penhora, sendo que também o é fruto e rendimento de bem inalienável, à falta de outros bens, salvo se destinado à satisfação de prestação alimentícia.

BEM PRINCIPAL. *Direito civil.* Aquele que existe por si, exercendo sua função e finalidade independentemente de outro, por exemplo, o solo.

BEM PÚBLICO. *Direito civil* e *direito administrativo.* É o que tem por titular do seu domínio uma pessoa jurídica de direito público interno, podendo ser federal, se pertencente à União, estadual, se do Estado, ou municipal, se do Município.

BEM PÚBLICO DE USO COMUM DO POVO. *Direito civil* e *direito administrativo.* Aquele que, embora pertencente a pessoa jurídica de direito público interno, pode ser utilizado, sem restrição, gratuita ou onerosamente, por todos, sem necessidade de qualquer permissão especial. Por exemplo, rua, praça, estrada, jardim, praia, golfo, enseada, mar etc.

BEM PÚBLICO DE USO ESPECIAL. *Direito civil* e *direito administrativo.* É o utilizado pelo próprio Poder Público, constituindo imóvel aplicado a serviço ou estabelecimento federais, estaduais ou municipais, como, por exemplo, prédio onde funciona tribunal, escola pública, secretaria, ministério, quartel etc. É o que tem, portanto, uma destinação especial.

BEM SERVIR. *Direito administrativo.* Diz-se da condição imposta na nomeação de qualquer funcionário público de se lhe garantir o direito de não ser dispensado de suas funções ou do seu cargo enquanto cumprir suas obrigações regularmente e com a devida atenção.

BEM SINGULAR. *Direito civil.* É o que, embora reunido com outros, é considerado de per si, isto é, em sua individualidade, independentemente dos demais. Pode ser simples ou composto. Será *simples* se formar um todo homogêneo, cujas partes componentes estão unidas em virtude da própria natureza ou da ação humana, sem reclamar qualquer regulamentação especial por norma jurídica. Pode ser material, como pedra, caneta-tinteiro, cavalo, ou imaterial, como o crédito. Será *composto* se suas partes heterogêneas forem ligadas pelo engenho humano, caso em que haverá objetos independentes unidos num só todo sem que desapareça a condição jurídica de cada parte. Por exemplo, materiais de construção ligados na edificação de uma casa.

BEM SONANTE. Dinheiro.

BEM UNIVERSAL. *Vide* BEM COLETIVO.

BEM VACANTE. *Direito civil.* É o bem assim declarado pelo juiz, primeiro convertido em herança jacente, se, após a realização de todas as diligências legais, não aparecer herdeiro sucessível. Tal bem vacante será devolvido ao Poder Público caso não haja herdeiro que se habilite no período da jacência. Porém, sua devolução ao Município ou ao Distrito Federal, se localizado nas respectivas circunscrições, ou à União, se situado em território federal, com a declaração da vacância não tem o poder de incorporá-lo definitivamente e *ipso facto* ao patrimônio público, o que só ocorre decorridos cinco anos da abertura da sucessão.

BEM VAGO. *Direito civil.* É o imóvel arrecadado em decorrência de ter sido abandonado pelo seu proprietário, voluntariamente, passando para o domínio do Município ou do Distrito Federal, se se achar nas respectivas circunscrições, três anos depois, se localizado em zona urbana, e também três anos depois, se situado em zona rural passará à propriedade da União.

BEM VIVER. 1. *Teoria geral do direito.* É a qualidade de vida escolhida pelo homem no sentido de esforçar-se para cumprir seus deveres de cidadão, seguindo os ditames legais. **2.** *Direito constitucional.* Função do Estado de realizá-lo através de normas por ele editadas. Se todo poder emana do povo e em seu nome será exercido, é função do Estado, investido pela sociedade desse poder, realizar o bem viver social e dos cidadãos, satisfazendo suas necessidades e interesses.

BÊNÇÃO. *Direito canônico.* **1.** Ação de benzer lugares, pessoas ou coisas com cerimônias da Igreja, fazendo o sinal da cruz. **2.** Rito pelo qual o sacerdote abençoa os nubentes após a celebração do casamento.

BÊNÇÃO *URBI ET ORBI.* *Direito canônico.* Bênção papal à cidade de Roma e ao mundo.

BENCH. *Termo inglês.* Tribunal.

BENCH LEGISLATOR. *Locução inglesa.* Sentença judicial *contra legem.*

BENCHMARK. *Termo inglês.* **1.** Referência. **2.** Indicador usado para comparar a lucratividade entre investimentos, produtos, serviços e taxas. **3.** Indicador padrão utilizado para medição do desempenho comparativo de um ativo por certo período de tempo (Luiz Fernando Rudge).

BENCH WARRANT. *Locução inglesa.* Mandado de prisão.

BENDICIONÁRIO. *Direito canônico.* Ritual onde estão contidas as fórmulas das bênçãos.

BENE ANIMATUS. *Locução latina.* Usada para indicar boa-fé ou pessoa que está com boa intenção.

BENEFICÊNCIA. 1. *Direito civil.* Diz-se da prática de obras de filantropia ou caridade realizadas por associações pias, como hospital, asilo etc., atendendo aos mais carentes de ajuda. **2.** *Direito administrativo.* Natureza de um serviço público prestado diretamente pela Administração ou por entidade privada de utilidade pública, mediante convênio, amparando os que não têm meios de prover sua subsistência, em razão de velhice, invalidez, doença etc. Tal beneficência pública compete à máquina administrativa, que, recebendo dotação especial, age sob a forma de serviço público federal, estadual ou municipal, centralizado ou autárquico. **3.** *Direito tributário.* Qualidade de entidade que goza de imunidade fiscal, por ter sido declarada de utilidade pública, destinando sua renda ao atendimento de necessitados, não remunerando seus diretores ou membros e mantendo, ainda, uma escrituração das receitas e despesas feitas com obras filantrópicas.

BENEFICIAÇÃO. *Direito agrário.* Operação de separação, limpeza, polimento, descascamento e debulhamento a que, por exemplo, são submetidos os produtos agropecuários ou os do extrativismo vegetal para poderem ser consumidos ou industrializados, uma vez que terão, assim, maior valor no mercado.

BENEFICIADO. 1. *Direito agrário.* a) Produto agropecuário que sofreu processo de debulhamento, limpeza, descascamento ou outro qualquer, desde que sua natureza não seja alterada; b) diz-se do animal castrado. **2.** *Direito canônico.* Aquele que recebeu um benefício eclesiástico. **3.** *Direito civil.* a) Aquele que recebeu um benefício; b) pessoa em prol de quem se reverteu o produto de um espetáculo beneficente.

BENEFICIADOR. 1. *Direito agrário.* Aquele que melhora o produto agropecuário. **2.** *Direito civil.* a) Aquele que faz um benefício; b) o que promove atividades ou espetáculos para apurar renda, destinando-a aos mais carentes; c) o que pratica atividade filantrópica; d) aquele que faz liberalidade mediante doação. **3.** *Direito tributário.* a) É a pessoa física ou jurídica que aperfeiçoa, modifica ou altera bens ou produtos, constituindo tal beneficiamento, por exemplo, fato gerador do imposto sobre produtos industrializados (IPI); b) aquele que executa beneficiamento para terceiro, sendo esta atividade fato gerador do imposto sobre serviços (ISS) de qualquer natureza.

BENEFICIAL. *Direito canônico.* Aquilo que for relativo a benefício eclesiástico.

BENEFICIAL OWNER. *Termo inglês.* Usufrutuário.

BENEFICIAMENTO. 1. *Vide* BENEFICIAÇÃO. **2.** *Direito tributário.* Operação tributável pelo IPI, ICMS e ISS. **3.** *Direito agrário* e *direito empresarial.* a) A primeira modificação e preparo dos produtos de origem animal ou vegetal, quer por processos simples ou sofisticados, para posterior venda ou industrialização, sem retirar-lhes sua característica original; b) operação efetuada mediante meios físicos, químicos ou mecânicos, com o objetivo de se aprimorar a qualidade de um lote de sementes; c) é o ato de submeter um resíduo a processo para que tenha condição de ser usado como matéria-prima ou produto.

BENEFICIÁRIAS DO PROGRAMA DE FINANCIAMEN-TO DA AMPLIAÇÃO E MODERNIZAÇÃO DA FROTA PESQUEIRA NACIONAL – PROFROTA PESQUEIRA. As empresas pesqueiras industriais, assim definidas como sendo as pessoas jurídicas, as pessoas físicas equiparadas à pessoa jurídica e as cooperativas que se dediquem à atividade pesqueira, classificadas por porte, conforme abaixo: a) microempresa: aquela com receita bruta anual de até R$433.755,14 (quatrocentos e trinta e três mil, setecentos e cinqüenta e cinco reais e quatorze centavos); b) pequena empresa: aquela com receita bruta anual acima de R$ 433.755,14 (quatrocentos e trinta e três mil, setecentos e cinqüenta e cinco reais e quatorze centavos) até R$ 2.133.222,00 (dois milhões, cento e trinta e três mil, duzentos e vinte e dois reais); c) média empresa: aquela com receita bruta anual acima de R$ 2.133.222,00 (dois milhões, cento e trinta e três mil, duzentos e vinte e dois reais) até R$ 8.000.000,00 (oito milhões de reais); d) grande empresa: aquela com receita bruta anual acima de R$ 8.000.000,00 (oito milhões de reais); e) cooperativas e associações de miniprodutores: aquelas com pelo menos setenta por cento do quadro social ativo constituído de miniprodutores; f) cooperativas e associações de pequenos produtores: aquelas que, não sendo cooperativas ou associações de miniprodutores, tenham seu quadro social ativo constituído por pelo menos setenta por cento de mini e pequenos produtores; g) cooperativas e associações de médios produtores: aquelas que, não sendo cooperativas ou associações de mini ou pequenos produtores, tenham seu quadro social ativo constituído por pelo menos setenta por cento de mini, pe-

quenos e médios produtores; e h) cooperativas e associações de grandes produtores: aquelas que, não sendo cooperativas ou associações de mini, pequenos ou médios produtores, contem em seu quadro social ativo com a participação de grandes produtores.

BENEFICIÁRIO. 1. *Direito civil.* a) É o favorecido por algum ato de liberalidade, por exemplo, o donatário; b) aquele em favor de quem se constituiu um benefício ou vantagem; c) aquele que tem direito de receber uma indenização; d) indivíduo a favor de quem se fez um seguro de vida; e) pessoa em favor de quem se emitiu uma ordem de pagamento; f) pessoa física ou jurídica designada para receber os valores dos capitais segurados, na hipótese de ocorrência do sinistro. **2.** *Direito previdenciário.* a) Aquele que recebe pensão; b) aquele a quem se concede proteção legal prevista nas normas previdenciárias, isto é, o ser titular do direito dos benefícios por elas concedidos, por se encontrar em situação de necessidade e reunir as condições requeridas por lei.

BENEFICIÁRIO DE CRÉDITO RURAL. *Direito bancário* e *direito agrário.* Aquele que pode obter crédito rural, como o produtor rural (pessoa física ou jurídica) ou a cooperativa de produtores rurais. Pode ainda ser beneficiária do crédito rural pessoa física ou jurídica que, embora sem conceituar-se como produtor rural, se dedique às seguintes atividades vinculadas ao setor: a) pesquisa ou produção de mudas ou sementes fiscalizadas ou certificadas; b) pesquisa ou produção de sêmen para inseminação artificial; c) prestação de serviços mecanizados, de natureza agropecuária, em imóveis rurais, inclusive para proteção do solo; d) prestação de serviços de inseminação artificial, em imóveis rurais; e) exploração da pesca com fins comerciais; f) medição de lavouras. O silvícola pode ser beneficiário do crédito rural, desde que, não estando emancipado, seja assistido pela Fundação Nacional do Índio (Funai), que também deve assinar o instrumento de crédito. Não é beneficiário do crédito rural: a) estrangeiro residente no exterior; b) sindicato rural; c) parceiro, se o contrato de parceria restringir o acesso de qualquer das partes ao financiamento. É vedada a concessão de crédito rural por instituição financeira oficial ou de economia mista, para investimentos fixos: a) a filial de empresa sediada no exterior; b) a empresa cuja maioria de capital com direito a voto pertença a pessoas físicas ou jurídicas residentes, domiciliadas ou com sede no exterior. Todavia tal restrição: a) não se aplica a recursos externos que tenham sido colocados à disposição de instituição financeira por governo estrangeiro, suas agências ou órgãos internacionais, para repasse a pessoas previamente indicadas; b) estende-se à instituição financeira privada, quanto às aplicações com recursos de fundos e programas de fomento; c) pode ser dispensada pelo Ministério da Fazenda, em projetos de elevado interesse nacional.

BENEFICIATURA. *Direito canônico.* Modalidade de benefício eclesiástico irrenunciável, embora possa vagar pela ausência. É o que ocorre com o benefício ou lugar de corista, vigário ou capelão. O titular desse benefício pode ser destituído por ordem da autoridade superior, por ser sua função amovível.

BENEFÍCIO. **1.** *Direito canônico.* a) Cargo eclesiástico remunerado ou não; b) renda paga a um sacerdote para desempenhar seus deveres espirituais. **2.** *Direito civil.* a) Direito conferido a alguém em razão de um ato de liberalidade; b) espetáculo ou atividade cuja renda líquida será revertida em favor de uma instituição pia; c) vantagem ou privilégio concedido por lei, mediante o reconhecimento legal de certo direito privativo a determinada pessoa; d) benfeitoria. **3.** *Direito comercial.* Lucro obtido no negócio mercantil ou na atividade empresarial. **4.** *Direito administrativo.* a) Assistência e proteção prestada pela Administração Pública a pessoas ou instituições necessitadas; b) vantagem concedida pelo Poder Público ante certas circunstâncias em que o beneficiado se encontre. **5.** *Direito previdenciário.* Auxílio ou vantagem assegurada legalmente a quem couber de direito para atender necessidades vitais, abrangendo prestações pecuniárias e serviços do órgão previdenciário, especialmente de assistência médico-hospitalar e odontológica.

BENEFÍCIO-ALIMENTAÇÃO. *Direito administrativo.* Direito dos servidores da Administração Pública federal direta, autárquica e fundacional, independentemente da jornada de trabalho, de receberem refeição de valor calórico de acordo com sua carga horária.

BENEFÍCIO ASSISTENCIAL A IDOSO E DEFICIENTE. *Direito previdenciário.* É o benefício de prestação continuada a pessoa portadora de deficiência, incapacitada para a vida independente e para o trabalho em razão de anomalias ou lesões irreversíveis, de natureza hereditária, congênitas ou adquiridas; e ao idoso com sessenta e cinco anos, ou mais, de idade, que comprove não possuir meios de prover a própria manutenção nem de tê-la provida por sua família.

BENEFÍCIO DA CESSÃO. *Direito civil.* Direito conferido ao cessionário de sub-rogar-se nos direitos creditórios do antigo credor (cedente), desde que não sejam personalíssimos.

BENEFÍCIO DA CESSÃO DE BENS. **1.** *Direito comercial.* Abandono que o devedor faz de seus bens em favor dos credores para que estes possam satisfazer seus créditos, livrando-se das ações que poderiam ser intentadas contra ele, por estar impossibilitado de saldar seus débitos. **2.** *Direito marítimo.* É o que abrange não só o abandono liberatório, consistente na cessão de direito e ação feita pelo devedor ao credor, como também o abandono sub-rogatório, operando-se a transferência do direito e ação do segurado para a seguradora.

BENEFÍCIO DA DÚVIDA. *Direito penal.* Aquele concedido a acusado da prática delituosa, isentando-o por haver dúvida quanto à sua autoria.

BENEFÍCIO DA GRATUIDADE. *Direito processual.* Isenção de pagamento de taxas ou emolumentos alusivos a quaisquer atos, quer de foro judicial ou extrajudicial, praticados pelo Poder Judiciário concedida a quem não tenha recursos financeiros.

BENEFÍCIO DA IDADE. **1.** *Direito civil.* Concessão para que o menor exerça por si os atos da vida civil e administre os próprios bens até que atinja a maioridade legal ou obtenha a emancipação. **2.** *Direito do trabalho.* a) Vantagem outorgada a alguém em razão da idade; b) dispensa do trabalho em virtude de idade, concedendo-se aposentadoria. **3.** *Direito constitucional.* Conjunto de direitos outorgados tendo-se em vista a idade. **4.** Na *linguagem jurídica* em geral, pode designar primazia a quem tiver idade mais avançada, havendo empate numa eleição, dando-lhe a vitória.

BENEFÍCIO DA JUSTIÇA GRATUITA. *Vide* BENEFÍCIO DA GRATUIDADE e BENEFÍCIO DE ASSISTÊNCIA JUDICIÁRIA.

BENEFÍCIO DA MASSA. *Direito comercial.* **1.** Privilégio conferido aos credores, na falência, de pleitearem a reivindicação do retorno à massa falida dos bens do devedor desviados, fraudulentamente ou não, considerando sem efeito os atos de transferência praticados em detrimento da massa. **2.** É o conferido à massa, fazendo com que seus débitos e encargos sejam pagos de preferência aos créditos admitidos na falência.

BENEFÍCIO DA REMIÇÃO. 1. *Direito processual civil.* Direito outorgado ao devedor de liberar bens sujeitos à execução, livrando-os da penhora ou arrematação, ou de retirar-lhes do seu patrimônio. Assim o cônjuge, descendente ou ascendente do devedor poderão remir bens penhorados ou arrecadados no processo de insolvência, havendo-os para si, desde que depositem o preço por que foram alienados ou adjudicados. **2.** *Direito civil.* Direito conferido à pessoa para libertar bens onerados do ônus real que lhes pesa. Por exemplo, o credor sub-hipotecário poderá remir a primeira hipoteca, no seu vencimento, se o devedor não se oferecer para remi-la, consignando a importância do débito e das despesas judiciais, caso se esteja promovendo a execução, intimando o credor anterior para levantá-la e o devedor para remi-la, se quiser, sub-rogando-se, assim, nos direitos do credor a quem satisfez, sem prejuízo dos que lhe competirem contra o devedor comum.

BENEFÍCIO DE ASSISTÊNCIA JUDICIÁRIA. *Direito processual.* É o concedido aos que necessitam recorrer à justiça civil, penal, militar e do trabalho e não têm recursos financeiros para pagar custas processuais e honorários advocatícios, isentando-os desse pagamento. Consiste, portanto, na isenção de todas as despesas com o reconhecimento judicial do direito da pessoa necessitada. O deferimento judicial do pedido de concessão desse benefício determina que o serviço de assistência judiciária, organizado e mantido pelo Estado, onde houver, indique o advogado que patrocinará a causa do necessitado. Se no Estado não houver tal serviço, a Ordem dos Advogados, ou o próprio juiz, deverá proceder àquela nomeação.

BENEFÍCIO DE CREDOR. *Direito civil.* Privilégio ou prerrogativa concedida ao credor para a garantia de seu crédito, mesmo hipotecário, dando-lhe direito de ser preferido em relação aos demais credores. Assim, por exemplo, o credor de custas e despesas judiciais feitas com a arrecadação e liquidação tem *privilégio especial* sobre a coisa arrecadada e liquidada; o credor por benfeitorias necessárias e úteis, sobre a coisa beneficiada. Gozam, por exemplo, de *privilégio geral* sobre os bens do devedor: o credor por despesas do seu funeral; o credor por custas judiciais ou por despesas com a arrecadação e liquidação da massa; o credor por despesas com luto dos familiares do devedor falecido; o credor por despesas com doença de que faleceu o devedor, no semestre anterior à sua morte; o credor pelos gastos necessários à mantença do falecido e sua família, no trimestre anterior ao seu falecimento; e o credor pelo salário dos empregados do devedor, nos seus derradeiros seis meses de vida.

BENEFÍCIO DE DESONERAÇÃO. *Direito civil.* Aquele que desobriga o fiador se: a) o credor, sem sua anuência, vier a conceder moratória ao devedor; b) o credor aceitar do devedor objeto diferente do devido, realizando novação de contrato; c) por fato do credor, se impossibilitar a sub-rogação nos direitos de preferência do fiador.

BENEFÍCIO DE DISCUSSÃO. *Vide* BENEFÍCIO DE EXCUSSÃO.

BENEFÍCIO DE DIVISÃO. *Direito civil.* Cláusula que, em caso de fiança conjunta, faz com que cada fiador responda tão-somente pela parte que proporcionalmente lhe couber no pagamento, liberando-se do pagamento da totalidade do débito.

BENEFÍCIO DE EXCUSSÃO. 1. *Direito civil* e *direito processual civil.* Também chamado "benefício de ordem", consiste no direito assegurado ao fiador de exigir do credor que acione, em primeiro lugar, o devedor principal, isto é, que os bens do devedor principal sejam excutidos antes dos seus. A invocação desse benefício deverá ser manifestada expressamente pelo fiador, pois não se opera *pleno iure*, e sua argüição oferecida tempestivamente até a contestação da lide, exceto se se argüirem nulidade ou inexistência da fiança. Para tanto, deverá o fiador nomear tantos bens do devedor quantos bastem para solver a dívida, bens esses livres, desembargados e situados no mesmo Município. **2.** *Direito comercial* e *direito civil.* Decorrência da personificação da sociedade, que responsabiliza primeiro a sociedade pelos débitos sociais, sendo que os bens particulares dos sócios só poderão ser executados depois de excutido o patrimônio social.

BENEFÍCIO DE EXECUÇÃO. *Direito processual civil.* Direito do sócio de exigir que sejam demandados, ou excutidos, para pagamento de dívida social primeiro os bens da sociedade da qual faz parte, nomeando bens suficientes para pagar aquele débito, sendo eles situados na mesma comarca, livres e desembargados.

BENEFÍCIO DE EXONERAÇÃO. *História do direito.* Aquele que liberava, no direito romano, as mulheres das obrigações contraídas por fiança que lhes eram prejudiciais.

BENEFÍCIO DE INVENTÁRIO. *Direito civil.* Direito concedido ao herdeiro que aceita a herança de não ser obrigado a pagar os débitos do *de cujus* ou os encargos da herança, a não ser na proporção dos bens herdados, conforme apurado no inventário. Logo, se lhe for cobrado algo além das forças da herança, poderá opor contra o pedido o benefício de inventário. O herdeiro não responde, portanto, pelos encargos superiores às forças da herança, haja ou não inventário. Assim sendo, incumbir-lhe-á a prova do excesso, exceto se houver inventário demonstrando o valor dos bens herdados. Esse benefício é, em suma, a vantagem de se receber uma herança com responsabilidade limitada.

BENEFÍCIO DE ORDEM. *Vide* BENEFÍCIO DE EXCUSSÃO.

BENEFÍCIO DE POBREZA. *Direito processual penal.* Direito de nomeação de defensor dativo ao acusado que não possa prover as despesas processuais sem se privar dos recursos indispensáveis ao próprio sustento ou da sua família.

BENEFÍCIO DE PRAZO. *Direito processual civil.* Concessão a certas pessoas, como à Fazenda Pública e ao Ministério Público, de prazos mais amplos ou maiores que os concedidos às outras partes litigantes para contestação, exceção, reconvenção e interposição de recurso.

BENEFÍCIO DE PRESTAÇÃO CONTINUADA. *Direito previdenciário.* É a garantia de um salário mínimo mensal à pessoa portadora de deficiência, incapacitada para o trabalho, e ao idoso com sessenta e cinco anos ou mais, que comprovem não possuir meios de prover a própria manutenção nem tê-la garantida por sua família. O Benefício de Prestação Continuada integra a proteção social básica no âmbito do Sistema Único de Assistência Social (SUAS), instituído pelo Ministério do Desenvolvimento Social e Combate à Fome, em consonância com o estabelecido pela Política Nacional de Assistência Social (PNAS). O Benefício de Prestação Continuada é constitutivo da PNAS e integrado às demais políticas setoriais, e visa ao enfrentamento da pobreza, à garantia da proteção social, ao provimento de condições para atender contingências sociais e à universalização dos direito sociais. A plena atenção à pessoa com deficiência e ao idoso beneficiário do Benefício de Proteção Continuada exige que os gestores da assistência social mantenham ação integrada às demais ações das políticas setoriais nacional, estaduais, municipais e do Distrito Federal, principalmente no campo da saúde, segurança alimentar, habitação e educação.

BENEFÍCIO DE RESTITUIÇÃO. 1. *Direito civil.* a) Direito de considerar não existente ato válido que contrarie a eqüidade; b) direito de pleitear a invalidade de ato executado por incapaz, em razão de erro, dolo, coação etc. **2.** *História do direito.* Prerrogativa de restabelecer direitos que não podiam ser restaurados, ante a inexistência de remédio ordinário para tanto. Com isso a situação jurídica voltava ao estado anterior ao momento em que se dera o ato lesivo àquele que gozava do benefício. Tratava-se do extinto instituto da restituição *in integrum*, que era o remédio judiciário de caráter extraordinário, pelo qual o menor ou o incapaz lesados em seus direitos pleiteavam a devolução do que haviam pago quando o ato lesivo era válido, por ter sido este praticado de acordo com as formalidades legais. Isto era assim, porque, se o ato apresentasse vício, o remédio ordinário era a ação de nulidade, que o desfazia, retirando-o do cenário jurídico. Atualmente, na proteção que o direito civil confere aos incapazes não se compreende o benefício da restituição. A lei o aboliu tentando não só proteger a segurança dinâmica do ato jurídico, evitando que ele possa ser desfeito, apesar de válido, mas também respeitar os direitos adquiridos para favorecer, de certa forma, a circulação de bens e o organismo econômico-social.

BENEFÍCIO DE SEPARAÇÃO. *Direito civil.* **1.** Prerrogativa outorgada a determinados credores para que possam pedir, no concurso de credores ou na execução judicial, que bens do devedor sejam separados, para cobrir seus créditos, por terem uma garantia real ou privilégio. **2.** Direito do herdeiro, que aceitou herança a benefício de inventário, à separação de patrimônios, evitando confusão entre os bens herdados e os seus próprios. **3.** Direito do credor da herança de impedir a confusão dos bens do espólio com os próprios dos herdeiros para que sejam pagas primeiro as obrigações hereditárias e depois as dívidas do herdeiro, protegendo-se, assim, contra os credores do herdeiro, que não podem, como os do *de cujus*, ter direitos sobre o ativo bruto do inventário, mas, tão-somente, sobre o líquido deduzido do passivo representado pelos créditos do *auctor successionis* e pelas despesas do inventário.

BENEFÍCIO DE SERVIDÃO. *Direito civil.* **1.** Direito assegurado ao adquirente do prédio dominante de manter a servidão existente sem maiores encargos ao prédio serviente. Isto é assim, por ser a servidão inalienável, logo, sendo vendido o prédio dominante, ou até mesmo o serviente, a servidão segue o prédio a que se liga. **2.** Direito de cada condômino, sobrevindo a partilha do prédio dominante, à servidão, que continuará gravando o prédio serviente. De igual modo, se a partilha for do serviente, cada condômino estará obrigado pela servidão, não podendo desdobrá-la. Esse benefício, ante a indivisibilidade da servidão, transmite-se, portanto, mesmo a cada um dos quinhões do prédio dominante, se ele for partilhado entre vários donos, e continua a gravar cada um dos do prédio serviente. A servidão não se desdobra, não podendo ser adquirida ou perdida por partes; estabelece-se por inteiro e grava o prédio serviente no seu todo, ainda que este ou o dominante venham a ser divididos. **3.** Preferência do dono do prédio dominante em caso de venda, dação em pagamento, aforamento ou arrendamento do prédio serviente e vice-versa. O mesmo se diga se se tratar de prédio encravado.

BENEFÍCIO DE SUB-ROGAÇÃO. *Direito civil.* Aquisição dos direitos creditórios por aquele que pagar, integralmente, o débito do devedor. Por exemplo, o fiador terá o direito de sub-rogar-se nos direitos do credor se vier a pagar a dívida do afiançado.

BENEFÍCIO DO PRAZO. *Direito civil.* Presunção de prazo em favor de herdeiro e do devedor, salvo se no contrato houver estipulação em sentido contrário.

BENEFÍCIO DO SEGURO-DESEMPREGO. *Direito previdenciário.* É o concedido ao trabalhador desempregado, por um período máximo de três a cinco meses, para prover sua assistência financeira temporária, se dispensado sem justa causa, e para auxiliá-lo na busca de novo emprego, promovendo, para tanto, ações integradas de orientação, recolocação e qualificação profissional.

BENEFÍCIO ECLESIÁSTICO. *Direito canônico.* Entidade jurídica constituída por autoridade eclesiástica competente que consta de um ofício sagrado e do direito de receber rendas produzidas pelo dote do benefício.

BENEFÍCIO ESPERADO. *Direito civil.* É o lucro distinto do cessante, que teria advindo provavelmente.

BENEFÍCIO GARANTIA-SAFRA. *Direito agrário.* Tem por objetivo garantir condições mínimas de sobrevivência aos agricultores familiares de Municípios sistematicamente sujeitos à situação de emergência ou estado de calamidade pública em razão do fenômeno da estiagem, situados na área de atuação da Agência de Desenvolvimento do Nordeste (ADENE).

BENEFÍCIO PATRIMONIAL. 1. *Direito processual civil.* Quantia pecuniária que constitui o objeto da ação, motivo pelo qual deve determinar o valor da causa. É o proveito econômico que enriquecerá o patrimônio do litigante assim que se restabelecer a relação jurídica molestada ou houver a devolução do bem que gerou a demanda. **2.** *Direito comercial.* Lucro; riqueza produzida.

BENEFÍCIO PESSOAL. Qualquer direito conferido apenas a determinada pessoa ou a um pequeno grupo de pessoas.

BENEFÍCIO PREVIDENCIÁRIO. *Direito previdenciário.* Qualquer garantia que o seguro social confere ao segurado e a seus dependentes, dando-lhes renda, assistência ou serviço, na ocorrência das circunstâncias previstas, que se denomina, genericamente, "prestação beneficiária", na qual estão englobados benefícios e serviços, inclusive em decorrência de acidente de trabalho. Consideram-se, por exemplo, prestações beneficiárias, quanto: a) ao segurado, as aposentadorias (por invalidez, compulsória, voluntária por idade, por tempo de contribuição e a especial), os auxílios-doença e acidente, os salários-família e maternidade e o abono de permanência; b) ao dependente, a pensão por morte e o auxílio-reclusão; c) ao segurado e dependentes, os pecúlios, o serviço social e a reabilitação profissional.

BENEFÍCIO PROPORCIONAL DIFERIDO. *Direito previdenciário.* É o instituto que faculta ao participante, em razão da cessação do vínculo empregatício com o patrocinador ou associativo com o instituidor antes da aquisição do direito ao benefício pleno, optar por receber, em tempo futuro, o benefício decorrente dessa opção.

BENEFICIORUM MEMORIA LABILIS EST, INIURIA-RUM VERO TENAX. *Expressão latina.* A lembrança dos benefícios é frágil, mas a das injúrias é persistente.

BENEFÍCIOS ADICIONAIS. *Direito do trabalho.* Pagamentos que o empregador acrescenta ao salário do empregado qualificado, com o propósito de mantê-lo na empresa ou de descarregar o imposto de renda.

BENEFÍCIOS DE APOSENTADORIA E PENSÃO DO REGIME GERAL DA PREVIDÊNCIA SOCIAL. *Direito previdenciário.* São os que observarão, na sua concessão, critérios de cálculo que preservem o valor real dos salários sobre os quais incidiram contribuição, nos termos da legislação vigente. Os valores dos benefícios em manutenção serão reajustados na mesma data de reajuste do salário mínimo, *pro rata*, de acordo com suas respectivas datas de início ou do seu último reajustamento, com base em percentual definido em regulamento, observados os critérios estabelecidos em lei. A perda da condição de segurado não será considerada para a concessão da aposentadoria por idade, desde que a pessoa conte com, no mínimo, o tempo de contribuição correspondente ao exigido para efeito de carência na data de requerimento do benefício. O pagamento de parcelas relativas a benefícios, efetuado com atraso por responsabilidade da Previdência Social, será atualizado pelo mesmo índice utilizado para os reajustamentos dos benefícios do Regime Geral de Previdência Social, verificado no período compreendido entre o mês que deveria ter sido pago e o mês do efetivo pagamento.

BENEFÍCIOS DOS PLANOS DE PREVIDÊNCIA COMPLEMENTAR. *Direito previdenciário.* São aqueles cujo fato gerador decorre, em conjunto ou separadamente, de: a) sobrevivência; b) invalidez; c) morte; d) reclusão; e) doença. O plano de benefícios deverá ofertar pelo menos o benefício de renda programada e continuada, decorrente da sobrevivência do participante. Para planos instituídos por patrocinador, deverá ser oferecida, obrigatoriamente, concessão vitalícia para os benefícios estruturados sob a forma de renda. Além da forma de concessão acima, é facultado o estabelecimento de renda por prazos iguais ou superiores a cinco anos.

BENEFÍCIO SEGURO-SAFRA. *Direito agrário.* É o que tem por objetivo garantir renda mínima aos agricultores familiares da Região Nordeste, da semi-árida do Estado de Minas Gerais, da região norte do Estado do Espírito Santo, da Região do Vale do Mucuri e dos Municípios sujeitos a estado de calamidade ou situação de emergência em razão da estiagem. Para tanto, tais agricultores, além de aderirem ao Seguro-Safra, precisarão sofrer perda de 50% da produção de feijão, milho, arroz, mandioca ou algodão, em virtude do fenômeno da estiagem.

BENEFÍCIOS SOCIAIS. *Direito previdenciário.* Vantagens asseguradas pela previdência social aos seus beneficiários, garantindo-lhes não só meios pecuniários para sua sobrevivência, em razão de velhice, incapacidade, tempo de serviço, morte ou prisão daqueles de quem dependiam economicamente, mas também serviços de proteção à saúde.

BENEFÍCIOS SOCIAIS-RURAIS. *Direito agrário.* Direitos concedidos ao trabalhador rural pelo Prorural.

BENEFICIUM ABSTINENDI. *Locução latina.* Direito de recusar herança paterna quando gravosa.

BENEFICIUM AETATIS. *Locução latina.* Possuía o mesmo sentido de *restitutio in integrum* ou *venia aetatis*, que eram medidas extraordinárias emanadas do poder de polícia do pretor e tinham o escopo de fazer com que uma situação jurídica voltasse ao estado anterior, anulando os efeitos produzidos por ato que, embora válido, era desvantajoso a incapaz ou menor.

BENEFICIUM CEDENDARUM ACTIONUM. *Expressão latina.* Benefício de cessão de ações que consistia num meio processual concedido a certas pessoas para que liquidassem uma obrigação antes de sua extinção, forçando o credor a ceder-lhes as ações que possuía contra os demais coobrigados do mesmo débito, como se tivesse havido uma aquisição do crédito por elas.

BENEFICIUM COMPETENTIAE. *Direito romano.* Direito que o devedor tinha de ser condenado não no total do débito, mas apenas até onde podia pagar, impedindo-o de ficar sem meios de subsistência.

BENEFICIUM ECCLESIASTICUM NON POTEST LICITE SINE INSTITUTIONE CANONICA OBTINERI. *Direito canônico.* Não se pode possuir licitamente um benefício eclesiástico sem uma instituição canônica.

BENEFICIUM EXCUSSIONIS SIVE ORDINIS. *Expressão latina.* Benefício de excussão ou de ordem.

BENEFICIUM FORTUNAE. *Locução latina.* Circunstância favorável.

BENEFICIUM JURIS NEMINI EST NEGANDUM. *Aforismo jurídico.* A ninguém se deve negar o favor da lei, ou melhor, o benefício do direito a ninguém deve ser negado.

BENEFICIUM LEGIS. *Locução latina.* Direito reconhecido a alguém por força de lei.

BENEFICIUM LEGIS FRUSTRA IMPLORAT, QUI COMMITTIT IN LEGEM. *Aforismo jurídico.* Benefício da lei em vão implora quem age contra ela.

BENEFICIUM LEGIS NON DEBET ESSE CAPCIOSUM. *Aforismo jurídico.* O benefício da lei não deve ser prejudicial.

BENEFICIUM NON CONFERTUR IN INVITUM. *Aforismo jurídico.* Não se confere benefício contra a vontade.

BENEFICIUM NON IN EO QUOD FIT AUT DATUR CONSISTIT, SED IN IPSO DANTIS AUT FACIENTIS ANIMO. *Expressão latina.* O benefício não consiste no que se faz ou no que se dá, mas na intenção de quem faz ou dá.

BENEFICIUM PRINCIPIS. *Vide* INDULGENTIA PRINCIPIS.

BENÉFICO. *Direito civil.* Diz-se do ato praticado por liberalidade.

BENEFIT ASSESSMENT. *Locução inglesa.* Cobrança pelo benefício.

BENEFIT-DETRIMENT. *Vide* VALUABLE CONSIDERATION.

BENELUX. *Direito internacional público.* Sigla de União Aduaneira formada pela Bélgica, pelo Reino dos Países Baixos (Holanda) e por Luxemburgo.

BENEMÉRITO. Aquele que é digno de louvor ou recompensa pelos serviços relevantes prestados.

BENEMORTÁSIA. *Vide* EUTANÁSIA ATIVA.

BENEPLÁCITO. Consentimento; aprovação; licença; autorização; permissão.

BENESSE. *Direito canônico.* **1.** Rendimento de pé-de-altar. **2.** Emolumento de vigário.

BENEVOLÊNCIA. Indulgência; complacência; boa vontade com subalternos.

BENFEITOR. *Direito civil.* Aquele que favorece alguém, beneficiando-o.

BENFEITORIA NÃO REPRODUTIVA. *Direito agrário.* Em áreas rurais, é o melhoramento permanente que se incorpora ao solo, cuja remoção implica destruição, alteração, fratura ou dano, compreendendo edificação, vedo, terreiro, instalação para abastecimento de água, de energia elétrica, de irrigação e outras que, por sua natureza e função, e por se achar aderida ao chão, não é negociável nem rentável separadamente da terra.

BENFEITORIA REPRODUTIVA. *Direito agrário.* Em áreas rurais, é a cultura comercial ou doméstica implantada no terreno, cuja remoção implica perda total ou parcial, compreendendo cultura permanente, floresta e pastagem cultivada e que, embora não negociável separadamente do solo, poderá ter cotação em separado, para base de negócios de propriedades rurais.

BENFEITORIAS. *Direito civil.* Obras ou despesas feitas em bem móvel ou imóvel para conservá-lo, melhorá-lo ou embelezá-lo. São qualidades que se acrescentam à coisa em virtude de obra humana. Não se consideram, portanto, benfeitorias: a) os melhoramentos sobrevindos à coisa sem intervenção do proprietário, possuidor ou detentor, ou seja, advindos das acessões naturais (aluvião, avulsão etc.), que são acréscimos decorrentes de fatos eventuais e fortuitos; b) as acessões artificiais (construção e plantação), que são obras que criam coisa nova, que se adere à propriedade existente; c) a pintura em relação à tela; d) a escultura relativamente à matéria-prima; e) a escritura e qualquer outro trabalho gráfico em relação à matéria prima que os recebe, caso em que se tem a especificação, que confere propriedade ao especificador sem eximi-lo da indenização.

BENFEITORIAS DE BOA-FÉ. *Direito agrário.* Todas aquelas edificadas pelo trabalhador rural assentado pelo INCRA na parcela que lhe foi destinada, enquadradas como necessárias ao desenvolvimento do projeto, implantadas com recursos próprios ou oriundas de financiamento.

BENFEITORIAS DE MÁ-FÉ. *Direito agrário.* Todas aquelas edificadas em parcelas destinadas ao assentamento de trabalhadores rurais e/ou área de reserva legal ou preservação permanente sem o consentimento do INCRA, podendo, além das necessárias ao projeto, ser enquadradas como úteis ou voluptuárias, sem direito a indenização na esfera administrativa.

BENFEITORIAS NECESSÁRIAS. *Direito civil.* Obras ou despesas feitas na coisa para conservá-la ou evitar que se deteriore, por exemplo, reforço das fundações de um prédio, desinfecção de um pomar atacado de praga etc.

BENFEITORIAS ÚTEIS. *Direito civil.* Obras ou despesas que visam aumentar ou facilitar o uso da coisa, por exemplo, instalação de aparelhos hidráulicos modernos, construção de uma garagem etc.

BENFEITORIAS VOLUPTUÁRIAS. *Direito civil.* Obras ou despesas de mero deleite ou recreio, não tendo por fim aumentar o uso habitual do bem, ainda que o tornem mais agradável ou sejam de elevado valor, por exemplo, revestimento em mármore de piso de cerâmica em bom estado, construção de piscina numa residência etc.

BENFEITORIZADO. *Direito civil.* **1.** Diz-se do bem valorizado com benfeitorias necessárias, úteis ou voluptuárias. **2.** Diz-se do dono da coisa que veio a beneficiar-se com benfeitorias.

BENFEITORIZANTE. *Direito civil.* Aquele que realiza benfeitorias sobre bem de que é detentor ou possuidor, passando a ter, quando o bem for reclamado, direitos decorrentes do despendido. Se de boa-fé, terá não só o direito de ser ressarcido do respectivo valor das benfeitorias úteis e necessárias como de exercer, ainda, o direito de retenção até receber a indenização a que faz jus e o de retirar as voluptuárias da coisa beneficiada, desde que não a prejudique em sua substância. Se estiver de má-fé, só será ressarcido do valor das benfeitorias necessárias, executadas para a conservação da coisa, uma vez que o proprietário seria forçado a fazê-las, se estivesse na posse da coisa, devido ao princípio de que ninguém deve enriquecer sem causa, não tendo direito à indenização das benfeitorias úteis, perdendo-as em favor do proprietário, que as recebe gratuitamente como compensação pelo tempo em que ficou privado de sua posse, não lhe sendo dado levantar as voluptuárias nem reter o bem para forçar o pagamento da indenização pelas necessárias.

BENFEITORIZAR. *Direito civil.* Fazer benfeitorias.

BENGO. 1. Caminho escuro ou intransitável. **2.** Local mal freqüentado. **3.** Rua estreita.

BENIGNA AMPLIANDA. *Teoria geral do direito.* Interpretação da lei penal que, em caso de dúvida, deve ser favorável ao acusado.

BENIGNA AMPLIANDA, ODIOSA RESTRINGENDA. *Expressão latina.* Ampliação do alcance da norma para beneficiar o acusado e restrição desse alcance para não lesá-lo.

BENIGNA INTERPRETATIO. *Locução latina.* Interpretação benigna; interpretação mais favorável ou benevolente de uma norma jurídica.

BENIGNO. *Medicina legal.* Diz-se de um mal que não apresenta perigo.

BENQUISTO. Aquele que tem boa reputação; bem-aceito; estimado.

BENS. *Direito civil.* **1.** *Vide* BEM. **2.** Valores considerados pelo homem como extensão de seu poder físico e espiritual, abrangendo não só coisas corpóreas ou incorpóreas suscetíveis de valor pecuniário como também a sua honra, vida, fama, saúde, notoriedade intelectual, imagem, competência científica, artística e literária etc.

BENS ABANDONADOS. *Direito civil.* São os deixados voluntariamente pelo seu proprietário com o firme propósito de não mais exercer o domínio sobre eles (*res derelictae*). Para que haja esse abandono, torna-se, portanto, necessária a intenção do seu dono de despojar-se deles. Não se configura abandono quando, em razão de tempestade, se lança ao mar a carga de um navio para aliviar o peso por ocasião de perigo; logo, se os objetos vierem ter à costa, o proprietário poderá reclamar sua entrega. Não se requer a existência de uma declaração expressa do dono; basta que se deduza, inequivocamente, do seu comportamento em relação ao bem o seu propósito de abandoná-lo, por exemplo, se o deixar em terreno baldio, ter-se-á abandono tácito ou presumido. A esse respeito lembra-nos Caio Mário da Silva Pereira que não seria lícita a cláusula inserida em talões de empresas de serviço, como lavanderia, sapataria ou transportadora, que entendesse abandonados os bens não procurados dentro de um certo prazo, porque não se pode presumir que alguém, deixando um objeto para ser reparado ou transportado, esteja renunciando a ele; logo, só seria aceitável o mandato para vender, para que o locador do serviço possa pagar-se do custo deste.

BENS ACHADOS. *Direito civil.* Coisas móveis encontradas após terem sido perdidas pelo seu proprietário, acarretando à pessoa que as achar o dever de restituí-las a seu dono ou legítimo possuidor. O único direito que assiste ao descobridor é o de receber uma recompensa, acrescida de uma indenização pelas despesas que tiver efetuado com a conservação e o transporte dos bens achados.

BENS ADJUDICADOS. *Direito processual civil.* São os que se incorporam ao patrimônio de uma pessoa em razão de sentença judicial.

BENS ADQUIRIDOS. *Direito civil.* Aqueles que entram para o patrimônio de uma pessoa por uma das formas de aquisição de propriedade móvel ou imóvel.

BENS ADVENTÍCIOS. *Direito civil.* São os recebidos por herança na sucessão de colateral.

BENS AFORADOS. *Direito civil.* São os bens enfitêuticos, que constituem objeto do domínio útil do enfiteuta.

BENS ALHEIOS. *Direito civil.* Diz-se dos que, embora em posse da pessoa que os administra ou deles frui utilidades, pertencem a outrem.

BENS ALIENÁVEIS. *Direito civil.* **1.** Os disponíveis ou que estão no comércio, podendo ser alienados onerosa ou gratuitamente. **2.** Os que se acham livres de qualquer encargo ou restrição impeditiva de sua transferência de um patrimônio a outro ou de sua apropriação por outrem.

BENS ALODIAIS. *Direito civil.* **1.** Imóveis rústicos ou urbanos livres de quaisquer ônus, sejam eles encargos, foros, pensões, direitos ou gravames. **2.** São os confinantes com terreno de marinha, porém dele não fazendo parte, sendo, por tal motivo, livres dos encargos que recaem sobre aquele. **3.** Os que não estão sujeitos ao aforamento, encontrando-se livres de quaisquer ônus, podendo ser cedidos e transferidos. **4.** Bens partíveis que passam aos herdeiros após a dedução das despesas, débitos e encargos por que responde a herança. Constituem o acervo residual do espólio, ou seja, o que resta livre para ser partilhado entre os herdeiros do *de cujus.*

BENS ANTIFERNAIS. *História do direito.* **1.** Eram os oferecidos pelo marido para garantir os bens dotais. **2.** Os doados por um cônjuge a outro por ocasião do casamento.

BENS APROPRIADOS. *Direito civil.* São os que têm dono.

BENS AQÜESTOS. *Direito civil.* Constituem os bens que cada um dos cônjuges, ou companheiros, ou ambos adquirem na constância do matrimônio ou da união estável, por qualquer título, desde que não seja por herança ou doação. Não se incluem nesta categoria os adquiridos com valores exclusivamente pertencentes a um deles, em sub-rogação dos bens particulares, nem os que cada um possuía ao casar ou antes da convivência.

BENS ARRECADADOS NA FALÊNCIA. *Direito comercial.* São os que integram a massa falida para serem, sob orientação judicial, alienados em leilão público ou por meio de propostas dos interessados, nas melhores condições mercadológicas possíveis, visando pagar os credores e obter, assim, a extinção das obrigações do falido e o encerramento do processo falimentar.

BENS ARRESTADOS. *Direito processual civil.* São os apreendidos em razão de sentença judicial, ante o fato de o devedor furtar-se à execução, ausentando-se, alienando seus bens ou, ainda, praticando atos fraudulentos. São, portanto, bens retirados do poder do devedor para garantir o pagamento do débito, ficando sob a custódia da justiça até o final do litígio que justificou tal medida judicial.

BENS ATUAIS. *Direito civil.* São os presentes, isto é, os que já se incorporaram no patrimônio de seu titular, que pode, por isso, deles fazer uso, segundo o direito que lhe foi conferido.

BENS CADUCÁRIOS. *Direito civil.* Bens vagos.

BENS CASTRENSES. **1.** *Direito civil.* Os adquiridos pelos que prestam serviço militar. **2.** *Direito romano.* Bens adquiridos, a qualquer título, pelo filho-família durante a época em que se encontrava em campanha militar, abrangendo os que obtinha com o que recebia pelo serviço prestado e os doados por um companheiro de armas. Os adquiridos pelo filho-família no exercício de função pública ou profissão liberal ou, ainda, de agente de comércio eram considerados "quase castrenses".

BENS CLAUSULADOS. *Direito civil.* **1.** *Vide* BENS INALIENÁVEIS. **2.** São os gravados com cláusulas restritivas, temporárias ou vitalícias, à sua disponibilidade, não podendo ser vendidos nem onerados pelo seu titular, que somente poderá usá-los ou dá-los em locação ou arrendamento. A cláusula de inalienabilidade decorre de lei ou de disposição da vontade de alguém que, ao transferir o bem, gratuitamente vem a impor a restrição ao legatário ou donatário. **3.** Os doados por uma pessoa a um dos cônjuges com cláusula de incomunicabilidade.

BENS COLACIONÁVEIS. *Direito civil.* São aqueles que os descendentes recebem em vida dos ascendentes e os que um cônjuge recebeu, a título de doação do outro, com o dever de repô-los ao monte partível, por ocasião da abertura do inventário, a fim de igualar a legítima dos herdeiros necessários. Assim, são sujeitos à colação: a) doações constituídas pelo ascendente ou pelo cônjuge; b) doação dos avós aos netos, quando eles concorrerem à herança com tios e primos; c) doações recebidas pelos pais, quando estes falecerem antes do doador e forem representados pelo sucessor; d) doações verbais de coisa de pequeno valor, embora não seja de uso tal colação; e) venda de bens ou doação feita por interposta pessoa com o intuito de prejudicar a legítima dos herdeiros do autor da herança; f) recursos fornecidos pelo ascendente para que o descendente possa adquirir bens; g) dinheiro colocado a juros pelo ascendente em nome do descendente; h) quantias desembolsadas pelo pai para pagar débito do filho; i) valor da dívida do descendente remitida pelo pai; j) gastos de sustento feito com filhos anteriores; l) montante de empréstimos feitos pelo ascendente ao descendente sem jamais exigir reembolso; m) doação feita por ambos os cônjuges, que deverá ser conferida por metade no inventário de cada um, ante a presunção de que cada doador efetuou a liberalidade meio a meio. Os bens deverão ser colacionados pelo valor ou pela estimação que deles houver sido feita ao tempo da abertura da sucessão. Os bens conferidos não estarão sujeitos ao pagamento do imposto de transmissão *causa mortis*.

BENS COMUNICÁVEIS. *Direito civil.* Aqueles que se comunicam do patrimônio de um cônjuge ao do outro. Por exemplo, se o marido, sendo o regime de comunhão universal de bens, vier a comprar um imóvel, sua mulher terá direito à metade ideal.

BENS COMUNS. *Direito civil.* **1.** Bens públicos de uso comum do povo, como o mar, a praia, o rio etc. **2.** Os pertencentes a duas ou mais pessoas em comunhão ou condomínio, de maneira que cada uma é proprietária ou possuidora de parte ideal do bem.

BENS CONTRAFERNAIS. *Vide* BENS ANTIFERNAIS.

BENS DA COROA. *Direito administrativo.* Bens dominicais, pertencentes atualmente à União, oriundos do patrimônio de que gozava o imperador, tais como palácios, terrenos etc.

BENS DA HERANÇA. *Direito civil.* Aqueles que foram deixados pelo *de cujus*, transmissíveis pela sucessão a seus herdeiros legítimos ou testamentários. É o conjunto de direitos e obrigações do falecido transmitido aos seus herdeiros. Constitui uma universalidade *juris* até a partilha, de modo que, se houver mais de um herdeiro, o direito de cada um, relativo à posse e ao domínio do acervo hereditário, permanecerá indivisível até que se ultime a partilha. Assim sendo, cada herdeiro, antes da partilha, passa a ter o direito de reclamar, mediante ação reivindicatória, a totalidade dos bens da herança e não uma parte deles, de terceiro que indevidamente a detenha em seu poder, não podendo este opor-lhe, em exceção, o caráter parcial do seu direito nos bens da sucessão hereditária, devido ao princípio da indivisibilidade do direito dos herdeiros sobre os bens da herança.

BENS DA UNIÃO. *Direito administrativo.* Aqueles que compõem o patrimônio da União, sejam improdutivos, se apenas utilizáveis, ou produtivos, se deles se retirarem rendas, que são incorporadas à receita pública. Abrangem os bens legalmente pertencentes à União ou por ela adquiridos através de atos *inter vivos* ou *mortis causa*.

BENS DE AUSENTE. *Direito civil.* São os deixados pelo ausente, isto é, pessoa assim declarada por ato judicial por ter desaparecido de seu domicílio, sem que dela se tenha notícia e sem que haja representante para administrar-lhe os haveres, que, por isso, ficam aos cuidados de um curador, sendo depois objeto de sucessão provisória e definitiva. A nomeação do curador dar-se-á, mesmo que tenha deixado procurador, se este se recusar a administrar seu patrimônio ou não quiser continuar o mandato.

BENS DE CONSUMO. *Direito do consumidor.* São os produtos destinados ao consumo pela população.

BENS DE CRIMINOSO. *Direito penal.* Bens móveis, valores, instrumentos ou produtos de crime que, por efeito da condenação do criminoso, ressalvado o direito do lesado ou de terceiro de boa-fé, são confiscados, incorporando-se ao patrimônio do Estado.

BENS DE DEFUNTO. *História do direito.* Eram assim chamados os bens deixados pelos espanhóis ou por estrangeiros que faleciam nas Províncias do Ultramar, desde que seus herdeiros lá não estivessem.

BENS DE DELINQÜENTE. 1. *Vide* BENS DE CRIMINOSO. **2.** *Direito civil.* Imóveis do delinqüente, que constituem objeto de hipoteca legal que tem o ofendido, ou seu herdeiro, para satisfação do prejuízo causado pelo ilícito e pagamento das custas. **3.** *Direito administrativo.* Os imóveis perdidos pelo criminoso condenado por sentença proferida em processo judiciário federal, que serão incluídos entre os bens da União.

BENS DE EMPRESA FALIDA. *Direito comercial.* Abrangem todos os bens pertencentes ao falido, presentes ou futuros, inclusive direitos e ações, existentes à época da declaração da falência, como os adquiridos no curso do processo falimentar, alcançando, ainda, os seqüestrados em outra vara, as safras pendentes e futuras, a herança que sobrevenha em favor do falido, os créditos vencidos e vincendos e o prêmio lotérico.

BENS DE ESTRANGEIROS. *Direito civil.* Os situados no País, pertencentes a pessoa estrangeira domiciliada ou não no Brasil. A sucessão dos bens de estrangeiros situados no Brasil será regulada pela lei brasileira, em benefício do cônjuge ou dos filhos brasileiros, sempre que lhes não seja mais favorável a lei pessoal do *de cujus*. A ordem de vocação hereditária pode ser alterada, por ordem da Constituição Federal, tratando-se de bens existentes no Brasil pertencentes a estrangeiro falecido, casado com brasileira e com filhos brasileiros, se a lei nacional do *de cujus* for mais favorável àquelas pessoas do que o seria a brasileira. Por exemplo, se o autor da herança for mexicano e houver deixado cônjuge brasileiro, que deverá concorrer com ascendentes daquele, não se aplicará a lei brasileira, mas a mexicana, pois, pelo Código Civil do México, concorrendo à sucessão cônjuge supérstite e ascendente, dividir-se-á a herança ao meio, ficando uma metade com o consorte e a outra com os ascendentes. Se se fosse aplicar a ordem de vocação hereditária que vigora no Brasil, o cônjuge herdaria um terço do acervo hereditário e os ascendentes do *de cujus*, dois terços.

BENS DE INCAPAZES. *Direito civil.* São os pertencentes aos menores e aos interditos, sendo administrados por seus pais, tutores ou curadores.

BENS DE MÃO-MORTA. *História do direito.* **1.** Os que pertenciam às igrejas, bispados, capítulos, paróquias, ordens religiosas, estabelecimentos de caridade, associações pias, universidades, sindicatos profissionais e fundações não sujeitos a tributos ou encargos civis e, ante a perpetuidade de seus possuidores, tidos como inalienáveis, mortos para o comércio e para as rendas do tesouro público. **2.** Direitos do senhor feudal, em razão dos quais seus servos estavam proibidos de dispor por testamento dos imóveis que dele tivessem recebido, sendo obrigados a deixá-los, quando faleciam, a ele.

BENS DE MENOR. *Direito civil.* **1.** Aqueles pertencentes a um menor, adquiridos *inter vivos* ou *mortis causa*, que serão administrados pelos seus pais ou, na falta de um deles, pelo outro, se estiver sob o poder familiar, ou pelo tutor, sob inspeção judicial, se se encontrar sob tutela. Todavia, nada obsta a nomeação de um curador especial pelo testador para administrar os bens por ele deixados ao menor, mesmo que este se ache sob o poder familiar ou tutela. **2.** *Vide* BEM PARTICULAR DO MENOR.

BENS DE ÓRFÃOS. *Direito civil.* São os herdados pelos menores de seus pais ou de um deles.

BENS DE PRODUÇÃO. *Direito empresarial.* Produtos industriais que têm por escopo a criação de outros, por exemplo, máquinas.

BENS DE RAIZ. 1. *Direito civil.* São os que não podem separar-se do solo, uma vez que fazem parte de sua constituição, estão a ele aderidos ou são, em razão de sua destinação, parte integrante dele. São, portanto, os bens imóveis, abrangendo propriedades territoriais, prédios urbanos e rústicos, plantações, instrumentos agrícolas etc. **2.** *Medicina legal.* Dentes, cabelos e unhas.

BENS DESEMBARGADOS. *Direito civil.* Os que se encontram livres de quaisquer ônus ou encargos. São também designados "bens alodiais".

BENS DETERIORÁVEIS. *Direito civil.* Aqueles que se estragam pela ação do tempo ou pelo seu uso continuado e prolongado, por exemplo, sapatos, utensílios domésticos etc.

BENS DISPONÍVEIS. *Direito civil.* São os livres de qualquer ônus e suscetíveis de aquisição imediata, por não estarem gravados.

BENS DIVISOS. *Direito civil.* Aqueles que já foram divididos.

BENS DO CASAL. *Direito civil.* São aqueles que pertencem ao marido e à mulher, no regime da comunhão universal ou parcial, e sobre os quais cada um tem propriedade e posse da metade ideal.

BENS DO DOMÍNIO FEDERAL. *Vide* BENS DA UNIÃO.

BENS DO ESPÓLIO. 1. *Vide* BENS DA HERANÇA. **2.** *Direito militar.* Os conquistados ao inimigo.

BENS DO EVENTO. *Direito civil.* **1.** Semoventes ou coisas perdidas sem que se tenha conhecimento de seu dono. Se encontrados, não aparecendo seu proprietário, decorridos seis meses do aviso à autoridade, serão vendidos em hasta pública, sendo que, deduzidas do preço as despesas e a recompensa do descobridor, pertencerá o remanescente ao Estado, ou ao Distrito Federal, se os objetos perdidos foram achados nas respectivas circunscrições, ou à União, se encontrados em território ainda não constituído em Estado. **2.** *Vide* BEM VAGO.

BENS DO INTERDITO. *Direito civil.* Aqueles que são da propriedade de pessoa sob curatela, em razão da declaração de sua interdição, devendo ser administrados pelo seu curador, que não poderá aliená-los, ainda que em hasta pública, sem prévia autorização judicial.

BENS DO INVENTÁRIO. *Direito civil.* Abrangem todos os que, por qualquer motivo ou a qualquer título, se encontravam em poder do falecido, sejam pertencentes a ele ou não, tendo o inventariante a obrigação de arrecadá-los e arrolá-los no inventário.

BENS DO PRAZO. *Direito civil.* São os aforados ou enfitêuticos, uma vez que o direito real de fruição que sobre eles recai denomina-se "emprazamento", "enfiteuse" ou "aforamento".

BENS DURÁVEIS. *Direito do consumidor.* Os que podem ser usados durante certo tempo. Se porventura apresentarem vícios aparentes, a reclamação por estes poderá ser feita dentro de noventa dias, contados da data da entrega efetiva dos produtos ou do término da execução dos serviços. Porém, se o vício for oculto, tal prazo computar-se-á no instante em que o defeito se evidenciar.

BENS ECLESIÁSTICOS. *Direito canônico.* São os bens temporais pertencentes à Igreja ou à sede apostólica.

BENS ENFITÊUTICOS. *Vide* BENS DO PRAZO.

BENS ERÉPTICIOS. *Direito civil.* Os integrantes do quinhão hereditário do indigno, que, em razão da pena de indignidade, são devolvidos, por representação, àqueles que os herdariam como se ele nunca tivesse sido herdeiro.

BENS EXPROPRIÁVEIS. *Direito administrativo.* Os suscetíveis de desapropriação.

BENS EXTRADOTAIS. *História do direito.* **1.** Bens particulares da mulher ou do marido, no regime dotal, não incluídos no dote nem compreendidos na comunhão. **2.** *Vide* BEM PARAFERNAL.

BENS FISCAIS. *Direito administrativo.* Aqueles que integram o patrimônio do Poder Público federal, estadual ou municipal, sujeitos a regime privado, podendo ser alienados, arrendados, permutados etc. São também denominados "bens do domínio fiscal".

BENS FUNGÍVEIS. *Direito civil.* Bens móveis que podem ser substituídos se por outros da mesma espécie, qualidade e quantidade. Por exemplo, carvão, lenha, dinheiro, açúcar, café, trigo etc.

BENS FUTUROS. *Direito civil.* Aqueles que ainda não se incorporaram ao patrimônio de uma pessoa, mas que deverão integrá-lo ulterior-

mente, visto que dependem de algum prazo ou condição. São incertos, porém esperados em dias futuros.

BENS GRAVADOS. *Direito civil.* Aqueles em que uma cláusula contratual, um ônus real ou um encargo impedem sua livre disposição pelo seu titular.

BENS HEREDITÁRIOS. *Direito civil.* **1.** São os deixados pelo *auctor successionis*, que serão transmitidos por herança aos seus herdeiros. **2.** *Vide* BENS DA HERANÇA.

BENS IDEALMENTE DIVISÍVEIS. *Direito civil.* São os materialmente indivisíveis, mas suscetíveis de divisão ideal para certos efeitos de direito. Cada parte de sua divisão designar-se-á "cota", "quinhão" ou "fração ideal".

BENS INALIENÁVEIS. *Direito civil.* São os insuscetíveis de apropriação ou aqueles que não podem ser transferidos de um acervo patrimonial a outro. Constituem espécie de bens inalienáveis: a) os *inapropriáveis por sua natureza*, como os direitos da personalidade ou os bens de uso inexaurível, por exemplo, o ar, o mar alto e a luz solar, porém, a captação do ar atmosférico ou da água do mar por meio de aparelhagem, visando extrair certos elementos com o escopo de atender a determinadas finalidades, pode ser objeto de comércio; b) os *legalmente inalienáveis*, que, apesar de suscetíveis de apropriação pelo homem, têm sua comercialidade excluída pela lei para atender aos interesses econômico-sociais e à defesa social e proteger determinadas pessoas. Todavia, em certas circunstâncias, poderão ser alienados por autorização legal, mediante determinadas formalidades. Entram nessa categoria: os bens públicos e os de menores e incapazes; os lotes rurais remanescentes de loteamentos já registrados, quando tiverem área inferior ao módulo fixado para a respectiva região; o capital destinado a garantir o pagamento de alimentos pelo autor do ato ilícito a favor da vítima, enquanto esta viver ou enquanto durar a obrigação do devedor, caso a vítima venha a falecer em virtude daquele crime; o terreno onde foi construído um edifício de apartamentos, enquanto persistir o regime condominial; o bem de família; os bens tombados; as terras ocupadas pelos índios etc.; c) os *inalienáveis pela vontade humana*, que lhes impõe cláusula de inalienabilidade, temporária ou vitalícia, nos casos e formas previstos em lei, por ato *inter vivos* ou *causa mortis*.

BENS INCORPORADOS. *Direito civil.* **1.** Os que integram um patrimônio por ato aquisitivo oneroso ou gratuito. **2.** Os que estão ligados a uma coisa material, constituindo obrigações ou débitos, como os títulos de crédito e as ações de uma sociedade.

BENS INEXPROPRIÁVEIS. *Direito administrativo.* Aqueles que não podem ser objeto de desapropriação.

BENS INFUNGÍVEIS. *Direito civil.* São aqueles que não podem ser substituídos por outros da mesma espécie, qualidade e quantidade, pois, ante sua qualidade individual, têm um valor especial. Assim, se houver a venda de um quadro de Renoir, o vendedor estará adstrito a entregá-lo, sem poder substituí-lo por um equivalente. Todavia, urge lembrar que pode ocorrer a possibilidade de os contratantes tornarem infungíveis coisas fungíveis, por exemplo, quando se empresta *ad pompam vel ostentationem* a alguém uma cesta de frutas ou uma garrafa de vinho para serem utilizadas numa exposição, com a obrigação de serem restituídas, sem que possam ser substituídas por outras da mesma espécie. A infungibilidade é própria dos bens imóveis, mas há, como vimos acima, móveis que são infungíveis.

BENS INTELECTUAIS. *Direito civil, direito autoral* e *direito de propriedade industrial.* Frutos da inteligência humana, relacionados à propriedade intelectual, tais como obras literárias ou artísticas, invenções etc., dando origem a direitos e prerrogativas que lhes são inerentes.

BENS MORAIS. *Direito civil.* São valores e sentimentos fundamentais do ser humano tutelados pelo direito, gerando a responsabilidade civil do lesante sempre que danificados. Por exemplo, a vida, a honra, a imagem, a liberdade, a intimidade etc.

BENS NÃO COLACIONÁVEIS. *Direito civil.* Bens doados que não virão à colação para igualar a legítima dos herdeiros necessários como: a) gastos ordinários do ascendente com descendente, enquanto menor, na sua educação, sustento, vestuário, tratamento de enfermidades; b) despesas de casamento e com enxoval; c) dispêndios feitos no interesse da defesa de descendente em processo-crime; d) doações remuneratórias de serviços feitos ao ascendente pelo descendente.

BENS NÃO DURÁVEIS. *Direito do consumidor.* Serviços ou produtos que devem ser logo usados pelo consumidor, de modo que, se apresentarem vícios aparentes, estes deverão ser reclamados dentro do prazo decadencial de trinta dias, contados da data da entrega efetiva do produto ou do término da execução do serviço. Se os vícios forem ocultos, tal prazo computar-se-á no instante em que o defeito ficar evidenciado.

BENS PARAFERNAIS. **1.** *História do direito.* Eram os próprios ou particulares da mulher, além dos objetivados no contrato dotal. Tais bens não se incluem no dote, sendo incomunicáveis. **2.** *Direito civil.* Os adquiridos pela mulher, na constância do casamento, por doação do marido (Fachin).

BENS PARTICULARES. O mesmo que BENS PRÓPRIOS.

BENS PATRIMONIAIS. *Direito civil* e *direito administrativo.* São aqueles que integram o patrimônio de uma pessoa física ou jurídica de direito privado ou público, constituindo uma universalidade jurídica. Em suma, é o patrimônio, ou seja, o complexo de relações jurídicas de uma pessoa apreciado economicamente.

BENS PENHORADOS. *Direito processual civil.* Os submetidos à penhora, que consiste num ato processual próprio do processo executório, visando a apreensão de todos os bens do executado que forem necessários para a satisfação do crédito do exeqüente.

BENS PRESENTES. *Vide* BENS ATUAIS.

BENS PRO DIVISO. *Direito civil.* Aqueles que, apesar de pertencerem a duas ou mais pessoas em condomínio, podem ser divididos sem que haja alteração de sua substância ou perda de seu valor econômico.

BENS PROFECTÍCIOS. **1.** *Direito civil.* Os adquiridos por sucessão em linha reta. **2.** *História do direito.* Os que faziam parte do dote da mulher, desde que constituído pelo pai, mãe ou outro ascendente.

BENS PRO INDIVISO. *Direito civil.* São os insuscetíveis de divisão, por existirem *in solidum*, não podendo ser divididos entre os interessados em virtude de lei ou da sua natureza. Por exemplo, a lei entende ser indivisível a herança até que haja a partilha; uma casa, pela sua própria natureza, não pode ser dividida entre seus co-proprietários.

BENS PRÓPRIOS. *Direito civil.* **1.** Diz-se dos que constituem o patrimônio pessoal de cada cônjuge e não estão incluídos entre os bens comuns do casal, seja o regime de comunhão universal ou parcial de bens, uma vez que são tidos pela lei como incomunicáveis. **2.** Aqueles que pertencem legitimamente a uma pessoa, quer estejam na sua posse ou na de outrem, em virtude de locação ou empréstimo.

BENS PÚBLICOS. *Vide* BEM DOMINICAL, BEM PÚBLICO, BEM PÚBLICO DE USO COMUM DO POVO e BEM PÚBLICO DE USO ESPECIAL.

BENS REMOTOS. 1. *Direito civil.* Bens incorporados ao patrimônio de seu titular, apesar de estarem longe de suas vistas, quer dizer, em lugar distante e diverso de sua residência. **2.** *Direito processual civil.* Os que se acham fora da jurisdição do juiz. Assim, somente serão nomeados os remotos à penhora se não houver bens bastantes no foro da execução, procedendo-se à partilha, para que não seja protelada a sua liquidação, nos bens existentes no local do inventário, reservando-se os remotos para uma sobrepartilha.

BENS RESERVADOS. *História do direito.* Eram os que tinham condição jurídica especial, por ficarem submetidos à administração e ao domínio e gozo exclusivo da mulher casada sob o regime de comunhão universal ou parcial de bens, que não podia apenas alienar ou gravar de ônus real os imóveis sem outorga marital. Se o regime fosse o de separação de bens, os acervos patrimoniais seriam incomunicáveis, de modo que a instituição dos bens reservados só funcionava se os cônjuges não estendessem esse regime, expressamente, aos aqüestos. Constituíam um patrimônio separado, pertencente à mulher que exercia profissão lucrativa distinta da do marido, por terem sido obtidos com o produto do seu trabalho. Eram, portanto, incomunicáveis, não se incorporando ao patrimônio do casal e passando, com o falecimento da mulher, aos seus herdeiros. Apesar de a mulher ter a livre disposição desses bens, os imóveis não podiam, repetimos, ser alienados sem autorização do marido.

BENS RESTITUÍVEIS. *Direito comercial.* Aqueles que foram arrecadados como sendo do falido, mas que, na verdade, pertencem a terceiro, que pode pedir sua restituição, provando seu domínio e que a massa falida os detém injustamente, mesmo que já tenham sido alienados após a arrecadação, hipótese em que reclamará seu respectivo preço. Além disso, são restituíveis em caso de falência: a) bens vendidos a crédito ao falido, nos quinze dias anteriores ao requerimento da falência, desde que não tenham sido vendidos pela massa, pois, se o comprador os tiver revendido antes da falência, à vista das faturas e conhecimentos de transporte, o vendedor só terá direito de se habilitar como credor na falência; b) quantias adiantadas por conta do valor do contrato de câmbio; c) coisas alienadas fiduciariamente; d) prestações pagas antecipadamente por mercadorias não entregues pelo falido; e) móveis adquiridos pelo falido com reserva de domínio. Restituíveis são, portanto, aqueles que se arrecadam do empresário falido que não tem sobre eles nenhuma titularidade, devendo, por isso, ser devolvidos.

BENS REVERSÍVEIS. *Direito administrativo.* **1.** São os que constituem objeto de concessão de serviço público, devendo ser devolvidos pelo concessionário ao poder do concedente assim que findar o prazo da concessão. **2.** São todos e quaisquer bens móveis e imóveis, principais e acessórios, existentes em qualquer parcela da área da concessão, cujos custos de aquisição são dedutíveis, de acordo com as regras aplicáveis para o cálculo da participação especial e que sejam necessários para permitir a continuidade das operações ou sejam passíveis de utilização de interesse social.

BENS SAGRADOS. *Direito canônico.* São os destinados ao culto divino, mediante bênção ou consagração, como, por exemplo, cálices, igrejas, oratórios, pátenas, vestes empregadas na celebração da missa etc.

BENS SEM DONO. *Direito civil.* Aqueles que nunca foram objeto de assenhoreamento (*res nullius*).

BENS SEMI-IMÓVEIS. *Direito civil.* Aqueles que, apesar de não serem imóveis, são assim considerados por lei para efeito de hipoteca, por exemplo, aeronaves e navios.

BENS SEMOVENTES. *Direito civil.* Aqueles que se locomovem por força própria, por exemplo, animais selvagens, domesticados ou domésticos.

BENS SEQÜESTRADOS. *Direito processual civil.* Diz-se daqueles litigiosos que, em razão de deferimento de seqüestro, são trazidos à custódia da justiça até que se decida a demanda.

BENS SOCIAIS. *Direito civil* e *direito comercial.* Aqueles que pertencem a associações e sociedades simples ou empresárias, distinguindo-se dos bens particulares dos sócios, sendo administrados pelo representante da entidade, que só poderá deles dispor dentro dos limites legais ou dos previstos pelos estatutos ou contratos sociais. Em caso de dissolução da sociedade ou da associação, tais bens sociais seguem a destinação dada pela lei, pelo estatuto ou contrato social.

BENS SONEGADOS. 1. *Direito civil.* Aqueles que não foram arrolados no inventário ou foram omitidos na colação. **2.** *Direito penal.* a) Aqueles cuja venda foi recusada a quem tinha condições de comprá-los a pronto pagamento, constituindo tal fato crime contra a economia popular; b) identidades ocultas pela sonegação de estado de filiação, deixando em asilo filhos próprios ou alheios, nos primeiros anos de vida, escondendo-lhes a filiação ou atribuindo-lhes outra, com o intuito de prejudicar, suprimir ou alterar direito inerente ao estado civil, constituindo tal atitude crime punido com reclusão e multa.

BENS SUJEITOS A COLAÇÃO. *Vide* BENS COLACIONÁVEIS.

BENS UXORIANOS. *Direito civil.* Os procedentes da esposa.

BENS VINCULADOS. *Direito civil.* Aqueles sobre os quais se institui vínculo.

BÊNTICO. *Direito marítimo.* Diz-se do que é relativo ao fundo do mar.

BENTÓGRAFO. *Direito marítimo.* Instrumento que, contendo câmaras fotográficas e equipamento de iluminação, é apropriado para exploração submarina em grandes profundidades.

BENTOS. *Direito marítimo.* Flora e fauna do fundo do mar.

BENZEDRINA. *Medicina legal.* Preparado de anfetamina utilizado como estimulante do sistema nervoso central e como vasoconstritor.

BENZENISMO. *Medicina legal.* Conjunto de sinais, sintomas e complicações decorrentes da exposição aguda ou crônica ao hidrocarboneto aromático, benzeno. As complicações podem ser agudas, quando houver exposição a altas concentrações com presença de sinais e sintomas neurológicos, ou crônicas, com sinais e sintomas clínicos diversos, podendo ocorrer complicações a médio ou a longo prazo, localizadas principalmente no sistema hematopoético. O benzeno é um mielotóxico regular leucemogênico e cancerígeno, mesmo em baixas concentrações. Considera-se toxicidade do benzeno (ou benzenismo) quando a pessoa

apresenta um conjunto de sinais e sintomas e que tenha sido exposta ao benzeno. O quadro clínico de toxicidade ao benzeno caracteriza-se por uma repercussão orgânica múltipla, em que o comprometimento da medula óssea é o componente mais freqüente e significativo, sendo a causa básica de diversas alterações hematológicas. Os sinais e sintomas ocorrem em aproximadamente 60% dos casos. São eles: astenia, mialgia, sonolência, tontura e sinais infecciosos de repetição. Os dados laboratoriais hematológicos mais relevantes são representados pelo aparecimento de neutropenia, leucopenia, eosinofilia, linfocitopenia, monocitopenia, macrocitose, pontilhado basófilo, pseudo Pelger e plaquetopenia. O diagnóstico de benzenismo, de natureza ocupacional, é eminentemente clínico e epidemiológico, fundamentando-se na história de exposição ocupacional e na observação de sintomas e sinais clínicos e laboratoriais acima descritos.

BEQUILHA. *Direito aeronáutico.* Suporte em que repousa a cauda de uma aeronave quando está no solo.

BERÇÁRIO. 1. Na *linguagem comum,* é a sala com berços, existente em hospital ou maternidade, usada para abrigar recém-nascidos. **2.** *Direito do trabalho.* Local destinado à guarda dos filhos de empregadas, durante o período de amamentação, cuja instalação é obrigatória nas empresas em que trabalharem pelo menos trinta mulheres com mais de dezesseis anos de idade. Tal local deverá conter ainda, além do berçário, uma sala de amamentação, uma cozinha dietética e uma instalação sanitária.

BERÇO. 1. *Direito civil.* a) Leito para criança de colo; b) origem ou procedência de uma pessoa ou coisa; c) nascente de rio. **2.** *Direito marítimo.* Aparelho sobre o qual o navio corre do estaleiro para a água. **3.** *Direito militar.* Suporte para canhão.

BERÇO DE RECÉM-NASCIDO EM ALOJAMENTO CONJUNTO. Berço destinado ao recém-nascido sadio nascido no próprio hospital, localizado junto ao leito da mãe e que não é contabilizado como leito hospitalar de internação.

BEREDTE SCHWEIGEN. *Locução alemã.* Silêncio eloqüente.

BERGANTIM. *Direito marítimo* e *direito militar.* Embarcação ligeira com dois mastros própria para combate.

BERIBA. *Direito comercial.* Nome que, no Rio Grande do Sul, era dado ao paulista e paranaense que vinha comprar cavalos para revendê-los em grandes feiras.

BERILIOSE. *Medicina legal.* Envenenamento resultante de exposição a fumaça e pó de compostos de berílio, afetando os pulmões, embora possa atingir, mais raramente, a pele, os tecidos subcutâneos, os nódulos linfáticos e o fígado, caracterizando-se pela formação de granulomas.

BERLINER TESTAMENT. *Locução alemã.* Testamento berlinense, que é uma forma provinciana de testamento conjuntivo em que se institui como herdeiro instituído (*Vorerbe*) o viúvo ou viúva e como sucessor (*Nacherbe*), a filha ou filhas.

BERRANTE. *Direito agrário.* Buzina de chifre de boi que, por emitir som similar ao mugido, serve para chamar o gado no campo.

BERTHNOTES. *Termo inglês.* Registros de bordo.

BERTILHONAGEM. *Medicina legal.* Sistema hodiernamente superado pelo exame de impressões digitais que visava, através da descrição física, identificar pessoas, fazendo uso de medições antropométricas, fotos padronizadas, registro e classificação de sinais, cor, anomalias físicas, impressão das linhas do polegar e outros dados.

BERUFUNGSKLAGE. *Termo alemão.* Apelação.

BESCHWERDE. *Termo alemão.* Instrumento judicial de queixa.

BESTA DE CARGA. *Direito agrário.* Animal que transporta carga na zona rural.

BESTA DE MONTARIA. *Direito agrário.* Animal que conduz pessoa.

BESTA DE TIRO. *Direito agrário.* Animal que puxa o arado.

BESTAS. 1. *Direito agrário.* Animais domesticados usados para auxiliar o homem em seus serviços e para seu gozo, por exemplo, cavalos, vacas, bois, carneiros, cabras etc. **2.** *Direito civil.* a) Animais selvagens, denominados *bestiae ferae*, que podem ser objeto de ocupação; b) animais não marcados ou não ferrados que, fugindo de seu possuidor e sem que haja possibilidade de retorno, podem ficar no poder de outro detentor; c) modalidade de jogo de cartas. **3.** Na *linguagem comum*, indica homens grosseiros, pervertidos ou de comportamento imoral ou antijurídico.

BEST EVIDENCE RULE. *Expressão inglesa.* Exibição de provas documentais originais.

BESTIALIDADE. 1. *Medicina legal.* Perversão sexual que conduz qualquer dos dois sexos para os animais, manifestando-se como zoofilia erótica (excitação sexual obtida por carícias de qualquer animal), zooerastia (ato entre homem e animal não consistente na união carnal), zooestupro (relação sexual por via vaginal ou anal) e zooantropia (delírio de transformação em animal). Enfim, é qualquer ato erótico entre ser humano e animal, funcionando este como ativo ou passivo. **2.** *Direito penal.* a) Crime cometido brutalmente, por meio cruel ou insidioso, constituindo circunstância agravante; b) crime de atentado ao pudor consistente em ato sexual praticado com animal em público.

BESTIALIDADE DO ESTADO. *Ciência política.* Regulação excessiva da personalidade humana.

BESTIALIDADE SÁDICA. *Medicina legal.* Ato sexual entre animal e ser humano em que este, ao atingir o orgasmo, sacrifica aquele.

BESTIALISMO. 1. *Direito penal.* Ato de brutalidade de certos delinqüentes sexuais do tipo masoquista. **2.** *Vide* BESTIALIDADE.

BEST-SELLER. *Termo inglês.* Livro cujas vendas estão entre as maiores de sua categoria.

BETERRABAL. *Direito agrário.* Plantação de beterraba.

BETESGA. 1. *Direito comercial.* Pequena loja dotada de uma única porta e sem qualquer saída pelos fundos. **2.** *Direito administrativo.* a) Beco sem saída; b) rua estreita.

BETILHO. *Direito agrário.* Cabresto que prende a boca dos bois, para que não comam, enquanto se procede à debulha.

BETRAYAL. *Termo inglês.* Violação de sigilo profissional.

BETRAYAL OF CONSCIENCE. *Locução inglesa.* Abuso de confiança.

BETRIEB. *Termo alemão.* Firma social.

BETRIEBSORDNUNG. *Termo alemão.* Regulamento de uma empresa ou sociedade.

BETRIEBSRAT. *Termo alemão.* Conselho empresarial.

BETTERMENT TAX. *Locução inglesa.* Contribuição de melhoria.

BETUME. *Direito agrário.* Cerca provisória feita de ramos de arbustos com espinhos usada nos roçados do nordeste.

BEWEISAUFNAHME. *Termo alemão.* Recepção e realização dos meios probatórios.

BEWEISGRUND. *Termo alemão.* Fundamento da prova.

BEWEISSTÜCKE. *Termo alemão.* Instrumentos de prova.

BEWEISUMKEHR. *Termo alemão.* Inversão do ônus da prova da culpa do fabricante.

BEWEIWÜRDIGUNG. *Termo alemão.* Apreciação da prova.

BEWERTEND. *Termo alemão.* Atitude valorativa.

BEXIGA. *Medicina legal.* **1.** Varíola. **2.** Sinal deixado pela varíola. **3.** Reservatório da urina; músculo membranoso situado na parte inferior do abdome, atrás da arcada do púbis.

BEXIGUENTO. *Medicina legal.* Doente de varíola.

BEYOND THE POWERS OR AUTHORITY GRANTED BY LAW. *Expressão inglesa.* Além dos poderes ou da autoridade garantida por lei.

BEZERRO. *Direito agrário.* **1.** Novilho. **2.** Pele de vitelo curtida.

BGB. Abreviatura de *Bürgerliches Gesetzbuch* (Código Civil alemão).

BIANDRIA. **1.** *Direito civil.* Casamento civil de mulher com dois homens, sendo nulo o segundo. **2.** *Direito penal.* Bigamia.

BIANEJO. *Direito agrário.* Diz-se do animal de dois anos.

BIAS. *Termo inglês.* Distorção da realidade em razão do fato de o observador da sociedade, da cultura ou da classe delas estar intimamente participando.

BÍBLIA. *Direito canônico.* Conjunto de livros sagrados do Antigo e Novo Testamento aceito pela Igreja como palavra de Deus.

BIBLIÁTRICA. *Direito comercial.* Arte de restaurar livros.

BIBLICISMO. *Direito canônico.* Doutrina bíblica.

BIBLIOCLASTIA. *Medicina legal.* Aversão à cultura que leva à destruição de livros.

BIBLIOCLEPTA. *Medicina legal.* Pessoa que furta só livros.

BIBLIÓFILO. Colecionador de livros.

BIBLIÓFORO. Funcionário de biblioteca encarregado da entrega de livros.

BIBLIOGÊNESE. Formação de livros.

BIBLIOGNOSIA. Ciência dos livros.

BIBLIOGRAFIA. **1.** Inventário organizado e metódico de livros destinado à documentação ou ao auxílio do trabalho científico ou literário, feito segundo critérios da Associação Brasileira de Normas Técnicas, constando elementos essenciais das publicações arroladas, numeradas em ordem crescente e ordenadas alfabeticamente. **2.** Rol de obras recomendadas sobre certo tema. **3.** Relação de livros de determinado autor. **4.** Seção de jornal ou revista onde se registram obras recentemente publicadas. **5.** Conjunto de obras consultadas pelo autor, ao pesquisar certo assunto, colocado no final de um trabalho.

BIBLIOMANIA. Mania imoderada de colecionar livros antigos e raros.

BIBLIOPÉIA. Arte de fazer um livro.

BIBLIOPIRATARIA. Apropriação de livros emprestados.

BIBLIOTÁFIO. Local onde, numa biblioteca, são guardados livros raros.

BIBLIÓTAFO. **1.** *Direito canônico.* Eclesiástico encarregado das atas dos concílios. **2.** Na *linguagem comum,* é aquele que esconde suas obras raras.

BIBLIOTECA. **1.** *Direito civil.* a) Coleção de livros de diversos autores e assuntos, formando um bem coletivo ou uma universalidade de fato; b) instituição particular que contém grande coleção de livros destinados à leitura de seus freqüentadores, associados ou sócios; c) local onde se guardam livros, dispostos em estantes, para consulta dos interessados. **2.** *Direito comercial.* Livraria. **3.** *Direito administrativo.* Instituição mantida pelo Poder Público destinada a guardar coleções de livros para serem usados indistintamente por qualquer pessoa do povo que os procure, por exemplo, as bibliotecas públicas municipais.

BIBLIOTECA CIRCULANTE. **1.** *Direito administrativo.* Coleção de livros que circulam dentro de um grupo de instituições públicas. **2.** *Direito civil.* Biblioteca cujos livros circulam fora do seu recinto, podendo ser levados, a título de empréstimo, por seus consulentes.

BIBLIOTECÁRIO. *Direito do trabalho.* **1.** Aquele que trabalha em biblioteca. **2.** Indivíduo formado no curso superior de biblioteconomia, tendo as funções de organizar, dirigir e executar serviços técnicos em bibliotecas públicas ou privadas.

BIBLIOTECNIA. Tecnologia do livro.

BIBLIOTECOLOGIA. Ciência que trata da formação e do funcionamento das bibliotecas.

BIBLIOTECONOMIA. Arte da organização e direção das bibliotecas.

BIBLIOTERAPIA. *Medicina legal.* Emprego de leituras selecionadas como adjuvantes terapêuticas no tratamento de doenças nervosas.

BIBLIÓTICA. Estudo científico que visa, através da caligrafia, do documento e do material utilizado para escrever, determinar a genuinidade da autoria.

BICAMERALISMO. *Ciência política.* Regime político em que o Legislativo se compõe de duas câmaras representativas, o Senado e a Câmara dos Deputados, que, teoricamente, se equilibram.

BICAMPEÃO. *Direito desportivo.* Diz-se de indivíduo, equipe ou grêmio esportivo que venceram duas vezes consecutivas.

BICÉFALO. *Medicina legal.* Aquele que tem duas cabeças.

BÍCEPS. *Medicina legal.* **1.** Músculo anterior e superior do braço. **2.** Músculo situado na face posterior da coxa.

BICHEIRO. *Direito penal.* Aquele que banca no jogo de bicho, praticando contravenção penal.

BICHO. **1.** *Direito penal.* Jogo de azar, à base de sorteios, que constitui contravenção penal. **2.** *Direito agrário.* Animal doméstico ou não. **3.** Na *linguagem comum,* indica calouro, estudante novato de faculdade. **4.** *Gíria* que significa, no desporto, quantia recebida por jogador de futebol como gratificação pela vitória conseguida ou como indenização de despesas feitas por ocasião de jogo ou treino.

BICICLETA. **1.** *Direito desportivo.* a) Velocípede de duas rodas movido por pedal utilizado no ciclismo; b) lance em que o jogador de futebol com um salto coloca-se de costas para o solo, chutando a bola para trás de si. **2.** *Direito de trânsito.* Veículo de propulsão humana, dotado de duas rodas, não sendo similar à motocicleta, motoneta e ciclomotor.

BICICLETÁRIO. *Direito de trânsito.* Local, na via ou fora dela, destinado ao estacionamento de bicicletas.

BICO. *Direito do trabalho.* Trabalho realizado nas horas excedentes das dedicadas ao emprego principal, podendo constituir motivo de justa causa de despedida do empregado pelo empregador, pelo fato de não o ter autorizado, expressa ou tacitamente, ou pela circunstância do seu exercício ter prejudicado a empresa.

BICONDICIONAL. *Lógica jurídica.* Nome dado à conectiva binária "se e somente se".

BICULTURAL. *Sociologia jurídica.* Aquilo que combina duas culturas diferentes.

BID. *Direito internacional público.* Sigla de Banco Interamericano de Desenvolvimento.

BID AND ASKED. *Expressão inglesa.* Cotação para compra e venda.

BID BOND. *Direito internacional privado.* Carta de garantia emitida por banco para habilitação de empresa nacional em concorrência pública aberta no exterior para fornecimento de bens ou serviços. O *bid bond* deve ser emitido ou confirmado por banco do país da concorrência para ser apresentado na data estabelecida pelo edital para abertura de propostas (Hilário de Oliveira). É a garantia de oferta. *Vide PERFORMANCE BOND.*

BIDDING. *Termo inglês.* Licitação.

BID PRICE. *Locução inglesa.* Oferta de preço.

BÍDUO. Espaço de dois dias.

BIENAL. Relativo a biênio.

BIENFAISANCE. *Termo francês.* Beneficência.

BIENFAIT. *Termo francês.* **1.** Vantagem. **2.** Benefício. **3.** Favor.

BIEN-FONDÉ. *Locução francesa.* Legalidade.

BIEN-FONDS. *Locução francesa.* Bens de raiz.

BIÊNIO. Espaço de dois anos consecutivos.

BIENNIUM LIBERABANTUR. *Direito romano.* Usucapião bienal.

BIFÓLIA. *Direito agrário.* Arado provido de duas aivecas, que levantam a terra e alargam o sulco.

BIFURCAÇÃO. *Medicina legal.* Linha que se divide em ângulo aberto num desenho da crista papilar, constituindo um dos fatores característicos para estabelecer a semelhança ou dessemelhança entre duas impressões digitais.

BIGAMIA. **1.** *Direito penal.* Crime contra a família que pessoa casada vem a praticar ao convolar novas núpcias sem que tenha sido dissolvido seu vínculo matrimonial anterior por morte do outro cônjuge, por divórcio ou sentença de nulidade ou anulabilidade do casamento. **2.** *Direito civil.* Infração do impedimento matrimonial de vínculo, que é dirimente público ou absoluto, causando a nulidade do segundo casamento se o precedente ainda não estiver dissolvido. Proibida está, portanto, de se casar pessoa vinculada a matrimônio anterior válido. Enquanto subsistir validamente o primeiro casamento, não se pode contrair o segundo, por ter a família base monogâmica. O separado judicialmente, antes de obter o divórcio, não poderá convolar novas núpcias. Não constitui impedimento existência de casamento religioso não inscrito no registro civil. Assim, o que for casado apenas no religioso poderá consorciar-se novamente com outra pessoa. O mesmo se diga do divorciado, do viúvo ou daquele que teve seu casamento declarado inválido.

BIGEMINISMO. *Medicina legal.* Sucessão rápida das pulsações seguida de longo intervalo.

BIG-FIVE. *Locução inglesa.* Usada para designar as cinco maiores organizações bancárias da Inglaterra, a saber: Barclay's Bank, Lloyd's Bank, Midland Bank, National Provincial Bank e Westminster Bank.

BIGODE. *Direito marítimo.* Friso de água que a embarcação levanta na proa ao navegar.

BILATERAL. 1. *Direito civil.* a) Diz-se do negócio jurídico sinalagmático ou do contrato em que as partes assumem obrigações recíprocas, de forma que cada um dos contratantes é simultaneamente credor e devedor do outro; b) diz-se do ato negocial em que a declaração volitiva emana de duas ou mais pessoas, porém dirigidas em sentido contrário; c) designa a qualidade de irmão germano, isto é, do que procede do mesmo pai e da mesma mãe. **2.** *Direito internacional público.* Diz-se do tratado ou acordo de vontades entre dois Estados sobre uma determinada matéria, conferindo-lhes direitos e obrigações, que apenas terá obrigatoriedade se for ratificado pelos signatários. Por exemplo, o Tratado de Itaipu, celebrado entre Brasil e Paraguai, para aproveitamento dos recursos energéticos do rio Paraná.

BILATERALIDADE ATRIBUTIVA. *Filosofia do direito.* Qualidade inerente à norma jurídica de atribuir a quem seria lesado por sua eventual violação a faculdade de exigir do violador, por meio do poder competente, o cumprimento dela ou a reparação do mal sofrido. Para Petrazycki, só a norma jurídica contém esse elemento porque, de um lado, impõe dever e, de outro, atribui uma faculdade correspondente a esse dever. A norma jurídica como norma bilateral contrapõe, nessa concepção, umas pessoas a outras, atribuindo-lhes pretensões e deveres correla-

tos, estabelecendo entre elas uma relação e um limite. Se esse limite não for respeitado e a esfera jurídica de outro sujeito for invadida, há que atribuir a este o poder de repelir a transgressão. A bilateralidade atributiva revela a razão de ser da norma de direito.

BILATERALISMO. *Direito internacional privado.* Prática que visa fomentar o comércio entre dois países mediante a efetivação de acordo alusivo ao volume, natureza do comércio, preço de mercadorias e ajuste de contas.

BILÊNIO. Espaço de dois mil anos.

BILHAR. *Direito desportivo.* Jogo em que tomam parte duas ou mais pessoas, efetivado sobre uma mesa retangular coberta por um pano verde, onde se joga com bolas de marfim, impelidas com um taco.

BILHETE. 1. *Direito civil.* a) Título representativo de uma ordem ou promessa de pagamento ou de uma obrigação em favor de certa pessoa ou do portador; b) senha que autoriza a entrada em espetáculos ou reuniões; c) passagem, isto é, impresso que dá direito ao transporte coletivo; d) impresso que torna seu possuidor interessado numa rifa ou loteria. **2.** Na *linguagem comum:* a) carta simples e breve, comunicando apressadamente um fato; b) aviso impresso ou manuscrito. **3.** *Direito comercial.* a) Título de crédito integrado nos efeitos mercantis, fazendo com que quem o passe tenha o dever de pagar a obrigação nele contida ao credor nele consignado, se não for ao portador, ou de fazer a entrega da mercadoria no prazo indicado; b) nota promissória utilizada no comércio.

BILHETE A DOMICÍLIO. *Direito comercial.* Aquele subscrito em determinada praça para ser pago numa outra nele indicada. Por exemplo, letra de câmbio ou nota promissória que têm como requisito essencial a indicação do local onde o pagamento deverá ser efetuado.

BILHETE AO PORTADOR. *Direito civil* e *direito comercial.* Título de crédito representativo de uma obrigação de pagar certa quantia pecuniária, dentro de determinado prazo, sem consignar o nome do beneficiário. Traduz uma obrigação de prestar dirigida a um credor anônimo. Daí a exigibilidade da prestação por qualquer pessoa que o detenha e se apresente com ele no dia do vencimento.

BILHETE À ORDEM. *Direito civil.* É o passado por uma pessoa (subscritor), obrigando-se a pagar ao beneficiário ou à sua ordem, em determinado prazo, ou à vista, uma quantia em dinheiro. É suscetível de ser transferido por endosso. Por exemplo, letra de câmbio e nota promissória, que não podem ser emitidas ao portador, sob pena de nulidade.

BILHETE AZUL. *Direito do trabalho.* Na *linguagem popular,* designa a dispensa de emprego.

BILHETE DA ALFÂNDEGA. *História do direito.* Letra que, outrora, o despachante aceitava daquele a quem a alfândega concedia dilação para pagar os direitos das fazendas por ele despachadas.

BILHETE DE BAGAGEM. *Direito comercial.* Também chamado "conhecimento de bagagem" ou "nota de bagagem", consiste no título em que o transportador registra o recebimento dos volumes que compõem a bagagem do passageiro, assegurando-lhe o direito de reclamar sua devolução no local do destino. É o documento para a retirada da bagagem.

BILHETE DE BANCO. *Direito comercial.* Título ao portador e à vista, emitido por um banco, representativo de dinheiro, posto em circulação por meio de concessão de crédito, com promessa de reembolso, a qualquer momento, em moeda. Sendo título de imediata conversão em dinheiro, é também denominado "moeda-papel". É, portanto, uma nota promissória emitida pelo banco, pagável ao portador, quando este o exigir, sem cobrança de juros, que circula como dinheiro.

BILHETE DE CAIXA. *Direito comercial.* O mesmo que BILHETE DE CÂMBIO, isto é, contrato relativo ao transporte de moeda de um local a outro.

BILHETE DE CÂMBIO. *Direito comercial.* É o que indica a existência de um contrato de câmbio, usado para o transporte de moeda de um lugar a outro, contendo uma promessa ou ordem de pagamento. Por ele uma das partes se obriga a fornecer o dinheiro e a outra a procurar ou entregar tal soma em outro local nele mencionado.

BILHETE DE CARGA. *Direito alfandegário.* É o bilhete de despacho aduaneiro enviado pelo chefe da repartição competente ao conferente, que dará saída às mercadorias nele consignadas, servindo, também, de bilhete de descarga, já que por ele se dará baixa, no livro competente, das mercadorias entregues.

BILHETE DE CRÉDITO. *Direito comercial.* É o representativo da obrigação de pagar certa quantia em dinheiro ou em mercadorias.

BILHETE DE DEPÓSITO. *Direito comercial.* Recibo no qual o armazém geral especifica natureza, quantidade, número, marca, peso ou medida da mercadoria depositada, certificando o seu recebimento e obrigando-se a devolvê-la quando for reclamada.

BILHETE DE DESEMBARQUE. *Direito marítimo.* Documento entregue ao tripulante despedido de um navio, declarando as razões de sua dispensa, que serão anotadas na sua caderneta.

BILHETE DE ENTRADA. *Direito civil.* Ingresso que dá direito de acesso a um estabelecimento de diversões. Trata-se da *entrada*, que é um título ao portador comprado na bilheteria do referido estabelecimento.

BILHETE DE FAVOR. *Direito civil.* Aquele em que alguém se obriga a efetuar pagamento a quem não é seu credor. Se for emitido em fraude a terceiro, este poderá impugná-lo pelo prejuízo que teve. É o compromisso, assumido por meio de um bilhete, de pagar certa quantia sem que o sacado ou emitente seja devedor da pessoa em favor de quem emitiu o título.

BILHETE DE LOTERIA. 1. *Direito civil.* Título ao portador emitido pela concessionária da loteria ou pelo Estado que explora esse tipo de serviço, contendo números a serem sorteados e habilitando seu portador ao sorteio de prêmios. O bilhete de loteria sorteado gera para a empresa emissora o dever de pagar o prêmio ao seu portador. **2.** *Direito penal.* Título ao portador emitido no exterior por quem explora o serviço de loteria, cuja introdução ou venda no Brasil para fins de comércio constitui contravenção penal.

BILHETE DE MERCADORIA. *Direito comercial.* Título de crédito representativo de mercadoria pelo qual seu emissor se obriga a pagar, em determinado prazo, mercadorias a certa pessoa ou à sua ordem. É um título de ordem pagável em mercadoria.

BILHETE DE PASSAGEM. *Direito comercial.* É o que representa o preço pago e o contrato de transporte de uma pessoa, seja por via férrea, aérea, marítima ou rodoviária, com uma empresa transportadora, pelo qual esta se obriga a conduzi-la a um local de destino. O passageiro, portanto, adquire um bilhete de passagem, que poderá ser nominativo ou ao portador e dará direito a quem se apresentar com ele de ser transportado. É, portanto, um título de legitimação, que atesta a vontade do adquirente de ser transportado de um lugar para outro e a do transportador de realizar o transporte. Esse bilhete poderá referir-se, ainda, a várias classes, isto é, a tipos especiais de acomodação para o passageiro. Para cada classe haverá tarifas ou preços diferentes, atinentes ao conforto dos passageiros nos veículos e não ao transporte. Poderá designar lugares para os passageiros, que só poderão usar assento determinado, marcado no próprio bilhete. Todavia, tal bilhete não é indispensável para a efetivação do contrato de transporte. Usual em certos meios de transporte, como trens, aviões, ônibus para viagens de longo percurso, em outros, porém, é substituído pelo depósito de importâncias em lugares indicados, como, por exemplo, em caixinhas metálicas, ou pelo pagamento feito diretamente ao representante do transportador, como o feito em ônibus e bondes.

BILHETE DE SEGURO. *Direito civil.* Documento escrito do contrato pelo qual uma das partes (segurador) assume riscos nele previstos, mediante pagamento de um prêmio, obrigando-se a indenizar o segurado dos prejuízos decorrentes daqueles riscos, se ocorrerem. É, se for personalíssimo, um título de crédito declaratório impróprio, por impedir sua cessão. Duas são as modalidades de bilhetes de seguro: o de acidentes pessoais e o de responsabilidade civil, obrigatório para os proprietários de veículos automotores terrestres. O seguro poderá, portanto, ser contratado por meio de bilhete de seguro, que é um instrumento simplificado.

BILHETE DE VIAGEM DO IDOSO. *Direito do idoso.* Documento que comprova a concessão do transporte gratuito ao idoso, fornecido pela empresa prestadora do serviço de transporte, para possibilitar o seu ingresso no veículo.

BILHETE DO ESTADO. *Direito administrativo.* É o emitido pelo Estado para ser colocado em circulação. Tendo curso forçado, possui caráter de papel-moeda e constitui forma de pagamento por parte do Estado. Além disso, é reembolsável e tem como garantia o ouro deixado em depósito.

BILHETE EM BRANCO. *Direito civil* e *direito comercial.* Título de crédito passado pelo subscritor sem qualquer indicação do beneficiário ou tomador, cujo espaço a isto reservado permanece em branco, podendo ser preenchido com o nome que o credor quiser. Enquanto não se obtiver

tal preenchimento, circulará como bilhete ao portador. Sua função é similar ao endosso em branco.

BILHETEIRO. **1.** Aquele que vende bilhetes de loteria. **2.** Pessoa encarregada de vender ingressos em casas de diversão.

BILHETE POSTAL. Cartão selado para correspondência postal.

BILINEAR. *História do direito.* Dizia-se da forma de sucessão adotada, outrora, por muitos povos em que os filhos sucediam aos pais (sucessão patrilinear) e as filhas às mães (sucessão matrilinear). Em outras palavras, era a sucessão em que os filhos sucediam por linha paterna e materna.

BILÍNGÜE. *Direito civil.* **1.** Aquele que fala duas línguas. **2.** Aquilo que está escrito em dois idiomas. **3.** Diz-se do escritor cuja obra está escrita em duas línguas.

BILIOSIDADE. *Medicina legal.* Distúrbio digestivo que vem acompanhado de náuseas, dores de cabeça, prisão de ventre, língua saburrosa etc. causado, às vezes, por infecção hepática ou cirrose.

BILL. *Termo inglês.* **1.** Projeto de lei. **2.** Recurso de eqüidade; petição de recurso. **3.** Fatura; nota.

BILL-BOOK. *Locução inglesa.* Livro de registro de nota promissória e letras de câmbio.

BILL BROKER. *Locução inglesa.* Corretor de títulos de crédito comerciais.

BILL FOR A NEW TRIAL. *Expressão inglesa.* Recurso de eqüidade usado para pedir novo julgamento de questão já decidida em jurisdição comum.

BILL FOR FORECLOSURE. *Locução inglesa.* Pedido de execução de hipoteca.

BILL OF DEBT. *Locução inglesa.* Confissão de dívida.

BILL OF DISCOVERY. *Expressão inglesa.* Recurso de eqüidade usado para solicitar exibição de documentos.

BILL OF EXCEPTIONS. *Expressão inglesa.* Recurso contra decisão de juiz inferior interposto nos autos processuais.

BILL OF EXCHANGE. *Expressão inglesa.* Letra de câmbio.

BILL OF LADING. *Direito marítimo* e *direito internacional privado.* **1.** Conhecimento de carga ou de embarque. **2.** Conhecimento de embarque marítimo que não é assinado pelo exportador. Documento emitido pela companhia de transporte que atesta o recebimento da carga, as condições de transporte e a obrigação de entregá-la ao destinatário legal, por meio rodoviário, ferroviário, fluvial, marítimo e aéreo e em local previamente determinado; é, ao mesmo tempo, um recibo de mercadorias, um contrato de entrega e um documento de propriedade; por estas características, torna-se um título de crédito; nos transportes marítimo e aéreo, o conhecimento de embarque é conhecido no comércio internacional, respectivamente, por *Bill of Lading* (B/L) e *Airways Bill* (AWB).

BILL OF RIGHTS. *Locução inglesa.* Declaração de direitos e garantias.

BILL RECEIVABLE. *Locução inglesa.* Letra de câmbio a receber.

BIMAR. *Direito internacional público.* País banhado por dois mares.

BIMBARRETA. *Direito marítimo.* Alavanca usada para mover as grandes bombas a bordo.

BIMESTRAL. O que dura dois meses.

BIMETALISMO. *Ciência política.* Sistema econômico-político pelo qual o ouro e a prata devem ter valor legal e ser cunhados em moeda. Esse sistema opõe-se ao unimetalismo, em que o único padrão monetário é o ouro.

BINACIONAL. *Direito internacional privado.* Diz-se do que está ligado a duas nações ou nacionalidades.

BINAGEM. *Direito agrário.* **1.** Operação de sericultura que consiste em juntar dois fios a um já torcido do casulo. **2.** Ato de dar um segundo amanho à terra.

BINÁGIO. **1.** *Direito canônico.* Celebração de duas missas, num mesmo dia, por um único padre. Tal ato é também designado "binação". **2.** *Direito processual.* Realização de audiências ou atos processuais referentes a juízos diferentes por uma mesma autoridade jurisdicional, em substituição de seus titulares, como se tivessem sido praticados por estes, que estavam impedidos de exercê-los.

BINET. *Medicina legal.* Teste aplicado para avaliar o quociente de inteligência (QI).

BINGO. *Direito civil* e *direito desportivo.* Jogo consistente numa loteria em que se sorteiam ao acaso números de 1 a 90, mediante sucessivas extrações, até que um ou mais concorrentes atinjam objetivo previamente determinado.

BINGO ELETRÔNICO. *Direito desportivo* e *direito civil.* É a modalidade eletrônica programada de bingo operada por intermédio de uma máquina eletrônica programada (MEP), que utiliza terminal de vídeo, cilindros ou qualquer outra forma eletrônica de demonstração da combinação vencedora, e geradora de números aleatórios (bolas) e de cartelas, quando for o caso, operando com fichas, dinheiro e/ou cartão magnético.

BINGO EVENTUAL. *Direito civil.* É aquele que, sem funcionar em salas próprias, realiza sorteios periódicos, utilizando processo de extração isento de contato humano, podendo oferecer prêmios exclusivamente em bens e serviços.

BINGO PERMANENTE. *Direito civil* e *direito desportivo.* Aquele realizado em salas próprias, com utilização de processo de extração isento de contato humano, que assegure integral lisura dos resultados, inclusive com o apoio de sistema de circuito fechado de televisão e difusão de som, oferecendo prêmios exclusivamente em dinheiro.

BÍNUBO. *Direito civil.* Aquele que, com a dissolução de seu primeiro casamento, vem a casar-se novamente.

BINÚPCIAS. *Direito civil.* Segundas núpcias realizadas em razão de dissolução do casamento anterior pelo divórcio ou morte do cônjuge.

BIOBIBLIOGRAFIA. Histórico da vida de um escritor, relacionando seus livros.

BIODIESEL. Combustível para motores a combustão interna com ignição por compressão, renovável e biodegradável, derivado de óleos vegetais ou de gorduras animais, que possa substituir parcial ou totalmente o óleo diesel de origem fóssil.

BIODIREITO. Estudo jurídico que, tendo por fontes imediatas a bioética e a biogenética, tem a vida por objeto principal.

BIODISPONIBILIDADE. *Medicina legal.* Indica a velocidade e a extensão de absorção de um princípio ativo em uma forma de dosagem de remédios, a partir de sua curva concentração/tempo na circulação sistêmica ou sua excreção na urina.

BIODISPONIBILIDADE RELATIVA. *Medicina legal.* Quociente da quantidade e velocidade de princípio ativo que chega à circulação sistêmica a partir da administração extravascular de um preparado e a quantidade e velocidade de princípio ativo que chega à circulação sistêmica a partir da administração extravascular de um produto de referência que contenha o mesmo princípio ativo.

BIODIVERSIDADE. *Direito ambiental.* **1.** É a diversidade da vida, imprescindível para a existência da Terra e sobrevivência do ser humano, que deverá preservar e defender a vida e os bens ambientais para o futuro da humanidade (Celso A. P. Fiorillo e Adriana Diaféria). **2.** Diversidade biológica.

BIOEQUIVALÊNCIA. *Medicina legal.* Consiste na demonstração de equivalência farmacêutica entre produtos apresentados sob a mesma forma farmacêutica, contendo idêntica composição qualitativa e quantitativa de princípio(s) ativo(s), e que tenham comparável biodisponibilidade, quando estudados sob um mesmo desenho experimental.

BIOÉTICA. Estudo da moralidade da conduta humana na área das ciências da vida, procurando averiguar se é lícito aquilo que é científica e tecnicamente possível. A bioética não pode ser separada da experiência efetiva dos valores "vida", "dignidade humana" e "saúde", que são inestimáveis. Daí ocupar-se, por exemplo, de questões éticas atinentes ao começo e fim da vida humana, às novas técnicas de reprodução humana assistida, à seleção de sexo, à engenharia genética, à maternidade substitutiva etc. Em suma, é o estudo sistemático do comportamento humano, sob a luz dos valores e dos princípios morais, na área da vida e dos cuidados da saúde. Visa assegurar que as questões e os desafios de natureza ética vinculados à biotecnologia sejam considerados na Política de Desenvolvimento da Biotecnologia.

BIOÉTICA DAS SITUAÇÕES EMERGENTES. *Biodireito.* É a relativa a conflitos originados pela contradição verificada entre o progresso biomédico desenfreado e os limites dos direitos humanos, como reprodução assistida, doação e transplante de órgãos e tecidos e engenharia genética (Volnei Garrafa).

BIOÉTICA DAS SITUAÇÕES PERSISTENTES. *Biodireito.* É a que se ocupa de temas cotidianos como aborto, eutanásia, racismo e discriminação (Volnei Garrafa).

BIOFERTILIZANTE. *Direito agrário.* Produto que contém princípio ativo ou agente orgânico, isento de substâncias agrotóxicas, capaz de atuar, direta ou indiretamente, sobre o todo ou parte das plantas cultivadas, elevando a sua produtividade, sem ter em conta o seu valor hormonal ou estimulante.

BIOGENÉTICA. Ciência que estuda a evolução dos seres vivos, tendo como princípio o fato de que todo ser vivo é gerado e advém de outro ser vivo (Sérgio Abdalla Semião).

BIOGRAFIA. *Direito civil.* Descrição da vida de uma pessoa, com sua autorização ou de seus herdeiros, sob pena de constituir um atentado à imagem, suscetível de gerar responsabilidade civil pelos danos advindos.

BIOLOGIA. *Medicina legal.* Ciência que se ocupa dos seres vivos e suas relações e comportamentos com o escopo de conhecer as suas leis, solucionando questões jurídicas alusivas às lesões corporais, homicídio, gravidez, parto, casamento, morte, exclusão de paternidade, doença mental, embriaguez etc.

BIOLOGIA CRIMINAL. *Medicina legal.* É a ciência que tem por fim estudar os aspectos biológicos da conduta criminal, analisando não só a personalidade do criminoso sob o prisma anatômico, fisiológico e patológico como a influência do ambiente e da hereditariedade. Engloba cinco setores de estudo: a) a *genética criminal,* que verifica a influência da hereditariedade em certos padrões de comportamento criminal; b) a *endocrinologia criminal,* que analisa a ação dos hormônios na psicogênese, no instinto, na emoção e no temperamento, explicando sua repercussão no comportamento do delinqüente; c) a *biotipologia criminal,* que estuda cientificamente a constituição individual, apontando a correlação que há entre o biotipo e certas formas de comportamento criminoso; d) a *neuroendocrinologia criminal,* que mostra a influência hormonovegetativa sobre os instintos de nutrição e reprodução, de agressão e defesa, pois, por exemplo, a hiperfunção do sistema nervoso simpático e das glândulas tireóide e supra-renal, ao aumentar a intensidade das emoções e da força neuromuscular, conduz à agressividade; e) a *neurologia criminal,* que analisa o comportamento delinqüencial, partindo das atividades neurais superiores e neuropsíquicas, verificando sua dependência de microlesões cerebrais provocadas por sarampo, varicela, parotidite etc.

BIOLOGIA SOCIAL. *Sociologia jurídica.* Ciência que estuda o processo vital nos grupos humanos, verificando as condições de vida numa área social ou localidade e sua influência sobre aqueles grupos.

BIOLOGISMO ÉTICO. *Filosofia geral.* Valor da vida, que é o mais elevado de todos na hierarquia axiológica.

BIOMA. *Vide* BIOTA.

BIOMORFISMO. *Psicologia forense.* Doutrina que interpreta fenômeno psicológico ou social como uma forma especial de vida (Lalande).

BIONOMIA. *Filosofia geral.* Ciência que se ocupa das relações que têm os organismos entre si e com os seus meios (Ray Lankester).

BIONTOLOGIA CRIMINAL. *Medicina legal.* Ciência que aplica a biologia diferencial à ciência penal, estudando os tipos físico-mentais em que os seres humanos podem classificar-se, demonstrando certas tendências suscetíveis de explicar o crime.

BIOPIRATARIA. *Direito ambiental.* Exploração clandestina da fauna, flora ou do patrimônio cultural por multinacional sem pagar qualquer indenização ao governo brasileiro (Celso Antônio Pacheco Fiorillo).

BIOPROSPECÇÃO. *Direito ambiental.* **1.** Atividade exploratória que visa identificar componentes do patrimônio genético e informação sobre o conhecimento tradicional associado, com potencial de uso comercial. **2.** Método de localizar, avaliar e explorar sistemática e legalmente a diversidade de vida existente em determinado local (Antônio S. Ribeiro dos Santos).

BIÓPSIA. *Medicina legal.* Retirada, por meio de cirurgia, de tecidos vivos do paciente para efetuar exame histológico.

BIOPSICOLOGIA CRIMINAL. *Medicina legal.* Ciência que estuda os fatores psicogênicos da delinquência juvenil e da criminalidade, que se reduzem ao sentimento de insegurança.

BIOSFERA. *Direito ambiental.* **1.** Conjunto de todos os ecossistemas. **2.** Camada da Terra que contém vida.

BIOSSEGURANÇA. **1.** *Vide* COMISSÃO INTERNA DE BIOSSEGURANÇA e COMISSÃO TÉCNICA NACIONAL DE BIOSSEGURANÇA. **2.** Conjunto de medidas de ordem sanitária, como as de limpeza, de desinfecção, de controle de trânsito, de pessoas, de animais e de veículos, de descartes e de controle de segurança das instalações físicas dos estabelecimentos destinados à incubação e a criações de ratitas que visam a garantir o *status* sanitário e a saúde das ratitas alojadas, reduzindo o risco de introdução e de disseminação de doenças. **3.** Visa garantir a segurança à saúde humana e ao meio ambiente em observância à Convenção sobre Diversidade Biológica e à Lei de Biossegurança.

BIOTA. *Direito agrário* e *direito ambiental.* Conjunto da fauna e da flora de uma certa região, também denominado "bioma".

BIOTECNOLOGIA. *Direito ambiental.* **1.** Técnica de utilização de organismos vivos para modificar produtos ou para melhorar plantas e animais, e de sistemas e processos biológicos na produção industrial e nos serviços de saneamento (Spinks). **2.** Qualquer aplicação tecnológica que utilize sistemas biológicos ou organismos vivos, parte deles ou seus derivados, para fabricar ou modificar produtos ou processos para utilização específica.

BIOTÉRIO. *Biodireito* e *direito ambiental.* Instalação física para criação, manutenção e manipulação de animais de laboratório em contenção. *Vide* CONTENÇÃO.

BIÓTIPO. *Medicina legal.* Grupo de indivíduos que apresentam a mesma constituição hereditária ou que têm em comum muitos caracteres psicológicos.

BIOTIPOLOGIA CRIMINAL. *Medicina legal.* Ciência analítica que se ocupa dos biótipos. Ao analisar suas diferenças hereditárias e psicológicas, vem a auxiliar a criminologia, apontando as razões motivadoras da conduta delinquencial e as influências dos atributos corporais, das glândulas endócrinas, dos fatores educacionais e psicossociais no crime.

BIPARTIDARISMO. *Ciência política.* **1.** Sistema político em que a representação se compõe de membros de dois partidos políticos, que também apresentam condições majoritárias para exercer o governo. **2.** Presença de dois partidos fortes, secundados por outros em número razoável (Acquaviva).

BIPÁTRIDA. *Direito internacional privado.* Aquele que possui dupla nacionalidade.

BIPOLARIDADE DOS VALORES. *Filosofia do direito.* Qualidade ou estado bipolar dos valores, isto é, que têm dois pólos contrários. Pela bipolaridade os valores apresentam-se sob dupla feição:

a positiva e a negativa. Assim, por exemplo, a justiça é um valor positivo, enquanto a injustiça, um valor negativo.

BIRD. *Direito internacional público.* Sigla de Banco Internacional para a Reconstrução e o Desenvolvimento, também designado Banco Mundial.

BIRTH CERTIFICATE. *Locução inglesa.* Certidão de nascimento.

BIRTHCONTROL. *Locução inglesa.* Controle da natalidade.

BIRTHCONTROL PILL. *Locução inglesa.* Pílula anticoncepcional.

BIRTHRIGHT. *Termo inglês.* Direito de primogenitura.

BISAVÓ. *Direito civil.* Mãe da avó ou do avô. Parente do sexo feminino em 3º grau na linha reta ascendente em relação ao bisneto, incluído na ordem de vocação hereditária como herdeiro necessário, não havendo descendentes nem avós ou pais vivos do *de cujus.*

BISAVÔ. *Direito civil.* Pai da avó ou do avô. Parente do sexo masculino em 3º grau na linha reta ascendente, relativamente ao bisneto. É chamado a succder, na qualidade de herdeiro necessário, desde que não haja descendentes do autor da herança e seus avós e pais já tenham falecido.

BISCATE. **1.** *Direito do trabalho.* a) Atividade autônoma ou serviço pequeno e avulso que se presta à margem da relação empregatícia ou eventualmente ao empregador ou a terceiro; b) *Vide* BICO. **2.** Na *gíria mercantil,* o termo é usado para designar negócio inesperado, de pouca monta, promovido sem caráter efetivo. **3.** *Direito civil.* Contrato inominado pertencente ao gênero "locação de serviço", regulando-se pelo Código Civil, salvo no caso em que se efetivar como empreitada. É contrato oneroso em que o biscateiro assume uma obrigação de fazer fungível. **4.** *Direito administrativo.* a) Pequena quantia advinda de rendimentos públicos que, outrora, era dada por alto funcionário ao seu protegido, retribuindo alguns favores pessoais; b) emprego subsidiário de servidores públicos, admitidos em caráter temporário, sem vínculo empregatício, mediante uma remuneração paga a título de prestação de serviços.

BISCATEIRO. *Direito do trabalho.* Aquele que faz biscates, prestando pequenos serviços esporádicos ou de natureza eventual, sem qualquer relação empregatícia.

BIS DAT, QUI DAT CELERITER. *Expressão latina.* Dá duas vezes quem dá depressa.

BIS DE EADEM RE NON SIT ACTIO. *Brocardo romano.* Não pode haver duas ações sobre o mesmo objeto.

BIS IN IDEM. **1.** *Direito administrativo.* Princípio pelo qual o funcionário público não pode ser punido duas vezes (*bis*) pela mesma (*in idem*) falta por ele cometida. **2.** *Direito penal.* Princípio pelo qual ninguém pode ser punido ou julgado duas vezes pelo mesmo fato. **3.** *Direito tributário.* Proibição de incidência de um novo tributo sobre objeto já tributado. Tal princípio visa impedir a cobrança de dois impostos decretados pela mesma autoridade sobre um mesmo fato gerador.

BISMARCKISMO. *Ciência política.* Doutrina que se inspira no método político de Bismarck, que fundou o Império Alemão de 1870.

BISMUTOMANIA. *Medicina legal.* Hábito de ingerir, repetidamente, doses de bismuto, que se assemelha, quimicamente, ao arsênico e ao antimônio.

BISMUTOSE. *Medicina legal.* Intoxicação crônica provocada pelo abuso de compostos de bismuto.

BISNETO. *Direito civil.* Filho do neto ou neta; parente de 3º grau na linha reta ascendente.

BISPADO. *Direito canônico.* **1.** Diocese ou território eclesiástico que está sob a jurisdição de um bispo, auxiliado pelos seguintes colaboradores diretos da Cúria Diocesana: vigário-geral, secretário e arquivista. **2.** Dignidade ou ofício de bispo. **3.** Jurisdição episcopal.

BIS PECCAT QUI CRIMEN NEGAT. *Expressão latina.* **1.** A confissão diminui a pena. **2.** Quem negar o delito, comete falta duas vezes.

BISPICÍDIO. *Direito penal.* Assassinato de um bispo.

BISPO. **1.** *Direito canônico.* Prelado que dirige uma diocese. **2.** *Direito desportivo.* Peça do jogo de xadrez que só pode ser movida no sentido diagonal do quadrado por ela ocupado.

BISPO AUXILIAR. *Direito canônico.* Aquele que, ante as necessidades pastorais da diocese, assiste o bispo diocesano, substituindo-o em seus impedimentos, sem ter direito de sucessão.

BISPO COADJUTOR. *Direito canônico.* É aquele que assiste e substitui o bispo diocesano, tendo direito de sucessão.

BISPO ELEITO. *Direito canônico.* Aquele que foi eleito pelo Papa, mas ainda não foi sagrado.

BISPO *IN PARTIBUS INFIDELIUM.* *Direito canônico.* Aquele cuja diocese se situa em terras de infiéis, sem sede efetiva.

BISPO RESIDENCIAL. *Vide* BISPO.

BISPO SUFRAGÂNEO. *Direito canônico.* Bispo de uma diocese, que forma, com outras, uma província eclesiástica.

BISPO TITULAR. *Direito canônico.* Aquele que possui apenas o título da diocese, sem o exercício.

BIS REPETITA PLACENT. *Expressão latina.* Agradam as coisas repetidas duas vezes.

BISSEMESTRAL. Aquilo que se publica ou acontece duas vezes a cada seis meses.

BISSEXUAL. *Medicina legal.* 1. Hermafrodita. 2. Pessoa que tem contato sexual com ambos os sexos, em razão de desvio ou perversão sexual.

BISSEXUALIDADE. *Medicina legal.* 1. Condição daquele que apresenta características secundárias ou órgãos do sexo feminino e masculino. 2. Qualidade daquele que é dado à prática homossexual e heterossexual para obter satisfação erótica.

BISTURI. *Medicina legal.* Faca estreita, curva ou reta, usada em cirurgias para incisão ou corte.

BITOLA. 1. *Direito civil.* a) Distância entre os trilhos de uma linha férrea, ou seja, largura da via férrea; b) medida ou modelo segundo o qual uma obra deve ser feita. 2. *Direito marítimo.* Grossura de um cabo.

BITRIBUTAÇÃO. 1. *Direito tributário.* a) Dupla imposição de imposto decretada por autoridades competentes diferentes, incidindo num mesmo objeto, sob nome diverso; b) existência de dois tributos concorrentes (Geraldo Ataliba). 2. *Direito internacional.* Exigência feita por vários Estados soberanos a um mesmo contribuinte para que pague impostos idênticos ou análogos, em relação a um mesmo objeto tributável, no mesmo período. Assim, o contribuinte fica sujeito a um imposto num País porque nele está domiciliado e em outro Estado porque nele se situa seu patrimônio ou porque seus rendimentos dele advêm. Tal bitributação pode ocorrer em diversos países, pois existem critérios ou elementos de conexão distintos para a obrigação tributária, tais como nacionalidade, domicílio, sede da pessoa jurídica, fonte de rendimento, país de origem ou do destino, situação do bem etc. Para evitá-la, há acordos internacionais que estabelecem normas em matéria de imposto sobre a renda e o patrimônio e os sistemas de concessões fiscais baseados na reciprocidade.

BITRIBUTAÇÃO ECONÔMICA. *Direito tributário.* É a que ocorre quando o mesmo objeto é tributado em relação a vários sujeitos passivos, por exemplo, bitributação do lucro empresarial pelo imposto de renda da pessoa jurídica e pelo imposto de renda da pessoa física, no caso de sua distribuição.

BLACK. *Termo inglês.* 1. Negro. 2. Mercado não regulamentado de moeda estrangeira no Brasil (Luiz Fernando Rudge).

BLACK ECONOMY. *Locução inglesa.* Economia informal.

BLACKLEG. *Termo inglês.* Fura greve.

BLACKMAIL. *Termo inglês.* 1. *Direito penal.* Chantagem, que constitui prática do crime de extorsão. 2. *Direito civil.* Coação, que constitui vício de ato ou negócio jurídico suscetível de anulá-los.

BLACK–OUT. 1. *Direito militar.* Escurecimento total utilizado na guerra para prevenir bombardeios aéreos. 2. *Medicina legal.* Perda temporária da visão e da consciência, ante a diminuição da circulação de sangue ao cérebro e à retina, provocada por esforço físico.

BLÂME. *Termo francês.* 1. Censura. 2. Reprovação. 3. Repreensão.

BLANQUISMO. *Ciência política.* 1. Doutrina revolucionária do século passado pela qual se podia estabelecer um Estado socialista pela imediata tomada do poder pelos operários. 2. Organização de uma minoria, prevalentemente intelectual, que induz a massa à inssurreição num primeiro momento e em seguida à revolução (Gian Mario Bravo, Spitzer e Bernstein).

BLASFÊMIA. *Direito canônico.* Palavra ofensiva contra a religião; heresia. A blasfêmia era, até o século XVIII, tida como um crime pelos códigos penais. O nosso atual Código Penal, ao punir os crimes contra o sentimento religioso, cuidando do ultraje ao culto e perturbação ao ato a ele relativo, não a considerou como figura delituosa, em razão de seu caráter mais religioso que jurídico.

BLÁSTULA. *Medicina legal.* Forma embrionária esférica que resulta da segmentação do ovo e é formada por uma camada de células dispostas ao redor de uma cavidade cheia de líquido.

BLEFARATEROMA. *Medicina legal.* Cisto sebáceo nas pálpebras.

BLEFARITE. *Medicina legal.* Inflamação nas pálpebras.

BLEFAROBLENORRÉIA. *Medicina legal.* **1.** Oftalmia purulenta em recém-nascidos. **2.** Escoamento de muco purulento da conjuntiva palpebral.

BLEFAROCÁLASE. *Medicina legal.* Dermatose palpebral.

BLEFAROESPASMO. *Medicina legal.* É caracterizado por fechamento ocular forçado, intermitente ou sustentado, devido a uma contração involuntária bilateral dos músculos orbicular dos olhos. Espasmos leves da musculatura frontal e dos músculos médios e inferiores da face também podem ocorrer. Os primeiros sintomas aparecem na forma de um aumento na freqüência dos piscamentos, sensação de irritação nos olhos ou sensibilidade aumentada à luz. Com o passar do tempo, os piscamentos tornam-se mais freqüentes e intensos e dão lugar a espasmos musculares que dificultam a abertura dos olhos. Em alguns casos, pode haver grande dificuldade de visão, sendo necessária ajuda para a realização das atividades habituais. TB-A é o tratamento de escolha para este distúrbio.

BLEFAROFIMOSE. *Medicina legal.* Junção das pálpebras, que pode ser congênita ou devida a retrações cicatriciais.

BLEFAROPLASTIA. *Medicina legal.* Cirurgia plástica de pálpebra destruída, usando a pele vizinha do olho.

BLEFAROSSINEQUIA. *Medicina legal.* Aderência das pálpebras entre si.

BLEFE. **1.** Intenção de enganar outrem. **2.** Ato de contar vantagem.

BLENORRAGIA. **1.** *Medicina legal.* Inflamação das membranas mucosas, causada pela *Neisseria gonorrhoeae*, caracterizada por grande secreção de muco purulento da uretra, vagina e vulva, na mulher, da uretra e do prepúcio, no homem, ou dos olhos, em recém-nascido. Resulta de contato sexual direto, exceto nos casos de infecção ocular em recém-nascidos e de vulvovaginite em meninas que vivem em instituições. **2.** *Direito penal.* Doença resultante de contato sexual, podendo gerar o crime de perigo de contágio venéreo, que consiste no fato de expor alguém, por meio de relações sexuais, a contágio de moléstia venérea de que

sabe ou deveria saber estar contaminado, colocando em risco a saúde da vítima. **3.** *Direito civil.* Doença sexual que pode levar à anulação do casamento por erro essencial, à separação judicial ou ao divórcio, por injúria grave consistente em transmissão de moléstia venérea.

BLENORRÉIA. *Medicina legal.* **1.** Corrimento mucoso purulento. **2.** *Vide* BLENORRAGIA.

BLINDAR. **1.** *Direito militar.* Revestir de chapas de aço veículos, fortificações ou passagens para preservá-los de projéteis de arma de fogo ou do embate de granadas ou bombas. **2.** *Direito marítimo.* Cobrir navios com chapas de aço para que possam resistir ao choque de projéteis. **3.** *Direito civil.* Ato de revestir de chapas de aço um automóvel para que resista a tiroteio. Trata-se na verdade de uma prestação de serviço, que gera uma obrigação de resultado.

BLOCAGEM. *Direito comercial.* **1.** *Block stacking.* **2.** Empilhamento simples sem uso de porta-paletes, no qual os paletes são empilhados diretamente no chão (James G. Heim).

BLOCK STACKING. *Locução inglesa.* **1.** Blocagem. **2.** Empilhamento simples sem uso de porta-paletes, pois os paletes são empilhados diretamente no chão (James G. Heim).

BLOCK-SYSTÈME. *Locução francesa.* Sistema de sinalização ferroviária próprio para evitar colisão.

BLOCK TRADE. *Locução inglesa.* **1.** Negociação em bloco. **2.** Negócio que envolve grande lote de ações em Bolsas de Valores (Luiz Fernando Rudge).

BLOCO. *Direito civil.* Cada um dos edifícios de um conjunto de prédios pertencentes a um empreendimento imobiliário, constantes do mesmo projeto.

BLOCO PARLAMENTAR. *Ciência política.* Grupo de parlamentares, pertencentes a um mesmo partido político ou a diferentes partidos, que, tendo a mesma ideologia, procuram exercer influência nas decisões do Legislativo.

BLOG. *Direito virtual.* Espaço destinado aos usuários, pelos provedores de serviço, para divulgar sítios pessoais, sem necessidade de passar pelo controle técnico das empresas provedoras de conteúdo (Cláudio José Lawand).

BLOOD-MONEY. *Locução inglesa.* Dinheiro ganho pela prática de um homicídio.

BLOOD-RELATION. *Locução inglesa.* Parente consangüíneo.

BLOOD TEST. *Locução inglesa.* Exame de sangue.

BLOQUEIO. 1. *Direito internacional público.* a) Operação militar que corta as comunicações de um porto ou praça com o exterior, levando o inimigo a render-se; b) medida beligerante que consiste no isolamento, por um país bloqueante, de uma área vital aos interesses do inimigo, impedindo a entrada e a saída de pessoas, víveres e munições e obstruindo-lhe todos os meios de comunicação com o exterior. Tal bloqueio pode ser por via terrestre, aérea ou marítima. **2.** *Direito comercial.* Motivo justificador para a dissolução do contrato de fretamento, pois o comandante está autorizado, ante o bloqueio, a negar-se a fazer a viagem, por se tratar de caso fortuito.

BLOQUEIO CEREBRAL. *Medicina legal.* Impossibilidade súbita e temporária de lembrar um fato ou palavra, passível de ocorrer em pessoa normal.

BLOQUEIO ECONÔMICO. *Direito internacional público.* Medida destinada a obstruir o comércio de uma nação inamistosa ou da que descumpriu um acordo internacional, impedindo-a de auferir as vantagens econômico-financeiras que adviriam com a efetivação de operações mercantis. Tal medida poderá consistir na imposição de: *sanção financeira*, com a cessação da assistência financeira, ou *sanção econômica*, com a interrupção de relações de comércio internacional.

BLOQUEIO *ON LINE.* O mesmo que PENHORA *ON LINE.*

BLOQUEIO PACÍFICO. *Direito internacional público.* Forma de represália ou sanção utilizada, falhando os recursos diplomáticos, por grandes potências marítimas, proibida pela carta da ONU, consistente no uso de forças armadas para impedir as comunicações com um porto ou as costas de um país ao qual, embora não se declare guerra, se pretenda obrigar a agir de determinada maneira, por exemplo, executando uma sentença ou respeitando um compromisso assumido com o Estado que efetuou o bloqueio.

BLOQUEIOS. Dispositivos que impedem a liberação de energias perigosas, tais como: pressão, vapor, fluidos, combustíveis, água, esgotos e outros.

BLOQUETO DE COBRANÇA. *Direito bancário.* É o utilizado para fins de registro de dívidas em cobrança nas instituições financeiras, relacionadas com operações de compra e venda ou de prestação de serviços, inclusive daquelas atinentes a efeitos em cobrança, tais como duplicatas, notas promissórias, bilhetes ou notas de seguros, de forma a permitir o pagamento da dívida-objeto em instituição financeira distinta da cobradora. São partes de um bloqueto de cobrança: 1. favorecido: credor da dívida-objeto, a quem devem ser destinados os fundos recebidos pelo seu pagamento; 2. sacado: pessoa de quem é cobrada a dívida-objeto; 3. instituição financeira recebedora: instituição financeira que recebe do sacado, ou de alguém atuando em nome dele, o pagamento da dívida-objeto; 4. instituição financeira cobradora: a) instituição financeira contratada pelo vendedor ou prestador do serviço para receber, na qualidade de mandatária para cobrança, diretamente ou por intermédio de outra instituição financeira, o valor que lhe é devido pelo sacado; ou b) instituição financeira cessionária do crédito, se ele lhe houver sido cedido pelo vendedor ou prestador do serviço. Se cessionária, a instituição financeira cobradora é ao mesmo tempo o favorecido. Se o pagamento for efetuado diretamente a ela, a instituição financeira cobradora é ao mesmo tempo a recebedora. Aplicam-se as seguintes disposições às partes de um bloqueto de cobrança: 1. o favorecido e o sacado podem ser pessoas físicas ou jurídicas; 2. apenas os bancos comerciais, os bancos múltiplos com carteira comercial e a Caixa Econômica Federal podem atuar como instituição financeira recebedora e cobradora. As cooperativas de crédito também podem prestar serviços relacionados com bloquetos de cobrança, no âmbito de acordos firmados com as instituições de que trata o item 2.

BLUE CHIPS. *Direito comercial.* Fichas azuis que indicam os títulos mobiliários de alta rentabilidade ou as ações mais bem cotadas e de melhor qualidade negociadas em Bolsa, por serem sólidas e rentáveis, uma vez que são emitidas por empresas bem estruturadas, que remuneram condignamente os investidores e aplicadores.

BLUETOOTH. *Direito virtual.* É uma tecnologia de baixo custo para a comunicação sem fio entre dispositivos eletrônicos a pequenas distâncias. Com o *Bluetooth* o usuário pode detectar e conectar o seu aparelho de forma rápida a outros dispositivos que tenham a mesma tecnologia.

BLUSA OPERÁRIA. *Direito do trabalho.* Peça de vestuário que os operários usam sobre a camisa, nas indústrias, feita de algodão, com ou sem mangas, sem gola e medindo até 22 cm de comprimento.

BNDES. Sigla de Banco Nacional de Desenvolvimento Econômico e Social.

BNDESPAR. 1. Sigla de Banco Nacional de Desenvolvimento Econômico e Social Participações S/A. **2.** *Direito bancário.* Sociedade por ações, constituída em 1982, subsidiária integral do Banco Nacional de Desenvolvimento Econômico e Social (BNDES). Sua ação é pautada nas diretrizes estratégicas, formuladas em conjunto com o BNDES e direcionadas a apoiar o processo de capitalização, o crescimento e o desenvolvimento de empresas nacionais. Concretiza-se, principalmente, por meio de participações societárias de caráter minoritário e transitório, e, ainda, pelo fortalecimento do mercado de valores mobiliários. Tem por objetivos e atuais finalidades: a) subscrever valores mobiliários ou prestar garantia, visando à capitalização de empreendimentos controlados por grupos privados nacionais considerados prioritários nos termos das políticas operacionais do Sistema BNDES; b) apoiar empresas que reúnam condições de eficiência e competitividade, assim entendidas como um conjunto de fatores de natureza empresarial, econômica, tecnológica e de gestão, que apresentem perspectivas adequadas de retorno do investimento em condições e prazos compatíveis com a sua natureza e o seu grau de prioridade; c) apoiar diretamente o desenvolvimento de novos empreendimentos. O principal campo de atuação do BNDESPAR é o setor industrial e, em particular, a empresa privada nacional. Suas ações, nesse contexto, buscam basicamente: a) implantação e desenvolvimento de pequenas e médias empresas de base tecnológica; b) modernização, expansão e aumento da competitividade empresarial e setorial; c) fortalecimento patrimonial.

BO. *Direito processual penal.* Abreviatura de Boletim de Ocorrência.

BOA CHEGADA. *Direito marítimo.* **1.** Termo usado para indicar a chegada do navio ao porto de destino, sem que tenha ocorrido qualquer acidente durante a viagem que pudesse causar dano à sua carga, passageiros e tripulação. **2.** Bom estado de mercadorias ou cargas transportadas por via marítima. **3.** Modalidade de contrato de seguro marítimo feito para a garantia do navio, sendo exigível tão-somente com sua perda, contendo a cláusula "livre de todas as avarias". Assim, se, finda a viagem, o navio chegar ao porto de destino com avarias, nenhuma indenização será devida pela seguradora.

BOA CONDUTA. 1. *Direito administrativo.* Obrigação do funcionário público de conduzir-se, no desempenho de suas funções e na vida particular, de maneira correta, evitando costumes desregrados, alcoolismo, freqüência a locais suspeitos, jogo proibido ou qualquer ato que possa desprestigiá-lo. **2.** *Teoria geral do direito.* Procedimento da pessoa que age com retidão na sociedade, cumprindo a lei e seus deveres de cidadão, agindo de modo a não ofender a moral, os bons costumes e a ordem pública.

BOA CONSCIÊNCIA. Consciência moral em que há um sentimento de não ter nada a reprovar-se (Lalande).

BOA FAMA. 1. *Direito civil.* a) Estima social de que uma pessoa goza. Constitui um bem jurídico protegido pela lei, de forma que, se atingido, gera responsabilidade civil para o lesante, que deverá, então, reparar o dano moral ou patrimonial causado. Trata-se da reputação de uma pessoa estimada pela opinião pública por sua conduta de acordo com a lei, a moral e os bons costumes. Assim, quem ofender a honra de uma pessoa com boa reputação moral e profissional, seja por injúria, calúnia ou difamação, atingindo-a na consideração a que tem direito, deverá indenizá-la pelos prejuízos material e moral; b) motivo de anulação de casamento por erro essencial se a pessoa desconhecia que seu cônjuge não gozava de boa fama, pois o conhecimento da má vida do consorte anterior ao ato nupcial pode tornar insuportável a vida em comum. **2.** *Direito penal.* Objeto de ato delituoso, pois a boa fama pode ser afetada por injúria (ofensa à dignidade ou decoro), calúnia (falsa imputação ou denúncia de fato definido como crime) ou difamação (imputação de fato ofensivo à reputação de pessoa física ou jurídica, atingindo-a no conceito ou na consideração a que tem direito), que constituem crimes contra a honra.

BOA-FÉ. 1. *Direito civil.* a) Estado de espírito em que uma pessoa, ao praticar ato comissivo ou omissivo, está convicta de que age de conformidade com a lei; b) convicção errônea da existência de um direito ou da validade de um ato ou negócio jurídico. Trata-se da ignorância desculpável de um vício do negócio ou da nulidade de um ato, o que vem a atenuar o rigor da lei, acomodando-a à situação e fazendo com que se dêem soluções diferentes conforme a pessoa esteja ou aja de boa ou má-fé, considerando a boa-fé do sujeito, acrescida de outros elementos, como produtora de efeitos jurídicos na seara das obrigações, das coisas, no direito de família e até mesmo no direito das sucessões; c) lealdade ou honestidade no comportamento, considerando-se os interesses alheios, e na celebração e execução dos negócios jurídicos; d) propósito de não prejudicar direitos alheios. **2.** *Direito processual civil.* Qualidade da conduta exigida aos litigantes pela lei, qual seja, a de atuarem no processo com probidade. As partes litigantes devem conduzir-se em juízo evitando a litigância de má-fé e as sanções pela inobservância do princípio da boa-fé. O demandante de má-fé terá responsabilidade civil. Com isso, além de garantir-se o direito do lesado à segurança, protegendo-o contra exigências descabidas, haverá um meio de reparar o dano, exonerando o lesado do ônus de provar a ocorrência da lesão por dolo processual.

BOA-FÉ OBJETIVA. *Direito civil.* **1.** Modelo de conduta social ao qual cada pessoa deve ajustar-se para agir com probidade (Judith Martins-Costa). **2.** Dever de agir conforme certos padrões socialmente recomendados, de correção, lisura e honestidade (Fernando Noronha). **3.** Regra de comportamento que deve ser observada pelos contratantes, no que atina à lisura de uma parte para com a outra e à honestidade das declarações dos contratantes. Há violação ao princípio da boa-fé objetiva se uma das partes faltar com o dever de lealdade ao contratar, não satisfazendo o que a outra espera (Fernando H. G. Zimmermann).

BOA-FÉ SUBJETIVA. *Direito civil.* **1.** É a que se liga a um convencimento individual de estar agindo conforme a lei (Judith Martins-Costa). **2.** Dá-se quando a pessoa acredita ser titular de um direito que, na realidade, não tem, por existir na aparência (Fernando Noronha). **3.** Falsa impressão de um dos contratantes sobre o objeto, as partes ou caracteres gerais do negócio jurídico (Fernando H. G. Zimmermann).

BOA NOVA. *Direito canônico.* **1.** Evangelho. **2.** Notícia da salvação do mundo por meio de Cristo.

BOA RAZÃO. 1. *Teoria geral do direito.* a) Argumento que apresenta alegações procedentes, conformes à lei e à verdade dos fatos; b) conceito complexo constituído do valor ético, que indica capacidade de projetar-se com valor jurídico, e do lógico, indicativo de discernimento e conhecimento; c) *ratio legis*, conforme o caso; d) razão acima do senso comum ou do bom senso, por ser selecionada e elevada a um nível de conhecimento da lei e das circunstâncias exigível, pela lei, a quem tenha a missão de julgar, decidindo conflitos de interesses e aplicando a norma ao caso concreto; e) eqüidade ou justiça na interpretação, que exige sabedoria e equilíbrio do julgador; f) razão jurídica, pois quem usar da boa razão aplicará o direito. **2.** *Direito canônico.* É a que procura interpretar bem as palavras da revelação. **3.** *História do direito.* Lei de 18 de agosto de 1769, que continha os seguintes caracteres modificadores do sistema luso-brasileiro: coibição dos abusos da interpretação, laicização do direito, proscrição da Glosa e do Bartolismo e assunção a um integral espírito absolutista.

BOARDING ROOM. *Locução inglesa.* Sala de embarque.

BOARD OF TRADE. *Locução inglesa.* Junta Comercial.

BOARD OF TRUSTEE. *Expressão inglesa.* Sindicato financeiro.

BOAS PRÁTICAS. *Direito do consumidor.* São os procedimentos que devem ser adotados pelos estabelecimentos industriais e comerciais para garantir a qualidade higiênico-sanitária de um produto e/ou serviço, cuja eficácia e efetividade devem ser avaliadas por meio de inspeção e/ou investigação.

BOAS PRÁTICAS DE FABRICAÇÃO (BPF). *Direito do consumidor.* **1.** São práticas de fabricação que devem ser adotadas pelas indústrias de alimentos a fim de garantir a qualidade sanitária e a conformidade dos produtos alimentícios com os regulamentos técnicos específicos. **2.** São os procedimentos higiênico-sanitários e operacionais que devem ser executados em todo fluxo de produção, desde a obtenção dos resíduos de animais até a distribuição do produto final, com vistas a garantir farinhas e gorduras de origem animal, aptas para produção de alimentos para os animais.

BOAS PRÁTICAS DE MANIPULAÇÃO DE SUBSTÂNCIA DE BAIXO ÍNDICE TERAPÊUTICO (BPMSBIT). *Direito do consumidor.* Conjunto de medidas que visam assegurar que os produtos manipulados sejam consistentemente manipulados e controlados, com padrões de qualidade apropriados para o uso pretendido e requerido na prescrição.

BOATE. Estabelecimento de vida noturna que contém atrações artísticas, serviços de bar e restaurante e no qual se pode dançar.

BOATING. *Termo inglês.* Transporte em barco.

BOATO. *Direito penal.* Notícia infundada e anônima, sem confirmação, que corre publicamente, não constituindo fundamento para caracterizar os crimes contra a honra nem os delitos contra a inviolabilidade de segredo.

BOÇA. *Direito marítimo.* **1.** Pedaço de corda que, dando-se-lhe um nó, serve para conservar o cabo na mesma posição. **2.** Nome comum a muitos cabos.

BOÇARDAS. *Direito marítimo.* Travessões curvos usados para reforço e colocados na roda da proa da embarcação.

BOCARDO. *Lógica jurídica.* Designação mnemônica da terceira figura do silogismo em que a premissa maior é uma proposição negativa particular, a menor uma afirmativa universal e a conclusão uma negativa particular. Por exemplo, alguns juristas não são mortais, mas todos os juristas são homens, logo, alguns homens não são mortais.

BOCHA. *Direito desportivo.* **1.** Jogo com nove bolas, sendo uma pequena e as demais maiores, em que participam duas ou mais pessoas, que tentarão jogar, numa pista pequena, as bolas que lhes cabem o mais perto possível da bola menor, que lhes serve de alvo. **2.** Cada uma das oito bolas maiores desse jogo.

BOCHECHA. **1.** *Direito marítimo.* Roda de proa; parte mais saliente do bojo do navio na direção da amura da proa. **2.** *Medicina legal.* Parte saliente e carnuda de cada uma das faces.

BOCHECHO. *Medicina legal.* Remédio para inflamação da boca.

BÓCIO. *Medicina legal.* **1.** Papo. **2.** Hipertrofia da glândula tireóide.

BOÇOROCA. *Direito agrário.* Fenda causada na terra por erosão ou enxurrada, que são provocadas pelo desmatamento indiscriminado de morros ou pela agricultura empírica (plantações morro abaixo), feita sem qualquer técnica relativa à conservação do solo.

BODAS. *Direito civil.* **1.** Comemoração ou celebração festiva do casamento. **2.** No *singular*, celebração do ato nupcial.

BODE EXPIATÓRIO. Indivíduo sobre quem se faz cair a culpa dos outros.

BODEMERIA. *Direito marítimo.* **1.** Bomeria. **2.** *Vide* CONTRATO DE CÂMBIO MARÍTIMO.

BODOQUE. *Direito ambiental.* Estilingue usado por crianças, na zona rural, para matar passarinhos ou pequenos animais, mas proibido, por lei, para preservar animais silvestres.

BODY OF LAWS. *Locução inglesa.* Compilação de leis.

BODY OF THE OFFENSE. *Locução inglesa.* Corpo de delito.

BOFETADA. **1.** *Direito penal.* Ato de dar com força uma pancada no rosto de alguém com a palma da mão, constituindo, além de ofensa física pela dor que causa, ofensa moral, por incluir-se entre os fatos caracterizadores da injúria grave, uma vez que expõe o ofendido ao escárnio ou ao desprezo público ao atingir sua dignidade. Inclui-se entre os crimes contra a honra. **2.** *Direito civil.* Agressão física a um dos cônjuges que, por constituir injúria grave, pode dar espaço à separação judicial litigiosa.

BOGUS CHECK. *Locução inglesa.* Cheque sem fundos.

BOH. Abreviatura de Boletim de Ocupação Hoteleira.

BOI. **1.** *Direito agrário.* Bovino doméstico e castrado empregado em serviços rurais ou para corte. **2.** *Direito comercial.* Armação de arcos e encerado, sob a qual se viaja, na Bahia, nas canoas, nos rios Pardo e Jequitinhonha. **3.** Na *linguagem regional,* significa casa do tipo palafita encontrada no baixo São Francisco.

BÓIA. **1.** *Direito marítimo.* a) Corpo flutuante usado como sinal ou marco pelo capitão do navio para indicar o local onde está a âncora; b) marco colocado em local perigoso, assinalando-o, aparelhado de luz ou farolete para que seja visto durante a noite pelos navegantes; c) salva-vidas de cortiça ou borracha, caso em que é designada "bóia de salvação"; d) diz-se daquela que, ancorada, é própria para nela se amarrar um navio, hipótese em que se denomina "bóia de amarração"; e) trata-se da usada para suportar um cabo submarino sobre um fundo rochoso, ou seja, da "bóia de cabo". **2.** *Direito militar.* a) Refeição dada nos quartéis; b) etapa de soldado. **3.** *Direito agrário.* Grão de café chocho que sobrenada nos lavadores. **4.** *Direito comercial.* Aquilo que excede de qualquer mercadoria ou qualquer objeto sujeito a deterioração ou desvalorização, sendo, por isso, exposto à venda em curto prazo.

BOIADA. *Direito agrário.* Manada de bois.

BOIADÃO. *Direito agrário.* Boiada que contém um número de bois muito maior que o comum.

BOIADEIRO. *Direito agrário.* **1.** Peão; condutor da boiada. **2.** Comprador de gado para revender.

BÓIA-FRIA. *Direito agrário.* Trabalhador rural, itinerante, que executa serviços por dia, mediante salário, em diferentes propriedades agropecuárias, e come seu almoço frio, na marmita preparada de madrugada, uma vez que reside na zona urbana e suburbana. É contratado pelo "turmeiro" ou "empreiteiro de mão-de-obra", que lhe efetua o pagamento além de transportá-lo, de caminhão, até o local do serviço. O "turmeiro" é, portanto, aquele que trata com o proprietário agrícola, arregimentando os bóias-frias, transportando-os e pagando-os, sendo que o caminhão usado para o transporte e o dinheiro são fornecidos pelo proprietário rural.

BOIANTE. **1.** *Direito agrário.* Diz-se do touro que se mantém bravo até o final de uma luta. **2.** *Direito marítimo.* Embarcação que surde bem por carregar pouca ou nenhuma carga.

BOIÃO. *Direito agrário.* Fogão improvisado para operar a primeira defumação do látex da seringueira.

BOIAR. **1.** *Direito agrário.* Chamar o gado. **2.** *Direito marítimo.* a) Ligar à bóia; b) flutuar. **3.** *Direito militar.* Fazer refeição.

BÓIA SALVA-VIDAS. *Direito marítimo.* É o equipamento destinado, principalmente, a se constituir em meio flutuante de apoio para a pessoa que tenha caído n'água, enquanto aguarda salvamento. A bóia salva-vidas deverá possuir, fixado em quatro pontos eqüidistantes em sua periferia, um acabo formando alças, para facilitar o seu lançamento e apoio das mãos do náufrago.

BOICOTAGEM. **1.** *Sociologia jurídica.* Sanção negativa consistente na suspensão de relações sociais, principalmente políticas e econômicas. **2.** *Direito comercial.* a) Meios insidiosos empregados em oposição a um negócio industrial ou comercial, criando obstáculos para o livre exercício do comércio e da indústria, ou para seus interesses, com a intenção de obrigar o interessado a ceder ou transigir quanto a alguma coisa; b) procedimento empregado por grupos profissionais, negociantes ou autoridades de um país para impedir relações comerciais; c) isolamento que se impõe a um estabelecimento empresarial, negando-lhe o fornecimento dos meios que lhe são imprescindíveis ou a aquisição dos seus produtos. Trata-se da guerra econômica, que se traduz pelo ato de não se manter qualquer contato comercial com certo empresário,

abstendo-se de comprar seus produtos ou de vender-lhe material de que necessita. **3.** *Direito internacional público.* a) Pressão feita por um Estado sobre outro com o intuito de interromper as relações comerciais mantidas por este último com seus nacionais; b) represália autorizada por um país contra outro, pedindo aos seus súditos que se abstenham de quaisquer relações comerciais com os pertencentes ao Estado contra quem se está instituindo o boicote; c) ato de um país contra outro, cortando relações comerciais e suspendendo ou interrompendo o transporte de seus produtos.

BOICOTAGEM VIOLENTA. *Direito penal.* Crime contra a organização do trabalho, punido com detenção e multa, consistente na prática de atos que venham a constranger alguém, mediante violência ou grave ameaça, a não fornecer a outrem ou a não adquirir dele matéria-prima, produto industrial ou agrícola. É uma espécie de ostracismo econômico por haver resistência, levada a efeito por meios violentos, oposta contra uma sociedade empresária ou contra determinado produto de certa procedência, forçando a abstenção de comércio com elas, fazendo com que a pessoa lesada fique à margem do círculo econômico a que pertence, vendo-se na contingência de ter que cessar suas atividades, uma vez que ninguém adquire seus produtos ou fornece-lhe matéria-prima.

BOICOTE. **1.** *Direito comercial.* Ato de impedir a liberdade do comércio e da indústria. **2.** *Vide* BOICOTAGEM e BOICOTAGEM VIOLENTA.

BOIECO. *Direito agrário.* **1.** Boi de pequena estatura. **2.** Garrote castrado.

BOIEIRO. **1.** *Direito agrário.* Condutor de bois. **2.** *Direito marítimo.* Diz-se do barco que precisa de pouca água para a navegação.

BOILER–PLATE CLAUSES. *Vide* CLÁUSULAS-PADRÃO.

BOIOTA. *Medicina legal.* Testículos muito desenvolvidos ou engrossados por hidrocele.

BOIREL. *Direito marítimo.* Pequena bóia de cortiça.

BOIZAMA. *Direito agrário.* Boiada.

BOJO. *Direito marítimo.* Parte mais larga e arredondada de um navio.

BOLA. **1.** *Direito agrário.* Látex da seringueira já defumado e pronto para sua entrega pelo seringueiro ao seringalista, que o compra por um preço muito abaixo do mercado. **2.** *Direito desportivo.* Objeto esférico ou arredondado, que pode ser feito de diversos materiais, usado para ser chutado, batido ou jogado em partidas desportivas.

BOLA–AO–CESTO. *Direito desportivo.* Jogo pelo qual dois quintetos, numa quadra, procuram obter pontos, fazendo com que a bola passe por dentro do aro metálico que guarnece a boca de um saco de rede sem fundo.

BOLACHEIRO. *Direito comercial.* Aquele que fabrica ou vende bolachas.

BOLAÇO. 1. *Direito desportivo.* Chute violento ou muito hábil, no futebol. **2.** *Direito agrário.* Pancada com as boleadeiras com que os campeiros laçam animais.

BOLADA. 1. *Direito civil.* Monte de dinheiro, no jogo. **2.** *Direito desportivo.* a) Arremesso de bola; b) pancada com bola. **3.** *Direito militar.* Parte do canhão que fica entre o bocal e os munhões.

BOLANDEIRA. *Direito agrário.* **1.** Máquina própria para descaroçar algodão. **2.** Roda dentada usada no engenho de açúcar que trabalha horizontalmente, mediante impulso de rodete.

BOLCHEVIQUE. *História do direito.* Membro da facção majoritária dos revolucionários que predominou na Rússia com a queda do czar, liderada por Lenin e Trotsky (Marcus Cláudio Acquaviva).

BOLCHEVISMO. *Ciência política.* **1.** Comunismo. **2.** Doutrina política, preconizada por Lenin, pela qual a fração majoritária de um partido, com organização militar, detinha o poder. **3.** Forma leninista do marxismo, que foi aplicada na Rússia, cujo ponto de partida era obter o triunfo do proletariado sobre a burguesia, a supressão da propriedade privada e a socialização dos meios de produção, destruindo o Estado capitalista. Essa doutrina pretendeu que a classe trabalhadora tomasse o poder, instalando uma ditadura do proletariado.

BOLCHEVISTA. *Ciência política.* **1.** Membro do partido comunista fundado por Lenin. **2.** Aquilo que é relativo ao bolchevismo. **3.** Aquele que é partidário do bolchevismo; comunista.

BOLDRIÉ. *Direito militar.* Correia trazida a tiracolo para prender arma, espada ou para servir de descanso da haste da bandeira.

BOLEADEIRAS. *Direito agrário.* Instrumento próprio para laçar animal em campo aberto, constituído de três esferas de ferro ou de pedra, formadas de couro e ligadas entre si por cordas desse mesmo material.

BOLEADO. *Direito agrário.* **1.** Diz-se do animal que foi laçado com boleadeiras. **2.** Diz-se do cavalo e da rês roliços ou muito gordos. **3.** Ablação de metade da orelha do gado por um corte arredondado.

BOLEIRO. *Direito desportivo.* Aquele que, em certos jogos, atira a bola.

BOLETIM. 1. *Direito civil.* a) Breve escrito, relatando algum fato; b) anais ou período de instituições culturais e científicas. **2.** *Direito militar.* Resenha que contém breve notícia de operações militares ou de acontecimentos de guerra. **3.** *Direito administrativo.* Publicação periódica oficial que contém informações de interesse público prestadas pelas autoridades.

BOLETIM DE ANÁLISE DE SEMENTE OU DE MUDA. *Direito agrário.* Documento emitido por laboratório de análise credenciado pelo Ministério da Agricultura, Pecuária e Abastecimento, que expressa o resultado de análise.

BOLETIM DE APGAR. *Medicina legal.* Aquele que contém as primeiras notas, feitas pelo neonatologista, relativas ao recém-nascido ao avaliar batimentos cardíacos, respiração, tônus muscular etc.

BOLETIM DE APOSENTADORIA. *Direito militar.* Concessão de aposentos aos soldados.

BOLETIM DE MOVIMENTAÇÃO DE MERCADORIA (BMM). *Direito alfandegário.* É o documento utilizado na entrada ou saída de mercadoria em depósito de loja franca, na movimentação de mercadoria entre estabelecimentos da mesma empresa que opere loja franca, situados na mesma zona primária, na instrução da transferência de mercadoria ou como romaneio na instrução de documentação fiscal. O BMM deverá conter as seguintes informações: a) denominação "Boletim de Movimentação de Mercadoria"; b) razão social da empresa; c) número seqüencial e data de emissão do documento; d) tipo de operação (entrada ou saída no estoque, movimentação para loja e transferência entre filiais); e) identificação dos estabelecimentos de origem e destino; f) código, descrição, unidade e quantidade, por produto; g) nome e assinatura do emitente e do destinatário; h) outros dados de interesse da operação ou da empresa, desde que aprovados pela Coordenação-Geral do Sistema Aduaneiro (COANA).

BOLETIM DE OCORRÊNCIA POLICIAL. *Direito processual penal.* Termo da oitiva do indiciado que deve ser feito por autoridade policial assim que esta tome conhecimento da prática da infração penal e assinado por duas testemunhas que tenham ouvido sua leitura.

BOLETIM DE VENDA DE DEPÓSITO (BVD). *Direito alfandegário.* É o documento utilizado em toda saída de mercadoria de depósito de loja franca destinada a empresa de navegação aérea ou marítima, em viagem internacional, visando o consumo de bordo ou a venda a passageiros, quando em águas ou espaço aéreo internacionais. O BVD deverá conter as seguintes informações: a) denominação "Boletim de Venda de Depósito"; b) razão social da empresa; c) número seqüencial e data de emissão do documento; d) tipo de operação (venda a navios ou aeronaves); e) identificação do estabelecimento de origem; f) código, descrição, unidade e quantidade, por produto; g) preços unitário e total em dólares dos Estados Unidos; h) nome e assinatura do emitente e do destinatário; i) outros dados de interesse da operação ou da empresa, desde que aprovados pela Coordenação-Geral do Sistema Aduaneiro (COANA).

BOLETIM INDIVIDUAL. *Direito processual penal.* Cartilha do condenado, contendo todos os seus dados pessoais e os relativos aos atos criminosos que praticou no período determinado pela lei, servindo de base não só à estatística judiciária criminal como à justiça, por possibilitar o conhecimento da vida pregressa e da personalidade do indiciado, do ponto de vista familiar, social e individual, da sua condição econômica e do seu estado de ânimo antes e depois do crime perpetrado. Esse boletim é peça integrante do processo e incorpora-se à folha de antecedentes criminais, trazendo informações sobre sua primariedade ou reincidência ou sobre outros pontos importantes para o juiz.

BOLETIM OFICIAL DE ANÁLISE DE SEMENTE OU DE MUDA. *Direito agrário.* Documento emitido por laboratório oficial de análise do Ministério da Agricultura, Pecuária e Abastecimento, ou por ele credenciado, que expressa o resultado de análise de uma amostra oficial.

BOLETO. *Direito militar.* Ordem dada por uma autoridade militar ao morador de uma casa para que este dê alojamento a um ou mais militares.

BOLHA. 1. *Medicina legal.* Vesícula que se forma à superfície da pele causada por queimadura ou escoriação ou, ainda, por certas doenças, como herpes, varicela ou eczema. **2.** *Direito financeiro.* Alta exagerada da cotação de um ativo sem fundamento confiável que induz a ações irracionais por parte de investidores.

BOLICHE. *Direito desportivo.* Jogo que consiste em se atirar uma bola, da extremidade de uma pista assoalhada à outra, visando derrubar dez paus, que têm a forma de garrafas.

BOLIM. *Direito desportivo.* Bola pequena à qual, no jogo de bocha, os jogadores procuram aproximar as bolas maiores.

BOLINA. *Direito marítimo.* **1.** Cabo destinado a suspender a vela, dando-lhe a obliqüidade necessária conforme a direção do vento. **2.** Cada uma das duas chapas de aço fixadas em cada lado arredondado do fundo do navio para evitar grandes balanços. **3.** Tábua colocada na parte média da jangada para cortar as águas e evitar que a vela descaia para sotavento.

BOLINAÇÃO. *Direito penal.* Apalpação sexual em público, que constitui crime de ultraje público ao pudor (Damásio E. de Jesus).

BOLINAR. 1. *Direito marítimo.* a) Fazer o navio ir à bolina; b) navegar, em embarcação à vela, com a proa bem ungida à linha do vento. **2.** *Direito penal.* Tocar em alguém, com fins libidinosos, em local público, caracterizando um ato obsceno.

BOLLARD PULL. *Direito marítimo.* **1.** Força de tração estática longitudinal dos rebocadores que é medida e atestada conforme instruções específicas baixadas pela Diretoria de Portos e Costas. **2.** Certificado de Tração Estática Longitudinal.

BOLO. *Direito civil.* Soma de dinheiro proveniente de apostas em jogo.

BOLSA. 1. Na *linguagem comum,* saco feito com material variado, provido de fecho, onde se guardam dinheiro, documentos etc., usado, geralmente por mulheres, para viagens ou compras. **2.** *Medicina legal.* a) Saco formado pelo deslocamento de membranas, onde se acumula o pus nas supurações; b) escroto. **3.** *Direito comercial.* a) Dinheiro que os membros de uma sociedade juntam para fazer frente aos encargos sociais; b) instituição autorizada pelo governo com o escopo de reunir negociantes e corretores para a realização de operações de compra e venda de fundos públicos, títulos de crédito e mercadorias ou para especular na alta ou baixa dos valores negociáveis; c) local onde se efetuam as operações acima mencionadas, estabelecendo a cotação ou o índice relativos a certos valores ou mercadorias; d) mercado de valores ou praça de comércio. **4.** *Direito desportivo.* Prêmio em dinheiro que se paga a lutadores profissionais.

BOLSA AMNIÓTICA. *Medicina legal.* Membrana que envolve o feto durante a gravidez, contendo em seu interior líquido amniótico.

BOLSA-ATLETA. *Direito desportivo.* É a destinada a atletas participantes do desporto de rendimento em modalidades olímpicas e paraolímpicas, bem como nas modalidades vinculadas ao Comitê Olímpico Internacional e ao Comitê Paraolímpico Internacional. Visa garantir aos atletas valores mensais, sem criar vínculo com a administração pública federal, desde que tenham idade entre 12 e 16 anos. É implementada pelo Ministério do Esporte que, com base na dotação orçamentária específica, disporá sobre os procedimentos operacionais para a concessão do benefício e distribuição que assegure o atendimento a todas as categorias de beneficiários. São beneficiários da Bolsa-Atleta: a) na categoria atleta estudantil, o atleta que tenha participado dos jogos estudantis organizados direta ou indiretamente pelo Ministério do Esporte, no ano anterior ao do pleito, e tenha obtido o primeiro, segundo ou terceiro lugar nas modalidades individuais ou tenha sido selecionado entre os vinte e quatro melhores atletas nas modalidades coletivas; b) na categoria atleta nacional, o atleta que tenha conquistado na competição máxima da temporada nacional, no ano anterior ao do pleito, o primeiro, segundo ou terceiro lugar ou esteja em primeira, segunda ou terceira colocação no *ranking* nacional de sua modalidade; c) na categoria atleta internacional, o atleta que tenha integrado a seleção nacional de sua modalidade, no ano anterior ao do pleito, representando o Brasil em campeonatos sul-americanos, pan-americanos, parapan-americanos ou mundiais e obtido a primeira, segunda ou terceira colocação; e d) na categoria atleta olímpico e paraolímpico, o atleta que tenha integrado as delegações brasileiras nos jogos olímpicos ou paraolímpicos imediatamente anteriores ao pleito.

BOLSA DAS ÁGUAS. *Vide* BOLSA AMNIÓTICA.

BOLSA DE CEREAIS. *Direito comercial.* Mercado cuja especialidade consiste na venda de cereais.

BOLSA DE COMÉRCIO. *Direito comercial.* Título genérico dado às Bolsas, designando, principalmente, numa acepção estrita, a Bolsa de Mercadorias.

BOLSA DE EMPREGO. *Direito do trabalho.* É a que visa cadastrar vagas e desempregados, tendo em vista o preenchimento daquelas e o aproveitamento destes.

BOLSA DE ENSINO. *Direito educacional.* Constitui-se em instrumento de apoio e incentivo a projetos de formação e capacitação de recursos humanos.

BOLSAS DE ENSINO, PESQUISA E EXTENSÃO. *Direito educacional.* Constituem-se em doação civil a servidores das instituições apoiadas para a realização de estudos e pesquisas e sua disseminação à sociedade, cujos resultados não revertam economicamente para o doador ou pessoa interposta, nem importem contraprestação de serviços.

BOLSA DE ESTUDO. *Direito educacional, direito civil* e *direito administrativo.* Ajuda monetária pública ou privada reservada a estudantes ou funcionários para que possam efetuar curso num País estrangeiro ou noutra cidade onde os estabelecimentos de ensino sejam mais aperfeiçoados, facilitando-lhes o prosseguimento de seus estudos em uma universidade ou escola.

BOLSA DE EXTENSÃO. *Direito educacional.* Constitui-se em instrumento de apoio à execução de projetos desenvolvidos em interação com os diversos setores da sociedade que visem ao intercâmbio e ao aprimoramento do conhecimento utilizado, bem como ao desenvolvimento institucional, científico e tecnológico da instituição federal de ensino superior ou de pesquisa científica e tecnológica apoiada.

BOLSA DE FUNDOS PÚBLICOS. *Direito comercial.* **1.** *Vide* BOLSA DE VALORES e BOLSA DE TÍTULOS. **2.** Instituição destinada a operar com papéis públicos ou particulares, desde que suscetíveis de cotação, como os títulos de dívida pública, as ações de companhia, as apólices, os títulos de crédito etc.

BOLSA DE MERCADORIAS. *Direito comercial.* **1.** Bolsa de comércio. **2.** Instituição onde se fazem, por intermédio de corretores, negociações para venda por atacado de produtos agrícolas e industriais, seguros e fretes marítimos, pela cotação oficial. As operações da Bolsa de Mercadorias têm por finalidade: a corretagem e a promoção do comércio e do desenvolvimento dos gêneros produzidos no País, negociáveis em Bolsa, classificando-os em tipos oficiais; o desenvolvimento do intercâmbio comercial nacional e internacional, no que atina a produtos; a verificação do estado geral do mercado e as cotações dos preços das mercadorias, registrando-os em livros próprios da Junta, devendo, para tanto, fazer uma verificação diária dos pregões de compra e venda; a padronização dos gêneros de produção nacional e o conhecimento do mercado para prestar informações seguras.

BOLSA DE PESQUISA. *Direito educacional.* Constitui-se em instrumento de apoio e incentivo à execução de projetos de pesquisa científica e tecnológica.

BOLSA DE TÍTULOS. *Direito comercial.* Instituição que se destina à negociação de títulos públicos ou particulares, admitidos à sua cotação. É também chamada "Bolsa de Fundos Públicos" ou "Bolsa de Valores".

BOLSA DE TRABALHO. *Direito do trabalho.* **1.** Local de procura e oferta de trabalho, onde estão candidatos a emprego e empregadores interessados, existente em alguns países. **2.** Local onde se dá a reunião de integrantes de sindicatos para a defesa de seus interesses e organização de serviços de interesse coletivo.

BOLSA DE VALORES. *Direito comercial.* Instituição que tem por fim a negociação de títulos mobiliários ou ações suscetíveis de avaliação econômica, sendo dotada de autonomia administrativa, patrimonial e financeira, vinculada ao Ministério da Fazenda sob a supervisão da Comissão de Valores Mobiliários. É uma associação civil sem fins lucrativos, integrada por sociedades corretoras, onde são negociados não só títulos e valores mobiliários de emissão ou co-responsabilidade de pessoas jurídicas de direito público e privado, registrados no Banco Central, mas também direitos à subscrição e opções referentes a ações e debêntures.

BOLSA ESCROTAL. *Medicina legal.* Saco que se compõe de seis túnicas superpostas, envolvendo os testículos.

BOLSAS PARA AUTORES COM OBRAS EM FASE DE CONCLUSÃO. *Direito autoral.* São as concedidas pela Fundação Biblioteca Nacional, anualmente, a autores com obras em fase de conclusão, com o objetivo de priorizar, mas sem excluir outras hipóteses, novos escritores, em reconhecimento à qualidade literária e técnica de seus textos.

BOLSISTA. **1.** *Direito civil* e *direito educacional.* Aquele que recebeu bolsa de estudos para efetuar um curso, por ter se sobressaído ou por estar necessitado. **2.** *Direito comercial.* a) Aquele que efetua habitualmente operações na Bolsa; b) jogador de fundos públicos.

BOLSO. *Direito marítimo.* Parte que é colhida da vela para diminuir a ação violenta do vento.

BOM. **1.** *Filosofia geral* e *filosofia do direito.* Valor. **2.** *Teoria geral do direito.* Aquilo que está conforme à lei, à justiça, à moral e aos bons costumes. **3.** *Direito comercial.* Diz-se do que obtém cotação alta. **4.** *Direito civil.* a) Vale ou documento escrito pelo qual se devem entregar ao portador certa quantia ou objeto; b) diz-se do fiador que tem idoneidade econômica; c) diz-se do direito real de garantia, por exemplo, do penhor que atende ao fim a que se tem em vista, ou seja, ao pagamento da obrigação principal, se o devedor não o efetuar; d) na *linguagem cartorária,* indica que o ato é digno de crédito ou seguro, porque está conforme à ordem legal, sendo, portanto, válido, uma vez que todas as formalidades foram cumpridas.

BOMBA. **1.** *Direito marítimo.* Aparelho destinado a esgotar a água introduzida no navio. **2.** *Direito militar.* Projétil que contém carga explosiva e uma espoleta de percussão ou de tempo que pode ser arremessado com a mão ou por um morteiro ou, então, jogado de um avião ou colocado em certo local, causando demolição, incêndio ou soltando gases. **3.** *Medicina legal.* Aparelho usado no tratamento de câncer, que contém material radioativo, permitindo a aplicação de radiação em qualquer parte do corpo humano. **4.** *Direito agrário.* Alçapão do sobrado do estábulo de onde se joga palha na manjedoura.

BOMBA ATÔMICA. *Direito militar.* Projétil de alto poder destrutivo, causado pela liberação de energia atômica.

BOMBA DE COBALTO. *Medicina legal.* Aparelho usado em radioterapia, cuja substância radioativa é o cobalto.

BOMBA DE FUMAÇA. *Direito militar.* Projétil químico que, contendo substância fumígena, deixa um rastro de fumaça ao rebentar. É lançado de aviões para marcar alvos para ataques aéreos, para escondê-los desses ataques ou para indicar a direção do vento sobre uma extensão de água.

BOMBA DE GÁS. *Direito militar.* Projétil militar cheio de gás nocivo, que se desprende quando explode.

BOMBA DE HIDROGÊNIO. *Direito militar.* Projétil com poder explosivo mais elevado que a bomba atômica.

BOMBA FEDEGOSA. *Direito militar.* Pequeno projétil, contendo produto químico, que, ao estourar, exala um cheiro insuportável, sendo usado para dispersar reuniões que perturbem a ordem pública.

BOMBA INCENDIÁRIA. *Direito militar.* Projétil aéreo que contém termite, geléia de gasolina etc. destinado a incendiar o alvo.

BOMBA LUMINOSA. *Direito militar.* Projétil aéreo que explode no ar, produzindo iluminação e possibilitando a fotografia aérea do solo à noite.

BOMBARDA. *Direito militar.* Barcaça que transporta obuses e morteiros para lançar bombas contra uma praça marítima ou posto.

BOMBARDEIO. *Direito militar.* **1.** Ato de arremessar bombas. **2.** Técnica de guerra consistente em lançar projéteis, por forças aéreas, marítimas ou terrestres, sobre um alvo determinado, destruindo-o. O bombardeio só será legal se efetuado dentro das normas estabelecidas pelas convenções internacionais. **3.** Avião destinado a bombardear alvos inimigos.

BOMBA SUBMARINA. *Direito militar.* Projétil que explode abaixo da superfície da água usado contra submarinos.

BOMBA VOADORA. *Direito militar.* Míssil aéreo propulsionado a jato, guiado por um dispositivo giroscópico e carregado de explosivos.

BOMBEIRO. **1.** *Direito militar.* a) Designação dada, outrora, ao artilheiro que dava tiros de bomba; b) vigia de guerra; sentinela; c) o que explora o campo inimigo, espionando-o para averiguar seus recursos, planos e força; d) agente militar que atua em incêndio ou acidentes. **2.** *Direito do trabalho.* Operário que trabalha em bombas de extrair água ou em obras hidráulicas. **3.** *Direito civil.* Aquele que presta serviços de conserto de encanamentos.

BOMBEIRO MILITAR. *Direito militar.* Agente militar do governo encarregado do serviço público de socorro contra incêndio ou acidentes que possam afetar a segurança pública.

BOMBISTA. **1.** *Direito penal.* Aquele que usa bomba explosiva criminosamente. **2.** *Direito comercial.* Fabricante de bombas explosivas.

BOMBONA. Embalagem de plástico ou metal, com seção retangular ou poligonal.

BOMBORDO. *Direito marítimo.* **1.** Lado esquerdo do navio, olhando-se da popa à proa. **2.** Tudo o que se encontrar do lado esquerdo da embarcação.

BOM COMPORTAMENTO. **1.** Na *linguagem comum,* indica a conduta de alguém em conformidade com os padrões sociais. **2.** *Direito penal.* Requisito para a concessão do livramento condicional, pois o condenado deve apresentar bom comportamento carcerário, ou seja, uma conduta que indique sua recuperação ou readaptabilidade à vida social. **3.** *Direito processual penal* e *direito penitenciário.* Conteúdo do relatório que o diretor do estabelecimento penal deve enviar ao Conselho Penitenciário, informando, minudentemente, o procedimento demonstrado pelo sentenciado na prisão.

BOMERIA. *Direito marítimo.* O mesmo que BODEMERIA ou CONTRATO DE CÂMBIO MARÍTIMO.

BOM ESTADO. *Direito comercial.* Termo técnico usado para indicar que a mercadoria ou a bagagem chegaram em ordem ao local de destino, sem qualquer avaria, tal como foram entregues no ponto de embarque.

BOM NOME. **1.** *Direito civil.* Expressão usada para designar pessoa física ou jurídica de boa reputação ou idônea, de modo que quem ofender seu bom nome deverá reparar o dano causado. **2.** *Direito penal.* Boa reputação de uma pessoa que, se for afetada, gerará o crime de difamação.

BOM PROCEDIMENTO. **1.** Na *linguagem comum,* designa o fato de uma pessoa não praticar, no convívio social, qualquer ato que a desabone. **2.** Termo usado para indicar que alguém executou seu encargo, função ou tarefa corretamente. **3.** *Direito civil.* Expressão que indica boa-fé na execução de um negócio jurídico ou no cumprimento fiel de uma obrigação assumida.

BOM SENSO. *Teoria geral do direito.* **1.** Aplicação da razão que o órgão judicante deve ter para julgar os casos particulares, buscando a justiça. **2.** Prudência objetiva, exigida pelo conjunto das circunstâncias fático-axiológicas, que deve ter o aplicador do direito, ou melhor, o poder competente para criar normas aplicando outras.

BONA. *Termo latino.* Conjunto de bens de uma pessoa, deduzidos seus débitos.

BONA ADVENTISTIA. *Locução latina.* Bens adventícios, ou melhor, adquiridos pelos filhos e filhas de família de terceiro, que se consideravam como procedentes da mãe.

BONA CADUCA. *Expressão latina.* Bens caducos. Privação testamentária sofrida pelos celibatários, homens casados sem pelo menos um filho legítimo e mulheres casadas sem pelo menos três, se ingênuas, ou quatro, se libertas.

BONAE FIDEI. *Locução latina.* De boa-fé ou com boa-fé.

BONAE FIDEI JUDICIO EXCEPTIONES PACTI INSUNT. *Aforismo jurídico.* A presunção de boa-fé dos contratantes compreende as exceções do contrato.

BONAE FIDEI NON CONGRUIT DE APICIBUS JURIS DISPUTARE. *Aforismo jurídico.* Não é próprio da boa-fé discutir sutilezas de direito.

BONAE FIDEI POSSESSOR. *Locução latina.* Possuidor de boa-fé.

BONA EST LEX SIQUIS EA LEGITIME UTATUR. *Expressão latina.* Boa é a lei, se dela se usar legitimamente.

BONA FIDES. *Locução latina.* Boa-fé.

BONA FIDES EST JUSTA OPINIO QUA QUIS REM ALIENAM QUAM POSSIDET SUAM EXISTIMAT ALIENAM IGNORAT. *Aforismo jurídico.* A boa-fé é a justa opinião pela qual alguém julga sua uma coisa alheia que possui e ignora ser de outrem.

BONA FIDES EST PRIMUM MOBILE AC SPIRITUS VIVIFICANS COMERCII. *Aforismo jurídico.* A boa-fé é o primeiro móvel e o espírito vivificador do comércio.

BONA FIDES NON PATITUR UT BIS IDEM EXIGATUR. *Aforismo jurídico.* A boa-fé não tolera que se exija a mesma coisa duas vezes.

BONA FIDES NON PATITUR, UT SEMEL EXACTUM ITERUM EXIGATUR. *Direito canônico.* Seria contrário à boa-fé exigir de novo o que já foi pago.

BONA FIDES SEMPER PRAESUMITUR NISI MALA ADESSE PROBETUR. *Expressão latina.* A boa-fé sempre se presume, enquanto não se provar a má.

BONA GRATIA. *Locução latina.* Por mútuo consenso.

BONA GRATIA DISCEDERE. *Locução latina.* Separação por mútuo consenso.

BONA INSTANTIA SE UTI, NON CALUMNIAE CAUSA SE INFITIAS IRE. *Aforismo jurídico.* Deve-se litigar em boa instância e não contradizer caluniosamente.

BONA INTELLIGUNTUR CUISQUE QUAE AERE ALIENO DEDUCTO SUPERSUNT. *Aforismo jurídico.* Entende-se por bem de alguém o que sobra deduzido do dinheiro de outrem.

BONA MATERNA. *Locução latina.* Bens maternos, que pertenciam ao filho de família.

BONAM COPIAM JURARE. *Expressão latina.* Jurar a própria solvência.

BONA OPINIO HOMINUM TUTIOR PECUNIA EST. *Expressão latina.* A boa fama é mais segura do que o dinheiro.

BONA PARENTUM DEBENTUR LIBERIS DE JURE NATURALE. *Aforismo jurídico.* Os bens dos pais são devidos aos filhos por direito natural.

BONA VACANTIA. *Locução latina.* Bens vagos.

BONA VINCULA NUPTIARUM SED TAMEN VINCULA. *Expressão latina.* É bom o jugo do casamento, apesar de não deixar de ser um jugo.

BOND. *Termo inglês.* Garantia; apólice; fiança.

BONDADE. **1.** Característica do que é bem. **2.** Qualidade de quem é sensível ao mal alheio e que procura proporcionar aos outros um bem-estar, evitando o que possa ser-lhes prejudicial (Littré e Lalande).

BONDE. **1.** *Direito administrativo.* Título de dívida pública, interna ou externa, pagável ao portador. **2.** *Direito de trânsito.* Veículo de transporte coletivo, urbano ou suburbano, que, por propulsão elétrica, se move sobre trilhos.

BONDED DEBT. *Locução inglesa.* Débito representado por título de crédito.

BONDE LIVRAISON. *Locução francesa.* *Vide* BÔNUS DE LIVRAMENTO.

BOND PREMIUM. *Expressão inglesa.* Ágio cobrado na venda de algum título mobiliário.

BONDSMAN. *Termo inglês.* **1.** Aquele que presta caução ou fiança. **2.** Fiador.

BONECA. **1.** *Direito agrário.* Espiga de milho antes de granar. **2.** *Direito militar.* Rolha de madeira colocada na boca das armas para livrar o interior do cano da umidade.

BONECAS. *Direito marítimo.* Madeiros utilizados como apoio, no convés, às antenas sobressalentes avante do mastro grande.

BONÉ DO COMANDANTE. *Direito marítimo.* Prática em que o expedidor de uma carga concede ao comandante do navio uma percentagem do montante do conhecimento (Othon Sidou).

BONETE. *Direito marítimo.* Pequena vela que se junta à grande para dar maior superfície ao vento.

BONIFICAÇÃO. 1. *Direito comercial.* a) Vantagem dada aos acionistas de companhias e de bancos; b) benefícios outorgados a portadores ou subscritores de títulos de empréstimos, que poderão adquiri-los por preço inferior a seu valor nominal. A bonificação é a diferença entre o preço da aquisição e o valor nominal do título; c) concessão feita pelo vendedor ao comprador, diminuindo o preço da coisa ou entregando quantidade maior do que a estipulada. **2.** *Direito do trabalho.* Gratificação concedida ao empregado pelo empregador. **3.** *Direito internacional privado.* Despesa que é exigida, em caso de exportação, pelo não-ingresso de divisas e conseqüente liquidação tempestiva do contrato de câmbio, dentro do prazo convencionado no instrumento de compra.

BONIFICAÇÃO EM AÇÕES. *Direito comercial.* Distribuição gratuita de ações de sociedade anônima a acionistas, se houver aumento do capital social, ante reavaliação do ativo ou incorporação ou aproveitamento de reservas e lucros retidos pela sociedade. É também chamada de "bonificação filhote".

BONI MORES. *Locução latina.* Bons costumes.

BONIS INTERDICTI. *Locução latina.* Ser interdito.

BON MOT. *Locução francesa.* Boa palavra.

BONO PUBLICO USUCAPIO INTRODUCTA EST NE SCILICET QUARUNDAM RERUM DIU ET FERE IN INCERTA DOMINIA ESSENT. *Aforismo jurídico.* A usucapião foi introduzida para o bem público, a fim de que certas coisas não ficassem por muito tempo em domínio incerto.

BONORUM ADDICTIO. *Locução latina.* Usada para indicar a adjudicação dos bens do devedor insolvente feita pelo representante de seus credores em benefício de um só adquirente.

BONORUM APPELLATIO. *Expressão latina.* Designava, nas Ordenações do Reino, interposição de apelo em favor do sucumbente feita pelo magistrado que pronunciava a decisão recorrida, procurando beneficiar o réu condenado criminalmente.

BONORUM APPELLATIO, SICUT HEREDITATIS, UNIVERSITATEM QUANDAM AC JUS POSSESSIONIS ET NON SINGULAS RES DEMONSTRAT. *Aforismo jurídico.* Os termos "bens" e "herança" demonstram certa universalidade e direito de posse e não cada coisa singularmente considerada.

BONORUM CESSIO. *Locução latina.* Cessão de bens.

BONORUM COLLATIO. *Locução latina.* Reunião dos bens pertencentes a um dos herdeiros à massa para beneficiar outros.

BONORUM CURATOR. *Expressão latina.* Curador de bens.

BONORUM DISTRACTIO. *Locução latina.* Venda parcial de bens.

BONORUM EMPTOR. *Locução latina.* Adquirente de bens.

BONORUM POSSESSIO. *Locução latina.* Posse de bens.

BONORUM POSSESSIO AB INTESTATO. *Expressão latina.* Posse de bens deixados sem testamento.

BONORUM POSSESSIO CONTRA TABULAS. *Expressão latina.* Posse de bens contrária ao disposto no testamento.

BONORUM POSSESSIO CUM RE ET SINE RE. *Expressão latina.* Posse dos bens com e sem eficácia.

BONORUM POSSESSIO DIMIDIAE PARTIS. *Expressão latina.* Posse da metade dos bens.

BONORUM POSSESSIO EX TESTAMENTO MILITIS. *Expressão latina.* Posse de bens provenientes do testamento de um militar.

BONORUM POSSESSIO JURIS CIVILIS ADJUVANDI, CORRIGENDI, SUPPLENDI GRATIA. *Aforismo jurídico.* Posse de bens concedida para ajudar, corrigir e suprir o direito civil. Na falta de herdeiros, o pretor concedia a posse às pessoas que deviam receber os bens por eqüidade.

BONORUM POSSESSIO SECUNDUM TABULAS. *Expressão latina.* Posse dos bens segundo o testamento.

BONORUM POSSESSIO UNDE LIBERIS. *Direito romano.* Medida em que o pretor concedia ao filho emancipado o direito a um quinhão da herança paterna.

BONORUM POSSESSIO UNDE LIBERI, UNDE LEGITIMI, UNDE COGNATI, UNDE VIR ET UXOR. *Expressão latina.* Posse de bens na qualidade de filhos, legítimos, cognados, marido ou mulher.

BONORUM POSSESSIO VENTRIS NOMINE. *Expressão latina.* Posse dos bens em nome do ventre.

BONORUM POSSESSOR. *Locução latina.* Possuidor de bens.

BONORUM VENDITIO. *Locução latina.* Venda de bens.

BONS COSTUMES. 1. *Teoria geral do direito.* a) Princípios tutelados pelo direito que podem ser inferidos dos preceitos da moral, resultantes da aplicação desta conforme entendida pelos povos cultos. O critério para considerar algo ofensivo aos bons costumes deverá basear-se em fatos, ou seja, avaliar o grau médio de moralidade, civilização e desenvolvimento da legislação do povo. Ofender os bons costumes constitui um ultraje à existência independente do grupo, cujo legítimo e natural interesse de viver e desenvolver-se, segundo as condições que lhe são próprias, é prevalente. Isto é assim por serem condizentes com a moral e a ética social. De fato, são a expressão da moral social, uma vez que constituem as normas morais e de conduta social generalizadamente reconhecidas numa sociedade, num dado momento; b) normas de procedimento que revelam honradez, recato e honestidade nas relações domésticas e sociais; c) atos de conduta regrada conforme aos usos sociais. **2.** *Direito penal.* Princípios norteadores da vida sexual do homem em suas relações sociais, constituindo um bem jurídico penalmente protegido. Assim, pune-se aquele que atentar contra os bons costumes, por exemplo, pela prática de ato que constitua ultraje ao pudor público, tráfico de mulheres, lenocínio, corrupção de menores etc.

BONS OFÍCIOS. 1. *Direito internacional público.* Ação de um terceiro Estado procurando, por meios diplomáticos, fazer com que nações desavindas, em conflito ou em dissídio venham a efetivar negociações, a fim de solucionarem a desavença existente, pondo termo às dissidências havidas. O Estado apaziguador apenas estimula aquelas negociações, não participando de nenhuma delas. Conseqüentemente, os "bons ofícios" não se confundem com a mediação, pois nesta há participação ativa do mediador, que pode chegar até mesmo a sugerir soluções. **2.** *Direito comercial.* Préstimos; ação do árbitro, ou de uma pessoa alheia ao negócio mercantil, para solucionar uma pendência ou conduzir o negócio a um final satisfatório ou mais oportuno às partes desavindas.

BON TON. *Locução francesa.* Boas maneiras.

BONUM ET AEQUUM. *Locução latina.* O bom e o justo considerados como elementos do direito.

BONUN VACANS. 1. *Locução latina.* Bem que não tem proprietário nem possuidor. **2.** *Filosofia geral.* O que não está sob o domínio de nenhuma ciência conhecida (Lalande).

BÔNUS. 1. *Direito comercial.* a) Prêmio concedido por uma empresa aos seus acionistas ou subscritores; b) bonificação sorteável entre os portadores de determinados títulos; c) desconto concedido, em certas circunstâncias, pela empresa transportadora a alguns viajantes, no preço da passagem; d) adicionamento extraordinário feito aos lucros de uma operação; e) documento escrito comprobatório do direito que uma pessoa tem de receber mercadoria, quantia em dinheiro ou outra prestação. Para o emitente do bônus, este constituirá uma dívida, sendo, para aquele a quem é passado, um crédito. São, portanto, *títulos representativos de uma dívida*, decorrente, em regra, de empréstimo, ou *conhecimentos*, representativos da mercadoria entregue para transporte ou depósito; f) títulos emitidos por certas instituições que, além de conferirem o direito de ingresso ao recinto das realizações por elas patrocinadas, dão aos seus portadores a habilitação a um prêmio, que será distribuído aos que os adquiriram. **2.** *Direito do trabalho.* Prêmio dado a um empregado em reconhecimento aos serviços que prestou. **3.** *Direito administrativo.* Título de dívida pública emitido e garantido pelo governo, representando uma soma em dinheiro, que deve ser paga ao portador, em dia certo, atendendo situações especiais.

BÔNUS À VISTA. *Direito comercial.* Diz-se dos que são pagáveis em dinheiro no ato de sua apresentação.

BÔNUS DE ASSINATURA. *Direito administrativo.* É o montante ofertado pelo licitante vencedor na proposta para obtenção da concessão de petróleo ou gás natural, não podendo ser inferior ao valor mínimo fixado pela Agência Nacional de Petróleo (ANP) no edital da licitação. O licitante vencedor pagará, no ato da assinatura do respectivo contrato de concessão, o valor integral do bônus de assinatura, em parcela única.

BÔNUS DE CAIXA. *Direito bancário.* Títulos emitidos à ordem, por certos bancos, com prazo mais ou menos longo, mediante um depósito em dinheiro, que rende juros convencionados. Trata-se das "letras a prêmio", usuais no Banco do

Brasil, que são entregues ao depositante como comprovante dos depósitos, a prazo fixo, feitos em sua caixa.

BÔNUS DE GUERRA. *Direito administrativo* e *direito militar.* Títulos de dívida pública emitidos pelo governo de um Estado beligerante para fazer frente às despesas que tiver com a guerra.

BÔNUS DE LIVRAMENTO. *Direito comercial.* Título ou carta endereçada ao transportador em que se fraciona o conhecimento de transporte, solicitando que a mercadoria nele referida seja liberada e entregue em parcelas à ordem da pessoa designada. Trata-se do *bonde livraison* dos franceses e do *delivery order* dos ingleses. É, tão-somente, uma ordem de entrega parcial da mercadoria transportada referida no conhecimento.

BÔNUS DE MERCADORIA. *Direito comercial.* Títulos emitidos para a entrega de mercadorias devidas ou depositadas.

BÔNUS DE PARTICIPAÇÃO. *Direito comercial.* Títulos emitidos por sociedade empresária e concedidos, gratuitamente, a determinadas pessoas como bonificação pelos serviços prestados, pela entrega de certos valores (patentes, por exemplo) ou pelo capital com que contribuíram em determinadas circunstâncias emergenciais. Tais bônus poderão ser convertidos em ações e resgatados segundo as normas estatutárias, em razão do que se criará um fundo especial destinado a esse fim.

BÔNUS DE SUBSCRIÇÃO. *Direito comercial.* **1.** Títulos de crédito negociáveis, de forma nominativa, que conferem aos seus titulares o direito de subscreverem ações de uma sociedade anônima. Sua emissão será deliberada pela Assembléia Geral se o estatuto não a atribuir ao conselho de administração, porque a companhia obrigar-se-á, implicitamente, a aumentar o seu capital, dentro dos limites permitidos, para que os possuidores dos referidos bônus possam exercer, no tempo previsto, o seu direito de subscrição em número, espécie e classe de ações neles consignadas. **2.** Valor mobiliário que atribui ao seu titular o direito de preferência para subscrever novas ações da companhia emissora, quando de futuro aumento de capital social (Fábio Ulhoa Coelho).

BÔNUS DO TESOURO. *Direito administrativo.* Títulos emitidos, por antecipação de receita, pelo governo de um Estado e assinados pelo ministro da Fazenda, representativos de empréstimos internos autorizados, a curto prazo, para pagamento no exercício financeiro de sua emissão. Constituem adiantamento de receita para pagar dívidas internas, suprindo o Tesouro dos recursos que lhe são necessários antes da arrecadação das rendas públicas. Esses títulos rendem juros e são negociáveis na Bolsa de Fundos Públicos.

BONUS PATER FAMILIAS. *Expressão latina.* Bom pai de família. Trata-se de um conceito padrão utilizado juridicamente como ponto de referência da diligência que se exige no comportamento e da avaliação da culpa *in abstracto.* Assim, o bom pai de família seria o protótipo do cidadão médio, prudente, normal, atento, dotado de ordinária inteligência, hábil, empenhado e dedicado. Seria o paradigma do homem abstratamente diligente que cumpre seus deveres legais ou convencionais sem que se considerem sua cultura, aptidão, instrução.

BONUS QUILIBET PRAESUMITUR. *Aforismo jurídico.* Presume-se que tudo é bom até que se prove o contrário.

BONUS VIR. *Locução latina.* Homem bom, probo ou honesto.

BONZÓ. *Direito civil.* Bilhetinho enrolado, contendo um número, usado em rifas ou jogos.

BOOK ACCOUNT. *Locução inglesa.* **1.** Registro de créditos e débitos que se deram numa operação. **2.** Conta corrente.

BOOKBUILDING. *Termo inglês.* Mecanismo de consulta prévia para definição de remuneração de debêntures ou de eventuais variações (ágio ou deságio) no preço de subscrição (Luiz Fernando Rudge).

BOOKING NOTE. *Direito marítimo.* Compromisso de reserva de espaço em navio, assumido pelo armador, enquanto o exportador se obriga a embarcar a mercadoria na data avençada.

BOOKMARK. *Direito virtual.* Identificador do endereço de um *site* para ser acessado novamente (Afonso Celso F. de Rezende).

BOOK VALUE. *Locução inglesa.* Valor contábil ou escritural.

BOOM. *Termo inglês.* **1.** Grande procura provocada pela alta vertiginosa de títulos, ações e mercadorias, causada por especulações. **2.** Fase do mercado de capitais em que o volume de transações supera os níveis costumeiros.

BOOTLEG. *Direito autoral.* Ato de pirataria que consiste em colocar em circulação no comércio quaisquer espécies de fonogramas, feitos a partir da gravação de espetáculos ao vivo ou radiodifundidos, que não foram lançados pela indústria fonográfica ou cujo conteúdo sonoro se diferencia do que foi colocado à distribuição pelas gravadoras (João Carlos Müller Chaves).

BOQUIM. *Direito militar.* Orifício onde se coloca carga nas bombas.

BORBOLETA. 1. *Direito comercial.* Aparelho giratório que registra as passagens em barcas, ônibus etc. **2.** *Direito agrário.* Pequena peça de madeira colocada no focinho dos bezerros para desmamá-los. **3.** *Direito desportivo.* a) Estilo de natação realizado por impulsos simultâneos dos braços, seguidos de tesouradas; b) na *gíria*, designa atleta ou jogador que vive mudando de clube ou time. **4.** *Direito penal.* Termo usado na gíria policial para indicar prostituta, objeto do crime de favorecimento da prostituição, rufianismo e tráfico de pessoas.

BORDA. 1. *Direito marítimo.* Parte superior do costado do navio que fica acima do convés. **2.** *Direito administrativo.* Praia. **3.** Na *linguagem comum*, indica beira, extremidade, limite de uma superfície ou margem.

BORDADA. *Direito marítimo.* **1.** Caminho feito pela embarcação quando navega à bolina. **2.** Espécie de vela.

BORDA DE INSERÇÃO. *Medicina legal.* Parte da orla himenial inserida na vagina.

BORDAGEM. *Direito marítimo.* Madeira do costado do navio.

BORDALEIRO. *Direito agrário.* Raça de carneiro de lã crespa.

BORDA LIVRE HIMENIAL. *Medicina legal.* Superfície livre que constitui o óstio himenial, que é o orifício existente no hímen perfurado, por onde saem o sangue menstrual e as secreções.

BORDEJAR. *Direito marítimo.* Dirigir a embarcação ora para um, ora para o outro lado do rumo que se deve seguir, quando o vento for contrário.

BORDEL. *Direito penal.* Casa de prostituição, ou prostíbulo, sendo que a lei pune quem a manter por conta própria ou de terceiro.

BORDEREAU. *Termo francês.* **1.** Nota, fatura ou lista. **2.** *Direito comercial.* a) Nota discriminativa, sob a forma de extrato, de mercadorias entregues, contendo o débito e o crédito de uma conta, ou dos movimentos de uma operação mercantil; b) boletim onde se anotam, de forma resumida, operações abusivas a certo negócio; c) protocolo ou livro para anotações ou registro. **3.** *Direito bancário.* a) Relação descrita de títulos para cobrança ou desconto, sendo designada neste último caso de "proposta para desconto"; b) nota que o banco fornece a cedente do título de crédito pela cobrança ou desconto feitos.

BORDER WARRANT. *Locução inglesa.* Mandado de prisão contra imigrante clandestino.

BORDO. 1. *Direito marítimo.* a) Ação de bordejar ou mudar de rumo; b) lado do navio; c) navio. **2.** *Economia política.* Superfície curva da moeda.

BORDO DA PISTA. *Direito de trânsito.* Margem da pista, podendo ser demarcada por linhas longitudinais de bordo que delineiam a parte da via destinada à circulação de veículos.

BORESTE. *Direito marítimo.* Estibordo, isto é, o lado direito do navio, olhando-se para a proa.

BORLA. *Direito educacional.* Barrete purpúreo, em forma de campânula e ornado de franjas, usado pelos doutores em direito durante solenidades.

BORNAL. *Direito agrário.* Saco colocado na cabeça dos cavalos, para que nele comam.

BORÓ. 1. *Direito penal.* a) Muamba; b) ficha com valor de papel-moeda emitida ilegalmente por particular. **2.** *Direito agrário.* Forma regional substitutiva da moeda, equivalente a um vale, vedada por lei. O proprietário, por exemplo, não pode exigir que o arrendatário ou o parceiro aceitem seus pagamentos em "ordens", "borós" ou "vales" para retirarem no armazém da usina ou da fazenda mercadorias ou gêneros alimentícios de que necessitem, com preço superior ao custo real dos empórios e vendas da cidade. Tal proibição dá-se pelo fato de esse ato encobrir usura, já que o arrendatário ou o parceiro recebem seu pagamento não em dinheiro, mas em "borós" ou "ordens" emitidos para serem descontados em mercadorias, com preço acima do custo normal. **3.** *História do direito.* Bilhete de bonde que circulava, outrora, em Belém do Pará, como dinheiro.

BORRACHA. *Direito agrário.* Substância obtida do látex de muitas plantas tropicais.

BORRACHEIRO. 1. *Direito comercial.* a) Fabricante ou vendedor de borracha; b) aquele que conserta objetos de borracha, como pneus e câmaras de ar; c) o que transporta vinho em borrachas. **2.** *Direito agrário.* Aquele que extrai o leite da mangabeira.

BORRACHÍFERO. *Direito agrário.* Diz-se do vegetal produtor de borracha.

BORRADOR. *Direito comercial.* Livro facultativo em que os empresários registram, em forma de rascunho, dia a dia as suas operações, servindo de base à escrituração regular no diário propriamente dito. É designado por alguns autores de "costaneira", mas, na verdade, com ela não se confunde, pois o *borrador* deve ser escriturado em conformidade com as normas da contabilidade comercial, seguindo os mesmos requisitos exigidos para os lançamentos no diário, facilitando, assim, a passagem das partidas para este, enquanto a *costaneira* é um livro onde se anotam as operações diariamente, sem seguir as regras da escrituração mercantil, fazendo-as por partidas simples e pelos próprios empregados subalternos da firma. O conteúdo do lançamento no borrador é o mesmo do diário, logo, deverão ser nele anotados os títulos devedor e credor da operação, o histórico de cada uma realizada, mencionando-se os documentos em que se funda e o valor relativo a ela. Os empresários usam-no como livro auxiliar ou meio de evitar erros ou enganos nos lançamentos no diário, possibilitando fazer correções antes.

BORRADOR DO DIÁRIO. *História do direito.* Era, outrora, um livro obrigatório onde se fazia o registro das operações do estabelecimento comercial e de onde se retiravam os dados que seriam lançados no diário.

BORRADURAS. *Vide* BORRÕES.

BORRÃO. 1. *Direito comercial.* Livro de anotações utilizado pelo empresário para registrar, pela ordem, as operações do estabelecimento, do qual seu contador retira os elementos a serem lançados no borrador e no diário. Trata-se da *costaneira* ou *memorial.* **2.** Na *linguagem comum,* é qualquer rascunho de um escrito relativo a um documento.

BORRASCA. *Direito marítimo.* Tempestade violenta e repentina, acompanhada de fortes ventos, que pode acarretar danos ao navio ou às fazendas (cargas), caracterizando avarias simples, ou, então, causar naufrágio, sendo os danos dele decorrentes caracterizados como avarias grossas.

BORREFA. *Direito agrário.* Doença no gado.

BORREGÃ. *Direito agrário.* Lã de carneiro.

BORREGO. *Direito agrário.* Diz-se do cordeiro até que complete um ano de idade.

BORRO. *Direito agrário.* Carneiro de um a dois anos de idade.

BORRÕES. 1. *Direito comercial.* Borraduras que não pode haver na escrituração dos livros da empresa, sob pena de não merecerem fé alguma, nos lugares viciados, a favor do comerciante, sendo que ainda poderão gerar crime falimentar se concorrer com a falência escrituração defeituosa dos livros obrigatórios. **2.** *Direito civil.* Riscos ou borraduras que, se encontrados em pontos substanciais de um documento público ou particular, podem retirar sua validade. **3.** *Direito processual civil.* Rasuras ou adulterações que, se interferirem na compleição de um ato ou termo processual, podem acarretar sua nulidade. **4.** Na *linguagem comum,* manchas, riscos, entrelinhas ou rasuras que se encontram em documentos, viciando-os.

BÖRSENFÄHIGE WERTPAPIERE. *Locução alemã.* Títulos admitidos à cotação.

BORSTAL SYSTEM. *Expressão inglesa.* Prisão-escola para corrigir jovens-adultos (de 15 a 21 anos), existente na Grã-Bretanha, que procura reduzir o índice de reincidência de crimes entre eles, dando-lhes escolaridade e capacitação profissional teórico-prática. Como o primeiro estabelecimento correcional com essa finalidade foi fundado na cidade de Borstal, a denominação *Borstal System* passou a designar todos os reformatórios existentes na Inglaterra, Escócia, País de Gales e Irlanda do Norte.

BOSCA. Rede em forma de cone usada para pescar lagostas.

BOSQUE. *Direito ambiental.* Mata ou floresta que ocupa uma extensão considerável de terreno e que deve ser preservada em certos locais.

BOSQUE SECUNDÁRIO. *Direito ambiental.* Aquele que surge no espaço vazio, decorrente do corte do bosque original ou virgem.

BOSS. *Termo inglês.* Nos EUA, é o empresário político.

BOSSA. 1. *Medicina legal.* a) Inchaço decorrente de uma contusão; b) protuberância na superfície dos ossos do crânio. **2.** *Direito aeronáutico.* Parte central da hélice onde é inserido o eixo e são fixadas as pás. **3.** *Direito marítimo.* Pedaço de corda a que se dá um nó para conservar um cabo, verga ou amarra na mesma posição.

BOSSA SANGÜÍNEA. *Medicina legal.* Tumor do parto no couro cabeludo do recém-nascido, demonstrando que estava vivo na fase de sua expulsão.

BOTA-FORA. 1. Na *linguagem comum,* ato ou festa com que se despede alguém, acompanhando-o até o instante da partida. **2.** *Direito marítimo.* Lançamento de um navio ao mar.

BOTALÓS. *Direito marítimo.* **1.** Paus compridos projetados de um navio para estender o pé de uma vela ou facilitar o manejo da carga. **2.** Paus com ferros de três bicos nas pontas utilizados para efetuar serviços a bordo.

BOTARÉU. *Direito agrário.* Muro que, em prédios rústicos, sustenta a pressão de terrenos declives.

BOTE. 1. *Direito marítimo.* Pequena embarcação movida a remos ou com uma só vela, utilizada para navegação, serviços no porto de embarque ou desembarque de passageiros ou mercadorias ou para salvamentos em casos de emergência. **2.** *Medicina legal.* Golpe com arma branca.

BOTE DE RESGATE. *Vide* EMBARCAÇÃO DE SALVAMENTO.

BOTEQUIM. *Direito comercial.* Casa onde se vendem bebidas alcoólicas ou não.

BOTICA. 1. *História do direito.* a) Loja onde eram vendidos gêneros a retalho; b) local onde se preparavam e vendiam medicamentos, e que corresponde à farmácia dos dias atuais. **2.** *Direito marítimo.* Caixa de medicamentos levada pelos navios para ser usada em caso de emergência.

BOTIJA. *Direito marítimo.* Remate dos chicotes dos cabos, para que não destrancem.

BOTIJÃO. Recipiente usado para entrega doméstica de gás combustível.

BOTOEIRA. *Medicina legal.* Aspecto do ferimento provocado por instrumento perfurante cilindrocônico ou perfurocortante de dois gumes.

BOTRÓPICO. *Medicina legal.* Diz-se do veneno extraído das cobras do gênero *Bothrops*, como jararaca, urutu, jararacuçu, caiçara etc., que tem propriedade enzimática, podendo ser usado, por exemplo, como coagulante etc.

BOTTLENECK. *Termo inglês.* **1.** Gargalo. **2.** Instalação, função, departamento ou recurso que impede a produção, pois sua capacidade é inferior ou idêntica à demanda (James G. Heim).

BOTTOMRY. *Termo inglês. Vide* BODEMERIA e CONTRATO DE CÂMBIO MARÍTIMO.

BOTULISMO. *Medicina legal.* Grave intoxicação alimentar produzida pela ingestão de substâncias enlatadas deterioradas, provocando envenenamento agudo, atacando os nervos, causando náuseas, diarréias, debilidade, paralisia e dificuldade de deglutir, falar e enxergar. Pode acarretar, ainda, distúrbios respiratórios conducentes à morte do paciente.

BOUBA. *Medicina legal.* Doença endêmica em certas regiões, transmitida ao homem por uma mosca do gênero "hipelate" quando suga exsudatos de alguma ferida na superfície da pele.

BOUÇAR. *Direito agrário.* Roçar e queimar o mato em terreno para lavoura.

BOUGHT LIVING–UNRELATED DONOR. *Locução inglesa.* Compra pelo receptor de um órgão de um doador vivo e que não seja seu parente.

BOURSICOTAGE. *Termo francês.* **1.** Ação de fazer transação em bolsa. **2.** Ato de economizar.

BOUTIQUE HORS-TAXE. *Expressão francesa.* Loja livre de impostos.

BOVARISMO. *Psicologia forense.* Poder que tem o homem de se imaginar diferente do que é (Gaultier).

BOVINOCULTURA. *Direito agrário.* Criação de gado bovino.

BOX. *Direito comercial.* Modalidade de aplicação de renda fixa no mercado futuro de juros, muito usual na Bolsa de Valores e combinada ao mercado de opções, por possibilitar operações garantidoras do rendimento como se fosse renda fixa. Nesta operação, dois investidores acertam a taxa de juros ou do preço das ações dentro de determinado prazo. Com isso, um deles empresta dinheiro ao outro, mediante uma taxa de juros definida pelo contrato futuro. Com o vencimento desse contrato, o tomador dos recursos pagará o que deve por meio do mercado futuro.

BOXE. 1. *Direito desportivo.* Jogo de ataque e defesa a socos, conforme normas desportivas, em que os pugilistas conservam as mãos resguardadas por luvas. **2.** *Medicina legal.* Soco-inglês; arma de metal com quatro furos para se colocarem os dedos da mão. **3.** *Direito administrativo.* Compartimento em mercado municipal, estadual ou federal que o Estado, por meio de autorização, permissão ou concessão, outorga a particular para que o utilize. **4.** *Direito agrário.* Compartimento de uma cavalariça para um só cavalo. **5.** *Direito civil.* Vaga de garagem para automóvel, podendo ser objeto de contrato de locação.

BOXING. *Termo inglês.* Luta de boxe; pugilismo.

BOYCOTT. *Termo inglês.* Boicote.

BOYCOTTAGE. *Direito do trabalho.* Ato de os operários aconselharem clientes a não adquirirem os produtos da empresa (José J. Bezerra Diniz).

BPL. Abreviatura de Boas Práticas de Laboratório, que são o conjunto de normas referentes à organização e condições sobre as quais os trabalhos de laboratório são planificados, realizados, monitorados, registrados e informados.

BPS. *Direito virtual.* Abreviatura de *Bits* por Segundo. Trata-se da velocidade em *bips* que um *modem* pode transmitir por segundo.

BRABO. *Direito agrário.* **1.** Trabalhador rural recém-chegado ao seringal que ainda não tem nenhuma experiência. **2.** Diz-se da seringueira ainda não golpeada para a retirada do látex.

BRAÇA. 1. *Direito marítimo.* Medida correspondente a 1,83 m. **2.** *Direito agrário.* Medida agrária de extensão, que corresponde a 2,20 m.

BRAÇAGEM. *Direito agrário.* Trabalho braçal realizado pelo trabalhador rural por meio de enxada, pá ou picareta.

BRACEAR. *Direito marítimo.* Movimentar as vergas, horizontalmente, em torno do mastro por meio de cabos designados "braços".

BRACEIRO. *Direito agrário.* Diz-se do cavalo que, ao marchar, levanta muito as patas dianteiras.

BRAÇO. 1. *Medicina legal.* Parte do membro superior situada entre o ombro e o cotovelo. **2.** *Direito marítimo.* a) Um dos cabos que movimentam horizontalmente as vergas; b) parte estreita do mar que penetra pela terra. **3.** *Direito civil.* Parte estreita do rio, ou uma ramificação sua, que invade a terra e pertence ao proprietário do terreno à custa do qual se constituiu. **4.** *Direito agrário.* Diz-se do assalariado rural que procura serviço, comunicando que na sua família há "tantos braços", ou seja, tantas pessoas que podem exercer o trabalho manual pretendido.

BRACONNAGE. *Termo francês.* Caça ilegal.

BRADIACUSIA. *Medicina legal.* Embotamento do ouvido.

BRADICARDIA. *Medicina legal.* Lentidão anormal das pulsações do coração que pode ser evidenciada pelo retardamento do pulso.

BRADICINESIA. *Medicina legal.* Lentidão anormal nos movimentos.

BRADIES. *Termo inglês.* Bônus da dívida externa emitidos por países emergentes na renegociação de suas dívidas externas, podendo, ou não, ser lastreados por papéis do Tesouro dos Estados Unidos (Luiz Fernando Rudge).

BRADIESTESIA. *Medicina legal.* Embotamento da percepção; sensação muito demorada.

BRADIFRASIA. *Medicina legal.* Pronúncia mórbida muito vagarosa das palavras. É também denominada "bradifasia".

BRADILALIA. *Medicina legal.* Consiste na monotonia ou lentidão da expressão oral. Também denominada "bradiartria".

BRADILOGIA. *Medicina legal.* Lentidão anormal da fala provocada por uma desordem mental.

BRADIPEPSIA. *Medicina legal.* Digestão anormalmente penosa e demorada.

BRADIPNÉIA. *Medicina legal.* Respiração muito lenta.

BRADISFIGMIA. *Medicina legal.* Lentidão anormal do pulso devida a extra-sístoles, fazendo com que o coração bata mais rápido que o pulso.

BRADISPERMATISMO. *Medicina legal.* Difícil e lenta emissão de esperma.

BRAGA. *História do direito.* Argola de ferro com que se prendia a parte inferior da perna do condenado a trabalhos forçados a uma corrente de ferro atada na sua cintura ou na argola de outro condenado.

BRAILLE. Sistema de escrita e impressão para cegos, que se caracteriza por pontos de relevo representativos das letras do alfabeto, sinais de pontuação e números.

BRANCAGEM. *História do direito.* Imposto que outrora incidia sobre o consumo de pão e carne.

BRANCO. 1. *Direito civil* e *direito comercial.* a) Diz-se do documento ou do título que contém espaços não utilizados; b) da assinatura aposta em papel sem que nele haja qualquer conteúdo; c) do bilhete que não traz o nome do beneficiário; d) do endosso que não contém o nome do endossatário. **2.** *Direito processual civil.* Diz-se do ato ou termo processual com espaço não utilizado, proibido por lei, por não merecer fé.

BRAND. *Termo inglês.* Marca comercial.

BRAQUIALGIA. *Medicina legal.* Dor no braço.

BRAQUICÉFALO. *Medicina legal.* Diz-se daquele que tem o crânio curto, oval, largo e achatado na parte posterior.

BRAQUIDACTILIA. *Medicina legal.* Anomalia congênita em que seu portador apresenta dedos curtos, sejam das mãos ou dos pés.

BRAQUIFALANGIA. *Medicina legal.* Anomalia em que seu portador apresenta curteza de uma ou mais falanges de dedo das mãos ou dos pés.

BRAQUIMETROPIA. *Medicina legal.* Miopia.

BRAQUIOTOMIA. *Medicina legal.* Amputação do braço.

BRAQUIPNÉIA. *Medicina legal.* Respiração curta ou pequena.

BRASÃO. 1. *Direito agrário.* Diz-se da cor de gado tirante a vermelho. **2.** *História do direito.* a) Emblema de família nobre; b) escudo de armas.

BRASÃO DE ARMAS E ESTANDARTE DO EXÉRCITO. *Direito militar.* Escudo clássico português partido de vermelho e azul, tendo em brocante um grifo de ouro, animado, lampassado e armado de preto, segurando nas garras uma estrela de oito pontas de prata, simbolizando: a figura mitológica do grifo, a vigilância e a guarda na defesa da Pátria e da lei, e a estrela de oito pontas, a necessidade de se agir em todos os pontos cardeais, em busca da União; o elmo, simbolizando o militar, de prata e forrado de púrpura, a três quartos para destra com correia azul, paquife e virol de azul e vermelho. Tem por insígnia, num listel de verde, ondulado, sotoposto ao escudo, em letras de ouro: Exército Brasileiro – 1648.

BRASIL. 1. *Direito agrário.* Pau-brasil; árvore leguminosa que produz a brasilina para tinturaria; madeira corante. **2.** *Direito constitucional.* Nome oficial do nosso país, que é uma república federativa sob regime representativo; União.

BRASILEIRISMO. *Sociologia jurídica.* **1.** Característico do Brasil ou do brasileiro. **2.** Modismo peculiar à linguagem dos brasileiros. **3.** Amor ao Brasil.

BRASILEIRO. *Direito constitucional* e *direito civil.* **1.** Tudo aquilo que for pertencente ou relativo ao Brasil. **2.** Aquele que nasce no Brasil. **3.** O que se naturalizou no Brasil.

BRASILEIRO NATO. *Direito constitucional.* **1.** O nascido no território brasileiro, pelo fato da adoção do *jus soli,* mesmo se for filho de pais estrangeiros, desde que não estejam estes a serviço dos respectivos países. **2.** O nascido no estrangeiro, de pai brasileiro ou mãe brasileira, desde que qualquer deles esteja a serviço do Brasil no exterior. **3.** O nascido no estrangeiro de pai brasileiro ou mãe brasileira, desde que seja registrado em repartição brasileira competente ou venha a residir no Brasil e opte, a qualquer tempo, depois de atingida a maioridade, pela nacionalidade brasileira. **4.** O nascido no estrangeiro entre 7 de junho de 1994 e 20 de setembro de 2007 (data da promulgação da EC n. 54/2007), filho de pai brasileiro ou mãe brasileira, se registrado em repartição diplomática ou consular brasileira competente, ou em ofício de registro, se vier a residir no Brasil.

BRASILEIRO NATURALIZADO. *Direito constitucional.* Aquele que vem a adquirir a nacionalidade brasileira mediante manifestação de vontade, preenchidos todos os requisitos legais. Assim, será brasileiro naturalizado: a) o que adquirir a nacionalidade brasileira, exigindo-se ao originário de países de língua portuguesa apenas residência por um ano ininterrupto no território nacional e idoneidade moral; b) o estrangeiro de qualquer nacionalidade, residente no Brasil há mais de quinze anos ininterruptos e sem condenação penal, desde que requeira a nacionalidade brasileira. Não pode o brasileiro naturalizado ocupar cargos privativos de brasileiro nato, como os de: presidente e vice-presidente da República, presidente da Câmara dos Deputados, presidente do Senado Federal, ministro do Supremo Tribunal Federal, carreira diplomática e oficial das Forças Armadas. De resto, ficará equiparado ao nato para todos os efeitos.

BRASÍLIA. *Direito administrativo* e *direito constitucional.* Capital do Brasil; sede político-administrativa do Governo da União.

BRAVIO. *Direito agrário.* **1.** Diz-se do terreno inculto, não cultivado, coberto de vegetação espontânea e rasteira. **2.** Diz-se do animal não domesticado ou selvagem, que é chamado também de "silvestre", por viver em liberdade no mato.

BRAVURA. *Direito civil* e *direito penal.* Ato de coragem, que tem relevância jurídica quando acarreta dano alheio ou interferência no direito de outrem, em razão de "estado de necessidade". Trata-se de ato lesivo ao direito que não é ilícito nem criminoso, não acarretando o dever de indenização pelo dano causado nem a aplicação de pena, porque a própria lei retira-lhe aquelas qualificações, tendo em vista que o procedimento lesivo do agente dá-se por motivo legítimo estabelecido em lei.

BRAZILIAN DEPOSITARY RECEIPTS (BDRs). *Direito bancário.* **1.** Certificados negociáveis em Bolsas de Valores, emitidos por banco brasileiro autorizado pelo Bacen e pela Comissão de Valores Mobiliários (CVM), com o escopo de representar ações de companhia estrangeira, possibilitando o investimento no Brasil. **2.** *Vide* CERTIFICADOS DE DEPÓSITO DE VALORES MOBILIÁRIOS.

BREACH OF CLOSE. *Locução inglesa.* Invasão domiciliar.

BREACH OF CONTRACT. *Expressão inglesa.* Inexecução do contrato.

BREACH OF COVENANT. *Locução inglesa.* Inadimplemento contratual.

BREACH OF DUTY OF LOYALTY. *Expressão inglesa.* Quebra do dever de lealdade.

BREACH OF POUND. *Locução inglesa.* Apropriação indébita.

BREACH OF TRUST. *Expressão inglesa.* Abuso de confiança.

BREAK–EVEN POINT. *Locução inglesa.* **1.** Ponto de equilíbrio. **2.** Empate entre despesas e receitas de uma empresa. A receita maior que a despesa conduz ao lucro e a receita menor que a despesa indica prejuízo. **3.** Relação de cotações de ações: se superiores, haverá ganho do investidor e, se inferiores, perda (Luiz Fernando Rudge).

BREGMA. *Medicina legal.* Ponto de junção das suturas coronal e sagital do crânio; moleirinha de recém-nascido, onde a introdução de agulhas acarreta infanticídio.

BREJO. *Direito agrário.* **1.** Terra que, no nordeste, contém cursos d'água permanentes, os quais, anualmente, no período das chuvas, transbordam proporcionando áreas férteis. No brejo não há seca. **2.** Plantação de arroz na Bahia. **3.** Terreno alagadiço no sul do Brasil.

BRETE. *Direito agrário.* **1.** Pequeno curral onde se conduzem os carneiros para tosquia. **2.** Corredor fechado de ambos os lados, por onde passa o gado para banho de carrapaticida ou para abate e corte.

BREU. *Direito marítimo.* **1.** Modalidade de saveiro. **2.** Tripulante desse tipo de embarcação.

BREVE. 1. Na *linguagem jurídica* em geral, indica sem demora ou rápido. **2.** *Direito canônico.* Carta dirigida pelo Papa a alguém, escrita em latim e fechada com lacre vermelho.

BREVE PONTIFÍCIO. *Direito canônico.* **1.** Carta ou rescrito pontifício, contendo deliberação ou declaração de caráter particular, sobre questões que não sejam do interesse da Igreja. **2.** Carta credencial, manuscrita pelo Papa, pela qual investe o representante do Vaticano em funções diplomáticas junto ao governo de outro Estado.

BREVE RELATO. *Direito processual.* Certidão que retrata o andamento do processo, elaborada pela secretaria do cartório judicial e requerida pelos advogados e pelas partes. Também chamada "Certidão de objeto e pé".

BREVET. *Termo francês.* Diploma de habilitação de piloto aviador.

BREVI ANTE. *Locução latina.* Pouco antes.

BREVIÁRIO. *Direito canônico.* **1.** Livro que contém as orações prescritas pela Igreja Católica aos padres, que devem recitá-las diariamente. **2.** Ofício divino.

BREVILÍNEO. *Medicina legal.* Aquele que tem membros proporcionalmente menores em relação ao tronco; indivíduo com constituição mais curta e larga que a normal, também chamado "braquimórfico" ou "pícnico".

BREVI MANU. *Locução latina.* Por vias diretas; sem intermediários.

BREVI MANU TRADITIO. *Expressão latina.* Tradição simbólica ou ficta ou meio pelo qual uma pessoa que já tem a posse direta da coisa adquire o seu domínio, sem qualquer formalidade, bastando a demissão voluntária da posse pelo transmitente. Assim, o possuidor de uma coisa em nome alheio passa a possuí-la como própria.

BREVI POST. *Locução latina.* Pouco tempo depois.

BREVISTA. *Direito canônico.* Indivíduo que cuida dos breves pontifícios.

BREVITATIS CAUSA. *Locução latina.* Por causa da brevidade do tempo.

BREVI TEMPORE. *Locução latina.* Dentro em pouco tempo.

BRICABRAQUE. *Direito comercial.* **1.** Estabelecimento onde são vendidos velhos objetos de arte, mobílias etc. **2.** Loja de ferro-velho.

BRICOMANIA. *Medicina legal.* Hábito mórbido de ranger os dentes.

BRIDGE LOAN. *Locução inglesa.* Empréstimo a curto prazo para antecipar financiamento a longo prazo (Luiz Fernando Rudge).

BRIGADA. *Direito militar.* **1.** Corpo de tropas constituído de dois ou mais regimentos e comandado por um general-de-brigada. **2.** Reunião de duas ou três baterias de campanha.

BRIGADEIRO–DO–AR. *Direito militar.* Oficial da Aeronáutica do Brasil, imediatamente abaixo do major-brigadeiro e acima do coronel-aviador, cujo posto corresponde ao general-de-brigada, no Exército, e ao contra-almirante, na Marinha.

BRIGADOR. *Direito desportivo.* Boxeador que ataca muito, não dando folga ao adversário.

BRIGUE. *Direito marítimo* e *direito militar.* Embarcação mercante ou de guerra, com dois mastros, sendo que o maior se inclina para trás.

BRINCO. *Direito agrário.* **1.** Corte em forma de pingente feito na orelha do gado. **2.** Apêndice gorduroso no maxilar inferior de alguns animais, como o dos suínos. **3.** Apêndice no pescoço dos ovinos e caprinos.

BRINDE. *Direito comercial.* Prêmio ou bonificação que se dá, por meio de cupões, como atrativo em compras acima de certo valor ou em função do número de unidades adquiridas, mediante sorteios ou concursos.

BRINQUEDOTECA. Espaço provido de brinquedos e jogos educativos destinados a estimular as crianças e seus acompanhantes a brincar; obrigatória em hospitais que ofereçam atendimento pediátrico.

BRINQUINHARIA. *Direito comercial.* Oficina onde são fabricados brinquedos para crianças.

BRIO. *Direito penal.* Sentimento da própria dignidade que, se for ofendido, gerará o crime de injúria.

BRIOL. *Direito marítimo.* Cabo de ferrar velas.

BRITANISMO. *Sociologia jurídica.* Procedimento peculiar aos britânicos.

BROADCAST. *Termo inglês.* Programa de rádio ou televisão.

BROCA. *Direito agrário.* Desbravamento da terra, cortando arbustos e matos e preparando o terreno para a agricultura e a pecuária.

BROCARDO. *Teoria geral do direito.* **1.** Aforismo; máxima; adágio; provérbio. **2.** Enunciado em latim que sintetiza, em poucas palavras, o ensinamento jurisprudencial e doutrinário, sendo importante fonte para o conhecimento e para a aplicação do direito por conter regras ou critérios de interpretação, definições técnicas de algumas instituições etc.

BROCHANTE. *Direito do trabalho.* **1.** Aprendiz de pintor que apenas prepara a tinta e faz a pintura menos importante ou mais fácil. **2.** O mesmo que BROXANTE.

BROCHURA. *Direito autoral.* Obra literária não encadernada.

BROKERAGE. *Termo inglês.* Corretagem.

BROKER DEALER. *Locução inglesa.* **1.** Intermediário. **2.** Mediador.

BROKERS. **1.** *História do direito.* Eram aqueles que tinham a função de procurar interessados em segurar navegadores e consignatários dos riscos marítimos, subscrevendo-os como seguradores individuais. **2.** *Direito bancário.* Corretores de câmbio que compram, por sua própria conta, efeitos de comércio, fazendo empréstimos a banco de dinheiro reembolsável a vista ou com prazo de uma semana ou redescontando daquele banco parte dos títulos que têm em carteira. **3.** *Direito financeiro.* Intermediários (corretores) entre comprador e vendedor de ativos financeiros, títulos e valores mobiliários, transacionados em bolsas e nos mercados de balcão (Luiz Fernando Rudge).

BROMATOTOXICISMO. *Medicina legal.* Envenenamento alimentar.

BROMATOTOXINA. *Medicina legal.* Veneno que se forma, por exemplo, com a fermentação de alimentos.

BROMIDROSE. *Medicina legal.* Suor fétido.

BROMIDROSIFOBIA. *Medicina legal.* Pavor exagerado ao suor fétido.

BROMIPERIDROSE. *Medicina legal.* Excessiva sudação com mau cheiro.

BROMOMENORRÉIA. *Medicina legal.* Menstruação com mau cheiro.

BROMOPNÉIA. *Medicina legal.* Mau hálito.

BRONCOBLENORRÉIA. *Medicina legal.* Catarro brônquico com enorme secreção de muco.

BRONCOCEFALITE. *Medicina legal.* Tosse convulsa.

BRONCOLITIA. *Medicina legal.* Formação de cálculo nos brônquios.

BRONCOPATIA. *Medicina legal.* Moléstia dos brônquios.

BRONCOPLEGIA. *Medicina legal.* Paralisia dos brônquios.

BRONCOPLEURISIA. *Medicina legal.* Inflamação nos brônquios e na pleura.

BRONCOPNEUMONIA. *Medicina legal.* Infecção microbiana dos brônquios, bronquíolos e alvéolos pulmonares.

BRONCORRAGIA. *Medicina legal.* Hemorragia pelos brônquios.

BRONCORRÉIA. *Medicina legal.* Fluxo mucoso e abundante pelos brônquios.

BRONQUECTASIA. *Medicina legal.* Dilatação crônica dos brônquios ou bronquíolos, caracterizada por respiração fétida e tosse paroxísmica com expectoração de matéria mucopurulenta.

BRONQUIOLITE. *Medicina legal.* Inflamação dos bronquíolos.

BRONTOFOBIA. *Medicina legal.* Medo doentio de trovoadas.

BROTOEJA. *Medicina legal.* Erupção cutânea com prurido.

BROWNISMO. *Medicina legal.* Teoria obsoleta pela qual as moléstias teriam origem no excesso ou na falta de estímulos.

BROWSER. *Direito virtual.* Programa utilizado para a visualização de documentos HTML.

BRUACA. *Direito agrário.* Saco de couro usado para transportar cereais sobre cavalgaduras.

BRUAQUEIRO. *Direito agrário.* **1.** Tropeiro que lida com animal de carga e bruacas. **2.** Aquele que transporta mantimentos da roça para as vilas ou povoados.

BRUCELOSE. *Medicina legal.* Doença causada pelo contato direto com animais doentes ou pelo consumo de leite, laticínios ou carne de animais infeccionados, caracterizada por febre remitente, dores generalizadas, suores noturnos, calafrios etc.

BRUGALHEIRA. *Direito agrário.* Terra difícil de cultivar por conter muitas pedras grandes e soltas.

BRULOTE. *Direito militar.* Embarcação com materiais explosivos destinados a incendiar navio inimigo.

BRUMA. *Direito marítimo.* Nevoeiro no mar.

BRUNIDOR. *Direito agrário.* Máquina para beneficiar cereais depois de descascados, polindo-os.

BRUNIMENTO. *Direito agrário.* Polimento de grãos de cereais, principalmente do arroz, para separar os tegumentos.

BRUTALIZAR. *Direito penal.* Ato de tratar com brutalidade, seviciando, estuprando etc., isto é, praticando delitos contra a pessoa.

BRUTISMO. *Filosofia geral.* Concepção mecânica dos fenômenos (Espinas e Saint-Simon).

BRUTISTA. *Filosofia geral.* Cientista que se ocupa com a matéria bruta, como o físico ou o químico (Saint-Simon).

BRUTO. 1. *Direito penal.* Diz-se daquele que é violento, imoderado, bárbaro, feroz, insensato, estúpido. **2.** *Direito agrário.* a) Variedade de açúcar; b) qualificativo de açúcar não refinado; c) sertão sem qualquer morador; d) aquilo que está em estado natural, sem ter sido manufaturado; e) madeira de lei. **3.** *Direito civil, direito administrativo* e *direito do trabalho.* Completo, sem nenhum desconto ou abatimento, no sentido, por exemplo, de rendimento bruto. **4.** *Direito comercial.* Diz-se do peso de uma mercadoria, incluindo a tara.

BSD. *Direito virtual.* **1.** Abreviação de *Berkeley Software Distribution.* **2.** Licença permissiva para as distribuições de *software* da BSD, implicando poucas restrições sobre a forma de uso, alterações e redistribuição (Silmara B. Nogueira).

BUBA. *Medicina legal.* Pequeno tumor na pele.

BUBÃO. *Medicina legal.* Inflamação do gânglio linfático, principalmente nas axilas ou na virilha, provocada por absorção de matéria infecciosa, como na sífilis, gonorréia, peste bubônica etc.

BUBONOCELE. *Medicina legal.* Hérnia inguinal que provoca inchaço na virilha.

BUCHA. 1. *Medicina legal.* Disco colocado no interior do estojo para separar a pólvora do projétil das armas de fogo, podendo penetrar inteiro ou fragmentado no corpo da vítima, fazendo com que o orifício de entrada fique maior. **2.** Na *gíria comercial,* designa mercadoria de má qualidade que se conseguiu vender. **3.** *Direito civil.* Associação secreta, fundada por Júlio Frank, com fim lícito (humanitário, educativo, científico etc.), embora seu conteúdo ideológico seja apenas revelado aos filiados, que são professores e estudantes da Faculdade de Direito da Universidade de São Paulo. **4.** *Direito marítimo.* Pedaço de pau usado para tapar rombos em embarcações.

BUDGET. *Termo inglês.* Orçamento.

BUEIRA. *Direito marítimo.* Furo com bujão roscado que há no fundo de uma embarcação, quando posta em seco, para escoamento de água.

BUEIRO. 1. *Direito administrativo.* Cano subterrâneo nas ruas para escoamento de águas pluviais. **2.** *Direito marítimo.* Canal aberto nas cavernas do navio para dar vazão às águas que estão acumuladas na arca da bomba.

BUFFER. *Direito virtual.* Área de memória do computador, que armazena temporariamente os dados durante as operações de entrada e saída (Afonso Celso F. de Rezende).

BUG. *Direito virtual.* Erro de programação que provoca defeito na funcionalidade de um programa ou *hardware* (Afonso Celso F. de Rezende).

BUILDING BLOCKS. *Locução inglesa.* Blocos regionais.

BUILT-TO-SUIT. *Locução inglesa.* Tipo de contrato de construção de imóvel sob encomenda para locação futura a certo locatário. É feito sob condição suspensiva e é *intuitu personae*, visto que o empreendedor-construtor procura atender às exigências ou necessidades do futuro locatário. O empreendedor-construtor, portanto, edifica prédio sob encomenda para depois ser alugado. É contrato de construir para alugar (Teresa Ancona Lopes).

BUJARRONA. *Direito marítimo.* **1.** Vela triangular que se iça à proa sobre um pau próprio. **2.** Pau em que a vela é içada.

BULA. 1. *Medicina legal.* Impresso que acompanha um medicamento, contendo indicações para seu uso. **2.** *Direito canônico.* a) Carta patente que contém um decreto pontifício, por exemplo, a bula de excomunhão; b) carta apostólica despachada pela Chancelaria do Vaticano, tratando de assunto eclesiástico, dogmático ou disciplinar ou de graça espiritual concedida pelo Papa. A bula é emanada em nome do Papa, sendo por ele assinada apenas quando tratar de questão importante; c) selo de chumbo ou de ouro, outrora colocado nas bulas papais, que tinha de um lado uma representação de São Pedro e São Paulo e do outro o nome do Papa.

BULA INTERCOETERA. *História do direito.* Bula do Papa Alexandre VI que, em 1493, dividiu o mundo por um meridiano, fixando 100 léguas a oeste dos Açores e do Arquipélago de Cabo Verde, privilegiando a Espanha.

BULA PARA O PACIENTE. *Direito do consumidor.* Documento legal sanitário que contém informações técnico-científicas e orientadoras sobre medicamentos, em linguagem apropriada, de fácil compreensão e que são disponibilizadas aos usuários nos estabelecimentos que têm atividade de dispensação de medicamentos, prevista em lei vigente.

BULA PARA O PROFISSIONAL DE SAÚDE. Documento legal sanitário que contém informações técnico-científicas e orientadoras sobre medicamentos para o seu uso racional, que são disponibilizadas aos profissionais de saúde.

BULÁRIO. *Direito canônico.* **1.** Oficial que copia bulas. **2.** Coleção que contém, em ordem cronológica, as bulas papais.

BULEVAR. *Direito administrativo.* Avenida arborizada; alameda.

BULIMIA. *Medicina legal.* O mesmo que ACORIA, ou seja, desejo freqüente de comer, em razão de histeria, diabete, insanidade mental etc.

BULK LOADED. *Direito comercial.* Forma de *container* com abertura lateral.

BULLETIN BOARD SYSTEM (BBS). *Locução inglesa e direito virtual.* Quadro de avisos eletrônico ao qual se tem acesso por meio de computador ou *modem*, que é um dispositivo capaz de codificar os dados produzidos pelo computador, transmitindo-os por linha telefônica. As BBSs podem dar acesso à Internet.

BULLION. *Termo inglês.* **1.** Lingote. **2.** Ouro em barra. **3.** Barra de metal precioso (ouro, prata, platina).

BULLYING. *Termo inglês.* **1.** Comportamento agressivo e anti-social, principalmente, entre crianças e adolescentes. **2.** Desejo consciente e deliberado de maltratar alguém e de deixá-lo sob tensão, p. ex., colocando apelidos, "gozando", "sacaneando", humilhando, discriminando, perseguindo, dominando, batendo, amedrontando etc. (Lélio Braga Calhau).

BULRÃO. *História do direito.* **1.** Trapaceiro; fraudador. **2.** Aquele que hipotecava ou vendia a terceiro coisa que ele mesmo havia vendido ou hipotecado, dolosamente, a outrem. Corresponde atualmente ao estelionatário.

BUND. *Termo alemão.* **1.** Federação. **2.** União.

BUNDESNOTARORDNUNG. *Termo alemão.* Lei Orgânica Federal do Notariado.

BUNKER SURCHARGE. *Direito marítimo e direito internacional privado.* Sobretaxa de combustível que é o percentual aplicado sobre o frete para cobrir custos de combustível (Daniel Azúa).

BURACO DE MINA. *Medicina legal.* Ferimento que, havendo tiros à queima-roupa, é provocado não só pelo projétil da arma de fogo como também pela expansão violenta de gases, que produzem grandes danos cutâneos e viscerais. A zona de tatuagem e o negro de fumo escurecem a ferida, fazendo com que tenha aspecto bastante irregular.

BURARA. *Direito agrário.* Pequena propriedade rural baiana cuja produção de cacau não ultrapassa, anualmente, duzentas arrobas.

BURDEN OF PROOF. *Locução inglesa.* Ônus da prova.

BUREAU. **1.** *Direito internacional público.* Departamento criado e mantido por deliberação ou convenção de várias potências que, em âmbito internacional, registra informações e estudos sobre a matéria que lhe compete. Por exemplo, o *Bureau* da União de Berna, que visa proteger obras literárias, artísticas e científicas, registrando patentes e marcas, foi criado em 1948, na revisão da Convenção de Berna, que se realizou em Bruxelas, e sua estrutura veio basear a instituição do *Bureau* Internacional, em 1967, na revisão de Estocolmo, que está a cargo do diretor-geral da Organização Mundial da Propriedade Intelectual. O *Bureau* Internacional do Trabalho, estabelecido em Berna, procura organizar e resolver problemas e interesses trabalhistas das nações que a ele aderiram. **2.** *Direito administrativo.* Repartição pública encarregada de efetuar registros e coletar informações.

BUREAU DE CHANGE. *Expressão francesa.* Agência de câmbio.

BUREAU VERITAS. *Direito internacional público.* Agência internacional de informações marítimas, sediada em Paris, onde são registradas as construções navais e o levantamento de estatísticas relativos aos naufrágios e avarias (Othon Sidou).

BURGALHAU. *Direito agrário.* Pedra solta que dificulta o cultivo da terra.

BÜRGERLICHES GESETZBUCH. *Locução alemã.* Código Civil alemão.

BURGLAR. *Termo inglês.* Ladrão.

BURGLARY. *Termo inglês.* Roubo noturno com arrombamento.

BURGO. *História do direito.* Designação que era dada à povoação de certa importância, menor que a cidade, ou ao arrabalde de cidade ou vila.

BURGOMESTRE. *História do direito.* Cônsul ou magistrado municipal do burgo. Corresponde ao prefeito dos dias atuais.

BURGOS AGRÍCOLAS. *Direito agrário.* Núcleos coloniais agrícolas ou lotes rurais demarcados, implantados pelo Poder Público para assentamento de lavradores nacionais e estrangeiros. Tais burgos agrícolas estão, atualmente, superados, em razão do Estatuto da Terra.

BURGUÊS. **1.** *Sociologia jurídica.* Aquele que pertence à classe média, não domina os meios de produção, mas tem atividades sujeitas às altas esferas econômico-sociais. **2.** *História do direito.* Habitante do burgo.

BURGUESIA. **1.** *História do direito.* Camada social intermediária entre a aristocracia e a nobreza (detentoras do poder e da riqueza) e o proletariado (Caracciolo; Hosbawm). **2.** *Sociologia jurídica.* a) Classe que detém os meios de produção, o poder econômico e o político (Gian Mario Bravo); b) classe média da sociedade.

BURLA. **1.** *Direito civil* e *direito comercial.* Artifício malicioso usado pelo devedor com a intenção de lesar os seus credores; fraude contra credores. **2.** *Direito penal.* Estelionato.

BURLANTE. *Vide* BURLÃO.

BURLÃO. **1.** *Direito civil* e *direito comercial.* a) Sujeito ativo da burla; b) aquele que usa de expediente malicioso para lesar seus credores. **2.** *Direito penal.* Estelionatário. **3.** O mesmo que BURLANTE.

BURLAR. *Direito civil, direito comercial* e *direito penal.* Enganar; fraudar; empregar artifícios para extorquir a outrem valores ou lucros, obtendo vantagem ilícita ou subtraindo-se à obrigação legal.

BUROCRACIA. *Direito administrativo.* **1.** Sistema de administração em que os assuntos são tratados por escrito, dependendo da assinatura de vários funcionários públicos. **2.** Sistema de resolução de negócios públicos por meio de escriturários, chefes de seção e diretores de uma secretaria de Estado ou Município. **3.** Constitui o conjunto de serviços de rotina dos funcionários públicos. **4.** Administração de uma empresa ou de negócios públicos a cargo de uma hierarquia de funcionários. **5.** Classe dos funcionários públicos. **6.** Influência exercida pelos funcionários públicos, especialmente pelos das secretarias de Estado, no governo do País. **7.** Administração com excesso de formalidades, conducente à morosidade dos serviços públicos. **8.** Atos públicos que emperram a máquina administrativa, prejudicando a prestação de serviços públicos aos usuários.

BUROCRACIA FORENSE. *Direito processual.* Mecanismo judiciário com estrutura de organização formal e objetiva, funcionando tempestivamente, com neutralidade, que, contudo, tem apresentado disfunções, fazendo com que seja um obstáculo ao cumprimento das normas jurídicas. Por isso, implantou-se um sistema de informática para servir tal burocracia forense, com o fim de aumentar sua eficiência, diminuindo aquelas disfunções.

BUROCRACISMO. *Direito administrativo.* **1.** Sistema burocrático. **2.** Aceitação de doutrinas relativas à burocracia.

BUROCRATA. *Direito administrativo.* **1.** Funcionário público. **2.** Aquele que exerce influência na repartição pública a que pertence. **3.** Aquele que, ante sua morosidade, emperra o serviço público.

BUROCRÁTICO. *Direito administrativo.* **1.** Aquilo que é próprio da burocracia. **2.** Relativo à burocracia.

BURRIQUETE. *Direito marítimo.* Vela triangular içada à popa das bângulas e garoupeiras.

BURRISTA. *Direito penal.* Na *gíria,* é o menor que ajuda os ladrões profissionais.

BURRO. 1. *Direito agrário.* a) Produto resultante do cruzamento da égua com o jumento; b) engenho usado para tirar água dos rios ou poços por meio de balde; c) espécie de prensa para mandioca; d) diz-se, em Portugal, de uma modalidade de milho amarelo, muito desenvolvido em folha e grão. **2.** *Direito marítimo.* a) Pequeno motor auxiliar; b) cabo usado para dar direção ao extremo da verga da mezena.

BURSÁTIL. *Direito comercial.* Aquilo que diz respeito à Bolsa de Valores.

BURSITE. *Medicina legal.* Inflamação de uma bolsa sinovial.

BUSCA. 1. *Direito processual.* a) Pesquisa feita, no arquivo judiciário, por serventuário da justiça, a pedido do interessado, para extrair certidão ou cópia de autos ou para prestar informações sobre processos findos e arquivados, mediante recebimento de emolumentos fixados em regimento de custas; b) diligência levada a efeito por serventuário da justiça, por ordem da autoridade competente, para averiguar não só onde estão certos bens que devem ser penhorados ou coisas que devem ser apreendidas como também onde se esconderam pessoas que devem ser levadas a juízo. **2.** *Direito aeronáutico.* Prestação de socorro por aeronaves a quem se encontrar em perigo na terra, no mar ou no ar.

BUSCA DOMICILIAR. *Direito processual penal.* Ato processual de apreender objetos suspeitos ou de prender criminoso, em casa de moradia ou em local de exercício de atividades, imprescindível para a apuração do crime, para colher elementos de convicção ou para libertar reféns ou pessoa injustamente acusada.

BUSCA E APREENSÃO. 1. *Direito processual civil.* Medida cautelar específica decretada pelo órgão judicante para busca e posterior apreensão de pessoa ou coisa a ser apresentada em juízo, mantendo-a à disposição judicial, a fim de garantir o exercício de um direito. Pode ser: a) *pessoal*, em que serão objeto da demanda tãosomente os incapazes e os menores, por estarem sujeitos à guarda e ao poder de outra pessoa, ou b) *real*, em que atingirá os bens móveis e semoventes, porque os imóveis apenas são suscetíveis de seqüestro ou arresto, conforme o caso. A busca e apreensão poderá ser decretada de ofício ou a requerimento da parte interessada. **2.** *Direito processual penal.* Meio probatório, acautelatório e coercitivo que, por consistir no apoderamento de elementos instrutórios relacionados com as pessoas da vítima, do culpado, com os objetos e com a prática delituosa que deixou vestígios, serve de valiosa fonte não só para evidenciar a veracidade das alegações feitas pelo interessado como também para a formação do convencimento do magistrado. A busca e apreensão pode ser determinada a requerimento da parte interessada ou de ofício pelo juiz.

BUSCA E APREENSÃO DE FILHO MENOR. *Direito processual civil.* Procedimento cautelar decretado pelo juiz para tornar efetivo o direito que têm os pais de reclamar o filho menor de quem, ilegalmente, os detenha.

BUSCA E APREENSÃO EM MULHER. *Direito processual penal.* Busca íntima em mulher, que deverá ser feita por outra mulher, desde que não importe retardamento ou prejuízo da diligência. Se, porventura, tal busca tiver de ser feita por homem, inclusive por policial em atividade de rotina, deve este respeitar o pudor e a honra alheia, mantendo-se com discrição e dentro de uma linha de austeridade. Se for preciso fazer pesquisa vaginal ou retal, esta deverá ser realizada com a colaboração de uma médica ou médico para evitar alguma lesão que do ato possa advir.

BUSCA E SALVAMENTO. *Direito marítimo.* Serviço gratuito, decorrente de compromissos internacionais assumidos pelo Brasil, prestado em caráter de urgência, visando o resgate de pessoas em perigo, em decorrência de acidentes ou avarias com embarcações. O Serviço de Busca e Salvamento é conhecido pela sigla SAR (*Search and Rescue*). É realizado pela Marinha do Brasil, podendo envolver outros órgãos públicos e a colaboração eventual de entidades privadas. Esse Serviço de Busca e Salvamento, conhecido pela sigla SALVAMAR BRASIL, é regulamentado por documento específico do Comando de Operações Navais, possuindo cada Distrito Naval uma estrutura de SALVAMAR REGIONAL, nas suas respectivas áreas de jurisdição.

BUSCA PESSOAL. *Direito processual penal.* Exame ou revista da pessoa humana, em todo o corpo, inclusive na roupa que veste e nos acessórios (pastas, bolsas etc.) que traz consigo, para apreender algo relacionado com o crime investigado, sempre que houver fundada suspeita de que oculta arma, coisa obtida por meio criminoso, instrumento de falsificação, coisa falsificada ou contrafeita ou outro objeto perigoso ou necessário para a apuração do crime ou para a defesa do réu.

BUSHEL. *Termo inglês.* Medida usada para cereais equivalente, na Inglaterra, a 36,238 litros e, nos Estados Unidos, a 35,238 litros.

BUSÍLIS. Questão difícil de ser resolvida.

BUSINESS AGENT. *Locução inglesa.* Representante comercial.

BUSINESS FORMAT FRANCHISING. *Locução inglesa.* **1.** Contrato em que o *franchisor*, além do uso da marca e da comercialização de produtos e serviços, fornece a seus *franchisees* toda a técnica, todos os sistemas e orientações para instalar, administrar e operar, da forma mais racional, adequada e rentável, as respectivas franquias. As orientações e serviços de assistência por parte do *franchisor* são contínuos. **2.** Forma de franquia múltipla, em que o franqueador cede ao franqueado técnicas comerciais, industriais ou métodos de serviços, expostos em manuais de operações, a marca e o logotipo, o *know-how*, assessoria técnica e de treinamento contínuo (jurídica, fiscal, tributária, financeira, de engenharia, pesquisa de localização do ponto-de-venda, *marketing*, informática), além de prestar serviços de supervisão nas operações de comercialização e de administração geral do franqueado. Por exemplo, McDonald's e Yázigi (Ana Cláudia Redecker).

BUSINESS MAN. *Termo inglês.* Empresário.

BUSINESS METHOD. *Locução inglesa.* Processo produtivo de aplicação industrial, tutelado pelo direito de propriedade industrial.

BUSINESS NAME. *Locução inglesa.* Nome comercial.

BUSINESS TO BUSINESS (B2B OU BTB). *Direito virtual.* **1.** Comércio de empresa para empresa, acessável pelo nome de domínio de portal ou *site* que ostenta os produtos ou serviços (Liliana M. Paesani). Envolve três tipos de operações: *e-marketplaces* (portais independentes entre fornecedores e compradores); *e-procurement* (compras pela Internet); e *e-distribuition* (vendas pela Internet aos parceiros de negócio) (Juliana C. Abrusio). **2.** Transações comerciais realizadas por redes públicas ou privadas, incluindo negócios, públicos ou privados, por meio da Internet, abrangendo transferências financeiras, intercâmbios *on-line*, leilões, entrega de produtos e serviços, atividades de cadeias de abastecimento e redes integradas de negócios (James G. Heim).

BUSINESS TO CONSUMER (B2C OU BTC). *Direito virtual.* **1.** Contrato de relação de consumo, onde se tem de um lado o fornecedor de produto e serviço e do outro o consumidor, nele o *site* ostenta um nome de domínio com finalidade de atrair clientela virtual para produtos ou serviços expostos (Liliana M. Paesani). **2.** Empresa-a-consumidor. Esse comércio eletrônico B2C caracteriza-se por vendas ao consumidor por meio de *sites* e portais na Internet (James G. Heim).

BUSINESS TO GOVERNMENT (B2G). *Direito virtual.* Negociação em que uma das partes contratantes é uma pessoa jurídica integrante da administração direta ou indireta (Juliana C. Abrusio).

BUSINESS TRIP. *Locução inglesa.* Viagem de negócios.

BÚSSOLA MARÍTIMA. *Direito marítimo.* Agulha de marear; aparelho com uma abertura circular, dentro da qual há uma agulha magnética suspensa por um ponto de apoio, tendo extremos voltados para os pólos da Terra, que é utilizado, na navegação, como indicador da direção tomada, orientando os navegantes por determinar o lado Norte.

BUSTAMANTE (CÓDIGO). *Direito internacional privado.* Código elaborado por Antonio Sanches de Bustamante y Sirven, aprovado na Convenção de Havana em 22 de fevereiro de 1928, em vigor em quase todos os Estados americanos, versando sobre: direito civil internacional, direito comercial internacional, direito penal internacional e direito processual internacional.

BUSTO. 1. *Medicina legal.* A parte do corpo humano da cintura para cima. **2.** *Direito civil.* Escultura ou pintura de cabeça humana, com pescoço e parte do peito, que, por constituir obra artística, é protegida pelo direito autoral. **3.** *Direito agrário.* Curral onde os bois e as vacas são colocados.

BUSTROFÉDON. *História do direito.* Modo de escrever encontrado em documentos e antigas inscrições gregas. Nessa escrita a primeira linha não termina na borda do papel, uma vez que dá uma volta semicircular para continuar por baixo, da direita para a esquerda, e assim por diante. Essa escrita consistia, portanto, em linhas alternadas da esquerda para a direita e da direita para a esquerda.

BUSTUÁRIO. *Direito autoral.* Artista especializado em bustos.

BUSTUM. *Termo latino.* Espaço livre nos túmulos e urnas com cinzas do falecido, insuscetível de usucapião, em razão da Lei das XII Tábuas.

BUTIM. 1. *Direito internacional público.* Presa de guerra em mãos do vencedor. **2.** *Direito penal.* Fruto de uma atividade ou ato delituoso. Daí dizer-se "butim" do ladrão.

BUTIRÃO. *Direito agrário.* Ajuda mútua, muito comum na zona rural, que vem se expandindo, ante apoio do governo, pelo meio urbano.

BUY-BACK. *Locução inglesa.* Recompra.

BUYER'S. *Direito internacional privado.* Crédito ao comprador, que é o regime de financiamento obtido junto a banco para aquisição de equipamento. Tal crédito é a longo prazo. Por ele o comprador autoriza o banco a pagar a parcela devida ao fornecedor (Granziera).

BUYER'S CREDIT. *Direito internacional privado.* **1.** Financiamento ao importador, no caso de exportação de serviços a entidades estrangeiras do setor público. **2.** Financiamento externo de bens e serviços, provocado pelo comprador.

BUYING LONG. *Locução inglesa.* Compra futura.

BUY ON CREDIT. *Locução inglesa.* Compra a crédito.

BUZINA. 1. *Direito de trânsito.* Aparelho sonoro, obrigatório nos veículos terrestres, que serve para alertar pedestres ou motorista de outro veículo de sua aproximação ou para avisar de uma manobra. **2.** *Direito marítimo.* Equipamento obrigatório nas embarcações usado para emitir sons convencionais, indicativos da manobra que está sendo executada, buscando evitar abalroamentos no mar. Assim, um apito significa "estou guinando para boreste"; dois, "estou guinando para bombordo"; e três, "estou dando atrás" (Regra 34 do Regulamento Internacional para Evitar Abalroamentos no Mar).

BY-LAW. *Locução inglesa.* Estatuto.

BY-PROXY. *Locução inglesa.* Por procuração.

BYSTANDER. *Direito do consumidor.* **1.** Pessoa física ou jurídica que, sem ter participado da relação de consumo, sofreu lesão em sua saúde ou segurança ante o fato de o produto apresentar defeito (Lucan). **2.** Vítima de acidente de consumo. **3.** Vítima do evento danoso, causado por acidente provocado pelo produto defeituoso (que apresenta vício de qualidade por insegurança), for pessoa que não contratou com o fabricante importador etc. do produto (Marco Antonio Zanellato).

BYTE (B). *Direito virtual.* Dígito.

CAASP. Sigla de Caixa de Assistência dos Advogados de São Paulo.

CAATINGA. *Direito agrário.* Local do sertão nordestino onde há carrascal em abundância, predominando essa mata de árvores e arbustos sobre as cactáceas e bromeliáceas, destinado por isso à pecuária, sob os cuidados do vaqueiro sertanejo.

CABAÇO. *Medicina legal.* **1.** Hímen. **2.** Virgindade da mulher.

CABALA. **1.** *Direito eleitoral.* a) Meio empregado pelos cabos eleitorais não só para conseguir, numa eleição, maior número de votos ao candidato indicado pelo partido político a que está filiado como também para anular os votos contrários; b) intriga política; c) grupo de pessoas que procuram fazer uma conspiração ou intriga política. **2.** *Direito penal.* Negociação ou conluio secreto ou meio oculto e ilícito usado por várias pessoas para lesar um inocente e salvar um criminoso, arruinar um estabelecimento útil, desacreditar boas obras ou elaborar projetos danosos à coletividade e ao Estado. **3.** Na *linguagem comum,* pode indicar: a) sistema tradicional dos israelitas para interpretação da Escritura; b) esoterismo; c) arte ou magia para obter comunicação com os espíritos.

CABANA. **1.** *Direito agrário.* Pequena casa rústica, construída de madeira, tendo cobertura de colmo; choupana. **2.** *Direito penal.* Na *gíria,* designa o ladrão que fica vigiando enquanto seu companheiro rouba. **3.** *Direito aeronáutico.* Conjunto de estais que servem como contravento de um avião.

CABANAL. *Direito agrário.* Abrigo coberto de telhas, palha ou colmo, junto às eiras, onde são recolhidos os cereais que vão ser debulhados, protegendo-os de tempestades ou chuvas.

CABANHEIRO. *Direito agrário.* Trabalhador rural, próprio do Rio Grande do Sul, que lida com animais em estâncias ou haras, cuidando de sua alimentação e higiene, podendo domar potros e determinar os exercícios que devem fazer na raia.

CABANO. **1.** *Direito agrário.* Diz-se do boi com chifres dirigidos para baixo ou horizontais. **2.** *Direito político.* Membro de certa facção política de Alagoas, Maranhão, Pará e Pernambuco.

CABAÚ. *Direito agrário.* Designação dada, nas monoculturas canavieiras de Pernambuco e Sergipe, ao mel de tanque oriundo dos engenhos de banguê.

CABEÇA. **1.** *Medicina legal.* a) Parte do corpo humano que contém encéfalo, olhos, nariz, boca e orelhas, sendo coberta por cabelos; b) sede da inteligência; c) parte golpeante de uma arma. **2.** *Direito agrário.* a) Parte superior do arado; b) começo ou fonte de um rio; c) número e existência de bovinos numa fazenda ou curral. **3.** *Direito militar.* a) Começo de uma fortificação ou parte dela voltada para o inimigo; b) parte das tropas que vai na vanguarda. **4.** *Direito marítimo.* Paus colocados no convés e à popa das embarcações para possibilitar que se amarrem as espias. **5.** *Direito civil.* a) Liderança, indicando a pessoa que é chefe ou a principal figura numa sociedade ou organização social ou na execução de um ato; b) precedência, por exemplo, no sentido empregado pelas normas alusivas ao direito sucessório quando determinam que, na linha descendente, os filhos herdam por cabeça e os outros descendentes por cabeça e estirpe, conforme se encontrem ou não no mesmo grau. **6.** *Direito penal.* Diz-se daquele cuja ação material ou intelectual predominou na prática do crime.

CABEÇA DA ACUSAÇÃO. *História do direito.* Cada um dos objetos da queixa. Logo, anotavam-se tantas cabeças de acusação quantos fossem os crimes perpetrados pelo acusado.

CABEÇA-DE-CAMPO. *Direito agrário.* Vaqueiro chefe.

CABEÇA-DE-CASAL. **1.** *História do direito.* O chefe da sociedade conjugal. **2.** *Direito processual civil.* Cônjuge sobrevivente que vier a ser nomeado inventariante dos bens do *de cujus,* tendo a posse e a administração dos bens da herança até a partilha.

CABEÇA DE COMARCA. *Direito administrativo.* **1.** Município em que a comarca está sediada. **2.** Sede da administração da comarca.

CABEÇA DE DESTRINÇA. *Vide* CABECEL.

CABEÇA DO ARTIGO. *Teoria geral do direito.* Diz-se dos dizeres contidos num dispositivo legal sem levar em conta seus parágrafos. É muito usada esta locução sob a forma latina *caput,* que significa "início" ou "princípio".

CABEÇA-DO-PRAZO. *Vide* CABECEL.

CABEÇAL. **1.** *Vide* CABECEL. **2.** Na *linguagem comum,* aquele que lidera ou responde por um movimento ou grupo. **3.** *Direito das comunicações.* É o conjunto de meios de geração, recepção, tratamento, transmissão de programas e programações e sinais de TV necessários às atividades da operadora do serviço de TV a cabo.

CABEÇALHO. 1. *Direito agrário.* a) Lança de uma carroça; b) peça de madeira de lei colocada em toda a extensão do carro de bois; c) peça comprida do arado onde se ligam as suas pélas ou se atrelam os animais de tração. **2.** *Direito autoral.* a) Título do livro; b) denominação do jornal, que vem logo acima da primeira página. **3.** Na *linguagem comum,* indica os dizeres de um abaixo-assinado, onde é exposto o assunto que deu origem à subscrição.

CABECEIRA. 1. *Direito agrário.* a) Região onde está a nascente de um rio; b) local onde o gado pasta, que fica bem distante da sede da fazenda; c) vaqueiro que segue à frente da boiada logo após o guia. **2.** *Direito canônico.* Altar-mor das Igrejas.

CABECEL. *Direito civil.* Também designado "cabeça de destrinça", "cabeça-do-prazo" ou "cabeçal". Foreiro eleito pelos demais ou pelo senhorio direto para ficar como responsável pela cobrança de todos os direitos e foros dos demais para pagá-los, por inteiro, ao senhorio. Isto é assim porque o foreiro tem o direito de constituir co-enfiteuse, uma vez que a enfiteuse admite titularidade simultânea de várias pessoas, que exercem, *pro indiviso,* o seu direito sobre o bem enfitêutico. Ter-se-á, então, a destrinça, ou seja, a divisão do foro total na proporção que cada interessado possuir. Entretanto, os co-enfiteutas, ou foreiros, deverão, dentro de seis meses, eleger, por maioria absoluta de votos, para representá-los o "cabeça de destrinça", ou simplesmente cabecel, que irá responder perante o senhorio direto por todas as obrigações, inclusive a de pagar o foro. As ações do senhorio direto contra os foreiros deverão ser propostas contra o cabecel, que terá direito regressivo contra os demais pelas respectivas cotas. Se após o prazo de seis meses não se escolher o cabecel, essa escolha competirá ao senhorio direto. Enfim, é o enfiteuta nomeado, havendo destrinça, para representar os demais perante o senhorio direto, pagar o foro anual e responder pelas obrigações contratuais em juízo.

CABECELARIA. *Direito civil.* Encargo de cabecel.

CABECILHA. *Direito penal.* Chefe de uma quadrilha.

CABEÇOS FLUTUANTES. *Direito marítimo.* Instrumentos usados para amarrar as embarcações, existentes nas paredes da eclusa e que acompanham o nível da água dentro da câmara, durante a eclusagem.

CABEDAL. 1. *História do direito.* Dizia-se da pessoa que tinha fortuna e a quem se concedia sesmaria para assumir a obrigação de explorá-la economicamente, construindo engenhos. **2.** *Direito civil.* Conjunto dos bens livres ou desobrigados que constituem o patrimônio de uma pessoa.

CABIDO. 1. *Direito canônico.* a) Corporação de clérigos para a realização solene de culto divino; b) grupo de conselheiros do bispo, tendo direitos e deveres, bens patrimoniais, representação jurídica ativa e passiva e selo para expedir os atos capitulares. **2.** *Direito civil.* Associação civil religiosa.

CABIDO DE CÔNEGOS. *Direito canônico.* Colégio de sacerdotes com competência para realizar as funções litúrgicas mais solenes na Igreja catedral e para desempenhar as funções que lhe forem confiadas pelo bispo diocesano.

CABINA. 1. *Direito comercial.* a) Camarote ou compartimento fechado para passageiros em navios ou trens; b) grande caixa para transportar carga ou pessoas nos ascensores; c) elevador. **2.** *Direito aeronáutico.* a) Local onde o piloto dirige a aeronave; b) vagonete nos trens aéreos. **3.** *Direito administrativo.* a) Compartimento reservado destinado a comunicações telefônicas; b) posto de sinais colocados em estações ferroviárias ou em entroncamentos das estradas de ferro; c) guarita em que ficam, nas estradas de rodagem, os sinaleiros ou vigias. **4.** *Direito eleitoral.* Local fechado destinado a votação.

CABINA ESPACIAL. *Direito aeronáutico.* É a pressurizada e climatizada para ser usada em vôos espaciais.

CABINA INDEVASSÁVEL. *Direito eleitoral.* Compartimento colocado nos postos eleitorais para que os eleitores possam, secretamente, assinar seu voto na cédula.

CABINA ROTATIVA. *Direito aeronáutico.* Compartimento de veículo espacial que tem por fim criar, ao girar, uma gravidade artificial pela força centrífuga.

CABINEIRO. *Direito do trabalho.* Aquele que trabalha em cabina, como o ascensorista, que é cabineiro do elevador, e o cabineiro de estrada de ferro, que segue o horário de trabalho disposto em lei.

CABLAR. *Direito comercial.* Telegrafar por cabo ou por meio de linha telegráfica internacional.

CABO. 1. *Direito militar.* Graduação militar que se situa acima do soldado, no Exército; do marinheiro de primeira classe, na Marinha; e do soldado de primeira classe, na Aeronáutica. **2.** *Direito marítimo.* a) Ponta de terra que avança pelo mar adentro; b) rumo ou direção da proa do navio; c) corda de aço usada, pela sua grande resistência, para rebocar embarcações, para segurá-las à âncora ou sustentar pesadas cargas. **3.** *Direito comercial, direito civil* e *direito administrativo.* a) Feixe de fios metálicos utilizados para telefonia ou telegrafia submarina ou subterrânea; b) despacho pelo telégrafo submarino; cabograma.

CABO AÉREO. *Direito comercial.* É o fixado entre dois pontos elevados, usado para transportar passageiros em veículo suspenso ou para transmitir mensagens telefônicas ou telegráficas.

CABOCLO. *Direito agrário.* Roceiro que cultiva para sua sobrevivência, sem qualquer técnica que venha a lhe dar lucro.

CABOCÓ. *Direito agrário.* Designa, no nordeste, o caneiro por onde escoe a água que sai dos cubos das rodas dos engenhos de cana-de-açúcar movidos a água.

CABO DE ESQUADRA. *História do direito.* Posto que, na Era Colonial e Imperial brasileira, estava abaixo de furriel e acima de anspeçada (Othon Sidou).

CABO-DE-GUERRA. *Direito militar.* Diz-se do general que se ilustrou em campanhas.

CABO-DE-TURMA. *Direito agrário.* Trabalhador rural que chefia determinado grupo agrícola em derrubada de mata, abertura e conservação de caminhos etc.

CABO ELEITORAL. *Direito eleitoral.* Indivíduo encarregado de obter votos para certo partido ou candidato.

CABOGRAFAR. *Direito comercial.* Telegrafar por meio de cabo submarino.

CABOGRAMA. *Direito comercial.* Telegrama transmitido por cabo submarino.

CABOJE. *Direito agrário.* Parte dos gomos de cana-de-açúcar que é podada para ativar a germinação dos brotos.

CABOROCA. *Direito agrário.* Ato de desbravar arbustos e roçada de mato para possibilitar a plantação de cacau.

CABO SUBMARINO. *Direito comercial* e *direito administrativo.* É o instalado sob as águas do mar para atender às necessidades da comunicação telefônica ou telegráfica.

CABOTAGEM. *Direito marítimo.* Navegação costeira feita entre portos nacionais por navios brasileiros.

CABOTAGEM AÉREA. *Direito aeronáutico.* Transporte feito por aeronaves brasileiras de mercadorias ou pessoas embarcadas num e desembarcadas em outro ponto do País, mediante remuneração. Os pontos de partida e chegada precisam situar-se em território nacional.

CABOTINO. Aquele que é arrogante e sem valor (Marcus Cláudio Acquaviva).

CABOUCO. *Direito civil.* Vala aberta para que nela sejam construídos os alicerces de uma construção ou de um muro.

CABOVISÃO. *Direito das comunicações* e *direito autoral.* Transmissão de imagens ou sons por meio de cabos, de modo que os sinais da emissão sejam recebidos e retransmitidos por satélites especiais a estações terrestres. Trata-se, portanto, da comunicação por satélite, que recebe, por uma antena, sinais portadores de programas de uma fonte emissora para modulá-los e retransmiti-los, pela antena de emissão, à estação receptora. Isto vem interferir nos direitos autorais, uma vez que difunde obras intelectuais, legalmente protegidas; conseqüentemente, imprescindível será, para que haja tal transmissão, a autorização autoral e o pagamento dos direitos de autor.

CABRA. *Direito agrário.* **1.** Animal da espécie *capra hircus* criado para produzir leite e carne. **2.** Capanga; cangaceiro. **3.** Trabalhador rural do nordeste; mestiço de mulato com negro.

CÁBREA. *Direito marítimo.* Corda grossa utilizada como amarreta de embarcação.

CABREIRO. *Direito agrário.* **1.** Trabalhador rural que guarda cabras. **2.** Aquilo que é relativo à cabra ou feito com leite de cabra.

CABRESTANTE. *Direito marítimo.* Máquina usada para levantar âncoras ou pesos.

CABRESTEIRA. *Direito marítimo.* Pedaço de amarra usado para reter a embarcação.

CABRESTO. 1. *Direito agrário.* a) Diz-se do gado manso que se mistura a reses ariscas ou bravias para retê-las no lote que será conduzido; b) arreio de couro com que se prende ou conduz a cavalgadura pela cabeça e sem freio. **2.** *Direito marítimo.* Cabo grosso usado para segurar o gurupês a argolas fixas no costado do navio.

CABRIL. *Direito agrário.* Curral de cabras.

CABRITEIRO. *Direito agrário.* Pastor de cabritos.

CABROCA. *Direito agrário.* **1.** Limpeza do terreno para exploração da plantação de cacau. **2.** Trabalho e local da roçada.

CABRUM. *Direito agrário.* Diz-se do gado que contém cabras e bodes.

CAÇA. **1.** *Direito civil* e *direito ambiental.* Modo aquisitivo de propriedade móvel, desde que se obedeçam aos regulamentos administrativos e às leis especiais. Trata-se da ocupação propriamente dita, que consiste no ato de apanhar animais sem dono ou bravios ou aves silvestres com o intuito de matá-los ou apenas capturá-los. A caça poderá ser exercida em terras públicas ou particulares com a devida licença de seu dono. Com isso procura-se proteger o direito de caça sem, contudo, atingir o direito de propriedade daqueles em cujos terrenos ele se efetiva ou exercita. O animal pertence ao caçador que o apreender. **2.** *Direito militar.* Avião de combate. **3.** *Direito marítimo.* a) Conjunto de redes de um barco; b) voz de comando para que os marinheiros icem as escotas da vela que se pretende colher.

CAÇA AMADORISTA. *Direito ambiental.* Aquela destinada ao lazer, desde que o caçador mantenha o meio ambiente ecologicamente equilibrado.

CAÇA CIENTÍFICA. Aquela concedida, mediante licença especial, a cientistas, para coletar material zoológico imprescindível às suas pesquisas, desde que não tenha fins comerciais.

CAÇA DE CONTROLE. *Direito ambiental.* Ato de, mediante licença de autoridade competente, apanhar ovos, larvas e filhotes e de destruir animais silvestres daninhos à saúde e à agricultura, com o escopo de reequilibrar o ecossistema, ante o aumento do número de certos animais.

CAÇA DE PÃ. *Filosofia geral.* Complexo de procedimentos experimentais utilizados na exploração da natureza, com o escopo de se chegar à constatação de fatos, antes de interpretá-los (Bacon).

CAÇA DE SUBSISTÊNCIA. Ato de caçar animal para o sustento, tutelando o direito à vida.

CAÇADOR. **1.** *Direito civil.* Aquele que caça por hábito ou profissão. **2.** *Direito militar.* Piloto de caça. **3.** *Direito marítimo.* Tolete encavilhado numa travessa de madeira fixa na popa para amarrar a escota da vela.

CAÇA ESPORTIVA. *Vide* CAÇA AMADORISTA.

CAÇA FURTIVA. *Direito civil.* Diz-se da caça exercida sem licença da autoridade competente, em terras onde é proibida ou com armas cuja utilização não é permitida.

CAÇA GROSSA. *Direito civil.* É a que visa apreender animais grandes, como antas e veados.

CAÇAMBA. *Direito agrário.* Carroça puxada por um só animal usada para remover terra.

CAÇA-MINAS. *Direito marítimo.* Barco apropriado para descobrir e retirar minas submarinas.

CAÇA MIÚDA. *Direito civil.* É a que pretende capturar animais pequenos.

CAÇANGE. *Direito comparado.* Dialeto falado pelos nativos de Angola.

CAÇA-NÍQUEL. *Direito penal.* a) Aparelho usado em jogo de azar para furtar jogadores; b) empresa organizada com o escopo de iludir a boa-fé dos acionistas.

CAÇANJISTA. *Direito agrário.* É, pejorativamente, a denominação dada pelos mineiros aos boiadeiros paulistas que compram gado na região serrana de Mato Grosso.

CAÇAPO. *Direito militar.* Pequena peça de artilharia com cano curto e grosso.

CAÇA PROFISSIONAL. Ato, vedado legalmente, de caçar animal com o intuito de obter lucro.

CAÇARIA. *Direito penal.* Corja de ladrões.

CAÇA-SUBMARINO. *Direito militar.* Navio aparelhado para perseguir e agredir submarinos.

CAÇA-TORPEDEIRO. *Direito militar.* Pequeno cruzador utilizado para perseguir torpedeiros.

CACAU. *Direito agrário.* Fruto do cacaueiro, de forma ovóide, que contém amêndoas, utilizadas na fabricação de chocolate e na extração da manteiga de cacau.

CACAUAL. *Direito agrário.* Plantação de cacaueiro ou local onde crescem os cacaueiros.

CACAUICULTURA. *Direito agrário.* Cultura ou plantação de cacau.

CACHAÇA. *Direito agrário.* Aguardente de cana, que se obtém pela destilação da garapa.

CACHADA. *Direito agrário.* Queima do mato para adubar as terras e destruir ervas daninhas.

CACHAPIM. *Direito militar.* Na *gíria,* indivíduo encaixado num cargo burocrático para evitar a frente de batalha.

CACHÊ. *Direito autoral.* Salário que se paga por dia a figurantes de um filme, no cinema, a tarefas de representação dramática, no teatro e na televisão, ou de elocução, no rádio.

CACHE MEMORY. *Direito virtual.* Memória que tem a função de armazenar dados que são continuamente acessados pelo processador na RAM.

CACHING. *Direito virtual.* Armazenagem temporária.

CACHOLA. *Direito marítimo.* **1.** Tábua pregada no topo do calcês de um mastro para impedir que haja infiltração de água entre os encaixes do madeiro. **2.** Cavidade na cabeça do leme, onde é introduzida a cana.

CACHUCHA. *Direito marítimo.* Pequena embarcação utilizada em alguns portos da América.

CACICA. *Direito agrário.* Licor fermentado que se extrai da mandioca.

CACIMBA. *Direito agrário.* Poço ou cova feita no leito seco dos rios ou nos terrenos úmidos para recolher água para uso doméstico.

CACIQUE. **1.** *Direito civil.* Morubixaba ou chefe indígena. **2.** *Direito eleitoral.* Aquele que tem influência política, dispondo de votos de muitos eleitores.

CACOCOLIA. *Medicina legal.* Desordem ocorrida na função biliária.

CACODEMONOMIA. *Medicina legal.* Alienação mental que acarreta ilusão de estar possuído por maus espíritos.

CACOETE. *Medicina legal.* Movimento involuntário causado por contração muscular do rosto.

CACOFAGIA. *Medicina legal.* Estado mórbido que leva o paciente a comer imundícies ou coisas repugnantes.

CACOGAMIA. *Sociologia geral.* Mau casamento.

CACOPATIA. *Medicina legal.* Doença de mau prognóstico.

CACOPRAGIA. *Medicina legal.* Péssimo funcionamento de algum órgão.

CACOSMIA. *Medicina legal.* Perversão do olfato que leva o doente a gostar de odores desagradáveis.

CACOTIMIA. *Medicina legal.* Perturbação mental.

CACOTROFIA. *Medicina legal.* Má nutrição.

CAÇULA. **1.** *Direito agrário.* Ato de socar cereais no pilão, realizado por duas pessoas que batem alternadamente. Se o ato for realizado por uma só pessoa, ter-se-á a "pilagem". **2.** *Direito civil.* O filho mais novo.

CAD. *Direito internacional público.* Abreviatura do Curso de Aperfeiçoamento de Diplomatas mantido pelo Instituto Rio Branco (IRBr) como parte integrante do sistema de treinamento e qualificação contínuos na carreira de diplomata, com o objetivo de aprofundar e atualizar conhecimentos necessários ao desempenho das funções exercidas por segundos e primeiros secretários.

CADAFALSO. **1.** *História do direito.* Estrado alto, montado em local público, para executar, pela guilhotina ou pela forca, os condenados à pena de morte. **2.** *Direito penal.* Patíbulo erguido, em alguns países, para execução penal.

CADASTRADO. Pessoa física ou jurídica, consumidor ou não, que esteja registrada nos bancos de dados.

CADASTRAMENTO E INSCRIÇÃO DE BENS IMÓVEIS DA UNIÃO OCUPADOS POR POPULAÇÃO CARENTE PARA MORADIA. *Direito administrativo* e *direito registrário.* O Poder Executivo, por meio da Secretaria do Patrimônio da União, adotará providências visando a realização de levantamento dos imóveis da União que possam ser destinados a implementar políticas habitacionais direcionadas à população de menor renda no âmbito do Sistema Nacional de Habitação de Interesse Social (SNHIS). O Poder Executivo, por meio da Secretaria do Patrimônio da União (SPU) do Ministério do Planejamento, Orçamento e Gestão, deverá cadastrar as terras da União ocupadas por pessoas de baixa renda. E nas áreas urbanas, em imóveis possuídos por população carente para fins de moradia, onde não se puder individualizar as posses, poder-se-á demarcar a área a ser regularizada, cadastrando-se o assentamento para, posteriormente, outorgar o título de forma individual ou coletiva. A inscrição de ocupação, a cargo da SPU, é ato administrativo precário, resolúvel a qualquer tempo, que pressupõe a comprovação do efetivo aproveitamento pelo ocupante, outorgada pela administração após a análise da conveniência e oportunidade e gera a obrigação de pagamento anual da taxa de ocupação. Todavia, aquela prova do efetivo aproveitamento será dispensada no caso de assentamento informal definido pelo Município como área especial de interesse social, nos termos de seu plano diretor ou outro instrumento legal que garanta a função social daquela área, exceto na faixa de fronteira ou quando se tratar de imóvel sob a administração das Forças Armadas. A inscrição de ocupação de imóvel dominial da União, a pedido ou de ofício, deverá ser formalizada por meio de ato da autoridade local da SPU em processo administrativo específico. Uma vez inscrito, o ocupante do imóvel público tornar-se-á o responsável no cadastro dos bens dominiais da União para efeito de administração e cobrança das receitas patrimoniais. No caso de cadastramento de ocupações para fins de moradia cujo ocupante seja considerado carente ou de baixa renda, a União poderá proceder à regularização fundiária da área. Para fins de regularização de ocupações ocorridas até 27 de abril de 2006, nos registros cadastrais da SPU, as transferências de posse na cadeia sucessória do imóvel serão anotadas no cadastro dos bens dominiais da União para cobrança de receitas patrimoniais dos responsáveis, não dependendo do prévio recolhimento de laudêmio, se se tratar de enfiteuse.

CADASTRO. 1. Na *linguagem jurídica* em geral, rol; inventário; registro. **2.** *Direito civil.* a) Registro público de imóveis de determinada região; b) série de operações para estabelecer um registro. **3.** *Direito administrativo.* a) Recenseamento da população; b) sistema de fichário organizado por estabelecimento público alusivo a assuntos administrativos. **4.** *Direito penal.* Registro policial de contraventores e criminosos. **5.** *Direito comercial.* Registro de clientes da praça onde operam os estabelecimentos.

CADASTRO BANCÁRIO. *Direito bancário.* Setor do estabelecimento bancário encarregado de registrar os clientes não só recolhendo informações de ordem patrimonial e financeira sobre eles, sejam pessoas físicas ou jurídicas, como também dados pessoais, arquivando-os em fichas.

CADASTRO DE CLIENTES DO SISTEMA FINANCEIRO NACIONAL (CCS). *Direito bancário.* Destinado ao registro de informações relativas a correntistas e clientes de instituições financeiras e demais instituições por ele autorizadas a funcionar, e das administradoras de consórcios bem como a seus representantes legais ou convencionais. Consideram-se correntistas e clientes as pessoas físicas ou jurídicas, residentes, domiciliadas ou com sede no País ou no exterior, que detenham a titularidade de contas de depósitos ou ativos financeiros sob a forma de bens, direitos e valores mantidos ou administrados nas instituições acima apontadas. O CCS consiste em sistema informatizado, sob a gestão do Banco Central do Brasil, com a capacidade de: 1. armazenar as seguintes informações relativas ao correntista ou cliente, bem como a seus representantes legais ou convencionais: a) número de inscrição no Cadastro de Pessoas Físicas (CPF) ou no Cadastro Nacional de Pessoa Jurídica (CNPJ); b) CNPJ da instituição com a qual mantenha relacionamento; c) datas de início e, se for o caso, de fim do relacionamento com a instituição; 2. propiciar o atendimento de solicitações, formuladas pelas autoridades legalmente competentes, do detalhamento de informações: a) sobre o relacionamento mantido entre as instituições acima arroladas e seu correntista, cliente e respectivos representantes legais ou convencionais, quando houver, a partir dos dados referentes ao CPF ou ao CNPJ; b) sobre correntistas, clientes e respectivos representantes legais ou convencionais, a partir do conjunto de dados composto pelo número da conta, código da agência e CNPJ da instituição financeira.

CADASTRO DE COMERCIANTES E INDUSTRIAIS. *Direito comercial.* Serviço organizado de registro de empresários (comerciantes e industriais), arrolando o capital, a composição social, o crédito, o conceito ou reputação e o patrimônio.

CADASTRO DE CONSUMIDORES. *Direito do consumidor.* **1.** Fichário que contém informações verídicas sobre cada consumidor, não só de ordem pessoal como também relativas a sua conduta. Trata-se, enfim, de uma avaliação do consumidor feita pelo fornecedor dentro de critérios úteis para orientá-lo na efetivação dos seus negócios. A lei veda, contudo, que informações negativas do consumidor referentes a período superior a cinco anos sejam arquivadas. O consumidor terá acesso às informações que lhe digam respeito existentes naquele cadastro e o direito de exigir a correção de eventuais informações falsas, desde que comprove essa falsidade. **2.** É o feito pelo consumidor junto ao seu fornecedor, atual ou futuro (Renato Afonso Gonçalves).

CADASTRO DE EMPRESAS DE CONSULTORIA (CA-DEC). É o organizado, por especialidade, mediante procedimento definido em norma e aberto a empresas de consultoria, especializadas na área de telecomunicações, em avaliação e auditoria de empresas e no planejamento e execução de venda de bens e valores mobiliários, a fim de promover a reestruturação e a desestatização das empresas prestadoras de serviços de telecomunicações, controladas direta ou indiretamente pela União e supervisionadas pelo Ministério das Comunicações.

CADASTRO DE ESTRANGEIRO. *Direito administrativo.* Formulário preenchido por todos os estrangeiros domiciliados no Brasil ou por todos que aqui exerçam atividade remunerada.

CADASTRO DE IMÓVEIS. *Direito registrário.* Registro público, mantido pelas municipalidades, de bens imóveis existentes em seu território (Othon Sidou).

CADASTRO DE IMÓVEIS RURAIS. *Direito agrário.* Levantamento sistemático e organizado dos prédios rurais do País, feito pelo Poder Público (INCRA), indicando seu valor, situação, tipos de cultura, formas de uso da terra etc., atendendo principalmente a finalidades de tributação, elaborando as estatísticas agrárias e fundiárias do País. Para tornar possível a elaboração desse cadastro, os titulares do domínio ou possuidores a qualquer título de imóvel rural destinado à exploração agrícola, pecuária, extrativa vegetal ou agroindustrial ficarão obrigados a prestar declarações e deverão preencher obrigatoriamente uma ficha ou formulário, organizado e distribuído pelo INCRA, denominado "declaração para cadastro de imóvel rural", dentro dos prazos legalmente estipulados e segundo normas de direito. O INCRA emitirá, então, o Certificado de Cadastro de Imóveis Rurais a quem de direito, necessário em quaisquer negócios imobiliários alusivos à área rural cadastrada, embora não faça prova do domínio nem dos direitos a ele relativos.

CADASTRO DE INADIMPLENTES. *Direito do consumidor.* Registro em bancos de dados, informando terceiros interessados de pessoas inadimplentes, feito por empresa de informação, como Serviço de Proteção ao Crédito (SPC); Cadastro Informativo dos Créditos de Órgãos e Entidades Federais não Quitados (CADIN); Centralização de Serviços dos Bancos S/A (SERASA) (Marcelo Pinto).

CADASTRO DE LOGRADOUROS. *Direito administrativo.* É o sistema organizado de informações que, mediante códigos apropriados, atribui a cada logradouro ou seção um valor genérico do metro quadrado do terreno, observados os fatores de desvalorização ou valorização que incidem sobre sua localização e características próprias.

CADASTRO DE MÓVEIS. 1. *Direito civil.* Registro de determinados bens móveis, como, por exemplo, o de veículos automotores, o de propriedade literária e artística etc., regulado por leis especiais. **2.** *Direito militar.* Registro público de aviões usados pelas Forças Armadas. **3.** *Direito aeronáutico.* Assentamento de aeronaves nacionais pertencentes a pessoas físicas ou jurídicas brasileiras no Registro Aeronáutico Brasileiro, para que possam constituir objeto de relação jurídica. **4.** *Direito marítimo.* Registro de embarcações de pessoas físicas ou jurídicas brasileiras. **5.** *Direito agrário.* Registro genealógico de animais domésticos, como asininos, bovinos, bubalinos, eqüinos, suínos, ovinos e caprinos, feito sob a fiscalização do Ministério da Agricultura. **6.** *Direito administrativo.* a) Registro de antiguidades ou de bens pertencentes à arte histórica, erudita, arqueológica, etnográfica, ameríndia e popular no Livro do Tombo; b) registro de jazidas e minas. **7.** *Direito comercial.* Registro de pedras preciosas ou metais nobres destinados ao mercado interno ou externo.

CADASTRO DE PESSOAS FÍSICAS (CPF). *Direito tributário.* Inscrição de pessoa física para fins de tributação, cuja comprovação se faz pela expedição do Cartão de Identificação do Contribuinte (CIC).

CADASTRO DE USUÁRIOS DE TELEFONES CELULARES PRÉ-PAGOS. *Direito das comunicações.* É o cadastro atualizado, feito pelos prestadores de serviços de telecomunicações, dos usuários de aparelhos de telefonia celular, na modalidade pré-paga, contendo, se pessoa física, o número do documento de identidade ou o de registro no cadastro do Ministério da Fazenda, e, se for pessoa jurídica, o número do registro no cadastro do Ministério da Fazenda. Os dados constantes do cadastro, salvo motivo justificado, deverão ser imediatamente disponibilizados pelos prestadores de serviços para atender solicitação da autoridade judicial, sob pena de multa de até R$ 10.000,00 por infração cometida. Os estabelecimentos que comercializam aparelhos de telefonia celular, na modalidade pré-paga, ficam obrigados a informar aos prestadores de serviços, no prazo de vinte e quatro horas após executada a venda, os dados acima referidos, sob pena de multa de até R$ 500,00 por infração. Os prestadores de serviços de que trata esta Lei devem disponibilizar para consulta do juiz, do Ministério Público ou da autoridade policial, mediante requisição, listagem das ocorrências de roubos e furtos de aparelhos de telefone celular, contendo nome do assinante, número de série e código dos telefones.

CADASTRO ESPECIAL DOS NEGOCIANTES DE ANTIGÜIDADES, DE OBRAS DE ARTE DE QUALQUER NATUREZA, DE MANUSCRITOS E LIVROS ANTIGOS OU RAROS. Feito no Iphan, abrange negociantes de antigüidades que exerçam, individualmente ou em sociedade empresária, as atividades de compra, venda, importação ou exportação, de obras de arte de qualquer natureza, de manuscritos e livros antigos ou raros. Tais negociantes compreendem as pessoas físicas ou jurídicas que exercem as suas atividades por venda direta, em consignação, leilão, agenciamento, comércio eletrônico ou por qualquer outra forma de contratação. Estão sujeitas ao cadastro especial no Iphan as pessoas que comercializem os seguintes bens culturais: 1) Obras de artes plásticas e visuais, produzidas no Brasil ou no estrangeiro até 1970, inclusive, de autoria consagrada pela historiografia da arte. 2) Obras de arte, documentos iconográficos e objetos de antigüidade, de qualquer natureza, produzidos no Brasil até o final do século XIX (1900 inclusive) ou no estrangeiro, inseridos na cultura brasileira no mesmo período. 3) Objetos etnográficos produzidos no Brasil com mais de 50 anos e àqueles sem limite cronológico relativos a populações extintas. 4) Os conjuntos ou coleções de documentos arquivísticos, de qualquer gênero, produzidos ou reunidos por uma mesma pessoa, família ou instituição, sem limite cronológico, relacionados à história do Brasil. 5) Os documentos arquivísticos manuscritos, impressos e mistos relacionados à história do Brasil, temas ou pessoas relevantes para a historiografia brasileira e às paisagens ou situações sociais brasileiras, produzidos até o século XX (2000 inclusive). 6) Os filmes produzidos no Brasil até 1930, inclusive. 7) Os registros de músicas, discursos, propagandas e programas de rádio produzidos no Brasil até 1930, inclusive. 8) Os registros sonoros de pesquisas científicas produzidas no Brasil, sem limite cronológico. 9) Os livros antigos ou raros, desse modo consagrados na literatura especializada, ou que tenham valor literário, histórico ou cultural permanente: a) a Coleção Brasiliana: livros sobre o Brasil – no todo ou em parte, impressos ou gravados desde o século XVI até o final do século XIX (1900, inclusive), e os livros de autores brasileiros impressos ou gravados no estrangeiro até 1808; b) a Coleção Brasiliense: livros impressos no Brasil, de 1808 até nossos dias, que tenham valor bibliofílico – edições da tipografia régia, primeiras edições por unidades federativas, edições príncipes, primitivas ou originais e edições em vida, literárias, técnicas e científicas; edições fora de mercado, produzidas por subscrição; edições de artista; c) incunábulos, pós-incunábulos e outras edições impressas e gravadas, célebres ou celebrizadas, de evidenciado interesse para o Brasil, impressas artesanalmente nos séculos XV a XVIII (1800, inclusive), em qualquer lugar; d) as publicações periódicas e seriadas, em fascículos avulsos ou coleções: títulos sobre o Brasil – no todo ou em parte, impressos ou gravados no estrangeiro até 1825; títulos impressos ou gravados no Brasil, de 1808 a 1900, inclusive; folhas volantes – papéis de comunicação imediata, originalmente soltos e esporádicos, impressos ou gravados no Brasil, no século XIX (1900, inclusive); os títulos manuscritos, configurados como jornalismo epistolar, produzidos ou não sob subscrição no Brasil, no século XIX (1900, inclusive); os títulos célebres ou celebrizados, de evidenciado interesse para o Brasil, impressos ou gravados artesanalmente, nos séculos XVI a XVIII (1800, inclusive), em qualquer lugar. 10) Os exemplares de livros ou fascículos de periódicos representativos, respectivamente, da memória bibliográfica e hemerográfica mundial, avulsos ou em volumes organizados ou factícios, que apresentem marcas de colecionismo ativo ou memorial, tais como: *ex libris*, *super libris*, ex-donos e carimbos secos ou molhados; marcas de leitura personalizadas; marcas de exemplar de autor, com anotações autógrafas ou firmadas que evidenciam o amadurecimento e a redefinição do texto.

CADASTRO GERAL DOS CONTRIBUINTES. *História do direito.* Tratava-se do CGC, ou seja, registro fazendário de todas as empresas brasileiras.

CADASTRO IMOBILIÁRIO. *Direito administrativo, direito agrário* e *direito civil.* Registro feito por agentes do ofício público de todas as operações relativas a bens imóveis e a direitos a eles condizentes, promovendo atos de escrituração e assegurando aos requerentes a aquisição e o exercício do direito de propriedade e a instituição de ônus reais de fruição, garantia ou aquisição. Com isso, o assentamento dá proteção especial à propriedade imobiliária, por fornecer meios probatórios fidedignos da situação do imóvel, sob o ponto de vista da respectiva titularidade e dos ônus reais que o gravam, e por revestir-se de publicidade, que lhe é inerente, tornando os dados registrados conhecidos de terceiros. Há cinco sistemas registrários da propriedade imóvel: a) o *comum*, que é o geral e obrigatório para aquisição de imóvel registrado, constituição e transferência de direitos reais sobre imóvel alheio, extinção do direito real pela averbação na folha da matrícula ou à margem do registro e presunção *juris tantum* da existência da propriedade e dos direitos reais sobre o imóvel, ressalvados os de terceiros. Tal registro compreende a prática da matrícula, o registro *stricto sensu* e a averbação; b) o *Torrens*, que, por ser facultativo e excepcional, é um sistema registrário especial, podendo ser requerido apenas para imóveis rurais; c) o *rural*, feito pelo INCRA; d) o *especial de imóveis rurais adquiridos por estrangeiros* (pessoas físicas ou jurídicas); e e) o *de propriedade pública* da União, Estados e Municípios, com o intuito de fazer um levantamento das terras públicas para obter o conhecimento das disponibilidades das áreas consideradas próprias aos Programas de Reforma Agrária e Colonização e para verificar a situação dos posseiros e ocupantes de terras públicas.

CADASTRO INFORMATIVO DOS CRÉDITOS NÃO QUITADOS DO SETOR PÚBLICO FEDERAL (CADIN). É o que contém o rol de pessoas físicas e jurídicas que: a) são responsáveis por obrigações pecuniárias vencidas e não pagas há mais de quarenta dias, para com órgãos e entidades da Administração Pública Federal, direta e indireta, que procederão, segundo normas próprias e sob sua exclusiva responsabilidade, às inclusões no CADIN de pessoas físicas ou jurídicas. Regularizada a situação que deu causa à inclusão no CADIN, o órgão ou entidade responsável pelo registro procederá, no prazo de cinco dias úteis, à respectiva baixa. As informações fornecidas pelos órgãos e entidades integrantes do CADIN serão centralizadas no Sistema de Informações do Banco Central do Brasil (SISBACEN), cabendo à Secretaria do Tesouro Na-

cional expedir orientações de natureza normativa, inclusive quanto ao disciplinamento das respectivas inclusões e exclusões; b) estão com a inscrição suspensa ou cancelada no Cadastro Nacional da Pessoa Jurídica (CNPJ) ou no Cadastro de Pessoas Físicas (CPF), do Ministério da Fazenda. As pessoas físicas e jurídicas incluídas no CADIN têm acesso às informações a elas referentes, observadas as condições operacionais fixadas pelo Banco Central do Brasil. A inexistência de registro no CADIN não implica reconhecimento de regularidade de situação, nem elide a apresentação dos documentos exigidos em lei, decreto ou demais atos normativos. O CADIN contém as seguintes informações: a) nome e número de inscrição no CNPJ ou no CPF, do responsável pelas obrigações arroladas; b) nome e outros dados identificadores das pessoas jurídicas ou físicas, inclusive a indicação do número da inscrição suspensa ou cancelada; c) nome e número de inscrição no CNPJ do respectivo credor ou do órgão responsável pela inclusão; d) data do vencimento da obrigação, conforme disposto em lei, decreto, regulamento ou contrato, ou da suspensão ou cancelamento da inscrição que tenha dado causa à inclusão no CADIN. Cada órgão ou entidade manterá, sob sua responsabilidade e para exclusivo uso próprio, cadastro contendo informações detalhadas sobre as operações ou situações que tenham registrado no CADIN. É obrigatória a consulta prévia ao CADIN, pelos órgãos e entidades da administração pública federal, direta e indireta, para: a) realização de operações de crédito, concessão de garantias de qualquer natureza e respectivos aditamentos; b) concessão de incentivos fiscais e financeiros; c) celebração de convênios, acordos, ajustes ou contratos que envolvam desembolso, a qualquer título, de recursos públicos, e respectivos aditamentos. Tal não se aplica: a) à concessão de auxílios a municípios atingidos por calamidade pública decretada pelo governo federal; b) às operações destinadas à composição e regularização dos créditos e obrigações objeto de registro no CADIN, sem desembolso de recursos por parte do órgão ou entidade credora.

CADASTRO NACIONAL DA PESSOA JURÍDICA (CNPJ). *Direito tributário.* Compreende as informações cadastrais das pessoas jurídicas, de interesse das administrações tributárias da União, dos Estados, do Distrito Federal, dos Municípios e da

Previdência Social. São documentos de entrada do CNPJ: a) Ficha Cadastral da Pessoa Jurídica (FCPJ); b) Quadro de Sócios e Administradores (QSA); c) Ficha Complementar (FC).

CADASTRO NACIONAL DE FLORESTAS PÚBLICAS. *Direito ambiental* e *direito administrativo.* O Cadastro Nacional de Florestas Públicas, interligado ao Sistema Nacional de Cadastro Rural, é integrado: a) pelo Cadastro-Geral de Florestas Públicas da União; b) pelos cadastros de florestas públicas dos Estados, do Distrito Federal e dos Municípios. O Cadastro Nacional de Florestas Públicas será integrado por bases próprias de informações produzidas e compartilhadas pelos órgãos e entidades gestores de florestas públicas da União, dos Estados, do Distrito Federal e dos Municípios. O Cadastro-Geral de Florestas Públicas da União será gerido pelo Serviço Florestal Brasileiro e incluirá: a) áreas inseridas no Cadastro de Terras Indígenas; b) unidades de conservação federais, com exceção das áreas privadas localizadas em categorias de unidades que não exijam a desapropriação; e c) florestas localizadas em imóveis urbanos ou rurais matriculados ou em processo de arrecadação em nome da União, autarquias, fundações, empresas públicas e sociedades de economia mista. As florestas públicas em áreas militares somente serão incluídas no Cadastro-Geral de Florestas Públicas da União mediante autorização do Ministério da Defesa. As florestas públicas federais plantadas após 2 de março de 2006, não localizadas em áreas de reserva legal ou em unidades de conservação, serão cadastradas mediante consulta ao órgão gestor da respectiva floresta.

CADASTRO NACIONAL DE INFORMAÇÕES SOCIAIS (CNIS). *Direito previdenciário.* É o que tem por finalidade consolidar as informações existentes nos diversos cadastros da Administração federal referentes à vida laboral do trabalhador, com vistas à liberação gradual do ônus da prova para benefícios previdenciários; maior controle sobre a arrecadação; seletividade no direcionamento da fiscalização; inibição de fraudes e desvios, mediante o cruzamento de informações. Conseqüentemente, com isso se procura: a) implantar um documento de captação de informações sociais, em especial as referentes aos recolhimentos previdenciários, de forma a registrar as remunerações e as contribuições relativas a cada trabalhador; b)

aperfeiçoar o projeto lógico e físico do CNIS e gestionar no sentido de sua implementação; c) depurar e aperfeiçoar as informações em articulação com os demais condôminos do cadastro; d) depurar e integrar ao CNIS o cadastro de contribuinte individual do INSS; e) diminuir a defasagem entre a ocorrência do fato e o registro da informação no CNIS; f) desenvolver rotinas mensais de confronto entre as informações de diferentes procedências de forma a orientar a fiscalização previdenciária; g) desenvolver sistema que possibilite ao segurado, mediante o Cartão do Trabalhador, acesso às informações do CNIS; h) desenvolver sistema de recolhimento da contribuição previdenciária por meio de cartão magnético ou código de barras; i) integrar a base do CNIS ao Sistema Único de Benefícios (SUB) e ao Projeto de Regionalização de Informações e Sistemas (Prisma), com vistas a depurar a base do CNIS; reduzir a realização de pesquisas *in loco* para a confirmação de vínculo empregatício; confirmar os vínculos empregatícios do segurado no processo de habilitação e transferir informações referentes ao segurado existentes no CNIS para o Prisma no ato da habilitação do benefício.

CADASTRO NACIONAL DE REGISTRO DE IDENTIFICAÇÃO CIVIL. *Direito registrário.* É o destinado a conter o número único de Registro Civil, acompanhado dos dados de identificação de cada cidadão.

CADASTRO NACIONAL DE USUÁRIOS DO SISTEMA ÚNICO DE SAÚDE. Compõe o banco de dados do Sistema Único de Saúde (SUS), e estabelece o cadastramento dos seus usuários com base no domicílio, em todo o território nacional, ficando sob a responsabilidade dos Municípios. As Secretarias Estaduais de Saúde deverão assumir a responsabilidade pela operacionalização do cadastramento nos seguintes casos: a) quando houver a expressa manifestação do Município em não realizá-lo; b) quando o Município não iniciar o processo de cadastramento três meses após o prazo legal; c) nos casos de Municípios não habilitados em alguma das condições de gestão previstas normativamente; d) quando o Município não conseguir realizar o cadastramento de sua população nos prazos e condições estabelecidos em normas.

CADASTRO NACIONAL DO TRABALHADOR (CNT). *Direito do trabalho.* Registro de informações de interesse do trabalhador, do Ministério do Trabalho e da Previdência Social e da Caixa Econômica Federal, composto pelos sistemas de identificação do trabalhador e de coleta de informações sociais. Compreende os trabalhadores já inscritos no Programa de Integração Social (PIS) e no Programa de Formação do Patrimônio do Servidor Público (PASEP), os cadastrados no sistema de contribuinte individual da previdência social e os que vierem a ser cadastrados no CNT. Para efeito de identificação do trabalhador junto ao CNT usam-se o Número de Identificação do Trabalhador (NIT) e o Documento de Cadastramento do Trabalhador (DCT).

CADASTRO PENITENCIÁRIO. *Direito penitenciário.* Registro feito pela direção da penitenciária dos fatos relativos aos prisioneiros, inclusive dos atinentes a sua conduta, para fins de concessão de livramento condicional.

CADASTRO PERMANENTE DE ADMISSÕES E DISPENSAS DE EMPREGADOS. *Direito do trabalho.* Registro de anotações de admissões e dispensas de empregados nas empresas.

CADASTRO POLICIAL. *Direito penal.* Registro de anotações feito pela polícia sobre dados e ocorrências de crimes e contravenções, fornecendo informações sobre seus praticantes.

CADASTRO PROFISSIONAL. *Direito do trabalho.* Fichário que contém o rol dos profissionais de uma mesma categoria, utilizado para elaborar o quadro de atividades e profissões com as subdivisões propostas pela Comissão de Enquadramento Sindical.

CADASTRO RURAL. *Vide* CADASTRO DE IMÓVEIS RURAIS.

CADASTROS DE RECLAMAÇÕES FUNDAMENTADAS CONTRA FORNECEDORES. *Direito do consumidor.* Constituem instrumento essencial de defesa e orientação dos consumidores, devendo os órgãos públicos competentes assegurar sua publicidade, confiabilidade e continuidade. O cadastro é o resultado dos registros, feitos pelos órgãos públicos de defesa do consumidor, de todas as reclamações fundamentadas contra fornecedores. Reclamação fundamentada é a notícia de lesão ou ameaça a direito de consumidor analisada por órgão público de defesa do consumidor, a requerimento ou de ofício, considerada procedente, por decisão definitiva. Os órgãos públicos de defesa do consumidor devem providenciar a divulgação periódica dos cadastros atualizados de reclamações fundamentadas contra fornecedores. Esse cadastro será publicado, obrigatoriamente, no órgão de imprensa oficial local, devendo a entidade responsável dar-lhe a maior publicidade possível por meio dos órgãos de comunicação, inclusive eletrônica. Tal cadastro será divulgado anualmente, podendo o órgão responsável fazê-lo em período menor, sempre que julgue necessário, e conterá informações objetivas, claras e verdadeiras sobre o objeto da reclamação, a identificação do fornecedor e o atendimento ou não da reclamação pelo fornecedor. Os cadastros deverão ser atualizados permanentemente, por meio das devidas anotações, não podendo conter informações negativas sobre fornecedores, referentes a período superior a cinco anos, contado da data da intimação da decisão definitiva. Os cadastros de reclamações fundamentadas contra fornecedores são considerados arquivos públicos, sendo informações e fontes a todos acessíveis, gratuitamente, vedada a utilização abusiva ou, por qualquer outro modo, estranha à defesa e orientação dos consumidores, ressalvada a hipótese de publicidade comparativa. O consumidor ou fornecedor poderá requerer, em cinco dias a contar da divulgação do cadastro e mediante petição fundamentada, a retificação de informação inexata que nele conste, bem como a inclusão de informação omitida, devendo a autoridade competente, no prazo de dez dias úteis, pronunciar-se, motivadamente, pela procedência ou improcedência do pedido. No caso de acolhimento do pedido, a autoridade competente providenciará a retificação ou inclusão de informação e sua divulgação.

CADASTRO ÚNICO PARA PROGRAMAS SOCIAIS (CADÚNICO). É o instrumento de identificação e caracterização socioeconômica das famílias brasileiras de baixa renda, a ser obrigatoriamente utilizado para seleção de beneficiários e integração de programas sociais do Governo Federal voltados ao atendimento desse público.

CADAVA. *Direito agrário.* Conjunto dos troncos que ficam de pé após uma queimada.

CADÁVER. **1.** *Medicina legal.* Corpo humano sem vida. **2.** *Direito penal.* a) Homem morto, a quem se deve respeito. Assim, sua destruição, subtração ou ocultação são punidas com reclusão e multa, sendo o vilipêndio a cadáver punido com detenção e multa; b) corpo humano sem vida, cujas inumação ou exumação feitas contrariamente à lei constituem contravenção penal punida com prisão simples ou multa. **3.** *Direito civil.* Corpo humano sem vida, que se torna *res extra commercium.* Assim sendo, a retirada e o transplante de tecidos e órgãos só poderão dar-se para fins terapêuticos e científicos, gratuitamente, desde que haja autorização expressa do disponente, de seu cônjuge, descendentes ou ascendentes.

CADÁVERES DE ANIMAIS. São os animais mortos. Não oferecem risco à saúde humana, à saúde animal, nem causam impactos ambientais, pois não disseminam agentes etiológicos de doenças.

CADE. *Direito administrativo.* Sigla do Conselho Administrativo da Defesa Econômica, que é uma autarquia que visa reprimir abusos do poder econômico.

CADEIA. 1. *Direito penal.* Edifício público onde, provisoriamente, se alojam os suspeitos de crime ou contravenção, aguardando a conclusão do inquérito policial ou julgamento. Assim sendo, cada comarca deverá ter pelo menos uma cadeia pública. **2.** *Direito comercial.* Grupo de empresas ou estabelecimentos da mesma espécie ligados em um só sistema, com exclusividade de propriedade, direção ou controle.

CADEIA DE ABASTECIMENTO. *Direito comercial* e *direito do consumidor.* **1.** *Supply chain.* **2.** É constituída pelo conjunto de organizações que se inter-relacionam, criando valor na forma de produtos e serviços, desde os fornecedores de matéria-prima até o consumidor final (James G. Heim).

CADEIA DE CUSTÓDIA PARA PRODUTOS FLORESTAIS. *Direito ambiental.* Conjunto das sucessivas etapas de transformação ou comercialização de produtos florestais desde as unidades de manejo florestal até o consumidor final, controlado, em cada etapa, o conteúdo de matéria-prima oriunda de cada unidade de manejo florestal.

CADEIA POSSESSÓRIA DE IMÓVEL. *Direito civil.* Seqüência ininterrupta dos atos de transferência da posse.

CADEIA SILOGÍSTICA. *Vide* SORITES.

CADEIRA. 1. *Direito educacional.* a) Disciplina ministrada num estabelecimento de ensino; b) cátedra; arte que é o objeto de ensino de um professor. **2.** Na *linguagem comum,* assento para uma só pessoa. **3.** *Direito civil.* Lugar de um membro de uma associação literária ou científica. **4.** *Direito constitucional.* Local de membro de uma corporação política no Senado ou na Câmara dos Deputados. **5.** *Direito marítimo.* Peça de ferro presa na parede, onde descansam os mancais em que giram os eixos que movimentam as máquinas.

CADEIRA DE SÃO PEDRO. *Direito canônico.* **1.** Sede do governo da Igreja Católica Apostólica Romana. **2.** Trono pontifício.

CADEIRA ELÉTRICA. *Direito penal comparado.* Cadeira que, nos Estados Unidos, se liga a uma corrente elétrica de alta freqüência, destinando-se à eletrocussão de condenados à morte.

CADERNETA. 1. Na *linguagem jurídica* em geral, pequeno livro onde se registram eventos. **2.** *Direito militar.* Livro pequeno onde são registrados os serviços e o procedimento dos militares. **3.** *Direito bancário.* Pequeno livro que contém registros de movimento dos depósitos e retiradas de dinheiro em Caixas Econômicas ou bancos.

CADERNETA AGRÍCOLA. *História do direito.* Hoje substituída pela carteira profissional, era a que formalizava o contrato de trabalho agrícola, sendo escriturada mensalmente pelo proprietário, depositário, ou possuidor do prédio rural, fazendo lançamentos em ordem cronológica das parcelas de débito e crédito.

CADERNETA DE CAMPO. *Direito agrário* e *direito processual civil.* É a usada pelos agrimensores para anotar no local de trabalho dados obtidos no levantamento e nas medições de terra que efetuam. Deve ser anexada juntamente com a planta elaborada aos autos do processo em que se discutem os limites e as confrontações.

CADERNETA DE CHEQUE. *Direito bancário.* Talão de cheque entregue pelo banco ao depositante para que possa efetuar a retirada do dinheiro depositado em conta corrente.

CADERNETA DE DEPÓSITO DE CAIXA ECONÔMICA. *História do direito.* Era a usada pelas Caixas Econômicas para anotar os depósitos e as retiradas de dinheiro feitos pelos depositantes, que vem sendo substituída pela remessa de um extrato de conta corrente para controle dos depositantes.

CADERNETA DE PASSAGEM NAS ALFÂNDEGAS. *Direito de trânsito* e *direito alfandegário.* Documento utilizado para controlar a circulação de veículos automotores, cuja apresentação é exigida tanto no ingresso em território nacional de veículo licenciado em outro país, de propriedade de pessoa residente no exterior, como na saída para fins turísticos e retorno de veículo licenciado no Brasil.

CADERNETA DE POUPANÇA. *Direito bancário.* É aquela onde se anotam depósitos que acumulam juros, que podem ser aplicados no Sistema Financeiro da Habitação e na construção de conjuntos habitacionais. Por isso, tais depósitos gozam de incentivos fiscais.

CADERNETA DE RESERVISTA. *Direito militar.* Trata-se do "certificado de reservista", que é expedido pela autoridade militar competente para comprovar a quitação de serviço militar tanto aos que receberam instrução militar como aos que, justificadamente, não a receberam.

CADERNETA DE SAÚDE. 1. *Direito do trabalho.* Trata-se do "atestado de saúde", firmado por médico, que é exigido em certos casos, como para admissão de empregados pelas empresas. **2.** *Medicina legal.* Documento pelo qual o departamento de saúde atesta a sanidade de pessoas para poderem ser matriculadas em estabelecimentos de ensino ou admitidas em cargos do funcionalismo público.

CADERNO DE ENCARGOS. *Direito administrativo.* Documento que contém as condições da concessão de serviço público, regulando os deveres e direitos e as normas de organização e funcionamento daquele serviço. Visa disciplinar o regime jurídico da concessão.

CADERNO MANUAL PAGINADO. *Direito comercial.* Livro de assentos feitos pelos corretores, que nele deverão lançar as operações executadas, numerando-as, obedecendo a ordem cronológica, e colocando o nome das pessoas que nelas intervierem.

CADETE. *Direito militar.* Aluno da Academia Militar das Agulhas Negras, da Escola de Aeronáutica ou da Escola da Marinha.

CÁDI. *Direito processual comparado.* Magistrado muçulmano com funções civis e religiosas, cujas decisões são apeláveis para os juízes superiores.

CADILHO. *Direito agrário.* Tigelinha usada para receber o látex do corte da seringueira.

CADIMES. *Direito marítimo.* Tábuas do costado do navio, que se arqueiam para que o cadaste se forme.

CADIN. Sigla de Cadastro Informativo dos Prédios não quitados, de órgãos e entidades federais, cadastro este que contém informações sobre os contribuintes.

CADIXE. *Direito agrário.* Cavalo árabe, de raça especial.

CADUCEU. *Direito comercial.* Símbolo do comércio, que consiste num ramo de oliveira, contendo duas asas na ponta e duas serpentes enroscadas.

CADUCIDADE. 1. *Direito civil.* a) Estado de decadência, pelo qual se perde um direito pela inércia ou renúncia do seu titular, que se manifesta pelo seu não-exercício durante certo prazo previsto em lei; b) qualidade do que ficou caduco, tornando-se ineficaz, ante a ocorrência de algum fato posterior; c) estado do que se anulou ou perdeu sua validade, por determinação legal, em decorrência da falta de preenchimento de formalidades ou de convenção entre as partes, se se tratar de contrato. **2.** *Direito comercial.* Perda do *status* social pela decretação da falência. **3.** *Teoria geral do direito.* Estado do que caiu em desuso ou foi revogado tacitamente. **4.** *Medicina legal.* Estado daquele cujas faculdades mentais enfraqueceram em razão de velhice.

CADUCIDADE DA CÉDULA TESTAMENTÁRIA. *Direito civil.* Estado de um testamento que, apesar de válido, não pode prevalecer pela ocorrência de obstáculo superveniente ao momento da testificação. Assim sendo, caduco estará o testamento se: a) o herdeiro instituído premorrer ao testador ou simultaneamente a ele; b) o nomeado falecer antes do implemento da condição da qual dependia a herança ou legado; c) a condição suspensiva imposta pelo disponente não puder ser realizada; d) o herdeiro instituído ou o legatário renunciar à herança ou ao legado, for incapaz de herdar ou excluído da sucessão; e) houver modificação substancial ou perecimento da coisa legada por caso fortuito; f) nas hipóteses de testamento especial (marítimo ou militar), o testador não falecer na sua viagem ou em campanha ou não promover as medidas legais para convalescer seu ato de última vontade; g) o testador alienar no todo ou em parte a coisa legada; h) a coisa legada for evicta. Havendo caducidade da cédula testamentária por qualquer uma dessas causas, a sucessão testamentária transformar-se-á em legítima, como se não houvesse qualquer testamento.

CADUCIDADE DA CONCESSÃO. *Direito administrativo.* Decretação de rescisão do contrato de concessão de serviço público pela Administração, em razão de falta grave do concessionário, trazendo para este descrédito moral e ruína patrimonial e, para o Poder Público, uma temporária desorganização do serviço público até que haja outro concessionário.

CADUCIDADE DE CONCURSO. *Direito administrativo.* Perda de validade de um concurso público, em virtude do decurso do tempo, ocasionando a perda do direito do candidato aprovado de ser nomeado.

CADUCIDADE DE DECRETO EXPROPRIATÓRIO. *Direito administrativo.* Perda da eficácia da declaração expropriatória, veiculada por decreto, pelo fato de o Poder Público quedar-se inerte, por dois anos, sem efetivar a desapropriação.

CADUCIDADE DE LEGADO. *Direito civil.* Ineficácia do legado em razão de causa superveniente à sua instituição. Caduca o legado se houver: a) modificação substancial no bem legado, feita pelo testador ou à sua ordem, após o testamento, transformando-o em nova espécie, a ponto de já não ter a forma nem lhe caber a denominação que tinha; b) alienação voluntária da coisa legada, por qualquer título (gratuito ou oneroso), no todo ou em parte, pelo testador; c) perecimento ou evicção da coisa legada, vivo ou morto o testador, sem culpa do herdeiro; d) indignidade do legatário; e) premoriência do legatário; f) renúncia do legado pelo legatário não conjunto e sem substituto, ficando a liberalidade sem sujeito, visto que não haverá substituição nem direito de acrescer; g) falecimento do legatário antes do implemento da condição suspensiva a que estava subordinado o legado; e h) incapacidade do legatário para recebê-lo, no momento da abertura da sucessão. Havendo caducidade do legado por qualquer uma dessas hipóteses, voltará ele à massa hereditária, sendo partilhado entre os herdeiros legítimos, exceto os casos de substituição e de direito de acrescer.

CADUCIDADE DE PATENTE. *Direito de propriedade industrial.* Perda da validade de patente, dentro do prazo legal (2 anos), pelo seu abuso ou não-uso efetivo, sem motivo justificado.

CADUCIDADE DO MANIFESTO. *Direito administrativo.* Perda do direito do concessionário de continuar a explorar mina ou jazida, em virtude do abandono voluntário dos trabalhos de lavra.

CADUCIDADE DOS REGISTROS DE MARCAS DE INDÚSTRIA OU COMÉRCIO, NOME EMPRESARIAL, TÍTULO DE ESTABELECIMENTO, INSÍGNIA, EXPRESSÃO OU SINAL DE PROPAGANDA. *Direito de propriedade industrial.* Perda de validade pelo não-uso, sem qualquer motivo de força maior, desses registros.

CADUCO. 1. Na *linguagem jurídica* em geral, tudo aquilo que foi atingido pela caducidade, perdendo a eficácia ou a validade. **2.** *Medicina legal.* Aquele que, em virtude de velhice, tem suas faculdades mentais enfraquecidas.

CAECA EST IN PROPRIIS RABULAE SENTENTIA CAUSIS. *Expressão latina.* Ninguém é bom juiz em causa própria.

CAEMP. Sigla de Confederação das Associações Estaduais do Ministério Público.

CÃES DE CAÇA. *Direito civil.* Cães de raça especial, como, por exemplo, os perdigueiros, treinados para ajudar na caça de animais, farejando e apanhando os que foram abatidos.

CÃES DE GUARDA. *Direito agrário.* Os que colaboram na pecuária, guardando o gado.

CÃES DE SERVIÇO. *Direito agrário.* Os utilizados na área rural para reunir manada, trazendo ao rebanho animal tresmalhado etc.

CAETERA DESIDERANTUR. *Locução latina.* Deseja-se o restante que falta.

CAF. *Direito internacional privado.* Termo comercial usado num contrato de compra e venda internacional, abreviado do francês *Côut, Assurance et Fret*, sendo o mesmo que CIF (Cost, Insurance and Freight, isto é, custo, seguro e frete, porto de destino indicado), pelo qual o vendedor se encarrega de embarcar a mercadoria vendida, pagando, a expensas do adquirente, o custo do seguro marítimo e do frete. Daí diferenciar-se do C&F, em que o preço do seguro não se inclui no preço da venda, pois na venda com cláusula CIF ou CAF o preço abrangerá o custo da mercadoria e as despesas com o transporte e com o seguro. Tal cláusula é muito usada nos contratos de compra e venda que envolvam transporte marítimo, sendo anteposta ao local de destino, por exemplo, CIF Rio.

CAFARRO. *História do direito.* Tributo que era cobrado, na Terra Santa, dos árabes.

CAFÉ. 1. *Direito agrário.* Fruto do cafeeiro. **2.** *Direito comercial.* a) Estabelecimento que serve bebida feita por infusão da semente torrada e moída do fruto do cafeeiro; b) produto primário no mercado interno e internacional.

CAFEICULTOR. *Direito agrário.* Empresário rural que se ocupa da cultura do cafeeiro.

CAFEICULTURA. *Direito agrário.* Lavoura de café.

CAFETÃO. *Vide* CÁFTEN.

CAFETEIRO. *Direito comercial.* **1.** Proprietário de estabelecimento onde se vende café. **2.** Aquele que faz o café, num estabelecimento comercial destinado a vender essa bebida.

CAFEZEIRO. *Direito agrário.* Lavrador ou fazendeiro de café.

CAFEZISTA. **1.** *Direito agrário.* a) Proprietário de plantações de café; b) aquele que planta café. **2.** *Direito comercial.* Aquele que faz negócios com café.

CAFONA. Pessoa de mau gosto.

CÁFTEN. *Direito penal.* **1.** Rufião ou aquele que exerce atividade ilícita, aproveitando-se da prostituição, participando de seus lucros ou fazendo-se sustentar por quem a exerça. **2.** Mediador no comércio de mulheres para prostituição, servindo de intermediário entre pessoas de sexo diferente para atos de lascívia.

CAFTINA. *Direito penal.* **1.** Mulher que explora o lenocínio ou o meretrício. **2.** Mulher que arranja uma prostituta para a lascívia de um homem, mediante pagamento.

CAFTINISMO. *Direito penal.* **1.** Atividade delituosa exercida pelo cáften ou pela caftina. **2.** Tráfico de prostitutas; locação de mulheres para prostituição.

CAFUNGO. *Direito penal.* Salteador que se oculta no mato, aparecendo de surpresa em fazendas ou povoados.

CAFUZO. *Sociologia.* Mestiço de negro e índio.

CAGEFRAME. *Direito comercial.* Container usado no transporte de mercadorias que tem a forma de jaula.

CÃIBRA. *Medicina legal.* Contração involuntária e muito dolorosa dos músculos.

CÃIBRA DE SANGUE. *Medicina legal.* Diarréia sangüínea.

CÃIBRA DOS ESCRITORES. *Medicina legal.* Também denominada "mogigrafia" ou "quirospasmo", consiste numa neurose ocupacional provocada pelo excesso de escrita, caracterizando-se por contrações espasmódicas dos músculos dos dedos, das mãos e do antebraço, acompanhadas de dores neurálgicas sempre que houver tentativa de escrever.

CAICAI. *Direito agrário.* Veículo utilizado para transportar hortaliças e aves para o centro consumidor (feira livre, armazém frigorífico ou geral, mercado etc.).

CAIÇARA. *Direito agrário.* **1.** Caipira do litoral que é trabalhador rural e pescador e exerce suas funções individualmente ou em regime de economia familiar, sem qualquer vínculo empregatício. **2.** Curral. **3.** Cerca de pau-a-pique feita em torno de uma plantação para impedir a entrada do gado. **4.** Cercado de madeira colocado à margem do rio para embarque de gado. **5.** Arvoredo morto do qual ainda restaram forquilhas e troncos.

CAÍDOS. *Direito civil.* Rendimentos vencidos e não cobrados.

CAIEIRO. *Direito do trabalho.* **1.** Operário que trabalha na fabricação de cal. **2.** Servente de pedreiro que ministra a cal.

CAIMENTO. *Direito marítimo.* Inclinação maior ou menor dos mastros para a ré.

CAÍQUE. *Direito marítimo.* Barco de cabotagem, com dois mastros e velas triangulares, muito comum no Oriente.

CAÍQUE DE VOGA. *Direito marítimo.* Barco de fundo chato apropriado para navegação em águas baixas.

CAIR EM EXERCÍCIO FINDO. *Direito financeiro.* Recebimento devido pelo poder público, vinculado ao orçamento, que não é reclamado no ato correspondente (Othon Sidou).

CAIS. *Direito marítimo.* Parte da margem de um rio ou de um porto de mar onde atracam os navios para embarque ou desembarque de passageiros ou de carga. Daí a cláusula "cais a cais", que significa que a mercadoria é transportada da terra em que se embarca até a em que se desembarca.

CAÍVA. *Direito agrário.* Terra que, por ser estéril, é imprópria para agricultura ou pecuária.

CAIXA. **1.** *Direito comercial.* a) Cofre forte onde empresários guardam dinheiro, documentos importantes e livros de escrituração; b) valores contidos num cofre; c) pessoa cuja função num banco ou estabelecimento empresarial é receber ou efetuar pagamentos; d) estabelecimento que recebe fundos para guardar ou administrar; e) seção de um banco ou estabelecimento empresarial onde são feitos os pagamentos ou recebimentos; f) livro auxiliar de escrituração para registro de todas as operações de dinheiro, ou seja, das entradas e saídas, que contém uma coluna de crédito e outra de débito. Pelo balanceamento dessas duas colunas, isto é, pela diferença havida entre as entradas e as saídas, apurar-se-á a existência de dinheiro. Como é livro auxiliar, o caixa não precisa ser registrado na Junta Comercial, embora possa ser legalizado nos moldes do diário; g) comparte que administra uma parceria marítima; h) conta do balanço que indica os fundos disponíveis para uso da empresa. **2.** *Direito agrário.* a) Arcabouço de gado; b) capacidade de engorda de uma rês. **3.** *Direito civil.* a) Vão em edifícios onde sobe e desce o elevador ou se instala a escada; b) parte do teatro onde ficam os camarins dos atores.

CAIXA BENEFICENTE. *Direito civil.* É a que resulta de uma associação que visa auxiliar um grupo de pessoas que trabalha para ou por conta dela, com donativos de terceiros ou cotas mensais pagas voluntariamente pelos associados, formando um fundo de dinheiro destinado à assistência médica e farmacêutica e ao fornecimento de verbas para alimentação. A caixa é a formação de um pecúlio para atender a pessoas carentes com o auxílio dos colegas ou da empresa a que pertencem. Com a contribuição dos empregados de uma firma ou com a da própria empresa forma-se um fundo para atender aos empregados mais necessitados. Se a caixa beneficente for fechada, apenas atenderá às necessidades dos seus associados; mas, se for aberta, procurará socorrer qualquer pessoa que esteja relacionada com o grupo.

CAIXA D'ÁGUA. 1. *Direito civil.* a) Reservatório de água potável destinado ao abastecimento de um povoado; b) depósito onde se faz provisão de água. **2.** *Medicina legal.* Ébrio habitual.

CAIXA DE AMORTIZAÇÃO. *História do direito.* Órgão público que tinha a função de pagar e resgatar a dívida pública, cujas atribuições passaram ao Conselho Monetário Nacional e ao Banco Central do Brasil. Esse departamento da Administração Pública centralizava todos os serviços atinentes aos empréstimos feitos pelo governo, emitindo títulos a eles alusivos, fazendo amortização de papel-moeda e efetuando o resgate daqueles títulos e dos respectivos juros.

CAIXA DE APOSENTADORIA E PENSÕES. *Direito previdenciário.* Instituição privada, regulamentada e fiscalizada pelo Poder Público, fundada pelos empregados de uma empresa para ampará-los em caso de doença, velhice ou invalidez ou para auxiliar seus familiares, na ocorrência de falecimento, com fundos formados pela contribuição da empresa, de seus empregados e pela taxa obrigatória cobrada de qualquer pessoa que se relacionar com aquela, incorporada à própria fatura de compra ou dos serviços prestados. Tais caixas foram transformadas no Instituto de mesmo nome.

CAIXA DE ASSISTÊNCIA DOS ADVOGADOS. Na *linguagem jurídica* em geral, é a pessoa jurídica, cujo Estatuto deverá estar registrado no Conselho Seccional da Ordem dos Advogados do Brasil a que se vincule, destinada a prestar assistência aos inscritos no referido Conselho.

CAIXA DE ASSISTÊNCIA DOS ADVOGADOS DE SÃO PAULO (CAASP). Foi instituída pelo Conselho Seccional da OAB de São Paulo, com finalidade beneficente, sem fins lucrativos, e personalidade jurídica própria. Os advogados nela inscritos receberão os seguintes benefícios: a) auxílio pecuniário mensal (AM) àquele regularmente inscrito na OAB, necessitado por motivo de incapacidade laborativa total ou parcial, permanente ou transitória, ou por outra causa de efeito semelhante. A concessão ocorrerá após processo regular, por prazo não superior a seis meses, prorrogável a critério da diretoria; b) auxílio-família mensal (AFM) aos dependentes do advogado cuja inscrição nos quadros da OAB tiver sido cancelada por morte e que estiverem passando necessidades. A concessão será por prazo determinado, não superior a seis meses, renovável a critério da diretoria; c) auxílio-reclusão (AR) ao advogado necessitado, em virtude de condenação criminal por delito que não o torne incompatível com o exercício da profissão. O prazo de concessão desse auxílio é determinado, podendo ser renovado a critério da diretoria; d) auxílio-educação (AED) a filhos dependentes de advogado falecido ou que estiver necessitado. Esse auxílio é concedido em uma única parcela anual; e) auxílio-extraordinário (AE) ou especial, visando atender a situações especiais ou de emergência, de caráter imprevisível, devidamente comprovadas, reembolsáveis ou não, após regular processo; f) auxílio-funeral (AF) a ser concedido, em parcela única, à família ou ao responsável pelo pagamento das despesas, como homenagem ao profissional falecido. Para a concessão desse benefício, bastará que ao requerimento seja juntada a prova de inscrição e o atestado de óbito. Em caso de urgência, o presidente poderá conceder o auxílio-funeral desde logo, *ad referendum* da diretoria.

CAIXA DE CONSTRUÇÕES DE CASAS PARA O PESSOAL DO COMANDO DA MARINHA. *Direito administrativo.* Autarquia federal vinculada ao Comando da Marinha, com autonomia administrativa, operacional, jurídica e financeira, tendo sede e foro na cidade do Rio de Janeiro, e jurisdição em todo o território nacional. Integra o Sistema Financeiro da Habitação (SFH), no tocante às suas atividades imobiliárias especificamente ligadas ao referido Sistema, e funciona, perante os órgãos executivos do SFH, na qualidade de agente financeiro e agente promotor. Tem a finalidade de facilitar a aquisição de moradia própria ao pessoal do Comando da Marinha, e, para a consecução dessa finalidade, cabe-lhe: a) prestar assessoria para o estabelecimento de política habitacional; b) executar os planos habitacionais que lhe forem atribuídos; c) realizar operações de compra e venda de imóveis; d) construir conjuntos ou unidades habitacionais para atendimento das necessidades dos beneficiários; e) propiciar aos beneficiários financiamentos para aquisição de unidade residencial, em construção ou concluída; f) proporcionar aos beneficiários, em conjunto ou individualmente, financiamentos para aquisição de terreno e construção simultânea de moradia própria; g) proporcionar aos beneficiários, em conjunto ou individualmente, financiamentos para construção de residência própria em terreno de sua propriedade; h) intermediar, junto à Caixa Econômica Federal, aos agentes financeiros do SFH e a outras entidades de crédito imobiliário, financiamentos aos beneficiários para obtenção de imóvel residencial; i) conceder empréstimo a beneficiários para ampliação ou reparo em unidade residencial de sua propriedade, quando houver disponibilidade financeira para tal fim; j) realizar empreendimentos imobiliários de interesse social do Comando da Marinha, mediante recursos financeiros que lhe forem especificamente alocados para essa finalidade; k) firmar convênios, contratos, acordos e outros instrumentos congêneres com órgãos ou entidades, públicos ou privados, para atendimento de suas necessidades funcionais; l) realizar operações financeiras imprescindíveis ao desem-

penho eficaz de sua gerência econômico-financeira; m) praticar atos de sua competência, necessários ao cumprimento das formalidades legais pertinentes aos seus empreendimentos, às operações imobiliárias e a outras atribuições em seu campo de atividades. São seus beneficiários os militares de carreira e os servidores civis do quadro e tabela permanentes do Comando da Marinha e dos órgãos vinculados. Tais servidores não perdem a condição de beneficiários na inatividade. Podem, também, habilitar-se os pensionistas de seus beneficiários, de acordo com instruções estabelecidas em regimento interno.

CAIXA DE CONVERSÃO. *História do direito.* Órgão público que, baseado no câmbio do dia, convertia ouro em papel-moeda, mediante troca de moedas ou barras de ouro por bilhetes ao portador.

CAIXA DE CRÉDITO. *Direito comercial.* Instituição de crédito encarregada de fazer operações bancárias e empresariais.

CAIXA DE CRÉDITO AGRÍCOLA OU COOPERATIVO. *Direito civil* e *direito bancário.* É a *caixa rural* formada por membros de associações agrícolas ou pelas próprias associações, que, sem fins lucrativos, tem a função de obter crédito para os agricultores necessitados, com base na solidariedade e auxílio mútuo, garantindo as operações relativas à produção agrícola. Tem por escopo fomentar o cooperativismo, prestando assistência técnica e financeira às cooperativas. É um banco popular ou rural, formado à base de cooperativas de crédito, que faz empréstimos aos próprios associados, cobrindo suas necessidades. A caixa rural, também designada caixa Raiffersen, só pode funcionar com autorização federal.

CAIXA DE EMPRÉSTIMO. *Direito comercial.* Organização particular, instituída junto a uma empresa, para efetuar empréstimos a seus empregados.

CAIXA DE MOBILIZAÇÃO BANCÁRIA. *História do direito.* Órgão federal, financiado pelo Banco do Brasil, que promovia mobilização de importâncias aplicadas em operações de liquidação morosa feitas pelos bancos de depósito e desconto.

CAIXA DE NAVIO. *Direito comercial.* Gerente do navio que trata, em nome dos compartes, dos interesses da embarcação, agindo judicial ou extrajudicialmente. É o representante dos parceiros interessados no navio, tendo a função de administrá-lo, contratando ou demitindo o capitão, observando todas as condições previstas no contrato de parceria marítima.

CAIXA DE PREVIDÊNCIA SOCIAL. *Direito previdenciário.* Instituto de previdência que é órgão de Administração indireta da União, de natureza autárquica, com a finalidade de prestar serviços de assistência social a seus associados em virtude de invalidez, velhice ou morte daqueles de quem dependiam economicamente.

CAIXA DE SOCORRO. *Direito civil.* Associação formada por empregados de companhias, fábricas, usinas etc. para obter subsídios, inclusive pensões, a seus associados e familiares, mediante contribuição de cada empregado componente.

CAIXA DO CORREIO. *Direito administrativo.* **1.** Recipiente numerado, com chave própria, que é alugado, por assinatura, na repartição do correio para receber imediatamente a correspondência que chegar de várias malas postais. **2.** Cofre com uma fenda para recebimento de correspondência.

CAIXA DOIS. *Direito comercial.* Dinheiro não registrado contabilmente, movimentado por uma empresa, e sobre o qual os tributos não incidem (Luiz Fernando Rudge).

CAIXA DO TÍMPANO. *Medicina legal.* Ouvido médio.

CAIXA ECONÔMICA. *Direito bancário.* Instituição financeira que recebe em depósito as economias populares e as reservas de capitais, sob a responsabilidade da União ou dos Estados federados, para movimentá-las, incentivando atos de poupança e facilitando a circulação de riquezas.

CAIXA ECONÔMICA FEDERAL (CEF). *Direito bancário* e *direito administrativo.* É uma instituição financeira sob a forma de empresa pública, criada por lei e vinculada ao Ministério da Fazenda. A CEF tem sede e foro na capital da República e atuação em todo o território nacional, podendo criar e suprimir sucursais, filiais ou agências, escritórios e dependências e outros pontos de atendimento nas demais praças do País e no exterior. Instituição integrante do Sistema Financeiro Nacional e auxiliar na execução da política de crédito do Governo Federal, a CEF sujeita-se às decisões e à disciplina normativa do órgão competente e à fiscalização do Banco Central do Brasil. Além dos princípios constitucionais da legalidade, impessoalidade, moralidade, publicidade e eficiência, a administração da CEF obedecerá, ainda, aos seguintes preceitos: a) programação e coordenação de suas atividades, em todos os níveis administrativos; b) desconcentração da autoridade executiva como forma de assegurar maior eficiência e agilidade às atividades-fim, com descentralização e desburocratização dos serviços e operações; c) racionalização dos gastos administrativos; d) simplificação de sua estrutura, evitando-se o excesso de níveis hierárquicos; e) incentivo ao aumento de produtividade e da qualidade e eficiência dos serviços; f) aplicação de regras de governança corporativa e dos princípios de responsabilidade social empresarial; g) gestão de negócios direcionada pelo gerenciamento de risco. A CEF tem por objetivos: a) receber depósitos, a qualquer título, inclusive os garantidos pela União, em especial os de economia popular, com o propósito de incentivar e educar a população brasileira no hábito de poupança e fomentar o crédito em todas as regiões do País; b) prestar serviços bancários de qualquer natureza, praticando operações ativas, passivas e acessórias, inclusive de intermediação e suprimento financeiro, sob suas múltiplas formas; c) administrar, com exclusividade, os serviços das loterias federais, nos termos da legislação específica; d) exercer o monopólio das operações de penhor civil, em caráter permanente e contínuo; e) prestar serviços delegados pelo Governo Federal, que se adaptem à sua estrutura e natureza de instituição financeira, ou mediante convênio com outras entidades ou empresas; f) realizar quaisquer operações, serviços e atividades negociais nos mercados financeiros e de capitais, internos ou externos; g) efetuar operações de subscrição, aquisição e distribuição de ações, obrigações e quaisquer outros títulos ou valores mobiliários no mercado de capitais, para investimento ou revenda; h) realizar operações relacionadas com a emissão e a administração de cartões de crédito; i) realizar operações de câmbio; j) realizar operações de corretagem de seguros e de valores mobiliários, arrendamento residencial e mercantil, inclusive sob a forma de *leasing*; k) prestar, direta ou indiretamente, serviços relacionados às atividades de fomento da cultura e do turismo, inclusive mediante intermediação e apoio financeiro; l) atuar como agente financeiro dos programas oficiais de habitação e saneamento e como principal órgão de execução da política habitacional e de saneamento do Governo Federal, operando, inclusive, como sociedade de crédito imobiliário, de forma a promover o acesso à moradia, especialmente das classes de menor renda da população; m) atuar como agente operador e financeiro do Fundo de Garantia do Tempo de Serviço (FGTS); n) administrar os fundos e programas delegados pelo Governo Federal; o) conceder empréstimos e financiamentos de natureza social, em consonância com a política do Governo Federal, observadas as condições de retorno, que, no mínimo, venham a ressarcir os custos operacionais, de captação e de capital alocado; p) realizar, na qualidade de agente do Governo Federal, por conta e ordem deste, quaisquer operações ou serviços, nos mercados financeiro e de capitais, que lhe forem delegados; q) prestar serviços de custódia de valores mobiliários; r) prestar serviços de assessoria, consultoria e gerenciamento de atividades econômicas, de políticas públicas, de previdência e de outras matérias relacionadas com sua área de atuação, diretamente ou mediante convênio ou consórcio com outras entidades ou empresas; s) atuar na exploração comercial de mercado digital voltada para seus fins institucionais. No desempenho de seus objetivos, a CEF opera, ainda, no recebimento de depósitos judiciais, na forma da lei; e de depósitos de disponibilidades de caixa dos órgãos ou entidades do Poder Público e das empresas por ele controladas, observada a legislação pertinente.

CAIXA ECONÔMICA FEDERAL COMO ADMINISTRADORA DO FUNDO DE COMPENSAÇÃO DE VARIAÇÕES SALARIAIS. *Direito bancário.* Instituição que, na qualidade de administradora do Fundo de Compensação de Variações Salariais, tem a função de: a) administrar os recursos do Fundo de Compensação de Variações Salariais na forma que vier a ser decidida pelo Conselho Curador; b) recolher as contribuições devidas pelos adquirentes de habitações e pelos agentes financeiros; c) analisar a documentação apresentada pelos agentes financeiros, para fins de habilitação do recebimento da cobertura do Fundo de Compensação de Variações Salariais; d) efetivar os pagamentos aos agentes financeiros, por conta do Fundo de Compensação de Variações Salariais, observadas as disposições pertinentes; e) aplicar os recursos do Fundo, conforme as diretrizes fixadas pelo Conselho Curador, em operações com prazo compatível com as exigibilidades do Fundo de Compensa-

ção de Variações Salariais e taxas de remuneração do mercado; f) elaborar balancetes mensais, balanços anuais e relatórios gerenciais, encaminhando-os, periodicamente ou quando solicitado, ao Conselho Curador; g) elaborar, atualizar e divulgar Normas e Rotinas do Fundo de Compensação de Variações Salariais aprovadas pelo Conselho Curador; h) elaborar a proposta orçamentária anual do Fundo e encaminhá-la ao Conselho Curador; i) elaborar a prestação de contas anual do Fundo de Compensação de Variações Salariais; j) apreciar em primeira instância os recursos interpostos pelos agentes financeiros; k) preparar as prestações de contas ao Tribunal de Contas da União e a outros órgãos de auditoria, sempre que necessárias; e l) efetuar o acompanhamento, o controle e a análise das operações financeiras do Seguro Habitacional, efetivando os recebimentos e pagamentos de competência do Fundo, apresentando ao seu Conselho Curador os demonstrativos de sua atuação mensalmente e sempre que solicitado.

CAIXA ESCOLAR. *Direito administrativo.* Organização formada em escola pública para angariar fundos com o escopo de adquirir merenda escolar e ajudar alunos mais carentes a comprar livros ou materiais escolares. Tais fundos advêm de contribuição de estudantes mais favorecidos ou de rendas arrecadadas em quermesses ou festas.

CAIXA EXECUTIVO. *Direito bancário.* Caixa de banco que tem a função de efetuar pagamentos e cuidar dos recebimentos.

CAIXA FILIAL. *Direito bancário.* Sucursal de banco.

CAIXA–FORTE. *Direito administrativo* e *direito bancário.* Grande cofre onde se depositam, em bancos ou repartições públicas, valores importantes, que ficam, assim, a salvo de assaltos ou incêndios, pois, em regra, é feito à prova de fogo.

CAIXA HIPOTECÁRIA DE LIQUIDAÇÃO. *História do direito.* Órgão que, anexo à Superintendência da Moeda e do Crédito, promovia condições favoráveis à liquidação de créditos de bancos, oriundos de empréstimos aplicados na aquisição de bens móveis urbanos antes de 31 de dezembro de 1945.

CAIXÃO. 1. *Direito civil.* a) Álveo; fundo do rio; b) esquife; féretro. **2.** *Direito comercial.* Mesa onde o ourives trabalha. **3.** *Direito marítimo.* Intervalo entre a almeida e a cabeça do leme.

CAIXA PORTUÁRIA. *Direito do trabalho.* Órgão federal existente em porto não organizado para executar serviço de estiva, podendo, para tanto, desapropriar, por utilidade pública, o material fixo e flutuante que for necessário.

CAIXA POSTAL. *Vide* CAIXA DO CORREIO.

CAIXA RAIFFERSEN. *Direito civil.* Cooperativa bancária destinada a conceder empréstimos aos seus associados.

CAIXA REGISTRADORA. *Direito comercial.* Máquina utilizada pelo empresário para registrar o valor recebido em cada venda, indicando ao freguês a quantia registrada, impressa numa tira de papel, juntamente com o nome da firma e a data. Com isso facilita a fiscalização do movimento ocorrido no estabelecimento.

CAIXA RURAL. *Vide* CAIXA DE CRÉDITO AGRÍCOLA ou COOPERATIVO.

CAIXEIRAGEM. *Direito comercial.* Ofício de caixeiro.

CAIXEIRO. *Direito comercial.* **1.** Auxiliar do comércio que, dentro ou fora da empresa, presta serviços necessários ao seu funcionamento, sob as ordens do dono do estabelecimento; preposto comercial. **2.** Empregado que, numa casa comercial, incumbe-se das vendas a retalho; balconista. **3.** Guarda-livros, que faz a escrituração do caixa. **4.** Aquele que é responsável pelo caixa do estabelecimento. **5.** Aquele que entrega em domicílio as mercadorias compradas no armazém de secos e molhados. **6.** Empregado que faz caixas.

CAIXEIRO APRENDIZ. *Direito comercial.* É o admitido como estagiário para habilitar-se ao ofício.

CAIXEIRO DE BALCÃO. *Direito comercial.* Balconista, ou seja, aquele que trabalha dentro do estabelecimento, atendendo a freguesia e vendendo as mercadorias exibidas.

CAIXEIRO DESPACHANTE. *Direito alfandegário.* É o encarregado de tratar dos interesses da empresa em repartições fiscais ou aduaneiras, mesas de renda, alfândegas etc. Atualmente é denominado "despachante aduaneiro", tendo autonomia por ser nomeado pelo Ministério da Fazenda.

CAIXEIRO SEDENTÁRIO. *Direito comercial.* É o que exerce suas funções dentro ou fora do estabelecimento, podendo ser guarda-livros, balconista, contador, caixa, auditor etc., não se incluindo nesse rol o gerente.

CAIXEIRO-VIAJANTE. *Direito comercial.* Empregado que atua fora do estabelecimento, indo a outras praças para angariar freguesia, promover vendas e fazer recebimentos. Trata-se do "pracista", que recebe uma nomeação escrita do empresário, só se obrigando este pelos atos praticados que estiverem autorizados por escrito. O caixeiro-viajante não é, portanto, representante comercial, porque este último age como mandatário da empresa e não como empregado.

CAIXETA. *Direito comercial.* Livro caixa auxiliar.

CAIXINHA. *Direito comercial.* Montante de gorjetas recebidas, por exemplo, por balconistas de bares, colocadas numa caixinha até o fim do dia de trabalho, em certas épocas do ano, como na Páscoa ou Natal.

CAIXOTARIA. *Direito comercial.* Casa onde se fabricam e vendem caixas.

CAJU. *Direito agrário.* Fruto do cajueiro.

CALABOUÇO. **1.** *Direito militar.* Prisão onde os soldados cumprem penas disciplinares ou condenações militares. **2.** *Direito penal.* Local de prisão preventiva ou provisória. **3.** *História do direito.* Prisão construída em subsolos de prédio público, castelo ou fortaleza, em que os condenados eram encarcerados, e às vezes até mesmo acorrentados, e onde acabavam sofrendo, quando não morriam, de perturbações da vista, em virtude da escuridão, ou de doenças relacionadas com a falta de higiene.

CALABRE. *Direito marítimo.* Cabo grosso que prende o navio à âncora ou a um ponto fixo; amarra.

CALÁBRIA. *Direito agrário.* Espécie de videira brava existente no Brasil.

CALABROTEADO. *Direito marítimo.* Diz-se do cabo que se forma por nove cordões ou por três cabos de três cordões cochados.

CALAÇA. *História do direito.* Porção de carne que se pagava como foro.

CALADO. **1.** *Direito marítimo.* a) Espaço que a embarcação ocupa dentro da água; b) distância vertical da quilha do navio à linha de flutuação. **2.** *Direito militar.* Aquilo que é encaixado na ponta do cano do fuzil para ataque, por exemplo, baioneta calada.

CALAFRIO. *Medicina legal.* Tremor que ocorre antes da febre, causando ao paciente uma sensação de frio.

CALAGEM. *Direito agrário.* Mistura de cal que se coloca na terra, em certas culturas, com o escopo de melhorar seu índice de acidez, beneficiando também a vegetação natural.

CALAISON. *Termo francês.* Ponto de submersão do casco de um navio, que varia conforme a carga transportada.

CALAMIDADE. Desgraça.

CALAMIDADE PÚBLICA. 1. *Direito administrativo* e *direito constitucional.* Infortúnio público causado por fato da natureza (inundação, seca prolongada, peste) ou por ato do homem (guerra, motim) que impossibilita o funcionamento normal dos serviços ou põe em risco a vida humana. O Poder Público deverá tomar providências para remover, no que for possível, os efeitos da calamidade. **2.** *Direito penal.* a) Circunstância em que o criminoso pode subtrair, ocultar ou inutilizar aparelho ou material destinado ao socorro, ou até mesmo impedir o serviço de salvamento, devendo ser punido por isso; b) situação de emergência que pode facilitar a prática de crime de interrupção ou perturbação de serviço telegráfico ou telefônico, caso em que a pena de detenção e multa será aplicada em dobro.

CALÃO. 1. *Direito tributário.* Imposto cobrado pelas municipalidades dos peixeiros ambulantes. **2.** *Direito civil.* Cano de calha por onde as águas do telhado escoam.

CALASIA. *Medicina legal.* Relaxamento de uma abertura corporal, como o esfíncter cardíaco, que provoca vômito em crianças.

CALAZAR. *Medicina legal.* Moléstia infecciosa, em regra fatal, que se caracteriza por anemia, engrossamento do fígado e baço, febre e hidropisia.

CALÁZIO. *Medicina legal.* Tumor na borda da pálpebra.

CALÇADA. 1. *Direito administrativo.* Parte lateral componente das ruas, destinada ao trânsito de pedestres, que constitui bem de uso comum. **2.** *Direito de trânsito.* É a parte da via, normalmente segregada e em nível diferente, não destinada à circulação de veículos, reservada ao trânsito de pedestres e, quando possível, à implantação de mobiliário urbano, sinalização, vegetação e outros fins.

CALCADOURO. *Direito agrário.* Laje ou terreno liso e duro, chamado eira, onde os cereais são debulhados.

CALÇAMENTO. 1. *Direito administrativo.* Pavimentação das ruas. **2.** *Direito civil.* Ato de empedrar e cimentar as calçadas, cujo ônus é do proprietário do prédio beneficiado pelo passeio.

CALCEOSE. *Medicina legal.* Distúrbio que ocorre no metabolismo do cálcio orgânico e causa degeneração na parede vascular.

CALCETA. *História do direito.* **1.** Trabalho forçado dos condenados. **2.** Argola com que se prendia a perna do condenado à sua cintura ou à perna de outro condenado. **3.** Aquele que era condenado a trabalhos forçados.

CALCICOSE. *Medicina legal.* Pneumoconiose provocada pela inalação de pó calcário ou de mármore.

CALCIFICAÇÃO. *Medicina legal.* Ossificação anormal dos tecidos orgânicos moles, mediante depósito de sais calcários.

CALCINOSE. *Vide* CALCIFICAÇÃO.

CALCIÚRIA. *Medicina legal.* Presença de sais de cálcio na urina.

CALÇO. *Direito desportivo.* Golpe inesperado que um futebolista dá na bola contra um atacante.

CALCULISTA. 1. Na *linguagem comum:* a) pessoa interesseira; b) pessoa que faz cálculos. **2.** *Direito comercial.* Empregado que, no estabelecimento empresarial, é encarregado da calculação.

CÁLCULO. 1. Na *linguagem técnica,* é a operação para encontrar o resultado da combinação de números. **2.** *Direito comercial.* Operação feita pelo empresário para averiguar o lucro ou o prejuízo havido nos negócios efetuados. **3.** *Medicina legal.* Concreção sólida, composta de sais minerais, que se forma na bexiga, no fígado, nos rins etc. **4.** *Direito processual civil.* a) Operação feita pelo contador do juízo para apurar o *quantum* das despesas judiciais e custas processuais, o imposto a ser deduzido do espólio inventariado, os limites da legítima, o valor dos bens colacionados etc.; b) operação feita pelo agrimensor nas divisões de terra.

CÁLCULO BILIAR. *Medicina legal.* Pequena massa encontrada nas passagens biliares, na vesícula biliar e no fígado, composta de colesterol, sais inorgânicos e pigmento biliar.

CÁLCULO DA CAPACIDADE DE PAGAMENTO DOS ESTADOS, DO DISTRITO FEDERAL E DOS MUNICÍPIOS NO ÂMBITO DO MINISTÉRIO DA FAZENDA. *Direito financeiro.* É o realizado pela Secretaria do Tesouro Nacional (STN), segundo critérios fornecidos por portaria do Ministério da Fazenda, com a finalidade de subsidiar tomadas de decisão em pleitos de endividamento de governos estaduais e municipais e na concessão de garantia da União em operações de crédito. Nesse cálculo observar-se-ão: a) as disposições legais; b) a execução orçamentária dos quatro últimos exercícios; c) os balanços gerais dos quatro últimos exercícios, com todos os anexos previstos na legislação; d) a dívida fundada, mediante preenchimento do formulário "Compromisso de Desembolso para Pagamento de Serviço da Dívida"; e) as operações de crédito já analisadas e em fase de negociação ou formalização. Os dados – fornecidos a preços correntes – serão corrigidos pelo IGP-DI (Índice Geral de Preços – Disponibilidade Interna). Caberá à STN promover análise complementar dos dados apurados, levando em conta, se for o caso: a) o desempenho financeiro dos governos pleiteantes no exercício em curso, com base nos respectivos balancetes mensais; b) a análise qualitativa das fontes de receitas próprias e dos programas e medidas em andamento que possam alterar o perfil destas e das despesas; c) outras receitas que venham a ser diretamente geradas ou despesas que venham a ser diretamente eliminadas ou reduzidas com a implementação do empreendimento a ser financiado.

CÁLCULO DA INDENIZAÇÃO. *Direito civil* e *direito processual civil.* Operação de concretização da indenização, fixando o seu montante e tornando líquida a obrigação de indenizar ao estipular quanto o lesante deverá pagar ao lesado. Há danos que podem ser avaliados por mera operação aritmética; outros requerem, para tanto, o arbitramento, ante a impossibilidade de avaliar-se matematicamente o quantitativo pecuniário a que tem direito o ofendido.

CÁLCULO DE CUSTO. *Direito comercial.* Conjunto de operações matemáticas que visa apurar o preço real da mercadoria ou o valor real de cada produto.

CÁLCULO DE LUCRO. *Direito comercial.* Operação feita para apurar o lucro dado pela venda de uma mercadoria a determinado preço, que deve ser confrontado com o preço de custo.

CÁLCULO RENAL. *Medicina legal.* Concreção de sais minerais que aparece no rim.

CALCULOSE. *Medicina legal.* Estado mórbido que se caracteriza pela presença de concreção de sais minerais no rim, na bexiga ou nas vias biliares.

CÁLCULO VESICAL. *Medicina legal.* Pedra de sais minerais que surge na bexiga urinária.

CALDEIRA. 1. *Direito empresarial.* Cilindro metálico usado para produzir o vapor das máquinas que deve ser construído, por oferecer perigo de explosão, de modo a resistir às pressões internas do trabalho com válvulas, contendo dispositivos de segurança para prevenir acidentes de trabalho e permitindo que os operários possam executar suas tarefas com segurança. **2.** *Direito marítimo.* Abrigo natural ou pequena doca para embarcações menores.

CALDEIRÕES. Na *linguagem da mineração,* são os orifícios circulares abertos pela força das águas, no leito dos rios, onde se acumulam cascalhos (De Plácido e Silva).

CALENDÁRIO. Tabela com indicação dos dias, semanas, meses do ano, fases da lua, festas religiosas e feriados nacionais.

CALENDÁRIO JUDAICO. Aquele que, com base lunar, é constituído por doze meses, que se iniciam na lua nova, passando a ter treze meses em cada grupo de dezenove anos.

CALENDAS. *Direito romano.* Primeiro dia de cada mês, entre os romanos.

CALENTURA. *Medicina legal.* Insolação.

CALHADOURO. *Direito desportivo.* Local, em certos jogos, onde os jogadores firmam o pé para poder atirar a bola.

CALIBRAÇÃO. 1. *Filosofia do direito.* Diz-se da regra que, na pragmática, é responsável pela relação entre editor e endereçado normativo, explicando as relações entre validade e eficácia normativa. Deveras, a imperatividade é a qualidade pragmática da norma que possibilita sua adaptação a mudanças e desvios, como a inconstitucionalidade, a desobediência regular a normas inefetivas (costume negativo) ou efetivas (desuso), a modificação nas condições de legitimidade, em razão de ato revolucionário, a lacuna etc. A imperatividade, como nos ensina Tércio Sampaio Ferraz Jr., possibilita, por meio de regras de calibração reveladas pelo jurista, a regulagem da possibilidade de exigência e obediência de uma norma que expressa uma estabilidade, de tal forma que qualquer desvio possa ser contrabalançado. Por exemplo, se houver uma norma inconstitucional refratária aos mecanismos de controle de constitucionalidade, o sistema deverá regular sua estrutura para que possa conviver com ela, prestigiando a autoridade que a emitiu e garantindo sua imperatividade, mesmo que inválida. Assim sendo, o preceito inconstitucional será recepcionado pelo sistema por meio das seguintes regras de calibragem: "não se pode deixar de obedecer comando do Poder Público, alegando sua invalidade" e "deve-se respeitar a coisa julgada". Tais regras, para manter a unidade e a coerência lógica do sistema, conferem à norma inconstitucional a mesma eficácia do preceito válido, considerando-a como "norma origem". Logo, a norma incompatível com a Carta Magna será eficaz, por reunir condições de obediência, conforme regras de calibração do sistema que, operacionalmente, controlam sua eficácia. **2.** *Direito comercial.* Conjunto de operações que estabelece, sob condições especificadas, a relação entre os valores indicados por um instrumento ou sistema de medição ou valores representados por uma medida materializada ou um material de referência e os valores correspondentes das grandezas estabelecidas por padrões.

CALIFA. *Direito comparado.* Soberano muçulmano.

CALIFADO. *Direito comparado.* Território que se encontra sob a jurisdição de um califa.

CALIZ. *Direito agrário.* Calha de madeira ou de meia palmeira escavada, utilizada para distribuir água às caldeiras nos engenhos de açúcar.

CALL. *Direito empresarial.* Operação pela qual o titular pode comprar do lançador, até a data prefixada, ações ou mercadorias a um valor previamente definido.

CALLABLE BOND. *Locução inglesa.* Obrigação que pode ser exigida antes de seu vencimento.

CALL CENTER. *Direito virtual.* É o ambiente de trabalho no qual a principal atividade é conduzida via telefone e/ou rádio com a utilização simultânea de terminais de computador (Luciana P. Nardy).

CALLIDITAS FALLACIA. *Locução latina.* **1.** Ato ardiloso. **2.** Artifício fraudulento.

CALLIDITAS NO DEBET ALICUI PRODESSE ET ALTERI NOCERE. *Brocardo jurídico.* A astúcia não deve aproveitar a um e prejudicar a outro.

CALMÉCAC. *História do direito.* Casa onde os astecas nobres recebiam educação.

CALO. *Medicina legal.* **1.** Crosta dura que liga ossos fraturados. **2.** Pequeno tumor duro que surge nas palmas das mãos, nos dedos do pé ou nos tornozelos. **3.** Endurecimento da pele provocado por atrito continuado. **4.** Deformação da diáfise de um osso ao redor de uma fratura.

CALOMNIEZ, IL EN RESTE TOUJOURS QUELQUE CHOSE. *Expressão francesa.* Da calúnia sempre resta algo.

CALOTE. **1.** Na *linguagem jurídica* em geral, indica falta de pagamento de uma dívida ou débito contraído sem intenção ou possibilidade de ser pago, podendo dar, às vezes, origem ao crime de estelionato. **2.** *Direito comercial.* Venda em que não se recebe ou conta que se deu por perdida.

CALOURO. **1.** *Direito do trabalho.* Aprendiz de uma função. **2.** Na *linguagem comum,* aluno do primeiro ano de uma faculdade.

CALPIXQUE. *História do direito.* Encarregado geral dos tributos, na comunidade asteca designada *calpulli.*

CALPULLI. *História do direito.* Divisão territorial dos astecas que era, como diz Victor F. Castillo, uma unidade social mesoamericana tipicamente auto-suficiente.

CALUMBÁ. *Direito agrário.* **1.** Garapa. **2.** Cocho do caldo de cana nos engenhos de açúcar.

CALUMNIA LITIUM. *Locução latina.* Chicana ou prática astuciosa que visa prejudicar o andamento do processo.

CALUMNIARI VERBA IURIS. *Expressão latina.* Ato de interpretar de modo falso o direito.

CALÚNIA. **1.** *Direito civil.* Ato ilícito que causa dano patrimonial e moral suscetível de indenização, por atingir a honra e a verdade pessoal, que são direitos da personalidade. Se houver impossibilidade de restauração natural, procurar-se-á, na *restitutio in integrum,* obter uma situação material correspondente, publicando-se desagravo em jornal, mas, em regra, ter-se-á a reparação pecuniária. É a imputação falsa que ofende a reputação, o crédito ou a honra de alguém, gerando para o lesante o dever de reparar o dano moral e material causado. **2.** *Direito penal.* Falsa imputação a alguém, vivo ou morto, de fato definido como crime. Trata-se de um crime contra a honra punido com detenção e multa.

CALUNIADO. *Direito civil* e *direito penal.* Aquele que foi objeto de calúnia; vítima do crime de calúnia.

CALUNIADOR. *Direito civil* e *direito penal.* Aquele que calunia; agente do crime de calúnia.

CALVÁRIA. *Medicina legal.* Parte do crânio onde os cabelos estão implantados; pericrânio.

CALVÍCIE. *Vide* ALOPECIA.

CAMA. *Direito agrário.* **1.** Local no campo onde os animais repousam ou dormem. **2.** Lugar onde os animais fazem um círculo limpo de folhagem seca. **3.** Ponto fixado pelos pealadores, na mangueira, para o tombo dos animais derrubados com o laço pelas patas dianteiras, nos serviços em série. **4.** Leito do rio. **5.** Pequena elevação de terra lavrada para certas sementeiras. **6.** Parte dos frutos de determinadas plantas rasteiras que vem pousar no chão.

CAMADA SOCIAL. *Sociologia jurídica.* Classe social ou parte da sociedade cuja divisão em grupos de pessoas está baseada em condições econômicas, culturais etc.

CAMA-DE-VARAS. *Direito agrário.* **1.** Trabalhador rural. **2.** Pessoa que ainda não se fixou na terra.

CAMALHÃO. *Direito agrário.* Porção de terra que está disposta para sementeira entre dois sulcos.

CÂMARA. **1.** *Direito marítimo.* Classe ou repartimento do navio onde ficam alojados os passageiros e os oficiais. **2.** *Direito militar.* Parte da arma de fogo onde se colocam o cartucho ou a carga. **3.** *Direito constitucional.* a) Corporação de deputados e vereadores; b) edifício onde essa corporação funciona. **4.** *Direito empresarial.* Corporação de empresários. **5.** *Direito processual.* Seção especial de um tribunal.

CÂMARA ALTA. **1.** *Direito constitucional.* Senado. **2.** *Direito comparado.* Na Inglaterra, câmara reservada aos lordes.

CÂMARA APOSTÓLICA. *Direito canônico.* **1.** Tribunal eclesiástico, sediado em Roma, que tem por fim solucionar problemas alusivos a negócios que interessam ao erário e ao patrimônio da Igreja e do Papa. **2.** Entidade que tem a tarefa de administrar os bens temporais da Igreja.

CÂMARA BAIXA. **1.** *Direito constitucional.* Câmara dos Deputados. **2.** *Direito comparado.* Corporação dos representantes do povo da Inglaterra.

CÂMARA CERRADA. *História do direito.* **1.** Quantia que era dada pelo marido à mulher, após as núpcias, a título de compra de seu corpo. **2.** Certa quantidade de arras.

CAMARADA. *Direito agrário.* **1.** Empregado rural que efetua serviço de campo (pecuária), de agricultura, de silvicultura ou de extrativismo vegetal. **2.** Empregado de fazendas. **3.** Peão de pecuária que maneja o gado, procura reses desgarradas, conduz as vacas para o curral

para a ordenha, cuida da higiene do curral e da distribuição das rações, anota o leite colhido, auxilia na marcação do gado etc.

CÂMARA DA MORTE. *Direito comparado.* Local onde é feita a eletrocussão de um condenado à cadeira elétrica, nos Estados Unidos.

CÂMARA DA REFORMA DO ESTADO. *Direito administrativo.* Órgão do Conselho de Governo, que tem por objetivo formular políticas, aprovar programas e acompanhar as atividades relativas à reforma do Estado. Compete à Câmara: estabelecer as diretrizes para a política de reforma do Estado; aprovar e acompanhar os programas a serem implantados no âmbito da reforma do Estado; promover e acompanhar as parcerias intra e intergovernamentais nas atividades de reforma do Estado.

CÂMARA DE COMERCIALIZAÇÃO DE ENERGIA ELÉTRICA (CCEE). *Direito administrativo.* Pessoa jurídica de direito privado, sem fins lucrativos, sob regulação e fiscalização da Agência Nacional de Energia Elétrica (ANEEL). A CCEE tem por finalidade viabilizar a comercialização de energia elétrica no Sistema Interligado Nacional (SIN). A CCEE terá, dentre outras, as seguintes atribuições: a) promover leilões de compra e venda de energia elétrica, desde que delegado pela ANEEL; b) manter o registro de todos os Contratos de Comercialização de Energia no Ambiente Regulado (CCEAR) e os contratos resultantes dos leilões de ajuste, da aquisição de energia proveniente de geração distribuída e respectivas alterações; c) manter o registro dos montantes de potência e energia objeto de contratos celebrados no Ambiente de Contratação Livre (ACL); d) promover a medição e o registro de dados relativos às operações de compra e venda e outros dados inerentes aos serviços de energia elétrica; e) apurar o Preço de Liquidação de Diferenças (PLD) do mercado de curto prazo por submercado; f) efetuar a contabilização dos montantes de energia elétrica comercializados e a liquidação financeira dos valores decorrentes das operações de compra e venda de energia elétrica realizadas no mercado de curto prazo; g) apurar o descumprimento de limites de contratação de energia elétrica e outras infrações e, quando for o caso, por delegação da ANEEL, nos termos da convenção de comercialização, aplicar as respectivas penalidades; h) apurar os montantes e promover as ações necessárias para a realização do depósito, da custódia e da execução de garantias financeiras relativas às liquidações financeiras do mercado de curto prazo, nos termos da convenção de comercialização.

CÂMARA DE COMÉRCIO. *Direito comercial.* **1.** Instituto que tem por escopo estudar e facilitar as relações comerciais com países estrangeiros. Para tanto, possui um *bureau* de informações, num e noutro país, e mostruários de mercadorias ou produtos manufaturados e fabricados no país. **2.** Corpo representativo de empresários que, junto aos órgãos governamentais, promove e defende os interesses do comércio e da indústria no que estiver relacionado com o Estado.

CÂMARA DE COMÉRCIO EXTERIOR (CAMEX). *Direito administrativo* e *direito internacional privado.* Tem por objetivo a formulação, adoção, implementação e a coordenação de políticas e atividades relativas ao comércio exterior de bens e serviços, incluindo o turismo. Compete à CAMEX, dentre outros atos necessários à consecução dos objetivos da política de comércio exterior: 1) definir diretrizes e procedimentos relativos à implementação da política de comércio exterior, visando à inserção competitiva do Brasil na economia internacional; 2) coordenar e orientar as ações dos órgãos que possuem competências na área de comércio exterior; 3) definir, no âmbito das atividades de exportação e importação, diretrizes e orientações sobre normas e procedimentos, para os seguintes temas, observada a reserva legal: a) racionalização e simplificação do sistema administrativo; b) habilitação e credenciamento de empresas para a prática de comércio exterior; c) nomenclatura de mercadoria; d) conceituação de exportação e importação; e) classificação e padronização de produtos; f) marcação e rotulagem de mercadorias; e g) regras de origem e procedência de mercadorias; 4) estabelecer as diretrizes para as negociações de acordos e convênios relativos ao comércio exterior, de natureza bilateral, regional ou multilateral; 5) orientar a política aduaneira, observada a competência específica do Ministério da Fazenda; 6) formular diretrizes básicas da política tarifária na importação e exportação; 7) estabelecer diretrizes e medidas dirigidas à simplificação e racionalização do comércio exterior; 8) estabelecer diretrizes e procedimentos para investigações relativas a práticas desleais de comércio exterior; 9) fixar diretrizes para a política de finan-

ciamento das exportações de bens e de serviços, bem como para a cobertura dos riscos de operações a prazo, inclusive as relativas ao seguro de crédito às exportações; 10) fixar diretrizes e coordenar as políticas de promoção de mercadorias e de serviços no exterior e de informação comercial; 11) opinar sobre política de frete e transportes internacionais, portuários, aeroportuários e de fronteiras, visando à sua adaptação aos objetivos da política de comércio exterior e ao aprimoramento da concorrência; 12) orientar políticas de incentivo à melhoria dos serviços portuários, aeroportuários, de transporte e de turismo, com vistas ao incremento das exportações e da prestação desses serviços a usuários oriundos do exterior; 13) fixar as alíquotas do imposto de exportação, respeitadas as condições estabelecidas em lei; 14) fixar as alíquotas do imposto de importação, atendidas as condições e os limites estabelecidos legalmente; 15) fixar direitos *antidumping* e compensatórios, provisórios ou definitivos, e salvaguardas; 16) decidir sobre a suspensão da exigibilidade dos direitos provisórios; 17) homologar o compromisso previsto em lei; 18) definir diretrizes para a aplicação das receitas oriundas da cobrança dos direitos de que trata o item 15; e 19) alterar, na forma estabelecida nos atos decisórios do Mercado Comum do Sul (MERCOSUL), a Nomenclatura Comum do MERCOSUL.

CÂMARA DE COMÉRCIO INTERNACIONAL. *Direito internacional privado.* Organismo internacional privado, composto de representantes das categorias comerciais de vários países, que, ao prestar serviços práticos nos câmbios e trocas internacionais, age em nome dos interessados, auxiliando, assim, o governo a resolver certas questões econômicas. Além disso, suas decisões influenciam não só as legislações nacional e internacional, como ocorreu, por exemplo, com a *lex mercatoria*, atinente ao direito uniforme de câmbio ou troca internacional, com os *incoterms* e com as normas e usos uniformes relativos ao crédito documentário, como também a conclusão de tratados internacionais de intercâmbio entre nações, como ocorreu na Convenção de Nova Iorque, em 1958, pertinente ao reconhecimento e execução de sentença arbitral estrangeira.

CÂMARA DE COMPENSAÇÃO. 1. *Direito bancário.* Instituto que tem por finalidade compensar cheques e valores entre bancos e estabelecimentos de crédito de uma praça. **2.** *Direito internacional privado.* Trata-se da *Clearing House*, mantida pela *International Air Transport Association* (IATA), que, agindo por meio de comitês, tem relevante papel na economia do transporte aéreo internacional. A *Clearing House* é a reunião diária de banqueiros ou membros da Bolsa de Valores para o acertamento de contas por compensação de cambiais e efeitos do comércio recebidos e pagos, sem mobilizar dinheiro em espécie. A câmara de compensação da IATA, com sede em Londres, tem possibilitado ao usuário valer-se desta ou daquela empresa aérea de transporte, sendo válido o bilhete por ele adquirido no país de origem da viagem e em moeda desse país, ante a uniformidade das tarifas aéreas internacionais. Se isso não fosse possível, cada empresa teria de efetuar acertos contábeis, sujeitos à flutuação de taxas de câmbio das diferentes moedas, com as demais, em relação a cada passageiro e a cada trecho da viagem.

CÂMARA DE COMPENSAÇÃO AMBIENTAL. *Direito ambiental.* É o órgão de natureza deliberativa vinculada ao Conselho Gestor do Instituto Brasileiro do Meio Ambiente e dos Recursos Naturais Renováveis (IBAMA), tem como finalidades: a) orientar, coordenar, supervisionar e avaliar as atividades e prioridades referentes à compensação ambiental; b) promover a discussão técnica e deliberar sobre o tema relativo à compensação ambiental; c) promover a articulação entre as diversas diretorias e segmentos do Instituto, com a finalidade de implementar a compensação ambiental, consoante com a legislação vigente e as diretrizes do Conselho Gestor; e d) orientar e implementar mecanismos de articulação e cooperação entre o IBAMA, intervenientes e parceiros externos, visando avaliar a efetividade da compensação ambiental no âmbito do Sistema Nacional do Meio Ambiente (SISNAMA).

CÂMARA DE COMPENSAÇÃO E DE LIQUIDAÇÃO. *Direito bancário.* Câmara ou prestador de serviços de registro, compensação e liquidação de operações com valores mobiliários, integrante do Sistema de Pagamentos Brasileiro (SPB).

CÂMARA DE EDUCAÇÃO BÁSICA. *Direito educacional.* Órgão do Conselho Nacional de Educação que tem as atribuições de: a) examinar os problemas da educação infantil, do ensino fundamental e do ensino médio e oferecer sugestões para sua solução; b) analisar e emitir parecer sobre os resultados dos processos de avaliação dos diferentes níveis e modalidades mencionados na letra *a*; c) deliberar sobre as diretrizes curriculares pelo Ministério da Educação; d) colaborar na preparação do Plano Nacional de Educação e acompanhar sua execução no âmbito de sua atuação; e) assessorar o ministro de Estado da Educação em todos os assuntos relativos à educação básica; f) manter intercâmbio com os sistemas de ensino dos Estados e do Distrito Federal, acompanhando a execução dos respectivos planos de educação; g) analisar questões relativas à aplicação da legislação referente à educação básica.

CÂMARA DE EDUCAÇÃO SUPERIOR. *Direito educacional.* Órgão do Conselho Nacional de Educação que tem as funções de: a) analisar e emitir parecer sobre os resultados dos processos de avaliação da educação superior; b) oferecer sugestões para a elaboração do Plano Nacional de Educação e acompanhar sua execução no âmbito de sua atuação; c) deliberar sobre as diretrizes curriculares propostas pelo Ministério da Educação para os cursos de graduação relativos a profissões regulamentadas em lei; d) deliberar sobre os pareceres encaminhados pelo Ministério da Educação relativos a reconhecimento de cursos e habilitações oferecidos por instituições de ensino superior, assim como sobre autorização prévia daqueles oferecidos por instituições não universitárias; e) deliberar sobre o credenciamento e recredenciamento periódico de instituições de educação superior, inclusive universidades, com base em pareceres e avaliações apresentadas pelo Ministério da Educação; f) deliberar sobre os estatutos das universidades e o regimento das demais instituições de educação superior que fazem parte do sistema federal de ensino; g) deliberar sobre os pareceres para reconhecimento periódico de cursos de mestrado e doutorado, elaborados pela Fundação de Coordenação de Aperfeiçoamento de Pessoal de Nível Superior, com base na avaliação dos cursos; h) analisar questões relativas à aplicação da legislação referente à educação superior; i) assessorar o ministro de Estado da Educação nos assuntos relativos à educação superior.

CÂMARA DE FUMIGAÇÃO. Local onde se realizará a operação de fumigação, oferecendo condições de assegurar, juntamente com a mercadoria a ser tratada, a contenção do gás fumigante de forma a ser mantida a concentração prescrita, dentro de seu interior, pelo período de exposição requerido. As câmaras devem atender às especificações de hermeticidade e poderão ser constituídas de: a) *containers*; b) silo; c) porão de navios; ou d) recipientes rígidos, que atendam ao objetivo do tratamento. As câmaras devem ser localizadas de forma apropriada em sítios denominados áreas de fumigação.

CÂMARA DE GÁS. *Direito comparado.* Compartimento de metal e vidro verde existente nos Estados Unidos onde são executados os condenados à morte por inalação de gás letal, que os faz sucumbir em trinta segundos.

CÂMARA DE GOVERNO ELETRÔNICO DO MINISTÉRIO DO TURISMO. *Direito administrativo.* Órgão com as atribuições de: a) desenvolver os conceitos e as diretrizes do Portal Brasileiro do Turismo, definido como o canal oficial de acesso aos serviços e informações prestadas pelo Ministério do Turismo – Gabinete do Ministro, Secretaria Executiva, Instituto Brasileiro de Turismo – Embratur, Secretaria de Políticas de Turismo e Secretaria de Programas de Desenvolvimento do Turismo; b) formular estratégias para o desenvolvimento do Portal Brasileiro do Turismo, sua implantação, atualização, manutenção e permanente aperfeiçoamento técnico; c) propor estratégias e mecanismos de interação da Câmara de Governo Eletrônico do Ministério do Turismo com os Estados, Municípios, outras áreas do Governo Federal, empresas, organizações e entidades do setor privado e não-governamental, Conselho Nacional de Turismo e Fórum de Secretários e Dirigentes Estaduais de Turismo, em conformidade com a gestão do Plano Nacional do Turismo; d) manter canal permanente de comunicação com o Comitê Executivo do Governo Eletrônico, acompanhando as diretrizes definidas e encaminhando propostas para discussão; e) relacionar-se e trabalhar de forma interativa com as áreas de governo eletrônico de outros ministérios e órgãos governamentais; f) acompanhar as questões relativas às ações de governo eletrônico e tecnologia da informação fora do âmbito do Governo Federal; g) assegurar a qualidade, confiabilidade, ética, segurança e presteza das informações apresentadas por intermédio do Portal Brasileiro do Turismo e das ações desenvolvidas com relação à governança eletrônica; e h) preparar informações para deliberação estratégica e superior, quando necessário, por parte da direção do Ministério do Turismo.

CÂMARA DE JULGAMENTO DE IMPUGNAÇÕES DE RESSARCIMENTO (CJIR). *Direito administrativo* e *direito do consumidor.* De caráter consultivo e deliberativo, de natureza permanente, tem por finalidade decidir sobre os recursos impetrados pelas operadoras de planos e seguros de saúde contra decisões do gestor federal sobre as impugnações de ressarcimento. Tais recursos referem-se às decisões do gestor nas impugnações de ressarcimento, quando do atendimento a seus beneficiários pelas instituições públicas ou privadas integrantes do Sistema Único de Saúde (SUS).

CÂMARA DE MEDICAMENTOS. *Direito administrativo* e *direito do consumidor.* Tem por competência: a) julgar os pedidos de reajustes extraordinários de preços; b) decidir pela exclusão de grupos ou classes de medicamentos; c) definir os documentos a serem apresentados pelas empresas produtoras de medicamentos nos relatórios de comercialização, bem como a periodicidade do envio dos relatórios e os respectivos procedimentos para entrega e análise; d) receber os relatórios de comercialização das empresas produtoras de medicamentos; e) regulamentar a redução dos preços dos medicamentos que forem objeto de redução de tributos; f) decidir sobre a aplicação das sanções administrativas; g) elaborar o regimento interno, regulamentando o seu funcionamento, os critérios para concessão de reajuste extraordinário, bem como os procedimentos para apresentação dos pedidos, instrução e julgamento; h) adotar as medidas necessárias para o cumprimento da lei.

CÂMARA DE POLÍTICA CULTURAL. *Direito administrativo.* Órgão do Conselho de Governo com a finalidade de formular políticas públicas e diretrizes de matérias relacionadas à cultura, visando a cooperação intersetorial dos órgãos e entidades da administração pública federal e da sociedade civil, voltadas para a produção e difusão artística e cultural e a proteção do patrimônio cultural, bem assim para articular e acompanhar a implementação das ações estabelecidas, cujo escopo ultrapasse a competência de um único Ministério.

CÂMARA DE POLÍTICA DE INTEGRAÇÃO NACIONAL E DESENVOLVIMENTO REGIONAL. *Direito administrativo.* Órgão do Conselho de Governo com a finalidade de formular políticas públicas e diretrizes de integração nacional e desenvolvimento regional, bem assim coordenar e articular as políticas setoriais com impacto regional, com vistas a reduzir as desigualdades inter e intra-regionais.

CÂMARA DE POLÍTICA DOS RECURSOS NATURAIS. *Direito ambiental* e *direito administrativo.* Órgão do Conselho de Governo que tem por escopo formular as políticas públicas e as diretrizes relacionadas com os recursos naturais e coordenar sua implementação.

CÂMARA DE POLÍTICAS DE INFRA-ESTRUTURA. *Direito administrativo.* Órgão do Conselho de Governo com o objetivo de formular as políticas públicas e as diretrizes para a infra-estrutura e coordenar sua implementação. A Câmara de Políticas de Infra-Estrutura é integrada pelos seguintes membros: a) ministro de Estado chefe da Casa Civil da Presidência da República, que a presidirá; b) ministro de Estado da Fazenda; c) ministro de Estado do Planejamento, Orçamento e Gestão; d) ministro de Estado dos Transportes; e) ministro de Estado das Comunicações; f) ministro de Estado de Minas e Energia; e g) ministro de Estado do Trabalho e Emprego.

CÂMARA DE POLÍTICA SOCIAL. *Direito administrativo.* Órgão do Conselho de Governo, que tem o objetivo de formular políticas, estabelecer diretrizes, aprovar e acompanhar os programas a serem implantados, no âmbito das matérias relacionadas à área social do governo federal.

CÂMARA DE REGULAÇÃO DO MERCADO DE MEDICAMENTOS (CMED). *Direito administrativo.* Órgão do Conselho de Governo que tem por objetivos a adoção, implementação e coordenação de atividades relativas à regulação econômica do mercado de medicamentos, voltados a promover a assistência farmacêutica à população, por meio de mecanismos que estimulem a oferta de medicamentos e a competitividade do setor. Compete à CMED, dentre outros atos necessários à consecução dos objetivos da regulação econômica do mercado de medicamentos: a) definir diretrizes e procedimentos relativos à regulação econômica do mercado de medicamentos; b) estabelecer critérios para fixação e ajuste de preços de medicamentos; c) definir claramente os critérios para o estabelecimento dos preços dos produtos novos e novas apresentações de medicamentos; d) decidir pela exclusão de grupos, classes, subclasses de medicamentos e produtos farmacêuticos da inci-

dência de critérios de estabelecimento ou ajuste de preços, nos termos da legislação aplicável, bem como decidir pela eventual reinclusão de grupos, classes, subclasses de medicamentos e produtos farmacêuticos à incidência de critérios de determinação ou reajuste de preços; e) estabelecer critérios para fixação de margens de comercialização de medicamentos a serem observados pelos representantes, distribuidores, farmácias e drogarias, inclusive das margens de farmácias voltadas especificamente ao atendimento privativo de unidade hospitalar ou de qualquer outra equivalente de assistência médica; f) coordenar ações dos órgãos componentes da CMED voltadas à implementação dos seus objetivos; g) sugerir a adoção, pelos órgãos competentes, de diretrizes e procedimentos voltados à implementação da política de acesso a medicamentos; h) propor a adoção de legislações e regulamentações referentes à regulação econômica do mercado de medicamentos; i) opinar sobre regulamentações que envolvam tributação de medicamentos; j) assegurar o efetivo repasse aos preços dos medicamentos de qualquer alteração da carga tributária; k) sugerir a celebração de acordos e convênios internacionais relativos ao setor de medicamentos; l) monitorar o mercado de medicamentos, podendo, para tanto, requisitar informações sobre produção, insumos, matérias-primas, vendas e quaisquer outros dados que julgar necessários ao exercício desta competência, em poder de pessoas de direito público ou privado; m) zelar pela proteção dos interesses do consumidor de medicamentos; n) decidir sobre a aplicação de penalidades cabíveis; e o) elaborar seu regimento interno.

CÂMARA DE RELAÇÕES EXTERIORES E DEFESA NACIONAL. *Direito administrativo.* Órgão do Conselho de Governo com o objetivo de formular políticas, estabelecer diretrizes, aprovar e acompanhar os programas a serem implantados, no âmbito das matérias correlacionadas, inclusive aquelas pertinentes: a) à cooperação internacional em assuntos de segurança e defesa; b) à integração fronteiriça; c) às populações indígenas e aos direitos humanos; d) às operações de paz; e) ao narcotráfico e a outros delitos de configuração internacional; f) à imigração; g) às atividades de inteligência.

CÂMARA DE SANGUE. *Medicina legal.* Diarréia sanguinolenta.

CÂMARA DE SAÚDE SUPLEMENTAR (CSS). É um órgão de participação institucionalizada da sociedade na Agência Nacional de Saúde Suplementar, de caráter permanente e consultivo. A CSS tem por finalidade auxiliar a Diretoria Colegiada, ao discutir os assuntos de maior relevo, com a participação de representantes de todos os segmentos da sociedade que protagonizam as relações no setor, tornando-se, dessa forma, um órgão consultivo que dá transparência e subsidia as decisões ali adotadas. São atribuições da CSS: a) discutir, analisar e sugerir medidas que possam melhorar as relações entre os diversos segmentos que compõem o setor; b) colaborar para os resultados das Câmaras Técnicas; c) auxiliar a Diretoria Colegiada a aperfeiçoar o mercado de saúde suplementar, proporcionando à Agência Nacional de Saúde (ANS) condições de exercer, com maior eficiência, sua função de regular as atividades que garantam a assistência suplementar à saúde no País; d) indicar representantes para compor grupos técnicos temáticos, sugeridos pela Diretoria Colegiada.

CÂMARA DOS COMUNS. *Direito comparado.* Assembléia legislativa que, na Inglaterra, é formada por representantes do povo.

CÂMARA DOS CORRETORES. *Direito comercial.* Corpo coletivo de corretores que têm fé pública.

CÂMARA DOS DEPUTADOS. *Direito constitucional.* Uma das Casas do Congresso Nacional, que representa o povo, tendo membros eleitos por voto direto e secreto, pelo sistema proporcional, em cada Estado, em cada Território e no Distrito Federal. O número total de deputados será proporcional à população, procedendo-se aos ajustes necessários, no ano anterior às eleições, para que nenhuma das unidades da Federação tenha menos de oito e mais de setenta deputados, sendo que cada Território elegerá quatro deputados.

CÂMARA DOS LORDES. *Direito comparado.* Câmara Alta inglesa formada pelos pares e altos dignatários do Reino.

CÂMARA DOS VEREADORES. *Direito constitucional.* Órgão existente em cada Município para desempenhar as funções de legislar e controlar a atividade do Executivo, compondo-se de vereadores eleitos pelos Municípios para cumprirem um mandato de quatro anos. O número de vereadores varia segundo a população de cada Município.

CÂMARA ECLESIÁSTICA. *Direito canônico.* Tribunal que, sob a presidência de um bispo, decide casos de disciplina eclesiástica, processos alusivos a matrimônio, registros paroquiais etc.

CÂMARA ELETIVA. *Direito constitucional.* É a nomeada por eleição, como a dos vereadores e deputados.

CÂMARA ESPECIAL. *Direito processual.* Órgão colegiado do Tribunal de Justiça que, no Estado de São Paulo, tem competência para apreciar e decidir: a) conflitos de competência entre juízes de primeira instância; b) exceções de suspeição ou de impedimento contra os mesmos juízes; c) agravos de instrumento manifestados em exceções de incompetência, desde que a matéria tratada nos autos principais se inclua na competência recursal; d) processos de jurisdição especial da Infância e da Juventude; e) recursos das decisões originárias do Corregedor-Geral da Justiça nos processos disciplinares relativos aos titulares e servidores das serventias judiciais e extrajudiciais ou a oficiais de Justiça, distribuídos e postos em mesa, independentemente de pauta e pregão.

CÂMARA GÁSTRICA. *Medicina legal.* Quantidade de ar que normalmente existe no estômago, bem próxima ao cárdia.

CÂMARA HIPERBÁRICA OU DE RECOMPRESSÃO/DESCOMPRESSÃO. *Direito marítimo.* Vaso de pressão especialmente projetado para a ocupação humana, no qual os ocupantes podem ser submetidos a condições hiperbáricas.

CÂMARA LEGISLATIVA. *Direito constitucional.* Assembléia de legisladores (deputados e senadores) compreendida pelo Parlamento. Assim, é câmara legislativa tanto o Senado como a Câmara dos Deputados.

CÂMARA MUNICIPAL. *Direito constitucional.* **1.** Corpo de vereadores que tem a função de legislar para um Município; edilidade; órgão legislativo do Município. **2.** Edifício onde os vereadores se reúnem para o desempenho de sua função. **3.** Executivo municipal; poder administrativo do Município.

CÂMARA REAL. *História do direito.* **1.** Aposento que era destinado no paço ao rei ou à rainha. **2.** Erário público ou arca de dinheiro público que fazia frente às despesas do tribunal do desembargo do paço.

CÂMARAS DE COORDENAÇÃO E REVISÃO DO MINISTÉRIO PÚBLICO FEDERAL. Constituem a menor unidade de natureza colegiada na estrutura do Ministério Público federal, competindo-lhes as atividades de coordenação, integração e revisão do exercício funcional, com participação igualitária de seus membros. As Câmaras de Coordenação e Revisão são organizadas por matéria e distribuídas pelos seguintes setores: a) ordem jurídica: 1ª Câmara – matéria constitucional e infraconstitucional; 2ª Câmara – matéria criminal e controle externo da atividade policial; 3ª Câmara – matéria eleitoral; b) bens: 4ª Câmara – meio ambiente e patrimônio cultural; 5ª Câmara – patrimônio público e social; c) pessoas: 6ª Câmara – comunidades indígenas e minorias; 7ª Câmara – família, criança, adolescente, idoso, portador de deficiência, consumidor e outros interesses individuais indisponíveis, homogêneos, difusos e coletivos. Cada Câmara é composta por três subprocuradores-gerais, sempre que possível, sendo um indicado pelo procurador-geral da República e dois pelo Conselho Superior, juntamente com seus suplentes, para um mandato de dois anos. Para exercer a função executiva de coordenador até o término do respectivo mandato, o procurador-geral da República escolhe um dos subprocuradores-gerais integrantes da Câmara. Ocorrendo vaga de membro efetivo, o presidente do Conselho Superior, nos cinco dias seguintes, convoca o respectivo suplente. São atribuições das Câmaras de Coordenação e Revisão: a) promover a integração e a coordenação dos órgãos institucionais que atuem em ofícios ligados ao setor de sua atribuição, observado o princípio da independência funcional; b) manter intercâmbio com órgãos ou entidades que atuem em áreas afins; c) encaminhar informações técnico-jurídicas aos órgãos institucionais que atuem em seu setor. Consideram-se peças de informação quaisquer documentos públicos e particulares que integrem procedimentos administrativos instaurados nas procuradorias regionais da República e procuradorias da República, com a finalidade de apurar fato certo e determinado, afeto à atribuição legal de órgão do Ministério Público; d) manifestar-se sobre o arquivamento de inquérito policial, inquérito parlamentar ou peças de informação, exceto nos casos de competência originária do procurador-geral da República; e) resolver sobre a distribuição especial de feitos que, por sua contínua reiteração, devam receber tratamento uniforme; f) resolver sobre a distribuição especial de inquéritos, feitos e procedimentos, quando a matéria, por sua natureza ou relevância, assim o exigir; g) decidir os conflitos de atribuições entre os órgãos do Ministério Público federal. As Câmaras funcionam reunidas em Conselho Institucional, ordinariamente, uma vez por semestre e, extraordinariamente, por convocação do seu presidente, do procurador-geral ou da maioria de seus membros. O Conselho Institucional será presidido pelo coordenador mais antigo na categoria, salvo quando estiver presente o procurador-geral da República, e se reunirá com a presença mínima de doze membros. Compete ao Conselho Institucional: a) deliberar, mediante provocação dos interessados, sobre matérias que demandem providências a serem tomadas pelos órgãos institucionais que atuem em ofícios vinculados a câmaras de mais de um setor, observado o princípio da independência funcional; b) decidir, com recurso ao procurador-geral da República, o conflito de atribuições entre Câmaras e entre estas e órgãos institucionais que atuem em ofícios ligados aos setores de sua competência. As deliberações das Câmaras e do Conselho Institucional são tomadas por maioria simples de votos. O procurador federal dos Direitos do Cidadão pode, sem direito a voto, participar das reuniões das Câmaras e do Conselho Institucional. As Câmaras e o Conselho Institucional dão divulgação às suas deliberações através de comunicação pessoal aos interessados e em boletim de circulação interna, bem como no *Diário da Justiça da União*, quando a matéria assim o exigir.

CÂMARAS DO CONGRESSO. *Direito constitucional.* São as que compõem o Congresso Nacional, ou seja, a Câmara Baixa, que é a Câmara dos Deputados, e a Câmara Alta, que é o Senado Federal.

CÂMARA SINDICAL. 1. *Direito comercial.* Órgão administrativo da Bolsa, composto, no máximo, por seis membros (corretores e síndico), que deve encerrar ou reabrir o pregão de qualquer título, aumentar ou diminuir o quadro de títulos negociáveis, determinar os valores que possam ser admitidos às negociações etc. **2.** *Direito civil.*

a) Organização composta por sindicatos profissionais ou pessoas da mesma profissão, eleitos pelos seus companheiros sindicalizados, para zelar pela classe junto aos Poderes Públicos ou à justiça; b) modalidade de tribunal disciplinar que tem por escopo julgar infrações aos regulamentos de uma corporação.

CÂMARAS REUNIDAS OU CONJUNTAS. *Direito processual.* **1.** Reuniões em que tomam parte todas as câmaras do tribunal. **2.** Conjunto de câmaras de um tribunal.

CÂMARAS SETORIAIS DE ARTES VISUAIS, DO CIRCO, DA DANÇA, DO LIVRO E LEITURA, DO TEATRO E DA MÚSICA. Têm caráter consultivo, com as seguintes finalidades: a) propiciar a interlocução permanente entre o Poder Público, a sociedade civil e os setores culturais para subsidiar o Ministério da Cultura na definição de políticas públicas, e na promoção de ações para o desenvolvimento cultural brasileiro; b) debater, avaliar, propor, acompanhar as políticas públicas, subsidiando a adoção de diretrizes e orientando as deliberações normativas para gerar critérios de gestão compartilhada nas áreas respectivas; c) promover o diálogo entre agentes sociais e o Poder Público, com vistas a fortalecer a economia da cultura e a circulação de idéias, produtos e serviços, assegurada a plena manifestação da diversidade cultural; d) promover estudos que permitam identificação e diagnósticos precisos das cadeias produtivas e criativas nos diferentes setores culturais, e propor medidas que gerem pactos setoriais que dinamizem essas cadeias nos planos nacional, regional e local e dos seus arranjos produtivos locais; e) subsidiar o Ministério da Cultura e o Plenário do CNPC na elaboração, implementação e avaliação do Plano Nacional de Cultura; f) incentivar a criação de redes sociais que alimentem a formulação, a implementação e a continuidade de políticas públicas nos diversos setores culturais e fomentar a cooperação entre a União, Estados e Municípios para a realização de políticas públicas na área da cultura e em cada um de seus setores artísticos e produtivos; g) incentivar ações comuns de agentes públicos e privados de modo a responsabilizar solidariamente a sociedade e suas instituições na integração de iniciativas e na otimização de recursos para o desenvolvimento das políticas culturais; h) subsidiar o Conselho Nacional de Política Cultural nas matérias de interface

com os setores objeto de cada Câmara Setorial e atender às demandas encaminhadas pelo Plenário do referido Conselho; i) subsidiar a definição de parâmetros para a realização de editais públicos e de políticas de fomento ao setor afim e para a avaliação da execução dos diversos mecanismos de incentivo cultural; j) apoiar o governo federal, estadual e municipal, bem como instituições públicas e privadas de reconhecido valor cultural na realização de encontros locais, regionais ou nacionais periódicos com ênfase em matérias relacionadas ao escopo da Câmaras Setoriais; k) concorrer para a valorização das atividades e profissões culturais e para a promoção de atividades de pesquisa e de formação de profissionais e de públicos relacionados ao respectivo campo de atividade; l) defender a crítica e a liberdade de criação e expressão como elementos indissociáveis do desenvolvimento cultural brasileiro e universal; m) subsidiar o Ministério da Cultura na elaboração de recomendações, resoluções e outros pronunciamentos no âmbito do Sistema Federal de Cultura.

CÂMARAS TEMÁTICAS. *Direito de trânsito.* São órgãos técnicos vinculados ao Conselho Nacional de Trânsito (CONTRAN), integrados por especialistas, e têm como objetivo estudar e oferecer sugestões e embasamento técnico sobre assuntos específicos para decisões deste colegiado. Podem ser: a) de Assuntos Veiculares; b) de Cidadania e Educação para o Trânsito; c) de Engenharia de Tráfego, da Sinalização e da Via; d) de Esforço Legal: Infrações, Penalidades, Crimes de Trânsito, Policiamento e Fiscalização de Trânsito; e) de Formação e de Habilitação de Condutores; f) de Saúde e Meio Ambiente no Trânsito. Compete às Câmaras Temáticas: a) relacionar os temas a serem abordados pela respectiva Câmara; b) elaborar o planejamento e a organização dos estudos e das atividades, estabelecendo inclusive seu calendário de reuniões ordinárias; c) desenvolver estudos sobre os temas previamente identificados; d) propor ao órgão máximo executivo de trânsito da União a criação de grupos técnicos para fornecer subsídios aos estudos promovidos pelas Câmaras; e) estudar e oferecer sugestões e embasamento técnico sobre assuntos específicos do seu colegiado; f) elaborar relatório anual de atividades; g) desenvolver estudos e opinar sobre temas afetos às Câmaras, previamente identificados e ordenados segundo escala de prioridade, sempre que solicitados pelo CONTRAN; h) propor a criação de grupos técnicos para fornecer subsídios aos estudos promovidos pelas Câmaras, ouvido o órgão máximo executivo de trânsito da União. Temos as Câmaras Temáticas: a) do Fator Humano; b) do Veículo; e c) da Via.

CÂMARA TÉCNICA DE ASSUNTOS INTERNACIONAIS. *Direito ambiental.* É a que visa compatibilizar as resoluções do CONAMA com as medidas adotadas pelos órgãos e entidades brasileiras, relativas às questões ambientais, no âmbito internacional.

CÂMARA TÉCNICA DE ASSUNTOS JURÍDICOS. *Direito constitucional.* Tem a finalidade de: a) examinar a constitucionalidade, legalidade e técnica legislativa de propostas, antes de sua apreciação pelo Plenário; b) apresentar substitutivo ao Plenário, acompanhado da versão original da matéria examinada; c) devolver a matéria à Câmara Técnica competente, com recomendações de modificação; e d) rejeitar, em parte ou na sua integralidade, proposta, analisada sob o aspecto da constitucionalidade, legalidade e técnica legislativa.

CÂMARA TÉCNICA DE ATIVIDADES MINERÁRIAS, ENERGÉTICAS E DE INFRA–ESTRUTURA. *Direito ambiental.* Tem a finalidade de propor normas e padrões para o controle das atividades de infraestrutura, relacionadas com o meio ambiente, bem como normas e critérios para o licenciamento ambiental de atividades potencial ou efetivamente poluidoras.

CÂMARA TÉCNICA DE BIODIVERSIDADE, FAUNA E RECURSOS PESQUEIROS. *Direito ambiental.* Tem a finalidade de propor normas e padrões de proteção à biodiversidade e aos recursos pesqueiros, bem como normas e critérios para o licenciamento ambiental de atividade potencial ou efetivamente poluidora.

CÂMARA TÉCNICA DE CONTROLE E QUALIDADE AMBIENTAL. *Direito ambiental.* Tem a finalidade de propor normas e padrões de qualidade das águas, do ar e do solo, bem como normas e critérios para o licenciamento ambiental de atividades potencial ou efetivamente poluidoras.

CÂMARA TÉCNICA DE ECONOMIA E MEIO AMBIENTE. *Direito ambiental.* Tem a finalidade de propor a adoção de instrumentos econômicos, visando ao desenvolvimento sustentável, bem como normas para subsidiar a implementação das ações voltadas ao meio ambiente.

CÂMARA TÉCNICA DE EDUCAÇÃO AMBIENTAL. *Direito ambiental* e *direito educacional.* Tem a finalidade de: a) propor indicadores de desempenho e de avaliação das ações de educação ambiental decorrentes das políticas, programas e projetos de governo; b) propor diretrizes para elaboração e implementação das políticas e programas estaduais de educação ambiental; c) assessorar as demais Câmaras Técnicas, no que tange a educação ambiental; e d) propor ações de educação ambiental nas políticas de conservação da biodiversidade, de zoneamento ambiental, de licenciamento e revisão de atividades efetivas ou potencialmente poluidoras, de gerenciamento de resíduos, de gerenciamento costeiro, de gestão de recursos hídricos, de ordenamento de recursos pesqueiros, de manejo sustentável de recursos ambientais, de ecoturismo e melhoria de qualidade ambiental.

CÂMARA TÉCNICA DE FLORESTAS E ATIVIDADES AGROSSILVOPASTORIS. *Direito ambiental.* Tem a finalidade de propor normas e padrões relativos à legislação florestal e para o controle de atividades agrossilvopastoris, bem como normas e critérios para o licenciamento ambiental de atividades potencial ou efetivamente poluidoras.

CÂMARA TÉCNICA DE GESTÃO TERRITORIAL E BIOMAS. *Direito ambiental.* Tem a finalidade de propor normas visando subsidiar o ordenamento territorial, o zoneamento ecológico-econômico e a gestão integrada de corredores ecológicos e dos ambientes costeiro e marinho, diretrizes para a gestão territorial sustentável, bem como normas e critérios para o licenciamento ambiental de atividades potencial ou efetivamente poluidoras.

CÂMARA TÉCNICA DE MEDICAMENTOS FITOTERÁPICOS (CATEF). *Direito ambiental.* É uma instância colegiada, de natureza consultiva, vinculada tecnicamente a Gerência de Medicamentos Isentos, Específicos, Fitoterápicos e Homeopáticos (GMEFH)/Gerência-Geral de Medicamentos (GGMED) e apoiada pela Assessoria de Relações Institucionais (ASREL) da Agência Nacional de Vigilância Sanitária (ANVISA). A CATEF tem por finalidade assessorar a GMEFH/GGMED nos procedimentos relativos a medicamentos fitoterápicos, notadamente quanto à análise da qualidade, eficácia e segurança. Compete à CATEF: a) manifestar-se quanto à definição de métodos, de procedimentos científicos e tecnológicos relativos à análise de qualidade, eficácia e de segurança de medicamentos fitoterápicos; b) emitir recomendações sobre aspectos envolvendo a análise de eficácia e segurança de medicamentos fitoterápicos, quando solicitado pela GGMED; c) elaborar parecer quanto ao desenvolvimento de pesquisas pré-clínicas ou clínicas que causem reflexos na avaliação, eficácia e segurança dos medicamentos fitoterápicos; d) indicar, quando necessário, consultor *ad hoc* ou especialista para a emissão de parecer; e) opinar sobre a necessidade de realização de reunião técnico-científica, visando consolidar conhecimentos na área de fitoterápicos; f) avaliar e propor atualizações normativas, analisando quaisquer sugestões apresentadas com este objetivo.

CÂMARA TÉCNICA DE SANEANTES (CATES). *Direito ambiental.* É uma instância colegiada, de natureza consultiva, vinculada tecnicamente à Gerência-Geral de Saneantes (GGSAN) e apoiada pela Assessoria de Relações Institucionais (ASREL) da Agência Nacional de Vigilância Sanitária (ANVISA). A CATES tem por finalidade assessorar a GGSAN nos procedimentos relativos à regulação de produtos saneantes. Compete à CATES: a) manifestar-se quanto à definição de métodos, de procedimentos científicos e tecnológicos relativos a produtos saneantes; b) sugerir à GGSAN a realização de pesquisas em aspectos envolvendo produtos saneantes; c) emitir recomendações sobre aspectos envolvendo a GGSAN; d) manifestar-se quanto ao desenvolvimento de pesquisas científicas; e) sugerir à GGSAN a convocação de consultores especialistas, bem como de técnicos da ANVISA para participarem de reuniões; f) propor a realização de reuniões de trabalho e científicas, visando a divulgação de conhecimento das áreas de sua competência.

CÂMARA TÉCNICA DE SAÚDE, SANEAMENTO AMBIENTAL E GESTÃO DE RESÍDUOS. *Direito ambiental.* Tem a finalidade de propor normas de tratamento de esgotos sanitários e de coleta e disposição de lixo, normas e padrões para o controle das atividades de saneamento básico e resíduos pós-consumo, bem como normas e critérios para o licenciamento ambiental de atividades potencial ou efetivamente poluidoras.

CÂMARA TÉCNICA DE TECNOLOGIA DE PRODUTOS PARA A SAÚDE (CATEPS). *Direito ambiental.* É uma instância colegiada, de natureza consultiva, vinculada tecnicamente à Gerência-Geral de Tecnologia de Produtos para a Saúde (GGTPS) e apoiada pela Assessoria de Relações Institucionais (ASREL) da Agência Nacional de Vigilância Sanitária (ANVISA). A CATEPS tem por finalidade assessorar a GGTPS nos procedimentos relativos ao registro e regulação de produtos para a saúde. Compete à CATEPS: a) manifestar-se quanto à definição de métodos, de procedimentos científicos e tecnológicos relativos a produtos para uso em saúde; b) sugerir à GGTPS a realização de pesquisas envolvendo esses produtos; c) emitir recomendações sobre aspectos técnico-científicos envolvendo a GGTPS; d) subsidiar a GGTPS em outros aspectos pertinentes às suas atividades; e) manifestar-se quanto ao desenvolvimento de pesquisas científicas; f) sugerir à GGTPS a convocação de consultores especialistas, bem como de técnicos da ANVISA para participarem de reuniões; g) propor a realização de reuniões de trabalho e científicas, visando a divulgação de conhecimento das áreas de sua competência; h) analisar propostas e recomendar inclusão, exclusão ou modificação de termos nas Denominações Comuns Brasileiras de Produtos para a Saúde (DCBPS) adotadas pela ANVISA.

CÂMARA TÉCNICA DE UNIDADES DE CONSERVAÇÃO E DEMAIS ÁREAS PROTEGIDAS. *Direito ambiental.* Tem por objetivo: a) propor normas visando a efetiva implementação do Sistema Nacional de Unidade de Conservação da Natureza (SNUC); e b) acompanhar a implementação do SNUC, por meio da análise de documentos a serem elaborados pelos órgãos competentes.

CAMARISTA. *Direito constitucional.* Vereador; edil.

CAMAROTE. 1. *Direito marítimo.* Pequena câmara onde, nos navios, se alojam passageiros e oficiais. **2.** *Direito civil.* Cada um dos compartimentos, colocados em andares, ao redor de uma sala teatral, onde os espectadores podem assistir a uma representação.

CAMBA. *Direito agrário.* **1.** Peça curva que prende o dente do arado. **2.** Moinho de mão outrora usado para moer milho ou trigo.

CAMBÃO. *Direito agrário.* **1.** Prestação obrigatória de serviços gratuitos feita pelo parceiro ou arrendatário rural ao proprietário ou detentor de direitos reais sobre um imóvel rural. Tal obrigatoriedade advém da determinação da vontade unilateral do proprietário ou possuidor das terras onde são exercidas as atividades agrárias pelo arrendatário ou parceiro. **2.** Junta de bois. **3.** Peça de madeira ou corrente de ferro (tiradeira) que se prende ao cabeçalho do carro ou à parte dianteira de um instrumento agrícola para nele atrelar duas juntas de bois. **4.** Pau que se pendura no pescoço do animal para impedir que se afaste muito ou que entre em roças. **5.** Triângulo de madeira que se coloca no pescoço de cabras, por exemplo, para que não atravessem as cercas. **6.** Pau com gancho para apanhar frutas.

CAMBAR. *Direito marítimo.* Mudar de um bordo para outro.

CAMBAU. *Direito agrário.* Cambão para cabras; triângulo de madeira colocado no pescoço de cabras ou reses para impedir que fujam pelo vão das cercas.

CAMBEMBE. *História do direito.* Era o trabalhador livre que, dentre os escravos, prestava serviços numa lavoura em troca de salário.

CAMBIAL. *Direito comercial* e *direito cambiário.* **1.** Título de crédito que contém uma promessa de pagamento (nota promissória) ou uma ordem de pagamento (cheque, letra de câmbio). **2.** Letra sacada numa praça sobre outra. **3.** Relativo ao câmbio. **4.** Tudo o que se referir ao comércio de câmbio ou à troca de moedas, podendo indicar saque feito em moeda estrangeira ou cheque emitido em moeda estrangeira.

CAMBIAL A DIA CERTO. *Direito cambiário.* Letra de câmbio cujo vencimento se dá na data nela fixada, data essa em que deve haver o saque, ou em que a cambial deve ser apresentada a aceite pelo tomador.

CAMBIAL A PRAZO. *Direito cambiário* e *direito comercial.* Letra de câmbio cuja data de vencimento se dá trinta dias depois de sua emissão ou apresentação ao sacado.

CAMBIAL À VISTA. *Direito cambiário* e *direito comercial.* Letra de câmbio que vence no ato da apresentação ao sacado, isto é, a quem deve pagar.

CAMBIAL DE FAVOR. *Vide* ASSINATURA DE FAVOR.

CAMBIALISTA. *Direito comercial.* Pessoa versada em matéria cambiária.

CAMBIALIZAÇÃO. *Direito cambiário.* Emissão de papel-moeda sobre cambiais.

CAMBIAL MÚLTIPLA. *Direito cambiário.* Cautela contra extravio de letra de câmbio ou nota promissória, extraída em vários exemplares, sendo que o pagamento de um libera os demais (Othon Sidou).

CAMBIAR. *Direito cambiário.* Trocar moeda nacional por estrangeira e vice-versa.

CAMBIÁRIO. *Vide* CAMBIAL.

CÂMBIO. *Direito cambiário* e *direito comercial.* **1.** Operação pela qual se efetua a troca de moedas, letras, notas de banco etc. entre praças do mesmo país ou de países diferentes; alienação de divisas estrangeiras. **2.** Ato pelo qual moeda estrangeira é transportada de país diverso para aquele onde tem curso por meio de um título cambial, evitando o transporte material da moeda desejada em certa praça. Trata-se da conversão de determinada moeda em outra que não seja a nacional. **3.** Preço pelo qual se adquire moeda estrangeira. **4.** Diferença de preço na troca da moeda de uma nação pela de outra. **5.** Taxa cambial fixada para a aquisição ou permuta da moeda estrangeira. Quanto à taxa cambial, urge que, em caso de obrigação em moeda estrangeira, sejam cumpridas as seguintes condições: a) o câmbio será o do dia do vencimento, ou do anterior, se nele não tiver havido cotação; b) a opção pela data do vencimento ou pela do pagamento será possível em caso de mora do devedor e variação da taxa, desde que não se tenha estabelecido câmbio fixo; c) a taxa será tirada pela média do mercado se a cotação variar no mesmo dia. **6.** Operação mercantil que visa realizar pagamentos entre praças distantes, mediante letras ou saques. **7.** Ágio ou prêmio recebido pelo cedente na permuta de moedas, ou na efetivação da remessa de dinheiro de uma praça a outra.

CÂMBIO ABAIXO DO PAR. *Direito cambiário* e *direito internacional privado.* É o relativo ao Estado prejudicado, quando houver diferença de valor entre moedas de duas nações.

CÂMBIO ACIMA DO PAR. *Direito cambiário* e *direito internacional privado.* Trata-se do atinente ao país favorecido, se houver diferença de valor entre as moedas de dois países.

CÂMBIO AO PAR. *Direito cambiário* e *direito internacional privado.* Câmbio igual entre as diferentes nações. Se o valor da moeda de um país é idêntico ao da de outro, não havendo diferença alguma entre elas, o ágio não será cobrado pelo cedente.

CÂMBIO CINZENTO. *Direito cambiário.* Operação de câmbio semiliberada, ou seja, em parte sujeita ao câmbio oficial e em parte feita com base no preço da cotação das cambiais nas grandes praças mercantis. Tal operação não está adstrita, portanto, nem à taxa do câmbio oficial nem à do câmbio negro, pois parte dela cinge-se ao câmbio oficial e parte ao câmbio livre.

CÂMBIO COMUM. *Direito cambiário.* Troca de moedas diversas no mesmo instante, com execução imediata do contrato de câmbio, não gerando, pois, deveres ou direitos. Realiza-se pela simples entrega de papel-moeda, moedas ou *travelers checks* no local (banco ou casa de câmbio) em que se dá a operação, concretizando-se, de imediato, as obrigações de ambas as partes, ocorrendo a troca física de uma moeda por outra. Essa operação cambial comum ou manual é muito utilizada por turistas que se deslocam para o exterior. O contrato de câmbio manual, comum, real ou miúdo (*cambium manuale seu minutum*) não se confunde com o mercado paralelo de câmbio (câmbio negro), por ser atividade legal exercida por entidades devidamente autorizadas a operar nesse mercado. Trata-se da troca de moedas diversas, de mão em mão, entre o cambista e o público, que se opera de imediato.

CÂMBIO DE TAXAS FLUTUANTES. *Direito cambiário.* Operação de câmbio entre instituições financeiras e empresas autorizadas e credenciadas pelo Banco Central, fora da sistemática imposta pelas operações de câmbio comercial. A taxa cambial determina-se pela oferta e procura (Luiz Fernando Rudge).

CÂMBIO DIRETO. *Direito cambiário.* Operação cambial que se realiza diretamente entre duas praças, obtendo-se de modo direto a moeda estrangeira da praça onde ela está em curso para a qual a remessa é feita. Não há qualquer intermediação de uma terceira praça.

CÂMBIO DO NOVO SAQUE. *Direito cambiário.* Recâmbio, isto é, devolução de letra de câmbio não paga ou não aceita.

CÂMBIO ESCRITURAL. *Vide* CÂMBIO TRAJECTÍCIO.

CÂMBIO EXTERIOR OU EXTERNO. *Direito cambiário* e *direito internacional privado.* Operação cambial que se efetiva entre praças de países diversos.

CÂMBIO FIXO. *Direito cambiário* e *direito financeiro.* Política cambial em que se atrela moeda nacional a uma moeda forte (Luiz Fernando Rudge).

CÂMBIO FLUTUANTE. *Direito cambiário* e *direito financeiro.* Política cambial em que a moeda varia conforme a oferta e procura de dólar (Luiz Fernando Rudge).

CÂMBIO INDIRETO. *Direito cambiário.* Operação de câmbio realizada entre duas praças por intermédio de uma outra, em razão de peculiaridades do câmbio ou de vantagens entre as partes contratantes. Assim sendo, adquire-se a moeda na terceira praça para ser paga em outra.

CÂMBIO INTERNO. *Direito cambiário.* Operação cambial entre praças de um mesmo país e, portanto, da mesma moeda.

CÂMBIO LIVRE. *Direito cambiário.* Operação de câmbio regida pela lei da oferta e da procura, sujeitando-se apenas às normas legais. A taxa cambial é determinada pelo mercado, ou melhor, pela interação da oferta e da procura da moeda estrangeira, não se submetendo à cotação oficial imposta pelo Poder Público.

CÂMBIO MANUAL. *Vide* CÂMBIO COMUM.

CÂMBIO MARÍTIMO. *Direito comercial.* Também chamado de "empréstimo a risco", consiste no contrato pelo qual o dador estipula ao tomador um prêmio certo e determinado por preço dos riscos de mar que toma sobre si, ficando com hipoteca especial no objeto sobre o qual recai o empréstimo e sujeitando-se a perder capital e prêmio se o referido objeto vier a perecer por efeito dos riscos tomados no tempo e local convencionados. Para a configuração dessa modalidade contratual é preciso que haja: a) entrega de quantia pecuniária ou de coisa pelo *prestador* ou *dador* (capitalista ou banco) ao *prestamista* (explorador do navio ou comandante); b) pagamento de uma retribuição fixa ou de um prêmio convencionado, designado *câmbio*; c) estabelecimento de garantias reais; e d) viagem marítima ou fluvial em que se coloquem em risco os efeitos.

CÂMBIO MARÍTIMO NECESSÁRIO. *Direito comercial.* Contrato de câmbio marítimo celebrado pelo comandante de um navio durante a viagem, porque, estando longe dos portos, seria o único modo de obter o dinheiro necessário.

CÂMBIO MARÍTIMO VOLUNTÁRIO. *Direito comercial.* Contrato de câmbio marítimo contraído antes da viagem por opção do armador, que no porto de partida poderia ter recorrido a outros meios.

CÂMBIO MIÚDO. *Vide* CÂMBIO COMUM.

CÂMBIO MULATINHO. *Direito cambiário.* Operação cambial clandestina feita pelo importador nacional que consiste em aumentar nas declarações, para obter câmbio, a quantidade e o valor da exportação, a fim de que, ao receber a cambial, o exportador estrangeiro restitua-lhe a diferença, possibilitando-lhe operar a revenda dessa moeda vinda de retorno por um preço maior. Com isso, majorada a fatura, o importador paga para receber de volta as moedas adquiridas em excesso.

CÂMBIO NEGRO. 1. *Direito cambiário* e *direito internacional privado.* a) Compra e venda clandestina de moedas ou de algum artigo que esteja em falta no mercado, ou cujo comércio esteja vedado, ou com preço acima do normal; b) operação ilícita, com ágio acima da taxa oficial, realizada pelo exportador nacional, que, em regra, tira cambial para cobrir apenas parte da fatura, reservando a outra para recebê-la diretamente do importador estrangeiro. Assim, o exportador vem a sonegar parte do valor da moeda estrangeira correspondente ao valor da exportação, a fim de receber por fora a diferença. **2.** *Direito penal.* Operação de compra e venda de mercadorias tabeladas por preço superior ao da cotação oficial, o que constitui crime contra a economia popular.

CÂMBIO OFICIAL. *Direito cambiário.* Taxa de conversão entre moedas estabelecida pela autoridade pública competente e relacionada à moeda em curso num país. Trata-se do câmbio realizado com base na cotação fixada pelo Poder Público.

CÂMBIO PARALELO. *Vide* CÂMBIO NEGRO.

CÂMBIO REAL. *Vide* CÂMBIO COMUM.

CÂMBIO SACADO. *Vide* CÂMBIO TRAJECTÍCIO.

CÂMBIO TRAJECTÍCIO. *Direito cambiário* e *direito internacional privado.* Operação cambial efetivada em praças diferentes por meio de contrato de câmbio e emissão de letra de câmbio. Tal câmbio é adquirido para remessa simbólica da moeda ao exterior. Trata-se do câmbio bancário feito por cambiais representativas de uma obrigação assumida numa praça para ser cumprida em outra. A operação de câmbio sacado, trajectício ou escritural destina-se à exportação e importação, hipóteses em que o banco venderá a seus clientes nacionais somas descontadas sobre seus haveres no estrangeiro. Só pode ser realizada tal operação por banco autorizado e fiscalizado pelo Banco Central. Essa operação processar-se-á mediante cheque e resumir-se-á na aquisição e venda de crédito documentário, ordem de pagamento ou letra de câmbio pagá-vel no exterior, ficando a cotação da cambial subordinada à lei da oferta e da procura, embora em certos casos o governo intervenha diretamente na política cambiária, determinando a operação que pode ser feita em taxa oficial e a que deve seguir o câmbio livre, decorrente de convenção entre as partes. O câmbio trajectício ou sacado envolve: a) *operações cambiais financeiras,* que não se referem à exportação e à importação, por serem relativas aos ingressos e saídas de capitais estrangeiros, envolvendo remessas para o exterior para manter bolsistas, amortizações ou pagamentos de empréstimos, juros, dividendos, *royalties,* direitos autorais, assistência técnica, viagens internacionais e donativos; e b) *operações comerciais* alusivas ao comércio exterior, envolvendo exportação e importação de mercadorias e serviços correlatos de fretes e seguros.

CAMBISMO. *Direito cambiário.* Influência que o câmbio exerce nas relações comerciais.

CAMBISTA. *Direito cambiário* e *direito comercial.* **1.** Aquele que tem casa de câmbio. **2.** O que se dedica ao comércio do câmbio, fazendo negócios cambiais, vendendo ou trocando moedas de países diferentes, mediante certo prêmio, ou, ainda, negociando papéis de crédito. **3.** Vendedor de bilhetes de loteria. **4.** Aquele que vende ingressos à porta das casas de diversões.

CAMBITAR. *Direito agrário.* Transportar no lombo de animais produtos vegetais, como lenha, capim, cana etc.

CAMBITEIRA. *Direito comercial.* Locomotiva de estrada de ferro que leva vagões de cana-de-açúcar para usinas particulares.

CAMBITEIRO. *Direito agrário.* **1.** Trabalhador rural que transporta produtos vegetais no lombo de animais (burros, bestas etc.) para a cidade. **2.** Carregador de cana.

CAMBITO. *Direito agrário.* **1.** Armação com que os animais carregam feixes de cana. **2.** Galho fino, bifurcado, usado para o transporte de lenha, dependurado na cangalha do boi ou do cavalo. **3.** Aparelho utilizado para a colheita de tabaco. **4.** Pernil de porco.

CAMBIUM MANUALE SEU MINUTUM. *Expressão latina.* Câmbio manual.

CAMBIUM MINUTUM SINE LIBERIS. *Expressão latina.* Câmbio comum ou manual.

CAMBIUM TRAJECTITIUM SEU MERCANTILE. *Expressão latina.* Câmbio trajectício.

CAMBO. *Direito agrário.* **1.** Pau que tem um gancho na ponta utilizado para apanhar frutas. **2.** Réstia de cebolas; cebolas entrelaçadas pela rama, com auxílio de uma palha.

CAMBONA. *Direito marítimo.* **1.** Diz-se da embarcação que, por causa do vento ou por falta de lastro, pende para um dos lados. **2.** Mudança rápida e simultânea na direção das velas.

CAMECÉFALO. *Medicina legal.* Indivíduo que tem cabeça baixa e chata.

CAMELÔ. *Direito comercial.* Vendedor de bugigangas ou outros artigos que se instala geralmente nas calçadas.

CAMELOTTS DU ROI. *História do direito.* Apelido dado aos partidários da monarquia francesa.

CAMENES. *Lógica jurídica.* **1.** Nome mnemônico de um modo da quarta figura de um silogismo do qual a premissa maior seja uma afirmativa universal, a menor, uma negativa universal e a conclusão, uma proposição universal. Por exemplo, tudo que é conveniente é conforme ao direito; nada que é conforme ao direito é nocivo à sociedade; logo, nada que é nocivo à sociedade é conveniente. **2.** Transposição das premissas e a conversão da conclusão (Lalande).

CAMEPROSÓPICO. *Medicina legal.* Indivíduo que tem rosto largo e chato.

CÂMERA DE MINA. *Medicina legal.* Orifício anfractuoso e escuro que se apresenta na pele provocado por arma de fogo, em decorrência de gases, grânulos de pólvora combustos e incombustos etc.

CAMERALISMO. *História do direito.* Concepção administrativa do Estado que se desenvolveu na Alemanha entre os fins dos séculos XVI e XVIII, no qual a Câmara, órgão privado do governo dirigido pelo príncipe, coadjuvada por homens experientes, administrava os negócios (Schiera, Brückner, Small e Zielenziger).

CAMERLENGO. *Direito canônico.* Cardeal que preside a Câmara Apostólica, tendo as funções de gerir as finanças do Vaticano e substituir temporariamente o Papa, no caso de sua falta, ficando, então, a seu cargo a administração secular.

CAMESTRES. *Lógica jurídica.* **1.** Termo mnemotécnico utilizado para designar um dos quatro modos da segunda figura de um silogismo em que a premissa maior seja uma afirmação universal e a menor e a conclusão, negativas universais. Por exemplo, aquele que é correto age conforme às normas jurídicas; vocês não agem conforme às normas jurídicas; logo, vocês não são corretos. **2.** É a transposição das premissas e a conversão simples da menor e da conclusão.

CAMINHÃO. **1.** *Direito comercial.* Veículo usado para transportar cargas. **2.** *Direito agrário.* Resina de benjoim.

CAMINHÃO-TANQUE. Veículo rodoviário destinado ao transporte de combustíveis, inclusive os de aviação.

CAMINHÃO-TANQUE ABASTECEDOR (CTA). Veículo autopropelido constituído de tanque, carretel de mangueira, sistemas de bombeamento, filtragem, medição e controles, destinado a transportar combustível do parque de abastecimento de aeronaves (PAA) até a aeronave e efetuar o seu abastecimento.

CAMINHÃO-TRATOR. *Direito de trânsito.* Veículo automotor destinado a tracionar ou arrastar outro.

CAMINHÃOZEIRO. *Direito agrário.* Empreiteiro rural que contrata os bóias-frias para serviços agrícolas em fazenda, transportando-os em seu caminhão.

CAMINHEIRO. **1.** *História do direito.* Oficial de justiça que antigamente realizava diligências em local distante da sede do juízo, fazendo intimações judiciais ou cobrança executiva de débitos, recebendo remuneração diária pela caminhada, que era paga pelo erário público ou pelo executado. **2.** Na *linguagem jurídica* em geral, designa aquele que ganha a vida fazendo entregas.

CAMINHO. **1.** *Direito agrário* e *direito civil.* Faixa de terreno por onde se pode transitar; atalho; vereda; atravessadouro. **2.** *Direito administrativo.* Rua, estrada, avenida etc., que constituem bens públicos de uso comum.

CAMINHO COBERTO. *Direito militar.* **1.** Local em que os defensores de uma praça ficam protegidos dos fogos retilíneos. **2.** Atalho ou vereda que, ficando a coberto dos tiros do inimigo, liga uma praça às obras avançadas ou as comunica entre si.

CAMINHO DE FERRO. *Direito comercial.* **1.** Sistema de viação por meio de veículos que correm sobre carris de ferro, movidos por máquina acionada a eletricidade, óleo diesel ou vapor. **2.** Caminho formado por dois trilhos sobre os quais passam os trens.

CAMINHO DE SIRGA. Caminho aberto às margens dos rios para que por ele se possa puxar uma embarcação presa a uma corda, chamada *sirga.*

CAMINHO ESTRATÉGICO. *Direito militar.* É o que visa facilitar operações militares.

CAMINHONETE. *Direito de trânsito.* Veículo usado para transportar até quatorze pessoas ou com capacidade para até duas toneladas de carga útil e peso bruto de 3.500 kg.

CAMINHO VICINAL. *Direito administrativo.* É o que possibilita a comunicação entre povoados vizinhos ou entre duas localidades de um mesmo Município.

CAMINOTECNIA. *Direito comercial.* Arte de fabricar fogões e chaminés.

CAMIONAGEM. *Direito comercial.* **1.** Entrega domiciliar de mercadorias transportadas por via férrea. **2.** Porcentagem cobrada por esse transporte.

CAMIONETA. *Direito de trânsito.* É o veículo misto destinado ao transporte de passageiros e carga no mesmo compartimento.

CAMISA DE BALA. *Medicina legal.* Revestimento externo de metal de um projétil de arma de fogo.

CAMISA–DE–FORÇA. *Medicina legal.* Peça de vestuário de tecido muito resistente usada para tolher o movimento dos braços de loucos ou malfeitores.

CAMISA DE PANO. *Direito marítimo.* Parte da vela ferrada que ressai do centro, em forma quase triangular.

CAMISA–DE–VÊNUS. *Medicina legal.* Preservativo; envoltório fino de borracha resistente usado para cobrir o membro viril por ocasião da cópula, bloquear a passagem dos espermatozóides, impedindo a fecundação da mulher, e para proteger contra possíveis infecções venéreas como, por exemplo, as sifilíticas ou gonocócicas.

CAMISARIA. *Direito comercial.* Estabelecimento especializado na confecção e venda de camisas.

CAMISINHA. *Vide* CAMISA-DE-VÊNUS.

CAMISINHA FEMININA. *Medicina legal.* Peça para ser colocada dentro da vagina antes de cada relação sexual para evitar a gravidez.

CAMISOLA. *Direito marítimo.* Jaquetão de lã ou de malha usado por marinheiros.

CAMOECA. *Medicina legal.* **1.** Acesso de dor de cabeça acompanhado de febre e prostração. **2.** Sonolência provocada pela embriaguez.

CAMORRA. *História do direito.* Associação de malfeitores, composta por indivíduos de várias classes sociais, que visava, principalmente em Nápoles, extorquir, mediante ameaça, dinheiro dos mais abastados, operar em contrabando e em assaltos nas estradas, chegando até mesmo a ser política com o objetivo de enfraquecer o governo.

CAMORRISMO. *História do direito.* Organização e sistematização do crime.

CAMPANA. *Gíria.* Policial que fica observando alguém para conhecer seus hábitos.

CAMPANHA. 1. *Direito agrário.* Campo extenso que se chega até a perder de vista. **2.** *Direito militar.* a) Guerra; batalha; b) acampamento de tropas; campo de batalha; c) operações militares contra o inimigo durante a guerra; d) parte que um militar toma nas operações bélicas. **3.** *Direito do consumidor.* Conjunto de anúncios ou peças promocionais de um produto ou serviço para criar uma forte receptividade do público consumidor, levando-o a adquiri-los. **4.** Na *linguagem comum,* pode indicar esforço sistemático para obter certo resultado.

CAMPANHA NACIONAL DE COMBATE AOS ACIDENTES DE TRABALHO (CANCAT). *Direito previdenciário.* Campanha que, sob a coordenação da Secretaria de Segurança e Saúde no Trabalho do Ministério do Trabalho e Emprego, deve concentrar e direcionar ações fiscalizadoras, de sensibilização da sociedade, educativas, interinstitucionais, bem como a ampliação do diálogo com os segmentos sociais envolvidos, visando à melhoria das condições e dos ambientes de trabalho. Tem, portanto, por objetivo direcionar prioritariamente as ações fiscalizadoras para as atividades nas quais ocorrem um maior número de concessões de benefícios de pensão acidentária e de aposentadoria por invalidez permanente, e acompanhar a eliminação dos riscos existentes, estabelecendo mecanismos adequados de aferição de resultados.

CAMPANHISTA. *Direito militar.* Soldado que já entrou em campanha.

CAMPÂNULA. Redoma hermética que é utilizada para isolar algum objeto da ação do pó ou do ar.

CAMPEAÇÃO. *Direito agrário.* Prática de serviço no campo que consiste em andar a cavalo para arrebanhar as reses, procurá-las ou tratar do gado doente.

CAMPEADA. *Direito agrário.* Ato de campear, ou seja, andar no campo a cavalo para procurar ou tratar das reses.

CAMPEADOR. *Direito agrário.* Trabalhador rural ou peão que anda pelo campo a cavalo, dando assistência ao gado, além de arrebanhá-lo e procurá-lo.

CAMPEÃO. 1. *Direito desportivo.* Aquele que vence um torneio desportivo. **2.** *Direito agrário.* Cavalo em que se campeia.

CAMPEGGIO PER ROULOTTES. *Expressão italiana.* Acampamento de *trailers.*

CAMPEIRAÇO. *Direito agrário.* Trabalhador rural muito hábil no serviço de campeação.

CAMPEIRAGEM. *Direito agrário.* **1.** Vida de trabalhador rural que cuida do gado no campo. **2.** Conjunto de campeiros.

CAMPEIRO. *Direito agrário.* **1.** Peão que lida com o gado no campo. **2.** Tudo o que se relaciona com o campo.

CAMPEONATO. *Direito desportivo.* Certame desportivo cujo vencedor recebe o título de campeão.

CAMPEREADA. *Direito agrário.* Serviço no campo à procura do gado.

CAMPESINATO. *Direito agrário.* Conjunto de camponeses.

CAMPESINO. *Direito agrário.* **1.** Tudo o que for relativo ao campo. **2.** Trabalhador que retira sua renda da atividade agrária. **3.** Rústico; rural.

CAMPESTRE. *Direito agrário.* **1.** Campo alto e pequeno circundado pela floresta. **2.** Rural.

CAMPÍCOLA. *Direito agrário.* Aquele que vive no campo.

CAMPING. *Termo inglês.* Acampamento.

CAMPISTA. *Vide* CAMPEIRO.

CAMPO. 1. *Direito agrário.* a) Região rural; b) terreno plano e extenso utilizado como pasto natural na criação de animais de médio e grande porte; c) área de terreno limpo usado para cultura; d) extensão de terra arável. **2.** *Direito comercial.* Esfera de operação de uma empresa. **3.** *Direito desportivo.* Praça onde são realizados os jogos desportivos. **4.** *Direito do trabalho.* Esfera de atividade de um indivíduo. **5.** *Direito militar.* Acampamento militar. **6.** *Medicina legal.* Lugar de uma operação cirúrgica. **7.** *Economia política.* Fundo do disco monetário, onde se gravam os motivos. **8.** *Direito virtual.* Cada espaço reservado para informações num banco de dados.

CAMPO ABERTO. *Direito agrário.* Grande extensão de terreno, com vegetação gramínea, sem qualquer cerca ou tapume divisório onde o gado devidamente marcado é criado.

CAMPO DE AÇÃO. *Direito comercial.* Esfera onde uma empresa exerce sua atividade.

CAMPO DE AVIAÇÃO. *Direito aeronáutico.* Campo que tem pistas para partida e aterrissagem de aviões e, algumas vezes, construção para seu abrigo e manutenção.

CAMPO DE BATALHA. *Direito militar.* Local onde se trava um combate durante a guerra.

CAMPO DE CONCENTRAÇÃO. *Direito militar.* Local onde prisioneiros de guerra, presos políticos ou estrangeiros são confinados e sujeitos, às vezes, a maus-tratos, ferindo a dignidade do ser humano.

CAMPO DE CONSCIÊNCIA. *Psicologia forense.* Fenômeno que, num dado momento, surge à consciência.

CAMPO DE CORRIDAS. *Direito civil.* Hipódromo.

CAMPO DE ENGORDA. *Direito agrário.* Invernada; terreno de pastagem para engorda do gado.

CAMPO DE LEI. *Direito agrário.* Campo de boas ou excelentes pastagens.

CAMPO DE MINAS. *Direito militar.* Área ocupada por minas imersas na água ou enterradas no solo para finalidades defensivas ou ofensivas.

CAMPO DE POUSO. *Direito aeronáutico.* Aeroporto; campo com instalações apropriadas para operações de aeronaves e de embarque e desembarque de cargas e passageiros.

CAMPO DE PROVAS BRIGADEIRO VELLOSO (CPBV). *Direito aeronáutico.* É a organização do Comando da Aeronáutica diretamente subordinada ao Diretor-Geral do Departamento de Pesquisas e Desenvolvimento (DEPED) cuja sede encontra-se em Brasília – DF, tendo por atribuição a execução de ensaios, testes, experimentos e treinamentos táticos de interesse daquele Comando. O CPBV possui uma área de exercícios, situada na Serra do Cachimbo, Estado do Pará. São suas atribuições: a) o planejamento, a coordenação e o controle das atividades técnico-operacionais – quando compatível – e de apoio necessários à execução de ensaios, testes, experimentos e exercícios táticos de interesse da Aeronáutica; b) o apoio logístico às unidades aéreas em operação na área; c) a preparação e a qualificação do pessoal técnico e de apoio, bem como a sua atualização e o treinamento necessário ao cumprimento de suas missões; d) a execução de ensaios, testes e experimentos de interesse do Comando da Aeronáutica; e e) a manutenção da integridade da área jurisdicionada ao Comando da Aeronáutica sob responsabilidade do CPBV, através do planejamento e da adoção das medidas necessárias à preservação do domínio daquele Comando sobre toda a sua extensão.

CAMPO DE TIRO. *Direito militar.* Área suscetível de ser coberta pelo fogo de arma ou armas de uma dada posição.

CAMPO DE UMA RELAÇÃO. *Lógica jurídica.* Conjunto de termos entre os quais uma relação pode ser afirmada (Lalande).

CAMPO FEITO. *Direito agrário.* Aquele que tem pastagens semeadas pelo ser humano.

CAMPO LIMPO. *Direito agrário.* **1.** Campo de boa grama. **2.** Terreno de grande extensão com ervas rasteiras.

CAMPO NATIVO. *Direito agrário.* Aquele que possui pastagens naturais.

CAMPONÊS. *Direito agrário.* Aquele que mora ou trabalha no campo, prestando serviços agropecuários.

CAMPO SANTO. *Direito administrativo.* Cemitério.

CAMPOS DA ATENÇÃO À SAÚDE. *Direito administrativo.* São três, que encerram todo o conjunto de ações levadas a efeito pelo SUS, em todos os níveis de governo, para o atendimento das demandas pessoais e das exigências ambientais: a) o da assistência, em que as atividades são dirigidas às pessoas, individual ou coletivamente, e que é prestada no âmbito ambulatorial e hospitalar, bem como em outros espaços, especialmente no domiciliar; b) o das intervenções ambientais, no seu sentido mais amplo, incluindo as relações e as condições sanitárias nos ambientes de vida e de trabalho, o controle de vetores e hospedeiros e a operação de sistemas de saneamento ambiental (mediante o pacto de interesses, as normalizações, as fiscalizações e outros); c) o das políticas externas ao setor saúde, que interferem nos determinantes sociais do processo saúde/doença das coletividades, de que são par-

tes importantes questões relativas às políticas macroeconômicas, ao emprego, à habitação, à educação, ao lazer e à disponibilidade e qualidade dos alimentos. Convém ressaltar que as ações de política setorial em saúde, bem como as administrativas – planejamento, comando e controle –, são inerentes e integrantes do contexto daquelas envolvidas na assistência e nas intervenções ambientais. Ações de comunicação e de educação também compõem, obrigatória e permanentemente, as ações de saúde. Nos três campos referidos, enquadra-se, então, todo o espectro de ações compreendidas nos chamados níveis de atenção à saúde, representados pela promoção, pela proteção e pela recuperação nos quais deve ser sempre priorizado o caráter preventivo. É importante assinalar que existem, da mesma forma, conjuntos de ações que configuram campos clássicos de atividades na área de saúde pública, constituídos por uma agregação simultânea de ações próprias do campo da assistência e de algumas próprias do campo das intervenções ambientais, de que são partes importantes as atividades de vigilância epidemiológica e de vigilância sanitária.

CAMPO SEMÂNTICO. *Teoria geral do direito.* Conjunto de palavras diversas, mas relacionadas entre si por uma idéia ou um significado ou pela analogia existente entre elas.

CAMPO VISUAL. *Psicologia forense.* Conjunto psicológico dos objetos que caem sob o olhar, num dado momento (Lalande).

CAMPTOCORMIA. *Medicina legal.* Estado do corpo curvado por motivo patológico.

CAMPUS. *Termo latino, direito civil* e *direito educacional.* **1.** Terreno e prédios de uma universidade. **2.** Universidade ou outra escola tida como entidade ou associação cultural, educacional ou social.

CAMUFLAR. *Direito militar.* Ato de dissimular, numa guerra, com galhos de árvores, pintura etc., soldado, arsenal, bateria, casco de navio etc., a fim de ocultar a localização ou diminuir a visibilidade.

CAMWHORES. *Termo inglês* e *direito virtual.* **1.** Prostitutos de câmeras. **2.** Grupos de adolescentes que transferem sua imagem a um *site* de usuários desse produto, para ser rastreado por predadores *on-line*, ou seja, por homens que, na rede de pornografia virtual, lhes ofereçam vantagens para que se exibam fisicamente à frente do computador (Kurt Eichenwald).

CANA. 1. *Direito agrário.* a) Cana-de-açúcar; planta gramínea da qual se pode extrair açúcar; b) parte superior e lisa do caule do milho. **2.** *Direito marítimo.* Alavanca de pau usada para governar o leme. **3.** *Medicina legal.* Osso mais ou menos alongado e tubular de certas partes do corpo humano, principalmente da perna e do antebraço. **4.** Na *gíria,* significa prisão.

CANABISMO. *Medicina legal.* **1.** Hábito de fumar ou mastigar *cannabis* (maconha ou haxixe). **2.** Intoxicação sofrida pelos fumadores ou comedores de maconha ou haxixe.

CANA-DE-BURRO. *Direito agrário.* Espécie de cana-de-açúcar, muito dura e áspera, utilizada para alimentar o gado de serviço na quadra das pastarias secas e amareladas.

CANAIS BÁSICOS DE UTILIZAÇÃO GRATUITA. *Direito das comunicações.* Conjunto integrado pelos canais destinados à transmissão dos sinais das emissoras geradoras locais de TV em circuito aberto, não codificados, e pelos canais disponíveis para o serviço.

CANAIS COMPETENTES. *Direito processual.* Meios hábeis para que se promovam certos atos processuais visando a obtenção do fim pretendido.

CANAIS DE LIVRE PROGRAMAÇÃO DA OPERADORA. *Direito das comunicações.* Conjunto de canais destinado à transmissão e distribuição de programas e sinais a assinantes, mediante contrato, em tempo integral ou parcial, nos quais a operadora de TV a cabo tem plena liberdade de programação.

CANAIS DESTINADOS À PRESTAÇÃO EVENTUAL DE SERVIÇO. *Direito das comunicações.* Conjunto de canais destinado à transmissão e distribuição eventual, mediante remuneração, de programas, tais como manifestações, palestras, congressos e eventos, requisitado por qualquer pessoa jurídica.

CANAIS DESTINADOS À PRESTAÇÃO PERMANENTE DE SERVIÇO. *Direito das comunicações.* Conjunto de canais destinado à transmissão e distribuição de programas e sinais a assinantes, mediante contrato, de forma permanente, em tempo integral ou parcial.

CANAL. 1. *Direito agrário.* a) Braço de rio ou de mar que conduz águas para trabalhos agrícolas; b) escavação ou fosso que leva água de um local a outro para irrigação de terras, tornando-as mais férteis; c) escavação feita para dessecar terrenos alagados, caso em que se tem *canal de drenagem.* **2.** *Direito marítimo.* a) Curso artificial de água construído para ampliar ou melhorar a navegação; b) porção de água ou estreito entre duas terras que liga dois mares. **3.** *Direito administrativo* e *direito processual.* Meio apropriado para cumprir certos atos ou fazer determinadas reclamações. **4.** Na *linguagem radiotécnica,* é a faixa estreita de freqüência, que inclui a freqüência portadora designada para que dentro dela uma estação de rádio ou televisão mantenha seu sinal portador modulado, evitando, assim, qualquer interferência com as estações dos canais vizinhos. **5.** *Direito das comunicações.* É o conjunto de meios necessários para o estabelecimento de um enlace físico, ótico ou radioelétrico, para a transmissão de sinais de TV entre dois pontos.

CANAL CERVICAL. *Medicina legal.* Cavidade do colo uterino.

CANAL DE DISTRIBUIÇÃO. *Direito comercial.* Curso tomado pelo título de mercadorias, do ponto de produção ao de consumo industrial ou comercial, incluindo não só todos os agentes (corretores, por exemplo) que facilitam a transferência desse título como também os que tomam de fato o título de mercadorias, como atacadistas e varejistas.

CANAL DE IRRIGAÇÃO. *Direito agrário.* Aquele que serve para adução de águas destinadas a regar os campos e plantações.

CANAL INTERMEDIÁRIO. *Direito marítimo.* É aquele que faz a ligação entre duas câmaras (superior e inferior) de uma mesma eclusa.

CANALIZAÇÃO. 1. *Medicina legal.* Formação cirúrgica de canais para drenagem de feridas. **2.** *Direito agrário* e *direito civil.* Aqueduto, canal regulado ou canalização de água para uso agrícola, em condutos de pedra ou de terra, ou de canos ou tubos por onde se faz a derivação artificial das águas. **3.** *Direito comercial.* Conjunto de dutos, tubulações, conexões, calhas, juntas, peças e registros utilizados na condução da água mineral natural ou da água natural captadas para as instalações industriais.

CANALIZAR. 1. *Direito agrário.* Conduzir águas por meio de canos para irrigação ou dessecamento de terras alagadas. **2.** *Medicina legal.* Drenar uma ferida.

CANAL MEDULAR. *Medicina legal.* Cavidade cilíndrica existente no interior dos ossos compridos, contendo a medula.

CANAL UTERINO. *Medicina legal.* Cavidade do útero.

CANAL VERTEBRAL. *Medicina legal.* Canal que atravessa toda a coluna vertebral e onde se aloja a medula espinal.

CANA-SAPERÊ. *Direito agrário.* Cana-de-açúcar que não serve para moagem.

CANASTRA. 1. *Direito agrário.* Espécie de porco de tamanho médio, comumente de cor preta. **2.** *Direito militar.* Mala de couro, de forma quadrada, utilizada nas tropas para levar roupas e objetos de uso pessoal. **3.** *Direito civil.* Modalidade de jogo de cartas.

CANAVIAL. *Direito agrário.* **1.** Conjunto dos lotes de cana, tomado como unidade produtiva da fazenda. **2.** Local onde crescem as canas-de-açúcar.

CANAVIEIRA. *Direito agrário.* Planta gramínea (*Sorgum saccharatum*).

CANAVIEIRO. *Direito agrário.* Trabalhador rural que executa tarefas inerentes à cultura da cana-de-açúcar.

CANCELADO. 1. *Direito processual.* Diz-se do processo concluído ou que não vai mais prosseguir. **2.** *Direito civil* e *direito processual civil.* a) O que foi declarado judicialmente nulo; b) aquilo que estava escrito e foi riscado; c) o que foi considerado sem efeito.

CANCELAMENTO. 1. *Direito civil.* a) Ação ou efeito de invalidar negócio ou ato jurídico, crédito, ou limitação de um direito; b) inutilização de um documento escrito, no todo ou em parte, por meio de riscos ou traços, tornando-o ineficaz. Assim, tudo que for cancelado por rabiscos num documento escrito não terá validade nem produzirá efeitos; c) extinção de efeitos jurídicos de hipoteca, registro etc. pelo ato que anotar o desembargo do imóvel. Nesta hipótese, cancelamento tem o sentido de "baixa", significando desfazimento mediante anotação no assento em que se inscreveu o ato anterior. **2.** *Direito comercial.* Ato de cancelar endosso feito em título de crédito ou aval, considerando-os como não escritos pela simples inutilização por meio de traços no que se fizera, tornando-os ineficazes. **3.** *Direito penal.* Ato de cancelar documento que, quando praticado de má-fé por quem não tem competência, constitui crime de falsidade documental.

CANCELAMENTO DE DISTRIBUIÇÃO. *Direito processual civil.* Trata-se da baixa da distribuição, que ocorre sempre que não se proceder, em trinta dias, no cartório em que se deu entrada, ao preparo do feito.

CANCELAMENTO DE HIPOTECA. *Direito civil.* Modo extintivo do assento da hipoteca, feito à vista da prova de extinção ou quitação, mesmo por instrumento particular com firmas reconhecidas, ou, independentemente desta, a requerimento de ambas as partes se forem capazes e conhecidas do oficial do registro. Nas grandes cidades, urge, para maior segurança, que se faça quitação por escritura pública. Como conseqüência da extinção do ônus real, ter-se-á de proceder ao cancelamento de seu assento, pois sua extinção só terá efeito contra terceiros depois de averbada no registro. O cancelamento do ônus real pode ser feito pelo próprio devedor, por seus herdeiros ou representantes, pelo dono do prédio hipotecado (se alguém faz hipoteca em favor de terceiro), pelo adquirente ou pelo credor com hipoteca posterior. O oficial do registro deverá averbar o cancelamento à margem de seu assento com a menção da data, sob responsabilidade de sua assinatura, e indicação da causa que a extinguiu. Cancelado o assento, os interessados não mais poderão revalidá-lo, só lhes restando promover novo título e novo assento sem qualquer relação com a anterior.

CANCELAMENTO DE PROTESTO. *Direito comercial* e *direito cambiário.* Exibição e entrega pelo devedor, ou procurador munido de poderes especiais, do título cambial protestado devidamente quitado, que, então, será arquivado em cartório. Se impossível for exibir o próprio título protestado, o cancelamento do protesto far-se-á mediante a apresentação de uma declaração de anuência de todos os que figurarem no seu registro, devidamente qualificados e com firmas reconhecidas, que ficará arquivada em cartório.

CANCELAMENTO DE REGISTRO DE EMBARCAÇÃO. *Direito marítimo.* É obrigatório quando: a) o proprietário perder a qualidade de brasileiro ou houver naufragado; b) a embarcação for desmontada para sucata ou abandonada, ou, ainda, se tiver seu paradeiro ignorado por mais de dois anos, ou o seu registro for anulado.

CANCELAMENTO DO REGISTRO IMOBILIÁRIO. *Direito registrário.* Ato que visa declarar sem efeito qualquer ato registrário imobiliário, extinguindo o direito a que se refere. No registro imobiliário ocorrerá o cancelamento nas hipóteses de: a) extinção dos ônus e direitos reais;

b) dúvida julgada procedente; c) requerimento do incorporador ou do locador pedindo para cancelar o registro de incorporação ou loteamento, porque nenhuma unidade ou lote foi alienado, ou de todos os compromissários ou cessionários, porque foram alienados todos os lotes e unidades; d) anuência expressa do credor para cancelar servidão, quando o prédio dominante estiver hipotecado; e) pedido do dono do prédio serviente para cancelar a servidão, nos termos da lei; f) renúncia do foreiro à enfiteuse, independentemente do consenso do senhorio direto; g) requerimento do proprietário de imóveis contíguos pedindo fusão das matrículas autônomas numa só, de novo número, cancelando as primitivas; h) hipoteca; i) requerimento de pessoa jurídica de direito público federal, estadual ou municipal, dirigido ao corregedor-geral da justiça, para declarar inexistência de registro na matrícula ou para cancelar matrícula e registro de imóvel rural vinculado a título nulo de pleno direito. O cancelamento efetuar-se-á mediante averbação, que deverá conter três requisitos: declaração da razão que o determinou, caracterização do título em virtude do qual está sendo efetuado e assinatura do oficial, de seu substituto legal ou escrevente autorizado. O cancelamento do registro imobiliário poderá ser: *contencioso*, se depender de ordem de juiz competente; *voluntário*, se decorrer de pedido do interessado que participou no negócio, cujo título causal foi registrado, pleiteando ao serventuário que o cancele; e *legal*, se se operar por força de lei, sem necessidade de qualquer pronunciamento judicial ou de requerimento do interessado.

CANCELO. 1. *Direito agrário.* Curral transitório que se coloca nos campos para que o gado esterque o terreno. 2. *Direito processual.* Grade que, nas sessões dos tribunais, visa separar o público do local onde ficam os magistrados.

CÂNCER. *Medicina legal.* Neoplasma que destrói as partes onde se desenvolve, tomando-lhes o lugar, por tender a generalizar-se. Trata-se de enfermidade que se caracteriza pelo crescimento exagerado de células, invadindo tecidos normais, destruindo-os.

CANCHA. 1. *Direito agrário.* Local onde os produtores de erva-mate a trituram. 2. *Direito desportivo.* a) Campo onde se realiza jogo esportivo, por exemplo, o de futebol; b) lugar em que se realiza corrida de cavalo.

CANCHEADA. *Direito agrário.* Erva-mate seca e fragmentada, pronta para receber o último benefício industrial.

CANCHEADISTA. *Direito agrário.* 1. Produtor de erva-mate cancheada. 2. Aquele que é favorável à exportação de erva-mate cancheada.

CANCHEADOR. *Direito agrário.* 1. Aquele que exporta erva-mate cancheada. 2. Instrumento apropriado para triturar erva-mate.

CANCRO. *Medicina legal.* 1. Úlcera venérea. 2. Tumor que destrói as partes onde se desenvolve.

CANCRO MOLE. *Medicina legal.* Doença venérea, caracterizada pela infecção dos órgãos sexuais, causada pela bactéria *Hemophilus ducreyi*, que rapidamente se transforma numa úlcera virulenta e supurante.

CANCRO SIFILÍTICO. *Medicina legal.* Lesão inicial da sífilis, que aparece três semanas depois do contágio.

CANDANGO. *Direito do trabalho.* 1. Trabalhador braçal que procede de outra região. 2. Trabalhador que colaborou na construção de Brasília.

CANDELIÇA. *Direito marítimo.* 1. Simples adriça usada para içar velas e bandeiras. 2. Adriça singela, que corre ao longo da verga, utilizada para embarque e desembarque de cargas pesadas.

CANDIDATO. 1. *Direito do trabalho* e *direito administrativo.* Aquele que pretende um emprego ou um cargo público. 2. *Direito eleitoral.* Pretendente a um cargo cujo acesso depende dos resultados de uma eleição.

CANDIDATO DA SITUAÇÃO. *Ciência política.* Candidato indicado pelo partido do governo.

CANDIDATURA. 1. *Direito administrativo* e *direito do trabalho.* Pretensão do candidato, inscrevendo-se em concurso ou apresentando-se como aspirante a determinado emprego. 2. *Direito eleitoral.* Apresentação do candidato ao sufrágio dos eleitores.

CANDONGA. *Direito penal.* Contrabando de produtos ou gêneros alimentícios, que constitui crime contra a Administração em geral.

CANEIRO. 1. Pequeno canal onde escorrem as águas pluviais ou as de um riacho. 2. Parte mais funda e navegável do leito do rio. 3. Braço do mar entre rochedos.

CANELEIRA. *Direito desportivo.* Polaina acolchoada para proteção das pernas dos jogadores de futebol.

CANELEIRO. *Direito do trabalho.* Operário responsável pelos canudos em que se enrolam os fios para a tecelagem, na fábrica de fiação.

CANFORISMO. *Medicina legal.* Envenenamento provocado pela cânfora, caracterizando-se por convulsões, coma e gastrite.

CANGA. *Direito agrário.* Jugo de madeira usado para prender uma junta de bois para o trabalho.

CANGAÇO. **1.** *Direito agrário.* a) Resíduo de uvas pisadas, com líquido já extraído; b) pedúnculo do coqueiro, que se desprende quando seca. **2.** *Direito penal.* Quadrilha de salteadores do sertão.

CANGA DE COICE. *Direito agrário.* É a que se fixa no cabeçalho do carro de bois.

CANGALHA. **1.** *Direito agrário.* a) Triângulo de madeira que se enfia no pescoço dos porcos para que não devastem hortas cultivadas; b) armação colocada sobre o dorso de animal cargueiro para equilibrar a carga de um e outro lado. **2.** *Direito marítimo.* Suplemento acima da borda da embarcação. **3.** *Medicina legal.* Distrofia óssea que causa encurvamento da concavidade interna da tíbia e do perônio.

CANGALHEIRO. **1.** *Direito agrário.* Condutor de animal cargueiro que traz cangalhas. **2.** *Direito administrativo.* Agente funerário.

CANGALHO. *Direito agrário.* **1.** Pequena canga colocada em carro puxado por um só animal. **2.** Cada um dos paus que ajustam a canga no pescoço dos muares, bois ou eqüídeos.

CANGAR. *Direito marítimo.* Inclinar o navio.

CANGUEIRA. *Direito agrário.* **1.** Lavoura de milho de má qualidade. **2.** Leitoa magra. **3.** Calosidade que aparece no animal devido ao uso de canga.

CANHÃO. *Direito militar.* Peça de artilharia.

CANHÃO PERFURANTE. *Direito militar.* Aquele em que se usam projéteis com potência para perfurar blindagens ou couraças.

CANHÃO PNEUMÁTICO. *Direito militar.* Canhão onde se usa ar comprimido ou gás com força propulsora para arremessar explosivo poderoso ou dinamite.

CANHEMBORA. *História do direito.* Escravo que, ao fugir, se ocultava no quilombo.

CANHESTRO. Aquele que só usa a mão esquerda.

CANHONEIO. *Direito militar.* Ação de bombardear ou de dar tiros com canhão.

CANHONEIRA. *Direito militar.* **1.** Pequeno navio armado de artilharia para manobras em águas rasas. **2.** Abertura no costado do navio de onde sai a boca do canhão.

CANHOTISMO. *Medicina legal.* Qualidade daquele que utiliza preferencialmente a mão esquerda.

CANHOTO. **1.** *Medicina legal.* Pessoa que se serve da mão esquerda. **2.** *Direito comercial.* Parte de um documento que é destacada do original, num risco picotado, para ser arquivada ou servir de comprovante de recebimento. Constitui a parte destacável da nota fiscal que atesta a entrega. **3.** *Direito administrativo.* Parte esquerda de guias de recebimento em que se reproduzem os dados principais dos documentos extraídos, comprovando-os.

CANHOTO DE CHEQUE. *Direito bancário.* Parte esquerda de um talão de cheque que, por estar presa ao talonário, fica em poder de quem o forneceu, comprovando o valor e a data de emissão do cheque, servindo, portanto, de controle para seu emitente.

CANIBAL. **1.** Antropófago. **2.** Aquele que come carne humana.

CANIBALISMO. Antropofagia.

CANIBALIZAÇÃO. *Direito aeronáutico.* Método para construção de estação espacial *in loco*, ligando-se as várias partes levadas por foguetes ou utilizando-se os estágios de foguetes que atingem a mesma órbita.

CANICULTURA. Criação de cães.

CANNABIS SATIVA L. *Medicina legal.* Narcótico que age sobre o sistema nervoso central, liberando o instinto perverso e criminoso do indivíduo que o usa, levando-o à violência e ao crime de homicídio, estupro e até mesmo ao suicídio.

CANO. **1.** *Direito administrativo.* a) Construção tubular subterrânea para conduzir dejetos de instalações sanitárias, água ou gás para uso doméstico; b) bueiro, ou melhor, cano sob o solo para escoamento de águas pluviais ou servidas. **2.** *Direito civil.* Tubo para ventilação, passagem de água e tiragem de fumaça das chaminés, colocado em construções particulares. **3.** *Direito militar.* Tubo cilíndrico da espingarda.

CANOA. **1.** *Direito marítimo.* Pequena embarcação sem coberta impelida, em regra, a remos. **2.** Na *gíria policial,* significa batida em local suspeito ou ronda policial para prender delinqüentes.

CANOA POLICIAL. *Direito processual penal.* Saída de dois ou mais agentes da polícia sob ordens de um delegado para efetuar diligências em local preestabelecido.

CANOÍSTA. Policial que participa de rondas.

CANON. *Termo inglês.* **1.** Norma. **2.** Princípio.

CÂNON. **1.** *Direito canônico.* a) Artigo do Código Canônico; b) decisão de concílio sobre matéria de fé, penitência ou disciplina eclesiástica; c) conjunto de sentenças dos Apóstolos de Cristo; d) parte essencial da missa entre o prefácio e o Pai-nosso; e) rol de santos reconhecidos pela Igreja Católica. **2.** *Filosofia do direito.* Critério.

CÂNON ENFITÊUTICO. *Direito civil.* Pensão ou foro anual pago pelo enfiteuta ao senhorio direto do prédio aforado.

CANONISTA. *Direito canônico.* Jurista versado em direito canônico.

CANONIZAÇÃO. *Direito canônico.* Ato pelo qual o Papa coloca na lista dos santos uma pessoa cujas virtudes foram comprovadas, considerando-a digna do culto público.

CANTÃO. *Direito comparado.* Divisão territorial de algumas nações da Europa, como, por exemplo, da Suíça.

CANTEIRO CENTRAL. *Direito de trânsito.* Obstáculo físico construído como separador de duas pistas de rolamento, eventualmente substituído por marcas viárias (canteiro fictício).

CANTEIRO DE OBRAS. *Direito civil.* Área destinada à execução e ao desenvolvimento da obra, aos serviços de apoio e à implantação das instalações temporárias indispensáveis à realização da construção, tais como alojamento, escritório de campo, estande de vendas, depósito, entre outros.

CANTINA. **1.** *Direito civil.* Associação beneficente que fornece alimentos e auxilia crianças pobres. **2.** *Direito comercial.* a) Restaurante especializado em comida italiana; b) estabelecimento vinícola.

CANTONALISMO. *Ciência política.* Sistema político de descentralização administrativa.

CANVASS. *Termo inglês.* **1.** Solicitação de votos. **2.** Escrutínio.

CANZO. *Direito agrário.* Marca nas orelhas das reses.

CÃO–GUIA. *Direito civil.* Cão que guia pessoa com deficiência visual, podendo com ela ingressar e permanecer em todos os locais públicos ou privados de uso coletivo. O ingresso e permanência de cão em fase de socialização ou treinamento nos locais arrolados só poderá dar-se quando em companhia de seu treinador, instrutor ou acompanhantes habilitados. É vedada a exigência de focinheira em cão-guia, como condição de seu ingresso e permanência nos locais já descritos. Fica proibido o ingresso de cão-guia em estabelecimentos de saúde nos setores de isolamento, quimioterapia, transplante, assistência a queimados, centro-cirúrgico, central de material e esterilização, unidade de tratamento intensivo e semi-intensivo, em áreas de preparo de medicamentos, farmácia hospitalar, em áreas de manipulação, processamento, preparação e armazenamento de alimentos e em casos especiais ou determinados pela Comissão de Controle de Infecção Hospitalar dos serviços de saúde. O ingresso de cão-guia é proibido, ainda, nos locais em que seja obrigatória a esterilização individual. No transporte público, a pessoa com deficiência visual acompanhada de cão-guia ocupará, preferencialmente, o assento mais amplo, com maior espaço livre à sua volta ou próximo de uma passagem, de acordo com o meio de transporte. A pessoa com deficiência visual e a família hospedeira ou de acolhimento poderão manter em sua residência esses animais, não se aplicando a estes quaisquer restrições previstas em convenção, regimento interno ou regulamento condominiais. É vedada a cobrança de valores, tarifas ou acréscimos vinculados, direta ou indiretamente, ao ingresso ou à presença de cão-guia nos locais previstos.

CAOS. **1.** Confusão. **2.** O que está desordenado. **3.** O que não possui nexo.

CAPA. **1.** *Direito marítimo.* a) Vela grande dos navios; b) manobra que se emprega, em caso de mau tempo, para proteger a embarcação da violência das vagas; c) diz-se do navio que desfralda algumas de suas velas em vento contrário para que vá em pequena velocidade; d) primagem; gratificação paga ao capitão por tonelada de carga, além do frete, para compensar os cuidados que teve com as fazendas. **2.** *Direito penal.* Ação de alguém para ocultar pessoa ou atos por ela praticados, visando escapar da justiça, que, dependendo das circunstâncias, constitui crime de favorecimento pessoal ou real. **3.** *Direito autoral.* Rosto de um livro. **4.** *Direi-*

to processual. Rosto dos autos do processo, que os protege e facilita seu arquivamento, manuseio e classificação.

CAPAÇÃO. *Direito agrário.* **1.** Corte dos rebentos de uma planta. **2.** Ato de castrar animal. **3.** Época em que, nas fazendas de criação, os animais são castrados.

CAPACIDADE. 1. Na *linguagem jurídica* em geral: a) aptidão de determinada coisa ou pessoa para atender a uma finalidade pretendida; b) autoridade ou soma de poderes de que uma pessoa está investida; c) aptidão legal que uma pessoa física ou jurídica tem para contrair obrigações, adquirir e exercer direitos. **2.** *Medicina legal.* Discernimento, juízo ou inteligência. Trata-se da aptidão para compreender o sentido dos próprios atos, praticando-os livre e voluntariamente e responsabilizando-se por eles. **3.** Na *linguagem comum,* pessoa de grande saber.

CAPACIDADE AQUISITIVA. *Economia política.* **1.** Valor relativo da moeda, que é determinado pela quantidade de coisas que podem ser adquiridas por certa quantia, em dada época, em comparação com as que podiam ser compradas em ocasião anterior. **2.** É a que tem uma pessoa de comprar coisas, determinada pelas suas economias.

CAPACIDADE CIVIL. *Direito civil.* **1.** É a maior ou menor extensão dos direitos de uma pessoa para adquiri-los, praticar atos e contrair obrigações na vida civil. Pode ser plena ou limitada, segundo possa a pessoa praticar sem restrições todos os atos da vida civil ou sofra alguma limitação no exercício de seus direitos. **2.** *Vide* CAPACIDADE LIMITADA e CAPACIDADE PLENA.

CAPACIDADE COMERCIAL. *Direito comercial.* Aptidão para ser empresário, ou exercer, profissionalmente, atividade econômica organizada para a produção ou a circulação de bens ou de serviços, exigindo-se capacidade jurídica civil, tendo o indivíduo livre administração de sua pessoa e bens; exercício, em seu próprio nome, da atividade empresarial; habilitação para tanto e inscrição do Registro Público de Empresas Mercantis e inexistência de impedimento legal para o exercício da mercancia. Excepcionalmente o incapaz poderá, por meio de representante ou devidamente assistido, continuar a empresa antes exercida por ele enquanto capaz, por seus pais ou pelo autor de herança, desde que haja autorização judicial e conveniência em continuar a empresa. Além dos incapazes não podem exercer atividade empresarial: os chefes do Poder Executivo federal, estadual ou municipal; os estrangeiros com visto temporário; os magistrados; os membros do Ministério Público; os empregados fiscais; os militares; os falidos, enquanto não forem legalmente reabilitados; os corretores; os leiloeiros; os despachantes aduaneiros; os prepostos comerciais; os capitães, ou comandantes, de navio que navegam em parceria de lucro comum sobre a carga, se não houver convenção em contrário; os cônsules; os médicos para o exercício da farmácia; os farmacêuticos para o exercício da medicina; os funcionários públicos, exceto se forem acionistas, comanditários ou cotistas, desde que não exerçam cargos de administração, direção ou gerência; os condenados por crime falimentar, ou contra a economia popular, por prevaricação, peita ou suborno, concussão, peculato etc., enquanto perdurarem os efeitos da condenação.

CAPACIDADE CONTRIBUTIVA. *Direito tributário.* **1.** Aptidão econômica dos destinatários da incidência para suportar o ônus da tributação, sejam eles pessoas físicas ou jurídicas. **2.** *Vide* CAPACIDADE TRIBUTÁRIA PASSIVA.

CAPACIDADE CRIMINAL. *Direito penal.* Aptidão para praticar crimes, que pode coexistir, ou não, com a capacidade penal. Isto é assim porque, antes de possuir capacidade penal, um menor de dezoito anos, por exemplo, pode ter a criminal em potencial. Portanto, mesmo que venha a praticar ato tipificado como crime, este não será tido como tal, por faltar culpabilidade, que só surge com a capacidade penal. A capacidade criminal não exerce influência na aplicação da pena, mas, sendo esta aplicada, influirá, para fins de individuação, na graduação da pena.

CAPACIDADE DA PESSOA JURÍDICA. *Direito civil.* Aptidão para exercer direitos compatíveis com a natureza especial de sua personalidade. A capacidade da pessoa jurídica decorre logicamente da personalidade que a ordem jurídica lhe reconhece por ocasião de seu registro. Tal capacidade estende-se a todos os campos do direito. Tem direito à identificação, sendo dotada de denominação, domicílio e nacionalidade. Logo, tem direito à personalidade (como o direito ao nome, ao segredo à liberdade, à própria existência, à boa reputação), direitos patrimoniais ou reais (ser proprietária, usufrutuária etc.), industriais, obrigacionais (de contratar, comprar, vender, alugar etc.) e à sucessão, pois pode adquirir bens *causa mortis*. Sofre apenas limitações decorrentes de lei e de sua natureza, não podendo, ainda, praticar diretamente os atos da vida jurídica, isto é, deve servir-se de órgãos de comunicação, necessitando de um representante legal que exteriorize sua vontade.

CAPACIDADE DE AGIR. *Direito processual civil.* **1.** É a de atuar em qualquer procedimento, praticando validamente os atos processuais. **2.** *Vide* CAPACIDADE PROCESSUAL.

CAPACIDADE DE AUTO-ORGANIZAÇÃO E DE AUTO-LEGISLAÇÃO. *Direito constitucional.* É a conferida pela Constituição a cada Estado-membro da Federação para estabelecer sua própria Constituição, sua estrutura e suas normas.

CAPACIDADE DE DIREITO. *Direito civil.* Aptidão, oriunda da personalidade, para adquirir direitos e contrair obrigações na vida civil, que não pode ser recusada ao indivíduo, sob pena de se negar sua qualidade de pessoa, despindo-o dos atributos da personalidade.

CAPACIDADE DE EXERCÍCIO. *Direito civil.* **1.** Aptidão de exercer por si os atos da vida civil, dependendo, portanto, do discernimento, que é critério, prudência, juízo, tino, inteligência. É, pois, sob o prisma jurídico, a aptidão que tem uma pessoa de distinguir o lícito do ilícito, o conveniente do prejudicial. A capacidade de direito pode sofrer restrições legais quanto ao seu exercício pela intercorrência de um fator genérico, como tempo (maioridade ou menoridade) ou de uma insuficiência somática (enfermidade ou deficiência mental, surdo-mudez, toxicomania etc.). A capacidade jurídica da pessoa natural é limitada, pois uma pessoa pode ter o gozo de um direito sem ter o seu exercício, por ser incapaz. Neste caso, seu representante legal é que o exercerá em seu nome. A capacidade de exercício pressupõe a de gozo, mas esta pode subsistir sem a de fato ou de exercício. **2.** *Vide* INCAPACIDADE ABSOLUTA e INCAPACIDADE RELATIVA.

CAPACIDADE DE FATO. *Vide* CAPACIDADE DE EXERCÍCIO.

CAPACIDADE DE GOZO. *Vide* CAPACIDADE DE DIREITO.

CAPACIDADE DELITUAL. *Direito civil.* Aptidão de uma pessoa para responsabilizar-se, a título de culpa, pelos atos ilícitos que vier a praticar.

CAPACIDADE DE SUPORTE. *Direito ambiental.* É a capacidade de a atmosfera de uma região receber os remanescentes das fontes emissoras de forma a serem atendidos os padrões ambientais e os diversos usos dos recursos naturais.

CAPACIDADE DO SISTEMA DE TV A CABO. *Direito das comunicações.* É o número de canais tecnicamente disponíveis para a operadora para a prestação de serviço de TV a cabo, seja em sua própria rede, seja em rede contratada para a prestação do serviço.

CAPACIDADE ELEITORAL. *Ciência política.* Direito de votar e ser votado.

CAPACIDADE EMPRESARIAL. *Vide* CAPACIDADE COMERCIAL.

CAPACIDADE HOSPITALAR DE EMERGÊNCIA. Número de leitos que podem ser disponibilizados dentro de um hospital, em circunstâncias anormais ou de calamidade pública. Corresponde à soma da capacidade instalada e do número de leitos extras que podem ser instalados, aí incluídos os leitos auxiliares reversíveis.

CAPACIDADE HOSPITALAR INSTALADA. É a capacidade dos leitos que são habitualmente utilizados para internação, mesmo que alguns deles eventualmente não possam ser utilizados por certo período, por qualquer razão. A capacidade hospitalar instalada deve corresponder ao número de leitos informados no cadastro do hospital junto ao Ministério da Saúde.

CAPACIDADE HOSPITALAR OPERACIONAL. É a capacidade dos leitos em utilização e dos leitos passíveis de ser utilizados no momento do censo, ainda que estejam desocupados. Os leitos extras desocupados não fazem parte da capacidade hospitalar operacional.

CAPACIDADE HOSPITALAR PLANEJADA. É a capacidade total de leitos do hospital, levando-se em conta a área física destinada à internação e de acordo com a legislação em vigor, mesmo que parte desses leitos esteja desativada por qualquer razão.

CAPACIDADE LABORATIVA. *Direito do trabalho.* Aptidão potencial de trabalho de uma pessoa, qualquer que seja a sua categoria.

CAPACIDADE LIMITADA. *Direito civil.* É a atribuída a pessoas que sofrem restrições para a prática de certos atos, em razão de menoridade, enfermidade ou deficiência mental, prodigalidade, surdo-mudez etc., necessitando para tanto de representação ou assistência de seu representante legal.

CAPACIDADE MATRIMONIAL. *Direito civil.* Aptidão para contrair núpcias.

CAPACIDADE MÁXIMA DE TRAÇÃO. *Direito de trânsito.* Máximo peso que a unidade de tração é capaz de tracionar, indicado pelo fabricante, baseado em condições sobre suas limitações de geração e multiplicação de momento de força e resistência dos elementos que compõem a transmissão.

CAPACIDADE NORMATIVA. *Teoria geral do direito.* É a competência para emitir normas jurídicas gerais ou individuais.

CAPACIDADE NORMATIVA DE CONJUNTURA. *Economia política.* É, segundo Eros Roberto Grau, a potestade para emissão imediata pelo Poder Executivo de normas jurídicas, dentro de um clima de dinamismo e flexibilidade adequados à realidade, atendendo às flutuações da conjuntura econômica.

CAPACIDADE OCIOSA. *Economia política.* Parte da capacidade de produção de uma empresa que não está sendo aproveitada por motivos econômico-financeiros.

CAPACIDADE PARA O TRABALHO. *Vide* CAPACIDADE LABORATIVA.

CAPACIDADE PARA SUCEDER. *Direito civil* e *direito internacional privado.* Aptidão para herdar os bens deixados pelo *de cujus* ou a qualidade de suceder na herança. Não possui tal capacidade, por exemplo, o indigno. Trata-se da capacidade de agir relativamente dos direitos sucessórios, ou seja, da aptidão para suceder, ou melhor, para aceitar ou exercer direitos do sucessor (*Erbrechtliche Handlungsfähigkeit*), que, na seara do direito internacional privado, se subordina à lei pessoal do herdeiro ou sucessível. A capacidade para suceder rege apenas a qualidade para herdar do sucessível, não disciplinando as condições de que depende a situação de herdeiro relativamente à herança do *de cujus*, nem tampouco a extensão dos direitos sucessórios. A capacidade para suceder é a do tempo da abertura da sucessão, que se regulará conforme a lei em vigor.

CAPACIDADE PARA TER DIREITO À SUCESSÃO. *Direito civil* e *direito internacional privado.* Capacidade para a situação de herdeiros; aptidão para ser herdeiro ou para ter direitos sucessórios ou à sucessão (*Erbfähigkeit*), que, na órbita do direito internacional privado, rege-se pela lei do domicílio do *auctor successionis*. A extensão dos direitos sucessórios e a proporção resultante de determinado estado jurídico deverão submeter-se à *lex domicilii* do *de cujus*; logo, tal capacidade não é inerente à pessoa do herdeiro ou legatário, por ser conferida pela norma regular da sucessão. Assim sendo, o domicílio do autor da herança indicará a lei aplicável à sua sucessão. A *lex domicilii* vigente no momento da morte do *de cujus* determinará: a) a instituição e a substituição da pessoa sucessível; b) a ordem de vocação hereditária, se se tratar de sucessão legítima; c) a medida dos direitos sucessórios dos herdeiros ou legatários, sejam eles nacionais ou estrangeiros; d) os limites da liberdade de testar; e) a existência e a proporção da legítima do herdeiro necessário; f) a colação; g) a redução das disposições testamentárias; h) a partilha dos bens do acervo hereditário; i) o pagamento das dívidas do espólio.

CAPACIDADE PARA TESTAR. *Vide* CAPACIDADE TESTAMENTÁRIA ATIVA.

CAPACIDADE PENAL. *Direito penal.* É a que inclui a imputabilidade e a responsabilidade penal a partir dos dezoito anos de idade. Consiste no conjunto de condições exigidas por lei para que alguém tenha titularidade de direitos e deveres na seara penal. Tal capacidade sujeita aquele que vier a praticar um crime à condenação e à aplicação da pena.

CAPACIDADE PLENA. *Direito civil.* É a de todos aqueles que têm aptidão para exercer seus direitos, podendo praticar os atos da vida civil por si só, sem quaisquer restrições.

CAPACIDADE POLÍTICA. *Direito constitucional.* **1.** Aptidão para exercer os direitos de cidadania, ou melhor, os direitos políticos, como o de votar e ser votado, o de se alistar nas Forças Armadas etc. **2.** Aptidão para ocupar cargos políticos, por preencher os requisitos legais, podendo participar de organizações representativas do Poder Público na qualidade de vereador, deputado, senador, prefeito, governador ou presidente da República.

CAPACIDADE POSTULATÓRIA. *Direito processual.* É a de exercer atividade processual mediante pessoa legalmente habilitada a procurar em juízo. Assim, o ingresso das partes em juízo exige que, além da capacidade processual, outorguem mandato *ad judicia* a advogado legalmente habilitado, ou seja, inscrito na OAB, legítimo titular do *ius postulandi*.

CAPACIDADE PROCESSUAL. *Direito processual.* Aptidão para ingressar em juízo, requerendo algo judicialmente, por meio de advogado, sem necessidade de assistência ou representação de representante legal, por estar no pleno exercício de seus direitos. Possui esse direito aquele que, por ser capaz de ser parte, é sujeito da relação processual, podendo praticar atos no processo. É a *legitimatio ad processum*, que abrange a capacidade postulatória e a de ser parte. Terão *capacidade processual semiplena* os relativamente incapazes na área civil, devendo ser assistidos em juízo por um representante legal. Têm *incapacidade processual* os absolutamente incapazes para praticar atos na vida civil, que, em juízo, deverão ser representados por representante legal.

CAPACIDADE PROCESSUAL DA PESSOA JURÍDICA. *Direito processual.* Aptidão para atuar em juízo por meio de quem, de acordo com seu estatuto social, está autorizado a representá-la.

CAPACIDADE PÚBLICA. *Direito administrativo.* Aptidão do agente público para editar atos administrativos na esfera de suas atribuições.

CAPACIDADE SUCESSÓRIA. *Vide* CAPACIDADE PARA SUCEDER, CAPACIDADE PARA TER DIREITO À SUCESSÃO e CAPACIDADE TESTAMENTÁRIA PASSIVA.

CAPACIDADE TÉCNICA. *Direito comercial.* Aptidão ou habilidade para desenvolver certa atividade profissional que requeira técnica específica, como, por exemplo, a função de administrador de empresas e de conselheiro fiscal em sociedade anônima.

CAPACIDADE TESTAMENTÁRIA. *Direito civil.* Conjunto de condições necessárias para que alguém possa, juridicamente, dispor de seu patrimônio por meio de testamento ou ser por ele beneficiado.

CAPACIDADE TESTAMENTÁRIA ATIVA. *Direito civil.* É a capacidade para testar, que exige inteligência e vontade, ou seja, discernimento, compreensão do que representa o ato e manifestação exata do que pretende o agente. Assim, são incapazes para testar: a) os menores de dezesseis anos; b) os desprovidos de discernimento, como os enfermos ou deficientes mentais; c) os que, ao testar, não estejam em seu perfeito juízo, por estarem sujeitos a hipnotismo, a delírios persecutórios, a espasmo cerebral seguido de hemiplegia, a arteriosclerose, a embria-

guez, a intoxicações provocadas por remédios ou entorpecentes, a sonambulismo etc.; d) os surdos-mudos que não puderem manifestar sua vontade; e) as pessoas jurídicas, que não se sujeitam à morte.

CAPACIDADE TESTAMENTÁRIA PASSIVA. *Direito civil.* Aptidão para adquirir bens por meio de testamento. São capazes para tal ato todas as pessoas, físicas ou jurídicas, existentes ao tempo da morte do testador não havidas como incapazes. A incapacidade para adquirir por testamento pode ser absoluta, se tiver caráter de generalidade e indiscriminação pessoal, e relativa, se atingir certas pessoas que não podem receber por via testamental devido a razões especiais. São absolutamente incapazes para adquirir bens por testamento: a) os indivíduos não concebidos até a morte do testador, salvo se a disposição testamentária se referir à prole eventual de pessoas por aquele designadas, existentes ao abrir-se a sucessão; b) as pessoas jurídicas de direito público externo quanto à propriedade de imóvel no Brasil e aos bens suscetíveis de desapropriação. São relativamente incapazes para receber por via testamentária, não podendo ser herdeiros nem legatários: a) a pessoa que, a rogo, escreveu o testamento, seu cônjuge, seus ascendentes, descendentes e irmãos; b) as testemunhas testamentárias; c) o concubino do testador casado; d) o tabelião, civil ou militar, o comandante ou o escrivão perante quem se fizer, assim como o que fizer ou aprovar o testamento.

CAPACIDADE TRABALHISTA. *Direito do trabalho.* Possibilidade de alguém vincular-se como empregado, efetivando contrato de trabalho.

CAPACIDADE TRIBUTÁRIA. *Direito tributário.* **1.** É, como ensina Paulo de Barros Carvalho, a aptidão que as pessoas têm para serem sujeitos ativos e passivos de relações jurídicas de índole tributária. **2.** Aptidão para desempenhar a ação infralegal de exigir e arrecadar tributos (Geraldo Ataliba).

CAPACIDADE TRIBUTÁRIA ATIVA. *Direito tributário.* Aptidão da pessoa jurídica de direito público, da entidade paraestatal ou da pessoa física investida em função de grande importância ao atendimento de finalidades públicas para integrar o pólo ativo da relação jurídica tributária como titular do direito subjetivo de exigir a prestação, ou melhor, pagamento de um tributo, arrecadando-o.

CAPACIDADE TRIBUTÁRIA PASSIVA. *Direito tributário.* Na lição de Paulo de Barros Carvalho, habilitação que uma pessoa tem para ocupar o papel de sujeito passivo de relações jurídicas de natureza fiscal. É, portanto, a aptidão da pessoa física ou jurídica para ser sujeito passivo da obrigação tributária em situações que lhe determinem o pagamento do tributo, a execução ou abstenção de certos atos, em razão de normas tributárias emitidas pelo Poder competente.

CAPACITAÇÃO. *Medicina legal.* Processo pelo qual os espermatozóides adquirem capacidade de fertilizar um óvulo, que começa com sua entrada no muco cervical, indo até o seu encontro com o óvulo (Roger Abdelmassih).

CAPADARIA. *Direito agrário.* Conjunto de porcos de engorda.

CAPANGA. 1. *Direito comercial.* Total de compras de diamantes feitas por capangueiros. **2.** *Direito penal.* Assassino profissional que é pago para matar.

CAPANGUEIRO. 1. *Direito comercial.* Aquele que compra diamantes, em pequenas quantidades, dos garimpeiros. **2.** Na *linguagem da mineração*, é o comprador de diamantes.

CAPÃO. *Direito agrário.* Bosque que fica isolado no meio do campo.

CAPATAZ. 1. *Direito agrário.* a) Empregado rural que chefia a execução dos serviços agrícolas; b) feitor da fazenda; c) encarregado de conduzir as tropas, tendo ascendência sobre os peões. **2.** *Direito marítimo.* a) Empregado da capitania do porto responsável pelo policiamento; b) chefe de turma de estivadores.

CAPATAZ DA ALFÂNDEGA. *Direito marítimo* e *direito aduaneiro.* Encarregado de fazer o policiamento na capitania do porto, de dirigir e fiscalizar o serviço de carga e descarga de mercadorias e de conduzir os volumes para serem despachados ou examinados.

CAPATAZIA. 1. *Direito agrário.* a) Ofício de capataz; b) grupo de trabalhadores rurais, sejam eles agricultores ou peões, sob o comando de um capataz. **2.** *Direito marítimo.* a) Serviço de policiamento feito na capitania do porto; b) serviço de recebimento, guarda e conservação dos volumes na alfândega; c) serviço de transporte de mercadorias realizado no porto, alusivo à carga e descarga dos navios; d) local de embarque e desembarque de mercadorias. **3.** *Direito aduanei-*ro. Taxa que se paga pela mercadoria que passa pelo cais de embarque, pelo serviço de carga e descarga ou de estiva.

CAPAX NEGOTII. *Locução latina.* Quem tem capacidade para o exercício de atividade negocial.

CAPAZ. Pessoa que, segundo as disposições legais, possui capacidade ou competência.

CAPCIOSO. *Direito civil, direito processual civil* e *direito penal.* Aquele que procura enganar outrem.

CAPELA. 1. *Direito agrário.* Invólucro da espiga de milho. **2.** *Direito canônico.* Pequena Igreja, que não é paróquia. **3.** *História do direito.* Vínculo que se instituía com a condição de que o herdeiro ou o legatário mandassem rezar missas, distribuíssem esmolas pela alma do *de cujus* ou provessem o culto de um templo ou capela.

CAPELA DE CHIFRES. *História do direito.* Sanção que se impunha ao marido, que consentia no adultério de sua mulher, obrigando-o a usar um chapéu de cornos (Marcus Cláudio Acquaviva).

CAPELA EXPIATÓRIA. Monumento erguido no local onde houve a prática de um crime que se pretende expiar.

CAPELANIA. *Direito canônico.* Cargo de capelão.

CAPELANIA PENITENCIÁRIA. *Direito penitenciário.* Órgão de assistência religiosa nas prisões, sob o comando de um capelão.

CAPELÃO. *Direito canônico.* **1.** Padre que presta serviços numa capela ou Igreja. **2.** Sacerdote que presta assistência religiosa no Exército, na Aeronáutica ou na Marinha, em hospitais e em colégios religiosos. **3.** Sacerdote, nomeado pelo Ordinário local, a quem é confiado o cuidado pastoral de uma comunidade de fiéis.

CAPELA PARTICULAR. *Direito canônico.* Local destinado, com a licença do Ordinário local, ao culto divino em favor de uma ou duas pessoas físicas.

CAPELÍCIO. *Direito empresarial.* Fábrica de chapéus.

CAPELO. 1. *Direito canônico.* a) Dignidade de cardeal; b) chapéu cardinalício. **2.** *Direito militar.* Parte superior de uma barraca de campanha. **3.** *Direito marítimo.* a) Volta dada com a amarra nas abitas; b) parte superior da roda da proa. **4.** Na *linguagem jurídica* em geral, é, ainda, uma espécie de murça, de cor purpúrea, utilizada pelos doutores em leis durante solenidades.

CAPES (COORDENAÇÃO DE APERFEIÇOAMENTO DE PESSOAL DE NÍVEL SUPERIOR). *Direito educacional.* Órgão com atribuições de: a) definir as quotas de bolsas para os programas de pós-graduação e da Pró-Reitoria; b) efetuar, observada a disponibilidade orçamentária, o repasse dos recursos necessários à execução do Programa DS; c) acompanhar e avaliar o desempenho do Programa DS.

CAPIANGAR. *Direito penal.* Furtar com muita destreza.

CAPINA. *Direito agrário.* Ação de limpar um terreno, a ser cultivado, de capins ou vegetais daninhos à vegetação.

CAPINADEIRA. *Direito agrário.* Máquina de capinar, que substitui o "capinador", que é o trabalhador rural encarregado de tirar o mato do terreno a ser plantado.

CAPINADOR. *Direito agrário.* Trabalhador rural que limpa um terreno destinado ao plantio, cortando, roçando ou mondando o capim.

CAPINEIRA. *Direito agrário.* Área coberta de gramíneas especiais para corte.

CAPINEIRO. *Direito agrário.* Aquele que vende capim.

CAPITA. *Termo latino.* a) Diz-se da sucessão que se faz por cabeça, em contraposição à por estirpe. A sucessão *in capita* requer que haja igualdade de grau entre os sucessores, enquanto a *in stirpe*, diversidade de graus; b) diz-se do cálculo feito por unidade.

CAPITAÇÃO. *Direito tributário.* 1. Tributação *per capita*. 2. Imposto pago por cabeça e não sobre capitais ou rendas. 3. Sistema de imposição tributária fixada em função da situação de cada contribuinte.

CAPITAL. 1. *Economia política.* Riqueza ou valor acumulado destinado à produção de outro valor. **2.** *Direito administrativo.* Principal cidade de um país, Estado ou circunscrição territorial, sendo sede de sua administração. **3.** *Direito civil.* a) Soma de dinheiro que constitui parte de um patrimônio; b) soma em dinheiro que constitui a parte principal de um débito, em oposição aos juros que essa dívida pode produzir. **4.** *Direito penal comparado.* Diz-se da pena que acarreta a morte do condenado. **5.** *Direito bancário.* Quantia que se destina ao rendimento de juros através de aplicações financeiras. **6.** *Direito comercial.* a) Parte do capital que se compreende em ações emitidas na sociedade; b) cabedal em dinheiro de uma empresa; c) posses, em dinheiro ou propriedades, de uma empresa; d) aquilo que é constituído por recursos captados pela emissão de obrigações pelas sociedades por ações; e) conjunto de bens com que um empresário funda um estabelecimento; f) soma de cotas com que cada sócio contribui para formar o patrimônio social; g) tudo que pode ser usado para produzir lucro mediato ou imediato.

CAPITAL ABERTO. *Direito comercial.* Diz-se da sociedade cujos valores mobiliários são suscetíveis de negociação em Bolsa.

CAPITAL-AÇÃO. *Direito comercial.* É o representado por ações, por força de lei, próprio das sociedades anônimas e em comandita por ações.

CAPITAL ACUMULADO. *Direito comercial.* Acréscimo no capital havido após a apuração dos resultados do exercício no balanço. É aquele ao qual se adiciona o lucro obtido.

CAPITAL AGRÍCOLA. *Direito agrário.* É o constituído por animais, instrumentos, tapumes, canais de irrigação, construções, adubos etc., que têm grande importância na atividade agropecuária.

CAPITAL ATIVO. *Direito comercial.* **1.** É o utilizado nas operações comerciais ou industriais, especificamente o excesso do ativo sobre o passivo da empresa. **2.** Aquele que não está empatado em imóveis e meios de produção.

CAPITAL AUTORIZADO. *Direito comercial.* **1.** Aquele que, na sociedade anônima, possibilita o aumento consecutivo do capital social, desde que haja deliberação da assembléia geral extraordinária ou do conselho administrativo, independentemente de alteração do estatuto social. **2.** Dispositivo estatutário que permite, dentro de certo limite, o aumento do capital social, com a emissão de novas ações, independentemente de alteração do estatuto (Fábio Ulhoa Coelho).

CAPITAL BASTANTE. *Direito comercial.* Soma necessária para a satisfação da organização social, atendendo às suas despesas e compromissos.

CAPITAL CASE. *Locução inglesa.* Crime capital.

CAPITAL CIRCULANTE. *Direito comercial.* É o consumido na produção da indústria, na distribuição de bens e serviços ou no estabelecimento, atendendo a todos os compromissos assumidos, por exemplo, com matéria-prima, mão-de-obra, combustível etc. Trata-se do capital de giro, que é o excesso do ativo corrente sobre o passivo corrente. Constitui, portanto, o patrimônio da empresa que está em movimento, servindo para pagar a mão-de-obra, comprar matéria-prima, suprindo a falta de concordância das receitas e despesas.

CAPITAL COMANDITADO. *Direito comercial.* Parte do capital de sociedade em comandita pertencente ao sócio comanditário.

CAPITAL CONSTANTE. *Direito comercial.* Parte do capital gasta na aquisição de meios de produção, como máquinas, ferramentas, matéria-prima e matéria auxiliar.

CAPITAL CONTÁBIL. *Direito comercial.* Conjunto de valores monetários cuja constância é assegurada pela prática da amortização, que é a operação que procura evitar a morte do capital: parte dos resultados ou lucros da empresa destinar-se-á a evitar o desgaste técnico das máquinas e ferramentas. Assim, se dos resultados empresariais houver excesso de valor dos bens inventariados sobre o valor do capital inicial, ter-se-á uma renda contábil.

CAPITAL DECLARADO. *Direito comercial.* Soma pecuniária que foi declarada no contrato social ou no registro do nome empresarial.

CAPITAL DE EMPRESA. *Direito comercial.* Recurso pertencente a pessoa jurídica de direito privado que exerce atividade empresarial.

CAPITAL DE EMPRÉSTIMO. *Direito comercial.* Numerário que compõe o ativo aplicado em operações de crédito.

CAPITAL DE GIRO. *Vide* CAPITAL CIRCULANTE.

CAPITAL DE ORGANIZAÇÃO. *Direito comercial.* Fundo monetário que possibilita à sociedade obter capital fixo em natureza, emitindo, para tanto, ações.

CAPITAL DE PRODUÇÃO. *Direito comercial.* Verba empregada em indústria, comércio ou outra atividade empresarial produtiva.

CAPITAL DE RISCO. *Direito comercial.* Investimento em operação que possa trazer algum resultado duvidoso.

CAPITAL-DINHEIRO. *Direito comercial* e *economia política.* É o representado por moeda.

CAPITAL DISPONÍVEL. *Direito comercial.* Valor pecuniário de que a sociedade dispõe para satisfazer suas obrigações ou atender aos seus negócios. É constituído por valores de fácil conversão, como títulos e mercadorias, que são inscritos em conta do ativo realizável.

CAPITAL ECONOMIZADO. *Direito bancário.* Soma em dinheiro amealhada por pessoa física ou jurídica para suprir algum gasto eventual ou extraordinário. É o pecúlio formado pela poupança, que tem por finalidade atender a casos anormais em que o salário, a renda ou o lucro não são suficientes para supri-los.

CAPITAL EFETIVO. *Direito comercial.* É o realmente integrado na atividade social e utilizado para o desenvolvimento dos negócios sociais.

CAPITAL ESTRANGEIRO. 1. *Direito comercial.* a) Patentes e privilégios que, para serem utilizados, dependem do pagamento de direitos no estrangeiro; b) bens de produção que foram diretamente importados, sem qualquer cobertura cambial; c) moeda estrangeira oriunda de fundos de capitalização pertencentes a domiciliados no exterior. **2.** *Direito constitucional.* a) Diz-se do capital de outro Estado, que não pode ter qualquer participação, direta ou indireta, nos programas de saúde do País; b) aquele cujo investimento e reinvestimento deve ser disciplinado por lei, atendendo-se ao interesse nacional.

CAPITAL FICTÍCIO. 1. *Direito comercial.* Valor irreal declarado em contrato social, em atividades e negócios sociais ou em registro de nome empresarial, levando à prática de fraudes. **2.** *Direito penal.* Crime de fraude e abuso na fundação da sociedade por ações que consiste na declaração de valor imaginário como capital social.

CAPITAL FIXO. *Direito comercial.* **1.** É o constituído por imóveis ou máquinas industriais e instrumentos para o exercício da atividade empresarial. **2.** Conjunto de bens imóveis, imobilizados ou indisponíveis, ou seja, daqueles bens que não produzem renda por si mesmos. **3.** Capital social.

CAPITAL FLUTUANTE. *Vide* CAPITAL CIRCULANTE.

CAPITAL IMOBILIÁRIO. *Direito comercial.* É o aplicado em imóveis para a produção de rendas.

CAPITAL IMOBILIZADO. *Vide* CAPITAL FIXO.

CAPITAL IMPRODUTIVO. *Direito comercial.* É o aplicado em certo negócio, não proporcionando resultado, uma vez que dele não se tira qualquer produtividade ou renda. É o não aplicado em fatores de produção.

CAPITAL INALIENÁVEL. *Direito comercial.* Parte do capital que está vinculada aos negócios sociais, não podendo ser alienada.

CAPITAL INDUSTRIAL. *Direito comercial.* É o constituído por fábricas, máquinas, matérias-primas etc., que desempenham papel de relevo nos atos de produção.

CAPITAL INEXISTENTE. *Vide* CAPITAL FICTÍCIO.

CAPITAL INICIAL. *Direito comercial.* Aquele com que o empresário ou a empresa dão início às suas atividades empresariais.

CAPITAL INTEGRALIZADO. *Direito comercial.* Constitui o capital social da empresa, cujo valor foi pago pelos sócios ou acionistas, que o subscreveram. É o que foi inteiramente declarado e realizado.

CAPITAL INVESTIDO. *Direito comercial.* Numerário que foi aplicado na atividade empresarial.

CAPITALISMO. 1. *Sociologia jurídica.* Organização econômica em que as atividades de produção e distribuição, pelos princípios da propriedade privada e da livre concorrência, acarretam a divisão da sociedade em duas classes antagônicas, embora vinculadas pelo mecanismo do mercado: a dos proprietários dos meios de produção e a do proletariado industrial e rural. **2.** *Economia política.* Sistema econômico em que o capital é o principal fator de produção, tendo preponderância na vida econômica. Neste sistema os meios de produção, como matérias-primas, máquinas etc., pertencem a uma pessoa que investe capital, contratando terceiros para a produção de bens, que, após serem vendidos, possibilitam a recuperação do capital investido e a obtenção do lucro.

CAPITALISMO DE ESTADO. Sistema em que o capital é controlado e possuído pelo Estado.

CAPITALISMO INDUSTRIAL. *Economia política.* Regime que busca o desenvolvimento de fábricas ou usinas.

CAPITALISTA. 1. Na *linguagem jurídica* em geral: a) aquele que fornece o capital; b) pessoa que vive de rendimentos do capital e de investimentos. **2.** *Direito comercial.* a) Comanditário que é prestador de capital, tendo responsabilidade limitada à sua contribuição social; b) aquele que fornece o capital para uma empresa.

CAPITALIZAÇÃO. *Direito comercial.* **1.** É o contrato que consiste numa espécie de seguro mercantil em que um dos contratantes se obriga a entregar ao outro (sociedade de capitalização) determinada prestação pecuniária mensal, durante algum tempo, para que este pague, antecipa

damente, se houver sorteio, ou no vencimento do contrato, o total das prestações acrescido de juros. **2.** Acumulação paulatina de numerário para formar ou aumentar um capital, fazendo investimentos em instituições financeiras que operam no mercado de capitais, em bancos de investimentos, Caixas Econômicas, sociedades de crédito imobiliário etc.

CAPITAL LÍQUIDO. *Direito comercial.* **1.** É o representado pela diferença que houver entre o ativo e o passivo social, indicando assim a real situação patrimonial da empresa. **2.** Fundo social.

CAPITAL LIVRE. Verba pecuniária que uma empresa privada ou pública pode investir livremente.

CAPITAL LUCRATIVO. *Direito comercial.* É o empregado na produção de bens ou serviços ou em aplicações, trazendo lucro para a empresa.

CAPITAL MISTO. *Direito comercial.* É o constituído pelo numerário ou pelos recursos financeiros oriundos de pessoas físicas e jurídicas de direito público, como ocorre na sociedade de economia mista.

CAPITAL MOBILIÁRIO. *Direito comercial.* **1.** É o constituído por bens móveis, ou seja, por ações e demais valores. **2.** É o aplicado em títulos de crédito, produzindo rendas e convertendo-se em dinheiro com facilidade.

CAPITAL MORTO. *Direito comercial.* Aquele que não produz nenhuma renda.

CAPITAL MÓVEL. *Vide* CAPITAL CIRCULANTE.

CAPITAL NACIONAL. *Economia política.* Conjunto de bens físicos e materiais destinados à produção (Henri Guitton).

CAPITAL NEGATIVO. *Direito comercial.* É o resultante da situação patrimonial de uma empresa em que o passivo é superior ao ativo.

CAPITAL NOMINAL. *Direito comercial.* **1.** É o declarado, mas não realizado; valor inicial declarado para a firma social ou nome empresarial, que vai aumentando à medida que os negócios sociais vão progredindo, podendo, então, refletir na situação dos sócios, gerando rendimentos, como lucros, bonificações ou distribuições de dividendos. **2.** O mesmo que CAPITAL DECLARADO.

CAPITAL-OBRIGAÇÃO. *Direito comercial.* É aquele que, em sociedades anônimas e em comandita, é representado por debêntures.

CAPITAL POSITIVO. *Vide* CAPITAL LÍQUIDO.

CAPITAL PRIMITIVO. *Vide* CAPITAL INICIAL.

CAPITAL PRIVADO. *Direito comercial.* **1.** Aquele que, numa sociedade, é constituído de recursos fornecidos por particulares. É, pois, o capital que, pertencente a particulares, está em circulação nas empresas. **2.** Conjunto de investimentos que pertencem a particulares.

CAPITAL PRODUTIVO. *Direito comercial.* Aquele que se aplica em atividades empresariais para obter lucro, cooperando na produção.

CAPITAL PÚBLICO. *Direito administrativo.* **1.** É o que pertence ao domínio público, sendo aplicado, produtiva ou improdutivamente, para atender aos interesses coletivos. **2.** Recurso de uma sociedade de economia mista ou de uma empresa pública pertencente a uma entidade pública, detentora de parte de suas ações.

CAPITAL QUEIMANTE. *História do direito* e *economia política.* Capital que adquiriu fluidez maior por causa das desvalorizações no período entre as duas guerras, fazendo com que o país, para salvaguardar sua tesouraria, temendo uma desvalorização, em sua nação, levasse seu capital para outra, onde julgava que não haveria tal desvalorização, procurando ganhar com as taxas de desconto do mercado alienígena (Henri Guitton).

CAPITAL REAL. *Vide* CAPITAL LÍQUIDO.

CAPITAL REALIZADO. *Direito comercial.* **1.** É o que se formou após a constituição da sociedade, com os lucros obtidos pelas operações empresariais. **2.** Parte do capital nominal já realizada, pois os subscritores entraram com o numerário na sociedade, realizando suas contribuições. Trata-se do capital integralizado, uma vez que o valor do capital social já foi pago pelos acionistas, cotistas ou sócios, que o subscreveram.

CAPITAL REALIZÁVEL. *Vide* CAPITAL DISPONÍVEL.

CAPITAL SEGURADO. *Direito civil.* Valor máximo para a cobertura contratada a ser pago pela sociedade seguradora na ocorrência de sinistro.

CAPITAL SOCIAL. *Direito comercial.* **1.** Capital de uma sociedade, constituindo seu patrimônio. **2.** É o que constitui o cabedal comum da empresa, composto de bens móveis e imóveis, corpóreos e incorpóreos, suscetíveis de avaliação em dinheiro, feita por peritos ou empresas especializadas, cujo laudo é levado à apreciação da assembléia geral. Tais bens entregues pelos sócios, após serem conferidos, passam à propriedade da sociedade. **3.** É o estipulado no estatuto da sociedade como sendo o seu patrimônio, para o qual concorrem os sócios. **4.** Recurso da sociedade a ela vinculado para a consecução da finalidade social e para tornar efetiva a atividade econômica organizada para a produção ou circulação de bens e serviços.

CAPITAL SUBSCRITO. *Direito comercial.* É o dividido em ações, que são subscritas por cada um dos acionistas, que se obrigam a fazer seu integral pagamento para que o capital social se forme. Assim que forem totalmente pagos os valores daquelas ações, o capital subscrito estará integralizado.

CAPITAL SURPLUS. *Locução inglesa.* Ágio de capital.

CAPITAL-TRABALHO. *Direito comercial.* Contribuição do sócio de indústria na sociedade de capital e indústria, que apesar de não ser contemplada pelo novo Código Civil, este a ela se refere em vários dispositivos.

CAPITAL VARIÁVEL. *Direito comercial.* **1.** Soma pecuniária gasta sob a forma de salários para comprar a força de trabalho, tornando possível a atividade comercial ou industrial, contratando empregados ou operários. **2.** Capital que pode sofrer total mutação, ou parte dele passível de variação, podendo ser aumentado ou diminuído.

CAPITAL VOTANTE. *Direito comercial.* Parcela do capital da companhia representado por ações com direito a voto (Luiz Fernando Rudge).

CAPITAL WRIT. *Locução inglesa.* Valor do título que representa o capital.

CAPITANIA. **1.** *Direito militar.* a) Comando militar; b) posto de capitão. **2.** *História do direito.* Antigas divisões administrativas do Brasil que originaram as províncias e os Estados.

CAPITÂNIA. *História do direito.* Era a nau de guerra onde viajava o comandante da esquadra.

CAPITANIA DO PORTO. *Direito marítimo.* Repartição técnico-administrativa do Comando da Marinha, dirigida por um oficial chamado de "capitão do porto", incumbida não só da fiscalização e realização dos serviços relativos aos navios que entram e saem do porto, mas também do registro das embarcações nacionais.

CAPITANIAS HEREDITÁRIAS. *História do direito.* Extensas áreas de terras doadas pelo rei de Portugal a ricos portugueses, que as podiam transmitir por herança, para que as explorassem economicamente, obtendo rendimentos para si e para a metrópole, dando-se, assim, início à colonização do Brasil.

CAPITÃO. 1. *Direito militar.* Oficial do Exército, da Aeronáutica e da Marinha que comanda a companhia de um batalhão. **2.** *Direito marítimo.* Comandante de um navio mercante. **3.** *Direito desportivo.* Jogador que, em certos esportes, comanda o time, representando-o perante a autoridade que dirige a partida.

CAPITÃO-AMADOR. *Direito marítimo.* Apto para conduzir embarcação entre portos nacionais e estrangeiros, sem limite de afastamento da costa.

CAPITÃO-AVIADOR. *Direito militar.* É o que ocupa posto imediatamente superior ao de primeiro-tenente-aviador e imediatamente inferior ao de major-aviador.

CAPITÃO-CHICO. *Direito agrário.* Raça brasileira de porco.

CAPITÃO DE BANDEIRA. *Direito marítimo.* É o segundo capitão ou comandante de determinados navios.

CAPITÃO-DE-CORVETA. *Direito militar.* Posto da Marinha de Guerra imediatamente superior ao de capitão-tenente e imediatamente inferior ao de capitão-de-fragata.

CAPITÃO-DE-FRAGATA. *Direito militar.* Posto da Marinha de Guerra imediatamente superior ao de capitão-de-corveta e imediatamente inferior ao de capitão-de-mar-e-guerra.

CAPITÃO DE INSPEÇÃO. *Direito militar.* É o escalado para dirigir e vigiar os serviços dentro do quartel, tomando todas as providências que forem necessárias em casos extraordinários ocorridos na ausência de oficial superior.

CAPITÃO-DE-MAR-E-GUERRA. *Direito militar.* Posto hierárquico da Marinha de Guerra imediatamente superior ao de capitão-de-fragata e imediatamente inferior ao de contra-almirante.

CAPITÃO-DE-NAVIO. *Direito marítimo.* Comandante do navio mercante, que o administra na qualidade de preposto do armador ou proprietário da embarcação, exercendo funções notariais e possuindo poderes disciplinares sobre os tripulantes e passageiros e responsabilidade pela segurança dos passageiros e da carga e pelas deliberações tomadas no curso da viagem.

CAPITÃO-DO-MATO. *História do direito.* **1.** Chefe de milícia especial que, no Brasil Colônia, era recrutado entre os moradores do povoado para reprimir os ataques dos índios. **2.** Policial que tinha a tarefa de prender escravos fugitivos.

CAPITÃO-DO-PORTO. *Direito marítimo.* Oficial da Marinha encarregado de administrar a capitania do porto.

CAPITÃO MERCANTE. *Vide* CAPITÃO-DE-NAVIO.

CAPITÃO-MOR. *História do direito.* Autoridade militar que comandava, até o início do século XX, numa vila, a milícia chamada "ordenanças".

CAPITÃO-QUARTEL-MESTRE. *Direito militar.* Oficial incumbido da recepção e distribuição de fundos nos corpos do Exército, sob a inspeção do conselho administrativo daqueles corpos.

CAPITÃO-TENENTE. *Direito militar.* Posto hierárquico da Marinha de Guerra imediatamente superior ao de guarda-marinha e imediatamente inferior ao de capitão-de-corveta.

CAPITATIS DAMNARE. *Locução latina.* Condenar à morte.

CAPITEL. *Direito civil.* Acabamento ornamentado situado na parte superior de uma pilastra ou balaústre (Afonso Celso F. de Rezende).

CAPITIS DEMINUTIO. *Locução latina.* Perda ou diminuição da capacidade, incidindo sobre a liberdade, a cidadania ou a família; privação total ou parcial de direitos de família, cidadania e liberdade, conforme seja *capitis deminutio* mínima, média ou máxima.

CAPITIS EXECRATIO. *Locução latina.* Maldição capital, que consistia na pena imposta, na era romana, ao homem fora da lei.

CAPITIS POENA. *Locução latina.* Pena capital.

CAPITULAÇÃO. 1. *Direito internacional público.* Convenção ou acordo que estipula rendição condicional ou incondicional de beligerantes e pelo qual as tropas militares em campanha põem termo às operações. **2.** *Direito militar.* Crime que consiste na rendição do comandante ao inimigo antes que se esgotem os recursos extremos da ação militar, abandonando os meios de defesa de que dispõe. **3.** *Direito penal.* Classificação do crime no artigo da lei penal, que o qualifica. **4.** *História do direito.* a) Era, no direito consular, a convenção pela qual a autoridade e a competência dos cônsules dependiam das imposições nela estabelecidas, feitas pelo país representado, que criava uma situação de *capitis deminutio maxima* para a nação, que vinha a acatá-las. Pela capitulação outorgava-se aos cônsules a competência para julgar civil e criminalmente os seus nacionais; b) imposição que era feita, no Império Alemão, pelos eleitores, em nome da nação, ao imperador, que, no ato da coroação, jurava sua observância. **5.** *Teoria geral do direito.* Divisão ou classificação dos assuntos tratados num Código ou numa lei em capítulos.

CAPITULADA. *Direito processual penal.* Acusação formulada em capítulos ou por meio de artigos.

CAPITULADO. 1. *Direito militar* e *direito internacional público.* Aquele que se rendeu. **2.** *Direito penal.* Diz-se do crime que está classificado, qualificado ou definido na lei penal.

CAPITULAR. 1. *Direito militar.* Cometer crime de capitulação. **2.** *Direito penal.* Qualificar, definir, classificar o delito e a contravenção, indicando o artigo de lei que comina a pena correspondente. **3.** *História do direito.* Designação que era dada à lei, regulamento ou ordenança que o rei da França fazia na assembléia. Era, portanto, o decreto real. **4.** *Direito internacional público.* Render-se ao inimigo mediante acordo ou convenção. **5.** *Direito processual penal.* Apresentar capítulos de acusação contra alguém. **6.** *Direito canônico.* a) Vigário-geral que rege uma diocese; b) pertencente a assembléia de religiosos; c) relativo a cabido.

CAPITULEIRO. *Direito canônico.* Livro eclesiástico que contém os capítulos.

CAPÍTULO. 1. *Direito canônico.* a) Lição curta do breviário, que se extrai da Sagrada Escritura; b) assembléia de religiosos; c) corporação de cônegos de uma catedral. **2.** *Direito processual penal.* Artigo de acusação. **3.** *Teoria geral do direito.* Divisão dos códigos ou leis. **4.** *Direito penal.* Definição do delito. **5.** *Direito internacional público.* Rendição.

CAPOEIRA. *Direito desportivo.* Jogo atlético muito violento, sendo que, às vezes, os contendores empunham facas.

CAPORALISME. *Termo francês.* Militarismo.

CAPOTAR. *Direito de trânsito.* Cair ou tombar um veículo, virando sobre a capota.

CAPRICHO. 1. *Direito processual.* Abuso de direito que se revela na falta de interesse jurídico em mover uma ação, tendo como único móvel o desejo de lesar, por simples cavilosidade, interesse de outrem, devendo, por isso, responder o seu autor por perdas e danos. **2.** Na *linguagem comum,* obstinação de alguém sem que haja qualquer razão plausível ou justificável.

CAPRIFICAÇÃO. *Direito agrário.* Processo usado na horticultura para apressar a maturação do figo.

CAPRINO. *Direito agrário.* Designativo de cabra, por exemplo, gado caprino.

CAPRINOCULTOR. *Direito agrário.* Empresário ou trabalhador rural que lida com criação de cabras, explorando sua carne, leite e pele.

CÁPSULA. 1. *Medicina legal.* Estojo dos projéteis de arma de fogo. **2.** *Direito espacial.* Compartimento destacável para os espaçonautas, situado no ápice do foguete espacial. **3.** *Direito agrário.* Invólucro seco de grãos e sementes.

CÁPSULA FULMINANTE. *Direito militar.* É a que contém explosivo mais sensível que o calor ou choque dos explosivos comuns, altamente destrutivos, utilizada para detonar outros explosivos.

CAPTAÇÃO. 1. *Direito civil.* a) Utilização de meio ardiloso para obter, em proveito próprio, uma liberalidade de alguém (doação ou legado); b) emprego de meio artificioso para se apoderar de águas livres. **2.** *Direito financeiro.* Operação que visa obter recursos mediante venda de investimentos e realização de operação de crédito, como tomador (Luiz Fernando Rudge). **3.** *Direito comercial.* Conjunto de operações necessárias à obtenção da água mineral natural ou da água natural, sem alteração da sua qualidade higiênico-sanitária e da sua característica natural e de pureza.

CAPTAÇÃO DE ÁGUAS. 1. *Direito civil.* Meio utilizado para obter para si águas de fonte, fluviais ou pluviais, represando-as, desde que sejam livres. **2.** *Direito penal.* Desvio ou represamento, em proveito próprio ou de outrem, de águas alheias, caracterizando o crime de usurpação de águas, punido com detenção e multa.

CAPTAÇÃO DE CLIENTELA. Ato de, direta ou indiretamente, aliciar clientes para o exercício de profissão (Othon Sidou).

CAPTAÇÃO DE HERANÇA OU LEGADO. *Direito civil.* Emprego de meio capcioso para conseguir atrair para si herança ou legado, ato esse que pode invalidar o testamento.

CAPTAÇÃO DE RECURSOS. Qualquer arrecadação de dinheiro para a execução de um fim ou projeto pretendido.

CAPTADO. *Direito civil.* Benefício conseguido por meio de manobra capciosa.

CAPTADOR. *Direito civil.* Aquele que usa de meios capciosos para obter uma vantagem ilícita para si ou para outrem.

CAPTAGEM. *Direito civil.* Captação de águas correntes.

CAPTANTE. *Vide* CAPTADOR.

CAPTATIO BENEVOLENTIAE. *Locução latina.* Conquista de benevolência.

CAPTATÓRIA. *Direito civil.* **1.** Em que há captação. **2.** Diz-se da disposição testamentária que institua herdeiro ou legatário, desde que estes também disponham, por testamento, em benefício do testador ou de terceiro, sendo nula por conter tal condição captatória.

CAPTURA. 1. *Direito penal.* Diligência de prisão ou cerco a um foragido ou fugitivo, impedindo sua fuga, por ordem judicial ou durante uma diligência policial. **2.** *Direito internacional público.* Apreensão, durante a guerra, de navio mercante inimigo ou neutro que, violando a neutralidade, tentar auxiliar embarcação inimiga ou romper o bloqueio marítimo. **3.** *Direito civil.* Apreensão de animais silvestres como meio de aquisição originária da propriedade móvel. **4.** Na *linguagem jurídica* em geral, diligência que visa impedir o livre trânsito de pessoa, animal, aeronave ou navio, colocando-os à disposição da Justiça. **5.** *Direito marítimo.* Apresamento de embarcação em razão de desrespeito às leis ou aos limites territoriais. **6.** *Direito agrário.* Apreensão pela caça ou pela pesca.

CAPTURA INCIDENTAL. Conjunto de espécies incidentalmente capturadas, que não se constituam em recursos pesqueiros.

CAPTURAR. 1. *Direito penal.* Efetuar diligências para prender um infrator da lei penal que se encontrava foragido. **2.** *Direito processual.* Fazer arresto em. **3.** *Direito civil.* Apreender animais silvestres pela caça ou, mediante pesca, peixes ou animais que têm na água seu *habitat.* **4.** *Direito internacional público.* Apresar navio inimigo ou neutro que tenha violado sua neutralidade.

CAPUABA. *Direito agrário.* **1.** Terreno cujo mato foi retirado para que se pudesse dar início ao plantio. **2.** Estabelecimento agrícola especializado na cultura de cereais. **3.** Local de uma fazenda onde, anualmente, se fazem plantações.

CAPUAVA. *Vide* CAPUABA.

CAPUCHA. *Direito canônico.* Convento da Ordem de São Francisco.

CAPUCHANA. *Direito marítimo.* Capa de lona pintada que cobre a armação dos escaleres.

CAPUT. *Termo latino.* **1.** Cabeça. **2.** Palavra usada para indicar o início; assim, quando se diz art. 100, *caput,* quer dizer art. 100, no início. **3.** Parte de abertura de um documento ou dispositivo legal.

CAPUT SCELEREM. *Locução latina.* Origem dos delitos.

CAPUT URBIS. *Locução latina.* Capital do mundo, que era a designação dada a Roma pelos romanos.

CAQUEAR. *Direito penal.* Na *gíria,* quer dizer revistar, procurando arma proibida.

CAQUÉTICO. *Medicina legal.* Diz-se do paciente que fica muito fraco e magro, ou seja, "pele e osso".

CAQUEXIA. *Medicina legal.* Magreza ou fraqueza profunda do organismo, em razão de depressão, desnutrição ou senilidade.

CARABINA. *Direito militar.* Espingarda de cano longo usada pela cavalaria.

CARABINA DE REPETIÇÃO. *Direito militar.* Rifle leve, automático ou semi-automático, cuja munição tem pouca potência.

CARABINEIRO. 1. *Direito comercial.* Aquele que fabrica ou vende carabinas. **2.** *Direito militar.* Soldado armado de carabina.

CARACTERES SEXUAIS. *Medicina legal.* Diferenças psicológicas, fisiológicas ou anatômicas que possibilitam a separação dos dois sexos.

CARACTERES SEXUAIS SECUNDÁRIOS. *Medicina legal.* São aqueles que se desenvolvem na puberdade. Na mulher, surgem nessa fase pêlos axilares e pubianos, desenvolvem-se as mamas, arredondam-se os quadris. No homem, surgem os pêlos, a barba, e a voz torna-se mais grave e grossa.

CARACTERIOLOGIA. *Psicologia forense.* Ciência que estuda não só o caráter e a personalidade e seus desenvolvimentos nos diferentes indivíduos, mas também a relação da vontade com os motivos.

CARACTERÍSTICAS DA MÁQUINA ELETRÔNICA PROGRAMADA (MEP). Exigências mínimas que a máquina eletrônica programada para bingo deve apresentar, como: 1) cumprir as normas exigidas internacionalmente quanto à sua segurança, bem como apresentar teste de imunidade à compatibilidade eletromagnética *Electromagnetic Compatibility* IEC (*International Electrotechnical Commission*) 1004 – 4-2, de 1995, além de ser imune às descargas eletrostáticas de vinte e sete mil volts, não devendo apresentar nenhuma anormalidade e manter intactas todas as informações armazenadas durante os testes; 2) suportar oscilações bruscas de tensão e verificar que as memórias permaneçam inalteradas, no caso de interrupção de energia; 3) possuir sistema elétrico, fonte de alimentação, UCP e unidade de controle apropriadamente isoladas, blindadas e aterradas, de acordo com as normas internacionais de segurança; 4) apresentar sistema do tipo comutada a fonte de alimentação, garantindo um funcionamento correto na variação de tensão de entrada de até 20% de tolerância; 5) conter um dispositivo interruptor que corte automaticamente a alimentação elétrica, assegurando ao técnico que manipula seu interior segurança total contra a ocorrência de qualquer risco; 6) possuir filtro na entrada da rede para evitar que perturbações nas linhas de distribuição de energia afetem os circuitos de comutação interna contra interferências de alta freqüência, bem como dispositivos de proteção de sobretenções, do tipo varistores, para fins de proteção contra sobretenções externas; 7) assegurar proteção ao usuário contra quaisquer riscos físicos, elétricos ou mecânicos; 8) exibir informações claras e objetivas ao usuário, em língua portuguesa, identificando a tabela de premiações, possíveis apostas, denominação, descrição das combinações ganhadoras possíveis, valor monetário, símbolos ou quantidade de crédito para cada combinação ganhadora, possibilitando ao usuário identificar as informações relativas à distribuição amostral de retorno em cada rodada de jogo; 9) conter dispositivos mecânicos e/ou eletrônicos capazes de fornecer, a qualquer momento, visualmente ou por via eletrônica, relatórios e totalizações das seguintes informações: a) unidades de crédito apostadas; b) unidades de crédito pagas como premiação; c) unidades de crédito pagas manualmente como premiação; d) unidades de crédito correspondentes ao imposto sobre a renda e outros eventuais tributos e taxas incidentes; e) unidades de crédito retidas pela MEP; e f) quantidade de partidas jogadas; 10) preservar as informações exigíveis, pelo prazo mínimo de setenta e duas horas, por meio dos medidores eletrônicos, na hipótese de desligamento, pane do terminal ou interrupção de energia, devendo ser capaz de completar a jogada e indicar os pagamentos devidos ao usuário, quando de seu restabelecimento; 11) possuir medidores mecânicos ou eletrônicos necessários às totalizações, que deverão manter corretamente os totais com, no mínimo, sete dígitos.

CARACTERIZAÇÃO SOCIOAMBIENTAL DA ORLA MARÍTIMA. *Direito ambiental.* Diagnóstico dos atributos naturais e paisagísticos, formas de uso e ocupação existentes, com avaliação das principais atividades e potencialidades socioeconômicas. Para a caracterização socioambiental, classificação e planejamento da gestão, a orla marítima será enquadrada segundo aspectos físicos e processos de uso e ocupação predominantes, de acordo com as seguintes tipologias: a) abrigada não urbanizada: ambiente protegido da ação direta das ondas, ventos e correntes, com baixíssima ocupação, paisagens com alto grau de originalidade natural e baixo potencial de poluição; b) semi-abrigada não urbanizada: ambiente parcialmente protegido da ação direta das ondas, ventos e correntes, com baixíssima ocupação, paisagens com alto grau de originalidade natural e baixo potencial de poluição; c) exposta não urbanizada: ambiente sujeito à alta energia de ondas, ventos e correntes com baixíssima ocupação, paisagens com alto grau de originalidade natural e baixo potencial de poluição; d) de interesse especial em áreas não urbanizadas: ambientes com ocorrência de áreas militares, de tráfego aquaviário, com instalações portuárias, com instalações geradoras de energia, de unidades de conservação, tombados, de reservas indígenas, de comunidades tradicionais ou remanescentes de quilombos, cercados por áreas de baixa ocupação, com características de orla exposta, semi-abrigada ou abrigada; e) abrigada em processo de urbanização: ambiente protegido da ação direta das ondas, ventos e correntes, com baixo a médio adensamento de construções e população residente, com indícios de ocupação recente, paisagens parcialmente modificadas pela atividade humana e médio potencial de poluição; f) semi-abrigada em processo de urbanização: ambiente parcialmente protegido da ação direta das ondas, ventos e correntes, com baixo a médio adensamento de construções e população residente, com indícios de ocupação recente, paisagens parcialmente modificadas pela atividade humana e médio potencial de poluição; g) exposta em processo de urbanização: ambiente sujeito à alta energia de ondas, ventos e correntes com baixo a médio adensamento de construções e população residente, com indícios de ocupação recente, paisagens parcialmente modificadas pela atividade humana e médio potencial de poluição; h) de interesse especial em áreas em processo de urbanização: ambientes com ocorrência de áreas militares, de tráfego aquaviário, com instalações portuárias, com instalações geradoras de energia, de unidades de conservação, tombados, de reservas indígenas, de comunidades tradicionais ou remanescentes de quilombos, cercados por áreas de baixo a médio adensamento de construções e população residente, com características de orla exposta, semi-abrigada ou abrigada; i) abrigada com urbanização consolidada: ambiente protegido da ação direta das ondas, ventos e correntes, com médio a alto adensamento de construções e população residente, paisagens modificadas pela atividade humana, multiplicidade de usos e alto potencial de poluição sanitária, estética e visual; j) semi-abrigada com urbanização consolidada: ambiente parcialmente protegido da ação direta das ondas, ventos e correntes, com médio a alto adensamento de construções e população residente, paisagens modificadas pela atividade humana, multiplicidade de usos e alto potencial de poluição sanitária, estética e visual; k) exposta com urbanização consolidada: ambiente sujeito a alta energia de ondas, ventos e correntes, com médio a alto adensamento de construções e população residente, paisagens modificadas pela atividade humana, multiplicidade de usos e alto potencial de poluição sanitária, estética e visual; l) de interesse especial em áreas com urbanização consolidada: ambientes com ocorrência de áreas militares, de tráfego aquaviário, com instalações portuárias, com instalações geradoras e transmissoras de energia, de unidades de conservação, tombados, de reservas indígenas, de comunidades tradicionais ou remanescentes de quilombos, cercados por áreas de médio a alto adensamento de construções e população

residente, com características de orla exposta, semi-abrigada ou abrigada.

CARACU. *Direito agrário.* Gado vacum que tem pêlo curto e liso.

CARANGUEJA. **1.** *Direito agrário.* Espécie de ameixa. **2.** *Direito marítimo.* a) Verga de vela grande, quadrangular, em navio de dois mastros; b) verga de mezena em navio de três mastros.

CARANGUEJAR. *Direito aeronáutico.* Voar de esguelha, em relação ao rumo, com a proa contra o vento lateral, visando neutralizar a deriva.

CARAPUÇA. *Direito marítimo.* Pedaço de metal que forra os chicotes dos ovéns, evitando a água.

CARATÊ. *Direito desportivo.* Tipo de luta em que se empregam mãos e pés desarmados.

CARÁTER. **1.** *Medicina legal.* Diz-se do modo de reação a certos fatos, indicando a índole da pessoa ou o aspecto psicológico de sua personalidade. **2.** Na *linguagem comum,* figura usada na escrita ou tipo de impressão.

CARÁTER ANAL. *Medicina legal.* Forma instintiva que se manifesta por perfeccionismo, mania de limpeza, desconfiança, avareza ou pontualidade, relacionada à sublimação de atividades anal-eróticas.

CARÁTER ORAL. *Medicina legal.* Forma instintiva que se exterioriza em altruísmo, inveja, auto-afirmação, generosidade e prodigalidade, relacionada à fase oral do período pré-genital do desenvolvimento psicossexual.

CARAVANA. **1.** *Ciência política.* Comissão de partidários que, para fazer propaganda de seu candidato, vai visitando cidades. **2.** Na *linguagem jurídica* em geral, pode ainda designar: a) grupo de turistas ou veículos que viajam juntos; b) reunião de viajantes, mercadores e peregrinos para atravessar, com segurança, o deserto. **3.** *História do direito.* Guerra marítima entre Cavaleiros de Malta e turcos ou corsários.

CARAVANING. *Termo inglês.* Acampamento de *trailers.*

CARAVELA. **1.** *História do direito.* Embarcação à vela muito usada nos séculos XV e XVI. **2.** *Direito civil.* Gorjeta; gratificação em dinheiro.

CARBONADOS. Na *linguagem da mineração,* são as pedrinhas de tonalidade escura concentradas na peneira, misturadas com a ferrage, grizota, campina, chicória, marumbé e paia de arroz.

CARBONEMIA. *Medicina legal.* Excesso de monóxido de carbono no sangue.

CARBONIZAÇÃO. *Medicina legal.* Quarto grau de queimadura, que causa lesões, totais ou parciais, de partes profundas dos tecidos do corpo humano, levando à morte, restando como resíduo apenas o carvão. Em regra, esse fenômeno é acidental, mas, às vezes, é usado para fazer desaparecer vestígios de um homicídio.

CARBON TAXES. *Locução inglesa.* Tributos ambientais incidentes sobre combustíveis fósseis, com o escopo de diminuir o aquecimento global gerado pela emissão do dióxido de carbono (Paulo Lucena de Menezes).

CARBOXIEMOGLOBINA. *Medicina legal.* Combinação estável do monóxido de carbono com a hemoglobina, que deixa, assim, de fazer a oxigenação do sangue. Ocorre em pessoa intoxicada por óxido de carbono.

CARCAÇA. 1. *Direito agrário.* Tronco de animal abatido, após a retirada do couro, cabeça, membros, carnes e vísceras. **2.** *Direito marítimo.* a) Urdidura da embarcação em construção; b) casco velho de navio sem aparelhagem; c) navio sem aprestos.

CARCAÇAS DE ANIMAIS. São produtos de retaliação de animais, provenientes de estabelecimentos de tratamento de saúde animal, centros de experimentação, de Universidades e unidades de controle de zoonoses e outros similares.

CARCER AD CUSTODIAM. *Expressão latina.* Prisão preventiva.

CARCERAGEM. *Direito penal.* a) Ato de prender alguém; b) importância paga pelo preso, no dia de sua soltura, ao carcereiro, correspondente ao tempo de seu encarceramento.

CARCERÁRIO. *Direito penal.* Aquilo que é relativo ao cárcere.

CÁRCERE. *Direito penal.* Local destinado à prisão; cadeia.

CARCEREIRO. *Direito penal* e *direito penitenciário.* **1.** Aquele que chefia os guardas de uma cadeia, cuidando da segurança e do isolamento dos presos. **2.** Guarda ou qualquer funcionário de cadeia.

CÁRCERE PRIVADO. 1. *Direito penal.* Lugar em que um particular, sob qualquer pretexto, conserva ilegalmente alguém cativo ou preso, praticando crime contra a pessoa. A pena será de reclusão de dois a cinco anos se a vítima for ascendente, descendente, cônjuge do agente ou maior de sessenta anos. Se o objetivo for obter vantagem pecuniária, ter-se-á crime de extorsão mediante seqüestro. **2.** *Direito civil.* Ato ilícito consistente na detenção forçada de uma pessoa em aposento ou casa particular, privando-a de sair ou obter socorro, que dá ensejo ao dever de reparar os danos moral e patrimonial, pagando-se uma indenização a título de perdas e danos.

CARCINOMA. *Medicina legal.* **1.** Tumor maligno; câncer. **2.** Epitelioma.

CARDÁPIO. *Direito do consumidor.* Lista de preços que os estabelecimentos que fornecem quaisquer tipos de bebidas, aperitivos ou refeições devem colocar à disposição de sua clientela ou afixar na sua entrada principal de forma visível, informando, ainda, que o *couvert* é opcional.

CARDEAIS DA SANTA IGREJA ROMANA. *Direito canônico.* **1.** São os que constituem um colégio com competência para eleger o Papa e assisti-lo quando convocado para tratar de questões relevantes. **2.** Aqueles que, nos diversos ofícios exercidos, auxiliam o Romano Pontífice no cuidado cotidiano.

CARDEAL. *Direito canônico.* Prelado do Sacro Colégio pontifício que possui direito de voto na eleição do Papa. Título que constitui a mais alta dignidade católica, afora o Papa, sendo conferido por este em consistório àquele que será conselheiro e auxiliar no governo da Igreja.

CARDEAL-BISPO. *Direito canônico.* Aquele que rege uma diocese suburbicária.

CARDEAL-DIÁCONO. *Direito canônico.* O que possui uma diaconia como fundamento de sua ordem.

CARDEAL PRESBÍTERO. *Direito canônico.* Aquele que tem seu título cardinalício ligado a uma das antigas igrejas de Roma.

CARDEAL PROTETOR. *Direito canônico.* Membro do Sacro Colégio que, em Roma, tem a seu cargo os negócios consistoriais de certos Estados ou dos interesses de determinadas ordens religiosas.

CARDER. *Direito virtual.* Pirata eletrônico ou especialista em obter, fraudulentamente, o número de cartões de crédito.

CARDHOLDER. *Termo inglês.* Titular de cartão.

CARDÍACO. *Medicina legal.* Aquele que sofre de alguma moléstia do coração.

CARDIALGIA. *Medicina legal.* **1.** Sensação dolorosa de queimadura na boca do estômago. **2.** Dor aguda no coração.

CARDIASTENIA. *Medicina legal.* Fraqueza do coração.

CARDIATAXIA. *Medicina legal.* Desordem que se apresenta nos movimentos do coração.

CARDIATELIA. *Medicina legal.* Desenvolvimento incompleto do coração.

CARDIECTASIA. *Medicina legal.* Dilatação, total ou parcial, do coração.

CARDIELCOSE. *Medicina legal.* Ulceração do coração.

CARDINALATO. *Direito canônico.* **1.** Dignidade de cardeal. **2.** Ato pelo qual o Papa confere essa dignidade.

CARDIODEMIA. *Medicina legal.* Adipose do coração.

CARDIOFOBIA. *Medicina legal.* Medo exagerado de doenças cardíacas.

CARDIONEUROSE. *Medicina legal.* Desordem nervosa funcional que se caracteriza por palpitações, angústias etc.; pseudo-angina.

CARDIOPALMIA. *Medicina legal.* Palpitação cardíaca.

CARDIOPATA. *Medicina legal.* Doente do coração.

CARDIOPATIA. *Medicina legal.* Doença do coração.

CARDIOPATIAS GRAVES. *Medicina legal.* São as entidades nosológicas que reduzem a capacidade funcional do coração, ultrapassando os limites de eficiência dos mecanismos de compensação, impedindo o exercício de atividades normais dos pacientes, apesar da terapêutica, e que, por sua natureza, implicam a redução da expectativa de vida.

CARDIORREXIA. *Medicina legal.* Ruptura do coração.

CARDIOVASCULAR. *Medicina legal.* Relativo ao coração e aos vasos sangüíneos.

CAREAÇÃO. *Direito processual.* Ato de acarear testemunhas e partes, colocando-as frente a frente, quando sobre algum fato determinado que possa influir na decisão da causa divergirem suas afirmações.

CARECEDOR DA AÇÃO. *Direito processual.* Aquele que não tem *legitimatio ad processum*, ou seja, legitimidade para estar em juízo ou para mover a ação; aquele que está privado do direito de ação.

CARECEDOR DE DIREITO. *Direito processual.* Diz-se do litigante que não tem o direito por ele pretendido judicialmente.

CARENA. *Direito marítimo.* Fundo do navio.

CARENAGEM. *Direito aeronáutico.* Revestimento que protege determinadas peças da aeronave, visando reduzir a resistência do ar e o atrito resultante.

CARÊNCIA. 1. *Direito econômico* e *direito bancário.* a) Prazo concedido pelo financiador ao financiado, durante o qual haverá dispensa da amortização do principal; b) período em que certos investimentos não podem ser resgatados. **2.** *Direito civil* e *direito comercial.* a) Decurso de um prazo estabelecido por lei ou por cláusula contratual para obter um direito e exigir a obrigação que lhe corresponde; b) período de tempo adotado nos seguros de vida e saúde em substituição ao exame médico (Luiz Fernando Rudge); c) período em que a responsabilidade do segurador, em relação ao contrato de seguro, fica suspensa, a não ser por morte acidental (Luiz Fernando Rudge). **3.** Na *linguagem comum,* privação ou falta de alguma coisa ou de recursos, impossibilitando a execução de um ato.

CARÊNCIA DE AÇÃO. *Direito processual.* Falta de uma ou mais condições da ação: interesse de agir, legitimidade para ser parte e possibilidade jurídica do pedido. A ausência de qualquer uma dessas condições acarreta a extinção do processo sem resolução do mérito, apesar de haver quem entenda que, quando a extinção se der por impossibilidade jurídica do pedido, o julgamento é de mérito.

CARÊNCIA DE DIREITO. *Direito processual.* Inexistência do direito invocado em juízo.

CARENCIAL. *Medicina legal.* Diz-se de doença provocada por subnutrição.

CAREPA. 1. *Medicina legal.* Esfoliação escamosa da pele. **2.** *Direito agrário.* Lanugem que aparece na superfície de frutas secas.

CARESTIA. 1. *Direito econômico.* a) Preço superior ao real ou tabelado; b) encarecimento do custo de vida; c) aquilo que é caro. **2.** Na *linguagem comum,* indica escassez ou falta.

CARETA. *Direito agrário.* Boi que tem o focinho de cor diferente da do resto do corpo.

CARÉU. *Direito agrário.* Gado ovelhum, de corpo pequeno, cabeça e pernas deslanadas, com ausência ou pequenez de chifres, que produz lã muito grosseira.

CAREZA. *Direito econômico.* Preço muito elevado.

CARFOLOGIA. *Medicina legal.* **1.** Contração das mãos dos moribundos. **2.** Agitação automática e contínua das mãos e dos dedos, como se procurasse apreender pequenos objetos, que surge em estados febris ou de grande estupor.

CARGA. 1. *Direito comercial.* a) Mercadoria destinada a ser transportada por qualquer meio; b) carregamento, carregação ou ato de levar a mercadoria para bordo do navio ou de qualquer outro meio de transporte; c) peso ou capacidade de veículo, navio, avião ou trem, relativamente à quantidade de objetos que podem transportar; d) sistema comum de transporte feito sem rigidez de horário. **2.** *Direito penal.* Acusação; ato de acusar alguém. **3.** *Direito processual.* a) Livro dos cartórios e secretarias dos tribunais no qual se discriminam os autos judiciais entregues à parte que pede vista fora do cartório; b) recibo exarado por autoridade competente, dando baixa nos autos recebidos. **4.** *Direito militar.* a) Ataque com arma branca; b) quantidade de pólvora e projéteis que é colocada numa arma de fogo. **5.** *Direito administrativo.* Responsabilidade dada a certos agentes públicos, a quem são confiados objetos de valor, que, então, ficarão como depositários deles.

CARGA A GRANEL. *Direito comercial.* Carga homogênea não embalada (James G. Heim).

CARGA ARMAZENADA. *Direito comercial.* Carga recebida pelo depositário.

CARGA AVARIADA. *Direito comercial.* É a que não apresenta os mesmos caracteres verificados entre o local de embarque e o de destino, provocando deterioração ou despesas extraordinárias. Se a carga avariada for fortuita, o transportador não terá qualquer obrigação pelos danos sofridos. A carga avariada será corpórea se consistir em danos na estrutura física ou química da coisa transportada. Será emergente se decorrer de atraso, despesas extraordinárias ou gastos imprevistos pela falta de exatidão na execução do contrato de transporte. Se puder ser vista a olho nu será aparente. Se para sua determinação for preciso efetuar exames ou vistorias de ordem técnica será oculta. A carga avariada será avaliada no local de destino onde for feita a liquidação.

CARGA CERRADA. *Direito militar.* Descarga, feita simultaneamente, de muitas armas de fogo.

CARGA CONTEINERIZADA. *Direito comercial.* Carga geral acondicionada (unitizada) em contêineres intermodais (James G. Heim).

CARGA DA PROVA. *Direito processual.* Ônus da prova.

CARGA DE PROFUNDIDADE. *Direito militar.* Projétil destinado a explodir debaixo d'água contra submarinos. É também chamada "bomba de profundidade".

CARGA DE RETORNO. *Direito marítimo.* Carga conduzida pelo navio ao regressar do porto de destino e que se encontra a bordo.

CARGA EM EXCESSO. *Direito comercial.* **1.** Carregamento de mercadoria acima dos limites da lotação do navio ou do veículo transportador. **2.** Volume de mercadorias enviadas pelo carregador além do peso estipulado contratualmente, caso em que o afretador pode exigir pagamento de frete correspondente ao excesso ou recusar-se a receber a carga excessiva.

CARGA FRACIONADA. *Direito comercial.* Carga geral solta (James G. Heim).

CARGA FRACIONÁRIA. *Direito comercial.* Modo de manipulação da carga pelo qual se movimenta a mercadoria em unidades separadas, ou seja, volume por volume, manualmente ou por meio de instrumentos; o custo dessa operação é alto, principalmente no transporte intermodal ou sucessivo, em que tais atos se repetirão mais vezes.

CARGA INDIVISÍVEL. *Direito comercial.* **1.** É a constituída por uma única peça, máquina, equipamento ou conjunto estrutural, ou, ainda, parte pré-montada destes elementos. **2.** Carga unitária, representada por uma única peça estrutural ou por um conjunto de peças fixadas por rebitagem, solda ou outro processo, para fins de utilização direta como peça acabada ou, ainda, como parte integrante de conjuntos estruturais de montagem ou de máquinas ou equipamentos e que, pela sua complexidade, só possa ser montada em instalações apropriadas.

CARGA MOLDADA. *Direito militar.* Massa de explosivos que apresenta uma cavidade calculada para focalizar a força da explosão na direção pretendida.

CARGA NAS PARTES EXTERNAS. *Direito comercial.* **1.** No veículo de carga, é a que ultrapassa os limites físicos da carroceria do veículo, quanto à sua largura ou ao seu comprimento. **2.** No veículo de passageiro ou misto, é a alojada em bagageiro fixado sobre a parte superior do veículo.

CARGA PALETIZADA. *Direito comercial.* Carga geral acondicionada (unitizada) em paletes (James G. Heim).

CARGA PARCIAL. *Direito internacional privado.* Carga procedente diretamente do exterior e que, embora amparada por um único conhecimento de transporte internacional, tenha sido embarcada no exterior em mais de um veículo.

CARGA PÁTIO. É aquela mantida em área pátio.

CARGAS PERIGOSAS. *Direito marítimo.* São as que, em virtude de serem explosivas, gases comprimidos ou liqüefeitos, inflamáveis, oxidantes, venenosas, infecciosas, radioativas, corrosivas ou substâncias contaminantes, possam apresentar riscos à tripulação, ao navio, às instalações portuárias ou ao meio ambiente aquático. Essas mercadorias, de acordo com a sua natureza, poderão estar embaladas ou serem transportadas em granéis. As mercadorias perigosas aqui definidas encontram-se relacionadas nos códigos e convenções internacionais publicadas pela Organização Marítima Internacional (IMO). São consideradas cargas perigosas aquelas classificadas pelo Código Marítimo Internacional de Mercadorias Perigosas (*IMDG-CODE*), publicado pela Organização Marítima Internacional, bem como aquelas classificadas pela Associação Brasileira de Normas Técnicas, através dos números NBR 5.930, NBR 7.500, NBR 7.501, NBR 7.502 e outras, a critério da autoridade estadual ou de autoridade legal em seu grau de jurisdição, que assim venham a ser consideradas.

CARGAS RESERVADAS. *Direito internacional privado.* Cargas de importação brasileira, oriundas de países que pratiquem, diretamente ou por intermédio de qualquer benefício, subsídio, favor governamental ou prescrição de cargas em favor de navio de sua bandeira.

CARGA TRIBUTÁRIA. *Direito tributário.* **1.** Impacto dos impostos na receita dos contribuintes. **2.** Soma da arrecadação dos tributos lançados pela União, Estados e Municípios (Luiz Fernando Rudge).

CARGA UNITIZADA. *Direito comercial.* Volumes acondicionados em uma unidade de carga (Othon Sidou).

CARGA ÚTIL. *Direito espacial.* Sistema espacial transportado por veículo espacial, com todas as peças e componentes que o integram, destinado a executar no espaço funções específicas.

CARGO. 1. *Direito administrativo.* Função pública. **2.** Na *linguagem jurídica* em geral: encargo; incumbência; obrigação; ônus; responsabilidade.

CARGO. *Termo inglês.* **1.** Carga. **2.** Mercadoria. **3.** Carregamento.

CARGO. *Termo francês.* Navio de carga.

CARGO DE CARREIRA. *Direito administrativo.* É aquele em que seu ocupante tem possibilidade de ascensão gradativa na escala hierárquica do funcionalismo público.

CARGO DE CHEFIA. *Direito administrativo.* Aquele que dirige os serviços públicos.

CARGO DE CONFIANÇA. 1. *Direito administrativo.* É aquele que, além de habilitação para o desempenho da função pública, requer que o seu ocupante seja merecedor da confiança de quem o convoca para o seu exercício. Tal cargo é exercido em comissão ou em caráter temporário. **2.** *Direito do trabalho.* Aquele exercido por diretores, gerentes, caixas etc., pela confiança que lhes tem o empregador. É o cargo em que o empregado vem a exercer funções do empregador, com poder de direção, decisão e representação perante os outros empregados e terceiros.

CARGO DE DIREÇÃO. *Direito administrativo.* Complexo de altas atribuições para imprimir diretrizes aos serviços públicos.

CARGO DE GOVERNO. *Direito administrativo.* Conjunto de atribuições conferidas a agentes públicos, na seara do Poder Executivo, que, além de administrar, governam. São cargos de governo, por exemplo, presidência da República e governo dos Estados e Municípios.

CARGO DE MAGISTÉRIO. *Direito administrativo.* Conjunto de funções outorgadas a agentes públicos encarregados do ensino oficial.

CARGO DE PROVIMENTO EFETIVO. *Direito administrativo.* É cargo público ocupado, definitivamente, pelo funcionário aprovado em concurso de títulos e provas, após dois anos de exercício, embora possa a Administração transferi-lo a outro cargo da mesma natureza, posição funcional e remuneração (Celso Antônio Bandeira de Mello).

CARGO EFETIVO. *Direito administrativo.* É o conjunto de atribuições, deveres e responsabilidades específicas definidas em estatutos dos entes federativos cometidas a um servidor aprovado por meio de concurso público de provas ou de provas e títulos.

CARGO ELETIVO. *Direito constitucional.* É o ocupado por titular escolhido, direta ou indiretamente, pelo eleitorado para exercer funções das corporações político-constitucionais. Têm cargos eletivos: o presidente da República, os governadores, os prefeitos, os senadores, os deputados e os vereadores.

CARGO EM COMISSÃO. *Direito administrativo.* Cargo isolado, em que há nomeação precária, uma vez que seu ocupante é demissível *ad nutum*. Trata-se de expressão elíptica de "cargo de provimento em comissão", ou seja, de cargo de confiança daquele que nomeia funcionários. É o assumido por funcionário cedido, provisoriamente, para o exercício em órgão do mesmo Poder ou em diferente. É o ocupado por servidor que poderá ser nomeado para ter exercício, interinamente, em outro cargo de confiança, sem prejuízo das atribuições do que atualmente ocupa, hipótese em que deverá optar pela remuneração de um deles durante o período da interinidade.

CARGO EXCEDENTE. *Direito administrativo.* Trata-se daquele que não mais integra o quadro de cargos do órgão para o qual foi criado, em razão de reestruturação, que não o remanejou para outro cargo.

CARGO FEDERAL. *Direito administrativo.* É o que se exerce no âmbito da Administração Pública federal, direta ou indireta.

CARGO ISOLADO. *Direito administrativo.* Aquele que não está correlacionado com outro cargo público de carreira, por ser o único existente de seu gênero. Conseqüentemente, seu ocupante não tem possibilidade de ser promovido. Constitui exemplo de cargo isolado o do secretário-geral de ministério.

CARGO MILITAR. *Direito militar.* É o exercido por militar.

CARGO PARTICULAR. *Direito do trabalho.* Função ou ocupação exercida em estabelecimento privado.

CARGO PÚBLICO. *Direito administrativo.* **1.** Função ocupada por agente público em repartição ou estabelecimento públicos, em nome do Estado, desenvolvendo atividade de interesse coletivo. **2.** Lugar instituído na organização do serviço público, com denominação própria, atribuições específicas e estipêndio correspondente, para ser provido e exercido por um titular, na forma estabelecida em lei (Hely Lopes Meirelles).

CARGO TÉCNICO. *Direito administrativo.* Aquele cujo exercício requer qualificação técnica ou científica ou conhecimentos específicos de nível superior.

CARGO VANS. *Locução inglesa.* Caminhões pesados com carroceria fechada.

CARGO VITALÍCIO. *Direito administrativo.* Cargo público em que seu titular não pode ser demitido senão por sentença judicial transitada em julgado, por ter direito de ficar no seu ofício até a idade de aposentadoria legal.

CARGUEIRO. **1.** *Direito comercial.* Navio comercial que transporta mercadorias. **2.** *Direito agrário.* a) Medida rural para cereais que equivale a oito mãos; b) aquele que guia bestas de carga; c) animal que transporta carga no dorso.

CARICATURA. *Direito civil.* **1.** Representação descritiva que vem a exagerar, de forma jocosa, uma peculiaridade da pessoa, buscando o divertimento. Por ser desenho artístico, é lícito, mas pode tornar-se ilícito se houver intenção deliberada de prejudicar, assim como se vier a representar uma pessoa em sua vida particular, dando origem à responsabilidade civil por dano moral. **2.** Imagem de imagem (Pontes de Miranda).

CARIDADE. **1.** Filantropia. **2.** Ato de auxiliar o próximo.

CÁRIE. **1.** *Direito agrário.* Doença dos cereais causada por fungos do gênero "Filécia" que destroem seus tecidos. **2.** *Medicina legal.* Ulceração dos ossos e dos dentes que gradativamente os destrói.

CARIJO. *Direito agrário.* **1.** Armação de varas colocada para suspender os ramos da erva-mate, ateando-se fogo por baixo para crestá-la. **2.** Rancho onde a erva-mate é preparada.

CARIJÓ. **1.** *História do direito.* Nome dos escravos indígenas que acompanhavam os bandeirantes, integrando-se à bandeira para procurar minas. **2.** *Direito agrário.* Galináceo pedrês salpicado de branco e preto.

CARIMÃ. *Direito agrário.* **1.** Praga dos canaviais. **2.** Capulho de algodão que se colhe antes de seu completo desenvolvimento, quando as fibras estão crespas. **3.** Pelagem branca e alaranjada de determinados bovinos.

CARIMBADOR. *Direito administrativo.* Funcionário ou máquina que carimba a correspondência postal ou documentos.

CARIMBO. **1.** *Direito agrário.* Marca de fogo utilizada para assinalar animais novos ou mansos.

2. *Direito administrativo.* Instrumento de madeira, borracha ou metal usado para marcar papéis oficiais.

CARIOGAMIA. *Biodireito.* Teoria pela qual a vida tem início com a fusão dos pronúcleos feminino e masculino.

CARISMA. 1. Dom divino. **2.** Simpatia. **3.** *Ciência política.* Forma peculiar de poder exercido por um líder dotado de capacidade política extraordinária (Shils, Tucker, Weber e De Sandre).

CARLINGA. 1. *Direito aeronáutico.* Cabina do piloto de uma aeronave. **2.** *Direito marítimo.* Sobrequilha; peça de ferro fixada à quilha, com uma abertura quadrangular no centro, onde o pé do mastro é encaixado.

CARNAGEM. *Direito agrário* e *direito comercial.* Abastecimento ou provisão de carne para alimentação do homem.

CARNAL. *Direito civil.* Diz-se do parentesco consangüíneo.

CARNÊ. *Direito comercial.* Ficha pessoal onde nas lojas ou crediários se registram pagamentos mensais de compras a crédito.

CARNEAR. *Direito agrário.* Abater e esquartejar o gado para vendê-lo.

CARNEIRADA. *Direito agrário.* Rebanho de carneiros.

CARNÊ-LEÃO. *Direito tributário.* Rendimentos contidos na Declaração de Imposto sobre a Renda de pessoa física, provenientes de ocupação, sublocação, uso ou exploração de bens imóveis ou móveis, *royalties*, fruição e exploração de direitos, inclusive autorais, quando não recebidos pelo autor da obra (Luiz Fernando Rudge).

CARNIÇA. *Direito agrário.* **1.** Local onde se carneia a rês. **2.** Animal de que se faz carnagem. **3.** Carne de provisão usada na alimentação.

CARNIFICINA. 1. *Direito penal.* Mortandade; homicídio; chacina. **2.** *Direito internacional público.* Ato destinado a destruir um grupo humano, de forma cruel e sistemática, constituindo crime de genocídio.

CARO. 1. *Direito comercial.* Diz-se do objeto que se vende por um alto preço ou por preço que excede o valor mercadológico. **2.** *Direito marítimo.* a) Parte inferior ou mais grossa de uma verga de vela triangular; b) peça à ré do navio.

CAROJO. *Direito agrário.* Espiga de milho depois de debulhada; sabugo.

CARONA. 1. *Direito agrário.* Manta que se coloca por cima da sela. **2.** *Direito civil.* Transporte gratuito em veículos.

CARPA. 1. *Direito agrário.* a) Ato de cortar, roçar ou mondar capim ou vegetal daninho, preparando a terra para o plantio; b) período durante o qual se limpa a terra para a lavoura; c) ato de limpar com enxada ou carpideira o mato do terreno ao redor da cana-de-açúcar, do café ou das árvores frutíferas; d) lugar que foi carpido; e) espécie de peixe de água doce. **2.** *Direito militar.* Tenda de campanha.

CARPE DIEM. *Locução latina.* Aproveite o dia; não desperdice o tempo.

CARPENT TUA POMA NEPOTES. *Expressão latina.* Os descendentes colherão os frutos do trabalho dos ascendentes.

CARPICULTURA. *Direito agrário.* Cultura de peixe ciprinóide de água doce, chamado carpa, em rios, lagoas ou arrozais.

CARPINTARIA. *Direito do trabalho.* Obra ou ofício de carpinteiro.

CARPOPTOSE. *Medicina legal.* Paralisia dos músculos extensores das mãos e dos dedos.

CARRACA. *História do direito.* Grande nau que era usada pelos portugueses nas viagens para a Índia e para o Brasil, nos fins do reinado de D. Manuel I.

CARRASCO. 1. *Direito agrário.* a) Terreno com vegetação muito fraca; b) pequena floresta de árvores anãs no sertão. **2.** *Direito penal comparado.* Aquele que tem a função de executar as penas de morte.

CARREATA. *Direito de trânsito.* É o deslocamento em fila na via de veículos automotores em sinal de regozijo, de reivindicação, de protesto cívico ou de uma classe.

CARREGAÇÃO. 1. *Direito comercial.* a) Carga; b) ação de colocar a carga a bordo por meios apropriados; c) diz-se da mercadoria de qualidade inferior, feita às pressas e mal-acabada; d) no *plural,* indica uma escrituração mercantil ou o registro do movimento de remessa de mercadorias por conta própria ou a feita a outrem em conta de consignação. **2.** *Medicina legal.* Irrupção simultânea de várias doenças venéreas.

CARREGADO. 1. *Direito comercial.* a) Que recebeu a carga; b) aquilo que foi transportado; c) lançado em conta. **2.** *Medicina legal.* Aquele que está com moléstia venérea. **3.** *Direito militar.* Aquilo que tem carga de pólvora.

CARREGADOR. 1. *Direito comercial.* a) Expedidor de cargas; b) aquele que carrega as bagagens e as mercadorias ou as conduz até o local indicado;

c) negociante que embarca suas mercadorias em navios. **2.** *Direito militar.* Pente de balas em armas automáticas.

CARREGAMENTO. *Direito comercial.* **1.** O mesmo que CARREGAÇÃO. **2.** Totalidade de mercadorias, efeitos ou fazendas que constituem a carga. **3.** Importância destinada a atender às despesas administrativas e de comercialização.

CARREGANDO. *Direito comercial.* **1.** Meio de transporte que recebe a carga. **2.** Tempo em que se recebe o carregamento.

CARREGAR. **1.** *Direito comercial.* a) Colocar a carga no veículo para transporte; b) lançar em conta ou débito. **2.** *Direito militar.* Meter projétil ou pólvora na arma. **3.** *Direito processual.* Fazer carga no livro de protocolo. **4.** *Direito tributário.* Sobrecarregar o contribuinte de imposto. **5.** *Direito marítimo.* Dar inclinação a leme. **6.** *Direito virtual.* Trazer programa ou dados do disco para a memória RAM do computador.

CARREGO. **1.** *Direito comercial.* a) Ato de carregar mercadoria; b) carga transportada. **2.** *Direito militar.* Carga de peça de artilharia. **3.** *Medicina legal.* Doença sifilítica de caráter polimorfo.

CARREIRA. **1.** *Direito marítimo.* a) Plano inclinado por onde o navio desce ao ser lançado ao mar; b) local onde a embarcação é construída; estaleiro. **2.** *Direito administrativo.* a) Diz-se do cargo em que há possibilidade de ascensão ou promoção na hierarquia profissional; b) conjunto de classes da mesma profissão, escalonadas conforme os padrões de vencimentos; c) a sucessão de cargos efetivos, estruturados em níveis e graus segundo sua natureza, complexidade e grau de responsabilidade, de acordo com o plano definido por lei de cada ente federativo. **3.** *Direito desportivo.* a) Caminho fechado por barreiras usado para corridas de cavalos; b) corrida de cavalos.

CARREIRA DE TECNOLOGIA MILITAR DE NÍVEL SUPERIOR. *Direito militar.* Abrange aqueles que, sendo aprovados em concurso público, passam a ter atribuições voltadas para as áreas de desenvolvimento, manutenção e reparos relativos a projetos de construção, manutenção e modernização dos meios tecnológicos militares, cujos cargos serão ocupados por servidores públicos.

CARREIRA DIPLOMÁTICA. *Direito internacional.* Atividade de funcionários públicos pertencentes a uma categoria especial por representarem o País nas relações políticas e econômicas que este tem com outras nações.

CARREIRAS DE OFICIAL DE CHANCELARIA E DE ASSISTENTE DE CHANCELARIA. *Direito internacional público.* São partes integrantes do serviço exterior, cujos cargos são providos em caráter efetivo por meio de concurso público, que se realizará em duas etapas, ambas de caráter eliminatório e classificatório, consistindo em: prova de conhecimentos, que incluirá exame escrito e conclusão do curso de preparação. Os integrantes dessas carreiras cumprirão jornada de trabalho de quarenta horas semanais, sendo que os oficiais de chancelaria deverão desempenhar tarefas de natureza técnico-administrativa e os assistentes de chancelaria, as de apoio técnico e administrativo.

CARREIRISMO. Prática conducente à obtenção de êxito pelo uso de meios escusos; oportunismo.

CARREIRISTA. *Direito desportivo.* **1.** Aquele que se dedica à corrida de cavalos. **2.** O que aprecia corridas de cavalos, freqüentando-as e fazendo apostas.

CARREIRO. *Direito agrário.* **1.** Aquele que conduz carro puxado por bois ou bestas de carga em serviços internos na propriedade rural. **2.** Relativo a carro de bois. **3.** Espaço existente entre fileiras de árvores. **4.** Caminho estreito; atalho. **5.** Local de passagem habitual da caça.

CARRETA. **1.** *Direito militar.* Viatura de artilharia. **2.** *Direito agrário.* a) Carro de bois; b) jogo dianteiro de instrumentos agrícolas da charrua, por exemplo.

CARRETA DE HIDRANTE. Veículo não autopropelido contendo módulo de abastecimento constituído de carretel de mangueira, filtragem, medição e controles, destinado a transferir combustível do hidrante para a aeronave.

CARRETAGEM. **1.** *Direito comercial.* a) Ação de transportar mercadoria em carro; b) carreto; c) custo do carreto, ou melhor, quantia cobrada por um carreto. **2.** *Direito agrário.* Ação de transportar em carreta produtos agrícolas ou material usado na pecuária ou lavoura.

CARRETÃO. **1.** *Direito comercial.* a) Carro grande usado para transportar mercadorias; b) veículo apropriado para transportar vagões de uma via para outra; c) carreteiro. **2.** *Direito agrário.* a) Pequena carreta para serviços leves, como transporte de pipa de água; b) veículo de duas rodas que transporta toras de madeira; c) antiga máquina para beneficiamento do café.

CARRETEIRO. **1.** *Direito marítimo.* Barco usado na carga ou descarga de navios. **2.** *Direito comercial.* a) Aquele que faz carreto, mediante remuneração do frete, em veículo próprio, sendo um trabalhador autônomo e respondendo pelos danos materiais e pessoais que causar; b) aquele que realiza carga e descarga dos navios. **3.** *Direito agrário.* a) Animal manso que arrasta o laçador ou quem o levar pelo cabresto; b) trabalhador rural que conduz carretas, transportando produtos agrícolas.

CARRETO. *Direito comercial.* **1.** Frete. **2.** Preço pago pelo frete. **3.** Carregamento.

CARRIAGE AND INSURANCE PAID TO (CIP). *Direito internacional privado.* Transporte principal pago, sendo que o vendedor paga as despesas de transporte de mercadoria até certo local, incluindo as de perda ou deterioração. O frete é pago pelo vendedor até o destino convencionado, as responsabilidades são as mesmas do *Carriage Paid to* (CPT), acrescendo-se o pagamento do seguro até o destino. Os riscos e danos são da responsabilidade do comprador a partir do instante em que o transportador assumir a custódia das mercadorias.

CARRIAGEM. *Direito comercial.* **1.** Série de carros para transporte. **2.** Frete pago pelo carreto.

CARRIAGE PAID TO (CPT). *Direito internacional privado.* Cláusula utilizada em transporte não marítimo, pela qual o vendedor deverá despachar a mercadoria até o local avençado, ficando sob sua responsabilidade o pagamento das despesas de carregamento e transporte, bem como as taxas de exportação. Trata-se do *freight or carriage paid to* (frete pago até o local de destino designado).

CARRIÈRE. *Vide* CARREIRA DIPLOMÁTICA.

CARRIL. *Direito agrário.* Carro de charrua.

CARRO. **1.** *Direito comercial.* a) Veículo de rodas utilizado para transportar pessoas e cargas; b) quantidade de mercadoria que cabe num carro; c) vagão na estrada de ferro. **2.** *Direito civil.* Veículo de passeio. **3.** *Direito marítimo.* a) Parte íntero-inferior e mais grossa da antena das velas bastardas; b) gradamento de madeira, no cadaste do navio.

CARROÇA. **1.** *Direito agrário.* Carro de duas ou quatro rodas puxado por besta, boi ou cavalo, usado para transportar produtos agrícolas. **2.** *Direito de trânsito.* Veículo de tração animal destinado ao transporte de carga.

CARROÇARIA. *Direito comercial.* **1.** Parte traseira, em regra aberta, onde se coloca a carga nos caminhões. **2.** Parte superior do veículo, colocada sobre o chassi, destinada a alojar os passageiros e o condutor.

CARROCEIRO. *Direito agrário.* Condutor de carroça.

CARROCINHA. Veículo com grades que recolhe cães vadios em vias públicas.

CARRO DE BOI. *Direito agrário.* Carroça com duas rodas puxada por bois.

CARRO DE COMBATE. *Direito militar.* Tanque.

CARRO DE CORRIDA. *Direito desportivo.* Automóvel de grande velocidade e linhas aerodinâmicas destinado a corridas.

CARRO DE MÃO. *Direito de trânsito.* Veículo de propulsão humana utilizado no transporte de pequenas cargas.

CARRO DE PRAÇA. Automóvel que fica estacionado em determinados pontos fixos da cidade, aguardando ser contratado.

CARRO-SALÃO. *Direito comercial.* Vagão de passageiros luxuoso e com cadeiras inclináveis.

CARROS COLETORES. São os contenedores providos de rodas, destinados à coleta e transporte interno de resíduos de serviços de saúde.

CARRUAGEM. **1.** *História do direito.* Antigo carro puxado por cavalos destinado a transportar passageiros. **2.** Grande quantidade de carros. **3.** Vagão de passageiros nas estradas de ferro.

CARRY. *Termo inglês.* Fazer provar.

CARRY ON TRADE. *Locução inglesa.* Praticar atividades empresariais.

CARTA. **1.** *Direito civil.* Escrito fechado em envelope, dirigindo-se a um ausente, propondo um contrato. Meio de celebração de contrato entre ausentes. **2.** *Direito comercial.* Meio usado por empresários para efetivar negócios com outros que se encontram em outra praça, servindo, ainda, de prova dos contratos assim efetivados, pois tal carta é copiada em livro próprio, ou seja, no copiador de cartas. **3.** *Direito processual penal.* Meio de prova, pois pode ser exibida, em juízo, pelo destinatário, mesmo sem anuência do signatário, para sua defesa. Porém, se a carta for obtida por meios criminosos ou interceptada, inadmissível será sua apresentação judicial. **4.** *Direito processual civil.* Documento judicial pelo qual a autoridade competente expede avisos, instruções, notificações etc. **5.** *Direito administrativo.* Designação dada a diversos títulos ou documentos oficiais.

CARTA ABERTA. *Direito civil* e *direito penal.* É a que se dirige publicamente a alguém, por exemplo, por meio de jornal, podendo gerar responsabilidade civil por danos morais e/ou patrimoniais ou penal, se caracterizar crime de injúria, calúnia ou difamação.

CARTA ANÔNIMA. É a de procedência desconhecida por não trazer assinatura.

CARTA AVALIATÓRIA. *Direito processual civil.* É a destinada à efetuação de diligências para avaliação do bem objetivado no processo em curso.

CARTA AVOCATÓRIA. *Direito processual.* Ofício pelo qual órgão judiciário superior solicita a um inferior a remessa de autos processuais que se encontrem em seu poder, já julgados ou para julgamento, para deles tomar conhecimento, deliberando como for de direito.

CARTA BASILAR. *Vide* CARTA CONSTITUCIONAL.

CARTA BRANCA. *Direito civil.* Ato pelo qual alguém confere, por mandato, plenos poderes de ação e representação a outrem.

CARTA CIRCULAR. 1. *Direito comercial.* a) Aviso que, em regra, se expede no comércio a várias pessoas para comunicá-las da abertura de filial ou mudança de sede ou aos credores para informá-los do estado de falência do empresário-devedor; b) é a expedida pela empresa com o intuito de veicular notícia do interesse de todos. **2.** Na *linguagem jurídica* em geral, carta enviada simultaneamente a muitas pessoas para avisá-las de algum fato de interesse comum. **3.** *Direito administrativo.* É a expedida por uma repartição pública com o objetivo de veicular notícia funcional que seja do interesse de todos.

CARTA CITATÓRIA. *Direito processual civil.* Instrumento usado para o chamamento do réu do litisconsorte necessário ativo do autor ou do interessado, assim que o processo se iniciar e quando o ato de citação tiver de realizar-se fora dos limites territoriais da comarca.

CARTA COMERCIAL. *Direito comercial.* É a expedida pelo empresário, devendo antes ser copiada no livro "copiador". Se tal carta servir de base a um contrato, não bastará a carta proposta expedida com a oferta do negócio; será necessária também a carta aceitação. É aquela em regra remetida por pessoa jurídica. As facilidades adicionais de postagem e condições especiais de franqueamento e de faturamento são objeto de contrato específico. Admite-se a possibilidade de a carta comercial ter franqueamento por computador ou por outro meio.

CARTA CONFIDENCIAL. 1. *Direito civil.* É a que contém assuntos graves ou íntimos, não podendo, por isso, ser divulgada, sob pena de reparação do dano. **2.** *Direito processual penal.* Meio de prova criminal, pois, apesar de conter declaração grave ou íntima, até o não-destinatário poderá usá-la em sua defesa em juízo.

CARTA CONSTITUCIONAL. *Direito constitucional.* Constituição de um país.

CARTA-CONVITE. *Direito administrativo.* Instrumento usado pelo Poder Público para convocar firmas, empresas ou certos profissionais para participarem de uma licitação, enumerando os documentos que os convidados deverão apresentar.

CARTA CREDENCIAL. *Direito internacional público.* **1.** Instrumento pelo qual o governo de um país investe seu agente diplomático de plenos poderes para representá-lo perante governo estrangeiro. **2.** Documento que o agente diplomático leva consigo ao assumir suas funções junto ao governo de outro país, onde estão indicadas sua categoria, a natureza de sua missão etc. É, portanto, um instrumento dirigido pelo chefe de uma nação ao de outra, referendado pelo ministro das Relações Exteriores, no qual acredita o enviado de seu país junto ao governo de outro, dando-lhe procuração geral para a prática de atos inerentes a sua missão.

CARTADA. *Direito comercial.* Empreendimento arriscado, mas que pode gerar lucros.

CARTA DA ORGANIZAÇÃO DAS NAÇÕES UNIDAS. *Direito internacional público.* É uma quase-Constituição mundial, que visa atingir a paz nas controvérsias internacionais e estabelecer meios interestatais dirigidos à promoção do progresso econômico-social dos povos. Foi instituída pela lei básica da ONU, assinada em 26 de junho de 1945, em São Francisco (USA), e constitui um grande tratado relativo a essa organização.

CARTA DE ABONO. *Direito civil.* **1.** É a que afiança alguém, importando responsabilidade do fiador, que garante a solvabilidade do devedor até certo limite, por cuja importância ficará obrigado. **2.** Documento que atesta a idoneidade de uma pessoa, constituindo-se numa simples recomendação, não gerando, portanto, qualquer responsabilidade para o abonador.

CARTA DE ADJUDICAÇÃO. *Direito processual civil.* Título que o juiz da execução expede a favor do exeqüente ou adjudicatário para assegurar-lhe a posse e a propriedade do bem imóvel adjudicado, investindo-o na titularidade. Essa carta conterá a descrição do imóvel, com remissão a sua matrícula e registros, a cópia do auto de adjudicação e a prova da quitação do imposto de transmissão.

CARTA DE AFORAMENTO. *Direito civil.* Escritura que confere o domínio útil do imóvel aforado ao enfiteuta, mediante pagamento do foro anual ao senhorio direto. Tal carta deverá ser registrada na circunscrição imobiliária competente para que o enfiteuta possa opor contra terceiros seus direitos sobre o imóvel.

CARTA DE ALFORRIA. *História do direito.* Escritura pela qual o senhor libertava seu escravo do cativeiro.

CARTA DE AMETADE. *História do direito.* Era a usada para indicar que o casamento fora feito sob o regime de comunhão universal, onde os cônjuges eram meeiros de todos os bens anteriores ou posteriores às núpcias.

CARTA DE ANUÊNCIA. *Direito agrário.* Documento emitido pelo proprietário de um imóvel rural ao compromissário-comprador, ao arrendatário ou parceiro para que estes possam obter, em estabelecimento do Sistema Nacional de Crédito Rural, algum financiamento para desenvolverem suas atividades agrárias.

CARTA DE APOIO. *Direito civil* e *direito comercial.* Documento onde alguém oferece garantia moral e patrimonial a outrem.

CARTA DE APRESENTAÇÃO. *Direito administrativo* e *direito do trabalho.* Documento em que se apresenta uma pessoa, indicando suas qualidades e atestando sua boa conduta para a obtenção de cargos ou empregos.

CARTA DE ARREMATAÇÃO. *Direito processual civil.* Documento expedido pelo juiz da execução, a requerimento do arrematante, assegurando-lhe os direitos de propriedade sobre o imóvel adquirido em hasta pública. Deverá conter: a descrição do imóvel, com remissão a sua matrícula e registros; a cópia do auto de arrematação e a prova de quitação do imposto de transmissão.

CARTA DE AUTORIZAÇÃO. *Direito comercial.* Ato de o Poder Executivo federal legitimar o funcionamento de uma sociedade anônima, nos casos em que por lei dependa dessa autorização para funcionar no Brasil.

CARTA DE AVAL. *Direito comercial.* Instrumento pelo qual o avalista garante o pagamento de um título cambial.

CARTA DE AVISO. *Direito comercial* e *direito bancário.***1.** Carta enviada pelo empresário ou pelo banco, comunicando ao interessado o que ocorreu com os títulos de crédito que lhe foram entregues por endosso. **2.** Comunicado da falta de aceite ou de pagamento feito pelo portador da letra de câmbio ao endossante ou sacador ou por um endossante a outro. **3.** Meio pelo qual um empresário comunica a outro que contra ele foi emitida uma ordem de pagamento a favor de terceiro. **4.** Carta que avisa de saque.

CARTA DE CÂMARA. *História do direito.* Licença concedida pelo monarca para que os fidalgos ou nobres fossem citados e respondessem às demandas contra eles intentadas.

CARTA DE CÂMBIO. *Direito bancário.* Seção de um banco encarregada das operações de câmbio de moeda.

CARTA DE COMÉRCIO ELETRÔNICO. *Direito virtual.* Carta pela qual o alienante propõe ao adquirente condições gerais (*standards*) para a conclusão de futuros contratos eletrônicos. O destinatário assina cópia da carta recebida e a devolve ao emitente; com isso, juridicamente, concluído está o contrato-quadro (Liliana Minardi Paesani). Trata-se de uma forma simplificada de acordo-quadro.

CARTA DE CONFIRMAÇÃO. *Vide* CARTA DE RATIFICAÇÃO.

CARTA DE CONFORTO. 1. *Direito bancário.* Carta de patrocínio. Trata-se de missiva dirigida a uma instituição de crédito por certa sociedade que, em um grupo, detém posição dominante (Pedro Romano Martinez e Pedro Fuzeta da Ponte). **2.** *Direito internacional privado.* Muito comum na negociação sobre mútuo ou financiamento com banco, agente financeiro ou asseguradora, é firmada por uma empresa firmatária (sociedade controladora) a favor de um banco ou agente financeiro (banco ou asseguradora) para que este último conceda um financiamento a uma sociedade controlada pela firmatária. Gera responsabilidade se houver dolo ou má-fé. A empresa firmatária pode ser responsabilizada pelos danos se o banco provar que a sociedade controlada não honrou seus compromissos porque a firmatária não se esforçou para mantê-la em condições financeiras de cumpri-los, reembolsando-a, nem usou de sua influência para isso. É similar à promessa de fato de terceiro (Maristela Basso).

CARTA DE CONSCIÊNCIA. *História do direito.* Carta secreta endereçada ao testamenteiro, sem testemunhas nem instrumento de aprovação, reclamando o cumprimento de atos que não deviam ser conhecidos pelo público. Era um testamento complementar feito com o escopo de fazer com que o testamenteiro executasse sigilosamente o que nele estava exarado, sem revelar nada a ninguém.

CARTA DE CONSTITUIÇÃO DE USUFRUTO. *Direito processual civil.* Ato de formalização de atribuição, em pagamento de crédito, ao credor do usufruto de um imóvel penhorado, desde que o devedor anua, calculando-se os frutos e rendimentos do bem, dentro do prazo necessário para quitar a dívida.

CARTA DE CORSO. *Direito internacional público.* Autorização dada por um Estado beligerante a um navio particular nacional ou mercante para que se arme, com o escopo de caçar navios inimigos, capturando-os ou destruindo-os.

CARTA DE CRÉDITO. *Direito comercial* e *direito bancário.* **1.** Documento pelo qual um empresário abre crédito a outro a favor do portador. **2.** Documento em que o agente emissor credencia pessoa selecionada a adquirir bens ou serviços no mercado sem efetuar qualquer pagamento no ato de aquisição, obrigando-a, porém, a pagar o débito contraído dentro do prazo assinalado. **3.** É a emitida pelo banco ao autorizar saques à vista para pessoa jurídica. **4.** Documento dirigido a banco ou a empresário, autorizando-os, sob a responsabilidade do remetente, a entregar certa quantia em dinheiro ou mercadoria à pessoa nele designada. **5.** Ordem escrita dada por um banco a outro situado em praça diversa para que pague a certa pessoa uma quantia em dinheiro. **6.** Documento hábil para a garantia de abertura de conta corrente bancária.

CARTA DE CRÉDITO COM CLÁUSULA VERDE. *Direito comercial* e *direito bancário.* É a que autoriza a antecipação de recursos parciais ao seu beneficiário, contra a apresentação de certos papéis acompanhados de garantia pignoratícia (em favor do banco designado como intermediário pelo *swift*), que evidenciam a fabricação do produzido negociado, depositado em armazém-geral, ou comprovem a aquisição de bens

voltados à sua produção, como matéria-prima, peças etc. (Francisco José Pardo Lidón e Hilário de Oliveira).

CARTA DE CRÉDITO COM CLÁUSULA VERMELHA. *Direito comercial* e *direito bancário.* Permite que determinado banco antecipe recursos ao seu beneficiário, independentemente do embarque ou negociação da documentação exigida pelo seu ordenante (Hilário de Oliveira e Haroldo M. Duclerc Verçosa).

CARTA DE CRÉDITO DIVISÍVEL. *Direito comercial* e *direito internacional privado.* Crédito em que o banco se responsabiliza pelo pagamento ou aceite de letras, atendendo a diversos embarques, oriundos de uma só negociação (Hilário de Oliveira).

CARTA DE CRÉDITO INDIVISÍVEL. *Direito comercial* e *direito internacional privado.* Crédito pelo qual o banco se responsabiliza pelo pagamento ou pelo aceite das letras, num só momento negocial e em único embarque (Hilário de Oliveira).

CARTA DE CRÉDITO INTRANSFERÍVEL. *Direito comercial* e *direito internacional privado.* É a que não permite sua transferência a outro beneficiário, não previsto e não apontado no crédito (Hilário de Oliveira).

CARTA DE CRÉDITO IRREVOGÁVEL. *Direito comercial* e *direito internacional privado.* É o crédito representativo da vontade contratual definida pelo importador e banco instituidor, constituindo obrigação pecuniária dos tomadores perante o seu beneficiário, não podendo ser alterado ou cancelado sem a anuência dos interessados (importador, exportador, banco negociador e banco emissor) (Hilário de Oliveira).

CARTA DE CRÉDITO RESTRITA. *Direito comercial.* Crédito designado preferencialmente para certo banco negociador. Outro banco para receber os documentos apresentados pelo exportador, na negociação da carta de crédito, deverá obter prévia autorização do banco indicado pelo emissor (Hilário de Oliveira).

CARTA DE CRÉDITO REVOGÁVEL. *Direito comercial* e *direito internacional privado.* É o crédito que não vincula os bancos envolvidos com seu beneficiário, podendo ser modificado ou cancelado, a qualquer tempo, sem aviso prévio ao exportador beneficiário (Hilário de Oliveira).

CARTA DE CRÉDITO *STAND-BY.* *Direito comercial.* Instrumento cartulário, garantido pelo banco emissor, que contém obrigações do ordenante para com o beneficiário do crédito. É, pela sua contingência documentária de espera, um título causal, pois seu beneficiário, contra apresentação dos papéis comerciais relacionados no crédito, pode utilizar aval bancário, como conseqüência do inadimplemento pelo ordenante, da obrigação pecuniária por ele contraída (Francisco José Pardo Lidón e Hilário de Oliveira). É também designada de *crédito contingente.*

CARTA DE CRÉDITO TRANSFERÍVEL. *Direito comercial* e *direito internacional privado.* Crédito que, por direito, o beneficiário pode instruir o banco avisador ou negociador a pagar o seu valor, total ou parcial, a terceiros (novos beneficiários), que não poderão processar nova transferência do crédito (Hilário de Oliveira).

CARTA DE DATA. 1. *Direito civil.* Título de aquisição de imóvel alodial ou livre de encargos, dando ao adquirente o domínio útil e o direto. **2.** *História do direito.* Documento usado pelas Prefeituras ou Câmaras Municipais nas vendas de terrenos urbanos que faziam a particulares com o fim de neles construírem residências.

CARTA DE EMANCIPAÇÃO. *Direito civil.* Instrumento pelo qual um menor se emancipa, seja mediante escritura pública outorgada por seu pai ou mãe para esse fim, seja por sentença judicial, ouvido o tutor. Tal carta deverá ser assentada no Registro Civil das Pessoas Naturais e averbada no registro de nascimento. Se a emancipação operar-se por força legal, não haverá expedição dessa carta.

CARTA DE ESTRANGEIRO. *Vide* CARTEIRA DE ESTRANGEIRO.

CARTA DE *EXEQUATUR*. *Direito internacional privado.* Autorização do presidente do Superior Tribunal de Justiça para que, na jurisdição do juiz competente, possa ser executado, com validade, ato processual que foi requisitado, através de carta rogatória, por magistrado estrangeiro. Isto é assim porque os atos processuais sujeitam-se à *lex fori*, sendo, então, inadmissíveis os que atentarem contra as leis brasileiras. Logo, os atos judiciais que tiverem de ser realizados no Brasil por solicitação de autoridade judiciária estrangeira dependerão de *exequatur*, subordinando-se aos requisitos formais da norma brasileira. Concedido o *exequatur*, a rogatória será enviada, para cumprimento da diligência, ao juiz da comarca onde deve ser cumprida, segundo as normas gerais de competência.

CARTA DE FIANÇA. *Direito civil.* Instrumento pelo qual o fiador se obriga a pagar a obrigação de outrem no caso de seu inadimplemento. É uma garantia fidejussória de contrato em que o signatário fica responsável pelo cumprimento do dever assumido pelo afiançado, se este não o cumprir.

CARTA DE FRETAMENTO. *Direito comercial.* Instrumento escrito que concretiza a locação de um navio para ser usado como transporte pelo afretador, estipulando as relações jurídicas entre fretador e afretador e servindo como prova do contrato de fretamento. Também designada "carta-partida", essa carta é feita por intervenção do corretor de navios e tem por escopo o transporte de mercadorias de um porto a outro, mediante pagamento de um frete pelo fretador. Se elaborada no exterior, deverá ser autenticada pelo cônsul, sob pena de não produzir efeitos perante terceiros, obrigando apenas os contratantes, não alcançando, por exemplo, os consignatários da carga transportada.

CARTA DE GUIA. 1. *Direito processual penal* e *direito penitenciário.* a) Instrumento expedido pelo juiz da sentença condenatória para encaminhar o condenado à prisão, determinando a penalidade imposta e a época em que cessará a execução. É remetido ao diretor do estabelecimento penal onde a pena será cumprida, que, então, passará um recibo, que se juntará aos autos; b) instrumento expedido pelo juiz da sentença que concede livramento condicional e enviado ao diretor do estabelecimento e ao Presidente do Conselho Penitenciário para que o cumpram. **2.** *Direito militar.* Documento passado por autoridade policial ou militar que serve de salvo-conduto a certa pessoa para que possa passar em local interdito ou sujeito a alguma fiscalização.

CARTA DE HOMOLOGAÇÃO DE SENTENÇA ESTRANGEIRA. *Direito internacional privado* e *direito processual.* Título executivo judicial expedido pelo Superior Tribunal de Justiça, certificando a homologação de uma sentença estrangeira, mediante processo regular. Tal título, que é extraído após a sentença ser homologada, serve como prova de decisão e execução daquela sentença.

CARTA DE INQUIRIÇÃO. *Direito processual civil.* É a expedida pelo magistrado para que um órgão jurisdicional rogado ou deprecado venha a tomar depoimentos testemunhais de pessoa domiciliada no exterior ou em outra comarca.

CARTA DE INTENÇÃO. *Direito internacional privado.* Documento preparatório de contrato definitivo onde os contratantes fixam acordos parciais sobre: a) pontos já negociados; b) elementos essenciais e fins do contrato; c) repartição de despesas com a negociação (diárias, viagens etc.); d) prazo para a negociação; e) obrigação das partes; f) proibição de negociar com terceiro sobre o objeto contratado; g) cláusula para entrada em vigor; h) acordo de segredo etc. Pela nova *lex mercatoria* produz conseqüências jurídicas, podendo até mesmo haver órgão arbitral para decidir sobre sua relevância jurídica, visto que, por conter uma promessa de contrato bilateral, obriga as partes a contratarem. Ante o princípio da boa-fé e o da manutenção de sigilo quanto aos fatos que foram revelados mutuamente pelas partes, em se tratando de transferência de tecnologia, há o dever de prevenir uma à outra quanto aos vícios do objeto contratual e de guardar bens e papéis trocados durante as negociações. No sistema de *common law* a solução tem sido buscada na *equity*, devido ao pouco destaque dado à matéria pelos doutrinadores e o fato de os princípios da liberdade de negociar e do livre jogo da concorrência serem essenciais para a economia do mercado, que requer negociações sem compromisso; mas não se pode olvidar os efeitos jurídicos gerados pelas tratativas e os danos que possam advir de sua interrupção. Além disso a carta de intenção pode conter recurso do prejudicado à arbitragem ou ao juiz nacional para obter uma indenização. Após o contrato efetivado, a jurisprudência arbitral internacional tem entendido que as cartas terão eficácia somente como instrumento de auxílio na interpretação da vontade das partes, pois o acordo faz nascer o contrato (Maristela Basso).

CARTA DE LEI. *Direito constitucional.* Documento onde se inscreve o projeto de lei aprovado pelo Legislativo, que é enviado ao Executivo para sua sanção e promulgação. Apenas com a publicação será obrigatória a lei.

CARTA DE MARAVEDIS. *História do direito.* Alvará outrora concedido para o pagamento de tenças ou pensões em maravedis, ou seja, em moeda equivalente a vinte e sete réis.

CARTA DE MARCA. *Vide* CARTA DE CORSO.

CARTA DE MAREAR. *Direito marítimo.* Mapa onde, diariamente, se marca a posição do navio, tomando a latitude e a longitude.

CARTA DE MOTORISTA. *Direito penal.* Documento que autoriza e habilita alguém a dirigir, em via pública, veículos. Assim, quem dirigi-los sem estar devidamente habilitado incorrerá em contravenção penal.

CARTA DE NATURALIZAÇÃO. *Direito civil* e *direito constitucional.* Certidão pela qual se concede a estrangeiro a qualidade de cidadão brasileiro.

CARTA DE OFERTA E ACEITE. *Direito militar* e *direito internacional privado.* É a *Letter of Offer and Acceptance* (LOA), documento equivalente às Cartas-Proposta ou Faturas Pró-Forma, utilizado pelo órgão de venda do Departamento de Defesa do Governo dos Estados Unidos da América (EUA), constituindo-se em resposta às solicitações efetuadas pela Comissão do Exército Brasileiro em Washington (CEBW). Essa carta, em modelo impresso, transforma-se em contrato após a sua aprovação e assinatura das partes interessadas.

CARTA DE ORDEM. **1.** *Direito processual civil.* Documento em que o juiz de um tribunal determina ao de outro, de categoria funcional inferior, a prática de ato processual. **2.** *Direito civil.* Aquela em que o mandante dá ao mandatário instruções a serem seguidas no cumprimento do mandato passado. **3.** *Direito comercial.* Autorização dada por um empresário a outro para que, em praça diversa, efetue certo pagamento a terceiro por ele indicado. Depois de efetuado tal pagamento, segundo a ordem dada, será ele debitado na conta do sacador ou emitente daquela ordem. **4.** *Direito marítimo.* Carta que contém as instruções para a viagem dadas pelo armador do navio ao comandante.

CARTA DE PARTILHA. *Direito processual civil.* Trata-se do "formal de partilha", que é o documento comprobatório da sucessão operada *causa mortis*, pelo qual os herdeiros do *de cujus* receberão a parte que lhes coube na herança. É extraído do auto de partilha, sendo assinado pelo juiz e pelo escrivão, constituindo título hábil para concretizar as mutações dominiais.

CARTA DE PATROCÍNIO. *Vide* CARTA DE CONFORTO.

CARTA DE PLENOS PODERES. *Vide* CARTA CREDENCIAL.

CARTA DE POSSE. *Direito processual civil.* Aquela que transfere a posse judicialmente.

CARTA-DE-PREGO. *Direito militar.* Carta fechada, entregue ao comandante da tropa, contendo instruções sigilosas, que só podem ser conhecidas em determinadas circunstâncias, previamente designadas, para que delas tome conhecimento e as cumpra.

CARTA DE PREPOSTO. Qualquer documento que venha a comprovar a qualificação de preposto credenciado.

CARTA DE PREPOSTO EM RECLAMAÇÃO TRABALHISTA. *Direito do trabalho.* Instrumento pelo qual o empregador se faz substituir, em audiência, por um gerente ou preposto que tenha ciência do fato, comunicando ao juiz a nomeação de seu substituto.

CARTA DE PRINCÍPIOS. *Direito constitucional.* Constituição; Carta Magna.

CARTA DE PRIVILÉGIO. *História do direito.* **1.** Documento que representava um título de privilégio de invenção, chamado "patente de invenção". **2.** Ato do Poder Público que concedia um privilégio para a exploração de uma invenção.

CARTA DE RATIFICAÇÃO OU DE CONFIRMAÇÃO. 1. *Direito civil.* Missiva pela qual se confirma um ato jurídico suscetível de anulabilidade. **2.** *Direito administrativo.* Documento em que o Poder Público, exercendo seu poder discricionário e ante o fato da conveniência do ato anulável, resolve confirmá-lo, renunciando à sua anulação. **3.** *Direito agrário.* Expediente do Poder Público que, através do INCRA, aprecia e julga a legitimidade dos títulos de propriedade portadores de irregularidades, abrindo mão da anulação. **4.** *Direito internacional público.* Ato pelo qual o chefe de um Estado confirma e promulga um tratado firmado pelo seu representante com outra nação, após a aprovação do Congresso Nacional, aceitando o convencionado. A carta de ratificação é assinada pelo chefe de Estado e referendada pelo ministro das Relações Exteriores. Haverá dispensa de ratificação em: a) acordos celebrados nos limites da competência de certos funcionários e sobre assuntos de interesse local ou de pequena importância; b) acordos para cumprir ou interpretar tratados ratificados, sem que se modifique sua substância; c) acordos de *modus vivendi*, se pretenderem deixar as coisas como se encontram ou estabelecerem bases para futuras negociações; d) acordos sobre questões administrativas de atribuição exclusiva do Poder Executivo; e e) acordos para prorrogar tratados antes de seu vencimento.

CARTA DE RECOMENDAÇÃO. *Direito comercial.* Documento em que o empresário apresenta uma pessoa a outra, recomendando-a para um emprego ou para efetivar transações mercantis.

CARTA DE RECOMPRA. *Direito financeiro.* Carta do vendedor, garantindo ao comprador a recompra do título, a um tempo certo de vista ou antes do vencimento do título (Luiz Fernando Rudge).

CARTA DE RECONHECIMENTO DE ENTIDADE SINDICAL. *Direito do trabalho.* Documento assinado pelo ministro do Trabalho e Emprego, no qual reconhece associação profissional como sindicato, uma vez que foram preenchidos todos os requisitos legais exigidos para o reconhecimento e a investidura sindical.

CARTA DE REFERÊNCIA. *Direito comercial* e *direito bancário.* Documento que contém informações sobre pessoas ou negócios, visando facilitar a abertura de crédito, que hoje vem sendo substituído pelas fichas cadastrais, com questionários sobre o comportamento, posses e patrimônio do interessado. Mas tal carta de referência tem grande valia na rede empresarial pela qual, por exemplo, a matriz apresenta à sua filial o freguês que se transfere ou muda de zona de atividade, informando seu comportamento em operações feitas com a firma, abrindo-lhe o crédito pretendido.

CARTA DE REMESSA. *Direito bancário.* Conhecida como *bordereau*, é a enviada ao banco para cobrança e desconto de títulos de crédito, com a discriminação do seu número, vencimento e valor pecuniário.

CARTA DE REMIÇÃO. *Direito processual civil.* Título mandado expedir pelo juiz para certificar a remição feita pelo executado dos respectivos bens, assegurando-lhe a propriedade e posse destes. Tal carta deverá conter a autuação, o título executivo, o auto de penhora, a avaliação e a quitação de impostos.

CARTA DE REMISSÃO. *Direito civil.* É a que concede o perdão da dívida, extinguindo a obrigação sem pagamento.

CARTA DE RESPOSTA. *Direito comercial.* Aquela que aceita uma proposta relativa a um negócio mercantil.

CARTA DE SAÚDE. *Direito marítimo.* **1.** O mesmo que CARTA LIMPA. **2.** Documento dado pela repartição de saúde do porto, certificando o bom estado sanitário do navio.

CARTA DE SEGURO. *História do direito.* Decreto em que o juiz garantia ao réu comparecer livre a juízo e regressar em certas condições, solto (Othon Sidou).

CARTA DE SENTENÇA. *Direito processual civil.* Documento extraído dos autos do processo pelo escrivão e assinado pelo juiz para a instauração da execução provisória. Tal carta devia, outrora, conter: autuação, petição inicial e procuração das partes, contestação, sentença exeqüenda e despacho do recebimento do recurso.

CARTA DE SESMARIA. *História do direito.* Carta pela qual se passava gratuitamente terreno público a particular para que este o aproveitasse com misteres agrários.

CARTA DE SUCESSÃO. *História do direito.* Instrumento que continha a ordem dos nomes que deviam suceder, havendo vacância do governo das colônias da Índia e América Portuguesa (Othon Sidou).

CARTA DE USUFRUTO. *Direito civil.* Título comprobatório da concessão e outorga de usufruto. Se se tratar de usufruto de imóvel, tal carta deverá ser levada a registro na circunscrição imobiliária competente.

CARTA DIMISSÓRIA. *Direito canônico.* Carta dada por um bispo a um diocesano seu, recomendando a outro bispo para que dele receba ordens sacras.

CARTA DO CONSELHO DA EUROPA SOBRE A PROTEÇÃO DO CONSUMIDOR. *Direito internacional público.* Aquela pela qual, em 1973, a Assembléia Consultiva do Conselho da Europa procurou uniformizar uma lei relativa à proteção do consumidor nos países membros.

CARTA DOS DIREITOS DOS USUÁRIOS DA SAÚDE. *Direito administrativo.* Consolida os direitos e deveres do exercício da cidadania na saúde em todo o País, convidando todos os gestores, os profissionais de saúde, as organizações civis, as instituições e as pessoas interessadas em promover o respeito desses direitos e a assegurar seu reconhecimento efetivo e sua aplicação. Deverá ser afixada em todas as unidades de saúde, públicas e privadas, em todo o País, em local visível e de fácil acesso pelos usuários. Essa carta baseia-se em seis princípios básicos de cidadania. Juntos, eles asseguram ao cidadão o direito básico ao ingresso digno nos sistemas de saúde, sejam eles públicos ou privados. Tais princípios são: a) todo cidadão tem direito ao acesso ordenado e organizado aos sistemas de saúde; b) todo cidadão tem direito a tratamento adequado e efetivo para seu problema; c) todo cidadão tem direito ao atendimento humanizado, acolhedor e livre de qualquer discriminação; d) todo cidadão tem direito a atendimento que respeite a sua pessoa, seus valores e seus direitos; e) todo cidadão também tem responsabilidades para que seu tratamento aconteça da forma adequada; e f) todo cidadão tem direito ao comprometimento dos gestores da saúde para que os princípios anteriores sejam cumpridos.

CARTA EXECUTIVA. *Direito processual civil.* Aquela pela qual se faz a execução de bens do devedor situados fora do foro da causa, penhorando-os, avaliando-os e alienando-os no juízo em que se situarem.

CARTA FUNDAMENTAL. *Vide* CONSTITUIÇÃO FEDERAL.

CARTA IMPERIAL. *Vide* CARTA RÉGIA.

CARTA INQUIRITÓRIA. *Vide* CARTA DE INQUIRIÇÃO.

CARTA INVITATÓRIA. *Direito canônico.* É a dirigida pelo Papa aos bispos, convidando-os a comparecer em Roma no dia do aniversário de sua exaltação ao sólio pontifício.

CARTA LIMPA. *Direito marítimo.* **1.** Diz-se da embarcação que procede de um porto onde há doença ou epidemia e chega ao local de destino sem trazer doentes que possam provocar contágio. Se não trouxer carta limpa, ficará em quarentena. **2.** Documento oficial com o qual o capitão do navio comprova que veio de porto limpo.

CARTA MAGNA. *Vide* CONSTITUIÇÃO FEDERAL.

CARTA MAIOR. *Vide* CONSTITUIÇÃO FEDERAL.

CARTA MISSIVA. *Direito civil* e *direito autoral.* **1.** Obra intelectual que consiste num instrumento de comunicação escrita e particular entre pessoas, não podendo ser publicada sem anuência do seu autor, por ser, também, expressão do direito à intimidade. Pode ser juntada como documento de prova em processo administrativo e judicial. **2.** Escrito de natureza particular dirigido a ausente para celebrar contrato.

CARTA NÃO COMERCIAL. É a remetida por pessoa física desde que não tenha os fins da carta social. *Vide* CARTA SOCIAL.

CARTA NÁUTICA. *Vide* CARTA DE MAREAR.

CARTÃO-ALIMENTAÇÃO. *Direito administrativo.* Constitui instrumento que garantirá, a pessoas em situação de insegurança alimentar, recursos financeiros ou o acesso a alimentos, podendo ser implementado em cooperação com Estados, Distrito Federal e Municípios. O Cartão-Alimentação somente será concedido para pessoa ou família com renda familiar mensal *per capita* de até meio salário mínimo. Considera-se família a unidade nuclear, eventualmente ampliada por outros indivíduos que com ela possuam laços de parentesco, que forme um grupo doméstico, vivendo sob o mesmo teto e mantendo sua economia pela contribuição de seus membros. A renda familiar mensal *per capita* será obtida pelo cálculo da média dos rendimentos brutos auferidos pela totalidade dos membros da família, incluídos os rendimentos provenientes de programas de transferência de renda governamentais. Cada pessoa ou família receberá mensalmente apenas um benefício do Cartão-Alimentação. O recebimento do benefício do Cartão-Alimentação será efetuado por meio do Cartão do Cidadão, emitido em favor da pessoa responsável pelo grupo familiar incluída no Cadastro Único dos Programas Sociais do Governo Federal. O titular do Cartão do Cidadão será preferencialmente a mulher responsável pela família. A duração do benefício do Cartão-Alimentação para cada pessoa ou família será de até seis meses, prorrogáveis por, no máximo, mais dois períodos de seis meses, mediante ato do Gabinete do Ministro de Estado Extraordinário de Segurança Alimentar e Combate à Fome.

CARTÃO DE CREDENCIAMENTO. *Direito comercial.* É o emitido por lojas de departamentos ou redes de hotéis em favor de seus clientes, possibilitando-lhes a aquisição de bens e a execução de certos serviços, mediante pagamento posterior. É também chamado cartão de bom pagador ou *retail card*. É portanto o destinado a comprovar que o seu portador tem crédito junto à loja que o emitiu, podendo comprar a prazo (Orlando Gomes).

CARTÃO DE CRÉDITO. *Direito comercial* e *direito bancário.* Documento comprobatório de que seu titular, cujo nome é nele impresso, possui crédito perante certa sociedade emissora, que o autoriza a realizar compras de bens e a utilizar serviços a prazo, sacando dinheiro a título de mútuo.

CARTÃO DE CRÉDITO BANCÁRIO. *Direito bancário.* Modalidade de cartão de crédito *stricto sensu* que conta com a participação direta ou indireta de estabelecimento bancário, que se encarrega de sua emissão ou da criação de sociedade para administrar a sua emissão, sendo as operações realizadas com o cartão ligadas a instituições financeiras.

CARTÃO DE CRÉDITO NÃO BANCÁRIO. *Direito comercial.* Modalidade de cartão de crédito *stricto sensu* de cuja emissão se encarrega uma instituição não bancária, que, com seus recursos, assumirá a posição de intermediária entre comprador (titular) e vendedor (fornecedor), ativando as compras. É o que se dá, por exemplo, com o cartão emitido pelo *Diner's Club*.

CARTÃO DE CRÉDITO STRICTO SENSU. *Direito comercial* e *direito bancário.* É o que confere a seu titular a possibilidade de adquirir bens ou serviços nos estabelecimentos comerciais filiados ao sistema, sendo que em certos sistemas haverá permissão para retirada de dinheiro de instituições financeiras ou bancárias. Requer, em seu mecanismo, três elementos pessoais: o emissor, o titular e o fornecedor. O titular utiliza o crédito com a participação da entidade emissora, que lhe abre o crédito. O comprador (titular) não efetua o pagamento ao vendedor (fornecedor), mas ao emissor. O vendedor não poderá acionar o comprador para cobrar o débito porque, na operação com cartão de crédito, o fornecedor (vendedor) passa a ser credor do emissor, pois o comprador fica liberado perante o vendedor, facilitando assim as transações comerciais. O cartão de crédito *stricto sensu* pode ser bancário ou não.

CARTÃO DE DÉBITO. *Direito comercial* e *direito bancário.* Cartão associado à conta corrente de depósito que permite, ao titular, realizar saques em terminais bancários de auto-atendimento e realizar compras em estabelecimentos comerciais, sendo que toda despesa efetuada é automaticamente debitada na conta corrente (Luiz Fernando Rudge).

CARTÃO DE HÓSPEDE. *Direito comercial.* Documento impresso com o nome do estabelecimento, endereço, telefone e classificação, que especifica o nome do hóspede e as datas do início e término da hospedagem.

CARTÃO DE IDENTIFICAÇÃO DO CONTRIBUINTE (CIC). *Direito tributário.* Documento comprobatório de inscrição no Cadastro de Pessoas Físicas (CPF).

CARTÃO DE TRIPULAÇÃO DE SEGURANÇA (CTS). *Direito marítimo.* É o que fixa o número mínimo de tripulantes, associado a uma distribuição qualitativa. É emitido pela Diretoria de Portos e Costas (DPC). A tripulação de segurança difere da lotação, que expressa o número máximo de pessoas autorizadas a embarcar, incluindo tripulação, passageiros e profissionais não-tripulantes.

CARTÃO DO GOVERNO FEDERAL. *Direito administrativo.* Cartão de crédito corporativo para uso exclusivo das Unidades Gestoras dos Órgãos e Entidades da Administração Pública Federal direta, autárquica e fundacional, na forma das instruções pertinentes. O uso do Cartão do Governo Federal fica restrito às transações realizadas em âmbito nacional, para aquisição de passagens aéreas emitidas com tarifa promocional ou reduzida e realizadas com as agências de viagens contratadas pela Unidade Gestora. Em nenhuma hipótese serão admitidas transações pela modalidade de "assinatura em arquivo", entendendo-se como tal aquelas em que o portador adquire bens e serviços, via telefone ou outro meio, sem assinar o correspondente comprovante de venda. Nenhuma transação com o Cartão do Governo Federal poderá ser efetivada sem que haja saldo suficiente, para o atendimento da respectiva despesa, na Nota de Empenho emitida pela Unidade Gestora titular em nome da BB Administradora de Cartões de Crédito S/A (BBCAR). O Cartão do Governo Federal é de uso pessoal e intransferível do portador nele identificado, para as aquisições de passagens aéreas no interesse da Administração, sendo vedada sua utilização para outros fins.

CARTA OFERTA DE ÓRGÃOS GOVERNAMENTAIS. *Direito internacional privado.* Documento equivalente às Cartas-Proposta ou Fatura Pró-Forma, obtido diretamente dos governos, que não o dos EUA.

CARTÃO INDUTIVO EM TELEFONE DE USO PÚBLICO DO SERVIÇO TELEFÔNICO FIXO COMUTADO (STFC). *Direito das comunicações.* É o cartão contendo elementos construtivos, denominados células indutivas, sensíveis ao processo de indução magnética, capazes de armazenar informação, utilizado para o armazenamento de dados de controle, e de créditos, destinados ao uso no pré-pagamento dos serviços de telecomunicações de interesse coletivo. A emissão desses Cartões Indutivos é a ação das Prestadoras do STFC de encomendar a fabricação de cartões indutivos junto aos fabricantes autorizados a administrar sua distribuição no mercado, nas condições estabelecidas normativamente.

CARTÃO MAGNÉTICO. *Direito bancário.* Aquele que permite a retirada de dinheiro e de extratos de conta corrente bancária em caixas eletrônicos de bancos.

CARTÃO NACIONAL DA SAÚDE. Trata-se do Cartão SUS, que é o instrumento de identificação unívoca dos usuários do SUS e de informação sobre o atendimento individual prestado pelos serviços de saúde. É de uso pessoal e intransferível, de acesso universal e gratuito. O Cartão SUS será emitido pelo Ministério da Saúde, sob forma de cartão magnético, e conterá, no mínimo, as seguintes informações: a) nome do cidadão; b) número do cartão; c) data de nascimento; d) unidade federada de residência; e) município de residência; f) gênero do cidadão. Todos os brasileiros, natos ou naturalizados, bem como os estrangeiros com residência permanente no país, têm direito ao Cartão SUS, independentemente de sua idade. A ausência do Cartão SUS não poderá impedir o atendimento à pessoa brasileira ou estrangeira, com qualquer tipo de visto de entrada no País, em qualquer unidade de saúde integrante do Sistema Único de Saúde, sob pena do cometimento de crime de omissão de socorro. O porte e o uso do Cartão Nacional de Saúde pela população devem ser estimulados pelo Ministério da Saúde e pelas Secretarias Estaduais e Municipais de Saúde, mediante campanhas educativas e de esclarecimento, e sua utilização deverá ser observada sempre que o cidadão procurar serviços de saúde na rede pública e naquela contratada e/ou conveniada ao SUS.

CARTÃO-PONTO. *Direito do trabalho.* Aquele onde o trabalhador registra sua entrada e saída do local de serviço, constituindo, por isso, prova do horário de trabalho.

CARTÃO SUS. *Vide* CARTÃO NACIONAL DA SAÚDE.

CARTAPÁCIO. *Direito autoral.* Livro antigo de grande proporção.

CARTA PARTICULAR. *Direito civil.* **1.** É a expedida a amigos e parentes distantes como demonstração de estima ou para manter relações, podendo ter caráter confidencial, caso em que não poderá ser divulgada sem autorização do seu signatário. Porém, se o assunto tratado tiver interesse jurídico e puder provar qualquer fato alegado pelo réu, poderá ser exibida em juízo. **2.** *Vide* CARTA CONFIDENCIAL e CARTA MISSIVA.

CARTA-PARTIDA. *Vide* CARTA DE FRETAMENTO.

CARTA PATENTE. 1. *Direito de propriedade industrial.* Corresponde à antiga CARTA DE PRIVILÉGIO. A carta patente é expedida após o deferimento do pedido de concessão da patente, desde que comprovado o pagamento da retribuição. Tal carta deverá conter o número, o título e a natureza respectivos, o nome e qualificação do inventor, o domicílio do titular, o prazo de vigência, o relatório descritivo, as reivindicações e os desenhos, bem como os dados relativos à prioridade. **2.** *Direito militar.* Diploma expedido por autoridade competente, investindo alguém em posto militar, outorgando-lhe todos os direitos e prerrogativas a ele inerentes. É o diploma confirmatório do posto, das prerrogativas, direitos e deveres do oficial. **3.** *Direito internacional público.* Título outorgado pelo chefe de Estado a agente diplomático para que este represente seu governo no exterior. O agente diplomático passa a exercer suas funções assim que receber a devolução da carta patente com o respectivo *exequatur*. É chamada pelos franceses de *lettre de provision*.

CARTA POLÍTICA. *Vide* CONSTITUIÇÃO FEDERAL.

CARTA PRECATÓRIA. *Direito processual civil.* É a expedida por um juiz a outro, de igual ou superior categoria funcional, mas sediado em comarca diversa, solicitando-lhe a prática de um ato processual ou diligência que só pode realizar-se no território cuja jurisdição lhe está afeta. O juiz deprecante (o que envia a carta) solicita ao juiz deprecado (o que a recebe) que providencie, em sua comarca, a citação de alguém, a realização de execução de bens, a oitiva de testemunhas, a efetivação de vistorias ou exames periciais etc.

CARTA PROFISSIONAL. *Direito do trabalho.* Documento que autoriza o exercício de certa atividade profissional. O diploma de profissões liberais também é considerado carta, assim como a autorização para o exercício de profissões técnicas, como a de motorista, que requer prova de habilitação.

CARTA PROPOSTA. 1. *Direito civil* e *direito comercial.* a) Documento dirigido a ausente, propondo a efetivação de contrato; b) documento de ajuste preliminar que pode ser averbado no registro de imóvel, se se tratar de carta proposta de empresa imobiliária que opera no ramo da construção civil e venda de unidades em condomínio, conferindo direito real oponível a terceiro, com direito de exigir compulsoriamente o contrato correspondente. Neste caso, o compromisso de compra e venda equiparar-se-á a uma carta proposta de alienação de imóvel, onde o pretendente à aquisição lançará sua assinatura. **2.** *Direito militar* e *direito internacional privado.* Trata-se da fatura pró-forma (*pro forma invoice*), que é o documento obtido pelos órgãos gestores (OG) das firmas fornecedoras, de seus representantes ou por intermédio da Comissão do Exército Brasileiro em Washington (CEBW), no qual são indicados os materiais a serem adquiridos, as condições de preço, de pagamento, prazos e a forma de entrega.

CARTA RÉGIA. *História do direito.* **1.** Documento que era firmado pelo rei de Portugal e dirigido a algum súdito em importante missão, dando-lhe instruções, delegando-lhe competência para a prática de certos atos etc. **2.** Participação oficial, assinada pelo monarca e referendada pelo ministro, concedendo a alguém mercê honorífica ou lucrativa.

CARTA REGISTRADA. *Direito administrativo.* É a enviada pelo seguro do correio, sendo que sua administração responsabilizar-se-á, havendo extravio, pelo seu valor perante o expedidor.

CARTA REMISSÓRIA. *Direito processual civil.* Documento expedido por uma autoridade judicial a outra de mesma natureza, enviando-lhe autos processuais ou pedindo-os de volta.

CARTA REVERSAL. *História do direito.* Carta em que se fazia uma concessão em troca de outra.

CARTA REVOGATÓRIA. *Direito internacional público.* Ato pelo qual o governo de um país declara o término da missão de um agente diplomático junto a um governo estrangeiro.

CARTA RODADA. *História do direito.* Era a que tinha um selo redondo, contendo no centro a firma do monarca e em círculo a dos magistrados ou de outros funcionários.

CARTA ROGATÓRIA. *Direito processual civil.* É a expedida pelo juiz requisitando à justiça de outro país a realização de atos que devam ser praticados em território estrangeiro, como citação das partes, realização de alguma prova, intimação, efetivação de ato necessário à instrução da causa, informação sobre o direito estrangeiro aplicável ao caso *sub judice* etc. Tal carta deverá conter: indicação dos juízes de origem e de cumprimento do ato; inteiro teor da petição, do despacho judicial e do instrumento de mandato conferido ao advogado; menção do ato judicial que lhe constitui o objeto e encerramento com a assinatura do juiz. Se o objeto da carta for exame sobre documento, este, após ser fotografado, deverá ser remetido em seu original.

CARTA ROGATÓRIA ATIVA. *Direito processual.* É a encaminhada para cumprimento de alguma medida ou diligência.

CARTA ROGATÓRIA CITATÓRIA. *Direito processual.* Aquela que visa a citação de uma pessoa para comparecer, em certa data, perante o juízo rogante.

CARTA ROGATÓRIA EXECUTÓRIA. *Direito processual.* É aquela que requer que se tome medida de caráter executório no juízo rogado.

CARTA ROGATÓRIA INTERROGATÓRIA. *Direito processual.* Aquela que tem por escopo obter que, no juízo rogado, se faça a inquirição de uma pessoa.

CARTA ROGATÓRIA PASSIVA. *Direito processual.* É a recebida para cumprir alguma diligência.

CARTAS AO EDITOR. Textos de leitores, devidamente identificados, enviados ao editor de revista ou jornal, comentando fatos da atualidade, artigos ou matérias publicadas.

CARTAS APOSTÓLICAS. *Direito canônico.* Atos legislativos emanados do Papa que assumem a forma de bulas, breves, decretais, encíclicas etc.

CARTA SINÓDICA. *Direito canônico.* É a escrita em nome dos concílios aos bispos ausentes.

CARTA SOCIAL. É a remetida por pessoa física e possui as seguintes características: a) limite máximo de peso igual a 10 gramas; b) endereçamento manuscrito e contendo a indicação "carta social"; e c) franqueamento por meio de selo postal adesivo ou estampa de máquina de franquear. A carta social tem assegurado tratamento idêntico ao de carta não comercial nas fases de recebimento e entrega.

CARTA SUJA. *Direito marítimo.* Estado sanitário do navio que chega ao porto com doença infecciosa a bordo, devendo ficar em observação.

CARTA TESTAMENTÁRIA. *Direito civil.* Cédula testamentária ou instrumento que contém as disposições de última vontade feitas pelo testador por meio de testamento particular ou cerrado.

CARTA TESTEMUNHÁVEL. *Direito processual penal.* Recurso especial dirigido a tribunal de instância superior, instruído com peças extraídas do processo, para que venha avocar a si processo de cuja sentença ou despacho o juiz inferior não admitiu recurso, remediando a denegação. Assim, qualquer obstáculo à subida do recurso será removido pela carta testemunhável, que é um remédio judicial para a efetivação de recurso denegatório ou para o seguimento de recurso admitido, quanto obstada sua apresentação à superior instância. Dar-se-á, portanto, a carta testemunhável da decisão que denegar o recurso e da que, admitindo-o, vier a obstar sua expedição e seguimento para o juízo *ad quem.* Todavia, urge lembrar que, se houver rejeição liminar de recurso extraordinário, não caberá carta testemunhável, mas agravo de instrumento, e, se se denegarem embargos declaratórios e seguimento aos embargos infringentes, caberá agravo regimental e não carta testemunhável.

CARTA TUITIVA. 1. *Direito civil.* Documento concedido para alguém conservar posse ou direito. **2.** *Direito penal.* Documento que visa livrar uma pessoa de ser presa. **3.** *História do direito.* Documento expedido pelo magistrado para evitar que condenado pela justiça eclesiástica não fosse preso, enquanto tivesse esse privilégio.

CARTAZ. 1. *História do direito.* Salvo-conduto que as autoridades das Índias davam a comerciantes amigos para que viajassem com segurança. **2.** Na *linguagem jurídica* em geral, papel afixado em local público para anunciar algo de interesse coletivo. **3.** *Direito comercial.* Anúncio de preço de mercadorias colocado pelo empresário em seu estabelecimento, obrigando-se a vendê-las pelo preço nele fixado.

CARTAZ DE PONTO–DE–VENDA. *Direito comercial.* Cartaz de publicidade exibido nos lugares onde os produtos anunciados são vendidos.

CARTE. *Direito desportivo.* Pequeno veículo de quatro rodas, com caracteres de automóvel e motocicletas, destinado a corridas.

CARTEAR. 1. *Direito civil* e *direito comercial.* Manter correspondência epistolar. **2.** *Direito marítimo.* a) Marcar na carta a posição da embarcação; b) ler os números marcados pela agulha; c) calcular milhas da derrota pela distância percorrida e pelo rumo seguido; d) calcular a derrota feita e o rumo a seguir.

CARTEIRA. 1. *Direito comercial.* a) Conjunto de títulos negociáveis e valores móveis que o empresário dispõe para efetivar negociações; b) ato de deixar um título em algum estabelecimento de crédito, isto é, em carteira, sem que seja negociado ou levado à cobrança, ficando em poder do sacador para que seja pago no seu vencimento. **2.** *Direito bancário.* Nome de determinadas seções de estabelecimentos de crédito, como a carteira de descontos, a de câmbio, a de remessas, a de cobranças etc. **3.** *Direito administrativo.* Nome de departamento ou seção de autarquia ou repartição pública que tem funções específicas. **4.** *Direito civil.* a) Escritório mantido pelo advogado; b) documento pessoal que identifica a pessoa, como carteira de identidade, carteira profissional etc.; c) conjunto de contratos de cobertura de custos assistenciais ou de serviços de assistência à saúde, com todos os direitos e obrigações nele contidos. **5.** Na *linguagem comum,* indica: a) pequena bolsa de couro usada para guardar dinheiro e documentos; b) móvel usado em escolas ou escritórios.

CARTEIRA DE CÂMBIO. *Direito bancário.* Órgão do Banco do Brasil que controla as operações de câmbio, segundo as normas legais e instruções do órgão competente.

CARTEIRA DE COMÉRCIO EXTERIOR (CACEX). *Direito internacional privado.* Órgão público que trata do intercâmbio comercial com o exterior, encarregando-se não só do controle e fiscalização de exportações e importações, preços, pesos e medidas como também do financiamento de exportação e importação de produtos tidos como necessários.

CARTEIRA DE ESTRANGEIRO. *Direito internacional privado.* É a que autoriza um estrangeiro a residir no País.

CARTEIRA DE IDENTIDADE. 1. *Direito administrativo* e *direito civil.* Documento oficial expedido pela autoridade competente que contém dados pessoais do seu portador (data de nascimento, naturalidade, nacionalidade e filiação), sua impressão digital e retrato, provando sua identidade, com força de fé pública e validade em todo o Brasil. Pode ser usado em todos os atos da vida civil para efeito de identificação. Contém campo destinado ao registro: a) do número de inscrição no Programa de Integração Social (PIS) ou no Programa de Formação do Patrimô-

nio do Servidor Público (PASEP); b) do número do Cadastro de Pessoas Físicas do Ministério da Fazenda (CPF); c) da expressão "Idoso ou maior de sessenta e cinco anos". A inclusão na Carteira de Identidade dos dados acima referidos pode ser parcial e depende exclusivamente de solicitação do interessado e, quando for o caso, da apresentação dos respectivos documentos comprobatórios, como: os cartões de inscrição no PIS, no PASEP, no CPF e o Registro Civil de Pessoa Física. **2.** *Direito internacional privado.* Pode, nos casos previstos em tratado, acordo ou outros atos internacionais, substituir o passaporte, desde que expedida por órgão oficial competente.

CARTEIRA DE IDENTIDADE DE MARÍTIMOS (CIM). *Direito marítimo.* É a destinada ao uso de tripulantes a ingressar em País que tenha ratificado a Convenção 108 da Organização Internacional do Trabalho (OIT) para: a) embarcar em seu navio ou ser transferido para outro; b) permanecer em trânsito a fim de retomar seu navio em outro País; c) repatriamento; e d) qualquer outra finalidade aprovada pela autoridade de um País membro.

CARTEIRA DE MARÍTIMO. Documento de identificação de marítimo que pode substituir o passaporte comum para efeito de desembarque e embarque no território nacional, nos casos admitidos em tratados, acordos e outros atos internacionais.

CARTEIRA DE MATRÍCULA CONSULAR. *Direito internacional privado.* A carteira de matrícula consular é o documento, de propriedade da União, concedido pelas missões diplomáticas ou repartições consulares a todo cidadão brasileiro domiciliado em sua jurisdição.

CARTEIRA DE PREVIDÊNCIA DOS ADVOGADOS. *Direito previdenciário.* É a administrada pelo Instituto de Previdência do Estado de São Paulo (IPESP) e serve como garantia de aposentadoria para advogado nela inscrito desde que pague pontualmente o carnê de contribuição mensal.

CARTEIRA DE REDESCONTO. *Direito bancário.* Seção do Banco Central onde são descarregados pelos bancos particulares os títulos descontados com o objetivo de refazer, pelo redesconto, o numerário.

CARTEIRA DE SAÚDE. *Direito administrativo.* Documento expedido pela autoridade sanitária que atesta a saúde física e mental do seu portador, ante exames feitos na repartição, a fim de atender às exigências para o exercício de certas profissões ou atividades públicas.

CARTEIRA DE TRABALHO E PREVIDÊNCIA SOCIAL (CTPS). *Direito do trabalho.* Documento oficial obrigatório para a identificação profissional do empregado, provando seu exercício profissional anterior, descrevendo a sua vida pregressa em atividade laboral, rural ou não, uma vez que nele se anotam as condições de sua admissão, as alterações havidas no contrato de trabalho, férias, dispensa ou exoneração. A CTPS é emitida exclusivamente por elemento habilitado e credenciado pela Delegacia Regional do Trabalho no Estado e é fornecida ao interessado no prazo mínimo de dois e máximo de quinze dias úteis, contados a partir da data constante do protocolo, mediante apresentação de duas fotos 3 x 4, fundo branco, com ou sem data, coloridas ou branco e preto, iguais e recentes, e qualquer documento oficial de identificação pessoal do interessado, no original ou por qualquer processo de cópia, autenticada por cartório competente ou por servidor da administração, onde possam ser colhidos dados necessários ao preenchimento de sua qualificação civil na CTPS. O trabalhador não cadastrado no sistema PIS/PASEP deve apresentar, complementarmente, a cédula de identidade, o CPF e o título de eleitor. Quando da emissão da 1ª via da CTPS, o cadastramento no sistema PIS/PASEP será da competência das Delegacias Regionais do Trabalho. A CTPS não é emitida a menor de quatorze anos. Na impossibilidade da apresentação de documentos, a CTPS será emitida com validade máxima e improrrogável de três meses, com base em declarações verbais do interessado, firmadas por duas testemunhas, fazendo-se constar o fato na primeira folha de "anotações gerais", utilizando-se para isso modelo próprio de carimbo. Na CTPS, será colhida, no local próprio, a impressão digital do polegar direito do identificado. Na sua falta colhe-se a impressão digital do polegar esquerdo e na falta de ambos colhe-se a impressão digital de qualquer dedo da mão fazendo-se o registro no campo das anotações gerais, identificando-se inclusive o dedo utilizado. Na impossibilidade temporária ou permanente de colher a assinatura do interessado, mesmo alfabetizado, ou coletar sua impressão digital, efetuar nos campos a elas destinados o lançamento "*Vide* anotações gerais" e fazer constar a observação no espaço próprio. A "2ª via" ou a "via de continuação", quando for o caso, será identificada através de carimbo com a inscrição própria, colocado na folha de identificação, acima do número da CTPS.

CARTEIRA NACIONAL DE HABILITAÇÃO. *Direito de trânsito* e *direito penal.* Documento que atesta a perícia do motorista, habilitando-o legalmente a conduzir veículos em vias públicas, na qualidade de amador ou profissional. Quem dirigir veículo em via pública sem essa habilitação terá de pagar uma multa, por constituir tal ato uma contravenção penal.

CARTEIRA NACIONAL DE SAÚDE DA MULHER. Instituída no âmbito do Sistema Único de Saúde (SUS). Haverá, necessariamente, campo para a identificação da unidade profissional ou serviço da rede pública ou privada executor da ação registrada. Será dada especial relevância à Prevenção e Controle do Câncer Ginecológico e de Mama. Tomar-se-ão cuidados para que a confidencialidade de determinados procedimentos seja mantida entre profissional de saúde e usuária dos serviços. Deverá ser desencadeada, como processo pedagógico auxiliar, ampla campanha educativa de divulgação da carteira e das ações nela preconizadas, para que as mulheres usuárias e as pessoas prestadoras de serviços de saúde se mobilizem para exigência dos serviços e utilização eficaz da Carteira. Os hospitais, ambulatórios, centros e postos de saúde integrados ao SUS deverão solicitar de suas usuárias a apresentação da referida carteira, quando da realização de novos procedimentos e acompanhamento de anteriores. A não-apresentação da Carteira não poderá, em hipótese alguma, implicar recusa de atendimento da mulher.

CARTEIRA PROFISSIONAL. *Vide* CARTEIRA DE TRABALHO E PREVIDÊNCIA SOCIAL.

CARTEIRA PROFISSIONAL DE MENOR. *Direito do trabalho.* Documento que permite ao menor contrair vínculo empregatício.

CARTEIRO. 1. *Direito administrativo.* a) Funcionário de empresa de correios e telégrafos que tem a função de entregar correspondência nos domicílios dos destinatários; b) condutor de mala postal. **2.** *Direito comercial.* Aquele que fabrica cartas para jogo.

CARTÉIS COM DIREÇÃO COMERCIAL POR UM ESCRITÓRIO CENTRAL DE VENDA. *Economia política.* Convenções em que o escritório central compra certo número de produtos dos aderentes, ao preço fixado pelos cartéis, para revendê-los no atacado a preço mais elevado. A diferença entre os dois preços constitui o lucro dos cartéis, que é distribuído aos aderentes proporcionalmente às quotas-partes a que tiverem direito. Os produtores têm a prioridade de suas empresas e liberdade dos processos técnicos da exploração, mas não têm a gestão comercial (Henri Guitton).

CARTÉIS DE FORMA APERFEIÇOADA. *Economia política.* Cartéis de vendedores com escritório central (Henri Guitton).

CARTÉIS DE FORMA SIMPLES. *Economia política.* Cartéis de vendedores sem escritório central (Henri Guitton).

CARTÉIS DE LIMITAÇÃO DE FORMA SIMPLES. *Economia política.* Convenções pelas quais os produtores sindicalizados acordam em limitar sua independência econômica. Podem ser: cartéis de limitação dos preços; cartéis de limitação da produção e cartéis de limitação dos mercados (Henri Guitton).

CARTÉIS DE LIMITAÇÃO DE PRODUÇÃO. *Economia política.* Aqueles em que os vendedores sindicalizados regulamentam a produção, para manter a oferta da mercadoria à altura ou um pouco abaixo das necessidades do consumo, com o escopo de evitar a baixa dos preços (Henri Guitton).

CARTÉIS DE LIMITAÇÃO DOS MERCADOS. *Economia política.* Aqueles em que se fixa a zona na qual cada aderente colocará seus produtos no mercado, sem temer a concorrência dos demais membros (Henri Guitton).

CARTÉIS DE LIMITAÇÃO DOS PREÇOS. *Economia política.* Convenções nas quais os membros dos cartéis decidem não vender suas mercadorias abaixo de determinado preço e não conceder à clientela nenhum favor que equivalha, em definitivo, à redução do preço de venda (Henri Guitton).

CARTÉIS DE REPARTIÇÃO DAS ENCOMENDAS. *Economia política.* Aqueles em que o escritório central, para onde os empresários dirigem as encomendas recebidas, as repartem entre os membros do cartel, de modo que cada um venha a participar na venda total durante o ano conforme uma proporção prefixada (Henri Guitton).

CARTÉIS DE REPARTIÇÃO DOS BENEFÍCIOS. *Economia política.* Aqueles em que há avaliação do preço de custo da unidade do produto a ser vendido e do preço mínimo de venda, para que o aderente venha a entregar ao escritório central tantas vezes a diferença entre o preço de custo e o de venda quantas forem as unidades de mercadorias que vender diretamente a quem quiser. No final do ano, o conjunto desses lucros deve ser distribuído pelo escritório central entre todos os membros dos cartéis, proporcionalmente, à participação a que cada um faz jus em razão dos acordos feitos (Henri Guitton).

CARTÉIS DE REPARTIÇÃO EM FORMA APERFEIÇOADA COM ESCRITÓRIO CENTRAL. *Economia política.* Aqueles em que seus membros abdicam, total ou parcialmente, a sua liberdade mercantil, em proveito de um organismo central, em regra, uma sociedade por ações formada por aqueles membros (Henri Guitton). Tais cartéis podem ser: cartéis de repartição das encomendas; cartéis de repartição dos benefícios; cartéis com direção comercial por um escritório central de venda.

CARTEL. 1. *Direito comercial.* Acordo temporário entre empresas do mesmo ramo de produção, adotando uma política comum, em nível nacional ou internacional, quanto ao preço, condições de pagamento ou crédito, divisão de mercado, apresentação e qualidade do produto vendido, tendo em vista a comercialização de seus produtos ou mercadorias, exercendo, assim, ao eliminar a concorrência, o monopólio no mercado. Tais empresas cartelizadas continuam livres econômica e juridicamente, podendo desvincular-se do ajuste, voltando a concorrer frente às antigas parceiras. Trata-se de um sindicato de empresas produtoras que, conservando sua autonomia, estabelecem o monopólio, determinando preços e distribuindo entre si os mercados. Algumas vezes, ao dar assistência material aos associados, fornecendo os elementos necessários para sua indústria e comércio, assume o cartel a feição de associação cooperativa. **2.** *Direito internacional público.* Acordo feito entre chefes militares de tropas beligerantes para tomarem medidas de interesse comum ou obterem vantagens recíprocas, como, por exemplo, troca de prisioneiros de guerra ou suspensão de armas. **3.** *Direito desportivo.* Relação das lutas de um lutador profissional, contendo inúmeros dados.

CARTELA. *Direito comercial.* Invólucro onde são acondicionadas certas mercadorias miúdas.

CARTISMO. *Ciência política.* **1.** Sistema político-constitucional baseado na Carta outorgada, em Portugal, por D. Pedro IV, em 1826. **2.** Doutrina propugnada por reformadores políticos ingleses do século XIX com o fim de obter melhores condições sociais e trabalhistas para os operários.

CARTÕES DE BOM PAGADOR. *Vide* CARTÕES DE CREDENCIAMENTO.

CARTÕES DE CREDENCIAMENTO. *Direito comercial.* São emitidos por entidades a seus clientes para possibilitar-lhes a aquisição de bens ou a execução de certos serviços mediante o pagamento posterior. Trata-se dos cartões de bom pagador.

CARTONAGEIRO. *Direito comercial.* Aquele que fabrica ou vende artefatos de cartão.

CARTORÁRIO. *Direito notarial.* **1.** Diz-se do serviço prestado pelo cartório ou daquele que lá exerce sua função. **2.** Funcionário de cartório. **3.** Livro de registro; cartulário.

CARTÓRIO. *Direito notarial.* **1.** Local onde são arquivados documentos importantes e onde funcionam os registros públicos, ofícios de notas e tabelionatos. **2.** Escritório de tabeliães e escrivães. **3.** Arquivo de notas e títulos do tabelião ou de processos e documentos do escrivão. **4.** Ofício ou escrivania judicial.

CARTÓRIO DE REGISTRO DE IMÓVEIS. *Direito registrário.* Órgão público integrado no Judiciário, cuja atividade registrária visa atender, ante a obrigatoriedade do registro de imóveis para constituir direito real, a interesses da coletividade, garantindo a qualquer interessado na mutação do direito real sobre imóvel a possibilidade de utilizar seu sistema de serviço com a função especial de registrar o direito real e suas modificações. O cartório imobiliário submete-se ao regulamento administrativo da prestação de serviço de sua competência, que contém normas relativas ao seu horário de funcionamento, à ordem de trabalho e à remuneração, atuando sob a direção e a ordem de um oficial titular, que, no exercício de função pública, age como delegado do Estado.

CARTÓRIO DE TÍTULOS E DOCUMENTOS. *Vide* REGISTRO DE TÍTULOS E DOCUMENTOS.

CARTÓRIO DIGITAL. *Direito virtual.* É o que tem a finalidade de reunir os dados necessários para identificação de cada portador das chaves (pública e privada), trazendo segurança aos usuários (Valéria E. de Melo Gregores).

CARTÓRIO DISTRIBUIDOR. *Direito registrário* e *direito processual.* Setor encarregado de receber petições iniciais e do registro, encaminhando-os às varas judiciais ou aos ofícios, efetuando averbação e fornecendo certidões (Afonso Celso F. de Rezende).

CARTÓRIO *HIGH-TECH.* *Direito registrário.* Aquele que, para modernizar suas operações, oferece serviços pela Internet, armazena documentos em discos ópticos e cria um cartão de crédito próprio e um serviço de retirada e entrega de documentos nas sedes de seus clientes (José Maria Siviero).

CARTUCHAME. *Direito militar.* Porção de cartuchos para armas de fogo.

CARTUCHEIRA. *Direito militar.* Cinturão com alças ou bolsos com que se carregam munições para armas de fogo portáteis.

CARTUCHEIRO. *Direito comercial.* Aquele que fabrica ou vende cartuchos para armas de fogo.

CARTUCHO. **1.** *Direito comercial.* Saco de papel usado para embrulhar mercadorias em estabelecimentos, como mercearias, supermercados, armazéns etc. **2.** *Direito militar.* Cilindro de metal ou cartão que contém munição completa para uma arma de fogo de percussão e de retrocarga, compreendendo estojo ou cápsula, espoleta, bucha, pólvora ou carga de projeção, projétil ou bala.

CÁRTULA. *Direito comercial.* É o título da dívida, de modo que *direito cartular* é o conjunto de normas que dispõem sobre títulos de crédito.

CARTULARIDADE. *Direito civil* e *direito comercial.* É, segundo Othon Sidou, ato abstrato de incorporação do direito ao documento representativo de um negócio jurídico, ou materialização do direito no papel, sem o qual o devedor não está obrigado ao cumprimento da obrigação.

CARTULÁRIO. *Direito canônico.* Registro de títulos alusivos aos direitos temporais da Igreja ou de corporação religiosa.

CARUMBÉ. Na *linguagem da mineração,* é um recipiente utilizado para transporte de cascalho.

CARUNCHO. *Direito agrário.* **1.** Raça brasileira de porcos. **2.** Inseto coleóptero pentâmero que, por exemplo, corrói café ou feijão armazenado.

CARÚNCULA. *Medicina legal.* Pequena eminência carnosa normal ou anormal.

CARÚNCULAS MIRTIFORMES. *Medicina legal.* Vestígios de retalhos atrofiados do hímen da mulher que teve, pelo menos, um parto vaginal.

CARÚNCULA URETRAL. *Medicina legal.* Pequena excrescência vermelha que surge na membrana do meato urinário da mulher, causando dor e sangramento.

CÁRUS. *Medicina legal.* Insensibilidade mórbida que aparece no último grau do estado comatoso.

CARVOEIRO. *Direito comercial.* **1.** Aquele que faz e vende carvão. **2.** Que transporta carvão.

CARVOEJAMENTO. *Direito agrário.* Transformação química com a queima da lenha em carvão.

CASA. **1.** *Direito civil.* a) Residência; b) família nobre. **2.** *Direito comercial.* Estabelecimento. **3.** *Direito administrativo.* Repartição pública, como, por exemplo, Casa da Moeda. **4.** *Direito marítimo.* Diz-se da sala onde estão alojadas as grandes máquinas motrizes do navio. **5.** *Direito penal.* Asilo inviolável da pessoa, onde ninguém pode penetrar sem sua autorização, salvo em caso de flagrante delito, desastre ou para prestar socorro ou, durante o dia, por determinação judicial.

CASA ALHEIA. *Direito civil.* **1.** Aquela que é de propriedade de outrem. **2.** Imóvel ocupado por quem não é seu dono, em razão de locação, empréstimo etc.

CASA ASSOBRADADA. *Direito civil.* **1.** Aquela que, além do pavimento térreo, possui outro; sobrado. **2.** Edifício de apartamentos; prédio de vários andares.

CASA BANCÁRIA. *Direito bancário.* Estabelecimento de crédito devidamente autorizado a funcionar e onde se realizam operações bancárias.

CASA CIVIL. *Direito administrativo.* Gabinete Civil que assessora o Poder Executivo no desempenho de suas funções alusivas à administração civil, na divulgação de atos ou atividades governamentais, no acompanhamento da tramitação dos projetos de lei etc.

CASA CIVIL DA PRESIDÊNCIA DA REPÚBLICA. *Direito administrativo.* É, portanto, o órgão incumbido de assistir direta e imediatamente ao Presidente da República no desempenho de suas atribuições, especialmente na coordenação e na integração das ações do Governo, na verificação prévia da constitucionalidade e legalidade dos atos presidenciais, na análise do mérito, da oportunidade e da compatibilidade das propostas, inclusive das matérias em tramitação no Congresso Nacional, com as diretrizes governamentais, bem como na avaliação e monitoramento da ação governamental e da gestão dos órgãos e entidades da Administração Pública federal. Visa, ainda, promover a operacionalização do Sistema de Proteção da Amazônia (SIPAM), a execução das políticas de certificados e normas técnicas e operacionais, aprovadas pelo Comitê Gestor da Infra-Estrutura de Chaves Públicas Brasileiras (ICP-Brasil), a publicação e a preservação dos atos oficiais e supervisionar e executar as atividades administrativas da Presidência da República e, supletivamente, da Vice-Presidência da República, tendo como estrutura básica o Conselho Deliberativo do Sistema de Proteção da Amazônia (CONSIPAM), o Conselho Superior do Cinema (CONCINE), o Arquivo Nacional, a Imprensa Nacional, o Gabinete, duas Secretarias, sendo uma Executiva, um órgão de Controle Interno e até três Subchefias.

CASA COLETIVA. *Direito civil.* **1.** Cortiço. **2.** Pensão. **3.** Habitação coletiva multifamiliar. **4.** Edifício onde várias pessoas moram em apartamentos separados.

CASA COMERCIAL. *Direito comercial.* Estabelecimento devidamente legalizado onde o empresário exerce sua atividade econômica, realizando todas as operações peculiares a ela. Conforme o ramo de comércio e indústria, recebe nomes diferentes, como, por exemplo, armazém de secos e molhados, *atelier*, relojoaria, armarinho, joalheria etc.

CASA CONJUGAL. *Direito civil.* Local onde se estabelece o domicílio de uma família.

CASADA. *Direito civil.* Pessoa ligada a outra pelo matrimônio.

CASA DA MOEDA. *Direito administrativo.* Repartição pública encarregada da cunhagem de moedas e da impressão de papel-moeda por conta da nação e da produção de qualquer valor monetário colocado em circulação pelo Poder Público, como selos, apólices etc.

CASA DA MOEDA DO BRASIL (CMB). *Direito financeiro e direito administrativo.* É uma empresa pública, vinculada ao Ministério da Fazenda, dotada de personalidade jurídica de direito privado, com patrimônio próprio e autonomia administrativa. A CMB tem sede e foro na capital da República e pode, com aprovação prévia do ministro de Estado da Fazenda, instalar e manter dependências e escritórios em outros locais do País e representações no exterior. Seu prazo de duração é indeterminado. A empresa tem por objeto, em caráter de exclusividade, a fabricação do papel-moeda e da moeda metálica nacionais, a impressão dos selos postais e fiscais federais e dos títulos da dívida pública federal. A CMB articula-se com os órgãos responsáveis pelas encomendas dos produtos, para os estudos e a definição das respectivas características técnicas e artísticas e para o atendimento quantitativo e qualitativo das encomendas formuladas. Ela pode produzir no Brasil e comercializar no Brasil e no exterior outros materiais e serviços compatíveis com suas atividades, visando à plena utilização dos recursos de seu parque fabril e desde que sem prejuízo do atendimento das encomendas dos produtos cuja fabricação constitui a finalidade básica da empresa.

CASA DA RELAÇÃO. *História do direito.* Antiga denominação do atual Tribunal de Justiça.

CASA DA SUPLICAÇÃO. *História do direito.* Era, outrora, o tribunal de segunda instância para que se recorria, por agravo ou apelação, das sentenças prolatadas por certos juízes e das da Relação, em determinadas hipóteses, fosse a matéria civil ou criminal.

CASA DE ALBERGADO. *Direito penal.* Estabelecimento para cumprimento de pena em regime aberto ou com limitação de fim de semana.

CASA DE BAGAÇO. *Direito agrário.* Bagaceira ou depósito de bagaço nos engenhos de cana-de-açúcar.

CASA DE CÂMBIO. *Direito bancário* e *direito comercial.* Estabelecimento dedicado à compra, venda ou troca de moedas estrangeiras.

CASA DE COMÉRCIO. *Vide* CASA COMERCIAL.

CASA DE CÔMODOS. *Direito civil.* Casa em que se alugam quartos.

CASA DE CONTOS. *História do direito.* No período colonial brasileiro, era a repartição que arrecadava rendas públicas, tesouraria, coletoria etc.

CASA DE CORREÇÃO. *Direito penal.* **1.** Reformatório ou estabelecimento público onde se encerram menores delinqüentes ou vadios para tentar corrigi-los, por meio de educação e trabalho e obter sua reforma moral. **2.** Estabelecimento de detenção onde se recolhem condenados que tenham praticado pequenas infrações, seja com intuito correcional ou mesmo preventivo, até que haja apuração de sua responsabilidade criminal, hipóteses em que mais apropriado seria designá-la de "Casa de Detenção".

CASA DE CUSTÓDIA E TRATAMENTO. *Direito penal.* Estabelecimento especial que recolhe crimino-

sos semi-imputáveis (psicopatas, débeis mentais) ou que praticaram crimes em estado de embriaguez habitual para reeducá-los, integrando-os na vida social, mediante tratamento clínico.

CASA DE DETENÇÃO. *Direito penal.* Estabelecimento penitenciário onde são recolhidos, preventivamente, os suspeitos de crime, os indiciados, enquanto aguardam o resultado de seu julgamento, ou os que praticaram pequenas contravenções.

CASA DE DIVERSÃO. *Direito comercial.* Estabelecimento que comercializa diversões públicas, como cinema, teatro, circo, parque etc., e onde o povo tem acesso mediante pagamento de uma entrada.

CASA DE FUNDIÇÃO. *História do direito.* Aquela que, nas cidades mineiras, tinha de transformar o ouro em barras, marcando-as com o carimbo real. Dessas barras 20% correspondiam ao imposto devido à Coroa.

CASA DE HABITAÇÃO. *Direito civil.* Residência ou moradia.

CASA DE HABITAÇÃO COLETIVA. *Direito civil.* **1.** Local onde várias pessoas moram. **2.** *Vide* CASA COLETIVA.

CASA DE JOGO. *Direito penal.* Estabelecimento onde há prática de jogos de azar ou ilícitos, considerado como contravenção penal relativa à polícia de costumes, se nele forem explorados publicamente, mediante pagamento de entrada ou não.

CASA DE MISERICÓRDIA. *Direito civil.* Associação pia que trata de doentes pobres ou realiza outras obras beneficentes; santa casa.

CASA DE PASTO. *Direito comercial.* Estabelecimento comercial que serve bebidas e refeições, como, por exemplo, restaurante.

CASA DE PENHOR. *Direito comercial.* Estabelecimento autorizado pelo governo que empresta dinheiro, mediante garantia pignoratícia feita pelo mutuário. Por exemplo, nesse estabelecimento o empréstimo é concedido mediante o penhor de uma jóia ou objeto de valor.

CASA DE PENSÃO. *Direito civil* e *direito comercial.* **1.** Local destinado à habitação coletiva, onde se alugam quartos, incluindo, às vezes, refeições, mediante pagamento mensal de aluguel. **2.** Estabelecimento de ensino onde o aluno reside e recebe educação; pensionato; internato.

CASA DE PREGO. *Vide* CASA DE PENHOR.

CASA DE PROSTITUIÇÃO. *Direito penal.* **1.** Prédio onde se alugam cômodos para fins libidinosos ou se mantém o comércio habitual do corpo de prostitutas que lá residem. **2.** Local onde se pratica lenocínio.

CASA DE PURGAR. *Direito agrário.* Dependência nos engenhos bangüês onde se purifica o caldo de cana-de-açúcar, secando-o e alvejando-o.

CASA DE *RENDEZ-VOUS*. *Direito penal.* **1.** O mesmo que CASA DE PROSTITUIÇÃO. **2.** Local onde se pratica lenocínio, desencaminhando mulheres para a prostituição. **3.** Lugar onde homens levam mulheres para fins libidinosos ou onde estas são chamadas, uma vez que não residem lá, pelos encarregados da casa para manter conjunção carnal com os que ali aparecem com tal objetivo. Enfim, é a casa em que as mulheres vão quando e enquanto querem. Trata-se, pois, de estabelecimento apropriado para esse comércio de encontros furtivos, correspondendo aos motéis ou hotéis de curta permanência, já que seus proprietários alugam aposentos para que casais desfrutem o prazer carnal.

CASA DE SAÚDE. *Direito civil.* Hospital mantido e fundado por particular, onde são admitidos doentes para que, por conta própria, se submetam a cirurgias, exames ou tratamento médico.

CASA DE SOBRADO. *Vide* CASA ASSOBRADA-DA.

CASA DE TAFULARIA. *Vide* CASA DE JOGO.

CASA DE TAVOLAGEM. *Vide* CASA DE JOGO.

CASA DE TOLERÂNCIA. *Direito penal* e *direito comparado.* Casa de prostituição regulamentada pelo Poder Público e vedada, entre nós, pela lei penal.

CASA DE TRATAMENTO. *Vide* CASA DE CUSTÓDIA E TRATAMENTO.

CASA DE VEGETAÇÃO. *Direito ambiental.* Instalação física projetada e utilizada para o crescimento de plantas em ambiente controlado e protegido. As paredes e o teto são geralmente construídos de material transparente, ou translúcido, para permitir a passagem de luz solar.

CASA DO CÍVEL. *História do direito.* Designação antiga do Tribunal de Alçada, ora extinto.

CASA DO ÍNDIO. É um estabelecimento de apoio, localizado em Municípios estratégicos, inclusive nas capitais dos Estados. Sua atribuição é receber e apoiar o índio que vem referencia-do de sua aldeia, em busca de assistência na rede do SUS. As principais atividades a serem desenvolvidas são: a) recepção e apoio de pacientes e acompanhantes encaminhados pelos distritos; b) estabelecimento dos mecanismos de referência e contra-referência com a rede do SUS; c) assistência de enfermagem aos pacientes em fase de recuperação; d) acompanhamento de pacientes para consultas, exames e internações hospitalares; e) alojamento e alimentação de pacientes e acompanhantes durante o tratamento.

CASA DOS CINCO. *História do direito.* Repartição onde se pagava a sisa sobre fazendas importadas por terra ou chegadas através das alfândegas de portos secos.

CASA DOS NEGROS. *História do direito.* Senzala.

CASA-FORTE. *Direito bancário* e *direito comercial.* Aquela que tem espessas paredes e portas de ferro e é usada para guardar objetos de valor, dinheiro, documentos etc.

CASA-GRANDE. *História do direito.* Casarão onde residia o proprietário do engenho de açúcar ou da fazenda de café, cacau ou gado. Foi a expressa arquitetura da monocultura escravocrata.

CASA HABITADA. *Direito civil* e *direito administrativo.* **1.** Diz-se da casa que recebeu o "habite-se" da Prefeitura, autorizando sua utilização como moradia. **2.** Aquela que está ocupada por alguém.

CASA INICIADORA. *Direito constitucional.* Primeira câmara que examina e discute o projeto de lei ordinária, logo após ter sido apreciado pelas comissões técnicas, votando-o em plenário e aprovando-o se houver maioria de votos.

CASAL. **1.** *Direito agrário.* Pequena propriedade rural. **2.** *Direito civil.* Par composto de homem e mulher que mantêm relações sexuais, tendo uma comunhão de vida, seja dentro ou fora do casamento.

CASAL ENCABEÇADO. *História do direito.* Imóvel rural aforado para o cultivo a mais de um foreiro ou colono, onde um deles, chamado cabecel do prazo, representando os demais, responsabilizava-se perante o senhorio direto pelo pagamento integral do foro.

CASA LOTÉRICA. É a pessoa jurídica constituída na forma de quaisquer sociedades empresárias, exceto os empresários individuais, destinada à atividade lotérica, podendo ou não possuir outra atividade compartilhada. Somente é admitida a conjugação da casa lotérica com outra atividade comercial quando prévia e expressamente autorizada pela Caixa Econômica Federal, em função da aderência aos produtos de loterias, produtos conveniados e serviços. É o estabelecimento que comercializa todas as loterias federais, os produtos assemelhados autorizados e atua na prestação de todos os serviços delegados pela Caixa. A Casa Lotérica atuará na função de correspondente da Caixa, mediante autorização do Banco Central do Brasil e na forma da regulamentação em vigor.

CASA MAL-AFAMADA. *Vide* CASA DE PROSTITUIÇÃO.

CASA MATRIZ. *Direito comercial.* Estabelecimento principal de uma firma, composta de outros, designados "filiais".

CASAMENTO. *Direito civil.* Vínculo jurídico entre homem e mulher que visa o auxílio mútuo material e espiritual, de modo que haja uma integração fisiopsíquica e a constituição de uma família. Trata-se, portanto, da união do homem e da mulher com a legitimação da autoridade civil ou religiosa.

CASAMENTO ANULÁVEL. *Direito civil.* É o contraído, havendo erro essencial quanto à pessoa de outro cônjuge. Anulável será o casamento com: a) pessoa coacta, ou melhor, pessoa que tem sua vontade viciada; b) pessoa incapaz de consentir; c) indivíduo sujeito ao poder familiar, tutela ou curatela, sem o consenso do representante legal ou sem o suprimento judicial desse consentimento; d) mulher ou homem menor de dezesseis anos, por faltar o requisito da idade nupcial, salvo se resultar gravidez ou para evitar imposição de pena criminal; e) pessoa sobre a qual o outro cônjuge incidiu em erro essencial a respeito de sua identidade, honra e boa fama. Será também anulável o casamento realizado pelo mandatário, sem que ele ou outro contraente soubesse da revogação do mandato, e não sobrevindo coabitação entre os cônjuges ou o efetivado por autoridade celebrante incompetente *ratione loci*. O consorte, ocorrendo um desses casos, poderá propor ação anulatória para paralisar os efeitos do casamento contraído defeituosamente. Todavia, o matrimônio anulável tem validade pendente resolutivamente, produzindo efeitos se o cônjuge ou a pessoa legitimada não propuser ação dentro do prazo legal. Decorrido este sem a propositura da ação anulatória, o casamento será automática e definitivamente válido.

CASAMENTO AVUNCULAR. *Direito civil.* União de tio com sobrinha, ou vice-versa, dependente de exame pré-nupcial.

CASAMENTO CIVIL. *Direito civil.* É o celebrado por autoridade competente, conforme o estabelecido na lei civil, atendendo a todas as formalidades exigidas.

CASAMENTO CLANDESTINO. *Direito canônico.* É o contraído sem a presença do padre competente e das duas testemunhas, sem a presença das testemunhas, mas com assistência do sacerdote ou com a presença das testemunhas, mas sem a do pároco, sendo considerado írrito e nulo. Somente é válido o celebrado pelo padre competente com a presença simultânea de duas testemunhas.

CASAMENTO COMUNITÁRIO. *Direito civil.* Celebração nupcial de vários casais pelo mesmo oficiante.

CASAMENTO CONFESSIONAL. *Direito civil.* É o realizado perante ministro de qualquer confissão religiosa.

CASAMENTO CONSULAR. *Direito internacional privado.* É o de estrangeiros, celebrado perante autoridade diplomática ou consular do país de ambos os nubentes, no próprio consulado ou fora dele, conforme o direito alienígena, no que concerne à forma do ato, pois seus efeitos materiais são apreciados de acordo com a lei brasileira. Entretanto, não será possível a transcrição de assento de casamento de estrangeiro, realizado no Brasil, em consulado de seu País, no cartório do registro civil do respectivo domicílio. Brasileiros podem convolar núpcias no exterior perante nosso cônsul desde que ambos os nubentes sejam brasileiros e a legislação local reconheça efeitos civis aos casamentos assim celebrados. Todavia, esse casamento deverá ser registrado no Brasil.

CASAMENTO *CUM MANU*. *Direito romano.* Matrimônio em que a mulher fica submetida, na qualidade de *uxor*, à família do marido, ficando dependente do novo *pater familias*.

CASAMENTO DE COLATERAIS. *Vide* CASAMENTO AVUNCULAR.

CASAMENTO DE CONSCIÊNCIA. *Direito canônico.* É o celebrado secretamente entre nubentes católicos, mediante autorização do Ordinário, em razão de causa urgente, perante o pároco e testemunhas, que se comprometem a mantê-lo em segredo, obrigação esta que se estende aos cônjuges, salvo se um deles der consentimento ao outro para torná-lo público. Tal casamento é registrado em livro especial, que fica guardado no arquivo secreto da Cúria.

CASAMENTO DE FATO. *Direito civil.* Trata-se do concubinato puro, ou seja, união estável ou duradoura, sem casamento civil, entre homem e mulher livres e desimpedidos, reconhecido pela norma constitucional como entidade familiar.

CASAMENTO DE FUNCIONÁRIO DIPLOMÁTICO OU CONSULAR. *Direito internacional privado.* É o de funcionário diplomático ou consular, que dependerá de autorização, em razão de disciplina imposta pela carreira, se se realizar com estrangeira não naturalizada ou com pessoa empregada de governo estrangeiro ou que dele receba comissão ou pensão.

CASAMENTO DE MÃO ESQUERDA. *Vide* CASAMENTO MORGANÁTICO.

CASAMENTO DISSIMULADO. *Vide* CLEPSIGAMIA.

CASAMENTO DUVIDOSO. *Direito civil.* Aquele em que, por ser sua prova insuficiente, é admitido se os cônjuges vivem ou viveram na posse do estado de casados.

CASAMENTO EM CASO DE MOLÉSTIA GRAVE. *Direito civil.* É o que ocorre quando o estado de saúde de um dos nubentes impede-o de locomover-se ou de adiar a cerimônia. É celebrado pelo juiz de casamento ou seu substituto legal, perante o oficial do registro, ou pelo oficial *ad hoc* que o substituir, em sua casa ou onde estiver, independentemente do cumprimento de formalidades preliminares, perante duas testemunhas que saibam ler e escrever.

CASAMENTO EM IMINENTE RISCO DE VIDA. *Direito civil.* É uma forma especial de celebração do casamento, pois, ante o fato de um dos nubentes se encontrar em iminente risco de vida, dar-se-á, sem o cumprimento das formalidades preliminares, inclusive sem a presença da autoridade competente, pela simples declaração, de viva voz, de ambos os contraentes de que, livre e espontaneamente, querem receber por marido e mulher, na presença de seis testemunhas que com eles não tenham parentesco em linha reta ou, na colateral, em 2º grau. Tais testemunhas presenciais deverão comparecer, dentro de dez dias, ante a autoridade judicial mais próxima, pedindo que se lhes tomem por termo as seguintes declarações: que foram convoca-

das por parte do enfermo; que este parecia em perigo de vida, mas em seu juízo; e que na presença delas declararam os contraentes livre e espontaneamente receber-se por marido e mulher. A autoridade competente, então, autuado o pedido e tomadas as declarações, procederá às diligências necessárias para a habilitação matrimonial e homologará o ato, mandando transcrever sua decisão no Livro de Registro de Casamento. Tal formalidade homologatória será dispensada se o enfermo convalescer e puder ratificar o casamento na presença da autoridade competente e do oficial do registro.

CASAMENTO EXTEMPORÂNEO. *Direito civil.* É o contraído pelo menor de dezesseis anos sendo, por isso, suscetível de anulação, salvo se dele resultou gravidez ou se, com ele, se pretende impedir a imposição de pena criminal, no caso de crime contra os costumes de ação penal privada (p. ex., posse sexual mediante fraude, assédio sexual).

CASAMENTO *IN ARTICULO MORTIS*. *Vide* CASAMENTO EM IMINENTE RISCO DE VIDA.

CASAMENTO INCESTUOSO. *Direito civil.* É o realizado entre pessoas com parentesco natural (entre ascendente e descendente ou colaterais em 2º grau) ou civil, em grau vedado por lei, sendo nulo por violar impedimento matrimonial.

CASAMENTO INEXISTENTE. *Direito civil.* Aquele em que há identidade de sexos ou falta de celebração na forma da lei, não existindo juridicamente e não produzindo nenhum efeito, mesmo provisório. Não é casamento, pois nem chega a ser um matrimônio. Por ser o nada, não há necessidade de ação que declare sua ineficácia nem comporta declaração de putatividade. Além disso, os pseudocônjuges podem convolar novas núpcias sem anular as precedentes, dado que estas inexistem. Por ser inexistente, não poderá nem mesmo ser sanado pela ratificação ou prescrição.

CASAMENTO *IN EXTREMIS VITAE MOMENTIS*. *Vide* CASAMENTO EM IMINENTE RISCO DE VIDA.

CASAMENTO MORGANÁTICO. *História do direito.* **1.** Era o casamento de mão esquerda, ou seja, o contraído legitimamente por nobre, em regra príncipe, com pessoa de origem plebéia, à qual não se estendiam as prerrogativas e qualidades de seu cônjuge, excluindo-se os filhos da sucessão dinástica paterna ou materna, conforme o caso, privando-os do gozo de certos direitos políticos e civis. Como se vê, o cônjuge plebeu e os filhos havidos dessa união não participavam de regalias dinásticas. Chamava-se "de mão esquerda" porque o marido, no ato da celebração, oferecia à mulher a mão esquerda, em vez da direita, como sinal de que estava reservando apenas para si os seus títulos de nobreza. **2.** Na Alemanha era o casamento em que o marido fazia à mulher uma doação de núpcias, que consistia na quarta parte dos bens presentes e futuros, chamada *Morgengabe.*

CASAMENTO MUT'AH. *Direito comparado.* União de duração fixa, embora prorrogável, avençada livremente por homem e mulher, sem impedimento matrimonial, os quais estabelecem os requisitos e limites, inclusive o valor do dote e os direitos sucessórios (Hélio Fiorillo).

CASAMENTO NÃO CONSUMADO. *Direito canônico.* É o casamento dissolúvel por não ter havido relação sexual entre os cônjuges.

CASAMENTO NO EXTERIOR. *Direito internacional privado.* **1.** É o celebrado fora do País, caso em que é provado pela lei do Estado onde se realizou a cerimônia. **2.** É o contraído perante autoridade consular brasileira, provando-se pela certidão de seu registro expedida pelo Consulado.

CASAMENTO NULO. *Direito civil.* É o contraído não só com infração de impedimento matrimonial (se efetivado entre: parentes consangüíneos ou afins ou entre pessoas que no seio da família assumem posição idêntica aos parentes; pessoas casadas; e entre o consorte sobrevivente com o autor do homicídio ou da tentativa de homicídio), mas também o contraído por enfermo mental sem o necessário discernimento para os atos da vida civil. Do exposto, fácil é perceber que a nulidade do casamento deriva de incesto, bigamia, crime de homicídio ou tentativa de homicídio e enfermidade mental que retire todo o discernimento. Têm legitimidade processual para propor ação de nulidade do casamento aqueles que tiverem interesse moral, econômico e social. A sentença de nulidade tem caráter declaratório, produzindo efeitos *ex tunc*, sem, contudo, tornar o casamento inteiramente ineficaz, pois são matrimoniais filhos havidos na sua constância.

CASAMENTO NUNCUPATIVO. *Vide* CASAMENTO EM IMINENTE RISCO DE VIDA.

CASAMENTO OCULTO. *Direito civil.* É o realizado em segredo, mas com obediência a todas as formalidades legais, sendo, por isso, válido.

CASAMENTO *PER COEMPTIONEM.* *Direito romano.* Era a venda imaginária do poder sobre a mulher feita do seu pai ao marido.

CASAMENTO PER CONFARREATIO. *Direito romano.* Era aquele em que havia uma cerimônia pela qual, sendo os nubentes patrícios, o marido adquiria a *manus* sobre a mulher, e os filhos deles nascidos eram os únicos com capacidade para assumir cargos sacerdotais.

CASAMENTO POR PROCURAÇÃO. *Direito civil.* Aquele que se celebra por procuração, se um dos contraentes não puder estar presente ao ato nupcial, desde que o nubente outorgue poderes especiais a alguém para comparecer em seu lugar e receber, em seu nome, o outro contraente, indicando o nome deste, individuando-o de modo preciso e mencionando o regime de bens. Por este meio possibilita-se casamento de nubente que esteja materialmente impossibilitado de comparecer à cerimônia nupcial, por exemplo, se residir em local diverso do outro e não puder deslocar-se por razões justas ou se se encontrar no exterior em trabalho ou cumprimento de bolsa de estudo que não possam ser interrompidos. O casamento por procuração não dispensa a cerimônia pública, que se efetivará com a presença do contraente e do procurador do outro, munido com poderes especiais, pois é inadmissível que ambos os nubentes se façam representar por mandatários, já que, sem a presença de um deles, o ato nupcial perde os caracteres cerimoniais peculiares. Pronunciada a fórmula legal pelo celebrante, ter-se-á o vínculo matrimonial e dever-se-á lavrar o assento, constando a circunstância da representação, arquivando-se em cartório, juntamente com os demais documentos apresentados, o instrumento do mandato.

CASAMENTO PÓSTUMO. *História do direito.* Era o admitido por leis de exceção, motivadas pelas guerras mundiais de 1914 e 1939, contraído mesmo que um dos nubentes tivesse falecido no curso das operações militares após a habilitação, provando-se o seu inequívoco consentimento, remontando os seus efeitos do dia anterior à morte do marido.

CASAMENTO PUTATIVO. *Direito civil.* É o casamento nulo ou anulável que produz efeitos civis válidos em relação aos consortes e à prole, se um deles ou ambos o contraíram de boa-fé, ignorando a existência do impedimento legal. Isto é assim porque a boa-fé suprime o impedimento, fazendo com que a eficácia da sentença que invalidar o casamento seja *ex nunc* em relação ao inocente, não afetando os direitos já adquiridos. Assim sendo, o inocente terá a guarda dos filhos, poderá pleitear a meação dos bens, exigir alimentos e conservar os apelidos do ex-cônjuge. Quanto aos filhos, continuarão com todos os direitos, inclusive os sucessórios, ainda que nenhum dos cônjuges estivesse de boa-fé.

CASAMENTO RATO. *Direito canônico.* Casamento católico celebrado validamente entre batizados.

CASAMENTO RELIGIOSO. 1. *Direito canônico.* **1.** É o celebrado por ministro de culto católico, constituindo um sacramento, segundo os mandamentos da Igreja. **2.** É o contraído com as solenidades previstas pela lei religiosa dos nubentes.

CASAMENTO RELIGIOSO COM EFEITOS CIVIS. *Direito civil.* É o celebrado por ministro de culto religioso, seja católico, protestante, ortodoxo, israelita etc., com efeitos civis, desde que haja habilitação prévia ou posterior. Tem-se assim duas modalidades de casamento religioso com efeito civil: a) o precedido de habilitação civil, caso em que os nubentes processam a habilitação matrimonial perante o oficial do registro civil, pedindo-lhe que lhes forneça a respectiva certidão para se casarem perante ministro religioso, nela mencionando prazo legal de validade da habilitação, ou seja, três meses. Tal certidão será entregue à autoridade eclesiástica, que a arquivará, realizando, então, o ato nupcial. Dentro do prazo decadencial de noventa dias, o ministro religioso ou qualquer interessado deverá requerer sua inscrição no registro civil; b) o não precedido de habilitação civil perante o oficial do registro civil, que poderá ser registrado desde que os nubentes, juntamente com o requerimento do registro, apresentem a prova do ato religioso e os documentos exigidos para a habilitação matrimonial. Processada a habilitação com a publicação dos editais, certificando-se o oficial da ausência de impedimentos matrimoniais, fará o registro do casamento religioso. Se não houver o registro civil, o casamento religioso será mero concubinato puro ou união estável.

CASAMENTO SIMULADO. 1. *História do direito.* Foi o contraído, por ocasião das guerras mundiais, para permitir à mulher a aquisição de um *status* ao qual não se aplicavam normas relativas à expulsão de estrangeiros, à perseguição racial, ao trabalho obrigatório, permitindo-lhe obter passaporte, adquirindo, com isso, a nacionalidade ou a cidadania do cônjuge sem que tivessem, em momento algum, vivido como marido e mulher. É também chamado de casamento fictício ou fiduciário, pois ambos o simulavam, enganando a autoridade pública, para que a mulher pudesse escapar das leis marciais. **2.** *Direito civil.* É o casamento fiduciário ou fictício, voluntariamente contraído não para fundar uma comunidade conjugal, mas para conseguir fins determinados, enganando outrem para isso. Sem embargo dos doutrinadores que entendem que deve ser válido tal matrimônio, há aqueles que preconizam sua nulidade, por ser ele uma fraude à lei e à ordem pública, afetando a seriedade com que deve revestir-se a vontade dos futuros esposos. Pensam dessa forma Jemolo, Carbonnier, Grasetti, De Page, García Cantero, Consoli e Borda. **3.** *Direito penal.* É aquele em que um dos nubentes, ou ambos, ou ainda o juiz, o oficial de registros públicos e as testemunhas simulam a celebração do ato nupcial perante autoridade incompetente, iludindo um dos nubentes, ambos ou os pais dos noivos, de cujo consentimento dependia a realização do casamento. Tal conduta deve operar-se por meios ardilosos ou fraudulentos, visando enganar o contraente ou a pessoa da qual será preciso a anuência, por exemplo, o pai de um dos noivos, constituindo crime de simulação de casamento, punido com detenção.

CASAMENTO *SINE MANU.* *Direito romano.* Casamento em que a mulher casada ficava vinculada à sua família de origem e ao seu *paterfamilias*.

CASAMENTO SUBSEQÜENTE. 1. *Direito civil.* a) O contraído depois de outro. Trata-se das segundas núpcias; b) o contraído pelos que já viviam em estado de casados; c) o de pessoas que já mantinham ou mantiveram relações sexuais, sendo que, se uma delas for menor, não se anulará, por defeito de idade, o matrimônio de que resultou gravidez. **2.** *História do direito.* a) Casamento do agente com a ofendida, extinguindo a punibilidade nos crimes contra os costumes, como atentado violento ao pudor, sedução, estupro, posse sexual mediante fraude, corrupção de menores e rapto; b) casamento da ofendida com terceiro extinguia a punibilidade do agente nos crimes contra os costumes, se cometidos sem violência ou grave ameaça, desde que a vítima não requeresse o prosseguimento da ação penal no prazo de sessenta dias contados da celebração. A lei, atualmente, considera válido casamento contraído por menor que ainda não atingiu a idade nupcial, antecipando essa idade para coibir a desonra, permitindo, mediante expedição de alvará judicial, o matrimônio para evitar a imposição ou o cumprimento de pena criminal no caso de crime contra os costumes de ação penal privada, como, por exemplo, posse sexual mediante fraude, assédio sexual ou se do relacionamento amoroso resultou gravidez. Tal casamento deverá ser livremente consentido por ambos os contraentes, não sendo necessária a anuência do representante legal, e, se já houve instauração de processo criminal, extinguir-se-á a punibilidade. Logo, nos casos de estupro, atentado violento ao pudor, por ser a ação penal pública e incondicionada, o casamento não evitará a imposição ou o cumprimento de pena criminal (Gustavo F. Barbosa Garcia).

CASA MESTRA. *Direito marítimo.* Largura medida na maior seção do navio, perpendicular à quilha.

CASA MILITAR. *Direito militar* e *direito administrativo.* Gabinete militar, que é um dos órgãos de assessoramento imediato da Presidência da República, principalmente no que atina a assuntos relativos à administração militar e à segurança nacional.

CASA MILITAR DA PRESIDÊNCIA DA REPÚBLICA. *Direito militar* e *direito administrativo.* Aquele órgão a que compete assistir direta e imediatamente o presidente da República no desempenho de suas atribuições, nos assuntos referentes à administração militar, zelar pela segurança pessoal do Chefe de Estado, do Vice-Presidente da República, e respectivos familiares, assim como pela segurança dos titulares dos órgãos essenciais da Presidência da República, bem assim dos respectivos palácios presidenciais, tendo como estrutura básica o Gabinete e até cinco Subchefias, sendo uma Executiva.

CASA PARTICULAR. *Direito civil.* É a destinada à residência de uma família, não se encontrando ao acesso do público.

CASA PIA. *Direito civil.* Instituição de caridade que presta assistência médica ou social.

CASA POPULAR. 1. *Direito administrativo.* É a construída pela Administração Pública para a moradia de pessoas carentes, procurando resolver a questão socioeconômica e incrementando a possibilidade de aquisição, pelos brasileiros de pouco poder aquisitivo, de casa própria e local para morar. **2.** *Direito civil.* É aquela de propriedade de pessoa física, que atende cumulativamente às seguintes condições: a) área construída de até 70 m²; b) construção residencial unifamiliar e destinada a uso próprio; c) único imóvel residencial do proprietário ou dono da obra no Município e que se destine a sua moradia permanente; d) classificação de econômica, popular ou equivalente, nas posturas sobre obras do Município. A comprovação das condições acima deverá ser efetuada mediante a apresentação dos seguintes documentos: a) projeto de construção devidamente aprovado ou laudo técnico de profissional habilitado pelo CREA ou certidão do órgão municipal da qual conste a área construída; b) declaração do proprietário, sob as penas da lei, de que não possui outro imóvel residencial, se destine a uso próprio como domicílio permanente e de que não se trata de imóvel de veraneio.

CASA PÚBLICA. *Direito comercial* e *direito administrativo.* É a freqüentada por qualquer pessoa do povo, desde que sua entrada seja franqueada, em razão da atividade nela praticada. Públicas são as repartições da Administração Pública, bibliotecas públicas, casas comerciais e de diversões.

CASA REAL. *Direito comparado.* **1.** Família real ou nobre. **2.** Conjunto de bens pertencentes ao rei. **3.** Conjunto de empregados ou funcionários que estão a serviço do rei e de sua família.

CASA RELIGIOSA. *Direito canônico.* É a casa de uma ordem religiosa, designada "casa regular", ou o lugar onde habitam pelo menos seis religiosos, sendo quatro deles sacerdotes, caso em que se terá a *casa formada*.

CASA RESIDENCIAL. *Vide* CASA PARTICULAR.

CASA REVISORA. *Direito constitucional.* Segunda câmara que examina o projeto de lei ordinária, onde pode ocorrer: aprovação do projeto, enviando-o, então, à Presidência da República para sanção; emenda do projeto, devolvendo-o à câmara iniciadora para que o aprecie; rejeição do projeto, que será arquivado.

CASA SANTA. *Direito civil.* Instituição pia que trata de pessoas doentes e carentes.

CASAS DE APOIO PARA ADULTOS COM HIV/AIDS. *Biodireito.* Pessoas jurídicas de direito público e privado, organizadas sem fins lucrativos, legalmente constituídas, sem qualquer vínculo com empresas privadas prestadoras de serviços de saúde, que realizam serviços de cunho social e que aceitam disponibilizar aos usuários do SUS suas instalações para acomodação de caráter temporário ou de longa duração, desenvolvendo atividades de promoção à saúde, orientação, adesão e cuidado ao tratamento, reinserção social e familiar. Essas instituições devem estar devidamente registradas perante o Cartório de Registros Públicos, de acordo com a legislação em vigor, apresentando Regimento Interno do estabelecimento que contemple critérios para desenvolver as ações de apoio e atenção à saúde de pessoas vivendo com HIV/AIDS e preservar o respeito aos direitos humanos, às liberdades e às garantias individuais. Devem ser dotadas de ambientes físicos em condições de higiene e instalações com grau de salubridade e nível de segurança que não coloquem em risco os usuários. Tais instituições devem, ainda, dispor de funcionários próprios e/ou voluntários em período integral para desenvolver atividades de apoio à promoção, e reinserção social, familiar e ao mercado de trabalho.

CASA TÉRREA. *Direito civil.* Prédio que possui apenas o pavimento ao rés do chão.

CASCA. *Direito agrário.* **1.** Nome de várias plantas. **2.** Invólucro externo de sementes, frutos, ovos, tubérculos etc., podendo ser usado inclusive para fins medicinais.

CASCALHO. Na *linguagem da mineração,* é o conjunto de lascas de pedra misturadas com areia, onde se encontram pepitas de ouro, diamantes etc.

CASCALHO CONTAMINADO. *Direito ambiental.* É o cascalho oriundo de perfuração onde foi empregada lama à base de óleo ou fluidos poluentes.

CASCO. 1. *Direito marítimo.* a) Quilha com o costado do navio. É a armação do navio sem qualquer aparelhagem ou acessórios de navegação, mastreação etc., que pode ser objeto de garantia no contrato de câmbio marítimo. Trata-se do corpo flutuante do navio; b) canoa. **2.** *Medicina legal.* a) Couro cabeludo; b) crânio.

CASCO-DE-FAZENDA. *Direito agrário.* **1.** Fazenda abandonada. **2.** Casa e terras sem qualquer cultura ou gado.

CASE. *Termo inglês.* **1.** Lide. **2.** Demanda. **3.** Ação judicial.

CASEIFICAÇÃO. *Medicina legal.* Necrose em que o tecido danificado se converte em substância mole, muito comum em lesões de tuberculose.

CASEIRO. *Direito agrário.* **1.** O encarregado de guardar uma casa de campo. **2.** Empregado rural que dirige a cultura de uma pequena propriedade agrícola. **3.** Arrendatário de propriedade rural alheia, que a explora por conta própria.

CASE LAW. *Locução inglesa.* Precedente judicial; jurisprudência.

CASERNA. *Direito militar.* Habitação do soldado dentro do quartel.

CASH. *Termo inglês.* Dinheiro em espécie; disponibilidade financeira; caixa; numerário.

CASH AGAINST DOCUMENTS. *Expressão inglesa.* Forma da técnica de compra e venda internacional *on open account,* pela qual o vendedor poderá receber do comprador, no ato da entrega, os documentos representativos da mercadoria.

CASH-AND-CARRY. *Locução inglesa.* **1.** Caixa e carregamento. **2.** Operação de renda fixa praticada em Bolsa de Valores em que o investidor tem uma posição comprada em determinado mercado a vista, e uma posição vendida no mercado futuro respectivo (Luiz Fernando Rudge).

CASH ASSETS. *Locução inglesa.* Disponibilidade monetária.

CASH BAIL. *Locução inglesa.* Fiança paga em dinheiro pelo réu que está respondendo a um processo em liberdade.

CASH BENEFIT FOR BINDING CONSENT TO DONATION. *Expressão inglesa.* Consentimento obrigatório e irrevogável assinado pelo futuro doador de órgãos.

CASH BOOK. *Locução inglesa.* Livro-caixa.

CASH COW. *Locução inglesa.* Empresa geradora de fluxo de caixa continuado, em montante superior às suas necessidades, capaz de distribuir resultados econômicos compensadores a seus acionistas, à custa do reinvestimento dos lucros (Luiz Fernando Rudge).

CASH DEATH BENEFIT. *Expressão inglesa.* Benefício pago pela morte, ou seja, o candidato a cadáver recebe, pelas doações de órgãos que fizer, um pagamento à vista e antecipado, e até mesmo uma quantia para a despesa de funeral.

CASH DISCOUNT. *Locução inglesa.* Desconto para pagamento à vista.

CASH DOWN. *Locução inglesa.* Pagar à vista.

CASH FLOW. *Locução inglesa.* Retorno de dinheiro produzido pelo bem, independentemente de pagamento de qualquer imposto.

CASHIER'S CHECK. *Locução inglesa.* Cheque administrativo; cheque de caixa.

CASH IMPREST FUND. *Expressão inglesa.* Fundo fixo de caixa.

CASH MANAGEMENT. *Locução inglesa.* Gerenciamento do caixa de uma empresa (Luiz Fernando Rudge).

CASH MARKET VALUE. *Expressão inglesa.* Valor de mercado à vista.

CASH ON DELIVERY. *Locução inglesa.* 1. Pagamento contra entrega. 2. Forma de técnica de compra e venda internacional *on open account*, pela qual o comprador poderá efetuar o pagamento depois da inspeção da mercadoria, no local do destino.

CASH OUTLAY. *Locução inglesa.* Desembolso.

CASH PRICE. *Locução inglesa.* Preço à vista.

CASH RECEIPTS JOURNAL. *Expressão inglesa.* Livro-caixa de receitas.

CASH SALE. *Locução inglesa.* Venda à vista.

CASH SETTLEMENT. *Locução inglesa.* 1. Liquidação financeira. 2. Forma de liquidação de contratos de opções e futuros, com pagamento em dinheiro igual à diferença: a) no caso de opções: entre o preço da liquidação e o de exercício; b) nas negociações em mercados futuros: entre o preço de ajuste do dia de liquidação e o de ajuste do penúltimo dia de negociação. 3. Entrega de valores mobiliários mediante liquidação financeira, na data de negociação (Luiz Fernando Rudge).

CASH SURRENDER SALE. *Expressão inglesa.* Valor do resgate de um seguro que deve ser pago pela seguradora.

CASH VALUE. *Locução inglesa.* Valor do mercado; valor real.

CASH WITH ORDER. *Expressão inglesa.* Forma da técnica de compra e venda internacional *on open account*, pela qual o vendedor poderá receber o preço antes do embarque ou da entrega da mercadoria.

CASINHA. 1. *História do direito.* Cárcere da inquisição. **2.** Na *linguagem popular,* posto fiscal situado no cais ou nas barreiras das cidades.

CASO. 1. *Medicina legal.* Manifestação individual de uma moléstia. **2.** *Direito civil.* Acontecimento; fato; evento; circunstância.

CASO ABSTRATO. *Teoria geral do direito.* **1.** Hipótese. **2.** Aquele que não tem existência real.

CASO ANÁLOGO. *Teoria geral do direito.* Aquele que apresenta similitude com outro, isto é, o semelhante a outro.

CASO ATUAL. *Teoria geral do direito* e *direito civil.* Aquele que está presente; o contemporâneo; o existente no momento.

CASO CERTO. *Direito civil.* Aquele de cuja realização se tem certeza.

CASO CONCRETO. 1. *Direito processual civil.* Aquele que é objeto da relação jurídica processual. **2.** *Teoria geral do direito.* Aquele que tem existência real e produz efeitos jurídicos.

CASO DA LEI. *Teoria geral do direito.* Aquele que está previsto em lei, nela se enquadrando.

CASO DE FORÇA MAIOR. *Direito civil.* Fato jurídico *stricto sensu* extraordinário ou irresistível, por ser originário de fato da natureza que produz prejuízo, como, por exemplo, raio que provoca incêndio ou inundação que danifica produtos, implicando uma idéia de relatividade, já que a força do acontecimento é maior do que a suposta, devendo-se fazer uma consideração prévia do estado do sujeito e das circunstâncias espácio-temporais para que se caracterize como eficácia liberatória de responsabilidade civil.

CASO DE IMPUNIBILIDADE. *Direito penal.* Aquele em que, apesar de ter havido prática de atos preliminares direcionados à perpetração de um crime, que não chega a ser tentado, não se aplica a pena, mas medida de segurança, se se tiver periculosidade do agente.

CASO FORTUITO. *Direito civil.* Fato jurídico *stricto sensu* extraordinário ou irresistível em que o acidente que gera o dano advém de causa desconhecida, como, por exemplo, o cabo elétrico aéreo que se rompe e cai sobre fios telefônicos, causando incêndio ou a explosão de caldeira de usina, provocando morte. Pode ser ocasionado por ato de terceiros, como greve, motim, mudança de governo, colocação do bem fora do comércio, que cause graves acidentes ou prejuízos, devido à impossibilidade do cumprimento de certas obrigações. Sendo absoluto, por ser totalmente imprevisível ou irreconhecível com alguma diligência, de modo que não se poderia cogitar da responsabilidade do sujeito, acarreta extinção das obrigações, salvo se se convencionou pagá-las ou se a lei lhe impõe esse dever, como nos casos de responsabilidade objetiva. Entretanto, nem sempre tem esse efeito extintivo, uma vez que nas obrigações de dar coisa incerta o devedor não se exonera sob a alegação de perda ou deterioração por caso fortuito.

CASO INCERTO. *Direito civil.* Aquele cuja realização é duvidosa; evento que poderá ocorrer de uma maneira ou de outra.

CASO INSÓLITO. *Direito civil.* Acontecimento extraordinário ou incomum; aquele que não acontece habitualmente.

CASO JULGADO. *Vide* COISA JULGADA.

CASO OMISSO. *Teoria geral do direito.* Aquele que não está regulado em lei, devendo o magistrado julgá-lo de acordo com a analogia, os costumes ou os princípios gerais do direito.

CASO PASSADO. *Direito civil.* Acontecimento que já se realizou.

CASOS DE TRÂNSITO OU PERMANÊNCIA TEMPORÁRIA DE FORÇAS ESTRANGEIRAS NO PAÍS. *Direito internacional público* e *direito militar.* São os permitidos pelo presidente da República para que forças estrangeiras transitem pelo território nacional ou nele permaneçam temporariamente, independente da autorização do Congresso Nacional, nos seguintes casos: a) para a execução de programas de adestramento ou aperfeiçoamento ou de missão militar de transporte, de pessoal, carga ou de apoio logístico do interesse e sob a coordenação de instituição pública nacional; b) em visita oficial ou não oficial programada pelos órgãos governamentais, inclusive as de finalidade científica e tecnológica; c) para atendimento técnico, nas situações de abastecimento, reparo ou manutenção de navios ou aeronaves estrangeiras; d) em missão de busca e salvamento. À exceção desses casos, o presidente da República dependerá da autorização do Congresso Nacional para permitir que forças estrangeiras transitem ou permaneçam no território nacional, quando será ouvido, sempre, o Conselho de Defesa Nacional. Em qualquer caso, dependendo ou não da manifestação do Congresso Nacional, a permanência ou trânsito de forças estrangeiras no território nacional só poderá ocorrer observados os seguintes requisitos, à exceção dos casos previstos nos itens *c* e *d*, quando caracterizada situação de emergência: a) que o tempo de permanência ou o trecho a ser transitado tenha sido previamente estabelecido; b) que o Brasil mantenha relações diplomáticas com o país a que pertençam as forças estrangeiras; c) que a finalidade do trânsito ou da permanência no território nacional haja sido plenamente declarada; d) que o quantitativo do contingente ou grupamento bem como os veículos e equipamentos bélicos integrantes da força hajam sido previamente especificados; e) que as forças estrangeiras não provenham de países beligerantes, circunstância a ser prevista em lei especial. Implicará crime de responsabilidade o ato de autorização do presidente da República sem que tenham sido preenchidos tais requisitos, bem como quando a permissão não seja precedida da autorização do Congresso Nacional, nos casos em que se fizer necessária. Verificada hipótese em que seja necessária a autorização do Congresso Nacional para o trânsito ou permanência de forças estrangeiras no território nacional, observar-se-ão os seguintes procedimentos: a) o presidente da República encaminhará mensagem ao Congresso Nacional, que tramitará na forma de projeto de decreto legislativo, instruída com o conteúdo das informações alusivas aos casos previstos em lei que permitam aquele trânsito; b) a matéria tramitará em regime de urgência, com precedência sobre qualquer outra na Ordem do Dia que não tenha preferência constitucional. Consideram-se forças estrangeiras o grupamento ou contingente de força armada, bem como o navio, a aeronave e a viatura que pertençam ou estejam a serviço dessas forças.

CASO *SUB EXAMINE*. *Teoria geral do direito.* Caso que está sendo examinado.

CASO *SUB JUDICE*. *Direito processual.* Aquele que, por ser controvertido, está sendo submetido à apreciação judicial. Constitui o objeto de um processo que ainda não recebeu decisão definitiva. É, portanto, aquele que está pendente de julgamento.

CASO SUSPEITO. *Medicina legal.* É a pessoa cuja história clínica, sintomas e possível exposição a uma fonte de infecção sugerem que possa estar ou vir a desenvolver alguma doença infecciosa.

CASO VERTENTE. *Teoria geral do direito.* Aquele que é objeto de apreciação ou discussão.

CASQUETE. *Direito militar.* Cobertura para cabeça usada pelos militares, tendo o nome de "gorro sem pala".

CASSAÇÃO. 1. *Teoria geral do direito.* a) Ato de revogar ou de tornar algo sem efeito; b) anulação; tornar nulo. **2.** *Direito administrativo.* Retirada de autorização ou licença, que, por serem atos administrativos discricionários, dependentes de policiamento da autoridade, esta poderá suspendê-los sem qualquer indenização. **3.** *História do direito.* Instituto das antigas Cortes de Cassação, que, hodiernamente, corresponde ao recurso extraordinário. **4.** *Ciência política.* Perda ou suspensão de direitos políticos.

CASSAÇÃO DA PALAVRA. *Direito processual civil.* Cominação de pena que se impõe a advogado que vier a proferir expressões injuriosas em defesa oral. Se vier a escrevê-las nas peças processuais que apresentar, o órgão judicante, de ofício ou a requerimento do ofendido, mandará riscá-las.

CASSAÇÃO DE ACÓRDÃO. *Direito processual.* Anulação de decisão de tribunal de segundo grau.

CASSAÇÃO DE APOSENTADORIA. *Direito administrativo.* Sanção disciplinar que se aplica a funcionário inativo se se provar que, no exercício do cargo público, veio a praticar qualquer falta grave. Para tanto, a Administração Pública, mediante reversão do agente, obrigá-lo-á a retornar ao serviço, abrindo inquérito administrativo para apurar sua culpabilidade. Comprovada esta, cassar-lhe-á a aposentadoria, com a conseqüente suspensão do estipêndio.

CASSAÇÃO DE ATO ADMINISTRATIVO. *Direito administrativo.* Desfazimento de ato administrativo, retirando sua eficácia. Se essa cassação se fundar na ilegalidade ou no mérito do ato cassado, baseada na sua conveniência ou oportunidade, ela será *administrativa.* Se essa cassação administrativa envolver ilegalidade, dela será cabível recurso administrativo ou ao Judiciário. Se, porém, disser respeito ao mérito, o recurso administrativo será o único admitido. Poderá, por outro lado, ser *política,* se tiver por base motivos de relevância pública, a juízo do chefe do Executivo, ante circunstâncias excepcionais ou fundadas em razões de Estado. Dessa cassação política não caberá qualquer recurso, pois, por ser ato político, apenas o Poder que a editou poderá revê-la.

CASSAÇÃO DE DIREITOS POLÍTICOS. *Ciência política.* Suspensão ou perda de direitos políticos, havendo aquisição de outra nacionalidade, cancelamento de naturalização, incapacidade civil absoluta etc.

CASSAÇÃO DE DISPONIBILIDADE. *Direito administrativo.* Sanção disciplinar imposta a funcionário público colocado em disponibilidade pelos atos ilícitos que praticou quando ainda não estava desligado do exercício do cargo, seja por conveniência ao serviço, seja pela extinção daquele cargo, fazendo com que perca os privilégios e garantias a que tinha direito. Assim, por exemplo, se o funcionário inativo havia praticado usura, aceitado representação de Estado estrangeiro sem prévia autorização do presidente da República ou cometido falta grave, terá sua disponibilidade cassada.

CASSAÇÃO DE SENTENÇA. *Direito processual.* Anulação de sentença.

CASSACO. 1. *Direito agrário.* Trabalhador rural, em caráter eventual, nos engenhos e usinas de açúcar. **2.** Na *linguagem jurídica* em geral: a) servente de padaria; b) trabalhador encarregado da construção e conservação das estradas de ferro.

CASSINO. 1. *Direito militar.* Dependência do quartel onde os oficiais se reúnem para entretenimento e descanso. **2.** *Direito penal.* Casa de jogos de azar, proibida legalmente de funcionar em nosso País.

CASTA. 1. *Sociologia jurídica.* a) Qualquer classe social separada das outras por diferenças de posição social, riqueza, profissão, privilégios hereditários, costumes etc; b) classe de cidadãos com privilégios especiais; c) povo, família ou geração considerada sob o prisma de caracteres que a distinguem das outras; d) cada uma das classes em que se divide a sociedade na Índia; e) classe muito fechada, baseada em identidade de profissão, cujos membros são determinados por nascimento e proibidos de casar-se fora dela. **2.** *Ciência política.* Grupo social fechado endógamo que tem funções, em regra, hereditárias, e que leva vida social separada do resto da sociedade (Bianchi).

CASTIDADE. *Direito civil* e *direito penal.* **1.** Abstenção de relação sexual. **2.** Qualidade da mulher, que permite definir o crime contra a liberdade sexual. **3.** Numa acepção mais ampla, pode indicar prática de ato sexual apenas com o cônjuge, no sentido de "fidelidade".

CASTIGO. 1. *Direito civil.* Punição disciplinar aplicada a uma pessoa com o intuito de corrigi-la. Pode ser: a) *moral,* se se manifestar sob a forma de repreensão por palavras ou suspensão de alguma vantagem; ou b) *física,* se infligir moderadamente sofrimento corporal. A aplicação de castigos é um dos direitos inerentes ao poder familiar, desde que seja moderada. **2.** *Direito administrativo.* Pena disciplinar consistente na repreensão de funcionário público faltoso. **3.** *Direito penal.* Pena imposta a quem infringiu a lei, cometendo crimes ou contravenções penais.

CASTIGO IMODERADO. *Direito civil.* Punição infligida de modo cruel ou incontido, caracterizando-se como uso abusivo do poder disciplinar, acarretando, por exemplo, perda do poder familiar.

CASTING VOTE. *Locução inglesa.* **1.** Voto de minerva. **2.** Voto decisivo.

CASTRAÇÃO. *Medicina legal* e *direito penal.* Extirpação dos testículos, no homem, ou dos ovários, na mulher, tornando-os inférteis, causando-lhes alterações psicossomáticas, conforme a ablação se dê antes ou depois da puberdade. É a inutilização dos órgãos genitais para a reprodução, o que constitui lesão corporal grave punida com reclusão.

CASTRENSE. *Direito militar.* **1.** Diz-se dos bens adquiridos por militares e dos atos por eles praticados, isto é, tudo que é relativo à classe militar. Assim, pode-se falar em bem castrense, testamento castrense, justiça castrense. **2.** Referente a serviço militar. **3.** Aquilo que se relaciona com o acampamento militar.

CASTRISMO. *Ciência política.* **1.** Ação revolucionária empírica que se encontrou com o marxismo (Debray). **2.** Processo revolucionário cubano que, em guerra de guerrilha, conquistou o poder político (Fidel Castro, Bonet, Thomas e Tutino).

CASUAL. *Direito civil.* Aquilo que é fortuito, ocasional, eventual. Diz-se do fato que não se pode evitar ou prever.

CASUALIDADE. *Direito civil.* **1.** Qualidade do que é acidental. **2.** Acontecimento inesperado, imprevisto ou acidental. **3.** O mesmo que CASO FORTUITO.

CASUALITY INSURANCE. *Locução inglesa.* Seguro contra acidentes.

CASUÍSMO. 1. *Teoria geral do direito.* a) Explicação de normas jurídicas por meio de casos concretos; b) apego à jurisprudência; c) ajustamento a uma dada espécie jurídica de solução apresentada a um caso idêntico. **2.** *Lógica jurídica.* Argumentação especiosa. **3.** *Medicina legal.* Registro de casos clínicos.

CASUÍSTA. *Teoria geral do direito.* **1.** Aquele que se prende a casos particulares para expor preceitos jurídicos. **2.** Jurista submisso ao pragmatismo jurídico. **3.** Aquele que se apega à jurisprudência.

CASUÍSTICA. *Vide* CASUÍSMO.

CASUÍSTICA SOCIAL. *Sociologia jurídica.* Análise de casos particulares num dado grupo social.

CASUÍSTICO. *Teoria geral do direito.* **1.** Relativo ao casuísmo. **2.** Minucioso; pormenorizado. **3.** Preceito normativo que tem aplicação apenas em casos particulares.

CASULA. *Direito canônico.* Veste que sacerdotes e bispos usam em atos do culto católico.

CASUM SENTIT CREDITOR. *Expressão latina.* O risco da impossibilidade do cumprimento da obrigação deve ser suportado pelo credor.

CASUM SENTIT DOMINUS. *Expressão latina.* O dono sofre o caso fortuito.

CASUS. *Termo latino.* Caso; acaso.

CASUS BELLI. *Locução latina.* Caso de guerra. Ato ou incidente suscetível de provocar a guerra entre duas nações. Diz-se de qualquer ato de um país que venha a atentar contra os interesses de outro, justificando uma declaração de guerra. Pretexto para declarar a guerra.

CASUS EXCEPTUS FIRMAT REGULAM IN CONTRARIUM. *Aforismo jurídico.* Caso excetuado firma a regra em contrário.

CASUS FOEDERIS. *Locução latina.* Caso de aliança; pacto; tratado. Diz-se do fato que pode efetivar a aliança entre Estados, cuja execução dele dependia. Os países que firmarem o tratado de aliança passam a ser aliados. Indica também a circunstância em que o Estado aliado vem em auxílio de outro, cumprindo as obrigações que assumiu no tratado de aliança. Assim sendo, o *casus foederis* é o resultante de um complexo de cláusulas do tratado que esclarece as circunstâncias de assistência em que cada signatário pode exigir seu adimplemento.

CASUS FORTUITUS A MORA EXCUSAT. *Adágio latino.* Caso fortuito releva a mora.

CASUS FORTUITUS A NEMINE PRAESTANTUR. *Adágio latino.* Caso fortuito não se imputa a ninguém.

CASUS LEGIS UBI EST, NULLA DUBITATIO, AUT DISPUTATIO. *Aforismo jurídico.* Ocorrendo um caso da lei, inadmissíveis serão a dúvida ou a disputa.

CASUS MAIORES. *Locução latina.* Caso de força maior.

CASUS SUPERVENIENS NON LIBERAT A POENA PRAECEDENTIS CULPAE, NEC DEBITOREM AB OBLIGATIONE EXUIT. *Adágio latino.* Caso superveniente não livra da precedente culpa nem ao devedor de sua obrigação.

CATA. 1. *Direito agrário.* Separação dos grãos secos, negros e defeituosos do café. **2.** *Direito do trabalho.* a) Trabalho manual de extração de minério; b) local cavado para mineração.

CATÁBASE. *Medicina legal.* Período de retrocesso ou declínio do ser humano.

CATACUMBA. *Direito canônico.* Subterrâneo em Roma onde se escondiam os cristãos para a prática de culto religioso e onde eram sepultados seus mortos.

CATADIÓPTRICO. *Direito de trânsito.* Dispositivo de reflexão e refração da luz utilizado na sinalização de vias e veículos (olho-de-gato).

CATADO. *Direito agrário.* Diz-se do rebanho desfalcado de seus melhores exemplares.

CATADOR. *Direito agrário.* **1.** Máquina usada para beneficiar o café e separar os diversos tipos. **2.** Trabalhador rural encarregado de quebrar o cacau para retirar-lhe a amêndoa.

CATAFASIA. *Medicina legal.* Perturbação na linguagem que leva o paciente a repetir várias vezes uma palavra ou frase.

CATÁFORA. *Medicina legal.* Sonolência mórbida não acompanhada de febre nem delírio.

CATAGMA. *Medicina legal.* Fratura.

CATALEPSIA. *Medicina legal.* Síndrome nervosa, de índole histérica, que conduz à perda total ou parcial da sensibilidade externa e dos movimentos voluntários.

CATÁLOGO. *Direito comercial.* Relação metódica de coisas ou mercadorias contendo breve noticiário sobre elas.

CATÁLOGO DE INDENIZAÇÕES DOS SERVIÇOS DE SAÚDE DAS FORÇAS ARMADAS. *Direito militar.* Visa auxiliar os médicos e especialistas no cálculo de indenizações provenientes da prestação de assistência médico-hospitalar ao militar e seus dependentes, nas Organizações Militares de Saúde das Forças Armadas, e tem por objetivo: a) definir a Unidade de Serviços Médicos (USM) como padrão para o cálculo das indenizações provenientes da prestação da assistência médico-hospitalar aos usuários das Organizações Militares de Saúde das Forças Armadas; b) padronizar rotinas para o cálculo das indenizações provenientes da prestação da assistência médico-hospitalar aos usuários das Organizações Militares de Saúde das Forças Armadas; c) adequar as Organizações Militares de Saúde das Forças Armadas de meios padronizados para o cálculo das indenizações provenientes da prestação da assistência médico-hospitalar a seus usuários.

CATAMÊNIO. *Medicina legal.* Menstruação.

CATAPLEXIA. *Medicina legal.* Perda súbita dos sentidos, em razão de medo, ira ou susto.

CATAPSIXIA. *Medicina legal.* Sensação exagerada de frio, não acompanhada de tremor.

CATARATA. *Medicina legal.* Opacidade parcial ou total do cristalino ou de sua membrana, causando diminuição da visão.

CATARSE. *Psicologia forense.* Método que leva o paciente a revocar à sua consciência os estados afetivos recalcados, aliviando-o de desarranjos físico-mentais decorrentes daquele recalcamento.

CATASTA. *História do direito.* **1.** Local onde os romanos expunham os escravos à venda. **2.** Instrumento de tortura que tinha a forma de cruz. **3.** Leito de grades onde se torturavam os mártires.

CATATIMIA. *Psicologia forense.* Perturbação mental que turva o raciocínio do paciente, impossibilitando-o de fazer bons julgamentos.

CATATONIA. *Psicologia forense.* Esquizofrenia que se caracteriza por estupor, depressão física, melancolia ou por uma agitação capaz de levar o doente à violência.

CATECÚMENO. *Direito canônico.* Aquele que está recebendo instruções religiosas para o batismo.

CÁTEDRA. 1. *Direito constitucional* e *direito educacional.* Titular de um cargo de professor obtido por concurso de título e provas, que tem liberdade, garantida pela Constituição, de comunicar seus conhecimentos no exercício do magistério, ministrando, com autonomia científica, sua matéria em escola de ensino superior. **2.** *Direito canônico.* Cadeira pontifícia.

CATEGOREMA. 1. *Filosofia do direito.* Qualidade que classifica, dentro da concepção aristotélica, um objeto em certa categoria. **2.** *Lógica jurídica.* Expressão categoremática, ou seja, capaz de ser, por si só, sujeito ou predicado de uma proposição.

CATEGORIA. 1. *Direito administrativo.* Grau ou hierarquia de cargos públicos a que o funcionário vai atingindo por acesso ou promoção. **2.** *Direito civil.* Forma de classificação. **3.** *Direito tributário.* Classe de rendimentos sobre a qual incide um imposto. **4.** *Sociologia jurídica.* Classe social. **5.** *Filosofia do direito.* Cada uma das classes em que se podem dividir as idéias ou termos. Para Aristóteles são categorias a substância, quantidade, qualidade, relação, lugar, tempo, situação, posse ou condição, ação e paixão, entendidas como modos diferentes de uma coisa. Para Nicolai Hartmann é a "categoria uma declaração, afirmação, testemunho, depoimento, a coisa do juízo, e, se vista do lado da expressão lingüística, a coisa do pensamento vista internamente".

CATEGORIA ECONÔMICA. *Direito do trabalho.* Vínculo social formado pela solidariedade de interesses econômicos daqueles que executam atividades similares conexas ou idênticas (Othon Sidou).

CATEGORIA PROFISSIONAL. *Direito do trabalho.* A similitude de condições de vida oriunda da profissão ou trabalho em comum, em situação de emprego na mesma atividade econômica ou em atividades econômicas similares ou conexas, compõe a expressão social elementar compreendida como categoria profissional.

CATEGORIA PROFISSIONAL DIFERENCIADA. *Direito do trabalho.* Aquela que se forma dos empregados que exercem profissões ou funções diferentes, por força de estatuto profissional especial ou em conseqüência de condições de vida singulares.

CATEGORIAS ECONÔMICAS E PROFISSIONAIS. *Direito do trabalho.* A solidariedade de interesses econômicos dos que têm atividades idênticas, semelhantes ou conexas constitui o vínculo social a que se chama "categoria econômica". Os limites de identidade, similitude ou conexidade fixam as dimensões dentro das quais a categoria econômica ou profissional é homogênea, e a associação é natural.

CATEGORIAS ESPECIAIS DE TÉCNICA DE TRIBUTAÇÃO. *Direito tributário.* São a incidência, a não-inci-

dência, a isenção e a imunidade (Ruy Barbosa Nogueira). Incidência é a ocorrência de fato gerador, ou melhor, o fato de uma situação prevista em lei realizar-se, dando nascimento a um tributo. Não-incidência é a não-ocorrência do fato gerador porque a lei o situa fora da seara tributária. Isenção consiste na dispensa legal do tributo devido. Imunidade, na lição de Amílcar Falcão, é uma forma de não-incidência pela supressão da competência impositiva para tributar certos fatos ou pessoas, por disposição constitucional.

CATEGORIAS KANTIANAS. *Filosofia do direito.* Conceitos puros do entendimento sistematizados. As categorias kantianas da razão pura são: a) quantidade (unidade, pluralidade e totalidade); b) qualidade (realidade, negação e limitação); c) relação (substância, acidente, causalidade e dependência); d) modalidade (possibilidade-impossibilidade, existência-não-existência e necessidade-contingência). Por sua vez, as categorias da razão prática são: a) quantidade subjetiva (opinião individual), objetiva (princípio *a priori*) e subjetivo-objetiva (lei); b) qualidade (regras práticas de ação); c) relação (de uma pessoa a outra); d) modalidade (o permitido e o proibido); e) liberdade (não sujeita a princípios empíricos).

CATEGORY MANAGEMENT. *Termo inglês.* Administração de categorias. Técnica de gestão de categorias de produtos como centros de resultados, para garantir a contribuição de todas as categorias com margens de lucro positivas. Procura minimizar a possibilidade de algumas categorias de produtos serem subsidiadas por outras (James G. Heim).

CATEL. *História do direito.* Direito que tinha o suserano de, após a morte do vassalo, apropriar-se dos seus melhores bens móveis.

CATEQUESE. *Direito canônico.* Instrução metódica e oral sobre doutrina religiosa.

CATÉRESE. Destruição.

CATERING. *Direito comercial.* Serviço prestado pelas empresas aéreas ou por organizações independentes que consiste no fornecimento de refeições, bebidas, cobertores, travesseiros, *nécessaires* e material de leitura para maior conforto dos passageiros.

CATERVA. Corja; multidão agitada (Othon Sidou).

CATETER. *Medicina legal.* Sonda que se introduz em canais, vasos ou cavidades do corpo para inspeção de seu interior ou para retirada de material para exame laboratorial.

CATETERISMO CORONARIANO. *Medicina legal.* Exame feito nas artérias coronárias por meio da sonda de Sones.

CATETERIZAÇÃO. *Medicina legal.* Introdução de sonda na bexiga urinária, na traquéia, nas veias do coração etc.

CATETO. *Direito agrário.* Variedade de milho e arroz.

CATIVEIRO. **1.** *História do direito.* Escravidão. **2.** *Direito agrário* e *direito ambiental.* Local onde algum animal silvestre, desde que observadas as exigências legais, é mantido cativo. **3.** *Direito penal.* Lugar onde se mantém presa uma pessoa seqüestrada.

CATIVO. **1.** *Direito agrário.* Diz-se do animal silvestre que vive em gaiola ou jaula ou em local semiclausurado. **2.** *História do direito.* Escravo. **3.** *Direito militar.* Diz-se do prisioneiro de guerra obrigado à servidão. **4.** *Direito civil.* Diz-se do bem hipotecado ou sobre o qual pesa algum ônus real ou encargo. **5.** *Direito tributário.* Aquilo que está onerado ou sujeito a tributo.

CATMA. *Direito ambiental.* Sigla de Câmara Técnica de Meio Ambiente.

CATOLICISMO. *Direito canônico.* Religião católica.

CATOLICISMO LIBERAL. *História do direito.* No século XIX, foi a corrente pela qual o Estado não deve apenas usurpar os direitos da Igreja, mas também conservar um caráter cristão em sua legislação, mantendo o matrimônio indissolúvel, a celebração religiosa do casamento, a punição do adultério etc. (Jemolo).

CATONIANA. *Direito civil.* Diz-se da norma de direito romano própria de Catão segundo a qual o legado que é nulo ao tempo da feitura do testamento continua-o sendo em qualquer momento que o testador venha a falecer, aplicando o princípio geral de que o ato nulo não se convalida jamais.

CATRAIA. *Direito marítimo.* Pequeno barco com um só tripulante.

CATRIADO. Na *linguagem da mineração,* é a fenda nas pedras onde há acúmulo de cascalho.

CATURRA. *Direito agrário.* Diz-se de certas variedades de café e banana.

CATURRAR. *Direito marítimo.* Imergir a proa de chofre e de modo excessivo.

CAUÇÃO. **1.** *Direito civil.* Garantia real ou pessoal que se dá ao cumprimento de obrigações assumidas, assegurando a solvabilidade do devedor. É uma obrigação acessória. **2.** *Direito processual.* Contracautela que pode ser prestada em juízo como medida acautelatória dos interesses das partes, sendo determinada pelo juiz, de ofício, ou a requerimento das partes. **3.** *Direito comercial* e *direito bancário.* No *plural*, esse termo é usado como título de lançamento das operações realizadas no estabelecimento comercial ou bancário. O título "cauções" representa o conjunto das operações, registrando os recebimentos feitos por conta do empréstimo, enquanto "títulos em caução" indica, por sua vez, o valor nominal dos títulos dados em garantia.

CAUÇÃO ÀS CUSTAS. *Direito processual civil.* **1.** Aquela que tem por escopo garantir o pagamento das custas de um processo movido por pessoa domiciliada fora do País ou que dele tenha de ausentar-se na pendência da demanda, não tendo bens imóveis que o assegurem. **2.** *Vide* AÇÃO DE CAUÇÃO ÀS CUSTAS.

CAUÇÃO BANCÁRIA. *Direito internacional privado.* Técnica de garantia usada na prática de exportação, principalmente na França, que visa garantir o exportador, sem assegurar o pagamento efetivo, mas que, em regra, apesar disso, é exigida do comprador estrangeiro pelo exportador ou por seu banqueiro.

CAUÇÃO CAMBIÁRIA. *Direito cambiário.* Garantia prestada em forma de endosso em notas promissórias ou letras de câmbio, com a expressão "valor em garantia" ou "valor em penhor" (Othon Sidou).

CAUÇÃO CONVENCIONAL. *Direito civil.* Garantia real ou pessoal resultante de convenção entre as partes.

CAUÇÃO DE AÇÕES DE SOCIEDADE. *Direito civil* e *direito comercial.* Penhor de direitos que tem por objeto ações de sociedades anônimas, que são frações do capital, ações de companhias de seguro, ações de companhias aeronáuticas, ações ou cotas de capital de bancos de depósitos etc. A caução de ações nominativas da sociedade anônima constitui-se por averbação do instrumento no Livro de Registro de Ações Nominativas; se forem endossáveis, a averbação do endosso pignoratício far-se-á no Livro de Registro de Ações Endossáveis; já se forem ao portador, bastará a simples tradição. A caução de ações não obsta o exercício do direito de voto pelo acionista, salvo se houver limitação expressa.

CAUÇÃO DE *BENE UTENDO*. *Direito civil.* É a prestada pelo devedor a pedido do credor para garantir a devolução de bens que estejam em seu poder, mas que pertençam ao credor. É, por exemplo, a prestada, a pedido do proprietário de bem cedido em usufruto ou uso, pelo usufrutuário ou usuário como garantia da conservação e da restituição daquele no prazo avençado.

CAUÇÃO DE *DAMNO INFECTO*. *Direito civil.* Caução de dano receado ou iminente, comumente prestada pelas companhias construtoras. É a garantia dada pelo proprietário de um prédio para assegurar a reparação do dano que possa ocorrer ao vizinho, quando aquele prédio ameace ruína ou, em razão de obras, possa comprometer a segurança e a estabilidade do imóvel contíguo.

CAUÇÃO DE DANO EVENTUAL. *Vide* CAUÇÃO DE *DAMNO INFECTO*.

CAUÇÃO DE DANO IMINENTE. *Vide* CAUÇÃO DE *DAMNO INFECTO*.

CAUÇÃO DE FIANÇA. *Vide* CAUÇÃO FIDE-JUSSÓRIA.

CAUÇÃO *DE OPERE DEMOLIENDO*. *Direito processual civil.* Trata-se da caução de demolir a obra, seja real, seja pessoal, que pode ser pedida e prestada pelo nunciado, na ação de nunciação de obra nova, para que possa prosseguir a obra embargada, demonstrando os prejuízos que ocorreriam se ela fosse suspensa ou paralisada, garantindo ao nunciante a responsabilidade da demolição e o ressarcimento de qualquer dano que a obra nova vier a causar.

CAUÇÃO *DE RATO*. *História do direito.* Era a exigida do advogado para estar em juízo, sem instrumento de mandato *ad judicia*, representando terceiro, comprometendo-se a exibi-lo dentro de certo prazo. Essa caução, feita em dinheiro ou fiança, era tomada por termo. Atualmente, tal não mais ocorre. Todavia, em caso de urgência, o advogado poderá atuar sem procuração, obrigando-se a apresentá-la no prazo de quinze dias, prorrogável por mais quinze.

CAUÇÃO DE TÍTULOS DE CRÉDITO. *Direito civil* e *direito comercial.* Penhor de títulos de crédito ou efeitos comerciais. Trata-se, também, do penhor mercantil de títulos de crédito negociáveis e comércio. Constitui uma garantia pignoratícia que recai sobre títulos de crédito. A lei prefere o uso do vocábulo "caução", em vez de "penhor", para expressar melhor a idéia de que não há uma transferência de posse, por se tratarem os créditos de bens incorpóreos. O objeto da caução de título de crédito é o próprio título em que se documenta o direito. O direito de crédito materializa-se ao incorporar-se no documento. Tal caução só produzirá efeitos jurídicos com a tradição do título ao credor, pois a transferência do direito opera-se com a entrega do título ao portador ao credor. Se a caução recair sobre títulos de crédito pessoal ao portador, imprescindível será a tradição, mas o contrato que a constitui deverá ser inscrito no registro de títulos e documentos. Mas, se recair sobre títulos nominativos, a transferência operar-se-á por meio de endosso, dependendo também daquele registro para valer contra terceiros. Os títulos de crédito particular são os documentos em que se incorporam as dívidas oriundas de relações jurídicas de caráter privado, como duplicata, letra de câmbio, nota promissória e debêntures.

CAUÇÃO DE TÍTULOS DE DÍVIDA PÚBLICA. *Direito civil.* Penhor de títulos de dívida da União, dos Estados e dos Municípios que vale contra terceiros, desde que inscrito, mesmo que esses títulos não tenham sido entregues ao credor. A caução desses títulos constitui-se mediante inscrição na repartição fiscal competente e no registro de títulos e documentos, dispensando-se a tradição. Entretanto, se as apólices de dívida pública estiverem gravadas com cláusula de inalienabilidade, não poderão ser objeto de caução, pois estão fora do comércio, e como o penhor não deixa de ser, sob certa forma, um modo de alienação, posto que, em sendo garantia de uma obrigação, não cumprida esta, executa-se a garantia, ter-se-á, conseqüentemente, nesse caso, a alienação compulsória.

CAUÇÃO EM DINHEIRO. **1.** *Direito civil.* Garantia que visa assegurar a solvabilidade do inquilino, feita por meio de papel-moeda, que não poderá exceder o equivalente a três meses de aluguel. Será efetuada mediante depósito em conta especial em caderneta de poupança, autorizada e regulamentada pelo Poder Público, com a especificação de sua finalidade. Tal depósito garante o cumprimento das obrigações locativas assumidas pelo inquilino, proprietário do *quantum* caucionado, passando o locador a ter um direito real sobre esse numerário depositado pelo inquilino. Tal numerário apenas poderá ser levantado mediante autorização escrita dos contratantes, com firma reconhecida ou por ordem judicial, desde que a sentença esteja transitada em julgado. E, para que haja produção de efeitos em relação a terceiros, será necessário seu registro no cartório de títulos e documentos do lugar da situação do imóvel locado. Assim, se o inquilino cumprir todas as suas obrigações terá a devolução do valor depositado com todas as remunerações proporcionadas pela caderneta de poupança, por ocasião da restituição do prédio locado, e o locador que não respeitar a caução em dinheiro pagará multa equivalente àquelas vantagens, que o locatário poderá cobrar por via executiva. **2.** *Direito administrativo.* Caução feita em papel-moeda comum nos contratos com o Poder Público de execução de obras e serviços públicos ou de fornecimento de mercadorias. As quantias caucionadas só podem ser levantadas com ordem ou quitação da repartição pública.

CAUÇÃO EM LOCAÇÃO DE IMÓVEL. *Direito civil.* Garantia da locação conferida ao locador, assegurando o pagamento do aluguel e de outros valores locativos. Essa caução pode ser *pessoal*, caso em que se tem a fiança, ou *real*, que poderá ser: a) *em bens móveis ou imóveis*, abrangendo o penhor e a hipoteca, embora nada impeça que se inclua a anticrese. O instrumento da caução em bens móveis deverá ser registrado em cartório de títulos e documentos, e o da caução em bens imóveis, averbado à margem da respectiva matrícula, para que possa valer contra terceiros; b) *em dinheiro*, que não poderá exceder o equivalente a três meses de aluguel, sendo tal caução depositada em caderneta de poupança autorizada pelo Poder Público, revertendo em benefício do locatário todas as vantagens dela decorrentes por ocasião do levantamento da soma respectiva. Tem por escopo cobrir as dívidas que houver ao fim da locação; c) *em títulos e ações*, que deverá ser substituída, no prazo de trinta dias, em caso de recuperação judicial ou extrajudicial, falência ou liquidação das sociedades emissoras.

CAUÇÃO FIDEJUSSÓRIA. *Direito civil.* Trata-se da fiança, também chamada "garantia pessoal", que é a caução prestada por uma terceira pessoa perante o credor para garantir as obrigações assumidas pelo devedor. Pela caução fidejussória ou pessoal, pessoa alheia à relação obrigacional principal obriga-se a pagar o débito, caso o devedor principal não o solva. É, portanto, um contrato acessório, pelo qual uma ou mais pessoas prometem satisfazer as obrigações do devedor, se este não as cumprir, assegurando ao credor o seu efetivo cumprimento.

CAUÇÃO FRUTUÁRIA. *Direito civil.* Caução real ou pessoal que deve ser prestada pelo usufrutuário, se o nu-proprietário a exigir, para garantir a devolução do bem dado em usufruto e a reparação do dano sofrido em razão de mau uso daquele bem. É, portanto, a garantia que o usufrutuário presta ao nu-proprietário, antes de assumir o usufruto, de restituir e conservar a coisa recebida.

CAUÇÃO HIPOTECÁRIA. *Direito civil.* **1.** Penhor que tem por objeto os créditos garantidos por hipoteca, que, para tal efeito, serão tidos como coisa móvel. **2.** É a efetivada por meio de hipoteca, que, assim, se especializa. Por exemplo, o pai ou mãe que passar a outras núpcias, antes de fazer o inventário do casal anterior, deverá especializar em hipoteca legal alguns imóveis seus para garantir os bens dos filhos. Se seus bens forem insuficientes, deverá reforçar a hipoteca com caução real ou fidejussória.

CAUÇÃO *JUDICATUM SISTI*. *Direito processual civil.* Garantia, fidejussória ou pignoratícia, do comparecimento do réu em juízo.

CAUÇÃO *JUDICATUM SOLVENDO*. *Direito processual civil.* É a caução de cumprir o julgado, pois, sempre que na indenização pela prática de um ilícito incluir-se a prestação alimentícia, o órgão judicante condenará o devedor a constituir um capital ou a prestar caução fidejussória para garantir o cumprimento da sentença prolatada.

CAUÇÃO *JUDICATUM SOLVI*. *Direito processual civil.* **1.** Para alguns autores, tem o sentido estrito de "caução às custas". **2.** Também denominada *cautio pro expensis*, é a instituída, em alguns países, para assegurar o pagamento das despesas processuais pelo estrangeiro, limitando sua capacidade processual para subordinar a certa condição o seu direito de ação. Não se confunde, portanto, com a caução às custas, que não se apresenta como uma restrição à capacidade processual do estrangeiro, mas tão-somente como uma garantia para o pagamento das custas, sem atenção à nacionalidade dos litigantes, aplicando-se tanto a nacionais como a estrangeiros.

CAUÇÃO JUDICIAL. 1. *Direito processual civil.* Garantia real ou fidejussória prestada no curso da ação ou como preparatória desta, valendo como medida cautelar para evitar qualquer lesão de direito subjetivo, por ordem do juiz, de ofício ou a pedido da parte, desde que haja *fumus boni iuris* e *periculum in mora.* Pode ser prestada pelo interessado ou por terceiros. **2.** *Direito processual penal.* Medida cautelar destinada a assegurar a reparação do dano causado ao ofendido, substituindo o seqüestro e a hipoteca legal dos bens do indiciado. Consiste, em regra, em caução em dinheiro ou em títulos de dívida pública.

CAUÇÃO JURATÓRIA. *História do direito.* Era a promessa solene feita sob juramento pelo devedor, comprometendo-se a cumprir sua obrigação quando não tivesse bens para dar em garantia nem conseguisse um fiador.

CAUÇÃO LEGAL. *Direito civil.* É a imposta por lei para assegurar direitos subjetivos e o cumprimento de certas obrigações. Por exemplo, a prestada pelo tutor por exigência do juiz, se o valor do patrimônio do pupilo for considerável, para garantir bens do menor por ele administrados, a de restituição prestada pelos herdeiros imitidos na posse dos bens do ausente etc.

CAUÇÃO MUCIANA. *Direito civil.* Garantia real ou pessoal prestada pelo herdeiro instituído ou pelo legatário para adquirir bem deixado por testamento sob condição ou encargo.

CAUÇÃO NA ADMINISTRAÇÃO. *Direito administrativo.* **1.** Garantia real ou pessoal que pode ser exigida em contratos administrativos para assegurar o adimplemento da obrigação. **2.** Garantia individual do agente financeiro para com o Estado ou para com o público.

CAUÇÃO NA EXECUÇÃO PROVISÓRIA DE DESPEJOS. *Direito processual civil.* É a garantia exigida por lei para que haja a execução provisória de despejo. Tal caução, não inferior a doze meses nem superior a dezoito meses de aluguel, deve ser recolhida em ações fundadas em falta de pagamento e dispensada nas fundadas em rescisão da locação por mútuo acordo, violação de outras disposições legais ou contratuais. O juiz não ordenará a expedição do mandado de *evacuando* enquanto essa caução não for prestada pelo locador. O valor da caução reverter-se-á em benefício do réu-locatário se houver reforma da decisão que concedeu o despejo, a título de indenização de perdas e danos. O réu, se quiser, poderá reclamar, em ação própria, a diferença pelo que a exceder.

CAUÇÃO NECESSÁRIA. 1. *Direito civil. Vide* CAUÇÃO LEGAL. **2.** *Direito processual civil. Vide* CAUÇÃO JUDICIAL.

CAUÇÃO PESSOAL. *Vide* CAUÇÃO *FIDEJUSSÓRIA.*

CAUÇÃO PIGNORATÍCIA. *Direito civil.* Garantia real prestada mediante penhor.

CAUÇÃO *PRO EXPENSIS.* *Vide* CAUÇÃO *JUDICATUM SOLVI.*

CAUÇÃO PROMISSÓRIA. *Vide* CAUÇÃO *DE RATO.*

CAUÇÃO REAL. 1. *Direito civil.* Garantia constituída por um bem móvel ou imóvel do devedor que visa assegurar sua solvabilidade e o cumprimento da obrigação assumida. Se tal garantia recair sobre móvel, ter-se-á penhor; se sobre imóvel, configurar-se-á hipoteca ou anticrese. **2.** *Direito processual penal.* Medida de contracautela que objetiva amparar o direito de liberdade de quem a teve restringida. Trata-se da fiança prestada pelo delinqüente, ou por terceiro em seu favor, com o escopo de obter a sua "liberdade provisória".

CAUÇÃO *STAND-BY.* *Direito comercial.* A caução contingente, que viabiliza a operação pretendida (Hilário de Oliveira).

CAUÇÃO USUFRUTUÁRIA. *Vide* CAUÇÃO FRUTUÁRIA.

CAUCASIOCENTRISMO. *Sociologia jurídica.* Forma de etnocentrismo que considera a raça caucásica portadora das melhores qualidades físicas, morais, sociais e mentais.

CAUCHEIRO. *Direito agrário.* Trabalhador rural que explora a atividade extrativa do caucho, ou seja, da árvore que precisa ser abatida para a extração do látex.

CAUCHO. *Direito agrário.* **1.** Planta morácea do Brasil. **2.** Látex coagulado desse vegetal; borracha.

CAUCIONADO. *Direito civil.* **1.** Garantido por caução. **2.** Bem dado em garantia para assegurar o adimplemento contratual. **3.** Aquele a favor de quem a caução foi prestada.

CAUCIONANTE. *Direito civil.* Caucionário, ou seja, aquele que presta caução em favor de alguém, assegurando o cumprimento de uma obrigação.

CAUCIONAR. *Direito civil.* Dar garantia; prestar caução.

CAUCIONÁRIO. *Vide* CAUCIONANTE.

CAUCUSING. *Termo inglês.* Reunião privada, em separado, com cada um dos envolvidos, feita pelo mediador, após expor as finalidades e motivos (fatores externos ou internos) que, por afetarem a negociação ou mediação, requereram a realização da referida reunião (Christopher W. Moore e Dante P. Martinelli).

CAUDA. *Vide* ALONGAMENTO.

CAUDA DE ESCORIAÇÃO. *Medicina legal.* Traço final e mais superficial de ferida causada por instrumento cortante que, por indicar a direção tomada pelo agressor, possibilita averiguar se houve suicídio ou homicídio.

CAUDAL. **1.** *Direito civil.* Rio que corre incessantemente; torrente; cachoeira. **2.** *Direito processual.* Abundância. Daí ser usual o emprego na linguagem forense das seguintes expressões: "caudal de provas", "caudal de razões" etc.

CAUDA ORÇAMENTÁRIA. *História do direito.* Dispositivo alheio à matéria orçamentária, inserido com o intuito de pressionar o governo em projeto alusivo ao orçamento, visando obter vantagem pessoal ou regional (criação de algum cargo, majoração de vencimentos etc.).

CAUDILHISMO. *Ciência política* e *história do direito.* **1.** Regime onde há predomínio de um chefe militar carismático. Aquele regime político que se caracterizava, na América Latina, pela divisão do poder entre os caudilhos, que eram os chefes militares locais (Olivieri). **2.** Caciquismo. **3.** Regime anárquico de pronunciamentos e sedições. **4.** Influência dos processos de caudilho.

CAUDILHO. *Ciência política.* **1.** Chefe carismático que arrebata o povo. **2.** Cacique. **3.** Cabo-deguerra. **4.** Chefe militar. **5.** Chefe de um bando ou partido que defende uma idéia, tendo poder e mando.

CAUSA. **1.** Na *linguagem comum,* motivo determinante de um fato; fonte; origem; aquilo em virtude do qual se tem a existência de algo ou do qual advém um efeito; o que leva alguém a agir. **2.** *Lógica jurídica.* O que se opõe ao efeito; aquilo que faz a verdade de uma proposição, sendo a premissa da qual a podemos deduzir e o fato de onde resulta outro. Assim, tem como correlativos a conseqüência ou o efeito. A causa e o efeito são proposições; logo, se se afirmar que "A" é causa de "B", a existência de "A" será causa da de "B". É o antecedente de que o efeito é invariável e incondicionalmente o conseqüente. **3.** *Direito penal.* a) Motivo determinante do crime ou razão que levou à prática do crime; b) é a ação ou omissão sem a qual o resultado criminoso não teria ocorrido. **4.** *Direito processual.* a) Demanda; ação judicial; litígio; b) fundamento jurídico-legal da pretensão do autor; c) ação ou omissão de que depende o crime. **5.** *Direito civil.* a) É a função econômico-social atribuída pela norma a um negócio, que se determina objetivamente. Por exemplo, numa compra e venda, a *causa* é a troca da coisa pelo preço; b) causa do negócio jurídico, sem o qual ele não se teria concluído, que acarreta sua anulabilidade, se houver prejuízo à vítima, que é o outro contratante, configurando-se o *dolus causam* ou dolo principal. Causa não se confunde com o *motivo,* apurado subjetivamente, por ser alusivo à razão que levou alguém a efetivar ato negocial, por exemplo, para presentear pessoa que lhe salvou a vida, só viciando a declaração de vontade se for sua razão determinante. Por isso erro quanto ao fim colimado (falso motivo) não vicia, em regra, o negócio jurídico, a não ser quando nele figurar expressamente, integrando-o, como sua razão essencial ou determinante, caso em que o torna anulável; c) requisito de validade do negócio, em certos países, por ser a sua finalidade imediata. É, por exemplo, o fim que levou o contratante a dar o seu consentimento ou o testador a dispor dos seus bens para depois da morte; d) razão econômico-jurídica da efetivação do ato negocial.

CAUSA ABSOLUTAMENTE INDEPENDENTE. *Direito penal.* É a que não tem qualquer relação com a conduta do agente, que será, então, inimputável criminalmente. Por exemplo, se atirar em quem antes se envenenara, vindo este a falecer em razão do veneno ingerido.

CAUSA ACESSÓRIA. *Direito civil.* **1.** É a que se liga a uma causa principal de certo ato jurídico. **2.** Aquela que se opõe à causa essencial ou principal.

CAUSA ADQUIRENDI. *Locução latina.* Causa da aquisição. Por exemplo, a *traditio* seria, assim, o modo de adquirir coisa *nec mancipi,* e a *mancipatio,* a *causa adquirendi* de uma coisa *mancipi.*

CAUSA AGENDI. *Locução latina.* Causa de agir.

CAUSA APPELATIONIS EST DIVERSA CAUSA PRINCIPALIS ESTQUE INSTANCIA DIVERSA. *Brocardo latino.* A causa da apelação é diversa da causa principal e é instância diversa.

CAUSAÇÃO. Ato de causar; conjunto de causas.

CAUSA CAUSAE EST CAUSA CAUSATI. *Aforismo jurídico.* A causa da causa é a causa do causado.

CAUSA CAUSANS. *Locução latina.* Causa determinante.

CAUSA CESSANTE, CESSAT EFFECTUS. *Aforismo jurídico.* Cessando a causa, cessa o efeito.

CAUSA CÍVEL. *Direito processual civil.* Aquela em que se resolvem e julgam conflitos de natureza não penal e não trabalhista.

CAUSA COGNITA. *Locução latina.* Causa conhecida.

CAUSA COGNOSCITUR AB EFFECTU. *Aforismo jurídico.* Pelo efeito se conhece a causa.

CAUSA COLLECTIO. *Locução latina.* Resumo da causa.

CAUSA CONCOMITANTE. Aquela que se dá simultaneamente com outra; que concorre com outra.

CAUSA CONTEMPORÂNEA. *Direito civil.* É a que pode extinguir um negócio por ter nascido com a declaração da vontade, afetando algum dos seus requisitos essenciais. Trata-se, por exemplo, do erro, dolo, coação, simulação, fraude, incapacidade, evicção, vício redibitório etc.

CAUSA CONTRAHENDI. *Locução latina.* Causa contratual que leva os contratantes a efetuarem o ato negocial.

CAUSA CREDENDI. *Locução latina.* Causa do crédito.

CAUSA CRIMINALIS NON PRAEJUDICAT CIVILI. *Aforismo jurídico.* A ação criminal não prejudica a civil.

CAUSA DEBENDI. *Locução latina.* Causa da dívida; origem de um débito; motivo ou fundamento jurídico de uma obrigação.

CAUSA DEBET PRAECEDERE EFFECTUM. *Aforismo jurídico.* A causa deve preceder ao efeito.

CAUSA DE EXCLUSÃO DA IMPUTABILIDADE. *Direito penal.* É a excludente de responsabilidade criminal, como a enfermidade mental, o desenvolvimento mental incompleto ou retardado, a embriaguez completa, a causa oriunda de caso fortuito ou força maior e a menoridade penal (menores de 18 anos).

CAUSA DE JUSTIFICAÇÃO. *Direito processual civil.* Fundamento ou motivo que levam alguém a pedir ou requerer a justificação ou prova judiciais, em processo de jurisdição graciosa, sobre a existência de uma relação jurídica ou de um ato a que se liga o interesse de uma dada pessoa, incidindo, em regra, sobre fato de que não se tem prova material ou suficiente.

CAUSA DE MENOR COMPLEXIDADE. *Direito processual civil.* 1. É a que se refere à sua matéria, pouco importando o seu valor econômico. 2. Ação de competência do juizado especial cível.

CAUSA DE PEDIR. *Direito processual civil.* 1. O mesmo que *CAUSA PETENDI.* 2. É a conjugação do fato relevante juridicamente, da relação jurídica que dele deriva e da conseqüência que se pretende num dado caso concreto. Seria o conjunto de circunstâncias que possibilitam ao autor fundamentar juridicamente seu pedido ao mover uma ação processual. Supõe a causa de pedir uma série de fatos que compõem o direito subjetivo do autor e o seu direito de demandar em juízo.

CAUSA DEPENDENTE. *Direito penal.* Aquela da qual o ato do agente depende.

CAUSA DE PEQUENO VALOR. *Direito processual civil.* Aquela que é tida, pelo magistrado, subjetivamente, como critério para fixar honorários pela sucumbência, e, objetivamente, como a de valor limitado legalmente, com procedimento especial e de cunho sumário, para decidir conflitos de ordem patrimonial (Othon Sidou).

CAUSA DETENTIONIS. *Locução latina.* Causa da detenção.

CAUSA DE VALOR INESTIMÁVEL. *Direito processual civil.* É a insuscetível de ser aferida monetariamente em decorrência de seu conteúdo moral, como, por exemplo, a da interdição ou a de anulação de matrimônio, fazendo com que os honorários advocatícios sejam estipulados eqüitativamente pelo juiz, que se baseará na natureza da causa, no trabalho feito pelo advogado, no tempo por ele despendido etc.

CAUSA DIRIMENTE. *Direito penal.* Circunstância que torna o agente irresponsável pela prática delituosa (Othon Sidou).

CAUSA DO ATO ADMINISTRATIVO. *Direito administrativo.* Correlação entre o motivo e o conteúdo do ato administrativo.

CAUSA DO CRIME. *Direito penal.* Ação ou omissão sem a qual o resultado não teria ocorrido.

CAUSA DONANDI. *Locução latina.* Causa da doação; razão ou motivo que levou o doador a efetivar uma liberalidade.

CAUSA EFFICIENS MATRIMONII EST MUTUUS CONSENSUS. *Brocardo latino.* A causa eficiente do matrimônio é o mútuo consenso.

CAUSA EFICIENTE. *Teoria geral do direito.* Aquilo de onde algo provém; aquela que é precípua em relação aos efeitos pretendidos. Para a ciência jurídica permeada pela escolástica, por exemplo, as causas eficientes do direito seriam o arbítrio humano e o direito natural, e as da obrigação, o ato volitivo e a lei.

CAUSAE OBLIGATIONUM. *Locução latina.* Fundamentos jurídicos das obrigações; causas das obrigações.

CAUSAE PROBATIO. *Locução latina.* Prova da causa.

CAUSA ESSENCIAL. *Filosofia do direito.* Essência necessária de alguma coisa.

CAUSA EST RATIO PROPTER QUAM ALIQUID DATUR VEL FIT. *Expressão latina.* A causa é a razão por que se dá ou se faz certa coisa.

CAUSA ET NEGOTIA MERCANTILIA DEBENT DE PLANO ET AEQUO TRACTARI. *Expressão latina.* As causas e os negócios mercantis devem ser tratados de plano e com eqüidade.

CAUSA EXCLUDENTE DA RESPONSABILIDADE PÚBLICA. *Direito administrativo.* Fato ou ato que vem a isentar o Estado do dever de reparar dano causado ao administrado, como, por exemplo, força maior, caso fortuito e culpa da vítima.

CAUSA EXCLUDENTE DE ANTIJURIDICIDADE. *Direito penal.* Fato praticado em estado de necessidade, em legítima defesa, em estrito cumprimento de dever legal ou no exercício regular de direito, que não constitui crime apesar de ter provocado lesão a um bem penalmente protegido.

CAUSA FALSA. *Direito civil.* É aquela que, expressa como motivo determinante ou sob a forma de condição, vicia o ato, tornando-o anulável.

CAUSA FINAL. 1. *Filosofia do direito.* a) Aquilo para o qual a coisa se produz ou para o qual o ser tende; b) fim último das coisas; c) fim de tudo; d) finalidade de um ato, do direito ou da norma jurídica. **2.** *Direito administrativo.* Fim ulterior do interesse público que o Estado pretende obter ao editar o ato administrativo.

CAUSA FORMAL. *Teoria geral do direito.* Idéia; modelo; paradigma.

CAUSA ILÍCITA. *Teoria geral do direito.* Aquela que contraria a lei, os bons costumes e a ordem pública, tornando nulo o ato cuja formação veio a determinar.

CAUSA IMPEDITIVA DA PRESCRIÇÃO. *Direito civil* e *direito processual civil.* É a circunstância que impede o início do curso da prescrição, por fundar-se no *status* da pessoa, individual ou familiar, atendendo a razões de confiança, amizade e motivos de ordem moral. Assim, por exemplo, não corre a prescrição: a) entre cônjuges, na constância do matrimônio; b) entre ascendentes e descendentes, durante o poder familiar; c) entre tutelados ou curatelados e seus tutores ou curadores, durante a tutela ou curatela; d) contra os absolutamente incapazes. Não corre, ainda, a prescrição, pendendo condição suspensiva. Igualmente impedida estará não estando vencido o prazo, pois o titular de relação jurídica submetida a termo não vencido não poderá acionar ninguém para efetivar seu direito. Se a conduta se originar de fato que deve ser verificado no juízo criminal, ter-se-á causa impeditiva do curso da prescrição, que só começará a correr após a sentença definitiva, à qual se confere executoriedade.

CAUSA INCIDENTE. *Direito processual civil.* Diz-se da ação intentada por uma das partes no curso da ação principal, por estar correlacionada com ela.

CAUSA INDEPENDENTE. *Direito penal.* A que não está relacionada com a vontade do agente, excluindo a imputabilidade se, por si só, veio a produzir o resultado criminoso.

CAUSA INTERRUPTIVA DA PRESCRIÇÃO. 1. *Direito civil* e *direito processual civil.* É aquela que inutiliza a prescrição iniciada, de modo que o seu prazo recomeça a correr da data do ato que a interrompeu ou do último ato do processo que a interromper, como a cessação da violação do direito, o reconhecimento do direito pelo devedor e o ato do titular reclamando o seu direito, englobando as seguintes hipóteses: a) despacho de juiz que ordenar a citação; b) protesto judicial e cambial; c) apresentação do título de crédito em juízo de inventário ou em concurso de credores, o mesmo se sucedendo com o processo de falência e de liquidação extrajudicial de bancos, bem como das companhias de seguro, a favor ou contra a massa; d) atos judiciais que constituam em mora o devedor, incluindo as interpelações, notificações judiciais e atos praticados na execução da parte líquida do julgado, com relação à parte ilíquida e e) atos inequívocos, ainda que extrajudiciais, que importem reconhecimento do direito do devedor, como: pagamento parcial por parte do devedor; pedido deste ao credor, solicitando mais prazo; transferência do saldo de certa conta de um ano para outro. A interrupção produz efeito no passado, inutilizando o tempo transcorrido, e, no futuro, determinando o reinício da prescrição, recontando-se o prazo prescricional como se nunca houvesse fluído. **2.** *Direito penal.* É aquela que interrompe o curso da prescrição, fazendo com que o prazo comece a correr novamente a partir do dia da interrupção. O curso da prescrição interrompe-se pelo recebimento da queixa ou da denúncia; pela pronúncia; pela decisão confirmatória recorrível; pela sentença condenatória recorrível; pelo início ou continuação do cumprimento da pena; pela reincidência.

CAUSA JURÍDICA DE MORTE. *Medicina legal.* Causa violenta da morte, como homicídio, acidente ou suicídio.

CAUSAL. *Teoria geral do direito.* Aquilo que é relativo à causa ou que a constitui.

CAUSALGIA. *Medicina legal.* Dor pungente, acompanhada de alteração trófica da pele, devida a uma ferida ou a uma lesão a um nervo periférico, especialmente do sensorial, inervando as palmas das mãos e as plantas dos pés.

CAUSA LÍCITA. *Teoria geral do direito.* **1.** Causa legal; motivo previsto em lei que autoriza o ato, tornando-o apto a produzir efeitos jurídicos. **2.** Causa legítima que, apesar de não estar expressa legalmente, demonstra o direito de quem a alegar ou daquele que, baseado nela, vier a praticar um ato jurídico.

CAUSALIDADE. **1.** *Filosofia do direito.* a) Relação entre uma causa e um efeito; b) qualidade de produzir efeito; c) princípio em razão do qual os efeitos se ligam às causas. **2.** *Direito civil* e *direito penal.* Um dos elementos indispensáveis à configuração do ilícito ou do delito, pois as responsabilidades civil ou penal não poderão existir sem a relação ou o nexo de causalidade entre o dano ou resultado e o comportamento do agente. Deveras, considera-se causa a ação ou omissão sem a qual o resultado não teria ocorrido.

CAUSALIDADE ADEQUADA. *Direito penal.* Teoria que estabelece uma relação estatística entre comportamentos e resultados prováveis, entendendo que causa adequada seria aquela capaz de gerar certo efeito, excluindo a relevância jurídica da causação do evento se as conseqüências atingidas forem anormais, uma vez que busca, ante uma realidade causada, aferir a normalmente causável.

CAUSALIDADE ALTERNATIVA. *Direito comparado.* Na Alemanha, é a doutrina segundo a qual, não se sabendo quais foram os responsáveis pela lesão, todos terão responsabilidade civil solidária.

CAUSALIDADE JURÍDICA. *Filosofia do direito.* Circunstância de um fato gerar efeitos de direito (Othon Sidou).

CAUSALIDADE PSÍQUICA. *Direito penal.* Relação que vincula a causa psíquica a seu efeito, excluindo-se a responsabilidade criminal se o agente, em virtude de doença ou retardamento mental, não tinha entendimento ético-jurídico e autodeterminação no instante da prática do delito.

CAUSA MATERIAL. *Teoria geral do direito.* **1.** Matéria de que a coisa é feita; aquilo que é parte intrínseca determinável. **2.** Aquilo do qual surge algo ou mediante o qual chega a ser.

CAUSA MORTIS. **1.** *Locução latina.* Por causa da morte. **2.** *Medicina legal.* Aquilo que provocou a morte, do ponto de vista médico. **3.** *Direito civil.* Diz-se do ato jurídico que só se materializa ou produz efeitos após o falecimento do seu autor. Por exemplo, testamento, legado e codicilo são atos de última vontade, ou *causa mortis*, suscetíveis de transferir propriedade apenas após a morte do autor da herança.

CAUSA NATURALIS PRAEVALET CIVILI. *Aforismo jurídico.* A causa natural prevalece sobre a civil.

CAUSA OBLIGANDI. *Locução latina.* Causa da obrigação.

CAUSA OBLIGATIONIS. *Locução latina.* **1.** Fonte ou fundamento de uma obrigação. **2.** *Direito civil.* Elemento acidental de um negócio jurídico, que é a cláusula que se lhe acrescenta com o escopo de modificar uma ou algumas de suas conseqüências naturais. A determinação acessória que modifica os efeitos jurídicos do negócio pode ser a condição, o termo ou o encargo ou modo.

CAUSA OCASIONAL. *Teoria geral do direito.* A que não produz realmente o efeito, mas dá causa imediata à ocasião de o produzir; causa eventual.

CAUSA PETENDI. *Vide* CAUSA DE PEDIR.

CAUSA POSSESSIONIS. *Locução latina.* Causa da posse, que não pode ser alterada pela vontade do possuidor.

CAUSA PREEXISTENTE. *Teoria geral do direito.* É a que se antepõe relativamente àquela de que resultou, supostamente, o efeito.

CAUSA PRIMÁRIA. *Teoria geral do direito.* É a fundamental ou primeira.

CAUSA PRIMEIRA. *Filosofia geral* e *Filosofia do direito.* 1. Aquela de que tudo se origina ou depende. 2. O Ser incriado; Deus.

CAUSA PRINCIPAL. 1. *Teoria geral do direito.* O mesmo que CAUSA PRIMÁRIA. **2.** *Direito processual.* Diz-se daquela em torno da qual se discute a questão essencial ou principal.

CAUSA PRINCIPALIS SEMPER ATTENDI DEBET. *Aforismo jurídico.* A causa principal deve ser sempre atendida.

CAUSA PRÓPRIA. *Direito civil.* Diz-se da procuração em que o procurador vem a agir em seu próprio nome, com poderes ilimitados do mandante, exercendo como próprios o direito e a ação de que aquele era titular.

CAUSA PROXIMA ACTIONIS. 1. *Locução latina.* Causa imediata. **2.** *Direito romano.* Fato ou ato que serve de fundamento para uma ação judicial.

CAUSA PROXIMA MAGIS ATTENDITUR, QUAM REMOTA. *Aforismo jurídico.* Deve-se atender mais à causa próxima do que à remota.

CAUSA PÚBLICA. *Direito público.* Nação; Estado.

CAUSA PUTATIVA DE EXCLUSÃO DA ANTIJURIDICIDADE. *Direito penal.* Erro, plenamente justificado pelas circunstâncias, cometido por aquele que supõe estar em face de legítima defesa, estado de necessidade, estrito cumprimento de dever legal ou exercício regular de direito, fatos esses que, se ocorressem, tornariam sua ação legítima, isentando-o de pena pelo crime praticado.

CAUSA, QUAE NOCET, INSPICITUR, NON QUAE PRODEST. *Expressão latina.* Deve ser considerada a causa que prejudica e não a que aproveita.

CAUSA RELATIVAMENTE INDEPENDENTE. *Direito penal.* É a oriunda de fato de outrem ou de evento alheio à vontade do agente, mas que se liga à causa por ele impulsionada. Se tal causa for anterior ou concomitante, não excluirá a responsabilidade pelo resultado. Por exemplo, se alguém causar lesão corporal leve em um diabético, e este, por ter difícil cicatrização, falecer, o agente responderá pela morte. A superveniência de causa relativamente independente excluirá a imputação se, por si só, produzir o resultado, mas os fatos anteriores serão imputados a quem os praticou. Por exemplo, se alguém fere outrem, que, ao ser levado a um hospital, vem a falecer em razão de incêndio nele ocorrido.

CAUSA REMOTA. *Teoria geral do direito.* É a razão mediata ou indireta.

CAUSA SECUNDÁRIA. *Vide* CAUSA ACESSÓRIA.

CAUSAS EXTINTIVAS DA PUNIBILIDADE. *Direito penal.* Motivos que, juridicamente, impossibilitam ao Estado a imposição de uma sanção ao delinqüente, tais como: a) morte do agente; b) anistia, graça ou indulto; c) retroatividade de lei que não mais considere o ato praticado como criminoso; d) prescrição, decadência ou perempção; e) renúncia do direito de queixa ou pelo perdão aceito, nos crimes de ação privada; f) retratação do agente, nos casos legalmente admissíveis; g) casamento do agente com a vítima, nos crimes contra os costumes de ação penal privada (posse sexual mediante fraude, assédio sexual); h) perdão judicial; i) término do período de prova do *sursis* ou do livramento condicional sem que haja razão para revogar o benefício ou o privilégio; j) pagamento do tributo, nos crimes fiscais; k) morte do ofendido, pois há casos em que a titularidade do direito de queixa é personalíssima; l) cumprimento de pena no exterior por crime lá cometido; m) reparação do dano, no peculato culposo, antes da sentença final irrecorrível; n) morte da vítima, no crime de induzimento a erro essencial e ocultação de impedimento matrimonial que não seja casamento anterior.

CAUSAS FÁTICAS DA EXTINÇÃO DO CRÉDITO TRIBUTÁRIO. *Direito tributário.* Motivos que, em razão de um fato, são extintivos, como: a) pagamento do tributo; b) compensação; c) transação; d) remissão; e) conversão de depósito em renda; f) pagamento antecipado e homologação do lançamento; g) consignação em pagamento; h) decisão administrativa irreformável, por ser insuscetível de anulação; i) decisão judicial transitada em julgado. Apesar disso, há quem ache, com acerto, como Paulo de Barros Carvalho, que tais modalidades de causas extintivas são de direito e não de fato, por serem reguladas por normas, que traçam suas conseqüências ou efeitos.

CAUSA SIMULADA. *Direito civil.* Diz-se daquela em que não se encontra consonância entre a vontade interna e a declarada no ato negocial do agente. As partes, de comum acordo e com o escopo de enganar terceiro, visam obter efeitos que, regularmente, não são produzidos pelo negócio que aparentemente celebram.

CAUSA SIMULANDI. *Locução latina.* **1.** Causa de simular, de dar aparência da prática de um ato jurídico. **2.** Motivo da simulação.

CAUSAS JURÍDICAS DA EXTINÇÃO DO CRÉDITO TRI-BUTÁRIO. *Direito tributário.* Modalidades extintivas do crédito tributário que, juridicamente, só têm existência quando a lei as prevê, como a decadência e a prescrição.

CAUSAS JUSTIFICATIVAS. *Direito penal.* Diz-se das circunstâncias que, ao envolverem um crime, retiram-lhe a ilegalidade, descriminando a conduta do agente, sendo, portanto, causas de exclusão de antijuridicidade.

CAUSA SOLVENDI. *Locução latina.* Aquela que tem por fim saldar um débito.

CAUSAS SUPRALEGAIS DE EXCLUSÃO DA ANTIJU-RIDICIDADE. *Direito penal.* São as excludentes da criminalidade que se sobrepõem à descriminação legal, uma vez que o órgão judicante poderá fazer uso de suas observações diretas relacionadas com outros meios de prova, não tendo o poder de rejeitar, sem motivos plausíveis, as provas constantes nos autos e o laudo pericial para impor sua opinião pessoal.

CAUSA SUFFICIENS MATRIMONNI EST MUTUUS CONSENSUS. *Brocardo latino.* A causa suficiente do casamento é o mútuo consentimento.

CAUSA SUI. *Filosofia geral.* **1.** Homem enquanto livre, por poder, livremente, determinar-se a si mesmo. **2.** O que não tem causa exterior. **3.** Por causa de si mesmo. **4.** Aquilo cuja natureza não pode ser concebida senão como existente (Spinoza). **5.** Substância infinita (Descartes).

CAUSA SUI NATURA ORDINARIA NON POTEST FIERI SUMMARIA ETIAM DE CONSENSU PARTIUM. *Direito romano.* A ação ordinária, por sua natureza, não pode tornar-se sumária nem mesmo pelo consentimento das partes.

CAUSA SUSPENSIVA DA PRESCRIÇÃO. *Direito civil* e *direito processual civil.* É a que paralisa temporariamente o curso da prescrição, ante a situação especial em que se encontram o titular e o sujeito passivo ou devido a circunstâncias objetivas. Desta forma, suspensa estará a prescrição contra os ausentes do Brasil em serviço pú-

blico da União, dos Estados e Municípios e os que se acharem servindo nas Forças Armadas, em tempo de guerra. Essas duas causas podem transformar-se em impeditivas se a ação surgir durante ausência ou serviço militar temporário. Se pender ação de evicção, suspender-se-á a prescrição em andamento; somente depois de ela ter sido definitivamente decidida, resolvendo-se o destino da coisa evicta, o prazo prescritivo voltará a correr. Superado o fato suspensivo, a prescrição continuará a correr, computado o tempo decorrido antes dele.

CAUSA SUSPENSIVA DO CASAMENTO. *Direito civil.* Causa suspensiva da celebração do casamento. Circunstância que desaconselha o ato nupcial e que não acarreta sua invalidação, mas sujeita o infrator a determinadas sanções de ordem econômica, principalmente a imposição do regime obrigatório de separação de bens, para obstar o mal que se pretendia evitar. Trata-se de causa suspensiva estabelecida no interesse da prole do leito anterior, com o intuito de evitar a *confusio sanguinis* na hipótese de segundas núpcias, ou no interesse do nubente, presumivelmente influenciado pelo outro. Para evitar a confusão de sangue, que degeneraria no conflito de paternidade, proíbe a lei o casamento de viúva ou de mulher cujo matrimônio se desfez por ser nulo ou por ter sido anulado, até dez meses depois do começo da viuvez ou da dissolução da sociedade e do vínculo conjugal, salvo se antes de findo esse prazo der à luz algum filho ou provar inexistência de gravidez. Para impedir a confusão de patrimônio, proíbe a lei o casamento de viúvo ou viúva que tiver filho do cônjuge falecido, enquanto não for feito o inventário dos bens do casal nem dada a partilha aos herdeiros, sob pena de celebração do segundo casamento pelo regime de separação de bens e de dar hipoteca legal de seus imóveis em favor dos filhos, a não ser que prove inexistência de prejuízo aos herdeiros. Com o escopo de evitar matrimônio de pessoas que se acham em poder de outrem, que poderia, por isso, conseguir um consentimento não espontâneo, preceitua a lei, por exemplo, que não podem casar tutor ou curador e os seus descendentes, ascendentes, irmãos, cunhados ou sobrinhos com a pessoa tutelada, curatelada, enquanto não cessar a tutela ou curatela, e não estiverem saldadas as respectivas contas. A violação desse preceito acarreta a obrigatoriedade do regime de separação de bens, salvo se se provar inexistência de prejuízo para o tutelado ou curatelado. Também para evitar confusão de patrimônio de antiga com a nova sociedade conjugal, não deve casar o divorciado enquanto não houver sido homologada ou decidida a partilha dos bens do casal, sob pena de ter de adotar o regime obrigatório da separação de bens, exceto se demonstrar que não haverá dano ao ex-cônjuge.

CAUSA TRADITIONIS. *Locução latina.* Fim perseguido pelas partes na realização do ato de tradição ou entrega de uma coisa, que pode ser o de doar ou o de extinguir um débito.

CAUSA TURPIS. *Locução latina.* **1.** Causa obrigacional ilícita. **2.** Causa torpe.

CAUSÍDICO. *Direito processual.* Advogado. Aquele que defende causas judiciais.

CÁUSTICO. *Medicina legal* e *direito penal.* Substância ou meio suscetível de destruir ou queimar, pela ação química, tecidos vivos, produzindo inclusive queimadura, denominada vitriolagem. Sob o prisma jurídico-penal, configura lesão corporal, por causar deformidade permanente, supuração demorada que pode conduzir à morte ou formação de bridas cicatriciais, fazendo com que a face ou o queixo se unam ao pescoço ou ao tórax. São agentes cáusticos o nitrato de prata, o ácido sulfúrico ou clorídrico etc.

CAUTCHU. *Direito agrário.* Látex do caucho.

CAUTELA. 1. *Direito processual civil.* a) Prevenção que se toma nos atos judiciais para evitar sua invalidação; eurema; b) finalidade do processo de pretensão cautelar, ou melhor, objetivo de antecipar o provável resultado de um processo de conhecimento, desde que presentes o *fumus boni juris* e o *periculum in mora.* **2.** *Direito processual penal.* Precaução em caso de prisão processual oriunda de flagrante, de decreto de prisão preventiva, de decisão de pronúncia ou de sentença condenatória sem trânsito em julgado, que se apresenta como contracautela, ou seja, como uma eventual e possível concessão de fiança ou de liberdade provisória independentemente de caução. **3.** *Direito comercial.* a) Título representativo de contrato de transporte; conhecimento de transporte; b) título provisório que representa debêntures ou ações de sociedade anônima, facilitando as transações; c) certificado de um título de propriedade de ação. **4.** *Direito civil.* a) Individualização de título que é entregue ao devedor, servindo para provar o penhor, pois nele estão contidas as condições do contrato e a descrição do bem empenhado; b) depósito de valores; c) fração dos bilhetes de loteria.

CAUTELA DE PENHOR. *Direito civil.* Título comprobatório do contrato de penhor, emitido pelas Caixas Econômicas e entregue ao mutuário para que possa provar seu direito e a operação feita, uma vez que contém todos os dados, como valor do empréstimo, descrição e avaliação da coisa empenhada etc.

CAUTELAR DE ARRESTO. *Vide* ARRESTO.

CAUTELAR SATISFATIVA. *Direito processual civil.* Ação ajuizada, pelo procedimento cautelar, com o objetivo de obter medida de cunho satisfativo. Caso em que é desnecessária a propositura de ação principal, visto que tal medida se exaure em si mesma. É uma medida urgente que, ante a situação fática concreta comprobatória da existência da plausibilidade do direito (*fumus boni iuris*) e a irreparabilidade ou difícil reparação desse direito (*periculum in mora*), requer pedido para que se processe o feito pelo rito do processo liminar (Nelson Nery Jr. e Rosa Maria Andrade Nery).

CAUTELAS DE AÇÕES. *Direito comercial.* Títulos provisórios que representam ações de sociedades anônimas, emitidos pela companhia até serem substituídos por títulos definitivos, unitários ou múltiplos, a pedido feito a qualquer momento pelo acionista.

CAUTELAS FISCAIS. *Direito aduaneiro.* Medidas impeditivas de violação de volumes, recipientes ou do veículo transportador. São cautelas fiscais aplicáveis isolada ou cumulativamente: a) lacração: a aplicação, em ponto determinado do volume, recipiente ou veículo, de selo ou qualquer dispositivo que impeça o acesso ao conteúdo ou ao interior, sem violação que deixe indícios visíveis e indisfarçáveis; b) sinetagem: a gravação, no disposto de lacração, por meio de instrumento dotado de estampo apropriado, de símbolo, número, código ou marca identificativa da repartição ou do funcionário que efetuou a lacração; c) cintagem: a aplicação de cintas ou amarras que impeçam a abertura de volumes; d) marcação: a aplicação de etiquetas, rótulos ou outras marcas que identifiquem claramente os volumes, recipientes ou mercadorias, de modo a facilitar o controle físico; e) acompanhamento fiscal, o que somente será determinado em casos excepcionais, mediante despacho fundamentado da autoridade concedente, esclarecendo as razões da medida, ou como sanção administrativa. Os dispositivos de lacração somente poderão ser rompidos na presença da fiscalização. A Secretaria da Receita Federal poderá determinar outras medidas no sentido de aumentar a segurança da operação de trânsito aduaneiro. As despesas realizadas pelas repartições aduaneiras da Secretaria da Receita Federal, com a aplicação de elementos de segurança em volumes, veículos e unidades de carga, deverão ser ressarcidas pelos interessados.

CAUTELA SOCINIANA. *Direito comparado.* Permissão legal, existente em Portugal, dada aos herdeiros legitimários de, no caso de o testador deixar usufruto ou constituir pensão vitalícia que atinja a legítima, optarem pelo cumprimento do legado ou pela entrega ao legatário apenas da parte disponível.

CAUTELAS SALUTARES. *Direito processual.* São os especiais cuidados que os advogados devem ter em juízo, requerendo no final de suas peças o depoimento pessoal do réu e protestando por todos os meios probatórios admitidos em direito.

CAUTELEIRO. Vendedor ambulante de cautelas ou de bilhetes de loteria.

CAUTÉRIO. *Medicina legal.* **1.** Substância ou instrumento cirúrgico empregados para queimar tecidos vivos, muito usados para a cauterização de lesões do colo do útero, designadas "cervicites". **2.** Pequena úlcera, causada pela aplicação do cautério.

CAUTIO BENE VIVENDI. *Expressão latina.* Caução de bem viver.

CAUTIO DAMNI INFECTI PRODITA EST ADVERSUS DAMNUM IMMINENS EX ALTERIUS AEDIRUS VEL FUNDIS RUINAM MINANTIBUS AD DAMNUM FUTURUM RESARCIENDUM. *Brocardo latino.* A caução de dano infecto é prestada contra o dano iminente de prédio de propriedade alheia que ameaça ruína, para ressarcir dano futuro.

CAUTIO DE JUDICATO SISTI. *Expressão latina.* Caução de estar em juízo.

CAUTIO DE JUDICATO SOLVENDO. *Expressão latina.* Caução de pagar o julgado.

CAUTIO DE OPERE DEMOLIENDO. *Locução latina.* Caução prestada para continuar obra embargada.

CAUTIO DE RESTITUENDO. *Expressão latina.* Caução de restituir.

CAUTIO JUDICATUM SOLVI. *Vide* CAUÇÃO *JUDICATUM SOLVI.*

CAUTIO LEGATORUM SERVANDORUM. *Expressão latina.* Caução para execução de fideicomisso.

CAUTIONNEMENT. *Termo francês.* Valor que constitui a fiança.

CAUTIO PACIS TUENDAE. *Expressão latina.* Caução de guardar a paz.

CAUTIO PRO EXPENSIS. *Vide* CAUÇÃO *JUDICATUM SOLVI.*

CAUTIO QUAE ANTE REORUM CITATIONEM PRAESTARI DEBET AB AUCTORE. *Expressão latina.* A caução deve ser prestada pelo autor antes da citação dos réus.

CAUTIO SUBROGATUR LOCO SEQUESTRI. *Expressão latina.* A caução fica sub-rogada em lugar do seqüestro.

CAVA. **1.** *Direito agrário.* a) Ação de cavar; b) terra cavada; c) valo; fossa. **2.** *Direito civil.* a) Adega no subsolo; b) pavimento de um prédio, abaixo do nível do arruamento.

CAVAÇÃO. Na *gíria comercial,* indica negócio do qual se podem auferir grandes lucros.

CAVADEIRA. *Direito agrário.* Instrumento apropriado para cavar a terra e juntar ervas mondadas.

CAVADOR. **1.** *Direito agrário.* Trabalhador rural. **2.** Na *gíria mercantil,* aquele que arranja negócios por meios ilícitos.

CAVALARIA. *Direito militar.* Instituição militar.

CAVALEIRO. **1.** *Direito militar.* Soldado de cavalaria. **2.** *Ciência política.* a) A primeira graduação das atuais ordens honoríficas; b) aquele a quem um soberano confere uma dignidade como recompensa de serviços prestados ao País ou de seus méritos pessoais. **3.** *Direito agrário.* Enxerto.

CAVÃO. *Direito agrário.* Cavador de enxada.

CAVE A CONSEQUENTARIIS. *Expressão latina.* Cuidado com argumentos hábeis.

CAVEANT CONSULES NE QUID RESPUBLICA DETRIMENTI CAPIAT. *Expressão latina.* Os cônsules devem ser cautelosos para que a República não venha a sofrer dano.

CAVEAT. *Termo inglês.* **1.** Notificação. **2.** Advertência.

CAVE FUREM. *Locução latina.* Cuidado com o ladrão. Palavras com que, na Roma antiga, se marcavam os ladrões.

CAVE ILLIUS SEMPER QUI TIBI IMPOSUIT SEMEL. *Expressão latina.* Tem cautela com quem já te enganou uma vez.

CAVERNA. 1. *Direito marítimo.* a) Cada uma das peças de ferro ou madeira que formam o arcabouço do navio; b) a parte inferior das balizas que compõem uma embarcação. **2.** *Medicina legal.* a) Escavação ulcerosa que se apresenta com a saída do pus de um abscesso; b) cavidade patológica decorrente de uma moléstia, por exemplo, nos pulmões.

CAVERNAME. 1. *Direito marítimo.* Conjunto de cavernas de uma embarcação. **2.** *Medicina legal.* Ossada; esqueleto.

CAVERNITE. *Medicina legal.* Inflamação dos corpos cavernosos do pênis.

CAVERNOMA. *Medicina legal.* Tumor vascular ou angioma com grandes espaços repletos de sangue.

CAVIDADE NATURAL SUBTERRÂNEA. *Direito ambiental.* É todo e qualquer espaço subterrâneo penetrável pelo ser humano, com ou sem abertura identificada, popularmente conhecido como caverna, gruta, lapa, toca, abismo, furna e buraco, incluindo seu ambiente, seu conteúdo mineral e hídrico, as comunidades bióticas ali encontradas e o corpo rochoso onde estas se inserem, desde que a sua formação tenha sido por processos naturais, independentemente de suas dimensões ou do tipo de rocha encaixante. Cavidade natural subterrânea relevante para fins de anuência pelo Instituto Brasileiro do Meio Ambiente e dos Recursos Naturais Renováveis (IBAMA) no processo de licenciamento – aquela que apresente significativos atributos ecológicos, ambientais, cênicos, científicos, culturais ou socioeconômico, no contexto local ou regional em razão, entre outras, das seguintes características: a) dimensão, morfologia ou valores paisagísticos; b) peculiaridades geológicas, geomorfológicas ou mineralógicas; c) vestígios arqueológicos ou paleontológicos; d) recursos hídricos significativos; e) ecossistemas frágeis; espécies endêmicas, raras ou ameaçadas de extinção; f) diversidade biológica; ou g) relevância histórico-cultural ou socioeconômico na região.

CAVIDADE PULPAR. *Medicina legal.* Espaço no interior dos dentes, onde se encontram os vasos sangüíneos e o nervo, que constitui fator importante para a determinação médico-legal da idade a partir dos vinte anos, vez que sofre paulatinamente uma redução diametral, obliterando-se em torno dos cinqüenta anos.

CAVILAÇÃO. 1. *Retórica jurídica.* Argumento verbal que não atinge o âmago das coisas. **2.** *Lógica jurídica.* Sofisma. **3.** *Direito civil.* Astúcia para induzir em erro, maquinação fraudulenta etc., constituindo vício de consentimento suscetível de anular o ato jurídico. **4.** *Direito penal.* Fraude que surge no estelionato ou nas formas que lhe são correlatas.

CAVILLATIONEM CAVILLATIONE REPELLERE LICET. *Aforismo jurídico.* Lícito será repelir uma astúcia com outra.

CAXIXE. *Direito civil.* Diz-se do logro na "venda" de um imóvel rural, na zona do cacau da Bahia, não pertencente ao vendedor, que ilude a boa-fé do comprador, correspondente ao "grilo" do Estado de São Paulo.

CAXUMBA. *Medicina legal.* Inflamação infecto-contagiosa das parótidas.

CBF. *Direito desportivo.* Sigla de Confederação Brasileira de Futebol.

CBLC. Sigla de Companhia Brasileira de Liquidação e Custódia, responsável pela operacionalização dos sistemas do Tesouro Direto.

CBO. *Direito do trabalho.* Sigla de Classificação Brasileira de Ocupações.

CBTU. *Direito administrativo.* Abreviatura de Companhia Brasileira de Trens Urbanos.

CCAMLR. Abreviação de Comissão para Conservação dos Recursos Vivos Marinhos Antárticos.

CCF. Sigla de Cadastro de Emitentes de Cheque sem Fundo.

CCI. Sigla de Câmara de Comércio Internacional.

CD. *Direito autoral.* Disco compacto que grava imagens e sons, também chamado *Compact Disc Video* (CDV).

CDA. Sigla de Certificado de Depósito Alfandegário.

CDC. *Medicina legal.* Sigla de *Center for Disease Control*, ou seja, Centro de Controle de Doenças Infecciosas, sediado em Atlanta, nos EUA.

CDDB. *Direito desportivo.* Sigla de Conselho de Desenvolvimento do Desporto Brasileiro.

CD-I. *Direito virtual.* Disco Compacto Interativo que contém entrada de usuário para que este possa escolher os dados armazenados de que precisa.

CDI. *Direito financeiro.* **1.** Sigla de Certificado de Depósito Interfinanceiro. **2.** Título emitido por instituição financeira para captar recurso de outra instituição financeira (Luiz Fernando Rudge).

CD-ROM. *Direito virtual.* **1.** Abreviatura de *Compact Disc Read Only Memory.* **2.** Disco compacto que contém dados e programas para computador.

CDV. Abreviatura de *Compact Disc Video.*

CE. *Direito internacional público.* Sigla de Comunidade Européia.

CEBOCEFALIA. *Medicina legal.* Anormalidade apresentada no nariz, atrofiando-o completamente, aproximando as duas cavidades orbitárias e fazendo com que o paciente apresente semelhanças com o macaco.

CEBOLAL. *Direito agrário.* Terra destinada à plantação de cebolas.

CEBOLÃO. *Direito agrário.* Árvore padrão de terra fértil, apropriada para a cultura do café.

CECA. *Direito internacional público.* Sigla de Comunidade Européia de Carvão e Aço.

CECASP. Sigla de Cooperativa de Economia e Crédito Mútuo dos Advogados em São Paulo.

CECECTOMIA. *Medicina legal.* Excisão do ceco, que é a parte inicial e mais larga do intestino grosso, para dentro do qual se abre o intestino delgado.

CECÓGRAFO. **1.** Instrumento usado pelos cegos para ler e escrever. **2.** Professor de escrita dos cegos.

CECOGRAMA. Instrumento escrito por meio do sistema braile.

CECOTOMIA. *Medicina legal.* Incisão do ceco, abrindo-o para providenciar um ânus extranatural.

CEDANT ARMA TOGAE. *Expressão latina.* As armas devem ceder às togas.

CEDANT ARMA TOGAE, CONCEDAT LAUREA LINGUAE. *Expressão latina.* Que as armas dêem lugar à toga, e o triunfo militar à eloqüência.

CEDAT ERGO REGNO MERCANTURA, PECUNIA SALUTI. *Brocardo latino.* Ceda, pois, a mercancia ao reino e o dinheiro à saúde pública.

CEDÊNCIA. *Vide* CESSÃO.

CEDENTE. **1.** *Direito civil.* a) Aquele que faz a cessão de um direito, de uma obrigação ou de um contrato. É, portanto, o titular de um crédito ou débito que o transfere a outrem; b) sociedade seguradora que efetua operação de resseguro ou o ressegurador que contrata operação de retrocessão. **2.** *Direito agrário.* Aquele que, no arrendamento ou na parceria rurais, se obriga a ceder a outrem, por tempo determinado ou não, o uso do imóvel rural ou de animais, máquinas etc. **3.** *Direito bancário.* Aquele que entrega um título ao banco para negociação ou cobrança.

CEDER. **1.** *Direito civil.* Transferência de crédito ou débito. **2.** Na *linguagem comum:* a) dar ou entregar; b) transferir coisas ou direitos a alguém; c) colocar algo à disposição de outrem; emprestar; d) curvar-se sob uma pressão; e) concordar; f) desistir; g) afundar; descer. **3.** *Medicina legal.* Diminuir.

CEDIDO. *Direito civil.* **1.** Objeto de uma cessão, isto é, o crédito ou o débito que foi transferido pelo seu titular a outrem. **2.** Co-contratante, se houver cessão de contrato; o devedor, na cessão de crédito; o credor, na cessão de débito.

CÉDULA. **1.** Na *linguagem jurídica* em sentido amplo, documento escrito que gera efeitos legais. **2.** *Direito bancário.* a) Papel representativo de moeda de curso legal; papel-moeda; b) apólice de dívida pública. **3.** *Direito eleitoral.* Impresso contendo o nome do candidato, usado para expressão de voto, que deve ser colocado pelo eleitor numa urna. **4.** *Direito processual penal.* É a dada a cada um dos jurados presentes no Tribunal do Júri, contendo a palavra "sim" ou "não", a fim de que os seus votos aos quesitos possam ser recolhidos de forma secreta. **5.** *Direito comercial.* Título de garantia real sobre mercadoria depositada em armazém geral; *warrant.* **6.** *Direito tributário.* Parte da declaração do imposto sobre a renda onde são anotadas as categorias dos rendimentos do contribuinte, determinando-se a importância que deve ser paga, apurando-se o líquido após as deduções permitidas legalmente.

CÉDULA DE CRÉDITO À EXPORTAÇÃO. *Direito internacional privado.* Título de crédito que é emitido para financiamento de exportação ou de produção de mercadorias a serem exportadas.

CÉDULA DE CRÉDITO BANCÁRIO. *Direito bancário.* É título de crédito emitido, por pessoa física ou jurídica, em favor de instituição financeira ou de entidade a esta equiparada, representando promessa de pagamento em dinheiro, decorrente de operação de crédito, de qualquer modalidade. A instituição credora deve integrar o Sistema Financeiro Nacional, sendo admitida a emissão da Cédula de Crédito Bancário em favor de instituição domiciliada no exterior, desde que a obrigação esteja sujeita exclusivamente à lei e ao foro brasileiros. A Cédula de Crédito Bancário em favor de instituição domiciliada no exterior poderá ser emitida em moeda estrangeira, assim como poderá ser emitida, com ou sem garantia, real ou fidejussória, cedularmente constituída. É título executivo extrajudicial e representa dívida em dinheiro, certa, líquida e exigível, seja pela soma nela indicada, seja pelo saldo devedor demonstrado em planilha de cálculo, ou nos extratos da conta corrente. Na Cédula de Crédito Bancário poderão ser pactuados: a) os juros sobre a dívida, capitalizados ou não, os critérios de sua incidência e, se for o caso, a periodicidade de sua capitalização, bem como as despesas e os demais encargos decorrentes da obrigação; b) os critérios de atualização monetária, como permitido em lei, ou os critérios de variação cambial da dívida; c) os casos de ocorrência de mora e de incidência das multas e penalidades contratuais, bem como as hipóteses de vencimento antecipado da dívida; d) os critérios de apuração e de ressarcimento, pelo emitente ou por terceiro garantidor, das despesas de cobrança da dívida e dos honorários advocatícios, judiciais ou extrajudiciais, sendo que os honorários advocatícios extrajudiciais não poderão superar o limite de 10% do valor total devido; e) quando for o caso, a modalidade de garantia da dívida, sua extensão e as hipóteses de substituição de tal garantia; f) as obrigações a serem cumpridas pelo credor; g) a obrigação do credor de emitir extratos da conta corrente ou planilhas de cálculo da dívida, ou de seu saldo devedor, de acordo com os critérios estabelecidos na própria Cédula de Crédito Bancário; h) outras condições de concessão do crédito, suas garantias ou liquidação, obrigações adicionais do emitente ou do terceiro garantidor da obrigação. A Cédula de Crédito Bancário deve conter os seguintes requisitos essenciais: a) a denominação "Cédula de Crédito Bancário"; b) a promessa do emitente de pagar a dívida em dinheiro, certa, líquida e exigível no seu vencimento ou, no caso de dívida oriunda de contrato de abertura de crédito bancário, a promessa do emitente de pagar a dívida em dinheiro, certa, líquida e exigível, correspondente ao crédito utilizado; c) a data e o lugar do pagamento da dívida e, no caso de pagamento parcelado, as datas e os valores de cada prestação, ou os critérios para

essa determinação; d) o nome da instituição credora, podendo conter cláusula à ordem; e) a data e o lugar de sua emissão; e f) a assinatura do emitente e, se for o caso, do terceiro garantidor da obrigação, ou de seus respectivos mandatários. A Cédula de Crédito Bancário será transferível mediante endosso em preto, ao qual se aplicarão, no que couberem, as normas do direito cambiário, caso em que o endossatário, mesmo não sendo instituição financeira ou entidade a ela equiparada, poderá exercer todos os direitos por ela conferidos, inclusive cobrar os juros e demais encargos na forma pactuada na Cédula.

CÉDULA DE CRÉDITO COMERCIAL. *Direito bancário.* Título concedido por um banco a comerciante como garantia real do empréstimo feito.

CÉDULA DE CRÉDITO IMOBILIÁRIO (CCI). *Direito bancário.* É instituída para representar créditos imobiliários. A CCI será emitida pelo credor do crédito imobiliário e poderá ser integral, quando representar a totalidade do crédito, ou fracionária, quando representar parte dele, não podendo a soma das CCI fracionárias emitidas em relação a cada crédito exceder o valor total do crédito que elas representam. As CCI fracionárias poderão ser emitidas simultaneamente ou não, a qualquer momento antes do vencimento do crédito que elas representam. A CCI poderá ser emitida com ou sem garantia, real ou fidejussória, sob a forma escritural ou cartular. A emissão da CCI sob a forma escritural far-se-á mediante escritura pública ou instrumento particular, devendo esse instrumento permanecer custodiado em instituição financeira e registrado em sistemas de registro e liquidação financeira de títulos privados autorizados pelo Banco Central do Brasil. Sendo o crédito imobiliário garantido por direito real, a emissão da CCI será averbada no Registro de Imóveis da situação do imóvel, na respectiva matrícula, devendo dela constar, exclusivamente, o número, a série e a instituição custodiante. A averbação da emissão da CCI e o registro da garantia do crédito respectivo, quando solicitados simultaneamente, serão considerados como ato único para efeito de cobrança de emolumentos. A constrição judicial que recaia sobre crédito representado por CCI será efetuada nos registros da instituição custodiante ou mediante apreensão da respectiva cártula. O credor da CCI deverá ser imediatamente intimado de constrição judicial que recaia sobre a garantia real do crédito imobiliário representado por aquele título. No caso de CCI emitida sob a forma escritural, caberá à instituição custodiante identificar o credor, para o fim da referida intimação. A CCI deverá conter: a) a denominação "Cédula de Crédito Imobiliário", quando emitida cartularmente; b) o nome, a qualificação e o endereço do credor e do devedor e, no caso de emissão escritural, também o do custodiante; c) a identificação do imóvel objeto do crédito imobiliário, com a indicação da respectiva matrícula no Registro de Imóveis competente e do registro da constituição da garantia, se for o caso; d) a modalidade da garantia, se for o caso; e) o número e a série da cédula; f) o valor do crédito que representa; g) a condição de integral ou fracionária e, nessa última hipótese, também a indicação da fração que representa; h) o prazo, a data de vencimento, o valor da prestação total, nela incluídas as parcelas de amortização e juros, as taxas, seguros e demais encargos contratuais de responsabilidade do devedor, a forma de reajuste e o valor das multas previstas contratualmente, com a indicação do local de pagamento; i) o local e a data da emissão; j) a assinatura do credor, quando emitida cartularmente; k) a autenticação pelo Oficial do Registro de Imóveis competente, no caso de contar com garantia real; e l) cláusula à ordem, se endossável. A CCI é título executivo extrajudicial, exigível pelo valor apurado de acordo com as cláusulas e condições pactuadas no contrato que lhe deu origem. O crédito representado pela CCI será exigível mediante ação de execução, ressalvadas as hipóteses em que a lei determine procedimento especial, judicial ou extrajudicial para satisfação do crédito e realização da garantia. A emissão e a negociação de CCI independe de autorização do devedor do crédito imobiliário que ela representa. A cessão do crédito representado por CCI poderá ser feita por meio de sistemas de registro e de liquidação financeira de títulos privados autorizados pelo Banco Central do Brasil. A cessão do crédito representado por CCI implica automática transmissão das respectivas garantias ao cessionário, sub-rogando-o em todos os direitos representados pela cédula, ficando o cessionário, no caso de contrato de alienação fiduciária, investido na propriedade fiduciária. A cessão de crédito garantido por direito

real, quando representado por CCI emitida sob a forma escritural, está dispensada de averbação no Registro de Imóveis. A CCI, objeto de securitização, será identificada no respectivo Termo de Securitização de Créditos, mediante indicação do seu valor, número, série e instituição custodiante, dispensada a enunciação das informações já constantes da Cédula ou do seu registro na instituição custodiante. O regime fiduciário, no caso de emissão de Certificados de Recebíveis Imobiliários lastreados em créditos representados por CCI, será registrado na instituição custodiante, mencionando o patrimônio separado a que estão afetados. O resgate da dívida representada pela CCI prova-se com a declaração de quitação, emitida pelo credor, ou, na falta desta, por outros meios admitidos em direito. É vedada a averbação da emissão de CCI com garantia real quando houver prenotação ou registro de qualquer outro ônus real sobre os direitos imobiliários respectivos, inclusive penhora ou averbação de qualquer mandado ou ação judicial.

CÉDULA DE CRÉDITO INDUSTRIAL. *Direito bancário.* Título emitido por uma instituição financeira para a garantia real do empréstimo concedido a industrial.

CÉDULA DE CRÉDITO RURAL. *Direito civil* e *direito bancário.* Título de crédito civil, líquido e certo, emitido por banco, tendo por base um empréstimo, para garantir o pagamento. Trata-se de uma promessa de pagamento em dinheiro assegurada ou não cedularmente por uma garantia, que não precisará ser real, ou melhor, incidente sobre a coisa. As cédulas de crédito rural são: pignoratícias, hipotecárias ou pignoratícias e hipotecárias.

CÉDULA DE DEBÊNTURES. *Direito bancário.* É a emitida por instituição financeira autorizada pelo Banco Central a efetuar operação no mercado de valores mobiliários, lastreada em debêntures, com garantia própria, que confere a seu titular direito de crédito contra o emitente, pelo valor nominal e os juros nela estipulados.

CÉDULA DE PRODUTO RURAL (CPR). *Direito agrário* e *direito cambiário.* **1.** Título de crédito representativo da promessa de entrega futura de produtos rurais, com ou sem garantia cedularmente constituída. Com isso o agropecuarista pode obter fundos, por meio da venda antecipada de produtos em bolsa de mercadorias com a simples promessa de torná-los disponíveis de acordo com a quantidade, qualidade e outras condições preestabelecidas, em local predeterminado. Essa cédula tem por escopo tornar mais fácil o acesso de produtores rurais e suas associações a recursos financeiros que lhes possibilitem bancar os custos em implantação e manutenção das lavouras e em eventuais períodos de estocagem dos produtos (Pedro Ramos). **2.** Título emitido por produtor rural ou suas associações, inclusive cooperativas, na forma da lei.

CÉDULA HIPOTECÁRIA. *Direito civil.* Título representativo de crédito com hipoteca, sempre nominativo, mas transferível por endosso e emitido pelo credor. A emissão dessa cédula só é admitida nas operações alusivas ao Sistema Financeiro da Habitação e nas hipotecas que aproveitam uma instituição financeira ou uma companhia seguradora. Essa cédula deverá conter o nome, a qualificação e o endereço do credor e do devedor, o valor do crédito que representa, a indicação do número, data, livro e folha da inscrição da hipoteca e averbação da própria cédula, a individuação do imóvel gravado, a data da emissão e do vencimento e o local do pagamento. É exigida ainda, para maior segurança dos cessionários, sua autenticação pelo oficial do registro imobiliário e averbação, sob pena de nulidade, à margem da inscrição da hipoteca integrante, não sendo permitida se houver prenotação ou inscrição de outro ônus real, ação, penhora ou cédula anterior. Pode ser resgatada com o pagamento de seu valor, provando-se, pela sua restituição, que houve liquidação da hipoteca sobre a qual foi emitida. Esse resgate pode ser antecipado pelo devedor, consignando a quantia devida se o credor se recusar a recebê-la sem motivo justo.

CÉDULA PIGNORATÍCIA DE DEBÊNTURES. *Direito comercial.* Título de crédito causal que serve de instrumento para o financiamento de companhias por meio de poupança captada no mercado de capitais, permitindo ao banco a mobilização de recursos por ele aplicados em debêntures, expandindo o mercado de valores mobiliários, por servir de intermediário entre a companhia e o mercado de capitais de empréstimo. É, portanto, um título de crédito que confere a seu titular um direito creditório contra o banco que o emitiu, pelo valor nominal dele constante, acrescido dos juros, fixos ou variáveis,

nele estipulados, crédito esse garantido não só pelo penhor de debêntures como também pelo patrimônio da devedora.

CÉDULA RURAL HIPOTECÁRIA. *Direito civil.* Título de crédito vinculado a uma hipoteca rural, emitido por uma instituição financeira como garantia do pagamento de empréstimo feito a quem exerce atividade agrícola ou pecuária.

CÉDULA RURAL PIGNORATÍCIA. *Direito civil.* Título de crédito vinculado ao contrato de penhor rural, emitido para garantir o pagamento do empréstimo, sendo transferível por endosso, de forma que os direitos creditórios se exercem pelo endossatário em cujo poder se encontra; é resgatável a qualquer tempo desde que se efetue o respectivo pagamento. É, na lição de Caio Mário da Silva Pereira, um título formal, líquido e certo, exigível pela soma ali lançada e com validade contra terceiro desde que feita sua inscrição na coletoria ou repartição arrecadadora federal.

CÉDULAS DILACERADAS. São aquelas inadequadas à circulação que apresentam, pelo menos, um dos seguintes indicadores: a) caracteres estranhos (marcas, desenhos, rabiscos, carimbos etc.); b) fitas adesivas ou grampos metálicos; c) áreas fragmentadas, rasgadas, furadas, cortadas ou emendadas, com mais da metade do tamanho original em um único fragmento; d) áreas manchadas ou desbotadas; e) falta parcial ou integral de elemento de segurança; e f) áreas enrugadas ou encolhidas (em cédulas de polímero).

CÉDULAS MUTILADAS. São aquelas que não têm valor por não apresentarem um fragmento com mais da metade do tamanho original. Havendo dúvidas em relação à perda de valor, as cédulas poderão ser encaminhadas ao Banco Central do Brasil para análise.

CÉDULAS NÃO-UTILIZÁVEIS. São aquelas inadequadas à circulação que, apesar de se apresentarem com tamanho original, encontram-se desgastadas pelo uso.

CÉDULAS UTILIZÁVEIS. São aquelas adequadas à circulação, por se apresentarem em bom estado de conservação e com tamanho original.

CÉDULA TESTAMENTÁRIA. *Direito civil.* Carta testamentária; instrumento que contém as disposições de última vontade do autor da herança feitas em testamento particular ou cerrado.

CÉDULA ÚNICA. *Direito eleitoral.* É a que contém o nome de todos os candidatos que estão concorrendo a um cargo eletivo e na qual o eleitor apenas assinalará o seu preferido, depositando-a depois na urna.

CEE. 1. *Direito internacional público.* Sigla de Comissão Econômica para a Europa. **2.** *Direito tributário.* Contribuição para o Equilíbrio Econômico.

CEEA. *Direito internacional público.* Abreviatura de Comunidade Européia de Energia Atômica.

CEEIRO. *História do direito.* Trabalhador que, servindo em casa ou fazenda alheia, recebia como ceia um pão caseiro.

CEF. *Direito bancário.* Sigla de Caixa Econômica Federal, que é a instituição financeira pública, que atua no financiamento habitacional, empréstimos ao público e financiamentos empresariais (Luiz Fernando Rudge).

CEFALALGIA. *Medicina legal.* Dor de cabeça.

CEFALÉIA. *Medicina legal.* Dor de cabeça violenta e contínua.

CEFALEMATOMA. *Medicina legal.* Tumor, sob o pericrânio, cheio de sangue, mais comum em crianças.

CEFALÔMELO. *Medicina legal.* Anormalidade apresentada pelo feto, caracterizada por um membro acessório que cresce na cabeça.

CEFALOMENIA. *Medicina legal.* Eliminação do sangue menstrual pelo nariz.

CEFALOMETRIA. *Medicina legal.* Técnica científica apropriada para medir a cabeça com o escopo de determinar as dimensões características de uma raça ou sexo ou para determinar a relação da cabeça fetal para a abertura pélvica materna.

CEFALOSCOPIA. *Medicina legal.* Exame de cabeça feito para apurar as faculdades intelectuais.

CEFALOTOMIA. *Medicina legal.* Operação cirúrgica que consiste em partir a cabeça do feto, visando facilitar sua saída da bacia da gestante.

CEFALOTORACÓPAGO. *Medicina legal.* Anormalidade em que dois fetos apresentam-se unidos pela cabeça e tórax.

CEFALOTRIPSIA. *Medicina legal.* Técnica cirúrgica que consiste no esmagamento da cabeça do feto para tornar mais fácil sua retirada da bacia materna.

CEF COMO AGENTE OPERADOR DO FGTS. *Direito previdenciário.* Órgão que tem por fim: a) centralizar os recursos do FGTS, participar da rede incumbida de sua arrecadação, manter e controlar as contas vinculadas e emitir regularmente os extratos individuais correspondentes; b) definir os procedimentos operacionais necessários à execução dos programas de habitação popular, saneamento básico e infra-estrutura urbana e ao cumprimento das resoluções do Conselho Curador e dos atos normativos do Gestor da aplicação do FGTS; c) expedir atos normativos referentes aos procedimentos administrativos e operacionais dos bancos depositários, dos agentes financeiros e promotores, dos tomadores dos recursos, dos empregadores e dos trabalhadores, integrantes do sistema do FGTS; d) analisar, sob os aspectos jurídico e de viabilidade técnica, econômica e financeira, os projetos de habitação popular, infra-estrutura urbana e saneamento básico a serem financiados com recursos do FGTS; e) avaliar o desempenho e a capacidade econômico-financeira dos agentes envolvidos nas operações de crédito com recursos do FGTS; f) conceder os créditos para as operações previamente selecionadas e hierarquizadas, desde que consideradas viáveis, responsabilizando-se pelo acompanhamento de sua execução e zelando pela correta aplicação dos recursos; g) formalizar convênios com a rede bancária para recebimento de pagamento do FGTS, em conformidade com o disposto pelo Conselho Curador; h) celebrar convênios e contratos, visando à aplicação dos recursos do FGTS, em conformidade com o disposto pelo Conselho Curador; i) elaborar as contas do FGTS, encaminhando-as ao Gestor da aplicação; j) implementar os atos do gestor relativos à alocação e à aplicação dos recursos do FGTS, de acordo com as diretrizes estabelecidas pelo Conselho Curador; k) emitir Certificado de Regularidade do FGTS; l) apresentar relatórios gerenciais periódicos e, sempre que solicitadas, outras informações, com a finalidade de proporcionar ao gestor da aplicação e ao Conselho Curador meios para avaliar o desempenho dos programas, nos seus aspectos físico, econômico-financeiro, social e institucional, e sua conformidade com as diretrizes governamentais.

CEGAGEM. *Direito agrário.* Ato de extrair os olhos das árvores.

CEGO. *Direito civil.* Aquele que, por estar privado do sentido da visão, sofre algumas limitações legais devidas à sua condição, como a de obedecer, na prática de certos atos jurídicos, a determinados requisitos impostos por lei para sua validade.

CEGUEIRA. 1. *Medicina legal.* a) Ausência ou diminuição da acuidade visual, que podem ser congênitas, pré-natais ou adquiridas em razão de afecção ocular, acidente de trânsito ou do trabalho, doenças degenerativas, ofensas criminosas ou tentativa de suicídio; b) é um estado patológico no qual a acuidade visual de ambos os olhos é igual a zero, sem percepção luminosa, após esgotados os recursos de correção óptica. São equivalentes à cegueira e como tal considerados: a) os casos de perda parcial de visão, nos limites previstos em lei, não susceptíveis de correção óptica, nem capazes de ser beneficiados por tratamento médico-cirúrgico; b) os casos de redução muito acentuada e irreversível do campo visual (visão tubular), comprovados por campimetria, independentemente do grau de acuidade visual central, que motivem dificuldade de locomoção e de orientação espacial do paciente, exigindo a ajuda de terceiros. **2.** *Direito penal.* Resultado de uma agressão causadora de perda, inutilização ou debilidade permanente do sentido da visão. **3.** *Direito processual* e *direito civil.* a) Configura caso de incapacidade para testemunhar se a ciência do fato que se quer provar depender do sentido da visão; b) motivo que pode gerar responsabilidade civil se resultante de ação culposa do médico. **4.** *Direito do trabalho.* Fato que, se advindo de acidente do trabalho, gera para o acidentado, por exemplo, o direito à aposentadoria por invalidez. **5.** *Direito administrativo.* Perda da visão, que traz para o funcionário público o direito à aposentadoria por invalidez com vencimento integral.

CEGUEIRA DIURNA. *Medicina legal.* Nictalopia.

CEGUEIRA MORAL. *Psicologia jurídica.* Ausência de sentimento moral, que traz a incapacidade de distinguir o bem e o mal; loucura moral.

CEGUEIRA NOTURNA. *Medicina legal.* Hemeralopia.

CEGUEIRA VERBAL. *Medicina legal.* Alexia; incapacidade de reconhecer, mediante a leitura, o sentido das palavras escritas ou as idéias por elas simbolizadas.

CEI. *Direito internacional público.* Sigla de Comunidade de Estados Independentes.

CEIFA. *Direito agrário.* **1.** Colheita de cereais. **2.** Diz-se dos cereais recolhidos.

CEIFADEIRA. *Direito agrário.* **1.** Máquina agrícola usada para ceifar. **2.** Trabalhadora rural encarregada da colheita de cereais.

CEILING PRICE. *Locução inglesa.* Preço máximo permitido.

CEITIL. *História do direito.* Moeda portuguesa que correspondia à sexta parte do real.

CEJ. Sigla de Centro de Estudos Judiciários que visa o estudo e a pesquisa para aperfeiçoar o sistema judiciário.

CELA. 1. *Direito penal.* Compartimento onde se coloca o condenado na penitenciária, para cumprir pena de reclusão, em isolamento celular por três meses. **2.** *Direito canônico.* Aposento onde se alojam religiosos nos conventos.

CELAÇÃO. *Medicina legal.* Ato que visa esconder uma deformação ou um fenômeno fisiológico como a gravidez.

CELAMIM. *Direito agrário.* Décima sexta parte de um alqueire.

CELEBRAÇÃO. *Direito civil.* **1.** Ato ou efeito de celebrar. **2.** Conjunto de solenidades ou requisitos legais, sejam eles extrínsecos ou intrínsecos, que devem ser observados para a validade de um ato ou contrato.

CELEBRAÇÃO DE CONTRATO. *Direito civil.* Ato de celebrar ou efetuar contrato em conformidade com os requisitos intrínsecos e extrínsecos instituídos legalmente para sua validade.

CELEBRAÇÃO DO CASAMENTO. *Direito civil.* Condição necessária à regularidade do matrimônio, ante a solenidade do ato nupcial, que, além de ser celebrado por autoridade competente, requer observância de certas formalidades legais, sob pena de nulidade. É o conjunto de solenidades especiais que reveste a cerimônia nupcial, dando-lhe a devida publicidade. A celebração do casamento é ato solene da competência do juiz do lugar em que se processou a habilitação, que, na presença de testemunhas em dia, hora e local previamente indicados, constata a reafirmação dos contraentes de se tornarem marido e mulher por livre e espontânea vontade, pronunciando a fórmula sacramental: "de acordo com a vontade que ambos acabais de afirmar perante mim, de vos receberdes como marido e mulher, eu, em nome da lei, vos declaro casados". Lavrar-se-á, imediatamente, no livro de registro, para perpetuar o ato e servir de prova, o assento do matrimônio, assinado pelo presidente do ato, cônjuges, testemunhas e oficial.

CELEBRAÇÃO SECRETA DO MATRIMÔNIO. *Direito canônico.* É aquela solenidade nupcial feita secretamente pelo ordinário local em razão de motivo grave e urgente. A licença para a celebração desse matrimônio implica que: a) se façam secretamente as investigações a serem realizadas antes do casamento; b) o ordinário local, o assistente, as testemunhas e os cônjuges guardem segredo a respeito do matrimônio celebrado; mas tal dever cessa por parte do ordinário local se com sua observância houver perigo iminente de grave escândalo ou de grave injúria contra a santidade do matrimônio; disso se dê conhecimento às partes, antes da celebração nupcial. Esse matrimônio secreto deve ser anotado em livro especial, que deve ser guardado no arquivo secreto da cúria.

CELEBRANTE. 1. *Direito canônico.* Ministro ou sacerdote que oficia cerimônias religiosas. **2.** *Direito civil.* Aquele que celebra ou realiza ato jurídico com observância das formalidades legais.

CELEBRAR. 1. *Direito civil.* Realizar ato ou contrato em conformidade com os requisitos exigidos por lei, a fim de que seja válido. **2.** *Direito canônico.* Dizer missa.

CELECTONIO. *Medicina legal.* Instrumento apropriado para escindir uma parcela de um tumor para exame necroscópico.

CELEIRO. 1. *Direito internacional privado.* Diz-se do Estado que é grande produtor de cereais. **2.** *Direito agrário.* Local onde os cereais são guardados.

CELERADO. *Direito penal.* Criminoso muito perverso ou perigoso.

CELERIDADE PROCESSUAL. *Direito processual civil.* Princípio pelo qual o processo deve organizar-se de forma a chegar rapidamente ao seu termo.

CELETISTA. *Direito do trabalho.* Relativo à CLT (Consolidação das Leis do Trabalho).

CELIBATÁRIO. *Direito civil.* Aquele que não se casou por opção ou por imposição do culto religioso.

CELIBATO. *Direito civil.* Estado daquele que se mantém solteiro porque não tem a intenção de casar ou não pode convolar núpcias.

CÉLIBE. *Direito civil.* Estado da pessoa que não se casou.

CELIM. *Direito internacional privado.* Sigla de Comitê Europeu *Lex Informatica Mercatoriaque.*

CELIOCENTESE. *Medicina legal.* Punção abdominal.

CELIOPIOSE. *Medicina legal.* Supuração na cavidade do abdome.

CÉLULA. 1. *Ciência política.* Local onde se reúne agrupamento político clandestino. **2.** *Direito penal.* Dependência existente da penitenciária, com espaço mínimo de 6m², onde a pena de reclusão é cumprida pelo condenado. **3.** *Direito virtual.* Elemento construtivo capaz de armazenar informação.

CÉLULA GERMINAL HUMANA. *Biodireito.* Célula-mãe responsável pela formação de gametas presentes nas glândulas sexuais femininas e masculinas e suas descendentes diretas em qualquer grau de ploidia.

CÉLULA INDUTIVA. *Direito das comunicações.* Célula com formato e composição físico-química sensível ao processo de indução magnética, podendo ser utilizada para o armazenamento dos créditos que permitem o acesso aos serviços de telecomunicações de interesse coletivo ou das informações de controle tais como de identificação da prestadora emitente ou de posicionamento do cartão.

CELULAR. 1. *Direito penitenciário.* a) Diz-se do isolamento em que o preso condenado à reclusão deverá permanecer em cela, dia e noite, durante três meses; b) estabelecimento aparelhado de celas onde se recolhem os presos; c) regime penitenciário onde cada detento deve permanecer isolado em sua cela; d) qualificativo da prisão em cela, onde o preso permanece durante a noite, mesmo que durante o dia fique junto com os outros para o exercício de certas atividades, refeições etc. **2.** *Direito das comunicações.* Telefone móvel.

CELULAR NOTURNO. *Direito das comunicações.* É aquele em que a operadora de telefonia celular pretende atender a profissionais que têm atividades noturnas, oferecendo tarifas reduzidas das 21h às 9h e também durante fins de semana e feriados.

CÉLULAS-TRONCO EMBRIONÁRIAS. *Biodireito.* Células de embrião que apresentam a capacidade de se transformar em células de qualquer tecido de um organismo.

CEME. *História do direito.* Sigla da Central de Medicamentos, hoje desativada, sendo que suas atividades foram assumidas pelos órgãos integrantes da estrutura do Ministério da Saúde.

CEMITÉRIO. *Direito administrativo.* Local em que, numa cidade, se enterram os mortos, constituindo bem público municipal de uso especial.

CEMITÉRIO PRIVADO. *Direito civil.* Local que, por meio de contrato concessivo de uso de sepulcro, pode ser considerado, por lei, como direito real ou condomínio, mas, enquanto tal não se der, a relação entre administrador e titular do terreno do cemitério e adquirente de espaço para sepultura é a de comodato ou locação (Sílvio Venosa).

CEMPASSO. *Direito agrário.* Medida de superfície utilizada no Ceará, contendo 0,44 hectare, com cem passos em quadro.

CENA. *Direito civil.* **1.** Representação teatral. **2.** Divisão do ato em que atuam os atores numa peça de teatro.

CENÁRIO. *Direito civil.* Seqüência de cenas numa representação dramática.

CENÁRIO ACIDENTAL. *Direito ambiental.* Conjunto de situações e circunstâncias específicas de um incidente de poluição por óleo.

CENARISTA. *Direito autoral.* Escritor que adapta um enredo para o cinema.

CENESTESIA. *Medicina legal.* Sensibilidade interna.

CENOBIARCA. *Direito canônico.* Membro de uma das quatro categorias de monges da Ordem de São Bento.

CENOFOBIA. *Psicologia jurídica.* Medo mórbido de local desabitado ou de espaço vazio.

CENÓGRAFO. *Direito autoral.* Artista plástico de teatro que tem a função de decorador cênico, devendo cuidar da iluminação e da indumentária, imprescindíveis para a caracterização da peça, adaptando-a à sua concretização no palco.

CENOLOGIA. **1.** *Medicina legal.* Conferência entre médicos. **2.** *Direito autoral.* Ciência da encenação de peças no teatro.

CENOTÉCNICO. *Direito do trabalho.* Profissional que executa os projetos elaborados pelo cenógrafo.

CENSO. **1.** *Direito romano.* Carta em que os romanos descreviam pormenorizadamente seus haveres. **2.** *Direito administrativo.* Levantamento estatístico da população; recenseamento. **3.** *Direito civil.* Pensão ou renda anual ajustada em contrato pela posse de imóvel. **4.** *Direito eleitoral.* Processo estatístico que visa registrar o número de pessoas para fins eleitorais. **5.** *Direito canônico.* Prestação devida à Igreja a título de proteção.

CENSO CONSIGNATIVO. *Direito civil.* Renda que alguém, por ter recebido certa soma em dinheiro, deve pagar permanentemente, fazendo consignação de determinado imóvel para que sobre este venha a recair o dever de cumprir aquele encargo ou ônus real. Por exemplo, é o que ocorre com o mútuo com garantia hipotecária. Atualmente não tem aplicação por requerer perpetuidade do contrato.

CENSO DEMOGRÁFICO. *Direito administrativo.* **1.** Recenseamento. **2.** Contagem da população de uma região ou de um país.

CENSO ENFITÊUTICO. *Direito civil.* **1.** Foro. **2.** Cânon enfitêutico.

CENSO ESCOLAR DA EDUCAÇÃO BÁSICA. *Direito educacional.* Será realizado em regime de colaboração entre a União, os Estados e os municípios, a partir de um processo descentralizado de coleta de dados individualizados de alunos, turmas, profissionais de educação e de escolas, coordenado pelo Instituto Nacional de Estudos e Pesquisas Educacionais Anísio Teixeira (INEP). Os dados apurados, anualmente, pelo Censo Escolar servirão de base para a determinação dos coeficientes para a distribuição dos recursos do Fundo de Manutenção e Desenvolvimento da Educação Básica e de Valorização de Profissionais da Educação (FUNDEB). Para a realização do Censo Escolar, caberão ao INEP, além da coordenação-geral, as seguintes ações específicas: a) estabelecer os objetivos e o cronograma anual das atividades; b) definir os instrumentos de coleta de dados indispensáveis a sua realização; c) instituir meios e programas necessários à execução do Censo Escolar de forma a garantir a qualidade e fidedignidade do processo censitário; d) encaminhar os resultados preliminares do Censo Escolar para publicação no Diário Oficial da União, pelo Ministério da Educação; e) verificar os dados declarados pelos estabelecimentos escolares com base nos procedimentos de controle de qualidade das informações; f) emitir relatórios consolidados aos gestores estaduais e municipais de educação e relatórios por escola aos gestores escolares para correção das inconsistências identificadas; g) definir prazo para retificação das informações declaradas ao Censo Escolar no sistema "Educacenso"; h) validar os dados declarados pelos estabelecimentos escolares, consolidar as informações e enviar os resultados finais do Censo Escolar para publicação no Diário Oficial da União, pelo Ministério da Educação; i) organizar e colocar à disposição das escolas e dos gestores dos sistemas de ensino os bancos de dados relativos ao Censo Escolar; j) avaliar e acompanhar todas as etapas do processo censitário, a fim de garantir o alcance de seus objetivos.

CENSO HOSPITALAR DIÁRIO. É a contagem e o registro nas unidades de internação e serviços do hospital, levando-se em consideração os leitos bloqueados e os leitos extras, bem como a contagem e o registro do número de internações, altas, óbitos e transferências internas e externas, ocorridas nas 24 horas relativas ao censo. Em unidades com alta rotatividade de pacientes, como, por exemplo, as unidades de emergência, pode ser necessário realizar censos hospitalares em intervalos menores do que 24 horas.

CENSOR. 1. *Direito romano.* Magistrado que era encarregado de recensear a população romana, avaliando seus bens para fixar impostos e zelando pelos bons costumes. **2.** *Direito administrativo.* Funcionário público que faz a censura de obras literárias e artísticas ou de publicações periódicas ou a fiscalização de programas de rádio ou de televisão, no sentido de determinar tão-somente as faixas etárias a que não se recomendem, locais e horários em que sua apresentação se mostre inadequada, verificando se atendem aos princípios valorativos éticosociais da pessoa e da família e se não contêm propaganda de produtos e serviços nocivos à saúde e ao meio ambiente.

CENSO RESERVATIVO. *Direito civil.* Negócio em que o rendeiro, ou censuário, se compromete a efetuar certa prestação ou a pagar renda periódica a alguém (censuísta) em troca de imóvel ou dinheiro que lhe é alienado. Trata-se da constituição de renda.

CENSOR FEDERAL. *História do direito.* Cargo extinto, sendo que os atuais ocupantes serão enquadrados em cargos de perito criminal federal e de delegado de Polícia Federal da carreira policial federal, observada a respectiva classe, após conclusão de curso específico organizado pelo Departamento de Polícia Federal do Ministério da Justiça. Para o enquadramento em cargo de delegado de Polícia Federal será exigido, adicionalmente, diploma de bacharel em Direito. São garantidos aos servidores aposentados em cargos de censor federal, bem como aos beneficiários de instituidores de pensão que também ocupavam o referido cargo, os direitos, vantagens e nomenclaturas inerentes aos cargos de perito criminal federal e de delegado de Polícia Federal da carreira de policial federal.

CENSÓRIO. Aquilo que se refere à censura ou ao censor.

CENSUÁRIO. *Direito civil.* Rendeiro; aquele que recebe o imóvel ou o capital em dinheiro com o encargo de pagar certa renda; devedor da renda e adquirente do imóvel; aquele que, por ter feito um contrato de constituição de renda, se compromete a pagar ao censuísta certa prestação periódica em troca de um capital, que pode ser um imóvel ou dinheiro.

CENSUÍSTA. *Direito civil.* Aquele que constitui a renda em benefício próprio ou alheio; credor da renda, que tem o direito de cobrá-la em virtude do contrato de constituição de renda firmado com o censuário.

CENSURA. 1. *Direito constitucional.* Instrumento vedado constitucionalmente pelo qual o Poder Público visa coibir a liberdade de expressão, a veiculação de certas idéias em obras literárias e artísticas, sendo permitido apenas para determinar as faixas etárias a que não se recomendem, locais e horários em que sua apresentação seja inadequada ou inconveniente ou para verificar se não ferem outros princípios constitucionais ou valores ético-sociais da pessoa e da família e se não contêm propaganda lesiva à saúde e ao meio ambiente. **2.** *Direito canônico.* a) Pena eclesiástica que pode abranger a excomunhão, o interdito e a suspensão, privando os fiéis dos bens espirituais, caso transgridam preceitos religiosos; b) condenação eclesiástica de determinadas obras. **3.** *Direito administrativo.* a) Função daquele que promove o censo; b) pena disciplinar aplicada pela autoridade a um funcionário de categoria inferior, por uma falta ou omissão cometida no exercício de suas funções, admoestando-o severamente. **4.** *Psicologia jurídica.* Função mental que impede a manifestação de certos desejos recalcados, manifestando-se por meio de disfarces ou de transformações simbólicas de fatos conscientes correspondentes.

CENSUS. *História do direito.* **1.** Levantamento feito de cinco em cinco anos pelo censor, na Antigüidade romana, para apuração das classes econômicas, das centúrias e dos impostos (Othon Sidou). **2.** Contribuição *in natura* ou em dinheiro que se pagava ao senhor feudal pela concessão de uma terra em feudo (Ambrosoli).

CENSUS CAPITIS. *História do direito.* No feudalismo, era a numeração de pessoas por interesses fiscais (Ambrosoli).

CENTAVO. *Direito bancário.* Moeda divisionária que consiste na centésima parte da unidade monetária.

CENTEAL. *Direito agrário.* Campo de centeio.

CENTEEIRO. *Direito agrário.* Terreno destinado à cultura do centeio.

CENTENARIUS. *História do direito.* Era, no direito germânico, o *Thunginus*, ou seja, o juiz de categoria inferior que, por delegação do conde, devia conhecer e julgar demandas judiciais.

CENTO DE CÔVADOS. *Direito agrário.* Termo usado na Bahia, tendo o mesmo sentido de "cem-passo".

CENTRAIS DE NOTIFICAÇÃO, CAPTAÇÃO E DISTRIBUIÇÃO DE ÓRGÃOS (CNCDOs). *Medicina legal.* São as unidades executivas das atividades do Sistema Nacional de Transplante (SNT), com a incumbência de: a) coordenar as atividades de transplantes no âmbito estadual; b) promover a inscrição de potenciais receptores, com todas as indicações necessárias à sua rápida localização e à verificação de compatibilidade do respectivo organismo para o transplante ou enxerto de tecidos, órgãos e partes disponíveis de que necessite; c) classificar os receptores e agrupá-los segundo as indicações citadas, em ordem estabelecida pela data de inscrição, fornecendo-se-lhes o necessário comprovante; d) comunicar ao órgão central do SNT as inscrições que efetuar para a organização da lista nacional de receptores; e) receber notificações de morte encefálica ou outra que enseje a retirada de tecidos, órgãos e partes para transplante, ocorrida em sua área de atuação; f) determinar o encaminhamento e providenciar o transporte de tecidos, órgãos e partes retirados ao estabelecimento de saúde autorizado em que se encontrar o receptor ideal; g) notificar o órgão central do SNT de tecidos, órgãos e partes não aproveitáveis entre os receptores inscritos em seus registros, para utilização entre os relacionados na lista nacional; h) encaminhar relatórios anuais ao órgão central do SNT sobre o desenvolvimento das atividades de transplante em sua área de atuação; i) exercer controle e fiscalização sobre as atividades mencionadas; j) aplicar penalidades administrativas por infração às disposições legais; k) suspender, cautelarmente, pelo prazo máximo de sessenta dias, estabelecimentos e equipes especializadas, antes ou no curso do processo de apuração de infração que tenham cometido, se, pelos indícios conhecidos, houver fundadas razões de continuidade de risco de vida ou de agravos intoleráveis à saúde das pessoas; l) comunicar a aplicação de penalida-

de ao órgão central do SNT, que a registrará para consulta quanto às restrições estabelecidas em lei, e cancelamento, se for o caso, da autorização concedida; m) acionar o Ministério Público do Estado e outras instituições públicas competentes, para reprimir ilícitos cuja apuração não esteja compreendida no âmbito de sua atuação. O Município considerado pólo de região administrativa poderá instituir CNCDO, que ficará vinculada à CNCDO estadual. Os receptores inscritos nas CNCDOs regionais cujos dados tenham sido previamente encaminhados às CNCDOs estaduais poderão receber tecidos, órgãos e partes retirados no âmbito de atuação do órgão regional.

CENTRAL. 1. Aquilo que é relativo a centro. 2. Sede.

CENTRAL DE COMUTAÇÃO E CONTROLE. *Direito administrativo* e *direito das comunicações.* Conjunto de equipamentos destinados a: a) controlar o sistema que executa o Serviço Móvel Celular; b) interconectar o sistema que executa o Serviço Móvel Celular à rede pública de telecomunicações ou a outro sistema que executa o Serviço Móvel Celular.

CENTRAL DE RASTREAMENTO DE EMBARCAÇÕES PESQUEIRAS. Unidade central pertencente à estrutura do Programa Nacional de Rastreamento de Embarcações Pesqueiras por Satélite (PREPS), localizada e coordenada no âmbito da Marinha do Brasil, dotada de sistema central informatizado de rastreamento, destinada a receber, de forma automática, as informações geográficas de localização, bem como outras consideradas obrigatórias, quando aplicável, enviadas por empresas prestadoras de serviço de rastreamento.

CENTRAL DE TELEATENDIMENTO. *Direito das comunicações.* Unidade composta por estruturas física e de pessoal adequadas, que tem por objetivo centralizar o recebimento de ligações telefônicas, distribuindo-as automaticamente aos atendentes, possibilitando o atendimento do solicitante pela concessionária.

CENTRALISMO. *Ciência política.* Sistema de centralização do governo.

CENTRALIZAÇÃO. 1. *Direito comercial.* a) Centro dos negócios comerciais; b) sistema em que os negócios mercantis ficam sob o poder de uma só pessoa. 2. *Sociologia jurídica.* Integração humano-cultural em pontos para onde convergem os meios de comunicação e de transporte. **3.** *Direito administrativo.* a) Sistema político em que a resolução dos negócios da Administração Pública fica deferida a um poder central, que traçará todas as diretrizes; b) deslocação de atribuições administrativas de entidades periféricas, transferindo-as para órgãos centrais; c) dá-se quando a atividade administrativa é exercida pelo Estado, que atua diretamente por meio de seus órgãos ou repartições, consistentes em distribuições internas de plexos de competências ou em desconcentrações administrativas, conforme nos ensina Celso Antônio Bandeira de Mello.

CENTRALIZAÇÃO URBANA. *Sociologia jurídica.* Movimento de condensação populacional em zona urbana, acompanhado da concentração de atividades mercantis, industriais, recreativas e administrativas.

CENTRAL SINDICAL. *Direito do trabalho.* Entidade de representação geral dos trabalhadores, constituída em âmbito nacional, que tem as seguintes atribuições e prerrogativas: a) exercer a representação dos trabalhadores, por meio das organizações sindicais a ela filiadas; e b) participar de negociações em fóruns, colegiados de órgãos públicos e demais espaços de diálogo social que possuam composição tripartite, nos quais estejam em discussão assuntos de interesse geral dos trabalhadores. Considera-se central sindical a entidade associativa de direito privado composta por organizações sindicais de trabalhadores.

CENTRAL TELEFÔNICA. *Direito das comunicações.* Estação central dos telefones onde as ligações das chamadas são feitas.

CENTRISTA. *Ciência política.* Aquele que pertence ou aquilo que é relativo, numa Assembléia Legislativa, a um partido do Centro.

CENTRO. 1. *Direito comercial.* Ponto ou sede principal de um negócio ou estabelecimento. **2.** *Direito civil.* a) Domicílio, ou seja, centro de atividades de uma pessoa ou sua sede jurídica, onde ela se presume presente para os efeitos de direito e onde exerce ou pratica, habitualmente, seus atos e negócios jurídicos; b) certa modalidade de associação, como, por exemplo, o centro desportivo "x". **3.** *Ciência política.* a) Diz-se de legisladores que, numa Assembléia Legislativa, representam uma política moderada entre conservadores e radicais ou entre aqueles que são do governo e os da oposição ou, ainda,

entre partidários da direita e da esquerda; b) assembléia ou local de reunião de partidários de uma facção política. **4.** *Direito agrário.* Interior do seringal onde atuam os seringueiros.

CENTROAVANTE. *Direito desportivo.* Jogador de futebol que atua no centro do quinteto atacante.

CENTRO BRASILEIRO DE PESQUISAS FÍSICAS (CBPF). *Direito administrativo* e *direito educacional.* É unidade de pesquisa integrante da estrutura do Ministério da Ciência e Tecnologia. O CBPF, como um centro nacional de pesquisa, de intercâmbio científico, de formação, treinamento e aperfeiçoamento de pessoal científico, tem por finalidade promover a investigação científica básica e fomentar a pesquisa e formação de recursos humanos na sua área de atuação, em articulação com o sistema universitário nacional. Ao CBPF compete: a) promover e realizar estudos e pesquisas no campo da física e suas aplicações; b) criar e manter programas de pós-graduação em física e cursos especiais; c) estabelecer intercâmbio científico; d) promover a difusão do conhecimento científico, no campo da sua área de atuação; e) desenvolver, transferir e comercializar, mediante processo licitatório, produtos e tecnologias gerados pelo CBPF; f) divulgar e manter um acervo de documentação e biblioteca especializada; g) transferir para a sociedade serviços e produtos singulares, resultantes de suas atividades de pesquisa e desenvolvimento, mediante o cumprimento de dispositivos legais aplicáveis.

CENTRO DE ADOÇÃO DA SUÉCIA. *Direito civil* e *direito internacional privado.* Centro autorizado a instalar-se no Brasil, cujas atividades baseiam-se nos princípios contidos na Declaração das Nações Unidas sobre os direitos da criança. Trata-se de uma organização com fins idealistas, funcionando para que: a) crianças carentes de uma nova família possam ser adotadas dentro de seu país de origem ou fora dele; b) cada adoção vise ao bem-estar da criança; c) crianças abandonadas ou sujeitas a abandono recebam proteção e apoio. Esse centro recebe pedidos de adoção e os transmite às autoridades e organizações em outros países.

CENTRO DE ASSESSORIA JURÍDICA AO MOVIMENTO POPULAR E SINDICAL (CAMPS). *Direito civil.* É o sediado em Belo Horizonte, Minas Gerais, com a finalidade de não só prestar assessoria jurídica aos movimentos popular e sindical, em questões voltadas às transformações sociais, como também promover pesquisas, encontros e palestras junto àqueles movimentos (Wolkmer).

CENTRO DE ASSESSORIA POPULAR E ALTERNATIVA (CECA). *Direito civil.* É aquele que, fundado em 1993, está sediado em Florianópolis, tendo por objetivo a prestação de serviços às associações, movimentos sociais, entidades ecológicas, partidos políticos e institutos ligados à coletividade (Wolkmer).

CENTRO DE CERTIFICAÇÃO, DE METROLOGIA, DE NORMALIZAÇÃO E DE FOMENTO INDUSTRIAL DAS FORÇAS ARMADAS (CCEMEFA). O CCEMEFA funcionará, por doze meses, como Núcleo (NuCCEMEFA), na Secretaria de Logística, Mobilização, Ciência e Tecnologia (SELOM), do Ministério da Defesa. Decorrido tal prazo, o CCEMEFA deverá ser alocado fisicamente em Organização Militar de uma das três Forças Armadas, após entendimentos e anuência do Comando da Força selecionada. O CCEMEFA será composto, exclusivamente, pelas Coordenadorias Gerais dos Sistemas de Certificação, de Metrologia, de Normalização e de Fomento Industrial das Forças Armadas, durante o período que funcionar como NuCCEMEFA. As Coordenadorias serão constituídas por Oficiais Superiores e Civis Assemelhados, indicados pelo Ministério da Defesa e pelas Forças, com nível de conhecimento adequado para exercerem as atividades relacionadas com as respectivas áreas. São objetivos da implantação do CCEMEFA, no âmbito do Ministério da Defesa: a) contribuição para assegurar o atendimento dos requisitos estabelecidos para produtos e para sistemas de gestão da qualidade e, quando aplicável, das exigências impostas por agências reguladoras nacionais e internacionais; b) otimização dos meios empregados pelas Forças Armadas nas atividades de certificação, de metrologia, de normalização e de fomento industrial; c) melhoria contínua da qualidade dos sistemas instituídos e da indústria de defesa; d) progressiva diminuição da dependência das Forças Armadas de fornecimento do exterior; e) maior eficiência nas aquisições de produtos importados; f) contribuição para a aceitação dos produtos nacionais no mercado internacional; g) harmonização dos processos de comprovação de requisitos e de seleção de produtos e de fornecedores, promovendo a cooperação entre as Forças Armadas; e h) viabilização do gerenciamento das informações referentes aos produtos, órgãos, organizações e empresas da Base Industrial de Defesa (BID), por meio de certificados que auxiliem as atividades de catalogação, de padronização e de mobilização, dentre outras.

CENTRO DE COOPERAÇÃO JURÍDICA INTERNACIONAL. Incumbido de assistir ao Procurador-Geral da República em assuntos de cooperação jurídica internacional com autoridades estrangeiras e organismos internacionais, bem como no relacionamento com os órgãos nacionais voltados às atividades próprias da cooperação internacional, notadamente para: a) planejar, executar e coordenar no âmbito da Instituição, e conforme as diretrizes fixada pelo Procurador-Geral da República, a cooperação jurídica e judiciária internacional; b) estabelecer, manter e desenvolver as relações do Ministério Público Federal com outras instituições, nacionais ou estrangeiras, em questão de cooperação internacional; c) coordenar, acompanhar e apoiar a atuação do Ministério Público Federal no âmbito da cooperação jurídica e judiciária internacional; d) atuar como ponto de contato no Ministério Público Federal com seus congêneres no exterior ou com os organismos internacionais de cooperação jurídica, recebendo e transmitindo informações; e) atuar, em apoio ao Procurador-Geral da República, como autoridade central, para enviar e receber os pedidos de cooperação que digam respeito ao Trabalho de Auxílio Mútuo em Matéria Penal firmado entre o Brasil e Portugal; f) atuar, em apoio ao Procurador-Geral da República, como autoridade central, para enviar e receber os pedidos de cooperação que digam respeito à Convenção sobre Prestação de Alimentos no Estrangeiro – Convenção de Nova York; g) manifestar-se nos processos de homologação de sentenças estrangeiras e de concessão de *exequatur* às cartas rogatórias; h) organizar e dar cumprimento à documentação emanada de autoridades estrangeiras e organismos internacionais; i) atuar em colaboração com as Câmaras de Coordenação e Revisão do Ministério Público Federal e Procuradoria Federal dos Direitos do Cidadão, o Ministério da Justiça e o Ministério das Relações Exteriores, para o bom andamento do intercâmbio e da cooperação internacional em matérias próprias do Ministério Público Federal; j) promover a realização de estudos, pesquisas e eventos relacionados às suas atividades; e k) outras atribuições, estabelecidas pelo Procurador-Geral da República.

CENTRO DE COORDENAÇÃO E CONTROLE DE UMA SITUAÇÃO DE EMERGÊNCIA NUCLEAR (CCCEN). *Direito ambiental.* É o ativado no Município onde ocorrer uma situação de emergência em local previamente designado pelo Órgão Estadual de Defesa Civil, ouvidos a Comissão Nacional de Energia Nuclear (CNEN), a Prefeitura Municipal e a Unidade Operacional. Compete ao CCCEN: a) coordenar a execução das ações que lhe são atribuídas no Plano de Emergência Externo (PEE); b) coordenar o apoio dos diversos órgãos, sediados no Município, com responsabilidade na resposta a uma situação de emergência; c) solicitar apoio aos órgãos municipais, estaduais e federais sediados em sua área de influência para implementar as ações necessárias e complementar os meios utilizados na resposta a uma situação de emergência nuclear; d) orientar a Companhia de Interconexão Energética (CIEN) quanto à evolução da situação de emergência.

CENTRO DE DISTRIBUIÇÃO (CD). *Direito comercial.* É um armazém onde se opera a gestão dos estoques de mercadorias na distribuição física. Abrange atividades que englobam: recepção, expedição, manuseio e armazenagem de mercadorias, administração de informações, emissão de notas fiscais, conhecimentos de transporte e outros documentos e, em alguns casos, agregação de valor intrínseco (físico) como a colocação de embalagens e rótulos e a preparação de *kits* comerciais (compre dois e leve três, por exemplo) (James G. Heim).

CENTRO DE DIVERSÕES. *Direito administrativo.* Parque onde há variadas diversões.

CENTRO DE DOCUMENTAÇÃO E HISTÓRICO DA AERONÁUTICA (CENDOC). *Direito aeronáutico.* É a Organização do Comando da Aeronáutica que tem por finalidade o trato dos assuntos relativos à documentação, ao histórico, ao cerimonial militar e ao arquivo permanente da Aeronáutica. Tem por atribuições: a) a normatização e o controle das atividades de arquivologia, biblioteconomia, correspondência, imprensa, publicações e heráldica militar no Comando da Aeronáutica; b) a normatização das atividades de preservação de peças e documentos representativos da história da Aeronáutica; c) a normatização, a execução e o controle das atividades de assuntos musicais e de tombamento do patrimônio histórico da Aeronáutica; d) a normatização, a elaboração e o controle das normas de Cerimonial Militar a serem observadas na Aeronáutica, nos atos de rotina e nas cerimônias de toda espécie; e) o intercâmbio com entidades afins, militares ou civis, para o trato de assuntos de interesse da Aeronáutica que envolvam os Sistemas de Documentação, de Histórico e de Cerimonial; f) a guarda da documentação permanente de valor histórico, probatório, informativo da Aeronáutica; g) o assessoramento ao Comandante do COMGEP nos assuntos referentes às atividades de arquivologia, musical militar, biblioteconomia, cerimonial militar, correspondência, heráldica militar, imprensa, publicações e tombamento do patrimônio histórico.

CENTRO DE ESTUDOS E ASSISTÊNCIA À FAMÍLIA (CEAF). *Direito civil* e *sociologia jurídica.* Entidade que presta assistência psicológica a famílias de baixa renda e dá atendimento psicológico e socioeducativo a familiares de portadores do vírus HIV.

CENTRO DE INFORMAÇÕES DE EMERGÊNCIA NUCLEAR (CIEN). *Direito administrativo* e *direito ambiental.* É o ativado no Município onde ocorrer uma situação de emergência em local previamente designado pelo Órgão Estadual de Defesa Civil, ouvidas a CNEN, a Prefeitura Municipal e a Unidade Operacional. Compete aos CIEN planejar, coordenar e promover, mediante a orientação do CCCEN, a difusão de informações ao público e à imprensa numa situação de emergência. Aquele que estabelece comunicação com as organizações que nele possuem representantes e com o Centro Nacional para Gerenciamento de uma situação de Emergência Nuclear (CNAGEN), com o Centro de Coordenação e Controle de uma situação de Emergência Nuclear (CCCEN) e com o Centro Estadual para Gerenciamento de uma situação de Emergência Nuclear (CESTGEN), transmitindo a esses centros todo comunicado feito à imprensa ou informação dada ao público.

CENTRO DE INVESTIGAÇÃO E PREVENÇÃO DE ACIDENTES AERONÁUTICOS (CENIPA). *Direito aeronáutico.* É a organização do Comando da Aeronáutica que tem por finalidade o trato dos assuntos relativos à prevenção e investigação de acidentes aeronáuticos. Suas atribuições são: a) orientação normativa, a coordenação e o controle da atividade de prevenção e investigação de acidentes aeronáuticos na Aeronáutica e na aviação civil no Brasil; b) a elaboração e a divulgação dos relatórios finais e das sínteses de incidentes; c) a coordenação das reuniões do Comitê Nacional de Prevenção de Acidentes Aeronáuticos (CNPAA); d) o planejamento e a coordenação de seminários, simpósios, congressos e eventos congêneres relacionados à prevenção e à investigação de acidentes aeronáuticos; e) o planejamento, a execução e a supervisão de cursos e estágios de segurança de vôo; f) o início dos processos de indenização a terceiros por danos decorrentes de acidente ou incidente com aeronave militar do Comando da Aeronáutica; g) a divulgação e o controle do cumprimento das recomendações de segurança emitidas em decorrência de acidente ou incidente ocorrido com aeronave militar do Comando da Aeronáutica e da aviação civil no Brasil; h) a elaboração e a divulgação dos veículos de comunicação relativos à área de segurança de vôo no Comando da Aeronáutica; i) a elaboração do Programa de Prevenção de Acidentes Aeronáuticos (PPAA) para o Comando da Aeronáutica.

CENTRO DE LANÇAMENTO. *Direito espacial.* Conjunto de sítios de lançamento e respectiva estrutura geral de apoio, destinado à execução de atividades espaciais de lançamento.

CENTRO DE PESQUISAS RENATO ARCHER (CENPRA). É unidade de pesquisa integrante da estrutura do Ministério da Ciência e Tecnologia (MCT). O CENPRA tem por missão gerar, aplicar e disseminar conhecimentos em Tecnologia da Informação, em articulação com os agentes socioeconômicos, promovendo inovações que atendam às necessidades da sociedade. Ao CENPRA compete: a) promover, executar e divulgar projetos de pesquisa e desenvolvimento de tecnologia na área da informação, do *software*, da microtecnologia, da nanotecnologia e das comunicações; b) utilizar seus resultados em aplicações de utilidade e interesse socioeconômico; c) realizar prototipação e testes em microeletrônica; d) desenvolver competências nas suas áreas de atuação tecnológica e disponibilizar serviços de apoio científico e tecnológico às empresas, ao governo e à sociedade em geral; e) instalar e operar infra-estrutura laboratorial de âmbito nacional para uso compartilhado; f) desenvolver atividades e projetos inovadores que assegurem o acompanhamento e o desenvolvimento de tecnologias de ponta, contribuindo para a emergência de novas tecnologias, inclusive aquelas consideradas alternativas de baixos custos de produção; g) atuar como articulador nacional de projetos

na implementação das políticas de governo na área de sua competência; h) contribuir através de suas competências, para a formulação de políticas públicas, voltadas para o desenvolvimento sustentado; i) atuar na qualificação de produtos e processos nas suas áreas de atuação tecnológica e emitir pareceres técnicos em conformidade com normas técnicas nacionais e internacionais reconhecidas; j) gerir e desenvolver as atividades de apoio e promoção às empresas de base tecnológica, sua incubação e sua inserção nos mercados nacional e internacional; k) promover a formação e a capacitação de recursos humanos e a difusão de conhecimentos nas suas áreas de atuação tecnológica; l) implementar projetos estruturantes envolvendo entidades de ensino, pesquisa e empresas, para o esforço nacional de desenvolvimento da tecnologia da informação e suas aplicações; m) atender ao disposto na Lei de Inovação e de Informática no âmbito de sua atuação; e n) expandir regionalmente sua atuação no desenvolvimento da tecnologia da informação, mediante estabelecimento de núcleos de pesquisa, escritórios ou *campi* avançados regionais no País.

CENTRO DEPOSITÁRIO. *Biodireito.* Instituição legalmente constituída no Brasil, dotada de instalações físicas e equipamentos adequados e quadro funcional capacitado tecnicamente e suficiente para o recebimento, armazenamento, guarda, preservação e salvaguarda da segurança do material biológico a ser depositado e da documentação a ele relativa.

CENTRO DE PREPARAÇÃO DE OFICIAIS DA RESERVA DA AERONÁUTICA DE SÃO JOSÉ DOS CAMPOS (CPORAER-SJ). *Direito militar* e *direito educacional.* Organização do Comando da Aeronáutica que tem por fim: 1) formar Aspirantes-a-Oficial da Reserva da Aeronáutica, de 2ª Classe, proporcionando aos alunos do Instituto Tecnológico de Aeronáutica a prestação do Serviço Militar em nível compatível com sua formação técnico-profissional; 2) promover atividades complementares para alunos do curso profissional do ITA (aspirantes convocados e civis), visando ao preparo militar de oficiais para o Quadro de Oficiais Engenheiros da Aeronáutica, da ativa ou da reserva. O CPORAER-SJ tem por atribuições: a) a proposta e execução do Plano de Ensino e dos Planos ou Programas de Estágio Complementar de Instrução Militar; b) o cumprimento das normas relativas à segurança militar na área sob sua jurisdição; c) o fornecimento, ao Centro Técnico Aeroespacial e à Diretoria de Administração do Pessoal, dos dados necessários à elaboração da proposta orçamentária anual e plurianual, no que lhe disser respeito; d) a elaboração e a execução de seus Planos de Avaliação e de Unidades Didáticas; e) o cumprimento das diretrizes, normas, critérios, princípios, planos e programas oriundos dos escalões superiores e dos órgãos centrais dos sistemas do Comando da Aeronáutica.

CENTRO DE TECNOLOGIA MINERAL (CETEM). *Direito administrativo.* É unidade de pesquisa integrante da estrutura do Ministério da Ciência e Tecnologia (MCT). A missão do CETEM é promover o desenvolvimento tecnológico do setor minerometalúrgico, criando soluções compatíveis com o uso sustentável dos recursos não renováveis e com a preservação ambiental, contribuindo para o bem-estar social e o fortalecimento econômico do País. O CETEM tem por finalidade a pesquisa, o desenvolvimento de tecnologias, e a prestação de serviços sem cunho comercial para avaliação de propriedades, composição e emprego de materiais com conteúdo mineral, destinados a atividades produtivas e à criação de soluções compatívcis com o uso sustentável dos recursos não renováveis e à preservação do meio ambiente. Ao CETEM compete: a) promover, executar e divulgar projetos de pesquisa e desenvolvimento tecnológico na área mineral; b) realizar estudos de viabilidade econômica, de assistência técnica a projetos industriais e de mineração dirigidos ao desenvolvimento sustentável nas atividades minerometalúrgicas; c) executar programas, projetos e atividades de pesquisa e desenvolvimento de tecnologias para identificação de composição, propriedades e usos de materiais com conteúdo mineral; d) promover, manter e articular atividades de cooperação e intercâmbio técnico-científico com entidades nacionais, estrangeiras e internacionais com interesses técnicos e científicos na sua área de atuação; e) promover, estabelecer e manter, nos limites de sua competência legal, convênios, contratos e demais acordos; f) promover ou patrocinar a articulação de competências inter-institucionais para a realização de programas, pesquisas e desenvolvimento, em temas de interesse para o País ligados a sua área de competência; g) difundir os conhecimentos técnico-científicos por meio de palestras, publicações informativas, técnicas e científicas; h) promover ou patrocinar a formação e especialização de recursos humanos, bem como realizar atividades de extensão com vistas ao aprimoramento do conhecimento científico e tecnológico na sua área de competência; i) transferir para a sociedade serviços e produtos singulares, resultantes de suas atividades de pesquisa e desenvolvimento, mediante o cumprimento de dispositivos legais aplicáveis; j) promover, patrocinar e realizar cursos, conferências, seminários e outros conclaves de caráter técnico-científico, de interesse direto ou correlato ao órgão; e k) criar mecanismos de captação de novos recursos financeiros para pesquisa e ampliar as receitas próprias.

CENTRO FEDERAL DE EDUCAÇÃO TECNOLÓGICA DE SÃO PAULO (CEFET-SP). Autarquia federal especializada na oferta de educação tecnológica, nos diferentes níveis e modalidades de ensino, com atuação prioritária na área tecnológica. O CEFET-SP é supervisionado pela Secretaria de Educação Profissional e Tecnológica do Ministério da Educação e tem por finalidade formar e qualificar profissionais no âmbito da educação tecnológica, nos diferentes níveis e modalidades de ensino, para os diversos setores da economia, bem como realizar pesquisa aplicada e promover o desenvolvimento tecnológico de novos processos, produtos e serviços, em estreita articulação com os setores produtivos e a sociedade, especialmente de abrangência local e regional, oferecendo mecanismos para a educação continuada.

CENTRO INDUSTRIAL. *Direito administrativo* e *direito urbanístico.* Região onde há aglomeração de indústrias.

CENTRO INTERAMERICANO DE ADMINISTRAÇÕES TRIBUTÁRIAS (CIAT). *Direito tributário* e *Direito internacional público.* A missão da instituição é propiciar um ambiente de cooperação mútua e propiciar um foro para o intercâmbio de experiências entre seus países-membros e países-membros associados, assistindo-os no aperfeiçoamento de suas administrações tributárias com base nas necessidades por eles manifestadas. Para esta finalidade, o Centro tratará principalmente de: a) promover um clima que estimule a assistência entre os países-membros e países-membros associados; b) estimular a cooperação entre os países-membros, principalmente quanto ao esforço na promoção do cumprimento voluntário e do combate à evasão, à elisão e qualquer outra forma de descumprimento das obrigações tributárias, assim como fomentar os estudos dos problemas relativos à dupla tributação internacional; c) estimular e conduzir pesquisas sobre os sistemas tributários e administrações tributárias e propiciar a difusão oportuna da informação pertinente e o intercâmbio de idéias e experiências, mediante assembléias, conferências técnicas, seminários, publicações e outros meios apropriados; d) desenvolver programas especializados de assistência técnica relacionados com as necessidades e interesses particulares formulados pelos países-membros, por meio de atividades de cooperação técnica do Centro, de intercâmbio temporário de pessoal, de coordenação das solicitações de peritos técnicos externos e de outros meios que se considerem apropriados; e) colaborar com outras organizações quando for de interesse do CIAT; f) celebrar convênios, inclusive acordos de sede, com seus países-membros que confiram ao CIAT o tratamento correspondente aos organismos internacionais a seus funcionários, os respectivos privilégios, imunidades e responsabilidade, de conformidade com as normas do direito internacional.

CENTRO INTERNACIONAL DE ENGENHARIA GENÉTICA E BIOTECNOLOGIA. *Biodireito.* É o que tem por objetivos: a) promover a cooperação internacional para fins de desenvolver e aplicar a utilização pacífica da engenharia genética e da biotecnologia, em particular nos países em desenvolvimento; b) ajudar os países em desenvolvimento a fortalecer suas capacidades científicas e tecnológicas no campo da engenharia genética e da biotecnologia; c) estimular e auxiliar as atividades implementadas em nível regional e nacional no campo da engenharia genética e da biotecnologia; d) desenvolver e promover a aplicação da engenharia genética e da biotecnologia para fins de resolver os problemas de desenvolvimento, em particular nos países em desenvolvimento; e) servir de tribuna para o intercâmbio de experiências entre os cientistas e tecnólogos dos Estados-Membros; f) utilizar as capacidades científicas e tecnológicas dos países em desenvolvimento e de outros países no campo da engenharia genética e da biotecnologia; e g) atuar como ponto focal de uma rede de centros de pesquisa e desenvolvimento associados (nacionais, sub-regionais e regionais). Com vistas ao cumprimento de seus objetivos, o Centro empreenderá, de modo geral, as ações necessárias e apropriadas e, em particular: a) empreenderá atividades de pesquisa e desenvolvimento, inclusive o estabelecimento de plantas-piloto, no campo de engenharia ge-

nética e biotecnologia; b) formará e treinará no Centro e organizará a formação e treinamento em outros lugares de pessoal científico e tecnológico, em particular aqueles procedentes de países em desenvolvimento; c) proporcionará aos membros, mediante solicitação, serviços de assessoramento, com vistas ao desenvolvimento de suas capacidades tecnológicas nacionais; d) promoverá a colaboração entre as comunidades científicas e tecnológicas dos Estados-Membros mediante programas que permitam visitas de cientistas e tecnólogos ao Centro e por intermédio de programas de associação e outras atividades; e) convocará reuniões de peritos para fortalecer as atividades do Centro; f) promoverá, na medida de sua conveniência, redes de instituições nacionais e internacionais que facilitem atividades tais como programas conjuntos de pesquisa, formação e treinamento, testes e partilha de resultados, atividades de plantas-piloto e intercâmbio de informações e materiais; g) identificará e promoverá, sem demora, a criação da rede inicial de centros de pesquisas altamente qualificados, que funcionarão como Centros Associados; promoverá as atividades das redes de laboratórios nacionais, sub-regionais, regionais e internacionais existentes, inclusive aquelas vinculadas às organizações com atuação no campo da engenharia genética e biotecnologia ou a ele relacionadas, que funcionarão como Redes Associadas; bem como promoverá o estabelecimento de novos centros de pesquisa altamente qualificados; h) empreenderá um programa de bioinformática com a finalidade de apoiar especificamente as atividades de pesquisa e desenvolvimento e sua aplicação em favor dos países em desenvolvimento; i) compilará e divulgará informação sobre área de atividades de interesse para o Centro e Centros Associados; j) manterá contatos estreitos com a indústria.

CENTRO NACIONAL DE APOIO AO MANEJO FLORESTAL (CENAFLOR). *Direito ambiental.* É órgão do Instituto Brasileiro do Meio Ambiente e dos Recursos Naturais Renováveis (IBAMA) com autonomia gerencial, administrativa e financeira e jurisdição nacional, tem como finalidade promover a adoção do manejo florestal sustentável e, especialmente: a) apoiar o desenvolvimento de técnicas de manejo florestal que assegurem a produção sustentável de bens e serviços em diferentes contextos econômicos, sociais e ambientais; b) promover o uso múltiplo de florestas e a agregação de valor a seus produtos e serviços; c) estimular a adoção do manejo florestal, por meio de atividades de difusão de tecnologia, formação, treinamento e capacitação dos diversos atores envolvidos na atividade florestal; d) articular as ações de Centros de Treinamento em Manejo Florestal existentes no País, atuando em rede com outras iniciativas e instituições de treinamento, ensino e pesquisa; e) promover a avaliação, monitoramento e credenciamento de programas de treinamento e capacitação em manejo florestal; e f) apoiar ações de pesquisa aplicada à melhoria de técnicas de manejo florestal. O Cenaflor deverá atuar em consonância com as diretrizes e políticas florestais estabelecidas pelo Programa Nacional de Florestas. O Cenaflor é vinculado à Diretoria de Florestas para fins de diretrizes e orientação estratégica, supervisão e avaliação do atendimento das demandas e dos resultados relacionados, advindos da atuação do Centro.

CENTRO NACIONAL PARA GERENCIAMENTO DE UMA SITUAÇÃO DE EMERGÊNCIA NUCLEAR (CNAGEN). *Direito administrativo* e *direito ambiental.* Órgão central do Sistema de Proteção ao Programa Nuclear Brasileiro (SIPRON), que, além de estabelecer comunicação com os outros órgãos do Sistema, aciona os órgãos do SIPRON, em nível de Governo Federal. É o que tem competência para: a) prestar assessoria de alto nível para decisão do Governo Federal, na ocorrência de uma situação de emergência; b) supervisionar o apoio dos órgãos federais, entidades públicas e/ou privadas nacionais ou internacionais e governos estrangeiros, para complementar as ações empreendidas e os meios utilizados na resposta a uma situação de emergência nuclear.

CENTRO OU CENTRAL DE RECOLHIMENTO. *Direito comercial.* Estabelecimento mantido ou credenciado por um ou mais fabricantes e registrantes, ou conjuntamente com comerciantes, destinado ao recebimento e armazenamento provisório de embalagens vazias de agrotóxicos e afins dos estabelecimentos empresariais, dos postos de recebimento ou diretamente dos usuários.

CENTROS DE REFERÊNCIA PARA IMUNOBIOLÓGICOS ESPECIAIS (CRIE). *Biodireito.* São os que têm os seguintes objetivos: a) facilitar o acesso da população, em especial dos portadores de imunodeficiência congênita ou adquirida e de outras condições especiais de morbidade ou exposição a situações de risco, aos imunobiológicos especiais para prevenção das doenças que são objeto do Programa Nacional de Imunizações

(PNI); b) garantir os mecanismos necessários para investigação, acompanhamento e elucidação dos casos de eventos adversos graves e/ou inusitados associados temporalmente às aplicações de imunobiológicos.

CENTROS FEDERAIS DE EDUCAÇÃO TECNOLÓGICA. *Direito administrativo* e *direito educacional.* Órgãos em que se transformaram as escolas técnicas federais, segundo critérios estabelecidos pelo Ministério da Educação. Tais critérios levaram em conta as instalações físicas, os laboratórios e equipamentos adequados, as condições técnico-pedagógicas e administrativas, e os recursos humanos e financeiros necessários ao funcionamento de cada Centro. Além disso, as escolas agrotécnicas, integrantes do Sistema Nacional de Educação Tecnológica, podem ser transformadas em Centros Federais de Educação Tecnológica após processo de avaliação de desempenho a ser desenvolvido sob a coordenação do Ministério da Educação. Os Centros Federais de Educação Tecnológica têm estrutura organizacional e funcional estabelecida em estatuto e regimento próprios, aprovados nos termos da legislação em vigor, ficando sua supervisão a cargo do Ministério da Educação, tendo por finalidade formar e qualificar profissionais, nos vários níveis e modalidades de ensino, para os diversos setores da economia e realizar pesquisa e desenvolvimento tecnológico de novos processos, produtos e serviços, em estreita articulação com os setores produtivos e a sociedade, oferecendo mecanismos para a educação continuada. Os Centros de Educação Tecnológica têm como características básicas: a) oferta de educação profissional, levando em conta o avanço do conhecimento tecnológico e a incorporação crescente de novos métodos e processos de produção e distribuição de bens e serviços; b) atuação prioritária na área tecnológica, nos diversos setores da economia; c) conjugação, no ensino, da teoria com a prática; d) integração efetiva da educação profissional aos diferentes níveis e modalidades de ensino, ao trabalho, à ciência e à tecnologia; e) utilização compartilhada dos laboratórios e dos recursos humanos pelos diferentes níveis e modalidades de ensino; f) oferta de ensino superior tecnológico diferenciado das demais formas de ensino superior; g) oferta de formação especializada, levando em consideração as tendências do setor produtivo e do desenvolvimento tecnológico; h) realização de pesquisas aplicadas e prestação de serviços; i) desenvolvimento da atividade docente estruturada, integrando os diferentes níveis e modalidades de ensino, observada a qualificação exigida em cada caso; j) desenvolvimento do processo educacional que favoreça, de modo permanente, a transformação do conhecimento em bens e serviços, em benefício da sociedade; k) estrutura organizacional flexível, racional e adequada às suas peculiaridades e objetivos; l) integração das ações educacionais com as expectativas da sociedade e as tendências do setor produtivo. Os Centros de Educação Tecnológica têm por objetivos: a) ministrar cursos de qualificação, requalificação e reprofissionalização e outros de nível básico da educação profissional; b) ministrar ensino técnico, destinado a proporcionar habilitação profissional, para os diferentes setores da economia; c) ministrar ensino médio; d) ministrar ensino superior, visando a formação de profissionais e especialistas na área tecnológica; e) oferecer educação continuada, por diferentes mecanismos, visando a atualização, o aperfeiçoamento e a especialização de profissionais na área tecnológica; f) ministrar cursos de formação de professores e especialistas, bem como programas especiais de formação pedagógica, para as disciplinas de educação científica e tecnológica; g) realizar pesquisa aplicada, estimulando o desenvolvimento de soluções tecnológicas, de forma criativa, e estendendo seus benefícios à comunidade.

CENTROS INTEGRADOS DE CIDADANIA (CICs). *Direito processual.* Órgãos que reúnem serviços públicos como Juizados Especiais, varas, promotorias, curadorias, assistência social, delegacias de polícia etc., para atender à população nas periferias, onde não há o aparato das entidades estaduais. Esses centros visam suprir as necessidades dessa população que não tem acesso a tais serviços (Antonio Cezar Peluso).

CENTRO TÉCNICO AEROESPACIAL. *Direito administrativo, direito militar* e *direito aeronáutico.* Organização do Comando da Aeronáutica que tem por fim a realização das atividades técnico-científicas relacionadas com o ensino, a pesquisa e o desenvolvimento aeroespaciais.

CENTÚNVIRO. *Direito romano.* Cada um dos cem magistrados romanos que compunham um tribunal que julgava problemas alusivos ao Estado, à sucessão e à propriedade.

CENTÚRIA. *Direito romano.* **1.** Divisão política que se compunha de cem cidadãos romanos. **2.** Companhia de cem soldados, na milícia romana.

CENTURIÃO. *Direito romano.* Comandante de uma centúria, na milícia romana.

CEP. Sigla de Código de Endereçamento Postal.

CEPAT. *Direito de trânsito.* Abreviatura de Conselho Estudantil de Prevenção de Acidentes de Trânsito.

CEPEL. Abreviatura de Centro de Pesquisas de Energia Elétrica.

CEPO. 1. *Direito agrário.* a) Pedaço de madeira que se prende a uma das patas dos animais para que não se afastem muito; b) parte do arado que entra na terra. **2.** *Direito marítimo.* Grossa barra de ferro que atravessa o extremo da haste da âncora perpendicularmente ao plano dos braços. **3.** *História do direito.* Tronco de madeira que, no patíbulo, se colocava na cabeça do condenado que ia ser decapitado.

CEPs. Abreviatura de Comitês de Ética em Pesquisa.

CEPTICISMO. *Filosofia do direito.* **1.** Doutrina negadora da possibilidade de se atingir uma verdade em algum domínio determinado. **2.** Doutrina pela qual o espírito humano seria incapaz de atingir o conhecimento da verdade de ordem geral e especulativa. **3.** Doutrina filosófica dos que duvidam de tudo. **4.** Doutrina caracterizada pela incredulidade e desconfiança das máximas morais. **5.** Corrente que nega a possibilidade do conhecimento da realidade por sustentar a dúvida universal como a única atitude legítima e definitiva (Parisi e Cotrim).

CÉPTICO. *Filosofia do direito.* **1.** Aquele que segue o cepticismo, sendo dele partidário. **2.** Aquilo que leva a suspender o juízo. **3.** Aquele que duvida de tudo que não está evidentemente provado.

CERACELO. *Medicina legal.* Tumor córneo.

CERATITE. *Medicina legal.* Inflamação da córnea.

CERATOCONJUNTIVITE. *Medicina legal.* Inflamação combinada da córnea e da conjuntiva.

CERATÓLISE. *Medicina legal.* Doença em que ocorre a separação ou o descascamento da epiderme, principalmente das palmas das mãos e plantas dos pés.

CERATOPLASTIA. *Medicina legal.* Enxerto na córnea; cirurgia plástica da córnea.

CERAUNOFOBIA. *Medicina legal.* Medo de raios.

CERAUNOPARALISIA. *Medicina legal.* Paralisia causada por raio.

CERCA. *Direito civil.* Tapume divisório entre prédios contíguos, feito de ripas, paus ou arame, para evitar que haja intrusão ou que animais e aves escapem ou fujam, para demarcar os limites de propriedades rurais ou para separar culturas.

CERCADO. *Direito civil.* **1.** Tapume divisório de propriedade rural usado para delimitá-la do prédio vizinho, evitar dano à cultura ou impedir a entrada de animais ou de pessoas. **2.** Lugar circundado por tapumes naturais, abundante de pastagens. **3.** Lavoura. **4.** Área de terreno de poucos alqueires, maior que um sítio e menor que uma fazenda, destinada, em Alagoas, à criação de aves e animais.

CERCA LIMÍTROFE. *Direito civil.* Obra que demarca divisas, como, p. ex., o muro.

CERCA VIVA. *Direito civil.* Sebe viva, que é feita com plantação de arbustos espinhosos com o escopo de delimitar terras rurais.

CERCEAMENTO. Ato restritivo da ação ou dos direitos de alguém.

CERCEAMENTO DA LIBERDADE. *Direito constitucional.* Qualquer ato conducente a impedir que alguém se locomova ou manifeste seu pensamento.

CERCEAMENTO DE DEFESA. *Direito processual.* **1.** Diminuição ou supressão de direitos ou garantias legais do acusado, tirando-lhe ou dificultando-lhe a defesa. **2.** Qualquer obstáculo que o magistrado ou outra autoridade venha a criar, trazendo dificuldade à defesa da parte.

CERCILHO. *Direito canônico.* Tonsura ou coroa de frades.

CERCO. *Direito militar.* **1.** Disposição de tropas ao redor de uma cidade ou fortaleza. **2.** Assédio militar.

CERCOSE. *Medicina legal.* Clitóris anormalmente comprido.

CEREALISTA. *Direito comercial.* Comerciante e produtor de cereais.

CEREBELITE. *Medicina legal.* Inflamação do cerebelo.

CEREBRALISMO. *Psicologia jurídica.* **1.** Teoria pela qual a consciência é função cerebral. **2.** Tendência de privilegiar as idéias intelectuais.

CEREBRASTENIA. *Medicina legal.* Fraqueza mental.

CEREBROMA. *Medicina legal.* Massa anormal de substância cerebral.

CEREBROPSICOSE. *Medicina legal.* Perturbação mental causada por moléstia do cérebro.

CERIMÔNIA. **1.** *Direito canônico.* Forma exterior do culto religioso. **2.** *Direito administrativo.* Solenidade pública. **3.** *Direito civil.* Ritual a ser seguido na celebração ou realização de um ato, com a observância de formalidades extrínsecas, impostas por lei e imprescindíveis para a sua validade.

CERIMONIAL. **1.** *Direito canônico.* Conjunto de solenidades observadas numa cerimônia religiosa ou num culto. **2.** *Direito administrativo.* a) Protocolo; b) conjunto de formalidades que devem ser observadas numa solenidade pública ou oficial, tornando-a mais importante; c) normas que estabelecem essas formalidades ou o livro que as contém.

CERIMONIAL MILITAR. *Direito militar.* É o que tem por objetivo dar a maior solenidade possível a determinados atos na vida militar ou nacional, cuja alta significação convém ser ressaltada. As cerimônias militares contribuem para desenvolver, entre superiores e subordinados, o espírito de corpo, a camaradagem e a confiança, virtudes castrenses que constituem apanágio dos membros das Forças Armadas. A execução do Cerimonial Militar, inclusive sua preparação, não deve acarretar perturbação sensível à marcha regular da instrução. Nessas cerimônias, a tropa apresenta-se com o uniforme de parada, utilizando armamento o mais padronizado possível. Salvo ordem em contrário, nessas cerimônias, a tropa não conduz viaturas.

CERNAMBI. *Direito agrário.* Borracha ou látex da seringueira de qualidade inferior.

CERRADÃO. *Direito agrário.* **1.** Grande extensão de terras estéreis ou maninhas. **2.** Grande campo cerrado com árvores menos tortuosas e mais densas. **3.** Modalidade de terra com menor produtividade agrícola.

CERRADO. **1.** *Direito agrário.* a) Diz-se do cavalo de cinco anos; b) vegetação arbustiva em terra de qualidade inferior. **2.** *Direito civil.* a) Terreno cercado ou murado; b) diz-se do testamento que é sigilosamente feito, escrito pelo próprio testador, ou por alguém a seu rogo, e completado por instrumento de aprovação lavrado pelo oficial público em presença de duas testemunhas idôneas.

CERRADO FECHADO. *Direito agrário.* Aquele que contém árvores muito próximas umas das outras.

CERRADO RALO. *Direito agrário.* Aquele em que há uma certa distância entre as árvores, tornando possível o trânsito de animais.

CERRA-FILA. 1. *Direito militar.* Soldado graduado que fica na retaguarda de uma tropa para corrigir a marcha e zelar pela disciplina. **2.** *Direito marítimo.* Navio que vai na retaguarda de outros.

CERTA. *Direito civil.* **1.** Diz-se da coisa determinada, devidamente caracterizada e individuada. **2.** Diz-se da dívida ou obrigação exata ou líquida, ou seja, certa quanto à sua existência e determinada quanto ao seu objeto. É a obrigação que tem objeto certo e individuado; logo, sua prestação é relativa a coisa determinada quanto à espécie, qualidade e quantidade.

CERTA AMITTIMUS DUM INCERTA PETIMUS. *Expressão latina.* Perde-se o que é seguro, quando se busca o inseguro.

CERTAME. *Direito civil.* Concurso literário, científico ou industrial.

CERTA PRO INCERTA DEMITTENDA NON SUNT. *Aforismo jurídico.* Não se deve deixar o certo pelo incerto.

CERTEA REI VEL CAUSAE TUTOR DARI NON POTEST QUIA PERSONIS NON CAUSAE REI DATUR. *Brocardo latino.* Não se pode dar tutor a certa coisa porque dá-se tutor às pessoas e não à coisa ou causa.

CERTEZA. 1. *Lógica jurídica.* Estado do espírito que tem por verdadeira uma asserção, reconhecendo com evidência que ela o é. **2.** *Filosofia do direito.* Convicção de que o objeto é tal qual concebido pelo raciocínio. **3.** *Direito processual.* Convicção ou convencimento do juiz conducente à solução do litígio. **4.** *Direito civil.* a) Caracterização exata do objeto da obrigação; b) prova documental de uma dívida. **5.** *História do direito.* Competência de um juiz, quando a tinha, para julgar uma questão dependente de outra já decidida por ele.

CERTEZA DA DÍVIDA. *Direito civil.* Prova da existência de um débito por meio de um documento autêntico.

CERTEZA DE LIQUIDAÇÃO. *Direito bancário.* Garantia de que a operação, uma vez aceita, será efetivamente liquidada, nos termos e extensão estabelecidos no regulamento do sistema operado pela câmara ou pelo prestador de serviços de compensação e de liquidação.

CERTEZA DO OBJETO. *Direito civil.* **1.** Determinação exata, na procuração, do ato ou do negócio a ser praticado pelo mandatário, que agirá conforme a vontade do mandante. **2.** Caracterização inequívoca pela indicação exata do objeto de uma obrigação.

CERTEZA LEGAL. 1. *Direito processual.* É a resultante da apresentação e do exame de provas diretas, previstas em lei, consideradas como idôneas para comprovar certos atos ou estados, sendo por isso consideradas suficientes para um julgamento judicial. **2.** *Lógica jurídica.* É a fundada em valores lógicos, como coerência e linguagem unívoca, requerendo demonstração.

CERTEZA MORAL. *Filosofia do direito.* a) É a fundada na autoridade ou fé que merece aquele que conta o fato; b) é a baseada no testemunho da consciência; c) convicção íntima em relação a certas provas ou fatos. É a persuasão sobre a existência de um fato conhecido por testemunho dos homens.

CERTEZA RACIONAL. *Filosofia do direito.* É a baseada em princípios da razão.

CERTIDÃO. Documento autêntico, fornecido ao interessado, constante do cartório ou dos arquivos da repartição, fazendo fé pública e tendo efeito probatório, uma vez que é o atestado ou a declaração relativos a um fato ou a um ato.

CERTIDÃO DE DÍVIDA FISCAL. *Direito tributário.* Instrumento pelo qual a repartição competente certifica a existência e teor de débito fiscal, regularmente inscrito no Fisco, em livro próprio.

CERTIDÃO DE NASCIMENTO. *Direito civil.* Documento comprobatório da existência do registro civil, consignando o nascimento de uma pessoa natural, contendo: a data em que o assento foi lavrado, a data do nascimento, o lugar onde ele ocorreu etc., não podendo mencionar qualquer circunstância discriminatória da filiação.

CERTIDÃO DE OBJETO E PÉ. *Vide* BREVE RELATO.

CERTIDÃO DE PARTILHA. *Direito civil.* Documento que vem a comprovar a partilha de bens do espólio entre herdeiros e legatários do *auctor successionis*, feita após o encerramento do processo de inventário.

CERTIDÃO DE REGISTRO IMOBILIÁRIO. *Direito registrário.* Documento expedido pelo oficial ou servidor do cartório de registro de imóveis, a requerimento de qualquer pessoa, relativo ao que constar nos assentos feitos.

CERTIDÃO DO REGISTRO CIVIL. *Direito registrário.* Documento expedido por cartório competente atestando nascimento, casamento ou óbito de pessoa natural.

CERTIDÃO EM INTEIRO TEOR. *Direito registrário.* Também chamada integral ou *verbum ad verbum*, é a que consiste num documento completo do ato registrário, contendo integral transcrição do texto original de onde é extraída.

CERTIDÃO EM RELATÓRIO. *Direito registrário.* Documento em que consta um relato ou um extrato das principais partes do ato registrário, atendendo aos quesitos formulados pelo requerente.

CERTIDÃO EM RESUMO. *Direito registrário.* É a que contém alguma parte ou fragmento extraído isoladamente do contexto, hipótese em que será imprescindível, por exemplo, a referência feita ao livro, ao número de registro, à folha e ao proprietário do imóvel.

CERTIDÃO IDEOLOGICAMENTE FALSA. *Direito penal.* Crime punido com detenção, consistente no fato de o funcionário público, no exercício do ofício, certificar dolosa e falsamente fato ou circunstância que habilite alguém a obter cargo público, isenção de ônus, ou de serviço de caráter público ou quaisquer vantagens públicas.

CERTIDÃO NEGATIVA. 1. *Direito civil.* É a que atesta a não-existência de ato, fato ou estado que o interessado pretende conhecer. **2.** *Direito tributário.* Comprovante de estar o contribuinte em dia com o Fisco, expedido pelo funcionário à vista do pedido, judicial ou extrajudicial, do interessado.

CERTIDÃO NEGATIVA DE DÉBITOS DE TRIBUTOS E CONTRIBUIÇÕES FEDERAIS. *Direito tributário.* É o atestado fornecido a contribuinte, pessoa física ou jurídica, independentemente do pagamento de qualquer taxa, comprovando que não tem débitos relativos a tributos e contribuições federais administrados pela Secretaria da Receita Federal, desde que esteja com seus dados cadastrais atualizados e não existir dívida em seu nome, observadas, ainda, as seguintes condições: 1. No caso de pessoa física, não constar como omissa quanto à entrega das Declarações de Rendimentos (IRPF) e do Imposto Territorial Rural (ITR), se proprietário rural. 2. No caso de pessoa jurídica, constar, em seu nome, nos registros da SRF, o recolhimento de tributos e contribuições para os quais a legislação atribua ao sujeito passivo o dever de antecipar o pagamento, e que não figure, nos registros da SRF, como omissa quanto à entrega das Declarações de Rendimentos (IRPJ), de Contribuições e Tributos Federais (DCTF), do Imposto sobre Produtos Industrializados (DIPI), de Imposto de Renda na Fonte (DIRF) e do Imposto sobre a Propriedade Territorial Rural (DIAT/DIAC), se estiver sujeita à sua apresentação.

CERTIFICAÇÃO COMPULSÓRIA. *Direito das comunicações.* Certificação prévia para a comercialização e o uso de determinado equipamento de comunicação no País, de conformidade com os regulamentos técnicos emitidos ou normas técnicas adotadas pela ANATEL.

CERTIFICAÇÃO DE SEMENTES OU MUDAS. *Direito agrário.* Processo de produção de sementes ou mudas, executado mediante controle de qualidade em todas as etapas do seu ciclo, incluindo o conhecimento da origem genética e o controle de gerações.

CERTIFICAÇÃO DIGITAL. *Vide* CERTIFICAÇÃO ELETRÔNICA.

CERTIFICAÇÃO ELETRÔNICA. *Direito virtual.* Reconhecimento por uma certificadora da autenticidade de uma chave pública.

CERTIFICADO. 1. *Direito agrário.* a) Documento comprobatório de que a pessoa em cujo nome foi emitido adquiriu a área rural especificada; b) documento comprobatório de venda de gado ou de defesa sanitária animal ou vegetal. **2.** Na *linguagem jurídica* em geral: a) título provisório; b) qualquer documento em que pessoa competente atesta a existência de um fato de que é testemunha ou de que é conhecedora, em razão do cargo ou ofício exercido, não implicando a existência de qualquer outro escrito do qual se extraia seu conteúdo. **3.** *Direito administrativo.* Documento emitido por funcionário de repartição pública para atestar certo fato ou uma determinada situação pessoal.

CERTIFICADO DE AÇÃO. *Direito comercial.* Documento que atesta a posse ou aquisição de ação de sociedade anônima, contendo seu número e valor, tendo, portanto, o mesmo sentido de "cautela".

CERTIFICADO DE ADIÇÃO DE INVENÇÃO. *Direito de propriedade industrial.* É o concedido ao titular de patente de invenção para proteger aperfeiçoamento ou desenvolvimento introduzido no objeto da invenção, mesmo que destituído de atividade inventiva, desde que a matéria se inclua no mesmo conceito inventivo. Esse certificado é acessório da patente.

CERTIFICADO DE APROVAÇÃO. *Direito administrativo* e *direito civil.* Documento que declara a aprovação de uma pessoa num exame ou concurso público a que se submeteu.

CERTIFICADO DE ASSINATURA DIGITAL. *Direito virtual.* Documento cuja fonte oficial cria a certeza de que a pessoa que é titular da assinatura digital é também a da chave pública, e, por conseguinte, da correspondente chave privada. É um documento autêntico cujo valor deve ser legalmente equiparado ao de um documento notarial e cujo conteúdo deve ser cuidadosamente especificado pela lei, sendo basicamente composto pelo nome e demais elementos de identificação da pessoa do titular, pela chave pública que lhe é atribuída, pela assinatura digital e chave pública da autoridade certificadora (Miguel Pupo Correia).

CERTIFICADO DE AUTORIZAÇÃO DE AFRETAMENTO (CAA). *Direito marítimo.* Documento emitido pela ANTAQ, que formaliza a autorização do afretamento de embarcação estrangeira para operar na navegação de longo percurso, de cabotagem, de apoio portuário, inclusive para dragagem, e de apoio marítimo.

CERTIFICADO DE BOAS PRÁTICAS DE FABRICAÇÃO. *Direito comercial.* Documento legal emitido pela Autoridade Sanitária competente, atestando que determinada linha de produção da empresa cumpre com os requisitos de Boas Práticas de Fabricação.

CERTIFICADO DE CONDUTA. *Direito civil.* Declaração que atesta a idoneidade moral e a boa conduta de alguém.

CERTIFICADO DE CONFORMIDADE. *Direito do consumidor.* Garantia formal de que um produto ou serviço devidamente identificado está conforme a lei.

CERTIFICADO DE CREDENCIAMENTO E FUNCIONAMENTO. *Direito agrário* e *direito administrativo.* Habilita as empresas fumigadoras a exercerem a atividade de prestação de serviços em Controle Fitossanitário e Quarentenário, e é concedido pelo Órgão Competente do Ministério da Agricultura, Pecuária e Abastecimento, atendidos os requisitos necessários estabelecidos na presente Norma Técnica e o Regulamento para Habilitação e Credenciamento. Os documentos exigidos para a solicitação de Credenciamento constam de Instrução Normativa específica do SDA/DDIV do Ministério da Agricultura, Pecuária e Abastecimento.

CERTIFICADO DE DEPÓSITO AGROPECUÁRIO (CDA). *Direito agrário.* É o título representativo de promessa de entrega de produtos agropecuários, seus derivados, subprodutos e resíduos de valor econômico.

CERTIFICADO DE DEPÓSITO BANCÁRIO. *Direito bancário.* Documento indicativo de depósito bancário a prazo fixo, favorecendo o seu portador não só na obtenção de atualização monetária e juros como também na possibilidade de negociação.

CERTIFICADO DE DEPÓSITO DE AÇÕES. *Direito comercial.* Título emitido por instituição financeira autorizada, representando o valor das ações depositadas endossáveis ou ao portador, que, então, não poderão ser objeto de penhora, arresto, seqüestro, busca ou apreensão, embora o certificado possa sê-lo. Com isso obtém-se crédito no mercado, independentemente da alienação do valor nominal das ações, pois o certificado é suscetível de transferência por endosso em preto ou em branco.

CERTIFICADO DE DIREITOS CREDITÓRIOS DO AGRONEGÓCIO (CDCA). *Direito agrário* e *direito cambiário.* É título de crédito nominativo, de livre negociação, representativo de promessa de pagamento em dinheiro e constitui título executivo extrajudicial. O CDCA é de emissão exclusiva de cooperativas de produtores rurais e de outras pessoas jurídicas que exerçam a atividade de comercialização, beneficiamento ou industrialização de produtos e insumos agropecuários ou de máquinas e implementos utilizados na produção agropecuária.

CERTIFICADO DE ENTIDADE DE FINS FILANTRÓPICOS. *Direito civil.* É o concedido ou renovado para entidade beneficente de assistência social que demonstre, nos três anos imediatamente anteriores ao requerimento, cumulativamente: 1) estar legalmente constituída no País e em efetivo funcionamento; 2) estar previamente inscrita no Conselho Municipal de Assistência Social do município de sua sede, se houver, ou no Conselho Estadual de Assistência Social, ou Conselho de Assistência Social do Distrito Federal; 3) estar previamente registrada no Conselho Nacional de Assistência Social

(CNAS); 4) ser declarada de utilidade pública federal; 5) constarem em seu Estatuto Social disposições que determinem que a entidade: a) aplica suas receitas, rendas, rendimentos e o eventual resultado operacional integralmente no território nacional e na manutenção e no desenvolvimento de seus objetivos institucionais; b) aplica as subvenções e doações recebidas nas finalidades a que estejam vinculadas; c) não distribui resultados, dividendos, bonificações, participações ou parcela do seu patrimônio, sob nenhuma forma; d) não percebem seus diretores, conselheiros, sócios, instituidores, benfeitores ou equivalentes remuneração, vantagens ou benefícios, direta ou indiretamente, por qualquer forma ou título, em razão das competências, funções ou atividades que lhes sejam atribuídas pelos respectivos atos constitutivos; e) destina, em seus atos constitutivos, em caso de dissolução ou extinção, o eventual patrimônio remanescente a entidade congênere registrada no CNAS ou a entidade pública; f) não constitui patrimônio de indivíduo ou de sociedade sem caráter beneficente de assistência social; 6) aplicar anualmente, em gratuidade, pelo menos 20% da receita bruta proveniente da venda de serviços, acrescida da receita decorrente de aplicações financeiras, de locação de bens, de venda de bens não integrantes do ativo imobilizado e de doações particulares, cujo montante nunca será inferior à isenção de contribuições sociais usufruídas; 7) as fundações particulares, constituídas como pessoas jurídicas de direito privado, deverão apresentar seus contratos, atos constitutivos, estatutos ou compromisso assentados junto ao Registro Civil de Pessoas Jurídicas, e devidamente aprovados pelo Ministério Público; 8) as fundações, constituídas como pessoas jurídicas de direito privado, instituídas pelos poderes públicos mediante autorização legislativa, deverão comprovar que: a) não participam da diretoria, dos conselhos, do quadro de associados e de benfeitores pessoas jurídicas dos poderes públicos federal, estadual, municipal ou do Distrito Federal; b) as subvenções sociais, dotações orçamentárias ou quaisquer recursos recebidos dos poderes públicos federal, estadual, municipal ou do Distrito Federal não são destinados ao pagamento de pessoal; c) no caso de dissolução, o eventual patrimônio da Fundação será destinado ao patrimônio de outra entidade com fins iguais ou semelhantes;

d) atendem os demais requisitos legais. Considera-se entidade beneficente de assistência social pessoa jurídica de direito privado, sem fins lucrativos, que atue no sentido de: 1) proteger a família, a maternidade, a infância, a adolescência e a velhice; 2) amparar crianças e adolescentes carentes; 3) promover ações de prevenção, habilitação e reabilitação em pessoas portadoras de deficiências; 4) promover gratuitamente assistência educacional ou de saúde; 5) promover a integração ao mercado de trabalho; 6) promover o atendimento e o assessoramento aos beneficiários da Lei Orgânica da Assistência Social e a defesa e garantia dos seus direitos.

CERTIFICADO DE HABILITAÇÃO. *Direito aeronáutico.* Atestado de aptidão de piloto e tripulante de aeronave para o desempenho de suas funções técnicas no plano doméstico ou internacional, apontando o grau de habilitação técnica e o prazo de validade da capacitação física do titular.

CERTIFICADO DE HABILITAÇÃO DE PRATICANTE DE PRÁTICO. *Direito marítimo.* É o documento, expedido pelo Capitão dos Portos, que certifica e comprova ter sido o candidato aprovado e classificado no Processo Seletivo à Categoria de Praticante de Prático em uma determinada zona de praticagem (ZP), para uma das vagas disponíveis, conforme previsto no Edital correspondente. Tal certificado o habilita a cumprir o Programa Mínimo de Estágio, e terá validade de dois anos. Caso o candidato já seja Prático de outra ZP, a condição de Praticante de Prático na ZP pretendida será averbada no verso do seu Certificado de Prático, não sendo emitido o Certificado de Praticante de Prático.

CERTIFICADO DE HABILITAÇÃO DO PRÁTICO. *Direito marítimo.* É o documento expedido pelo representante regional da autoridade marítima que certifica e comprova a conclusão com sucesso do Programa mínimo de estágio de qualificação de praticante de prático, conferindo-lhe o direito de exercer esta profissão exclusivamente naquela ZP (zona de praticagem) para a qual se candidatou.

CERTIFICADO DE INVESTIMENTO PARA PRODUÇÃO, DISTRIBUIÇÃO, EXIBIÇÃO E INFRA-ESTRUTURA TÉCNICA DE OBRAS AUDIOVISUAIS CINEMATOGRÁFICAS BRASILEIRAS. *Direito autoral.* Aquele que, por caracterizar quotas representativas de direitos de comercialização de obras e projetos específicos da área audiovisual cinematográfica brasileira de produção independente, bem como os de exibição, distribuição e infra-estrutura técnica, apresentados por empresa brasileira de capital nacional, deve ter sua emissão e distribuição registrada na Comissão de Valores Mobiliários (CVM). A totalidade das quotas objeto do registro é representativa de percentual sobre os direitos de comercialização durante o prazo e nas condições fixadas pela empresa emissora por ocasião do pedido de registro. Consideram-se empresas emissoras aquelas dedicadas à produção independente de obras audiovisuais brasileiras, bem como as empresas brasileiras de capital nacional que apresentem projetos de exibição, distribuição e infra-estrutura técnica específicos da área audiovisual cinematográfica. Os Certificados de Investimento, que podem ser nominativos ou escriturais, devem conter: a) denominação "Certificado de Investimento Decreto n. 974/93"; b) número de ordem do Certificado; c) qualificação da empresa emissora com os números de registro no Cadastro Geral de Contribuintes do Ministério da Fazenda e da inscrição estadual; d) número da aprovação do projeto no Ministério da Cultura; e) denominação do projeto aprovado pelo Ministério da Cultura; f) número do registro de emissão e distribuição na CVM identificando a natureza pública do registro; g) número total de quotas beneficiárias de incentivos fiscais e respectivo percentual de participação nos direitos de comercialização; h) número de quotas representadas em cada Certificado de Investimento; i) identificação do investidor; j) especificação dos direitos assegurados no empreendimento; k) garantias, se houver; l) prazo para a conclusão do projeto; m) local e data da emissão do Certificado; e n) assinatura autorizada do responsável pela empresa emissora. O pedido de registro de emissão e distribuição de Certificados de Investimento na CVM é formulado pela empresa emissora em conjunto com o líder da distribuição, instruído com os seguintes documentos: a) contrato ou estatuto social da empresa emissora; b) ato deliberativo da emissão de Certificados de Investimento; c) indicação do diretor ou sócio-gerente da empresa emissora responsável pelo projeto; d) contrato identificando os direitos e as obrigações da empresa emissora e dos subscritores dos Certificados; e) cópia da guia de recolhimento da taxa de fiscalização relativa ao registro de emissão dos Certificados de Investimento; f) cópia do contrato de distribuição dos Certificados de Investimento e, se houver, o de garantia de subscrição; g) contrato de garantia de liquidez, se houver; h) modelo do Certificado de Investimento; i) modelo de boletim de subscrição com identificação de sua numeração, o qual deve conter espaço para assinatura e declaração expressa do investidor de haver tomado conhecimento da existência do prospecto e da forma de obtê-lo; j) minuta do prospecto, que deve ser elaborada na forma exigida legalmente; k) cópias dos documentos submetidos à apreciação do Ministério da Cultura; l) cópia do documento de aprovação do projeto no Ministério da Cultura, contendo o respectivo número do registro; e m) indicação do número das contas de aplicação financeira vinculadas ao projeto e da agência do Banco do Brasil S/A em que estas foram abertas, bem como os nomes dos titulares das contas. O registro torna-se automaticamente efetivado se o pedido não for indeferido dentro de trinta dias após a sua apresentação à CVM, mediante protocolo, com os documentos e informações exigidos. O prazo de trinta dias pode ser interrompido uma única vez, caso a CVM solicite, por ofício, documentos e informações adicionais. Para atendimento das eventuais exigências, é concedido prazo não superior a sessenta dias, contados do recebimento da correspondência respectiva. No caso de as exigências da CVM serem cumpridas depois de decorridos quinze dias do pedido de registro, passa a fluir novo prazo de trinta dias contados da data do cumprimento das exigências. O deferimento do registro é comunicado por ofício, onde constam as principais características da distribuição registrada. Após o deferimento, toda e qualquer comunicação referente ao projeto deve, obrigatoriamente, mencionar o nome do projeto e o número do registro concedido pela CVM. O registro é negado quando: a) a empresa emissora não cumprir as eventuais exigências da CVM no prazo fixado por lei; e b) a empresa emissora ou o seu diretor ou o sócio-gerente responsável pelo projeto estiver inadimplente junto à CVM. Na hipótese de indeferimento, todos os documentos que instruírem o pedido são devolvidos.

CERTIFICADO DE LIBERAÇÃO DE CARGA PRESCRITA (CLCP). *Direito marítimo.* Documento que formaliza a liberação do transporte de carga prescrita por empresa de navegação estrangeira.

CERTIFICADO DE LIBERAÇÃO DE EMBARCAÇÃO (CLE). *Direito marítimo.* Documento que formaliza a liberação de embarcação estrangeira, afretada por empresa de navegação de longo curso operando em serviço regular, para o transporte de carga.

CERTIFICADO DE MATRÍCULA. *Direito aeronáutico.* Atestado da inscrição da aeronave no Registro Aeronáutico, tornando-a individualizada ao receber as marcas de nacionalidade e de matrícula.

CERTIFICADO DE MEMBRO DE TRIPULAÇÃO DE TRANSPORTE AÉREO. *Direito aeronáutico.* Documento que identifica membro de tripulação de transporte aéreo que pode substituir o passaporte comum para efeito de desembarque e embarque no território nacional, nos casos previstos em tratados, acordos ou outros atos internacionais.

CERTIFICADO DE MÉRITO DESPORTIVO. *Direito desportivo.* É o outorgado pelo Conselho Superior de Desporto às entidades contempladas, por demonstrarem relevantes serviços ao desporto nacional, com autonomia financeira, tendo estatuto rigorosamente legal e mantendo independência técnica e apoio administrativo aos órgãos judicantes.

CERTIFICADO DE MUDAS. *Direito agrário.* Documento emitido pelo certificador, comprovante de que o lote de mudas foi produzido de acordo com as normas e padrões de certificação estabelecidos.

CERTIFICADO DE OPERADOR DE ESTAÇÃO DE RADIOAMADOR (COER). *Direito das comunicações.* É o documento expedido pela ANATEL à pessoa natural que tenha comprovado ser possuidora de capacidade operacional e técnica para operar estação de radioamador. O Certificado de Operador de Estação de Radioamador possibilita ao seu titular operar estação de radioamador e obter permissão para executar o serviço de radioamador. Poderão obter o Certificado de Operador de Estação de Radioamador: a) os brasileiros maiores de dez anos, cabendo aos respectivos pais ou tutores a responsabilidade por atos ou omissões; b) os portugueses que tenham obtido o reconhecimento da igualdade de direitos e deveres para com os brasileiros; c) os radioamadores estrangeiros, nas condições estabelecidas em acordos de reciprocidade de tratamento; d) os radioamadores, funcionários de organismos internacionais, dos quais o governo brasileiro participe, desde que estejam prestando serviço no Brasil. O Certificado expedido a brasileiros e portugueses com igualdade de direito e deveres com os nacionais terá prazo de validade indeterminado. O expedido ao radioamador estrangeiro terá prazo de validade determinado, sendo coincidente: a) com o prazo de validade da licença, certificado ou documento equivalente expedido em seu país de origem; b) com o prazo de sua permanência no Brasil.

CERTIFICADO DE ORIGEM. *Direito tributário.* **1.** Documento expedido pelo fabricante (ou produtor) da mercadoria, pela repartição aduaneira do porto de seu embarque ou, ainda, pela Câmara de Comércio do país onde foi produzida, tendo o escopo de atestar sua nacionalidade. **2.** Documento que atesta a origem da mercadoria, emitido por exigência do importador e de acordo com o país de destino da mercadoria; representa, em geral, benefícios fiscais a serem auferidos pelo importador no ato de liberação das mercadorias na alfândega; neste caso, a origem é certificada, no Brasil, por organização oficial independente ou por órgão da administração pública.

CERTIFICADO DE PRATICANTE DE PRÁTICO. *Direito militar.* É o documento expedido pelo representante da autoridade regional marítima que certifica e comprova ter sido o candidato ao exame de seleção a praticante de prático, em determinada zona de praticagem (ZP), classificado e selecionado dentro do número de vagas disponíveis constantes do edital do referido exame de seleção, com validade de dois anos.

CERTIFICADO DE PRIVATIZAÇÃO. *Direito administrativo.* Título emitido pelo Tesouro Nacional, nominativo e insuscetível de negociação, não contendo data de resgate, utilizado como pagamento de ações de empresas públicas que venham a ser desestatizadas.

CERTIFICADO DE PROPRIEDADE. *Direito civil.* Documento comprobatório da propriedade de bem incorpóreo ou corpóreo.

CERTIFICADO DE RECEBÍVEIS DO AGRONEGÓCIO (CRA). *Direito agrário e direito cambiário.* É título de crédito nominativo, de livre negociação, representativo de promessa de pagamento em dinheiro e constitui título executivo extrajudicial. É de emissão exclusiva das companhias securitizadoras de direitos creditórios do agronegócio.

CERTIFICADO DE RECEBÍVEIS IMOBILIÁRIOS (CRI).

Direito civil e *direito bancário.* É um título de crédito nominativo, com garantia real de livre negociação, lastreado em créditos imobiliários e constitui promessa de pagamento em dinheiro. O CRI é de emissão exclusiva das companhias securitizadoras e terá as seguintes características: a) nome da companhia emitente; b) número de ordem, local e data de emissão; c) denominação "Certificado de Recebíveis Imobiliários"; d) forma escritural; e) nome do titular; f) valor nominal; g) data de pagamento ou, se emitido para pagamento parcelado, discriminação dos valores e das datas de pagamento das diversas parcelas; h) taxa de juros, fixa ou flutuante, e datas de sua exigibilidade, admitida a capitalização; i) cláusula de reajuste, observada a legislação pertinente; j) lugar de pagamento; k) identificação do Termo de Securitização de Créditos que lhe tenha dado origem. O registro e a negociação do CRI far-se-ão por meio de sistemas centralizados de custódia e de liquidação financeira de títulos privados. O CRI poderá ter, conforme dispuser o Termo de Securitização de Créditos, garantia flutuante, que lhe assegurará privilégio geral sobre o ativo da companhia securitizadora, mas não impedirá a negociação dos bens que compõem esse ativo.

CERTIFICADO DE REGISTRO DE ARMA DE FOGO (CRAF).

Direito administrativo. É o documento que, tendo validade em todo o território nacional, autoriza o seu proprietário (pessoa física) a manter a arma de fogo exclusivamente no interior de sua residência ou dependência de estabelecimento, ou, ainda, no seu local de trabalho, desde que seja ele o titular ou o responsável legal do estabelecimento ou empresa. É o que também autoriza pessoa jurídica a manter arma no interior do estabelecimento ou da empresa. A expedição do certificado de registro de arma de fogo será precedida de autorização do Sistema Nacional de Armas (SINARM). O proprietário, possuidor ou detentor de arma de fogo tem o prazo de seis meses, prorrogável por igual período, a critério do Poder Executivo, para promover o registro da arma ainda não registrada ou que teve a propriedade transferida, ficando dispensado de comprovar a sua origem, mediante requerimento, na conformidade do regulamento. Presume-se de boa-fé a pessoa que promover o registro de arma de fogo que tenha em sua pos-

se. A autorização para o porte de arma de fogo das guardas municipais está condicionada à formação funcional de seus integrantes em estabelecimentos de ensino de atividade policial, à existência de mecanismos de fiscalização e de controle interno, nas condições estabelecidas legalmente, observada a supervisão do Ministério da Justiça.

CERTIFICADO DE REGISTRO DO PRODUTO.

Direito do consumidor e *direito comercial.* Documento legal emitido pela Autoridade Sanitária competente, no qual consta a formulação qualitativa e quantitativa do produto incluindo detalhes sobre embalagem, rotulagem e prazo de validade.

CERTIFICADO DE REGULARIDADE DO FGTS (CRF).

Direito previdenciário e *direito de trabalho.* Documento que comprova a regularidade do empregador perante o FGTS, sendo-lhe concedido se estiver em dia com as suas obrigações para com o Fundo. A necessidade do CRF estimula a adimplência do empregador em face da exigência de sua apresentação nos casos de habilitação em licitações públicas, obtenção de empréstimos junto a órgãos públicos, isenções, auxílios, subsídios, concessão de serviços ou benefícios pelo poder público, entre outros motivos. O CRF é emitido via internet por meio de consulta pública disponível não só ao empregador e demais entes envolvidos com o FGTS, mas também para a sociedade em geral. A apresentação do CRF é obrigatória nas seguintes situações: a) habilitação em licitação promovida por órgãos da Administração Pública Direta, Indireta ou Fundacional e por empresas controladas direta ou indiretamente pela União, pelos Estados, pelo Distrito Federal e pelos Municípios; b) obtenção de empréstimos ou financiamentos junto a quaisquer instituições financeiras públicas, por parte de órgãos e entidades da Administração Pública Direta, Indireta ou Fundacional, bem assim por empresas controladas direta ou indiretamente pela União, pelos Estados, pelo Distrito Federal e pelos Municípios; c) obtenção de favores creditícios, isenções, subsídios, auxílios, outorga ou concessão de serviços ou quaisquer outros benefícios concedidos por órgão da Administração Pública Federal, dos Estados, do Distrito Federal e dos Municípios, salvo quando destinados a saldar débitos para com o FGTS; d) transferência de domicílio do empregador para o exterior; e) registro ou arquivamento, nos órgãos competentes, de alteração ou distrato de contrato social, de estatuto, ou de qualquer documento que implique modificação na estrutura jurídica do empregador ou na extinção da empresa.

CERTIFICADO DE REGULARIDADE PREVIDENCIÁRIA (CRP). *Direito previdenciário.* Certificado fornecido pelo Ministério da Previdência aos órgãos ou entidades da Administração Pública direta e indireta da União, por sistema informatizado, dispensada a assinatura manual ou aposição de carimbos, atestando o cumprimento legal dos regimes de previdência social dos Estados, do Distrito Federal e dos Municípios, nos seguintes casos: a) realização de transferências voluntárias de recursos pela União; b) celebração de acordos, contratos, convênios ou ajustes, bem como de empréstimos, financiamentos, avais e subvenções em geral de órgãos ou entidades da Administração direta e indireta da União; c) celebração de empréstimos e financiamentos por instituições financeiras federais; d) pagamento dos valores devidos pelo Regime Geral de Previdência Social. O CRP conterá numeração única e terá validade de sessenta dias a contar da data de sua emissão. O CRP, quando emitido por determinação judicial, identificará o processo em que a decisão foi proferida e os critérios que tiveram a exigência de regularização suspensa. O cancelamento do CRP dar-se-á: a) por decisão em processo administrativo, assegurado o contraditório e ampla defesa, quando for constatada, pela SPS, infração das exigências e critérios previstos normativamente; b) por reforma da decisão judicial que fundamentou sua emissão; ou c) por emissão indevida. É, portanto, o instrumento utilizado para atestar a regularidade dos empregadores perante o FGTS, sendo concedido para os empregadores que estejam em dia com as suas obrigações para com o Fundo. A necessidade do CRF estimula a adimplência dos empregadores em face da exigência de sua apresentação nos casos de habilitação em licitações públicas, obtenção de empréstimos junto a órgãos públicos, isenções, auxílios, subsídios, concessão de serviços ou benefícios pelo Poder Público, entre outros motivos. O CRF é emitido via Internet por meio de consulta pública disponível não só aos empregadores e demais entes envolvidos com o FGTS, mas também para a sociedade em geral.

CERTIFICADO DE RESERVISTA. *Direito militar.* Atestado de que a pessoa está quite com o serviço militar.

CERTIFICADO DE SANIDADE. *Direito agrário.* Atestado expedido pelo Poder Público competente para certificar a saúde de animais e o bom estado de vegetais.

CERTIFICADO DE SEGURANÇA DE NAVEGAÇÃO. *Direito marítimo.* É o documento que atesta que a embarcação vistoriada pode realizar a navegação. Urge lembrar que: 1. O certificado terá sua validade em função do serviço e/ou atividade em que for empregada a embarcação ou se possui ou não propulsão, conforme a seguir: a) embarcações para transporte de passageiros, passageiros e carga e turismo/diversão – quatro anos; b) demais embarcações com propulsão – seis anos; e c) demais embarcações sem propulsão – oito anos. 2. Quando uma embarcação tiver sua vistoria de renovação realizada com uma antecipação maior que três meses da data de seu vencimento, o novo certificado se expedirá com validade a partir da data da finalização da vistoria. 3. A aprovação das vistorias realizadas para a emissão ou validação de um certificado será válida apenas para o momento em que forem efetuadas. A partir de então e durante todo o período de validade do certificado os proprietários, armadores, comandantes ou mestres, segundo as circunstâncias do caso, serão os responsáveis pela manutenção das condições de segurança, de maneira a garantirem que a embarcação e seu equipamento não constituam um perigo para sua própria segurança ou para a de terceiros. 4. O Certificado de Segurança de Navegação perderá sua validade por qualquer das seguintes condições: a) perda das condições mínimas de segurança do navio; b) cancelamento da inscrição/registro nacional; c) término de seu período de validade; d) não-realização das vistorias intermediárias ou complementares que corresponderem; e) modificações na embarcação que afetem as condições de segurança originais; f) avarias que afetem as condições de segurança originais; e g) quando a embarcação sofrer reclassificação para outro serviço e/ou atividade que não o original, exceto nos casos previstos para reclassificação temporária, periódica ou dupla classificação. 5. No caso em que o Certificado de Segurança de Navegação perder a sua validade pela não-realização das vistorias intermediárias ou complementares dentro dos períodos estabelecidos, incluindo os três ou seis meses além da sua data de aniversário, a capitania dos portos, delegacia ou agência cuja jurisdição estiver a embarcação deverá realizar a vistoria pendente e emitir um novo certificado, mantendo a data de validade do antigo. Nos demais casos, exceto no item 4. g), caso o armador ou proprietário solicite a emissão de novo certificado, caberá ao capitão dos portos, delegado ou agente que for emiti-lo (onde se encontrar a embarcação), estabelecer se o novo certificado terá o mesmo prazo de validade do anterior ou a validade completa. 6. Quando uma embarcação for reclassificada quanto à sua área de navegação (desde que a nova área seja na navegação interior), deverá ser lançada no campo "observações" do Certificado de Segurança de Navegação a alteração da classificação. 7. Quando uma embarcação sofrer uma reclassificação quanto a seu serviço ou atividade que implique prazos de validades ou vistorias intermediárias ou complementares diferentes do original deverá ser feita uma vistoria de renovação para emissão do novo certificado. Caso contrário, deverá ser emitido um novo certificado mantendo os prazos e vistorias do anterior. 8. No caso de uma reclassificação temporária, a validade do Certificado de Segurança de Navegação e a periodicidade das vistorias serão computadas em função da classificação original da embarcação. Tal reclassificação deverá ser registrada no campo "observações" do certificado, pelo órgão que efetivá-la, informando que a embarcação está a operar naquela classificação. Somente a diretoria dos portos e costas poderá prorrogar, em casos extraordinários, a validade do Certificado de Segurança de Navegação.

CERTIFICADO DE SEMENTES OU MUDAS. *Direito agrário.* Documento emitido pelo certificador, comprovante de que o lote de sementes ou de mudas foi produzido de acordo com as normas e padrões de certificação estabelecidos.

CERTIFICADO DIGITAL. *Direito virtual.* **1.** Conjunto de dados em forma de arquivo, assinado digitalmente por autoridade certificadora, contendo informações sobre chave pública do certificado; nome e *e-mail* do dono do certificado; nome e assinatura digital da autoridade certificadora; privilégios de acesso a sítios seguros. Usado para identificar pessoa física e jurídica na Internet e para autorizar negociações dentro da política desejada pela empresa (Luiz Fernando Rudge). **2.** Arquivo eletrônico que carrega informações precisas de seu titular e propicia a utilização de assinaturas digitais e criptografia. Sua emissão segue um sistema oficial de processos e regras chamado ICP-Brasil. Tal certificado tem presunção de validade jurídica. A Serasa, primeira empresa privada a ser credenciada pela ICP-Brasil, é responsável pela certificação digital de quase todas as instituições financeiras participantes do Sistema de Pagamentos Brasileiro (SPB).

CERTIFICADO DO TESOURO NACIONAL (CTN). *Direito financeiro.* É o destinado a prover recursos necessários à cobertura de déficits orçamentários observados os limites fixados pelo Poder Legislativo. O CTN poderá ser colocado a par, com ágio ou deságio, em favor de interessado específico, o qual deverá utilizá-lo para fins de garantia em operações de crédito. O valor de face dos títulos a ser adquiridos pelos devedores deve corresponder ao saldo devedor da operação de crédito. Para emissão desses títulos serão observadas as seguintes condições: 1) limite de emissão: definido pela Secretaria do Tesouro Nacional, observando-se que: a) as emissões anuais de títulos pelo Tesouro Nacional não poderão ultrapassar o montante correspondente às amortizações de principal dos créditos securitizados indexados a índices gerais de preços, deduzidas do volume de novas securitizações efetuadas no mesmo exercício, mediante o registro de créditos escriturais indexados aos citados índices; b) para fins de cálculo das emissões permitidas na forma da alínea anterior, não serão computadas as securitizações efetuadas a partir de 1998, e suas respectivas amortizações, realizadas ao amparo legal; 2) data de emissão: dia primeiro de cada mês; 3) prazo: vinte anos; 4) forma de colocação: direta; 5) valor nominal: mil reais; 6) preço unitário: calculado à taxa de desconto de doze por cento ao ano sobre o valor nominal atualizado; 7) atualização: com base na variação do IGP-M, divulgado pela Fundação Getúlio Vargas, ou outro índice que venha a substituí-lo; 8) opção de recompra pelo emissor: com base no preço unitário, devidamente atualizado até a data da recompra, que poderá ser exercida a partir da liberação da garantia; 9) modalidade: negociável, observando-se que: a) os títulos serão cedidos à instituição financeira credora da operação de renegociação da dívida, em garantia do principal, com cláusula resolutiva, os quais deverão permanecer bloqueados enquanto constituírem garantia e não houver manifestação do Tesouro Nacional acerca do exercício da opção de recompra; b) no caso de transferência dos títulos à instituição financeira, em decorrência de execução da garantia, os títulos passarão a ser considerados inegociáveis, mediante substituição do referido ativo pela Secretaria do Tesouro Nacional, especificando esta nova característica; 10) resgate: em parcela única, na data de vencimento do título.

CERTIFICADO ELETRÔNICO. *Direito virtual.* Identificação emitida por autoridade certificadora credenciada e que garante, mediante o uso de tecnologia de chaves públicas e privadas, a autenticidade dos emissores e destinatários dos documentos e dados que trafegam numa rede de comunicação, bem assim a privacidade e a inviolabilidade destes.

CERTIFICADO ESTATUTÁRIO. *Direito marítimo.* Certificado emitido compulsoriamente para uma embarcação, em cumprimento ao estabelecido em Convenções e Códigos Internacionais e na regulamentação nacional aplicável.

CERTIFICADO FINANCEIRO DO TESOURO (CFT). *Direito financeiro.* Destinado a atender preferencialmente a operações com finalidades específicas definidas em lei, que poderá ser emitido em oito séries distintas: CFT Série A – CFT-A, CFT Série B – CFT-B, CFT Série C – CFT-C, CFT Série D – CFT-D, CFT Série E – CFT-E, CFT Série F – CFT-F, CFT Série G – CFT-G e CFT Série H – CFT-H, e terá as seguintes características: a) forma de colocação: direta em favor de interessado específico; b) modalidade: nominativa; c) valor nominal na data-base: múltiplo de mil reais; d) prazo: definido pelo ministro de Estado da Fazenda, quando da emissão do certificado; e) taxa de juros: definida pelo ministro de Estado da Fazenda, quando da emissão, em porcentagem ao ano calculada sobre o valor nominal atualizado.

CERTIFICADO FITOSSANITÁRIO. *Direito alfandegário.* É o documento oficial que será emitido para atestar que as partidas de vegetais, partes de vegetais e outros artigos regulamentados, que possam introduzir pragas regulamentadas, cumprem os requisitos fitossanitários exigidos pela Organização Nacional de Proteção Fitossanitária (ONPF) do país importador. Os produtos industrializados ou processados que não oferecem risco de introdução de pragas não serão objeto da Certificação Fitossanitária.

CERTIFICADO FITOSSANITÁRIO DE ORIGEM (CFO) E O CERTIFICADO FITOSSANITÁRIO DE ORIGEM CONSOLIDADO (CFOC). *Direito agrário.* São os documentos emitidos na origem para atestar a condição fitossanitária da partida de plantas, partes de vegetais ou produtos de origem vegetal de acordo com as normas de defesa sanitária vegetal do Ministério da Agricultura, Pecuária e Abastecimento (MAPA). A origem no CFO é a Unidade de Produção (UP), da propriedade rural ou da área de agroextrativismo, a partir da qual saem partidas de plantas, partes de vegetais ou produtos de origem vegetal certificadas. A origem no CFOC é a Unidade de Consolidação (UC) que poderá ser beneficiadora, processadora ou embaladora, a partir da qual saem partidas provenientes de lotes de plantas, partes de vegetais ou produtos de origem vegetal certificados. O CFO ou CFOC fundamentará a emissão da Permissão de Trânsito de Vegetais (PTV) para o trânsito de partida de plantas ou partes de vegetais, destinados à propagação ou multiplicação, veiculadores de praga não-quarentenária regulamentada.

CERTIFICADO INDIVIDUAL. *Direito civil.* Documento destinado ao segurado, emitido pela sociedade seguradora no caso de contratação coletiva, quando da aceitação do proponente, da renovação do seguro ou da alteração de valores de capital segurado ou prêmio.

CERTIFICADO INTERNACIONAL DE VACINAÇÃO VÁLIDO. Aquele que foi expedido em conformidade com as regras e o modelo definido no Regulamento Sanitário Internacional.

CERTIFICADO SANITÁRIO. *Direito agrário.* **1.** Certificado de inspeção sanitária no qual se descrevem os requisitos de sanidade animal e/ou saúde pública, em conformidade com a legislação vigente. **2.** Documento emitido pelo órgão oficial, do qual consta o estado sanitário do estabelecimento de aqüicultura no que diz respeito ao monitoramento das doenças de notificação obrigatória e as de certificação, em conformidade com a legislação vigente.

CERTIFICADO SANITÁRIO INTERNACIONAL (CSI). *Direito de comércio internacional.* Documento que acompanha o produto devidamente habilitado para ser exportado, emitido pelo produtor ou pelo armazenador, mediante apresentação da nota fiscal.

CERTIFICADOS DA DÍVIDA PÚBLICA MOBILIÁRIA FEDERAL – INSTITUTO NACIONAL DO SEGURO SOCIAL (CDP/INSS). *Direito financeiro* e *direito previdenciário.* Emitidos com a finalidade exclusiva de amortização ou quitação de dívidas previdenciárias, terão as seguintes características: a) prazo: definido pelo Ministro de Estado da Fazenda, quando da emissão do título; b) taxa de juros: definida pelo Ministro de Estado da Fazenda, quando da emissão, em porcentagem ao ano, calculada sobre o valor nominal atualizado; c) modalidade: nominativa e negociável; d) valor nominal: múltiplo de mil reais; e) atualização do valor nominal: mensalmente, por índice calculado com base na TR, divulgada pelo Banco Central do Brasil, desde a data da emissão do título; f) resgate do principal e pagamento dos juros: em parcela única, na data do resgate do título.

CERTIFICADOS DE DEPÓSITO DE VALORES MOBILIÁRIOS. *Direito bancário* e *direito internacional privado.* Trata-se dos *Brazilian Depositary Receipts* (BDRs), que são certificados representativos de valores mobiliários de emissão de companhia aberta, ou assemelhada, com sede no exterior e emitidos por instituição depositária no Brasil.

CERTIFICADOS REPRESENTATIVOS DE CONTRATOS MERCANTIS DE COMPRA E VENDA A TERMO DE ENERGIA ELÉTRICA. *Direito comercial.* São valores mobiliários que conferem aos seus titulares direito de crédito contra a companhia emissora. Os certificados somente poderão ser emitidos por companhia aberta incluída em programa de privatização, devendo ser colocados através de distribuição pública previamente registrada na Comissão de Valores Mobiliários (CVM), que deverá ser feita por meio de leilões públicos específicos, realizados em recinto ou sistema mantido por entidade auto-reguladora autorizada a funcionar pela CVM ou pelo Banco Central do Brasil. A negociação dos certificados será realizada, no mercado secundário organizado, em recinto ou sistema mantido por bolsas de valores ou bolsas de mercadorias e futuros ou em sistema administrado por entidade não financeira, devidamente autorizada a funcionar pela CVM ou pelo Banco Central do Brasil. Eles deverão ser mantidos em custódia fungível administrada por instituição autorizada à prestação de serviços de administração e/ou custódia de bens de terceiros, desvinculada da companhia emissora, bem como ser registrados em sistema de registro e de liquidação financeira autorizado pela CVM ou pelo Banco Central do Brasil. Na data do vencimento, o certificado deverá ser liquidado mediante resgate físico ou financeiro, a critério exclusivo de seu titular, que consiste na utilização dos certificados para pagamento do valor correspondente à parcela de consumo constante das faturas de fornecimento de ener-

gia elétrica emitidas pela companhia emissora, que poderá resgatá-los antecipadamente. Na hipótese de resgate parcial, por meio de liquidação financeira, esse deverá ser efetivado mediante sorteio ou leilão nos termos estipulados no contrato. A companhia não poderá efetuar nova emissão antes de colocados todos os certificados das séries de emissão anterior ou canceladas as séries não colocadas, nem negociar a nova série da mesma emissão antes de colocada a anterior ou cancelado o saldo não colocado. A competência para deliberar sobre a emissão de certificados será da assembléia de acionistas ou do órgão de administração da companhia emissora, observado o disposto em seu estatuto social. A deliberação da companhia, necessária à emissão dos certificados, deverá dispor, no mínimo, sobre o seguinte: a) o valor da emissão e a sua divisão em séries, se for o caso; b) a quantidade e o valor nominal dos certificados; c) as condições de remuneração, de atualização monetária e prêmio, se houver; d) as datas de emissão e de vencimento; e) a forma e as condições do resgate físico ou financeiro; f) as garantias, quando for o caso; g) os investimentos que serão custeados com os recursos oriundos da emissão; h) a instituição financeira na qual será aberta a conta bancária vinculada; i) a contratação de prestação de serviços, tais como custódia, liquidação, emissão e distribuição dos certificados. O registro de distribuição pública dos certificados deve ser requerido à CVM por meio de instituição integrante do sistema de distribuição de valores mobiliários.

CERTIFICADO ZOOSSANITÁRIO INTERNACIONAL. *Direito agrário.* É o certificado expedido pelos serviços veterinários oficiais do País exportador no qual se consignam o correto estado de saúde dos animais, as provas biológicas a que foram submetidos os animais e as vacinações e/ou tratamentos preventivos efetuados sobre os mesmos animais objeto do certificado, o qual pode ser individual ou coletivo segundo a espécie animal considerada ou as condições particulares de emissão. Com esse termo designa-se também um certificado no qual constam, para o sêmen, embriões e ovos férteis de aves, as garantias adotadas para evitar a transmissão de doenças. Deverá constar no certificado a situação sanitária do país de origem e/ou procedência, da zona e do estabelecimento, com respeito às doenças das listas A e B do Escritório Internacional de Epizootias (OIE) e outras que se considerarem necessárias.

CERTIFICATE OF ACKNOWLEDGMENT. *Expressão inglesa.* Certificado expedido pelo tabelião para declarar que a escritura pública foi feita em sua presença.

CERTIFICATE OF AMENDMENT. *Expressão inglesa.* Atestado representativo da alteração de contrato social.

CERTIFICATE OF ELECTION. *Expressão inglesa.* Título que se outorga ao candidato eleito num pleito por ocasião de sua diplomação.

CERTIFICATE OF OCCUPANCY. *Locução inglesa.* Habite-se.

CERTIFICATE OF STOCK. *Expressão inglesa.* Cautela que representa ações da sociedade anônima.

CERTIFICATION OF ASSIZE. *Expressão inglesa.* Recurso em que se pede novo julgamento da causa.

CERTIFICATION OF CHECK. *Expressão inglesa.* Ato pelo qual o banco visa um cheque que contra ele foi emitido.

CERTIFIED QUESTION. *Locução inglesa.* Questão jurídica apreciada por tribunal estadual ou federal inferior, de cuja decisão se vem a recorrer a tribunal federal superior.

CERTISSIMUM EST EX ALTERIUS CONTRACTO NEMO OBLIGARI. *Brocardo latino.* É certíssimo que ninguém se obriga por obrigação contratual de outrem.

CERTO. **1.** *Lógica jurídica.* a) Aquilo que adere a uma asserção sem resquício de dúvida; b) o que acata uma asserção verdadeira, reconhecendo que ela o é; c) aquilo que é conhecido como verdadeiro, dando segurança ao pensamento; d) o que é evidente. **2.** *Direito civil.* a) Diz-se do objeto previamente determinado; b) aquilo de cuja existência ou autenticidade não há a menor dúvida.

CERTUM EST, QUOD IS COMMITTIT IN LEGEM, QUI LEGIS VERBUM COMPLECTENS, CONTRA LEGIS NITITUR VOLUNTATEM. *Direito canônico.* É certo que peca contra a lei aquele que, embora seguindo a sua letra, lhe contravém ao espírito.

CERVICITE. *Medicina legal.* Inflamação do colo do útero.

CÉRVIX. *Medicina legal.* Colo uterino.

CESÃO. *Medicina legal.* Feto ou criança extraída por meio de operação cesariana.

CESARIANA. *Medicina legal.* Operação cirúrgica consistente na extração do feto, mediante incisão nas paredes do ventre e do útero da gestante.

CESARIANA POST MORTEM. *Medicina legal.* Extração do feto, mediante operação cirúrgica com incisão das paredes abdominais e uterinas de mulher já morta, com o escopo de salvá-lo.

CESARISMO. *Ciência política.* **1.** Governo de um só, que se manifesta por absolutismo, ditadura e autocracia. **2.** Regime político caracterizado por forte aparato estatal (Carlo Guarnieri, Cervelli e Mangoni).

CESARISMO EMPÍRICO. *Ciência política.* Forma política que não requer ideologia, uma vez que há obediência incondicional ao chefe de Estado (Burdeau).

CESAROPAPISMO. *Ciência política* e *sociologia jurídica.* **1.** Tipo de organização social em que um governante secular passa a ter autoridade suprema sobre assuntos eclesiásticos, fazendo com que o poder espiritual fique a ele subordinado. **2.** Sistema em que a Igreja se subordina ao Estado, cujo chefe exerce poderes reservados à suprema autoridade religiosa, unificando as funções de *pontifex* e *imperator* (Ferrari), como ocorre na Grã-Bretanha e ocorreu no Sacro Império Romano.

CESSAÇÃO. **1.** Ato ou efeito de paralisar, cessar ou interromper. **2.** Descontinuidade de um ato, uma vez que o paralisa, fazendo com que não mais continue a ser praticado. **3.** Ato de alterar ou modificar o estado anterior para mostrar uma nova situação ou para dar uma nova feição ao ato ou fato.

CESSAÇÃO DA EXECUÇÃO DA PENA. *Direito penal.* É a que se opera pelo livramento condicional ou pela suspensão condicional da pena ou *sursis*.

CESSAÇÃO DA INCAPACIDADE DA PESSOA NATURAL. *Direito civil.* Término da incapacidade pelo desaparecimento das causas que a determinaram. Assim, por exemplo, no caso da psicose, da toxicomania, da surdo-mudez ou da prodigalidade, cessará a incapacidade cessando a enfermidade que a determinou. Em relação à menoridade, terminará a incapacidade quando: a) o menor completar dezoito anos e b) houver emancipação dentro das formas previstas em lei.

CESSAÇÃO DA INSTÂNCIA. *Direito processual civil.* Extinção do processo em caso de transação ou desistência devidamente homologadas pelo juiz.

CESSAÇÃO DA MORA. *Direito civil.* É a que ocorre por um fato extintivo de efeitos pretéritos e futuros, como ocorre quando a obrigação se extingue com a novação, remissão de dívida ou renúncia do credor.

CESSAÇÃO DA RELAÇÃO TRABALHISTA. *Direito do trabalho.* Rescisão ou dissolução do contrato de trabalho pelo empregador ou pelo empregado, nos casos especificados em lei.

CESSAÇÃO DA VIGÊNCIA NORMATIVA. *Teoria geral do direito.* Extinção da produção de efeitos na norma, que pode verificar-se de dois modos, segundo tenha ela, já em si, um elemento pelo qual sua eficácia se extingue em certo ponto, naturalmente, ou, ao contrário, seja destinada a duração indeterminada, devendo interferir um fato novo para fazê-la cessar. Na primeira hipótese ter-se-á a sua cessação por causas intrínsecas, como decurso do tempo para o qual foi editada, consecução do fim a que se propõe, término do estado de coisas não permanentes ou do instituto jurídico pressuposto pela lei, configurando-se, então, a auto-revogação tácita da lei (revogação interna). Na segunda hipótese, ter-se-á revogação, pois, ante o princípio da continuidade das leis, elas, ante a ausência de previsão de seu termo final, serão permanentes, vigorando indefinidamente, produzindo seus efeitos até que outra as revogue, caso em que se terá a revogação externa.

CESSAÇÃO DE HOSTILIDADES. *Direito internacional público.* Paralisação permanente das operações militares entre nações em guerra. Trata-se do "armistício".

CESSAÇÃO DE PAGAMENTO. *Direito comercial.* Ato do empresário que, ante precária situação financeira, vem a suspender o pagamento de suas obrigações líquidas, certas e vencidas, constituindo motivo para decretação de falência, desde que haja protesto de título vencido.

CESSAÇÃO DO TRABALHO. *Direito do trabalho.* Ato de um ou vários empregados deixarem de levar a efeito suas atividades laborativas, podendo configurar "greve" ou "abandono de emprego".

CESSANTE CAUSA TOLLITUR EFFECTUS. *Brocardo latino.* Cessando a causa, tira-se o efeito.

CESSANTE RATIONE LEGIS, CESSAT EJUS DISPOSITIO. *Brocardo latino.* Cessando a razão da lei, cessa sua disposição.

CESSANTIA. *Direito previdenciário.* Provento recebido pelo inativo.

CESSÃO. 1. *Direito civil.* Transferência negocial, a título gratuito ou oneroso, de um direito, de um dever, de uma ação ou de um complexo de direitos, deveres e bens, com conteúdo predominantemente obrigatório, de modo que o adquirente (cessionário) exerça posição jurídica idêntica à do antecessor (cedente). **2.** *Direito canônico.* Vacância de um benefício oriunda da resignação tácita.

CESSÃO ATIVA. *Direito civil.* Transferência ao cessionário de direitos ou créditos de que o cedente é titular.

CESSÃO CAMBIAL. *Direito cambiário.* Transferência de qualquer título à ordem (nota promissória, letra de câmbio etc.) pelo endosso nele lançado, em que o endossador garante solidariamente ao detentor do título o seu pagamento na data do vencimento.

CESSÃO CAMBIÁRIA. *Vide* CESSÃO CAMBIAL.

CESSÃO CONTRATUAL. *Vide* CESSÃO DE CONTRATO.

CESSÃO CONVENCIONAL. *Direito civil.* É a que decorre de livre e espontânea declaração de vontade entre cedente e cessionário, ou seja, de contrato pelo qual aquele transfere a este, onerosa ou gratuitamente, crédito ou direito que lhe pertence.

CESSÃO DA AÇÃO. *Direito processual civil.* Conseqüência da cessão do direito ou do crédito, pois o cessionário sub-roga-se em todos os direitos do cedente, podendo substituí-lo na ação já movida ou intentá-la, apresentando-se como titular do direito.

CESSÃO DA HERANÇA. *Direito civil.* É a transferência, gratuita ou onerosa, que o herdeiro, legítimo ou testamentário, faz a outrem de todo quinhão hereditário, ou de parte dele, que lhe compete após a abertura da sucessão. É preciso ressalvar que o objeto desse negócio jurídico não é a qualidade de herdeiro, por ser esta personalíssima e intransmissível, mas os direitos hereditários que lhe cabem na sucessão aberta. O cessionário sucede *inter vivos*, sendo sucessor a título singular, respondendo pelos débitos apenas *intra vires hereditatis*, isto porque a cessão da herança não retira do cedente a sua qualidade de herdeiro. O cessionário corre o risco de ver a herança ser absorvida pelas dívidas, obrigando-se somente pelo valor do direito cedido.

CESSÃO DE CONTRATO. *Direito civil.* É, na lição de Silvio Rodrigues, a transferência da inteira posição ativa e passiva do conjunto de direitos e obrigações de que é titular uma pessoa, derivados de contrato bilateral já ultimado, mas de execução ainda não concluída.

CESSÃO DE CRÉDITO. *Direito civil.* É o negócio jurídico bilateral, gratuito ou oneroso, pelo qual o credor de uma obrigação (cedente) transfere, no todo ou em parte, a terceiro (cessionário), independentemente do consentimento do devedor (cedido), sua posição na relação obrigacional, com todos os acessórios e garantias, salvo disposição em contrário, sem que se opere a extinção do vínculo obrigacional.

CESSÃO DE CRÉDITO CONVENCIONAL. *Vide* CESSÃO CONVENCIONAL.

CESSÃO DE CRÉDITO GRATUITA. *Direito civil.* É aquela em que o cedente transfere um crédito sem que haja contraprestação do cessionário.

CESSÃO DE CRÉDITO JUDICIAL. *Direito civil* e *direito processual civil.* É a que advém de sentença judicial, como as hipóteses: a) de adjudicação no juízo divisório, sendo uma de suas formas a oriunda da partilha, quando os créditos são atribuídos aos herdeiros do credor; b) de sentença condenatória que supra declaração de cessão por parte de quem era obrigado a fazê-la; e c) de assinação ao credor de crédito do devedor.

CESSÃO DE CRÉDITO LEGAL. *Direito civil.* É a resultante de lei que, independentemente de qualquer declaração de vontade, determine a substituição do credor. Seriam casos de cessão legal, por exemplo, os de sub-rogação legal, os de transmissão de pleno direito, no contrato de seguro, do direito à indenização, se se tratar de coisa hipotecada ou penhorada, os de cessão dos acessórios (cláusula penal, juros, garantias reais ou pessoais), em conseqüência de cessão da dívida principal etc.

CESSÃO DE CRÉDITO PARCIAL. *Direito civil.* Aquela em que o cedente poderá permanecer na relação obrigacional se retiver parte do crédito ou, então, poderá retirar-se se ceder a outrem o remanescente.

CESSÃO DE CRÉDITO PRO SOLUTO. *Direito civil.* É a que se opera quando houver quitação plena do débito do cedente para com o cessionário, operando-se a transferência do crédito, que inclui a exoneração do cedente. O cedente transfere seu crédito com a intenção de extinguir imediatamente uma obrigação preexistente, libe-

rando-se dela independentemente do resgate da obrigação cedida. O cessionário correrá o risco da insolvência do devedor (cedido) desde que o crédito exista e pertença ao cedente, considerando-se extinta a dívida antiga a partir do instante da cessão.

CESSÃO DE CRÉDITO PRO SOLVENDO. *Direito civil.* Transferência de um direito de crédito feita com o intuito de extinguir uma obrigação, que, no entanto, não se extinguirá de imediato, mas apenas se e na medida em que o crédito cedido for efetivamente cobrado.

CESSÃO DE CRÉDITO TOTAL. *Direito civil.* Aquela em que o cedente transfere ao cessionário todo o crédito.

CESSÃO DE DÉBITO. *Direito civil.* É um negócio jurídico bilateral pelo qual o devedor, com anuência expressa ou tácita do credor, transfere a um terceiro os encargos obrigacionais, de modo que este assume a sua posição na relação obrigacional, substituindo-o.

CESSÃO DE DIREITOS. *Direito civil.* Transferência de direitos.

CESSÃO DE DIREITOS DE AUTOR. *Direito autoral.* Transferência feita, sob o prisma econômico, pelo autor do direito autoral, ou por seus sucessores, a terceiro, por negócio *inter vivos*, quer a título provisório, como ocorre no contrato para uma ou mais edições, quer definitivamente, como no caso de venda de todos os direitos econômicos sobre certa obra. Os direitos de autor poderão ser total ou parcialmente transferidos a terceiros, por ele ou por seus sucessores, a título universal ou singular, pessoalmente ou por meio de representantes com poderes especiais, por meio de licenciamento, concessão, cessão ou por outros meios admitidos em direito, obedecidas as seguintes limitações: a) a transmissão total compreende todos os direitos de autor, salvo os de natureza moral e os expressamente excluídos por lei; b) somente se admitirá transmissão total e definitiva dos direitos mediante estipulação contratual escrita; c) na hipótese de não haver estipulação contratual escrita, o prazo máximo será de cinco anos; d) a cessão será válida unicamente para o país em que se firmou o contrato, salvo estipulação em contrário; e) a cessão só se operará para modalidades de utilização já existentes à data do contrato; f) não havendo especificações quanto à modalidade de utilização, o contrato será interpretado restritivamente, entendendo-se como limitada apenas a uma que seja aquela indispensável ao cumprimento da finalidade do contrato. A cessão total ou parcial dos direitos de autor, que se fará sempre por escrito, presume-se onerosa, já a cessão dos direitos de autor sobre obras futuras abrangerá, no máximo, o período de cinco anos. O prazo será reduzido a cinco anos sempre que indeterminado ou superior, diminuindo-se, na devida proporção, o preço estipulado. A omissão do nome do autor, ou de co-autor, na divulgação da obra não presume o anonimato ou a cessão de seus direitos.

CESSÃO DE LOCAÇÃO. *Direito civil.* Forma comum de transferência *ex negotio* de direitos pessoais em que há um ato de alienação, substituindo-se, com anuência do locador, o locatário antigo por um novo. É a alienação ou a transferência a outrem da posição ativa e passiva do locatário criada pelo contrato de locação. O locatário cedente desaparecerá do negócio, estabelecendo-se, então, um liame entre o locador e o novo locatário.

CESSÃO DE MÃO-DE-OBRA. *Direito civil.* Colocação à disposição do contratante, em suas dependências ou nas de terceiros, de segurados que realizem serviços contínuos relacionados ou não com a atividade-fim da empresa tomadora, quaisquer que sejam a natureza e a forma de contratação.

CESSÃO DE TERRITÓRIO. *Direito internacional público.* Ato pelo qual um país (cedente), por meio de convenção ou tratado, vem a ceder ou permutar com outro (cessionário) uma parcela de seu território ou de terra que esteja sob sua jurisdição. Com isso o Estado-cessionário passará a ocupar o território cedido voluntariamente pelo Estado-cedente.

CESSÃO DE TÍTULO. *Direito civil.* Ato pelo qual aquele que possui um título de crédito cede os direitos que tem sobre ele a outrem, pela simples tradição, se ao portador, ou pelo endosso, em branco ou em preto, se nominativo ou à ordem. Nesta última hipótese o cedente-endossante ficará ligado ao cessionário-endossatário. Mas, observa De Plácido e Silva, se, porventura, o título nominativo não for transferível à ordem, a cessão far-se-á mediante um escrito assinado pelo cedente e pelo cessionário ou pela sua inscrição no livro do emissor do título.

CESSÃO DE TRABALHADOR PORTUÁRIO AVULSO. *Direito do trabalho* e *direito marítimo.* Ato de o órgão gestor de mão-de-obra ceder trabalhador portuário avulso ao operador portuário, para as funções de direção e chefia, sem que isso venha a acarretar vínculo empregatício, se se observar o rodízio, não superior a trinta dias, entre os integrantes do quadro de trabalhadores registrados.

CESSÃO DE USO. *Direito administrativo.* Transferência gratuita da posse de um bem público de um órgão a outro, para que este o use temporariamente conforme sua destinação (Hely Lopes Meirelles).

CESSÃO DO SEGURO. *Direito civil.* Transferência do contrato do seguro, que deve ser aceita pela seguradora, que, então, deve pagar a terceiro a indenização, como acessório da propriedade ou de direito real sobre a coisa segurada. Tal transmissão opera-se de pleno direito quanto à coisa hipotecada ou penhorada e, fora desses casos, quando a apólice não o proibir.

CESSÃO EXTRAJUDICIAL. *Direito civil.* O mesmo que CESSÃO CONVENCIONAL, que pode ser feita por instrumento público ou particular, devendo ser levada, em alguns casos, ao registro de títulos e documentos para ter valia perante terceiros.

CESSÃO FIDUCIÁRIA DE DIREITOS CREDITÓRIOS. *Direito civil.* É o contrato pelo qual o cedente fiduciário cede a titularidade de seus créditos ao cessionário fiduciário, em garantia do cumprimento de obrigações assumidas pelo primeiro. Os devedores do cedente deverão pagar ao cessionário, cuja titularidade se resolverá com a integral satisfação do crédito. O crédito cedido transfere-se ao cessionário (instituição financeira) até a liquidação do débito garantido. Serve para mobilizar o crédito e para financiar empreendimento imobiliário ou qualquer atividade econômica (Fábio Ulhoa Coelho).

CESSÃO FIDUCIÁRIA DE QUOTAS DE FUNDO DE INVESTIMENTO. *Direito civil.* É uma modalidade de garantia locatícia em que o locatário (devedor) cede, até que se dê a liquidação total da dívida *ex locato*, ao locador (credor) os seus direitos creditórios, representados em quotas (títulos de investimento) emitidas por entidade financeira, originárias de operações nos segmentos financeiro, comercial, industrial, de arrendamento mercantil, prestação de serviços e sistema de distribuição de valores mobiliários destinados à aplicação em empreendimentos imobiliários (construção de imóveis, aquisição de imóveis prontos ou investimentos em projetos, visando viabilizar o acesso à habitação e serviços, inclusive em áreas rurais para posterior alienação, locação ou arrendamento), objeto do fundo, que não poderá ser explorado comercialmente por ele, salvo mediante locação ou arrendamento, ou em carteira diversificada de títulos e valores mobiliários. E, salvo disposição em contrário, a posse direta e indireta das quotas é atribuída ao credor (locador) que, em caso de inadimplemento ou mora da obrigação locatícia garantida, poderá vender a terceiro o bem objeto da propriedade fiduciária, independentemente de leilão, hasta pública ou qualquer outra medida judicial ou extrajudicial, devendo aplicar o preço da venda no pagamento do seu crédito e das despesas decorrentes da realização da garantia, entregando ao devedor (locatário) o saldo, se houver, acompanhado do demonstrativo da operação realizada. A cessão fiduciária de quotas de fundo de investimento em garantia de locação imobiliária será realizada mediante requerimento por escrito do cotista-cedente, acompanhado do termo de cessão fiduciária e de uma via do contrato de locação e averbada pelo administrador do fundo no registro de cotista. Tal averbação constitui a propriedade resolúvel das quotas em favor do credor fiduciário e as torna indisponíveis, inalienáveis e impenhoráveis.

CESSÃO JUDICIAL. *Vide* CESSÃO DE CRÉDITO JUDICIAL.

CESSÃO LEGAL. *Vide* CESSÃO DE CRÉDITO LEGAL.

CESSÃO ORDINÁRIA. *Direito civil.* Aquela que se opera de conformidade com a legislação civil.

CESSÃO PASSIVA. *Direito civil.* Transferência de obrigações ou dívidas de uma pessoa a outra.

CESSÃO *PRO SOLUTO*. *Vide* CESSÃO DE CRÉDITO *PRO SOLUTO*.

CESSÃO *PRO SOLVENDO*. *Vide* CESSÃO DE CRÉDITO *PRO SOLVENDO*.

CESSÃO USURÁRIA. *Direito romano.* Era a que pretendia retirar do cedente lucros excessivos, proibidos legalmente.

CESSIBILE QUOD NON EST, NEC TRANSMISSIBILE. *Aforismo jurídico.* O que não é cessível não é transmissível.

CESSIBILIDADE. Qualidade daquilo que pode ser objeto de cessão; qualidade do que pode ser transferido.

CESSIO BONORUM. *Locução latina.* Cessão de bens.

CESSIONÁRIO. *Direito civil.* Aquele a quem se transfere, por meio de cessão, um direito, uma obrigação ou um contrato.

CESSIONARIUS HABETUR PRO CREDITORE QUIA IN OMNE JUS CEDENTIS SUCCEDIT. *Brocardo romano.* Tem-se por credor o cessionário porque sucede no todo o direito do cedente.

CESSION BAIL. *Locução francesa.* *Leasing* de retorno.

CESSÍVEL. *Direito civil.* Aquilo que se pode ceder; o que pode ser objeto de cessão, como direito, obrigação ou contrato.

CESTA. *Direito desportivo.* **1.** Rede de malha por onde, no basquetebol, se faz a bola passar. **2.** Ponto marcado no jogo de bola-ao-cesto.

CESTINHA. *Direito desportivo.* Diz-se do jogador que, numa partida de basquetebol, fez mais pontos para sua equipe.

CESTO DE GÁVEA. *Direito marítimo.* Plataforma horizontal que fica no alto de um mastro, que a atravessa.

CESURA. *Medicina legal.* **1.** Incisão com instrumento cortante. **2.** Cicatriz decorrente de incisão ou mordedura.

CETERIS PARIBUS. *Locução latina.* Esclarecida uma hipótese, à outra, desde que análoga, aplicável será a mesma solução.

CETESB. Sigla de Companhia de Tecnologia e Saneamento Ambiental.

CETICISMO. *Vide* CEPTICISMO.

CETICISMO CIENTÍFICO-JURÍDICO. *Teoria geral do direito.* É a corrente segundo a qual o direito é insuscetível de conhecimento de ordem sistemática, afirmando, com isso, que a ciência jurídica não é uma ciência, baseada na tese de que o seu objeto (o direito) modifica-se no tempo e no espaço, e essa mutabilidade impede ao jurista a exatidão na construção jurídica.

CÉTICO. *Vide* CÉPTICO.

CETRAN. Sigla de Conselho Estadual de Trânsito.

CETRO. *Ciência política.* **1.** Pequeno bastão usado por soberanos que contém na extremidade superior um ornamento. **2.** Autoridade real. **3.** Despotismo.

CEVADOR. *Direito agrário.* Trabalhador rural encarregado de ceva dos animais, ou seja, da comida com que se os engorda.

C&F. *Direito comercial* e *direito internacional privado.* Abreviação do termo comercial internacional *cost and freight,* ou seja, custo e frete, que, seguida da indicação do porto de destino, é uma cláusula contratual, freqüente na compra e venda internacional, pela qual o seguro ficará a cargo do comprador, permanecendo o vendedor responsável pelo custo e pelo frete. A venda C&F é marítima, sendo que o vendedor, além de entregar a mercadoria a bordo, deverá providenciar o frete, arcando com o custo, de modo que será dever do comprador arcar com o ônus oriundo do contrato de seguro marítimo. Haverá, portanto, nessa modalidade de venda internacional três contratos: o de compra e venda, o de carregamento marítimo e o de frete. *Vide* CLÁUSULA C&F.

Cf. *Direito autoral.* Abreviatura de *confer.*

CFDD. *Direito do consumidor.* Sigla de Conselho Federal Gestor do Fundo de Defesa de Direitos Difusos.

CFM. Abreviação de Conselho Federal de Medicina.

CFTC. *Direito comparado.* **1.** Sigla de *Commodities Futures Trading Commission.* **2.** Autoridade governamental regulamentadora e fiscalizadora do mercado futuro e de *commodities* dos EUA (Luiz Fernando Rudge).

CGC. *Direito tributário.* Sigla de Cadastro Geral de Contribuintes.

CGMP. Sigla de Corregedoria-Geral do Ministério Público.

CHÁCARA. *Direito agrário.* **1.** Imóvel rural de área não extensa, desde que superior a um hectare, onde se cultivam verduras, legumes e árvores frutíferas, fabricam-se laticínios ou faz-se criação de animais ou aves em pequena escala. **2.** Casa de campo com pequenas lavouras e plantação de árvores frutíferas. **3.** Sítio de recreio.

CHACAREIRO. *Direito agrário.* Proprietário ou administrador de uma chácara.

CHACINA. **1.** *Direito agrário.* a) Matança de gado para alimentação; b) carne de animal salgada e curada para provisão. **2.** *Direito penal.* a) Assassinato com mutilação do cadáver; b) morticínio ou ato de matar, de uma só vez ou ao mesmo tempo, várias pessoas com requintes de crueldade.

CHAFFERY. *Termo inglês.* Prática de atividades empresariais.

CHAGÁSICO. *Medicina legal.* Aquele que sofre da doença de chagas, apresentando tumor formado pela picada do barbeiro ("triatoma").

CHAÎNE. *História do direito.* Fila de condenados a galés, que, acorrentados dois a dois, eram levados ao porto para impulsionar as embarcações.

CHAIRMANSHIP. *Termo inglês.* Presidência de uma assembléia, reunião ou organização.

CHALANA. *Direito comercial marítimo.* Embarcação chata, quadrada ou retangular usada para o transporte de mercadorias.

CHALÃO. *Direito marítimo.* Espécie de barcaça utilizada em serviços de obras marítimas ou fluviais.

CHALAVAGÃO. *Direito marítimo.* Embarcação de duas ordens de remos.

CHALÉ. **1.** *Direito civil.* Casa de loteria. **2.** *Direito penal.* Casa de jogo de bicho. **3.** Na *linguagem comum,* pequena casa, no estilo suíço ou normando, de pouca inclinação, formando saliência sobre as paredes.

CHALLENGE TO JURY ARRAY. *Expressão inglesa.* Impugnação de todo o corpo de jurados.

CHALUPA. *Direito marítimo.* **1.** Barco de vela e remos. **2.** Pequena embarcação de um só mastro, própria para navegação e cabotagem.

CHAMADA. **1.** *Direito militar.* a) Convocação dos alistados para o serviço militar; b) sinal com corneta, clarim ou tambor para os soldados se reunirem ou entrarem em forma. **2.** *Direito civil.* a) Citação ou anotação que se faz abaixo de um texto, com números ou asteriscos, para explicar alguma teoria mencionada ou uma afirmação feita ou indicar o autor ou a procedência das asserções; b) sinal feito pelo revisor de notas tipográficas, indicando a emenda que deve ser feita; c) entrelinha colocada num documento, no próprio lugar que se quer assinalar ou na sua margem, chamando a atenção para qualquer omissão que será esclarecida no final do instrumento; d) ato de chamar pessoas pelo nome para averiguar a sua presença numa reunião ou assembléia. **3.** *Direito processual civil.* a) Ato pelo qual uma pessoa encarregada vem a apregoar o nome daqueles que devem comparecer a um ato judicial, comprovando sua presença ou ausência; b) proibição de lançar nos autos cotas marginais ou interlineares, sob pena de o magistrado ordenar que se as risquem, impondo a quem as escrever multa equivalente à metade do salário mínimo.

CHAMADA ABANDONADA (CAB). *Direito das comunicações.* Ligação telefônica que, após ser recebida e direcionada para atendimento, é desligada pelo solicitante antes de falar com o atendente.

CHAMADA ATENDIDA (CA). *Direito das comunicações.* Ligação telefônica recebida por atendente, com determinado tempo de duração, que será considerada atendida após a desconexão por parte do solicitante.

CHAMADA ATENDIDA ELETRONICAMENTE. *Direito das comunicações.* Ligação telefônica recebida por Unidade de Resposta Audível (URA), com determinado tempo de duração, que será considerada atendida após a desconexão por parte do solicitante.

CHAMADA BLOQUEADA (CB). *Direito das comunicações.* Ligação telefônica que não pôde ser completada por falta de capacidade da operadora de serviço telefônico.

CHAMADA DE CAPITAL. *Direito comercial.* Aviso pelo qual uma sociedade faz a convocação de sócios e acionistas para o pagamento de prestações alusivas a seu capital ou ações subscritas ou adquiridas, em conformidade com o disposto no contrato social ou em normas estatutárias.

CHAMADA DE RESERVISTA. *Direito militar.* Convocação feita aos reservistas, mobilizando-os para as manobras militares.

CHAMADA EM ESPERA OU FILA (CE). *Direito das comunicações.* Ligação telefônica recebida e mantida em espera até o atendimento por atendente.

CHAMADA FIXO-MÓVEL. *Direito administrativo* e *direito das comunicações.* Chamada originada por assinante de Serviço Telefônico Público, destinada a assinante de Serviço Móvel Celular.

CHAMADA INTER-REDES. *Direito administrativo* e *direito das comunicações.* Chamada, de âmbito interno ou internacional, entre assinantes de Serviço Móvel Celular, ou entre assinante de Serviço Móvel Celular e assinante de Serviço Telefônico Público, envolvendo o uso de redes de mais de uma entidade (concessionária de STP, de SMC ou prestadora de Serviço de Longa Distância, ou seja, prestadora de serviço de troncos interestaduais, de âmbito interno ou internacional).

CHAMADA MÓVEL-FIXO. *Direito administrativo* e *direito das comunicações.* Chamada originada por assinante de Serviço Móvel Celular, destinada a assinante de Serviço Telefônico Público.

CHAMADA MULTIMEDIDA. *Direito das comunicações.* Comunicação telefônica cuja tarifação é realizada mediante a geração de pulsos temporizados e cadenciados, com base nas tarifas aplicáveis e horário de realização.

CHAMADA OCUPADA (CO). *Direito das comunicações.* Ligação telefônica que não pôde ser completada e atendida por falta de capacidade da Central de Teleatendimento.

CHAMADA OFERECIDA (COF). *Direito das comunicações.* Ligação telefônica, não bloqueada por restrições advindas da operadora de serviço telefônico, que visa o acesso à Central de Teleatendimento.

CHAMADA PÚBLICA. *Direito administrativo.* Ato de publicidade a ser adotado pela ELETROBRÁS para a compra de energia elétrica no âmbito do Programa de Incentivo às Fontes Alternativas de Energia Elétrica (PROINFA).

CHAMADA RECEBIDA (CR). *Direito das comunicações.* Ligação telefônica que efetivamente teve acesso à Central de Teleatendimento.

CHAMADA RECEBIDA POR ATENDENTE (CRA). *Direito das comunicações.* Ligação telefônica que for direcionada ou transferida para atendimento por atendente.

CHAMAMENTO. 1. *Direito processual civil.* Citação do réu a juízo para que venha a defender-se da ação que contra ele está sendo movida. **2.** *Direito civil.* Convocação de uma pessoa para participar de um ato, porque a isso está obrigada em razão de imposição legal ou contratual.

CHAMAMENTO À AÇÃO. *Direito processual civil.* Vide CHAMAMENTO AO PROCESSO.

CHAMAMENTO À AUTORIA. *História do direito.* Ato pelo qual uma pessoa, estando em juízo, como autor ou réu, na defesa de um direito real, convocava a presença daquele de quem houvesse o bem para que, com sua intervenção, o defendesse, podendo assim resguardar-se dos riscos da evicção. No Código de Processo Civil vigente está disciplinada esta figura sob o *nomen juris* de "denunciação da lide".

CHAMAMENTO A JUÍZO. *Direito processual civil.* Citação inicial, ou seja, ato indispensável para a validade processual pelo qual se chama a juízo o réu, seu litisconsorte necessário ou o interessado, a fim de que se defenda no processo iniciado pela ação do autor.

CHAMAMENTO AO PROCESSO. *Direito processual civil.* Modalidade de intervenção de terceiro em que é permitido ao demandado chamar ao processo: a) o devedor, na ação em que, sendo fiador, for réu; b) os outros fiadores, se apenas ele foi citado; c) os demais co-devedores solidários, se ele for o devedor acionado pelo credor para a obtenção do pagamento, total ou parcial, da dívida comum.

CHAMAMENTO DO FEITO À ORDEM. *Direito processual civil.* Ato processual pelo qual o magistrado ordena a correção de irregularidades havidas no processo, fazendo-o retornar à normalidade.

CHAMIÇO. *Direito agrário.* **1.** Porco magro. **2.** Lenha meio queimada própria para fazer carvão.

CHAMINÉ. *Direito civil.* Conduto ou tubo destinado a permitir a saída do fumo de fogão, lareira ou fornalha, evitando poluição do ambiente e possibilitando que o dono do prédio vizinho ameaçado pela sua construção, embargue a obra e exija caução contra os eventuais danos.

CHAMURRO. *Direito agrário.* **1.** Boi mal castrado ou castrado depois de adulto. **2.** Novilho castrado.

CHAMUSCAMENTO. *Medicina legal.* Zona de queimadura que se apresenta nos tiros deflagrados à queima-roupa.

CHANCELA. *Direito administrativo.* **1.** Selo colocado em alguns documentos oficiais. **2.** Rubrica gravada em sinete para suprir uma assinatura oficial, a marca ou o título de uma repartição pública, autenticando determinados documentos ou atos oficiais. **3.** Ato de assinar com chancela, colocando-se sinete nos documentos.

CHANCELA MECÂNICA. 1. *Direito bancário.* Assinatura impressa do emitente do cheque, mediante processo mecânico, desde que haja: prévio consentimento entre o emitente e o banco sacado; limitação ao uso de cheques fornecidos pelo banco; isenção de responsabilidade bancária; admissão de cláusulas alusivas ao seguro dos riscos; registro da chancela no ofício de notas do domicílio do usuário. **2.** *Direito comercial.* Assinatura impressa por processo mecânico usada para autenticar títulos, certificados e cautelas de ações de sociedades anônimas.

CHANCELARIA. 1. *História do direito.* a) Repartição que tinha a incumbência de apor o selo real às cartas, sentenças ou providências emanadas do soberano; b) tribunal que, na Inglaterra e Espanha, conhecia certos negócios em última instância. **2.** *Direito administrativo.* a) Repartição pública em que se põe chancela nos seus documentos oficiais; b) coleção de documentos oficiais. **3.** *Direito internacional público.* a) Cargo de Chanceler; b) Ministério das Relações Exteriores.

CHANCELER. 1. *Direito internacional público.* Ministro das Relações Exteriores de um Estado soberano. **2.** *Direito administrativo.* Funcionário encarregado de chancelar documentos oficiais. **3.** *História do direito.* Magistrado que tinha a função de colocar selos reais nos documentos ou de rubricar e selar as sentenças do tribunal onde funcionava, examinando sua procedência e verificando se não conflitavam com as Ordenações.

CHANGA. *Direito comercial.* **1.** Transporte de objetos pequenos. **2.** Carga conduzida por biscateiro. **3.** Ganho obtido com o transporte de pequenos objetos.

CHANTAGEM. *Direito penal.* Ação de extorquir de alguém favores ou dinheiro, sob a ameaça de revelar fatos constrangedores, escandalosos ou difamatórios, sejam eles verdadeiros ou falsos, manchando sua honra ou reputação.

CHANTAGISTA. *Direito penal.* Sujeito ativo da chantagem, ou seja, pessoa que, para obter vantagem ou dinheiro, usa de chantagem ou de extorsão.

CHANTÃO. *Direito agrário.* Estaca que se planta sem raiz para reproduzir nova árvore.

CHANTOEIRA. *Direito agrário.* Local plantado de estacas para reprodução de novas árvores.

CHANTRE. *Direito canônico.* Funcionário eclesiástico que dirige o coro.

CHÃO. 1. *Direito agrário.* Pequena propriedade em terra; propriedade familiar; minifúndio. **2.** *Direito civil.* Terreno, abrangendo solo e subsolo, que, até prova em contrário, está sob o domínio de alguém, livre de qualquer encargo.

CHAPA ELEITORAL. *Ciência política.* Lista de candidatos a uma eleição.

CHAPELARIA. *Direito comercial.* **1.** Estabelecimento onde há comércio de chapéus. **2.** Indústria de chapéus.

CHAPÉU. 1. *Direito canônico.* Dignidade cardinalícia. **2.** *Direito marítimo.* a) Percentagem de frete marítimo a que faz jus o capitão do navio. Constitui uma gratificação que, por fazer parte de sua comissão, é paga ao capitão do navio, conforme o volume ou o valor da carga transportada; b) aquilo que é pago ao navio que chegar a salvo no porto.

CHAPOTAR. *Direito agrário.* Cortar ramos inúteis, limpando as árvores.

CHARANGA. *Direito comercial.* Navegação fluvial de pequeno percurso, existente no Acre.

CHARGE. *Termo inglês.* **1.** Ato de imputar um ilícito a alguém. **2.** Acusação.

CHARLATANESCO. *Direito penal.* Tudo que é alusivo a charlatão; próprio de charlatão.

CHARLATANISMO. *Direito penal.* Crime contra a saúde pública consistente em inculcar ou anunciar a cura de doenças por meio secreto ou infalível, que se sabe falso, punido com detenção e multa.

CHARLATÃO. *Direito penal.* Explorador de boa-fé pública que anuncia a cura de moléstias por falsos meios miraculosos.

CHARQUE. *Direito agrário.* Carne salgada que é colocada ao sol, em mantas, para secar.

CHARRETE. *Direito de trânsito.* Veículo de tração animal destinado ao transporte de pessoas.

CHARRUA. *Direito agrário.* Arado grande, que contém um jogo de rodas dianteiro e uma só aiveca.

CHARRUADA. *Direito agrário.* Terra lavrada.

CHARTERED SHIP. *Locução inglesa.* Navio afretado.

CHARTERER. *Termo inglês.* Afretador, ou seja, aquele que afreta o navio.

CHARTER FLIGHT. *Locução inglesa.* Vôo *charter.*

CHARTERING. *Termo inglês.* Fretamento.

CHARTER MEMBER. *Locução inglesa.* Sócio fundador.

CHARTER PARTY. *Locução inglesa.* Carta partida; carta de afretamento.

CHARTER WITHOUT DEMISE. *Direito marítimo* e *direito internacional privado.* Trata-se do *time charter.* É a cessão do uso do navio pelo armador, mediante contrato de ajuste em que se responsabiliza pelo serviço de equipagem e pelo provimento do necessário para a expedição marítima, sem obrigação de transporte. Como observa Daniel E. R. de Azúa, é muito usado pelos transportadores, envolvidos na importação e exportação de petróleo ou minério de ferro, quando não têm navios suficientes ou não querem imobilizar um capital, ou melhor, o valor do navio durante um tempo prolongado. Por haver um arrendamento de todo o navio por um período predeterminado, o preço a ser pago é um aluguel, calculado por dia e proporcionalmente à tonelagem do navio. Também designado *voyage charter*, por não haver arrendamento do navio, ficando a gestão náutica e a comercial a cargo do armador, que emite o conhecimento do embarque uma vez que se trata de um contrato pelo qual o exportador apenas pretende ocupar a totalidade do navio ou parte dele, por um tempo mais ou menos longo, por uma ou várias viagens, mediante pagamento de frete calculado sobre o peso ou volume de mercadoria (Daniel Azúa).

CHARTISM. *Termo inglês.* Sistema político dos radicais ingleses, pelo qual o sufrágio deve ser universal.

CHARTRE. *História do direito.* Na França, era o presídio de religiosos.

CHARWOMAN. *Termo inglês.* Mulher assalariada por dia ou hora para serviços domésticos.

CHASE IN POSSESSION. *Direito comparado.* Doutrina européia segundo a qual a obrigação constitui um poder coercitivo de um contratante sobre o outro.

CHASSE-MARÉE. *Locução francesa.* Embarcação costeira.

CHASSI. *Direito penal* e *direito de trânsito.* Sinal identificador de veículo automotor, que contém um número. Sendo adulterado ou remarcado tal número, o agente será punido com reclusão e multa.

CHAT. *Direito virtual.* **1.** Troca de mensagens entre usuários ligados, ao mesmo tempo, no computador. **2.** Palestra. **3.** Sala onde os internautas conversam virtualmente. **4.** Sala de bate-papo virtual onde informações são trocadas em tempo real (Jorge José Lawand e Felipe Luiz Machado Barros).

CHATA. *Direito marítimo.* Barcaça larga, com fundo chato e pequeno calado.

CHATIM. 1. Negociante pouco escrupuloso que procura efetuar negócios mediante dolo ou fraude. **2.** Aquele que suborna.

CHAT-ROOMS. *Direito virtual.* Local de comunicação com um grupo na Internet (Amaro Moraes e Silva Neto).

CHATTEL MORTGAGE. *Locução inglesa.* Hipoteca mobiliária consistente na transferência da propriedade de coisa móvel ao credor, conservando o devedor a posse, sob condição resolutiva do pagamento do *quantum* devido. No Brasil há vestígio do *mortgage* no pacto comissório ou compra e venda sob condição resolutiva.

CHAVÃO. 1. Fórmula oral ou escrita muito repetida. **2.** Lugar-comum.

CHAVE. 1. *Direito militar.* Local que, numa operação militar, pela sua posição, pode ser considerado ponto estratégico contra inimigos. **2.** *Direito civil.* Instrumento pelo qual se faz a tradição simbólica do imóvel. **3.** *Direito comercial.* Instrumento pelo qual se faz a tradição real de uma mercadoria ao seu comprador, pois, ao se entregar a chave do armazém onde ela se encontra, efetuar-se-á a sua transferência.

CHAVEAMENTO DE PACOTES. *Direito virtual.* Esquema que, sendo usado para transmissão em rede de computadores, subdivide as informações em pequenos pacotes que contêm trechos dos dados, o endereço do destinatário e instrução para remontagem da mensagem original.

CHAVE DE SÃO PEDRO. *Direito canônico.* Insígnia da autoridade pontifícia.

CHAVE FALSA. *Direito penal.* Instrumento apto para abrir caixa, gaveta, cofre, cadeado ou porta, usado por quem não é o proprietário, com o intuito de fazer funcionar em lugar da chave verdadeira o mecanismo da fechadura, facilitando ou possibilitando o furto. Nesta acepção estão compreendidas: a) a chave imitada da verdadeira; b) a chave alterada para poder abrir a fechadura; c) a gazua, ou seja, grampo, gancho etc.

CHEAT. *Termo inglês.* Fraude.

CHECAGEM. Conferência, fiscalização, verificação ou controle.

CHECKING. *Termo inglês.* Departamento encarregado do controle da transmissão, pelos veículos de propaganda, de publicidade autorizada.

CHECK KITING. *Locução inglesa.* Emissão de cheque sem fundos.

CHECK-LISTER. *Locução inglesa.* Relação analítica dos procedimentos de cada exame de auditoria interna da Superintendência da Zona Franca de Manaus (SUFRAMA).

CHECKS AND BALANCES. *Vide* FREIOS e CONTRAPESOS.

CHEFATURA. *Direito administrativo.* Repartição onde o expediente é dado pelo chefe.

CHEFE. 1. *Direito administrativo.* Funcionário encarregado da direção de uma repartição pública. **2.** *Direito civil.* Aquele que se encontra à frente de uma instituição ou sociedade, tendo a sua administração. **3.** *Ciência política.* Aquele que governa, por deter a direção e a autoridade.

CHEFE DE ESTADO. *Ciência política.* Aquele que, pela sua autoridade, detém em suas mãos o Poder Executivo de um Estado, por eleição (presidente) ou por hereditariedade (rei), podendo este ser unipessoal ou um órgão colegiado. Se o regime for parlamentarista, seu papel político será meramente honorífico, por ser obrigado a aceitar e assinar as decisões políticas do Parlamento, ou do Gabinete Ministerial, que tem à testa um primeiro-ministro, que é o chefe de governo, possuindo, portanto, uma função de representação do Estado.

CHEFE DE FAMÍLIA. *História do direito.* Autoridade exercida pelo marido, que devia tomar as decisões de comum acordo com a mulher. Há, hoje, no plano familiar, uma autoridade conjunta e indivisa para atender aos interesses comuns do casal e dos filhos.

CHEFE DE FIRMA EMPRESARIAL. *Direito comercial.* Aquele que está encarregado da administração ou da gerência de uma sociedade empresária.

CHEFE DE GABINETE. *Ciência política.* **1.** Ministro que chefia o gabinete ministerial. **2.** Funcionário que chefia os serviços de secretaria de um ministro ou de um governador.

CHEFE DE GOVERNO. *Ciência política.* Primeiro-ministro; figura existente no parlamentarismo que tem o apoio da maioria do Parlamento e é apontada pelo chefe de Estado, com a aprovação parlamentar, para exercer o poder, tomando as decisões políticas.

CHEFE DE MISSÃO. *Direito internacional público.* Funcionário diplomático que exerce, encarregado pelo Estado acreditante, a função de embaixador, núncio, internúncio, enviado, ministro etc.

CHEFE DE MISSÃO DIPLOMÁTICA. *Direito internacional público.* É a mais alta autoridade brasileira no País junto a cujo governo exerce funções, cabendo-lhe coordenar as atividades das repartições brasileiras ali sediadas, exceto as das missões e delegações permanentes junto a organismos internacionais e as dos órgãos de caráter puramente militar. O chefe de missão diplomática residente em outro Estado pode ser cumulativamente acreditado junto a governos de Estados nos quais o Brasil não tenha sede de representação diplomática permanente.

CHEFE DE POLÍCIA. *Direito administrativo.* Aquele que tem a direção técnico-administrativa de todas as repartições relativas à polícia e à segurança coletiva.

CHEFE DE TREM. *Direito comercial.* Ferroviário que dirige o andamento do trem e recebe as passagens dos passageiros.

CHEFE DO ESTADO-MAIOR DE DEFESA. *Direito militar.* Tem a incumbência de: a) assessorar o Ministro de Estado, no âmbito da sua área de competência; b) planejar, orientar, coordenar e controlar as atividades de competência do Estado-Maior de Defesa; c) realizar a avaliação de desempenho dos órgãos subordinados ao Estado-Maior de Defesa; d) exercer outras atribuições que lhe forem cometidas pelo Ministro de Estado.

CHEFIA. *Direito administrativo.* Ofício ou cargo de chefe.

CHEFIA DE GABINETE DA VICE-PRESIDÊNCIA DA REPÚBLICA. *Direito administrativo.* Órgão que tem competência para: a) assessorar e assistir diretamente o vice-presidente da República; b) acompanhar, supervisionar e controlar os trabalhos das assessorias específicas; c) requisitar servidores civis e militares para terem exercício na Vice-Presidência da República, por determinação do vice-presidente da República; d) designar, dar posse e dispensar o pessoal lotado na Vice-Presidência da República; e) baixar portarias, instruções e ordens de serviço; f) receber, encaminhar, informar e proceder às comunicações relativas a pleitos que sejam levados à Vice-Presidência da República. A chefia de gabinete será exercida pelo chefe de gabinete, que será assistido no exercício de suas atribuições por um subchefe de gabinete. Nas eventuais ausências e impedimentos, o chefe de gabinete será substituído por um assessor-chefe das assessorias específicas por ele designado.

CHEGA. *História do direito.* Intimação ou citação judicial em razão de débitos.

CHEGADA DE NAVIO. *Direito comercial* e *direito marítimo.* Conclusão do percurso marítimo previsto no plano da viagem até o porto de destino, com o seu fundamento, amarração e abertura das escotilhas para descarga no local indicado pela autoridade portuária.

CHEQUE. *Direito cambiário.* Título de crédito que representa uma ordem de pagamento à vista contra um banco (sacado) para pagar certa soma, ao portador ou à pessoa indicada (tomador), por conta de fundos que são do emitente (sacador).

CHEQUE ADMINISTRATIVO. *Direito bancário.* É aquele sacado pelo banco contra um de seus estabelecimentos, constituindo uma ordem de pagamento à vista emitida nominativamente por um banco contra qualquer um de seus estabelecimentos, que deve ser firmada pelo credor na aquisição e na liquidação (Fábio Ulhoa Coelho).

CHEQUE ALTERNATIVO. *Direito bancário* e *direito cambiário.* Modalidade de cheque ao portador que contém o nome do beneficiário seguido da expressão "ou ao portador", permitindo, assim, que o pagamento seja efetuado não só ao indicado nominalmente, mas também a qualquer pessoa.

CHEQUE AO PORTADOR. *Direito bancário* e *direito cambiário.* É o transferível, como qualquer título ao portador, pela simples tradição, uma vez que não contém o nome do beneficiário, podendo ser pago a qualquer pessoa que o apresentar ao banco (sacado).

CHEQUE À ORDEM. *Direito bancário* e *direito cambiário.* Aquele que, por conter a cláusula à ordem, pode ser transferido por meio de endosso, em branco ou em preto, aposto no seu verso pelo beneficiário.

CHEQUE AVULSO. *Direito bancário* e *direito cambiário.* É o fornecido fora de um talão de cheques.

CHEQUE BANCÁRIO. *Direito bancário* e *direito cambiário.* É a ordem de pagamento emitida pelo banco contra suas agências ou outras casas bancárias.

CHEQUE CERTIFICADO. *Vide* CHEQUE VISADO.

CHEQUE CIRCULAR. *Direito bancário.* É o emitido pelo banco sacado com o escopo de captar recursos.

CHEQUE COMANDITA. *Vide* CHEQUE ADMINISTRATIVO.

CHEQUE COMPENSADO. *Direito bancário* e *direito cambiário.* O que se submeteu à câmara de compensação, liquidando-se pela extinção da obrigação do sacado, um contra o outro, de resgatar o cheque.

CHEQUE CRUZADO. *Direito bancário* e *direito cambiário.* Aquele sobre o qual duas linhas paralelas são traçadas, em diagonal, indicando que somente poderá ser pago a um banco ou a um cliente do sacado, com o escopo de protegê-lo contra furto ou extravio quando em curso ou em circulação.

CHEQUE DE ADMINISTRAÇÃO. *Vide* CHEQUE ADMINISTRATIVO.

CHEQUE DE CAIXA. *Vide* CHEQUE ADMINISTRATIVO.

CHEQUE DE GERÊNCIA. *Vide* CHEQUE ADMINISTRATIVO.

CHÈQUE DELIVRÉ. *Locução francesa. Vide* CHEQUE ADMINISTRATIVO.

CHEQUE DE POUPANÇA – 157. *História do direito.* Era o emitido pela Secretaria da Receita Federal, a título de restituição de receita, em nome da pessoa física que foi descontada do imposto de renda na fonte, em importância igual ou superior ao imposto calculado sobre a renda líquida devida, contra o Banco do Brasil.

CHEQUE DE RESTITUIÇÃO DE IMPOSTO DE RENDA. *Direito bancário* e *direito cambiário.* É o que devolve *ex officio* ao contribuinte do imposto de renda, indicado nominalmente, a quantia que pagou a mais.

CHEQUE DE VIAGEM. *Direito bancário* e *direito cambiário.* É o *traveller's check*, que é vendido pelos estabelecimentos bancários ao viajante, isoladamente ou em talonário, contendo importância fixa nele impressa. É uma ordem de pagamento das importâncias nele consignadas. Para utilizar esse cheque, a pessoa deverá adquiri-lo em um banco, assinando-o em presença de um funcionário, ficando no cheque, que tem valor certo, lugar para outra assinatura. De posse desse cheque, a pessoa poderá descontá-lo em bancos de outras praças, identificando-se com a aposição da segunda assinatura, que deverá conferir com a primeira.

CHEQUE DE VIAJANTE. *Vide* CHEQUE DE VIAGEM.

CHEQUE DOCUMENTÁRIO. *Direito cambiário.* É o emitido para acompanhar documentos de comércio mencionados no título, e descontado por meio de endosso a um banco.

CHEQUE DOMICILIADO. *Direito cambiário.* É o que contém cláusula pela qual o pagamento deve ser efetuado em local diverso do domicílio do sacado.

CHEQUE ELETRÔNICO. *Direito bancário.* Cheque emitido por programa de computador, firmado com assinatura digital certificada e transmitido via Internet (Luiz Fernando Rudge).

CHEQUE EM BRANCO. *Direito bancário* e *direito cambiário.* É o assinado pelo emitente, mas com o *quantum* deixado à discrição do que o recebe.

CHEQUE ESPECIAL. *Direito bancário* e *direito cambiário.* É o pago pelo caixa do banco, independentemente da existência de fundos do sacador em poder do estabelecimento creditício, até o limite da garantia concedida pelo sacado ao seu cliente, que passou por uma prévia seleção cadastral.

CHEQUE FALHO. *Direito bancário* e *direito cambiário.* É o que não preenche os requisitos legais, sendo nulo, não produzindo, pois, quaisquer efeitos.

CHEQUE FALSO. *Direito bancário* e *direito cambiário.* Aquele que contém assinatura ineficaz, por ter sido falsificada ou lançada por pessoa incapaz ou fictícia.

CHEQUE FANTASMA. *Direito penal.* Aquele feito para saque em conta bancária aberta em nome de pessoa fictícia, escondendo a procedência ilícita do dinheiro, configurando crime de falsidade ideológica (Othon Sidou).

CHEQUE FISCAL. *Direito bancário* e *direito cambiário.* É o emitido por uma autoridade fiscal para restituir, *ex officio*, aos contribuintes os excessos de arrecadação de tributos.

CHEQUE GARANTIDO. *Vide* CHEQUE ESPECIAL.

CHEQUE MARCADO. *Direito bancário* e *direito cambiário.* Aquele em que, com o consentimento do portador, o sacado, que o aceitou, marca a data de seu pagamento para determinado dia, passando a ser, ao transformá-lo de título à vista em título a prazo, o único responsável pelo seu pagamento, exonerando, assim, o emitente, o endossante e o avalista.

CHEQUE MEMORANDUM. *Direito comparado.* Nos EUA, é aquele em que o emitente se compromete a pagar ao portador, se o banco não o fizer quando for apresentado no dia estabelecido.

CHEQUE MÚLTIPLO. *Direito internacional privado.* É aquele que, para evitar extravio no giro internacional, é feito em muitos exemplares, logo o pagamento de um libera o dos demais.

CHEQUE MUTILADO. *Direito cambiário.* Aquele que apresenta corte do papel ou sinal de mutilação (Othon Sidou).

CHEQUE NÃO À ORDEM. *Direito bancário* e *direito cambiário.* É o nominativo que não pode ser transferido mediante endosso, sendo pagável a favor do beneficiário nele indicado, só podendo ser transmitido pela forma e com os efeitos da cessão de crédito, por conter a cláusula "não à ordem".

CHEQUE NOMINATIVO. *Direito bancário* e *direito cambiário.* É o passado em favor de certo beneficiário, cujo nome nele está individualizado por extenso, devendo, por isso, o banco (sacado) identificá-lo, no ato do pagamento, conferindo sua assinatura no endosso.

CHEQUE PARA LEVAR EM CONTA. *Direito bancário* e *direito cambiário.* É o emitido com cláusula que impede seu pagamento em numerário ou em dinheiro; logo, o sacado só pode fazer a liquidação por lançamento do crédito em conta ou transferir de uma conta para outra em compensação. Para tanto, basta que o sacador faça, transversalmente, na face do cheque, a seguinte menção: "para levar em conta".

CHEQUE PARA SER CREDITADO EM CONTA. *Vide* CHEQUE PARA LEVAR EM CONTA.

CHEQUE POR CONTA DE TERCEIROS. *Direito cambiário.* É o que gira sobre conta bancária de terceiro, sob a responsabilidade do titular da conta que por ele se obriga, por convenção feita com o sacado.

CHEQUE PÓS-DATADO. *Direito bancário* e *direito cambiário.* É o que contém data diferente da de sua emissão, consignando um vencimento futuro. Com isso adquire a natureza de um simples título de crédito, fazendo as vezes de letra de câmbio, não mais sendo meio de pagamento à vista. Trata-se, na verdade, de uma garantia de dívida para desconto futuro, na convicção de que isso é lícito. É uma norma consuetudinária, baseada em hábito da época.

CHEQUE POSTAL. *Direito comparado.* É o emitido sobre agência de correio, investida na função de banco.

CHEQUE PRÉ-DATADO. *Vide* CHEQUE PÓS-DATADO.

CHEQUE RASURADO. *Direito cambiário.* Aquele que é recusado pelo banco sacado por apresentar sinal de alteração que modificou o preenchimento feito anteriormente.

CHEQUE RÉCÉPISSÉ. *Direito comparado.* Na França, é o recibo transmissível similar à ordem de pagamento, pois o portador pode embolsar-se, com o emitente, do respectivo valor (Othon Sidou). *Vide RÉCÉPISSÉ.*

CHEQUE-RECIBO. *Vide* CHEQUE ADMINISTRATIVO.

CHÈQUES BARRÉS. *Locução francesa.* Cheques cruzados que contêm duas barras paralelas, traçadas pelo emitente da esquerda para a direita, para que sejam pagos a um banco ou banqueiro ou a um cliente do banco contra o qual são emitidos.

CHEQUE SEM FUNDOS. *Direito penal.* É o emitido pelo sacador sem que haja suficiente provisão de fundos em mãos do sacado (banco). Sua emissão constitui delito de fraude enquadrado como uma forma de estelionato.

CHEQUE SEM GARANTIA. *Direito cambiário.* Cláusula lançada no cheque pelo endossante, significando que ele, apesar de endossá-lo, não garante o seu pagamento. Está proibido pela Lei Uniforme.

CHEQUE TURISMO. *Direito bancário.* Cheque que, a fim de dar maior segurança a turistas, é vendido pelo banco autorizado pelo BACEN, para ser pago em suas filiais em outras praças.

CHEQUE VIAGEM. *Vide* CHEQUE TURISMO.

CHEQUE VISADO. *Direito bancário* e *direito cambiário.* Aquele em que o banco (sacado) contra quem se emitiu o cheque apõe o seu visto, certificando a existência de fundos disponíveis do sacador, bloqueando-os em sua conta e reservando-os, assim, para a sua liquidação ou para o pagamento da ordem.

CHERTÉ. *Termo francês.* 1. Carestia. 2. Alto preço.

CHIBARRO. *Direito agrário.* 1. No sul do Brasil designa reprodutor ovino macho; bode. 2. Bode novo castrado.

CHIBATO. *Direito agrário.* Cabrito que tem mais de seis meses e menos de um ano.

CHIBIU. Na *linguagem da mineração,* trata-se do diamante de peso inferior a um quilate.

CHIBO. *Direito agrário.* 1. Cabrito de até um ano. 2. Carneiro.

CHICANA. *Direito processual civil.* 1. Meios cavilosos usados, em questões judiciais, pelo advogado para protelar ou criar obstáculos ao andamento do processo. Trata-se do abuso de direito decorrente da apresentação pelo advogado de um dos litigantes de incidentes inúteis, de meios protelatórios ou de trama para evitar o rápido pronunciamento judicial. **2.** Abuso dos recursos e formalidades da justiça.

CHICANISTA. *Direito processual civil.* Advogado que faz uso de chicana.

CHI DURA VINCE. *Expressão italiana.* Quem persiste vence.

CHILDREN'S COURT. *Locução inglesa.* Juizado de Menores.

CHIMANGO. *História do direito.* **1.** Designação de um partido moderado que deteve o poder durante as regências trinas. **2.** Membro daquele partido. **3.** Na era republicana, designava os governistas do Partido Republicano.

CHIMARRÃO. *Direito agrário.* **1.** Gado bovino que, no Rio Grande do Sul, foge para o mato, tornando-se selvagem. **2.** Mate sem açúcar que se toma em cuia.

CHIMBO. Na *gíria,* designa cavalo roubado.

CHIQUEIRAR. *Direito agrário.* Separar o bezerro da vaca para desmame.

CHIQUEIRO. *Direito agrário.* Pequeno curral de bezerros, ovelhas ou porcos.

CHIROGRAFARIA PECUNIA. *Locução latina.* Dívida cuja exigibilidade se apóia tão-somente num documento firmado pelo devedor.

CHIROGRAPHA. *Direito romano.* Documento assinado só pelo devedor, atestando uma obrigação.

CHISPADA. *Direito penal.* Ato de andar ou correr nu, que constitui crime, mesmo que haja somente a intenção de brincar (Damásio E. de Jesus).

CHI VA SANO VA LONTANO. *Expressão italiana.* Quem anda com segurança vai longe.

CHLAMYDIA TRACHOMATIS. *Medicina legal.* Bactéria causadora de doença venérea denominada clamídia, que pode causar a esterilidade: a) feminina, por acarretar inflamação pélvica e obstrução das trompas; e b) masculina, por acarretar inflamação nos testículos, próstata e epidídimo e fechamento dos tubos seminíferos.

CHÔMAGE. *Termo francês.* **1.** *Direito do trabalho.* a) Desemprego ou interrupção do trabalho, em razão de dispensa ou despedida do empregado, por causas voluntárias ou involuntárias;

b) suspensão geral do trabalho em virtude de dificuldades financeiras do patrão; c) cessação do trabalho intelectual remunerado para o profissional liberal. **2.** *Direito marítimo.* Lapso de tempo em que o navio fica no estaleiro para sofrer os reparos necessários.

CHOQUE. 1. *Direito militar.* Violento encontro de forças militares. **2.** *Direito civil* e *direito de trânsito.* Colisão de veículos em movimento, causando responsabilidade civil. **3.** *Medicina legal.* Perturbação neurológica ou neurocirculatória provocada por traumatismo, hemorragia, diarréia ou desidratação, desequilibrando o volume de sangue circulante e a capacidade real dos vasos sangüíneos e desencadeando uma insuficiência circulatória aguda. Caracteriza-se por palidez profunda, pressão sangüínea decrescida, respiração diminuída, obnubilamento da mente, ansiedade e, às vezes, desmaio.

CHOQUE ANAFILÁTICO. *Medicina legal.* Sintoma que aparece como reação à injeção de anestésicos, caracterizando-se por cianose, taquicardia e hipotensão arterial, vômitos, sudorese etc., podendo levar à morte.

CHOQUE EMOTIVO. *Direito penal* e *medicina legal.* Trauma psíquico; forte emoção que pode dar origem a uma depressão neurossensorial e a uma reação violenta, conducentes ao homicídio privilegiado e às lesões corporais, não sendo do excludente de responsabilidade.

CHOQUE IRREVERSÍVEL. *Medicina legal.* Aquele que pode levar à morte, ante o fato de o tratamento ter sido pouco eficiente.

CHOQUE NERVOSO. *Medicina legal.* Súbita alteração do sistema nervoso provocada por uma emoção inesperada oriunda de acidente, notícia de algum falecimento etc.

CHOQUE OPERATÓRIO. *Medicina legal.* Estado de prostração que pode advir de uma operação.

CHOQUE TRAUMÁTICO. *Medicina legal.* Aquele que se dá em decorrência de ferimentos.

CHORUME. *Direito ambiental.* Líquido produzido pela compressão e decomposição de lixo.

CHOSE IN ACTION. *Direito comparado.* Teoria obrigacional que, no direito inglês, é entendida como valor patrimonial ou o exercício do direito sobre a coisa ou patrimônio (Othon Sidou).

CHOUSO. *Direito agrário.* Redil ou sebe onde, durante o verão, se recolhe o gado.

CHUMBADA. *Medicina legal.* Ferida provocada por tiro de chumbo miúdo.

CHUSMA. *Direito marítimo.* Tripulação do navio.

CHUVA ÁCIDA. *Direito ambiental.* Ácido sulfúrico que aparece no ar, oriundo da queima de carvão mineral nas indústrias e de sistemas de aquecimento doméstico, provocando oxidação de metal e efeitos corrosivos (Celso A. P. Fiorillo e Marcelo A. Rodrigues).

CIANEMIA. *Medicina legal.* Coloração azul no sangue.

CIANOPIA. *Medicina legal.* Anomalia visual pela qual todos os objetos parecem ser azuis.

CIANOSE. *Medicina legal.* Coloração azulada da pele e das mucosas, provocada por perturbação circulatória, em decorrência de malformação cardíaca, enforcamento, estrangulamento etc.

CIANURETO. *Medicina legal.* Sal ou éter do ácido cianídrico, que constitui um violento veneno.

CIBÉIA. *História do direito.* Grande navio outrora utilizado para carga ou transporte.

CIBERESPAÇO. *Direito virtual.* É um mundo de conexões de longa distância e acesso a múltiplas fontes de informação. Entra-se nele quando se liga computador ou por qualquer outro meio (como o celular) que ofereça esse tipo de conexão.

CIBERNÉTICA JURÍDICA. *Teoria geral do direito* e *direito virtual.* Ciência da comunicação e do controle das máquinas aplicada ao direito que procura compreender a conduta humana em termos de comportamento das máquinas, colocando à disposição do jurista e do aplicador os recursos dos computadores eletrônicos, que têm grande utilidade na classificação e comparação de provas, na seleção de normas aplicáveis ao caso, na atualização de dados bibliográficos e jurisprudenciais.

CIBERNOTÁRIOS. *Direito virtual.* **1.** Autoridades certificadoras. **2.** Aqueles que fazem certificação digital.

CIBio. *Direito ambiental.* Comissão Interna de Biossegurança.

CIBOMANIA. *Medicina legal.* Psicose conducente à prodigalidade, por conduzir seu portador à dilapidação desordenada de seu patrimônio em jogos de azar.

CIBRASEC. *Direito financeiro.* Sigla de Companhia Securitizadora de Recebíveis Imobiliários, instituição não-financeira, constituída não só para aquisição e securitização de créditos imobiliários, mas também para emissão e colo-

cação, no mercado financeiro, de CRI, isto é, Certificados de Recebíveis Imobiliários (Luiz Fernando Rudge).

CICATRIZ. 1. *Medicina legal.* Sinal que fica das feridas, após sua cura, produzido por malformações de tecido fibroso, que restabelecem ou restauram a pele. **2.** *Direito penal.* Configurará lesão corporal grave se se localizar no rosto, se comprometer os movimentos etc.

CICLISMO. *Direito desportivo.* Esporte que consiste em andar de bicicleta.

CICLO. 1. *Direito de trânsito.* Veículo de pelo menos duas rodas a propulsão humana. **2.** *Direito ambiental* e *direito agrário.* Período decorrido entre 2 (dois) momentos de colheita de produtos florestais numa mesma área.

CICLOFAIXA. *Direito de trânsito.* Parte da pista de rolamento destinada à circulação exclusiva de ciclos, delimitada por sinalização específica.

CICLO GRAVÍDICO. *Medicina legal.* Período que vai da fecundação do óvulo até o parto, com a expulsão do feto, num período que varia entre 270 e 280 dias, podendo chegar a 300 dias.

CICLÓIDE. *Psicologia forense.* **1.** Ciclotímico em que se manifesta o agravamento de seus caracteres psíquicos, passando a ter uma personalidade psicopática. Por exemplo: aquele que sofre de psicose maníaco-depressiva (Kretschmer). **2.** *Vide* CICLOTÍMICO.

CICLO INSTITUCIONAL. *Sociologia jurídica.* Estágio de desenvolvimento de uma instituição social.

CICLO MENSTRUAL. *Medicina legal.* Conjunto de fenômenos relativos à postura do óvulo por um dos ovários, que ocorre mensalmente, em regra, com os mesmos intervalos de tempo, que variam entre trinta e vinte e oito dias. Inicia-se o ciclo no primeiro dia do fluxo de material oriundo da descamação das vias genitais femininas, terminando com o início do seguinte.

CICLOMOTOR. *Direito de trânsito.* Veículo de duas ou três rodas, provido de um motor de combustão interna, cuja cilindrada não exceda a cinqüenta centímetros cúbicos (3,05 polegadas cúbicas) e cuja velocidade máxima de fabricação não exceda a cinqüenta quilômetros por hora.

CICLOTIMIA. *Medicina legal.* Psicose periódica, com alternâncias cíclicas de disposição de ânimo, apresentando períodos de excitação, podendo ir até o acesso maníaco, e períodos depressivos, chegando à melancolia mórbida. Assim, o doente apresenta-se ora excitado ou exaltado, ora deprimido ou sereno, sendo predisposto à psicose maníaco-depressiva.

CICLOTÍMICO. *Psicologia forense.* **1.** Paciente afetado por ciclotimia; aquele pícnico que, psicologicamente: a) oscila entre a alegria e a tristeza, por ser extrovertido; b) gosta de conversar, de comer e beber bem; c) é tolerante (Kretschmer). **2.** *Vide* PÍCNICOS.

CICLOVIA. *Direito de trânsito.* Pista própria destinada à circulação de ciclos, separada fisicamente do tráfego comum.

CICUTA. *Medicina legal.* Erva venenosa.

CIDADANIA. *Ciência política.* Qualidade ou estado de cidadão; vínculo político que gera para o nacional deveres e direitos políticos, uma vez que o liga ao Estado. É a qualidade de cidadão relativa ao exercício das prerrogativas políticas outorgadas pela Constituição de um Estado democrático.

CIDADANIA ASSISTIDA. *Direito constitucional.* Expressa a idéia de proteção e civilização, concretizando o direito à assistência, integrante de toda a democracia, tendo por base a forma mais amena de pobreza política. Ao se preferir assistência à emancipação, labora também na reprodução da pobreza política, à medida que, mantendo intocado o sistema produtivo e passando ao largo das relações de mercado, não se compromete com a necessária equalização de oportunidades. O atrelamento da população a um sistema sempre fajuto de benefícios estatais é seu engodo principal (Pedro Demo). É uma cidadania neoliberal que tem o papel de civilizar o mercado.

CIDADANIA EMANCIPADA. *Direito constitucional.* Constitui um Estado alternativo em que o cidadão se erige como ente autônomo, dotado de competência para construir sua história própria, e que reúne as condições para participar coletivamente. Essa cidadania pós-liberal tem a expectativa de dissuadir o mercado, que se tornaria um meio de cidadania, mediante um processo de emancipação, que passa pelas seguintes etapas: a) consciência crítica, que possibilita terminar com a manipulação e a pobreza política; b) desfeita a pobreza política, emerge a competência para propor alternativa; c) necessidade de organização política coletiva (Pedro Demo).

CIDADANIA TUTELADA. *Direito constitucional.* Exprime a idéia de manipulação, submissão e apropriação privada da coisa pública. Tal cidadania é liberal e subserviente ao mercado livre e regulador absoluto (Pedro Demo).

CIDADÃO. *Ciência política.* Nacional de um Estado no gozo de seus direitos políticos.

CIDADE. *Direito administrativo.* **1.** Sede de um Município. **2.** Núcleo principal de um centro urbanístico, onde se situam as casas comerciais. **3.** Concentração de habitantes, edifícios e ruas organizada de modo a possibilitar meios de vida social, familiar, religiosa, trabalhista e jurídica. **4.** Perímetro urbano.

CIDADE ABERTA. *Direito internacional público.* Aquela que não é fortificada ou preparada para a guerra, devendo ficar, por convenção tácita, resguardada de qualquer bombardeio, exceto se vier a acolher tropas militares das Forças Armadas que venham a defendê-la, hipótese em que, então, poderá ser alvo do inimigo, que fará uso de táticas militares para vencer sua resistência.

CIDADE-DORMITÓRIO. Localidade que é utilizada apenas para o repouso de seus habitantes, que trabalham em outro lugar (Othon Sidou).

CIDADE LIVRE. *Direito administrativo.* Aquela que goza de autonomia administrativa quase completa, devido à grande importância de sua indústria, comércio ou intercâmbio internacional. Por exemplo, a cidade livre de Dantzig era, entre 1919 e 1939, um território dotado de vida política própria, unido apenas por determinados vínculos à Polônia e protegido pela Sociedade das Nações, sendo, ao término da 2ª Guerra Mundial, anexado pela Polônia com o nome de Gdansk.

CIDADE MATRIZ. *Direito administrativo.* Metrópole.

CIDADE PROVINCIANA. *Sociologia jurídica.* Pequena área urbana com influência e organização de ordem estritamente local.

CIDADE REGIONAL. *Sociologia jurídica* e *direito urbanístico.* Área urbana média que exerce domínio econômico de certa parcela de uma região metropolitana.

CIDADE-SATÉLITE. *Sociologia jurídica* e *direito urbanístico.* Núcleo urbano que se subordina economicamente a uma metrópole.

CIDE. *Direito tributário.* Abreviação de Contribuição de Intervenção no Domínio Econômico.

CIÊNCIA. 1. *Filosofia geral* e *filosofia do direito.* a) Saber metodicamente fundado, demonstrado e sistematizado. A ciência é, portanto, constituída de um conjunto de enunciados que tem por escopo a transmissão adequada de informações verídicas sobre o que existe, existiu ou existirá. É uma ordem de constatações verdadeiras, logicamente relacionadas entre si, apresentando a coerência interna do pensamento consigo mesmo, com seu objeto e com as diversas operações implicadas na tarefa cognoscitiva. Sinteticamente, podemos dizer que a ciência é um complexo de enunciados verdadeiros, rigorosamente fundados e demonstrados, com um sentido limitado, dirigido a um determinado objeto. Para que haja ciência, deve haver as seguintes notas: caráter metódico, sistemático, certo, fundamentado ou demonstrado e limitado ou condicionado a certo setor do objeto; b) destreza técnica ou conhecimento da profissão. **2.** *Direito processual.* a) Fato de alguém estar no conhecimento de qualquer assunto do seu interesse ou de outrem, em razão de intimação ou notificação etc., não podendo alegar, posteriormente, que o desconhece; b) conhecimento que tem a testemunha da ocorrência de qualquer fato, por tê-lo presenciado ou ouvido ou por ter recebido notícia dele em virtude de narração alheia.

CIÊNCIA APLICADA. *Filosofia do direito.* Estudo que tem por escopo a aplicação da lei a uma finalidade prática, por exemplo, a "economia rural".

CIÊNCIA AUXILIAR. *Filosofia geral.* Aquela que auxilia outras ciências básicas.

CIÊNCIA COMPARADA DO DIREITO. *Teoria geral do direito.* Aquela que tem por objeto o estudo, simultâneo e comparativo, não só do direito positivo, contemporâneo ou não, de diferentes países, mas também dos motivos pelos quais o direito se desenvolveu de modo diverso nos vários países, com o intuito de uniformizá-lo e orientar, em certos casos, a reforma legislativa no direito nacional.

CIÊNCIA CULTURAL. *Teoria geral do direito.* Estudo do construído pelo homem, em razão de um sistema de valores, para atender a seus interesses. É o estudo analítico e descritivo da realidade histórico-social, produto das ações humanas, procurando compreendê-la, ordenando-a segundo suas conexões de sentido, isto é, finalisticamente, conforme uma ordem de valores, como nos ensinam Miguel Reale, Dilthey e Rickert.

CIÊNCIA DA ADMINISTRAÇÃO. *Direito administrativo.* Estudo das leis, princípios e regulamentos alusivos à Administração Pública.

CIÊNCIA DA INTERPRETAÇÃO DO DIREITO. *Teoria geral do direito.* Hermenêutica jurídica, que tem a tarefa de interpretar normas, buscando seu sentido e alcance, tendo em vista uma finalidade prática, criando condições para uma decisão possível, ou melhor, condições de aplicabilidade da norma com um mínimo de perturbação social, como nos ensina Tércio Sampaio Ferraz Jr.

CIÊNCIA DAS FINANÇAS. *Direito financeiro.* **1.** Estudo especulativo ou teórico do complexo de normas relativas às finanças públicas. **2.** É a que estuda a substância, as causas e efeitos econômicos dos tributos (Geraldo Ataliba).

CIÊNCIA DAS PARTES DO INÍCIO DA PERÍCIA. *Direito processual civil.* Comunicação das partes da hora, da data e do local designados pelo juiz ou indicados pelo perito para ter início a produção das provas, acatando-se o princípio bilateral da audiência, visto que não poderão ser surpreendidas com prova de relevância na instrução do processo.

CIÊNCIA DAS PRISÕES. *Direito penal, direito penitenciário* e *política penitenciária.* Conhecimento que tem por objeto não só a edificação, aparelhagem e pessoal das prisões destinadas à execução da pena, bem como o tratamento dos presos, que atina à sua disciplina, instrução e trabalho na penitenciária.

CIÊNCIA DE ALGIBEIRA. Saber superficial dos semiletrados.

CIÊNCIA DE ESTADO. Política.

CIÊNCIA DO DIREITO. *Teoria geral do direito.* Conhecimento do direito governado por um método, que fixará as bases da sua sistematização. É uma atividade intelectual dirigida à aquisição do conhecimento do direito.

CIÊNCIA DO DIREITO COMPARADO. *Vide* CIÊNCIA COMPARADA DO DIREITO.

CIÊNCIA DO DIREITO TRIBUTÁRIO. *Direito tributário.* Estudo dos princípios mais amplos que regem as finanças públicas, das normas tributárias e da atividade financeira do Estado, voltada à instituição, arrecadação e fiscalização de tributos.

CIÊNCIA DO MUNDO. *Filosofia do direito.* Conhecimento das coisas práticas da vida.

CIÊNCIA DO SER. *Filosofia do direito.* **1.** Ontologia. **2.** *Vide* ONTOLOGIA JURÍDICA.

CIÊNCIA ECONÔMICA. *Economia política.* É a que tem por objeto não só a explicação do fato social econômico pela determinação de suas leis como também da ação econômica.

CIÊNCIA ESPECULATIVA. *Vide* CIÊNCIA TEÓRICA.

CIÊNCIA E TECNOLOGIA. *Direito constitucional.* Capítulo contido no título VIII, "Da ordem social", da Constituição Federal, para salientar a importância do saber humano, voltado à teoria e à pratica, para o desenvolvimento do sistema produtivo da nação, pois, enquanto a ciência se ocupa da teorização, a tecnologia atém-se à aplicação prática daqueles princípios científicos, por isso o Estado procura dar recursos para estimular as empresas a investirem na pesquisa científico-tecnológica e vincularem parte de sua receita orçamentária a essa atividade.

CIÊNCIA GERAL DO DIREITO. *Vide* TEORIA GERAL DO DIREITO.

CIÊNCIA JURÍDICA. *Vide* CIÊNCIA DO DIREITO.

CIÊNCIA NORMATIVA. *Teoria geral do direito.* **1.** Saber que estabelece normas com a finalidade de dirigir a conduta humana na sociedade no sentido da justiça (Wundt). Ao jurista compete verificar as necessidades sociais e antecipar com suas fórmulas o que, no porvir, seria estabelecido pelo poder político e pelos membros componentes da sociedade. Seria, então, nessa acepção, uma ciência valorativa, pois somente é possível o estabelecimento de normas de conduta em virtude de determinadas pautas axiológicas. **2.** Ciência do "dever ser", que tem por atividade cognoscitiva a descrição de normas, qualificando normativamente comportamentos com base no critério da licitude e da ilicitude, devendo, para tanto, estabelecer imputativamente conexões entre normas (Kelsen). **3.** Conhecimento jurídico-científico da conduta humana em interferência intersubjetiva por meio de normas. É a que conhece condutas mediante normas, isto é, ciência que, por meio da conceituação normativa, pensa a conduta humana, qualificando-a juridicamente (Cóssio).

CIÊNCIA PENAL. *Direito penal.* Numa acepção ampla, tem por escopo a sistematização dos princípios e das normas penais, abrangendo a psi-

cologia criminal e judicial, a medicina legal, a polícia técnica, a biologia, a sociologia e a antropologia criminais etc.

CIÊNCIA PENITENCIÁRIA. *Vide* CIÊNCIA DAS PRISÕES.

CIÊNCIA POLÍTICA. **1.** Estudo tendente a obter o conhecimento geral e sistemático da sociedade, dos movimentos sociais e da realidade do governo, mediante a observação dos fatos e a prospecção histórica, a fim de selecionar formas políticas. **2.** Análise e descrição de comportamentos políticos, processos governamentais, instituições e idéias políticas e normas jurídicas a eles alusivas. **3.** Teoria geral do Estado, que teria por finalidade discriminar formas de política, sistematizando-as e analisando-as do ponto de vista sociojurídico. **4.** É a que analisa o fenômeno político, com base na metodologia das ciências empíricas (Norberto Bobbio).

CIÊNCIA PRÁTICA. *Teoria geral do direito.* Aquela cujo objeto é o conhecimento, que lhe serve de guia à ação ou ao comportamento. Para Aristóteles, as ciências práticas podem ser: a) *ciências morais* ou *ativas*, que visam dar regras ao *agir*, procurando dirigir a atividade interna e pessoal do homem, buscando atingir o *bem*; b) *ciências artísticas*, *factivas* ou *produtivas*, que têm por fim dar regras ao *fazer*, dirigindo a produção de coisas exteriores. Abrangem as artísticas propriamente ditas, que almejam a produção do *belo*, e as técnicas, que têm por finalidade a produção do *útil*.

CIÊNCIAS CAUSAL-EXPLICATIVAS DO CRIME. *Direito penal.* São as que têm por escopo o conhecimento objetivo dos motivos do crime, enquanto fenômeno social e humano, tais como a antropologia criminal, a psicologia criminal e a sociologia criminal. A antropologia criminal visa à explicação do crime como um produto de hábitos, ideais ou valores peculiares a certos segmentos da sociedade. A psicologia criminal procura explicar a conduta delitiva, partindo da análise dos motivos pessoais inconscientes inferidos da personalidade do criminoso, apontando critérios terapêuticos de recuperação que tenham uma atuação psicoterápica ressocializante. A sociologia criminal busca estudar a criminalidade como um fenômeno de massa oriundo da organização social, analisando fatores sociais suscetíveis de gerar crimes, como precárias condições de trabalho, insuficiente desenvolvimento econômico etc.

CIÊNCIAS MORAIS. *Teoria geral do direito.* **1.** São aquelas que se ocupam dos comportamentos ou atos do homem. **2.** As que têm por objeto as relações sociais e o espírito humano.

CIÊNCIA SOCIAL. *Sociologia jurídica.* É a que se ocupa dos fatos sociais e da organização e desenvolvimento das sociedades.

CIÊNCIA TEÓRICA. *Teoria geral do direito.* Também chamada "ciência especulativa", uma vez que tem por finalidade o próprio conhecimento. A ciência teórica conhece por conhecer, limitando-se a ver a realidade, reproduzindo-a como existe. Tem sempre em vista a *verdade.* As ciências teóricas, segundo Aristóteles, subdividem-se, conforme seu grau de abstração, em: a) *ciências físicas* ou *naturais*, que abrangem não só as ciências naturais propriamente ditas, que se referem aos seres da natureza, considerados em sua realidade qualitativa e quantitativa, fazendo abstração das diferenças individuais, levando em conta apenas as propriedades comuns a todos os seres da mesma espécie, mas também as *ciências culturais*, que se ocupam da natureza transformada e aperfeiçoada pelo homem; b) *ciências matemáticas* ou *formais*, atinentes ao mundo das quantidades, principalmente ao número (aritmética) e à extensão (geometria). Abstraem as diferenças individuais e as qualidades sensíveis para considerarem tão-somente a quantidade do ser, isto é, a pura relação quantitativa; c) *ciências metafísicas*, relativas ao ser enquanto ser, ocupando-se com noções de causa e efeito, essência e existência, substância e acidente, matéria e forma etc. Fazem abstração das diferenças individuais, das qualidades sensíveis e dos aspectos quantitativos ou formais para considerarem apenas o "ser" em si mesmo. São também chamadas ontológicas.

CIENCIOCRACIA. *Ciência política.* Predomínio das classes intelectuais no governo de um Estado (Romain Flaque).

CIENTE. *Direito civil* e *direito processual civil.* **1.** Diz-se da pessoa a quem se deu ciência de algum fato ou ato, mediante notificação, intimação ou publicação. **2.** Anotação feita por uma pessoa, em algum documento, do seu "ciente", assinando-o em seguida, caso em que não se mostrará imprescindível a prática da notificação ou da intimação para o cumprimento da norma que requer o conhecimento de certo ato ou fato. **3.** Ato inequívoco que, ao ser praticado, não havendo "ciente" expresso, revela o conhecimento do fato pelo agente.

CIENTICISMO. *Filosofia geral* e *filosofia do direito.* **1.** Doutrina que só admite serem verdadeiros os enunciados da ciência positiva e experimental. **2.** Conjunto de ciências.

CIENTIFICADO. *Direito processual civil* e *direito civil.* Qualidade daquele que veio a tomar conhecimento de um ato ou fato por intimação, notificação judicial ou extrajudicial etc.

CIENTIFICAR. *Direito civil* e *direito processual civil.* Tornar ciente; informar uma pessoa sobre determinado fato ou ato.

CIENTIFICISMO. *Filosofia geral* e *filosofia do direito.* **1.** Idéia de que a ciência conhece as coisas como elas são, solucionando todas as questões reais, sendo suficiente para atender a todas as legítimas necessidades da inteligência humana. **2.** Concepção pela qual os métodos científicos se estendem, sem exceção, a todos os domínios intelectuais e morais. **3.** Redução das teorias científicas a fórmulas matemáticas. **4.** Doutrina fundada em conhecimentos científicos, deixando em plano secundário as especulações de ordem transcendental.

CIENTÍFICO. *Filosofia do direito.* **1.** Aquilo que tem o rigor da ciência. **2.** Relativo à ciência. **3.** Diz-se do método seguro para se chegar à verdade.

CIENTIFICOSE. *Psicologia jurídica.* Paixão doentia pelo saber científico.

CIENTISMO. *Filofia do direito.* **1.** Complexo de métodos característicos de um cientista. **2.** Doutrina que propugna o uso dos métodos das ciências naturais em todas as áreas de conhecimento, inclusive nas das ciências sociais.

CIENTISTA. *Teoria geral do direito.* Pessoa versada em ciência.

CIENTISTA DO DIREITO. *Teoria geral do direito.* Jurista; pessoa de notável saber jurídico.

CIEROPIA. *Medicina legal.* Defeito visual que leva o paciente a enxergar as coisas com cores sombrias ou mais carregadas.

CIESE. *Medicina legal.* Gravidez.

CIESOGNOSE. *Medicina legal.* Diagnóstico da gravidez.

CIESOLOGIA. *Medicina legal.* Estudos ou conhecimentos relativos à gestação.

CIESTEÍNA. *Medicina legal.* Película que pode aparecer, às vezes, na urina (em repouso) de mulher grávida.

CIF. *Direito internacional privado.* O mesmo que CAF (*Côut, Assurance et Fret*), correspondendo à expressão inglesa *Cost, Insurance and Freight*, isto é, custo, seguro e frete, pela qual o vendedor se encarregará de embarcar a mercadoria vendida, pagando, a expensas do adquirinte, o custo do seguro marítimo e frete.

CIF LANDED. *Direito internacional privado.* Cláusula inserida na venda internacional pela qual o vendedor terá o dever de custear despesas de descarregamento e colocação da mercadoria no cais.

CIFOSCOLIOSE. *Medicina legal.* Duplo desvio da coluna vertebral.

CIFOSE. *Medicina legal.* Corcunda; exagerada curvatura da coluna vertebral.

CIFRA. **1.** *Direito comercial.* a) Contabilidade; cálculo aritmético; b) importância expressa em algarismos; c) números que aparecem em balanços ou balancetes. **2.** *Direito internacional.* Sinal ou palavra convencional usada nas comunicações ou contratos internacionais. **3.** *Direito administrativo.* Números que aparecem no relatório das despesas públicas. **4.** *Direito civil.* a) Valores contidos nas prestações de contas; b) abreviatura ou monograma do nome de alguém. **5.** *Direito militar.* Sinal usado pelo Exército, nas comunicações de caráter convencional, secreto ou reservado, que não deve ser compreendido por todos.

CIFRA NEGRA. *Direito penal.* Sinal indicativo da relação entre o número dos crimes registrados e o dos desconhecidos pelos órgãos competentes. A impunidade não consta, portanto, de estatísticas oficiais, chegando, segundo a cifra negra dos crimes ocultos, a atingir altos percentuais. Tal ocorre, muitas vezes, porque os ofendidos deixam de apresentar queixa, sobretudo em crimes de ordem sexual.

CIFRANTE. Livro que contém uma cifra ou escrita secreta, com sua respectiva explicação ou código.

CIFRÁRIO. Sistema de escrita convencional feita por sinais, que são interpretados mediante chave ou código.

CIGANO. **1.** *Sociologia jurídica.* a) Membro de um povo nômade; b) indivíduo pertencente a um povo trigueiro caucasóide, oriundo da Índia, que veio a entrar, nos séculos XIV e XV, na Europa, espalhando-se pela Espanha, Inglaterra, Hungria e Rússia, chegando até os Estados Unidos, Turquia e, em pequena proporção, a outros países. Tem vida itinerante, com organização tribal, ocupando-se da leitura da sorte, da negociação de cavalos, do conserto de panelas, da música, do trabalho com metal etc. **2.** *Direito agrário.* Carneiro que guia o rebanho.

CIJ. *Direito internacional público.* Sigla de Corte Internacional de Justiça.

CILINDROCÔNICO. *Medicina legal.* Diz-se do instrumento puntiforme, como a agulha, que, mediante pressão, afasta o tecido fibroso, sem contudo seccioná-lo, podendo causar lesão corporal e até mesmo a morte.

CILOSE. *Medicina legal.* Deformação do pé; torcedura.

CIME. *Direito internacional público.* Abreviatura de Comitê Intergovernamental para Migrações Européias.

CIMÉLIO. *Direito autoral.* Livro raro que possui muito valor.

CINA. *História do direito* e *direito internacional.* Sigla representativa da *Comission Internationale de Navigation Aérienne*, que deixou de ser operante, pela revogação da Convenção de Paris de 1919, mas teve enorme repercussão jurídica por ter sido inspiradora da Aviação Civil Internacional (OACI), criada pela Convenção de Chicago de 1944. A CINA tinha por objetivo: estudar propostas para alteração do texto da Convenção de Paris, preparando projetos sob a forma de protocolos adicionais; modificar e complementar os anexos técnicos da referida Convenção, exercendo um papel de legislador na seara internacional; centralizar o sistema de informações, de dados técnicos relacionados com a navegação aérea e emitir pareceres sobre questões apresentadas pelos Estados-Membros ratificantes da convenção, decidindo as divergências havidas entre eles sobre a regulamentação técnica da aviação civil.

CINÂNCIA. *Medicina legal.* Grave inflamação da garganta ou espécie de angina com ameaça de sufocação.

CINCERRO. *Direito agrário.* Campainha que se prende ao pescoço do animal que serve de guia aos demais.

CÍNCLISE. *Medicina legal.* Tique nervoso que leva a pessoa a pestanejar contínua e rapidamente.

CINEASTA. **1.** *Direito civil.* Pessoa que, por ter conhecimentos de técnica e estética cinematográficas, se dedica à atividade criativa do filme, dirigindo-o. É o diretor cinematográfico. **2.** *Direito do trabalho.* Profissional que se dedica à direção das filmagens.

CINEGRAFISTA. *Direito do trabalho.* Filmador ou aquele que opera câmara cinematográfica.

CINEMA. 1. *Direito civil.* Arte da cinematografia, que é protegida por normas alusivas ao direito autoral. **2.** *Direito comercial.* Sala ou estabelecimento onde se projetam filmes numa tela.

CINEMADORISMO. *Direito civil.* Atividade daquele que faz cinema como amador, não como profissional.

CINEMATECA. *Direito civil.* Coleção de filmes.

CINEMÁTICA. *Filosofia do direito.* Ciência que estuda os movimentos, abstraindo-se das forças que o produzem (Ampère).

CINEMATÓGRAFO. *Direito civil* e *direito comercial.* Aparelho apropriado para projetar imagens numa tela.

CINESIA. *Medicina legal.* Ciência do movimento, em suas relações com a terapêutica, a higiene e a educação.

CINESIALGIA. *Medicina legal.* Dor muscular provocada quando o músculo é posto em ação.

CINESIONEUROSE. *Medicina legal.* Desordem funcional nervosa provocada por um desarranjo no sistema nervoso.

CINESISMO. *Medicina legal.* Auto-intoxicação pela fadiga.

CINESTESIA. *Medicina legal.* Faculdade de perceber movimentos dos objetos ou dos músculos.

CINÉTICA. *Ciência política.* Utopia moderna estruturada como um promissor estado intermédio de uma longa escala de níveis sucessivos (H. G. Wells).

CINETOSE. *Medicina legal.* Moléstia causada por movimentos inabituais, como o balanço de um navio.

CINGEL. *Direito agrário.* Junta de bois.

CINISMO. *Filosofia do direito.* Doutrina que despreza as convenções ou fórmulas sociais, a opinião pública e a moral comumente aceita.

CINÓDROMO. Pista de corrida de cães.

CINOFOBIA. *Medicina legal.* Hidrofobia ou medo mórbido de cães.

CINOREXIA. *Medicina legal.* Bulimia; doença conhecida como "fome canina".

CINQÜENTA. *Direito agrário.* Medida de superfície que contém 50 braças quadradas (50 x 50), ou melhor, 110 por 110 metros ou 1,2 hectare.

CINTADO. *Direito marítimo.* Série de pranchas grossas que cavilham por fora o cavernante do navio.

CINTEL. *Direito agrário.* Área circular onde gira o animal que faz o engenho andar.

CINTURA. 1. *Direito desportivo.* Golpe de luta livre. **2.** *Medicina legal.* Parte mais delgada do corpo humano, que fica abaixo do tórax.

CINZAS. *Medicina legal.* Resíduos pulverulentos, provenientes de incineração (cremação) de restos mortais humanos.

CIOMS. Sigla de Conselho para Organizações Internacionais de Ciências Médicas.

CIP. *Direito tributário.* Sigla de Contribuição de Iluminação Pública.

CIPA. *Direito do trabalho.* Sigla de Comissão Internacional de Prevenção de Acidentes.

CIPF. *Direito internacional público.* Abreviatura de Convenção Internacional de Proteção Fitossanitária da FAO (*Food and Agriculture Organization*).

CIPIPS. *Direito internacional privado.* Abreviatura de Conferências Especializadas Interamericanas sobre Direito Internacional Privado.

CIPRIDOFOBIA. *Medicina legal.* Pavor de contrair doença venérea.

CIPRIDOLOGIA. *Medicina legal.* Estudo de moléstias venéreas.

CIPRIDOPATIA. *Medicina legal.* Doença venérea.

CIRCA MERITA. *Locução latina.* Em relação ao mérito.

CIRCINADO. *Medicina legal.* Aquilo que apresenta lesões circulares em forma de anel.

CIRCO. 1. *Direito desportivo.* a) Grande recinto onde, antigamente, havia, em Roma, jogos públicos; b) pavilhão para espetáculos de ginástica e equitação. **2.** *Direito comercial.* Anfiteatro para diversão pública, espetáculos circenses ou acrobacias.

CIRCUIT. *Termo inglês.* **1.** Vara. **2.** Juízo. **3.** Circunscrição.

CIRCUIT BREAKER. *Locução inglesa.* **1.** Mecanismo de controle de oscilação de um índice. **2.** Interrupção de negócios em pregão de bolsa, quando as cotações de negócios registrados ultrapassarem limites estabelecidos de alta ou de baixa (Luiz Fernando Rudge).

CIRCULAÇÃO. 1. *Economia política* e *direito econômico.* Curso de moedas, títulos de crédito, riquezas etc., ou melhor, passagem dos bens de um titular para outro através da tradição física ou simbólica ou por meio de papéis representativos de valor. É a transferência do direito sobre a coisa para uso, consumo ou disposição. Será monetária, ou metálica, se houver curso de ouro ou prata, amoedados ou não, ou fiduciária se se tiver curso de papel-moeda ou notas bancárias devidamente emitidas. **2.** *Medicina legal.* Movimento do sangue entre o coração e as diferentes partes do corpo humano. **3.** *Direito de trânsito* e *direito administrativo.* Facilidade de trânsito ou de movimento de veículos e pedestres nas ruas ou estradas. **4.** *Direito comercial.* a) Distribuição de exemplares de uma publicação entre leitores; b) lançamento de obra no mercado para expô-la à venda; c) número médio de exemplares de um periódico vendidos diariamente; d) introdução de bens no comércio. **5.** *Direito tributário.* Transferência de bens que pode se sujeitar ao imposto de circulação de mercadorias, de movimentação ou operações financeiras e de transferência de bens imóveis *inter vivos* ou *causa mortis.*

CIRCULAÇÃO SOCIAL. *Sociologia jurídica.* Movimento no espaço social de pessoas ou grupos que sobem ou descem na escala de uma sociedade estratificada em classes.

CIRCULAR. 1. *Direito administrativo.* Instrução escrita, emitida por autoridade competente e dirigida aos chefes de repartições públicas para que tomem as providências ou medidas nela indicadas, as quais, então, servirão de guia aos funcionários na execução do serviço. É, portanto, um ato administrativo formal endereçado a órgãos que tenham a mesma função e igual categoria, sendo obrigatório a todos os subordinados à autoridade que o emitiu. **2.** *Direito comercial.* a) Carta ou aviso de firmas endereçado aos seus fornecedores ou fregueses, comunicando-os de alguma alteração havida na organização empresarial ou nos negócios efetivados; b) ter aceitação no comércio como representação de valor, tal qual ocorre, por exemplo, com moedas e notas. **3.** *Direito civil.* Nota ou conhecimento de certo fato divulgado por meio de carta ou ofício dirigido a várias pessoas. Trata-se da "carta circular".

CIRCULAR DE OFERTA DE FRANQUIA. *Direito comercial.* É a circular que o franqueador interessado na implantação de sistema de franquia empresarial deve entregar, por escrito e em linguagem clara e acessível, ao candidato a franqueado, no mínimo dez dias antes da assinatura do contrato ou do pagamento de qualquer tipo de taxa pelo franqueado ao franqueador, contendo obrigatoriamente as seguintes informações: 1. histórico resumido, forma societária e nome completo ou razão social do franqueador e de todas as empresas a que esteja diretamente ligado, bem como os respectivos nomes de fantasia e endereços; 2. balanços e demonstrações financeiras da empresa franqueadora relativos aos dois últimos exercícios; 3. indicação precisa de todas as pendências judiciais em que estejam envolvidos o franqueador, as empresas controladoras e os titulares de marcas, patentes e direitos autorais relativos à operação e seus subfranqueadores, questionando especificamente o sistema da franquia, ou que possam diretamente vir a impossibilitar o funcionamento da franquia; 4. descrição detalhada da franquia, descrição geral do negócio e das atividades que serão desempenhadas pelo franqueado; 5. perfil do franqueado ideal no que se refere a experiência anterior, nível de escolaridade e outros caracteres que deve ter, obrigatória ou preferencialmente; 6. requisitos quanto ao envolvimento direto do franqueado na operação e na administração do negócio; 7. especificações quanto ao: a) total estimado do investimento inicial necessário à aquisição, implantação e entrada em operação da franquia; b) valor da taxa inicial de filiação ou taxa de franquia e de caução; c) valor estimado das instalações, equipamentos e do estoque inicial e suas condições de pagamento; 8. dados claros quanto às taxas periódicas e outros valores a serem pagos pelo franqueado ao franqueador ou a terceiros por este indicados, detalhando as respectivas bases de cálculo e o que elas remuneram, ou o fim a que se destinam, indicando, especificamente, o seguinte: a) remuneração periódica pelo uso do sistema, da marca ou em troca dos serviços prestados pelo franqueador ao franqueado (*royalties*); b) aluguel de equipamentos ou ponto comercial; c) taxa de publicidade ou semelhante; d) seguro mínimo; e) outros valores devidos ao franqueador ou a terceiros que a ele sejam ligados; 9. relação completa de todos os franqueados, subfranqueados e subfranqueadores da rede, bem como dos que se desligaram nos últimos doze meses, com nome, endereço e telefone; 10.

em relação ao território, deve ser especificado o seguinte: a) se é garantida ao franqueado exclusividade ou preferência sobre determinado território de atuação e, caso positivo, em que condições o faz; b) possibilidade de o franqueado realizar vendas ou prestar serviços fora de seu território ou realizar exportações; 11. dados claros e detalhados quanto à obrigação de o franqueado adquirir quaisquer bens, serviços ou insumos necessários à implantação, operação ou administração de sua franquia, apenas de fornecedores indicados e aprovados pelo franqueador, oferecendo ao franqueado relação completa desses fornecedores; 12. indicação do que é efetivamente oferecido ao franqueado pelo franqueador, no que se refere a: a) supervisão de rede; b) serviços de orientação e outros prestados ao franqueado; c) treinamento do franqueado e de seus funcionários; d) manuais de franquia; e) auxílio na análise e escolha do ponto onde será instalada a franquia; f) *layout* e padrões arquitetônicos nas instalações do franqueado; 13. situação perante o Instituto Nacional de Propriedade Industrial (INPI) das marcas ou patentes cujo uso está sendo autorizado pelo franqueador; 14. situação do franqueado, após a expiração do contrato de franquia, em relação a: a) *know-how* ou segredo de indústria a que venha a ter acesso em função da franquia; b) implantação de atividade concorrente da do franqueador; 15. modelo do contrato-padrão e, se for o caso, também do pré-contrato, contendo padrão de franquia adotado pelo franqueador, com texto completo, inclusive dos respectivos anexos e prazo de validade.

CIRCULARIZAÇÃO. *Direito marítimo.* Consulta formulada por empresa brasileira de navegação de apoio marítimo, pretendente à autorização de afretamento de embarcação estrangeira, a todas as outras empresas brasileiras de navegação de apoio marítimo, sobre a disponibilidade de embarcação brasileira do tipo e porte adequados para o apoio pretendido.

CIRCULAR NO PESCOÇO. *Medicina legal.* Termo usado para indicar o nascimento de feto com uma ou mais voltas do cordão umbilical ao redor do pescoço, que pode ter sido a causa da asfixia mecânica ou do estrangulamento.

CÍRCULO. 1. *Lógica jurídica.* a) Relação de duas condições, de forma que a validade de uma dependa da da outra. Por exemplo, permissão

dada por duas autoridades para a prática de um ato com a condição de que a outra não se lhe oponha; b) relação de dois termos, de maneira que cada um deles possa ser definido pelo outro; c) relação de duas proposições em que cada uma pode ser deduzida da outra. 2. *Direito civil.* Grêmio; ponto de reunião; assembléia. 3. *Sociologia jurídica.* Grupo de pessoas pertencentes a algum campo de atividade ou ligadas entre si por algum interesse comum.

CÍRCULO VICIOSO. *Lógica jurídica.* 1. Erro de lógica consistente em definir ou demonstrar "A" por meio de "B", que apenas poderá ser definido ou demonstrado por "A". 2. Sofisma em que se pretende provar um princípio com a própria hipótese que se estabelece. 3. Sofisma material que apresenta dupla petição de princípio, que busca a demonstração recíproca de duas verdades, uma pela outra. Logo, a conclusão, provada por sua premissa, é a prova da mesma premissa (Goffredo Telles Jr.). 4. Coincidência entre premissas e conclusões, ou seja, em demonstrar alguma coisa, dando-a por verdadeira na hipótese de partida. 5. Sucessão de fatos ou idéias que sempre retornam ao fato ou à idéia inicial.

CIRCULUS VITIOSUS. *Locução latina.* 1. Círculo vicioso. 2. Erro lógico consistente na coincidência entre premissas e conclusões. 3. Demonstração de algo, dando-o por verdadeiro na hipótese de partida. 4. *Vide* CÍRCULO VICIOSO.

CIRCUNCÉLIO. *Direito canônico.* Designação que, nos séculos XII e XIII, era dada ao monge que não reconhecia nenhuma autoridade eclesiástica constituída.

CIRCUNCISÃO. *Medicina legal.* 1. Rito religioso dos povos judaico e muçulmano consistente no corte do prepúcio dos neófitos, praticado na cirurgia moderna como medida sanitária. 2. Remoção do clitóris ou dos lábios menores da vulva, usual em alguns povos.

CIRCUNDUÇÃO. *Direito processual civil.* Ato de se julgar nula uma citação por omissão de formalidade ou pelo não-cumprimento das normas. No antigo direito a citação era circunduta se não houvesse sua acusação, em tempo hábil, em audiência pelo autor.

CIRCUNDUTAR. *Direito processual civil.* Julgar nula uma citação.

CIRCUNLOCUÇÃO. *Retórica jurídica.* Rodeio de palavras.

CIRCUNSCRIÇÃO. 1. *Direito administrativo.* Divisão territorial administrativa delimitadora das atribuições dos órgãos públicos. **2.** *Ciência política* e *direito eleitoral.* Subdivisão do Estado, cuja extensão vem a delimitar o cumprimento de determinadas operações eleitorais, com o escopo de eleger os candidatos a certos cargos. **3.** *Direito processual civil.* Divisão territorial na qual o juiz de uma comarca exerce sua jurisdição. **4.** *Direito processual penal.* Competência territorial de autoridade da Polícia Judiciária.

CIRCUNSESSÃO. *Direito canônico.* União íntima das três pessoas divinas no mistério da Santíssima Trindade.

CIRCUNSTÂNCIA. *Direito penal.* **1.** Fato que, acompanhando, seguindo ou precedendo um crime, atenua ou agrava a pena. **2.** Particularidade que possa influir na configuração e significação de um fato.

CIRCUNSTÂNCIA AGRAVANTE. *Direito penal.* Fato suscetível de aumentar a pena, como a reincidência ou a prática do crime: a) por motivo fútil ou torpe; b) para facilitar ou assegurar a execução, a ocultação, a impunidade ou vantagem de outro crime; c) à traição, emboscada ou mediante dissimulação ou recurso que dificulte ou impossibilite a defesa da vítima; d) com o emprego de veneno, fogo, explosivo, tortura ou meio insidioso ou cruel de que podia resultar perigo comum; e) contra ascendente, descendente, irmão ou cônjuge; f) com abuso de autoridade ou prevalecendo-se de relações domésticas, coabitação ou hospitalidade; g) com abuso de poder ou violação de dever inerente a cargo, ofício, ministério ou profissão; h) contra criança, maior de sessenta anos, enfermo ou mulher grávida; i) quando o ofendido estava sob a imediata proteção da autoridade; j) em ocasião de incêndio, naufrágio, inundação ou qualquer calamidade pública ou de desgraça particular do ofendido; l) em estado de embriaguez preordenada. Isto é assim porque tais fatos demonstram maior periculosidade do criminoso.

CIRCUNSTÂNCIA ATENUANTE. *Direito penal.* Fato que, concorrendo com um crime, atua beneficamente em favor do criminoso, determinando a redução da pena. Atenuar-se-á a pena se o agente: a) for menor de vinte e um, na data do fato, ou maior de setenta anos, na data da sentença; b) desconhecia a norma; c) cometeu o crime por motivo de relevante valor social ou moral; d) procurou, espontaneamente, após o delito, evitar ou diminuir sua conseqüência ou reparou o dano causado antes do julgamento; e) praticou o crime sob coação resistível, em cumprimento de ordem de autoridade superior ou sob a influência de violenta emoção provocada por ato injusto da vítima; f) confessou, perante autoridade por livre e espontânea vontade, a autoria do crime; g) cometeu o crime influenciado por multidão em tumulto.

CIRCUNSTÂNCIA COMUM. *Direito penal.* A aplicável a qualquer crime, por estar expressa na Parte Geral do Código Penal.

CIRCUNSTÂNCIA COMUNICÁVEL. *Direito penal.* É a que se comunica a todos os que participaram da prática criminosa, mesmo se for por eles desconhecida, por ser relativa à pessoa do ofendido ou ao elemento material do crime. Será considerado como circunstância objetiva atenuante comunicável o fato de procurar evitar ou diminuir, espontaneamente, as conseqüências do crime, pois se refere à sua materialidade. Porém, se apenas um dos agentes vier a ressarcir os prejuízos ou a se retratar, tal fato não se comunicará aos demais, por não ser uma circunstância objetiva.

CIRCUNSTÂNCIA CONCOMITANTE. *Direito penal.* É a ligada ao resultado e à execução de crime cometido sob coação resistível, violenta emoção ou por influência de multidão em tumulto.

CIRCUNSTÂNCIA CONHECIDA. *Direito penal.* Conhecimento da atenuante como norma e como fato.

CIRCUNSTÂNCIA DE CARÁTER PESSOAL. *Direito penal.* Fato que diz respeito à pessoa do agente, portanto, incomunicável, sendo relativo à sua imputabilidade, grau de culpa, intensidade do dolo, relação com a vítima e reincidência.

CIRCUNSTÂNCIA DIRIMENTE. *Direito penal.* Elemento na pessoa do delinqüente ou na prática criminosa que, embora não retire a criminalidade do fato, poderá isentar o agente da pena, por exemplo, coação irresistível, legítima defesa putativa etc.

CIRCUNSTÂNCIA ERRONEAMENTE SUPOSTA. *Direito penal.* Erro plenamente justificado pelas circunstâncias de supor situação de fato que, se existisse, tornaria a ação legítima, admitindo a atenuante putativa e isentando o agente da pena.

CIRCUNSTÂNCIA ESPECIAL. *Direito penal.* É a contida na Parte Especial do Código Penal e que pode agravar ou diminuir a pena.

CIRCUNSTÂNCIA EXCEPCIONAL. *Direito administrativo.* Fato que, ante alguma perturbação social, provoca a suspensão dos efeitos de normas relativas à Administração, abrindo espaço para a edição de atos necessários para garantir a ordem pública e o bom funcionamento dos serviços públicos que, em tempo normal, seriam ilegais.

CIRCUNSTÂNCIA EXCLUDENTE. *Direito penal.* É a que exclui a criminalidade de um ato.

CIRCUNSTÂNCIA EXISTENTE. *Direito penal.* Qualquer uma das circunstâncias agravantes que o magistrado não pode deixar de considerar se configurada num dado caso concreto.

CIRCUNSTÂNCIA EXPLÍCITA. *Direito penal.* Diz-se de qualquer circunstância enumerada expressamente no Código Penal, seja agravante ou atenuante da pena.

CIRCUNSTÂNCIA FACULTATIVA. *Direito penal.* Aquela em que a imposição da pena aplicável deve atender não só à culpabilidade do agente, aos seus antecedentes, à sua personalidade, aos motivos, às circunstâncias e conseqüências do crime, mas também ao comportamento da vítima, podendo o juiz escolher uma dentre as cominadas, fixando sua quantidade dentro dos limites legais e estabelecendo o regime inicial de cumprimento da pena, se privativa de liberdade, ou substituindo-a, se cabível, por outra espécie.

CIRCUNSTÂNCIA IMPLÍCITA. *Vide* CIRCUNSTÂNCIA FACULTATIVA.

CIRCUNSTÂNCIA IMPRÓPRIA. *Direito penal.* É a constitutiva da figura penal, não tendo por isso o condão de modificar a pena cominada, agravando-a ou atenuando-a.

CIRCUNSTÂNCIA INCOMUNICÁVEL. *Direito penal.* É a de caráter pessoal, que não se comunica aos demais agentes.

CIRCUNSTÂNCIA INOMINADA. *Vide* CIRCUNSTÂNCIA RELEVANTE.

CIRCUNSTÂNCIA JUDICIAL. *Direito penal.* **1.** É a captada pelo órgão judicante, por não estar enumerada expressamente pela lei. **2.** O mesmo que CIRCUNSTÂNCIA FACULTATIVA E CIRCUNSTÂNCIA IMPLÍCITA.

CIRCUNSTÂNCIA LEGAL. *Direito penal.* **1.** É a que se encontra explicitamente enumerada pela lei. **2.** *Vide* CIRCUNSTÂNCIA EXPLÍCITA.

CIRCUNSTÂNCIA NÃO INERENTE À PESSOA. *Vide* CIRCUNSTÂNCIA OBJETIVA.

CIRCUNSTÂNCIA NA PARTICIPAÇÃO. *Direito penal.* Fato que agrava a pena em relação ao agente que: promove ou organiza a cooperação no crime ou dirige a atividade dos demais agentes; coage ou induz outrem à execução material do crime; instiga ou determina a cometer o crime alguém sujeito à sua autoridade ou não punível em virtude de condição ou qualidade pessoal; executa o crime, ou nele participa, mediante paga ou promessa de recompensa.

CIRCUNSTÂNCIA OBJETIVA. *Direito penal.* É a alusiva ao fato, estando relacionada ao tempo, ao local ou à forma de sua execução, ao seu objeto, às condições do ofendido etc.

CIRCUNSTÂNCIA OBRIGATÓRIA. *Vide* CIRCUNSTÂNCIA EXPLÍCITA.

CIRCUNSTÂNCIA PERSONALÍSSIMA. *Direito penal.* A que diz respeito, de modo exclusivo, a certa pessoa.

CIRCUNSTÂNCIA PESSOAL. *Vide* CIRCUNSTÂNCIA INCOMUNICÁVEL.

CIRCUNSTÂNCIA PREPONDERANTE. *Direito penal.* É a resultante dos motivos determinantes do delito, da personalidade do agente e da reincidência.

CIRCUNSTÂNCIA PRÓPRIA. *Direito penal.* É a que modifica a pena, agravando-a ou atenuando-a.

CIRCUNSTÂNCIA PUTATIVA. *Vide* CIRCUNSTÂNCIA ERRONEAMENTE SUPOSTA.

CIRCUNSTÂNCIA QUALIFICATIVA. *Direito penal.* É a que se liga a tipo já formado, sem alterar sua denominação jurídica, com o intuito de constituir forma qualificativa do tipo-base, no sentido de dar-lhe uma posição diversa na hierarquia que, conforme a pena cominada, a norma dispôs os crimes.

CIRCUNSTÂNCIA RELEVANTE. *Direito penal.* É o fato, anterior ou posterior ao crime, que, apesar de não previsto legalmente, serve de diretiva à aplicação da pena, atenuando-a ante sua relevância, por exemplo, doença incurável do agente, dano físico ou psíquico causado ao réu em face do delito etc.

CIRCUNSTÂNCIA SUBJETIVA. *Direito penal.* É a que, por aderir à pessoa do agente, revela o grau de sua culpabilidade, as suas relações com a vítima, a reincidência, a imputabilidade etc.

CIRCUNSTÂNCIA SUBSEQÜENTE. *Direito penal.* Ato útil ao ofendido ou à justiça praticado pelo criminoso após o crime, por exemplo, ter impedido ou diminuído as conseqüências do delito ou, ainda, reparado o dano, ter confessado espontaneamente perante a autoridade a autoria do crime etc.

CIRCUNSTÂNCIA VERDADEIRA. *Direito penal.* É a que pode ser deduzida da apreciação do conjunto de provas.

CIRCUNVOLUÇÃO. *Medicina legal.* **1.** Contorno sinuoso que apresenta o intestino delgado no abdome. **2.** Sinuosidade da superfície superior do cérebro.

CIRRO. *Medicina legal.* Tumor canceroso duro que, em regra, surge em glândulas.

CIRROSE. *Medicina legal.* Moléstia crônica progressiva do fígado, geralmente provocada pelo alcoolismo, que se caracteriza pelo aumento de seu volume, em decorrência de formação de tecido conetivo, seguido de endurecimento e contração.

CIRSOCELE. *Medicina legal.* Tumor varicoso; dilatação varicosa das veias espermáticas; varicocele.

CIRSOTOMIA. *Medicina legal.* Extirpação de varizes.

CIRTOSE. **1.** *Medicina legal.* Deformação óssea. **2.** *Direito agrário.* Doença do algodoeiro, causada por vírus, caracterizando-se por manismo, descoloração e ramificação anormal.

CIRURGIA. *Medicina legal.* Ramo da medicina que se ocupa de operações conducentes à cura de lesões externas e internas.

CIRURGIÃO. *Medicina legal.* Médico operador.

CIRURGIÃO–DENTISTA. *Medicina legal.* Aquele que trata de enfermidades dentárias.

CIRURGIA SUBSTITUTIVA. *Vide* TRANSPLANTE DE TECIDOS, ÓRGÃOS OU PARTES DO CORPO HUMANO.

CISÃO. **1.** Na *linguagem jurídica comum:* a) dissidência; b) divergência de opinião ou separação de interesses. **2.** *Ciência política.* Separação de corpo de um partido. **3.** *Direito comercial.* Separação de sociedades. Operação pela qual a pessoa jurídica transfere seu patrimônio para uma ou mais pessoas jurídicas, constituídas para esse fim ou já existentes, extinguindo-se ou não a sociedade cindida se houver transferência de todo o seu patrimônio ou dividindo-se o seu capital, se parcial a transferência.

CISÃO DE SOCIEDADES. *Direito comercial.* Operação pela qual a sociedade transfere parcelas de seu patrimônio para uma ou mais sociedades constituídas para esse fim ou já existentes, extinguindo-se a sociedade cindida, se houver total transferência de seu patrimônio, ou dividindo-se o seu capital, se parcial a transferência. O acionista que não concordar com tal cisão poderá retirar-se da sociedade anônima, reembolsando-se do valor de suas ações. Se a sociedade cindida vier a extinguir-se, as sociedades que absorverem parcelas de seu patrimônio responderão solidariamente pelas suas obrigações. Na cisão parcial, a sociedade cindida que subsistiu e as sociedades que receberam parte de seu patrimônio serão responsáveis solidariamente pelas obrigações da primeira anteriores à cisão, mas nada obsta que se estipule que as sociedades que vierem a absorver parcelas do patrimônio da sociedade cindida sejam responsáveis tão-somente pelas obrigações que lhes foram transferidas, sem que haja qualquer solidariedade entre si ou com aquela sociedade.

CISCAR. **1.** *Direito aeronáutico.* Voar baixo em razão de intempéries. **2.** *Direito agrário.* Limpar a terra de gravetos, juntando folhas secas e outros detritos.

CISELADOR. *Direito agrário.* Instrumento agrícola, similar a uma tesoura, utilizado para retirar bagos excessivos ou doentios.

CISMA. **1.** *Direito canônico.* Dissidência religiosa que causa a separação de uma pessoa ou grupo, que passam a obedecer a um chefe não reconhecido pelos membros daquela religião. **2.** *Direito civil.* Separação de opiniões literárias. **3.** *Ciência política.* Divergência de opiniões em matéria política.

CISTALGIA. *Medicina legal.* Dor na bexiga, de origem nervosa.

CISTAUQUENITE. *Medicina legal.* Inflamação do colo da bexiga.

CISTECTOMIA. *Medicina legal.* **1.** Ablação parcial ou total da bexiga. **2.** Excisão de um quisto.

CISTELCOSE. *Medicina legal.* Ulceração da bexiga.

CISTICOLITECTOMIA. *Medicina legal.* Extração de cálculo da vesícula biliar, por abertura no conduto cístico.

CISTISTAXE. *Medicina legal.* Saída de sangue pela bexiga.

CISTITE. *Medicina legal.* Inflamação da bexiga.

CISTOCELE. *Medicina legal.* Hérnia da bexiga, em regra decorrente de parto vaginal, podendo levar à incontinência urinária.

CISTOENTEROCELE. *Medicina legal.* Hérnia de parte da bexiga e do intestino.

CISTOLITÍASE. *Medicina legal.* Desenvolvimento de cálculos na bexiga.

CISTOPERMITE. *Medicina legal.* Inflamação de uma vesícula seminal.

CISTOPLASTIA. *Medicina legal.* Operação restauradora da bexiga urinária.

CISTOTROMBOSE. *Medicina legal.* Formação de coalhos sangüíneos na bexiga.

CITAÇÃO. 1. *Direito autoral.* Referência a um texto alheio transcrito ou a uma opinião autorizada. **2.** *Direito processual civil.* Ato processual escrito pelo qual se chama, por ordem da autoridade competente, o réu, ou o interessado, para defender-se em juízo. Com a citação o Estado, na pessoa do órgão judicante, vem a transmitir o teor do pedido do autor ao réu, estabelecendo, desde esse instante, a demanda judicial. Logo, com a citação válida poder-se-á: a) interromper a prescrição da ação; b) induzir litispendência; c) tornar prevento o juízo, concedendo prioridade do julgamento da causa ao juiz perante quem a citação se efetivar em primeiro lugar; d) constituir em mora o devedor; e) tornar litigiosa a coisa. Quando a matéria controvertida for unicamente de direito e no juízo já houver sido proferida sentença de total improcedência em outros casos idênticos, poderá ser dispensada a citação e proferida sentença, reproduzindo-se o teor da anteriormente prolatada. Se o autor apelar, é facultado ao juiz decidir, no prazo de 5 (cinco) dias, não manter a sentença e determinar o prosseguimento da ação. Caso seja mantida a sentença, será ordenada a citação do réu para responder ao recurso. **3.** *Direito processual penal.* Ato processual de chamar o réu para sua defesa judicial, feito por mandado, se ele estiver no território sujeito à jurisdição do juiz que a ordenou; por precatória, se estiver fora da jurisdição do magistrado processante; por rogatória, se tiver a citação de ser feita em legação estrangeira e por edital, se o réu estiver em local inacessível ou se incerta for a pessoa que tiver de ser citada.

CITAÇÃO *AD DOMUM.* *Vide* CITAÇÃO COM HORA CERTA.

CITAÇÃO CIRCUNDUTA. *Direito processual civil.* **1.** É a citação defeituosa, que não produz efeitos, por ter sido efetuada com violação aos preceitos processuais, acarretando a nulidade do feito. **2.** *Vide* CIRCUNDUÇÃO.

CITAÇÃO COM HORA CERTA. *Direito processual civil.* É o modo de efetivar a citação quando a pessoa citada não é encontrada ou se esconde para evitá-la, caso em que o oficial de justiça, após procurá-la por três vezes, marcará hora certa do dia subseqüente ao do aviso para nela dar como promovida a citação. Se ainda assim o citando não for encontrado, deixará contrafé da certidão da ocorrência com qualquer pessoa de sua família ou, em sua falta, com qualquer vizinho seu. Essa citação, também denominada *ad domum*, é, portanto, uma modalidade subsidiária da citação pessoal, admissível apenas quando o oficial de justiça perceber que o réu está se ocultando com o intuito de impedir a diligência citatória.

CITAÇÃO EFETIVA. *Direito processual civil.* É a que abrange, em sentido amplo, a citação inicial feita pelo correio, por oficial de justiça ou por edital e, em acepção estrita, a citação real feita pessoalmente ao próprio citando, a seu representante legal ou a procurador legalmente autorizado que tenha poderes especiais para recebê-la.

CITAÇÃO FICTA. 1. *Direito processual civil.* É a também designada "citação presumida", por operar-se mediante edital ou com hora certa. **2.** *Vide* CITAÇÃO COM HORA CERTA e CITAÇÃO POR EDITAL.

CITAÇÃO INICIAL. *Direito processual civil.* Ato promovido para iniciar a ação, instaurando a instância, ao chamar o réu, seu litisconsorte necessário ou qualquer interessado a juízo para defender-se e tutelar seu interesse no processo instaurado pelo autor.

CITAÇÃO INTERRUPTIVA DA PRESCRIÇÃO. *Direito processual civil.* Ato citatório feito ao réu, ainda que ordenado por juiz incompetente *ratione materiae*, desde que não haja qualquer nulidade por defeito de forma. Todo despacho judicial ordenando a citação terá, portanto, eficácia interruptiva da prescrição, bastando, para tanto, que exista e não seja nula por defeito de forma.

CITAÇÃO NA EXECUÇÃO. *Direito processual civil.* Ato processual indispensável para dar início à execução, que será instaurada assim que o devedor for chamado para defender-se, sendo-lhe oferecida uma última oportunidade para cumprir a prestação devida.

CITAÇÃO NULA. *Vide* CITAÇÃO CIRCUNDUTA.

CITAÇÃO PELO CORREIO. 1. *Direito processual civil.* Trata-se da "citação postal", que é requerida pelo autor e deferida pelo juiz, para qualquer comarca do País, salvo: nas ações de Estado; quando pessoa incapaz e pessoa de direito público forem réus; nos processos de execução; se o réu residir em local não atendido pela entrega domiciliar de correspondência; e quando o autor a requerer de outra forma. A carta citatória deverá ser registrada e expedida com aviso de recepção para que, com a anexação deste aos autos, se possa comprovar a citação pela sua entrega ao destinatário. **2.** O mesmo que CITAÇÃO POR CARTA DO ESCRIVÃO.

CITAÇÃO PELO OFICIAL DE JUSTIÇA. *Direito processual civil.* Ato citatório levado a efeito por meio do oficial de justiça, por ordem do juiz, que lhe entrega o mandado, quando vedada ou frustrada a citação pelo correio, para que, pessoalmente, procure o réu e cite-o, onde o encontrar, ou venha a executar a citação de pessoa da sua família ou de vizinho seu, no caso de não encontrar o citando porque este se escondeu para não ser citado.

CITAÇÃO PESSOAL. 1. *Direito processual civil.* É a também chamada "citação real", por ser a comunicação processual do ajuizamento da ação ou da execução ao próprio citando, pessoalmente, a seu representante legal ou a procurador legalmente autorizado. É real por ser efetiva a comunicação processual. **2.** *Vide* CITAÇÃO EFETIVA.

CITAÇÃO POR CARTA DE ORDEM. *Direito processual civil.* Providência citatória decorrente de ordem emanada de tribunal e dirigida a juiz que lhe seja subordinado. É, na verdade, uma requisição de ato de citação a juiz de categoria funcional inferior, feita por órgão do tribunal de que ele seja subalterno.

CITAÇÃO POR CARTA DO ESCRIVÃO. *Vide* CITAÇÃO PELO CORREIO ou CITAÇÃO POSTAL.

CITAÇÃO POR CARTA PRECATÓRIA. *Direito processual civil.* Ato citatório solicitado pelo juiz do processo àquele da comarca onde o réu ou interessado deva ser comunicado da ação para defender-se em juízo. Se o réu estiver em território nacional, o juiz do processo, por não ter jurisdição na comarca onde sua citação deve ser efetuada, depreca ao da comarca onde a diligência citatória deva dar-se para que a providencie. O instrumento desse pedido feito por um juiz a outro da mesma categoria funcional é a carta precatória.

CITAÇÃO POR CARTA ROGATÓRIA. *Direito processual civil.* Ato processual solicitado por juiz brasileiro, por via diplomática, a uma autoridade judiciária estrangeira, no caso de o citando se encontrar no exterior, ou realizado à instância de autoridade judiciária estrangeira, se a citação tiver de ser efetuada em território nacional.

CITAÇÃO POR DESPACHO. *Direito processual civil.* Providência citatória ordenada por despacho judicial e efetuada por órgão auxiliar do juízo (oficial de justiça, cumprindo o mandado, ou escrivão, por certificação nos autos), pelo correio ou por edital.

CITAÇÃO POR EDITAL. *Direito processual civil.* Ato citatório efetuado por meio de aviso ou anúncio publicado na imprensa oficial ou particular e afixado na sede do juízo, ou divulgado pelo rádio, no caso de ser o réu desconhecido ou incerto, de se encontrar em local ignorado, incerto ou inacessível ou, ainda, se se tratar dos casos expressamente indicados em lei.

CITAÇÃO POR MANDADO. *Direito processual civil.* Convocação do réu para defender-se em juízo feita pelo próprio oficial de justiça, não dispondo a lei de outro modo, no território da circunscrição judiciária em que o juiz ordenador da diligência citatória exerce a jurisdição ou no de comarca contígua, quando fácil a comunicação e próximo o lugar onde resida o citando ou onde possa ser encontrado.

CITAÇÃO POR PRECATÓRIA. *Direito processual.* É a cumprida por meio de carta precatória.

CITAÇÃO POSTAL. *Vide* CITAÇÃO PELO CORREIO.

CITAÇÃO PRESUMIDA. *Vide* CITAÇÃO FICTA.

CITAÇÃO REAL. *Vide* CITAÇÃO PESSOAL e CITAÇÃO EFETIVA.

CITAÇÃO VÁLIDA. *Direito processual civil.* É o efetivo chamamento do réu para defender-se em juízo de ação contra ele proposta, executado em conformidade com as normas e formalidades processuais, não apresentando quaisquer defeitos que possa invalidá-lo. A citação válida torna prevento o juízo, induz litispendência, faz litigiosa a coisa e, ainda, quando ordenada por juiz incompetente, constitui em mora o devedor e interrompe a prescrição.

CITADO. 1. *Direito processual civil.* Aquele que recebeu a citação judicial, podendo ser: o réu chamado a juízo para defender-se no processo iniciado pelo autor; o litisconsorte necessário do demandante para, em atividade conjunta, auxiliar no reconhecimento pelo magistrado da procedência da ação; o interessado para tutelar seu interesse no procedimento instaurado por outrem. **2.** *Direito processual penal.* É o réu ou acusado, na ação penal pública, ou o querelado, na ação penal privada, chamados para defender-se da imputação apresentada na denúncia ou queixa. **3.** *Direito autoral.* Autor ou documento mencionado num texto.

CITANDO. *Direito processual.* Aquele que deve ser citado; destinatário da citação.

CITANTE. *Direito processual.* **1.** Pessoa que faz a citação; aquele que requer a citação do réu, do litisconsorte necessário ou do interessado, por ser o autor ou o exeqüente. **2.** Aquele que foi encarregado pelo órgão judicante de efetuar as diligências citatórias; órgão auxiliar do jurisdicional que efetiva a citação, ou melhor, oficial de justiça ou escrivão. **3.** O carteiro incumbido de efetuar a providência citatória na hipótese de citação postal.

CITAR. 1. *Direito autoral.* Mencionar ou transcrever textos de uma obra de um autor literário. **2.** *Direito processual.* Chamar réu, litisconsorte necessário ou interessado a juízo.

CITATIO CIRCUMDUCTA DICITUR QUANDO IN TERMINO AD QUEM REUS CITATUR, ACTOR SOLUS VEU ACTOR, ET REUS NON COMPAREANT. *Definição latina.* Diz-se que a citação fica circunducta quando, no termo para o qual se cita o réu, só o autor ou o autor e o réu não comparecem.

CITATIO CUM PLENA CAUSAE EXPRESSIONE UT ADVERSARIUS INSTRUI POSSIT SUPER QUO ET QUA DE CAUSA CITETUR. *Brocardo latino.* Faça-se a citação com plena expressão da causa para que o adversário possa ser instruído sobre o que e por que causa é citado.

CITATIO EST FUNDAMENTUM TOTIUS JUDICII. *Definição latina.* A citação é o fundamento de todo juízo.

CITATIO LIBELLATA. *Locução latina.* Citação escrita.

CITATIO LIBELLATA INTERRUMPIT PRAESCRIPTIONEM ETIAM CORAM JUDICE INCOMPETENTE FACTA.

Expressão latina. A citação libelada interrompe a prescrição mesmo se feita perante juiz incompetente.

CITATIO QUOD DEFENSIONEM EST JURIS NATURALIS. *Brocardo latino.* Quanto à defesa, a citação é de direito natural.

CITATIO REMANET CIRCUMDUCTA ACTORE NON COMPARENTE IN TERMINO AD QUEM REUM CITARI PACT. *Definição latina.* A citação fica circunduta não comparecendo o autor no termo para o qual faz o réu ser citado.

CITATÓRIA. *Direito processual civil.* Diz-se da diligência destinada a chamar o réu ou o interessado a juízo por meio de oficial de justiça, de edital ou pelo correio.

CITATÓRIO. *Direito processual civil.* **1.** O que é relativo à citação judicial. **2.** Aquilo que contém a citação. **3.** O que é destinado a citar.

CITATUR REUS AD PETITIONEM ACTORIS. *Expressão latina.* Cita-se o réu a pedido do autor.

CITATUS AD CAUSAM ET SIC PREVENTUS TENEATUR CORAM IPSO JUDICE PREVENIENTE RESPONDERE, LICET POSTEA MUTET FORUM. *Expressão latina.* O citado para a causa, e assim prevento, é obrigado a responder perante o mesmo juiz prevento, ainda que depois mude de foro.

CITEJA. *Direito internacional privado.* Sigla de *Comité International Technique d'Experts Juridiques Aériens*, criada após a 1ª Guerra Mundial, com sede em Paris, para elaborar projetos de convenção sobre responsabilidade civil do transportador aéreo internacional, sendo a responsável pela Convenção de Varsóvia até hoje vigorante.

CITOPEXIA. *Medicina legal.* Detenção pelo fígado de células normais ou patológicas trazidas pela circulação.

CITÓSTASE. *Medicina legal.* Oclusão dos capilares por glóbulos brancos que se opera no início de uma infecção.

CITRA FIDEM. *Locução latina.* Aquém da fidelidade; diz-se, por exemplo, do julgamento em que não houve boa-fé.

CITRA PETITA. *Locução latina.* Aquém do pedido; diz-se do julgamento incompleto ou parcial da lide.

CITRICULTOR. *Direito agrário.* **1.** Empresário rural que se dedica à citricultura. **2.** Empregado rural que se ocupa da plantação de árvores cítricas.

CITRICULTURA. *Direito agrário.* Cultura de laranjeiras, tangerineiras e limoeiros.

CÍTULA. *Medicina legal.* Zigoto ou óvulo fecundado.

CIÚME. *Direito penal.* Causa de crime que se pode manifestar como: a) inveja de um rival ou suposto rival mais competente ou mais bem-sucedido ou daquele que possua uma vantagem material ou intelectual cobiçada; b) inquietação mental provocada por suspeita de haver rivalidade no amor.

CÍVEL. **1.** *Direito civil.* a) Aquilo que for relativo ao direito civil; b) o mesmo que CIVIL. **2.** *Direito processual civil.* Diz-se da jurisdição dos juízes e tribunais que julgam causas cíveis.

CÍVICO. *Ciência política.* **1.** Aquilo que é relativo ao cidadão como membro do Estado. **2.** Patriótico.

CIVIL. **1.** *Direito civil.* a) O mesmo que CÍVEL; b) setor da vida social regido por normas de direito civil; c) relativo ao cidadão considerado em suas relações particulares com os demais membros da sociedade, sejam elas familiares, patrimoniais ou obrigacionais; d) indivíduo não pertencente às classes militar ou eclesiástica; e) aquilo que não tem caráter criminal. **2.** *Direito processual civil.* a) Jurisdição dos tribunais cíveis; b) diz-se da ação fundada no direito civil.

CIVILISMO. *Ciência política.* **1.** Programa partidário ou doutrina que defende o exercício do governo do Estado por cidadãos civis, isto é, não pertencentes às classes militar ou eclesiástica. **2.** Civismo.

CIVILIS RATIO NATURALIA JURA CORRUMPERE NON POTEST. *Aforismo jurídico.* A razão civil não pode corromper o direito natural.

CIVILISTA. **1.** *Teoria geral do direito.* Tratadista de direito civil; pessoa profundamente versada e especializada em questões de direito civil. **2.** *Ciência política.* Partidário do civilismo.

CIVILISTAS PLURIUM LOCORUM EST INCOMPATIBILIS. *Brocardo latino.* É incompatível a cidadania de muitos lugares.

CIVILIZAÇÃO. *Sociologia jurídica.* **1.** Estado de adiantamento e cultura social. **2.** Ato de civilizar. **3.** Conjunto de fenômenos sociais comuns a uma dada sociedade. **4.** Organização social e racional, apresentando ciência e técnica.

CIVIL LAW. *Locução inglesa.* Sistema jurídico latino (romântico e germânico) ou, como alguns preferem, sistema continental europeu.

CIVIL RIGHTS. *Locução inglesa.* Direitos civis.

CIVIS. *Termo latino.* Cidadão.

CIVISMO. *Ciência política.* **1.** Patriotismo. **2.** Dedicação à causa pública, à pátria ou ao interesse público. **3.** Complexo de qualidades de um bom cidadãos.

CJF. *Direito processual.* Sigla de Conselho de Justiça Federal. Órgão administrativo que atua junto ao Superior Tribunal de Justiça, tendo por escopo não só a supervisão administrativa e orçamentária dos órgãos da justiça federal, mas também a coordenação central de seus sistemas de recursos humanos.

CKD. *Direito comercial.* Sigla de *Completely Knocked Down.* Significa completamente desmontado. Tal sigla é utilizada quando um produto é transportado desmontado. O conceito foi criado na indústria automobilística, para exportação de veículos desmontados, para montagem no destino. Hoje se utiliza o conceito CKD para outros tipos de produtos, como fogões, por exemplo (James G. Heim).

CLÃ. *Sociologia jurídica.* **1.** Tribo constituída, entre os antigos escoceses, irlandeses e gálios, por várias famílias subordinadas a um chefe hereditário. **2.** Tipo de agrupamento social intermediário entre a família e a tribo, presente em regiões pouco evoluídas da Índia, África, Oceania e América. **3.** Grupo de pessoas que se consideram parentes por terem o mesmo *totem*, do qual acreditam descender.

CLAM (FACTUM VIDETUR ESSE) QUOD QUISQUE CUM CONTROVERSIAM HABERET HABITURUMVE SE PUTARET FACIT. *Expressão latina.* Parece ter sido feita alguma coisa clandestinamente quando alguém a fez tendo ou indo ter alguma controvérsia.

CLAMÍDIA. Vide *CHLAMYDIA TRACHOMATIS.*

CLAMOR PÚBLICO. **1.** *Direito penal.* Acusação oral de um crime que acaba de ser perpetrado ou que está sendo praticado, feita pelo povo contra o delinqüente desde o momento do delito e em sua perseguição, exigida, outrora, para que se caracterizasse o flagrante delito. Seria o concurso de testemunhas de um crime que, espontaneamente, correm no encalço do criminoso, pedindo a repressão das autoridades competentes, denotando que o perseguido é o autor do ato delituoso. **2.** *Ciência política.* Indignação popular que pode apresentar-se em comícios ou em concentrações.

CLAM POSSIDERE DICIMUS EUM QUI FURTIVE IN-GRESSUS EST POSSESSIONEM. *Expressão latina.* Dizemos possuir ocultamente aquele que furtivamente entrou na posse.

CLANDESTINA POSSESSIO. *Locução latina.* Posse clandestina.

CLANDESTINIDADE. 1. Na *linguagem jurídica comum,* é a qualidade daquilo que é feito às ocultas, com dissimulação, não apresentando as condições de publicidade requeridas pela lei, visando fraudá-la ou lesar alguém. **2.** *Direito civil.* Vício da posse consistente em ser o possuidor despojado às escondidas ou sub-repticiamente do bem, podendo ser reintegrado na sua posse por força de sentença judicial.

CLANDESTINO. 1. *Direito comercial.* a) Diz-se do passageiro que viaja escondido sem apresentar documento e pagar a passagem; b) passageiro que não está autorizado pelo comandante da embarcação a viajar, não constando sua presença nos registros oficiais de embarcação. **2.** *Direito civil.* a) Relativo à clandestinidade; b) aquilo que não apresenta as condições de publicidade e notoriedade prescritas legalmente. **3.** *Direito penal.* a) O que é feito às ocultas; b) ilegal; c) aquele que viaja sem ter adquirido bilhete de passagem.

CLANGUISTA. Pessoa paga para aplaudir um espetáculo teatral.

CLAQUE. Conjunto de pessoas pagas para aplaudir em comícios ou teatros.

CLAREZA. 1. *Teoria geral do direito.* a) Qualidade do que é inteligível; b) minudência com que se deve redigir um contrato ou documento para que se delineie com precisão a intenção de parte; c) meticulosidade com que se deve descrever um ato para que não haja qualquer dúvida. **2.** *Direito processual civil.* Palavra comumente usada, na terminologia forense, nas expressões "para maior clareza" ou "para clareza", inseridas pelos advogados nas petições, contestações ou articulados com o objetivo de evitar dúvida, interpretação múltipla ou ambigüidade, tornando inequívoca a intenção das partes litigantes.

CLARIDADE. *Direito civil.* Luz que penetra no prédio por vãos abertos (janelas, clarabóias, seteiras, frestas ou óculos), inclusive para o prédio vizinho, sem que com isso se crie direito à servidão.

CLARO. *Filosofia do direito.* **1.** Aquilo que é distinto, por fazer reconhecer seu objeto, distinguindo-o de qualquer outro (Leibniz). **2.** Aquilo que, por ser convincente, evidente, manifesto, não pode ser colocado em dúvida quanto à sua realidade e valor (Descartes).

CLASS ACTION. 1. *Locução inglesa.* Ação coletiva. **2.** *Direito comparado.* Nos EUA, é a prática processual que consiste em agrupar grande número de pessoas que têm o mesmo interesse no litígio, para ingressarem em juízo com uma só ação coletiva, permitindo o acesso a litigante economicamente fraco e o desafogamento do Judiciário.

CLASSE. 1. *Sociologia jurídica.* a) Conjunto de pessoas da mesma categoria ou nível social; b) categoria de pessoas fundada no mérito, opinião, ocupação, capacidade etc. **2.** *Lógica jurídica.* Conjunto de objetos definido pelo fato de todos terem vários caracteres comuns. **3.** *Direito administrativo.* a) Agrupamento de cargos da mesma atividade ou de funcionários da mesma profissão ou categoria e com igual padrão de vencimentos, responsabilidade e funções; b) categoria de pessoas baseada na dignidade de suas ocupações ou na hierarquia funcional. **4.** *Direito comercial.* a) Distinção que, em certos meios de transporte, pode haver nos bilhetes de passagem, relativa ao preço e à maior ou menor comodidade ou conforto dos viajantes; b) categoria de mercadorias baseada na sua qualidade ou preço; c) grupo ou reunião de sócios considerada separadamente conforme as especialidades a que se dedica. **5.** Na *linguagem comum,* indica grupo de alunos de uma instituição de ensino reunidos numa sala de aula para estudar determinadas matérias ministradas por mestres especializados. **6.** *Direito militar.* Grupo de indivíduos nascidos num dado ano convocados para o serviço militar.

CLASSE DE RISCO. *Direito ambiental.* Grau de risco associado ao organismo receptor, que dará origem ao organismo geneticamente modificado (OGM).

CLASSE DE RISCO DE OGM. *Biodireito* e *direito ambiental.* Grau de risco à saúde humana e dos animais, ao meio ambiente e aos vegetais associado ao organismo doador, ao organismo receptor e ao OGM resultante.

CLASSE DE RISCO 4. *Direito ambiental.* Elevado risco individual e elevado risco para a comunidade. Condição de um agente biológico que representa grande ameaça para o ser humano e para os animais, representando grande risco a quem o manipula e tendo grande poder de transmissibilidade de um indivíduo a outro, não existindo medidas preventivas e de tratamento para esses agentes.

CLASSE EMPRESARIAL. *Direito do trabalho.* É a constituída pelos empregadores, ou melhor, pelos empresários.

CLASSE INATIVA. *Direito do trabalho, direito administrativo, direito militar* e *direito previdenciário.* a) Grupo dos aposentados e reformados que não estão no exercício de suas funções, cargos e postos militares; b) conjunto de viúvas e filhas de determinados pensionários, que têm direito a receber pensões.

CLASSE PATRONAL. *Vide* CLASSE EMPRESARIAL.

CLASSES DE DEPENDENTES DO SEGURADO DA PREVIDÊNCIA SOCIAL. *Direito previdenciário.* Categorias de pessoas que figuram como dependentes do segurado, que são: a) o cônjuge, o companheiro, o filho não emancipado, de qualquer condição, o menor de vinte e um anos ou inválido; b) os pais; c) o irmão não emancipado, de qualquer condição, menor de vinte e um anos ou inválido.

CLASSES DE EMPREGO DE COLETES. *Direito marítimo.* Tipos de coletes. Os coletes são classificados como: a) classe I – coletes salva-vidas fabricados integralmente de acordo com as normas previstas na Convenção Internacional para Salvaguarda da Vida Humana no Mar (SOLAS), e demais instruções emanadas da Organização Marítima Internacional (IMO). O colete classe I pode ser empregado em qualquer classe de navegação e deverá ser exigido para embarcações empregadas na navegação internacional; b) classe II – coletes salva-vidas fabricados com atenuação de alguns requisitos daqueles estabelecidos pelas normas emanadas da Organização Marítima Internacional. Seu emprego é restrito a embarcações não classificadas como de longo curso e que não estejam efetuando viagens internacionais; c) classe III – coletes salva-vidas fabricados com requisitos simplificados, dado o tipo de navegação na qual poderão ser empregados. Seu emprego é restrito às embarcações empregadas na navegação interior; d) classe IV – Equipamento Pessoal de Auxílio a Flutuação (EPAF) fabricado para emprego, por longos períodos, por pessoas envolvidas em trabalhos realizados próximo à borda ou suspensos por pranchas ou outros dispositivos, que correm risco de cair na água acidentalmente. O emprego desse tipo de colete irá requerer supervisão, caso não seja capaz de manter a cabeça de uma pessoa inconsciente fora d'água. Nesses casos, o colete deverá exibir essa advertência no seu corpo, de forma facilmente visível; e) classe V – Equipamento Pessoal de Auxílio a Flutuação (EPAF) fabricado para emprego em atividades esportivas tipo *jet-ski, banana-boat,* esqui aquático, *windsurf, parasail,* pesca, pequenos veleiros de até 5 metros de comprimento e outras. O emprego desse tipo de colete irá requerer acompanhamento ou supervisão caso não seja capaz de manter a cabeça de uma pessoa inconsciente fora d'água. Nesses casos, o colete deverá exibir essa advertência no seu corpo, de forma facilmente visível.

CLASSES DE NAVEGAÇÃO PARA ATIVIDADE DE ESPORTE OU RECREIO. *Direito desportivo.* A navegação desportiva ou de recreio somente é classificada de: a) alto-mar, se se tratar de navegação marítima realizada fora da visibilidade da costa; b) costeira, se a navegação marítima se realizar ao longo do litoral brasileiro, dentro dos limites de violabilidade da costa; c) interior de porto, se a navegação interior se der dentro das áreas portuárias nacionais, baías, enseadas, angras e canais, cujos limites são estabelecidos pela Capitania dos Portos; d) interior fluvial e lacustre, se efetuar-se ao longo dos canais, rios, lagos e lagoas, em território nacional, fora das áreas portuárias nacionais, podendo estender-se aos portos fluviais e lacustres dos países vizinhos, quando esses portos integrarem hidrovias interiores comuns.

CLASSES DE SUCESSÍVEIS. *Direito civil.* Categorias preferenciais de herdeiros do *de cujus,* estabelecidas por lei e baseadas em relações de família e de sangue, exceção feita ao Estado, cujos direitos se fundam na vida social politicamente organizada. Assim, por exemplo, são chamados a suceder o falecido, na seguinte ordem: os descendentes, em concorrência com cônjuge sobrevivente; os ascendentes, em concorrência com cônjuge supérstite; o cônjuge sobrevivente; os colaterais até o 4º grau. O companheiro tem o direito de participar da sucessão quanto aos bens adquiridos onerosamente durante a união estável; daí ser sucessor regular. E, na falta de herdeiro, será sucessor irregular o Município, o Distrito Federal ou a União.

CLASSES SOCIAIS. *Sociologia jurídica.* Camadas cujos membros são considerados socialmente iguais em razão não só do nível econômico, profissional e educacional como também da afiliação política, religiosa etc. Daí se escalonarem, por exemplo, os indivíduos, atendo-se à sua renda, em classe baixa, média e alta, ou aos seus afazeres ou profissão em classe proletária, camponesa, capitalista, industriária, tecnoburocrata, liberal etc.

CLÁSSICO. 1. *Direito autoral.* Diz-se do livro ou do autor de obra dignos de encômios, por serem modelares, contendo estilo próprio. **2.** *Direito desportivo.* Aquilo que segue certo padrão de técnica.

CLASSIFICAÇÃO. 1. *Teoria geral do direito.* a) Modo de ordenar um conjunto de objetos ou conceitos segundo certas relações que se pretendem evidenciar, como relação do gênero com a espécie, do todo com a parte, de hierarquia etc.; b) ação de classificar ou agrupar coisas da mesma espécie, formando categorias ou classes; c) processo que identifica informações de acordo com o seu valor, permitindo estabelecer o nível de segurança adequado para cada tipo de informação e decidir que controles e procedimentos são necessários para a seleção, tratamento, transmissão, armazenamento e descarte dessas informações. **2.** *Direito penal.* Enquadramento de uma figura jurídica delituosa, definindo-a por seus elementos constitutivos ou pelas circunstâncias a ela relacionadas, com o escopo de fixar ou determinar a pena aplicável do seu autor. **3.** *Direito administrativo* e *direito militar.* Distribuição de funcionários públicos nomeados ou de militares admitidos ou promovidos nos departamentos ou batalhões em que devem exercer suas funções. **4.** *Direito civil.* a) Apreciação do mérito de uma pessoa; b) ato de classificar-se em concurso. **5.** *Direito desportivo.* a) Efeito de classificar-se numa competição esportiva; b) posição numa escala gradual de resultados numa competição.

CLASSIFICAÇÃO BRASILEIRA DE OCUPAÇÕES (CBO). *Direito do trabalho.* É um sistema prático para ordenar conteúdos de trabalho em ocupações e grupos de ocupações, que tenham sido identificados e descritos e aos quais se atribuem códigos, a partir de um processo de hierarquização por analogia dos conteúdos de trabalho. Sua finalidade principal é a de servir de base para coleta, tratamento e análise dos dados estatísticos sobre a força de trabalho e respectivo mercado.

CLASSIFICAÇÃO DAS DESPESAS. *Direito administrativo.* Discriminação das despesas para elaboração do orçamento público e sua execução em conformidade com seus fins e natureza.

CLASSIFICAÇÃO DAS DOENÇAS MENTAIS. *Medicina legal* e *psicologia forense.* Ação de enquadrar as moléstias mentais em certas categorias, tendo por base seus caracteres comuns. Em 1948 o 5º Congresso Brasileiro de Psiquiatria, Neurologia e Medicina Legal apresentou a seguinte classificação, que, por ser muito técnica e interessante, aqui transcrevemos: a) psicoses por infecções e infestações (desordens agudas, estados mentais consecutivos); b) psicoses devidas à sífilis (paralisia geral e outras formas); c) psicoses exotóxicas (alcoolismo e toxicomanias profissionais e acidentais); d) psicoses endotóxicas (por desvios funcionais viscerais, do metabolismo ou do endocrinismo); e) psicoses por lesões cerebrais (demência senil, arteriosclerose cerebral, traumatismo craniano, no curso de tumores intranianos) ou por outras formas, como doença de Alzheimer, de Pick, Coréia de Huntington etc.; f) oligofrenias (debilidade mental, imbecilidade, idiotia); g) epilepsias (psicoses epilépticas); h) esquizofrenias (forma simples, hebefrênica e catatônica, formas paranóides e parafrênicas, paranóia); i) psicoses maníaco-depressivas (formas maníacas, melancólicas e mistas); j) psicoses mistas e associadas; l) psicoses psicogênicas (psicose de situação, reação e desenvolvimento psicopatológicos); m) neuroses (estados histéricos de conversão, estados ansiosos, fóbicos, compulsivos e neurastênicos, organoneuroses, neurose traumática); n) personalidades psicopáticas.

CLASSIFICAÇÃO DAS INSTITUIÇÕES DE ENSINO SUPERIOR DO SISTEMA FEDERAL DE ENSINO. *Direito educacional.* a) Quanto à sua natureza: 1. públicas, quando criadas ou incorporadas, mantidas e administradas pela União; 2. privadas, quando mantidas e administradas por pessoas físicas ou jurídicas de direito privado. As instituições de ensino superior do Sistema Federal de Ensino, criadas e mantidas pela iniciativa privada, classificam-se pelo regime jurídico a que se submetem as pessoas físicas ou jurídicas de direito privado que as mantêm e administram. As instituições privadas de ensino, classificadas como particulares em sentido estrito, com finalidade lucrativa, ainda que de natureza civil, quando mantidas e administradas por pessoa física, ficam submetidas ao regime da legislação mercantil, quanto aos encargos fiscais, parafiscais e trabalhistas, como se comerciais fossem, equiparados seus mantenedores e administradores ao comerciante em nome individual; b) quanto à sua organização acadêmica: 1. universidades; 2. centros universitários; 3. faculdades integradas; 4. faculdades; 5. institutos superiores ou escolas superiores.

CLASSIFICAÇÃO DAS PENAS. *Direito penal.* Ato de enquadrar penas em certas categorias, quanto à sua natureza. O Código Penal classifica-as em: a) privativas de liberdade (reclusão, detenção e prisão simples); b) restritivas de direitos (prestação de serviços à comunidade ou a entidades públicas, perdas de bens e valores, interdição temporária de direitos e limitação de fim de semana); e c) pecuniárias (multas).

CLASSIFICAÇÃO DE ÁGUAS. *Direito civil* e *direito administrativo.* É o enquadramento de águas interiores em classes, tendo em vista o controle da poluição hídrica. Em 1976, foi apresentada, pelo ministro do Interior, uma classificação, que, por ser muito interessante e significativa, aqui reproduzimos, a título de exemplo: a classe "1" abrangia as águas destinadas ao consumo doméstico, sem prévia ou com simples desinfecção; a "2", as reservadas para: a) tratamento doméstico, após tratamento convencional, b) irrigação de culturas, c) recreação (natação, esqui aquático etc.); a "3", as utilizadas: a) no abastecimento doméstico, após tratamento convencional, b) na preservação da fauna e da flora, c) na dessedentação de animais; e, finalmente, a classe "4" incluía as usadas: a) no abastecimento doméstico, após tratamento avançado, b) na navegação, c) na harmonia paisagística, d) no abastecimento industrial, na irrigação e em usos menos exigentes. Apenas nas classes "2", "3" e "4" era tolerado o lançamento de despejos.

CLASSIFICAÇÃO DE CREDORES. *Direito civil* e *direito falimentar.* Processo em que se enquadram os credores do devedor falido ou insolvente, num concurso creditório, em conformidade com os seus créditos e preferências, para que se possam distribuir os seus haveres, segundo os direitos de cada um, com base no que lhes estiver assegurado por sua classe. Os credores poderão ser, então, classificados em quirografários ou privilegiados, tendo os primeiros direitos menos amplos do que os segundos.

CLASSIFICAÇÃO DE CRIMES. *Direito penal.* Ato de enquadrar em classes os crimes definidos em lei, tendo por base: a) *sua gravidade,* caso em que se fala em *delitos* e *contravenções*; b) *sua manifestação,* hipótese em que se configuram os crimes *permanentes, continuados, progressivos, de mera conduta, de dano, comissivos, omissivos, exauridos, complexos, de ação múltipla*; c) *o bem violado,* surgindo: os *crimes contra a pessoa* (crimes contra a vida, lesões corporais, periclitação da vida e da saúde, rixa, crimes contra a honra, a liberdade pessoal, a inviolabilidade do domicílio, de correspondência e dos segredos), os *crimes contra o patrimônio* (furto, roubo, extorsão, usurpação, dano, apropriação indébita, estelionato, receptação), os *crimes contra a propriedade imaterial* (crimes contra a propriedade intelectual, o privilégio de invenção, as marcas de indústria e comércio e os crimes de concorrência desleal), os *crimes contra a organização do trabalho,* os *crimes contra o sentimento religioso e contra o respeito aos mortos,* os *crimes contra os costumes* (crimes contra a liberdade sexual, estupro, atentado violento ao pudor, posse sexual mediante fraude, assédio sexual, corrupção de menores, lenocínio, tráfico de pessoas, ultraje público ao pudor), os *crimes contra a família* (crimes contra o casamento, o estado de filiação, a assistência familiar, o poder familiar e a tutela ou curatela), os *crimes contra a incolumidade pública* (crimes de perigo comum, contra a segurança dos meios de comunicação e transporte e outros serviços públicos e os crimes contra a saúde pública), os *crimes contra a paz pública,* os *crimes contra a fé pública* (moeda falsa, falsidade de títulos e papéis públicos e falsidade documental), os *crimes contra a Administração Pública* (crimes praticados por funcionário público ou por particular contra a Administração em geral) e os *crimes contra a administração da justiça*; d) *ato praticado,* incluindo: os crimes *políticos, comuns, unissubsistentes* (aqueles que requerem um só ato, não admitindo a tentativa) e *plurissubsistentes* (se houver vários atos, sendo admitida a tentativa).

CLASSIFICAÇÃO DE MERCADORIAS. *Direito aduaneiro.* Processo para enquadrar mercadorias em determinados tipos ou classes, a fim de tornar possível a cobrança de tarifas aduaneiras, conforme sua natureza.

CLASSIFICAÇÃO DOS ATOS ADMINISTRATIVOS. *Direito administrativo.* Ato de enquadrar os atos administrativos em conformidade com critérios que lhes são peculiares, agrupando-os em classes. Pela sua excelência, reproduzimos aqui a proposta classificatória de Celso Antônio Bandeira de Mello, que os divide: a) *quanto à natureza da atividade*, em: *atos de administração ativa*, se visarem criar uma atividade pública, constituindo situações jurídicas (autorizações, licenças, nomeações, concessões etc.), *atos de administração consultiva*, se pretenderem informar, esclarecer ou sugerir certas providências a serem tomadas nos atos de administração ativa (pareceres), *atos de controle*, se impedirem ou permitirem a produção ou a eficácia dos atos de administração ativa após o exame de sua legalidade ou conveniência (homologações, aprovações prévias ou posteriores), *atos de administração verificadora*, se apurarem ou documentarem a preexistência de uma situação fática ou jurídica (inscrição, registro, certificação), *atos de administração contenciosa*, se julgarem certas situações em processos administrativos; b) *quanto à estrutura do ato*, em: *atos concretos*, se dispuserem para um único caso (exoneração de um funcionário público), *atos abstratos*, se puderem ter reiteradas aplicações (regulamento); c) *quanto aos destinatários do ato*, em: *atos individuais singulares*, se tiverem por destinatário um determinado sujeito especificado (nomeação de certo funcionário), *atos individuais plúrimos*, se muitos forem os destinatários (nomeação numa só lista de várias pessoas indicadas), e *atos gerais*, se tiverem por destinatário uma categoria de sujeitos indeterminados (edital de concurso público, concessão de férias coletivas aos funcionários de uma repartição pública); d) *quanto ao grau de liberdade da Administração em sua prática*, em: *atos discricionários*, se a Administração os praticar tendo certa margem de liberdade, que lhe foi outorgada pela lei (autorização de porte de arma), e *atos vinculados*, se os praticar sem qualquer liberdade de decisão (aposentadoria por tempo de serviço, licença para edificar); e) *quanto à função da vontade administrativa*, em: *atos negociais*, se a vontade administrativa for preordenada à obtenção de um resultado, criando efeitos jurídicos imediatamente (admissão de alguém ao gozo de um serviço público), *atos puros*, se decorrentes de simples manifestações de conhecimento (certidões) ou de desejo (voto em órgão colegiado), nos quais os efeitos advêm da lei; f) *quanto aos efeitos*,

em: *atos constitutivos*, se fizerem nascer, modificar ou extinguir uma situação jurídica (autorização para exploração de jazida, demissão de funcionário), *atos declaratórios*, se firmarem a preexistência de um fato ou de um direito (vistoria de prédio, certidão de matrícula escolar); g) *quanto aos resultados sobre a esfera jurídica dos administrados* em: *atos ampliativos*, se aumentarem a esfera de ação do destinatário (licença, admissão, permissão, autorização, concessão), *atos restritivos*, se diminuírem aquela esfera ou impuserem novos deveres (proibições, ordens, sanções administrativas); h) *quanto à situação de terceiros*, em: *atos internos*, se produzirem efeitos apenas no âmbito da Administração (propostas, pareceres, informações), e *atos externos*, se alcançarem terceiros (licença, admissão); i) *quanto à composição da vontade produtora do ato*, em: *atos simples*, se produzidos pela declaração de um só órgão (licença de habilitação para dirigir automóvel), e *atos complexos*, se resultantes da conjugação da vontade de diferentes órgãos (nomeação feita por um órgão baseada em lista tríplice apresentada por outro); j) *quanto à formação do ato*, em: *atos unilaterais*, se formados pela declaração de uma só parte (demissão de um funcionário, multa, autorização), e *atos bilaterais*, se formados por um acordo de vontades entre as partes (concessão de serviço público); l) *quanto à natureza das situações jurídicas criadas*, em: *atos-regra*, se criarem situações gerais, abstratas e impessoais, podendo ser modificadas, a qualquer tempo, pela vontade de quem os produziu, sem que se lhe possa opor direito adquirido (regulamento), *atos subjetivos*, se estabelecerem situações particulares, concretas e pessoais, produzidas pela vontade das partes, não podendo ser modificadas por uma só delas, assegurando-se o direito geral (contrato), *atos-condição*, se praticados debaixo de situações criadas pelos atos-regra, sujeitando-se às eventuais alterações unilaterais delas (aceitação de cargo público, acordo na concessão de serviço público); m) *quanto à posição jurídica da Administração*, em: *atos de império*, se praticados pela Administração no gozo de prerrogativas de autoridade (ordem de interdição de estabelecimento) designados, atualmente, de *atos de direito público*, e *atos de gestão*, se praticados pela Administração sem poder de comando (venda de um bem), correspondendo hoje aos *atos de direito privado* praticados pela Administração.

CLASSIFICAÇÃO DOS CONCEITOS JURÍDICOS. *Lógica jurídica.* Ato de reunir conceitos ou termos da argumentação de uma mesma espécie, formando classes, tendo por base, como ensinam Goffredo Telles Jr., García Máynez e Van Acker: a) o seu *objeto*, caso em que se têm: *conceitos lógico-jurídicos*, se alusivos ao raciocínio normativo, onde se configuram os conceitos "sujeitos", "cópula", "predicado", "pressuposto jurídico", "conseqüência jurídica" etc., e *conceitos ontológico-jurídicos*, se voltados aos fatos jurídicos, aos direitos, às obrigações e às relações jurídicas, como os de "ato jurídico", "negócio jurídico", "contrato", "ilícito", "sujeito ativo", "sujeito passivo", "sujeito de direito" etc.; b) o seu *conteúdo material* ou *expressão verbal*, hipótese em que podem ser: *conceitos simples*, se contiverem uma representação simples, que se apreende intelectualmente, de uma só vez, já que são expressos por uma só palavra, como "norma" e "contrato", e *conceitos complexos*, se seus caracteres forem apreendidos pela inteligência, em apartado, por estarem expressos por mais de uma palavra, como "imperativo autorizante", "acordo de vontades" etc.; c) sua *compreensão*, ou conteúdo formal, quando podem ser: *conceitos abstratos*, se representarem uma forma separada da matéria a que podem pertencer, por exemplo, "justiça" e "inconveniência", e *conceito concreto*, se contiverem representação da matéria com sua forma, como "o conveniente" (o seu conveniente), "o justo" (o ser justiceiro, o sujeito que possui a qualidade de justiça); d) *sua extensão*, configurando-se em: *conceitos singulares* se se referirem a um objeto concreto, convindo a um só sujeito, por exemplo, "sucessor de João da Silva", *conceitos divisivos*, se alcançarem vários objetos, e a cada um deles em particular, como "direito", "senador", "soldado", "cidadão", "contrato", e *conceitos coletivos* ou *plurais*, se alusivos a vários objetos ou sujeitos no conjunto real (na totalidade) ou simbólica (na maioria), por exemplo, "sociedade", "gado", "senado", "exército" etc.; e) suas *relações recíprocas*, apresentando-se como: *conceitos jurídicos independentes*, se tiverem sentido por si só, por exemplo, "compra e venda", como conteúdo do dever a cargo do comprador, independe da disposição normativa "pagar o preço da coisa", *conceitos jurídicos dependentes*, se carecerem de sentido e fizerem parte do todo jurídico, *conceitos jurídicos compatíveis*, se sua significação ou sentido forem coincidentes e não se excluírem, como os de "direito subjetivo" e "exercício obrigatório", pois o primeiro abrange o conteúdo do segundo, *conceitos jurídicos incompatíveis*, se suas significações não coincidirem, como os de "dever jurídico" e "permissão jurídica", *conceitos jurídicos coordenados*, se pertencentes ao mesmo ordenamento jurídico, referindo-se ao mesmo objeto, como os de "direito de exercício potestativo" e "direito não fundado num dever jurídico de seu titular", e *conceitos subordinados*, se pertencerem à mesma classe, por exemplo, "contrato" e "locação", "delito" e "homicídio" etc.

CLASSIFICAÇÃO DOS CRÉDITOS NA FALÊNCIA. *Direito falimentar.* A classificação dos créditos na falência obedece à seguinte ordem: 1. os créditos derivados da legislação do trabalho, limitados a 150 (cento e cinqüenta) salários mínimos por credor, e os decorrentes de acidentes de trabalho; 2. créditos com garantia real até o limite do valor do bem gravado; 3. créditos tributários, independentemente da sua natureza e tempo de constituição, excetuadas as multas tributárias; 4. créditos com privilégio especial, a saber: a) os previstos no Código Civil; b) os assim definidos em outras leis civis e comerciais; c) aqueles a cujos titulares a lei confira o direito de retenção sobre a coisa dada em garantia; 5. créditos com privilégio geral, a saber: a) os previstos no Código Civil; b) créditos quirografários sujeitos à recuperação judicial pertencentes a fornecedores de bens ou serviços que continuarem a provê-los normalmente após o pedido de recuperação judicial terão privilégio geral de recebimento em caso de decretação de falência, no limite do valor dos bens ou serviços fornecidos durante o período da recuperação; c) os assim definidos em leis civis e comerciais; 6. créditos quirografários, a saber: a) os créditos trabalhistas cedidos a terceiros; b) os saldos dos créditos não cobertos pelo produto da alienação dos bens vinculados ao seu pagamento; c) os saldos dos créditos derivados da legislação do trabalho que excederem o limite legalmente estabelecido; 7. as multas contratuais e as penas pecuniárias por infração das leis penais ou administrativas, inclusive as multas tributárias; 8. créditos subordinados, a saber: a) os assim previstos em lei ou em contrato; b) os créditos dos sócios e dos administradores sem vínculo empregatício.

CLASSIFICAÇÃO DOS JUÍZOS JURÍDICOS. *Lógica jurídica.* Enquadramento dos juízos jurídicos ou proposições em classes ou grupos segundo determinados critérios. Assim, na concepção de Van Acker, Maritain, Plaza, Goffredo Telles Jr. e García Máynez, podem ser divididos: a) *quanto à qualidade*, em: *juízos jurídicos positivos*, se a cópula exercer função de referência de certa predicação ao objeto (sujeito) de forma aditiva, permitindo certa ação ou omissão, enunciando o lícito, formulando-se assim: "S" é "P", e *juízos jurídicos negativos*, se a cópula relacionar o predicado ao sujeito de modo excludente, formulando-se da seguinte forma: "S" não é "P", proibindo um comportamento comissivo ou omissivo, enunciando o ilícito. O fundamento dessa classificação repousa, na lição de García Máynez, no axioma ontológico-jurídico de que "a conduta juridicamente regulada só pode ser proibida ou permitida"; b) *quanto à quantidade*, em: *juízos jurídicos genéricos*, se obrigarem ou permitirem a todos os sujeitos compreendidos na classe designada, exemplo, "todos os homens são iguais perante a lei" (todos os "S" devem ser "P" ou nenhum "S" deve ser "P"), e *juízos jurídicos individuais*, se individualizarem o sujeito, referindo-se a um membro ou membros determinados da sociedade, como é o caso das sentenças ou dos atos administrativos, que assim se enunciam: "algum 'S' deve ser 'P'" ou "algum 'S' não deve ser 'P'"; c) *quanto à relação* ou *cópula*, em: *juízos hipotéticos condicionais*, se dependerem de uma condição, pois a verificação da hipótese é condição do que é afirmado ou negado, logo, o membro que exprime a hipótese chama-se antecedente ou condição, e o outro, conseqüente ou condicionado. São juízos de cópula hipotética "se", em que, posto o antecedente (condição), é necessário pôr o conseqüente ou condicionado, e, se disposto o conseqüente, é preciso dispor o antecedente, por exemplo, se "Q" é "R", "S" deve ser "P" (se uma conduta está juridicamente ordenada, está juridicamente permitida) ou se "A" é, deve ser "B" (segundo Kelsen, se ocorrer um ilícito, deve ser sanção), *juízos hipotéticos disjuntivos*, se a verificação das hipóteses for a única alternativa necessária, oposta ao que é afirmado ou negado (segundo Cossio, dado fato temporal deve ser prestação pelo sujeito obrigado em face do sujeito pretensor ou, dada a não-prestação, deve ser sanção pelo funcionário obrigado em face da comunidade pretensora), podendo ser assim esquematizados: dada "F t" deve ser "P" ou dada a não "P" deve ser "S". Na disjuntividade será possível fazer referência às duas situações: prestação e sanção. São juízos de có-

pula hipotética "ou", em que, posto um membro, necessariamente se dispõe o outro, e, disposto um membro, o outro se põe, *juízos hipotéticos conjuntivos*, se a verificação da hipótese não for a única alternativa necessária, oposta ao que é afirmado ou negado (Jorge Millas), segundo a fórmula: se "A" é, "B" deve ser, e, se "B" não é, deve ser "S", que indica a concorrência de dois juízos hipotéticos e o alcance exato do "dever ser" da conduta principal, ou seja, "'B' deve ser" significa que, "se 'B' não é" (ou seja, se ocorre a conduta contrária), "deve ser 'S'" (isto é, deve ocorrer sanção), em que, posto qualquer um dos dois membros relativamente opostos, é necessário dispor o outro correspondente, *juízos hipotéticos adversativos*, se a fórmula lógica apresentar o segundo membro não como simples alternativa, mas como conseqüência do não-cumprimento do enunciado do primeiro membro, expressando-se da seguinte forma: dado "H" deve ser "P", mas, se não "P", deve ser "S" (Quintas e Aristegui), *juízos categóricos*, se não houver em seus enunciados qualquer condição, sendo representados pela fórmula "S" é "P". Isto é assim porque só tem cópula no sentido próprio de liame entre predicado e sujeito, por uma afirmação ou negação; d) *quanto à forma*, em: *juízos simples*, se constituídos apenas de dois conceitos (sujeito e predicado) unidos por uma afirmação ou negação, correspondendo ao juízo categórico, e *juízos complexos*, quando constituídos de dois ou mais juízos simples ou categóricos ligados por uma cópula hipotética de argumentação, caso em que se terá os juízos hipotéticos condicionais, disjuntivos, conjuntivos ou adversativos; e) *quanto à modalidade*, de acordo com García Máynez, em: *juízos imperativos*, se o suposto jurídico "H" se realizar, o sujeito "S" deve necessariamente observar a conduta "P", e *juízos atributivos*, se o suposto jurídico "H" se der, o sujeito "S" terá necessariamente o direito de observar a conduta "P", ou, ainda, como preferem Van Acker e Goffredo Telles Jr., em: *juízos modais necessários*, que se reduzem à modalidade impossível, pois o impossível é o que necessariamente não é, logo, dizer "é impossível a liberdade excessiva por ser um mal" equivale a "é necessário que a liberdade não seja excessiva por ser um mal", e *juízos modais contingentes*, que se reduzem à modalidade possível, tomada no sentido de poder existir ou não, e, portanto, contingente (não necessário) no existir ou ser, por exemplo, dizer que "é possível que a norma seja justa" equivale a afirmar que "a norma é contingentemente justa".

CLASSIFICAÇÃO DOS RENDIMENTOS. *Direito tributário.* Agrupamento de rendas advindas de determinadas fontes, enquadrando-as em categorias para efeito de incidência tributária.

CLASSIFICAÇÃO EM CONCURSO. *Direito administrativo.* Ordem descendente dos candidatos que foram aprovados num concurso público, não lhes sendo assegurado o direito à nomeação, pois competirá ao poder discricionário da Administração efetuá-la segundo a sua conveniência ou oportunidade.

CLASSIFICAÇÃO JURÍDICA DOS TRIBUTOS. *Direito tributário.* Enquadramento das receitas derivadas que, ante o poder fiscal, são recolhidas pelo Estado do patrimônio dos indivíduos em determinadas classes, conforme suas peculiaridades. Assim, classificam-se, na lição de Geraldo Ataliba, em: a) *tributos não vinculados*, se a hipótese de incidência for um fato qualquer qualificado pela lei que não seja uma atuação estatal ou do Poder Público relativa ao contribuinte caso em que se têm os *impostos*, que se caracterizam por ser uma cobrança geral, sem que haja qualquer contraprestação, baseando-se tão-somente na capacidade contributiva e na competência tributária; b) *tributos vinculados*, se o fato gerador for uma atuação do Estado referida ao obrigado direta ou indiretamente, pois são cobrados para custear os serviços públicos prestados ou o exercício do poder de polícia. Se houver relacionamento imediato entre o Poder Público e o contribuinte, ter-se-ão as *taxas*, em que, por exemplo, a hipótese de incidência pode ser o fornecimento de um serviço público, a expedição de uma certidão por uma repartição pública etc. Se a atuação estatal, relativamente ao obrigado, for indireta ou mediata, teremos as *contribuições de melhoria*, cobradas dos proprietários se, por exemplo, uma obra pública trouxer-lhes benefícios pela valorização dos imóveis próximos a ela.

CLASSIFICADO. Na *linguagem jurídica* em geral, abrange: a) aquele que cumpriu as condições exigidas num concurso ou competição; b) submetido a uma classificação; c) o que é considerado importante por sua condição ou classe social.

CLASSIFICADOR. Na *linguagem jurídica comum,* designa: a) aquele que classifica; b) aparelho que se usa para classificar; c) local onde se guardam papéis ou objetos conforme determinada classificação.

CLASSIFICAR. 1. *Teoria geral do direito.* Distribuir conceitos em classes ou grupos, em conformidade com uma técnica, método ou sistema de classificação. **2.** Na *linguagem jurídica* em geral: selecionar objetos ou conceitos reunindo-os em classes, desde que sejam da mesma espécie.

CLASSISTA. Aquele que representa uma classe ou defende os direitos dela.

CLASS RATES. *Direito internacional privado.* Tipo de tarifas válidas para determinadas espécies de mercadorias dentro de certas áreas de tráfego, elaborado pela *International Air Transport Association* (IATA). Tal tarifa refere-se a animais vivos, metal e pedra preciosa, livros, urnas mortuárias, bagagens pessoais etc.

CLASTOMANIA. *Medicina legal* e *psicologia forense.* Impulso violento e mórbido para quebrar objetos, muito comum em doentes mentais e naqueles que têm personalidade colérica.

CLAUDICAÇÃO INTERMITENTE. *Medicina legal.* Sintoma de perturbação da circulação sangüínea nas pernas, caracterizando-se pelo coxeamento intermitente, que leva o paciente a parar de caminhar de espaço em espaço, após o que volta a se locomover normalmente.

CLAUSE D'ÉCHELLE MOBILE. *Locução francesa.* Cláusula de escala móvel.

CLAUSE DE DURETÉ. *Locução francesa.* Cláusula de dureza.

CLAUSE DE MAINTIEN DE LA VALEUR CONTRACTUEL. *Direito internacional privado.* Cláusula de adaptação inserida em contrato internacional de execução continuada, fixando parâmetros, de aplicação automática, para garantir a equivalência dos valores contratuais.

CLAUSTRO. 1. *Direito canônico.* a) Vida monástica; b) pátio interior descoberto, tendo arcos ao seu redor, existente em conventos ou em seus antigos prédios; c) convento; d) concentração moral. **2.** *Direito civil.* Assembléia de professores universitários.

CLAUSTROFOBIA. *Medicina legal.* Medo mórbido de permanecer em espaços fechados ou pequenos que se manifesta pela angústia.

CLÁUSULA. *Direito civil.* Artigo ou preceito que faz parte de um contrato ou de um instrumento público ou particular.

CLÁUSULA ABUSIVA. *Direito do consumidor.* É a desvantajosa, desleal ou leonina para o consumidor, diminuindo seus direitos, que, se inserida no contrato de fornecimento de produtos e serviços, será nula de pleno direito. Considerar-se-á abusiva, por exemplo, dentre outras, a que: a) exonerar a responsabilidade do fornecedor por vícios de qualquer natureza dos produtos ou serviços; b) permitir ao fornecedor o aumento unilateral do preço; c) admitir a perda do bem e do valor já pago se houver atraso no pagamento das prestações por um certo período; d) prescrever a inversão do ônus da prova em prejuízo do consumidor; e) autorizar o fornecedor a cancelar ou modificar o contrato unilateralmente, sem que igual direito seja conferido ao consumidor; f) impuser representante para concluir ou realizar outro negócio jurídico pelo consumidor; g) estiver em desacordo com o sistema de proteção ao consumidor etc.

CLÁUSULA ACESSÓRIA. *Direito civil.* É a que depende, para sua existência, de uma cláusula principal, que dispõe sobre a matéria do contrato. A cláusula acessória, acidental ou adjeta é a que vem unida ou jungida à principal, estando subordinada a ela, por ser relativa, por exemplo, a uma garantia. Assim, no caso de mútuo com cláusula adjeta de hipoteca, aquele regular-se-á por cláusulas principais, enquanto esta, pelas acessórias.

CLÁUSULA ACIDENTAL. *Vide* CLÁUSULA ACESSÓRIA.

CLÁUSULA AD CAUTELAM. *Direito comparado.* Era a declaração anterior à negocial, pela qual, no direito português, se estabelecia, outrora, uma reserva a esta, dizendo que o negócio a realizar não correspondia à intenção ou vontade do declarante.

CLÁUSULA ADICIONAL. *Direito civil.* É a inserida em ato negocial em momento diverso do de sua celebração.

CLÁUSULA ADJETA. *Vide* CLÁUSULA ACESSÓRIA ou CLÁUSULA ACIDENTAL.

CLÁUSULA ADJETIVA. *Vide* CLÁUSULA ACIDENTAL.

CLÁUSULA AD JUDICIA. *Direito civil* e *direito processual civil.* É a que, constando do mandato, confere ao advogado poderes para praticar, em nome do autor ou do réu, atos processuais em geral, em qualquer juízo ou instância, sem mencionar especificamente cada um, salvo os previstos em lei, que devem ser expressos, por serem especiais, como os para receber citação,

reconhecer a procedência do pedido, transigir, confessar, desistir, renunciar, receber e dar quitação e firmar compromisso. A procuração para o foro em geral confere poderes ao advogado para ajuizar a ação, contestar, reconvir, recorrer etc.

CLÁUSULA AD JUDICIA ET EXTRA. *Direito civil* e *direito processual civil.* Cláusula constante do mandato, autorizando advogado inscrito na OAB não só a praticar atos alusivos à procuração para o foro em geral e os relativos a consultoria, assessoria e direção jurídicas, mas também a visar atos e contratos constitutivos de pessoas jurídicas para que possam ser admitidos a registro nos órgãos competentes.

CLÁUSULA ALTERNATIVA. *Direito civil.* Parte componente do contrato que estabelece a obrigação alternada nele contraída.

CLÁUSULA AMBÍGUA. *Teoria geral do direito.* Diz-se daquela cuja redação é obscura, podendo seu teor conduzir a mais de uma interpretação ou sentido.

CLÁUSULA À ORDEM. *Direito cambiário.* É a inserida em títulos cambiários, indicando o nome em favor de quem são emitidos, acompanhada da expressão permissiva do endosso "ou à sua ordem". É, portanto, aquela que indica serem os títulos de crédito (nota promissória, letra de câmbio, duplicata, cheque) transmissíveis por simples endosso.

CLÁUSULA ARBITRÁRIA. *Direito civil.* Cláusula írrita que faz o ato negocial depender do arbítrio de uma das partes.

CLÁUSULA AS FAST AS THE SHIP CAN DELIVER. *Direito marítimo* e *direito internacional privado.* Aquela que fixa o prazo das estadias com base no ritmo empregado pelo comandante na carga e descarga do navio, de sorte que se este as efetuar antes de expirado o tempo da estadia terá direito ao *dispatch money*, ou seja, prêmio de presteza.

CLÁUSULA AUTÔNOMA. *Direito civil.* 1. É a estabelecida num contrato, formando obrigação própria e distinta daquela que constitui objeto do contrato principal. Contrapõe-se à cláusula acessória, que depende da principal. 2. *Vide* CLÁUSULA PRINCIPAL.

CLÁUSULA CALVO. *Direito internacional público.* É, em regra, inserida em contrato de concessão e ajuste celebrado entre governo latino-americano e pessoa física ou jurídica estrangeira, pela qual esta última renuncia a proteção diplomática de seu país de origem, havendo qualquer litígio contratual, reconhecendo a competência exclusiva da jurisdição local para apreciar e julgar a matéria (Rezek).

CLÁUSULA CAMBIAL. *Direito cambiário.* Disposição alusiva à relação existente na letra de câmbio ou na nota promissória.

CLÁUSULA C&F. *Direito internacional privado.* Abreviação de *Cost and Freight*, ou seja, custo e frete. Por esta cláusula, que é inserida nas vendas marítimas, o seguro ficará a cargo do comprador, sendo o vendedor responsável pelo custo e frete. Tal cláusula, seguida da indicação do porto de destino, é uma cláusula contratual, freqüente na compra e venda internacional, pela qual o seguro ficará a cargo do comprador, e o vendedor responsável pelo custo e pelo frete. A venda C&F é marítima, sendo que o vendedor, além de entregar a mercadoria a bordo, deverá providenciar o frete, arcando com o custo, de modo que será dever do comprador arcar com o ônus oriundo do contrato de seguro marítimo. Nessa modalidade de venda internacional há três contratos: o de compra e venda, o de carregamento marítimo e o de frete.

CLÁUSULA CIF. *Direito internacional privado. Vide* CIF.

CLÁUSULA *CIF LANDED*. *Vide CIF LANDED.*

CLÁUSULA CIP. *Direito internacional privado.* Abreviação de *Carriage and Insurance Paid to...*, ou seja, local de destino indicado. É a cláusula que estipula ao vendedor o dever de pagar as despesas de transporte da mercadoria até certo local, incluindo as de perda ou deterioração.

CLÁUSULA CODICILAR. *Direito civil.* É a inserida num testamento e que poderia ou deveria estar num codicilo, uma vez que não dispõe sobre a herança, tratando de questões pouco importantes, como as alusivas a enterro, esmolas de pequena monta a certas pessoas, dádivas de pouco valor, legado de móveis, roupas ou jóias não muito valiosas etc.

CLÁUSULA COMINATÓRIA. *Direito civil.* **1.** *Vide* CLÁUSULA PENAL. **2.** Aquela pela qual, na celebração do contrato, os contratantes estipulam a aplicação de uma penalidade àquele que não cumprir a obrigação de praticar um ato ou de abster-se de alguma coisa.

CLÁUSULA COMISSÓRIA. *Vide* PACTO COMISSÓRIO.

CLÁUSULA COMPROMISSÓRIA. *Direito internacional privado, direito civil* e *direito comercial.* Pacto adjeto em contratos internacionais, civis ou mercantis, principalmente os de sociedade, ou em negócios unilaterais, em que se estabelece que, na eventualidade de uma possível e futura divergência entre os interessados na execução do negócio, estes deverão lançar mão do juízo arbitral. A cláusula compromissória é a convenção em que as partes, num contrato ou em documento apartado, a ele referente, comprometem-se a submeter o eventual litígio relativo àquele contrato à arbitragem. Se se tratar de contrato por adesão, tal cláusula apenas produzirá efeito se o aderente anuir expressamente. É preciso esclarecer que essa cláusula é autônoma relativamente ao contrato no qual está inserida, logo a nulidade do contrato não implica a da cláusula. E, além disso, compete ao árbitro decidir *ex officio*, ou a requerimento das partes, as questões concernentes à existência, validade e eficácia da convenção de arbitragem e do contrato que contém a cláusula compromissória. As partes podem, na cláusula compromissória: a) reportar-se às normas de algum órgão arbitral institucional ou entidade especializada, hipótese em que a arbitragem será instituída e processada de acordo com essas normas; b) convencionar a forma para a instituição da arbitragem. Se, apesar de firmada essa cláusula, houver resistência por uma das partes quanto à instituição da arbitragem, o interessado pode requerer, instruindo devidamente o pedido e indicando o objeto da arbitragem, a sua citação para comparecer em juízo para lavrar o compromisso na audiência especial designada para esse fim. Não comparecendo o autor, injustificadamente, ter-se-á extinção do processo sem resolução do mérito. Se o réu não comparecer à audiência, o juiz, ouvido o autor, estatuirá a respeito do conteúdo do compromisso e nomeará um árbitro para decidir a questão. Se ambas as partes comparecerem a essa audiência, o magistrado deverá obter a conciliação sobre o litígio. Se não conseguir tal intento, celebrar-se-á então o compromisso arbitral, de comum acordo com os interessados. Se estes não concordarem com o teor do compromisso, o juiz, após ouvir o réu, decidirá sobre o seu conteúdo na própria audiência ou dentro de dez dias, respeitando as disposições da cláusula compromissória. Se esta não fizer menção à nomeação de árbitros, o juiz, após a ouvida dos interessados, estatuirá a respeito, podendo nomear árbitro único para solucionar o litígio. A sentença que julgar procedente o pedido vale como compromisso arbitral.

CLÁUSULA CONDICIONAL. *Direito civil.* **1.** É a que subordina a eficácia ou ineficácia do negócio a acontecimento futuro e incerto. **2.** *Vide* CONDIÇÃO.

CLÁUSULA CONSTITUTI. *Direito civil.* Trata-se do constituto possessório, que não só é modo aquisitivo derivado da posse, pelo qual o possuidor de um bem (imóvel, móvel ou semovente) que o possui em nome próprio passa a possuí-lo em nome alheio, como também de perda da posse, pois o possuidor, em razão da cláusula *constituti*, altera a relação possessória, passando a possuir em nome alheio aquilo que possuía em nome próprio. É, portanto, simultaneamente, meio aquisitivo de posse, por parte do adquirente, e de perda, em relação ao transmitente.

CLÁUSULA CONTRADITÓRIA. *Direito civil.* Aquela que, inserida num negócio jurídico, conflita com outra.

CLÁUSULA CONTRATUAL DE CATALOGAÇÃO. *Direito militar.* É a que deve constar, ante a importância logística da catalogação para as Forças Armadas e o estabelecimento do Sistema Militar de Catalogação (SISMICAT), nos editais de licitações e nos contratos de aquisição de meios, equipamentos, sistemas e todo e qualquer material, versando sobre catalogação, que exijam do contratado o fornecimento de dados técnicos e de gestão que permitam identificar os itens de suprimento a fornecer. Entende-se como item de suprimento todo material que for adquirido, estocado, distribuído, utilizado, alienado e sobre o qual uma autoridade de gerenciamento de materiais necessite reunir informações, mantendo ainda estas sempre disponíveis para as demais funções logísticas. A entrega dos dados, pelo contratado, necessários para a identificação e gestão dos itens de suprimento ocorrerá antes do fornecimento do material, objeto principal do contrato. Tal entrega deverá estar descrita como um evento do cronograma de desembolso financeiro.

CLÁUSULA CONTRATUAL NA CONCESSÃO DE SERVIÇO PÚBLICO. *Direito administrativo.* Estipulação constante num contrato de concessão de serviço público alusiva à remuneração do concessionário e à equação financeira da concessão, insuscetível de qualquer alteração unilateral por parte da Administração Pública, ante seu caráter especulativo.

CLÁUSULA CUM POTUERIT. *Direito comparado.* Convenção que, no direito português, diz respeito ao tempo de cumprimento da obrigação e nos termos da qual esta somente terá de ser realizada quando o devedor puder fazê-lo. O credor, para exigir o adimplemento da obrigação, terá de fazer prova da possibilidade de cumprimento pelo devedor, ficando dispensado de tal prova apenas quando aquele falecer, instante em que a prestação devida poderá ser exigida de seus herdeiros.

CLÁUSULA CUM VOLUERIT. *Direito comparado.* Existente no direito português, é a que, inserida num contrato, permite ao devedor cumprir sua obrigação quando quiser. Tal cláusula impede o vencimento da prestação em vida do devedor, já que o momento do adimplemento é deixado ao seu arbítrio, podendo o credor exigi-lo dos seus herdeiros.

CLÁUSULA DA NAÇÃO MAIS FAVORECIDA. *Direito internacional público.* É a estabelecida em tratado internacional de comércio, pela qual as nações signatárias passam a ter entre si certos privilégios, principalmente no que atina às tarifas de importação e exportação. Os interessados estipulam a si vantagens que foram concedidas, em contrato de igual natureza, a nações concorrentes para que não haja desigualdade de condições e conseqüente dano para os Estados contratantes. Em que pese a opinião de alguns autores, tal cláusula não constitui exceção ao princípio de que o tratado só produzirá efeito entre os Estados contratantes, pois não será do tratado a que foi alheio um Estado que lhe decorrerão vantagens, e sim da estipulação em que foi parte. Será em razão da cláusula que ele adquirirá direito de reclamar para si vantagens ou favores, que, em regra, serão de ordem mercantil, econômica, alfandegária, alusivos a direitos sobre mercadorias, importação e exportação e entrada, trânsito e saída de utilidades econômicas, estipulados em tratado de que não foi participante. Assim, poderão os Estados contratantes de um tratado convencionar que cada um deles fruirá de privilégios concedidos a outro Estado por meio de tratado. Tal cláusula poderá ser considerada sob os seguintes aspectos: *ilimitado*, se compreender todas as vantagens concedidas aos demais Estados, podendo conter algumas restrições concernentes ao tráfego de fronteiras, relativamente aos países limítrofes; *limitado*, se se referir a determinados Estados; *simples*, se as concessões forem feitas sem condições ou sem ônus, ou seja, gratuitamente; *qualificado*, se abranger concessões feitas contra outras concessões ou mediante compensações equivalentes. Essa cláusula da nação mais favorecida poderá apresentar desvantagens, como a posição incerta e mutável do Estado que goza de tratamento mais favorecido e a restrição da liberdade de ação do Estado contratante, visto que assumirá o dever de estender a outro os benefícios concedidos a outras nações. Sem embargo desses inconvenientes, apresenta vantagens, como a igualdade de tratamento e a uniformidade de condições estipuladas pela cláusula e garantidas pelo tratado.

CLÁUSULA DDP. *Direito internacional privado.* Abreviação de *Delivered Duty Paid*, ou seja, local de destino indicado. É a cláusula pela qual o vendedor coloca a mercadoria à disponibilidade do comprador no local indicado, no país da importação, respondendo pelas despesas de transporte, seguro e desembaraço para a importação.

CLÁUSULA DDU. *Direito internacional privado.* Abreviação de *Delivered Duty Unpaid* (porto de destino convencionado), é a cláusula que impõe ao vendedor os encargos com o transporte da mercadoria até certa localidade, no país da importação, sendo que ao comprador competirá o pagamento dos tributos.

CLÁUSULA DE ABSTENÇÃO DA CONCORRÊNCIA. *Vide* CLÁUSULA DE NÃO-RESTABELECIMENTO.

CLÁUSULA DE ACESSÃO. *Vide* CLÁUSULA DE ADESÃO.

CLÁUSULA DE ADAPTAÇÃO NOS CONTRATOS INTERNACIONAIS DE EXECUÇÃO CONTINUADA. *Direito internacional privado.* É aquela que, inserida em contrato internacional de execução continuada, visa prefixar parâmetros, de aplicação automática, e, por cobrir álea de natureza econômica suscetível de afetar a prestação contratual, possibilita que o contrato se afeiçoe às circunstâncias fáticas supervenientes. Essa cláusula pode ser: a *clause de maintien de la valeur contractual*, se tiver por escopo garantir a equivalência dos valores do contrato; a *escalation*, como a indexação, a de escala móvel e a de reajusta-

mento das prestações; a *government take clause*, se permitir o repasse automático nos preços das majorações efetuadas pelos países produtores, inserida, geralmente, no contrato de fornecimento de petróleo; a *first refusal clause*, em caso de alinhamento automático dos preços ao nível das ofertas concorrentes; a do *cliente mais favorecido*, se o vendedor se comprometer a estender ao comprador os benefícios que posteriormente vier a conceder a clientes.

CLÁUSULA DE ADESÃO. *Direito internacional público.* Também chamada "cláusula de acessão", consiste no ato por força do qual um Estado se ajusta a outros signatários de um tratado para dele participar integralmente. A adesão ou acessão será feita, em regra, mediante notificação oficial dirigida às potências contratantes, por intermédio de missão diplomática acreditada no país onde se recebem as adesões. A adesão será definitiva, independendo de ratificação ulterior. A cláusula de adesão poderá ser: *simples*, se não se subordinar a nenhuma condição especial, ou *condicional*, se exigir o implemento de determinadas condições.

CLÁUSULA DE ADMISSÃO DE NAVEGABILIDADE DO NAVIO. *Direito internacional privado.* Modalidade de *cláusula de carga* inserida na venda CIF, pois as condições de navegabilidade do navio poderão ser admitidas entre seguradora e segurado. Por esta cláusula, se houver perda, o segurado terá direito à indenização, mesmo que tal perda seja atribuída a uma conduta imprópria do armador, ou de seu preposto, praticada à revelia do segurado.

CLÁUSULA DE AGRAVAMENTO DA RESPONSABILIDADE. *Direito comparado.* Cláusula admitida pela doutrina e jurisprudência portuguesas, segundo a qual: a) o devedor assume a responsabilidade pelo inadimplemento da obrigação mesmo que a causa desse descumprimento não lhe seja imputável; ou b) fixa-se convencionalmente um mínimo indenizatório, que será pago pelo devedor inadimplente ainda que o montante dos danos seja inferior a esse valor.

CLÁUSULA DE ALTA E BAIXA. *Direito internacional privado.* Aquela que possibilita a revisão das condições financeiras do contrato na hipótese de aumento ou diminuição do custo de matéria-prima ou de salário (Bruno Opetit).

CLÁUSULA DE ARREPENDIMENTO. *Direito civil.* É a convencionada contratualmente, permitindo, em casos excepcionais, o desfazimento do contrato por vontade unilateral.

CLÁUSULA DE ASSIMILAÇÃO AOS NACIONAIS. *Direito internacional público.* Cláusula inserida, em regra, em tratado bilateral com o escopo de garantir aos estrangeiros o mesmo tratamento jurídico dado aos nacionais no que atina ao acesso a juízes e tribunais e ao exercício profissional. É muito usual nos países que colocam em desigualdade estrangeiros e nacionais dentro de seus territórios.

CLÁUSULA DE ATUALIZAÇÃO MONETÁRIA. *Direito civil.* Consiste na revisão estipulada pelas partes, ou imposta por lei, que tem por ponto de referência a desvalorização da moeda. É uma cláusula de atualização da prestação pecuniária.

CLÁUSULA DE AVARIA GROSSA. *Vide* CLÁUSULA LIVRE DE AVARIA RECÍPROCA.

CLÁUSULA DE CARGA. *Direito internacional privado.* É a inserida na venda CIF, podendo incluir tais modalidades de cláusulas: de trânsito, de desvio de rota, de embarcações, de depositário, livre de avaria particular, livre de avaria particular absolutamente, de avaria grossa, livre de todas as avarias, de perda total construtiva e de admissão de navegabilidade do navio.

CLÁUSULA DE COMPETÊNCIA. *Direito civil.* É aquela em que as partes contratantes elegem o foro que será competente para conhecer e decidir eventual controvérsia.

CLÁUSULA DE DEPOSITÁRIO. *Direito internacional privado.* Cláusula de carga contida na venda CIF que estipula a obrigação do segurado de promover meios para evitar ou reduzir dano, assegurando a preservação e o exercício de todos os direitos contra carregadores, depositários ou terceiros.

CLÁUSULA DE DESVIO DE ROTA. *Direito internacional privado.* Cláusula de carga, comum na venda CIF, pela qual, havendo desvio de rota ou erro, o seguro cobrirá o dano mediante prêmio a combinar.

CLÁUSULA DE DUREZA. *História do direito.* Aquela em que se justificava a denegação da separação judicial litigiosa, por agravar a saúde do outro cônjuge ou causar grave conseqüência moral para filho menor.

CLÁUSULA DEDUZIDA. *Direito civil* e *direito comercial.* Aquela cuja existência se infere do teor do contrato, por via de dedução, por não estar nele

explícita, fundada na interpretação contratual, nas circunstâncias negociais, em presunção legal etc.

CLÁUSULA DE ELEIÇÃO DE FORO. 1. *Direito internacional privado.* Aquela em que as partes escolhem o foro, que deve ter alguma relação com o contrato internacional, sob pena de se configurar fraude à lei, mas se versar sobre imóvel, prevalece o foro de sua situação, pouco importando o escolhido pelas partes. **2.** *Direito processual civil.* Aquela pela qual se escolhe o foro competente para solucionar a demanda advinda do contrato firmado. Se nula for tal cláusula, estando inserida em contrato por adesão, tal nulidade poderá ser declarada de ofício pelo juiz, que declinará de competência para o juízo do domicílio do réu. Mas ter-se-á prorrogação da competência se o juiz dela não declinar ou se o réu não opuser exceção declinatória nos casos e prazos legais.

CLÁUSULA DE EMBARCAÇÕES. *Direito internacional privado.* Cláusula de carga inserida na venda CIF, constituindo um seguro que inclui trânsito em embarcações, balsas e saveiros do e para o navio. Cada embarcação, balsa ou saveiro será tido como garantido por seguro separado, e este não poderá ser prejudicado por qualquer acordo que libere os proprietários daquelas embarcações da responsabilidade.

CLÁUSULA DE ESCALA MÓVEL. *Direito civil* e *direito comercial.* Estabelece, como ensina Arnoldo Wald, uma revisão, pré-convencionada pelas partes, dos pagamentos que deverão ser feitos, de acordo com as variações do preço de determinadas mercadorias ou serviços (cláusula-mercadoria) ou do índice geral do custo de vida (cláusula *index number*). Portanto, por essa cláusula a revisão da obrigação pecuniária é feita por convenção das partes, em função do valor, expresso em moeda corrente, de certos bens (p. ex., petróleo) ou serviços ou de uma generalidade de bens ou de serviços (índices gerais de preços), isto porque tais elementos, por serem mais estáveis do que a moeda, se atualizam à medida que o valor da moeda diminui.

CLÁUSULA DE EXCLUSÃO DE RESPONSABILIDADE. 1. *Direito do consumidor.* É a que vem a exonerar a responsabilidade do fornecedor por vícios de qualquer natureza dos produtos ou serviços, sendo, por isso, nula de pleno direito. **2.** *Direito comparado.* Aquele que libera o devedor, no direito português, de indenizar o credor em caso de inadimplemento da obrigação que lhe for imputável. Tal cláusula é nula, mas será tida como válida quando se referir a atos de terceiros, representante, substituto ou auxiliar do devedor, desde que os atos destes não constituam infração de deveres impostos por normas de ordem pública. Tal cláusula será proibida se for inserida em contrato celebrado entre empresários ou profissionais liberais, tendo por objeto: a responsabilidade por dano causado à vida ou à integridade física ou moral das pessoas; a responsabilidade por prejuízo patrimonial extracontratual causado na esfera da contraparte ou de terceiros; a responsabilidade pelo inadimplemento, doloso ou culposo, total ou parcial, e a responsabilidade por atos culposos ou dolosos de representantes ou auxiliares.

CLÁUSULA DE EXCLUSIVIDADE DE ZONA. *Direito empresarial.* É a cláusula de territorialidade que impede o distribuído de comercializar seu produto no mercado em que opera o distribuidor (Fábio Ulhoa Coelho).

CLÁUSULA DE EXONERAÇÃO. *Direito internacional privado.* É aquela que, em caso de força maior, como tempestade, cataclismo, seca, raio, congelamento de estradas, epidemias, ou de caso fortuito, como greves, quebra de máquinas, revolução, terrorismo, bloqueio, guerra etc., libera a parte inadimplente de qualquer responsabilidade, mas esta deverá envidar esforços para contornar o ocorrido.

CLÁUSULA DE FIXAÇÃO DE DOMICÍLIO. *Direito civil.* É a que estabelece o domicílio especial, conforme os interesses das partes em um contrato, a fim de fixar a sede jurídica onde as obrigações contratuais deverão ser cumpridas ou exigidas.

CLÁUSULA DE FORÇA MAIOR. *Direito internacional privado.* Cláusula de renegociação no contrato internacional de execução continuada que visa assegurar a continuidade do pacto, procurando adaptá-lo às novas situações advindas de acontecimento imprevisível, estabelecendo que, após o decurso de determinado lapso temporal, em que se suspendem os efeitos do referido contrato e a impossibilidade de sua execução, o vínculo contratual permanecerá sobre as novas bases, que foram renegociadas durante aquele período de sua suspensão.

CLÁUSULA DE FRETE ADQUIRIDO. *Direito comercial.* É a inserida no contrato de transporte marítimo,

estipulando a obrigatoriedade do pagamento do frete, na hipótese de perda da carga em razão de fortuna do mar.

CLÁUSULA DE GARANTIA. *Direito civil.* Cláusula contratual obstativa do prazo decadencial para propor ações edilícias.

CLÁUSULA DE GUERRA MARÍTIMA (GTM). *Direito internacional privado.* Cláusula especial que tem como objetivo cobrir as perdas e danos causados por captura, seqüestro, guerra, rebelião, hostilidades, operações bélicas, revolução, insurreição, minas, torpedos, bombas ou outros artefatos de guerra abandonados, arrestos e avaria grossa no transporte marítimo. Todavia, não dá cobertura a perdas e danos causados pelo uso hostil de armas, empregando fissão e/ou fusão atômica, ou nuclear, força ou matéria radioativa.

CLÁUSULA DE *HARDSHIP*. 1. *Direito internacional privado.* Cláusula de renegociação de contrato internacional de execução continuada, pela qual os contratantes se obrigam a adaptar o contrato à nova circunstância que venha a alterar a equação econômica da avença, por criar para um deles uma situação de onerosidade excessiva, dificultando a execução contratual. **2.** *Direito civil.* Cláusula que possibilita a revisão contratual se sobrevierem fatos que venham a alterar de modo substancial o equilíbrio das obrigações dos contratantes. É preciso lembrar que não constitui especial aplicação da teoria da imprevisão, hoje prevista legalmente pelo Código de Defesa do Consumidor, sendo, na verdade, uma nova técnica para solucionar o desequilíbrio contratual oriundo da superveniência de fatores que alterem a economia do contrato, para manter sob o controle dos contratantes certos fatos, assegurando a continuação da relação contratual em circunstâncias que levariam à sua rescisão. Essa cláusula é muito comum nos contratos de empreitada.

CLÁUSULA DE IMPENHORABILIDADE. *Direito civil.* Cláusula negocial que impossibilita a penhora ou execução de um objeto que foi alienado pelos credores do seu adquirente. Por exemplo, se alguém vier a doar um bem, poderá, para torná-lo insuscetível de qualquer execução judicial, gravá-lo com cláusula de impenhorabilidade, protegendo assim o donatário contra seus credores.

CLÁUSULA DE INALIENABILIDADE. *Direito civil.* Cláusula imposta, em atos jurídicos *causa mortis* ou *inter vivos*, por uma pessoa a outra, proibindo a alienação da coisa ali mencionada, impondo uma limitação ao direito de propriedade. Tal cláusula impõe à coisa o privilégio da impenhorabilidade. Deveras, bem inalienável é impenhorável. Por exemplo, o testador, mediante declaração de motivo, pode impor aos bens deixados cláusula de inalienabilidade vitalícia (durando enquanto viver o beneficiado) ou temporária (vigorando por certo tempo) e absoluta (prevalecendo relativamente a qualquer pessoa) ou relativa (possibilitando alienação em certos casos, para determinadas pessoas, sob certas condições), impedindo assim que sejam, sob pena de nulidade, alienados, salvo em caso de desapropriação ou em execução de dívidas provenientes de impostos atinentes aos respectivos imóveis. Se, porventura, o bem gravado for alienado em caso de desapropriação, ter-se-á, obrigatoriamente, a sub-rogação no preço pago pelo expropriante, podendo ser aplicado na aquisição de outro imóvel ou títulos da dívida pública, que ficarão clausulados. A cláusula de inalienabilidade seria um meio de vincular os próprios bens em relação a terceiro beneficiário, que não poderá dispor deles, gratuita ou onerosamente, recebendo-os para usá-los e gozá-los. Trata-se de um domínio limitado, motivo pelo qual a duração da proibição de alienar esses bens gravados não pode exceder a espaço de tempo superior à vida do adquirente.

CLÁUSULA DE INCOMUNICABILIDADE. *Direito civil.* Aquela que veda a passagem de um bem do patrimônio de um para o do outro cônjuge. É a que, por exemplo, prescreve a incomunicabilidade dos bens doados ou constitutivos da legítima, declarando-se o motivo, excluindo-os da comunhão, impedindo, assim, que se comuniquem ao cônjuge do donatário, ou do herdeiro necessário, que passará a ter propriedade exclusiva, evitando-se, por exemplo, que com a dissolução da sociedade conjugal tais bens sejam divididos com o consorte ou que, com a pré-morte do cônjuge, sejam eles partilhados com os seus sucessores.

CLÁUSULA DE INDEXAÇÃO. *Direito internacional privado.* Corresponde à cláusula de atualização monetária. É a alusiva ao preço local e modalidade de pagamento e às garantias do valor da moeda do pagamento, que é fixo ou pode variar, se vinculado a taxas cambiais, procuran-do o valorismo contratual baseado em índices oficiais. Tal valorismo contratual baseado em índice que reflete a variação do valor da moeda é comum nos contratos de empréstimos.

CLÁUSULA DE INDIVISÃO. *Direito civil.* Aquela em que o testador ou as partes ajustam conservar a indivisibilidade de um bem por tempo determinado ou não, tornando indivisível bem divisível. É, por exemplo, a imposta pelo doador ou testador no sentido de o donatário, herdeiro ou legatário não dividir a coisa com que foi aquinhoado, mantendo-a em estado de indivisão por um qüinqüênio.

CLÁUSULA DE INTERDIÇÃO DA CONCORRÊNCIA. *Vide* CLÁUSULA DE NÃO-RESTABELECIMENTO.

CLÁUSULA DE IRRESPONSABILIDADE. 1. *Direito civil.* Cláusula contratual que tem por escopo exonerar o devedor dos danos que venha a ocasionar ao credor pelo eventual inadimplemento da obrigação assumida. Trata-se de exoneração convencional da reparação do dano. Tal cláusula visa suprimir o nexo entre o dano e o ato do devedor, ilidindo a reparação. Só poderá ser admitida se não violar norma nem implicar abuso, embora haja forte tendência doutrinária e jurisprudencial advogando a tese de sua nulidade. **2.** *Direito comercial* e *direito do consumidor.* Cláusula que libera o fornecedor do produto ou do serviço de responsabilidade por possível dano futuro que venha a causar, tida como nula por ser abusiva, uma vez que visa ilidir o vínculo resultante da inexecução.

CLÁUSULA DE JUROS. *Direito civil.* Aquela que estipula juros sobre uma dada obrigação.

CLÁUSULA *DEL CREDERE*. 1. *Direito comercial.* Cláusula que constitui uma modalidade de seguro e de fiança, inserida no contrato de comissão, pela qual o comissário assume a responsabilidade pela solvência daquele com quem vier a contratar no interesse e por conta do comitente. **2.** *História do direito.* Cláusula que era admitida em contrato de agência ou representação comercial, pela qual o representante comercial, mediante compensação pecuniária especial, respondia pelo mau negócio que fizesse, se terceiro, com o qual contratou, deixasse de cumprir a obrigação sem justa causa, garantindo ao representado a execução da obrigação de terceiro.

CLÁUSULA *DELIVERED AT CONTAINER DEPOT*. *Direito internacional privado.* Cláusula pela qual o vendedor tem a obrigação de assumir os ônus referentes ao transporte e ao risco até que a mercadoria seja aceita pelo operador de transporte do depósito de *container*, pois, se a coisa vendida já estiver sob o domínio do operador, o comprador terá a responsabilidade pelo transporte, frete e seguro, assumindo todos os riscos.

CLÁUSULA DE LIVRE ACESSO. *Direito internacional privado.* É a que elimina qualquer restrição aos estrangeiros para estarem em juízo, assimilando-os aos nacionais de um determinado Estado.

CLÁUSULA DE MELHOR COMPRADOR. *História do direito.* Também chamada "pacto de melhor comprador", era a estipulação em que se dispunha que a venda de um imóvel ficava desfeita se se apresentasse, dentro de certo prazo não superior a um ano, outro comprador oferecendo preço mais vantajoso. Por ser uma condição resolutiva do negócio, o direito do vendedor só surgia a partir do instante em que encontrasse quem lhe fizesse melhor oferta que a do comprador (como melhor preço, maiores garantias, pagamento à vista etc.), rescindindo-se o negócio simplesmente porque alguém ofereceu maiores vantagens. A compra, portanto, tinha eficácia desde a formação do contrato, resolvendo-se apenas se houvesse pessoa disposta a oferecer maior preço. Assim, se não aparecesse ninguém nessas condições, o negócio reputava-se perfeito e definitivo. Apesar de não estar prevista no novo Código Civil, ante o princípio da autonomia da vontade, nada impede que os contratantes a estipulem.

CLÁUSULA DE MOEDA ESTRANGEIRA. *Direito internacional privado.* Aquela que expressa o objeto da obrigação em um símbolo monetário diferente da moeda do país da norma aplicável ao contrato. É muito comum nos contratos de financiamento, nos quais se estabelecem, como parâmetros, moedas fortes como o dólar americano, o marco alemão etc. (Granziera).

CLÁUSULA DE NÃO-CONCORRÊNCIA. *Vide* CLÁUSULA DE NÃO-RESTABELECIMENTO.

CLÁUSULA DE NÃO INDENIZAR. *Direito civil.* Estipulação contratual que libera a parte que deveria pagar a indenização por dano futuro e eventual, desde que provocado por terceiro, caso fortuito ou força maior. Implica a renúncia antecipada ao ressarcimento, cabível na responsabilidade civil contratual, embora não admitida juridicamente, decorrendo o princípio da autonomia da vontade, sendo que, na relação de consumo, é tida como cláusula nula.

CLÁUSULA DE NÃO-INDEXAÇÃO. *Direito internacional privado.* Aquela que permite adequar o preço do contrato à nova realidade comercial, reportando-se às circunstâncias de equilíbrio de mercado, e possibilitando a adoção de novos valores conforme a prática mercadológica. Por exemplo: a *first refusal clause*, a cláusula de alta e baixa, a *government take clause* (Opetit e Granziera).

CLÁUSULA DE NÃO-RESPONSABILIDADE. *Vide* CLÁUSULA DE IRRESPONSABILIDADE.

CLÁUSULA DE NÃO-RESTABELECIMENTO. 1. *Direito comercial.* a) É a que proíbe o transmitente do estabelecimento comercial de fazer concorrência ao adquirente. Por exemplo, um empresário vende sua loja de tecidos e se obriga a não mais se estabelecer com igual ramo de atividade, durante certo prazo, no mesmo bairro ou na mesma rua em que estava estabelecido, evitando assim que seus antigos fregueses deixem de adquirir tecidos no estabelecimento vendido por ele para comprá-los em sua loja recém-montada, prejudicando o comerciante adquirente do estabelecimento; b) a que veda a concorrência de sócio após sua retirada da sociedade que integrava. **2.** *Direito do trabalho.* Proibição relativa ao exercício de atividade concorrencial pelo empregado após a cessação ou o término do contrato individual de trabalho.

CLÁUSULA DE *NON PRAESTANDA EVICTIONE*. *Direito civil.* Cláusula expressa de exclusão da garantia e conhecimento do risco da evicção pelo evicto.

CLÁUSULA DE PERDA TOTAL CONSTRUTIVA. *Direito internacional privado.* Cláusula de carga própria da venda CIF que, quando inserida na apólice, veda qualquer reclamação de ressarcimento por perda total construtiva, salvo se as mercadorias forem abandonadas ou se o custo de sua recuperação, recondicionamento e reembarque para o destino avençado no seguro exceder seu valor na chegada.

CLÁUSULA DE PERMANÊNCIA. *Direito civil* e *direito comercial.* Termo de compromisso, segundo o qual o empregado da empresa, que dela recebeu verba para custear seu curso de graduação ou pós-graduação, se compromete a nela permanecer pelo tempo estipulado, sob pena de ter de devolver o valor despendido no custeio do curso. Trata-se do contrato de permanência que é válido e eficaz. Por meio dele a empresa custeia o investimento do curso, por ela monitorado, visto que requer relatório mensal pelo empregado, averiguando seu desenvolvimento e aperfeiçoamento técnico (Márcio M. Vasconcellos e Felipe S. de Q. Simões).

CLÁUSULA DEPOSITÁRIA. *História do direito.* Era aquela pela qual alguém só podia ser ouvido judicialmente sobre uma contenda contratual mediante prévio depósito cautelar preparatório da quantia devida ou do objeto da obrigação.

CLÁUSULA *DE PRECARIO*. *Direito civil.* É a que se estabelece num contrato para conceder posse a título temporário.

CLÁUSULA DE PREEMPÇÃO OU PREFERÊNCIA. *Direito civil.* Aquela em que o comprador de um bem móvel ou imóvel assume a obrigação de oferecê-lo a quem lho vendeu, para que este use de seu direito de preferência em igualdade de condições, na hipótese de pretender vendê-lo ou dá-lo em pagamento. É um pacto estipulado em favor do alienante, visto que impõe ao comprador o dever de cientificar o vendedor de seu intuito de vender ou de dar o bem em pagamento, para que ele possa usar seu direito de preferência, readquirindo a coisa vendida em igualdade de condições com terceiro, tanto no que concerne à cifra numérica do preço como no que atina às vantagens oferecidas.

CLÁUSULA DE PROIBIÇÃO NEGOCIAL DE CONCOR-RÊNCIA. *Vide* CLÁUSULA DE NÃO-RESTA-BELECIMENTO.

CLÁUSULA DE RAZOÁVEL PRESTEZA. *Direito internacional privado.* É a inserida na venda CIF, no que atina ao seguro marítimo, por ser condição deste que o segurado aja com presteza razoável em todas as circunstâncias que estiverem sob seu controle. Salvo disposição em contrário, os riscos de transporte não abrangerão os de roubo, furto, derrame, rachadura, umidade, quebra etc.

CLÁUSULA DE REAJUSTE DE PREÇOS. *Direito administrativo.* É a que se contém em contrato administrativo, estipulando a revisão de preços, baseada em índice oficial, precavendo-se de flutuações econômicas e evitando a aplicação da teoria da imprevisão, garantindo o equilí-

brio original, ou seja, a equação econômico-financeira (Bénoîte e Celso Antônio Bandeira de Mello).

CLÁUSULA DE REFERÊNCIA. *Direito internacional privado.* É a que, em caso de força maior, se refere ao direito aplicável ao contrato, ou que remete as partes a normas estabelecidas por organismos internacionais, como, por exemplo, às da *Chambre de Commerce Internationale* (CCI), ou aos princípios gerais de direito internacional (Granziera).

CLÁUSULA DE REJEIÇÃO DE MERCADORIAS. *Direito internacional privado.* É a que tem por escopo proteger o exportador de eventuais problemas de rejeição da mercadoria pelas autoridades governamentais do país importador. A responsabilidade do segurador cessa, no armazém do porto, com a aprovação da mercadoria ou 30 dias após a sua descarga, ou, então, no armazém do importador, se um prêmio adicional for pago para isso, desde que não tenha havido inspeção da mercadoria no porto de descarga. Trata-se de uma cláusula de cobertura adicional para transporte aéreo.

CLÁUSULA DE RENEGOCIAÇÃO NOS CONTRATOS INTERNACIONAIS DE EXECUÇÃO CONTINUADA. *Direito internacional privado.* **1.** Aquela que é inserida no contrato internacional de execução continuada, pretendendo, apesar de não ter mecanismo automático, provocar a revisão contratual, dentro dos limites fixados, sempre que advierem modificações imprevisíveis e inevitáveis nas condições econômicas do negócio, em razão de novas circunstâncias que impossibilitem ou tornem onerosa a execução da avença. As partes contratantes que vierem a convencionar a cláusula de renegociação deverão chegar a um entendimento para que se possa, de comum acordo, remanejar o ato negocial, pois essa cláusula não dispõe de meios automáticos de revisão contratual, o que poderá malograr a pretendida negociação. Por isso o contrato internacional que a contém prevê a intervenção de uma terceira pessoa, conferindo-lhe poderes para efetivar a negociação. Entre as cláusulas de renegociação podemos citar não só a de força maior como também a de *hardship*. **2.** *Vide* CLÁUSULA DE FORÇA MAIOR e CLÁUSULA DE *HARDSHIP*.

CLÁUSULA DE RESERVA DE DOMÍNIO. *Direito civil.* Estipulação em contrato de compra e venda, em regra de coisa móvel infungível, reservando para o vendedor a propriedade do bem até o momento em que se realize o pagamento integral do preço. Dessa forma, o comprador só adquirirá o domínio da coisa se integralizar o preço, momento em que o negócio terá eficácia plena. É muito comum esse pacto nas vendas a crédito ou a prestação, com investidura do adquirente, desde logo, na posse do objeto alienado, subordinando-se a aquisição do domínio à solução da última prestação. Trata-se de condição suspensiva, em que o evento incerto e futuro é o pagamento integral de preço; suspende-se a transmissão da propriedade até que se tenha o implemento da condição, isto é, o pagamento integral do preço ajustado.

CLÁUSULA DE RESERVA DE NOMEAÇÃO. *Direito civil.* No contrato com pessoa a declarar, é aquela em que um dos contratantes (*stipulans*) reserva-se a si o direito de indicar, dentro do prazo convencional ou legal, a pessoa (*electus*) que, perante o *promittens*, assumirá os deveres e adquirirá os direitos oriundos do referido contrato.

CLÁUSULA DE RESERVA DE USUFRUTO. *Direito civil.* É a inserida obrigatoriamente na doação de todos os bens do doador e pela qual há reserva de parte ou renda suficientes para a sua subsistência. A adoção da reserva de usufruto como condição de validade da doação universal visa proteger a pessoa do doador, assegurando-lhe os meios de subsistência, uma vez que o usufruto se caracteriza por sua vinculação à pessoa, sendo proibidas sua alienação a terceiros e a transmissão por morte do usufrutuário a seus herdeiros; assim sendo, morto o titular, extinguir-se-á o usufruto.

CLÁUSULA DE *RETENTUM*. *História do direito.* Era a que, contida na sentença, autorizava o carrasco a estrangular o condenado à morte na fogueira, para apressar-lhe a morte, ou a colocar, sob o seu queixo, uma bolsa com pólvora, que, ao ser atingida pelas chamas, lhe despedaçaria a cabeça (João Bernardino Gonzaga).

CLÁUSULA DE RETRATO. *Vide* CLÁUSULA DE RETROVENDA.

CLÁUSULA DE RETROVENDA. *Direito civil.* A retrovenda ou *pactum de retrovendendo* é a cláusula adjeta à compra e venda, pela qual o vendedor se reserva o direito de reaver, em certo prazo, o imóvel alienado, restituindo ao comprador a preço, mais as despesas por ele realizadas, inclusive as empregadas em melhoramentos do imóvel.

CLÁUSULA DE REVERSÃO OU RETORNO. *Direito civil.* É a inserida em doação estipulando que os bens doados devem voltar ao patrimônio do doador se este sobreviver ao donatário.

CLÁUSULA DE REVISÃO GENÉRICA. *Direito internacional privado.* É a que estabelece reuniões periódicas de avaliação para discutir pontos do contrato (Kahn e Granziera).

CLÁUSULA DERROGATÓRIA. 1. *Direito civil.* É a imposta com o escopo de cessar o efeito da obrigação. **2.** *Direito administrativo.* a) Também chamada de "cláusula exorbitante", é a adjeta a contrato administrativo, prevendo, por exemplo, sua modificação unilateral em proveito da Administração Pública; b) *Vide* CLÁUSULA EXORBITANTE NO CONTRATO ADMINISTRATIVO.

CLÁUSULA DE SALVAGUARDA. *Direito internacional privado.* **1.** Comum nos contratos internacionais de execução continuada, como compra e venda com transporte, fornecimento, construção de fábrica, produção de bens ou prestação de serviços, é aquela que obriga os contratantes a uma revisão contratual para que se restabeleça o equilíbrio do contrato, em caso de alteração ou modificação radical imprevisível, por estar sujeito a fatores políticos ou financeiros de diferentes países que podem mudar as condições econômicas. Tal cláusula pode ser de adaptação ou de renegociação. **2.** *Vide* CLÁUSULA DE ADAPTAÇÃO NOS CONTRATOS INTERNACIONAIS DE EXECUÇÃO CONTINUADA E CLÁUSULA DE RENEGOCIAÇÃO NOS CONTRATOS INTERNACIONAIS DE EXECUÇÃO CONTINUADA.

CLÁUSULA DE SERVIÇOS NO CONTRATO ADMINISTRATIVO. *Direito administrativo.* Aquela que pode ser alterada pela Administração Pública sempre que o interesse público o ensejar, não prevalecendo o *pacta sunt servanda*.

CLÁUSULA DE SUPREMACIA. *Direito constitucional.* *Vide* CLÁUSULA PÉTREA.

CLÁUSULA DE TERMINAÇÃO DE VIAGEM. *Direito internacional privado.* Cláusula contida na venda CIF, estipulando que, se por fatos alheios ao controle do segurado o contrato de afretamento tiver de terminar em porto diferente do avençado ou se a viagem terminar antes da entrega da mercadoria, deverá o segurado avisar imediatamente a seguradora, que, então, exigirá um prêmio adicional. O seguro continuará em vigor até que as mercadorias sejam vendidas e entregues em tal porto ou até sessenta dias depois de sua descarga naquele ou, ainda, se as mercadorias forem redespachadas dentro desse mesmo prazo ao destino mencionado na apólice.

CLÁUSULA DE TERRITORIALIDADE. *Direito civil* e *direito empresarial.* O mesmo que CLÁUSULA DE EXCLUSIVIDADE DE ZONA.

CLÁUSULA DE TRÂNSITO. *Direito internacional privado.* Cláusula de carga inserida na venda CIF que incorpora a cláusula de armazém a armazém, passando a garantir a mercadoria a partir do instante em que deixar o armazém designado na apólice para início do trânsito, continuando durante o curso normal e terminando até que seja entregue ao armazém do consignatário ou ao indicado na apólice ou, ainda, a qualquer armazém nesta estipulado que o segurado pretenda utilizar para armazenagem fora do curso normal do trânsito ou para divisão proporcional ou distribuição.

CLÁUSULA DE VALOR EM CONTA. *Direito civil* e *direito comercial.* Aquela pela qual se estabelece que o valor determinado no contrato deverá ser debitado da pessoa nela indicada.

CLÁUSULA DE VALOR-MOEDA ESTRANGEIRA. *Direito internacional privado.* Aquela em que o pagamento da parcela será efetuado em determinada moeda de pagamento, em quantia correspondente ao valor representado por outra moeda no câmbio do dia daquele pagamento (Granziera).

CLÁUSULA DE VALOR-OURO. *Direito internacional privado.* Aquela pela qual o devedor se obriga a pagar sua prestação ao credor na moeda de pagamento, contratualmente estabelecida, desde que equivalente a uma quantidade de metal-ouro. O ouro é, portanto, uma moeda de conta, que serve de critério para fixar o valor da prestação devida (Granziera).

CLÁUSULA DE VALOR RECEBIDO. *Direito civil* e *direito comercial.* Estipulação de que o valor mencionado no documento foi devidamente recebido por ocasião de sua assinatura.

CLÁUSULA DE VENCIMENTO CONTAGIANTE. *Direito civil.* É a que determina o vencimento de todo o débito se não houver pagamento de uma ou mais parcelas.

CLÁUSULA DE VENDA A CONTENTO. *Direito civil* e *direito comercial.* É a que subordina o contrato à condição de só se tornar perfeito e obrigatório

se o comprador declarar que a coisa adquirida lhe satisfaz. A compra e venda, qualquer que seja o seu objeto, comporta essa cláusula, inserida, geralmente, no contrato de compra de gêneros que costumam ser provados, medidos, pesados ou experimentados antes de aceitos. Trata-se de uma venda sob prova, degustação, experimentação ou ensaio. A venda a contento reputar-se-á feita sob condição suspensiva, não se aperfeiçoando o negócio enquanto o adquirente não se declarar satisfeito. Mas permitido está que as partes lhe atribuam o caráter resolutivo, hipótese em que o contrato será considerado desde logo concluído, com os efeitos de um negócio perfeito, suscetível de resolver-se se o comprador proclamar seu desagrado em relação à coisa. O comprador é proprietário, embora titular de propriedade resolúvel. Sob a denominação de venda a contento ter-se-á: *venda sob condição de prova ou degustação*, que dependerá de prova do comprador, por exemplo, no caso de vinho ou café; *venda sob condição de peso, medida ou contagem*, que deverá ser providenciada pelo comprador; *venda sob condição de experimentação ou ensaio*, se se conceder ao comprador um prazo para experimentar ou ensaiar, como, por exemplo, aparelhos elétricos; *venda sob condição de exame*, dependente de o comprador examinar e concordar; *venda de mercadorias em trânsito*, hipótese em que o contrato recairá em mercadoria já despachada, mas sob a condição suspensiva de chegar ao local convencionado, caso em que, se não chegar ao destino, o contrato não se aperfeiçoará.

CLÁUSULA DE VENDA SUJEITA À PROVA. *Direito civil.* 1. *Vide* CLÁUSULA DE VENDA A CONTENTO. 2. Aquela em que a venda se presume feita sob condição suspensiva de que a coisa tenha as qualidades asseguradas pelo vendedor e seja idônea para o fim a que se destina.

CLÁUSULA DO *DOUBLE JEOPARDY*. *Direito comparado.* No sistema norte-americano é aquela pela qual ninguém poderá pelo mesmo crime ser duas vezes ameaçado em sua vida ou saúde. Coíbe a subsunção a novo julgamento de quem foi absolvido uma vez, por não haver prova da sua culpabilidade. Mas tal garantia carece da eficácia de salvaguardar a pessoa diante de dois julgamentos em sedes distintas ou de receber duas sanções oriundas do governo; se um só crime infringir lei federal e estadual será legítima a dualidade (Élcio Arruda, George Cole e Christopher Smith).

CLÁUSULA *DUB*. Sigla de cláusula *Delivered Under Customs Bond* ou DUB compensado.

CLÁUSULA ECONÔMICA NO CONTRATO ADMINISTRATIVO. *Direito administrativo.* É a insuscetível de alteração, exceto se houver interesse da Administração na revisão de preços, aplicando-se a cláusula *rebus sic stantibus.*

CLÁUSULA "EM LIQUIDAÇÃO". *Direito comercial* e *direito civil.* É a que deve ser inserida em todos os documentos, atos ou publicações, em caso de liquidação da sociedade. O liquidante, em todos os atos, documentos ou publicações, deverá usar a firma ou denominação social da sociedade liquidanda seguida da cláusula *em liquidação* e de sua assinatura individual, declarando sua qualidade, colocando o termo *liquidante* seguido de elementos identificadores. Com isso resguardar-se-ão os interesses da sociedade e de todos. Se o liquidante não colocar a locução *em liquidação*, ocorrendo dano, deverá responder pessoalmente pelo prejuízo causado por sua omissão.

CLÁUSULA EM TRÂNSITO INCLUINDO DEPÓSITO A DEPÓSITO (*IN TRANSIT CLAUSE INCORPORATING WAREHOUSES CLAUSES*). *Direito internacional privado.* Cláusula que tem como finalidade a cobertura adicional das perdas e danos sofridos nas mercadorias durante o transporte aéreo, incluindo os desvios de rota e demora na sua chegada.

CLÁUSULA *ENQUANTO BEM SERVIR*. *Direito administrativo.* Condição que se estipula no ato de nomeação de um funcionário público para certo cargo, estabelecendo que nele permanecerá apenas enquanto bem exercer suas funções, cumprindo os deveres a ele inerentes, garantindo assim sua estabilidade.

CLÁUSULA ESPECIAL DE LUCROS ESPERADOS PARA SEGUROS DE IMPORTAÇÃO. *Direito internacional privado.* Trata-se de cláusula de cobertura adicional para transporte aéreo que visa cobrir lucros não realizáveis de mercadorias compradas, ocasionados pela perda dos bens, que não poderão ser vendidos, em razão de um sinistro sofrido; logo, não proporcionarão o lucro esperado (10% do valor segurado) pelo empresário ao proceder à sua comercialização ou industrialização.

CLÁUSULA ESPECIAL PARA SEGUROS DE IMPOSTOS SOBRE MERCADORIAS IMPORTADAS. *Direito internacional privado.* É cláusula adicional em seguro de transporte aéreo que visa ressarcir impostos pagos sobre a importação das mercadorias, no caso da ocorrência de algum sinistro após aquele pagamento e a liberação da mercadoria, desde que esteja no período de validade da apólice.

CLÁUSULA ESSENCIAL. *Direito civil.* Aquela que constitui a base do contrato (Othon Sidou).

CLÁUSULA ESTIMATÓRIA. *Direito civil* e *direito comercial.* Pacto adjeto da compra e venda, pelo qual alguém se compromete a vender um bem móvel pertencente a outrem, por um determinado preço, obrigando-se porém a devolvê-lo, caso não o venda dentro do prazo avençado.

CLÁUSULA EXCLUDENTE DA RESPONSABILIDADE CAMBIAL. *Direito cambiário.* Aquela que exclui a responsabilidade do devedor ou credor na obrigação cambial, sendo considerada como não escrita.

CLÁUSULA EXCLUSIVAMENTE MONETÁRIA. *Direito internacional privado.* É aquela que visa evitar perdas em razão de inflação e depreciação de moeda, apesar de estar limitada à manutenção do poder de compra das prestações pecuniárias (Jorge Lopez-Santa Maria).

CLÁUSULA EXORBITANTE NO CONTRATO ADMINISTRATIVO. *Direito administrativo.* **1.** É a que sai do campo do direito comum (civil e comercial), entrando na órbita do direito administrativo, possibilitando à Administração Pública: a) modificar unilateralmente o contrato administrativo para melhor adequá-lo às finalidades de interesse público respeitados os direitos do contratado; b) rescindir o contrato administrativo unilateralmente nas hipóteses: de inadimplemento de cláusulas contratuais, especificações, projetos ou prazos; de lentidão no seu cumprimento, levando a Administração a comprovar a não-conclusão da obra, do serviço ou do fornecimento nos prazos estipulados; de atraso injustificado no início da obra, serviço ou fornecimento; de paralisação da obra, do serviço ou do fornecimento sem justa causa e prévia comunicação à Administração; de subcontratação total ou parcial do seu objeto, de associação do contratado com outrem, de cessão ou transferência, total ou parcial, bem como de fusão, cisão ou incorporação, exceto se admitidas no edital e no contrato; de desatendimento das determinações regulares da autoridade designada para acompanhar e fiscalizar a sua execução, assim como das de seus superiores; de cometimento reiterado de faltas na sua execução devidamente anotadas pelo representante da Administração, que determinará o que for necessário à regularização das faltas ou defeitos observados; de decretação de falência ou de instauração de insolvência civil; de dissolução da sociedade ou de falecimento do contratado; de alteração social ou modificação da finalidade ou da estrutura da empresa que, a juízo da Administração, prejudiquem a execução do contrato; de razões de interesse do serviço público, de alta relevância e amplo conhecimento, justificadas e determinadas pela máxima autoridade da esfera administrativa a que está subordinado o contratante e exaradas no processo administrativo a que se refere o contrato; de ocorrência de caso fortuito ou de força maior, regularmente comprovados, impeditivos de execução contratual; c) fiscalizar a execução do contrato administrativo; d) aplicar sanções motivadas pela inexecução, total ou parcial, do ajuste; e) ocupar, nos casos de serviços essenciais, provisoriamente bens móveis ou imóveis, pessoal e serviços vinculados ao objeto do contrato, na hipótese da necessidade de acautelar apuração administrativa de faltas contratuais pelo contratado, bem como em caso de rescisão contratual. Portanto, no contrato administrativo há cláusulas exorbitantes ou, como prefere Lúcia Valle Figueiredo, princípios próprios, como: desnivelamento jurídico das partes; autonomia da vontade quanto à formação, ou não, do vínculo contratual e intangibilidade da equação econômico-financeira e das cláusulas monetárias; daí a aplicabilidade da *rebus sic stantibus* unilateral, desde que haja prévia anuência do contratado. **2.** *Vide* CLÁUSULA DERROGATÓRIA.

CLÁUSULA *EX QUAY*. *Direito internacional privado.* É aquela que dispõe que a tradição da mercadoria vendida poderá ser ajustada, sendo que o local da entrega poderá ser no cais do porto convencionado, competindo ao comprador trasladar a mercadoria do cais ao lugar onde se encontrar depositada temporariamente.

CLÁUSULA *EX REFRIGERATING STORE*. *Direito internacional privado.* Modalidade usual de cláusula *ex works* utilizada se a coisa alienada for facilmente perecível, estipulando a necessidade de acondicioná-la em *containers* refrigerados para que se conserve.

CLÁUSULA *EX SHIP*. *Direito internacional privado.* Cláusula pela qual o vendedor se obriga a colocar a mercadoria no navio, no porto de destino, assumindo os riscos, as despesas com exportação e os gastos até esse instante, de modo que o comprador deverá receber, no porto de destino, aquela mercadoria sem nada desembolsar.

CLÁUSULA *EX WAREHOUSE*. *Direito internacional privado.* **1.** Pacto pelo qual o comprador deve receber a mercadoria na porta do armazém, levando-a a suas expensas. **2.** *Vide* CLÁUSULA *EX WORKS*.

CLÁUSULA *EX WORKS*. *Direito internacional privado.* Também chamada *ex factory, ex mill, ex plantations, ex warehouse* ou FOB fábrica, é a que possibilita ao vendedor colocar à disposição do comprador a mercadoria vendida em suas próprias dependências (fábrica, depósito, plantação, armazém). O vendedor deverá avisar o comprador do lugar onde se acham as mercadorias já embaladas, facilitando-lhe o recebimento e o transporte, indicando a data em que poderá retirá-las. Quando o comprador receber o aviso, passará a ter responsabilidade pelos riscos das mercadorias, devendo, então, pagar o preço convencionado mesmo que tenha havido perda ou deterioração daquelas. Se o alienante, após a data convencionada para a entrega da mercadoria, deixar de avisar o adquirente de que poderá retirar a coisa vendida, os riscos por esta correrão, então, por conta do vendedor, que deverá, se for preciso, substituir a mercadoria deteriorada por outra.

CLÁUSULA FACULTATIVA. *Direito civil.* Aquela que, por não ser essencial ao contrato, pode ser dispensada sem que haja qualquer alteração no principal objetivo do ajuste.

CLÁUSULA FACULTATIVA DE JURISDIÇÃO OBRIGATÓRIA. *Direito internacional público.* Cláusula inserida no Estatuto da Corte de Haia, que é de aceitação facultativa, pois o Estado pode ser membro das Nações Unidas e parte no Estatuto, preferindo, contudo, não firmá-la. Seus signatários obrigam-se a aceitar a jurisdição da Corte se forem demandados por Estado que também se comprometeu com aquela cláusula (Rezek).

CLÁUSULA FAS. *Direito internacional privado.* **1.** Abreviação de *Free Alongside Ship*, isto é, posto no costado, ao lado do navio, porto de embarque indicado. É a cláusula pela qual o vendedor deverá entregar a mercadoria junto ao navio, em condições de ser embarcada, no porto de embarque. O preço incluirá o custo da mercadoria e as despesas até sua entrega no costado do navio, no porto em que deverá ser embarcada. **2.** Abreviação de *Free Arrival Station*, é a cláusula inserida na venda internacional se a mercadoria estiver acondicionada em *containers* e pela qual o carregador deverá entregá-los na estação de chegada indicada contratualmente, pronta para o despacho aduaneiro. O contrato que contém essa cláusula designa-se *arrival contract*.

CLÁUSULA FB. *Direito internacional privado.* Variação da FOB, indica que a mercadoria deverá ser entregue ao vendedor não no interior do navio, mas no cais, correndo por sua conta as despesas até o instante da chegada da mercadoria a este, onde será efetivada a tradição, passando, então, o comprador a assumir os riscos, arcando com as despesas de carregamento, seguro e frete.

CLÁUSULA FFA. *Direito internacional privado.* Abreviação de *Free From Alongside*, isto é, posta ao costado do navio. É a cláusula pela qual o frete pago pelo vendedor compreenderá o transporte da mercadoria até o costado do navio, no porto de destino. A partir daí, o comprador arcará com as demais despesas.

CLÁUSULA FIO OU FIOS. *Direito internacional privado.* É a inserida no transporte marítimo de mercadoria, onde as companhias independentes (*tramps*) são contratadas no sistema *charter party* para cálculo de frete, estabelecendo que as despesas de carga e descarga ficam por conta do fretador. O frete, portanto, será calculado pela cláusula *Free In and Out* (FIO) ou *Free In and Out Stowed* (FIOS).

CLÁUSULA FOB. *Direito internacional privado.* Abreviação de *Free On Board*, isto é, posto a bordo, livre ou franco a bordo, porto de embarque indicado. É a cláusula pela qual o vendedor entregará a mercadoria a bordo do navio indicado no porto de embarque, livre de qualquer despesa, facilitando assim ao comprador.

CLÁUSULA FOB AIRPORT. *Direito internacional privado.* Cláusula inserida numa venda à exportação efetuada por via aérea, em que o vendedor deverá arcar com as despesas alusivas à obtenção da licença de exportação, com os riscos e gastos, inclusive de embalagem, e operação de verificação desde a saída da mercadoria de seu estabelecimento até a sua efetiva entrega

ao carregador do aeroporto de embarque avençado. Assim sendo, o comprador é que pagará pelo transporte da coisa, pois a transferência do risco e dos encargos com as despesas ocorrerá quando a mercadoria for entregue no aeroporto de partida.

CLÁUSULA FOB ARRIMÉ. *Direito internacional privado.* Cláusula pela qual se convenciona que a obrigação do vendedor cessará apenas quando a mercadoria estiver colocada no navio ou arrumada no porão.

CLÁUSULA FOB FÁBRICA. *Vide* CLÁUSULA *EX WORKS.*

CLÁUSULA FOR E FOT. *Direito internacional privado.* FOR (*Free On Rail* – posto no vagão) e FOT (*Free On Trunck* – ponto de partida indicado) são cláusulas que indicam que a mercadoria deverá ser transportada por ferrovia; logo, ela terá de ser entregue na estrada de ferro, no ponto de partida, na estação de despacho. O vendedor assumirá as despesas de transporte e riscos da coisa até entregar o vagão carregado, sob a guarda da estrada de ferro, na estação designada.

CLÁUSULA FPA. *Direito internacional privado.* **1.** Abreviação de *Free of Particular Average.* **2.** *Vide* CLÁUSULA LIVRE DE AVARIA PARTICULAR ou LAP.

CLÁUSULA FRANCO DE AVARIAS. *Vide* CLÁUSULA LIVRE DE TODAS AS AVARIAS.

CLÁUSULA FREE CARRIER. *Direito internacional privado.* Cláusula pela qual o comprador, por sua conta, ao efetivar um contrato de transporte de mercadoria a partir do ponto convencionado, deverá notificar o alienante, com antecedência, indicando o nome do transportador e o prazo em que a mercadoria terá de lhe ser entregue.

CLÁUSULA FREE TIME IF NOT USED NOT TO COUNT. *Direito marítimo* e *direito internacional privado.* Cláusula segundo a qual se a descarga tiver início antes do vencimento das 24 horas do depósito do manifesto de carga na alfândega, aquele prazo não será acrescido à estadia.

CLÁUSULA FREE TIME UNLESS USED. *Direito marítimo* e *direito internacional privado.* Forma abreviada da cláusula *free time if not used not to count.*

CLÁUSULA FREIGHT OR CARRIAGE PAID TO. *Direito internacional privado.* Utilizada em transporte não marítimo, é aquela pela qual o vendedor deverá despachar a mercadoria até o local avençado, ficando sob sua responsabilidade o pagamento das despesas de carregamento e transporte, bem como as taxas de exportação. Ter-se-á frete pago até o local de destino designado.

CLÁUSULA GERAL. *Teoria geral do direito.* **1.** Formulação da hipótese legal que, em termos de grande generalidade, abrange e submete a tratamento jurídico todo um domínio de casos (Engisch). Daí ser conceito normativo indeterminado, apesar de não conter, necessariamente, qualquer delegação de discricionariedade, visto que remete para valorações objetivamente válidas, conforme as concepções éticas vigentes na sociedade atual, conferindo ao órgão aplicador maior elastério, para que, em busca de solução mais justa, a norma, que contém a cláusula geral, possa, na análise de caso por caso, ser efetivamente aplicada. **2.** Norma parcialmente em branco que é completada mediante referência a regras extrajurídicas (Judith Martins-Costa). **3.** Conceito aberto que requer preenchimento por obra da atividade jurisdicional à luz da conjuntura e das circunstâncias presentes no momento da aplicação da lei, tendo como eixo de gravidade o caso concreto (Arruda Alvim). **4.** Técnica legislativa de enunciar, através de expressões semânticas relativamente vagas, princípios e máximas que compreendam e recepcionem a mais variada sorte de hipóteses concretas de condutas tipificáveis, já ocorrentes no presente ou, ainda, por se realizarem no futuro (Adriana Mandim). **5.** Enunciação abstrata feita pela lei que exige valoração, de modo que o juiz possa preencher o seu conteúdo (Nelson Nery Junior e Rosa Maria de Andrade Nery).

CLÁUSULA IN BOND. *Direito internacional privado.* É a que requer que a tradição da mercadoria se dê na alfândega (*in bond*), hipótese em que competirá ao comprador pagar as despesas aduaneiras.

CLÁUSULA INCHMAREE. *Direito marítimo* e *direito internacional privado.* Aquela que inclui risco de greve, motim e comoção civil, no transporte marítimo.

CLÁUSULA IN REGULAR TURN. *Direito marítimo* e *direito internacional privado.* Aquela em que o comandante do navio sujeita-se a inscrever-se na lista de espera e a aguardar sua vez, o que não lhe permite dar o *notice of readiness* (aviso de pronto para carregar ou descarregar) antes que sua vez na lista chegue (Daniel Azúa).

CLÁUSULA ÍRRITA. *Direito civil* e *teoria geral do direito.* **1.** É a desprovida de eficácia, não podendo ter validade, uma vez que não gera efeitos jurídicos. **2.** A que conflita com alguma norma ou disposição contratual, sendo por isso nula.

CLÁUSULA LEONINA. *Direito civil.* **1.** Aquela em que todas as vantagens são conferidas a um dos contratantes, em detrimento do outro, sendo por isso nula. **2.** É a que isenta uma das partes de qualquer responsabilidade nas perdas, não podendo ter, por tal razão, valia.

CLÁUSULA LIBERATÓRIA. *Direito civil.* É a que estipula a desoneração ou liberação de uma das partes contratantes de qualquer responsabilidade ou encargo advindo de certas circunstâncias.

CLÁUSULA LIMITATIVA DE RESPONSABILIDADE. *Direito comercial* e *direito do consumidor.* É a que discrimina certas obrigações ou fixa valores que compõem o dano, limitando ao máximo a indenização, sem, contudo, suprimir o nexo resultante do prejuízo e sem causar lesão aos direitos do prejudicado. Facilita a liquidação do dano. Não se confunde com a cláusula de irresponsabilidade, sendo válida, tão-somente, para a fixação convencional das perdas e danos, em caso de inexecução, ressalvando-se força maior ou caso fortuito provados pelo devedor, ou para estabelecer o *quantum* indenizatório proporcional às perdas e danos. Logo, se o valor limitativo for inferior à quantia avençada, o ressarcimento será devido na íntegra. Será nula, porém, se configurar abuso ou dissimular fraude.

CLÁUSULA LIVRE DE AVARIA PARTICULAR (LAP). *Direito internacional privado.* Trata-se da cláusula *free of particular average unless.* É a contida em seguros marítimos na venda CIF, desobrigando o segurador de indenizar prejuízo oriundo de risco que exponha a carga ou o navio, ou seja, de avaria simples, obrigando-o a cobrir danos diretamente decorrentes de naufrágio, incêndio, encalhe, abalroação e colisão, desde que haja nexo de causalidade entre a destruição e a submersão com a combustão pelas chamas, choque de um navio com outro e prisão do casco nos baixios.

CLÁUSULA LIVRE DE AVARIA PARTICULAR ABSOLUTAMENTE (LAPA). *Direito internacional privado.* É a inserida em contrato de seguro marítimo na venda CIF, cuja garantia compreende a perda total e a avaria grossa, livre de avaria particular absolutamente. Reputar-se-á perda total quando os danos sofridos pela coisa segurada atingirem 3/4 do seu valor. Tal conceito de perda total poderá ser aplicado volume por volume, desde que passível de avaliação em apartado e não se trate de mercadoria a granel ou constituída como unidade ou volumes faturados englobadamente, sem discriminação do conteúdo e do valor de cada um deles.

CLÁUSULA LIVRE DE AVARIA RECÍPROCA. *Direito internacional privado.* É a que visa ratear entre o frete, a carga e o navio os prejuízos decorrentes de causas que os atinjam conjuntamente. Ante tal dever de concorrerem para os danos e despesas extraordinárias, os fretadores ressalvam, na carta de partida e nos conhecimentos, os direitos mútuos de não contribuírem para as avarias que sofrerem, por isso essa cláusula terá por fim resguardar a obrigação comum de ratearem os prejuízos das avarias grossas. Essa cláusula, portanto, tem por escopo exonerar o fretador da responsabilidade pelos danos recíprocos, desde que não se determine sua culpabilidade pelo sinistro. É também denominada *cláusula de avaria grossa*, sendo usual na venda CIF.

CLÁUSULA LIVRE DE GREVES, TUMULTOS E COMOÇÕES CIVIS. *Direito internacional privado.* Comum na venda CIF, estipula que haverá garantia pelas perdas ou danos causados por grevistas, trabalhadores em *lock-out*, pessoas que participarem dos distúrbios trabalhistas, tumultos ou comoções civis ou pelos prejuízos resultantes de tais acontecimentos. Se essa cláusula for cancelada, as cláusulas de greve, tumulto e comoção civil do *Institute Strikes – Riots and Civil Commotions Clauses* farão parte do contrato.

CLÁUSULA LIVRE DE HOSTILIDADE. *Direito internacional privado.* Contida na venda CIF, essa cláusula, haja ou não declaração de guerra, exonera o segurador de danos conseqüentes de hostilidades, mas cessará a cobertura se for retardada a viagem ou mudada a rota por causa de hostilidades ou se a mercadoria for descarregada no porto de destino, ao costado do navio condutor. A garantia decorrente dessa cláusula não exclui colisão, contato com objeto (com exceção de mina ou torpedo), encalhe, incêndio, a não ser se causado por ato de hostilidade de força naval, militar ou aérea associada a uma potência. Essa cláusula garante também conseqüências decorrentes de guerra civil, revolução, rebelião, insurreição ou pirataria. Se for can-

celada, as cláusulas de guerra do *Institute War Clauses* deverão vir a fazer parte desse seguro.

CLÁUSULA LIVRE DE TODAS AS AVARIAS. *Direito internacional privado.* Também designada *franco de avarias*, é a que enseja apenas a garantia PTN, isto é, perda total por naufrágio ou por desaparecimento da embarcação transportadora, desonerando a seguradora das avarias particulares e das grossas. Essa cláusula é bastante comum na venda CIF.

CLÁUSULA-MANDATO. *Direito civil.* Modalidade de procuração em causa própria por ser uma cláusula contratual pela qual o mandante outorga poder ao mandatário para que este emita, em seu nome, nota promissória em benefício próprio, para ser executada em caso de inadimplemento do contrato (Ariana Camata Bastos).

CLÁUSULA NÃO À ORDEM. *Direito cambiário.* Aquela que impede a circulação do título cambial, que só pode ser transferido por meio da cessão ordinária.

CLÁUSULA *NEGATIVE PLEDGE*. Vide *NEGATIVE PLEDGE*.

CLÁUSULA NO CONTRATO DE CONCESSÃO DE SERVIÇO PÚBLICO. *Direito administrativo.* É aquela que pode ser: a) *regulamentar*, se for conseqüência do poder regulamentar da Administração Pública, especificando a maneira pela qual o concessionário deve executar o serviço público, fixando sua organização e funcionamento. Tal cláusula pode ser alterada unilateralmente pelo Poder Público, mas, se a modificação por ele feita prejudicar o concessionário, este poderá pleitear a indenização devida; b) *contratual*, que não poderá sofrer qualquer alteração unilateral por parte da Administração Pública, uma vez que diz respeito à equação financeira do contrato de concessão de serviço público, tratando da remuneração do concessionário.

CLÁUSULA OBRIGATÓRIA. *Direito civil.* É a imprescindível para a existência e validade do contrato, constituindo sua base e fundamento. Por exemplo, no contrato de compra e venda essencial será a estipulação mencionando a coisa, o preço e o consentimento.

CLÁUSULA OBSCURA. *Teoria geral do direito* e *direito civil.* Aquela que, por falta de clareza, apresenta teor confuso, fazendo com que haja dúvidas relativas à vontade das partes.

CLÁUSULA OCULTA. *Teoria geral do direito* e *direito civil.* Aquela que não está expressa no contrato, mas poderá produzir efeitos se houver constatação de que decorre da intenção dos contratantes.

CLÁUSULA *ON DECK*. *Direito internacional privado.* É a indicativa de que a mercadoria deve ser carregada no convés.

CLÁUSULA OURO. *Direito internacional privado.* É a que estipula, em contratos internacionais, a obrigação do devedor de pagar a prestação a que se comprometera em moedas de ouro, em valor correspondente a certa quantidade de ouro ou, ainda, em moeda estrangeira, excluindo ou limitando, em seus efeitos, a moeda nacional, com o intuito de assegurar a manutenção do valor pecuniário da obrigação assumida em relação à oscilação ou depreciação do valor real da moeda do país onde a obrigação deve ser cumprida.

CLÁUSULA PARA LEVAR EM CONTA. *Direito cambiário* e *direito bancário.* Aquele em que o emitente, ou portador, do cheque pode proibir que lhe seja pago em dinheiro; logo o sacado só pode proceder a lançamento contábil (crédito em conta, transferência ou compensação), que vale como pagamento. O depósito do cheque em conta do beneficiário dispensa seu endosso. O objetivo dessa cláusula é impedir a transmissão do cheque e sua liquidação em dinheiro.

CLÁUSULA *PARI PASSU*. *Direito internacional privado.* Aquela em que o devedor assegura que determinado crédito se manterá privilegiado em relação aos demais que vier a constituir, conferindo ao credor direitos obrigacionais não oponíveis aos demais credores (Pedro R. Martinez e Pedro Fuzeta da Ponte).

CLÁUSULA PENAL. *Direito civil.* **1.** *Vide* CLÁUSULA COMINATÓRIA. **2.** Pacto acessório pelo qual as próprias partes contratantes estipulam, de antemão, uma pena, pecuniária ou não, contra a parte infringente da obrigação, como conseqüência de sua inexecução culposa ou de seu retardamento, fixando, assim, o valor das perdas e danos e garantindo o exato cumprimento da obrigação principal.

CLÁUSULA PENAL COMPENSATÓRIA. *Direito civil.* É a estipulada: a) para a hipótese de total inadimplemento da obrigação, quando o credor poderá, ao recorrer às vias judiciais, optar livremente entre a exigência da cláusula penal e o adimplemento da obrigação, visto que a cláusula penal se converterá em alternativa em seu benefício; e b) para garantir a execução de alguma cláusula especial do título obrigacional,

possibilitando ao credor o direito de exigir a satisfação da pena cominada juntamente com o desempenho da obrigação principal.

CLÁUSULA PENAL MORATÓRIA. *Direito civil.* Pacto acessório que convenciona pena para o caso de simples mora. Ao credor assistirá, então, o direito de demandar cumulativamente a pena convencional e a prestação principal.

CLÁUSULA PENAL NÃO PURA. *Direito civil.* Aquela em que, além da multa, os contratantes estipulam a ressarcibilidade de dano eventual.

CLÁUSULA PENAL PURA. *Direito civil.* Pacto acessório com o qual os contratantes convencionam uma quantia que, a título de multas, deverá ser paga, sem fazer qualquer alusão ao dever de indenizar, possibilitando que o dano eventual seja liquidado à parte. Com isso o dano e seu ressarcimento reger-se-ão pelas normas ordinárias.

CLÁUSULA PÉTREA. *Direito constitucional.* Norma constitucional imutável ou intangível, tendo eficácia absoluta, pois contra ela nem mesmo há o poder de emendar. Daí conter uma força paralisante total de toda a legislação que, explícita ou implicitamente, vier a contrariá-la. É o que ocorre, por exemplo, com os dispositivos constitucionais que amparam a Federação, o voto direto, secreto, universal e periódico, a separação de Poderes e os direitos e garantias individuais. Tais normas possuem eficácia positiva e negativa. Têm eficácia positiva por terem incidência imediata e serem intangíveis, ou não emendáveis, visto que não podem ser modificadas por processo normal de emenda. Têm eficácia negativa por vedarem qualquer lei que lhes seja contrastante, daí sua força paralisante total e imediata, permanecendo intangíveis, ou não emendáveis, exceto por meio de revolução, que, como um ato de força, pode destruí-las, criando outras, instaurando uma nova ordem jurídica. Há uma supereficácia paralisante, ou ab-rogante, das normas constitucionais absolutas, pois, aplicáveis imediatamente, sendo intangíveis e invioláveis, não poderão ser alteradas pelo poder constituinte derivado, sobrevivendo enquanto a Constituição for vigente. São, portanto, inoperantes as leis que porventura as limitarem ou que com elas conflitarem.

CLÁUSULA POR CONTA. *Direito comercial.* É a lançada no conhecimento ou cautela de remessa que, não sendo reclamada pelo comprador dentro de três dias úteis, achando-se o vendedor no lugar onde se receber a cautela ou conhecimento, ou pelo segundo correio ou navio que levar correspondência para o lugar onde ele se achar, reputar-se-á, mercantilmente, tradição simbólica, salvo prova em contrário, no caso de erro, fraude ou dolo.

CLÁUSULA POR PROCURAÇÃO. *Direito comercial.* É a que, ao ser lançada no endosso de uma cambial, indica o mandato com todos os poderes, salvo no caso de restrição, que deverá estar expressa no mesmo endosso. Tal cláusula não é indicativa da transferência de propriedade da cambial, mas sim da outorga de poderes para seu recebimento, sendo assim expressa: "valor a cobrar", "para cobrança" ou "por procuração". Com isso o portador poderá exercer todos os direitos advindos da letra, mas apenas poderá endossá-la como procurador.

CLÁUSULA POTESTATIVA. *Direito civil.* Aquela em que o adimplemento da obrigação fica condicionado à exclusiva vontade de uma das partes. A *puramente potestativa*, advinda de mero arbítrio do agente, é vedada pelo nosso direito, o que não sucede com a *simplesmente potestativa*, por depender da prática de um ato e não de um mero uso do arbítrio.

CLÁUSULA PRINCIPAL. *Direito civil.* **1.** É a que contém disposição alusiva à matéria fundamental do ato negocial, sendo uma cláusula substancial. **2.** *Vide* CLÁUSULA AUTÔNOMA.

CLÁUSULA *PRO AMICO ELIGENDO*. O mesmo que CLÁUSULA DE RESERVA DE NOMEAÇÃO.

CLÁUSULA PROIBITIVA DE ACEITE. *Direito cambiário* e *direito comercial.* É a que proíbe, na própria letra de câmbio, a sua apresentação ao aceite do sacado, salvo se pagável em domicílio de terceiro ou em local diverso do domicílio do sacado ou se for sacada a certo termo de vista.

CLÁUSULA PROIBITIVA DE ENDOSSO. *Direito comercial.* É a que proíbe o endosso do título de uma obrigação, que, para efeitos cambiais, é tida como não escrita.

CLÁUSULA PROIBITÓRIA. *Direito civil.* Aquela que contém uma proibição qualquer ou a que impõe a inexecução de certo ato.

CLAUSULAR. *Teoria geral do direito.* Dividir algo em cláusulas ou estabelecer cláusulas.

CLÁUSULA *REBUS SIC STANTIBUS*. **1.** *Direito administrativo, direito civil* e *direito do consumidor.* Corres-

ponde à fórmula *contractus qui habent tractum sucessivum et dependentiam de futuro rebus sic stantibus intelliguntur*, isto é, nos contratos de trato sucessivo ou a termo, o vínculo obrigatório entende-se subordinado à continuação daquele estado de fato vigente ao tempo da estipulação. É cláusula ínsita à revisão judicial ou à resolução do contrato de execução sucessiva no caso de haver desigualdade superveniente das obrigações contratadas e conseqüente enriquecimento ilícito de um dos contratantes, sobrevindo certas circunstâncias excepcionais ou extraordinárias que impossibilitem a previsão de excessiva onerosidade no cumprimento da prestação, o que requererá judicialmente a alteração do conteúdo da avença, a fim de que se restaure o equilíbrio entre os contraentes ou seja rescindido o contrato. Como o nosso direito civil não admitia que os contratantes pudessem furtar-se ao cumprimento das obrigações em razão de desequilíbrio sofrido em conseqüência de fatos imprevisíveis nas relações contratuais que até acarretassem a exploração de um sobre o outro sob o véu do contrato, a doutrina e o Poder Judiciário vinham adotando dia a dia a teoria da imprevisão, justificando o restabelecimento do *statu quo ante* pela cláusula *rebus sic stantibus*, antecipando a expressa permissão legal da revisão judicial por onerosidade excessiva prevista no novo Código Civil, que também admite a rescisão do contrato. **2.** *Direito internacional público.* Cláusula resolutória de tratado bilateral ou multilateral que autoriza sua denunciação quando houver substancial ou essencial alteração imprevisível no conjunto das circunstâncias fáticas que motivaram os Estados signatários a celebrá-lo.

CLÁUSULA *REDIMENDI*. *Vide* CLÁUSULA DE RETROVENDA.

CLÁUSULA REGULAMENTAR. *Direito administrativo.* Aquela que especifica o objeto do contrato feito pela Administração e a forma de sua execução (R. Reis Friede).

CLÁUSULA REGULAMENTAR NA CONCESSÃO DE SERVIÇO PÚBLICO. *Direito administrativo.* Aquela que, por fixar a organização e o funcionamento de serviço público, pode ser alterada unilateralmente pela Administração Pública.

CLÁUSULA *RENDU DELIVERED*. *Direito internacional privado.* É a inserida em vendas internacionais no destino, que abarcam negócios efetuados por via aérea, terrestre ou marítima, em que o risco da mercadoria correrá por conta do vendedor até que seja entregue ao comprador. Poderá conter as cláusulas *rendu frontière* ou *rendu droits acquittés.*

CLÁUSULA *RENDU DROITS ACQUITTÉS.* *Direito internacional privado.* É própria da venda no destino, mas em local convencionado dentro do país de importação, de modo que o vendedor assumirá os encargos oriundos da importação da mercadoria, transferindo o risco e a propriedade com a entrega da coisa vendida, já tendo sido paga a alfândega pelo vendedor.

CLÁUSULA *RENDU FRONTIÈRE.* *Direito internacional privado.* Trata-se de uma venda no destino, em que o vendedor terá o dever de entregar a mercadoria, pondo-a à disposição do comprador, no local de entrega convencionado na fronteira, na data avençada contratualmente, fornecendo ao comprador um certificado de armazenamento, um bônus de entrega ou outro documento hábil para que o comprador possa retirar a mercadoria que lhe foi entregue, suportando nesse período todos os riscos e despesas em que ela incorrer, inclusive custos de carregamento, manutenção, alfândega, impostos internos, taxas sobre bens de consumo, taxa de estatística, licença de exportação, frete, embalagem, operações de verificação e descarregamento no ponto fronteira.

CLÁUSULA RESOLUTÓRIA OU RESCISÓRIA. *Direito civil.* **1.** Estipulação oriunda de lei, pela qual o inadimplemento da obrigação por parte de qualquer dos contratantes acarretará a possibilidade de rescisão judicial do contrato bilateral. Por lei, todo contrato bilateral contém tácita ou implicitamente essa cláusula resolutiva. **2.** Disposição expressa da rescisão ou revogação do negócio pelo inadimplemento da obrigação por parte de um dos contratantes, possibilitando a rescisão automática do contrato. Quando os contratantes ajustarem expressamente a condição resolutiva, a rescisão contratual operar-se-á de pleno direito, sem necessidade de interpelação judicial, sujeitando o faltoso às perdas e danos, desde que o devedor esteja em mora.

CLÁUSULA RESTRITIVA DA RESPONSABILIDADE CAMBIAL. *Direito cambiário.* É a considerada como não escrita, pois impõe restrições à responsabilidade por obrigação cambial, concedendo vantagens ao devedor ou ao credor além dos limites legais.

CLÁUSULA *RETRO.* *Vide* CLÁUSULA DE RETROVENDA.

CLÁUSULA *RFS.* *Direito internacional privado.* Abreviação de *Received For Shipment,* ou seja, recebido para embarque. Trata-se da cláusula de um conhecimento de embarque marítimo indicativa de que a carga ou a mercadoria foram entregues à companhia de navegação que o emitiu, obrigando-se a efetuar seu transporte.

CLÁUSULA *RUNNING DAYS.* *Vide* CLÁUSULA *RUNNING TIME.*

CLÁUSULA *RUNNING HOURS.* *Direito marítimo* e *direito internacional privado.* Aquela em que o cálculo do valor das estadias baseia-se em horas corridas.

CLÁUSULA *RUNNING TIME.* *Direito marítimo* e *direito internacional privado.* Cláusula segundo a qual se computa dentro das estadias o tempo corrido, inclusive domingo e feriado.

CLÁUSULA SALVO COBRANÇA. *Vide* CLÁUSULA SALVO EMBOLSO.

CLÁUSULA SALVO EMBOLSO. *Direito bancário.* Cláusula implícita no contrato de conta corrente nutrido pela remessa de títulos de crédito, pela qual o lançamento do valor de títulos, ainda não vencidos ou não resgatados, a débito do correntista que os recebe sujeita-se ao respectivo pagamento por parte do obrigado, momento em que se tornará definitivo. Se o pagamento não se der, anular-se-á o lançamento.

CLÁUSULAS DE ESTILO. 1. *Direito bancário.* São as admitidas tacitamente, por aparecerem invariavelmente nos negócios da mesma natureza, como sucede, exemplificativamente, com os juros no empréstimo bancário. **2.** *Direito internacional privado.* São as inseridas nos contratos de compra e venda internacional para indicar o acordo sobre preço, tradição etc. Constituem cláusulas de estilo, por exemplo, a FAS, a FOB, a CIF etc.

CLÁUSULAS ECONÔMICAS. *Direito internacional privado.* Aquelas baseadas em índices alusivos ao preço do mercado de bens ou serviços que são o objeto do contrato.

CLÁUSULA SEM GARANTIA. *Direito cambiário.* É aquela pela qual o sacador afasta sua responsabilidade pelo não-aceite de uma letra de câmbio por parte do sacado, caso em que o portador poderá protestar o título pela falta de aceite, tendo ação regressiva contra os demais coobrigados, com exceção do sacador, que, pela cláusula sem garantia, se exonerou da responsabilidade pelo aceite, embora permaneça responsável e obrigado cambialmente pelo pagamento.

CLÁUSULA SEM PROTESTO. *Direito cambiário.* É a que estipula a desnecessidade de protesto para garantir o direito de regresso pela qual sacador, endossante ou avalista dispensam o portador de fazer um protesto por falta de aceite ou pagamento para poder exercer os seus direitos de ação. Não é muito usual, uma vez que dificulta a comprovação da apresentação do título ao sacado para o pagamento.

CLÁUSULA *SI OMNES*. *Direito internacional público.* Cláusula de solidariedade, segundo a qual as normas contidas no chamado "direito de Haia" só seriam aplicáveis às guerras cujos Estados envolvidos fossem parte nas Convenções de Haia (Rezek).

CLÁUSULA *SI VOLUERIT*. *Direito civil.* É a estipulação de que o adimplemento da obrigação fica na dependência da vontade arbitrária do devedor. Não é admitida juridicamente por ser uma condição puramente potestativa.

CLÁUSULAS NOS CONTRATOS DE FINANCIAMENTO DE IMÓVEIS. *Direito comercial.* Nos contratos de comercialização de imóveis, de financiamento imobiliário em geral e nos de arrendamento mercantil de imóveis, bem como nos títulos e valores mobiliários por eles originados, com prazo mínimo de 36 meses, é admitida estipulação de *cláusula de reajuste*, com periodicidade mensal, por índices de preços setoriais ou gerais ou pelo índice de remuneração básica dos depósitos de poupança, salvo no caso de quitação ou vencimento antecipados dos créditos imobiliários que lastreiem ou tenham originado a emissão dos títulos e valores mobiliários. É vedado o pagamento dos valores relativos à atualização monetária apropriados nos títulos e valores mobiliários, quando ocorrer o resgate antecipado, total ou parcial, em prazo inferior a 36 meses. Os títulos e valores mobiliários serão cancelados pelo emitente na hipótese de resgate antecipado em que o prazo a decorrer for inferior a 36 meses. São nulos de pleno direito quaisquer expedientes que, de forma direta ou indireta, resultem em efeitos equivalentes à redução do prazo mínimo de 36 meses. Fica vedada a celebração de contratos com *cláusula de equivalência salarial* ou de *comprometimento de renda*, bem como a

inclusão de cláusulas desta espécie em contratos já firmados. No caso do não-pagamento tempestivo, pelo devedor, dos tributos e das taxas condominiais incidentes sobre o imóvel objeto do crédito imobiliário respectivo, bem como das parcelas mensais incontroversas de encargos estabelecidos no respectivo contrato e de quaisquer outros encargos que a lei imponha ao proprietário ou ao ocupante de imóvel, poderá o juiz, a requerimento do credor, determinar a cassação de medida liminar, de medida cautelar ou de antecipação dos efeitos da tutela que tenha interferido na eficácia de cláusulas do contrato de crédito imobiliário correspondente ou suspendido encargos dele decorrentes. Nas ações judiciais que tenham por objeto obrigação decorrente de empréstimo, financiamento ou alienação imobiliários, o autor deverá discriminar na petição inicial, dentre as obrigações contratuais, aquelas que pretende controverter, quantificando o valor incontroverso, sob pena de inépcia. O valor incontroverso deverá continuar sendo pago no tempo e modo contratados. A exigibilidade do valor controvertido poderá ser suspensa mediante depósito do montante correspondente, no tempo e modo contratados. Em havendo concordância do réu, o autor poderá efetuar tal depósito com remuneração e atualização nas mesmas condições aplicadas ao contrato: a) na própria instituição financeira credora, oficial ou não; ou b) em instituição financeira indicada pelo credor, oficial ou não, desde que estes tenham pactuado nesse sentido. O juiz poderá dispensar aquele depósito em caso de relevante razão de direito e risco de dano irreparável ao autor, por decisão fundamentada na qual serão detalhadas as razões jurídicas e fáticas da ilegitimidade da cobrança no caso concreto. É vedada a suspensão liminar da exigibilidade da obrigação principal sob a alegação de compensação com valores pagos a maior, sem o depósito do valor integral desta.

CLÁUSULA *SOLVE ET REPETE*. *Direito civil.* É a que, inserida num contrato bilateral, torna a exigibilidade da prestação imune a qualquer pretensão contrária do devedor, apresentando-se como uma renúncia à exceção do contrato não cumprido, pois, ao convencioná-la, o contratante abre mão da *exceptio non adimpleti contractus*.

CLÁUSULA *SOUS PALAN*. *Direito comercial.* Pacto pelo qual a mercadoria colocada no porto de destino e conservada a bordo fica sob a responsabilidade do vendedor pelas eventuais avarias até que o gancho comece a funcionar, elevando-a do porão, instante em que se dá a tradição. Isto é assim porque *sous palan* quer dizer "debaixo do gancho preso à corrente" ou "debaixo do guindaste".

CLÁUSULAS-PADRÃO. *Direito internacional privado.* São as inseridas em contratos internacionais, também denominadas *boiler-plate clauses*, dentre elas temos: a) acordo integral (*entire agreement*): disposição contratual que estabelece a prevalência do instrumento em questão sobre todos os demais entendimentos anteriores, escritos ou orais, havidos entre as partes, relativos ao mesmo objeto; b) cessão (*assignment*): cláusula que veda a qualquer uma das partes ceder ou transferir a terceiros os direitos e obrigações decorrentes do contrato, no todo ou em parte, sem a prévia autorização por escrito da outra parte; c) aditamento (*amendment*): cláusula que determina que todos os aditamentos ou modificações ao contrato em questão deverão ser feitos por escrito, devendo o referido instrumento ser assinado pelas partes contratantes; d) sucessores (*sucessors*): disposição que estabelece que os direitos e obrigações decorrentes do contrato beneficiam e obrigam as partes e seus respectivos sucessores a qualquer título; e) renúncia (*no waiver*): cláusula segundo a qual o não-exercício de determinado direito previsto no contrato ou em lei não representa a sua renúncia: f) independência das disposições (*severability*): disposição contratual que determina que a nulidade de determinada cláusula não invalida as demais nem o contrato como um todo; g) idioma (*language*): quando, por determinação legal ou conveniência das partes, o contrato internacional for redigido em duas línguas, com determinação daquela que deverá prevalecer; e h) notificações (*notices*): disposição que estabelece a forma em que serão realizadas as notificações, solicitações, exigências e determinações previstas no contrato e, eventualmente, o momento em que estas serão consideradas feitas.

CLÁUSULAS REGULAMENTARES. *Direito administrativo.* Estipulações em contrato administrativo que lhe dão a característica de contrato-tipo, impedindo sua alteração após o ajuste.

CLÁUSULAS RESTRITIVAS. *Direito civil.* São as que visam restringir ou limitar vantagens na aqui-

sição de direitos sobre coisas, como as de incomunicabilidade, inalienabilidade e impenhorabilidade.

CLÁUSULAS SALUTARES. *Vide* CAUTELAS SALUTARES.

CLÁUSULA SUBSTANCIAL. *Vide* CLÁUSULA ESSENCIAL.

CLÁUSULA TESTAMENTÁRIA. *Direito civil.* Disposição de última vontade, pela qual o testador dispõe, no todo ou em parte, de seu patrimônio para depois de sua morte, impondo as restrições que reputar convenientes ou determinando providências de caráter pessoal ou familiar, obedecendo aos requisitos *ad substantiam* exigidos pela lei, sob pena de nulidade absoluta. Está, portanto, inserida no testamento.

CLÁUSULA TÍPICA. *Direito civil.* Aquela que, pelo seu freqüente uso na prática contratual, foi tipificada e regulada por lei, como a condição, o termo, o modo ou encargo ou, ainda, a cláusula penal.

CLÁUSULA VALHA MAIS OU VALHA MENOS. *Direito comercial.* Típica do seguro marítimo, é a que não releva o segurado da condenação por fraude nem vale se se comprovar que o objeto seguro valia menos que 1/4 do preço estipulado na apólice.

CLÁUSULA *WHETHER IN BERTH OR NOT*. *Direito marítimo* e *direito internacional privado.* Cláusula que possibilita ao comandante do navio enviar seu *notice of readiness* assim que chegar ao porto.

CLAUSURA. **1.** *Direito canônico.* a) Vida conventual, retirada ou reclusa; b) estado daquele que não pode sair do claustro; c) convento. **2.** *Direito penal.* a) Prisão; b) reclusão penal.

CLAVICULÁRIO. *Direito administrativo* e *direito bancário.* **1.** Aquele que possui as chaves de um arquivo, cofre ou caixa-forte onde se guardam documentos importantes e valores. **2.** Pessoa a quem se confiaram as chaves de uma repartição pública ou estabelecimento bancário.

CLEAN BILL OF LADING. *Direito marítimo* e *direito internacional privado.* Conhecimento limpo que não contém qualquer anotação declarando estarem as mercadorias ou a embalagem em condições defeituosas, entregue apenas após a conferência da carga embarcada pelo transportador.

CLEAN ON BOARD. *Direito marítimo, direito internacional privado* e *direito comercial.* **1.** Trata-se do conhecimento de embarque limpo, que não contêm cláusulas adicionais, fazendo ressalvas ao estado defeituoso ou vicioso da mercadoria ou da embalagem. Por conseguinte, aquele que as contiver será sujo e não negociável. **2.** Termo que, inserido no conhecimento de embarque, torna-o válido como comprovante do recebimento da mercadoria a bordo do navio.

CLEARING. *Direito internacional público.* Sistema pelo qual duas nações soberanas convencionam trocar produtos entre si até obterem o montante preestabelecido; com isso dispensam o pagamento dos saldos em espécie monetária.

CLEARING HOUSE. *Direito comparado.* Instituição nascida em 1775, na Inglaterra, decorrente da *Clearing Room*, que era uma sala de reunião dos bancários de Londres onde se trocavam e compensavam cheques apresentados em seus estabelecimentos. Com o desenvolvimento dos bancos de depósito (*Joint Stocks Banks*) e a importância diária dos seus movimentos de caixa, decorrentes de cheques emitidos contra outros bancos, instituiu-se a *Clearing House*, constituída por dezessete bancos, que concentravam no *Clearer* os efeitos apresentados para pagamento de cheques cruzados. Essa instituição equivaleria, entre nós, à Câmara de Compensação de Cheques, onde se liquidam ou compensam os cheques emitidos contra determinados bancos.

CLEARING OF A CHECK. *Expressão inglesa.* Compensação de cheque.

CLEMÊNCIA. 1. *Direito penal.* Ato de isentar o culpado da pena ou de moderar a condenação imposta a alguém, comutando-se, baseado em texto legal, a pena, abrandando-a ou relevando-a. Logo, relaciona-se com a graça, o indulto e a anistia. **2.** *Direito constitucional.* Ato presidencial de conceder indulto e comutar penas. **3.** *Teoria geral do direito.* Liberalidade legal. **4.** *Direito administrativo.* Moderação governamental.

CLEMÊNCIA PRESIDENCIAL. *Direito constitucional.* Indulgência decorrente do exercício da competência constitucional privativa do Presidente da República de conceder indulto e comutar penas, com audiência, se necessário for, dos órgãos instituídos em lei.

CLEMÊNCIA PÚBLICA. *Teoria geral do direito.* Clemência das leis, por conterem liberalidades em seu texto.

CLEMÊNCIA SOBERANA. *Direito constitucional.* Também designada *clementia principis* ou *indulgentia principis*, consiste na vontade de perdoar do chefe de governo, do rei, do imperador etc. Tem sentido amplo e pode abranger a *anistia*, que é competência do Poder Legislativo com sanção do presidente da República, e a *clemência presidencial*, competência privativa do presidente da República para conceder indulto e comutar penas.

CLEMENTIA NOSTRI IMPERII. *Direito administrativo.* Moderação do governo, procurando praticar com brandura e benignidade atos solucionadores de questões coletivas.

CLEMENTIA PRINCIPII. *Vide* CLEMÊNCIA SOBERANA.

CLEMENTINA SAEPE. *História do direito.* Constituição que, em 1305, foi editada pelo Papa Clemente V, dando origem ao rito sumário, ao buscar a economia processual.

CLEPSIGAMIA. *Direito civil* e *direito penal.* Casamento furtivo ou clandestino que pode gerar responsabilidade civil e penal, principalmente se houver bigamia.

CLEPTOFOBIA. *Medicina legal.* Medo exagerado de roubar, de não pagar o que deve ou, ainda, de pagar com dinheiro.

CLEPTOMANIA. *Medicina legal.* Impulso mórbido e irresistível para o furto, sem ter, contudo, qualquer interesse na apropriação da coisa alheia furtada, em regra sem utilidade ou desnecessária.

CLEPTOMANÍACO OU CLEPTÔMANO. *Medicina legal.* Aquele que sofre de cleptomania.

CLEREZIA. *Direito canônico.* Clero; classe clerical.

CLERICAL. *Direito canônico.* Aquilo que é relativo aos clérigos.

CLERICALISMO. *Direito canônico.* Partido clerical que visa conservar ou aumentar o poder e a influência temporal da Igreja.

CLERICALIZAÇÃO. *Direito canônico.* Ação de colocar algo sob a jurisdição clerical.

CLERICATO. *Direito canônico.* **1.** Condição ou estado de clérigo; sacerdócio. **2.** Hierarquia eclesiástica de clérigos.

CLÉRIGO. *Direito canônico.* **1.** Aquele que foi consagrado pela primeira tonsura aos ministérios divinos. **2.** O que pertence à classe eclesiástica; padre; aquele que recebeu algumas ou todas as ordens sacras.

CLERO. *Direito canônico.* Classe eclesiástica; corporação de clérigos; conjunto dos eclesiásticos da Igreja.

CLEROFOBIA. *Medicina legal.* Aversão ao clero.

CLERO REGULAR. *Direito canônico.* Aquele que está submetido às normas de uma ordem religiosa ou congregação.

CLERO SECULAR. *Direito canônico.* Aquele que, numa diocese, vive entre leigos.

CLERUCO. *História do direito.* Cidadão que, na Grécia antiga, recebia um lote de terreno num país conquistado pelos atenienses, para onde emigrava sem perder a cidadania.

CLERYMAN. *Termo inglês.* Terno preto e camisa branca usados por clérigos.

CLICHÊ. *Direito autoral.* **1.** Diz-se de cada uma das edições divulgadas por um jornal, no mesmo dia, com a inclusão de notícias novas de última hora. **2.** Chapa metálica onde se reproduz em relevo a imagem destinada à impressão em máquina tipográfica. **3.** Chapa fotográfica negativa.

CLICHÊ FÔNICO. *Direito processual penal.* Reconhecimento auditivo (Damásio E. de Jesus).

CLICKFONE. *Direito virtual.* Internet para celular, disponível para usuários do sistema digital pós-pago de telefonia móvel, permitindo-lhes a recepção de *e-mails* e mensagens da Internet no visor do aparelho.

CLICK-THROUGH AGREEMENTS. *Direito virtual.* Contratos por clique que, por serem de adesão, escritos num *site*, são aceitos mediante confirmação digital na tela do monitor do computador, utilizando o *mouse* (Luis Henrique Ventura). Expressam a aceitação dos termos contratuais com um *click* de *mouse*.

CLIDAGRA. *Medicina legal.* Dor gotosa na clavícula.

CLIDITE. *Medicina legal.* Inflamação das válvulas do coração.

CLIDOARTRITE. *Medicina legal.* Artrite nas articulações da clavícula.

CLIDORREXIA. *Medicina legal.* Fratura das clavículas do feto provocada por operação obstétrica.

CLIDOTRIPSIA. *Medicina legal.* Esmagamento da clavícula do feto com o escopo de facilitar o parto.

CLIENTE. **1.** *Direito romano.* Cidadão romano livre e plebeu que ficava sob a proteção de um patrono patrício, o qual lhe dava toda assistência, zelando pelos seus interesses, em troca de apoio nas eleições. **2.** *Direito civil.* Aquele que confia uma causa jurídica ou a defesa de direitos ao patrocínio de um advogado, que o representará em juízo; constituinte. **3.** *Direito comercial* e *direito do consumidor.* a) Freguês de estabelecimento empresarial, que habitualmente dele se serve ou nele adquire mercadorias; b) aquele que habitualmente se utiliza de serviços de um dado profissional.

CLIENTELA. **1.** *Direito comercial.* Freguesia ou conjunto de fregueses de um estabelecimento, fazendo parte de seu fundo de comércio. **2.** *Direito civil.* Soma de clientes ou constituintes pertencentes à banca de um advogado. **3.** *Direito do consumidor.* a) Conjunto de clientes de um profissional, seja liberal ou não, que se utilizam freqüentemente de seus serviços; b) conjunto de clientes de um consultório dentário ou médico. **4.** *Direito penal.* Objeto do crime de concorrência desleal, que consiste no emprego de meio fraudulento para desviar, em proveito próprio ou alheio, clientes de outrem.

CLIENTELISMO. Prática proibida que consiste em captar patrocínio de causas jurídicas.

CLIENTE MAIS FAVORECIDO. *Direito internacional privado.* Cláusula pela qual o vendedor se compromete a conceder ao comprador vantagens que vier a oferecer, durante a vigência contratual, a outros clientes (Opetit).

CLIENT'S PRIVILEGE. *Locução inglesa.* Segredo profissional.

CLIMA. *Direito agrário.* Conjunto de condições atmosféricas caracterizadoras de uma região ou país que pode influenciar a agricultura e a pecuária.

CLIMATÉRIO. *Medicina legal.* **1.** Período em que há sensível mudança no organismo humano, como puberdade, menopausa etc. **2.** Época em que, gradualmente, a mulher vai perdendo sua maturidade sexual e capacidade de reprodução.

CLIMATÉRIO MASCULINO. *Medicina legal.* Complexo de fenômenos conducentes ao decréscimo normal da função sexual do homem.

CLIMATÉRIO PRECOCE. *Medicina legal.* Menopausa prematura.

CLIMATOLOGIA. *Direito agrário.* Ciência que trata do clima, procurando investigar os fenômenos atmosféricos, como variação de temperatura, umidade etc., constituindo pela sua importância matéria integrante do Ministério da Agricultura, por estar intimamente relacionada com atividades ligadas à produção vegetal e animal.

CLIMATOTERAPIA. *Medicina legal.* Tratamento de moléstia mediante permanência em local de clima favorável à sua cura.

CLINAMEN. *Termo latino.* **1.** Princípio do livre-arbítrio, segundo Lucrécio. **2.** Desvio espontâneo, no sistema de Epicuro, que sofrem os átomos ao caírem no vazio, encontrando-se e aglomerando-se por força de sua velocidade e peso iguais.

CLÍNICA. 1. *Medicina legal.* a) Estudo médico feito num hospital sobre o corpo de um paciente; b) prática do exercício da medicina; c) parte da medicina que cuida de moléstias suscetíveis de terapêutica medicamentosa. **2.** *Direito do consumidor.* a) Estabelecimento hospitalar; b) estabelecimento onde são admitidos doentes para consulta, exame ou tratamento por um grupo de médicos de várias especialidades, que, em conjunto, praticam a medicina; c) clientela de um médico; d) consultório médico.

CLINICOPATOLÓGICO. *Medicina legal.* Aquilo que envolve fatores clínicos e patológicos.

CLINOCEFALIA. *Medicina legal.* Achatamento congênito da cabeça.

CLINODATILIA. *Medicina legal.* Desvio de um ou mais dedos.

CLINOGRAFIA. *Medicina legal.* **1.** Anotação clínica e gráfica da temperatura. **2.** Sintomas patológicos apresentados por um paciente.

CLINOMANIA. *Medicina legal.* Neurastenia que leva o doente a querer ficar na cama ou a conservar a posição horizontal.

CLINÔMETRO. *Direito marítimo.* Instrumento apropriado para medir a inclinação da quilha do navio, da proa à popa, ou melhor, a diferença de água por ele exigida.

CLINÔMETRO DE ESFERA. *Direito aeronáutico.* Instrumento indicativo da inclinação de um aeroplano relativamente ao horizonte.

CLINOTERAPIA. *Medicina legal.* Terapia consistente em curar pacientes pelo repouso absoluto.

CLÍPER. *Direito marítimo.* **1.** Modalidade de hidroavião norte-americano usado para transportar passageiros através do Atlântico e do Pacífico. **2.** Navio de três a cinco mastros armados de velas latinas.

CLISE. *Medicina legal.* **1.** Introdução de grande quantidade de líquido no corpo para substituir o perdido por disenteria, hemorragia ou queimadura. **2.** Lavagem de uma cavidade.

CLITORIDECTOMIA. *Medicina legal.* Excisão ou extração do clitóris.

CLITORIDISMO. *Medicina legal.* **1.** Masturbação da mulher pela fricção do clitóris. **2.** Lesbianismo.

CLITORIDITE. *Medicina legal.* Inflamação do clitóris.

CLITORIDOTOMIA. *Medicina legal.* Circuncisão feminina.

CLITÓRIS. *Medicina legal.* Órgão erétil situado na parte superior e anterior da vulva, com grande sensibilidade erótica, homólogo ao pênis, mas com tamanho bastante reduzido.

CLITORISMIA. *Medicina legal.* Hipertrofia do clitóris.

CLITORISMO. *Vide* CLITORIDISMO.

CLITORITE. *Vide* CLITORIDITE.

CLOACA. 1. *Medicina legal.* Abertura fetal comum ao conduto urogênico e ao intestino. **2.** *Direito civil.* Fossa ou canal que são abertos nas construções para receber águas servidas ou dejeções; privada. **3.** *Direito administrativo.* Esgoto. **4.** *Direito romano.* Aqueduto subterrâneo que recebia e conduzia águas servidas.

CLOACÁRIO. *Direito romano.* **1.** Aquele que tratava das cloacas. **2.** Tributo pago pelos antigos romanos para a conservação das cloacas.

CLOASMA. *Medicina legal.* Mancha na pele, de cor marrom-amarelada, ou amarelo-esverdeada, oriunda de gravidez, dispepsia, desordem do sistema uterovariano, exposição constante ao sol, tuberculose, traumatismo etc.

CLOASMA GRAVÍDICO. *Medicina legal.* Pigmentação amarelo-escura, difusa ou formando máculas, que surge na face de mulher grávida.

CLONAGEM. *Medicina legal* e *biodireito.* **1.** Estimulação do desenvolvimento de um óvulo por meios físicos ou químicos, sem que seja fecundado por um esperma. Trata-se da "reprodução assexuada em ser humano", que consiste em obter-se a fecundação mediante uma célula (não o sêmen) que contenha todos os componentes genéticos do organismo a que pertence para criar um novo ser idêntico a ele. Sua prática deve ser proibida, ante as desastrosas e gravíssimas conseqüências que traz nas searas jurídico-moral e científica. **2.** Processo de reprodução assexuada, produzida artificialmente, baseada em um único patrimônio genético, com ou sem utilização de técnica de engenharia genética. **3.** O mesmo que PARTENOGÊNESE e *CLONING*.

CLONAGEM PARA FINS REPRODUTIVOS. *Biodireito.* Clonagem com a finalidade de obtenção de um indivíduo.

CLONAGEM TERAPÊUTICA. *Biodireito.* Clonagem com a finalidade de produção de células-tronco embrionárias para utilização terapêutica.

CLONE. 1. *Direito virtual.* Computador que tem arquitetura compatível com o de um outro fabricante, podendo, por isso, rodar os mesmos programas. **2.** *Medicina legal, biodireito, direito ambiental* e *direito agrário.* a) Animal que resulta de clonagem; b) organismo geneticamente idêntico, oriundo de outro organismo por reprodução assexuada; c) planta obtida por meio de propagação vegetativa, geneticamente idêntica à planta original.

CLONING. *Vide* CLONAGEM.

CLONISMO. *Medicina legal.* Estado do organismo com espasmos clônicos, isto é, acompanhados com rigidez e relaxamento muscular alternados em rápida sucessão.

CLONORQUÍASE. *Medicina legal.* Infestação das vias biliares do fígado pelo *clonorchis sinensis*, causando edemas, aumento do fígado e diarréia.

CLOPEMANIA. *Psicologia forense.* **1.** *Vide* CLEPTOMANIA. **2.** Ímpeto neurótico conducente ao furto.

CLORALISMO. *Medicina legal.* Intoxicação crônica provocada pelo cloral (aldeído oleoso incolor, de cheiro pungente, obtido pela ação de cloro sobre álcool etílico), tomado como calmante.

CLORALIZAÇÃO. *Medicina legal.* Anestesia com cloral.

CLORALOMANIA. *Medicina legal.* Hábito mórbido de tomar cloral.

CLORALÔMANO. *Medicina legal.* Indivíduo que abusa do uso do cloral.

CLOREMIA. *Medicina legal.* Excesso de cloretos no sangue, que se caracteriza por uma coloração esverdeada da pele.

CLORIDEMIA. *Medicina legal.* Retenção de cloretos no sangue.

CLORIDRIA. *Medicina legal.* Taxa normal de ácido clorídrico livre no estômago.

CLOROFORMIZAR. *Medicina legal.* Anestesiar com clorofórmio ministrado por inalação.

CLOROLEUCEMIA. *Medicina legal.* Leucemia profunda, originária da medula óssea, que se caracteriza pela formação de neoplasmas tumorosos de tecido mielóide entre o periósteo de ossos chatos, como os do crânio, pelve ou costelas.

CLOROPIA. *Medicina legal.* Anomalia visual em que os objetos parecem verdes.

CLOROPSIA. *Vide* CLOROPIA.

CLOROSE. *Medicina legal.* Anemia que afeta mulheres na puberdade, caracterizando-se, ante a deficiência de ferro, por palidez, debilidade geral e perturbação menstrual.

CLORUREMIA. *Medicina legal.* Presença de cloretos urinários no sangue.

CLORÚRIA. *Medicina legal.* **1.** Presença de cloretos na urina. **2.** Emissão de pigmentos biliares pela urina durante a icterícia.

CLOSE-UP. *Direito autoral.* Tomada de câmara de um pormenor, feita a uma pequena distância para obter maior efeito artístico ou para que seja mais facilmente notado.

CLT. *Direito do trabalho.* Sigla de Consolidação das Leis do Trabalho.

CLUBE. 1. *Direito civil.* a) Associação de fins desportivos, recreativos ou culturais; b) local onde agremiações se reúnem. **2.** *Direito comercial.* Sociedade que tem por escopo a venda de mercadorias por meio de sorteio, sendo chamada, por isso, de clube de mercadorias ou clube de sorteio. Tal sociedade só poderá funcionar mediante concessão de uma patente, expedida por autoridade competente, desde que satisfeitas as exigências legais, comprovando-se a idoneidade da firma e aprovando-se os planos do referido clube.

CLUBE DE FUTEBOL PROFISSIONAL. *Direito desportivo.* Associação desportiva que mantenha equipe de futebol profissional e filiada à Federação de Futebol do respectivo Estado, ainda que mantenha outras modalidades desportivas.

CLUBE DE INVESTIMENTO. *Direito comercial.* Agremiação de investidores que operam no mercado imobiliário.

CLUBE DESPORTIVO. *Direito desportivo.* Associação que tem por fim organizar, ensinar, orientar e incentivar a prática dos desportos, podendo empregar atletas profissionais e promover competições desportivas. Tem autonomia resguardada constitucionalmente quanto à sua organização e funcionamento.

CLUBE NÁUTICO. *Direito desportivo.* É o que inclui em seus objetivos, registrados em estatuto, a prática das atividades náuticas, voltadas para o lazer e o esporte. São os clubes náuticos, prestadores de serviços exclusivamente aos seus membros ou não, devidamente regularizados junto às autoridades competentes e devidamente cadastrados nas capitanias, delegacias e agências.

CLUBES DE PROTEÇÃO E INDENIZAÇÃO (P&I CLUBS). *Direito marítimo. Protection & Indemnity Clubs* são clubes mantidos por contribuições de associados (armadores) para proteção e indenização, em razão de o seguro de casco não cobrir todas as responsabilidades dos armadores, não indenizando perdas e danos causados em viagem marítima às cargas de terceiros, que estão transportando, nem despesas com vistorias e advogados, com assistência aos tripulantes em acidentes e moléstias, com poluição marítima e com colisão de navios. A condição para a realização e cobertura desse seguro, bem como para sua renovação, é a embarcação ser vistoriada pela seguradora ou por alguma empresa internacional classificadora de navios. Os P&I *Clubs* reúnem-se em torno de um *International Group*, clube mais amplo, repassando a ele parte de suas responsabilidades, visto que funciona como um ressegurador.

CLUBES 4-S. *Direito civil* e *direito agrário.* Associações que têm por objetivo despertar nos jovens descendentes de rurícolas o gosto pelas atividades agrícolas e pecuárias, ensinando-lhes técnicas apropriadas ao cultivo de vegetais, à criação de animais, à conservação de recursos naturais renováveis, ao processo de comercialização e armazenagem dos produtos etc.

CLUBISMO. *Direito desportivo.* Dedicação ao grêmio a que se pertence que, se for exagerada, contraria o espírito desportivo.

CLUBISTA. *Direito desportivo.* **1.** Aquilo que pertence ao clube. **2.** Diz-se do desportista que coloca o interesse de seu clube acima dos da liga a que ele pertence.

CLUNÂMBULO. *Medicina legal.* Aleijado que, por não poder usar suas pernas para andar, arrasta-se com as nádegas sobre um estrado de madeira.

CLUNESIA. *Medicina legal.* Fleimão nas nádegas.

CMB. Sigla de Casa da Moeda do Brasil.

CMC. *Direito internacional público.* Sigla de Conselho do Mercado Comum.

CMN. Abreviatura de Conselho Monetário Nacional. Órgão deliberativo do Sistema Financeiro Nacional, com função de: a) adaptar os meios de pagamento às reais necessidades da economia; b) regular os valores interno e externo da moeda; c) zelar pela solvência e liquidez das instituições financeiras; d) coordenar as políticas monetária, de crédito, orçamentária, fiscal e de dívida pública; e) autorizar emissão de moeda e f) fixar diretrizes e normas da política cambial (Luiz Fernando Rudge).

CNCDOS. *Medicina legal.* Sigla de Centrais de Notificação, Captação e Distribuição de Órgãos.

CND. *Direito previdenciário.* Sigla de Certidão Negativa de Débito para com o INSS.

CNE. *Vide* CONSELHO NACIONAL DE EDUCAÇÃO.

CNEN. *Direito ambiental.* Comissão Nacional de Energia Nuclear. Autarquia federal vinculada ao Ministério da Ciência e Tecnologia, com autonomia administrativa e financeira, dotada de personalidade jurídica de direito público, que tem a incumbência da coordenação setorial nos campos de proteção física, salvaguardas nacionais, segurança nuclear e radioproteção. Tem as seguintes finalidades: a) colaborar na formulação da Política Nacional de Energia Nuclear; b) executar as ações de pesquisa, desenvolvimento e promoção da utilização da energia nuclear para fins pacíficos; c) regulamentar, licenciar, autorizar, controlar e fiscalizar essa utilização. Possui, especialmente, o dever de: a) estabelecer normas e instruções de proteção física, de segurança nuclear e de radioproteção; b) supervisionar e fiscalizar a aplicação daquelas normas e instruções; c) solicitar aos órgãos federais e governos estaduais a colaboração e o apoio que julgar necessários; d) fiscalizar a execução das atividades e dos projetos nucleares brasileiros, com especial atenção para aquilo que for capaz de resultar em situação de emergência.

CNIDOSE. *Medicina legal.* Comichão ardente.

CNIS. *Direito previdenciário.* Sigla de Cadastro Nacional de Informações Sociais, que ocupa um grande destaque no universo de tecnologia de informação da Previdência Social, sendo este um dos motivos de incursões mais detalhadas por parte dessa equipe de auditoria. Os atuais dados do Sistema são atualizados a partir de dados fornecidos por um consórcio, que abrange fontes de dados de RAIS, CAGED, FGTS, GFIP, CI, CEI, CGC, PIS e PASEP. A falta ou inadimplência na alimentação dessas informações pode penalizar injustamente um trabalhador. O Sistema ocupa cerca de 40% da capacidade de processamento da Dataprev (incluindo-se equipamentos, memória, tempo de processamento e pessoal). Além disso, tem-se como objetivo sua transformação em base de informações para processamento de benefícios.

CNPCP. Abreviatura de Conselho Nacional de Política Criminal e Penitenciária.

CNPDC. *Direito do consumidor.* Sigla de Comissão Nacional Permanente de Defesa do Consumidor.

CNPE. Sigla de Conselho Nacional de Política Energética.

CNPJ. Sigla de Cadastro Nacional de Pessoas Jurídicas.

CNPQ. Abreviatura de Conselho Nacional de Pesquisas.

CNPS. *Direito previdenciário.* Sigla de Conselho Nacional da Previdência Social, que tem por escopo estabelecer diretrizes gerais e apreciar as decisões políticas, que se aplicam à Previdência Social (Othon Sidou).

CNS. Abreviatura de Conselho Nacional de Saúde.

CNTSS. Sigla de Confederação Nacional dos Trabalhadores em Seguridade Social.

CNU. *Direito internacional público.* Abreviatura de Carta das Nações Unidas.

COABITAÇÃO. *Direito civil.* **1.** Vida em comum. **2.** Estado de duas pessoas de sexo oposto que moram juntas, sob o mesmo teto, como marido e mulher ou como companheiros. **3.** Dever de vida em comum no domicílio conjugal que têm as pessoas casadas. **4.** Habitualidade de relações sexuais lícitas ou ilícitas com pessoa do sexo oposto. **5.** Convivência dos cônjuges e dos companheiros.

COAÇÃO. 1. *Direito civil.* a) Pressão física ou moral exercida sobre a pessoa, os bens ou a honra de um contratante, visando obrigá-lo ou induzi-lo a efetivar um negócio jurídico; b) situação da pessoa coata. **2.** *Direito administrativo.* Ato ilegal de autoridade que venha a ameaçar ou violar direito líquido e certo. **3.** *Teoria geral do direito* e *direito processual.* Aplicação efetiva de uma sanção pelo poder competente segundo os processos legais contra o violador da norma.

COAÇÃO EXERCIDA POR TERCEIRO. *Direito civil.* Ameaça feita por terceiro a um dos contratantes para que efetive um ato, viciando e anulando o negócio, mesmo que o outro contratante dela não tenha ciência. Mas, se a coação exercida por terceiro for previamente conhecida pela parte a quem aproveitar, esta responderá solidariamente com aquele por todas as perdas e danos.

COAÇÃO FÍSICA. *Direito civil.* Também chamada *vis absoluta*, é o constrangimento corporal que retira toda capacidade de querer, implicando ausência total de consentimento, o que acarreta a nulidade do ato, não se tratando de vício da vontade. Por exemplo, se alguém segurar a mão da vítima, apontando-lhe uma arma, para obter a assinatura de um documento.

COAÇÃO GERAL. *Direito penal.* Ameaça de aplicação de pena às pessoas em geral, em razão de sua cominação *in abstracto* na lei. É a atuação psicológica da sanção como meio de prevenção da criminalidade.

COAÇÃO ILEGAL. *Direito civil* e *direito constitucional.* Ameaça para obrigar alguém a fazer ou deixar de fazer alguma coisa proibida por lei. Por exemplo, a ameaça feita, injustificadamente, por uma autoridade policial à liberdade de alguém pode dar origem ao *habeas corpus*.

COAÇÃO IMPEDITIVA DE SUICÍDIO. *Direito penal.* Causa excludente da tipicidade do crime de constrangimento ilegal, que se traduz no ato de impedir, mediante violência ou grave ameaça, que alguém venha a se suicidar, caso em que se configura um estado de necessidade de terceiro.

COAÇÃO IRRESISTÍVEL. *Direito penal.* Ameaça que retira toda a energia do coato para obrigá-lo a praticar um ato criminoso, vencendo sua resistência, fazendo com que não possa levantar oposição nem tornar eficiente a sua vontade contrária à do coator. A coação moral irresistível exclui o dolo e a culpa do coato, que não teve liberdade de decisão.

COAÇÃO LEGAL. *Direito administrativo* e *direito civil.* É a ameaça autorizada por lei, por exemplo, a pena de advertência que se impõe a funcionário público faltoso, a intimação de despejo para que o locatário deixe o imóvel locado etc.

COAÇÃO MATERIAL. *Vide* COAÇÃO FÍSICA.

COAÇÃO MORAL. *Direito civil.* Também designada *vis compulsiva*, é a que atua sobre a vontade da vítima sem aniquilar-lhe o consentimento, pois ela conserva uma relativa liberdade, podendo optar entre a realização do negócio que lhe é exigido e o dano com que é ameaçada. É vício de consentimento, pois permite que o coato emita uma vontade, embora maculada, acarretando a anulabilidade do ato negocial por ele realizado. Para sua configuração será preciso a ocorrência dos seguintes requisitos: a) a coação deve ser a causa determinante do negócio jurídico; b) a coação deve incutir à vítima um temor justificado; c) o temor deve dizer respeito a um dano iminente, suscetível de atingir a pessoa da vítima, sua família ou seus bens; d) o dano deve ser considerável ou grave.

COAÇÃO NO CURSO DO PROCESSO. *Direito penal.* Uso de violência ou grave ameaça para favorecer interesse próprio ou alheio contra autoridade pública, parte ou qualquer pessoa que intervenha em processo policial, judicial (civil, penal ou trabalhista) ou administrativo, em juizado de pequenas causas ou em juízo arbitral, sob pena de reclusão e multa. Com isso a lei penal visa proteger a administração da justiça.

COAÇÃO PSICOLÓGICA. *Vide* COAÇÃO MORAL.

COAÇÃO SOBRE O ESTADO. *Direito internacional público.* Ato pelo qual se coage um Estado por meio de ameaça ou emprego da força para que ele venha a aderir a um tratado, que, por esta razão, está eivado de nulidade. Por exemplo, foi o que se deu, em 1915, quando se firmou pacto para controle financeiro do Haiti pelos EUA, estando aquele sob ocupação militar deste; o mesmo se diga do pacto firmado, em 1939, entre a Alemanha e a Tchecoslováquia, para submeter esta última ao jugo alemão, sob a ameaça de bombardear Praga.

COAÇÃO TRIBUTÁRIA ILEGÍTIMA. *Direito tributário.* Ato de autoridade fiscal coatora contrário à ordem jurídica preestabelecida, possibilitando ao contribuinte a propositura de mandado de segurança para restabelecer a legalidade. O mandado é proposto contra a ilegalidade do ato da autoridade que abusou de seu poder.

COACH. *Termo inglês.* Aquele executivo que deve ter: interesse pelas pessoas; autoconhecimento; coragem de expressar-se honestamente; capacidade de escutar sem julgar; competência conceitual, técnica e interpessoal (Cecília Andrade).

COACHEE. *Termo inglês.* Aquele que passa pelo processo de *coaching* na organização a que pertence, devendo: ter capacidade de aceitar ajuda; ter em mente seus objetivos; ser disciplinado; comprometer-se; acreditar que a emoção é importante na informação (Cecília Andrade).

COACHING. *Termo inglês.* Parceria que, nas organizações, ocorre por meio de conversas que promovem aprendizagem, aperfeiçoamento profissional e pessoal, produzindo resultados práticos e sustentáveis, segundo metas estabelecidas (Cecília Andrade).

COACTA VOLUNTAS EST VOLUNTAS. *Aforismo jurídico.* A vontade coagida não deixa de ser vontade.

COACTUS SED VOLUIT. *Expressão latina.* Coagido, mas quis.

COACTUS VOLUIT, ATTAMEM VOLUIT. *Brocardo latino.* Quis coagido, entretanto quis.

CO-ACUSADO. *Direito penal.* Co-réu; aquele a quem, juntamente com outro ou outros, se imputa a autoria de um crime.

COADJUTOR. **1.** *Direito canônico.* Prelado que auxilia ou substitui o bispo de uma diocese ou padre que ajuda o pároco em suas funções eclesiásticas. **2.** Na *linguagem comum*, aquele que ajuda alguém em sua missão.

COADJUVANTE DE TECNOLOGIA DE FABRICAÇÃO. *Direito do consumidor.* É toda substância, excluindo os equipamentos e os utensílios utilizados na elaboração e/ou conservação de um produto, que não se consome por si só como ingrediente alimentar e que se emprega intencionalmente na elaboração de matérias-primas, alimentos ou seus ingredientes, para obter uma finalidade tecnológica durante o tratamento ou fabricação. Deverá ser eliminada do alimento ou inativada, podendo admitir-se no produto final a presença de traços da substância, ou seus derivados.

CO-ADMINISTRAÇÃO. *Direito administrativo* e *direito civil.* Ato de administrar juntamente com outrem.

COADQUIRENTE. *Direito civil.* Aquele que adquire um bem juntamente com outra pessoa.

COAF. *Direito financeiro.* Sigla de Conselho de Controle de Atividades Financeiras. Órgão com competência para requerer aos órgãos da Administração Pública as informações cadastrais bancárias e financeiras de pessoas envolvidas em atividades suspeitas.

COAGENTE. *Direito civil* e *direito penal.* Aquele que coage ou obriga outrem mediante violência ou ameaça.

COAGIDO. *Direito civil* e *direito penal.* Aquele que vem a sofrer coação física ou moral.

COAGIR. *Direito civil* e *direito penal.* Constranger ou forçar alguém a praticar ato negocial ou crime, mediante o emprego de violência física ou moral, causando-lhe vício no consentimento ou tolhendo-lhe a vontade, aniquilando-a.

COAGULAÇÃO. *Medicina legal.* Processo de solidificação do sangue, que se inicia pela formação de coágulos de aspecto gelatinoso.

COAGULOTOMIA. *Medicina legal.* Excisão diatérmica com baixa freqüência e corrente forte para coagular e estancar a sangria das superfícies da carne viva.

COALIZAÇÃO. *Vide* COALIZÃO.

COALIZÃO. 1. *Direito comercial.* Truste; cartel. 2. *Ciência política.* Aliança de partidos políticos para obter um fim comum. 3. *Direito internacional público.* Liga de potências. 4. *Direito do trabalho.* Agrupamento de trabalhadores, formando sindicato ou associação para defender os interesses do grupo. 5. *Direito penal.* Crime contra a economia popular consistente na aliança, ajuste ou fusão de capitais para obstar ou dificultar a concorrência em matéria de produção, transporte ou comércio, com o intuito de obter um arbitrário aumento de lucro. 6. *Economia política.* Coligação de produtores da mesma classe com a finalidade comum de usufruir vantagens ilícitas e lucros arbitrários, mediante exploração industrial, protegendo-a contra a concorrência desleal. Tal coalizão poderá ser: a) defensiva, se houver acordo temporário entre as empresas fabricantes do mesmo produto, monopolizando o mercado e precavendo-se, assim, da concorrência desleal, ao firmar o preço do produto; b) ofensiva, se as empresas coligadas tiverem o monopólio mercadológico apenas para aumentar arbitrariamente o preço de seus produtos, obtendo, assim, lucros ilícitos, em detrimento do consumidor.

COANORRAGIA. *Medicina legal.* Hemorragia no orifício posterior das fossas nasais.

COAPTAÇÃO. *Medicina legal.* Ação de reduzir ossos deslocados ou ajustar as extremidades dos fraturados.

COARCTAÇÃO. 1. *Direito penal.* Álibi ou defesa do acusado, demonstrando a impossibilidade da prática do crime que lhe é imputado, em razão do tempo ou do local onde se deu. 2. *Medicina legal.* Estreitamento de uma cavidade, canal ou vaso, principalmente da aorta.

COARCTADA. 1. *Direito processual penal.* a) Alegação de álibi; b) prova negativa e convincente. 2. *Direito processual civil.* Peça processual onde o advogado repele, vigorosamente, a argumentação da contraparte, procurando evidenciar suas razões em defesa de seu constituinte.

CO-ARRENDADOR. *Direito agrário.* Aquele que co-arrenda, cedendo junto com outro proprietário, usufrutuário ou possuidor um imóvel rural.

CO-ARRENDAMENTO. *Direito agrário.* Ato de arrendar ou alugar prédio rústico juntamente com outra pessoa.

CO-ARRENDAR. *Direito agrário.* 1. Tomar, juntamente com outrem, imóvel rural em arrendamento. 2. Alugar junto com outra pessoa um prédio rústico.

CO-ARRENDATÁRIO. *Direito agrário.* Aquele que recebe um imóvel rural arrendado, mediante pagamento de aluguel, para usá-lo juntamente com outro.

CO-ASSOCIADO. *Direito civil* e *direito comercial.* Aquele que é sócio junto com outro.

COAST-GUARD. *Locução inglesa.* Polícia marítima.

COATIVIDADE. *Teoria geral do direito* e *direito processual.* Sinônimo de "coercitividade", é a possibilidade de exercer a coação, isto é, de aplicar sanção ao violador da norma.

COATIVO. 1. *Teoria geral do direito* e *direito processual.* Sinônimo de "coercivo" e "coercitivo", designa a qualidade de poder exercer a coação. 2. *Direito civil* e *direito penal.* Aquilo que é referente à coação.

COATO. *Direito civil* e *direito penal.* Aquele que sofreu coação ou agiu sob coação; constrangido; coagido.

COATOR. *Direito civil* e *direito penal.* Aquele que coage outrem, constrangendo-o, por meio de violência física ou moral, a realizar negócio ou a praticar crime.

CO-AUTOR. **1.** *Direito autoral.* Aquele que é autor de uma obra intelectual em colaboração com outro, de modo que haja conjugação de esforços criativos. Assim sendo, não é co-autor: o revisor do texto, aquele que o atualiza ou aquele que auxilia ou aconselha materialmente o autor, ou ainda aquele que fiscaliza ou dirige sua edição ou apresentação. **2.** *Direito processual civil.* Aquele que, numa causa cível, é autor juntamente com outrem, intentando uma demanda. **3.** *Direito penal.* Aquele que, conjuntamente com outro, vem a praticar um crime ou concorrer para ele.

CO-AUTORES DE OBRA AUDIOVISUAL. *Direito autoral.* São o autor do assunto ou argumento literário, musical ou lítero-musical e o diretor.

CO-AUTORIA. **1.** *Direito penal.* Diz-se da autoria conjunta de um crime; cumplicidade; concorrência de vários agentes para a prática de uma infração penal. É a forma de co-participação criminosa que se configura quando dois ou mais agentes realizam, no todo ou em parte, atos para a execução de um crime. **2.** *Direito civil.* Estado ou qualidade do co-autor de obra intelectual.

CO-AVALISTA. *Direito cambiário.* Aquele que concede aval a favor de terceiro juntamente com outro ou sucessivamente a ele, garantindo o cumprimento da obrigação. É, portanto, aquele que vem a avalizar um título de crédito juntamente com outrem, ficando com este solidariamente responsável pela obrigação avalizada. Todavia, o avalista que vier a pagar integralmente a dívida terá ação regressiva para obter do autor a parte que lhe cabe naquela obrigação.

COB. *Direito desportivo.* Sigla de Comitê Olímpico Brasileiro.

COBARDE. *Direito civil.* Aquele que é fraco de ânimo, medroso, covarde ou sem coragem. Logo, não será suscetível de ser anulado por coação ato praticado por agente covarde, pois uma vã ameaça que não amedronte pessoa normal não vicia o consentimento.

COBARDIA. **1.** Nas *linguagens jurídica* em geral e *comum*, indica: medo; ânimo traiçoeiro; pusilanimidade. **2.** *Vide* COVARDIA.

CO-BELIGERANTE. *Direito internacional público.* Diz-se do país que está guerreando juntamente com outra potência contra um inimigo comum, muitas vezes até sem qualquer aliança formal.

COBERTA. **1.** *Direito civil.* Numa empreitada, indica: telhado; teto; tampo de degrau da escada. **2.** *Direito marítimo.* a) Cada um dos andares ou pavimentos interiores do navio; b) embarcação de toldos de madeira. **3.** *Direito militar.* Cobertura; proteção contra projéteis de arma de fogo. **4.** *Direito agrário.* Diz-se do animal prenhe.

COBERTA-SALÃO. *Direito marítimo.* Pavimento onde está o salão para uso social dos passageiros do navio.

COBERTA SUPERIOR. *Direito marítimo.* Convés do navio.

COBERTO. **1.** *Direito civil.* Aquilo que contém garantia real ou fidejussória. **2.** *Direito comercial.* a) O que está garantido pela forma prevista em lei, por uma cláusula contratual ou pela condição patrimonial do devedor suficiente para suprir uma falta ou desequilíbrio financeiro; b) diz-se do capital de sociedade anônima que foi subscrito. **3.** *Direito bancário.* Diz-se de um débito ou de uma conta corrente que foi compensada ou liquidada pela entrega de quantia correspondente à soma da dívida. **4.** *Direito administrativo.* Desfalque ou alcance cuja soma foi reposta nos cofres públicos de onde foi desviada. **5.** *Direito processual civil.* Lanço que, no leilão ou praça, veio a ultrapassar a proposta anterior.

COBERTURA. **1.** *Direito comercial.* a) Provisão de fundos para assegurar ou garantir uma operação mercantil ou determinado pagamento; b) ato pelo qual o devedor, como garantia do adiantamento recebido, entrega ao credor títulos ou efeitos comerciais ou valor que lhe foi confiado a descoberto; c) depósito da totalidade dos títulos referentes a posições em operações de venda nos mercados a termo, a futuro ou de opções (Luiz Fernando Rudge). **2.** *Direito desportivo.* Ato de um jogador deslocar-se de sua posição para proteger um setor abandonado, momentaneamente, por um de seus companheiros de equipe que foi disputar uma bola ou está falhando na jogada. **3.** *Direito autoral* e *direito do consumidor.* Capacidade de penetração de um meio de propaganda, com raio de ação local, regional, nacional ou internacional. **4.** *Direito militar.* *Vide* COBERTA, n. 3. **5.** *Direito bancário.* a) Ato de liquidar uma obrigação financeira; b) existência de fundos para cobrir saque bancário. **6.** *Direito agrário.* Contrato efetivado entre criadores de mangalarga, por exemplo, vendendo e comprando animal ou garanhão para acasalamento com prenhez. Tal cobertura requer o resultado positivo por conter obrigação de resultado. **7.** *Direito civil.* Garantia de indenização, ao segurado ou aos seus beneficiários, dos prejuízos decorrentes da ocorrência do risco previsto no contrato de seguro (Luiz Fernando Rudge).

COBERTURA DE FÉRETRO. *Direito militar.* Ato de cobrir com a Bandeira Nacional, até a inumação, o féretro de militar ativo ou inativo.

COBERTURA DE RISCO. Cobertura do seguro de pessoas cujo evento gerador não seja a sobrevivência do segurado a uma data pré-determinada.

COBERTURA ESPECIAL. *Direito agrário.* Contrato pelo qual o vendedor do garanhão se responsabiliza não só pela prenhez da égua, mas também pelo nascimento de um potro saudável (Cardillo).

COBERTURA POR SOBREVIVÊNCIA. *Direito civil.* Cobertura que garante o pagamento do capital segurado, pela sobrevivência do segurado ao período de diferimento contratado, ou pela compra, mediante pagamento único, de renda imediata. A cobertura por sobrevivência poderá ser estruturada nas seguintes modalidades: a) *Contribuição Variável*: em que o valor e o prazo de pagamento de prêmios podem ser definidos previamente e o capital segurado, pagável de uma única vez ou sob a forma de renda, por ocasião da sobrevivência do segurado ao período de diferimento, é calculado com base no saldo acumulado da respectiva provisão matemática de benefícios a conceder e no fator de cálculo definido na data da contratação; b) *Benefício Definido*: em que o capital segurado, pagável de uma única vez ou sob a forma de renda, e os respectivos prêmios são estabelecidos previamente na proposta (ou propostas). Em função da cobertura por sobrevivência, os planos serão dos seguintes tipos: a) Vida Gerador de Benefício Livre (VGBL), quando, durante o período de diferimento, a remuneração da provisão matemática de benefícios a conceder for baseada na rentabilidade da(s) carteira(s) de investimentos de FIE(s), no(s) qual(is) esteja aplicada a totalidade dos respectivos recursos, sem garantia de remuneração mínima e de atualização de valores e sempre estruturados na modalidade de contribuição variável; b) Vida com Remuneração Garantida e "Performance" (VRGP), quando garantir aos segurados, durante o período de diferimento, remuneração por meio da contratação de índice de atuali-

zação de valores e de taxa de juros e a reversão, parcial ou total, de resultados financeiros; c) Vida com Remuneração Garantida e "Performance" sem Atualização (VRSA), quando garantir aos segurados, durante o período de diferimento, remuneração por meio da contratação de taxa de juros e a reversão, parcial ou total, de resultados financeiros e sempre estruturados na modalidade de contribuição variável; d) Vida com Atualização Garantida e "Performance" (VAGP), quando garantir aos segurados, durante o período de diferimento, por meio da contratação de índice de preços, apenas a atualização de valores e a reversão, parcial ou total, de resultados financeiros; e e) Plano de Renda Imediata (PRI), quando, mediante prêmio único, garantir o pagamento do capital segurado, sob a forma de renda imediata. Em todos os tipos de plano mencionados neste artigo, poderá ser contratada a reversão de resultados financeiros durante o período de pagamento do capital segurado sob a forma de renda.

COBRADOR. 1. *Direito comercial* e *direito administrativo.* a) Encarregado de cobrar passagens em veículo de transporte coletivo; b) empregado de estabelecimento empresarial ou funcionário público que têm o encargo de receber ou arrecadar as quantias pecuniárias pertencentes ao estabelecimento ou à repartição pública. **2.** *Direito penal.* Sujeito ativo, se funcionário público, do crime de peculato, no caso de vir a desviar, em proveito próprio ou alheio, dinheiro, valor ou qualquer outro bem móvel, público ou particular, de que tem a posse, em razão do cargo.

COBRANÇA. Na *linguagem jurídica* em geral, ato de exigir, judicial ou extrajudicialmente, não só o pagamento de uma dívida ou de um tributo, mas também a restituição de uma coisa devida.

COBRANÇA AMIGÁVEL. Na *linguagem jurídica* em geral, exigência do crédito pelos meios usuais, sem valer-se de ação judicial, pedindo ao devedor que satisfaça a dívida ou restitua a coisa que está em seu poder.

COBRANÇA COMPULSÓRIA. *Direito processual civil.* É a feita por meio de ação judicial. Trata-se da cobrança judicial.

COBRANÇA DE DÍVIDA ATIVA. *Direito tributário.* Ação de exigir pagamento de impostos, taxas, contribuições, multas, foros, laudêmios e aluguéis devidos a entidade pública, ou seja, à Fazenda Pública da União, Estado, Distrito Federal, Território e Município. A cobrança judicial far-se-á pela execução, porque a certidão da dívida ativa fiscal ou da Fazenda Pública é título executivo extrajudicial.

COBRANÇA DE TAXAS. *Direito tributário.* Ato de reclamar o pagamento das taxas devidas ao Poder Público pelo particular.

COBRANÇA DE TAXAS TELEGRÁFICAS E POSTAIS. *Direito administrativo* e *direito tributário.* Exigência do pagamento de taxas pela transmissão de mensagens telegráficas e pelo transporte de correspondência feitos pelos serviços postais. No caso do transporte de cartas ou valores, a taxa será paga mediante aplicação de selo na correspondência ou nos pacotes em que aqueles valores são transportados.

COBRANÇA DOCUMENTÁRIA. *Direito internacional privado.* Remessa ao banqueiro de letra de câmbio, em moeda estrangeira conversível, sacada pelo exportador contra importador domiciliado no exterior e apresentada juntamente com documentos mercantis.

COBRANÇA JUDICIAL. *Direito processual civil.* Exigência feita em juízo pelo credor, propondo ação para obter o pagamento de um débito. Se o crédito constituir título executivo judicial ou extrajudicial, a ação será de execução; caso contrário, a cobrança judicial far-se-á pelo rito ordinário.

COBRAR. 1. *Direito comercial, direito civil* e *direito processual civil.* Exigir o pagamento de um débito ou proceder à sua cobrança por via judicial ou extrajudicial. **2.** *Direito tributário.* Arrecadar tributo.

COBRÁVEL. Na *linguagem jurídica* em geral: a) aquilo cujo pagamento ou cumprimento se pode exigir; b) liquidável ou recuperável.

COBRIÇÃO. *Direito agrário.* Contrato em que os criadores apenas pretendem a mera relação sexual entre os eqüinos.

COBRIR. 1. *Direito civil.* Efetuar o pagamento. **2.** *Direito comercial* e *direito bancário.* a) Prover o devedor ou o emitente de fundos suficientes para garantirem a satisfação do débito ou do saque, cujo cumprimento lhes foi exigido; garantir a execução de uma obrigação, depositando importância pecuniária ou valor equivalente; b) avisar com sinais o condutor de um trem.

3. *Direito processual civil.* Ultrapassar, com oferta maior, a proposta anterior feita num leilão ou hasta pública. **4.** *Direito administrativo.* Repor soma em dinheiro aos cofres públicos, de onde foi retirada em razão de desfalque. **5.** *Direito militar.* Voz do comando para que militares em forma acertem os intervalos e distâncias regulamentares estendendo o braço esquerdo horizontalmente.

COBRIR O LANCE. *Direito processual civil.* Ultrapassar com maior oferta o lance anterior, apresentado em leilão ou hasta pública.

COBRÍZIO. *Medicina legal.* Diz-se da erupção sifilítica cor de cobre.

COBRO. 1. *História do direito.* a) Cobrança; b) local seguro onde se guardava dinheiro; c) foro que certos reguengueiros pagavam ao monarca. **2.** *Direito marítimo.* Cada volta da amarra no convés do navio, que se vai soltando quando se lança a âncora em lugar muito profundo.

COCA. *Medicina legal* e *toxicologia.* Planta narcótica de cujas folhas se extrai a cocaína.

COÇADEIRA. *Direito agrário.* Aparelho que, no sul do País, é usado para aplicar desinfetante nos porcos que estão com piolhos.

COCAÍNA. *Medicina legal* e *toxicologia.* Tóxico ou psicotrópico caracterizado como um alcalóide natural, cristalino, incolor e amargo, obtido das folhas da coca, que, se usado em dose excessiva, pode conduzir à morte por insuficiência respiratória. É um estimulante e anestésico local que provoca uma forte dependência psíquica, causando, se utilizado com freqüência, insônia, perturbação digestiva, agressividade, redução da fome e da sede.

COCAINISMO. *Medicina legal* e *toxicologia.* **1.** Intoxicação provocada pela cocaína. **2.** Abuso da cocaína como narcótico ou estimulante. **3.** Cocainomania.

COCAINOMANIA. *Medicina legal* e *toxicologia.* Hábito mórbido de usar cocaína como estimulante, conducente à total degeneração físico-mental.

COCAINÔMANO. *Medicina legal* e *toxicologia.* Aquele que é viciado em cocaína, constituindo-se vítima de uma crônica intoxicação, que o compele a continuar a usar a droga, a obtê-la por qualquer meio, a aumentar a dose, trazendo forte dependência físico-psíquica dos seus efeitos.

COCCICULTURA. *Direito agrário.* Criação de cochinilhas.

COCCIDIOIDOMICOSE. *Medicina legal.* Infecção provocada pelo fungo *coccidioides immitis*, existente em zonas secas e poeirentas, que acometeu milhares de soldados durante a 2ª Guerra Mundial, caracterizando-se por sintomas similares aos da tuberculose.

COCCIGECTOMIA. *Medicina legal.* Excisão do cóccix.

COCCIGODINIA. *Medicina legal.* Nevralgia na região do cóccix.

COCCIGOTOMIA. *Medicina legal.* Corte do cóccix para alargar a bacia.

COCHA. *Direito marítimo.* Cada ramo torcido que forma um cabo de embarcação.

COCHEIRA. *Direito agrário.* Cavalariça.

COCKPIT. *Termo inglês.* Cabine de comando de aeronave ou nave, onde o piloto fica e tem acesso a todos os meios para a condução do veículo.

COCO. *Direito agrário.* **1.** Fruto do coqueiro. **2.** Medida japonesa para cereais que equivale a seis alqueires.

COCONSCIENTE. *Psicologia forense.* Processo mental que não está no campo da consciência, mas é suscetível, sob certas circunstâncias, de fazer com que certo fato seja lembrado.

CO-CREDOR. *Direito civil.* Aquele que é credor juntamente com outro, solidariamente ou não.

CO-CULTURA. *Medicina legal.* Técnica auxiliar à implantação de embrião, em caso de fertilização assistida, que consiste em mergulhá-lo durante dois dias, antes de sua transferência para o útero, para que ganhe vigor, numa substância de células vivas obtidas de trompas de mulheres (Roger Abdelmassih).

CODE DE LA ROUTE. *Expressão francesa.* Código de Trânsito.

CODEÍNA. *Medicina legal* e *toxicologia.* Alcalóide natural do ópio, similar à morfina, usado na medicina para reduzir o acesso de tosse e a sensibilidade à dor. Por ser menos tóxico, dificilmente cria no seu usuário o hábito mórbido de usá-lo. O erro na sua dosagem pode gerar responsabilidade civil do médico ou do dentista.

CO-DELINQÜÊNCIA. *Direito penal.* **1.** Participação consciente e voluntária de duas ou mais pessoas num crime. **2.** *Vide* CO-AUTORIA E CUMPLICIDADE.

CO-DELINQÜENTE. *Direito penal.* **1.** Aquele que, juntamente com outro, pratica um crime, dele participa ou concorre para sua execução. **2.** *Vide* CO-AUTOR e CÚMPLICE.

CO-DEMANDADO. *Direito processual civil* e *direito processual penal.* **1.** Aquele que, juntamente com outro, é réu em ação civil ou criminal. **2.** *Vide* CO-RÉU.

CO-DEMANDANTE. *Direito processual civil.* **1.** Aquele que é autor de uma ação judicial juntamente com outra pessoa. **2.** O mesmo que CO-DEMANDISTA.

CO-DEMANDISTA. *Vide* CO-DEMANDANTE.

CO-DETENTOR. *Direito civil.* Aquele que, juntamente com outrem, detém em seu poder posse, quantia ou propriedade.

CO-DEVEDOR. *Direito civil.* O responsável pelo pagamento de um débito juntamente com outra pessoa. A existência de co-devedores pode dar origem à solidariedade passiva, hipótese em que cada um deles será responsável pela dívida toda.

CODEX *ACCEPTI VEL EXPENSI.* *Expressão latina.* Registro do recebido e do gasto. Definição dada ao livro-caixa.

CODEX *ISIDORI PECCATORIS.* *Expressão latina.* Usual no direito canônico, designa uma coleção de decretais elaboradas na França, entre os anos de 847 e 852, chamadas de *Isidorus Mercator* ou *Peccator*, consideradas falsas ou apócrifas, sendo, por isso, conhecidas como "coleção pseudo-isidoriana".

CODEX *JURIS CANONICI.* *Expressão latina.* Também chamada de *Corpus Juris Canonici*, constitui uma coleção de diferentes textos legislativos, tais como: o decreto de Graciano; as decretais de Gregório IX; o Sexto de Bonifácio VIII; as decretais clementinas de Clemente V; as extravagantes de João XXII; a Constituição de Gregório XIII; as *institutiones juris canonici* de João Pedro Lancelotti e o *liber septimus decretalium* de Pedro Mathieu. Veio a inspirar o Código de Direito canônico.

CODEX *JUSTINIANEUS.* *Locução latina.* Primeiro código elaborado, por ordem do imperador Justiniano, por uma comissão de dez membros.

CODEX *MAXIMILIANEUS.* *História do direito.* Corpo de leis que, em 1756, foi editado pelo rei da Baviera, inaugurando a era das codificações (Othon Sidou).

CODEX REPETITAE PRAELECTIONIS. *Expressão latina.* Segundo código elaborado por ordem de Justiniano, por uma comissão de cinco membros, composta por João, Menas, Constantino, Triboniano e Doroteu, que atualizou o *Codex Justinianeus*, abrangendo, no Livro I, o direito público; nos Livros II a VIII, os direitos privado e processual civil; no Livro IX, os direitos penal e processual penal, e, nos Livros X a XII, o Direito administrativo. Esse código faz parte do *Corpus Juris Civilis.*

CÓDICE. *História do direito, teoria geral do direito* e *direito autoral.* **1.** Pergaminho manuscrito contendo obras de um autor clássico. **2.** Coleção de manuscritos, documentos históricos ou leis. **3.** Código antigo.

CODICILAR. *Direito civil.* **1.** Aquilo que é relativo ao codicilo. **2.** O que está estabelecido ou firmado em codicilo. **3.** O que tem a forma de codicilo. **4.** Diz-se da disposição de última vontade contida num codicilo.

CODICILO. *Direito civil.* **1.** Segundo Carlos Maximiliano, é o ato de última vontade pelo qual o disponente traça diretrizes sobre assuntos pouco importantes, despesas e dádivas de pequeno valor. Contém disposições sobre: o próprio enterro; esmolas de pouca monta a determinadas pessoas ou aos pobres de certo lugar; legado de móveis, roupas ou jóias não muito valiosas e de uso pessoal; sufrágios por intenção da alma do codicilante; nomeação e substituição de testamenteiro; perdão de indigno etc. **2.** Aditamento que completa disposição testamentária; cláusula adicional.

CODICISMO. *Teoria geral do direito.* Identificação exagerada do direito à lei (Carnelutti).

CODIFICAÇÃO. *Teoria geral do direito.* Reunião coordenada de leis, num único texto ou corpo, em forma de código, desde que alusivas a determinado ramo do direito ou a relações jurídicas da mesma natureza, criando princípios harmônicos, segundo critério objetivo.

CODIFICADOR. *Teoria geral do direito.* **1.** Aquele que codifica. **2.** Autor de um código. **3.** Aquele que, detentor do poder político, influencia ou exige uma codificação.

CODIFICAR. *Teoria geral do direito.* Reunir em código; elaborar um código para regular determinada matéria, num dado país, com autorização do poder competente.

CODIFICATÓRIO. *Teoria geral do direito.* **1.** Relativo à codificação. **2.** Que codifica.

CÓDIGO. 1. *Teoria geral do direito.* Conjunto ordenado de princípios e disposições legais alusivos a certo ramo do direito positivo, redigido sob a forma de artigos, que, às vezes, se subdividem em parágrafos e incisos, agrupando-se em capítulos, títulos e livros. **2.** *História do direito.* Simples conjunto de leis dispostas cronologicamente, sem qualquer ordenação. **3.** *Direito romano.* Uma das quatro partes em que o *Corpus Juris Civilis* está dividido. **4.** *Direito comercial.* a) Coleção sistemática de sinais, números ou abreviações para possibilitar ao comerciante brevidade de expressão em correspondências; b) linguagem secreta ou não em que entram palavras, às quais, convencionalmente, se dão sentidos diversos dos que, em regra, possuem. **5.** *Direito virtual.* a) Trecho de programa escrito em linguagem de programação; b) programa depois de compilado; c) seqüência de instruções que constituem um programa de computador.

CÓDIGO AFONSINO. *História do direito.* Denominação dada às Ordenações Afonsinas, que continham a compilação do direito vigente em Portugal até 1521, incluindo os forais, o direito romano, o direito canônico e os costumes. Era composto de cinco livros, sendo o primeiro alusivo aos cargos públicos; o segundo, ao regulamento dos bens e privilégios da Igreja, aos direitos do rei, às prerrogativas da nobreza, aos judeus e aos mouros; o terceiro, ao processo civil romano-canônico; o quarto, ao direito civil; e o quinto, ao Direito penal.

CÓDIGO AGRÁRIO. *Direito agrário.* Conjunto de normas relativas às atividades agropecuárias, à propriedade e ao uso da terra e às relações delas emergentes. Se houvesse em nosso país tal codificação jurídico-agrária, esta em muito auxiliaria o entendimento de que a terra é um bem de produção, facilitaria a compreensão do direito agrário e do princípio constitucional da função social da propriedade e consagraria a autonomia legislativa dessa disciplina jurídica.

CÓDIGO ALARICIANO. *História do direito.* Trata-se do Breviário de Alarico ou da *Lex Romana Visigothorum*, cuja elaboração foi ordenada em 506 por Alarico II, rei dos visigodos. Era uma coletânea de leis coligidas do direito romano e de textos doutrinários que se aplicavam aos povos hispano-romanos e aos visigodos.

CÓDIGO ANIANO. *Vide* CÓDIGO ALARICIANO.

CÓDIGO BRASILEIRO DE AERONÁUTICA. Conjunto ordenado de disposições normativas que regem não só o espaço aéreo, as aeronaves e sua tripulação como o transporte aéreo, os serviços de navegação aérea, a aviação civil e comercial e a responsabilidade civil por dano ao passageiro, à bagagem e à carga.

CÓDIGO BRASILEIRO DE AUTO-REGULAÇÃO PUBLICITÁRIA. Conjunto de normas atinentes aos direitos, deveres, princípios, responsabilidades, infrações e penalidades alusivas à publicidade, enquanto atividade econômica, protegendo indiretamente o consumidor ao evitar que anúncios enganosos, ofensivos ou agressivos comprometam a credibilidade e eficiência da publicidade (Calais-Auloy e Fábio Ulhoa Coelho).

CÓDIGO BRASILEIRO DE JUSTIÇA DESPORTIVA. *Direito desportivo.* Conjunto de normas sobre organização da Justiça Desportiva e processo disciplinar, no que se referem ao desporto de prática formal, a que ficam submetidas, em todo o território nacional, as entidades compreendidas pelo Sistema Nacional do Desporto e todas pessoas físicas e jurídicas que lhes forem direta ou indiretamente filiadas ou vinculadas.

CÓDIGO BRASILEIRO DE TELECOMUNICAÇÕES. *Direito público.* Conjunto ordenado de disposições legais atinentes aos serviços de telecomunicações no território nacional.

CÓDIGO BRASILIENSE. *História do direito.* Conjunto de leis monárquicas portuguesas, editado por Dom João para facilitar sua consulta.

CÓDIGO BUSTAMANTE. *Direito internacional privado.* Complexo ordenado de princípios e normas de direito internacional privado, elaborado por Antonio de S. de Bustamante y Sirvén, abrangendo questões internacionais de direito civil, comercial, penal e processual, e aplicável aos Estados que o ratificaram.

CÓDIGO CIVIL. *Direito civil.* Conjunto ordenado de normas relativas ao direito civil, sendo classificadas as matérias em duas partes: geral e especial. Na Parte Geral, contemplam-se os sujeitos de direito (pessoas), os objetos do direito (bens jurídicos) e os fatos jurídicos. Regulamentam-se tanto a pessoa natural como a jurídica, com a correlata questão de domicílio. Refere-se às diferentes categorias de bens: imóveis e móveis; fungíveis e infungíveis; consumíveis e inconsumíveis; divisíveis e indivisíveis; singula-

res e coletivos; principais e acessórios; públicos e particulares. No que concerne aos fatos jurídicos, após mencionar as disposições preliminares, apresenta cinco títulos: o dos negócios jurídicos, o dos atos jurídicos lícitos, o dos atos ilícitos, o da prescrição e decadência e o da prova. Na Parte Especial cuida-se do direito das obrigações, do direito de empresa, do direito das coisas, do direito de família e do direito das sucessões.

CÓDIGO COMERCIAL. *Direito comercial.* Complexo ordenado de normas que regem algumas atividades dos empresários, os contratos e obrigações voltados ao comércio marítimo etc.

CÓDIGO CRIMINAL. *História do direito.* Primeiro corpo legislativo editado no Brasil, após sua independência, pela Lei de 16 de dezembro de 1830.

CÓDIGO CRISTIANO. *História do direito.* Estatuto geral sueco que, em 1442, unificou suas leis.

CÓDIGO DA DEFESA AGROPECUÁRIA. *Direito agrário e direito do consumidor.* Os Códigos, nacionais e estaduais, da Defesa Agropecuária, devem buscar a proteção dos interesses dos consumidores e dos produtores no que se refere à qualidade de matérias-primas, proteção contra fraudes, adulterações de produtos e práticas que possam induzir o consumidor a erro, bem como a garantia da sanidade de animais e plantas e a inocuidade de produtos de origem animal e vegetal.

CÓDIGO DE ÁGUAS. *Direito civil* e *direito administrativo.* Conjunto ordenado de disposições legais regulamentadoras das águas comuns, públicas e particulares, do aproveitamento de águas e das forças hidráulicas, definindo direitos e impondo obrigações.

CÓDIGO DE ÁGUAS MINERAIS. *Direito constitucional, direito administrativo, direito empresarial* e *direito civil.* Conjunto de dispositivos relativos à pesquisa e lavra de águas minerais, à sua classificação, exploração e comércio e à fiscalização das estâncias que as exploram, apontando os direitos e deveres a elas atinentes.

CÓDIGO DE BARRAS. *Direito comercial.* **1.** *Bar Code.* **2.** Método de codificação de dados alfanuméricos para leitura ótica rápida e precisa. O código de barras é constituído por uma seqüência de barras e espaços (James G. Heim).

CÓDIGO DE CAÇA. *Direito civil, direito ambiental* e *direito agrário.* Conjunto ordenado de leis disciplinadoras do exercício de caça e protetoras da fauna, coibindo abusos e depredações.

CÓDIGO DECENVIRAL. *Direito romano.* Lei das Doze Tábuas.

CÓDIGO DE CONDUTA DA ALTA ADMINISTRAÇÃO FEDERAL. *Direito administrativo.* Normas com as seguintes finalidades: a) tornar claras as regras éticas de conduta das autoridades da alta Administração Pública Federal, para que a sociedade possa aferir a integridade e a lisura do processo decisório governamental; b) contribuir para o aperfeiçoamento dos padrões éticos da Administração Pública Federal, a partir do exemplo dado pelas autoridades de nível hierárquico superior; c) preservar a imagem e a reputação do administrador público, cuja conduta esteja de acordo com as normas éticas estabelecidas neste Código; d) estabelecer regras básicas sobre conflitos de interesses públicos e privados e limitações às atividades profissionais posteriores ao exercício de cargo público; e) minimizar a possibilidade de conflito entre o interesse privado e o dever funcional das autoridades públicas da Administração Pública Federal; f) criar mecanismo de consulta destinado a possibilitar o prévio e pronto esclarecimento de dúvidas quanto à conduta ética do administrador. As normas deste Código aplicam-se às seguintes autoridades públicas: Ministros e Secretários de Estado; titulares de cargos de natureza especial, secretários executivos, secretários ou autoridades equivalentes ocupantes de cargo do Grupo Direção e Assessoramento Superiores (DAS), nível seis; presidentes e diretores de agências nacionais, autarquias, inclusive as especiais, fundações mantidas pelo Poder Público, empresas públicas e sociedades de economia mista. No exercício de suas funções, as autoridades públicas deverão pautar-se pelos padrões da ética, sobretudo no que diz respeito à integridade, à moralidade, à clareza de posições e ao decoro, com vistas a motivar o respeito e a confiança do público em geral. Além da declaração de bens e rendas, a autoridade pública, no prazo de dez dias contados de sua posse, enviará à Comissão de Ética Pública (CEP), na forma por ela estabelecida, informações sobre sua situação patrimonial que, real ou potencialmente, possa suscitar conflito com o interesse público, indicando o modo pelo qual irá evitá-lo. As alterações relevantes no patrimônio da autoridade pública deverão ser imediatamente comunicadas à CEP, especialmente quando se tratar de: 1) atos de gestão patrimonial que envolvam: a) transferência de bens a cônjuge, ascendente, descendente ou parente na linha colateral; b) aquisição, direta ou indireta, do controle de empresa; ou c) outras alterações significativas ou relevantes no valor ou na natureza do patrimônio; 2) atos de gestão de bens, cujo valor possa ser substancialmente afetado por decisão ou política governamental da qual tenha prévio conhecimento em razão do cargo ou função, inclusive investimentos de renda variável ou em *commodities*, contratos futuros e moedas para fim especulativo. A autoridade pública não poderá receber salário ou qualquer outra remuneração de fonte privada em desacordo com a lei, nem receber transporte, hospedagem ou quaisquer favores de particulares de forma a permitir situação que possa gerar dúvida sobre a sua probidade ou honorabilidade. É permitida a participação em seminários, congressos e eventos semelhantes, desde que tornada pública eventual remuneração, bem como o pagamento das despesas de viagem pelo promotor do evento, o qual não poderá ter interesse em decisão a ser tomada pela autoridade. É vedada à autoridade pública a aceitação de presentes, salvo de autoridades estrangeiras nos casos protocolares em que houver reciprocidade. Não se consideram presentes brindes que: a) não tenham valor comercial; ou que, b) distribuídos por entidades de qualquer natureza a título de cortesia, propaganda, divulgação habitual ou por ocasião de eventos especiais ou datas comemorativas, não ultrapassem o valor de cem reais. Após deixar o cargo, a autoridade pública não poderá: a) atuar em benefício ou em nome de pessoa física ou jurídica, inclusive sindicato ou associação de classe, em processo ou negócio do qual tenha participado, em razão do cargo; b) prestar consultoria à pessoa física ou jurídica, inclusive sindicato ou associação de classe, valendo-se de informações não divulgadas publicamente a respeito de programas ou políticas do órgão ou da entidade da Administração Pública Federal a que esteve vinculado ou com que tenha tido relacionamento direto e relevante nos seis meses anteriores ao término do exercício de função pública. Na ausência de lei dispondo sobre prazo diverso, será de quatro meses, contado da exoneração, o período de interdição para atividade incompatível com o cargo anteriormente exercido, obrigando-se a autoridade pública a observar, nesse prazo, as seguintes regras: a) não aceitar cargo de administrador ou conselheiro, ou estabelecer vínculo profissional com pessoa física ou jurídica com a qual tenha mantido relacionamento oficial direto e relevante nos seis meses anteriores à exoneração; b) não intervir, em benefício ou em nome de pessoa física ou jurídica, junto a órgão ou entidade da Administração Pública Federal com que tenha tido relacionamento oficial direto e relevante nos seis meses anteriores à exoneração. Para facilitar o cumprimento das normas previstas neste Código, a CEP informará à autoridade pública as obrigações decorrentes da aceitação de trabalho no setor privado após o seu desligamento do cargo ou função. A violação das normas estipuladas neste Código acarretará, conforme sua gravidade, as seguintes providências: a) advertência, aplicável às autoridades no exercício do cargo; b) censura ética, aplicável às autoridades que já tiverem deixado o cargo. Tais sanções serão aplicadas pela CEP, que, conforme o caso, poderá encaminhar sugestão de demissão à autoridade hierarquicamente superior.

CÓDIGO DE CONDUTA EMPRESARIAL. *Direito comercial.* Conjunto de normas básicas aplicáveis à administração, controle e informação de empresas que, sem necessidade de sanção legal, podem ter retilidade para difundir pautas de conduta profissional indispensáveis no interior das empresas e em suas relações recíprocas para enfrentar uma crise generalizada (Jorge Pinzón Sánchez).

CÓDIGO DE CONDUTA ÉTICA DOS AGENTES PÚBLICOS EM EXERCÍCIO NA PRESIDÊNCIA E VICE-PRESIDÊNCIA DA REPÚBLICA. *Direito administrativo.* Código que rege aqueles que, por força de lei, contrato ou de qualquer outro ato jurídico, prestem serviços de natureza permanente, temporária, excepcional ou eventual, na Presidência e Vice-Presidência da República. O Código de Conduta tem por objetivo: a) tornar claro que o exercício de atividade profissional na Presidência e Vice-Presidência da República constitui rara distinção ao agente público, o que pressupõe adesão a normas éticas específicas de conduta previstas neste Código; b) estabelecer as regras de conduta inerentes ao exercício de cargo, emprego ou função na Presidência e Vice-Presidência da República; c) preservar a imagem e a reputação do agente público, cuja conduta esteja de acordo com as normas estabelecidas neste Código; d) evitar a ocorrência de situações que possam suscitar conflitos entre o interesse privado e as atribuições públicas do agente público; e) criar mecanismo de consulta, destinado a possibilitar o prévio e pronto esclarecimento de dúvidas quanto à correção ética de condutas específicas; f) dar maior transparência às atividades da Presidência e Vice-Presidência da República.

CÓDIGO DE DEFESA DO CONSUMIDOR. *Vide* CÓDIGO DE PROTEÇÃO E DEFESA DO CONSUMIDOR.

CÓDIGO DE DEFESA DO CONSUMIDOR BANCÁRIO. *Direito bancário.* Regulamentação expedida pelo Conselho Monetário Nacional, que estabelece procedimentos a serem cumpridos pelas instituições financeiras e pelas autorizadas a funcionar pelo Banco Central, na contratação de operações e na prestação de serviços aos seus clientes e ao público (Luiz Fernando Rudge).

CÓDIGO DE DIREITO CANÔNICO. *Direito canônico.* Seu nome completo é *Codex Juris Canonici Pii X Pontificis Maximi iussu digestus, Benedicti papae XV auctoritate promulgatus* e consiste num corpo legal, constituído de 2.414 cânones e mais seis documentos, dirigidos à Igreja Católica Romana latina. No Livro Primeiro, contém normas gerais; no Segundo, cuida das pessoas; no Terceiro, das coisas; no Quarto, dos processos; e, no Quinto, dos delitos e das penas. Além disso, agrupa: o Documento I – Constituição do Papa Pio XII *Vacantis Apostolicae Sedis*, de 8 de dezembro de 1945; o Documento II – Constituição de Benedito XIV *Cum illud*, de 14 de dezembro de 1742; o Documento III – Constituição de Benedito XV *Sacramentum Poenitentiae*, de 1º de junho de 1741; o Documento IV – Constituição de Paulo III *Altitudos*, de 1º de junho de 1537; o Documento V – Constituição de São Pio V *Romani Pontificis*, de 2 de agosto de 1571; e o Documento VI – Constituição de Gregório XIII *Populis*, de 25 de janeiro de 1585. A moderna edição contém ainda mais nove apêndices, que versam sobre o matrimônio, os estados canônicos e os institutos seculares (Constituição *Provida Mater*) e a concordata entre o Vaticano e a Espanha, tendo sido promulgada pelo Papa João Paulo II em 1983, contém 1.752 cânones, de ordem substantiva e adjetiva, disciplinadores da vida dos católicos, com o escopo de obter a salvação de suas almas (Sampel).

CÓDIGO DE ÉTICA PROFISSIONAL. *Teoria geral do direito.* Conjunto ordenado de normas regulamentadoras da atividade de profissionais, dentro de sua categoria, protegendo seus direitos e os interesses dos que se utilizam de seus serviços, impondo, ainda, deveres e sanções às faltas cometidas no exercício da profissão.

CÓDIGO DE ÉTICA PROFISSIONAL DO CONTABILISTA (CEPC). *Teoria geral do direito.* Conjunto de normas que fixam a forma pela qual os contabilistas devem conduzir-se no exercício da profissão.

CÓDIGO DE HAMMURABI. *História do direito.* Consolidação de 282 leis da Babilônia, antecedidas pelas invocações do prólogo e sucedidas pelas apóstrofes do epílogo. Foi elaborado por ordem do monarca Hammurabi (1728 a 1686 a.C.), ficando conhecido no mundo jurídico por prescrever a lei de talião, que se assentava no princípio "olho por olho, dente por dente", e, apesar de não ser o mais antigo Código, pois antes dele houve o de Ur-Nammu, por volta de 2050 a.C., o de Lipit-Istar, em 1875 a.C., e o de Urukagina, foi aplicado por mil anos na Babilônia e na Assíria, por ter sido um documento legal reformador muito expressivo na época.

CÓDIGO DE JUSTIÇA MILITAR. *Direito processual.* Conjunto ordenado de normas disciplinadoras da administração da justiça militar, da competência e funcionamento de seus órgãos.

CÓDIGO DE JUSTINIANO. *História do direito.* Compilação de constituições imperiais ordenada pelo imperador Justiniano e levada a efeito por Triboniano, que, juntamente com vários jurisconsultos, apresentou a primeira redução denominada *Codex Primae Praelectionis*, sendo que a segunda redução, ampliando suas disposições, recebeu o nome de *Codice Confirmando* ou *Justinianeo*, e a terceira, publicada no ano 534, o de *Codex Justinianus repetitae praelectionis*. É, portanto, uma das partes do *Corpus Iuris Civiles*, adotado em 534 por Justiniano, contendo uma coleção de constituições, que consistia em um direito suplementar do *Digesto*. Trata-se do *Codex Repetitae*.

CÓDIGO DE MANU. *História do direito.* Corpo legislativo hindu que organizava a sociedade sob forte influência político-religiosa, prevendo questões nos âmbitos penal, civil, mercantil e laboral, sem olvidar de disposições alusivas à administração da justiça e aos meios probatórios e de julgamento.

CÓDIGO DE MINERAÇÃO. *Direito administrativo* e *direito civil.* Conjunto ordenado de normas reguladoras do regime de aproveitamento e exploração de substâncias minerais, dos limites da intervenção do Estado e do seu controle e fiscalização na pesquisa e lavra de jazidas minerais, sem olvidar das indústrias de mineração e das atividades das empresas que fazem uso de matéria-prima mineral.

CÓDIGO DE NAPOLEÃO. *Direito comparado.* Código civil francês, assim denominado em razão da grande influência exercida pelo poder político de Napoleão na sua elaboração, comparecendo inclusive às reuniões dos juristas que fizeram seu projeto.

CÓDIGO DE PESCA. *Direito administrativo, direito civil* e *direito ambiental.* Complexo de normas relativas: à pesca e suas várias modalidades; à proteção da fauna e flora aquáticas; aos estímulos para a pesca em águas interiores, mar territorial, zonas de alto-mar e na plataforma continental; à fiscalização técnica do pessoal e do material de pesca; à atividade piscatória profissional ou desportiva; à instrução especializada dos pescadores e sua organização profissional; e ao desenvolvimento da indústria pesqueira.

CÓDIGO DE PROCESSO CIVIL. *Direito processual civil.* Conjunto ordenado de normas, num só texto, que regem a jurisdição civil, contenciosa e voluntária, exercida por juízes, aplicadas no decorrer da solução de um litígio que envolva matéria cível ou mercantil.

CÓDIGO DE PROCESSO PENAL. *Direito processual penal.* Complexo ordenado de disposições legais alusivas às ações e prazos para formação de culpa dos infratores da lei nos crimes e contravenções penais, a seu julgamento, à interposição de recursos cabíveis e à execução das penas, regendo a atuação jurisdicional, a atividade da polícia judiciária e a de seus órgãos e auxiliares.

CÓDIGO DE PROCESSO PENAL MILITAR. *Direito militar.* Conjunto de leis que regem a prestação judicial em matéria penal militar (Othon Sidou).

CÓDIGO DE PROPRIEDADE INDUSTRIAL. *Direito autoral.* Conjunto organizado de normas que visam proteger direitos alusivos à propriedade industrial, mediante: concessão de privilégios de invenção, de modelo de utilidade e de modelo e desenho industriais, concessão de registro de marcas de indústria, comércio ou serviços; registro de expressão ou sinal de propaganda; repressão a falsas indicações de procedência e repressão à concorrência desleal.

CÓDIGO DE PROTEÇÃO E DEFESA DO CONSUMIDOR. *Direito do consumidor.* Conjunto ordenado de disposições normativas para a defesa e proteção do consumidor na aquisição e utilização de produtos e serviços, no que atina à sua saúde, segurança e dignidade, aos seus interesses econômicos e à melhoria da sua qualidade de vida, contendo, para tanto, parâmetros relativos aos seus direitos, aos deveres dos fornecedores, à responsabilidade pelo fato e pelo vício do produto e do serviço, sem olvidar das práticas comerciais, da proteção contratual, das sanções administrativas e das infrações penais.

CÓDIGO DE SEGURANÇA PARA SISTEMA DE MERGULHO. *Direito marítimo.* Foi desenvolvido para prover um padrão internacional mínimo para projeto, construção e inspeção de sistemas de mergulho em navios e estruturas flutuantes envolvidas em operações de mergulho a fim de aumentar a segurança dos mergulhadores. O código admite que a permutabilidade de equipamentos ou a adição ou supressão de componentes é aceitável e prática comum, e este procedimento não deve ser inibido pelo código. Ele não pretende proibir a operação de qualquer sistema em uso pelo simples fato de o seu projeto, construção ou equipamento não atender suas exigências. Muitos dos atuais sistemas de mergulho vêm sendo operados com sucesso e segurança, por longos períodos de tempo, e seu histórico operativo deve ser considerado na avaliação de sua adequabilidade. A intenção do código é, também, facilitar a movimentação e operação internacional dos sistemas de mergulho. Tal código foi desenvolvido para sistemas fixos de mergulho. Entretanto, qualquer sistema temporário que esteja de acordo com os requisitos do código pode receber um certificado, de acordo com o que nele está previsto. O propósito desse código é recomendar critérios para projeto e padrões de construção para equipamentos de sistemas de mergulho, de modo a minimizar o risco para mergulho, pessoal, navios e estruturas flutuantes que possuem tais sistemas a bordo e para facilitar o trânsito internacional de tais navios e estruturas flutuantes, no contexto das operações de mergulho.

CÓDIGO DE SINAIS. 1. *Direito internacional.* Conjunto de sinais luminosos ou bandeiras para exprimir pensamento a distância. **2.** *Vide* CÓDIGO DE SINALIZAÇÃO.

CÓDIGO DE SINALIZAÇÃO. *Direito internacional privado.* Código marítimo adotado por todas as nações com marinha mercante, para comunicação a distância no mar, mediante vinte e seis bandeiras, cada uma indicando uma letra diferente do alfabeto romano, e uma triangular, de resposta, içadas em várias combinações, que representam uma palavra ou frase diferente.

CÓDIGO DE TRÂNSITO BRASILEIRO. *Direito de trânsito.* *Vide* CÓDIGO NACIONAL DE TRÂNSITO.

CÓDIGO DE UR-NAMMU. *História do direito.* Coleção de leis que, antecedendo o Código de Hammurabi, foi editada, antes de Cristo, pelo Rei Ur-Nammu.

CÓDIGO ELEITORAL. *Direito eleitoral.* Conjunto de normas que regulam ordenadamente a justiça eleitoral, os partidos políticos, o alistamento e as eleições para o preenchimento de cargos políticos.

CÓDIGO FARMACÊUTICO. *Direito civil* e *direito comercial.* Conjunto autorizado de fórmulas médicas ou farmacêuticas para a manipulação de receitas a serem aviadas nas farmácias. É também chamado "códex".

CÓDIGO FILIPINO. *História do direito.* Também chamado "Ordenações Filipinas", foi promulgado em 1603 para reger Espanha e Portugal, pois Filipe II, que ordenou sua organização, governava na época esses dois países.

CÓDIGO FLORESTAL. *Direito ambiental* e *direito civil.* Complexo organizado de normas que regulam a classificação, exploração e defesa da flora.

CÓDIGO FUNDAMENTAL. *Direito constitucional.* Carta política de um país; Constituição; Carta Magna.

CÓDIGO GREGORIANO. *História do direito.* Conjunto de oitenta constituições imperiais, abrangendo as de Séptimo Severo até as de Deocleciano e Maximiliano, organizado pelo jurisconsulto Gregório, que as colocou em ordem cronológica em quinze livros.

CÓDIGO HERMOGENIANO. *História do direito.* Complexo de trinta e oito constituições de Deocleciano e Maximiliano, dispostas em ordem cronológica pelo jurisconsulto Hermogênio.

CÓDIGO INTERNACIONAL DE GERENCIAMENTO DE SEGURANÇA. *Direito internacional público, direito marítimo* e *direito ambiental.* Código Internacional de Gerenciamento para a Operação Segura de Navio e para a Prevenção da Poluição, adotado e atualizado pela Assembléia da Organização Marítima Internacional (IMO). Esse Código tem por objetivo garantir a segurança no mar, a prevenção de ferimentos em pessoas e a perda de vidas e evitar danos ao meio ambiente, em particular ao ambiente marinho e à propriedade. Os objetivos do gerenciamento de segurança da companhia (que é o proprietário do navio ou qualquer outra organização, ou pessoa, como o operador, o afretador a casco nu, que assumir tal responsabilidade imposta pelo Código ISM) são, dentre outros: prover práticas seguras para a operação do navio e um ambiente de trabalho seguro; estabelecer medidas de segurança para todos os riscos identificados; aperfeiçoar, continuamente, o treinamento do pessoal de terra e de bordo, inclusive para enfrentar situações de emergência relativas tanto à segurança quanto à proteção ao meio ambiente.

CÓDIGO INTERNACIONAL DE SINAIS. *Vide* CÓDIGO DE SINAIS e CÓDIGO DE SINALIZAÇÃO.

CÓDIGO ISM. *Direito internacional público, direito marítimo* e *direito ambiental.* É o Código Internacional de Gerenciamento de Segurança.

CÓDIGO JUSTINIANEO. *Vide* CÓDIGO DE JUSTINIANO.

CÓDIGO JUSTINIANO. *Vide* CÓDIGO DE JUSTINIANO.

CÓDIGO MANUELINO. *História do direito.* Conhecido como "Ordenações Manuelinas", que foram elaboradas por D. Manuel I.

CÓDIGO MINEIRO. *História do direito.* Aquele que foi editado, na Espanha, por Felipe II, contendo normas tributárias, passando a ser aplicado na América Portuguesa, em 1752, quando se exigiu o quinto gravando a mineração (Othon Sidou).

CÓDIGO MORSE. *Vide* MORSE.

CÓDIGO NACIONAL DE SAÚDE. *Medicina legal.* Denominação que se deu ao conjunto de normas gerais sobre proteção da saúde do indivíduo.

CÓDIGO NACIONAL DE TRÂNSITO. *História do direito.* Correspondia ao atual Código de Trânsito brasileiro, que é o conjunto ordenado de disposições legais reguladoras da circulação de veículos automotores de qualquer natureza e de seus condutores em vias públicas terrestres de todo o território nacional.

CÓDIGO NEGRO. *História do direito.* Edito de 1685 que, na França, passou a reger os escravos nas colônias.

CÓDIGO NUMÉRICO. Nas *linguagens contábil* e *mercantil,* coleção de números de seis algarismos, divididos de duas em duas casas, muito usada na contabilidade mecânica para a individualização de contas, classificando-as com seus títulos e subtítulos.

CÓDIGO PAPIRIANO. *História do direito.* Coleção de leis dos primeiros reis de Roma organizada por Sexto Papírio.

CÓDIGO PENAL. *Direito penal.* Conjunto ordenado de normas definidoras de atos e omissões que constituem crimes, estabelecendo as penas cominadas para cada espécie de infração a serem aplicadas aos seus respectivos autores.

CÓDIGO PENAL MILITAR. *Direito militar.* Complexo organizado de dispositivos legais que regem o direito penal militar no Brasil, dispondo sobre crimes de natureza militar e as penas a eles cabíveis.

CÓDIGO POLÍTICO. 1. *Direito constitucional.* Constituição de um Estado. **2.** *Direito eleitoral.* Complexo de normas disciplinadoras de atividade político-partidária.

CÓDIGO SANITÁRIO RURAL. *Direito agrário.* Conjunto de leis sobre questões jurídico-agrárias relativas ao serviço sanitário; à sanidade dos animais; à higiene dos rurícolas, dos currais, paióis, tulhas, cocheiras, chiqueiros etc.; à captação de águas; à proteção de mananciais, poços, fossas e águas servidas das indústrias rurais; ao sistema de irrigação etc. Se houvesse no Brasil, seria um poderoso auxiliar na prevenção da propagação de epizootias, endemias, pragas ou doenças animais ao povo pelo consumo de carne ou leite contaminados.

CÓDIGO SARDO. *História do direito.* Aquele que, em meados do século XIX, foi editado para a Sardenha, antes da unificação da Itália.

CÓDIGO SAVARY. *História do direito.* Ordenança que, em 1673 e 1681, foi editada, na França, por Luís XIV, para reger o comércio terrestre e marítimo.

CÓDIGOS DE PROCESSO ESTADUAIS. *História do direito.* Aqueles que, após a proclamação da República, foram editados, individualmente, pelos Estados membros da Federação, regendo o procedimento civil e penal, que vigoraram até 1939, com a entrada em vigor do já revogado Código de Processo Civil, e até 1941, com a vigência do Código de Processo Penal.

CÓDIGO SEBASTIÂNICO. *História do direito.* Compilação que, em 1569, foi feita, durante a menoridade de D. Sebastião, das leis editadas após a entrada em vigor do Código Manuelino.

CÓDIGO SECRETO. *Direito internacional, direito bancário* e *direito comercial.* **1.** Sistema auxiliar de comunicação para manter sigilo de certas operações diplomáticas, bancárias e empresariais. **2.** Código de uso consagrado para diminuir o custo das comunicações telegráficas e radiofônicas, pelo qual se imprimem, sob forma de dicionário, as frases mais comuns e sua indicação secreta, de sorte que, ao ser recebida a mensagem, seu destinatário poderá traduzi-la consultando a cópia do código que está em seu poder.

CÓDIGO SIMBÓLICO. Na *linguagem contábil,* coleção de letras usadas na contabilidade mecânica para individualizar contas.

CÓDIGO SISTEMÁTICO. Código de signo não lingüístico, usado cotidianamente, como sorriso, gesto, cumprimento, expressão fácil etc.

CÓDIGO SISTEMATIZADO. É o de signos gráficos não lingüísticos, muito usado na sociedade, como, por exemplo, o dos sinais de trânsito.

CÓDIGO TELEGRÁFICO. *Direito administrativo.* Conjunto de relações de nomes, letras ou números indicativos de frases utilizadas na correspondência telegráfica.

CÓDIGO TEODOSIANO. *História do direito.* Coleção de éditos dos imperadores de Roma, desde Constantino I até Teodósio II, que incluía leis proscrevendo o paganismo e punindo a heresia, cuja vigência teve início em 1º de janeiro de 439.

CÓDIGO TRIBUTÁRIO NACIONAL. *Direito tributário.* Complexo organizado de disposições legais alusivas à competência tributária, aos tributos, às distribuições de receitas tributárias, à obrigação tributária, ao lançamento e cobrança do crédito tributário e à administração tributária.

CÓDIGO VISIGÓTICO. *História do direito.* Importante documento legal do direito galo-ibérico, unificador dos estatutos romano e godo, que vigorou em Portugal até as Ordenações Afonsinas, publicadas em 1446, e, na Espanha, até o século XIX. Foi promulgado em 671, no Sétimo Concílio de Toledo, durante o reinado de Flávio Recesvindo.

CO-DIREÇÃO. *Direito comercial* e *direito civil.* Direção exercida juntamente com outrem numa sociedade ou estabelecimento empresarial.

CO-DOADOR. *Direito civil.* Cada um dos proprietários da coisa doada que a transfere de seu patrimônio para o de outra pessoa, que a aceita.

CO-DOMÍNIO. *Vide* CONDOMÍNIO.

CO-DONATÁRIO. *Direito civil.* Aquele que é donatário juntamente com outrem. Assim, quando a doação de coisa divisível é feita a mais de uma pessoa, cada uma delas é considerada como co-donatário, em partes iguais, salvo se o doador estipular divisão desigual. Se indivisível o bem doado, os co-donatários serão condôminos em quotas ideais iguais. Poderá o doador dispor que a parte do co-donatário que faltar acresça à do que venha a sobreviver.

CODÓRIO. *Direito canônico.* Breve oração recitada pelo padre após a comunhão, ao tomar o vinho, na primeira ablução do cálice.

COEFICIENTE. **1.** *Teoria geral do direito.* a) Condição ou circunstância que colaboram para a consecução de determinado fim; b) valor relativo conferido a cada uma das provas de um exame. **2.** *Direito tributário.* a) Percentagem relativa ao movimento bruto global de um comerciante, industrial, empresário ou outro profissional para apurar seu rendimento tributável, nele incidindo a taxação do imposto, que servirá de base à sua cobrança; b) algarismo do negócio, que é arbitrado conforme o volume das operações. **3.** *Direito agrário.* Fator de cálculo do imposto sobre a propriedade territorial rural, que é determinado a partir de um valor básico relativo ao da terra nua multiplicado pelos coeficientes de dimensão, localização, condições sociais e produtividade.

COEFICIENTE DE CONDIÇÕES SOCIAIS. *Direito tributário* e *direito agrário.* Grau de alheamento ou de dependência e participação do proprietário de imóvel rural na responsabilidade da sua administração e nos frutos de sua exploração, que é levado em conta para a determinação do imposto sobre a propriedade territorial rural.

COEFICIENTE DE DIMENSÃO. *Direito tributário* e *direito agrário.* É o relativo ao número de módulos apurados, em função da área total agricultável do conjunto de terras de um certo proprietário rural, sendo importante para apurar o valor do imposto sobre a propriedade territorial rural.

COEFICIENTE DE LOCALIZAÇÃO. *Direito tributário* e *direito agrário.* É o que considera duas notas para apurar o valor do imposto sobre a propriedade territorial rural: a de localização, em função da zona típica do Município onde se situa o imóvel rural em relação aos mercados regionais, e a de condição de acesso, em função das distâncias, natureza e condições das vias de acesso do imóvel rural à sede do Município onde está localizado.

COEFICIENTE DE PRODUTIVIDADE. *Direito tributário* e *direito agrário.* É o que, para determinar o valor do imposto sobre a propriedade territorial rural, vem a definir as condições técnico-econômicas de exploração do imóvel rural, proporcionalmente com a rentabilidade inferior ou superior aos limites estabelecidos pelo Estatuto da Terra.

COEFICIENTE INDIVIDUAL DE PARTICIPAÇÃO. *Direito previdenciário.* Fórmula em que se estabelece o valor da participação individual de cada trabalhador no Programa de Integração Social (PIS) e de cada funcionário público no Programa de Formação do Patrimônio do Servidor Público (PASEP).

COEFICIENTE "W" DO VEÍCULO. *Direito de trânsito.* É o fator característico que informa o tipo e a quantidade de sinais fornecidos pelo veículo ao cronotacógrafo, correspondentes a uma distância de 1 km.

CO-ELEITOR. *Ciência política.* Aquele que goza, juntamente com outra pessoa, do direito de eleger.

CO-EMITENTE. *Direito civil* e *direito comercial.* Aquele que, conjuntamente com outrem, emite título de crédito.

COEMPÇÃO. 1. *Direito romano.* a) Modalidade de matrimônio em que o marido adquiria a posse de sua mulher por meio de venda simbólica, fictícia e simulada; b) compra conjunta. **2.** *Direito comercial.* Compra mercantil feita em conjunto com um sócio.

COEMPTIO. *Direito romano.* Casamento que consistia na venda simbólica da noiva ao noivo.

COEMPTIO IMAGINARIA VENDITIO. *Expressão latina.* A coempção é uma venda imaginária.

CO-ENDOSSANTE. *Direito civil* e *direito comercial.* Aquele que, conjuntamente com outra pessoa, vem a efetuar o endosso de um título de crédito, operando, assim, a transferência de sua propriedade.

CO-ENFITEUSE. *Direito civil.* Enfiteuse em que há titularidade simultânea de várias pessoas, que exercem, *pro indiviso*, o seu direito sobre o bem enfitêutico, tendo porém os co-enfiteutas o dever de eleger, dentro de seis meses, por maioria absoluta, um cabecel, sob pena de o próprio senhorio direto escolhê-lo, para representá-los e responder perante aquele por todas as obrigações, inclusive a de pagar o foro.

CO-ENFITEUTA. *Direito civil.* Aquele que, juntamente com outrem, recebe, mediante contrato de enfiteuse, o domínio útil do prédio aforado.

COERÇÃO. *Teoria geral do direito.* Medo das conseqüências da violação da norma jurídica que reside na consciência e exerce pressão sobre a vontade livre do obrigado.

COERCIBILIDADE. *Teoria geral do direito.* **1.** Possibilidade de sofrer coação. **2.** Qualidade passiva do coercível.

COERCITIO. *Termo latino.* Repressão.

COERCITIVIDADE. *Teoria geral do direito.* **1.** O mesmo que COATIVIDADE. **2.** Possibilidade de exercer coação. **3.** Qualidade ativa do coativo.

COERCITIVO. *Teoria geral do direito.* O mesmo que COATIVO e COERCIVO, por designar a qualidade de poder exercer a coação.

COERCÍVEL. *Teoria geral do direito.* Qualidade de poder ser coagido, de poder sofrer coação.

COERCIVO. *Vide* COATIVO e COERCITIVO.

COERÊNCIA. *Lógica jurídica.* Ausência de contradição entre as partes de um argumento.

COERENTE. *Lógica jurídica.* **1.** Aquilo que tem coerência. **2.** Lógico. **3.** Que tem nexo.

COESÃO. *Lógica jurídica.* Característica de um pensamento ou de uma argumentação em que todas as partes estão harmônica e solidamente ligadas entre si.

COESP. *Direito penitenciário.* Sigla de Coordenadoria dos Estabelecimentos Penitenciários de São Paulo, que procura fiscalizar o cumprimento das penas privativas de liberdade, promover a reabilitação social dos egressos e prestar assistência às famílias dos sentenciados.

CO-ESPOSA. *Direito canônico.* Freira que, junto com outras, é considerada esposa de Cristo.

COESSÊNCIA. *Filosofia do direito.* Essência comum.

COESSENCIAL. *Filosofia do direito.* Aquilo que tem essência comum.

COESTADUANO. 1. Conterrâneo. **2.** Aquele que é originário do mesmo Estado.

COEXISTÊNCIA PACÍFICA. 1. *Ciência política* e *sociologia jurídica.* Convivência pacífica de sistemas políticos e sociais opostos. **2.** *Direito internacional público.* Compromisso assumido internacionalmente por Estados soberanos de respeitar entre si a ideologia e a integridade de cada um.

COF. *Direito comercial.* Abreviatura de Circular de Oferta de Franquia.

COFERDAME. *Direito marítimo.* Estrutura à prova d'água que possibilita que se efetuem consertos de um navio abaixo da linha d'água.

CO-FIADOR. *Direito civil.* Fiador conjunto; aquele que, juntamente com outrem, presta a fiança a um mesmo devedor, garantindo a satisfação da obrigação ou dívida caso o devedor não a cumpra ou não a pague.

CO-FIANÇA. *Direito civil.* Pluralidade de fiadores, que dá origem a três situações: a) responsabilidade solidária dos co-fiadores entre si, em virtude de lei; b) benefício de divisão, desde que haja estipulação contratual, em que cada fiador só responderá pela parte que, em proporção, lhe couber no pagamento; c) limitação da responsabilidade de qualquer um dos fiadores, em razão de pacto pelo qual a responsabilidade de cada um deixará de ser fixada em proporção aos demais, ficando limitada a um certo *quantum.* Trata-se, portanto, de fiança conjuntamente prestada a um só débito por mais de uma pessoa.

COFINS. *Direito tributário.* Sigla de Contribuição para Financiamento da Seguridade Social. Contribuição social que, por representar *bis in idem,* deveria estar vedada, apesar de o Supremo Tribunal Federal ter decidido pela sua constitucionalidade (Eduardo M. Ferreira Jardim) e de leis a admitirem, como, p. ex., a que sujeita a incorporadora a pagá-la, em caso de incorporação imobiliária em regime especial tributário do patrimônio de afetação.

COFOSE. *Medicina legal.* Surdez completa.

COFRAGEM. *Direito civil.* Conjunto de moldes de madeira usado em obras de cimento armado.

COFRE. 1. *Direito civil, direito comercial, direito bancário* e *direito administrativo.* a) Móvel, caixa de ferro com fechadura de segredo ou local onde são guardados valores e documentos importantes; b) conteúdo do cofre. **2.** *Direito militar.* Caixa de munição. **3.** *Direito ambiental.* Recipiente blindado utilizado para transportar material radioativo.

COFRE DE CARGA. *Vide CONTAINER.*

COFRE DE ESTADO. *Direito administrativo.* Erário ou Tesouro Público.

COFRE DE SEGURANÇA. *Direito bancário.* Compartimento seguro ou escaninho de cofre de casa-forte de um banco colocado à disposição ou alugado para clientes, por meio de contrato, para que estes guardem valores, objetos e documentos, principalmente títulos ao portador.

COFRE-FORTE. *Direito bancário.* Casa-forte.

COFRES PÚBLICOS. *Direito administrativo.* Erário ou Tesouro Público, que é o setor da Administração Pública incumbido da guarda e movimentação do dinheiro público.

COGENTE. 1. *Lógica jurídica.* Racionalmente necessário; aquilo que se impõe pela lógica. **2.** *Teoria geral do direito.* Diz-se da norma da imperatividade absoluta ou impositiva, também chamada "de ordem pública", porque ordena ou proíbe alguma coisa de modo absoluto, sem admitir qualquer alternativa, vinculando o destinatário a um único esquema de comportamento, por tutelar interesses fundamentais.

CO-GERENTE. *Direito comercial* e *direito bancário.* Aquele que exerce a gerência de um estabelecimento empresarial ou bancário juntamente com outra pessoa.

CO-GESTÃO. *Direito comercial.* Participação dos empregados na gerência da empresa, ao escolherem os diretores.

COGITAÇÃO. 1. *Direito penal.* Primeira fase do *iter criminis,* na qual o crime é apenas idealizado pelo futuro criminoso. Tal cogitação não é punível pois o pensamento está fora do alcance da norma penal. **2.** *Filosofia do direito.* Reflexão.

COGITATIONIS POENAM NEMO PATITUR. *Aforismo jurídico.* Ninguém pode ser punido por pensar.

COGITÁVEL. *Filosofia do direito.* Tudo aquilo que pode ser formado na mente como idéia.

COGITO, ERGO SUM. *Expressão latina.* Penso, logo existo. Expressão de Descartes ao pretender a construção da doutrina sobre a evidência e a razão, reconhecendo como primeira verdade a realidade de sua existência porque "pensava". Esse argumento extrai da existência do pensamento atual a realidade da alma enquanto substância individual. Trata-se, sob o prisma lógico-formal, de um "entimema", por ser um silogismo em que falta a premissa menor passando-se da maior à conclusão.

COGNAÇÃO. **1.** *Direito civil.* Descendência comum do mesmo tronco, masculino ou feminino; parentesco por consangüinidade. **2.** *Direito romano.* Parentesco consangüíneo pelo lado materno, o qual não produzia efeitos jurídicos, em oposição à agnação, que, abrangendo o parentesco consangüíneo pela linha paterna, conferia direito à herança paterna.

COGNADO. *Direito civil.* Aquele que é parente consangüíneo.

COGNATI AB EO DICI PUTANTUR QUOD QUASI UNA COMMUNITERVE NATI VEL AB EODEM ORTI PROGENITIVE SUNT. *Expressão latina.* Os chamados cognados são quase nascidos conjuntamente ou gerados pelo mesmo pai.

COGNÁTICA. **1.** *Direito civil.* Relação de parentesco oriunda de consangüinidade. **2.** *Direito romano.* Diz-se da sucessão que não excluía as mulheres, em oposição à agnática, que somente nela admitia os varões.

COGNÁTICO. *Direito civil.* Aquilo que é relativo à cognação ou ao parentesco por consangüinidade.

COGNATIO. *Direito romano.* Parentesco sem feito civil em que havia vinculação tanto pelo lado paterno como pelo materno.

COGNATIO NATURALIS SPIRITUALIS. *Expressão latina.* Cognação natural espiritual, ou seja, parentesco espiritual, pois, pelo direito canônico, nos atos de batismo e crisma, o padrinho e o batizado ou o crismado passam a ser parentes espirituais.

COGNATIO SERVILIS. *Locução latina.* Cognação servil; parentesco entre escravos, que, no direito romano, gerava certas conseqüências jurídicas, como a de que a escrava, em caso de venda, não podia ser separada de seu filho.

COGNATO. *Vide* COGNADO.

COGNIÇÃO. **1.** *Filosofia do direito.* a) Ato de conhecer; b) conhecimento em geral. **2.** *Direito processual civil.* Forma processual em que o magistrado, ao ser pedida a tutela jurisdicional, deve efetuar a composição da lide e proferir a sentença, decidindo pela procedência ou improcedência da pretensão ajuizada, observando todas as formalidades legais.

COGNITIO CAUSAE. *Locução latina.* Conhecimento judicial ou exame pessoal do juiz dos elementos componentes da causa, que é a questão litigiosa ou não trazida a juízo. Significa também: após o exame dos fatos.

COGNITIO EXTRA ORDINEM. *Expressão latina.* Conhecimento fora de ordem; instrução e processo do litígio sem a atuação do órgão judicante, em conformidade com as regras do processo corrente. Trata-se do processo extraordinário, que, na era imperial, se desenvolvia perante funcionário imperial encarregado de organizar os processos e de dar a sentença, por delegação do imperador.

COGNITIVO. *Filosofia do direito.* Aquilo que é relativo à cognição.

CÓGNITO. *Teoria geral do direito* e *filosofia do direito.* Notório; conhecido; sabido.

COGNITOR. *Termo latino.* Procurador em juízos.

COGNOME. **1.** *Direito civil.* a) Apelido; alcunha, que é a designação dada a alguém devido a uma particularidade sua; b) nome de família ou sobrenome comum a todos os que pertencem a uma certa família. **2.** *Direito romano.* Designava a *gens* a que o indivíduo pertencia, por exemplo, Aulus Fabius indicava que Aulus (prenome) pertencia à *gens* Fabia (nome de família).

COGNOMINAÇÃO. *Direito civil.* Ação ou efeito de cognominar ou designar por um cognome.

COGNOSCIBILIDADE. *Filosofia do direito.* **1.** Qualidade do que pode ser conhecido. **2.** Possibilidade de um objeto estar presente no pensamento.

COGUMELO DE ESPUMA. *Medicina legal.* Espuma sanguinolenta que surge no nariz e na boca daqueles que se afogaram, formando-se pela entrada de líquido nas vias respiratórias, indicando que houve reação à proximidade da morte e que estavam vivos quando submergiram.

COHAB. Sigla de Companhia de Habitação Popular, que tem a função de executar e elaborar planos diretores, projetos e orçamentos para problemas habitacionais.

CO-HERDAR. *Direito civil.* Herdar em comum.

CO-HERDEIRO. *Direito civil.* Aquele que recebe herança do *de cujus* juntamente com outros; cotitular da herança, seja a sucessão legítima ou testamentária.

CÓI. *Direito marítimo.* Pequeno lugar de agasalho que se dá, no navio, a cada marinheiro.

COIBIÇÃO. 1. *Teoria geral do direito.* Ação de impedir a realização ou omissão de determinada conduta. **2.** *Direito constitucional.* Ação de coibir, que só pode ser autorizada legalmente ante o princípio constitucional de que "ninguém será obrigado a fazer ou deixar de fazer alguma coisa senão em virtude de lei".

COIBIR. *Teoria geral do direito.* Impedir a realização ou omissão de algo.

COICE. 1. *Direito agrário.* a) Pancada dada pelos eqüídeos com as patas traseiras; b) dente da rabiça do arado; c) junta de bois que suporta o temão do carro. **2.** *Direito militar.* a) Parte inferior da coronha da espingarda; b) recuo da arma de fogo quando há disparo.

COIFA. 1. *Direito militar.* Cobertura da espoleta. **2.** *Direito civil.* Chaminé que recobre fogão a gás.

COIGUAL. *Direito canônico.* Diz-se de cada uma das pessoas da Santíssima Trindade em relação às outras.

COIMA. 1. *Direito agrário.* Multa a ser paga pelo dono do animal que o levar para pastar sem licença em propriedade alheia, danificando-a. **2.** *Direito administrativo.* Multa imposta por transgressão às posturas municipais.

CO-INQUILINO. *Direito civil.* Aquele que é inquilino ou locatário de um mesmo imóvel junto com outro.

CO-INTERESSADO. Interessado em alguma coisa juntamente com outrem; aquele que tem interesse comum com outra pessoa.

CÓIO. *Direito penal.* Abrigo de malfeitores ou de gente suspeita.

COIRELA. *Direito agrário.* Faixa estreita e comprida de terra cultivável.

COIRMÃO. 1. *Direito canônico.* Cada um dos membros de uma irmandade religiosa. **2.** *Direito civil.* Diz-se do filho de um irmão ou irmã em relação ao de outro irmão ou irmã: primo coirmão.

COISA. 1. *Direito civil.* a) Bem material ou imaterial que tem valor econômico, servindo de objeto a uma relação jurídica. Todo bem é coi-

sa mas nem toda coisa é bem. A coisa abrange tudo quanto existe na natureza, exceto a pessoa, mas como bem só se considera a coisa existente que proporciona ao homem uma utilidade e é suscetível de apropriação, fazendo, então, parte de seu patrimônio; b) *Vide* BEM. **2.** *Filosofia do direito.* a) Essência e substância, em oposição à forma e aparência; b) aquilo que subsiste por si mesmo, sem pressupor outro objeto; c) tudo o que pode ser pensado, suposto, negado ou afirmado; d) idéia de uma realidade encarada estaticamente, sendo constituída por um sistema fixo de qualidades e propriedades, opondo-se ao fato. **3.** *Teoria geral do direito.* Aquilo que se opõe à pessoa, pois a coisa não pertence a si mesma, pode ser possuída ou apropriada, logo, não pode ser sujeito de direito. A pessoa, sujeito de direito, é que pode possuir ou se apropriar de uma coisa.

COISA ABANDONADA. *Vide* BENS ABANDONADOS.

COISA ACESSÓRIA. *Vide* BEM ACESSÓRIO.

COISA ACHADA. *Vide* BENS ACHADOS.

COISA ALHEIA. *Vide* BENS ALHEIOS.

COISA ANIMADA. *Direito civil.* Coisa corpórea dotada de vida, podendo ser animal, caso em que se denomina semovente, ou vegetal.

COISA APRECIÁVEL. *Direito civil.* Aquela a que se pode estimar pecuniariamente, conferindo-lhe um valor.

COISA APROPRIADA. *Vide* BENS APROPRIADOS.

COISA APROPRIÁVEL. *Direito civil.* É a suscetível de apropriação, porque ainda não tem dono ou porque seu proprietário a abandonou.

COISA CERTA. 1. *Direito civil.* Corpo individuado, certo e determinado pela espécie, quantidade e qualidade. **2.** *Direito romano. Species*, ou seja, uma coisa inconfundível com outra, de modo que o devedor é obrigado a entregar a própria coisa designada.

COISA COLETIVA. *Vide* BEM COLETIVO.

COISA COMERCIAL. 1. *Direito civil.* Coisa que está no comércio, sendo suscetível de apropriação e legalmente alienável. **2.** *Direito comercial.* É a suscetível de comercialização.

COISA COMPOSTA. *Direito civil.* É a que se forma de diversas coisas por ação humana ou da natureza. Se as coisas acessórias que a constituem formarem com ela um todo, sendo desprovidas de existência material própria, embora mantenham sua identidade, elas designar-se-ão "partes integrantes", por exemplo, a lâmpada de um lustre. Mas, se na junção vierem a perder sua individualidade, chamar-se-ão "partes componentes", por exemplo, cimento, areia e água, que compõem a argamassa e não podem ser separados.

COISA COMUM. *Direito civil.* **1.** A que pertence simultaneamente a mais de uma pessoa. **2.** Aquela de uso inexaurível, que, não podendo ser apropriada por ninguém, pertence a todos em comum, como o ar, o mar alto, a luz solar etc. **3.** Aquela que, por ser bem público de uso comum do povo, pode ser utilizada sem restrição por todos e sem necessidade de qualquer permissão especial, como, por exemplo, vias públicas, praias, praças etc.

COISA CONSUMÍVEL. *Vide* BEM CONSUMÍVEL.

COISA CORPÓREA. *Vide* BEM CORPÓREO.

COISA DA TERRA. Coisa feita, produzida ou usada na própria localidade.

COISA DE FORA DA TERRA. *Direito internacional privado.* Coisa estrangeira.

COISA DE PREÇO. *Direito civil* e *direito comercial.* É a muito valiosa, tendo alto valor pecuniário.

COISA DETERMINADA. *Vide* COISA CERTA.

COISA DE USO AMBÍGUO. *Vide RES ANCIPITIS USUS.*

COISA DE VALOR ARQUEOLÓGICO. **1.** *Direito administrativo.* Coisa tombada pela autoridade competente, ante o fato de sua conservação ser de interesse público, em razão de seu excepcional valor arqueológico. **2.** *Direito civil.* Bem móvel ou imóvel que, por ter sido tombado, tem alienabilidade restrita, não podendo ser demolido ou modificado por seu proprietário, transferido a outrem sem autorização ou sair do País. **3.** *Direito penal.* Objeto de crime de dano contra o patrimônio, punido com detenção e multa se, em sendo tombado, for deteriorado, inutilizado ou destruído.

COISA DE VALOR ARTÍSTICO. **1.** *Direito civil.* Aquela que, por ter sido tombada em razão de seu valor às artes brasileiras, não pode ser livremente alienada por seu proprietário. **2.** *Direito administrativo.* Bem móvel ou imóvel tombado pela autoridade competente, por ser de interesse público sua conservação, ante seu grande valor para

as artes. **3.** *Direito penal.* Aquela que, se for destruída, inutilizada ou deteriorada, será objeto do crime de dano contra o patrimônio, por ser tombada devido a seu excepcional valor para as artes brasileiras, gerando ao infrator pena de detenção e multa.

COISA DE VALOR HISTÓRICO. **1.** *Direito administrativo.* É a tombada pelo poder competente por estar vinculada a fatos memoráveis da história do Brasil. **2.** *Direito civil.* Bem tombado que não está propriamente fora do comércio, pois sua alienabilidade é restrita, uma vez que seu proprietário não perdeu o domínio pela inscrição no tombamento, mas terá, para aliená-lo, de pedir autorização. E, além disso, não poderá retirá-lo do País, nem modificá-lo ou destruí-lo. **3.** *Direito penal.* É aquela cuja inutilização, destruição ou deterioração constitui, por ser tombada, crime de dano contra o patrimônio, devido a sua importância para a história do Brasil.

COISA DIVISA. *Direito civil.* Aquela que foi dividida.

COISA DIVISÍVEL. *Vide* BEM DIVISÍVEL.

COISA DO COMÉRCIO. *Vide* COISA COMERCIAL.

COISA EM PRIMEIRA MÃO. *Direito comercial.* **1.** É a adquirida diretamente do fornecedor ou fabricante. **2.** Aquela que não foi usada por ninguém.

COISA EM SEGUNDA MÃO. *Direito comercial.* É a já usada ou servida por outrem e colocada à venda.

COISA EM SI. *Filosofia geral.* **1.** O que transcende as possibilidades do conhecimento. **2.** Pensamento completamente indeterminado de algo em geral. **3.** O que se encontra fora da experiência possível (Kant).

COISA ESCONDIDA. *Direito civil.* **1.** É a que está oculta, guardada em local somente conhecido pelo seu proprietário. **2.** Tesouro, encontrado por estranho, que consiste em depósito antigo de moeda ou coisas preciosas, enterrado ou oculto, isto é, escondido, de cujo dono não mais exista memória.

COISA FORA DO COMÉRCIO. *Vide* BEM FORA DO COMÉRCIO.

COISA FRUTUÁRIA. *Direito civil.* É a que produz frutos naturais, industriais ou civis.

COISA FUNGÍVEL. *Vide* BENS FUNGÍVEIS.

COISA FUTURA. *Vide* BENS FUTUROS.

COISA HÁBIL. *Direito civil.* **1.** É a que serve à finalidade a que foi proposta. **2.** A que pode ser objeto de uma relação jurídica; aquela suscetível de ser negociada.

COISA IDEAL. *Direito civil.* Parte que cada condômino possui na co-propriedade; parte ideal.

COISA IMÓVEL. *Vide* BEM IMÓVEL.

COISA INALIENÁVEL. *Vide* BENS INALIENÁVEIS.

COISA INANIMADA. *Direito civil.* Coisa corpórea, móvel ou imóvel, com exclusão da pertencente ao reino vegetal ou animal, por não ter vida.

COISA INCERTA. *Direito civil.* É a momentaneamente indeterminada. Por ser indicada pelo gênero e quantidade, será determinada mediante um ato de escolha, que a individuará, momento em que se transmudará numa coisa certa.

COISA IN COMMERCIUM. *Vide* COISA COMERCIAL.

COISA INCORPORADA. *Direito civil.* **1.** A que está absorvida por outra, aumentando seu valor, como a plantação e a construção. **2.** *Vide* BENS INCORPORADOS.

COISA INCORPÓREA. *Vide* BEM INCORPÓREO.

COISA INDETERMINADA. *Vide* COISA INCERTA.

COISA INDIVISA. *Direito civil.* **1.** Aquela que, apesar de ser materialmente divisível em partes distintas, ainda não sofreu qualquer divisão. **2.** É a que, por constituir um todo, apenas poderá ser dividida em partes ideais.

COISA INDIVISÍVEL. *Vide* BEM INDIVISÍVEL.

COISA INESTIMÁVEL. *Direito civil.* **1.** Aquela que não é suscetível de aferição econômica. **2.** Aquela cujo valor não pode ser determinado, não sendo objeto de alienação.

COISA INFUNGÍVEL. *Vide* BENS INFUNGÍVEIS.

COISA INTEGRANTE. *Direito civil.* É a acessória, que, unida à principal, forma com ela um todo, sendo desprovida de existência material própria, embora mantenha sua identidade ou individualidade. É, portanto, a coisa que, sem perder seu valor econômico e sua identidade, vem a formar um conjunto com outra, da qual é parte integrante. Por exemplo, constituem partes integrantes de um automóvel: as rodas, o motor, o chassi etc.

COISA JULGADA. **1.** *Teoria geral do direito* e *direito constitucional.* Critério para a aplicabilidade do princípio da irretroatividade ou retroatividade das leis, pois as normas só poderão retroagir se não ofenderem o ato jurídico perfeito, o direito adquirido e a *coisa julgada.* **2.** *Direito processual.* É uma qualidade dos efeitos do julgamento, constituindo um fenômeno processual consistente na imutabilidade e indiscutibilidade da sentença posta ao abrigo dos recursos então definitivamente preclusos e dos efeitos por ela produzidos, uma vez que os consolida. A *res judicata* é um princípio jurídico-positivo que demonstra o fato de ser a decisão final uma norma individual, cuja validade não poderá ser abolida por uma norma derrogante nem por outra sentença judicial, por trazer a presunção absoluta (*jure et de jure*) de que o direito foi aplicado corretamente ao caso *sub judice*, prestigiando o órgão judicante que a prolatou e garantindo a impossibilidade de sua reforma e a sua executoriedade, pois terá força vinculante para as partes. Não fazem coisa julgada: a) os motivos, ainda que importantes para determinar o alcance da parte dispositiva da sentença; b) a verdade dos fatos, estabelecida como fundamento da sentença; c) a apreciação da questão prejudicial, decidida incidentemente no processo. Faz, todavia, coisa julgada a resolução da questão prejudicial, se a parte o requerer, o juiz for competente em razão da matéria e constituir pressuposto necessário para o julgamento da lide. Nenhum juiz decidirá novamente as questões já decididas, relativas à mesma lide, salvo: a) se, tratando-se de relação jurídica continuativa sobreveio modificação no estado de fato ou de direito, caso em que poderá a parte pedir a revisão do que foi estatuído na sentença; b) nos demais casos prescritos em lei. A sentença faz coisa julgada às partes entre as quais é dada, não beneficiando, nem prejudicando terceiros. Nas causas relativas ao estado de pessoa, se houverem sido citados no processo, em litisconsórcio necessário, todos os interessados, a sentença produz coisa julgada em relação a terceiros.

COISA JULGADA ADMINISTRATIVA. *Direito administrativo.* Imutabilidade de ato administrativo vinculado já editado, de processo instaurado contra funcionário público já concluído e de sentenças administrativas prolatadas em países que admitem o contencioso administrativo, como a França, por serem intangíveis e imunes a quaisquer ataques, uma vez que, em definitivo, geram direitos subjetivos.

COISA JULGADA FORMAL. *Direito processual civil.* Imutabilidade, no processo, do que foi decidido. Obsta qualquer discussão no processo em que a sentença foi prolatada sobre o que foi decidido.

COISA JULGADA MATERIAL. *Direito processual civil.* Imutabilidade da sentença judicial, que impede a discussão do que já foi decidido em outro futuro processo que venha a envolver as mesmas partes, as mesmas pretensões e os mesmos bens ou o mesmo objeto. Denomina-se coisa julgada material a eficácia, que torna imutável e indiscutível a sentença, não mais sujeita a recurso ordinário ou extraordinário.

COISA JULGADA *SECUNDUM EVENTUM LITIS.* *Direito do consumidor.* Pela qual as ações de interesses difusos ou coletivos não farão coisa julgada *erga omnes* para toda a coletividade nem restrita a grupo, classe ou categoria, se a improcedência do pedido tiver sido causada por insuficiência de prova, podendo qualquer legitimado intentar, novamente, a demanda com base em nova prova (Glauber Moreno Talavera).

COISA JULGADA SUBSTANCIAL. *Vide* COISA JULGADA MATERIAL.

COISA LITIGIOSA. *Vide* BEM LITIGIOSO.

COISA MÓVEL. *Vide* BEM MÓVEL.

COISA NÃO APRECIÁVEL. *Direito civil.* É a insuscetível de estimação econômica, por ter valor irrisório, não interessando ao comércio.

COISA NÃO FUNGÍVEL. *Vide* BENS INFUNGÍVEIS.

COISA NO COMÉRCIO. *Vide* COISA COMERCIAL.

COISA PARTICULAR. *Vide* BEM PARTICULAR.

COISA PENHORADA. *Vide* BENS PENHORADOS.

COISA PERDIDA. *Direito civil.* Aquela da qual seu possuidor ou proprietário não sabe seu paradeiro por ter sido acidentalmente extraviada de seu patrimônio. Como seu dono ou possuidor não abriu mão dela, quem a achar deverá restituí-la, tendo, então, direito de receber uma recompensa, chamada achádego, e uma indenização pelas despesas que tiver com sua conservação e transporte.

COISA PONDERÁVEL. *Direito comercial.* É a que pode ser medida ou pesada.

COISA PRESENTE. *Vide* BENS ATUAIS E BENS PRESENTES.

COISA PRINCIPAL. *Vide* BEM PRINCIPAL.

COISA PRÓPRIA. *Vide* BENS PRÓPRIOS.

COISA PÚBLICA. *Vide* BEM PÚBLICO.

COISA SEM DONO. *Direito civil.* **1.** A que não foi ainda apropriada por ninguém (*res nullius*). **2.** A que foi abandonada pelo seu dono (*res derelicta*). **3.** A de uso comum de todos (*res communis*).

COISA SIMPLES. *Direito civil.* É a que forma um todo homogêneo, cujas partes estão ligadas pela natureza ou artificialmente e não podem ser separadas sem quebrar a unidade.

COISA SINGULAR. *Vide* BEM SINGULAR.

COISA SONEGADA. *Vide* BENS SONEGADOS.

COISA UNIVERSAL. *Vide* BEM COLETIVO E BEM UNIVERSAL.

COISA VAGA. *Vide* BEM VAGO.

COISEIRO. *História do direito.* Livro de apontamentos que era utilizado na Inquisição.

COITEIRO. *Direito penal.* Aquele que pratica o crime de favorecimento pessoal, que consiste em ajudar o autor de crime punido com reclusão a subtrair-se da ação da autoridade pública, devendo ser punido com detenção e multa, salvo se for ascendente, descendente, cônjuge ou irmão do criminoso, caso em que ficará, então, isento de pena.

COITO. 1. *Medicina legal.* a) Acoplamento sexual; b) conjunção carnal ou cópula, que pode ser normal, se vagínica, ou anormal, se se apresentar com ato libidinoso diverso do coito vagínico e contrário à natureza, por exemplo, coito anal, bucal, *inter femora* etc., podendo dar-se não só entre duas pessoas, de sexo diferente ou não, como entre pessoa e animal; c) ato sexual praticado entre um homem e uma mulher. **2.** *Direito penal.* Elemento essencial nos crimes contra a liberdade sexual, pois, por exemplo, se se constranger alguém, mediante violência, a praticar coito normal, ter-se-á estupro, mas, se se o obrigar a algum ato libidinoso ou coito anormal, ter-se-á atentado violento ao pudor.

COITO ANAL. 1. *Medicina legal.* a) Ato libidinoso que se caracteriza pela introdução do pênis ereto no ânus ou reto do parceiro sexual. Segundo alguns autores, constitui indício de homossexualismo latente mesmo se realizado entre pessoas de sexo oposto; b) prática sodomítica. **2.** *Direito penal.* Ato de libidinagem que configura crime de atentado violento ao pudor.

COITO ANORMAL. *Medicina legal* e *direito penal.* Cópula carnal praticada de forma contrária à natureza, por não ser vagínica. Trata-se de um ato libidinoso, praticado entre pessoas de sexo diferente ou não, que constituirá crime de atentado violento ao pudor se um dos parceiros for constrangido a praticá-lo.

COITO BUCAL. *Medicina legal* e *direito penal.* Cópula bucal ou coito oral, que se manifesta de duas maneiras: a felação ou *irrumatio in ore*, consistente na sucção do pênis, que pode conduzir ao orgasmo com a ejaculação no interior da boca do parceiro sexual; e a cunilíngua ou coito bucovulvar, isto é, sucção da vulva, do clitóris, dos grandes ou pequenos lábios ou fricção com a língua ou com os lábios nas partes vulvares da mulher. Constitui ato libidinoso, que será considerado crime de atentado violento ao pudor se praticado sob constrangimento.

COITO DANADO. *Medicina legal* e *direito penal.* Conjunção carnal em que um dos parceiros é religioso e fez votos de castidade, podendo dar origem ao crime de estupro ou de violento atentado ao pudor, conforme seja praticado coito normal ou anormal.

COITOFOBIA. *Medicina legal.* Medo mórbido, apresentado pela mulher, de praticar a conjunção carnal, oriundo de neurose sexual, educação sexual defeituosa, trauma decorrente de alguma brutalidade sexual etc.

COITO *INTER FEMORA*. *Medicina legal* e *direito penal.* Ato libidinoso consistente na intromissão do pênis em ereção entre as coxas unidas da mulher, que poderá ser crime de violento atentado ao pudor, principalmente com menor.

COITO *INTERRUPTUS*. *Medicina legal.* Acoplamento sexual em que o pênis ereto é retirado da vagina antes da ejaculação.

COITO NORMAL. 1. *Medicina legal.* Penetração do pênis ereto na vagina. É, portanto, a relação sexual entre pessoas de sexo diferente, em conformidade com a lei da natureza. É chamado "coito vaginal" ou "coito vagínico". **2.** *Direito civil.* Maneira pela qual se cumpre o *debitum conjugale*, que, se faltar, constituirá causa de anulação de casamento por erro essencial sobre a pessoa do cônjuge que se negar a praticar ato sexual. **3.** *Direito penal.* Conjunção carnal normal, que: a) gerará o crime de estupro, se praticada sob constrangimento ou grave ameaça; b) originará o crime de posse sexual mediante fraude, se este artifício for usado para envolver mulher. **4.** *Direito canônico.* Requisito exigível para que haja casamento válido, uma vez que os fins primários do casamento são a procriação e a educação da prole. Daí a distinção entre casamento *rato*, que é o celebrado em conformidade com as leis da Igreja, e o *consumado*, se entre os cônjuges se deu a cópula vagínica, pela qual se tornam uma só carne.

COITO ORAL. *Vide* COITO BUCAL.

COITO *PER ANUM*. *Vide* COITO ANAL.

COITO RESERVADO. *Medicina legal.* Aquele em que a ejaculação é suprimida intencionalmente.

COITO VAGINAL. *Medicina legal.* União sexual em que há penetração do pênis ereto na vagina, onde se dá a ejaculação do esperma para o fim da fecundação. O mesmo que COITO NORMAL e COITO VAGÍNICO.

COITO VAGÍNICO. *Vide* COITO NORMAL e COITO VAGINAL.

COITO VESTIBULAR. *Medicina legal.* Ato libidinoso em que se coloca o membro viril na vulva, podendo resultar em gravidez se o esperma ejaculado vier a entrar na vagina. Também chamado "coito vulvar".

COITO VULVAR. *Vide* COITO VESTIBULAR.

COITUS IN ORE VULVAR. *Vide* COITO VESTIBULAR.

COITUS MATRIMONIUM NON FACIT, SED MARITALIS AFFECTIO. *Expressão latina.* Não é o coito que faz o matrimônio, mas a afeição marital.

COJ. *Direito processual.* Sigla de Código de Organização Judiciária. *Vide* ORGANIZAÇÃO JUDICIÁRIA.

COLA BIOLÓGICA. *Medicina legal.* Técnica que facilita a implantação de embriões no útero, consistindo em envolvê-los numa mistura de fibrina e trombina (proteínas do sangue) que, por ter consistência adesiva, faz com que fiquem aderidos ao útero (Roger Abdelmassih).

COLABORAÇÃO. *Direito autoral.* **1.** Conjugação de esforços ou participação direta de dois ou mais autores para a elaboração ou execução de uma obra intelectual. Não se consideram como colaboração a revisão, a atualização do texto e o auxílio material. **2.** Matéria inserida em jornal por pessoa não pertencente ao corpo redatorial.

COLABORADOR. 1. *Direito autoral.* a) Co-autor de uma obra intelectual; b) aquele que produz matéria a ser publicada em jornal, sem figurar em seu corpo de redatores, escrevendo artigos ou fazendo comentários, ainda que habitualmente. **2.** *Direito civil* e *direito comercial.* Todo aquele que, gratuita ou onerosamente, coopera ou participa da realização ou execução de um ato juntamente com outra pessoa numa associação, sociedade, escritório, empresa, estabelecimento empresarial etc.

COLABORAR. 1. *Direito autoral.* a) Trabalhar ou participar diretamente e em comum com outrem para a realização de uma mesma obra intelectual; b) escrever, habitualmente ou não, para periódicos sem pertencer ao quadro efetivo de seus redatores. **2.** *Direito civil* e *direito comercial.* Cooperar para a efetivação ou execução de algum ato.

COLABORATIVO. *Direito autoral.* Aquilo que foi produzido em colaboração.

COLAÇÃO. 1. *Direito autoral.* Referência ou citação feitas a propósito por um autor de obra literária. **2.** *Direito civil.* É uma conferência dos bens da herança com outros transferidos em vida pelo *de cujus* aos seus descendentes, ou ao seu cônjuge, promovendo o retorno ao monte das liberalidades feitas pelo autor da herança antes de falecer, para uma eqüitativa apuração das cotas hereditárias dos sucessores legitimários. Os descendentes sucessíveis que receberam liberalidades em vida do autor da herança, bem como o cônjuge, têm a obrigação de conferi-las após a abertura da sucessão, no curso de inventário, sob pena de serem considerados sonegadores. **3.** *Direito canônico.* Ato pelo qual se confere o benefício eclesiástico a quem mereceu tal dignidade. **4.** Na *linguagem acadêmica,* ato pelo qual se confere o grau acadêmico ao aluno que concluiu um curso, tendo sido aprovado em todas as disciplinas ministradas.

COLAÇÃO DE DÍVIDAS. *Direito civil.* Obrigação que tem o descendente do *de cujus* de trazer à conferência, no inventário, o valor da dívida remitida pelo falecido; o empréstimo feito pelo seu ascendente; os recursos fornecidos em vida pelo *de cujus* para que ele pudesse adquirir bens; as quantias desembolsadas pelo ascendente para pagar seus débitos etc.

COLACIONAR. *Direito civil.* **1.** Trazer bens à colação. **2.** Conferir liberalidades recebidas, em vida do *de cujus,* pelo seu descendente.

COLACIONÁVEL. *Direito civil.* O que pode ser colacionado.

COLAGENOSE. *Medicina legal.* Processo mórbido que exibe reação difusa e primária da substância basal do tecido conjuntivo, representada pela "degeneração fibrinóide". Por exemplo, colite ulcerativa, hipertensão maligna, doença do soro grave, artrite reumatóide, esclerodermia, lúpus eritematoso disseminado, dermatomiosite. Trata-se da "moléstia difusa do colágeno" ou, como alguns preferem, da "doença difusa do tecido conjuntivo".

COLALGIA. *Medicina legal.* Dor no cólon.

COLANGIOLITE. *Medicina legal.* Inflamação dos capilares biliares.

COLANGIOMA. *Medicina legal.* Tumor de um conduto biliar.

COLANGIOSTOMIA. *Medicina legal.* Incisão de canal biliar com drenagem.

COLANGIOTOMIA. *Medicina legal.* Operação consistente em abrir um conduto biliar intra-hepático para a extração de um cálculo que o está obliterando.

COLAPSO CARDÍACO. *Medicina legal.* **1.** Cessação súbita e fatal da ação do coração. **2.** Estado clínico resultante da incapacidade de o miocárdio manter o fluxo sangüíneo a todos os tecidos do corpo.

COLAPSO CARDÍACO CONGESTIVO. *Medicina legal.* Diminuição prolongada da capacidade de o coração manter um adequado fluxo de sangue aos tecidos ou de expelir o sangue venoso que a ele vem a retornar.

COLAPSO NERVOSO. *Medicina legal.* Súbita e generalizada diminuição da excitabilidade nervosa, da energia ou da atividade do sistema nervoso central e, conseqüentemente, de suas funções, causando uma prostração repentina.

COLAPSOTERAPIA. *Medicina legal.* Tratamento da tuberculose mediante imobilização do pulmão, que se opera por meio de pneumotórax artificial.

COLARINHO BRANCO. *Direito penal.* **1.** Diz-se do crime praticado por pessoas de elevado nível cultural e socioeconômico, que, por assumirem posições de direção na sociedade, têm prerrogativas muito desproporcionais em relação a outras classes sociais. **2.** *Vide* CRIME DE COLARINHO BRANCO.

COLATÁRIO. *Direito civil.* Herdeiro legitimário a quem a colação vem a favorecer.

COLATERAL. *Direito civil.* a) Diz-se daquele parente que sem descender de um outro, provém do mesmo tronco. Assim sendo, são parentes em linha colateral aquelas pessoas que, provenientes de tronco comum, não descendem umas das outras, como, por exemplo, irmãos, tios, sobrinhos e primos; b) linha de parentesco até o 4º grau das pessoas que provêm de um só tronco sem descenderem umas das outras.

COLATERALIDADE. *Direito civil.* Qualidade do que é colateral, ou melhor, do parentesco em linha colateral ou transversal.

COLATERALMENTE. *Direito civil.* Em linha colateral.

COLATÍCIAS. *Direito civil.* Diz-se das águas que correm pelas vertentes.

COLATIVO. *Direito civil.* **1.** Aquilo que é conferido ou suscetível de conferência. **2.** Relativo à colação.

COLATOR. **1.** *Direito civil.* Aquele herdeiro necessário que tem o dever de conferir as liberalidades que recebeu em vida do testador ou o seu respectivo valor. **2.** *Direito canônico.* Aquele que confere o benefício eclesiástico.

COLBERTISMO. *Economia política, direito econômico* e *direito comercial.* **1.** Mercantilismo. **2.** Política mercantilista propugnada no século XVII por Jean Baptiste Colbert.

COLCHOARIA. *Direito comercial.* Estabelecimento onde se fabricam ou se vendem colchões.

COLDRE. *Direito militar.* Cada um dos dois estojos de couro pendentes do arção da sela, utilizados para porte de pistolas ou outras armas.

COLEÇÃO. **1.** *Direito civil.* Conjunto de coisas afins entre si ou da mesma natureza. **2.** *Teoria geral do direito.* Compilação de leis sobre o mesmo assunto; consolidação. **3.** *Medicina legal.* Acúmulo de líquido (pus ou sangue) numa cavidade.

COLEÇÃO DE USOS. *Vide* ASSENTAMENTOS DE USOS.

COLECIONADOR. Aquele que coleciona; colecionista.

COLECIONAR. Na *linguagem jurídica* em geral, coligir; compilar; reunir objetos e classificá-los.

COLECIONISTA. *Vide* COLECIONADOR.

COLECISTALGIA. *Medicina legal.* Dor na vesícula biliar.

COLECISTECTOMIA. *Medicina legal.* Extirpação da vesícula biliar.

COLECISTENTEROSTOMIA. *Medicina legal.* Operação cirúrgica com que é feita a abertura da vesícula biliar para o intestino.

COLECISTITE. *Medicina legal.* Inflamação da vesícula biliar.

COLECISTOCELE. *Medicina legal.* Tumor formado na vesícula biliar.

COLECISTOLITÍASE. *Medicina legal.* Existência de cálculos na vesícula biliar.

COLECTOMIA. *Medicina legal.* Extirpação total ou parcial do cólon.

COLEGA. **1.** Na *linguagem comum,* é o companheiro de estudos na mesma turma da entidade de ensino. **2.** Na *linguagem jurídica* em geral, aquele que pertence, relativamente a outro, à mesma classe civil e eclesiástica, profissão, corporação ou comunidade.

CO-LEGADO. *Direito civil.* É o que se transmite com outros, por exemplo, se o *de cujus* dispor que o legatário só receberá um bem se aceitar um outro.

CO-LEGATÁRIO. *Direito civil.* Aquele que recebe legado juntamente com outros, tendo, por isso, cada co-legatário o direito de acrescer, quando nomeados conjuntamente a respeito de uma só coisa determinada e certa ou quando esta for indivisível, se um deles vier a faltar, em razão de premoriência, renúncia ou exclusão, desde que o testador não lhe tenha dado substituto.

COLEGIADA. **1.** *Direito canônico.* a) Igreja que possui um cabido de cônegos seculares que a servem, por não haver bispo; b) corporação de sacerdotes que têm a função de cônegos em Igreja que não é Sé de um bispo. **2.** Na *linguagem comum,* conjunto de alunos que freqüentam um colégio.

COLEGIADO. **1.** *Direito canônico.* Aquilo que é relativo ou dependente da Igreja que, sem ser Sé, possui um cabido de cônegos. **2.** *Ciência política.* a) Sistema de governo em que o Poder Executivo está nas mãos de um órgão constituído por vários membros que, sob a direção de um presidente, têm atribuições específicas na Administração; b) conjunto desses membros integrantes do governo. **3.** *Direito civil* e *direito processual.* Aquilo que pertence a certas instituições ou corporações coletivas, como os tribunais, por exemplo.

COLEGIADO ESTADUAL. Fórum consultivo ou deliberativo, estabelecido por instrumento legal, que busca reunir os segmentos representativos do governo e sociedade, que atuam em âmbito estadual, podendo abranger também representantes do governo federal e dos Municípios, para a discussão e o encaminhamento de políticas, planos, programas e ações destinadas à gestão da zona costeira.

COLEGIADO ESTADUAL DE PRODUTOS ORGÂNICOS. *Direito agrário.* Vinculado à Delegacia Federal de Agricultura de cada Unidade da Federação, tem por finalidade básica assessorar e apoiar o Colegiado Nacional de Produtos Orgânicos na implementação das normas para produção de produtos orgânicos vegetais e animais, avaliar e emitir parecer sobre os processos de credenciamento de entidades certificadoras e fornecer subsídios a atividades e projetos necessários ao desenvolvimento do setor. Compete ao Colegiado Estadual de Produtos Orgânicos, além daquelas atribuições definidas por normas específicas: a) avaliar e emitir parecer sobre as solicitações de credenciamento das entidades certificadoras de produtos orgânicos e encaminhar ao Órgão Colegiado Nacional (CNPOrg); b) agregar competência para a solução de problemas técnicos relacionados com o desempenho de suas atribuições legais, em consonância com as normas vigentes; c) propor ao CNPOrg a elaboração de normas visando ao cumprimento regular das atividades das entidades certificadoras, complementares às normas vigentes; d) encaminhar ao CNPOrg sugestões de normas técnicas de produção orgânica, oficialização de métodos analíticos, sistemas de certificação e controle de qualidade de produtos orgânicos de origem vegetal ou animal; e) propor projetos de pesquisa, políticas de atuação, direcionamento de recursos, campanhas educativas, além de programas de formação técnica e capacitação e outras ações no âmbito do Poder Público e da sociedade em geral, no sentido do aprimoramento dos sistemas de certificação e dos sistemas de produção orgânica, com vistas ao bem-estar de produtores, trabalhadores rurais, consumidores e proteção do meio ambiente; f) relacionar-se com instituições voltadas ao desenvolvimento da agricultura orgânica; g) emitir parecer técnico sobre normas e regulamentos que tratem da produção orgânica, quando solicitado pelo CNPOrg; h) recrutar consultores *ad hoc* quando necessário; i) coordenar, supervisionar e fiscalizar as atividades das certificadoras, com atuação no âmbito da sua Unidade da Federação, garantindo o cum-

primento das disposições legais vigentes; j) representar à autoridade competente os casos de descumprimento das normas legais vigentes, para providências cabíveis.

COLEGIADO MUNICIPAL. Fórum equivalente ao colegiado estadual, no âmbito municipal.

COLEGIADO NACIONAL DE PRODUTOS ORGÂNICOS (CNPORG). *Direito agrário.* Órgão que tem por finalidade básica assessorar e acompanhar a implementação das normas para produção de produtos orgânicos vegetais e animais, avaliar e emitir parecer conclusivo sobre os processos de credenciamento de entidades certificadoras e fornecer subsídios a atividades e projetos necessários ao desenvolvimento do setor. Compete ao Colegiado Nacional de Produtos Orgânicos (CNPOrg), além daquelas atribuições definidas por normas específicas: a) avaliar e emitir parecer conclusivo sobre as solicitações de credenciamento das entidades certificadoras de produtos orgânicos, encaminhadas pelos Órgãos Colegiados Estaduais e do Distrito Federal; b) determinar a realização de auditorias para credenciamento e supervisão das certificadoras; c) agregar competência para a solução de problemas técnicos relacionados com o desempenho de suas atribuições legais, em consonância com as normas vigentes; d) propor a elaboração de normas visando ao cumprimento regular das atividades das entidades certificadoras, complementares às normas vigentes; e) encaminhar sugestões de normas técnicas de produção orgânica, oficialização de métodos analíticos, sistemas de certificação e controle de qualidade de produtos orgânicos de origem vegetal ou animal às instâncias superiores; f) propor projetos de pesquisa, políticas de atuação, direcionamento de recursos, campanhas educativas, além de programas de formação técnica e capacitação e outras no âmbito do Poder Público e da sociedade em geral, no sentido do aprimoramento dos sistemas de certificação e dos sistemas de produção orgânica, com vistas ao bem-estar de produtores, trabalhadores rurais, consumidores e proteção do meio ambiente; g) relacionar-se com instituições voltadas ao desenvolvimento da agricultura orgânica em nível nacional e internacional; emitir parecer técnico sobre normas e regulamentos nacionais e internacionais que tratem da produção orgânica; h) recrutar consultores *ad hoc* quando necessário; i) propor modificações em normas relacionadas à produção orgânica; j) elaborar os documentos e formulários necessários para implementação das medidas regulamentadas; k) coordenar, supervisionar e fiscalizar as atividades dos Órgãos Colegiados Estaduais e do Distrito Federal, garantindo o cumprimento das disposições legais vigentes; l) representar à autoridade competente os casos de descumprimento das normas legais vigentes, para providências cabíveis; m) na inexistência de Órgãos Colegiados Estaduais ou do Distrito Federal, o Órgão Colegiado Nacional cumprirá as atribuições daqueles.

COLÉGIO. 1. Na *linguagem comum,* estabelecimento de ensino secundário. **2.** Na *linguagem jurídica* em geral, conjunto de pessoas de igual dignidade ou com a mesma função.

COLÉGIO ACADÊMICO. *Direito civil.* **1.** Órgão máximo da Academia Brasileira de Letras Jurídicas, composto pelos seus titulares. **2.** Conjunto dos titulares de uma academia.

COLÉGIO DOS BISPOS. *Direito canônico.* É aquele composto pelos bispos, encabeçados pelo Papa.

COLÉGIO DOS CONSULTORES. *Direito canônico.* É o composto por seis ou até doze membros do conselho presbiteral, que, durante um qüinqüênio, terão, sob a presidência do bispo diocesano, funções próprias.

COLÉGIO ELEITORAL. *Ciência política.* **1.** Assembléia eleitoral. **2.** Grupo de eleitores de uma circunscrição. **3.** Conjunto de pessoas em pleno gozo de seus direitos políticos que, pertencendo a uma circunscrição territorial, se organizam para fins exclusivamente eleitorais.

COLÉGIO JUDICIÁRIO. *Vide* TRIBUNAL.

COLEGISLATIVO. *Ciência política.* **1.** Sistema legislativo que se compõe de duas câmaras, por exemplo, o Congresso Nacional, que é formado pelo Senado Federal e pela Câmara dos Deputados. **2.** Diz-se das duas câmaras componentes do Parlamento de certos países que adotam o regime bicameral.

COLEITOR. *História do direito.* **1.** Antigo dignatário eclesiástico que era encarregado pela Santa Sé não só da reivindicação e garantia das rendas da Igreja como também da representação da corte pontifícia junto aos governos, em caso de ausência do Núncio. **2.** Agente fiscal que, antigamente, arrecadava os tributos; designação que outrora se dava ao coletor.

COLELITOTOMIA. *Medicina legal.* Incisão para remover cálculos biliares.

COLÊMESE. *Medicina legal.* Vômito bilioso.

COLEMIA. *Medicina legal.* Estado mórbido em que o sangue apresenta pigmentos de bílis.

COLENDO. *Direito processual.* Expressão de técnica forense usada, ordinariamente, no tratamento dispensado às câmaras ou turmas de um tribunal, significando "respeitável".

COLEOPTOSE. *Medicina legal.* Queda ou prolapso da vagina.

COLEORREXIA. *Medicina legal.* Rotura vaginal.

COLEOSTEGNOSE. *Medicina legal.* Estreitamento da vagina.

CÓLERA. 1. *Direito penal.* Impulso que pode compelir alguém, incitando-o contra aquele que o ofender, conduzindo à agressão. **2.** *Medicina legal.* Infecção aguda que se manifesta com graves sintomas gastrintestinais, provocada pelo *vibrio cholerae,* que ataca o intestino delgado.

COLESTEROL. *Medicina legal.* Substância gordurosa indispensável a uma série de processos químicos desenvolvidos no organismo, sendo que seu excesso no sangue pode produzir arteriosclerose ou endurecimento arterial.

COLESTEROLEMIA. *Medicina legal.* Presença de colesterol no sangue.

COLESTEROLÚRIA. *Medicina legal.* Colesterol na urina.

COLETA. 1. *Direito tributário.* a) Ato pelo qual o encarregado do Fisco promove o lançamento do imposto, indicando a cada contribuinte a sua cota-parte. Com isso, cada contribuinte é um coletado, pois deve contribuir com uma cotaparte no pagamento do imposto; b) quantia que se paga de imposto. **2.** *Direito civil.* a) Ato de pedir donativos para obras pias; b) cota para obra de beneficência ou despesa comum. **3.** *Direito agrário.* Recolhida de canequinhas, no seringal, depois do corte. **4.** *Direito canônico.* Oração feita, antes das leituras, pelo sacerdote, durante a missa, em nome do povo.

COLETA DE LEITE A GRANEL. *Direito agrário.* É o processo da cadeia produtiva leiteira que compreende a retirada do leite do tanque de refrigeração da propriedade rural, através de mangote flexível e bombeamento sanitário, para o tanque móvel isotérmico, que o transportará até o posto de refrigeração ou ao estabelecimento industrial.

COLETA DE PREÇO. *Direito administrativo.* Tomada de preços numa licitação.

COLETADO. *Direito tributário.* Contribuinte; aquele que tem a obrigação tributária de pagar uma cota-parte para um fundo comum; aquele que está obrigado ao pagamento de certo tributo.

COLETÂNEA. *Direito autoral.* Conjunto de textos selecionados de diversas obras.

COLETÂNEO. *Direito autoral.* Extraído de várias obras.

COLETAR. 1. *Direito tributário.* a) Tributar, ou seja, ato de constituir crédito tributário pelo lançamento; b) designar a cota-parte do contribuinte. **2.** *Direito civil.* Arrecadar donativos ou cotas para despesas comuns.

COLETE. *Direito marítimo.* São considerados coletes os coletes salva-vidas e os equipamentos pessoais de auxílio a flutuação.

COLETE DE FORÇA. *Medicina legal.* Camisa-de-força usada para impedir o movimento de loucos furiosos ou de prisioneiros muito rebeldes.

COLETE SALVA-VIDAS. *Direito marítimo.* É o meio individual de abandono capaz de manter uma pessoa, mesmo inconsciente, flutuando por 24 horas. É fabricado em três tamanhos básicos: grande, para adultos com cerca de 75 kg; médio, para pessoas com cerca de 55 kg; e pequeno, para crianças até 35 kg, podendo ser rígido ou inflável.

COLETE SALVA-VIDAS INFLÁVEL. *Direito marítimo.* É o colete fabricado de modo que a sua flutuabilidade seja assegurada mediante enchimento com ar ou outro gás, ou seja, necessita ser inflado para que possa ser empregado.

COLETE SALVA-VIDAS RÍGIDO. *Direito marítimo.* É o colete fabricado de modo que a sua flutuabilidade seja assegurada por material sólido, sem depender da manutenção de qualquer volume aéreo fechado.

COLETIVA. *Direito autoral.* Diz-se da obra intelectual em que, sob a coordenação de um terceiro, que a edita, publica e divulga, vários autores trabalham conjuntamente, tornando impossível a individualização da atividade de cada um e a outorga de um direito distinto sobre o todo realizado.

COLETIVIDADE. 1. *Direito civil.* a) Grupo de pessoas que integram uma associação ou sociedade; b) coisa coletiva. **2.** *Ciência política.* Povo ou conjunto de pessoas de determinado território, submetidas às mesmas normas e vinculadas entre si pelo idioma, interesses comuns e solidariedade social.

COLETIVISMO. 1. *Sociologia jurídica.* a) Em acepção ampla, consiste na organização social em que os deveres recíprocos ligam os indivíduos, moralmente, a um determinado número de grupos, de tal maneira que muitas ações tidas como pessoais em sociedades individualizadas são consideradas de interesse comunitário; b) sistema sociológico tendente a tornar os meios de produção comuns a todos os membros da sociedade. **2.** *Ciência política.* a) Sistema político, criado por Marx, que se opõe ao individualismo; b) teoria que, em oposição ao comunismo, apenas põe em comum a organização dos meios e dos instrumentos de produção.

COLETIVISTA. *Sociologia jurídica.* Partidário do coletivismo.

COLETIVIZAÇÃO. *Sociologia jurídica.* Mudança ou adaptação da ordem social segundo a teoria do coletivismo.

COLETIVIZAR. *Sociologia jurídica.* Organizar uma dada ordem social conforme os princípios do coletivismo.

COLETIVO. 1. *Direito civil.* a) Diz-se do bem formado por várias coisas singulares, consideradas em conjunto, formando um todo único, que passa a ter uma individualidade distinta da dos seus objetos componentes, que conservam sua autonomia própria; b) *vide* BEM COLETIVO; c) aquilo que abrange ou é relativo a muitas pessoas, como, por exemplo, transporte coletivo; d) o que é comum a várias pessoas, seja direito ou obrigação. **2.** *Lógica jurídica.* a) Classe de objetos; b) todo constituído por uma pluralidade de termos homogêneos; c) conjunto de indivíduos detentores de uma propriedade comum (José Ferrater Mora).

COLETO. 1. *Direito civil.* Aquilo que foi escolhido ou coligido. **2.** *Direito tributário.* O que foi arrecadado.

COLETOR. 1. *Direito tributário.* Funcionário da Fazenda encarregado do lançamento e da arrecadação dos tributos e cuja função, hodiernamente, foi transferida para a rede bancária. **2.** *Direito autoral.* Aquele que colige ou reúne textos. **3.** *Direito civil.* O que recebe coletas, angariando fundos para obras pias ou despesas comuns. **4.** *Direito comercial.* a) Leitora ótica (*scanner*) de códigos de barras utilizada para o reconhecimento de volumes em centros de distribuição (James G. Heim); b) em conjunto com um Sistema de Rádio-Freqüência e um Sistema de Administração de Armazéns constitui-se numa das principais ferramentas para operações de alta velocidade em centros de distribuição (James G. Heim).

COLETORIA. *Direito tributário.* **1.** Repartição pública onde se arrecadam tributos ou para onde são remetidos os pagamentos de débitos fiscais arrecadados pelas redes bancárias. **2.** Órgão que tem a função de fiscalizar e vigiar a arrecadação dos tributos, tomando conhecimento de autos de infração lavrados contra os contribuintes.

COLHEDOR. *Direito agrário.* Aquele que faz colheitas; trabalhador rural que tem por função colher cereais, frutos ou produtos agrícolas.

COLHEITA. **1.** *Direito agrário.* a) Ato ou efeito de colher frutos ou produtos agrícolas, tirando-os do pé ou do solo; b) conjunto de produtos ou frutos agrícolas que foram colhidos na safra ou no ano. **2.** *História do direito.* Modalidade de pensão que os vassalos pagavam anualmente ao monarca, quando este visitava suas terras, e que era devida inclusive se tal visita não ocorresse.

COLHEITADEIRA. *Direito agrário.* Máquina usada, no sul do País, para a colheita de cereais, que ceifa, trilha, classifica e ensaca.

COLHEITA DE MATERIAL. *Medicina legal.* Recolhimento de substância orgânica, como urina, sangue, bile, fezes, para análise laboratorial.

COLHEITA PENDENTE OU FUTURA. *Direito agrário.* Conjunto de produtos agrícolas que se encontram em período de formação e que poderão, futuramente, ser colhidos.

COLHEITEIRO. *Vide* COLHEDOR.

CÓLICA. *Medicina legal.* Contração repentina e anormal na musculatura da parede de certas vísceras, provocando dor intensa ou aguda.

CÓLICA SATURNINA. *Medicina legal.* Também chamada de "cólica de chumbo" ou "cólica dos pintores", consiste na cólica intestinal produzida por intoxicação provocada pelo chumbo.

COLICOPLEGIA. *Medicina legal.* Paralisia do cólon, que, em regra, se dá em caso de cólica saturnina.

COLIDIR. **1.** *Direito civil.* Abalroar; chocar; ir contra outra coisa. **2.** *Teoria geral do direito.* Conflitar; contradizer; ser contraditório.

COLIFRENIA. *Medicina legal.* Estado anormal de inibição mental.

COLIGAÇÃO. **1.** *Ciência política.* Aliança de partidos políticos. **2.** *Direito civil* e *direito comercial.* União ou associação de várias pessoas físicas ou jurídicas para atingir uma finalidade comum. **3.** *Lógica jurídica.* a) Operação mental pela qual se reúne um conjunto de fatos, considerados separadamente, numa idéia que venha a condensar de modo conciso todas as observações feitas (Whewell). Trata-se da indução totalizante; b) série de atos análogos pelos quais se pode adivinhar a palavra de um enigma, chegando-se à interpretação mais conveniente, admitindo-se várias soluções igualmente satisfatórias (J. S. Mill).

COLIGAÇÃO PARTIDÁRIA. *Ciência política.* Aliança entre dois ou mais partidos políticos que têm a mesma ideologia e finalidade.

COLIGADAS. *Direito comercial.* Diz-se daquelas sociedades em que uma participa, com 10% ou mais, do capital de outra, sem controlá-la.

COLIGADO. *Ciência política.* O que está ligado por uma aliança.

COLIGAR. *Ciência política.* Unir por coligação.

COLIGATIVO. *Ciência política.* **1.** Aquilo que é relativo à coligação. **2.** O que coliga.

COLIMITAÇÃO. *Direito civil* e *direito internacional público.* Limite comum.

COLIMITADO. **1.** *Direito civil.* Diz-se daquilo que possui limites comuns. **2.** *Direito internacional público.* Diz-se do Estado que tem com outro limite comum.

COLIQUAÇÃO. *Medicina legal.* Degeneração ou dissolução orgânica das partes moles do cadáver provocada por bactérias e por fauna necrófaga. É a terceira fase da putrefação cadavérica, que pode durar um ou vários meses até atingir a esqueletização.

COLISÃO. **1.** *Direito civil.* Abalroamento. **2.** *Teoria geral do direito.* Conflito; contradição. **3.** *Ciência política.* Luta entre partidos políticos.

COLISÃO DE DIREITOS. *Teoria geral do direito.* Diversidade de interesse sobre direitos de diferentes titulares alusivos ao mesmo objeto, de tal sorte que o exercício de uns venha a contrastar com o de outros.

COLISÃO DE ESTATUTOS. *Direito internacional privado.* Conflito entre estatutos das pessoas, em função do espaço (Othon Sidou).

COLISÃO DE VEÍCULOS. *Direito civil.* Choque de veículos de qualquer espécie, que gera responsabilidade civil pelos danos ocorridos.

COLISEU. *História do direito.* Anfiteatro romano onde se realizavam combates entre gladiadores e outras competições.

COLIS POSTAL. *Direito internacional privado.* Encomenda postal internacional.

COLIS POSTAUX. *Direito internacional privado.* Meio pelo qual o destinatário vem a receber mercadorias estrangeiras remetidas por via postal, com dispensa de fatura consular e, em alguns casos, de pagamento de direitos aduaneiros, desde que venham num só invólucro e que a soma a ser paga não seja excedente a determinado valor.

COLITIGAÇÃO. *Direito processual civil.* Ato ou efeito de colitigar; reunião, num mesmo processo, de duas ou mais pessoas para a obtenção dos fins idênticos.

COLITIGANTE. *Direito processual civil.* Aquele que litiga, demanda ou foi demandado em juízo juntamente com outrem; litisconsorte; co-réu ou co-autor.

COLITIGAR. *Direito processual civil.* Demandar ou litigar juntamente com outrem.

COLLAPSIBLE. *Direito comercial.* Forma de *container* desmontável.

COLLATERAL. *Termo inglês.* **1.** Caução. **2.** Penhor.

COLLATIO BONORUM EMANCIPATI. *Direito romano.* Apresentação ao pretor da relação de bens do emancipado que sucedia o *pater familias* em concorrência com outros herdeiros.

COLLECTION TYPE FACTORING AGREEMENT. *Direito comercial.* Contrato em que a empresa de *factoring* efetua somente serviços de cobrança, pagando ao faturizado um dia depois do recebimento da fatura.

COLLEGIA ILLICITA. *Locução latina.* Sociedade irregular.

COLLYBUS. *Termo latino.* Troca de moeda e ágio.

COLLUSIO. *Termo latino.* Conluio para lesar terceiro.

COLMAR. *Teoria geral do direito.* Completar; preencher.

COLMATAGEM. *Direito agrário.* Depósito de terras decorrente de escavações para plantação de árvores.

COLMATAR. **1.** *Direito agrário.* Guiar águas em sedimentos para baixadas a fim de que fertilizem terras. **2.** *Teoria geral do direito.* Preencher.

COLMEAGEM. *Direito agrário.* Ação de recolher abelhas em colméias.

COLMEAL. *Direito agrário.* Local onde há colméias; enxame de abelhas.

COLMEEIRO. *Direito agrário.* Aquele que trata ou efetua negócios com colméias.

COLMÉIA. **1.** *Direito agrário.* Enxame de abelhas; cortiço de abelhas. **2.** *Direito marítimo.* Carcaça de um navio antes de estar pontado.

COLMÍFERO. *Direito agrário.* Diz-se do cereal cuja haste é um colmo, isto é, caule pouco consistente sem nós do junco.

COLO. **1.** *Direito militar.* Ranhura no cartucho, em que o extrator nas armas automáticas se apóia. **2.** *Medicina legal.* a) *Vide* CÓLON; b) embocadura estreita de algumas cavidades; c) parte do corpo humano formada pelo pescoço e ombros; d) parte estreita entre a cabeça e o corpo de certos ossos.

COLOBOMA. *Medicina legal.* Fissura congênita em qualquer parte do olho.

COLOCAÇÃO. **1.** Na *linguagem jurídica* em geral: ocupação exercida por alguém; cargo; emprego. **2.** *Direito civil.* a) Situação de uma pessoa na ordem em que um direito lhe é assegurado; posição classificatória que outorga maior ou menor regalia jurídica, conforme a categoria em que a pessoa se encontra; b) venda. **3.** *Direito econômico.* Investimento de capital. **4.** *Direito comercial.* Classificação de créditos que, em caso de falência, deve obedecer determinada ordem. **5.** *Direito agrário.* Local onde o seringueiro se fixa, com sua barraca, para exploração da árvore.

COLOCAÇÃO DE DINHEIRO. *Direito econômico.* Emprego de capital em operações de várias naturezas, tais como compra e venda de bens, desconto de títulos, aquisição de ações, empréstimo com ou sem garantia real etc.

COLOCAÇÃO FAMILIAR. *Direito agrário.* Clareira na mata, tendo no centro a casa da família do seringueiro, rodeada por roça, pomar e criação de animais.

COLOCISTOPLASTIA. *Medicina legal.* Operação para restauração da parede vesicovaginal.

COLO DO ÚTERO. *Medicina legal.* Comunicação da cavidade endometrial com a vagina, possibilitando a subida de espermatozóides ou a saída do sangue menstrual (Roger Abdelmassih).

CÓLON. *Medicina legal.* Parte do intestino grosso situado entre o ceco e o reto.

COLONATO. 1. *Direito agrário.* a) Regime de trabalho rural pelo qual o trabalhador era contratado, tendo não só participação na produção, sob várias formas de remuneração, como também facilidades concedidas pelo fazendeiro, como a permissão para ter culturas intercalares, cuja safra era de sua propriedade, e a concessão de um pequeno trecho de terra para plantar e criar animais de pequeno porte para sua própria subsistência, sendo-lhe permitido fazer negócios com os frutos e produtos obtidos; b) estado de colono; c) instituição de colonos. **2.** *Direito comparado.* Contrato em que o concedente e um ou mais colonos se associam para cultivar a terra, dividindo os produtos conforme o convencionado.

COLONIA. *Direito agrário.* Contrato feito entre o proprietário das terras rurais e o colono.

COLÔNIA. 1. *Direito romano.* Estabelecimento de cidadãos romanos para defender Roma em regiões pertencentes a outros povos, garantindo a ordem. **2.** *Direito agrário.* a) Local onde residem os trabalhadores rurais ou colonos; b) área dividida em glebas, em conformidade com um plano de colonização, contendo cada qual uma família, nacional ou estrangeira, que nela deve desenvolver atividades agrárias ou agroindustriais; c) povoação de colonos; d) local distante de povoações, onde, no sul do País, seus moradores são agricultores ou criadores de animais. **3.** *Direito civil.* a) Conjunto de pessoas que vivem em comum; b) associação de pescadores que orienta a comercialização do pescado e facilita suas atividades. **4.** *Direito do trabalho.* Grupo de trabalhadores que, saindo do seu Estado, presta serviços num outro, dentro do território de seu país. **5.** *Direito internacional privado.* Grupo de pessoas de mesma nacionalidade que vive em uma certa região de outro país. **6.** *Direito internacional público.* Território ocupado, que está sob dependência política da nação, cujos cidadãos vieram nele residir.

COLÔNIA AGRÍCOLA. 1. *Direito penal.* Local destinado ao cumprimento da pena em regime semi-aberto, a ser cumprida por presos selecionados adequadamente. **2.** *Direito agrário.* Forma de exploração da terra ou núcleo de colonização, que é uma unidade básica que se caracteriza por um conjunto de parcelas integradas por uma sede administrativa e serviços comunitários.

COLÔNIA CORRECIONAL. *Direito penal.* Presídio rural para reclusos de bom comportamento, visando reabilitá-los mediante a execução de atividades agropecuárias.

COLÔNIA DE FÉRIAS. *Direito administrativo* e *direito civil.* Clube recreativo organizado para hospedagem e descanso de determinadas pessoas, em gozo de férias, podendo ter natureza pública ou privada.

COLÔNIA DE GERMES. *Medicina legal.* Conjunto de bactérias que, em exames laboratoriais, se desenvolvem em cultura.

COLÔNIA EMANCIPADA. *Direito internacional público.* Território que obteve sua independência de um Estado estrangeiro, constituindo uma nova nação.

COLÔNIA–ESCOLA *Direito agrário.* Estabelecimento onde, sob regime de internato e semi-internato, é ministrado o ensino agrário.

COLONIAL FACTOR. *Direito comercial.* Modalidade pouco usual de faturização que consiste na compra de mercadorias por uma empresa, que, na qualidade de comissionária ou depositária, coloca-as à disposição de determinada freguesia.

COLONIALISMO. 1. *História do direito.* Época colonial. **2.** *Ciência política.* a) Prática de aquisição ou retenção de colônias; b) regime político em que há dominação colonial, pela qual uma potência controla território estranho; c) poder econômico utilizado por uma nação desenvolvida com o intuito de monopolizar um país subdesenvolvido na seara comercial.

COLONIALISMO JURÍDICO CULTURAL. *Teoria geral do direito.* Transplante de institutos jurídicos inadequados à realidade brasileira, fazendo com que as normas que os regulamentam não tenham eficácia social.

COLÔNIA MILITAR. *Direito militar* e *direito administrativo.* Ocupação gratuita de área de terras devolutas localizada em zona fronteiriça, urbana ou rural, por colonos para a nacionalização das fronteiras do Estado, criando povoados e desenvolvendo as atividades do povo brasileiro.

COLÔNIA PENAL. *História do direito.* Estabelecimento rural onde se cumpria pena, correspondendo hoje ao regime aberto ou semi-aberto, que lhe é similar, pois o preso pode prestar serviços durante o dia, recolhendo-se à noite à sua cela.

COLÔNIA PENITENCIÁRIA. *Direito penal.* Estabelecimento público e de natureza agrícola semelhante à antiga colônia penal.

COLONITÁRIA. *Direito agrário.* Coisa relativa à colônia; núcleo de colonização, ou seja, unidade fundamental para o estabelecimento de agricultores.

COLONIZAÇÃO. 1. *Direito agrário.* a) Ato de promover a fixação do homem ao solo, facilitando-lhe o acesso à propriedade agrária, o aproveitamento econômico de uma certa região, mediante o exercício de atividades agrícolas, pecuárias e agroindustriais, a elevação do nível de vida e do preparo técnico dos habitantes da zona rural; b) divisão racional de áreas em propriedades familiares para sua melhor utilização econômica. **2.** *Direito internacional público.* a) Migração com autorização de um Estado para um território, nele se estabelecendo como principal habitante; b) estado do que é colonizado.

COLONIZAÇÃO OFICIAL. *Direito agrário.* Forma de política agrária que visa obter o povoamento de terras públicas, organizando seu parcelamento de tal sorte que sejam aproveitadas. Para tanto, o Poder Público toma a iniciativa de recrutar e selecionar pessoas ou famílias, reunindo-as em núcleos agrícolas ou agroindustriais.

COLONIZAÇÃO PARTICULAR. *Direito agrário.* É o ato de complementar e ampliar a ação política do Poder Público de facilitar o acesso à propriedade rural, mediante empresa organizada para tal fim, registrada no INCRA, com equipe técnica habilitada ao planejamento e execução de programa de colonização, que garanta assistência aos agricultores nos loteamentos que fizer.

COLONNA. *História do direito.* Na Idade Média, com a expansão do comércio marítimo, era uma espécie associativa que visava unir a exploração da nau ao capital, assemelhando-se a uma sociedade de capital e indústria, na qual o capitão do navio e a tripulação, em certos casos, uniam-se a colonistas, que entravam com dinheiro e mercadorias, com o escopo de expedir bens para determinada localidade, onde seriam comercializados, repartindo os lucros e as perdas proporcionalmente aos respectivos ingressos (Cessi).

COLONO. 1. *Direito agrário.* Trabalhador rural; homem do campo; agricultor ou criador em colônia; rendeiro de bens rústicos. **2.** *Direito civil.* Aquele que integra ou habita uma colônia.

COLOPATIA. *Medicina legal.* Doença do cólon.

COLORABLE TRANSACTION. *Locução inglesa.* Transação fraudulenta.

COLOREM HABENT SUBSTANTIAM VERO NULLAM. *Brocardo latino.* Têm aparência, mas não têm substância.

COLORRÉIA. *Medicina legal.* Diarréia biliosa.

COLO SIGMÓIDE. *Medicina legal.* Parte do intestino grosso situada entre o reto e o cólon descendente.

COLOSTOMIA. *Medicina legal.* **1.** Orifício feito no cólon, por meio cirúrgico, para permitir a evacuação, no caso de estarem inutilizados os condutos retal e anal normais. **2.** É um tipo de ostomia intestinal que faz a comunicação do cólon com o exterior.

COLOSTRO. *Medicina legal.* Líquido segregado pelas glândulas mamárias, nos primeiros dias após o parto, rico em proteínas, sais minerais, anticorpos e vitaminas.

COLO UTERINO. *Medicina legal.* Extremidade inferior do útero.

COLPEURISE. *Medicina legal.* Operação cirúrgica destinada a dilatar a vagina.

COLPIPERPLASIA. *Medicina legal.* Excessivo crescimento da membrana mucosa e da parede da vagina.

COLPISTEROPEXIA. *Medicina legal.* Fixação do útero à parede vaginal.

COLPISTEROSTOMIA. *Medicina legal.* Abertura cirúrgica das paredes ligadas da vagina e do útero para extrair fibroma ou feto.

COLPITE. *Medicina legal.* Vaginite.

COLPONEOPLASTIA. *Medicina legal.* Operação que, no transexual feminino, leva a confeccionar uma nova vagina.

COLPOPLASTIA. *Medicina legal.* Restauração cirúrgica da vagina.

COLPORTAGEM. *Direito comercial.* Trabalho do colportor.

COLPORTEUR. *Termo francês.* Vendedor ambulante.

COLPORTOR. *Direito comercial.* Vendedor ambulante de obras literárias religiosas.

COLPOSCOPIA. *Medicina legal.* Exame visual do interior da vagina e do colo do útero por meio de colposcópio e espéculo.

COLPOSTENOSE. *Medicina legal.* Estreitamento da vagina.

COLPOXEROSE. *Medicina legal.* Ausência de secreção vaginal.

COLUMBOGRAMA. Comunicação transmitida mediante o uso de pombo-correio.

COLUNA. *Direito autoral.* Subdivisão vertical das páginas de alguns livros, revistas, periódicos ou jornais.

COLUNA ATMOSFÉRICA. *Direito aeronáutico, direito administrativo* e *direito internacional público.* Espaço aéreo que cobre a superfície terrestre e a porção do mar sobre as quais o Estado exerce sua soberania (Othon Sidou).

COLUNA VERTEBRAL. *Medicina legal.* Reunião das vértebras superpostas; espinha dorsal.

COLUNISTA. *Direito autoral.* Comentarista de periódico que tem responsabilidade pela sua seção literária; cronista.

COLUNIZAÇÃO. *Medicina legal.* Levantamento do útero que veio a sofrer ptose, mediante aplicação de tampões na vagina.

COLUSÃO. *Direito processual civil.* **1.** Conluio secreto das partes, que, simulando um litígio, visam enganar o magistrado, com o intuito de prejudicar terceiro, fraudando, assim, a lei, ao conseguir algo por ela proibido. **2.** Conluio entre as partes para obter fim vedado legalmente.

COLUSIVO. *Vide* COLUSÓRIO.

COLUSÓRIO. *Direito processual civil.* Em que há colusão.

COMA. *Medicina legal.* Estado de perda total ou parcial do conhecimento ou da sensibilidade, do qual o paciente não consegue recobrar-se nem mesmo com o apelo de algum poderoso estímulo, conservando apenas as funções circulatória e respiratória.

COMA ALCOÓLICO. *Medicina legal.* Estado letárgico provocado pela intoxicação por álcool ou substância análoga.

COMA *DEPASSÉ*. *Medicina legal.* **1.** Estupor causado imediatamente por traumatismo craniano ou episódio de anoxia, em que o paciente retém apenas alguns fragmentos da função neurológica, como reflexos corneanos ou reações pupilares. **2.** Coma irreversível.

COMA DIABÉTICO. *Medicina legal.* Letargo que atinge alguns diabéticos descompensados, com extrema desidratação, provocando manifestações de origem nervosa, náuseas, vômitos etc.

COMA HIPERGLICÊMICO. *Vide* COMA DIABÉTICO.

COMA HIPOGLICÊMICO. *Medicina legal.* Estado de estupor oriundo de grande redução da taxa de açúcar no sangue.

COMA IRREVERSÍVEL. *Vide* COMA *DEPASSÉ*.

COMANDANTE. **1.** *Direito comercial marítimo.* Capitão de navio mercante que tem sob seu comando a direção da embarcação e a equipagem ou tripulação. É também denominado mestre, arrais ou patrão, por ser o tripulante responsável pela operação e manutenção de embarcação, em condições de segurança, extensivas à carga, aos tripulantes e às demais pessoas a bordo. **2.** *Direito aeronáutico.* Piloto, preposto ou representante do proprietário da aeronave mercante que tem a função de dirigir todas as manobras. **3.** *Direito militar.* a) Aquele que tem um comando militar, chefiando tropas; b) título outorgado a oficiais superiores da Marinha, salvo aos tenentes, quando chefiam uma esquadra naval ou um navio.

COMANDANTE DE AERONAVE. *Direito aeronáutico.* Membro da tripulação responsável pela operação, segurança e disciplina da aeronave (Othon Sidou).

COMANDANTE DE NAVIO. *Direito marítimo.* Capitão de navio mercante responsável pela direção e pela equipagem do navio.

COMANDANTE DO PORTO. *Direito marítimo.* Capitão do porto, que exerce neste polícia e vigilância.

COMANDITA. *Direito comercial.* **1.** Forma de sociedade em que há duas categorias de sócios: os gerentes, que respondem solidária e ilimitadamente por todas as obrigações sociais, e os comanditários, que só se obrigam pelos fundos com que entraram para a sociedade. **2.** Cota com que o sócio comanditário se obrigou para a formação do capital social; capital do sócio não administrador.

COMANDITADO. *Direito comercial.* Sócio solidário que participa da sociedade em comandita, respondendo ilimitada e solidariamente pelas obrigações sociais.

COMANDITA POR AÇÕES. *Direito comercial.* Sociedade cujo capital está dividido em ações, em que o acionista responde subsidiária, limitada e solidariamente pelas obrigações sociais. A administração e gerência dessa sociedade compete a um dos sócios acionistas. *Vide* SOCIEDADE EM COMANDITA POR AÇÕES.

COMANDITAR. *Direito comercial.* Prestar fundos para uma sociedade; ser comanditário de sociedade em comandita.

COMANDITÁRIO. *Direito comercial.* Sócio capitalista, ou seja, aquele que fornece fundos para a formação do capital social da sociedade em comandita, possuindo apenas a responsabilidade limitada pelo pagamento integral de sua cotaparte do capital, não podendo praticar atos de gestão.

COMANDITA SIMPLES. *Direito comercial. Vide* SOCIEDADE EM COMANDITA SIMPLES.

COMANDO. **1.** *Direito militar.* a) Governo de uma divisão de tropas; b) tropa selecionada para uma rápida ação militar. **2.** *Direito comercial marítimo* e *direito aeronáutico.* Ação de comandar; autoridade ou função de quem comanda.

COMANDO AÉREO REGIONAL (COMAR). *Direito militar.* É a Organização Militar (OM) do COMAER responsável pela execução do cadastro de armas particulares no Sistema de Gerenciamento Militar de Armas da Aeronáutica (SIGMAER), bem como pela expedição dos CRAF para os militares a ela jurisdicionados.

COMANDO DA AERONÁUTICA. *Direito militar.* Órgão integrante da Estrutura Regimental do Ministério da Defesa e subordinado diretamente ao Ministro de Estado da Defesa, tem por finalidade preparar os órgãos operativos e de apoio da Aeronáutica para o cumprimento da sua destinação constitucional e das atribuições subsidiárias. Ao Comando da Aeronáutica compete: a) formular a Política Militar Aeronáutica; b) propor a constituição, a organização e os efetivos, bem como aparelhar e adestrar a Força Aérea Brasileira; c) formular o planejamento estratégico e executar ações relativas à defesa do País, no campo aeroespacial; d) contribuir para a formulação e condução da Política Aeroespacial Nacional; e) operar o Correio Aéreo Nacional; f) orientar, coordenar e controlar as atividades de Aviação Civil; g) estabelecer, equipar e operar, diretamente ou mediante concessão, a infra-estrutura aeroespacial, aeronáutica e aeroportuária; h) incentivar e realizar atividades de pesquisa e desenvolvimento relacionadas com as atividades aeroespaciais; i) estimular a indústria aeroespacial; j) prover a segurança da navegação aérea; k) realizar outras atribuições subsidiárias estabelecidas legalmente.

COMANDO DA MARINHA. *Direito militar.* Órgão integrante da Estrutura Regimental do Ministério da Defesa e subordinado diretamente ao Ministro de Estado da Defesa, tem por propó-

sito preparar a Marinha para o cumprimento da sua destinação constitucional e atribuições subsidiárias. É o órgão responsável pelo cumprimento da destinação constitucional da Marinha do Brasil (MB). Ao Comando da Marinha compete: a) formular a política naval e a doutrina militar naval; b) propor a constituição, a organização e os efetivos, bem como executar o aprestamento das Forças Navais; c) formular o planejamento estratégico e executar o emprego das Forças Navais na defesa do País; d) contribuir para a formulação e condução de políticas nacionais que digam respeito ao mar; e) orientar e controlar a Marinha Mercante e suas atividades correlatas, no que interessa à defesa nacional; f) prover a segurança da navegação aquaviária e a salvaguarda da vida humana no mar; g) produzir material bélico de seu interesse; h) realizar adestramento militar e a supervisão de adestramento civil no interesse da segurança da navegação nacional; i) executar a inspeção naval; e j) implementar e fiscalizar o cumprimento de leis e regulamentos, no mar e nas águas interiores, em coordenação com outros órgãos do Poder Executivo, federal ou estadual, quando se fizer necessário, em razão de competências específicas.

COMANDO DE DEFESA AEROESPACIAL BRASILEIRO (COMDABRA). *Direito militar.* É aquele que tem a missão de defender o território nacional contra todas as formas de ataque aeroespacial, a fim de assegurar o exercício da soberania no espaço aéreo brasileiro.

COMANDO DE OPERAÇÕES TÁTICAS (COT). *Direito administrativo.* Órgão subordinado ao Departamento de Polícia Federal incumbido de: a) planejar, coordenar, dirigir, controlar, avaliar e executar, em âmbito nacional, operações em caso de seqüestros e outras ações especiais de competência do Departamento de Polícia Federal, quando determinado pelo seu diretor; b) apoiar os órgãos centrais e descentralizados no desempenho de missões de alto risco, cujas características exijam policiais com treinamentos específicos em armas e táticas especiais; c) transmitir a outros organismos de segurança conhecimentos adquiridos, quando autorizado pela direção do DPF; d) realizar, quando solicitado, testes e verificações em armamentos, munições e equipamentos para emprego policial federal.

COMANDO DO EXÉRCITO. *Direito militar.* Órgão integrante da Estrutura Regimental do Ministério da Defesa e subordinado diretamente ao Ministro de Estado da Defesa, que tem por propósito preparar o Exército para o cumprimento da sua destinação constitucional e atribuições subsidiárias. Ao Comando do Exército compete: a) formular a política e a doutrina militares terrestres; b) propor a constituição, a organização e os efetivos, bem como aparelhar e adestrar as forças terrestres; c) formular o planejamento estratégico e executar o emprego da Força Terrestre na defesa do País; d) participar na defesa da fronteira marítima e na defesa aérea; e) participar no preparo e na execução da mobilização e desmobilização nacionais; e f) exercer as atividades estabelecidas em lei.

COMANDO-GERAL DE APOIO (COMGAP). *Direito militar.* Organização do Comando da Aeronáutica, tem por finalidade assegurar o planejamento, o gerenciamento e o controle das atividades relativas ao apoio logístico de material e de serviços correlatos.

COMANDOS-APLICAÇÃO. *Filosofia do direito.* Normas jurídicas individuais, que resultam da aplicação das normas gerais pelo poder competente.

COMANDOS-CONCEITOS. *Filosofia do direito.* Princípios gerais do direito (Van Acker).

COMANDOS-REGRAS. *Filosofia do direito.* Normas jurídicas gerais (Van Acker).

COMANDO SUPREMO. *Direito constitucional.* Órgão com autoridade suprema, subordinado às Forças Armadas, dirigido, no Brasil, pelo presidente da República.

COMANDOS-VALORES. *Filosofia do direito.* Fundamentos ou fins que o direito tem por objetivo alcançar, como a justiça, a liberdade, a segurança etc. (Van Acker).

COMARCA. 1. *Direito processual.* Cada uma das circunscrições territoriais, delimitadoras da jurisdição do magistrado. **2.** *Direito administrativo.* Ponto confinante de povos limítrofes.

COMARCÃO. 1. *Direito público.* Tudo aquilo que pertence ou é relativo à comarca. **2.** *História do direito.* Terreno limítrofe entre dois territórios.

COMATÓGENO. *Medicina legal.* Aquilo que causa coma.

COMATOSO. *Medicina legal.* **1.** Estado de coma. **2.** Relativo a coma. **3.** Letárgico.

COMA URÊMICO. *Medicina legal.* Estado de estupor provocado por insuficiência renal.

COMBATE. *Direito militar.* Luta entre forças militares.

COMBATE A INCÊNDIO. 1. *Direito do trabalho.* Ação contrária à manifestação e propagação do fogo, obrigatória nos locais de trabalho, devendo os empregadores ter equipamentos para isso, treinar empregados para seu uso e prover seus estabelecimentos de saídas suficientes para que, em caso de incêndio, todos os que lá estiverem possam abandoná-los rapidamente e com segurança. **2.** *Direito penal.* a) Dever imposto pela lei penal, pois constituem objeto de crime a inutilização e ocultação de material de salvamento, a destruição de equipamentos ou o impedimento de sua utilização em caso de incêndio; b) obrigação exigida pela norma, pois configura crime de perigo facilitar a propagação das chamas. **3.** *Direito civil.* Dever do locatário de conter o fogo, respondendo civilmente se não o fizer.

COMBATE BORDO A BORDO. *Direito militar.* Abordagem armada, estando os navios presos um ao outro.

COMBATE DE MORTE. *História do direito.* Duelo.

COMBATE GERAL. *Direito militar.* Luta armada da qual participam todas as tropas ou forças militares disponíveis.

COMBATENTE. *Direito militar.* Aquele que combate nas operações de guerra ou que está pronto a combater como membro das Forças Armadas.

COMBATE SINGULAR. *Vide* COMBATE DE MORTE.

COMBINAÇÃO. 1. *Direito civil.* Acordo de vontade ou consentimento para a efetivação de um negócio jurídico; ajuste. **2.** *Filosofia do direito.* a) Associação de dois objetos (Leibniz); b) disposição sistemática de objetos; c) reunião de objetos ou coisas em grupos. **3.** *Direito comercial.* Plano adotado para obter êxito num dado empreendimento.

COMBINAÇÃO DE VEÍCULOS. *Direito de trânsito.* Composição rodoviária formada por reboques ou semi-reboques tracionados por um ou mais veículos tratores.

COMBINADO. 1. *Direito civil.* Ajustado; acordado. **2.** *Filosofia do direito.* a) Agrupado em um todo sistemático; b) o que resultou da combinação de objetos. **3.** *Direito desportivo.* Quadro formado por jogadores pertencentes a clubes diversos; seleção. **4.** *Direito militar.* Diz-se das forças que se compõem de tropas ou armas de várias potências aliadas.

COMBINATÓRIA. *Filosofia do direito.* Ciência que tem por escopo ordenar as combinações de um certo número de objetos, sendo por isso parte da lógica (Leibniz).

COMBINATÓRIO. Tudo aquilo que é relativo à combinação.

COMBOIADO. *Direito militar.* Diz-se do transporte sob a guarda de navios de guerra ou das Forças Armadas.

COMBOIAR. *Direito comercial.* 1. Ajudar a transportar. 2. Acompanhar veículos para protegê-los.

COMBOIEIRO. *Direito comercial.* 1. Navio que escolta um ou mais cargueiros. 2. Guia de condutores de mercadorias. 3. Aquele que acompanha o comboio.

COMBOIO. 1. *Direito militar.* a) Carro de munição ou mantimento que acompanha a força militar; b) carro que, escoltado por uma tropa, leva feridos ou prisioneiros de guerra; c) grupo de navios mercantes escoltados, em caso de operações bélicas, por navios de guerra até que atravessem a zona perigosa ou cheguem ao seu destino. 2. *Direito comercial.* a) Conjunto de veículos ou carros de transporte que se dirigem ao mesmo local; b) série de vagões com carga ou passageiros engatados e deslocados por uma locomotiva; c) grupo de animais para transporte de carga; d) é o grupo constituído de duas ou mais combinações de veículos transportadores, independentes, realizando transporte simultâneo e no mesmo sentido, separado entre si por distância mínima de 30 m e máxima de 100 m. 3. *Direito marítimo.* Cláusula inserida na apólice de seguro, pela qual dois ou mais navios navegam integrados, como uma só embarcação, e se comprometem a auxiliar-se reciprocamente, ante qualquer problema ocorrido no decorrer da viagem. Trata-se da navegação de comboio, muito usual em tempo de guerra. 4. *História do direito.* Grupo de carregadores, livres ou escravos, que transportavam mercadorias pelo sertão.

COMBOIO-CORREIO. *Direito civil.* É o que transporta correspondência postal de uma localidade a outra.

COMBORÇARIA. *Vide* CONCUBINATO.

COMBUCO. *Direito agrário.* Diz-se da rês que tem os chifres curvos para dentro, para baixo ou para diante.

COMBUSTÍVEIS DE AVIAÇÃO. Querosene de aviação (QAV-1 ou JET A-1), gasolina de aviação (GAV ou AVGAS) e álcool etílico hidratado combustível (AEHC), em conformidade com as especificações estabelecidas pela ANP.

COMBUSTÍVEL. *Direito comercial.* a) Material suscetível de produzir força de combustão; b) material físsil usado em reator nuclear.

COMBUSTÍVEL DE ALTA ENERGIA. *Direito comercial* e *Direito espacial.* Material de calor mais elevado do que os combustíveis de hidrocarboneto.

COMBUSTÍVEL NUCLEAR. *Direito ambiental.* Material liberador de energia atômica, por meio de processo auto-sustentado de fissão nuclear.

COMEÇO. Início ou origem.

COMEÇO DA PESSOA JURÍDICA. 1. *Direito civil.* Processo genético da pessoa jurídica de direito privado, que apresenta duas fases: a) a do ato constitutivo, no qual se tem a sua constituição por ato jurídico unilateral *inter vivos* ou *causa mortis*, em caso de fundação, e por ato jurídico bilateral ou plurilateral *inter vivos*, se associação ou sociedade, ou, ainda, por prévia autorização governamental, se se tratar de sociedade estrangeira, agências de seguro, Bolsa de Valores, Caixa Econômica etc.; b) a do registro público, pois seu ato constitutivo deverá estar nele inscrito, uma vez que tal registro, além de servir de prova, possibilita a aquisição da capacidade jurídica. 2. *Direito administrativo.* Início da pessoa jurídica de direito público, que se dá em razão de fato histórico, de criação constitucional, de lei especial ou de tratados internacionais, se se tratar de pessoa jurídica de direito público externo.

COMEÇO DA PESSOA NATURAL. *Direito civil.* Início da personalidade jurídica do ser humano, que se dá com o nascimento com vida, mas a lei põe a salvo, desde a concepção, os direitos personalíssimos do nascituro, enquanto os seus direitos patrimoniais permanecem em estado potencial; assim, poder-se-ia afirmar que o nascituro, na vida intra-uterina, tem personalidade jurídica formal, no que atina aos direitos da personalidade, passando a ter personalidade jurídica material, alcançando os direitos pessoais e patrimoniais, somente com o nascimento com vida.

COMEÇO DE EXECUÇÃO. *Direito penal.* Ato material indicativo da intenção deliberada do delinquente de praticar o crime, que não se consuma tão-somente por fatores alheios à sua vontade. Trata-se de um dos elementos constitutivos da tentativa.

COMEÇO DE PROVA. *Direito processual.* Indício; elemento indiciário de um fato que se pretende comprovar, constituindo início de sua prova.

COMEÇO DE PROVA POR ESCRITO. *Direito processual civil.* Qualquer ato escrito ou documento que possibilite a demonstração da verdade ou falsidade de uma relação jurídica ou de um fato, apesar de não ter o efeito de prova definitiva, servindo apenas de indício.

COMEÇO E FIM DE RISCOS. *Direito comercial marítimo.* **1.** Tempo em que os riscos devem ter início e término, pois, se não estiver estipulado na apólice de seguro, principiam-se, por conta da seguradora, no instante em que a embarcação largar o porto, assim que suspender a âncora, terminando quando chegar ao porto de destino. **2.** Lapso temporal em que os riscos de perda, deterioração ou avaria da carga iniciam-se e acabam, pois, se nada constar do seguro de mercadorias, começam no instante do embarque no cais e só terminam quando colocadas a salvo no ponto de descarga. **3.** Tempo em que os riscos do frete têm inicio e fim, se nada se estipular no seguro do frete, começando no momento em que as fazendas forem recebidas a bordo e terminando assim que saírem para fora do portaló da embarcação, a não ser que, por ajuste ou por praxe portuária, o navio seja obrigado a receber a carga à beira d'água e a pô-la em terra por sua conta, hipótese em que o risco de frete acompanhará o da mercadoria.

COMECON. *Direito internacional público.* Sigla de Conselho de Assistência Econômica Mútua ou Conselho de Entre-Ajuda Econômica.

COMEDIA. 1. *Direito agrário.* a) Ponto onde, na região amazônica, os animais são reunidos para pastar; b) pastagem. **2.** *História do direito.* Pensão vitalícia que, outrora, os monarcas concediam a militares beneméritos.

COMÉDIA. 1. *Direito autoral.* a) Drama satírico ou jocoso; b) gênero cômico na literatura dramática. **2.** *Direito civil.* Representação cênica na qual predomina a graça e a sátira.

CO-MEDIADOR. *Direito comercial.* Aquele que, juntamente com outrem, age como mediador de um negócio.

COMEDIANTE. *Direito civil.* Ator ou atriz que representa comédias.

COMEDIOGRAFIA. 1. *Direito autoral.* Arte de escrever comédias. **2.** *Direito civil.* Encenação de comédia num espetáculo público.

COMEDIÓGRAFO. *Direito autoral.* Aquele que escreve comédias.

COMEDOR. *Direito civil.* **1.** O que se locupleta à custa alheia. **2.** Dissipador de bens.

COMEDORIAS. 1. *Direito civil.* Pensões para alimentos. **2.** *Direito militar.* Rações diárias fornecidas a militares a bordo ou quantias que se lhes abonam para alimentos. **3.** *História do direito.* Pensões que eram pagas aos fundadores de conventos ou a seus descendentes.

COMEDOURO. *Direito agrário.* Local onde os animais comem.

COMEDURA. *Vide* COMEDORIAS.

COMEMORAÇÃO. 1. Na *linguagem comum,* é o preito em homenagem a pessoa ilustre ou a um importante fato histórico. **2.** *Direito canônico.* Menção feita pela Igreja, na missa, homenageando santos.

COMEMORAÇÃO DOS MORTOS. *Direito canônico.* **1.** Solenidade celebrada pela Igreja no dia 2 de novembro para descanso das almas dos mortos. **2.** Menção feita a um finado, durante a missa, em intenção de sua alma.

COMEMORATIVO. *Medicina legal.* **1.** Parte do relatório médico-legal alusivo aos dados colhidos nos exames feitos. **2.** Aquilo que é relativo ao estado anterior do paciente.

COMENDA. 1. *Direito militar.* Terceiro grau em algumas ordens militares. **2.** *Direito civil.* a) Insígnia de comendador; b) distinção meramente honorífica. **3.** *História do direito.* a) Terra com que se recompensava aquele que tivesse prestado serviços com obrigação de defesa e proteção contra inimigos; b) benefício honorífico que, outrora, era concedido a eclesiásticos ou a cavaleiros de ordens militares.

COMENDAÇÃO. *História do direito.* Direito de suserania, pelo qual o senhor feudal exigia do vassalo não só a prestação de serviços braçais e militares, mas também o pagamento de certas prestações pecuniárias, em troca de proteção. Era designado *mundeburnium* (pacto da amizade) ou contrato de feudo.

COMENDADOR. *Direito civil.* Aquele que tem comenda.

COMENDADORIA. 1. *Direito civil.* Dignidade de comendador. **2.** *História do direito.* Renda dos bens da comenda.

COMENDATÁRIO. *História do direito.* Aquele que fruía benefício de comenda ou que administrava um benefício honorífico eclesiástico.

COMENDATÍCIA. *Direito civil.* Diz-se da carta de recomendação, em que o signatário assume responsabilidade a favor daquele que recomenda.

COMENSALISMO. *Sociologia jurídica.* Justaposição não competitiva de indivíduos ou grupos que, habitando numa mesma área, têm interesses diversos, não havendo, por isso, entre eles quaisquer cooperações ou conflitos.

COMENSURAR. Medir.

COMENSURÁVEL. Aquilo que pode ser medido.

COMENTADO. *Direito autoral.* **1.** Diz-se de trabalho literário que foi interpretado ou explicado. **2.** Diz-se de dispositivo legal que foi objeto de anotação, comentário ou interpretação.

COMENTADOR. *Direito autoral.* Aquele que comenta, explica ou interpreta leis ou obras literárias, tornando mais fácil sua compreensão.

COMENTAR. *Direito autoral.* Interpretar, esclarecer ou explicar por meio de comentário um livro, uma lei etc.

COMENTÁRIO. *Direito autoral.* Série de notas com que se procura interpretar ou esclarecer uma lei ou produção literária.

COMENTARISTA. **1.** *Direito autoral.* Autor de comentários. **2.** *Teoria geral do direito.* Hermeneuta.

COMENTO. *Direito autoral.* **1.** *Vide* COMENTÁRIO. **2.** Tradução literal de obra clássica para uso escolar.

COMERCIAL. **1.** *Direito comercial.* a) Aquilo que se relaciona com o comércio; b) o que se dedica ao comércio; c) o que visa lucro; d) o que é usado ou obtido no comércio. **2.** *Direito autoral.* Anúncio de rádio ou televisão, fazendo publicidade de produtos do patrocinador do programa.

COMERCIALIDADE. *Direito comercial.* Suscetível de ser objeto de comércio ou de compra e venda mercantil.

COMERCIALISMO. *Direito comercial.* **1.** Hegemonia do comércio. **2.** Excessiva ênfase que se dá ao lucro.

COMERCIALISTA. **1.** *Direito comercial.* Aquele que é adepto do comercialismo. **2.** *Direito autoral.* Tratadista de direito comercial. **3.** *Teoria geral do direito.* Pessoa versada em direito comercial; jurista ou advogado especializado em direito comercial.

COMERCIALIZAÇÃO. *Sociologia jurídica.* Subordinação de atividades alheias à esfera econômica do princípio da troca monetária para obter lucro.

COMERCIALIZAÇÃO DO *SOFTWARE*. *Direito virtual.* Ato que visa ao direito de exploração econômica ou de uso do programa de computador.

COMERCIALIZADORA BRASILEIRA DE ENERGIA EMERGENCIAL (CBEE). *Direito administrativo.* Empresa pública vinculada ao Ministério de Minas e Energia, com sede e foro no Município do Rio de Janeiro, Estado do Rio de Janeiro, e atuação em todo o território nacional, tendo por objetivo a aquisição, o arrendamento e a alienação de bens e direitos, a celebração de contratos e a prática de atos destinados: a) à viabilização do aumento da capacidade de geração e da oferta de energia elétrica de qualquer fonte em curto prazo; b) à superação da crise de energia elétrica e ao reequilíbrio de oferta e demanda de energia elétrica.

COMERCIALIZAR. *Direito comercial.* **1.** Colocar algo no comércio. **2.** Criar objeto com possibilidade de ser explorado comercialmente, de ser vendido, fabricado ou exposto, de modo que possa render dinheiro. **3.** Rebaixar em qualidade, tornando a coisa mais comum para obter lucro maior.

COMERCIANTE. *Direito comercial.* **1.** Aquele que exerce comércio, fazendo da mercancia profissão habitual. **2.** Pessoa física ou jurídica que, com profissionalidade, exercita atos de intermediação, ficando entre o produtor e o consumidor, no processo econômico de circulação de riqueza, e efetua prestações de serviços, visando especulação, ou melhor, lucro. **3.** Empresário que exerce atividade econômica organizada voltada à produção ou circulação de bens e serviços.

COMERCIANTE AMBULANTE. *Direito comercial.* Aquele que efetua compra e venda mercantil, por conta própria ou de terceiro, em local público, de livre acesso e popular, tendo por domicílio ou sede do negócio o local onde se encontrar e devendo possuir patente que comprove estar quite com os deveres fiscais.

COMERCIANTE DE FATO. *Direito comercial.* Aquele que, embora faça da mercancia sua profissão habitual, não está inscrito como comerciante em órgão competente, ou melhor, na Junta Comercial.

COMERCIANTE INDIVIDUAL. *Direito comercial.* Pessoa física que pratica, em seu nome e por conta própria, atividade empresarial que tem por escopo a produção e circulação de bens e serviços. Trata-se do empresário.

COMERCIAR. *Direito comercial.* Exercer ou praticar atos de comércio.

COMERCIÁRIO. 1. *Direito comercial.* Aquele que se dedica ao comércio como empregado, não se estabelecendo em nome próprio nem praticando por sua conta atos de comércio. Trata-se daquele que auxilia o empresário nos serviços de comércio. **2.** *Direito do trabalho.* Empregado que auxilia no exercício dos atos de comércio, tendo direitos e deveres regidos pelas leis trabalhistas.

COMERCIÁVEL. *Direito comercial.* Aquilo que é suscetível de ser objeto do comércio ou que pode ser negociado para auferir lucro.

COMÉRCIO. *Direito comercial.* **1.** Soma de atividades econômicas organizadas, praticadas habitualmente, fazendo intermediação entre produtor e consumidor, com a intenção de obter lucro, e facilitando a circulação de riquezas. **2.** Atividade exercida por empresários. **3.** Classe dos comerciantes ou empresários. **4.** É, segundo Geraldo Bezerra de Moura: a) transformação das matérias-primas por meio dos variados tipos de indústria; b) circulação dos produtos ou bens econômicos pela compra e venda, pelo escambo, pelo transporte etc.; c) lugar de troca de bens econômicos em mercados e feiras.

COMÉRCIO AÉREO. *Direito comercial.* Diz-se do comércio que se opera por meio de transporte em aeronaves.

COMÉRCIO AMBULANTE. *Direito comercial.* É o exercido por empresários que compram e vendem mercadorias, por conta própria ou de terceiros, em logradouros públicos, por não possuírem estabelecimento comercial fixo, nem ponto certo para a sede de seus negócios.

COMÉRCIO A RETALHO. *Direito comercial.* **1.** Venda direta do produto ao consumidor final, feita em loja, supermercado ou armazém, em quantidade adequada ao seu uso e consumo. **2.** O mesmo que COMÉRCIO VAREJISTA.

COMÉRCIO ATACADISTA. *Direito comercial.* É o que se caracteriza pela compra e venda de mercadorias em quantidade que permita sua revenda a vários consumidores finais. Trata-se de compra e venda mercantil entre dois empresários, em que um vende mercadorias em grandes quantidades, e o outro as compra para redistribuição ou revenda aos consumidores particulares.

COMÉRCIO BANCÁRIO. *Direito bancário.* É o que objetiva a execução de operações bancárias alusivas a crédito ou a dinheiro.

COMÉRCIO BILATERAL. *Direito internacional público.* Acordo entre países para aumentar as transações comerciais.

COMÉRCIO COLONIAL. *Direito internacional público.* É o efetuado entre as praças da metrópole e as da colônia ou do território que está sob a dependência política de um Estado, cujos cidadãos vieram nele habitar.

COMÉRCIO COM O EXTERIOR. *Direito internacional privado.* É o comércio de exportação e importação feito com outros países.

COMÉRCIO COMPENSADO. *Direito internacional privado.* É o levado a efeito entre praças de comércio de diferentes Estados, permutando-se *in natura* os produtos prefixados de cada um deles, em valores equivalentes, compensando-se, segundo o convencionado, pecuniariamente, dentro de prazos avençados, sem deixar saldo, inexistindo qualquer contrapartida em dinheiro. Trata-se do *back to back*, ou seja, abertura de créditos simultâneos, havendo um crédito contra outro, desde que haja expressa e prévia aprovação das autoridades controladoras de câmbio, que indicam as mercadorias que podem ser permutadas e verificam se há conveniência na troca delas.

COMÉRCIO COSTEIRO. *Direito comercial.* É o efetivado porto a porto nas costas territoriais de um Estado federado, mediante navegação de pequena cabotagem, sem que se ultrapassem os limites da costa marítima daquele país.

COMÉRCIO DE ARMAS. 1. *Direito penal.* Ato de vender, sem permissão da autoridade competente, objetos destinados a servir de arma ou munição, constituindo contravenção penal punida com prisão simples ou multa, ou ambas cumulativamente, se o fato não configurar crime contra a ordem político-social. **2.** *Direito comercial.* Fabricação, recuperação, manutenção, utilização industrial, venda, exportação ou importação de armas, munições, pólvora, explosivos e seus elementos acessórios, tais como estopins, espoletas, cordéis detonantes etc., com a devida permissão da autoridade competente.

COMÉRCIO DE CABOTAGEM. *Direito comercial.* Aquele que se opera na costa marítima, realizando-se através da navegação de grande cabotagem, abrangendo portos de um ou mais Estados federados, sendo permitido aos navios atingir o alto-mar, afastando-se daquela costa.

COMÉRCIO DE CÂMBIO. *Direito comercial.* Intermediação de negócios de moedas internacionais e outros valores, mediante compra e venda ou permuta, feita em casa de câmbio, bancos ou instituições financeiras.

COMÉRCIO DE COMISSÕES. *Direito comercial.* É o exercido pelo empresário que compra e vende por conta de outrem, apesar de comerciar em seu próprio nome, percebendo, para tanto, uma comissão, cujo percentual dependerá do valor do ato praticado em benefício do comitente.

COMÉRCIO DE CONSIGNAÇÃO. *Direito comercial.* Venda de mercadorias de terceiro feita pelo vendedor, ou consignatário, que paga seu valor ao consignante apenas após a sua realização. Trata-se da consignação mercantil.

COMÉRCIO DE COSTEAGEM. *Vide* COMÉRCIO COSTEIRO.

COMÉRCIO DE ESPECULAÇÃO. *Direito penal.* Crime contra a economia popular consistente no fato de o empresário adquirir bens por preço módico, retendo-os, quando em baixa, aguardando a alta dos preços no mercado para vendê-los, obtendo assim elevados lucros.

COMÉRCIO DE EXPORTAÇÃO. *Direito internacional privado.* Venda de matérias-primas e produtos nacionais para firmas estrangeiras remetendo-os de um País a outro.

COMÉRCIO DE IMPORTAÇÃO. *Direito internacional privado.* Entrada no País de mercadorias compradas no exterior para revenda no mercado nacional.

COMÉRCIO DE LONGO CURSO. *Direito comercial.* É o efetuado por via marítima entre mercados de países diferentes, mediante exportação e importação, realizado nos portos com o escopo de efetuar o transporte das mercadorias exportadas ou importadas.

COMÉRCIO DE MUNIÇÃO. *Direito penal.* Contravenção penal consistente no fabrico, comércio ou detenção de projéteis de armas, granadas, pólvora, bombas etc. sem permissão da autoridade legal.

COMÉRCIO DE REEXPORTAÇÃO. *Direito internacional privado.* Entrada de mercadorias produzidas por uma nação em um outro Estado para serem, ulteriormente, vendidas no exterior, com ou sem transformação.

COMÉRCIO DE REIMPORTAÇÃO. *Direito internacional privado.* Retorno de mercadorias produzidas por um País, que, anteriormente, as enviou a um segundo para fins de transformação.

COMÉRCIO DE REPRESENTAÇÃO. *Direito comercial.* Soma de atividades mercantis que visam vender produtos por meio de amostras para serem entregues pelo estabelecimento comercial de que o vendedor é representante. Enfim, trata-se da prática pela qual o comerciante titular vem a delegar a outrem o poder de representá-lo na venda de produtos mediante amostras.

COMÉRCIO DE SECOS E MOLHADOS. *Direito comercial.* Venda de mantimentos sólidos, como cereais, e de substâncias líquidas, como óleos, bebidas etc.

COMÉRCIO DE TRÂNSITO. *Direito internacional privado.* Venda internacional de mercadorias do País produtor para o país consumidor, em que, para tanto, as mercadorias devem atravessar o território de um terceiro Estado. Como não passam de imediato do país produtor para o País consumidor, seu trânsito por um ou mais Estados diferentes opera-se pelos portos e pelas vias de comunicação abertas ao tráfego.

COMÉRCIO DE VALORES. *Direito comercial.* Operação realizada por corretores ou instituições financeiras referente à emissão e distribuição de valores mobiliários de títulos privados.

COMÉRCIO DIPLOMÁTICO. *Direito internacional público.* Intercâmbio político-cultural e econômico entre os Estados e as Organizações Internacionais, mediante convenções, tratados ou acordos.

COMÉRCIO DIRETO. *Direito internacional público.* É o que se efetiva entre o país produtor e exportador e o país consumidor e importador, sem que haja qualquer intermediário.

COMÉRCIO EM GERAL. 1. *Direito internacional privado.* Operação de importação, exportação e trânsito de mercadorias. **2.** *Direito comercial.* Termo indicativo de todas as modalidades de operações mercantis, não se referindo a uma determinada forma em especial.

COMÉRCIO EXTERIOR. *Direito internacional privado.* **1.** Aquele cujo controle e fiscalização são exercidos pelo Ministério da Fazenda, uma vez que diz respeito às transações comerciais de bens e serviços relacionadas à importação e exportação e efetuadas entre firmas, sendo uma estrangeira e a outra nacional, ou entre o Brasil e o governo de outro Estado. Trata-se do "comércio internacional". **2.** Atividade mercantil realizada pelas empresas nacionais em países estrangeiros e conjunto de procedimentos e leis nacionais com vistas à progressiva ambientação geopolítica de *marketing* extrafronteira (Geraldo Bezerra de Moura).

COMÉRCIO EXTERNO. *Vide* COMÉRCIO EXTERIOR.

COMÉRCIO FLUVIAL. *Direito comercial.* É o que se opera entre mercados internos, isto é, do mesmo país, ou entre estes e os de outras nações, sendo as mercadorias negociadas transportadas pelos rios e lagos navegáveis.

COMÉRCIO FRANCO. *Direito comercial.* Operação mercantil exercida livremente, sem quaisquer limitações, tendo por base as normas de economia política, pois dá-se em porto ou zona franca, ou seja, em área de livre comércio de importação e exportação e de incentivos fiscais especiais.

COMÉRCIO ILEGAL. *Direito penal.* Contravenção penal que consiste em negociar obras de arte antigas ou manuscritos e livros raros sem a observância das prescrições legais, sendo punida com prisão simples ou multa.

COMÉRCIO ILÍCITO. *Direito penal militar.* Delito que consiste no comércio ou participação de oficial da ativa na administração ou gerência de sociedade empresária, pois dela pode unicamente fazer parte como acionista ou cotista.

COMÉRCIO INDIRETO. *Vide* COMÉRCIO DE TRÂNSITO.

COMÉRCIO INTERESTADUAL. *Direito comercial.* Negociação mercantil que se opera entre os Estados federados.

COMÉRCIO INTERIOR OU INTERNO. *Direito comercial.* Operação comercial que se processa entre mercados de um mesmo País, sem sair dos seus limites territoriais.

COMÉRCIO INTERMEDIÁRIO. *Direito internacional privado.* **1.** Importação de mercadorias para revenda a outros mercados nacionais ou exportação para países estrangeiros. **2.** Operação mercantil que se intercala entre a venda de produtos pelo produtor, nacional ou estrangeiro, e a aquisição pelo consumidor.

COMÉRCIO INTERNACIONAL. *Vide* COMÉRCIO EXTERIOR.

COMÉRCIO INTERNO. *Vide* COMÉRCIO INTERIOR OU INTERNO.

COMÉRCIO LOCAL. *Direito comercial.* Exercício de atividade mercantil em lugares circunscritos ou delimitados, como em certos bairros, cidades ou regiões.

COMÉRCIO MARÍTIMO. *Direito comercial.* Operação comercial realizada por mar, seja em mercados internos, seja em internacionais, como se dá, por exemplo, com o transporte marítimo de mercadorias.

COMÉRCIO MORTO. *Direito comercial.* Falta de transações mercantis.

COMÉRCIO MULTILATERAL. *Direito internacional público.* Acordo comercial entre vários países ou Estados soberanos.

COMÉRCIO NACIONAL. *Direito comercial.* **1.** *Vide* COMÉRCIO INTERESTADUAL e COMÉRCIO INTERIOR OU INTERNO. **2.** Atividades mercantis de pessoas físicas ou jurídicas brasileiras, em oposição às exercidas por estrangeiros dentro do país.

COMÉRCIO POR ACORDO. *Direito internacional público.* É o que se opera mediante tratados que criam uma Federação no plano da economia, como se deu com o MCE, na Europa, fixando uma série de requisitos para as negociações.

COMÉRCIO POR ATACADO. *Vide* COMÉRCIO ATACADISTA.

COMÉRCIO POR CONTA PRÓPRIA. *Direito comercial.* Soma de atividades mercantis exercidas pelo empresário, habitualmente, em seu nome e com seus próprios recursos.

COMÉRCIO POR ESCALA. *Vide* COMÉRCIO DE TRÂNSITO.

COMÉRCIO POR GROSSO. *Vide* COMÉRCIO ATACADISTA.

COMÉRCIO PÚBLICO. *Direito comercial.* Atividade mercantil exercida em local público, por exemplo, em feiras livres, mercados municipais, Bolsa de Valores ou de Mercadorias, com autorização e fiscalização do Poder Público e mediante pagamento de certas taxas e emolumentos.

COMÉRCIO SEXUAL. *Direito penal.* É o alusivo a lucro obtido com relação sexual ilícita, mediante exploração de mulheres ou prostituição.

COMÉRCIO TERRESTRE. *Direito comercial.* Operação comercial que consiste no transporte de mercadorias por rodovias ou estradas de ferro, feito entre os mercados de um país ou entre estes e os de Estados estrangeiros.

COMÉRCIO TRANSITÁRIO. *Vide* COMÉRCIO DE TRÂNSITO.

COMÉRCIO TRIANGULAR. *Direito internacional privado.* Denomina-se *switch or triangular trade*, que é um acordo em virtude do qual uma das partes no acordo comercial bilateral transfere seu saldo credor a um terceiro. Por exemplo, os países A e B concertam um acordo de compensação e A compra do País C um produto pelo qual efetuará o pagamento solicitando a B que, em virtude do acordo de compensação, transfira ao País C os pagamentos que a este deve fazer.

COMÉRCIO VAREJISTA. *Vide* COMÉRCIO A RETALHO.

COMETA. 1. *Direito comercial.* a) Caixeiro-viajante; b) nome comercial de certa liga de níquel, cromo e ferro. **2.** *Direito astronáutico.* Classe de veículo espacial, compreendendo sondas planetárias e solares. **3.** Na *linguagem comum,* astro com cauda luminosa que descreve órbitas alongadas à volta do Sol.

COMETER. *Direito penal.* Perpetrar; praticar; executar.

COMETIMENTO. *Semiótica jurídica, teoria geral do direito* e *Filosofia do direito.* Um dos aspectos do discurso normativo, que, enquanto ação lingüística *sui generis,* é ao mesmo tempo dialógico e monológico. O aspecto "cometimento" da norma, em que os comunicadores aparecem como autoridade e sujeito, numa relação de estrutura monológica, indica como a informação deve ser entendida, sendo uma informação sobre a informação, decorrendo disto que o objeto daquele discurso ou a questão é um *certum.* É um *certum,* isso porque o endereçado assume a reação passiva de cumprir a norma de determinada maneira, excluindo outras possibilidades. Já no aspecto "relato" da norma, que transmite a informação, a ação lingüística é dialógica, pois os comunicadores aparecem como parte argumentante e intérprete, tendo por objeto um *dubium,* que poderá ser posto em dúvida. É o que nos ensina Tércio Sampaio Ferraz Jr.

COMFORT LETTER. *Locução inglesa.* Carta de conforto, acordo de princípios.

COMICIAL. 1. *Ciência política.* O que é relativo a comício. **2.** *Medicina legal.* Relativo à epilepsia.

COMÍCIO. 1. *Direito romano.* Assembléia popular para eleição de tribunos da plebe. **2.** *Ciência política.* a) Reunião do povo em praça pública para discutir assuntos políticos de interesse comum, protestando, por exemplo, contra atitudes governamentais; b) processo de campanha eleitoral consistente numa reunião pacífica em praça pública para apresentar candidatos e programas dos partidos políticos, com o escopo de angariar votos.

COMINAÇÃO. 1. *Direito penal.* Imposição de pena. **2.** *Retórica jurídica.* Figura com que o orador amedronta os ouvintes, descrevendo males que possam atingi-los. **3.** *Direito civil.* Ameaça de sanção para a eventual ocorrência de comportamento contrário à lei ou ao contrato, visando, preventivamente, garantir o cumprimento do comando legal ou das obrigações assumidas contratualmente.

COMINAÇÃO ALTERNATIVA. *Teoria geral do direito.* Imposição de diversas sanções para a ocorrência de um ilícito ou crime, cuja efetivação dependerá do órgão aplicador do direito. Por exemplo, na hipótese de crime de alteração de local especialmente protegido, há previsão legal de detenção ou multa. Caberá ao magistrado a opção de, no caso concreto, decidir por uma ou outra pena. Trata-se do que Hans Kelsen denomina "indeterminação intencional do ato de aplicação do direito".

COMINAÇÃO CUMULATIVA. *Teoria geral do direito.* Previsão legal de mais de uma sanção para determinada conduta contrária à lei, devendo o aplicador do direito, na ocorrência do delito ou da contravenção, aplicar simultaneamente as penas. Por exemplo, se alguém expuser outrem a perigo de vida mediante explosão, arremesso ou simples colocação de engenho de dinamite, o órgão judicante deverá puni-lo ao mesmo tempo com reclusão e multa.

COMINAÇÃO DA PENA. *Teoria geral do direito.* Fixação da pena para determinado comportamento proibido por lei ou contrato.

COMINAÇÃO DE CONFESSO. *Direito processual.* Pena imposta àquele que, convocado para prestar depoimento em juízo, não comparece, injustificadamente, considerando-se como verdadeiro o fato que contra ele fora alegado pela parte adversa.

COMINAÇÃO DE PENA PECUNIÁRIA. *Direito processual civil.* Multa aplicada pelo órgão judicante em razão de descumprimento de dever imposto por sentença.

COMINAÇÃO DO PRECEITO. *Teoria geral do direito.* Trata-se do preceito cominatório, que ameaça de sanção a pessoa a quem se proibiu a prática de certo ato ou a quem se obrigou a realização de qualquer um outro.

COMINAÇÃO ISOLADA. *Teoria geral do direito.* Imposição de pena específica para certo caso previsto legalmente, a que se aplicará com exclusividade. Por exemplo, havendo aborto provocado pela gestante, a ela se cominará tão-somente a pena de detenção; o mesmo se diga se houver abandono de recém-nascido pela mãe ou pelo pai "adulterino" ou "incestuoso", para ocultar a própria desonra.

COMINADOR. *Teoria geral do direito.* Aquilo ou aquele que comina pena ou ameaça de sanção.

COMINAR. *Teoria geral do direito.* Impor sanção para determinada infração legal ou contratual.

COMINATIVO. *Vide* COMINATÓRIO.

COMINATÓRIO. *Teoria geral do direito.* Diz-se do preceito legal, da cláusula contratual ou da ordem judicial que impõem pena em caso de sua violação.

COMINFORM. *Ciência política.* Abreviação de *Communist Information Bureau*, que era uma organização internacional, fundada em 1947, que tinha por escopo trocar informações entre os seus membros, facilitando as atividades entre os diversos partidos comunistas, com base em mútuo acordo.

COMINFORMISTA. *Ciência política.* Membro da *Cominform*.

COMINUIÇÃO. *Medicina legal.* Fratura de um osso em vários pedaços pequenos.

COMISSAIRARIA. *Vide* COMISSARIARIA.

COMISSÃO 1. *Direito administrativo.* a) Diz-se do afastamento de funcionário público do cargo, sem qualquer prejuízo dos vencimentos, para exercer outras atribuições em caráter transitório. É, portanto, o preenchimento provisório de um cargo, do qual o ocupante poderá ser demitido *ad nutum*; b) organização que tem o fim de realizar funções especiais, temporária ou permanentemente, cujos membros advêm de outros departamentos ou repartições públicas. **2.** *Direito autoral.* Ajuste pelo qual se encomenda a um autor a produção de certa obra intelectual. **3.** *Direito internacional público.* Grupo de pessoas indicadas para desempenhar uma missão oriunda de tratado ou de convenção firmada entre dois ou mais países. Tal missão poderá ter as mais variadas finalidades, podendo ser diplomática, econômica, militar, técnica, jurídica etc. **4.** *Direito comercial.* a) Modalidade de mandato em que a alguém se comete a realização de certos encargos, em nome do comitente; b) contrato em que o comissário adquire ou vende bens, em seu próprio nome e sob sua responsabilidade, mas por ordem e por conta do comitente, recebendo em troca certa remuneração e obrigando-se para com terceiros com quem contrata, como se o ato negocial praticado fosse seu; c) retribuição que o comitente paga ao comissionado ou remuneração paga àquele incumbido de efetuar certo serviço em caráter transitório, cujo percentual é calculado com base no valor do negócio praticado; d) corretagem, ou seja, quantia paga àquele que serve como intermediário em negócio, aproximando as partes interessadas; e) copiar do comissário, no comércio de peixe. **5.** *Direito constitucional.* Cada um dos grupos em que se dividem os membros de Câmaras Legislativas para estudar os projetos de lei, dando sobre eles seu parecer. **6.** *Direito processual.* Jurisdição delegada por um magistrado a outro para desempenho de certas funções. **7.** *Direito civil.* a) Reunião de pessoas para a realização de um empreendimento; b) encargo. **8.** *Direito do trabalho.* Forma de retribuição direta do serviço do empregado.

COMISSÃO ADMINISTRATIVA. *Direito civil.* Grupo de pessoas que, em certas associações, assume, eventualmente, sua direção ou administração até que a diretoria ou o órgão diretivo previsto pelos estatutos seja instalado.

COMISSÃO AERONÁUTICA BRASILEIRA (CAB) NO EXTERIOR. *Direito aeronáutico.* É a Organização do Comando da Aeronáutica (COMAER) que tem por finalidade centralizar, dentro de sua área de atuação, as atividades logísticas de apoio e de serviços, a administração de acordos, ajustes e contratos, bem como outras que lhe forem determinadas, tudo de interesse e responsabilidade do COMAER. A CAB no Exterior é diretamente subordinada ao Diretor da Diretoria de Material Aeronáutico e Bélico. À CAB no Exterior compete: a) executar as atividades gerenciais de obtenção de material e de serviços de emprego militar, assim como aquelas atinentes ao tráfego de carga, efetuando a prévia pesquisa de mercado, de forma a assegurar as melhores condições de preço, qualidade e prazos de entrega e pagamento; b) administrar o reparo e a revisão de material; c) recrutar, selecionar, contratar e dispensar auxiliares locais, nos termos da legislação em vigor; d) administrar os recursos e compromissos financeiros sob sua responsabilidade; e) executar as atividades administrativas e de apoio ao pessoal em comissão, delegação e representação, em cursos ou em trânsito, bem como prestar apoio às aditâncias, dentro de suas respectivas áreas de responsabilidade; f) contribuir para a execução, a coordenação e o controle das atividades relacionadas com a obtenção de informações técnico-científicas julgadas de interesse das Forças Armadas; g) acompanhar a evolução tecnológica dos materiais e equipamentos de interesse das Forças Armadas; h) divulgar as Forças Armadas e a indústria brasileira de material de defesa na medida de suas possibilidades e na esfera de ação; i) apoiar as Comissões de Fiscalização e Recebimento de Material Aeronáutico (COMFIREM) do COMAER, sediadas em sua área de atuação, em cumprimento às ordens emanadas da autoridade competente.

COMISSÃO ASSESSORA DE CIÊNCIA E TECNOLOGIA PARA A DEFESA (COMASSE). *Direito militar.* Instituída mediante a transformação da Comissão Assessora de Assuntos Científicos e Tecnológicos das Forças Armadas, com a finalidade de assessorar o Ministro de Estado na coordenação dos assuntos relativos à pesquisa e ao desenvolvimento científico-tecnológico de interesse comum às Forças Armadas. São assuntos de competência da COMASSE: a) planos de pesquisa e desenvolvimento científico-tecnológico de interesse das Forças Armadas; b) proposta e acompanhamento da execução de programas e projetos de pesquisa e desenvolvimento científico-tecnológico de interesse das Forças Armadas; c) estabelecimento de um sistema de informações técnico-científicas de interesse comum às Forças Armadas, em colaboração com entidades nacionais atuantes na área de desenvolvimento científico e tecnológico; d) consolidação dos programas e projetos de pesquisa e desenvolvimento científico-tecnológico em um instrumento de planejamento setorial; e) programas de cooperação de inte-

resse das Forças Armadas, com ou sem a participação de instituições civis, e o acompanhamento de sua execução.

COMISSÃO ASSESSORA DE DIVERSIDADE PARA ASSUNTOS RELACIONADOS AOS AFRODESCENDENTES. *Direito educacional.* Órgão da Secretaria de Educação Média e Tecnológica que a assessora na formulação de políticas de inclusão social e combate à discriminação racial e étnica no ensino médio e superior e subsidia as ações que envolvem a adoção de normas e procedimentos relacionados à educação para afrodescendentes a serem desenvolvidos por aquela secretaria.

COMISSÃO BRASILEIRA DO BRAILLE. *Direito educacional.* Vinculada à Secretaria de Educação Especial (SEESP), do Ministério da Educação, tem por competência: a) elaborar e propor diretrizes para o uso, ensino e difusão do Sistema Braille em todas as modalidades de aplicação, compreendendo especialmente a língua portuguesa, a matemática e outras ciências exatas, a música e a informática; b) propor normas e regulamentações concernentes ao uso, ensino e produção do Sistema Braille no Brasil, visando a unificação das aplicações do Sistema Braille, especialmente nas línguas portuguesa e espanhola; c) acompanhar e avaliar a aplicação de normas, regulamentações, acordos internacionais, convenções e quaisquer atos normativos referentes ao Sistema Braille; d) prestar assistência técnica às Secretarias Estaduais e Municipais de Educação, bem como às entidades públicas e privadas, sobre questões relativas ao uso do Sistema Braille; e) avaliar, permanentemente, a simbologia Braille adotada no País, atentando para a necessidade de adaptá-la ou alterá-la, em face da evolução técnica e científica, procurando compatibilizar esta simbologia, sempre que for possível, com as adotadas nos países de língua portuguesa e espanhola; f) manter intercâmbio permanente com comissões de Braille de outros países, de acordo com as recomendações de unificação do Sistema Braille em nível internacional; g) recomendar, com base em pesquisas, estudos, tratados e convenções, procedimentos que envolvam conteúdos, metodologia e estratégias a serem adotados em cursos de aprendizagem do Sistema Braille, com caráter de especialização, treinamento e atualização de professores e técnicos, como também nos cursos destinados aos usuários do Sistema Braille e à comunidade geral; h) propor critérios e fixar estratégias para implantação de novas Simbologias Braille, que alterem ou substituam os códigos em uso no Brasil, prevendo a realização de avaliações sistemáticas, com vistas a modificações de procedimentos sempre que necessário; i) elaborar catálogos, manuais, tabelas e outras publicações que facilitem o processo ensino-aprendizagem e o uso do Sistema Braille em todo o território nacional.

COMISSÃO CENTRAL DE REFORMA ADMINISTRATIVA. *Direito administrativo.* Grupo encarregado de efetivar reforma administrativa federal, estadual ou municipal.

COMISSÃO CONSULTIVA. *Direito administrativo, direito civil* e *direito comercial.* Conselho consultivo ou órgão composto por pessoas de grande saber jurídico, social, econômico ou político que tem de dar parecer sobre consultas relativas a assuntos de interesse sócio-administrativo, aconselhando administradores de entidades públicas ou diretores de pessoas jurídicas de direito privado.

COMISSÃO CONSULTIVA DO REGISTRO SINDICAL. *Direito do trabalho.* Aquela que tem competência para opinar sobre a legitimidade das impugnações aos pedidos de registro sindical.

COMISSÃO CONSULTIVA PARA ASSUNTOS DE SEGURANÇA PRIVADA. *Direito administrativo.* Presidida pelo coordenador central de polícia do Departamento de Polícia Federal, visa: 1. Estudar e propor soluções para o aprimoramento das atividades de normatização e fiscalização dos serviços privados de segurança, afetos ao Departamento de Polícia Federal. 2. Examinar e opinar conclusivamente sobre os processos que regulamentam a atividade de segurança privada. 3. Examinar e opinar, conclusivamente, quando consultada pelo coordenador central de polícia, sobre os processos que digam respeito a: a) autorização para funcionamento de empresas especializadas em serviços de vigilância, transporte de valores, cursos de formação de vigilantes e empresas que executam serviços orgânicos de segurança; b) autorização para aquisição de armas, munições, equipamentos e petrechos para recarga, formulada por essas empresas acima mencionadas; c) currículo para os cursos de formação de vigilantes; e d) normatização e regulamentação das atividades desempenhadas pelas empresas de segurança privada e empresas que executam serviços or-gânicos de segurança, e dos planos de segurança referentes aos estabelecimentos financeiros. 4. Examinar e opinar sobre as questões relacionadas à realização dos convênios. 5. Apreciar e opinar sobre outras questões relacionadas com os serviços privados de segurança, suscitadas por qualquer dos seus membros.

COMISSÃO CONSULTIVA SOBRE RELAÇÕES INSTITUCIONAIS INTERNACIONAIS. *Direito internacional privado.* Órgão da Comissão de Valores Mobiliários (CVM) que tem o objetivo de: a) contribuir para o aperfeiçoamento da cooperação e troca de informações entre a CVM e as agências de regulação e de auto-regulação dos mercados de valores mobiliários internacionais, bem como dos organismos governamentais e associações de classes internacionais, visando garantir a inserção do País no processo de globalização dos mercados; b) opinar sobre as resoluções da Organização Internacional de Comissão de Valores (IOSCO), dando sugestões de projetos de normatização com vistas à sua eventual adoção no País, com o objetivo de permitir que o processo de internacionalização do mercado de valores mobiliários brasileiro ocorra de modo seguro, eficiente e justo, observando o interesse público; c) participar, assessorando a CVM, de reuniões que envolvam a discussão de temas de interesse das agências de regulação ou entidades de auto-regulação dos mercados de valores mobiliários internacionais, dos organismos governamentais e associações de classes internacionais; d) cooperar no processo de adequação da legislação e regulamentação brasileira referente ao mercado de valores mobiliários e de seus derivativos, respeitadas as características e os interesses nacionais, e aos padrões requeridos nos mercados internacionais desenvolvidos.

COMISSÃO COORDENADORA DO PROGRAMA NACIONAL DE FLORESTAS (CONAFLOR). *Direito ambiental.* Tem as seguintes finalidades: a) propor e avaliar medidas para o cumprimento dos princípios e diretrizes da política pública do setor florestal em observância aos ditames da Política Nacional do Meio Ambiente e do Código Florestal, estimulando a descentralização da execução das ações e assegurando a participação dos setores interessados; b) propor recomendações ao planejamento das ações do Programa Nacional de Florestas (PNF); c) propor medidas de articulação entre programas, projetos e atividades de implementação dos objetivos do PNF, bem como promover a integração de políticas setoriais; d) propor, apoiar e acompanhar a execução dos objetivos previstos no PNF e identificar demandas e fontes de recursos financeiros; e) sugerir critérios gerais de seleção de projetos no âmbito do PNF, relacionados à proteção e ao uso sustentável das florestas; f) propor o desenvolvimento de projetos, pesquisas e estudos voltados ao manejo e plantio florestal, bem como ações de capacitação de recursos humanos, fortalecimento institucional e sensibilização pública.

COMISSÃO DE ACOMPANHAMENTO DO PROGRAMA DE APOIO AO DESENVOLVIMENTO DO EXTRATIVISMO (PRODEX). *Direito ambiental.* Órgão que tem por objetivo facilitar o acesso dos extrativistas aos recursos oriundos do Fundo Constitucional de Financiamento do Norte (FNO), no âmbito das matérias correlacionadas, inclusive aquelas pertinentes: a) à Política Nacional Integrada para a Amazônia Legal; b) à promoção do desenvolvimento sustentável; c) à geração de emprego e renda na região; d) a privilegiar as atividades de baixo impacto ambiental; e) à descentralização do gerenciamento ambiental; f) à participação dos Estados e Municípios; g) à conjugação de esforços das esferas governamentais com a sociedade regional; h) à garantia de assistência técnica. A Comissão de Acompanhamento tem as atribuições de: a) identificar, discutir e propor encaminhamento dos assuntos técnicos relacionados com as atividades de assistência técnica do PRODEX; b) estabelecer interlocução com o Banco da Amazônia S.A. (BASA), organizações não-governamentais e outras instituições públicas, nas esferas estadual e municipal, para o pleno fortalecimento e desenvolvimento do PRODEX; c) articular nas esferas governamentais e não governamentais o apoio e o fortalecimento do PRODEX; d) acompanhar a implementação do PRODEX, avaliando seus resultados anualmente.

COMISSÃO DE ASSESSORAMENTO À COORDENAÇÃO DO PROJETO INTEGRADO DE APERFEIÇOAMENTO DA COBRANÇA DO CRÉDITO TRIBUTÁRIO (COMACO). *Direito administrativo* e *direito tributário.* Órgão ligado do Ministério da Fazenda com o escopo de: 1. Propor ao procurador-geral da Fazenda Nacional e ao secretário da Receita Federal programa de trabalho para o Projeto Integrado de Aperfeiçoamento da Cobrança do Crédito Tributário, a ser submetido ao secretário-executivo deste Ministério, para a sua aprovação. 2. Acompanhar a execução desse programa de trabalho, propondo ações para atingir os objetivos daquele projeto, em especial os de: a) aperfeiçoamento dos sistemas operacionais de controle e acompanhamento do lançamento e da cobrança do crédito tributário; b) adequação e aprimoramento do documentário fiscal relacionado aos objetivos do projeto; c) cumprimento dos prazos legais relativos à efetiva arrecadação do crédito tributário; d) revisão da legislação concernente ao processo administrativo fiscal, às penalidades pelo descumprimento da obrigação tributária, ao parcelamento e às medidas assecuratórias da eficácia da cobrança do crédito tributário; e) controle dos depósitos judiciais nas causas de natureza fiscal e da sua conversão em renda, quando, vitoriosa a Fazenda, a ação transitar em julgado. 3. Propor a constituição de grupos de trabalho e a convocação de técnicos, julgados necessários ao atingimento dos objetivos do projeto, e acompanhar as atividades daqueles. A COMACO elaborará relatórios mensais concernentes à execução do programa de trabalho do Projeto Integrado de Aperfeiçoamento da Cobrança do Crédito Tributário, submetendo-os ao secretário-executivo do Ministério da Fazenda, por intermédio do procurador-geral da Fazenda Nacional e do secretário da Receita Federal. As unidades da Procuradoria-Geral da Fazenda Nacional e da Secretaria da Receita Federal e o Serviço Federal de Processamento de Dados darão atendimento prioritário às solicitações da COMACO.

COMISSÃO DE BIOSSEGURANÇA EM SAÚDE. *Direito ambiental* e *biodireito.* É a quem cabe o dever de: a) participar e acompanhar a elaboração e reformulação de normas de biossegurança em saúde; b) proceder ao levantamento e à análise de questões referentes à biossegurança, visando identificar seus impactos e suas correlações com a saúde humana; c) propor estudos para subsidiar o posicionamento do Ministério da Saúde na tomada de decisões sobre temas relativos à biossegurança em saúde; d) subsidiar representantes do Ministério da Saúde nos Grupos Interministeriais relacionados ao assunto, inclusive na Comissão Técnica Nacional de Biossegurança; e) enviar aos órgãos e entidades desse Ministério os relatórios finais e encaminhamentos resultantes de suas atividades; f) propiciar debates públicos sobre biossegurança em saúde, por intermédio de reuniões e eventos abertos à comunidade.

COMISSÃO DE CERTIFICAÇÃO DE AUDITORES. Órgão executivo do Organismo de certificação de auditores de sistemas de qualidade, com a incumbência de: a) implementar a certificação de auditores de acordo com os critérios do Comitê Brasileiro de Certificação (CBC); b) atender ao sistema de créditos e respectivos valores tanto para o registro inicial como para acompanhamento do desenvolvimento funcional dos auditores; c) receber e analisar inscrições de candidatos à certificação; d) processar as inscrições aceitas; e) receber e analisar relatórios de avaliação quanto ao aspecto comportamental e atributos pessoais dos candidatos e auditor; f) emitir os documentos de certificação dos auditores; g) atender a prazos e critérios estabelecidos pelo CBC para manutenção das certificações e registros; h) conceder recertificação conforme critérios aprovados pelo CBC; i) zelar pelo cumprimento do código de ética a ser seguido pelos auditores, bem como acolher, investigar e pronunciar-se sobre quaisquer denúncias de transgressão do mesmo.

COMISSÃO DE COMÉRCIO DO MERCOSUL. *Direito internacional público.* Auxiliar do Grupo Mercado Comum que, além de zelar pela aplicação da tarifa externa comum, ao propor àquele grupo a revisão de alíquotas tarifárias, cuida: a) da aplicação de instrumentos de política comercial comum estipulados pelos Estados-Partes para o funcionamento da união aduaneira; b) da revisão dos assuntos relacionados com as políticas comerciais comuns, com o comércio entre países do Mercosul e com terceiros países; c) da criação de novas normas comerciais ou aduaneiras ou da modificação das existentes; d) das reclamações feitas pelos Estados-Partes apresentadas às suas Seções Nacionais ou por particulares, dentro da esfera de sua competência.

COMISSÃO DE COMPRA. 1. *Direito administrativo.* Departamento ou repartição pública encarregada de comprar o material necessário para ser utilizado pelos órgãos do governo na execução do serviço público. **2.** *Direito comercial.* Contrato em que terceiro fica incumbido de adquirir certa mercadoria, operando em seu próprio nome.

COMISSÃO DE CONCILIAÇÃO PRÉVIA. *Direito do trabalho.* É a que, criada pela empresa ou sindicato, visa tentar a conciliação de conflitos individuais de trabalho existentes com empregados ou ex-empregados antes da proposição de reclamação trabalhista. Se aceitar a conciliação o empregado não poderá discutir judicialmente os direitos decorrentes do contrato trabalhista, a não ser que, na conciliação, se faça alguma ressalva. Tem o termo de conciliação eficácia liberatória geral e vale como título executivo extrajudicial, exceto quanto às parcelas expressamente ressalvadas.

COMISSÃO DE CONCURSO. *Direito civil* e *direito administrativo.* Grupo de pessoas a quem se deu a incumbência de efetivar certo concurso público, tratando da organização e direção de todas as atividades e do julgamento dos candidatos, conforme as normas especiais regulamentadoras daquele concurso.

COMISSÃO DE CONTROLE DE INFECÇÃO HOSPITALAR (CCIH). *Biodireito.* Órgão de assessoria à autoridade máxima da instituição e de execução das ações de controle de infecção hospitalar.

COMISSÃO DE COORDENAÇÃO DA POLÍTICA DE INFORMAÇÃO EM TRANSPORTES (CCPIT). *Direito administrativo.* Órgão colegiado de assessoramento imediato ao secretário executivo do Ministério dos Transportes, que exerce suas atividades de formulação, normalização e supervisão da Política de Informações em Transportes. À CCPIT compete, além de outras atribuições: a) propor a Política de Informações em Transporte; b) estruturar e administrar, juntamente com a área de informática, as Bases de Dados (BD's) do SIIT/MT (Ministério de Transportes); c) conceber, revisar periodicamente, supervisionar e controlar, acompanhar e avaliar o SIIT/MT; d) acompanhar o desenvolvimento e o progresso técnico e científico na área de informação e documentação e em áreas afins, objetivando os interesses dos usuários do Setor Transportes (ST); e) participar, junto à unidade especializada da área de Recursos Humanos do MT, das atividades de treinamento e de desenvolvimento dos usuários de informação e documentação; f) manter continuado relacionamento com instituições voltadas para o trato da informação e da documentação em nível nacional e internacional; g) atuar junto a fornecedores de *softwares*, *hardwares* e serviços de informação e documentação; h) estabelecer normas e regulamentos relativos às atividades e projetos que contemplem o desenvolvimento, implementação e implantação de Sistemas de Informação e Documentação (SIs), no âmbito do MT; i) estabelecer os mecanismos de funcionamento dos Centros de Informação e Documentação (CIs), assim como os padrões e as normas de segurança para o seu funcionamento, no âmbito do MT; j) apreciar e aprovar os padrões de *softwares*, *hardwares* e de comunicação a serem utilizados no âmbito de todo o MT; k) emitir parecer técnico sobre os projetos relacionados com SIs e CIs, no âmbito do MT; l) emitir parecer prévio conclusivo sobre a importação de produtos relacionados com SIs e CIs e destinados ao uso interno do MT, considerando outros pareceres técnicos, quando disponíveis; m) apoiar tecnicamente os órgãos e entidades subordinados direta ou indiretamente ao MT no processo de investigações de *softwares* e *hardwares* no curso dos projetos e das atividades na área de informação e documentação, bem como na fiscalização e monitoramento desses projetos e atividades; n) conferir ampla divulgação, preferencialmente no *Diário Oficial da União*, previamente ao processo de análise, extrato dos pleitos que forem submetidos à sua aprovação, referentes à liberação de informações sobre transportes, excluindo-se as informações sigilosas de interesse comercial apontadas pelo proponente e assim por ela consideradas; o) dar ampla divulgação, de preferência no *Diário Oficial da União*, do resultado dos processos que lhe forem submetidos a julgamento, bem como a conclusão do parecer técnico; p) informar ao interessado o resultado do pleito que foi submetido à Comissão e providenciar sua divulgação no *Diário Oficial da União*; q) recrutar consultores *ad hoc* quando necessário; r) analisar e propor modificações nos atos oficiais relativos à área de informação e documentação baixados no âmbito do MT.

COMISSÃO DE COORDENAÇÃO DE CARGA AÉREA (COMCARGA). *Direito aeronáutico.* É a que tem por objetivo o estudo e coordenação dos assuntos referentes ao agenciamento de carga aérea, nos seus aspectos relacionados com o papel do Comando da Aeronáutica, com os expedidores e os transportadores.

COMISSÃO DE COORDENAÇÃO DO PLANEJAMENTO AEROPORTUÁRIO (CCPLA). *Direito aeronáutico.* É a que tem por objetivo assessorar o diretor-geral do Departamento de Aviação Civil (DAC) na compatibilização das diretrizes e ações de planejamento dos aeroportos, no que concerne ao sistema aeroportuário, de proteção ao vôo e de patrimônio, e agilizar seu processo de análise, utilizando-se das seguintes ações: a) apreciar as diretrizes específicas setoriais, a serem fixadas pelo DAC, para elaboração e revisão dos planos diretores aeroportuários; b) analisar e avaliar os aspectos de maior complexidade no desenvolvimento proposto para os sítios aeroportuários no processo de elaboração e revisão de planos diretores; c) dirimir eventuais conflitos de planejamento, advindos dos estudos de elaboração e revisão dos planos diretores de aeroportos compartilhados, apresentando sugestões para solução de questões de interesse técnico e legal; d) consolidar as respostas às consultas, formuladas pelo DAC, às organizações nela representadas; e e) emitir parecer relativo à análise dos planos diretores propostos para os aeroportos compartilhados, no que se refere ao atendimento das diretrizes gerais e específicas, assessorando o diretor-geral do DAC, quanto à necessidade de retorná-lo ao proponente para o cumprimento de exigências ou encaminhá-lo ao Comando da Aeronáutica para aprovação.

COMISSÃO DE COORDENAÇÃO ESTRATÉGICA DA GESTÃO E TECNOLOGIA DA INFORMAÇÃO E INFORMÁTICA. *Direito administrativo.* Órgão com o objetivo de coordenar, planejar e supervisionar, no âmbito do ministério, as ações relativas à gestão e tecnologia da informação e informática, como instrumento da reforma do Estado.

COMISSÃO DE DELITO. 1. *Direito civil* e *direito administrativo.* Trata-se da comissão de inquérito, que é o grupo constituído, em caráter transitório, para apurar infração em certa entidade pública ou particular, investigando fatos de ordem administrativa. **2.** *Direito internacional público.* Órgão instituído por convenção de dois ou mais países para investigar as causas de certos litígios ocorridos entre eles, formulando imparcialmente um parecer para sua solução, evitando conflito entre aquelas nações.

COMISSÃO DE DESENVOLVIMENTO DO PROJETO E DA IMPLANTAÇÃO DO SISTEMA DE COMUNICAÇÕES MILITARES POR SATÉLITE (CISCOMIS). *Direito militar.* Órgão de caráter permanente, instituído com a finalidade de coordenar os trabalhos relativos a projeto, implantação, avaliação e acompanhamento de sistema de comunicações por satélite para atender à Estrutura Militar de Guerra, que prevê a participação combinada das Forças Singulares, passa a reger-se pelas disposições estabelecidas em lei. A CISCOMIS é subordinada diretamente ao Ministro de Estado da Defesa. Para atingir sua finalidade, a CISCOMIS deverá, dentre outras atividades: a) providenciar projeto, especificação, aquisição e implantação de sistema de comunicações adequado às necessidades das Forças Singulares dentro da Estrutura Militar de Guerra; b) prestar apoio necessário para que as Forças Singulares possam operar e manter as partes do sistema sob sua responsabilidade; c) após a implantação inicial, continuar a prestar apoio financeiro às atividades correntes, bem como providenciar a avaliação dos resultados obtidos, o acompanhamento técnico e os estudos para modernização e expansão do sistema; d) na aquisição de bens e serviços, dar preferência às empresas brasileiras, ao mercado interno e à tecnologia brasileira, conforme previsto na Constituição.

COMISSÃO DE DESENVOLVIMENTO SUSTENTÁVEL DA AGRICULTURA (CDSA). *Biodireito* e *direito agrário.* Tem o objetivo de orientar as atividades e projetos desenvolvidos no âmbito dos órgãos e colegiados nacionais e internacionais em que o Ministério da Agricultura, Pecuária e Abastecimento (MAPA) tem assento, e assegurar os posicionamentos dos seus representantes nos citados colegiados, conforme sua competência institucional, no que pertine às áreas de meio ambiente, mudança climática, extrativismo, manejo de florestas, áreas de proteção ambiental, biodiversidade, recursos genéticos, propriedade intelectual e biotecnologia.

COMISSÃO DE ENQUADRAMENTO SINDICAL. *Direito do trabalho.* Órgão técnico com competência para: a) propor ao ministro do Trabalho subdivisão de categorias econômicas ou profissionais específicas, sempre que isso for útil à organização sindical; b) decidir a possibilidade de dissolução de categorias concentradas no seio de um único sindicato; c) definir os caracteres das empresas industriais de tipo artesanal e promover o quadro de atividades e profissões que fixará o plano básico do enquadramento sindical. Enfim, é o órgão competente, por força de lei, para solucionar questões alusivas ao enquadramento sindical.

COMISSÃO DE ESTUDOS DE ALIMENTAÇÃO PARA AS FORÇAS ARMADAS (CEAFA). *Direito militar.* Órgão que tem as seguintes finalidades: 1) estudar os problemas relacionados com a alimentação das Forças Armadas; 2) definir e padronizar os diversos tipos de rações de gêneros alimentícios para emprego em tempo de paz e em operações militares; 3) estudar, coordenar e propor medidas visando: a) à manutenção atualizada de uma doutrina sobre alimentação nas Forças Armadas; b) à sistematização dos tipos e estudos da composição das rações para emprego pelas Forças Armadas; c) à confecção, à análise e à experimentação dos protótipos necessários; d) à padronização das especificações e características dos tipos de rações adotadas; e) à elaboração periódica das tabelas de fixação dos valores das etapas e dos complementos à ração para as Forças Armadas, inclusive dos quantitativos destinados à fabricação das rações de reserva; f) ao estabelecimento da forma de aplicação dos recursos para produção de rações de reserva; g) ao aproveitamento da indústria civil e militar e de outros recursos nacionais, tendo em vista a produção, a montagem e a estocagem das rações operacionais; e h) à execução do programa da produção de rações, com base nas informações de cada Força e tendo em vista o preparo da mobilização das Forças Armadas.

COMISSÃO DE ÉTICA DO BANCO CENTRAL DO BRASIL (CEBC). *Direito bancário.* Tem a competência de: a) promover a adoção de normas de conduta específicas para os servidores, no âmbito do Banco Central do Brasil (BC); b) subsidiar os membros da Diretoria Colegiada e os demais servidores na tomada de decisão concernente a atos que possam implicar descumprimento de normas de conduta aplicáveis aos servidores do BC; c) formular consulta à Comissão de Ética Pública, sobre questões relacionadas a normas e condutas éticas; d) dirimir dúvidas a respeito da aplicação aos servidores de normas de conduta; e) orientar o servidor sobre ética no trato das pessoas e da coisa pública; f) promover a disseminação de valores, princípios e normas relacionados à conduta ética do servidor público; g) instaurar, de ofício, procedimento sobre ato, fato ou conduta que denotem indícios de transgressão a princípio ou norma ética, e, se for o caso, sugerir as providências cabíveis; h) receber manifestações ou denúncias sobre questões éticas e apurar as ocorrências para o devido encaminhamento; i) aplicar ao servidor pena de censura, mediante parecer devidamente fundamentado, garantidos o contraditório e a ampla defesa; j) encaminhar, se for o caso, procedimento de apuração de desvio de conduta ética à Corregedoria do Banco Central e, cumulativamente, à entidade em que, em razão de exercício profissional, o servidor esteja inscrito, para as providências cabíveis; k) manifestar-se sobre a existência de conflito de interesses nos processos de concessão de licença para tratar de interesses particulares que lhe forem submetidos; l) supervisionar a observância do Código de Conduta da Alta Administração Federal e comunicar à Comissão de Ética Pública situações que possam configurar descumprimento de suas normas; m) submeter à Comissão de Ética Pública sugestões de aprimoramento do Código de Conduta da Alta Administração Federal e de suas resoluções de caráter interpretativo; n) elaborar e propor aperfeiçoamentos no Código de Conduta dos Servidores do Banco Central; o) dirimir dúvidas na interpretação do presente Regimento, resolver os casos omissos decorrentes da sua aplicação e propor alterações que se fizerem necessárias.

COMISSÃO DE ÉTICA DO MINISTÉRIO DA DEFESA. *Direito administrativo.* Órgão que tem as seguintes finalidades: a) orientar e aconselhar sobre a ética profissional do servidor no tratamento com as pessoas e com o patrimônio público; b) conhecer concretamente de imputação ou de procedimento susceptível de censura, que diga respeito à dignidade, ao decoro, ao zelo, à eficácia e à consciência dos princípios morais que devem nortear o servidor público e que tenha o condão de ferir a honra e a tradição dos serviços públicos, cuja premissa reside na consecução do bem comum; c) instaurar, de ofício, procedimento sobre ato, fato ou conduta que considerar passível de infrigência a princípio ou norma ético-profissional; d) conhecer de consultas, denúncias ou representações formuladas contra servidor público, a repartição ou o setor em que haja ocorrido a falha, cuja análise e deliberação forem recomendáveis para atender ou resguardar o exercício do cargo ou função pública; e) aplicar ao servidor público a pena de censura, exclusivamente, mediante parecer devidamente fundamentado, após esgotados o contraditório e a ampla defesa no procedimento administrativo instaura-

do; f) fornecer o registro do desvio de conduta ética aos órgãos encarregados da execução do quadro de carreira dos servidores, visando à instrução e fundamentação de promoções e aos demais procedimentos próprios e regulamentares da área de recursos humanos; g) encaminhar a decisão e o respectivo procedimento de apuração de desvio de conduta ética à Comissão de Processo Disciplinar ou ao órgão de recursos humanos do Ministério da Defesa e, cumulativamente, se for o caso, à entidade em que, em razão de exercício profissional, o servidor público esteja inscrito, para as providências disciplinares cabíveis; h) supervisionar a observância do Código de Ética Profissional do Servidor Público Civil do Poder Executivo Federal; i) promover a adoção de normas de condutas éticas específicas para os servidores e empregados, no âmbito do Ministério da Defesa; j) editar ementas das decisões tomadas, remetê-las às demais comissões de Ética e divulgá-las, com a omissão dos nomes dos interessados, no âmbito do Ministério da Defesa.

COMISSÃO DE ÉTICA PÚBLICA (CEP). *Direito administrativo.* Está vinculada ao presidente da República, competindo-lhe proceder à revisão das normas que dispõem sobre conduta ética na Administração Pública Federal, elaborar e propor a instituição do Código de Conduta das Autoridades no âmbito do Poder Executivo Federal. Instituído o Código de Conduta mencionado, competirá à Comissão de Ética: a) subsidiar o presidente da República e os Ministros de Estado na tomada de decisão concernente a atos de autoridade que possam implicar descumprimento das normas do Código de Conduta; b) receber denúncias sobre atos de autoridade praticados em contrariedade às normas do Código de Conduta e proceder à apuração de sua veracidade, desde que devidamente instruídas e fundamentadas, inclusive com a identificação do denunciante; c) comunicar ao denunciante as providências adotadas ao final do procedimento; d) submeter ao presidente da República sugestões de aprimoramento do Código de Conduta; e) dirimir dúvidas a respeito da interpretação das normas do Código de Conduta e deliberar sobre os casos omissos; f) dar ampla divulgação do Código de Conduta; g) elaborar o seu regimento interno. A Comissão de Ética será composta por seis membros, escolhidos e designados pelo presidente da República dentre brasileiros de idoneidade moral, reputação ilibada e dotados de notórios conhecimentos da Administração Pública Federal. A atuação no âmbito da Comissão de Ética não enseja qualquer remuneração para seus membros e os trabalhos nela desenvolvidos são considerados prestação de relevante serviço público.

COMISSÃO DE ÉTICA PÚBLICA SETORIAL. *Direito agrário.* Órgão que, no âmbito do Ministério do Desenvolvimento Agrário, deve: a) subsidiar o Ministro de Estado, a seus auxiliares e aos demais servidores públicos na tomada de decisão concernente a atos que possam implicar descumprimento das normas do Código de Conduta; b) formular consulta à Comissão de Ética Pública sobre questões relacionadas às normas e condutas éticas; c) dirimir dúvidas a respeito da aplicação do Código de Conduta e elaborar nota técnica para subsídio à deliberação sobre os casos omissos; d) deliberar sobre dúvidas de interpretação do texto do presente Regimento Interno, avaliar sua atualidade e propor alterações que se fizerem necessárias para aprovação superior; e) orientar o servidor público sobre ética no trato das pessoas e da coisa pública; f) promover a adoção de normas de conduta éticas específicas para os servidores, no âmbito do Ministério do Desenvolvimento Agrário; g) submeter à Comissão de Ética Pública sugestões de aprimoramento do Código de Conduta e resoluções de caráter interpretativo de suas normas; h) instaurar, de ofício, procedimento sobre ato, fato ou conduta que denotem indícios de transgressão a princípio ou norma ética, e, se for o caso, sugerir as providências cabíveis, dentro do que a legislação pertinente assim prevê; i) receber manifestações sobre questões éticas, apurando as ocorrências para o devido encaminhamento para as providências cabíveis; j) promover a disseminação dos princípios éticos constantes da legislação em vigor, utilizando-se para tal de palestras, encontros, seminários e outros meios julgados oportunos; k) aplicar ao servidor público a pena de censura, exclusivamente, mediante parecer devidamente fundamentado, depois de esgotados o contraditório e a ampla defesa; e l) encaminhar a decisão e o respectivo procedimento de apuração de desvio de conduta ética à Comissão de Processo Disciplinar ou ao órgão de recursos humanos do Ministério do Desenvolvimento

Agrário e, cumulativamente, se for o caso, à entidade em que, em razão de exercício profissional, o servidor público esteja inscrito, para as providências disciplinares cabíveis.

COMISSÃO DE FINANCIAMENTO EXTERNO (COFIEX) *Direito internacional privado.* Órgão colegiado, integrante da estrutura organizacional do Ministério do Planejamento, Orçamento e Gestão, que tem por fim: a) identificar, examinar e avaliar pleitos de apoio externo de natureza financeira (reembolsável ou não reembolsável), com vistas à preparação de projetos ou programas de entidades públicas; b) examinar e avaliar pleitos relativos a alterações de aspectos técnicos de projetos ou programas em execução, com apoio externo de natureza financeira, nos casos em que requeiram modificações nos respectivos instrumentos contratuais, especialmente prorrogações de prazo de desembolso, cancelamentos de saldos, expansões de metas e reformulações dos projetos ou programas. Essa Comissão foi criada com o objetivo de tornar mais ágil, sistematizado, coordenado e transparente o processo de seleção de projetos de financiamento externo apresentado por organismos internacionais multilaterais, como o BIRD, o BID, o FIDA, o BEI e o Fonplata, por agências governamentais estrangeiras de crédito.

COMISSÃO DE FISCALIZAÇÃO DAS CONDIÇÕES GERAIS DE TRANSPORTE. *Direito comercial.* Constituída por oficiais superiores da Aeronáutica e por funcionários civis do Comando da Aeronáutica, de reconhecida capacidade técnico-profissional, com competência para: a) fiscalizar a aplicação das tarifas internacionais de passagens aéreas, aprovadas pelo governo, para vôos com origem no País e destino ao exterior das empresas de transporte aéreo regular brasileiras e estrangeiras; b) fiscalizar a ocorrência da prática de *overbooking* e as providências tomadas pela transportadora; fiscalizar e acompanhar o atendimento ao usuário nos *chek-in* dos vôos regulares nacionais e internacionais, bem como as fases do vôo até o embarque e fechamento das portas da aeronave em todos os aeroportos brasileiros e de maneira geral; fiscalizar a inobservância, sem justa causa, dos horários aprovados para os diversos vôos, bem como as demais Condições Gerais de Transporte vigentes para os serviços de transporte aéreo nacionais e internacionais; c) propor a aplicação de penalidades, previstas no Código Brasileiro de Aeronáutica, julgadas adequadas em função da gravidade da infração e do instrumento que disciplina o relacionamento da concessionária e/ou permissionária com o governo brasileiro; d) propor normas para aplicação, fiscalização e cumprimento das Condições Gerais de Transporte nos serviços aéreos; e) fiscalizar a correta aplicação da legislação do Departamento da Aviação Civil nos embarques e desembarques de cargas nacionais e internacionais; f) fiscalizar as empresas aéreas nos embarques e desembarques de carga perigosa; g) fiscalizar as agências de carga aérea autorizadas a operar.

COMISSÃO DE FUSÃO E INCORPORAÇÃO DE EMPRESAS. *Direito comercial.* Órgão disciplinador da concentração empresarial, mas na qualidade de agente responsável pela execução da política de estímulo às operações de fusão e incorporação de empresas (Eros Roberto Grau)

COMISSÃO DE GOVERNO ESTRANGEIRO. *Direito internacional público.* Grupo de pessoas credenciadas enviado por um país a outro para missões de natureza diplomática, econômica, política, militar etc., que se dissolverá assim que sua tarefa for cumprida.

COMISSÃO DE INCENTIVO AOS INVESTIMENTOS PRODUTIVOS PRIVADOS NO PAÍS. *Direito administrativo.* No âmbito da Casa Civil da Presidência da República, tem a finalidade de fomentar e incentivar o desenvolvimento de investimentos no Brasil, mediante ações que atraiam, facilitem e informem investidores privados nacionais e estrangeiros a realizarem investimentos produtivos, em especial nas áreas e setores estratégicos para o desenvolvimento econômico sustentável, que promovam novo padrão de crescimento pautado na visão de investimentos de longo prazo com inclusão social e justiça ambiental. À Comissão compete: a) disponibilizar sistema de resolução de entraves à realização de investimentos nacionais e estrangeiros diretos no País; b) promover e incentivar as atividades de processamento de informações qualificadas sobre temas relevantes de interesse dos investidores nacionais e estrangeiros, para facilitar a tomada de decisão; c) estabelecer canal e *locus* apropriados para a recepção e informação de potenciais investidores; d) fomentar a otimização da inteligência nacional, por meio do desenvolvimento de estudos e projetos para o tratamento de temas de importância estratégica na área de atração, promoção e manutenção de investimentos diretos; e) estimular estudos para o estabeleci-

mento de modelos alternativos e mecanismos e formas inovadoras para incrementar a entrada de investimentos externos diretos; f) articular e coordenar as ações dos diversos órgãos de Governo relacionados à solução de dificuldades aos investimentos privados, visando a facilitar a entrada de investidores e reduzir a burocracia; g) promover, em conjunto com outros órgãos de Governo ou entidades afins, as oportunidades de investimentos no Brasil, junto a investidores internacionais.

COMISSÃO DE INQUÉRITO. *Direito administrativo.* Expressão genérica que abarca a comissão de delito, a comissão processante e a comissão sindicante.

COMISSÃO DE JURISPRUDÊNCIA DO TRIBUNAL DE CONTAS DA UNIÃO. *Direito processual.* É a instituída em caráter permanente e com a finalidade de velar pela atualização e publicação de sistematização e divulgação da jurisprudência predominante do Tribunal, sendo composta por três membros, cujas funções são: a) manter a atualização e publicação da Súmula da Jurisprudência do Tribunal; b) superintender os serviços de sistematização e divulgação da jurisprudência predominante do Tribunal, sugerindo medidas que facilitem a pesquisa de julgados ou processos; c) propor ao Plenário que seja compendiada em Súmula a jurisprudência do Tribunal, quando verificar que os Colegiados não divergem em suas decisões; d) selecionar, a título de cooperação, as deliberações que podem ser publicadas, em seu inteiro teor, na *Revista do Tribunal de Contas da União*, e encaminhá-las ao supervisor do mencionado periódico; e) requisitar ao Presidente do Tribunal os recursos materiais e humanos necessários ao desempenho de suas atribuições; f) manter contatos com outras autoridades ou instituições, no exercício de suas atribuições, dando conhecimento do que for tratado ao Presidente do Tribunal; g) exarar parecer em processos referentes a projeto de súmula, submetidos à Comissão, no prazo de quarenta e cinco dias, a contar do recebimento, que poderá ser prorrogado por mais quinze dias, por solicitação de qualquer membro da Comissão; h) expedir normas específicas de funcionamento da Comissão, previamente aprovadas por seus membros.

COMISSÃO DE LANÇAMENTO. *Direito tributário.* Grupo de funcionários que têm a função de proceder ao lançamento e à coleta de tributos.

COMISSÃO *DEL CREDERE*. *Direito comercial.* Modalidade de comissão que se opera com a cláusula *del credere*, que é o pacto inserido no contrato, no momento de sua celebração, pelo qual o comissário assume a responsabilidade de responder pela solvência daquele com quem vier a contratar no interesse e por conta do comitente. A comissão *del credere* constitui o comissário garante solidário ao comitente, pois, se não houver essa cláusula, perante o comitente só responderão as pessoas com quem o comissário contratou, de forma que este apenas responderá diretamente ao comitente pelos danos que culposamente lhe tiver causado. Tal cláusula constitui uma modalidade de seguro e fiança, sujeitando-se a taxas especiais.

COMISSÃO DE LINHAS AÉREAS (CLA). *Direito aeronáutico* e *direito comercial.* É um órgão colegiado, de caráter consultivo, destinado a assessorar a Direção-Geral do Departamento de Aviação Civil nos seguintes assuntos: 1) pedidos de aprovação de linhas aéreas regulares, constantes do plano básico de linhas das empresas aéreas regulares; 2) pedidos de alterações do plano básico de linhas, quando da aprovação do estabelecimento de linhas aéreas regulares adicionais; 3) pedidos de modificações de linhas aéreas regulares, quanto aos seguintes itens: a) inclusão ou cancelamento de escalas; b) aumento ou redução de freqüências; c) substituição de equipamento; d) ajustes de horários; 4) pedidos de aprovação ou alterações de linhas aéreas internacionais, com trechos de cabotagem, exploradas por empresa brasileira de transporte aéreo regular; 5) análise dos pedidos de aprovação e alterações de linhas aéreas sub-regionais, com relação ao segmento doméstico da linha; 6) pedidos de aprovação e de alterações de linhas aéreas sistemáticas, exploradas por empresas de táxi aéreo; 7) coleta, análise e fornecimento de informações relativas aos seguintes itens: a) dados estatísticos sobre o aproveitamento de vôos (demonstrativo semanal e mensal); b) variação na oferta e demanda (demonstrativo semanal e mensal); c) dados estatísticos sobre vôos extras e transporte de carga; d) outros dados e informações relevantes, de interesse do transporte aéreo comercial do Brasil.

COMISSÃO DE MARINHA MERCANTE. *Direito comercial* e *direito marítimo.* Órgão encarregado de disciplinar as navegações fluvial, lacustre e marítima, impondo deveres e penas, fixando tabelas de linhas, tráfegos e tarifas, conferindo direitos e gerindo recursos do Fundo de Marinha Mercante.

COMISSÃO DE ORIGEM DO MERCADO COMUM DO SUL. *Direito internacional privado.* Órgão com incumbência de zelar pela correta aplicação das regras de origem do Mercosul na fase de transição para a União Aduaneira, sendo composto pelos ministérios das Relações Exteriores, da Fazenda, do Desenvolvimento, Indústria e Comércio Exterior e do Turismo e coordenado por representante deste último, com a função de apoiá-lo administrativamente. Tal comissão, no desempenho de suas tarefas, deverá convocar especialistas e representantes do setor privado diretamente envolvidos nos fluxos de comércio cobertos por regras de origem no Mercosul.

COMISSÃO DE PERMANÊNCIA. *Direito bancário.* É a remuneração cobrada por instituições financeiras pelo serviço prestado relativamente a títulos em seu poder após os seus vencimentos, nas mesmas bases proporcionais de juros, encargos e comissões cobrados na operação primitiva, calculados sobre os dias de atraso.

COMISSÃO DE POLÍTICAS DE DESENVOLVIMENTO SUSTENTÁVEL E DA AGENDA 21 BRASILEIRA. *Direito ambiental.* Órgão com a finalidade de propor estratégias de desenvolvimento sustentável, tendo competência para: a) propor à Câmara de Políticas dos Recursos Naturais estratégias, instrumentos e recomendações voltados para o desenvolvimento sustentável do País; b) coordenar e acompanhar a implementação e as revisões periódicas da Agenda 21 Brasileira; c) apoiar processos de elaboração, implementação e revisões periódicas das Agendas 21 Locais; d) propor estratégias, programas e instrumentos de desenvolvimento sustentável ao Conselho de Desenvolvimento Econômico e Social da Presidência da República; e) propor ao Conselho Nacional do Meio Ambiente (CONAMA) e a outros órgãos colegiados a discussão de estratégias, programas e instrumentos de ações da Agenda 21; f) acompanhar a elaboração e avaliação da implementação do Plano Plurianual, da Lei de Diretrizes Orçamentárias e da Lei do Orçamento Anual, tendo como referência a Agenda 21 Brasileira e estratégias de desenvolvimento sustentável; g) promover articulação com a Frente Parlamentar Mista para o Desenvolvimento Sustentável e Apoio às Agendas 21 Locais; h) propor mecanismos de financiamento das Agendas 21 Locais e participar, junto a outras instâncias federais, de iniciativas voltadas ao fomento de programas da Agenda 21 Brasileira; i) subsidiar posições brasileiras nos foros internacionais para o desenvolvimento sustentável e acompanhar a implementação dos respectivos acordos multilaterais; j) disseminar as Agendas 21 Brasileira e Locais em eventos públicos; k) aprovar o seu regimento interno.

COMISSÃO DE PROMOÇÃO. *Direito administrativo* e *direito do trabalho.* Grupo de pessoas encarregadas pela Administração Pública ou privada de verificar a situação de funcionários e empregados, com o escopo de providenciar listas de promoção dentro do critério de merecimento ou de antigüidade.

COMISSÃO DE REDAÇÃO. *Ciência política.* Comissão de parlamentares incumbida pela câmara do exame final da linguagem das leis.

COMISSÃO DE REPRESENTANTES NO CONDOMÍNIO EM CONSTRUÇÃO. *Direito civil.* É a que tem por escopo garantir os direitos dos adquirentes das unidades autônomas quanto às despesas oriundas da obra a ser construída e a que se encarrega da supervisão geral da realização da obra, averiguando seu bom andamento (Afonso Celso F. de Rezende).

COMISSÃO DE REVISÃO PARA REEXAME DOS REGISTROS DE JORNALISTAS PROFISSIONAIS. *Direito do trabalho.* Órgão ao qual compete: a) reexaminar os registros de jornalistas profissionais já concedidos, averiguando a sua regularidade nos termos da legislação vigente; b) estabelecer procedimentos de revisão, mediante a identificação de critérios objetivos; c) opinar pelo cancelamento dos registros deferidos de forma contrária à legislação em vigor; d) determinar, por intermédio de seu presidente, a realização de diligências que julgar necessárias para o desenvolvimento das atividades da comissão; e) elaborar propostas de instrumentos normativos que uniformizem os procedimentos para a concessão de registros a jornalistas profissionais, submetendo-os à apreciação do ministro do Trabalho; f) elaborar o regimento interno.

COMISSÃO DE SERVIÇO. *Direito comercial.* Remuneração paga à sociedade de *factoring* pelo serviço prestado, calculada *ad valorem* em razão do valor e da complexidade do negócio efetuado, variável entre 0,5% e 3,0% (Luiz Lemos Leite).

COMISSÃO DE SINDICÂNCIA. 1. *Direito civil* e *direito comercial.* Órgão de associação ou sociedade encarregado de dar parecer sobre a idoneidade daqueles que nelas pretendem ingressar. **2.** *Direito civil* e *direito administrativo.* Conjunto de três membros que procede a uma sindicância administrativa ou processo sumário para investigar fatos, possibilitando à autoridade a formação de um juízo mais perfeito sobre a ocorrência. **3.** *Vide* COMISSÃO DE DELITO.

COMISSÃO DE TRANSPORTE. *Direito comercial.* Contrato pelo qual se encomenda a uma empresa que cuide do transporte da mercadoria desde seu ponto de origem até o de destino, podendo o próprio comissionado executar um trecho do percurso (Daniel Azúa).

COMISSÃO DE TUTELA DOS DIREITOS HUMANOS. *Direito internacional público.* Órgão com competência para: a) acompanhar a negociação entre os entes federados envolvidos e os peticionários de soluções amistosas para casos em exame pelos órgãos do sistema interamericano de promoção e proteção dos direitos humanos; b) promover, fiscalizar e adotar todas as medidas necessárias ao fiel cumprimento da Convenção Interamericana de Direitos Humanos; c) acompanhar a defesa da República Federativa do Brasil nos casos de violação de direitos humanos submetidos à apreciação da Comissão Interamericana de Direitos Humanos e da Corte Interamericana de Direitos Humanos; d) gerir as dotações orçamentárias alocadas anualmente pelo Tesouro Nacional com vistas à implementação deste Decreto; e) realizar a interlocução com órgãos dos entes federados e, por intermédio do Ministério das Relações Exteriores, com os órgãos do sistema interamericano de promoção e proteção dos direitos humanos.

COMISSÃO DE VALORES MOBILIÁRIOS. *Direito comercial* e *direito bancário.* Órgão controlador do mercado de capitais que, sendo uma autarquia federal subordinada ao Ministério da Fazenda, tem a incumbência de: administrar os registros de sociedades para negociação de ações em Bolsa ou no mercado de balcão; regular e fiscalizar as atividades e serviços alusivos ao mercado de capitais e às sociedades abertas, sendo-lhe permitido examinar registros contábeis e livros de sociedade; intimar pessoas a prestar esclarecimentos; apurar atos ilegais de administradores e controladores de companhias abertas; determinar a republicação de demonstrações, relatórios ou informações incompletas ou incorretas de sociedades abertas e aplicar penalidades a infratores de mercado de capitais, que vão desde a simples advertência até a cassação da autorização ou registro da empresa. Com isso visa estimular poupanças para aplicação no mercado de capitais, promovendo seu funcionamento regular e eficiente e assegurando o acesso do público a informações sobre valores mobiliários e a companhias emissoras.

COMISSÃO DE VENDA. *Direito comercial.* **1.** Ordem dada ao comissário para vender mercadorias pertencentes ao comitente, na qualidade de consignatário, tendo-se, então, duas vendas: a feita pelo consignatário em seu nome e a efetuada pelo consignante àquele. **2.** Pagamento que se faz a encarregado da venda por conta de outrem.

COMISSÃO DISCIPLINAR JUNTO AO STJD. *Direito desportivo.* Compete às Comissões Disciplinares junto ao STJD: a) processar e julgar as ocorrências em competições interestaduais promovidas, organizadas ou autorizadas por entidade nacional de administração do desporto e em competições internacionais amistosas; b) processar e julgar o descumprimento de resoluções, decisões ou deliberações do STJD ou infrações praticadas contra seus membros; c) declarar os impedimentos de seus auditores.

COMISSÃO DISCIPLINAR JUNTO AO TJD. *Direito desportivo.* Compete às Comissões Disciplinares (CD) junto ao TJD processar e julgar as infrações disciplinares praticadas em competições por pessoas físicas ou jurídicas, direta ou indiretamente, subordinadas às entidades regionais de administração do desporto e de prática desportiva, e declarar os impedimentos de seus auditores.

COMISSÃO DO EXÉRCITO BRASILEIRO EM WASHINGTON (CEBW). *Direito militar.* A CEBW é uma unidade gestora (UG) que tem por finalidade executar os procedimentos relativos à aquisição na área externa e à remessa para o Brasil, de bens ou serviços, solicitados pelos diversos órgãos importadores (OI), bem como o recebimento e a gestão dos recursos do Exército no exterior. A CEBW é subordinada ao Comandante do Exército, por intermédio de seu Gabinete. À CEBW compete: a) acompanhar a evolução tecnológica dos materiais e equipamentos de interesse da Força e coletar dados para apoiar o planejamento e a execução das aquisições de bens e serviços para o Exército; b) executar, no exterior, as aquisições requisitadas pelos OI do Exército, por intermédio dos Quadros de Importação (QI), observando as peculiaridades locais e os princípios básicos da legislação brasileira, a regulamentação específica do Exército e a prática comercial internacional; c) receber do OI a justificativa de ordem técnica, econômica ou financeira, quando se tratar da aquisição de produto a que exista similar no mercado brasileiro, para dar andamento ao processo de aquisição; d) ajustar, quando for o caso, ouvido o OI, as aquisições com a disponibilidade de recursos; e) realizar, nos casos previstos no item b, todas as despesas relacionadas com a aquisição de bens e serviços, até a sua colocação em território brasileiro; f) efetuar as despesas decorrentes da execução de objetos contratuais celebrados em razão de licitações internacionais realizadas pelo Exército no Brasil, seja por imposição de cláusula contratual, seja mediante solicitação das organizações militares (OM) encarregadas da fiscalização e dos respectivos contratos; g) quando for o caso, receber, adotar as providências necessárias e enviar para o Brasil o material exportado com a finalidade de substituição, repotencialização, manutenção ou realização de testes no exterior; h) receber e gerir os recursos que lhe forem alocados pelos OI para a realização das despesas do Exército no exterior; i) receber e gerir os recursos do Fundo do Exército no exterior; j) quando autorizado pelo Gabinete do Comandante do Exército, assistir a todo pessoal do EB e dependentes, em missão oficial ou em tratamento de saúde nos Estados Unidos da América (EUA), bem como, na medida das possibilidades, a todos os militares do Exército, da ativa ou da reserva, de passagem por aquele país; k) apoiar o Gabinete do Comandante do Exército (Gab. Cmt. Ex.) em suas atividades desenvolvidas no exterior; l) divulgar o Brasil, o Ministério da Defesa, o Exército e a indústria brasileira de material de defesa, na medida de suas possibilidades e na sua esfera de ação.

COMISSÃO ESPECIAL DE ANISTIA. *Direito do trabalho e direito administrativo.* Órgão com a finalidade de apreciar os requerimentos de anistia de empregados do setor privado, empresas públicas e sociedades de economia mista e de dirigentes e representantes sindicais. Compete, ainda, à Comissão Especial apreciar os requerimentos de anistia de empregados do setor privado, ex-dirigentes e ex-representantes sindicais. Serão apreciados pela Comissão os requerimentos apresentados pelos interessados, devidamente fundamentados, e instruídos com os seguintes documentos: a) prova de vínculo empregatício; b) termo de rescisão contratual ou de punição sofrida; c) prova de identificação pessoal e de inscrição no CPF; d) elementos comprobatórios da motivação da demissão ou de punição sofrida; e) prova da condição de dirigente ou representante sindical, mediante cópia da respectiva ata de eleição e posse, quando for o caso; f) outros elementos que comprovem a situação alegada. Compete à Comissão Especial de Anistia: a) apreciar os requerimentos dos interessados; b) determinar, por intermédio de seu presidente, a realização das diligências que julgar necessárias; c) submeter à apreciação da Secretaria de Coordenação e Controle das Empresas Estatais, com manifestação preliminar, os pedidos formulados por empregados de empresas estatais; d) emitir parecer fundamentado sobre os requerimentos apreciados, remetendo-o ao ministro de Estado do Trabalho e Emprego para decisão; e) elaborar seu regimento interno.

COMISSÃO ESPECIAL DE REVISÃO DE PROCESSOS DE ANISTIA. *Direito administrativo.* Órgão constituído, no âmbito do Conselho de Coordenação e Controle das Empresas Estatais (CCE), com o fim de: a) reexaminar as decisões que acolheram pedidos de anistia proferidas pelas subcomissões setoriais; b) apreciar os recursos pendentes de julgamento. Compete à Comissão Especial de Revisão dos Processos de Anistia: a) requisitar os processos relativos às decisões acima referidas existentes nas empresas públicas, sociedades de economia mista e demais entidades sob o controle direto ou indireto da União e, após relacioná-los, emitir o respectivo termo de recebimento; b) analisar os processos submetidos à sua apreciação, fazendo publicar no *Diário Oficial da União* o resumo das razões da ratificação ou da revisão, cabendo ao interessado apresentar defesa fundamentada no prazo de dez dias; c) apreciar os fundamentos da defesa apresentada, emitindo parecer conclusivo; d) submeter o processo à decisão do CCE e, em seguida, encaminhar ao órgão de recursos humanos competente cópia da decisão a fim de que este dê conhecimento ao interessado.

COMISSÃO ESPECIAL INCUMBIDA DE SUGERIR PROVIDÊNCIAS NECESSÁRIAS À ORGANIZAÇÃO E FUNCIONAMENTO DO CONSELHO NACIONAL DA EDUCAÇÃO. *Direito administrativo.* É a Comissão Especial incumbida de sugerir ao ministro de Estado da Educação as medidas necessárias ao funcionamento do Conselho Nacional de Educação, e especialmente: a) propor procedimentos com vistas ao andamento dos processos em tramitação junto ao Conselho, instruindo aqueles que devam ser examinados e decididos; b) examinar e propor medidas que visem ao estabelecimento de amplo relacionamento entre o Conselho e os órgãos do Ministério da Educação e os sistemas estaduais de ensino; c) examinar e propor a revisão de atos praticados pelo antigo Conselho Federal de Educação, em caso de descumprimento da legislação ou das normas e regulamentos em vigor; d) sugerir outras medidas que forem necessárias ao cumprimento da legislação aplicável ao Conselho. As proposições e recomendações da Comissão Especial somente terão eficácia após aprovadas pelo ministro de Estado da Educação. Para o desempenho de suas atividades a Comissão poderá utilizar-se dos recursos materiais e humanos do Conselho e contará com o apoio dos órgãos que compõem a estrutura do Ministério da Educação, bem como, na forma da lei, do assessoramento temporário de especialistas nos assuntos de incumbência da Comissão Especial, especificamente designados pelo ministro de Estado da Educação

COMISSÃO ESTADUAL DE RESIDÊNCIA MÉDICA. É um órgão subordinado à Comissão Nacional de Residência Médica (CNRM), com poder de decisão com relação aos assuntos de Residência Médica do Estado, de acordo com a legislação que regulamenta a Residência Médica no Brasil. No Distrito Federal a Comissão será denominada Comissão Distrital de Residência Médica. São atribuições da Comissão Estadual de Residência Médica: a) manter contato permanente com todos os programas de Residência Médica do Estado; b) acompanhar e analisar os processos de credenciamento de novos programas de residência, orientando as instituições para o pronto atendimento das providências solicitadas pela Comissão Nacional de Residência Médica; c) coordenar vistorias em estabelecimentos de saúde com vistas ao credenciamento de novos programas e recredenciamento de programas em curso; d) propor à CNRM credenciamento, recredenciamento e descredenciamento dos programas de Residência Médica. O credenciamento inicial é da competência da Comissão Nacional de Residência Médica; e) acompanhar o desenvolvimento dos programas de Residência Médica prestando assessoria pedagógica e sugerindo medidas que aprimorem o seu desempenho e qualifiquem melhor seus egressos; f) realizar estudos de demandas por especialistas para cada especialidade; g) orientar as instituições de saúde quanto a política de vagas por especialidades de acordo com a demanda; h) acompanhar o processo seletivo para os programas de Residência Médica; i) fazer a interlocução dos programas com a Comissão Nacional de Residência Médica; j) repassar anualmente a relação de programas e situação de credenciamento, dos residentes por programa e ano que estão cursando, dos residentes que concluíram e receberão certificados e outros dados solicitados pela Comissão Nacional de Residência Médica; k) gerenciar o processo de transferência de Médicos Residentes de acordo com a legislação vigente; l) acompanhar o registro dos certificados dos residentes que concluíram programas credenciados.

COMISSÃO ÉTICA DO SERVIDOR CIVIL DO COMANDO DA AERONÁUTICA. *Direito aeronáutico.* Órgão que tem a finalidade de formar a consciência ética na conduta do servidor civil, assim como orientar sobre ética profissional no tratamento com as pessoas e com o patrimônio público.

COMISSÃO EXECUTIVA. *Direito administrativo, direito civil* e *direito comercial.* Órgão que tem a incumbência de fazer com que as deliberações da Administração Pública ou privada sejam cumpridas.

COMISSÃO EXECUTIVA DO PLANO DA LAVOURA CACAUEIRA. *Direito administrativo* e *direito agrário.* É o órgão específico singular competente para promover o aperfeiçoamento da lavoura cacaueira e o desenvolvimento da produção de cacau no País e administrar os recursos provenientes do Fundo Geral do Cacau (FUNGECAU). Compete-lhe, especificamente: a) promover, estimular, coordenar e executar programas e projetos de geração, difusão e transferência de tecnologias para a cacauicultura; b) desenvolver ações com vistas a sustentação agroeconômica das regiões produtoras de cacau.

COMISSÃO FACULTATIVA. *Direito comercial.* Aquela em que o comitente, ao indicar a operação, deixa campo livre de atuação ao comissionário.

COMISSÃO FEDERAL DE TRANSPORTES FERROVIÁRIOS (COFER). *Direito administrativo.* Órgão colegiado integrante da estrutura organizacional do Ministério dos Transportes, com jurisdição sobre todo o sistema ferroviário nacional, tendo as competências de: a) decidir, em grau de recurso, no que respeita à aplicação de penalidades, as controvérsias que surgirem entre a União e os concessionários, os concessionários e os usuários, e os concessionários entre si; b) manifestar-se quanto às modificações societárias que venham a ocorrer nas empresas concessionárias e que possam comprometer a relação contratual, ou, ainda, ensejar o estabelecimento de qualquer tipo de monopólio ou prática de abuso econômico, sendo tal manifestação encaminhada ao Conselho Administrativo de Defesa Econômica (CADE) do Ministério da Justiça; c) opinar, quando solicitada, sobre propostas de expansão ou de supressão de serviços ferroviários, atenta às necessidades emergentes da satisfação do interesse público objetivado na concessão; d) opinar, quando solicitada, sobre matérias pertinentes à modalidade ferroviária, relacionadas direta ou indiretamente aos contratos de concessão, especialmente em relação a normas gerais que disponham sobre níveis de qualidade e segurança dos serviços prestados; e acompanhar e avaliar o desempenho de concessionários e o disciplinamento das relações operacionais entre concessionários e entre estes e usuários.

COMISSÃO IMPERATIVA. *Direito comercial.* É aquela em que o comissionário não tem iniciativa alguma fora dos termos contratuais ou das instruções (Pontes de Miranda).

COMISSÃO INDICATIVA. *Direito comercial.* É a que contém um mínimo e um máximo de indicações, possibilitando ao comissionário uma prudente interpretação das instruções conforme os interesses do comitente.

COMISSÃO INTERGESTORA TRIPARTITE (CIT). *Direito previdenciário.* É uma instância colegiada de negociação e pactuação como forma de viabilizar a implementação da Política de Assistência Social quanto aos aspectos operacionais da gestão do Sistema Descentralizado e Participativo da Assistência Social entre representantes dos três níveis de governo. Compete à Comissão

Intergestora Tripartite: a) exercer suas competências definidas normativamente; b) discutir e elaborar propostas e definir diretrizes e estratégias para implantação e operacionalização do Sistema Descentralizado e Participativo de Assistência Social; c) manter contato permanente com as Comissões Intergestoras Bipartite (CIB) para a troca de informações sobre o processo de descentralização; d) atuar como instância de recursos de municípios e Distrito Federal quando não tenha havido decisão consensual nas Comissões Intergestoras Bipartite (CIB) e nos Conselhos Estaduais de Assistência Social (CEAS) no que se refere à habilitação e desabilitação à gestão municipal; e) promover a articulação entre as três esferas de governo, de forma a otimizar a operacionalização das ações e garantir a direção única; f) atuar como foro de aprovação dos instrumentos, parâmetros, mecanismos de implementação e regulamentação complementares à Norma Operacional Básica (NOB/99), nos aspectos comuns à atuação das três esferas de governo; g) habilitar e dasabilitar Estados na condição de gestão estadual; h) participar do acompanhamento da gestão da Política de Assistência Social no seu âmbito de atuação; i) participar na definição dos critérios de transferência de recursos da assistência social para Estados, Distrito Federal e Municípios; j) participar na definição de estratégias para ampliação dos recursos da assistência social; k) elaborar e publicar a regulamentação de seu funcionamento e de sua organização; l) publicar e divulgar suas resoluções; m) submeter à aprovação do Conselho Nacional de Assistência Social (CNAS) as matérias de sua competência.

COMISSÃO INTERGESTORES BIPARTITE (CIB). É uma instância colegiada de negociação e pactuação de gestores municipais e estadual, como forma de viabilizar a implementação da Política Nacional de Assistência Social, quanto aos aspectos operacionais da gestão do Sistema Único de Assistência Social / SUAS, no âmbito do Estado. Compete à Comissão Intergestores Bipartite/CIB: a) pactuar a organização do Sistema Estadual de Assistência Social proposto pelo órgão gestor estadual, definindo estratégias para implementar e operacionalizar a oferta da proteção social básica e especial no âmbito do SUAS na sua esfera de governo; b) estabelecer acordos acerca de encaminhamentos de questões operacionais relativas à implantação dos serviços, programas, projetos e benefícios que compõem o SUAS; c) atuar como fórum de pactuação de instrumentos, parâmetros, mecanismos de implementação e regulamentação complementar à legislação vigente, nos aspectos comuns à atuação das duas esferas de governo; d) pactuar medidas para aperfeiçoamento da organização e do funcionamento do SUAS no âmbito regional; e) avaliar o cumprimento dos requisitos relativos às condições de gestão municipal, para fins de habilitação e desabilitação; f) habilitar e desabilitar, a qualquer tempo, os municípios para as condições de gestão estabelecidas na legislação em vigor; g) renovar a habilitação de acordo com a periodicidade estabelecida neste Regimento Interno; h) pactuar a distribuição/partilha de recursos estaduais e federais destinados ao co-financiamento das ações e serviços socioassistenciais, sendo os últimos com base nos critérios pactuados na CIT e aprovados no CNAS; i) pactuar critérios, estratégias e procedimentos de repasse de recursos estaduais para o co-financiamento das ações e serviços socioassistenciais para municípios; j) estabelecer interlocução permanente com a CIT e com as demais CIBs para aperfeiçoamento do processo de descentralização, implantação e implementação do SUAS; k) observar em suas pactuações as orientações emanadas da CIT; l) elaborar e publicar seu Regimento Interno; m) publicar as pactuações no Diário Oficial do Estado, enviar cópia à Secretaria Técnica da CIT e divulgá-las amplamente; n) submeter à aprovação do Conselho Estadual de Assitência Social as matérias de sua competência; o) estabelecer acordos relacionados aos serviços, programas, projetos e benefícios a serem implantados pelo Estado e Municípios enquanto rede de proteção social integrante do SUAS no Estado; p) pactuar os consórcios públicos e o fluxo de atendimento dos usuários; q) avaliar o cumprimento dos pactos de aprimoramento da gestão, de resultados e seus impactos.

COMISSÃO INTERMINISTERIAL. *Direito ambiental.* É a que, para no prazo de trinta dias contados a partir de sua instalação, deve avaliar e apresentar propostas para: a) aperfeiçoar a organização da Administração Pública Federal, bem como a competência de seus órgãos e entidades, para tornar eficaz e efetiva a ação governamental voltada à formulação, implementação e avaliação da Política Nacional de Biossegurança; b) harmonizar a legislação que trata das competências dos órgãos e entidades federais para autorizar, licenciar e fiscalizar atividades e empreendimentos que façam uso de OGM.

COMISSÃO INTERMINISTERIAL DE GOVERNANÇA CORPORATIVA E DE ADMINISTRAÇÃO DE PARTICIPAÇÕES SOCIETÁRIAS DA UNIÃO (CGPAR). *Direito comercial.* Tem a finalidade de tratar de matérias relacionadas com a governança corporativa nas empresas estatais federais e da administração de participações societárias da União. Compete à CGPAR: 1. Aprovar diretrizes e estratégias relacionadas à participação acionária da União nas empresas estatais federais, com vistas à: a) defesa dos interesses da União, como acionista; b) promoção da eficiência na gestão, inclusive quanto à adoção das melhores práticas de governança corporativa; c) aquisição e venda de participações detidas pela União, inclusive o exercício de direitos de subscrição; d) atuação das empresas estatais federais na condição de patrocinadoras de planos de benefícios administrados por entidades fechadas de previdência complementar; e) fixação da remuneração de dirigentes; f) fixação do número máximo de cargos de livre provimento; g) expectativa de retorno do capital dos investimentos com recursos da União; h) distribuição de remuneração aos acionistas; e i) divulgação de informações nos relatórios da administração e demonstrativos contábeis e financeiros, no caso das empresas públicas e sociedades de capital fechado. 2. Estabelecer critérios para avaliação e classificação das empresas estatais federais, com o objetivo de traçar políticas de interesse da União, tendo em conta, dentre outros, os seguintes aspectos: a) desempenho econômico-financeiro; b) práticas adotadas de governança corporativa; c) gestão empresarial; d) setor de atuação, porte, ações negociadas em bolsas de valores nacionais e internacionais; e e) recebimento de recursos do Tesouro Nacional a título de despesas correntes ou de capital. 3. Estabelecer critérios e procedimentos, a serem adotados pelos órgãos competentes, para indicação de diretores e dos representantes da União nos conselhos de administração e fiscal das empresas estatais federais, observados, dentre outros, os seguintes requisitos: a) capacitação técnica; b) conhecimentos afins à área de atuação da empresa e à função a ser nela exercida;

e c) reputação ilibada. 4. Estabelecer diretrizes para a atuação dos representantes da União nos conselhos de administração e fiscal, ou órgãos com funções equivalentes, das empresas estatais federais e de sociedade em que a União participa como minoritária. 5. Estabelecer padrão de conduta ética dos representantes da União nos conselhos de administração e fiscal das empresas estatais federais e de sociedades em que a União participa como minoritária, sem prejuízo das normas já definidas pela própria sociedade. 6. Aprovar o seu regimento interno, mediante resolução.

COMISSÃO INTERMINISTERIAL PARA ARTICULAÇÃO E COORDENAÇÃO DAS AÇÕES DE APOIO, COLABORAÇÃO E MÚTUA COOPERAÇÃO ENTRE O COMANDO DA AERONÁUTICA E DA SAÚDE. *Direito administrativo.* Órgão que tem a função de coordenação, conjugação de esforços, entrosamento e articulação de todas as atividades de implementação do Protocolo de Intenções e das respectivas ações de apoio, colaboração e mútua cooperação. Essa comissão atua como órgão técnico, consultivo e de assessoramento conjunto, respondendo pela elaboração dos mecanismos técnicos e operacionais, instrumentos legais e diretrizes normativas, indispensáveis à execução das ações conjuntas e articulando, também, o estabelecimento das respectivas políticas de ação compartilhada e seus correspondentes programas, projetos, planejamentos e estratégias.

COMISSÃO INTERMINISTERIAL PARA OS RECURSOS DO MAR (CIRM). *Direito administrativo* e *direito ambiental.* É a entidade que tem a finalidade de coordenar os assuntos relativos à consecução da Política Nacional para os Recursos do Mar (PNRM), com competência para: a) submeter ao Presidente da República, por intermédio do Ministro de Estado da Defesa, as diretrizes propostas para a consecução da PNRM; b) apreciar o planejamento de atividades relacionadas com os recursos do mar, propondo ao Presidente da República prioridades para os programas e projetos que o integram; c) coordenar a elaboração de planos e programas plurianuais e anuais, comuns e setoriais; d) sugerir as destinações de recursos financeiros para incrementar o desenvolvimento das atividades relacionadas com o mar e com a América, por meio de dotações orçamentárias ou de outras fontes, internas ou externas; e) acompanhar os resultados e propor as alterações da PNRM; f) acompanhar os resultados e propor as alterações na execução do Programa Antártico Brasileiro (PROANTAR); g) emitir pareceres e sugestões relativos aos assuntos e atividades relacionados com os recursos do mar, quando determinado pelo presidente da República.

COMISSÃO INTERMINISTERIAL PERMANENTE CO-ORDENADORA DAS RELAÇÕES E AÇÕES DE MÚTUA COOPERAÇÃO ENTRE O MINISTÉRIO DA DEFESA E DA SAÚDE. *Direito militar.* Órgão que deve: 1. Atuar como responsável: a) pela elaboração dos instrumentos legais, bem como pela supervisão do desenvolvimento dos seus objetos, indispensáveis à implementação do Protocolo de Intenções; e b) pelo estabelecimento de diretrizes normativas para a implementação de políticas operacionais conjuntas, dentro dos limites das áreas de mútuo interesse. 2. Atuar como órgão técnico, consultivo e de assessoramento conjunto assegurando, deste modo, o indispensável suporte aos instrumentos legais e às políticas operacionais, conforme a vontade das partes envolvidas. 3. Compor-se, por troca de correspondência direta, de representantes dos Ministérios – titulares e suplentes – mediante a designação pelos respectivos ministros de Estado. 4. Criar subcomissões específicas ao desenvolvimento de estudos, projetos e metodologias, necessários às diversas áreas de mútua cooperação, bem como à execução de ações disso decorrentes. 5. Presidir-se, alternadamente, por representante de um dos ministérios, conforme ajuste entre as partes. 6. Reunir-se, ordinária e extraordinariamente, por convocação de sua presidência, admitido o concurso de outras autoridades, e/ou técnicos, a título de participantes eventuais, colaboradores e/ou convidados.

COMISSÃO INTERMINISTERIAL SOBRE COMÉRCIO EXTERIOR. *Direito internacional privado* e *direito tributário.* Órgão encarregado da revisão das tarifas do imposto de importação e das normas e procedimentos relativos ao comércio exterior, em consonância com os objetivos do programa de estabilização e aumento da produtividade e da competitividade da economia. Tem competência para propor medidas, visando: reduzir as alíquotas do imposto de importação; desregulamentar e desburocratizar as atividades relacionadas com o comércio exterior; assegurar uma adequada proteção do produtor nacional contra concorrência desleal, bem como para salvaguardar o setor produtivo contra aumentos abruptos de importações que causem ou ameacem causar danos à indústria nacional; e estimular as exportações, particularmente no que se refere à desoneração fiscal da atividade exportadora.

COMISSÃO INTERNA DE BIOSSEGURANÇA (CIBIO). *Direito ambiental* e *biodireito.* Aquela que tem competência para: a) manter informados os trabalhadores, qualquer pessoa e a coletividade, quando suscetíveis de serem afetados pela atividade sobre todas as questões relacionadas com a saúde e a segurança, bem como a respeito dos procedimentos em caso de acidentes; b) estabelecer programas preventivos e de inspeção para garantir o funcionamento das instalações sob sua responsabilidade, dentro dos padrões e normas de Biossegurança, definidos pela Comissão Técnica Nacional de Biossegurança (CTNBio); c) encaminhar à CTNBio os documentos exigidos por lei, visando a sua análise e a autorização do órgão competente quando for o caso; d) manter registro do acompanhamento individual de cada atividade ou projeto em desenvolvimento envolvendo Organismo Geneticamente Modificado (OGM); e) notificar à CTNBio, às autoridades de Saúde Pública e às entidades de trabalhadores o resultado de avaliações de risco a que estão submetidas as pessoas expostas, bem como qualquer acidente ou incidente que possa provocar a disseminação de agente biológico; f) investigar a ocorrência de acidentes e as enfermidades possivelmente relacionados a OGM, notificando suas conclusões e providências à CTNBio.

COMISSÃO INTERNA DE BIOSSEGURANÇA EM MEIO AMBIENTE (CBMA). *Biodireito* e *direito ambiental.* À CBMA compete: a) proceder ao levantamento e à análise das questões referentes à biossegurança, visando identificar seus impactos e suas correlações com o meio ambiente; b) identificar temas no campo da biotecnologia e da biossegurança cujos desdobramentos poderão demandar atuação do Ministério do Meio Ambiente, de forma preventiva; c) propor estudos para subsidiar o posicionamento do Ministério do Meio Ambiente na tomada de decisões sobre temas relativos à biossegurança; d) assessorar o Ministro de Estado do Meio Ambiente em temas relativos aos avanços recentes da biotecnologia e da biossegurança e seus reflexos e impactos sobre o meio ambiente; e) subsidiar tecnicamente os representantes do Ministério do Meio Ambiente na tomada de decisões relativas à formulação de políticas públicas nos grupos interministeriais relacionados ao assunto; f) auxiliar tecnicamente os representantes do Ministério do Meio Ambiente na tomada de decisões referentes aos processos encaminhados à CTNBio; g) discutir e analisar questões referentes à biodiversidade e em meio ambiente, mediante a elaboração de documentos técnicos; h) participar, quando indicado pelo Ministério do Meio Ambiente, de reuniões, fóruns, discussões em âmbito nacional e internacional, com vistas à elaboração e reformulação de normas relativas à biossegurança; i) propiciar debates públicos sobre biossegurança, por intermédio de reuniões e eventos abertos à comunidade; j) enviar aos órgãos e entidades deste Ministério relatórios e encaminhamentos resultantes de suas atividades; k) elaborar e aprovar seu regimento interno.

COMISSÃO INTERNA DE PREVENÇÃO DE ACIDENTES (CIPA). *Direito do trabalho* e *direito previdenciário.* É a que tem por fim contribuir para a prevenção de doenças e acidentes do trabalho, mediante a identificação dos riscos presentes nos ambientes, nas condições e na organização do trabalho, e o acompanhamento das medidas de controle adotadas, de modo a obter a permanente compatibilização do trabalho com a promoção da saúde e a preservação da vida dos trabalhadores. A CIPA tem as seguintes atribuições: a) elaborar, ouvidos os trabalhadores de todos os setores do estabelecimento, o mapa de riscos; b) contribuir na elaboração e discussão de seus programas de trabalho, de acordo com as competências a ele atribuídas; c) contribuir para a implementação e o controle de qualidade das medidas de prevenção necessárias, bem como para a avaliação das prioridades de ação nos locais de trabalho; d) estabelecer plano de trabalho que vise a consecução do objetivo da CIPA; e) realizar, a cada reunião ordinária da CIPA, avaliação da execução do plano de trabalho estabelecido; f) realizar inspeções nos ambientes de trabalho, periodicamente, visando identificar situações novas ou modificações que venham trazer riscos à segurança e à saúde dos trabalhadores, ainda não registrados no mapa de riscos, colher informações, propor e acompanhar a implantação das medidas para sua eliminação ou controle; g) promover a divulgação e zelar pela observância das normas de segurança e saúde no trabalho; h) motivar e incentivar os trabalhadores para a importância da prevenção de doenças e acidentes do trabalho; i) realizar, anualmente, a Semana Interna de Prevenção de Acidentes (SIPAT); j) estudar e analisar as causas das doenças e dos acidentes do trabalho ocorridos e propor medidas de prevenção; k) comunicar ao empregador as situações de risco identificadas no decorrer do exercício de suas atribuições; l) informar aos empregados das empresas prestadoras de serviços ou empreiteiras das atividades da CIPA, bem como situações de risco dentro de sua área de trabalho.

COMISSÃO INTERSETORIAL. *Direito administrativo.* Órgão que tem sede nas dependências da Funai, é instituído como instância colegiada, deliberativa e de natureza permanente e tem por finalidade dispor sobre as ações de comunidades indígenas, visando, especificamente: a) definir, para cada exercício, os objetivos gerais que nortearão os programas e projetos a serem executados; b) analisar e aprovar os programas e projetos propostos por órgãos governamentais e não governamentais, examinando-os nos seus aspectos de adequação às diretrizes da política indigenista e de integração com as demais ações setoriais; c) estabelecer prioridade para otimizar o uso dos recursos financeiros, materiais e humanos existentes.

COMISSÃO INTERSETORIAL DE ACOMPANHAMENTO DO SISTEMA NACIONAL DE ATENDIMENTO SOCIOEDUCATIVO. *Direito educacional.* Criada no âmbito da Secretaria Especial dos Direitos Humanos da Presidência da República, com a finalidade de acompanhar o processo de implementação do Sistema, articular políticas governamentais e elaborar estratégias conjuntas para o desenvolvimento de ações relativas à execução de medidas socioeducativas dirigidas à criança e ao adolescente.

COMISSÃO INTERSETORIAL DE EDUCAÇÃO AMBIENTAL. *Direito ambiental.* Tem como finalidade promover o fortalecimento e a articulação das ações de educação ambiental desenvolvidas pelo Ministério do Meio Ambiente.

COMISSÃO INTERSETORIAL PARA PROMOÇÃO, DEFESA E GARANTIA DO DIREITO DE CRIANÇAS E ADOLESCENTES À CONVIVÊNCIA FAMILIAR E COMUNITÁRIA. *Direito da criança e do adolescente.* Tem a finalidade de elaborar o plano nacional e as diretrizes da política de promoção, defesa e garantia do direito de crianças e adolescentes à convivência familiar e comunitária, a serem apresentados ao Conselho Nacional de Assistência Social (CNAS) e ao Conselho Nacional da Criança e do Adolescente (CONANDA).

COMISSÃO INTRA-HOSPITALAR DE DOAÇÃO DE ÓRGÃOS E TECIDOS PARA TRANSPLANTE. *Biodireito.* Composta por no mínimo três membros de nível superior, integrantes do corpo funcional do estabelecimento de saúde, dentre os quais um médico ou enfermeiro, designado como Coordenador Intra-Hospitalar de Doação de Órgãos e Tecidos para Transplante. Cabe à Comissão Intra-Hospitalar de Doação de Órgãos e Tecidos para Transplante: a) articular-se com a Central de Notificação, Captação e Distribuição de Órgãos do Estado ou Distrito Federal (CNCDO), notificando as situações de possíveis doações de órgãos e tecidos; b) identificar os recursos diagnósticos disponíveis na instituição, necessários para a avaliação do possível doador de órgãos e/ou tecidos; c) articular-se com os profissionais de saúde encarregados do diagnóstico de morte encefálica e manutenção de potenciais doadores, objetivando a otimização do processo de doação e captação de órgãos e tecidos; d) organizar, no âmbito da instituição, rotinas e protocolos que possibilitem o processo de doação de órgãos e tecidos; e) garantir uma adequada entrevista familiar para solicitação da doação; f) promover programa de educação continuada de todos os profissionais do estabelecimento para compreensão do processo de doação de órgãos e tecidos; g) disponibilizar os insumos necessários para a captação efetiva de órgãos e tecidos no hospital.

COMISSÃO LANÇADORA. *Vide* COMISSÃO DE LANÇAMENTO.

COMISSÃO LEGISLATIVA. *Vide* COMISSÃO PARLAMENTAR.

COMISSÃO MEMÓRIA DOS PRESIDENTES DA REPÚBLICA. *Direito administrativo.* Órgão colegiado que atua em caráter permanente junto ao Gabinete Pessoal do Presidente da República, tendo por escopo coordenar o Sistema dos Acervos Documentais Privados dos Presidentes da República. Para a consecução de sua finalidade, compete-lhe: a) estabelecer política de proteção aos acervos documentais privados dos presidentes da República; b) assessorar o presidente da República nos assuntos referentes à sua documentação; c) opinar sobre os projetos suscitados por mantenedores de acervos documentais privados dos presidentes da República para fins de concessão de apoio técnico, humano e financeiro; d) opinar sobre a celebração de convênios entre mantenedores de acervos documentais privados dos presidentes da República e entidades públicas, e fiscalizar sua execução; e) apoiar, com recursos técnicos e financeiros, a preservação, conservação, organização e difusão dos acervos documentais privados dos presidentes da República; f) definir as normas básicas de conservação, organização e acesso necessárias à garantia da preservação dos documentos e suas informações; g) assegurar a manutenção do inventário geral e registro dos acervos documentais privados dos presidentes da República, bem como suas condições de conservação, organização e acesso; h) estimular os proprietários de acervos documentais privados dos presidentes da República a ampliar a divulgação de tais acervos e o acesso a eles; i) manifestar-se nos casos de venda e alienação de acervos documentais privados dos presidentes da República; j) fomentar a pesquisa e a consulta a acervos documentais privados dos presidentes da República, e recomendar providências para sua garantia; k) estimular a iniciativa privada a colaborar com os mantenedores de acervos documentais privados dos presidentes da República, para preservação, divulgação e acesso público.

COMISSÃO MERCANTIL. *Direito comercial.* Contrato pelo qual uma pessoa (comissário) adquire ou vende bens, em seu próprio nome e responsabilidade, mas por ordem e conta de outrem (comitente), em troca de certa remuneração, obrigando-se perante terceiros com quem contrata.

COMISSÃO MISTA. *Direito internacional público.* Grupo de representantes de dois ou mais países para tratar de assunto de interesse recíproco ou apreciar pendência havida entre eles, dissolvendo-se assim que vier a cumprir sua missão.

COMISSÃO MISTA PERMANENTE. *Direito constitucional.* Órgão composto por senadores e deputados federais para: a) examinar e dar parecer não só sobre projetos de lei relativos ao plano plurianual, às diretrizes orçamentárias, ao orçamento anual e aos créditos adicionais como também sobre a prestação de contas que anualmente o presidente da República apresenta e os programas setoriais, regionais e nacionais previstos constitucionalmente; b) acompanhar e fiscalizar o orçamento.

COMISSÃO NACIONAL DE ALFABETIZAÇÃO E EDUCAÇÃO DE JOVENS E ADULTOS. *Direito educacional.* Órgão colegiado de caráter consultivo, com o objetivo de assessorar o Ministério da Educação na formulação e implementação das políticas nacionais e na execução das ações de alfabetização e de educação de jovens e adultos. A Comissão Nacional de Alfabetização e Educação de Jovens e Adultos será composta por personalidades reconhecidas nacionalmente e por pessoas indicadas por instituições e entidades representativas da área educacional, de âmbito nacional, até o limite de dezesseis membros titulares e respectivos suplentes, designados pelo Ministro de Estado da Educação. A participação nas atividades da Comissão Nacional de Alfabetização e Educação de Jovens e Adultos será considerada função relevante, não remunerada. A Comissão Nacional de Alfabetização e Educação de Jovens e Adultos será presidida pelo Ministro de Estado da Educação e, na sua ausência ou impedimento, pelo Secretário de Educação Continuada, Alfabetização e Diversidade do Ministério da Educação.

COMISSÃO NACIONAL DE APOIO AO PROGRAMA NACIONAL DE APOIO E ACOMPANHAMENTO DE PENAS E MEDIDAS ALTERNATIVAS. *Direito penal* e *direito penitenciário.* Diretamente subordinada à Secretaria Nacional de Justiça, tem por finalidade: a) assessorar a Secretaria Nacional de Justiça e o Departamento Penitenciário Nacional através da Coordenação-Geral de Reintegração Social na implementação e aperfeiçoamento do Programa Nacional de Apoio e Acompanhamento de Penas e Medidas Alternativas; b) reunir-se conforme convocação; c) propor fóruns públicos sobre o Programa; d) estimular órgãos e entidades federais, estaduais e municipais, públicos ou privados, para efetivação do Programa, de acordo com as diretrizes definidas no âmbito da Coordenação Geral de Reintegração Social; e) contribuir na elaboração de planos nacionais de desenvolvimento, sugerindo metas e prioridades para o Programa Nacional de Apoio e Acompanhamento de Penas e Medidas Alternativas; f) propor projetos para elaboração do programa nacional de formação e aperfeiçoamento de servidor da rede nacional de apoio ao mencionado Programa; g) propor os critérios para a elaboração de estatísticas na área de penas e medidas alternativas; h) sugerir projetos de alteração legislativa no âmbito das penas e medidas alternativas.

COMISSÃO NACIONAL DE APOIO À PRODUÇÃO DE MATERIAL DIDÁTICO INDÍGENA (CAPEMA). *Direito educacional.* Tem como objetivo identificar as ações do Ministério da Educação nas áreas de apoio à produção, edição, publicação e distribuição de material didático indígena e sistematização destas informações. São atribuições da Comissão: a) promover o diálogo com órgãos do governo federal, estadual, municipal, organizações não governamentais e movimentos sociais envolvidos com a educação escolar indígena; b) constituir-se em espaço de articulação e coordenação das ações do Ministério da Educação (MEC), da Secretaria de Educação Continuada, Alfabetização e Diversidade (SECAD) e a da Coordenação Geral de Educação Escolar Indígena (CGEEI) na área de apoio à produção, edição, publicação e distribuição de material didático indígena; c) contribuir, de modo propositivo, para o desenvolvimento de programas, ações e projetos no campo da produção de material didático indígena a serem desenvolvidos por secretarias de ensino e/ou órgãos vinculados ao Ministério da Educação, Organizações Não Governamentais, Organizações Indígenas, Universidades e outras entidades; d) incluir, por meio de recomendação nos programas de formação de professores indígenas (superior, magistério, formação continuada e outros), orientação técnica e artística relacionada à produção de material didático; e) apoiar os professores indígenas com instrumentos e consultoria para fornecer formação específica na produção de material didático; f) propiciar meios para que as comunidades indígenas produzam seus materiais didáticos, através dos programas de formação de professores indígenas (superior, magistério, formação continuada e outros); g) promover o diálogo com outros órgãos governamentais, não governamentais e com os movimentos sociais em torno das ações de apoio à produção de material didático indígena; h) valorizar, ampliar e/ou revitalizar o uso das línguas indígenas e da variedade do português utilizado dentro das comunidades no seu contexto cultural; i) reconhecer a autoria coletiva, os saberes e as formas de transmissão dos conhecimentos indígenas; j) valorizar e reconhecer os conhecimentos indígenas como ciências; k) divulgar os conhecimentos tradicionais indígenas, tendo como foco as escolas do entorno de seus territórios e, também, a sociedade brasileira e internacional; l) realizar um diagnóstico da produção de material didático (impresso, audiovisual, sonoro, etc.) e literatura indígena no Brasil, nos últimos cinco anos; m) criar mecanismos para orientação metodológica na elaboração, edição e publicação de material didático específico para as comunidades indígenas; n) definir instrumentos de participação nas diretrizes políticas para uma linha editorial específica de produção de material didático para as escolas indígenas; o) criar uma rede de elaboração, edição e publicação de material didático indígena, com objetivo de trocar experiências, realizar intercâmbios e difundir para a sociedade brasileira e internacional o material de autoria indígena, promovendo o debate sobre a diversidade cultural e lingüística no Brasil; p) fomentar a realização de projetos sociais e culturais, difundindo-os em bibliotecas e outros espaços públicos estaduais e municipais; q) organizar bibliotecas, laboratórios de línguas, tradução e informática nas escolas indígenas, visando a produção de material bilíngue e o aumento do acesso à informação e a troca de experiências interculturais.

COMISSÃO NACIONAL DE AVALIAÇÃO DA EDUCAÇÃO SUPERIOR (CONAES). *Direito educacional.* É o órgão colegiado, instituído no âmbito do Ministério da Educação e vinculado ao Gabinete do Ministro de Estado, que tem por objetivo coordenar e supervisionar o Sistema Nacional de Avaliação da Educação Superior (SINAES). Compete à CONAES: a) propor e avaliar as dinâmicas, procedimentos e mecanismos da avaliação institucional, de cursos e de desempenho dos estudantes e seus respectivos prazos; b) estabelecer diretrizes para organização e designação de comissões de avaliação, analisar relatórios, elaborar pareceres e encaminhar recomendações às instâncias competentes; c) formular propostas para o desenvolvimento das instituições de educação superior, com base nas análises e recomendações produzidas nos processos de avaliação; d) promover a articulação do SINAES com os Sistemas Estaduais de Ensino, visando estabelecer, juntamente com os órgãos de regulação do MEC, ações e critérios comuns de avaliação e supervisão da Educação Superior; e) submeter anualmente à aprovação do Ministro de Estado da Educação a relação dos cursos a cujos estudantes será aplicado o Exame Nacional de Desempenho dos Estudantes (ENADE); f) institucionalizar o processo de avaliação a fim de torná-lo inerente à oferta de ensino superior com qualidade; g) oferecer subsídios ao MEC para a formulação de políticas de educação superior de médio e longo prazo; h) apoiar as Instituições de Ensino Superior (IES) para que estas avaliem, periodicamente, o cumprimento de sua missão institucional, a fim de favorecer as ações de melhoramento, considerando os diversos formatos institucionais existentes; i) garantir a integração e coerência dos instrumentos e das práticas de avaliação, para a consolidação do SINAES; j) assegurar a continuidade do processo de avaliação dos cursos de graduação e das instituições de educação superior; k) analisar e aprovar os relatórios de avaliação consolidados pelo INEP, encaminhando-os aos órgãos competentes do MEC; l) promover seminários, debates e reuniões na área de sua competência, informando periodicamente à sociedade sobre o desenvolvimento da avaliação da educação superior e estimulando a criação de uma cultura de avaliação nos seus diversos âmbitos; m) promover atividades de meta-avaliação do sistema para exame crítico das experiências de avaliação concluídas; n) estimular a formação de pessoal para as práticas de avaliação da educação superior, estabelecendo diretrizes para a organização e designação de comissões de avaliação.

COMISSÃO NACIONAL DE BANCOS DE LEITE HUMANO (CNBLH). *Direito da criança.* Órgão com competência para: a) assessorar a Área Técnica de Saúde da Criança e Aleitamento Materno da SAS na formulação, controle e avaliação da política relativa aos Bancos de Leite Humano, incluindo seus aspectos econômicos e financeiros; b) discutir diretrizes, identificar necessidades e coordenar a produção de documentos técnicos e científicos; c) assessorar o monitoramento das atividades, participar do redirecionamento de estratégias, apoiar o processo de articulação, mobilizando e sensibilizando setores do Governo e da sociedade civil para o desenvolvimento de ações inerentes ao tema; e d) propor medidas sobre assuntos a ela submetidos pela SAS e pelos membros da Comissão.

COMISSÃO NACIONAL DE BIODIVERSIDADE. *Direito ambiental.* Instância colegiada de caráter deliberativo e consultivo. Tem como finalidade coordenar, acompanhar e avaliar as ações do Programa Nacional de Diversidade Biológica (PRONABIO), competindo-lhe especialmente: a) coordenar a elaboração da Política Nacional da Biodiversidade; b) promover a implementação dos compromissos assumidos pelo Brasil junto à Convenção sobre Diversidade Biológica; c) aprovar a metodologia para elaboração e o texto final dos relatórios nacionais para a Convenção sobre Diversidade Biológica; d) propor medidas para o cumprimento, pelo Poder Público Federal, dos princípios e diretrizes para implementação da Política Nacional da Biodiversidade, estimulando a descentralização da execução das ações e assegurando a participação dos setores interessados; e) prestar assistência técnica aos agentes públicos e privados responsáveis pela execução da Política Nacional da Biodiversidade no território nacional, para que seus princípios, diretrizes e objetivos sejam cumpridos; f) promover articulação entre programas, projetos e atividades relativas à implementação dos princípios e diretrizes da Política Nacional da Biodiversidade, e promover a integração de políticas setoriais relevantes; g) propor diretrizes gerais do PRONABIO em apoio à execução das ações previstas para implementação dos princípios e diretrizes da Política Nacional da Biodiversidade, e identificar demandas e fontes de recursos financeiros; h) identificar a necessidade e propor a criação ou modificação de instrumentos necessários à boa execução dos princípios e diretrizes para implementação da Política Nacional da Biodiversidade; i) estimular a cooperação interinstitucional e internacional para a implementação dos princípios e diretrizes da Política Nacional da Biodiversidade e da Convenção sobre Diversidade Biológica no País; j) identificar e propor áreas e ações prioritárias de: pesquisa sobre a diversidade biológica; conservação da diversidade biológica; utilização sustentável de componentes da biodiversidade; monitoramento, avaliação, prevenção e mitigação de impactos; e repartição de benefícios derivados da utilização da biodiversidade; k) identificar, propor e estimular ações de capacitação de recursos humanos, fortalecimento institucional e sensibilização pública; l) estabelecer critérios gerais de aceitação e seleção de projetos e selecionar projetos no âmbito de programas relacionados à proteção da biodiversidade, quando especialmente designada para tanto; m) promover debates e consultas públicas sobre os temas relacionados à formulação de propostas referentes à Política Nacional da Biodiversidade; n) criar e coordenar câmaras técnicas, compostas por convidados e membros delas integrantes, com a finalidade de promover a discussão e a articulação em temas relevantes para a implementação dos princípios e diretrizes da Política Nacional da Biodiversidade; o) acompanhar e avaliar a execução dos componentes temáticos para a implementação dos princípios e diretrizes da Política Nacional da Biodiversidade e coordenar a elaboração de relatórios nacionais sobre biodiversidade; p) acompanhar a execução das ações previstas para atendimento aos princípios e diretrizes para implementação da Política Nacional da Biodiversidade; q) apresentar proposta de regimento interno ao Ministro de Estado do Meio Ambiente.

COMISSÃO NACIONAL DE BIOELETROMAGNETIS-MO. *Direito ambiental* e *biodireito.* Tem a finalidade de prestar apoio técnico e assessoramento na formulação de políticas públicas relacionadas à localização, à construção, à instalação, à ampliação, à modificação e à operação de equipamentos e aparelhos que geram campos eletromagnéticos não ionizantes na faixa de freqüências entre 0 e 300 GHz, especialmente quanto aos aspectos referentes à exposição humana e ambiental. À Comissão Nacional de Bioeletromagnetismo compete: a) avaliar a legislação nacional e internacional sobre Bioeletromagnetismo, objetivando propor e recomendar alteração ou edição de leis e normas; b) identificar necessidades e impulsionar estudos necessários à avaliação dos impactos dos equipamentos e aparelhos voltados à saúde humana e ao meio ambiente; c) identificar oportunidades de fomento à inovação tecnológica, com vistas à melhoria do desempenho e da qualidade desses equipamentos; e d) analisar e emitir parecer sobre temas que lhe forem submetidos pelo Ministro de Estado Chefe da Casa Civil da Presidência da República.

COMISSÃO NACIONAL DE BIOÉTICA EM SAÚDE (CNBIOÉTICA). *Biodireito.* Órgão do Ministério da Saúde com a finalidade de: a) acompanhar a evolução das questões de bioética, no cenário científico nacional e internacional; b) assessorar, por meio da realização de estudos e elaboração de pareceres, o Ministro de Estado da Saúde quanto aos assuntos relacionados com os aspectos éticos do progresso do conhecimento científico e tecnológico no campo das ciências da saúde e da vida humana, bem como quanto ao estabelecimento de políticas de saúde e prioridades para a alocação de recursos; c) emitir recomendações sobre os temas que lhe forem submetidos; d) propor a realização de fóruns de discussão; e) assessorar os demais órgãos governamentais em questões éticas relacionadas com as ciências da saúde; f) apresentar ao Ministro de Estado da Saúde relatório anual de suas atividades; g) elaborar seu regimento interno, que será aprovado em ato do Ministro de Estado da Saúde.

COMISSÃO NACIONAL DE CARTOGRAFIA (CONCAR). *Direito administrativo.* Órgão colegiado integrante da estrutura organizacional do Ministério do Planejamento e Orçamento e Gestão, que tem por finalidade assessorar o Ministro de Estado na supervisão do Sistema Cartográfico Nacional, coordenando a execução da política cartográfica nacional. A CONCAR, para consecução de sua finalidade, desenvolve as atividades de: a) coordenar a execução da Política Cartográfica Nacional; b) elaborar, manter atualizado e coordenar a execução do Plano Cartográfico Nacional, composto essencialmente pelos planos e programas da Cartografia Sistemática Básica, da Temática e da Especial; c) coordenar planos e programas não integrantes do Plano Cartográfico Nacional que sejam de interesse comum do Sistema Cartográfico Nacional, ressalvados aqueles de competência legal de órgão específico; d) interagir com os órgãos quanto à normatização e ao controle de qualidade dos produtos cartográficos; e) elaborar, em época oportuna, proposta orçamentária destinada a atender à demanda requerida pelo Plano Cartográfico Nacional; f) estabelecer critérios para a distribuição de recursos previstos em lei ou para a dinamização da produção cartográfica, para órgãos e entidades públicos que executem atividades cartográficas de interesse do Sistema Cartográfico Nacional; g) criar e extinguir comitês especializados; h) propor alterações na composição da CONCAR; i) propor medidas destinadas ao incentivo e aperfeiçoamento do ensino e da pesquisa cartográfica; j) promover o estabelecimento de um sistema de apoio recíproco entre órgãos e entidades públicos que executem atividades cartográficas de interesse do Sistema Cartográfico Nacional, de forma a obter, pela integração de meios, plena utilização de equipamentos, serviços e demais recursos demandados pelos processos de produção cartográfica; k) promover o intercâmbio com entidades congêneres de outros países; l) obter informações junto a órgãos e entidades integrantes ou não do Sistema Cartográfico Nacional que desenvolvam atividades cartográficas, promovendo a implantação e operação de um sistema de informações cartográficas capaz de garantir os fluxos de dados necessários à interação de atividades no contexto do Plano Cartográfico Nacional; m) acompanhar os acordos internacionais que envolvam atividades cartográficas; n) fazer-se representar em eventos nacionais e internacionais, pronunciando-se sobre matéria referente à política cartográfica nacional, ressalvadas as atribuições específicas de órgãos da Administração federal; o) submeter à aprovação do Ministro de Estado do Planejamento e Orçamento as alterações do Regimento Interno que se fizerem necessárias; p) promover, sempre que necessário, a atualização das Instruções Reguladoras das Normas Técnicas da Cartografia Nacional.

COMISSÃO NACIONAL DE CLASSIFICAÇÃO (CONCLA). *Direito administrativo.* É o órgão colegiado, diretamente subordinado ao ministro de Estado do Planejamento, Orçamento e Gestão, que tem por finalidade: a) assessorar o ministro de Estado do Planejamento e Orçamento na supervisão do Sistema Estatístico Nacional (SEN), atuando especialmente no estabelecimento e monitoramento de normas e padronização do Sistema de Classificação das Estatísticas Nacionais; b) examinar e aprovar as classificações; c) expedir ato formalizando as classificações; d) atuar como curadora do Sistema de Classificação.

COMISSÃO NACIONAL DE DESENVOLVIMENTO SUSTENTÁVEL DAS COMUNIDADES TRADICIONAIS. *Direito agrário* e *direito ambiental.* Tem as seguintes finalidades: a) estabelecer a Política Nacional de Desenvolvimento Sustentável das Comunidades Tradicionais; b) apoiar, propor, avaliar e harmonizar os princípios e diretrizes da política pública relacionada ao desenvolvimento sustentável das comunidades tradicionais no âmbito do Governo Federal; c) propor as ações de políticas públicas para a implementação da Política Nacional de Desenvolvimento Sustentável das Comunidades Tradicionais, considerando as dimensões sociais e econômicas e assegurando o uso sustentável dos recursos naturais; d) propor medidas de articulação e harmonização das políticas públicas setoriais, estaduais e municipais, bem como atividades de implementação dos objetivos da Política Nacional de Desenvolvimento Sustentável das Comunidades Tradicionais, estimulando a descentralização da execução das ações; e) articular e propor ações para a implementação dessas políticas, de forma a atender a situações que exijam providências especiais ou de caráter emergencial; f) acompanhar a implementação da Política Nacional de Desenvolvimento Sustentável das Comunidades Tradicionais no âmbito do Governo Federal; g) sugerir critérios para a regulamentação das atividades de agroextrativismo; e h) propor, apoiar e acompanhar a execução, pelo Governo Federal, de estratégias voltadas ao desenvolvimento do agroextrativismo.

COMISSÃO NACIONAL DE DOENÇAS SEXUALMEN-TE TRANSMISSÍVEIS E SÍNDROME DA IMUNODE-FICIÊNCIA ADQUIRIDA (CNDST/AIDS). *Direito administrativo.* É órgão de caráter consultivo, com a finalidade de assessorar o Ministério da Saúde na formulação da política de prevenção, controle e assistência às DST/HIV/AIDS Compete à CNDST/AIDS: a) assessorar a Secretaria de Vigilância em Saúde na formulação e emissão de parecer sobre a política de prevenção e controle das Doenças Sexualmente Transmissíveis e AIDS; b) colaborar para a elaboração das diretrizes a serem observadas pelo Programa de DST/AIDS da Secretaria de Vigilância em Saúde (SVS/MS); c) assessorar o Ministério da Saúde no monitoramento das atividades do Programa de DST/AIDS/SVS/MS, contribuindo na discussão para redirecionamento de estratégias; d) desempenhar papel de articulação política, mobilizando setores do governo e da sociedade civil para o controle da epidemia do HIV/AIDS; e) assessorar a Secretaria de Vigilância em Saúde na produção teórico-científica em DST/AIDS, identificando necessidades, sugerindo e intervindo ativamente na mesma; f) incentivar a interlocução com os demais setores governamentais e outros segmentos afins, de acordo com os princípios do Sistema Único de Saúde.

COMISSÃO NACIONAL DE ENERGIA. *Direito administrativo.* Órgão que tem a finalidade de assessorar o presidente da República na formulação da política nacional de energia.

COMISSÃO NACIONAL DE ENERGIA NUCLEAR. *Vide* CNEN.

COMISSÃO NACIONAL DE ÉTICA EM PESQUISA (CONEP/MS) *Direito administrativo* e *biodireito.* Instância colegiada, de natureza consultiva, deliberativa, normativa, educativa, independente, vinculada ao Conselho Nacional de Saúde, com o escopo de, por exemplo: a) estimular a criação de Comitês de Ética em Pesquisa; b) aprovar protocolos de pesquisa alusiva à genética humana, à reprodução humana, à população indígena, ao uso de medicamentos, vacinas e testes-diagnósticos novos, aos projetos que envolvam aspectos de biossegurança; c) estabelecer normas específicas no campo da ética em pesquisa; d) proibir ou interromper pesquisas etc. Tem por primordial escopo o exame dos aspectos éticos da pesquisa envolvendo seres humanos, a adequação e atualização das normas atinentes.

COMISSÃO NACIONAL DE INCENTIVO À CULTURA (CNIC). Órgão colegiado integrante da estrutura básica do Ministério da Cultura, que tem por finalidade analisar e opinar sobre a concessão de benefícios fiscais a projetos culturais e artísticos e o seu enquadramento no Programa Nacional de Apoio à Cultura (PRONAC). Compete, ainda, à Comissão Nacional de Incentivo à Cultura (CNIC), manifestar-se sobre: a) prioridades para o fomento de projetos já aprovados que tiverem sido enquadrados nos objetivos do PRONAC; b) prorrogações de prazos para a captação de recursos de doações ou patrocínios; c) programas de trabalho anuais, equiparados a projetos, apresentados por instituições consideradas de relevância nacional; d) vinculação entre instituições culturais sem fins lucrativos e as empresas ou entidades que as instituíram; e) pedidos de reconsideração, interpostos ao Ministro de Estado da Cultura, que forem submetidos ao seu exame; f) estudos, proposições e sugestões que lhes forem encaminhadas visando ao aperfeiçoamento da legislação instituidora do PRONAC e as normas complementares; g) outras atividades de consultoria e assessoramento, relacionadas aos fins institucionais da CNIC, propostas pelo Ministro de Estado da Cultura.

COMISSÃO NACIONAL DE POLÍTICA INDIGENISTA (CNPI). *Direito administrativo.* Entidade instituída, no âmbito do Ministério da Justiça. À CNPI compete: a) elaborar anteprojeto de lei para criação do Conselho Nacional de Política Indigenista, que deverá integrar a estrutura do Ministério da Justiça; b) propor, acompanhar e colaborar na organização e realização da 1ª Conferência Nacional de Política Indigenista; c) propor diretrizes, instrumentos, normas e prioridades da política nacional indigenista, bem como estratégias de acompanhamento, monitoramento e avaliação das ações desenvolvidas pelos órgãos da administração pública federal, relacionadas com a área indigenista; d) apoiar e articular os diferentes órgãos e estruturas responsáveis pela execução das ações dirigidas às populações indígenas, acompanhando a execução orçamentária dessas ações no âmbito do plano plurianual; e) propor a atualização da legislação e acompanhar a tramitação de proposições e demais atividades parlamentares relacionadas com a política indigenista; f) incentivar a participação dos povos indígenas na formulação e execução da política indigenista do Governo Federal; e g) apoiar a capacitação técnica dos executores da política indigenista.

COMISSÃO NACIONAL DE POPULAÇÃO E DESENVOLVIMENTO (CNPD). *Direito administrativo.* É a instituída com a finalidade de contribuir para a formulação de políticas e implementação de ações integradas relativas à população e ao desenvolvimento, conforme recomendações contidas no Programa de Ação Mundial, bem como monitorar, avaliar e revisar a execução dessas políticas e ações. Compete à Comissão Nacional de População e Desenvolvimento: a) estimular e apoiar a elaboração de estudos atualizados da situação populacional nacional, regional e municipal; b) reunir, sistematizar, avaliar e divulgar informações coletadas junto às áreas afetas ao tema população e desenvolvimento; c) promover análises do impacto demográfico das políticas governamentais e das ações da iniciativa privada; d) estabelecer diálogo permanente com instituições e entidades, nacionais e internacionais, cujos objetivos e atividades possam trazer contribuição relevante para as questões de população e desenvolvimento; e) identificar e considerar as demandas da sociedade no tocante às questões de população e desenvolvimento; f) estimular a progressão, integração e compatibilização dos diversos sistemas de produção de informações na área de população e desenvolvimento; g) sistematizar informações sobre os recursos disponíveis, públicos e privados, nacionais e estrangeiros, e contribuir para a mobilização de novos recursos para programas e ações na área de população e desenvolvimento, a fim de sugerir prioridades e otimizar sua aplicação; h) promover iniciativas destinadas a ampliar a capacitação, o treinamento e o ensino na área dos estudos de população e desenvolvimento; i) contribuir para melhorar o acesso dos vários segmentos da sociedade a serviços de informação, educação e comunicação sobre as questões de população e desenvolvimento.

COMISSÃO NACIONAL DE PREVENÇÃO DA VIOLÊNCIA E SEGURANÇA NOS ESPETÁCULOS ESPORTIVOS (CONSEGUE). *Direito desportivo.* Órgão com a finalidade de apoiar e acompanhar a implantação da política nacional de prevenção da violência e segurança nos espetáculos esportivos. Tem competência para: a) propor medidas capazes de reduzir os índices de acidentes, violência e criminalidade nos estádios e locais de práticas desportivas; b) apoiar as iniciativas adotadas pelo Estatuto de Defesa do Torcedor; c) acompanhar a implantação de políticas públicas que visem à segurança dos torcedores, bem como à adequação e melhoria dos estádios; d) articular os diversos órgãos públicos e organizações da sociedade civil para a cooperação, a troca de experiências e o desenvolvimento regular das ações conjuntas necessárias à efetividade de política nacional de prevenção da violência e segurança nos espetáculos esportivos; e) identificar, sistematizar e apoiar a disseminação, em âmbito nacional, das melhores práticas verificadas na área esportiva, de caráter local ou estadual; f) elaborar e difundir diretrizes e orientações técnicas para o aperfeiçoamento das estratégias de ação pelos diversos agentes e dos vários setores envolvidos com o esporte; g) propor e opinar sobre normas e regulamentações para o funcionamento dos estádios e a realização de espetáculos esportivos em condições de conforto e segurança; h) articular o apoio técnico e financeiro para o desenvolvimento, a implementação e a avaliação de medidas de caráter estratégico ou prioritário, para a implantação da política nacional de prevenção da violência e segurança nos espetáculos esportivos, por meio de convênios e parcerias com os vários órgãos públicos e organizações da sociedade civil; i) acompanhar a implementação das políticas propostas e colaborar para o seu aperfeiçoamento em cada localidade ou estabelecimento esportivo; e j) elaborar seu regimento interno.

COMISSÃO NACIONAL DE RECURSOS MINERAIS (CNRM). *Direito administrativo.* Órgão instituído com a finalidade de assessorar o presidente da República na formulação da política nacional de recursos minerais, cabendo-lhe, especialmente: a) estudar e propor ações que objetivem o melhor aproveitamento dos recursos minerais, visando ao aumento da eficiência da sua avaliação, produção, transformação, comercialização e uso; b) propor e acompanhar a realização de estudos prospectivos sobre avaliação, produção, transformação, comercialização e uso dos recursos minerais.

COMISSÃO NACIONAL DE SEGURANÇA PÚBLICA NOS PORTOS, TERMINAIS E VIAS NAVEGÁVEIS. *Direito administrativo* e *direito marítimo.* Órgão que tem por fim elaborar e implementar sistema de prevenção e repressão a atos ilícitos nos portos terminais e vias navegáveis, competindo-lhe, para tanto: a) baixar normas, em nível nacional, sobre segurança pública nos portos, terminais e vias navegáveis; b) elaborar projetos específicos de segurança pública nos portos, terminais e vias navegáveis e, por via diplomática, buscar junto à Organização Marítima Internacional (IMO) assistência técnica e financeira de países doadores e instituições financeiras internacionais; c) apresentar sugestões às autoridades competentes para o aperfeiçoamento da legislação pertinente, inclusive consolidação de leis e regulamentos; d) avaliar programas de aperfeiçoamento das atividades de segurança pública nos portos, terminais e vias navegáveis; e) manter acompanhamento estatístico dos ilícitos penais ocorridos nos portos, terminais e vias navegáveis e dos resultados das investigações e das punições aplicadas; f) encaminhar aos órgãos competentes avaliações periódicas sobre as necessidades relativas à segurança pública nos portos, terminais e vias navegáveis; g) elaborar seu regimento interno e submetê-lo à aprovação do ministro de Estado da Justiça; h) criar e instalar comissões estaduais de segurança pública nos portos, terminais e vias navegáveis, fixando-lhes as atribuições; i) orientar as comissões estaduais, no que for cabível.

COMISSÃO NACIONAL PERMANENTE DE DEFESA DO CONSUMIDOR. *Direito do consumidor.* É a sediada no Distrito Federal e vinculada à Secretaria do Direito Econômico do Ministério da Justiça, tendo por fim assessorar esse órgão na formulação e condução da política nacional de defesa do consumidor, e especificamente: a) elaborar, revisar e atualizar as normas relativas à produção, industrialização, distribuição e consumo de produtos e serviços; b) emitir pareceres, por solicitação da Secretaria de Direito Econômico, que visem uniformizar ou orientar decisões relevantes no âmbito da defesa do consumidor.

COMISSÃO NAVAL BRASILEIRA NA EUROPA. *Direito internacional marítimo.* Órgão integrante da estrutura do Comando da Marinha, subordinado diretamente à Secretaria-Geral da Marinha, tem como propósito contribuir para o apoio logístico das Forças Navais e Organizações Militares da Marinha do Brasil (MB), no tocante às atividades de obtenção e tráfego de carga no exterior. À Comissão Naval Brasileira na Europa (CNBE) compete: a) executar as atividades gerenciais de obtenção de material e de serviços de emprego militar, assim como aquelas atinentes ao tráfego de carga, efetuando a prévia pesquisa de mercado, de forma a assegurar as melhores condições de preço, qualidade e prazos de entrega e pagamento; b) administrar o reparo e a revisão de material; c) recrutar, selecionar, contratar e dispensar auxiliares locais (AL), nos termos da legislação em vigor; d) administrar os recursos e compromissos financeiros sob sua responsabilidade; e) executar as atividades administrativas e de apoio ao pessoal em comissão, delegação e representação, em cursos ou em trânsito, bem como prestar apoio às aditâncias, dentro de suas respectivas áreas de responsabilidade; f) contribuir para a execução, a coordenação e o controle das atividades relacionadas com a obtenção de informações técnico-científicas julgadas de interesse da Marinha do Brasil; g) acompanhar a evolução tecnológica dos materiais e equipamentos de interesse das Forças Armadas; h) divulgar as Forças Armadas e a indústria brasileira de material de defesa na medida de suas possibilidades e na esfera de ação; i) acompanhar os acordos administrativos celebrados pela MB no exterior; j) executar as atividades administrativas e de apoio à Representação Permanente do Brasil junto à Organização Marítima Internacional (RPB-IMO).

COMISSÃO PARA ANÁLISE DA APLICAÇÃO DE DECISÕES JUDICIAIS (CAADJ). *Direito administrativo.* Tem a finalidade de eliminar pagamentos irregulares e obter a restituição de eventuais valores pagos indevidamente pelo Poder Executivo em decorrência de decisões proferidas em processos instaurados por servidores públicos, ativos e inativos, e pensionistas da União, de suas autarquias e fundações. Compete à CAADJ: a) proceder ao levantamento das ações ajuizadas por servidores públicos, ativos e inativos, e pensionistas da União, de suas autarquias e fundações, identificando aquelas em fase de execução; b) proceder ao levantamento de decisões administrativas extensivas de vantagens concedidas judicialmente, identificando os beneficiados, a despesa, o embasamento jurídico e demais informações necessárias ao exame de sua legalidade; c) levantar e identificar as decisões ainda passíveis de recurso ou de ação rescisória; d) recomendar aos órgãos integrantes do Sistema de Pessoal Civil da Administração Federal a suspensão de pagamentos irregulares e a adoção de providências com o objetivo de ressarcir os cofres públicos dos eventuais prejuízos sofridos; e) propor a inscrição em dívida ativa da União de débitos não pagos de servidores públicos; f) identificar o estágio em que se encontram as ações rescisórias propostas contra decisões judiciais proferidas em desacordo com a jurisprudência do Supremo Tribunal Federal ou dos Tribunais Superiores; g) solicitar informações e requisitar documentos dos órgãos setoriais e seccionais do Sistema de Pessoal Civil da Administração Federal e dos órgãos integrantes e vinculados à Advocacia-Geral da União; h) solicitar a adoção de providências e a proposição de medidas judiciais cabíveis em defesa da União, de suas autarquias e fundações; i) dar conhecimento ao Gabinete do Advogado-Geral da União de evidências de prática de atos irregulares na defesa judicial da União, suas autarquias e fundações, identificando a sua autoria, para fins de exame e instauração de processo administrativo disciplinar cabível.

COMISSÃO PARA COORDENAÇÃO DO PROJETO DO SISTEMA DE VIGILÂNCIA DA AMAZÔNIA (CCSIVAM). *Direito militar.* Órgão do Comando da Aeronáutica, com sede no Rio de Janeiro, que tem por fim coordenar as ações relativas à implantação do Sistema de Vigilância da Amazônia (SIVAM), integrante do Sistema de Proteção da Amazônia (SIPAM). Tal comissão tem por atribuições: a) a execução das atividades destinadas à implantação do SIVAM, as quais envolvem, entre outras, a aprovação de concepções técnicas e operacionais, a aprovação de projetos, ressalvados aqueles cuja especificação e configuração tenham sido preestabelecidas pelas autoridades superiores, o planejamento, a supervisão, o controle, a fiscalização e o recebimento dos diversos elementos envolvidos na implantação do Sistema, bem como sua operacionalização integrada ao SIPAM; b) a cooperação com a Secretaria de Assuntos Estratégicos da Presidência da República (SAE) na integração do Sistema de Vigilância da Amazônia ao Sistema de Proteção da Amazônia (SIPAM). Ao Presidente da CCSivam compete: a) orientar e dirigir os trabalhos da Comissão; b) representar a CCSivam em todos os atos legais que se fizerem necessários à implantação do Sivam; c) aprovar as concepções, os projetos, as configurações, as especificações e demais documentações envolvidas na implantação e operacionalização dos diversos elementos do Sistema; d) submeter à autoridade competente as propostas orçamentárias anual e plurianual; e) coordenar com as diferentes organizações do Comando da Aeronáutica a eventual participação destas na execução do projeto; f) exercer a coordenação da implantação do Sistema junto à Secretaria de Assuntos Estratégicos e, através desta, junto aos demais participantes do SIPAM; g) assinar os termos contratuais que tenham a CCSivam como parte.

COMISSÃO PARA GERENCIAMENTO DOS RECURSOS DE INFORMAÇÃO E INFORMÁTICA (COGEI). *Direito administrativo.* Órgão colegiado setorial, integrante do Sistema de Administração de Recursos da Informação e Informática, que atende a necessidade de definição, unificação e implementação de política e diretrizes voltadas para a administração dos recursos de informação e informática dos órgãos e entidades do Ministério do Planejamento, Orçamento e Gestão, com a finalidade de: a) propor a formulação de políticas e diretrizes voltadas à administração dos recursos de informação e informática a serem implementadas no âmbito dos órgãos e entidades do ministério; b) propor diretrizes e normas para planejamento e gestão dos recursos da informação e informática, bem como fornecer subsídios à Coordenação-Geral de

Modernização e Informática (CGMI), com vistas ao cumprimento de sua competência como órgão setorial do SISP; c) propor a elaboração de planos, programas e projetos de capacitação e aperfeiçoamento de recursos humanos para a área de informática; d) avaliar os processos de compras de materiais e equipamentos de informática; e) propor as diretrizes, acompanhar e avaliar o Sistema Integrado de Informações, bem como homogeneizar o entendimento das políticas e diretrizes definidas.

COMISSÃO PARLAMENTAR. *Ciência política* e *direito constitucional.* Grupo constituído por parlamentares em número fixado pelo regimento interno do Senado ou da Câmara dos Deputados, observando-se a representação proporcional dos partidos, para estudar e dar parecer sobre assuntos a serem submetidos à apreciação do plenário.

COMISSÃO PARLAMENTAR CONJUNTA. *Direito internacional público.* Órgão representativo dos parlamentos dos Estados-Partes no Mercosul, que, tendo caráter consultivo e deliberativo de propostas, acelera a incorporação das Normas-Mercosul ao ordenamento interno dos Estados-Partes.

COMISSÃO PARLAMENTAR DE INQUÉRITO. *Direito constitucional.* Órgão colegiado que é, em sua essência, uma agência administrativa da Câmara ou do Senado que a instituiu, como diz Hatschek, constituída por parlamentares, a requerimento de um terço dos membros do Senado, da Câmara dos Deputados ou de ambas as Casas, para cuidar de assuntos de sua específica competência, tendo poderes de investigação e apuração de fatos, excercendo funções de natureza similar às judiciárias. Os presidentes da Câmara dos Deputados, do Senado Federal ou do Congresso Nacional encaminharão o relatório da Comissão Parlamentar de Inquérito respectiva, e a resolução que o aprovar, aos chefes do Ministério Público da União ou dos Estados, ou ainda às autoridades administrativas ou judiciais com poder de decisão, conforme o caso, para a prática de atos de sua competência. A autoridade a quem for encaminhada a resolução informará ao remetente, no prazo de trinta dias, as providências adotadas ou a justificativa pela omissão. A autoridade que presidir processo de procedimento, administrativo ou judicial, instaurado em decorrência de conclusões da Comissão Parlamentar de Inquérito,

comunicará, semestralmente, a fase em que se encontra, até a sua conclusão. Tal processo ou procedimento terá prioridade sobre qualquer outro, exceto sobre aquele relativo a pedido de *habeas corpus, habeas data* e mandado de segurança.

COMISSÃO PARLAMENTAR PERMANENTE. *Direito constitucional.* É a que representa o Congresso Nacional, eleita pelas suas duas Casas, por ocasião da última sessão ordinária do período legislativo, para funcionar durante os recessos parlamentares, sendo composta por parlamentares na proporção da representação partidária, e cuja função, além das que estão arroladas no regimento comum, é receber queixas e apurar omissões legislativas.

COMISSÃO PARLAMENTAR TEMPORÁRIA OU ESPECIAL. *Direito constitucional.* Órgão deliberativo instituído por qualquer uma das Casas do Congresso Nacional, ou por ambas, para apurar ou estudar imediatamente algum fato ou questão de grande relevância, exercendo as funções previstas no ato de sua criação ou no regimento interno da Casa do Congresso Nacional que o estabeleceu. Assim que cumprir sua tarefa, essa comissão extinguir-se-á de modo automático.

COMISSÃO PERMANENTE. *Direito administrativo.* É a instituída para exercer suas funções com continuidade, passando a fazer parte integrante da estrutura administrativa.

COMISSÃO PERMANENTE CONSULTIVA DE REFERÊNCIA E ESTUDOS DA ASSISTÊNCIA SOCIAL. *Direito previdenciário.* Tem por objetivo recuperar e preservar a memória da Assistência Social, tendo o dever de: a) sugerir diretrizes para a política de recuperação e preservação da documentação histórica da Assistência Social, institucionalizando sua memória; b) propor e opinar sobre estudos e pesquisas prioritários na área de Assistência Social; c) organizar estudos sobre a Assistência Social; d) difundir o papel dos profissionais e pioneiros da Assistência Social.

COMISSÃO PERMANENTE DE CRENOLOGIA. *Direito administrativo.* É a diretamente subordinada ao Ministério de Minas e Energia, tendo por escopo colaborar no fiel cumprimento do Código de Águas Minerais. A Comissão Permanente de Crenologia poderá, se julgar necessário, assessorar-se a seu critério, de órgãos da Administração Pública Federal que tratem da matéria, de especialistas, técnicos de laboratórios, entidades de pesquisa ou entidades nacionais de classe de Águas Minerais Naturais, para assistir as seções e tomar parte nos debates, como membros conselheiros, com os mesmos direitos dos demais, exceto o de voto, os quais serão indicados pelos membros da Comissão e designados pelo Presidente desta. À Comissão Permanente de Crenologia compete: a) examinar, quando necessário, os relatórios de pesquisa e os planos de aproveitamento econômico de fontes de Águas Minerais Naturais, a fim de emitir parecer sobre suas potencialidades e indicadores que possam comprovar a caracterização de suas águas como coadjuvantes terapêuticos; b) classificar as estâncias hidrominerais segundo as características terapêuticas de suas Águas Minerais Naturais e quanto a sua adequação às normas sanitárias vigentes; c) emitir parecer sobre os dizeres que deverão constar nos rótulos, exclusivamente no que se referir às qualidades terapêuticas das Águas Minerais Naturais e demais produtos crenoterápicos e suas contra-indicações; d) estabelecer as condições básicas, sob o ponto de vista médico, para os regulamentos das atividades crenoterapêuticas; e) estabelecer, coordenar, divulgar e fomentar a doutrina crenológica e cursos multi e interdisciplinares em todo o território nacional; f) opinar, no âmbito do Departamento Nacional de Produção Mineral (DNPM), em todos os assuntos relativos às potencialidades das Águas Minerais Naturais e demais produtos crenológicos e crenoterápicos como coadjuvantes terapêuticos; g) sugerir medidas tendentes a incrementar a indústria de Águas Minerais Naturais e as atividades crenoterápicas, tendo em vista a necessidade de aumentar a utilidade social dessas atividades; e h) propor e incentivar a pesquisa e a publicação de trabalhos especializados e emitir pareceres sobre o mérito daqueles que lhe forem submetidos.

COMISSÃO PERMANENTE DE DIREITO SOCIAL (CPDS). *Direito administrativo* e *direito do trabalho.*

Órgão de consulta permanente do ministro do Trabalho e Emprego nos assuntos relacionados ao direito do trabalho, com a competência de: a) discutir questões ligadas à relação capital-trabalho que, por sua relevância ou urgência, exijam a formulação de proposta ou ação do Ministério; b) realizar debates a respeito de temas atuais sobre direito individual e coletivo do trabalho; c) apreciar projetos de lei em curso no Congresso Nacional e sobre eles dar parecer,

objetivando harmonizar suas disposições com as leis trabalhistas vigentes, bem como aprimorar seu conteúdo ou técnica legislativa; d) emitir parecer sobre tratados, convenções e recomendações internacionais, a respeito de assuntos ligados ao trabalho; e) elaborar os relatórios, inclusive o anual, destinados à Organização Internacional do Trabalho (OIT), sobre o cumprimento, em nível nacional, das obrigações decorrentes da Constituição da OIT, bem assim sobre a compatibilização da legislação brasileira com os acordos e convenções relativas à área do trabalho, ratificados pelo Brasil junto a organismos internacionais; f) elaborar minutas de proposições de conteúdo normativo e opinar sobre as elaboradas por Secretarias ou Comissões Especiais do Ministério, ou em curso no Congresso Nacional, quando determinado pelo ministro de Estado; g) responder às questões encaminhadas pelo ministro de Estado; h) opinar sobre toda a matéria de caráter internacional de interesse da Pasta e, especialmente, sobre as questões constantes da ordem do dia de conferências, seminários e reuniões promovidas por entidades internacionais de direito público ou privado, com as quais o governo brasileiro mantenha relações diplomáticas; i) colaborar, sob a orientação direta do ministro de Estado, na participação do Brasil nas conferências, seminários e reuniões aludidas no inciso anterior, no que concerne às teses e proposições a serem apresentadas, em articulação com a Assessoria Internacional; j) elaborar seu regimento interno e submetê-lo à aprovação do ministro de Estado.

COMISSÃO PERMANENTE DE INTERAÇÃO DE ESTUDOS MILITARES (CPIEM). *Direito militar.* É a que tem as seguintes finalidades: a) propor diretrizes gerais para a interação ou harmonização de atividades acadêmico-militares, observadas as peculiaridades de cada Força; b) propor medidas que permitam o estabelecimento de equivalência entre cursos de mesma natureza; c) levantar e acompanhar as atividades de interesse comum referentes a cursos das Forças e da ESG, buscando, sempre que possível, harmonizá-las; d) propor intercâmbio e cooperação com organismos públicos e privados em assuntos de interesse de mais de uma Força; e e) propor programas de cooperação e fomento em assuntos ligados à Defesa, do interesse do MD e das Forças Singulares.

COMISSÃO PERMANENTE DE LEGISLAÇÃO PARTICIPATIVA DO SENADO FEDERAL. *Ciência política.* É a que tem competência para opinar sobre: a) sugestões legislativas apresentadas por associações e órgão de classe, sindicatos e entidades organizadas da sociedade civil, exceto partidos políticos com representação política no Congresso Nacional; b) pareceres técnicos, exposições e propostas oriundas de entidades científicas e culturais e de qualquer das entidades mencionadas acima. As sugestões legislativas que receberem parecer favorável da Comissão serão transformadas em proposição legislativa de sua autoria e encaminhadas à Mesa, para tramitação, ouvidas as comissões competentes para o exame do mérito. As sugestões que receberem parecer contrário serão encaminhadas ao arquivo.

COMISSÃO PERMANENTE DE LICITAÇÃO. *Direito administrativo.* É a que tem competência para receber, examinar e julgar todos os documentos e procedimentos relativos às licitações e ao cadastramento de licitantes, e especificamente: a) elaborar editais de Concorrência, Tomada de Preços e Convite, com as respectivas minutas de contrato, quando for o caso; b) elaborar avisos de licitações; c) responder às solicitações de esclarecimentos sobre o instrumento convocatório, exceto no que tange a aspectos técnicos e judiciais; d) responder às impugnações ao instrumento, procedendo às alterações necessárias, quando for o caso; e) proceder à habilitação dos licitantes e ao julgamento e classificação das propostas por eles apresentadas; f) analisar e julgar os recursos interpostos contra resultado de habilitação e de julgamento de propostas.

COMISSÃO PERMANENTE DE SAÚDE AMBIENTAL. *Direito ambiental.* Órgão do âmbito do Ministério da Saúde, com a finalidade de avaliar as proposições para a Política de Saúde Ambiental, com competência para: a) propor e acompanhar a Política de Saúde Ambiental do Ministério da Saúde; b) propor normas, ações e atividades para os diferentes órgãos do Ministério da Saúde, vinculados à saúde ambiental, considerando a vigilância ambiental e suas relações com a saúde do trabalhador, vigilância sanitária, engenharia de saúde pública e outras a ela relacionadas; c) propor, acompanhar e avaliar o desenvolvimento do Plano de Trabalho Plurianual de Saúde Ambiental do Ministério da Saúde; d) orientar e acompanhar a participação de representantes do Ministério da Saúde e de seus órgãos vinculados, nos fóruns, comitês e comissões ministeriais e interministeriais relacionados à saúde ambiental; e) acompanhar e avaliar a implementação do Termo do Compromisso em Saúde Ambiental celebrado com o Ministério do Meio Ambiente.

COMISSÃO PERMANENTE PARA LICITAÇÃO INTERNACIONAL DE PRODUTOS FARMACÊUTICOS DA LINHA HUMANA E DOS RESPECTIVOS INSUMOS. *Direito administrativo* e *direito internacional privado.* Órgão que deve verificar rigorosamente a licitação internacional de produtos farmacêuticos da linha humana e dos respectivos insumos, controlando sua qualidade técnica e eficácia comprovada para o programa de atenção à saúde, exigindo, por exemplo, o registro emitido pelo órgão de controle sanitário no país de origem de sua fabricação, o atestado de organismos internacionais sobre sua qualidade e efeitos, a apresentação prévia pelos licitantes de amostras, que serão submetidas a exames, testes, laudos e comprovações técnicas por laboratórios oficiais designados pelo Ministério da Saúde etc.

COMISSÃO PROCESSANTE. *Direito administrativo.* **1.** *Vide* COMISSÃO DE DELITO. **2.** Conjunto de três agentes administrativos para apurar, mediante processo administrativo, faltas cometidas por funcionários públicos.

COMISSÃO QUADRIPARTITE. *Direito administrativo* e *direito do trabalho.* É a instituída, no âmbito do Ministério do Trabalho e Emprego, de caráter consultivo, com o objetivo de propor programa de fortalecimento do salário mínimo e analisar os seus impactos no mercado de trabalho, na Previdência Social e nas políticas de assistência e desenvolvimento social no âmbito do Governo Federal e dos demais entes federativos.

COMISSÃO ROGATÓRIA. *Vide* CARTA ROGATÓRIA.

COMISSÃO SINDICANTE. *Vide* COMISSÃO DE DELITO E COMISSÃO DE SINDICÂNCIA.

COMISSÃO TÉCNICA DA MOEDA E DO CRÉDITO (COMOC). *Direito bancário.* Órgão de assessoramento técnico para o Conselho Monetário Nacional (CMN), na formulação da política da moeda e do crédito do País.

COMISSÃO TÉCNICA DE SEMENTES E MUDAS DE ESPÉCIES FLORESTAIS NATIVAS E EXÓTICAS. *Direito ambiental.* Órgão colegiado do Ministério da

Agricultura, Pecuária e Abastecimento, tem por finalidade atuar, em caráter consultivo e de assessoramento, na elaboração da política nacional de produção, comercialização e utilização de sementes e mudas de espécies florestais nativas e exóticas, bem como sugerir critérios para sua aplicação.

COMISSÃO TÉCNICA E MULTIDISCIPLINAR DE ATUALIZAÇÃO DA RELAÇÃO NACIONAL DE MEDICAMENTOS ESSENCIAIS (COMARE). *Direito à saúde.*

Instância colegiada, de natureza consultiva e educativa, vinculada à Secretaria de Políticas de Saúde do Ministério da Saúde, com a finalidade de realizar avaliação sistemática da relação dos medicamentos e demais produtos farmacêuticos constantes da Rename e indicar as alterações necessárias, com o propósito de selecionar aqueles mais adequados para atender às necessidades de assistência à saúde da maioria da população, resguardando os critérios de seleção adotados: 1) valor terapêutico comprovado, com suficientes informações clínicas na espécie humana e em condições controladas, sobre a atividade terapêutica e farmacológica; 2) baixa toxicidade; 3) composição perfeitamente conhecida, com somente um princípio ativo, excluindo-se, sempre que possível, as associações fixas; 4) denominação pelo princípio ativo, conforme Denominação Comum Brasileira (DCB) ou, na sua falta, conforme Denominação Comum Internacional (DCI); 5) informações suficientes sobre as características farmacocinéticas, farmacodinâmicas e farmacotécnicas; 6) estabilidade em condições de estocagem e uso; 7) menor custo de aquisição, armazenamento, distribuição e controle; 8) menor custo no tratamento/dia e custo total do tratamento, resguardadas a qualidade, segurança e eficácia; 9) formas farmacêuticas, apresentações e dosagem, considerando: a) comodidade para a administração aos pacientes; b) faixa etária; c) facilidade para cálculo da dose a ser administrada; d) facilidade de fracionamento ou multiplicação das doses.

COMISSÃO TÉCNICA NACIONAL DE BIOSSEGURANÇA (CTNBio). *Direito ambiental* e *biodireito.* Órgão integrante do Ministério da Ciência e Tecnologia, que é instância colegiada multidisciplinar de caráter consultivo e deliberativo, para prestar apoio técnico e de assessoramento ao Governo Federal na formulação, atualização e implementação da Política Nacional de Biosseguran-

ça (PNB) de Organismos Geneticamente Modificados (OGM) e seus derivados, bem como no estabelecimento de normas técnicas de segurança e de pareceres técnicos referentes à autorização para atividades que envolvam pesquisa e uso comercial de OGM e seus derivados, com base na avaliação de seu risco zoofitossanitário, à saúde humana e ao meio ambiente, tendo como diretrizes o estímulo ao avanço científico na área de biossegurança e biotecnologia, a proteção à vida e à saúde humana, animal e vegetal e a observância do princípio da precaução para a proteção do meio ambiente. É a que tem a finalidade de acompanhar o desenvolvimento e o progresso técnico e científico na engenharia genética, na biotecnologia, na bioética, na biossegurança e em áreas afins, no estrito respeito à segurança dos consumidores e da população em geral, em constante cuidado à proteção do meio ambiente, cabendo-lhe suscitar e propor todas as pesquisas e estudos complementares destinados a avaliar os riscos potenciais dos novos métodos e produtos disponíveis. É, portanto, a instância colegiada multidisciplinar, com a finalidade de prestar apoio técnico consultivo e de assessoramento ao Governo Federal na formulação, atualização e implementação da Política Nacional de Biossegurança relativa a organismo geneticamente modificado (OGM), bem como no estabelecimento de normas técnicas de segurança e pareceres técnicos conclusivos referentes à proteção da saúde humana, dos organismos vivos e do meio ambiente, para atividades que envolvam a construção, experimentação, cultivo, manipulação, transporte, comercialização, consumo, armazenamento, liberação e descarte de OGM e derivados. Tem a atribuição de: a) estabelecer normas para as pesquisas com OGM e derivados de OGM; b) estabelecer normas relativamente às atividades e aos projetos relacionados a OGM e seus derivados; c) estabelecer, no âmbito de suas competências, critérios de avaliação e monitoramento de risco de OGM e seus derivados; d) proceder à análise da avaliação de risco, caso a caso, relativamente a atividades e projetos que envolvam OGM e seus derivados; e) estabelecer os mecanismos de funcionamento das Comissões Internas de Biossegurança (CIBio), no âmbito de cada instituição que se dedique ao ensino, à pesquisa científica, ao desenvolvimento tecnológico e à produção industrial que envolvam OGM ou seus derivados; f) estabelecer requisitos relativos à biossegurança para autorização de funcionamento de laboratório, instituição ou empresa que desenvolverá atividades relacionadas a OGM e seus derivados; g) relacionar-se com instituições voltadas para a biossegurança de OGM e seus derivados, em âmbito nacional e internacional; h) autorizar, cadastrar e acompanhar as atividades de pesquisa com OGM ou derivado de OGM, nos termos da legislação em vigor; i) autorizar a importação de OGM e seus derivados para atividade de pesquisa; j) prestar apoio técnico consultivo e de assessoramento ao CNBS na formulação da PNB de OGM e seus derivados; k) emitir Certificado de Qualidade em Biossegurança (CQB) para o desenvolvimento de atividades com OGM e seus derivados em laboratório, instituição ou empresa e enviar cópia do processo aos órgãos de registro e fiscalização; l) emitir decisão técnica, caso a caso, sobre a biossegurança de OGM e seus derivados no âmbito das atividades de pesquisa e de uso comercial de OGM e seus derivados, inclusive a classificação quanto ao grau de risco e nível de biossegurança exigido, bem como medidas de segurança exigidas e restrições ao uso; m) definir o nível de biossegurança a ser aplicado ao OGM e seus usos, e os respectivos procedimentos e medidas de segurança quanto ao seu uso, conforme as normas estabelecidas na regulamentação legal, bem como quanto aos seus derivados; n) classificar os OGM segundo a classe de risco, observados os critérios estabelecidos no regulamento desta Lei; o) acompanhar o desenvolvimento e o progresso técnico-científico na biossegurança de OGM e seus derivados; p) emitir resoluções, de natureza normativa, sobre as matérias de sua competência; q) apoiar tecnicamente os órgãos competentes no processo de prevenção e investigação de acidentes e de enfermidades, verificados no curso dos projetos e das atividades com técnicas de ADN/ARN recombinante; r) apoiar tecnicamente os órgãos e entidades de registro e fiscalização, no exercício de suas atividades relacionadas a OGM e seus derivados; s) divulgar no Diário Oficial da União, previamente à análise, os extratos dos pleitos e, posteriormente, dos pareceres dos processos que lhe forem submetidos, bem como dar ampla publicidade no Sistema de Informações em Biossegurança (SIB) a sua agenda, processos em trâmite, relatórios anuais, atas das reuniões e demais informações sobre suas atividades, excluídas as informações sigilosas, de interesse comercial, apontadas pelo proponente e assim consideradas pela CTNBio; t) identificar atividades e produtos decorrentes do uso de OGM e seus derivados potencialmente causadores de degradação do meio ambiente ou que possam causar riscos à saúde humana; u) reavaliar suas decisões técnicas por solicitação de seus membros ou por recurso dos órgãos e entidades de registro e fiscalização, fundamentado em fatos ou conhecimentos científicos novos, que sejam relevantes quanto à biossegurança do OGM ou derivado, na forma legal; v) propor a realização de pesquisas e estudos científicos no campo da biossegurança de OGM e seus derivados; w) apresentar proposta de regimento interno ao Ministro da Ciência e Tecnologia.

COMISSÃO TÉCNICA NACIONAL DE DIVERSIDADE PARA ASSUNTOS RELACIONADOS À EDUCAÇÃO DOS AFRO-BRASILEIROS (CADARA). Com o objetivo de elaborar, acompanhar, analisar e avaliar políticas públicas educacionais, voltadas para o fiel cumprimento do disposto da lei que inclui a obrigatoriedade da temática "História e Cultura Afro-Brasileira" no Currículo Oficial da Rede de Ensino, visando a valorização e o respeito à diversidade étnico-racial, bem como a promoção de igualdade étnico-racial no âmbito do Ministério da Educação (MEC).

COMISSÃO TRIPARTITE. *Direito do trabalho.* **1.** Aquela que, no âmbito do Ministério do Trabalho e Emprego tem a finalidade de: a) acompanhar e avaliar a execução do Programa de Alimentação do Trabalhador (PAT); b) propor o aperfeiçoamento da legislação relativa ao PAT, principalmente no que tange ao credenciamento das empresas prestadoras de serviço de alimentação coletiva (sistema-convênio) e à definição das regras de utilização e aceitação dos documentos de legitimação; c) elaborar estudos visando estabelecer regras para a fiscalização e a aplicação de penalidades às empresas e estabelecimentos conveniados que executarem de modo inadequado o PAT; d) propor diretrizes para o aperfeiçoamento gradativo do documento de legitimação, visando a transformá-lo em cartão eletrônico; e) avaliar as propostas de medidas legislativas atinentes ao PAT; f) elaborar o seu regimento interno. **2.** Órgão de caráter consultivo do Ministério do Trabalho e Emprego, com o objetivo de promover políticas públicas de igualdade de oportunidades e de tratamento, e de combate a todas as formas de discriminação de gênero e raça, no emprego e na ocupação. Compete à Comissão: a) discutir e apresentar propostas para políticas públicas de igualdade de oportunidades e de tratamento, e de combate a todas as formas de discriminação de gênero e raça, no emprego e na ocupação; b) incentivar a incorporação das questões de gênero, raça e etnia, na programação, execução, supervisão e avaliação das atividades levadas a efeito pelo Ministério do Trabalho e Emprego; c) apoiar, incentivar e subsidiar iniciativas parlamentares sobre o tema; d) apoiar e incentivar as iniciativas adotadas por órgãos e entidades, inclusive da sociedade civil; e) promover a difusão da legislação pertinente.

COMISSARIA. *Direito comercial.* É o estabelecimento que tem como finalidade principal a produção, acondicionamento, armazenamento e transporte de alimentos destinados à alimentação a bordo de aeronaves.

COMISSARIADO. 1. *Direito comercial.* a) Cargo de comissário; b) local onde o comissário exerce suas atividades. **2.** *Direito administrativo.* Repartição dirigida por comissários.

COMISSARIARIA. Conjunto das funções desempenhadas pelo comissário.

COMISSÁRIO. 1. *Direito falimentar.* Credor escolhido pelo magistrado para gerir uma recuperação judicial ou extrajudicial, mediante remuneração por ele arbitrada, passando a ser administrador judicial da massa falida se aquela recuperação transformar-se em falência. **2.** *Direito comercial.* a) Aquele que, atuando em seu próprio nome, compra ou vende gêneros a comissão, ou melhor, mediante remuneração proporcional ao valor do negócio efetuado; b) o que recebe peixe dos pescadores, encarregando-se de sua venda, mediante pagamento de comissão; c) aquele que exerce atividades de intermediação, como o corretor, tendo direito ao pagamento de uma comissão. **3.** *Direito administrativo.* Aquele que exerce função administrativa por designação do Poder Público, sendo por ele comissionado.

COMISSÁRIO DE BORDO. *Direito militar.* Oficial da Marinha ou Aeronáutica encarregado de verificar, a bordo de navios e aeronaves, tudo que disser respeito a munições, mantimentos etc.

COMISSÁRIO *DEL CREDERE*. *Direito comercial.* Comerciante que se obriga, na comissão mercantil, com a cláusula *del credere*, tornando-se garante solidário ao comitente da solvabilidade daquele com quem contratou.

COMISSÁRIO DE POLÍCIA. *Direito administrativo.* Funcionário da organização policial que, atuando em comissão, auxilia o delegado ou o subdelegado, velando pela manutenção da ordem e segurança públicas.

COMISSÁRIO DE TRANSPORTE. *Direito comercial.* Aquele que, em seu nome e por conta de terceiro, ao receber as cargas, contrata com os condutores o transporte de mercadoria para o local indicado pelo seu comitente, mediante pagamento de frete. A remuneração e o lucro desta sua atividade mercantil residem na diferença entre o pagamento do consignatário e o valor do frete a ser pago ao transportador, que é a comissão.

COMISSÁRIO GERAL. *História do direito.* Oficial que, no século XVI, era encarregado do abastecimento, alojamento e pagamento das tropas e, às vezes, do comando delas.

COMISSIONADO. 1. *Direito administrativo.* Condição especial de um funcionário público que é afastado de seu cargo, temporariamente, sem quaisquer prejuízos nos seus vencimentos, para ser investido em outra função. **2.** *Direito militar.* Oficial inferior que é aproveitado, transitoriamente, em comissão, num posto mais elevado, percebendo todas as vantagens. **3.** *Direito comercial* e *direito do trabalho.* Aquele que recebeu uma comissão ou que desempenha uma comissão.

COMISSIONADO DE TRANSPORTE. *Direito comercial.* Aquele encarregado de cuidar do transporte da mercadoria, seja ele ou não transportador de um dos trechos, responsabilizando-se por ela desde o ponto de origem até o de destino.

COMISSIONAMENTO. *Direito administrativo.* Afastamento de um funcionário público do cargo de que é agente titular para exercer, transitoriamente, outro em repartição pública diversa da sua ou para freqüentar cursos, durante certo tempo, sem prejuízo de seus vencimentos.

COMISSIONAR. 1. *Direito administrativo.* Nomear funcionário público para cargo em comissão. **2.** *Direito comercial.* a) Efetuar contrato, encarregando outrem de determinado negócio, sob comissão; b) pagar comissão proporcional ao negócio feito por intermediação. **3.** *Direito do* *trabalho.* Pagar ao empregado comissões como retribuição direta pelos serviços por ele prestados.

COMISSIONISTA. *Direito comercial.* **1.** Encarregado de comissão mercantil. **2.** Aquele que trabalha sob comissão, que integra seu salário, percebendo remuneração proporcional às vendas realizadas. Trata-se do agente vendedor a comissões, que é preposto do comerciante-comitente.

COMISSO. *Direito civil.* **1.** Pena imposta ao foreiro que, na enfiteuse, deixa de pagar as pensões devidas por três anos consecutivos. **2.** Penalidade que se impõe a quem não cumpre uma obrigação contratual, consistente na perda da coisa, sob a qual incidia.

COMISSÕES. *Direito do trabalho.* Quantias predeterminadas pagas pelo empregador ao empregado, em regra vendedor viajante ou pracista, por unidade de serviço prestado, proporcionalmente ao valor unitário ou global dos negócios por ele efetivados. Com isso haverá uma retribuição direta pelos serviços do empregado, ou melhor, um pagamento por unidade de serviço.

COMISSÕES BRASILEIRAS DE COMUNICAÇÕES (CBCS). *Direito administrativo.* Órgãos que visam: a) realizar estudos e análises das questões a elas atribuídas, de acordo com os respectivos Termos de Referência, além de estudos correlatos que venham a ser determinados pelo Grupo de Coordenação; b) preparar as "Propostas Brasileiras" que objetivem orientar o posicionamento da Administração nacional junto aos foros internacionais e submetê-las à apreciação do Grupo de Coordenação, através da Secretaria Executiva, dentro dos prazos estabelecidos; c) elaborar relatórios semestrais que serão submetidos ao Grupo de Coordenação, por intermédio da Secretaria Executiva, sobre o andamento dos trabalhos; d) elaborar pareceres sobre temas específicos, sempre que solicitados pelo Grupo de Coordenação; e) propor a realização de seminários, tutoriais ou debates sobre temas que requeiram uma divulgação de maior amplitude, principalmente aqueles relacionados com novas tecnologias ou serviços; f) divulgar, em cada Comissão, através da Secretaria Executiva, os objetivos e os trabalhos em realização de modo a fomentar a participação de novos especialistas. A criação das Comissões Brasileiras de Comunicações (CBCs) tem por objetivo fazer com que a Administração brasileira atue de forma coordenada e integrada nos foros internacionais de telecomunicações e responder a questões de interesse específico nacional.

COMISSÕES DE ANÁLISE DE DEFESA PRÉVIA (CADP). *Direito administrativo.* Órgãos de deliberação coletiva, criados no âmbito do Departamento da Polícia Rodoviária Federal (DPRF) que têm por finalidade assegurar aos litigantes em processo administrativo o direito ao contraditório e à ampla defesa, proporcionando ao infrator o direito ao exercício da defesa prévia ou qualquer outra que venha a substituí-la, e especificamente: a) analisar a defesa prévia interposta em razão de auto de infração ou notificação aplicada por infrações à legislação de trânsito, de transporte interestadual e internacional de passageiros e transporte internacional de cargas nas rodovias federais; b) diligenciar junto às unidades orgânicas do DPRF, visando reunir informações necessárias ao julgamento dos procedimentos interpostos; c) indicar problemas que porventura se apresentem nas autuações e procedimentos administrativos; d) requisitar laudos, perícias, exames e provas para a instrução e análise da defesa prévia.

COMISSÕES DE CUMPRIMENTOS. *Direito militar.* São as constituídas por oficiais de uma Organização Militar, com o objetivo de testemunhar pública deferência às autoridades. Os cumprimentos são, em regra, apresentações nos dias da Pátria, do Marinheiro, do Soldado e do Aviador, como também na posse de autoridades civis e militares.

COMISSÕES DE PÊSAMES. *Direito militar.* São as constituídas para acompanhar restos mortais de militares da ativa, da reserva ou reformados, e demonstrar publicamente o sentimento de pesar que a todos envolve.

COMISSÕES INTERNAS DE PREVENÇÃO DE ACIDENTES. *Direito do trabalho.* Órgãos que, numa empresa, estão incumbidos de averiguar as causas e apontar os meios de prevenção de acidentes do trabalho e doenças profissionais, protegendo, assim, a integridade física do trabalhador durante o exercício de sua atividade.

COMISSÕES MILITARES DE AQUISIÇÃO NO EXTERIOR. *Direito militar.* São as que têm as seguintes competências básicas e comuns: a) executar as atividades gerenciais de obtenção de material e de serviços de emprego militar, assim como aquelas atinentes ao tráfego de carga, efetuando a prévia pesquisa de mercado, de forma a assegurar as melhores condições de preço, qualidade e prazos de entrega e pagamento; b) administrar o reparo e a revisão de material; c) recrutar, selecionar, contratar e dispensar auxiliares locais, nos termos da legislação em vigor; d) administrar os recursos e compromissos financeiros sob sua responsabilidade; e) executar as atividades administrativas e de apoio ao pessoal em comissão, delegação e representação, em cursos ou em trânsito, bem como prestar apoio às aditâncias, dentro de suas respectivas áreas de responsabilidade; f) contribuir para a execução, a coordenação e o controle das atividades relacionadas com a obtenção de informações técnico-científicas julgadas de interesse das Forças Armadas; g) acompanhar a evolução tecnológica dos materiais e equipamentos de interesse das Forças Armadas; h) divulgar as Forças Armadas e a indústria brasileira de material de defesa na medida de suas possibilidades e na esfera de ação.

COMISSÕES MINISTERIAIS DE REFORMAS ADMINISTRATIVAS. *Direito administrativo.* Grupos compostos por membros de vários ministérios que efetuam reformas no sistema administrativo.

COMISSÕES TRIPARTITES PARA FISCALIZAÇÃO DE CONCESSÕES DE RODOVIAS FEDERAIS ADMINISTRADAS PELO DNER. *Direito de trânsito* e *direito administrativo.* São constituídas por representantes do poder concedente, da concessionária e dos usuários, para fiscalização periódica da qualidade dos serviços prestados pelas concessionárias de rodovias federais administradas diretamente pelo DNER, agente do poder concedente, a União.

COMISSÓRIO. *Direito civil.* **1.** Pacto adjeto da compra e venda, pelo qual os contratantes estipulavam o desfazimento da venda se o comprador deixasse de cumprir seus deveres no prazo avençado. Foi eliminado do novo Código Civil, por ser modalidade específica de cláusula resolutiva expressa, sendo, portanto, desnecessário. Mas nada obsta a que os contratantes, apesar da omissão legal, estipulem tal pacto no contrato. **2.** *Vide* CLÁUSULA COMISSÓRIA.

COMISTÃO. *Direito civil.* Modo derivado de aquisição e perda da propriedade móvel, que se opera quando coisas secas ou sólidas pertencentes a pessoas diversas se mesclam de tal forma que fica impossível separá-las.

COMITAS GENTIUM. *Locução latina.* Cortesia internacional entre os países.

COMITÊ. **1.** *Direito administrativo.* a) Comissão diretora que cuida do desempenho de certas missões temporárias ou efetivas; b) junta governativa; c) *Vide* COMISSÃO, n. 1. **2.** *Direito civil* e *direito comercial.* a) Órgão com função diretiva e executiva que integra a administração de sociedade anônima, assessorando junto ao conselho de administração; b) comissão que tem poder executivo nas associações. **3.** *Ciência política.* Grupo de pessoas que trabalha, durante a campanha eleitoral, para candidatos ou partidos políticos. **4.** *Direito constitucional.* a) *Vide* COMISSÃO, n. 5; b) reunião de membros escolhidos numa assembléia para examinar certas questões.

COMITÊ BRASILEIRO DE CERTIFICAÇÃO (CBC). *Direito administrativo.* Órgão pertencente ao CONMETRO, formado paritariamente por representantes do governo, trabalhadores, produtores, prestadores de serviço, consumidores, entidades técnico-científicas e organismos participantes do Sistema Brasileiro de Certificação. Suas principais atribuições são: a) propor ao CONMETRO a política de certificação nacional, nas áreas de sistemas da qualidade, produto, processo e pessoal; b) aprovar procedimentos, critérios e regulamento para o credenciamento de organismos de certificação; c) elaborar o planejamento estratégico das atividades do Sistema Brasileiro de Certificação; d) julgar recursos administrativos, em última instância, relativos a assuntos de credenciamento de organismos de certificação; e) avaliar a eficácia do Sistema Brasileiro de Certificação; f) aprovar o código de ética dos auditores de sistemas da qualidade; g) provar os requisitos mínimos para qualificação, certificação e recertificação de auditores de segunda e terceira partes; h) reconhecer organismos estrangeiros de certificação de auditores de sistemas da qualidade; i) estipular prazos e critérios para a manutenção das certificações e registros.

COMITÊ BRASILEIRO DE METROLOGIA (CBM). *Direito administrativo.* Órgão composto por representantes indicados pelas seguintes instituições, organismos e entidades: Ministério da Ciência e Tecnologia (MCT); Grupo Técnico do Subprograma de Tecnologia Industrial Básica do Programa de Apoio ao Desenvolvimento Científico e Tecnológico (GT-TIB/PADCT)

MCT; Financiadora de Estudos e Projetos (FINEP); Conselho Nacional de Desenvolvimento Científico e Tecnológico (CNPq); Fórum de Secretários de Estado de Ciência e Tecnologia (FSEC&T); Comitê Nacional de Credenciamento de Laboratório (CONACRE); Associação Nacional de Pesquisa das Empresas Industriais (ANPEI); Associação Brasileira dos Institutos de Pesquisa Tecnológica Industrial (ABPTI); Serviço Brasileiro de Apoio às Micro e Pequenas Empresas (SEBRAE); Confederação Nacional da Indústria (CNI); Associação Brasileira da Indústria de Máquinas e Equipamentos (ABIMAQ/SINDIMAQ); Sindicato Nacional da Indústria de Máquinas; Associação Brasileira das Indústrias da Alimentação (ABIA); Associação Brasileira de Ciências (ABC); Instituto de Defesa do Consumidor (IDEC); Conselho da Rede Nacional de Metrologia Legal (RNML); Comitê Internacional de Pesos e Medidas (CIPM/BIPM), instituído pela Convenção do Metro do qual o Brasil é signatário; Instituto Nacional de Metrologia, Normalização e Qualidade Industrial (INMETRO), representado por dois membros. O CBM é presidido por um de seus membros, escolhido por eleição, cabendo a sua secretaria executiva ao INMETRO. O mandato de todos os membros do CBM, inclusive o do seu presidente, é de dois anos, admitindo-se a recondução. Ao término de cada mandato, caberá à Secretaria Executiva do CBM coordenar o novo processo de consulta às organizações que o compõem. Os titulares das instituições, organismos e entidades que compõem o CBM deverão indicar seus representantes, titular e suplente, diretamente ao Instituto Nacional de Metrologia, Normalização e Qualidade Industrial (INMETRO).

COMITÊ CIENTÍFICO DE PESQUISA ANTÁRTICA (SCAR). *Direito internacional público.* Órgão, ligado ao Conselho Internacional de Uniões Científicas (ICSU), que realiza a coordenação da pesquisa antártica internacional.

COMITÊ CONSULTIVO DA REDE NACIONAL DE CAPACITAÇÃO E EXTENSÃO TECNOLÓGICA EM SANEAMENTO AMBIENTAL (RECESA). *Direito ambiental.* É o que tem como objetivos: a) acompanhar e colaborar com os Núcleos Regionais da ReCESA na execução das atividades de capacitação por meio da mobilização social, divulgação e avaliação dos resultados obtidos; b) colaborar com a execução e atualização dos diagnósticos

que embasam a definição de metas e objetivos dos Núcleos Regionais; c) propor fontes de financiamento e alternativas para a captação de recursos de forma a promover a sustentabilidade da ReCESA em sua área de atuação; d) participar da definição das diretrizes que norteiam as atividades da ReCESA junto ao Comitê Gestor, instância deliberativa da rede, de forma a atender às necessidades das instâncias executoras dos projetos; e) manter informados os membros do Comitê Gestor sobre os assuntos que acompanha como as necessidades dos Núcleos Regionais e o alcance das ações por eles desenvolvidas; f) mobilizar e articular entidades que integrem ou possam vir a integrar a ReCESA em sua área de atuação de acordo com as portarias existentes e o Documento Constitutivo da Rede; g) incentivar e facilitar a cooperação entre os integrantes da Rede visando o desenvolvimento institucional do setor, propondo soluções de capacitação e de intercâmbio tecnológico para profissionais que atuam em diferentes níveis, e h) otimizar esforços aplicados ao desenvolvimento de ações de capacitação em saneamento ambiental no País, buscando a uniformização de procedimentos que tomem por referência a proposta pedagógica desenvolvida pela ReCESA.

COMITÊ DE ACOMPANHAMENTO DA IMPLEMENTAÇÃO DO PLANO DE AÇÃO DA CÚPULA MUNDIAL DE ALIMENTAÇÃO DA ORGANIZAÇÃO DAS NAÇÕES UNIDAS PARA ALIMENTAÇÃO E AGRICULTURA (FAO). *Direito internacional público.* Órgão com competência para acompanhar as ações do Governo e da sociedade civil voltadas para a implementação dos compromissos consagrados no Plano de Ação da Cúpula Mundial de Alimentação da Organização das Nações Unidas para Alimentação e Agricultura (FAO), de erradicação da pobreza e de promoção do acesso à alimentação abundante e de qualidade e do desenvolvimento sustentável. O Comitê de Acompanhamento será integrado por representantes do Governo, um dos quais será o seu presidente, e da sociedade civil, designados pelo Ministro de Estado das Relações Exteriores. Caberá ao Presidente do Comitê de Acompanhamento a designação de integrante do Comitê para substituí-lo em caso de ausência. Na hipótese de afastamento, temporário ou definitivo, de integrante do Comitê, caberá ao seu presidente a designação de substituto, ouvidos os demais membros do Colegiado. O Departamento de Direitos Humanos e Temas Sociais do Ministério das Relações Exteriores atuará como Secretaria-Executiva do Comitê de Acompanhamento. O Presidente do Comitê de Acompanhamento poderá convidar, na qualidade de observadores, representantes de outros órgãos da Administração Federal, Estadual e Municipal e de entidades privadas, assim como de organizações não-governamentais, cuja presença em reuniões seja necessária ao cumprimento de suas atribuições.

COMITÊ DE AJUDAS TÉCNICAS. *Biodireito.* Instância consultiva e propositiva, de caráter permanente, instituído no âmbito da Secretaria Especial dos Direitos Humanos/Coordenadoria Nacional para a Integração da Pessoa Portadora de Deficiência. Compete ao Comitê de Ajudas Técnicas: a) propor, acompanhar e avaliar as políticas públicas no que se refere às ajudas técnicas; b) definir e estabelecer princípios e critérios para o desenvolvimento e avaliação de ações referentes às ajudas técnicas desenvolvidas pela Secretaria Especial dos Direitos Humanos/Coordenadoria Nacional para a Integração da Pessoa Portadora de Deficiência; c) elaborar, executar e avaliar o Plano de Ação do Comitê de Ajudas Técnicas e acompanhar a sua realização; d) apresentar propostas de políticas governamentais e parcerias entre a sociedade civil e órgãos públicos referentes às ajudas técnicas; e) propor e dar parecer sobre projetos de lei que estejam em tramitação, bem como apresentar sugestões de novas propostas legislativas sobre o tema; f) propor e orientar a detecção dos centros regionais de referência em ajudas técnicas, objetivando a formação de rede nacional integrada; g) propor e orientar o levantamento dos recursos humanos que atualmente trabalham com o tema; h) estimular nas esferas federal, estaduais e municipais, a criação de Centros de referência em ajudas técnicas; i) promover a inserção de conteúdos curriculares referentes à área de ajudas técnicas, em cursos da educação profissional, tecnológica, educação superior; j) propor ações de formação de recursos humanos na área de ajudas técnicas; k) estruturar as diretrizes da área de conhecimento de ajudas técnicas, estabelecendo suas competências.

COMITÊ DE APROVAÇÃO DE CRÉDITO DO PROGER – JOVEM EMPREENDEDOR. Tem por finalidade examinar e aprovar Planos de Negócio e decidir sobre as solicitações de crédito encaminhadas pelas instituições conveniadas do Ministério do Trabalho e Emprego encarregadas de capacitar os empreendedores na elaboração de seus Planos de Negócios, no âmbito do Programa de Crédito Orientado PROGER – Jovem Empreendedor. Compete ao Comitê de Aprovação de Crédito do PROGER – Jovem Empreendedor: a) analisar e decidir, em reunião sobre os Planos de Negócio e as respectivas solicitações de crédito apresentados pela Coordenação do Comitê; b) emitir parecer sobre os Planos de Negócio e as respectivas solicitações de crédito analisados pelo Comitê; c) adotar uma postura orientada para o mercado, baseada numa avaliação de viabilidade econômica dos Planos de Negócio apresentados, que se coadune com foco no empreendedor e no atingimento dos objetivos do Programa de Crédito Orientado PROGER – Jovem Empreendedor; d) agir com imparcialidade no exercício de suas atribuições; e) contribuir para a consolidação da cultura de crédito orientado, mediante a disseminação de conceitos, normas e procedimentos de avaliação dos Planos de Negócio; f) elaborar proposta para o aperfeiçoamento do Regulamento Operacional e submetê-las ao GGPCO, por meio da Coordenação do Comitê; g) cumprir e fazer cumprir o Regulamento Operacional.

COMITÊ DE ARTICULAÇÃO E MONITORAMENTO DO PLANO NACIONAL DE POLÍTICAS PARA AS MULHERES. Tem por finalidades: a) acompanhar e avaliar periodicamente o cumprimento dos objetivos, metas, prioridades e ações definidos no Plano Nacional de Políticas para as Mulheres (PNPM); e b) promover a articulação entre os diferentes órgãos de governo responsáveis pela implementação do PNPM. São atribuições da coordenação do Comitê de Articulação e Monitoramento do PNPM: a) convocar e presidir as reuniões do Comitê; b) manter registro das atividades do Comitê; c) manter sistema informatizado de acompanhamento das ações do PNPM; d) promover, juntamente com os demais integrantes do Comitê, atividades com vistas a incentivar a execução das ações do PNPM pelos órgãos responsáveis; e) garantir o suporte logístico e operacional para o bom funcionamento das atividades do Comitê; e f) divulgar, entre os membros do Comitê, informações e documentos pertinentes ao PNPM.

COMITÊ DE ARTICULAÇÃO FEDERATIVA (CAF). Pertence ao âmbito da Secretaria de Relações Institucionais da Presidência da República e tem a finalidade de promover a articulação na formulação de estratégias e implementação de ações coordenadas e cooperativas entre as esferas federal e municipal de governo, para atendimento das demandas da sociedade e aprimoramento das relações federativas. Cabe ao CAF: a) contribuir para a formulação de políticas públicas federativas a serem implementadas pelos órgãos e entidades da administração pública federal; b) sugerir projetos e ações que visem ao aperfeiçoamento das relações intergovernamentais e promovam o fortalecimento da Federação; c) propor procedimentos que promovam a integração das ações, no âmbito da administração pública federal, voltadas ao fortalecimento da capacidade financeira, técnica e gerencial dos governos municipais; d) atuar como instância de articulação e mobilização dos entes públicos e da sociedade, para o aperfeiçoamento da integração e do relacionamento entre os entes federativos; e e) realizar estudos e estabelecer estratégias que fundamentem propostas legislativas e administrativas tendentes a maximizar o diálogo, a cooperação e a solidariedade entre os entes federativos.

COMITÊ DE ASSUNTOS DE COMBUSTÍVEIS (CACO). *Direito administrativo.* É o que tem por finalidade: a) propor à Câmara de Gestão do Setor Energético (CGSE) diretrizes para a importação e exportação de petróleo e seus derivados, gás natural e condensado, e de outros combustíveis; b) propor à CGSE diretrizes governamentais relativas à indústria de petróleo e gás natural para a regulação e a contratação de blocos de exploração e produção; c) propor à CGSE diretrizes para programas específicos de uso do gás natural, do álcool, de biomassas, de carvão e de urânio; d) propor à CGSE as ações de governo para assegurar o fornecimento dos combustíveis nos padrões de qualidade, quantidade e preço ao consumidor, demandados pela sociedade, em consonância com a Política Energética Nacional emanada do Conselho Nacional de Política Energética (CNPE); e) colher, organizar e oferecer informações referentes aos combustíveis para subsidiar estudos da matriz energética e do plano de investimento dos agentes do mercado de combustíveis; f) avaliar e opinar, quando houver participação financeira direta da União, na expansão da rede de dutos e gasodutos de transporte, em consonância com os aspectos operacionais do sistema; g) avaliar e opinar sobre a necessidade de expansão do parque nacional de refino, propondo medidas que viabilizem sua expansão; h) estimular e propor a realização de estudos para a conservação e aproveitamento racional dos combustíveis do País; i) elaborar estudos prospectivos para o desenvolvimento e o adequado dimensionamento dos setores petróleo, gás e outros combustíveis; j) estimular e avaliar estudos associados ao desenvolvimento de novos combustíveis e de sua introdução na matriz energética brasileira.

COMITÊ DE ASSUNTOS INSTITUCIONAIS DE ENERGIA (CAIE). *Direito administrativo.* Tem como finalidade: a) propor, orientar e formalizar as ações de planejamento de governo, objetivando otimizar e garantir a funcionalidade do setor de energia; b) orientar as ações de governo nos relacionamentos internacionais na área de energia; c) promover as articulações institucionais, no contexto nacional e internacional para o cumprimento das diretrizes e determinações emanadas do Conselho Nacional de Política Energética (CNPE); d) oferecer aos agentes do mercado um quadro institucional de referência, voltado à sua funcionalidade, e promover a catalogação da legislação setorial; e) gerenciar os impactos regulatórios entre os agentes do setor e de outros setores com interesses comuns na implementação das políticas de energia, com vistas à atração de investimentos.

COMITÊ DE ASSUNTOS INTERNACIONAIS. *Direito do trabalho.* Comitê que tem o objetivo de aprimorar e supervisionar as ações relacionadas à área internacional de interesse do Ministério do Trabalho e Emprego. Compete ao Comitê de Assuntos Internacionais: a) coordenar o processo de formulação de políticas do Ministério do Trabalho e Emprego no plano internacional e promover a articulação com o Ministério das Relações Exteriores e com outras entidades, nacionais ou internacionais, envolvidas com essas políticas; b) compatibilizar e acompanhar as linhas gerais de atuação dos representantes do Ministério junto à Área de Livre Comércio das Américas (ALCA), Organização Internacional do Trabalho (OIT), Organização dos Estados Americanos (OEA) e ao MERCOSUL; c) apreciar e divulgar relatórios de encontros internacionais dos quais participem representantes do Ministério do Trabalho e Emprego; d) acompanhar as ações da Assessoria de Assuntos Internacionais no que se refere à divulgação de eventos de caráter internacional; e) propor atos normativos voltados para os objetivos do presente Comitê; f) solicitar de entes públicos ou privados informações ou pronunciamentos sobre matéria relevante ao desenvolvimento de seus trabalhos.

COMITÊ DE AVALIAÇÃO. *Direito administrativo.* Grupo responsável pelo exame e avaliação das propostas licitatórias em processos de aquisições de bens e serviços ou de contratação de consultorias, integrado por representantes da instituição executora, do organismo internacional e da UAP/ABC.

COMITÊ DE AVALIAÇÃO DE CRÉDITOS AO EXTERIOR (COMACE). *Direito internacional privado.* Órgão colegiado integrante da estrutura regimental do Ministério da Fazenda, que tem por fim coordenar a formulação de diretrizes para as políticas de recuperação e concessão de créditos ao exterior, sendo competente para: a) definir parâmetros e analisar modalidades alternativas para a renegociação de créditos brasileiros; b) proceder à análise de risco-país; c) fixar critérios para a concessão de novos créditos; d) indicar limites de exposição por país; e e) indicar limites das obrigações contingentes do Tesouro Nacional em garantias e seguros de crédito à exportação.

COMITÊ DE CERTIFICAÇÃO E AVALIAÇÃO DO SELO HOSPITAL AMIGO DO ÍNDIO. Tem as responsabilidades de: a) certificar os estabelecimentos de saúde da rede do SUS a partir dos critérios definidos normativamente; b) estabelecer instrumentos, indicadores, metas e avaliação, bem como o período de renovação da certificação; c) estabelecer critérios de não-renovação da certificação; d) divulgar nas instâncias de Controle Social do SUS (Conselhos Distritais de Saúde Indígena, Municipais e Estaduais de Saúde) e Comissões Bipartites e Tripartites, os relatórios de certificação e avaliação; e) articular com as instâncias de Controle Social do SUS (Conselhos Distritais de Saúde Indígena, Municipais e Estaduais) e Comissões Bipartites e Tripartites, o acompanhamento do processo de certificação e avaliação.

COMITÊ DE COORDENAÇÃO DE PROGRAMAS DA SECRETARIA ESPECIAL DE PROMOÇÃO DA IGUALDADE RACIAL. Tem a finalidade de coordenar os processos de gestão dos programas da Secretaria Especial de Políticas de Promoção da Igualdade Racial. O Comitê de Coordenação de Progra-

mas tem as seguintes atribuições: a) validar e pactuar os planos gerenciais dos programas; b) fazer a gestão de restrições que dificultem a implementação do Programa; c) definir e priorizar os recursos orçamentários e financeiros dos programas; d) monitorar a implementação dos programas e avaliar seus resultados; e) coordenar, monitorar e avaliar a execução da política setorial, em especial por meio da implementação do conjunto dos programas.

COMITÊ DE COORDENAÇÃO DO SISTEMA DE BASES COMPARTILHADAS DE DADOS SOBRE A AMAZÔNIA (CCS/BCDAM). *Direito ambiental.* É um grupo de trabalho multissetorial ligado à Secretaria de Coordenação da Amazônia do Ministério do Meio Ambiente, constituído por representantes dos órgãos e entidades públicas federais e estaduais, e das entidades privadas, geradoras e usuárias de dados e informações socioeconômicas, ambientais e tecnológicas sobre a Amazônia necessárias ao apoio no estabelecimento e monitoramento de políticas e estratégias de ação visando a proteção ambiental e o desenvolvimento sustentável da Região. O CCS/BCDAM tem a finalidade de apoiar ações que promovam o intercâmbio, a integração, o aperfeiçoamento e a racionalização dos sistemas de informação referentes à Região Amazônica.

COMITÊ DE COORDENAÇÃO DOS PROGRAMAS DA CASA CIVIL DA PRESIDÊNCIA DA REPÚBLICA. *Direito administrativo.* Tem a finalidade de coordenar os processos de gestão para o alcance dos objetivos setoriais. O Comitê de Coordenação dos Programas tem as seguintes atribuições: a) validar e pactuar os planos gerenciais dos programas; b) atuar de forma pró-ativa e por antecipação na eliminação de restrições à implementação dos programas; c) definir e priorizar os recursos orçamentários e financeiros dos programas; d) monitorar a implementação dos programas e avaliar seus resultados; e e) coordenar, monitorar e avaliar a execução da política setorial, em especial por meio da implementação do conjunto dos programas.

COMITÊ DE COORDENAÇÃO DOS PROGRAMAS DA SECRETARIA ESPECIAL DE POLÍTICAS PARA AS MULHERES. Tem a finalidade de coordenar os processos de gestão para o alcance dos seguintes objetivos setoriais: a) assessorar direta e imediatamente o Presidente da República na formulação, coordenação e articulação de políticas para as mulheres; b) elaborar e implementar campanhas educativas e de combate à discriminação de caráter nacional; c) elaborar o planejamento de gênero que contribua na ação do governo federal e demais esferas de governo, com vistas à promoção de igualdade; d) articular, promover e executar programas de cooperação com organismos nacionais e internacionais, públicos e privados, voltados à implementação de políticas para as mulheres; e e) promover o acompanhamento da implementação de legislação de ação afirmativa e definição de ações públicas que visem o cumprimento dos acordos, convenções e planos de ação assinados pelo Brasil, nos aspectos relativos à igualdade das mulheres e de combate à discriminação. O Comitê de Coordenação dos Programas tem as seguintes atribuições: a) validar e pactuar os planos gerenciais dos programas; b) atuar de forma pró-ativa e por antecipação na eliminação de restrições à implementação dos Programas; c) definir e priorizar os recursos orçamentários e financeiros dos programas; d) monitorar a implementação dos programas e avaliar seus resultados; e) coordenar, monitorar e avaliar a execução da política setorial, em especial por meio da implementação do conjunto dos programas.

COMITÊ DE COORDENAÇÃO DOS PROGRAMAS DA SECRETARIA ESPECIAL DOS DIREITOS HUMANOS. Tem a finalidade de coordenar os processos de gestão para o alcance dos seguintes objetivos setoriais: a) assessorar direta e imediatamente o Presidente da República na formulação de políticas e diretrizes voltadas à promoção dos direitos da cidadania, da criança, do adolescente, do idoso e das minorias e à defesa dos direitos das pessoas portadoras de deficiência e promoção de sua integração à vida comunitária; b) coordenar a política nacional de direitos humanos, em conformidade com as diretrizes do Programa Nacional de Direitos Humanos (PNDH); c) articular iniciativas e apoiar projetos voltados para a proteção e promoção dos direitos humanos em âmbito nacional, tanto por organismos governamentais, incluindo os Poderes Executivo, Legislativo e Judiciário, como por organizações da sociedade; e d) exercer as funções de ouvidoria-geral da cidadania, da criança, do adolescente, da pessoa portadora de deficiência, do idoso e de outros grupos sociais vulneráveis. O Comitê de Coordenação dos Programas tem as seguintes atribuições: a) validar e pactuar os planos gerenciais dos programas; b) atuar de forma pró-ativa e por antecipação na eliminação de restrições à implementação dos programas; c) definir e priorizar os recursos orçamentários e financeiros dos programas; d) monitorar a implementação dos programas e avaliar seus resultados; e) coordenar, monitorar e avaliar a execução da política setorial, em especial por meio da implementação do conjunto dos programas.

COMITÊ DE COORDENAÇÃO DOS PROGRAMAS DO GABINETE DE SEGURANÇA INSTITUCIONAL DA PRESIDÊNCIA DA REPÚBLICA. *Direito administrativo.* Órgão com a finalidade de coordenar os processos de gestão para o alcance dos objetivos setoriais. O Comitê de Coordenação dos Programas tem as seguintes atribuições: a) validar e pactuar os planos gerenciais dos programas; b) atuar de forma pró-ativa e por antecipação na eliminação de restrições à implementação dos programas; c) definir e priorizar os recursos orçamentários e financeiros dos programas; d) monitorar a implementação dos programas e avaliar seus resultados; e) coordenar, monitorar e avaliar a execução da política setorial, em especial por meio da implementação do conjunto dos programas.

COMITÊ DE CREDORES. *Direito falimentar.* É o constituído por deliberação de qualquer das classes de credores na assembléia-geral e terá a seguinte composição: a) um representante indicado pela classe de credores trabalhistas, com dois suplentes; b) um representante indicado pela classe de credores com direitos reais de garantia ou privilégios especiais, com dois suplentes; c) um representante indicado pela classe de credores quirografários e com privilégios gerais, com dois suplentes. O Comitê de Credores terá, dentre outras, as seguintes atribuições: 1. Na recuperação judicial e na falência: a) fiscalizar as atividades e examinar as contas do administrador judicial; b) zelar pelo bom andamento do processo e pelo cumprimento da lei; c) comunicar ao juiz, caso detecte violação dos direitos ou prejuízo aos interesses dos credores; d) apurar e emitir parecer sobre quaisquer reclamações dos interessados; e) requerer ao juiz a convocação da assembléia-geral de credores; f) manifestar-se nas hipóteses previstas em lei, 2. Na recuperação judicial: a) fiscalizar a administração das atividades do devedor, apresentando, a cada trinta dias, relatório de sua situação; b) fiscalizar a execução do plano de recuperação judicial; c) submeter à autorização do juiz, quando ocorrer o afastamento do devedor nas hipóteses legalmente previstas, a alienação de bens do ativo permanente, a constituição de ônus reais e outras garantias, bem como atos de endividamento necessários à continuação da atividade empresarial durante o período que antecede a aprovação do plano de recuperação judicial.

COMITÊ DE DEFESA DA ORDEM ECONÔMICA. *Direito administrativo.* Tem como finalidade orientar e subsidiar o Conselho Diretor da ANATEL no exercício de suas competências legais em matéria de controle, prevenção e repressão das infrações da ordem econômica. No cumprimento de sua finalidade, o Comitê de Defesa da Ordem Econômica realizará, dentre outras, as seguintes atividades: a) assessorar o Conselho Diretor da ANATEL no seu relacionamento com o Conselho Administrativo de Defesa Econômica (CADE); b) apresentar ao Conselho Diretor da ANATEL proposta de metodologia para avaliação do grau de concorrência efetiva no mercado e identificação de posição dominante, considerando as especificidades do setor de telecomunicações; c) apresentar ao Conselho Diretor da ANATEL proposta de indicadores das atividades e práticas comerciais das empresas de serviço de telecomunicações que sejam adequados para prevenir ou identificar as infrações à ordem econômica; d) apresentar ao Conselho Diretor da ANATEL proposta de procedimentos de controle e prevenção de infrações à ordem econômica, que permitam às diversas Superintendências da ANATEL atuar coerentemente na aplicação das normas pertinentes aprovadas pelo Conselho Diretor da ANATEL; e) apresentar ao Conselho Diretor da ANATEL proposta de procedimento para averiguações preliminares e instauração de processo administrativo em caso de indício de infração da ordem econômica; f) apresentar ao Conselho Diretor da ANATEL proposta de critérios para a avaliação de indícios de infração da ordem econômica e para decidir pela insubsistência dos indícios, arquivando os autos das averiguações preliminares; g) assessorar o Conselho Diretor da ANATEL nos assuntos relacionados com a celebração de compromissos de cessação de prática; h) apresentar ao Conselho Diretor da ANATEL proposta de procedimentos para fiscalização do cumprimento de compromissos de cessação de prática celebrados pela ANATEL e aprovados pelo CADE; i) apresentar ao Conselho Diretor da ANATEL proposta de diretrizes para a aprovação de atos de cisão, fusão, transformação, incorporação, redução do capital de empresa ou transferência de controle societário; j) apresentar ao Conselho Diretor da ANATEL proposta de procedimento para submeter à apreciação do CADE; k) apresentar ao Conselho Diretor da ANATEL proposta de procedimentos para a fiscalização do cumprimento das decisões do CADE que envolvam empresas de telecomunicações; l) preparar, quando considerar necessário ou por solicitação do Conselho Diretor da ANATEL, proposta de súmula relativa a legislação ou ato normativo que, direta ou indiretamente, afete as condições da concorrência no setor de telecomunicações; m) elaborar, quando considerar conveniente ou por solicitação do Conselho Diretor da ANATEL, propostas de atos normativos relativos à defesa da concorrência, de acordo com as normas legais e políticas e diretrizes estabelecidas; n) emitir parecer sobre proposta de atos normativos da ANATEL, avaliando-os do ponto de vista da defesa da ordem econômica; o) recomendar no que diz respeito ao estabelecimento de restrições, limites ou condições a empresas ou grupos empresariais quanto à obtenção e transferência de concessões, permissões e autorizações, visando propiciar competição efetiva e impedir a concentração econômica no mercado; p) apresentar ao Conselho Diretor da ANATEL proposta de sistema de monitoramento da evolução da legislação nacional e internacional em matéria de defesa da concorrência; q) apresentar ao Conselho Diretor da ANATEL proposta de programa para a capacitação de funcionários da ANATEL, visando sua ampla compreensão da legislação, normativas e práticas nacionais e dos acordos internacionais que guardam relação com o exercício das competências legais; r) apresentar ao Conselho Diretor da ANATEL proposta de programa para instruir o público sobre as diversas formas de infração da ordem econômica e os modos para sua prevenção e repressão.

COMITÊ DE GESTÃO ESTRATÉGICA PARA A AMAZÔNIA LEGAL (CGEA). *Direito ambiental.* Tem as seguintes competências: a) deliberar sobre diretrizes, planos, programas e projetos de meio ambiente para a Amazônia Legal no âmbito do Ministério do Meio Ambiente e de suas entidades vinculadas; b) deliberar sobre a ação de mecanismos institucionais pelos quais seja garantida a necessária integração de esforços entre as Secretarias e as entidades vinculadas do Ministério do Meio Ambiente, na implementação de seus programas e projetos de meio ambiente para a Amazônia Legal; c) assessorar o Ministro de Estado do Meio Ambiente na formulação de políticas de meio ambiente para a Amazônia Legal; d) orientar a elaboração e a implementação de programas e projetos de meio ambiente para a Amazônia Legal; e e) promover a adoção de metodologias e procedimentos de gestão que propiciem o permanente monitoramento e avaliação dos programas e projetos de meio ambiente para a Amazônia Legal, âmbito desse Ministério.

COMITÊ DE INFORMAÇÃO E INFORMÁTICA (COMINF-MEC). *Direito virtual.* Criado no âmbito do Ministério da Educação, de natureza de assessoramento técnico ao Secretário-Executivo do Ministério, para propor políticas, diretrizes, coordenar e articular as ações voltadas para a prestação de serviços de informação e informática aos usuários internos e externos do MEC. Compete ao COMINF-MEC: a) coordenar e articular a implantação de programas e projetos para a racionalização da aquisição e da utilização da infra-estrutura, dos serviços e das aplicações de Tecnologia da Informação e Telecomunicações, no âmbito do Ministério; b) propor as diretrizes para a formulação, pelo Ministério, de Plano Anual de Tecnologia da Informação e Telecomunicações; c) propor diretrizes e estratégias para o planejamento da oferta de serviços e informações por meio eletrônico, pelas unidades do Ministério; d) definir padrões de qualidade e segurança para as formas eletrônicas de interação; e) coordenar a implantação de mecanismos de racionalização de gastos e de apropriação de custos na aplicação de recursos em Tecnologia da Informação e Telecomunicações, no âmbito do Ministério; f) estabelecer níveis de serviço para a prestação de serviços e informações por meio eletrônico; g) propor diretrizes e orientações e manifestar-se, para fins de proposição e revisão dos projetos do Plano Plurianual, sobre as propostas orçamentárias dos órgãos e entidades do Ministério, relacionados com a aplicação de recursos em investimento e custeio na área de Tecnologia da Informação e Telecomunica-

ções; h) coordenar e articular as ações visando a prospecção e adoção de novas Tecnologias; i) coordenar e articular programas de sensibilização e motivação para o uso adequado das ferramentas de Tecnologia da Informação por todos os funcionários do Ministério; j) propor programa de treinamento e participação em seminários e eventos de Tecnologia da Informação e Telecomunicações; k) propor ações visando a integração de sistemas e informações, democratizando o seu acesso às pessoas que delas necessitam; l) propor normas e padrões para a terceirização de serviços e pessoas de Tecnologia da Informação e Telecomunicações, objetivando a absorção e retenção do conhecimento.

COMITÊ DE INTEGRAÇÃO DA BACIA HIDROGRÁFICA DO ALTO PARAGUAI-PANTANAL (CIBHAPP). *Direito ambiental.* É o que tem por finalidade promover: a) no âmbito da gestão dos recursos hídricos, a viabilização técnica e econômico-financeira de programas de investimento e a consolidação de políticas de estruturação urbana e regional, visando ao desenvolvimento sustentável da Bacia Hidrográfica do Alto Paraguai-Pantanal (BHAPP); b) a articulação interestadual, de modo a garantir que as iniciativas regionais de estudos, projetos, programas e planos de ação sejam complementares, integradas e consonantes com as diretrizes e prioridades que vierem a ser estabelecidas para a Bacia Hidrográfica do Alto Paraguai-Pantanal. São atribuições do CIBHAPP: a) propor o enquadramento dos rios federais da BHAPP, em classes de usos, submetendo-o à aprovação do Conselho Nacional de Meio Ambiente (CONAMA); b) estabelecer níveis de qualidade e de disponibilidade dos recursos hídricos nas regiões de divisas e metas regionais que visem a sua utilização de forma sustentada; c) propor aos órgãos competentes diretrizes para a outorga e o licenciamento ambiental de usos dos recursos hídricos; d) propor aos órgãos competentes diretrizes para a cobrança pelo uso e pelo aproveitamento dos recursos hídricos da BHAPP; e) propor diretrizes para a elaboração do Plano de Gestão de Recursos Hídricos da BHAPP; f) compatibilizar os planos de sub-bacias e aprovar propostas do Plano de Gestão de Recursos Hídricos da BHAPP; g) dirimir eventuais divergências e conflitos sobre os usos dos recursos hídricos no âmbito da BHAPP; h) debater e divulgar os programas prioritários para a BHAPP, quer

seja no âmbito internacional, nacional, estadual ou regional.

COMITÊ DE INTEGRAÇÃO DA GESTÃO DO SÍTIO NA INTERNET DO MINISTÉRIO DOS TRANSPORTES. *Direito administrativo.* É o órgão com incumbência para: a) elaborar e definir critérios de implementação, adequação e atualização do conteúdo do sítio no âmbito do Ministério; b) observar os quesitos de acessibilidade, navegabilidade e identidade visual do sítio, em conformidade com as exigências normativas e com as tecnologias utilizadas no Ministério, privilegiando sempre o público-alvo; c) estabelecer a hierarquia e a padronização das estruturas das informações e as interfaces gráficas que serão veiculadas, privilegiando a prestação de serviço ao cidadão; e d) promover a articulação, a cooperação técnica e o intercâmbio de informações com Órgãos, Entidades e Confederações relacionadas com o setor de transportes.

COMITÊ DELIBERATIVO DE APOIO À EXECUÇÃO DO PROJETO DE FORTALECIMENTO DA CAPACIDADE DO MINISTÉRIO DAS RELAÇÕES EXTERIORES NA ÁREA ECONÔMICA INTERNACIONAL. *Direito internacional público.* Órgão integrado pelo: a) secretário-geral das relações exteriores, na qualidade de seu presidente; b) subsecretário-geral de assuntos de integração, econômicos e de comércio exterior, na qualidade de seu vice-presidente; c) subsecretário-geral de assuntos políticos; d) subsecretário-geral do serviço exterior; e) um representante do Gabinete do ministro de Estado, por este designado; f) presidente da Fundação Alexandre de Gusmão; g) diretor do Instituto Rio Branco; e h) diretor nacional do projeto, na qualidade de seu secretário executivo, designado pelo ministro de Estado. Constituem atribuições do Comitê Deliberativo: a) aprovar a programação semestral para o componente de estudos e pesquisas do projeto, bem como a lista de consultores indicados para sua realização; b) selecionar eventuais estudos e pesquisas para publicação pelo projeto; c) aprovar a programação para o componente de desenvolvimento de recursos humanos; d) aprovar o Plano de Divulgação e Disseminação de Informação, a ser executado pelo projeto; e) aprovar a relação de seminários, encontros e exposições, a serem realizados pelo projeto; f) aprovar o patrocínio, pelo projeto, de cadeiras de pós-graduação, no Brasil e/ou no exterior, em áreas de pesquisa de interesse relevante para o Ministério das Relações Exteriores; g)

aprovar o patrocínio, pelo projeto, de teses ou dissertações de pós-graduação em integração econômica, bem como indicar aquelas que devam ser publicadas pelo projeto; h) aprovar o projeto executivo do Centro de Convenções e Treinamento a ser edificado pelo projeto; i) deliberar sobre outras matérias afetas à execução do projeto, por determinação de seu presidente. O diretor nacional do projeto pode articular-se com representantes de outros órgãos da Administração Pública federal. No caso dos estudos e pesquisas referentes ao Mercado Comum do Sul (Mercosul), tem o apoio de subcomitês consultivos, integrados por órgãos brasileiros que compõem os subgrupos de trabalho do Grupo Mercado Comum e os comitês técnicos da Comissão de Comércio do Mercosul.

COMITÊ DE MONITORAMENTO DO SETOR ELÉTRICO (CMSE). *Direito administrativo.* Órgão do Ministério de Minas e Energia e sob sua coordenação direta, com a função precípua de acompanhar e avaliar permanentemente a continuidade e a segurança do suprimento eletroenergético em todo o território nacional. Competem ao CMSE as seguintes atribuições: a) acompanhar o desenvolvimento das atividades de geração, transmissão, distribuição, comercialização, importação e exportação de energia elétrica, gás natural e petróleo e seus derivados; b) avaliar as condições de abastecimento e de atendimento, relativamente às atividades acima referidas, em horizontes predeterminados; c) realizar periodicamente análise integrada de segurança de abastecimento e atendimento ao mercado de energia elétrica, de gás natural e petróleo e seus derivados, abrangendo os seguintes parâmetros, dentre outros: demanda, oferta e qualidade de insumos energéticos, considerando as condições hidrológicas e as perspectivas de suprimento de gás e de outros combustíveis; configuração dos sistemas de produção e de oferta relativos aos setores de energia elétrica, gás e petróleo; configuração dos sistemas de transporte e interconexões locais, regionais e internacionais, relativamente ao sistema elétrico e à rede de gasodutos; d) identificar dificuldades e obstáculos de caráter técnico, ambiental, comercial, institucional e outros que afetem, ou possam afetar, a regularidade e a segurança de abastecimento e atendimento à expansão dos setores de energia elétrica, gás natural e petróleo e seus derivados; e) elaborar

propostas de ajustes, soluções e recomendações de ações preventivas ou saneadoras de situações observadas em decorrência da atividade indicada no item *d*, visando à manutenção ou restauração da segurança no abastecimento e no atendimento eletroenergético, encaminhando-as, quando for o caso, ao Conselho Nacional de Política Energética (CNPE).

COMITÊ DE ORIENTAÇÃO E SUPERVISÃO DO PROJETO RONDON. Tem por objetivos: a) executar as ações do Projeto Rondon, de acordo com as diretrizes legais básicas; b) orientar a política de atuação do Projeto Rondon; e c) propor diretrizes para as atividades a serem desenvolvidas. As atividades do Comitê deverão obedecer às seguintes diretrizes básicas para a execução das ações do Projeto Rondon: a) viabilizar a participação do estudante universitário nos processos de desenvolvimento e de fortalecimento da cidadania; b) contribuir para o desenvolvimento sustentável nas comunidades carentes, usando as habilidades universitárias; c) estimular a busca de soluções para os problemas sociais da população, formulando políticas públicas locais, participativas e emancipadoras; d) contribuir na formação acadêmica do estudante, proporcionando-lhe o conhecimento da realidade brasileira, o incentivo à sua responsabilidade social e o patriotismo; e) manter articulações com órgãos e entidades governamentais e não-governamentais, em seus diferentes níveis, evitando a pulverização de recursos financeiros e a dispersão de esforços em ações paralelas ou conflitantes; f) assegurar a participação da população na formulação e no controle das ações; g) priorizar áreas que apresentem maiores índices de pobreza e de exclusão social, bem como áreas isoladas do território nacional, que necessitem de maior apoio de bens e serviços; h) democratizar o acesso às informações sobre benefícios, serviços, programas e projetos, bem como recursos oferecidos pelo poder público e iniciativa privada e seus critérios de concessão; i) buscar garantir a continuidade das ações desenvolvidas.

COMITÊ DE PADRONIZAÇÃO DAS INFORMAÇÕES EM SAÚDE SUPLEMENTAR (COPISS). É uma instância colegiada, consultiva, sob a coordenação da Diretoria de Desenvolvimento Setorial (DIDES) da Agência Nacional de Saúde Suplementar (ANS). O COPISS terá por finalidade promover o desenvolvimento e o aperfeiçoamento do padrão TISS e da troca eletrônica de informações entre as operadoras de planos de saúde, os prestadores de serviços de saúde e a ANS, através de processo participativo e democrático de construção e busca de consenso entre os diversos agentes envolvidos na saúde suplementar, sempre na defesa do interesse público. O COPISS tem como atribuições: a) supervisionar, coordenar, estabelecer prioridades e propor modificações e melhorias no padrão TISS; b) estabelecer e promover metodologia de divulgação das informações do padrão TISS; c) revisar e aprovar termos e classificações utilizados no padrão TISS; d) promover, fomentar e recomendar estudos relacionados à padronização das informações em saúde suplementar bem como para a troca eletrônica de informações em saúde suplementar, baseados nos padrões nacionais e internacionais; e) identificar, propor e coordenar modificações necessárias aos sistemas de informação da saúde suplementar, sob coordenação da ANS, para adequação aos padrões consensuados e aos sistemas de informações de saúde do MS; e f) propor padrões e metodologias para proteger e melhorar a confidencialidade, disponibilidade e integridade da informação em saúde suplementar, bem como as boas práticas para gerenciamento seguro da informação em saúde.

COMITÊ DE PLANEJAMENTO ESTRATÉGICO (CPE). *Direito ambiental.* Tem a finalidade de apoiar e subsidiar decisões quanto aos seguintes temas: a) definição de estratégias e compatibilização de diretrizes para a Política Nacional de Meio Ambiente; b) definição de prioridades para fins de alocação de recursos orçamentário-financeiros, atribuídos ao Ministério e aos órgãos de sua estrutura, respeitadas as condições estabelecidas ou pactuadas nos instrumentos de obtenção desses recursos; c) definição e implementação de estratégias de atuação integrada junto aos órgãos superiores da administração central do Ministério e dos órgãos de sua estrutura, incluindo a compatibilização entre planos, programas, projetos e atividades em todas as suas fases; d) definição e estabelecimento de orientações relativas à negociação e à implementação de projetos de cooperação técnica e financeira, contratados com governos estrangeiros ou organismos internacionais; e) definição de requisitos de priorização, critérios e metodologias de acompanhamento e avaliação para subsidiar os órgãos da estrutura do Ministério, na atualização e adequação dos programas sob sua gerência; f) definição de diretrizes e procedimentos relativos ao acompanhamento, avaliação e validação das etapas e fases do processo de definição de novos modelos de estrutura organizacional e de gestão do Ministério; g) definição de critérios, prioridades e estratégias para subsidiar os órgãos da estrutura do Ministério, nas iniciativas que visem a articulação e a integração institucional com as esferas federal, estadual e municipal, organizações não-governamentais e o setor privado.

COMITÊ DE POLÍTICA MONETÁRIA (COPOM). *Direito bancário.* Constituído no âmbito do Banco Central do Brasil, tem como objetivo estabelecer diretrizes da política monetária, definir a meta da Taxa SELIC e seu eventual viés, e analisar o Relatório de Inflação.

COMITÊ DE REGULAÇÃO E FISCALIZAÇÃO DOS MERCADOS FINANCEIRO, DE CAPITAIS, DE SEGUROS, DE PREVIDÊNCIA E CAPITALIZAÇÃO (COREMEC). *Direito financeiro.* Órgão de caráter consultivo e instituído no âmbito do Ministério da Fazenda, que tem por finalidade promover a coordenação e o aprimoramento da atuação das entidades da Administração Pública federal que regulam e fiscalizam as atividades relacionadas à captação pública da poupança popular. Compete ao COREMEC: a) propor a adoção de medidas de qualquer natureza, visando ao melhor funcionamento dos mercados sob a regulação e fiscalização das entidades e órgão; b) debater iniciativas de regulação e procedimentos de fiscalização que possam ter impacto nas atividades de mais de uma das entidades e órgão, tendo por finalidade a harmonização das mencionadas iniciativas e procedimentos; c) facilitar e coordenar o intercâmbio de informações entre as entidades e o órgão, inclusive com entidades estrangeiras e organismos internacionais; d) debater e propor ações coordenadas de regulação e fiscalização, inclusive as aplicáveis aos conglomerados financeiros; e e) aprovar alterações regimentais, mediante unanimidade de votos de seus integrantes.

COMITÊ DE SEMENTES. *Direito internacional público.* É o órgão encarregado da administração e do desenvolvimento programático do Acordo de Alcance Parcial para Liberação e Expansão do Comércio Intra-regional de Sementes. O Comitê está constituído por um representante titular e um alterno das Entidades reitoras da área de sementes dos países-membros do Acordo (Argentina, Brasil, Bolívia, Chile, Colômbia, Equador, Paraguai, Peru, Uruguai, Venezuela e Cuba). O representante alterno é acreditado por seu titular a quem substitui plenamente em caso de ausência. Sem prejuízo das atribuições e competências expressamente estabelecidas no acordo, o comitê está incumbido de: a) promover acordos em áreas de sua competência, visando à harmonização ou unificação dos sistemas nacionais de sementes; b) sugerir aos países-membros a formalização de protocolos adicionais ao presente acordo; c) facilitar o funcionamento dos mecanismos e medidas que forem estabelecidos nas respectivas áreas de competência das instituições que o integram; d) promover a consulta e colaboração entre seus membros para realizar ações de cooperação em sua área de competência e coordenar atividades de cooperação horizontal entre entidades nacionais especializadas; e) apoiar o funcionamento do Grupo Assessor Fitossanitário previsto no acordo; f) promover a consulta e a colaboração consultiva do setor empresarial; g) aprovar os relatórios técnicos, a documentação de pedidos de cooperação técnica e os relatórios dos grupos consultivos e de assessoramento técnico; h) encomendar estudos e trabalhos técnicos setoriais à Secretaria Técnico-Operacional; e i) elevar um relatório anual ao Comitê de Representantes da ALADI.

COMITÊ DE TECNOLOGIA E INFORMAÇÃO DA PREVIDÊNCIA SOCIAL. *Direito previdenciário.* Órgão com competência para: a) deliberar sobre políticas, diretrizes, planos, programas e projetos estratégicos de tecnologia e informação no âmbito do Ministério da Previdência Social e de suas entidades vinculadas; b) estabelecer diretrizes, normas, padrões e metodologias de uso de tecnologias de informação no âmbito da Previdência Social; c) analisar e aprovar planos de aquisição de bens e serviços de tecnologia e informação, de natureza estratégica, a serem utilizados pelo Ministério da Previdência Social, INSS e DATAPREV; d) deliberar sobre as normas de seu funcionamento, sob a forma de regimento interno; e) exercer as funções que lhe forem atribuídas pelo Ministro de Estado da Previdência Social.

COMITÊ EDITORIAL DA ANVISA. É uma instância colegiada, de caráter interdisciplinar e natureza consultiva, para atuação em assuntos editoriais no âmbito da Agência. Ao Comitê

Editorial cabe propor e implementar a política editorial da ANVISA, em consonância com a política editorial do Ministério da Saúde, bem como zelar pelo seu cumprimento e constante atualização, de acordo com a finalidade, a missão e as prioridades institucionais, visando à consolidação do Sistema Nacional de Vigilância Sanitária. O Comitê Editorial da ANVISA tem como objetivos: a) promover o acesso e a democratização da informação e do conhecimento de interesse da ANVISA por meio de produtos editoriais, de forma oportuna, efetiva, consistente e de qualidade; b) concorrer para a qualidade dos produtos editoriais da ANVISA, em meio impresso ou em outros suportes e mídias, no que diz respeito à sua forma e ao seu conteúdo, sejam eles produzidos pela Agência ou fruto de suas parcerias; c) concorrer para a veracidade, oportunidade, qualidade, pertinência e fidedignidade das informações constantes em seus produtos editoriais de caráter científico, técnico, educativo, orientativo e normativo; d) buscar a cooperação com órgãos da administração pública e com organizações da sociedade civil com a finalidade de compartilhar custos de produção e distribuição dos produtos editoriais, bem como atender aos demais objetivos e atribuições deste Comitê; e) consolidar os produtos editoriais da ANVISA como referência nos temas afetos à vigilância sanitária; f) incentivar a publicação editorial no âmbito da ANVISA.

COMITÊ EDITORIAL DA SECRETARIA ESPECIAL DOS DIREITOS HUMANOS (SEDH). Órgão que tem as seguintes finalidades: a) definir a política editorial da SEDH; b) estabelecer prioridades temáticas; c) zelar pela fidedignidade das informações constantes em suas publicações, contribuindo para o desenvolvimento de uma cultura de direitos humanos no País; d) assegurar a qualidade das publicações a serem impressas e a sua consonância com a Política Nacional de Direitos Humanos no País; e) analisar, avaliar e emitir parecer sobre materiais educativos e institucionais, impressos e em audiovisuais a serem editados ou apoiadas pela SEDH; f) definir critérios de tiragem e distribuição das publicações; g) organizar e controlar o acervo bibliográfico da SEDH; h) coordenar e controlar a guarda e distribuição das publicações impressas e em audiovisuais da SEDH; i) definir o quantitativo da reserva técnica de publicações da SEDH; j) proceder a guarda dos fotolitos das publicações impressas e matrizes dos materiais audiovisuais da SEDH; k) definir critérios para registro das publicações da SEDH junto à Biblioteca Nacional; l) acompanhar a efetivação do depósito legal das publicações da SEDH; e m) adotar medidas para que as publicações a serem editadas pela SEDH recebam o Número Internacional Padronizado (ISBN).

COMITÊ EDITORIAL DA SECRETARIA DE VIGILÂNCIA EM SAÚDE (CEVS). *Direito administrativo.* Diretamente subordinado ao Secretário de Vigilância em Saúde, órgão interdisciplinar, de natureza normativa, deliberativa, avaliativa e supervisora em assuntos editoriais, tem por finalidade assessorar o Conselho Editorial do Ministério da Saúde na definição da política editorial no âmbito da Secretaria de Vigilância em Saúde e, especificamente: a) propor diretrizes da Política Editorial da SVS, no que se refere à excelência dos produtos editoriais, à referência institucional e ao planejamento da produção editorial; b) direcionar a produção editorial da SVS pelos princípios e diretrizes da Política Editorial do Ministério da Saúde; c) manter canais de contato com instituições, públicas e privadas, visando incentivar parcerias na produção editorial da SVS. Ao CEVS compete: a) aprovar a política editorial da Secretaria de Vigilância em Saúde; b) avaliar, orientar, planejar e fazer observar as diretrizes e orientações da Política Editorial da SVS e do Ministério da Saúde; c) avaliar os originais, como propostas editoriais, conferindo-os os seguintes atestos: favorável à publicação; desfavorável à publicação; favorável à publicação, se sujeito a alterações – com as respectivas justificativas; d) avaliar as propostas editoriais consolidadas das áreas, conforme representação no CEVS, e estabelecer a Programação Editorial Anual da SVS; e) encaminhar ao Conselho Editorial do Ministério da Saúde, por meio de seu representante, a Programação Editorial Anual da SVS; f) realizar avaliação da produção editorial da Secretaria de Vigilância em Saúde.

COMITÊ EXECUTIVO DE GESTÃO DE TECNOLOGIA DA INFORMAÇÃO E INFORMÁTICA DOS TRANSPORTES (CETIIT). *Direito administrativo.* O CETIIT tem como objetivo assessorar e propor ao Ministro dos Transportes a política de Gestão de Tecnologia da Informação e Informática do Ministério dos Transportes e das entidades vinculadas ao

MT. Compete ao CETIIT: a) elaborar o Plano Anual de Ações Estratégicas na área de Tecnologia da Informação, Informática e Comunicações (PAAETIC), com a finalidade de garantir a interoperabilidade dos sistemas de informação do Ministério dos Transportes, DNIT, ANTAQ e ANTT; b) definir e implantar o Projeto de Gestão do Conhecimento em Transportes; c) formular diretrizes da Política Nacional de Informações sobre Transportes, visando à implantação e manutenção do Sistema Nacional de Informações de Transportes; d) identificar e acompanhar as necessidades e demandas por informações em transportes, por parte dos órgãos do Ministério, de suas vinculadas, da sociedade e usuários em geral; e) propor estratégias de disseminação da informação em transportes; f) definir padrões e procedimentos técnicos e operacionais para a área de TI, abrangendo, também, a adoção e uso da Internet, Intranet e Extranet; g) estudar e propor soluções específicas, quando as circunstâncias exigirem a atuação do CETIIT na supervisão de questões emergentes que envolvam o Ministério dos Transportes, ANTAQ, ANTT e DNIT; h) definir padrões e procedimentos relativos à contratação de serviços na área de Tecnologia da Informação e Comunicações (TIC) (terceirizados); i) estabelecer metodologia e estrutura de indicadores para a avaliação da qualidade e da produtividade dos recursos, dos produtos e dos sistemas em uso na área de informática, aferindo também, o grau de satisfação de seus usuários; j) examinar as proposições e emitir parecer quanto à adoção de novas ferramentas, linguagens e metodologias de especificação, inspeção, auditorias e desenvolvimento de sistemas e produtos; k) propor a contratação de estudos e pareceres técnicos quanto à adoção de tecnologias, ferramentas e metodologias de trabalho para a área de informação e informática do MT, DNIT, ANTAQ E ANTT; l) aprovar o Plano de Segurança de Informação a ser submetido pelos titulares do MT, DNIT, ANTAQ e ANTT; e m) incentivar e coordenar o desenvolvimento de estudos e pesquisas realizados na área de informação do MT, DNIT, ANTAQ e ANTT, com o objetivo de integrar o Sistema Nacional de Informações em Transportes.

COMITÊ GESTOR DA POLÍTICA NACIONAL DE PROMOÇÃO DA SAÚDE (CGPNPS). Tem as seguintes atribuições: a) consolidar a implementação da Política Nacional de Promoção da Saúde; b) consolidar a Agência Nacional de Promoção da Saúde em consonância com as políticas, as prioridades e os recursos de cada uma das secretarias do Ministério da Saúde e com o Plano Nacional de Saúde; c) articular e integrar as ações de promoção da saúde no âmbito do SUS, no contexto do Pacto pela Saúde; d) coordenar a implantação da Política Nacional de Promoção da Saúde no SUS e em sua articulação com os demais setores governamentais e não governamentais; e) incentivar a inclusão da Promoção da Saúde e a elaboração, por parte dos Estados, do Distrito Federal e dos Municípios, de Planos Municipais, Estaduais e termos de compromisso do Pacto de Gestão; e f) monitorar e avaliar as estratégias de implantação/implementação da Política Nacional de Promoção da Saúde e seu impacto na melhoria da qualidade de vida de sujeitos e coletividades.

COMITÊ GESTOR DAS TABELAS CORPORATIVAS (CGTC/MS). *Direito administrativo.* É utilizado no âmbito do Ministério da Saúde (MS) com as seguintes finalidades: a) identificar as tabelas corporativas de responsabilidade do MS que compõem os sistemas de informações do SUS (Sistema Único de Saúde) e do próprio Ministério; b) normatizar a manutenção das tabelas em uso, compatibilizando a integração dos sistemas e a autonomia dos responsáveis pela gestão dos sistemas de informações no Ministério da Saúde; c) articular a utilização comum das tabelas em operação nos sistemas de informação pelos diversos órgãos e entidades do Ministério da Saúde; d) responder pela articulação com iniciativas de padronização da informação no âmbito do Ministério da Saúde e do Governo Federal.

COMITÊ GESTOR DE PARCERIA PÚBLICO-PRIVADA FEDERAL (CGP). *Direito administrativo.* Compete ao CGP: a) definir os serviços prioritários para execução no regime de parceria público-privada e os critérios para subsidiar a análise sobre conveniência e oportunidade de contratação sob esse regime; b) disciplinar os procedimentos para celebração dos contratos de parceria público-privada e aprovar suas alterações; c) autorizar a abertura de procedimentos licitatórios e aprovar os instrumentos convocatórios e de contratos e suas alterações; d) apreciar e aprovar os relatórios semestrais de execução de contratos de parceria público-privada, enviados pelos Ministérios e Agências Reguladoras, em suas áreas de competência; e) elaborar e enviar ao Congresso Nacional e ao Tribunal de Contas da União relatório anual de desempenho de contratos de parceria público-privada e disponibilizar, por meio de sítio na rede mundial de computadores (Internet), as informações nele constantes, ressalvadas aquelas classificadas como sigilosas; f) aprovar o Plano de Parcerias Público-Privada (PLP), acompanhar e avaliar a sua execução; g) propor a edição de normas sobre a apresentação de projetos de parceria público-privada; h) estabelecer os procedimentos e requisitos dos projetos de parceria público-privada e dos respectivos editais de licitação, submetidos à sua análise pelos Ministérios e Agências Reguladoras; i) estabelecer modelos de editais de licitação e de contratos de parceria público-privada, bem como os requisitos técnicos mínimos para sua aprovação; j) estabelecer os procedimentos básicos para acompanhamento e avaliação periódicos dos contratos de parceria público-privada; k) elaborar seu regimento interno; e l) expedir resoluções necessárias ao exercício de sua competência.

COMITÊ GESTOR DE POLÍTICAS DE INCLUSÃO DAS PESSOAS COM DEFICIÊNCIA (CGPD). Tem o objetivo de promover a articulação dos órgãos e entidades envolvidos na implementação das ações relacionadas à inclusão das pessoas com deficiência, resultantes do Compromisso pela Inclusão das Pessoas com Deficiência, assim como de realizar o monitoramento e avaliação dessas ações.

COMITÊ GESTOR DE SEGURANÇA DA INFORMAÇÃO. *Direito administrativo.* Tem o objetivo de garantir a observância das normas que regem a Segurança da Informação no Ministério da Justiça. Ao Comitê Gestor compete: a) definir e elaborar Planos de Segurança da Informação com vigência nos diversos órgãos e unidades do MJ; b) coordenar e acompanhar a elaboração de diretrizes para a área de Segurança da Informação; c) auditar os órgãos e as unidades do MJ quanto à observância dos regulamentos previstos na Política de Segurança da Informação; d) assessorar o Ministro de Estado da Justiça quanto ao tema; e) propor normas que garantam o uso responsável dos recursos protegidos pela Política de Segurança da Informação; f) revisar a Política de Segurança da Informação a cada seis meses, ou sempre que se fizer necessário; g) elaborar relatórios perió-

dicos de suas atividades, encaminhando-os ao Secretário-Executivo; h) participar e/ou sugerir participantes de eventos, comitês, câmaras técnicas, permanentes ou temporárias, cujo tema seja Segurança da Informação; i) promover o intercâmbio científico-tecnológico com entidades que lidem com as atividades de Segurança da Informação, tanto no Brasil, quanto no exterior; j) nomear os membros do Grupo de Atendimento e Tratamento de Incidentes de Segurança da Informação (GATI); k) elaborar o regimento interno do Comitê Gestor.

COMITÊ GESTOR DO FUNDO SEGURO–SAFRA. *Direito administrativo* e *direito agrário.* É o que tem as seguintes atribuições: a) definir e assegurar as ações interinstitucionais, visando o gerenciamento integrado da concessão do benefício Seguro-Safra; b) propor as diretrizes gerais e setoriais e as metas a serem atingidas pelo Fundo; c) propor normas e medidas que permitam melhor atendimento do público-alvo do benefício; d) propor a consignação de dotações ordinárias no Orçamento da União, dos Estados e dos Municípios, bem como de dotações adicionais, com base nas informações recebidas dos Estados; e) promover, fomentar e definir a participação dos poderes públicos estaduais e municipais, além dos Conselhos Estaduais e Municipais de Desenvolvimento Rural Sustentável ou similares, nas fases de implementação, inscrição, seleção e adesão dos interessados e, ainda, na execução e avaliação da concessão do benefício; f) deliberar sobre os critérios classificatórios para seleção dos beneficiários; g) aprovar datas-limite de adesão, apresentadas pelo órgão executivo do Fundo Seguro-Safra; h) deliberar sobre a forma de comprovação das perdas, para efeito de concessão do benefício.

COMITÊ GESTOR DO PROGRAMA NACIONAL DE GESTÃO PÚBLICA E DESBUROCRATIZAÇÃO. Instituído no âmbito do Ministério do Planejamento, Orçamento e Gestão, tem por objetivo a formulação do planejamento das ações do GESPÚBLICA, bem como a coordenação e avaliação da execução dessas ações. Ao Comitê Gestor do GESPÚBLICA compete: a) propor ao Ministro de Estado do Planejamento, Orçamento e Gestão o planejamento estratégico do GESPÚBLICA; b) articular-se para a identificação de mecanismos que possibilitem a obtenção de recursos e demais meios para a execução das ações do

GESPÚBLICA; c) constituir comissões setoriais e regionais, com a finalidade de descentralizar a gestão do GESPÚBLICA; d) monitorar, avaliar e divulgar os resultados do GESPÚBLICA; e) certificar a validação dos resultados da auto-avaliação dos órgãos e entidades participantes do GESPÚBLICA; f) reconhecer e premiar os órgãos e entidades da administração pública, participantes do GESPÚBLICA, que demonstrem qualidade em gestão, medida pelos resultados institucionais obtidos.

COMITÊ GESTOR DO PROJETO CASA BRASIL. *Direito administrativo.* Órgão da Casa Civil da Presidência da República, com competência para: a) estabelecer as diretrizes gerais de gestão e aplicação dos recursos financeiros destinados ao Projeto Casa Brasil; b) estabelecer os critérios necessários à seleção dos Municípios e comunidades locais a serem contempladas com a instalação de unidades do Projeto Casa Brasil, bem como os critérios para a alocação dos recursos necessários a sua implantação e manutenção; c) aprovar o plano anual de trabalho do Projeto Casa Brasil e avaliar seus resultados periodicamente; d) acompanhar e monitorar a implementação e desempenho das unidades do Projeto Casa Brasil; e e) elaborar o seu regimento interno.

COMITÊ GESTOR DO SIMPLES NACIONAL (CGSN). *Direito tributário.* É o Comitê Gestor de Tributação das Microempresas e Empresas de Pequeno Porte, que tem por fim gerir e normatizar os aspectos tributários do Estatuto Nacional da Microempresa e Empresa de Pequeno Porte. Compete ao CGSN: a) apreciar e deliberar acerca da necessidade de revisão dos valores expressos em moeda; b) estabelecer a forma de opção pelo Simples Nacional da pessoa jurídica enquadrada na condição de microempresa e empresa de pequeno porte, fixando termos, prazos e condições; c) regulamentar a opção automática e o indeferimento da opção pelo Simples Nacional; d) regulamentar a forma de opção pela determinação do valor a ser recolhido tendo por base o valor da receita bruta recebida no mês; e) definir a forma como os Estados, o Distrito Federal e os Municípios, no âmbito de suas respectivas competências, poderão estabelecer valores fixos mensais para o recolhimento do Imposto sobre Operações Relativas à Circulação de Mercadoria e Prestação de Serviço de Transporte Interestadual e Intermunicipal e de Comunicação (ICMS) e do Imposto sobre Serviços de Qualquer Natureza (ISS) devido por microempresa que aufira receita bruta, no ano-calendário anterior, de até R$ 120.000,00; f) definir a forma da redução proporcional ou ajuste do valor a ser recolhido, na hipótese em que os Estados, ou Distrito Federal ou os Municípios concedam isenção ou redução do ICMS ou do ISS devido por microempresa ou empresa de pequeno porte, ou determinem recolhimento do valor fixo para esses tributos; g) regulamentar a aplicação de limites estaduais diferenciados de receita bruta para efeito de recolhimento do ICMS e do ISS no Simples Nacional; h) instituir o documento único de arrecadação; i) regulamentar o prazo para o recolhimento dos tributos devidos no Simples Nacional; j) credenciar os bancos integrantes da rede arrecadadora do Simples Nacional; k) decidir sobre requerimento para a adoção pelo Estado, Distrito Federal ou Município de sistema simplificado de arrecadação do Simples Nacional; l) regular o pedido de restituição ou compensação dos valores do Simples Nacional recolhidos indevidamente ou em montante superior ao devido; m) definir o sistema de repasses dos valores arrecadados pelo Simples Nacional, inclusive encargos legais; n) aprovar o modelo e o prazo de entrega da declaração única e simplificada de informações socioeconômicas e fiscais do Simples Nacional; o) disciplinar os documentos fiscais a serem emitidos pelos optantes do Simples Nacional; a comprovação da receita bruta dos empreendedores individuais com receita bruta anual de até R$ 36.000,00 e as hipóteses de dispensa de emissão de documento fiscal dos empreendedores individuais com a receita bruta anual de até R$ 36.000,00; p) estabelecer outras obrigações fiscais acessórias; q) dispor sobre a declaração eletrônica do Simples Nacional; r) regulamentar a contabilidade simplificada para os registros e controles das operações realizadas pelos optantes do Simples Nacional, a exclusão do Simples Nacional, observado o disposto em lei, a fiscalização do Simples Nacional, observada a forma da intimação e a forma pela qual serão solucionadas as consultas relativas aos tributos de competência estadual ou municipal; s) disciplinar o modo pelo qual os Estados, Distrito Federal e Municípios prestarão auxílio à Procuradoria-Geral da Fazenda Nacional em relação aos tributos de suas competências; t) expedir as instruções necessárias para a implementação do Simples Nacional; u) regulamentar as regras para parcelamento de tributos e contribuições para ingresso no Simples Nacional; v) supervisionar a gestão do Simples Nacional; x) expedir resoluções necessárias ao exercício de sua competência.

COMITÊ GESTOR DO SISTEMA DE TECNOLOGIA DA INFORMAÇÃO (TIC) E COMUNICAÇÃO DA JUSTIÇA FEDERAL (SIJUS). *Direito processual.* A partir da orientação estabelecida pelo Conselho da Justiça Federal, compete ao Comitê Gestor do SIJUS: a) estabelecer diretrizes para orientar a evolução do TIC no âmbito do Conselho da Justiça Federal, Tribunais e Seccionais; b) garantir a uniformidade, a compatibilidade e a integração dos dados e soluções adotadas em nível nacional, inclusive com terceiros; c) definir padrões metodológicos para desenvolvimento de sistemas para gestão de projetos e para governança de TIC; d) estabelecer políticas de segurança na área de TIC, compreendendo a disponibilidade, a integridade, a confiabilidade e a autenticidade das informações; e) permitir o acompanhamento da execução das atividades planejadas e a sua reavaliação periódica; f) estabelecer as políticas de auditoria na área de TIC; g) garantir a compatibilidade, a conectividade e interoperabilidade dos equipamentos e programas em uso no SIJUS; h) proporcionar economia de escala através de procedimentos comuns entre os órgãos do SIJUS, para aquisição de *hardware*, *software*, rede de comunicação de dados, bem como nos casos de desenvolvimento de sistemas e aplicações; i) estabelecer uma política de investimentos na área de *hardware* e *software* e rede de comunicação de dados, privilegiar o uso de programas de código aberto, redução de custos, segurança, uniformidade e padronização em toda a Justiça Federal; j) priorizar o uso, o estudo e os investimentos em sistemas de código aberto, mantendo a compatibilidade, conectividade e interoperabilidade com os sistemas e soluções já existentes; k) estabelecer políticas e procedimentos para terceirização de serviços de TIC não estratégicos, preservando ao SIJUS a inteligência das regras de negócio; l) estabelecer políticas de capacitação dos servidores de informática e treinamento de usuários dos sistemas; m) padronizar procedimentos e rotinas dos sistemas de informações e controles das atividades-fim e das demais atividades sistêmicas da Justiça Federal, bem como viabilizar meios para a coordenação central pelo Conselho da Justiça Federal sobre as atividades sistêmicas, tais como recursos humanos, orçamento, administração financeira, controle interno e TIC; n) coordenar, em conjunto com as áreas pertinentes, a uniformização e unificação da virtualização dos procedimentos e processos judiciais ou administrativos, bem como das tabelas de uso comum; o) criar, fomentar, unificar e administrar a rede de comunicação de dados da Justiça Federal em nível nacional; p) estabelecer os padrões para que haja infra-estrutura adequada das instalações de TIC; q) definir padrões para criação de uma biblioteca de soluções de TIC, visando a reutilização e compartilhamento de códigos e componentes.

COMITÊ GESTOR INTERMINISTERIAL DO SEGURO RURAL. *Direito agrário.* O Comitê Gestor Interministerial do Seguro Rural (CGSR) criado no âmbito do Ministério da Agricultura, Pecuária e Abastecimento (MAPA) e com a finalidade de formular as políticas, estabelecer as diretrizes e coordenar as ações para o Programa de Subvenção ao Prêmio do Seguro Rural e demais ações necessárias ao desenvolvimento do seguro rural no País. Compete ao Comitê Gestor Internacional do Seguro Rural: a) definir as diretrizes e prioridades da política de subvenção ao seguro rural para o Plano Trienal do Seguro Rural e seus ajustes anuais; b) apreciar e encaminhar ao Poder Executivo propostas relativas ao percentual sobre o prêmio ou ao valor máximo da subvenção do seguro rural; c) propor os limites subvencionáveis considerando as possibilidades de diferenciação; d) aprovar as condições técnicas e operacionais específicas para a implementação e operacionalização da concessão da subvenção aos beneficiários; e) definir as modalidades de seguro rural contempláveis pela subvenção; f) definir os parâmetros mínimos e disposições contratuais, inclusive os riscos cobertos, para cada linha de seguro subvencionável, e outras exigências técnicas para fins de enquadramento no Programa de Subvenção ao Prêmio do Seguro Rural (PSR), observada a legislação de seguros privados; g) estabelecer diretrizes, coordenar a elaboração de metodologias e a divulgação de estudos e dados estatísticos, entre outras informações, que auxiliem o desenvolvimento do seguro rural como instrumento de política agrícola; h) firmar contratos, convênios ou parcerias com instituições públicas ou privadas, objetivando o cumprimento de suas atribuições, especialmente para a transferência de recursos financeiros, o desenvolvimento de projetos-piloto e a realização de levantamentos, estudos e projetos; i) instituir Comissões Consultivas que o subsidiem no exercício de suas competências, especialmente na elaboração do Plano Trienal do Seguro Rural (PTSR); j) aprovar e modificar seu regimento interno e o das Comissões Consultivas; k) coordenar as ações institucionais necessárias ao gerenciamento integrado do PSR com as políticas para o Fundo de Estabilidade do Seguro Rural (FESR) e para o mercado de resseguros, visando a expansão das operações de seguro rural no País; e deliberar sobre: a) as culturas e espécies animais objetos da subvenção; b) as regiões a serem amparadas pelo benefício da subvenção; c) as condições técnicas a serem cumpridas pelos beneficiários; d) a proposta de Plano Trienal do Seguro Rural e seus ajustes anuais; e) diretrizes e condições para a concessão da subvenção do seguro rural.

COMITÊ GESTOR INTERNET DO BRASIL (CGIBR). *Direito virtual.* Órgão com as atribuições de: a) estabelecer diretrizes estratégicas relacionadas ao uso e desenvolvimento da Internet no Brasil; b) criar diretrizes para a organização das relações entre o Governo e a sociedade, na execução do registro de Nomes de Domínio, na alocação de Endereço IP (*Internet Protocol*) e na administração pertinente ao Domínio de Primeiro Nível (*ccTLD country code Top Level Domain*), ".br", no interesse do desenvolvimento da Internet no País; c) propor programas de pesquisa e desenvolvimento relacionados à Internet, que permitam a manutenção do nível de qualidade técnica e inovação no uso, bem como estimular a sua disseminação em todo o território nacional, buscando oportunidades constantes de agregação de valor aos bens e serviços a ela vinculados; d) promover estudos e recomendar procedimentos, normas e padrões técnicos e operacionais, para a segurança das redes e serviços de Internet, bem assim para a sua crescente e adequada utilização pela sociedade; e) articular as ações relativas à proposição de normas e procedimentos relativos à regulamentação das atividades inerentes à Internet; f) ser representado nos fóruns técnicos nacionais e internacionais relativos à Internet; g) adotar os procedimentos administrativos e operacionais necessários para que a gestão da Internet no Brasil se dê segundo os padrões in-

ternacionais aceitos pelos órgãos de cúpula da Internet, podendo, para tanto, celebrar acordo, convênio, ajuste ou instrumento congênere; h) deliberar sobre quaisquer questões a ele encaminhadas, relativamente aos serviços de Internet no País; i) aprovar o seu regimento interno.

COMITÊ INTERMINISTERIAL DA INCLUSÃO SOCIAL DE CATADORES DE LIXO. *Direito administrativo.* Tem a finalidade de: a) implementar o Projeto Interministerial Lixo e Cidadania: Combate à Fome Associado à Inclusão de Catadores e à Erradicação de Lixões, visando garantir condições dignas de vida e trabalho à população catadora de lixo e apoiar a gestão e destinação adequada de resíduos sólidos nos Municípios; b) articular as políticas setoriais e acompanhar a implementação dos programas voltados à população catadora de lixo; c) definir mecanismos de monitoramento e avaliação da implantação das ações articuladas que deverão atuar de forma integrada nas localidades.

COMITÊ INTERMINISTERIAL DE COMBATE À PIRATARIA. *Direito autoral.* Órgão com competência para: a) propor plano de ação dos órgãos competentes para resguardar o cumprimento dos direitos autorais, bem como para acompanhar a correspondente execução; b) auxiliar os órgãos competentes no planejamento de ações preventivas e repressivas à violação de obras protegidas pelo direito autoral; c) acompanhar, por meio de relatórios enviados pelos órgãos competentes, a execução das atividades de prevenção e repressão à violação de obras protegidas pelo direito autoral; d) propor, quando necessário, reformas e modernização técnico-operativa dos órgãos envolvidos, bem como as alterações que possam aperfeiçoar a legislação em vigor; e) conceber sistema de atuação eficaz para recebimento, investigação e apuração de denúncias sobre violação de direito autoral; f) desenvolver campanhas de combate à pirataria, integrando os principais meios de comunicação de massa, com o propósito de esclarecimento da opinião pública sobre o efeito danoso do ilícito penal e concomitante difusão dos textos legais sobre o direito autoral e o combate à pirataria; g) propor que sejam estabelecidos, pelos órgãos federais competentes, convênios com os governos estaduais visando a implementação de amplo e incisivo combate ao comércio ambulante de mercadorias ilícitas; h) efetuar levantamentos estatísticos com o objetivo de estabelecer mecanismos eficazes de prevenção e repressão sobre os atos de pirataria; i) acompanhar novas formas de pirataria introduzidas no mercado, especialmente as realizadas em redes digitais, e propor alternativas dissuasivas de tais atos; j) promover o intercâmbio de informações sobre pirataria e tráfico ilícito de produtos resultantes dessa prática; k) propor alimentação de banco de dados da Polícia Federal, que permita a consulta e difusão das ações realizadas no combate à pirataria, bem como o índice referente a prisões, apreensões e valores; l) promover seminários, com a participação do setor privado, sobre o direito autoral; m) estabelecer diálogo permanente com instituições e entidades nacionais e internacionais, cujos objetivos e atividades possam trazer contribuições relevantes para o combate à pirataria; n) estimular e apoiar iniciativas públicas e privadas que valorizem o direito autoral e visem a impedir a prática da pirataria; o) estabelecer mecanismos de diálogo e colaboração com os Poderes Legislativo e Judiciário, com o propósito de promover ações efetivas de combate à pirataria.

COMITÊ INTERMINISTERIAL PERMANENTE. *Direito administrativo* e *alfandegário.* Órgão com atribuição de: a) aprimorar e acompanhar o desenvolvimento da política industrial, tecnológica e comercial no âmbito da Zona Franca de Manaus; b) adequar a distribuição dos limites de importação, considerando o aumento de investimentos e de exportações, observados os processos produtivos básicos estabelecidos, ou alterar tais limites; c) excluir setores ou produtos do limite das importações. O Presidente do comitê pode convidar, quando necessário, representantes da Superintendência da Zona Franca de Manaus (SUFRAMA), da Fundação Centro de Análise, Pesquisa e Inovação Tecnológica (FUCAPI), dos governos estaduais envolvidos, dos empresários e dos trabalhadores para participar dos trabalhos referidos acima.

COMITÊ INTERNO DE QUALIDADE E PRODUTIVIDADE DA SECRETARIA DA ADMINISTRAÇÃO FEDERAL. *Direito administrativo.* Órgão que tem por fim definir políticas e diretrizes do Programa Brasileiro da Qualidade e Produtividade e do Subcomitê Setorial da Administração Pública para os órgãos e entidades vinculadas da Secretaria da Administração Federal (SAF) e coordenar os esforços de implementação da Gestão da Qualidade na SAF e na Fundação Nacional de Administração Pública (FNAP), bem como supervisionar e controlar a execução das ações e projetos pertinentes.

COMITÊ NACIONAL DAS ZONAS ÚMIDAS. *Direito ambiental.* Tem as seguintes competências: a) propor ao Ministério do Meio Ambiente diretrizes e ações de execução, relativas à conservação, ao manejo e ao uso racional dos recursos ambientais, referentes à gestão das áreas incluídas na Lista de Zonas Úmidas de Importância Internacional e, nas demais zonas úmidas brasileiras, quando couber; b) contribuir para elaboração de diretrizes e na análise do planejamento estratégico que subsidiará a elaboração de um Plano Nacional de Zonas Úmidas; c) sugerir e avaliar a inclusão de novos sítios na Lista de Zonas Úmidas de Importância Internacional; d) apreciar as propostas de projetos a ser submetidas aos fundos de financiamento da Convenção sobre Zonas Úmidas de Importância Internacional, especialmente como Habitat de Aves Aquáticas, Convenção de Ramsar: *Wetlands for The Future Fund (WFF)* e *Small Grants Fund (SGF)*; e) subsidiar a participação brasileira nas reuniões realizadas no contexto da Convenção de Ramsar, bem como contribuir na elaboração de informes nacionais a ser encaminhados às Conferências das Partes Contratantes; f) subsidiar a implementação da Convenção de Ramsar e das decisões adotadas pela Conferência das Partes Contratantes; g) divulgar a Convenção de Ramsar e incentivar a participação da sociedade na sua implementação; h) apresentar proposta de regimento interno ao Ministro de Estado do Meio Ambiente.

COMITÊ NACIONAL DE AVALIAÇÃO DE DESEMPENHO DO SISTEMA DE SAÚDE. *Direito administrativo.* De natureza consultiva, que tem por objetivos: a) fortalecer a capacidade de formulação, implementação e avaliação da proposta de Avaliação de Desempenho do SUS, visando à qualificação do setor saúde em todas as esferas; b) mobilizar os órgãos e as entidades internas e externas ao Ministério da Saúde, visando ao aprimoramento da proposta; e c) apoiar tecnicamente os órgãos do Ministério da Saúde e entidades vinculadas na formulação e implementação da Avaliação de Desempenho do SUS, contribuindo para o dimensionamento dos indicadores e necessidades de informações ajustadas às esferas federal, distrital, estadual e municipal.

COMITÊ NACIONAL DE BIOTECNOLOGIA. *Biodireito.* Visa coordenar a implementação da Política de Desenvolvimento da Biotecnologia, bem como outras eventuais ações que sejam pertinentes e necessárias para o desenvolvimento e utilização da biotecnologia, com ênfase na bioindústria brasileira. Tem competência para: a) coordenar a implementação da Política de Desenvolvimento da Biotecnologia, promovendo os aperfeiçoamentos necessários a sua plena execução, utilizando-se, dentre outros mecanismos, de deliberações sobre ações, programas e atividades propostas pelos órgãos e entidades previstos em lei, em conformidade com as diretrizes e os objetivos específicos previstos na Política de Desenvolvimento da Biotecnologia; b) realizar suas atividades de forma articulada e integrada para definição e execução das ações e programas relacionados à implementação da Política de Desenvolvimento da Biotecnologia; c) harmonizar a Política de Desenvolvimento da Biotecnologia com as demais políticas vigentes e correlatas; d) apoiar tecnicamente os órgãos e entidades competentes no processo de execução dos programas e ações de implementação da Política de Desenvolvimento da Biotecnologia; e) estabelecer mecanismos internos para a elaboração dos programas de execução da Política de Desenvolvimento da Biotecnologia; f) constituir grupos de trabalho sobre temas específicos que demandem conhecimento técnico especializado para dar suporte às atividades do Comitê; g) convidar profissionais de notório saber na matéria ou especialistas de outros órgãos ou entidades e da sociedade civil para prestar assessoria às atividades do Comitê; h) acompanhar o desenvolvimento da indústria de biotecnologia mundial para subsidiar a atualização dos programas e ações de implementação da Política de Desenvolvimento da Biotecnologia; i) propor e implementar mecanismos de monitoramento e avaliação de desempenho das atividades desenvolvidas com o objetivo de promover contínuo aperfeiçoamento da Política de Desenvolvimento da Biotecnologia; e j) propor a atualização da Política de Desenvolvimento da Biotecnologia.

COMITÊ NACIONAL DE CONTROLE HIGIÊNICO-SANITÁRIO DE MOLUSCOS BIVALVES (CNCMB). *Direito ambiental.* Tem a finalidade de estabelecer e avaliar os requisitos necessários para garantia da qualidade higiênico-sanitária dos moluscos bivalves, visando à proteção da saúde da população e à criação de mecanismos seguros para o comércio nacional e internacional.

COMITÊ NACIONAL DE MOBILIZAÇÃO PELA SAÚDE, SEGURANÇA E PAZ NO TRÂNSITO. *Direito urbanístico* e *direito de trânsito.* Tem a finalidade de diagnosticar a situação de saúde, segurança e paz no trânsito e promover a articulação e definição de estratégias intersetoriais para a melhoria da segurança, promoção da saúde, e da cultura de paz no trânsito.

COMITÊ NACIONAL DE PESQUISAS ANTÁRTICAS (CONAPA). *Direito administrativo.* Órgão que tem por finalidade: a) assessorar o Ministro da Ciência e Tecnologia nos assuntos relacionados com os interesses científicos e tecnológicos na Antártica; b) propor ao Ministro da Ciência e Tecnologia normas e diretrizes orientadoras da atuação dos órgãos no âmbito da Política Nacional para Assuntos Antárticos (POLANTAR); c) examinar e orientar o encaminhamento a órgãos e entidades governamentais responsáveis pela execução da POLANTAR de proposições e projetos relativos a assuntos antárticos, especificamente em matérias técnico-científicas; d) acompanhar os trabalhos de foros deliberativos e instâncias administrativas nacionais e internacionais, bem como as atividades em execução; e) assessorar, no que concerne a assuntos científicos e/ou tecnológicos, a participação de representantes nacionais em conclaves de organismos do âmbito do Sistema do Tratado da Antártica; f) preparar documentos formais para a POLANTAR, quando solicitado pela Comissão Nacional para Assuntos Antárticos (CONANTAR); g) prestar assessoramento a outros organismos nacionais ligados às atividades antárticas brasileiras, quando solicitado; h) conduzir o processo de relacionamento institucional com o Comitê Científico de Pesquisas Antárticas (SCAR), organização internacional com sede em Cambridge, Reino Unido. O CONAPA, além de suas funções precípuas, junto ao SCAR, deve ser um foro de debates científicos entre as instituições que desenvolvem projetos de pesquisa e/ou estudos antárticos, bem como um órgão difusor das atividades antárticas.

COMITÊ NACIONAL DE PREVENÇÃO DO ÓBITO INFANTIL E FETAL. *Biodireito.* Órgão incumbido de: 1. estimular a investigação dos óbitos infantis e fetais pelas equipes de saúde, segundo critérios definidos, preferencialmente com a participação integrada dos profissionais da vigilância epidemiológica e da área de assistência em saúde (Programa de Agentes Comunitários de

Saúde, Programa de Saúde da Família, Unidades Básicas de Saúde e setores da área de assistência das Secretarias de Saúde); 2. estimular a realização de análises dos óbitos investigados segundo a possibilidade de sua prevenção, com especial atenção à identificação de problemas relacionados: a) à assistência de saúde prestada à gestante e à criança; b) à organização dos serviços e do sistema de saúde; c) às condições sociais, da família e da comunidade; 3. contribuir para a melhoria da informação em saúde, com a correção das estatísticas oficiais e qualificação das informações sobre nascimentos, óbitos infantis e fetais; 4. contribuir para a melhoria dos registros de saúde, por meio da sensibilização dos profissionais para o correto preenchimento de prontuários, fichas de atendimento, Cartão da Gestante e Cartão da Criança; 5. acompanhar, assessorar e estimular a constituição de Comitês Estaduais, Regionais, Municipais e Hospitalares; 6. avaliar, periodicamente, os principais problemas observados no estudo dos óbitos e das medidas realizadas de intervenção para redução da mortalidade infantil e fetal; 7. divulgar, sistematicamente, os resultados e experiências bem-sucedidas, com elaboração de material específico (relatórios/boletim periódicos); 8. elaborar propostas para a construção de políticas nacionais dirigidas à redução da mortalidade infantil e fetal; 9. promover a mobilização do poder público, instituições e sociedade civil com vistas à prevenção da mortalidade infantil e fetal; 10. promover seminários, oficinas e encontros nacionais para sensibilização, troca de experiências e avaliação dos trabalhos no âmbito nacional.

COMITÊ NACIONAL DE REFUGIADOS (CONARE). *Direito administrativo.* É o órgão colegiado criado por lei e vinculado ao Ministério da Justiça, que tem por finalidade: a) analisar o pedido e decidir sobre o reconhecimento da condição de refugiado; b) deliberar quanto à cessação, *ex officio* ou mediante requerimento das autoridades competentes, da condição de refugiado; c) declarar a perda da condição de refugiado; d) orientar e coordenar as ações necessárias à eficácia da proteção, assistência, integração local e apoio jurídico aos refugiados, com a participação dos Ministérios e instituições que compõem o CONARE; e) aprovar as instruções normativas que possibilitem a execução de leis pertinentes a este Comitê.

COMITÊ NACIONAL INTERINSTITUCIONAL DE DESPRECARIZAÇÃO DO TRABALHO NO SUS. *Direito do trabalho.* É órgão que objetiva: a) fixar as diretrizes para o recadastramento nacional dos trabalhadores com vínculo de trabalho precário, e estabelecer, para este, o cronograma de sua realização; b) definir um modelo de cadastro mínimo para ser aplicado em todo o País, o qual poderá ser adaptado para atender as necessidades e interesses locais; c) monitorar as formas de substituição do trabalho precário nas três esferas de governo (federal, estadual e municipal); d) dimensionar e estimular a realização de concurso público nas três esferas de governo, em cumprimento de princípio constitucional e de recomendações de resoluções das últimas Conferências Nacionais de Saúde e de Recursos Humanos; e) realizar o levantamento das formas de precarização do trabalho no SUS; f) indicar as formas legais de contratação, quando for o caso, e apresentar as iniciativas requeridas para sua implementação, tendo em conta a política de preservação do emprego e da renda dos ocupados no setor; g) avaliar os impactos financeiros das medidas legais propostas sobre finanças públicas voltadas para a responsabilidade na gestão fiscal; h) monitorar as decisões judiciais e os acordos extrajudiciais sobre finanças públicas e gestão fiscal, buscando formular alternativas para superar possíveis entraves legais e fiscais com gestores do SUS; i) induzir, por meio de cooperação com os demais entes federados, a adoção de uma nova concepção de relações estáveis de trabalho no SUS – que erradique os vínculos precários e valorize o trabalhador –, em benefício de melhorias na qualidade do acesso e do atendimento dispensado aos usuários do SUS; j) propor mecanismos de financiamento pelo Governo Federal que estimulem as formas legais de relações de trabalho no SUS, com especial ênfase para a organização das equipes de saúde da família; k) divulgar iniciativas adotadas na gestão do trabalho no SUS, de enfoque multiprofissional, que dignifiquem o trabalho humano e a conseqüente melhoria dos serviços de saúde no País; l) apoiar e estimular a criação de Comitês Estaduais e Municipais de Desprecarização do Trabalho no SUS; m) elaborar políticas e formular diretrizes para a desprecarização do trabalho no SUS

COMITÊ NACIONAL PARA PREVENÇÃO E CONTROLE DA TORTURA NO BRASIL (CNPCT). Criado no âmbito da Secretaria Especial dos Direitos Humanos da Presidência da República. Compete ao CNPCT: a) avaliar e acompanhar as ações, os programas, projetos e planos relacionados ao enfrentamento à tortura no Brasil, propondo as adaptações que se fizerem necessárias; b) propor mecanismos preventivos nacionais independentes para prevenção da tortura no Brasil; c) acompanhar a tramitação de projetos de lei relacionados com o enfrentamento à tortura e submeter análises sobre as proposições desses projetos e sobre a legislação existente ao Secretário Especial dos Direitos Humanos da Presidência da República; d) avaliar e acompanhar os projetos de cooperação técnica firmados entre o Governo brasileiro e os organismos internacionais que tratem do enfrentamento à tortura; e) recomendar a elaboração de estudos e pesquisas e incentivar a realização de campanhas relacionadas ao enfrentamento à tortura; f) apoiar a criação de comitês ou comissões assemelhadas na esfera estadual para monitoramento e avaliação das ações locais; g) manter contato com setores de organismos internacionais, no âmbito do Sistema Interamericano e da Organização das Nações Unidas, que tenham atuação no enfrentamento à tortura; e h) elaborar e aprovar seu regimento interno.

COMITÊ NACIONAL PARA PROMOÇÃO DO USO RACIONAL DE MEDICAMENTOS.

Tem competência em interface com outros órgãos e instâncias do Ministério da Saúde e em parcerias, entidades ou instituições afins, para: a) identificar e propor estratégias e mecanismo de articulação, de monitoramento e de avaliação direcionadas à promoção do uso racional de medicamentos, de acordo com os princípios e as diretrizes do Sistema Único de Saúde (SUS); b) propor diretrizes e estratégias nacionais para a promoção do uso racional de medicamentos, em consonância com as Políticas Nacionais de Medicamentos e de Assistência Farmacêutica e a legislação afim; c) identificar e propor estratégias voltadas à articulação entre órgãos e entes federais, estaduais, municipais e distritais, instituições de ensino superior, associações, entidades e organismos nacionais e internacionais, direcionadas à programação do uso racional de medicamentos; d) contribuir, por meio da promoção do uso racional de medicamentos, para a ampliação e a qualificação do acesso a medicamentos de qualidade, seguros e eficazes; e) contribuir com o aprimoramento dos marcos regulatórios e a vigilância de medicamentos e serviços farmacêuticos no âmbito do Sistema Nacional de Vigilância Sanitária (SNVS); f) propor o Plano de Capacitação de Profissionais de Saúde para o Uso Racional de Medicamentos; g) propor, articular e apoiar ações voltadas ao uso racional de medicamentos junto a gestores, profissionais de saúde, usuários e academias; h) fomentar iniciativas de pesquisas e desenvolvimento científico, tecnológico e profissional relacionadas ao uso racional de medicamentos; i) propor diretrizes e colaborar com a consolidação das ações de farmacovigilância no âmbito da assistência farmacêutica e do Sistema Nacional de Vigilância Sanitária (SNVS), estimulando a notificação e a retroalimentação do sistema quanto à segurança e à eficácia dos medicamentos, em consonância com os princípios e diretrizes do SUS; e j) fomentar o estabelecimento e articular redes colaborativas relacionadas à promoção do uso racional de medicamentos, bem como propor interfaces e cooperação com redes já existentes no País e no exterior.

COMITENTE.

1. *Direito autoral.* O que contrata e dirige o autor na elaboração de uma obra intelectual por ele encomendada. **2.** *Direito comercial.* a) Aquele que confia a outrem a venda de mercadorias, mediante comissão; b) pessoa, física ou jurídica, e a entidade, por conta da qual as operações com valores mobiliários são efetuadas. **3.** Na *linguagem jurídica* em geral, aquele que investe alguém em comissão.

COMITÊ OLÍMPICO BRASILEIRO (COB).

Direito desportivo. Entidade de direito privado, que representa o País nos eventos olímpicos, pan-americanos e outros de igual natureza, no Comitê Olímpico Internacional e nos movimentos olímpicos internacionais, tendo por escopo fomentar o movimento olímpico no território nacional, em conformidade com as disposições da Constituição Federal, bem como com as disposições estatutárias e regulamentares do Comitê Olímpico Internacional e da Carta Olímpica.

COMITÊ PARA O DESENVOLVIMENTO INTEGRAL DA PRIMEIRA INFÂNCIA.

Direito da criança e do adolescente. Tem por objetivo articular, coordenar e supervisionar as ações das políticas públicas federais voltadas para o desenvolvimento da primeira infância.

COMITÊ PRÓ-EQÜIDADE DE GÊNERO.

Tem por finalidade assessorar a Coordenação do Programa nas suas etapas de adesão, compromisso, avaliação e obtenção do Selo Pró-Eqüidade.

Compete ao Comitê Pró-Eqüidade de Gênero: a) avaliar as propostas de Plano de Ação das empresas inscritas no Programa Pró-Eqüidade de Gênero; b) avaliar as fichas de adesão remetidas pelas empresas em conformidade com o regulamento; c) assessorar tecnicamente as empresas inscritas, no desenho e implementação de suas ações e projetos voltados à eqüidade de gênero; d) monitorar a implementação das medidas propostas e pactuadas pelas empresas; e) avaliar os resultados alcançados pelas empresas inscritas no Programa e decidir pela concessão ou não do selo; f) emitir pareceres sobre situações não previstas no Regulamento do Programa; e g) propor iniciativas para a melhoria do desempenho das empresas inscritas no âmbito do Programa.

COMITÊS DE ÉTICA EM PESQUISA (CEP). *Medicina legal* e *biodireito.* Colegiados interdisciplinares e independentes, com múnus público, de caráter consultivo, deliberativo e educativo, criados para defender os interesses dos sujeitos da pesquisa em sua integridade e dignidade e para contribuir para o desenvolvimento da pesquisa dentro de padrões éticos. Têm as funções de: a) revisar os protocolos de pesquisa envolvendo seres humanos; b) emitir parecer consubstanciado por escrito, dentro de trinta dias; c) manter a guarda confidencial de todos os dados obtidos na execução de sua tarefa e arquivamento do protocolo completo, que ficará à disposição de autoridades sanitárias; d) acompanhar o desenvolvimento dos projetos através de relatórios anuais dos pesquisadores; e) desempenhar papel consultivo e educativo, fomentando a reflexão em torno da ética na ciência; f) receber dos sujeitos da pesquisa ou de qualquer outra parte denúncias de abusos ou notificação sobre fatos adversos que possam alterar o curso normal do estudo, decidindo pela continuidade, modificação ou suspensão da pesquisa, devendo, se necessário, adequar o termo de consentimento. É considerada como antiética a pesquisa descontinuada sem justificativa aceita pelo CEP que a aprovou; g) requerer instauração de sindicância à direção da instituição em caso de denúncias de irregularidades de natureza ética nas pesquisas, e, em havendo comprovação, comunicar à Comissão Nacional de Ética em Pesquisas; h) manter comunicação regular e permanente com a Comissão Nacional de Ética em Pesquisas.

COMITÊS DE ÉTICA EM PESQUISA ENVOLVENDO SER HUMANO. *Medicina legal, biodireito* e *direito administrativo.* Colegiados interdisciplinares e independentes, com *munus* público, de caráter consultivo, deliberativo e educativo, criados para a defesa dos interesses dos sujeitos da pesquisa em sua integridade e dignidade e para contribuir no desenvolvimento da pesquisa dentro dos padrões éticos.

COMITÊ GESTOR DO PROGRAMA DE AGROINDÚSTRIA DO NORDESTE (CPAN). Tem as seguintes atribuições: a) apoiar a implantação de políticas voltadas para a agroindustrialização da produção de agricultores familiares do Nordeste Brasileiro; b) propor, acompanhar e analisar ações públicas na temática de Agroindústria; c) identificar demandas e propor ações e políticas públicas para a sustentabilidade das agroindústrias; d) propor estratégias de articulação intersetorial e interinstitucional nas instâncias federal, estaduais e municipais para a implementação de ações, projetos e programas agroindustriais; e) apoiar a mobilização institucional e dos movimentos sociais para a maior inclusão social dos agricultores familiares na agroindustrialização; f) articular com o Conselho Gestor do Programa de Agroindustrialização de Agricultura Familiar, objetivando buscar e oferecer alternativas para a maior eficiência e eficácia de suas ações; g) propor à Secretaria da Agricultura Familiar (SAF) ações e/ou normas que visam o fortalecimento das agroindústrias de agricultores familiares do Nordeste do Brasil.

COMITÊ TÉCNICO-CIENTÍFICO (CTC). *Direito ambiental.* Órgão consultivo da estrutura regimental do Instituto Brasileiro do Meio Ambiente e dos Recursos Naturais Renováveis (IBAMA), que tem por objetivo assessorar a Presidência do IBAMA no processo de execução da política de incentivo e divulgação da pesquisa e do desenvolvimento tecnológico e, nessa qualidade, deve: a) orientar a formulação dos estudos e pesquisas a serem desenvolvidos pelo IBAMA; b) apreciar os produtos ou resultados do desenvolvimento de seus planos, programas e projetos; c) subsidiar a Presidência na busca de uma permanente atualização técnico-científica; d) propor, de acordo com a política ambiental formulada pelo Ministério do Meio Ambiente, dos Recursos Hídricos e da Amazônia Legal, linhas prioritárias de pesquisa em meio ambiente.

COMITÊ TÉCNICO DE AUXÍLIO AO CONGRESSO NACIONAL. *Ciência política.* É o que tem a finalidade de integrar e orientar as respectivas ações e atividades, em caráter experimental, ficando assim organizado: 1. Supervisão geral: presidente do tribunal, cuja atribuição poderá ser delegada a outro ministro. 2. Supervisão executiva: secretário-geral de controle externo. 3. Coordenação geral: secretário de auditoria e inspeções. 4. Membros natos: a) secretário de contas do governo e transferências constitucionais; b) secretário de controle externo da 1ª Secex; c) secretário de controle externo da 5ª Secex; d) assessor para assuntos legislativos. Poderão ser criados subcomitês e grupos de trabalho temporários, vinculados ao comitê, que definirá suas áreas de competência, composição e duração. Constituem competências do Comitê: 1. Desenvolver mecanismos para o aperfeiçoamento de procedimentos de auxílio ao Congresso Nacional. 2. Orientar a formulação dos estudos e propostas a serem desenvolvidos pelo tribunal. 3. Apreciar os produtos ou resultados do desenvolvimento de seus estudos, planos, programas, projetos e propostas. 4. Propor normas e instruções, visando o aperfeiçoamento da atuação do tribunal, na área específica do Comitê. 5. Sugerir a uniformização de métodos e procedimentos de trabalho, quanto ao atendimento de solicitações de informações, inspeções e auditorias, bem assim de consultas, denúncias e representações e demais pedidos originários das casas, comissões, mesas e membros do Poder Legislativo. 6. Estimular a troca de experiência entre as respectivas áreas, objetivando o aprimoramento e a atualização de conhecimentos técnicos. 7. Subsidiar a presidência na busca de uma permanente atualização e avaliação dos objetivos do comitê.

COMITÊ TÉCNICO DE GESTÃO (CTG). *Direito administrativo.* Órgão colegiado de assistência direta do ministro de Estado da Cultura que tem por finalidade prestar assessoramento à supervisão ministerial, através da orientação, coordenação e controle das atividades gerenciais no âmbito deste ministério.

COMITÊ TÉCNICO DE SAÚDE DA POPULAÇÃO DE GAYS, LÉSBICAS, TRANSGÊNEROS E BISSEXUAIS (GLBT). *Biodireito.* Tem a finalidade de promover, para esses segmentos populacionais, a universalidade do acesso e a eqüidade da oferta de ações e serviços de saúde nos campos da pesquisa, da educação, da informação e da atenção à saúde, no âmbito do Sistema Único de Saúde (SUS). Ao Comitê Técnico de Saúde da População de *Gays*, Lésbicas, Transgêneros e Bissexuais (GLTB) compete: a) sistematizar proposta de política nacional da saúde da população de *gays*, lésbicas, transgêneros e bissexuais (GLTB), com vistas a garantir a universalidade e a eqüidade na atenção à saúde também para esses segmentos sociais; b) promover a elaboração de propostas de atenção integral à saúde, de participação e de controle social voltadas para a população de GLTB, de forma intersetorial e em consonância com o Plano Nacional de Saúde, para pactuação nos organismos intergestores do SUS; c) incorporar, nas elaborações da política de saúde, subsídios técnico-políticos provenientes do movimento social e do campo da pesquisa, visando ampliar o conhecimento sobre a situação da população de *gays*, lésbicas, transgêneros e bissexuais; d) participar de iniciativas intersetoriais relacionadas com a saúde da população de *gays*, lésbicas, transgêneros e bissexuais; e e) divulgar ações de combate à homofobia e ao preconceito contra a população GLTB, em suas respectivas áreas de trabalho e fóruns de discussão, promovendo a disseminação dos conceitos utilizados no Comitê Técnico e a correção de entendimentos porventura equivocados.

COMITÊ TÉCNICO DE SAÚDE DA POPULAÇÃO NEGRA. Tem a finalidade de promover a igualdade racial nas ações e serviços de saúde, nos campos de pesquisa, da educação, da informação e da atenção à saúde para o alcance da eqüidade racial no âmbito do Sistema Único de Saúde (SUS). Ao Comitê Técnico de Saúde da População Negra compete: a) apresentar subsídios técnicos e políticos voltados para a atenção à saúde da população negra no processo de elaboração, implementação e acompanhamento do Plano Nacional de Saúde; b) elaborar propostas de intervenção e contribuir para a sua pactuação nas diversas instâncias e órgãos do Sistema Único de Saúde (SUS); c) sistematizar propostas que visem à promoção da eqüidade racial na atenção à saúde; d) participar de iniciativas intersetoriais relacionadas com a saúde da população negra; e e) participar da elaboração, do acompanhamento e avaliação das ações programáticas e das políticas emanadas pelo Ministério da Saúde no que se refere à promoção da igualdade, segundo as estratégias propostas pelo Conselho Nacional de Promoção da Igualdade Racial (CNPIR).

COMITIA CENTURIATA. *Direito romano.* Assembléias centuriais.

COMITIA CURIATA. *Direito romano.* Assembléias por cúrias.

COMITIA TRIBUTA. *Direito romano.* Assembléias tribais.

COMITIDO. 1. Preposto. **2.** Comissário.

COMITIVA. 1. *Direito agrário.* Conjunto de peões que, comandado por um capataz, guia a boiada. **2.** Na *linguagem comum,* designa séquito para homenagem.

COMME IL FAUT. *Expressão francesa.* Como convém.

COMMENDA. *História do direito.* Na era medieval, era o contrato pelo qual o capitão recebia capital ou mercadorias, para negociá-las durante certo tempo, restituindo ao acomendante o seu valor acrescido de um quarto do lucro auferido com aquela contribuição (Cessi).

COMMENDARE NIHIL ALIUD EST QUAM A DEPONERE. *Expressão latina.* Depositar nada mais é que entregar.

COMMENDATORIA VERBA NON OBLIGANT. *Brocardo latino.* Palavras de recomendação não obrigam.

COMMERCE IN THE FORM OF FORWARD CONTRACTS FOR TRANSPLANTABLE CADAVERIC ORGANS. *Expressão inglesa.* Contratos antecipados sobre órgãos de futuros cadáveres.

COMMERCIAL BILL OF EXCHANGE. *Expressão inglesa.* Letra de câmbio.

COMMERCIAL ENGINEERING. *Direito empresarial.* **1.** Contrato de *engineering,* que abrange, além da etapa de estudo, uma fase de execução, ou seja, a construção e a entrega de uma instalação industrial em funcionamento. Trata-se do chamado "contrato de *turn key*" ou de "*clé en main*". **2.** *Vide ENGINEERING.*

COMMERCIAL ENTERPRISE. *Locução comercial.* Empreendimento comercial.

COMMERCIAL INVOICE. *Locução inglesa.* Fatura comercial emitida por empresa exportadora. Fatura comercial emitida pelo vendedor ao comprador que, no âmbito externo do país, substitui a nota fiscal contendo: tipo de mercadoria, quantidade, preço, data de pagamento etc.

COMMERCIAL LETTER OF CREDIT. *Direito internacional privado.* Carta de crédito comercial que, como instrumento do crédito documentado, vem sendo muito utilizada, por ocasião da abertura de crédito (acreditivo) pelo banco do importador (comprador) em favor do exportador (vendedor), mas que, em si mesma, não constitui um título de crédito, sendo, tão-somente, um instrumento do contrato, que se apresenta sob a forma de carta missiva padronizada, embora alguns autores a considerem como um título de crédito aparente.

COMMERCIAL PAPERS. *Direito internacional privado.* **1.** Títulos para captação de recursos no exterior. **2.** Notas promissórias emitidas por uma empresa no mercado local ou externo para captar recursos de curto prazo (Luiz Fernando Rudge).

COMMERCIAL TRAVELLER. *Locução inglesa.* Caixeiro-viajante.

COMMERCIANDI LIBERTAS EX EST PRIMARIO GENTIUM QUOD NATURALEM ET PERPETUAM CAUSAM HABET. *Direito romano.* A liberdade de comerciar é primariamente do direito das gentes, porque tem causa natural e perpétua.

COMMERCIA SUNT LICITA ET IDEO PERMISSA. *Brocardo latino.* O comércio é lícito e por isso permitido.

COMMERCIUM EST COMMUTATIO MERCIUM. *Expressão latina.* Comércio é a troca de mercadorias.

COMMERCIUM EST EMENDI VEDENTIQUE INVICEM JUS. *Expressão latina.* Comércio é o direito de comprar e vender ao mesmo tempo.

COMMERCIUM ET MERCATURAE SUNT QUINTUM ELEMENTUM REIPUBLICAE. *Brocardo latino.* O comércio e a mercadoria são o quinto elemento da república.

COMMISSARIO PARLAMENTARE. *Locução italiana.* Tem o mesmo sentido de *Ombudsman. Vide OMBUDSMAN.*

COMMISSION. *Termo inglês.* Carta precatória.

COMMISSION HOUSE. *Locução inglesa.* Empresa que, sendo membro de Bolsa de Mercadoria, faz a intermediação negocial entre o cliente e o corretor que opera no pregão, uma vez que presta informação sobre os mercados e preços e oferece serviço de compra e venda de mercadorias a termo futuro na Bolsa.

COMMISSORIA LEX. *Locução latina.* Cláusula da compra e venda que permite a rescisão contratual pelo vendedor se o comprador não efetuar o pagamento no prazo estipulado.

COMMIS VOYAGEUR. *Locução francesa.* Caixeiro-viajante.

COMMODARE EST REM QUAE USU NON CONSU-MITUR SEU MOBILEM SEU IMMOBILEM UTENDAM GRATIS DARE PRAESCRIPTO UTENDI FINE AUT MO-DO. *Direito romano.* Emprestar é dar gratuitamente para ser usada, por modo ou fim prescrito, uma coisa móvel ou imóvel que não se consome pelo uso.

COMMODISSIMUN EST ID ACCIPI QUO RES QUA AGI-TUR MAGIS VALEAT QUAM PEREAT. *Brocardo latino.* É muitíssimo cômodo interpretar de modo a que a coisa de que se trata antes prevaleça do que pereça.

COMMODITIES. *Termo inglês.* **1.** Artigos de consumo, mercadorias, móveis etc. **2.** Matérias-primas. **3.** Ativos financeiros.

COMMODITIES FUTURE MARKET. *Direito comercial.* Forma de operação a termo na Bolsa de Mercadorias, com liquidação pela diferença, sendo futura, especializando-se relativamente às operações gerais com as chamadas *commodities.* Trata-se do *hedging*, incidente na comercialização de *commodities.*

COMMODITY PAPER. *Expressão inglesa.* Título de crédito negociável emitido por uma sociedade empresária e garantido por conhecimento de embarque ou recibo comprovante do depósito da mercadoria.

COMMODITY SWAP. *Vide HEDGE* DE MERCA-DORIA.

COMMODUM *Termo latino.* **1.** Vantagem. **2.** Interesse. **3.** Proveito.

COMMODUS DISCESSUS. *Direito penal.* É o cômodo e prudente afastamento do local onde se deu a legítima defesa, que seria conveniente ante determinadas circunstâncias.

COMMON LAW. *Locução inglesa.* Lei comum ou costume geral e imemorial que designa a lei não escrita ou não estatuída (*the unwritten or non statute law*), criada por decisões judiciais, contrapondo-se à escrita, emanada do Poder Legislativo (*the written or statute law*). É, portanto, o conjunto de normas consuetudinárias, baseado nos precedentes judiciários, que impera na Inglaterra e nas nações que o adotaram, por recepção, por terem sido colonizadas pelo povo inglês, como os Estados Unidos da Amé-rica do Norte. Caracteriza-se por ser um direito consuetudinário jurisprudencial não escrito, que tem por base a *case law*, ou seja, os casos resolvidos pelas Cortes de Justiça.

COMMON LAW CONSTITUTIONS. *Expressão inglesa.* Constituições consuetudinárias.

COMMON MARKET. *Locução inglesa.* *Vide* MERCA-DO COMUM.

COMMONWEALTH. *Termo inglês.* Comunidade britânica, que contém trinta e um Estados-Membros e é unida pela *common law.*

COMMUNE JURE FAMILIAM DICIMUS OMNIUS AG-NATORUM, NAM ETSI PATRE FAMILIA MORTUO SINGULI SINGULAS FAMILIAS HABENT, TAMEN OM-NES QUI SUB UNIUS POTESTATE FUERUNT RECTE EIUSDEM FAMILIAE APPELABANTUR QUI EX EADEM DOMO ET GENTE PRODITI SUNT. *Direito romano.* Pelo direito comum, chamamos família a todos os agnados que, mesmo morto o pai de família, cada um tenha uma família. Contudo, todos os que estavam debaixo de um só poder, os que saíram da mesma gente e da mesma casa eram, com razão, considerados da mesma família.

COMMUNE PERICULUM CONCORDIAM PARET. *Expressão latina.* Um perigo comum produzirá a concórdia.

COMMUNIA SUNT OMNIA NECESSITATIS TEMPORE. *Aforismo jurídico.* Todos as coisas são comuns em tempo de necessidade.

COMMUNI CONSENSU. *Expressão latina.* Mútuo acordo, consenso comum.

COMMUNI IN RE MELIOR EST CONDITIO PROHIBEN-TIS. *Aforismo jurídico.* Sendo a coisa comum, melhor é a condição de quem proíbe.

COMMUNIO INCIDENS. *Locução latina.* Comunhão incidente.

COMMUNIO SOLET DISCORDIAS EXCITARE, NEMO-QUE IDEO COGITUR IN COMMUNIONE PERSISTIRE. *Aforismo jurídico.* A comunhão costuma excitar discórdias, e, portanto, ninguém é obrigado a persistir nela.

COMMUNIS AESTIMATIO. *Locução latina.* Avaliação ou preço comum.

COMMUNIS ERROR. *Locução latina.* Erro comum.

COMMUNIS OPINIO. *Locução latina.* Opinião comum, ou seja, doutrina consagrada de juristas.

COMMUNIS OPINIO DOCTORUM. *Expressão latina.* Opinião sustentada por eminentes doutores sobre uma dada questão, servindo de critério interpretativo predominante. Trata-se da opinião comum dos doutores, reconhecidos como autoridades da ciência do direito.

COMMUNIS PRAECEPTUM *Locução latina.* Norma que deve ser seguida por todos.

COMMUNIS SENSUS. *Locução latina.* Senso comum.

COMMUNIS UTILITAS. *Locução latina.* Utilidade pública.

COMMUNITY DEBT. *Locução inglesa.* Débito solidário.

COMMUNITY SERVICE. *Locução inglesa.* Serviço comunitário.

COMMUTATA FORMA SUBSTANTIALI, RES NON DICITUR EADEM SED DIVERSA. *Brocardo latino.* Mudada a forma substancial, a coisa não se diz a mesma, mas diversa.

COMOÇÃO. 1. *Medicina legal.* a) Abalo no sistema nervoso; b) traumatismo causado, violentamente, num órgão por golpe ou queda. **2.** *Direito penal.* Perturbação íntima causada por emoção ou paixão, que não excluem a imputabilidade penal, mas, se tiverem cunho patológico, serão causas de exclusão da culpabilidade. **3.** *Direito constitucional.* Agitação interna em alguma região do país ou revolução civil justificadoras da decretação do estado de sítio e da intervenção federal para pôr termo à perturbação, repelindo a invasão de uma unidade da Federação em outra ou o ato que comprometa a ordem pública.

COMOÇÃO CEREBRAL. *Medicina legal.* Estado patológico que se caracteriza pela perda da consciência e dos movimentos, podendo apresentar sinais de hemorragia nas membranas que recobrem o encéfalo, fortes dores de cabeça, sensações de enjôo, vômitos, suor frio e respiração débil ou superficial. A comoção cerebral raramente leva à morte.

COMOÇÃO CIVIL. *Direito constitucional.* Grave subversão da ordem pública provocada pelo povo em certa localidade do País, ou em todo o território nacional, que justifica a decretação do estado de sítio e a intervenção federal.

COMOÇÃO INTESTINA. *Vide* COMOÇÃO CIVIL.

COMOÇÃO MEDULAR. *Medicina legal.* Abalo violento que acarreta sério prejuízo ao funcionamento da medula.

COMODANTE. *Direito civil.* Aquele que dá coisa infungível em comodato, emprestando a outrem, durante certo tempo, para ser devolvida após seu uso ou no vencimento do prazo avençado.

COMODATÁRIO. 1. *Direito civil.* Aquele que recebe em comodato bem infungível para usá-lo em conformidade com o especificado no contrato, obrigando-se a restituí-lo, findo o prazo contratual ou, na falta de convenção deste, após sua utilização, respondendo pela mora e pagando aluguel, que será arbitrado pelo comodante pelo tempo do atraso na restituição. **2.** *Direito agrário.* É aquele que, comprovadamente, explora a terra pertencente a outra pessoa, por empréstimo gratuito, por tempo indeterminado ou não, para nela desenvolver atividade agro-silvo-pastoril, agroindustrial e/ou extrativista animal e/ou vegetal.

COMODATO. *Direito civil.* Empréstimo de uso temporário, a título gratuito, de coisa infungível, que deverá ser devolvida após o uso ou dentro de prazo convencionado. É, portanto, na lição de Washington de Barros Monteiro, o contrato unilateral, a título gratuito, pelo qual alguém (comodante) entrega a outrem (comodatário) coisa infungível para ser usada temporariamente e depois restituída.

COMODATO RURAL. *Direito agrário.* É o empréstimo gratuito de imóvel rural, parte ou partes do mesmo, incluindo ou não outro bens, benfeitorias e/ou facilidades, com o objetivo de nele ser exercida atividade agro-silvo-pastoril, agroindustrial e/ou extrativista animal e/ou vegetal.

COMODIDADE. 1. *Direito civil.* Qualidade do que apresenta vantagem, utilidade e necessidade. **2.** *Direito processual civil.* Qualidade do que comporta partilha ou divisão cômoda, sem discussão, a cada condômino.

CÔMODO. *Direito administrativo.* Benefício, vantagem ou proveito que devem, na indenização decorrente de responsabilidade civil do Estado, ser distribuídos por todos os membros do consórcio civil.

COMODORO. 1. *Direito marítimo.* Título honorífico outorgado em determinadas companhias de navegação ao mais velho capitão que esteja na ativa. **2.** *Direito comparado.* a) Oficial da Marinha inglesa e americana que fica no grau intermediário entre o capitão-de-mar-e-guerra e o contra-almirante; b) comandante da esquadra holandesa.

CÔMODOS DA COISA CERTA. *Direito civil.* Vantagens produzidas pela coisa certa. Assim, nas relações obrigacionais em que o devedor deve dar coisa certa, os seus melhoramentos e acrescidos pertencer-lhe-ão, e poderá exigir por eles um aumento no preço ou a resolução da obrigação, se o credor não concordar. Quanto aos frutos, os percebidos serão do devedor e os pendentes, do credor.

COMORAÇÃO. *Retórica jurídica.* Insistência do orador em pontos importantes do seu discurso.

COMORANTE. *Direito civil.* Coabitante.

COMORAR. *Direito civil.* Coabitar.

COMORIÊNCIA. *Direito civil.* Presunção *juris tantum* de morte simultânea de duas ou mais pessoas, sem que se possa apurar, para efeitos sucessórios, qual delas faleceu primeiro.

COMORIENTES. *Direito civil.* Aqueles que, presumidamente, faleceram ao mesmo tempo, não se podendo averiguar, para efeitos sucessórios, no caso de haver entre eles relação de parentesco, a precedência de morte de um em relação a outro.

CÔMORO. *Direito agrário.* **1.** Canteiro. **2.** Pequena elevação de terreno; outeiro.

COMPACTUAR. *Direito penal.* Tomar parte ou participar de certa ação delituosa, podendo, dependendo do grau de participação, ser co-autor do crime. Tal participação, porém, poderá ser tida como delito autônomo em determinadas condutas tipificadas, como favorecimento pessoal ou auxílio para a subtração à ação da autoridade, receptação etc.

COMPADRE. *Direito canônico.* Padrinho de batismo ou de crisma de uma pessoa em relação aos pais do afilhado.

COMPADRESCO. *Direito canônico.* **1.** Relativo ao compadrio. **2.** Indicativo de relação de amizade íntima decorrente do estado de compadres, que estabelece um parentesco por afinidade espiritual.

COMPADRIO. **1.** *Direito canônico.* Parentesco espiritual que une os pais e os padrinhos de uma pessoa. **2.** Na *linguagem jurídica* em geral: a) a afinidade espiritual que não constitui suspeição; b) favoritismo.

COMPADRISMO. Favoritismo.

COMPANHA. **1.** *Direito marítimo.* Equipagem; tripulação de navio ou embarcação. **2.** *Direito civil.* Agremiação de pescadores.

COMPANHEIRA. *Direito civil.* É a mulher que se une ao homem livre (solteiro, viúvo, divorciado ou separado de fato, ou separado extrajudicial ou judicialmente de sua esposa) e que se apresenta à sociedade como se com ele fosse legitimamente casada, formando uma entidade familiar.

COMPANHEIRISMO. *Direito civil.* Convivência íntima, duradoura, pública e contínua, de um homem e uma mulher livres, estabelecida com objetivo de constituição de família. Gera direitos e deveres iguais aos conviventes, como: a) respeito e consideração mútuos; b) assistência moral e material recíproca; c) guarda, sustento e educação dos filhos comuns. Sendo que os bens móveis e imóveis adquiridos por um ou por ambos os conviventes, na constância da união estável e a título oneroso, são considerados fruto do trabalho e da colaboração comum, passando a pertencer a ambos, em condomínio e em partes iguais, salvo estipulação contrária em contrato escrito, cessa essa presunção se a aquisição patrimonial ocorrer com o produto de bens adquiridos anteriormente ao início da união. A administração do patrimônio comum dos conviventes compete a ambos, salvo estipulação contrária em contrato escrito. Dissolvida a união estável por rescisão, a assistência material prevista será prestada por um dos conviventes ao que dela necessitar, a título de alimentos. Dissolvida a união estável por morte de um dos conviventes, o sobrevivente terá direito real de habitação e participará da sucessão do outro, quanto aos bens adquiridos onerosamente na vigência da união estável, nas condições seguintes: a) se concorrer com filhos comuns, terá direito a uma quota equivalente à que por lei for atribuída ao filho; b) se concorrer com descendentes só do autor da herança, tocar-lhe-á a metade do que couber a cada um daqueles; c) se concorrer com outros parentes sucessíveis, terá direito a um terço da herança. E na falta de ascendente, descendente e colaterais até o 4º grau tem direito à totalidade da herança.

COMPANHEIRO. **1.** *Direito civil.* É o homem livre que vive e coabita com uma mulher desimpedida, como se casado com ela fosse, numa união estável. **2.** *Direito comparado.* Graduação inferior à de aprendiz na maçonaria francesa. **3.** Na *linguagem comum*, aquele que acompanha a prática de um ato ou a execução de um serviço; colega.

COMPANHIA. **1.** *Direito comercial.* a) Sociedade empresária com capital dividido em ações, que limitam a responsabilidade dos acionistas, por exemplo, a sociedade anônima; b) aditivo colocado ao final da firma ou da razão social da sociedade para indicar a existência de outros sócios. **2.** *Direito civil.* a) Convivência ou habitação em comum; b) reunião de pessoas para a consecução de um fim comum. **3.** *Direito autoral.* Conjunto de pessoas devidamente organizado para representações teatrais. **4.** *Direito militar.* a) Tropa de infantaria sob o comando de um capitão; b) subdivisão feita num batalhão, tendo comando e organização próprios.

COMPANHIA ABERTA. *Direito comercial.* Sociedade anônima em que os valores mobiliários ou as ações de sua emissão podem ser negociados em Bolsa de Valores ou mercado de balcão, com autorização da Comissão de Valores Mobiliários. Será, portanto, aberta se procurar captar recursos junto ao público, seja pela emissão de ações, debêntures, bônus de subscrição ou depósitos de valores mobiliários suscetíveis de negociação em Bolsa ou mercado de balcão.

COMPANHIA DAS ÍNDIAS OCIDENTAIS. *História do direito.* Empresa holandesa cujo capital compunha-se de recursos privados e governamentais.

COMPANHIA DE DESENVOLVIMENTO DO VALE DO RIO SÃO FRANCISCO E DO PARNAÍBA (CODEVASF). *Direito administrativo* e *direito agrário.* Empresa pública, vinculada ao Ministério da Integração Nacional, que tem por finalidade o aproveitamento, para fins agrícolas, agropecuários e agroindustriais, dos recursos de água e solo dos vales dos rios São Francisco e Parnaíba. Tem sede e foro no Distrito Federal e atuação nos vales dos rios São Francisco e Parnaíba, nos Estados de Pernambuco, Alagoas, Sergipe, Bahia, Minas Gerais, Goiás, Distrito Federal, Piauí e Maranhão, podendo instalar e manter no País órgãos e setores de operação e representação. A CODEVASF tem por finalidade o aproveitamento, para fins agrícolas, agropecuários e agroindustriais, dos recursos de água e solo dos vales dos rios São Francisco e Parnaíba, diretamente ou por intermédio de entidades públicas e privadas, promovendo o desenvolvimento integrado de áreas prioritárias e a implantação de distritos agroindustriais e agropecuários, podendo, para esse efeito, coordenar, executar, diretamente ou mediante contratação, obras de infra-estrutura, particularmente de captação de águas para fins de irrigação de canais primários ou secundários e também obras de saneamento básico, eletrificação e transportes, conforme Plano Diretor, em articulação com os órgãos federais competentes.

COMPANHIA DE INVESTIMENTO. *Direito comercial.* É a que investe seu capital em outras companhias.

COMPANHIA DE PESQUISA DE RECURSOS MINERAIS (CPRM). *Direito administrativo.* Empresa pública constituída pela União e vinculada ao Ministério de Minas e Energia, com a finalidade de: a) subsidiar a formulação da política mineral e geológica, participar do planejamento, da coordenação e executar os serviços de geologia e hidrologia de responsabilidade da União em todo o território nacional; b) estimular o descobrimento e o aproveitamento dos recursos minerais e hídricos do País; consideram-se recursos minerais: as massas individualizadas de substâncias minerais ou fósseis encontradas na superfície ou no interior da terra, bem como na plataforma submarina; e recursos hídricos: as águas de superfície e as águas subterrâneas, não se incluindo o petróleo e outros hidrocarbonetos fluidos e gases raros; c) orientar, incentivar e cooperar com entidades públicas ou privadas na realização de pesquisas e estudos destinados ao aproveitamento dos recursos minerais e hídricos do País; d) elaborar sistemas de informações, cartas e mapas que traduzam o conhecimento geológico e hidrológico nacional, tornando-o acessível aos interessados; e) colaborar em projetos de preservação do meio ambiente, em ação complementar à dos órgãos competentes da Administração Pública federal, estadual e municipal; f) realizar pesquisas e estudos relacionados com os fenômenos naturais ligados à terra, tais como terremotos, deslizamentos, enchentes, secas, desertificação e outros, bem como os relacionados à paleontologia e à geologia marinha; g) dar apoio técnico e científico aos órgãos da Administração Pública federal, estadual e municipal, no âmbito de sua área de atuação. Para a consecução de seus objetivos sociais, incumbe à CPRM: a) dominar o conhecimento das geociências, nelas incluídas a geologia em seus diversos campos, a hidrologia, a paleontologia e outras ciências afins, bem como gerir, promover e divulgar os resultados, os dados técnicos e as informações científicas obtidas, no âmbito de sua competência; b) planejar, coordenar e executar os levantamentos geológicos básicos de responsabilidade da União, encarregando-se da guarda, sistematização e permanente atualização dos acervos de documentos, amostras e registros históricos que compõem a memória geológica nacional; c) realizar, diretamente ou em cooperação com entidades públicas e privadas, estudos, pesquisas e projetos científicos, tecnológicos, econômicos e jurídicos em sua área de competência; d) executar trabalhos geológicos e hidrológicos específicos, de responsabilidade de outros órgãos da administração pública mediante convênio, contrato ou parceria; e) estimular e apoiar o ensino e a pesquisa das geociências no País, bem como o trabalho acadêmico em geral nas áreas correlatas ao seu objeto social; f) integrar-se ao processo de desenvolvimento científico e tecnológico da geologia, mineração, hidrologia e áreas correlatas, mediante criação ou aperfeiçoamento de processos tecnológicos, ou, ainda, estimulando e apoiando a pesquisa científica e tecnológica; g) promover e apoiar a formação, o treinamento, o aperfeiçoamento e a especialização de profissionais necessários à manutenção de um quadro técnico compatível com suas atividades; h) prestar consultoria, assistência técnica e apoio científico; i) executar outras e quaisquer atividades conexas e afins aos seus objetivos, inclusive a prestação de serviços.

COMPANHIA ESTRANGEIRA. *Direito internacional público.* Sociedade anônima cuja sede e administração se dão fora do Brasil e que depende, para funcionar no nosso país, de autorização governamental.

COMPANHIA FECHADA. *Direito comercial.* Sociedade anônima não autorizada para lançar títulos de sua emissão no mercado de capitais, obtendo recursos entre os próprios acionistas. É aquela que não abre seu capital, formado pelas ações emitidas, para negociação no mercado de balcão ou Bolsa de Valores.

COMPANHIA NACIONAL DE ABASTECIMENTO (CONAB). *Direito administrativo* e *direito agrário.* É empresa pública dotada de personalidade jurídica de direito privado, constituída mediante fusão das empresas Companhia Brasileira de Alimentos (COBAL), Companhia Brasileira de Armazenamento (CIBRAZEM) e Companhia de Financiamento da Produção (CFP); vincula-se ao Ministério da Agricultura, Pecuária e Abastecimento. A CONAB tem sede e foro em Brasília — DF, e atuação em todo o território nacional, podendo instalar, manter e extinguir órgãos, unidades de operação e escritórios de representação. O prazo de duração da CONAB é indeterminado. Sua finalidade é executar a Política Agrícola no segmento do abastecimento alimentar e a Política de Garantia de Preços Mínimos, fornecer subsídios ao Ministério da Agricultura, Pecuária e Abastecimento na formulação e acompanhamento das referidas políticas, bem assim na fixação dos volumes mínimos dos estoques reguladores e estratégicos. A CONAB tinha por objetivos básicos: a) garantir ao pequeno e médio produtor os preços mínimos e a armazenagem para guarda e conservação de seus produtos; b) suprir carências alimentares em áreas desassistidas ou não suficientemente atendidas pela iniciativa privada; c) fomentar o consumo dos produtos básicos e necessários à dieta alimentar das populações carentes; d) formar estoques reguladores e estratégicos, objetivando absorver excedentes e corrigir desequilíbrios decorrentes de manobras especulativas; e) participar da formulação da Política Agrícola; f) fomentar, por meio de intercâmbio com universidades, centros de pesquisas e organismos internacionais, a formação e o aperfeiçoamento de pessoal especializado em atividades relativas ao setor de abastecimento. Na execução da Política de Garantia de Preços Mínimos, a CONAB observará as disposições da Lei Agrícola. A CONAB pode prestar, mediante remuneração, apoio técnico e administrativo ao Ministério da Agricultura, do Abastecimento e da Reforma Agrária e a outros órgãos e entidades públicos, na execução das ações decorrentes dos mandamentos da Lei Agrícola e do preceito constitucional de organizar o abastecimento alimentar. Para consecução de seus objetivos, a companhia pode: a) comprar, vender, permutar, estocar e promover o transporte de gêneros alimentícios e produtos básicos de consumo, agindo como elemento regulador de mercado, bem como importar e exportar produtos que atendam aos objetivos da Política Agrícola, conforme instruções ministeriais; b) atuar como companhia de armazéns gerais, podendo operar rede de armazéns, silos e frigoríficos; c) participar dos programas sociais do governo federal que guardem conformidade com suas competências; d) servir, supletivamente, a populações não suficientemente atendidas pelo setor privado; e) apoiar a produção agropecuária e a circulação de gêneros alimentícios e atender às necessidades de abastecimento alimentar da população; f) localizar e manter os estoques estratégicos e reguladores de produtos e gêneros alimentícios básicos; g) firmar convênios, acordos e contratos, inclusive de financiamento, com entidades de direito público ou privado; h) efetuar operações financeiras com estabelecimentos de crédito, inclusive mediante garantia do Tesouro Nacional, observada a legislação em vigor; i) emitir recibo de mercadoria, conhecimento de depósito *warrant* e quaisquer outros documentos representativos das mercadorias depositadas em seus armazéns, observada a legislação específica; j) aceitar, emitir e endossar títulos; k) receber garantias de cauções, fiança, aval, penhor e hipoteca; l) aceitar e dar destinação a doações, de acordo com os objetivos da companhia. A CONAB tem hoje por objetivos: a) planejar, normatizar e executar a Política de Garantia de Preços Mínimos do Governo Federal; b) implementar a execução de outros instrumentos de sustentação de preços agropecuários; c) executar as políticas públicas federais referentes à armazenagem da produção agropecuária; d) coordenar ou executar as políticas oficiais de formação, armazenagem, remoção e escoamento dos estoques reguladores e estratégicos de produtos agropecuários; e) encarregar-se da execução das políticas do Governo Federal, nas áreas de abastecimento e regulação da oferta de produtos agropecuários, no mercado interno; f) desenvolver ações no âmbito do comércio exterior, consoante diretrizes baixadas pelo Ministério da Agricultura, Pecuária e Abastecimento e observada legislação sobre a Câmara de Comércio Exterior (CAMEX), do Conselho de Governo; g) participar da formulação da política agrícola; h) exercer outras atividades, compatíveis com seus fins, que lhe sejam atribuídas ou delegadas pelo Poder Executivo.

COMPANHIA SECURITIZADORA. *Direito comercial.* Instituição não financeira, constituída sob a forma de sociedade por ações, e que tem por finalidade a aquisição e securitização de créditos imobiliários e a emissão e colocação, no mercado financeiro, de Certificados de Recebíveis Imobiliários, podendo emitir outros títulos de crédito, realizar negócios e prestar serviços compatíveis com as suas atividades.

COMPANHIA SECURITIZADORA DE DIREITO CREDITÓRIO DO AGRONEGÓCIO. *Direito agrário.* Instituição não financeira constituída sob a forma de sociedade por ações, tem por finalidade a aquisição e securitização desses direitos e a emissão e colocação de Certificados de Recebíveis do Agronegócio no mercado financeiro e de capitais.

COMPANHIAS HIPOTECÁRIAS. *Direito comercial* e *direito civil.* São as constituídas sob a forma de sociedade anônima, desde que seu funcionamento esteja autorizado pelo Banco Central, tendo por objeto social: a) conceder financiamentos destinados à produção, reforma ou comercialização de imóveis residenciais ou comerciais e lotes urbanos; b) comprar, vender e refinanciar créditos hipotecários próprios ou de terceiros; c) administrar créditos hipotecários próprios ou de terceiros; d) administrar fundos de investimento imobiliário, desde que autorizada pela Comissão de Valores Mobiliários (CVM); e) repassar recursos destinados ao financiamento da produção ou da aquisição de imóveis residenciais; f) realizar outras operações que venham a ser expressamente autorizadas pelo Banco Central do Brasil. É facultado às companhias hipotecárias: a) emitir letras hipotecárias e cédulas hipotecárias, conforme autorização do Banco Central do Brasil; b) emitir debêntures; c) obter empréstimos e financiamentos no País e no exterior; d) realizar outras formas de captação de recursos que venham a ser expressamente autorizadas pelo Banco Central do Brasil.

COMPANHIA SUBSIDIÁRIA INTEGRAL. *Direito comercial.* É a constituída por escritura pública, tendo como única acionista uma sociedade brasileira ou por conversão, ante deliberação de assembléia geral dos acionistas, na incorporação de todas as ações do capital social ao patrimônio de outra companhia brasileira, dando-se aos acionistas da sociedade anônima o direito de preferência na aquisição de ações ou subscrição do aumento de capital da subsidiária integral.

COMPARAÇÃO. 1. *Lógica jurídica.* Operação pela qual, num só ato de pensamento, se reúnem dois ou mais objetos para verificar suas diferenças ou semelhanças (Condillac). **2.** *Direito processual civil.* Confronto pericial das provas apresentadas em juízo para buscar diferenças ou semelhanças.

COMPARADA. *Teoria geral do direito.* Diz-se da ciência cujo método é comparativo.

COMPARADO. *Teoria geral do direito.* **1.** Diz-se daquilo que foi objeto de comparação. **2.** Diz-se do conhecimento científico ou da ciência do direito que estuda comparativamente as leis de vários países.

COMPARATAE SUNT AUTEM EXCEPTIONES DEFENDORUM EORUM GRATIA CUM QUIBUS AGITUR. *Brocardo latino.* As exceções foram preparadas para defesa daqueles contra os quais se age.

COMPARATISTA. Jurista versado em direito comparado.

COMPARATIVA. *Lógica jurídica.* Proposição que enuncia que um sujeito possui certa característica em um grau maior ou menor que outra pessoa.

COMPARATIVISMO. *Teoria geral do direito.* Emprego do método comparativo.

COMPARATIVO. *Teoria geral do direito.* Diz-se do método utilizado no estudo jurídico, mediante comparação de leis, inferindo-se princípios e apontando-se as diferenças e semelhanças encontradas.

COMPARECENTE. **1.** Na *linguagem jurídica* em geral, pessoa presente, por si ou por procurador seu, a determinado ato. **2.** *Direito processual.* Pessoa intimada que vem depor em juízo. **3.** *Direito civil.* Aquele que comparece em cartório para efetuar uma escritura pública.

COMPARECER. Apresentar-se, pessoalmente ou por meio de procurador, em local determinado.

COMPARECIMENTO. **1.** Na *linguagem jurídica* em geral, ato ou efeito de comparecer. **2.** *Direito civil.* Apresentação em cartório conforme aviso ou notificação. **3.** *Direito processual civil.* Ato de comparecer em juízo, por ter sido intimado a requerimento de litigante ou de ofício, para prestar depoimento pessoal na condição de réu, testemunha, perito, assistente técnico ou, ainda, pessoa relacionada com a demanda. **4.** *Direito processual penal.* a) Ato de o acusado comparecer espontaneamente ou em razão de intimação perante a autoridade judiciária, no curso do processo penal; b) apresentação pessoal de testemunha regularmente intimada.

COMPARECIMENTO DE MINISTRO. *Direito constitucional.* **1.** Apresentação pessoal de ministro de Estado perante as Casas do Congresso ou suas comissões, se convocado para prestar informações sobre assunto previamente determinado, importando crime de responsabilidade a sua ausência sem adequada justificação. **2.** Apresentação espontânea de ministro de Estado ao Senado Federal, à Câmara dos Deputados ou a qualquer de suas comissões, mediante entendimentos com a Mesa respectiva, para tratar de assunto relevante para seu ministério.

COMPARÊNCIA. *Vide* COMPARECIMENTO.

COMPAROQUIANO. *Direito canônico.* **1.** Cada um dos membros da mesma paróquia, em relação aos outros paroquianos. **2.** Aquele que pertence, com outrem, a uma paróquia.

COMPARSA. **1.** *Direito penal.* Cúmplice. **2.** *Direito civil.* a) Aquele que num negócio tem papel insignificante; b) figurante numa representação teatral ou cinematográfica.

COMPARSARIA. **1.** *Direito civil.* Conjunto de figurantes de uma cena teatral ou cinematográfica. **2.** *Direito penal.* Conjunto de cúmplices.

COMPARTE. **1.** *Direito civil.* a) Consorte, quinhoeiro ou condômino, em relação ao bem em condomínio; b) co-herdeiro. **2.** *Direito comercial.* a) Co-proprietário de navio mercante ou de uma embarcação; membro de uma parceria marítima; b) aquele que concorre para o capital social, tendo parte nos lucros e perdas. **3.** *Direito processual civil.* Aquele que toma parte num processo como co-autor ou co-réu; litisconsorte. **4.** *Direito processual penal.* Companheiro no mesmo processo como cúmplice.

COMPARTICIPAÇÃO. O mesmo que CO-PARTICIPAÇÃO, que é a ação ou o efeito de co-participar, ou seja, de participar juntamente com outrem de algum ato.

COMPARTILHANTE. *Direito civil.* a) Quinhoeiro numa partilha; b) o que participa de uma comunhão; comparte; consorte.

COMPARTIMENTO. **1.** *Teoria geral do direito.* Ramo da ciência ou do direito. **2.** *Direito civil.* Divisão.

COMPARTIR. *Direito civil.* **1.** Dividir em partes; repartir. **2.** Tomar parte em; compartilhar. **3.** Participar conjuntamente.

COMPÁSCUO. *Direito agrário.* Condomínio de pastagens, que se dá quando várias pessoas têm o direito de usar o mesmo pasto. É, portanto, a utilização comum de campos para a pastagem de gado pertencente a donos diversos.

COMPASSAGEIRO. *Direito comercial.* Passageiro que viaja juntamente com outros.

COMPATERNIDADE. *Direito autoral.* Parte que se tem com outro numa obra ou invenção.

COMPATIBILIDADE. 1. Na *linguagem comum*, é a qualidade do que é compatível. **2.** *Direito processual.* a) Admissibilidade de cumulação de ações; b) possibilidade de formulação de mais de um pedido em ação judicial. **3.** *Direito administrativo* e *direito constitucional.* Possibilidade legal de acumulação de cargos públicos.

COMPATIBILIDADE DE HORÁRIOS. *Direito administrativo.* Requisito para acumulação de cargos ou empregos públicos, consistente na possibilidade de haver períodos de tempo não coincidentes para que haja bom desempenho do funcionário em ambas as funções públicas.

COMPATÍVEL. Qualidade do que é conciliável ou do que pode coexistir com outro sem qualquer antagonismo.

COMPATRÍCIO. *Direito constitucional* e *direito civil.* Aquele que tem a mesma nacionalidade de outro, ou seja, aquele que, em relação a outrem, é da mesma nação.

COMPATRIOTA. *Direito constitucional.* Diz-se daquele que tem a mesma pátria.

COMPATRIOTISMO. *Direito constitucional.* Qualidade de compatriota.

COMPELAÇÃO. *Direito processual penal.* a) Ato pelo qual se chama alguém a comparecer ao juízo criminal para responder a uma acusação que lhe foi feita; b) interrogatório do acusado, em juízo, baseado em fatos e articulados.

COMPELLE INTRARE. *Expressão latina.* **1.** Obrigar alguém a entrar. **2.** Insistir para que se aceite algo cujo valor desconhece.

COMPENDIADOR. *Direito autoral.* Aquele que compendia.

COMPENDIAR. *Direito autoral.* **1.** Resumir; sintetizar. **2.** Reduzir a compêndio.

COMPÊNDIO. *Direito autoral.* **1.** Resumo de doutrinas. **2.** Obra literária, protegida juridicamente, que reúne idéias de vários autores, desde que pelos critérios de seleção e organização configure criação intelectual. **3.** Tratado sucinto sobre dada ciência ou disciplina jurídica.

COMPENSAÇÃO. 1. *Psicologia jurídica.* Mecanismo psicológico pelo qual se substitui uma atividade por outra para satisfazer a frustrada. **2.** *Direito civil.* Meio especial de extinção de obrigações, até onde se equivalerem, entre pessoas que sejam, ao mesmo tempo, devedoras e credoras umas das outras; operação de mútua quitação entre credores recíprocos. **3.** *Direito bancário.* Processo que envolve a apuração da posição líquida (créditos menos débitos) de cada participante. **4.** *Direito previdenciário.* É o procedimento facultativo pelo qual o sujeito passivo se ressarce de valores pagos indevidamente, deduzindo-os das contribuições devidas à Previdência Social. Caso haja pagamento de valores indevidos à Previdência Social, de atualização monetária, de multa ou de juros de mora, é facultado ao sujeito passivo optar pela compensação ou pela formalização do pedido de restituição, observadas, quanto à compensação, as seguintes condições: a) a compensação deverá ser realizada com contribuições sociais arrecadadas pela SRP para a Previdência Social, excluídas as destinadas para outras entidades ou fundos; b) o sujeito passivo deverá estar em situação regular, considerando todos os seus estabelecimentos e obras de construção civil, em relação às contribuições objeto de Notificação Fiscal de Lançamento de Débito (NFLD) e débito decorrente de Auto de Infração (AI), cuja exigibilidade não esteja suspensa, de Lançamento de Débito Confessado (LDC), de Lançamento de Débito Confessado em GFIP (LDCG), de Débito Confessado em GFIP (DCG); c) o sujeito passivo deverá estar em dia com as parcelas relativas ao acordo de parcelamento de contribuições objeto dos lançamentos, considerados todos os seus estabelecimentos e obras de construção civil; d) somente é permitida a compensação de valores que não tenham sido alcançados pela prescrição; e) a compensação somente poderá ser realizada em recolhimento de importância correspondente a períodos subseqüentes àqueles a que se referem os valores pagos indevidamente.

COMPENSAÇÃO BANCÁRIA. *Vide* CÂMARA DE COMPENSAÇÃO.

COMPENSAÇÃO BILATERAL. *Direito bancário.* Compensação envolvendo os participantes aos pares.

COMPENSAÇÃO CONVENCIONAL. *Direito civil.* Trata-se da compensação voluntária resultante de acordo de vontade entre as partes, que podem transigir, quando a ausência de algum dos pressupostos da compensação legal impedir a extinção dos débitos por essa via, estipulando-a livremente e dispensando alguns de seus requisitos, desde que se respeite a ordem pública.

Por exemplo, se "A" deve a "B" uma quantia pecuniária, e "B" a "A" um quadro avaliado por aquele *quantum*, sem que se ajuste a compensação, esta será impossível por determinação legal, por faltar fungibilidade e homogeneidade dos débitos.

COMPENSAÇÃO DA MORA. *Direito civil.* É a recíproca exoneração da pena pecuniária, que ocorre quando há mora simultânea de ambos os contratantes por nenhum deles comparecer ao local avençado para o pagamento, aniquilando-se reciprocamente ambas as moras (Washington de Barros Monteiro).

COMPENSAÇÃO DE CHEQUE. 1. *Direito comercial.* *Vide* CÂMARA DE COMPENSAÇÃO. **2.** Operação bancária que consiste em fazer-se aceitar e distribuir os valores constantes de cheques emitidos contra ou a favor dos bancos, apurando-se o saldo, que se lança a débito ou a crédito do banco interessado.

COMPENSAÇÃO DE CULPA. *Direito penal.* Exclusão da culpabilidade do sujeito ativo de um crime, que ocorre quando o sujeito passivo teve certa culpa pelo resultado. *Vide* RETORSÃO.

COMPENSAÇÃO DE CUSTAS. *Direito processual civil.* Pagamento por parte de cada litigante das despesas processuais a que deu causa numa ação.

COMPENSAÇÃO DE DISTRIBUIÇÕES. *Direito processual.* Sanação da irregularidade oriunda de erro ou falta de distribuição requerida de ofício pelo magistrado ou pelo interessado, para manter a rigorosa igualdade, restabelecendo o equilíbrio da quantidade de trabalho a ser desempenhado pelos juízes.

COMPENSAÇÃO DE IMPOSTO DE RENDA. *Direito tributário.* **1.** Capacidade do investidor de compensar perdas de rendimentos de um fundo de investimentos com outro, desde que tenham alíquotas de Imposto de Renda (IR) idênticas e sejam administrados pelo mesmo administrador de recursos. **2.** Possibilidade de uma empresa reduzir o valor do Imposto de Renda a pagar quando existem saldos credores contra o Fisco (Luiz Fernando Rudge).

COMPENSAÇÃO DE INJÚRIAS. *Direito penal.* Extinção recíproca de ofensas em favor dos que, entre si, se injuriaram, retirando-se-lhes o direito de ingressar em juízo por tal razão.

COMPENSAÇÃO DOS DÉBITOS FISCAIS. *Direito tributário.* Compensação de créditos tributários com créditos líquidos e certos, vencidos ou vin-

cendos, do sujeito passivo contra a Fazenda Pública, desde que haja autorização, permitida legalmente, da autoridade administrativa. Nega-se a compensação se uma dívida é de natureza fiscal, quer da União, dos Estados ou dos Municípios, a não ser que a lei a permita, porque a arrecadação fiscal destina-se a custear serviços públicos, e ao particular não assiste o direito de lesar interesse público, invocando a compensação. Logo, quanto aos créditos de outra origem, do sujeito passivo contra a Fazenda, a compensação é amplamente admitida.

COMPENSAÇÃO ELETRÔNICA. *Direito virtual.* Substitui o fluxo de papéis por informações eletrônicas, tanto na troca como na devolução, abrangendo todos os documentos que transitam pelo Serviço de Compensação de Cheques e Outros Papéis (SCCOP) (Luiz Fernando Rudge).

COMPENSAÇÃO EM BOLSA DE MERCADORIAS E FUTUROS. *Direito comercial.* Sistema de compensação de ganhos e perdas, que chama a si a responsabilidade pela liquidação dos negócios, transformando-se no comprador para o vendedor e no vendedor para o comprador, e que gerencia o risco das posições de todos os participantes. A operacionalização é efetuada por uma câmara de compensação, que pode ser uma empresa independente, prestando serviço a uma ou mais instituições, uma subsidiária ou um departamento interno. O modelo estabelece a figura do Membro de Compensação como responsável, perante a Bolsa, pela liquidação de todas as operações. Na BM&F (Bolsa de Mercadorias & Futuros), os serviços de *clearing* são prestados por um departamento interno, a Diretoria de Liquidação e Custódia, que é responsável pelo registro de operações e controle de posições, compensação de ajustes diários, liquidação financeira e física dos negócios e administração de garantias (Luiz Fernando Rudge).

COMPENSAÇÃO EM BOLSA DE VALORES. *Direito comercial.* Compensação e liquidação de operações feitas nos mercados à vista, a termo e de opções, mercados de balcão organizado, negócios com títulos de renda fixa realizados em bolsa. As atividades de compensação e liquidação são realizadas pelos Agentes de Compensação. O procedimento de compensação transfere os títulos da conta do titular vendedor ao titular comprador (Luiz Fernando Rudge).

COMPENSAÇÃO FINANCEIRA PELA EXPLORAÇÃO DE RECURSOS MINERAIS. *Direito tributário.* Imposto criado por lei federal a título de ressarcimento dos Estados, do Distrito Federal, dos Municípios e ao Departamento Nacional de Produção Mineral, a ser pago por quem, mediante concessão ou autorização, explora recursos minerais. Tal imposto tem por hipótese de incidência a exploração econômica de recursos minerais e por base de cálculo o total das receitas de vendas, ou melhor, o percentual de 1 a 3% do faturamento líquido das empresas (Roque Antonio Carrazza).

COMPENSAÇÃO FISCAL POR DIVULGAÇÃO GRATUITA DA PROPAGANDA PARTIDÁRIA OU ELEITORAL. *Direito eleitoral* e *direito tributário.* As emissoras de rádio e televisão obrigadas à divulgação gratuita da propaganda partidária ou eleitoral poderão, na apuração do Imposto sobre a Renda da Pessoa Jurídica (IRPJ), excluir do lucro líquido, para efeito de determinação do lucro real, valor correspondente a 0,8% do resultado da multiplicação do preço do espaço comercializável pelo tempo que seria efetivamente utilizado pela emissora em programação destinada à publicidade comercial, no período de duração da propaganda eleitoral ou partidária gratuita. O preço do espaço comercializável é o preço de propaganda da emissora, comprovadamente vigente no dia anterior à data de início da propaganda partidária ou eleitoral, o qual deverá guardar proporcionalidade com os praticados trinta dias antes e trinta dias depois dessa data. O tempo efetivamente utilizado em publicidade pela emissora não poderá ser superior a 25% do tempo destinado à propaganda partidária ou eleitoral, relativo às transmissões em bloco, em rede nacional e estadual, bem assim aos comunicados, instruções e a outras requisições da Justiça Eleitoral, relativos aos programas partidários e às eleições. Considera-se efetivamente utilizado em 100% o tempo destinado às inserções de trinta segundos e de um minuto, transmitidas nos intervalos da programação normal das emissoras. Nesta hipótese, o preço do espaço comercializável é o preço de propaganda da emissora, comprovadamente vigente na data e no horário imediatamente anterior ao das inserções da propaganda partidária ou eleitoral. O valor apurado poderá ser deduzido da base de cálculo dos recolhimentos mensais, bem como da base de cálculo do lucro presumi-do. As empresas concessionárias de serviços públicos de telecomunicações, obrigadas ao tráfego gratuito de sinais de televisão e rádio, poderão fazer a exclusão prevista em lei, limitada a 0,8% do valor que seria cobrado das emissoras de rádio e televisão pelo tempo destinado à divulgação gratuita da propaganda partidária ou eleitoral e aos comunicados, instruções e outras requisições da Justiça Eleitoral, relativos aos programas partidários.

COMPENSAÇÃO JUDICIAL. *Direito processual civil.* É a determinada por ato decisório do magistrado quando este perceber no processo o fenômeno de reciprocidade de dívidas, em cumprimento das normas aplicáveis à compensação legal, desde que cada uma das partes alegue o seu direito de crédito contra a outra; por isso, o réu precisará reconvir, procurando elidir, no todo ou em parte, o pedido do autor. A compensação judicial é matéria reconvencional e produz os mesmos efeitos da compensação legal, pois nada mais é do que esta tornada possível pela intervenção do juiz.

COMPENSAÇÃO LEGAL. *Direito civil.* Extinção de obrigações recíprocas, liberando os devedores e retroagindo à data em que a situação fática se configurou, em razão da presença de pressupostos legais. É a decorrente de lei, independendo de convenção das partes e operando mesmo que uma delas se oponha. Os pressupostos essenciais da compensação legal são: reciprocidade de débitos; liquidez das dívidas; exigibilidade atual das prestações; fungibilidade e homogeneidade dos débitos; identidade de qualidade das dívidas, quando especificadas em contrato; diversidade de causa não proveniente de ato ilícito, comodato, depósito, alimentos ou coisa impenhorável, a escolha não poderá pertencer, tratando-se de coisas incertas, aos dois credores ou a um deles como devedor de uma obrigação e credor de outra; ausência de renúncia prévia de um dos devedores; falta de estipulação entre as partes, excluindo compensação; dedução das despesas necessárias com o pagamento, se as dívidas compensadas não forem pagáveis no mesmo lugar; observância das normas sobre imputação do pagamento, se houver vários débitos compensáveis; ausência de prejuízo a terceiros.

COMPENSAÇÃO MERCANTIL. *Direito comercial.* Extinção recíproca de débitos de comerciantes que sejam credor e devedor entre si, quando as

dívidas forem líquidas e certas ou os efeitos ou mercadorias de igual natureza e espécie, desde que haja convenção entre eles.

COMPENSAÇÃO MULTILATERAL. *Direito bancário.* Procedimento destinado à apuração da soma dos resultados bilaterais devedores e credores de cada participante em relação aos demais. O resultado da compensação multilateral também corresponde ao resultado de cada participante em relação à câmara ou prestador de serviços de compensação e de liquidação que assuma a posição de parte contratante para fins de liquidação das obrigações, realizada por seu intermédio.

COMPENSAÇÃO NAS OBRIGAÇÕES SOLIDÁRIAS. *Direito civil.* Possibilidade de o devedor solidário cobrado compensar com o credor o que este dever ao seu coobrigado até o limite do débito deste.

COMPENSAÇÃO PARCIAL. 1. *Direito civil.* Parcial extinção recíproca de dívidas quando os objetos não têm valores idênticos. Por exemplo, se "A" deve $ 100,00 a "B", e "B" $ 50,00 a "A", sobrará ao credor "B" um saldo a seu favor de $ 50,00, ficando "A" com o dever de pagar a diferença apurada pela dedução da parcela que foi compensada. **2.** *Direito internacional privado.* Trata-se do *off-set arrangement*, que é a venda de um produto, geralmente de alta tecnologia, sob condição de que o exportador incorpore em seu produto final certos materiais, partes ou elementos que tenha adquirido no país de importação.

COMPENSAÇÃO PREVIDENCIÁRIA. *Direito previdenciário.* É o acerto de contas entre o RGPS e os Regimes Próprios de Previdência Social dos servidores públicos da União, dos Estados, do Distrito Federal e dos Municípios, referente ao tempo de contribuição utilizado na concessão de benefício, mediante contagem recíproca na forma da lei.

COMPENSAÇÃO TOTAL. *Direito civil.* É a extinção total de débitos recíprocos quando os objetos têm valores idênticos, não havendo saldo favorável a qualquer das partes. Por exemplo, se "A" deve $ 100,00 a "B", e "B" deve a "A" o mesmo valor pecuniário, extinguir-se-ão totalmente ambos os débitos, visto que nenhum dos devedores terá o que pagar ao outro.

COMPENSAÇÃO VOLUNTÁRIA. *Vide* COMPENSAÇÃO CONVENCIONAL.

COMPENSAR. *Direito civil.* Extinguir, total ou parcialmente, os débitos recíprocos; estabelecer equilíbrio entre dívidas recíprocas, extinguindo-as quando se equivalerem perfeitamente ou fazendo com que seu montante seja diminuído até o ponto em que for possível.

COMPENSATIO EST INSTAR SOLUTIONIS. *Expressão latina.* A compensação é similar ao pagamento.

COMPENSATIO LUCRI CUM DAMNO. *Brocardo latino.* Princípio segundo o qual, para efeitos de cálculo do montante indenizatório, ao dano sofrido pelo lesado deve ser abatido o valor de uma vantagem, que para ele, eventualmente, tenha advindo do próprio fato danoso.

COMPENSATIO VIM SOLUTIONIS HABET. *Aforismo jurídico.* A compensação tem força de solução.

COMPENSATÓRIO. *Direito civil.* Tudo o que é relativo a compensação ou a envolve.

COMPETÊNCIA. 1. *Direito civil.* Em *sentido amplo*, indica capacidade ou aptidão pela qual a pessoa pode exercer seu direito. **2.** *Direito administrativo.* a) Aptidão de uma autoridade pública para a efetivação de certos atos; b) poder conferido a um órgão ou funcionário público para o exercício de determinados atos ou para apreciar e resolver certos assuntos. **3.** *Direito processual.* É a medida da jurisdição; poder conferido ao magistrado para o exercício da jurisdição outorgada em razão da matéria, do lugar ou das pessoas. A competência vem a ser o âmbito do poder jurisdicional em um dado caso. Se ela é a delimitação da jurisdição, ou seja, a capacidade de exercer, legitimamente, o poder jurisdicional no caso concreto, todos os juízes têm jurisdição, embora nem todos tenham competência para julgar determinada causa.

COMPETÊNCIA ABSOLUTA. *Direito processual civil.* Trata-se do poder conferido ao órgão judicante para conhecer da causa, que é imposto por lei, sendo, por isso, improrrogável e inalterável pela vontade das partes litigantes. A competência absoluta diz respeito à natureza da lide ou da causa, ao grau hierárquico de jurisdição e às funções exercidas pelo órgão jurisdicional num dado processo. Não pode ser argüida por meio de exceção, devendo o réu argüi-la na contestação da lide, antes do mérito, ou, transitada em julgado a decisão do mérito, mediante ação rescisória, dentro do prazo decadencial de dois anos. A competência absoluta não se modifica pela conexão, não pode ser derrogada pelos litigantes, nem prorrogada pela não-argüição de incompetência.

COMPETÊNCIA CONCORRENTE. 1. *Direito constitucional.* Possibilidade conferida a duas ou mais pessoas jurídicas de direito público interno da Administração direta de legislarem sobre uma só matéria. No Estado federal há previsão constitucional dessa competência, sendo outorgado à União, aos Estados e ao Distrito Federal o poder de legislarem concorrentemente sobre direito tributário, penitenciário, econômico e urbanístico, orçamento, Juntas Comerciais, custas dos serviços forenses, produção e consumo, meio ambiente, educação, cultura, ensino e desporto etc. **2.** *Direito internacional privado.* É a cabível tanto ao juízo brasileiro como ao estrangeiro.

COMPETÊNCIA CUMULATIVA. *Direito processual civil.* **1.** Identidade de atribuições jurisdicionais outorgadas a juízes em comarcas com duas ou mais varas. **2.** Condição do magistrado que, na comarca de uma só vara, exerce jurisdição sobre todas as matérias. **3.** Competência exercida por vários juízes de hierarquia, numa mesma comarca, sendo o caso entregue à apreciação de um deles por distribuição ou por escolha da parte, se isso for autorizado pela lei.

COMPETÊNCIA DA COMPETÊNCIA. *Ciência política.* Capacidade de o Estado Federal estabelecer o âmbito de sua competência e o de cada um dos seus Estados-Membros (Othon Sidou).

COMPETÊNCIA DA JUSTIÇA FEDERAL. *Direito constitucional* e *direito processual.* É a de processar e julgar as causas em que a União, entidade autárquica ou empresa pública federal sejam interessadas na condição de autoras, rés, assistentes ou oponentes, exceto as de falência, as de acidentes de trabalho e as sujeitas às justiças eleitoral e do trabalho. É competente a justiça federal para apreciar causas em que a União tenha interesse real, isto é, em que diretamente se beneficie ou seja condenada pelo julgado, logo, não bastará o interesse *ad adjuvandum tantum.*

COMPETÊNCIA DAS CÂMARAS. 1. *Direito constitucional.* Conjunto de atribuições dadas ao Senado (Câmara Alta) e à Câmara dos Deputados (Câmara Baixa). **2.** *Direito processual civil.* Rol de funções jurisdicionais das câmaras componentes dos tribunais.

COMPETÊNCIA DE CONEXÃO. *Direito processual civil.* Poder do magistrado de tomar conhecimento de causa conexa com uma anteriormente examinada, evitando contradição na sua decisão. É, portanto, uma modalidade de prorrogação ou modificação de competência.

COMPETÊNCIA DE FORO. *Direito processual.* Diz respeito à circunscrição territorial em que o órgão judicante exerce a atividade jurisdicional. Trata-se da competência territorial. É, portanto, a delimitação do poder de jurisdição dos juízes, baseada nas relações que os litigantes, o objeto da lide, os atos ou fatos mantêm com o território de um ou outro órgão.

COMPETÊNCIA DERIVADA. *Vide* COMPETÊNCIA PRORROGADA.

COMPETÊNCIA DO CÔNSUL. *Direito internacional privado.* Poder conferido à autoridade consular brasileira para celebrar matrimônio, exercer funções de tabelião e de oficial de registro civil em atos alusivos a brasileiros, domiciliados ou não no Brasil, que estejam no exterior, levados a efeito no estrangeiro.

COMPETÊNCIA DO 1º TRIBUNAL DE ALÇADA CIVIL DE SÃO PAULO. *História do direito.* Competia-lhe apreciar e julgar: a) ações que versem sobre a posse, domínio ou negócio jurídico que tenha por objeto coisas móveis e semoventes; b) ações, diretas ou regressivas, de reparação de dano causado em acidente de veículo, bem como as que digam respeito ao respectivo seguro, obrigatório ou facultativo; c) ações oriundas de representação comercial, comissão mercantil, comodato, condução e transporte, depósito de mercadorias e edição; d) ações de retribuição ou indenização de depositário ou leiloeiro; e) ações e execuções relativas à dívida ativa das Fazendas Municipais; f) ações e execuções de insolvência civil e as execuções singulares, quando fundadas em título executivo extrajudicial, as ações tendentes a declarar-lhe a inexistência ou ineficácia, ou a decretar-lhe a anulação ou nulidade, as de sustação de protesto e, semelhantes, bem como ações de recuperação ou substituição de título ao portador; g) ações relativas a contratos bancários, nominados ou inominados; h) ações relativas a franquia (*franchising*); i) ações discriminatórias de terras e as relativas a servidão de caminho e direito de passagem; j) ações relativas a locação e prestação de serviços, salvo as de natureza pública; k) ações derivadas de consórcio, exceto as relativas a alienação fiduciária; l) ações possessórias de imóveis, excluídas as derivadas de arrendamento rural, parceria agrícola, arrendamento mercantil e ocupação, ou uso de bem público; m) ações de eleição de cabecel; n) ações civis públicas, monitórias e de responsabilidade civil contratual, relacionadas com matéria de competência do próprio Tribunal.

COMPETÊNCIA DO 2º TRIBUNAL DE ALÇADA CIVIL DE SÃO PAULO. *História do direito.* Cabia-lhe decidir as questões sobre: 1) ações de responsabilidade pelo pagamento de impostos, taxas, contribuições, despesas e administração de prédio em condomínio; 2) ações de ressarcimento por dano em prédio urbano ou rústico; 3) ações e execuções oriundas de contrato de alienação fiduciária em garantia; 4) ações relativas a direito de vizinhança e uso nocivo da propriedade, inclusive as que tenham por objeto o cumprimento de leis e posturas municipais, quanto a plantio de árvores, construção e conservação de tapumes e paredes divisórias; 5) ações e execuções relativas a honorários de profissionais liberais; 6) ações relativas a acidente do trabalho fundadas no direito especial ou comum, bem como as de prevenção de acidentes e segurança do trabalho; 7) ações e execuções relativas a locação de bem móvel ou imóvel; 8) ações de arrendamento rural e de parceria agrícola; 9) ações e execuções referentes a seguro de vida e acidentes pessoais; 10) ações e execuções relativas a venda a crédito com reserva de domínio, inclusive as possessórias dela derivadas; 11) ações e execuções relativas a arrendamento mercantil, mobiliário ou imobiliário; 12) ações e execuções oriundas de mediação, de gestão de negócios e de mandato; 13) ações e execuções de crédito de serventuário da justiça, de perito, de intérprete e de tradutor; 14) ações civis públicas, monitórias e de responsabilidade civil contratual, relacionadas com matéria de competência do próprio Tribunal.

COMPETÊNCIA DOS TRIBUNAIS. *Direito processual civil* e *penal.* A competência dos tribunais é definida na Constituição Estadual, sendo a lei de organização judiciária de iniciativa do Tribunal de Justiça. Nos Estados onde havia Tribunais de Alçada, como São Paulo e Minas Gerais, seus membros passaram a integrar os Tribunais de Justiça dos respectivos Estados, respeitadas a antiguidade e classe de origem.

COMPETÊNCIA DOS TRIBUNAIS REGIONAIS FEDERAIS. *Direito constitucional* e *direito processual.* Complexo de funções estabelecidas constitucionalmente aos Tribunais Regionais Federais, como as de: a) processar e julgar, originariamente:

os juízes federais da área de sua jurisdição, incluídos os das justiças militar e do trabalho, nos crimes comuns e de responsabilidade, e os membros do Ministério Público da União, ressalvada a competência da justiça eleitoral; as revisões criminais e as ações rescisórias de julgados seus ou dos juízes federais da região; os mandados de segurança e os *habeas data* contra ato do próprio tribunal ou de juiz federal; os *habeas corpus*, quando a autoridade coatora for juiz federal; os conflitos de competência entre juízes federais vinculados ao tribunal; b) julgar, em grau de recurso, as causas decididas pelos juízes federais e pelo juízes estaduais no exercício da competência federal da área de sua jurisdição.

COMPETÊNCIA DO SUPERIOR TRIBUNAL DE JUSTIÇA. *Direito constitucional* e *direito processual.* Conjunto de atribuições jurisdicionais conferidas, pela Constituição Federal, ao Superior Tribunal de Justiça, como, por exemplo, as de: a) processar e julgar, originariamente, os crimes comuns de governadores dos Estados e do Distrito Federal e os de responsabilidade dos desembargadores dos Tribunais de Justiça dos Estados e do Distrito Federal, dos membros dos Tribunais de Contas dos Estados e do Distrito Federal, dos Tribunais Regionais Federais, dos Tribunais Regionais Eleitorais e do Trabalho etc.; os mandados de segurança e os *habeas data* contra ato de ministro de Estado, dos Comandantes da Marinha, do Exército e da Aeronáutica, ou do próprio tribunal; os *habeas corpus*, quando o coator ou o paciente for qualquer das pessoas acima arroladas; os conflitos de competência entre quaisquer tribunais; as revisões criminais e as ações rescisórias de seus julgados; a reclamação para a preservação de sua competência e garantia da autoridade de suas decisões; os conflitos de atribuições entre autoridades administrativas e judiciárias da União, ou entre autoridades judiciárias de um Estado e administrativas de outro ou do Distrito Federal, ou entre as deste e da União; o mandado de injunção, quando a elaboração da norma regulamentadora for atribuição de órgão, entidade ou autoridade federal, da Administração direta ou indireta, excetuados os casos de competência do Supremo Tribunal Federal e dos órgãos das justiças militar, eleitoral, do trabalho e federal; a homologação de sentenças estrangeiras e a concessão de *exequatur* às cartas rogatórias; b) julgar, em recurso ordinário:

o *habeas corpus* decidido em única ou última instância pelos Tribunais Regionais Federais ou pelos tribunais dos Estados, do Distrito Federal e Territórios, quando a decisão for denegatória; o mandado de segurança decidido em única instância pelos Tribunais Regionais Federais ou pelos tribunais dos Estados, do Distrito Federal e Territórios, quando denegatória a decisão; as causas em que forem partes Estado estrangeiro ou organismo internacional, de um lado, e, do outro, Município ou pessoa residente ou domiciliada no País; c) julgar, em recurso especial, as causas decididas, em única ou última instância, pelos Tribunais Regionais Federais ou pelos tribunais dos Estados, do Distrito Federal e Territórios, quando a decisão recorrida: contrariar tratado ou lei federal, ou negar-lhes vigência; julgar válido ato de governo local contestado em face de lei federal; der a lei federal interpretação divergente da que lhe haja atribuído outro tribunal.

COMPETÊNCIA DO SUPREMO TRIBUNAL FEDERAL. *Direito constitucional* e *direito processual.* Complexo de funções jurisdicionais que são conferidas, constitucionalmente, ao Supremo Tribunal Federal, tais como, dentre outras, as de: a) processar e julgar, originariamente: a ação direta de inconstitucionalidade e a ação declaratória de inconstitucionalidade de lei ou ato normativo federal ou estadual; os crimes comuns do presidente da República, vice-presidente, membros do Congresso Nacional, ministros de Estado e procurador-geral da República; os crimes comuns e de responsabilidade dos Ministros de Estado e dos Comandantes da Marinha, do Exército e da Aeronáutica, dos membros dos Tribunais Superiores, do Tribunal de Contas da União e dos chefes de missão diplomática de caráter permanente; o *habeas corpus*, sendo paciente qualquer das pessoas anteriormente referidas, sendo coator Tribunal Superior, sendo coator ou paciente autoridade ou funcionário cujos atos estejam sujeitos diretamente à jurisdição do Supremo Tribunal Federal; o mandado de segurança e o *habeas data* contra atos de qualquer das pessoas acima arroladas; o litígio entre Estado estrangeiro ou organismo internacional e a União, o Estado, o Distrito Federal ou o Território; as causas e os conflitos entre a União e os Estados, a União e o Distrito Federal, ou entre uns e outros, inclusive as respectivas entidades da Administração indireta; a extradição solicitada por Estado estrangeiro;

a revisão criminal e a ação rescisória de seus julgados; a reclamação para a preservação de sua competência e garantia da autoridade de suas decisões; a execução de sentença nas causas de sua competência originária, facultada a delegação de atribuições para a prática de atos processuais; a ação em que membros da magistratura sejam direta ou indiretamente interessados; os conflitos de competência entre o Superior Tribunal de Justiça e quaisquer tribunais, entre tribunais superiores, ou entre estes e qualquer outro tribunal; o pedido de medida cautelar das ações diretas de inconstitucionalidade; o mandado de injunção, quando a elaboração da norma regulamentadora for atribuição do Presidente da República, do Congresso Nacional, da Câmara dos Deputados, do Senado Federal, das Mesas de uma dessas Casas Legislativas, do Tribunal de Contas da União, de um dos Tribunais Superiores, ou do próprio Supremo Tribunal Federal; as ações contra o Conselho Nacional de Justiça e contra o Conselho Nacional do Ministério Público; b) julgar, em recurso ordinário: o *habeas corpus*, o mandado de segurança, o *habeas data* e o mandado de injunção decididos em única instância pelos tribunais superiores, se denegatória a decisão; o crime político; c) julgar, mediante recurso extraordinário, as causas decididas em única ou última instância, quando a decisão recorrida: contrariar dispositivo constitucional; declarar a inconstitucionalidade de tratado ou lei federal; julgar válida lei ou ato de governo local contestado em face da Constituição Federal; julgar válida lei local contestada em face da lei federal etc.

COMPETÊNCIA DO TRIBUNAL DE ALÇADA CRIMINAL. *História do direito.* Competia-lhe julgar: ações penais relativas a infrações penais a que não seja cominada pena de reclusão, excluídas as referentes a crimes de responsabilidade de prefeitos e vereadores, a tóxicos ou entorpecentes, a crimes falimentares e as de competência do Tribunal do Júri; crimes contra o patrimônio, ressalvada a competência do Tribunal de Justiça quanto a crimes da mesma natureza com o evento morte.

COMPETÊNCIA DO TRIBUNAL DE JUSTIÇA. 1. *Direito processual civil.* A competência dos tribunais é definida na Constituição Estadual, sendo a lei de organização judiciária de iniciativa do Tribunal de Justiça. Nos Estados onde havia tribunais de Alçada, como São Paulo e Minas Gerais, seus membros passaram a integrar os Tribunais de Justiça dos respectivos Estados, respeitadas a antigüidade e classe de origem. Antes da reforma judiciária: a) Compete à primeira seção civil julgar: ações relativas a servidores públicos em geral; ações relativas à economia interna de sociedades anônimas, tendo por objeto, principalmente, a titularidade de ações, o controle acionário, as deliberações da assembléia geral, do conselho de administração ou da diretoria, a apuração de responsabilidade de administradores e a constituição de órgãos diretivos; ações relativas a fundações; ações relativas à sociedade de fato resultante do concubinato; anulação de casamento; separação judicial; divórcio; testamento e codicilo; interdição; alimentos e ações revisionais; tutela e curatela; inventário, arrolamento e partilha; falência e recuperação judicial e extrajudicial e seus incidentes; investigação de paternidade; petição de herança; avaliações judiciais disciplinadas pelo Código de mineração e seu Regulamento; usucapião de bens imóveis; divisão; demarcação; imissão de posse relacionada com matéria da primeira seção civil; nunciação de obra nova; alienação judicial relacionada com matéria da primeira seção civil; ação popular e ação civil pública; ação pauliana; retificação, restauração e suprimento de registro civil; retificação de registro imobiliário; patente de invenção ou marca de fábrica; responsabilidade civil em geral, ressalvada a competência do antigo 1º Tribunal de Alçada Civil quanto aos seguros de vida ou de acidentes pessoais, bem como a responsabilidade civil advinda de danos em prédio urbano ou rústico; ações derivadas de acidente do trabalho, fundadas no direito comum, excluídas as ações de acidente do trabalho, cuja competência recursal pertencia ao antigo 2º Tribunal de Alçada Civil; reparação civil decorrente da desistência de ato expropriatório; reivindicatório de bem imóvel; licitações e demais atos ou contratos de direito administrativo; execução contra devedor insolvente, ressalvada a competência do antigo 1º Tribunal de Alçada Civil quando fundada em título extrajudicial; ações relativas a domínio, para disputa do preço em desapropriação; todas as demais ações cíveis que não se inscrevam na competência recursal de outros órgãos do Tribunal de Justiça ou dos Tribunais de Alçada; b) cabe à segunda seção civil apreciar: ações ou execuções de natureza fiscal ou parafiscal de interesse da Fazenda do Estado de São Paulo e suas autarquias, para a realização da dívida ativa, de natureza tributária ou de polícia administrativa; desapropriação, salvo as ações mencionadas em lei especial; apossamento administrativo (desapropriação indireta); ações relativas a loteamento e litígios sobre a localização dos respectivos terrenos; ações relativas a compromisso de compra e venda de imóveis, a prazo ou com o pagamento do preço em prestações, bem como as respectivas cessões de direito; litígios referentes ao sinal, quando a venda, ajustado o pagamento do preço à vista, não se concretizar; cessão de direitos hereditários, com pagamento diferido no preço; venda de quinhão em coisa comum; venda, locação e administração de coisa comum e questões condominiais em geral; ações relativas a sociedade ou a associações civis, comerciais ou religiosas, excluídas as fundações e as sociedades e as sociedades anônimas; ações relativas a contribuições sindicais; alienação judicial relacionada com matéria da segunda seção civil. 2. *Direito processual penal.* À seção criminal cabe decidir: ações penais relativas a crimes sujeitos a pena de reclusão, inclusive crimes da competência do Tribunal do Júri; crimes contra o patrimônio apenas quando ocorra o evento morte; infrações penais envolvendo tóxicos ou entorpecentes; crimes falimentares; crimes comuns e de responsabilidade de prefeitos e vereadores.

COMPETÊNCIA ESPECIAL. *Direito processual.* Soma de atribuições jurisdicionais conferidas a um juízo por critérios diversos do comum, por exemplo, a competência em ação contra incapaz, a que se opera em razão da situação do imóvel etc.

COMPETÊNCIA ESTRANGEIRA EVENTUAL. *Direito internacional privado.* Poder conferido a um tribunal alienígena, através de convenção das partes, para apreciar uma ação que não verse sobre imóveis situados no Brasil, mesmo que o réu esteja domiciliado no País e a obrigação deva ser aqui executada, excluindo a competência da justiça brasileira, renunciando ao foro do domicílio. Trata-se do critério do *forum prorogatae jurisdictionis*, que envolve o princípio da submissão voluntária, pelo qual, respeitadas determinadas condições especiais, como a da situação dos bens, poderá uma pessoa domiciliada em determinado Estado sujeitar-se voluntariamente à competência da autoridade judiciária de outro país, desde que tal eleição não venha a implicar fraude à lei aplicável em conformidade com as normas de direito internacional privado do Brasil nem afrontar a ordem pública nacional.

COMPETÊNCIA EXCLUSIVA. 1. *Ciência política.* Aquela que é, em regra, indelegável, por ser privativa. **2.** *Direito processual civil* e *direito internacional privado.* É a reservada à autoridade judiciária brasileira para conhecer e julgar ações: a) alusivas a imóveis situados no Brasil; b) relativas a réu domiciliado no Brasil, mas, se dois forem os réus e só um estiver domiciliado no País, aplica-se o princípio da prevenção, que admite a competência do juiz que vier a tomar conhecimento da causa em primeiro lugar; c) atinentes às obrigações exeqüíveis no Brasil, segundo alguns juristas, aos quais não nos filiamos; d) pertinentes a inventário e partilha de bens do *de cujus* aqui domiciliado etc.

COMPETÊNCIA EXTRAORDINÁRIA. *Direito constitucional* e *direito processual.* É a relacionada ao tribunal de exceção, vedado no Brasil. Consiste no poder jurisdicional conferido a certos juízes ou tribunais, de maneira especial, para que, em determinadas situações, possam decidir demandas que estariam, normalmente, fora de seu campo de atuação.

COMPETÊNCIA FEDERAL. *Direito constitucional.* Complexo de atribuições conferidas à União.

COMPETÊNCIA FUNCIONAL. *Direito processual.* **1.** Poder jurisdicional decorrente das funções exercidas pelo magistrado que não é o juiz da causa, num processo em curso no foro e no juízo competente, no qual intervém para praticar atos que lhe foram rogados, deprecados ou ordenados, para conhecer de causa já decidida em grau de recurso, reexaminando a matéria e oferecendo uma nova decisão, ou, ainda, para julgar um aspecto da lide, como a questão da prejudicial de inconstitucionalidade. **2.** É o poder que atende às funções do magistrado tanto quanto à sua natureza especial como quanto às exigências especiais de que se reveste. Por exemplo, num mesmo processo, no julgamento de um recurso, um magistrado tem a função de relator; outro, a de revisor; o presidente do tribunal, por sua vez, a função de admitir ou não a subida ao Superior Tribunal de Justiça ou ao Supremo Tribunal Federal de recurso extraordinário ou especial.

COMPETÊNCIA GERAL. *Direito processual.* Soma de atribuições que possibilitam ao juiz o conhecimento de todas as questões havidas em sua jurisdição, regulando-se, em regra, por critérios básicos, isto é, pelo domicílio do réu, na competência territorial, na seara do processo civil; pelo lugar da perpetração do crime, no processo penal; pelo local da prestação dos serviços, no processo trabalhista.

COMPETÊNCIA GERAL BRASILEIRA NECESSÁRIA. *Direito internacional privado.* Poder da justiça brasileira para conhecer das ações relativas a imóveis situados no Brasil, competindo à lei nacional fazer a devida qualificação do bem e da natureza da ação intentada. Por conseqüência, se o imóvel estiver localizado em mais de um País, a justiça de cada Estado será competente para resolver pendência relativa à parcela do bem que se situar em seu território, não se podendo acatar aqui o princípio da prevenção da competência, exceto se o outro Estado o reconhecer.

COMPETÊNCIA INTERNA. *Direito processual.* Soma de poderes jurisdicionais conferidos a juízes e tribunais do País, podendo ser: a) *absoluta*, a qual, imposta por lei, é inalterável pela vontade dos litigantes, podendo se distinguir em razão da matéria ou da natureza da lide, da hierarquia da jurisdição e das funções exercidas pelo órgão jurisdicional num processo; e b) *relativa*, que sofre o influxo do poder dispositivo das partes, podendo ser por elas alterada, sendo, por isso, prorrogável (Waldemar Mariz de Oliveira Jr.), por dizer respeito ao valor dado à causa pelo autor ou fixado pelo órgão judicante ou à determinação do foro competente.

COMPETÊNCIA INTERNACIONAL. *Direito internacional privado.* Poder do tribunal de um Estado para conhecer do litígio que se lhe submete e para prolatar sentença em condições de receber o *exequatur* em outro país. As formas processuais obrigatórias (*ordinatoriae litis*), que são formalidades propriamente ditas do procedimento, prescritas com a finalidade de garantir a marcha justa e correta do processo, não influindo no conteúdo da sentença, submetem-se à *lex fori*, pois dependem da organização judiciária do Estado, sendo, evidentemente, de ordem pública. As formas processuais decisórias (*decisoriae litis*), que fixam a relação jurídica existente entre as partes, obedecem à lei que rege a relação, que é objeto do litígio. Somente o direito interno de cada país poderá declarar se a competência internacional jurisdicional *ratione materiae* ou *ratione personae* pertence aos seus tribunais. Logo, apenas a *lex fori* determina a competência internacional dos juízes e tribunais.

COMPETÊNCIA JUDICIAL. *Direito processual.* É a conferida legalmente aos órgãos judiciários para conhecer e decidir certas ações.

COMPETÊNCIA JURISDICIONAL. *Direito processual.* Capacidade de poder conhecer e decidir sobre certos assuntos, conferida a uma autoridade, que, então, é considerada competente e legítima (Othon Sidou).

COMPETÊNCIA LEGISLATIVA. 1. *Direito constitucional.* Poder de estabelecer normas concernentes a certas matérias, traçando os limites da esfera legislativa da União, dos Estados e do Distrito Federal. **2.** *Teoria geral do direito.* É a capacidade para criar normas jurídicas gerais, inovando a ordem jurídica.

COMPETÊNCIA LIMITADA. *Direito processual civil.* Poder conferido ao órgão judicante para praticar apenas determinados atos processuais. Por exemplo, se houver uma carta precatória, sua competência ficará limitada ao ato que lhe foi requisitado, não podendo, portanto, conhecer de qualquer matéria alheia a ela. Cumprida a precatória, cessar-se-á aquela competência.

COMPETÊNCIA ORDINÁRIA. *Direito processual.* Poder jurisdicional de um juiz ou tribunal exercido normalmente em razão de suas próprias funções, incluindo-se na seara de sua atuação em conformidade com as normas de organização judiciária.

COMPETÊNCIA ORIGINÁRIA. *Direito processual.* Poder outorgado, privativamente, a órgãos jurisdicionais inferiores para, normalmente, processarem e julgarem, no primeiro grau de jurisdição, a maior parte das causas, antes de qualquer outro. Apenas excepcionalmente será conferido tal poder a tribunal superior, por exemplo, a Constituição Federal dá competência originária ao Supremo Tribunal Federal para decidir determinados litígios, transformando-o num tribunal especial, de primeiro e único grau, uma vez que de suas decisões não caberá recurso a nenhum outro órgão jurisdicional.

COMPETÊNCIA PELA NATUREZA DA INFRAÇÃO. *Direito processual penal.* É a regulada por leis de organização judiciária, exceto a competência privativa do Tribunal do Júri. Se, iniciado o processo perante um juiz, houver desclassificação para infração da competência de outro, a este será remetido o processo, salvo se a jurisdição do primeiro for mais graduada, pois em tal hipótese sua competência será prorrogada. Se o juiz da pronúncia desclassificar a infração para outra atribuída à competência de juiz singular, o processo será remetido a este último. Reabre-se prazo para o acusado defender-se e indicar testemunhas, desde que não tenham sido ouvidas. Se a desclassificação for feita pelo próprio Tribunal do Júri, seu presidente proferirá a sentença.

COMPETÊNCIA PELA PRERROGATIVA DA FUNÇÃO. *Direito processual penal.* É a do Supremo Tribunal Federal e dos tribunais de justiça no que diz respeito aos crimes perpetrados durante o exercício funcional e às pessoas que devam responder perante eles por crimes comuns, inclusive eleitorais, ou de responsabilidade e nos processos por crime contra a honra, em que forem querelantes as pessoas que a Constituição sujeita à sua jurisdição.

COMPETÊNCIA PELO DOMICÍLIO OU RESIDÊNCIA DO RÉU. *Direito processual penal.* Foro supletivo que se dá quando for desconhecido o local da infração. Se o réu tiver mais de uma residência, a competência firma-se pela prevenção. Se o réu não tiver residência certa ou for ignorado o seu paradeiro, será competente o juiz que primeiro tomar conhecimento do fato. E, nos casos de ação penal exclusivamente privada, o ofendido pode escolher o foro em que vai oferecer a queixa: o do domicílio do réu ou o do lugar do delito.

COMPETÊNCIA PELO LUGAR DA INFRAÇÃO. *Direito processual penal.* Foro competente para apreciar o crime e julgá-lo é o do lugar onde se deu sua consumação ou onde se praticou o último ato de execução, em caso de tentativa. Se a execução do crime iniciar-se no território nacional e se o delito consumar-se fora dele, a competência será a do lugar onde se deu, no Brasil, o último ato de execução. Se o último ato de execução for praticado fora do território nacional, o juiz do local onde o crime produziu ou devia produzir o resultado será o competente. Se o limite territorial entre duas ou mais jurisdições for incerto, se o crime for consumado na divisa de duas ou mais jurisdições, firma-se a competência pela prevenção. Se a infração for continuada ou permanente perpetrada em duas ou mais jurisdições, a competência firma-se pela prevenção.

COMPETÊNCIA PENAL. *Direito processual penal.* Poder jurisdicional conferido a juiz ou tribunal para apreciar e julgar causas ou questões penais (José Frederico Marques), pelos critérios da natureza da lide e do local em que se consumou a infração.

COMPETÊNCIA PLENA. *Direito processual.* Poder atribuído ao órgão judicante para, sem qualquer restrição, exercer sua atividade jurisdicional em todos os termos de uma causa em que atua, conhecendo de todos os atos processuais.

COMPETÊNCIA POR CONEXÃO OU CONTINÊNCIA. *Vide* COMPETÊNCIA DE CONEXÃO.

COMPETÊNCIA POR DISTRIBUIÇÃO *Direito tributário.* Competência privativa e indelegável para criar tributo e legislar sobre tributo distribuída pela norma constitucional à União, aos Estados, ao Distrito Federal e aos Municípios.

COMPETÊNCIA POR PREVENÇÃO. *Direito processual.* Poder jurisdicional conferido a um juiz que conheceu da causa em primeiro lugar, se houver outro igualmente competente para apreciar e julgar aquela causa.

COMPETÊNCIA PRIVATIVA. *Direito constitucional* e *direito processual.* Soma de poderes jurisdicionais outorgados, com exclusividade, a um órgão público, juiz ou tribunal.

COMPETÊNCIA PRIVATIVA DO PRESIDENTE DA REPÚBLICA. *Direito constitucional.* Complexo de atribuições conferidas pela Constituição Federal exclusivamente ao presidente da República.

COMPETÊNCIA PRORROGADA. *Direito processual.* Poder jurisdicional outorgado a juiz ou tribunal a princípio incompetentes, tornando-os, então, competentes, por disposição legal, em razão de ordem pública, nos casos de conexidade ou continência, ou por vontade expressa ou tácita das partes. No primeiro caso, ter-se-á prorrogação necessária e, no segundo, voluntária.

COMPETÊNCIA RATIONE LOCI. *Direito processual.* Poder jurisdicional conferido a juiz ou tribunal em razão do território onde exercem sua jurisdição, da situação da coisa litigiosa ou, ainda, do domicílio das partes litigantes.

COMPETÊNCIA RATIONE MATERIAE. *Direito processual.* Quantidade de jurisdição atribuída a juiz ou tribunal, em conformidade com a natureza da lide, ou melhor, da matéria submetida a julgamento, que pode ser cível, comercial, criminal, militar, trabalhista etc.

COMPETÊNCIA RATIONE PERSONAE. *Direito processual.* Poder jurisdicional conferido a juiz ou tribunal em razão da condição, qualidade ou capacidade dos litigantes.

COMPETÊNCIA RATIONE VALORI. *Direito processual.* Poder jurisdicional conferido a juiz ou tribunal, atendendo-se ao valor da causa.

COMPETÊNCIA RELATIVA. *Direito processual.* Soma de atribuições jurisdicionais suscetível de ser alterada pelos litigantes, sendo prorrogável. A competência relativa, em razão do valor e do território, pode ser modificada por conexão ou continência, bem como derrogada por convenção das partes ou prorrogada pela não-argüição da exceção de incompetência.

COMPETÊNCIA RESIDUAL. *Vide* COMPETÊNCIA SUPLEMENTAR.

COMPETÊNCIA SUPLEMENTAR. *Ciência política* e *direito constitucional.* É a conferida pela norma constitucional aos Estados membros da Federação para legislar sobre norma geral não estabelecida pela União (Othon Sidou).

COMPETÊNCIA TERRITORIAL. *Vide* COMPETÊNCIA DE FORO.

COMPETÊNCIA TRIBUTÁRIA. *Direito tributário.* **1.** Poder conferido ao ente público de legislar, criando normas jurídicas para a arrecadação de tributos, atendendo às despesas públicas, dentro dos limites fixados constitucionalmente. **2.** Qualidade que a lei fiscal confere a determinadas entidades de se posicionarem como credores da obrigação tributária (R. Reis Friede).

COMPETENTE. Aquele que tem competência.

COMPETIÇÃO. 1. *Sociologia jurídica.* Forma de interação, pela qual indivíduos se apoderam de recursos materiais e morais que apenas existem em quantidade inferior à dos concorrentes. **2.** *Direito civil.* a) Disputa para obtenção de algum direito ou prêmio; b) concurso. **3.** *Direito comercial.* a) Estado mercadológico em que compradores e vendedores competem por iguais mercadorias, negociando-as, livremente, entre si; b) esforço de empresários e de empresas para obter freguesia, mediante oferta mais vantajosa. **4.** *Direito penal.* Objeto do crime de concorrência desleal, se houver, no âmbito da indústria, do comércio e das profissões, o uso de meios desleais na disputa pelo consumidor. **5.** *Direito administrativo.* Concorrência.

COMPETIÇÃO DESPORTIVA. *Direito desportivo.* Disputa entre praticantes de atividades físicas ou psíquicas, exercidas conforme normas técnicas editadas por entidades desportivas internacionais e complementadas por normas baixadas pelo Conselho Superior de Desporto (CSD). Essa competição pode ser realizada entre equipes (por exemplo, futebol, voleibol, basquetebol etc.) ou entre pessoas individualmente consideradas (por exemplo, xadrez, tênis, *squash*, golfe, natação, corridas, saltos ornamentais etc.).

COMPETIDOR. 1. Aquele que compete. 2. Concorrente. 3. Pessoa física ou jurídica que disputa com outra alguma vantagem ou direito.

COMPETIR. 1. Disputar uma coisa com outrem. 2. Ser próprio das atribuições de alguém. 3. Ser da competência de um órgão judicante. 4. Concorrer com outrem na mesma pretensão. 5. Pertencer por direito.

COMPETIT ENIM DE SERVITUTE ACTIO DOMINO AE-DIFICIO NEGANTI SERVITUTEM DE VICINO DEBERI. *Direito romano.* Compete a ação de servidão ao proprietário que nega devê-la ao prédio vizinho.

COMPETITIVO. *Direito comercial* e *direito do consumidor.* Diz-se do produto que tem capacidade para competir, no mercado, com similares em qualidade e preço.

COMPILAÇÃO. 1. *Teoria geral do direito.* a) Coleção ordenada de leis que facilita a consulta informativo-legislativa; b) reunião de textos jurisprudenciais. 2. *Direito autoral.* a) Obra composta de extratos de diversos escritos sobre um tema; b) escrito que reúne, ordenadamente, opiniões de vários autores.

COMPILAR. Reunir documentos, leis e escritos.

COMPILATÓRIO. Relativo a compilação.

COMPLEMENTAR. *Direito constitucional.* Diz-se da lei alusiva à estrutura estatal ou aos serviços do Estado, sendo de organização básica, cuja matéria está prevista na Constituição, que exige, para sua existência, *quorum* qualificado, ou seja, maioria absoluta nas duas Casas do Congresso Nacional, para que não seja fruto de uma minoria. É a lei complementar muito usada no setor tributário, por ser o veículo próprio das normas gerais de direito tributário, visando dispor sobre conflitos de competência entre as entidades políticas e regular as limitações constitucionais ao poder de tributar. É mediante lei complementar que a União poderá decretar empréstimos compulsórios ou conceder, em certas hipóteses, isenção de impostos. A lei ordinária e a lei delegada sujeitam-se à lei complementar, sob pena de invalidação, se a contradisserem.

COMPLETAS. *Direito canônico.* Últimas horas canônicas dos ofícios litúrgicos.

COMPLETELY KNOCKED DOWN (CKD). *Termo inglês.* Completamente desmontado. Sigla usada quando um produto é transportado e desmontado. É comum na indústria automobilística e na de fogões para o caso da exportação de veículos e fogões para montagem no destino (James G. Heim).

COMPLETUDE. *Lógica jurídica* e *teoria geral do direito.* Propriedade formal de um sistema de proposições (Tércio Sampaio Ferraz Jr.), para que este seja completo, no sentido de proporcionar uma explicação para todos os fenômenos que recaem sobre seu âmbito. É um ideal racional que se funda no princípio da razão suficiente, perante o qual o sistema está saturado, sem lacunas, trazendo, contudo, em seu bojo, o problema de se saber se o sistema de normas que qualificam juridicamente comportamentos tem, realmente, a propriedade peculiar de não deixar nenhuma conduta sem essa qualificação.

COMPLEXO. 1. *Filosofia do direito.* Aquilo que compreende vários elementos. 2. *Lógica jurídica.* a) Sistema lógico que se compõe de elementos distintos organizados por relações definidas; b) termo no qual a palavra que o constitui é acompanhada de uma explicação ou definição; c) diz-se do silogismo em que um dos termos da conclusão é complexo, e as partes componentes desse termo encontram-se separadas nas premissas. 3. *Sociologia jurídica.* Conjunto de processos constitutivos do traço de uma cultura. 4. *Psicologia forense.* a) Série de imagens recalcadas alusivas ao mesmo impulso consciente; b) teia inconsciente de idéias, imagens, lembranças, tendências, interligadas por um tom emocional, em torno de um arquétipo (Lídia Reis de Almeida Prado). 5. *Direito autoral.* Obra intelectual que, para sua elaboração, requer a concorrência de vários autores ou diversos meios técnicos.

COMPLEXO AGROFLORESTAL. *Direito agrário.* Conjunto de atividades relativas ao cultivo de gêneros e espécies vegetais, que visa entre outras, à alimentação humana ou animal, à produção de combustíveis, óleos, corantes, fibras e demais insumos para fins industrial, medicinal, florestal e ornamental.

COMPLEXO CULTURAL. *Sociologia jurídica.* Conjunto de padrões culturais interdependentes e agrupados em torno de um elemento principal, por exemplo, a lavoura cafeeira representa um complexo da cultura nacional.

COMPLEXO DE CASTRAÇÃO. *Psicologia forense.* Medo mórbido de perder o órgão sexual, ou seja, da mutilação clitoridiana ou peniana.

COMPLEXO DE ÉDIPO. *Psicologia forense.* Inclinação erótica recalcada do filho em relação à sua própria mãe.

COMPLEXO DE ELETRA. *Psicologia forense.* Amor sexual recalcado da filha em relação a seu pai.

COMPLEXO DE EXIBIÇÃO CINEMATOGRÁFICA. Conjunto de salas, espaços ou locais de exibição registrados na ANCINE e abrangidos no contrato social de uma mesma sociedade empresária, situados em uma mesma unidade arquitetônica, em posição geminada ou não.

COMPLEXO DE INFERIORIDADE. *Psicologia forense.* Estado psíquico que se caracteriza por um sentimento inconsciente de insuficiência ou incapacidade (Adler).

COMPLEXO DE LANÇAMENTO. *Direito espacial.* Conjunto constituído pela infra-estrutura, instalações e equipamentos, terrestres, marítimos ou aéreos, destinados à execução de operações de lançamento por um operador específico.

COMPLEXO PORTUÁRIO. *Direito marítimo.* Área geográfica definida pelo Conselho de Autoridades Portuárias de um porto ou por outras instâncias competentes, onde são realizadas operações de embarque e desembarque de viajantes e cargas, transporte e armazenamento de cargas e outros serviços prestados e bens produzidos de interesse da saúde pública.

COMPLICAÇÃO. *Medicina legal.* Superveniência de afecções que tornam mais difícil o tratamento de uma moléstia.

COMPLÔ. 1. *Ciência política.* Conspiração ou trama entre duas ou mais pessoas para atentar contra a ordem pública, principalmente contra instituições políticas, regime político, autoridade constituída, podendo atentar contra a vida de alguém e gerar guerra civil. **2.** *Direito internacional.* Conspiração de atos que podem determinar a expulsão de estrangeiros que a tramarem.

COMPLOT. *Termo francês.* **1.** Conluio. **2.** Conspiração.

COMPONENDA. *Direito canônico.* **1.** Convenção feita com a Cúria romana a respeito de pagamentos por dispensa ou concessão de benefícios eclesiásticos. **2.** Repartição da Cúria romana que depende da dataria.

COMPONENTE DE MEDICAMENTOS DE DISPENSAÇÃO EXCEPCIONAL (CMDE). Caracteriza-se como uma estratégia da política de assistência farmacêutica, que tem por objetivo disponibilizar medicamentos no âmbito do Sistema Único de Saúde para tratamento de agravos inseridos nos seguintes critérios: a) doença rara ou de baixa prevalência, com indicação de uso de medicamento de alto valor unitário ou que, em caso de uso crônico ou prolongado, seja um tratamento de custo elevado; e doença prevalente, com uso de medicamento de alto custo unitário ou que, em caso de uso crônico ou prolongado, seja um tratamento de custo elevado desde que haja tratamento previsto para o agravo no nível da atenção básica, ao qual o paciente apresentou necessariamente intolerância, refratariedade ou evolução para quadro clínico de maior gravidade, ou o diagnóstico ou estabelecimento de conduta terapêutica para o agravo estejam inseridos na atenção especializada; b) os medicamentos disponibilizados pelo CMDE compõem o Grupo 36 – Medicamentos, da tabela descritiva do Sistema de Informações Ambulatoriais do Sistema Único de Saúde (SIA/SUS). Os procedimentos do Grupo 36 da Tabela SIA/SUS, referentes a medicamentos indicados com letras iguais são, no contexto clínico da sua utilização, equivalentes entre si quando autorizados para a mesma doença, respeitada a equivalência de dose.

COMPONENTES COMPLEMENTARES DE FORMULAÇÃO. *Direito do consumidor.* Substâncias que, não sendo ingredientes ativos, são utilizadas na formulação com a finalidade de auxiliar na obtenção das qualidades desejadas do produto mantendo suas características físicas e químicas durante o prazo de validade e também para facilitar seu emprego. Neste conceito estão incluídos, entre outros, os solventes, os diluentes, os estabilizantes, os aditivos, os coadjuvantes, os sinergistas e as substâncias inertes.

COMPONISTA. 1. *Direito autoral.* Compositor de música; aquele que compõe músicas; autor de música original. **2.** *Vide* COMPOSITOR.

COMPORTAMENTISMO POLÍTICO. *Ciência política.* Movimento de renovação que surgiu nos Estados Unidos, fazendo com que a ciência política estude a política voltada para as ações, motivações e tendências humanas (Pasquino e Easton).

COMPORTAMENTO. 1. *Na linguagem jurídica* em geral, é o modo pelo qual uma pessoa age no meio social e exerce suas atividades; conduta. **2.** *Filosofia do direito.* a) Complexo de reações a estímulos do meio ambiente; b) reação que apresenta significação, tendo, em relação ao ambiente, caráter finalista e relacional-dialético. **3.** *Psicologia forense.* a) Em sentido estrito, maneira de reagir ante um estímulo atual ou presente; b) em acepção ampla, qualquer ato, atividade ou experiência mental suscetível de observação. **4.** *Semiótica jurídica.* Expressão simbólica da realidade percebida pelo indivíduo. **5.** *Sociologia jurídica.* Modo como os valores socioculturais foram apreendidos pela pessoa.

COMPORTAMENTO CARCERÁRIO. *Direito penal* e *direito penitenciário.* **1.** Maneira como o condenado se comporta na prisão. **2.** O mesmo que CONDUTA PRISIONAL e CONDUTA CARCERÁRIA.

COMPORTAMENTO ELEITORAL. *Ciência política* e *direito eleitoral.* Processo de formação e de expressão das preferências individuais em ordem às alternativas políticas sujeitas à crítica do voto (Fisichiella).

COMPORTAMENTO SOCIAL. *Sociologia jurídica.* Modo de agir em relação à presença ou à influência de outros.

COMPOSIÇÃO. 1. *Direito civil.* Acordo; transação. **2.** *Direito comercial.* Conjunto de vagões ligados à locomotiva de um trem para transporte ferroviário de cargas ou passageiros. **3.** *Direito processual civil.* Convenção entre os litigantes para pôr fim à demanda, fazendo concessões recíprocas; transação judicial. **4.** *Direito autoral.* a) Produção literária, científica ou artística; b) obra musical; c) trabalho de compositor tipográfico.

COMPOSIÇÃO ARTÍSTICA. *Direito autoral.* Obra elaborada segundo as regras da arte.

COMPOSIÇÃO DA CARREIRA DO MINISTÉRIO PÚBLICO MILITAR. *Direito militar.* Treze cargos de subprocurador-geral de justiça militar; vinte e um cargos de procurador da justiça militar e quarenta e dois cargos de promotor de justiça militar.

COMPOSIÇÃO DA LIDE. *Direito processual civil.* **1.** Decisão da lide pelo órgão judicante. **2.** Transação judicial.

COMPOSIÇÃO DA POPULAÇÃO. *Sociologia jurídica.* Situação dos habitantes de um local, em conformidade com dados estatísticos, relativos à sua representação numérica, idade, sexo, nacionalidade, grau de cultura etc.

COMPOSIÇÃO DO GOVERNO. *Ciência política.* Organização governamental representada pelo conjunto de órgãos que têm relevantes funções no Poder Executivo.

COMPOSIÇÃO LITERÁRIA. *Direito autoral.* Elaboração de obra literária em verso ou prosa.

COMPOSIÇÃO MUSICAL. *Direito autoral.* Feitura de uma música, escrevendo-a segundo as regras da arte musical.

COMPOSIÇÃO SOCIAL. *Sociologia jurídica.* Conceito demográfico alusivo a certas qualidades encontradas entre aqueles que compõem uma população.

COMPOSIÇÃO TARIFADA. *História do direito.* Satisfação por ofensa física que consistia em dar preço ao resgate de sangue devido pelo ofensor (Othon Sidou).

COMPOSITION IN BANKRUPTCY. *Locução inglesa.* Renegociação da dívida entre empresa e credores.

COMPOSITOR. 1. *Direito autoral.* O mesmo que COMPONISTA. **2.** *Direito civil* e *direito processual civil.* Árbitro. **3.** *Direito do trabalho.* Operário especializado, numa tipografia, em composição manual. **4.** *Direito desportivo* e *direito civil.* Tratador de cavalo que o prepara para as corridas.

COMPOSSE. *Direito civil.* Posse de coisa indivisa exercida, simultânea e conjuntamente, por duas ou mais pessoas. Também designada *compossessão* ou *posse comum*, requer dois pressupostos: pluralidade de sujeitos e coisa indivisa ou em estado de indivisão. Poder-se-á ter, por exemplo, composse: a) entre cônjuges, sendo o regime matrimonial o de comunhão universal de bens; b) entre herdeiros, antes da partilha do acervo hereditário; c) entre consórcio, nas coisas comuns, salvo se se tratar de pessoa jurídica; e d) em todos os casos em que couber a ação *communi dividundo*.

COMPOSSE *PRO DIVISO*. *Direito civil.* É a que ocorre quando, embora não haja uma divisão de direito, já existe uma repartição de fato, que faz com que cada um dos compossuidores possua uma parte certa. Por exemplo, faz-se uma partilha aritmética, distribuindo-se um imóvel a quatro pessoas, de sorte que cada uma delas toma posse do terreno que corresponde à sua parte, apesar de o imóvel ainda ser indiviso. Há, tão-somente, uma divisão de fato para permitir uma utilização pacífica do direito de posse de cada um dos compossuidores.

COMPOSSE *PRO INDIVISO*. *Direito civil.* Aquela em que as pessoas possuem em conjunto um bem, tendo apenas uma parte ideal. Por exemplo, três pessoas têm a posse de um terreno, porém, como não está determinada qual a parcela cabível a cada uma, todas têm a terça parte ideal.

COMPOSSESSÃO. *Vide* COMPOSSE.

COMPOSSESSOR. *Direito civil.* Compossuidor; aquele que, conjuntamente com outrem, possui algum bem indiviso ou em estado de indivisão. Cada um dos compossessores só pode exercer sobre a coisa atos possessórios que não excluam a posse dos demais.

COMPOSSIBILIDADE. *Filosofia geral.* O que se baseia nas teses de que: a) tudo o que existe deve ser possível, isto é, não contraditório consigo mesmo; b) tudo o que é possível, ou seja, não contraditório consigo mesmo, tende a existir (Leibniz).

COMPOSSÍVEL. *Filosofia do direito.* Termo relativo ao que pode ser realizado ao mesmo tempo (Leibniz).

COMPOS SUI. *Locução latina.* **1.** Senhor de si. **2.** Sem se perturbar.

COMPOSSUIDOR. *Vide* COMPOSSESSOR.

COMPOSTA. **1.** *Direito civil.* Diz-se da coisa singular, que é aquela cujas partes heterogêneas estão ligadas por obra humana. **2.** *Vide* BEM SINGULAR E COISA SINGULAR. **3.** *Direito autoral.* Diz-se de uma obra intelectual nova que vem a incorporar-se em outra preexistente, que será aproveitada, com autorização do seu autor, pelo da mais recente. Trata-se da obra derivada de outra, como a tradução, a edição comentada etc.

COMPOSTAGEM. *Direito ambiental.* **1.** Técnica que transforma material orgânico em composto rico em nutrientes indispensáveis aos vegetais, utilizados como adubos na agricultura (Celso A. P. Fiorillo e Marcelo A. Rodrigues). **2.** Processo de decomposição biológica de fração orgânica biodegradável de resíduos sólidos, efetuado por uma população diversificada de organismos em condições controladas de aerobiose e demais parâmetros, desenvolvido em duas etapas distintas: uma de degradação ativa e outra de maturação.

COMPOSTO. **1.** *Lógica jurídica.* Diz-se do termo formado por vários outros ligados por "e" ou por "ou". **2.** *Direito agrário.* Mistura de resíduos de matérias orgânicas devidamente tratados para serem aproveitados como adubo.

COMPOSTURA. **1.** *Direito desportivo* e *direito civil.* Ato de preparar cavalos para a corrida. **2.** Na *linguagem comum,* maneira indicativa de boa educação.

COMPOUND INTEREST. *Locução inglesa.* Capitalização de juros.

COMPRA. **1.** *Direito civil.* a) Contrato pelo qual o vendedor se obriga a transferir o domínio de certa coisa, e o comprador a pagar o preço avençado; b) ação de comprar; aquisição de bem; c) a coisa adquirida; d) ação de tomar certo número de cartas ao baralho; e) a carta que se vai buscar no baralho. **2.** *Direito penal.* Suborno.

COMPRA DE BENS PARA ENTREGA PARCELADA. *Direito administrativo.* É a que se efetiva mediante um único contrato, que tem por objeto todos os bens desejados pela Administração Pública, efetivando-se as entregas parceladamente durante a vigência do contrato, em datas fixadas conforme o interesse da Administração Pública (Diogenes Gasparini).

COMPRA DE COMPENSAÇÃO. *Direito internacional privado.* Troca de mercadorias por mercadorias e dinheiro ou troca de mercadorias por serviços e dinheiro. É também designada *counterpurchase.*

COMPRA DE ESCRITO OBSCENO. **1.** *Direito penal.* Aquisição, para fins de comércio ou de exposição ao público, de texto cujo conteúdo possa despertar a sensualidade do leitor, configurando crime de ultraje ao pudor. **2.** *Direito do consumidor.* Constitui restrição à liberdade de comprar, pois quem comercializa revistas e publicações deve, sob pena de multa de três a vinte salários de referência, duplicada em caso de reincidência, sem prejuízo de apreensão do produto, cuidar, se contiverem material impróprio ou inadequado a crianças e adolescentes, para que sejam protegidas com embalagem lacrada, assim como evitar a venda a menores.

COMPRA DE OBJETO OBSCENO. *Direito penal.* Aquisição de objeto provocador da libido de quem o vê para comercializá-lo, distribuí-lo ou expô-lo ao público, configurando crime de ultraje ao pudor público.

COMPRADOR. *Direito civil.* Adquirente a título oneroso; pessoa física ou jurídica que adquire ou compra coisa corpórea ou incorpórea, mediante pagamento de certo preço, à vista ou a prazo.

COMPRA E VENDA. 1. *Direito civil.* Contrato em que uma pessoa (vendedor) se obriga a transferir a outra (comprador) o domínio de uma coisa corpórea ou incorpórea, mediante o pagamento de certo preço em dinheiro ou valor fiduciário correspondente (Caio Mário da Silva Pereira). Não abrange qualquer especulação, pois visa tão-somente a aquisição de utilidades para o comprador. **2.** *Direito comercial.* Contrato que incide apenas em coisas móveis ou semoventes para serem revendidas em grosso ou a retalho.

COMPRA E VENDA A CONTENTO. *Direito civil* e *direito comercial.* É a que contém cláusula que subordina o contrato à condição de ser desfeito se o comprador não se agradar da coisa. É, portanto, a que se realiza sob a condição de só se tornar perfeita e obrigatória se o comprador declarar que a coisa adquirida lhe satisfaz. Tal cláusula insere-se, em regra, no contrato de compra de gêneros que se costumam provar, medir, pesar ou experimentar antes de aceitos. Sob essa denominação, ter-se-á venda sob condição de: prova ou degustação; peso, medida ou contagem; experimentação ou ensaio; exame e venda de mercadoria em trânsito.

COMPRA E VENDA A CRÉDITO. *Vide* COMPRA E VENDA A PRESTAÇÃO.

COMPRA E VENDA A DISPONÍVEL. *Direito civil* e *direito comercial.* Aquela em que o bem, objeto do contrato, está em poder do vendedor para pronta e imediata entrega ao comprador assim que o contrato se ultimar.

COMPRA E VENDA A ESMO. *Direito comercial.* Trata-se da compra e venda em bloco ou por partida inteira, pela qual o objeto do contrato se constitui por mercadorias individuadas, da mesma ou de espécies diferentes, mas não pesadas, medidas ou contadas, sendo, por isso, ofertadas globalmente, pelo conjunto, a um só preço, e não por unidade. Por exemplo, venda de safra de café de uma fazenda pelo preço "x".

COMPRA E VENDA A PRAZO. *Direito civil* e *direito comercial.* Contrato em que o vendedor se obriga a transferir a coisa ao comprador, mediante pagamento do preço convencionado, efetuado, posteriormente, dentro de um certo prazo, de uma só vez ou em parcelas periódicas e sucessivas. Nesta última hipótese, configura-se a compra e venda a prestação.

COMPRA E VENDA A PRESTAÇÃO. *Direito civil* e *direito comercial.* Espécie de compra e venda a prazo em que o pagamento da coisa vendida é feito parceladamente, em quantias previamente estabelecidas e vencíveis sucessivamente em datas certas. É também chamada "compra e venda a crédito".

COMPRA E VENDA A RETALHO. *Direito comercial.* **1.** Contrato mercantil em que os efeitos móveis ou semoventes são revendidos a retalho ou a varejo, ou seja, em pequenas porções ou quantidades, para atender ao consumo do comprador. **2.** O mesmo que COMPRA E VENDA A VAREJO.

COMPRA E VENDA A TERMO. *Direito comercial.* É a cláusula inserida em compra e venda alusiva à execução contratual, pois, após a conclusão do contrato, comprador e vendedor podem estabelecer que a execução deverá ser feita dentro de certo tempo, que poderá ser *inicial* (suspensivo ou primordial) e *final* (extintivo). Estipula-se um prazo para o vendedor entregar a coisa vendida e o comprador pagar o preço. Duas são as modalidades de venda a termo: a) venda em que o termo atua apenas em relação a uma das obrigações do contratante, hipótese em que se terá: venda com pagamento antecipado, se o pagamento for feito na data da conclusão do contrato, mas a entrega da mercadoria adiada, efetivando-se em data prefixada; venda a prazo ou a crédito, se a entrega da coisa for feita no dia da conclusão do contrato, ficando diferido o pagamento do preço; b) venda em que o termo atua bilateralmente, atingindo as obrigações de ambos os contratantes, ou seja, a entrega da coisa e o pagamento do preço. Nesta espécie é que se encontra a real *venda a termo*, onde se estabelece um prazo para o pagamento do preço estipulado e para a entrega da mercadoria. Na *compra e venda a termo* a operação far-se-á a descoberto, ou seja, o vendedor, por não possuir a mercadoria contratada, reservar-se-á o direito de, durante o prazo estipulado, procurá-la. O vendedor especulará na baixa, esperando que, no dia fixado para a entrega da mercadoria, esta esteja avaliada por um preço inferior ao contratual, e o comprador especulará na alta, esperando que o preço corrente seja superior ao preço que terá de pagar. Será, portanto, a probabilidade da alta ou da baixa dos preços que sugerirá ao especulador a efetivação de uma venda a termo. Tal operação é comum nas Bolsas, pois nestas os valores comprados e vendidos representam somas enormes, que raramente estão disponíveis no momento da celebração contratual.

COMPRA E VENDA A TERMO DE MERCADORIAS. *Direito comercial.* É a em que as partes contratam a execução do contrato para certa época, podendo ser: *venda a entregar*, que se opera quando o vendedor não possui a mercadoria, estabelecendo, por isso, o preço para entregá-la ao comprador em certo prazo, jogando assim na variação do preço, a fim de obter lucro; *venda por enfiada* ou *à fieira*, que consiste na transferência sucessiva do contrato inicial da venda, sendo a mercadoria, porém, entregue somente ao último comprador; e *hedging*, que é uma cobertura contra riscos de variações e oscilações dos preços, sendo uma modalidade negocial a termo nas Bolsas de Mercadorias, com liquidação pela diferença.

COMPRA E VENDA A VAREJO. *Vide* COMPRA E VENDA A RETALHO.

COMPRA E VENDA À VISTA. 1. *Direito civil.* Contrato em que a tradição e o pagamento do objeto vendido ocorrem no ato da realização do ajuste. **2.** *Direito comercial.* É aquela em que o pagamento da mercadoria vendida dá-se no instante da efetivação do negócio ou contra a apresentação da fatura ou duplicata até trinta dias após a operação ou a tradição.

COMPRA E VENDA À VISTA DE AMOSTRA. *Direito civil* e *direito comercial.* É aquela em que o vendedor se compromete a entregar a coisa vendida de acordo com a amostra. Tem por fim evitar uma descrição pormenorizada da mercadoria, que deverá ser idêntica à amostra previamente apresentada; logo, se inexistir tal correspondência, o comprador terá o direito de recusá-la no ato do recebimento, pedindo em juízo a competente vistoria *ad perpetuam rei memoriam*, em que se baseará a ação de rescisão do contrato, com indenização das perdas e danos. Nessa modalidade de venda, a amostra apresenta-se como um critério identificador das qualidades que o bem vendido deve apresentar. O vendedor garantirá a correspondência entre o objeto do contrato e o que servir de amostra, apresentado antes da conclusão do contrato, no momento da declaração de vontade, por ser tal fato condição essencial da venda.

COMPRA E VENDA CIVIL. *Vide* COMPRA E VENDA.

COMPRA E VENDA COM CLÁUSULA DE MELHOR COMPRADOR. *Vide* CLÁUSULA DE MELHOR COMPRADOR.

COMPRA E VENDA COM CLÁUSULA DE RETROVENDA. *Vide* CLÁUSULA DE RETROVENDA.

COMPRA E VENDA COM REFERÊNCIA A UM CATÁLOGO. *Direito civil* e *direito comercial.* É aquela em que o vendedor se obriga a entregar a coisa vendida de acordo com o que o comprador escolheu num catálogo. Não é venda sob amostra, por ser o catálogo mera descrição gráfica da mercadoria oferecida.

COMPRA E VENDA COM RESERVA DE DOMÍNIO. *Direito civil* e *direito comercial.* Contrato em que o vendedor, na venda de coisa móvel infungível, reserva para si a sua propriedade até o momento em que se realize o pagamento integral do preço. É muito comum esse pacto na venda a crédito ou a prestação, com investidura do adquirente, desde logo, na posse do objeto alienado, subordinando-se a aquisição do domínio à solução da última prestação. Trata-se de condição suspensiva, em que o evento incerto e futuro é o pagamento integral do preço; suspende-se a transmissão da propriedade até que se tenha o implemento da condição, isto é, o pagamento integral do preço ajustado. Efetuado o pagamento, a transferência do domínio operar-se-á automaticamente.

COMPRA E VENDA CONDICIONAL. *Direito civil.* Contrato de compra e venda cujos efeitos se subordinam a um acontecimento futuro e incerto previsto pelas partes contratantes.

COMPRA E VENDA DE AÇÕES DA SOCIEDADE. 1. *Direito penal.* Fraude e abuso na administração de sociedade por ações que consiste no fato de o diretor ou gerente por conta da sociedade comprar ou vender ações por ela emitidas, fora dos casos permitidos por lei, lesando acionistas e a sociedade. **2.** *Direito comercial.* Ato pelo qual diretor ou gerente de sociedade por ações vende ou compra, por conta de terceiro ou da sociedade, ações por ela emitidas nas hipóteses admissíveis por lei.

COMPRA E VENDA DE ASCENDENTE A DESCENDENTE. *Direito civil.* Aquela que o ascendente efetua com um descendente seu, desde que haja expresso consenso dos demais e do cônjuge do alienante. O ascendente não pode vender a um descendente sem que os demais e o seu cônjuge expressamente consintam, porque essa venda de bens móveis ou imóveis poderia simular uma doação em prejuízo dos demais herdeiros; por isso, é mister resguardar a igualdade das legítimas contra defraudações.

COMPRA E VENDA DE BENS IMÓVEIS. *Direito civil.* Aquela em que o vendedor se obriga a transferir a propriedade de um imóvel ao comprador que vier a pagar o preço ajustado, mediante assento do título aquisitivo no registro imobiliário competente. Sobre venda de terras, *Vide* VENDA *AD CORPUS*, VENDA *AD MENSURAM* e VENDA DE TERRA A ESTRANGEIRO.

COMPRA E VENDA DE BENS MÓVEIS. *Direito civil.* Contrato pelo qual o vendedor se compromete a transferir, por meio da tradição, o domínio do bem móvel alienado ao comprador, mediante pagamento do preço estipulado.

COMPRA E VENDA DE COISA FUTURA. *Direito civil* e *direito comercial.* 1. Contrato pelo qual o comprador anui em pagar o preço, e o vendedor em entregar coisa ainda não existente, mas que passará a ter existência dentro de certo tempo; logo, o objeto da venda é a *spes* e não a coisa. Por exemplo, venda de produtos a fabricar, pois tais bens serão produzidos sob encomenda (*venditio rei speratae*). 2. *Vide* VENDA ALEATÓRIA, *EMPTIO SPEI* e *EMPTIO REI SPERATAE*.

COMPRA E VENDA DE MERCADORIA EM TRÂNSITO. *Direito comercial.* Compra e venda a contento em que o objeto do contrato recai em mercadoria já despachada, mas sob a condição suspensiva de chegar ao local convencionado; se não chegar ao destino, o contrato não se aperfeiçoará.

COMPRA E VENDA DE PONTA DE ESTOQUE. *Direito comercial* e *direito do consumidor.* É a exercida para comercializar ponta de estoque de peças de vestuário, em perfeito estado, apesar de seu preço mercadológico ser reduzido em razão de oscilação de moda ou fim de estação. Se tiverem pequenos defeitos ou vícios, o consumidor deve ser deles informado, pois o fornecedor tem a obrigação de esclarecer a qualidade do produto que vende (Fábio Ulhoa Coelho).

COMPRA E VENDA EM BLOCO. *Vide* COMPRA E VENDA A ESMO.

COMPRA E VENDA EM GROSSO. *Direito comercial.* É a compra por atacado relativa a mercadorias negociadas, entre empresas, em grande quantidade, por serem destinadas à revenda.

COMPRA E VENDA INTERNACIONAL. *Direito internacional privado.* Aquela em que a mercadoria vendida tem de ser entregue em País diverso daquele em que se encontra no momento da oferta, aceitação ou conclusão do contrato, está situada ou tem de ser transportada entre territórios de vários Estados ou, ainda, se os atos da proposta e aceitação se realizarem em territórios de nações diferentes (Convenção de Haia de 1964). Pela Convenção de Viena de 1980, uma venda será internacional se os estabelecimentos comerciais do vendedor e do comprador se encontrarem em territórios de Estados diferentes.

COMPRA E VENDA MERCANTIL. *Direito comercial.* Contrato em que se compra e vende efeitos móveis ou semoventes com fins de especulação, visando sua revenda em grosso ou a retalho ou a locação do seu uso, desde que o comprador ou vendedor seja empresário. Há uma tendência atual de se admitir que recaia sobre imóveis se for possível sua circulação por meio de títulos representativos e contratos em massa. A comercialidade do contrato de compra e venda decorrerá de três elementos: participação de um empresário, no exercício de sua profissão, como comprador ou vendedor; referência à coisa móvel, semovente ou imóvel, sendo atividade empresarial; intenção de revenda ou de aluguel do uso.

COMPRA E VENDA PERFEITA. *Direito civil* e *direito comercial.* É o contrato perfeito e acabado pelo fato de terem o comprador e o vendedor acordado, de maneira inequívoca, sobre a coisa, o preço e as condições de pagamento.

COMPRA E VENDA POR ATACADO. *Vide* COMPRA E VENDA EM GROSSO.

COMPRA E VENDA POR CONTA, PESO OU MEDIDA. *direito comercial.* Modalidade de venda a contento de coisas em grande quantidade, estipulando-se um preço por unidade, de modo que, para apurar o montante global, será preciso que o comprador providencie sua pesagem, contagem ou medida.

COMPRA E VENDA POR CORRESPONDÊNCIA. *Direito civil* e *direito comercial.* É a levada a efeito entre ausentes, por meio de carta ou telegrama, concluindo-se no instante em que a aceitação integral da proposta feita for expedida.

COMPRA E VENDA POR INTERMEDIÁRIO. *Direito comercial.* É o contrato que foi concluído por meio de corretor ou representante comercial, que aproximou o vendedor e o comprador, possibilitando sua efetivação.

COMPRA E VENDA POR PARTIDA INTEIRA. *Vide* COMPRA E VENDA A ESMO.

COMPRA E VENDA PÚBLICA. *Direito processual civil.* É aquela em que se tem a participação de várias pessoas, como compradoras, que pretendem adquirir a coisa, apresentando ofertas ou lanços, de modo que o bem será vendido a quem oferecer o melhor preço. Se a alienação for de móvel, ter-se-á leilão; se de imóvel, praça. A praça realizar-se-á no átrio do edifício pelo porteiro dos auditórios do fórum, e o leilão, no local dos bens ou em qualquer outro indicado pelo juiz, efetivando-se pelo leiloeiro escolhido pelo credor, que receberá o preço, depositando-o em vinte e quatro horas e devendo prestar contas de seus atos. Na praça as despesas ficarão por conta do devedor, e, no leilão, uma comissão, arbitrada pelo juiz, deverá ser paga.

COMPRA E VENDA PÚBLICA FORÇADA. *Direito processual civil.* Aquela em que o bem é vendido a quem oferece o melhor lanço. Pode ser *administrativa* (leilão organizado pelas repartições fiscais ou aduaneiras) ou *judicial* (por determinação judicial, nos casos previstos pela Lei de Falências, em execuções de sentença etc.), realizando-se em praça ou leilão ou por propostas.

COMPRA E VENDA PÚBLICA VOLUNTÁRIA. *Direito comercial.* Aquela em que a coisa é vendida a quem oferece o maior lanço em leilão, a cargo de leiloeiro.

COMPRA E VENDA PURA E SIMPLES. *Direito civil* e *direito comercial.* Aquela que não está subordinada a nenhuma condição ou termo.

COMPRA E VENDA SOB ENCOMENDA. *Direito comercial.* Modalidade de venda de coisa futura ou de produtos a fabricar em que a propriedade somente passa ao encomendador no ato da entrega. Na venda sob encomenda, é comum o ajuste do pagamento antecipado do preço. Se aquele for efetuado posteriormente à entrega, ter-se-á venda a prazo, e o vendedor emitirá a fatura ou duplicata para aceite do comprador, fazendo-a circular como título de crédito, devendo o comprador resgatá-la ao vencimento.

COMPRA E VENDA SOB ENSAIO OU EXPERIMENTAÇÃO. *Direito comercial.* Espécie de venda a contento em que se concede ao comprador um prazo para experimentar ou ensaiar, como, por exemplo, aparelhos elétricos, aperfeiçoando-se apenas se ele manifestar sua aprovação.

COMPRA E VENDA SOB EXAME. *Direito comercial.* Modalidade de venda a contento cujo aperfeiçoamento depende de o comprador examinar a mercadoria e concordar em efetivar o negócio, pelo fato de ela corresponder ao que procurava, pelos seus caracteres, qualidade, dimensão, solidez etc.

COMPRA E VENDA SOB PROVA OU DEGUSTAÇÃO. *Direito comercial.* Espécie de venda a contento cuja celebração depende de prova do comprador, que só efetuará o contrato se o sabor da coisa lhe agradar. É muito comum na compra e venda de gêneros alimentícios.

COMPRAR CARTAS. *Direito civil.* Tomar cartas do baralho em certos jogos.

COMPRAR TEMPO. *Direito civil* e *direito das comunicações.* Negociar horário em emissora de rádio ou televisão.

COMPRÁVEL. 1. *Direito civil* e *direito comercial.* Aquilo que se pode comprar. **2.** *Direito penal.* Subornável.

COMPREENDER. *Filosofia do direito.* **1.** Conhecer o sentido de algo; pensar um objeto enquanto apresenta um sentido ou significação. **2.** Reconhecer que uma situação fática ou uma proposição estão, logicamente, abrangidas numa fórmula geral já acatada ou admitida.

COMPREENSÃO. 1. *Filosofia do direito.* Ato gnoseológico de captar o sentido do objeto, oferecendo uma faceta axiológica, ao considerar os valores. Dá um sentido ao objeto do conhecimento sem atribuir-lhe um valor, apenas relacionando-o a este. **2.** *Lógica jurídica.* a) Conjunto de caracteres ou propriedades constituintes de um conceito; b) complexo de características que se compreendem numa definição; c) conjunto de caracteres comuns a todos os objetos da mesma classe; d) conjunto de características que o uso de um determinado termo evoca no espírito dos membros de um dado grupo.

COMPREENSIVO. *Lógica jurídica.* Aquilo que é relativo à compreensão.

COMPREHENDI NON POSSUNT SUB NOMINE MERCATORUM ARTIFICES. *Brocardo latino.* Os artífices não podem ser compreendidos sob o nome de mercadores.

COMPRESSÃO CEREBRAL. *Medicina legal.* Pressão exercida no cérebro por hemorragias devidas a ruptura da artéria meningéia média e por coágulos, muito freqüente em traumatismos cranianos.

COMPRESSÃO DE GASES. *Medicina legal.* Zona de contorno encontrada em lesão causada por projétil de arma de fogo, nos tiros à queima-roupa ou deflagrados muito próximo da vítima.

COMPROBAÇÃO. *Direito processual.* **1.** Ato ou efeito de comprovar ou demonstrar a veracidade de certos fatos, atos ou negócios jurídicos. **2.** Confirmação de alguma prova anteriormente apresentada.

COMPROBANTE. *Direito processual.* **1.** Que comprova. **2.** *Vide* COMPROBATÓRIO.

COMPROBATIVO. *Vide* COMPROBATÓRIO.

COMPROBATÓRIO. *Direito processual.* **1.** Que contém a prova do que se afirma; comprobativo. **2.** Qualidade do que serve para provar ou demonstrar alguma coisa. **3.** Comprovante ou comprobante.

COMPROMETER. **1.** *Direito civil.* a) Assumir um compromisso; b) obrigar-se a dar e a fazer ou não algo; c) empenhar a palavra; d) assumir uma responsabilidade; e) prejudicar. **2.** *Direito processual civil.* Assumir funções processuais, como as de administrador judicial, inventariante, perito etc.

COMPROMETIDO. **1.** *Direito civil.* a) Aquele que celebrou um compromisso; b) objeto da promessa ou do compromisso de compra e venda; c) aquele que assumiu um noivado ou um compromisso de casamento; d) aquele que foi lesado por um dano. **2.** *Direito processual civil.* Aquele que assumiu função processual (como a de administrador judicial ou inventariante) ou compromisso judicial.

COMPROMETIMENTO. **1.** Ação de comprometer. **2.** Perda de segurança resultante do conhecimento de assunto sigiloso por pessoa não autorizada.

COMPROMISSADO. *Direito civil.* **1.** *Vide* COMPROMETIDO. **2.** Pessoa que se encontra sob compromisso.

COMPROMISSAL. Relativo a compromisso.

COMPROMISSANTE. **1.** *Direito civil.* O que celebra o compromisso. **2.** *Direito processual civil.* Aquele que assume função judicial mediante termo de compromisso.

COMPROMISSÁRIO. **1.** *Direito civil.* a) O futuro adquirente, num compromisso de compra e venda, que é designado compromissário-comprador; b) *Vide* COMPROMETIDO; c) árbitro escolhido em razão de um compromisso extrajudicial. **2.** *Direito processual civil.* Árbitro no compromisso judicial.

COMPROMISSIVO. Tudo aquilo que envolve compromisso.

COMPROMISSO. **1.** *Direito civil.* a) Obrigação de dar, fazer ou deixar de fazer algo, assumida por alguém; b) acordo bilateral em que as partes interessadas submetem suas controvérsias jurídicas à decisão de árbitros, comprometendo-se a acatá-la, subtraindo a demanda da jurisdição da justiça comum. É um misto de contrato e pagamento, pois, ao dirimir questões controvertidas, extingue relações obrigacionais; c) promessa de cumprir certos encargos ou de pagar dívida em certa data; d) regulamento instituído por uma associação ou confraria. **2.** *Direito processual civil.* a) Termo inicial do juízo arbitral; b) ato pelo qual avaliador, perito, inventariante, curador, administrador judicial etc. assumem, em juízo, as responsabilidades de suas funções. **3.** *Ciência política.* a) Engajamento em um partido político, ao qual se deverá fidelidade; b) acordo em que os adversários fazem concessões mútuas. **4.** *Direito comercial.* Recuperação judicial ou extrajudicial de falido de acordo com os credores. **5.** *Direito administrativo.* Termo em que o funcionário, ao tomar posse do cargo, promete cumprir fielmente seus deveres e assumir suas funções. **6.** *Direito processual penal.* a) Afirmação solene de testemunha penal em juízo de dizer apenas a verdade durante sua argüição; b) promessa solene dos jurados de examinarem a causa com imparcialidade e de prolatarem a decisão em conformidade com a justiça e sua consciência.

COMPROMISSO ARBITRAL. *Direito civil* e *direito processual civil.* É o acordo bilateral em que as partes interessadas submetem suas controvérsias jurídicas à decisão de árbitros, comprometendo-se a acatá-la, subtraindo a demanda da jurisdição da Justiça comum. Pode ser judicial ou extrajudicial. O compromisso deverá conter, sob pena de nulidade, além das especificações e valor do objeto do litígio, ou seja, da matéria que os árbitros deverão solucionar, nomes, sobrenomes, estado civil, domicílio e profissão das pessoas que instituírem o juízo arbitral e do árbitro ou árbitros, bem como os dos substitutos nomeados para os suprir, havendo falta ou impedimento; ou, se for o caso, a identificação da entidade à qual as partes delegaram a indicação de árbitros e ainda o local em que será proferida a sentença arbitral. As partes interessadas poderão, se quiserem, declarar no compromisso arbitral: a) o prazo em que deverá ser dada a decisão arbitral; b) o local onde se desenvolverá a arbitragem; c) a indicação da lei nacional ou das normas corporativas aplicáveis à arbitragem, quando assim convencionarem as partes; d) a autorização dada aos árbitros para julgarem por eqüidade; e) os honorários do árbitro ou árbitros e a proporção em que serão pagos, além da declaração da responsabilidade pelo pagamento dos honorários dos peritos e das despesas com a arbitragem. Fixando as partes tais honorários no compromisso arbitral, este constituirá título executivo extrajudicial; mas, se não houver tal estipulação, o árbitro requererá ao órgão do Poder Judiciário que seria competente para julgar, originariamente, a causa que os fixe por sentença. A falta de qualquer um desses requisitos não acarretará a nulidade do compromisso, por não serem obrigatórios. Extingue-se o compromisso arbitral se houver: a) escusa de qualquer árbitro, antes da aceitação da nomeação, desde que haja declaração expressa das partes não admitindo substituto; b) óbito ou impossibilidade de um dos árbitros para o exercício da função e de proferir voto, sendo inadmissível sua substituição. Havendo substituto, este assume seu lugar; c) término do prazo determinado para a apresentação da sentença arbitral.

COMPROMISSO ARBITRAL EXTRAJUDICIAL. *Direito civil.* Acordo em que, não havendo causa ajuizada, as partes interessadas, por escritura pública ou particular assinada por elas e por duas testemunhas, submetem sua controvérsia jurídica à decisão de árbitros. A questão será processada no juízo arbitral, pois as partes não mais poderão socorrer-se da justiça comum, exceto nos casos admitidos em lei.

COMPROMISSO ARBITRAL JUDICIAL. *Direito civil* e *direito processual civil.* É aquele que, referindo-se à controvérsia já ajuizada perante a justiça ordinária, é celebrado por termo nos autos, perante o juízo ou tribunal por onde correr a demanda, remetendo a apreciação da causa a árbitros. Tal termo será assinado pelas próprias partes ou por mandatário com poderes especiais. Feito o compromisso, cessarão as funções do juiz togado, pois os árbitros decidirão o litígio.

COMPROMISSO DE AJUSTAMENTO DA CONDUTA. *Direito do consumidor, direito ambiental* e *direito urbanístico.* Ato administrativo negocial para que órgãos públicos legitimados à ação civil pública ou coletiva (Ministério Público, União, Estados, Municípios e Distrito Federal) tomem do causador de dano a interesse difuso e coletivo o compromisso escrito de adequar sua conduta às exigências da lei, sob pena de cominações, valendo como título executivo extrajudicial. O objeto do compromisso de ajustamento de conduta pode versar qualquer obrigação de fazer ou não fazer, para zelar por interesses difusos, coletivos ou individuais homogêneos, protegendo-se de danos efetivos ou potenciais os seguintes interesses: a) meio ambiente; b) consumidor; c) ordem urbanística; d) patrimônio cultural; e) ordem econômica e economia popular; f) crianças e adolescentes; g) idosos; h) pessoas portadoras de necessidades especiais; i) investidores no mercado de valores mobiliários (Hugo Nigro Mazzilli). Instrumento de defesa de interesses difusos e coletivos e dos do consumidor, pelo qual o Ministério Público pode estabelecer com aquele que causou dano ao meio ambiente, ao patrimônio cultural, ao consumidor etc. um compromisso para ajustar seu comportamento às exigências da lei, mediante cominações que, se líquidas, continuam podendo ensejar execução forçada por quantia certa baseada em título executivo extrajudicial, e, se ilíquidas, agora permitem execução por obrigação de fazer, ou não fazer, fundada em título extrajudicial. Tomado esse compromisso, em regra, arquiva-se o inquérito civil, com controle do Conselho Superior do Ministério Público (Hugo Nigro Mazzilli).

COMPROMISSO DE COMPRA E VENDA. *Direito civil.* Pacto pelo qual o compromitente-vendedor assume a obrigação de vender certo bem ao compromissário-comprador, mediante pagamento de um preço nas condições e prazo estipulados.

COMPROMISSO DE CONTRATO. *Direito civil.* Contrato preliminar ou promessa que têm por objeto a obrigação recíproca assumida pelas partes de uma estipulação futura, que é a de fazer o contrato definitivo.

COMPROMISSO DE TESTEMUNHA PENAL. *Direito processual penal.* Termo solene em que a testemunha de um crime se compromete, em juízo, a dizer, quando argüida, somente a verdade dos fatos ocorridos.

COMPROMISSO DO PERITO E DOS ASSISTENTES TÉCNICOS. *Direito processual civil.* Aquele pelo qual o perito e os assistentes técnicos assumem o dever de exercer com diligência suas funções e encargos.

COMPROMISSO EXTRAJUDICIAL. *Direito civil.* É feito pelas partes por instrumento particular ou escritura pública, que submetem a pendência à solução arbitral.

COMPROMISSO HOMOLOGADO. *Direito internacional privado.* É aquele celebrado entre o exportador ou o governo do país exportador e a Secretaria de Comércio Exterior (SECEX) para eliminar os efeitos prejudiciais decorrentes da prática de *dumping*, submetido à competente homologação ministerial.

COMPROMISSO IRRETRATÁVEL DE COMPRA E VENDA. *Direito civil.* Contrato, devidamente registrado no Cartório Imobiliário, pelo qual o compromitente-vendedor obriga-se a vender ao compromissário-comprador determinado imóvel pelo preço, condições e modos avençados, outorgando-lhe a escritura definitiva assim que ocorrer o adimplemento da obrigação; por outro lado, o compromissário-comprador, ao pagar o preço e satisfazer todas as condições estipuladas no contrato, tem direito real sobre o imóvel, podendo reclamar a outorga da escritura definitiva ou sua adjudicação compulsória se houver recusa por parte do compromitente-vendedor. Aproxima-se do contrato preliminar de venda porque seu resultado prático é adiar a transferência do domínio do bem compromissado até que o valor seja totalmente pago, diferenciando-se dele, porém, por dar lugar à adjudicação compulsória. Logo, o compromisso irretratável de compra e venda não é um contrato preliminar, porque a adjudicação compulsória só é possível nas obrigações de dar, e o contrato preliminar gera tão-somente uma obrigação de fazer o contrato definitivo, não tendo sequer o juiz o condão de converter tal obrigação de celebrar contrato em obrigação de dar. Se, como ensina Orlando Gomes, ordena o compromisso a adjudicação do imóvel ao compromissário é porque está a dar, coativamente, execução específica à obrigação de dar que nasce do contrato de compra e venda.

COMPROMISSO JUDICIAL. *Direito processual civil.* Opera-se, nos autos processuais, que se sustam até que o laudo arbitral seja proferido, vinculando os compromitentes.

COMPROMISSO LEGAL. *Medicina legal.* Termo assinado, por força de lei, em cartório pelos peritos não oficiais nomeados para atuar num dado caso de bem desempenharem sua função, declarando o que de verdade for encontrado e descoberto e o que sua consciência apontar.

COMPROMISSO PELA INCLUSÃO DAS PESSOAS COM DEFICIÊNCIA. Tem o objetivo de conjugar esforços da União, Estados, Distrito Federal e Municípios em proveito da melhoria das condições, para a inclusão das pessoas com deficiência na sociedade brasileira. Os entes participantes do Compromisso atuarão em colaboração com as organizações dos movimentos sociais, com a comunidade e com as famílias, buscando potencializar os esforços da sociedade brasileira na melhoria das condições para a inclusão das pessoas com deficiência. O Governo Federal, atuando diretamente ou em regime de cooperação com os demais entes federados e entidades que se vincularem ao Compromisso, observará, na formulação e implementação das ações para inclusão das pessoas com deficiência, as seguintes diretrizes: a) ampliar a participação das pessoas com deficiência no mercado de trabalho, mediante sua qualificação profissional; b) ampliar o acesso das pessoas com deficiência à política de concessão de órteses e próteses; c) garantir o acesso das pessoas com deficiência à habitação acessível; d) tornar as escolas e seu entorno acessível, de maneira a possibilitar a plena participação das pessoas com deficiências; e) garantir transporte e infra-estrutura acessíveis às pessoas com deficiência; f) garantir que as escolas tenham salas de recursos multifuncionais; de maneira a possibilitar o acesso de alunos com deficiência. A vinculação do Município, Estado ou Distrito Federal ao Compromisso pela Inclusão das Pessoas com Deficiência far-se-á por meio de termo de adesão voluntária cujos objetivos retratarão as diretrizes legais estabelecidas. A adesão voluntária de cada ente federativo ao Compromisso gera para si a responsabilidade de priorizar medidas visando à melhoria das condições para a inclusão das pessoas com deficiência em sua esfera de competência. Podem colaborar com o Compromisso, em caráter voluntário, outros entes, públicos e privados, tais como organizações da sociedade civil, fundações, entidades de classe empresariais, igrejas e entidades confessionais, famílias, pessoas físicas e jurídicas que se mobilizem para a melhoria das condições de inclusão das pessoas com deficiência.

COMPROMITENTE. 1. Aquele que assume um compromisso. **2.** *Vide* COMPROMETIDO.

COMPROPRIEDADE. *Direito civil.* **1.** Também designada "co-propriedade" e "condomínio", trata-se do direito de propriedade de um bem exercido, em comum, por duas ou mais pessoas, ao mesmo tempo. **2.** *Vide* CONDOMÍNIO.

COMPROPRIETÁRIO. *Direito civil.* Condômino; aquele que é titular do domínio de parte ideal de um bem indiviso.

COMPROVAÇÃO. *Vide* COMPROBAÇÃO.

COMPROVAÇÃO DO EFETIVO EXERCÍCIO DA ADVOCACIA. É a que se faz mediante: a) certidão expedida por cartórios ou secretarias judiciais; b) cópia autenticada de atos privativos; c) certidão expedida pelo órgão público no qual o advogado exerça função privativa do seu ofício, indicando os atos praticados.

COMPROVAÇÃO DO EXERCÍCIO DA ATIVIDADE RURAL DO SEGURADO EMPREGADO. *Direito agrário* e *direito previdenciário.* Maneira de demonstrar o exercício da atividade rural do segurado empregado, inclusive o denominado safrista, volante, eventual, temporário ou bóia-fria, caracterizados como empregado. A comprovação far-se-á através de um dos seguintes documentos: a) CTPS ou CP, em que conste o registro do contrato de trabalho; b) contrato individual de trabalho; c) acordo coletivo de trabalho, inclusive por safra, desde que caracterize o trabalhador como signatário, e comprove seu registro na respectiva Delegacia Regional do Trabalho (DRT); d) declaração do empregador, comprovada mediante realização de solicitação de pesquisa nos livros e registros do empregador, folhas de salários ou em qualquer outro documento que comprove o vínculo empregatício; e) recibos de pagamento contemporâneos, com identificação do empregador.

COMPROVAÇÃO DO EXERCÍCIO DA ATIVIDADE RURAL DO SEGURADO ESPECIAL. *Direito agrário* e *direito previdenciário.* Modo de provar o exercício da atividade rural do segurado especial (o produtor, o parceiro, o meeiro, o arrendatário, o pescador artesanal e seus assemelhados), bem como de seu respectivo grupo familiar: cônjuge ou companheira(o) e filhos maiores de quatorze anos de idade e a eles equiparados, desde que trabalhem comprovadamente com o grupo familiar respectivo e que exerçam essas atividades individualmente ou em regime de economia familiar, podendo, ainda, exercê-las com ou sem auxílio eventual de terceiros. A comprovação far-se-á mediante a apresentação de um dos seguintes documentos: a) contrato de arrendamento, parceria ou comodato rural; b) comprovante de cadastro do Instituto Nacional de Colonização e Reforma Agrária (INCRA); c) bloco de notas de produtor rural e/ou notas fiscais de venda realizada por produtor rural; d) declaração de sindicato de trabalhadores rurais, sindicato de pescadores ou colônia de pescadores devidamente registrada no Instituto Brasileiro do Meio Ambiente e dos Recursos Naturais Renováveis (IBAMA), homologada na forma legal.

COMPROVANTE. *Vide* COMPROBANTE.

COMPROVANTE DE EXPORTAÇÃO (CE). *Direito internacional privado.* Emitido pelo Sistema na repartição aduaneira da Receita Federal ao final da operação de exportação; é o documento em que são relacionados todos os registros processados pelo SISCOMEX.

COMPROVANTE DE SEGURANÇA VEICULAR PARA FABRICANTE/TRANSFORMADOR APROVADO. *Direito comercial.* Documento fornecido pelo organismo de inspeção e expedido pelo fabricante/transformador, aplicável aos veículos produzidos e comercializados pela empresa, o qual atesta que o modelo nele descrito atende ao especificado no laudo de capacitação técnica da empresa.

COMPROVAR. Demonstrar, provar ou colaborar para a evidência de alguma coisa, ato ou fato.

COMPROVINCIAL. *Direito canônico.* **1.** Cada bispo de uma província arquiepiscopal. **2.** Aquele pertencente à mesma província arquiepiscopal.

COMPULSAÇÃO. Ato de manusear ou examinar autos processuais, livros, documentos etc.

COMPULSÃO. 1. *Direito processual.* Ato de tribunal superior obrigar um inferior a cumprir, com permissão legal, um despacho ou uma determinação sua. **2.** *Psicologia forense* e *medicina legal.* Força que compele alguém a repetir um ato não deliberado ou contrário à sua vontade. Trata-se de um impulso, oriundo de neurose obsessiva, que a vontade e a razão não conseguem coibir, prejudicando a pessoa e a sociedade, como ocorre, por exemplo, nos casos de cleptomania e exibicionismo. É, portanto, o desejo irresistível e irracional de repetir certos atos. **3.** *Direito constitucional.* Qualidade de a lei compelir a pessoa à prática ou à abstenção de algum ato, pois, pelo princípio da legalidade, "ninguém será obrigado a fazer ou deixar de fazer alguma coisa senão em virtude de lei".

COMPULSAR. 1. *Direito processual.* Compelir ou intimar uma pessoa a comparecer em juízo para prestar depoimento, praticar um ato ou exibir algo. **2.** Na *linguagem jurídica* em geral, ato de examinar ou de folhear documentos, livros etc.

COMPULSÓRIA. 1. *Direito constitucional* e *direito administrativo.* Diz-se da aposentadoria forçada de funcionários públicos por limite de idade. **2.** *Direito militar.* Reforma forçada de militar que atingiu a idade regulamentar imposta para esta inatividade obrigatória. **3.** *Direito processual.* Diz-se da ordem ou do mandado judiciais emanados de juiz superior para um de instância inferior, com o objetivo de fazer com que este cumpra uma determinação sua.

COMPULSÓRIO. 1. *Direito administrativo* e *direito processual.* Diz-se do ato de caráter oficioso emanado de autoridade administrativa ou judicial, compelindo alguém à prática ou à abstenção de alguma coisa. **2.** Na *linguagem jurídica* em geral: a) aquilo que é realizado por compulsória; b) relativo à compulsão.

COMPURGAÇÃO. *História do direito, direito comparado* e *direito processual penal.* Instituição jurídica de defesa pela qual, em sociedades mais simples, o acusado traz ao tribunal, para obter sua absolvição, um determinado número de testemunhas, que fazem juramento de sua inocência.

COMPURGADOR. *História do direito* e *direito comparado.* Aquele que, sob juramento, vem a juízo atestar a boa conduta do acusado, tentando obter sua absolvição.

COMPURGATIO. *Termo latino.* Meio de defesa em que o réu procurava obter sua absolvição, arrolando certo número de testemunhas que juravam pela sua inocência.

COMPUSERVE. *Direito virtual.* Rede internacional de serviços *on-line,* envolvendo informações financeiras, lojas eletrônicas etc., que possui um sistema de correio eletrônico que permite a comunicação com outro membro da rede ou com qualquer pessoa que tenha uma caixa postal eletrônica ou, ainda, com a Internet.

COMPUTAÇÃO. 1. *Direito autoral* e *direito virtual.* Ação de computar que, no processamento de dados, é feita por um computador eletrônico, obedecendo a programas. **2.** Na *linguagem jurídica* em geral, significa ato ou efeito de calcular, contar, avaliar, orçar etc.; cômputo.

COMPUTAÇÃO DE DADOS. 1. *Direito autoral* e *direito virtual.* Ato de computar certos elementos, baseando-se em informação, seguindo instruções de programa codificado feito por criação intelectual. **2.** *Vide HARDWARE* e *SOFTWARE.*

COMPUTAÇÃO DE PRAZOS. *Direito processual.* **1.** Contagem do prazo processual ou judicial. **2.** Apuração do tempo requerido para usucapião. **3.** Verificação do decurso do prazo em casos de suspensão ou interrupção. **4.** Cômputo de prazo prescricional ou decadencial.

COMPUTADOR. 1. *Direito autoral* e *direito virtual.* Aparelho eletrônico que recebe informações, funcionando alimentado por cartões e outros formulários decorrentes de prévia programação, feita por criação intelectual, sob a forma de planos, sistemas, fórmulas e projetos. **2.** Na *linguagem jurídica* em geral, pessoa ou máquina que efetua cálculos.

COMPUTAR. 1. *Direito processual civil.* a) Calcular despesas judiciais; b) contar prazo judicial; c) avaliar algo em juízo por meio de peritos; d) apurar valores alusivos ao pedido; e) somar as partes que compõem uma sentença condenatória para torná-la líquida. **2.** *Direito processual penal.* Calcular as penas cominadas ao réu para efeito de sua execução. **3.** Na *linguagem jurídica* em geral: contar; calcular; avaliar; orçar; ajuntar; incluir.

COMPUTER AIDED DESIGN (CAD). *Direito virtual.* Programa de informática que oferece vários objetos para formar desenhos por computador. Projeto com auxílio de computador em desenhos e projetos de peças industriais.

COMPUTISTA. 1. *Direito canônico.* Pessoa encarregada de receber determinadas rendas pertencentes à câmara apostólica. **2.** Na *linguagem comum,* aquele que trabalha no cômputo para os calendários.

CÔMPUTO. 1. Cálculo, avaliação ou conta. **2.** Lapso de tempo.

CÔMPUTO DE PENAS. *Direito processual penal.* Cálculo das penas a que o réu foi condenado, feito anteriormente à execução da condenação penal, deduzindo-se do tempo da pena a ser cumprida, por exemplo, o tempo de prisão preventiva ou provisória e o de internação em hospital ou manicômio.

CÔMPUTO DE PRAZO PARA ENTRADA EM VIGOR DA LEI. *Teoria geral do direito.* A contagem do prazo para a entrada em vigor da lei, que estabeleça período de *vacatio legis*, far-se-á com a inclusão da data da publicação e do último dia do prazo. Logo, a norma entrará em vigor no dia subseqüente à sua consumação integral.

CÔMPUTO ECLESIÁSTICO. *Direito canônico.* Cálculo feito para determinar o dia em que cairá a Páscoa. Para tanto, os principais elementos utilizados são letras dominicais, áureo número, epacta e idade da Lua.

CÔMPUTO MORTO OU DEDUTIVO. *Direito aeronáutico.* Processo usado para a obtenção da posição de um veículo, estimando-se velocidade, corrente de ar, direção, vento etc., no prazo que decorrer desde o último ponto estabelecido, ou seja, da posição conhecida.

COMSAT. Sigla de *Communication Satellite Corporation.*

COMSOMOL. *Ciência política.* Membro de uma organização russa comunista entre dezesseis e vinte e três anos de idade.

COMTIANO. *Filosofia do direito.* Adepto da teoria de Augusto Comte.

COMTISMO. *Filosofia do direito.* Sistema filosófico ideado por Augusto Comte. Trata-se do positivismo sociológico, que pretendeu realizar, por meio da ciência, uma reforma social, afirmando que a única ciência capaz de reformar a sociedade era a sociologia, ou física social, que era a ciência positiva dos fatos sociais. A sociologia era na época única ciência social, logo, a ciência jurídica seria um setor seu. A ciência do direito dominada pelo sociologismo passou a concebê-lo como a única via de positivação para o saber jurídico.

COMUM. **1.** *Direito civil.* a) Diz-se do bem cuja propriedade está em mãos de duas ou mais pessoas; b) diz-se da coisa que, por não ser de ninguém, pertence a todos. **2.** *Teoria geral do direito.* a) Diz-se da apreciação feita pelo órgão judicante, na aplicação da lei, da justiça, liberdade etc.; b) é o bem determinante do sentido valorativo da ordem jurídica; c) é o bem de caráter social, que constitui o fundamento da norma jurídica, atendendo ao interesse social; d) é o bem de todos os participantes da sociedade políti-

ca, ou seja, a própria ordem jurídica (Goffredo Telles Jr.). **3.** *Direito administrativo.* Diz-se do bem público de uso comum do povo, como o mar, uma praça, estrada etc., apenas no sentido de sua utilização, por não haver co-propriedade ou comunhão. **4.** Na *linguagem jurídica* em geral, pode designar: a) o que é feito em comunidade ou sociedade; b) habitual; c) vulgar; d) aquilo que não tem muita importância. **5.** *Direito comparado.* Membro da Câmara Baixa do Parlamento inglês, que é eleito pelo povo.

COMUNA. **1.** *História do direito.* a) Corpo político que acatava idéias ou princípios revolucionários, como o que dominou em Paris de 18 de março a 28 de maio de 1871; b) povoação ou vila que, na era medieval, obtinha emancipação do feudalismo, mediante uma carta de autonomia fornecida pelo senhor feudal, passando a governar-se por conta própria. **2.** *Direito comparado.* a) Subdivisão territorial de província francesa correspondente a Município ou concelho; b) administração do concelho. **3.** *Sociologia jurídica.* Agrupamento ou colônia de estrangeiros que vivem em bairros ou arruamentos determinados, formando uma corporação. **4.** *Direito constitucional.* Município que goza de autonomia administrativa para assuntos de seu peculiar interesse, sendo a menor entidade jurídico-política da Federação brasileira. **5.** *Ciência política.* Comunista.

COMUNAL. **1.** Relativo a comuna. **2.** Habitante de uma comuna.

COMUNALISMO. *Sociologia jurídica.* Sistema social que prega a autonomia das comunas.

COMUNALISTA. Partidário da descentralização administrativa, por seguir a doutrina do comunalismo.

COMUNHÃO. **1.** *Direito civil.* a) Estado de condomínio; co-propriedade; b) qualidade daquilo que é comum, seja coisa, fato ou interesse. **2.** *Direito canônico.* a) Sacramento da eucaristia; b) ação de comungar.

COMUNHÃO COATIVA. *Direito civil.* É o estado de condomínio oriundo da própria natureza da coisa, do título aquisitivo do domínio, da lei ou da declaração unilateral da vontade, não havendo qualquer acordo entre as partes nesse sentido. Se a comunhão advier de condição imposta pelo doador ou pelo testador, entende o Código Civil que o foi somente por cinco anos.

COMUNHÃO CONVENCIONAL. *Direito civil.* Estado condominial decorrente da intervenção volitiva das partes, que resolvem, de comum acordo, estabelecer entre si a co-propriedade de determinado bem.

COMUNHÃO DE BENS. *Direito civil.* 1. Estado ou qualidade dos bens que são comuns a duas ou mais pessoas titulares do direito de propriedade ou da posse. 2. Modalidade de regime matrimonial que se estabelece entre os cônjuges, impondo-lhes uma comunhão universal ou parcial de bens e interesses, resultante da sua comunicação.

COMUNHÃO DE BENS NEGATIVA. *Direito civil.* Diz-se da comunhão das coisas que são comuns a todos, por não poderem ser apropriadas por ninguém, como o ar, a luz solar etc.

COMUNHÃO DE BENS POSITIVA. *Direito civil.* Co-propriedade ou condomínio em que os bens são suscetíveis de apropriação por duas ou mais pessoas, até que se os partilhe, salvo se indivisíveis.

COMUNHÃO DE INTERESSES. *Direito civil* e *direito comercial.* Estado condominial decorrente de vários fatores, como comunhão de bens, comunidade de negócios, participação em associações ou em sociedades simples ou empresárias. Essa comunhão de interesses ocorre nas sociedades, sendo de seu domínio, pois o seu patrimônio não se confunde com o de seus sócios.

COMUNHÃO DE "MÃOS JUNTAS". *Direito civil.* Co-titularidade sobre um conjunto de patrimônio, em que os comunheiros têm apenas o direito de uso e gozo da coisa comum; não tendo, portanto, parte ideal na propriedade comum.

COMUNHÃO ECLESIAL. *Direito canônico.* Comunhão visível, ou melhor, aquela que se manifesta no relacionamento com outros membros da Igreja, principalmente com os seus pastores (Hortal).

COMUNHÃO FORTUITA. *Vide* COMUNHÃO INCIDENTE.

COMUNHÃO ILIMITADA. *Vide* COMUNHÃO UNIVERSAL DE BENS.

COMUNHÃO INCIDENTE. *Direito civil.* É a resultante de caso fortuito ou de necessidade, sendo, portanto, involuntária.

COMUNHÃO INDIVISA. *Vide* COMUNHÃO *PRO INDIVISO.*

COMUNHÃO LEGAL. *Direito civil.* Diz-se do regime matrimonial de bens que prevalece quando os nubentes não fizerem pacto antenupcial ou este for eivado de nulidade. O regime legal é o da comunhão parcial, que é um regime misto, formado em parte pelo da comunhão universal (quanto ao futuro) e em parte pelo da separação (quanto ao passado), tendo por característica a comunhão dos bens adquiridos na constância do casamento.

COMUNHÃO LIMITADA. *Vide* COMUNHÃO PARCIAL DE BENS.

COMUNHÃO NECESSÁRIA. *Vide* COMUNHÃO INCIDENTE.

COMUNHÃO ORDINÁRIA. *Direito civil. Vide* COMUNHÃO LEGAL E COMUNHÃO PARCIAL DE BENS, QUE SÃO TAMBÉM ORDINÁRIAS, POR SEREM O REGIME COMUM NO DIREITO BRASILEIRO.

COMUNHÃO PARCIAL DE BENS. *Direito civil.* É o regime legal da comunhão de aqüestos advindo da falta ou nulidade de pacto antenupcial, que determina o regime preferencial dos nubentes, caso em que a lei intervém, fazendo prevalecer sua vontade. Assim, esse regime será um efeito legal do matrimônio. O regime de comunhão parcial de bens é, segundo Silvio Rodrigues, aquele que, basicamente, exclui da comunhão os bens que os consortes possuem ao casar ou que venham a adquirir por causa anterior e alheia ao casamento, incluindo apenas os adquiridos posteriormente. Esse regime, ao prescrever a comunhão dos aqüestos, estabelece uma solidariedade entre os cônjuges, unindo-os materialmente, pois, ao menos parcialmente, seus interesses são comuns, permitindo, por outro lado, que cada um conserve como seu aquilo que já lhe pertencia no momento da realização do ato nupcial.

COMUNHÃO PRO DIVISO. *Direito civil.* Estado condominial em que se encontram os condôminos em edifício de apartamentos, no qual, não obstante haja unidades autônomas, existe co-propriedade das áreas comuns. Caracteriza-se juridicamente pela justaposição de propriedades distintas e exclusivas de apartamentos, salas etc., ao lado do condomínio de partes do edifício forçosamente comuns, tais como o solo onde está construído, suas fundações, pilastras, jardim, escadas, elevadores, corredores, pátio, porão, morada do zelador etc. Cada proprietário de fração autônoma poderá usar livremente das partes comuns atendendo à sua destinação e não prejudicando a comunhão.

COMUNHÃO PRO INDIVISO. *Direito civil.* Dá-se quando um bem indiviso pertence, em comum e na sua totalidade, a vários co-proprietários, sendo que cada um deles terá uma fração ideal.

COMUNHÃO PROVISÓRIA. *Vide* COMUNHÃO *PRO DIVISO.*

COMUNHÃO TOTAL. *Direito civil.* Estado condominial em que há comunicação de todos os bens presentes e futuros, incluindo seus frutos e rendimentos, bem como os débitos passivos. É também chamada "comunhão universal de bens".

COMUNHÃO UNIVERSAL DE BENS. *Direito civil.* Regime matrimonial de bens estipulado pelos nubentes por meio de pacto nupcial, pelo qual os seus bens presentes ou futuros, adquiridos antes ou depois do casamento, tornam-se comuns, constituindo uma só massa, instaurando-se o estado de indivisão, passando a ter cada cônjuge o direito à metade ideal do patrimônio comum. Há comunicação do ativo e do passivo, pois existe na comunhão universal de bens uma espécie de sociedade disciplinada por normas próprias e peculiares.

COMUNHEIRO. *Direito civil.* Co-proprietário; condômino ou consorte que tem a parte ideal do domínio sobre o bem condominial.

COMUNIAL. *Direito civil.* Relativo à comunhão.

COMUNICABILIDADE. *Direito civil.* **1.** Qualidade do que é comunicável, ou seja, daquilo que pode ingressar numa comunhão de bens e interesses. **2.** Existência de passagem ou de acesso a algum local. **3.** Instituto que, na forma regulada pela SUSEP, permite a utilização de recursos da Provisão Matemática de Benefícios a Conceder, referente à cobertura por sobrevivência, para custeio de cobertura (ou coberturas) de risco, inclusive o valor de impostos e do carregamento, quando for o caso.

COMUNICABILIDADE DE INSTÂNCIAS. *Direito administrativo* e *direito processual penal.* Possibilidade de conexão entre o juízo administrativo e o penal, pela repercussão que uma decisão penal pode ter sobre uma administrativa e vice-versa, em certos casos, como o de negação da autoria do fato imputado a funcionário público ou de inexistência do ato delituoso. Assim, se a sentença absolutória penal disser respeito apenas aos pressupostos relativos ao maior ou menor poder de convencimento exercido pela prova apresentada, não poderá influenciar a aplicabilidade da sanção disciplinar ao servidor público faltoso (José Cretella Jr.).

COMUNICABILIDADE DE JUÍZOS. 1. *Direito administrativo* e *direito processual penal.* *Vide* COMUNICABILIDADE DE INSTÂNCIAS. **2.** *Direito processual civil* e *direito processual penal.* Ocorrerá conexão de juízos se no criminal houver decisão sobre a existência do fato ou sobre o autor, pois tais dados deverão ser levados ao juízo cível, que não mais poderá questionar sobre esse material. Fora desses casos nada obsta que um processo criminal e um cível corram paralelos, ante o princípio da independência da responsabilidade civil em relação à criminal; porém, não se poderá indagar mais sobre a existência do fato (isto é, do crime e suas conseqüências) ou quem seja seu autor quando estas questões se encontrarem decididas no crime. Logo, enquanto o juízo criminal não tiver formado convicção sobre tais questões, os processos correrão independentemente, e as duas responsabilidades (civil e penal) poderão ser, de fato, autonomamente investigadas.

COMUNICABILIDADE NA CO-AUTORIA. *Direito penal.* Diz respeito à possibilidade de comunicação das circunstâncias do crime a outrem, se alusivas ao elemento material da ação criminosa ou à pessoa que a perpetrou, desde que elementares do crime. As circunstâncias pessoais são incomunicáveis, exceto, excepcionalmente, quando elementares do crime. As circunstâncias de caráter material comunicam-se sempre que o co-partícipe teve conhecimento do uso do meio empregado, se tal uso veio a facilitar a execução do homicídio, por exemplo, ou deu, de qualquer modo, o seu consentimento.

COMUNICAÇÃO. 1. *Sociologia jurídica.* Processo pelo qual as idéias ou sentimentos são transmitidos para outros indivíduos, possibilitando a interação social. **2.** *Retórica jurídica.* a) Figura pela qual o orador toma o auditório como árbitro da causa que defende, mostrando-se disposto a conformar-se com o que for decidido; b) figura pela qual o advogado, pretendendo provar a improcedência de uma acusação, procura mostrar que, pelos argumentos do acusador, várias pessoas e até ele próprio estariam nela enquadrados. **3.** *Direito militar.* Meio que permite manter as relações entre os vários corpos das Forças Armadas, que operam em conjunto. **4.** *Direito civil.* a) Local por onde se pode ter acesso a outro; passagem que pode constituir servidão; b) ciência ou conhecimento de um fato ou ato que se dá a outrem; aviso; notificação extrajudicial; participação; c) modo de estabelecer a comunhão. **5.** *Direito processual.* Intimação; notificação judicial; protesto; interpelação.

COMUNICAÇÃO AO PÚBLICO. *Direito autoral.* Ato mediante o qual a obra é colocada ao alcance do público, por qualquer meio ou procedimento e que não consista na distribuição de exemplares.

COMUNICAÇÃO DE BENS. *Direito civil.* Ação ou efeito de se comunicarem os bens pertencentes aos cônjuges, se casados sob o regime de comunhão universal ou parcial, em conformidade com as peculiaridades de cada caso.

COMUNICAÇÃO DE CRIME. *Direito processual penal.* **1.** *Notitia criminis,* ou seja, aviso que órgão estatal dá à autoridade competente, ou melhor, ao Ministério Público sobre a ocorrência de uma ação criminosa, para que, sendo titular da ação penal, apresente a denúncia. **2.** Delação, que é a notícia que a própria vítima dá à autoridade policial do fato criminoso. **3.** Requisição, que é a notícia do crime dada pelo juiz ou pelo Ministério Público para que a autoridade policial venha a instaurar o inquérito.

COMUNICAÇÃO ELETRÔNICA DOS ATOS PROCESSUAIS. *Direito processual* e *direito virtual.* Os tribunais poderão criar Diário da Justiça eletrônico, disponibilizado em sítio da rede mundial de computadores, para publicação de atos judiciais e administrativos próprios e dos órgãos a eles subordinados, bem como comunicações em geral. O sítio e o conteúdo das publicações deverão ser assinados digitalmente com base em certificado emitido por Autoridade Certificadora credenciada na forma da lei específica. A publicação eletrônica substitui qualquer outro meio de publicação oficial, para quaisquer efeitos legais, à exceção dos casos que, por lei, exigem intimação ou vista pessoal. Considera-se como data da publicação o primeiro dia útil seguinte ao da disponibilização da informação no Diário da Justiça eletrônico. Os prazos processuais terão início no primeiro dia útil que seguir ao considerado como data da publicação. A criação do Diário da Justiça eletrônico deverá ser acompanhada de ampla divulgação, e o ato administrativo correspondente será publicado durante trinta dias no diário oficial em uso. As intimações serão feitas por meio eletrônico em portal próprio aos que se cadastrarem, dispensando-se a publicação no órgão oficial, inclusive eletrônico. Considerar-se-á realizada a intimação no dia em que o intimando efetivar a consulta eletrônica ao teor da intimação, certificando-se nos autos a sua realização. Nos casos em que a consulta se dê em dia não útil, a intimação será considerada como realizada no primeiro dia útil seguinte. Tal consulta deverá ser feita em até dez dias corridos, contados da data do envio da intimação, sob pena de considerar-se a intimação automaticamente realizada na data do término desse prazo. Em caráter informativo, poderá ser efetivada remessa de correspondência eletrônica, comunicando o envio da intimação e a abertura automática do prazo processual, aos que manifestarem interesse por esse serviço. Nos casos urgentes em que a intimação assim feita possa causar prejuízo a quaisquer das partes ou nos casos em que for evidenciada qualquer tentativa de burla ao sistema, o ato processual deverá ser realizado por outro meio que atinja a sua finalidade, conforme determinado pelo juiz. As intimações feitas da forma acima especificada, inclusive da Fazenda Pública, serão consideradas pessoais para todos os efeitos legais.

COMUNICAÇÃO DE GOVERNO DO PODER EXECUTIVO FEDERAL. *Direito administrativo.* Será executada legalmente e terá como objetivos principais: a) disseminar informações sobre assuntos de interesse dos mais diferentes segmentos sociais; b) estimular a sociedade a participar do debate e da definição de políticas públicas essenciais para o desenvolvimento do País; c) realizar ampla difusão dos direitos do cidadão e dos serviços colocados à sua disposição; d) explicar os projetos e políticas de governo propostos pelo Poder Executivo Federal nas principais áreas de interesse da sociedade; e) promover o Brasil no exterior; f) atender às necessidades de informação de clientes e usuários das entidades integrantes do Poder Executivo Federal.

COMUNICAÇÃO DE INSTÂNCIAS. *Direito civil.* Repercussão de um ilícito que envolve a seara administrativa e a penal ou a penal e a cível.

COMUNICAÇÃO DE INTERNAÇÃO HOSPITALAR (CIH). É importante para que haja informação precisa para o planejamento, a programação, o controle e a avaliação das ações de saúde em todas as esferas de gestão do SUS (Sistema Único de Saúde). A CIH deverá conter: A. Identificação da unidade hospitalar: a) código do hospital no Cadastro Nacional de Estabelecimentos de Saúde (CNES). B. Informações da internação: a) nome do paciente; b) data de nascimento; c) sexo; d) Cartão Nacional de Saúde (CNS); e) endereço do paciente, constando: 1 - logradouro; 2 - número; 3 - complemento; 4 - código IBGE do município; 5 - unidade da federação; 6 - Código de Endereçamento Postal (CEP); f) procedimento realizado; g) diagnóstico principal; h) diagnóstico secundário; i) data de internação; j) data de saída; l) tipo de saída; m) fonte de remuneração; n) documento de óbito; o) número de dias de UTI; e p) competência. C. Para fonte de remuneração por convênio: a) número do registro na Agência Nacional de Saúde Suplementar (ANS) da operadora de plano privado de assistência à saúde; b) CNPJ da operadora de plano de saúde; e c) código de identificação do beneficiário na operadora.

COMUNICAÇÃO DE REVOGAÇÃO E DO SUBSTABE-LECIMENTO DE MANDATO. *Direito registrário.* Aviso que o tabelião deve dar ao cartório de origem da revogação de procuração e substabelecimento sem reserva de poderes, sob pena de responsabilidade administrativa. Tal comunicação é imprescindível para evitar o prejuízo que um mandato revogado pode causar a terceiro que efetivou negócio com o mandatário (Afonso Celso F. de Rezende).

COMUNICAÇÃO DE TERCEIRA PARTE. Mensagem enviada pelo operador de controle (primeira parte) de uma estação de radioamador para outro operador de estação de radioamador (segunda parte) em favor de outra pessoa (terceira parte).

COMUNICAÇÃO FALSA DE CRIME OU CONTRAVEN-ÇÃO. 1. *Direito processual penal.* Crime contra a administração da justiça. **2.** *Direito penal militar.* Crime que consiste no fato de se provocar a ação da autoridade, seja ela da polícia judiciária militar, do Ministério Público Militar ou do Poder Judiciário militar, ao comunicar-lhe fato considerado como crime sujeito à jurisdição criminal que se sabe não ter ocorrido.

COMUNICAÇÃO LINGÜÍSTICA. Sistema de signos lingüísticos que são utilizados para transmissão de pensamentos.

COMUNICAÇÃO ORATÓRIA. *Retórica jurídica.* Aquela em que o orador pede ao adversário ou ao juiz que reflita sobre o assunto ou situação, convidando-o à deliberação (Perelman e Olbrechts-Tyteca).

COMUNICAÇÃO POLÍTICA. *Ciência política.* Conjunto de mensagens que condicionam a atividade de um sistema político, tendo função de *input* e influenciando a opinião pública (Panebianco).

COMUNICAÇÃO POSTAL. Diz-se do serviço explorado por uma empresa pública, que é a Empresa Brasileira de Correios e Telégrafos.

COMUNICAÇÃO SIGILOSA. A que contém dados, informações ou conhecimentos que devem ficar em segredo.

COMUNICAÇÃO SOCIAL. *Direito constitucional.* Direito resguardado pela Constituição Federal, que veda restrições à livre manifestação e expressão de pensamento e à criação e informação de qualquer modalidade; proíbe a censura política, ideológica ou artística, permitindo tão-somente que a lei federal determine que o Poder Público informe sobre a natureza da diversão e do espetáculo público e as faixas etárias a que não se recomendam ou garanta à pessoa ou à família a possibilidade de defesa contra programas de emissoras de rádio e televisão que venham a desrespeitar os valores ético-sociais; impõe que empresas jornalísticas de rádio e televisão sejam de propriedade privativa de brasileiros natos ou naturalizados há mais de dez anos, competindo ao Poder Executivo renovar a concessão, permissão ou autorização.

COMUNICAÇÃO SOCIAL DO PODER EXECUTIVO FEDERAL. *Direito administrativo.* É a que tem por finalidade: a) disseminar informações sobre assuntos de interesse dos mais diferentes segmentos sociais; b) estimular a sociedade a participar do debate e da definição de políticas públicas essenciais para o desenvolvimento do País; c) realizar ampla difusão dos direitos do cidadão e dos serviços colocados à sua disposição; d) explicar os projetos e as políticas de governo propostos pelo Poder Executivo Federal nas principais áreas de interesse da sociedade; e) promover o Brasil no exterior; f) atender às necessidades de informação de clientes e usuários e entidades da Administração Pública Federal indireta e das sociedades sob controle direto e indireto da União.

COMUNICAÇÕES DE SEGURANÇA. *Direito ambiental.* Ligações internas e externas, estabelecidas pelos órgãos do Sistema de Proteção ao Programa Nuclear Brasileiro (SIPRON), com a finalidade de atender as suas necessidades de segurança.

COMUNICAÇÕES INTRA-EMPRESA. *Direito comercial.* São as telecomunicações mediante as quais uma empresa se comunica internamente com suas subsidiárias, filiais ou coligadas.

COMUNICAÇÕES PROCESSUAIS DO TRIBUNAL DE CONTAS DA UNIÃO. *Direito processual.* Consideram-se comunicações processuais: a) citação; b) comunicação de audiência; c) comunicação de rejeição de defesa; d) comunicação de diligência; e) notificação; f) comunicação de adoção de medida cautelar; g) outras comunicações de interesse das partes e de terceiros.

COMUNICADO. 1. Na *linguagem jurídica* em geral: a) aquilo que foi objeto de uma comunicação feita; b) informação de interesse particular publicada num jornal; c) aviso por meio de jornal, radiodifusão ou afixação em local público. 2. *Direito administrativo.* a) Informação de caráter geral ditada pelo governo para que o povo tome conhecimento de uma medida adotada a respeito de assunto de interesse público; b) aviso baixado pela autoridade competente, numa repartição pública, para conhecimento e execução interna.

COMUNICADO OFICIAL. Nota expedida por autoridade civil ou militar, por associação ou sociedade ou por partido político.

COMUNICANTE. 1. Na *linguagem jurídica* em geral: a) que estabelece comunicação; b) que comunica. 2. *Direito penal.* Diz-se de pessoa ou animal que veio a propagar germes patogênicos, causando epidemia.

COMUNICAR. 1. *Direito civil.* a) Participar ou fazer saber algo; b) tornar comum um bem; c) notificar extrajudicialmente. 2. *Direito processual penal.* a) Levar *notitia criminis*; b) propagar doença. 3. *Direito processual civil.* a) Intimar; b) notificar judicialmente. 3. *Direito administrativo.* a) Avisar; b) informar a população de algum assunto de interesse público.

COMUNICÁVEL. 1. Tudo aquilo que pode ser objeto de comunicação. 2. O que pode entrar em comunhão.

COMUNIDADE. 1. *Sociologia jurídica.* Agremiação de pessoas que têm os mesmos interesses e ideais políticos, religiosos etc. ou que vivem em comum. 2. *Direito civil.* a) Comunhão; qualidade daquilo que é comum; b) sociedade ou associação. 3. *Direito constitucional.* Totalidade dos cidadãos de um país. 4. *Direito internacional público.* Reunião de nações para atender a interesses comuns, sejam eles sociais, políticos, econômicos etc., como se dá, por exemplo, com a União Européia.

COMUNIDADE DE ESTADOS INDEPENDENTES (CEI). *Direito internacional público.* Nome oficial das repúblicas da antiga URSS, após a queda do comunismo em 1991. Os membros da CEI são: Armênia, Azerbadijão, Belarus, Cazaquistão, Geórgia, Moldávia, Quirquízia, Federação Rússia, Tadjiquistão, Turcomênia, Ucrânia e Uzbequistão.

COMUNIDADE EUROPÉIA. *História do direito.* Antiga denominação da União Européia, que é a organização internacional que tem por escopo: promover o desenvolvimento de atividades econômicas; fomentar o crescimento não inflacionário; respeitar o meio ambiente; aumentar o nível de emprego e a proteção social, melhorando o padrão de vida, e promover a coesão monetária, social e a solidariedade entre os Estados-membros. Atua por meio de regulamentos, diretrizes, recomendações e opiniões. Tem potencial de atuação supranacional, como afirma Ani Caprara.

COMUNIDADE INDÍGENA. *Sociologia jurídica* e *direito constitucional.* Conjunto de famílias indígenas que vivem isoladas da população nacional.

COMUNIDADE INTERNACIONAL. *Direito internacional público.* Reunião das nações do mundo todo para atender a interesses comuns.

COMUNIDADE LOCAL. *Direito ambiental* e *sociologia jurídica.* Grupo humano, incluindo remanescentes de comunidades de quilombos, distinto por suas condições culturais, que se organiza, tradicionalmente, por gerações sucessivas e costumes próprios, e que conserva suas instituições sociais e econômicas.

COMUNIDADE PENITENCIÁRIA. *Direito penitenciário.* É a constituída por presos, funcionários administrativos e técnicos da penitenciária, colaboradores voluntários, que representam a cidade ou o bairro, e por liberados e egressos, que procuram conjugar esforços, cooperando para a emenda e reintegração dos condenados no convívio social, assim como para a solução de problemas prisionais, dando assistência à família dos sentenciados.

COMUNIDADE REGIONAL. *Direito internacional público.* Reunião de países de uma certa região com o escopo de resolver interesses comuns.

COMUNIDADES BIÓTICAS. *Direito ambiental.* São os organismos.

COMUNIDADES LOCAIS. *Direito ambiental.* População ções tradicionais e outros grupos humanos, organizados por gerações sucessivas, com estilo de vida relevante à conservação e à utilização sustentável da diversidade biológica.

COMUNISMO. *Ciência política.* **1.** Sistema político-social que pretende não só a comunhão dos bens de consumo e dos frutos do trabalho individual, a supressão da propriedade privada dos meios de produção, ou seja, de terras, fábricas, minas etc., ante o princípio de que todos os bens pertencem ao Estado e devem ser usufruídos em conformidade com as leis por ele ditadas, mas também a socialização dos meios de transporte, educação pública, organização estatal de crédito e direção dos trabalhadores pelo Estado, sob a égide de um partido organizado da ditadura do proletariado, para a obtenção de uma sociedade sem classes. **2.** Organização econômica, social e política que tem por base a propriedade comum e a intervenção estatal na vida individual.

COMUNISTA. *Ciência política.* Partidário do comunismo.

COMUNITÁRIO. 1. *Sociologia jurídica.* Diz-se da formação de grupos ou de povos onde prepondera o sentimento de comunidade. **2.** *Direito civil.* Aquilo que é relativo à sociedade ou ao estado de indivisão do bem ou, ainda, ao condomínio. **3.** *Ciência política.* Aquele que prefere a centralização econômica estatal à iniciativa privada ou individual.

COMUNIZAÇÃO. *Ciência política.* **1.** Ato de comunizar. **2.** Estado de ser comunista.

COMUNIZANTE. *Ciência política.* O que apresenta tendência para o comunismo.

COMUNIZAR *Ciência política.* **1.** Sujeitar a princípios do comunismo. **2.** Tornar propriedade do Estado; socializar.

COMUTAÇÃO. 1. Substituição, permutação ou mutação. **2.** Ato ou efeito de trocar, permutar ou substituir. **3.** *Direito das comunicações.* Estabelecimento temporário de circuitos ou canais com a finalidade de assegurar comunicação entre dois pontos.

COMUTAÇÃO DA PENA. *Direito constitucional, direito penal* e *direito processual penal.* Ato exclusivo do presidente da República, por ser prerrogativa sua a substituição de pena mais grave imposta ao réu por outra mais branda. Não se confunde com o indulto ou a anistia, que extinguem a punibilidade, pois, na comutação, a pena imposta em sentença transitada em julgado é apenas atenuada ou diminuída.

COMUTADA. *Direito processual penal.* Diz-se da pena mais branda que substitui outra mais severa.

COMUTADOR. Aquele que permuta ou substitui algo.

COMUTAR. *Direito processual penal.* Atenuar o rigor de uma pena, substituindo-a por outra menos severa.

COMUTATIVA. 1. *Filosofia do direito.* Modalidade de justiça em que um particular dá a outro o bem que lhe é devido, segundo uma igualdade simples ou absoluta. Na *justiça comutativa*, o devido é rigoroso, uma vez que diz respeito a um direito próprio da pessoa (por exemplo, o direito à personalidade e ao cumprimento de obrigações positivas, como prestação de um serviço, entrega de mercadoria, pagamento de certa quantia em dinheiro etc.). A igualdade é simples, por consistir na equivalência entre dois objetos, sem levar em conta a condição das pessoas. Por exemplo, é o que ocorre nas relações contratuais, dentre elas a compra e venda, em que "A", ao comprar um carro que vale "X", deve efetuar a "B" (vendedor) um pagamento de igual valor. Há uma equivalência das obrigações. **2.** *Lógica jurídica.* Propriedade de uma operação ou relação que consiste no fato de o resultado ser o mesmo, seja qual for a ordem dos termos.

COMUTATIVO. *Direito civil.* Diz-se do contrato em que cada contratante, além de receber do outro prestação relativamente equivalente à sua, pode verificar, de imediato, essa equivalência. Nesse contrato as obrigações ajustadas pelas partes são equivalentes e recíprocas.

COMUTÁVEL. *Direito processual penal.* **1.** O que é substituível. **2.** Condenado apto a obter comutação da pena. **3.** Diz-se da pena que se pode comutar.

CONAB. Sigla de Companhia Nacional de Abastecimento.

CONAÇÃO. 1. *Filosofia do direito.* Idéia de esforço como um fato que pode receber interpretação voluntarista ou intelectualista. **2.** *Psicologia forense.* a) Processo de ação intencional; b) consciência desse processo naquele que realiza aquela ação; c) tendência ou impulso motivado ou guiado pelas inclinações e paixões.

CONAD. Sigla de Conselho Nacional Antidrogas, que tem por objetivo a aprovação da Política Nacional Antidrogas e a orientação normativa das atividades antidrogas e de recuperação de dependentes.

CONAMA. *Direito ambiental.* Sigla de Conselho Nacional do Meio Ambiente, que tem competência para: a) propor diretrizes de políticas governamentais para o meio ambiente e recursos naturais; b) baixar normas necessárias à execução da Política Nacional do Meio Ambiente; c) estabelecer critérios para licenciamento de atividades efetiva ou potencialmente poluidoras; d) determinar a realização de estudos sobre as alternativas e possíveis conseqüências ambientais de projetos públicos ou privados; e) decidir, como última instância administrativa, em grau de recurso, mediante depósito prévio, sobre multas e penalidades impostas pelo Instituto Brasileiro do Meio Ambiente e dos Recursos Naturais Renováveis (IBAMA); f) dispor sobre perda ou restrição de benefícios fiscais relativos ao meio ambiente; g) estabelecer padrões nacionais de controle da poluição causada por veículos automotores, aeronaves e embarcações etc.

CONANDA. Sigla de Conselho Nacional dos Direitos da Criança e do Adolescente.

CONANTAR. Abreviação de Comissão Nacional para Assuntos Antárticos.

CONAPA. Sigla de Comitê Nacional de Pesquisas Antárticas.

CONAR. *Direito do consumidor.* Sigla do Conselho Nacional de Auto-Regulamentação Publicitária.

CONASP. Sigla de Conselho Nacional de Segurança Pública.

CONATO. *Filosofia geral.* **1.** Movimento determinado pelo espaço e pelo tempo numericamente mensurável (Hobbes). **2.** Força ativa (Leibniz). **3.** Esforço mediante o qual cada coisa se empenha em perseverar em seu ser (Spinoza).

CONATUS PROXIMUS. *Locução latina.* Indica o ato inicial da execução do crime.

CONATUS REMOTUS. *Locução latina.* Designa a fase preparatória da execução do ato criminoso.

CONCATENAÇÃO. 1. Ato de encadear ou ligar algo ordenadamente. **2.** Ordem das alegações num arrazoado. **3.** Articulação numa minuta, petição inicial, sentença etc.

CONCAUSA. *Direito penal.* Causa que, juntamente com outra, concorre para a configuração de um crime; causa concorrente.

CONCAUSA PREEXISTENTE. *Medicina legal.* Causa que vem a agravar uma lesão, por existir antes dela. Por exemplo, um ferimento pode infeccionar se a vítima for portadora de diabetes.

CONCAUSA SUPERVENIENTE. *Medicina legal.* Causa que vem a agravar um ferimento após sua ocorrência. Por exemplo, penetração do bacilo tetânico no corpo através da lesão.

CONCEBER. 1. *Teoria geral do direito.* Entender; idear; compreender; perceber; interpretar. **2.** *Direito autoral.* Criar algo intelectualmente. **3.** *Medicina legal.* Gerar.

CONCEDENS UNUM EX PLURIBUS, VIDETUR CAETERA OMNIA DENEGARE. *Aforismo jurídico.* Concedendo-se apenas uma de várias coisas, entendem-se denegadas todas as outras.

CONCEDENTE. 1. *Direito civil.* Aquele que concede algo ou dá seu consentimento para que se faça alguma coisa. **2.** *Direito administrativo.* Pessoa jurídica de direito público com poder de fazer concessões.

CONCEDER. 1. *Direito administrativo.* Fazer concessão; dar em concessão. **2.** *Direito civil.* Dar; consentir; anuir em; permitir.

CONCEITO. 1. *Sociologia jurídica.* Termo designativo de uma classe de fenômenos observados. **2.** *Lógica jurídica.* a) Idéia; b) definição real essencial; c) reflexo da essência de algo determinado por meio de uma definição, ou seja, por indicação do *genus proximum* e da *differentia specifica*; d) definição nominal de algo, consistente em dizer o que uma palavra significa; e) definição real descritiva de uma coisa, consistente em dizer o que uma realidade é, na falta de caracteres essenciais, enumerando os exteriores mais marcantes dela para permitir distingui-la de todas as outras; f) definição acidental, que revela um elemento acidental próprio do definido, mas contingente; g) representação intelectual; h) ato mais simples do pensamento, cujo signo vem a ser a palavra-signo verbal. **3.** *Direito civil* e *direito penal.* Reputação.

CONCEITO ABSOLUTO. *Lógica jurídica.* Conceito cujo conteúdo independe de outro. Por exemplo, terra.

CONCEITO ABSTRATO. *Lógica jurídica.* Conceito que é relativo à qualidade considerada separadamente do objeto a que se aplica. Por exemplo, justiça, conveniência etc.

CONCEITO COLETIVO. *Lógica jurídica.* Conceito universal que pode ser predicado de um conjunto de seres enquanto tal, como esquadra, regimento etc. (Puigarnau).

CONCEITO COMPOSTO. *Lógica jurídica.* Conceito que se compõe de uma nota comum e de nota própria, que distingue o objeto dos demais. Por exemplo, animal racional.

CONCEITO CONCRETO. *Lógica jurídica.* Conceito que não pode ser separado do objeto a que se refere (Puigarnau).

CONCEITO COORDENADO. *Lógica jurídica.* Conceito que participa da mesma nota comum e tem nota própria que o distingue dos demais (Puigarnau).

CONCEITO DESVINCULANTE. *Teoria geral do direito.* É o delimitado por molduras legais, que são determinadas pela interpretação da lei (Engisch).

CONCEITO DISTRIBUTIVO. *Lógica jurídica.* Conceito universal que pode ser predicado de cada um dos seres que constituem a quantidade do conceito (Puigarnau).

CONCEITO DO DIREITO EQÜITATIVO. *Vide* CONCEITO DESVINCULANTE.

CONCEITO ESSENCIAL DA NORMA JURÍDICA. *Filosofia do direito.* É o que procura atingir o *eidos* da norma jurídica, depurando-a de todo elemento contingente, registrando apenas aquelas notas relacionadas entre si por fundamentação necessária, isto é, que se exigem mutuamente, chegando-se ao conceito livre de ingredientes psicológicos, sociológicos, axiológicos etc., ou seja, à essência pura ou *a priori*, válida para qualquer norma jurídica. Realmente, feitas essas depurações, percebe-se que só a imperatividade e o autorizamento constituem a essência da norma jurídica. Esta, por conseguinte, define-se, segundo Goffredo Telles Jr., como um "imperativo autorizante", conceito este que é realmente essencial, uma vez que sintetiza os elementos necessários que fixam sua essência. A norma jurídica é imperativa porque prescreve as condutas devidas e os comportamentos proibidos; por outro lado, procura assegurar, de modo efetivo, os fatos de que as condutas obrigadas hão de realizar-se e de que não se produzirão os comportamentos vedados, pois é autorizante, uma vez que autoriza o lesado pela sua violação a exigir o seu cumprimento, a reparação do dano causado ou, ainda, a reposição das coisas ao estado anterior. Todas as normas são mandamentos, imperativos, porque fixam as diretrizes da conduta humana, mas só a jurídica é autorizante, porque apenas ela autoriza o lesado pela sua violação a exigir seu cumprimento ou a reparação do mal sofrido. A idéia de norma jurídica consiste na seguinte definição essencial: "imperativo autorizante", conceito que se estende a todas as normas jurídicas em geral e a cada uma em particular. Essa definição é realmente essencial, uma vez que revela o gênero próximo, que é a imperatividade, e a diferença específica, que é o autorizamento. A essência da norma jurídica constitui-se, portanto, pelo conjunto dos caracteres que permanecem idênticos, invariáveis através das variações que a norma pode sofrer, ou seja, a imperatividade e o autorizamento. Logo, ela só pode ser definida como um *imperativo autorizante*.

CONCEITO INDETERMINADO. *Filosofia do direito* e *teoria geral do direito.* Aquele cujo conteúdo e extensão são incertos (Engisch).

CONCEITO PÚBLICO. *Direito penal.* Reputação que uma pessoa tem no convívio social, que, se atingida, poderá configurar o delito de difamação.

CONCEITO RELATIVO. *Lógica jurídica.* Conceito que está relacionado com outro. Por exemplo, pai e filho etc.

CONCEITO SIMPLES. *Lógica jurídica.* Conceito que contém uma só nota. Por exemplo, homem, contrato etc.

CONCEITO SINGULAR. *Lógica jurídica.* O que só pode ser predicado de um ser por ter uma extensão mínima (Puigarnau).

CONCEITO SUBORDINADO. *Lógica jurídica.* Conceito que está contido em outro mais amplo.

CONCEITO SUBORDINANTE. *Lógica jurídica.* Conceito que, segundo Puigarnau, constitui a nota comum de vários seres.

CONCEITO UNIVERSAL. *Lógica jurídica.* Conceito que pode ser predicado de vários objetos.

CONCELHO. *Direito comparado.* Circunscrição administrativa que, em Portugal, é uma subdivisão de distrito.

CONCENTRAÇÃO. 1. *Direito desportivo.* Isolamento a que os atletas são submetidos até o momento da competição, na sede do empregador ou em local por ele escolhido, se isso convier aos interesses da entidade desportiva, por tempo determinado por lei. **2.** *Direito civil.* Resultado da escolha que se faz do bem na obrigação de dar coisa incerta e na obrigação alternativa, ou seja, individualização da respectiva prestação ou operação que transforma a obrigação genérica em específica. **3.** *Direito administrativo.* Reunião de poderes em mãos de uma só pessoa, dentro da mesma pirâmide administrativa (Rivero). **4.** *Direito do consumidor.* Quantidade de substância(s) ativa(s) ou inativa(s) em determinada unidade de massa ou volume do produto.

CONCENTRAÇÃO DAS PROVAS. *Direito processual.* Reunião de elementos probatórios num só corpo, contendo o fundamento para formar a convicção do juiz.

CONCENTRAÇÃO DE AÇÕES. 1. *Direito comercial.* Trata-se da reunião das ações de uma sociedade anônima nas mãos de só um acionista, sendo os demais seus parentes, amigos ou meros sócios fictícios, a fim de assumir praticamente sozinho a direção da empresa. **2.** *Direito processual.* a) Acumulação de ações propostas em apartado, em razão da sua conexão; b) dá-se quando, num só processo, se ajuntam vários pedidos contra o mesmo réu ou quando se configurar o litisconsórcio; c) trata-se do princípio que visa concentrar o processo, eliminando fases e providências, desde que dispensáveis.

CONCENTRAÇÃO DE EMPRESAS. *Direito comercial.* Coalizão, fusão, incorporação ou integração de empresas, formando um grupo econômico em busca do lucro, por possibilitar a acumulação de capitais e, conseqüentemente, a economia de mercado e a obtenção de poder econômico, desde que não abusivo.

CONCENTRAÇÃO DO PODER. *Direito administrativo* e *ciência política.* Centralização de todos os poderes em algumas pessoas ou em apenas uma.

CONCENTRAÇÃO ECONÔMICA. *Direito econômico.* Processo de redução do número de agentes que operam num determinado mercado, fazendo com que os remanescentes passem a considerar o comportamento dos demais, sem tomar por diretriz o preço estabelecido pelas forças mercadológicas.

CONCEPÇÃO. 1. *Filosofia do direito.* a) Ato de pensamento aplicado a um objeto; b) cosmovisão; concepção do mundo; c) ato de conceber um conceito; d) percepção; compreensão das coisas; e) imagem de uma coisa na mente. **2.** *Direito civil.* a) Momento em que se dá o início do ser humano, que passa, então, a ter seus direitos resguardados. Deveras, a lei põe a salvo, desde a concepção, os direitos da personalidade do nascituro, como o direito à vida, a uma adequada assistência pré-natal, a alimentos, sendo que os seus direitos patrimoniais e pessoais permanecerão em estado potencial, consolidando-se apenas com o nascimento com vida; b) critério determinante da presunção da paternidade, pois será tido como matrimonial o filho concebido: a) na constância do casamento, assim compreendido tanto o nascido até cento e oitenta dias depois de estabelecida a convivência conjugal quanto o nascido até trezentos dias depois da dissolução do casamento; b) por fecundação artificial homóloga *in vivo* ou *in vitro* e c) por inseminação artificial heteróloga, consentida pelo marido. **3.** *Direito autoral.* Criação de uma obra intelectual. **4.** *Medicina legal.* a) Fecundação do óvulo pelo espermatozóide, dando início a um novo ser humano; b) ato de conceber ou gerar filho no útero ou *in vitro.*

CONCEPÇÃO CULTURALISTA DO DIREITO. *Filosofia do direito.* É a que concebe o direito como um objeto criado pelo homem, dotado de um sentido de conteúdo valorativo, sendo, portanto, pertencente ao campo da cultura.

CONCEPÇÃO DE PAPEL. *Sociologia jurídica.* Idéia que alguém formula de sua própria atuação e *status* nos grupos ou círculos sociais a que pertence ou freqüenta.

CONCEPÇÃO DO MUNDO. *Filosofia do direito.* Mundividência ou cosmovisão, ou seja, imagem subjetiva que um indivíduo ou grupo vem a conceber, sob um determinado ponto de vista.

CONCEPÇÃO FILOSÓFICA DO CRIME. *Filosofia do direito.* É a distinção das condutas delituosas baseada em critérios axiológicos, considerando-se elementos ético-normativos.

CONCEPÇÃO GENÉTICA. *Medicina legal.* Fecundação do óvulo pelo espermatozóide em laboratório.

CONCEPÇÃO JURÍDICA DO CRIME. *Direito penal.* **1.** Aquela que considera o crime como uma proibição da lei penal (concepção jurídico-formal). **2.** A que entende ser crime todo ato lesivo que venha a comprometer a convivência social (concepção jurídico-substancial).

CONCEPÇÃO MORAL DO CRIME. *Direito penal.* É a consideração, sob o prisma da ética, das condutas puníveis numa sociedade, tendo por base elementos históricos.

CONCEPÇÃO ONTOLÓGICA DA CIÊNCIA DO DIREITO. *Filosofia do direito.* É a busca do "ser" da ciência do direito. A ciência jurídica, sob a perspectiva ontológica, é um objeto ideal, e o dado que estuda (direito), conforme o ponto de vista tomado, é um objeto cultural, natural ou ideal. A ciência jurídica é, na concepção de Husserl, um objeto ideal pelo simples fato de ser uma construção conceitual, ou melhor, de ser conhecimento do direito, de ser produto do pensamento, e também por ser, ontologicamente, irreal, isto é, por não ter existência espácio-temporal; mas, como todo objeto de pensamento, é capaz de existir e é, realmente, existente num mundo mental.

CONCEPÇÃO QUÂNTICA DO DIREITO. *Filosofia do direito.* Aquela que dá ao direito natural, ao direito legítimo, a designação de direito quântico. Deveras, o direito natural, para Goffredo Telles Jr., é aquele que não é artificial; é o consentâneo com o sistema ético de referência vigente em certa coletividade. Para ele, o direito natural não é o conjunto dos primeiros e imutáveis princípios da moralidade, que, por não serem normas jurídicas, não são direito. Tais princípios não são autorizantes, não autorizam o lesado pela sua violação a exigir o seu cumprimento ou a reparação do dano sofrido, por isso não são normas jurídicas, logo, não há por que rotulá-los de direito natural, mas sim de moral social. O direito natural é um conjunto de normas jurídicas promulgadas, isto é, oficializadas pela inteligência governante, em conformidade com o sistema ético de referência da coletividade em que vigora. O direito natural é o direito legítimo, que nasce, tem raízes e brota da própria vida, no seio do povo. O governo só pode declarar o direito conforme a idéia de ordem jurídica acalentada pelo grupo social que dirige. Goffredo Telles Jr. confere ao direito natural, ao direito legítimo, o nome de direito quântico, por resultar do processo da organização do ser humano, atendendo às inclinações genéticas de um povo ou de um grupo social, exprimindo seu sentimento ou estado de consciência e refletindo sua índole. O direito legítimo é quântico porque delimita, quantifica a movimentação humana, segundo o sistema ético de referência, que espelha disposições genéticas da coletividade. É quântico porque relaciona o *dever ser* com o *ser* de um sistema social de referência. A ciência do direito, portanto, nesta ótica, nunca enuncia que um homem ou um grupo de homens age deste ou daquele modo, mas que não sabe como procederá, embora tenha mais probabilidade de se comportar da maneira "X" do que da "Y", porque a "X" é a mais conforme ao sistema ético de referência da comunidade a que pertence. A norma promulgada pelo governo legítimo é o único dogma da ciência jurídica; é o ponto de partida e fundamento de toda ação do jurista.

CONCEPCIONAL. Tudo o que é relativo a concepção.

CONCEPCIONALISMO. *Sociologia jurídica.* Conjunto de concepções sociais.

CONCEPTISMO. Argumentação na qual os conceitos são fundamentais.

CONCEPTO. *Medicina legal.* Embrião; produto da gestação humana nos três primeiros meses.

CONCEPTUALISMO. *Filosofia do direito.* **1.** Doutrina que entende ser os universais meras construções do espírito, não tendo existência em si mesmos. **2.** Teoria relativa à natureza das idéias gerais, enquanto operações do pensamento, e não como signos aplicados igualmente a vários indivíduos. **3.** Corrente situada entre o nominalismo e o realismo, segundo a qual os universais existem apenas como conceitos mentais.

CONCEPTURO. **1.** *Direito comparado.* Aquele que ainda não foi concebido, sendo protegido pela lei portuguesa, que lhe confere capacidade sucessória testamentária ou contratual, desde que seja filho de pessoa determinada, viva ao tempo da abertura da sucessão, tendo, nos mesmos termos, capacidade para adquirir por doação. **2.** *Direito civil.* Prole eventual de pessoa designada pelo testador, existente ao abrir-se a sucessão, sendo que a expressão "prole eventual" não compreende, segundo alguns autores, os filhos adotivos nem os netos da pessoa indicada pelo testador.

CONCEPTUS PRO NATO, QUOAD SUI COMMODUM, HABETUR. *Expressão latina.* O concebido reputa-se nascido para o que for de seu proveito.

CONCERTADO. **1.** *Direito civil.* a) Ajustado; b) conferido, confrontado com o original. **2.** *Direito penal.* Diz-se do crime que foi combinado entre os cúmplices.

CONCERTAR. **1.** *Direito civil.* a) Conferir o que foi feito por outro oficial público, corrigindo omissão ou erro de uma certidão relativamente ao original; b) contratar. **2.** *Direito penal.* Combinar a prática de um crime juntamente com um cúmplice.

CONCERTO. 1. *Direito civil.* a) Autenticação ou conferência feita entre a cópia de uma certidão e o seu original pelo oficial de registro público; b) ajuste. **2.** *Direito processual.* a) Ato pelo qual o serventuário da justiça verifica se uma certidão está conforme o original; b) composição que tem por escopo pôr fim a um litígio. **3.** *Direito penal.* Combinação para a prática de um ato criminoso.

CONCESSÃO. 1. *Direito comercial.* Contrato de distribuição, pelo qual o concessionário vem a tirar vantagem de uma exclusividade territorial. **2.** *Direito administrativo.* Outorga dada a pessoa alheia à Administração Pública de capacidades, poderes e direitos, que ampliam sua esfera jurídica. **3.** *Direito agrário.* Terreno cedido a um colono. **4.** *Retórica jurídica.* Ato de concordar com o adversário em alguma coisa que se lhe podia contestar.

CONCESSÃO ADMINISTRATIVA. *Direito administrativo.* Contrato de concessão cujo objeto é a prestação de serviços diretamente à Administração Pública, podendo o particular assumir a execução de obra, fornecimento de bens ou outras prestações (Vera Monteiro). É o contrato de prestação de serviços de que a Administração Pública seja a usuária direta ou indireta, ainda que envolva execução de obra ou fornecimento e instalação de bens.

CONCESSÃO COMERCIAL *LATO SENSU.* *Direito comercial.* Trata-se do contrato de distribuição, que é uma espécie mais genérica de concessão mercantil, por admitir a subdistribuição. Assim, o distribuidor, autorizado pelo contrato de distribuição, poderá utilizar-se de rede própria de subdistribuidores para providenciar a colocação do produto no mercado consumidor, mas tal subdistribuição deverá sujeitar-se às normas ditadas pelo fabricante. Esse contrato de distribuição é o acordo em que o fabricante, oferecendo certas vantagens, compromete-se a vender, continuadamente, seus produtos ao distribuidor, para revenda em determinada zona.

CONCESSÃO COMERCIAL *STRICTO SENSU.* *Direito comercial.* É o contrato que não comporta rede de subconcessionários para que o concessionário promova a colocação do produto no mercado consumidor. Isto é assim porque a relação entre concedente e concessionário, semelhantemente à concessão de serviço público, possui caráter *intuitu personae,* visto que as condições pessoais do concessionário são essenciais ao contrato, de tal sorte que a concessão comercial ocorrerá sob condição de exclusividade tanto de aprovisionamento em benefício do concedente quanto de área geográfica em prol do concessionário.

CONCESSÃO COMUM. *Direito administrativo.* Concessão de serviços públicos ou de obras públicas onde não haja contraprestação pecuniária a ser paga pela concedente ao concessionário (Vera Monteiro).

CONCESSÃO CONSTITUTIVA. *Direito administrativo.* É a outorga feita pela Administração Pública a uma pessoa, criando capacidades ou direitos, por exemplo, a que concede cidadania, título honorífico ou bem dominical, como a ocupação de solo público, o uso de superfície de terras públicas e a derivação de águas públicas.

CONCESSÃO DE ÁGUAS PÚBLICAS. *Direito administrativo.* Modalidade de concessão de uso de bens públicos, é o ato administrativo baseado em interesse público que concede a derivação de águas públicas, sendo que estas não poderão ser derivadas para as aplicações de agricultura, indústria e higiene sem que tenha havido concessão administrativa, se se tratar de utilidade pública, ou autorização administrativa, que, por sua vez, poderá ser dispensada em casos de derivações insignificantes. A concessão para derivação de águas que se destinarem a serviço público deverá ser feita mediante concorrência, salvo nas hipóteses em que a legislação a dispensar.

CONCESSÃO DE DIREITO REAL DE USO DE TERRAS PÚBLICAS OU PARTICULARES. *Direito administrativo, direito agrário* e *direito civil.* É o contrato pelo qual a Administração Pública ou o particular transferem o uso, gratuita ou onerosamente, por tempo certo ou indeterminado, como direito real resolúvel, e concedem o uso de terreno de sua propriedade a outrem para fins específicos de regularização fundiária de interesse social, urbanização, industrialização, edificação, cultivo da terra, aproveitamento sustentável de várzeas, preservação das comunidades tradicionais e seus meios de subsistência ou outra utilização de interesse social em área urbana. Com isso estar-se-á atendendo ao princípio da função social da propriedade. Tratar-se-á de contrato administrativo, se o proprietário for o Poder Público, hipótese em que se subordinará aos efeitos da legislação juspublicística, ou de contrato de direito privado, se o titular do domínio for particular, condicionando-se às normas civis.

CONCESSÃO DE FINANCIAMENTO VINCULADO À EXPORTAÇÃO DE BENS OU SERVIÇOS NACIONAIS.

Direito internacional privado. Contrato pelo qual o Tesouro Nacional pactua, nas operações de financiamento, com recursos da Programação Especial das Operações Oficiais de Crédito, vinculadas à exportação de bens ou serviços nacionais, encargos financeiros compatíveis com os praticados no mercado internacional, no âmbito do Programa de Financiamento às Exportações (PROEX).

CONCESSÃO DE LAVRA. *Direito constitucional* e *direito administrativo.* Outorga da União a brasileiro de concessão para pesquisa e lavra de jazidas, recursos minerais e hidráulicos, sendo que o aproveitamento de energia renovável de capacidade reduzida independerá de autorização ou concessão. O dono do solo terá participação nos resultados da lavra, que é o conjunto de operações coordenadas, autorizadas por concessão mediante decreto do presidente da República, objetivando o aproveitamento industrial da jazida desde a extração das substâncias minerais úteis que contiver até o beneficiamento delas. Tal se dá porque as jazidas, minas e demais recursos minerais, assim como os potenciais de energia hidráulica, constituem propriedade distinta da do solo para efeito de exploração ou aproveitamento e pertencem à União, garantida ao concessionário a propriedade do produto da lavra.

CONCESSÃO DE MINAS. *Direito constitucional* e *direito administrativo.* **1.** Autorização da União para que brasileiro possa explorar as riquezas do subsolo, que a ela pertencem. **2.** *Vide* CONCESSÃO DE LAVRA.

CONCESSÃO DE OBRA PÚBLICA. *Direito administrativo.* É o contrato pelo qual a Administração confia a uma ou várias pessoas, à suas expensas, riscos e perigos, a execução de um trabalho de utilidade pública. É uma modalidade de concessão de serviço público, mas o concessionário não se obriga apenas a fazer funcionar o serviço, devendo ainda encarregar-se da construção de obra pública necessária a seu funcionamento, custeando todas as despesas. Em suma, a concessão de obra pública consiste no contrato pelo qual a Administração Pública encarrega determinada pessoa da execução de certa obra (construção de pontes, viadutos, estradas etc.), reservando-lhe, durante certo prazo, a exploração, a fim de que possa reaver o capital empregado e obter algum lucro mediante tarifa paga pelo usuário (José Cretella Jr.). *Vide* EXECUÇÃO MEDIANTE CONCESSÃO.

CONCESSÃO DE PATENTES. *Direito autoral.* Ato pelo qual se concede a patente, expedindo-se a respectiva carta-patente. Com isso opera-se o registro da patente de invenção, que é feito no INPI, para que o inventor possa ter o privilégio de utilizá-la.

CONCESSÃO DE PERMANÊNCIA DEFINITIVA A ASILADOS OU REFUGIADOS. *Direito internacional privado.* Ato de o Ministério da Justiça, resguardados os interesses nacionais, conceder a permanência definitiva ao estrangeiro detentor da condição de refugiado ou asilado, que comprovadamente preencher um dos requisitos abaixo: a) residir no Brasil há no mínimo seis anos na condição de refugiado ou asilado; b) ser profissional qualificado e contratado por instituição instalada no país, ouvido o Ministério do Trabalho; c) ser profissional de capacitação reconhecida por órgão da área pertinente; d) estar estabelecido com negócio resultante de investimento de capital próprio, que satisfaça os objetivos de Resolução Normativa do Conselho Nacional de Imigração relativos à concessão de visto a investidor estrangeiro. Na concessão de permanência definitiva, o Ministério da Justiça deverá verificar a conduta do estrangeiro e a existência de eventuais condenações criminais sofridas por ele.

CONCESSÃO DE PORTE DE ARMA DE FOGO. *Direito militar.* Ato de conceder porte de arma. No caso de porte de tráfego de arma de fogo de colecionadores, atiradores e caçadores será concedido pelos Serviços de Fiscalização de Produtos Controlados (SFPC), por meio de Guias de Tráfego. Quanto aos oficiais de carreira das Forças Armadas (da ativa, da reserva remunerada e reformados) e os oficiais temporários (enquanto na ativa), têm seu porte de arma garantido pelo Estatuto dos Militares, visto que para a concessão de porte de arma de fogo a praças, prevista nesse Estatuto, deverão ser atendidos, no mínimo, os seguintes requisitos: a) estar no comportamento bom; b) ter comportamento ilibado na vida pública e na particular; c) ter aptidão psicológica para manuseio de arma de fogo; e d) ter menção "B" em teste de aptidão de tiro (a ser regulamentado) com arma do mesmo tipo do porte pretendido. O não-atendimento de qualquer destes requisitos implicará a cassação imediata do porte, cuja abrangência deverá, em princípio, ser restrita à área de efetiva necessidade apresentada pelo requerente, não ultrapassando os limites da Região Militar de sua vinculação e ter prazo determinado. Nos casos excepcionais em que haja necessidade de abrangência além dos limites de uma Região Militar, esta deverá homologá-lo como porte federal, e não terá prazo de validade superior a seis meses. Os oficiais da reserva não-remunerada, e as praças da reserva remunerada, deverão solicitar seus portes de armas de fogo aos órgãos policiais competentes.

CONCESSÃO DE SERVIÇO DE TELECOMUNICAÇÕES. *Direito administrativo.* É a delegação de sua prestação, mediante contrato, por prazo determinado, no regime público, sujeitando-se as concessionárias aos riscos empresariais, remunerando-se pela cobrança de tarifas dos usuários ou por outras receitas alternativas e respondendo diretamente pelas suas obrigações e pelos prejuízos que causar.

CONCESSÃO DE SERVIÇO PÚBLICO. *Direito administrativo.* Ato complexo mediante o qual a Administração outorga a alguém o exercício de um serviço público, que será prestado em nome do Poder Público, sob condições fixadas e alteráveis unilateralmente pelo Estado, mas por conta e risco do concessionário, que receberá remuneração pelo pagamento de tarifas feito pelos usuários, tendo a garantia de um equilíbrio econômico-financeiro (Celso Antônio Bandeira de Mello). Sinteticamente, poder-se-á dizer que a concessão será outorgada pela entidade pública territorial competente para a execução do serviço público, precedida de autorização legislativa, por implicar privilégios e isenções tributárias e por requerer ainda licitação, pois o concedente deverá verificar a idoneidade do concessionário sob os aspectos jurídico, moral, técnico e financeiro. Ajuste pelo qual o poder concedente, mediante licitação, na modalidade de concorrência, delega a sua prestação a pessoa jurídica ou consórcio de empresas que demonstre capacidade para seu desempenho, por sua conta e risco e por prazo determinado. As concessionárias de serviços públicos, de direito público e privado, nos Estados e no Distrito Federal, são obrigadas a oferecer ao consumidor e ao usuário, dentro do mês de vencimento, o mínimo de seis datas opcionais para escolherem os dias de vencimento de seus débitos.

CONCESSÃO DE SERVIÇO PÚBLICO PRECEDIDA DA EXECUÇÃO DE OBRA PÚBLICA. *Direito administrativo.* Ajuste pelo qual o poder concedente delega, mediante licitação, na modalidade de concorrência, a construção total ou parcial, conservação, reforma, ampliação ou melhoramento de quaisquer obras de interesse público à pessoa jurídica ou consórcio de empresas que demonstre capacidade para sua realização, por sua conta e risco, de forma que o investimento da concessionária seja remunerado e amortizado mediante a exploração do serviço ou da obra por prazo determinado.

CONCESSÃO DE SUBVENÇÃO ECONÔMICA A PRODUTORES DE BORRACHA NATURAL. *Direito agrário* e *direito financeiro.* Ato de o Poder Executivo conceder subvenção econômica aos produtores nacionais de borracha natural, por oito anos, com o objetivo de incentivar a comercialização da produção nacional. A subvenção corresponderá à diferença entre os preços de referência das borrachas nacionais e os dos produtos congêneres no mercado internacional, acrescidos das despesas de nacionalização, podendo ser paga aos produtores nacionais de borracha natural por intermédio dos compradores de borracha natural, garantida a compensação do referido pagamento da subvenção com créditos de impostos federais de responsabilidade dos compradores, na forma estabelecida pela regulamentação. Os preços de referência das borrachas nacionais, para efeito de cálculo da subvenção econômica, serão aqueles fixados pelo Poder Executivo e em vigor na data da publicação da lei concernente, podendo ser revistos periodicamente. Os preços dos produtos congêneres no mercado internacional serão apurados e divulgados periodicamente pelo Poder Executivo, com base nas cotações das principais bolsas de mercadorias internacionais. Ao Poder Executivo caberá doar, ou ceder, em regime de comodato, a entidades civis sem fins lucrativos, representativas de produtores de borracha natural bruta, usinas de beneficiamento de borracha integrantes do patrimônio da União; garantir os recursos financeiros necessários à implantação de programas para o adensamento dos seringais nativos, aprimoramento das técnicas de extração e preparo do látex, visando à melhoria da qualidade da borracha, e diversificação das atividades econômicas na região amazônica; e incluir na proposta anual do Orçamento Fiscal da União, durante o prazo de duração da subvenção econômica, a dotação correspondente à estimativa do montante total da subvenção econômica a ser concedida aos produtores nacionais de borracha natural.

CONCESSÃO DE TERRAS. *Vide* CONCESSÃO DE DIREITO REAL DE USO DE TERRAS PÚBLICAS OU PARTICULARES.

CONCESSÃO DE USO DE ÁGUAS PÚBLICAS. *Vide* CONCESSÃO DE ÁGUAS PÚBLICAS.

CONCESSÃO DE USO DE BEM PÚBLICO. *Direito administrativo.* Ato administrativo bilateral, baseado em interesse público, feito a título não precário, concedendo ocupação ou utilização permanente de bens dominiais a particulares, constituindo em seu favor um direito real sobre a coisa.

CONCESSÃO DE USO DE ESPAÇO AÉREO SOBRE SUPERFÍCIE DE TERRENOS PARTICULARES OU PÚBLICOS. *Direito administrativo.* Legitimação do uso do espaço aéreo sobre a superfície do terreno, que, como direito real resolúvel, não só possibilita a sua utilização para realização de interesse social, mas também conserva o conteúdo do direito de propriedade imóvel, pois seu proprietário, a Administração Pública ou um particular, continua com direito ao seu exercício, curvando-se apenas às limitações legais e contratuais. Permitida está a concessão de uso do espaço aéreo sobre a superfície de terreno público ou particular, atendendo-se às novas técnicas e ao desenvolvimento econômico-social, desde que obedecidas a extensão e a altura estabelecidas em norma administrativa, assim como o limite considerado útil ao exercício normal da propriedade, para atender aos reclamos de interesse social.

CONCESSÃO DE USO DE TERRENOS PÚBLICOS OU PARTICULARES. *Vide* CONCESSÃO DE DIREITO REAL DE USO DE TERRAS PÚBLICAS OU PARTICULARES.

CONCESSÃO DE USO ESPECIAL PARA FINS DE MORADIA. *Direito administrativo* e *direito urbanístico.* Outorga do direito à concessão gratuita de uso especial de imóvel público urbano para fins de moradia a quem o possuiu, até 30 de junho de 2001 como seu, independentemente de sexo e de estado civil, por cinco anos, ininterruptamente e sem oposição, desde que sua dimensão não seja superior a 250 metros quadrados e que o possuidor não seja proprietário ou concessionário, a qualquer título, de outro imóvel urba-

no ou rural. Esse direito não será reconhecido ao mesmo concessionário mais de uma vez. O herdeiro legítimo poderá continuar de pleno direito a posse de seu antecessor, se residir no imóvel por ocasião da abertura da sucessão. Se o imóvel contar com mais de 250 metros quadrados e estiver ocupado por população de baixa renda para sua moradia, por cinco anos, sem interrupção e sem oposição onde não for possível identificar os terrenos ocupados por possuidor, tal concessão será conferida de forma coletiva, desde que os possuidores não sejam proprietários ou concessionários, a qualquer título, de outro imóvel urbano ou rural. O possuidor poderá, para o fim de contar o prazo exigido, acrescentar sua posse à de seu antecessor, contanto que ambas sejam contínuas. Atribuir-se-á igual fração ideal de terreno a cada possuidor, independentemente da dimensão do terreno que cada um ocupar, salvo hipótese de acordo escrita entre os ocupantes, estabelecendo frações ideais diferenciadas. A fração ideal atribuída a cada possuidor não poderá ser superior a 250 metros quadrados. Se a ocupação acarretar risco à vida ou à saúde dos ocupantes, o Poder Público garantirá ao possuidor o exercício desse direito de concessão de uso especial em outro local. O Poder Público poderá assegurar, ainda, o exercício desse direito em outro lugar na hipótese de ocupação de imóvel: de uso comum do povo; destinado a projeto de urbanização; de interesse da defesa nacional, da preservação ambiental e da proteção dos ecossistemas naturais; reservado à construção de represas e obras congêneres ou situado em via de comunicação. O título de concessão de uso especial para fins de moradia será obtido pela via administrativa perante o órgão competente da Administração Pública, ou, em caso de recusa ou omissão deste, pela via judicial, mediante sentença. Esse título conferido por via administrativa ou por sentença judicial servirá para efeito de registro no cartório imobiliário. O direito de concessão de uso especial para fins de moradia é transferível por ato *inter vivos* ou *causa mortis* e extingue-se no caso de o concessionário dar ao imóvel destinação diversa da moradia para si ou para sua família ou adquirir a propriedade ou a concessão de uso de outro imóvel urbano ou rural. Tal extinção deverá ser averbada no cartório de registro de imóveis por meio de declaração do Poder Público concedente.

CONCESSÃO DE VISTA DE PROCESSO ADMINIS-TRATIVO TRIBUTÁRIO A ADVOGADO. *Direito proces-sual tributário.* Ato de assegurar ao advogado do contribuinte ou responsável regularmente constituído, com procuração nos autos, a to-mada de vista do processo administrativo tributário, fora da repartição fiscal em que se encontre, mediante pedido escrito. A fal-ta de procuração nos autos pode ser suprida por protesto por sua juntada no prazo máximo de quarenta e oito horas. A vista é concedida pelo prazo legal fixado para o ato ou, em não o havendo, por cinco dias, a não ser que, em despacho motivado, autoridade administrativa estabeleça prazo menor. Não há concessão de vista: a) sempre que a autoridade administra-tiva, em despacho motivado, destacar circuns-tância relevante que justifique a permanência dos autos na repartição, inclusive quando hou-ver documentos, originais ou em cópias, de di-fícil restauração. Caracterizam a circunstância relevante, entre outras, a necessidade de serem tomadas providências por parte do fisco, as quais seriam prejudicadas com a retirada dos autos, bem como a existência de mais de um acusado, com procuradores distintos, sendo comum o prazo para a prática do ato; b) até o encerramento do processo, ao advogado que não devolver os respectivos autos no prazo le-gal, ainda que o devolva depois de notificado para tal. O pedido de vista fora da repartição fiscal, quando não deferido de plano, suspende o prazo para eventuais recursos e impugna-ções, o qual recomeça a fluir quando da decisão do requerido. São competentes para conceder a vista os chefes de postos fiscais, que devem exigir, do advogado, a prévia exibição de sua carteira de inscrição na Ordem dos Advogados do Brasil. Em caso de indeferimento, por des-pacho motivado, o pedido de vista é anexado ao processo respectivo, cientificando-se o re-querente pelos modos previstos na legislação. Deferido o pedido, o chefe da repartição fiscal lançará termo na petição de pedido de vista e na última folha do processo, do qual consta-rão: a) número e ano do processo, quantidade de volumes de que se compõe e identificação do interessado; b) atestado do número de folhas, as quais devem ser previamente conferidas; c) identificação do advogado ao qual será dada a vista, com menção de seu nome, número de inscrição na Ordem, endereço e número de seu telefone; d) prazo pelo qual será concedida

a vista. A entrega dos autos faz-se mediante relação de remessa datada e assinada pelo re-querente em duas vias no mínimo, servindo a segunda delas, para ser entregue ao destinatá-rio, como instrumento no qual se consignará a devolução do processo quando esta se der. O pedido de vista, nos casos de deferimento, e a primeira via da relação de remessa a que se refere o artigo anterior devem ser arquivadas em pasta especialmente aberta para esse fim, cabendo ao chefe do posto fiscal zelar pelo fiel cumprimento do prazo de devolução dos au-tos. Devolvidos os autos, o chefe do posto fis-cal providencia: a) recibo de devolução, a ser passado na segunda via da relação de remessa entregando-a ao interessado, anotando ainda essa particularidade na primeira via arquiva-da em pasta especial; b) a juntada da petição de pedido de vista ao processo, dando-lhe em seguida o encaminhamento adequado. Não de-volvidos os autos, depois de notificado o inte-ressado para fazê-lo no prazo de vinte e quatro horas, o chefe do posto fiscal comunica o fato ao delegado regional tributário a quem incum-be: a) relatar o episódio, por escrito, à Procu-radoria Fiscal ou Seccional respectiva para as providências judiciais pertinentes; b) oficiar à competente seção da Ordem dos Advogados do Brasil, solicitando a adoção das medidas disci-plinares cabíveis.

CONCESSÃO DE VISTO A TRIPULANTES DE EMBAR-CAÇÕES DE PESCA ESTRANGEIRAS ARRENDADAS POR EMPRESAS BRASILEIRAS. *Direito do trabalho* e *direito internacional privado.* Ato de conceder vis-to temporário, pelo prazo equivalente ao do contrato de arrendamento, observado o limite de dois anos, a estrangeiro tripulante de em-barcação de pesca estrangeira que venha a operar em águas jurisdicionais brasileiras, em virtude de contrato de arrendamento celebra-do com pessoa jurídica sediada no Brasil, na condição de arrendatária. O pedido de auto-rização de trabalho, para fins de obtenção de visto temporário, será dirigido ao Ministério do Trabalho e Emprego, acompanhado dos se-guintes documentos: a) cópia autenticada do contrato de arrendamento, constando o prazo de vigência e as características da embarcação arrendada; b) cópia autenticada do laudo da Capitania de Portos e Costas; c) declaração da empresa arrendatária contendo a relação dos tripulantes estrangeiros daquela embarcação, citando nome, nacionalidade e função, bem como comprometendo-se pelo seu repatriamento. No pedido de visto a empresa arrendatária deverá comunicar àquele Ministério os nomes e a qualificação profissional dos brasileiros que irão compor a tripulação da embarcação, assim como, de forma progressiva, admitir tripulantes brasileiros nas embarcações arrendadas, em vários níveis técnicos e em diversas atividades, para fim de assimilação da tecnologia pesqueira. O Ministério do Trabalho e Emprego comunicará as autorizações concedidas ao Ministério das Relações Exteriores, para emissão dos respectivos vistos, que poderão ser retirados em nome dos tripulantes por um procurador do arrendador ou da arrendatária. O estrangeiro admitido deve registrar-se junto à Polícia Federal, e, uma vez registrado, será emitido documento de identidade, em que constará, além da classificação de temporário, a sua condição de tripulante de embarcação estrangeira com referência expressa às normas que assim o determinam. A empresa arrendatária terá um prazo de 30 dias, a contar da data da chegada da embarcação ao porto brasileiro, para formalizar o pedido de autorização de visto de trabalho junto ao Ministério do Trabalho e Emprego, período no qual os tripulantes da embarcação estarão em situação de estada regular no território nacional, não estando assim passíveis de multa. Até a concessão do visto é vedada a atividade pesqueira dos tripulantes da embarcação arrendada. O indeferimento do pedido de autorização de trabalho ou de visto será comunicado ao Ministério da Justiça para as providências cabíveis. O visto temporário poderá ser prorrogado pelo Ministério da Justiça, devendo o pedido ser protocolizado até 30 dias antes do término do prazo de estada concedido ao estrangeiro e feito junto ao Departamento de Polícia Federal no local de funcionamento da empresa arrendatária ou diretamente junto ao Ministério da Justiça. O pedido de prorrogação deverá ser instruído com os seguintes documentos: a) requerimento da empresa arrendatária, nos termos da legislação em vigor; b) cópias autenticadas da prorrogação do contrato de arrendamento e da autorização da Capitania de Portos e Costas para operação da embarcação; c) relação dos estrangeiros tripulantes da embarcação, acompanhada de cópias autenticadas dos respectivos documentos de viagem e documentos de identidade para estrangeiros temporários. O Ministério do Trabalho e Emprego será ouvido sobre a solicitação de prorrogação, quando houver modificação na condição inicial do pedido. Qualquer substituição de tripulantes da embarcação arrendada implicará novo pedido de emissão de visto para o substituto, nos termos acima, com cancelamento do visto concedido ao tripulante substituído.

CONCESSÃO DE VISTO OU PERMANÊNCIA A TÍTULO DE REUNIÃO FAMILIAR. *Direito internacional privado.* É o visto permanente ou temporário concedido pelo Ministério das Relações Exteriores a título de reunião familiar, aos dependentes de cidadão brasileiro ou de estrangeiro residente temporário ou permanente no País e maior de idade. Consideram-se dependentes: a) filhos solteiros, menores, naturais ou adotivos, ou maiores incapazes de prover o próprio sustento; b) ascendentes, desde que demonstrada a necessidade de amparo pelo chamante; c) irmão, neto ou bisneto se órfão, solteiro e menor, ou maior de idade quando incapaz de prover o próprio sustento; d) cônjuge de cidadão brasileiro ou de estrangeiro residente temporário ou permanente no País. Os dependentes acima referidos serão assim considerados até o ano calendário em que completarem 24 anos, desde que estejam cursando escola técnica de 2° grau, curso de 3° grau ou de pós-graduação. Poderá ser concedido visto ou permanência definitiva aos estrangeiros que comprovarem ter a guarda e a dependência econômica de filho brasileiro ou possuir a guarda judicial ou tutela de brasileiro. O Ministério da Justiça poderá conceder a permanência definitiva, quando o estrangeiro se encontrar legalmente no País. O visto ou a permanência devem ser solicitados junto à autoridade competente no Ministério das Relações Exteriores ou no Ministério da Justiça.

CONCESSÃO DE VISTO PERMANENTE A ESTRANGEIRO QUE PERDEU A CONDIÇÃO DE PERMANENTE POR AUSÊNCIA DO PAÍS. *Direito internacional privado.* Ato de conceder novo visto permanente ou permanência definitiva ao estrangeiro que, havendo residido no Brasil, na condição de permanente, dele se tenha ausentado por prazo superior a dois anos ininterruptos para, comprovadamente, realizar ou completar: a) estudos universitários de graduação ou pós-graduação; b) treinamento profissional; c) atividade de pesquisa por entidade reconhecida pelo Ministério da Ciência e Tecnologia; d) atividade profissional a serviço do Governo brasileiro. O visto será concedido por intermédio das missões consulares ou diplomáticas brasileiras no exterior ou, excepcionalmente, pela Secretaria de Estado das Relações Exteriores. A permanência definitiva poderá ser concedida pelo Ministério da Justiça quando o estrangeiro se encontrar em situação regular de estada no País, podendo este Ministério também autorizar, excepcionalmente, o retorno ao território nacional na condição de permanente ou revogar o ato de cancelamento do registro permanente do estrangeiro que permanecer ausente do País por prazo superior a dois anos, em razão de caso fortuito ou por motivo de força maior, devidamente comprovado.

CONCESSÃO DO BENEFÍCIO EM ALIMENTOS EM ESPÉCIE. *Direito administrativo.* Ato que visa atender situações específicas das populações beneficiárias, tais como: a) questões culturais e hábitos alimentares; b) ocorrência de calamidades naturais e outras situações emergenciais; c) inexistência ou insuficiência de infra-estrutura varejista de distribuição de alimentos.

CONCESSÃO E APLICAÇÃO DO CRÉDITO INSTALAÇÃO NAS MODALIDADES DE APOIO À INSTALAÇÃO E HABITAÇÃO. *Direito agrário.* Ato de responsabilidade das Superintendências Regionais do INCRA, obedecidas as seguintes diretrizes básicas: a) a concessão do Crédito Instalação se fará após a criação do Projeto de Assentamento e existência de Relação de Beneficiários (RB) devidamente lançados no SIPRA; b) a Superintendência Regional deverá designar um técnico do INCRA como responsável pelo acompanhamento da operacionalização dos créditos nos Projetos de Assentamento junto aos assentados; c) os créditos serão concedidos individualmente e aplicados coletivamente, a partir de prioridades debatidas e deliberadas pelos assentados, assessorados por técnicos do INCRA ou da Equipe de Assistência Técnica, mediante a apresentação de Plano de Aplicação Simplificado; d) a elaboração do Plano de Aplicação Simplificado deverá ser precedida de consulta de preços para todos os itens considerados, para fins de respectiva alocação de valores, devendo conter cronograma de liberação dos recursos; e) os recursos para o Crédito Instalação serão repassados em uma única parcela à conta bancária específica e liberados em conformidade ao Plano de Aplicação Simplificado; f) os recursos para a modalidade Apoio à Instalação destina-se a ajuda a alimentação, a aquisição de ferramentas, insumos em geral, plantel de animais, exceto gado de corte, e outros itens indispensáveis ao início da fase produtiva do projeto de assentamento; g) no caso de aquisição de plantel de animais, além da consulta de preços, é obrigatória a apresentação de atestado contra febre aftosa e brucelose, juntamente com Guia de Transporte de Animais (GTA) ou recibo emitido pelo vendedor; h) a aplicação dos recursos para modalidade Habitação deverá priorizar a utilização de materiais existentes na área do Projeto, assim como a fabricação e mão-de-obra próprias dos beneficiários, e não poderá exceder 70% do total do Crédito Instalação concedido; i) os recursos serão intermediados por instituição financeira ou cooperativa de crédito credenciadas, em agência mais próxima do Projeto de Assentamento, vedado o manuseio por servidor do INCRA

CONCESSÃO FLORESTAL. *Direito administrativo e direito ambiental.* Delegação onerosa, feita pelo poder concedente, do direito de praticar manejo florestal sustentável para exploração de produtos e serviços numa unidade de manejo, mediante licitação, à pessoa jurídica, em consórcio ou não, que atenda às exigências do respectivo edital de licitação e demonstre capacidade para seu desempenho, por sua conta e risco e por prazo determinado.

CONCESSÃO PARA APROVEITAMENTO DE POTENCIAL HIDRÁULICO. *Direito administrativo.* Concessão que se formaliza mediante contrato de concessão de uso de bem público, que contém cláusulas alusivas: a) aos direitos e às obrigações do produtor independente e do autoprodutor, na exploração do aproveitamento hidráulico; b) às condições de operação da usina e de comercialização da energia elétrica produzida; c) aos encargos financeiros da exploração da energia elétrica; d) às penalidades a que está sujeito o produtor independente e o autoprodutor, e às hipóteses de caducidade da concessão; e) às condições em que se admite a transferência da concessão.

CONCESSÃO PATROCINADA. *Direito administrativo.* Concessão de serviços públicos ou de obras públicas onde haja contraprestação pecuniária a ser paga pela concedente ao concessionário. A remuneração do concessionário é feita integralmente, ou em parte, com recursos públicos. O Poder Público assume obrigações financeiras para com o concessionário (Vera Monteiro). Tal concessão envolve, adicionalmente, a tarifa cobrada dos usuários, contraprestação pecuniária do parceiro público ao parceiro privado.

CONCESSÃO TRANSLATIVA. *Direito administrativo.* Outorga de poderes inerentes à Administração Pública a pessoa a ela alheia, por exemplo, a concessão que transferir o exercício de função ou serviço público.

CONCESSA VENIA. *Locução latina.* Com a devida permissão ou com o devido consentimento.

CONCESSIONÁRIA. *Direito administrativo.* Pessoa jurídica de direito privado ou pessoa física não pertencente ao funcionalismo a quem a Administração Pública outorgou uma concessão de serviço público, de obra pública ou de uso de bens públicos. Incumbe à concessionária: a) prestar serviço adequado, na forma prevista em lei; nas normas técnicas aplicáveis e no contrato; b) manter em dia o inventário e o registro dos bens vinculados à concessão; c) prestar contas da gestão dos serviços ao poder concedente e aos usuários, nos termos definidos no contrato; d) cumprir e fazer cumprir as normas do serviço e as cláusulas contratuais de concessão; e) permitir aos encarregados da fiscalização livre acesso, em qualquer época, às obras, aos equipamentos e às instalações integrantes do serviço, bem como a seus registros contábeis; f) promover as desapropriações e constituir servidões autorizadas pelo poder concedente, conforme previsto no edital e no contrato; g) zelar pela integridade dos bens vinculados à prestação do serviço, bem como segurá-lo adequadamente; h) captar, aplicar e gerir os recursos financeiros necessários à prestação do serviço. As contratações, inclusive de mão-de-obra, feitas pela concessionária serão regidas pelas disposições de direito privado e pela legislação trabalhista, não se estabelecendo qualquer relação entre os terceiros contratados pela concessionária e o poder concedente.

CONCESSIONÁRIA DE SERVIÇO MÓVEL CELULAR. *Direito administrativo.* Entidade que obteve concessão para explorar o Serviço Móvel Celular.

CONCESSIONÁRIA DE SERVIÇO TELEFÔNICO PÚBLICO. *Direito administrativo* e *direito das comunicações.* Entidade que explora regularmente o Serviço Telefônico Público (STP) na sua área de concessão.

CONCESSIONÁRIA DE TELECOMUNICAÇÕES. *Direito administrativo* e *direito das comunicações.* Empresa detentora da concessão para prestação dos serviços de telecomunicações em uma determinada região.

CONCESSÍVEL. Aquilo que se pode conceder.

CONCESSIVO. Tudo o que é relativo a concessão.

CONCESSÕES. *Direito administrativo.* Direitos que tem o servidor público de ausentar-se do serviço, sem quaisquer prejuízos, nos seguintes casos: doação de sangue (um dia); alistamento eleitoral (dois dias); casamento ou falecimento de cônjuge, companheiro, pais, madrasta ou padrasto, filhos, enteados, menor sob sua guarda ou tutela e irmãos (8 dias).

CONCESSOR. Concedente ou aquele que faz uma concessão. *Vide* CONCEDENTE.

CONCESSÓRIO. *Vide* CONCESSIVO.

CONCESSO UNO, CONCESSUM DICITUR OMNE, QUOD AD ILLUD REQUIRITUR. *Aforismo jurídico.* Concedida uma coisa, reputa-se concedido tudo quanto para ela se exigir.

CONCESSUM DICITUR, QUIDQUID EXPRESSE PROHIBITUM NON REPERITUR. *Aforismo jurídico.* Reputa-se concedido o que não foi expressamente proibido.

CONCHAVADO. *Direito agrário.* Diz-se daquele que, no Rio Grande do Sul, está prestando serviços de peão de estância.

CONCHAVAR. 1. *Direito civil.* Ajustar. 2. *Direito penal.* Mancomunar-se para a prática de um crime. 3. *Direito agrário.* Contratar peão (Rio Grande do Sul).

CONCHAVO. 1. *Direito do trabalho.* Emprego doméstico. 2. *Direito civil.* Acordo; ajuste. 3. *Direito penal.* Mancomunação para a prática de um crime.

CONCIÃO. *Ciência política.* 1. Comércio. 2. Reunião popular.

CONCIDADANIA. *Ciência política.* Qualidade de concidadão.

CONCIDADÃO. *Ciência política.* Aquele que, em relação a outras pessoas, é da mesma cidade ou do mesmo País, estando no gozo de seus direitos políticos, por ter a mesma cidadania.

CONCILIÁBULO. 1. *Direito canônico.* Concílio de prelados católicos sem a convocação do Papa. 2. *Direito penal.* Reunião secreta para realização de ato delituoso; conluio; mancomunação. 3. *Direito romano.* Local de reunião de pretores e cônsules para administração da justiça.

CONCILIAÇÃO. 1. *Direito processual trabalhista.* a) Ato preliminar de harmonizar, formalmente, mediante proposta do juiz, as partes litigantes, solucionando dissídio entre empregado e empregador; b) é a proposta pelo juiz, aberta a audiência. Se houver acordo lavra-se termo, assinado pelo presidente e pelos litigantes, consignando-se o prazo e demais condições para seu cumprimento. Entre as condições acima referidas, poderá ser estabelecida a de ficar a parte que não cumprir o acordo obrigada a satisfazer integralmente o pedido ou pagar uma indenização convencionada, sem prejuízo do cumprimento do acordo. Não havendo acordo, o reclamado terá vinte minutos para aduzir sua defesa, após a leitura da reclamação, quando esta não for dispensada por ambas as partes. **2.** *Direito processual civil* e *direito processual penal.* a) Encerramento da lide feito pelas partes, no processo, por meio de autocomposição e heterocomposição daquela; b) é o método de composição em que um especialista em conflitos faz sugestões para sua solução entre as partes; não é adversarial e pode ser interrompida a qualquer tempo. Pressupõe transigência e é aplicável a todos os conflitos e a alguns da esfera penal, em pequenos delitos e contravenções (Luiz G. Martins da Silva). **3.** *Direito civil.* Acordo feito extra-autos, entre partes desavindas, sem assistência do magistrado. **4.** *Direito internacional público.* Modo de solucionar uma contenda internacional, confiando-a a um órgão designado para tal fim, que, após esclarecer as questões litigiosas, procura conciliar as partes, propondo uma solução (Saint-Seine). Opera-se mediante arbitragem, solução judiciária, mediação, procedimento especial perante a Sociedade das Nações, e recurso a uma comissão de investigação e conciliação. **5.** *Direito do trabalho.* Meio de aproximação das partes envolvidas no conflito por um terceiro, por elas escolhido, que se limita a aproximar os negociadores, não interferindo no conteúdo do ajuste a ser celebrado (Pedro Paulo Teixeira Manus).

CONCILIADOR. *Direito processual.* a) Auxiliar do juizado especial que procura conciliar as partes, e reduzir tal conciliação a escrito para ser homologada judicialmente; b) é o auxiliar de justiça, recrutado entre bacharéis em direito, para atuar em juizado especial.

CONCILIAR. 1. *Direito processual civil* e *direito processual trabalhista.* Tentar harmonizar as partes li-

tigantes, visando o juiz com isso pôr fim ao processo. **2.** *Direito canônico.* Relativo a concílio. **3.** *Direito civil.* Pôr-se de acordo; harmonizar interesses extrajudicialmente.

CONCILIARISMO. *Direito canônico.* Doutrina que afirma a superioridade do concílio geral sobre o Papa (Gaudemet, Baumer, H. Walther e Oakley).

CONCILIATÓRIO. Aquilo que tende à conciliação.

CONCÍLIO. *Direito canônico.* Assembléia de prelados presidida pelo Papa para deliberações sobre aspectos doutrinários relativos à vida cristã, à fé, ao costume e à disciplina religiosa.

CONCÍLIO DIOCESANO. *Direito canônico.* Reunião do bispo com o clero de uma diocese.

CONCÍLIO ECUMÊNICO. *Direito canônico.* Reunião ou assembléia de bispos com poder dogmático e disciplinar, presidida em regra, pelo Sumo Pontífice, que determina as questões que nela devem ser tratadas.

CONCÍLIO GERAL. *Vide* CONCÍLIO ECUMÊNICO.

CONCÍLIO METROPOLITANO. *Direito canônico.* Reunião assemblear de bispos de uma província convocada pelo arcebispo metropolitano, que a presidirá.

CONCÍLIO NACIONAL. *Direito canônico.* Reunião de arcebispos e bispos de um país.

CONCÍLIO PLENÁRIO. *Direito canônico.* Reunião de todos os bispos de províncias eclesiásticas, com a licença do Papa, por convocação e sob a presidência de um mandatário especial. A ela comparecem o legado apostólico, arcebispos metropolitanos, bispos residenciais e titulares, prelados, vigários e administradores apostólicos, vigários capitulares, abades, prelados *nullius* e todos os demais convocados. É o celebrado, com a aprovação da Sé Apostólica, para todas as Igrejas particulares da mesma Conferência de Bispos, sempre que for necessário.

CONCÍLIO PROVINCIAL. *Direito canônico.* É o que se celebra, sem prévia aprovação da Santa Sé, para as diversas Igrejas particulares da mesma província eclesiástica, sempre que a maioria dos bispos diocesanos da província julgar oportuno. *Vide* CONCÍLIO METROPOLITANO.

CONCÍLIOS. *Direito canônico.* Deliberações votadas em concílios.

CONCIONAL. *Ciência política.* Relativo a assembléia pública ou a comício.

CONCIONAR. *Ciência política.* Falar ao povo em comícios.

CONCITAÇÃO. *Direito penal.* Incitamento ao tumulto.

CONCITADOR. *Direito penal.* Agente da concitação.

CONCITAR. *Direito penal.* Incitar à desordem.

CONCLA. *Direito administrativo.* Sigla de Comissão Nacional de Classificação.

CONCLAVE. *Direito canônico.* 1. Assembléia de cardeais que é convocada três semanas depois do falecimento do Papa para eleger seu substituto. 2. Local rigorosamente fechado onde é feita eleição do novo Papa, possibilitando que os cardeais fiquem incomunicáveis.

CONCLAVISTA. *Direito canônico.* 1. Membro participante do conclave. 2. Eclesiástico, fâmulo de um cardeal, que com este se encerra no conclave, ficando incomunicável até que o novo Papa seja eleito.

CONCLUDÊNCIA. Qualidade de concludente.

CONCLUDENTE. Aquilo que prova ou demonstra o que se alega; convincente; procedente.

CONCLUIR. 1. *Lógica jurídica.* Deduzir; tirar por conseqüência. 2. Na *linguagem jurídica* em geral, pôr termo a; acabar; terminar.

CONCLUSÃO. 1. *Lógica jurídica.* a) Conseqüência de um argumento; b) dedução; conclusão de um silogismo; c) ação de concluir, passando, logicamente, das premissas às conseqüências; d) proposição cuja verdade decorre de premissas, de tal sorte que estas não poderão ser verdadeiras sem que a conclusão o seja; e) parte de uma argumentação que expõe o essencial do que se propõe provar. 2. *Direito processual civil.* a) Diz-se do ato ou termo processual pelo qual o escrivão certifica que fez os autos conclusos ao magistrado para despacho ou sentença; b) resolução judicial meramente interlocutória, que põe termo às atividades dos litigantes no processo, citando-os para a sentença; c) ação ou efeito de pôr fim à atividade processual das partes, fazendo com que o processo seja enviado ao juiz, uma vez que foram cumpridas suas determinações anteriores, por estar pronto para a prolatação da sentença; d) estado de um processo que é mandado ao juiz para que este lavre despacho ou sentença; e) parte da sentença onde está exarada a decisão a que chegou o magistrado, em razão de seu convencimento. 3. *Direito comercial.* a) Ato final de um contrato mercantil, em que se tem por concluído o ajustado; b) liquidação de um estabelecimento empresarial. 4. *Medicina legal.* Parte do laudo médico-legal que contém a síntese a que chegaram os peritos através dos exames feitos.

CONCLUSIO CAUSAE. *Locução latina.* Decisão da causa.

CONCLUSIO IN CAUSA DENOTAT EXTREMITATEM LITIS ET ULTIMUM EIUS TERMINUM. *Direito romano.* A conclusão da causa denota o fim da lide e seu último termo.

CONCLUSIVO. O que contém uma conclusão.

CONCLUSOS. *Direito processual civil.* Diz-se dos autos em que foi feito o "termo de conclusão" para serem enviados ao órgão judicante para despacho ou sentença.

CONCOMITÂNCIA. 1. Qualidade do que é concomitante, ou seja, do que se dá ao mesmo tempo que outro. 2. Ocorrência ou existência simultânea de dois fatos, atos ou coisas. 3. Participação de mais de uma pessoa na realização de algum ato; concorrência. 4. Conjugação de coisas para compor outra, evidenciar fato ou constituir ato.

CONCORDÂNCIA. 1. *Direito processual civil.* a) Conciliação das partes em juízo, concordando com a acomodação das pretensões feita pelo juiz; b) acordo necessário, por exemplo, o autor sem a concordância do réu não pode desistir da ação após o decurso do prazo para a resposta. 2. *Direito civil.* Ajuste das partes contratantes, concordando com as cláusulas contratuais. 3. *Lógica jurídica.* Método de indução proposto por J. S. Mill, pelo qual se dois ou mais casos do fenômeno estudado tiverem uma circunstância comum, esta será a causa do fenômeno dado.

CONCORDATA. 1. *História do direito.* Benefício legal concedido, sob certas condições, a empresário de boa-fé em situação de insolvência para prevenir, evitar ou suspender sua falência, desde que assumisse o compromisso de pagar, na proporção estabelecida, seus débitos dentro de prazo determinado para obter a recuperação de sua empresa. Foi substituída pela recuperação judicial ou extrajudicial. 2. *Direito financeiro.* Acordo feito por Estado em má situação financeira com seus credores para pagar suas dívidas com redução do *quantum* devido. **3.** *Direito internacional público.* Acordo, convenção ou tratado diplomático celebrado entre a Igreja Católica e um país para resolver questões religiosas ou assuntos de interesse comum ou para assegurar a liberdade de culto e as relações entre o governo e o Vaticano.

CONCORDATA AMIGÁVEL. *História do direito.* Acordo entre o devedor insolvente e seus credores, concedendo dilação de prazo para pagamento das dívidas, com redução ou não na quantia devida. Se um dos credores discordasse da proposta feita pelo devedor, ter-se-ia a falência. Foi substituída pela recuperação extrajudicial.

CONCORDATA CONTENCIOSA. *Vide* CONCORDATA JUDICIAL e RECUPERAÇÃO JUDICIAL.

CONCORDATA DILATÓRIA. *História do direito.* Era aquela que visava tão-somente prorrogar o prazo para o devedor pagar seus credores, ou seja, estes concediam um prazo para o devedor efetuar o pagamento de seus débitos. Era também chamada "concordata moratória".

CONCORDATA DILATÓRIO-REMISSÓRIA. *História do direito.* Aquela em que o devedor insolvente se propunha a pagar seus credores com abatimento parcial de sua dívida e dilação do prazo. Constituia uma "concordata mista" por conjugar dois efeitos: a remissão parcial do *quantum* do débito e a prorrogação do prazo de pagamento.

CONCORDATA EXTRAJUDICIAL. *Vide* CONCORDATA AMIGÁVEL e RECUPERAÇÃO EXTRAJUDICIAL.

CONCORDATA JUDICIAL. *História do direito.* Era a proposta perante o órgão judicante e à qual os credores podiam se opor. Podia ser preventiva ou suspensiva. Era também designada "concordata contenciosa". Hoje foi substituída pela recuperação judicial.

CONCORDATA MISTA. *Vide* CONCORDATA DILATÓRIO-REMISSÓRIA e RECUPERAÇÃO JUDICIAL.

CONCORDATA MORATÓRIA. *Vide* CONCORDATA DILATÓRIA e RECUPERAÇÃO JUDICIAL.

CONCORDATA PREVENTIVA. *História do direito.* Era a proposta antes da decretação da falência do empresário devedor, com o escopo de evitá-la ou preveni-la. Para tanto, o comerciante que a requeresse judicialmente deveria provar que possuía firma registrada, livros comerciais em ordem e não tinha títulos protestados por falta de pagamento, apresentando uma situação econômico-financeira adequada à invocação do benefício legal. Se o juiz viesse a concedê-la, previnia-se a falência, mas, se a negasse, declarava-se *ex officio* a falência do requerente. A atual Lei de Falências prevê a recuperação judicial e a extrajudicial.

CONCORDATA REMISSÓRIA. *História do direito.* Aquela em que os credores concediam ao devedor uma redução no *quantum* devido, mediante pagamento à vista. Visava, portanto, uma remissão parcial do valor do débito do empresário, fazendo-se-lhe um abatimento no pagamento à vista. A atual Lei de Falências prevê a recuperação judicial e a extrajudicial.

CONCORDATÁRIO. *História do direito.* **1.** O que propunha ou requeria a concordata. Era o empresário insolvente e de boa-fé que recebia o benefício legal da concordata. **2.** Relativo à concordata, atualmente substituída pela recuperação judicial ou extrajudicial.

CONCORDATA SUSPENSIVA. *História do direito.* Aquela que tinha por finalidade suspender o curso do processo falimentar, restabelecendo o devedor falido na sua atividade empresarial, evitando a liquidação de sua empresa, mediante pagamento aos credores. Se o concordatário não efetuasse esse pagamento, cessaria a suspensão do processo de falência, que, então, retomaria seu curso, partindo do ponto em que ficara suspenso. Conforme o pedido do devedor, a concordata suspensiva poderia ser: *remissória*, se propusesse pagamento aos credores quirografários, por saldo de seus créditos, de uma parcela única à vista, no percentual mínimo de 35%; *mista*, se contivesse proposta de pagamento mínimo de 50%, no prazo máximo de dois anos; e *dilatória*, se oferecesse pagamento integral no prazo máximo de dois anos.

CONCORDE. Aquele que: a) aceita a proposta; b) está de acordo com uma avaliação ou partilha; c) é da mesma opinião.

CONCÓRDIA. Paz; concordância.

CONCORDIA DISCORS. *Locução latina.* Concórdia discordante.

CONCORDIA FULCIUNTUR OPES ETIAM EXIGUAE. *Expressão latina.* Com a concórdia se fortalecem até as pequenas empresas.

CONCORDIA PARVAE RES CRESCUNT, DISCORDIA MAXUMAE DILABUNTUR. *Expressão latina.* Na concórdia crescem as pequenas coisas; na discórdia, dissipam-se as maiores coisas.

CONCORDISMO. *Direito canônico.* Tendência de se estabelecer uma concordância entre o dogma cristão e a ciência (Belot).

CONCORRÊNCIA. 1. *Sociologia jurídica.* Estado de dois seres (políticos, empresários etc.) ou de duas funções tendentes a se suplantarem reciprocamente ao disputarem algo ou ao pretenderem alcançar o mesmo fim. **2.** *Direito administrativo.* Procedimento licitatório efetuado mediante convocação genérica para um número indeterminado de pessoas, cuja idoneidade se verificará no curso da licitação, e que, em função da máxima amplitude do chamamento, exige grande publicidade. É a modalidade licitatória entre quaisquer interessados que, na fase inicial de habilitação preliminar, venham a comprovar que possuem os requisitos mínimos de qualificação exigidos no edital para a execução de seu objeto. É utilizada para obras e serviços de engenharia, compras e serviços acima de uma quantia especificada em lei, compra ou alienação de imóveis, concessões de direito real de uso e para licitações internacionais, qualquer que seja o valor de seu objeto. **3.** *Direito comercial.* a) Ação desenvolvida entre empresários ou produtores para disputar clientela, um mercado ou a venda de certa mercadoria ao público consumidor; b) ato pelo qual se procura estabelecer uma competição de preços, apurando-se quem oferece melhores condições ou ofertas para aqueles que pretendem adquirir ou comprar algo. **4.** *Direito econômico.* a) Rivalidade ou luta no domínio econômico entre produtores, fabricantes ou empresários que, ao mesmo tempo, expõem à venda mercadorias da mesma natureza e qualidade; b) oferta de produtos iguais ou similares entre produtores ou negociantes; c) coincidência ou limite entre dois valores. **5.** *Direito civil.* Contribuição para a realização de um encargo, de um ato ou para o pagamento de despesas decorrentes de ato jurídico. **6.** *Direito processual civil.* Alegação de direitos iguais entre várias pessoas sobre um objeto da mesma relação jurídica; simultaneidade de várias pretensões sobre o mesmo objeto.

CONCORRÊNCIA AO EMPREGADOR. *Direito do trabalho.* É a negociação habitual de empregado, por conta própria ou alheia, sem autorização do empregador, e a violação de segredo empresarial, que, por serem infrações aos deveres do empregado, constituem justa causa para sua despedida e configuram o crime de concorrência desleal à empresa para a qual trabalha.

CONCORRÊNCIA DE CULPA. *Direito civil.* Causa excludente de responsabilidade civil, por não haver relação de causalidade entre o dano e a ação (fato gerador da responsabilidade), pois, se houver culpa da vítima, no caso de ter contribuído para a ocorrência do dano que a atingiu, e do agente, a indenização será devida por metade ou diminuída proporcionalmente.

CONCORRÊNCIA DE PRETENSÕES. *Direito civil.* Situação em que, havendo concorrência de responsabilidade contratual e extracontratual, o lesado teria direito a ações autônomas, o que comprometeria a celeridade e a economia processual (Sérgio Severo).

CONCORRÊNCIA DESLEAL. *Direito penal.* Uso doloso de meios desonestos, ilícitos, contrários aos usos mercantis e aos bons costumes com o escopo de lesar pessoas que exploram o mesmo ramo, visando promover a ampliação de seus negócios, auferindo vantagens além dos limites legais. Tem-se concorrência desleal quando o agente: a) publica, por qualquer meio, falsa afirmação, em detrimento de concorrente, com o fim de obter vantagem; b) presta ou divulga, acerca de concorrente, falsa informação, com o fim de obter vantagem; c) emprega meio fraudulento, para desviar, em proveito próprio ou alheio, clientela de outrem; d) usa expressão ou sinal de propaganda alheios, ou os imita, de modo a criar confusão entre os produtos ou estabelecimentos; e) usa, indevidamente, nome comercial, título de estabelecimento ou insígnia alheios ou vende, expõe ou oferece à venda ou tem em estoque produto com essas referências; f) substitui, pelo seu próprio nome ou razão social, em produto de outrem, o nome ou razão social deste, sem o seu consentimento; g) atribui-se, como meio de propaganda, recompensa ou distinção que não obteve; h) vende ou expõe ou oferece à venda, em recipiente ou invólucro de outrem, produto adulterado ou falsificado, ou dele se utiliza para negociar com produto da mesma espécie, embora não adulterado ou falsificado, se o fato não constitui crime mais grave; i) dá ou promete dinheiro ou outra utilidade a empregado de concorrente, para que o empregado, faltando ao dever do emprego, lhe proporcione vantagem; j) recebe dinheiro ou outra utilidade, ou aceita promessa de paga ou recompensa, para, faltando ao dever de empregado, proporcionar vantagem a concorrente do empregador; k) divulga, explora ou utiliza-se, sem autorização, de conhecimentos, informações ou dados confidenciais, utilizáveis na indústria, comércio ou prestação de serviços, excluídos aqueles que sejam de conhecimento público ou que sejam evidentes para um técnico no assunto, a que teve acesso mediante relação contratual ou empregatícia, mesmo após o término do contrato; l) divulga, explora ou utiliza-se, sem autorização, de conhecimentos ou informações a que se refere o item anterior, obtidos por meios ilícitos ou a que teve acesso mediante fraude; ou m) vende, expõe ou oferece à venda produto, declarando ser objeto de patente depositada, ou concedida, ou de desenho industrial registrado, que não o seja, ou menciona-o, em anúncio ou papel comercial, como depositado ou patenteado, ou registrado, sem o ser; n) divulga, explora ou utiliza-se, sem autorização, de resultados de testes ou outros dados não divulgados, cuja elaboração envolva esforço considerável e que tenham sido apresentados a entidades governamentais como condição para aprovar a comercialização de produtos. Inclui-se nas hipóteses a que se referem os itens "k" e "l" o empregador, sócio ou administrador da empresa que incorrer nas tipificações estabelecidas nos mencionados dispositivos. O disposto no item "n" não se aplica quanto à divulgação por órgão governamental competente para autorizar a comercialização de produto, quando necessário para proteger o público. A pena cabível é a de detenção ou multa. É o ato de má-fé, contrário à prática honesta em matéria comercial ou industrial, realizado acima dos limites legais, com o escopo de lesar os concorrentes e auferir vantagens ilícitas, configurando o crime de concorrência desleal, por ser lesivo aos direitos do autor, do inventor, do industrial e do empresário.

CONCORRÊNCIA FRUSTRA. *Direito penal.* É a que se dá quando, havendo concurso de agentes para a prática de um ato criminoso, este, por causas alheias à vontade dos co-autores, não chega a produzir o resultado pretendido, ficando frustrada a intenção daqueles.

CONCORRÊNCIA PÚBLICA. *Direito administrativo.* **1.** Em *sentido amplo,* é a licitação, ou seja, um instituto de direito administrativo usado para eleger um contratante para a Administração, que precede, portanto, a contrato administrativo e visa garantir o princípio da isonomia e selecionar a proposta mais vantajosa para a Administração. As fases da licitação são: *abertura,* que constitui um chamamento público aos particulares para que apresentem ofertas; *habilitação de licitantes,* que se destina à verificação da idoneidade dos proponentes, analisando sua capacidade jurídica para assumir obrigações e responsabilidades, sua capacidade técnica para executar materialmente o conteúdo da obrigação assumida e sua capacidade financeira para suportar os ônus inerentes à execução da obrigação e às responsabilidades dela oriundas; *classificação das propostas* viáveis formuladas por proponentes idôneos; *adjudicação,* que qualifica uma proposta como aceitável pelos seus caracteres intrínsecos; *aprovação do procedimento,* que confere eficácia à seleção feita, correspondendo a uma aceitação da promessa de contrato formulada pelo adjudicatório, surgindo entre a Administração e o particular um vínculo contratual relativo à promessa de contrato. **2.** Em *sentido estrito,* é uma modalidade licitatória entre quaisquer interessados que, na fase inicial de habilitação preliminar, venham a demonstrar que preenchem os requisitos mínimos de qualificação exigidos no edital para a execução de seu objeto.

CONCORRENTE. 1. *Direito administrativo.* Aquele que participa de uma licitação. **2.** *Direito penal.* a) Sujeito do crime de concorrência desleal; b) aquele que coopera com outro na prática de um crime; co-autor do delito. **3.** *Direito comercial.* a) O que promove um concurso de credores; b) o empresário que compete com outros, oferecendo produtos iguais por melhores preços ou condições.

CONCREÇÃO. 1. *Filosofia do direito.* Processo pelo qual a imagem do objeto vem a se fundir com a sensação que causa em nossos sentidos. Tal fusão explica o reconhecimento e a incorporação da imagem na percepção (Ampère). **2.** *Lógica jurídica.* Diz-se do juízo sintético que permite a compreensão de um conceito (Egger). **3.** *Medicina legal.* a) Ossificação anormal; b) cálculo que surge nos tecidos de um órgão, por exemplo, o cálculo ou a pedra que aparece no interior da vesícula biliar ou nos rins.

CONCREDOR. *Direito civil.* O mesmo que CO-CRE-DOR, ou seja, aquele que, juntamente com outro, é credor.

CONCRETIZAÇÃO DA CONSTITUIÇÃO. *Direito constitucional.* Processo técnico-jurídico de preenchimento do espaço normativo de normas e princípios constitucionais (Canotilho), que pressupõe a compreensão de seu conteúdo.

CONCRETO. *Teoria geral do direito.* Diz-se do caso particular ou individualizado submetido a um julgamento.

CONCUBINA. *Direito civil.* **1.** Amante; mulher do lar clandestino, oculto, que se une a homem comprometido, convivendo com ele; a que vive em concubinato impuro. **2.** Mulher livre que, sem casamento civil, vive com homem desimpedido ou não comprometido por deveres matrimoniais; companheira; convivente; a que vive em concubinato puro. **3.** Aquela que vem a se unir a um homem sem casamento, estabelecendo, sob o mesmo teto, uma convivência prolongada, em recíproca fidelidade, formando união estável ou concubinato puro.

CONCUBINAGEM. *Vide* CONCUBINATO.

CONCUBINÁRIA. *Vide* CONCUBINA.

CONCUBINÁRIO. *Direito civil.* Aquele que tem uma concubina.

CONCUBINATO IMPURO. *Direito civil.* Ocorre se um dos amantes ou ambos estão comprometidos ou impedidos legalmente de se casarem. Apresenta-se como: a) adulterino, se se fundar no estado de cônjuge de um ou de ambos os concubinos, por exemplo, se o homem casado mantém, ao lado da família matrimonial, outra não-matrimonial; e b) incestuoso, se houver parentesco próximo entre os amantes.

CONCUBINATO PURO. *Direito civil.* **1.** União livre e estável de pessoas de sexo diferente não ligadas entre si por casamento civil. Para a configuração da relação concubinária, é preciso a ocorrência dos seguintes *elementos essenciais*: a) continuidade das relações sexuais, o que a distingue da simples união transitória; b) ausência de matrimônio civil válido entre os parceiros; c) notoriedade de afeições recíprocas; d) honorabilidade, pois deve haver uma união respeitável entre homem e mulher; e) fidelidade presumida da mulher ao companheiro, que revela a intenção de vida em comum e o indício de que o filho é do casal; f) coabitação, que alguns autores dispensam; e g) colaboração da

mulher no sustento do lar, na sua função natural de administradora e de provedora, não como mera fonte de dissipação e despesas. A doutrina apresenta, ainda, alguns *elementos secundários*, como: a) dependência econômica da mulher ao homem, mas pode haver união estável mesmo que a mulher não viva a expensas do convivente, por ter meios próprios de subsistência; b) unicidade de amante; c) compenetração das famílias, havendo relações do companheiro com a família da convivente. Contudo, não se descaracteriza a união estável se, por exemplo, o homem evita comunicar seu ambiente familiar com o de sua companheira; d) criação e educação pela convivente dos filhos de seu companheiro; e) casamento religioso sem o civil e sem sua inscrição no registro público; f) gravidez e filhos da companheira com o homem com quem vive; g) situação da convivente como empregada doméstica do outro; h) maior ou menor diferença de idade entre os companheiros; i) existência de contrato de convivência, pelo qual homem e mulher convencionam viver sob o mesmo teto, estipulando normas atinentes a questões morais e econômicas. **2.** É a união duradoura, sem casamento civil, entre homem e mulher livres e desimpedidos, isto é, não comprometidos por deveres matrimoniais ou por outra ligação concubinária. Assim, vivem em concubinato puro: solteiros, viúvos, separados extrajudicialmente, judicialmente, ou de fato, e divorciados. Trata-se da união estável ou do companheirismo.

CONCUBINO. *Direito civil.* **1.** Homem que se une de fato e permanentemente a uma mulher, formando uma entidade familiar; companheiro; convivente. **2.** *Vide* CONCUBINÁRIO. **3.** No *plural,* indica tanto o homem como a mulher que vivem em concubinato.

CONCUBITADA. *Direito penal.* Diz-se da mulher prostituída.

CONCÚBITO. 1. *Direito civil.* Coabitação. **2.** *Medicina legal.* Cópula carnal; coito.

CONCULCAR. Desprezar, menosprezar, postergar ou aviltar.

CONCUNHADA. *Direito civil.* Feminino de Concunhado (v.).

CONCUNHADO. *Direito civil.* Homem casado, com relação ao cônjuge do irmão ou irmã de sua mulher. Juridicamente, não indica nenhum parentesco, nem mesmo por afinidade.

CONCUPISCÊNCIA. 1. *Medicina legal.* Apetite sexual desordenado. **2.** Na *linguagem jurídica* em geral, pode indicar ambição de bens materiais.

CONCURRENCE. *Termo inglês.* **1.** Direito comum. **2.** Coincidência de poderes iguais. **3.** Concorrência. **4.** Cooperação.

CONCURSADO. Aquele que se submeteu a um concurso; habilitado com concurso por títulos e provas públicas, por ter obtido aprovação.

CONCURSO. 1. *Direito administrativo.* a) Modalidade de licitação idônea para obter estudo de terceiro, de natureza técnica, científica ou artística, em que se oferece trabalho criativo à Administração Pública, que o adquirirá para a utilização em consecução de obra ou serviço público. O concorrente vencedor terá direito ao prêmio avençado no edital publicado com antecedência mínima de quarenta e cinco dias, e não à realização de obra ou serviço; b) conjunto de provas para averiguar a aptidão dos candidatos ao exercício de certos cargos públicos; processo de seleção para a escolha dos candidatos, que, se aprovados, serão nomeados para ocupar cargos públicos. **2.** *Direito civil.* Meio de se exteriorizar uma promessa de recompensa, pois esta pode ser condicionada à realização de uma competição entre os interessados na prestação da obrigação, efetivando-se mediante concurso, ou seja, certame em que o promitente oferece um prêmio a quem, dentre várias pessoas, apresente o melhor resultado. Por exemplo, oferta de viagem a Paris ao artista que apresente o melhor quadro a ser exibido em futura exposição; prêmio oferecido ao autor do melhor livro sobre certo assunto etc. **3.** Na *linguagem jurídica* em geral, indica ato de concorrer; participação de várias pessoas num dado ato, visando a consecução do mesmo objetivo ou fim; disputa; concorrência; certame.

CONCURSO ABERTO. *Direito administrativo.* Processo seletivo de candidatos para ingresso no serviço público, mediante o preenchimento de certos requisitos.

CONCURSO APARENTE DE NORMAS PENAIS. *Direito penal.* **1.** Dá-se quando a conduta criminosa parece estar violando duas normas penais, dando a impressão de que houve dois crimes autônomos, quando na verdade uma daquelas normas está a englobar a outra. Por exemplo, se houver lesão corporal seguida de morte, o homicídio abrangerá a lesão, logo, apesar de aparente-mente ter-se a violação de duas normas, na verdade somente se infringiu a reguladora do homicídio. Regem o conflito aparente de normas penais, solucionando-o, os *princípios* da: a) *especialidade*, em que norma especial prevalece sobre uma geral, mesmo que seja posterior; b) *consumação*, pelo qual se o crime previsto numa norma pode ser compreendido em outra, só esta se lhe aplica. É muito comum sua aplicabilidade nos crimes progressivos e complexos; c) *subsidiariedade*, pelo qual a norma principal deve sobrepor-se à subsidiária, por exemplo, o crime de seqüestro é subsidiário ao de extorsão mediante seqüestro, pois, por ser menos grave, é por ele absorvido, ou seja, a extorsão mediante seqüestro, por ser mais grave, o abrange. **2.** Dá-se quando duas ou mais normas penais vigentes regem a mesma matéria, sendo que a mais recente exclui a mais antiga.

CONCURSO DE AÇÕES. *Direito processual civil.* **1.** Coexistência de várias ações à disposição do titular para assegurar seus direitos. **2.** Em *sentido amplo,* cumulação de ações diversas num mesmo processo. **3.** Em *acepção restrita,* concurso de pretensões materiais ou existência de várias ações para que o autor possa obter, em juízo, a satisfação de um mesmo interesse ou direito material (Arruda Alvim). Por exemplo, para a defesa do direito do adquirente de terras, há três ações: a *ex empto*, para complementação de área, a *redhibitoria*, para rescisão do contrato, e a *quanti minoris*, para redução proporcional do preço.

CONCURSO DE AGENTES. 1. *Direito penal.* Co-autoria; coexistência de dois ou mais agentes cooperando solidária e simultaneamente para a prática de um crime. **2.** *Direito civil.* Concorrência para a prática de ato negocial, por exemplo, a venda de imóvel em que há condomínio somente se opera com o concurso dos condôminos.

CONCURSO DE CAUSAS. 1. *Direito penal.* Coexistência de várias causas determinantes ou produtoras do resultado pretendido pelo criminoso. Trata-se da reunião de concausas ou de causas concorrentes, na qual a ação ou omissão culposas de duas ou mais pessoas convergem para a produção do resultado lesivo. **2.** *Direito civil.* a) Conjunto de causas imprevisíveis que geram a exclusão da responsabilidade civil, salvo se o agente estiver em mora; b) causas que contribuem para a produção de um dano, ensejando a obrigação de repará-lo, desde que se relacione com o comportamento omissivo ou comissivo do agente pela quebra do dever legal ou contratual.

CONCURSO DE CIRCUNSTÂNCIAS AGRAVANTES. *Direito penal.* Coexistência de circunstâncias agravantes na prática de uma ação criminosa, aumentando a pena.

CONCURSO DE CIRCUNSTÂNCIAS ATENUANTES. *Direito penal.* Concomitância de várias causas atenuantes que venham a determinar o resultado criminoso pretendido pelo agente, diminuindo a pena.

CONCURSO DE CREDORES. *Direito civil* e *direito processual civil.* Execução judicial movida contra devedor insolvente, uma vez requerida a declaração de sua insolvência, reunindo-se num mesmo processo vários credores, desde que detentores de títulos exigíveis judicialmente, ficando a massa dos bens sob a guarda e administração de pessoa nomeada pelo magistrado. Cada credor será pago obedecendo-se à ordem de preferências. Liquidado o acervo patrimonial, não tendo sido possível pagar a todos os credores, o devedor ficará vinculado aos seus débitos, até posterior realização dos créditos, ou à ocorrência da prescrição. Portanto, é a execução coletiva que os credores promovem contra devedor comum em estado de insolvência para obter, em juízo, respeitando-se as preferências, o rateio entre si dos bens do devedor ou do produto de sua venda, na proporção de seus créditos. Ocorre sempre que os débitos do devedor excedem o valor de seus bens.

CONCURSO DE CRIMES. *Direito penal.* **1.** *Vide* ACUMULAÇÃO DE DELITOS. **2.** Dá-se quando o criminoso, mediante uma ou mais ações ou omissões, vem a cometer dois ou mais crimes.

CONCURSO DE DELINQÜENTES. *Direito penal.* Concorrência de mais de uma pessoa para a obtenção do resultado criminoso pretendido. Tais pessoas repartem entre si tarefas para a consecução do crime.

CONCURSO DE DELITOS. *Vide* CONCURSO DE CRIMES.

CONCURSO DE DIREITOS. *Direito civil.* Coexistência de direitos equivalentes de vários sujeitos sobre o mesmo bem, de tal modo que ele não pode ser reclamado ou sofrer qualquer alteração por uma delas isoladamente. Por exemplo, na propriedade em comum, todos os condômi-

nos devem ingressar em juízo para reclamá-la, defendê-la ou anuir para que haja qualquer modificação.

CONCURSO DE MEDIDAS DE SEGURANÇA. *Direito penal.* Coexistência de várias medidas de segurança cabíveis ao mesmo paciente, sendo que o magistrado poderá aplicar-lhe uma ou mais, considerando sua periculosidade.

CONCURSO DE NORMAS PENAIS. *Vide* CONCURSO APARENTE DE NORMAS PENAIS.

CONCURSO DE PEDIDOS. *Direito processual civil.* Pretensões que, apesar de terem fundamentos diversos, estão cumuladas num mesmo processo no qual todas poderão ser acolhidas ou apenas uma delas (Othon Sidou).

CONCURSO DE PESSOAS. *Vide* CONCURSO DE DELINQÜENTES.

CONCURSO DE PREFERÊNCIA. *Direito civil* e *direito processual civil.* É o que ocorre no concurso de credores, indicando que há preferência de um ou mais deles sobre os bens do devedor, ou sobre o preço da coisa, em relação aos demais. Tem por objeto apurar os privilégios creditícios ou as prioridades de um ou mais credores relativamente aos demais, para que exerçam o seu direito de prelação.

CONCURSO DE PROGNÓSTICOS DESPORTIVOS. *Direito civil* e *direito desportivo.* Jogo autorizado, por visar a realização de obra social, como, por exemplo, a loteria esportiva federal, que é concurso de prognósticos sobre o resultado de competições esportivas, com distribuição de prêmios mediante rateio. A arrecadação obtida em cada teste da loteria esportiva federal é destinada ao pagamento de prêmios, incluindo os valores alusivos ao imposto sobre a renda (45%), à Caixa Econômica Federal (20%) para custear totalmente a administração dos concursos de prognósticos desportivos, às entidades desportivas (10%) constantes do teste pelo uso de suas denominações, marcas ou símbolos e ao INDESP que o empregará no fundo nacional de desenvolvimento desportivo (15%) para assistência ao atleta profissional ou em formação, para fomento ao desporto para portadores de deficiência, para a construção, ampliação e recuperação de instalações esportivas etc. Convém não olvidar, ainda, que o total da arrecadação, deduzidos os valores acima especificados, é destinado à seguridade social. A loteria esportiva federal fica, portanto, sujeita ao pagamento de cota de previdência, a qual é integralmente recolhida ao Banco do Brasil SA, em guia própria, à conta do fundo de liquidez da previdência social.

CONCURSO DE PROVAS. *Direito administrativo* e *direito civil.* Meio de verificação da capacidade ou aptidão dos candidatos, que se submetem a exame escrito e oral de conhecimentos das matérias exigidas para o preenchimento do cargo, público ou não, sendo os programas publicados no edital do concurso.

CONCURSO DE TÍTULOS. *Direito administrativo* e *direito civil.* É o que consiste na apresentação de diploma, livros ou documentos que possam comprovar a habilitação do candidato para o preenchimento de certo cargo, público ou não, mediante contagem dos títulos que possuir.

CONCURSO DE TÍTULOS E PROVAS. *Direito administrativo* e *direito civil.* Aquele em que os candidatos, além de se submeterem a um exame de seus conhecimentos, devem apresentar seus títulos profissionais ou acadêmicos, isto é, documentos, diplomas, artigos, livros etc., para serem avaliados pela banca examinadora, que apurará, baseada na simultaneidade dos concursos de provas e de títulos, a sua aptidão, selecionando os melhores, que, ao serem aprovados, ocuparão os cargos públicos ou privados, por estarem habilitados ao preenchimento das vagas.

CONCURSO EVENTUAL. *Direito penal.* Dá-se quando a conduta típica de um agente é substituída pela atuação voluntária de duas ou mais pessoas, que vêm a contribuir para a realização da infração penal, apesar de tal contribuição não se dar de igual forma nem em condições idênticas.

CONCURSO FECHADO. *Direito administrativo.* Processo que visa selecionar funcionários públicos efetivos para acesso na carreira.

CONCURSO FORMAL DE CRIMES. *Direito penal.* Configura-se quando o agente do crime, com uma única ação ou omissão, vem a praticar dois ou mais crimes, idênticos ou não, punidos com prisão. Há unidade de ação ou omissão praticada pelo agente e produção de vários resultados criminosos puníveis. Neste caso, aplicar-se-á a pena mais grave das que forem cabíveis ou, se iguais, apenas uma delas, mas aumentada, em qualquer caso, de um sexto até metade. As penas serão aplicadas cumulativamente se aquela

ação ou omissão for dolosa e se os crimes concorrentes resultarem de desígnios autônomos.

CONCURSO FORMAL HETEROGÊNEO DE CRIMES. *Direito penal.* É o concurso formal de crimes em que de uma só ação ou omissão resultam delitos de diferentes espécies. Por exemplo, se um atropelamento culposo resultar na morte de uma pessoa e em ferimentos em outra, teremos homicídio culposo e lesão corporal culposa (Damásio de Jesus).

CONCURSO FORMAL HOMOGÊNEO DE CRIMES. *Direito penal.* Diz-se do concurso formal de crimes em que o agente com uma única ação ou omissão comete delitos da mesma espécie. Por exemplo, se alguém, ao atirar num desafeto, ferir também, involuntariamente, uma outra pessoa, cometendo com um só ato duas lesões corporais.

CONCURSO IDEAL DE INFRAÇÕES. *Vide* CONCURSO FORMAL DE CRIMES.

CONCURSO IDEAL HETEROGÊNEO DE INFRAÇÕES. *Vide* CONCURSO FORMAL HETEROGÊNEO DE CRIMES.

CONCURSO IDEAL HOMOGÊNEO DE INFRAÇÕES. *Vide* CONCURSO FORMAL HOMOGÊNEO DE CRIMES.

CONCURSO INTERNO. *Direito administrativo.* Concurso feito para promoção dos funcionários inscritos.

CONCURSO MATERIAL DE CRIMES. *Direito penal.* Dá-se quando o agente pratica duas ou mais ações ou omissões, cometendo diversos delitos autônomos, idênticos ou não, que se excluem entre si, devendo responder por todos, cumulativamente, somando-se as penas privativas de liberdade a eles cominadas. Se houver aplicação cumulativa de reclusão e detenção, executar-se-á primeiro a reclusão. Ter-se-á, portanto, pluralidade de atos comissivos ou omissivos, pluralidade de resultados puníveis e identidade de agente.

CONCURSO MATERIAL HETEROGÊNEO DE CRIMES. *Direito penal.* Conjunto de atos delituosos, comissivos ou omissivos, praticados por um só agente, ocasionando dois ou mais crimes de diferentes espécies.

CONCURSO MATERIAL HOMOGÊNEO DE CRIMES. *Direito penal.* É aquele em que o agente, ao praticar duas ou mais ações ou omissões, comete dois ou mais delitos autônomos de natureza idêntica.

CONCURSO NACIONAL DE *SOFTWARE* PARA INSTITUIÇÕES DE ENSINO SUPERIOR. *Direito virtual* e *direito educacional.* É o que tem por objetivo estimular e divulgar a produção de *software* voltada para uma perspectiva de ensino, pesquisa e desenvolvimento do País, no âmbito das instituições de ensino superior nacionais, com a participação de docentes e discentes. Podem participar do concurso docentes em exercício e alunos matriculados em instituições de ensino superior do País, individualmente ou em equipe. Neste caso, a equipe deverá indicar um representante. Estão impedidos de concorrer candidatos que tenham parentesco direto ou afim com qualquer dos membros da comissão julgadora do concurso. O *software* deverá ser apresentado em disquete(s) 3 ½, ou CD(s), acompanhado de memorial descritivo em língua portuguesa, tudo em três conjuntos (cópias independentes), incluindo quaisquer ferramentas de *software* ou dispositivos de *hardware* não usuais que sejam necessários à sua instalação e execução, e eventual documentação complementar. O memorial descritivo deverá abordar, de forma clara e concisa, os seguintes aspectos: a) descrição do problema, especificando a forma escolhida para tratá-lo e comparando-a com trabalhos semelhantes; b) descrição da implementação realizada, incluindo a metodologia adotada e uma avaliação do grau de portabilidade atingido; c) documentação do sistema, incluindo a interface do usuário e procedimentos para instalação; d) no caso de *software* para ensino fundamental, enfatizar o aspecto pedagógico. Os trabalhos concorrentes são avaliados por comissão julgadora, designada pelo Ministro da Educação e Desporto.

CONCURSO NECESSÁRIO. *Direito penal.* Co-participação necessária, pois em certos crimes, como, por exemplo, bando, bigamia, rixa, é imprescindível a pluralidade de agentes para sua configuração. É a própria norma penal que requer a cooperação de, pelo menos, duas pessoas para a configuração de crimes pluripessoais, como: os crimes de conduta paralela, que se caracterizam pelo auxílio recíproco, como ocorre na quadrilha ou no motim de presos; os crimes de encontro, em que há colaboração de condutas para a realização do resultado punível, como no caso de bigamia; e os crimes de condutas contrapostas, em que os agentes direcionam suas ações contra outras pessoas, que, como sujeitos ativos, respondem a tais ações, como, por exemplo, ocorre nas rixas.

CONCURSO PÚBLICO. *Direito administrativo* e *direito constitucional.* É aquele em que, para assegurar iguais direitos e deveres a todos os cidadãos diante da Administração Pública, abrem-se vagas, dando-se aos candidatos o direito de disputar cargos públicos mediante submissão a provas e, eventualmente, contagem de títulos profissionais ou acadêmicos, que selecionarão os mais habilitados ao provimento daqueles cargos ou à admissão para as funções públicas. Dispensa-se concurso público para cargo de provimento em comissão, o qual a lei declara de livre nomeação e exoneração. Tal concurso público terá o prazo máximo de validade de dois anos, prorrogável por igual período, sendo que, dentro desse prazo, os aprovados terão direito de ser convocados para tomar posse do cargo com prioridade sobre os novos concursados, ganhando estabilidade após dois anos de efetivo exercício.

CONCURSO PÚBLICO DE PROVAS *Vide* CONCURSO DE PROVAS.

CONCURSO PÚBLICO DE PROVAS E TÍTULOS *Vide* CONCURSO DE TÍTULOS E PROVAS.

CONCURSO REAL DE INFRAÇÕES. *Vide* CONCURSO MATERIAL DE CRIMES.

CONCURSO UNIVERSAL. 1. *Direito civil* e *direito processual civil.* a) Concurso creditório em que *todos* os credores do devedor comum insolvente promovem contra ele execução coletiva para obterem o pagamento de seus créditos, desde que aquele devedor possua bens, embora insuficientes, para cobrir o montante de seus débitos; b) concurso de credores no processo de inventário, no caso de o passivo do *auctor successionis* superar o ativo, para concorrerem todos ao patrimônio do espólio. **2.** *Direito comercial.* Juízo de atração pelo qual, além do concurso de todos os credores do devedor comum falido, toda e qualquer ação movida contra ele, individualmente, é atraída ao processo único.

CONCURSUS DELICTORUM REALIS. *Expressão latina.* Concurso real de crimes.

CONCURSUS DELICTORUM SIMULTANEUS. *Expressão latina.* Concurso simultâneo de delitos, ou seja, o mesmo que CONCURSO FORMAL DE CRIMES.

CONCURSUS DELINQUENTIUM. *Locução latina.* Concurso de delinqüentes.

CONCURSUS PLURIUM IDEM DELICTUM. *Expressão latina.* O concurso de muitos para o mesmo delito.

CONCUSSÃO. *Direito penal.* Crime contra a Administração cometido pelo funcionário público que, abusando da influência de suas funções, exige para si ou para outrem, direta ou indiretamente, vantagens não devidas.

CONCUSSÃO CEREBRAL. *Medicina legal.* Trauma provocado por golpes sobre a cabeça, ocasionando desmaio, náusea, perda passageira da consciência, pulsação fraca e respiração lenta.

CONCUSSIONÁRIO. *Direito penal.* Aquele que pratica concussão.

CONCUTOR. *Direito militar.* Percussor de uma espoleta de concussão de projétil de peça de artilharia, constituído de um cilindro de bronze terminado por uma ponta crônica.

CONDADO. 1. *Direito comparado.* a) Dignidade de conde; b) território que está sob a jurisdição de um conde; c) divisão territorial existente nos Estados Unidos e na Inglaterra. **2.** *História do direito.* a) Quantia que se pagava pela caça apanhada em terreno alheio; b) imposto que, em Portugal, os pescadores do Porto pagavam.

CONDÃO. *História do direito.* Privilégio conferido, outrora, ao sábio.

CONDARIA. *Vide* CONDADO.

CONDE. 1. *Direito comparado.* a) Título nobiliárquico imediatamente inferior ao de marquês e superior ao de visconde; b) chefe de um bando de ciganos. **2.** *História do direito.* a) comandante militar no Império Romano do Oriente; b) soberano, na era medieval, de um condado; c) vara graduada usada para efetuar medidas na Índia portuguesa.

CONDECINE. Sigla de Contribuição para o Desenvolvimento da Indústria Cinematográfica Nacional.

CONDECORAÇÃO. 1. Insígnia honorífica outorgada para recompensar militares ou civis pelo seu mérito ou valor. **2.** *Direito penal militar.* Objeto do delito de menosprezo ou vilipêndio à insígnia de ordem militar.

CONDECORAÇÃO ESTRANGEIRA. *Direito internacional privado.* Insígnia honorífica concedida a dignatários de uma nação a outra, recompensando-os pelos relevantes serviços prestados em país estrangeiro.

CONDECORADO. Aquele que recebeu insígnia de ordem militar ou civil.

CONDECORAR. Dar designação ou título honorífico a alguém, distinguindo-o com insígnia de valor militar ou cívico.

CONDECORATIVO. Tudo o que é relativo a condecoração ou que serve para condecorar.

CONDENAÇÃO. 1. *Direito processual civil.* Decisão judicial definitiva, condenando o réu à obrigação de dar, fazer ou não fazer, satisfazendo a pretensão do autor e servindo de título executivo judicial. **2.** *Direito processual penal.* Ato pelo qual o órgão judicial, ao prolatar a sentença condenatória, reconhece a existência do crime e a culpabilidade do agente, autor do crime ou da contravenção penal, impondo-lhe uma pena.

CONDENAÇÃO À GALERA. *História do direito.* Pena de prisão que consistia em prender o condenado em argolas, em seu banco, para que remasse em galera real, sem soldo, marcando-o com o infamante monograma "GAL". A embarcação era tida como cárcere flutuante.

CONDENAÇÃO ALTERNATIVA. 1. *Direito civil* e *direito processual civil.* Aquela em que é dado ao executado o direito de escolher a prestação, se tal opção lhe couber, pois, se competir ao exequente, este, na petição inicial, já deve indicar a prestação que lhe for mais conveniente. **2.** *Direito processual penal.* Determinação judicial da pena aplicável, dentre as cominadas alternativamente, atendendo-se às circunstâncias do crime, à intensidade do dolo ou da culpa aos antecedentes, à conduta social e à personalidade do agente.

CONDENAÇÃO COM TRATO SUCESSIVO. *Direito processual civil.* Dá-se quando uma mesma sentença condenatória serve de fundamento para várias execuções de natureza diversa, cumuladas pelo credor, por fundarem-se em títulos diferentes, desde que para todas elas seja competente o juiz, e idêntica a forma do processo.

CONDENAÇÃO CRIMINAL. *Direito processual penal.* É a contida em sentença definitiva proferida pelo órgão judicante, encerrando o processo e impondo ao réu pena isolada ou cumulativa com medida de segurança.

CONDENAÇÃO PENAL. *Vide* CONDENAÇÃO CRIMINAL.

CONDENAÇÃO *POST MORTEM*. *História do direito.* Na Idade Medieval, era a pena de confisco de bens aplicada ao morto por crime de traição, de lesa-majestade e de heresia por ele praticado.

CONDENAÇÃO SOB RESERVA. *Direito comparado.* Aquela em que o juiz prolata decisão apenas sobre as exceções não reservadas, determinando a execução e ressalvando ao réu demonstrar, no curso do processo, o fundamento daquelas exceções e, eventualmente, se condenado, repetir o pagamento (Othon Sidou).

CONDENADO. *Direito processual.* Aquele que sofreu condenação.

CONDENAR. *Direito processual.* Proferir sentença condenatória contra o réu.

CONDENATÓRIO. *Direito processual.* Relativo à condenação.

CONDENÁVEL. *Direito processual.* O que merece condenação.

CONDEPHAAT. *Direito administrativo.* Sigla de Conselho de Defesa do Patrimônio Histórico, Arqueológico, Artístico e Turístico do Estado de São Paulo. É o órgão incumbido de identificar, classificar, restaurar e preservar bens existentes no Estado e integrantes do patrimônio histórico, arqueológico, artístico e turístico.

CONDESCENDÊNCIA. *Direito civil.* Ação de concordar com a prática de certo ato jurídico, sem qualquer oposição; consentimento tácito para a realização de ato negocial.

CONDESCENDÊNCIA CRIMINOSA. *Direito penal.* Crime contra a Administração Pública consistente em deixar o funcionário, por indulgência, de responsabilizar subordinado que cometeu alguma infração no exercício de seu cargo ou função pública ou, quando lhe falte competência, não levar ao conhecimento da autoridade competente, punido com detenção ou multa.

CONDESTÁVEL. *História do direito.* **1.** Título honorífico do infante que, em grandes solenidades, acompanhava o rei e se colocava à direita do trono real. **2.** Chefe de cavalaria.

CONDEVEDOR. *Direito civil.* Co-devedor.

CONDIÇÃO. 1. *Direito civil.* a) Cláusula que subordina o efeito do negócio jurídico a evento futuro e incerto. Para sua configuração, requer a ocorrência de dois requisitos essenciais: a futuridade e a incerteza; b) requisito. **2.** *Sociologia jurídica.* a) Classe social a que pertence uma pessoa; b) modo de ser e situação social de uma coisa ou de uma pessoa. **3.** *Lógica jurídica.* a) Termo a partir do qual o espírito passa a um outro numa síntese progressiva ou ao qual ele remonta a partir de um outro numa síntese regressiva (J. Lachelier); b) antecedente de uma relação hipotética, de maneira que, se "A" for verdadeiro, "B" também o será, e, se "A" for falso, "B" igualmente o será (Lalande);

c) asserção da qual uma outra depende, de tal sorte que, se a primeira for falsa, a segunda também o será; d) aquilo que, quando posto, não só acarreta uma conseqüência como também a exclui sempre quando ela faz falta; e) circunstância da qual algo depende, de modo que, se a primeira estiver ausente, o segundo também o estará.

CONDIÇÃO AFIRMATIVA. *Direito civil.* É a condição positiva, em que a eficácia do ato negocial depende da realização de um acontecimento futuro e incerto.

CONDIÇÃO CAPTATÓRIA. *Direito civil.* Aquela em que o testador institui herdeiro ou legatário desde que este venha também a contemplá-lo ou a terceiro em testamento, sendo por isso vedada por lei.

CONDIÇÃO CASUAL. *Direito civil.* Aquela cuja realização depende de um caso fortuito, alheio à vontade das partes. Por exemplo, "dar-te-ei um automóvel se chover amanhã".

CONDIÇÃO CONTRADITÓRIA. *Direito civil.* É a cláusula que subordina o efeito do ato jurídico a evento futuro e incerto, mas eivada de obscuridade, possibilitando várias interpretações pelas dúvidas que levanta.

CONDIÇÃO DE DIREITO. *Direito civil.* É a relativa ao exercício de direito a que se liga o ato jurídico em que está fundada a obrigação. É a indispensável à validade do ato jurídico.

CONDIÇÃO DE FATO. *Direito civil.* Cláusula alusiva a um fato realizável.

CONDIÇÃO DEFESA. *Direito civil.* É a vedada legalmente, como a ilícita, a imoral, a impossível e a puramente potestativa.

CONDIÇÃO DE PUNIBILIDADE. *Direito penal.* Circunstância de cuja ocorrência depende a aplicação da pena, apesar de ser externa ao ato criminoso, não influir sobre a culpabilidade do agente e não se inserir na relação de causalidade.

CONDIÇÃO DIVISÍVEL. *Direito civil.* Aquela que pode ser cumprida ou decomposta em partes.

CONDIÇÃO DO MERCADO. *Direito comercial.* Cláusula que subordina o efeito do negócio mercantil à praxe e aos usos e costumes comerciais da praça onde deva ser entregue a mercadoria ou cumprida a prestação ou obrigação assumida.

CONDIÇÃO EVENTUAL. *Direito civil.* **1.** É a que decorre do direito a que acede e não da manifestação expressa da vontade das partes. Trata-se da condição tácita que resulta implicitamente da própria relação jurídica negocial, vindo a modificá-la. **2.** *Vide* CONDIÇÃO NECESSÁRIA.

CONDIÇÃO EXPRESSA. *Direito civil.* É a imposta por inequívoca declaração de vontade dos contratantes, subordinando o efeito do negócio a evento futuro e incerto.

CONDIÇÃO *EX SITU*. *Direito ambiental.* Manutenção de amostra de componente do patrimônio genético fora de seu *habitat* natural, em coleções vivas ou mortas.

CONDIÇÃO FALÍVEL. *Direito civil.* É a que admite a possibilidade de realização de evento futuro e incerto a que se subordina o efeito do ato jurídico, embora ele possa não acontecer. Alude, portanto, a um fato que pode não acontecer.

CONDIÇÃO FÍSICA E JURIDICAMENTE IMPOSSÍVEL. *Direito civil.* É a cláusula contratual que não pode ser efetivada por ser contrária à natureza, como a doação de uma casa condicionada à obrigação de trazer o oceano até a Praça da Sé, na cidade de São Paulo, ou à ordem legal, como a outorga de um benefício sob a condição de haver renúncia ao trabalho, o que fere a norma constitucional, que considera o trabalho uma obrigação social.

CONDIÇÃO FÍSICA E JURIDICAMENTE POSSÍVEL. *Direito civil.* Aquela que pode ser realizada conforme as leis físico-naturais e as normas jurídicas.

CONDIÇÃO ILÍCITA. *Direito civil.* Aquela que é condenada pela norma jurídica, pela moral e pelos bons costumes, por exemplo, prometer uma recompensa sob a condição de pessoa casada não cumprir os deveres de coabitação e fidelidade mútua.

CONDIÇÃO IMORAL. *Direito civil.* Aquela que é ilícita por atentar contra a moral e os bons costumes.

CONDIÇÃO IMPOSSÍVEL. *Direito civil.* Diz-se da condição em que o acontecimento de cuja verificação depende a eficácia negocial é físico ou juridicamente inviável, não podendo realizar-se.

CONDIÇÃO IMPRÓPRIA. *Direito civil.* É a cláusula que, na verdade, não passa de declaração da vontade pura e simples, por estar repetindo tão-somente uma exigência legal. Por exemplo, se o testador institui legado sob a condição de o legatário sobreviver-lhe, não há ato condicional algum, por ser fator inerente à disposição de última vontade.

CONDIÇÃO INDEVIDA. *Direito civil* e *direito processual civil.* Trata-se da *conditio indebiti*, ou seja, da ação de repetição do indevido, cabível quando alguém paga a outrem quantia que não lhe era devida, pois, por constituir enriquecimento ilícito, sem causa jurídica, gera o dever de restituir.

CONDIÇÃO INDIVISÍVEL. *Direito civil.* É a que deve ser cumprida integralmente e de uma só vez, ante o fato de sua natureza não comportar qualquer divisão.

CONDIÇÃO JURÍDICA DO ESTRANGEIRO. *Direito constitucional.* Conjunto de direitos e deveres do estrangeiro num dado país.

CONDIÇÃO LÍCITA. *Direito civil.* Aquela que é constituída por um evento não contrário à lei, à ordem pública e aos bons costumes.

CONDIÇÃO MISTA. *Direito civil.* É a que decorre, deliberadamente, em parte da vontade e em parte de elemento causal, que pode ser até mesmo a vontade de terceira pessoa. Por exemplo, "dar-lhe-ei uma casa se você se casar com Paulo antes de sua formatura".

CONDIÇÃO MOMENTÂNEA. *Direito civil.* É a que se dá com a verificação de um acontecimento transitório.

CONDIÇÃO NECESSÁRIA. *Direito civil.* **1.** É a indispensável ou inerente à natureza do negócio, por exemplo, venda de imóvel se ela se perfizer por escritura pública. É da essência desse ato negocial a outorga de escritura pública, logo, não é, verdadeiramente, uma condição. **2.** *Vide* CONDIÇÃO EVENTUAL.

CONDIÇÃO NEGATIVA. *Direito civil.* É a que subordina o efeito do negócio à não-verificação de certo evento.

CONDIÇÃO PENDENTE. *Direito civil.* Aquela que ainda não se efetivou.

CONDIÇÃO PERPLEXA. *Direito civil.* Aquela que, por ser contraditória, impossibilita o ato.

CONDIÇÃO POSITIVA. *Vide* CONDIÇÃO AFIRMATIVA.

CONDIÇÃO POSSÍVEL. *Direito civil.* Cláusula que subordina o efeito do negócio jurídico a um acontecimento realizável ou admissível física e juridicamente.

CONDIÇÃO POTESTATIVA. *Direito civil.* É a que decorre da vontade exclusiva de uma das partes, dela dependendo sua realização.

CONDIÇÃO PROMÍSCUA. *Direito civil.* É a que se caracteriza no momento inicial como potestativa, vindo a perder tal característica por fato superveniente, alheio à vontade do agente, que venha a dificultar sua realização. Por exemplo, "dar-lhe-ei um carro se você, campeão de futebol, jogar no próximo torneio". Essa condição potestativa passará a ser promíscua se o jogador vier a se machucar.

CONDIÇÃO PURAMENTE POTESTATIVA. *Direito civil.* Aquela que depende, para sua efetivação, de mero arbítrio do agente, sendo por isso defesa. Por exemplo, "constituirei renda em seu favor se você vestir tal roupa amanhã".

CONDIÇÃO RESOLUTIVA. *Direito civil.* É a que subordina a ineficácia do negócio a um evento futuro e incerto. Assim sendo, enquanto ela não se realiza, vigora o ato negocial, podendo exercer-se desde o momento deste o direito por ele estabelecido, mas, verificada a condição, para todos os efeitos extingue-se o direito a que ela se opõe. Por exemplo, "constituirei uma renda em seu favor enquanto você estudar".

CONDIÇÃO RESOLUTÓRIA. *Vide* CONDIÇÃO RESOLUTIVA.

CONDIÇÃO SIMPLESMENTE POTESTATIVA. *Direito civil.* Aquela que depende, para sua realização, da prática de algum ato e não de um mero uso do arbítrio do agente. Por exemplo, a doação de um iate a um cantor de ópera condicionada ao fato de desempenhar bem um determinado papel.

CONDIÇÃO *SINE QUA NON.* 1. *Direito civil.* Trata-se da teoria da equivalência das condições, que propugna a necessidade do nexo de causalidade entre o fato lesivo e o dano para que este gere a responsabilidade civil do lesante, reparando-o. **2.** *Lógica jurídica.* Afirmação da qual uma outra depende, de tal modo que, se a primeira for falsa, a segunda também o será (Zabarella). É, portanto, a que gera uma conseqüência quando for posta e que a exclui sempre quando ela fizer falta. **3.** *Direito penal.* Causa, isto é, toda condição do resultado ou todo fato sem o qual o resultado não teria sido produzido.

**CONDIÇÃO *SI SINE LIBERIS DECESSERIT.* ** *Direito comparado.* Na Argentina, é a condição que resolve os direitos do herdeiro, se ele falecer sem descendência, diferindo a herança a outro beneficiário. É nula, por ser proibida pelo Código Civil.

CONDIÇÃO SUCESSIVA. *Direito civil.* Aquela cuja eficácia do ato depende da realização de uma série de atos interligados.

CONDIÇÃO SUSPENSIVA. *Direito civil.* É aquela em que as partes protelam, temporariamente, a eficácia do negócio até a realização do acontecimento futuro e incerto. Por exemplo, "comprarei sua escultura se ela for aceita numa exposição internacional". Pendente a condição suspensiva, não há direito adquirido, mas expectativa de direito ou direito eventual. Com o advento dessa condição aperfeiçoa-se o efeito do ato negocial, operando-se *ex tunc*, ou seja, desde o dia de sua celebração, daí ser, portanto, retroativo.

CONDIÇÃO TÁCITA. *Direito civil.* **1.** *Vide* CONDIÇÃO EVENTUAL e CONDIÇÃO NECESSÁRIA. **2.** É a que decorre implicitamente da natureza do ato negocial, independendo da vontade expressa da parte no ato que a impõe.

CONDIÇÃO ÚTIL. *Direito civil.* Aquela que pode produzir o efeito por ela pretendido.

CONDIÇÃO VOLUNTÁRIA. *Direito civil.* Cláusula oriunda da manifestação de vontade, opondo-se à necessária, sendo uma autêntica condição.

CONDICIONADO. 1. *Lógica jurídica.* a) O que depende de coisa diferente quanto ao seu ser (Hamilton); b) diz-se da lei, pela qual "pensar é condicionar", que constitui um dos princípios fundamentais do pensamento (Hamilton); c) princípio de todas as antinomias, o qual, para Kant, é a seguinte posição da razão: pôr um condicionado como dado é pôr também como dada toda a soma de condições e, por conseqüência, o absolutamente incondicionado, o único pelo qual ele era possível. **2.** *Direito civil.* a) O que depende de uma condição; b) sujeito a condições.

CONDICIONAL. *Direito civil.* **1.** O que depende de uma condição. **2.** Diz-se do ato ou do negócio jurídico subordinados a uma condição, que incidirá sobre seus efeitos.

CONDICIONALIDADE. *Direito civil.* Estado do que é condicional.

CONDICIONALISMO. *Teoria geral do direito.* Dependência de condições e causalidades.

CONDICIONAMENTO. 1. *Direito civil.* Ato ou efeito de condicionar. **2.** *Psicologia forense.* Processo pelo qual uma resposta definitiva é provocada por um estímulo, objeto ou situação diversos da resposta natural ou original. É a aprendizagem elementar por substituição de estímulos.

CONDICIONAMENTO INDUSTRIAL. *Direito administrativo.* Proibição de abertura de indústria ou de estabelecimento empresarial em zona que já preencheu o número permitido em lei.

CONDICIONAMENTO SOCIAL DAS IDÉIAS. *Sociologia jurídica.* Fatores que influenciam a vontade. A vontade humana é, portanto, condicionada, por depender da hereditariedade ou do patrimônio genético do agente, de seu temperamento, idéias políticas, educação, crença religiosa, meio ambiente, interesses econômicos e da informação provinda do mundo exterior (Mannheim, Goffredo Telles Jr. e Recaséns Siches). O pensamento é socializado, condicionado pelas relações sociais. Ao condicionamento social das idéias ou à condicionalidade sociológica da consciência cognoscente não escapam nem o gênio nem o homem comum, pelo fato de que o viver é, forçosamente, um conviver, e a sociedade cerca os seres humanos de todos os lados, socializando-os e enculturando-os a cada passo (Machado Neto).

CONDICIONANTES DA LOCAÇÃO DE EMBARCAÇÕES MIÚDAS. *Direito marítimo.* São, além dos requisitos de segurança, as seguintes condições que devem ser observadas por empresas, clubes ou entidades que alugam embarcações miúdas: 1. manter um registro das embarcações sob sua guarda e responsabilidade, e disponível aos órgãos fiscalizadores; 2. impedir o acesso às embarcações de pessoas sem condições físicas ou psíquicas; 3. manter um registro de saída e retorno das embarcações, do qual conste o nome das pessoas que estão a bordo; 4. elaborar um impresso contendo instruções e procedimentos de segurança, fornecê-lo ao usuário da embarcação e ao seu responsável em se tratando de menor de idade, e fiscalizar o seu cumprimento. As instruções deverão conter as seguintes orientações básicas, além de outras que forem julgadas necessárias: a) área que o usuário poderá navegar; b) cuidados na navegação; c) cuidados com os banhistas; d) uso obrigatório do colete salva-vidas apropriado; e) uso do apito do colete, no caso de necessitar ajuda; 5. delimitar toda a extensão da área que o usuário poderá navegar, através de balizamento náutico, nos termos legais.

CONDICIONAR. *Direito civil.* Ato ou efeito de colocar o negócio sob condição, subordinando seus efeitos a evento futuro e incerto.

CONDIÇÕES ABIÓTICAS. *Direito ambiental.* São o ar, a água, a rocha e a energia.

CONDIÇÕES DA AÇÃO. *Direito processual civil.* Requisitos que não dizem respeito à relação processual, por serem necessários ou exigidos legalmente para o pronunciamento do órgão judicante sobre a procedência ou improcedência do pedido formulado pelo autor. São os requisitos legais para que o pedido formulado, em juízo, seja procedente, tais como: interesse de agir, legitimação da parte e possibilidade jurídica. Essas são as condições positivas da ação. Ao lado delas, colocam-se as negativas, no sentido de que elas devem inexistir para que o juiz se pronuncie sobre o mérito, que são a coisa julgada e a peremptção (Calmon de Passos e Ada P. Grinover).

CONDIÇÕES DA DIVISÃO. *Lógica jurídica.* São as indispensáveis a toda divisão, tais como: o dividendo ou o todo a dividir, os membros ou as partes em que o todo se divide e o fundamento da divisão ou a razão pela qual é feita (Goffredo Telles Jr. e Van Acker).

CONDIÇÕES DE DEFINIBILIDADE DO SUJEITO. *Lógica jurídica.* Requisitos para que o sujeito seja definível, que são: unidade e comunidade de natureza específica. Assim, são indefiníveis os sujeitos que formam conjuntos, pois, por carecerem da unidade necessária, só podem ser descritos. Indefinível é o composto de natureza substancial e acidental ou de naturezas acidentais por ser necessário definir cada uma delas. Indefinível é a realidade analogada, por ser impossível dar uma só definição às coisas análogas. Indefinível também é o sujeito a que falta comunidade de natureza essencial a uma espécie ou própria a uma classe, como, por exemplo, a realidade genérica (Van Acker).

CONDIÇÕES DE EFICÁCIA E EFICIÊNCIA DO SISTEMA DESCENTRALIZADO E PARTICIPATIVO DA ASSISTÊNCIA SOCIAL. *Direito previdenciário.* Requisitos que garantem a eficácia e a eficiência do Sistema Descentralizado e Participativo da Assistência Social, em cada esfera de governo, tais como: a) elaboração da Política Nacional de Assistência Social; b) criação, capacitação e fortalecimento dos Conselhos de Assistência Social; c) elaboração dos Planos de Assistência Social; d) criação e estruturação dos Fundos de Assistência Social; e) previsão de recursos orçamentários e financeiros para o financiamento da assistência social; f) estabelecimento dos critérios de partilha financeira para os estados, Distrito Federal e municípios, aprovados pelos respectivos Conselhos de Assistência Social; g) acompanhamento e compatibilização dos recursos do Fundo de Assistência Social de acordo com os planos de aplicação previstos e aprovados pelos Conselhos de Assistência Social; h) implantação de sistema de acompanhamento e avaliação das ações que constam do Plano de Assistência Social, em cada esfera de governo, considerando a rede pública e privada, o alcance social e a qualidade dos serviços, programas e projetos, bem como o impacto na melhoria da qualidade de vida da população beneficiária e na alteração dos indicadores sociais.

CONDIÇÕES DE ELEGIBILIDADE. *Direito constitucional e ciência política.* Requisitos legais que certos cidadãos devem preencher para que possam se inscrever nas eleições e ser eleitos em representantes do povo.

CONDIÇÕES DE PERSEGUIBILIDADE. *Vide* CONDIÇÕES DE PROCEDIBILIDADE.

CONDIÇÕES DE PROCEDIBILIDADE. *Direito processual penal.* Condições específicas de exercício da ação penal, exigidas legalmente apenas em alguns casos.

CONDIÇÕES DO ENSINO LIVRE À INICIATIVA PRIVADA. *Direito educacional.* São as alusivas: a) ao cumprimento das normas gerais da educação nacional e do respectivo sistema de ensino; b) à autorização de funcionamento e avaliação de qualidade pelo Poder Público; e c) à capacidade de autofinanciamento.

CONDIÇÕES GERAIS DE VENDA OU DE COMPRA. *Direito internacional privado.* Regulamentações detalhadas a respeito das particularidades negociais como preço, entrega de bens, prazo, pagamento etc., elaboradas pela Comissão Econômica para a Europa da ONU, facilitando o comércio.

CONDIÇÕES HIGIÊNICO-SANITÁRIAS SATISFATÓRIAS. *Direito ambiental.* São aquelas em que, após a análise documental e/ou o término de uma inspeção sanitária não se tenham verificado fator de risco que possa produzir agravos à saúde individual ou coletiva.

CONDIÇÕES PESSOAIS. *Direito civil.* Atributos da pessoa natural alusivos, por exemplo, a seu estado ou modo de ser e dos quais derivam direitos e obrigações.

CONDILOMA. *Medicina legal.* Excrescência carnuda e dolorosa que aparece nas partes genitais da mulher e do homem, no ânus ou no períneo.

CONDISTRITANO. O que é do mesmo distrito.

CONDITIO AD QUAM. *Locução latina.* Condição resolutiva.

CONDITIO AD QUO. *Locução latina.* Condição suspensiva.

CONDITIO CAUSA DATA, CAUSA NON SECUTA. *Direito romano.* Condição que permitia repetir a coisa dada a alguém, se não se realizasse a causa pela qual se fez a prestação (Othon Sidou).

CONDITIO DEPICIT. *Locução latina.* Condição não cumprida.

CONDITIO EXISTENS AD INITIUM NEGOTII RETROTRAHERE. *Brocardo latino.* A condição existente no começo do negócio retrotrai.

CONDITIO EXISTIT *Locução latina.* Condição cumprida.

CONDITIO EX QUA *Locução latina.* Condição suspensiva.

CONDITIO EX QUAM. *Locução latina.* Condição resolutiva.

CONDITIO HABETUR PRO IMPLETA QUANDO STET PER ILLUM, CUJUS INTEREST ADIMPLERE. *Aforismo jurídico.* Reputa-se cumprida a condição quando o deve ser pelo interessado em cumpri-la.

CONDITIO INDEBITI. *Direito romano.* Reclamação de pagamento indevido; condição indevida que consiste na ação pela qual se pode obter a devolução do que se pagou indevidamente; repetição do indébito.

CONDITIO JURIS. *Locução latina.* Condição de direito indispensável à validade do negócio.

CONDITIONE DEFICIENTE CONTRACTUS CELEBRATUS AB INITIO RESOLUTUS CENSETUR. *Direito romano.* Se faltar a condição, rescinde-se o contrato celebrado desde o início.

CONDITIONEM EXSISTISSE SUFFICIT, LICET NON DURET. *Direito romano.* Basta que a condição tenha existido, ainda que não perdure.

CONDITIONEM TESTIUM TUNC INSPICERE DEBEMUS CUM SIGNARENT, NON MORTIS TEMPORE. *Direito romano.* Devemos olhar a condição das testemunhas quando forem depor e não ao tempo da morte.

CONDITIONE PENDENTE, ACTUS NON DICITUR PER-FECTUS; SUSPENDIT ENIM CONDITIO ACTUM IN EFFECTUM, VEL EVENTUM CONDITIONIS. *Aforismo jurídico.* Enquanto a condição estiver pendente, o ato não se diz perfeito; fica suspenso em seu efeito até o implemento da condição.

CONDITIONSGESCHAFT. *Termo alemão.* Venda em consignação no mercado livreiro.

CONDITIO OB CAUSAM DATORUM. *Direito romano.* Notificação para reaver coisa dada em vista de uma prestação de coisa futura.

CONDITIO OB FINITAM CAUSAM. *Direito romano.* Condição que autorizava a repetição do que se pagou por razão existente mas que deixou de existir como obrigação natural (Othon Sidou).

CONDITIO OB TURPEM CAUSAM. *Direito romano.* Restituição por causa torpe.

CONDITIO OB TURPEM VEL INIUSTAM CAUSAM. *Direito romano.* Condição que autorizava repetir o que foi dado por uma pessoa honesta a uma desonesta.

CONDITIO POTESTATIVA *Locução latina.* Condição potestativa.

CONDITIO QUAE INITIO CONTRACTUS DICTA EST, POSTEA ALIA PACTIONE IMMUTARI POTEST. *Direito romano.* Uma condição que foi celebrada no início do contrato pode, depois, ser alterada por outro contrato.

CONDITIO QUASI IMPOSSIBILIS. *Expressão latina.* Condição quase impossível.

CONDITIO SEMEL IMPLETA NON RESUMITUR CONDITIO QUAE DEFUIT NON RESTAURATUR. *Direito romano.* Uma vez preenchida, a condição não se renova; não se restaura condição que falhou.

CONDITIO SINE CAUSA. *Direito romano.* **1.** Restituição por falta de causa. **2.** Quase-contrato que permitia a reparação do enriquecimento sem causa.

CONDITIO SINE QUA NON. *Expressão latina.* **1.** Condição indispensável. **2.** *Vide* CONDIÇÃO *SINE QUA NON.*

CONDOADOR. *Direito civil.* **1.** *Vide* CO-DOADOR. **2.** Aquele que, juntamente com outrem, faz doação de uma coisa comum. Por exemplo, marido e mulher que, sendo casados sob o regime de comunhão universal de bens, fazem doação de uma casa que lhes pertence.

CONDOM. *Medicina legal.* Preservativo masculino usado para evitar gravidez e doenças venéreas.

CONDOMINIAL. *Direito civil.* Relativo a condomínio.

CONDOMÍNIO. *Direito civil.* Ocorre quando o mesmo bem pertence a mais de uma pessoa, cabendo a cada uma delas igual direito, idealmente, sobre o todo e cada uma de suas partes (Caio Mário da Silva Pereira). Concede-se a cada consorte uma cota ideal qualitativamente igual da coisa e não uma parcela material desta; por conseguinte, todos os condôminos têm direitos qualitativamente iguais sobre a totalidade da coisa, sofrendo limitação na proporção quantitativa em que concorrem com os outros comunheiros na titularidade sobre o conjunto. Deveras, as cotas-partes são qualitativa e não quantitativamente iguais, pois, sob esse prisma, a titularidade dos consortes é suscetível de variação. Só dessa forma é que se poderia justificar a coexistência de vários direitos sobre um mesmo bem.

CONDOMÍNIO ABERTO. *Direito civil.* Incorporação imobiliária lançada ao público, mediante registro de memorial (Soibelman, C. Fioranti e Afonso Celso F. Rezende).

CONDOMÍNIO CONVENCIONAL. *Direito civil.* É a copropriedade resultante do acordo de vontade dos consortes, nascendo de um negócio jurídico pelo qual duas ou mais pessoas adquirem ou colocam um bem em comum para dele usarem e gozarem. Os próprios comunheiros estabelecem a cota que caberá a cada comproprietário; no silêncio deles há presunção legal de igualdade dos quinhões.

CONDOMÍNIO DE EMPREGADORES. O mesmo que CONSÓRCIO DE EMPREGADORES.

CONDOMÍNIO DE HABITAÇÃO. *Direito civil.* Condomínio de unidades autônomas de prédio já habitado (Soibelman, C. Fioranti e Afonso Celso F. Rezende).

CONDOMÍNIO EDILÍCIO. *Direito civil.* **1.** *Vide* CONDOMÍNIO EM EDIFÍCIO DE APARTAMENTOS. **2.** Trata-se de um condomínio constituído como resultado de um ato de edificação, sendo, por esse motivo, denominado por alguns autores "edilício". Este termo vem do latim *aedilici* (*um*), não designando apenas o edil, mas também suas atribuições, como a de fiscalizar as construções particulares e públicas (Miguel Reale).

CONDOMÍNIO EM EDIFÍCIO DE APARTAMENTOS. *Direito civil.* É uma mistura de propriedade individual e condomínio, caracterizando-se juridicamente pela justaposição de propriedades distintas e exclusivas ao lado do condomínio de partes do edifício forçosamente comuns, como o solo em que está construído o prédio, suas fundações, pilastras, área de lazer, vestíbulos, pórticos, escadas, elevadores, corredores, pátios, jardim, porão, aquecimento central, morada do zelador etc. A cada unidade imobiliária caberá, como parte inseparável, uma fração ideal no solo e nas outras partes comuns, que será identificada em forma decimal ou ordinária no instrumento de instituição do condomínio. Cada proprietário de fração autônoma (apartamento, sala de utilização profissional, garagem) pode usar livremente das partes comuns, atendendo à sua destinação e não prejudicando a comunhão.

CONDOMÍNIO EM PAREDES, CERCAS, MUROS E VALAS. *Direito civil.* É o estado permanente de indivisão, protegido pela lei, de paredes, cercas, muros e valas, em razão da utilidade comum que apresentam aos vizinhos, pois, por serem obras divisórias, constituem um meio de manter-se a paz coletiva e a segurança, sendo, por isso, um condomínio forçado. Há presunção legal de que essas obras divisórias pertencem aos proprietários confinantes, a não ser que algum dos vizinhos prove que lhe pertencem de modo exclusivo.

CONDOMÍNIO ESPECIAL DE CASAS. *Direito civil.* É o condomínio nas "vilas" ou conjuntos residenciais urbanos, assim como nos clubes de campo etc., onde existem residências isoladas, de propriedade exclusiva, com áreas privativas de jardim e quintal, e, em comum os jardins, piscinas, salões de jogo e as áreas de terreno que dão acesso à estrada pública e ligam as várias casas do conjunto, sendo que nas vilas o acesso à via pública se faz pelas chamadas "ruas particulares", que terminam por um "balão de retorno", no qual são manobrados os veículos (J. Nascimento Franco e Nisske Gondo).

CONDOMÍNIO EVENTUAL. *Direito civil.* É a comunhão incidente que vem a lume em razão de causas alheias à vontade dos condôminos, como ocorre com a doação em comum a duas ou mais pessoas, com a herança deixada a vários herdeiros ou legado destinado a muitos legatários, com os direitos de vizinhança ou com qualquer outra hipótese em que o estado de comunhão provenha de um fato que não tenha decorrido de ato volitivo dos consortes.

CONDOMÍNIO FECHADO. *Direito civil.* **1.** Apartamentos em construção, sob regime condominial, que só podem ser vendidos se houver memorial registrado de incorporação, após o término da construção (Soibelman, C. Fioranti e Afonso Celso F. Rezende). **2.** Bairro urbanizado para fins recreativos ou residenciais. **3.** Conjunto de casas em vilas fechadas por portão de acesso à via pública, protegido por muro e portaria.

CONDOMÍNIO FORÇADO. *Direito civil.* Também chamado "condomínio legal", é o que deriva de imposição da ordem jurídica como conseqüência inevitável do estado de indivisão da coisa. São exemplos de comunhão forçada: o compáscuo ou comunhão em pastos ou pastagens, em paredes, cercas, muros e vales ou em formação de ilhas.

CONDOMÍNIO HORIZONTAL. *Direito civil.* Divisão de prédio em andares e apartamentos.

CONDOMÍNIO INCIDENTE. *Vide* CONDOMÍNIO EVENTUAL.

CONDOMÍNIO LEGAL. *Vide* CONDOMÍNIO FORÇADO.

CONDOMÍNIO ORDINÁRIO. *Direito civil.* **1.** É a copropriedade que, oriunda ou não de convenção, vigora durante um certo lapso de tempo ou enquanto não se lhe ponha termo, mas que sempre e em qualquer momento pode cessar (Caio Mário da Silva Pereira). **2.** Condomínio transitório. **3.** É o regido pelo Código Civil.

CONDOMÍNIO PERMANENTE. *Direito civil.* É o condomínio forçado, que não pode extinguir-se, dada a natureza do bem ou em virtude da relação jurídica que o gerou ou do exercício do direito correlativo (Caio Mário da Silva Pereira).

CONDOMÍNIO POR UNIDADES AUTÔNOMAS. *Direito civil.* Condomínio de andares e apartamentos.

CONDOMÍNIO *PRO DIVISO.* *Direito civil.* Aquele em que a comunhão existe juridicamente, mas não de fato, já que cada comproprietário tem uma parte certa e determinada do bem, como ocorre no condomínio em edifícios de apartamentos. Ocorre quando os consortes, com aprovação tácita recíproca, instalam-se em parte da área comum, exercendo sobre ela todos os atos de proprietários singulares e com exclusão de seus condôminos, como se a gleba já tivesse sido partilhada.

CONDOMÍNIO *PRO INDIVISO*. *Direito civil.* É aquele em que a comunhão perdura de fato e de direito. Todos os comunheiros permanecem na indivisão, não se localizando no bem, que se mantém indiviso (Washington de Barros Monteiro).

CONDOMÍNIO TRANSITÓRIO. *Vide* CONDOMÍNIO ORDINÁRIO.

CONDOMÍNIO VERTICAL. *Direito civil.* Condomínio de meia-parede.

CONDÔMINO. *Direito civil.* Aquele que, conjuntamente com outro, exerce direito de propriedade sobre uma coisa. É o co-proprietário.

CONDONATÁRIO. *Vide* CO-DONATÁRIO.

CONDOTTIERI. *História do direito.* Aqueles que, na Itália, na era do Renascimento, colocavam seus exércitos mercenários sob as ordens do príncipe.

CONDRITE. *Medicina legal.* Hipertrofia de uma cartilagem que se assemelha a uma inflamação.

CONDROCARCINOMA. *Medicina legal.* Carcinoma que contém elementos cartilaginosos.

CONDROCELE. *Medicina legal.* Tumor cartilaginoso.

CONDROFIBROMA. *Medicina legal.* Fibroma com elementos cartilaginosos.

CONDROMA. *Medicina legal.* Tumor benigno de lento desenvolvimento constituído por hiperplasia de tecido cartilaginoso.

CONDROMATOSE. *Medicina legal.* Formação múltipla de condromas.

CONDROMIOMA. *Medicina legal.* Mioma que contém tecidos cartilaginosos.

CONDROSTEOMA. *Medicina legal.* Tumor composto de tecido ósseo e cartilaginoso.

CONDSEF. Sigla de Confederação dos Trabalhadores no Serviço Público Federal.

CONDUÇÃO. 1. *História do direito.* Contrato pelo qual se cedia o uso de coisa infungível a alguém ou pelo qual se obrigava uma pessoa a fazer um serviço, mediante pagamento de uma renda ou aluguel. Tratava-se da *condução-locação*, que corresponde hoje à locação de coisa e à serviço. **2.** *Direito comercial.* a) Transporte de mercadorias ou pessoas de um local a outro; b) meio de transporte; c) compromisso assumido pelo condutor; d) função do condutor. **3.** *Direito processual.* a) Ato pelo qual, a mando do juiz, o oficial de justiça leva o réu ou a testemunha que desobedeceu a intimação à sua presença; b) meio de transporte utilizado pelo serventuário de justiça ou magistrado quando vão proceder a alguma diligência; c) importância paga pelas partes para fazer frente às despesas de transporte da autoridade judiciária ou auxiliar de justiça. **4.** *Lógica jurídica.* Reunião de argumentos para esclarecer algo.

CONDUÇÃO DEBAIXO DE VARA. *Direito processual.* Ato de compelir réu, testemunhas, peritos e intérpretes que desobedeceram a notificação para virem depor em juízo a cumprirem a determinação judicial a que haviam se recusado. O juiz poderá requisitar à autoridade policial a apresentação daquelas pessoas recalcitrantes ou determinar que sejam conduzidas pelo oficial de justiça, que poderá solicitar o auxílio da força pública. A expressão "debaixo de vara" é oriunda do fato de que, antigamente, ao haver recusa do convocado a comparecer para depor em juízo, era ele levado pelo oficial de justiça, que, com o auxílio policial, ia empurrando o recalcitrante com uma vara, para que todos ficassem sabendo sua falta.

CONDUTA. 1. *Sociologia jurídica.* a) Comportamento consciente de uma pessoa, por influência de expectativas de outros indivíduos; b) modo habitual de proceder em sociedade. **2.** Na *linguagem jurídica* em geral: a) comportamento em harmonia ou desarmonia com a lei, a moral e os bons costumes; b) reunião de pessoas que são conduzidas para algum local por ordem superior. **3.** *Direito comercial.* Parte anterior das caldeiras de locomotivas, onde termina a tubulação e de onde parte a chaminé.

CONDUTA CARCERÁRIA. *Vide* COMPORTAMENTO CARCERÁRIO.

CONDUTA CULPOSA. *Direito civil.* Comportamento daquele que viola norma jurídica em razão de imprudência, negligência ou imperícia, mas o resultado não é o previsto pelo agente.

CONDUTA DESONROSA. *Direito civil.* Comportamento de um cônjuge ofensivo à honra do outro, que dá origem ao pedido de separação judicial litigiosa.

CONDUTA DOLOSA. *Direito civil* e *direito penal.* Comportamento do agente que, intencional e deliberadamente, ao praticar o ato lesivo, punível juridicamente, pretende atingir o resultado, assumindo o risco de produzi-lo.

CONDUTA INCONVENIENTE. 1. *Direito penal.* Contravenção contra a paz pública, punida com prisão simples ou multa, que consiste no mau procedimento durante solenidades ou espetáculos públicos. **2.** Na *linguagem jurídica* em geral, modo habitual de comportar-se, no meio social, de forma contrária à lei e aos bons costumes.

CONDUTA INVOLUNTÁRIA. 1. *Direito civil.* Comportamento de alguém que se manifesta contra a sua vontade, em razão de coação física ou moral irresistível. **2.** *Direito penal.* Causa de exclusão da culpabilidade se o agente for levado a cometer um crime involuntariamente.

CONDUTA MÉDICA. *Medicina legal.* Comportamento personalizado do médico ao exercer sua profissão.

CONDUTA PRISIONAL. *Vide* COMPORTAMENTO CARCERÁRIO.

CONDUTA SOB COAÇÃO. 1. *Direito civil.* Comportamento em que uma pessoa vem a efetuar um negócio sob pressão física ou moral. Se houver coação física, ou seja, constrangimento corporal, que retira toda a capacidade de querer, implicando ausência de consentimento, ter-se-á nulidade do ato, por não se tratar de vício da vontade. Se a coação for moral, atuando sobre a vontade sem retirar o consentimento, uma vez que há relativa liberdade para optar entre a realização do negócio exigido e o dano com que a pessoa é ameaçada, o ato será anulável, por estar configurado o vício de consentimento. **2.** *Direito penal.* Comportamento em que o agente vem a praticar crime sob coação física ou moral, que exclui sua culpabilidade, punindo-se o autor da coação.

CONDUTA VOLUNTÁRIA. 1. *Direito civil.* Comportamento resultante da vontade do agente, que culposamente vem a praticar um ato ilícito. **2.** *Direito penal.* Comportamento em que o criminoso manifesta sua vontade de realizar o delito, que será doloso, se o resultado for desejado ou se assumir o risco de produzi-lo, ou culposo, se o resultado apenas se der por negligência, imperícia ou imprudência. É aquele em que se denota culpabilidade do agente.

CONDUTO. 1. *Medicina legal.* Canal por onde um líquido passa. **2.** Na *linguagem jurídica* em geral, indica: a) caminho; b) trazido, conduzido ou levado.

CONDUTO CÍSTICO. *Medicina legal.* Ducto que desce do colo da vesícula biliar e une-se com o conduto hepático para formar o conduto biliário comum.

CONDUTO DEFERENTE. *Medicina legal.* Ducto que vai da cauda do epidídimo até a vesícula seminal.

CONDUTO EJACULADOR. *Medicina legal.* Compreende dois ductos, o direito e o esquerdo, que se formam pela união da ampola do conduto deferente e da vesícula seminal correspondente, rodeado por uma massa de tecido cavernoso (Croce e Croce Jr.).

CONDUTO ESPERMÁTICO. *Vide* CONDUTO DEFERENTE.

CONDUTO HEPÁTICO. *Medicina legal.* Ducto que leva a bílis para fora do fígado.

CONDUTO INGUINAL. *Medicina legal.* Formação anatômica, localizada na virilha, por onde, no homem, passam as vias espermáticas e, na mulher, o ligamento redondo (Croce e Croce Jr.).

CONDUTO LACRIMAL. *Medicina legal.* Canal que se estende do ponto lacrimal de cada pálpebra para dentro, unindo-se ao seu par e esvaziando-se dentro do saco lacrimal.

CONDUTO LACTÍFERO. *Medicina legal.* Tubos que conduzem o leite materno segregado pelos lobos do peito para os mamilos.

CONDUTO MAMÁRIO. *Vide* CONDUTO LACTÍFERO.

CONDUTOR. 1. *Direito militar.* Soldado que monta na cavalgadura de tiro e conduz a viatura. **2.** *Direito agrário.* Função do boiadeiro responsável perante o proprietário da boiada, que tem a tarefa de entregar certo número de cabeças de gado no destino indicado. **3.** *Direito civil.* a) Aquele que contrata mão-de-obra ou dirige uma empreitada; empreiteiro; b) cano ou seção de calha pelos quais escoam, para o solo, as águas pluviais. **4.** *Direito comercial.* a) Guia; b) aquilo que serve para transportar ou conduzir; c) empregado de empresa de transporte que recebe as passagens; d) aquele que dirige os veículos utilizados como meios de transporte de mercadorias ou de pessoas; preposto do transportador de mercadorias de um local para outro, mediante pagamento de frete; e) barqueiro, tropeiro ou comissário que se encarregam do transporte de gêneros, mediante frete, aluguel ou comissão, entregando-os no local e no tempo ajustados; f) dirigente de veículo terrestre ou de embarcação; chofer; motorneiro; comandante de navio; mestre do barco; recoveiro. **5.** *Direito administrativo.* a) Encarregado do transporte de malas do correio; b) funcionário encarregado de manter a regularidade do serviço de transporte público. **6.** *Direito processual penal.* Aquele que conduz, juntamente com as testemunhas, o infrator da lei surpreendido em flagrante delito à presença da autoridade competente, que deverá, então, ouvir o condutor e as testemunhas que presenciaram o crime e interrogar o acusado quanto à imputação que sobre ele recai. **7.** *Direito de trânsito.* Aquele que é habilitado para dirigir veículo automotor por via pública, tendo não só condições físicas, psicológicas e de idade como também aptidão técnica para controlar a marcha e a direção do veículo, comprovadas mediante exames. **8.** *Direito processual civil.* Marco indicativo do rumo na demarcação de terras.

CONDUTOS SEMINÍFEROS. *Medicina legal.* Canais produtores de esperma, que nascem dos lóbulos espermáticos, reunindo-se para formar um conduto único.

CONDUTO VAGINAL. *Medicina legal.* Espaço formado pela membrana parietal e pela visceral da túnica fibrosa, não sendo, portanto, a cavidade vaginal ou vagina (Croce e Croce Jr.).

CÔNEGO. *Direito canônico.* Clérigo que é membro de um cabido, tendo deveres religiosos perante o colegiado.

CONEXÃO. **1.** *Teoria geral do direito.* a) Ligação de uma coisa a outra, por estarem intimamente relacionadas, de tal sorte que uma não pode ser objeto de conhecimento sem que se conheça a outra; b) dependência que fatos ou coisas guardam entre si. **2.** *Direito processual.* Vínculo existente entre relações jurídicas, causas e delitos que apresentam elementos idênticos ou comuns, acarretando a juntada de processos para que um mesmo órgão venha a julgá-los. **3.** *Direito aéreo.* Utilização pelo passageiro de uma ou mais aeronaves, entre a origem e o destino de uma viagem, no mesmo trecho, constante do bilhete de passagem, coberto por dois ou mais vôos, de mesma natureza, sem que o passageiro utilize simultaneamente as instalações e as facilidades de despacho e de embarque da estação de passageiros, salvo quando esta utilização ocorrer por motivos meteorológicos, técnicos ou de acidentes que impliquem atraso na partida ou chegada das aeronaves.

CONEXÃO CONSEQÜENCIAL DE CRIMES. *Direito penal.* Conexão material de crimes, ante o fato de um deles ter sido cometido para ocultar ou assegurar a impunidade ou vantagem de outro (Damásio E. de Jesus).

CONEXÃO DE AÇÕES. *Direito processual civil.* O mesmo que CONEXÃO DE CAUSAS, pois reputam-se conexas duas ou mais ações quando lhes são comuns o objeto ou a causa de pedir, fazendo com que um mesmo juiz delas tome conhecimento e decida, uma vez que um ou dois de seus elementos são idênticos.

CONEXÃO DE CAUSAS. *Vide* CONEXÃO DE AÇÕES.

CONEXÃO DE CRIMES. *Direito processual penal.* Liame ou vínculo existente entre dois ou mais crimes, relacionados entre si por um ou dois elementos idênticos, conducentes à junção dos processos, para que o órgão judicante possa avaliar melhor as provas apresentadas, uma vez que tais crimes estão tão intimamente relacionados que não podem ser considerados isoladamente, devendo ser submetidos a um juízo e julgados pela mesma autoridade judiciária. Assim sendo, crimes conexos são os que se apresentam interligados por um nexo objetivo ou subjetivo. Logo, se se considerar a conexão de crimes como teleológica e conseqüencial, haverá subjetividade do liame entre os crimes conexos, por exemplo, se alguém praticar um crime e para escapar da pena cometer outro que se ligar ao primeiro. Ter-se-á *conexão objetiva* se, por exemplo, um crime for cometido na mesma ocasião em que outro for praticado, como o furto de jóias de uma mulher estuprada (conexão ocasional); houver crimes antecedentes à receptação e ao favorecimento pessoal, que são imperativos para a configuração de tais delitos (conexão necessária); ou ocorrer pluralidade de crimes em continuação, conexos entre si por condições de tempo, lugar e modo de execução (conexão continuativa).

CONEXÃO DE DELITOS. *Vide* CONEXÃO DE CRIMES.

CONEXÃO DE NEGÓCIOS. *Direito civil.* Ligação existente entre dois ou mais negócios jurídicos, por apresentarem algum elemento comum, fazendo com que devam ser conjuntamente interpretados ou executados.

CONEXÃO IDEOLÓGICA DE CRIMES. *Direito penal.* Dá-se quando um delito é cometido para garantir a execução de um outro, de tal modo que há uma relação de causa e efeito entre eles.

CONEXÃO MAIS ESTREITA. *Direito internacional privado.* Critério pelo qual a lei aplicável é a que tiver conexão mais estreita com o negócio jurídico, se, porventura, os contratantes não escolherem a lei aplicável ao contrato ou se houver invalidação da *electio juris*. Para diminuir a incerteza que reina nesse critério, presume-se que o país ao qual o contrato se liga mais estreitamente é o da residência habitual, no momento da conclusão do negócio jurídico (ou o da administração central, se se tratar de pessoa jurídica), da parte contratante que deve efetuar a prestação característica do contrato.

CONEXÃO OCASIONAL DE CRIMES. *Direito penal.* É a que se opera quando um crime é praticado na mesma ocasião em que outro é cometido.

CONEXÃO TELEOLÓGICA DE CRIMES. *Vide* CONEXÃO IDEOLÓGICA DE CRIMES.

CONEXIDADE. *Direito processual civil.* Qualidade de ações onde se pleiteiam direitos decorrentes do mesmo fato ou título.

CONFABULAÇÃO. *Medicina legal.* Sintoma de insanidade que consiste em dar respostas prontas e contar experiências sem qualquer base em fatos.

CONFARREAÇÃO. *Direito romano.* Modalidade de casamento que consistia numa solene cerimônia religiosa, onde se ofertava o *panis farreus*, ou seja, o pão de farinha de espelta, na presença de dez testemunhas.

CONFARREATIO. *Direito romano.* **1.** Casamento religioso celebrado entre patrícios. **2.** Casamento efetuado simbolicamente, em que os noivos e testemunhas deviam comer uma torta de farinha (*farreum*).

CONFAZ. Sigla de Conselho Nacional de Política Fazendária.

CONFEA. *Direito administrativo.* Sigla de Conselho Federal de Engenharia, Arquitetura e Agronomia, que é uma autarquia supervisora e disciplinadora do exercício de profissões que regulamenta.

CONFECÇÃO. **1.** *Direito autoral.* a) Ato de elaborar uma obra; b) acabamento ou conclusão de uma obra. **2.** *Direito comercial.* Peça de vestuário que não é feita sob medida.

CONFEDERAÇÃO. **1.** *Direito internacional público.* União de nações ou Estados que, sem perderem sua soberania, agrupam-se por tratado ou convenção, governados na ordem externa pela Dieta, isto é, pela assembléia constituída por representantes de cada um deles ou por um dos Estados que a compõe e representa, sendo

as decisões tomadas por maioria qualificada e ratificadas pelos Estados confederados. A União de Estados delega, portanto, o exercício de certas competências a um órgão comum, que a regerá. As nações confederadas não perdem sua soberania interna, abdicando tão-somente da externa, alusiva ao poder, que representa a confederação, constituída por todas elas, para que somente ela se relacione com os demais Estados igualmente soberanos, na seara internacional. Cada Estado confederado mantém sua independência interna, escolhe seu governo e administra seus negócios em sua jurisdição territorial. **2.** *Direito civil* e *direito comercial.* Associação ou união societária de entidades autônomas para a consecução de finalidades comuns, por exemplo, confederação nacional de comércio e indústria. **3.** *Direito do trabalho.* Associação sindical constituída de três federações, sendo que cada uma agrupa cinco sindicatos, representando atividades idênticas, conexas ou similares.

CONFEDERAÇÃO POLÍTICO-ADMINISTRATIVA. *Direito internacional público.* Agrupamento de Estados soberanos, de natureza regional ou continental, oriundo de Tratado ou Convenção, com o escopo de obter integração econômico-administrativa. Por exemplo: Mercosul, entre Brasil, Paraguai, Uruguai e Argentina; Organização dos Estados da América Central; Sistema Econômico Latino-Americano; Nafta, abrangendo EUA, Canadá e México; Comunidade Caribenha etc. (Eduardo Lobo Botelho Gualazzi).

CONFEDERADO. **1.** *História do direito.* Sulista que era, na guerra de secessão dos Estados Unidos, adepto da escravatura. **2.** *Ciência política.* Diz-se daquele que se associa a outro para obter um fim político.

CONFEIÇÃO. **1.** *Direito autoral.* a) *Vide* CONFECÇÃO; b) terminar ou concluir uma obra. **2.** *Direito comercial.* a) Aviamento de uma receita; b) preparação de um remédio.

CONFEITARIA. *Direito comercial.* Estabelecimento onde se fabricam e vendem doces.

CONFERE. Visto aposto em documento, indicando sua regularidade.

CONFERÊNCIA. **1.** *Direito internacional público.* a) Assembléia de delegados plenipotenciários ou representantes de vários países para cuidarem de questões políticas ou de interesse internacional; b) congresso internacional onde se reúnem várias nações. **2.** *Direito autoral.* Discurso literário ou científico que tem o caráter de estudo sobre determinada matéria. **3.** *Direito processual civil.* Ato pelo qual se cumpre, no processo de inventário, a colação de bens, exigindo-se que as liberalidades recebidas pelos herdeiros necessários integrem a massa partível para que se possam igualar a legítima ou os quinhões hereditários. **4.** *Direito civil.* Reunião onde técnicos e profissionais tratam de assuntos importantes para a classe, aprimorando estudos de interesses culturais e científicos. **5.** *Medicina legal.* Consulta entre dois ou mais médicos sobre o diagnóstico ou o tratamento de uma grave moléstia. **6.** *Direito agrário.* Espécie de cana-de-açúcar.

CONFERÊNCIA ADUANEIRA DE IMPORTAÇÃO. *Direito alfandegário.* **1.** Complexo de atos praticados na alfândega para inspeção de mercadorias, conferindo-as no embarque e desembarque, para efeito de cobrança de impostos sobre exportação ou importação e dos direitos alfandegários. É o procedimento que tem por finalidade identificar o importador, verificar a mercadoria, apurar o seu valor, conferir a sua classificação e constatar o cumprimento de todas as obrigações, fiscais e outras, exigíveis em razão da importação. A conferência aduaneira poderá ser realizada na zona primária ou na zona secundária. Quando realizada na zona secundária, a conferência poderá ser feita: em recintos alfandegários; no domicílio do importador: a) em ato de fiscalização, isolada ou programada; b) como complementação da iniciada na zona primária; excepcionalmente, em outros locais ou circunstâncias, mediante prévia anuência da autoridade aduaneira competente. **2.** Tem por escopo identificar o importador, verificar a mercadoria e a correção das informações relativas à sua natureza, classificação fiscal, quantificação e valor, e confirmar o cumprimento de todas as obrigações fiscais e outras, exigíveis em razão da importação.

CONFERÊNCIA ADUANEIRA NA EXPORTAÇÃO. *Direito alfandegário.* Tem por finalidade identificar o exportador, verificar a mercadoria e a correção das informações relativas a sua natureza, classificação fiscal, quantificação e preço, e confirmar o cumprimento de todas as obrigações, fiscais e outras, exigíveis em razão da exportação. A verificação da mercadoria, no curso da conferência aduaneira ou em qualquer outra ocasião, será realizada na presença do exportador ou de seu representante.

CONFERÊNCIA DE BENS. *Direito civil.* Trata-se da colação de bens, ou seja, da restituição das liberalidades recebidas em vida do *de cujus* ao acervo hereditário, feita pelo herdeiro necessário, para igualar as legítimas ou os quinhões hereditários, por ocasião da partilha.

CONFERÊNCIA DE BISPOS. *Direito canônico.* Organismo permanente que reúne bispos de uma nação, que exercem conjuntamente certas funções pastorais em favor dos fiéis do seu território, para promover o maior bem que a Igreja proporciona aos homens, principalmente em modalidades de apostolado devidamente adaptadas às circunstâncias de tempo e lugar, de acordo com o direito.

CONFERÊNCIA DE DOCUMENTOS. *Direito processual.* **1.** Ato de o escrivão cotejar, na presença do interessado, documento original com a cópia dele extraída, para comprovar sua autenticidade. **2.** *Vide* CONCERTO.

CONFERÊNCIA DE MANIFESTOS. *Direito alfandegário.* Verificação da exatidão da mercadoria descarregada, elaborando-se um relatório e anotando-se as diferenças observadas, para fins de cobrança de imposto e de direitos alfandegários.

CONFERÊNCIA DE MERCADORIAS. *Direito alfandegário.* Ato que se segue à conferência de manifestos, após a conclusão do processo de despacho aduaneiro, para que as mercadorias sejam desembaraçadas e cobrados os direitos alfandegários.

CONFERÊNCIA FINAL DE MANIFESTO. *Direito alfandegário.* É a que tem por escopo constatar falta ou acréscimo de volume ou mercadoria entrada no território aduaneiro, mediante confronto do manifesto com os registros de descarga. Constatada falta ou acréscimo e feitas, se for o caso, as necessárias diligências, adotar-se-á o procedimento fiscal adequado para exigência do crédito tributário correspondente. No caso de mercadoria a granel transportada, em viagem única, por via marítima e destinada a mais de um porto no País, a conferência final de manifesto poderá realizar-se globalmente, de acordo com normas a serem expedidas pela Secretaria da Receita Federal.

CONFERENCIAL. Tudo o que é relativo a conferência.

CONFERÊNCIA NACIONAL DAS CIDADES. *Direito urbanístico.* A Conferência Nacional das Cidades constitui um instrumento para garantia de gestão democrática, sobre assuntos referentes à promoção da Política Nacional de Desenvolvimento Urbano. São objetivos da Conferência Nacional das Cidades: a) promover a interlocução entre autoridades e gestores públicos dos três entes federados com os diversos segmentos da sociedade sobre assuntos relacionados à Política Nacional de Desenvolvimento Urbano; b) sensibilizar e mobilizar a sociedade brasileira para o estabelecimento de agendas, metas e planos de ação para enfrentar os problemas existentes nas cidades brasileiras; c) propiciar a participação popular de diversos segmentos da sociedade para a formulação de proposições, realização de avaliações sobre as formas de execução da Política Nacional de Desenvolvimento Urbano e suas áreas estratégicas; e d) propiciar e estimular a organização de conferências das cidades como instrumento para garantia da gestão democrática das políticas de desenvolvimento urbano nas regiões, Estados, Distrito Federal e Municípios. São atribuições da Conferência Nacional das Cidades: a) avaliar e propor diretrizes para a Política Nacional de Desenvolvimento Urbano; b) avaliar a aplicação do Estatuto da Cidade e demais atos normativos e legislação relacionados ao desenvolvimento urbano; c) propor diretrizes para as relações institucionais do ConCidades e da Conferência Nacional das Cidades com os conselhos e conferências de caráter regional, estadual e municipal; e d) avaliar a atuação e desempenho do ConCidades.

CONFERÊNCIA NACIONAL DO ESPORTE. *Direito desportivo.* É a que tem por objetivo democratizar e propor princípios e diretrizes para a elaboração da política nacional do esporte e do lazer.

CONFERÊNCIA NACIONAL DOS DIREITOS DA PESSOA IDOSA. *Direito civil* e *biodireito.* De caráter deliberativo, tem por objetivos: 1. Geral: Definir as estratégias para a implementação da Rede de Proteção e Defesa da Pessoa Idosa. 2. Específicos: a) possibilitar a articulação entre os órgãos e divulgar os instrumentos legais existentes que garantem a implementação dos serviços que devam compor a Rede de Proteção e Defesa da Pessoa Idosa; b) divulgar as ações dos Conselhos dos Direitos do Idoso e difundir as políticas e planos internacionais, nacionais e regionais voltados para a pessoa idosa, estimulando a participação da sociedade; c) constituir

espaço de apresentação e articulação de proposições para Construção de Rede Nacional de Proteção e Defesa dos Direitos da Pessoa Idosa; d) esclarecer o caráter, os princípios, a estrutura e a estratégia de implementação da Rede de Proteção e Defesa da Pessoa Idosa; e) renovar o compromisso dos diversos setores da sociedade e do governo com a implementação da Rede de Proteção e Defesa da Pessoa Idosa; f) propor prioridades de atuação aos órgãos governamentais nas três esferas de governo responsáveis pela implementação da Política Nacional do Idoso e conseqüente Rede de Proteção e Defesa da Pessoa Idosa; g) identificar os desafios à implementação da Rede de Proteção e Defesa da Pessoa Idosa; h) deliberar sobre a estratégia de seguimento e de monitoramento das deliberações da Conferência Nacional dos Direitos da Pessoa Idosa e das Políticas Públicas; e i) estimular a criação dos Conselhos Municipais e Estaduais e fortalecer os já instalados.

CONFERÊNCIA PARA DESPACHO. *Direito tributário.* Ato pelo qual uma mercadoria importada é desembaraçada com o pagamento dos impostos devidos.

CONFERÊNCIA PARA ENTREGA. *Direito alfandegário.* Ato pelo qual, na conferência aduaneira, a mercadoria é entregue à pessoa a quem pertence ou ao seu representante, com a emissão do bilhete de entrega ou de saída.

CONFERÊNCIA SOBRE ÁGUA. *Direito alfandegário.* Ato privativo, na conferência aduaneira, para certos tipos de mercadorias, que devem ser conferidos assim que forem sendo descarregados e entregues ao destinatário, sem passarem para as docas ou armazéns.

CONFERENCISTA. 1. Aquele que discorre em público sobre temas técnicos, científicos ou literários. **2.** É o que participa de uma conferência para deliberar sobre certos assuntos.

CONFERENTE. 1. *Direito comercial* e *direito bancário.* a) Aquele que faz uma conferência, ou melhor, que avalia, coteja ou verifica uma mercadoria; b) empregado que tem a função de conferir documentos que passam pelo caixa, examinando sua regularidade, para efetuar uma cobrança ou autorizar um pagamento. **2.** *Direito aduaneiro.* Funcionário que, na alfândega, tem o dever de efetuar conferências aduaneiras ou de mercadorias. É o que examina as mercadorias que entram e saem dos navios, por ocasião do embarque e desembarque, para fins de cobrança de impostos de importação ou exportação e de direitos alfandegários.

CONFERENTE DE CARGA E DESCARGA. *Direito tributário* e *direito alfandegário.* Encarregado, para fins de cobrança de impostos de importação e exportação e de direitos aduaneiros, de conferir, por volume, marcas, destinos etc., cargas embarcadas ou descarregadas, cotejando-as com os documentos apresentados para liberar sua entrada e saída.

CONFERIDO. *Direito processual.* Diz-se do documento que apresenta autenticidade, por ter sido extraído do original pelo tabelião ou oficial público, após ter sido por um deles cotejado e comparado.

CONFERIR. **1.** *Direito civil.* Trazer à colação bens recebidos pelo falecido para, na partilha, igualar a legítima. **2.** *Direito processual.* Cotejar certidão com o documento original. **3.** *Direito comercial.* a) Examinar contas; b) conferir bens e mercadorias.

CONFESSA. *Direito canônico.* Freira ou monja que vive no mosteiro.

CONFESSAR. **1.** *Direito canônico.* a) Declarar perante o confessor ou padre as próprias culpas ou pecados; b) ouvir de alguma confissão; c) seguir uma religião. **2.** *Direito processual penal.* Declarar, judicial ou extrajudicialmente, a autoria de um crime ou contravenção. **3.** *Direito processual civil.* Afirmar a veracidade de um ato ou fato contrário ao seu interesse e favorável ao do adversário, no curso do processo ou fora do juízo.

CONFESSIO DIVIDI NON DEBET. *Expressão latina.* A confissão não pode ser dividida, não se pode aceitá-la ou rejeitá-la em parte.

CONFESSIO ERRONEA NON NOCET ET CONFITERI NON VIDETUR QUI ERRAT. *Aforismo jurídico.* Confissão errônea não prejudica; quem erra não parece confessar.

CONFESSIO EST INSTAR RENUNTIATIONIS. *Brocardo latino.* A confissão é uma espécie de renúncia.

CONFESSIO EST PROBATIO OMNIBUS MELIOR. *Brocardo latino.* A confissão é a melhor de todas as provas.

CONFESSIO EST QUALISCUMQUE CONTRA SE PRONUNTIATIO SEU JUDICATIO. *Brocardo latino.* A confissão é qualquer pronunciação ou julgamento contra si mesmo.

CONFESSIO EST REGINA PROBATIONUM. *Expressão latina.* A confissão é a rainha das provas.

CONFESSIO EXTRAJUDICIALIS DUBIAM JUDICI CAUSAM FACIT. *Brocardo latino.* A confissão extrajudicial faz duvidosa a causa ao juiz.

CONFESSIO FACIT REM MANIFESTAM. *Expressão latina.* A confissão torna a coisa manifesta.

CONFESSIO FACTA IN JUDICIO NON POTEST RETRACTARI. *Expressão latina.* Não pode ser retratada a confissão feita judicialmente.

CONFESSIONAL. *Direito canônico.* Aquilo que é relativo a uma crença religiosa.

CONFESSIONÁRIO. *Direito canônico.* **1.** Pequeno gabinete onde o padre ouve confissões dos fiéis. **2.** Sacramento da penitência. **3.** Tribunal de penitência. **4.** Diretório para confissão.

CONFESSIO NIHIL ALIUD EST QUAM ADSEVERATIO EIUS QUOD AB ADVERSARIO INTENDITUR. *Brocardo latino.* A confissão nada mais é que a afirmação do que se pede pelo adversário.

CONFESSIO SPONTANEA MINUIT DELICTUM ET POENAM. *Aforismo jurídico.* A confissão espontânea diminui o delito e a pena.

CONFESSO. **1.** *Direito processual penal.* Diz-se do réu que confessou a autoria de um crime ou contravenção. **2.** *Direito processual civil.* a) O que afirma a veracidade de um ato de uma relação ou de uma situação de fato ou de direito; b) reconhecimento de confissão, que se presume se o interessado, intimado, não comparece em juízo ou, comparecendo, recusa-se a depor; c) *Vide* COMINAÇÃO DE CONFESSO.

CONFESSOR. *Direito canônico.* **1.** Padre que ouve confissões de penitentes. **2.** Aquele que confessa a fé cristã.

CONFESSÓRIA. *Direito processual.* **1.** Diz-se da ação movida contra réu confesso. **2.** Declaração dos próprios erros e culpas, reconhecendo como verdadeiro um ato ou fato que lhe prejudica. **3.** Reivindicação de um direito de servidão usurpado pelo vizinho.

CONFESSUS PRO JUDICATO EST QUI QUODAMMODO SUA SENTENTIA DAMNATUR. *Brocardo latino.* Confesso por sentença é aquele que, de algum modo, condena-se por sua declaração.

CONFESSUS PRO JUDICATO HABETUR. *Aforismo jurídico.* A confissão é tida como coisa julgada.

CONFESTIM, EX CONTINENTI, NON EX INTERVALLO. *Expressão latina.* Logo, incontinenti, sem espaço.

CONFIADOR. *Direito civil.* **1.** *Vide* CO-FIADOR. **2.** Aquele que, juntamente com outrem, presta fiança, garantindo ao credor o pagamento do crédito. A pluralidade de fiadores dá origem a três situações: a) responsabilidade solidária dos co-fiadores entre si, de modo que cada um responderá solidariamente pela dívida do afiançado se este não puder solver a prestação a que se obrigou; b) benefício de divisão, se houver estipulação convencionando que cada fiador só responderá pela parte que, em proporção, lhe couber no pagamento; c) limitação, em razão de pacto, da responsabilidade de cada um dos fiadores a um certo *quantum*.

CONFIANÇA. **1.** Idoneidade moral. **2.** Bom conceito de que alguém goza, sendo merecedor de crédito. **3.** Boa fama. **4.** Crédito. **5.** *Sociologia geral.* É a expectativa que surge, numa comunidade, de um comportamento honesto e cooperativo por parte dos outros membros da sociedade, com base em normas aceitas por todos (Francis Fukuyama).

CONFIDÊNCIA. **1.** Na *linguagem jurídica* em geral, participação de um segredo. **2.** *Direito civil.* Confiança na discrição de um profissional; segredo profissional. **3.** *Direito penal.* Objeto do crime contra a divulgação e a inviolabilidade de segredo, se este ou uma confidência forem revelados sem a autorização de quem os confidenciou, pois a lei penal protege e tutela o segredo alheio.

CONFIDENCIAL. **1.** Secreto. **2.** Aquilo que é relativo à confidência. **3.** O que se comunica sob sigilo. **4.** Aquele dado ou informação que, no interesse do Poder Executivo e das partes, deva ser de conhecimento restrito e cuja revelação não-autorizada possa frustrar seus objetivos ou acarretar dano à segurança da sociedade e do Estado. Competência para essa classificação: os servidores civis e militares, de acordo com regulamentação específica de cada órgão ou entidade da Administração Pública federal.

CONFIDENCIALIDADE. Garantia de que a informação é acessível somente por pessoas autorizadas a terem acesso.

CONFIDENTE. **1.** Na *linguagem jurídica* em geral, aquele a quem se confia um segredo. **2.** *Direito penal.* Aquele que, sabendo de um segredo em razão de ofício ou profissão, injustificadamente o revela, causando dano a outrem, não honrando a confiança nele depositada.

CONFIDENTIALITY ARRANGEMENTS. *Direito internacional privado.* Acordos de segredo.

CONFIGURAÇÃO. **1.** *Direito civil.* Forma exterior de um ato ou negócio jurídico. **2.** *Direito penal.* Enquadramento de um fato na descrição legal do tipo penal. **3.** *Direito virtual.* Conjunto de equipamentos que formam o *hardware*.

CONFIGURAÇÃO CULTURAL. *Sociologia jurídica.* Complexo de elementos culturais encontrados numa certa área em uma determinada época.

CONFIM. **1.** *Direito civil* e *direito processual civil.* Limítrofe; confinante; vizinho. **2.** *Direito internacional público.* No *plural,* designa tal termo fronteiras, divisas.

CONFINADO. *Direito penal.* Mantido em confinamento.

CONFINAMENTO. **1.** *Direito penal.* a) Estado de confinado; b) ato ou efeito de confinar; c) restrição à liberdade do condenado a pena de prisão, retirando-o do meio social; d) ato de enclausurar. **2.** *Medicina legal.* Asfixia, em pessoa presa num recinto, provocada pela falta de oxigênio.

CONFINAMENTO ACIDENTAL. *Medicina legal.* Asfixia provocada por desabamento de minas, afundamento de submarinos, inumação de pessoas vivas etc.

CONFINAMENTO CRIMINOSO. *Medicina legal.* Asfixia de condenados, colocando-os em cubículos diminutos, ou de recém-nascidos, trancando-os vivos em malas.

CONFINANTE. *Direito civil.* **1.** Diz-se do prédio que se avizinha com outro. **2.** Confrontante. **3.** O que confina. **4.** Fronteiriço. **5.** Dono do imóvel que se limita com outro.

CONFINAR. **1.** *Direito civil.* Avizinhar-se; estabelecer limites. **2.** *Direito penal.* Enclausurar alguém.

CONFINIDADE. *Direito civil.* Qualidade daquilo que confina.

CONFIRMAÇÃO. **1.** *Retórica jurídica.* Parte do discurso em que o orador desenvolve as provas. **2.** *Direito canônico.* a) Sacramento da crisma, que confirma o batismo; b) aprovação da eleição e aprovação de um bispo promulgadas pela Cúria romana. **3.** *Direito civil.* É o ato de confirmar um negócio que, por vício de consentimento, era anulável, reafirmando sua validade, ou melhor, validando-o. **4.** *Direito processual.* Ato pelo qual a sentença de um juiz é mantida e ratificada pelo tribunal *ad quem*, que apreciou o recurso dela interposto pelo interessado.

CONFIRMAÇÃO DO MANDATO. *Direito civil.* Ratificação pelo mandante do negócio realizado pelo mandatário que excedeu os poderes outorgados. Enquanto não houver tal ratificação, o mandatário será tido como gestor do negócio, na parte excedente. Se houver essa ratificação, o excesso de poderes desaparecerá, e o mandante, que era alheio ao ato negocial excessivo, por ter sido praticado pelo mandatário fora dos limites da representação, a ele se incorporará, sanando o defeito inicial.

CONFIRMAÇÃO DO NEGÓCIO. *Direito internacional privado.* Técnica de garantia e de pagamento que consiste na assunção firme e definitiva do crédito do exportador, dando as mesmas vantagens e garantias tanto ao comprador quanto ao vendedor, por se referir a uma operação isolada.

CONFIRMAR. *Direito civil.* Ratificar; reafirmar; certificar.

CONFIRMATION DE COMMANDE. *Expressão francesa.* Que corresponde ao termo inglês *confirming.* Modo de financiamento que opera com bens de produção, variando de três meses a dez anos.

CONFIRMING. *Vide CONFIRMATION DE COMMANDE.*

CONFIRMING BANK. *Locução inglesa.* Banco confirmador, que assume o compromisso perante o exportador de pagar em nome do *Issuing Bank,* por ser seu avalista.

CONFIRMING HOUSE. *Locução inglesa.* Sociedade de confirmação, situada no país do importador, que se empenha em relação ao exportador, por uma confirmação de ordem, em regular o fornecimento por pronto pagamento ou no prazo acordado, diante de entrega dos documentos de expedição (e de eventuais efeitos cambiários de responsabilidade do importador) da mercadoria. A sociedade de confirmação, ao receber os documentos, entrega-os ao importador, concedendo-lhe uma dilação de prazo relativa ao pagamento dos juros atinentes a essa operação cambiária. Com isso ter-se-á financiamento em benefício do importador e redução de risco comercial ao exportador, pelo empenho do pagamento por parte da *Confirming House,* que receberá, para tanto, do exportador uma comissão de confirmação, que varia de 1% a 3% do valor garantido (Francesco Galgano).

CONFISCAÇÃO. *Vide CONFISCO.*

CONFISCAR. Ato de apreender e adjudicar bens de outrem como medida punitiva.

CONFISCO. 1. *Direito constitucional.* a) Apreensão pelo Estado, a título punitivo, de propriedade imóvel na qual seu proprietário cultive ilegalmente plantas psicotrópicas, destinando-a ao arrendamento de colonos e ao cultivo de produtos alimentícios e medicamentosos, sem que seja paga qualquer indenização ao proprietário; b) apreensão de bem de valor econômico em decorrência de tráfico ilícito de entorpecentes e drogas afins, que reverterá em benefício de instituições e pessoal especializados no tratamento e recuperação de viciados e no aparelhamento e custeio de atividades de fiscalização, controle, prevenção e repressão do crime de tráfico dessas substâncias. **2.** *Direito penal.* a) Efeito da condenação ou medida de segurança, de ordem patrimonial, que se concretiza pela apreensão de instrumentos ou produtos de crime, se se tratar de coisas cuja fabricação, alienação, utilização, porte ou detenção constitua delito; b) perda do domínio de artigos de consumo fabricados ou contrabandeados. **3.** *Direito internacional público.* a) Apreensão por um País de uma propriedade pública ou imóvel situados no território de um Estado adversário, mediante anexação consignada em tratado de paz; b) apreensão de navios inimigos e de suas cargas durante a guerra.

CONFISCO CAMBIAL. *Direito cambiário.* Retenção pelo governo de cambiais vendidas pelo exportador, para obtenção de seu pagamento no exterior.

CONFISSÃO. 1. *Direito processual civil.* a) Ato pelo qual a parte admite a verdade de um fato contrário ao seu interesse e favorável ao adversário; b) meio de prova, judicial ou extrajudicial, consistente no reconhecimento, tácito ou expresso, de um fato prejudicial a quem formula tal declaração. **2.** *Direito processual penal.* Ato pelo qual o acusado reconhece sua culpabilidade e declara ser verdadeiro o fato delituoso a ele imputado. **3.** *Direito canônico.* a) Declaração da própria culpa ao confessor, reconhecendo seus pecados no sacramento da penitência, para obter a absolvição; b) declaração de artigos de fé cristã; profissão de fé; c) cada uma das seitas do cristianismo. **4.** *Retórica jurídica.* Figura consistente em confessar a falta imputada.

CONFISSÃO CATEGÓRICA. *Direito processual.* Também denominada "confissão expressa" ou "real", é aquela em que alguém declara, pessoalmente ou por procurador com poderes especiais, explicitamente, ser verdadeiro um fato que contra si é alegado ou imputado, por meio de documento ou de viva voz, sem que paire qualquer dúvida quanto à sua intenção.

CONFISSÃO CINDIDA. 1. *Direito processual civil.* É a declaração que, pelo fato de o confitente acrescentar novos fatos, suscetíveis de constituir fundamento de defesa de direito material ou de reconvenção, fica dividida, de modo a ser aceita apenas em parte pelo órgão judicante, à falta de comprovação das alegações feitas. **2.** *Direito processual penal.* Declaração da verdade de um fato divisível e retratável, sem prejuízo da convicção do juiz, fundada no exame das provas em conjunto. A confissão será cindível, portanto, sem que haja qualquer prejuízo ao livre convencimento do magistrado, pois a ele incumbe sua apreciação para aceitá-la, total ou parcialmente, podendo, inclusive, separar as declarações que forem contraditórias ou inverossímeis, ficando apenas com as que alicerçam sua convicção.

CONFISSÃO CIVIL. *Direito civil* e *direito processual civil.* Reconhecimento extrajudicial ou judicial pela parte da veracidade de um fato sobre matéria cível que lhe é prejudicial, alegado por outrem. Uma vez feita a confissão, tal ato será insuscetível de retratação, por ser irrevogável. Mas se a confissão se deu por erro de fato ou de coação, ela poderá ser anulada.

CONFISSÃO COMPLEXA. *Direito processual.* Declaração reconhecendo a verdade de um fato contrário ao confitente e à qual este acrescenta fatos novos, extintivos, modificativos ou impeditivos, suscetíveis de destruir ou ilidir os efeitos da alegação confessada. Por exemplo, o réu declara e reconhece que emprestou uma quantia do autor, mas afirma que já a pagou.

CONFISSÃO CONDICIONAL. *Direito processual.* Confissão real, cuja eficácia está subordinada a evento futuro e incerto. Por exemplo, declaração de que se reconhece um débito se a outra parte renunciar à garantia real.

CONFISSÃO CRIMINAL. *Direito processual penal.* Declaração reconhecendo, judicial ou extrajudicialmente, a autoria de um crime ou contravenção.

CONFISSÃO DE CRIME. *Vide* CONFISSÃO CRIMINAL.

CONFISSÃO DE DÍVIDA. *Direito civil.* Reconhecimento inequívoco de um débito pelo próprio devedor, por instrumento público ou particular.

CONFISSÃO DE FÉ. *Direito canônico.* Declaração dos artigos de fé cristã.

CONFISSÃO ESPONTÂNEA. 1. *Direito processual civil.* É aquela em que se admite, no curso de um processo, a verdade do fato alegado pelo adversário, mediante petição escrita, embora possa ser feita oralmente ao juiz da causa, antes ou depois da audiência designada para seu interrogatório, determinado de ofício pelo órgão judicante. Feita por escrito ou oralmente, essa confissão deverá ser reduzida a termo. É espontânea porque advém da iniciativa do próprio confitente sem que haja qualquer provocação do adversário ou do juiz. **2.** *Direito penal.* Constitui circunstância atenuante da pena se o agente por sua livre vontade admite perante autoridade competente a prática do crime.

CONFISSÃO EXPRESSA. *Vide* CONFISSÃO CATEGÓRICA.

CONFISSÃO EXTRAJUDICIAL. *Direito processual.* Declaração da verdade de um fato, feita oralmente ou por meio de instrumento público ou particular, ocorrente fora do processo, não sendo requerida pelo juiz nem resultante da inquirição da parte em seu depoimento pessoal.

CONFISSÃO EXTRAJUDICIAL NÃO RECEPTÍCIA. *Direito civil* e *direito processual civil.* Declaração da verdade de um fato efetuada a terceiro ou contida em cláusula testamentária, caso em que será livremente apreciada pelo órgão judicante.

CONFISSÃO EXTRAJUDICIAL RECEPTÍCIA. *Direito civil* e *direito processual civil.* É a declaração da veracidade de certo fato feita por escrito e fora do juízo à outra parte, ou a quem a represente, tendo a mesma eficácia probatória da confissão judicial.

CONFISSÃO FICTA. *Direito civil* e *direito processual civil.* **1.** Declaração da verdade de determinado fato decorrente da alegação não contestada pela outra parte, se o contrário não resultar do conjunto das provas. **2.** É a que resulta da omissão da parte que, intimada para prestar depoimento pessoal, não comparece em juízo, aceitando, tacitamente, a verdade do fato alegado pelo adversário.

CONFISSÃO GERAL. *Direito canônico.* **1.** Confissão de pecados feita por várias pessoas em comum. **2.** Confissão em que o penitente declara todos os pecados por ele cometidos, abrangendo os já mencionados em confissões anteriores.

CONFISSÃO INDIVISÍVEL. *Direito processual civil.* É a declaração da verdade de um fato que não pode ser decomposta em partes independentes, para serem avaliadas em apartado, sem outra prova que venha a justificar a peça destacada. Logo, não será possível separar como prova apenas uma parte da declaração do confitente que seja favorável ao seu adversário, repudiando o restante que lhe é desfavorável. A confissão é, em regra, indivisível, salvo se o confitente vier a aduzir-lhe fatos novos suscetíveis de constituir fundamento de defesa de direito material ou de reconvenção, caso em que poderá ser cindida ou dividida.

CONFISSÃO JUDICIAL. *Direito processual.* Admissão, espontânea ou provocada, da verdade de um fato contrário aos interesses do confitente e favorável a seu adversário, feita verbalmente ou por escrito, em juízo, segundo os modos previstos em lei, perante a autoridade judiciária que preside ao feito.

CONFISSÃO PESSOAL. *Direito processual.* Declaração da veracidade de um fato feita pelo próprio confitente, em juízo ou fora dele.

CONFISSÃO POR ESCRITO. *Direito processual.* Declaração da verdade de um fato feita em documento, no qual se reconhecem as alegações da outra parte.

CONFISSÃO POR PETIÇÃO. *Vide* CONFISSÃO ESPONTÂNEA.

CONFISSÃO PRESUMIDA. *Vide* CONFISSÃO FICTA.

CONFISSÃO PROVOCADA. *Direito processual civil.* Declaração da verdade de um fato resultante do depoimento pessoal prestado pelo litigante (confitente) em juízo. O confitente é instado a comparecer em juízo para prestar depoimento pessoal requerido pelo adversário.

CONFISSÃO QUALIFICADA. *Direito processual civil.* Declaração que, apesar de confirmar a alegação feita pela parte contrária, contém afirmação de circunstâncias que podem alterar a natureza jurídica do ato ou limitar o direito do adversário. É a feita com reservas, procurando criar uma nova situação em benefício do confitente.

CONFISSÃO REAL. *Vide* CONFISSÃO CATEGÓRICA.

CONFISSÃO SIMPLES. *Direito processual.* É a que, sendo alusiva a certos fatos, apenas declara, pura e simplesmente, a verdade deles, sem nada acrescentar. O confitente só reconhece o fato afirmado pelo adversário, sem fazer quaisquer modificações ou acréscimos.

CONFISSÃO TÁCITA. *Vide* CONFISSÃO FICTA.

CONFISSÃO TESTAMENTÁRIA. *Direito civil.* Aquela feita por testamento pelo testador.

CONFISSÃO VERBAL. *Direito processual.* Declaração oral do confitente admitindo a verdade de um fato que o prejudica e favorece o adversário. É feita, em regra, em juízo, pois, se for extrajudicial, terá tão-somente o efeito probatório admitido por lei nos casos em que não se exija prova literal do ato, cumprindo ao órgão judicante apreciá-la conforme o merecimento que tiver.

CONFITENTE. *Direito processual.* Aquele que faz uma confissão judicial ou extrajudicial.

CONFLAGRAÇÃO. 1. *Direito internacional público.* Guerra entre vários países. **2.** *Ciência política.* Revolução ou cataclismo político.

CONFLITADO. *Direito processual.* Diz-se do juízo contra o qual se levanta conflito de competência ou de jurisdição.

CONFLITANTE. *Teoria geral do direito.* Antagônico ou colidente.

CONFLITO. 1. *Direito internacional público.* a) Litígio internacional que se dá em caso de divergência entre as nações; b) guerra ou luta armada entre países. **2.** *Direito processual civil.* a) Pendência; b) processo especial para solucionar questão relativa à competência de autoridade judiciária. **3.** *Sociologia jurídica.* Competição entre pessoas ou grupos sociais que pretendem a sujeição ou destruição do rival. **4.** *Psicologia forense.* Tensão provocada pela presença simultânea de motivos contraditórios. **5.** *Ciência política.* Tumulto; oposição. **6.** *Teoria geral do direito.* a) Relação entre dois princípios cujas aplicações requerem num mesmo objeto determinações contraditórias (Lalande); b) divergência de duas ou mais leis no tempo e no espaço; c) conjunto de alternativas incompatíveis, que exigem uma decisão (Tércio Sampaio Ferraz Jr.).

CONFLITO APARENTE DE LEIS PENAIS. *Direito penal.* Dá-se quando o crime praticado parece estar violando duas normas, mas, na verdade, implica a ofensa a uma única norma, por exemplo, lesão corporal seguida de morte.

CONFLITO APARENTE DE NORMAS. *Teoria geral do direito.* Contradição entre duas ou mais normas que pode ser solucionada por critérios normativos, como o hierárquico, o cronológico e o da especialidade.

CONFLITO COLETIVO DE TRABALHO. *Direito do trabalho.* Controvérsia de interesses gerais de toda uma categoria profissional solucionada por órgão de segunda instância, cuja decisão alcançará mesmo àqueles que não participaram no processo, desde que pertencentes à categoria postulante.

CONFLITO CULTURAL. *Sociologia jurídica.* Incompatibilidade entre valores culturais cujos portadores humanos estabelecem contato.

CONFLITO DA RAZÃO CONSIGO MESMA. *Filosofia geral* e *filosofia do direito.* Conjunto de contradições em que a razão se compromete quando se esforça para encontrar nos fenômenos um incondicional de que dependeriam todos os condicionados (Kant).

CONFLITO DE ATRIBUIÇÕES. *Direito administrativo* e *direito processual civil.* **1.** Controvérsia entre autoridade administrativa e judiciária, pelo fato de cada uma delas se julgar competente ou incompetente para decidir sobre determinado ato administrativo material. **2.** Choque de competência entre dois funcionários públicos, competindo ao superior hierárquico comum determinar qual deles deverá desempenhar a tarefa.

CONFLITO DE ATRIBUIÇÕES NEGATIVO. *Direito administrativo.* Dá-se quando dois funcionários públicos se julgam incompetentes para conhecer e solucionar determinado assunto.

CONFLITO DE ATRIBUIÇÕES POSITIVO. *Direito administrativo.* Ocorre quando dois funcionários públicos se julgam competentes para resolver certa matéria.

CONFLITO DE COMPETÊNCIA. 1. *Direito processual civil.* É também chamado de "conflito de jurisdição", por dizer respeito a pendência relativa a questão sobre competência entre juízes ou tribunais da mesma jurisdição. Pode surgir num só processo, caso em que se tem *incidente singular*, ou em dois ou mais processos, hipótese em que se configura o *incidente concursal* de competência. Há conflito de competência quando: a) dois ou mais juízes declaram-se competentes; b) dois ou mais juízes consideram-se incompetentes; e c) entre dois ou mais magistrados surge controvérsia sobre a reunião ou separação de processos. Tal conflito pode ser suscitado por qualquer das partes, pelo Ministério Público ou pelo magistrado, mas não pela parte que vier a oferecer no processo a exceção de incompetência. A parte que não o suscitar poderá oferecer exceção declinatória do foro. **2.** *Direito processual penal.* a) Ocorre quando duas ou mais autoridades judiciárias se consideram competentes ou incompetentes para conhecer do mesmo crime; b) dá-se quando entre os juízes surge controvérsia sobre uma unidade de juízo, junção ou separação de processo.

CONFLITO DE COMPETÊNCIA INTERNACIONAL. *Direito internacional privado.* Ocorre quando mais de um Estado se julga competente para decidir um litígio, por isso só a *lex fori* poderá determinar a competência internacional dos juízes.

CONFLITO DE COMPETÊNCIA INTERNO. *Direito processual.* Aquele estabelecido, no âmbito do mesmo tribunal, entre turmas, câmaras, Conselho Superior da Magistratura, juízes de segundo grau e desembargadores.

CONFLITO DE COMPETÊNCIA NEGATIVO. *Direito processual civil.* Dá-se quando dois ou mais juízes se consideram incompetentes para decidir determinado litígio.

CONFLITO DE COMPETÊNCIA POSITIVO. *Direito processual civil.* Ocorre quando duas ou mais autoridades judiciárias reivindicam sua competência para conhecer de um fato *sub judice.*

CONFLITO DE COMPETÊNCIA PREJUDICADO. *Direito processual civil.* É o que ocorre quando o juiz suscitado reconhece a competência do suscitante.

CONFLITO DE DEVERES. *Teoria geral do direito.* Dá-se quando um mesmo ato parece, concomitantemente, legítimo ou ilegítimo, conforme a norma a que está relacionado.

CONFLITO DE DIREITOS. *Vide* COLISÃO DE DIREITOS.

CONFLITO DE INTERESSES. *Teoria geral do direito, direito processual civil* e *direito internacional público.* Divergência entre duas ou mais pessoas que têm interesse pelo mesmo objeto. Tal desavença pode resultar em: a) uma demanda entre pessoas físicas ou jurídicas, pois a lide nada mais é do que o conflito de interesses qualificado por uma pretensão resistida de uma parte; ou b) uma beligerância entre países.

CONFLITO DE JURISDIÇÃO. *Vide* CONFLITO DE COMPETÊNCIA.

CONFLITO DE LEIS NO ESPAÇO. *Teoria geral do direito* e *direito internacional privado*. **1.** *Vide* APLICAÇÃO DA LEI NO ESPAÇO. **2.** Divergência entre normas que regem o mesmo fato, vigentes em países diferentes, ou seja, entre lei estrangeira e lei nacional, em face da pessoa ou pessoas que dele participam.

CONFLITO DE LEIS NO TEMPO. *Teoria geral do direito*. **1.** *Vide* APLICAÇÃO DA LEI NO TEMPO. **2.** Divergência entre duas ou mais leis de um mesmo país, uma velha e outra nova, com relação a qual delas deva ser aplicada a um determinado caso.

CONFLITO DE LEIS PENAIS NO ESPAÇO. *Direito internacional* e *direito penal*. Colisão de duas leis penais, em virtude do fato de cada país ter sua própria legislação penal. Assim, se um crime for cometido em mais de um Estado, ante o *locus regit actum*, cada nação aplicará suas leis, sem prejuízo de tratados e convenções.

CONFLITO DE LEIS PENAIS NO TEMPO. *Direito penal.* Concorrência entre duas normas penais, num dado país, que é solucionada pelos princípios da especialidade, da consunção e da subsidiariedade. Pelo da especialidade o delito especial neutraliza o genérico, mesmo que venha a impor pena menor ao agente, uma vez que o tipo geral deve estar contido no especial. Pelo da consunção o fato previsto numa norma também o está no tipo que descreve outra de maior amplitude (Luís Jiménez de Asúa). A norma consuntiva é de amplitude maior que a consumida. Pelo da subsidiariedade, a lei primária prevalece sobre a subsidiária. A subsidiariedade explícita ocorre quando, no preceito ou na sanção, a norma ressalva a hipótese de ocorrência de outro crime, com as cláusulas "se o fato não constitui crime mais grave", "fora dos casos de ...". É implícita a subsidiariedade quando uma lei contém outra por lhe ser esta elemento constitutivo ou circunstância agravante, por exemplo, o crime de constrangimento ilegal é subsidiário do estupro (Magalhães Noronha), pois o delito menor só pode ser invocado quando o maior não tiver aplicabilidade. O delito subsidiário é menos grave que o primário.

CONFLITO DE MATERNIDADE. *Direito civil* e *biodireito*. Conseqüência que pode advir da ectogênese ou fertilização *in vitro* heteróloga, fazendo com que a criança gerada na proveta possa ter duas ou três mães se a fecundação se der, por exemplo, com sêmen do marido e óvulo de outra mulher, implantando-se o embrião no útero da esposa ou de terceira pessoa. Como determinar a maternidade? Quem será a mãe? A doadora do óvulo? A esposa que encomendou a fertilização? A mulher em cujo útero foi implantado o embrião? A criança poderá ter duas mães, a biológica, que a gerou, e a genética, que doou o óvulo, ou até mesmo três mães, a biológica, que a gerou ao doar o útero, a genética, que doou o óvulo, e a institucional, que a encomendou à clínica de fertilização assistida, por ter feito o projeto do nascimento. Ter-se-ia, então, de elaborar um novo conceito de maternidade.

CONFLITO DE PATERNIDADE. *Direito civil* e *biodireito*. **1.** Possibilidade de uma pessoa ter dois pais, em caso de fertilização assistida, sendo um institucional e o outro genético. O institucional será o marido que anuiu na inseminação *cum semine alieno*; o genético será o doador do elemento viril fertilizante, não responsável juridicamente pelo ser que gerou. **2.** Poderá ocorrer se alguém comparecer em cartório e declarar como seu filho de mulher casada. O filho terá, então, dois pais: o marido de sua mãe, por presunção legal *juris tantum*, e o declarante. Se o marido pretender o respeito àquela presunção, só poderá fazê-lo com base na matrimonialidade da filiação, por isso o oficial do registro deverá investigar o estado civil dos supostos pais, só admitindo o reconhecimento de filho de mulher casada após o trânsito em julgado de decisão que acolha a contestação da paternidade por parte do marido, ou mediante prova de: adultério (ilícito civil); *impotência generandi*; impossibilidade de inseminação artificial homóloga ou fertilização *in vitro*, por não ter feito a doação de sêmen; ausência de consentimento para inseminação artificial heteróloga ou que ela se deu por vício de consentimento.

CONFLITO DE PROVAS. *Direito processual civil.* Divergência ou oposição apresentada pelas provas trazidas sobre um mesmo fato, no curso do processo, pelas partes litigantes. O órgão judicante, ante o princípio do livre convencimento, determinará a que lhe parecer mais idônea ao esclarecimento do caso.

CONFLITO DE QUALIFICAÇÃO. *Direito internacional privado.* Dá-se quando duas ordens jurídicas qualificam de modo diverso um mesmo instituto jurídico, caso em que será preciso estabelecer o princípio indicativo do critério de conexão para solucionar esse conflito, verificando se a *lex fori*, ou seja, se o ordenamento jurídico positivo do juiz competente para decidir a questão contém algum preceito que aponte a lei idônea para conferir efeitos jurídicos ao fato *sub judice*. A qualificação consiste na operação pela qual o órgão judicante, antes de prolatar a decisão, verifica, mediante a prova feita, qual a instituição jurídica correspondente ao fato interjurisdicional provado, delimitando qual das normas jurídicas substantivas concorrentes deve ser-lhe aplicada. Trata-se de problema de eleição da norma substancial qualificadora da relação jurídica subjacente.

CONFLITO DE TENDÊNCIAS. *Psicologia forense.* Conflito entre o consciente e o inconsciente nos fenômenos do recalcamento.

CONFLITO FUNDIÁRIO. *Direito agrário.* Litígio sobre ocupação, posse ou propriedade de imóvel rural.

CONFLITO INDIVIDUAL DO TRABALHO. *Direito do trabalho.* Divergência havida entre empregado e empregador, como decorrência da relação empregatícia, sobre questões atinentes à observância de normas legais ou contratuais.

CONFLITO INTERESPACIAL. *Vide* CONFLITO DE LEIS NO ESPAÇO.

CONFLITO INTERESPACIAL DUPLO. *Direito internacional privado.* Colisão entre duas normas de direito interespacial.

CONFLITO INTERESPACIAL RELATIVO AOS DIREITOS REAIS. *Direito internacional privado.* Colisão de leis no espaço relativas aos direitos reais, que se rege pelo princípio da territorialidade. O critério jurídico para regular coisas móveis de situação permanente, inclusive de uso pessoal, ou imóveis (*ius in re*) é o da *lex rei sitae*. O princípio *mobilia sequuntur personam* só é aplicável aos bens móveis em estado de mobilidade. A tudo que diz respeito aos direitos reais (*ius in re*) aplica-se a *lex rei sitae*, que rege tão-somente os móveis ou imóveis considerados individualmente (*uti singuli*), pertencentes a nacionais ou estrangeiros, domiciliados ou não no País. Os bens considerados *uti universitas*, como o espólio e o patrimônio conjugal, escapam à aplicação da *lex rei sitae*, passando a se reger pela reguladora da sucessão (*lex domicilii* do autor da herança) e da sociedade conjugal. Todavia, sob certos aspectos, os bens *uti universitas* também

podem disciplinar-se pela *lex rei sitae*, como, por exemplo, a desapropriação de imóvel tutelado ou massa falida. Se houver mudança de situação de um bem móvel, a lei da nova situação (*lex rei sitae*) aplicar-se-á, respeitando-se os direitos adquiridos. Devido a sua natureza especial, os navios e aeronaves não se regem pela *lex rei sitae*, ante suas passagens de um Estado para outro, mas pela lei do pavilhão, isto é, pela do país onde estiverem matriculados.

CONFLITO INTERESPACIAL SIMPLES. *Direito internacional privado.* Divergência ou choque entre duas ou mais leis substantivas de países diferentes, que disputam a competência para reger dada relação jurídica, que contém elemento estrangeiro.

CONFLITO INTERNO DE LEI. *Teoria geral do direito.* Contradição entre dispositivos de um mesmo diploma legal.

CONFLITO INTERTEMPORAL. *Vide* CONFLITO DE LEIS NO TEMPO.

CONFLITO INTERTEMPORAL DUPLO. *Teoria geral do direito.* Oposição entre duas normas de direito intertemporal.

CONFLITO INTERTEMPORAL SIMPLES. *Teoria geral do direito.* Colisão de duas leis substantivas no tempo.

CONFLITO JURISPRUDENCIAL. *Teoria geral do direito.* Divergência entre duas ou mais decisões dos tribunais.

CONFLITO MISTO. *Teoria geral do direito* e *direito internacional privado.* Ocorrência simultânea de divergências ou conflitos intertemporais e interespaciais. Poderá ser: a) conflito intertemporal-interespacial, se, no tempo, houver colisão entre duas normas de direito interespacial; e b) conflito interespacial-intertemporal, se, no espaço, ocorrer divergência entre duas ou mais normas de direito intertemporal.

CONFLITO NEGATIVO. *Vide* CONFLITO DE COMPETÊNCIA NEGATIVO.

CONFLITO POSITIVO. *Vide* CONFLITO DE COMPETÊNCIA POSITIVO.

CONFLITO REAL DE NORMAS. *Vide* ANTINOMIA REAL.

CONFLITOS DUPLOS NEGATIVOS. *Direito internacional privado.* Ocorrem quando normas interespaciais intersistemáticas conferem reciprocamente uma à outra a competência para a regência da situação *sub judice*. Deveras, ante a coexistência de várias ordens legislativas de direito internacional privado pode acontecer que, para reger a mesma relação jurídica, os legisladores de dois ou mais Estados interessados, no momento político-jurídico colisional, qualifiquem-na de modo diverso, cada qual elegendo elementos de conexão não coincidentes. Por exemplo, o estado e a capacidade de brasileiro domiciliado na Itália regem-se conforme o direito internacional privado brasileiro pela lei italiana (lei do domicílio), mas, pelo direito internacional privado italiano, aplica-se o direito brasileiro (lei da nacionalidade) (J. R. Franco Fonseca).

CONFLITOS DUPLOS POSITIVOS. *Direito internacional privado.* Ocorrem quando várias normas interespaciais intersistemáticas concorrem para regular a mesma situação fática. Por exemplo, a sucessão de um italiano domiciliado no Brasil que deixou imóveis na Inglaterra reger-se-á pelo direito internacional privado brasileiro, pela norma substancial brasileira (a do domicílio); segundo o direito internacional privado italiano, pela norma substantiva italiana (a da nacionalidade); e, conforme o direito internacional privado inglês, pela norma substancial britânica (a da situação dos bens). Como se vê, tais normas colidentes objetivam qualificar a mesma relação jurídica pela aplicação de seu próprio direito substancial, ligado à espécie por vínculos diferentes (J. R. Franco da Fonseca). Para solucionar esse conflito, ter-se-á a obrigatoriedade imposta ao órgão judicante de aplicar a norma de direito internacional privado de seu país, ignorando a do Estado estrangeiro, igualmente interessado.

CONFLITOS ENTRE INTERESSES DE GRUPOS E DA SOCIEDADE. Aqueles em que a sociedade se opõe a negócio em que uma das partes seja um grupo (Roberto Senise Lisboa).

CONFLITOS ENTRE INTERESSES INDIVIDUAIS E DA SOCIEDADE. Aqueles em que pessoa jurídica, legitimada para defender interesses difusos dos integrantes de uma sociedade, se opõe ao interesse do contratante (Roberto Senise Lisboa).

CONFLITOS ENTRE INTERESSES INDIVIDUAIS E DE GRUPOS. Litígios em que terceiros, representados por uma entidade (sindicato), oferecem oponibilidade à formação de um contrato (Roberto Senise Lisboa).

CONFLITOS INTERGRUPAIS DE INTERESSES. São, segundo Roberto Senise Lisboa, litígios que surgem entre um grupo de pessoas (por exemplo, adquirentes de loteamentos), cujo ente legitimado para representá-lo efetua negócio que venha a cercear os interesses de outro grupo (por exemplo, associação de proteção ao meio ambiente).

CONFLITOS INTERINDIVIDUAIS DE INTERESSES. Litígios entre terceiro que se opõe a um contrato, pelo fato de este comprometer um direito seu ou um bem que integra seu patrimônio (Manuel Salvador).

CONFLITOS INTERSOCIAIS. Conflitos de interesses entre duas sociedades, sendo uma delas parte na relação negocial (Roberto Senise Lisboa).

CONFLUÊNCIA. 1. *Medicina legal.* a) Afluência de um exantema em certo ponto da pele; b) caráter de doenças eruptivas. **2.** Na *linguagem comum,* ponto de junção de rios, que depois correm em leito comum.

CONFORMAÇÃO. 1. *Medicina legal.* Redução de um osso deslocado. **2.** Na *linguagem jurídica* em geral: a) ato de se conformar; b) condescendência; c) resignação.

CONFORME. *Direito processual civil* e *direito civil.* **1.** Igual. **2.** Que está nos devidos termos. **3.** De acordo com; concorde.

CONFORMIDADE. *Direito civil* e *direito processual civil.* **1.** Concordância. **2.** Qualidade do que é conforme. **3.** Identidade. **4.** Semelhança.

CONFORMIDADE CONTÁBIL DOS ATOS DA GESTÃO ORÇAMENTÁRIA, FINANCEIRA E PATRIMONIAL. *Direito financeiro.* Consiste na responsabilidade pelos registros contábeis efetuados na unidade gestora executora e demonstrações deles decorrentes. A Conformidade Contábil deverá ser efetuada por profissional habilitado à vista dos exames realizados por meio do Sistema Integrado de Administração Financeira do Governo Federal (SIAFI) e da conformidade de suporte documental.

CONFORMIDADE DE SUPORTE DOCUMENTAL. *Direito administrativo.* Consiste na responsabilidade do servidor designado pela unidade gestora executora quanto à certificação da existência de documento hábil que comprove a operação e retrate a transação efetuada. Deverá ser registrada diariamente, por servidor designado pela unidade gestora executora, credenciado para esse fim, de modo que seja mantida a segregação entre a função de emitir documentos e a de registrar a referida conformidade.

CONFORMIDADE DIÁRIA. *Direito administrativo.* Consiste na ratificação pelo dirigente ou servidor, formalmente designado para a prática de atos de gestão aposta em relatório específico do SIAFI referente aos documentos emitidos no dia, fixando a responsabilidade pelos atos praticados, de acordo com a legislação vigente.

CONFORMISMO. 1. *Sociologia jurídica.* Conformação com os costumes ou opiniões alheias ou com qualquer situação. **2.** *Filosofia geral.* Aceitação passiva de idéias, de normas, de valores ou dos comportamentos da maioria do grupo a que se pertence (Stoppino, Asch e Crutchfield).

CONFORTO. Bem-estar; comodidade.

CONFRADE. 1. *Direito canônico.* Irmão em confraria. **2.** Na *linguagem jurídica* em geral, aquele que exerce a mesma profissão ou pertence à mesma categoria de outrem.

CONFRARIA. *Direito civil.* Irmandade ou associação de leigos que presta obediência às leis civis, embora esteja, quanto à sua organização interna e administrativa, sob a autoridade e inspeção do bispo, destinando-se à manutenção do culto, ao auxílio espiritual de seus membros e ao exercício de obras pias. Por exemplo, a confraria do Santíssimo Sacramento, a Confraria de Nossa Senhora da Boa Morte, a Confraria do Espírito Santo etc. Embora tenha deveres consignados em seu regulamento, sofre intervenção de atos episcopais na sua administração, no sentido de conduzi-la à fiel efetivação de suas finalidades. A confraria não se confunde com a *devoção*, porque esta constitui mera congregação de fato, não regida por norma estatutária, ao passo que aquela é pessoa jurídica de direito privado, se regularmente registrada.

CONFRATERNIDADE. *Direito civil.* Relação que une os membros da mesma confraria ou as pessoas que têm a mesma profissão.

CONFRATERNIZAÇÃO. *Direito civil.* Demonstração de confraternidade.

CONFREIRE. *Direito militar.* Co-irmão de ordem militar.

CONFRONTAÇÃO. 1. *Direito civil.* Limites entre prédios vizinhos. **2.** *Direito processual penal* e *direito processual civil.* a) Acareação de réu e autor ou de testemunhas para confrontar seus depoimentos, buscando-se, em caso de contradição, a verdade; b) comparação de laudos periciais, de assinaturas ou do original de um documento com a sua cópia.

CONFRONTADOR. Aquele que confronta.

CONFRONTANTE. 1. *Direito civil.* a) Diz-se do prédio confinante; b) aquilo que confronta. **2.** *Direito agrário.* Diz-se do imóvel rural que confronta com outro.

CONFRONTAR. 1. *Direito civil* e *direito agrário.* a) Colacionar; b) fazer divisas; delimitar. **2.** *Direito processual penal* e *direito processual civil.* a) Acarear testemunhas ou o réu e o autor; b) comparar documentos.

CONFRONTO. 1. *Vide* CONFRONTAÇÃO. **2.** Cotejo; comparação.

CONFUGIR. Refugiar-se junto a alguém (Othon Sidou).

CONFUNDIR. 1. *Teoria geral do direito.* a) Reunir coisas de modo que não sejam mais discerníveis; b) tomar um objeto por outro; c) provar publicamente o erro ou a má-fé de alguém; d) provocar desordem em algo, fazendo-o falhar. **2.** *Direito civil.* a) Misturar coisas líquidas; b) reunir, numa só pessoa, as qualidades de credor e devedor.

CONFUSÃO. 1. *Direito civil.* a) Aquisição e perda da propriedade móvel pela mistura de coisas líquidas pertencentes a pessoas diversas, de tal forma que seria impossível separá-las; b) modo de extinguir uma dívida, no todo ou em parte, pela reunião na mesma pessoa das qualidade de credor e devedor. É, no direito obrigacional, a aglutinação, em uma única pessoa e relativamente à mesma relação jurídica, das qualidades de credor e devedor, por ato *inter vivos* ou *causa mortis*, operando a extinção do crédito; c) reunião, numa mesma pessoa, de diversos direitos sobre bem corpóreo ou incorpóreo, que anteriormente se encontravam separados, isto é, na confusão reúnem-se no mesmo titular a propriedade e um direito real sobre coisa alheia, como é o caso, por exemplo, do usufrutuário que sucede nos direitos do nu-proprietário; do senhorio que adquire o domínio útil do foreiro; do proprietário do prédio serviente que passa a ter a propriedade do dominante; do credor pignoratício que adquire o domínio do objeto gravado etc. **2.** *Teoria geral do direito.* a) Falta de método; b) falta de clareza; c) ausência de reconhecimento das propriedades ou diferenças que um objeto apresenta em relação a outro. **3.** *Ciência política.* Tumulto; revolta.

CONFUSÃO DE PODERES. *Ciência política.* **1.** Estado de um governo em que os seus poderes dependem uns dos outros. **2.** Falta de limitação das funções de uma autoridade, que passa a invadir a área de outra. **3.** Absorção de poderes nas mãos de um só órgão. **4.** Avocação que uma autoridade pública faz a si de poderes cujo exercício compete a outrem.

CONFUSÃO IMPRÓPRIA. *Vide* CONFUSÃO PARCIAL.

CONFUSÃO MENTAL. *Psicologia forense.* Estado patológico que se caracteriza pela mistura de idéias, causando perturbação do pensamento ou entendimento e conseqüente perplexidade. É provocada por febre, traumatismos etc.

CONFUSÃO PARCIAL. *Direito civil.* Também designada "confusão imprópria", uma vez que há o concurso, numa mesma pessoa, das qualidades de credor e devedor apenas em relação a uma parte do débito ou do crédito, por exemplo, se o credor não receber a totalidade da dívida, por não ser o único herdeiro do devedor ou por não lhe ter sido transferido integralmente o débito, ou se o devedor não for o único herdeiro do credor.

CONFUSÃO PRÓPRIA. *Vide* CONFUSÃO TOTAL.

CONFUSÃO TOTAL. *Direito civil.* Aglutinação, numa só pessoa e relativamente a toda a dívida ou crédito, das qualidades de credor e devedor, por ato *inter vivos* ou *causa mortis*, operando-se a total extinção da obrigação. É também chamada de "confusão própria".

CONFUSED ARTIFICIAL INSEMINATION (CAI). *Medicina legal* e *biodireito.* Método de fertilização assistida, admitido nos EUA, mas proibido em vários países, em que o sêmen do marido estéril é misturado ao de outro homem, por questão psicológica, para que na mente dos cônjuges haja a idéia de a criança poder ser do marido.

CONFUTAÇÃO. *Direito processual civil.* Ato de rebater, impugnar ou replicar, por exemplo, a contestação do réu ou a réplica do autor.

CONFUTADOR. *Direito processual civil.* Aquele que refuta algo.

CONFUTAR. *Direito processual civil.* Contestar; replicar; rebater; impugnar; refutar.

CONGÉABLE. *Termo francês.* Anulável.

CONGÉDIEMENT. *Termo francês.* Concessão de uma licença.

CONGELAÇÃO. *Medicina legal.* Diz-se do óbito pelo resfriamento, parcial ou total, do corpo, causando interrupção da circulação sangüínea, gangrena etc.

CONGELADO. *Direito internacional privado.* Diz-se do crédito que não pode ser transferido para o exterior, em virtude de providências governamentais restritivas, provocadas por uma situação anormal, ante os parcos recursos para atender às importações.

CONGELAMENTO. 1. *Direito internacional privado.* a) Proibição temporária da transferência de um crédito, por falta de divisas de um país em relação a outro, impossibilitando o cumprimento dos compromissos oriundos das importações efetuadas; b) estado de uma dívida externa que, ante a falta de recursos, não pode ser, temporariamente, paga ou exigida. **2.** *Direito econômico.* Ato governamental pelo qual se fixam os valores dos salários ou os preços de mercadorias, produtos, serviços ou artigos de consumo, com o escopo de evitar a alta do custo de vida, protegendo a economia popular.

CONGELAMENTO DE EMBRIÕES. *Medicina legal* e *biodireito.* Técnica de congelamento computadorizado de embriões excedentes de um ciclo de FIV, numa criocâmara especial, onde ficam guardados, para serem utilizados numa nova fertilização ou doados a outro casal (Roger Abdelmassih).

CONGELAMENTO DE PREÇOS. *Direito econômico* e *direito administrativo.* Intervenção estatal na economia, através da divulgação de tabelas de preços, impedindo que certos produtos tenham alta durante determinado período de tempo.

CONGELAR. 1. *Direito econômico.* Impedir o aumento de preços de certos produtos, serviços, salários e aluguéis. **2.** *Direito internacional privado.* Tomar providências para evitar a saída de capitais. **3.** *Direito processual.* Embaraçar o andamento normal de um processo ou de um requerimento. **4.** *Direito comercial.* Submeter certas mercadorias a uma temperatura abaixo do ponto de congelação para conservação e transporte.

CONGÊNERE. *Direito civil* e *direito comercial.* Aquilo que tem caracteres idênticos a outro; do mesmo gênero.

CONGÊNITO. *Medicina legal* e *biodireito.* Aquilo que se transmite ao feto, depois de formado o ovo. Característica própria da pessoa desde sua fecundação, não sendo adquirida com o seu desenvolvimento.

CONGÉRIE. *Retórica jurídica.* Amplificação consistente no agrupamento de idéias e pensamentos equivalentes.

CONGÉRIE CULTURAL. *Sociologia jurídica.* Complexo de elementos culturais não articulados entre si e justapostos no espaço.

CONGESTÃO. *Medicina legal.* Afluência sangüínea anormal nos vasos de um órgão.

CONGESTÃO ATIVA. *Medicina legal.* Afluxo de sangue em um órgão, em razão da dilatação do lúmen de seus vasos sangüíneos.

CONGESTÃO CEREBRAL. *Medicina legal.* Aumento do sangue contido nos vasos encefálicos, por afluxo de sangue arterial ou por obstáculo à circulação de sangue venoso.

CONGESTÃO ENCEFÁLICA. *Vide* CONGESTÃO CEREBRAL.

CONGESTÃO PULMONAR. *Medicina legal.* Acumulação de sangue nos vasos dos pulmões.

CONGESTIONADO. **1.** *Medicina legal.* a) Apoplético; b) em que há acumulação anormal de sangue; c) hiperêmico. **2.** *Direito de trânsito.* Diz-se do trânsito em vias públicas obstruído pela grande afluência de veículos. **3.** *Direito das comunicações.* Diz-se do estado da rede de telecomunicações caracterizado pela não-disponibilidade adequada de meios para estabelecimento da comunicação.

CONGESTIONAR. **1.** *Medicina legal.* Acumular sangue nos vasos de um órgão. **2.** *Direito de trânsito.* Afluir veículos, em número acima do normal, a uma via pública, impedindo o trânsito.

CONGESTION SURCHARGE. *Direito marítimo* e *direito internacional privado.* Sobretaxa por congestionamento, cobrada nos portos onde, costumeiramente, há demora para atracação.

CONGIARIA. *Direito romano.* Distribuição de dinheiro ao povo.

CÔNGIO. *Direito romano.* Medida romana de capacidade.

CONGLOBAÇÃO. *Retórica jurídica.* Acumulação de argumentos e provas.

CONGLOMERAÇÃO. *Ciência política* e *sociologia jurídica.* Multidão.

CONGLOMERADO FINANCEIRO. Conjunto de instituições financeiras, sociedades seguradoras, de capitalização e entidades abertas de previdência complementar, vinculadas diretamente ou não, por participação acionária ou por controle operacional efetivo, caracterizado pela administração ou gerência comum, ou pela atuação no mercado sob a mesma marca ou nome comercial.

CONGLUTINAÇÃO. *Medicina legal.* Aderência anormal de partes entre si.

CONGLUTINANTE. *Medicina legal.* Aquilo que provoca coalescência dos lábios de um ferimento, por exemplo.

CONGONHEIRA. *Direito agrário.* Árvore da erva-mate.

CONGREGAÇÃO. **1.** *Direito civil.* a) Associação; b) reunião de várias pessoas em assembléia; c) corpo de professores titulares. **2.** *Direito canônico.* a) Cada um dos órgãos da Cúria romana, composto por prelados, sob a presidência de um cardeal, para auxiliar diretamente o Papa na solução de determinados problemas; b) confraria devota sob a invocação de um santo; c) companhia de frades e freiras submetidos a uma mesma regra.

CONGREGAÇÃO DOS FIÉIS. *Direito canônico.* Igreja católica.

CONGREGAÇÃO DOS RITOS. *Direito canônico.* Tribunal competente para decidir as controvérsias relativas à beatificação e canonização de santos etc.

CONGREGAÇÃO MONÁSTICA. *Direito canônico.* União entre vários mosteiros autônomos, sob a direção e orientação do mesmo superior.

CONGREGAÇÃO RELIGIOSA. *Direito canônico.* Religião onde se emitem votos simples, perpétuos ou temporários.

CONGREGACIONAL. *Direito canônico.* Relativo à congregação religiosa.

CONGRESSIONAL. *Ciência política.* Relativo ao Congresso Nacional.

CONGRESSISTA. **1.** *Ciência política.* Membro do Congresso Nacional. **2.** *Direito civil.* Participante de uma conferência ou assembléia com fins científicos ou culturais.

CONGRESSO. **1.** *Direito constitucional* e *ciência política.* Reunião das duas casas legislativas: Senado Federal e Câmara dos Deputados. **2.** *Direito internacional público.* Reunião de representantes diplomáticos de vários países, ou melhor, de embaixadores ou plenipotenciários, para deliberação sobre temas econômicos, políticos ou de interesse comum dos participantes, para celebração de tratados etc. **3.** *Direito civil.* Reunião de pessoas competentes, pertencentes à mesma categoria profissional, para discussão de certa matéria relativa à sua especialidade, por exemplo, congresso de direito administrativo, congresso médico etc. **4.** *Medicina legal.* Coito; cópula carnal.

CONGRESSO NACIONAL. *Direito constitucional* e *ciência política.* Órgão público detentor do exercício do Poder Legislativo, formado pela Câmara dos Deputados (composta por representantes do povo) e pelo Senado Federal (composto por representantes dos Estados), competente, com a sanção do presidente da República, para dispor sobre os assuntos da competência da União. Pode também utilizar-se de resoluções e decretos legislativos, que dispensam a sanção do presidente da República.

CONGRESSO SEXUAL. *Medicina legal.* Conjunção carnal; relação sexual normal.

CÔNGRUA. *Direito canônico.* Pagamento aos párocos, para seu sustento, obtido por meio de dízimos.

CONGRUÊNCIA. 1. *Teoria geral do direito.* a) Ato ou efeito de coincidir; b) relação direta de um objeto com o fim a que se destina. **2.** *Lógica jurídica.* União harmônica e sistema de elementos.

CONGRUENTE. 1. *Lógica jurídica.* a) O que se pode afirmar como predicado do mesmo sujeito; b) diferente um do outro, mas afirmável como verdadeiro do mesmo estado de coisas. **2.** *Teoria geral do direito.* O que está harmonicamente unido ou relacionado.

CONGRUIDADE. 1. *Direito canônico.* Eficácia da graça de Deus, que opera sem destruição da liberdade. **2.** *Lógica jurídica.* a) Congruência; b) qualidade do que é congruente.

CONGRUÍSMO. *Direito canônico.* Teoria pela qual a graça divina é côngrua a quem a recebe, pelo fato de Deus ter previsto a circunstância, o momento e o estado de alma propícios, sem prejudicar o livre-arbítrio.

CONGRUÍSTA. *Direito canônico.* Partidário do congruísmo.

CÔNGRUO. *Teoria geral do direito.* O que é manifestado em termos precisos e adequados.

CONGRUO TEMPORE ET CONGRUO LOCO. *Expressão latina.* Em tempo e lugar oportunos.

CONHA. *Direito agrário.* Excrescência escabrosa que aparece no tronco da árvore, desde a base até determinada altura.

CONHECENÇA. *Direito marítimo.* Ponto que determina um rumo, na costa.

CONHECER. 1. *Filosofia geral* e *filosofia do direito.* a) Trazer para o sujeito algo que se põe como objeto; b) ato de pensar um objeto. **2.** *Direito processual civil.* a) Ato judicial de ordenar à parte litigante que se pronuncie sobre alguma peça processual; b) verificar, o juiz, se um recurso é cabível; c) ter conhecimento do processo; d) julgar; e) acolher. **3.** Na *linguagem jurídica* em geral, também designa ser versado ou perito em algo.

CONHECER DO RECURSO. *Direito processual.* **1.** Ato de o tribunal *ad quem* julgar cabível o recurso que atendeu a todos os requisitos legais exigidos para sua interposição. **2.** Em sentido amplo: a) dar provimento ao recurso, aceitando, pelo menos parcialmente, as razões do recorrente; b) examinar o mérito da decisão de instância inferior.

CONHECIMENTO. 1. *Filosofia geral* e *filosofia do direito.* a) Operação imanente pela qual um sujeito pensante se representa um objeto (Goffredo Telles Jr.). É a apreensão intelectual do objeto. É, na magistral lição de Goffredo Telles Jr., o renascimento do objeto conhecido, em novas condições de existência, dentro do sujeito conhecedor; b) ato ou efeito de conhecer; c) idéia; noção; d) ato do pensamento que define um objeto; e) objeto conhecido; f) fato de compreender um objeto. **2.** *Direito comercial.* Documento representativo de mercadoria, comprobatório de sua entrega, que constitui o seu recibo. **3.** *Direito tributário.* Recibo passado pela repartição arrecadadora, entregue ao contribuinte, relativo ao imposto pago, que, hodiernamente, está em desuso. **4.** *Direito processual civil.* a) Ato pelo qual o órgão judicante acata o processamento de uma causa; b) confirmação pelo tribunal do recebimento do recurso interposto, ao julgá-lo cabível; c) direito judicial de receber, apreciar e julgar uma causa; d) perícia.

CONHECIMENTO AÉREO. *Direito comercial.* Documento de transporte expedido pela companhia aérea ao celebrar contrato de transporte internacional ou doméstico de carga, correspondendo a cada uma das peças desta e indicando os pontos de partida e destino e as escalas.

CONHECIMENTO-CARTA DE PORTE INTERNACIONAL. *Direito alfandegário.* Declaração de Trânsito Aduaneiro (TIF-DTA), que ampara cargas em trânsito aduaneiro de entrada ou de passagem conforme estabelecido em acordo internacional e na legislação específica.

CONHECIMENTO CIENTÍFICO. *Filosofia geral* e *filosofia do direito.* **1.** Saber obtido e elaborado deliberadamente, com consciência dos fins a que se propõe e dos meios para efetivá-lo, visando sua justificação como saber verdadeiro e certo. **2.** *Vide* CIÊNCIA.

CONHECIMENTO CIENTÍFICO-JURÍDICO. *Filosofia do direito.* Saber sistemático, metodicamente obtido e demonstrado, dirigido ao direito. A epistemologia jurídica ocupa-se da ciência do direito, estudando os seus pressupostos, analisando os fundamentos em que repousam os princípios que informam sua atividade, bem como a delimitação de seu objeto temático, procurando verificar, ainda, quais os métodos, ou melhor, os meios lógicos que dão garantia de validade aos resultados teóricos alcançados.

CONHECIMENTO DA LEI. *Teoria geral do direito.* Conveniência de neutralizar-se a ignorância da lei pelo seu destinatário, fazendo com que não seja considerada (Tércio Sampaio Ferraz Jr.). Este é o sentido do princípio de que a lei é conhecida pelos seus destinatários assim que é publicada, sendo inescusável sua ignorância. Tal princípio funda-se na necessidade social, pois do contrário nenhuma ordem jurídica subsistiria, trazendo insegurança e anarquia.

CONHECIMENTO DA LEI PENAL. *Direito penal.* Conveniência de neutralização da ignorância ou da errada compreensão da lei que, por não serem admitidas, não eximem de pena.

CONHECIMENTO DE BAGAGEM. *Direito comercial.* Nota de bagagem fornecida pelo transportador, que serve de documento para que o passageiro possa retirar a sua bagagem, transportada em depósito apropriado do veículo, mediante despacho, no local de destino.

CONHECIMENTO DE CARGA. *Vide* CONHECIMENTO DE FRETE.

CONHECIMENTO DE CAUSA. *Direito processual civil.* Perícia.

CONHECIMENTO DE DEPÓSITO. *Direito comercial.* Recibo que certifica o recebimento de mercadorias ou bens depositados nos armazéns-gerais. A empresa depositária recebe mercadorias de igual natureza e qualidade, pertencentes a diversos donos, para guardá-las, obrigando-se a restituir outras da mesma espécie, qualidade e quantidade, emitindo o certificado de depósito sob a forma de títulos de crédito causais, isto é, o conhecimento de depósito e o *warrant*, transmissíveis por simples endosso. A empresa responderá perante quem se apresentar como portador desses títulos representativos do depósito.

CONHECIMENTO DE EMBARQUE. *Vide* CONHECIMENTO DE FRETE.

CONHECIMENTO DE FRETE. *Direito comercial.* **1.** Documento probatório do recebimento da mercadoria a ser transportada por via terrestre, aérea, marítima ou fluvial, emitido pelo condutor ou transportador, contendo: nome comercial da empresa emissora; número de ordem do conhecimento; data da emissão do conhecimento, indicando dia, mês e ano; nome do remetente e do destinatário, ambos por extenso, embora o destinatário possa ser o próprio remetente ou possa ser substituído pela cláusula ao portador, caso em que a mercadoria será entregue àquele que se apresentar com o conhecimento; lugar em que a mercadoria é recebida para ser transportada e lugar do destino; espécie e quantidade ou peso da mercadoria, bem como as marcas ou sinais exteriores dos volumes de embalagem; importância do frete, com a declaração de que é pago ou a pagar, bem como a indicação do lugar e da forma de pagamento; assinatura do transportador, ou de seu representante, abaixo do contexto do conhecimento. Deverá, ainda, conter: denominação da estação ou agência despachante e do lugar do embarque, quando este se efetuar fora do recinto daquela estação ou agência; indicação, quando necessária, da via de encaminhamento, espécie e número de animais despachados; declaração do valor venal da expedição; observação de "carga, descarga ou baldeação pela parte", quando essas operações devam ser executadas pelo remetente, destinatário ou preposto deste ou daquele; transcrição de qualquer declaração de garantia para a empresa feita pelo expedidor. Devido ao seu caráter probatório de entrega da mercadoria pelo remetente ao transportador, representa as mercadorias expedidas, que só poderão ser retiradas pelo destinatário mediante sua apresentação. É um título de crédito, representativo das mercadorias nele mencionadas, normalmente negociável, suscetível até mesmo de transferência por simples endosso. É preciso deixar claro que, como o contrato de transporte é consensual, o conhecimento de frete não é de sua substância, sendo expedido apenas *ad probationem tantum.* **2.** Documento emitido pelo transportador ou consolidador, constitutivo do contrato de transporte internacional e prova de propriedade da mercadoria para o importador de Carga embarcada aérea – *Air Waybill* (AWB), Carga embarcada aquática – *Bill Landing* (BL) e Carga embarcada terrestre: Conhecimento de Transporte Internacional por Rodovia (CTR).

CONHECIMENTO DE TRANSPORTE. *Vide* CONHECIMENTO DE FRETE.

CONHECIMENTO DE TRANSPORTE MULTIMODAL DE CARGAS. *Direito civil* e *direito comercial.* É documento emitido pelo operador de transporte multimodal com registro no Ministério dos Transportes.

CONHECIMENTO DIRETO. *Direito comercial.* Conhecimento de embarque ou documento único que cobre transporte feito por vários transportadores marítimos, fluviais, terrestres ou aéreos, solidariamente responsáveis. Denomina-se também "conhecimento único".

CONHECIMENTO DIRETO DO LUCRO. *Direito econômico* e *direito administrativo.* Interrogatório feito pela autoridade competente a empresários sobre a existência e importância de seus lucros, baseado na confiança.

CONHECIMENTO DO DIREITO. *Direito processual.* É o dever de juízes e tribunais de conhecer e aplicar de ofício a norma nacional, ainda que não alegada e provada pelas partes litigantes. Trata-se do princípio *iura novit curia.* Essa obrigação profissional do órgão judicante de conhecer o direito sofre apenas uma limitação aparente no que atina ao direito alienígena, pois poderá invocar em seu auxílio a cooperação das partes, impondo-lhes o *onus probandi.*

CONHECIMENTO ECONÔMICO. *Economia política* e *direito econômico.* Modo de compreender fenômenos oriundos da atividade econômica, averiguando a formação não só de uma renda individual, efetuando-se uma análise microeconômica, mas também da renda global de uma nação, fazendo-se uma análise macroeconômica (Henri Guitton).

CONHECIMENTO EMPÍRICO. *Filosofia do direito.* Saber assistemático, pois as noções que o integram derivam da experiência da vida cotidiana: de ver atuar, da leitura acidental, de ouvir etc. É um saber fragmentário, casuísta, desordenado ou não-metódico, pois não estabelece, entre as noções que o constituem, conexões nem mesmo hierarquias lógicas. Tais conteúdos do conhecimento vulgar não contam com outra garantia de verdade senão o fato de serem geralmente aceitos, porque não se procura verificar a exatidão das observações em que se baseiam, desconhecendo, assim, as verdadeiras causas que os explicam e as regras que os regem, e tampouco se invoca a correção lógica do pensamento de que provieram.

CONHECIMENTO FILOSÓFICO DO DIREITO. *Filosofia do direito.* Saber voltado ao direito que compreende três temas fundamentais: a) o problema da essência do direito, investigando o que ele é para defini-lo e precisar seu conceito (ontologia jurídica); b) o problema do conhecimento do direito (epistemologia jurídica), que, em sentido estrito, tem a incumbência de estudar os pressupostos, os caracteres do objeto, o método do saber científico-jurídico e de verificar suas relações e princípios, sendo a epistemologia jurídica, nesse sentido, a teoria da ciência jurídica, que estuda os problemas do objeto e método da ciência jurídica, sua posição no quadro das ciências e suas relações com outras afins. A epistemologia é considerada, em sentido amplo, como sinônimo de gnoseologia jurídica, que é a parte integrante da filosofia do direito que estuda crítica e reflexivamente a origem, a natureza, os limites e o valor da faculdade humana de conhecimento científico-jurídico, os critérios de validade desse conhecimento e as suas condições de possibilidade, sendo, portanto, a teoria do conhecimento jurídico em todas as suas modalidades: conceitos jurídicos, proposições jurídicas, raciocínio jurídico etc.; c) o problema dos valores do direito, indicando suas finalidades, cuidando da justiça e dos demais valores que o ordenamento jurídico deve perseguir (axiologia jurídica).

CONHECIMENTO GENÉRICO OU *MASTER*. *Direito comercial.* O conhecimento de transporte internacional emitido pelo transportador do percurso internacional quando consignado a agente desconsolidador.

CONHECIMENTO INDIRETO DOS LUCROS. *Economia política* e *direito econômico.* Discernimento do lucro através de estatísticas fiscais, comerciais e de Bolsas.

CONHECIMENTO JURÍDICO. *Vide* CIÊNCIA DO DIREITO, CONHECIMENTO CIENTÍFICO-JURÍDICO E CONHECIMENTO DO DIREITO.

CONHECIMENTOS AGREGADOS OU *HOUSES* OU FILHOTES. *Direito comercial.* Conhecimentos de carga emitidos por agente consolidador no exterior, relativos a um conhecimento genérico.

CONHECIMENTO TRADICIONAL ASSOCIADO. *Direito ambiental* e *biodireito.* Informação ou prática individual ou coletiva de comunidade indígena ou comunidade local, com valor real ou potencial, associada ao patrimônio genético.

CONHECIMENTO ÚNICO. *Vide* CONHECIMENTO DIRETO.

CONHECIMENTO VULGAR. *Vide* CONHECIMENTO EMPÍRICO.

CONIISMO. *Medicina legal.* Envenenamento com cicuta-da-europa.

CONIMA. Sigla de Conselho Nacional das Instituições de Mediação e Arbitragem.

CONIOLINFOSTASE. *Medicina legal.* Modalidade de pneumoconiose provocada por poeira, que bloqueia os vasos linfáticos.

CONIVÊNCIA. *Direito penal.* Cumplicidade consistente em esconder ato criminoso de outrem, de cuja premeditação teve conhecimento prévio, deixando de denunciá-lo, se praticado, à autoridade competente ou de impedir, por qualquer meio, a sua prática pelo delinqüente.

CONIVENTE. *Direito penal.* Cúmplice que finge não ver ato criminoso ou reprovável de outrem, deixando de denunciar sua prática ou de impedir sua realização.

CONIZAÇÃO. *Medicina legal.* Remoção de um cone de tecido, como a que se dá na excisão parcial do colo do útero.

CONJECTURAE AB EO QUOD UT PLURIMUM FIT DEDUCTAE. *Brocardo latino.* As conjeturas são deduzidas do que geralmente acontece.

CONJECTURIS NON EST OPUS IN CLARIS, ET PRESUMPTIO CEDIT VERITATI. *Aforismo jurídico.* Não são necessárias conjeturas no que é claro, e a presunção cede à verdade.

CONJETURA. **1.** *Lógica jurídica.* Hipótese; juízo com fundamento incerto. **2.** *Direito civil* e *direito processual civil.* Suposição; opinião baseada em indícios; presunção.

CONJETURAL. *Direito processual civil.* Aquilo que se funda em presunção.

CONJUGAL. *Direito civil.* Aquilo que é relativo à união entre os cônjuges, em decorrência do casamento.

CÔNJUGE. *Direito civil.* Diz-se do marido e mulher; cada uma das pessoas reciprocamente unidas pelo vínculo matrimonial; aquele que é casado legalmente; membro da sociedade conjugal.

CÔNJUGE ADÚLTERO. *Direito civil.* Pessoa casada que pratica adultério (ilícito civil).

CÔNJUGE-MEEIRO. *Direito civil.* Diz-se daquele que é casado, legalmente, sob o regime de comunhão universal ou parcial de bens, por ter propriedade da metade ideal dos bens que integram o patrimônio comum da sociedade conjugal.

CÔNJUGE SUPÉRSTITE. *Direito civil.* Viúvo ou viúva.

CONJUGICIDA. *Direito penal.* Aquele que mata seu cônjuge.

CONJUGICÍDIO. *Direito penal.* Homicídio praticado por uma pessoa contra seu cônjuge, constituindo uma circunstância agravante desse crime.

CONJÚGIO. *Direito civil.* Casamento.

CONJUGO. *Direito canônico.* "Eu ligo pelo matrimônio"; primeira palavra formulada pelo padre no casamento religioso.

CONJUIZ. *Direito processual.* Cada um dos magistrados que intervêm num julgamento feito por órgão colegiado.

CONJUNÇÃO. **1.** *Direito civil.* Ação ou efeito de unir; união; comunidade de direito; junção. **2.** *Direito processual civil.* Conexão de duas ou mais ações propostas em apartado.

CONJUNÇÃO CARNAL. *Direito penal* e *medicina legal.* Coito vaginal pela introdução do membro viril em ereção na vagina, acompanhada ou não de ejaculação. Se praticado com violência ou grave ameaça, ter-se-á estupro; se levado a efeito ardilosamente contra mulher, ter-se-á posse sexual mediante fraude.

CONJUNTA. *Direito agrário.* Corda com que se liga o jugo aos chifres dos bois.

CONJUNTIVA. *Medicina legal.* Membrana mucosa situada entre as pálpebras e o globo ocular, forrando a parte anterior deste, salvo na córnea transparente.

CONJUNTIVITE. *Medicina legal.* Inflamação da conjuntiva.

CONJUNTIVO. **1.** *Lógica jurídica.* Diz-se do silogismo hipotético em que a premissa maior é composta de tal maneira que contém toda a conclusão. **2.** *Direito civil.* Diz-se do testamento em que: a) figuram no ato dois testadores, em regra marido e mulher, que beneficiariam, conjuntamente, terceira pessoa (testamento conjuntivo simultâneo); b) num só ato, os testadores beneficiar-se-iam mutuamente, instituindo herdeiro o que sobrevivesse (testamento conjuntivo recíproco); c) os testadores efetuariam disposições testamentárias em retribuição de outras correspondentes (testamento conjuntivo correspectivo). Tal modalidade testamentária está vedada no direito brasileiro por ferir o caráter personalíssimo da disposição de última vontade e por constituir pacto sucessório.

CONJUNTIVOMA. *Medicina legal.* Tumor das pálpebras formado por tecido conjuntivo.

CONJUNTO. 1. *Direito autoral.* Grupo de músicos ou cantores. 2. *Direito desportivo.* Equipe de futebol. 3. *Direito civil.* a) Diz-se de cada um dos testamenteiros nomeados para a execução de um mesmo testamento; b) pequeno apartamento composto de duas ou mais salas, para fins comerciais, consultórios ou escritórios; c) direito que pode ser exercido simultaneamente, como o do co-herdeiro. 3. *Teoria geral do direito.* Reunião das partes que constituem um todo; complexo; totalidade; o que está unido, ligado ou reunido. 4. *Direito processual civil.* Estado de duas ações conexas. 5. *Direito comercial.* Traje composto de peças que são vendidas somente juntas.

CONJUNTO HABITACIONAL POPULAR. O complexo constituído por determinada quantidade de unidades habitacionais do tipo econômico, com área unitária privativa não superior a 70 m², destinadas à moradia das populações de baixa renda, em zona urbana ou rural, em conformidade com a política habitacional governamental, para as quais são utilizados recursos públicos ou oficiais, oriundos dos Estados, do Distrito Federal, dos municípios ou da Caixa Econômica Federal, mesmo quando as obras foram executadas por empresas privadas ou por entidades contratadas, conveniadas ou credenciadas.

CONJUNTO RESIDENCIAL. *Direito administrativo.* Grupo de prédios ou casas situado em zona exclusivamente residencial, onde não é permitida a instalação de estabelecimentos mercantis ou industriais.

CONJUNTO TRANSPORTADOR. É a composição com a carga apoiada no veículo transportador formado por semi-reboque(s) com veículo trator ou de tração, ou o(s) reboque(s) ou o veículo transportador modular autopropelido.

CONJUNTURA. 1. Oportunidade; acontecimento; circunstância; dificuldade. 2. *Economia política.* Ocorrência decorrente de várias circunstâncias econômicas, que se toma como ponto de partida para uma dedução favorável ou desfavorável (Othon Sidou).

CONJUNTURA ECONÔMICA. *Direito econômico* e *Economia política.* Situação da economia de um país.

CONJURAÇÃO. 1. *Direito canônico.* Exorcismo. 2. *Ciência política.* a) Conspiração contra a autoridade estabelecida ou os Poderes Públicos; b) em sentido estrito, é a preparação de ato contra as instituições organizadas nacionais, para alterar o regime político, visando gerar revolução, comoção intestina ou guerra civil. 3. *Direito penal.* Conluio ou conspiração de várias pessoas para causar dano ou cometer ato criminoso.

CONJURADO. Aquele que participa de uma conjuração; aquilo que foi conspirado.

CONJURAMENTO. Ato de promover uma conjuração, de insurgir-se contra as instituições jurídicas do país ou de planejar uma conspiração.

CONJURO. 1. *História do direito.* Ação de tomar juramento. 2. *Direito canônico.* Palavra imperativa com que o padre exorcista se dirige ao demônio.

CONLUIO. 1. *Direito penal.* Modalidade de co-autoria relativa aos atos preparatórios da perpetração do crime. 2. *Ciência política.* Conspiração. 3. *Direito civil.* a) Simulação; b) entendimento entre duas pessoas para prejudicar terceiro. 4. *História do direito.* Trégua, em regra, entre adversários aparentes, com o escopo de enganar outrem, num processo.

CONMETRO. Sigla de Conselho Nacional de Metrologia, Normalização e Qualidade Industrial.

CONNECTING FACTOR. *Locução inglesa.* Elemento de conexão.

CONOFTALMIA. *Medicina legal.* Estafiloma da córnea.

CONOPEU. *Direito canônico.* Véu que cobre os sacrários nas igrejas.

CONOTAÇÃO. 1. *Filosofia do direito* e *lógica jurídica.* Compreensão de algum conceito; compreensão do sentido de um termo, que se expressa mediante uma definição explícita. 2. Na *linguagem jurídica* em geral, indica a relação que se pode notar na comparação de duas ou mais coisas.

CONOTAR. *Lógica jurídica.* Abranger, simultaneamente, um termo ou conceito vários caracteres.

CONOTATIVO. 1. *Lógica jurídica.* Diz-se do termo que designa, em extensão, um ou mais seres ou objetos, apontando seus caracteres e salientando suas propriedades (J. S. Mill). **2.** *Filosofia do direito.* a) Relativo à conotação; b) aquilo que representa uma idéia secundária, concomitantemente, à idéia principal.

CONQUISTA. 1. *Direito internacional público.* Apoderamento de território do inimigo, após vencê-lo numa guerra, submetendo-o à sua soberania. **2.** Na *linguagem jurídica* em geral, indica: a) ato ou efeito de conquistar; b) êxito, vitória; c) aquilo que é obtido com a força do trabalho; d) coisa ou pessoa conquistada.

CONQUISTADO. 1. Vencido; subjugado. **2.** Diz-se do território anexado a outro país, em razão de apoderamento militar. **3.** Obtido à custa de muito trabalho. **4.** Aquilo que foi adquirido.

CONQUISTADOR. 1. Aquele que conquista o inimigo pelas armas. **2.** O que obtém um ganho com a força do trabalho.

CONQUISTAR. 1. *Direito internacional público.* a) Subjugar pela força das armas; b) anexar território do inimigo ao seu pelo apoderamento militar; c) fazer conquista. **2.** Na *linguagem jurídica* em geral, adquirir algo com a força do trabalho ou esforço.

CONSABEDOR. Aquele que tem conhecimento de um fato juntamente com outrem.

CONSABIDO. Aquilo que é sabido concomitantemente por muitas pessoas.

CONSAGRAÇÃO. 1. *Direito canônico.* a) Ato de dedicar uma pessoa ou coisa ao serviço de Deus; b) parte da missa em que se consagra ou se santifica a hóstia ou o cálice, para operar o mistério da Eucaristia; c) cerimônia em que o Papa consagra um bispo; d) ato em que se consagra o Romano Pontífice. **2.** *História do direito.* Cerimônia da sagração do imperador. **3.** *Direito autoral.* Honras dispensadas a um autor de obra intelectual pela opinião pública. **4.** Na *linguagem jurídica* em geral, indica: confirmação, ratificação e sanção.

CONSAGRADO. 1. Aquele que recebeu consagração. **2.** Aquilo que se consagrou. **3.** Oferecido; dedicado. **4.** Notável. **5.** Sancionado; ratificado; confirmado.

CONSAGRANTE. *Direito canônico.* **1.** Diz-se do bispo que assiste ao sagrante de um novo bispo. **2.** Aquele que consagra.

CONSAGRAR. 1. *Direito canônico.* a) Fazer na missa a consagração do pão e do vinho; b) tornar sagrado; c) oferecer algo a Deus ou aos santos por culto ou voto. **2.** Na *linguagem do direito* em geral, sancionar; ratificar; confirmar. **3.** *Direito autoral.* Aplaudir, eleger, aclamar, dignificar ou reconhecer a inteligência de autor de obra artística, literária ou científica.

CONSANGÜÍNEO. *Direito civil.* Diz-se do parentesco natural, ou seja, do vínculo entre pessoas descendentes de um mesmo tronco ancestral, portanto, ligadas umas às outras pelo mesmo sangue, por exemplo, pai e filho, dois irmãos, dois primos etc.

CONSANGÜINIDADE. *Direito civil.* Qualidade do parentesco entre aqueles ligados entre si pelo mesmo sangue.

CONSCIÊNCIA. 1. *Psicologia forense.* a) Intuição que o espírito tem de seus atos ou estados; b) conhecimento imediato das coisas; c) propriedade espiritual ou capacidade de fazer juízos sobre o valor moral de certos atos; d) capacidade de percepção imediata da experiência. **2.** *Direito constitucional.* Momento indevassável da inteligência garantido pela norma constitucional, que consagra a liberdade de consciência. **3.** *Direito canônico.* Julgamento secreto da alma, aprovando ou reprovando os atos praticados. **4.** Na *linguagem jurídica* em geral, indica: a) retidão; b) cuidado extremo na execução de um trabalho.

CONSCIÊNCIA DA ANTIJURIDICIDADE. *Direito penal.* Valoração ético-social do agente da vida comunitária de seu meio relativamente aos tipos penais (Welzel).

CONSCIÊNCIA DA CRIATIVIDADE. *Direito penal.* Exame da conduta dos autores de crimes, dos padrões indeterminados, da avaliação direta e de problemas conexos, como o da qualificação sem justa causa (Julius Stone).

CONSCIÊNCIA JURÍDICA. *Teoria geral do direito.* É aquela em que o legislador, o intérprete ou o aplicador distinguem a problemática da justiça, da liberdade, da ordem, da eqüidade, da segurança, da solidariedade e da paz social, optando por meios apropriados à consecução desses valores jurídicos.

CONSCIÊNCIA MORAL. *Teoria geral do direito.* É aquela que, sendo normativo-teleológica, pode, ao captar valores, projetar-se no social, assumindo a forma de consciência jurídica (Silvio de Macedo).

CONSCIÊNCIA NACIONAL. *Teoria geral do direito.* Elemento do direito consuetudinário, pois, por meio dela, tem-se a *opinio iuris necessitatis* (R. Limongi França).

CONSCIÊNCIA PÚBLICA. *Ciência política.* Percepção popular sobre algum fato de conhecimento de todos.

CONSCIENTE. 1. *Psicologia forense.* a) Estado mental determinante do conhecimento imediato; b) diz-se daquele que tem consciência de seus atos ou de seu estado. **2.** *Direito penal.* Aquele que sabe o que faz, tendo responsabilidade pela ação criminosa praticada. **3.** *Direito civil.* Aquele que tem conhecimento dos efeitos do ato jurídico praticado, sendo plenamente capaz.

CONSCIENTIA FRAUDIS. *Locução latina.* Consciência da fraude.

CONSCIENTIA MILLE TESTES. *Expressão latina.* A consciência vale por mil testemunhas.

CONSCIENTIA SCELERIS. *Locução latina.* Consciência do crime; conhecimento do delito; conivência.

CONSCIENTIA SCELERIS TIMOREM INCUTIT. *Brocardo latino.* Quem teme, algo deve.

CONSCIUS. *Termo latino.* **1.** Confidente. **2.** Cúmplice.

CONSCIUS FACINORI. *Locução latina.* Cúmplice de um crime.

CONSCIUS FRAUDIS. *Locução latina.* Cônscio ou consciente da fraude.

CONSCRIÇÃO. *Direito militar.* Alistamento daqueles que estão obrigados e aptos a prestar serviço militar; recrutamento.

CONSCRITO. 1. *Direito militar.* Aquele que foi alistado no serviço militar; recrutado. **2.** *História do direito.* Senador da antiga Roma.

CONSECTÁRIO. *Lógica jurídica.* a) Conseqüente, lógico; b) conseqüência, conclusão.

CONSECUÇÃO. 1. Ação de realizar, de conseguir ou obter algo. **2.** Cumprimento de obrigação. **3.** Execução de um plano ou de um projeto para atingir uma finalidade. **4.** Sucessão imediata de atos. **5.** Série de hábitos empíricos da atividade ou da inteligência (Leibniz). **6.** Ato de obter um direito ou a posse de alguma coisa.

CONSECUTIVA. *Filosofia geral* e *Filosofia do direito.* Persistência de uma sensação, após a cessação do excitante que a provocou; imagem.

CONSECUTIVO. *Filosofia geral* e *Filosofia do direito.* **1.** Imediato; aquilo que se segue imediatamente após. **2.** Sucessivo.

CONSEG. *Direito administrativo.* Abreviação de Conselho Comunitário de Segurança, que é um grupo de pessoas do mesmo bairro ou Município que efetiva reuniões para discutir e analisar problemas de segurança dos moradores, propondo soluções cujas atas são remetidas ao gabinete do secretário de segurança pública.

CONSEGUIR. 1. Alcançar. **2.** Obter um direito. **3.** Entrar na posse de. **4.** Ter como conseqüência.

CONSELHEIRÁTICO. 1. Próprio de conselheiro. **2.** Que tem modos de conselheiro.

CONSELHEIRO. 1. *História do direito.* a) Título honorífico outorgado à pessoa que prestava relevantes serviços ao Estado; b) membro de certos tribunais; c) título conferido ao secretário de Estado. **2.** Na *linguagem jurídica* em geral, membro de um conselho com capacidade de deliberação.

CONSELHEIRO DE EMBAIXADA. *Direito internacional público.* Título honorífico outorgado aos primeiros secretários.

CONSELHEIRO EMÉRITO DO CONSELHO FEDERAL DE ENTORPECENTES. *Direito administrativo.* Título honorífico concedido a cidadão que, tendo sido membro do órgão, contribuiu de forma excepcional para a consecução de seus objetivos e o aperfeiçoamento do Sistema Nacional de Prevenção, Fiscalização e Repressão de Entorpecentes. Tal título só será concedido por decisão plenária do Conselho Federal de Entorpecentes (COFEN), mediante proposta de qualquer de seus membros e será objeto de Resolução editada pelo seu Presidente.

CONSELHO. 1. *Direito administrativo.* a) Departamento público com a função de deliberar sobre assuntos administrativos ou de interesse público; b) corpo coletivo com função consultiva e deliberativa. **2.** *Direito civil.* a) Reunião de pessoas para resolver negócios; b) reunião do corpo docente de uma universidade ou escola secundária, presidida pelo seu reitor ou diretor, para tratar de questões relativas ao ensino. **3.** *Ciência política.* Reunião de ministros de Estado. **4.** *Direito processual.* Tribunal. **5.** *Direito comercial.* Assembléia com poderes para decidir assuntos atinentes à economia interna da empresa. **6.** Na *linguagem comum:* a) assembléia deliberativa ou consultiva, com poderes para resolver assunto submetido à sua apreciação ou proferir parecer sobre ele; b) recomendação, opinião, parecer ou deliberação.

CONSELHO ADMINISTRATIVO. 1. *Direito administrativo.* Grupo de funcionários ou de pessoas com a função de administrar uma entidade pública, por exemplo, a autarquia é dirigida por um conselho administrativo, que age com certa autonomia, apesar de seus membros serem nomeados pelo representante do Poder Público. **2.** *Direito civil* e *direito comercial.* Grupo de pessoas com o ônus de administrar um estabelecimento particular ou uma empresa.

CONSELHO ADMINISTRATIVO DE DEFESA ECONÔMICA. *Vide* CADE. *Direito administrativo.* **1.** Autarquia federal que visa reprimir os abusos do poder econômico, orientado pelos princípios constitucionais de liberdade de iniciativa, livre concorrência, função social da propriedade e defesa dos consumidores. **2.** Órgão judicante com jurisdição em todo o território nacional, vinculado ao Ministério da Justiça, com sede e foro no Distrito Federal, transformado em autarquia, com a finalidade de apurar e reprimir os abusos do poder econômico. Compete ao CADE: a) decidir sobre a existência ou não de abuso do poder econômico; b) impor sanções na forma prevista na lei; c) representar ao Ministério Público; d) determinar as providências administrativas cabíveis; e) exercer as demais atribuições conferidas em lei ou regulamento.

CONSELHO COMUNITÁRIO DE SEGURANÇA. *Vide* CONSEG.

CONSELHO CONSULTIVO. Qualquer órgão, privado ou público, instituído para emitir pareceres sobre assuntos de interesse de uma instituição ou do Estado.

CONSELHO CONSULTIVO DA COORDENADORIA NACIONAL PARA INTEGRAÇÃO DA PESSOA PORTADORA DE DEFICIÊNCIA (CORDE). É o órgão colegiado, paritário, de caráter permanente, com a participação da sociedade civil, que dispõe sobre o apoio às pessoas portadoras de deficiência, sua integração social, sobre a Coordenadoria Nacional para Integração da Pessoa Portadora de Deficiência (CORDE), institui a tutela jurisdicional de interesses coletivos ou difusos dessas pessoas, disciplina a atuação do Ministério Público, define crimes e dá outras providências. É um órgão colegiado da Coordenadoria Nacional para Integração da Pessoa Portadora de Deficiência (CORDE), competente para: a) opinar sobre o desenvolvimento da Política Nacional para Integração da Pessoa Portadora de Deficiência; b) apresentar sugestões para o encaminhamento dessa política; c) responder a consultas formuladas pela CORDE Os membros do Conselho Consultivo e os seus suplentes serão indicados ao coordenador nacional da CORDE e nomeados pelo ministro de Estado da Justiça, para mandato de dois anos, permitida a recondução. A função de membro do Conselho Consultivo é considerada de interesse público relevante e não será remunerada. O Conselho Consultivo reunir-se-á ordinariamente uma vez por trimestre e, extraordinariamente, por iniciativa de um terço de seus membros, mediante manifestação escrita, com antecedência de dez dias, e deliberará por maioria de votos dos conselheiros presentes.

CONSELHO CONSULTIVO DO SISTEMA DE CONTROLE INTERNO DO PODER EXECUTIVO. *Direito administrativo.* Órgão que tem a finalidade de: a) promover a integração das áreas coordenadas pela Secretaria Federal de Controle e pela Secretaria do Tesouro Nacional, bem como articular com as demais atividades sistêmicas do governo federal; b) editar normas sobre assuntos comuns às áreas de atuação da Secretaria Federal de Controle e da Secretaria do Tesouro Nacional pertinentes ao Sistema de Controle Interno; c) dirimir dúvidas ou controvérsias relativas a normas cuja aplicação envolva a atuação das áreas coordenadas pela Secretaria Federal de Controle e pela Secretaria do Tesouro Nacional; d) definir normas para a distribuição dos recursos humanos do Sistema de Controle Interno.

CONSELHO CONSULTIVO E DE ACOMPANHAMENTO DO FUNDO DE COMBATE E ERRADICAÇÃO DA POBREZA. *Direito administrativo.* Órgão com competência para: a) opinar sobre as políticas, diretrizes e prioridades do Fundo; b) sugerir áreas de atuação onde devem ser utilizados recursos do Fundo; c) propor o montante total de recursos a ser aplicado em cada área de atuação; d) apresentar proposta de metodologia de definição da linha de pobreza e área geográfica onde as ações financiadas pelo Fundo devam ser concentradas; e) acompanhar, com periodicidade a ser definida por resolução do próprio Conselho, a aplicação dos recursos; f) acompanhar, sem prejuízo das competências dos órgãos de controle interno e externo, as ações financiadas com recursos do Fundo em cada um dos órgãos responsáveis pela execução, podendo solicitar às respectivas Secretarias-Executivas informações sobre contratos e convênios celebrados ou em vias de celebração e quaisquer outros atos, assim como providenciar a realização de auditorias pelo Órgão competente; g) propor o aperfeiçoamento da legislação relativa aos programas financiados com recursos do Fundo; h) aprovar o seu Regimento Interno e alterações posteriores, mediante resolução.

CONSELHO COORDENADOR DAS AÇÕES FEDERAIS NO ESTADO DO RIO DE JANEIRO. *Direito administrativo.* Órgão vinculado à Presidência da República, com as atribuições de aprovar e acompanhar a execução de projetos prioritários do governo federal naquele Estado. Para desenvolver as ações executivas do Conselho Coordenador, é designado, pelo presidente da República, como seu representante pessoal, um secretário executivo, com as seguintes atribuições: a) coordenar e integrar as ações dos órgãos federais envolvidos na sua execução, inclusive os da administração indireta; b) coordenar a execução das medidas para garantir a maior eficiência operacional possível do sistema de logística a ser implementado ou desenvolvido; c) promover condições para a exploração intensiva, pela iniciativa privada, de novas oportunidades de investimentos decorrentes da implantação dos projetos; d) promover medidas visando a melhor utilização econômica e operacional dos serviços da infra-estrutura já existentes e que podem ser dinamizados por impacto da implantação dos novos projetos; e) promover e articular a participação orgânica do Estado e municípios envolvidos nos projetos visando facilitar sua execução; f) promover a participação ativa dos projetos da iniciativa privada, nacional e internacional, no desenvolvimento definido, em cada caso, a modalidade mais adequada de parceria, garantida ao capital privado a gerência dos serviços; g) preparar estudos para elaboração de projetos de reforma constitucional, projetos de lei ou de decretos que viabilizem a execução desses projetos ou facilitem a participação, neles, da iniciativa privada; h) promover entendimentos junto à iniciativa privada para a constituição de uma sociedade civil, de capital autorizado e sem fins lucrativos, com o objetivo de apoiar a execução dos projetos; i) propor ao presidente da República a constituição de grupos executivos específicos para desenvolver cada um dos projetos e atividades previstos acima.

CONSELHO CURADOR DO FUNDO DE COMPENSAÇÃO DE VARIAÇÕES SALARIAIS. *Direito administrativo.* Órgão colegiado subordinado ao Ministério da Fazenda que tem por fim aprovar as condições gerais de atuação do Fundo de Compensação de Variações Salariais (FCVS) e principalmente: a) aprovar o seu regimento interno e propostas de alterações posteriores; b) pronunciar-se sobre as prestações de contas, apresentadas pela Administradora Operacional do FCVS, para encaminhamento ao Tribunal de Contas da União (TCU); c) aprovar anualmente a proposta orçamentária do fundo, e suas alterações, encaminhando-a ao competente órgão de planejamento da União; d) aprovar as normas e rotinas operacionais do FCVS; e) aprovar o Plano de Contas do FCVS e necessárias alterações; f) aprovar os balancetes e balanços do FCVS; g) fixar os critérios referentes à remuneração mensal pela administração do FCVS; h) julgar recursos interpostos contra as decisões do administrador do fundo, após a apreciação dos mesmos pelo Comitê de Recursos, criado especialmente para esse fim; i) aprovar as aplicações dos recursos do FCVS; j) estabelecer os critérios de administração e os limites das provisões do FCVS junto ao Instituto de Resseguros do Brasil (IRB), relativamente ao Seguro Habitacional do Sistema Financeiro da Habitação (SFH), nos termos das normas em vigor; k) propor ao ministro da Fazenda revisão do percentual a ser destinado às entidades responsáveis pela operacionalização do Seguro Habitacional do SFH; l) apreciar e manifestar-se sobre as contas relativas à movimentação financeira e aplicação dos recursos do Seguro Habitacional do SFH, inclusive a forma de atualização dos valores movimentados entre os agentes financeiros e as seguradoras; e m) julgar os casos omissos vinculados ao FCVS.

CONSELHO CURADOR DO FUNDO DE GARANTIA DO TEMPO DE SERVIÇO. *Direito administrativo.* Órgão colegiado com competência para: a) estabelecer as diretrizes e os programas de alocação de todos os recursos do Fundo de Garantia do Tempo de Serviço, de acordo com os critérios definidos na legislação em vigor, em consonância com a política nacional de desenvolvimento urbano e as políticas setoriais de habitação popular, saneamento básico e infra-estrutura urbana estabelecidas pelo governo federal; b) acompanhar e avaliar a gestão econômica e financeira dos recursos, bem como os ganhos sociais e o desempenho dos programas aprovados; c) apreciar e aprovar os programas anuais e plurianuais do Fundo de Garantia do Tempo de Serviço; d) pronunciar-se sobre as contas do Fundo de Garantia, antes do seu encaminhamento aos órgãos de controle interno para os fins legais; e) adotar as providências cabíveis para a correção de atos e fatos do gestor da aplicação e do agente operador, que prejudiquem o desempenho e o cumprimento das finalidades no que concerne aos recursos do Fundo de Garantia; f) dirimir dúvidas quanto à aplicação das normas regulamentares, relativas ao Fundo de Garantia do Tempo de Serviço, nas matérias de sua competência; g) aprovar seu regimento interno; h) fixar normas e valores de remuneração do agente operador e dos agentes financeiros; i) fixar critérios para parcelamento de recolhimentos em atraso; j) fixar critério e valor de remuneração para o exercício da fiscalização; k) divulgar, no *Diário Oficial da União*, todas as decisões proferidas pelo Conselho, bem como as contas do Fundo de Garantia do Tempo de Serviço e os respectivos pareceres emitidos; l) fixar critérios e condições para compensação entre créditos do empregador, decorrentes de depósitos relativos a trabalhadores não optantes, com contratos extintos, e débitos resultantes de competências em atraso, inclusive aqueles que forem objeto de composição de dívida com o FGTS

CONSELHO DA COMUNIDADE. *Direito penitenciário.* Órgão colegiado, composto de no mínimo um representante de associação comercial ou industrial, um advogado indicado pela OAB e um assistente social escolhido pela delegacia seccional do conselho nacional de assistentes sociais, com o dever de: a) visitar, mensalmente, os estabelecimentos penais existentes na comarca; b) entrevistar presos; c) apresentar relatórios mensais ao juiz da execução penal e ao Conselho Penitenciário; d) diligenciar a obtenção de recursos materiais e humanos para uma melhor assistência ao preso, em harmonia com a direção do estabelecimento.

CONSELHO DA EUROPA. *Direito internacional público.* Associação de países europeus que visam salvaguardar seus ideais e princípios e favorecer o desenvolvimento socioeconômico.

CONSELHO DA JUSTIÇA FEDERAL. *Direito constitucional* e *direito processual.* Órgão que, junto ao Superior Tribunal de Justiça, exerce, na forma da lei, a supervisão orçamentária e administrativa da justiça federal de primeiro e segundo graus. Sendo órgão central do sistema, tem poderes correicionais, cujas decisões têm caráter vinculante.

CONSELHO DA MAGISTRATURA. *Direito processual.* Órgão colegiado judicial estadual que tem a função de regulamentar as atividades dos magistrados.

CONSELHO DA REPÚBLICA. *Direito constitucional* e *direito administrativo.* Órgão consultivo superior de assessoramento da Presidência da República, com composição e competências previstas na Carta Magna e a organização e funcionamento regulados por lei especial. Tal órgão terá a incumbência de proferir parecer sobre intervenção federal, estado de sítio, estado de defesa e outros assuntos relevantes à estabilidade das instituições democráticas.

CONSELHO DA RESERVA BIOLÓGICA (REBIO) DE UNA. *Direito ambiental.* É uma entidade que tem por finalidade contribuir com a implantação e implementação de ações destinadas à consecução dos objetivos de criação da Reserva Biológica de Una, cabendo-lhe as seguintes atribuições: a) garantir a Gestão Integrada e Participativa da Reserva Biológica de Una, envolvendo o Poder Público e os diversos Segmentos Sociais; b) participar das ações de planejamento da Reserva Biológica de Una; c) discutir, propor e participar de programas e ações prioritárias para a Reserva, sua zona de amortecimento e região; d) supervisionar, avaliar e emitir parecer sobre as ações desenvolvidas na Reserva Biológica de Una e sua zona de amortecimento; e) esforçar-se para compatibilizar os interesses dos diversos segmentos sociais relacionados à Reserva Biológica de Una; f) propor diretrizes e ações para compatibilizar, integrar e otimizar a relação com a população do entorno ou do interior da unidade; g) acompanhar a implementação e revisão do Plano de Manejo – documento que regulamenta o uso da unidade de conservação, garantindo o seu caráter participativo; h) buscar a integração da unidade de conservação com as demais unidades e espaços territoriais especialmente protegidos e com o seu entorno; i) manifestar-se sobre obra ou atividade potencialmente causadora de impacto na unidade de conservação, em sua zona de amortecimento, mosaicos de unidades de conservação, corredores ecológicos ou Reserva da Biosfera; j) avaliar o orçamento da unidade e o relatório financeiro anual elaborado pelo órgão executor em relação aos objetivos da unidade de conservação; k) opinar sobre a contratação e os dispositivos do termo de parceria com a Organização da Sociedade Civil de Interesse Público (OSCIP), na hipótese de gestão compartilhada da Reserva Biológica de Una; e l) acompanhar a gestão por OSCIP e recomendar a rescisão do termo de parceria, quando constatada irregularidade.

CONSELHO DAS CIDADES (CONCIDADES). *Direito urbanístico.* Órgão colegiado que reúne representantes do poder público e da sociedade civil, de natureza permanente, caráter consultivo e deliberativo, integrante da estrutura do Ministério das Cidades. O CONCIDADES tem por finalidade formular, estudar e propor diretrizes para o desenvolvimento urbano e regional com participação social e integração das políticas fundiária, de habitação, saneamento ambiental, trânsito, transporte e mobilidade urbana em consonância com as deliberações da Conferência Nacional das Cidades. Compete ao CONCIDADES: a) propor programas, instrumentos, normas e prioridades da Política Nacional de Desenvolvimento Urbano; b) acompanhar e avaliar a implementação da Política Nacional de Desenvolvimento Urbano, em especial os programas relativos à política de gestão do solo urbano, de habitação, de saneamento ambiental, de mobilidade e transporte urbano e recomendar as providências necessárias ao cumprimento de seus objetivos; c) propor a edição de normas gerais de direito urbanístico e manifestar-se sobre propostas de alteração da legislação pertinente; d) emitir orientações e recomendações sobre a aplicação do Estatuto da Cidade e dos demais atos normativos relacionados ao desenvolvimento urbano; e) promover a cooperação entre os governos da União, dos Estados, do Distrito Federal e dos Municípios e a sociedade civil na formulação e execução da Política Nacional de Desenvolvimento Urbano; f) incentivar a criação, a estruturação e o fortalecimento institucional de conselhos afetos à política de desenvolvimento urbano nos níveis municipais, regionais, estaduais e do Distrito Federal; g) promover, em parceria com organismos governamentais e não governamentais, nacionais e internacionais, a identificação de sistemas de indicadores, no sentido de estabelecer metas e procedimentos com base nesses indicadores, para monitorar a aplicação das atividades relacionadas com o desenvolvimento urbano; h) estimular ações que visem propiciar a geração, apropriação e utilização de conhecimentos científicos, tecnológicos, gerenciais e organizativos pelas populações das áreas urbanas; i) promover a realização de estudos, debates e pesquisas sobre a aplicação e os resultados estratégicos alcançados pelos programas e projetos desenvolvidos pelo Ministério das Cidades; j) estimular a ampliação e o aperfeiçoamento dos mecanismos de participação e controle social, por intermédio da rede nacional de órgãos colegiados estaduais, regionais e municipais, visando fortalecer o desenvolvimento urbano sustentável; k) propor diretrizes e critérios para a distribuição regional e setorial do orçamento anual e do plano plurianual do Ministério das Cidades; l) propor a criação de mecanismos de articulação entre os programas e os recursos federais que tenham impacto sobre o desenvolvimento urbano; m) promover, quando necessário, a realização de seminários ou encontros regionais sobre temas de sua agenda, bem como estudos sobre a definição de convênios na área de desenvolvimento urbano sustentável e da propriedade urbana, a serem firmados com organismos nacionais e internacionais públicos e privados; n) eleger os membros para o Conselho Gestor do Fundo Nacional de Habitação de Interesse Social, na forma e no quantitativo fixados em norma regulamentar; o) dar publicidade e divulgar seus trabalhos e decisões; p) convocar e organizar a Conferência Nacional das Cidades, aprovar seu regimento interno e decidir sobre as alterações propostas por seus membros; q) propor a criação de instrumentos institucionais e financeiros para a gestão da política urbana; r) acompanhar e avaliar a execução orçamentária dos programas do Ministério das Cidades; s) aprovar o Regimento Interno sobre o processo preparatório para realização de cada Conferência Nacional das Cidades; t) eleger a Coordenação Executiva de cada Conferência Nacional das Cidades respeitando a proporcionalidade dos segmentos do CONCIDADES;

u) acompanhar e avaliar o cumprimento das resoluções das Conferências Nacionais das Cidades; v) promover a integração dos temas da Conferência Nacional das Cidades com as demais conferências de âmbito nacional; w) criar formas de interlocução entre os conselhos das cidades nos âmbitos nacional, estadual, municipal e do Distrito Federal, estimulando a troca de experiências; x) articular as ações e debates do CONCIDADES com os demais conselhos nacionais; y) promover processos de capacitação sobre assuntos de interesse do CONCIDADES; e z) praticar outros atos e atividades compatíveis com sua finalidade.

CONSELHO DE ADMINISTRAÇÃO. *Direito comercial.* Órgão de deliberação colegiada, obrigatório em companhias abertas e de capital autorizado, com competência para estabelecer a orientação geral dos negócios e fiscalizar a gestão dos diretores (Othon Sidou).

CONSELHO DE ADMINISTRAÇÃO DAS EMPRESAS ESTATAIS. *Direito administrativo* e *direito comercial.* Órgão de deliberação colegiada que integra a Administração da empresa estatal. As atribuições conferidas por lei ao Conselho de Administração constituem deveres indeclináveis para os seus membros, cabendo aos conselheiros a responsabilidade pelo não-cumprimento dessas obrigações. Sem prejuízo das atribuições fixadas pelo estatuto social e regimento interno, compete ao Conselho de Administração: a) fixar a orientação geral dos negócios da companhia; b) eleger e destituir os diretores da companhia e fixar-lhes as atribuições, observado o que a respeito dispuser o estatuto; c) fiscalizar a gestão dos diretores, examinar, a qualquer tempo, os livros e papéis da companhia, solicitar informações sobre contratos celebrados ou em via de celebração, e quaisquer outros atos; d) convocar a assembléia geral quando julgar conveniente; e) manifestar-se sobre o relatório da Administração e as contas da diretoria; f) manifestar-se previamente sobre atos ou contratos, quando o estatuto assim o exigir; g) deliberar, quando autorizado pelo estatuto, sobre a emissão de ações ou de bônus de subscrição; h) autorizar, se o estatuto não dispuser em contrário, a alienação de bens do ativo permanente, a constituição de ônus reais e a prestação de garantias a obrigações de terceiros; i) escolher e destituir os auditores independentes, se houver. As atribuições e os poderes conferidos por lei ao Conselho de Administração não podem ser outorgados a outro órgão, criado por lei ou pelo estatuto. São arquivadas no Registro Público de Empresas Mercantis e publicadas as atas das reuniões do Conselho de Administração que contiverem deliberação destinada a produzir efeitos perante terceiros.

CONSELHO DE AVIAÇÃO CIVIL (CONAC). *Direito administrativo.* É órgão de assessoramento do Presidente da República para a formulação da política de ordenação da aviação civil. Ao CONAC compete: a) estabelecer as diretrizes para a representação do Brasil em convenções, acordos, tratados e atos de transporte aéreo internacional com outros países ou organizações internacionais de aviação civil; b) propor o modelo de concessão de infra-estrutura aeroportuária, submetendo-o ao Presidente da República; c) aprovar as diretrizes de suplementação de recursos para linhas aéreas e aeroportos de interesse estratégico, econômico ou turístico; d) promover a coordenação entre as atividades de proteção de vôo e as atividades de regulação aérea; e) aprovar o plano geral de outorgas de linhas aéreas; f) estabelecer as diretrizes para a aplicabilidade do instituto da concessão ou permissão na exploração comercial de linhas aéreas.

CONSELHO DE CHEFES DO ESTADO-MAIOR. *Direito militar.* Órgão vinculado ao Estado-Maior das Forças Armadas, composto pelo ministro da Defesa (chefe do Estado-Maior das Forças Armadas) e pelos chefes de Estado-Maior das Forças Singulares (Marinha, Exército e Aeronáutica), que, periodicamente, se reúne para tratar de questões relativas ao Estado-Maior e aos interesses comuns a mais de um Estado-Maior das Forças Singulares.

CONSELHO DE CIÊNCIA, TECNOLOGIA E INOVAÇÃO DO MINISTÉRIO DA SAÚDE (CCTI/MS). *Direito administrativo.* Órgão colegiado de natureza permanente, que tem por finalidade atuar na formulação e acompanhamento da execução da Política de Ciência, Tecnologia e Inovação em Saúde, no âmbito do Ministério da Saúde, e implementar estratégias para o desenvolvimento científico e tecnológico do País na área da saúde. Compete ao CCTI/MS: a) definir as bases da política de ciência, tecnologia e inovação em Saúde, de acordo com o previsto na legislação; b) definir, implementar e acompanhar a gestão do fomento científico e tecnológico no âmbito do Ministério da Saúde e dos órgãos a ele vinculados, excetuados os institutos de pesquisa; c) estabelecer prioridades de pesquisa em saúde e inovação no âmbito do Ministério da Saúde; d) participar da elaboração, implementação e do acompanhamento da Agenda Nacional de Prioridades de Pesquisa e Inovação em Saúde (PesqSaúde), assumindo o papel de liderança que cabe ao Ministério da Saúde neste processo; e) propor e apoiar medidas para a geração e disseminação do conhecimento científico, tecnológico e de inovação; f) definir diretrizes e promover a avaliação tecnológica, para subsidiar a incorporação de produtos e processos pelos gestores, prestadores e profissionais de serviços, no âmbito do SUS e da saúde suplementar; g) fornecer aos dirigentes do Ministério da Saúde subsídios no campo científico, tecnológico e da inovação em saúde, com vistas à formulação de políticas e à construção de posicionamentos do Ministério em fóruns setoriais e intersetoriais, governamentais ou não, quando couber; e h) colaborar com o Conselho Nacional de Saúde (CNS), para a organização e a realização das Conferências Nacionais de Ciência, Tecnologia e Inovação em Saúde.

CONSELHO DE COMUNICAÇÃO SOCIAL. *Direito das comunicações.* Tem por atribuição a realização de estudos, pareceres, recomendações e outras solicitações que lhe forem encaminhadas pelo Congresso Nacional, ou por solicitação de qualquer dos membros do Conselho, do Poder Executivo ou de entidades da sociedade civil, sobre: a) liberdade de manifestação do pensamento, da criação, da expressão e da informação; b) propaganda comercial de tabaco, bebidas alcoólicas, agrotóxicos, medicamentos e terapias nos meios de comunicação social; c) diversões e espetáculos públicos; d) produção e programação das emissoras de rádio e televisão; e) monopólio ou oligopólio dos meios de comunicação social; f) finalidades educativas, artísticas, culturais e informativas da programação das emissoras de rádio e televisão; g) promoção da cultura nacional e regional, e estímulo à produção independente e à regionalização da produção cultural, artística e jornalística; h) complementaridade dos sistemas privado, público e estatal de radiodifusão; i) defesa da pessoa e da família de programas ou programações de rádio e televisão que con-

trariem o disposto na Constituição Federal; j) propriedade de empresa jornalística e de radiodifusão sonora e de sons e imagens; k) outorga e renovação de concessão, permissão e autorização de serviços de radiodifusão sonora e de sons e imagens; l) acordos internacionais relativos à comunicação; m) legislação complementar quanto aos dispositivos constitucionais que se referem à comunicação social; n) todos os demais meios de comunicação social, especialmente aqueles surgidos posteriormente à Constituição Federal de 1988.

CONSELHO DE CONTRIBUINTES. *Direito tributário.* Órgão colegiado federal, subordinado ao Ministro da Fazenda, com competência para apreciar em grau de recurso processo administrativo que tenha por objeto tributos federais (Eduardo M. Ferreira Jardim).

CONSELHO DE CONTRIBUINTES ESTADUAIS. *Direito tributário.* Órgão colegiado estadual que tem a incumbência para processar e decidir em grau de recurso feitos administrativos alusivos a tributos situados na esfera de competência dos Estados, principalmente o ICMS (Eduardo M. Ferreira Jardim).

CONSELHO DE CONTROLE DE ATIVIDADES FINANCEIRAS (COAF). *Direito financeiro.* É o que tem a finalidade de disciplinar, aplicar penas administrativas, receber, examinar e identificar as ocorrências suspeitas de certas atividades ilícitas, sem prejuízo da competência de outros órgãos e entidades; coordenar e propor mecanismos de cooperação e de troca de informações que viabilizem ações rápidas e eficientes no combate à ocultação ou dissimulação de bens, direitos e valores. O COAF comunicará às autoridades competentes para a instauração dos procedimentos cabíveis, quando concluir pela existência desses crimes, de fundados indícios de sua prática, ou de qualquer outro ilícito.

CONSELHO DE COORDENAÇÃO E CONTROLE DAS EMPRESAS ESTATAIS. *Direito administrativo.* Órgão a quem compete compatibilizar a atuação das empresas estatais com os objetivos e a execução da política econômica mediante: a) estabelecimento de diretrizes gerais e estratégias básicas de políticas para a atuação das empresas estatais; b) aprovação dos contratos de gestão e dos acordos de desempenho entre a União e as empresas estatais; c) aprovação dos parâmetros para a política de preços e tarifas das empresas estatais que atuem em mercados monopolistas ou oligopolizados, em consonância com os objetivos macroeconômicos definidos pelo Ministério da Fazenda; d) estabelecimento da política de operações de crédito, inclusive operações de arrendamento mercantil, para as empresas estatais; e) aprovação do Programa de Dispêndios Globais e da proposta do orçamento de investimento das empresas estatais a ser encaminhada ao Congresso Nacional; f) aprovação dos parâmetros para as políticas salarial e de benefícios e vantagens dos empregados das empresas estatais; g) aprovação das propostas dos acordos coletivos de trabalho das empresas estatais, na forma da legislação em vigor; h) estabelecimento de diretrizes para a atuação dos representantes da União nos conselhos de administração das empresas estatais; i) estabelecimento de diretrizes para a participação das empresas estatais como patrocinadoras de fundos de pensão.

CONSELHO DE DEFESA NACIONAL. *Direito administrativo* e *direito militar.* Órgão consultivo da Presidência da República sobre questões relativas à soberania nacional e à defesa do Estado democrático. Tem a incumbência de opinar nos casos de declaração de guerra, celebração de paz, decretação do estado de defesa, estado de sítio e intervenção federal, propor critérios e condições de utilização de áreas indispensáveis à segurança do território nacional, especialmente na faixa de fronteira e na relacionada com a preservação e exploração dos recursos naturais, e de estudar e acompanhar o desenvolvimento de iniciativas necessárias para garantir a independência nacional e a defesa do Estado democrático.

CONSELHO DE DESENVOLVIMENTO DO DESPORTO BRASILEIRO (CDDE). *Direito desportivo.* É o órgão colegiado de deliberação e assessoramento, diretamente subordinado ao Gabinete do Ministro de Estado dos Esportes, cabendo-lhe: a) zelar pela aplicação dos princípios e preceitos legais; b) oferecer subsídios técnicos à elaboração do Plano Nacional do Desporto; c) emitir pareceres e recomendações sobre questões desportivas nacionais; d) propor prioridades para o plano de aplicação de recursos do INDESP; e) exercer outras atribuições previstas na legislação em vigor, relativas a questões de natureza desportiva; f) aprovar os Códigos da Justiça Desportiva e suas alterações; g) expedir diretrizes para o controle de substâncias e métodos proibidos na prática desportiva.

CONSELHO DE DESENVOLVIMENTO ECONÔMICO E SOCIAL (CDES). *Direito administrativo.* Órgão de assessoramento imediato ao Presidente da República, com competência para: a) assessorar o Presidente da República na formulação de políticas e diretrizes específicas, voltadas ao desenvolvimento econômico e social, produzindo indicações normativas, propostas políticas e acordos de procedimento; b) apreciar propostas de políticas públicas e de reformas estruturais e de desenvolvimento econômico e social que lhe sejam submetidas pelo presidente da República, com vistas à articulação das relações de governo com representantes da sociedade civil organizada e a concertação entre os diversos setores da sociedade nele representados.

CONSELHO DE ESTADO. 1. *História do direito.* Órgão consultivo composto de conselheiros vitalícios nomeados pelo imperador para aconselhá-lo em todos os negócios graves. **2.** *Direito administrativo comparado.* Órgão colegiado existente em país de dupla jurisdição, que tem as funções administrativo-consultiva, prolatando pareceres, e judicante, em primeira e última instância, como órgão da ordem administrativa do contencioso administrativo (José Cretella Jr.).

CONSELHO DE FAMÍLIA. *Direito civil* e *direito processual civil.* Reunião de parentes e amigos, sob a presidência do juiz, para reger e tratar de interesses de menores ou interditos.

CONSELHO DE GABINETE. *Direito comparado.* Órgão colegiado, existente em País com regime parlamentarista, composto de todos os ministros de Estado, sob a presidência do chefe de governo (primeiro-ministro), sem a presença do chefe de Estado (Duverger).

CONSELHO DE GESTÃO DA PREVIDÊNCIA COMPLEMENTAR (CGPC). *Direito previdenciário.* Órgão colegiado integrante da estrutura básica do Ministério da Previdência Social, que exerce as competências de regulação, normatização e coordenação das atividades das entidades fechadas de previdência complementar. O Conselho de Gestão da Previdência Complementar, além de suas atribuições de regulação e normatização, funcionará como órgão de caráter recursal, cabendo-lhe apreciar e julgar, em última instância, os recursos interpostos contra as decisões do Secretário de Previdência complementar. Compete ao Conselho de Gestão da Previdência Complementar: a) normatizar e regular as atividades das entidades fechadas de previdência complementar; b) conhecer e julgar os recursos interpostos contra decisão do Secretário de Previdência Complementar, relativa à aplicação de penalidades administrativas ou que anular ou cancelar auto de infração; e c) deliberar, coordenar, controlar e avaliar a execução de políticas da previdência complementar operada pelas entidades fechadas de previdência complementar.

CONSELHO DE GESTÃO DO IBAMA. *Direito ambiental.* Órgão colegiado consultivo e deliberativo integrante da estrutura regimental do IBAMA, tem a seguinte finalidade: a) assessorar o Presidente do IBAMA na tomada de decisões relacionadas à gestão ambiental federal; e b) apreciar os assuntos que lhe forem submetidos por qualquer um dos membros e as propostas de edição de normas específicas de abrangência nacional; c) opinar sobre propostas referentes ao processo de acompanhamento e avaliação da execução das agendas de gestão ambiental; d) apreciar planos específicos para as ações de educação e de fiscalização ambiental; e) manifestar-se sobre processos de licenciamento ambiental em andamento na Autarquia, bem como sobre a concessão, alteração e revogação de licenças ambientais; f) apreciar planos de ação que abranjam a conservação de ecossistemas e de espécies, propondo áreas e recursos prioritários à ação institucional; g) manifestar-se sobre parâmetros técnicos, econômicos e sociais para a definição das ações e para a valoração dos produtos e resultados institucionais; h) analisar processos de identificação e negociação de fontes de recursos internos e externos para viabilização das ações planejadas do Instituto; e i) manifestar-se sobre assuntos que lhe forem submetidos pelo Presidente do IBAMA.

CONSELHO DE GESTÃO DO PATRIMÔNIO GENÉTICO. *Direito ambiental.* É um órgão deliberativo e normativo, criado no âmbito do Ministério do Meio Ambiente, que tem as seguintes competências: 1. Coordenar a implementação de políticas para a gestão do patrimônio genético. 2. Estabelecer: a) normas técnicas pertinentes à gestão do patrimônio genético; b) critérios para as autorizações de acesso e de remessa; c) diretrizes para elaboração de Contrato de Utilização do Patrimônio Genético e de Repartição de Benefícios; d) critérios para a criação de bases de dados para o registro de informa-

ção sobre conhecimento tradicional associado, para registro de informações obtidas durante a coleta de amostra de componente do patrimônio genético e relativos a Autorizações de Acesso e de Remessa, aos Termos de Transferência de Material e aos Contratos de Utilização do Patrimônio Genético e de Repartição de Benefícios. 3. Acompanhar, em articulação com órgãos federais, ou mediante convênio com outras instituições, as atividades de acesso e de remessa de amostra de componente do patrimônio genético e de acesso ao conhecimento tradicional associado. 4. Deliberar sobre: a) autorização de acesso e de remessa de amostra de componente do patrimônio genético, mediante anuência prévia de seu titular; b) autorização de acesso ao conhecimento tradicional associado mediante anuência prévia de seu titular; c) autorização especial de acesso e de remessa de amostra de componente do patrimônio genético, com prazo de duração de até dois anos, renovável por iguais períodos, a instituição nacional, pública ou privada, que exerça atividade de pesquisa e desenvolvimento nas áreas biológicas afins, e a universidade nacional pública ou privada; d) autorização especial de acesso a conhecimento tradicional associado, com prazo de duração de até dois anos, renovável por iguais períodos, a instituição nacional pública ou privada, que exerça atividade de pesquisa e desenvolvimento nas áreas biológicas e afins, e a universidade nacional pública ou privada; e) credenciamento de instituição pública nacional de pesquisa e desenvolvimento, ou de instituição pública federal de gestão, para autorizar outra instituição nacional, pública ou privada, que exerça atividade de pesquisa e desenvolvimento nas áreas biológicas e afins, a acessar amostra de componente do patrimônio genético e a de conhecimento tradicional associado, e a remeter amostra de componente do patrimônio genético para instituição nacional, pública ou privada, ou para instituição sediada no exterior; f) credenciamento da instituição pública nacional para ser fiel depositária de amostra de componente do patrimônio genético; g) descredenciamento de instituições pelo descumprimento das disposições legais. 5. Dar anuência aos Contratos de Utilização do Patrimônio Genético e de Repartição de Benefícios quanto ao atendimento dos requisitos previstos em norma. 6. Promover debates e consultas públicas sobre os temas estipulados normativamente. 7. Funcionar como instância superior de recurso em relação a decisão de instituição credenciada e dos atos decorrentes da aplicação da norma. 8. Caracterizar as situações de relevante interesse público, para o ingresso em área pública ou privada, para acesso a amostra de componente de patrimônio genético, sem anuência prévia dos seus titulares. 9. Autorizar a conservação *ex situ* de amostra de componente de patrimônio genético brasileiro no exterior. 10. Definir critérios para cadastramento de coleções *ex situ* de amostra de componente do patrimônio genético junto ao Departamento do Patrimônio Genético do Ministério do Meio Ambiente. 11. Delegar o cadastramento de coleções *ex situ* de amostra de componente de patrimônio genético a instituição pública nacional de pesquisa e desenvolvimento ou instituição pública federal de gestão, todas nas áreas biológicas e afins, credenciadas na forma da lei. 12. Aprovar o modelo do Termo de Transferência de Material. 13. Aprovar seu Regimento Interno e respectivas alterações. 14. Resolver os casos omissos no Regimento Interno. 15. Manifestar-se por meio de resoluções, proposições e deliberações sobre as matérias que lhe são submetidas.

CONSELHO DE GOVERNO. *Direito administrativo.* Órgão de assessoramento imediato ao presidente da República na formulação de diretrizes da ação governamental, dividindo-se em dois níveis de atuação: 1. Conselho de Governo, integrado pelos Ministros de Estado, pelos titulares dos órgãos essenciais da Presidência da República e pelo Advogado-Geral da União, que será presidido pelo presidente da República ou, por sua determinação, pelo Ministro de Estado Chefe da Casa Civil, e secretariado por um dos membros para este fim designado pelo presidente da República; 2. Câmaras do Conselho de Governo, com a finalidade de formular políticas públicas setoriais, cujo escopo ultrapasse as competências de um único Ministério, integradas pelos Ministros de Estado das áreas envolvidas e presididas, quando determinado, pelo Ministro de Estado Chefe da Casa Civil da Presidência da República.

CONSELHO DE GUERRA. *Direito militar.* Tribunal militar de primeira instância instituído para julgar infrações militares cometidas por militares, em tempo de paz, ou crimes comuns, em tempo de guerra.

CONSELHO DE INVESTIGAÇÃO. *Direito militar.* Órgão da justiça militar, em processo preparatório, para inquirir militares, punindo-os disciplinarmente ou formando sua culpa, para serem julgados pelo Conselho de Guerra.

CONSELHO DE JUSTIÇA. *Direito processual.* Órgão existente junto à cúpula do Tribunal de Justiça, composto de parte dos desembargadores, que tem a função de promover a investidura e as promoções dos membros do Judiciário estadual, zelar pelo bom funcionamento da justiça, conhecer das reclamações contra a atuação dos magistrados etc.

CONSELHO DE JUSTIÇA DOS ESTABELECIMENTOS DO EXÉRCITO. *Direito penal militar.* Órgão composto de um capitão e dois tenentes, nomeados pelo comandante do estabelecimento militar para processar, apreciar e julgar crimes de deserção e insubmissão.

CONSELHO DELIBERATIVO DA POLÍTICA DO CAFÉ (CDPC). *Direito agrário.* É aquele instituído como instância colegiada e deliberativa, com a finalidade de aprovar políticas para o setor cafeeiro. Tem competência para: a) aprovar plano de safra para o setor, compreendendo o programa de produção, comercialização, exportação e importação de café verde, solúvel, torrado e moído; b) autorizar a realização de programas e projetos de pesquisa agronômica, mercadológica e de estimativa de safra; c) aprovar, anualmente, a proposta orçamentária referente aos recursos do Fundo de Defesa da Economia Cafeeira (FUNCAFÉ); d) regulamentar ações que visem a manutenção do equilíbrio entre a oferta e a demanda do café para exportação e consumo interno; e) estabelecer cooperação técnica e financeira, nacional e internacional, com organismos oficiais ou privados no campo da cafeicultura; f) aprovar políticas de estocagem e de administração dos armazéns de café; g) propor ao Conselho Monetário Nacional o valor da quota de contribuição e a aprovação do agente financeiro para atuar nas operações de financiamento; h) aprovar plano de desenvolvimento do "agronegócio café"; e i) aprovar programas institucionais de *marketing* no mercado interno e externo.

CONSELHO DELIBERATIVO DO FUNDO DE AMPARO AO TRABALHADOR. *Direito administrativo* e *direito do trabalho.* Órgão colegiado com incumbência de: a) aprovar e acompanhar a execução do Plano de Trabalho Anual do Programa do Seguro-

Desemprego e do Abono Salarial e os respectivos orçamentos; b) deliberar sobre a prestação de contas e os relatórios de execução orçamentária e financeira do Fundo de Amparo ao Trabalhador (FAT); c) elaborar a proposta orçamentária do FAT, bem como suas alterações; d) propor o aperfeiçoamento da legislação relativa ao seguro-desemprego e ao abono salarial e regulamentar os dispositivos legais no âmbito de sua competência; e) decidir sobre sua própria organização, elaborando seu regimento interno; f) analisar relatórios do agente aplicador quanto à forma, prazo e natureza dos investimentos realizados; g) fiscalizar a administração do FAT, podendo solicitar informações sobre contratos celebrados ou em vias de celebração e quaisquer outros atos; h) definir indexadores sucedâneos no caso de extinção ou alteração daqueles referidos na legislação pertinente; i) baixar instruções necessárias à devolução de parcelas do benefício do seguro-desemprego, indevidamente recebidas; j) propor alteração das alíquotas referentes às contribuições a que alude a Constituição, com vistas a assegurar a viabilidade econômico-financeira do FAT; k) fixar prazos para processamento e envio ao trabalhador da requisição do benefício do seguro-desemprego, em função das possibilidades técnicas existentes, estabelecendo-se como objetivo o prazo de trinta dias; l) deliberar sobre outros assuntos de interesse do FAT.

CONSELHO DELIBERATIVO DO FUNDO NACIONAL DO MEIO AMBIENTE. *Direito ambiental.* É o que tem competência para: a) estabelecer prioridades e diretrizes para atuação do FNMA em conformidade com a Política Nacional do Meio Ambiente; b) analisar previamente a proposta de orçamento anual, propondo a adequação dos recursos disponibilizados à programação anual estabelecida, nos termos do respectivo Regimento; c) julgar os projetos considerados aptos na análise preliminar da Diretoria do FNMA; d) aprovar normas, formulários e orientações para elaboração, acompanhamento e avaliação dos projetos; e) avaliar e opinar quanto ao relatório anual de atividades do FNMA; f) exercer outras atribuições que lhe forem conferidas pelo ministro de Estado do Meio Ambiente; g) emitir resoluções sobre matérias de sua competência; h) aprovar o Regimento e suas alterações.

CONSELHO DELIBERATIVO DO SISTEMA DE PROTEÇÃO DA AMAZÔNIA (CONSIPAM). *Direito ambiental.* Órgão colegiado que tem por finalidade estabelecer diretrizes para a coordenação e a implementação de ações de governo, no âmbito do Sistema Nacional de Proteção da Amazônia (SIPAM), consoante a política nacional integrada para a Amazônia.

CONSELHO DE MINISTROS. *Direito comparado.* Reunião dos ministros de Estado, em regimes parlamentaristas, com a presença do chefe de Estado para tomar determinadas decisões e deliberar sobre nomeações e decretos.

CONSELHO DE POLÍTICA ADUANEIRA. *Direito internacional privado* e *direito alfandegário.* Órgão de orientação e controle da política alfandegária que propõe, ainda, modificações legislativas.

CONSELHO DE POLÍTICA MONETÁRIA (COPOM). *Direito bancário.* Constituído no âmbito do Banco Central do Brasil, com o objetivo de estabelecer diretrizes da política monetária e definir a meta da taxa SELIC.

CONSELHO DE RECURSOS DE PREVIDÊNCIA SOCIAL (CRPS). *Direito previdenciário.* Órgão colegiado integrante da estrutura do Ministério da Previdência Social, subordinado diretamente ao ministro de Estado, ao qual compete o controle jurisdicional das decisões do Instituto Nacional do Seguro Social (INSS) nos processos de interesse dos beneficiários e contribuintes da seguridade social.

CONSELHO DE RECURSOS DO SISTEMA FINANCEIRO NACIONAL. *Direito financeiro.* Órgão de deliberação coletiva de segundo grau, existente na estrutura do Ministério da Fazenda, sediado em Brasília (Distrito Federal), com a finalidade de julgar os recursos interpostos das decisões relativas à aplicação de penalidades administrativas previstas em leis especiais e os recursos das decisões proferidas pelo Banco Central do Brasil, em processos administrativos instaurados contra instituições financeiras, seus administradores e membros de seus conselhos, em que, cautelarmente: a) determinarem o afastamento dos indiciados da administração dos negócios das instituições, enquanto perdurar a apuração de suas responsabilidades; b) impedirem que os indiciados assumam quaisquer cargos de direção ou administração de instituições financeiras, ou atuem como mandatários ou prepostos de diretores ou administradores; c) impuserem restrições às atividades das instituições financeiras; d) determinarem às instituições financeiras a substituição de empresa de auditoria contábil ou do auditor contábil independente. Compete, ainda, ao Conselho apreciar recursos de ofício, interpostos pelos órgãos e pelas entidades competentes, das decisões que concluírem pela não-aplicação das penalidades previstas em legislação atinente. O Conselho de Recursos do Sistema Financeiro Nacional é integrado por oito conselheiros, de reconhecida competência e possuidores de conhecimentos especializados em assuntos relativos aos mercados financeiro, de câmbio, de capitais estrangeiros e de crédito rural e industrial, observada a seguinte composição: a) um representante do Ministério da Fazenda; b) um representante do Banco Central do Brasil; c) um representante da Secretaria de Comércio Exterior; d) um representante da Comissão de Valores Mobiliários; e) quatro representantes das entidades de classe dos mercados financeiro, de câmbio, de capitais estrangeiros e de crédito rural e industrial, por estas indicados em lista tríplice, por solicitação do Ministro de Estado da Fazenda.

CONSELHO DE RECURSOS DO SISTEMA NACIONAL DE SEGUROS PRIVADOS, DE PREVIDÊNCIA PRIVADA ABERTA E DE CAPITALIZAÇÃO. *Direito administrativo.* Órgão colegiado integrante da estrutura básica do Ministério da Fazenda que tem por finalidade o julgamento, em última instância administrativa, dos recursos de decisões da Superintendência de Seguros Privados (SUSEP) e do Brasil Resseguros SA (IRB).

CONSELHO DE SAÚDE SUPLEMENTAR (CONSU). Órgão colegiado deliberativo, de natureza permanente, que tem por finalidade atuar na definição, regulamentação e controle das ações relacionadas com a prestação de serviços de saúde suplementar nos seus aspectos médico, sanitário e epidemiológico, competindo-lhe: a) regulamentar as atividades das operadoras de planos e seguros privados de assistência à saúde no que concerne aos conteúdos e modelos assistenciais, adequação e utilização de tecnologias em saúde; b) elaborar o rol de procedimentos e eventos em saúde que constituirão referência básica para fins dispostos legalmente; c) fixar as diretrizes para a cobertura assistencial; d) fixar critérios para os procedimentos de credenciamento e descredenciamento de prestadores de serviço às operadoras; e) esta-

belecer parâmetros e indicadores de qualidade e de cobertura em assistência à saúde para os serviços próprios e de terceiros oferecidos pelas operadoras; f) fixar, no âmbito de sua competência, as normas de fiscalização, controle e aplicação de penalidades previstas em lei; g) estabelecer normas para intervenção técnica nas operadoras; h) estabelecer as condições mínimas, de caráter técnico-operacional dos serviços de assistência à saúde; i) estabelecer normas para ressarcimento ao Sistema Único de Saúde; j) estabelecer normas relativas à adoção e utilização, pelas empresas de assistência médica suplementar, de mecanismos de regulação do uso dos serviços de saúde; k) deliberar sobre a criação de câmaras técnicas, de caráter consultivo, de forma a subsidiar suas decisões; l) normatizar os conceitos de doença e lesão preexistente; m) qualificar as operadoras de planos privados de saúde; n) outras questões relativas à saúde suplementar.

CONSELHO DE SEGURANÇA. *Direito internacional público.* Um dos órgãos principais da Organização das Nações Unidas. Órgão político-militar encarregado da manutenção da paz e da segurança internacional.

CONSELHO DE SEGURANÇA NACIONAL. *História do direito.* Era o órgão de mais alto nível de assessoramento direto à Presidência da República, com competência para: estabelecer as bases para a política nacional; estudar assuntos relativos à segurança interna e externa, aos tratados e acordos internacionais, aos programas de cooperação internacional e à política de desenvolvimento nacional; indicar as áreas indispensáveis à segurança nacional; anuir previamente na concessão de terras e na construção de obras naquelas áreas; alterar e cassar as concessões e autorizações dadas; conceder licença para o funcionamento de representações de entidades sindicais estrangeiras e para a filiação das nacionais a essas entidades etc. Cedeu lugar, hodiernamente, para o Conselho da República e o Conselho de Defesa Nacional.

CONSELHO DE SENTENÇA. *Direito processual penal.* Conjunto de sete cidadãos, ou jurados, sorteados, dentre os 21 alistados, que julga processo submetido à deliberação do Tribunal do Júri, decidindo sobre a absolvição ou condenação do réu.

CONSELHO DE TERRAS DA UNIÃO. *História do direito.* Era um órgão coletivo, criado pelo Ministério da Fazenda, para julgar e deliberar, administrativamente, questões alusivas aos direitos de propriedade ou à posse de imóveis entre a União e terceiros.

CONSELHO DE TRANSPARÊNCIA PÚBLICA E COMBATE À CORRUPÇÃO. *Direito administrativo.* Órgão colegiado e consultivo vinculado à Controladoria-Geral da União, tem como finalidade sugerir e debater medidas de aperfeiçoamento dos métodos e sistemas de controle e incremento da transparência na gestão da Administração Pública, e estratégias de combate à corrupção e à impunidade. Compete ao Conselho de Transparência Pública e Combate à Corrupção: a) contribuir para a formulação das diretrizes da política de transparência da gestão de recursos públicos e de combate à corrupção e à impunidade, a ser implementada pela Controladoria-Geral da União e pelos demais órgãos e entidades da Administração Pública Federal; b) sugerir projetos e ações prioritárias da política de transparência da gestão de recursos públicos e de combate à corrupção e à impunidade; c) sugerir procedimentos que promovam o aperfeiçoamento e a integração das ações de incremento da transparência e de combate à corrupção e à impunidade, no âmbito da Administração Pública federal; d) atuar como instância de articulação e mobilização da sociedade civil organizada para o combate à corrupção e à impunidade; e e) realizar estudos e estabelecer estratégias que fundamentem propostas legislativas e administrativas tendentes a maximizar a transparência da gestão pública e ao combate à corrupção e à impunidade.

CONSELHO DIRETOR DO FUNDO DA MARINHA MERCANTE (CDFMM). Órgão colegiado de caráter deliberativo, integrante da estrutura básica do Ministério dos Transportes, que tem a finalidade de administrar o Fundo da Marinha Mercante (FMM), bem assim acompanhar e avaliar a sua aplicação. O CDFMM tem as seguintes competências: a) subsidiar a formulação e a implementação da política nacional de marinha mercante e da indústria de construção e reparação naval brasileiras; b) elaborar e submeter à aprovação do Ministro de Estado dos Transportes a programação anual de aplicação dos recursos do FMM; c) aprovar o orçamento do FMM; d) deliberar sobre a aplicação dos recursos do FMM; e) supervisionar a arrecadação do Adicional ao Frete para a Renovação da Marinha Mercante (AFRMM) e a partilha e

destinação de seu produto; f) cumprir e fazer cumprir as normas gerais relativas a pedidos de financiamento e concessão de prioridade, com utilização de recursos do FMM, editadas pelo Ministro de Estado dos Transportes; g) deliberar sobre os projetos financiados com recursos do FMM e acompanhar a implementação; h) deliberar sobre a concessão de prioridade de apoio financeiro do FMM; i) deliberar sobre pedidos de cancelamento de prioridade, suplementação de recursos após a contratação do financiamento, alterações do projeto ou de custos que excedam dez por cento do valor do projeto priorizado, e alteração do estaleiro contratado após a concessão de prioridade; j) propor ao Ministro de Estado dos Transportes a realização de convênios e contratos com agentes financeiros do FMM e outros de interesse do desenvolvimento do transporte aquaviário e da indústria da construção e reparação naval brasileiras; k) definir critérios para a liberação dos recursos financeiros das contas vinculadas; l) fixar as condições necessárias para habilitação de novos agentes financeiros do FMM e acompanhar suas atividades; m) assessorar o Ministro de Estado dos Transportes no conjunto de atividades relacionadas à sua competência; n) exigir a efetiva prestação de contas das entidades; o) acompanhar e avaliar a gestão econômica e financeira dos recursos, bem como o desempenho dos programas aprovados; p) acompanhar e fiscalizar as operações realizadas pelos agentes financeiros, com recursos do FMM; q) pronunciar-se sobre as contas do FMM, antes do seu encaminhamento aos órgãos de controle interno para os fins legais; e r) exercer outras atividades que lhe forem cometidas pelo Ministro de Estado dos Transportes.

CONSELHO DIRETOR DO INSTITUTO NACIONAL DE COLONIZAÇÃO E REFORMA AGRÁRIA. *Direito agrário.* Órgão colegiado do INCRA que tem competência para: 1) Deliberar sobre as propostas dos Planos Nacional e Regionais de Reforma Agrária, a serem submetidos à instância superior. 2) Aprovar a proposta orçamentária anual do INCRA e solicitações de créditos adicionais. 3) Aprovar a Programação Operacional Anual do INCRA e suas alterações, com detalhamento das metas e recursos. 4) Aprovar as normas gerais e políticas que tratem de: a) aquisição e desapropriação de imóveis rurais; b) transações e celebrações de acordos de composição amigável, visando a eliminação de pendências judiciais; c) seleção e cadastramento de famílias candidatas ao assentamento; d) elaboração, consolidação e emancipação de projetos de assentamento de reforma agrária e colonização; e) fornecimento de bens e prestação de serviços, e celebração de contratos, convênios, ajustes e outros instrumentos congêneres; e f) procedimentos e atos administrativos e de funcionamento do INCRA. 5) Dispor sobre as superintendências regionais e unidades avançadas. 6) Autorizar o Presidente a adquirir bens imóveis, para a instalação de seus serviços, bem como a conceder e alienar aqueles julgados desnecessários a tal finalidade. 7) Apreciar e aprovar as contas e balanços gerais da autarquia. 8) Conhecer dos relatórios mensais de avaliação de desempenho da autarquia, e sobre eles deliberar. 9) Apreciar assuntos que lhe forem submetidos pelo Presidente ou por qualquer dos demais membros; e 10) Decidir sobre as aquisições de terras, transações e celebração de acordos.

CONSELHO DIRETOR DO ORGANISMO DE CERTIFICAÇÃO DE AUDITORES DE SISTEMAS DA QUALIDADE. Conselho estabelecido no âmbito do organismo de certificação, formado paritariamente por representantes das entidades que participam na execução da certificação, do governo e dos usuários. Tal conselho tem a função de: a) formular as diretrizes normativas e administrativas e avaliar seu cumprimento; b) estabelecer e exigir o cumprimento do código de ética a ser seguido pelos auditores e organizações reconhecidas; c) acolher e julgar recursos de pessoas e entidades ligadas ao sistema, contra ações ou decisões da Comissão de Certificação de Auditores; d) definir os requisitos para registro de auditores certificados por entidades estrangeiras; e) estabelecer a política econômica/financeira do organismo de certificação de auditores e supervisionar e aprovar as contas, para garantir que os recursos gerados pela atividade de certificação e registro de auditores sejam investidos na manutenção da própria atividade; f) implementar critérios e requisitos mínimos para a recertificação, estabelecidos pelo CBC.

CONSELHO DISCIPLINAR. *Direito administrativo.* Órgão da repartição pública com poder para julgar atos indisciplinares e aplicar penas disciplinares cabíveis.

CONSELHO DO AGRONEGÓCIO. *Direito administrativo e direito agrário.* Órgão consultivo vinculado ao Ministério da Agricultura, Pecuária e Abastecimento (MAPA), composto de forma paritária, por representantes dos setores público e privado, tem por finalidade e competências: a) articular e negociar, entre os setores público e privado, a implementação dos mecanismos, diretrizes e estratégias competitivas para as propostas de política agrícola derivadas do Fórum Nacional da Agricultura (FNA); b) propor ajustamentos e alterações na política agrícola e nos planos anuais de safra; c) orientar na identificação das prioridades a serem estabelecidas na formulação de políticas agrícolas e no estabelecimento de metas socioeconômicas; d) assessorar o Ministro da Agricultura, Pecuária e Abastecimento na fixação de diretrizes e metas de desempenho do setor nos mercados interno e externo; e) emitir parecer quanto a assuntos relacionados à tributação interna e também sobre tributação compensatória em caso de concorrência desleal ou predatória; f) coordenar e organizar Conselhos Estaduais e Municipais de Política Agrícola, bem como Câmaras Setoriais e Grupos Temáticos, voltados ao agronegócio brasileiro.

CONSELHO DO MERCADO COMUM. *Direito internacional público.* Aquele que, exercendo a titularidade jurídica do Mercosul, negociando e firmando acordos em seu nome, responde pela condução política do processo e pela tomada de decisões imprescindíveis para que os objetivos do Tratado de Assunção sejam cumpridos.

CONSELHO ECONÔMICO. *Direito canônico.* É o presidido pelo bispo diocesano ou por um delegado seu, compondo-se de três fiéis, que podem ser leigos, nomeados pelo bispo, que entendam de economia e de direito civil.

CONSELHO ECONÔMICO E SOCIAL DAS NAÇÕES UNIDAS (ECOSOC). *Direito internacional público.* Órgão que tem por objetivo a condução de estudos alusivos a assuntos internacionais voltados à educação, cultura, saúde, economia e sociedade; à promoção do respeito aos direitos humanos, à melhoria de condições de vida e à organização de conferências e convenções internacionais para assuntos de sua competência.

CONSELHO EDITORIAL DE COMUNICAÇÃO SOCIAL (CEC) DO MINISTÉRIO DA PREVIDÊNCIA SOCIAL (MPS). Órgão de caráter consultivo não remuneratório, com o objetivo de propor normas e padrões que disciplinem as atividades editoriais da Assessoria de Comunicação Social do MPS e das Unidades de Comunicação Social do Instituto Nacional do Seguro Social (INSS). O Conselho Editorial de Comunicação Social (CEC) tem as seguintes competências: a) propor programação editorial para cada exercício, normas e padrões para editoração, procedimentos e pautas para a Agência de Notícias da Previdência Social (AgPREV) e a inclusão ou alteração de conteúdos da PREVNET e da IntraPREV; e b) acompanhar a execução da programação editorial, bem como do uso das normas e padrões gráfico-editoriais, no âmbito do MPS e INSS e a atualização e inclusão de conteúdos da AgPREV, PREVNet e da Intra-PREV.

CONSELHO EDITORIAL (CONSED) DO INSTITUTO BRASILEIRO DO MEIO AMBIENTE E DOS RECURSOS NATURAIS RENOVÁVEIS (IBAMA). *Direito ambiental.* Tem por finalidade definir a política editorial da Instituição e receber para estudo e análise os originais de obras, trabalhos científicos, técnicos e didáticos da área ambiental e afim cuja edição ou reedição sejam propostas, como também: a) estabelecer critérios para edição de títulos periódicos, séries e outros tipos de produtos; b) propor e avaliar parcerias, co-edições e cooperação com outras instituições, de modo a buscar a interação com comunidades envolvidas, instituições acadêmicas, entidades afins e com a sociedade em geral.

CONSELHO ESPECIAL DE JUSTIÇA DO EXÉRCITO, DA AERONÁUTICA OU DA MARINHA. *Direito penal militar.* Órgão incumbido de processar e julgar oficiais até o posto de coronel (Exército e Aeronáutica) ou de capitão-de-mar-e-guerra (Marinha).

CONSELHO ESPECIAL DO SUBSISTEMA DE INTELIGÊNCIA DE SEGURANÇA PÚBLICA. *Direito administrativo.* É órgão composto dos seguintes membros permanentes, com direito a voto: a) o Secretário Nacional de Segurança Pública, que o presidirá; b) um representante do Órgão de Inteligência do Departamento da Polícia Federal (DPF) e outro da área operacional do Departamento de Polícia Rodoviária Federal (DPRF); c) dois representantes do Ministério da Fazenda, sendo um do Conselho de Controle das Atividades Financeiras (COAF) e outro da Coordenação Geral de Pesquisa e Investigação (COPEI); d) dois representantes do Ministério da Defesa (MD); e) um representante do Gabinete de Segurança Institucional da Presidência da República (GSI/PR); f) um representante da Defesa Civil do Ministério da Integração Nacional (MI); g) um representante da Agência Brasileira de Inteligência (ABIN). Os representantes dos Estados e do Distrito Federal somente participarão das reuniões do Conselho Especial, como membros eventuais, quando convocados pelo seu Presidente. O Presidente do Conselho Especial poderá convidar pessoas de notório saber para participar das reuniões, sem direito a voto, às quais incumbe emitir parecer sobre tema específico. Compete ao Conselho Especial: a) elaborar e aprovar o seu Regimento Interno; b) propor a integração dos Órgãos de Inteligência de Segurança Pública dos Estados e do Distrito Federal ao Subsistema; c) estabelecer as normas operativas e de coordenação da atividade de segurança pública; d) acompanhar e avaliar o desempenho dos planos e programas decorrentes da Política Nacional de Inteligência sobre Segurança Pública; e) constituir comitês técnicos para analisar matérias específicas, podendo convidar especialistas para opinar sobre o assunto.

CONSELHO ESTUDANTIL DE PREVENÇÃO DE ACIDENTES DE TRÂNSITO. *Direito de trânsito* e *direito educacional.* Conselho composto por vinte alunos que visa desenvolver, em conjunto com o estabelecimento de ensino e os técnicos de educação de trânsito, programas na escola, com o escopo de criar uma nova mentalidade estudantil, reformulando hábitos conducentes a um comportamento seguro como usuário de trânsito (Ito, Berezovsky e Penna).

CONSELHO FEDERAL. *História do direito.* Aquele que, implantado pela Constituição de 1937, não chegou a efetivar-se. Deveria compor-se por um representante de cada Estado-Membro e por dez pessoas nomeadas pelo Presidente da República, com mandato de seis anos.

CONSELHO FEDERAL DA ORDEM DOS ADVOGADOS DO BRASIL. *Direito administrativo.* Órgão colegiado composto dos conselheiros federais, integrantes das delegações de cada unidade federativa, e dos seus ex-presidentes, na qualidade de membros honorários vitalícios, tendo competência para: dar cumprimento efetivo às finalidades da OAB; representar, em juízo e fora dele, os interesses coletivos ou individuais dos advogados; velar pela dignidade, independência, prerrogativas e valorização da advocacia; representar, com exclusividade, os advogados brasileiros nos órgãos e eventos internacionais da advocacia; editar e alterar o Regulamento Geral, o Código de Ética e Disciplina e os Provimentos que julgar necessários; adotar medidas para assegurar o regular funcionamento dos conselhos seccionais; intervir nestes quando constatar grave violação da lei; cassar ou modificar qualquer ato de órgão ou autoridade da OAB contrário à lei; julgar, em grau de recurso, as questões decididas pelos conselhos seccionais, nos casos legalmente previstos; dispor sobre a identificação dos inscritos na OAB e sobre o relatório; apreciar o relatório anual e deliberar sobre o balanço e as contas de sua diretoria; homologar ou mandar suprir relatório anual, o balanço e as contas dos conselhos seccionais; elaborar as listas constitucionalmente previstas para o preenchimento dos cargos nos tribunais judiciários com advogados que estejam em pleno exercício da profissão, vedada a inclusão de nome de membro do próprio conselho ou de outro órgão da OAB; ajuizar ação direta de inconstitucionalidade de normas legais e atos normativos, ação civil pública, mandado de segurança coletivo, mandado de injunção e demais ações cuja legitimação lhe seja outorgada por lei; colaborar com o aperfeiçoamento dos cursos jurídicos e opinar, previamente, nos pedidos apresentados aos órgãos competentes para criação, reconhecimento ou credenciamento desses cursos; autorizar, pela maioria absoluta das delegações, a oneração ou alienação de seus bens imóveis; participar de concursos públicos em todas as suas fases; e resolver os casos omissos no Estatuto da OAB.

CONSELHO FEDERAL DE ADMINISTRAÇÃO (CFA). *Direito administrativo.* Autarquia com sede e foro no Distrito Federal e jurisdição em todo o território nacional, dotada de personalidade jurídica de direito público, com autonomia técnica, administrativa e financeira. É o órgão consultivo, orientador, disciplinador e fiscalizador do exercício da profissão do administrador. Cabe ao CFA, especificamente: a) dar cumprimento às decisões aprovadas pelo seu plenário; b) baixar atos julgados necessários à fiel observância e execução da legislação referente à profissão do administrador; c) consolidar atos e normas; d) colaborar com os poderes públicos, instituições de ensino, sindicatos e outras entidades de classe, no estudo de problemas

do exercício profissional e do ensino da Administração, propondo e contribuindo para a efetivação de medidas adequadas à sua solução e aprimoramento; e) celebrar convênios e acordos de cooperação técnica, científica, financeira e outros, de interesse da autarquia; f) dirimir quaisquer dúvidas ou omissões sobre a aplicação da legislação reguladora do exercício profissional; g) indicar representantes, registrados profissionalmente, para participar de quadro consultivo de entidades da Administração Pública direta ou indireta, de fundações, ou de empresas públicas e privadas, quando solicitado por quem de direito; h) designar delegados com funções de representação, de orientação ou de observação a congressos, simpósios, convenções, encontros ou eventos similares; i) promover estudos, pesquisas, campanhas de valorização profissional, publicações e medidas que objetivem o aperfeiçoamento técnico, científico e cultural do administrador.

CONSELHO FEDERAL DE ADMINISTRAÇÃO DO PESSOAL. *Direito administrativo.* Órgão consultivo ligado ao departamento administrativo do pessoal civil da União, com a função de opinar a respeito da política de pessoal do governo federal.

CONSELHO FEDERAL DE EDUCAÇÃO. *História do direito.* Era o principal órgão de assessoramento do Ministro da Educação, responsável pela definição da política educacional universitária, autorizando a abertura e transferência de cursos, bem como a transformação de faculdades em universidades. Era formado por vinte e quatro conselheiros, com mandato de seis anos.

CONSELHO FEDERAL DE PLANEJAMENTO, ORÇAMENTO E GESTÃO. *Direito administrativo.* Contido na estrutura básica do Ministério do Planejamento, Orçamento e Gestão é órgão superior de natureza consultiva ao qual compete colaborar na formulação das diretrizes e estratégias de desenvolvimento nacional equilibrado e na compatibilização das ações de natureza setorial e espacial, apreciar as propostas de planos setoriais e regionais de desenvolvimento e articular a execução dos planos, programas e projetos governamentais de desenvolvimento.

CONSELHO FEDERAL GESTOR DO FUNDO DE DEFESA DE DIREITOS DIFUSOS (CFDD). *Direito ambiental, direito administrativo* e *direito do consumidor.* Órgão integrante da estrutura organizacional do Ministério da Justiça com competência para: a) zelar pela aplicação dos recursos na consecução dos seus objetivos voltados à reparação dos danos causados ao meio ambiente, ao consumidor, a bens e direitos de valor artístico, estético, histórico, turístico, paisagístico, por infração à ordem econômica e a outros interesses difusos e coletivos. Urge lembrar que constituem recursos do FDD o produto da arrecadação das condenações judiciais de sua alçada, bem como das multas e indenizações, desde que não destinadas à reparação de danos a interesses individuais; dos rendimentos auferidos com a aplicação dos recursos do Fundo; de outras receitas que vierem a ser destinadas ao Fundo; de doações de pessoas físicas ou jurídicas, nacionais ou estrangeiras; b) aprovar e firmar convênios e contratos objetivando atender ao disposto legalmente; c) examinar e aprovar projetos de reconstituição de bens lesados, inclusive os de caráter científico e de pesquisa; d) promover, por meio de órgãos da Administração Pública e de entidades civis interessadas, eventos educativos ou científicos; e) fazer editar, inclusive em colaboração com órgãos oficiais, material informativo; f) promover atividades e eventos que contribuam para a difusão da cultura, da proteção ao meio ambiente, do consumidor, da livre concorrência, do patrimônio histórico, artístico, estético, turístico, paisagístico e de outros interesses difusos e coletivos; g) examinar e aprovar os projetos de modernização administrativa, tendo-se em vista que os recursos arrecadados pelo FDD serão aplicados na recuperação de bens, na promoção de eventos educativos, científicos e na edição de material informativo especificamente relacionado com a natureza da infração ou do dano causado, bem como na modernização administrativa dos órgãos públicos responsáveis pela execução das políticas relativas às áreas alusivas ao meio ambiente, ao consumidor e aos interesses difusos e coletivos etc.

CONSELHO FISCAL. **1.** *Direito civil.* Órgão de controle da atuação da diretoria de sociedade civil ou associação. **2.** *Direito comercial.* a) Órgão composto por três a cinco membros, eleitos pela assembléia geral dos acionistas de sociedade anônima, para: fiscalizar os atos dos administradores; opinar não só sobre o relatório anual da administração, zelando pela observância das normas estatutárias, mas também sobre as propostas dos órgãos da administração, a serem submetidas à apreciação da assembléia geral, relativas à alteração do capital social, emissão de debêntures, transformação, incorporação, fusão ou cisão; analisar o balanço; convocar assembléia geral ordinária, se o órgão administrativo retardar por mais de um mês essa convocação, e extraordinária, sempre que houver urgência; b) órgão previsto no estatuto social de sociedade limitada, composto por três ou mais membros e respectivos suplentes, sejam eles sócios ou não, residentes no Brasil, eleitos na assembléia anual em votação de sócios representativos da maioria do capital social, que visa apreciar as contas dos administradores e deliberar sobre o balanço patrimonial e o de resultado econômico. **3.** *Direito previdenciário.* Órgão que controla as finanças e o patrimônio da previdência social.

CONSELHO FISCAL DA EMPRESA BRASILEIRA DE CORREIOS E TELÉGRAFOS. Órgão de fiscalização da Empresa de Correios e Telégrafos que deve funcionar em caráter permanente. É constituído por três membros efetivos e três suplentes, designados pelo ministro de Estado das Comunicações, pelo prazo de um ano, sendo permitida a recondução. Dentre os designados para o Conselho Fiscal, um membro e seu respectivo suplente representarão o Tesouro Nacional, sendo indicado pelo ministro de Estado da Fazenda. Ao Conselho Fiscal compete: a) fiscalizar os atos de gestão dos administradores da empresa e verificar o cumprimento dos seus deveres legais e estatuários; b) opinar sobre o relatório anual da administração, fazendo constar do seu parecer as informações complementares que julgar necessárias; c) opinar sobre as propostas dos órgãos da administração, relativas à modificação do capital social, planos de investimentos ou orçamento de capital, distribuição de resultados, transformação, incorporação e fusão ou cisão; d) dar ciência aos órgãos de administração e, se estes não tomarem as providências cabíveis, à Secretaria de Controle Interno do Ministério das Comunicações, dos erros, fraudes ou crimes, que constatar no exercício de suas atribuições, praticados contra o patrimônio da Empresa de Correios e Telégrafos, para que sejam adotadas as providências necessárias à proteção dos interesses da empresa; e) analisar, no mínimo trimestralmente, os balancetes e as demais demonstrações financeiras elaboradas mensalmente pela Empresa de Correios e Telégrafos, emitindo pareceres conclusivos sobre tais documentos; f) examinar e opinar formalmente sobre as demonstrações financeiras de cada exercício social, elaboradas pela Empresa; g) estabelecer e aprovar a sistemática de funcionamento do Conselho Fiscal; h) assistir às reuniões do Conselho de Administração em que se deliberar sobre os assuntos nos quais deva opinar; i) apreciar, aprovar e acompanhar a execução do Plano Anual de Atividades de Auditoria Interna (PAAAI).

CONSELHO FISCAL DAS EMPRESAS ESTATAIS. *Direito administrativo* e *direito financeiro.*

Órgão que tem deveres e responsabilidades iguais aos dos próprios administradores das empresas. Ao Conselho Fiscal, como colegiado não integrante dos órgãos da Administração, cabe substituir e representar os acionistas na sua função fiscalizadora, acompanhando a ação dos administradores, para verificar o cumprimento dos seus deveres legais e estatutários e defender os interesses da empresa e dos acionistas. Torna-se, assim, indispensável que os representantes do Tesouro Nacional nos Conselhos Fiscais das Empresas Estatais possuam conhecimentos que lhes permitam utilizar com eficiência os meios previstos na lei para fiscalização dos órgãos da Administração. As atribuições conferidas por lei ao Conselho Fiscal constituem deveres indeclináveis para os seus membros, cabendo aos conselheiros a responsabilidade pelo seu não-cumprimento. Sem prejuízo das atribuições fixadas pelo estatuto social e regimento interno, compete ao Conselho Fiscal: a) fiscalizar os atos dos administradores e verificar o cumprimento dos seus deveres legais e estatutários; b) opinar sobre o relatório anual da Administração, fazendo constar do seu parecer as informações complementares que julgar necessárias ou úteis à deliberação da assembléia geral; c) opinar sobre as propostas dos órgãos da Administração a serem submetidas à assembléia geral relativas a modificação do capital social, emissão de debêntures ou bônus de subscrição, planos de investimento ou orçamento de capital, distribuição de dividendos, transformação, incorporação, fusão ou cisão; d) denunciar aos órgãos da Administração e, se estes não tomarem as providências necessárias para a proteção dos interesses da companhia, à assembléia geral, os erros, fraudes ou crimes que descobrirem, sugerindo procedimentos úteis à empresa; e) convocar a assembléia geral ordinária, se os órgãos da Administração retardarem por mais de um mês essa convocação, e a extraordi-

nária, sempre que ocorrerem motivos graves ou urgentes, incluindo na agenda das assembléias as matérias que considerar necessárias; f) analisar, ao menos trimestralmente, os balancetes e demais demonstrações financeiras elaboradas periodicamente pela companhia; g) examinar as demonstrações financeiras de encerramento do exercício social e sobre elas opinar; h) exercer essas atribuições durante a liquidação, tendo em vista as disposições especiais que a regulam. Os membros do Conselho Fiscal devem assistir às reuniões do Conselho de Administração, se houver, ou da Diretoria, nas quais se delibera sobre assuntos em que devam opinar. A ausência dos conselheiros caracteriza omissão no cumprimento do dever, ensejando a sua responsabilidade. Se a companhia tem auditores independentes, o Conselho Fiscal pode solicitar-lhes os esclarecimentos ou informações que julgar necessários e a apuração de fatos específicos. Se a companhia não tem auditores independentes, o Conselho Fiscal pode, para melhor desempenho das suas funções, observada a legislação vigente, escolher contador ou firma de auditoria e fixar-lhes os honorários dentro de níveis razoáveis vigentes na praça e compatíveis com a dimensão econômica da entidade, os quais devem ser pagos pela empresa. É necessária a observância de procedimento licitatório, o qual não pressupõe somente a realização de uma licitação propriamente dita, mas a abertura de processo administrativo próprio, onde devem ser consignadas a existência de dotação orçamentária para arcar com as despesas estimadas, as justificativas de dispensa ou inexigibilidade da licitação e o instrumento de contrato com os respectivos termos aditivos, se e quando realizados. Quando da contratação com base na escolha do Conselho Fiscal, esta deve se dar na forma de "dispensa". As atribuições e poderes conferidos por lei ao Conselho Fiscal não podem ser outorgados a outro órgão da companhia.

CONSELHO FISCAL REPRESENTANTE DO TESOURO NACIONAL. *Direito financeiro.*

Colegiado não integrante dos órgãos da administração, que substitui e representa a totalidade dos acionistas de empresa estatal, na sua função fiscalizadora. Ao acompanhar a ação dos administradores, submetendo seus atos à apreciação crítica, para verificar o cumprimento dos deveres legais e estatuários, pode o Conselho Fiscal desempenhar papel do maior significado na defesa da empresa e dos acionistas. As atribuições conferidas por lei ao Conselho Fiscal constituem deveres indeclináveis para os seus membros, cabendo aos conselheiros a responsabilidade pelo seu não-cumprimento. Sem prejuízo das atribuições fixadas pelos estatutos sociais e regimentos internos, compete ao Conselho Fiscal: 1. Fiscalizar os atos dos administradores e verificar o cumprimento dos seus deveres legais e estatutários; 2. Opinar sobre o relatório anual da administração, fazendo constar do seu parecer as informações complementares que julgar necessárias ou úteis à deliberação da assembléia geral; 3. Opinar sobre as propostas dos órgãos da administração a serem submetidas à assembléia geral relativas à modificação do capital social, emissão de debêntures ou bônus de subscrição, planos de investimento ou orçamento de capital, distribuição de dividendos, transformação, incorporação, fusão ou cisão; 4. Denunciar aos órgãos de administração e, se estes não tomarem as providências necessárias para a proteção dos interesses da companhia, à assembléia geral os erros, fraudes ou crimes que descobrirem, sugerindo procedimentos úteis à empresa; 5. Convocar a assembléia geral ordinária, se os órgãos da administração retardarem por mais de um mês essa convocação, e a extraordinária, sempre que ocorrerem motivos graves ou urgentes, incluindo na agenda das assembléias as matérias que considerar necessárias; 6. Analisar, ao menos trimestralmente, os balancetes e demais demonstrações financeiras elaboradas periodicamente pela companhia; 7. Examinar as demonstrações financeiras de encerramento do exercício social e sobre elas opinar; e 8. Exercer essas atribuições durante a liquidação, tendo em vista as disposições especiais que a regulam. Os conselheiros fiscais representantes do Tesouro Nacional deverão ainda: a) seguir a orientação emanada da Secretaria do Tesouro Nacional (STN), bem como do Conselho de Coordenação e Controle das Empresas Estatais (CCE); b) diligenciar no sentido de que seja aprovado pelo Conselho Fiscal, no início do exercício social, o plano anual de trabalho da unidade de auditoria interna da empresa, verificando se o mesmo atende aos requisitos exigidos; c) adotar providências no sentido de que sejam transmitidas à Secretaria de Coordenação e Controle das Empresas Estatais (SEST) informações sobre: a implantação das medidas adicionais de ajustes que se façam necessárias à melhoria de desempenho e de produtividade da empresa, com destaque para as providências efetivamente adotadas, zelando pela observância dos termos e prazos fixados e previamente aprovados pelo ministro de Estado responsável pela supervisão; o desenvolvimento do programa de implantação dos procedimentos corretivos recomendados pelos auditores independentes e o desenvolvimento do plano de trabalho da auditoria interna da empresa, zelando pela observância das normas mínimas de procedimentos estabelecidas para o seu funcionamento; d) encaminhar à STN, com a maior brevidade possível, relatório circunstanciado dos assuntos discutidos e deliberados pelo conselho, fazendo anexar cópia da ata aprovada e dos pareceres porventura emitidos; e) solicitar à unidade de auditoria interna da empresa os dados e elementos necessários ou convenientes para subsidiar o exercício das atribuições conferidas aos conselheiros fiscais representantes do Tesouro Nacional; f) zelar pelo cumprimento das recomendações feitas pela Secretaria Federal de Controle (SFC), secretarias de controle interno (CISET) e pelo Tribunal de Contas da União (TCU), em qualquer processo de inspeção e de julgamento de contas anuais; g) fiscalizar o recolhimento ao Tesouro Nacional dos dividendos ou resultados de exercício que couberem à União; h) comunicar tempestivamente à STN qualquer indício de irregularidade ou de descumprimento das normas legais; e i) tomar medidas ou iniciativas que, a seu juízo e observados os limites de sua competência, auxiliem os órgãos de controle envolvidos.

CONSELHO GESTOR DO CADASTRO NACIONAL DE INFORMAÇÕES SOCIAIS. *Direito administrativo.* Órgão colegiado com a incumbência de supervisionar e fiscalizar os trabalhos de implantação do Cadastro Nacional de Informações Sociais, bem como sugerir as medidas legais e administrativas que viabilizem a manutenção na Administração Pública federal de cadastro completo dos trabalhadores e das empresas.

CONSELHO GESTOR DO CADASTRO NACIONAL DO TRABALHADOR. *Direito previdenciário* e *direito do trabalho.* É o que tem a incumbência de supervisionar e fiscalizar os trabalhos de implantação do Cadastro Nacional do Trabalhador, bem como sugerir as medidas legais e administrativas que permitam, no prazo máximo de quatro anos a contar da data de publicação da lei pertinente, a existência na Administração Pública federal de cadastro completo dos trabalhadores e das empresas.

CONSELHO GESTOR DO FUNDO NACIONAL DE HABITAÇÃO DE INTERESSE SOCIAL (CGFNHIS). É órgão de caráter deliberativo, composto de forma paritária por representantes dos órgãos e entidades do Poder Executivo e representantes de entidades da sociedade civil. Compete ao CGFNHIS: a) estabelecer diretrizes e critérios de alocação dos recursos do FNHIS, observando a Política e o Plano Nacional de Habitação, estabelecidos pelo Ministério das Cidades, e as diretrizes do Conselho das Cidades; b) promover a adesão dos entes federados ao SNHIS; c) deliberar sobre os programas de aplicação de recursos submetidos pelo Ministério das Cidades; d) estabelecer outras diretrizes para a concessão de benefícios no âmbito do SNHIS; e) aprovar orçamentos e planos de aplicação e metas anuais e plurianuais dos recursos do FNHIS, preliminarmente ao encaminhamento do Projeto de Lei Orçamentária Anual ao Congresso Nacional; f) deliberar sobre as contas do FNHIS, encaminhadas à sua deliberação pelo Ministério das Cidades, preliminarmente ao seu encaminhamento ao Tribunal de Contas da União; g) fixar os valores de remuneração do Agente Operador; h) estabelecer normas e procedimentos necessários à autorização, pelo Ministério das Cidades, a débito do FNHIS, do ressarcimento dos custos operacionais e correspondentes encargos tributários do Agente Operador; i) estabelecer prazo limite para o exercício da faculdade que é conferida ao Ministério das Cidades; j) dispensar municípios específicos do cumprimento de certos requisitos, em razão de características territoriais, econômicas, sociais ou demográficas; k) definir a periodicidade e o conteúdo dos relatórios gerenciais a serem fornecidos pelo Ministério das Cidades e pelo Agente Operador; l) aprovar seu regimento interno; m) adotar as providências cabíveis para a apuração e correção de atos e fatos que prejudiquem o cumprimento das finalidades do FNHIS ou que representem infração das normas estabelecidas; n) dirimir dúvidas quanto à aplicação das normas regulamentares, aplicáveis ao FNHIS, nas matérias de sua competência; e o) deliberar sobre outros assuntos de interesse do FNHIS, no âmbito de suas competências legais.

CONSELHO INDIGENISTA. Integrante da estrutura básica da Fundação Nacional do Índio (FUNAI), é órgão de apoio técnico, científico e cultural ao presidente da Fundação, que tem por finalidade: a) zelar pelo cumprimento da legislação relativa à proteção e assistência ao índio e às comunidades indígenas; b) elaborar seu regimento interno e propor alterações em seu texto; c) analisar e avaliar, anualmente, os programas de trabalho apresentados pelo presidente da FUNAI, quanto aos aspectos indigenistas e prioridade das ações; d) opinar sobre os assuntos de natureza técnica, científica ou cultural que lhe forem submetidos pelo presidente da Fundação; e) avaliar, inclusive *in loco*, as ações indigenistas implementadas pela Fundação e/ou instituições governamentais e não-governamentais, no que diz respeito às prioridades e ao cumprimento da lei; f) oferecer sugestões sobre resoluções e matérias de interesse da Fundação e dos índios; g) estudar as indicações e emitir parecer conclusivo sobre concessão de medalha do Mérito Indigenista, que será submetido ao presidente da Fundação.

CONSELHO INTERMINISTERIAL DE PREÇOS. *Direito econômico.* Órgão com competência normativa para a fixação e execução da política de controle de preços no mercado interno.

CONSELHO MONETÁRIO NACIONAL (CMN). *Direito administrativo* e *direito bancário.* Órgão que tem por finalidade organizar a política financeira nacional, interna ou externa, isto é, de moeda e de crédito, para a obtenção do progresso econômico-social do País. A ele compete: adaptar os meios de pagamento de conformidade com as necessidades da economia do país; regular os valores da moeda e o equilíbrio da balança de pagamentos; controlar a aplicação de recursos financeiros; e coordenar não só toda a política monetária, orçamentária, fiscal e creditícia como também a dívida pública externa e interna. É integrado pelos seguintes membros: a) ministro de Estado da Fazenda, na qualidade de presidente; b) ministro de Estado do Planejamento, Orçamento e Gestão; c) presidente do Banco Central do Brasil. Funcionam também junto ao CMN as seguintes comissões consultivas de: a) Normas e Organização do Sistema Financeiro; b) Mercado de Valores Mobiliários e de Futuros; c) Crédito Rural; d) Crédito Industrial; e) Crédito Habitacional e para Saneamento e Infra-Estrutura Urbana; f) Endividamento Público; g) Política Monetária e Cambial.

CONSELHO MUNICIPAL. *Ciência política.* Câmara Municipal ou Câmara dos Vereadores.

CONSELHO NACIONAL ANTIDROGAS (CONAD). *Direito administrativo.* É órgão normativo e de deliberação coletiva vinculado ao Gabinete de Segurança Institucional da Presidência da República, tem por finalidade aprovar a Política Nacional Antidrogas, exercer orientação normativa, inclusive referente aos compromissos internacionais do Brasil, sobre as atividades de repressão do uso indevido, do tráfico ilícito e da produção não autorizada de substâncias entorpecentes e drogas que causem dependência física ou psíquica, e de prevenção do uso indevido desses mesmos produtos, bem como aquelas relacionadas com o tratamento, recuperação e reinserção social de dependentes; acompanhar e avaliar a gestão de recursos do Fundo Nacional Antidrogas (FUNAD), e o desempenho dos planos e programas da Política Nacional Antidrogas e, ainda, integrar ao Sistema Nacional Antidrogas os órgãos congêneres dos Estados, do Distrito Federal e dos Municípios. O CONAD opinará sobre os seguintes assuntos, encaminhados por intermédio da Secretaria Nacional Antidrogas: a) criação de comissões especiais; b) proposição de alteração de seu Regimento Interno; c) projetos de campanha de esclarecimento público sobre a natureza e efeitos das substâncias entorpecentes ou que determinem dependência física ou psíquica; d) programas de intercâmbio técnico-científico com organizações internacionais relacionados com a formação e aperfeiçoamento profissionais nas áreas de prevenção e repressão antidrogas e recuperação de dependentes; e) propostas de normas legais sobre matérias relacionadas com os objetivos do Sistema Nacional Antidrogas; f) propostas ou projetos de alteração nos currículos dos cursos de formação de professores de todos os graus de ensino, relacionados com os princípios científicos, a natureza e os efeitos de substâncias entorpecentes ou que determinem dependência física ou psíquica.

CONSELHO NACIONAL DA AMAZÔNIA LEGAL (CONAMAZ). *Direito administrativo.* Órgão colegiado que tem por finalidade a formulação e o acompanhamento da implantação da política nacional integrada para a Amazônia Legal e, especificamente, propor e coordenar política nacional integrada para a região amazônica, em articulação com os governos estaduais e municipais, que leve em conta todas as dimensões da vida social e econômica e os imperativos do desenvolvimento sustentável, da melhoria da qualidade de vida das populações amazônicas e da proteção e preservação do meio ambiente amazônico. Compete-lhe: a) assessorar o presidente da República na formulação e no acompanhamento da implantação da política nacional integrada para a Amazônia Legal; b) coordenar e articular as ações da política nacional integrada para a Amazônia Legal, em conjunto com os governos estaduais e municipais, considerando as dimensões sociais e econômicas, garantindo o desenvolvimento sustentável, a proteção e preservação do meio ambiente e a melhoria da qualidade de vida das populações; c) coordenar políticas que harmonizem a ação dos órgãos federais em benefício das populações amazônicas e voltada para a execução da política nacional integrada para a Amazônia Legal; d) articular ações para a implementação dessas políticas ou para responder a situações que exijam providências especiais ou em caráter de emergência; e) acompanhar a implementação da política integrada e de iniciativas coordenadas em âmbito federal; f) opinar sobre projetos de lei relativos à ação do governo federal na região da Amazônia Legal; g) deliberar e propor medidas sobre fatos e situações ligadas à Amazônia Legal, que exijam ação pronta e coordenada do governo federal.

CONSELHO NACIONAL DA MAGISTRATURA. *Direito processual.* Órgão máximo controlador da disciplina do Poder Judiciário.

CONSELHO NACIONAL DA SEGURIDADE SOCIAL (CNSS). *Direito previdenciário.* É órgão superior de deliberação colegiada que conta com a participação da União, dos Estados, do Distrito Federal, dos municípios e de representantes da sociedade civil e tem competência para: 1. estabelecer as diretrizes gerais e as políticas de integração entre as áreas; 2. acompanhar e avaliar a gestão econômica, financeira e social dos recursos e o desempenho dos programas realizados, exigindo prestação de contas; 3. apreciar e aprovar os termos dos convênios firmados entre a seguridade social e a rede bancária para a prestação dos serviços; 4. aprovar e submeter ao presidente da República os programas anuais e plurianuais da seguridade social; 5. aprovar e submeter ao Órgão Central do Sistema de Planejamento Federal e de Orçamentos a proposta orçamentária anual da seguridade social; 6. estudar, debater e aprovar proposta de recomposição periódica dos valores dos benefícios e dos salários-de-contribuição, a fim de garantir, de forma permanente, a preservação de seus valores reais; 7. zelar pelo fiel cumprimento do disposto na legislação que rege a seguridade social, assim como pelo cumprimento de suas deliberações; 8. divulgar, através do *Diário Oficial da União*, todas as suas deliberações; 9. elaborar o seu regimento interno.

CONSELHO NACIONAL DE AQÜICULTURA E PESCA (CONAPE). *Direito administrativo* e *direito agrário.* Órgão colegiado de caráter consultivo, integrante da estrutura básica da Secretaria Especial de Aqüicultura e Pesca da Presidência da República, que tem por finalidade propor a formulação de políticas públicas, com vistas a promover a articulação e o debate dos diferentes níveis de governo e a sociedade civil organizada, para o desenvolvimento e o fomento das atividades da aqüicultura e da pesca no território nacional. Ao Conape compete: 1) subsidiar a formulação e a implementação de políticas públicas estruturantes, de competência da Secretaria Especial de Aqüicultura e Pesca da Presidência da República, com base nos objetivos e metas estabelecidos, de forma a atender, dentre outros: a) o desenvolvimento e o fomento da produção pesqueira e aqüícola; b) as atividades de infra-estrutura de apoio à produção e comercialização do pescado e de fomento à aqüicultura e à pesca; c) a regulamentação da cessão de águas públicas da União para a exploração da aqüicultura, bem como sobre a criação de parques e suas respectivas áreas aqüícolas; d) a normatização, respeitada a legislação ambiental, de medidas que permitam o aproveitamento sustentável dos recursos pesqueiros altamente migratórios e dos que estejam subexplorados ou inexplorados; e) a manutenção, em articulação com os Estados, o Distrito Federal e os Municípios, de programas racionais de exploração da aqüicultura em águas públicas e privadas; e f) o acompanhamento da implementação das medidas e ações estabelecidas no plano estratégico aprovado pela Conferência Nacional de Aqüicultura e Pesca; 2) propor estratégias de acompanhamento, monitoramento e avaliação, bem como de participação no processo deliberativo de diretrizes e procedimentos das políticas relacionadas com o desenvolvimento e o fomento das atividades da aqüicultura e da

pesca no território nacional; 3) propor a realização de estudos, debates e pesquisas sobre a aplicação e os resultados estratégicos alcançados pelos programas desenvolvidos pela Secretaria Especial de Aqüicultura e Pesca da Presidência da República; 4) promover, em parceria com organismos governamentais e não-governamentais, nacionais e internacionais, a identificação de sistemas de indicadores, no sentido de estabelecer metas e procedimentos com base nesses índices, para monitorar a aplicação das atividades relacionadas com o desenvolvimento e o fomento das atividades de aqüicultura e pesca; 5) estimular a ampliação e o aperfeiçoamento dos mecanismos de participação e controle social, por intermédio de uma rede nacional de órgãos colegiados estaduais, regionais e municipais, para fortalecer o desenvolvimento e o fomento das atividades de aqüicultura e pesca; 6) promover e organizar a realização, a cada dois anos, da Conferência Nacional de Aqüicultura e Pesca; 7) propor a atualização da legislação relacionada com as atividades de desenvolvimento e o fomento das atividades de aqüicultura e pesca; 8) definir diretrizes e programas de ação; e 9) aprovar seu regimento interno e decidir sobre as alterações propostas por seus membros.

CONSELHO NACIONAL DE ARQUIVOS (CONARQ). *Direito administrativo.* Órgão colegiado vinculado ao arquivo nacional que tem por objetivo definir a política nacional de arquivos públicos e privados, bem como exercer orientação normativa, visando à gestão documental e à proteção especial dos documentos de arquivo. Para consecução de suas finalidades, compete ao CONARQ: 1. estabelecer diretrizes para o funcionamento do Sistema Nacional de Arquivos (SINAR), visando à gestão, à preservação e ao acesso aos documentos de arquivos; 2. promover o inter-relacionamento de arquivos públicos e privados com vistas ao intercâmbio e integração sistêmica das atividades arquivísticas; 3. propor ao Ministro de Estado da Justiça dispositivos legais necessários ao aperfeiçoamento e à implementação da política nacional de arquivos públicos e privados; 4. zelar pelo cumprimento dos dispositivos constitucionais e legais que norteiem o funcionamento e acesso aos arquivos públicos; 5. estimular programas de gestão e de preservação de documentos públicos de âmbito federal, estadual e municipal, produzidos ou recebidos em decorrência de suas funções executiva, legislativa e judiciária; 6. subsidiar a elaboração de planos nacionais de desenvolvimento, sugerindo metas e prioridades da política nacional de arquivos públicos e privados; 7. estimular a implantação de sistemas de arquivos nos Poderes Executivo, Legislativo e Judiciário, bem como nos Estados, no Distrito Federal e nos Municípios; 8. estimular a integração e modernização dos arquivos públicos e privados; 9. declarar como de interesse público e social os arquivos privados que contenham fontes relevantes para a história e o desenvolvimento nacionais; 10. estimular a capacitação técnica dos recursos humanos que desenvolvam atividades de arquivo nas instituições integrantes do SINAR; 11. recomendar providências para a apuração e a reparação de atos lesivos à política nacional de arquivos públicos e privados; 12. promover a elaboração do cadastro nacional de arquivos públicos e privados, bem como desenvolver atividades censitárias referentes a arquivos; 13. manter intercâmbio com outros conselhos e instituições cujas finalidades sejam relacionadas ou complementares às suas, para prover e receber elementos de informação e juízo, conjugar esforços e encadear ações; 14. articular-se com outros órgãos do Poder Público formuladores de políticas nacionais nas áreas de educação, cultura, ciência e tecnologia, bem como informação e informática.

CONSELHO NACIONAL DE ASSISTÊNCIA SOCIAL (CNAS). *Direito previdenciário.* Órgão superior de deliberação colegiada, de caráter permanente do sistema descentralizado e participativo da Assistência Social, de composição paritária entre governo e sociedade civil, vinculado à estrutura do Ministério do Desenvolvimento Social e Combate à Fome, tendo por finalidade: a) aprovar a Política Nacional de Assistência Social; b) normatizar as ações e regular a prestação de serviços de natureza pública e privada no campo da assistência social; c) estabelecer procedimentos para concessão de registro e certificado de entidades beneficentes de assistência social (CEAS) às instituições privadas prestadoras de serviços e assessoramento de assistência social que prestem serviços relacionados com seus objetivos institucionais; d) conceder registro e certificado de entidade beneficente de assistência social e, ainda, manifestar-se sobre isenção de impostos de impor-

tação e de consumo, e de outras contribuições fiscais incidentes sobre os alimentos de qualquer natureza, e outras utilidades, adquiridas no exterior por doação, limitada às entidades e instituições de assistência social devidamente registradas no CNAS; e) zelar pela efetivação do sistema descentralizado e participativo de assistência social; f) convocar ordinariamente a cada 4 (quatro) anos, ou extraordinariamente, a Conferência Nacional de Assistência Social, que terá a atribuição de avaliar a situação da Assistência Social e propor diretrizes para o aperfeiçoamento do sistema; g) aprovar as normas de funcionamento da Conferência Nacional de Assistência Social; h) propor o regimento da Conferência Nacional de Assistência Social e submetê-lo à aprovação da instância competente; i) apreciar e aprovar a proposta orçamentária da Assistência Social a ser encaminhada pelo Ministério do Desenvolvimento Social e Combate à Fome; j) aprovar critérios de transferência de recursos para os Estados, Municípios e Distrito Federal, considerando, para tanto, os indicadores que informem sua regionalização mais eqüitativa, tais como: população, renda per capita, mortalidade infantil e concentração de renda, além de disciplinar os procedimentos de repasse de recursos às entidades e organizações de assistência social, sem prejuízo das disposições contidas na Lei de Diretrizes Orçamentárias; k) acompanhar e avaliar a gestão dos recursos, bem como os ganhos sociais e o desempenho dos programas e projetos aprovados; l) estabelecer diretrizes, apreciar e aprovar os programas anuais e plurianuais do Fundo Nacional de Assistência Social (FNAS); m) indicar, se for o caso, o representante do CNAS junto aos órgãos correlatos; n) elaborar, aprovar e modificar o seu regimento interno; o) publicar, no *Diário Oficial da União*, todas as suas decisões, bem como as contas do Fundo Nacional de Assistência Social (FNAS) e os respectivos pareceres emitidos, podendo também utilizar outros meios de comunicação para divulgar decisões e informações que o Conselho julgar necessárias; p) estabelecer critérios e definir prazos para a concessão de benefícios eventuais; q) propor a instituição de benefícios subsidiários, ouvidas as representações de Estados e Municípios; r) aprovar os programas de assistência social em âmbito nacional; s) cancelar o registro, bem como o CEAS, de entidades e organizações de assistência social que incorrerem em irregularidade na aplicação de recursos públicos, na forma do disposto na LOAS, bem como das que deixarem de cumprir os princípios estabelecidos legalmente; t) cancelar o registro, bem como o CEAS, desde que verificado em processo regular o descumprimento da legislação pertinente; u) anular a decisão que tenha deferido ou indeferido o registro e/ou o CEAS de entidade beneficente de assistência social, desde que haja comprovação em processo regular, da ocorrência de vício de legalidade; v) apreciar e julgar as representações formuladas perante o CNAS; x) apreciar e julgar os recursos interpostos por entidades e organizações de assistência social para defesa de seus direitos referentes à inscrição e ao seu funcionamento; y) propor a alteração dos limites de renda mensal *per capita*; e z) regulamentar o processo de escolha dos representantes da sociedade civil no CNAS, bem como o funcionamento das assembléias.

CONSELHO NACIONAL DE BIOSSEGURANÇA (CNBS). *Biodireito.* Vinculado à Presidência da República, é órgão de assessoramento superior do Presidente da República para a formulação e implementação da Política Nacional de Biossegurança (PNB). Compete ao CNBS: a) fixar princípios e diretrizes para a ação administrativa dos órgãos e entidades federais com competências sobre a matéria; b) analisar, a pedido da CTNBio, quanto aos aspectos da conveniência e oportunidade socioeconômicas e do interesse nacional, os pedidos de deliberação para uso comercial de OGM e seus derivados; c) avocar e decidir, em última e definitiva instância, com base em manifestação da CTNBio e, quando julgar necessário, dos órgãos e entidades referidos em lei, no âmbito de suas competências, sobre os processos relativos a atividades que envolvam o uso comercial de OGM e seus derivados.

CONSELHO NACIONAL DE CIÊNCIA E TECNOLOGIA (CCT). *Direito administrativo.* É o órgão de assessoramento superior do presidente da República para a formulação e implementação da política nacional de desenvolvimento científico e tecnológico, competindo-lhe: a) propor a política de ciência e tecnologia do País, como fonte e parte integrante da política nacional de desenvolvimento; b) formular, em sincronia com as demais políticas governamentais, planos, metas e prioridades nacionais referentes à ciência e tecnologia, com as especificações de instrumentos e de recursos; c) efetuar avaliações relativas à execução da política nacional de ciência e tecnologia; e d) opinar sobre propostas ou programas que possam causar impactos à política nacional de desenvolvimento científico e tecnológico, bem como sobre atos normativos de qualquer natureza que objetivem regulamentá-la.

CONSELHO NACIONAL DE COMBATE À DISCRIMINAÇÃO (CNCD). Órgão colegiado, integrante da estrutura básica da Secretaria Especial dos Direitos Humanos da Presidência da República, compete propor, acompanhar e avaliar as políticas públicas afirmativas de promoção da igualdade e da proteção dos direitos de indivíduos e grupos sociais e étnicos afetados por discriminação racial e demais formas de intolerância.

CONSELHO NACIONAL DE COMBATE À PIRATARIA E DELITOS CONTRA A PROPRIEDADE INTELECTUAL (CNCP). Órgão colegiado consultivo integrante da estrutura básica do Ministério da Justiça, que tem por finalidade elaborar as diretrizes para a formulação e proposição de Plano Nacional para o Combate à Pirataria, à sonegação fiscal dela decorrente e aos delitos contra a Propriedade Intelectual, e especificamente: a) estudar e propor medidas e ações destinadas ao enfrentamento da pirataria e combate a delitos contra a propriedade intelectual no País; b) criar e manter banco de dados a partir das informações coletadas em âmbito nacional, integrado ao Sistema Único de Segurança Pública; c) efetuar levantamentos estatísticos com o objetivo de estabelecer mecanismos eficazes de prevenção e repressão da pirataria e de delitos contra a propriedade intelectual; d) apoiar as medidas necessárias ao combate à pirataria junto aos Estados da Federação; e) incentivar e auxiliar o planejamento de operações especiais e investigativas de prevenção e repressão à pirataria e a delitos contra a propriedade intelectual; f) propor mecanismos de combate à entrada de produtos piratas e de controle do ingresso no País de produtos que, mesmo de importação regular, possam vir a se constituir em insumos para a prática de pirataria; g) sugerir fiscalizações específicas nos portos, aeroportos, postos de fronteiras e malha rodoviária brasileira; h) estimular, auxiliar e fomentar o treinamento de agentes públicos envolvidos em operações e processamento de informações relativas à pirataria e a delitos contra a propriedade intelectual; i) fomentar ou coordenar campanhas educativas sobre o combate à pirataria e delitos contra a propriedade intelectual; j) acompanhar, por meio de relatórios enviados pelos órgãos competentes, a execução das atividades de prevenção e repressão à violação de obras protegidas pelo direito autoral; e k) estabelecer mecanismos de diálogo e colaboração com os Poderes Legislativo e Judiciário, com o propósito de promover ações efetivas de combate à pirataria e a delitos contra a propriedade intelectual.

CONSELHO NACIONAL DE DEFESA CIVIL (CONDEC). *Direito administrativo.* Órgão colegiado de caráter normativo, deliberativo e consultivo integrante da estrutura regimental do Ministério da Integração Nacional, que tem por finalidade a formulação e deliberação de diretrizes governamentais em matéria de defesa civil. São suas funções: estabelecer normas e procedimentos que regulem o funcionamento do Sistema Nacional de Defesa Civil (SINDEC); aprovar a política e as diretrizes de ação governamental de defesa civil; recomendar aos diversos órgãos integrantes do *Sindec* ações prioritárias que possam minimizar os desastres naturais ou provocados pelo homem; aprovar os critérios para a declaração, a homologação e o reconhecimento de situação de emergência ou de estado de calamidade pública; aprovar os planos e programas globais e setoriais elaborados pelo Sindec; deliberar sobre ações de cooperação internacional de interesse do Sindec, observadas as normas vigentes; aprovar a criação de comissões técnicas interinstitucionais para a realização de estudos, pesquisas e trabalhos especializados de interesse da defesa civil; designar grupos de trabalhos emergenciais interinstitucionais com o objetivo de articular e agilizar as ações federais em situações de desastre de grande intensidade; aprovar critérios técnicos para análise e aprovação de obras e serviços, destinados a prevenir riscos, minimizar danos e recuperar áreas deterioradas por desastres; elaborar o regimento interno, que disporá sobre seu funcionamento, bem como propor alterações; submeter seu regimento interno para aprovação ministerial.

CONSELHO NACIONAL DE DESENVOLVIMENTO CIENTÍFICO E TECNOLÓGICO (CNPQ). Fundação pública, vinculada ao Ministério da Ciência e Tecnologia, com sede e foro no Distrito Federal, personalidade jurídica de direito privado e prazo de duração indeterminado. O CNPq tem por finalidade promover e fomentar o desenvolvimento científico e tecnológico do País e contribuir na formulação das políticas nacionais de ciência e tecnologia. Compete ao CNPq, como órgão de fomento à pesquisa, participar com o Ministério da Ciência e Tecnologia na formulação, execução, acompanhamento, avaliação e difusão da Política Nacional de Ciência e Tecnologia e, especialmente: a) promover e fomentar o desenvolvimento e a manutenção da pesquisa científica e tecnológica e a formação de recursos humanos qualificados para a pesquisa, em todas as áreas do conhecimento; b) promover e fomentar a pesquisa científica e tecnológica e a capacitação de recursos humanos voltadas às questões de relevância econômica e social relacionadas às necessidades específicas de setores de importância nacional ou regional; c) promover e fomentar a inovação tecnológica; d) promover, implantar e manter mecanismos de coleta, análise, armazenamento, difusão e intercâmbio de dados e informações sobre o desenvolvimento da ciência e tecnologia; e) propor e aplicar normas e instrumentos de apoio e incentivos à realização de atividades de pesquisa e desenvolvimento, de difusão e absorção de conhecimentos científicos e tecnológicos; f) promover a realização de acordos, protocolos, convênios, programas e projetos de intercâmbio e transferência de tecnologia entre entidades públicas e privadas, nacionais e internacionais; g) apoiar e promover reuniões de natureza científica e tecnológica ou delas participar; h) promover e realizar estudos sobre o desenvolvimento científico e tecnológico; i) prestar serviços e assistência técnica em sua área de competência; j) prestar assistência na compra e importação de equipamentos e insumos para uso em atividades de pesquisa científica e tecnológica em consonância com a legislação em vigor; e k) credenciar instituições para, nos termos da legislação pertinente, importar bens com benefícios fiscais destinados a atividades diretamente relacionadas com pesquisa científica e tecnológica.

CONSELHO NACIONAL DE DESENVOLVIMENTO INDUSTRIAL (CNDI). *Direito administrativo.* Órgão colegiado, vinculado à Presidência da República, que tem a tarefa de propor ao Presidente da República políticas nacionais e medidas específicas destinadas a promover o desenvolvimento industrial do País. Tem competência para: 1. Subsidiar, mediante proposições submetidas à Presidência da República, a formulação e a implementação de políticas públicas voltadas ao desenvolvimento industrial, em consonância com as políticas de comércio exterior e de ciência e tecnologia, de forma a atender, dentre outros: a) ao desenvolvimento e ao fomento da produção industrial; b) às atividades de infra-estrutura de apoio a produção e comercialização; c) à normatização de medidas que permitam maior competitividade das empresas que compõem o setor industrial; d) ao financiamento mais consistente e duradouro de atividades empreendedoras; e e) à manutenção, em articulação com os Estados, o Distrito Federal e os Municípios, de programas eficientes e sustentáveis de desenvolvimento industrial, de comércio exterior e de ciência e tecnologia; 2. propor metas e prioridades de governo referentes à Política Industrial, Tecnológica e de Comércio Exterior (PITCE), indicando os respectivos meios e recursos para atingi-las com as especificações de instrumentos; 3. propor estratégias de acompanhamento, monitoramento e avaliação da PITCE, bem como a participação, no processo deliberativo, de agentes qualificados para formular políticas relacionadas com o desenvolvimento e o fomento industrial; e 4. propor a realização de estudos, debates e pesquisas sobre a aplicação e os resultados estratégicos alcançados pelos programas desenvolvidos pelo poder público nas áreas de desenvolvimento industrial, comércio exterior e de ciência e tecnologia.

CONSELHO NACIONAL DE DESENVOLVIMENTO RURAL (CNDR). *Direito agrário.* Órgão que tem por finalidade deliberar sobre o Plano Nacional de Desenvolvimento Rural, que se constituirá das diretrizes, dos objetivos e das metas do Programa Nacional de Reforma Agrária e do Programa Nacional de Fortalecimento da Agricultura Familiar (PRONAF), cabendo-lhe: a) coordenar, articular e propor a adequação de políticas públicas federais às necessidades da reforma agrária e da agricultura familiar; b) aprovar a programação físico-financeira atual do PRONAF e do Programa Nacional de Reforma Agrária, acompanhar seu desempenho e apreciar os pertinentes relatórios de execução; c) articular-se, orientar e coordenar as ações dos Conselhos Estaduais e Municipais de De-

senvolvimento Rural que venham a se formar por livre determinação dos Estados e Municípios com objetivos similares em seu âmbito de atuação e sejam pelo CNDR reconhecidos; d) proceder a estudos de avaliação do PRONAF e do Programa Nacional de Reforma Agrária e propor redirecionamentos; e) aprovar o seu regimento interno, que disporá, também, sobre as atribuições, a composição e o funcionamento das Câmaras Técnicas que integram sua estrutura deliberativa; f) outras competências e atribuições que vierem a lhe ser cometidas.

CONSELHO NACIONAL DE DESENVOLVIMENTO RURAL SUSTENTÁVEL (CONDRAF). Órgão colegiado integrante da estrutura básica do Ministério do Desenvolvimento Agrário que tem por finalidade propor diretrizes para a formulação e a implementação de políticas públicas ativas, constituindo-se em espaço de concertação e articulação entre os diferentes níveis de governo e as organizações da sociedade civil, para o desenvolvimento sustentável, a reforma agrária e a agricultura familiar. Ao CONDRAF compete: 1) subsidiar a formulação de políticas estruturantes, de responsabilidade do Ministério de Desenvolvimento Agrário, com base nos objetivos e metas referentes à reforma agrária, ao reordenamento do desenvolvimento agrário e à agricultura familiar, bem como às demais políticas relacionadas com o desenvolvimento rural sustentável; 2) considerar o território rural como foco do planejamento e da gestão de programas de desenvolvimento rural sustentável, partir das inter-relações, articulações e complementaridades entre os espaços rurais e urbanos; 3) propor estratégias de acompanhamento, monitoramento e avaliação, bem como de participação no processo deliberativo de diretrizes e procedimentos das políticas relacionadas com o desenvolvimento rural sustentável; 4) propor a adequação de políticas públicas federais às demandas da sociedade e às necessidades do desenvolvimento sustentável dos territórios rurais, incorporando experiências, considerando a necessidade da articulação de uma economia territorial e a importância de suas externalidades, harmonizando esforços e estimulando ações que visem: a) superar a pobreza por meio da geração de emprego e renda; b) reduzir as desigualdades de renda, gênero, geração e etnia, inclusive as desigualdades regionais; c) diversificar as atividades

econômicas e sua articulação dentro e fora dos territórios rurais; d) adotar instrumentos de participação e controle social nas fases estratégicas de planejamento e de execução de políticas públicas para o desenvolvimento rural sustentável; e) propiciar a geração, apropriação e utilização de conhecimentos científicos, tecnológicos, gerenciais e organizativos pelas populações rurais; e f) subsidiar as áreas competentes, nas adequações de políticas públicas para o desenvolvimento rural sustentável, especialmente das atividades relacionadas com o ordenamento territorial, o zoneamento ecológico-econômico, a erradicação da fome, a soberania e a segurança alimentar e a ampliação do acesso à educação formal e não-formal na área rural; 5) promover a realização de estudos, debates e pesquisas sobre a aplicação e os resultados estratégicos alcançados pelos programas desenvolvidos pelo Ministério do Desenvolvimento Agrário; 6) promover, em parceria com organismos governamentais e não-governamentais, nacionais e internacionais, a identificação de sistemas de indicadores, no sentido de estabelecer metas e procedimentos com base nesses índices para monitorar a aplicação das atividades relacionadas com o desenvolvimento rural sustentável; 7) estimular a ampliação e o aperfeiçoamento dos mecanismos de participação e controle social, por intermédio de rede nacional de órgãos colegiados estaduais, regionais, territoriais e municipais, visando fortalecer o desenvolvimento rural sustentável, a reforma agrária e a agricultura familiar; 8) propor a atualização da legislação relacionadas com as atividades de desenvolvimento rural sustentável, reforma agrária e agricultura familiar; 9) definir diretrizes e programas de ação do Colegiado; 10) elaborar seu regimento interno e decidir sobre as alterações propostas por seus membros.

CONSELHO NACIONAL DE DESENVOLVIMENTO URBANO (CNDU). *Direito administrativo.* Órgão deliberativo e consultivo, integrante da estrutura da Presidência da República, com as seguintes competências: a) propor diretrizes, instrumentos, normas e prio-ridades da política nacional de desenvolvimento urbano; b) acompanhar e avaliar a implementação da política nacional de desenvolvimento urbano, em especial as políticas de habitação, de saneamento básico e de transportes urbanos, e recomendar as providências necessárias ao cumprimento de seus objetivos; c) propor a edição de normas gerais de direito urbanístico e manifestar-se sobre propostas de alteração da legislação pertinente ao desenvolvimento urbano; d) emitir orientações e recomendações sobre a aplicação do Estatuto da Cidade e dos demais atos normativos relacionados ao desenvolvimento urbano; e) promover a cooperação entre os governos da União, dos Estados, do Distrito Federal e dos Municípios e a sociedade civil na formulação e execução da política nacional de desenvolvimento urbano; e f) elaborar o regimento interno.

CONSELHO NACIONAL DE DESESTATIZAÇÃO. *Direito administrativo.* Órgão que tem competência para: 1. Recomendar, para a aprovação do presidente da República, meios de pagamento e inclusão ou exclusão de instituições financeiras de empresas, serviços públicos e participações minoritárias no programa. 2. Aprovar: a) a modalidade operacional a ser aplicada a cada desestatização; b) os ajustes de natureza societária, operacional, contábil ou jurídica e o saneamento financeiro, necessários às desestatizações; c) as condições aplicáveis às desestatizações; d) a criação de ação de classe especial, a ser subscrita pela União; e) a fusão, incorporação ou cisão de sociedades e a criação de subsidiária integral, necessárias à viabilização das desestatizações; f) a contratação, pelo gestor do Fundo Nacional de Desestatização, de pareceres ou estudos especializados necessários à desestatização de setores ou segmentos específicos; g) o relatório anual de suas atividades. 3. Determinar a destinação dos recursos provenientes da desestatização. 4. Expedir normas e resoluções necessárias ao exercício de sua competência. 5. Deliberar sobre outras matérias relativas ao Programa Nacional de Desestatização que venham a ser encaminhadas pelo presidente do conselho. Na desestatização dos serviços públicos, o Conselho Nacional de Desestatização deverá recomendar, para aprovação do Presidente da República, o órgão da Administração direta ou indireta que deverá ser o responsável pela execução e acompanhamento do correspondente processo de desestatização. O Conselho Nacional de Desestatização poderá baixar normas regulamentadoras da desestatização de serviços públicos, objeto de concessão, permissão ou autorização.

CONSELHO NACIONAL DE DIREITO AUTORAL. *Direito autoral.* Órgão colegiado de fiscalização, consulta e assistência, no que atina aos direitos do autor, com as incumbências de: determinar, orientar, coordenar e fiscalizar as providências necessárias à aplicação das leis, tratados e convenções internacionais ratificados pelo Brasil sobre direito autoral; autorizar e cassar o funcionamento de associações; fiscalizar as associações e o escritório central de arrecadação e distribuição; fixar normas para a unificação dos preços e sistemas de cobrança e distribuição de direitos autorais; funcionar, como árbitro, nas questões relativas a direitos autorais entre autores, intérpretes ou executantes e suas associações, tanto entre si quanto entre uns e outras; gerir o Fundo de Direito Autoral; e manifestar-se não só sobre a conveniência de modificação das normas de direito autoral, mas também sobre pedidos de licenças compulsórias previstas em tratados e convenções internacionais.

CONSELHO NACIONAL DE ECONOMIA SOLIDÁRIA (CNES). *Direito do trabalho.* É órgão colegiado integrante da estrutura do Ministério do Trabalho e Emprego, de natureza consultiva e propositiva, que tem por finalidade realizar a interlocução e buscar consensos em torno de políticas e ações de fortalecimento da economia solidária. Ao CNES compete: a) estimular a participação da sociedade civil e do Governo no âmbito da política de economia solidária; b) propor diretrizes e prioridades para a política de economia solidária; c) propor medidas para o aperfeiçoamento da legislação, com vistas ao fortalecimento da economia solidária; d) avaliar o cumprimento dos programas da Secretaria Nacional de Economia Solidária do Ministério do Trabalho e Emprego e sugerir medidas para aperfeiçoar o seu desempenho; e) examinar propostas de políticas públicas que lhe forem submetidas pela Secretaria Nacional de Economia Solidária; f) coordenar as atividades relacionadas com a economia solidária desenvolvidas pelas entidades nele representadas com as da Secretaria Nacional de Economia Solidária; g) estimular a formação de novas parcerias entre as entidades nele representadas e a Secretaria Nacional de Economia Solidária; h) colaborar com os demais conselhos envolvidos com as políticas públicas de desenvolvimento, combate ao desemprego e à pobreza; e i) aprovar o seu regimento interno.

CONSELHO NACIONAL DE EDUCAÇÃO (CNE). *Direito administrativo* e *direito educacional.* Tem por finalidade colaborar na formulação da política nacional de educação, tendo atribuição normativa, deliberativa e de assessoramento ao ministro de Estado da Educação, de forma a assegurar a participação da sociedade no aperfeiçoamento da educação nacional e, especificamente: a) subsidiar a elaboração e acompanhar a execução do Plano Nacional de Educação; b) manifestar-se sobre questões que abranjam mais de um nível ou modalidade de ensino; c) assessorar o Ministério da Educação no diagnóstico dos problemas e deliberar sobre medidas para aperfeiçoar os sistemas de ensino, especialmente no que diz respeito à integração dos seus diferentes níveis e modalidades; d) emitir parecer sobre assuntos da área educacional, por iniciativa de seus conselheiros ou quando solicitado pelo ministro de Estado da Educação; e) manter intercâmbio com os sistemas de ensino dos Estados e do Distrito Federal; f) analisar e emitir parecer sobre questões relativas à aplicação da legislação educacional, no que diz respeito à integração entre os diferentes níveis e modalidades de ensino; g) analisar, anualmente, as estatísticas da educação, oferecendo subsídios ao Ministério da Educação; h) promover seminários sobre os grandes temas da educação brasileira; i) elaborar o seu regimento, a ser aprovado pelo ministro de Estado da Educação.

CONSELHO NACIONAL DE EDUCAÇÃO TECNOLÓGICA. *Direito administrativo.* É o órgão consultivo, no âmbito do Ministério da Educação, com a finalidade de assessorar o Ministério da Educação no cumprimento das políticas e diretrizes da educação tecnológica, conforme sejam formuladas pelo órgão normativo maior de educação.

CONSELHO NACIONAL DE IMIGRAÇÃO (CNIG). *Direito do trabalho.* Órgão colegiado vinculado ao Ministério do Trabalho e Emprego, que tem por escopo: a) formular objetivos para a elaboração da política de imigração; b) coordenar e orientar as atividades de imigração; c) promover estudos de problemas relativos à imigração; d) levantar periodicamente as necessidades de mão-de-obra estrangeira qualificada; e) estabelecer normas de seleção de imigrantes; f) dirimir as dúvidas e solucionar os casos omissos, no que diz respeito a imigrantes; g) opinar sobre alteração da legislação relativa à imigração; h) elaborar o seu Regimento Interno, que deverá ser submetido à aprovação do Ministro de Estado do Trabalho e Emprego.

CONSELHO NACIONAL DE INFORMÁTICA E AUTOMAÇÃO (CONIN). *Direito administrativo* e *direito virtual.* Órgão integrante da estrutura básica do Ministério da Ciência e Tecnologia, composto por representantes do Poder Executivo, de doze representantes não governamentais de livre escolha e nomeação do presidente da República, escolhidos mediante indicação de associações nacionais representativas, sendo: dois representantes dos produtores de bens e serviços de informática e automação, um representante dos produtores de programas de computador, três representantes dos usuários dos bens e serviços de informática e três representantes da comunidade científica e tecnológica. O mandato de seus membros extinguir-se-á com o do presidente da República que os nomear.

CONSELHO NACIONAL DE INTEGRAÇÃO DE POLÍTICAS DE TRANSPORTE (CONIT). *Direito comercial* e *direito administrativo.* Órgão com atribuição para propor políticas nacionais de integração dos diferentes modos de transporte de pessoas e bens, em conformidade com: a) as políticas de desenvolvimento nacional, regional e urbano, de meio ambiente e de segurança das populações, formuladas pelas diversas esferas do governo; b) as diretrizes para a integração física e de objetivos dos sistemas viários e das operações de transporte sob jurisdição da União, dos Estados, do Distrito Federal e dos Municípios; c) a promoção da competitividade, para redução de custos, tarifas e fretes, e da descentralização, para melhoria da qualidade dos serviços prestados; d) as políticas de apoio à expansão e ao desenvolvimento tecnológico da indústria de equipamentos e veículos de transporte; e) a necessidade da coordenação de atividades pertinentes ao Sistema Federal de Viação e atribuídas pela legislação vigente aos Ministérios dos Transportes, da Defesa e da Justiça e à Secretaria Especial de Desenvolvimento Urbano da Presidência da República. No exercício dessas atribuições caberá ao CONIT: a) propor medidas que propiciem a integração dos transportes aéreo, aquaviário e terrestre e a harmonização das respectivas políticas setoriais; b) definir os elementos de logística do transporte multimodal a serem implementados pelos órgãos reguladores dos transportes terrestre e aquaviário, vinculados ao Ministério dos Transportes, conforme estabelecido em lei, e pelo órgão regulador do transporte aéreo, vinculado ao Ministério da Defesa; c) harmonizar as políticas nacionais de transporte com as políticas de transporte dos Estados, do Distrito Federal e dos Municípios, visando à articulação dos órgãos encarregados do gerenciamento dos sistemas viários e da regulação dos transportes interestaduais, intermunicipais e urbanos; d) aprovar, em função das características regionais, as políticas de prestação de serviços de transporte às áreas mais remotas ou de difícil acesso do País, submetendo ao presidente da República e ao Congresso Nacional as medidas específicas que implicarem a criação de subsídios; e) aprovar as revisões periódicas das redes de transporte que contemplam as diversas regiões do País, propondo ao Poder Executivo e ao Congresso Nacional as reformulações do Sistema Nacional de Viação que atendam ao interesse nacional.

CONSELHO NACIONAL DE JUSTIÇA. *Direito constitucional.* O Conselho Nacional de Justiça compõe-se de quinze membros com mais de trinta e cinco e menos de sessenta e seis anos de idade, com mandato de dois anos, admitida uma recondução, sendo: um Ministro do Supremo Tribunal Federal, indicado pelo respectivo tribunal; um Ministro do Superior Tribunal de Justiça, indicado pelo respectivo tribunal; um ministro do Tribunal Superior do Trabalho, indicado pelo respectivo tribunal; um desembargador de Tribunal de Justiça, indicado pelo Supremo Tribunal Federal; um juiz estadual, indicado pelo Supremo Tribunal Federal; um juiz de Tribunal Regional Federal, indicado pelo Superior Tribunal de Justiça; um juiz federal, indicado pelo Superior Tribunal de Justiça; um juiz de Tribunal Regional do Trabalho, indicado pelo Tribunal Superior do Trabalho; um juiz do trabalho, indicado pelo Tribunal Superior do Trabalho; um membro do Ministério Público da União, indicado pelo Procurador-Geral da República; um membro do Ministério Público estadual, escolhido pelo Procurador-Geral da República dentre os nomes indicados pelo órgão competente de cada instituição estadual; dois advogados, indicados pelo Conselho Federal da Ordem dos Advogados do Brasil; dois cidadãos, de notável saber jurídico e reputação ilibada, indicados um pela Câmara dos Deputados e outro pelo Senado Federal. O Conselho será presidido pelo Ministro do Supremo Tribunal Federal, que votará em caso de empate, ficando excluído da distribuição de processos naquele tribunal. Os membros do Conselho serão nomeados pelo Presidente da República, depois de aprovada a escolha pela maioria absoluta do Senado Federal. Não efetuadas, no prazo legal, essas indicações, caberá a escolha ao Supremo Tribunal Federal. Compete ao Conselho o controle da atuação administrativa e financeira do Poder Judiciário e do cumprimento dos deveres funcionais dos juízes, cabendo-lhe, além de outras atribuições que lhe forem conferidas pelo Estatuto da Magistratura: a) zelar pela autonomia do Poder Judiciário e pelo cumprimento do Estatuto da Magistratura, podendo expedir atos regulamentares, no âmbito de sua competência ou recomendar providências; b) apreciar, de ofício ou mediante provocação, a legalidade dos atos administrativos praticados por membros ou órgãos do Poder Judiciário, podendo desconstituí-los, revê-los ou fixar prazo para que se adotem as providências necessárias ao exato cumprimento da lei, sem prejuízo da competência do Tribunal de Contas da União; c) receber e conhecer das reclamações contra membros ou órgãos do Poder Judiciário, inclusive contra seus serviços auxiliares, serventias e órgãos prestadores de serviços notariais e de registro que atuem por delegação do poder público ou oficializados, sem prejuízo da competência disciplinar e correicional dos tribunais, podendo avocar processos disciplinares em curso e determinar a remoção, a disponibilidade ou a aposentadoria com subsídios ou proventos proporcionais ao tempo de serviço e aplicar outras sanções administrativas, assegurada ampla defesa; d) representar ao Ministério Público, no caso de crime contra a administração pública ou de abuso de autoridade; e) rever, de ofício ou mediante provocação, os processos disciplinares de juízes e membros de tribunais julgados há menos de um ano; f) elaborar semestralmente relatório estatístico sobre processos e sentenças prolatadas, por unidade da Federação, nos diferentes órgãos do Poder Judiciário; g) elaborar relatório anual, propondo as providências que julgar necessárias, sobre a situação do Poder Judiciário no País e as atividades do Conselho, o qual deve integrar mensagem do Presidente do Supremo Tribunal Federal a ser remetida ao Congresso Nacional, por ocasião da abertura da sessão legislativa. É um órgão concebido como mecanismo de controle externo da atuação administrativa e financeira do Poder Judiciário e do cumprimento dos deveres funcionais dos juízes, tendo poder para expedir atos regulamentares e resoluções e de recomendar providência, com a finalidade de uniformizar procedimentos e aumentar a eficiência da estrutura administrativa.

CONSELHO NACIONAL DE JUVENTUDE (CNJ). *Direito administrativo.* Órgão colegiado de caráter consultivo, integrante da estrutura básica da Secretaria-Geral da Presidência da República, que tem por finalidade formular e propor diretrizes da ação governamental, voltadas à promoção de políticas públicas de juventude. Ao CNJ compete: a) propor estratégias de acompanhamento e avaliação da política nacional de juventude; b) apoiar a Secretaria Nacional de Juventude da Secretaria-Geral da Presidência da República na articulação com outros órgãos da administração pública federal, governos estaduais, municipais e do Distrito Federal; c) promover a realização de estudos, debates e pesquisas sobre a realidade da situação juvenil, com vistas a contribuir na elaboração de propostas de políticas públicas; d) apresentar propostas de políticas públicas e outras iniciativas que visem assegurar e ampliar os direitos da juventude; e) articular-se com os conselhos estaduais e municipais de juventude e outros conselhos setoriais, para ampliar a cooperação mútua e o estabelecimento de estratégias comuns de implementação de políticas públicas de juventude; e f) fomentar o intercâmbio entre organizações juvenis nacionais e internacionais.

CONSELHO NACIONAL DE METROLOGIA, NORMALIZAÇÃO E QUALIDADE INDUSTRIAL (CONMETRO). Órgão normativo do Sistema Nacional de Metrologia, Normalização e Qualidade Industrial (SINMETRO), ao qual compete formular, coordenar e supervisionar a Política Nacional de Metrologia, Normalização Industrial e Certificação da Qualidade de Sistemas e Produtos Industriais, prevendo mecanismos de consultas que harmonizem os interesses públicos das empresas industriais e do consumidor. É competente para expedir atos normativos e regulamentos técnicos nos campos da Metrologia e da Avaliação de conformidade de produtos, de processos e de serviços. As pessoas naturais e as pessoas jurídicas, nacionais e estrangeiras, que atuem no mercado para fabricar, importar, processar, montar, acondicionar ou comercializar bens, mercadorias e produtos e prestar serviços, ficam obrigadas à observância e ao cumprimento dos deveres instituídos pelos atos normativos e regulamentos técnicos e administrativos expedidos pelo CONMETRO e pelo INMETRO.

CONSELHO NACIONAL DE POLÍTICA CRIMINAL E PENITENCIÁRIA (CNPCP). *Direito penal* e *direito penitenciário.* Órgão colegiado subordinado ao ministro da Justiça que tem por fim: a) propor diretrizes da política criminal quanto à prevenção do delito, administração da justiça criminal, e execução das penas e das medidas de segurança; b) contribuir na elaboração de planos nacionais de desenvolvimento, sugerindo metas e prioridades da política criminal e penitenciária; c) promover a avaliação periódica do sistema criminal e penitenciário para a sua adequação às necessidades do País; d) estimular e promover a pesquisa criminológica; e) elaborar programa nacional penitenciário de formação e aperfeiçoamento do servidor; f) estabelecer regras sobre a arquitetura e construção de estabelecimentos penais e casas de albergados; g) estabelecer os critérios para a elaboração de estatística criminal; h) inspecionar e fiscalizar os estabelecimentos penais, bem assim informar-se, mediante relatório dos Conselhos Penitenciários, requisições, visitas ou outros meios, acerca do desenvolvimento da execução penal nos Estados e Distrito Federal, propondo às autoridades dela incumbidas as medidas necessárias ao seu aprimoramento; i) representar ao juiz da execução ou à autoridade administrativa para instauração de sindicância ou procedimento administrativo, em caso de violação das normas referentes à execução penal; j) representar à autoridade competente para a interdição, no todo ou em parte, de estabelecimento penal; k) opinar sobre matéria penal, processual penal e execução penal submetida à sua apreciação; l) responder a consultas sobre matéria de sua atribuição, não conhecendo, a juízo prévio do Plenário, aquelas referentes a fatos concretos; m) estabelecer os critérios e prioridades para aplicação dos recursos do Fundo Penitenciário Nacional (FUNPEN); n) realizar audiências públicas para a discussão

de temas pertinentes às atividades do Conselho; e o) exercer outras atribuições, desde que compatíveis com sua finalidade.

CONSELHO NACIONAL DE POLÍTICA CULTURAL (CNPC). *Direito administrativo.* Órgão colegiado que integra a estrutura básica do Ministério da Cultura e que tem por fim assessorar o ministro da Cultura na formulação de políticas públicas, com vistas a promover a articulação e o debate dos diferentes níveis de governo e a sociedade civil organizada, para o desenvolvimento e o fomento das atividades culturais no território nacional e na definição de diretrizes e estratégias para a ação governamental na área cultural, emitindo pareceres em assuntos que lhe forem submetidos pelo ministro de Estado. Compõe-se de nove membros, nomeados pelo Presidente da República, por indicação do ministro da Cultura, escolhidos dentre personalidades eminentes da cultura brasileira e de reconhecida idoneidade.

CONSELHO NACIONAL DE POLÍTICA ENERGÉTICA (CNPE). *Direito administrativo.* Órgão vinculado à Presidência da República e presidido pelo Ministro de Estado de Minas e Energia, com a atribuição de propor ao Presidente da República políticas nacionais e medidas específicas destinadas a: a) promover o aproveitamento racional dos recursos energéticos do País, em conformidade com o disposto na legislação aplicável e com os seguintes princípios: preservação do interesse nacional, promoção do desenvolvimento sustentável, ampliação do mercado de trabalho e valorização dos recursos energéticos; proteção dos interesses do consumidor quanto a preço, qualidade e oferta dos produtos; proteção do meio ambiente e promoção da conservação da energia; garantia do fornecimento de derivados de petróleo em todo o território nacional; incremento da utilização do gás natural; identificação das soluções mais adequadas para o suprimento de energia elétrica nas diversos regiões do País; utilização de fontes renováveis de energia, mediante o aproveitamento dos insumos disponíveis e das tecnologias aplicáveis; promoção da livre concorrência; atração de investimentos na produção de energia, ampliação de competitividade do País no mercado internacional; b) assegurar, em função das características regionais, o suprimento de insumos energéticos às áreas mais remotas ou de difícil acesso do País, submetendo as medidas específicas ao Congresso Nacional, quando implicarem criação de subsídios; c) rever periodicamente as matrizes energéticas aplicadas às diversas regiões do País, considerando as fontes convencionais e alternativas e as tecnologias disponíveis; d) estabelecer diretrizes para programas específicos, como os de uso do gás natural, do álcool, do carvão e da energia termonuclear; e) estabelecer diretrizes para a importação e exportação, de maneira a atender às necessidades de consumo interno de petróleo e seus derivados, gás natural e condensado, e assegurar o adequado funcionamento do Sistema Nacional de Estoques de Combustíveis e o cumprimento do Plano Anual de Estoques Estratégicos de Combustíveis.

CONSELHO NACIONAL DE POLÍTICA FAZENDÁRIA (CONFAZ). *Direito financeiro.* Tem por fim promover ações necessárias à elaboração de políticas e harmonização de procedimentos e normas inerentes ao exercício da competência tributária dos Estados e do Distrito Federal, bem como colaborar com o Conselho Monetário Nacional (CMN) na fixação da política de Dívida Pública Interna e Externa dos Estados e do Distrito Federal e na orientação às instituições financeiras públicas estaduais. Compete ao Conselho: a) promover a celebração de convênios, para efeito de concessão ou revogação de isenções, incentivos e benefícios fiscais de imposto; b) promover a celebração de atos visando ao exercício das prerrogativas legais como também sobre outras matérias de interesse dos Estados e do Distrito Federal; c) sugerir medidas com vistas à simplificação e à harmonização de exigências legais; d) promover a gestão do Sistema Nacional Integrado de Informações Econômico-Fiscais (SINIEF), para a coleta, elaboração e distribuição de dados básicos essenciais à formulação de políticas econômico-fiscais e ao aperfeiçoamento permanente das administrações tributárias; e) promover estudos com vistas ao aperfeiçoamento da Administração Tributária e do Sistema Tributário Nacional como mecanismo de desenvolvimento econômico e social, nos aspectos de inter-relação da tributação federal e da estadual; f) colaborar com o Conselho Monetário Nacional na fixação da Política de Dívida Pública Interna e Externa dos Estados e Distrito Federal, para cumprimento da legislação pertinente e na orientação das instituições financeiras públicas estaduais, propiciando sua maior eficiência como suporte básico dos Governos Estaduais.

CONSELHO NACIONAL DE POLÍTICA PENITENCIÁRIA. *Direito penitenciário.* Órgão incumbido de efetuar projetos para o aperfeiçoamento da execução penal e do regime penitenciário.

CONSELHO NACIONAL DE POLÍTICA SALARIAL. *Direito do trabalho.* Órgão que, dentre outras, tem a função de homologar o quadro de empregados organizado em carreira, em que as promoções deverão obedecer aos critérios de antiguidade e merecimento.

CONSELHO NACIONAL DE PREVIDÊNCIA COMPLEMENTAR (CNPC). Órgão colegiado integrante da estrutura básica do Ministério da Previdência Social, com competência para: a) definir as políticas e diretrizes aplicáveis ao regime de previdência complementar operado pelas entidades fechadas de previdência complementar; b) exercer a função de órgão regulador do referido regime; e c) apreciar e julgar, por meio de sua Câmara de Recursos, os recursos interpostos contra decisões da Diretoria Colegiada da Superintendência Nacional de Previdência Complementar (PREVIC) referentes a penalidades administrativas e à Taxa de Fiscalização e Controle da Previdência Complementar (TAFIC).

CONSELHO NACIONAL DE PREVIDÊNCIA SOCIAL (CNPS). *Direito previdenciário.* É órgão superior de deliberação colegiada, tem como finalidade deliberar sobre a política de Previdência Social e sobre a gestão do sistema previdenciário. As resoluções tomadas pelo Conselho Nacional de Previdência Social (CNPS) devem ser publicadas no *Diário Oficial da União*. O Conselho Nacional de Previdência Social tem as seguintes competências: a) estabelecer diretrizes gerais e apreciar as decisões de políticas aplicáveis à Previdência Social; b) participar, acompanhar e avaliar sistematicamente a gestão previdenciária; c) apreciar e aprovar os planos e programas da Previdência Social, definindo objetivos, metas, prazos e mecanismos de controle, para avaliação de sua execução; d) apreciar e aprovar as propostas orçamentárias da Previdência Social, antes de sua consolidação na proposta orçamentária da Seguridade Social; e) acompanhar e apreciar, através de relatórios gerenciais por ele definidos, a execução dos planos, programas e orçamentos no âmbito da Previdência Social; f) acompanhar a aplicação da legislação pertinente à Previdência Social e propor o seu aperfeiçoamento; g) apreciar a prestação de contas anual a ser remetida ao Tribunal de Contas da União, podendo, se for necessário, contratar auditoria externa; h) estabelecer os valores mínimos em litígio, acima dos quais será exigida a anuência prévia do Procurador-Geral ou do Diretor-Presidente do Instituto Nacional do Seguro Social (INSS), para formalização de desistência ou transigência judiciais; i) aprovar os critérios de arrecadação e de pagamento dos benefícios por intermédio da rede bancária ou por outras formas; j) acompanhar e verificar os trabalhos de manutenção do Cadastro Nacional de Informações Sociais; k) estabelecer normas de padronização sobre o processo de produção de informações e sobre a sua divulgação à sociedade; l) pronunciar-se, previamente ao seu encaminhamento, sobre medidas legais que impliquem renúncia previdenciária; m) acompanhar ações, procedimentos e medidas relativamente às renúncias previdenciárias; n) acompanhar a cobrança administrativa e judicial dos créditos previdenciários do INSS, inclusive quanto à forma de pagamento; o) acompanhar o pagamento de precatórios; p) acompanhar a qualidade e presteza dos serviços prestados pelo INSS; q) acompanhar e estabelecer mecanismos de controle do pagamento dos benefícios; r) propor e acompanhar as medidas destinadas ao aumento da cobertura previdenciária; s) propor e acompanhar medidas de divulgação da política de Previdência Social, em especial dos direitos e obrigações dos segurados; t) elaborar e aprovar o seu regimento interno; u) cumprir outras atribuições definidas em lei.

CONSELHO NACIONAL DE PROMOÇÃO DA IGUAL-DADE RACIAL (CNPIR). *Direito administrativo.* Órgão colegiado de caráter consultivo e integrante da estrutura básica da Secretaria Especial de Políticas de Promoção da Igualdade Racial, que tem por finalidade propor, em âmbito nacional, políticas de promoção da igualdade racial com ênfase na população negra e outros segmentos étnicos da população brasileira, com o objetivo de combater o racismo, o preconceito e a discriminação racial e de reduzir as desigualdades raciais, inclusive no aspecto econômico e financeiro, social, político e cultural, ampliando o processo de controle social sobre as referidas políticas. Ao CNPIR compete: a) participar na elaboração de critérios e parâmetros para a formulação e implementação de metas e prioridades para assegurar as condições de igualdade à população negra e de outros segmentos étnicos da população brasileira, inclusive na articulação da proposta orçamentária da União; b) propor estratégias de acompanhamento, avaliação e fiscalização, bem como a participação no processo deliberativo de diretrizes das políticas de promoção da igualdade racial, fomentando a inclusão da dimensão racial nas políticas públicas desenvolvidas em âmbito nacional; c) apreciar anualmente a proposta orçamentária da Secretaria Especial de Políticas de Promoção da Igualdade Racial e sugerir prioridades na alocação de recursos; d) apoiar a Secretaria Especial de Políticas de Promoção da Igualdade Racial na articulação com outros órgãos da administração pública federal e os governos estadual, municipal e do Distrito Federal; e) recomendar a realização de estudos, debates e pesquisas sobre a realidade da situação da população negra e de outros segmentos étnicos da população brasileira, com vistas a contribuir na elaboração de propostas de políticas públicas que visem à promoção da igualdade racial e à eliminação de todas as formas de preconceito e discriminação; f) propor a realização de conferências nacionais de promoção da igualdade racial, bem como participar de eventos que tratem de políticas públicas de interesse da população negra e de outros segmentos étnicos da população brasileira; g) zelar pelas deliberações das conferências nacionais de promoção da igualdade racial; h) propor o desenvolvimento de programas e projetos de capacitação sobre as relações raciais no âmbito da administração pública; i) articular-se com órgãos e entidades públicos e privados, não representados no CNPIR, visando fortalecer o intercâmbio para a promoção da igualdade racial; j) articular-se com as entidades e organizações do movimento social negro e de outros segmentos étnicos da população brasileira, conselhos estaduais e municipais da comunidade negra, bem como de outros conselhos setoriais para ampliar a cooperação mútua e estabelecer estratégias comuns para a implementação de ações da política de igualdade racial; k) propor, em parceria com organismos governamentais e não-governamentais, nacionais e internacionais, a identificação de sistemas de indicadores, no sentido de estabelecer metas e procedimentos, com base nesses índices, para monitorar a aplicação das atividades relacionadas com a promoção da igualdade racial; l) zelar pelos direitos culturais da população negra, especialmente pela preservação da memória e das tradições africanas e afro-brasileiras, bem como pela diversidade cultural, constitutiva da formação histórica e social do povo brasileiro; m) zelar, acompanhar e propor medidas de defesa de direitos de indivíduos e grupos étnicos raciais afetados por discriminação racial e demais formas de intolerância; n) propor a atualização da legislação relacionada com as atividades de promoção da igualdade racial; o) definir suas diretrizes e programas de ação; e p) elaborar o regimento interno e decidir sobre as alterações propostas por seus membros.

CONSELHO NACIONAL DE PROMOÇÃO DO DIREITO À ALIMENTAÇÃO (CNPDA). *Direito administrativo.* É órgão ligado ao Ministério da Justiça, que visa propor e opinar sobre: a) ações voltadas para o combate à fome e a satisfação de condições plenas de alimentação, no âmbito do setor governamental e não-governamental; b) medidas capazes de incentivar a parceria e integração entre órgãos públicos e privados, nacionais e internacionais, visando garantir a mobilização e racionalização do uso dos recursos, bem como a complementaridade das ações desenvolvidas; c) iniciativas de estímulo e apoio à garantia do direito à alimentação, no âmbito federal, estadual, do Distrito Federal e municipal, e à unificação e articulação de ações governamentais conjuntas entre órgãos da Administração Pública Federal direta e indireta e entidades representativas da sociedade civil; d) zelar pela implementação dos instrumentos internacionais relativos ao direito à alimentação, dos quais o Brasil seja signatário; e) elaborar o seu regimento interno.

CONSELHO NACIONAL DE PROTEÇÃO À FAUNA (CNPF). *Direito ambiental.* Órgão consultivo e normativo da política de proteção à fauna do País, que integra o Instituto Brasileiro do Meio Ambiente e dos Recursos Naturais Renováveis (IBAMA), tendo por finalidade estudar e propor diretrizes para: a) a criação e implantação de reservas e áreas protegidas, parques e reservas de caça e áreas de lazer; b) o manejo adequado da fauna; c) a apreciação de temas de seu interesse peculiar, que lhe sejam subme-

tidos pelo presidente do Instituto Brasileiro do Meio Ambiente e dos Recursos Naturais Renováveis (IBAMA).

CONSELHO NACIONAL DE RECURSOS HÍDRICOS. *Direito ambiental.* Órgão colegiado da estrutura ambiental do Ministério do Meio Ambiente, que tem por competência: a) formular a Política Nacional de Recursos Hídricos; b) promover a articulação do planejamento de recursos hídricos com os planejamentos nacional, regionais, estaduais e dos setores usuários; c) arbitrar, em última instância administrativa, os conflitos existentes entre Conselhos Estaduais de Recursos Hídricos; d) deliberar sobre os projetos de aproveitamento de recursos hídricos, cujas repercussões extrapolem o âmbito dos Estados em que serão implantados; e) deliberar sobre as questões que lhe tenham sido encaminhadas pelos Conselhos Estaduais de Recursos Hídricos ou pelos Comitês de Bacia Hidrográfica; f) analisar propostas de alteração da legislação pertinente a recursos hídricos e à Política Nacional de Recursos Hídricos; g) estabelecer diretrizes complementares para implementação da Política Nacional de Recursos Hídricos, aplicação de seus instrumentos e atuação do Sistema Nacional de Gerenciamento de Recursos Hídricos; h) aprovar propostas de instituição dos Comitês de Bacias Hidrográficas e estabelecer critérios gerais para a elaboração de seus regimentos; i) acompanhar a execução do Plano Nacional de Recursos Hídricos e determinar as providências necessárias ao cumprimento de suas metas; j) aprovar o Plano Nacional de Recursos Hídricos; k) estabelecer critérios gerais para a outorga de direito de uso de recursos hídricos e para a cobrança por seu uso; l) deliberar sobre os recursos administrativos que lhe forem interpostos por comitês de bacias hidrográficas; m) manifestar-se sobre os pedidos de ampliação dos prazos para as outorgas de direito de uso de recursos hídricos de domínio da União; n) definir os valores a serem cobrados pelo uso de recursos hídricos de domínio da União; o) manifestar-se sobre propostas encaminhadas pela Agência Nacional de Águas (ANA), relativas ao estabelecimento de incentivos, inclusive financeiros, para a conservação qualitativa e quantitativa de recursos hídricos; p) definir, em articulação com os respectivos Comitês de Bacias Hidrográficas, as prioridades de aplicação dos recursos; q) aprovar o enquadramento dos corpos de água em classes, em consonân-

cia com as diretrizes do Conselho Nacional do Meio Ambiente (CONAMA) e de acordo com a classificação estabelecida na legislação ambiental; r) autorizar a criação das Agências de Água; s) delegar quando couber, por prazo determinado, aos consórcios e associações intermunicipais de bacias hidrográficas, com autonomia administrativa e financeira, o exercício de funções de competência das Agências de Água, enquanto estas não estiverem constituídas; t) deliberar sobre as acumulações, derivações, captações e lançamentos de pouca expressão, para efeito de isenção da obrigatoriedade de outorga de direitos de uso de recursos hídricos de domínio da União.

CONSELHO NACIONAL DE RELAÇÕES DO TRABALHO (CNRT). Órgão colegiado de natureza consultiva e deliberativa, de composição tripartite e paritária. O CNRT tem por finalidade: a) promover o entendimento entre trabalhadores, empregadores e Governo Federal, buscando soluções acordadas sobre temas relativos às relações do trabalho e à organização sindical; b) promover a democratização das relações de trabalho, o tripartismo e o primado da justiça social no âmbito das leis do trabalho e das garantias sindicais; e c) fomentar a negociação coletiva e o diálogo social. Compete ao CNRT: a) apresentar proposta de regimento interno para homologação pelo Ministro de Estado do Trabalho e Emprego; b) propor e subsidiar a elaboração de propostas legislativas sobre relações de trabalho e organização sindical; c) propor e subsidiar a elaboração de atos que tenham por finalidade a normatização administrativa sobre assuntos afetos às relações de trabalho e à organização sindical; d) avaliar o conteúdo das proposições relativas a relações de trabalho e organização sindical em discussão no Congresso Nacional, manifestando posicionamento sobre elas por meio de parecer, a ser encaminhado ao Ministro de Estado do Trabalho e Emprego; e) propor diretrizes de políticas públicas e opinar sobre programas e ações governamentais, no âmbito das relações de trabalho e organização sindical; f) subsidiar o Ministério do Trabalho e Emprego na elaboração de pareceres sobre as matérias relacionadas às normas internacionais do trabalho; g) constituir grupos de trabalho com funções específicas e estabelecer sua composição e regras de funcionamento; h) propor o estabeleci-

mento de critérios para a coleta, organização e divulgação de dados referentes às relações de trabalho e à organização sindical; i) apresentar ao Ministro de Estado do Trabalho e Emprego propostas de alteração da Relação Anual de Informações Sociais (RAIS); e j) pronunciar-se sobre outros assuntos que lhe sejam submetidos pelo Ministro de Estado do Trabalho e Emprego, no âmbito das relações de trabalho e da organização sindical.

CONSELHO NACIONAL DE SAÚDE (CNS). *Direito administrativo.* É órgão de instância colegiada, deliberativa e de natureza permanente e específico do Ministério da Saúde, tendo por finalidade atuar na formulação e controle da execução da Política Nacional de Saúde, inclusive nos aspectos econômicos e financeiros, nas estratégias e na promoção do processo de controle social em toda a sua amplitude, no âmbito dos setores público e privado. É composto por representantes do governo, dos prestadores de serviço, profissionais de saúde e usuários, cujas decisões, consubstanciadas em resoluções, são homologadas pelo Ministro de Estado da Saúde: Compete ao Conselho Nacional de Saúde: a) atuar na formulação de estratégias e no controle da execução da Política Nacional de Saúde, na esfera do Governo Federal, inclusive nos aspectos econômicos e financeiros; b) estabelecer diretrizes a serem observadas na elaboração dos planos de saúde, em função das características epidemiológicas e da organização dos serviços; c) elaborar cronograma de transferência de recursos financeiros aos Estados, ao Distrito Federal e aos Municípios, consignados ao Sistema Único de Saúde (SUS); d) aprovar os critérios e os valores para remuneração de serviços e os parâmetros de cobertura de assistência; e) propor critérios para a definição de padrões e parâmetros assistenciais; f) acompanhar e controlar a atuação do setor privado da área da saúde, credenciado mediante contrato ou convênio; g) acompanhar o processo de desenvolvimento e incorporação científica e tecnológica na área de saúde, visando à observação de padrões éticos compatíveis com o desenvolvimento sócio-cultural do País; e h) articular-se com o Ministério da Educação quanto à criação de novos cursos de ensino superior na área de saúde, no que concerne à caracterização das necessidades sociais.

CONSELHO NACIONAL DE SEGURANÇA ALIMENTAR E NUTRICIONAL (CONSEA). *Direito administrativo.* Órgão de assessoramento imediato ao presidente da República, tem por finalidade propor a formulação de políticas públicas e diretrizes para a política nacional de segurança alimentar e nutricional do Governo Federal. Ao CONSEA compete: 1) assessorar o presidente da República na formulação de políticas que visam integrar as ações governamentais para garantir o direito humano à alimentação; 2) propor e pronunciar-se sobre: a) as diretrizes da Política Nacional de Segurança Alimentar e Nutricional, a serem implementadas pelos Ministérios, Secretarias e demais órgãos e entidades executores daquela Política; b) os projetos e ações prioritárias da Política Nacional de Segurança Alimentar e Nutricional, incluídos no Plano Plurianual de Governo; c) as formas de articular e mobilizar a sociedade civil organizada, no âmbito da Política Nacional de Segurança Alimentar e Nutricional, estabelecendo indicações de prioridade; d) a realização de estudos que fundamentem as propostas ligadas à segurança alimentar e nutricional; 3) propor estratégias de acompanhamento, monitoramento e avaliação, bem como de participação no processo deliberativo de diretrizes e procedimentos das políticas relacionadas com a segurança alimentar e nutricional no território nacional; 4) estimular a ampliação e o aperfeiçoamento dos mecanismos de participação e controle social, por intermédio de uma rede nacional de órgãos colegiados estaduais, regionais e municipais, visando fortalecer o desenvolvimento das atividades de segurança alimentar e nutricional; 5) promover e organizar a realização das conferências nacionais de segurança alimentar e nutricional; 6) propor a atualização da legislação relacionada com as atividades de desenvolvimento e fomento da segurança alimentar e nutricional; 7) definir diretrizes e programas de ação do colegiado; 8) elaborar o seu regimento interno e as propostas de alterações. O CONSEA estimulará a criação de conselhos estaduais e municipais de segurança alimentar e nutricional, com os quais manterá estreitas relações de cooperação, especialmente em relação às ações definidas como prioritárias no âmbito da Política Nacional de Segurança Alimentar e Nutricional.

CONSELHO NACIONAL DE SEGURANÇA PÚBLICA (CONASP). *Direito administrativo.* É um órgão colegiado de cooperação técnica entre a União, os Estados e o Distrito Federal no combate à criminalidade, com sede no Distrito Federal,

subordinado diretamente ao ministro da justiça, e tem por finalidade: a) formular a Política Nacional de Segurança Pública; b) estabelecer diretrizes, elaborar normas e articular a coordenação da Política Nacional de Segurança Pública; c) estimular a modernização de estruturas organizacionais das polícias civil e militar dos Estados e do Distrito Federal; d) desenvolver estudos e ações visando aumentar a eficiência dos serviços policiais e promover o intercâmbio de experiências; e) estudar, analisar e sugerir alterações na legislação pertinente; f) promover a necessária integração entre órgãos de segurança pública federais e estaduais.

CONSELHO NACIONAL DE SEGURIDADE SOCIAL. *Direito previdenciário.* Órgão colegiado composto de quinze membros nomeados pelo presidente da República, da seguinte forma: quatro representantes do governo federal, um dos governos estaduais, um das prefeituras municipais, seis da sociedade civil, sendo três trabalhadores (um aposentado) e três empresários, e três dos conselhos setoriais, tendo as funções de: a) estabelecer as diretrizes gerais e a política de integração entre as áreas de seguridade social; b) acompanhar e avaliar a gestão econômica, financeira e social dos recursos e o desempenho dos programas realizados, exigindo prestação de contas; c) apreciar e aprovar os termos dos convênios firmados entre a seguridade social e a sede bancária para a prestação de serviços; d) aprovar e submeter ao presidente da República os programas anuais e plurianuais da seguridade social; e) aprovar e submeter ao órgão central do sistema de planejamento federal e de orçamentos a proposta orçamentária anual da seguridade social; f) estudar, debater e aprovar proposta de recomposição periódica dos valores dos benefícios e dos salários-de-contribuição para garantir, permanentemente, a preservação de seus valores reais; g) zelar pelo fiel cumprimento das leis securitárias sociais e das suas deliberações; h) divulgar suas deliberações através do Diário Oficial; e i) elaborar seu regimento interno.

CONSELHO NACIONAL DE SEGUROS PRIVADOS (CNSP). *Direito previdenciário* e *direito administrativo.* Órgão regulador do Sistema Nacional de Seguros Privados, Capitalização e entidades abertas de Previdência Complementar, vinculado ao Ministério da Fazenda. Compete ao CNSP: a) fixar as diretrizes e normas da política de seguros privados, capitalização e entidades abertas de previdência complementar; b) estabelecer as diretrizes gerais das operações de resseguro; c) disciplinar as operações de cosseguro, nas hipóteses em que o IRB-Brasil Resseguros S.A. (IRB-Brasil Re) não aceite resseguro do risco ou quando se tornar conveniente promover melhor distribuição direta dos negócios pelo mercado; d) regular a instalação e o funcionamento das Bolsas de Seguro; e) regular a constituição, organização, funcionamento e fiscalização das sociedades de seguro, de capitalização e das entidades abertas de previdência complementar, bem como a aplicação das penalidades cabíveis; f) prescrever critérios de constituição das sociedades seguradoras de capitalização e das entidades abertas de previdência complementar, com fixação dos limites legais e técnicos de suas operações; g) fixar critérios para posse e exercício de cargo de conselheiro e diretor das sociedades de seguros, de capitalização e das entidades abertas de previdência complementar; h) fixar normas gerais de contabilidade, atuária e estatística a serem observadas pelas sociedades seguradoras, de capitalização e entidades abertas de previdência complementar; i) estipular índices e demais condições técnicas sobre tarifas, investimentos e outras relações patrimoniais a serem observadas pelas sociedades seguradoras, de capitalização e entidades abertas de previdência complementar; j) prescrever os critérios de constituição de reservas técnicas, fundos especiais e provisões das sociedades seguradoras, de capitalização e das entidades abertas de previdência complementar; k) delimitar o capital do IRB-Brasil Resseguros S.A. (IRB-Brasil Re) e das sociedades seguradoras, de capitalização e das entidades abertas de previdência complementar, determinando a forma de sua subscrição e realização; l) opinar na elaboração de diretrizes do Conselho Monetário Nacional sobre a aplicação do capital e das reservas técnicas das sociedades seguradoras, de capitalização e entidades abertas de previdência complementar; m) fixar as características gerais dos contratos de seguros, de capitalização e dos planos de benefícios das entidades abertas de previdência complementar; n) regulamentar a contratação de seguros por bilhete, padronizando as cláusulas e os impressos necessários; o) estabelecer normas disciplinadoras, condições, tarifas e recomendações especiais sobre a liquidação de sinistros relativos aos seguros obrigatórios; p) estabelecer as condições em que a Superintendência de Seguros Privados (SUSEP) pode determinar a suspensão da comercialização ou a transferência entre entidades abertas de previdência complementar de planos de benefícios dessas entidades; q) regulamentar os direitos e obrigações do estipulante de seguros, quando for o caso, na regulamentação de cada ramo com modalidade de seguro; e r) disciplinar a corretagem de seguros, de capitalização e de previdência complementar aberta e a profissão do corretor.

CONSELHO NACIONAL DE TELECOMUNICAÇÕES. *Direito administrativo* e *direito das comunicações.* Órgão coletivo de deliberação da Administração direta federal com o dever de elaborar, orientar, dirigir e dinamizar a política nacional de telecomunicações.

CONSELHO NACIONAL DE TRÂNSITO. *Direito de trânsito.* Órgão máximo normativo de coordenação da política do Sistema Nacional de Trânsito, subordinado diretamente ao Ministro da Justiça, tendo por finalidade: a) sugerir modificações na legislação sobre trânsito; b) zelar pela unidade do Sistema Nacional de Trânsito e pela observância da respectiva legislação; c) resolver sobre consultas dos Conselhos de Trânsito dos Estados e do Distrito Federal, de autoridades e de particulares relativas à aplicação das leis de trânsito dos Estados e do Distrito Federal; d) conhecer e julgar os recurso contra decisões dos Conselhos de Trânsito dos Estados e do Distrito Federal; e) elaborar normas-padrão e zelar pela sua execução; f) coordenar as atividades dos Conselhos de Trânsito dos Estados e do Distrito Federal; g) colaborar nas articulações das atividades das repartições públicas e empresas de serviços públicos e particulares, em benefício da regularidade do trânsito; h) estudar e propor medidas administrativas, técnicas e legislativas que se relacionem com a exploração dos serviços de transportes terrestres, seleção de condutores de veículos e segurança do trânsito em geral; i) opinar sobre assuntos pertinentes ao trânsito interestadual e internacional; j) promover e coordenar campanhas educativas de trânsito; k) fixar, mediante resoluções, os volumes e as freqüências máximas de sons e ruídos admitidos para buzinas, aparelhos de alarma e motores de veículos; l) editar normas e estabelecer exigências para instalação e funcionamento das escolas de aprendizagem; m) fixar normas e requisitos para a realização de provas de automobilismo; n) determinar o uso de aparelhos que diminuam ou impeçam a poluição do ar.

CONSELHO NACIONAL DE TRANSPORTE. *Direito administrativo.* Órgão colegiado da Administração federal direta com a função de coordenar a política nacional de transportes.

CONSELHO NACIONAL DE TURISMO. *Direito administrativo.* É órgão colegiado de assessoramento superior, integrante da estrutura básica do Ministério do Turismo, diretamente vinculado ao Ministro de Estado, com as seguintes atribuições: a) propor diretrizes, oferecer subsídios e contribuir para a formulação e implementação da Política Nacional de Turismo; b) assessorar o Ministro de Estado do Turismo na avaliação da Política Nacional de Turismo; c) zelar pela efetiva aplicação da legislação que regula a atividade turística em geral; d) emitir pareceres e recomendações sobre questões do turismo nacional, quando solicitado; e) propor ações objetivando a democratização das atividades turísticas para a geração de emprego e renda e redução das desigualdades regionais; f) propor ações que visem ao desenvolvimento do turismo interno e ao incremento do fluxo de turistas do exterior para o Brasil; g) zelar para que o desenvolvimento da atividade turística no País se faça sob a égide da sustentabilidade ambiental, social e cultural; h) propor normas que contribuam para a adequação da legislação turística à defesa do consumidor e ao ordenamento jurídico da atividade turística; i) buscar, no exercício de suas competências, a melhoria da qualidade e produtividade do setor; j) manifestar-se sobre matérias previstas na legislação vigente, objeto de consultas dirigidas pelo Ministro de Estado do Turismo.

CONSELHO NACIONAL DO ESPORTE (CNE). *Direito desportivo.* É o órgão colegiado de deliberação, normatização e assessoramento, diretamente vinculado ao Ministério de Estado do Esporte, e parte integrante do Sistema Brasileiro de Desporto, tendo por objetivo não só buscar o desenvolvimento de programas que promovam a massificação planejada da atividade física para toda a população, bem como a melhora do padrão de organização, gestão, qualidade e transparência do desporto nacional. Visa coibir as práticas abusivas na sua administração e exploração, competindo-lhe: a) zelar pela aplicação dos princípios e preceitos legais; b) oferecer subsídios técnicos à elaboração do Plano Nacional do Esporte e do Lazer e contribuir para a implementação de suas diretrizes e estratégias; c) estabelecer diretrizes, apreciar e aprovar os programas de inserção social dos menos favorecidos à prática desportiva; d) formular a política de integração entre o esporte e o turismo visando ao aumento da oferta de emprego; e) emitir resoluções, atos normativos, pareceres e recomendações sobre questões desportivas nacionais; f) aprovar os Códigos de Justiça Desportiva e suas alterações; g) expedir diretrizes para o controle de substâncias e métodos proibidos na prática desportiva; h) estudar ações visando coibir a prática abusiva na gestão do desporto nacional; i) dar apoio a projetos que democratizem o acesso da população a atividade física e práticas desportivas; j) propor prioridades para o plano de aplicação de recursos públicos destinados ao fomento do desporto; k) exercer outras atribuições previstas na legislação em vigor, relativas às questões de natureza desportiva.

CONSELHO NACIONAL DO IDOSO. *Direito do idoso.* Órgão superior de natureza e deliberação colegiada, permanente, paritário e deliberativo, integrante da estrutura básica da Secretaria Especial dos Direitos Humanos da Presidência da República que tem por finalidade elaborar as diretrizes para a formulação e implementação da política nacional do idoso especificamente: a) elaborar as diretrizes, instrumentos, normas e prioridades da política nacional do idoso, bem como controlar e fiscalizar as ações de execução; b) elaborar proposições, objetivando aperfeiçoar a legislação pertinente à política nacional do idoso; c) zelar pela aplicação da política nacional de atendimento ao idoso e pela implementação das ações decorrentes do cumprimento dos acordos, convenções e outros instrumentos internacionais relativos ao envelhecimento das pessoas, dos quais o Brasil é signatário; d) estimular e apoiar tecnicamente a criação de conselhos de direitos do idoso nos Estados, no Distrito Federal e Municípios; e) dar apoio aos Conselhos Estaduais, do Distrito Federal e Municipais dos Direitos do Idoso, aos órgãos estaduais, municipais e entidades não-governamentais, para tornar efetivo os princípios, as diretrizes e os direitos estabelecidos pelo Estatuto do Idoso; f) avaliar a política desenvolvida nas esferas estadual, distrital e municipal e a atuação dos conselhos do idoso instituídos nessas áreas de governo; g) acompanhar o reordenamento institucional, propondo, sempre que necessário, as modificações nas estruturas públicas e privadas destinadas ao atendimento do idoso; h) apoiar a promoção de campanhas educativas sobre os direitos do idoso, com a indicação das medidas a serem adotadas nos casos de atentados ou violação desses direitos; i) acompanhar a elaboração e a execução da proposta orçamentária da União, indicando modificações necessárias à consecução da política formulada para a promoção dos direitos do idoso; e j) elaborar o regimento interno, que será aprovado pelo voto de, no mínimo dois terços de seus membros, nele definindo a forma de indicação do seu Presidente e Vice-Presidente. Ao CNDI compete, ainda: a) acompanhar e avaliar a expedição de orientações e recomendações sobre a aplicação do Estatuto do Idoso, e dos demais atos normativos relacionados ao atendimento do idoso; b) promover a cooperação entre os governos da União, dos Estados, do Distrito Federal e dos Municípios e a sociedade civil organizada na formulação e execução da política nacional de atendimento dos direitos do idoso; c) promover, em parceria com organismos governamentais e não-governamentais, nacionais e internacionais, a identificação de sistemas de indicadores, no sentido de estabelecer metas e procedimentos com base nesses índices, para monitorar a aplicação das atividades relacionadas com o atendimento ao idoso; d) promover a realização de estudos, debates e pesquisas sobre a aplicação e os resultados estratégicos alcançados pelos programas e projetos de atendimento ao idoso, desenvolvidos pela Secretaria Especial dos Direitos Humanos da Presidência da República; e e) estimular a ampliação e o aperfeiçoamento dos mecanismos de participação e controle social, por intermédio de rede nacional de órgãos colegiados estaduais, regionais, territoriais e municipais, visando fortalecer o atendimento dos direitos do idoso.

CONSELHO NACIONAL DO MEIO AMBIENTE (CONAMA). *Direito ambiental* e *direito administrativo*. Órgão colegiado do Ministério do Meio Ambiente, tendo por finalidade: a) assessorar, estudar e propor a instâncias superiores do governo diretrizes de políticas governamentais para o meio ambiente e recursos naturais; b) deliberar, no âmbito de sua competência, sobre normas e padrões compatíveis com o meio am-

biente ecologicamente equilibrado e essencial à sadia qualidade de vida; c) praticar outros atos e atividades compatíveis com sua finalidade. Para a consecução de suas finalidades, o CONAMA deverá: a) estabelecer, mediante proposta do Instituto Brasileiro do Meio Ambiente e dos Recursos Naturais Renováveis (IBAMA), dos demais órgãos integrantes do SISNAMA e de Conselheiros do CONAMA, normas e critérios para o licenciamento de atividades efetiva ou potencialmente poluidoras, a ser concedido pela União, pelos Estados, pelo Distrito Federal e Municípios e supervisionado pelo referido Instituto; b) determinar, quando julgar necessário, a realização de estudos das alternativas e das possíveis conseqüências ambientais de projetos públicos ou privados, requisitando aos órgãos federais, estaduais e municipais, bem como às entidades privadas, informações, notadamente as indispensáveis à apreciação de Estudos Prévios de Impacto Ambiental e respectivos Relatórios, no caso de obras ou atividades de significativa degradação ambiental, em especial nas áreas consideradas patrimônio nacional; c) decidir, após o parecer do Comitê de Integração de Políticas Ambientais, em última instância administrativa, em grau de recurso, mediante depósito prévio, sobre as multas e outras penalidades impostas pelo IBAMA; d) determinar, mediante representação do IBAMA, a perda ou restrição de benefícios fiscais concedidos pelo Poder Público, em caráter geral ou condicional, e a perda ou suspensão de participação em linhas de financiamento em estabelecimentos oficiais de crédito; e) estabelecer, privativamente, normas e padrões nacionais de controle da poluição causada por veículos automotores, aeronaves e embarcações, mediante audiência dos Ministérios competentes; f) estabelecer normas, critérios e padrões relativos ao controle e à manutenção da qualidade do meio ambiente, com vistas ao uso racional dos recursos ambientais, principalmente os hídricos; g) estabelecer os critérios técnicos para a declaração de áreas críticas, saturadas ou em vias de saturação; h) acompanhar a implementação do Sistema Nacional de Unidades de Conservação da Natureza (SNUC); i) estabelecer sistemática de monitoramento, avaliação e cumprimento das normas ambientais; j) incentivar a criação, a estruturação e o fortalecimento institucional dos Conselhos Estaduais e Municipais de Meio

Ambiente e gestão de recursos ambientais e dos Comitês de Bacia Hidrográfica; k) avaliar regularmente a implementação e a execução da política e normas ambientais do País, estabelecendo sistemas de indicadores; l) recomendar ao órgão ambiental competente a elaboração do Relatório de Qualidade Ambiental; m) estabelecer sistema de divulgação de seus trabalhos; n) promover a integração dos órgãos colegiados de meio ambiente; o) elaborar, aprovar e acompanhar a implementação da Agenda Nacional do Meio Ambiente, a ser proposta aos órgãos e às entidades do SISNAMA, sob a forma de recomendação; p) deliberar, sob a forma de resoluções, proposições, recomendações e moções, visando ao cumprimento dos objetivos da Política Nacional de Meio Ambiente; q) elaborar o seu regimento interno.

CONSELHO NACIONAL DO MINISTÉRIO PÚBLICO. *Direito constitucional.* Órgão que constitui mecanismo de controle externo da atuação administrativa e financeira do Ministério Público e do cumprimento dos deveres funcionais de seus membros, com poder regulamentar e com o de recomendar providências, contribuindo para a uniformização procedimental e aumento da eficiência da estrutura administrativa, estando sempre adstrito à atividade finalística de zelar pela autonomia funcional e administrativa do Ministério Público (Emerson Garcia). O Conselho Nacional do Ministério Público compõe-se de quatorze membros nomeados pelo Presidente da República, depois de aprovada a escolha pela maioria absoluta do Senado Federal, para um mandato de dois anos, admitida uma recondução, sendo: a) o Procurador-Geral da República, que o preside; b) quatro membros do Ministério Público da União, assegurada a representação de cada uma de suas carreiras; c) três membros do Ministério Público dos Estados; d) dois juízes, indicados um pelo Supremo Tribunal Federal e outro pelo Superior Tribunal de Justiça; e) dois advogados, indicados pelo Conselho Federal da Ordem dos Advogados do Brasil; f) dois cidadãos de notável saber jurídico e reputação ilibada, indicados um pela Câmara dos Deputados e outro pelo Senado Federal; g) os membros do Conselho oriundos do Ministério Público serão indicados pelos respectivos Ministérios Públicos, na forma da lei. Os membros do Conselho Nacional do Ministério Público oriundos do Ministério Público da União serão escolhidos pelo Procurador-Geral de cada um dos ramos, a partir de lista tríplice composta por membros com mais de 35 (trinta e cinco) anos de idade, que já tenham completado mais de 10 (dez) anos na respectiva Carreira. As listas tríplices serão elaboradas pelos respectivos Colégios de Procuradores do Ministério Público Federal, do Ministério Público do Trabalho e do Ministério Público Militar, e pelo Colégio de Procuradores e Promotores de Justiça do Ministério Público do Distrito Federal e Territórios. O nome escolhido pelo Procurador-Geral de cada um dos ramos será encaminhado ao Procurador-Geral da República, que o submeterá à aprovação do Senado Federal. Os membros do Conselho Nacional do Ministério Público oriundos dos Ministérios Públicos dos Estados serão indicados pelos respectivos Procuradores-Gerais de Justiça, a partir de lista tríplice elaborada pelos integrantes da Carreira de cada instituição, composta por membros com mais de 35 (trinta e cinco) anos de idade, que já tenham completado mais de 10 (dez) anos na respectiva Carreira. Os Procuradores-Gerais de Justiça dos Estados, em reunião conjunta especialmente convocada e realizada para esse fim, formarão lista com 3 (três) nomes indicados para as vagas destinadas a membros do Ministério Público dos Estados, a ser submetida à aprovação do Senado Federal. Durante o exercício do mandato no Conselho Nacional do Ministério Público, ao membro do Ministério Público é vedado: a) integrar lista para promoção por merecimento; b) integrar lista para preenchimento de vaga reservada a membro do Ministério Público na composição do Tribunal; c) integrar o Conselho Superior e exercer a função de Corregedor; d) integrar lista para Procurador-Geral. Compete ao Conselho Nacional do Ministério Público o controle da atuação administrativa e financeira do Ministério Público e do cumprimento dos deveres funcionais de seus membros, cabendo-lhe: a) zelar pela autonomia funcional e administrativa do Ministério Público, podendo expedir atos regulamentares, no âmbito de sua competência, ou recomendar providências; b) zelar pela observância da lei e apreciar, de ofício ou mediante provocação, a legalidade dos atos administrativos praticados por membros ou órgãos do Ministério Público da União e dos Estados, podendo desconstituí-los, revê-los ou fixar prazo para que se adotem as providências necessárias ao exato cumprimento da lei, sem prejuízo da competência dos Tribunais de Contas; c) receber e conhecer das reclamações contra membros ou órgão do Ministério Público da União ou dos Estados, inclusive contra seus serviços auxiliares, sem prejuízo da competência disciplinar e correicional da instituição, podendo avocar processos disciplinares em curso, determinar a remoção, a disponibilidade ou a aposentadoria com subsídios ou proventos proporcionais ao tempo de serviço e aplicar outras sanções administrativas, assegurada ampla defesa; d) rever, de ofício ou mediante provocação, os processos disciplinares de membros do Ministério Público da União ou dos Estados julgados há menos de um ano; e) elaborar relatório anual, propondo as providências que julgar necessárias sobre a situação do Ministério Público no País e as atividades do Conselho.

CONSELHO NACIONAL DO PROGRAMA NACIONAL DE FORTALECIMENTO DA AGRICULTURA FAMILIAR. *Direito agrário.* É aquele que terá competência para: a) aprovar o seu regimento interno e alterações posteriores; b) definir diretrizes operacionais do PRONAF, em consonância com a política de desenvolvimento rural do governo federal; c) recomendar normas operacionais para o PRONAF e dirimir dúvidas quanto à sua aplicação; d) aprovar as propostas de alocação de recursos federais formuladas pela Secretaria Executiva Nacional do PRONAF com relação aos Planos Municipais de Desenvolvimento Rural (PMDR), encaminhados pelos Conselhos Estaduais do PRONAF; e) delegar competência a membro(s) do Conselho para buscar, junto a órgãos e entidades públicos e privados, apoio no aporte de recursos para contrapartida à execução de projetos contemplados no PMDR, sobre infra-estrutura física e social, custeio e investimento agropecuário e capacitação e profissionalização de agricultores familiares; f) acompanhar e avaliar o impacto social, a gestão econômico-financeira dos recursos e o desempenho do PRONAF, e propor redirecionamentos necessários no programa; g) aprovar a proposta de orçamento anual do PRONAF a ser encaminhada aos órgãos responsáveis pela consolidação do orçamento da União, bem como os critérios de aplicação dos recursos e as cotas de recursos por Estado; h) solicitar estudos e/ou pareceres sobre matérias de interesse do Conselho, bem como a constituição de comissões de assessoramento ou grupos técnicos para tratar de assuntos específicos que julgar oportunos; i) apreciar os relatórios de execução físico-financeira do PRONAF; j) aprovar a programação físico-financeira anual do PRONAF; k) propor a adequação de políticas públicas às necessidades da agricultura familiar; l) identificar fontes de recursos para o PRONAF; m) divulgar no *Diário Oficial da União* todas as decisões proferidas pelo Conselho, bem como as contas do PRONAF e os respectivos pareceres emitidos.

CONSELHO NACIONAL DO TRABALHO (CNTB). *Direito do trabalho.* Órgão colegiado de natureza consultiva, composto de forma tripartite e paritária, integrante da estrutura básica do Ministério do Trabalho e Emprego. Tem por finalidade: a) participar da formulação das políticas públicas da área do trabalho, propondo estratégias de seu desenvolvimento e de supervisão de sua execução; b) propor diretrizes a serem observadas na elaboração dos planos, programas e normas de competência do Ministério do Trabalho e Emprego, tendo como marco as informações conjunturais e prospectivas das situações política, econômica e social do País; c) acompanhar e avaliar, para promovê-los, os desempenhos dos planos e programas do Ministério do Trabalho e Emprego e de suas relações institucionais; d) avaliar as propostas de medidas legislativas e complementares no âmbito do Ministério do Trabalho e Emprego; e) exercer a função de conciliação no âmbito das relações entre capital e trabalho; f) acompanhar o cumprimento dos direitos constitucionais dos trabalhadores urbanos e rurais, bem como das convenções e tratados internacionais ratificados pelo Brasil, com incidência no campo social; g) promover e avaliar as iniciativas que tenham por finalidade o fortalecimento de ações como a geração de empregos, o amparo ao trabalhador desempregado, o aperfeiçoamento da legislação e das relações de trabalho e a melhoria dos ambientes de trabalho, especialmente nas áreas de formação e reciclagem profissional, riscos inerentes ao trabalho, trabalho da criança, do adolescente e do deficiente, entre outros; h) pronunciar-se sobre assuntos que lhe sejam submetidos pelo ministro de Estado, na sua área de competência.

CONSELHO NACIONAL DOS DIREITOS DA CRIANÇA E DO ADOLESCENTE (CONANDA). *Direito da criança e do adolescente.* Órgão colegiado de caráter deliberativo, integrante da estrutura básica da Secretaria Especial dos Direitos Humanos da Presidência da República, tem por finalidade elaborar normas gerais para a formulação e implementação da política nacional de atendimento dos direitos da criança e do adolescente, observadas as linhas de ação e as diretrizes do Estatuto da Criança e do Adolescente (ECA), bem como acompanhar e avaliar a sua execução. Ao CONANDA compete: a) elaborar normas gerais da política nacional de atendimento dos direitos da criança e do adolescente, bem como controlar e fiscalizar as ações de execução em todos os níveis (federal, estadual e municipal); b) zelar pela aplicação da política nacional de atendimento dos direitos da criança e do adolescente; c) dar apoio aos conselhos distritais, estaduais e municipais dos direitos da criança e do adolescente, aos Conselhos Tutelares, aos diversos Conselhos Setoriais, aos órgãos estaduais, distritais, municipais e entidades não-governamentais, para tornar efetivos os princípios, as diretrizes e os direitos estabelecidos pelo Estatuto da Criança e do Adolescente; d) avaliar a política nacional, estadual, distrital e municipal de atendimento dos direitos da criança e do adolescente, e a atuação dos conselhos estaduais e municipais da criança e do adolescente; e) acompanhar o reordenamento institucional propondo, sempre que necessário, as modificações nas estruturas públicas e privadas destinadas ao atendimento da criança e do adolescente; f) apoiar a promoção de campanhas educativas sobre os direitos da criança e do adolescente, com a indicação das medidas a ser adotadas nos casos de atentados ou violação desses direitos; g) acompanhar a elaboração e a execução da proposta orçamentária da União (Plano Plurianual PPA), indicando modificações necessárias à consecução da política formulada para a promoção dos direitos da criança e do adolescente; h) gerir o fundo, fixando os critérios para sua utilização; i) elaborar o regimento interno, que será aprovado pelo voto de, no mínimo, dois terços de seus membros, nele definindo a forma de indicação do seu Presidente; j) acompanhar e avaliar a expedição de orientações e recomendações sobre a aplicação do ECA, e dos demais atos normativos relacionados ao atendimento da criança e do adolescente; k) promover a cooperação entre os governos da União, dos Estados, do Distrito Federal e dos Municípios e a sociedade civil organizada, na formulação e execução da política nacional de atendimento dos direitos da criança e do adolescente; l) promover, em parceria com organismos governamentais e não-governamentais, nacionais e internacionais, a identificação de sistemas de indicadores, no sentido de estabelecer metas e procedimentos com base nesses índices para monitorar a aplicação das atividades relacionadas com o atendimento à criança e ao adolescente; m) promover a realização de estudos, debates e pesquisas sobre a aplicação e os resultados estratégicos alcançados pelos programas e projetos de atendimento à criança e ao adolescente, desenvolvidos pela Secretaria Especial dos Direitos Humanos da Presidência da República; n) estimular a ampliação e o aperfeiçoamento dos mecanismos de participação e controle social, por intermédio de rede nacional de órgãos colegiados estaduais, regionais e municipais, visando fortalecer o atendimento dos direitos da criança e do adolescente; o) estimular a formação técnica permanente, promovendo e apoiando a realização de eventos e estudos na área da criança e do adolescente; p) estimular, apoiar e promover a manutenção de bancos de dados, com o intuito de propiciar o fluxo permanente de informações sobre a situação da criança e do adolescente; q) oferecer subsídios e acompanhar a elaboração de legislação atinente à garantia dos direitos da criança e do adolescente; r) atuar como órgãos consultivo e de apoio, em nível nacional, nos casos de petições, denúncias e reclamações formuladas por qualquer pessoa ou entidade, inclusive aos sistemas global e interamericano de proteção a direitos humanos, quando ocorrer ameaça ou violação de direitos da criança e do adolescente assegurados nas Leis e na Constituição Federal, não solucionados pelos Conselhos Estadual, Distrital, Municipal, e Conselhos Tutelares; s) estimular a ampliação e o aperfeiçoamento dos mecanismos de participação de controle social, por intermédio de rede nacional de órgãos colegiados, visando fortalecer o atendimento dos direitos da criança e do adolescente no âmbito nacional, estadual, distrital e municipal.

CONSELHO NACIONAL DOS DIREITOS DA MULHER (CNDM). *Direito administrativo.* Órgão colegiado de caráter consultivo e integrante da estrutura básica da Secretaria Especial de Políticas para as Mulheres, tem por finalidade promover, em âmbito nacional, políticas para as mulheres com a perspectiva de gênero, que visem eliminar o preconceito e a discriminação, inclusive as de aspectos econômicos e financeiros, ampliando o processo de controle social sobre as referidas políticas. Ao CNDM compete: a) participar na elaboração de critérios e parâmetros para a formulação e implementação de metas e prioridades para assegurar as condições de igualdade às mulheres, inclusive na articulação da proposta orçamentária da União; b) propor estratégias de acompanhamento, avaliação e fiscalização, bem como a participação no processo deliberativo de diretrizes das políticas de igualdade para as mulheres, desenvolvidas em âmbito nacional; c) apoiar a Secretaria Especial de Políticas para as Mulheres na articulação com outros órgãos da administração pública federal e os governos Estadual, Municipal e do Distrito Federal; d) promover a realização de estudos, debates e pesquisas sobre a realidade da situação das mulheres, com vistas a contribuir na elaboração de propostas de políticas que visem à eliminação de todas as formas de preconceito e discriminação; e) participar da organização das conferências nacionais de políticas públicas para as mulheres; f) propor o desenvolvimento de programas e projetos de capacitação em gênero no âmbito da administração pública; g) articular-se com órgãos e entidades públicos e privados, não representados no CNDM, visando incentivar e aperfeiçoar o relacionamento e o intercâmbio sistemático sobre a promoção dos direitos da mulher; h) articular-se com o movimento de mulheres, conselhos estaduais e municipais dos direitos da mulher e outros conselhos setoriais, para ampliar a cooperação mútua e estabelecimento de estratégias comuns de implementação de ações para a igualdade e eqüidade de gênero e fortalecimento do processo de controle social.

CONSELHO NACIONAL DOS DIREITOS DA PESSOA PORTADORA DE DEFICIÊNCIA (CONADE). *Direito administrativo* e *biodireito.* Órgão superior de deliberação colegiada de natureza permanente, integrante da Secretaria Especial de Direitos Humanos da Presidência da República, criado com o escopo de: a) aprovar planos e programas da Administração Pública Federal direta e indireta; b) zelar pela efetiva implantação da Política Nacional para Integração da Pessoa Portadora de Deficiência; c) acompanhar

o planejamento e avaliar a execução das políticas setoriais de educação, saúde, trabalho, assistência social, transporte, cultura, turismo, desporto, lazer, política urbana e outras relativas à pessoa portadora de deficiência; d) acompanhar a elaboração e a execução da proposta orçamentária do Ministério da Justiça, sugerindo as modificações necessárias à consecução da Política Nacional para Integração da Pessoa Portadora de Deficiência; e) zelar pela efetivação do sistema descentralizado e participativo de defesa dos direitos da pessoa portadora de deficiência; f) acompanhar e apoiar as políticas e as ações do Conselho dos Direitos da Pessoa Portadora de Deficiência no âmbito dos Estados, do Distrito Federal e dos Municípios; g) propor a elaboração de estudos e pesquisas que objetivem a melhoria da qualidade de vida da pessoa portadora de deficiência; h) propor e incentivar a realização de campanhas visando à prevenção de deficiências e à promoção dos direitos da pessoa portadora de deficiência; i) aprovar o plano de ação anual da Coordenadoria Nacional para Integração da Pessoa Portadora de Deficiência (CORDE); j) acompanhar, mediante relatórios de gestão, o desempenho dos programas e projetos da Política Nacional para Integração da Pessoa Portadora de Deficiência; k) atuar como instância de apoio, em todo o território nacional, nos casos de petições, denúncias e reclamações formuladas por qualquer pessoa ou entidade, quando ocorrer ameaça ou violação de direitos da pessoa portadora de deficiência, assegurados nas leis e na Constituição Federal; l) elaborar e aprovar o regimento interno.

CONSELHO NACIONAL DOS DIREITOS DO IDOSO (CNDI). *Direito administrativo* e *direito do idoso.* Órgão colegiado de caráter deliberativo, integrante da estrutura básica da Secretaria Especial dos Direitos Humanos da Presidência da República, que tem por finalidade elaborar as diretrizes para a formulação e implementação da política nacional do idoso. Ao CNDI compete: a) elaborar as diretrizes, instrumentos, normas e prioridades da política nacional do idoso, bem como controlar e fiscalizar as ações de execução; b) zelar pela aplicação da política nacional de atendimento ao idoso; c) dar apoio aos Conselhos Estaduais, do Distrito Federal e Municipais dos Direitos do Idoso, aos órgãos estaduais, municipais e entidades não-governamentais, para tornar efetivos os princípios, as diretrizes e os direitos estabelecidos pelo Estatuto do Idoso; d) avaliar a política desenvolvida nas esferas estadual, distrital e municipal e a atuação dos conselhos do idoso instituídos nessas áreas de governo; e) acompanhar o reordenamento institucional, propondo, sempre que necessário, as modificações nas estruturas públicas e privadas destinadas ao atendimento do idoso; f) apoiar a promoção de campanhas educativas sobre os direitos do idoso, com a indicação das medidas a serem adotadas nos casos de atentados ou violação desses direitos; g) acompanhar a elaboração e a execução da proposta orçamentária da União, indicando modificações necessárias à consecução da política formulada para a promoção dos direitos do idoso; h) elaborar o regimento interno, que será aprovado pelo voto de, no mínimo, dois terços de seus membros, nele definindo a forma de indicação do seu Presidente e Vice-Presidente; i) acompanhar e avaliar a expedição de orientações e recomendações, e dos demais atos normativos relacionados ao atendimento do idoso; j) promover a cooperação entre os governos da União, dos Estados, do Distrito Federal e dos Municípios e a sociedade civil organizada na formulação e execução da política nacional de atendimento dos direitos do idoso; k) promover, em parceria com organismos governamentais e não-governamentais, nacionais e internacionais, a identificação de sistemas de indicadores, no sentido de estabelecer metas e procedimentos com base nesses índices, para monitorar a aplicação das atividades relacionadas com o atendimento ao idoso; l) promover a realização de estudos, debates e pesquisas sobre a aplicação e os resultados estratégicos alcançados pelos programas e projetos de atendimento ao idoso, desenvolvidos pela Secretaria Especial dos Direitos Humanos da Presidência da República; m) estimular a ampliação e o aperfeiçoamento dos mecanismos de participação e controle social, por intermédio de rede nacional de órgãos colegiados estaduais, regionais, territoriais e municipais, visando fortalecer o atendimento dos direitos do idoso.

CONSELHO PASTORAL. *Direito canônico.* Aquele que, em cada diocese, tem, sob a autoridade do bispo, o dever de examinar e avaliar as atividades pastorais da diocese e propor conclusões práticas sobre elas.

CONSELHO PENITENCIÁRIO. *Direito penitenciário.* Órgão técnico-consultivo que fiscaliza a execução penal e a observância do regime penitenciário legal, tendo as funções de: emitir parecer sobre livramento condicional, indulto e comutação de pena; inspecionar os estabelecimentos e serviços penais; apresentar relatório dos seus trabalhos ao Conselho Nacional de Política Criminal e Penitenciária, no primeiro trimestre de cada ano; e supervisionar os patronatos e a assistência aos egressos.

CONSELHO PERMANENTE DE JUSTIÇA DO EXÉRCITO, DA MARINHA OU DA AERONÁUTICA. *Direito penal militar.* Órgão que tem competência para processar e julgar acusados que não sejam oficiais, inclusive civis. É constituído pelo juiz-auditor (relator do processo), um oficial superior (presidente do Conselho) e três oficiais intermediários (capitães) ou subalternos (tenentes).

CONSELHO PRESBITERAL. *Direito canônico.* Grupo de sacerdotes que, representando o presbitério, funcione como o Senado do bispo, auxiliando-o no governo da diocese.

CONSELHOS DE ASSISTÊNCIA SOCIAL. São instâncias do Sistema Descentralizado e Participativo da Assistência Social, de caráter permanente e deliberativo, de composição paritária entre governo e sociedade civil, em cada esfera de governo, propiciando o controle social desse Sistema. Os Conselhos de Assistência Social têm suas competências definidas por legislação específica, cabendo-lhes, na sua respectiva instância: a) elaborar seu Regimento Interno, o conjunto de normas administrativas definidas pelo Conselho, com o objetivo de orientar o seu funcionamento; b) aprovar a Política Estadual, do Distrito Federal e Municipal, elaborada em consonância com a Política Nacional de Assistência Social (PNAS), na perspectiva do Sistema Único de Assistência Social (SUAS), e com as diretrizes estabelecidas pelas Conferências de Assistência Social, podendo contribuir nos diferentes estágios de sua formulação; c) convocar, num processo articulado com a Conferência Nacional, as Conferências de Assistência Social na respectiva esfera de governo, bem como aprovar as normas de funcionamento das mesmas e constituir a comissão organizadora e o respectivo Regimento Interno; d) encaminhar as deliberações da conferência aos órgãos competentes e monitorar seus desdobramentos; e) acompanhar, avaliar e fiscalizar a gestão dos recursos, bem como os ganhos sociais e o desempenho dos benefícios, rendas, serviços socioassistenciais, programas e projetos aprovados nas Políticas de Assistência Social Nacional, Estaduais, do Distrito Federal e Municipais; f) normatizar as ações e regular a prestação de serviços de natureza pública e privada no campo da assistência social, exercendo essas funções num relacionamento ativo e dinâmico com os órgãos gestores, resguardando-se as respectivas competências; g) aprovar o plano integrado de capacitação de recursos humanos para a área de assistência social, de acordo com as Normas Operacionais Básicas do SUAS (NOB-SUAS) e de Recursos Humanos (NOB-RH/SUAS); h) zelar pela implementação do SUAS, buscando suas especificidades no âmbito das três esferas de governo e efetiva participação dos segmentos de representação dos conselhos; i) aprovar a proposta orçamentária dos recursos destinados a todas as ações de assistência social, nas suas respectivas esferas de governo, tantos os recursos próprios quanto os oriundos de outras esferas de governo, alocados nos respectivos fundos de assistência social; j) aprovar critérios de partilha de recursos, respeitando os parâmetros adotados na LOAS e explicitar os indicadores de acompanhamento; k) propor ações que favoreçam a interface e superem a sobreposição de programas, projetos, benefícios, rendas e serviços; l) inscrever e fiscalizar as entidades e organizações de assistência social em seus municípios, cabendo ao Conselho Estadual fazê-lo em caso de inexistência de Conselho Municipal; m) informar ao CNAS sobre o cancelamento de inscrição de entidades e organizações de assistência social, a fim de que este adote as medidas cabíveis; n) acompanhar o processo do pacto de gestão entre as esferas nacional, estadual, do Distrito Federal e municipal, efetivado na Comissão Intergestores Tripartite (CIT) e Comissão Intergestores Bipartite (CIB), estabelecido na NOB/SUAS, e aprovar seu relatório; o) divulgar e promover a defesa dos direitos sócios-assistenciais; p) acionar o Ministério Público, como instância de defesa e garantia de suas prerrogativas legais.

CONSELHOS DE PREVIDÊNCIA SOCIAL (CPS). *Direito previdenciário.* Unidades descentralizadas do Conselho Nacional de Previdência Social, com sede nas Gerências Executivas do Instituto Nacional do Seguro Social (INSS) ou, na hipótese de haver mais de uma Gerência no mesmo Município, com sede nas Superintendências do INSS, são instâncias colegiadas, de caráter consultivo e de assessoramento e têm como finalidade apresentar propostas para a política de Previdência Social e sobre a gestão do sistema previdenciário. Os Conselhos de Previdência Social (CPS) têm, no âmbito e jurisdição das Superintendências e Gerências Executivas às quais se vinculam, as seguintes competências: a) avaliar sistematicamente a gestão previdenciária; b) acompanhar a aplicação da legislação pertinente à Previdência Social e propor o seu aperfeiçoamento; c) acompanhar e verificar o registro de dados e a manutenção do Cadastro Nacional de Informações Sociais (CNIS); d) propor normas de padronização sobre o processo de produção de informações e sobre a sua divulgação à sociedade; e) acompanhar ações, procedimentos e medidas relativamente às renúncias de contribuições previdenciárias; f) acompanhar a cobrança administrativa e judicial dos créditos previdenciários do INSS; g) acompanhar o pagamento de precatórios; h) acompanhar a qualidade e a presteza dos serviços prestados pelo INSS, mediante indicadores dos serviços; i) acompanhar e propor mecanismos de controle do pagamento dos benefícios; j) propor e acompanhar as medidas destinadas ao aumento da cobertura previdenciária; e k) propor e acompanhar medidas de divulgação da política de Previdência Social em especial dos direitos e obrigações dos segurados.

CONSELHO SECCIONAL DA ORDEM DOS ADVOGADOS DO BRASIL. *Direito administrativo.* Órgão dotado de personalidade jurídica própria, composto de conselheiros em número proporcional ao de seus inscritos, com competência privativa para: editar seu regimento interno e suas resoluções; criar as subseções e a caixa de assistência dos advogados; julgar, em grau de recurso, as questões decididas por seu presidente, por sua diretoria, pelo Tribunal de Ética e Disciplina, pelas diretorias das subseções e da caixa de assistência dos advogados; fiscalizar a aplicação da receita; apreciar o relatório anual e deliberar sobre o balanço e as contas de sua diretoria, das diretorias das subseções e da caixa de assistência dos advogados; fixar a tabela de honorários advocatícios, válida para todo o território estadual; realizar o exame de ordem; decidir os pedidos de inscrição nos quadros de advogados e estagiários; manter cadastro de seus inscritos; fixar, alterar e receber contribuições obrigatórias, preços de serviços e multas; participar da elaboração dos concursos públicos, em todas as suas fases, no âmbito do seu território; determinar, com exclusividade, critérios para o traje do advogado, no exercício profissional; aprovar e modificar seu orçamento anual; definir a composição e o funcionamento do Tribunal de Ética e Disciplina e escolher seus membros; eleger as listas, constitucionalmente previstas, para preenchimento dos cargos nos tribunais judiciários, no âmbito de sua competência e na forma do Provimento do Conselho Federal, vedada a inclusão de membros do próprio Conselho e de qualquer órgão da Ordem dos Advogados do Brasil (OAB); intervir nas subseções e na caixa de assistência dos advogados; e desempenhar outras atribuições previstas no regulamento geral.

CONSELHOS ESTADUAIS E MUNICIPAIS DE PREVIDÊNCIA SOCIAL. *Direito previdenciário.* São órgãos de deliberação colegiada, subordinados ao Conselho Nacional de Previdência Social e que observam os critérios por ele estabelecidos, adaptando-os para a esfera estadual ou municipal. Compete aos Conselhos Estaduais de Previdência Social (CEPS) e aos Conselhos Municipais de Previdência Social (CMPS), nos âmbitos estadual e municipal, conforme o caso: a) cumprir e fazer cumprir as deliberações do Conselho Nacional e dos Conselhos Estaduais de Previdência Social (CEPS); b) acompanhar a execução e avaliar sistematicamente a gestão previdenciária no âmbito de sua jurisdição; c) propor ao Conselho Nacional, no caso dos Conselhos Estaduais de Previdência Social (CEPS), e ao Conselho Estadual, no caso dos Conselhos Municipais de Previdência Social (CMPS), planos e programas voltados para o aprimoramento da atuação previdenciária; d) acompanhar e avaliar a execução dos planos, programas e orçamentos; e) dar conhecimento ao Conselho Nacional, no caso dos Conselhos Estaduais de Previdência Social (CEPS), e ao Conselho Estadual, no caso dos Conselhos Municipais de Previdência Social (CMPS), mediante relatórios gerenciais por aqueles definidos, da execução dos planos, programas e orçamentos; f) acompanhar a aplicação da legislação pertinente à previdência social, levando ao conhecimento do Conselho Nacional, no caso dos Conselhos Estaduais de Previdência Social (CEPS), e dos Conselhos Estaduais, no caso dos Conselhos Municipais de Previdência

Social (CMPS), eventuais irregularidades verificadas no âmbito de sua jurisdição; g) elaborar seus regimentos internos. Cabe ao Instituto Nacional do Seguro Social (INSS) proporcionar aos Conselhos Estaduais da Previdência Social (CEPS) ou Conselhos Municipais de Previdência Social (CMPS), bem como às respectivas secretarias executivas, os meios necessários ao exercício de suas competências.

CONSELHO SETORIAL DE EDUCAÇÃO BÁSICA. *Direito administrativo* e *direito educacional.* Órgão ligado ao Conselho Nacional de Educação que tem por atribuições: a) examinar os problemas da educação básica e oferecer sugestões para sua solução; b) analisar e emitir parecer sobre os resultados dos processos de avaliação da educação básica; c) aprovar as diretrizes curriculares propostas pelo Ministério da Educação; d) colaborar na preparação do plano nacional de educação e acompanhar sua execução no âmbito de sua atuação; e) assessorar o ministro de Estado da Educação em todos os assuntos relativos à educação básica; f) manter intercâmbio com os sistemas estaduais de educação, acompanhando a execução dos respectivos planos de educação; g) analisar questões relativas à interpretação da legislação referente à educação básica; h) elaborar seu regimento interno.

CONSELHO SETORIAL DE EDUCAÇÃO SUPERIOR. *Direito administrativo.* Órgão vinculado ao Conselho Nacional de Educação que tem por atribuições: a) analisar e emitir parecer sobre os resultados dos processos de avaliação da educação superior; b) oferecer sugestões para a elaboração do plano nacional de educação e acompanhar sua execução no âmbito de sua atuação; c) aprovar os pareceres encaminhados pelo Ministério da Educação sobre a autorização e o reconhecimento de cursos e habilitações oferecidos por instituições de ensino que não sejam universidades; d) credenciar e recredenciar periodicamente instituições de educação superior, inclusive universidades, com base em pareceres e avaliações apresentados pelo Ministério da Educação; e) aprovar os estatutos das universidades e o regimento das demais instituições de educação superior que fazem parte do sistema federal de ensino; f) aprovar os pareceres para reconhecimento periódico de cursos de mestrado e doutorado, elaborados pela Fundação Coordenação de Aperfeiçoamento de Pessoal de Nível Superior, com base na avaliação dos cursos; g) assessorar o ministro de Estado da Educação nos assuntos relativos à educação superior; h) elaborar o seu regimento interno.

CONSELHOS OPERÁRIOS. *Ciência política.* Organismos representativos colegiais que reproduzem os seguintes caracteres formais do conselho como órgão do poder revolucionário: a) referência a coletividades concretas; b) formação baseada no princípio da delegação por parte de tais coletividades; c) fusão das funções legislativa e executiva (Follis, Babeau e Korsch).

CONSELHOS REGIONAIS DE ENGENHARIA, ARQUITETURA E AGRONOMIA (CREAs). *Direito administrativo.* Órgãos auxiliares do Conselho Federal de Engenharia, Arquitetura e Agronomia (CONFEA). Tais órgãos têm a incumbência de fiscalizar e sancionar o exercício profissional de seus membros, zelar pela execução de obras e serviços, providenciar o registro de engenheiros, arquitetos e agrônomos e lavrar seus projetos e planos.

CONSELHOS REGIONAIS DELIBERATIVOS DO IBAMA. *Direito ambiental.* São os que têm por finalidade deliberar sobre ações e procedimentos de interesse de dois ou mais Estados que compõem estes colegiados, no âmbito de atuação do IBAMA, especialmente: 1. Deliberar, no âmbito de suas competências, sobre normas, padrões, procedimentos, planos, programas, projetos e ações a serem adotados pelo IBAMA a nível regional. 2. Assessorar, estudar e propor, às instâncias superiores do IBAMA, diretrizes para a execução da política nacional do meio ambiente. 3. Instituir, através de seus Presidentes e em consonância com as orientações da Administração Central, normas específicas, de abrangência regional. 4. Acompanhar a execução da política nacional de meio ambiente, a nível regional. 5. Articular, formular, definir, acompanhar e avaliar as agendas regionais, aplicando um modelo cooperado de coordenação, inclusive na prioridade de aplicação de recursos. 6. Propor planos e programas de controle e fiscalização ambientais em nível nacional e regional. 7. Apresentar alternativas ao Presidente do IBAMA para realocação e/ou readequação de empreendimentos ou atividades geradoras de significativos impactos regionais ou nacionais. 8. Propor ao Conselho Nacional de Recursos Hídricos a suspensão total ou parcial, definitiva ou por prazo determinado, da outorga de direito de uso de recursos hídricos quando necessária à prevenção ou reversão de degradação ambiental, no âmbito regional. 9. Propor ações que visem integrar a política de recursos hídricos com a gestão ambiental. 10. Subsidiar a Presidência do IBAMA na formulação das campanhas publicitárias relativas à gestão ambiental. 11. Propor parâmetros técnicos, econômicos e sociais necessários à definição das ações e valoração dos produtos institucionais. 12. Orientar a implantação do modelo de planejamento estratégico. 13. Auxiliar na identificação e negociação de fontes de recursos internos e externos, a fim de viabilizar as ações planejadas pelo Instituto. 14. Criar e extinguir câmaras e comitês técnicos de assessoramento do Conselho; e, além disso, os licenciamentos de obras e atividades que implicarem impactos nacionais ou regionais serão coordenados pelos Conselhos respectivos.

CONSELHO SUPERIOR DA AGÊNCIA ESPACIAL BRASILEIRA. *Direito aeronáutico.* Órgão colegiado da Agência Espacial Brasileira com competência para deliberar sobre assuntos relativos à promoção do desenvolvimento das atividades espaciais de interesse nacional. A ele compete: a) aprovar propostas de atualização da Política Nacional de Desenvolvimento das Atividades Espaciais (PNDAE), para encaminhamento ao presidente da República; b) aprovar as diretrizes para execução da Política Nacional de Desenvolvimento das Atividades Espaciais (PNDAE) aprovada pelo presidente da República; c) aprovar os Programas Nacionais de Atividades Espaciais (PNAE) decorrentes da Política Nacional de Desenvolvimento das Atividades Espaciais (PNDAE) e respectivas propostas orçamentárias, apreciando a execução desses programas; d) apreciar e aprovar as propostas de atos de organização e funcionamento do Sistema Nacional de Atividades Espaciais (SNAE); e) aprovar acordos, contratos, convênios e outros instrumentos internacionais, no campo das atividades espaciais; f) propor subsídios para a definição de posições brasileiras em negociações bilaterais e em foros multilaterais, referentes a assuntos de interesse da área espacial; g) aprovar diretrizes para o estabelecimento de normas e expedição de licenças e autorizações relativas às atividades espaciais; h) opinar sobre projetos de leis, propostas de decretos e de outros instrumentos legais relativos às atividades espaciais; i) deliberar sobre outras matérias levadas a sua atenção.

CONSELHO SUPERIOR DA JUSTIÇA DO TRABALHO. *Direito constitucional* e *direito do trabalho.* Órgão que funciona junto ao Tribunal Superior do Trabalho, cabendo-lhe exercer, na forma da lei, a supervisão administrativa, orçamentária, financeira e patrimonial da Justiça do Trabalho de primeiro e segundo graus, como órgão central do sistema, cujas decisões terão efeito vinculante.

CONSELHO SUPERIOR DA MAGISTRATURA. *Direito processual.* Órgão do Tribunal de Justiça que, em São Paulo, tem competência para apreciar: a) processos de dúvidas de serventuários dos Registros Públicos; b) apreciar representações contra excesso de prazo irrogado a juiz de primeira instância, avocar processos e designar, se for o caso, outro juiz para decidir a causa, assim no cível como no crime; e c) impor sanção a juiz de direito, pelo retardamento em despachos e decisões.

CONSELHO SUPERIOR DO CINEMA. *Direito administrativo.* Órgão colegiado que tem por finalidade a formulação e a implementação de políticas públicas ativas, para o desenvolvimento da indústria cinematográfica nacional, competindo-lhe: a) formular a política nacional do cinema; b) aprovar diretrizes gerais para o desenvolvimento da indústria cinematográfica nacional, com vistas a promover sua auto-sustentabilidade; c) estimular a presença do conteúdo brasileiro nos diversos segmentos de mercado da área cinematográfica nacional; d) acompanhar a execução das políticas estabelecidas nos incisos anteriores; e) estabelecer a distribuição da Contribuição para o Desenvolvimento da Indústria Cinematográfica (CONDECINE) para cada destinação prevista em lei; f) propor a atualização da legislação relacionada com as atividades de desenvolvimento da indústria cinematográfica nacional; g) elaborar e propor codificações no seu regimento interno e decidindo as alterações feitas por seus membros.

CONSELHO TÉCNICO. *Direito administrativo.* Órgão especializado na prestação de serviços de natureza técnica ou consultiva.

CONSELHO TUTELAR. *Direito da criança e do adolescente.* Órgão permanente e autônomo, não jurisdicional, encarregado pela sociedade de zelar pelo cumprimento das normas relativas aos direitos da criança e do adolescente, cujas decisões apenas poderão ser revistas pela autoridade judiciária a pedido de quem tiver legítimo interesse. Cada Município deverá ter um Conselho Tutelar composto de cinco membros, eleitos pelo povo, para exercer mandato remunerado de três anos. Tal Conselho terá as obrigações de: atender a crianças e adolescentes, aconselhando pais ou responsável; promover a execução de suas decisões, podendo, para tanto, não só requisitar serviços públicos nas áreas de saúde, educação, serviço social, previdência, trabalho e segurança, mas também representar junto à autoridade judiciária nos casos de descumprimento injustificado de suas deliberações; encaminhar ao Ministério Público notícia de fato que constitua infração administrativa ou penal contra os direitos da criança ou adolescente e à autoridade judiciária os casos de sua competência; providenciar a medida estabelecida pelo juiz para o adolescente autor de ato infracional; expedir notificações; requisitar certidões de nascimento e de óbito de criança ou adolescente, quando necessário; assessorar o Poder Executivo local na elaboração da proposta orçamentária para planos e programas de atendimento dos direitos da criança e do adolescente; representar, em nome da pessoa e da família, contra a violação do direito a programações de rádio e televisão que não desrespeitem os valores ético-sociais e a propagandas de produtos que não sejam nocivos à saúde e ao meio ambiente; e representar ao Ministério Público, para efeito das ações de perda ou suspensão do poder familiar.

CONSENHOR. *Direito civil.* **1.** Condômino. **2.** Coproprietário.

CONSENSIAL. *Direito civil.* Relativo a consenso; consensual.

CONSENSO. 1. *Direito civil.* a) Consentimento, anuência; b) acordo. **2.** *Ciência política.* a) Acordo entre os membros da sociedade, aderindo a valores essenciais para assegurar a estrutura social; b) acordo geral sobre a forma de governo e a idéia de direito vigente na sociedade.

CONSENSUAL. 1. *Direito civil.* a) Aquilo que é relativo a consenso; b) o que depende de consentimento; c) diz-se do contrato não solene que se perfaz pela simples anuência das partes, sem necessidade de outro ato. **2.** *Medicina legal.* Excitação por estimulação reflexa.

CONSENSUALIDADE. *Direito civil.* Qualidade de consensual.

CONSENSUS IN CAMBIO POTEST INTERVENIRE VEL VERBIS VEL EPISTOLIS VEL NUNTIO ET PROXENETAE MINISTERIO. *Direito romano.* O consenso no câmbio pode intervir por palavras, cartas, núncio ou por ministério de mediadores.

CONSENSUS JUDICIS EXPRESSUS AD PRORROGA-TIONEM NECESSARIUS NON EST. *Direito romano.* Não é necessário consenso judicial expresso para a prorrogação.

CONSENSUS MARITI. *Locução latina.* Autorização marital.

CONSENSUS NON MINUS EX FACTO QUAM EX VER-BIS COLLIGITUR. *Brocardo latino.* O consenso colige-se não menos dos fatos que das palavras.

CONSENSU SOLO CONTRAHITUR OBLIGATIO. *Direito romano.* Só pelo consentimento se contrai obrigação.

CONSENSUS OMNIUM. *Locução latina.* Aprovação de todos.

CONSENSUS TOLLIT ERROREM. *Brocardo latino.* O consenso tira o erro.

CONSENSUS UXORIS. *Locução latina.* Outorga uxória; autorização da esposa.

CONSENTÂNEO. Congruente; de acordo; apropriado; adequado; conforme.

CONSENTIDOR. *Direito civil.* Aquele que consente na prática de um ato ou na celebração de um negócio.

CONSENTIMENTO 1. *Direito civil.* a) Ato de consentir; b) anuência; c) acordo; d) autorização, permissão; e) tolerância; f) consenso; g) manifestação de vontade favorável à realização de um ato jurídico, indispensável para sua formação e validade; h) ato volitivo pelo qual se declara que não há oposição a uma ação cuja iniciativa foi tomada por outrem; i) aprovação; j) outorga. **2.** *Lógica jurídica.* Assentimento a uma asserção ou proposição que parece ser evidentemente verdadeira (Malebranche).

CONSENTIMENTO CONJUGAL. *Direito civil.* Autorização escrita dada pelo cônjuge, qualquer que seja o regime de bens, salvo o de separação absoluta, para que o outro possa: a) alienar ou gravar de ônus real bens imóveis; b) pleitear, como autor ou réu, acerca de bens e direitos imobiliários; c) prestar fiança ou aval; d) fazer doação, não sendo remuneratória ou de pequeno valor, com os bens comuns ou com os que possam integrar futura meação. Necessária é, ainda, a outorga conjugal para efetuar locação

predial urbana, na qualidade de locador, por prazo igual ou superior a dez anos. No regime de participação final nos aqüestos, no pacto antenupcial, poder-se-á convencionar a livre disposição dos bens imóveis, desde que particulares do cônjuge-alienante.

CONSENTIMENTO DA VÍTIMA. *Direito penal.* É a manifestação da vontade da vítima de suportar o dano físico, patrimonial ou moral decorrente de uma ação criminosa, aceitando, expressa ou tacitamente, a ofensa ao deixar de intentar, judicialmente, sua defesa, traduzindo renúncia ou perdão. Por outro lado, poderá constituir instigação ou indução, punidas pela lei penal, não sendo causa de isenção de pena ou de exclusão de crime, salvo naqueles em que se torna necessário o dissenso do sujeito passivo, hipótese em que, com sua anuência, não haverá delito punível ou se terá a aplicação de uma pena menos rigorosa.

CONSENTIMENTO ESCLARECIDO. *Medicina legal.* Explicação dada por médico a pacientes sobre seu estado, sobre as possíveis complicações pós-operatórias, sobre os riscos que vão assumir etc.

CONSENTIMENTO ESCRITO. *Direito civil.* Anuência dada por escrito, em instrumento público ou particular, para a prática de certo ato jurídico.

CONSENTIMENTO EXPRESSO. *Direito civil.* Consenso manifestado, inequivocamente, por meio de palavras ou de escrita, indicando aquiescência à efetivação do ato ou do negócio jurídico.

CONSENTIMENTO INFORMADO. *Medicina legal.* Decisão voluntária de pessoa capaz, tomada após um processo informativo, no sentido de aceitar um tratamento médico específico ou uma experimentação, sabendo de suas conseqüências e riscos, legitimando o ato médico (Saunders, Baum e Houghton).

CONSENTIMENTO LIVRE, PRÉVIO E ESCLARECIDO. *Medicina legal, biodireito* e *direito civil.* Anuência do sujeito da pesquisa médico-científica, ou de seu representante legal, livre de vícios (simulação, fraude ou erro), dependência, subordinação ou intimidação, após prévia explicação pormenorizada sobre a natureza da pesquisa, seus objetivos, métodos, benefícios previstos, potenciais riscos e o incômodo que esta possa acarretar, formulada em um termo de consentimento, autorizando sua participação voluntária na pesquisa. Isto é assim porque o respeito devido à dignidade humana exige que toda pesquisa em ser humano se processe após consentimento daquele que vai participar dela, ou de seu representante legal. Exige-se que o seu esclarecimento seja feito em linguagem acessível, incluindo os seguintes aspectos: a) a justificativa, os objetos e os procedimentos que serão utilizados na pesquisa; b) os desconfortos e riscos possíveis e os benefícios esperados; c) os métodos alternativos existentes; d) a forma de acompanhamento e assistência, assim como seus responsáveis; e) a garantia de esclarecimentos, antes e durante o curso da pesquisa, sobre a metodologia, informando a possibilidade de inclusão em grupo, controle ou placebo; f) a liberdade de o sujeito se recusar a participar ou retirar seu consentimento, em qualquer fase da pesquisa, sem penalização alguma; g) a garantia do sigilo que assegure a privacidade dos sujeitos quanto aos dados confidenciais envolvidos na pesquisa; h) as formas de ressarcimento das despesas decorrentes da participação na pesquisa; i) as formas de indenização diante de eventuais danos oriundos da pesquisa.

CONSENTIMENTO MARITAL. *Direito civil.* Autorização escrita, dada pelo marido à sua mulher, a fim de que não se comprometa a estabilidade econômica do lar, qualquer que seja o regime de bens, exceto o de separação absoluta, para: a) alienar, hipotecar ou gravar de ônus real os imóveis ou os direitos reais sobre imóveis alheios; b) pleitear, como autora ou ré, acerca dos bens e direitos imobiliários; c) prestar fiança ou aval; d) fazer doação, não sendo remuneratória ou de pequeno valor, com os bens comuns, ou com os que possam integrar futura meação; e) locar, na qualidade de locadora, prédio urbano por prazo igual ou superior a dez anos. O marido, por sua vez, também não poderá praticar tais atos sem outorga uxória. *Vide* CONSENTIMENTO CONJUGAL.

CONSENTIMENTO PRESUMIDO. *Direito civil.* É aquele em que, não havendo manifestação expressa da vontade, o agente pratica atos reveladores de sua intenção de consentir na realização do negócio jurídico. É, portanto, o consentimento decorrente da evidência de atos que demonstram a vontade de anuir à prática do negócio ou de aprová-lo.

CONSENTIMENTO TÁCITO. *Vide* CONSENTIMENTO PRESUMIDO.

CONSENTIMENTO VERBAL. *Direito civil.* Anuência dada de viva voz para a realização ou prática de um ato jurídico.

CONSENTIR. 1. Concordar; anuir; dar o consentimento. **2.** Aprovar; permitir. **3.** Manifestar vontade favorável à efetivação de um ato ou negócio jurídico.

CONSENTIRE ETIAMSI VIDETUR QUI NON TESTIFICATUR DISSENTIRE. *Brocardo latino.* Parece consentir aquele que não declara dissentir.

CONSENTIRE NON VIDENTUR ERRANTES, ET IGNORANTES, NEC INCOGITATA CONSENSUS TRAHITUR. *Brocardo latino.* Não se induz consentimento de quem anuiu por erro ou ignorância, nem se estende o consenso àquilo que não se cogitou.

CONSENTIRE VEL NON CONTRADICERE PARIA SUNT. *Aforismo jurídico.* Consentir ou não contradizer importa o mesmo.

CONSEQÜÊNCIA. 1. Na *linguagem jurídica* em geral, indica: a) ilação; b) aquilo que resulta da ação ou omissão de certo ato; resultado; c) efeito; d) conclusão; e) importância; f) alcance. **2.** *Lógica jurídica.* a) Qualidade de um raciocínio, de conformidade com as regras lógicas; b) relação lógica que une os princípios à proposição deles resultante; c) diz-se da proposição que pode ser demonstrada verdadeira em razão de leis lógicas; d) dedução extraída de um princípio ou de um fato por meio do raciocínio.

CONSEQÜENCIAL. 1. Que é conseqüente. **2.** Relativo a conseqüência.

CONSEQÜÊNCIAS DO CRIME. *Direito penal.* Resultados ou fatos oriundos da ação ou omissão delituosa considerados pelo órgão judicante para a determinação da pena a ser aplicada.

CONSEQUENS QUI VULT, ET ANTECEDENS. *Aforismo jurídico.* Quem quer o conseqüente, também quer o antecedente.

CONSEQUENS, UBI EST FALSUS, ANTECEDENS SUBSISTERE NON POTEST. *Aforismo jurídico.* Sendo falso o conseqüente, o antecedente não pode subsistir.

CONSEQÜENTE. 1. Na *linguagem jurídica* em geral: a) aquilo que se conclui ou se infere; b) coerente. **2.** *Lógica jurídica.* a) Segunda proposição do entimema; b) que raciocina com lógica; c) diz-se do raciocínio conforme às regras da lógica.

CONSEQUENTIAL DAMAGES. *Direito marítimo* e *direito internacional privado.* Abrange os custos e despesas oriundos do atraso do navio, os danos derivados da perda do mercado e do bom nome empresarial e os lucros cessantes (Daniel Azúa).

CONSERTO. 1. Na *linguagem jurídica* em geral, significa: a) ato ou efeito de consertar; b) reparação de coisa deteriorada; c) ordem, regularidade; d) remendo. **2.** *Retórica jurídica.* Boa disposição de um discurso. **3.** *Direito civil* e *direito processual civil.* Cotejo da cópia com o documento original. **4.** *Direito comercial.* a) Reparo obrigatório feito pelo comandante na embarcação, durante a viagem, possibilitando ao afretador, carregador ou consignatário que não quiserem esperar pelo conserto a retirada de suas fazendas, pagando todo o frete, estadias, sobrestadias, avaria grossa, se houver, e, ainda, as despesas de descarga e desarrumação; b) reparação impraticável de navio, caso em que o comandante deverá fretar, por sua conta, sem poder exigir aumento de frete, um navio para transportar a carga ao local de destino; se impossível for tal fretamento, deverá, então, requerer o depósito judicial da referida carga.

CONSERVA. 1. *Direito marítimo.* Diz-se do navio que acompanha outro para protegê-lo ou auxiliá-lo em caso de necessidade. **2.** *Direito agrário.* Variedade de azeitona que é chamada também de "longal". **3.** *Direito do consumidor.* a) Líquido em que se conservam produtos alimentícios; b) diz-se do alimento de origem vegetal ou animal enlatado ou colocado em recipiente hermeticamente fechado.

CONSERVAÇÃO. 1. *Direito ambiental.* Administração planejada dos recursos naturais de uma nação com a finalidade de impedir sua exploração prejudicial, destruição ou negligenciação. **2.** *Direito civil.* a) Ato ou efeito de manter em bom estado uma coisa, preservando-a para evitar não só sua deterioração ou depreciação, mas também a perda de seus caracteres intrínsecos; b) ação de guardar ou ter cuidado com objeto pertencente a outrem; c) benfeitoria necessária e, portanto, indenizável; d) princípio que visa evitar a anulação contratual, procurando, sempre que possível, a revisão judicial do negócio jurídico. **3.** *Direito administrativo.* Regularização, através de alvará, das construções sem "habite-se". **4.** *Direito marítimo.* Manutenção rotineira da embarcação que envolva o conjunto de atividades destinadas a mantê-la, e a seus equipamentos, dentro de suas especificações técnicas.

CONSERVAÇÃO DA COISA LITIGIOSA. *Direito processual civil.* Medida provisional que pode ser ordenada ou autorizada pelo órgão judicante, na pendência da ação principal ou, até mesmo, antes de sua propositura, com o escopo de preservar, através de obras, o objeto da lide, evitando sua deterioração ou depreciação.

CONSERVAÇÃO DA NATUREZA. *Direito ambiental.* É o manejo do uso humano da natureza, compreendendo a preservação, a manutenção, a utilização sustentável, a restauração e a recuperação do ambiente natural, para que possa produzir o maior benefício, em bases sustentáveis, às atuais gerações, mantendo seu potencial de satisfazer as necessidades e aspirações das gerações futuras e garantindo a sobrevência dos seres vivos em geral.

CONSERVAÇÃO DE DIREITOS. *Direito processual.* Ato, judicial ou extrajudicial, tomado pelo credor, para constituir o devedor em mora. Por exemplo, o protesto cambiário (Othon Sidou).

CONSERVAÇÃO DE RESTOS MORTAIS HUMANOS. *Medicina legal.* Ato médico que consiste no emprego de técnica, através da qual os restos mortais humanos são submetidos a tratamento químico, com vistas a manterem-se conservados por tempo total e permanente ou determinado, quais sejam, o embalsamamento e a formolização, respectivamente.

CONSERVAÇÃO DE RODOVIAS PAVIMENTADAS. *Direito administrativo.* Serviços de reparos nos defeitos ocasionados na obra de arte corrente ou pavimento, sendo de caráter corretivo e não preventivo, incluindo-se, entre outros, a limpeza dos dispositivos de drenagem da rodovia e faixa de domínio, tais como: "tapa buraco", reparo no meio fio, limpeza da sarjeta, desobstrução de bueiros, roçada do entorno de obra de arte especial, roçada de placas, roçada da vegetação da faixa de domínio da rodovia, limpeza do acostamento, reparos na sinalização vertical e horizontal.

CONSERVAÇÃO DO MATERIAL CARTORÁRIO. *Direito registrário.* Proteção contra a ação do tempo de livros e documentos de uso dos cartórios, utilizando-se inclusive o processo de microfilmagem.

CONSERVAÇÃO *IN SITU*. *Direito ambiental.* Conservação de ecossistemas e *habitats* naturais e a manutenção e recuperação de populações viáveis de espécies em seus meios naturais e, no caso de espécies domesticadas ou cultivadas, nos meios onde tenham desenvolvido suas propriedades características.

CONSERVADO. Bem que foi preservado ou mantido em bom estado.

CONSERVADOR. 1. *História do direito.* Era o juiz que guardava ou mantinha os privilégios de alguma corporação ou categoria especial de pessoas, às quais administrava a justiça. 2. *Direito do consumidor.* Diz-se do produto ou aditivo alimentar que atua inibindo ou retardando a ação dos fatores extrínsecos ou intrínsecos de deterioração de gêneros alimentícios, cujo uso indevido pode causar dano ao consumidor, gerando responsabilidade civil do fabricante. 3. *Ciência política:* a) aquele que é contrário a grandes mudanças na ordem política; b) político que opina pela conservação de idéias tradicionais, opondo-se a reformas essenciais. 4. *Direito administrativo* e *direito registrário.* Funcionário público encarregado do registro. 5. *Direito registrário.* O encarregado de conservar os arquivos. 6. *Direito bancário.* a) Característica do investidor ou do fundo de investimento que procura aplicações com menor risco e com retornos mais estáveis ao longo do tempo; b) investimento que procura obter alta segurança no mercado; c) ativo de risco mais baixo (Luiz Fernando Rudge).

CONSERVADORIA. *História do direito.* Tribunal onde tinha assento o juiz conservador.

CONSERVADORISMO. *Ciência política.* 1. Conjunto de idéias e atitudes que têm por fim obter a manutenção do sistema político existente e da maneira pela qual funciona, não acatando inovações (Bonazzi, O'Sullivan e Viereck). 2. *Vide* CONSERVANTISMO.

CONSERVANTE. O que conserva.

CONSERVANTISMO. *Ciência política.* Sistema político avesso a reformas novas, propugnando a manutenção das circunstâncias presentes.

CONSERVANTISTA. *Ciência política.* Partidário do conservantismo.

CONSERVAR. 1. Fazer durar. 2. Manter o bem no mesmo estado ou local. 3. Impedir a deterioração da coisa. 4. Guardar a coisa, cuidadosamente, como se fosse sua. 5. Preservar.

CONSERVARIA. *Direito do consumidor* e *direito comercial.* 1. Local onde se fazem conservas de gêneros alimentícios. 2. Estabelecimento mercantil de venda de conservas.

CONSERVATISM. *Termo inglês.* Partido político conservador.

CONSERVATIVO. Aquilo que tem a propriedade de conservar algo.

CONSERVATÓRIA. 1. *Direito comparado.* Repartição portuguesa de registro civil ou predial. 2. *História do direito.* a) Cargo de juiz conservador; b) privilégio jurisdicional para julgar causas de determinadas pessoas ou corporações.

CONSERVATÓRIO. *Direito civil.* Estabelecimento destinado ao ensino da música ou das belas-artes.

CONSERVEIRO. 1. *Direito do trabalho.* Operário que faz parte da turma de conserva. 2. *Direito comercial* e *direito do consumidor.* Aquele que vende ou fabrica conservas.

CONSERVIDOR. Aquele que é servidor juntamente com outrem.

CONSIDERAÇÃO. 1. Respeito que se tem por alguém. 2. Raciocínio; ponderação; reflexão; opinião. 3. Ato ou efeito de considerar. 4. Razão; motivo determinante de um ato. 5. Importância.

CONSIDERANDA. *Direito processual.* Termo latino que designa o conjunto das razões invocadas pelo magistrado como fundamento de sua decisão.

CONSIDERANDO. 1. *Direito processual.* Cada um dos fundamentos em que o órgão judicante baseia sua sentença. 2. *Direito administrativo.* Cada um dos motivos do ato administrativo. 3. *Teoria geral do direito.* Cada um dos elementos estruturais da lei ou da norma que constitui sua exposição de motivos.

CONSIDERAR. 1. *Direito processual civil.* Fazer com que um fato constitutivo, modificativo ou extintivo de direito influencie numa decisão judicial. 2. *Direito penal.* Levar em conta antecedentes do réu na determinação da pena a ser aplicada. 3. Na *linguagem jurídica* em geral, pode, ainda, significar: a) ter em boa conta; b) raciocinar, pensar, refletir ou ponderar; c) apreciar.

CONSIDERÁVEL. 1. Notável; importante. 2. O que se deve levar em conta.

CONSIGNAÇÃO. 1. *Direito civil* e *direito processual civil.* a) Modo indireto de o devedor exonerar-se de sua obrigação, depositando a coisa devida em juízo ou em estabelecimento bancário; b) depósito judicial ou extrajudicial de valores ou coisas. 2. *Direito comercial.* a) Negócio jurídico em que alguém recebe de outrem bem móvel, para vendê-lo, obrigando-se a pagar um preço se não o restituir dentro do prazo avençado. Trata-se da venda em consignação ou do contrato estimatório; b) mercadoria consignada; c) entrega de carregamento de uma embarcação pelo seu dono aos cuidados do consignatário, negociante ou correspondente; d) destinação ou recebimento de um navio carregado; e) determinação da pessoa a quem se destina a mercadoria transportada ou a quem segue a embarcação fretada. **3.** Na *linguagem jurídica* em geral, significa também anotação de alguma coisa em documento público ou particular.

CONSIGNAÇÃO DE ALUGUEL. *Direito processual civil.* Depósito judicial do valor locativo questionado.

CONSIGNAÇÃO DE EFEITOS. *Direito comercial.* Remessa de mercadorias, gêneros e fazendas a pessoa física ou jurídica, feita por escrito no conhecimento de embarque.

CONSIGNAÇÃO DE RENDIMENTO. *Direito civil.* Constituição de usufruto dos bens do devedor em favor do credor para que, com os respectivos rendimentos, amortize o débito até o valor total, instante em que se terá a extinção daquele direito real.

CONSIGNAÇÃO DE VENCIMENTOS. *Direito administrativo.* Desconto de parte dos vencimentos de funcionário público, efetuado em folha de pagamento, para saldar quantias devidas à Fazenda Pública ou a título de pensão alimentícia, pagar contribuições a montepio etc.

CONSIGNAÇÃO EM FOLHA DE PAGAMENTO. *Vide* CONSIGNAÇÃO DE VENCIMENTOS.

CONSIGNAÇÃO EM PAGAMENTO. 1. *Direito civil.* Meio indireto de o devedor liberar-se do liame obrigacional consistente no depósito em juízo (judicial) ou em estabelecimento bancário (extrajudicial) da quantia ou coisa devida, nos casos e formas legais. Ter-se-á consignação se: a) o credor, sem justa causa, recusar-se a receber o pagamento ou a dar quitação na devida forma, hipótese em que se configura a *mora accipiendi*; b) o credor não for, nem mandar receber a coisa no lugar, tempo e condições devidos, se se tratar, obviamente, de dívida quesível, cujo pagamento se efetua no domicílio do devedor; c) o credor for incapaz, desconhecido, estiver declarado ausente, residir em lugar incerto, de acesso perigoso ou difícil, pois, nessas hipóteses, o devedor, sendo a dívida *portable*, só poderá libertar-se da obrigação e receber a quitação por meio da consignação em pagamento; d) ocorrer dúvida sobre quem deva legitimamente receber o objeto do pagamento; e) pender litígio sobre o objeto do pagamento entre credor e terceiro e não entre credor e devedor; f) houver concurso de preferência aberto contra o credor ou se este for incapaz de receber o pagamento, sendo impossível, por qualquer razão, efetivá-lo a seu representante legal. **2.** *Vide* AÇÃO DE CONSIGNAÇÃO EM PAGAMENTO.

CONSIGNAÇÃO EXTRAJUDICIAL. *Direito civil.* Ocorre quando devedor ou terceiro interessado na extinção do débito pecuniário consigna o *quantum* devido em estabelecimento bancário, em conta, e com atualização monetária.

CONSIGNAÇÃO MERCANTIL. *Vide* CONTRATO ESTIMATÓRIO.

CONSIGNADO. 1. Aquilo que foi objeto de consignação. **2.** Aquele a quem se consigna: comerciante que recebe mercadoria para vendê-la por conta do consignante; pessoa a quem se remete mercadoria carregada; réu na ação de consignação em pagamento, ou melhor, o credor contra quem se fez o depósito judicial ou extrajudicial; entidade em favor de quem o funcionário público autoriza a remessa da quantia descontada de seus vencimentos em folha de pagamento. **3.** A empresa de transporte expresso internacional que promova o despacho aduaneiro de importação de remessa expressa por ela transportada.

CONSIGNADOR. *Vide* CONSIGNANTE.

CONSIGNANTE. Aquele que consigna, abrangendo: a) o devedor que faz o depósito judicial ou extrajudicial do valor ou da coisa devida para exonerar-se do vínculo obrigacional; b) o comerciante que envia mercadoria a outro para venda em consignação; c) aquele que expede mercadoria carregada ou envia navio a outrem; d) o funcionário público que autoriza o desconto em folha de pagamento em favor do montepio, da Fazenda Pública ou do credor de alimentos.

CONSIGNAR. 1. *Direito administrativo.* a) Autorizar o desconto, em folha de pagamento, de certas quantias em favor do credor; b) estabelecer no orçamento público. **2.** *Direito civil* e *direito processual civil.* a) Depositar, em juízo ou em estabelecimento bancário, quantia ou coisa devida ao credor, nos casos admitidos por lei; b) destinar rendimentos para pagamento do credor, dando-lhe usufruto de bens. **3.** *Direito comercial.* a) Remeter mercadoria para ser vendida por conta de quem a enviou, recebendo o preço após a sua venda; b) expedir um navio e sua carga ao consignatário; c) despachar mercadorias destinadas a uma pessoa física ou jurídica. **4.** Na *linguagem jurídica* em geral, pode indicar: a) assinalar algo por escrito; declarar; b) recomendar; c) advertir.

CONSIGNATÁRIO. *Vide* CONSIGNADO.

CONSIGNATÁRIO DA CARGA. *Direito comercial marítimo.* Correspondente do consignante a quem se faz a remessa do carregamento da embarcação, para que lhe dê sua destinação, conforme suas instruções.

CONSIGNATÁRIO DO NAVIO. *Direito comercial marítimo.* Mandatário do armador que deve, no porto de destino ou de escala, tomar providências atinentes ao aparelhamento e manutenção do navio, para seu regresso ou continuação de sua rota.

CONSIGNATÁRIO EM FOLHA DE PAGAMENTO. *Direito administrativo.* Pessoa física ou jurídica em favor de quem se faz o desconto, em folha de pagamento, dos vencimentos de funcionário público.

CONSIGNATIVO. 1. Diz-se do valor entregue, de uma só vez, a quem se obriga a pagar, anualmente, certa pensão. **2.** Aquilo que é próprio para consignar.

CONSILIUM CRIMINIS. *Locução latina.* Intenção de praticar crime.

CONSILIUM FRAUDIS. *Locução latina.* Conluio da fraude; intenção de fraudar credor; acordo entre devedor e terceiro para prejudicar o credor daquele.

CONSISTÊNCIA. *Lógica jurídica.* **1.** Característica de um pensamento que não apresenta contradição. **2.** Firmeza lógica de um argumento. **3.** Ausência de contradição lógica.

CONSISTÊNCIA DE DADOS. *Direito virtual.* Coerência entre os dados que estão contidos em várias tabelas.

CONSISTORIAL. *Direito canônico.* Relativo a consistório.

CONSISTÓRIO. 1. *Direito canônico.* a) Reunião geral de cardeais presentes, em Roma, sob a presidência do Papa, para cuidar de temas eclesiás-

ticos; b) local onde se realiza essa assembléia cardinalícia. **2.** Na *linguagem jurídica* em geral, designa, em sentido amplo, qualquer assembléia em que se resolvem assuntos importantes ou questões de grande gravidade.

CONSISTÓRIO CANCELADO. *História do direito.* Conselho formado pelo rei, pelo grão-chanceler e por um conde palatino.

CONSISTORY. *Termo inglês.* Corte eclesiástica.

CONSOBRINHO. *Direito civil.* Sobrinho de alguém em relação a seu cônjuge.

CONSOCIAR. *Direito civil* e *direito comercial.* Tornar-se sócio; associar-se.

CONSÓCIO. *Direito civil* e *direito comercial.* Aquele que é sócio juntamente com outro; co-associado.

CONSOGRA. *Direito civil.* Mãe de um dos cônjuges em relação à mãe do outro.

CONSOGRO. *Direito civil.* Pai de um dos cônjuges em relação ao pai do outro.

CONSOLAÇÃO. 1. Diz-se do prêmio outorgado àquele que mais se aproximou do vencedor. **2.** Prêmio que paga, em certos jogos de cartas, aquele que pede para jogar e perde.

CONSOLATO DEL MARE. *História do direito.* Compilação medieval dos costumes do comércio marítimo.

CONSOLETA-DE-ESTÚDIO. *Direito das comunicações.* Aparelho misturador ou seletor de canais sonoros usado em estúdios de gravação e estações de radiodifusão.

CONSOLIDAÇÃO. 1. Na *linguagem jurídica* em geral, indica união, solidificação, fortalecimento. **2.** *Teoria geral do direito.* Reunião de leis esparsas, num só corpo legislativo, dispostas numa ordem uniforme. **3.** *Direito civil.* a) Regresso do domínio à sua totalidade, em virtude de extinção do direito que o limitava ou gravava; b) reunião numa só pessoa das qualidades de proprietário da coisa dada em garantia e a de titular do respectivo direito real em garantia; c) reunião de vários direitos que recaem sobre um mesmo bem na titularidade de um só sujeito; d) reunião de vários empréstimos, com taxas de juros e vencimentos em datas diferentes, em um só, concedendo-se ao devedor condições de pagamento mais favoráveis. **4.** *Direito financeiro.* a) Garantia de um empréstimo público concedida por meio de designação de receita especial para garantir seu pagamento;

b) emissão de títulos de renda em substituição dos representativos da dívida flutuante, transformando-a em débito permanente. **5.** *Direito comercial.* a) Fusão de várias empresas industriais numa só; b) agrupamento de várias remessas pequenas numa remessa maior, para facilitar o manuseio e reduzir taxas. **6.** *Medicina legal.* a) Formação de calo entre os topos do osso fraturado; b) solidificação do pulmão, em caso de pneumonia.

CONSOLIDAÇÃO DA DÍVIDA FLUTUANTE. *Direito financeiro.* Operação para obter a conversão da dívida flutuante, contraída pelo Poder Público por breve e indeterminado lapso temporal, em dívida pública consolidada ou fundada, sem condições de resgate prefixadas, instituindo-se, pela emissão de títulos negociáveis da própria entidade devedora, os juros, o prazo de seu pagamento e a forma de amortização.

CONSOLIDAÇÃO DA ENFITEUSE. *Direito civil.* Reunião do domínio útil e do domínio direto na titularidade do mesmo sujeito, por exemplo, se o foreiro for o herdeiro do senhorio direto.

CONSOLIDAÇÃO DA SERVIDÃO. *Direito civil.* Reunião do domínio dos prédios dominante e serviente nas mãos de um só titular.

CONSOLIDAÇÃO DAS LEIS. *Teoria geral do direito.* Reunião, num só diploma legislativo, de leis esparsas sobre determinada matéria, uniformizando-as, sem, contudo, fazer qualquer inovação.

CONSOLIDAÇÃO DAS LEIS DO TRABALHO (CLT). *Direito do trabalho.* Reunião de leis trabalhistas em vigor, introduzindo alterações necessárias, chegando até mesmo a inová-las, ordenando-as num texto único, aperfeiçoando as instituições jurídico-trabalhistas.

CONSOLIDAÇÃO DAS LEIS PENAIS. *História do direito.* Reunião, num só texto legislativo, das disposições do Código Penal de 1890 e das leis subseqüentes que o complementaram.

CONSOLIDAÇÃO DE FRATURA. *Medicina legal.* Calo ósseo; reconstituição do osso no ponto em que se deu a fratura.

CONSOLIDAÇÃO DO FERIMENTO. *Medicina legal.* Subsistência da lesão sofrida mesmo depois de cessada a evolução do estado mórbido da vítima, causando-lhe incapacidade.

CONSOLIDAÇÃO DO FIDEICOMISSO. *Direito civil.* Causa de caducidade do fideicomisso, que, embora válido, será ineficaz quando se veri-

ficar falecimento do fideicomissário depois do testador, mas antes do fiduciário, ou antes da realização do termo ou da condição resolutiva do direito deste último. Como o fideicomissário tem apenas direito eventual à propriedade do bem sujeito ao fideicomisso, consolidar-se-á o domínio na pessoa do fiduciário, que ficará sendo o proprietário definitivo do bem.

CONSOLIDAÇÃO DO USUFRUTO. *Direito civil.* Reunião, na mesma pessoa, das qualidades de usufrutuário e nu-proprietário, passando a propriedade a ser plena e operando-se a extinção do usufruto.

CONSOLIDAÇÃO VICIOSA DE FRATURA. *Medicina legal.* Reconstituição defeituosa de um osso no ponto em que houve a fratura (Croce e Croce Jr.).

CONSOLIDADA. *Direito financeiro.* Diz-se da dívida pública fundada.

CONSOLIDADO. *Direito financeiro.* Título de dívida pública que se consolidou.

CONSOLIDAR. **1.** Tornar algo sólido, firme, estável ou seguro. **2.** Fazer consolidação de leis. **3.** Converter dívida flutuante em fundada. **4.** Aderir entre si dois topos de um osso fraturado. **5.** Tomar consistência. **6.** Reunir na mesma pessoa a titularidade de dois direitos reais sobre a mesma coisa, por exemplo, o de propriedade e usufruto.

CONSONÂNCIA. *Retórica jurídica.* Uniformidade de sons na terminação das palavras.

CONSORCIADO. **1.** *Direito civil.* Casado. **2.** *Direito comercial.* Integrante de consórcio para obter fins sociais, econômicos, bens ou serviços. **3.** *Direito administrativo.* Entidade pública que firma acordo com outra para a consecução de interesses comuns.

CONSORCIAR. **1.** *Direito civil.* a) Casar-se, unir-se em matrimônio; b) associar-se, tornar-se sócio. **2.** *Direito comercial.* Integrar um grupo de pessoas ou empresas, com patrimônio distinto e interesse comum, para obter finalidades econômicas, patrimoniais ou sociais. **3.** *Direito administrativo.* Firmar acordo com entidade pública da mesma espécie para atender a objetivos comuns.

CONSÓRCIO. **1.** *Direito civil.* a) Casamento; b) associação, união; c) comunhão de interesses. **2.** *Direito comercial.* a) Associação de pessoas ou empresas com interesses comuns constituída mediante contrato; b) forma associativa de pessoas físicas ou jurídicas, que se reúnem, em grupo fechado, para obter um capital, ou coleta de poupança para adquirir, mediante pagamento de contribuições mensais, não só bens imóveis ou móveis duráveis, mas também serviços turísticos, abrangendo bilhetes de passagem aérea e pacotes turísticos, por meio de autofinanciamento, utilizando sistema combinado de sorteios e lances, ficando o montante sob fiscalização bancária. **3.** *Direito administrativo.* Acordo entre entidades públicas para atingir interesse comum.

CONSÓRCIO ADMINISTRATIVO. *Direito administrativo.* Conjugação de esforços de entidades públicas da mesma espécie (Estados, Municípios e autarquias), que livremente firmarão acordos para execução de obras ou serviços de interesse recíproco ou comum, entrando cada qual com parte dos ônus financeiros e obrigações, no âmbito de suas competências.

CONSÓRCIO DE EMPREGADORES RURAIS. *Direito do trabalho* e *direito agrário.* União de produtores rurais, pessoas físicas, com a finalidade única de contratar empregados rurais e gerir a mão-de-obra a ser utilizada em suas propriedades.

CONSÓRCIO DE EMPRESAS. *Direito comercial.* Associação de companhias ou qualquer outra sociedade, sob o mesmo controle ou não, que não perderão sua personalidade jurídica, para obter finalidade comum ou determinado empreendimento, geralmente de grande vulto ou de custo muito elevado, exigindo para sua execução conhecimento técnico especializado e instrumental técnico de alto padrão.

CONSÓRCIO FORMADO PARA APROVEITAMENTO DE ÁGUAS. *Direito agrário.* É a reunião de todos os que têm interesse comum na derivação e uso das águas, para prover ao exercício, conservação e defesa de seus direitos.

CONSÓRCIO HEGEMONIAL. *Direito comercial.* Aquele consórcio de empresas em que há relação de controle entre duas ou mais consorciadas (Pontes de Miranda).

CONSÓRCIO HORIZONTAL. *Direito comercial.* Aquele consórcio em que as empresas exploram o mesmo ramo econômico para obter maior produção, possibilidade financeira etc. (Pontes de Miranda).

CONSÓRCIO IGUALITÁRIO. *Direito comercial.* Aquele em que não há relação de controle entre as empresas consorciadas (Pontes de Miranda).

CONSÓRCIO IMOBILIÁRIO. *Direito urbanístico.* É o estabelecido pelo Poder Público municipal a requerimento de proprietário de área urbana atingida pela obrigação de parcelamento, edificação ou utilização compulsórios, como forma de viabilização financeira do aproveitamento do imóvel. Logo, considera-se consórcio imobiliário a forma de viabilização de planos de urbanização ou edificação por meio da qual o proprietário transfere ao Poder Público municipal seu imóvel e, após a realização das obras, recebe, como pagamento, unidades imobiliárias devidamente urbanizadas ou edificadas. O valor dessas unidades corresponde ao do imóvel antes da execução das obras.

CONSÓRCIO MISTO. *Direito comercial.* Aquele consórcio de empresas em que existem relações de controle entre apenas algumas consorciadas (Pontes de Miranda).

CONSÓRCIO MUNICIPAL. *Direito administrativo.* Conjugação de esforços de dois ou mais Municípios para execução de obras públicas, atividades ou serviços de interesse recíproco, utilizando-se dos meios adequados para tanto.

CONSÓRCIO PARA AQUISIÇÃO DE BENS. *Direito comercial.* Contrato de cunho associativo para obter capital ou coleta de poupança, reunindo pessoas que visam adquirir, mediante pagamento de contribuições mensais, idêntica espécie de bens imóveis ou móveis duráveis, em quantidade equivalente ao número de integrantes do grupo, por meio de autofinanciamento, utilizando sistema combinado de sorteios e lances, ficando o montante sob fiscalização bancária. É um condomínio, não personificado, pois seus partícipes não perdem a individualidade nem há o *animus* para constituição de sociedade. Fica sob a administração de uma firma especializada, metassocietária, dotada de personalidade jurídica, podendo ser uma sociedade simples ou empresária.

CONSÓRCIO PÚBLICO. *Direito administrativo.* **1.** É constituído com a pessoa jurídica de direito privado, mediante o atendimento de requisitos da legislação civil, e observará as normas de direito público no que concerne à realização de licitação, celebração de contratos, prestação de contas e admissão de pessoal, que reger-se-á pela CLT. **2.** Pessoa jurídica formada exclusivamente por entes da Federação, para estabelecer relações de cooperação federativa, inclusive a realização de objetivos de interesse comum, constituída como associação pública, com personalidade jurídica de direito público e natureza autárquica, ou como pessoa jurídica de direito privado sem fins econômicos. Sua área de atuação é correspondente à soma dos seguintes territórios, independentemente de figurar a União como consorciada: a) dos Municípios, quando o consórcio público for constituído somente por Municípios ou por um Estado e Municípios com territórios nele contidos; b) dos Estados ou dos Estados e do Distrito Federal, quando o consórcio público for, respectivamente, constituído por mais de um Estado ou por um ou mais Estados e o Distrito Federal; e c) dos Municípios e do Distrito Federal, quando o consórcio for constituído pelo Distrito Federal e Municípios. **3.** *Vide* ASSOCIAÇÃO PÚBLICA.

CONSÓRCIO SIMPLES. *Direito comercial.* As microempresas ou as empresas de pequeno porte optantes pelo Simples Nacional poderão realizar negócios de compra e venda, de bens e serviços, para os mercados nacional e internacional, por meio de consórcio, por prazo indeterminado, nos termos e condições estabelecidos pelo Poder Executivo federal. O consórcio simples será composto exclusivamente por microempresas e empresas de pequeno porte optantes pelo Sistema Nacional. Esse consórcio destina-se ao aumento de competitividade e a sua inserção em novos mercados internos e externos, por meio de ganhos da escala, redução de custos, gestão estratégica, maior capacitação, acesso a crédito e a novas tecnologias.

CONSÓRCIO SIMPLIFICADO DE PRODUTORES RURAIS. *Direito agrário.* É a união de produtores rurais pessoas físicas que, mediante documento registrado em cartório de títulos e documentos, outorga a um deles poderes para contratar, gerir e demitir trabalhador para a exclusiva prestação de serviço aos integrantes desse consórcio. A formalização do consórcio ocorre por meio de documento registrado em Cartório de Títulos e Documentos, que deverá conter a identificação de cada produtor rural pessoa física, seu endereço pessoal e o de sua propriedade rural, bem como o respectivo registro no Instituto Nacional de Colonização e Reforma Agrária (INCRA) ou informações relativas à parceria, ao arrendamento ou equivalente e à matrícula de cada um dos produtores rurais no Instituto Nacional do Seguro Social (INSS). O consórcio deverá ser matriculado no INSS em nome do empregador a quem hajam sido outorgados os poderes, na forma de ato específico. Equipara-se ao empregador rural pessoa física.

CONSÓRCIO SOCIAL DA JUVENTUDE RURAL. *Direito do trabalho* e *direito agrário.* É uma forma de atuação do Programa Nacional de Estímulo ao Primeiro Emprego para os Jovens (PNPE), visando integrar e assegurar a participação da sociedade civil na execução das ações, assim como a participação do setor privado na ampliação de oportunidades de trabalho para os jovens da área rural. No âmbito do PNPE, o Consórcio Social da Juventude Rural abrangerá três eixos de organização: formação contextualizada do jovem rural; atuação dos jovens no desenvolvimento das circunstâncias sociais, econômicas e ambientais nos territórios onde vivem; articulação entre os setores público, privado e sociedade civil, para a ampliação das oportunidades de trabalho digno e renda para a juventude no meio rural. Os Consórcios Sociais da Juventude Rural são geridos pela sociedade civil (organizações não-governamentais, movimentos sociais e organizações da juventude com personalidade jurídica constituída), podendo o setor privado ser motivado a participar, assim como os governos estaduais e municipais, além dos organismos de financiamento e cooperação. A atuação conjunta desses diversos setores tem como finalidade maior a construção de políticas públicas geradoras de trabalho e renda, voltadas para a juventude rural. Vale ressaltar que os Consórcios Sociais da Juventude Rural não se restringem à ação de qualificação profissional do PNPE, constituindo-se, esta, em uma das etapas para a inserção dos jovens da área rural no mundo do trabalho. Os Consórcios deverão, portanto, definir metas de formação profissional, estimulando a inserção da juventude no mercado de trabalho ou em ocupações produtivas no meio rural, bem como o acesso aos Programas de Políticas Públicas do Governo Federal, em particular, Nossa Primeira Terra, PRONAF Jovem, entre outros, inclui o meio rural urbano. Os Consórcios Sociais da Juventude Rural deverão alcançar jovens de 16 a 24 anos, trabalhadores rurais e filhos de agricultores, que estejam matriculados e freqüentando estabelecimentos de ensino tradicionais ou Escolas Agrotécnicas ou Centros Familiares de Formação por Alternância (CEFFAS) (Escolas Famílias Agrícolas e Casas Familiares Rurais e do Mar) do ensino fundamental e médio. Além desses requisitos, deverá ser considerada para seleção dos jovens, a participação eqüitativa de gênero, podendo 30% desses jovens já ter concluído o ensino médio, e ainda que, em virtude de suas condições socioeconômicas, tenham dificuldade de acesso ao mercado de trabalho. Tem por *objetivo geral* promover ações de capacitação e qualificação que assegurem a permanência da juventude, no ambiente rural, por meio da criação de oportunidades de trabalho, emprego e renda, do fortalecimento do exercício da cidadania, da melhoria da qualidade de vida e do estímulo à elevação da escolaridade, mobilizando e articulando esforços da sociedade civil organizada e dos setores público e privado. E por *metas específicas*: a) preparar jovens de área rural, considerando um processo de educação para o desenvolvimento, tornando-os aptos para formular, executar e gerir projetos sócio-produtivos, de forma auto-sustentável e em contribuição ao desenvolvimento territorial; b) proporcionar formação/qualificação em temáticas e atividades que possam despertar o protagonismo e o espírito empreendedor dos jovens, preparando-os para a inserção no mercado de trabalho e ocupações geradoras de renda, assim como para a participação política qualificada; c) proporcionar qualificação para utilização e inovação de tecnologias apropriadas para o meio rural e que respeitem o meio ambiente; d) elevar a auto-estima e a participação cidadã da juventude rural na vida sócio-política, cultural e econômica local, regional e do País; e) incentivar a prestação do serviço voluntário e ações de associativismo e cooperativismo; f) apoiar a organização de arranjos/cadeias produtivas de acordo com as vocações econômicas dos municípios/territórios onde residem os jovens; g) integrar o jovem à unidade produtiva familiar ou possibilitar a criação de novas unidades produtivas familiares, proporcionando as condições favoráveis para inserção aos arranjos/cadeias produtivas; h) estimular a elevação de escolaridade dos jovens da área rural; i) intermediar a oferta de empregos ou ocupações produtivas formais para a juventude, bem como o acesso aos Programas de Políticas Públicas do Governo Federal, em particular ao PNPE, Nossa Primeira Terra, PRONAF Jovem, entre outros; j) estimular espaços de lazer, cultura, esporte e convívio social; k) constituir, se possível, um espaço físico, denominado "*Centro da Juventude Rural*", como ponto de encontro dos jovens e de apoio das ações desenvolvidas pelas entidades da sociedade civil consorciada.

CONSÓRCIO VERTICAL. *Direito comercial.* Aquele consórcio em que as empresas que o integram situam-se em etapas sucessivas do ciclo econômico, dedicando-se a atividades que, conjuntamente, constituam todo o processo de produção ou partes complementares dele (Mauro Rodrigues Penteado).

CONSORTE. 1. *Direito civil.* a) Cônjuge; b) condômino. 2. *Direito processual civil.* Aquele que tem interesse comum com outrem em um litígio ou pleito; litisconsorte.

CONSORTIUM. *Termo latino.* Consórcio; comunhão acidental entre co-herdeiros.

CONSPIRAÇÃO. 1. *Direito constitucional* e *ciência política.* a) Plano subversivo e secreto para derrubar o governo, promovendo uma revolução ou sedição; b) trama contra os Poderes Públicos. 2. *Direito penal militar.* Crime político que se caracteriza pelo simples acordo dos conspiradores para obter o fim pretendido de atentar contra os poderes constituídos; crime contra a segurança nacional julgado pela justiça militar. 3. *Direito penal.* Conluio entre várias pessoas para prejudicar alguém, mediante prática de uma ação criminosa.

CONSPIRAÇÃO DO SILÊNCIO. Acordo tácito para não falar sobre certo assunto.

CONSPIRADOR. Aquele que conspira ou pratica conspiração.

CONSPIRAR. 1. Tramar. 2. Praticar conspiração, fazendo parte de atos secretos ou subversivos atentatórios aos Poderes Públicos. 3. Projetar em comum alguma coisa ou ato que venha a prejudicar outrem. 4. Concorrer.

CONSPIRATA. *Vide* CONSPIRAÇÃO.

CONSTÂNCIA. *Teoria geral do direito.* Decurso do prazo de vigência de uma norma legal ou contratual.

CONSTANTE. 1. *Teoria geral do direito.* a) O que está declarado ou escrito em um documento ou lei; teor do contrato ou do texto legal; b) inalterável; c) contínuo; d) o que consta, faz parte; e) permanente; f) persistente. 2. *Direito processual civil* e *direito processual penal.* Aquilo que está contido nos autos do processo.

CONSTANTE *K* DO CRONOTACÓGRAFO. *Direito de trânsito.* É o fator característico que informa o tipo e a quantidade de sinais que o instrumento deverá receber a cada km percorrido. A constante *k* deverá ser expressa em rotações por quilômetro (rot/km) ou pulsos por quilômetro (pulsos/km).

CONSTANT ENIM PROBARI DOLUM ET FRAUDEM PER PRESUMPTIONES ET ARGUMENTA. Brocardo latino. É certo que se provam o dolo e a fraude por presunções e argumentos.

CONSTANTINIANO. História do direito. Aquilo que é relativo a Constantino ou à sua época.

CONSTAR. 1. Estar escrito, consignado ou mencionado. **2.** Ser notório; saber-se; chegar ao conhecimento. **3.** Reduzir a termo escrito atos produzidos verbalmente. **4.** Consistir em; ser composto ou formado por. **5.** Fazer parte.

CONSTATAÇÃO. 1. Ato ou efeito de constatar. **2.** Verificação de verdade ou do estado de algo. **3.** Averiguação.

CONSTATAÇÃO DA LACUNA. *Teoria geral do direito.* Identificação da lacuna resultante de um juízo de apreciação do órgão judicante.

CONSTATAR. 1. Comprovar. **2.** Apurar. **3.** Averiguar ou verificar a verdade ou estado de alguma coisa.

CONSTATATIVO. 1. *Lógica jurídica.* Diz-se do juízo explicativo (Wundt). **2.** *Filosofia do direito.* Aquilo que exprime uma simples relação de fato ou constatação (Cuvillier).

CONSTAT JUS NOSTRUM QUO UTIMUR AUT SCRIPTO EX NON SCRIPTO. Direito romano. Constam do direito que usamos o escrito e o não-escrito, isto é, a legislação escrita e os costumes.

CONSTELAÇÃO AUTÁRQUICA. *Direito administrativo.* Conjunto de pequenas autarquias, fundacionais ou corporativas, dentro de uma maior, a que estão subordinadas.

CONSTIPAÇÃO. 1. *Medicina legal.* Prisão de ventre. **2.** Na *linguagem comum popular:* a) resfriado; b) supressão de transpiração; c) estado mórbido provocado por um resfriamento; d) defluxo.

CONSTITUCIONAL. 1. *Medicina legal.* Aquilo que é próprio da constituição ou do temperamento da pessoa. **2.** *Direito constitucional.* a) O que está conforme à Carta Magna; b) relativo à constituição de um país; c) pertencente à Constituição; d) diz-se do regime político em que a esfera de ações dos três Poderes está limitada pela Constituição do Estado; e) partidário da Constituição.

CONSTITUCIONALIDADE. *Direito constitucional.* **1.** Qualidade do que está conforme à Constituição de um país. **2.** Conjunto de condições ou requisitos que devem ser observados para que as normas jurídicas emanadas dos poderes competentes estejam de acordo com a Carta Magna. **3.** Diz-se da verificação da adequação de um ato jurídico ou norma à Constituição. Tal controle da constitucionalidade é feito pelo Poder Judiciário.

CONSTITUCIONALISMO. *Ciência política.* **1.** Movimento político surgido com a Revolução Francesa ou doutrina jurídico-política baseada na Constituição, opondo-se à autocracia, com o escopo de estabelecer o regime constitucional, ou seja, com governos moderados, tendo sua ação e seus poderes limitados por uma Constituição escrita. **2.** Adesão aos princípios do regime constitucional.

CONSTITUCIONALISTA. 1. *Ciência política.* a) Aquele que é partidário do constitucionalismo; b) diz-se do movimento político ou da doutrina tendente ao constitucionalismo. **2.** Jurista especializado em direito constitucional.

CONSTITUCIONALIZAÇÃO SIMBÓLICA EM SENTIDO NEGATIVO. *Filosofia do direito.* Insuficiente concretização normativo-jurídica generalizada do texto constitucional (Marcelo Neves).

CONSTITUCIONALIZAÇÃO SIMBÓLICA EM SENTIDO POSITIVO. *Filosofia do direito.* Função político-ideológica da atividade constituinte e do texto constitucional (Marcelo Neves).

CONSTITUCIONALIZAÇÃO SUPERVENIENTE DA LEI. *Direito constitucional.* Possibilidade de uma lei inconstitucional ainda não declarada nula ou inválida passar, através de uma alteração ou emenda da Constituição, a ser constitucional por estar conforme a ela.

CONSTITUCIONALIZAR. *Direito constitucional.* **1.** Tornar algo constitucional ou consentâneo à Carta Magna. **2.** Estabelecer uma Constituição. **3.** Retificar ou suprimir dispositivo legal ou ato de autoridade pública, considerando-o inconstitucional. **4.** Submeter à Constituição ou ao regime constitucional. **5.** Converter ao regime constitucional.

CONSTITUIÇÃO. 1. *Direito constitucional.* a) Organização dos Poderes Públicos de uma nação soberana; b) lei fundamental que rege a organização político-jurídica de um país; Carta Magna; c) processo de racionalização e planificação do Estado (García Pelayo). **2.** *Medicina legal.* a) Compleição do corpo humano, que o identifica, por abranger os caracteres morfofisiológicos hereditários e adquiridos na vida intra e extra-uterina; b) temperamento. **3.** *Direito civil.* a) Conjunto de normas que regem uma pessoa jurídica; b) modo pelo qual uma associação ou sociedade se estrutura; c) ato pelo qual se estabelece alguma coisa. **4.** *Teoria geral do direito.* a) Ordenação jurídica; estatuto; b) organização; formação; c) ação ou efeito de constituir; d) ato de estabelecer juridicamente. **5.** *Direito comercial.* Ato pelo qual se constitui uma sociedade empresária.

CONSTITUIÇÃO CONSUETUDINÁRIA. *Ciência política.* Constituição não escrita, como a da Inglaterra.

CONSTITUIÇÃO COSTUMEIRA. *Direito comparado.* É a que se fundamenta em usos e costumes cristalizados pelo tempo e obedecidos pelos seus destinatários. Por exemplo, a Constituição inglesa (Michel Temer). *Vide* CONSTITUIÇÃO CONSUETUDINÁRIA.

CONSTITUIÇÃO CRIMINALÓIDE. *Psicologia forense.* Formação orgânica própria de certo tipo de criminoso ocasional que tem um comportamento normal até que ocorra um fator externo que o leve a praticar a ação criminosa, ante a precariedade de equilíbrio entre a propensão do superego e a impulsão do id.

CONSTITUIÇÃO DA OBRIGAÇÃO TRIBUTÁRIA. *Direito tributário.* Ocorrência do fato jurídico tributário que gera a obrigação, na qual o crédito é parte, após o lançamento e o cumprimento de certas formalidades.

CONSTITUIÇÃO DA REPÚBLICA FEDERATIVA DO BRASIL. *Direito constitucional.* Denominação da Lei Magna vigente no Brasil.

CONSTITUIÇÃO DE DOTE. *História do direito.* Complexo de atos que estabeleciam o regime dotal. A instituição do dote fazia-se por pacto antenupcial, lavrado por escritura pública, com a descrição e estimação de certos bens, fixando-do o seu valor ou determinando o preço que o marido devia pagar por ocasião da dissolução da sociedade conjugal, acrescendo-se, ainda, a expressa declaração de que tais bens ficarão sujeitos ao regime dotal.

CONSTITUIÇÃO DE FUNDAÇÃO. *Direito civil.* Conjunto de atos efetuados com a intervenção do Ministério Público, para obter a criação de uma fundação, consistentes na *dotação* especial de bens livres, com indicação dos fins e modo de administração, feita pelo seu instituidor mediante escritura pública ou testamento, *elaboração* e *aprovação* do estatuto e *registro.*

CONSTITUIÇÃO DE RENDA CONVENCIONAL. *Direito civil.* Contrato pelo qual uma pessoa (instituidor ou censuísta) entrega certo capital em dinheiro, bem móvel ou imóvel, a outra (rendeiro ou censuário), que se obriga a pagar-lhe, temporariamente, renda ou prestação periódica.

CONSTITUIÇÃO DE RENDA SOBRE IMÓVEL. *História do direito.* Direito real temporário e de fruição sobre coisa alheia que gravava determinado prédio urbano ou rural, obrigando seu proprietário (censuário) a pagar prestações periódicas de soma determinada ao censuísta.

CONSTITUIÇÃO DE SERVIDÃO. *Direito civil.* **1.** Prática de ato jurídico *inter vivos* ou *causa mortis* tendente a estabelecer uma servidão predial. **2.** Prolatação de uma sentença judicial: a) *homologatória* de divisão ou demarcação, entendendo ser necessária aquela servidão para possibilitar a utilização dos quinhões partilhados; ou b) *declaratória* de usucapião de servidão contínua e aparente.

CONSTITUIÇÃO DE SERVIDÃO DE *AQUAE HAUSTUS.* *Direito civil.* Ato *inter vivos* ou *causa mortis*, sentença judicial ou prescrição que estabelecem o direito de tirar água de fonte, açude, reservatório, poço ou cisterna pertencente a outrem.

CONSTITUIÇÃO DE SERVIDÃO DE AQUEDUTO. *Direito civil.* Ato *inter vivos*, sentença judicial ou declaração de desapropriação por utilidade pública, ordenando canalização de água por prédio rústico de outrem, para atender às primeiras necessidades da vida, aos serviços agrícolas ou de indústria, ao escoamento de águas superabundantes, ao enxugo ou beneficiamento de terrenos e ao abastecimento da população mediante indenização ao dono do prédio serviente.

CONSTITUIÇÃO DE SOCIEDADE. *Direito civil* e *direito comercial.* Processo genético da pessoa jurídica de direito privado, que apresenta duas fases: a do ato constitutivo, que deve ser escrito, e a do registro público. Na primeira fase tem-se a constituição da pessoa jurídica (associação e sociedade) por ato jurídico bilateral ou plurilateral *inter vivos*, feito por instrumento público ou particular, e a autorização do governo para certos tipos de sociedade (agência de seguro, Caixa Econômica, Bolsa de Valores etc.). Na segunda fase configura-se o registro, pois a sociedade simples deve ter seu estatuto ou contrato social inscrito no registro civil das pessoas jurídicas, e a sociedade empresária deve providenciar o arquivamento de seu estatuto no Registro Público de Empresas Mercantis.

CONSTITUIÇÃO DO CRÉDITO TRIBUTÁRIO. *Vide* CONSTITUIÇÃO DA OBRIGAÇÃO TRIBUTÁRIA.

CONSTITUIÇÃO DOGMÁTICA. *Direito constitucional.* Constituição escrita que contém princípios fundamentais à organização estatal.

CONSTITUIÇÃO DO IMPÉRIO. *História do direito.* Constituição política do Império do Brasil, outorgada por D. Pedro I em 1824, e que vigorou até a proclamação da República, em 1889.

CONSTITUIÇÃO DO MANDATO. *Direito civil.* Ato pelo qual o mandatário recebe do mandante poderes para, em seu nome, praticar atos ou administrar interesses. Por ser o mandato um contrato consensual, não exige forma especial para sua validade ou prova. Pode ser feito sob a forma expressa ou tácita, verbal ou escrita, apenas em casos excepcionais, previstos em lei, para os quais se exige sua manifestação por meio de poderes especiais e expressos, consignados em instrumento público ou particular.

CONSTITUIÇÃO DO NEGÓCIO. *Direito comercial.* Complexo de atos tendentes ao estabelecimento de uma ocupação habitual com intuito lucrativo, em que o comerciante registra firma individual em seu nome.

CONSTITUIÇÃO DO USUFRUTO. *Direito civil.* Atos pelos quais se institui o usufruto. Constitui-se esse direito real por: a) *lei*, quando emana de disposições legais, principalmente das que regem o direito de família, envolvendo o poder familiar, por exemplo; b) *ato jurídico inter vivos* ou *causa mortis*. Essa constituição voluntária do usufruto pode dar-se por alienação ou retenção. A alienação opera-se por contrato ou testamento, quando o proprietário da coisa concede seu gozo a outrem, conservando apenas a nua propriedade. A retenção só pode dar-se por contrato, ocorrendo quando o dono da coisa transmite a alguém a nua propriedade, reservando, para si, o uso e gozo dessa coisa. Se o usufruto recair sobre móveis, basta a tradição destes; se disser respeito a imóveis, será necessário o seu registro; c) *sub-rogação real*, quando o bem sobre o qual incide o usufruto é substituído por outro; d) *usucapião*, quando adquirido pelo decurso do lapso prescricional e pela ocorrência de todas as condições exigidas pela lei. Se se tratar de bem imóvel, será preciso seu assento no registro imobiliário competente; e e) *sentença*.

CONSTITUIÇÃO ECLÉTICA. *Direito constitucional.* É aquela que constitui produto da flexibilização de correntes ideológicas (Rosah Russomano).

CONSTITUIÇÃO EM MORA. *Direito civil.* **1.** Ocorrência de um ato ou omissão que caracterizem a mora do devedor que não efetuou o pagamento no tempo, lugar e forma convencionados, do credor que não o quis receber no tempo, lugar e forma avençados, ou de ambos. **2.** Ato pelo qual o credor constitui em mora o devedor que não efetuou o pagamento de obrigação positiva e líquida, não havendo prazo estipulado, mediante interpelação, notificação ou protesto. **3.** Descumprimento pelo devedor de obrigação líquida e positiva na data de seu vencimento, o que o constitui, automaticamente, em mora. **4.** Recusa do credor em receber dívida positiva e líquida, para cujo pagamento o devedor se ofereceu a efetuar, constituindo-o em mora. **5.** Consumação do delito, que constitui o devedor em mora, na obrigação por ato ilícito. **6.** Não-comparecimento de ambos os contratantes ao local ajustado para o pagamento, acarretando mora simultânea, fazendo com que tudo permaneça igual ao que se encontrava anteriormente, como se não tivesse havido mora, quer do devedor, quer do credor.

CONSTITUIÇÃO ESCRITA. *Direito constitucional.* **1.** É a que está contida num documento elaborado pelo poder constituinte que fixa a organização fundamental da nação soberana. **2.** *Ciência política.* Pacto social que diz respeito à organização política dos Estados, aos direitos e garantias fundamentais e à ordem econômico-social.

CONSTITUIÇÃO ESTADUAL. *Direito constitucional.* Conjunto de normas dos Estados federados, sujeito apenas à Carta Magna.

CONSTITUIÇÃO FEDERAL. *Direito constitucional.* Designação abreviada da Constituição da República Federativa brasileira, que a distingue das Constituições dos Estados-Membros da Federação.

CONSTITUIÇÃO FEDERAL EM SENTIDO AMPLO. *Direito constitucional.* Conjunto de normas determinantes das funções e competências dos Poderes Executivo, Legislativo e Judiciário, estabelecendo não só as formas, mas também as diretrizes e os limites ao exercício daquelas competências públicas.

CONSTITUIÇÃO FEDERAL EM SENTIDO FORMAL. *Direito constitucional.* Conjunto de normas que regulam os assuntos politicamente importantes e de preceitos por força dos quais as normas nele contidas não podem ser revogadas ou alteradas pela mesma forma que as leis simples, mas somente através de processo especial submetido a requisitos mais severos (Kelsen). Abrange, portanto, normas constitucionais que, pela sua forma, embora disciplinem certas condutas de modo imediato, submetem-se a um processo específico de produção ou alteração disciplinado por outra norma constitucional.

CONSTITUIÇÃO FEDERAL EM SENTIDO MATERIAL. *Direito constitucional.* Complexo de normas constitucionais indicativas de como devem ser elaboradas as normas gerais (Kelsen).

CONSTITUIÇÃO FEDERAL EM SENTIDO SUBSTANCIAL. *Direito constitucional.* Conjunto de normas ou princípios que têm por finalidade a estruturação do Estado, a organização de seus órgãos supremos e a definição de suas competências (Celso Bastos).

CONSTITUIÇÃO FLEXÍVEL. *Direito constitucional.* É aquela que, em países de *common law*, por estar no mesmo plano da lei ordinária, pode ser alterada pelo processo legislativo ordinário ou comum.

CONSTITUIÇÃO HISTÓRICA. *Direito constitucional.* Constituição não escrita decorrente de costumes, sendo produto de uma lenta evolução histórica.

CONSTITUIÇÃO IDEOLÓGICO-PROGRAMÁTICA. *Direito constitucional.* Aquela que contém certa diretriz ideológica (Loewenstein).

CONSTITUIÇÃO INORGÂNICA. *Vide* CONSTITUIÇÃO NÃO ESCRITA.

CONSTITUIÇÃO MUNICIPAL. *Ciência política.* Lei Orgânica do Município.

CONSTITUIÇÃO NÃO ESCRITA. *Ciência política* e *direito constitucional.* 1. É a que contém normas consuetudinárias. 2. Aquela que é produto de costumes e praxes políticas (Othon Sidou).

CONSTITUIÇÃO ORTODOXA. *Direito constitucional.* É aquela que se inspira em uma ideologia única (Rosah Russomano).

CONSTITUIÇÃO OUTORGADA. *Ciência política.* Aquela escrita sem a participação dos representantes do povo, como, por exemplo, a Constituição imperial de 1824 e a republicana de 1937.

CONSTITUIÇÃO PACTUADA. *Ciência política* e *história do direito.* Aquela comum na era medieval, que resultava de compromisso firmado pelo monarca e ordens privilegiadas, como a *Magna Charta* inglesa; os "Forais de Aragão", pactuados na Espanha, em 1283, pelo Rei Pedro III e as cortes.

CONSTITUIÇÃO PLÁSTICA. *Vide* CONSTITUIÇÃO FLEXÍVEL.

CONSTITUIÇÃO POPULAR. *Ciência política.* Aquela que advém da Assembléia Constituinte formada por representantes eleitos pelo voto popular.

CONSTITUIÇÃO POR SUBSCRIÇÃO PARTICULAR. *Direito comercial.* É a destinada à formação de sociedade anônima fechada, que não pretende a captação de recursos no mercado de capitais, pelo menos no seu início (Fábio Ulhoa Coelho).

CONSTITUIÇÃO POR SUBSCRIÇÃO PÚBLICA. *Direito comercial.* Forma de captar, no mercado de capitais, os recursos necessários à implementação do negócio. Compreende três fases: registro na CVM, colocação das ações e assembléia de fundação (Fábio Ulhoa Coelho).

CONSTITUIÇÃO RÍGIDA. *Direito constitucional.* Constituição escrita, cuja reforma obedece a um processo especial que ela mesma prevê, através de uma maioria qualificada ou de um *referendum*. A Constituição Federal brasileira exige para sua alteração três quintos dos votos de cada uma das Casas do Congresso Nacional, numa votação de dois turnos.

CONSTITUIÇÃO SEMI-RÍGIDA. *Direito constitucional.* Constituição escrita cujas normas em parte podem ser modificadas pelo processo legislativo ordinário e em parte mediante processo especial, como ocorreu, por exemplo, com a nossa Constituição imperial de 1824.

CONSTITUÍDO. 1. Estabelecido de conformidade com as leis. 2. Organizado; formado. 3. Aquilo que se constituiu.

CONSTITUINTE. 1. *Direito processual.* Aquele que nomeia e constitui um mandatário judicial; cliente de um advogado. 2. *Direito constitucional.* a) Membro ou participante de uma assembléia constituinte; b) diz-se do poder que edita uma nova Constituição ao País, substituindo a anterior. Trata-se do poder constituinte originário; c) relativo ao poder que reforma uma Constituição, introduzindo modificações parciais em seu texto, hipótese em que se tem o poder constituinte derivado ou instituído. 3. *História do direito.* Uma das assembléias legislativas da Primeira República Francesa. 4. *Ciência política.* Eleitor em relação aos seus representantes nas Câmaras. 5. *Teoria geral do direito.* a) O que faz parte de um todo; b) que constitui; c) tudo aquilo que se constitui. 6. *Direito civil.* a) Mandante; b) aquele que institui renda.

CONSTITUIR. 1. Ser parte essencial de alguma coisa. **2.** Estabelecer uma relação jurídica. **3.** Dar uma organização ou uma constituição a algo. **4.** Fazer procurador; dar poderes a alguém para tratar de um negócio ou causa. **5.** Assinar ou estabelecer legalmente. **6.** Firmar; fundamentar; fazer consistir. **7.** Colocar em determinada situação. **8.** Pôr, estabelecer ou colocar em certo lugar. **9.** Arrogar-se a qualidade de. **10.** Representar. **11.** Reunir-se. **12.** Ser a base de alguma coisa; formar; compor. **13.** Nomear; eleger.

CONSTITUITUR USUFRUCTUS NON TANTUM IN FUNDO ET AEDIBUS VERUM ETIAM IN SERVIS, JUMENTIS ET COETERIS REBUS. *Direito romano.* Constitui-se o usufruto não apenas na propriedade e nos edifícios, mas também nos servos, animais e outras coisas.

CONSTITUTÁRIO. *Direito civil.* Aquele que recebe a posse por meio de constituto possessório, passando a possuir o bem em nome de outrem.

CONSTITUTI. *Termo latino.* Diz-se da cláusula que contém obrigação de transferir a coisa.

CONSTITUTIO LEGITIMA. *Locução latina.* **1.** Disposição legal. **2.** Questão de direito.

CONSTITUTIONES TEMPORE POSTERIORES POTIORES PRIORIBUS. *Aforismo jurídico.* Das leis, as posteriores no tempo prevalecem às mais antigas.

CONSTITUTIONS CONVENTIONS. *Locução inglesa.* Convenções constitucionais.

CONSTITUTIVO. 1. Essencial à pessoa, coisa, ato ou fato. **2.** Que constitui. **3.** Que estabelece. **4.** Aquilo que forma uma relação jurídica.

CONSTITUTO. 1. *Direito romano.* Pacto através do qual alguém se comprometia a pagar uma soma devida, em data fixa e determinada. Era um modo de adiar o pagamento de uma dívida que não podia ser paga no dia do vencimento, transferindo-o para uma outra data, impondo-se a pena de pagar a metade a mais do *quantum* devido se houvesse nova demora no cumprimento da obrigação. Tal penalidade era cobrada pela interposição de uma ação especial denominada *pecunia constituta.* **2.** Na *linguagem jurídica* em geral, indica acordo ou convenção.

CONSTITUTO POSSESSÓRIO. *Direito civil.* **1.** Também chamado *clausula constituti*, é uma modalidade de transferência convencional da posse. **2.** Modo aquisitivo derivado da posse que ocorre quando o possuidor de um bem (imóvel, móvel ou semovente) que o possui em nome próprio passa a possuí-lo em nome alheio. **3.** Meio de perda da posse, pois o possuidor, em razão da cláusula *constituti*, altera a relação possessória, passando a possuir em nome alheio aquilo que possuía em seu próprio nome. **4.** É, simultaneamente, modo aquisitivo da posse, por parte do adquirente, e de perda, em relação ao transmitente.

CONSTITUTUM. *Termo latino.* Ato de dispor ou convencionar.

CONSTITUTUS SUB ALIENA DOMINATIONE. *Expressão latina.* Posto sob o domínio de outrem.

CONSTRANGEDOR. Aquilo que constrange.

CONSTRANGER. Coagir; obrigar alguém, com o uso da força, a praticar algum ato; tolher a liberdade; cercear; compelir.

CONSTRANGIDO. Coagido; forçado; obtido ou feito por constrangimento.

CONSTRANGIMENTO. 1. *Direito civil.* a) Coação; b) pressão física ou moral exercida sobre alguém para obrigá-lo a praticar um ato contrário à sua vontade; c) ação ou efeito de constranger. **2.** *Direito penal.* Violência cometida contra uma pessoa para compeli-la a praticar contra sua vontade uma ação criminosa. **3.** *Sociologia jurídica.* Tudo que limita a liberdade de ação de alguém pelo fato de viver em sociedade. Tal constrangimento pode ser organizado, se se operar através de leis, regulamentos etc., ou difuso, se se revelar por meio de costumes, hábitos, situações morais ou materiais e opiniões (Lalande).

CONSTRANGIMENTO FÍSICO. 1. *Direito civil.* Coação física, ou seja, constrangimento corporal contra uma pessoa para obrigá-la a praticar um ato, retirando toda sua capacidade de querer, implicando ausência total de consentimento, o que acarretará nulidade do ato, não se tratando de vício da vontade. **2.** *Direito penal.* a) Agressão física ou violência irresistível contra a vítima, subjugando-a pela força a praticar um crime comissivo ou omissivo contrário à sua vontade, hipótese em que não será o coagido punido pelo ato delituoso cometido; b) crime de constrangimento ilegal consistente em atentar contra a liberdade individual de alguém, consumando-se o ilícito penal através do emprego de força física contra a vítima.

CONSTRANGIMENTO ILEGAL. *Direito penal.* Ofensa à liberdade da pessoa, no seu querer e agir, mediante o uso de força física ou grave ameaça, reduzindo sua capacidade de resistência e obrigando-a a não fazer o que a lei permite ou a fazer o que ela não manda, punida com detenção ou multa.

CONSTRANGIMENTO MATERIAL. *Vide* CONSTRANGIMENTO FÍSICO.

CONSTRANGIMENTO MORAL. 1. *Direito civil.* É a coação moral, ou seja, modalidade de vício de consentimento que atua sobre a vontade da vítima sem aniquilar-lhe o consentimento, pois conserva ela uma relativa liberdade, podendo escolher entre a prática do ato jurídico que lhe é exigido e o dano com que é ameaçada. Por permitir que o coacto emita uma vontade, embora maculada, acarreta a anulabilidade do ato negocial por ele levado a efeito. **2.** *Direito penal.* Tipo de crime de constrangimento ilegal que consiste em atentar contra a liberdade individual da pessoa, através da qual o crime se consuma, mediante o emprego de ameaças que afetam a vontade da vítima.

CONSTRANGIMENTO PSÍQUICO. *Vide* CONSTRANGIMENTO MORAL.

CONSTRIÇÃO. *Medicina legal.* **1.** Estenose. **2.** Estrangulação.

CONSTRUÇÃO. 1. *Teoria geral do direito.* a) Exame científico das normas jurídicas em seu todo, sistematizando-as. Visa revelar o direito e construir um sistema jurídico, buscando o significado legal de uma Constituição, lei, estatuto, regimento, contrato, testamento ou de qualquer instrumento em litígio; b) reunião de dois ou mais elementos ou sentidos da norma, tirando uma conclusão relativa ao que ela quer exprimir. É tirar uma conclusão dos elementos fornecidos pelo texto normativo; c) operação pela qual as normas jurídicas relativas a um determinado assunto ou matéria são reunidas numa só fórmula; sistema jurídico. **2.** *Direito civil.* a) Bem acessório do solo ou acessão artificial. É bem imóvel por acessão física artificial. A construção deriva de um comportamento ativo do homem, processando-se de móvel a imóvel, caindo sob o domínio do proprietário do solo, ante a presunção *juris tantum* de que o acessório segue o principal. Como se trata de presunção *juris tantum*, é preciso verificar os casos em que a construção não pertence, comprovadamente, ao dono do solo a que se incorpora. Três são essas hipóteses: quando o proprietário do imóvel constrói em terreno próprio, com materiais alheios, adquirindo a propriedade destes, mas ficando obrigado a pagar-lhes o valor, além de responder por perdas e danos se tiver agido de má-fé; quando o dono dos materiais de construção constrói em terreno alheio, perdendo em proveito do proprietário do imóvel a construção, podendo ser até, se comprovada sua má-fé, compelido a repor as coisas a seu estado anterior, pagando todos os prejuízos que causou. Se, porém, estava de boa-fé, terá direito a uma indenização, embora perca a construção. Se o valor da construção ou da plantação vier a exceder o do terreno, aquele que, de boa-fé, plantou ou edificou, passará a ser o proprietário do solo, desde que pague ao seu dono uma indenização convencionada por ambos, ou, na falta desse acordo, fixada pelo magistrado; quando terceiro de boa-fé edifica com material de outrem, em terreno igualmente alheio, perdendo a construção para o proprietário do solo, podendo, contudo, o dono dos materiais cobrar do proprietário do terreno a indenização devida quando não puder havê-la do construtor; b) ação de construir; realizar obra nova; c) edificação; edifício ou prédio já construído; d) obra executada (Hely Lopes Meirelles). **3.** *Medicina legal.* Compleição; configuração do ser humano indicativa de sua saúde ou de sua fraqueza. **4.** *Direito marítimo.* Execução de projeto de embarcação desde o início das obras até o recebimento do termo de entrega pelo estaleiro.

CONSTRUÇÃO ÀS MARGENS DE RODOVIA. *Direito administrativo.* Aquela obra que, por estar sendo levantada à beira de uma rodovia, deve respeitar no mínimo quinze metros, contados da extrema da via pública, como área *non aedificandi* (Afonso Celso F. de Rezende).

CONSTRUÇÃO CLANDESTINA. *Direito administrativo.* Obra que apresenta irregularidade por não corresponder a regras urbanísticas de recuo e alinhamento, à adequação por faixa de zona, segurança etc., requerendo, se necessário, a sua demolição se estiver sem as condições mínimas de segurança e higiene.

CONSTRUÇÃO EM NOME COLETIVO. *Direito civil.* É o conjunto de pessoas físicas ou jurídicas que, na condição de proprietárias do terreno, possuindo ou não convenção de condomínio, realizam, em comum, obra de construção civil.

CONSTRUÇÃO POR ADMINISTRAÇÃO. *Direito civil.* Contrato pelo qual o construtor se encarrega da execução de uma obra, mediante remuneração fixa ou em percentual sobre os custos periódicos dessa obra, ficando o comitente encarregado dos encargos econômicos. O proprietário da obra assume os riscos e o prazo.

CONSTRUÇÃO PORTUÁRIA. 1. *Direito administrativo.* Imóvel com a destinação específica de servir de porto ou local onde as embarcações carregam e descarregam sua carga. **2.** *Direito penal.* Na área penal, pode constituir objeto do crime de incêndio, se atingido for o porto, caso em que se terá o agravamento da pena cabível.

CONSTRUCIONISMO JUDICIÁRIO. *Teoria geral do direito.* Poder normativo do órgão judicante, pois tem ele uma função "criadora", já que, ao sentenciar, cria uma norma jurídica individual incidente e com validade sobre um dado caso concreto submetido à sua apreciação. Para decidir, terá de verificar se, no caso *sub judice*, estão presentes *in concreto* os pressupostos determinados *in abstrato* pela norma geral. Logo, a decisão judicial tem caráter constitutivo, pois sua função não consiste em apenas determinar a norma geral aplicável ao caso concreto, mas também em decidir a questão da constitucionalidade da norma e verificar a *quaestio facti* e *quaestio juris*, impondo uma sanção a um determinado indivíduo, criando dessa forma uma situação jurídica que antes de sua decisão não existia (Kelsen). A tarefa judicante é, portanto, axiológica ou de índole político-jurídica, criando como explícito o que já estava implícito no sistema jurídico, construindo o direito *in concreto*.

CONSTRUCTION OF WILL. *Locução inglesa.* Interpretação de testamento.

CONSTRUIR. 1. *Direito civil* e *direito comercial.* a) Edificar algo; fabricar alguma coisa; b) fazer construções. **2.** *Lógica jurídica.* a) Demonstrar algo; engendrar um objeto de pensamento através da síntese dos seus elementos (Goblot); b) representar numa intuição *a priori* alguma coisa de abstrato, por exemplo, um conceito, uma relação (Kant). **3.** *Teoria geral do direito.* Sistematizar normas jurídicas relativas a uma dada matéria, reduzindo a pluralidade normativa a uma unidade.

CONSTRUTOR. *Direito civil.* **1.** Aquele que constrói ou que conhece e pratica as regras de construção. **2.** Empreiteiro de obras, que se encarrega de executá-las de acordo com o projeto traçado pelo engenheiro ou arquiteto. **3.** Diz-se do engenheiro ou arquiteto que, além de fazer o projeto da obra, irá executá-lo.

CONSTRUTORAS. *Direito comercial.* Empresas organizadas e especializadas na exploração do ramo de negócio de construção civil, de estradas, pavimentação e de terraplanagem em geral.

CONSTRUTOR NAVAL. *Direito marítimo.* Engenheiro que realiza os projetos e dirige a construção dos navios.

CONSTRUTURA. Modo de construir algo; plano ou projeto de edificação.

CONSUBSTANCIAÇÃO. *Direito canônico.* a) União das três pessoas da Santíssima Trindade em uma só substância; b) presença de Cristo na Eucaristia e no vinho consagrados.

CONSUETUDINÁRIO. *Teoria geral do direito.* **1.** Aquilo que se funda nos costumes. **2.** Diz-se do direito que advém da praxe, dos usos e costumes e da tradição. **3.** Aquilo que é aceito, espontaneamente, por todos, por ter sido gradativamente criado pelo longo uso.

CONSUETUDINARISMO. *Teoria geral do direito.* Apego ao que é consuetudinário.

CONSUETUDINE. *Termo latino.* Costume.

CONSUETUDINE JUS EST ID QUOD SINE LEGE AECQUE AC SI LEGITIMUM SIT USITATUM. *Expressão latina.* O direito baseado no costume é o que, na ausência da lei, fica consagrado pelo uso, sendo, assim, correspondente a uma verdadeira lei.

CONSUETUDINE QUASI ALTERAM NATURAM EFFICI. *Expressão latina.* Com o costume forma-se quase uma segunda natureza.

CONSUETUDINIS JUS ESSE PUTATUR ID QUOD VOLUNTATE OMNIUM SINE LEGE VETUSTAS COMPROVABIT. *Direito romano.* Julga-se ser direito de costume aquilo que a antiguidade aprovou pela vontade de todos, sem intervenção da lei.

CONSUETUDINIS MAGNA VIS EST. *Expressão latina.* Grande é a força do costume.

CONSUETUDO. *Termo latino.* **1.** Uso. **2.** Costume.

CONSUETUDO CONSUETUDINE VINCITUR. *Expressão latina.* Um costume é vencido por outro.

CONSUETUDO EST ALTERA NATURA. *Expressão latina.* O costume é uma segunda natureza.

CONSUETUDO EST DIFFICILIME PROBATIONIS QUIA MODO EST ALBA MODO EST NIGRA. *Brocardo latino.* O costume é de prova dificílima, pois ora é branco, ora é preto.

CONSUETUDO EST OPTIMA LEGUM INTERPRES. *Aforismo jurídico.* O costume é ótimo intérprete da lei.

CONSUETUDO FACIT LICITUM, QUOD ALIAS EST ILLICITUM. *Aforismo jurídico.* O costume torna lícito o que, sem ele, seria ilícito.

CONSUETUDO JUGITER SERVATA. *Expressão latina.* Costume perenemente observado.

CONSUETUDO JUS EST MORIBUS CONSTITUTUM. *Expressão latina.* O uso é um direito fundado nos costumes.

CONSUETUDO PAREM VIM HABET CUM LEGE. *Aforismo jurídico.* O costume tem a mesma força da lei.

CONSUETUDO POTEST QUIDQUID POTEST PRAESCRIPTIO. *Brocardo latino.* O costume pode tanto quanto a prescrição legal.

CONSUETUDO QUASI ALTERA NATURA EST. *Aforismo jurídico.* O costume é quase outra natureza.

CONSUETUDO SPECIES LEGIS EST. *Expressão latina.* O costume é uma espécie de lei.

CONSUETUDO REVERTENDI. *Locução latina.* O costume de voltar.

CONSUETUDO SECUNDA NATURA EST. *Expressão latina.* O costume é uma segunda natureza.

CONSUETUDO TENACITER SERVATA. *Expressão latina.* Costume tenazmente observado.

CONSUETUDO USUSQUE LONGAEVI NON CIVILIS AUTORITAS ESTO. *Brocardo latino.* Não sejam o costume e o uso longevo autoridade civil.

CÔNSUL. 1. *Direito internacional público* e *Direito internacional privado.* a) *Vide* AGENTE CONSULAR; b) funcionário administrativo com autoridade para servir o seu país num outro, sob a dependência de um agente diplomático, atendendo a interesses comerciais, econômicos, culturais e científicos; controlando não só as embarcações nacionais do seu Estado e as aeronaves nele matriculadas como também suas tripulações; promovendo relações amistosas entre ambos os Estados; e protegendo os direitos dos seus nacionais (pessoas físicas ou jurídicas) que ali residem, estão domiciliados ou por ali transitam, servindo de notário e oficial de registro civil. **2.** *História do direito.* Um dos magistrados supremos em Roma e na Primeira República Francesa.

CONSULADO. *Direito internacional público.* **1.** Ofício ou jurisdição do cônsul; cargo de cônsul. **2.** Repartição onde o cônsul exerce suas funções.

3. Residência do cônsul. **4.** Período de tempo durante o qual alguém ocupa o cargo de cônsul. **5.** Órgão público sediado no exterior para tratar de interesses mercantis e dos cidadãos nacionais.

CONSULADO DO MAR. *História do direito.* Na Idade Média, foi a compilação de costumes do comércio marítimo, feita em 1380, em Barcelona.

CONSULAGEM. *Direito internacional público.* Emolumentos e taxas pagos ao consulado como retribuição pelos serviços notariais prestados ou pela sua intervenção na expedição de navios, na polícia de bordo e no auxílio ao comércio internacional.

CONSULAR. *Direito internacional público.* Aquilo que pertence ou é relativo ao cônsul ou consulado.

CONSULARIZAÇÃO. *Direito internacional.* Confirmação, ratificação ou reconhecimento efetivado pelo Consulado no que atina a documento por ele emitido (Afonso Celso F. de Rezende).

CONSULATE FEES. *Locução inglesa.* Despesas consulares.

CÔNSUL DE CARREIRA. *Direito internacional público.* É o que ingressa no corpo consular como funcionário público efetivo, com estabilidade e direito a acesso.

CONSULENTE. 1. Aquele que faz consultas, oralmente ou por escrito, a um advogado ou jurisconsulto. **2.** Diz-se da pessoa que pede um parecer a um jurista sobre determinada matéria. **3.** Pessoa física e jurídica que acessa informações dos bancos de dados.

CONSULESA. *Direito internacional público.* **1.** Mulher do cônsul. **2.** Mulher que exerce a função de cônsul.

CÔNSUL-GERAL. *Direito internacional público.* Título e graduação de cônsul estabelecido na capital do País ou que tem jurisdição em vários locais ou sobre vários cônsules.

CÔNSUL HONORÁRIO. *Direito internacional público.* É o investido na qualidade de cônsul, sem ser funcionário público, escolhido entre os domiciliados no País onde vai desempenhar, honorificamente, o cargo.

CONSULTA. 1. Na *linguagem jurídica* em geral, indica: a) ato de pedir opinião ou parecer de um advogado ou jurista sobre certo caso; b) pergunta ou quesito formulado ao jurisconsulto; c) parecer esclarecedor da matéria de direito ou opinião dada sobre o assunto; d) conferência para deliberação; e) conselho dado a quem pede; projeto; f) atendimento que técnico ou médico dão a clientes que os consultam. **2.** *Ciência política.* Forma de conhecer a vontade popular para estabelecer certos atos ou situações. **3.** *Direito administrativo.* Parecer sobre negócios ou assuntos públicos dado pelo procurador-geral da República e pelos funcionários públicos especiais da Consultoria Jurídica ou por corpos consultivos. **4.** *Direito processual.* Ato de compulsar os autos para obter algum esclarecimento neles constante. **5.** *Direito tributário.* Direito de o contribuinte, havendo dúvida sobre a aplicação da lei tributária, requerer à autoridade competente os devidos esclarecimentos e uma orientação a ser seguida, apresentando-lhe a questão. Essa consulta terá efeito suspensivo, pois, com o seu requerimento, o contribuinte não poderá sofrer exigências fiscais nem se sujeitar a multas ou a incidências de acréscimos legais previstos para o pagamento não efetuado nas condições de direito.

CONSULTA AOS AUTOS. 1. *Direito processual penal.* Prerrogativa do jurado de compulsar os autos processuais antes de dar seu voto no Tribunal do Júri. **2.** *Direito processual trabalhista.* Direito das partes ou de seus respectivos procuradores de acesso aos autos do processo. **3.** *Direito processual civil.* Prerrogativa dos litigantes e de seus advogados de compulsar os autos do processo para esclarecimento de dúvidas ou para tomada de providências cabíveis na defesa de seus direitos.

CONSULTA MÉDICO-LEGAL. *Medicina legal.* Pergunta feita, verbalmente ou por escrito, pelos interessados a especialistas, com a finalidade de obter o esclarecimento de dúvidas surgidas num laudo médico-legal.

CONSULTANTE. *Vide* CONSULENTE.

CONSULTA POPULAR. *Ciência política.* Manifestação da vontade do eleitorado, por meio de voto, em plebiscito ou referendo.

CONSULTAR. 1. Formular questões a um advogado, médico ou técnico, buscando elucidar as dúvidas que houver. **2.** Pedir um conselho, uma opinião ou um parecer sobre matéria jurídica. **3.** Procurar informar-se sobre alguma coisa. **4.** Dar parecer. **5.** Conferenciar. **6.** Procurar esclarecimentos em livros. **7.** Examinar autos antes de decidir.

CONSULTAR A EXPERIÊNCIA. 1. Instruir-se pela observação de tentativas já efetuadas sobre uma questão. **2.** Buscar, analisando a história, as normas que regem a evolução da sociedade.

CONSULTAR O PAÍS. *Ciência política.* Proceder à eleição dos representantes do povo.

CONSULTÁVEL. Aquilo que pode ser consultado.

CONSULTING ENGINEERING. *Direito comercial.* Modalidade de contrato de *engineering* que compreende estudos de caráter técnico-econômico para a realização de um projeto industrial ou para a reorganização, modernização ou ampliação de uma empresa, investigação de mercado etc.

CONSULTISSIMUS JURIS. *Locução latina.* Jurista de renome; consultor jurídico de nomeada.

CONSULTIVO. 1. *Direito administrativo.* Órgão colegiado que emite pareceres, sem qualquer força executiva, sobre assuntos submetidos à sua apreciação. **2.** Na *linguagem jurídica* em geral, indica: a) órgão que dá pareceres, sem força deliberativa, apenas a título de esclarecimento; b) algo relativo à consulta; c) o que envolve conselho ou consulta.

CONSULTO. *Vide* CONSPIRAÇÃO.

CONSULTOR. 1. Aquele que, pelo seu saber, técnica e experiência profissional, está apto, dentro de sua especialidade, a dar conselhos ou a emitir opinião ou parecer, esclarecendo o consulente a respeito da questão formulada. **2.** Aquele que pede um parecer. **3.** Pessoa que consulta, examinando uma matéria. **4.** Ocupante de cargo público que profere parecer sobre assuntos administrativos.

CONSULTORES TÉCNICOS. 1. Na *linguagem jurídica* em geral, designa aqueles que, pela sua capacidade técnica, grande especialização e renome, são escolhidos entre profissionais para opinar sobre matéria de sua especialidade, na condição de técnicos. **2.** *Direito processual civil.* Peritos que devem, em juízo, opinar, elaborando um laudo pericial resultante de exames, vistorias ou avaliações.

CONSULTOR HOMINIS TEMPUS UTILISSIMUS. *Expressão latina.* O tempo é um grande conselheiro para o homem.

CONSULTORIA. 1. *Direito administrativo.* a) Órgão de um departamento público encarregado de dar pareceres em questões administrativas que devam ser decididas pelos respectivos chefes; b) local onde tal atividade é exercida. **2.** Na *linguagem jurídica* em geral, é o cargo ou ofício de consultar; atividade daquele que exerce, de modo permanente, a função de consultor.

CONSULTORIA GERAL DA REPÚBLICA. *Direito administrativo.* Órgão que assessora imediatamente a Presidência da República.

CONSULTORIA JURÍDICA (CONJUR). *Direito administrativo.* É o órgão setorial da Advocacia-Geral da União com competência para: 1. assessorar o Ministro de Estado em assuntos de natureza jurídica; 2. exercer a coordenação do órgão jurídico da entidade vinculada ao Ministério; 3. fixar a interpretação da Constituição, das leis, dos tratados e demais atos normativos a ser uniformemente seguida em suas áreas de atuação e coordenação, quando não houver orientação normativa do Advogado-Geral da União; 4. elaborar estudos e preparar infomações, por solicitação do Ministro de Estado; 5. assistir o Ministro de Estado no controle interno da legalidade administrativa dos atos a serem por ele praticados ou já efetivados, e daqueles oriundos de órgão ou entidade sob sua coordenação jurídica; 6. examinar, prévia e conclusivamente, no âmbito do Ministério: a) os textos de edital de licitação, como os dos respectivos contratos ou instrumentos congêneres, a serem publicados e celebrados; b) os atos pelos quais se vá reconhecer a inexigibilidade ou decidir a dispensa de licitação; c) convênios; 7. examinar ordens e sentenças judiciais e orientar as autoridades do Ministério quanto ao seu exato cumprimento; 8. coligir elementos de fato e de direito e preparar as informações que devam ser prestadas por autoridades do Ministério em ações judiciais, bem como informações solicitadas pela Advocacia-Geral da União.

CONSULTORIA JURÍDICA DO MINISTÉRIO DA PREVIDÊNCIA SOCIAL. *Direito administrativo.* É o órgão setorial da Advocacia-Geral da União, diretamente subordinado ao Ministro de Estado da Previdência Social, competindo-lhe assessorá-lo em assuntos de natureza jurídica e, especialmente: a) elaborar estudos e preparar informações, por solicitação daquele Ministro de Estado; b) assistir ao Ministro de Estado no controle interno da legalidade administrativa dos atos a ser por ele praticados, ou já efetivados, e daqueles oriundos de órgão ou entidade sob sua coordenação jurídica; c) assistir ao Ministro de Estado no controle da legalidade dos atos da Administração, mediante o exame de propostas, anteprojetos, projetos e minutas de atos normativos de iniciativa do Ministério, minutas de edital de licitação, contratos, acordos, convênios ou ajustes, bem como os atos pelos quais se vá reconhecer a inexigibilidade, ou decidir a dispensa de licitação; d) fornecer subsídios para defesa dos direitos e interesses da União e prestar informações ao Poder Judiciário, quando solicitadas; e) examinar ordens e sentenças judiciais e orientar as autoridades do Ministério quanto ao seu exato cumprimento; f) examinar, prévia e conclusivamente, no âmbito do Ministério os textos de edital de licitação, contratos, acordos, convênios ou ajustes a ser publicados e celebrados e os atos pelos quais se vá reconhecer a inexigibilidade, ou decidir a dispensa de licitação; e g) opinar, conclusivamente, na hipótese de conflito e após manifestação dos órgãos jurídicos setoriais, sobre questões decorrentes da aplicação das leis e normas relativas aos Sistemas de Recursos Humanos, de Organização e Modernização Administrativa, de Administração de Recursos da Informação e Informática, de Serviços Gerais, ressalvadas as competências da Advocacia-Geral da União.

CONSULTÓRIO. *Direito civil* e *direito do consumidor.* Lugar onde certos profissionais, como dentistas ou médicos, atendem seus clientes, dando consultas.

CONSULTOR JURÍDICO. 1. Advogado público ou particular ou ainda jurista que emite pareceres sobre questões jurídicas de sua especialidade. **2.** Assessor jurídico.

CONSUMAÇÃO. 1. *Direito civil.* a) Ocorrência de todos os requisitos ou condições necessárias para que certo ato jurídico se repute perfeito ou acabado; b) efetiva execução ou realização de um ato ou negócio jurídico. **2.** *Direito penal.* a) Configuração de todos os elementos da definição legal do crime; b) execução das quatro fases do *iter criminis*: idealização mental, preparo, execução e consumação. **3.** Na *linguagem jurídica* em geral, indica: a) conclusão; b) ato ou efeito de consumar; c) ação final definitiva. **4.** *Direito do consumidor.* a) Ato de consumir; consumo; b) consumo obrigatório de bebida ou comida em determinados clubes ou casas de diversões; c) despesa feita com esse consumo.

CONSUMADO. 1. Aquilo que se consumou. **2.** Terminado; acabado; concluído; realizado. **3.** Aquele que é sábio, hábil ou exímio. **4.** Irremediável.

CONSUMAR. 1. Terminar; completar. **2.** Adquirir a perfeição. **3.** Realizar completamente um ato jurídico, atendendo a todos os requisitos legais. **4.** Executar as quatro fases do caminho do crime. **5.** Praticar uma ação criminosa de tal maneira que nela se reúnam todos os elementos de sua definição legal.

CONSUMATUM EST. *Expressão latina.* Está tudo acabado.

CONSUMERISMO. *Direito do consumidor.* **1.** Preocupação de garantir e tutelar juridicamente os interesses do consumidor na aquisição e utilização de produtos e serviços que lhe são ofertados, superando o princípio da relatividade dos contratos e impondo a responsabilidade civil objetiva do fornecedor (Fábio Ulhoa Coelho). **2.** *Economia política.* Consumismo ou estado provocado pelo desequilíbrio entre a oferta e a procura, que causa aumento de preço, constituindo um dos principais fatores inflacionários.

CONSUMER TO CONSUMER. *Direito virtual.* Negócio pelo qual o consumidor acessa nome de domínio de outro para a realização de um eventual contrato. É comum neste segmento a criação de *sites* de leilões virtuais (Liliana M. Paesani).

CONSUMIDOR. *Direito do consumidor.* **1.** Pessoa física ou jurídica que adquire ou usa produto ou serviço como destinatário final. **2.** Coletividade de pessoas que intervêm numa relação de consumo. **3.** Aquele que consome. **4.** O que compra produtos para uso próprio, sem intenção de revendê-los para obter lucro.

CONSUMIDOR FINAL. *Direito do consumidor.* **Vide** *ENDVERBRAUCHER.*

CONSUMIR. 1. Adquirir produtos e serviços, para uso próprio e não para o comércio. **2.** Gastar a coisa até a sua total destruição. **3.** Despender.

CONSUMISMO. *Vide* CONSUMERISMO.

CONSUMITUR ALTERA ACTIO PER ALTERAM. *Direito romano.* Consome-se uma ação por outra.

CONSUMÍVEL. 1. Aquilo que pode ser consumido; suscetível de consumo. **2.** Diz-se do bem móvel que se gasta ou consome pelo uso ou que é deteriorável pelo uso continuado ou daquela coisa cujo uso importa destruição imediata de sua substância; destruível pelo primeiro uso. **3.** Produto ou serviço que pode ser adquirido e utilizado pelo consumidor. **4.** Qualidade do que é exposto à venda. **5.** Bem destinado à alienação.

CONSUMO. 1. *Direito do consumidor.* a) Aquisição de produtos e serviços pelo consumidor para atender ao uso próprio; b) venda de produtos e fornecimento de serviços ao consumidor. **2.** *Direito civil.* Uso integral de coisa móvel até a destruição imediata de sua substância ou alienação. **3.** *Direito econômico.* a) Satisfação das necessidades humanas pelo aproveitamento de produtos próprios para garantir o bem-estar e o nível de vida; b) função da vida econômica consistente na utilização direta das riquezas produzidas.

CONSUMO ABSOLUTO. *Direito civil.* Destruição da coisa pelo primeiro uso ou destruição da utilidade do bem.

CONSUMO DE RIQUEZA. *Direito econômico.* **1.** Aproveitamento da utilidade de uma riqueza, tendo ou não o escopo de satisfazer uma necessidade e havendo ou não destruição de seu valor. **2.** Perda; fato que destrói riqueza.

CONSUMO EFETIVO. *Vide* CONSUMO ABSOLUTO.

CONSUMO EMPRESARIAL. *Vide* CONSUMO PRODUTIVO.

CONSUMO FAMILIAR. Orçamento da família.

CONSUMO IMPRODUTIVO. *Economia política* e *direito econômico.* Produção de riquezas para satisfação de necessidades de ordem pessoal.

CONSUMO NECESSÁRIO. É o incidente sobre produtos de primeira necessidade, como os gêneros alimentícios.

CONSUMO PRODUTIVO. *Economia política* e *direito econômico.* Aquisição de matéria-prima pelas empresas, na qualidade de consumidoras.

CONSUMO RELATIVO. *Direito civil* e *direito do consumidor.* Aquisição de um bem, consumível ou inconsumível, para aproveitar sua utilidade, sem que haja destruição de seu valor.

CONSUMO REPRODUTIVO. *Economia política* e *direito econômico.* Produção de novas riquezas pelas indústrias.

CONSUMO SUPÉRFLUO. *Direito do consumidor.* Aquisição de coisas que, não sendo úteis nem necessárias, apenas proporcionam prazer, como, por exemplo, bebidas, cigarros etc.

CONSUMO ÚTIL. Aquisição de bens que trazem utilidade ou proveito às pessoas.

CONSUNÇÃO. 1. *Direito do consumidor, direito civil* e *direito econômico.* Ato ou efeito de consumir. **2.**

Medicina legal. a) Definhamento progressivo que antecede à morte em algumas doenças, como a tuberculose e a caquexia; b) fase por que passa o cadáver, após a putrefação, ao ser consumido pela ação dos insetos necrófagos. **3.** *Direito penal.* Situação em que, havendo crime progressivo, o mais grave vem a absorver o de menor gravidade.

CONSUUS. *Termo latino.* Cúmplice.

CONTA. 1. *Direito processual.* Rol discriminativo das custas judiciais de um processo. **2.** Na *linguagem jurídica* em geral, designa: a) conjunto de operações contábeis registradas num título. A conta tem, portanto, uma função contábil, por identificar-se relativamente a pessoas ou coisas; uma função econômica, por registrar as quantidades dos valores contabilizados; e uma função jurídica, por estabelecer uma relação dos deveres e direitos decorrentes das operações contábeis; b) ato ou efeito de contar; c) cálculo, cômputo, operação aritmética; d) registro e confrontação de créditos ou débitos, ou melhor, de receita e despesa; e) fatura, conta de venda ou de compra ou, ainda, nota daquilo que se deve; f) título usado na contabilidade onde se faz o lançamento de um negócio; g) exposição numérica que revela o estado patrimonial de uma firma, o resultado de um ato negocial, o exercício de uma administração ou a situação de várias operações mercantis, registrando em colunas apropriadas as parcelas atinentes à receita e à despesa; h) entrega de dinheiro ou pagamento com o escopo de amortizar uma dívida ou resgatar parte de um débito; i) soma de operações havidas com mercadorias, gastos, perdas, lucros etc.

CONTA ABERTA. *Direito comercial.* É aquela em que se adicionam, sucessivamente, novas despesas.

CONTA ALHEIA. *Direito comercial.* Aditivo explicativo aposto ao título de "mercadorias", indicando aquelas que foram consignadas ao empresário por conta de outrem.

CONTA ASSINADA. *Direito comercial* e *direito cambiário.* Título de crédito decorrente da compra e venda mercantil exigível no dia do vencimento. Trata-se da duplicata, que representa um duplicado da fatura da venda em grosso ou por atacado entre empresários, a qual o vendedor é obrigado a apresentar ao comprador no ato da entrega das mercadorias, sendo assinada por ambos, ficando uma nas mãos do vendedor e a outra nas do comprador, para seu reconhecimento e pagamento no dia avençado.

CONTA ATIVA. *Direito comercial.* Conjunto de valores representativos do crédito que pode ser exigido.

CONTA BANCÁRIA. *Direito bancário.* Registro contábil das entradas e saídas de recursos de um cliente de um banco comercial (Luiz Fernando Rudge).

CONTABESCER. *Medicina legal.* Definhar ou emagrecer em razão de alguma moléstia.

CONTÁBIL. Relativo à contabilidade.

CONTABILIDADE. 1. Na *linguagem jurídica* em geral, é a ciência e técnica tendente a estudar, orientar e controlar todas as operações contábeis, financeiras ou registrárias de uma firma ou de atos da Administração Pública, revelando situações patrimoniais. É a ciência que estuda, registra e controla o patrimônio e as mutações que nele operam os atos e os fatos econômicos, demonstrando, no final de cada exercício social, o resultado obtido e a situação econômico-financeira da entidade (Francisco D'Auria). Tem funções como: registrar fatos administrativos; demonstrar e controlar mutações patrimoniais; servir como elemento de prova em juízo; fornecer elementos para que os sócios possam examinar e aprovar contas da diretoria; demonstrar ao Fisco o cumprimento da legislação tributária e fornecer dados para tomada de decisões (Láudio Camargo Fabretti). **2.** *Direito comercial.* a) Técnica de escrituração e organização de livros comerciais; b) escrituração de receita e despesa de estabelecimento empresarial; c) repartição da empresa onde se escrituram as contas. **3.** *Direito bancário.* Escrituração de despesa e receita dos bancos. **4.** *Direito administrativo.* a) Escrituração das despesas e receitas de repartições públicas; b) repartição pública em que se faz a escrituração da despesa e da receita.

CONTABILIDADE PRIVADA. *Direito comercial, direito falimentar* e *direito processual.* Operação mercantil relativa às compras e vendas comerciais; à escrituração dos livros empresariais; à constituição, dissolução, fusão, cisão e incorporação de sociedades; aos balanços ou declarações de rendimentos anuais; à apuração de haveres de sócios; às perícias contábeis; à realização de ativo, habilitação de credores e liquidação final, em caso de falência; aos inventários judiciais; à prestação de contas de tutores, curadores e administradores; às informações técnicas para contestações em processos judiciais etc.

CONTABILIDADE PÚBLICA. *Direito administrativo.* Operação contábil aplicada às entidades públicas e regulada por normas específicas.

CONTABILIDADE TRIBUTÁRIA. *Direito tributário.* É a que visa a apuração exata do resultado econômico do exercício social, demonstrando-o clara e sinteticamente, para atender de forma extracontábil às exigências das legislações do IRPJ e da contribuição social sobre o lucro, determinando a base de cálculo fiscal para a formação das provisões destinadas ao pagamento desses tributos, as quais serão abatidas do resultado econômico (contábil), para determinação do lucro líquido à disposição de acionistas, sócios ou titular de firma individual (Láudio Camargo Fabretti).

CONTABILISTA. **1.** Aquele que é versado em contabilidade, em técnica de escrituração de receita e despesa de estabelecimento empresarial e em organização de livros empresariais, tendo nível inferior ao de contador, embora haja autores que os identificam. **2.** Experto contábil.

CONTABILIZAÇÃO. *Direito comercial.* Ato de registrar receita e despesa nos livros empresariais.

CONTABILIZAÇÃO DE CRÉDITOS. *Direito comercial.* Ato de registrar contabilmente os créditos no livro de escrituração de uma empresa, estabelecimento mercantil ou instituição financeira.

CONTABILIZAR. *Direito comercial.* Registrar receita ou despesa no livro de escrituração de firma, indústria ou empresa.

CONTA BLOQUEADA. *Direito bancário.* Conta em que se reserva uma quantia para pagamento de cheque visado ou que sofre bloqueio em razão de lei ou de determinação judicial, não podendo ser movimentada.

CONTA COMERCIAL. *Direito comercial.* **1.** Fatura. **2.** Conta de venda ou de compra relativa aos valores das mercadorias vendidas ou compradas. **3.** Operações contábeis atinentes à receita e à despesa lançadas no livro de escrituração; registro contábil de todas as operações de natureza mercantil.

CONTA CONGELADA. *Direito bancário.* **1.** *Vide* CONTA BLOQUEADA. **2.** Suspensão temporária para movimentação de fundos.

CONTA CONJUNTA. *Vide* CONTA CORRENTE CONJUNTA.

CONTA CORRENTE. **1.** *Direito comercial.* a) Escrituração contábil do crédito e do débito de uma pessoa, sob o título de seu nome ou de sua firma; b) livro onde se lança essa escrituração. **2.** *Direito agrário.* Prova do contrato de aviamento, pois, pelo extrato da conta do seringueiro (aviado), pode-se verificar se há saldo ou débito, ou seja, diferença entre o valor das mercadorias ou gêneros alimentícios entregues e o da borracha ou castanhas recebidas pelo aviador.

CONTA CORRENTE BANCÁRIA. *Direito bancário.* **1.** É o contrato em que duas pessoas estipulam a obrigação, para ambas as partes ou para uma delas, de inscrever, em contas especiais de débito e crédito, os valores monetários correspondentes às suas remessas, sem que uma se julgue credora ou devedora da outra senão no instante do encerramento de cada conta. Os correntistas convencionam fazer remessas recíprocas de valores, anotando os créditos daí resultantes em uma conta para posterior verificação do saldo exigível, mediante balanço. O banco apenas poderá reclamar o saldo da conta no seu vencimento. O objeto do contrato são os lançamentos e não as remessas. Cada um dos correntistas terá os seus próprios lançamentos, daí ser a conta feita pelos dois contraentes. Substituir-se-á o crédito exigível por um lançamento. Uma vez feitas as remessas, o crédito resultante não será exigível porque terá de ser levado à conta e balanceado com os débitos em contrapartida. Logo, nenhum contratante poderá reclamar do outro qualquer crédito isoladamente, mas o saldo que a conta apresentar no final ou no termo avençado, ou quando se encerrar, devido a qualquer causa determinante do vencimento antecipado das obrigações. **2.** *Vide* ABERTURA DE CONTA CORRENTE.

CONTA CORRENTE COMERCIAL. *Direito comercial.* **1.** Conta de movimento em que se registram as operações mercantis levadas a efeito por dois empresários ou firmas, contendo os créditos e débitos de ambos. **2.** Extrato da conta de movimento existente entre dois empresários ou duas firmas para apuração do saldo, que indicará qual deles é credor ou devedor.

CONTA CORRENTE COM JUROS. *Direito comercial.* Aquela em que se calculam os juros alusivos aos créditos e débitos nela registrados.

CONTA CORRENTE CONJUNTA. *Direito bancário.* Conta corrente bancária em que cada um dos correntistas pode dispor dos fundos mediante saques ou movimentá-la com depósitos e retiradas.

CONTA CORRENTE CONTRATUAL. Contrato oneroso e comutativo entre duas pessoas, estipulando a fusão dos valores de todas as operações ou negócios num todo, que somente poderão ser exigidos, pelo seu saldo, no vencimento do contrato.

CONTA CORRENTE DE MOVIMENTO. *Direito bancário.* Conta ativa do depositante, que poderá sacar por meio de cheques o numerário que desejar, desde que haja saldo disponível. Caracteriza-se pelo movimento contínuo de depósitos e retiradas de valores.

CONTA CORRENTE GARANTIDA. *Direito bancário.* É a aberta num banco com o escopo de obter um empréstimo bancário, mediante garantia real ou fidejussória, que será depositado na conta do tomador, que, então, poderá movimentá-la por meio de cheques.

CONTA CORRENTE LIMITADA. *Direito bancário* e *direito comercial.* Conta corrente em banco comercial na qual o correntista apenas pode efetuar depósitos até um certo valor prefixado. Há, portanto, um limite para o valor dos depósitos.

CONTA CORRENTE PARTICULAR. *Direito comercial.* É a conta de movimento que um sócio mantém com a sociedade empresária e cujas operações são lançadas na conta de capital.

CONTA CORRENTE SIMPLES. *Direito comercial.* É aquela entre empresários, em que os juros não são computados, um vez que a liquidação das quantias levadas a débito ou a crédito opera-se num curto espaço de tempo.

CONTA CREDORA. *Direito comercial.* Conta que apresenta um saldo credor contra o empresário. Há um crédito a favor do correntista e um débito a ser pago pelo comerciante.

CONTA CREDORA EXIGÍVEL. *Direito comercial.* É a representativa da obrigação que o empresário tem de pagar ao correntista-credor o saldo que nela se evidenciar.

CONTA CREDORA NÃO EXIGÍVEL. *Direito comercial.* É aquela que, apesar de não representar um dever do empresário de pagar o saldo ao correntista credor, por sua situação revela uma conta de saldo ao credor, como, por exemplo, ocorre com a conta de fundo de reserva, conta de capital, conta de amortização etc.

CONTA DE CAPITAL. *Direito comercial.* **1.** Conta representativa do patrimônio líquido de uma empresa ou de um empresário. **2.** Conta do ativo.

CONTA DE CHEGAR. É a elevação ou diminuição do valor de determinadas parcelas para obter um total preestabelecido.

CONTA DE COMPENSAÇÃO. *Direito comercial.* Conta incluída no balanço geral de uma sociedade para demonstrar os valores compensados no ativo e no passivo, os valores em garantia e em custódia, as ações caucionadas pelos seus diretores, os títulos em cobrança etc.

CONTA DE CRÉDITO. *Direito comercial.* Mandato escrito remetido por uma pessoa a outra, em praça diversa, para que esta entregue uma quantia certa à pessoa nele indicada.

CONTA DE CUSTAS. *Direito processual.* Operação contábil efetuada pelo contador judicial, contendo as despesas e as custas decorrentes do processo, determinando-lhes o valor.

CONTA DE DESPESA. *Direito comercial.* **1.** Fatura ou nota extraída para provar a despesa feita pelo estabelecimento empresarial com a aquisição de mercadorias. **2.** Registro de despesas efetuadas pelo empresário no livro de escrituração.

CONTA DE ESTORNO. *Direito comercial.* Lançamento feito numa escrituração com o escopo de acertar ou anular o lançamento anterior.

CONTA DE INTERFERÊNCIA. *Direito comercial.* Conta auxiliar e provisória que serve de controle à escrituração ou de veículo a futuros lançamentos. Os valores nela inseridos extinguir-se-ão com a realização do lançamento definitivo.

CONTA DE JUROS. *Direito comercial.* Cálculo pelo qual se pode averiguar o lucro auferido por um capital colocado à renda durante um certo período.

CONTA DE LUCROS E PERDAS. *Direito comercial.* **1.** Conta transitória que é transportada para alguma conta de patrimônio líquido, tal como lucros suspensos, para completar o processo de encerramento (Robert Anthony). **2.** Demonstrativo da receita e da despesa da empresa, que torna possível a verificação, num determinado período financeiro, dos lucros auferidos e da forma de sua distribuição e dos prejuízos havidos.

CONTA DE LUCROS E PERDAS PERMANENTE. *Direito comercial.* É a que aparece no balanço da empresa feito no final do período contábil, contendo a conta do ativo e do passivo e do patrimônio líquido.

CONTA DE LUCROS E PERDAS TRANSITÓRIA. *Direito comercial.* Conta especial feita entre um período contábil e outro, apurando e registrando todas as despesas com salários, seguros, materiais etc. e as receitas obtidas com a venda de mercadorias, por exemplo, com o escopo de averiguar, no final do exercício, qual foi o lucro ou prejuízo resultante da diferença entre as receitas e as despesas.

CONTA DE MOVIMENTO. *Direito comercial.* Conta impessoal usada pelo empresário para registrar o movimento das contas gerais, como as de caixa, de títulos a receber ou a pagar, de mercadorias etc.

CONTA DE PARTICIPAÇÃO. *Direito comercial.* Diz-se da sociedade (não personificada) em conta de participação, que se dá quando duas ou mais pessoas, sendo uma delas sócia ostensiva, se unem, sem firma social, para obter lucro comum, em operações alusivas à atividade constitutiva do objeto social. Tal atividade é exercida pelo sócio ostensivo, que se obriga perante terceiro, em seu nome individual e sob sua própria e exclusiva responsabilidade. Os sócios participantes só têm relações com o sócio ostensivo, mas poderão assumir obrigações com terceiro se vierem a participar delas, juntamente, com o sócio ostensivo, hipótese em que se terá responsabilidade solidária.

CONTA DE POUPANÇA. *Economia política.* Instrumento que visa captar recursos monetários, na forma de depósito de poupança livre, que gera percepção de juros devidamente corrigidos, para serem aplicados nos programas de Sistema Financeiro da Habitação.

CONTA DE RESULTADO. *Direito comercial.* Conta demonstrativa de um resultado, em que há lucro ou perda, que será regularizado por ocasião do balanço. Por exemplo, são contas de resultado a conta de mercadorias, a de juros, a de despesas etc.

CONTA DE RESULTADO PENDENTE. *Direito comercial.* Conta que figura no ativo do balanço geral de uma sociedade anônima com o escopo de registrar as perdas que deverão ser amortizadas.

CONTA DE RETORNO. *Direito comercial* e *direito cambiário.* É a feita pelo credor de um título cambial ressacado ao devedor, para demonstrar as despesas e os juros legais, incluídos no valor do título anterior para compor o valor do novo saque.

CONTA DEVEDORA. *Direito comercial.* **1.** É a que apresenta um saldo devedor, ou melhor, um crédito em favor do comerciante. **2.** *Vide* CONTA ATIVA.

CONTA DE VENDA. *Direito comercial.* **1.** Fatura comercial ou nota que é extraída como documento de uma venda e usada para conferir as mercadorias compradas. **2.** Prestação de contas do vendedor em relação às vendas por ele efetuadas.

CONTADO. 1. Calculado; computado. **2.** Dinheiro à vista ou quantia em dinheiro entregue no ato da aquisição de coisa ou em outra operação. **3.** Incluído na conta. **4.** Narrado. **5.** Imputado.

CONTADOR. 1. O mesmo que CONTABILISTA para alguns autores. **2.** Aquele que faz contas, procede ao cálculo e à escrituração de despesas e receitas. **3.** Autor de contos literários. **4.** Relator de fatos. **5.** Chefe da seção de contabilidade. **6.** Empregado judicial que calcula as custas processuais. **7.** Profissional liberal, de nível superior, que se dedica à contabilidade.

CONTADORIA. 1. Repartição pública ou seção em que é feita a contabilidade. **2.** Tesouraria. **3.** Cargo do contador. **4.** Órgão encarregado de toda a escrituração comercial ou industrial de uma empresa.

CONTA DUVIDOSA. *Direito comercial.* É a indicativa dos créditos de difícil cobrança, ante a falta de idoneidade moral ou financeira do devedor.

CONTA EMPENHADA. 1. *Direito administrativo.* Conta legal com verba já prevista para ser paga. **2.** *Direito comercial.* Conta de despesa submetida antes de sua efetivação a um processo de empenho.

CONTAG. *Direito agrário.* Sigla da Confederação Nacional dos Trabalhadores na Agricultura, que é uma entidade sindical voltada aos interesses dos trabalhadores e profissionais rurais, colaborando com os Poderes Públicos.

CONTA GARANTIDA. *Direito bancário.* Conta corrente de pessoas jurídicas em que o banco comercial garante o pagamento de débitos, além do saldo disponível e até certo limite (Luiz Fernando Rudge).

CONTAGEM. 1. *Direito processual.* Salário ou remuneração do contador judicial pelos serviços prestados. **2.** Na *linguagem jurídica* em geral, ação ou efeito de contar.

CONTAGEM DE GLÓBULOS SANGÜÍNEOS. *Medicina legal.* **1.** Determinação do número de glóbulos sangüíneos numa certa porção de sangue por enumeração parcial ou extrapolação. **2.** Número de glóbulos sangüíneos num determinado volume de sangue de uma pessoa, que varia de acordo com o seu sexo, estado fisiológico e saúde.

CONTAGEM DE PRAZO. *Vide* COMPUTAÇÃO DE PRAZOS.

CONTÁGIO. *Medicina legal.* Transmissão de doença por contato direto ou indireto.

CONTÁGIO DE MOLÉSTIA GRAVE. *Direito penal.* Crime que consiste em transmitir, dolosamente, doença grave da qual se sabe estar contaminado, através de ato capaz de produzir o contágio, punido com reclusão e multa.

CONTAGIONAL. *Direito penal, direito civil* e *medicina legal.* **1.** Relativo a contágio. **2.** Que se realiza por contágio.

CONTAGIONISTA. *Direito penal.* Diz-se daquele que segue a teoria patológica que propugna a transmissibilidade, por contato direto ou indireto, de certas moléstias, de indivíduo a indivíduo.

CONTAGIOSIDADE. *Medicina legal.* Qualidade do que é contagioso.

CONTAGIOSO. *Medicina legal.* **1.** Que se transmite por contágio. **2.** Que transmite doença infecciosa, grave ou venérea.

CONTÁGIO SOCIAL. *Sociologia jurídica.* Transferência e rápida intensificação de estados emocionais entre indivíduos de uma multidão excitada.

CONTÁGIO VENÉREO. *Direito penal.* Delito de perigo consistente em expor alguém, por meio de relações sexuais ou qualquer ato libidinoso, a contágio de moléstia venérea de que sabe ou deveria saber estar contaminado.

CONTA IMPESSOAL. *Direito comercial.* É a que não indica nomes de pessoas, por se referir a valores comerciais, produtos ou coisas, como ocorre, por exemplo, com a conta de conservação de máquinas, a conta de mercadorias ou a conta de caixa.

CONTA INDIVIDUAL. *Vide* CONTA PESSOAL.

CONTAINER. *Direito comercial.* **1.** Invólucro especial para transporte de carga por via férrea, rodoviária ou marítima, com ganchos, anéis, suportes ou rodízios destinados a facilitar sua carga, descarga e estiva a bordo do veículo ou navio transportador, sem qualquer manipulação intermediária. O *container* não deve ser considerado como embalagem da mercadoria, mas sim equipamento ou acessório do veículo que o transportar. **2.** Equipamento de metal no formato de uma grande caixa que serve para o transporte de diversos materiais, fazendo assim uma unitização de cargas que, ao estarem acondicionadas no seu interior, não sofrem danos durante o percurso nem em caso de transbordo para outros modais. É reutilizável e possui quatro tamanhos principais de 30, 25, 20 e 10 toneladas (James G. Heim).

CONTAINER INTERMODAL. *Direito comercial.* Equipamento de transporte, com dimensões padronizadas, utilizado para unitizar carga geral, granéis sólidos e líquidos (James G. Heim).

CONTAINER RENTAL CHARGE. *Direito comercial.* É o aluguel que se cobra, no conhecimento de transporte, pela utilização do *container*.

CONTA JUSTIFICATIVA. *Direito internacional privado.* *Evidence account*, pois a compra de compensação reveste com freqüência a forma de conta justificativa, que se abre em um banco de comércio exterior ou em um banco central, e as vendas de compensação do exportador são acreditadas para fazer frente às obrigações decorrentes de suas compras de compensação atuais ou futuras. Esses acordos proporcionam certa flexibilidade ao exportador, já que assim não deve proceder imediatamente às compras, pois graças à "conta justificativa" tem tempo para estudar com calma os mercados antes de efetuar suas compras de compensação.

CONTA LÍQUIDA. *Direito comercial.* É aquela em que a fatura da mercadoria em grosso é tida como exata, em razão de não ter havido qualquer reclamação pelo vendedor ou comprador, em tempo hábil, após a entrega e recebimento daquela mercadoria.

CONTA LIQUIDADA. *Direito comercial.* Diz-se daquela que foi paga integralmente.

CONTA-MARGEM. *Direito comercial.* Operação extrabolsa pela qual a corretora faz um empréstimo a seu cliente (investidor) para que adquira mercadoria que será negociada na Bolsa.

CONTAMINAÇÃO. 1. *Direito penal* e *medicina legal.* a) Ato ou efeito de contaminar alguém com moléstia grave; b) contágio venéreo; c) é o ato ou o momento em que uma pessoa ou um objeto se converte em veículo mecânico de disseminação de um determinado agente patogênico. **2.** *Direito ambiental.* Poluição. **3.** *Direito civil.* Vício suscetível de anular ato negocial. **4.** *Direito agrá-*

rio. Presença de substâncias ou agentes estranhos, de origem biológica, química ou física que sejam considerados nocivos ou não para a saúde dos animais.

CONTAMINAÇÃO CRUZADA. *Direito ambiental.* **1.** Contaminação de determinada matéria-prima, produto intermediário, produto a granel ou produto terminado com outra matéria-prima, produto intermediário, produto a granel ou produto terminado, durante o processo de produção. **2.** É a transferência da contaminação de uma área ou de um produto para áreas ou produtos anteriormente não contaminados (essa contaminação se dá de um modo indireto, por meio de superfícies de contato, mãos, utensílios, equipamentos etc.).

CONTAMINAÇÃO POR RADIAÇÃO. *Medicina legal.* Consideram-se "doenças causadas por radiação ionizante em estágio avançado" toda patologia que tenha, comprovadamente, relação de causa e efeito com a radiação ionizante e cujas alterações sejam consideradas incapacitantes e invalidantes, seja por caráter físico-motor funcional ou mental.

CONTAMINADO. 1. *Direito penal.* a) Infeccionado; b) aquele que foi contagiado. **2.** *Direito ambiental.* Poluído. **3.** *Direito civil.* Viciado.

CONTAMINADOR. 1. *Direito penal.* Aquele ou o que contamina. **2.** *Direito ambiental.* Aquilo ou aquele que polui.

CONTAMINANTE. *Direito ambiental* e *direito do consumidor.* É qualquer substância indesejável presente no alimento como resultado das operações efetuadas no cultivo de vegetais, na criação de animais, nos tratamentos zoo ou fitossanitários, ou como resultado de contaminação ambiental ou de equipamentos utilizados na elaboração e/ou conservação do alimento. Enfim, é a substância ou agente de origem biológica, química ou física, estranho ao alimento, que seja considerado nocivo à saúde humana.

CONTAMINAR. 1. *Direito penal.* Contagiar; transmitir moléstia grave ou venérea. **2.** *Direito ambiental.* Poluir.

CONTAMINÁVEL. Tudo aquilo que é suscetível de ser contaminado.

CONTA PASSIVA. *Direito comercial.* **1.** Conta demonstrativa do saldo credor em relação à pessoa que deve pagar. **2.** Anotação do passivo de um balanço.

CONTA PESSOAL. *Direito comercial.* Registro de operações mercantis concernentes às pessoas físicas ou jurídicas que têm negócios com a firma ou sociedade empresária. Tal conta é representada pelo nome daquelas pessoas, por exemplo, conta corrente de Paes e Oliveira Ltda.

CONTA PRÓPRIA. *Direito comercial.* Consignação feita por "nossa conta" a outro comerciante ou firma.

CONTA-QUILÔMETROS. *Direito de trânsito.* Aparelho que registra o número de quilômetros percorridos por um veículo.

CONTA REDONDA. Nas *linguagens jurídica* e *contábil,* é aquela em que se desprezam as frações ou unidades de pequeno valor; inteiro.

CONTA-SENHA. 1. Na *linguagem jurídica* em geral, é o sinal com que se responde a outro para identificar-se. **2.** *Direito militar.* Resposta convencionada e sigilosa que se dá a uma senha.

CONTAS GERAIS. *Direito comercial.* São as indicativas das contas de uma escrituração mercantil, registrando todas as operações da mesma natureza.

CONTAS OCASIONAIS. *Direito comercial.* São aquelas que, não sendo permanentes na escrituração, registram apenas as operações extraordinárias ou de um certo negócio com o objetivo de verificar seu resultado. São também chamadas "contas transitórias".

CONTAS SUBDIVISIONÁRIAS. *Direito comercial.* São as subdivisões das contas gerais, sendo tantas quantas forem requeridas pelas operações mercantis efetuadas ou pela natureza dos negócios levados a efeito.

CONTAS TRANSITÓRIAS. *Vide* CONTAS OCASIONAIS.

CONTATANTE. *Medicina legal.* Alérgeno que provoca manifestação de hipersensibilidade no local de contato com a pele ou mucosa.

CONTATO. É a pessoa ou o animal que mantém ou manteve uma relação suficiente com uma pessoa ou animal infectado, ou com um ambiente contaminado, de forma tal que criou a oportunidade de contrair um agente etiológico.

CONTATO AGRÁRIO. *Direito agrário.* Acordo de vontades que tem por finalidade o uso ou a posse temporária de imóvel rural com o escopo de nele se exercer atividade agrícola, extrativa, pecuária ou agroindustrial. Duas são as modalidades de contrato agrário nominado: o arrendamento rural e a parceria rural. É uma limitação ao direito do proprietário das terras rurais de usá-las e gozá-las, devido à exigência da participação dos frutos na parceria, do teto máximo de preço no arrendamento e da fixação de prazos mínimos em ambos os contratos.

CONTATO DE SAFRA. *Direito agrário.* É o estabelecido em função da sazonabilidade das colheitas, vigorando entre o preparo do solo para o cultivo e a colheita.

CONTATO PROMISSÓRIO. *Vide* CONTRATO PRELIMINAR.

CONTA ÚNICA DO TESOURO NACIONAL. *Direito bancário.* É a mantida no Banco Central do Brasil e tem por finalidade acolher as disponibilidades financeiras da União a serem movimentadas pelas Unidades Gestoras da Administração Pública Federal, inclusive Fundos, Autarquias, Fundações, e outras entidades integrantes do Sistema Integrado de Administração Financeira do Governo Federal (SIAFI), na modalidade *on-line.* A operacionalização da Conta Única do Tesouro Nacional será efetuada por intermédio do Banco do Brasil S/A, ou por outros agentes financeiros autorizados pelo Ministério da Fazenda. O agente financeiro poderá se utilizar, quando necessário, e com a anuência da Secretaria do Tesouro Nacional (STN), de outras empresas do conglomerado financeiro por ele controlado para a realização de serviços especializados relacionados à operacionalização da Conta Única. A Secretaria do Tesouro Nacional poderá optar por fazer movimentações financeiras diretamente por meio do Sistema de Pagamentos Brasileiro (SPB) sem intermediação do agente financeiro. A movimentação de recursos da Conta Única será efetuada por meio de Ordem Bancária (OB), Guia de Recolhimento da União (GRU), Documento de Arrecadação de Receitas Federais (DARF), Guia da Previdência Social (GPS), Documento de Receita de Estados e/ou Municípios (DAR), Guia do Salário Educação (GSE), Guia de Recolhimento do FGTS e de Informações da Previdência Social (GFIP), Nota de Sistema (NS) ou Nota de Lançamento (NL), de acordo com as respectivas finalidades. Os tipos, finalidades, características, especificidades, formas de autorização e prazos das ordens bancárias encontram-se disponibilizados em macrofunção específica do Manual SIAFI.

A emissão de Ordem Bancária será precedida de autorização do titular da Unidade Gestora, ou seu preposto, em documento próprio da Unidade e, para o caso de ordens bancárias que necessitam de autorização eletrônica, a assinatura está restrita ao Ordenador de Despesa, titular ou substituto, e ao Gestor Financeiro, titular ou substituto, indicados no cadastro da tabela das Unidades Gestoras, sendo estes os responsáveis pela autorização do pagamento.

CONTA VERIFICADA. *Direito comercial.* É a conta comercial que, após ser extraída, é autenticada mediante exame judicial nos livros de escrituração do credor ou devedor.

CONTA VINCULADA. 1. *Direito previdenciário.* É a que se destina ao FGTS do empregado. **2.** *Direito comercial.* Conta de passivo em que se registram as quantias que devem resgatar uma conta devedora.

CONTEANO. *Filosofia geral* e *filosofia do direito.* Adepto da teoria de Augusto Comte.

CONTEIRA. *Direito militar.* **1.** Rastro de canhão. **2.** Peça de reforço da ponta da bainha da espada. **3.** Parte posterior do reparo das peças de artilharia de campanha.

CONTEMPLAÇÃO. 1. *Direito canônico.* Estado da alma concentrada em coisas divinas, desprendendo-se por completo das mundanas. **2.** *Filosofia do direito.* Pensamento em geral oposto à ação.

CONTEMPLAR. 1. Dar ou conferir a alguém uma coisa a título gratuito ou como prêmio ou recompensa. **2.** Observar, com atenção, um fato. **3.** Refletir ou meditar.

CONTEMPLATIO DOMINI. *Locução latina.* **1.** Representação de outrem; atuação em nome alheio. **2.** Exteriorização ou declaração do fato de que a atuação de alguém se dá em nome de um representado (Anderson Schreiber). **3.** Invocação do nome do representado (Maria Helena de Brito). **4.** Princípio da exteriorização ou da notoriedade ou elemento que permite distinguir a representação em sentido próprio da representação indireta (Maria Helena de Brito).

CONTEMPLATIVO. *Direito canônico.* **1.** Relativo à contemplação. **2.** Aquilo que excita ou conduz à contemplação. **3.** Dado à contemplação.

CONTEMPORÂNEO. 1. Aquilo que é do tempo atual. **2.** Que é do mesmo tempo.

CONTEMPT OF COURT. *Locução inglesa.* **1.** Ultraje à justiça; desprezo à corte; desacato ao tribunal (Marcelo Lima Guerra). **2.** Prisão civil do réu recalcitrante, após regular procedimento, como forma de forçá-lo a cumprir a obrigação emanada do juízo (Marcelo B. Dantas, Ada Pellegrini Grinover). **3.** Meio de coerção indireta para obediência do comando do juiz contido em uma *injunction* (Aldo Frignani).

CONTENÇÃO. 1. *Direito processual.* Litígio; contenda; conflito de interesses qualificado por uma pretensão resistida ou não satisfeita (Carnelutti). **2.** *Medicina legal.* a) Estado de membro fraturado ou deslocado que se mantém reduzido; b) conjunto de meios usados para manter na posição apropriada órgãos tendentes a abandoná-la ou a separar-se, em caso de hérnia, fratura ou luxação. **3.** *Direito internacional público.* Ação desenvolvida por um país para impedir a expansão ideológica, política, econômica e estratégica de outro para além de sua presumível esfera de influência (Ostellino). **4.** *Biodireito* e *direito ambiental.* Conjunto de atividades e projetos com OGM em condições que não permitam o seu escape ou liberação para o meio ambiente, podendo ser realizado em pequena ou grande escala.

CONTENCIOSO. 1. *Direito processual civil.* a) Em que há litígio; em que se demanda o direito; b) o que é litigioso, controvertido ou relativo a uma contenda; c) o que pode ser objeto de contestação; d) diz-se do juízo ou foro onde se litiga, do tribunal onde a causa é demandada e julgada ou do exercício de função jurisdicional que venha a dirimir o conflito de interesses entre as partes litigantes; e) procedimento em processos que requerem o contraditório entre as partes, relativamente a um conflito de interesses, que deve ser solucionado pelo órgão judicante. **2.** *Direito administrativo.* Departamento ou seção de estabelecimento público que trata de negócios litigiosos, tendo a função de emitir pareceres sobre assuntos jurídicos e de dirigir as ações propostas pela repartição pública ou contra ela. **3.** *Direito comercial* e *direito bancário.*Departamento de empresa ou banco incumbido de tratar de assuntos litigiosos.

CONTENCIOSO ADMINISTRATIVO. *Direito administrativo.* **1.** Sistema de jurisdição no qual, em certos países, um órgão da Administração Pública é revestido do poder de julgar matéria controvertida ou algum litígio entre um particular e o Poder Público. **2.** Litígio provocado por um ato administrativo entre administrado e Administração Pública, que é decidido por órgão da esfera administrativa.

CONTENDA. 1. *Direito processual civil.* Litígio; demanda; controvérsia estabelecida pela propositura da ação contestada por outrem. **2.** *Direito militar.* Guerra; luta; combate.

CONTENDEDOR. *Direito processual civil.* Parte litigante; demandante.

CONTENSÃO. 1. Nas *linguagens jurídica* e *comum*, indica: esforço; grande aplicação intelectual; tensão considerável. **2.** *Direito processual.* Pleito judicial; demanda.

CONTENTAMENTO. *Direito civil* e *direito comercial.* Estado de quem está satisfeito com o negócio realizado, se estipulado sob essa condição, ou quando, em certas hipóteses, não há uma declaração expressa da vontade, que se revela pela satisfação demonstrada, indicativa de sua aprovação.

CONTENTIO INTER PARTES. *Expressão latina.* Desacordo entre as partes; demanda.

CONTENTIVO. *Medicina legal.* O que faz a contenção ou o que reduz a fratura.

CONTENTO. *Direito civil* e *direito comercial.* **1.** Ao agrado; ao gosto do comprador. **2.** *Vide* COMPRA E VENDA A CONTENTO.

CONTÉRMINO. O que tem limite comum; aquilo que é adjacente ou confina.

CONTERRÂNEO. O que é da mesma terra; compatriota; compatrício.

CONTESTABILIDADE. *Direito processual civil.* Qualidade do que é contestável.

CONTESTAÇÃO. 1. *Direito processual civil.* a) Aquilo que estabelece a contenda, pois, se uma ação for proposta sem que haja oposição do adversário, não haverá litígio; b) em acepção estrita, é uma espécie de resposta fundamentada do réu, impugnando, rebatendo, ou se opondo por escrito à petição inicial do autor no processo, isto é, defendendo-se das pretensões contidas na petição inicial. É o instrumento formal pelo qual o réu se defende, ao exercer seu direito de resposta à pretensão do autor; c) ação ou efeito de contestar; d) em sentido amplo, é a forma de defesa do réu pela qual pode excepcionar, contestar ou reconvir. **2.** *Direito processual penal.* Resposta dada pelo querelante nos processos por injúria ou calúnia, rebatendo a exceção de verdade ou de notoriedade do fato impugnado e apresentando novo rol de testemunhas, substituindo aquele oferecido por ocasião da queixa.

CONTESTAÇÃO AFIRMATIVA. *Direito processual civil.* É aquela em que o réu, ao admitir os fatos alegados pelo autor, nega-lhe os efeitos jurídicos pretendidos.

CONTESTAÇÃO DA PATERNIDADE. *Direito processual civil.* Ação judicial privativa do marido para elidir a presunção da paternidade do filho nascido de sua mulher, na constância do casamento, provando uma das seguintes circunstâncias legais: a) que se achava fisicamente impossibilitado de coabitar com ela nos primeiros 121 dias ou mais dos 300 que houverem precedido ao nascimento do filho porque estava, por exemplo, acometido de doença grave que o impedia de ter relações sexuais; b) que a esse tempo estavam os cônjuges legalmente separados, não tendo convivido um só dia sob o teto conjugal, hotel ou casa de terceiro, daí a impossibilidade de ter havido qualquer relação sexual entre eles; c) que é portador de impotência *generandi*; d) que não se deu inseminação artificial homóloga nem fertilização *in vitro* homóloga, visto que não doou sêmen para tal fim; e) que não anuiu na inseminação artificial heteróloga ou f) que houve vício de consentimento.

CONTESTAÇÃO DIRETA. *Direito processual civil.* É a defesa feita somente por via de contestação às alegações do autor deduzidas da petição inicial, atacando o réu imediatamente o pedido, impugnando a existência do fato constitutivo daquele ou negando a relação jurídica prejudicial em que se funda o pedido do autor para que essa questão seja apreciada, na sentença, *incidenter tantum*. Se pretender o julgamento *principaliter* sobre a matéria, terá de propor declaratória incidental através de reconvenção (José Frederico Marques).

CONTESTAÇÃO GERAL. *História do direito.* Era aquela em que os fatos alegados pelo autor eram negados genericamente, sem qualquer afirmação individualizada. Era também chamada "contestação por negação geral".

CONTESTAÇÃO INDIRETA. *Direito processual civil.* Aquela em que o réu vem a reafirmar os fatos alegados pelo autor na petição inicial, acrescentando fatos novos, impeditivos, modificativos ou extintivos da pretensão ou do direito por aquele pretendido. A sua defesa é deduzida por meio de exceção.

CONTESTAÇÃO NEGATIVA. *Direito processual.* Dá-se quando o réu vem a impugnar tanto o fato como a obrigação invocados pelo autor na petição inicial, refutando tudo o que nele se contém.

CONTESTAÇÃO POR NEGAÇÃO GERAL. *Vide* CONTESTAÇÃO GERAL.

CONTESTAÇÃO PRESUMIDA. *Direito processual civil.* Diz-se daquela em que o réu citado não comparece a juízo, tornando-se revel.

CONTESTAÇÃO REAL. *Direito processual civil.* É aquela em que o réu citado comparece a juízo, apresentando sua defesa e refutando a pretensão do autor.

CONTESTADO. 1. *Direito processual civil.* a) Parte litigante contra a qual se dirige a contestação; b) o que foi refutado ou impugnado. **2.** *Ciência política.* Diz-se do pedaço de um território que está sendo disputado por dois países.

CONTESTANTE. *Direito processual civil.* **1.** Aquele que contesta. **2.** O que oferece a contestação em juízo.

CONTESTAR. *Direito processual civil.* **1.** Refutar, negar ou impugnar as alegações do autor. **2.** Provar o contrário com o testemunho de outrem. **3.** Testemunhar na conformidade de outro testemunho.

CONTESTATIONIS CAUSA. *Locução latina.* Causa que é objeto de contestação.

CONTESTÁVEL. *Direito processual civil.* **1.** Aquilo que pode ser contestado. **2.** Duvidoso. **3.** Controverso.

CONTESTE. *Direito processual civil.* **1.** O que depõe afirmando ou negando o mesmo que outrem. **2.** Concorde em depoimento. **3.** Diz-se da testemunha que comprova ou confirma o mesmo que outra.

CONTEÚDO. 1. Na *linguagem jurídica* em geral, significa: a) tudo o que está contido em alguma coisa, dela fazendo parte, quer como parte integrante, quer como acessório; b) teor do contrato ou da lei; c) matéria, assunto ou tema. **2.** *Lógica jurídica.* Compreensão do conceito.

CONTEÚDO DO CONTRATO. É o complexo dos elementos do contrato e o conjunto de todas as conseqüências jurídicas dele advindas por imposição legal ou pelo teor de suas cláusulas.

CONTEÚDO INTENCIONAL. *Sociologia jurídica.* Conjunto de interesses e valores específicos para os quais as atividades típicas, peculiares ou próprias de um grupo social convergem.

CONTEÚDO SOCIAL. *Sociologia jurídica.* Cultura.

CONTEXTO. *Teoria geral do direito* e *Lógica jurídica.* **1.** Argumento. **2.** Encadeamento de idéias contidas num texto escrito. **3.** Concatenação lógica.

CONTEXTO DA LETRA DE CÂMBIO. *Direito cambiário.* Parte escrita que contém os dizeres pelos quais se faz a ordem de pagamento, determinam-se a quantia a ser paga e a data do vencimento.

CONTEXTURA. **1.** *Teoria geral do direito.* a) Disposição das partes constituintes de um todo; b) estrutura resultante da ligação de elementos. **2.** *Direito autoral.* Enredo de uma composição literária.

CONTIA. *História do direito.* Retribuição em dinheiro ou em terras que era dada pelo rei a certos cavaleiros pelos serviços prestados no paço ou na guerra.

CONTÍGUA. *Direito internacional público.* **1.** Diz-se da zona de alto-mar próxima ou adjacente às águas territoriais de um Estado ribeirinho.

CONTIGUAÇÃO. *Direito civil.* Disposição de vigas com que os pisos e tetos se formam.

CONTIGÜIDADE. *Direito civil.* **1.** Vizinhança. **2.** Estado do que é contíguo. **3.** Adjacência. **4.** Proximidade.

CONTÍGUO. *Direito civil.* **1.** O que está junto ou ao lado; adjacente; vizinho. **2.** Diz-se de cada prédio vizinho. **3.** Prédio confinante com outro.

CONTINÊNCIA. **1.** *Direito militar.* Saudação regulamentar entre militares feita com um gesto de mão ou movimento de arma ou bandeira. É a saudação prestada pelo militar, e pode ser individual ou da tropa. A continência é impessoal; visa a autoridade e não a pessoa. Parte sempre do militar de menor precedência hierárquica; em igualdade de posto ou graduação, quando ocorrer dúvida sobre qual seja o de menor precedência, deve ser executada simultaneamente. Todo militar deve, obrigatoriamente, retribuir a continência que lhe é prestada; se uniformizado, presta a continência individual; se em trajes civis, responde-a com um movimento de cabeça, com um cumprimento verbal ou descobrindo-se, caso esteja de chapéu. Têm direito à continência: 1) a Bandeira Nacional: a) ao ser hasteada ou arriada diariamente em cerimônia militar ou cívica; b) por ocasião da cerimônia de incorporação ou desincorporação, nas formaturas; c) quando conduzida por tropa ou por contingente de Organização Militar; d) quando conduzida em marcha, desfile ou cortejo,

acompanhada por guarda ou por organização civil, em cerimônia cívica; e) quando, no período compreendido entre 8h e o pôr-do-sol, um militar entra a bordo de um navio de guerra ou dele sai, ou, quando na situação de "embarcado", avista-a ao entrar a bordo pela primeira vez, ou ao sair pela última vez; 2) o Hino Nacional, quando executado em solenidade militar ou cívica; 3) o presidente da República; 4) o vice-presidente da República; 5) o presidente do Senado Federal, da Câmara dos Deputados e do Supremo Tribunal Federal; 6) os ministros de Estado; 7) os governadores de Estado, de Territórios Federais, e do Distrito Federal, nos respectivos territórios, ou em qualquer parte do País em visita de caráter oficial; 8) os ministros do Superior Tribunal Militar; 9) os militares da ativa das Forças Armadas, mesmo em traje civil; neste último caso, quando for obrigatório o seu reconhecimento em função do cargo que exerce ou, para os demais militares, quando reconhecidos ou identificados; 10) os militares da reserva ou reformados, quando reconhecidos ou identificados; 11) a tropa, quando formada; 12) as Bandeiras e os Hinos das Nações Estrangeiras, nos casos previstos em lei; 13) as autoridades civis estrangeiras, correspondentes às constantes nos itens 3 a 8, quando em visita de caráter oficial; 14) os militares das Forças Armadas estrangeiras, quando uniformizados e, se em trajes civis, quando reconhecidos ou identificados; 15) os integrantes das Polícias Militares e dos Corpos de Bombeiros Militares, corporações consideradas forças auxiliares e reserva do Exército. **2.** *Direito processual civil.* Conexão de causas ou de ações por haver identidade quanto às partes, à causa de pedir, apesar de o objeto de uma ser mais amplo, abrangendo o da outra. **3.** *Direito civil.* Contigüidade. **4.** Na *linguagem comum,* indica abstinência relativa ao prazer sexual.

CONTINÊNCIA DE CAUSA. *Direito processual civil.* Conexão entre duas causas, fazendo com que devam ser decididas simultaneamente, por haver identidade de parte e de causa de pedir e pelo fato de o objeto de uma abranger o da outra.

CONTINÊNCIA RITUAL. *Sociologia jurídica.* Abstenção sexual que os casais observam, em sociedades primitivas, em obediência a certos cerimoniais.

CONTINENTE. *História do direito.* Denominação que, outrora, era dada ao Estado do Rio Grande do Sul.

CONTINGÊNCIA. 1. Na *linguagem jurídica* em geral, quer dizer: a) qualidade do que é contingente; b) eventualidade; c) incerteza. **2.** Na *linguagem contábil*, é a reserva que se forma ante a incerteza dos negócios. **3.** *Filosofia geral*. Possibilidade de que algo seja e a de que algo não seja.

CONTINGENTE. 1. *Filosofia geral* e *filosofia do direito*. a) O que não é necessário ou essencial; b) aquilo que é secundário ou acidental. **2.** *Direito militar*. a) Porção de homens que devem ser sorteados anualmente para prestar serviço militar; b) grupo de soldados que são destacados do batalhão para qualquer diligência; destacamento militar; c) número de conscritos provenientes de algum lugar para se incorporarem no Exército. **3.** Na *linguagem jurídica* em geral, designa: a) o eventual, o incerto ou duvidoso; b) aquilo que pode ou não ocorrer; c) o que, entre muitos, compete a cada um; d) cota de uma contribuição que se deve receber. **4.** *Lógica jurídica*. Diz-se da proposição em que a verdade ou falsidade da relação que enuncia é conhecida pela experiência e não pela razão (Lalande).

CONTINGENTISMO. *Filosofia geral* e *filosofia do direito*. Filosofia das contingências teorizada pelos neokantistas, por Renouvier e Boutroux.

CONTINUAÇÃO. 1. Na *linguagem jurídica* em geral, indica: a) ato ou efeito de continuar; b) seqüência; prosseguimento de algo para que se complete; duração; sucessão de atos ou fatos da mesma natureza, sem solução de continuidade; c) conexão de coisas contínuas; d) o que se segue a um ato já começado. **2.** *Direito processual civil*. Diz-se dos termos que assinalam o acréscimo de atos processuais e que são alusivos ao andamento da causa. Constituem exemplos de "termos de continuação" os de: autuação, juntada, vista, intimação, apensamento, audiência de instrução e julgamento, conclusão etc.

CONTINUAÇÃO DO NEGÓCIO. *Direito comercial*. Restabelecimento da atividade ou do negócio mercantil do falido por autorização judicial e sob fiscalização imediata do administrador judicial, desde que haja conveniência.

CONTINUIDADE. 1. Qualidade do que é contínuo. **2.** Série não interrompida. **3.** Repetição incessante ou persistente.

CONTINUIDADE CULTURAL. *Sociologia jurídica*. Persistência de uma configuração cultural mesmo que se observem mutações incessantes na população.

CONTINUIDADE DO SERVIÇO PÚBLICO. *Direito administrativo*. Princípio básico do direito administrativo que não permite paralisação ou interrupção dos serviços públicos.

CONTINUIDADE SOCIAL. *Vide* CONTINUIDADE CULTURAL.

CONTÍNUO. 1. Na *linguagem jurídica* em geral, significa: a) aquilo em que não há interrupção; b) ato que se produz sem solução de continuidade; c) sucessivo; d) vínculo que liga fatos ou atos para constituir um todo. **2.** *Direito administrativo*. Empregado subalterno colocado à disposição de altos funcionários públicos para introduzir pessoas estranhas e realizar certos serviços internos da repartição, como transmissão de ordens, condução de papéis para despacho etc.

CONTINUOUS REPLENISHMENT (CR). *Locução inglesa*. Reposição contínua, que é uma forma de estoque administrado pelo fornecedor para varejo supermercadista. É uma ferramenta que visa repor os produtos na gôndola de forma rápida e adequada à demanda, com o objetivo de minimizar estoques e faltas (James G. Heim).

CONTISTA. 1. *Direito autoral*. Autor de contos. **2.** *Direito penal*. Aquele que passa o conto do vigário.

CONTO. 1. *História do direito*. Um milhão de réis. **2.** *Direito penal*. a) *Vide* ESTELIONATO; b) logro; c) patranha inventada para, de má-fé, explorar a ingenuidade de algumas pessoas, lesando-as patrimonialmente, mediante o emprego de artifícios ou palavras enganosas. **3.** *Direito autoral*. a) Narração escrita ou falada; b) historieta ou fábula. **4.** *Direito militar*. Extremidade inferior de lança.

CONTO DO VIGÁRIO. *Direito penal*. **1.** Estelionato. **2.** Golpe aplicado pelo vigarista aos incautos para obter determinada quantia em dinheiro ou para desviar seus bens. **3.** Embuste pelo qual uma pessoa consegue vantagem econômica, em prejuízo de outrem, mediante o emprego de palavras enganosas ou artifícios (Luiz Vicente Cernicchiaro).

CONTORÇÃO. *Medicina legal*. Movimento forçado e irregular dos membros.

CONTOS. *História do direito*. Bens doados por graça real, mas em que não entravam os mordomos.

CONTRA. 1. Na *linguagem jurídica* em geral, pode significar: a) em luta com; b) em oposição a ou em contradição com; c) objeção; d) para prevenir prejuízos causados por; e) em troca de;

f) em desfavor de; g) defronte de; com a frente para; h) em direção oposta a. **2.** *Direito desportivo.* Movimento do ferro com que o esgrimista, passando por baixo do adversário, opõe-se ao seu golpe ou ataque.

CONTRA-ABERTURA. *Medicina legal.* Incisão praticada em sentido oposto ao de outra anteriormente feita.

CONTRA-ACUSAÇÃO. *Direito processual.* Acusação que se levanta contra o acusador.

CONTRA AGERE NON VALENTEM PRAESCRIPTIO NON CURRIT. *Expressão latina.* A prescrição não corre contra quem não pode agir.

CONTRA-ALMEIDA. *Direito marítimo.* Parte da embarcação que fica entre a barra da almeida e o parapeito das janelas da câmara.

CONTRA-ALMIRANTE. *Direito militar.* Oficial da Marinha imediatamente superior ao capitão-de-mar-e-guerra e imediatamente inferior ao vice-almirante. Equivale ao coronel-aviador da Aeronáutica e ao general-de-brigada do Exército.

CONTRA-AMURA. *Direito marítimo.* Cabo suplementar que facilita as manobras da amura em combate ou mau tempo.

CONTRA-ARGUMENTO. *Retórica jurídica.* Argumento que se opõe a um outro para elidi-lo; argumento contrário.

CONTRA-ARRAZOADO. *Direito processual.* Alegação fundamentada que se opõe a um arrazoado da outra parte litigante, ao apresentar conclusões contrárias a ele.

CONTRA-ARRAZOAR. *Direito processual.* Ato de refutar as razões apresentadas pelo adversário.

CONTRA-ASSEMBLÉIA. *Ciência política.* Assembléia formada em oposição a outra.

CONTRA-ATACAR. Reagir a um ataque; atacar depois de ter sido atacado.

CONTRA-ATAQUE. 1. *Direito militar.* a) Ação de uma tropa que passa, subitamente, da defensiva para a ofensiva; b) trabalho de defesa, oposto pelos sitiados ao trabalho de ataque dos sitiantes. **2.** *Direito desportivo.* Ação da equipe esportiva que passa à ofensiva.

CONTRA-AVISO. Notícia ou comunicação dada em sentido contrário a uma outra para modificá-la ou anulá-la.

CONTRABANDEAR. *Direito penal.* **1.** Praticar contrabando. **2.** Tornar-se contrabandista.

CONTRABANDISMO. *Direito penal.* Ato de contrabandear.

CONTRABANDISTA. *Direito penal.* Aquele que faz contrabando.

CONTRABANDO. *Direito penal.* **1.** Crime contra a Administração Pública consistente na importação ou exportação clandestina de mercadorias ou gêneros cuja entrada ou saída do País é vedada juridicamente, punido com reclusão. **2.** Mercadoria, gênero ou produto importado ou exportado clandestinamente. **3.** Comércio proibido; venda, depósito ou utilização no exercício de atividade comercial ou industrial de mercadoria estrangeira introduzida no País clandestinamente. **4.** Prática de qualquer fato considerado assimilado por lei especial. **5.** Navegação de cabotagem com finalidade de realizar o comércio direto entre os portos do País, fora dos casos admitidos em lei.

CONTRABANDO DE GUERRA. *Direito internacional público.* Fornecimento de mercadorias ou objetos usados para consumo comum ou para fins bélicos, feito por uma nação neutra a um dos beligerantes.

CONTRABATER. *Direito militar.* Atacar com a contrabateria.

CONTRABATERIA. *Direito militar.* **1.** Bateria construída para desmontar outra. **2.** Providência tomada para desmanchar trama do adversário.

CONTRABORDO. *Direito marítimo.* Forro que preserva a querena do navio.

CONTRACAMBIAR. *Direito cambiário.* Tornar a sacar por falta de valores do sacador.

CONTRACÂMBIO. *Direito cambiário.* Ato de contracambiar.

CONTRACAMPANHA. Campanha em contrário.

CONTRAÇÃO. *Medicina legal.* Retraimento dos músculos ou dos nervos.

CONTRACAUTELA. *Direito processual civil.* Providência judicial levada a efeito em medida cautelar para que, com a concessão da liminar, o requerente venha a prestar caução real ou fidejussória de indenização dos prejuízos que o requerido possa ter.

CONTRACÉDULA. *Direito bancário.* Cédula que substitui a anterior.

CONTRACENA. *Direito autoral.* Diálogo simulado entre atores ao fundo do cenário, enquanto outros realmente dialogam à boca da cena.

CONTRACEPÇÃO. *Medicina legal.* Prevenção da concepção, empregando-se agente físico ou químico.

CONTRACEPTIVO. *Medicina legal.* **1.** Relativo à contracepção. **2.** Diz-se do meio para prevenir a fecundação do óvulo pelo espermatozóide.

CONTRACHEQUE. *Direito comercial, direito civil* e *direito administrativo.* Documento entregue pela empresa ou ente público aos seus empregados ou servidores, especificando a remuneração a que têm direito e as devidas deduções legais, que os habilita a receber do órgão pagador o saldo em dinheiro.

CONTRACONTESTAÇÃO. *Direito processual civil.* Conjunto de arrazoados que o interessado opõe à contestação oferecida como defesa do réu. Trata-se da réplica.

CONTRACONTESTANTE. *Direito processual civil.* Aquele que oferece a réplica.

CONTRACONTESTAR. *Direito processual civil.* Replicar.

CONTRACTING OUT. *Direito internacional público.* Sistema que aumenta o relativismo no direito internacional por garantir que a decisão da organização internacional apenas seja aplicada nos Estados-Membros que nela votaram, desvinculando os que não a acataram (Rudriejo).

CONTRACT LIABILITY. *Locução inglesa.* Responsabilidade contratual.

CONTRACT OF AFFREIGHTMENT (COA). *Locução inglesa.* Contrato de fretamento que tem por objeto um ou mais navios para o transporte de carga durante prazo longo. É também designado *tonnage contract* (Haroldo Anjos e Carlos R. C. Gomes).

CONTRACT OF MANAGEMENT. *Locução inglesa.* Contrato de gerenciamento.

CONTRACTUM AUTEM NON UTIQUE ED LOCO INTELLIGITUR QUO NEGOTIUM GESTUM EST SEDE QUO SOLVENDA ET PECUNIA. *Direito romano.* Não se entende que o contrato seja feito no lugar em que se fez o negócio, mas no local em que se deve pagar a quantia.

CONTRACTUM MULIERIS VEL MINORIS CELEBRATUS EXTRA TERRITORIUM PRAESUMITUR FACTUS IN FRAUDEM. *Direito romano.* Presume-se feito com fraude o contrato da mulher e do menor celebrado fora do território.

CONTRACTUS, AUT TOTUS ACCIPIENDUS EST, AUT TOTUS REPUDIANDUS. *Expressão latina.* Os contratos ou devem ser aceitos no todo ou no todo repudiados.

CONTRACTUS EX CONVENTIONE PARTIUM LEGEM ACCIPIUNT. *Aforismo jurídico.* Os contratos recebem lei da convenção das partes.

CONTRACTUS IMAGINARI JURIS VINCULUM NON OBTINENT CUM FIDES FACTI SIMULATUR NON INTERCEDENTE VOLUNTATE. *Direito romano.* Os contratos imaginários não obtêm vínculo jurídico, pois a fé do fato é simulada, por não haver intervenção da vontade.

CONTRACTUS NON DEBENT OPERARI ULTRA INTENTIONEM AGENTIUM. *Aforismo jurídico.* Os contratos não devem produzir efeitos além da intenção das partes.

CONTRACTUS QUI SOLO CONSENSU PERFICITUR. *Expressão latina.* Contrato que se perfaz somente pelo consenso.

CONTRACULTURA. *Filosofia do direito.* Fenômeno social que se manifesta em movimentos relativos à ocupação de propriedades rurais, públicas e particulares e à impossibilidade de acesso dos cidadãos à administração da justiça social, impondo uma reflexão jusfilosófica sobre os limites do direito oficial e o surgimento de um direito, paralelo, não reconhecido pelo direito oficial.

CONTRADANÇA POLÍTICA. *Ciência política.* Mudança sucessiva de governo ou transferência de ocupantes de cargo de confiança.

CONTRADECLARAÇÃO. *Direito processual civil.* Declaração que venha a alterar outra feita anteriormente.

CONTRADEMANDA. *Direito processual civil.* Contestação.

CONTRADEMONSTRAÇÃO. *Lógica jurídica.* Demonstração que tem por fim invalidar a conclusão inferida de demonstração precedente.

CONTRADIÇÃO. *Lógica jurídica.* **1.** Afirmação em contrário ao que foi alegado anteriormente; relação existente entre a afirmação e a negação de um mesmo objeto de conhecimento. **2.** Ação de contradizer. **3.** Incoerência entre termos ou afirmações, em razão de uma ser a negação da outra. **4.** Oposição entre duas proposições, das quais uma vem a excluir, necessariamente, a outra. **5.** Inconsistência entre dois enunciados. **6.** Ocorre quando um enunciado e sua negação têm a pretensão de ser, concomitantemente, verdadeiros. Por exemplo, se "A" é negação de "não A", então "não A" é negação de "A". Para que exista contradição é mister que a negação seja recíproca e única (Tércio Sampaio Ferraz Jr.).

CONTRADICTIO IN ADJECTO. *Locução latina.* É a contradição que ocorre entre um termo e aquilo que lhe é acrescentado.

CONTRADICTIO IN TERMINIS. *Locução latina.* Contradição nos termos manifestada pela própria forma dos termos que a encerram.

CONTRADITA. *Direito processual civil.* **1.** Ato pelo qual, em juízo, se faz uma alegação escrita ou verbal impugnando ou refutando a feita pela parte contrária. **2.** Contestação.

CONTRADITA DE TESTEMUNHA. *Direito processual civil.* **1.** Objeção ao depoimento de uma testemunha por incapacidade, impedimento ou suspeição. **2.** Ato testemunhal contradizendo alegação de outra testemunha.

CONTRADITADO. *Direito processual civil.* **1.** Impugnado. **2.** Aquilo que se contestou ou refutou.

CONTRADITAR. *Direito processual civil.* **1.** Apresentar contradita. **2.** Contestar; refutar; impugnar.

CONTRADITÁVEL. *Direito processual civil.* Que se pode contraditar.

CONTRADITOR. *Direito processual civil.* **1.** Aquele que opõe, em juízo, a contradita. **2.** O que contradita o depoimento testemunhal. **3.** Aquele que contradiz.

CONTRADITÓRIA. **1.** *Lógica jurídica.* a) Proposição oposta a outra; b) diz-se da proposição que uma parte afirma e a outra nega, por não poder ser, concomitantemente, verdadeira e falsa. **2.** *Direito processual civil.* Contestação.

CONTRADITORIEDADE. **1.** *Lógica jurídica.* Relação de oposição entre proposições contraditórias. **2.** *Direito processual civil* e *direito processual penal.* a) Elemento indispensável da dialética do juízo; b) princípio democrático garantidor do direito de defesa e da paridade processual das partes que acompanha toda a via jurisdicional, do primeiro ao último grau.

CONTRADITÓRIO. **1.** *Lógica jurídica.* a) Inconsistente ou incompatível; b) o que contém contradição. **2.** *Direito constitucional* e *direito processual.* a) Princípio da audiência bilateral, que rege o processo, pois o órgão judicante não pode decidir uma questão ou pretensão sem que seja ouvida a parte contra a qual foi proposta, resguardando dessa forma a paridade dos litigantes nos atos processuais, visto que, mesmo nos casos excepcionais em que a lei possibilita a pronunciação judicial *inaudita altera parte*, haverá oportunidade de defesa daquele contra quem a pretensão se dirige; b) depoimento testemunhal que contém contradição; c) garantia constitucional que assegura a todo aquele que for demandado em juízo o direito de defesa da acusação e de proteção de seu direito.

CONTRADIZER. *Direito processual civil.* **1.** Contestar; impugnar; alegar o contrário do que afirma o advogado da parte adversa. **2.** Fazer oposição. **3.** Contraditar. **4.** Contra-argumentar tentando persuadir o magistrado.

CONTRADOCUMENTO. *Direito civil.* Instrumento escrito e secreto com que as partes pretendem alterar ou revogar, no todo ou em parte, os efeitos de um ato jurídico simulado, com o firme propósito de outorgar-lhe sua verdadeira eficácia.

CONTRADOTE. *História do direito.* Garantia real ou pessoal do dote que o futuro marido oferecia no pacto antenupcial.

CONTRA-ÉDITO. Édito que é contrário a um outro.

CONTRAENTE. *Direito civil.* **1.** Aquele que contrai matrimônio. **2.** Diz-se daquele que celebra um contrato. **3.** Contratante.

CONTRA-ESCOTA. *Direito marítimo.* Cabo utilizado para facilitar manobras da escota durante um temporal.

CONTRA-ESCRITURA. *Vide* CONTRADOCUMENTO.

CONTRA-ESPIONAGEM. *Direito militar.* Serviço secreto que tem por fim obter a segurança, mediante a descoberta e frustração da espionagem de inimigos e a verificação da procedência de informações prestadas pelos agentes de espionagem do próprio país.

CONTRA-ESTADIA. *Direito comercial.* **1.** Também chamada de "sobrestadia". **2.** *Vide CONTROSTALLIA* e *DEMURRAGE CHARGE.* **3.** Tempo que excede ao prazo concedido ao navio para sua estadia no porto durante a carga ou descarga de mercadorias. **4.** Taxa paga, a título de indenização, pela estadia ou permanência no porto além do prazo fixado para carga ou descarga das mercadorias, que tem preferência sobre todas as outras dívidas acerca do valor dos efeitos carregados, salvo sobre os salários devidos por serviços prestados à embarcação, compreendidos os de pilotagem e salvados.

CONTRA-ESTIMULISMO. *Medicina legal.* Utilização sistemática de meios ou remédios contra-estimulantes.

CONTRA EUM, QUI LEGEM DICERE POTUIT APERTIUS, EST INTERPRETATIO FACIENDA. *Direito canônico.* A interpretação deve ser contrária àquilo que pode ser explicado de modo mais claro.

CONTRAFAÇÃO. 1. *Direito autoral.* a) Ação ou efeito de contrafazer, ou seja, de imitar, reproduzir por falsificação e usurpar; b) imitação, reprodução fraudulenta de obra intelectual, violando o direito do autor e a propriedade intelectual; c) ato fraudulento com que se reproduz, falsifica ou imita algo; d) edição de livro sem autorização do seu autor; e) reprodução não autorizada. **2.** *Direito penal.* a) Crime contra a propriedade intelectual consistente na violação de direito de autor pela reprodução não só de obra literária, científica ou artística, no todo ou em parte, para fins de comércio, sem autorização expressa do autor ou de quem o represente, mas também de fonograma e videofonograma, sem anuência do produtor ou de quem o represente, e pela venda ou exposição à venda, introdução no País e ocultação para o fim de venda de obra intelectual, fonograma ou videofonograma produzidos com infração de direito autoral; b) falsificação de assinatura, moedas, papéis de crédito, selos etc.

CONTRAFAÇÃO À OBRA. *Direito autoral* e *direito penal.* Usurpação dolosa dos direitos de autor de obra literária, científica ou artística, mediante sua reprodução fraudulenta ou inculcação da sua autoria a quem não é, na verdade, seu autor, que acarreta responsabilidade civil e penal ao contrafator.

CONTRAFAÇÃO DE DESENHO INDUSTRIAL. *Direito de propriedade industrial, direito autoral* e *direito penal.* **1.** Reprodução, total ou parcial, não autorizada de modelo ou desenho de indústria de outrem. **2.** Exploração de desenho ou modelo de privilégio alheio sem autorização. **3.** Venda, exposição à venda ou introdução no País de objeto que seja imitação de modelo industrial.

CONTRAFAÇÃO DE INVENÇÃO. *Direito de propriedade industrial, direito autoral* e *direito penal.* Violação do direito de privilégio de invenção ou de descoberta consistente em: a) fabricação sem autorização do concessionário ou cessionário de produto que seja objeto de privilégio; b) uso de processo que constitui objeto de privilégio; e c) importação, venda, exposição à venda, ocultação e recebimento para venda de produto fabricado com violação de privilégio.

CONTRAFAÇÃO DE MARCA. *Direito de propriedade industrial* e *direito penal.* Violação de marca de indústria ou comércio mediante: reprodução fraudulenta, no todo ou em parte, de marca de outrem; uso de marca imitada ou de outrem em produto que não seja de sua fabricação; venda, exposição à venda ou depósito de produtos com marca imitada ou com marca legítima de quem não é seu verdadeiro fabricante.

CONTRAFAÇÃO DE MERCADORIA. *Direito penal.* Adulteração ou falsificação de mercadoria.

CONTRAFAÇÃO DE PATENTE. *Direito autoral, direito de propriedade industrial* e *direito penal.* Utilização indevida de patente alheia.

CONTRA FACTUM NON DATUR ARGUMENTUM. *Expressão latina.* Contra fato não há argumento.

CONTRAFATOR. *Direito autoral, direito de propriedade industrial* e *direito penal.* **1.** Aquele que fraudulentamente reproduz obra intelectual para obter vantagem econômica. **2.** O que faz contrafação.

CONTRAFAZER. *Direito autoral, direito de propriedade industrial* e *direito penal.* **1.** Imitar. **2.** Reproduzir fraudulentamente. **3.** Usurpar. **4.** Praticar contrafação.

CONTRAFÉ. *Direito processual civil.* Cópia autenticada da citação ou intimação judicial extraída pelo oficial da justiça para ser entregue ao que foi citado ou intimado.

CONTRA FISCUM. *Locução latina.* Contra o fisco.

CONTRAFOGO. É o fogo ateado ao encontro de um incêndio florestal para evitar sua propagação.

CONTRAFORTE. *Direito civil.* Pilastra que reforça parede ou muro para que este possa suportar algum peso.

CONTRAGARANTIAS. *Direito civil.* Conjunto de garantias dadas pelo tomador em favor de sociedade seguradora.

CONTRAGEM. *Direito agrário.* Raio da maior roda dos engenhos de açúcar.

CONTRAGOLPE. *Medicina legal.* **1.** Comoção havida num órgão em razão de traumatismo em outro. **2.** Golpe oposto a outro.

CONTRAGUIA. 1. *Direito agrário.* Lugar e posição da junta de bois, no carro situado atrás da guia. **2.** Na *linguagem jurídica* em geral, documento exarado para atestar a exatidão dos dados contidos na guia.

CONTRAÍDO. Contratado.

CONTRA-INDICAÇÃO. *Medicina legal.* **1.** Conjunto de fatos impeditivos de se usar, em certa moléstia ou num dado paciente, determinados remédios ou tratamentos que, em outros casos similares ou análogos, conduziriam à cura. **2.** Qualquer condição de saúde, relativa a uma doença ou ao doente, que leva a uma limitação do uso do medicamento (contra-indicação relativa), ou até a não-utilização (contra-indicação absoluta). Caso essa condição não seja observada, poderá acarretar graves efeitos nocivos à saúde do usuário do medicamento.

CONTRA-INDÍCIO. Indício contrário a outro anterior.

CONTRA-INQUÉRITO. *Direito processual penal.* Inquérito que se instaura com a finalidade de averiguar outro anterior.

CONTRAIR. **1.** *Direito civil.* Contratar; assumir; celebrar contrato; realizar ato jurídico; obrigar-se. **2.** *Medicina legal.* Adquirir doença.

CONTRAIR DÍVIDAS. *Direito civil.* Endividar-se.

CONTRAIR MATRIMÔNIO. *Direito civil.* Casar-se.

CONTRA-IRRITAÇÃO. *Medicina legal.* Inflamação superficial provocada para reduzir outra mais grave.

CONTRA JURAMENTUM ADMITTI ADHUC POSSUNT PROBATIONES CONTRARIAE. *Direito romano.* Contra o juramento ainda se podem admitir provas contrárias.

CONTRA JURIS CIVILIS REGULAS PACTA CONVENTA, RATA NON HABENTUR. *Direito romano.* Os pactos convencionados contra as normas de direito civil são nulos.

CONTRAJUSTIÇA. *Teoria geral do direito* e *filosofia do direito.* Injustiça.

CONTRALAIS. *Direito marítimo.* Cabo com que se faz o reforço de laises.

CONTRALATERAL. *Medicina legal.* Diz-se do sintoma que vem a manifestar-se do lado oposto ao da lesão.

CONTRA LEGEM. *Teoria geral do direito.* Contra a lei; o que se opõe à lei.

CONTRA LEGEM FACIT QUI FACIT QUOD LEX PROHIBET; IN FRAUDEM VERO QUI SALVIS VERBIS LEGIS SENTENTIAM EIUS CIRCUMVENIT. *Expressão latina.* Age contra a lei quem faz o que ela proíbe; frauda a lei quem burla seu sentido.

CONTRA LITTERAS CAMBII OPPONI POTEST EXCEPTIO DOLI MALI. *Direito romano.* Pode-se opor às letras de câmbio a exceção de dolo.

CONTRAMANDADO. **1.** *Direito processual penal.* Revogação de mandado de prisão; ordem expedida pelo magistrado em sentido contrário a uma anteriormente expedida, anulando-a, desde que o beneficiário não tenha sido recolhido à prisão, pois, nessa hipótese, cabível será tão-somente o alvará de soltura. **2.** Na *linguagem jurídica* em geral, é o mesmo que CONTRA-ORDEM.

CONTRAMÃO. *Direito de trânsito.* Direção oposta àquela admitida para o tráfego de veículo; direção interdita para o tráfego, sob pena de multa.

CONTRAMARCA. **1.** *Direito autoral.* Senha de teatro. **2.** *Direito alfandegário.* Número de ordem usual na alfândega para identificar a carga, os volumes ou mercadorias que ali dão entrada. **3.** *Direito agrário.* a) Marca invertida colocada em animal com o escopo de autenticar ou suceder a outra, comum na hipótese de recompra; b) escavação que os alquiladores fazem nos dentes dos cavalos com mais de oito anos, para que aparentem ter menos idade. **4.** *Direito de propriedade industrial.* Marca feita para substituir, reforçar ou autenticar outra em mercadorias recebidas de empresário que já as havia assinalado.

CONTRAMARCHA. *Direito marítimo.* Movimento sucessivo de todas as embarcações de uma linha, navegando em direção contrária ao rumo que, anteriormente, seguiam.

CONTRAMARGEM. Faixa de terreno anexa à margem.

CONTRAMESTRA. **1.** *Direito agrário.* Personagem dos pastoris no nordeste do País. **2.** *Direito do trabalho.* Diz-se da substituta da mestra em oficina.

CONTRAMESTRE. **1.** *Direito marítimo.* a) Tripulante de navio em grau imediatamente superior ao de guardião e inferior ao de mestre; b) substituto do capitão e do piloto em seus impedimentos; c) encarregado de receber e entregar as fazendas ou a carga da embarcação; d) suboficial de convés, incumbido de efetuar as manobras da embarcação. **2.** *Direito do trabalho.* Trabalhador graduado que tem a função de chefia.

CONTRAMINA. *Direito militar.* Passagem subterrânea feita estrategicamente para interceptar mina do inimigo ou retirar material explosivo.

CONTRAMINUTA. *História do direito* e *direito processual civil.* Alegação escrita pela qual o agravado refuta os fundamentos ou razões do agravante ou a procedência do agravo interposto.

CONTRAMINUTANTE. *Direito processual civil.* Aquele que contraminuta um agravo interposto pelo recorrente.

CONTRAMINUTAR. *Direito processual civil.* **1.** Fazer contraminuta. **2.** Sustentar as razões de defesa no agravo.

CONTRAMOLDAGEM. *Direito de propriedade intelectual* e *direito autoral.* Reprodução de uma escultura por meio de moldagem.

CONTRAMONÇÃO. *Direito marítimo.* Época desfavorável à navegação, em razão de ventos contrários.

CONTRAMURO. *Direito civil.* **1.** Muro de pequena dimensão que protege outro. **2.** Muro construído com altura superior àquele que serve de arrimo (Afonso Celso F. de Rezende).

CONTRAN. *Direito de trânsito.* Sigla de Conselho Nacional de Trânsito.

CONTRA NATURAM. *Locução latina.* Contra a natureza.

CONTRANDIFE. Sigla de Conselho de Trânsito do Distrito Federal.

CONTRA NON VALENTEM AGERE NULLA CURRIT PRAESCRIPTIO. *Aforismo jurídico.* Nenhuma prescrição corre contra quem não pode agir.

CONTRA–OFENSIVA. Ofensiva em reação a uma outra.

CONTRA–OFERTA. *Direito civil.* Oferta que se faz em oposição a outra anterior, constituindo uma nova proposta.

CONTRA–ORDEM. **1.** Na *linguagem jurídica* em geral: a) ordem contrária a uma outra dada anteriormente, expedida pela mesma pessoa ou por alguém competente para contra-ordenar; b) ordem que revoga outra. **2.** *Direito comercial.* a) Instrução dada no mandato e nos contratos de agência ou de comissão, revogando ou alterando uma dada precedentemente; b) aviso dado pelo emitente de um cheque ao banco sacado para que este não efetue o seu pagamento ao portador ou beneficiário, desde que se configurem motivos especificados legalmente.

CONTRAPARENTE. *Direito civil.* **1.** Parente por afinidade. **2.** Parente remoto.

CONTRAPARTE. **1.** *Direito processual civil.* Adversário; parte contrária numa demanda. **2.** *Direito civil.* Uma das partes da relação jurídica, que se distingue da outra por oposição.

CONTRAPARTIDA. *Contabilidade* e *direito comercial.* **1.** Conta que se contrapõe a uma outra numa escrituração empresarial. **2.** Oposição da conta devedora à credora e vice-versa. **3.** Parte que é, simultaneamente, correspondente e oposta a uma outra. **4.** Lançamento contábil de uma partida contrária à outra, apurando-se sua exatidão, para facilitar o controle da escrituração comercial. **5.** Compensação.

CONTRAPESO. *Direito comercial.* **1.** Porção menor de uma mercadoria para completar o peso que foi pedido. **2.** O que compensa outra coisa de sentido contrário. **3.** Carga calculada que se coloca, no cargueiro, do outro lado da cangalha, com o escopo de equilibrar o conjunto.

CONTRAPOR. *Teoria geral do direito.* **1.** Expor ou apresentar um argumento em oposição a outro. **2.** Opor. **3.** Confrontar. **4.** Pôr em paralelo.

CONTRAPOSIÇÃO. **1.** *Teoria geral do direito.* a) Ato ou efeito de contrapor; b) disposição em sentido oposto ou contrário. **2.** *Lógica jurídica.* Espécie de dedução imediata consistente em trocar os termos de uma proposição, negando-os, por exemplo, "se A é verdadeiro, B é verdadeiro". Deduzir-se-á que, "se B é falso, A é falso".

CONTRAPOSTO. Oposto; contrário; que se contrapôs.

CONTRAPRESTAÇÃO. *Direito civil.* Prestação a que, num contrato bilateral, uma das partes se obriga e que é correlata à prestação da outra. É a prestação de uma parte contratante em correspondência com a do outro contratante.

CONTRAPRINCÍPIO. *Teoria geral do direito.* Aquilo que é oposto ao princípio estabelecido.

CONTRAPRODUCENTE. **1.** Aquilo que não produz bons resultados. **2.** O que acarreta resultado diverso do esperado. **3.** Aquilo que prova o contrário do que se pretende demonstrar.

CONTRA PROFERENTEM. *Direito internacional público.* Regra hermenêutica usual na interpretação de tratado internacional, segundo a qual as cláusulas obscuras ou ambíguas devem ser interpretadas contra a parte que as propôs, concedendo à outra o benefício da dúvida (Rezek).

CONTRAPROJETO. É o projeto que vem a substituir outro.

CONTRAPROPAGANDA. *Direito do consumidor.* **1.** Propaganda feita para combater outra, anulando-a. **2.** Sanção imposta a quem fizer publicidade enganosa ou abusiva, por ato ou omissão de produto ou serviço, de veicular publicidade correta, desmentindo as qualidades daquele produto ou serviço anteriormente anunciado.

CONTRAPROPOSTA. *Direito civil.* **1.** Proposta que vem a responder a uma outra, modificando as condições que não foram satisfatórias. **2.** Contra-oferta.

CONTRAPROTESTO. *Direito processual civil.* **1.** Peça processual autônoma em que se impugna protesto judicial promovido anteriormente por outrem. **2.** Protesto contrário ou oposto a outro, visando torná-lo sem efeito.

CONTRAPROVA. **1.** *Direito processual civil* e *direito processual penal.* Produção, em juízo, por um dos litigantes de prova contrária à apresentada pelo seu adversário, procurando comprovar sua inexatidão ou falsidade. **2.** *Direito comercial.* Segunda prova de conta contábil ou operação mercantil.

CONTRAPUNHO. *Direito marítimo.* Cabo preso na ponta da vela grande e do traquete para facilitar uma manobra.

CONTRAQUILHA. *Direito marítimo.* Peça que reveste a quilha pela parte interior da embarcação para protegê-la, aumentando sua resistência lateral.

CONTRA-RACIONAL. *Lógica jurídica.* Irracional; ilógico.

CONTRA RATIONEM JURIS. *Expressão latina.* Contra-razão de direito positivo.

CONTRA RATIONEM NATURALEM. *Expressão latina.* Contra-razão de direito natural.

CONTRA-RAZOADO. *Direito processual penal* e *direito processual civil.* Ato processual pelo qual a parte, no exercício do direito de defesa, apresenta contrariedade ou contestação às alegações escritas ofertadas pelo seu adversário, refutando-as.

CONTRA-RAZÕES. *Vide* CONTRA-RAZOADO.

CONTRA-REGRA. **1.** Empregado incumbido de marcar a entrada dos atores em cena. **2.** Encarregado, em rádio e televisão, de todos os acessórios dos programas.

CONTRA-REPARO. *Direito militar.* Segunda trincheira feita em torno de uma praça de guerra.

CONTRA-RÉPLICA. *Direito processual civil.* Tréplica; réplica feita a outra réplica, refutando-a, aduzindo novas razões ou reforçando as alegadas na contestação.

CONTRA-REVOLTA. *Vide* CONTRA-REVOLUÇÃO.

CONTRA-REVOLUÇÃO. *Direito militar* e *ciência política.* **1.** Revolução imediata a uma outra, mas em sentido oposto a ela. **2.** Ação das Forças Armadas contra uma revolta ou insurreição.

CONTRA-REVOLUCIONÁRIO. *Ciência política.* **1.** Concernente à contra-revolução. **2.** Aquele que participa de uma contra-revolução. **3.** Oposição a uma revolução em curso.

CONTRARIA ALLEGANS NON AUDITUR. *Brocardo latino.* Quem alega coisas contrárias não é ouvido.

CONTRARIA CONTRARIIS CURANTUR. *Brocardo latino.* Curam-se as coisas contrárias com coisas contrárias.

CONTRARIANTE. *Direito processual civil.* Aquele que contesta.

CONTRARIA PLURA INCOMPATIBILIA, SI CONCURRANT PRAEVALET ULTIMUM. *Aforismo jurídico.* Se concorrem contrários incompatíveis, prevalece o último.

CONTRARIAR. *Direito processual civil.* **1.** Contestar. **2.** Fazer oposição. **3.** Responder por contrariedade a. **4.** Contraditar. **5.** Oferecer razões contrárias às do adversário.

CONTRARIA SIMUL ESSE NON POSSUNT. *Aforismo jurídico.* As coisas contrárias não podem coexistir.

CONTRARIEDADE. **1.** *Direito processual penal.* a) Defesa do réu no processo-crime; b) refutação feita pelo advogado do réu ao libelo acusatório do Ministério Público. **2.** *Teoria geral do direito.* Antinomia de normas jurídicas. **3.** *Lógica jurídica.* Diz-se de dois enunciados que são contrários, ou melhor, quando um é negação do outro, sem que tal negação seja recíproca ou única.

CONTRARIO SENSU. *Locução latina.* Em sentido contrário.

CONTRARIUS CONSENSUS. *Locução latina.* Acordo das partes para extinguir contrato por elas firmado; distrato.

CONTRA-SAFRA. *Direito agrário.* Ano de intervalo em que não há colheita ou safra.

CONTRA SCRIPTUM TESTIMONIUM, NON SCRIPTUM TESTIMONIUM NON FERTUR. *Aforismo jurídico.* A uma prova escrita não se opõe uma não escrita.

CONTRA-SEGURO. *Direito comercial.* Resseguro; seguro de um bem que já está segurado por outra seguradora.

CONTRA-SELO. 1. Carimbo com que se inutiliza um selo. **2.** Selo colocado ao lado ou em cima do outro.

CONTRA-SENHA. 1. Sinal com que se responde a outro para identificar-se. **2.** *Direito militar.* Resposta convencionada e sigilosa dada a uma senha.

CONTRA-SENSO. *Teoria geral do direito.* **1.** Afirmação em sentido contrário ao senso comum ou ao bom senso. **2.** Falsa interpretação de um texto legal.

CONTRA-SINAL. 1. *Direito agrário.* Sinal repetido colocado, em regra, na orelha de animal novo para confirmar sua posse. **2.** *Direito administrativo.* Sinal autenticativo daquele que exerce função pública, colocado em documento oficial que já contém assinatura de outra autoridade da mesma hierarquia ou de grau superior.

CONTRA-SOBREESTADIA. *Direito comercial.* Prazo de prorrogação da contra-estadia ou sobreestadia.

CONTRA-SOCA. *Direito agrário.* Quarta produção da cana após o corte da terceira.

CONTRASTARIA. *Direito comercial.* **1.** Oficina de contraste de jóias ou metais preciosos. **2.** Ofício daquele que avalia os quilates e o preço das jóias.

CONTRASTE. *Direito comercial.* Exame de metais para apuração de sua pureza e valor.

CONTRASTEAÇÃO DE METAL PRECIOSO OU NA FISCALIZAÇÃO ALFANDEGÁRIA. *Direito penal.* Crime de falsificação do sinal empregado pelo Poder Público no contraste ou avaliação de metal precioso ou na fiscalização alfandegária, punido com reclusão e multa.

CONTRASTEADOR. *Direito penal.* O que faz contrasteação; fiscal; avaliador.

CONTRASTEAR. *Direito penal* e *direito comercial.* Avaliar metais preciosos.

CONTRATA. *Direito militar.* Ajuste de serviços temporários na Marinha ou no Exército.

CONTRATAÇÃO. Ato de contratar.

CONTRATAÇÃO, POR EMPRESA ESTRANGEIRA, DE BRASILEIRO PARA TRABALHAR NO EXTERIOR. *Direito do trabalho.* Ato que dependerá de autorização do Ministério do Trabalho e Emprego. Fica delegada competência ao titular da Coordenação-Geral de Imigração deste Ministério para autorizar a contratação, por empresa estrangeira, de brasileiro para trabalhar no exterior. O pedido de autorização, com validade de três anos, deverá ser formulado pela empresa interessada à Coordenação-Geral de Imigração, em língua portuguesa, e instruído com os seguintes documentos: a) comprovação de sua existência jurídica, segundo as leis do país no qual é sediada, consularizada e traduzida para a língua portuguesa, por tradutor oficial juramentado; b) comprovação de participação acionária em empresa brasileira de, no mínimo, cinco por cento do seu capital social integralizado; c) constituição de procurador no Brasil, com poderes especiais de representação, inclusive o de receber citação; e d) contrato individual de trabalho, em língua portuguesa.

CONTRATAÇÃO TEMPORÁRIA. *Direito administrativo.* Locação de serviço temporário para atender, excepcionalmente, a interesse público, ante problemas advindos de epidemia, recenseamento, substituição de professores, necessidade de serviço profissional especializado etc., mediante seleção simplificada.

CONTRATADO. 1. Na *linguagem jurídica* em geral: a) aquilo que constitui objeto de contrato; b) que se contratou; c) ajustado, pactuado ou convencionado. **2.** *Direito administrativo.* Aquele que, na qualidade de servidor extranumerário, celebra com o Estado um contrato obrigando-se a prestar uma função reconhecidamente especializada, para a qual não há, nos quadros do funcionalismo público, pessoa devidamente habilitada e disponível para exercê-la.

CONTRATADOR. 1. Na *linguagem jurídica* em geral, é o contratante. **2.** *Direito processual civil.* Arrematante de algum fornecimento numa venda pública. **3.** *Direito administrativo.* a) Aquele que arrenda a execução de serviço público; b) concessionário.

CONTRATANTE. 1. Pessoa que é parte num contrato. **2.** O que celebra um contrato, tratado ou convenção. **3.** Contraente.

CONTRATAR. Convencionar; pactuar; ajustar; combinar; fazer um contrato; negociar.

CONTRAT DE NEGOCIER. *Locução francesa.* Acordo para negociar, ou contrato de negociação.

CONTRATEMPO. Qualquer fato imprevisto que impede o andamento de um negócio ou de uma diligência.

CONTRATISTA. 1. *Direito civil.* Empreiteiro. **2.** *Direito administrativo.* Aquele que contrata com a Administração Pública o fornecimento de mercadorias ou a execução de obras. **3.** *Direito agrário.* Empregado de fazenda que, no Nordeste, tem a seu cargo alguns hectares de terra para plantio do cacau, devolvendo-os ao seu empregador mediante uma indenização por árvore plantada.

CONTRATO. 1. Na *linguagem jurídica* em geral, significa: a) acordo de duas ou mais vontades, na conformidade da ordem jurídica, destinado a estabelecer uma regulamentação de interesses entre as partes, com o escopo de adquirir, modificar ou extinguir relações jurídicas de natureza patrimonial; b) ato ou efeito de contratar; c) cláusula contratual; d) título ou documento onde está consignado um acordo, ajuste ou alteração introduzida num avença contratual. **2.** *Direito comercial.* Estabelecimento onde se prepara óleo de baleia. **3.** *Direito processual civil.* Diz-se do foro escolhido pelos contratantes, para solucionar as suas eventuais pendências. **4.** *Direito notarial.* Ato de consignar por escrito, junto ao órgão competente, os termos contratuais, registrando-os, com o intuito de obter sua eficácia perante terceiros.

CONTRATO ABERTO. *Direito civil.* Aquele que permite o ingresso de algum contratante em negócio já entabulado, como o contrato de sociedade ou associação.

CONTRATO ABSTRATO. *Direito civil.* Aquele que retira sua força da própria causa que o gera, por exemplo, o aceite de cambial (Silvio Rodrigues).

CONTRATO ACESSÓRIO. *Direito civil.* É aquele cuja existência jurídica depende da de um outro, que é o principal, pois visa assegurar sua execução, por exemplo, a fiança depende da locação porque a garante; a hipoteca requer que haja um empréstimo, sem o qual não poderá existir etc.

CONTRATO ADJETO. *Vide* CONTRATO ACESSÓRIO.

CONTRATO ADMINISTRATIVO. *Direito administrativo.* Avença travada entre a Administração e terceiros na qual, por força de lei, de cláusulas pactuadas ou do tipo de objeto, a permanência do vínculo e as condições preestabelecidas sujeitam-se a cambiáveis, imposições de interesse público, ressalvados os interesses patrimoniais do contratante privado (Celso Antônio Bandeira de Mello).

CONTRATO A FAVOR DE TERCEIRO. *Direito civil.* Trata-se da estipulação em favor de terceiro, que é o contrato estabelecido entre duas pessoas, onde uma (estipulante) convenciona com outra (promitente) certa vantagem patrimonial em proveito de terceiro (beneficiário), alheio à formação do vínculo contratual. Por exemplo, se uma pessoa, mediante pagamento de prêmios anuais, consegue da seguradora a promessa de pagar a terceiro por ela indicado (beneficiário), por ocasião de seu falecimento, uma certa quantia em dinheiro.

CONTRATO AGRÁRIO. *Direito agrário.* **1.** Acordo de vontade celebrado para adquirir, resguardar, modificar ou extinguir direito vinculado à produtividade da terra (Otavio Mello Alvarenga). **2.** Negócio celebrado entre o proprietário da terra destinada à produção agrária e o seu explorador, para a percepção de seus frutos (Giangastone Bolla). **3.** Acordo de vontades que tem por finalidade o uso ou a posse temporária de imóvel rural com o escopo de nele exercer atividade agrícola, extrativa, pecuária ou agroindustrial. Duas são as modalidades de contrato agrário nominado: o arrendamento rural e a parceria rural. É uma limitação ao direito do proprietário das terras rurais de usá-las e gozá-las, devido à exigência da participação dos frutos na parceria, do teto máximo do preço no arrendamento e da fixação de prazos mínimos em ambos os contratos.

CONTRATO AGROINDUSTRIAL. *Direito agrário.* Também denominado "parceria agroindustrial", é o contrato agrário que tem por fim a cessão de uso do imóvel rural ou de maquinarias e implementos, tendo por escopo a produção agrícola, pecuária ou florestal ou a exploração de bens vitais e sua transformação para a venda, partilhando-se entre os contratantes os riscos do empreendimento e os lucros na proporção estabelecida no contrato, dentro dos limites e condições legais.

CONTRATO ALEATÓRIO. *Direito civil.* É aquele em que a prestação de uma ou de ambas as partes depende de um risco futuro e incerto, não se podendo antecipar seu montante. As partes colocam-se sob a perspectiva de uma álea, que se irá refletir na existência ou na quantidade da prestação combinada, expondo-se elas à eventualidade recíproca de perda ou ganho. Por exemplo, no contrato de seguro, o segurado, em troca do prêmio, poderá vir a receber a indenização, se ocorrer um sinistro, ou nada receber, se aquele não advier. Há contratos aleatórios por sua natureza, como a rifa, a constituição de renda vitalícia, o seguro, o jogo e a aposta, enquanto outros o são acidentalmente, por terem por objeto coisa incerta ou de valor incerto, como o contrato de garimpo, a venda de colheita futura etc.

CONTRATO ANTENUPCIAL. *Direito civil.* Pacto celebrado pelos nubentes que estipula, por meio de escritura pública, sobre seus bens.

CONTRATO ANULÁVEL. *Direito civil.* Aquele que é suscetível de anulação por ter sido celebrado por relativamente incapaz sem assistência de seu representante ou por pessoas cujo consentimento se deu por erro, dolo, coação, lesão, estado de perigo ou fraude contra credores. Tal contrato subsiste até o instante de sua anulação, produzindo efeitos durante algum tempo, admitindo, ainda, confirmação e purificando-se com o decurso do tempo.

CONTRATO A PREÇO FIXO. Contrato com preço contratual fixo, ou preço fixo por unidade de produção, que, em alguns casos, está sujeito a cláusulas de indexação do preço.

CONTRATO A PRÊMIO ALTERNATIVO. *Direito comercial.* Tipo de operação de Bolsa inserido na venda com opção ou a prêmio, onde, além da dupla opção, ter-se-á o poder de desistência.

CONTRATO A TERMO. *Direito civil.* É o que contém cláusula que, por vontade das partes, subordina os seus efeitos a um acontecimento futuro e certo.

CONTRATO ATÍPICO. *Direito civil.* É também designado "contrato inominado", que, por não estar regulamentado, expressamente, por lei, não tem denominação própria, podendo ser livremente convencionado pelos contratantes, desde que não fira a ordem pública, os bons costumes e os princípios gerais do direito, pois é permitido juridicamente, ante o princípio da autonomia da vontade e a doutrina do número *apertus* em que se desenvolvem as relações contratuais.

CONTRATO A TÍTULO GRATUITO. *Direito civil.* É o contrato, em regra unilateral, que onera somente uma das partes, proporcionando à outra uma vantagem, sem qualquer contraprestação. É um contrato benéfico, pois apenas um contratante obtém proveito, que corresponde a um sacrifício do outro, como ocorre, por exemplo, com a doação pura e simples ou com o mútuo sem retribuição.

CONTRATO A TÍTULO ONEROSO. *Direito civil.* É aquele que, por ser bilateral, traz vantagens para ambos os contratantes, pois estes sofrem um sacrifício patrimonial correspondente a um proveito almejado. Por exemplo, a compra e venda, a locação de coisa etc.

CONTRATO AUTORIZADO. *Direito administrativo.* Aquele que só tem eficácia se homologado pelo órgão administrativo competente.

CONTRATO BANCÁRIO. *Direito bancário.* Negócio jurídico em que uma das partes é uma empresa autorizada a exercer atividades próprias de bancos.

CONTRATO-BASE. Acordo que dá origem às controvérsias submetidas a arbitragem.

CONTRATO BÁSICO. *Direito civil.* Contrato principal, em relação a outro decorrente de subcontratação.

CONTRATO BENÉFICO. *Vide* CONTRATO A TÍTULO GRATUITO.

CONTRATO BILATERAL. *Direito civil.* É o ajuste em que cada um dos contratantes é, simultânea e reciprocamente, credor e devedor do outro, pois produz direitos e obrigações para ambos, tendo por característica principal o *sinalagma*, ou seja, a dependência recíproca de obrigações, daí ser chamado de contrato sinalagmático.

CONTRATO CANCELATÓRIO. *Direito civil.* Distrato; acordo pelo qual ambos os contratantes resolvem extinguir o contrato.

CONTRATO CAUSAL. *Direito civil.* Promessa de uma prestação ligada ao motivo jurídico que a determinou.

CONTRATO CEDIDO. *Direito civil.* Cessão pela qual um dos contratantes se retira, sendo substituído por terceiro na relação contratual.

CONTRATO CENSUAL. *Vide* CONSTITUIÇÃO DE RENDA CONVENCIONAL.

CONTRATO CENSUÁRIO. *Direito agrário.* Arrendamento rural.

CONTRATO CIVIL. *Direito civil.* Acordo regulado pelo direito civil, por versar sobre matéria de natureza cível, celebrado por pessoas que não agem na qualidade de empresárias.

CONTRATO *CLÉ EN MAIN.* O mesmo que *TURN KEY.*

CONTRATO COATIVO. *Direito civil.* Diz-se daquele em que, por disposição legal, as partes estipulam, obrigatoriamente, alguma coisa, como ocorre, por exemplo, com o seguro obrigatório.

CONTRATO COLETIVO. 1. *Direito civil.* a) É o resultante de deliberação assemblear obrigando, por exemplo, a todos os condôminos. **2.** *Direito comercial.* Contrato entre credores e devedor comum; concordata. **3.** *Direito do trabalho.* a) É o que visa vincular uma coletividade; b) *Vide* CONTRATO COLETIVO DE TRABALHO. **4.** *Direito do trabalho* e *direito do consumidor.* É aquele levado a efeito por classes ou categorias determinadas, em relações de trabalho ou de consumo (Roberto Senise Lisboa).

CONTRATO COLETIVO DE TRABALHO. *Direito do trabalho.* **1.** Deliberação tomada em assembléia sindical, vinculando todos os que integram a categoria representada, uma vez que estabelece preceitos com natureza normativa. **2.** Acordo normativo intersindical celebrado entre categorias de empregados e empregadores, estipulando condições de trabalho suscetíveis de ser aplicadas às relações trabalhistas individuais. **3.** *Vide* ACORDO COLETIVO DE TRABALHO.

CONTRATO COLIGADO. *Direito civil* e *direito comercial.* É o que apresenta celebração conjunta de duas ou mais relações contratuais, formando nova espécie de contrato não contemplado em lei. Portanto, na coligação as figuras contratuais unir-se-ão em torno de relação negocial própria, sem perderem, contudo, sua autonomia, visto que se regem pelas normas alusivas ao seu tipo. Por exemplo, contrato de transporte interestadual de pessoas, onde coexistem o contrato de transporte e o de seguro.

CONTRATO COM *DIES AD QUEM.* *Direito do trabalho.* Contrato por prazo determinado, ou contrato a termo, que não requer aviso prévio se sua ultimação ocorrer no termo final, mas se dissolvido antes do termo, por qualquer das partes, sem justa causa, ela deverá arcar com a responsabilidade por tal dissolução, pagando uma indenização ao lesado.

CONTRATO COM *DIES CEDIT.* *Vide* CONTRATO COM *DIES AD QUEM.*

CONTRATO COM EFICÁCIA DE PROTEÇÃO DE TERCEIRO. Aquele que contém a obrigação de proteger a parte e terceiro que com ela se relacionar, em razão de objeto mediato da avença (Roberto Senise Lisboa).

CONTRATO COMERCIAL. *Direito comercial.* **1.** É o ajuste feito de acordo com a praxe mercantil em que pelo menos uma das partes é empresária, com o escopo de disciplinar atos de comércio para a obtenção de lucro. **2.** Aquele cujo objeto é suscetível de compra e venda mercantil.

CONTRATO COM FACULDADE DE TROCA. *Direito civil* e *direito comercial.* Venda em que o comprador tem a possibilidade de trocar o objeto adquirido.

CONTRATO COM PESSOA A DECLARAR. *Direito civil.* É aquele em que, no momento de sua conclusão, uma das partes reserva-se o direito de indicar a pessoa que adquirirá os direitos e assumirá as obrigações decorrentes do ato negocial. *Vide* CONTRATO COM PESSOA A NOMEAR.

CONTRATO COM PESSOA A NOMEAR. *Direito civil.* Aquele em que, no momento da sua conclusão, uma das partes (*stipulans*) reserva a si o direito de indicar a pessoa (*electus*) que adquirirá os direitos e assumirá as obrigações decorrentes do ato negocial. Tal indicação deverá ser feita por escrito e comunicada à outra parte (*promittens*) dentro de cinco dias da conclusão do contrato, se outro prazo não tiver sido estipulado. Com a aceitação da pessoa nomeada, revestida da mesma formalidade do ato negocial, esta passará a ter todos os direitos e deveres oriundos do contrato a partir do instante de sua celebração, liberando-se, então, o indicante. O contrato terá eficácia entre os contratantes originários se: a) não houver indicação de pessoa a declarar; b) o nomeado se recusar a aceitar sua nomeação; c) a pessoa indicada era insolvente, fato esse desconhecido no momento de sua indicação; d) a pessoa indicada era incapaz no momento da nomeação.

CONTRATO COMPLEXO. *Direito civil.* O mesmo que CONTRATO ATÍPICO, inominado ou misto, é o que decorre da combinação de elementos de dois ou mais contratos simples, constituindo uma unidade contratual e formando uma nova figura não regulada por lei, por exemplo, o de hospedagem, que decorre da junção da locação de coisa e de serviço, venda e depósito.

CONTRATO COMUTATIVO. *Vide* COMUTATIVO.

CONTRATO CONCLUÍDO. *Direito civil.* Diz-se do que já foi ultimado pelos contratantes, estando perfeito e acabado, podendo gerar conseqüências jurídicas.

CONTRATO CONDICIONAL. *Direito civil.* É aquele cuja eficácia depende de evento futuro e incerto.

CONTRATO CONSENSUAL. *Direito civil* e *direito comercial.* É o que se perfaz pela simples anuência das partes, sem necessidade de outro ato, por exemplo, compra e venda de coisa móvel, mandato, transporte etc.

CONTRATO CONSIGO MESMO. *Direito civil.* Autocontrato admitido desde que uma só pessoa possa representar ambas as partes, como no caso, por exemplo, do contratante, que intervém por si mesmo, em seu próprio nome, e como representante de outrem, manifestando sua vontade sob dois ângulos diversos, de tal sorte que haja duas vontades jurídicas diferentes, embora expressas por uma única pessoa. Assim sendo, a vontade declarada pelo representante consiste numa mera adesão ao conteúdo do contrato, tal como foi estabelecido pelo representado, ressalvando-se seus interesses.

CONTRATO CONTROVERTIDO. *Direito civil.* O que se desvia do conceito clássico de contrato.

CONTRATO COTALÍCIO. *Direito civil.* Contrato de honorários advocatícios devidos pelo cliente ao advogado pelo patrocínio de uma causa.

CONTRATO DE ABERTURA DE CRÉDITO. *Vide* ABERTURA DE CRÉDITO.

CONTRATO DE ADMINISTRAÇÃO IMOBILIÁRIA. *Direito civil.* **1.** Aquele em que um dos contratantes, mediante mandato ou autorização, confere ao outro a gestão de imóveis ou a direção de negócios relativos a seus interesses imobiliários, comprometendo-se a pagar uma taxa pelos serviços prestados. **2.** *Vide* ADMINISTRAÇÃO DE IMÓVEIS.

CONTRATO DE AGÊNCIA. *Vide* AGÊNCIA.

CONTRATO DE AJUSTE. O mesmo que Ajuste e Contrato de Engajamento.

CONTRATO DE AJUSTE A PROVENTO EVENTUAL. *Direito comercial marítimo.* Acordo entre armador e tripulante com intermediação do capitão do navio, estipulando provento por parte dos lucros da viagem ou por parte do valor dos fretes cobrados.

CONTRATO DE AJUSTE A SALÁRIO FIXO. *Direito comercial marítimo.* Acordo entre armador e tripulante avençando salário fixo por viagem ou por mês. O ajuste por viagem ocorre se o tripulante se comprometer a prestar serviços durante uma viagem, mediante remuneração prefixada, qualquer que seja o tempo daquela. O ajuste por mês, por sua vez, é pago proporcionalmente ao tempo de serviço.

CONTRATO DE ALBERGARIA. *Direito comercial* e *direito civil.* Aquele pelo qual uma das partes se obriga a dar abrigo e alimentação a outrem, mediante retribuição.

CONTRATO DE *APART–HOTEL.* *Vide APART-HOTEL.*

CONTRATO DE APRENDIZAGEM. *Direito do trabalho.* **1.** Aquele em que o empregador assume a obrigação não apenas de pagar o salário, mas também de submeter o empregado, que deverá ser menor, à formação metódica de ofício, em cursos especializados ou na própria empresa, para cujo exercício foi contratado, devendo, então, o empregado seguir o regime de aprendizagem. **2.** É o contrato de trabalho especial, ajustado por escrito e por prazo determinado não superior a dois anos, em que o empregador se compromete a assegurar ao aprendiz, inscrito em programa de aprendizagem, formação técnico-profissional metódica compatível com o seu desenvolvimento físico, moral e psicológico, e o aprendiz se compromete a executar com zelo e diligência as tarefas necessárias a essa formação. Para fins do contrato de aprendizagem, a comprovação da escolaridade de aprendiz portador de deficiência mental deve considerar, sobretudo, as habilidades e competências relacionadas com a profissionalização.

CONTRATO DE ARMAZENAGEM DE PRODUTOS AGROPECUÁRIOS. *Direito comercial* e *direito agrário.* É o que rege a relação comercial entre o depositário e o depositante que será nele definida, cujas cláusulas serão fixadas por livre acordo entre as partes, e que conterá, obrigatoriamente, o objeto, o prazo de armazenagem, o preço e a forma de remuneração pelos serviços prestados, os direitos e as obrigações do depositante e do depositário, a capacidade de expedição e as condições de compensação financeira por diferença de qualidade e quantidade do produto objeto do depósito.

CONTRATO DE ARRENDAMENTO DE SERVIÇOS. *Direito administrativo.* É o que tem por escopo obter a prestação de atividades pessoais e não a entrega de bens. Se o serviço é qualquer atividade prestada pela Administração para atendimento de suas necessidades ou de seus administrativos, caracteriza-se, então, pela ação de particular direcionada à Administração e à coletividade para atender a necessidades gerais. Tal ação poderá ser instalação, conserto, fabricação de equipamentos, montagem, desmontagem, conservação, reparação, manutenção, transporte, comunicação ou trabalhos técnico-profissionais.

CONTRATO DE ARRENDAMENTO RURAL. *Vide* ARRENDAMENTO RURAL.

CONTRATO DE ASSINATURA. *Direito comercial* e *direito do consumidor.* Venda complexa pela qual o vendedor se compromete a entregar ao assinante certo número de livros, revistas, jornais, pelo preço fixado, durante determinado tempo (por exemplo, assinatura semestral, anual etc.).

CONTRATO DE ASSISTÊNCIA MÉDICO-HOSPITALAR. *Direito comercial.* Aquele que, além da atividade prestada por médico ou equipe médica, abrange internação em hospital, clínica ou sanatório e fornecimento de alimentos, coberto ou não pelo seguro-saúde. Pode dar-se por meio de convênio.

CONTRATO DE ASSOCIAÇÃO. *Vide* ASSOCIAÇÃO.

CONTRATO DE ATIVIDADE. *Direito civil.* Contrato de prestação de serviço.

CONTRATO DE ATRIBUIÇÃO. *Direito administrativo.* Contrato feito pela Administração Pública para, excepcionalmente, conceder algum privilégio ao administrado, atendendo a interesse do particular.

CONTRATO DE AUTORIZAÇÃO DE REPRODUÇÃO DE IMAGEM DE ATLETA. *Direito civil.* Contrato pelo qual o atleta autoriza a exposição pública de seu retrato ou imagem em livros, filmes, fotografias para fins comerciais, industriais, publicitários ou pedagógicos, obtendo ou não vantagem econômica.

CONTRATO DE BARCAGEM. *Direito comercial.* Transporte por via fluvial (rios e lagos).

CONTRATO DE BOLSA. *Direito comercial.* Negociação realizada com a intervenção de um corretor e levada a efeito mediante operações de Bolsa de Mercadorias ou de Valores, ou fora delas, tendo por objeto a transferência de títulos, valores ou mercadorias cotados em Bolsa para os quais a consignação e o pagamento são diferidos a um prazo determinado. Por exemplo, são contratos de Bolsa a venda de uma partida de títulos não cotados em Bolsa; a venda a termo, ainda que de títulos admitidos à cotação de Bolsa, com vencimento em um dia qualquer; um contrato de reporte concluído em dia qualquer com um vencimento qualquer (Renato Corrado).

CONTRATO DE CÂMBIO. *Direito bancário.* É o instrumento específico firmado entre o vendedor e o comprador de moeda estrangeira, no qual são estabelecidas as características e as condições sob as quais se realiza a operação de câmbio. É aquele em que uma pessoa entrega a outra uma quantia em dinheiro para ser paga em outra praça. Ocorre sempre que há transformação de moeda estrangeira em nacional, pelo câmbio oficial, imposto pela necessidade que tem o importador de efetuar pagamento dos produtos adquiridos junto ao exportador, e pelo turismo. É um contrato entre banco e importadores ou exportadores, ou entre banco e turista. Somente o Banco Central pode autorizar as instituições financeiras a praticarem essas operações de câmbio, pois a ele compete fixar as taxas. É, portanto, o documento firmado entre o comprador e o vendedor da moeda estrangeira, mediante a entrega ou recebimento de moeda nacional. É obrigatório em todas as operações de conversão de moedas no País. Sua oficialização se dá com o registro no Sistema de Informações do Banco Central (SISBACEN).

CONTRATO DE CÂMBIO ESCRITURAL. *Direito bancário.* Operação de câmbio destinada à exportação e importação e pela qual o banco vende a seus clientes nacionais somas descontadas sobre seus haveres no estrangeiro. Também designado "contrato de câmbio sacado ou trajetício".

CONTRATO DE CÂMBIO MANUAL. *Direito bancário.* Refere-se à troca da moeda nacional pela estrangeira, utilizada por turistas que se deslocam para o exterior, mediante compra e venda de moedas estrangeiras em espécie ou em *traveller's checks* (cheques para viajantes). O câmbio manual não se confunde com o mercado paralelo de câmbio (câmbio negro), por ser atividade legal exercida por entidades devidamente autorizadas a operar nesse mercado.

CONTRATO DE CÂMBIO MARÍTIMO. *Direito comercial.* Também chamado de "bodemeria" ou "contrato de empréstimo a risco", é aquele pelo qual o dador estipula ao tomador um prêmio certo e determinado pelo preço dos riscos de mar que toma sobre si, ficando com hipoteca especial no objeto sobre o qual recai o empréstimo e sujeitando-se a perder capital e prêmio se o referido objeto vier a perecer por efeito dos riscos tomados no tempo e local convencionados. É, portanto, o contrato em que uma das partes, mediante pagamento de um prêmio, fornece dinheiro, gêneros ou equipamentos para o armador ou comandante, tendo como garantia real o navio, sua aparelhagem ou frete, sujeitando-se, contudo, a nada receber se ocorrer o sinistro que causar a perda ou dano no navio ou nos objetos dados em garantia.

CONTRATO DE CÂMBIO MARÍTIMO NECESSÁRIO. *Direito comercial.* É o empréstimo a risco celebrado pelo comandante do navio durante a viagem, porque, estando longe dos portos, é o único modo de obter dinheiro indispensável.

CONTRATO DE CÂMBIO MARÍTIMO VOLUNTÁRIO. *Direito comercial.* Empréstimo a risco contraído antes da viagem por opção do armador, que, no porto de partida, poderia ter recorrido a outros meios.

CONTRATO DE CÂMBIO MIÚDO. *Vide* CONTRATO DE CÂMBIO MANUAL.

CONTRATO DE CÂMBIO PARA EXPORTAÇÃO. *Direito bancário.* Compra e venda de moeda estrangeira vinculada à exportação e pela qual se opera a transferência do domínio da moeda estrangeira para a compradora, mediante pagamento ajustado. Em regra, é contratado previamente à emissão pela Cacex ou pelo Banco Central da guia que prova o embarque da mercadoria.

CONTRATO DE CÂMBIO PARA IMPORTAÇÃO. *Direito bancário.* Compra e venda de moeda estrangeira vinculada à importação.

CONTRATO DE CÂMBIO PARA TRANSFERÊNCIA FINANCEIRA DO EXTERIOR. *Direito bancário.* **1.** Compra e venda de moeda estrangeira para cobrir despesas com o turismo no País. O vendedor negocia dólares pelo equivalente em moeda nacional ao câmbio ou taxa do dia da celebração do contrato, fornecendo meios para pagar o consumo de turistas estrangeiros, ligando-se, por isso, ao contrato de excursão turística. **2.** É o que visa a compra e venda de moeda estrangeira para amortização de débito no exterior.

CONTRATO DE CÂMBIO SACADO. *Vide* CONTRATO DE CÂMBIO ESCRITURAL.

CONTRATO DE CÂMBIO TRAJETÍCIO. *Vide* CONTRATO DE CÂMBIO ESCRITURAL.

CONTRATO DE CAPITALIZAÇÃO. *Direito comercial.* Ajuste pelo qual uma das partes (aderente) se compromete a entregar, durante certo tempo, uma prestação pecuniária mensal à outra (companhia capitalizadora), que, por sua vez, se obriga a pagar, no vencimento do contrato ou antes dele, se der seu número em um dos sorteios periódicos, o total das prestações realizadas, acrescido de juros. Por esse ajuste um dos contratantes paga ao outro contribuições periódicas para receber, em certo prazo, determinado capital acumulado, acrescido de juros, cujo pagamento pode ser antecipado mediante sorteio.

CONTRATO DE CAUÇÃO. *Direito civil.* Contrato acessório que visa garantir o cumprimento da obrigação. Tal caução pode ser fidejussória, se decorrer de garantia pessoal, como a fiança, ou real, se recair sobre coisa móvel, caso em que se terá penhor, ou imóvel, hipótese em que se configurará a hipoteca, por exemplo.

CONTRATO DE CESSÃO DE DIREITOS AUTORAIS. *Vide* CESSÃO DE DIREITOS DE AUTOR.

CONTRATO DE CESSÃO DO PASSE. *Direito desportivo.* Acordo relativo à transferência temporária ou eventual de um jogador de uma entidade desportiva para outra, desde que haja anuência do cedido, recebendo a cedente vultosa soma a título de indenização (passe) da cessionária, dentro dos limites estabelecidos pelo órgão competente (Dardeau de Carvalho). Esse contrato não é mais permitido para os novos contratos de prestação de serviços desportivos.

CONTRATO DE CESSÃO DO PASSE POR PERMUTA. *Direito desportivo.* Prática habitual entre as entidades desportivas consistente na troca de atletas, que pode ser feita com ou sem compensação financeira adicional (Dardeau de Carvalho).

CONTRATO DE CESSÃO EVENTUAL DEFINITIVA DO PASSE. *Direito desportivo.* Transferência definitiva do atleta, sem cláusula de retorno à associação cedente, que perde o vínculo do jogador cedido. A empregadora cedente pode exigir da cessionária o pagamento do passe, estipulado de acordo com as normas do desporto. O passe é, portanto, o preço cobrado pela concessão do atestado liberatório, cujo valor tem por base a remuneração mensal do jogador, segundo critérios fixados pelo Conselho de Desenvolvimento do Desporto Brasileiro (CDDB) (Dardeau de Carvalho).

CONTRATO DE CESSÃO EVENTUAL DO PASSE. *Direito desportivo.* Aquele que abrange a transferência definitiva ou por empréstimo de atleta entre duas associações empregadoras, mediante pagamento do passe e prévia concordância escrita do jogador cujo vínculo foi cedido, sob pena de nulidade (Dardeau de Carvalho).

CONTRATO DE CESSÃO EVENTUAL TEMPORÁRIA DO PASSE. *Direito desportivo.* Transferência do atleta por empréstimo a uma outra entidade desportiva, feita por prazo determinado não inferior a três meses nem superior ao prazo que faltar para o término do contrato, contendo cláusula expressa de retorno obrigatório à Associação cedente, que continuará titular do vínculo durante todo o período da cessão (Dardeau de Carvalho).

CONTRATO DE CESSÃO TEMPORÁRIA DO PASSE. *Direito desportivo.* É o feito pela empregadora em favor de Federação, Confederação ou Liga a que estiver filiada, para integrar representação regional ou nacional, com o escopo de impedir, em benefício das seleções nacionais e regionais, que o atleta se recuse a servi-las, alegando que só tem o dever de exercer atividade desportiva à associação que o contratou (Dardeau de Carvalho). Essa cessão não gera vantagem para o clube. Este não pode exigir qualquer indenização em seu proveito ou no de seu atleta, quando estiver a serviço da Confederação, Federação ou Liga para competição internacional, nacional ou regional, que não se revista de caráter amistoso.

CONTRATO DE CHEQUE. *Direito cambiário.* Aquele em que o banqueiro, ou sacado, se compromete a acolher os saques efetuados pelo emitente do cheque (que é seu cliente) até o limite do *quantum* disponível ou previamente permitido.

CONTRATO DECLARADO. *Direito civil.* Contrato expresso, constante de instrumento particular ou público.

CONTRATO DE CO-EDIÇÃO. *Direito autoral* e *direito comparado.* 1. Contrato em que o editor concede a um outro uma participação nas perdas ou nos lucros da edição de uma certa obra, recebendo como contraprestação uma remuneração em dinheiro ou em tecnologia (Hans S. Lerox). 2. Acordo entre duas ou mais editoras, nacionais ou estrangeiras, para editar, publicar ou vender em conjunto uma ou mais obras.

CONTRATO DE COFRE DE SEGURANÇA. *Direito bancário.* Aquele em que o banco coloca à disposição do cliente escaninhos de cofre de sua casa-forte, para que nele deposite títulos ou objetos de valor, formando-se o contrato com a entrega da chave do cofre ao cliente.

CONTRATO DE COLABORAÇÃO. 1. *Direito administrativo.* a) Ajuste que os particulares acertam com a Administração para atingir um objeto predeterminado, atendendo a um interesse público; b) aquele em que o particular se obriga a prestar ou realizar algo para a Administração, como ocorre nos ajustes de obras, serviços ou fornecimentos (Hely Lopes Meirelles). **2.** *Direito comercial.* Aquele em que o contratado (mandatário, comissário, representante, concessionário ou franqueado) se obriga a colocar junto aos interessados as mercadorias comercializadas ou produzidas pelo contratante (mandante, comitente, representado, concedente ou franqueador), observando as orientações gerais ou específicas por este fixados (Fábio Ulhoa Coelho).

CONTRATO DE COMERCIALIZAÇÃO. *Direito autoral.* É o que visa a exploração comercial da obra, pressupondo a constituição de direitos de fixar, de reproduzir, de vender exemplares etc. (Antônio de Macedo Vitorino).

CONTRATO DE COMISSÃO MERCANTIL. *Vide* COMISSÃO MERCANTIL.

CONTRATO DE COMODATO MODAL. *Direito civil.* Empréstimo de coisa infungível que contém encargo, impondo uma obrigação em benefício do instituidor ou de terceiro. Por exemplo: empréstimo imóvel para ser utilizado como centro esportivo (Venosa).

CONTRATO DE COMPETIÇÃO DESPORTIVA. *Direito desportivo.* Aquele entabulado para disputa entre praticantes de atividades físicas ou psíquicas exercidas conforme as normas técnicas editadas pelas entidades desportivas internacionais e complementadas por normas baixadas pelo Conselho de Desenvolvimento do Desporto Brasileiro. Tais competições podem ser realizadas por equipes (p. ex., futebol, voleibol, basquetebol etc.) ou entre pessoas individualmente consideradas (p. ex., xadrez, tênis, golfe, natação, corrida, saltos ornamentais etc.). Esse tipo de contrato pode abranger as seguintes modalidades: contrato entre o organizador da competição desportiva e os que dela participarão; contrato entre cada participante e outros da mesma equipe ou não; contrato entre organizador e espectadores; e contrato para uso de propaganda e publicidade.

CONTRATO DE COMPRA E VENDA. *Vide* COMPRA E VENDA.

CONTRATO DE COMPRA E VENDA DE ENERGIA (CCVE). *Direito administrativo.* Contrato celebrado entre a Eletrobrás e o produtor de energia habilitado e selecionado conforme os requisitos do Programa de Incentivo às Fontes Alternativas de Energia Elétrica (PROINFA).

CONTRATO DE CONCESSÃO. *Direito administrativo.* Outorga a pessoa estranha à Administração Pública de capacidades, poderes e direitos, que ampliam sua esfera jurídica. Três são as modalidades de concessão: de serviço público, de obra pública e de uso de bem público.

CONTRATO DE CONCESSÃO DE TELECOMUNICAÇÃO. *Direito administrativo* e *direito das comunicações.* Ato pelo qual o Poder Executivo confere, pelo prazo de quinze anos, renovável por período sucessivo e igual, a uma empresa particular, o direito de executar e explorar o serviço de TV a cabo, desde que sediada no Brasil e tenha, pelo menos, cinqüenta e um por cento do capital social, com direito a voto, pertencente a brasileiros natos ou naturalizados há mais de dez anos.

CONTRATO DE CONCESSÃO DE VENDAS. O mesmo que contrato de concessão mercantil *lato sensu.*

CONTRATO DE CONCESSÃO MERCANTIL *LATO SENSU.* *Direito comercial.* Trata-se do contrato de distribuição, que é o acordo em que o produtor, oferecendo vantagens especiais, compromete-se a vender, continuadamente, seus produtos, ao distribuidor, para revenda em determinada área geográfica.

CONTRATO DE CONCESSÃO OU PERMISSÃO PARA PRESTAÇÃO DE SERVIÇOS EM TERMINAL ALFANDEGADO DE USO PÚBLICO. *Direito administrativo.* É aquele contrato por adesão que, após concorrência licitatória, é formalizado entre a União, representada pela SRRF, e a licitante vencedora, segundo o padrão aprovado pelo secretário da Receita Federal e submetido a exame da Procuradoria da Fazenda Nacional na Região. Terá validade e eficácia após sua aprovação por aquele secretário e publicação de seu extrato no *Diário Oficial da União*. Não se admite a subconcessão ou subpermissão nem a associação do contratado com outrem, ou a cessão,

total ou parcial, da comissão ou permissão outorgada. Mas a concessionária ou permissionária poderá contratar serviços complementares de manutenção, limpeza e conservação, vigilância patrimonial, medicina e segurança do trabalho e outros assemelhados.

CONTRATO DE CONCESSÃO PARA EXPLORAÇÃO DO SERVIÇO MÓVEL CELULAR. *Direito administrativo.* É o celebrado entre o Ministério das Comunicações e a licitante vencedora da concorrência. Essa concessão para exploração do serviço móvel celular é outorgada, em ato do Presidente da República, pelo prazo de quinze anos, renovável por iguais períodos. Esse contrato deve conter as seguintes cláusulas: a) objeto, área e prazo da concessão; b) modo, forma e condições de exploração do serviço; c) critérios, indicadores, fórmulas e parâmetros definidores da qualidade do serviço; d) condições de pagamento pelo direito de exploração do serviço e pelo uso de radiofreqüências associadas; e) tarifas do serviço, critérios e procedimentos para o seu reajuste e revisão; f) direitos, garantias e obrigações do poder concedente e da concessionária, inclusive os relacionados às previsíveis necessidades de futura alteração e expansão do serviço, e conseqüente modernização, aperfeiçoamento e ampliação dos equipamentos e instalações; g) direitos e deveres dos usuários para obtenção e utilização do serviço; h) vinculação da concessionária aos compromissos, termos, condições e valores da proposta apresentada na licitação; i) forma de fiscalização das instalações, dos equipamentos, dos métodos e das práticas de execução do serviço, bem como a indicação dos órgãos competentes para exercê-la; j) penalidades contratuais e administrativas a que se sujeita a concessionária, e sua forma de aplicação; k) casos de extinção da concessão; l) bens reversíveis; m) critérios para cálculo e forma de pagamento das indenizações devidas à concessionária, quando for o caso; n) condições para prorrogação do contrato e para renovação do prazo da concessão; o) obrigatoriedade, forma e periodicidade da prestação de contas da concessionária ao poder concedente; p) exigência de publicação de demonstrações financeiras periódicas da concessionária; q) foro e forma amigável de solução das divergências contratuais.

CONTRATO DE CONEXÃO COM A REDE ELÉTRICA. *Direito administrativo.* Contrato firmado entre os usuários e as concessionárias com as quais se conectam as instalações das suas unidades geradoras ou consumidoras, definindo as responsabilidades pela implantação e manutenção das instalações necessárias à concretização do acesso e, quando for o caso, as condições de uso dos sistemas de distribuição.

CONTRATO DE CONSTITUIÇÃO DE RENDA. *Vide* CONSTITUIÇÃO DE RENDA.

CONTRATO DE CONSTRUÇÃO. *Direito civil.* **1.** Contrato que, ajustado com pessoa física ou jurídica inscrita no CREA e decorrente de empreitada ou da construção por administração, visa à execução de edificação, sob a direção e responsabilidade do construtor, pessoa física ou jurídica, legalmente habilitada a construir (Hely Lopes Meirelles). **2.** Contrato, especificamente, negociado para a construção, a fabricação ou a produção de um ativo ou um conjunto de ativos que são intimamente inter-relacionados ou interdependentes em termos de seu projeto, tecnologia e função, ou do propósito ou do uso final. Os contratos de construção incluem: a) contratos para a prestação de serviços que são, diretamente, relacionados ao ativo; e b) contratos para demolição ou restauração de ativos e restauração ambiental pós-demolição de ativos.

CONTRATO DE CONSULTORIA. *Direito civil.* Aquele em que, na seara da transferência de tecnologia, o consultado se obriga a prestar serviços fornecendo ao consulente uma opinião ou orientação jurídica, técnica, contábil, comercial etc. É uma transferência de conhecimentos que envolve perícia técnica.

CONTRATO DE CONSULTORIA PÚBLICA. *Direito administrativo.* Aquele pelo qual a Administração Pública visa obter prestação de serviços profissionais, científicos e técnicos de nível universitário, sob a forma de locação de obra intelectual, por exemplo, a contratação de engenheiro para elaborar um projeto de saneamento da cidade, a ser executado por uma empresa escolhida por meio de licitação.

CONTRATO DE CONSUMO. *Direito do consumidor.* Aquele em que um dos contratantes se enquadra no conceito de consumidor e o outro no de fornecedor, previstos na legislação consumerista (Fábio Ulhoa Coelho).

CONTRATO DE CONTA CORRENTE. *Vide* CONTA CORRENTE.

CONTRATO DE CONTRAGARANTIA. *Direito bancário.* Aquele que contém cláusulas elaboradas pelo banco para assegurar o pronto recebimento dos valores desembolsados no cumprimento da garantia. Assim, a contragarantia, real ou fidejussória, consistiria no lastro oferecido pelo cliente do banco para amparar a prestação do garante (Sérgio Carlos Covello).

CONTRATO DE *CONTRAHENDO*. *Direito civil.* Contrato preliminar.

CONTRATO DE COOPERAÇÃO TÉCNICO-INDUS-TRIAL. *Direito de propriedade industrial* e *direito empresarial.* Contrato que objetiva a aquisição de conhecimentos, técnicas e serviços requeridos para a fabricação de unidades e subunidades industriais, de máquinas, equipamentos e outros bens de capital sob encomenda.

CONTRATO DE CORRETAGEM. *Vide* CORRETAGEM.

CONTRATO DE CRIAÇÃO. *Direito autoral.* Aquele pelo qual o autor se obriga a criar para outrem uma obra artística ou literária, cuja forma principal é encomendada, a qual se subordina a um dos seguintes contratos: empreitada, prestação de serviço ou de trabalho (Antônio de Macedo Vitorino).

CONTRATO DE CUSTÓDIA DE TÍTULOS DE VALOR E GUARDA DE VALORES. *Direito bancário.* Contrato de depósito e de aluguel de cofre entre o cliente e o banco, pelo fato deste último oferecer maior segurança na guarda de certos objetos e documentos, principalmente títulos ao portador.

CONTRATO DE DESCONTO BANCÁRIO. *Vide* DESCONTO BANCÁRIO.

CONTRATO DE DINHEIRO A RISCO. *Vide* CONTRATO DE CÂMBIO MARÍTIMO.

CONTRATO DE DISTRIBUIÇÃO. *Vide* CONTRATO DE CONCESSÃO MERCANTIL *LATO SENSU*.

CONTRATO DE DOAÇÃO. *Vide* DOAÇÃO.

CONTRATO DE DURAÇÃO. *Direito civil.* Contrato de execução diferida.

CONTRATO DE EDIÇÃO. *Direito autoral.* Segundo Pierre Alain Tâche, é o contrato pelo qual o autor de uma obra literária, científica ou artística ou o titular desse direito de autor comprometem-se a transferi-lo a um editor, que se obriga a reproduzi-la num número determinado de exemplares e a difundi-la entre o público, tudo à sua custa. Tem por objetivo a reprodução, difusão ou divulgação perante o público e a comercialização da obra intelectual, devendo, por isso, indicar a exclusividade da transferência do direito de sua utilização econômica, ficando os riscos a cargo do editor, embora o autor conserve um direito moral inalienável e irrenunciável sobre a obra, fazendo jus ao pagamento de seus direitos autorais. Mediante contrato de edição, o editor, obrigando-se a reproduzir e a divulgar a obra literária, artística ou científica, fica autorizado, em caráter de exclusividade, a publicá-la e a explorá-la pelo prazo e nas condições pactuadas com o autor. Em cada exemplar da obra o editor mencionará: a) o título da obra e seu autor; b) no caso de tradução, o título original e o nome do tradutor; c) o ano de publicação; d) o seu nome ou marca que o identifique. Pelo mesmo contrato pode o autor obrigar-se à feitura de obra literária, artística ou científica em cuja publicação e divulgação se empenha o editor. Em caso de falecimento ou de impedimento do autor para concluir a obra, o editor poderá: a) considerar resolvido o contrato, mesmo que tenha sido entregue parte considerável da obra; b) editar a obra, sendo autônoma, mediante pagamento proporcional do preço; c) mandar que outro a termine, desde que consintam os sucessores e seja o fato indicado na edição. É vedada a publicação parcial, se o autor manifestou a vontade de só publicá-la por inteiro ou se assim o decidirem seus sucessores. Entende-se que o contrato versa apenas sobre uma edição, se não houver cláusula expressa em contrário. No silêncio do contrato, considera-se que cada edição se constitui de três mil exemplares. O preço da retribuição será arbitrado, com base nos usos e costumes, sempre que no contrato não a tiver estipulado expressamente o autor. Se os originais forem entregues em desacordo com o ajustado e o editor não os recusar nos trinta dias seguintes ao do recebimento, ter-se-ão por aceitas as alterações introduzidas pelo autor. Quaisquer que sejam as condições do contrato, o editor é obrigado a facultar ao autor o exame da escrituração na parte que lhe corresponde, bem como a informá-lo sobre o estado da edição. Ao editor compete fixar o preço da venda, sem, todavia, poder elevá-lo a ponto de embaraçar a circulação da obra, além de obrigar-se a prestar contas mensais ao autor sempre que a retribuição deste estiver condicionada à venda da obra, salvo se prazo diferente houver sido convencionado. A obra deverá ser editada em dois anos da celebração do contrato, salvo prazo diverso estipulado em convenção.

CONTRATO DE EMPREGO. *Vide* CONTRATO DE TRABALHO.

CONTRATO DE EMPREITADA. *Vide* EMPREITADA.

CONTRATO DE EMPREITADA COM CLÁUSULA DE RISCO DE PREÇO. *Vide* CONTRATO DE RISCO.

CONTRATO DE EMPRÉSTIMO. *Vide* EMPRÉSTIMO.

CONTRATO DE ENCOMENDA DE OBRA INTELECTUAL. *Direito autoral.* Ajuste no qual o autor se obriga a criar para o encomendante, dentro de certo prazo, mediante uma remuneração ou gratuitamente, uma obra, seja ela literária, artística ou científica, e a consentir na sua utilização para os fins estabelecidos no contrato.

CONTRATO DE ENGAJAMENTO. *Vide* CONTRATO DE AJUSTE.

CONTRATO DE EQUIPAGEM. *Direito comercial.* É o que dispõe sobre o conjunto de pessoas empregadas exclusiva e permanentemente no serviço de um navio ou aeronave.

CONTRATO DE EQUIPE. *Direito do trabalho.* Aquele que consiste num feixe de contratos individuais para a realização de um trabalho que não possa ser executado senão mediante a conjugação de esforços de uma equipe de empregados.

CONTRATO DE ESCAMBO. *Direito comercial.* É aquele em que há duas vendas, servindo as coisas trocadas de preço e compensação recíprocas. Trata-se da troca mercantil.

CONTRATO DE *ESCROW*. *Direito virtual.* Visa ao depósito do código-fonte do programa de computador em conta mantida com uma terceira pessoa, pretendendo a manutenção e o funcionamento daquele programa. É o requerido pelo licenciatário para garantir a manutenção do programa de computador, em que fica depositado o código-fonte em poder de terceiros, como depositário fiel, que manterá sob custódia e deverá seguir as regras desse depósito que determinará o momento em que ocorrerá a restituição do referido código-fonte ao seu proprietário ou a entrega ao cliente que contrata a licença de acordo com o disposto pelas partes. A denominação *escrow* não é unânime na doutrina, preferindo alguns autores, como Newton de Lucca, denominá-la contrato de depósito fiduciário ou contrato de garantia de acesso ao código-fonte (Newton de Lucca e Sérgio Iglesias Nunes de Souza).

CONTRATO DE ESTACIONAMENTO. *Direito civil.* Aquele em que pessoa física ou jurídica, por curto período de tempo, compromete-se a guardar veículo automotor de outrem em local apropriado, mediante o pagamento de um preço por hora, pago na retirada do veículo.

CONTRATO DE EXECUÇÃO. *Direito autoral.* Aquele em que o autor concede a terceiro o direito de apresentar em audição pública sua obra musical ou artística.

CONTRATO DE EXECUÇÃO CONTINUADA. *Direito civil.* É o que se protrai no tempo, caracterizando-se pela prática ou abstenção de atos reiterados, solvendo-se num espaço mais ou menos longo de tempo, por exemplo, compra e venda a prazo; comodato; locação. Constitui modalidade de contrato de execução diferida.

CONTRATO DE EXECUÇÃO DE OBRA. *Vide* LOCAÇÃO DE OBRA E EMPREITADA.

CONTRATO DE EXECUÇÃO DE SERVIÇO. *Vide* CONTRATO DE LOCAÇÃO DE SERVIÇO.

CONTRATO DE EXECUÇÃO DIFERIDA. *Direito civil.* Aquele em que sua eficácia se subordina a um termo. Trata-se do "contrato de duração".

CONTRATO DE EXECUÇÃO IMEDIATA. *Direito civil.* É aquele que se esgota num só instante, mediante uma única prestação, como, por exemplo, a troca e a compra e venda à vista.

CONTRATO DE EXECUÇÃO INSTANTÂNEA. *Direito civil.* Diz-se daquele cuja execução se dá num só momento, no instante da formação do liame contratual, caso em que se tem o contrato de execução imediata, ou algum tempo depois, hipótese em que se configura o contrato de execução diferida.

CONTRATO DE EXECUÇÃO ÚNICA. *Direito civil.* Aquele que produz efeitos logo após sua efetivação.

CONTRATO DE EXPEDIÇÃO. *Direito comercial.* Aquele em que o expedidor se compromete, em nome próprio e por conta de outro contratante, a providenciar a efetivação de um contrato de transporte de coisa móvel.

CONTRATO DE EXPERIÊNCIA. *Direito do trabalho.* É aquele feito sob condição resolutiva de seu desfazimento por qualquer das partes, caso a experiência do empregado não seja satisfatória à execução do trabalho. É uma mera modalidade de contrato a termo. O direito brasileiro não disciplina tal espécie como figura autônoma,

mas como um período experimental, fase por que se inicia o contrato de trabalho, havendo condição resolutiva, não relativamente a este, mas ao período inicial da prova. Tal período é uma condição legal no contrato de trabalho por tempo indeterminado, tanto que o primeiro ano de duração desse contrato é tido como período de experiência. Nos contratos por prazo determinado, o período de experiência não pode exceder de noventa dias.

CONTRATO DE *FACTORING.* Vide *FACTORING*.

CONTRATO DE FIANÇA. *Vide* FIANÇA.

CONTRATO DE FIDEICOMISSO BANCÁRIO. *Direito comparado.* No Paraguai, é o negócio jurídico bancário em virtude do qual o fideicomitente ou fiduciante entrega ao Banco (fiduciário) um ou mais bens devidamente especificados, transferindo ou não a sua propriedade com o objetivo de que este os administre, cumpra uma certa finalidade assinalada no ato constitutivo, ou os destine a alguma atividade produtiva, para obter rendas, em seu benefício ou no de um terceiro por ele designado.

CONTRATO DE FINANCIAMENTO. *Direito bancário.* É a operação bancária pela qual o banco antecipa numerário sobre créditos que o cliente (pessoa física ou jurídica) possa ter, com o escopo de emprestar-lhe certa soma, proporcionando-lhe recursos necessários para realizar certo ato negocial e reservando-se o direito de receber de devedores do financiado os créditos em seu nome ou na condição de seu representante, sem prejuízo das ações que contra ele conserva até a liquidação final. No contrato de financiamento imobiliário é permitido estipular cláusula de reajuste, com periodicidade mensal, por índices de preços setoriais ou gerais ou pelo índice de remuneração básica dos depósitos de poupança.

CONTRATO DEFINITIVO. *Direito civil.* Aquele em que os contratantes estabelecem, em benefício de um deles ou de ambos, a possibilidade de exigir a eficácia contratual imediata.

CONTRATO DE FORMAÇÃO *EX INTERVALLO*. *Direito internacional privado.* Aquele em que entre a oferta e a aceitação há um tempo considerável, porque o oblato resolve pensar sobre o negócio. Pode realizar-se mediante: a) comunicação direta, se as partes estiverem frente a frente ou por telefone, no instante da aceitação. Tal contrato rege-se, nos países do Mercosul e nos do sistema do *common law*, pela lei do país em que o proponente residir e na Europa (França, Bélgica e Alemanha), pela lei do local da aceitação; b) comunicação indireta, ou seja, através de cartas, telegramas e fonogramas etc. Nos países do Mercosul e nos do sistema de *common law*, o local da expedição determina o momento da produção de efeitos do contrato, mas a Convenção de Viena sobre Compra e Venda Internacional de Mercadorias de 1980 adota a teoria da recepção, isto é, é preciso que a aceitação chegue até o proponente para que o contrato se tenha por concluído; c) comunicação indireta através da telemática, telex, telefax, correio eletrônico, videoconferência etc. Por exemplo: se uma empresa brasileira oferece via telefax a uma empresa norte-americana duas toneladas de café, sendo a mensagem enviada fora do horário comercial, será lida ulteriormente; se chegar dentro do horário comercial pode ser que a empresa sinta necessidade de verificar se há interesse na compra, por exemplo. Pela Convenção de Viena o momento determinante da formação do contrato é o da recepção (Maristela Basso).

CONTRATO DE FORMAÇÃO *EX INTERVALLO TEMPORIS*. *Direito internacional privado.* Aquele em que entre a oferta e a aceitação há negociações, pois as partes trocam propostas. Tal contrato é de formação progressiva, pois há necessidade de estudar o mercado, concluir orçamentos, realizar projetos etc. É concluído após um processo em que a manifestação da vontade vai se construindo aos poucos, mesmo porque terceiros podem ser envolvidos, como seguradoras, banqueiros, técnicos, advogados, administradores, transportadores etc. Envolve, ainda, aspectos técnicos e jurídicos como negociações preliminares, tratativas, trocas de informações, cartas de intenção, acordos de princípios, acordos de segredo, garantias etc. Isto porque tal contrato requer em certos casos viagens internacionais, apuração dos custos de projetos, pesquisas, honorários advocatícios etc., gerando, ainda, responsabilidade do negociador em caso de ruptura e determinação de critérios para avaliação dos danos. Esse contrato pode dar-se por meio de: a) comunicação direta; b) comunicação indireta, através de correspondência epistolar ou de telemática (Maristela Basso).

CONTRATO DE FORMAÇÃO INSTANTÂNEA. *Direito internacional privado.* Aquele em que entre a oferta e a aceitação há apenas um lapso temporal necessário para que a oferta seja aceita pelo oblato, não havendo qualquer ato como contraproposta, negociação etc. Há entre ofertante e aceitante: a) uma comunicação direta, que se dá de viva voz pessoalmente ou por telefone. Nos países do Mercosul e no sistema de *common law* rege o contrato a lei onde a proposta foi feita e na Europa, a do lugar da aceitação; e b) uma comunicação indireta através da telemática, ou seja, telex, telefax, correio eletrônico ou computadores interligados; televídeo ou videoconferência e telégrafo. O tempo é o da propagação do sinal eletrônico que conduz a informação quase que imediatamente quanto ao diálogo telefônico, desde que a resposta do aceitante seja imediata à oferta. Por exemplo: se uma exportadora brasileira receber um telefax de uma importadora japonesa, que solicita duas mil toneladas de soja, que devem ser embarcadas FDB/Rio e pagas por conta de um crédito documentário emitido pelo Banco do Brasil a preço estipulado na Bolsa, na data do embarque, e se o representante da exportadora estava no terminal receptor e responder, imediatamente, o contrato se forma sem intervalo a não ser o tempo da propagação do sinal condutor das mensagens. A aceitação da oferta surte efeito no momento em que chegar ao proponente (Maristela Basso).

CONTRATO DE FORMA LIVRE. *Direito civil.* É aquele que, para sua celebração, não se subordina a nenhuma forma especial exigida pela lei, perfazendo-se por qualquer meio de exteriorização da vontade, por exemplo, o mandato em que as partes podem adotar qualquer das formas escritas permitidas legalmente.

CONTRATO DE FORNECIMENTO. 1. *Direito administrativo.* Acordo volitivo no qual uma pessoa de direito privado compromete-se, mediante preço avençado, a entregar à Administração Pública objetos ou bens móveis, fungíveis ou infungíveis, indispensáveis para a continuidade dos serviços públicos ou para a construção de obra pública. Visa à aquisição de material necessário aos serviços, constituindo uma compra aplicada à atividade administrativa. **2.** *Direito comercial.* Aquele em que o vendedor se obriga a entregar objetos e mercadorias vendidas em partidas sucessivas em certo prazo, por preço ajustado antecipada ou simultaneamente com cada remessa. **3.** *Direito civil.* Aquele que, mediante a compensação de um preço, tem por objeto a prestação de serviços, em que há entrega continuada ou periódica de bens pelo fornecedor (Orlando Gomes). É também designado contrato de provisão.

CONTRATO DE FORNECIMENTO DE TECNOLOGIA INDUSTRIAL. *Direito de propriedade intelectual.* É o que tem por fim a aquisição de conhecimentos e técnicas não amparados pelos direitos de propriedade industrial, depositados ou concedidos no Brasil, aplicáveis na produção de bens de consumo ou de insumos, podendo conter cláusula de sigilo e de indisponibilidade da tecnologia negociada. É uma das modalidades de contrato de *know-how* não só por abranger a transferência de tecnologia, o fornecimento de dados técnicos do processo ou do produto, representados por fórmulas, informações técnicas, modelos industriais, instruções sobre operações que possibilitem a fabricação do produto, e informações para atualização do processo ou do produto, mas também por compreender a prestação de assistência técnica por técnicos do fornecedor e a formação de pessoal técnico especializado do adquirente.

CONTRATO DE FRANQUIA. *Vide FRANCHISING* E FRANQUIA.

CONTRATO DE FRETAMENTO. *Direito aeronáutico* e *direito marítimo.* É aquele em que o fretador se compromete com o afretador, mediante pagamento de frete, a realizar uma ou mais viagens preestabelecidas ou durante determinado período de tempo, reservando-se o controle sobre a tripulação e a condução técnica da aeronave ou do navio. Pode ser total, se o meio de transporte é utilizado por um único afretador, sendo muito comum no transporte de carvão ou de petróleo por via marítima. Esse fretamento total distingue-se do *time-charter*, pois neste o armador, por exemplo, cede o uso do navio mediante contrato do ajuste em que se responsabiliza pelo serviço de equipagem e pelo provimento do necessário para a expedição marítima, sem obrigação de transporte. O subfretamento pode ocorrer no fretamento total, quando o afretador subfreta a terceiros, visando conseguir lucro com a diferença entre o frete cobrado e o que pagará ao fretador. O fretamento parcial é mais usual devido ao grande porte dos navios, sendo o transporte realizado pelas linhas regulares de navegação.

CONTRATO DE GARAGEM. *Direito civil.* Contrato pelo qual uma pessoa física ou jurídica (garagista) se obriga a prestar, temporariamente, serviço de guarda de automotores de usuários, em vaga fixa ou em local adequado, mediante o pagamento, em regra antecipado, de uma quantia em dinheiro, estabelecida por semana, mês ou ano.

CONTRATO DE GARANTIA. *Direito civil.* Aquele pelo qual alguém encarrega outrem de agir por determinada forma, comprometendo-se, concomitantemente, o primeiro a assumir, no todo ou em parte, os riscos oriundos do ato a ser praticado (Fadda).

CONTRATO DE GAVETA. *Direito civil.* Denominação dada pelos mutuários do Sistema Financeiro de Habitação aos contratos particulares em que transferem seus direitos de compromissários-compradores a terceiros, sem anuência do agente financeiro (Francisco Occhiuto Junior).

CONTRATO DE GERENCIAMENTO. *Direito administrativo.* **1.** Aquele pelo qual a autoridade pública contrata empresa para executar serviços de engenharia, responsabilizando-se pelo pagamento de todas as despesas com a execução e reservando-se o direito de aceitar ou não o projeto. **2.** Aquele em que a Administração Pública entrega a um gerenciador a condução de um empreendimento de engenharia, reservando-se à competência decisória e responsabilizando-se pelos encargos financeiros da execução das obras e serviços projetados, com os equipamentos para sua implantação e operação (Hely Lopes Meirelles).

CONTRATO DE GESTÃO. *Direito administrativo.* **1.** Aquele que para atender Plano de Reforma do Estado visa que os serviços não-exclusivos sejam financiados ou subsidiados pelo Estado, mas controlados pela sociedade por intermédio da criação de organizações públicas não-estatais, denominadas *organizações sociais*, que receberiam subsídios do Estado, previstos no orçamento (Luis Carlos Bresser Pereira). É, para Silvio Luiz Ferreira da Rocha, um contrato administrativo degradado. **2.** Instrumento firmado entre a administração pública e autarquia ou fundação qualificada como Agência Executiva, por meio do qual se estabelecem objetivos, metas e respectivos indicadores de desempenho da entidade, bem como os recursos necessários e os critérios e instrumentos para a avaliação do seu cumprimento.

CONTRATO DE GRAVAÇÃO. *Direito autoral.* Ajuste em que o autor autoriza outrem, mediante remuneração, a fixar sua obra em instrumentos mecânicos, possibilitando que suas cópias sejam comercializadas.

CONTRATO DE HOSPEDAGEM. *Direito comercial.* É aquele em que alguém (hoteleiro) se compromete perante outrem (hóspede) a prestar serviços de hotelaria, a alugar salão para eventos culturais, quarto ou apartamento mobiliado, a fornecer alimentos ou a guardar bagagem ou bens, mediante pagamento de remuneração. Abrange hotel, hotel-residência, hotel de lazer, pousada, pensão, motel, hospedaria e albergue de turismo.

CONTRATO DE HOTEL. *Direito comercial.* Contrato atípico ou inominado celebrado entre o hoteleiro e o usuário de seus serviços, tendo por objeto a hospedagem remunerada e implicando uma locação de imóvel e de móveis, uma locação de serviços (como arrumação e limpeza do quarto, lavagem de roupa, vigilância, organização hoteleira), um depósito de bagagens e, potencialmente, um penhor. Importa uma remuneração diária.

CONTRATO DE HOTEL-RESIDÊNCIA. *Direito comercial* e *direito empresarial.* Contrato pelo qual há locação de unidade habitacional constituída de vestíbulo, quarto de casal, banheiro, *kitchenette*, guarda-roupa, oferecendo-se serviço completo de alimentação e os inerentes à atividade hoteleira, mediante pagamento de semanada.

CONTRATO DE IMAGEM. *Direito civil.* Contrato consensual pelo qual alguém dispõe, gratuita ou onerosamente, de sua imagem em favor de outrem, estipulando cláusulas sobre o modo de veiculação da imagem.

CONTRATO DE IMPORTAÇÃO DE TECNOLOGIA. *Direito de propriedade industrial.* Trata-se do contrato de *know-how*, pelo qual uma pessoa, física ou jurídica, obriga-a a transmitir a outro contratante, para que este os aproveite, os conhecimentos que tem de processo especial de fabricação, de fórmulas secretas, de técnicas ou de práticas originais, durante certo tempo, mediante o pagamento de determinada quantia, chamada *royalty*, estipulada livremente pelos contraentes. Todavia, nada impede que se transfira o *know-how* a título gratuito ou que ele seja permutado por outro de valor equivalente. Compreende as seguintes modalidades contratuais: licença para exploração de patente e para uso de marca e propaganda, fornecimento de tecnologia industrial e contrato de serviços técnicos especializados.

CONTRATO DE INTERCONEXÃO. 1. *Vide* INTERCONEXÃO. **2.** *Direito administrativo.* É aquele que pretende a ligação entre redes de concessionárias de SMC, de concessionárias de STP e de empresa exploradora de troncos interestaduais e internacionais com o fim de cursar o tráfego entre suas redes, para realizar a comunicação entre usuários. Deve ser objeto de planejamento contínuo e integrado entre as entidades envolvidas considerando-se a topologia das redes existentes na área de interesse, a otimização do encaminhamento de tráfego, a obtenção de adequado grau de serviço para o SMC e para o STP, as futuras expansões e os custos envolvidos. As concessionárias de STP, de SMC e a empresa exploradora de troncos interestaduais e internacionais, caso envolvida, devem firmar contrato de interconexão, que deve estabelecer todas as condições segundo as quais a interconexão entre suas redes será realizada. O contrato de interconexão deve ser homologado pelo Ministério das Comunicações, ao qual as partes devem enviar uma cópia firmada desse contrato.

CONTRATO DE INVESTIMENTO FINANCEIRO. *Direito bancário.* É o CDB que visa à aplicação financeira.

CONTRATO DE *LEASING.* *Vide* ARRENDAMENTO MERCANTIL.

CONTRATO DE LICENÇA DE DIREITOS DE COMERCIALIZAÇÃO DE PROGRAMAS ESTRANGEIROS DE COMPUTADOR. *Direito autoral* e *direito virtual.* Contrato que deve fixar, quanto aos tributos e encargos exigíveis, a responsabilidade pelos respectivos pagamentos e estabelecer a remuneração do titular dos direitos de programa de computador domiciliado no exterior. Sob pena de nulidade, não pode conter cláusulas que: a) limitem a produção, a distribuição ou a comercialização, em violação às disposições normativas em vigor; e b) eximam qualquer dos contratantes das responsabilidades por eventuais ações de terceiros, decorrentes de vícios, defeitos ou violação de direitos de autor. O remetente do valor da moeda estrangeira, em pagamento da remuneração acima mencionada, deve conservar em seu poder, durante 5 anos, todos os documentos necessários à comprovação da licitude das remessas.

CONTRATO DE LICENÇA DE USO DE PROGRAMA DE COMPUTADOR. *Direito autoral* e *direito virtual.* Contrato que, ao conceder licença para o uso do programa, deve consignar, de forma legível pelo usuário, o prazo de validade técnica da versão comercializada durante o qual lhe será assegurada a prestação de serviços técnicos complementares relativos ao funcionamento do programa de computador. Se não houver esse contrato, o documento fiscal relativo à aquisição ou licenciamento de cópia servirá para comprovar a regularidade de seu uso.

CONTRATO DE LICENÇA PARA EXPLORAÇÃO DE PATENTE. *Direito de propriedade industrial.* Modalidade de contrato de *know-how* que tem por escopo autorizar a efetiva exploração por terceiro, exclusiva ou não, de patente regularmente depositada, com pedido de exame, ou concedida no Brasil, consubstanciando direito de propriedade industrial. Esse contrato deve conter, além da licença, o *know-how*, a assistência técnica e o treinamento de técnicos da licenciada. O titular de patente ou o depositante poderá celebrar contrato de licença para exploração, podendo o licenciado ser investido pelo titular de todos os poderes para agir em defesa da patente. O contrato de licença deverá ser averbado no INPI para que produza efeitos em relação a terceiros. O titular da patente poderá solicitar ao INPI que a coloque em oferta para fins de exploração. Nenhum contrato de licença voluntária de caráter exclusivo será averbado no INPI sem que o titular tenha desistido da oferta. A patente sob licença voluntária, com caráter de exclusividade, não poderá ser objeto de oferta. O titular poderá, a qualquer momento, antes da expressa aceitação de seus termos pelo interessado, desistir da oferta. Na falta de acordo entre o titular e o licenciado, as partes poderão requerer ao INPI o arbitramento da remuneração. O titular ficará sujeito a ter a patente licenciada compulsoriamente se exercer os direitos dela decorrentes de forma abusiva, ou por meio dela praticar abuso de poder econômico, comprovado nos termos da lei, por decisão administrativa ou judicial. Ensejam, igualmente, licença compulsória: a) a não-exploração do objeto da patente no território brasileiro por falta de fabricação ou fabricação incompleta do produto, ou, ainda, a falta de uso integral do processo patenteado, ressalvados os casos de inviabilidade econômica, quando será admitida a importação; ou b) a comercialização que não satisfizer às necessidades do mercado. A licença só poderá ser requerida por pessoa com legítimo interesse e que tenha capacidade técnica e econômica para realizar a exploração eficiente do objeto da patente, que deverá destinar-se, predominantemente, ao mercado interno. No caso de a licença compulsória ser concedida em razão de abuso de poder econômico, ao licenciado,

que propõe fabricação local, será garantido um prazo, limitado, para proceder à importação do objeto da licença, desde que tenha sido colocado no mercado diretamente pelo titular ou com o seu consentimento. Neste caso e no de importação para exploração de patente, será igualmente admitida a importação por terceiros de produto fabricado de acordo com patente de processo ou de produto, desde que tenha sido colocado no mercado diretamente pelo titular ou com o seu consentimento. A licença compulsória não será concedida se, à data do requerimento, o titular: a) justificar o desuso por razões legítimas; b) comprovar a realização de sérios e efetivos preparativos para a exploração; ou c) justificar a falta de fabricação ou comercialização por obstáculo de ordem legal. A licença compulsória será ainda concedida quando, cumulativamente, se verificarem as seguintes hipóteses: a) ficar caracterizada situação de dependência de uma patente em relação a outra; b) o objeto da patente dependente constituir substancial progresso técnico em relação à patente anterior; e c) o titular não realizar acordo com o titular da patente dependente para exploração da patente anterior. Nos casos de emergência nacional ou interesse público, declarados em ato do Poder Executivo Federal, desde que o titular da patente ou seu licenciado não atenda a essa necessidade, poderá ser concedida, de ofício, licença compulsória, temporária e não exclusiva, para a exploração da patente, sem prejuízos dos direitos do respectivo titular. As licenças compulsórias serão sempre concedidas sem exclusividade, não se admitindo o sublicenciamento. Salvo razões legítimas, o licenciado deverá iniciar a exploração do objeto da patente no prazo de 1 (um) ano da concessão da licença, admitida a interrupção por igual prazo. O titular poderá requerer a cassação da licença quando não cumprido o disposto acima. O licenciado ficará investido de todos os poderes para agir em defesa da patente. Após a concessão da licença compulsória, somente será admitida a sua cessão quando realizada conjuntamente com a cessão, alienação ou arrendamento da parte do empreendimento que a explore.

CONTRATO DE LICENÇA PARA USO DE MARCA, SIGNOS DISTINTIVOS E PROPAGANDA. *Direito de propriedade industrial.* Modalidade contratual de *know-how* que visa autorizar o uso por terceiro, de marca, com viabilidade publicada, signos distintivos ou propaganda regularmente depositada ou registrada no Brasil, consubstanciando direito de propriedade industrial. Esse contrato obriga a um controle de qualidade dos produtos licenciados por parte da licenciadora, implicando transmissão de *know-how*, assistência técnica à licenciada da marca, signo distintivo ou propaganda. O titular de registro ou o depositante de pedido de registro poderá celebrar contrato de licença para uso da marca, sem prejuízo de seu direito de exercer controle efetivo sobre as especificações, natureza e qualidade dos respectivos produtos ou serviços. O licenciado poderá ser investido pelo titular de todos os poderes para agir em defesa da marca, sem prejuízo dos seus próprios direitos. O contrato de licença deverá ser averbado no INPI para que produza efeitos em relação a terceiros. A averbação produzirá efeitos em relação a terceiros a partir da data de sua publicação. Para efeito de validade de prova de uso, o contrato de licença não precisará estar averbado no INPI.

CONTRATO DE LOCAÇÃO. *Direito civil.* Segundo Clóvis Beviláqua, é o contrato pelo qual uma das partes, mediante remuneração paga pela outra, compromete-se a fornecer-lhe, durante certo lapso de tempo, o uso e gozo de uma coisa infungível ou de um imóvel, a prestação de um serviço apreciável economicamente ou a execução de alguma obra determinada.

CONTRATO DE LOCAÇÃO DE SERVIÇO. *Direito civil.* É o contrato em que uma das partes se obriga para com outra a fornecer-lhe a prestação de uma atividade, mediante remuneração (Caio Mário da Silva Pereira). O objeto desse contrato locatício é uma obrigação de fazer, ou seja, a prestação de atividade lícita, não vedada pela lei e pelos bons costumes, oriunda da energia humana aproveitada por outrem, e que pode ser material ou imaterial. Logo, qualquer espécie de serviço, seja qual for a sua natureza, pode ser objeto de locação: material ou imaterial, braçal ou intelectual, doméstico ou externo; exige-se apenas que seja lícito, isto é, não proibido por lei e pelos bons costumes.

CONTRATO DE LOCAÇÃO DE SERVIÇOS AGRÍCOLAS. *Direito agrário.* Aquele levado a efeito entre o dono do prédio rústico e o locador de serviços, pelo qual este se obriga a arar a terra ou a efetuar serviços agrícolas em geral, como, por exemplo, a colheita, mediante pagamento de um salário avençado em dinheiro ou em espécie.

CONTRATO DE MANDATO. *Vide* MANDATO.

CONTRATO DE MASSA. Negócio jurídico, bilateral ou plurilateral, também designado "contrato de direitos transindividuais, difusos ou coletivos", ou, ainda, "de interesses sociais". Tem os seguintes caracteres: predisposição unilateral, generalidade, uniformidade, abstração, inalterabilidade, eficácia concreta dependente de integração, e adesão por parte do indivíduo (Roberto Senise Lisboa).

CONTRATO DE MEDIAÇÃO. 1. *Vide* CORRETAGEM. **2.** *Direito comercial.* É aquele em que o mediador, com imparcialidade, por não estar vinculado àqueles que pretendem efetuar um contrato, os coloca em contato, aproximando-os, esclarecendo dúvidas e prestando-lhes as devidas informações, tendo direito a uma remuneração a título de indenização pelo resultado alcançado.

CONTRATO DE MÚTUO. *Vide* MÚTUO.

CONTRATO DE NEGOCIAÇÃO. *Direito internacional privado.* Documento que tem por escopo orientar a elaboração do futuro contrato e regulamentar a negociação (Luiz Olavo Baptista).

CONTRATO DE OBRA FUTURA. *Direito autoral.* Acordo em que o autor se obriga a ceder total ou parcialmente a um editor a sua produção futura, abrangendo certo número de obras ou delimitando o período de tempo em que trabalhos ainda não criados serão cedidos.

CONTRATO DE OBRA PÚBLICA. *Direito administrativo.* Ajuste pelo qual a Administração executa obra pública, construindo-a, reconstruindo-a ou reparando-a, valendo-se de três processos, que são: a) execução direta ou por administração, quando o Estado executa obra sob sua responsabilidade, utilizando-se de seu pessoal e de seus próprios recursos, dispensando a colaboração de particulares; b) execução indireta ou por empreitada, se a obra pública é executada por pessoa alheia à Administração, que com ela celebra contrato de empreitada, recebendo uma remuneração pela realização da obra ou proporcional ao trabalho efetuado, respondendo pela execução integral do serviço contratado; c) execução mediante concessão ou concessão de obra pública, se a Administração entrega a execução da obra a uma pessoa, que fica com o dever de gerir o serviço público decorrente dela, recebendo dos futuros usuários uma tarifa, como remuneração, em vez de receber do Estado uma retribuição ao término da obra.

CONTRATO DE OPÇÃO. *Direito civil.* Contrato preliminar unilateral em que ambos os interessados anuem na sua realização, mas que só gera deveres para um deles, ao passo que o outro terá a liberdade de efetuá-lo ou não conforme suas conveniências. Na opção convenciona-se que um dos interessados terá preferência para a realização do contrato, caso resolva celebrá-lo dentro de um prazo certo. Vencido este, o ofertante desobrigar-se-á, readquirindo a liberdade de contratar com quem quiser. A opção visa, portanto, um *contrahere* futuro, que poderá realizar-se ou não.

CONTRATO DE PARCERIA RURAL. *Vide* PARCERIA RURAL.

CONTRATO DEPENDENTE. *Vide* CONTRATO ACESSÓRIO.

CONTRATO DE PERMANÊNCIA. *Vide* CLÁUSULA DE PERMANÊNCIA.

CONTRATO DE PERMISSÃO DE SERVIÇO PÚBLICO. *Direito administrativo.* Ato unilateral precário, *intuitu personae*, pelo qual a Administração Pública transfere a pessoa de direito privado, gratuita ou onerosamente, o desempenho de serviço público, mediante cobrança de tarifas dos usuários.

CONTRATO DE PERMISSÃO DE USO DE BEM PÚBLICO. *Direito administrativo.* Ato discricionário mediante o qual a autoridade competente defere ao particular, a título gratuito ou oneroso, o uso exclusivo de determinado bem público, no todo ou em parte, durante certo tempo, embora seja suscetível de revogação para atender a interesse público (José Cretella Jr.).

CONTRATO DE PRATICAGEM. *Direito comercial.* Locação de serviços que, no transporte aquaviário, tem por fim a condução de embarcações em zona perigosa à navegação feita pelo prático, conhecedor do local, formando-se pela troca de sinais entre ele e o capitão do navio. A praticagem poderá ser: a) *direta*, se o prático dirigir a manobra, desde que devidamente informado pelo comandante sobre as condições daquela e munido de elementos materiais necessários; e b) *indireta*, se o prático, em terra ou em sua própria embarcação, apenas orientar por meio de sinais a manobra que será feita pelo comandante, em razão de não poder estar a bordo da embarcação a ser conduzida, devido a força maior (temporal ou mar revolto).

CONTRATO DE PRAZO DETERMINADO. *Direito do trabalho.* Acordo firmado entre empregador e empregado exclusivamente para fins de prestação de serviços temporários ou para experiência.

CONTRATO DE PRAZO INDETERMINADO. *Direito do trabalho.* Diz-se da avença em que não se estipula prazo para a prestação de serviço, como, por exemplo, se dá com o que sucede, dentro de seis meses, a outro por prazo determinado.

CONTRATO DE PRESTAÇÃO DE SERVIÇO. *Vide* LOCAÇÃO DE SERVIÇO.

CONTRATO DE PRESTAÇÃO DE SERVIÇOS PROFISSIONAIS ENTRE ATLETA E ENTIDADE DESPORTIVA. *Direito desportivo.* É um acordo de vontades em que uma das partes, mediante subordinação, obriga-se perante a outra a exercer temporariamente sua atividade esportiva, mediante remuneração.

CONTRATO DE PRESTAÇÃO POR TERCEIRO. *Direito civil.* Promessa de fato de terceiro.

CONTRATO DE PRODUÇÃO. *Direito autoral.* É aquele em que o autor confere a um empresário o direito de fixação da obra por meios de reprodução, para possibilitar sua exploração econômica (Carlos Alberto Bittar).

CONTRATO DE PRODUÇÃO CINEMATOGRÁFICA. *Direito autoral.* Ajuste pelo qual o autor permite a uma empresa especializada a fixação de movimento em telas de cenas de sua vida ou por ele idealizadas, concedendo-lhe licença para a utilização econômica da película. Esse contrato deve conter: a remuneração devida pelo produtor aos co-autores da obra, aos artistas-intérpretes ou executantes; tempo, local e forma de pagamento; prazo para o término da obra; responsabilidade do produtor para com os demais co-autores, artistas-intérpretes ou executantes, no caso de co-produção de obra cinematográfica. O produtor adquire do autor o direito de reproduzir e propagar a obra, explorando-a pela venda e locação de cópias. Neste contrato protege-se também os direitos autorais dos autores das músicas incluídas em filmes.

CONTRATO DE PRODUÇÃO DE PROGRAMAS DE COMPUTADOR. *Direito autoral* e *direito virtual.* Contrato pelo qual o autor de *software* (programas de computador) e de *hardware* (aparatos de computação, máquinas de processamento de dados) dispõe sobre sua produção e comercialização, outorgando ao contratante os direitos a eles relativos durante a vigência do contrato, mediante uma remuneração.

CONTRATO DE PRODUÇÃO DE PROGRAMAS DE TE-LEVISÃO. *Direito autoral.* Acordo pelo qual uma empresa de televisão realiza fixações de interpretações ou de execuções autorizadas, permite transmissão ou reprodução de seus programas, assegura direitos a artistas, intérpretes e executantes, seguindo convenções internacionais a respeito, e paga o direito de arena às entidades que congregam atletas ao transmitir espetáculos desportivos públicos.

CONTRATO DE PRODUÇÃO FONOGRÁFICA. *Direito autoral.* É aquele pelo qual o artista cede, gratuita ou onerosamente, ao produtor fonográfico o direito de reproduzir sua execução e, portanto, sua publicação e exploração comercial.

CONTRATO DE PRODUÇÃO FOTOGRÁFICA. *Direito autoral.* Acordo pelo qual o autor de obra fotográfica, artística ou documental, concede a outrem o direito de reproduzi-la, difundi-la e colocá-la à venda, observando as limitações referentes à exposição, reprodução e venda de retratos. O autor da fotografia terá direito patrimonial de receber remuneração em qualquer processo de utilização de sua obra, exceto se estiver sob relação empregatícia. A fotografia, quando utilizada por terceiros, indicará de forma legível o nome do seu autor. Cumpre ressaltar que é vedada a reprodução de obra fotográfica que não esteja em absoluta consonância com o original, salvo prévia autorização do autor.

CONTRATO DE PRODUÇÃO POR MEIO DE SATÉLITES. *Direito autoral.* Ajuste pelo qual se salvaguardam direitos dos autores, atores e produtores de uma obra difundida por meio de satélite, pela representação, ao levar ao público a obra recebida, e pela reprodução, ao fixar a obra recebida, selecionando partes ou programas, para impedir que terceiros se aproveitem, indevidamente, dos sinais endereçados aos destinatários jurídicos. Além da autorização do autor para essas transmissões, será preciso resguardar o seu direito de participar dos proventos econômicos daí resultantes.

CONTRATO DE PRODUÇÃO TEATRAL. *Direito autoral.* Contrato pelo qual o autor de uma peça autoriza sua produção nos espetáculos realizados com intuito de lucro, fazendo jus à percepção dos direitos autorais. Para efeito de controle desses direitos, o autor teatral associa-se a entidades de arrecadação, que legalmente serão suas mandatárias.

CONTRATO DE PROGRAMA. *Direito administrativo.* 1) É condição de validade do consórcio público, visto que rege as obrigações que um ente da Federação constituir com outro ente federado ou com consórcio público de âmbito de gestão associada em que haja a prestação de serviços públicos, ou a transferência total ou parcial de encargos, serviços pessoais ou de bens necessários à continuidade dos serviços transferidos. 2) Instrumento pelo qual devem ser constituídas e reguladas as obrigações que um ente da Federação, inclusive sua administração indireta, tenha para com outro ente da Federação, ou para com consórcio público, no âmbito da prestação de serviços públicos por meio de cooperação federativa.

CONTRATO DE PROMESSA DE CESSÃO. *Direito civil.* Contrato preliminar em que o titular de um direito se compromete a cedê-lo a outrem, dentro de certo prazo ou de determinadas condições, pelo preço avençado.

CONTRATO DE PROVA. *Vide* CONTRATO DE EXPERIÊNCIA.

CONTRATO DE PROVISÃO. *Vide* CONTRATO DE FORNECIMENTO.

**CONTRATO DE *QUOTA LITIS.* *Vide* CONTRATO COTALÍCIO.

CONTRATO DE RATEIO. *Direito administrativo.* É o meio pelo qual, na hipótese de consórcio público, os consorciados (entes da federação) assumem o compromisso de contribuir com recursos para a realização das despesas do consórcio. Tal contrato é celebrado em cada exercício financeiro e seu prazo de vigência não é superior ao das dotações que o suportam, com exceção dos contratos que tenham por objeto, exclusivamente, projetos consistentes em programas e ações contemplados em plano plurianual ou a gestão associada de serviços públicos custeados por tarifas ou outros preços públicos. Se algum consorciado não cumprir os deveres assumidos no contrato de rateio, os demais, isolados ou em conjunto, bem como o próprio consórcio público, serão partes legítimas para exigir o cumprimento da obrigação (José Eduardo Sabo Paes). Em suma, é o contrato por meio do qual os entes consorciados comprometem-se a fornecer recursos financeiros para a realização das despesas do consórcio público.

CONTRATO DE REBOQUE. *Direito comercial.* Acordo em que o armador de um navio se obriga a fazer andar um outro, mediante remuneração, durante certo tempo ou em algum porto. É o serviço prestado, por exemplo, por um navio ou embarcação com máquina de grande potência (rebocador) a outro desprovido de força motriz própria para deslocar-se ou efetuar manobras. Se se tratar de serviço de auxílio a navio para entrar e sair do porto, ter-se-á reboque-manobra. Se o serviço se realizar como verdadeiro trem de embarcação, levando-a ao destino convencionado, ter-se-á reboque-transporte.

CONTRATO DE RECOVAGEM. *Direito comercial.* Contrato de transporte por terra, água ou ar de pessoas ou coisas (bagagem ou mercadorias).

CONTRATO DE REPASSE. Instrumento administrativo por meio do qual a transferência dos recursos financeiros se processa por intermédio de instituição ou agente financeiro público federal, atuando como mandatário da União.

CONTRATO DE REFINANCIAMENTO. *Direito administrativo* e *direito bancário.* Contrato com que a União refinancia os créditos contratuais que instituição financeira, sob seu controle acionário, detém contra seu controlador e entidades por este controladas, uma vez que os adquiriu. Tal refinanciamento deve ser precedido da assunção pela União das dívidas de responsabilidade das entidades por ela controladas. O contrato de refinanciamento deve, além das garantias e contragarantias, incluindo a vinculação de receitas próprias e dos recursos e das ações representativas do controle acionário da instituição financeira, prever: a) estar o Tesouro Nacional autorizado a sacar, em caso de inadimplência, contra as contas bancárias depositárias das receitas próprias e recursos, o montante dos valores não pagos com os acréscimos legais e contratuais; b) que os pagamentos deles decorrentes não estão sujeitos a limites estabelecidos em lei, resolução ou regulamento posteriores à sua celebração; c) que, na hipótese de não-transferência do controle acionário da instituição ou da não-transformação em instituição não financeira ou agência de fomento, pelo menos 50% dos dividendos por ela distribuídos ao controlador devem ser utilizados para a amortização das obrigações financeiras previstas no contrato. Ocorrendo impontualidade no pagamento de refinanciamento, a Unidade da Federação devedora deve pagar, a partir do vencimento da obrigação, encargos financeiros equivalentes ao custo médio de captação do Tesouro Nacional, acrescidos de mora de 1% ao mês, incidentes sobre o montante da quantia em atraso, sem prejuízo das demais cominações legais ou contratuais.

CONTRATO DE REMESSA. *Direito bancário.* Aquele em que uma pessoa, por intermédio do banco e mediante cheque ou não, efetua um pagamento em outra praça. É também chamado de câmbio sacado, trajetício ou escritural.

CONTRATO DE REPRESENTAÇÃO COMERCIAL. *Vide* AGÊNCIA COMERCIAL.

CONTRATO DE REPRESENTAÇÃO E EXECUÇÃO. *Direito civil* e *direito autoral.* Contrato entre o autor de uma obra intelectual e um empresário pelo qual este último, mediante uma remuneração a ser paga ao primeiro, recebe autorização para explorar comercialmente a obra, apresentando-a em espetáculo ou audição pública. É por esse contrato que o autor divulga sua obra literária, musical ou artística, mediante exibição cênica, radiofônica ou televisada, autorizando um empresário a exibi-la, desde que este lhe pague uma remuneração.

CONTRATO DE RISCO. 1. *Direito administrativo.* É o acordo através do qual uma empresa (ou consórcio de empresas) contratada pode executar durante certo lapso de tempo, na área de serviço delimitada, operações de exploração e desenvolvimento da produção de petróleo, arcando com todas as despesas, pois o reembolso só se dará se as descobertas permitirem uma produção comercial, ocasião em que a contratada fará jus a uma remuneração pelos serviços prestados, em dinheiro ou em participação na futura produção. A Agência Nacional de Petróleo (ANP) deve promover a contratação das atividades integrantes da indústria do petróleo, como as de refinação, processamento, transporte, importação e exportação e estimular pesquisas e adoção de novas tecnologias na exploração, produção, transporte, refino e processamento. Os contratos de concessão devem prever duas fases: a da exploração e produção, e refletir as condições do edital e da proposta vencedora. **2.** *Direito civil.* Aquele em que um dos contratantes, mediante cláusula contratual, não assume qualquer responsabilidade, ou risco, pelo insucesso do negócio entabulado.

CONTRATO DE RISCO MARÍTIMO. *Vide* CONTRATO DE CÂMBIO MARÍTIMO.

CONTRATO DE SAFRA. *Direito agrário.* É o estabelecido em função da sazonabilidade das colheitas, vigorando entre o preparo do solo para o cultivo e a colheita.

CONTRATO DE SEGURO. *Vide* SEGURO.

CONTRATO DE SERVIÇOS TÉCNICOS ESPECIALIZA-DOS. *Direito de propriedade industrial.* Modalidade de contrato de *know-how* que regula a prestação de todo e qualquer serviço de assistência técnico-científica que esteja diretamente ligado a atividades inerentes ao sistema produtivo, isto é, a qualquer serviço técnico especializado prestado à indústria. É, portanto, o contrato que tem por fim precípuo estipular não só as condições de obtenção de técnicas, métodos de planejamento e programação como também a elaboração de estudos, pesquisas e projetos, a execução ou a prestação de serviços de caráter especializado de que necessite o sistema produtivo do País.

CONTRATO DESFEITO. *Direito civil.* Diz-se daquele que se extingue por vontade das partes (distrato) ou por imposição de lei (rescisão).

CONTRATO DE SHOPPING CENTER. *Direito comercial.* Contrato atípico misto pelo qual o proprietário ou empreendedor de um centro comercial concede o uso das lojas a comerciantes para que nelas pratiquem atos de comércio, mediante pagamento de um percentual correspondente ao faturamento bruto. A finalidade do empreendedor não é a locação das lojas, mas a relação direta entre a rentabilidade do empreendimento e a das atividades comerciais exercidas no prédio, devendo o lojista pagar: a) aluguel fixo ou mínimo, baseado nos metros quadrados que a loja possui e representado por uma prestação pecuniária reajustável periodicamente com indexação preestabelecida; b) aluguel móvel ou percentual, que é calculado sobre a percentagem na receita bruta efetuada pela loja, consistindo, portanto, numa prestação pecuniária proporcional ao faturamento bruto mensal da atividade comercial do lojista. Se o valor do aluguel percentual apurado suplantar o valor do aluguel mínimo, o lojista deverá pagar ao empreendedor do *shopping* quantia correspondente à diferença entre os dois. Assim, o aluguel percentual apenas será exigido se o faturamento permitir que ele ultrapasse a soma representativa do aluguel mínimo. Prevalecerá o que obtiver maior índice, ou seja, aquele em que predominar valor mais alto.

CONTRATO DESINTERESSADO. *Direito civil.* Gênero de que são espécies o contrato benéfico e o gratuito.

CONTRATO DE SOCIEDADE. *Vide* SOCIEDADE.

CONTRATO DESPORTIVO. *Direito desportivo.* Aquele em que o atleta se compromete a prestar serviços profissionais a entidades desportivas, mediante remuneração, regendo-se por normas legais, recomendações e resoluções do Conselho Superior do Desporto e por normas desportivas internacionais.

CONTRATO DE SUBEDIÇÃO. *Direito autoral* e *direito comparado.* Aquele em que o subeditor assume, em certa área geográfica, os deveres e direitos que lhes foram cedidos pelo editor original, que contratou diretamente com o autor, passando a produzir a obra e a difundi-la no território de sua subedição (Vanisa Santiago e Fremiort Ortiz Pierpaoli).

CONTRATO DE TOMADA DE ASSINATURA DE SERVIÇO MÓVEL CELULAR. *Direito administrativo.* Contrato efetivado entre concessionária de Serviço Móvel Celular e o pretendente assinante para prestação daquele serviço. Esse contrato é celebrado pela concessionária de SMC com quem o solicita, na ordem cronológica dos pedidos e nas condições expressas no contrato, do qual será entregue uma via ao tomador. É firmado por prazo indeterminado, e a interrupção do serviço é realizada somente por solicitação do assinante.

CONTRATO DE TRABALHO. *Direito do trabalho.* É o negócio jurídico pelo qual uma pessoa física (empregado) se obriga, mediante pagamento de uma contraprestação (salário), a prestar trabalho não eventual em proveito de outra pessoa, física ou jurídica (empregador), a quem fica juridicamente subordinada.

CONTRATO DE TRABALHO DE MENOR. *Direito do trabalho.* **1.** Ajuste feito entre empregador e empregado entre quatorze e dezoito anos para efetuar trabalho não eventual mediante remuneração, desde que não seja noturno, perigoso, insalubre ou penoso. **2.** Contrato de aprendizagem na formação técnico-profissional, inclusive com menores de quatorze anos de idade, ministrada segundo as diretrizes e bases da legislação educacional em vigor, obedecendo aos seguintes princípios: a) garantia de acesso e freqüência obrigatória ao ensino regular; b) atividade compatível com o desenvolvimento do adolescente; e c) horário especial para o exercício das atividades.

CONTRATO DE TRABALHO EM REGIME DE TEMPO PARCIAL. *Direito do trabalho.* É aquele cuja duração não exceda a vinte e cinco horas semanais. O salário a ser pago aos empregados sob o regime de tempo parcial será proporcional à sua jornada, em relação aos empregados que cumprem, nas mesmas funções, tempo integral. Para os atuais empregados, a adoção do regime de tempo parcial será feita mediante opção manifestada perante a empresa, na forma prevista em instrumento decorrente de negociação coletiva. Na modalidade do regime de tempo parcial, após cada período de doze meses de vigência do contrato de trabalho, o empregado terá direito a férias, na seguinte proporção: a) dezoito dias, para a duração do trabalho semanal superior a vinte e duas horas, até vinte e cinco horas; b) dezesseis dias, para a duração do trabalho semanal superior a vinte horas, até vinte e duas horas; c) quatorze dias, para a duração do trabalho semanal superior a quinze horas, até vinte horas; d) doze dias, para a duração do trabalho semanal superior a dez horas, até quinze horas; e) dez dias, para a duração do trabalho semanal superior a cinco horas, até dez horas; f) oito dias, para a duração do trabalho semanal igual ou inferior a cinco horas. O empregado contratado sob o regime de tempo parcial que tiver mais de sete faltas injustificadas ao longo do período aquisitivo terá o seu período de férias reduzido à metade.

CONTRATO DE TRABALHO POR PRAZO DETERMINADO. *Direito do trabalho.* É o acordo tácito ou expresso, feito, verbalmente ou por escrito, por prazo determinado. Logo sua vigência depende de termo prefixado ou da execução de serviços especificados ou ainda da realização de certo acontecimento suscetível de previsão aproximada. Pode ser instituído por convenção e acordo coletivo de trabalho, em qualquer atividade desenvolvida pela empresa ou estabelecimento, para admissões que representem acréscimo no número de empregados, independentemente das seguintes condições: a) de serviço cuja natureza ou transitoriedade justifique a predeterminação do prazo; b) de atividades empresariais de caráter transitório; e c) de contrato de experiência. As partes estabelecerão, na convenção ou acordo coletivo: a) a indenização para as hipóteses de rescisão antecipada do contrato, por iniciativa do empregador ou do empregado; b) as multas pelo descumprimento de suas cláusulas. O número de empregados assim contratados observará o limite estabelecido no instrumento decorrente da negociação coletiva, não podendo ultrapassar os seguintes percentuais que serão aplicados cumulativamente: a) 50% do número de trabalhadores, para a parcela inferior a cinqüenta empregados; b) 35% do número de trabalhadores, para a parcela entre cinqüenta e cento e noventa e nove empregados; c) 20% do número de trabalhadores, para a parcela acima de duzentos empregados. As parcelas acima referidas serão calculadas sobre a média aritmética mensal do número de empregados contratados por prazo indeterminado do estabelecimento, nos seis meses imediatamente anteriores ao da data de publicação da lei.

CONTRATO DE TRABALHO RURAL. *Direito agrário.* Trata-se da falsa parceria, que não pode ser considerada como contrato agrário. Constitui um contrato individual de trabalho no qual o pagamento do trabalhador se faz parte em dinheiro e parte em percentual na lavoura cultivada ou gado tratado. É uma simples locação de serviço, regulada pela legislação trabalhista rural, desde que a direção dos trabalhos fique sob a inteira responsabilidade do proprietário, locatário de serviços, a quem cabe todo o risco, assegurando ao locador a percepção do salário mínimo no cômputo de duas parcelas.

CONTRATO DE TRANSFERÊNCIA DE TECNOLOGIA DE PROGRAMA DE COMPUTADOR. *Direito virtual.* Contrato pelo qual se transfere tecnologia de programa de computador, que, para produzir efeitos perante terceiros, deve ser registrado no INPI, mediante entrega, por parte do fornecedor ao receptor de tecnologia, da documentação completa, em especial do código-fonte comentado, memorial descritivo, especificações funcionais internas, diagramas, fluxogramas e outros dados técnicos necessários à absorção da tecnologia.

CONTRATO DE TRANSFORMAÇÃO. *Direito autoral.* É aquele em que uma obra intelectual servirá de base para criar uma nova obra (Antônio de Macedo Vitorino).

CONTRATO DE TRANSPORTE. *Vide* TRANSPORTE.

CONTRATO DE TRANSPORTE *DOOR TO DOOR*. *Direito comercial.* Contrato de transporte global de equipamentos e materiais a serem usados em instalações de indústrias, que, por intermediação do transitário, vincula o fornecedor ao comprador. O transitário, por ser um contrato "porta a porta", arca com toda a responsabilidade, desde a saída dos equipamentos da fábrica até o canteiro da obra, uma vez que assume a co-ordenação do transporte intermodal em todas as suas etapas.

CONTRATO DE TRANSPORTE MULTIMODAL. *Direito comercial* e *direito internacional privado.* É o acordo de vontades em virtude do qual um operador de transporte multimodal se compromete, contra o pagamento de um frete, a executar ou a fazer executar o transporte multimodal internacional de mercadorias.

CONTRATO DE TRATO SUCESSIVO. *Direito civil.* Modalidade de contrato de duração, diferenciando-se do que tem prestações periodicamente repetidas.

CONTRATO DE TROCA. *Vide* TROCA.

CONTRATO DE USO DO SISTEMA DE TRANSMISSÃO. Contrato firmado entre as empresas proprietárias das instalações do sistema de transmissão e os usuários definindo as condições de uso de repartição das receitas oriundas desse uso.

CONTRATO DE UTILIZAÇÃO DO PATRIMÔNIO GENÉTICO E DE REPARTIÇÃO DE BENEFÍCIOS. *Direito ambiental* e *biodireito.* Instrumento jurídico multilateral que qualifica as partes, o objeto e as condições de acesso e remessa de componente do patrimônio genético (provido, p. ex.: por comunidades indígenas ou locais) e conhecimento tradicional associado, bem como as condições de repartição dos benefícios. Deve conter: identificação e qualificação das partes envolvidas; regularidade do instrumento da procuração, se as partes nomearem mandatários; discriminação do componente do patrimônio genético ou do conhecimento tradicional associado a ser acessado e quantificação aproximada de amostras a ser obtidas; descrição do uso pretendido; especificação de prazos para o acesso, a bioprospecção, o desenvolvimento do produto ou processo e a exploração comercial, sempre que tais etapas estiverem contempladas no projeto; salvo se diferente e expressamente acordado entre as partes, o prazo para recebimento dos benefícios será contado a partir do início da exploração econômica do produto ou processo desenvolvido. Com relação à forma de repartição de benefícios e, quando for o caso, acesso à tecnologia e transferência de tecnologia: a) o contrato deve guardar coerência com a anuência prévia obtida; b) na hipótese de benefício pecuniário calculado em percentual, o contrato deverá esclarecer a base e a forma de cálculo e, quando for o caso, determinar se o

percentual será calculado sobre a receita ou o lucro decorrente do projeto, bruto ou líquido, devendo, ainda, neste último caso, especificar claramente as deduções a ser efetuadas; c) as formas de repartição de benefícios deverão estar expressas e claras; d) ao eleger as formas de repartição de benefícios, as partes deverão procurar o equilíbrio entre benefícios de curto, médio e longo prazo, determinando o momento de sua execução; e) contratos ou acordos que, de algum modo, afetem a repartição de benefícios deverão ser apresentados juntamente com o Contrato de Utilização do Patrimônio Genético e de Repartição de Benefícios, e, quando for o caso, com a comprovação de ciência da parte não-signatária acerca da existência destes contratos ou acordos. E a instituição responsável pelo acesso deverá comprometer-se a: a) fornecer periodicamente ao provedor do componente do patrimônio genético ou do conhecimento tradicional associado relatório do andamento do projeto, bem como da exploração do produto ou processo, cuja apresentação deverá levar em conta as especificidades das comunidades, sendo realizada em linguagem acessível e, sempre que solicitado pela comunidade, no idioma nativo; b) viabilizar o acompanhamento das expedições de coleta de amostras de componentes do patrimônio genético, bem como permitir e viabilizar o acompanhamento das demais atividades do projeto pelos provedores envolvidos ou por terceiros ou por eles indicados, observado o disposto em Resolução do Conselho de Gestão do Patrimônio Genético; c) não transmitir a terceiros qualquer informação ou direito decorrente do Contrato de Utilização do Patrimônio Genético e de Repartição de Benefícios sem prévia anuência do provedor do patrimônio genético ou do conhecimento tradicional associado, salvo por imposição legal. O contrato deverá definir, quando couber, a titularidade dos direitos de propriedade intelectual ou outros direitos relacionados ao seu objeto, bem como os deveres decorrentes destes direitos. O contrato estipulará não só claramente as formas de rescisão, as quais não poderão prejudicar direitos adquiridos anteriormente à rescisão, como também fixará as penalidades a ser aplicadas às partes no caso de descumprimento de suas cláusulas, salvaguardada, em todo caso, a aplicação das penalidades previstas na legislação vigente. O foro competente para a resolução de controvérsias derivadas do contrato será o de domicílio do provedor do componente do patrimônio genético ou do conhecimento tradicional associado, salvo quando as circunstâncias evidenciarem a auto-suficiência deste para defender-se em foro diferente do seu, hipótese em que o foro poderá ser livremente escolhido pelas partes. A eventual cláusula de exclusividade deverá ter objeto e prazo determinados, estabelecidos pelas partes de comum acordo, segundo critérios de razoabilidade a ser aferidos caso a caso. A adoção de eventual cláusula de sigilo deverá preservar o intercâmbio e a difusão de componente do patrimônio genético e do conhecimento tradicional associado praticado internamente ou entre si por comunidades indígenas e comunidades locais, para seu próprio benefício e baseados em prática costumeira. Qualquer alteração relativa ao uso de componente do patrimônio genético ou de conhecimento tradicional associado acessado deverá ser objeto de nova anuência prévia entre as partes, as quais deverão estabelecer termo aditivo ao contrato original ou celebrar novo Contrato de Utilização do Patrimônio Genético e Repartição de Benefícios.

CONTRATO DE "VACA PAPEL". *Direito agrário.* Simulação de parceria pecuária a ser quitada com vacas, acobertando empréstimo financeiro ilegal pactuado verbalmente, fazendo com que o devedor entregue não as reses estipuladas, mas dinheiro, pagando altas taxas de juros, encobrindo a vedação da usura, fraudando a lei.

CONTRATO DE *YANACONAJE.* **Vide** *YANACONAJE.*

CONTRATO DIFERENCIAL. *Direito comercial* e *direito civil.* É a compra e venda a termo de títulos de Bolsa, mercadorias ou valores, em que se estipula a liquidação exclusivamente pela diferença entre o preço ajustado e a cotação que eles tiverem no vencimento do ajuste.

CONTRATO DO DIREITO DE RESERVA DA LOCALIZAÇÃO EM *SHOPPING CENTER.* *Direito comercial.* Contrato firmado, antes da construção de um *shopping center,* entre empreendedor e futuro lojista para reserva de localização (*res sperata*), com o escopo de obter recurso, contribuindo o lojista periodicamente com certa quantia até que a edificação se complete. Com isso o futuro usuário, como contraprestação das despesas com projeto, construção etc., estará assegurando o seu direito de reserva da unidade que previamente escolheu ou de garantia de entrega do local que integrará o fundo de comércio.

CONTRATO DÚPLICE. *Direito civil.* Modalidade de contrato misto em que as suas várias prestações são correspondentes às diferentes contraprestações.

CONTRATO ECONÔMICO. *Direito comparado.* Acordo entre uma entidade trabalhista ou industrial e o Estado, com o escopo de realizar o plano estatal de controlar, em regime socialista, toda a produção da nação e o fornecimento de mercadorias e serviços.

CONTRATO ELETRÔNICO. *Direito virtual.* **1.** É o que se opera entre o titular do estabelecimento virtual e o internauta, mediante transmissão eletrônica de dados. Modalidade de negócio a distância, efetivando-se via Internet por meio de instrumento eletrônico, no qual está consignado o consenso das partes contratantes (José Rogério Cruz e Tucci). **2.** Para Semy Glanz, "é aquele celebrado por meio de programa de computador ou de aparelhos com tais programas, que dispensam assinatura ou que exigem assinatura codificada ou senha. **3.** Aquele em que a vontade deriva do ambiente virtual, sem que policitante e oblato tenham feito qualquer tratativa preliminar pelos meios tradicionais (Valéria E. de Melo Gregores).

CONTRATO ELETRÔNICO INTERATIVO. *Direito virtual.* Aquele em que um contratante interage com um sistema destinado ao processamento eletrônico de informações, colocado à disposição de outro, sem que este esteja, ao mesmo tempo, conectado e sem que tenha conhecimento imediato da celebração do contrato. P. ex., é o feito via internet mediante o *site* (*word wide web*), que dá origem à aquisição de produtos e serviços por rede de computadores (Sérgio Iglesias Nunes de Souza).

CONTRATO ELETRÔNICO INTERPESSOAL. *Direito virtual.* Contratação pela qual o computador é usado como meio de comunicação entre as partes, interagindo na formação da vontade destas e na instrumentalização contratual (Sérgio Iglesias Nunes de Souza). Pode ser: *simultâneo,* se celebrado em tempo real, *on line,* por estarem ambas as partes conectadas em rede para a comunicação (p. ex., em *chats, msn messenger*) e contratação imediata ou *estendido* ou *não-simultâneo,* se feito mediante *e-mail* (Erica Aoki e Sérgio Iglesias Nunes de Souza).

CONTRATO ELETRÔNICO INTERSISTÊMICO. *Direito virtual.* É o formado pelo uso de computador como ponto convergente de vontades oriundas de negociação anteriormente feita sem a utilização de qualquer tecnologia (Sérgio Iglesias Nunes de Souza).

CONTRATO ELETRÔNICO *OFF-LINE. Direito virtual.* A sua execução acontece fora da rede, pois o consumidor não se encontra "navegando" pelo *web site* da empresa fornecedora. Silvânio Covas expõe as situações em que se dá tal contrato: realização mediante oferta por sistema de informática, em que a aceitação é enviada pelos meios ordinários; realização mediante aceitação do sistema de informática, sendo que a oferta se deu pelos meios convencionais; e realização mediante oferta e aceitação por sistema de informática, de forma que a interação não seja concomitante, mas resultante de contrato inteiramente aperfeiçoado no ambiente virtual.

CONTRATO ELETRÔNICO *ON-LINE. Direito virtual.* A sua execução se realiza na rede, visto estar o consumidor conectado na Internet, por exemplo, compra de *software* na página *web da Microsoft* (Jorge José Lawand). Utiliza-se do entorno digital, concretizando-se por *e-mail, web site,* EDI etc. (Silvânio Covas).

CONTRATO EMPRESARIAL. *Vide* CONTRATO COMERCIAL.

CONTRATO ENTRE AUSENTES. *Direito civil* e *direito comercial.* É o levado a efeito por pessoas que não se acham no mesmo local, aperfeiçoando-se por meio de cartas, telegramas, radiogramas etc. Trata-se do contrato por correspondência epistolar ou telegráfica.

CONTRATO ENTRE ESTADO E EMPRESA ESTRANGEIRA. *Direito administrativo, direito internacional privado* e *direito internacional público.* Acordo que tem por fim a exploração de recursos naturais, por exemplo, petróleo, possibilitando o desenvolvimento da economia nacional.

CONTRATO ENTRE PRESENTES. *Direito civil.* É o celebrado não só verbalmente ou por escrito entre pessoas que se encontram no mesmo local, mas também por telefone, já que, por lei, aquele que contrata por via telefônica é tido como presente.

CONTRATO EPISTOLAR. *Direito civil* e *direito comercial.* É o ajustado por correspondência.

CONTRATO ESPECIAL. *Direito civil.* Aquele que depende, para sua validade, de forma especial requerida por lei. Trata-se do contrato formal ou solene.

CONTRATO ESTIMATÓRIO. *Direito comercial.* O mesmo que VENDA EM CONSIGNAÇÃO, encontrando-se de permeio com a compra e venda e com a permuta, e relacionando-se com o depósito e com o mandato sem representação. É o negócio jurídico em que alguém (consignatário) recebe de outrem (consignante) bens móveis, ficando autorizado a vendê-los e obrigando-se a pagar um preço estimado previamente se não restituir as coisas consignadas dentro do prazo ajustado.

CONTRATO ESTORNADO. *Direito civil* e *direito comercial.* Aquele tido como inexistente ou não efetuado, deixando os contratantes livres de qualquer obrigação contratual.

CONTRATO EXTENSIVO A TERCEIRO. *Direito civil.* Aquele que, além de proteger o contratante, visa assegurar terceiros que se encontram com ele na proximidade da prestação assumida.

CONTRATO-FATO-PREJUÍZO. Contrato danoso a terceiro, por causar prejuízo jurídico e não apenas econômico (Iberguren).

CONTRATO FENERATÍCIO. *Direito civil.* Diz-se do mútuo em que há empréstimo de dinheiro a juros.

CONTRATO FIDUCIÁRIO. *Direito civil.* **1.** Aquele em que um dos contratantes, ao receber do outro coisa móvel ou imóvel, passa a ter o ônus de administrá-la em benefício do instituidor ou de terceiro, tendo sua livre administração, embora sem prejuízo do beneficiário. **2.** Ato pelo qual se opera a transferência de um bem ou direito ao fiduciário para garantir determinados direitos, estabelecendo-se a obrigação de o adquirente efetuar sua restituição ao alienante, uma vez atendida tal finalidade. São figuras negociais fiduciárias, por exemplo: a venda e compra com reserva de domínio; a compra e venda com fins de garantia; a venda com finalidade de administração e a venda para recomposição de patrimônio. **3.** Aquele que contém obrigação assegurada por alienação fiduciária em garantia, pela qual o credor detém a propriedade do bem alienado até o pagamento do débito garantido.

CONTRATO FORMAL. *Vide* CONTRATO ESPECIAL.

CONTRATO FORMULÁRIO. É o padronizado e impresso, contendo espaços que são preenchidos pelos contratantes (Rezzónico).

CONTRATO FRAUDULENTO. *Direito civil.* Negócio gratuito ou oneroso efetuado com o escopo de lesar credores, ilidir incidência de norma de ordem pública ou fraudar a execução, desfalcando o patrimônio do devedor, colocando-o a salvo de qualquer execução por dívidas em detrimento dos direitos creditórios de outrem.

CONTRATO FUTURO. *Direito comercial.* **1.** Acordo pelo qual uma parte se obriga a vender e outra, a comprar a quantidade e o tipo estipulados de determinada *commodity*, pelo preço ajustado, com liquidação do compromisso em data certa. **2.** Contrato negociado na Bolsa de Mercadorias e Futuros, nos mercados eletrônico e a viva-voz (Luiz Fernando Rudge).

CONTRATO GÊMEO. *Direito civil.* Submodalidade de contrato misto que visa à identificação daquele em que às várias prestações de um dos contratantes corresponde uma única prestação do outro.

CONTRATO GLOBAL. *Direito internacional privado.* É o *package deal*, ou seja, um acordo que prevê o pagamento de uma soma global por um conjunto de mercadorias correlacionadas ou vendidas juntas, sendo o preço das mercadorias vendidas a única contraprestação. Exemplos de contratos globais que podem apresentar problemas de valoração: a) diferentes mercadorias são vendidas e faturadas a um preço global único; b) mercadorias de diferentes qualidades, vendidas e faturadas a um preço global único, são parcialmente despachadas para consumo no país de importação; c) diferentes mercadorias, objeto de uma mesma transação, são faturadas individualmente a preços fixados unicamente por razões tarifárias ou outras.

CONTRATO GRATUITO. *Direito civil.* Aquele que onera somente uma das partes, proporcionando à outra uma vantagem, sem qualquer contraprestação. Logo, apenas um dos contratantes obtém proveito, ao qual corresponde um sacrifício do outro, como ocorre, por exemplo, com a doação pura e simples, com o depósito ou com o mútuo sem retribuição. Esse tipo de contrato encerra, em regra, uma liberalidade, em que uma das partes sofre redução no seu patrimônio em benefício da outra.

CONTRATO HÍBRIDO. *Direito civil.* Contrato atípico, que abarca duas ou mais espécies contratuais legalmente previstas ou não.

CONTRATO IGUALITÁRIO. *Direito civil.* Aquele em que ambos os contratantes estão em pé de igualdade nas condições de execução do ato, não havendo entre eles qualquer subordinação.

CONTRATO ILEGAL. *Vide* CONTRATO ILÍCITO.

CONTRATO ILÍCITO. *Direito civil.* Aquele que ofende a lei, os bons costumes e a ordem pública, sendo, por isso, proibido.

CONTRATO IMORAL. *Direito civil.* É o contrário aos bons costumes.

CONTRATO IMPESSOAL. *Direito civil.* Aquele em que a pessoa do contratante é, juridicamente, indiferente, porque seu único objetivo é o cumprimento da prestação, pouco importando quem a execute. Em outras palavras, é aquele em que, em relação à execução da prestação, é indiferente a pessoa com quem se efetua a avença, por não ser *intuitu personae.*

CONTRATO INDIVIDUAL DE GESTÃO PARA A PETROBRAS. *Direito administrativo.* É o celebrado entre a União Federal e a Petrobras, que, então, sujeitar-se-á, no âmbito do Poder Executivo, exclusivamente às normas de controle interno e supervisão ministerial, estabelecidas legal e contratualmente. Esse contrato individual de gestão firmado com a Petrobras visa aumentar a eficiência e incrementar a competitividade, assegurando-lhe maior autonomia de gestão administrativa e empresarial, dentro do regime jurídico próprio das empresas privadas, tendo por escopo: a) eliminar fatores restritivos à flexibilidade da ação administrativa e empresarial da Petrobras, com vistas a alcançar seus objetivos estratégicos; b) atingir metas e resultados específicos, fixados periodicamente e aferidos conjuntamente pela União e pela Petrobras, por meio de indicadores e sistemática de avaliação; c) contribuir para o cumprimento de obrigações assumidas pela Petrobras em compromissos internacionais e no País para assegurar o abastecimento do mercado nacional de petróleo, gás natural e derivados, de modo a consolidar a credibilidade da empresa junto aos mercados e comunidades onde atua, clientes, acionistas empregados e à sociedade; d) consolidar a atuação da Petrobras como empresa integrada de petróleo e competitiva no âmbito internacional.

CONTRATO INDIVIDUAL DE TRABALHO. *Direito do trabalho.* Convenção pela qual uma pessoa (empregado) se obriga a prestar ou a efetuar para outra (empregador), com subordinação, um serviço de caráter não eventual, por prazo determinado ou indeterminado, mediante pagamento de um salário.

CONTRATO INFORMÁTICO. *Direito virtual.* **1.** É o formado pelo uso do computador como simples meio de comunicação, pois o computador funciona como instrumento de comunicação de vontade já aperfeiçoada (Cesar Viterbo Matos Santolim). **2.** Aquele em que o computador for utilizado apenas para formalizar e transferir o que já foi previamente ajustado e estipulado pelos meios tradicionais, em tratativas preliminares (Valéria E. de Melo Gregores). **3.** Negócio jurídico onde se vende bens e produtos de informática (Antonio E. Perez Luño). **4.** Acordo de vontades cujo objeto incide sobre bem ou serviço informático, independentemente do meio em que foi celebrado, manifestado verbalmente, instrumentalizado mecanicamente ou digitalizado em computador (Carlos Alberto Ghersi e Sérgio Iglesias Nunes de Souza).

CONTRATO INOMINADO. *Vide* CONTRATO ATÍPICO.

CONTRATO INSTANTÂNEO. *Vide* CONTRATO DE EXECUÇÃO IMEDIATA E CONTRATO DE EXECUÇÃO INSTANTÂNEA.

CONTRATO INTERADMINISTRATIVO. *Direito administrativo.* É o celebrado entre órgão e entidade pública.

CONTRATO INTERINO. *Direito civil* e *direito comercial.* É o que tem por escopo regular as relações das partes no âmbito das tratativas. Por ex.: o acordo de segredo se houver transferência de tecnologia (Carlyle Popp).

CONTRATO INTERNACIONAL.1. *Direito internacional privado.* a) É aquele que contém elementos que possibilitam sua vinculação a mais de um ordenamento jurídico, por dizer respeito a operações que implicam o fluxo e refluxo de bens através de fronteiras; b) manifestação bi ou plurilateral da vontade livre das partes, objetivando relações patrimoniais ou de serviços, cujos elementos sejam vinculantes de dois ou mais sistemas jurídicos extraterritoriais, pela força do domicílio, nacionalidade, sede principal dos negócios, lugar do contrato ou da execução ou qualquer fato que exprima liame indicativo de direito aplicável (Irineu Strenger).

2. *Direito internacional público.* Declaração volitiva de dois ou mais Estados, que tem obrigatoriedade se ratificada pelas partes contratantes, por exemplo, tratados e convenções.

CONTRATO INTERNACIONAL DE COMÉRCIO. *Direito internacional privado.* É o que visa obter maior intercâmbio de produtos e serviços de diversos países.

CONTRATO *INTUITU PERSONAE*. *Direito civil.* Trata-se do contrato pessoal em que a pessoa do contratante é considerada pelo outro como fator determinante de sua conclusão. A pessoa do contratante tem influência decisiva no consentimento do outro, que tem interesse em que as obrigações contratuais sejam por ele cumpridas, por sua idoneidade, competência ou habilidade particular.

CONTRATO JUDICIAL. *Direito processual civil.* Diz-se da transação firmada pelas partes em juízo, no curso da ação, homologada pelo magistrado que preside ao julgamento do feito, pondo fim ao litígio.

CONTRATO JUSTO. *Direito civil.* Aquele que apresenta, desde sua celebração, equilíbrio dos direitos e obrigações dos contratantes, e equivalência da equação financeira (Roberto Senise Lisboa).

CONTRATO LEONINO. *Direito civil.* Aquele que traz vantagens desproporcionais a um dos contratantes, em detrimento do outro, sendo por isso vedado.

CONTRATO LIBERATÓRIO. *Direito civil.* Distrato, ou melhor, extinção do contrato por mútuo acordo entre as partes.

CONTRATO MÉDICO. *Direito civil* e *direito do consumidor.* Aquele pelo qual o médico se compromete a prestar serviços profissionais a um cliente, contendo uma obrigação de meio, que consiste tão-somente em usar de prudência e diligência normais para obter a cura, de acordo com os progressos da medicina, sem, contudo, se vincular a obtê-la. Assim, se o tratamento médico não trouxer a cura ao paciente, esse fato não o isentará de pagar o serviço médico ou cirúrgico que lhe foi prestado.

CONTRATO MERCANTIL. *Vide* CONTRATO COMERCIAL.

CONTRATO MISTO. *Vide* CONTRATO COMPLEXO.

CONTRATO MODIFICATIVO. *Vide* ALTERAÇÃO NO CONTRATO SOCIAL.

CONTRATO NÃO SOLENE. *Vide* CONTRATO CONSENSUAL.

CONTRATO NECESSÁRIO. 1. *Direito administrativo.* Diz-se daquele que sela o vínculo jurídico entre o Poder concedente e a concessionária de serviços públicos essenciais, como água, luz, telefone, gás etc. **2.** *Direito civil.* É aquele que deve ser efetivado para que outro possa ser celebrado (Nipperdey).

CONTRATO NOMINADO. *Direito civil.* É o contrato típico, por ser uma espécie contratual com *nomen juris*, servindo de base à fixação dos modelos ou tipos de regulamentação específica da lei (Antunes Varela). É o que tem denominação legal e própria, estando previsto e regulado por norma. O nosso Código Civil rege e esquematiza vinte e três tipos dessa espécie de contrato: compra e venda, troca, doação, contrato estimatório, locação de coisas, prestação de serviço, empreitada, comissão, agência, distribuição, corretagem, transporte, transação, compromisso, empréstimo, depósito, mandato, sociedade, constituição de renda, seguro, jogo, aposta e fiança.

CONTRATO NOMINAL. *Vide* CONTRATO NOMINADO.

CONTRATO NORMATIVO É aquele no qual, em regra, um ato regulamentar, baixado por lei, instrução etc., dispõe sobre suas cláusulas e conteúdo que, por serem condições gerais do contrato, prevalecerão obrigatoriamente em todos os acordos feitos futuramente com qualquer pessoa que tenha interesse de contratar na esfera regulamentada. As condições gerais dos contratos são fontes produtoras de direitos. Por exemplo, a convenção coletiva de trabalho tem nítido caráter normativo, pois dois ou mais sindicatos representativos de uma categoria profissional ou econômica estipulam as condições que disciplinarão as relações individuais de trabalho no âmbito da respectiva representação. O mesmo se diga do contrato de sociedade, no direito civil; da concessão de serviço público, na seara do direito administrativo; dos contratos bancários; da compra e venda pelo Sistema Financeiro da Habitação etc.

CONTRATO NULO. *Direito civil.* É aquele que transgrediu a lei, um preceito de ordem pública e os bons costumes ou não continha todos os elementos essenciais, ou seja, aquele que foi praticado por absolutamente incapaz, sem estar devidamente representado, tinha objeto ilícito ou impossível, apresenta simulação ou não seguiu a forma prescrita em lei para sua validade.

CONTRATO ONEROSO. *Direito civil.* É aquele que traz vantagem para ambos os contratantes, sofrendo estes um sacrifício patrimonial correspondente ao proveito pretendido. Cada contraente suporta um gravame de ordem patrimonial com o intuito de obter vantagem correspondente, de tal sorte que entre ônus e proveito haja uma relação de equivalência. Por exemplo, na locação de coisa, o locatário paga aluguel para poder usar bem alheio, e o locador, por sua vez, entrega objeto que lhe pertence para receber um pagamento.

CONTRATO ORTODOXO. *Vide* CONTRATO NOMINADO.

CONTRATO PARA ENTREGA *JUST IN TIME*. *Direito empresarial.* Aquele em que se entrega a mercadoria no instante da necessidade.

CONTRATO PARASSOCIAL. *Vide* ACORDO DE ACIONISTAS.

CONTRATO PARITÁRIO. *Direito civil.* É aquele em que as partes interessadas discutem, em pé de igualdade, os termos do ato negocial, eliminando as divergências mediante transigência mútua, fixando, assim, livremente, as cláusulas e as condições que disciplinarão a relação contratual por eles firmada.

CONTRATO PECUÁRIO. *Direito agrário.* Acordo celebrado entre duas ou mais pessoas, mediante remuneração, com o escopo de: a) comprar gado de corte ou leiteiro; b) arrendar pasto; c) formar parceria para criação ou recriação, engorda e invernagem; d) exercer atividade extrativa de produtos animais; e) efetuar parceria regionalizada; d) entregar touros para reprodução etc.

CONTRATO PESSOAL. *Vide* CONTRATO *INTUITU PERSONAE*.

CONTRATO PLURILATERAL. *Direito civil.* Aquele que é celebrado por três ou mais pessoas. Por exemplo, na cessão de direitos de compromissário-comprador, com interveniência de compromitente-vendedor, no pacto adjeto de hipoteca e no contrato de construção há, como observa R. Limongi França, os seguintes sujeitos: a) compromissário-comprador, que cede os direitos;

b) compromitente-vendedor, que consente na cessão; c) cessionário, que recebe os direitos e, a um tempo, passa a devedor hipotecário e a locatário de serviços; d) credor hipotecário, que dá em mútuo a importância do negócio; e e) o locador de serviços, que empreita a construção de um prédio no terreno adquirido.

CONTRATO POLÍTICO. *Ciência política.* Pacto hipotético pelo qual o povo, detentor do poder soberano, tem o direito-dever de transmiti-lo, por prazo determinado ou indeterminado, a uma pessoa para dirigir a nação.

CONTRATO POR ADESÃO. *Direito civil, direito bancário, direito comercial, direito do consumidor* e *direito administrativo.* É aquele que se constitui pela adesão da vontade de um oblato indeterminado à oferta permanente do proponente ostensivo. Como ensina R. Limongi França, é "aquele em que a manifestação da vontade de uma das partes se reduz a mera anuência a uma proposta da outra". Não há liberdade de convenção, visto que exclui a possibilidade de qualquer discussão e transigência entre as partes, uma vez que um dos contratantes se limita a aceitar as cláusulas e condições previamente redigidas e impressas pelo outro, aderindo a uma situação contratual já definida em todos os seus termos. É o que se dá, por exemplo, com o seguro, o fornecimento de gás, eletricidade e água, o financiamento bancário e o de transporte etc.

CONTRATO POR ADMINISTRAÇÃO. *Direito civil.* **1.** É o contrato pelo qual o contratado administra obra de construção civil e acompanha a sua execução, fornecendo assessoria técnica, recebendo, como remuneração, uma percentagem sobre todas as despesas realizadas na construção, denominada "taxa de administração", não respondendo pelos recolhimentos previdenciários. **2.** Aquele em que o contratado é reembolsado por custos previstos no contrato ou, de outra forma, definidos, mais uma percentagem desses custos ou um honorário fixo.

CONTRATO POR ASSINAÇÃO. *Direito comparado.* Aquele, admitido expressamente no direito alemão, em que o assinante, por ser devedor, paga o seu credor (assinatário) por meio de um crédito sobre terceiro (assinado). Este tem mandato para receber, em seu nome, uma quantia, sem necessidade de outro aviso do assinante. É um simples mandato de pagar, que o devedor dá ao credor para que este faça pagar por um terceiro assinado, sem que o credor o aceite como obrigado em lugar do mandante.

CONTRATO POR CLIQUE. *Direito virtual.* a) É também designado de contrato *clickwrap* ou *click-through agreement*; b) aquele em que seus termos são aceitos pela confirmação digital na tela do monitor do computador, utilizando-se o *mouse* (Jorge José Lawand); c) contrato por adesão, escrito em *site*, no qual o leitor aceita seus termos com um *click* de *mouse* (Luis Henrique Ventura).

CONTRATO POR CORRESPONDÊNCIA EPISTOLAR. *Direito civil* e *direito comercial.* **1.** Aquele que se efetiva entre contratantes que, por não estarem no mesmo local, enviam oferta e aceitação por meio de cartas ou telegramas. **2.** *Vide* CONTRATO ENTRE AUSENTES.

CONTRATO POR HASTA PÚBLICA. *Direito processual civil.* É o celebrado em hasta pública com o arrematante dos bens.

CONTRATO POR LEILÃO. *Direito comercial* e *direito processual civil.* É o levado a efeito entre a pessoa representada pelo leiloeiro e aquele que deu o maior lanço, reputando-se concluído no instante em que se efetivar a entrega da coisa ao adquirente.

CONTRATO POR TEMPO DETERMINADO. **1.** *Direito civil.* Aquele em que há estipulação, legal ou contratual, de data certa para sua vigência ou de um prazo condicionado a algum acontecimento. **2.** *Direito do trabalho* e *direito administrativo.* O efetivado para atender à necessidade temporária de excepcional interesse público; por exemplo: realização de recenseamentos e outras pesquisas de natureza estatística efetuadas pela Fundação Instituto Brasileiro de Geografia e Estatística (IBGE); ou para o exercício de atividades: a) especiais nas organizações das Forças Armadas para atender à área industrial ou a encargos temporários de obras e serviços de engenharia; b) de identificação e demarcação desenvolvidas pela FUNAI; c) de análise e registro de marcas e patentes pelo Instituto Nacional da Propriedade Industrial (INPI); d) finalísticas do Hospital das Forças Armadas; e) de pesquisa e desenvolvimento de produtos destinados à segurança de sistemas de informações, sob responsabilidade do Centro de Pesquisa e Desenvolvimento para a Segurança das Comunicações (CEPESC); f) de vigilância e inspeção, relacionadas à defesa agropecuária, no âmbito do Ministério da Agricultura, Pecuária e Abastecimento, para atendimento de situações emergenciais ligadas ao comércio internacional de produtos de origem animal ou vegetal ou de iminente risco à saúde animal, vegetal ou humana; g) desenvolvidas no âmbito dos projetos do Sistema de Vigilância da Amazônia (SIVAM) e do Sistema de Proteção da Amazônia (SIPAM).

CONTRATO POR TEMPO INDETERMINADO. *Direito civil.* **1.** Aquele que não tem qualquer tempo de vigência estabelecido. **2.** Aquele em que é estipulado prazo certo de duração, contendo, porém, cláusula de sua rescisão em qualquer tempo, desde que haja aviso prévio, por qualquer das partes.

CONTRATO POR TERCEIRO. *Direito civil.* Dá-se quando uma pessoa se compromete com outra a obter prestação de fato de um terceiro não participante do contrato. O devedor deverá obter o consentimento do terceiro, pois este é que terá de executar a prestação final. Se o terceiro consentir em realizá-la, executar-se-á a obrigação do devedor primário, que se exonerará. Porém, se o terceiro não a cumprir, o devedor primário será inadimplente, sujeitando-se, então, às perdas e danos, de forma que o credor terá ação contra ele e não contra o terceiro. Fácil é denotar que essa promessa de fato de terceiro constitui uma obrigação de fazer, isto é, de conseguir o ato de terceiro.

CONTRATO PRELIMINAR. *Direito civil.* Aquele pelo qual um ou ambos os contraentes obrigam-se a celebrar determinado contrato no momento em que lhes convier. Gera uma obrigação de fazer um contrato definitivo, ou seja, a obrigação de um futuro *contrahere*, isto é, de contrair contrato definitivo, contendo a possibilidade de arrependimento e indenização das perdas e danos. Trata-se do pré-contrato, contrato preparatório ou promessa de contrato.

CONTRATO PRELIMINAR BILATERAL. *Direito civil.* Pré-contrato que cria obrigações para ambos os interessados, ficando desde logo programado o contrato definitivo. Cada um terá direito de exigir do outro o cumprimento contratual, sob pena de suportar as conseqüências decorrentes.

CONTRATO PRELIMINAR UNILATERAL. *Vide* CONTRATO DE OPÇÃO.

CONTRATO PREPARATÓRIO. **1.** *Vide* CONTRATO PRELIMINAR. **2.** *Direito civil.* Instrumento negocial para estruturar outra negociação. Por exemplo contrato de pesquisa para comprovar a eficiência de um remédio (Carlyle Popp).

CONTRATO PRINCIPAL. *Direito civil.* É o que existe por si, exercendo sua função e finalidade independentemente de outro.

CONTRATO PRINCIPAL DEFINITIVO. *Direito civil.* É o elaborado em execução ao contrato preliminar, formalizando a obrigação de contratar nele consignada.

CONTRATO PRIVADO. Aquele que, em razão de matéria e da pessoa do contratante, pertence ao âmbito do direito privado, como, por exemplo, os contratos civil e mercantil.

CONTRATO PROIBIDO. *Direito civil.* Avença que atenta contra a ordem pública.

CONTRATO-PROMESSA. **1.** *Vide* CONTRATO PRELIMINAR. **2.** *Direito internacional privado.* Aquele em que os contratantes apenas assumem o dever de concluir um contrato no momento oportuno.

CONTRATO-PROMESSA DE CONTRATAR. *Vide* CONTRATO PRELIMINAR.

CONTRATO PÚBLICO. **1.** *Direito civil.* O que é celebrado por instrumento público. **2.** *Direito administrativo.* Aquele que, por sua natureza, pertence à seara juspublicista, como, por exemplo, o contrato administrativo, que se celebra entre particular e a Administração Pública para atender a interesses públicos ou o contrato internacional público levado a efeito entre Estados soberanos.

CONTRATO QUOTALÍCIO. *Vide* CONTRATO COTALÍCIO.

CONTRATO REAL. *Direito civil.* Aquele que somente se ultima com a entrega da coisa por um contratante a outro, por exemplo, comodato, mútuo, depósito, penhor etc. Antes da efetiva entrega da coisa, ter-se-á mera promessa de contratar e não um contrato perfeito e acabado.

CONTRATO-REALIDADE. **1.** Contrato fático. **2.** Aquele que tem sua existência assentada em fatos legais, como, por exemplo, o contrato de trabalho baseado na relação de subordinação do empregado ao empregador, que lhe paga uma remuneração.

CONTRATO REAL PELO EFEITO. *Direito civil.* Diz-se daquele cujo objeto se prende a um direito real limitado, como o penhor, a anticrese, a hipoteca, o usufruto etc.

CONTRATO REGULAMENTADO. É aquele que deve observar as condições gerais fixadas em norma jurídica própria (Roberto Senise Lisboa).

CONTRATO REVOCATÓRIO. *Vide* DISTRATO.

CONTRATORPEDEIRO. *Direito militar.* Navio de guerra; destróier; caça-torpedeiro.

CONTRATOS *CLICK-WRAP.* O mesmo que *CLICK-THROUGH AGREEMENTS.*

CONTRATOS DE COLABORAÇÃO EMPRESARIAL. *Direito comercial.* São os relacionados ao escoamento de mercadorias em que um dos contratantes (empresário colaborador) se obriga a criar, consolidar ou ampliar o mercado para o produto do outro contratante (empresário fornecedor). Neste grupo inserem-se os contratos de distribuição e de concessão mercantil (Fábio Ulhoa Coelho).

CONTRATOS DE COMPRA DE ENERGIA ELÉTRICA. *Direito administrativo.* São os celebrados pela Eletrobrás para adquirir por quinze anos a energia elétrica gerada em instalações conectadas ao Sistema Elétrico Interligado Nacional, que utilizem fontes eólicas ou biomassa ou, ainda, que se caracterizem como pequenas centrais hidrelétricas. Tais compras são realizadas com preços iguais aos valores econômicos das respectivas fontes e são firmadas, prioritariamente, com Produtor Independente Autônomo (PIA).

CONTRATOS DE FINANCIAMENTO DO PROGRAMA DE FORTALECIMENTO DA AGRICULTURA FAMILIAR, PROJETOS DE ESTRUTURAÇÃO DOS ASSENTADOS E COLONOS NOS PROGRAMAS OFICIAIS DE ASSENTAMENTO, COLONIZAÇÃO E REFORMA AGRÁRIA APROVADOS PELO INCRA E DO FUNDO DE TERRAS E DA REFORMA AGRÁRIA. *Direito bancário* e *direito agrário.* São aqueles em que os bancos administradores aplicarão 10% dos recursos dos Fundos Constitucionais de Financiamento das Regiões Norte, Nordeste e Centro-Oeste, para financiamento a assentados e colonos nos programas oficiais de assentamento, colonização e reforma agrária, aprovados pelo Instituto Nacional de Colonização e Reforma Agrária (INCRA), bem como a beneficiários do Fundo de Terras e da Reforma Agrária – Banco da Terra. Tais financiamentos terão os encargos financeiros ajustados para não exceder o limite de 12% ao ano e redutores de até 50% sobre as parcelas da amortização do principal e sobre os encargos financeiros, durante todo o prazo de vigência da operação, conforme deliberação do Conselho Monetário Nacional. Os contratos de financiamento de projetos de estruturação inicial dos assentados, colonos ou beneficiários do Banco da Terra, ainda não beneficiados com crédito direcionado exclusivamente para essa categoria de agricultores, serão realizados por bancos oficiais federais com risco para o respectivo Fundo Constitucional ou para o Banco da Terra no caso de seus beneficiários, observadas as condições definidas pelo Conselho Monetário Nacional para essas operações de crédito. O mesmo se aplica aos contratos de financiamento de projetos de estruturação complementar daqueles assentados, colonos ou beneficiários do Banco da Terra, já contemplados com crédito da espécie, cujo valor financiável se limita ao diferencial entre o saldo devedor atual da operação e o teto vigente para essas operações de crédito, conforme deliberação do Conselho Monetário Nacional. Os agentes financeiros apresentarão ao Conselho Nacional de Desenvolvimento Rural Sustentável, integrante da estrutura do Ministério do Desenvolvimento Agrário, demonstrativos dos valores que vierem a ser imputados aos Fundos Constitucionais.

CONTRATOS ELETRÔNICOS INTERATIVOS. *Direito virtual.* São os celebrados via *Web*, pela qual uma pessoa interage com um sistema destinado ao processamento eletrônico de informações, colocado à disposição de outra pessoa, sem que esta esteja, concomitantemente, conectada e sem que tenha ciência imediata de que o contrato se efetivou (Érica B. Barbagalo).

CONTRATOS ELETRÔNICOS INTERPESSOAIS. *Direito virtual.* São os celebrados por computador, utilizado como meio de comunicação entre as partes, interagindo na formação da vontade destas e na instrumentalização do contrato (Érica B. Barbagalo).

CONTRATOS ELETRÔNICOS INTERSISTÊMICOS. *Direito virtual.* Aqueles formados pelo uso de computador como ponto convergente de vontades preexistentes. As partes apenas transpõem para o computador as vontades decorrentes de negociação prévia, sem que o equipamento interligado em rede tenha interferência na formação delas (Érica B. Barbagalo).

CONTRATO *SELF-CONTAINED.* *Direito internacional privado.* Contrato sem lei admitido por alguns autores, como Verdross, Wolff, Laleve e Level, que tem sido rechaçado pela grande maioria dos internacionalistas, porque apenas poderia ser admitido se o ordenamento jurídico o acatasse, regulando-o. Esse contrato é aquele que, por escolha das partes, se autodisciplina, regendo-se pelas suas cláusulas alusivas às necessidades dos contratantes e aos interesses do comércio internacional, desvinculando-se de qualquer norma da ordem jurídico-estatal.

CONTRATO SEM LEI. *Vide* CONTRATO *SELF-CONTAINED*.

CONTRATO SIMPLES. *Direito civil.* a) Aquele que envolve um só ato negocial, apresentando-se num único título ou instrumento, sendo nominado e legalmente regulamentado, por exemplo, comodato, compra e venda, locação de coisa etc.; b) aquele que pertence ao grupo dos nominados e se apresenta com um só título.

CONTRATO SIMULADO. *Direito civil.* É aquele que, mediante declaração enganosa da vontade das partes, visa produzir efeito diverso do indicado, com o objetivo de enganar terceiro, sendo, por isso, nulo.

CONTRATO SINALAGMÁTICO. *Vide* CONTRATO BILATERAL.

CONTRATO SINDICAL. *Direito do trabalho.* Contrato coletivo de trabalho celebrado por meio de sindicato.

CONTRATO SINGULAR. É o mesmo que CONTRATO INDIVIDUAL DE TRABALHO, que se opera quando há uma pessoa de cada lado ou quando várias nele intervêm singularmente, por exemplo, na locação de imóvel pertencente a três irmãos, que nela figurarão como "locador".

CONTRATO SOCIAL. 1. *Filosofia do direito.* a) Aquele pelo qual o povo livremente escolhe a forma de seu governo, sem se ater às qualidades objetivas do regime, mas à sua preferência subjetiva, de modo que a livre escolha é o critério do ordenamento jurídico, mesmo que este escravize o povo. Logo, o preceito fundamental do direito natural, para a escola de Grotius, é observar fielmente qualquer contrato celebrado livremente; b) aquele que é suscetível de sanar as deficiências do estado de natureza, instaurando o governo do estado civil ou político, com três Poderes: o Legislativo, o Executivo e o Federativo (Locke); c) é o que estabelece uma forma de associação em que cada membro é defendido e protegido por um poder comunitário unido, mas sem prejuízo, antes com vantagem, para a liberdade e a igualdade dos homens. Tal pacto exige a entrega total da pessoa e dos bens de cada particular ao poder da comunidade, isto é, à vontade geral do povo soberano, que é competente para fixar o pa-

trimônio social e redistribuir os bens, para a consecução do bem comum (Rousseau). **2.** *Direito civil* e *direito comercial.* a) Contrato que constitui uma sociedade simples ou empresária, regendo os direitos e deveres dela decorrentes; b) *Vide* SOCIEDADE.

CONTRATO SOLENE. *Vide* CONTRATO ESPECIAL.

CONTRATO SOLUTÓRIO. *Vide* DISTRATO.

CONTRATOS RELACIONADOS À LOGÍSTICA. *Direito comercial.* Contratos interempresariais que envolvem prestações de serviços atípicos para desenvolver tecnologia voltada ao planejamento e execução da infra-estrutura necessária à administração da sociedade empresária para reduzir preço sem comprometer a margem de lucro e melhorar a qualidade dos produtos ou serviços oferecidos ao mercado. Fórmula ideal para concorrência empresarial, para que a sociedade empresária possa oferecer o mesmo produto ou serviço da concorrente gastando menos, tendo vantagem competitiva. O preço pode ser menor, preservando-se o lucro. Os administradores devem criar condições operacionais para tanto, efetuando não só contratos com provedores de acesso à internete, satélites e infovias, como também contratos de transporte, fretamento e armazenagem (Fábio Ulhoa Coelho).

CONTRATO *STANDARD*. *Direito civil* e *direito comercial.* Gênero que abrange o contrato por adesão e o contrato-tipo.

CONTRATOS-TIPOS. *Direito internacional privado.* Fórmulas de contrato padronizadas com vários pontos comuns, diferindo-se apenas quanto às particularidades de ramo de comércio, adaptando-se às necessidades de cada classe de mercadorias. Podem advir de acordos internacionais, abrangendo categorias mercantis ou de organizações profissionais por se referir a usos e costumes por elas aceitos. É uma modalidade de tratado entre associações, que pode prevalecer sobre a lei. Por exemplo: a *London Corn Trade Association* que, agregando comerciantes de cereais, propôs cerca de sessenta contratos-tipos.

CONTRATO SUBORDINANTE. *Direito civil* e *direito comercial.* Aquele em que há sujeição de um contratante em relação a outro, por exemplo, mandato, locação de serviço, comissão etc.

CONTRATO SUCESSIVO. Aquele em que se estabelecem para uma ou ambas as partes contratantes prestações periódicas, por exemplo, locação, compra e venda a prestações, contrato de trabalho etc.

CONTRATO SUCESSÓRIO. *Direito civil.* Pacto que tem por objeto herança de pessoa viva, proibido juridicamente, salvo nas seguintes exceções: a) contrato antenupcial, em que os nubentes poderão dispor a respeito da recíproca e futura sucessão; b) partilha de bens, entre os descendentes, feita pelos pais por ato *inter vivos*. Apesar de a doutrina apontar essas duas exceções, só a partilha por ato *inter vivos* pode ser considerada como exceção, por corresponder a uma sucessão antecipada, embora apresente inconvenientes, porquanto apenas pode abranger bens presentes. O contrato antenupcial dispondo sobre a futura sucessão não pode ser tido como exceção porque a lei declara como não escrita qualquer cláusula ou convenção que contrarie disposição absoluta de lei, uma vez que esta afirma peremptoriamente que "não pode ser objeto de contrato herança de pessoa viva".

CONTRATO TELEMÁTICO. *Direito virtual.* Espécie de contrato eletrônico em que, necessariamente, o seu objeto seriam bens informatizados, sendo que a realização e convergência da vontade somente dar-se-ia mediante o uso do computador. A sua celebração por meio virtual seria feita, exclusivamente, via internet ou intranet, havendo ajuste do negócio jurídico com a exteriorização da vontade entre as partes (Sérgio Iglesias Nunes de Souza e Newton De Lucca).

CONTRATO TÍPICO. *Vide* CONTRATO NOMINADO.

CONTRATO-TIPO. 1. *Vide* CONTRATO NOMINADO. 2. Aquele que é feito com base em formulário convencionado ou imposto por lei. É um modelo contratual, convencional ou legal estabelecido para reger as relações entre os contratantes.

CONTRATO TRANSLATIVO. *Direito comparado.* Aquele que transfere a propriedade da coisa.

CONTRATO TURN KEY. *Direito comercial.* Modalidade de *engineering* que abrange, além da fase de estudo, a de execução, isto é, a de construção e entrega de uma instalação industrial em funcionamento.

CONTRATO UNIDO. *Vide* CONTRATO COLIGADO.

CONTRATO UNILATERAL. *Direito civil.* Aquele em que um só dos contratantes assume obrigações em face do outro, de tal sorte que os efeitos são ativos de um lado e passivos de outro, pois uma das partes não se obriga, não havendo, portanto, qualquer contraprestação, por exemplo, doação pura e simples, mandato etc. O contrato unilateral, apesar de requerer duas ou mais declarações volitivas, coloca um só dos contratantes na posição de devedor, ficando o outro como credor.

CONTRATO USURÁRIO. *Direito civil.* 1. É o que estabelece empréstimo de dinheiro a juros exorbitantes, sendo nulo, por ser legalmente vedado, dando ao devedor o direito de exigir a devolução do que vier a pagar a mais. 2. *Vide* CONTRATO FENERATÍCIO.

CONTRATO VERBAL. *Direito civil.* O que é feito oralmente pelos contratantes, sendo comprovado por confissão, via testemunhal etc.

CONTRATO VERBAL DE TRABALHO. *Direito do trabalho.* É o efetivado verbalmente entre empregador e empregado, que, ante a ausência de prova material da avença, tem sua existência presumida, conforme as normas relativas à sua legitimidade.

CONTRATO VIRTUAL. *Vide* CONTRATO ELETRÔNICO.

CONTRATRAQUETE *Direito marítimo.* Segundo mastro, a contar da proa, nos navios com quatro e cinco mastros.

CONTRATRILHO. *Direito comercial.* Trilho que, localizado na parte interna dos carris, serve para guiar as rodas do veículo evitando descarrilamento.

CONTRATUAL. 1. Relativo a contrato. 2. Que consta de contrato. 3. Aquilo que tem as formalidade de contrato.

CONTRATUALIDADE. Qualidade do que é contratual.

CONTRATUALISMO. 1. *Filosofia do direito.* Corrente jusnaturalista que propugna o contrato social entre cidadãos ou entre eles e o soberano, para restabelecer o Estado, constituindo o fundamento de todo o direito. 2. *Ciência política.* Teoria que vê a origem da sociedade e o fundamento do poder político num contrato, ou seja, num acordo, tácito ou expresso, entre a maioria dos indivíduos, dando início ao Estado sociopolítico (Matteuci).

CONTRATURA. 1. Na *linguagem jurídica* em geral, significa: a) ação ou efeito de contrair; b) qualidade ou estado do que está contraído. 2. *Medicina legal.* a) Contração involuntária e permanente de um músculo, sem que haja lesão de sua fibra; b) tipo de resíduo de contração decorrente da submissão de um músculo a uma forte excitação.

CONTRAVALAÇÃO. *Direito militar.* Fosso com parapeito usado para impedir as surtidas dos sitiados.

CONTRAVENÇÃO. 1. Infração à norma jurídica geral ou individual. 2. Inobservância de disposições normativas preventivas. 3. Mínimo de ameaça ou agressão, dolosas ou culposas, ao direito ou à convivência social.

CONTRAVENÇÃO À FÉ PÚBLICA. *Direito penal.* 1. Recusa de moeda de curso legal. 2. Imitação de moeda para propaganda. 3. Simulação da qualidade de servidor público.

CONTRAVENÇÃO FISCAL. *Direito tributário.* Infração de natureza leve, caracterizada nas leis relativas a cada tributo, implicando ações ou omissões contrárias às normas formais, que tão-somente prejudicam a arrecadação, administração e fiscalização de impostos, taxas ou contribuições.

CONTRAVENÇÃO FLORESTAL. *Direito penal* e *direito ambiental.* Ato punível, com prisão simples ou multa, consistente em: destruir ou danificar floresta de preservação permanente; cortar árvores dessa floresta sem permissão de autoridade competente; penetrar em floresta de preservação permanente, conduzindo substâncias ou armas para caça proibida ou para exploração de produtos florestais, sem estar munido de licença da autoridade competente; extrair minerais de florestas de preservação permanente ou pertencentes ao domínio público, sem prévia autorização etc.

CONTRAVENÇÃO PENAL. *Direito penal.* Ação ou omissão voluntária que, por constituir ofensa menos grave que o crime, é punida com pena mais leve (prisão simples ou multa, ou ambas alternativa ou cumulativamente). É também chamada "delito-anão".

CONTRAVENÇÃO REFERENTE À ADMINISTRAÇÃO PÚBLICA. *Direito penal.* Ato punível que consiste na: a) omissão de comunicação de crime de ação pública de que se teve conhecimento no exercício de função pública, médica ou de outra profissão sanitária; b) inumação ou exumação de cadáver, com infração às leis; c) recusa à autoridade de fornecer dados solicitados ou exigidos sobre a própria identidade, estado, profissão, domicílio e residência; e d) violação do privilégio ou monopólio postal da União.

CONTRAVENÇÃO REFERENTE À FÉ PÚBLICA. *Direito penal.* Ato punível que consiste em: a) recusar-se a receber, pelo seu valor, moeda de curso legal do País; b) imitar moeda para fins de propaganda; c) simular a qualidade de funcionário público e usar, publicamente, uniforme ou distintivo de função pública que não exerça ou utilizar-se, indevidamente, de sinal distintivo ou denominação cujo emprego seja regulado por lei.

CONTRAVENÇÃO RELATIVA À INCOLUMIDADE PÚBLICA. *Direito penal.* Ato punível que se caracteriza pelos seguintes comportamentos: a) disparo de arma de fogo em local habitado ou adjacências, em via pública ou em direção a ela; b) desabamento de construção provocado por erro no projeto ou na sua execução; c) omissão de providência reclamada pelo estado ruinoso de construção ou de cautela na guarda ou condução de animal; d) falta de habilitação para dirigir veículo em via pública ou embarcação a motor em águas públicas; e) direção não licenciada de aeronave; f) direção de veículo em via pública ou de embarcação em águas públicas pondo em perigo a segurança alheia; g) abuso na prática da aviação, entregando-se a acrobacias ou a vôos baixos ou aterrissando fora da zona permitida por lei; h) ausência de colocação em via pública de sinalização determinada em lei ou pela autoridade, destinada a evitar perigo a transeuntes; i) arremesso em via pública ou em local de uso comum ou alheio de coisa que possa ofender, sujar ou molestar alguém; j) emissão de fumaça, vapor ou gás ofensiva a outrem.

CONTRAVENÇÃO RELATIVA AO PATRIMÔNIO. *Direito penal.* Ato punível consistente na: a) fabricação, venda ou cessão de instrumento usualmente empregado na prática de furto; b) posse não justificada de instrumento usual no crime de roubo ou furto; c) violação, no exercício de profissão de serralheiro ou ofício análogo, de fechadura ou aparelho destinado à defesa de lugar ou objeto, a pedido ou por incumbência de pessoa de cuja legitimidade não se tenha certificado previamente; d) exploração da credulidade pública, mediante sortilégios, predição do futuro, explicação de sonho ou práticas congêneres.

CONTRAVENÇÃO RELATIVA À ORGANIZAÇÃO DO TRABALHO. *Direito penal.* Ato punível consistente não só em exercer ilegalmente profissão ou atividade econômica, comércio de antigüidades, obras de arte, manuscritos e livros antigos ou raros, como também em infringir determinação legal relativa à matrícula ou à escrituração de indústria, comércio ou outra atividade.

CONTRAVENÇÃO RELATIVA À PAZ PÚBLICA. *Direito penal.* Ato punível em razão de: a) associação secreta; b) provocação de tumulto; c) conduta inconveniente ou desrespeitosa em solenidade ou ato oficial, em assembléia ou espetáculo público; d) falso alarma, anunciando desastre ou perigo inexistente; e) prática de ato idôneo a produzir pânico ou tumulto; f) perturbação do trabalho ou do sossego alheio.

CONTRAVENÇÃO RELATIVA À PESSOA. *Direito penal.* Ato punível resultante de: a) fabrico, comércio ou detenção de armas ou munição; b) porte de arma, sem a devida licença da autoridade; c) anúncio de meio ou técnica abortiva ou prática das vias de fato contra alguém; d) internação irregular em estabelecimento psiquiátrico de pessoa apresentada como doente mental; e) custódia indevida de portador de moléstia mental.

CONTRAVENÇÃO RELATIVA À POLÍCIA DE COSTUMES. *Direito penal.* Ato punível que se caracteriza pelos seguintes fatos: a) estabelecer ou explorar jogo de azar em local público ou acessível ao público; b) promover ou fazer extrair loteria, sem autorização legal; c) introduzir no País, para o fim de comércio, bilhete de loteria, rifa ou tômbola estrangeiras ou bilhete de loteria estadual em território onde não possa legalmente circular; d) exibir ou ter sob sua guarda lista de sorteio de loteria estrangeira; e) imprimir ou executar qualquer serviço de feitura de bilhetes, listas de sorteio, avisos ou cartazes relativos a loteria, em lugar onde ela não possa legalmente circular; f) distribuir ou transportar cartazes, listas de sorteio ou avisos de loteria, onde esta não possa legalmente circular; g) divulgar, por meio de jornal ou outro impresso, de rádio, cinema ou qualquer outra forma, ainda que disfarçadamente, anúncio, aviso ou resultado de extração de loteria, onde a circulação dos seus bilhetes não seja legal; h) praticar qualquer ato relativo à realização ou exploração do jogo do bicho; i) entregar-se habitualmente à ociosidade, sendo válido para o trabalho, sem ter renda que lhe assegure meios bastantes de subsistência, ou prover a própria subsistência mediante ocupação ilícita; j) mendigar, por ociosidade ou cupidez; l) importunar alguém, em lugar público ou acessível ao público, de modo ofensivo ao pudor; m) apresentar-se publicamente em estado de embriaguez, de maneira a causar escândalo ou pôr em perigo a segurança própria ou alheia; n) servir bebidas alcoólicas a menor de dezoito anos, a bêbado, a doente mental ou a quem estiver proibido judicialmente de freqüentar local onde se consome bebida dessa natureza; o) tratar animal com crueldade ou submetê-lo a trabalho excessivo; p) molestar alguém ou perturbar-lhe a tranqüilidade, por acinte ou por motivo reprovável.

CONTRAVENENO. *Medicina legal.* Antídoto; remédio que neutraliza ou susta a ação do veneno.

CONTRAVENIENTE. *Direito penal.* Contraventor; aquele que pratica uma contravenção penal; autor da contravenção.

CONTRAVENTOR. *Vide* CONTRAVENIENTE.

CONTRAVERGUEIRO. *Direito marítimo.* Cabo usado para atracar o vergueiro das peças de uma a outra parte, junto à amurada.

CONTRAVIA. *Direito comercial.* Linha da estrada de ferro paralela àquela em que um trem está correndo.

CONTRAVIR. **1.** Praticar contravenção penal ou fiscal. **2.** Violar norma de direito positivo.

CONTRAVOTO *Ciência política.* Voto oposto a outro já dado; retificação de um voto emitido.

CONTRAXISSE UNUSQUISQUE IN EO LOCO INTELLIGITUR IN QUO UT SOLVERET SE OBLIGAVIT. *Direito romano.* Entende-se que cada um contraiu a obrigação no local em que se comprometeu a pagá-la.

CONTRECTATIO. *Direito romano.* **1.** Ato de apossar-se de coisa do sujeito passivo do furto, retirando-a do local onde se encontra (Manzini). **2.** Ato consumativo do furto.

CONTRECTATIO FRAUDULOSA. *Locução latina.* Contratação fraudulenta.

CONTREDIT. *Termo francês.* Réplica.

CONTRE-LETTRE. *Locução francesa.* Contra-escritura.

CONTREPROPOSITION. *Termo francês.* Contraproposta.

CONTRETAÇÃO. *Direito penal.* Furto.

CONTRIBUIÇÃO. **1.** *Direito civil* e *direito comercial.* a) Cota cabível a coobrigados para o pagamento de um débito comum; b) participação para a formação do quinhão social. **2.** *Direito tributário.* Quantia paga em dinheiro pelo contribuinte em razão de tributo, para a manutenção do serviço público; tributo. **3.** Na *linguagem jurídica* em geral, indica, ainda, subsídio de caráter moral, social, científico ou literário, para a consecução de alguma obra útil.

CONTRIBUIÇÃO ASSISTENCIAL. *Direito do trabalho.* Taxa negocial não obrigatória, que deveria ser cobrada para financiamento da assistência social aos associados, mas tem sido utilizada em campanhas salariais (Amauri Mascaro Nascimento).

CONTRIBUIÇÃO ASSOCIATIVA. *Direito do trabalho.* Trata-se da mensalidade do trabalhador associado ao sindicato, cujo valor é fixado em assembléia.

CONTRIBUIÇÃO CONFEDERATIVA. *Direito do trabalho.* 1. É aquela cujo valor e periodicidade são estabelecidos em assembléia da categoria, não alcançando não-associados. Como não há obrigatoriedade, o trabalhador deverá enviar uma carta ao sindicato, desautorizando o desconto. Se não for atendido, poderá ingressar em juízo, movendo ação declaratória contra seu sindicato (Amauri Mascaro Nascimento) 2. Contribuição privada que visa financiar a prestação de serviços sindicais.

CONTRIBUIÇÃO DE GUERRA. 1. *Direito internacional público.* Indenização paga pelo país vencido ao vencedor. **2.** *Direito tributário.* Imposto extraordinário cobrado pela União, temporariamente, na hipótese de guerra externa, para obtenção de recursos destinados ao pagamento das despesas da nação nessa excepcional contingência.

CONTRIBUIÇÃO DE ILUMINAÇÃO PÚBLICA. *Direito tributário.* Instituída pelos municípios e Distrito Federal para financiar o serviço de iluminação pública. Sua cobrança pode dar-se na fatura do consumo de energia elétrica.

CONTRIBUIÇÃO DE INTERVENÇÃO NO DOMÍNIO ECONÔMICO (CIDE). *Direito tributário.* É a contribuição regulatória, utilizada como instrumento de política econômica para enfrentar determinadas situações que exijam intervenção da União na economia do País. P. ex., CIDE sobre *royalties*, que incide sobre importâncias pagas, creditadas, entregues, empregadas ou remetidas, a cada mês, a residentes ou domiciliados no exterior, a título de *royalties* ou remuneração, previstos em contratos de fornecimento de tecnologia, prestação de serviços de assistência técnica, cessão e licença de exploração de patentes; CIDE sobre combustíveis, cujo contribuinte é a pessoa jurídica que importar ou comercializar no mercado interno petróleo e seus derivados, gás natural e seus derivados e álcool etílico combustível (Láudio Camargo Fabretti).

CONTRIBUIÇÃO DE MELHORIA. *Direito tributário.* Tributo vinculado a uma atuação indireta do Poder Público (Geraldo Ataliba), constituindo-se numa prestação pecuniária a ser paga em razão de valorização imobiliária provocada por obra pública no imóvel do contribuinte.

CONTRIBUIÇÃO DE REGISTRO. *Direito tributário.* Imposto devido pela transferência de direitos ou bens.

CONTRIBUIÇÃO DE SANGUE. *Direito militar.* Obrigação de prestação do serviço militar ou de mobilização em caso de guerra.

CONTRIBUIÇÃO DIRETA. *Direito tributário.* Imposto que é lançado, nominalmente, sobre o contribuinte.

CONTRIBUIÇÃO ESPECIAL. *Vide* CONTRIBUIÇÃO PARAFISCAL.

CONTRIBUIÇÃO INDIRETA. *Direito tributário.* Imposto que recai sobre os objetos de consumo.

CONTRIBUIÇÃO INDUSTRIAL. *Direito tributário.* Imposto lançado sobre qualquer indústria, profissão, arte ou ofício.

CONTRIBUIÇÃO PARAFISCAL. 1. *Direito administrativo, direito constitucional* e *direito tributário.* a) É a cobrada pelo Poder Público para obter recursos para pagamento de despesas públicas transitórias ou permanentes, abrangendo a contribuição previdenciária e a sindical, por não fazer parte do orçamento nem da discriminação de tributos; b) taxa de polícia ou gravame compulsório de direito público, privativo da União. Pode ser: social, como a contribuição de seguridade (PIS); econômica, como a taxa de melhoramento do porto; e profissional, como a devida à OAB. **2.** *Direito tributário.* Tributo cobrado para gerar receita, atendendo à intervenção estatal no domínio da economia.

CONTRIBUIÇÃO PARA O CUSTEIO DA PREVIDÊNCIA SOCIAL DOS SERVIDORES PÚBLICOS, ATIVOS E INATIVOS, E DOS PENSIONISTAS DOS TRÊS PODERES DA UNIÃO. *Direito previdenciário.* É a contribuição social para a manutenção do regime de previdência social dos seus servidores, que será de 11%, incidente sobre a totalidade da remuneração de contribuição, do provento ou da pensão. Entende-se como remuneração de contribuição o vencimento do cargo efetivo, acrescido das vantagens pecuniárias permanentes estabelecidas em lei, os adicionais de caráter individual, ou quaisquer vantagens, inclusive as relativas à natureza ou ao local de trabalho, ou outra paga sob o mesmo fundamento, excluídas: a) as diárias para viagens, desde que não excedam a 50% da remuneração mensal; b) a ajuda de custo em razão de mudança de sede; c) a indenização de transporte; d) o salário-família. Não se aplica às pessoas jurídicas optantes pelo Sistema Integrado de Pagamentos de Impostos e Contribuições das Microempresas e Empresas de Pequeno Porte (SIMPLES). Será concedido regime especial de utilização de crédito presumido da contribuição para o PIS/PASEP e da COFINS às pessoas jurídicas que procedam à industrialização ou à importação dos produtos classificados, e tributados, que tenham firmado com a União compromisso de ajustamento de conduta. O crédito presumido será: a) determinado mediante a aplicação das alíquotas estabelecidas em lei sobre a receita bruta decorrente da venda de medicamentos, sujeitos à prescrição médica e identificados por tarja vermelha ou preta, relacionados pelo Poder Executivo; b) deduzido do montante devido a título de contribuição para o PIS/PASEP e da COFINS no período em que a pessoa jurídica estiver submetida ao regime especial. O crédito presumido somente será concedido na hipótese em que o compromisso inclua todos os produtos industrializados ou importados pela pessoa jurídica. É vedada qualquer outra forma de utilização ou compensação do crédito presumido, bem como sua restituição.

CONTRIBUIÇÃO PARA O FINANCIAMENTO DA SEGURIDADE SOCIAL (COFINS). *Direito tributário.* Com a incidência não-cumulativa, tem como fato gerador o faturamento mensal, assim entendido o total das receitas auferidas pela pessoa jurídica, independentemente de sua denominação ou classificação contábil. O total das receitas compreende a receita bruta da venda de bens e serviços nas operações em conta própria ou alheia e todas as demais receitas auferidas pela pessoa jurídica. A base de cálculo da contribuição é o valor do faturamento. Não integram a base de cálculo as receitas: a) isentas ou não alcançadas pela incidência da contribuição ou sujeitas à alíquota zero; b) não-operacionais, decorrentes da venda de ativo permanente; c) auferidas pela pessoa jurídica revendedora, na revenda de mercadorias em relação às quais a contribuição seja exigida da empresa vendedora, na condição de substituta tributária; d) de venda dos produtos submetida à incidência monofásica da contribuição; e) referentes a:

vendas canceladas e aos descontos incondicionais concedidos; reversões de provisões e recuperações de créditos baixados como perda que não representem ingresso de novas receitas, o resultado positivo da avaliação de investimentos pelo valor do patrimônio líquido e os lucros e dividendos derivados de investimentos avaliados pelo custo de aquisição que tenham sido computados como receita.

CONTRIBUIÇÃO PARA OS PROGRAMAS DE INTEGRAÇÃO SOCIAL E DE FORMAÇÃO DO PATRIMÔNIO DO SERVIDOR PÚBLICO (PIS/PASEP). *Direito previdenciário.* É a contribuição mensal para o PIS/PASEP apurada: a) pelas pessoas jurídicas de direito privado e as que lhes são equiparadas pela legislação do imposto de renda, inclusive as empresas públicas e as sociedades de economia mista e suas subsidiárias, com base no faturamento do mês; ou seja, na receita bruta oriunda da venda de bens nas operações de conta própria, do preço dos serviços prestados e do resultado auferido nas operações de conta alheia; b) pelas entidades sem fins lucrativos definidas como empregadoras pela legislação trabalhista, inclusive as fundações, com base na folha de salários; c) pelas pessoas jurídicas de direito público interno, com base no valor mensal das receitas correntes arrecadadas e das transferências correntes e de capital recebidas. A contribuição será calculada mediante a aplicação, conforme o caso, das seguintes alíquotas: a) 0,65% sobre o faturamento; b) 1% sobre a folha de salários; c) 1% sobre o valor das receitas correntes arrecadadas e das transferências correntes e de capital recebidas. As sociedades cooperativas, além da contribuição sobre a folha de pagamento mensal, pagarão, também, a contribuição calculada na forma da lei, em relação às receitas decorrentes de operações praticadas com não associados. Excluem-se os valores correspondentes à folha de pagamento das instituições ali referidas, custeadas com recursos originários dos Orçamentos Fiscal e da Seguridade Social. Para determinação da base de cálculo, não se incluem, entre as receitas das autarquias, os recursos classificados como receitas do Tesouro Nacional nos Orçamentos Fiscal e da Seguridade Social da União. Não se incluem, igualmente, na base de cálculo da contribuição das empresas públicas e das sociedades de economia mista os recursos recebidos a título de repasse, oriundos do Orçamento Geral da União. Considera-se faturamento a receita bruta, como definida pela legislação do imposto de renda, proveniente da venda de bens nas operações de conta própria, do preço dos serviços prestados e do resultado auferido nas operações de conta alheia. Na receita bruta não se incluem as vendas de bens e serviços cancelados, os descontos incondicionais concedidos, o Imposto sobre Produtos Industrializados (IPI) e o imposto sobre operações relativas à circulação de mercadorias (ICMS), retido pelo vendedor dos bens ou prestador dos serviços na condição de substituto tributário. A contribuição para os Programas de Integração Social e de Formação do Patrimônio do Servidor Público (PIS/PASEP) e a Contribuição para o Financiamento da Seguridade Social (COFINS), devidas pelas pessoas jurídicas que procedam à industrialização ou à importação dos produtos, todos da Tabela de Incidência do Imposto sobre Produtos Industrializados (TIPI), serão calculadas, respectivamente, com base nas seguintes alíquotas: a) 2,2% e 10,3%, incidentes sobre a receita bruta decorrente da venda dos produtos. São reduzidas a zero as alíquotas da contribuição para o PIS/PASEP e da COFINS incidentes sobre a receita bruta decorrente da venda dos produtos tributados, pelas pessoas jurídicas não enquadradas na condição de industrial ou de importador; b) 0,65% e 3%, incidentes sobre a receita bruta decorrente das demais atividades; tais alíquotas aplicam-se em relação à receita bruta decorrente da venda dos produtos excluídos.

CONTRIBUIÇÃO PREVIDENCIÁRIA. *Direito previdenciário.* **1.** Obrigação legal compulsória que tem escopo assecurativo e é imposta à União, ao segurado, à empresa, ao empregador, ao produtor etc. **2.** Contribuição parafiscal devida pelo empregador, que a desconta do salário dos empregados com o escopo de, com a participação da União, servir de auxílio ao custeio do regime da previdência social.

CONTRIBUIÇÃO PROVISÓRIA SOBRE MOVIMENTAÇÃO OU TRANSMISSÃO DE VALORES E DE CRÉDITOS E DIREITOS DE NATUREZA FINANCEIRA (CPMF). *Direito tributário.* É a quantia cobrada, e recolhida, de qualquer operação líquida ou lançamento que representem circulação escritural ou física de moeda, e de que resulte ou não transferência da titularidade dos mesmos valores, créditos e direitos. Constitui fato gerador da CPMF: a) o lançamento a débito, por instituição fi-

nanceira, em contas correntes de depósito, em contas correntes de empréstimo, em conta de depósito de poupança, de depósito judicial e de depósitos em consignação de pagamento; b) o lançamento a crédito, por instituição financeira, em contas correntes que apresentem saldo negativo, até o limite de valor da redução do saldo devedor; c) a liquidação ou pagamento, por instituição financeira, de quaisquer créditos, direitos ou valores, por conta e ordem de terceiros, que não tenham sido creditados, em nome do beneficiário, nas contas referidas acima; d) o lançamento, e qualquer outra forma de movimentação ou transmissão de valores e de créditos e direitos de natureza financeira, não relacionados nos incisos anteriores, efetuados pelos bancos comerciais, bancos múltiplos com carteira comercial e caixas econômicas; e) a liquidação de operações contratadas nos mercados organizados de liquidação futura; f) qualquer outra movimentação ou transmissão de valores e de créditos e direitos de natureza financeira que, por sua finalidade, reunindo características que permitam presumir a existência de sistema organizado para efetivá-la, produza os mesmos efeitos previstos nos incisos anteriores, independentemente da pessoa que a efetue, da denominação que possa ter e da forma jurídica ou dos instrumentos utilizados para realizá-la. As contas correntes de empréstimo são constituídas pelos saldos devedores verificados nas contas correntes de depósito, resultantes de adiantamentos a depositantes ou decorrentes de contratos de abertura de crédito sob qualquer forma. Constituem fato gerador da CPMF, nas contas correntes de empréstimo, o débito inicial e os demais débitos que ocorrerem posteriormente ou o lançamento a crédito em contas que apresentem saldo negativo, até o limite de valor da redução do saldo devedor. A contribuição incidirá sobre o valor correspondente à efetiva redução do empréstimo concedido nas contas correntes de depósito, apurado ao final de cada dia. Inclui-se na hipótese de ocorrência do fato gerador: a) a restituição de tributos, em dinheiro, promovida por instituições financeiras, por conta e ordem do sujeito ativo das respectivas obrigações tributárias; b) a liquidação ou pagamento de cheques, emitidos por instituição financeira, que sejam registrados na rubrica "Ordem de Pagamento" do Plano Contábil das Instituições do Sistema Financeiro Nacional (COSIF), cujo valor não tenha sido: a) debitado diretamente na conta do tomador; ou b) creditado em nome do beneficiário nas contas referidas em lei; c) o pagamento, em espécie, de salários e proventos, inclusive os de aposentadorias, pensões e outros benefícios, cujo valor não tenha sido debitado na conta corrente de depósito à vista do empregador; d) as liquidações de ordens de pagamento em que uma mesma pessoa seja emitente e beneficiária, cuja emissão tenha sido efetuada contra entrega de dinheiro ou cheques emitidos por terceiros à instituição financeira. A CPMF não incide: a) no lançamento nas contas da União, dos Estados, do Distrito Federal, dos municípios, suas autarquias e fundações; b) no lançamento errado e seu respectivo estorno, desde que não caracterizem a anulação de operação efetivamente contratada, bem como no lançamento de cheque e documento compensável, e seu respectivo estorno, devolvidos em conformidade com as normas do Banco Central do Brasil; c) no lançamento para pagamento da própria CPMF, na condição de contribuinte ou responsável; d) nos saques efetuados diretamente nas contas vinculadas do Fundo de Garantia do Tempo de Serviço (FGTS) e do Fundo de Participação PIS/PASEP e no saque do valor do benefício do seguro-desemprego, pago de acordo com os critérios previstos legalmente. Também não incide no caso de entidade beneficente de assistência social. A alíquota da contribuição não excederá a vinte e cinco centésimos por cento, facultado ao Poder Executivo federal reduzi-la ou restabelecê-la, total ou parcialmente, nas condições e limites fixados em lei. O produto de arrecadação da contribuição será destinado integralmente ao Fundo Nacional de Saúde, para financiamento das ações e serviços de saúde. A Secretaria da Receita Federal resguardará, na forma da legislação aplicável à matéria, o sigilo das informações prestadas, facultada sua utilização para instaurar procedimento administrativo tendente a verificar a existência de crédito tributário relativo a impostos e contribuições e para lançamento, no âmbito do procedimento fiscal, do crédito tributário porventura existente.

CONTRIBUIÇÃO SINDICAL. *Direito do trabalho* e *direito previdenciário.* **1.** É a destinada a custear as despesas dos sindicatos, sendo devida pelos participantes da categoria econômica ou pro-

fissional representada e recolhida pelo Estado, que controla a utilização e o emprego da verba arrecadada. É, portanto, aquela cota única e anual paga, compulsoriamente, pelo empregado ou por aqueles que participam de uma categoria econômica ou profissional à entidade ou sindicato que os representa e os defende em seus interesses. **2.** É a equivalente a um dia de trabalho, descontado no salário de março. Tal contribuição é obrigatória e a empresa a recolhe por meio da Caixa Econômica Federal, que, por sua vez, a repassa ao governo e este ao sindicato.

CONTRIBUIÇÃO SOCIAL. *Direito previdenciário.* **1.** É a devida pelos empregadores em caso de despedida de empregado sem justa causa, à alíquota de 10% sobre o montante de todos os depósitos devidos, referentes ao Fundo de Garantia do Tempo de Serviço (FGTS), durante a vigência do contrato de trabalho, acrescido das remunerações aplicáveis às contas vinculadas. Ficam isentos dessa contribuição social os empregadores domésticos. **2.** É a devida pelos empregadores, à alíquota de cinco décimos por cento sobre a remuneração devida, no mês anterior, a cada trabalhador, incluídas as parcelas previstas em lei específica. Ficam isentas dessa contribuição social: a) as empresas inscritas no Sistema Integrado de Pagamento de Impostos e Contribuições das Microempresas e Empresas de Pequeno Porte (SIMPLES), desde que o faturamento anual não ultrapasse o limite de um milhão e duzentos mil reais; b) as pessoas físicas, em relação à remuneração de empregados domésticos; c) as pessoas físicas, em relação à remuneração de empregados rurais, desde que sua receita bruta anual não ultrapasse o limite de um milhão e duzentos mil reais.

CONTRIBUIÇÃO SOCIAL SOBRE O LUCRO (CSL). *Direito tributário.* É a destinada para financiar a Seguridade social, paga por empregador, empresa ou entidade a ela equiparada, tendo, por fato gerador a obtenção de resultado econômico positivo, ou seja, o lucro produzido pela receita maior do que a despesa (Láudio Camargo Fabretti).

CONTRIBUIÇÕES SOCIAIS. *Direito constitucional, direito tributário* e *direito previdenciário.* **1.** O mesmo que CONTRIBUIÇÃO PARAFISCAL ou ESPECIAL, para alguns autores. **2.** São as instituídas não só pela União, abrangendo as de intervenção no domínio econômico e de interesse das categorias profissionais ou econômicas, como instrumento de sua atuação nas respectivas áreas, mas também pelos Estados, Distrito Federal e Municípios, que as cobram de seus servidores para o custeio, em benefício destes, de sistema de previdência e assistência social. Classificam-se em três categorias: sociais, interventivas e corporativas (Celso Bastos). **3.** Tributo instituído pela União para fins de intervenção no domínio econômico, atendendo a interesses de categorias profissionais ou econômicas.

CONTRIBUIÇÕES SOCIAIS PARA MANUTENÇÃO DA SEGURIDADE SOCIAL. *Direito previdenciário.* São as instituídas para manter a seguridade social, tais como as contribuições sociais: a) a cargo das empresas e pessoas jurídicas, inclusive cooperativas, no valor de 15% do total das remunerações ou retribuições por elas pagas ou creditadas no decorrer do mês, pelos serviços que lhes prestem, sem vínculo empregatício, os segurados empresários, trabalhadores autônomos, avulsos e demais pessoas físicas; e b) a cargo das cooperativas de trabalho, no valor de 15% do total das importâncias pagas, distribuídas ou creditadas a seus cooperados, a título de remuneração ou retribuição pelos serviços que prestem a pessoas jurídicas por intermédio delas. No caso de bancos comerciais, bancos de investimento, bancos de desenvolvimento, caixas econômicas, sociedades de crédito, financiamento e investimento, sociedades de crédito imobiliário, sociedades corretoras, distribuidoras de títulos e valores mobiliários, empresas de arrendamento mercantil, empresas de seguros privados e de capitalização, agentes autônomos de seguros privados e de crédito e entidades de previdência privada abertas e fechadas, é devida a contribuição adicional de 2,5% sobre as bases de cálculo definidas em lei. Quando as contribuições se referirem a pagamento a autônomo que esteja contribuindo em classe de salário-base sobre a qual incida alíquota máxima, o responsável pelos recolhimentos pode optar pela contribuição definida acima ou por efetuar o pagamento de 20% do salário-base da classe em que o autônomo estiver enquadrado. Na hipótese de o autônomo estar dispensado do recolhimento de contribuição sobre salário-base, considera-se o salário-base da classe inicial. No caso de o autônomo estar contribuindo em uma das três primeiras classes de salário-base, a contribuição corresponderá a 20% do

salário-base da classe **4.** Tais contribuições são arrecadadas pelo Instituto Nacional do Seguro Social (INSS) e estão sujeitas às mesmas condições, prazos, sanções e privilégios, inclusive no que se refere à cobrança judicial, constantes das normas gerais ou especiais pertinentes às demais contribuições arrecadadas por essa entidade.

CONTRIBUINTE. 1. *Direito civil.* Aquele que faz uma contribuição para alguma coisa ou para despesas comuns. **2.** *Direito tributário.* Aquele sobre o qual incide um tributo. **3.** *Direito previdenciário.* É o que mantém relação direta com a situação que constitua fato gerador de contribuições sociais previdenciárias.

CONTRIBUITIVO. Referente a contribuição.

CONTRIBUTÁRIO. 1. O que é tributário com outro. **2.** Contribuinte de um tributo juntamente com outrem.

CONTRIÇÃO. *Direito canônico.* Arrependimento dos pecados cometidos.

CONTROLADA. *Direito comercial.* Diz-se da sociedade que se encontra sob a égide de uma outra, detentora de percentagem de seu capital votante, conduzindo, portanto, os seus negócios sociais, tendo poder deliberativo nas decisões e na eleição de seus administradores.

CONTROLADOR. *Direito comercial.* Diz-se do acionista que é titular de direitos de sócio que lhe asseguram, permanentemente, a maioria dos votos nas deliberações assembleares e o poder de eleger a maioria dos administradores da sociedade anônima ou daquele que usa, efetivamente, seu poder para dirigir as atividades sociais e orientar o funcionamento dos órgãos da companhia.

CONTROLADORA. *Direito comercial.* Diz-se da sociedade que tem titularidade de direitos que lhe asseguram a preponderância nas deliberações sociais e poder de eleger a maioria dos administradores.

CONTROLADOR-GERAL DA UNIÃO. *Direito administrativo.* No exercício da sua competência, incumbe, especialmente: a) decidir, preliminarmente, sobre as representações ou denúncias fundamentadas que receber, indicando as providências cabíveis; b) instaurar os procedimentos e processos administrativos a seu cargo, constituindo as respectivas comissões, bem assim requisitar a instauração daqueles que venham sendo injustificadamente retardados pela autoridade responsável; c) acompanhar procedimentos e processos administrativos em curso em órgãos ou entidades da Administração Pública Federal; d) realizar inspeções e avocar procedimentos e processos em curso na Administração Pública Federal, para exame de sua regularidade, propondo a adoção de providências, ou a correção de falhas; e) efetivar, ou promover, a declaração da nulidade de procedimento ou processo administrativo, bem como, se for o caso, a imediata e regular apuração dos fatos envolvidos nos autos, e na nulidade declarada; f) requisitar procedimentos e processos administrativos já arquivados por autoridade da Administração Pública Federal; g) requisitar, a órgão ou entidade da Administração Pública Federal ou, quando for o caso, propor ao presidente da República que sejam solicitadas as informações e os documentos necessários a trabalhos da Controladoria-Geral da União; h) requisitar, aos órgãos e às entidades federais, os servidores e empregados necessários à constituição das comissões, bem assim qualquer servidor ou empregado indispensável à instrução do processo; i) propor medidas legislativas ou administrativas e sugerir ações necessárias a evitar a repetição de irregularidades constatadas; j) receber as reclamações relativas à prestação de serviços públicos em geral e promover a apuração do exercício negligente de cargo, emprego ou função na Administração Pública Federal, quando não houver disposição legal que atribua competências específicas a outros órgãos; k) desenvolver outras atribuições de que o incumba o presidente da República.

CONTROLADORIA-GERAL DA UNIÃO (CGU). *Direito administrativo.* Órgão central do Sistema de Controle Interno do Poder Executivo Federal e integrante da estrutura da Presidência da República, dirigida pelo Ministro de Estado do Controle e da Transparência, tem como competência: a) assistir direta e imediatamente o presidente da República no desempenho de suas atribuições, quanto aos assuntos e providências que, no âmbito do Poder Executivo, sejam atinentes à defesa do patrimônio público, ao controle interno, à auditoria pública, à correição, à prevenção e ao combate à corrupção, às atividades de ouvidoria e ao incremento da transparência da gestão no âmbito da administração pública federal; b) promover a

apuração, de ofício ou mediante provocação, das irregularidades de que tiver conhecimento, relativas a lesão ou ameaça de lesão ao patrimônio público, velando por seu integral deslinde; c) requisitar a instauração de sindicância, procedimentos e processos administrativos outros, sempre que verificar omissão de autoridade competente, e avocar aqueles já em curso em órgão ou entidade da Administração Pública Federal para corrigir-lhes o andamento, inclusive promovendo a aplicação da penalidade administrativa cabível; d) instaurar, na hipótese anterior, sindicância ou processo administrativo, ou, conforme o caso, representar ao Presidente da República para apurar a omissão das autoridades responsáveis; e) apreciar manifestações e representações relacionadas com procedimentos e ações de agentes públicos, órgãos e entidades do Poder Executivo Federal, propondo medidas de correção e prevenção de falhas e omissões na prestação de serviços públicos; f) incentivar a participação popular no acompanhamento e fiscalização da prestação dos serviços públicos; e g) exercer a supervisão técnica dos órgãos que compõem o Sistema de Controle Interno, o Sistema de Correição e o Sistema de Ouvidoria do Poder Executivo Federal, prestando, como Órgão Central, a orientação normativa que julgar necessária. A Controladoria-Geral da União encaminhará à Advocacia-Geral da União os casos que configurem improbidade administrativa e todos quantos recomendem a indisponibilidade de bens, o ressarcimento ao erário e outras providências a cargo daquela Instituição, bem assim provocará, sempre que necessária, a atuação do Tribunal de Contas da União da Secretaria da Receita Federal, dos órgãos do Sistema de Controle Interno do Poder Executivo Federal e, quando houver indícios de responsabilidade penal, do Departamento de Polícia Federal e do Ministério Público, inclusive quanto a representações ou denúncias que se afigurarem manifestamente caluniosas.

CONTROLADORIAS REGIONAIS DE TRÂNSITO (CRTS). *Direito de trânsito.* São entidades especializadas, inscritas no cadastro de fornecimento do Departamento Nacional de Trânsito (DENATRAN), com capacidade técnica comprovada para desempenhar as seguintes atribuições: a) certificar e auditar, privativamente, os Centros de Formação de Condutores (CFCS); b) capacitar os examinadores e os instrutores, mediante cursos específicos: teórico-técnico e de prática de direção; c) realizar os exames teóricos para a habilitação necessária à obtenção da permissão para dirigir ou da Carteira Nacional de Habilitação (CNH); d) elaborar as provas a serem prestadas, as quais serão impressas de forma individual, única e sigilosa, contendo o nome do candidato, data e hora da impressão.

CONTROLE. 1. *Direito comercial.* a) Exame ou fiscalização de escrituração ou de operações mercantis registradas no estabelecimento empresarial; b) diz-se do poder de direção das atividades sociais na sociedade anônima, concentrado nas mãos do acionista, por ser titular de direitos de sócio que lhe asseguram a maioria dos votos nas deliberações da assembléia geral e a possibilidade de eleger a maioria dos administradores. **2.** *Direito administrativo.* Fiscalização administrativa ou financeira.

CONTROLE ACIONÁRIO. *Direito comercial.* Diz-se da titularidade da maioria do capital votante de uma empresa por um indivíduo, ou por outra sociedade, que, de fato e de direito, exerce o poder decisório, gerindo as atividades societárias.

CONTROLE ADMINISTRATIVO. *Direito administrativo.* Aquele autocontrole feito pela Administração Pública sobre seus próprios atos, fiscalizando o seu mérito e até mesmo revogando-os, invalidando-os.

CONTROLE ADMINISTRATIVO DAS AUTARQUIAS. *Direito administrativo.* Supervisão da Presidência da República ou do Ministério a que se vinculam, com o escopo de conformá-las aos objetivos públicos estabelecidos no ato em que foram criadas, tendo em vista a legalidade, a conveniência e a oportunidade do seu comportamento ou ato, controlando-as repressiva e preventivamente.

CONTROLE ADUANEIRO DE MALA DIPLOMÁTICA. *Direito alfandegário.* Ato de controlar mala diplomática na alfândega. Constitui mala diplomática o volume que ostente sinais indicadores dessa condição, o qual só poderá conter: 1. documentos diplomáticos, qualquer que seja o meio físico; 2. material destinado a uso oficial do Estado acreditante, notadamente papel timbrado, envelopes, selos, carimbos, caderneta de passaporte, insígnias de condecorações; 3. objetos e equipamentos destinados a uso oficial do Estado acreditante, notadamente equipamentos de informática e de comunicação, protegidos pelo sigilo ou cuja remessa e despacho aduaneiro, no regime comum de importação ou de exportação, possam comprometer sua segurança. A mala diplomática não está sujeita a limites de volume ou de peso e jamais poderá ser aberta ou retida, e pode ser conduzida: a) como bagagem, acompanhada de correio diplomático formalmente credenciado pelo Estado acreditante; b) sob a guarda do comandante da aeronave; ou c) ao amparo de conhecimento de transporte, hipótese em que deverá receber tratamento de carga que não implique sua destinação para armazenamento, exceto quando o interesse do Estado acreditante determinar tratamento diverso. A mala diplomática fica dispensada de despacho aduaneiro de importação e de exportação e será liberada pela autoridade aduaneira em procedimento sumário, à vista dos elementos de identificação ostensiva, mediante a apresentação: a) do termo de credenciamento do correio diplomático, no caso de bagagem acompanhada; b) do termo de credenciamento do funcionário da Missão Diplomática ou da Repartição Consular autorizado a recepcionar a mala confiada ao comandante de aeronave; c) do conhecimento de transporte, consignado à Missão Diplomática ou Repartição Consular, quando remetido como carga; d) da Guia de Remessa de Bens de Uso Oficial, quando for o caso.

CONTROLE ADUANEIRO DE VEÍCULOS. *Direito aduaneiro.* É o controle fiscal exercido na entrada do veículo no território aduaneiro até a sua efetiva saída, que se estende às mercadorias e a outros bens existentes a bordo, bem como às bagagens de viajantes. Para tanto será visitado pela autoridade aduaneira.

CONTROLE ADUANEIRO DO FLUXO DE MALA POSTAL. *Direito aduaneiro.* Fiscalização do tráfego postal, ou seja, das malas postais que entram, saem ou transitam pelo território aduaneiro. O controle aduaneiro será exercido diretamente sobre as remessas postais internacionais, qualquer que seja o destinatário ou o remetente, tenham ou não finalidade comercial os bens que eventualmente contenham. O controle será exercido sobre as remessas: a) quando procedentes do exterior, a partir da abertura da mala postal; b) quando destinadas ao exterior, até o fechamento da mala postal. Compreendem-se por remessas postais as encomendas e os objetos de correspondência. Estão sujeitas à verificação as remessas que, pela forma, peso, procedência, destino ou qualquer outro indício, façam presumir conterem bens passíveis de tributação ou sujeitos a outros controles. No ato da abertura, ou antes do fechamento da mala postal, caberá ao auditor fiscal do Tesouro Nacional indicar, para verificação, as remessas postais: a) procedentes do exterior, que contenham ou possam conter objetos de importação proibida ou sujeitos ao pagamento de tributos e outros gravames; b) destinadas ao exterior, que contenham ou possam conter objetos de exportação proibida ou sujeitos a registro de sua exportação no Siscomex. As remessas postais retidas para verificação, na forma do artigo anterior, continuarão sob custódia da autoridade postal e somente serão entregues ao destinatário ou expedidas mediante permissão da autoridade fiscal. Nenhuma remessa postal poderá ser reexpedida sem prévia autorização fiscal.

CONTROLE CORRETIVO. *Direito administrativo.* É o feito após o ato estar concluído, para invalidá-lo, corrigi-lo ou dar-lhe eficácia.

CONTROLE DA ADMINISTRAÇÃO PÚBLICA. *Direito administrativo.* Orientação e correção de um Poder, órgão ou autoridade sobre a conduta funcional de outro (Hely Lopes Meirelles).

CONTROLE DA CONSTITUCIONALIDADE. *Direito constitucional.* Meio pelo qual o Poder Judiciário garante a supremacia da Lei Maior sobre os atos legislativos, judiciais, governamentais ou administrativos, constituindo uma técnica de limitação dos Poderes, que não podem subtrair-se aos comandos constitucionais. Aferição pelo Poder Judiciário da adequação das normas gerais ou individuais à Constituição.

CONTROLE DA CONSTITUCIONALIDADE POR VIA DE AÇÃO. *Direito constitucional.* É aquele em que o Poder Judiciário tem por escopo obter a invalidação da lei em tese, uma vez que, não tendo havido lesão a direito individual, não há caso concreto a ser solucionado, mas tão-somente a pretensão de retirar do ordenamento normativo ato incompatível com a Constituição Federal, independentemente de quaisquer interesses pessoais ou materiais. Podem propor esse tipo de ação, além do procurador-geral da República, o presidente da República, as Mesas do Senado Federal, da Câmara dos Deputados e da Assembléia Legislativa, os governadores de Estado, o Conselho Federal da Ordem dos Advogados do Brasil, partidos políticos com representação no Congresso Nacional e qualquer confederação sindical ou entidade de classe de âmbito nacional.

CONTROLE DA CONSTITUCIONALIDADE POR VIA DE EXCEÇÃO. *Direito constitucional.* É o exercido pelo Poder Judiciário ante um caso *sub judice*, por ter havido lesão a direito individual. O órgão judicante poderá declarar a inconstitucionalidade da lei ao decidir o litígio entre as partes; logo, tal declaração é mera conseqüência da lide, operando seus efeitos apenas em relação aos litigantes.

CONTROLE DA FAUNA. *Direito ambiental.* Captura de espécimes animais seguida de soltura, com intervenções de marcação, esterilização ou administração farmacológica; captura seguida de remoção; captura seguida de eliminação; ou eliminação direta de espécimes animais.

CONTROLE DA LEGALIDADE. *Direito administrativo.* É o controle feito pelo Judiciário, pelo Legislativo ou pela Administração, e tem por escopo apurar a legalidade dos atos administrativos.

CONTROLE DA QUALIDADE DA ÁGUA PARA CONSUMO HUMANO. *Direito ambiental* e *direito do consumidor.* Conjunto de atividades exercidas de forma contínua pelos responsáveis pela operação de sistema ou solução alternativa de abastecimento de água, destinadas a verificar se a água fornecida à população é potável, assegurando a manutenção dessa condição.

CONTROLE DAS ATIVIDADES DA ADMINISTRAÇÃO FEDERAL. *Direito administrativo.* Fiscalização da atuação dos órgãos incumbidos de desempenhar serviços essenciais à consecução do interesse público na órbita de competência da União.

CONTROLE DAS EMPRESAS PÚBLICAS E SOCIEDADES DE ECONOMIA MISTA. *Direito administrativo.* Fiscalização das suas atividades voltadas à economia pelo Tribunal de Contas, verificando a exatidão das contas e a legitimidade dos atos, e de sua administração pelo Conselho Administrativo de Defesa Econômica (CADE), mediante supervisão ministerial.

CONTROLE DE ACESSO. *Direito virtual.* Conjunto de restrições ao acesso às informações de um sistema exercido pela gerência de Segurança da Informação das entidades.

CONTROLE DE CÂMBIO. *Direito financeiro.* Complexo de atos governamentais restringindo o câmbio, com o intuito de equilibrar as finanças do Estado, relativamente aos demais países com que tem habituais negócios.

CONTROLE DE EMISSÕES. *Direito ambiental.* Conjunto de procedimentos destinados à redução ou à prevenção da liberação de poluentes para a atmosfera.

CONTROLE DE INFECÇÃO HOSPITALAR. *Biodireito.* É a capacidade de intervir com o escopo de evitar danos, impedindo a disseminação de moléstias e agentes infecciosos por meio de normas de isolamento e reduzindo riscos de infecções cirúrgicas mediante o uso de antibiótico – profilaxia (Berlinguer).

CONTROLE DE MÉRITO. *Direito administrativo.* É aquele em que a Administração Pública avalia segundo critérios próprios a conveniência e a oportunidade do ato controlado.

CONTROLE DE NATALIDADE. *Biodireito.* É a limitação do nascimento de crianças, evitando-se a concepção por meios naturais ou pelo uso de anticoncepcionais.

CONTROLE DE POLUIÇÃO. *Direito ambiental.* Medidas governamentais enquadradas no poder de polícia administrativa para proteção do meio ambiente, combatendo a poluição sonora, atmosférica e aquática, tão prejudiciais à saúde do homem, à flora e à fauna.

CONTROLE DE QUALIDADE. *Direito do consumidor.* **1.** Conjunto de operações técnicas para verificação do cumprimento dos requerimentos de qualidade do produto ou serviço. **2.** É o conjunto de medidas destinadas a verificar a qualidade de cada lote de mercadorias sob vigilância sanitária, objetivando verificar se satisfazem as normas de atividade, pureza, eficácia e segurança.

CONTROLE DE VÔO. *Direito aeronáutico.* Fiscalização de aviões em vôo efetuada por estações no solo (torres de controle) por meio de transmissão de informações feitas pelo rádio ao piloto.

CONTROLE DIFUSO. *Direito constitucional.* Diz-se do controle *a posteriori* de constitucionalidade da lei, exercido a qualquer tempo após sua publicação, para o qual é competente qualquer órgão pertencente ao Poder Judiciário. Sua decisão vale apenas no caso concreto e por uma via recursal (Celso Bastos).

CONTROLE DO ABASTECIMENTO. *Direito administrativo.* Complexo de medidas de que o Estado pode lançar mão para impedir a sonegação de mercadorias primárias (R. Reis Friede).

CONTROLE EXTERNO DA ADMINISTRAÇÃO PÚBLICA. *Direito administrativo.* Fiscalização de atos da Administração Pública por órgãos alheios a ela. Tal controle abrange o exercido pelo Tribunal de Contas, o controle parlamentar direto e o controle jurisdicional (Celso Antônio Bandeira de Mello).

CONTROLE EXTERNO DA ATIVIDADE POLICIAL. Ato do membro do Ministério Público Federal, com atuação em ofício com atribuições em matéria criminal, em 1º grau, para realizar inspeções bimestrais ordinárias e, quando necessário, extraordinárias em estabelecimento policial ou prisional; neste último, quando se encontre presa pessoa sujeita à jurisdição federal. Nos casos em que o inquérito policial ou processo-crime constituam atribuição originária de Subprocurador-Geral da República ou de Procurador Regional da República, exercerão estes, em conjunto, ou não, com membro do Ministério Público Federal que atue em matéria criminal em 1º grau, o referido controle. O membro do Ministério Público Federal que realizar a inspeção lavrará termo circunstanciado do trabalho realizado, com a entrega da respectiva cópia à autoridade policial responsável pela unidade inspecionada. O controle externo da atividade policial compreende: 1) a verificação e análise dos livros de registro: a) de ocorrência; b) de inquéritos policiais; c) de remessa de autos de inquéritos policiais; d) de objetos apreendidos; e) de fianças; 2) o acesso aos dados e ao andamento de todos os procedimentos inquisitoriais iniciados no âmbito policial, ainda que sob a forma preliminar; 3) a fiscalização do cumprimento da requisição de diligências investigatórias à Polícia Federal, com ou sem inquérito policial instaurado; 4) a requisição, a qualquer tempo, dos autos de investigação policial em curso, devendo o requisitante restituí-los à autoridade policial federal no prazo máximo de dez dias; 5) a fiscalização do cumprimento das promoções, inclusive quanto aos prazos, exaradas nos autos de inquérito policial, ou de investigação preliminar; as Procuradorias da República nas capitais dos Estados e nos Municípios devem instituir setor de acompanhamento do controle externo da atividade policial.

CONTROLE FINALÍSTICO. *Direito administrativo.* Controle do órgão da Administração Pública que procura constatar o desempenho final de atividades de entidades autônomas, averiguando se seguiram o programa por ela estabelecido (R. Reis Friede).

CONTROLE HIERÁRQUICO. *Direito administrativo.* Aquele pelo qual órgão superior da Administração Pública coordena, fiscaliza, supervisiona, aprova e revê atos executados pelo órgão inferior.

CONTROLE INTERNO DA ADMINISTRAÇÃO PÚBLICA. *Direito administrativo.* É a fiscalização de atos administrativos exercida pelos órgãos da própria Administração, com o escopo de avaliar o cumprimento das metas previstas no plano plurianual, a execução dos programas de governo e dos orçamentos; comprovar a legalidade e avaliar os resultados quanto à eficiência da gestão orçamentária, financeira e patrimonial nos órgãos e entidades da Administração, bem como da aplicação de recursos públicos por entidades de direito privado; exercer o controle das operações de crédito, avais e garantias, assim como dos direitos e haveres da União; e apolar o controle externo no exercício de sua missão institucional.

CONTROLE JURISDICIONAL DA ADMINISTRAÇÃO PÚBLICA. *Direito administrativo.* Averiguação da legitimidade dos atos da Administração Pública, anulando os ilegítimos, compelindo-a a efetuar os obrigatórios e condenando-a a indenizar os prejuízos que causou. Para tanto o interessado poderá socorrer-se das seguintes medidas judiciais: mandado de segurança, ação popular, *habeas corpus*, *habeas data*, mandado de injunção, ação civil pública e ação direta de inconstitucionalidade (Celso Antônio Bandeira de Mello).

CONTROLE NÃO ATMOSFÉRICO. *Direito espacial.* Sistema preparado para fazer funcionar um foguete ou míssil fora da atmosfera ou em região em que esta é tão tênue que não afeta os controles aerodinâmicos.

CONTROLE PARLAMENTAR DIRETO. *Direito administrativo.* Fiscalização direta dos atos do Poder Executivo pelo Congresso Nacional, ou por qualquer de suas Casas, por meio do Tribunal de Contas, com poderes para: a) sustar atos normativos do Executivo que exorbitem o poder regulamentar ou os limites de delegação legislativa, assim como os contratos do Executivo eivados de ilegalidade; b) convocar ministro de Estado para prestar, pessoalmente, informações sobre assunto previamente determinado; c) receber petições, queixas, reclamações, representações dos administrados contra atos ou omissões de entidade pública e solicitar depoimento de qualquer autoridade ou cidadão; d) apurar fatos mediante comissões parlamentares de inquérito; e) autorizar ou aprovar atos concretos do Executivo, como os de concessão de emissoras de televisão, exploração em terras indígenas, de recursos hídricos e minerais; f) resolver, em definitivo, acordos ou tratados internacionais que acarretem gravame ao patrimônio nacional; g) respeitar a competência privativa do Senado Federal para: aprovar, por voto secreto, após argüição pública, a escolha de magistrados, dos ministros do Tribunal de Contas da União indicados pelo presidente da República, do presidente e dos diretores do Banco Central, do procurador-geral da República e de chefes de missão diplomática; autorizar operações externas de natureza financeira de interesse da União, dos Estados, do Distrito Federal, dos Territórios e dos Municípios; fixar, por proposta do presidente da República, limites globais para o montante da dívida consolidada da União, dos Estados, do Distrito Federal e dos Municípios; dispor sobre limites globais e condições para as operações de crédito externo e interno da União, dos Estados, dos Municípios, do Distrito Federal, dos Territórios, autarquias e outras entidades controladas pelo governo federal; dispor sobre limites globais e condições para a concessão de garantia da União em operações de crédito externo e interno, bem como para o montante do débito mobiliário dos Estados, do Distrito Federal e dos Municípios; h) julgar as contas do Poder Executivo, anualmente, apreciando os relatórios sobre a execução dos planos governamentais; i) suspender ou destituir o presidente da República ou os ministros por prática de crime de responsabilidade.

CONTROLE PELO TRIBUNAL DE CONTAS. *Direito administrativo.* Fiscalização contábil, financeira, patrimonial, orçamentária e operacional, quanto a legalidade, legitimidade, economicidade, aplicação das subvenções e renúncia de receitas da Administração direta e indireta pelo Congresso Nacional, com o auxílio do Tribunal de Contas, que julgará as contas dos administradores públicos e emitirá parecer sobre as contas anuais da Presidência da República.

CONTROLE PREVENTIVO. *Direito administrativo.* É o que precede à efetivação do ato administrativo objetivando sua legalidade e eficácia. Por exemplo, o exercido por meio de licitação antes de celebrar o contrato administrativo (R. Reis Friede).

CONTROLE REPRESSIVO. *Vide* CONTROLE CORRETIVO.

CONTROLE SOCIAL. *Sociologia jurídica.* **1.** Processo pelo qual a sociedade procura garantir a obediência de seus membros aos padrões de comportamento previstos em normas, que restringem sua liberdade, vigentes em dado momento histórico. **2.** Conjunto de meios, positivos ou negativos, de intervenção, acionados pelo grupo social para que seus membros pautem suas condutas conforme as normas, e para restabelecer condições de conformação a uma mudança do sistema normativo (Garelli, A. K. Cohen, La Piere e Gurvitch).

CONTROLE SUCESSIVO. *Direito administrativo.* É o que se dá durante a realização do ato, procurando averiguar sua regular formação, como ocorre com a fiscalização de um contrato em andamento (R. Reis Friede).

CONTROLE VETERINÁRIO OFICIAL. *Direito agrário.* **1.** Serviço exercido, rotineiramente, pela autoridade veterinária competente, nos estabelecimentos e zonas de aqüicultura, com o objetivo de garantir a saúde dos animais, em atendimento às exigências do PNSAA **2.** Significa que o Serviço Oficial conhece o lugar de permanência dos animais e a identidade de seu proprietário ou da pessoa encarregada de cuidados e pode, em caso de necessidade, aplicar medidas apropriadas de controle zoossanitário.

CONTROLISTA. *Direito marítimo.* Aquele que fiscaliza todo o pessoal que trabalha no navio.

CONTROSTALLIA. *Direito comercial.* Taxa de sobrestadia cobrada pelo fato de ter o *container* ocupado, com excesso de prazo de estadia, o local de recebimento ou de entrega de mercadorias feita pelo transportador. É uma taxa diária, de cunho indenizatório, a ser paga a título de multa, em razão da demora, além da estadia, no carregamento ou descarregamento do navio fretado. Trata-se da *demurrage charge* aplicável aos contratos de fretamento.

CONTROVÉRSIA. **1.** Na *linguagem jurídica* em geral, significa: a) debate sobre questão literária, científica ou religiosa; b) polêmica. **2.** *Direito processual civil.* Demanda; causa; questão judiciária; litígio.

CONTROVERSIAL. Relativo a controvérsia.

CONTROVERSO. **1.** Tudo o que é objeto de controvérsia. **2.** Sujeito a contestação.

CONTROVERTER. *Direito processual civil.* Contestar.

CONTROVERTIDO. *Vide* CONTROVERSO.

CONTROVERTÍVEL. *Direito processual civil.* **1.** Aquilo que é discutível ou contestável. **2.** Duvidoso.

CONTUBÉRNIO. **1.** *Direito civil.* Concubinato. **2.** *Direito militar.* Tenda de campanha. **3.** *História do direito.* Casamento entre escravos. **4.** *Direito romano.* União de fato entre escravo e escrava, tolerada pelo Estado.

CONTUBERNIUM. *Direito romano.* União de escravo e escrava, tolerada pelo Estado.

CONTUMÁCIA. **1.** *Direito processual civil.* a) Revelia; b) recusa obstinada do autor de comparecer em juízo; c) inatividade de uma das partes litigantes ou de ambas consistente na omissão total de efetivar a respectiva pretensão (Rogério Lauria Tucci). **2.** *Direito canônico.* Reincidência no desprezo das leis da Igreja.

CONTUMACIA CONSISTIT IN NON COMPARENDO APUD JUDICEM AC ITA INVOLVIT INOBEDIENTIAM SIMILEM DELICTO. *Direito romano.* Consiste a contumácia no não-comparecimento perante o juiz, envolvendo desobediência similar ao delito.

CONTUMACIA EST ACTUS SPERNENDI LEGES VEL ID QUOD JUDEX COMPETENS FIERI VULT. *Direito romano.* A contumácia é o ato de desprezar leis ou o que o juiz competente quer que se faça.

CONTUMÁCIA IN FACIENDO. *Direito processual civil.* Atuação de qualquer dos litigantes ou de ambos, fazendo aquilo que lhes está proibido.

CONTUMACIA IN FACIENDO ED QUOD EX VOLUNTATE LEGIS AUT JUDICIS EST ABSTINENDUM. *Direito romano.* Contumácia em fazer aquilo de que se deve abster por vontade da lei ou do juiz.

CONTUMÁCIA IN NON COMPARENDO. *Direito processual civil.* Não-comparecimento do réu ou do autor em juízo.

CONTUMÁCIA IN NON FACIENDO. *Direito processual civil.* Omissão de qualquer dos litigantes ou de ambos, não fazendo o que se lhes ordena que façam. Trata-se da contumácia em não fazer.

CONTUMACIA IN NON FACIENDO QUOD JUDEX FIERI VULT QUALIS EST CONTUMACIA NON RESTITUENDI. *Direito romano.* Contumácia em não fazer o que o magistrado quer que se faça, como a contumácia de não restituir.

CONTUMÁCIA *IN NON RESPONDENDO*. *Direito processual civil.* Dá-se quando o autor ou o réu, ou ambos, comparecendo em juízo e atuando, não respondem às perguntas judiciais. É a recusa na prestação de depoimento pessoal, ou seja, a contumácia em não responder.

CONTUMAZ. 1. *Direito canônico.* Reincidente na violação das leis da Igreja. **2.** *Direito processual civil.* a) Aquele que (autor ou réu) se recusa a comparecer em juízo, omitindo-se na efetivação de sua pretensão; revel; b) o que não responde às perguntas judiciais; c) aquele que não faz o que lhe foi ordenado; d) aquele que faz o que lhe foi proibido.

CONTUMÉLIA. *Direito penal.* Injúria, afronta.

CONTUNDÊNCIA. Qualidade do que é contundente.

CONTUNDENTE. *Medicina legal.* **1.** Diz-se do instrumento idôneo para produzir contusão. **2.** Que contunde.

CONTUNDIDO. *Medicina legal.* Aquele que sofreu contusão.

CONTURBAÇÃO. Motim; agitação; perturbação.

CONTUSÃO. *Medicina legal.* Lesão traumática causada por instrumento contundente, sem que em regra haja rompimento da pele, por exemplo, equimose, hematoma ou derrame subcutâneo.

CONTUSÃO CEREBRAL. *Medicina legal.* Lesão do encéfalo ou fratura dos ossos do crânio caracterizada por hemorragia cerebral e coágulos, acarretando perturbação mental, perda de memória e até mesmo a morte.

CONTUSÃO DO ABDOME. *Medicina legal.* Lesão abdominal provocada por instrumento contundente, provocando hemorragia interna, ruptura de vísceras etc.

CONTUSÃO DO TÓRAX. *Medicina legal.* Lesão torácica caracterizada pela ruptura dos pulmões, fratura das costelas ou hemotórax, provocada por socos, pontapés, atropelamento etc., que pode levar à morte.

CONTUSO. *Vide* CONTUNDIDO.

CONUBIAL. *Direito civil.* **1.** Conjugal, matrimonial ou nupcial. **2.** Relativo à ligação que não resulta de casamento.

CONÚBIO. *Direito civil.* **1.** União não oriunda de casamento. **2.** O mesmo que NÚPCIAS, para alguns autores.

CONURBAÇÃO. *Sociologia jurídica* e *direito urbanístico.* **1.** Coalescência de várias cidades e sua fusão numa só área metropolitana. **2.** Conjunto urbano formado por uma cidade grande e suas tributárias limítrofes ou agrupamento de cidades vizinhas de igual importância.

CONVALESCENÇA. 1. Na *linguagem jurídica* em geral, significa convalidação; ato pelo qual se torna válido um ato jurídico anterior, anulável, sanando os vícios que apresentava. **2.** *Medicina legal.* Gradual recuperação da saúde após uma moléstia grave.

CONVALESCENÇA CONTRATUAL. *Direito civil.* Ato que confirma contrato anulável, sanando-o do vício que o maculava.

CONVALESCENTE. *Medicina legal.* Paciente que está em convalescença.

CONVALESCER. 1. Na *linguagem jurídica* em geral, quer dizer convalidar; sanar vício de um ato jurídico. **2.** *Medicina legal.* Recuperar, aos poucos, a saúde; entrar em convalescença.

CONVALIDAÇÃO. Ato de tornar válido um ato jurídico que continha vício ou que não apresentava algum requisito exigido.

CONVALIDAÇÃO CONTRATUAL. *Vide* CONVALESCENÇA CONTRATUAL.

CONVALIDAÇÃO DE CASAMENTO RELIGIOSO. *Direito canônico.* Modo de convalidar casamento nulo por impedimento dirimente, por falta de consentimento e por falta de forma, por meio de consentimento, que é o novo ato de vontade para o matrimônio.

CONVALIDAÇÃO DO ATO ADMINISTRATIVO. *Direito administrativo.* **1.** Ato de Administração Pública dirigido ao ato administrativo inválido, não impugnado administrativa ou judicialmente, com o escopo de eliminar os vícios originários de legalidade, oportunidade e conveniência, sanando-o e legitimando seus efeitos, por ter eficácia retroativa. Ter-se-á ratificação, se a convalidação proceder da mesma autoridade que emitiu o ato viciado, ou confirmação, se advier de outra autoridade. **2.** Saneamento ou ato de particular afetado por provimento viciado, com o propósito de legitimá-lo, desde que sua manifestação seja pressuposto legal para a expedição do ato administrativo anterior que fora editado com violação dessa exigência (Celso Antônio Bandeira de Mello).

CONVALIDAÇÃO DO NEGÓCIO JURÍDICO. *Direito civil.* **1.** Confirmação de ato anulável; ratificação sanatória de negócio jurídico viciado. **2.** Ratificação-aprovação, integrando o negócio com o pressuposto da legitimidade, tornando-o eficaz, não lhe sanando vício algum. Por exemplo, ratificação do ato do mandatário pelo mandante, do gestor pelo dono do negócio, vindo a aprovar ato que havia sido praticado por quem não tinha poderes suficientes.

CONVALIDAR. *Direito civil* e *direito administrativo.* **1.** Convalescer. **2.** Sanar ato do vício que o tornava anulável. **3.** Tornar válido. **4.** Restabelecer a eficácia de um ato.

CONVENÇÃO. **1.** *Ciência política.* a) Órgão de deliberação de partido político; b) reunião de partido político para resolver assunto importante; c) pacto entre partidos políticos opostos. **2.** *Sociologia jurídica.* Padrão de comportamento seguido habitualmente. **3.** *Direito civil.* a) Acordo, ajuste ou convênio; b) gênero de que o contrato é espécie; c) assembléia ou reunião onde se discutem questões de interesse dos convencionais; congresso; d) reunião de pessoas, de associações ou de representações de classe para tratar de certo assunto. **4.** *Direito administrativo.* Contrato efetuado entre particular e órgão público. **5.** *Direito internacional público.* Tratado de natureza específica.

CONVENÇÃO AMERICANA DE DIREITOS HUMANOS. *Direito internacional público.* Convenção assinada em 1969 em San José (Costa Rica) pelos Estados membros da OEA, que codifica inúmeros direitos humanos, como o direito à vida, à personalidade jurídica, à liberdade, ao nome, à privacidade, a não ser submetido à escravidão, a um julgamento justo, à resposta, à nacionalidade, à igual proteção legal e judicial, à participação no governo, ao tratamento humano etc.

CONVENÇÃO ANTENUPCIAL. *Direito civil.* Pacto antenupcial.

CONVENÇÃO ARBITRAL. *Direito civil, direito processual civil* e *direito internacional privado.* Acordo pelo qual as partes decidem submeter à arbitragem todas ou algumas controvérsias que tenham surgido ou possam surgir entre elas com respeito a relações contratuais. Poderá adotar a forma de uma cláusula compromissória incluída em um contrato ou a de um acordo independente.

CONVENÇÃO COLETIVA DE CONSUMO. *Direito do consumidor.* Acordo normativo pelo qual as entidades civis de consumidores e associações de fornecedores ou sindicatos de categoria econômica regulam, uniformemente, as relações de consumo que tenham por objeto estabelecer condições relativas ao preço, à qualidade, à quantidade, à garantia e características de produtos e serviços, bem como à reclamação e composição do conflito de consumo. A convenção coletiva de consumo visa proteger o consumidor, tendo em vista que essa proteção se constitui em interesse individual, coletivo e difuso. Tal convenção possui caráter geral, vinculando todos os membros da categoria econômica a que se refere, tenham ou não participado do acordo.

CONVENÇÃO COLETIVA DE TRABALHO. *Vide* CONTRATO COLETIVO DE TRABALHO.

CONVENÇÃO DAS NAÇÕES UNIDAS CONTRA O CRIME ORGANIZADO TRANSNACIONAL. *Direito internacional público.* Tem por objetivo promover a cooperação para prevenir e combater mais eficazmente a criminalidade organizada transnacional.

CONVENÇÃO DE ARBITRAGEM. *Direito civil, direito processual civil* e *direito internacional privado.* Acordo em que as partes cometem a controvérsia à decisão de árbitros; compromisso arbitral.

CONVENÇÃO DE CHICAGO. *Direito aeronáutico.* Convenção da Aviação Civil Internacional, que se concluiu em Chicago, no ano de 1944, com o escopo de reger a navegação aérea internacional e o órgão que a disciplina.

CONVENÇÃO DE CONDOMÍNIO. *Direito civil.* **1.** Ato-regra gerador de direito estatutário ou corporativo, aplicável não só aos que integram a comunidade como também a todos os que nela se encontrem na condição permanente ou ocasional de "ocupantes" (Caio Mário da Silva Pereira). **2.** Acordo celebrado entre os condôminos, definindo seus direitos e deveres, vinculando-os e a terceiros, por alcançar ocupantes das unidades autônomas que não sejam condôminos e aqueles que vierem a contratar com o condomínio. É elaborada pelos próprios condôminos, por escrito, devendo ser registrada no Ofício de Imóveis, e só se tornando obrigatória se for aprovada por 2/3 das frações ideais que compõem o condomínio em edifício de apartamentos. E também dependerá da aprovação de 2/3 dos votos dos condôminos a alteração da convenção, mas a mudança da destinação do edifício, ou da unidade imobiliária requer a aprovação da unanimidade dos condôminos.

CONVENÇÃO DE GENEBRA. 1. *Direito cambiário.* Instrumento universal que, em 1930 e 1931, uniformizou a letra de câmbio, a nota promissória e o cheque. **2.** *Direito aeronáutico.* Convenção que, em 1953, reconheceu, internacionalmente, os direitos sobre aeronaves.

CONVENÇÃO DE GUADALAJARA. *Direito aeronáutico.* Instrumento que, em 1961, complementou a Convenção de Varsóvia, unificando normas atinentes ao transporte aéreo internacional levado a efeito por quem não for o transportador contratual.

CONVENÇÃO DE NOVA YORK. *Direito internacional público.* Aquela que, aprovada em 1958, trata de questões sobre reconhecimento e execução de sentenças arbitrais estrangeiras nos Estados signatários (Hermes Marcelo Huck).

CONVENÇÃO DE PARTIDO. *Ciência política.* Assembléia de delegados de um partido político convocada para indicar candidatos a cargo eletivo, fixar programa e preparar campanha eleitoral (Bonazzi).

CONVENÇÃO DE ROMA. *Direito aeronáutico.* É a relativa aos danos causados por aeronave estrangeira a terceiros, na superfície terrestre, regendo, portanto, a responsabilidade civil extracontratual no transporte aéreo internacional. Tal convenção concluiu-se em 1952 em Roma.

CONVENÇÃO DE TÓQUIO. *Direito aeronáutico.* Aquela que, em 1963, disciplinou as infrações e os atos praticados a bordo de aviões.

CONVENÇÃO DE VARSÓVIA. *Direito aeronáutico.* Concluída em Varsóvia, no ano de 1929, e emendada em Haia, em 1955, é aquela que contém a verificação de normas concernentes ao transporte aéreo internacional e à responsabilidade contratual do transportador.

CONVENÇÃO DE VIENA. *Direito internacional público.* É a que uniformizou, em 1969, o direito dos tratados entre Estados Soberanos, dispondo sobre sua conclusão, vigência, adesão, interpretação, alteração, suspensão, nulidade etc.

CONVENÇÃO INTERAMERICANA SOBRE A COMPETÊNCIA NA ESFERA INTERNACIONAL PARA A EFICÁCIA EXTRATERRITORIAL DAS SENTENÇAS ESTRANGEIRAS. *Direito internacional público.* É aquela que, em 1984, foi assinada em La Paz, na Bolívia, arrolando os casos em que órgão jurisdicional tem competência para prolatar sentenças que venham a ser reconhecidas no exterior, dividindo, para tanto, as matérias versadas por decisões judiciais em quatro áreas: a) ações pessoais de natureza patrimonial; b) ações reais sobre bens móveis corpóreos; c) ações reais sobre bens imóveis; d) ações decorrentes de contratos mercantis internacionais (Hermes Marcelo Huck).

CONVENÇÃO INTERAMERICANA SOBRE CARTAS ROGATÓRIAS. *Direito internacional público.* Convenção que, firmada em 1975, no Panamá, contém normas uniformes para o tratamento de cartas rogatórias relativas a processos comerciais ou cíveis dos países signatários (Hermes Marcelo Huck).

CONVENÇÃO INTERAMERICANA SOBRE CUMPRIMENTO DE MEDIDAS CAUTELARES. *Direito internacional privado.* Aquela que, assinada em Montevidéu, em 1979, tem por objetivo garantir o cumprimento de medidas cautelares estrangeiras relativas às pessoas, ou melhor, à guarda de filhos menores, a alimentos, à segurança de bens etc.

CONVENÇÃO INTERNACIONAL. *Direito internacional público.* **1.** *Vide* CONTRATO INTERNACIONAL. **2.** Acordo entre nações para tratar de assunto de interesse comum de caráter não político, abordando questões comerciais, sanitárias, diplomáticas ou consulares etc., se versar sobre direitos humanos, sendo aprovada, em cada Casa do Congresso Nacional, em dois turnos, por 3/5 dos votos dos respectivos membros, será equivalente à emenda constitucional.

CONVENÇÃO PARTIDÁRIA. *Ciência política.* Órgão deliberativo que escolhe os membros dos diretórios e indica os candidatos do partido político aos cargos eletivos.

CONVENÇÃO REVOLUCIONÁRIA E CONSTITUCIONAL. *Ciência política.* Assembléia política, reunindo representantes do povo para criar um novo Estado e formar suas instituições ou para substituir ou alterar a forma de governo existente, como, por exemplo, a Convenção constitucional de Filadélfia de 1787, que criou a Constituição Federal dos EUA, e a Convenção revolucionária francesa de 1792, que formou a primeira Constituição da República Francesa (Bonazzi).

CONVENÇÃO SOBRE ALIMENTOS PROVISIONAIS. *Direito internacional público.* Instrumento diplomático celebrado em 1956, em Nova York, relativo aos alimentos provisionais no exterior.

CONVENÇÃO SOBRE DIREITOS DO MAR. *Direito internacional público.* É a relativa ao mar alto, à preservação do meio marinho e à regulamentação dos litígios, concluída, em 1982, pela Convenção das Nações Unidas.

CONVENÇÃO SOBRE PRONTA NOTIFICAÇÃO DE ACIDENTE NUCLEAR. *Direito internacional público.* Convenção da qual o Brasil é signatário, que dispõe sobre o dever da imediata notificação sobre a liberação de radiação ocorrida, ou que possa ocorrer ou comprometer a segurança transfronteiriça dos países vizinhos.

CONVENCER. 1. Persuadir com argumentos, provas ou fatos, procurando uma convicção. 2. Fazer considerações apresentando provas e buscando o convencimento do órgão judicante. 3. Conseguir a adesão de uma pessoa a uma idéia.

CONVENCIDO. 1. Na *linguagem jurídica* em geral, indica: a) aquele que adquiriu convicção de alguma coisa; b) persuadido; c) aquele que tem como certo um fato. 2. *Direito processual civil.* Diz-se do réu que confessou sua culpa ou a carência do direito por ele alegado.

CONVENCIMENTO. Convicção; persuasão; ato de convencer; opinião formada; conclusão a que se chega após exame de fatos e provas.

CONVENCIONADO. 1. O que foi incluído numa convenção. 2. Estipulado; pactuado. 3. O que foi estabelecido por convenção.

CONVENCIONAL. 1. *Ciência política.* Partidário ou membro de uma convenção de partido político. 2. Na *linguagem comum,* significa tudo o que é relativo a uma convenção ou o que dela resulta. 3. *Sociologia jurídica.* Aquilo que, habitualmente, é admitido. 4. *Direito comercial.* Diz-se da máquina ou serviço considerado como *standard.*

CONVENCIONALIDADE. Qualidade de convencional.

CONVENCIONALISMO. 1. Sistema onde há apego às convenções. 2. Conjunto de convenções.

CONVENCIONALISTA. 1. Partidário do convencionalismo. 2. Membro de uma convenção. 3. O que é firmado em convenção.

CONVENCIONALIZAÇÃO. *Sociologia jurídica.* Conservação de padrões de conduta em desacordo com a nova concepção de vida.

CONVENCIONAR. *Direito civil.* Ajustar; pactuar; celebrar um contrato ou uma convenção; estipular.

CONVENENTE. 1. *Direito civil.* Contratante. 2. *Direito administrativo.* Órgão ou entidade da administração pública direta e indireta, de qualquer esfera de governo, bem como entidade privada sem fins lucrativos, com o qual a administração federal pactua a execução de programa, projeto/atividade ou evento mediante a celebração de convênio.

CONVENIÊNCIA. 1. *Direito administrativo.* Elemento constitutivo do mérito do ato administrativo, juntamente com a oportunidade (José Cretella Jr.). 2. *Sociologia jurídica.* No *plural,* indica acomodações aos usos sociais. 3. Na *linguagem jurídica* em geral, pode significar: a) aquilo que convém por satisfazer interesses, trazer vantagens ou lucros; b) utilidade, satisfação ou interesse; c) qualidade do que é conveniente; d) conformidade. 4. *Lógica jurídica.* Adaptação entre dois ou mais termos.

CONVENIENTE. 1. *Direito administrativo.* Diz-se do ato considerado pela Administração como adequado. 2. Na *linguagem jurídica* em geral, aquilo que convém.

CONVÊNIO. 1. *Direito internacional público.* a) Pacto entre dois ou mais países sobre compromissos pouco importantes; b) acordo político de relevância firmado entre duas nações; tratado. 2. *Direito comercial.* Acordo pelo qual uma entidade organizadora de plano assistencial coloca à disposição do conveniado a prestação de serviços para a preservação de sua saúde física e mental, extensível a familiares e beneficiários por ele indicados, mediante pagamento de taxa mensal e sucessiva, fixada no plano correspondente e inserida em carnês, saldáveis em bancos. 3. *Direito tributário.* Acordo firmado entre entidades públicas para assegurar a coordenação dos seus programas de investimentos e serviços públicos, na seara da política tributária. 4. Na *linguagem jurídica* em geral, acordo volitivo voltado à conjugação de interesses para atingir um objetivo comum. 5. *Direito administrativo.* a) Acordo levado a efeito entre pessoas jurídicas de direito público, ou entre órgão público e um particular, objetivando uma prestação de serviços de interesse comum; b) o mesmo que CONSÓRCIO ADMINISTRATIVO; c) acordo, ajuste ou qualquer outro instrumento que discipline a transferência de recursos financeiros de dotações consignadas nos Orçamentos Fiscal e da Seguridade Social da União e tenha como partícipe, de um lado, órgão ou entidade da administração pública federal, direta ou indireta, e, de outro lado, órgão ou entidade da administração pública estadual, distrital ou municipal, direta ou indireta, ou, ainda, entidades privadas sem fins lucrativos, visando a execução de programa de governo, envolvendo a realização de projeto, atividade, serviço, aquisição de bens ou evento de interesse recíproco, em regime de mútua cooperação.

CONVÊNIO ADMINISTRATIVO. *Direito administrativo.* Acordo firmado por entidades públicas ou entes públicos e particulares, para a consecução de um objetivo comum (Leon F. Szklarowsky).

CONVÊNIO CONSTITUTIVO DO FUNDO MULTILATERAL DE INVESTIMENTOS (FUMIN). *Direito internacional público.* Estabelecido por dirigentes da América Latina e do Caribe, baseados nos princípios da economia de mercado para reduzir o ônus da dívida externa a níveis controláveis e comparar e liberalizar seus regimes de investimento. Para tanto almejam alcançar os seguintes objetivos: a) incentivar o desenvolvimento e a implantação de reformas de sistemas de investimento e facilitar de modo significante o incremento dos níveis de investimento privado, tanto no campo externo como interno, assim acelerando o crescimento e o desenvolvimento econômicos e sociais nos países em vias de desenvolvimento que são membros regionais do banco e nos países em vias de desenvolvimento que são membros do Banco de Desenvolvimento do Caribe; b) encorajar os esforços dos membros acima referidos no sentido de implantar estratégias de desenvolvimento baseadas em políticas econômicas sólidas que promovam a expansão do setor e do investimento privados, visto que essas políticas aumentarão as oportunidades de emprego, incentivarão as pequenas e microempresas, contribuirão para aliviar a pobreza, melhorarão a distribuição de renda e fortalecerão o papel da mulher no processo de desenvolvimento; c) estimular as microempresas, pequenas empresas e outras atividades empresariais nos membros acima referidos; d) conceder financiamentos aos membros acima referidos a fim de habilitá-los a identificar e implantar reformas de política que incrementem o investimento, absorver certos custos relacionados com reformas de sistemas de investimento e com a expansão

do setor privado; e ampliar a participação de pequenos empresários em suas economias; e e) promover, em todas as operações do fundo, um desenvolvimento econômico que seja sólido e sustentável quanto à proteção ao meio ambiente.

CONVÊNIO DE ADMINISTRAÇÃO DO FUNDO MULTILATERAL DE INVESTIMENTOS (FUMIN). *Direito internacional público.* É o deliberado por vários dirigentes da América Latina e do Caribe, adotando reformas econômicas baseadas nos princípios da economia de mercado e reconhecendo a necessidade tanto de reduzir o ônus da sua dívida externa a níveis controláveis como de liberalizar seus regimes de investimento. A necessidade de atrair capital privado tem importância crítica para o desenvolvimento econômico dos países da América Latina e do Caribe e que a reforma de sistemas de investimento é necessária para estimular o investimento estrangeiro e doméstico nesses países. Um grupo de membros do Banco Interamericano de Desenvolvimento acordou em estabelecer no banco um fundo multilateral como forma transitória de assistir na reforma de sistemas de investimento. O banco administra o fundo em conformidade com o convênio do fundo e, nos termos desse convênio, presta, entre outros, serviços de entidade depositária; administra os serviços de cooperação técnica, de recursos humanos e de desenvolvimento de pequenas empresas, assim como o Fundo de Investimentos em Pequenas Empresas. Ao administrar o fundo, cabe ao banco desempenhar as seguintes funções: a) elaborar, preparar e propor operações a serem financiadas com os recursos disponíveis em cada serviço do fundo; b) preparar memorandos sobre as atividades propostas para a comissão criada nos termos do art. 4º do convênio do fundo (doravante denominada Comissão de Contribuintes) e encaminhá-los pelo menos trimestralmente para a diretoria executiva, para a informação desta; c) apresentar propostas de operações específicas para a aprovação final da Comissão de Contribuintes; d) executar ou fazer com que sejam executadas todas as operações aprovadas pela Comissão de Contribuintes; e e) administrar as contas do fundo, inclusive o investimento de fundos. O Banco pode solicitar que a Corporação Interamericana de Investimentos administre ou execute operações ou programas individuais quando tais operações e programas correspondem às capacidades e à especialização da Corporação. O Secretário do banco atua como secretário da Comissão de Contribuintes e presta serviços de secretaria, instalações e outros de apoio a fim de facilitar o trabalho da Comissão de Contribuintes. Nessa qualidade, o Secretário também convoca reuniões da Comissão de Contribuintes e, com antecedência mínima de catorze dias da data de uma reunião, distribui ao representante de cada Contribuinte os documentos básicos e uma agenda da respectiva reunião.

CONVÊNIO DE COOPERAÇÃO ENTRE ENTES FEDERADOS. *Direito administrativo.* Pacto firmado exclusivamente por entes da Federação, com o objetivo de autorizar a gestão associada de serviços públicos, desde que ratificado ou previamente disciplinado por lei editada por cada um deles.

CONVÊNIO DE NATUREZA FINANCEIRA PARA EXECUÇÃO DE PROJETOS OU REALIZAÇÃO DE EVENTOS. *Direito administrativo, direito financeiro* e *direito previdenciário.* É o instrumento que disciplina a transferência de recursos públicos ou financeiros, oriundos de dotações consignadas no Orçamento Fiscal e da Seguridade Social, tendo como partícipe, na qualidade de concedente, convenente, interveniente ou executor, órgão da Administração Pública federal direta, autárquica ou fundacional, empresa pública ou sociedade de economia mista, visando à realização de programas de trabalho, projeto ou evento de interesse recíproco, com duração certa, em regime de mútua cooperação.

CONVÊNIO INTERNO. *Direito tributário.* Acordo celebrado entre entidades públicas, versando sobre matéria de administração tributária, como arrecadação, fiscalização etc., sem ter qualquer poder de criar novos tributos ou de impor deveres fiscais ao contribuinte.

CONVENTÍCULO. *Direito penal.* Conluio para a prática de ação criminosa; reunião clandestina ou secreta de conspiradores.

CONVENTILHO. *Direito penal.* Prostíbulo; estabelecimento destinado a encontros libidinosos, com fins lucrativos ou não.

CONVENTIO EST LEX. *Expressão latina.* O ajuste é lei.

CONVENTIONAL FACTORING. *Direito comercial.* Trata-se da faturização tradicional, em que as faturas cedidas são liquidadas pelo faturizador antes do vencimento. Os créditos negociados são pagos ao cedente no instante da cessão. Tem-se, portanto, o adiantamento dos valores dos títulos. É, como ensina Luiz Lemos Leite, a compra de direitos creditórios ou ativos, representativos de vendas mercantis a prazo, mediante a cessão *pro soluto* notificada pelo vendedor (endossante) ao comprador (sacado-vendedor), havendo, portanto, assunção de risco.

CONVENTIONE DUUMVIRORUM JUS PUBLICUM MUTARI NON POTEST. *Direito romano.* O direito público não pode ser alterado por convenção dos duúnviros.

CONVENTIO NOMEN HABENS A JURE CIVILI ET CAUSAM. *Direito romano.* A convenção retira o nome e a causa do direito civil.

CONVENTIO VERBUM GENERALE EST, AD OMNIA PERTINENS, DE QUIBUS NEGOTII CONTRAHENDI, TRANSIGENDIQUE CAUSA CONSENTIUNT, QUI ITER SE AGUNT. *Direito romano.* Convenção é um termo geral pertinente a tudo aquilo que os que consentem ou transigem num negócio estabelecem entre si.

CONVENTO. *Direito canônico.* **1.** Casa onde as religiosas vivem em recolhimento. **2.** Comunidade religiosa. **3.** Mosteiro.

CONVERSÃO. 1. *Lógica jurídica.* a) Mudança de uma proposição para outra que possua os mesmos termos em função inversa, de maneira que o predicativo da primeira passe a ser sujeito da segunda, e o que era sujeito na primeira seja predicado na segunda; b) inversão ou transposição do sujeito e do predicado de um juízo, conservando este sua qualidade (Puigarnau); c) inversão dos elementos extremos da proposição, sem alteração do sentido (Goffredo Telles Jr.); d) troca de termos, passando o sujeito para predicado e este para sujeito, sem alterar a qualidade e a verdade das proposições (Sinibaldi). **2.** *Direito canônico.* Abandono de uma religião, acatando a católica. **3.** Na *linguagem jurídica* em geral, significa: a) transformação de uma coisa em outra, sem que haja alteração do valor de qualquer delas; b) ato ou efeito de converter; c) mudança, quanto à forma ou natureza, de uma obrigação para outra, de um direito, de um estado ou de um fato. **4.** *Direito civil.* a) Venda de um bem, aplicando-se o produto da alienação em outro do mesmo valor do anterior. Há equivalência de valor das coisas substituídas; b) equivalência de valor da prestação na indenização das perdas e danos; c) transformação da separação judicial em divórcio ou da união estável em casamento. **5.** *Direito comercial.* a) Mudança de uma obrigação para outra de diferente natureza, por exemplo, conversão de ações nominativas de sociedade anônima em ações ao portador; b) mutação de uma situação em outra, por exemplo, conversão de recuperação (judicial ou extrajudicial) em falência; c) mudança de uma coisa para outra, por exemplo, conversão de debêntures em ações. **6.** *Direito cambiário.* Operação financeira pela qual se calcula o equivalente de uma quantia em moeda estrangeira, por exemplo, conversão de libras esterlinas em dólares. **7.** *Direito processual civil.* a) Alteração de um ato, substituindo-o por outro, em razão de determinação judicial, por exemplo, conversão do arresto em penhora ou de julgamento em diligência. **8.** *Direito administrativo.* Processo pelo qual se substitui ato administrativo inválido por outro válido, que reaproveita os seus elementos, mantendo seus caracteres. **9.** *Direito financeiro.* Novação de um débito público. **10.** *Direito penal.* Substituição de uma pena por outra. **11.** *Economia política.* Troca de algo por coisa de valor equivalente ou de uma moeda pelo valor de outra. **12.** *Direito virtual.* Processo pelo qual se converte um arquivo, tornando-o compatível com outro *software*. **13.** *Direito marítimo.* Mudanças estruturais e de sistemas na embarcação que modifiquem suas características básicas, podendo alterar o seu emprego. **14.** *Direito de trânsito.* É o movimento em ângulo, à esquerda ou à direita, de mudança da direção original do veículo.

CONVERSÃO ABSOLUTA. *Vide* CONVERSÃO PERFEITA E CONVERSÃO SIMPLES.

CONVERSÃO ACIDENTAL. *Lógica jurídica.* Também denominada de conversão relativa ou imperfeita, é aquela em que a quantidade total de um termo da proposição original é substituída na conversa, por quantidade particular, de maneira que não exprimem a mesma coisa, logo a original não pode ser conversa da segunda, mas a segunda pode ser conversa acidental da original. Conserva-se na conversa apenas o sentido e não a quantidade da original (Goffredo Telles Jr.). *Vide* CONVERSÃO IMPERFEITA.

CONVERSÃO DA PENA. *Direito penal* e *direito processual penal.* **1.** Instituto jurídico pelo qual se opera a mudança da pena restritiva de direitos em privativa de liberdade, pelo tempo correspondente à aplicada, quando, por exemplo: a) sobrevier condenação, por outro crime, a pena privativa de liberdade cuja execução não tenha sido suspensa; b) ocorrer o descumprimento injustificado da restrição imposta. **2.** Ato de considerar, transitada em julgado a sentença condenatória, a multa como dívida de valor, aplicando-se-lhe as normas da legislação relativa à dívida ativa da Fazenda Pública.

CONVERSÃO DA PROPOSIÇÃO. *Lógica jurídica.* Inversão dos elementos extremos da proposição, que são o sujeito e o predicado, sem alteração do sentido (Gredt; Goffredo Telles Jr.).

CONVERSÃO DA SEPARAÇÃO JUDICIAL EM DIVÓRCIO. *Direito civil* e *direito processual civil.* **1.** Pedido feito por qualquer um dos cônjuges, com o consenso do outro, de quem se encontra separado judicialmente há mais de um ano, prazo este contado não só do trânsito em julgado da sentença que homologou ou decretou a separação, mas também da que concedeu a medida cautelar correspondente, autorizando o cônjuge a ausentar-se do lar conjugal ou constatando que o outro consorte já se havia ausentado dele. Se a conversão for requerida por ambos os cônjuges, o juiz apenas terá o trabalho de verificar se todas as formalidades foram preenchidas, proferindo sentença homologatória. Trata-se do divórcio consensual indireto. **2.** É a obtida por uma sentença judicial proferida em processo de jurisdição contenciosa, onde um dos consortes, judicialmente separado há mais de um ano, havendo dissenso ou recusa do outro em consentir no divórcio, pede ao juiz que converta a separação judicial (consensual ou litigiosa) em divórcio, pondo fim ao casamento e aos efeitos que produzia, caso em que se terá o divórcio litigioso indireto.

CONVERSÃO DA UNIÃO ESTÁVEL EM CASAMENTO. É possível mediante pedido dos companheiros ao juiz e assento no Registro Civil.

CONVERSÃO DE CAPITAL. Aplicação de capital numa outra forma de valor que produza renda, substituindo-se, assim, o valor representado em dinheiro por outra espécie de bens, que produzirá a renda almejada.

CONVERSÃO DE CONTRATO NULO. *Direito civil.* Transformação de um contrato nulo em outro que seja suscetível de produzir a finalidade perseguida. O contrato nulo só poderá produzir conseqüências jurídicas de um contrato diferente se se fizerem presentes os seguintes requisitos: a) ineficácia da declaração volitiva dos contratantes; b) presença, nessa manifestação de vontade, dos elementos formais ou substanciais exigidos para outro contrato de tipo diverso ou da mesma espécie do pretendido, desde que possua conteúdo diferente; c) pressuposição da vontade hipotética de ambos os contratantes, dirigida à conclusão desse contrato diverso, presumindo-se, ante os fins colimados, que assim deliberariam se tivessem tido conhecimento da ineficácia ou nulidade do contrato efetivado. Logo, para haver conversão, será necessário que os contraentes queiram o outro contrato, se souberem da nulidade do que celebraram.

CONVERSÃO DE DEPÓSITO EM RENDA. *Direito tributário.* Modo extintivo do crédito tributário que se dá pela consignação da soma devida feita pelo sujeito passivo da obrigação tributária, convertida em renda pela Fazenda Pública por ato de seu órgão competente.

CONVERSÃO DE DÍVIDA. É a substituição de título antigo, vencido ou vincendo, sem lastro nominal, em razão de desvalorização da moeda por novel título, emitido com lastro em moeda forte (Geraldo Magela Alves).

CONVERSÃO DE MULTA. *Direito ambiental.* Consiste em transformar a multa pecuniária simples em prestação de serviços, quando não for possível a recuperação ou a indenização ambiental, podendo ser executados de forma direta ou indireta por qualquer meio, instrumento, assim como pelo custeio de programas e de projetos ambientais destinados à preservação, melhoria e recuperação da qualidade do meio ambiente.

CONVERSÃO DE TÍTULOS. É a substituição de título nominativo por um outro que seja ao portador ou de uma taxa por outro título de melhor taxa etc.

CONVERSÃO DOCUMENTAL. *Direito processual civil.* Diz-se do fato em que um documento, emitido por oficial público incompetente ou sem observância das formas legais, tem, por isso, validade de documento particular, desde que assinado pelos interessados.

CONVERSÃO DO JULGAMENTO EM DILIGÊNCIA. *Direito processual civil.* Ordem judicial dada após o encerramento da instrução probatória para a realização de qualquer outra prova necessária à instrução do processo ou ao ato decisório do mérito, por não estar formado, ainda, o convencimento sobre o caso *sub judice.*

CONVERSÃO ESTRUTURAL. *Filosofia do direito.* Designação dada à substituição de uma instituição jurídica por outra, sem que haja qualquer alteração substancial em sua estrutura, por exemplo, a substituição do desquite pela separação judicial que se deu com a Lei do Divórcio.

CONVERSÃO IMPERFEITA. *Lógica jurídica.* É aquela, também chamada conversão acidental ou relativa, em que a quantidade total de um termo da original é substituída, na conversa, por quantidade particular, de maneira que ambas não exprimem a mesma coisa, logo, a primeira não pode ser considerada a conversa da segunda, embora a segunda seja a conversa acidental da primeira (Goffredo Telles Jr.). *Vide* CONVERSÃO ACIDENTAL.

CONVERSÃO IMPRÓPRIA DO CONTRATO NULO. *Direito civil.* Dá-se quando a norma deixa ao particular uma escolha alternativa entre várias formas de manifestação da vontade para a elaboração de um negócio, e aquele adota uma nula, que, porém, apresenta os requisitos da forma menos rigorosa. Por exemplo, o compromisso irretratável de compra e venda não se desnatura se, ao invés de instrumento particular, for feito por escritura pública eivada de vício. Ter-se-á conversão imprópria se as partes, podendo optar entre várias formas de celebração contratual, escolheram a mais rigorosa, que, no entanto, foi cumprida defeituosamente. Por exemplo, se num contrato que pode ser feito por escritura pública ou por instrumento particular os contratantes optarem pela escritura pública, que, todavia, veio a apresentar algum vício, o contrato será válido como se tivesse sido feito por instrumento particular, pois os efeitos não são diversos, mas os mesmos pretendidos pelas partes. Na verdade, haverá validade do contrato sob outra forma e não conversão propriamente dita, por não haver nenhuma transformação de contrato nulo em válido de outra espécie.

CONVERSÃO LEGAL DO CONTRATO NULO. *Direito civil.* Ocorre quando a lei confere a uma declaração volitiva os efeitos próprios de contrato diverso, independentemente de qualquer consideração da vontade hipotética das partes, por exemplo, quando a lei civil diz que a aceitação não conforme à proposta equivale a uma nova proposta.

CONVERSÃO *PER ACCIDENS*. *Lógica jurídica.* Conversão que altera a quantidade do juízo, fazendo com que passe de universal para particular (Puigarnau).

CONVERSÃO PERFEITA. *Lógica jurídica.* Também designada "conversão absoluta ou simples". É aquela em que a quantidade dos termos é a mesma nas duas proposições, de modo que ambas exprimem, rigorosamente, a mesma coisa, podendo qualquer uma ser considerada a conversa da outra (Goffredo Telles Jr.). *Vide* CONVERSÃO SIMPLES.

CONVERSÃO POR CONTRAPOSIÇÃO. *Lógica jurídica.* É aquela em que a equivalência de sentido da proposição conversa ao da original é essencial, mas não perfeita, devido à justaposição da negação ao sujeito e ao predicado da conversa, a qual conserva a cópula e a quantidade da original (Van Acker).

CONVERSÃO PRÓPRIA DO CONTRATO NULO. *Direito civil.* Dá-se apenas se se verificar que os contratantes teriam pretendido a celebração de outro contrato, se tivessem ciência da nulidade do que realizaram. A conversão estará, então, subordinada não só a um elemento subjetivo, ou seja, à intenção das partes de dar vida a um contrato diverso, na hipótese de nulidade do que foi por elas estipulado, mas também formal, por ser imprescindível que, no contrato nulo, tenha havido observância dos requisitos de substância e de forma do contrato em que poderá ser transformado para produzir efeitos.

CONVERSÃO RELATIVA. *Vide* CONVERSÃO IMPERFEITA E CONVERSÃO ACIDENTAL.

CONVERSÃO SIMPLES. *Lógica jurídica.* a) Simples inversão do sujeito e do predicado da proposição original, conservadas a cópula e a quantidade desta, além da totalidade essencial ou adequada do sentido. Conserva-se na conversa a quantidade e o sentido da original. É também designada de conversão absoluta ou perfeita. Nesta conversão a equivalência do sentido da proposição conversa ao da original é essencial e perfeita (Van Acker); b) conversão em que se conserva a mesma quantidade do juízo (Puigarnau). *Vide* CONVERSÃO PERFEITA.

CONVERSIBILIDADE. 1. Na *linguagem jurídica* em geral, é a qualidade de conversível. 2. *Direito comercial.* Possibilidade, legal ou estatutária, de a sociedade anônima alterar a espécie de ação (nominativa, endossável ou ao portador) de uma forma para outra.

CONVERSÍVEL. 1. O que pode ser trocado por outro valor equivalente. 2. Transmutável. 3. Suscetível de conversão.

CONVERSIVO. Aquilo que tem a propriedade de converter.

CONVERSO. 1. *Direito marítimo.* O mesmo que CONVÉS. 2. *Direito civil.* a) Convertido, alterado ou substituído; b) diz-se do ato anulável que foi ratificado. 3. *Direito canônico.* a) Aquele que, não sendo católico, filiou-se à igreja; b) leigo que serve num convento, efetuando trabalhos manuais, chamado também de "donato". 4. Na *linguagem comum,* designa: a) locutório; b) local em que se dão as conversações ou em que se conversa.

CONVERTER. 1. Na *linguagem jurídica* em geral, quer dizer substituir, efetuar uma conversão, trocar, transformar ou mudar. 2. *Direito canônico:* a) abraçar o cristianismo; b) passar a praticar a religião católica.

CONVERTIBILIDADE. *Vide* CONVERSIBILIDADE.

CONVÉS. *Direito marítimo.* 1. Área da primeira coberta do navio. 2. Pavimento superior do navio, situado entre o mastro grande e a proa, onde os passageiros passeiam. 3. Segunda coberta dos navios de linha.

CONVÉS DE BORDA-LIVRE. *Direito marítimo.* a) É o convés completo mais elevado que a embarcação possui, de tal forma que todas as aberturas situadas nas partes expostas do mesmo disponham de meios permanentes de fechamento que assegurem sua estanqueidade; b) poderá ser adotado como convés de borda-livre um convés inferior, sempre que seja um convés completo e permanente, contínuo de proa a popa, pelo menos entre o espaço das máquinas propulsoras e as anteparas dos pique-tanques, e contínuo de bordo a bordo. Se for adotado esse convés inferior, a parte do casco que se estende sobre o convés de borda-livre será considerada como uma superestrutura para efeito do cálculo de borda-livre; c) nas embarcações que apresentem o convés de borda-livre descontínuo, a linha mais baixa do convés exposto, e o prolongamento de tal linha paralela à parte superior do convés, deverá ser considerada como o convés de borda-livre.

CONVEYANCE. *Termo inglês.* Título translativo de domínio.

CONVICÇÃO. 1. *Direito processual penal* e *direito processual civil.* a) Convencimento do juiz, formado pela apreciação das provas; b) persuasão. **2.** *Direito constitucional.* Direito fundamental do cidadão, resguardado constitucionalmente, de ter uma ideologia política ou filosófica.

CONVICÇÃO JURÍDICA. *Teoria geral do direito.* Consciência de uma coletividade sobre a necessidade ou conveniência de um comportamento ou ato indispensável para a formação do direito consuetudinário. Essa convicção comum de que o princípio de um certo comportamento corresponde à necessidade da convivência social funda-se sobre um critério de valoração, constituindo o elemento interno do costume jurídico.

CONVÍCIO. *Direito penal.* Injúria.

CONVICIOSO. *Direito penal.* Dito ou escrito injurioso.

CONVINCENTE. 1. Que convence. **2.** O que gera convicção.

CONVIR. 1. Anuir; acordar; ajustar; pactuar. **2.** Ser útil; trazer proveito; servir.

CONVITE. 1. *Direito administrativo.* Procedimento licitatório efetuado mediante convocação específica a pessoas determinadas, cuja idoneidade é presumida, e que, em função da estreiteza do chamamento, exige um mínimo de publicidade indispensável para a observância ao princípio da isonomia. O convite é a modalidade licitatória entre, no mínimo, três interessados do ramo pertinente ao seu objeto, cadastrados ou não, escolhidos pela unidade administrativa, que fixará, em local apropriado, cópia do instrumento convocatório, estendendo-o aos demais cadastrados na especialidade, que manifestarem seu interesse com antecedência de até vinte e quatro horas da apresentação da proposta. Se existir na praça mais de três possíveis interessados, a cada novo convite realizado para objeto idêntico ou similar será obrigatório o convite a, no mínimo, mais de um interessado, enquanto existirem cadastrados não convidados nas últimas licitações. É utilizado para obras, serviços e compras até um certo limite legal. **2.** *Direito civil.* Ato jurídico em sentido estrito, por ser uma participação consistente em declarar algo para comunicar intenção ou fato, dando conhecimento a outrem de que se tem certo propósito ou que ocorreu determinado fato.

CONVIVÊNCIA. *Direito civil.* **1.** Vida em companhia de alguém. **2.** Ação ou efeito de viver com outrem. **3.** Inter-relacionamento jurídico-social.

CONVIVÊNCIA CONJUGAL *Direito civil.* Vida em comum entre marido e mulher, cuja ruptura pode levar à separação de fato, à separação judicial ou extrajudicial ou ao divórcio.

CONVIVÊNCIA SOCIAL. *Sociologia jurídica.* Vida em comum de pessoas que moram numa região.

CONVIVENTE. *Direito civil.* Diz-se daquele que vive em concubinato puro ou que tem uma união familiar estável. *Vide* COMPANHEIRA E COMPANHEIRO.

CONVÍVIO SOCIAL. 1. *Sociologia jurídica.* Inter-relacionamento jurídico-social num grupo da sociedade, seja ele religioso, familiar, profissional ou recreativo. **2.** *Direito penitenciário.* Permanência plena ou condicional, na sociedade, de condenados que cumpriram total ou parcialmente a pena.

CONVIZINHANÇA. *Direito civil.* **1.** Estado convivencial entre pessoas vizinhas, limitado pelo direito de vizinhança. **2.** Recíproca situação jurídica de vizinhos.

CONVOCAÇÃO. 1. *Direito administrativo.* Ato administrativo pelo qual o Poder Público obriga alguém a prestar um serviço público, como o de jurado, no Tribunal do Júri, ou o de mesário, nas eleições. **2.** *Direito processual civil.* a) Avocamento pelo qual o juiz de tribunal superior chama a si o conhecimento de processo que se encontrava em primeira instância; b) citação, que é ato de convocação judicial do réu para que venha defender-se em juízo. **3.** *Direito constitucional.* Ato pelo qual o presidente da República, os presidentes da Câmara dos Deputados e do Senado, ou a requerimento da maioria dos membros de ambas as Casas, em caso de urgência ou interesse público relevante, pode convocar extraordinariamente o Congresso Nacional. **4.** *Direito militar.* a) Recrutamento; b) ato pelo qual a autoridade competente chama pessoas do sexo masculino, nascidas em determinado ano, para, obrigatoriamente, prestarem serviço militar. **5.** *Direito civil* e *direito comercial.* Chamamento de interessados para uma reunião ou assembléia.

CONVOCADO. 1. Na *linguagem jurídica* em geral, é o que recebe uma convocação. **2.** *Direito civil.* Destinatário de uma convocação para participar de reunião de associação, sociedade ou condomínio. **3.** *Direito comercial.* Sócio ou acionista chamado para deliberar em assembléia geral. **4.** *Direito processual civil.* O credor chamado para habilitar seu crédito em processo de execução coletiva contra devedor comum. **5.** *Direito militar.* Cidadão que é chamado à incorporação militar para efeito de prestação de serviço militar obrigatório. **6.** *Direito constitucional.* O senador ou o deputado federal chamado para as sessões do Congresso Nacional. **7.** *Direito processual penal.* O jurado convidado para uma sessão do Tribunal do Júri.

CONVOCADOR. 1. Autoridade que faz a convocação. **2.** O que convoca outrem.

CONVOCAR. 1. Convidar para a participação numa reunião. **2.** Fazer reunir em assembléia. **3.** Chamar à prestação de serviço público.

CONVOCATÓRIA. Carta circular que contém a convocação de alguém para que se apresente a outrem.

CONVOCATÓRIO. Tudo o que convoca ou serve para convocar; relativo à convocação.

CONVOLAÇÃO. 1. *Direito civil.* a) Mudança de um estado civil para outro, por exemplo, com o casamento, passa-se do estado de solteiro para o de casado; b) passagem de uma situação jurídica para outra, seja alusiva a direito pessoal ou real. **2.** *Direito processual civil.* a) Fato consistente em mudar de foro; b) transformação de uma medida judicial em outra, por exemplo, ato de convolar o arresto em penhora; c) conversão da separação judicial litigiosa em amigável. **3.** *Ciência política.* Mudança de partido político ou de ideologia política. **4.** *Direito comercial.* Transformação da falência em recuperação judicial.

CONVOLAR. *Direito civil.* Mudar de estado civil, casando-se.

CONVULSÃO. 1. *Ciência política.* Revolução; violenta perturbação da ordem; agitação popular de grande porte por motivos políticos, procurando derrubar o governo. **2.** *Medicina legal.* Contração involuntária e violenta dos músculos.

CONVULSÃO CLÔNICA. *Medicina legal.* Contração muscular que se opera rápida e alternativamente em curtos espaços de relaxamento dos músculos.

CONVULSÃO TÔNICA. *Medicina legal.* Contração muscular prolongada, levando a parte afetada a uma imobilização.

CONVULSIBILIDADE. *Medicina legal.* **1.** Estado de convulsão em que se encontra o paciente. **2.** Disposição do doente para convulsão mórbida.

CONVULSIONANTE. *Medicina legal.* Diz-se do agente produtor da convulsão.

CONVULSIVO. *Medicina legal.* Relativo a convulsão.

CONVULSO. *Medicina legal.* **1.** Que apresenta convulsão. **2.** Acompanhado de convulsão.

COOBRIGAÇÃO. *Direito civil.* Obrigação assumida por duas ou mais pessoas.

COOBRIGADO. *Direito civil.* Diz-se daquele que assumiu uma obrigação conjunta ou solidariamente com outrem.

COOCUPANTE. Aquele que ocupa algo juntamente com outrem.

COOKIE. *Direito virtual.* **1.** Programa espião. **2.** Arquivo-texto para colher dados pessoais do internauta, suscetível de ser alterado pelo *website*. **3.** Meio não explícito de coleta de informações *on-line*, utilizado pela empresa para interagir, registrar ou monitorar as atitudes de usuários em visita a seu *website,* para qualquer fim (Marco Antonio Zanellato). **4.** Pequeno arquivo de textos gravados, no computador do usuário, pelo *browser,* quando visita certos *sites* do comércio eletrônico, para guardar dados, evitando nova digitação para retornar aos *sites.*

COONESTAÇÃO. 1. Reabilitação. **2.** Ação ou efeito de coonestar.

COONESTAR. 1. Reabilitar. **2.** Fazer com que algo pareça ser honesto.

COOPERAÇÃO. 1. *Direito penal.* Ação de concorrer para a prática de um crime; co-autoria. **2.** *Direito civil.* a) Colaboração; b) esforço comum ou combinação de recursos ou de trabalho para atingir uma determinada finalidade; c) atuação em benefício de outrem; d) contribuição; e) prestação de auxílio para obtenção de um fim comum; f) solidariedade. **3.** *Direito econômico* e *direito do consumidor.* Organização da vida econômica com o escopo de fazer com que o lucro retorne ao consumidor.

COOPERAÇÃO ECONÔMICA INTERNACIONAL. *Direito internacional público.* Colaboração entre países e instituições, como o FMI e o GATT, para politizar a ordem econômica mundial, unindo consensualmente suas forças e vontades através de sistemas coletivos de tomada de decisões, criando, para tanto, normas e mecanismos para sua aplicabilidade (Celso Lafer).

COOPERAÇÃO FEDERATIVA. No âmbito da Força Nacional de Segurança Pública, compreende operações conjuntas, transferência de recursos e desenvolvimento de atividades de capacitação e qualificação de profissionais. As atividades de cooperação federativa têm caráter consensual e serão desenvolvidas sob a coordenação da União. Consideram-se atividades e serviços imprescindíveis à preservação da ordem pública e da incolumidade das pessoas e do patrimônio: a) o policiamento ostensivo; b) o cumprimento de mandados de prisão; c) o cumprimento de alvarás de soltura; d) a guarda, a vigilância e a custódia de presos; e) os serviços técnico-periciais, qualquer que seja sua modalidade; e f) o registro de ocorrências policiais. A União, por intermédio do Ministério da Justiça, poderá colocar à disposição dos Estados e do Distrito Federal, em caráter emergencial e provisório, servidores públicos federais, ocupantes de cargos congêneres e de formação técnica compatível, para execução do convênio de cooperação federativa, sem ônus. As atividades de cooperação federativa, no âmbito da Força Nacional de Segurança Pública, serão desempenhadas por militares e servidores civis dos entes federados que celebrarem convênio.

COOPERAÇÃO INTERNACIONAL PARA A PRESERVAÇÃO DO MEIO AMBIENTE. *Direito ambiental.* Ato de o governo brasileiro, resguardados a soberania nacional, a ordem pública e os bons costumes, prestar, no que concerne ao meio ambiente, a necessária cooperação a outro País, sem qualquer ônus, quando solicitado para: a) produção de prova; b) exame de objetos e lugares; c) informações sobre pessoas e coisas; d) presença temporária da pessoa presa, cujas declarações tenham relevância para a decisão de uma causa; e) outras formas de assistência permitidas pela legislação em vigor ou pelos tratados de que o Brasil seja parte. A solicitação de que trata este artigo será dirigida ao Ministério da Justiça, que a remeterá, quando necessário, ao órgão judiciário competente para decidir a seu respeito, ou a encaminhará à autoridade capaz de atendê-la.

COOPERAÇÃO TÉCNICA INTERNACIONAL (CTI). *Direito internacional.* Transferência de tecnologia, conhecimentos e experiências de aplicação prática no processo de desenvolvimento socioeconômico a um País, ou o apoio à sua geração local, a partir da implementação de um conjunto de ações integradas, executadas em parceria direta entre as partes envolvidas.

COOPERADO. *Direito do trabalho.* É o trabalhador associado à cooperativa, que adere aos propósitos sociais e preenche as condições estabelecidas no seu estatuto. Deve ser enquadrado no RGPS como segurado obrigatório na categoria de contribuinte individual.

COOPERÁRIO. *Direito do trabalho.* Aquele que trabalha juntamente com outros operários.

COOPERATIVA. *Direito civil.* Associação sob a forma de sociedade com número aberto de membros, que tem por escopo estimular a poupança, a aquisição e a economia de seus associados, mediante atividade econômica comum. A *Cooperativa*, urbana ou rural, é a sociedade de pessoas, sem fins lucrativos, com forma e natureza jurídica próprias, de natureza civil, não sujeita à falência, constituída para prestar serviços a seus associados. É uma forma de organização de atividade econômica, tendo por finalidade a produção agrícola ou industrial ou a circulação de bens e serviços. Visa à autodefesa dos produtores de remédios, de gêneros alimentícios, de livros escolares etc., que põem em comum capital e trabalho, evitando intermediação de terceiros, alheios ao processo produtivo, eliminando o lucro desses intermediários. Conseqüentemente, vende as mercadorias por preços módicos a seus associados ou lhes consegue fundos sem intuitos lucrativos, repartindo, no final das atividades exercidas, as bonificações proporcionais às compras ou operações feitas por cada membro. Realiza, portanto, operações com seus próprios sócios, que são seus fregueses, cujos resultados são a eles distribuídos, constituindo um reembolso daquilo que, naquelas operações, compete a cada um, sempre atendendo aos deveres assumidos no contrato social. É regida pelo princípio da mutualidade, pois suas decisões não obedecem à força do capital investido por cada um dos cooperadores, mas, subjetivamente, pelo valor da pessoa natural ou jurídica que a compõe, pouco importando o *quantum* de sua contribuição material (bens fungíveis ou infungíveis) nos negócios comuns. Há vários tipos de cooperativa, como as de: produção agrícola ou industrial; trabalho; beneficiamento; crédito; seguro; construção de casas populares; livros escolares etc. A cooperativa busca uma ajuda para a obtenção de um fim econômico e não a interposição lucrativa das sociedades. Todavia, há quem nela vislumbre, como Verrucoli, um misto de sociedade e associação, por haver atribuição de voto a cada sócio, que é relevante ao fenômeno associativo, ante o princípio da mutualidade, enquanto outros, como Paulik, consideram-na como uma sociedade onde há união autônoma organizada corporativamente para intercâmbios associativos. Daí haver quem entenda que cooperativa, urbana ou rural, é a sociedade de pessoas, sem fins lucrativos, com forma e natureza jurídica próprias, de natureza civil, não sujeita à falência, constituída para prestar serviços a seus associados.

COOPERATIVA AGROPECUÁRIA DO AGRICULTOR FAMILIAR. *Direito agrário.* Cooperativa em que 70% (setenta por cento) da matéria-prima a beneficiar ou industrializar, no mínimo, seja originária da produção própria ou de associados/participantes e que no mínimo 90% (noventa por cento) dos participantes ativos de seu quadro social seja composto por agricultores familiares, que seja possuidora da DAP.

COOPERATIVA ASSEMELHADA. *Direito civil.* É a que, por não ter denominação legal própria, enquadra-se, por analogia, no rol daquelas com que seu objetivo apresentar maior similitude.

COOPERATIVA CENTRAL. *Direito civil.* 1. É a sediada na capital ou em cidade que constitua mercado de exportação de produtos, com o intuito de promover a defesa dos que forem destinados à exportação. 2. Banco popular ou agrícola, ou caixa rural, que financia certas cooperativas ou produtores agrícolas de sua área de atuação.

COOPERATIVA DE ABASTECIMENTO. *Direito civil.* A que fornece, juntamente com a cooperativa de produção e de vendas em comum, à cooperativa de consumo a matéria-prima necessária para prover mercados ou feiras livres.

COOPERATIVA DE BENEFICIAMENTO DE PRODUTOS. *Direito civil.* É a que tem por escopo beneficiar, aperfeiçoar ou melhorar produtos pela seleção, padronização, classificação etc., com o propósito de alcançar melhores preços no mercado interno ou internacional.

COOPERATIVA DE COMPRAS EM COMUM. *Direito civil.* Visa adquirir, com os recursos obtidos, material de que seus associados precisam, para as novas produções, com melhores preços, para a armazenagem ou para o consumo industrial.

COOPERATIVA DE CONSTRUÇÃO DE HABITAÇÕES POPULARES. *Direito civil.* Tem por finalidade a edificação de casas populares, que serão vendidas a seus associados em parcelas módicas.

COOPERATIVA DE CONSUMO. *Direito civil.* É aquela que compra produtos por atacado a fim de revendê-los a seus associados, para consumo pessoal ou domiciliar, a preço de custo, acrescido de pequena percentagem para as despesas, repartindo entre aqueles os razoáveis lucros anuais verificados pelo balanço.

COOPERATIVA DE COOPERATIVA *Direito civil.* Cooperativa constituída por várias outras da mesma espécie, com o escopo de defender interesses comuns ou instituir um órgão representativo junto ao Poder Público.

COOPERATIVA DE ECONOMIA E CRÉDITO MÚTUO DOS ADVOGADOS EM SÃO PAULO. *Direito civil.* Visa criar condições para que com a pequena contribuição de todos possa formar-se um grande empreendimento em benefício da classe e de cada um de seus membros.

COOPERATIVA DE MÃO-DE-OBRA. *Vide* COOPERATIVA DE TRABALHO.

COOPERATIVA DE PRODUÇÃO. *Direito civil.* 1. Associação de produtores para a venda direta de seus artigos, formando um fundo de empresas, de tal sorte que venha a tornar desnecessária a intervenção de capital alheio. 2. Aquela em que seus associados contribuem com serviços laborativos, ou profissionais, para a produção em comum de bens ou serviços, quando a cooperativa detiver, por qualquer forma, os meios de produção. 3. Espécie de cooperativa, é a sociedade que, por qualquer forma, detém os meios de produção e seus associados contribuem com serviços laborativos ou profissionais para a produção em comum de bens ou serviços.

COOPERATIVA DE PRODUÇÃO AGRÍCOLA. *Direito civil e direito agrário.* É a que tem por fim o exercício do trabalho agropecuário com o uso de recursos financeiros obtidos pela contribuição dos próprios associados.

COOPERATIVA DE PRODUÇÃO INDUSTRIAL. *Direito civil.* Aquela que tem por objetivo a manipulação de produtos agrícolas, extrativos ou de matéria-prima, transformando-os, pela industrialização, em novos produtos.

COOPERATIVA DE PRODUÇÃO RURAL. *Direito agrário.* Sociedade de produtores rurais que tem por escopo industrializar ou comercializar a produção rural dos cooperados ou de terceiros.

COOPERATIVA DE PRODUTORES. *Direito civil.* Espécie de cooperativa, que é a sociedade organizada por pessoas físicas ou pessoas físicas e jurídicas com o objetivo de comercializar, ou de industrializar ou de comercializar e industrializar a *produção* de seus cooperados.

COOPERATIVA DE SEGURO MÚTUO. *Direito civil.* É a constituída para formar um capital que atenda à instalação da sociedade e forme um fundo de provisão para eventuais sinistros.

COOPERATIVA DE TRABALHO. *Direito civil* e *direito do trabalho.* **1.** É a constituída por operários de uma mesma classe ou ofício com o fim primordial de obter melhoria do salário e das condições de trabalho de seus associados. A cooperativa de trabalho intermedeia a prestação de serviços de seus cooperados, expressos em forma de tarefa, obra ou serviço, com os seus contratantes, pessoas físicas ou jurídicas, não produzindo bens ou serviços próprios. **2.** o mesmo que COOPERATIVA DE PRODUÇÃO ou DE MÃO-DE-OBRA. **3.** é uma espécie do gênero cooperativa, também conhecida como cooperativa de mão-de-obra, constituída por operários, por artífices ou por pessoas da mesma profissão, ou dos mesmos ofícios, ou de vários ofícios de uma mesma classe, cujos trabalhadores, na qualidade de associados, prestam serviços aos clientes, que se constituem em tomadores da mão-de-obra.

COOPERATIVA DE VENDAS EM COMUM. *Direito civil.* É a que organiza coletivamente a defesa comercial dos produtos trazidos pelos associados (lavradores, criadores), promovendo a sua venda no mercado interno ou externo.

COOPERATIVADO. *Direito civil.* Diz-se daquele que participa de uma cooperativa.

COOPERATIVA EDITORA E DE CULTURA INTELECTUAL. *Direito civil.* É a instituída para editar, por conta própria, obra de associados ou de interesse comum ou geral e para formar bibliotecas, fixas ou circulantes, adquirindo revistas, periódicos ou livros para uso de seus associados.

COOPERATIVA ESCOLAR. *Direito civil.* É aquela que se institui num estabelecimento de ensino, público ou particular, entre os alunos ou com o concurso de pais e mestres, com o propósito de inculcar no alunado a idéia de cooperativismo, dando-lhe conhecimentos práticos de

organização, administração e funcionamento de alguma espécie de cooperativa que possa proporcionar-lhe vantagens econômicas.

COOPERATIVA HABITACIONAL. *Direito civil.* É a formada com o intuito de construir casas populares, a serem vendidas a seus associados, podendo para tanto efetuar operações creditórias e emitir letras hipotecárias.

COOPERATIVA HABITACIONAL DE ADVOGADO DE SÃO PAULO (COHASP). *Direito civil.* Criada por sócios fundadores ligados à Cooperativa de Crédito dos Advogados. Cada um desses sócios adquiriu 50 quotas-partes para obtenção do capital necessário para cobrir as despesas iniciais. Tem por objetivo primordial a viabilização de instalação de escritórios de advocacia e a construção de residências para cooperados. Cada grupo cooperativo formado para a construção de um conjunto habitacional dissolve-se com a entrega das chaves aos cooperados.

COOPERATIVA INTEGRAL DE REFORMA AGRÁRIA. *Direito civil* e *direito agrário.* É uma sociedade cooperativista mista de natureza civil, criada em área prioritária de reforma agrária, contando temporariamente com a contribuição técnico-financeira do Instituto Nacional de Colonização e Reforma Agrária (INCRA), com o escopo de industrializar, beneficiar, preparar e padronizar a produção agropecuária.

COOPERATIVA MISTA. *Direito civil.* Aquela que tem atividades enquadradas em mais de uma categoria de cooperativa, sendo por isso dividida em seções relativas a cada classe de operações correspondentes a um tipo de cooperativa.

COOPERATIVAS DE CRÉDITO. 1. *Direito civil.* São as Cooperativas com forma e natureza jurídica próprias, constituídas para conceder crédito aos associados. O Banco Central autoriza o funcionamento de cooperativa de crédito mútuo e de crédito rural e de cooperativa central de crédito (Luiz Fernando Rudge). Urge lembrar que: a) consistem em Caixa coletiva constituída com capital dos sócios para tornar mais fácil a outorga de financiamentos ou empréstimos pecuniários a associados ou a outras cooperativas, cobrando-se juros mínimos, uma vez que não há intermediário; b) dependem para funcionar de autorização do Banco Central do Brasil. As cooperativas de crédito singulares devem fazer constar de seus estatutos condições de associação de pessoas físicas que levem em conta, além das disposições legais pertinentes, a existência de afinidades entre os associados, segundo os critérios abaixo delineados, cabendo ao Banco Central do Brasil decidir sobre a adequação das correspondentes cláusulas estatutárias propostas à aprovação: 1) no caso de cooperativas de crédito mútuo: a) empregados ou servidores e prestadores de serviço em caráter não eventual de determinada entidade pública ou privada; de determinado conglomerado econômico; de conjunto definido de órgãos públicos hierárquica ou administrativamente vinculados; de conjunto definido de pessoas jurídicas que desenvolvam atividades idênticas ou estreitamente correlacionadas por afinidade ou complementaridade; b) trabalhadores de determinada profissão regulamentada; determinada atividade, definida quanto à especialização; conjunto definido de profissões ou atividades cujos objetos sejam idênticos ou estreitamente correlacionados por afinidade ou complementaridade; 2) no caso de cooperativas de crédito rural, pessoas que desenvolvam, na área de atuação da cooperativa, de forma efetiva e predominante, atividades agrícolas, pecuárias ou extrativas, ou se dediquem a operações de captura e transformação do pescado. As cooperativas de crédito singulares podem também admitir a associação de: 1) empregados da própria cooperativa de crédito, das entidades a ela associadas e daquelas de cujo capital participem, e pessoas físicas prestadoras de serviços, em caráter não eventual, à cooperativa de crédito e às referidas entidades, equiparados aos primeiros no tocante aos seus direitos e deveres como associados; 2) aposentados que, quando em atividade, atendiam aos critérios estatutários de associação; 3) pais, cônjuge ou companheiro, viúvo e dependente legal de associado e pensionista de associado falecido. As cooperativas centrais de crédito devem prever, em seus estatutos e normas operacionais, dispositivos que possibilitem prevenir e corrigir situações anormais que possam configurar infrações e normas legais ou regulamentares ou acarretar risco para a solidez das cooperativas filiadas e do sistema cooperativo associado, inclusive a possibilidade de constituição de fundo com objetivo de garantir a liquidez do sistema. Com vistas a atingir tais objetivos, devem as cooperativas centrais de crédito desempenhar, entre outras, as seguintes funções: 1) supervisionar o funcionamento e realizar auditoria em suas filiadas, podendo, para tanto, examinar livros e registros de contabilidade e outros papéis ou documentos ligados às atividades daquelas cooperativas, mantendo à disposição do Banco Central do Brasil os relatórios elaborados por seus supervisores e auditores; 2) supervisionar e coordenar o cumprimento das disposições regulamentares referentes à implementação do sistema de controles internos de suas filiadas; 3) formar e capacitar membros de órgãos estatutários, gerentes e associados de cooperativas filiadas, bem como seus próprios supervisores e auditores, mantendo departamento responsável por essas atividades; 4) promover, em relação às cooperativas singulares filiadas, a partir do ano de 2001, auditoria de demonstrações financeiras relativas ao exercício social, inclusive notas explicativas exigidas pelas normas legais e regulamentares em vigor. As cooperativas de crédito podem praticar as seguintes operações: 1) captação de recursos: a) de associados, oriundos de depósitos à vista e depósitos a prazo sem emissão de certificado; b) de instituições financeiras, nacionais ou estrangeiras, na forma de empréstimos, repasses, refinanciamentos e outras modalidades de operações de crédito; c) de qualquer entidade, na forma de doações, de empréstimos ou repasses, em caráter eventual, isentos de remuneração ou a taxas favorecidas; 2) concessão de créditos, exclusivamente a seus associados, incluídos os membros de órgãos estatutários, nas modalidades de: a) desconto de títulos; b) operações de empréstimo e de financiamento; c) crédito rural; d) repasses de recursos oriundos de órgãos oficiais e instituições financeiras; 3) aplicações de recursos no mercado financeiro, inclusive depósitos a prazo, com ou sem emissão de certificado, observadas eventuais restrições legais e regulamentares específicas de cada aplicação; 4) prestação de serviços: a) de cobrança, de custódia, de correspondente no País, de recebimentos e pagamentos por conta de terceiros e sob convênio com instituições públicas e privadas, nos termos da regulamentação aplicável às demais instituições financeiras; b) a outras instituições financeiras, mediante convênio, para recebimento e pagamento de recursos coletados com vistas à aplicação em depósitos, fundos e outras operações disponibilizadas pela instituição convenente; 5) formalização de convênios com outras instituições financeiras com vistas a: a) obter acesso indireto à conta Reservas Bancárias, na forma da regulamentação em vigor; b) participar do Serviço de Compensação de Cheques e Outros Papéis (SCCOP); c) realizar outros serviços complementares às atividades-fins da cooperativa. **2.** *Economia política.* a) Modalidade de cooperativa com estrutura e operacionalidade peculiares de instituição financeira; b) cooperativa bancária.

COOPERATIVAS SOCIAIS. *Direito civil.* Constituídas com a finalidade de inserir as pessoas em desvantagem no mercado econômico, por meio do trabalho, fundamentam-se no interesse geral da comunidade em promover a pessoa humana e a integração social dos cidadãos, e incluem, entre suas atividades: a) a organização e gestão de serviços sociossanitários e educativos; e b) o desenvolvimento de atividades agrícolas, industriais, comerciais e de serviços. Na denominação e razão social das entidades vistas acima, é obrigatório o uso da expressão "Cooperativa Social", aplicando-se-lhes todas as normas relativas ao setor em que operarem, desde que compatíveis com os objetivos legais. Consideram-se pessoas em desvantagem: os deficientes físicos, sensoriais, psíquicos e mentais; as pessoas dependentes de acompanhamento psiquiátrico permanente e os egressos de hospitais psiquiátricos e de prisões; os dependentes químicos; os condenados a penas alternativas e de detenção; os adolescentes em idade adequada ao trabalho e situação familiar difícil do ponto de vista econômico, social ou afetivo. Incluem em suas atividades: a organização e gestão de serviços sociossanitários e educativos e o desenvolvimento de atividades agrícolas, industriais, comerciais e de serviços. As Cooperativas Sociais organizarão seu trabalho, especialmente no que diz respeito a instalações, horários e jornadas, de maneira a levar em conta e minimizar as dificuldades gerais e individuais das pessoas em desvantagem que nelas trabalharem, e desenvolverão e executarão programas especiais de treinamento com o objetivo de aumentar-lhes a produtividade e a independência econômica e social. A condição de pessoa em desvantagem deve ser atestada por documentação proveniente de órgãos da Administração Pública, ressalvando-se o direito à privacidade.

COOPERATIVISMO. *Direito civil.* Sistema econômico-social fundado em cooperativas, onde a colaboração de todos para a obtenção do fim comum é o núcleo das atividades econômicas, industriais, culturais, comerciais etc., abolindo-se qualquer intermediação para atender às necessidades coletivas, propiciando dessa forma benefícios ou vantagens aos associados. É um movimento econômico-político de implantação, fomento e proteção de cooperativas, que se empenham na realização do bem-estar de seus associados, obtendo-lhes vantagens financeiras, facilitando-lhes a aquisição de certos bens por preços módicos etc.

COOPERATIVISTA. *Direito civil.* **1.** Relativo às cooperativas ou ao cooperativismo. **2.** Prosélito ou adepto do cooperativismo.

COOPERATIVO. Que coopera; em que há cooperação.

CO-OPOSITOR. Aquele que é opositor com outrem.

COOPTAÇÃO. 1. *Direito civil* e *direito comercial.* a) Admissão de alguém como sócio em uma sociedade feita por meio de escolha de seus próprios membros, dispensando-se formalidades regulamentares; b) ato de associar-se; c) agregação a um partido ou sociedade simples ou empresária. **2.** *Ciência política.* a) Sistema de integração de um corpo colegial, diretivo ou consultivo, pelo qual um ou mais membros são escolhidos, sob indicação dos efetivos (Sani); b) acolhida pelo grupo dirigente de idéias e programas políticos propostos pelo grupo de oposição, para eliminar ou reduzir os ataques (Sani).

COORDENAÇÃO 1. *Medicina legal.* Colaboração harmoniosa das partes do corpo, apresentando seqüência normal de suas funções. **2.** *Teoria geral do direito.* a) Classificação numa mesma categoria; b) relação de dois ou mais conceitos que estão no mesmo nível classificatório; c) estado do que está coordenado, classificado ou em ordem.

COORDENAÇÃO DE ADMINISTRAÇÃO GERAL. *Direito administrativo.* Unidade que compõe a estrutura da Imprensa Nacional com competência para planejar, coordenar e organizar as atividades referentes à execução orçamentária e financeira, à administração de material, serviços gerais, comunicações administrativas, recursos humanos, modernização, informática e documentação.

COORDENAÇÃO DE APERFEIÇOAMENTO DE PESSOA DE NÍVEL SUPERIOR (CAPES).

Direito administrativo. É fundação pública, vinculada ao Ministério da Educação, com sede e foro em Brasília, Distrito Federal, com prazo de duração indeterminado e tem por finalidade subsidiar o Ministério da Educação na formulação de políticas para a área de pós-graduação, coordenar e avaliar os cursos desse nível no País e estimular, mediante bolsas de estudo, auxílios e outros mecanismos, a formação de recursos humanos altamente qualificados para a docência de grau superior, a pesquisa e o atendimento da demanda dos setores público e privado e, especialmente: a) subsidiar a elaboração do Plano Nacional de Educação e elaborar a proposta do Plano Nacional de Pós-Graduação, em articulação com as unidades da Federação, instituições universitárias e entidades envolvidas; b) coordenar e acompanhar a execução do Plano Nacional de Pós-Graduação; c) elaborar programas de atuação setoriais ou regionais; d) promover estudos e avaliações necessários ao desenvolvimento e melhoria do ensino de pós-graduação e ao desempenho de suas atividades; e) fomentar estudos e atividades que direta ou indiretamente contribuam para o desenvolvimento e consolidação das instituições de ensino superior; f) apoiar o processo de desenvolvimento científico e tecnológico nacional; g) manter intercâmbio com outros órgãos da Administração Pública do País, com organismos internacionais e com entidades privadas nacionais ou estrangeiras, visando promover a cooperação para o desenvolvimento do ensino de pós-graduação, mediante a celebração de convênios, acordos, contratos e ajustes que forem necessários à consecução de seus objetivos.

COORDENAÇÃO DE PRODUÇÃO INDUSTRIAL.

Direito administrativo. Órgão que integra a estrutura da Imprensa Nacional com competência para planejar, coordenar e organizar as atividades relacionadas com a publicação dos atos oficiais, a execução dos serviços gráficos e a divulgação e a comercialização dos produtos da Imprensa Nacional.

COORDENAÇÃO-GERAL DE COMBATE À TORTURA.

Direito administrativo e *direito penal.* Órgão competente para: a) coordenar o desenvolvimento de ações articuladas para prevenir e combater a tortura e outros tratamentos cruéis, desumanos ou degradantes, bem como para monitorar a apuração de denúncias; b) incentivar a organização de instrumentos locais de controle social, acolhimento de denúncias e acompanhamento da apuração de casos de tortura; c) coordenar a construção e a implementação de plano operativo de prevenção e combate à tortura e a outros tratamentos cruéis, desumanos ou degradantes; d) mobilizar instituições públicas e privadas, autoridades governamentais e sociedade civil para organizar uma rede nacional de combate à tortura; e) coordenar o processo de informações sobre a tortura e outros tratamentos cruéis, desumanos ou degradantes a serem divulgadas, bem como sobre os mecanismos de denúncia e apuração e dos instrumentos legais nacionais e internacionais sobre o tema; f) articular-se com academias de polícia, escolas de magistratura e do Ministério Público, instituições de ensino superior e órgãos da mídia para incentivar a discussão da problemática da tortura no Brasil e a identificação de formas adequadas de tratamento do tema; e g) apoiar a capacitação dos operadores dos sistemas de segurança pública e justiça, bem como de representantes do movimento social para recepção, identificação e encaminhamento de denúncias de casos de tortura.

COORDENAÇÃO-GERAL DE EDUCAÇÃO EM DIREITOS HUMANOS.

Direito administrativo e *direito educacional.* Órgão com competência para: a) desenvolver e acompanhar ações de implementação das metas de responsabilidade da Secretaria Especial no âmbito do Plano Nacional de Educação em Direitos Humanos; b) tornar disponíveis informações sobre a execução do Plano Nacional de Educação em Direitos Humanos; c) mobilizar instituições governamentais, entidades da sociedade civil e organismos internacionais para a construção de uma cultura de direitos humanos por meio de ações educativas; d) dar parecer sobre projetos de lei que estejam em tramitação, bem como sugerir novas propostas legislativas sobre o tema; e) articular-se com as áreas específicas dos poderes federais para a inclusão da temática da educação em direitos humanos no sistema formal de ensino, nos cursos de formação de carreiras públicas, na capacitação dos operadores dos sistemas de justiça e segurança, bem como na atuação dos profissionais da mídia; f) atuar em parceria com entidades da sociedade civil para a capacitação de multiplicadores sobre o tema educação em direitos humanos; g) estimular a criação de instâncias para a articulação e coordenação de ações de educação em direitos humanos nas esferas estaduais e municipais; e h) elaborar e difundir estudos e pesquisas relacionados com o tema educação em direitos humanos.

COORDENAÇÃO-GERAL DE PROTEÇÃO A TESTEMUNHAS. *Direito administrativo* e *direito penal.* Órgão a quem compete: a) coordenar as ações do Programa de Proteção a Vítimas e Testemunhas Ameaçadas estabelecidas nos Planos Plurianuais de Governo; b) zelar pela implementação da organização e manutenção de Programas Especiais de proteção a vítimas e a testemunhas ameaçadas; c) coordenar o Sistema Nacional de Assistência a Vítimas e Testemunhas, composto pelo Programa Federal de Assistência a Vítimas e Testemunhas Ameaçadas, pelos Centros de Apoio a Vítimas de Crime e Programas Estaduais de Proteção a Testemunhas; d) coordenar o Programa Federal de Assistência a Vítimas e a Testemunhas Ameaçadas; e) apoiar as articulações entre a Secretaria Especial e os governos estaduais para a criação de programas estaduais de proteção a testemunhas e vítimas de violência e de centros de apoio a vítimas de crime; f) apoiar técnica e financeiramente programas estaduais de proteção e de centros de apoio a vítimas de crime, monitorando, acompanhando e avaliando sua execução; g) subsidiar e viabilizar os meios necessários ao exercício das funções do Conselho Deliberativo do Programa Federal de Assistência a Vítimas e Testemunhas Ameaçadas; h) capacitar os agentes operadores do Sistema Nacional de Proteção a Vítimas e Testemunhas; i) elaborar proposta de aperfeiçoamento legislativo em matéria de proteção e apoio a testemunhas e vítimas ameaçadas; j) promover a realização de estudos e pesquisas e desenvolver projetos, de modo a ampliar a abrangência e a propiciar o aperfeiçoamento contínuo dos programas de assistência a vítimas e a testemunhas ameaçadas; k) zelar para que os beneficiários do Programa Federal de Assistência a Vítimas e a Testemunhas Ameaçadas sejam periodicamente informados das investigações ou processos criminais a eles referentes; l) zelar pelo sigilo quanto às informações e dados das pessoas inseridas nos programas de proteção a vítimas e testemunhas ameaçadas; m) elaborar, acom-

panhar e avaliar o planejamento anual das atividades a serem desenvolvidas e apoiadas pela Coordenação; e n) atuar em prol da integração das ações de proteção às pessoas, desenvolvidas pelas diversas áreas de governo, inclusive com a organização de um sistema nacional.

COORDENAÇÃO-GERAL DE PROTEÇÃO DE ADOLESCENTES AMEAÇADOS DE MORTE. *Direito administrativo, direito penal* e *direito do menor.* Órgão competente para: a) gerenciar ações relativas ao Programa de Proteção de Adolescentes Ameaçados de Morte; b) apoiar as articulações entre a Secretaria Especial e os governos estaduais para criação de programas estaduais de proteção a adolescentes ameaçados de morte; c) articular as redes de solidariedade existentes para apoiar o Programa; d) formar uma Rede Nacional de solidariedade de proteção; e) apoiar técnica e financeiramente programas estaduais de proteção, monitorando, acompanhando e avaliando sua execução; e f) capacitar os agentes operadores do Programa de Proteção.

COORDENAÇÃO INTERNACIONAL. *Direito administrativo, direito das comunicações* e *direito internacional público.* Processo de interação entre administração nacional e administrações de telecomunicações estrangeiras, além do envolvimento da União Internacional de Telecomunicações (UIT), com o escopo de avaliar e evitar as interferências radioelétricas entre sistemas de telecomunicações e os impactos decorrentes de uma nova rede de satélites em relação a redes existentes e planejadas.

COORDENAÇÃO MOTORA. *Medicina legal.* Capacidade de controle dos movimentos musculares.

COORDENAÇÃO MUSCULAR. *Vide* COORDENAÇÃO MOTORA.

COORDENAÇÃO NACIONAL DO PROGRAMA DE PROTEÇÃO AOS DEFENSORES DOS DIREITOS HUMANOS. Tem por objetivo coordenar e implementar medidas para a proteção dos defensores dos direitos humanos em todo o País. Compete à Coordenação Nacional: a) monitorar os casos de denúncia envolvendo defensores dos direitos humanos; b) encaminhar as denúncias recebidas à Coordenação do Estado pertinente; c) tomar as providências necessárias, nos casos relativos aos Estados que ainda não tenham constituído sua coordenação estadual; d) constituir e operar banco de dados com informações sobre os defensores dos direitos humanos, bem como das denúncias efetuadas; e) implementar, com a cooperação dos estados da Federação, as recomendações dos órgãos internacionais de proteção aos direitos humanos, dos quais a República Federativa do Brasil seja parte; f) sensibilizar os Estados da Federação para o desenvolvimento de ações e políticas locais para a proteção dos defensores; g) desenvolver programa de capacitação para os defensores dos direitos humanos.

COORDENADOR. Aquele que coordena.

COORDENADOR DA CÚRIA. *Direito canônico.* Sacerdote que, sob a autoridade do bispo, coordena tudo o que disser respeito ao despacho das questões administrativas e cuida para que os demais funcionários da Cúria cumpram o ofício que lhes foi confiado.

COORDENADOR DO PROJETO. Responsável técnico pela coordenação, implementação e acompanhamento das atividades de um projeto, devendo ter conhecimentos específicos tanto da área técnica como da gerencial.

COORDENADORIA NACIONAL PARA INTEGRAÇÃO DA PESSOA PORTADORA DE DEFICIÊNCIA (CORDE). *Biodireito* e *direito administrativo.* Órgão a quem, no âmbito da Secretaria dos Direitos Humanos, compete: 1) assistir o Secretário Especial nas questões relativas à pessoa portadora de deficiência; 2) exercer a coordenação dos assuntos, das ações governamentais e das medidas referentes à pessoa portadora de deficiência; 3) prestar apoio e assessoramento na elaboração e execução descentralizada da política de defesa dos direitos da pessoa portadora de deficiência; 4) coordenar o Programa Nacional de Acessibilidade; 5) apoiar tecnicamente as instituições representativas da sociedade nas questões relativas à pessoa portadora de deficiência; 6) coordenar os programas dos Planos Plurianuais de Governo cuja responsabilidade seja atribuída à Secretaria Especial no âmbito de sua competência; 7) elaborar os planos, programas e projetos da Política Nacional para Integração da Pessoa Portadora de Deficiência, bem como propor as providências necessárias à sua completa implantação e ao seu adequado desenvolvimento, inclusive as pertinentes a recursos financeiros e as de caráter legislativo; 8) acompanhar e orientar a execução pela Administração Pública Federal dos planos, programas e projetos; 9) apoiar as articulações entre a Secretaria Especial e os governos estaduais e municipais, objetivando a concorrência de ações destinadas à integração das pessoas portadoras de deficiência; 10) informar ao Ministério Público fatos que constituam objeto da ação civil, indicando-lhe os elementos de convicção; 11) elaborar parecer sobre o mérito dos acordos, contratos ou convênios, termos de parceria e congêneres firmados pelos demais órgãos da Administração Pública Federal, no âmbito da Política Nacional para Integração da Pessoa Portadora de Deficiência; 12) promover e incentivar a divulgação e o debate das questões concernentes à pessoa portadora de deficiência; 13) elaborar o planejamento anual das atividades a serem desenvolvidas e apoiadas pela Coordenadoria Nacional para Integração da Pessoa Portadora de Deficiência; 14) exercer a função de secretaria executiva do CONADE, bem como assistir o Secretário nos assuntos afetos a esse Órgão Colegiado; 15) analisar as propostas de convênios, acordos, ajustes e congêneres na área das pessoas portadoras de deficiência; 16) elaborar, em articulação, com outros órgãos e entidades da Administração Pública Federal, o Plano Nacional de Ações Integradas na área da deficiência; 17) implementar e manter atualizado o Sistema Nacional de Informações sobre Deficiência (SICORDE); 18) coordenar e promover disseminação de informações relativas às questões da pessoa portadora de deficiência, desenvolvendo mecanismos de coleta, análise, armazenamento, difusão e intercâmbio de dados e informações sobre os direitos dessas pessoas; 19) promover o intercâmbio de experiências com órgãos integrantes do sistema descentralizado do SICORDE, adotando mecanismos de participação e acompanhamento dos Censos Nacionais, das pesquisas nacionais, regionais e setoriais sobre a situação socioeconômica das pessoas com deficiência; 20) analisar, acompanhar e fiscalizar a execução física dos convênios, acordos, ajustes e congêneres firmados pela Secretaria Especial na área da pessoa portadora de deficiência, emitindo parecer sobre as ações desenvolvidas; 21) acompanhar as ocorrências de denúncias relativas aos direitos das pessoas portadoras de deficiência; 22) produzir, a partir das informações coletadas pelo Sistema Nacional de Informações (SICORDE), relatórios e estatísticas referentes à situação das pessoas portadoras de deficiência no Brasil; 23) coordenar e supervisionar a elaboração de planos, programas e projetos que integram o Programa Nacional de Acessibilidade; 24) promover a articulação das ações do Governo Federal com os organismos e redes internacionais no que se refere aos assuntos da pessoa portadora de deficiência; 25) emitir parecer sobre projetos de lei, afetos a esta área, que estejam em tramitação no Congresso Nacional, visando subsidiar manifestação da Secretaria Especial sobre a matéria; 26) submeter à consideração do Gabinete novas propostas legislativas de interesse da Secretaria Especial; 27) fornecer subsídios para a elaboração da proposta orçamentária anual e relatórios das ações; 28) participar da elaboração da proposta orçamentária da SEDH, encaminhando a SGPDH, conforme orientação, a proposta da CORDE; e 29) exercer suas atribuições em articulação com as demais Unidades da Secretaria Especial.

COORDENADOR INTERNET. *Direito virtual.* Conjunto de órgãos responsáveis pela padronização, normatização, administração, controle, atribuição de endereços, gerência de domínios e outras atividades correlatas, no tocante à Internet.

COORDENAR. *Teoria geral do direito.* Classificar em ordem; dispor algo numa categoria ou classe, segundo um método ou conforme determinadas normas.

COOSSIFICAÇÃO. *Medicina legal.* Soldadura causada por ossificação.

COPA. 1. *Direito desportivo.* Taça que é outorgada como prêmio num campeonato. **2.** *Direito agrário.* Parte convexa e superior da ramagem das árvores.

COPAGEM. *Direito agrário.* Frondosidade da árvore.

COPAIBEIRO. *Direito agrário.* Extrator do óleo de copaíba.

COPAL. *Direito agrário.* Nome comercial da resina extraída de árvores tropicais, usada na fabricação de verniz e tinta de imprensa.

COPAR. *Direito agrário.* Tosquiar a rama de uma árvore com o objetivo de torná-la copada.

CO-PARTICIPAÇÃO. 1. Na *linguagem jurídica* em geral, é a ação ou efeito de co-participar, ou seja, de participar juntamente com outrem. **2.** *Direito penal.* Co-autoria.

CO-PARTICIPANTE. 1. Na *linguagem jurídica* em geral, é aquele que participa conjuntamente com outrem de algum ato, direito ou bem. **2.** *Direito penal.* Co-autor; aquele que concorre com outro para a prática do ato criminoso.

COPARTNERSHIP. *Termo inglês.* **1.** Participação do operário nos lucros da empresa, que em parte podem ser convertidos em ações daquela empresa (Henri Guitton). **2.** Consórcio.

CO-PERMUTANTE. *Direito civil.* Cada um dos contratantes em uma permuta ou troca.

CÓPIA. 1. *Direito autoral.* a) Reprodução de obra ou texto original; b) transcrição literal de um escrito; c) imitação; d) plágio. **2.** *Direito processual civil.* Reprodução gráfica, mecânica ou eletrônica de um documento original, como a certidão, a contrafé etc. **3.** *Direito registrário.* Traslado.

CÓPIA AUTÊNTICA. *Direito registrário.* Certidão ou traslado extraído pelo escrivão que o fez da escritura ou documento original onde o ato se instrumentalizou.

CÓPIA AUTENTICADA. *Direito registrário.* É a que, sendo feita por uma pessoa, foi conferida com o original pela autoridade competente (oficial público ou tabelião), que certifica sua exatidão, dando fé pública.

CÓPIA CONCERTADA. *Vide* CÓPIA AUTENTICADA.

COPIADOR. 1. *Direito autoral.* Imitador; plagiário. **2.** Na *linguagem jurídica* em geral, indica o que fez a cópia; aquele ou aquilo que copia. **3.** *História do direito.* Copista; pessoa que copiava manuscritos antes da descoberta da imprensa. **4.** *Direito comercial.* Livro para guardar contas assinadas, faturas etc.

COPIADORA. 1. Máquina para reproduzir originais. **2.** Pessoa que faz ou extrai cópias; copista.

COPIADOR DE CARTAS. *Contabilidade* e *direito comercial.* Livro auxiliar do empresário, onde se registram as cartas expedidas, contas, faturas ou instruções que as acompanharem, servindo como meio probatório, não sendo mais obrigatório.

COPIADOR DE FATURAS. *Contabilidade, direito comercial* e *direito tributário.* Livro auxiliar do empresário, devidamente autenticado, onde é feito o registro das faturas de vendas à vista ou das efetuadas a crédito, para as quais há obrigatoriedade de extração de duplicatas ou de contas assinadas, servindo de controle às autoridades fiscais.

COPIAE NON PLUS EST CREDENTUM QUAM ORIGINALI. *Brocardo latino.* Não se deve crer mais na cópia que no original.

CÓPIA FOTOGRÁFICA. *Direito autoral.* Reprodução fotográfica; cópia advinda de fotografia do original.

CÓPIA FOTOSTÁTICA. *Direito processual civil.* Reprodução de documento original, extraído de autos processuais por meio mecânico. Pode ser admitida como prova, em juízo, desde que autenticada pelo escrivão.

COPIÃO. *Direito autoral.* Primeira cópia do negativo filmado na televisão ou no cinema, sem qualquer corte, para servir de base no trabalho de montagem e avaliação de cenas, sendo verificadas aquelas que devem ser aproveitadas.

CÓPIA REPROGRÁFICA. *Direito registrário.* Reprodução total ou parcial de um fato, de um instrumento público ou particular realizado por notário ou arquivado em seus livros (Afonso Celso F. de Rezende).

CO-PILOTO. *Direito aeronáutico.* Piloto auxiliar do comandante da aeronave, que, eventualmente, o substitui.

COPIOPIA. *Medicina legal.* Fadiga provocada pelo excesso de trabalho ou uso impróprio da vista.

COPISTA. 1. *Direito autoral.* a) Aquele que copia; b) o que faz cópia de partitura de peças musicais; c) plagiário, imitador. **2.** *História do direito.* Aquele que, antes de ser descoberta a imprensa, copiava manuscritos.

COPITESTE. *Direito publicitário.* Pesquisa realizada, para fins de propaganda, após a publicação de um anúncio, para testar o impacto causado.

COPOM. *Direito bancário.* Sigla de Comitê de Política Monetária do Banco Central encarregado da formulação da política monetária do Brasil, definindo meta da taxa de juros (SELIC), que remunera títulos de dívida pública federal (Luiz Fernando Rudge).

CO-POSSUIDOR. *Direito civil.* Compossuidor; o que exerce a posse juntamente com outrem.

COPRÊMESE. *Medicina legal.* Vômito de substância fecal.

COPREMIA. *Medicina legal.* Intoxicação do sangue causada pela retenção prolongada de matéria fecal.

CO-PROCURADOR. *Direito civil.* Aquele que é procurador juntamente com outrem.

CO-PRODUÇÃO. *Direito autoral* e *direito comercial.* Ação ou efeito de produzir algo juntamente com outrem.

CO-PRODUTOR. *Direito autoral.* Aquele que produz em sociedade com outrem.

COPROFAGIA. *Medicina legal.* Estado mórbido que conduz o paciente a ingerir excrementos.

COPROFILIA. *Medicina legal.* **1.** Perversão sexual na qual o excitamento se dá pelo fato de a pessoa estar em contato com excrementos ou coisas a eles ligadas, de contemplar o ato de defecar ou, ainda, de pensar neles. **2.** Impulsão que leva a criança, nos primeiros anos de vida, a manipular as fezes.

COPROFOBIA. *Medicina legal.* Horror a defecação.

COPROLAGNIA. *Vide* COPROFILIA.

COPROLALIA. *Medicina legal.* Uso de palavras pejorativas, obscenas ou injuriosas em relação a coisas ou pessoas respeitáveis, por indivíduo que, em regra, fala decentemente, provocado por doença de origem nervosa.

COPROMA. *Medicina legal.* Acumulação fecal no intestino aparentando tumor.

COPROPLANESE. *Medicina legal.* Saída de matéria fecal do intestino por ferida ou fístula.

CO-PROPRIEDADE. *Direito civil.* O mesmo que COMPROPRIEDADE e CONDOMÍNIO.

CO-PROPRIETÁRIO. *Direito civil.* Aquele que é proprietário de algum bem juntamente com outrem; condômino; comproprietário.

COPROSCLEROSE. *Medicina legal.* Endurecimento das fezes no intestino.

COPROSTASIA. *Medicina legal.* Retenção dos excrementos.

CO-PROTETOR Aquele que protege alguém ou alguma coisa juntamente com outrem.

CÓPULA. 1. *Lógica jurídica.* Verbo "ser" ou a locução verbal "dever ser", que são os termos indicativos da relação particular que num juízo de predicação ou numa proposição se afirma entre sujeito e predicado. **2.** *Medicina legal.* Coito; ato sexual.

CÓPULA ANAL. *Medicina legal.* Ato libidinoso consistente em colocar o pênis ereto no ânus de um homem, caso em que se tem pederastia, ou de uma mulher, hipótese em que se configura a sodomia.

CÓPULA CARNAL. *Medicina legal.* União sexual normal entre homem e mulher; coito vaginal.

CÓPULA CUNILÍNGUA. *Medicina legal.* Ato libidinoso caracterizado pela sucção do órgão genital da mulher pelo homem.

COPULADOR. *Medicina legal.* Aquele que copula.

CÓPULA ECTÓPICA. *Medicina legal.* Qualquer ato libidinoso, diverso do coito vaginal, em que o pênis, em ereção, penetra em cavidade ou região que não seja a vagina.

CÓPULA INTERMAMÁRIA. *Medicina legal.* Ato libidinoso em que o pênis permanece em contato com os seios da mulher.

CÓPULA *INTRA MATRIMONIUM*. *Direito civil.* Dever recíproco entre cônjuges; *debitum conjugale*.

CÓPULA LÓGICA. *Lógica jurídica.* É a locução verbal "dever ser", que, nas proposições jurídico-descritivas, tem a função lógica de relacionar o predicado ao sujeito pretensor ou ao obrigado ou de ligar a condição à conseqüência jurídica.

COPULAR. *Medicina legal.* Ter cópula; acasalar; praticar ato sexual.

COPULATIVO. 1. *Medicina legal.* a) Que copula; b) o que serve para copular. **2.** *Lógica jurídica.* a) O termo que serve para ligar o sujeito ao predicado; b) juízo categórico que tem vários sujeitos e um predicado, de sorte que vem a afirmar ou negar aquele predicado em relação a cada sujeito (Lalande).

COPY-DESK. *Termo inglês.* Editorialista, ou melhor, aquele que prepara material para divulgação de obra.

COPYLEFT. *Direito virtual.* Ocorre quando o autor do *software* abre mão de alguns direitos em nome da liberdade de compartilhar informações (Silmara B. Nogueira).

COPYRIGHT. *Termo inglês.* **1.** Direito de autor. **2.** Direito exclusivo de imprimir, publicar e vender uma obra; direito de reprodução. **3.** Significado do símbolo internacional© , colocado em obra literária, indicando o direito reservado ao autor e ao editor.

COQUELUCHE. 1. *Medicina legal.* Doença infecciosa que, em regra, afeta crianças e caracteriza-se por acesso de tosse convulsiva. **2.** Na *linguagem comum*, diz-se de coisa, hábito ou pessoa que tem, durante certo tempo, a preferência popular.

CORAGEM *CORAM JUDICE*. *Direito processual.* Ação de postular, insurgindo-se contra decisão ou conduta do magistrado.

CORAM LEGE. *Locução latina.* **1.** Perante a lei. **2.** Em face da lei.

CORAM POPULO. *Locução latina.* Em público; ante o povo; dizer algo em público.

CORAM TESTIBUS. *Locução latina.* Na presença de testemunhas.

CORÃO. Livro sagrado dos muçulmanos; alcorão.

CORAZIL. *História do direito.* Tributo que o foreiro pagava ao senhorio do imóvel, que consistia na entrega de parte de um porco, variando seu peso de conformidade com o uso da região.

CORDAME. *Direito marítimo.* Reunião dos cabos de um navio.

CORDÃO. 1. *Direito marítimo.* Madeira de fios torcidos componente de cabos. **2.** Na *linguagem jurídica* em geral, pode significar corda com que, temporariamente, se cerca um local para evitar que, numa solenidade, venha a ser invadido pelo público.

CORDÃO ESPERMÁTICO. *Medicina legal.* É o que suspende o testículo dentro do escroto, contendo o canal deferente, os vasos e os nervos testiculares.

CORDÃO SANITÁRIO. Na *linguagem jurídica* em geral, é a sucessão de postos médicos e policiais, que, para evitar a propagação de moléstia contagiosa, impedem qualquer comunicação com as cercanias.

CORDÃO UMBILICAL. *Medicina legal.* Complexo de artérias e nervos envolvido por uma membrana, que une, por meio da placenta, o feto ao corpo da mãe, possibilitando, assim, sua respiração e nutrição.

CORDAPSO. *Medicina legal.* Cólica violenta.

CORDEAR. *Direito marítimo.* Bracear vergas de maneira que venham a oferecer pouca resistência ao vento.

CORDEIRO. *Direito agrário.* Carneiro novo.

CORDITE. 1. *Direito militar.* Pólvora sem fumaça. **2.** *Medicina legal.* Inflamação das cordas vocais ou dos cordões espermáticos.

CORDOARIA. *Direito marítimo.* Oficina onde os cabos são preparados para serviços náuticos.

CORDOMA. *Medicina legal.* Tumor maligno que aparece na região sacrococcígea.

CORDOVANEIRO. *Direito comercial.* Fabricante e comerciante de couro de cabra curtido e preparado para produzir calçados.

CO-RÉ. 1. *Direito processual penal.* Acusada de um crime juntamente com outrem. **2.** *Direito proces-*

sual civil. a) Diz-se da pessoa natural ou jurídica que é litisconsorte passiva; b) ré juntamente com outra pessoa.

CO-REDATOR. *Direito autoral.* Aquele que redige juntamente com outrem.

CO-REGÊNCIA. É a função do co-regente, ou seja, daquele que é regente juntamente com outrem.

COREOGRAFIA. *Direito autoral.* Arte de compor e arranjar movimentos de dança.

CO-RESPONSABILIDADE. *Direito civil.* Diz-se da responsabilidade advinda da obrigação em que há mais de um devedor, em razão de solidariedade passiva ou do benefício da divisão.

CO-RESPONSÁVEL. *Direito civil.* Diz-se do devedor que é, no todo ou em parte, responsável juntamente com outrem.

CO-RÉU. **1.** *Direito processual penal.* Cada um dos acusados que responde a uma ação penal, num mesmo processo, em razão da prática da mesma infração penal. **2.** *Direito processual civil.* a) Réu juntamente com outrem no mesmo processo; b) litisconsorte passivo.

CORIBANTISMO. *Medicina legal.* Delírio furioso.

CORIFEU. Chefe; principal pessoa de um partido, classe ou profissão.

CÓRIO. *Medicina legal.* Membrana externa do feto, que envolve o ovo em seu desenvolvimento, passando a fazer parte da placenta.

CORIOCARCINOMA. *Medicina legal.* Carcinoma que se desenvolve, espontaneamente, no ovário, após a prenhez, ou nos testículos.

CORMOPLEGIA. *Medicina legal.* Paralisia do tronco.

CORNEÍTE. *Medicina legal.* Inflamação da córnea.

CORNER. *Termo inglês.* Manobra dolosa pela qual os empresários, momentaneamente coligados, combinam de comprar a quase totalidade de determinado produto, para, com retenção em seus estoques, provocar sua ausência no mercado, obtendo, assim, com o aumento de sua procura, uma alta de preço.

CORNER FRANCHISING. *Locução inglesa.* Franquia de canto.

CORNETA. *Direito marítimo.* Bandeira triangular utilizada para sinais na Marinha.

CORNIJA. *Direito militar.* Adorno de reforço das antigas peças de artilharia.

COROA. **1.** *Ciência política.* a) Reino; b) poder imperial ou real; c) símbolo da soberania de um

rei ou imperador, ou das dignidades abaixo do rei, como a de duque ou marquês; d) ornamento para a cabeça, que simboliza a aristocracia. **2.** *Direito canônico.* Tonsura de forma circular na cabeça dos clérigos. **3.** *Direito desportivo.* Aro de folhas entrelaçadas conferido ao atleta para cingir-lhe a cabeça como distintivo da vitória alcançada. **4.** *Direito civil.* Baixio produzido por aluvião no estuário e no baixo curso do rio. **5.** *Direito marítimo.* Banco de areia acima do nível da água. **6.** *Direito comparado.* a) Unidade monetária de determinados países, como Suécia, Islândia, Dinamarca e Noruega; b) moeda de cinco xelins, na Inglaterra, representativa da quarta parte da libra esterlina. **7.** Na *linguagem comum,* é o arranjo circular de flores colocado sobre sepulturas, por ocasião de enterro, em sinal de apreço e luto. **8.** Na *gíria,* indica a pessoa que já ultrapassou a mocidade. **9.** *Medicina legal.* Dente artificial adaptado à raiz natural.

COROAÇÃO. *Ciência política.* Cerimônia para elevar à dignidade de rei.

COROA HEREDITÁRIA. *Direito comparado.* Dignidade ou autoridade monárquica transmissível por herança.

COROA NAVAL. *Direito marítimo.* É a que se outorga aos que praticam feitos valorosos durante uma guerra marítima.

COROAR. **1.** *Direito agrário.* a) Fazer um círculo de terra, pedras ou detritos vegetais em torno de um cafeeiro, por exemplo; b) capinar um círculo, em terreno cheio de mato, abrindo uma cova para plantar grãos; c) perder a árvore a sua ramagem superior terminal. **2.** *Direito militar.* Entrincheirar-se em obra conquistada no ataque da praça. **3.** *Ciência política.* Aclamar rei ou imperador. **4.** *Direito canônico.* Elevar à dignidade de Sumo Pontífice. **4.** *Medicina legal.* Visualização do *occiput* na fase expulsiva do trabalho de parto (Croce e Croce Jr.).

COROÇA. **1.** *Direito agrário.* Capa de palha usada pelos camponeses para proteção contra chuvas. **2.** Na *linguagem jurídica* em geral, jurisdição abusiva que se esconde sob o manto da legalidade.

COROGRAFIA. Descrição de uma região.

COROINHA. *Direito canônico.* Aquele que auxilia o padre na celebração da missa.

COROLÁRIO. *Lógica jurídica.* **1.** Consequência formal, ou seja, proposição que decorre imediatamente de uma outra, em razão de regras lógicas; conseqüência deduzida de uma proposição já demonstrada. **2.** Proposição de menor extensão deduzida de uma principal.

CORONÁRIA. *Medicina legal.* Cada uma das artérias que irrigam o coração.

CORONÁRIO. *Medicina legal.* Relativo aos vasos coronários do coração.

CORONARITE. *Medicina legal.* Inflamação numa artéria coronária.

CORONEL. 1. *Direito militar.* a) Posto hierárquico que, no Exército, é imediatamente superior ao de tenente-coronel e imediatamente inferior ao de general-de-brigada; b) capitão-de-mar-e-guerra, na Marinha; c) coronel-aviador, na Aeronáutica. **2.** *Ciência política* e *história do direito.* Chefe político no interior do Brasil.

CORONELATO. *Direito militar.* Posto ou função de coronel do Exército.

CORONELISMO. *Ciência política.* Influência política dos coronéis.

CORONHA. *Medicina legal* e *direito militar.* Parte posterior da arma de fogo portátil, pela qual se pode empunhá-la.

CORONHADA. *Medicina legal.* Pancada com a coronha de revólver.

CORPO. 1. *Direito civil.* a) Associação, comunidade, assembléia ou corporação; b) objeto de um direito da personalidade que é o de defender o próprio corpo ou um alheio, com vida ou não, ou as partes separadas de um corpo vivo ou morto. **2.** *Direito autoral.* Texto de uma obra impressa, com exceção das notas, apêndices e índices. **3.** *Direito militar.* Parte de um exército. **4.** *Medicina legal.* Cadáver; corpo humano. **5.** *Teoria geral do direito.* a) Essência de algo; parte principal ou central; b) existência real; c) o que tem forma e extensão, sendo perceptível pelos sentidos. **6.** *Direito penal.* Fato material em que se funda a prova de uma ação criminosa.

CORPO A CORPO. *Direito militar.* Luta corporal com armas iguais.

CORPO AMARELO. *Vide* CORPO LÚTEO.

CORPO CAROTÍDEO. *Medicina legal.* Pequena glândula situada na bifurcação da carótida comum, responsável pelas alterações da tensão do oxigênio no sangue e da atividade respiratória.

CORPO CAVERNOSO. *Medicina legal.* Cada uma das duas colunas de tecido erétil situadas no dorso do pênis e do clitóris, que provoca a ereção ao ocorrer a turgescência causada pelo afluxo sangüíneo.

CORPO CERTO. *Direito civil.* **1.** Coisa corpórea, perfeitamente individuada, que é objeto da obrigação de dar coisa certa. **2.** Objeto da venda *ad corpus.*

CORPO COLETIVO. *Direito civil.* **1.** Associação; sociedade; corporação; pessoa jurídica. **2.** É o constituído por várias coisas singulares, consideradas em conjunto, formando um todo, que passa a ter individualidade distinta dos seus componentes, que conservam sua autonomia funcional. Trata-se do bem coletivo.

CORPO CONSTITUÍDO. 1. *Direito civil.* Sociedade e associação. **2.** *Ciência política.* Órgão político que tem uma função permanente, como, por exemplo, o Congresso Nacional.

CORPO CONSULAR. *Direito internacional público.* Conjunto de funcionários consulares de um país.

CORPO CONSULAR ESTRANGEIRO. *Direito internacional público.* Conjunto de cônsules estrangeiros numa dada nação.

CORPO DA GUARDA. *Direito militar.* **1.** Conjunto de soldados que montam guarda a um estabelecimento com exclusão dos sentinelas. **2.** Local onde ficam tais soldados.

CORPO DA IGREJA. *Direito canônico.* **1.** Local no templo destinado ao público. **2.** Conjunto de fiéis do catolicismo, que se distingue do governo da Igreja Católica.

CORPO DE ÁGUA. *Direito civil.* Porção de água que venha a formar um todo distinto.

CORPO DE BAILE. *Direito autoral* e *direito civil.* Conjunto de bailarinos, num teatro, que executa peças musicais.

CORPO DE BOMBEIROS. *Direito militar.* Corpo especializado e organizado para extinguir incêndios e preservar a incolumidade pública, combatendo desmoronamentos, inundações etc.

CORPO DE COMÉRCIO. *Direito comercial.* Conjunto de empresários.

CORPO DE DELITO. 1. *Medicina legal* e *direito penal.* Conjunto de elementos materiais ou vestígios indicativos da existência de um crime (vítima, armas, pegadas etc.). **2.** *Direito processual penal.* Registro ou laudo da perícia médico-legal, demonstrando a existência do crime e a culpabilidade, ou não, do acusado, tornando-se peça probatória substancial do processo. Neste segundo sentido ter-se-á, mais propriamente, o "exame de corpo de delito".

CORPO DE DELITO DIRETO. *Medicina legal* e *direito processual penal*. Exame de corpo de delito feito na arma, na vítima e no produto do roubo, uma vez que neles persistem os vestígios.

CORPO DE DELITO INDIRETO. *Medicina legal* e *direito processual penal*. Exame de corpo de delito realizado por prova testemunhal, uma vez que inexistem ou desapareceram os vestígios ou sinais materiais do crime.

CORPO DE EXÉRCITO. *Direito militar*. Número considerável de tropas de diferentes Armas que atuam numa mesma operação militar.

CORPO DE JURADOS. *Direito processual penal*. Conjunto de pessoas que, pela sua conduta social, são escolhidas para exercer funções no Tribunal do Júri.

CORPO DE MÃO-MORTA. *História do direito*. Entidade perpétua de fins religiosos, educativos ou beneficentes a que a lei proibia a aquisição de bens de raiz sem autorização civil competente. Por exemplo, eram tidos como corporações de mão-morta as igrejas, confrarias, ordens religiosas, cabidos, irmandades etc.

CORPO DE NAVIO. *Direito marítimo*. Casco e seus acessórios.

CORPO DE OBSERVAÇÃO. *Direito militar*. Grupo de soldados com a função de espreitar o inimigo, verificando suas manobras, ou de efetuar operações militares na fronteira.

CORPO DE OFICIAIS DA RESERVA DO EXÉRCITO (CORE). *Direito militar*. É o que se destina a: a) no tempo de paz, completar os efetivos de oficiais nas Organizações Militares (OM); b) na mobilização ou no decurso da guerra, completar os efetivos de oficiais das Organizações Militares e de outras Organizações de interesse do Exército.

CORPO DE OFÍCIO. *Economia política* e *direito do trabalho*. Reunião de operários de um mesmo Estado.

CORPO DE REENTRADA. *Direito espacial*. Parte de um míssil em trajetória pelo espaço, que volta, de maneira útil, à atmosfera.

CORPO DE SAÚDE. *Direito militar*. Conjunto de pessoas que têm a seu cargo todo o serviço sanitário do Exército e da Marinha.

CORPO DE TROPAS. *Vide* CORPO DE EXÉRCITO.

CORPO DIPLOMÁTICO. *Direito internacional público*. Conjunto de diplomatas de um Estado acreditados perante o governo de outros países.

CORPO DIPLOMÁTICO ESTRANGEIRO. *Direito internacional público*. Conjunto de agentes diplomáticos de outras nações acreditados num mesmo país, onde exercem suas funções.

CORPO DISCENTE. *Direito educacional*. Coletividade de alunos de um estabelecimento de ensino.

CORPO DOCENTE. *Direito educacional*. Conjunto de professores de um instituto de ensino.

CORPO ESPONJOSO. *Medicina legal*. **1.** Massa de tecido erétil, situada na parte inferior do pênis, que contém a uretra e é responsável pela ereção juntamente com o corpo cavernoso. **2.** Camada submucosa da uretra feminina.

CORPO ESTRANHO. *Medicina legal*. Qualquer substância sólida que venha a ser introduzida no organismo, sem que seja parte dele, por exemplo, agulhas, cacos de vidro, espinhos etc.

CORPO LÚTEO. *Medicina legal*. Também chamado de "corpo amarelo", consiste em células secretórias de progesterona, de cor amarelo-avermelhada, que enchem a cavidade de um folículo de Graaf, após a expulsão do óvulo.

CORPO MORAL. *Vide* PESSOA JURÍDICA.

CORPO POLÍTICO. *Direito civil* e *direito eleitoral*. Partido político.

CORPORAÇÃO. **1.** *Direito civil*. a) Associação; b) grupo de pessoas regidas pelas mesmas normas estatutárias; c) pessoa jurídica. **2.** *História do direito*. Corpo de ofício ou organização de trabalhadores de pequena indústria, sob a direção de um mestre, que existia na Idade Média. **3.** *Direito econômico* e *direito do trabalho*. Agrupamento hierárquico e nacional dos patrões e operários de um corpo de ofício (A. Cuvillier). **4.** *Direito administrativo*. a) Órgão político-administrativo que trata dos negócios de interesse público; b) pessoas jurídicas de direito público. **5.** *Ciência política*. Estrutura de Estado fascista ou corporativista que concentra em suas mãos as várias atividades, em órgãos hierarquizados (Orgaz).

CORPORAÇÃO DE MÃO-MORTA. *Vide* CORPO DE MÃO-MORTA.

CORPORAÇÃO PÚBLICA. *Direito administrativo*. Conjunto de pessoas que se agrupam para obter fins de interesse público, gerindo negócios ou dirigindo serviços públicos, por exemplo, departamento administrativo, Câmara Municipal, Junta Comercial, pessoa jurídica de direito público etc.

CORPO RADIOATIVO. *Direito ambiental*. Qualquer substância que emite radioatividade, podendo gerar danos e, conseqüentemente, responsabilidade civil.

CORPORAL. 1. *Direito penal.* a) Diz-se da pena privativa de liberdade; b) diz-se da lesão que afeta o corpo. **2.** *Direito civil.* a) Aquilo que se opõe ao intelectual, situando-se no plano físico; b) material; corpóreo. **3.** *Direito canônico.* Pano de linho branco sobre o qual o padre, no altar, durante a missa, coloca o cálice e a hóstia.

CORPORALES HAE SUNT QUAE SUI NATURA TANGI POSSUNT, VELUT FUNDUS, HOMO, VESTIS, AURUM, ARGENTUM, ET DENIQUE ALIAE RES INNUMERABILES. *Direito romano.* Corporais são as coisas que, por sua natureza, podem ser tocadas, como a propriedade, o homem, a veste, o ouro, a prata e, finalmente, outros bens inumeráveis.

CORPORATE. *Termo inglês.* Associado; incorporado; social.

CORPORATE BOARD OF DIRECTOR. *Expressão inglesa.* Conselho diretor associado.

CORPORATE BODY. *Locução inglesa.* Pessoa jurídica.

CORPORATE BOND. *Locução inglesa.* Debênture.

CORPORATE CHARTER. *Locução inglesa.* Contrato social.

CORPORATE FRANCHISE. *Locução inglesa.* Carta patente; alvará.

CORPORATE NAME. *Locução inglesa.* Razão social.

CORPORATE PURPOSE. *Locução inglesa.* Objeto social.

CORPORATIVISMO. *Direito econômico.* **1.** Sistema político-econômico fundado na reunião de classes produtoras ou de trabalhadores organizados numa corporação, sob o controle e fiscalização estatal, que visa obter o bem-estar do grupo e a participação do governo. **2.** Teoria que requer uma organização da coletividade fundada na associação representativa de interesses e atividades profissionais (Ludovico Incisa, Guglielmi, Vallauri e Wiarda).

CORPORATIVISTA. *Direito econômico.* Partidário do corporativismo.

CORPORATIVO. *Direito econômico.* **1.** Relativo à corporação ou ao corporativismo. **2.** O que está disposto ou fundado em corporações.

CORPORE ET ANIMO. *Expressão latina.* Indica a posse civil de um bem. Para alguns autores, como Savigny, seria o poder direto ou imediato que tem a pessoa de dispor fisicamente de um bem

com a intenção de tê-lo para si e de defendê-lo contra a intervenção ou agressão de quem quer que seja.

CORPÓREO. *Direito civil.* **1.** Diz-se do bem que tem existência material, como uma casa, um livro, uma mesa etc. **2.** O que tem existência física ou material.

CORPO SEM ALMA. 1. *Direito militar.* Diz-se de um exército sem general. **2.** *Direito civil* e *direito eleitoral.* Diz-se do partido político sem presidente. **3.** Na *linguagem comum,* é a pessoa sem energia ou ânimo.

CORPOS E QUADROS DA MARINHA DO BRASIL. *Direito militar.* Órgãos componentes da Marinha brasileira, que são: 1. Corpo da Armada, composto de: a) Quadro de Oficiais da Armada (CA); b) Quadro Complementar de Oficiais da Armada (QC-CA). 2. Corpo de Fuzileiros Navais, composto de: a) Quadro de Oficiais Fuzileiros Navais (FN); b) Quadro Complementar de Oficiais Fuzileiros Navais (QC-FN). 3. Corpo de Intendentes da Marinha, composto de: a) Quadro de Oficiais Intendentes da Marinha (IM); b) Quadro Complementar de Oficiais Intendentes da Marinha (QC-IM). 4. Corpo de Engenheiros da Marinha (EN). 5. Corpo de Saúde da Marinha, composto de: a) Quadro de Médicos (MD); b) Quadro de Cirurgiões-dentistas (CD); c) Quadro de Apoio à Saúde (S). 6. Corpo Auxiliar da Marinha, composto de: a) Quadro Técnico (T); b) Quadro de Capelães Navais (CN); c) Quadro Auxiliar de Armada (AA); d) Quadro Auxiliar de Fuzileiros Navais (AFN).

CORPO TIREÓIDEO. *Medicina legal.* Glândula que se situa na parte anterior e inferior da laringe.

CORPO VÍTREO. *Medicina legal.* Substância transparente e gelatinosa do olho, que se localiza atrás do cristalino.

CORPUS. *Termo latino.* Corpo; objeto material ou físico.

CORPUS ALIENUM. **1.** *Locução latina.* Corpo estranho. **2.** *Direito processual civil.* Assunto alheio ao objeto da lide.

CORPUSCULAR. Na *linguagem filosófica,* diz-se da doutrina que explica fenômenos de conjunto mediante certos agrupamentos ou posições de partículas invisíveis, devido a sua pequena dimensão (Boyle, Descartes e Bacon).

CORPUSCULISTA. Na *linguagem filosófica,* é o adepto da filosofia corpuscular.

CORPÚSCULO DE KRAUSE. *Medicina legal.* Cada um dos pequenos e arredondados órgãos sensórios terminais, situados em membranas mucosas, por exemplo, dos órgãos genitais.

CORPÚSCULO TÁCTIL. *Medicina legal.* Diminutos elementos corporais da pele e das mucosas que, por terem terminações de nervos, são tidos como órgãos do tato.

CORPUS DELICTI. *Locução latina.* Corpo de delito; objeto que prova a existência do crime.

CORPUS IURIS CANONICI. *Expressão latina.* Código de Direito canônico.

CORPUS IURIS ROMANI. *Vide CORPUS JURIS CIVILIS.*

CORPUS IURIS SPATIALIS. *Direito espacial.* Conjunto de normas disciplinadoras da exploração do espaço extraterrestre, contidas: a) no tratado sobre exploração de espaço exterior (1967); b) no acordo sobre salvamento e devolução de astronautas e restituição de objetos lançados ao espaço exterior (1968); c) na convenção sobre responsabilidade internacional por danos provocados por objetos espaciais (1972); d) na convenção sobre registro de objetos lançados ao espaço exterior (1975).

CORPUS JURIS CANONICI. *Direito canônico.* Conjunto da obra de Graciano, dos Decretos e das Decretais de Gregório IX, Bonifácio VIII e Clemente V e das Decretais extravagantes de João XXII até Sisto VI, que é estudado nos mosteiros, seminários e universidades, por ser um escrito eclesiástico de conteúdo jurídico, emitido pelos Sumos Pontífices. Constitui o direito autêntico da Igreja Católica. É a consolidação do direito eclesiástico, contendo os cânones dos concílios e as decretais dos papas.

CORPUS JURIS CIVILIS. *Direito romano.* Consolidação das leis de Justiniano, ou seja, das Institutas, das Novelas, das Pandectas ou do Digesto, e do *Codex Justiniani*, num só corpo.

CORPUS PROPRIUM. *Locução latina.* Aquilo que é objeto da demanda ou litígio; coisa que é objeto da lide.

CORPUS SINE ANIMA, EXTRINSECUS APPARENS, INTRINSECUS NIHIL HABENS. *Brocardo latino.* Corpo sem alma que, aparecendo extrinsecamente, nada contém intrinsecamente. Refere-se tal assertiva a ato simulado.

CORREAL. 1. *Direito civil.* a) Diz-se da obrigação constituída pela vontade das partes, por via contratual ou testamentária, que impõe uma solidariedade perfeita, ativa ou passiva; b) aquele que participa de uma relação jurídica obrigacional em que há solidariedade. 2. *Direito penal.* Diz-se da situação em que há dois ou mais réus acusados do mesmo crime.

CORREALIDADE. 1. *Direito civil* e *direito processual civil.* Solidariedade perfeita, resultante da vontade dos coobrigados por contrato ou testamento, sendo que a responsabilidade do pagamento se individualizava num dos devedores por efeito da litiscontestação, já que, se havia uma única obrigação com vários sujeitos, nada mais natural que a litiscontestação operasse contra todos. Nela, se os co-réus tivessem tido intenção de outorgar-se mutuamente mandato recíproco, qualquer deles poderia representar os demais perante a outra parte (Keller, Ribbentrop e Lacerda de Almeida). Atualmente, a distinção entre correalidade e solidariedade, ou melhor, solidariedade perfeita e imperfeita, não tem mais nenhum interesse científico-jurídico. Correalidade e solidariedade são termos sinônimos. 2. *Direito penal.* a) Situação de duas ou mais pessoas responsáveis pela prática da mesma ação criminosa; b) relação existente entre vários acusados, que respondem a uma ação penal no mesmo processo, em razão do mesmo delito.

CORREARIA. *Direito comercial.* Estabelecimento onde se vendem correias e artigos de couro.

CORREÇÃO. 1. *Teoria geral do direito.* a) Emenda ou retificação de texto legal; b) solução de antinomia real por meio de uma interpretação eqüitativa ou pela edição de norma derrogatória. 2. *Direito civil.* a) Direito outorgado aos pais de castigar, moderadamente, seus filhos menores, com escopo de educá-los; b) emenda ou retificação feita no instrumento particular ou público. 3. *Direito penal.* a) Conjunto de meios estatais de recuperação do criminoso para reintegrá-lo à sociedade; b) penitenciária; c) objeto do crime de maus-tratos, se houver abuso dos meios corretivos; d) diz-se do estabelecimento que visa reeducar menores delinqüentes. 4. *Direito processual civil.* a) Ato de eliminar inexatidões materiais na sentença; b) saneamento. 5. *Direito marítimo.* Retificação da estiva do navio, calculando-se a longitude e latitude do local.

CORREÇÃO DA ANTINOMIA REAL. *Teoria geral do direito.* Solução da lacuna das regras de resolução dos conflitos normativos reais, das antinomias de segundo grau ou da inconsistência entre os critérios, mediante a edição de norma derrogatória que opte por uma das normas antinômicas ou de uma interpretação eqüitativa que venha a corrigir o conflito normativo, escolhendo a norma que for mais favorável ou razoável, tendo em vista a justiça.

CORREÇÃO DE ERROS GRÁFICOS. *Direito civil.* Retificação de enganos na ortografia de nomes ou de palavras nos assentamentos dos registros públicos.

CORREÇÃO OU ATUALIZAÇÃO MONETÁRIA. *Direito civil* e *direito econômico.* Revisão estipulada pelas partes ou imposta por lei, que tem como ponto de referência a desvalorização da moeda. É a atualização do valor real desta, tendo-se em vista a data do entabulamento do vínculo e a execução da prestação (R. Limongi França). Trata-se, portanto, de uma operação para atualizar o poder aquisitivo da moeda conforme os índices oficiais baixados pelo governo.

CORREÇÃO PREFIXADA. *Direito cambiário.* Fixação antecipada da atualização de um título de crédito.

CORREÇÃO PROTÉTICA. *Medicina legal.* Uso de peças para substituir órgãos amputados ou extirpados, como dentadura, olho de vidro, perna mecânica etc.

CORRECIONAL. *Direito penal* e *direito processual penal.* a) Relativo a correção; b) o que visa recuperar criminoso ou menor delinqüente.

CORRECIONALIDADE. *Direito penal* e *direito processual penal.* Qualidade da pena ou da prisão que tem o propósito de obter a recuperação do criminoso.

CORRECIONALISMO. *Direito penal.* Corrente doutrinária que atribui à pena o caráter exclusivo de reeducar e recuperar delinqüentes (Roeder, Arenal e Montero).

CORRECIONÁRIO. *Direito penal.* Diz-se daquele que está sujeito à pena correcional, que tem por fim reeducá-lo.

CORRE-COSTAS. *Direito marítimo.* Barco de cabotagem.

CORRECTORIAE LEGES STRICTE SUNT INTERPRETANDAE. *Direito romano.* As leis corretórias devem ser interpretadas restritivamente.

CORREDOR. 1. *Direito civil.* Passagem estreita no interior de casas ou prédios, dando acesso a outros compartimentos. 2. *Direito desportivo.* Atleta

que participa de uma corrida de velocidade, a pé ou em veículos.

CORREDOR DE ENTRADA. *Direito espacial.* Faixa atmosférica predeterminada, pela qual a astronave deve entrar em seu regresso à Terra, para fins de segurança e resgate.

CORREDORES ECOLÓGICOS. *Direito ambiental.* Porções de ecossistemas naturais ou seminaturais, ligando unidades de conservação, que possibilitam entre estas o fluxo de genes e o movimento da biota, facilitando a dispersão de espécies e a recolonização de áreas degradadas, bem como a manutenção de populações que demandam para sua sobrevivência áreas com extensão maior do que aquela das unidades individuais.

CORREGEDOR. *Direito processual.* Magistrado superior que tem a incumbência de fiscalizar o andamento dos serviços auxiliares da justiça, a polícia judiciária, a distribuição da justiça e os presídios, adotando todas as medidas que forem necessárias para tanto e aplicando penas disciplinares cabíveis.

CORREGEDOR DA JUSTIÇA DO TRABALHO. *Direito do trabalho.* **1.** É o escolhido, dentre os Ministros togados do Tribunal Superior do Trabalho, para ter o poder correicional sobre os tribunais regionais e seus presidentes, podendo decidir reclamações contra atos atentatórios de boa ordem processual praticados por eles, quando inexistir recurso específico. O corregedor não integra as turmas do Tribunal Superior do Trabalho, mas participa, com voto, das sessões do Tribunal Pleno, quando não se encontrar em correição ou em férias, embora não relate nem revise processos, cabendo-lhe, outrossim, votar em incidente, de inconstitucionalidade, nos processos administrativos e nos feitos em que estiver vinculado por visto anterior à sua posse na Corregedoria. **2.** Presidente do Tribunal Regional do Trabalho que exerce correição geral, pelo menos uma vez por ano, sobre as Varas do Trabalho, ou parcial, sempre que se fizer necessária, solicitando-a, quando julgar conveniente, ao presidente do Tribunal de Justiça, relativamente aos juízes de direito investidos na administração da Justiça do Trabalho.

CORREGEDOR DO MINISTÉRIO DA AGRICULTURA, PECUÁRIA E ABASTECIMENTO (MAPA). Tem, dentre outras, as seguintes atribuições: coordenar, orientar, controlar e avaliar as atividades de correição no âmbito das unidades da administração direta do MAPA, incluindo-se ações preventivas e repressivas visando à elevação do padrão de qualidade no desempenho funcional e na prestação dos serviços à sociedade e especialmente: a) manter relacionamento com a Consultoria Jurídica para aprimorar e zelar pela correta utilização dos procedimentos correcionais, proporcionar orientação técnica às unidades administrativas do MAPA, formular e expedir instruções sobre procedimentos correcionais quando situações específicas assim o recomendarem; b) propor a revisão de procedimentos administrativos internos, de fiscalização e relativos à prestação de serviços em geral, quando constatar que a metodologia apresenta risco de desvio de conduta funcional visando inibir, reprimir, diminuir a prática de faltas e irregularidades e outros desvios de conduta; c) promover, quando necessário, a realização de inspeções preventivas; d) propor, mediante comprovada necessidade, a requisição de perícias e laudos periciais; e) receber denúncias envolvendo desvio de conduta de servidores, lesão ou ameaça de lesão ao patrimônio público e, atendidos os requisitos legais, delas tomar conhecimento, promover os procedimentos correcionais cabíveis ou, se for o caso, determinar seu arquivamento, dando ciência das providências diretamente a quem as formulou ou, quando se revelar mais adequado, por intermédio da Ouvidoria ou de outras unidades; f) promover diligências preliminares em decorrência de requisição superior, auditorias, representações ou quando constatada necessidade, visando à identificação de ocorrências de irregularidades e infrações cometidas por servidores, lesão ou ameaça de lesão ao patrimônio público e, na forma do item "e", dando ciência ao solicitante; g) acompanhar e controlar a adoção dos procedimentos correcionais, inclusive fiscalizando o cumprimento de cronogramas, prazos, decisões e aplicação de penalidades; h) examinar e instruir processo disciplinar e sindicâncias que lhe forem encaminhados antes do julgamento, bem como demais expedientes sobre disciplina funcional, propondo, se necessário, medidas de saneamento; e i) manter articulação, internamente com as unidades do MAPA e em especial com a Consultoria Jurídica, com o Assessor Especial de Controle Interno, Ouvidor e com a comissão de Ética, e externamente com a Controladoria-Geral da União, Ministério Público, Departa-

mento de Polícia Federal, Tribunal de Contas da União e Advocacia-Geral da União e outros órgãos congêneres, visando à maior efetividade dos procedimentos correcionais.

CORREGEDORIA. *Direito processual.* **1.** Cargo de corregedor. **2.** Área de jurisdição de corregedor. **3.** Órgão fiscalizador dos serviços auxiliares da justiça. **4.** Conjunto de atividades de fiscalização sobre os serviços forenses. **5.** Local onde o corregedor exerce suas funções.

CORREGEDORIA DO SERVIÇO EXTERIOR. *Direito administrativo* e *direito internacional público.* Órgão que visa tratar das questões relativas à conduta dos integrantes do Serviço Exterior, bem como dos servidores do Ministério das Relações Exteriores em serviço no exterior. A Corregedoria do Serviço Exterior é integrada por um corregedor, nomeado dentre os ocupantes de cargo de ministro de primeira classe da carreira de diplomata e por três membros escolhidos *ad hoc* pelo corregedor, dentre os servidores do Ministério das Relações Exteriores que atuem em áreas com atribuições compatíveis com a matéria submetida ao exame do corregedor. Compete à Corregedoria do Serviço Exterior zelar pela observância, por parte dos integrantes do Serviço Exterior e dos servidores do Ministério das Relações Exteriores em serviço no exterior, do conjunto de deveres, atribuições e responsabilidades previstos em lei especial, bem como na legislação aplicável aos servidores públicos civis da União. A corregedoria deve: a) receber representações contra integrantes do Serviço Exterior ou servidor do Ministério das Relações Exteriores em serviço no exterior; b) realizar sindicância prévia, com o objetivo de coligir dados para eventual instauração de processo administrativo disciplinar, em caso de dúvida razoável quanto à veracidade ou exatidão de denúncia ou informação sobre qualquer irregularidade envolvendo integrantes do Serviço Exterior ou servidores do Ministério das Relações Exteriores em serviço no exterior; c) determinar o arquivamento das representações ou denúncias que julgar improcedentes, pela natureza ou pela falta de consistência dos fatos argüidos; d) instaurar processo administrativo disciplinar para apurar irregularidades no âmbito do Serviço Exterior. Os servidores do Ministério das Relações Exteriores, convocados pelo corregedor para integrar comissão de sindicância ou de processo administrativo disciplinar, somente podem deixar de fazê-lo em caso de impedimento devidamente justificado. O corregedor é a autoridade julgadora de processo administrativo disciplinar e o encaminha à autoridade competente para a aplicação da penalidade correspondente. A participação em comissões de sindicância e de processo administrativo disciplinar por parte de servidores do Ministério das Relações Exteriores será considerada contribuição de importância para o Serviço Exterior brasileiro.

CORREGEDORIA DO TRIBUNAL DE CONTAS DA UNIÃO. Órgão integrado com a Vice-Presidência, incumbido dos encargos de inspeção e correição geral permanentes, fiscalização e supervisão das atividades de controle externo a cargo da Secretaria do Tribunal, bem como do exame dos processos administrativos e demais procedimentos referentes aos deveres funcionais e da conduta dos servidores de sua secretaria. A Corregedoria conta com um Gabinete, unidade vinculada ao ministro vice-presidente, com a finalidade de prestar apoio técnico ao corregedor. Ao corregedor incumbe: a) realizar de ofício, ou a pedido do plenário e da presidência do tribunal, inspeções e correições gerais permanentes, visando verificar a uniformidade e a regularidade do exercício do controle externo; b) expedir atos para disciplinar os procedimentos a serem observados quando das inspeções e correições; c) fiscalizar as atividades funcionais dos servidores que exercem funções específicas de controle externo no tribunal; d) apreciar as representações relativas à atuação e conduta dos analistas e técnicos da área de controle externo; e) examinar e relatar ao tribunal pleno o processo sobre o desempenho dos servidores submetidos ao estágio probatório, opinando, fundamentalmente, por sua confirmação no cargo ou exoneração; f) relatar os processos administrativos referentes a deveres dos membros do tribunal e dos servidores da secretaria; g) apresentar ao tribunal pleno relatório semestral com dados estatísticos sobre as atividades e produção das unidades da secretaria do tribunal; h) apresentar ao plenário, até a última sessão do mês de fevereiro do ano subseqüente, relatório de suas atividades. Ao corregedor é conferida, ainda, competência para: a) elaborar o seu Plano de Inspeção e Correição, dando conhecimento à presidência; b) requisitar ao presidente os servidores e

o apoio específicos necessários ao desempenho de suas funções; c) expedir instruções no âmbito do funcionamento dos serviços da corregedoria; d) apresentar ao tribunal, sempre que solicitada, a relação dos servidores que estejam respondendo a processos administrativos e criminais, tenham sido punidos ou retardem, injustificadamente, a instrução e o exame de processos; e) processar e decidir pedidos de providências formuladas à corregedoria; f) visitar as unidades da Secretaria do Tribunal em inspeção e correição; g) exercer vigilância sobre o cumprimento de deveres funcionais, inclusive quanto à acumulação de cargos, empregos e funções públicas dos servidores da Secretaria do Tribunal; h) requisitar, em objeto de serviço, mediante justificação escrita, passagens e diárias; e i) exercer outras atribuições que lhe sejam conferidas em lei ou contidas nas atribuições gerais da corregedoria.

CORREGEDORIA-GERAL DA SECRETARIA DA RECEITA FEDERAL DO MINISTÉRIO DA FAZENDA. *Direito financeiro.* Unidade de correição subordinada ao Secretário da Receita Federal do Ministério da Fazenda, com finalidade de promover ações preventivas e repressivas sobre a ética funcional e disciplina de seus servidores, e verificar os aspectos disciplinares dos feitos fiscais e outros procedimentos administrativos, bem assim realizar auditoria interna.

CORREGEDORIA-GERAL DA UNIÃO. *Direito administrativo.* Órgão ao qual compete assistir direta e imediatamente ao presidente da República no desempenho de suas atribuições, quanto aos assuntos e providências que, no âmbito do Poder Executivo, sejam atinentes à defesa do patrimônio público, ao controle interno, à auditoria pública e à ouvidoria-geral. Cabe-lhe dar o devido andamento às representações ou denúncias fundamentadas que receber, relativas à lesão, ou ameaça de lesão, ao patrimônio público, velando por seu integral deslinde. À Corregedoria-Geral da União, por seu titular, sempre que constatar omissão da autoridade competente, cumpre requisitar a instauração de sindicância, procedimentos e processos administrativos outros, e avocar aqueles já em curso em órgão ou entidade da Administração Pública federal, para corrigir-lhes o andamento, inclusive promovendo a aplicação da penalidade administrativa cabível. Cumpre à Corregedoria-Geral da União instaurar sindicância ou processo administrativo ou, conforme o caso, representar ao presidente da República para apurar a omissão das autoridades responsáveis. A Corregedoria-Geral da União encaminhará à Advocacia-Geral da União os casos que configurem improbidade administrativa e todos quantos recomendem a indisponibilidade de bens, o ressarcimento ao Erário e outras providências a cargo daquela instituição, bem assim provocará, sempre que necessária, a atuação do Tribunal de Contas da União, da Secretaria da Receita Federal, dos órgãos do Sistema de Controle Interno do Poder Executivo federal e, quando houver indícios de responsabilidade penal, do Departamento de Polícia Federal e do Ministério Público, inclusive quanto a representações ou denúncias que se afigurarem manifestamente caluniosas.

CORREGER. 1. Reparar prejuízo ou pagar uma indenização pelo dano causado. 2. Realizar correição, vistoriando documentos e verificando se há bom andamento dos serviços forenses.

CÓRREGO. *Direito civil, direito agrário* e *direito administrativo.* 1. Linha de reunião de águas de duas vertentes. 2. Riacho. 3. Sulco aberto pelas águas correntes. 4. Bem público de uso comum do Município, se se encontrar em zona urbana. 5. Bem particular, se estiver em zona rural, pertencendo o fluxo de água doce ao proprietário das terras por onde passa.

CORREIÇÃO. 1. *Direito processual.* Vistoria ou exame de processos e livros feito pelo corregedor nos cartórios de sua alçada, procedendo às diligências que forem necessárias para o bom andamento dos serviços inerentes à justiça. 2. *Direito administrativo.* a) Vistoria feita em propriedades, segundo a postura municipal ou o estabelecido em lei, averiguando se tudo está conforme as normas; b) conjunto dos funcionários da prefeitura encarregados de conduzir, à devida repartição, os animais que encontrarem nas ruas; c) fiscalização de órgãos públicos para averiguar sua eficiência e a lisura dos serviços públicos prestados.

CORREIÇÃO EXTRAORDINÁRIA. *Vide* CORREIÇÃO PARCIAL.

CORREIÇÃO GERAL. *Direito processual.* É a vistoria feita, habitualmente, pelo corregedor na área de sua responsabilidade, em razão de seu dever funcional, sem que haja qualquer motivo especial.

CORREIÇÃO ORDINÁRIA. *Vide* CORREIÇÃO GERAL.

CORREIÇÃO PARCIAL. *Direito processual.* Atividade de fiscalização levada a efeito pelo juiz corregedor por ter, mediante denúncia do interessado, tomado conhecimento de determinado fato onde houve erro ou abuso do oficial de justiça, escrevente, porteiro etc. Trata-se de uma providência disciplinar para corrigir ou sanar tal erro.

CORREIO. 1. *Direito administrativo.* a) Serviço público encarregado de receber, enviar e distribuir correspondências, ou encomendas; b) repartição pública ou edifício onde se recebe e expede-se correspondência particular ou oficial; c) mala onde são transportadas as correspondências; d) empregado postal ou veículo que distribui a correspondência ao destinatário; carteiro; e) meio de transporte de correspondência. 2. *Direito processual.* Serventuário da justiça que leva e traz processos ou documentos do cartório ao magistrado e vice-versa.

CORREIO AÉREO. *Direito administrativo.* Sistema de transporte de encomendas postais ou de correspondência por aviões.

CORREIO ELETRÔNICO NA PREVIDÊNCIA SOCIAL. *Direito virtual.* A utilização do correio eletrônico deve restringir-se aos assuntos pertinentes às atividades da Previdência Social. É vedada tentativa de acesso não autorizado às caixas postais de terceiros. O acesso ao correio eletrônico se dá pelo conjunto: conta do usuário, caixa postal e senha, que é pessoal e intransferível. O remetente deve identificar-se de forma clara e evidente em todas as suas comunicações eletrônicas, não sendo permitidas alterações ou manipulações da origem das postagens eletrônicas. A mensagem deve ser escrita de forma estruturada com assunto descrito sucintamente. Pode ser utilizada mensagem informal, desde que precisa e objetiva. É vedado o envio de mensagens contendo: a) material obsceno, ilegal, ofensivo ou não ético; b) propaganda; c) listas de endereços eletrônicos dos usuários do Sistema de Correio Eletrônico da Previdência Social para fora da Instituição; d) vírus ou qualquer outro tipo de programa danoso; e) material protegido por leis de propriedade intelectual; f) entretenimentos e correntes; g) material preconceituoso ou discriminatório; h) material da natureza político-partidária ou sindical, que promova a eleição de candidatos para cargos públicos eletivos, clubes, associações e sindicatos. Compete ao usuário: a) gerenciar compromissos, contatos, tarefas, arquivos e atividades; b) utilizar o correio eletrônico corporativo para os objetivos e funções próprios e inerentes às suas atribuições no âmbito institucional; c) eliminar periodicamente as mensagens contidas nas caixas postais; d) não permitir acesso de terceiros ao correio eletrônico através de sua senha; e) atualizar seus dados cadastrais utilizando os meios disponíveis; f) notificar a administração do correio eletrônico e a sua chefia imediata ou superior quando do recebimento de mensagens que contrariam normas. Compete à administração do correio eletrônico: a) garantir a disponibilidade do serviço de correio eletrônico; b) resguardar a recuperação de mensagens em caso de danos no ambiente; c) criar caixas postais públicas, delegando privilégios para o proprietário destas, de inclusão e exclusão de usuários com permissões de uso escolhidas por ele; d) criar pastas públicas para armazenar e disponibilizar documentos em discussão por um grupo determinado, delegando privilégios para o proprietário destas, de inclusão e exclusão de usuários com permissões de uso escolhidas por ele; e) desenvolver ações que garantam a operacionalização da norma.

CORREIO GERAL. *Direito administrativo.* Repartição central de todos os correios do País.

CORREIO MARÍTIMO. *Direito administrativo.* Embarcação ligeira utilizada para o transporte de correspondência entre dois portos.

CORREIO PERMUTANTE. A unidade postal onde as remessas são recebidas ou enviadas diretamente do ou para o exterior.

CORREIO PNEUMÁTICO. *Direito administrativo.* Transporte de correspondências e encomendas postais entre agências de correio, através de tubos, mediante ar comprimido.

CORRELAÇÃO. **1.** Na *linguagem filosófica,* significa oposição entre dois termos relativos entre (Aristóteles). **2.** Na *linguagem jurídica* em geral é a mútua relação entre pessoas, coisas ou fatos. **3.** *Teoria geral do direito.* Analogia.

CORRELAÇÃO DE MATÉRIAS. *História do direito.* Requisito exigido para que fosse possível a acumulação legal de dois cargos públicos, por exemplo, de professor, ou de professor com outro técnico ou científico, desde que a natureza das disciplinas ministradas ou do cargo técnico ou científico fosse correlata, conexa ou afim, ou de dois cargos privativos de médico, com especializações afins. Assim, não era acumulável, por exemplo, o cargo de cardiologista com o de oftalmólogo, por não serem tais matérias conexas.

CORRELATIVA. *Direito civil.* Diz-se da obrigação que só pode ser exigida após o adimplemento de outra.

CORRELATIVO. **1.** O que está em correlação com outra coisa. **2.** Aquilo que constitui um dos termos de uma relação mútua.

CORRELATO. *Vide* CORRELATIVO.

CORRELIGIONÁRIO. *Ciência política.* Aquele que pertence ao mesmo partido que outrem.

CORRELIGIONARISMO. *Ciência política.* Solidariedade entre correligionários.

CORRENTE. **1.** Curso de água não estagnada, como rio, ribeiro, córrego ou regato. **2.** Que tem curso legal. **3.** Aquilo que está circulando continuamente.

CORRENTISTA. **1.** *Direito bancário.* Aquele que tem conta corrente num banco. **2.** *Direito comercial.* a) Encarregado da escrituração do livro de contas correntes; b) cada uma das partes no contrato mercantil de conta corrente, no qual convencionam fazer remessas recíprocas de valores, anotando os créditos em uma conta para ulterior verificação do saldo exigível (Fran Martins). O correntista pode ser credor ou devedor. Será credor aquele cujo saldo da conta lhe for favorável, contra o estabelecimento comercial em que se procede a escrituração, o qual se apresentará, então, como correntista devedor.

CORRER. **1.** *Direito desportivo.* Participar de uma corrida. **2.** *Direito processual.* Transcorrer o prazo; ter andamento. **3.** *Teoria geral do direito.* Continuar a vigorar. **4.** *Direito bancário.* Ter a moeda curso legal.

CORRER ÀS ARMAS. *Direito militar.* **1.** Atender à convocação militar. **2.** Aprontar-se para o combate.

CORRER BANHOS. *Direito civil.* Fazer-se anunciar ou proclamar casamento.

CORRER FOLHA *Direito processual.* Passar o escrivão a folha corrida.

CORRESPECTIVO. *Direito civil.* Diz-se do ato jurídico celebrado em retribuição a um benefício recebido, por exemplo, do testamento estabelecido pelo testador em retribuição a vantagens correspondentes contidas em testamento feito por outrem a seu favor. Tal ato é vedado por lei.

CORRESPONDÊNCIA. 1. Na *linguagem jurídica* em geral, indica: a) ação de corresponder; b) comunicação entre duas pessoas feita por escrito, mediante cartas, telegramas, telex, radiograma etc.; c) carta, telegrama etc. que se recebe ou se expede; d) artigo de jornal em forma de carta aos redatores; e) carta enviada a um jornal; f) notícia publicada em jornal, periódico etc. **2.** *Teoria geral do direito.* Correlação entre coisas ou fatos. **3.** *Direito constitucional.* Objeto da garantia constitucional da inviolabilidade do sigilo de correspondência. **4.** *Direito penal.* Objeto do crime contra a liberdade individual, pois é punível a violação de correspondência fechada e a sonegação ou destruição de correspondência alheia. **5.** *Direito comercial.* Objeto de um dos direitos do administrador judicial, qual seja, o de receber correspondência do devedor e de abri-la na presença deste, entregando a ele o que não for alusivo ao interesse da massa.

CORRESPONDÊNCIA COMERCIAL. *Direito comercial.* **1.** Comunicação entre dois empresários, ou entre um empresário e seus clientes, mediante cartas, telegramas, radiogramas, telex etc. **2.** Carta expedida ou recebida por empresário no exercício de sua atividade econômica organizada, visando a produção e a circulação de bens ou serviços.

CORRESPONDÊNCIA EPISTOLAR. *Direito civil* e *direito comercial.* Comunicação entre duas pessoas distantes feita por meio de cartas, bilhetes, faturas, notas etc.

CORRESPONDÊNCIA REFUGADA. *Direito administrativo.* A que fica, na estação de correio, à margem, por não se encontrar o destinatário, em razão de não estar clara a indicação do local de destino.

CORRESPONDÊNCIA TELEGRÁFICA. *Direito civil.* Comunicação feita entre duas pessoas, na qual não é entregue o original ao destinatário, uma vez que este só chega às suas mãos por despacho telegráfico.

CORRESPONDENTE. 1. *Direito comercial.* a) Empresário que tem relações negociais com outro estabelecido em praça diversa, por meio de correspondência epistolar; b) correntista; c) auxiliar de comércio encarregado da correspondência do estabelecimento empresarial; d) pessoa que atua como representante de outra, cumprindo suas ordens, efetuando pagamentos por sua determinação e entabulando negócios em seu nome. **2.** *Direito civil.* a) O contratante que se corresponde com outro; b) diz-se do sócio não efetivo de certas corporações literárias ou científicas. **3.** Na *linguagem de imprensa,* é o representante redatorial de um jornal, em determinado local, incumbido de enviar as notícias de fatos lá ocorridos. **4.** *Direito bancário.* Representante de um banco em local onde não há nenhuma agência sua.

CORRETAGEM. *Direito comercial.* **1.** Convenção pela qual uma pessoa, sem qualquer relação de dependência, obriga-se, mediante remuneração, a obter para outrem um ou mais negócios, conforme as instruções recebidas, ou a fornecer-lhe as informações necessárias para a celebração do contrato. **2.** Remuneração do corretor; comissão devida ao corretor pelo serviço de mediação prestado. **3.** Função ou ofício de corretor.

CORRETAGEM MATRIMONIAL. Contrato em que uma pessoa, mediante remuneração previamente estipulada, encarrega-se de encontrar outra, para fins matrimoniais, que atenda às exigências requeridas pelo contratante. É tido como ilícito juridicamente.

CORRETAR. *Direito comercial.* Executar serviços de mediação ou corretagem.

CORRETIVO. 1. *Direito penal.* a) Aquilo que visa recuperar, regenerar e reeducar delinqüentes; b) meio empregado para aplicar castigo ou punição. **2.** *Direito agrário.* Produto de natureza inorgânica, orgânica ou ambas, usado para melhorar as propriedades do solo, isoladas ou cumulativamente, ou como meio para o crescimento de plantas, não tendo em conta seu valor como fertilizante, além de não produzir característica prejudicial ao solo e aos vegetais.

CORRETOR. 1. *Direito comercial.* Aquele que tem a função de aproximar pessoas físicas ou jurídicas que pretendam contratar ou efetuar uma compra e venda, aconselhando a conclusão do negócio, informando as condições de sua celebração, procurando conciliar seus interesses e recebendo, para tanto, uma comissão. **2.** *Direito canônico.* Superior de convento. **3.** *Direito penal.* Aquele que corrige ou pune.

CORRETORA DE MERCADORIAS. *Direito comercial.* Sociedade habilitada a negociar ou registrar operações com valores mobiliários negociados em bolsa de mercadorias e futuros.

CORRETORA DE RESSEGURO. *Direito civil.* Pessoa jurídica, legalmente constituída no País, autorizada a intermediar operações de resseguro.

CORRETORA DE VALORES. *Direito comercial.* Sociedade habilitada a negociar ou registrar operações com valores mobiliários por conta própria ou por conta de terceiros em bolsa e entidades de balcão organizado.

CORRETOR DE CÂMBIO. *Direito comercial.* Aquele que, devidamente registrado no Banco Central, atua como intermediário nas negociações em Bolsa de Valores.

CORRETOR DE NÚMERO. *Direito comercial.* Corretor oficial para transações em Bolsa.

CORRETOR DE RUMO. *Direito aeronáutico.* Bússola aplicada à navegação aérea.

CORRETORES DE FUNDOS PÚBLICOS. *Direito comercial.* Corretores oficiais com exclusividade nas operações feitas em pregão público: compra e venda referente a qualquer transferência de fundos públicos, nacionais ou estrangeiros; negociações de letras de câmbio, debêntures e de empréstimos por meio de obrigações; compra e venda de metais preciosos, amoldados ou em barra; negociações de títulos cotados ou suscetíveis de cotação na Bolsa.

CORRETORES DE IMÓVEIS. *Direito comercial.* Corretores livres, sem designação oficial, que prestam serviços de intermediação na compra e venda, na permuta e na locação, assim como de administração em geral, podendo figurar nas incorporações e loteamentos. São profissionais possuidores de título de técnicos em negócios imobiliários, obtido em curso especializado e quites com seus deveres para com o conselho regional e o sindicato de classe.

CORRETORES DE MERCADORIAS. *Direito comercial.* Corretores oficiais encarregados na praça onde efetuaram matrícula da compra e venda de qualquer gênero ou mercadoria, determinando o valor dos respectivos produtos. Fixam as cotações oficiais por meio de operações na Bolsa. Compete-lhes não só intervir nas convenções e operações comerciais e, ainda, nas de mercadorias negociadas em Bolsas, como também classificar e avaliar mercadorias destinadas à emissão de *warrants* ou de bilhetes de mercadorias.

CORRETORES DE MULHERES. *Direito penal.* Intermediários na prostituição, que agenciam fregueses, para fins libidinosos, mediante remuneração. São os proxenetas e alcoviteiros, que praticam o crime de rufianismo, aproveitando-se da prostituição alheia, participando diretamente de seus lucros ou fazendo-se sustentar, total ou parcialmente, por quem a exerça.

CORRETORES DE NAVIOS. *Direito comercial.* Corretores oficiais que servem de mediadores na compra e venda de navios; nos fretamentos, na cotação dos seus preços e carregamentos; no agenciamento dos seguros de navios, sendo ainda intérpretes dos capitães de navios perante as autoridades e as alfândegas e tradutores dos manifestos e documentos que os capitães de navios estrangeiros tiverem de apresentar para serem despachados na alfândega. Podem agenciar nas alfândegas e mesas de venda o que for concernente ao desembaraço e despacho das embarcações. São nomeados e destituídos pelo presidente da República, ficando sob a jurisdição do Ministério da Fazenda, através da Diretoria de Rendas Aduaneiras, subordinando-se ao inspetor da alfândega, ao chefe da Estação Aduaneira ou ao administrador da mesa de rendas onde exerçam suas funções.

CORRETORES DE OPERAÇÕES DE CÂMBIO. *Direito comercial* e *direito cambiário.* Corretores oficiais que, observados os limites e condições estabelecidos pelo Conselho Monetário Nacional (CMN), agem como mediadores nas operações de compra ou venda de câmbio, salvo nas transações efetuadas pela União, pelos Estados, Municípios e Distrito Federal, pelas sociedades de economia mista, autarquias e entidades paraestatais, excetuadas ainda as operações de câmbio dos bancos oficiais com pessoas físicas ou jurídicas que não se enquadrem nas hipóteses acima referidas.

CORRETORES DE SEGUROS. *Direito comercial.* Corretores oficiais que agem como intermediários legalmente autorizados a angariar e a promover contratos de seguros, admitidos pela legislação vigente, entre as sociedades de seguros e as pessoas físicas ou jurídicas, de direito público ou privado. Mas, nos seguros de entidade pública e de sociedades controladas pelo governo, deverá haver sorteio, não ocorrendo, portanto, intermediação, por serem seguros diretos. Aproximam os contratantes do seguro, visto serem promotores do acordo de vontades, e ainda administram os seguros, controlando os prazos de vigência da cobertura e a correspondência dos capitais segurados. Têm direito a uma remuneração pelos serviços acessórios de preparação de proposta e de levantamentos, *croquis* e documentação necessários ao conhecimento dos riscos, fornecimento de declaração ou informação durante a vigência ou no vencimento do contrato, para aperfeiçoamento deste ou ajustamento de prêmios, assistência aos segurados na vigência do contrato ou por ocasião do sinistro. A orientação dada pelos corretores aos interessados constitui o arcabouço à manifestação unilateral dos segurados, que será encaminhada ao segurador sob a forma de proposta escrita.

CORRETORES DE VALORES. *Direito comercial.* Corretores oficiais com atividades de intermediação na distribuição ou colocação no mercado de títulos ou valores mobiliários para revenda. A tabela de corretagem para operações com valores mobiliários em Bolsa de Valores deve ser aprovada pela Comissão de Valores Mobiliários, após serem ouvidas as Bolsas de Valores, respeitados os limites máximos eventualmente fixados pelo Conselho Monetário Nacional.

CORRETORES LIVRES. *Direito comercial.* São os que exercem o ofício de intermediadores continuadamente, sem designação oficial. Podem ser corretores livres quaisquer pessoas que, tendo capacidade jurídica, atuem como intermediárias entre vendedor e comprador, aproximando-os e facilitando a efetivação do negócio. Há corretores livres de espetáculos públicos e diversões, de empréstimos de obras de arte, de automóveis, de pedras preciosas, de publicidade, de serviços de trabalhadores em geral, de artistas, de esportistas profissionais, de conferencistas, de bens móveis e imóveis etc.

CORRETORES OFICIAIS. *Direito comercial.* São aqueles que gozam de prerrogativas de fé pública inerentes ao ofício disciplinado por lei. Exercem, de conformidade com a lei, a função de mediadores, de tal sorte que algumas operações comerciais deverão ser levadas a efeito por seu intermédio. Devem ser investidos nos seus cargos por nomeação governamental, prestar fiança para garantir o seu bom desempenho no exercício de suas funções, matricular-se na Junta Comercial com jurisdição na praça em que pretendem exercer sua profissão ou em outro órgão estatal competente e possuir livros especiais necessários às suas atividades. São corretores oficiais os de fundos públicos, de

mercadorias, de navios, de operações de câmbio, de seguros e de valores.

CORRETORIA. *Direito comercial.* Cargo ou função de corretor.

CORRETÓRIO. 1. *Direito penal.* a) Que corrige; b) registro penitenciário. **2.** Na *linguagem jurídica* em geral, pode indicar, ainda, o livro de correções e emendas.

CORRETRIZ. *Direito canônico.* Superiora de convento da Ordem Terceira de São Francisco de Paula.

CORRIDA. 1. *Direito bancário.* a) Afluência repentina de pessoas a bancos para a retirada dos valores neles depositados, com receio, ante notícias divulgadas, da quebra da instituição financeira; b) concorrência extraordinária aos bancos para troca de notas. **2.** *Direito desportivo.* Competição de velocidade. **3.** *Direito aeronáutico.* Diz-se do trecho que o avião percorre no solo antes de decolar ou após aterrissar. **4.** Na *linguagem jurídica* em geral, pode indicar: a) caminho que um táxi faz entre dois pontos; b) trecho encachoeirado de rios navegáveis.

CORRIDA DE CAVALOS. 1. *Direito civil.* Competição entre cavaleiros para perfazer certa distância, sob certas condições, com apostas e prêmios ao vencedor. **2.** *Direito penal.* Objeto de contravenção penal, se a aposta se der fora do hipódromo.

CORRIGENDA. 1. Na *linguagem jurídica* em geral, pode significar admoestação. **2.** *Direito autoral.* a) Errata; b) erro que deve ser corrigido numa obra literária ou científica.

CORRIGIR. 1. Na *linguagem jurídica* em geral, indica: a) emendar, reformar ou modificar; b) retificar; c) castigar, censurar ou repreender. **2.** *Direito civil.* Castigar moderadamente filhos menores com o objetivo de educá-los. **3.** *Direito processual civil.* Reparar inexatidão material na sentença. **4.** *Direito penal.* a) Regenerar delinquente; b) punir.

CORRIMÃO. 1. *Direito marítimo.* Barrote que serve de encosto ou parapeito. **2.** *Direito administrativo.* Barra que corre ponte estreita para pedestres ou outras passagens para protegê-los. **3.** *Direito civil.* Peça que se coloca ao longo de uma escada para servir de apoio.

CORRIMENTO. *Medicina legal.* Humor que, anormalmente, escorre de alguma parte do corpo humano.

CORRIOLA. *Direito penal.* Designa, em São Paulo, o cerco feito por policiais aos marginais para efetuar sua prisão.

CORROBORAÇÃO. *Direito processual.* Ação de corroborar ou comprovar.

CORROBORANTE. *Direito processual.* a) Que comprova fato relatado pela testemunha sobre a culpabilidade do réu; b) próprio para corroborar.

CORROBORAR. *Direito processual.* **1.** Confirmar; comprovar. **2.** Aduzir provas.

CORROBORATIVO. *Vide* CORROBORANTE.

CORROGATA OPERA. *Locução latina.* Trabalho comandado.

CORROMPER. *Direito penal.* **1.** Fazer corrupção; subornar; oferecer algo para obter certo resultado. **2.** Perverter; depravar; induzir alguém à prática de um ato punível. **3.** Deteriorar uma substância.

CORROMPIDO. *Direito penal.* **1.** Corrupto. **2.** Diz-se do bem que foi deteriorado. **3.** Aquele que foi induzido à prática de infração penal.

CORROSÃO. *Medicina legal.* Destruição lenta do tecido pela ação de um corrosivo ou de um cáustico.

CORROSIVOS. *Direito comercial.* São substâncias que, por ação química, causam severos danos quando em contato com tecidos vivos ou, em caso de vazamento, danificam ou mesmo destroem outras cargas ou o veículo; elas podem, também, apresentar outros riscos. Podem ser distribuídas em três grupos de embalagem: **1.** substâncias muito perigosas: provocam visível necrose da pele após um período de contato de até três minutos; **2.** substâncias que apresentam risco médio: provocam visível necrose da pele após período de contato superior a três minutos mas não maior do que sessenta minutos; **3.** substâncias de menor risco, incluindo: a) as que provocam visível necrose da pele num período de contato superior a sessenta minutos mas não maior que quatro horas; b) aquelas que, mesmo não provocando visível necrose em pele humana, apresentam uma taxa de corrosão sobre superfície de aço ou de alumínio superior a 6,25 mm por ano, a uma temperatura de ensaio de 55°C.

CORRUÇÃO. *Vide* CORRUPÇÃO.

CORRUPÇÃO. *Direito penal.* **1.** Suborno. **2.** Ação de depravar ou induzir alguém a praticar crimes.

3. Ato de deteriorar substância alimentícia ou medicinal. **4.** Ato de corromper. **5.** Devassidão.

CORRUPÇÃO ATIVA. *Direito penal.* Crime contra a Administração consistente em oferecer ou prometer vantagem ilícita ou indevida a funcionário público, para que este venha a praticar, omitir ou retardar ato de ofício, punido com reclusão e multa. Trata-se do crime de suborno.

CORRUPÇÃO ATIVA DE TESTEMUNHA, PERITO, TRADUTOR OU INTÉRPRETE. *Direito penal.* Crime contra a administração da Justiça cometido por qualquer pessoa que dê, ofereça ou prometa dinheiro ou vantagens a testemunha, perito, tradutor ou intérprete, para fazer afirmação falsa, negar ou calar a verdade em depoimento, perícia, tradução ou interpretação, ainda que a oferta ou promessa não seja aceita, punido com reclusão e multa.

CORRUPÇÃO ATIVA EM TRANSAÇÃO COMERCIAL INTERNACIONAL. *Direito penal.* Crime consistente em promover, oferecer ou dar, direta ou indiretamente, vantagem indevida a funcionário público estrangeiro, ou a terceira pessoa, para determiná-lo a praticar, omitir ou retardar ato de ofício relacionado à transação comercial internacional. Essa prática é punida com reclusão, de um a oito anos, e multa. Tal pena é aumentada de um terço se, em razão da vantagem ou promessa, o funcionário público estrangeiro retarda ou omite o ato de ofício, ou o pratica infringindo dever funcional.

CORRUPÇÃO DE ÁGUA POTÁVEL. *Direito penal.* Crime contra a saúde pública consistente no ato de macular água potável, de uso comum ou particular, tornando-a imprópria para o consumo ou nociva à saúde.

CORRUPÇÃO DE MENORES. *Direito penal.* Crime contra os costumes consistente em praticar com maior de quatorze e menor de dezoito anos ato libidinoso ou induzi-lo a praticá-lo ou presenciá-lo.

CORRUPÇÃO DE PREPOSTO. *Direito penal.* Crime de concorrência desleal que consiste em dar ou prometer dinheiro ou utilidade a empregado de concorrente, para que, faltando ao seu dever, venha a obter vantagem indevida.

CORRUPÇÃO DE SUBSTÂNCIA ALIMENTÍCIA. *Direito penal.* Crime contra a saúde pública consistente em deteriorar produto alimentício, tornando-o prejudicial à saúde.

CORRUPÇÃO DE SUBSTÂNCIA MEDICINAL. *Direito penal.* Crime contra a saúde pública pela prática de ato que venha a estragar medicamento, tornando-o nocivo à saúde.

CORRUPÇÃO ELEITORAL. *Direito penal* e *direito eleitoral.* Ato de dar, oferecer, prometer, solicitar ou receber, para si ou para outrem, dinheiro, dádiva, ou qualquer outra vantagem, para obter ou dar voto e para conseguir abstenção, mesmo que a oferta não seja escrita.

CORRUPÇÃO PASSIVA. *Direito penal.* Crime contra a Administração Pública que consiste em solicitar ou receber, para si ou para outrem, direta ou indiretamente, em razão de função pública, vantagem indevida, ou aceitar promessa dessa vantagem, punido com reclusão e multa.

CORRUPTELA. 1. *Direito penal.* a) *Vide* CORRUPÇÃO; b) o que é capaz de corromper. **2.** Na *linguagem jurídica* em geral, pode significar: a) acampamento provisório de garimpeiros; b) palavra que se escreve ou se pronuncia de forma errônea.

CORRUPTIBILIDADE. *Direito penal.* Qualidade do que é suscetível de corrupção.

CORRUPTIO NATURAE. *Filosofia geral.* Para Santo Tomás de Aquino, é uma exceção à regra de que o homem vive em sociedade, pois ele, devido a um desequilíbrio mental, pode tomar horror pelo seu semelhante, afastando-se da sociedade para viver em solidão.

CORRUPTISSIMA REPUBLICA PLURIMAE LEGES. *Expressão latina.* Estado corrupto, múltiplas leis.

CORRUPTISSIMA RES PUBLICA PLURIMAE LEGES. *Expressão latina.* A abundância de leis corrompe a organização da coisa pública.

CORRUPTÍVEL. *Direito penal.* Venal.

CORRUPTIVO. *Vide* CORRUPTÍVEL.

CORRUPTO. *Direito penal.* **1.** Corrompido; que sofreu corrupção. **2.** Adulterado; maculado; deteriorado. **3.** Pervertido; devasso; depravado. **4.** Que prevarica ou se deixa subornar; peitado.

CORRUPTOR. *Direito penal.* **1.** Subornador. **2.** Aquele que corrompe ou aquilo que é apropriado para corromper. **3.** Adulterador.

CORSÁRIO. 1. *História do direito.* a) Diz-se do navio particular autorizado pelo governo, em estado de beligerância, para dar caça às embarcações mercantes de uma nação inimiga, auxiliando-o nos planos estratégicos; b) capitão desse navio; c) tudo o que é relativo ao corso. **2.** *Direito internacional público.* a) Navio que faz corso; b) pirata.

CORSO. 1. *História do direito.* a) Excursão de navios armados e autorizados pelo governo de um Estado beligerante a perseguir embarcações inimigas; b) diz-se da licença governamental para dar início à perseguição de navios inimigos, durante uma guerra. **2.** *Direito internacional público.* Ataque de surpresa feito por navio de guerra do país beligerante, lesando tráfico mercantil do inimigo (Othon Sidou).

CORTA-BOLSOS. *Direito penal.* Ladrão que, para roubar, tem o hábito de cortar o bolso da roupa de suas vítimas.

CORTADA. 1. *Direito desportivo.* Ação ou efeito de cortar. **2.** *Medicina legal.* Linha dactiloscópica auxiliar na comparação das impressões digitais.

CORTADEIRA. *Direito agrário.* **1.** Espécie de focinheira dentada. **2.** Instrumento usado para virar a terra.

CORTADO. 1. *Medicina legal.* Ferido; aquele que sofreu um corte. **2.** Na *linguagem jurídica* em geral, pode significar: a) interrompido; b) suprimido; c) diz-se do curso de água reduzido nas secas.

CORTADOR. 1. *Direito agrário.* Vindimador. **2.** *História do direito.* Escravo que ficava na extremidade do eito, nas capinas das roças de milho ou de arroz. **3.** *Direito desportivo.* Jogador que dá cortadas no voleibol, no tênis etc. **4.** *Direito do trabalho.* a) Operário que corta tecidos na medida e mediante moldes; b) operário que corta papel nas oficinas tipográficas, litográficas ou de encadernação; c) empregado que corta carne nos açougues ou frigoríficos.

CORTADURA. 1. *Direito militar.* Obra executada à retaguarda da brecha para impedir ataques ou o acesso dos atacantes. **2.** *Direito agrário.* a) Ação de cortar; b) rego aberto na terra para que a água escoe. **3.** *Medicina legal.* Golpe ou incisão com instrumento cortante.

CORTA-MAR. *Vide* QUEBRA-MAR.

CORTANTE. *Medicina legal.* Diz-se do instrumento que tem gume mais ou menos afiado e secciona os tecidos, como navalha, faca, lâmina etc.

CORTAR. 1. *Medicina legal.* Fazer incisão em; dar golpe ou ferir com instrumento cortante; decepar ou degolar; ferir com arma branca. **2.** *Direito desportivo.* a) Interceptar o caminho da bola; b) repelir a bola, com golpe, dando-lhe uma trajetória que venha a dificultar a ação do adversário. **3.** *Direito administrativo.* Eliminar candidatos que não apresentaram resultado satisfatório num concurso público. **4.** *Direito agrário.* Ceifar.

5. Na *linguagem jurídica* em geral, pode, ainda, indicar: a) interceptar; b) cancelar; c) encurtar caminho.

CORTAR A ÁGUA. 1. Suspender o fornecimento de água. **2.** Desviar uma corrente de água.

CORTA-RAÍZES. *Direito agrário.* Utensílio apropriado para separar das raízes os vegetais para forragem.

CORTAR O FOGO. Impedir a propagação do incêndio.

CORTA-VIDES. *Direito agrário.* Aparelho que corta vides em pequenos pedaços para adubar a terra.

CORTE. 1. *Medicina legal.* a) Ferida incisa; golpe ou incisão com instrumento cortante; ruptura de tecido provocada por objetos de bordos afilados ou cortantes; b) gume de instrumento cortante. **2.** *Direito agrário.* a) Abate; b) derrubada de árvore; c) local onde se extrai madeira para lenha ou para ser beneficiada; d) lugar onde se criam animais domésticos; curral. **3.** *Direito administrativo.* a) Abertura talhada em morro para dar passagem a uma estrada que está sendo construída; b) redução de gastos públicos; c) diminuição do número de funcionários por razões econômicas ou por serem desnecessários. **4.** *Direito do trabalho.* Modo pelo qual se talham tecidos. **5.** *Direito autoral.* a) Face feita pelo escultor na matéria-prima ao iniciar seu trabalho; b) técnica de montagem de filmes. **6.** *Direito espacial.* Separação das seções do foguete espacial. **7.** *Direito processual.* Denominação dada a tribunais. **8.** *Ciência política.* a) Sede de um governo monárquico; b) conjunto de nobres que, habitualmente, rodeia o rei ou imperador.

CORTE DE ARBITRAMENTO. 1. *Direito processual civil.* Conjunto de árbitros, escolhidos pelas partes, para decidir uma controvérsia; juízo arbitral. **2.** *Direito internacional público.* Corte de arbitragem cujos membros são escolhidos pelos Estados para solucionar seus conflitos.

CORTE DE COMBUSTÃO. *Direito espacial.* Momento em que as válvulas do combustível do foguete são fechadas, indicando que seu motor deixou de funcionar.

CORTE DE HAIA. *Direito internacional público.* Órgão instalado em Haia que, em sua primeira fase, denominava-se Corte Permanente de Justiça Internacional, passando a ser, ao ressurgir, após a Segunda Guerra Mundial, a atual Corte Internacional de Justiça (CIJ), que julga, contenciosamente, litígios entre Estados soberanos.

CORTE DE JUSTIÇA CENTRO-AMERICANA. *História do direito* e *direito internacional público.* Foi o primeiro órgão judiciário internacional, que, hoje, encontra-se extinto.

CORTE DE JUSTIÇA DAS COMUNIDADES EUROPÉIAS. *Direito internacional público.* Corte, com sede em Luxemburgo, especializada em direito comunitário e incumbida de assegurar sua correta interpretação e aplicação.

CORTE DE OLHO. *Direito agrário.* Trabalho de roça.

CORTE DE ROÇA. *Direito agrário.* Derrubada da mata para a roça.

CORTE FLUTUANTE. *Direito do trabalho.* Deslocamento de uma corte judicial por meio de uma embarcação construída especialmente para esse fim, que se deu em 1986 por iniciativa do Tribunal Regional do Trabalho da 8ª Região. A lancha "Justiça do Trabalho", contendo sala de audiências, gabinete e acomodações para Juiz, funcionários e tripulantes, atendeu durante os quarenta e seis dias que ficou ancorada em frente a um projeto mínero-metalúrgico, localizado próximo à desembocadura do Rio Tocantins, chamado Albrás-Alunorte, prestando serviços aos empregados daquele projeto, que reivindicavam seus direitos, movendo ações trabalhistas (José Augusto F. Affonso).

CORTE HISTOLÓGICO. *Medicina legal.* Corte feito em tecidos congelados, pelo aparelho "micrótomo", sob a forma de lâminas transparentes, para estudos microscópicos.

CORTE INTERAMERICANA DE DIREITOS HUMANOS. *Direito internacional público.* Órgão jurisdicional regional composto de sete juízes nacionais de Estados membros da OEA, eleitos a título individual por essas nações, com as funções de solucionar controvérsias relativas à interpretação e aplicação da Convenção Americana de Direitos Humanos (jurisdição contenciosa) e de interpretar, em caráter consultivo, as disposições daquela convenção e as de tratados que versam sobre direitos humanos (jurisdição consultiva) (Buergenthal, Cançado Trindade, Flávia Piovesan e Mônica Pinto).

CORTE INTERNACIONAL DE JUSTIÇA (CIJ). *Direito internacional público.* Órgão da ONU com jurisdição para julgar disputa sobre interpretação de tratado; questão de direito internacional;

apurar existência de fato que venha a infringir obrigação internacional, resolvendo qual a reparação cabível, desde que haja compromisso entre as partes, requerimento de uma delas ou acordo internacional.

CORTEIRO. *Direito administrativo.* Aquele que empreita cortes na construção de estradas de ferro, no Estado de Pernambuco.

CORTEJO NO MAR. *Direito marítimo.* Aquele que, no mar, acompanha o féretro, sendo organizado da seguinte forma: 1) constituição, tendo em vista o grau hierárquico ou função exercida pelo falecido: a) comandante de Força – cada navio da respectiva Força faz-se representar, pelo menos, por uma embarcação levando oficial, suboficial e praças; b) comandante de navio ou oficial embarcado – participam as embarcações disponíveis do navio, levando, cada uma, oficial, suboficial e praças; c) suboficial – participam, pelo menos, duas embarcações, conduzindo um oficial, suboficiais e destacamento de praças; d) praça – participa, pelo menos, uma embarcação, conduzindo um oficial, um suboficial e seis outras praças; 2) a embarcação que transportar féretro hasteia a meia adriça a Bandeira Nacional e a bandeira-insígnia que competia ao falecido quando em vida; 3) as demais embarcações do cortejo hasteiam somente a Bandeira Nacional a meia adriça; 4) os navios da Marinha Brasileira hasteiam a meia adriça a Bandeira Nacional sempre que passar próximo o cortejo fúnebre oficial ou navio de guerra com bandeira em funeral.

CORTE MARCIAL. *Direito militar.* Conselho de guerra ou tribunal militar, composto por oficiais-generais em campanha, que julga crimes militares ou comuns, no período de guerra.

CORTE PERMANENTE DE ARBITRAGEM. *Direito internacional público.* É uma lista de pessoas qualificadas e indicadas pelos governos que as patrocinam a uma secretaria atuante em Haia, para funcionar como árbitros, quando escolhidas pelos Estados litigantes (Rezek).

CORTE PERMANENTE DE JUSTIÇA INTERNACIONAL (CPJI). *História do direito.* Denominação da Corte de Haia em sua primeira fase. Foi o primeiro órgão judiciário internacional dotado de vocação universal, podendo decidir demandas entre quaisquer Estados (Rezek). Extinguiu-se em 1939, com o advento da Segunda Guerra Mundial.

CORTESIA. 1. *Direito administrativo.* Dever do funcionário público de tratar os administrados com urbanidade, civilidade e polidez. **2.** Na *linguagem jurídica* em geral pode significar, ainda: a) doação; b) patrocínio de despesas; c) prorrogação de prazo para pagamento; d) favor.

CORTE SUPREMA. *Direito processual.* Supremo Tribunal Federal.

CÓRTEX CEREBRAL. *Medicina legal.* Camada superficial do cérebro ou do encéfalo.

CORTIÇA. *Direito agrário.* Processo de encortiçamento do fruto em função da ocorrência de distúrbios fisiológicos, caracterizado por manchas superficiais, porém atingindo a polpa, e que possuem tamanho maior que as de *Bitter Pit*, podendo deformar o fruto. *Vide BITTER PIT.*

CORTICEIRA. *Direito comercial.* Local onde se junta cortiça para vender ou para se expedir em carregamento.

CORTICEIRO. 1. *Direito agrário.* Aquele que trabalha na colheita da cortiça. **2.** *Direito comercial.* a) Negociante de cortiça; b) relativo à indústria ou ao comércio da cortiça.

CORTIÇO. *Direito civil.* Habitação coletiva; casa com muitos cômodos, em que residem pessoas de famílias diferentes.

CORTINA. *Direito militar.* Aquilo que protege ou dissimula as operações bélicas ou os movimentos de uma tropa, como, por exemplo, fumaça, artilharia etc.

CORTINA DE FERRO. *Ciência política.* Obstáculo que foi criado pelos países comunistas para impedir a divulgação de fatos sociopolíticos a países não adeptos do comunismo.

CORVÉE. *História do direito.* Tributo que, na França, era pago em mão-de-obra pelo camponês, durante o feudalismo.

CORVÉIA. *História do direito.* Trabalho que o camponês ou vassalo devia, gratuitamente, a seu senhor ou ao Estado.

CORVETA. 1. *História do direito.* Antigo navio de guerra de três mastros. **2.** *Direito militar.* Navio próprio para caçar submarinos.

CO-SACADOR. *Direito comercial.* Avalista do sacador da letra de câmbio.

COSCO. *Direito agrário.* Casca do grão de trigo ou centeio.

CO-SEGURADORA. *Direito comercial.* **1.** Companhia seguradora que, ante o risco de grande vulto, assume-o conjuntamente com outra, obrigando-se por certa quantia dele. **2.** Seguradora que faz um co-seguro.

CO-SEGURO. *Direito comercial.* Contratação plúrima de seguradoras com o escopo de repartir um mesmo risco entre elas, subdividindo-se as obrigações, mediante pagamento de prêmio proporcional ao encargo que foi assumido por cada uma delas. Trata-se do seguro distribuído entre duas ou mais companhias seguradoras, que, com anuência do segurado, assumem cada qual uma parcela do risco, de acordo com as condições estipuladas na apólice emitida pela "líder", sem que haja solidariedade entre elas.

COSER. 1. *Medicina legal.* Unir por pontos os bordos de uma ferida. **2.** *Direito civil.* Fechar testamento cerrado com cinco pontos de retrós, depois de concluído o auto de aprovação.

CO-SIGNATÁRIO. Aquele que assina documentos juntamente com outrem.

COSIP. *Direito tributário.* Contribuição, instituída por município, de iluminação paga por quem possui ligação de energia elétrica regular ao sistema de fornecimento de energia, tendo por finalidade "o custeio de serviço de iluminação de vias, logradouros e demais bens públicos, a instalação, a manutenção, o melhoramento e a expansão da rede de iluminação pública, além de outras atividades a estas correlatas".

COSMÉTICO. *Direito comercial.* Produto destinado a embelezar a pele, o cabelo, o rosto, as unhas etc.

CÓSMICO. *Filosofia geral* e *filosofia do direito.* Relativo ao universo.

COSMOCRACIA. 1. *Ciência política.* Sistema de governo universal. **2.** Monarquia universal.

COSMOCRATA. *Ciência política.* Partidário da cosmocracia.

COSMOCRÁTICO. *Ciência política.* Relativo à cosmocracia.

COSMOGÊNESE. *Vide* COSMOGONIA.

COSMOGENIA. *Vide* COSMOGONIA.

COSMOGONIA. Na *linguagem filosófica,* pode ser: a) exposição analítica da origem e da formação do mundo; b) cada uma das várias teorias filosófico-religiosas que explicam a criação do universo.

COSMO JURÍDICO. *Filosofia do direito.* **1.** Conjunto de doutrinas científico-jurídicas. **2.** Complexo de fontes do direito.

COSMOLOGIA. Na *linguagem filosófica,* é: a) a parte da metafísica que se ocupa da essência da vida e da matéria; b) o estudo das leis do universo (Mercier); c) o conjunto de problemas alusivos à origem e à natureza do mundo, considerado como uma realidade (Kant).

COSMOLÓGICA. Na *linguagem filosófica,* refere-se: a) à ciência relativa ao mundo (Ampère); b) à prova ou argumento retirado da existência do mundo, demonstrativo da existência de Deus.

COSMONAUTA. *Vide* ASTRONAUTA.

COSMÓPOLE. *Ciência política.* Cidade onde vivem pessoas das mais diversas nacionalidades.

COSMOPOLITA. *Ciência política.* **1.** Aquilo que apresenta aspectos comuns a vários países. **2.** O que se acomoda a usos alienígenas. **3.** Originário de todas as nações. **4.** Diz-se daquele que vive em vários países ou se considera cidadão do mundo.

COSMOPOLITISMO. *Ciência política.* **1.** Qualidade do que é cosmopolita. **2.** Doutrina que, negando as divisões territoriais e políticas, considera o homem como cidadão do mundo (Ricuperati).

COSMOS. Nas *linguagens jurídica* e *comum,* exprime a idéia de mundo ou de universo considerado como um sistema ordenado (Renouvier).

COSMOTÉTICO. Na *linguagem filosófica,* indica o idealismo que se recusa a admitir uma consciência imediata do não-eu (Hamilton), negando o conhecimento imediato de algo fora do espírito.

COSMOVISÃO. *Filosofia do direito.* Concepção do mundo de uma pessoa ou de um grupo.

COSSACO. *Direito comparado.* **1.** Diz-se daquele que pertence a um grupo étnico das estepes russas. **2.** Soldado da cavalaria pertencente a esse grupo étnico.

COSSEIRA. *Direito marítimo.* Um dos pranchões que consolidam o navio interiormente.

COST. *Termo inglês.* Preço; custo.

COSTA. 1. Litoral. **2.** Porção de mar próxima da terra. **3.** Margem de rio, lagoa ou mar. **4.** Zona marginal de qualquer mata ou planície. **5.** Encosta; declive; terreno que se ergue para formar uma ladeira e que dá acesso a um local mais alto. **6.** Parte oposta à fachada de um prédio. **7.** Parte posterior do corpo humano. **8.** Verso; reverso.

COSTA BRAVA. *Direito marítimo.* Costa sem qualquer abrigo, na qual o navio está exposto à bravura das ondas.

COSTADA. *Direito civil.* Volta ou sinuosidade de um rio.

COSTADO. 1. *Direito marítimo.* Prancha que reveste exteriormente o casco do navio e que fica fora da água. É a parte externa do casco do navio. **2.** *Direito aeronáutico.* Lado da fuselagem. **3.** *Direito civil.* Cada um dos quatro avós de uma pessoa.

COSTAL. 1. *Medicina legal.* Relativo às costelas ou às costas. **2.** *Direito comercial.* Porção de mercadoria que pode ser transportada às costas.

COSTALGIA. *Medicina legal.* Dor nas costelas.

COST ALLOCATION. *Locução inglesa.* Distribuição de custo.

COST AND FREIGHT. *Locução inglesa.* Custo e frete.

COSTANEIRA. 1. *Direito comercial.* Livro não obrigatório, onde os empregados do estabelecimento registram diariamente, sem observância de regras de escrituração mercantil, as operações realizadas. **2.** *Direito administrativo.* Livro onde, na repartição pública, se registra a cobrança de impostos. **3.** *Direito marítimo.* Cabo forte que auxilia a enxárcia, quando se tem mau tempo. **4.** *Direito civil.* Barranca dos rios.

COSTANEIRO. 1. Na *linguagem jurídica* em geral, é o relativo a costaneira. **2.** *Direito agrário.* a) Vaqueiro que, no Ceará, ladeia a boiada; b) cada um dos lados do lombo da rês.

COST ASSESSMENT. *Locução inglesa.* Cobrança do custo.

COSTEADO. *Direito agrário.* **1.** Diz-se do gado que, freqüentemente, é colocado no curral para amansar. **2.** Animal de montaria muito utilizado.

COSTEAGEM. *Direito marítimo.* **1.** Cabotagem. **2.** Ação de costear. **3.** Navegação feita entre os portos de um mesmo país. **4.** Navegação costeira.

COSTEAR. *Direito marítimo.* Navegar junto à costa.

COSTECTOMIA. *Medicina legal.* Extração de costela.

COSTEIO. *Direito agrário.* Ação de arrebanhar o gado.

COSTEIRA. *Direito marítimo.* **1.** Serra íngreme à beira-mar. **2.** Peça que reforça o mastro do navio, ligando-se-lhe ao lado.

COSTEIRO. *Direito marítimo.* **1.** Relativo à costa. **2.** Que navega de porto a porto na mesma costa ou junto à costa. **3.** Homem do mar que faz navegação da costa.

COSTELA. 1. *Medicina legal.* Cada um dos ossos planos, alongados e curvos que formam a caixa torácica. **2.** *Direito marítimo.* Cada uma das cavernas do navio.

COST FINDING. *Locução inglesa.* Apuração de custos.

COST, INSURANCE AND FREIGHT. *Vide* CIF.

COST OF CARRY. *Locução inglesa.* **1.** Custo de carregar. **2.** Custo líquido de manutenção de posição em um ativo, no mercado a vista. **3.** Cálculo para determinar preço no contrato futuro, a partir do custo da compra no mercado a vista e venda no mercado futuro, até a data de vencimento (Luiz Fernando Rudge).

COST OF GOODS SOLD. *Expressão inglesa.* Custo de mercadorias vendidas.

COST OF LIVING FIGURE. *Expressão inglesa.* Índice do custo de vida.

COST PLUS PRICING. *Expressão inglesa.* Custo mais preço.

COSTS. *Termo inglês.* Custas.

COSTS BOND. *Locução inglesa.* Caução às custas.

COSTUMADO. O que é de costume.

COSTUMAGEM. *História do direito.* Tributo que era exigido tendo por base uma norma consuetudinária.

COSTUMAR. 1. Ter por costume. **2.** Ficar habituado.

COSTUMÁRIO. *Teoria geral do direito.* **1.** Costumeiro; consuetudinário. **2.** O que é praticado habitualmente por costume.

COSTUME. *Teoria geral do direito.* Fonte subsidiária do direito que procura completar a lei e preencher lacunas. O costume é uma norma que deriva da longa prática uniforme ou da geral e constante repetição de dado comportamento, sob a convicção de que corresponde a uma necessidade jurídica. A fonte jurídica formal é, então, a prática consuetudinária, sendo o costume ou a norma costumeira uma forma de expressão jurídica.

COSTUME ADMINISTRATIVO. *Direito administrativo* e *direito tributário.* **1.** Prática da doutrina pela qual juristas contemporâneos chegam à construção de teorias de direito administrativo, como a da imprevisão e a do fato do príncipe. **2.** Prática reiterada de certos atos pelas autoridades administrativas que constitui fonte secundária do direito tributário, desde que não crie tributos ou discipline matéria deferida às leis fiscais.

COSTUME *CONTRA LEGEM*. *Teoria geral do direito.* Aquele que se forma em sentido contrário ao da lei. É o caso da *consuetudo abrogatoria*, implicitamente revogatória das disposições legais, da *desuetudo* ou do costume negativo, que produz a não-aplicação da lei, em virtude de desuso, uma vez que a norma legal passa a ser letra morta. Pode ser admitido em casos excepcionais, como o de desajuste entre a realidade dos fatos e o comando normativo, desde que se atenda aos reclamos da justiça e dos fatos sociais.

COSTUME DO MAR. *Vide* CONSULADO DO MAR.

COSTUME GERAL. *Teoria geral do direito.* Costume admitido pelo povo em todo o território do País.

COSTUME INTERNACIONAL. *Direito internacional público.* Fonte de direito internacional resultante da prática geral aceita pelos Estados soberanos como sendo jurídica ou de bom direito.

COSTUMEIRO. *Teoria geral do direito.* **1.** Estabelecido pelo costume; consuetudinário. **2.** Livro de usos e costumes. **3.** Relativo ao costume.

COSTUME JURISPRUDENCIAL. *Teoria geral do direito.* Adoção de uma orientação pelos tribunais com a convicção de sua obrigatoriedade, por exemplo, as Súmulas dos tribunais.

COSTUME NEGATIVO. *Teoria geral do direito.* Omissão generalizada, apesar da ocorrência de fatos que constituem condição de aplicação da norma (Tércio Sampaio Ferraz Jr.). Trata-se do costume *contra legem*, pelo qual, por exemplo, ante a previsão de uma conduta vedada por lei, em certas circunstâncias (não fumar em veículos públicos), tem-se um comportamento contrário a ela (fuma-se), não se observando o comando legal.

COSTUME *PRAETER LEGEM*. *Teoria geral do direito.* É o costume que se reveste de caráter supletivo, suprindo a lei nos casos omissos e preenchendo lacunas. É invocado quando não se pode empregar a analogia, nas hipóteses de lacunas, procurando preencher esse hiato legal pela observância de práticas consuetudinárias. Por exemplo, a função natural do cheque é ser um meio de pagamento à vista. Se emitido sem fundos em poder do banco sacado, ficará quem o emitiu sujeito à sanção penal. Entretanto, muitas pessoas vêm, reiteradamente, emitindo-o, não como mera ordem de pagamento, mas como garantia de dívida, para desconto futuro, na convicção de que esse procedimento não constitui crime. Tal costume de emitir cheque pós-datado, baseado em hábito da época, realizado constante e uniformemente e na convicção de que é admissível juridicamente, como se fosse sucedâneo da letra de câmbio ou de promessa de pagamento, faz com que o órgão judicante se utilize dele como fonte supletiva da lei, declarando a inexistência do crime.

COSTUMES. **1.** *Direito penal.* Idéias éticas vigentes numa comunidade, relativas ao pudor público médio concernente ao comportamento sexual, que, se forem violadas, geram o crime contra os costumes. **2.** *Direito processual.* Parte da expressão "aos costumes, disse nada", usada na oitiva de testemunha, após sua qualificação, para indicar sua resposta negativa às seguintes perguntas habituais: Há relação de parentesco ou de amizade com uma das partes? Guarda sentimento de animosidade contra um dos litigantes? **3.** *Teoria geral do direito.* Hábitos vigentes e repetidos constantemente numa comunidade, com a convicção de sua necessidade jurídica.

COSTUME *SECUNDUM LEGEM*. *Teoria geral do direito.* É o que está previsto em lei, que reconhece sua eficácia obrigatória, por exemplo, nosso Código Civil manda que o dono da obra a receba se concluída de acordo com o costume do lugar.

COSTURA. **1.** *Medicina legal.* a) Sutura de tecidos lesados; b) cicatriz profunda. **2.** *Direito marítimo.* Intervalo entre tábuas de costado do navio que se calafeta com estopa alcatroada. **3.** Nas *linguagens jurídica* e *comum,* indica o ofício de coser.

COSTUREIRO. **1.** Na *linguagem jurídica* em geral, aquele que costura por profissão ou cria modelos de roupas para senhoras. **2.** *Medicina legal.* Músculo que, na face ântero-externa da coxa, se estende desde o ílio até a tíbia.

COTA. **1.** *Direito civil.* a) Quinhão de cada condômino; b) porção da herança cabível a cada herdeiro; c) fração de bens de que o testador pode livremente dispor por ato de última vontade; d) quantia com que cada devedor se compromete numa obrigação; e) parcela com que se contribui para a consecução de determinado fim; f) porção de alguma coisa; g) parte ideal de um todo; h) prestação. **2.** *Direito processual civil.* a) Anotação ou apontamento feito por advogado no ventre dos autos, prestando esclarecimentos ou dando informações ao juiz ou ao adversário, pois por lei é defeso neles lançar cotas marginais ou interlineares; b) sinal numérico ou alfabético utilizado para classificação das peças processuais. **3.** *Direito comercial.* a) Porção em dinheiro, em bens ou em efeitos com que cada sócio contribui para a formação do capital social; b) fração do capital de uma sociedade limitada; c) indicação de valores negociados; d) sinal identificador de uma cotação; e) fração de fundo de investimento. **4.** *Direito administrativo.* Breve informação colocada pelo funcionário público nos autos de expediente administrativo.

COTA ALFANDEGÁRIA. *Direito aduaneiro.* Regime em que se estipula a aplicação de uma tarifa alfandegária especial para quantidades limitadas de mercadorias ou certos tipos de produtos oriundos do país beneficiário.

COTAÇÃO. 1. *Direito comercial.* a) Preço ou valor oficial de mercadorias, ações ou títulos negociáveis; b) tabela onde, nas Bolsas de Valores e de Mercadorias, se indicam ou se fazem constar os valores oficiais dos efeitos nelas negociáveis. **2.** *Direito bancário.* Curso de um valor dado a uma moeda.

COTA DE BILHETES. É a quantidade de bilhetes da Loteria Federal e/ou da Loteria Instantânea destinada ao empresário lotérico. A cota mínima de bilhetes da Loteria Federal é estabelecida pela CAIXA, com base no potencial de mercado, e não poderá ser inferior à quantidade de séries de cada extração. A cota máxima de bilhetes da Loteria Federal é estabelecida, a critério da CAIXA, de acordo com a categoria de permissão.

COTA DE ENCOMENDAS. *Direito internacional privado.* Permissão antecipada para importação de certas mercadorias ou produtos, ante as justificativas de encomendas colocadas no exterior.

COTA DE EXPECTATIVA. *Vide* COTA INTERLOCUTÓRIA.

COTA DE RESERVA FLORESTAL (CRF). *Direito ambiental.* Título representativo de vegetação nativa sob regime de servidão florestal de Reserva Particular do Patrimônio Natural ou reserva legal instituída voluntariamente sobre a vegetação que exceder os percentuais estabelecidos pelo Código Florestal.

COTA DE SACRIFÍCIO. *Direito agrário.* Porção determinada que se retira do comércio de produtos agrícolas, proporcional à produção, para regularizar e estabilizar seu preço, entregando-a ao órgão competente. A perda resultante de tal entrega compensa-se com a valorização do produto.

COTA DISPONÍVEL. *Direito civil.* Porção dos bens que o testador pode livremente dispor, mesmo havendo herdeiro necessário, ou seja, descendente, ascendente ou cônjuge. Deveras, havendo descendente, ascendente ou consorte sucessível, o disponente estará impedido de dispor de mais da metade de seus bens, visto que a outra será, de pleno direito, do descendente, do ascendente ou do cônjuge dos quais constitui a legítima.

COTADO. *Direito comercial.* **1.** Avaliado; conceituado; apreciado. **2.** O que tem cotação no mercado.

COTADOR. *Direito processual civil.* Aquele que coloca nos autos processuais uma cota interlinear.

COTA HEREDITÁRIA. *Direito civil.* Quinhão da herança pertencente a cada um dos herdeiros do *de cujus.*

COTA INTERLINEAR. *Direito processual civil.* Anotação feita por advogado ou escrivão, contrariando a proibição legal, à margem ou no corpo dos autos processuais, hipótese em que o juiz mandará riscá-la, impondo multa a quem a escreveu.

COTA INTERLOCUTÓRIA. *Direito aduaneiro.* É a fixada com o escopo de dificultar importação maciça de certas mercadorias ou produtos, como medida preventiva, sempre que se pretender obter uma majoração das taxas tarifárias que sobre eles recaem.

COTALÍCIO. *Direito processual civil.* Diz-se do pacto em que o advogado se associa ao litigante, auxiliando-o em juízo, recebendo uma percentagem da coisa litigiosa no resultado final da demanda. *Vide* COTA *LITIS.*

COTA *LITIS*. *Direito processual civil.* Pacto em que o litigante oferece ao advogado parte da coisa litigiosa, desde que patrocine e vença a causa, a título de pagamento de honorários advocatícios.

COTA MARGINAL. *Vide* COTA INTERLINEAR.

COTAMENTO. *Direito processual civil.* Ação de cotar os autos.

COTA NORMAL. *Direito internacional privado.* Quantidade de mercadoria autorizada para importação.

COTÃO. *Direito agrário.* **1.** Lanugem de certos frutos. **2.** Conjunto de fibras, como o algodão.

COTA-PARTE. *Direito comercial.* **1.** Fração mínima de capital com que cada sócio contribui para a formação da sociedade empresária. **2.** Ação de sociedade anônima.

COTA-PARTE DE MULTA E PERCENTAGEM. *História do direito.* Forma de remuneração que era concedida a certas categorias de funcionários públicos consistente na entrega de uma parcela, previamente fixada, da arrecadação do crédito tributário.

COTAR. *Direito comercial.* **1.** Dar cotação **2.** Avaliar. **3.** Fixar preço. **4.** Marcar o valor do dia. **5.** Fazer cota.

COTÁRIO. *Direito comercial.* Aquele que tem cota numa sociedade empresária.

COTÁVEL. *Direito comercial.* O que é admitido para negociação na Bolsa.

COTEJO. *Direito processual civil.* Confrontação entre dois ou mais objetos, assinaturas, documentos ou escrituras, visando averiguar sua autenticidade.

COTELEIRO. *Direito agrário.* Diz-se do boi manso que procura o curral.

COTIDADE. **1.** *Direito tributário.* Imposto em que se fixa a taxa incidente sobre mercadoria tributável. **2.** Na *linguagem jurídica* em geral, é a soma fixa a que monta cada cota-parte.

COTILÉDONE. *Medicina legal.* Cada uma das subdivisões circulares da face interna ou da superfície uterina da placenta.

COTILÓIDE. *Medicina legal.* Relativo a cótilo, ou seja, à cavidade óssea na qual se articula a cabeça ou a extremidade de outro osso.

COTIO. *Direito agrário.* **1.** Espécie de figo branco e grande. **2.** Variedade de grão-de-bico.

COTISTA. *Direito comercial.* Sócio-cotista; membro da sociedade limitada.

COTIZAÇÃO. **1.** *Direito tributário.* Tributação. **2.** Na *linguagem jurídica* em geral, é: a) a contribuição para formar fundos para cobrir despesas comuns, procurando o sucesso de um empreendimento; b) o ato ou efeito de cotizar.

COTIZAR. **1.** Fixar preço. **2.** Atribuir a cada um a cota que lhe cabe no pagamento das despesas comuns. **3.** Distribuir por cotas. **4.** Reunir-se a várias pessoas para que, com a contribuição da cota de cada uma, se possa atingir a consecução de um objetivo comum.

COTIZÁVEL. O que se pode cotizar.

COTO. **1.** *Direito canônico.* Espécie de saltério utilizado pelo Papa. **2.** *Medicina legal.* Parte do braço ou da perna que fica após uma amputação.

COTONICULTOR. *Direito agrário.* Aquele que cultiva algodão.

COTOVELO. **1.** *Medicina legal.* Parte exterior do braço, onde há articulação do úmero com o cúbito. **2.** *Direito agrário.* Nó da videira onde rebenta o cacho de uva. **3.** *Direito administrativo.* a) Enseada; b) curva violenta no traçado de uma estrada.

COTRUCO. **1.** *Direito comercial.* Mascate ou vendedor ambulante de armarinhos ou fazendas, no nordeste do Brasil. **2.** Na *gíria* nordestina, designa faca de ponta ou punhal.

COTUBANA. *História do direito.* Aforamento perpétuo, na Índia portuguesa, que corresponde, atualmente, à enfiteuse.

COUARD. *Termo francês.* Covardia.

COUDELARIA. *Direito agrário.* Posto de criação e aperfeiçoamento de raças de cavalo.

COUNSEL FEES. *Locução inglesa.* Honorários advocatícios.

COUNTER-DISPLAY. *Locução inglesa.* Anúncio de propaganda colado num cartão com suporte para que possa ser colocado sobre um balcão de vendas.

COUNTER TRADE. *Locução inglesa.* **1.** Comércio compensado, ou seja, conjunto de negociações comerciais internacionais, que constituem objeto de um mesmo contrato, em obediência ao fato de que exportações por um país só se perfazem se houver expressa obrigação de importar, do Estado comprador, mercadorias do mesmo valor (Othon Sidou). **2.** Troca internacional usada quando os países necessitam de produtos, mas não têm moeda forte para pagá-los, sendo preciso que permutem aqueles produtos pelos que produzem em larga escala (Sebastião José Roque).

COUNTING-HOUSE. *Locução inglesa.* Escritório de estabelecimento comercial ou industrial.

COUNTRY CLEARING. *Locução inglesa.* Câmara de compensação de cheques.

COUP DE FOUDRE. *Expressão francesa.* **1.** Desgraça que vem inesperadamente. **2.** Amor à primeira vista.

COUP D'ÉTAT. *Locução francesa.* Golpe de estado.

COUP DE THÉÂTRE. *Expressão francesa.* Golpe teatral.

COURAÇA. 1. *Direito agrário.* Invólucro protetor de certos animais. **2.** *Direito militar.* Revestimento de aço que protege navios encouraçados contra artilharia; blindagem.

COURAÇADO. *Direito militar.* Navio de guerra blindado e armado.

COUREIRO. *Direito comercial.* Vendedor de couro.

COURRIER. Correio expresso.

COURT. *Termo inglês.* **1.** Tribunal. **2.** Justiça. **3.** Juízo. **4.** Vara. **5.** Foro.

COURT-ANNEXED ARBITRATION E COURT ORDERED ARBITRATION. *Direito comparado.* Nos EUA, constituem formas de uso de arbitragem, com determinação judicial, realizadas pela própria Corte, em substituição ao julgamento.

COURT HOUSE. *Locução inglesa.* Fórum.

COUTADA. 1. *Direito civil.* Local onde o acesso é proibido para caçar, pescar, tirar lenha etc. **2.** *Direito agrário.* Terra reservada para pasto.

COUTELHO. *Direito agrário.* Pomar cercado e murado.

CO-UTENTE. *Direito civil.* Aquele que usa um bem juntamente com outrem; co-usuário.

COUTO. 1. *Direito penal.* Refúgio de criminosos. **2.** *Direito civil* e *direito agrário.* a) Terra demarcada para fruir a coutada; b) propriedade rural murada e bem protegida (Marcus Cláudio Acquaviva).

COUVADE. *História do direito.* Dever do marido de permanecer em resguardo, durante e após o parto de sua mulher, sob pena de que o filho não viesse a vingar (Luiz da Camara Cascudo).

COUVAL. *Direito agrário.* Plantação de couve.

COUVERT ARTÍSTICO. *Direito do consumidor.* Preço incluído no cardápio que só pode ser cobrado nos dias e horários em que houver apresentação artística e se existir contrato de locação de serviço ou de trabalho celebrado entre o estabelecimento e os artistas cadastrados na respectiva Delegacia do Trabalho ou no sindicato de classe.

COVA. 1. *Direito agrário.* a) Abertura ou escavação feita na terra para fins de plantio ou semeadura; b) pequena elevação de terreno onde se planta a maniva da mandioca. **2.** *Direito administrativo.* Sepultura. **3.** Na *gíria:* a) casa de ladrões; b) destino ou venda prevista para certo animal.

CÔVADO. *História do direito.* Medida linear que correspondia a 66 cm.

COVAGEM. *Direito administrativo.* **1.** Ação de abrir sepultura no cemitério. **2.** Emolumento que se paga pelo serviço de abertura de sepultura em cemitério.

COVAL. 1. *Direito administrativo.* a) Local do cemitério onde se pode abrir sepultura; b) preço da sepultura. **2.** *Direito agrário.* Divisão de terra destinada para sementeira.

COVARDIA. *Direito penal militar.* Fraqueza de ânimo, em decorrência da qual o militar deixa de cumprir seu dever funcional, praticando ato punível.

COVARDISMO. *Vide* COVARDIA.

COVATO. *Direito administrativo.* a) Ofício de coveiro; b) local onde se abrem sepulturas; c) preço da sepultura.

COVEADOR. *Direito agrário.* **1.** O que faz covas para plantio. **2.** Instrumento próprio para covear, isto é, abrir covas para plantação.

COVEIRO. *Direito administrativo.* Aquele que abre sepultura de cadáver.

CO-VENDEDOR. *Direito civil* e *direito comercial.* Aquele que efetua vendas juntamente com outrem.

COVERED TOP. *Locução inglesa.* Forma de *container* com coberta removível na parte superior.

COVETA. *Direito agrário.* Cova onde se plantam, no Nordeste, mudas de cana-de-açúcar.

COVIL. *Direito penal.* **1.** Refúgio de ladrões. **2.** Esconderijo ou antro de malfeitores.

COWBOY. *Termo inglês.* Vaqueiro do oeste norte-americano.

COXA. *Medicina legal.* Parte da perna situada entre o quadril e o joelho.

COXAGRA. *Medicina legal.* Afecção gotosa das articulações da coxa.

COXALGIA. *Medicina legal.* **1.** Forte dor na articulação superior da coxa. **2.** Artrite tuberculosa do quadril.

COXARTROSE. *Medicina legal.* Deformação dolorosa da articulação das ancas.

COXEAR. *Medicina legal.* Claudicar; andar manquejando.

COXIA. 1. *Direito marítimo.* Prancha que, em determinadas embarcações, dá passagem da proa à popa. **2.** Na *linguagem comum,* indica: a) colina pouco elevada que se estende pelos campos; b) espaço situado atrás dos bastidores do palco.

COXOTUBERCULOSE. *Medicina legal.* Doença tuberculosa da articulação da coxa; coxalgia.

CPF. *Direito tributário.* Cadastro de Pessoa Física, do Ministério da Fazenda.

CPI. Sigla de Comissão Parlamentar de Inquérito.

CPMF. *Direito tributário.* **1.** *Vide* CONTRIBUIÇÃO PROVISÓRIA SOBRE MOVIMENTAÇÃO OU TRANSMISSÃO DE VALORES E DE CRÉDITOS E DIREITOS DE NATUREZA FINANCEIRA. **2.** Sigla de Contribuição Provisória sobre Movimentação ou Transmissão de Valores e de Créditos e Direitos de Natureza Financeira, que se aplica aos lançamentos referentes às seguintes operações e atividades: 1. captação de recursos, inclusive no mercado interfinanceiro e do exterior, com ou sem emissão de títulos; 2. empréstimo e financiamento, inclusive desconto, e adiantamentos sobre contratos de câmbio de exportação; 3. transferência de recursos interbancários; 4. cessão e aquisição de direitos creditórios; 5. repasse de recursos de instituições oficiais e repasses interfinanceiros; 6. repasse de empréstimos obtidos no exterior; 7. prestação de serviços de arrecadação de tributos, serviços de pagamentos e recebimentos diversos e outros serviços típicos de instituições financeiras; 8. atividades relacionadas com o serviço de compensação de cheques e outros papéis; 9. subscrição, compra e venda de títulos e valores mobiliários para revenda ou investimento de caráter não permanente, observado que, no caso de operações tendo por objeto ações ou contratos a elas referenciados, isso se restringe ao mercado primário e ao mercado secundário de Bolsa de Valores ou de entidade a ela assemelhada; 10. intermediação e distribuição de títulos e valores mobiliários; 11. compra e venda de certificados, títulos e valores mobiliários por conta de terceiros; 12. custódia de títulos e valores mobiliários; 13. recebimentos e pagamentos de resgates, juros e outros proventos de títulos de crédito e aplicações financeiras; 14. recebimentos e pagamento de resgates, juros e outros proventos de valores mobiliários de emissão de terceiros; 15. operações de câmbio; 16. operações de conta margem e de empréstimo de ações; 17. realização de operações compromissadas; 18. compra, venda e mútuo de ouro ativo financeiro; 19. aplicações em depósitos interfinanceiros; 20. operações, por conta de terceiros e por conta própria, realizadas em Bolsas de Valores, de Mercadorias, de Futuros, em entidades a elas assemelhadas, e no mercado de balcão; 21. operações das sociedades e fundos de investimento mantidos por investidores residentes ou não no País; 22. operações das carteiras de títulos e valores mobiliários mantidas por investidores não residentes no País; 23. prestação de serviços de loteria federal, estadual, esportiva e de números, pelas Caixas Econômicas; 24. prestação de serviços com correspondentes no exterior e no País; 25. prestação de fiança, aval e outras garantias; 26. operações de arrendamento mercantil, na qualidade de arrendador; 27. cobrança de títulos; 28. prestação de serviços de liquidação, compensação e custódia vinculados às Bolsas de Valores, de Mercadorias e de Futuros; 29. contribuições ao Fundo Garantidor de Crédito e operações de sua carteira.

CPORAER–SJ. *Direito militar.* Centro de Preparação de Oficiais da Reserva da Aeronáutica de São José dos Campos.

CPU. *Direito virtual.* Unidade central de processamento, na qual está instalado o *winchester.*

CPV. *Direito agrário.* Sigla de Coordenação de Fiscalização de Produtos Veterinários.

CRACA. *Direito agrário.* Ruga que surge na base dos chifres do gado bovino, quando envelhece.

CRACHÁ. 1. Condecoração **2.** Medalha que comendadores ou grã-cruzes trazem ao peito como insígnia honorífica. **3.** Identificação de pessoa para a entrada em certos locais. **4.** Distintivo usado para identificar pessoas em empresas ou órgãos públicos.

CRACKER. *Termo inglês.* **1.** Aquele que invade sistema informático alheio, para causar prejuízo. É confundido erroneamente com *Hacker.* **2.** Aquele que acessa sistema sem autorização.

CRANIECTOMIA. *Medicina legal.* Cirurgia para extirpação de parte da caixa craniana.

CRANIOCLASIA. *Medicina legal.* Esmagamento da cabeça do feto na bacia, para possibilitar sua expulsão.

CRANIOMALACIA. *Medicina legal.* Amolecimento dos ossos do crânio.

CRANIÓPAGO. *Medicina legal.* Gêmeos unidos pelo crânio.

CRANIOPLASTIA. *Medicina legal.* Operação plástica para correção de defeitos do crânio.

CRANIOTABES. *Medicina legal.* Amolecimento de zonas do crânio da criança provocado pela sífilis, por exemplo.

CRÁPULA. Indivíduo devasso ou dado à libertinagem.

CRAQUE. 1. *Direito desportivo.* Atleta célebre ou afamado. **2.** *Direito bancário.* a) Série de falências bancárias; b) abalo financeiro provocado por tais falências. **3.** *Direito comercial.* a) Iminência de falência de estabelecimento mercantil; b) quebra vertiginosa de ações negociadas em Bolsa de Valores; c) baixa de valores negociáveis. **4.** *Direito civil.* Insolvência. **5.** Na *linguagem comum,* designa indivíduo que se destaca dos outros pela sua capacidade e fama.

CRASH. *Termo inglês.* Queda abrupta e significativa na cotação (Luiz Fernando Rudge).

CRASSA SEU SUPINA IGNORANTIA EST NESCIRE ID QUOD QUIS INVESTIGARE ET SCIRE TENETUR ET DEBET, PRAESERTIM RATIONE OFFICII, TUNC ENIM IGNORANS HABETUR PRO SCIENTE. *Brocardo latino.* Ignorância crassa ou supina é não saber a que se é obrigado e o que se deve investigar e saber, principalmente em razão do ofício, tendo-se, por ciente, o que se ignora.

CRATERA. 1. *Direito militar.* Buraco formado pela detonação de granada ou de uma carga subterrânea de explosivos. **2.** *Medicina legal.* Lesão crateriforme em superfície de órgão oco, como, por exemplo, o sítio de uma úlcera do estômago.

CRAUROSE. *Medicina legal.* Atrofia e enrugamento de órgãos genitais externos da mulher.

CRAVAMENTO DE MARCOS. 1. *Direito civil.* Ato de fincar marcos numa linha divisória, demarcando limites entre dois prédios. **2.** *Direito processual civil.* Ato pelo qual, na ação divisória ou demarcatória, o agrimensor judicial estabelece marcos nas linhas limítrofes de propriedades contíguas.

CRAVO. *Medicina legal.* Afecção do folículo sebáceo provocada pela obstrução dos poros.

CREAs. Sigla de Conselhos Regionais de Engenharia, Arquitetura e Agronomia, que fiscalizam o exercício profissional de seus membros, zelam pela execução das obras e providenciam registros de engenheiros, arquitetos e agrônomos.

CRECHE. Local onde se cuida de crianças em idade pré-escolar durante o dia.

CRECI. Sigla de Conselho Regional de Corretores de Imóveis.

CREDÊ. *Medicina legal.* Ato de pingar nos olhos do recém-nascido uma solução de nitrato de prata a 2%, para prevenir conjuntivite gonocócica.

CREDENCIAL. 1. *Direito internacional público.* a) O que confere poderes para a representação de um país perante o governo de outro; b) carta oficial, expedida pelo governo, que um ministro ou embaixador entrega ao chefe do Estado ao qual é enviada, para se fazer acreditar junto dele como representante de seu país. **2.** Na *linguagem jurídica* em geral indica: a) autorização dada por alguém a outrem para tratar de negócios do credenciante ou de uma instituição que representa; b) ação ou título que abona uma pessoa.

CREDENCIAL DE SEGURANÇA. Certificado concedido por autoridade competente, que habilita uma pessoa a ter acesso a documento sigiloso.

CREDENCIAMENTO. 1. *Direito bancário.* Autorização para que instituições financeiras e não financeiras possam atuar como agentes financeiros em programas de aplicação dos recursos do FGTS. **2.** *Direito administrativo.* Ato formal pelo qual o Poder Público outorga ao credenciado (pessoa física ou jurídica) uma qualificação, situação ou prerrogativa jurídica para exercer certas atividades materiais ou técnicas em caráter instrumental ou de colaboração com entidade pública, a título oneroso, visto que são remunerados diretamente pelos interessados, sendo que o resultado dos trabalhos executados desfruta de especial credibilidade, tendo o outorgante o poder/dever de exercer a fiscalização, podendo até mesmo extinguir aquela outorga, assegurados os direitos e interesses patrimoniais do outorgado se estiver de boa-fé (Adilson de Abreu Dallari).

CREDENCIAMENTO DE UNIVERSIDADE PRIVADA. *Direito educacional.* É o que se opera mediante solicitação de instituição interessada ao Ministério da Educação, protocolada no Protocolo Geral do Ministério da Educação ou da Delegacia do Ministério na unidade da respectiva federação. A solicitação de credenciamento como universidade deverá ser acompanhada de projeto do qual deverão constar os seguintes quesitos: a) denominação, condição jurídica, situação fiscal e parafiscal e objetivos institucionais; b) breve histórico da instituição; c) projeto de estatuto da nova universidade, que deve ser acompanhado de um plano de desenvolvimento institucional, contemplando, pelo menos, os objetivos da instituição, projeto de qualificação e formação continuada do corpo docente, as formas de fomento e incentivo à pesquisa, à pós-graduação e à graduação, a definição de áreas prioritárias para o desenvolvimento do ensino de graduação, pós-graduação e pesquisa, o perfil dos profissionais que pretende formar, o projeto de atualização e renovação permanente dos acervos bibliográficos e de redes de informação, e o projeto de expansão e melhoria da infra-estrutura existente; d) localização da sede e de cursos ou *campi* em outras localidades, quando for o caso; e) breve histórico da instituição; f) elenco dos cursos reconhecidos e em reconhecimento, com indicação do número de vagas, número de candidatos por vaga e por curso no último vestibular, número de alunos matriculados por curso, por período (noturno ou diurno) e por turma; g) organização acadêmica e administrativa, com definição de mandato, qualificação exigida e formas de acesso para os cargos de reitor, diretores de unidade e demais posições de chefia e coordenação; h) descrição das instalações físicas, equipamentos, laboratórios, biblioteca com acervo de periódicos, acervo de livros por área de conhecimento e outros recursos materiais de apoio ao ensino, à pesquisa e às atividades administrativas, especialmente no que diz respeito ao equipamento de informática e acesso à rede de informação; i) descrição do corpo docente, com número e percentual de especialistas, mestres e doutores, especificando as instituições concedentes da titulação; vinculação do docente por disciplina; percentual em tempo integral; experiência profissional e regime de trabalho e plano de carreira; j) demonstração das atividades de pesquisa por resultados, tais como publicações de docentes em livros, anais de congressos ou revistas especializadas, produção científica e tecnológica dos docentes, patentes registradas, projetos realizados e em desenvolvimento; k) descrição das atividades de extensão desenvolvidas nos últimos dois anos; l) número e avaliação dos cursos de pós-graduação; m) resultados obtidos nas avaliações realizadas pelo Ministério da Educação. O credenciamento de universidades privadas será feito através da comprovação dos seguintes critérios: a) capacidade financeira, administrativa e de infra-estrutura da instituição; b) cumprimento total das exigências de titulação e de tempo integral; c) atividade efetiva de pesquisa em, no mínimo, três áreas; d) pós-graduação implantada; e) infra-estrutura adequada de pesquisa; f) existência de órgãos colegiados, com participação de docentes, e capacidade decisória sobre os assuntos relativos à docência, à pesquisa e à extensão; g) existência de fundo de pesquisa destinado ao financiamento de projetos acadêmicos, científicos e tecnológicos da instituição, com recursos equivalentes a, no mínimo, 2% do orçamento operacional da instituição. As instituições que solicitarem o credenciamento como universidade especializada devem comprovar efetiva atividade de pesquisa e pós-graduação *stricto sensu* em uma área de conhecimento e, quando for o caso, em subáreas correlatas. As informações prestadas pela solicitante serão complementadas com informações ministeriais adicionais. O Ministério, completado o conjunto de informações, constituirá uma comissão de credenciamento, especialmente designada para analisar a documentação apresentada e avaliar *in loco* as condições de funcionamento e as potencialidades da instituição, que poderá solicitar informações adicionais, inclusive através de realização de entrevistas ou aplicação de questionários a alunos e docentes. A comissão de credenciamento, uma vez concluída a análise e a verificação *in loco*, elaborará relatório detalhado definindo a localização da sede da instituição e dos *campi* que poderão integrá-la, e recomendando ou não o credenciamento da instituição como universidade. O relatório da comissão de credenciamento, acompanhado da documentação pertinente, integrará o relatório ministerial, que será encaminhado à Câmara de Educação Superior do Conselho Nacional de Educação para deliberação. O parecer do Conselho Nacional de Educação será enviado ao Ministro de Estado da Educação para homologação. Em havendo homologação, pelo Ministro, de parecer favorável, o credenciamento se fará por ato do Poder Executivo, que explicitará o local da sede da instituição e dos *campi* fora da sede. Em caso de homologação de parecer desfavorável, a instituição interessada só poderá solicitar novo credenciamento após o prazo de dois anos, a contar da data da publicação da homologação do parecer no *Diário Oficial da União*. As instituições que obtiverem credenciamento como universidades serão avaliadas, para fins de recredenciamento, após cinco anos. Será sustada a tramitação de solicitações de credenciamentos quando a proponente ou sua mantenedora estiverem submetidas a sindicância ou inquérito administrativo. As instituições que tiverem seus pedidos negados poderão reapresentá-los, sem carência de data.

CREDENCIAMENTO PARA EXPLORAÇÃO DE BINGO. *Direito desportivo.* Ato formal que, onde for permitido o bingo, autoriza a sua exploração, seja ele permanente ou eventual, por entidades de administração e de prática desportiva e por ligas, com a finalidade de angariar recursos para o fomento do desporto. O requerimento de credenciamento deverá ser dirigido ao INDESP, ou à Secretaria da Fazenda da Unidade da Federação onde se pretender explorar o bingo, ou à Loteria Estadual, desde que tenha sido firmado o convênio, acompanhado dos documentos exigidos para cada nível de entidade. Para credenciar-se, a entidade de prática desportiva obriga-se a apresentar os seguintes documentos: a) cópia dos respectivos atos constitutivos, e alterações posteriores, devidamente registrados ou averbados no cartório competente, ou na Junta Comercial; b) comprovante da regularidade da composição de seu corpo diretivo, e do exercício dos respectivos mandatos, mediante certidão de registro ou de averbação dos correspondentes termos de posse; c) comprovante de inscrição no Cadastro Geral de Contribuintes do Ministério da Fazenda; d) comprovante de inscrição estadual, ou no Distrito Federal e Municipal, conforme o caso; e) comprovação de regularização de contribuições junto à Receita Federal, à Seguridade Social e às Fazendas Estadual, do Distrito Federal e Municipal, conforme o caso; f) apresentação de certidões dos distribuidores cíveis, trabalhistas, criminais e dos cartórios de protesto; g) prova de filiação e de regularidade de situação junto a uma ou mais entidades de administração de qualquer siste-

ma do desporto olímpico; h) prova de atuação regular e continuada na prática de pelo menos uma modalidade desportiva, com participação em todas as competições previstas nos calendários oficiais dos últimos três anos. Além da apresentação desses documentos, a entidade de administração desportiva que pretender credenciar-se para a exploração de bingo deverá também comprovar: a) filiação de, no mínimo, cinco entidades de prática desportiva; b) organização e funcionamento autônomo em relação às entidades de prática desportiva; c) exercício das competências definidas em seus estatutos; d) filiação à entidade de direção nacional da modalidade desportiva, se for o caso; e) participação no último campeonato nacional ou estadual realizado, em qualquer categoria; f) atuação regular e continuada da modalidade desportiva de sua área de atuação, com realização de todas as competições obrigatórias do calendário.

CREDENCIAMENTO PARA SERVIÇOS DE PERÍCIA MÉDICA DO INSS. *Direito previdenciário.* É um conjunto de providências para identificação, qualificação e gerenciamento de serviços de terceiros, voltados para o atendimento da clientela previdenciária, com a finalidade de emitir parecer médico conclusivo quanto à capacidade laboral, para fins previdenciário e assistencial, realização de pareceres especializados, exames complementares e assistência técnica junto ao Poder Judiciário.

CREDERE. *História do direito.* Termo que era usado na expressão *del credere* para indicar a cláusula inserida em contrato de representação comercial alusiva à garantia dada pelo representante de um comerciante às operações realizadas por seu intermédio, assumindo os riscos delas decorrentes e responsabilizando-se perante o representado ou comitente pela execução das obrigações assumidas.

CREDIÁRIO. *Direito comercial.* Sistema de vendas a crédito, com pagamento de prestações mensais.

CREDIARISTA. *Direito comercial.* Aquele que compra, em estabelecimento mercantil, pelo crediário.

CREDIBILIDADE. Qualidade do que é crível.

CREDITADO. *Direito comercial* e *direito bancário.* 1. O que foi lançado a crédito de alguém. 2. Aquele em favor de quem se abriu um crédito. 3. Portador de uma carta de crédito.

CREDITADOR. *Direito comercial* e *direito bancário.* **1.** Aquele que abre um crédito em favor de outrem, colocando fundos à sua disposição. **2.** O que se compromete a fornecer a outra pessoa o dinheiro de que precisa. **3.** Aquele contra quem se emite uma letra ou carta de crédito.

CREDITANTE. *Direito comercial* e *direito bancário.* **1.** Aquele que expede carta de crédito. **2.** O que dá crédito a alguém. **3.** Aquele que se credita por uma importância pecuniária de que é credor. **4.** *Vide* CREDITADOR.

CREDITAR. *Direito comercial* e *direito bancário.* **1.** Lançar, numa conta, um crédito. **2.** Inscrever como credor.

CRÉDIT-BAIL. *Locução francesa.* Arrendamento mercantil.

CRÉDIT BUREAU. *Direito do consumidor.* É um arquivo de dados comportamentais, implementado pelo Serasa, que visa apontar os caracteres do bom pagador, facilitando-lhe, de forma ágil e a um custo menor, o acesso ao crédito.

CREDITÍCIO. **1.** Na *linguagem jurídica* em geral, aquilo que é relativo a um crédito público. **2.** *Direito bancário.* Diz-se do contrato ou operação de crédito pelo qual um banco (creditante) assume o compromisso de fornecer a outrem (creditado) a quantia de que necessita para a efetivação de algum negócio.

CRÉDIT LYONNAIS. Empresa única com vários estabelecimentos, que são as sucursais, criada em 1863.

CRÉDITO. **1.** *Direito comercial.* a) Condição para a inscrição do empresário no Registro Público de Empresas Mercantis; b) confiança na solvabilidade; c) lançamento de uma importância no haver (ou crédito) de uma conta; d) aquilo que, na escrituração, indica o que o empresário tem a haver; dívida ativa; e) conta aberta por alguém (devedor) em um estabelecimento empresarial para eventuais operações a crédito. **2.** *Direito econômico.* Troca de bens atuais por futuros, ensejando circulação de valores ou mercadorias. Antecipação de recursos (mercadorias, dinheiro, uso de imóveis, serviços, títulos etc.), que se transformará em prestação futura, feita por uma pessoa a outrem, tendo garantia de um pagamento posterior, em razão da confiança depositada na pessoa a quem se entrega a coisa. **3.** *Direito civil.* a) Direito do credor de exigir a prestação do devedor; b) prazo para pagamento. **4.** *Direito bancário.* Dinheiro colocado à disposição de alguém num banco. **5.** *Direito administrativo.* Soma consignada no orçamento para fazer frente às despesas públicas. **6.** *Ciência política.* Autorização de despesa concedida ao governo pelo Parlamento. **7.** Na *linguagem jurídica* em geral: a) autoridade, importância; b) confiança que as boas qualidades de uma pessoa inspiram.

CRÉDITO ABERTO. **1.** *Direito bancário.* Colocação de fundos em poder de um banco à disposição de alguém, mediante contrato de abertura de crédito, por certo tempo, para que este venha a sacá-lo ou a satisfazer suas ordens de pagamento. O favorecido pode usar do crédito imediatamente, convertendo-o em dinheiro. **2.** *Direito comercial.* É o concedido pelo estabelecimento empresarial a alguém para sacar mercadorias.

CRÉDITO A CURTO PRAZO. *Direito bancário.* Fornecimento de capital, pelo prazo de um a três anos, a empresários, agricultores, para que possam adquirir matérias-primas, pagar salários etc.

CRÉDITO A DESCOBERTO. *Direito bancário.* **1.** É o concedido a alguém, sem qualquer garantia, real ou fidejussória, ou obrigação de cobertura decorrente da entrega de valores. É um adiantamento de dinheiro com base na confiança que se deposita no favorecido ou creditado. **2.** Excesso de retirada feita por alguém além do limite de sua conta corrente.

CRÉDITO ADICIONAL. *Ciência política.* Autorização de despesa não computada no orçamento.

CRÉDITO AGRÍCOLA. *Direito agrário.* É o obtido com a garantia dos produtos ou frutos que possam ser produzidos com o cultivo do solo e com a pecuária, visando fomentar as atividades agropecuárias.

CRÉDITO AGROPECUÁRIO. *Vide* CRÉDITO AGRÍCOLA.

CRÉDITO A LONGO PRAZO. *Direito bancário.* Fornecimento de capital pelo banco para o estabelecimento, melhoramento ou manutenção de proprietários de terra, empresários e comerciantes, mediante pagamento periódico de juros.

CRÉDITO AO CONSUMO. *Economia política.* Aquele em que o tomador emprega capitais, efetuando despesas de manutenção, diversão, educação etc.

CRÉDITO A PRAZO MÉDIO. *Direito bancário.* É aquele concedido pelo banco a industriais sob a forma de desconto de efeitos de comércio, de vencimentos escalonados em dezoito a vinte e quatro meses (Henri Guitton).

CRÉDITO À PRODUÇÃO. *Economia política.* Aquele em que os bens servem para produção de nova riqueza.

CRÉDITO A RECEBER. Título que representa o crédito.

CRÉDITO ATIVO. *Vide* CRÉDITO ABERTO.

CRÉDITO A VENCER. *Direito civil.* Aquele cujo cumprimento não pode ser ainda exigido do devedor, ante o fato de não ter vencido seu termo.

CRÉDITO BANCÁRIO. *Direito bancário.* **1.** É o concedido por instituição financeira a pessoa física ou jurídica, adiantando numerários. **2.** Aquele de que dispõe um banco pela confiança que inspira a seus clientes e ao público, em razão dos fundos nele depositados, que lhe permitem executar operações acima de seu capital.

CRÉDITO CAMBIÁRIO. *Direito comercial* e *direito cambiário.* O que vincula o sacador ao pagamento de uma letra de câmbio e autoriza o tomador a procurar o sacado para, dadas certas condições, poder dele receber a quantia referida no título. Se o sacado não pagar, o tomador poderá cobrar do sacador, por ser este co-devedor do título (Fábio Ulhoa Coelho).

CRÉDITO CAPITAL. *Direito comercial.* É o oriundo de lançamento de debêntures, com as quais as sociedades anônimas, ao contraírem empréstimo de dinheiro por esse modo, resolvem suas necessidades financeiras. É também denominado "crédito de corporação".

CRÉDITO CERTO. É o que consiste numa soma exata de dinheiro ou numa prestação perfeitamente delineada.

CRÉDITO CIVIL. *Direito civil.* É o resultante de contrato entre particulares, cujas prestações não se executam simultaneamente.

CRÉDITO COBERTO. *Direito civil.* Crédito vinculado a uma garantia real, fiduciária ou caucionária, prestada pelo devedor ou por alguém a seu favor, assegurando ao seu credor o pagamento do empréstimo que fez. Trata-se do "crédito garantido".

CRÉDITO COLETIVO. É o que compõe o ativo de uma pessoa.

CRÉDITO COM DIREITO REAL DE GARANTIA. *Direito civil.* É o garantido por penhor, anticrese ou hipoteca.

CRÉDITO COMERCIAL. *Direito comercial.* É o destinado a fornecer capital circulante a breve termo (Papaterra Limongi), sendo muito usado nas vendas a prazo, onde se emite um título de crédito contra o comprador (devedor).

CRÉDITO CONFIRMADO. *Direito bancário.* É o autorizado por antecipação por um banco, para pagamento de uma operação mercantil que nele se fundou.

CRÉDITO CONGELADO. É o que não pode ser transferido para o exterior em virtude de medidas governamentais restritivas.

CRÉDITO CONJUNTIVO. É o que visa o gasto imediato, necessitando o devedor lançar mão de outras fontes de receita para satisfazê-lo (Elcir Castello Branco).

CRÉDITO CONTINGENTE. *Vide* CARTA DE CRÉDITO *STAND-BY.*

CRÉDITO DE BLOCOS DE ESTAÇÕES DE ASSINANTE. É a expressão da quantidade de estações de assinante acumulada por uma empresa, como resultado do decréscimo de estações de assinante em operação em um mês, comparado ao mês anterior, acrescido do Crédito de Blocos de Estações de Assinante acumulado de meses anteriores.

CRÉDITO DE CARBONO. *Direito ambiental.* Também denominado Redução Certificada de Emissões (RCE), é o certificado emitido quando ocorre a redução de emissão de gases do efeito estufa (GEE). Por convenção, uma tonelada de dióxido de carbono (CO) equivalente corresponde a um crédito de carbono, que pode ser negociado no mercado internacional. O crédito de carbono cria um mercado para a redução de GEE, dando um valor monetário à poluição. Acordos internacionais, como o Protocolo de Kyoto, determinam uma cota máxima de créditos que países desenvolvidos podem emitir. Os países, por sua vez, criam leis que restringem as emissões de GEE. Assim, esses países, ou indústrias, que não conseguem atingir as metas de redução de emissões tornam-se compradores de créditos de carbono. Por outro lado, as indústrias que conseguiram diminuir suas emissões abaixo das cotas determinadas podem vender o excedente de "redução de emissão" ou "permissão de emissão" no mercado nacional ou internacional. Os países desenvolvidos podem promover a redução da emissão de gases causadores do efeito estufa

(GEE) em países em desenvolvimento através do mercado de carbono quando adquirem créditos de carbono provenientes destes países (fonte: Wikipédia).

CRÉDITO DE CIRCULAÇÃO. *Direito comercial.* É o decorrente de um título de crédito emitido em razão de venda de mercadorias a favor de quem o desconte.

CRÉDITO DE COMERCIALIZAÇÃO. *Direito agrário.* Tem o objetivo de assegurar ao produtor rural ou a suas cooperativas os recursos necessários à comercialização de seus produtos no mercado. O crédito de comercialização compreende: a) pré-comercialização; b) desconto; c) empréstimos a cooperativas para adiantamentos a cooperados, por conta do preço de produtos entregues para venda; d) Empréstimos do Governo Federal (EGF); e e) Linha Especial de Crédito (LEC).

CRÉDITO DE CORPORAÇÃO. *Vide* CRÉDITO CAPITAL.

CRÉDITO DE CUSTEIO. *Direito agrário.* É o destinado ao atendimento das despesas normais: a) do ciclo produtivo de lavouras periódicas, da entressafra de lavouras permanentes ou da extração de produtos vegetais espontâneos, incluindo o beneficiamento primário da produção obtida e seu armazenamento no imóvel rural ou em cooperativa; b) de exploração pecuária, a apicultura, a avicultura, a piscicultura e a sericicultura; c) de beneficiamento ou industrialização de produtos agropecuários.

CRÉDITO DE FIRMA. *Direito bancário.* Modalidade de abertura de crédito em que o banco se obriga, mediante a cobrança de uma comissão, a aceitar letras de câmbio, a avalizar títulos ou a afiançá-los, dando-lhes maior garantia.

CRÉDITO DE PRODUÇÃO. *Direito bancário.* É o resultante de empréstimo concedido pelo banco a pessoa física ou jurídica para a aquisição de máquinas, com o intuito de fomentar o desenvolvimento de atividades industriais. É o chamado "crédito industrial".

CRÉDITO DESCOBERTO. *Vide* CRÉDITO A DESCOBERTO.

CRÉDITO DIVISÍVEL. Aquele que permite seu fracionamento em diversas prestações.

CRÉDITO DOCUMENTADO. *Direito bancário* e *direito internacional privado.* É, segundo a Câmara de Comércio Internacional, o acerto pelo qual um banco (emitente), agindo conforme o pedido e as instruções de um cliente (emissor da ordem), é encarregado de efetuar o pagamento ao terceiro beneficiário, ou à sua ordem, ou de pagar, aceitar ou negociar os efeitos do comércio (títulos) criados pelo beneficiário, ou de autorizar que tais pagamentos sejam efetuados ou que tais títulos sejam pagos, aceitos ou negociados por um outro banco, contra a remessa de documentos determinados, desde que as condições estipuladas sejam respeitadas. O crédito documentado permite proporcionar ao vendedor relativa segurança na cobrança do preço, pois o financiador, ao fornecer o dinheiro, recebe o domínio sobre a coisa, que, porém, fica em poder do empresário, estando ele autorizado a vendê-la e pagá-la ao financiador. O banco, ao intermediar a operação, aceitando a letra de câmbio ou fazendo o pagamento contra a entrega dos documentos convencionados, efetua uma declaração unilateral de vontade que se situa no âmbito dos títulos de crédito. Daí ser o crédito documentado um título de crédito.

CRÉDITO DOCUMENTADO À VISTA. *Direito bancário* e *direito internacional privado.* É o que contém declaração de que o beneficiário será pago no ato da apresentação de uma letra à vista, juntamente com os documentos representativos da mercadoria.

CRÉDITO DOCUMENTADO CIRCULAR. *Direito bancário* e *direito internacional privado.* É o que autoriza o beneficiário a sacar contra o banco emissor e contra sua filial ou correspondente, variando a moeda.

CRÉDITO DOCUMENTADO DIRETO. *Direito bancário* e *direito internacional privado.* Aquele em que, por faltar a cláusula de transmissibilidade o beneficiário é considerado o único destinatário do compromisso assumido pelo banco relativamente à letra, seja aceite ou pagamento.

CRÉDITO DOCUMENTADO DIVISÍVEL. *Direito bancário* e *direito internacional privado.* Aquele que permite a divisão do valor do crédito entre várias pessoas.

CRÉDITO DOCUMENTADO IRREVOGÁVEL. *Direito bancário* e *direito internacional privado.* Aquele em que o banco assume o compromisso de pagamento ou de aceite contra a entrega de documentos.

CRÉDITO DOCUMENTADO IRREVOGÁVEL CONFIRMADO. *Direito bancário* e *direito internacional privado.* Aquele em que outro banco (confirmante) se responsabiliza pelo crédito, caso em que a confirmação será tida como uma nova promessa relativamente ao compromisso original.

CRÉDITO DOCUMENTADO NEGOCIÁVEL. *Direito bancário* e *direito internacional privado.* É aquele em que o beneficiário pode negociar a letra, se cumprir as obrigações assumidas em relação ao banco ou se entregar os documentos avençados.

CRÉDITO DOCUMENTADO PARA PAGAMENTO DIFERIDO. *Direito bancário* e *direito internacional privado.* Aquele em que o pagamento é feito em certo prazo, após a apresentação dos documentos especificados.

CRÉDITO DOCUMENTADO POR ACEITE. *Direito bancário* e *direito internacional privado.* Aquele em que o banco se compromete a aceitar letra emitida pelo beneficiário, para certo prazo, mediante entrega dos documentos, responsabilizando-se pelo pagamento, desde que tenha dado o aceite.

CRÉDITO DOCUMENTADO REVOGÁVEL. *Direito bancário* e *direito internacional privado.* Aquele que está sujeito a cancelamento pelo banco, sem qualquer notificação; logo, o beneficiário não tem nenhuma garantia de certeza.

CRÉDITO DOCUMENTADO ROTATIVO. *Direito bancário* e *direito internacional privado.* Aquele que permite ao beneficiário o uso reiterado do mesmo crédito durante certo período de tempo, mesmo depois de seu vencimento. Trata-se do chamado *revolving credit.*

CRÉDITO DOCUMENTADO SUBSIDIÁRIO. *Direito bancário* e *direito internacional privado.* Também denominado *back to back*, consiste naquele em que o beneficiário mencionado no documento pode usar o crédito original como garantia para a abertura de um segundo crédito documentado, no qual figurará um novo beneficiário.

CRÉDITO DOCUMENTADO TRANSMISSÍVEL. *Direito bancário* e *direito internacional privado.* É aquele que permite ao beneficiário a negociação da letra, transferindo-a a outrem.

CRÉDITO DOCUMENTÁRIO. *Vide* CRÉDITO DOCUMENTADO.

CRÉDITO EDUCATIVO. *História do direito.* Aquele pelo qual o governo federal financiava despesas escolares ou mantinha estudantes universitários sem recursos financeiros. Hoje o Programa de Crédito Educativo foi substituído pelo Financiamento Estudantil.

CRÉDITO EM BRANCO. *Vide* CRÉDITO A DESCOBERTO.

CRÉDITO EM CONTA CORRENTE. *Direito bancário.* É o resultante do contrato de conta corrente bancária, representado por saldo à disposição para saque.

CRÉDITO ESPECIAL. *Ciência política, direito administrativo* e *direito financeiro.* É o aberto pelo chefe do Executivo, após a realização do orçamento, no mesmo exercício financeiro, para atender, sem caráter de urgência, às despesas públicas supervenientes do serviço público nele não consignadas.

CRÉDITO EXIGÍVEL. *Direito civil.* Aquele cujo pagamento pode ser exigido pelo credor por já estar vencido e por ser o débito líquido e certo.

CRÉDITO EXTRAORDINÁRIO. *Direito tributário* e *direito constitucional.* É o instituído para cobrir despesas resultantes de fatos urgentes, de relevante interesse nacional ou imprevisíveis, como calamidade pública, guerras, catástrofes etc. É também denominado "empréstimo compulsório".

CRÉDITO FICTÍCIO. *Direito tributário.* Crédito tributário que deveria ter sido pago no país da fonte, caso não existissem quaisquer formas de isenções ou de incentivos oferecidas por aquele para importar investimento. Trata-se da *tax sparing* (Heleno Torres).

CRÉDITO FISCAL. *Direito tributário.* É o decorrente de uma obrigação tributária, sendo, por isso, crédito da Fazenda Pública.

CRÉDITO GARANTIDO. *Vide* CRÉDITO COBERTO.

CRÉDITO HIPOTECÁRIO. *Direito civil.* É o garantido por uma hipoteca.

CRÉDITO IMOBILIÁRIO. *Direito civil.* É o que está vinculado a um imóvel, que o garante, por exemplo, crédito anticrético ou hipotecário.

CRÉDITO IMPRÓPRIO. Aquele que não se destina à circulação nem constitui ordem de pagamento, por assegurar ao seu titular apenas o exercício de um direito nele estipulado, por exemplo, apólice de seguro, bilhete de loteria premiado, conhecimento de frete etc.

CRÉDITO INDUSTRIAL. *Vide* CRÉDITO DE PRODUÇÃO.

CRÉDITO LÍQUIDO. *Direito civil.* O mesmo que LÍQUIDO E CERTO; é aquele cujo valor está perfeitamente determinado, independendo de qualquer verificação de seu montante. Portanto, é o determinado quanto ao seu objeto, substanciado em sentença, confissão de dívida ou título cambial (Elcir Castello Branco).

CRÉDITO LÍQUIDO E CERTO. *Vide* CRÉDITO LÍQUIDO.

CRÉDITO LIVRE. *Direito bancário.* É aquele em que a instituição financeira se limita a comunicar a abertura de crédito, não assumindo qualquer responsabilidade (Carvalho de Mendonça).

CRÉDITO MERCANTIL. *Direito comercial.* É o que visa estimular e facilitar as operações comerciais, sob a forma de vendas a prazo, representadas por duplicatas, notas promissórias ou letras de câmbio.

CRÉDITO MOBILIÁRIO. *Direito comercial* e *direito civil.* É o relacionado com coisas de fácil circulação, garantido pelo depósito de bens móveis, mercadorias ou valores mobiliários, que assegura o adimplemento da obrigação assumida.

CRÉDITO MÓVEL. *Vide* CRÉDITO MOBILIÁRIO.

CRÉDITO ORÇAMENTÁRIO SUPLEMENTAR. *Vide* CRÉDITO ESPECIAL.

CRÉDITO ORDINÁRIO. *Direito financeiro.* É o aberto regular e normalmente no orçamento votado pelo Congresso Nacional.

CRÉDITO PASSIVO. Aquele em que já se recebeu o empréstimo; contrapõe-se ao crédito ativo.

CRÉDITO PESSOAL. 1. É o fundado na confiança que se deposita no devedor, independentemente de qualquer garantia real ou fidejussória. **2.** *Vide* CRÉDITO A DESCOBERTO.

CRÉDITO PIGNORATÍCIO. *Direito civil.* É o concedido mediante garantia de penhor de coisa móvel.

CRÉDITO POR ANTECIPAÇÃO DE RECEITA. *Direito constitucional* e *direito tributário.* Empréstimo tomado pelo Poder Público para saldá-lo no curso do mesmo exercício financeiro. Maneira com que se controla a saída com o ingresso de receita (Celso Bastos).

CRÉDITO POR DÍVIDAS DA MASSA FALIDA. *Direito comercial.* É o oriundo de débitos do falido.

CRÉDITO POR ENCARGOS DA MASSA FALIDA. *Direito comercial.* É o resultante das despesas feitas em razão da falência.

CRÉDITO PREFERENCIAL. *Direito civil, direito comercial* e *direito processual civil.* Aquele que, na execução forçada por intermédio do Judiciário ou na recuperação judicial ou extrajudicial, deve ser pago antes do quirografário. É o que ocorre com o crédito com direito real de garantia até o limite do bem gravado e com privilégio geral ou especial.

CRÉDITO PREFIXADO. *Direito tributário.* Consiste na concessão de um crédito de imposto fictício que visa elevar o valor do crédito do imposto a um patamar superior ao que normalmente seria tido como crédito tributário pelo país da fonte, conforme regular aplicação da respectiva alíquota, resultando em um crédito de imposto mais elevado (Heleno Torres). É também designado *matching credit*.

CRÉDITO PRESUMIDO. O mesmo que CRÉDITO PREFIXADO.

CRÉDITO PRESUMIDO DO IMPOSTO SOBRE PRODUTOS INDUSTRIALIZADOS. *Direito tributário.* É o ressarcimento da contribuição para o PIS/Pasep e da Contribuição para a Seguridade Social (COFINS), incidentes sobre as respectivas aquisições, no mercado interno, de matérias-primas, produtos intermediários e materiais de embalagem utilizados no processo produtivo de bens destinados à exportação para o exterior. Fará jus ao crédito presumido a empresa produtora e exportadora de mercadorias nacionais. Tal direito se aplica inclusive no caso de venda a empresa comercial exportadora com o fim específico de exportação para o exterior. O crédito presumido será apurado ao final de cada mês em que houver ocorrido exportação ou venda para empresa comercial exportadora com o fim específico de exportação. Para efeito de determinação do crédito presumido correspondente a cada mês, a empresa ou o estabelecimento produtor e exportador deverá: 1. apurar o total, acumulado desde o início do ano até o mês a que se referir o crédito, das matérias-primas, dos produtos intermediários e dos materiais de embalagem utilizados na produção; 2. apurar a relação percentual entre a receita de exportação e a receita operacional bruta, acumuladas desde o início do ano até o mês a que se referir o crédito; 3. aplicar essa relação percentual sobre o valor total apurado; 4. multiplicar o valor obtido por 5,37%, cujo resultado corresponderá ao total do crédito presumido acumulado desde o início do ano até o mês da apuração; 5. diminuir o resultado da soma dos seguintes valores de créditos presumidos, relativos ao ano-calendário: a) utilizados para compensação com o IPI devido; b) ressarcidos; c) com pedidos de ressarcimento já entregues à Receita Federal. No último trimestre em que houver efetuado exportação, ou no último trimestre de cada ano, deverá ser excluído da base cálculo de crédito presumido o valor das matérias-primas, dos produtos intermediários e dos materiais de embalagem utilizados na produção de produtos não acabados e dos produtos acabados mas não vendidos. Tal valor, excluído no final de um ano, será acrescido à base de cálculo do crédito presumido correspondente ao primeiro trimestre em que houver exportação para o exterior. A apuração do crédito presumido será efetuada com base em sistema de custos coordenado e integrado com a escrituração comercial da pessoa jurídica, que permita, ao final de cada mês, a determinação das quantidades e dos valores das matérias-primas, produtos intermediários e materiais de embalagem, utilizados na produção durante o período. Para tanto a pessoa jurídica deverá manter sistema de controle permanente de estoques, no qual a avaliação dos bens será efetuada pelo método da média ponderada móvel ou pelo método denominado PEPS, no qual se considera que as saídas das unidades de bens seguem a ordem cronológica crescente de suas entradas em estoque. É, em suma, o direito do produtor exportador como ressarcimento do valor do PIS, PASEP e COFINS, incidentes sobre as respectivas aquisições, no mercado interno, de matérias-primas, produtos intermediários e material de embalagem, para utilização no processo produtivo. A base de cálculo do crédito presumido será determinada mediante a aplicação, sobre o valor total das aquisições de matérias-primas, produtos intermediários e material de embalagem, do percentual correspondente à relação entre a receita de exportador e a receita operacional bruta do produtor exportador.

CRÉDITO PRIVADO. É aquele em que o mutuário é um particular ou o que se estabelece entre pessoas físicas ou jurídicas de direito privado.

CRÉDITO PRIVILEGIADO. *Direito civil* e *direito comercial.* É aquele, previsto em lei, que confere a seu titular o direito de ser pago prioritariamente em relação aos outros credores do devedor. Tal crédito pode ser com: a) *privilégio especial*, se compreender, por disposição legal, bens sujeitos ao pagamento do crédito que visa favorecer. Assim, por exemplo, tem privilégio especial sobre a coisa arrecadada e liquidada o credor de custas e despesas judiciais feitas com a arrecadação e liquidação; sobre a coisa salvada, o credor por despesas de salvamento; sobre a coisa beneficiada, o credor por benfeitorias úteis e necessárias; sobre os prédios rústicos ou urbanos, fábricas, oficinas, ou qualquer outra construção, o credor de materiais, dinheiro, ou serviços, para sua edificação, reconstrução ou melhoramento; sobre frutos agrícolas, o credor por sementes, instrumentos e serviços à cultura, ou à colheita; sobre os exemplares da obra existente na massa do editor, o autor dela ou seus legítimos representantes, pelo crédito fundado contra aquele no contrato de edição etc. Também serão créditos com privilégio especial aqueles a cujos titulares a lei conferir o direito de retenção sobre a coisa dada em garantia; b) *privilégio geral*, se abranger os bens que restarem, depois de atendidos os créditos reais e os de privilégio especial. Gozam, na seguinte ordem, por exemplo, de privilégio geral sobre os bens do devedor os créditos: por despesa do seu funeral, feito segundo a condição do finado e o costume do lugar; por custas judiciais ou por despesas com a arrecadação e a liquidação da massa; por despesas com o luto da família; por despesas com a doença de que faleceu o devedor, no semestre anterior à sua morte; pelos gastos necessários à mantença do devedor falecido e sua família no trimestre anterior ao falecimento; pelos impostos devidos à Fazenda Pública, no ano corrente e no anterior; pelo salário das pessoas de serviço doméstico do devedor, nos seus derradeiros seis meses de vida etc. Será crédito com privilégio geral também o quirografário sujeito à recuperação judicial pertencente a fornecedor de bens ou serviços que continuar a provê-los após o pedido de recuperação, em caso de decretação da falência, no limite do valor dos bens ou serviços fornecidos durante o período de recuperação. O crédito privilegiado é, portanto, o que se relaciona a bens que asseguram sua satisfação ou decorrem da escala de pagamento no concurso creditório.

CRÉDITO PRODUTIVO. *Direito comercial.* **1.** É o destinado à produção de novos bens, tendo, portanto, feição industrial. **2.** *Vide* CRÉDITO DE PRODUÇÃO.

CRÉDITO PÚBLICO. *Direito administrativo.* **1.** Montante de fundos com que o Estado garante seus papéis de crédito. **2.** Confiança que o governo inspira, pelas suas condições econômicas e pela honestidade de seus dirigentes, perante aquele com quem vem a contrair empréstimos.

CRÉDITO QUIROGRAFÁRIO. *Direito civil, direito do trabalho* e *direito comercial.* É o instrumentado e subscrito pelo devedor, sem que haja qualquer direito de preferência ao credor na obtenção da satisfação da prestação que lhe é devida. Também será quirografário o saldo de crédito não coberto pelo produto da alienação dos bens vinculados ao seu pagamento e o crédito trabalhista que exceda o limite de cento e cinqüenta salários mínimos.

CREDITOR AD PETITIONEM DEBITI URGERE MINIME POTEST. *Expressão latina.* O credor não pode exigir antecipadamente o pagamento da dívida.

CRÉDITO REAL. *Direito civil.* É o garantido por penhor, hipoteca ou anticrese.

CREDITÓRIO. Relativo a crédito.

CRÉDITO ROTATIVO. *Direito bancário.* **1.** É o contrato de abertura de crédito, pelo qual um banco, tendo provisão de fundos, coloca-o à disposição de outrem, por um certo prazo, para que este o saque ou satisfaça suas ordens de pagamento. **2.** Aquele em que o banco se obriga, até uma determinada quantia, a manter o crédito aberto em favor de certo beneficiário, renovando-se sucessivamente. É aplicado na compra e venda internacional, em que o comprador mantém relações negociais permanentes com o exportador, pois seria incômodo abrir um crédito para cada operação particular pactuada (Arnaldo Rizzardo).

CRÉDITO RURAL. *Direito agrário.* Recurso ou subsídio público ou privado concedido a produtores rurais ou às suas cooperativas para ser aplicado no cultivo da terra e na pecuária, incentivando-a e possibilitando o fortalecimento econômico dos pequenos e médios produtores rurais, favorecendo o custeio da produção agropecuária e a comercialização de seus produtos e estimulando o incremento dos investimentos rurais, inclusive para armazenamento, beneficiamento e industrialização de produtos agropecuários.

CRÉDITOS COM O PROAGRO. *Direito agrário* e *direito bancário.* Referem-se, basicamente, à taxa de administração devida pelo Programa de Garantia da Atividade Agropecuária (Proagro) ao Banco Central, que, em função do esgotamento de recursos do Programa e para evitar priorização ao Banco Central em detrimento dos demais credores, teve seu recolhimento suspenso por decisão da Diretoria do Banco, até que sejam regularizadas as pendências com os demais beneficiários. Essa taxa corresponde a 0,18% do total das despesas administrativas mensais do Banco e destina-se a reembolsá-lo das despesas incorridas na administração do Programa. Em função da incerteza quanto ao recebimento dessa taxa, foi constituída provisão para crédito de liquidação duvidosa de 100% do saldo existente.

CRÉDITOS EXTRACONCURSAIS. *Direito falimentar.* São considerados créditos extraconcursais e são pagos com precedência sobre os demais créditos, na ordem a seguir, os relativos a: a) remunerações devidas ao administrador judicial e seus auxiliares, e créditos derivados da legislação do trabalho ou decorrentes de acidentes de trabalho relativos a serviços prestados após a decretação da falência; b) quantias fornecidas à massa pelos credores; c) despesas com arrecadação, administração, realização do ativo e distribuição do seu produto, bem como custas do processo de falência; d) custas judiciais relativas às ações e execuções em que a massa falida tenha sido vencida; e) obrigações resultantes de atos jurídicos válidos praticados durante a recuperação judicial ou após a decretação da falência, e tributos relativos a fatos geradores ocorridos após a decretação da falência, respeitada a ordem legal dos credores.

CRÉDITOS NA FALÊNCIA. *Direito comercial* e *direito falimentar.* A classificação dos créditos na falência obedece à seguinte ordem: 1. os créditos derivados da legislação do trabalho, limitados a 150 (cento e cinqüenta) salários mínimos por credor e os decorrentes de acidentes de trabalho; 2. créditos com garantia real até o limite do valor do bem gravado, ou seja, da importância efetivamente arrecadada com a sua venda, ou, no caso de alienação em bloco, do valor de avaliação do bem individualmente considerado; 3. créditos tributários, independentemente de sua natureza e tempo de constituição, excetuadas as multas tributárias; 4. créditos com privilégio especial, a saber: a) os previstos no Código Civil (*Vide* CRÉDITO PRIVILEGIADO); b) os assim definidos em outras leis civis e comerciais; c) aqueles a cujos titulares a lei confira o direito de retenção sobre a coisa dada em garantia; 5. créditos com privilégio geral, a saber: a) os previstos no Código Civil (*Vide* CRÉDITO PRIVILEGIADO); os créditos quirografários sujeitos à recuperação judicial pertencentes a fornecedores de bens ou serviços que continuarem a provê-los normalmente após a pedido de recuperação, em caso de decretação de falência, no limite do valor dos bens ou serviços fornecidos durante o período da recuperação; c) os assim definidos em outras leis civis e comerciais; 6. créditos quirografários, a saber: a) créditos trabalhistas cedidos a terceiros; b) os saldos dos créditos não cobertos pelo produto da alienação dos bens vinculados ao seu pagamento; c) os saldos dos créditos derivados da legislação do trabalho que excederem o limite acima estabelecido; 7. as multas contratuais e as penas pecuniárias por infração das leis penais ou administrativas, inclusive as multas tributárias; e 8. créditos subordinados, a saber: a) os assim previstos em lei ou em contrato; b) os créditos dos sócios e dos administradores sem vínculo empregatício.

CRÉDITO SELECIONADO. *Direito bancário.* É aquele que tem por fim atender aos empreendimentos agropecuários, industriais ou mercantis que forem mais convenientes aos interesses do emprestador, ante a idoneidade ou a situação patrimonial do tomador.

CRÉDITO SIMULADO. *Direito civil.* É o oriundo de ato negocial em que há falta de conformidade entre a vontade real e a declarada, com o intuito de enganar terceiro, por exemplo, se um devedor simula venda de um imóvel seu a um de seus credores, para subtraí-lo à ação dos demais.

CRÉDITO SINGULAR. É o considerado isoladamente.

CRÉDITO SOLIDÁRIO. *Direito civil.* Aquele que, por lei ou por vontade das partes, sujeita duas ou mais pessoas à sua prestação; logo, cada credor terá direito de exigir do devedor a dívida toda.

CRÉDITO SUBSIDIADO. *Direito financeiro.* Crédito concedido a certas atividades (agrária, industrial etc.) com o objetivo de manter acessíveis ou controlados os preços dos produtos finais (Luiz Fernando Rudge).

CRÉDITO SUPLEMENTAR. *Vide* CRÉDITO ESPECIAL.

CRÉDITO TERRITORIAL. *Vide* CRÉDITO HIPOTECÁRIO.

CRÉDITO TRABALHISTA. *Direito comercial* e *direito do trabalho.* É o que advém do contrato de trabalho,

subsistindo, inclusive, se houver falência, recuperação judicial ou extrajudicial ou dissolução da empresa, sendo que, na falência, constituirá crédito privilegiado até o limite de cento e cinqüenta salários mínimos por empregado, bem como o crédito por acidente de trabalho.

CRÉDITO TRIBUTÁRIO. *Direito tributário.* É o decorrente de uma obrigação tributária exigível do contribuinte pelo Estado. Na lição de Paulo de Barros Carvalho, constitui o direito subjetivo de que é portador o sujeito ativo de uma obrigação tributária e que lhe permite exigir o objeto prestacional, representado por uma importância em dinheiro. É, como prefere Blumenstein, a pretensão jurídico-patrimonial que, em razão de uma prescrição ao direito dos tributos, nasce a favor de um ente público em relação a determinada pessoa.

CREDIT REVOLVING. *Vide* CRÉDITO DOCUMENTADO ROTATIVO.

CREDÍVEL. Digno de crédito; crível; acreditável; o que pode ser acreditado; aquilo que merece crédito.

CREDOR. Titular do crédito, ou seja, aquele que tem direito de exigir do devedor o cumprimento da prestação por ele assumida.

CREDOR ACEDENTE. *Direito comercial.* Aquele que aceita, na recuperação judicial ou extrajudicial, o estipulado pela maioria dos credores.

CREDOR ANTICRÉTICO. *Direito civil.* Aquele que tem crédito garantido por anticrese, podendo reter um imóvel do devedor, percebendo seus frutos para conseguir a soma pecuniária emprestada, imputando no débito e até o seu resgate as importâncias que for recebendo.

CREDOR APARENTE. *Vide* CREDOR PUTATIVO.

CREDOR CAUCIONÁRIO. *Direito civil.* Aquele que está garantido por caução.

CREDOR CIVIL. *Direito civil.* Aquele cujo crédito está fundado numa obrigação civil.

CREDOR COMERCIAL. *Direito comercial.* Aquele cujo crédito decorre de operações mercantis ou de contrato comercial.

CREDOR COM GARANTIA REAL. *Direito civil.* Aquele que tem seu crédito garantido por penhor, anticrese ou hipoteca.

CREDOR COMPENSANTE. *Direito civil.* Aquele que, sendo concomitantemente credor e devedor de alguém, tem seu crédito extinto até onde seu débito se compensar.

CREDOR DA RENDA. *Direito civil.* É o censuísta que, na constituição de renda, recebe a estabelecida, no tempo e no modo estipulados, podendo executar o rendeiro ou o censuário.

CREDOR DISSIDENTE. *Direito comercial.* É o que, no processo falimentar, não concorda com a forma de liquidação apresentada pela maioria dos credores.

CREDOR GARANTIDO. *Direito civil.* É o que tem seu crédito assegurado por garantia real ou fidejussória.

CREDOR HABILITADO. *Direito comercial.* É aquele que se habilita, no processo falimentar, aos créditos.

CREDOR HIPOTECÁRIO. *Direito civil.* Aquele que tem seu crédito garantido por uma hipoteca, podendo promover a excussão do imóvel hipotecado, a fim de que, com o produto de sua venda judicial, pague seu crédito com preferência sobre qualquer outro credor.

CREDOR ORDINÁRIO. *Direito civil.* É o que não goza de quaisquer garantias ou privilégios, devendo, no concurso creditório, disputar seu direito em plano derradeiro, depois de satisfeitos os credores preferenciais.

CREDOR PIGNORATÍCIO. *Direito civil* e *direito comercial.* É o que tem seu crédito garantido por um penhor, investindo-se na posse da coisa móvel empenhada e retendo-a até o implemento da obrigação, podendo excuti-la para receber o pagamento do que lhe é devido. Além disso, havendo concurso de credores, tem direito de ser pago, preferencialmente, com o produto alcançado na venda judicial.

CREDOR PREFERENCIAL. *Direito civil, direito comercial* e *direito processual civil.* É o que tem preferência, sobre os outros credores do devedor comum, no pagamento da dívida.

CREDOR PRIVILEGIADO. *Direito civil.* É aquele cujo crédito goza de privilégio especial ou geral quanto ao pagamento em concurso creditório.

CREDOR PUTATIVO. *Direito civil.* Credor aparente, ou seja, aquele que se apresenta aos olhos de todos como o verdadeiro credor, embora não o seja, apesar de estar na posse do título obrigacional. Para que o pagamento feito a credor putativo ou aparente tenha validade, é necessária a ocorrência de dois requisitos: a boa-fé do *solvens* e a escusabilidade de seu erro.

CREDOR QUIROGRAFÁRIO. *Direito civil, direito do trabalho* e *direito processual civil.* É aquele que tem um documento de débito subscrito pelo devedor, mas sem que esteja garantido por qualquer preferência ou privilégio, geral ou especial, em relação aos bens do devedor, devendo, por tal razão, havendo concurso creditório, ser pago conforme a força dos bens livres do seu devedor. Seu crédito, portanto, não goza de qualquer preferência ou privilégio. O atual estatuto falimentar prevê que é também credor quirografário o titular do crédito trabalhista que exceda o limite de cento e cinqüenta salários mínimos.

CREDOR RETARDATÁRIO. *Direito comercial.* É o titular de um direito obrigacional que, no concurso de credores ou no processo falimentar, não tendo se habilitado dentro do prazo legal, faz a habilitação de seu crédito, justificando-o fora do prazo marcado para esse fim pelo magistrado, até antes do último rateio ou da distribuição final dos dividendos. Não terá, contudo, direito aos rateios anteriormente distribuídos.

CREDOR RETENCIONISTA. *Direito civil.* Aquele que, exercendo seu direito de retenção, retém em seu poder bem do devedor dado em garantia do pagamento do débito até que a dívida seja paga.

CREDOR SEPARATISTA. *Direito civil, direito comercial* e *direito processual civil.* Aquele que, tendo preferência ou privilégio, requer, no inventário ou na falência, a separação de bens do seu devedor para com eles saldar seu crédito, sem levar em consideração a futura situação daqueles bens sujeitos à partilha ou divisão.

CREDOR SUB-ROGADO. *Direito civil.* Aquele que passa a ter direito creditório em virtude de uma sub-rogação, legal ou convencional, que lhe transfere todos os direitos, ações, privilégios e garantias do antigo credor, em relação ao débito, contra o devedor principal e o fiador.

CREDULIDADE. **1.** *Psicologia forense.* Tendência a acreditar em algo sem qualquer reflexão e a aceitar sem crítica as afirmações feitas. **2.** Na *linguagem jurídica* em geral, é a qualidade de quem é crédulo ou daquele que crê facilmente naquilo que padece de autenticidade ou de veracidade; ingenuidade; simplicidade.

CREDULIDADE PÚBLICA. *Direito penal.* Ingenuidade do povo passível de exploração mediante sortilégios, predições etc. (Othon Sidou).

CREMAÇÃO. *Direito constitucional, direito penal, medicina legal* e *direito administrativo.* Ato de destruir cadáver humano pelo fogo, em forno especial ou próprio, reduzindo-o a cinzas, razão pela qual não se podem submeter a cremação pessoas que tiveram mortes violentas, por impossibilitar eventual e necessária exumação, salvo se houver autorização prévia e expressa de autoridade competente.

CREMADEIRA. *História do direito.* Fogueira onde, na Índia, se queimavam as viúvas.

CREMADO. *Medicina legal.* Incinerado; que se cremou.

CREMADOURO. *Direito comparado.* Local onde são cremados os cadáveres dos hindus.

CREMALHEIRA. Via férrea utilizada em montanhas ou rampas íngremes, dotada de um trilho central dentado, no qual engrenam as rodas motoras, também dentadas, de uma locomotiva.

CREMAR. *Medicina legal.* Incinerar cadáver ou restos mortais humanos.

CREMASTER. *Medicina legal.* Músculo que suspende os testículos, mantendo a temperatura necessária à espermatogênese.

CREMATISTA. Aquele que é partidário da cremação de cadáveres.

CREMATÍSTICA. *Direito econômico.* Concepção científico-econômica que tem por fim procurar a maior multiplicação possível das riquezas, sem que seja feito caso da utilidade maior ou menor que elas tomem conforme venham a ser consumidas (Landry). Trata-se da ciência de produzir riquezas ou da que estuda a produção e conservação das riquezas.

CREMATOLOGIA. *Vide* CREMATÍSTICA.

CREMATONOMIA. *Direito econômico.* Complexo das leis naturais que regem a produção e a repartição das riquezas.

CREMATÓRIO. *Medicina legal.* **1.** Forno ou edifício onde os cadáveres são incinerados a uma temperatura de 800 a 1.000°C. **2.** Relativo à cremação.

CREMNOFOBIA. *Medicina legal.* Medo mórbido de precipícios.

CRENÇA. **1.** *Direito canônico.* Fé religiosa. **2.** *Direito internacional público.* Crédito diplomático; qualidade daquele que apresenta suas credenciais em país estrangeiro, onde ficará acreditado. **3.** *Direito processual.* Dar crédito a uma testemunha. **4.** *Teoria*

geral do direito. **a)** Opinião que comporta graus de probabilidade; **b)** assentimento perfeito que exclui a dúvida sem, contudo, ter o caráter intelectual e logicamente comunicável do saber (Kant).

CRENOTERAPIA. *Medicina legal.* Tratamento pelas águas minerais.

CREPITAÇÃO. *Medicina legal.* **1.** Ruído produzido pelo ar nas células pulmonares atacadas por enfisema ou pneumonia. **2.** Estalido provocado por fragmentos de osso fraturado quando se lhe imprimem certos movimentos ou quando apalpado.

CRESCIMENTO VEGETATIVO. *Sociologia jurídica.* Excesso de nascimentos sobre falecimentos que ocorre durante certo tempo, numa determinada população.

CRETINAÇÃO. *Vide* CRETINISMO.

CRETINICE. *Medicina legal.* Qualidade ou ação de cretino.

CRETINISMO. *Medicina legal.* **1.** Imbecilidade. **2.** Doença crônica que paralisa o desenvolvimento físico e mental, provocada por uma insuficiência tireoideana congênita.

CRETINISMO ENDÊMICO. *Medicina legal.* Insuficiência tireoideana congênita em filhos de bociosos ou de cretinos atenuados.

CRETINISMO ESPORÁDICO. *Medicina legal.* Insuficiência tireoideana congênita em filhos de pessoas sãs, causada pela falta de desenvolvimento embrionário ou por aplasia da glândula tireóide.

CRETINO. *Medicina legal.* **1.** Imbecil; idiota. **2.** Oligofrênico portador de bócio. **3.** Aquele que sofre de cretinismo endêmico ou esporádico.

CRIA. **1.** *Direito agrário.* **a)** Animal recém-nascido ou de mama ou que está no período de criação; **b)** conjunto de ovos, larvas e ninfas que ocupa o centro da colméia, por ser seco e aquecido. **2.** *Direito civil.* **a)** Aquele que, por ser pobre, é criado desde pequeno às expensas de outrem; **b)** fruto que pode ser partilhado e objeto de penhor rural.

CRIAÇÃO. **1.** *Direito autoral.* **a)** Obra literária, científica ou artística; invento; **b)** invenção, modelo de utilidade, desenho industrial, programa de computador, topografia de circuito integrado, nova cultivar ou cultivar essencialmente derivada e qualquer outro desenvolvimento tecnológico que acarrete ou possa acarretar o surgimento de novo produto, processo ou aperfeiçoamento incremental, obtida por um ou mais criadores. **2.** Na *linguagem jurídica* em geral, conjunto formado pelos departamentos de redação e de arte nas agências de publicidade. **3.** *Teoria geral do direito.* Elaboração de normas gerais ou individuais. **4.** *Direito agrário.* Animais domésticos criados para a alimentação ou serventia humana. **5.** *Direito civil.* a) Propagação da espécie humana; b) educação e sustento de filhos menores ou de alguma pessoa; c) instituição de uma nova associação ou sociedade; d) constituição de direitos reais.

CRIAÇÃO DE TRIBUTO. *Direito tributário.* Descrição legislativa da sua hipótese de incidência (Geraldo Ataliba).

CRIADO. 1. *Direito do trabalho.* Empregado doméstico. **2.** *Direito autoral.* Produto do intelecto ou de obra humana.

CRIADOR. 1. *Direito agrário.* a) Aquele que se dedica à criação de animais de grande porte ou à pecuária; pecuarista; b) o que cria animais de pequeno porte. **2.** *Direito autoral.* Inventor; autor de obra literária, artística ou científica.

CRIADOURO. *Direito agrário.* **1.** Viveiro para plantas. **2.** Local para criar animais silvestres ou aves para fins econômicos e industriais.

CRIADOURO CIENTÍFICO. *Direito ambiental.* Categoria de registro junto ao IBAMA, com objetivo de favorecer o manejo de ratitas silvestres (emas) em cativeiro, visando subsidiar pesquisas científicas básicas ou aplicadas em benefício de espécie estudada ou de saúde pública ou animal.

CRIADOURO COMERCIAL DE EMA. *Direito ambiental.* Categoria de registro junto ao IBAMA com objetivo de favorecer o manejo de ratitas silvestres (emas) em cativeiro, visando ao seu aproveitamento econômico ou industrial.

CRIADOURO CONSERVACIONISTA. *Direito ambiental.* Categoria de registro junto ao IBAMA com objetivo de favorecer o manejo de ratitas silvestres (emas) em cativeiro, visando auxiliar os órgãos ambientais no atendimento de projetos ou programas que envolvam a recuperação da espécie na natureza.

CRIALGESIA. *Medicina legal.* Dor provocada pelo frio.

CRIANÇA. *Direito do menor.* Pessoa até doze anos de idade, que tem assegurados todos os direitos fundamentais ao homem, que deverão ser respeitados prioritariamente pela família, pela sociedade e pelo Estado, sob pena de responderem pelos danos causados.

CRIANESTESIA. *Medicina legal.* Insensibilidade mórbida ao frio.

CRIATÓRIO. *Direito agrário.* **1.** Estabelecimento que, no Nordeste, trata da criação de gado. **2.** Gado bovino, na região de Goiás e Piauí.

CRIBIFORME. *Medicina legal.* Diz-se do hímen que apresenta vários orifícios, tendo a forma de crivo.

CRIESTESIA. *Medicina legal.* Anormal sensibilidade ao frio.

CRIME. 1. *Sociologia jurídica.* Infração das regras sociais consideradas indispensáveis à existência da sociedade. **2.** *Direito penal.* Violação dolosa ou culposa de norma penal por meio de ato comissivo ou omissivo imputável ao agente; qualquer ação ou omissão que venha a causar dano, lesar ou expor a perigo um bem juridicamente protegido pela norma penal.

CRIME A BORDO DE AERONAVE. *Direito internacional privado.* É o praticado num avião em vôo internacional, pondo em perigo a segurança da aeronave, das pessoas e dos bens a bordo. Rege-se pela Convenção de Tóquio, de 1963.

CRIME ACESSÓRIO. *Direito penal.* Aquele que o agente vem a praticar para poder cometer outro, que dele depende. É o que pressupõe a anterioridade de outro crime, por exemplo, a receptação é acessório do furto, que é o principal.

CRIME A DISTÂNCIA. *Direito penal.* Aquele em que a execução se inicia num lugar, mas o resultado danoso verifica-se em outro diferente, por exemplo, o envio de bomba a um destinatário residente em outro país, com o intuito de matá-lo. O local do crime, pela teoria da ubiqüidade, é aquele em que se realizou qualquer dos momentos do *iter*, seja da prática dos atos executórios, seja da consumação (Damásio E. de Jesus), pois, pela nossa lei penal, considera-se praticado o crime no local em que ocorreu a ação ou omissão, no todo ou em parte, bem como onde se produziu ou deveria produzir-se o resultado. Bastará, portanto, que uma parte da conduta delituosa tenha ocorrido no Brasil para que se lhe aplique a lei penal nacional.

CRIME AFIANÇÁVEL. *Direito penal* e *direito processual penal.* Aquele em que a lei permite que o agente, mediante fiança, venha a responder processo em liberdade.

CRIME ANTI-SOCIAL. *Direito penal.* Ação criminosa contrária à ordem político-social da nação, como, por exemplo, a de contrabando e transporte de terrorista por meio de aeronave.

CRIME AUTÔNOMO. *Direito penal.* Aquele em que todas as fases do *iter criminis*, como cogitação, atos preparatórios, execução, consumação e resultado, compõem o tipo penal sem que haja intervenção de qualquer elemento alheio.

CRIME BILATERAL. *Direito penal.* Aquele que, pela sua natureza, requer o concurso de dois agentes, sem o qual não há possibilidade de ocorrência da ação criminosa, por exemplo, bigamia, corrupção, etc. Trata-se do crime de concurso necessário.

CRIME CAMBIÁRIO. *Direito penal.* É a conduta atentatória, prevista em lei penal, contra bens ou interesses jurídicos relacionados com a política econômica e cambiária do governo.

CRIME CAPITAL. *Direito comparado.* Aquele que é punido, pela sua gravidade, com pena de morte.

CRIME CASTRENSE. *Direito militar.* Crime militar.

CRIME CASUAL. *Direito penal.* Fato típico praticado por um agente que, pela ausência de antijuridicidade e culpa, não constitui propriamente um delito. É o caso, por exemplo, do atropelamento que causa a morte de uma pessoa que se colocou, propositalmente, à frente do veículo, sem que o agente tivesse tempo de freá-lo.

CRIME COLETIVO. *Direito penal.* Crime onde há o concurso ou a pluralidade de agentes, que conjugam esforços para a obtenção do resultado comum. Tem-se um só crime com pluralidade de agentes, por exemplo, quadrilha, conspiração etc.

CRIME COMETIDO POR MEIO DE MARCA, TÍTULO DE ESTABELECIMENTO E SINAL DE PROPAGANDA. *Direito penal.* Ato delituoso de reproduzir ou imitar, de modo que possa induzir em erro ou confusão, armas, brasões ou distintivos oficiais nacionais, estrangeiros ou internacionais, sem a necessária autorização, no todo ou em parte, em marca, título de estabelecimento, nome empresarial, insígnia ou sinal de propaganda, ou usar essas reproduções ou imitações com fins econômicos. Tal ato é punido com detenção ou multa. Incorre na mesma pena quem vender ou expor ou oferecer à venda produtos assinalados com essas marcas.

CRIME COMISSIVO. *Direito penal.* Prática de um ato proibido por lei.

CRIME COMISSIVO IMPRÓPRIO. *Direito penal.* É o que consiste na produção de um fato ou resultado punível, por meio de omissão, por exemplo, o ato de deixar morrer uma pessoa privando-a de alimentação.

CRIME COMISSIVO POR OMISSÃO. *Vide* CRIME OMISSIVO IMPRÓPRIO.

CRIME COMISSIVO PRÓPRIO. *Direito penal.* É o resultante da prática de um ato positivo do agente, punido ou proibido por lei. É o que requer uma ação do agente para atingir o resultado, por exemplo, homicídio, injúria, furto etc.

CRIME COMPLEXO. *Direito penal.* É o que se configura pela fusão de dois ou mais tipos penais; aquele que envolve mais de uma violação à lei penal, por ação ou omissão, encerrando em si outro crime, por fato alheio à vontade do agente, classificando-se como um tipo único entre os crimes praticados, por exemplo, o latrocínio, que abrange furto (crime-fim) e homicídio (crime-meio).

CRIME COMPOSTO. *Direito penal.* Tipo de crime complexo em que, de dois fatos dirigidos a bens jurídicos diversos, encerrando entre si elementos que não constituem delitos, tem-se, por lei, uma só figura criminal, por exemplo, no constrangimento ilegal, ao lado da ameaça ou violência física, que é crime, ocorre a ação ou omissão da vítima, que não é punível; no estupro, tem-se constrangimento e ofensa à honra da mulher.

CRIME COMUM. *Direito penal.* Aquele que pode ser cometido, em razão de sua natureza, por qualquer pessoa, por não requerer qualidades particulares do agente, isto é, que seja, por exemplo, médico, funcionário público etc.

CRIME CONDICIONADO. *Direito penal.* Aquele que, embora seja típico, antijurídico e apresente culpabilidade do agente, só será punido pela ocorrência de um fato externo a ele e posterior à sua consumação, por exemplo, o crime falimentar, que será punível apenas se houver sentença declaratória da falência.

CRIME CONEXO. *Direito penal.* Aquele que, por um liame moral ou material, está intimamente ligado a outro, porque seu agente é comum e foi praticado simultaneamente com outro, porque trata-se de um crime acessório ou, ainda, porque o delito resulta de conluio entre várias pessoas, por exemplo, o homicídio qualificado, em que o agente, para assegurar a execução, ocultação, impunidade ou vantagem de um rapto, vem a matar pessoa que, com sua intervenção, pretendia impedi-lo.

CRIME CONSUMADO. *Direito penal.* Aquele que contém todos os elementos de sua definição legal, por ter completado todo o *iter criminis*.

CRIME CONTINUADO. *Direito penal.* Dá-se quando o agente vem a praticar, com mais de uma ação ou omissão, dois ou mais delitos distintos e autônomos da mesma espécie, por uma única razão ou intenção, de tal sorte que o subseqüente deve ser considerado como continuação do primeiro, por exemplo, o empregado que furta, diariamente, pequenas somas de dinheiro, para que não haja suspeita. Há unidade de intenção criminosa e de direito violado e pluralidade de atos delituosos autônomos e distintos.

CRIME CONTÍNUO. *Direito penal.* **1.** Aquele em que há um ato delituoso, cuja execução se protrai no tempo, persistindo de tal forma que o agente permanece em prolongada e sucessiva violação da norma penal. Sua consumação não se esgota num só instante, protraindo-se no tempo, por exemplo, seqüestro, cárcere privado, curandeirismo, manutenção de casa de prostituição etc. **2.** O mesmo que CRIME PERMANENTE ou CRIME SUCESSIVO.

CRIME CONTRA A ADMINISTRAÇÃO DA JUSTIÇA. *Direito penal.* Todo ato delituoso que venha, de uma certa maneira, a prejudicar a administração da justiça, por atingir: a) o prestígio, a autoridade e a eficácia do ato de expulsão de estrangeiro do território nacional, consistente no seu reingresso sem autorização; b) a instauração de investigação policial ou de processo judicial, denunciando caluniosamente pessoa inocente; c) a ação de autoridade policial, judicial ou administrativa, comunicando falsamente crime ou contravenção que não ocorreu, levando-a a iniciar diligências; d) a autoridade policial, judicial ou administrativa, mediante auto-acusação falsa de crime doloso, culposo ou preterdoloso inexistente ou cometido por terceiro, levando-a a tomar providências; e) a seriedade da coleta de provas, não só fazendo afirmações falsas ou calando a verdade como testemunha, perito, tradutor ou intérprete, em processo judicial, policial ou administrativo ou em juízo arbitral, como também subornando ou oferecendo vantagens a testemunha, perito, tradutor ou intérprete para que façam falsas afirmações ou escondam a verdade em depoimento, perícia, tradução ou interpretação; f) autoridade, parte ou qualquer pessoa que intervenha em processo judicial, policial ou administrativo ou em juízo arbitral, ameaçando-a gravemente ou usando de violência física, no curso do processo, para obter o favorecimento de interesse próprio ou alheio; g) a autoridade judiciária, fazendo justiça pelas próprias mãos para satisfazer sua pretensão; h) o prestígio de uma determinação judicial e o respeito a um acordo de vontade, tirando, suprimindo ou danificando coisa própria que se encontre, por ordem judicial ou por convenção, em poder de terceiro; i) o juiz e o perito, na coleta e na apreciação da prova, modificando ou substituindo, inovando, artificiosamente, na tramitação do processo, a situação relativa ao estado de lugar, de coisa ou de pessoa, com o intuito de induzir a erro o juiz e o perito; j) a ação judiciária, na luta contra a criminalidade, prestando auxílio a autor de crime, ocultando-o, concedendo meios para a sua fuga ou simulando indícios para impedir sua busca; k) a ação da justiça, ajudando o criminoso a tornar seguro o proveito obtido com o crime, sem que tenha sido co-autor ou receptador; l) ato de autoridade, evadindo-se ou tentando evadir-se, estando legalmente preso ou submetido a medida de segurança detentiva, usando de violência física para obter a liberdade; m) a ação da justiça, arrebatando preso do poder de quem tem sua guarda, com o escopo de maltratá-lo; n) a justiça, mediante patrocínio infiel, traindo o advogado o dever profissional, ao lesar interesse de quem lhe confiou a causa, ou tergiversação, defendendo numa mesma causa, simultânea ou sucessivamente, partes contrárias; o) a ação da justiça, inutilizando ou sonegando qualquer papel ou objeto de valor probatório recebido na qualidade de advogado ou procurador; p) o prestígio da justiça, solicitando ou recebendo vantagem pecuniária, ou não, para influenciar juiz, jurado, órgão do Ministério Público, funcionário da justiça, perito, tradutor, intérprete ou testemunha; q) a proteção da administração da justiça, no que atina às arrematações judiciais, fraudando-as ou usando de violência ou grave ameaça para afastar concorrente ou licitante; r) o normal desenvolvimento da justiça criminal, desobedecendo decisão judicial sobre perda ou suspensão de direito.

CRIME CONTRA A ADMINISTRAÇÃO PÚBLICA. *Direito penal.* Toda ação criminosa prejudicial à Administração Pública, como, por exemplo: a) o exercício arbitrário ou o abuso de poder cometido por funcionário público que, exercendo cargo de carcereiro ou sendo responsável pelo estabelecimento destinado a executar pena privativa de liberdade ou medida de segurança preventiva, venha a receber ou recolher alguém ilegalmente à prisão, a prolongar a execução de medida privativa de liberdade além do tempo estabelecido ou a efetuar, com abuso de poder, qualquer diligência; b) a fuga de pessoa presa ou submetida a medida de segurança facilitada por funcionário público que tenha a sua custódia; c) o motim de presos, perturbando a ordem ou a disciplina da prisão, pressionando funcionários para que façam ou não algo; d) o peculato; e) o extravio, a sonegação ou a inutilização de livro ou documento cometidos por funcionário que, em razão do cargo, tem sua guarda; f) o desvio de verbas ou rendas públicas por funcionário público; g) a concussão; h) o excesso de exação, exigindo o funcionário impostos, taxas ou emolumentos indevidos, empregando na sua cobrança meios vexatórios ou gravosos ou desviando, em proveito próprio ou alheio, o que recebeu indevidamente para recolher aos cofres públicos; i) a corrupção ativa e passiva; j) a facilitação ou a prática de contrabando ou descaminho; k) a prevaricação; l) a condescendência criminosa; m) o patrocínio, direto ou indireto, de interesse privado perante a Administração Pública, valendo-se da qualidade de funcionário; n) a prática de violência arbitrária no exercício de função pública; o) o abandono de cargo público, fora dos casos permitidos em lei; p) o exercício funcional ilegalmente antecipado ou prolongado; q) a violação de sigilo funcional ou de proposta de concorrência pública; r) a usurpação de exercício de função pública; s) a oposição à execução legal de ato funcional, mediante violência ou ameaça a funcionário; t) a desobediência de ordem legal dada por funcionário público; u) o desacato a funcionário público no exercício de sua função; v) a obtenção de vantagens, para si ou para outrem, a pretexto de influir em funcionário público no exercício da função; w) o impedimento, a perturbação ou a fraude de concorrência pública ou de venda em hasta pública promovida pela Administração federal, estadual ou municipal ou por entidade paraestatal; x) a inutilização de edital afixado por ordem de funcionário público, ou de selo ou sinal empregado, por determinação legal ou por ordem de funcionário público, para identificar ou cerrar qualquer objeto; y) a subtração ou inutilização, total ou parcial, de livro oficial, processo ou documento confiado à custódia de funcionário, em razão de ofício ou de particular em serviço público; z) a sonegação de contribuição previdenciária.

CRIME CONTRA A ECONOMIA POPULAR. *Direito penal.* Ato praticado por empresário, qualificado por lei especial, por causar dano ao patrimônio do povo.

CRIME CONTRA A FAMÍLIA. *Direito penal.* Qualquer ação que vá contra: a) a ordem jurídica matrimonial, como a bigamia; b) a formação regular da família, como o induzimento do outro contraente a erro essencial, a ocultação de impedimento matrimonial, a convolação de núpcias, tendo conhecimento prévio de impedimento que lhe cause nulidade absoluta, a simulação de autoridade para celebração de matrimônio ou de casamento enganando um dos nubentes, ambos ou seus pais, de cujo consenso dependia a realização das núpcias etc.; c) a paz matrimonial, como o adultério; d) a segurança do estado de filiação, como o registro de nascimento inexistente, o parto suposto, o registro de filho alheio, a ocultação ou substituição de recém-nascido, a alteração de direito inerente ao estado civil de recém-nascido, a sonegação de estado de filiação etc.; e) a assistência familiar, como o abandono material do cônjuge ou do filho menor de dezoito anos ou inapto para o trabalho ou de ascendente inválido ou valetudinário, a entrega de filho menor a pessoa inidônea, o abandono intelectual, deixando, injustificadamente, de prover de instrução primária filho em idade escolar ou de cuidar da formação moral do menor; f) o poder familiar, a tutela ou curatela.

CRIME CONTRA A FAUNA. *Direito penal.* Ato punível em lei especial com o escopo de preservar a fauna ameaçada de extinção, de evitar o perecimento da fauna ictiológica e de coibir a pesca predatória. Constitui crime: 1. Matar, perseguir, caçar, apanhar, utilizar espécimes da fauna silvestre, nativos ou em rota migratória, sem a devida permissão, licença ou autorização da autoridade competente, ou em desacordo com a obtida, sendo punido com multa.

Incorre na mesma pena: a) quem impede a procriação da fauna, sem licença, autorização ou em desacordo com a obtida; b) quem modifica, danifica ou destrói ninho, abrigo ou criadouro natural; c) quem vende, expõe à venda, exporta ou adquire guarda, tem em cativeiro ou depósito, utiliza ou transporta ovos, larvas ou espécimes da fauna silvestre, nativa ou em rota migratória, bem como produtos e objetos dela oriundos, provenientes de criadouros não autorizados ou sem a devida permissão, licença ou autorização da autoridade competente. No caso de guarda doméstica de espécie silvestre não considerada ameaçada de extinção, pode o juiz, considerando as circunstâncias, deixar de aplicar a pena. São espécimes da fauna silvestre todos aqueles pertencentes às espécies nativas, migratórias e quaisquer outras, aquáticas ou terrestres, que tenham todo ou parte de seu ciclo de vida ocorrendo dentro dos limites do território brasileiro, ou águas jurisdicionais brasileiras. A pena é aumentada se o crime decorre do exercício de caça profissional. 2. Exportar para o exterior peles e couros de anfíbios e répteis em bruto, sem a autorização da autoridade ambiental competente, sendo punido com multa. 3. Introduzir espécime animal no País, sem parecer técnico oficial favorável e licença expedida por autoridade competente, sendo apenado com multa. 4. Praticar ato de abuso, maus-tratos, ferir ou mutilar animais silvestres, domésticos ou domesticados, nativos ou exóticos, sendo punido com multa. Incorre nas mesmas penas quem realiza experiência dolorosa ou cruel em animal vivo, ainda que para fins didáticos ou científicos, quando existirem recursos alternativos. 5. Provocar, pela emissão de efluentes ou carreamento de materiais, o perecimento de espécimes da fauna aquática existentes em rios, lagos, açudes, lagoas, baías ou águas jurisdicionais brasileiras, sendo punido com multa. Incorre na mesma pena: a) quem causa degradação em viveiros, açudes ou estações de aqüicultura de domínio público; b) quem explora campos naturais de invertebrados aquáticos e algas, sem licença, permissão ou autorização da autoridade competente; c) quem fundeia embarcações ou lança detritos de qualquer natureza sobre bancos de moluscos ou corais, devidamente demarcados em carta náutica. 6. Pescar em período no qual a pesca seja proibida ou em lugares interditados por órgão competente, sendo punido com multa. Incorre na mesma pena quem: a) pesca espécies que devam ser preservadas ou espécimes com tamanhos inferiores aos permitidos; b) pesca quantidades superiores às permitidas, ou mediante a utilização de aparelhos, petrechos, técnicas e métodos não permitidos; c) transporta, comercializa, beneficia ou industrializa espécimes provenientes da coleta, apanha e pesca proibidas. 7. Pescar mediante a utilização de: a) explosivos ou substâncias que, em contato com a água, produzam efeito semelhante; b) substâncias tóxicas, ou outro meio proibido pela autoridade competente, sendo punido com multa. Não é crime o abate de animal, quando realizado: a) em estado de necessidade, para saciar a fome do agente ou de sua família; b) para proteger lavouras, pomares e rebanhos da ação predatória ou destruidora de animais, desde que legal e expressamente autorizado pela autoridade competente; c) por ser nocivo o animal, desde que assim caracterizado pelo órgão competente. 8. Molestar cetáceo intencionalmente em águas brasileiras e exercer pesca sem autorização do órgão ambiental competente, sob pena de multa. 9. Importar ou exportar espécie aquática, em qualquer estágio de evolução, introduzir espécies nativas ou exóticas em águas jurisdicionais brasileiras, sem autorização do órgão ambiental competente, explorar campos naturais de invertebrados aquáticos, bem como recifes de coral sem a devida autorização. Tais atos são punidos com multa. 10. Coletar material zoológico para fins científicos sem licença especial; utilizar para fins comerciais ou esportivos as licenças obtidas; deixar uma instituição científica de dar ciência ao órgão público federal das atividades dos cientistas licenciados no ano anterior. Esses delitos são punidos com multa. 11. Comercializar, sob pena de multa, produtos e objetos que impliquem a caça, perseguição, destruição ou apanha de espécimes da fauna silvestre.

CRIME CONTRA A FÉ PÚBLICA. *Direito penal.* Ato atentatório contra a fé pública, como: a) falsificação, fabricação irregular ou alteração de moeda metálica ou papel-moeda de curso legal no País ou no exterior; b) formação de cédula, nota ou bilhete representativo de moeda com fragmentos de células; c) supressão, em moeda, cédula ou bilhete recolhidos, de sinal indicativo de sua inutilização; d) restituição à circulação de moeda, nota ou bilhete já recolhidos; e) fabricação, aquisição ou fornecimento, a título oneroso ou gratuito, de aparelhos destinados à falsificação de moeda ou de documentos públicos; f) emissão de título ao portador sem permissão legal; g) falsificação total ou parcial de papéis, documentos públicos e de selo, destinado a controle tributário, papel selado ou qualquer papel de emissão legal, destinado à arrecadação de tributo ou sinal público; h) uso de papéis públicos falsificados ou com inutilização suprimida; utilização na exportação, importação, aquisição, cessão, empréstimo, fornecendo à circulação selo falsificado destinado a controle tributário; uso em proveito próprio ou alheio, nas atividades acima, de produto ou mercadoria sem selo oficial, ou com selo falsificado, destinado a controle tributário; i) supressão de sinais indicativos de inutilização de documentos públicos; j) restituição à circulação de papéis públicos falsificados ou alterados; k) falsificação ou alteração, total ou parcial, de documento particular; l) falsidade ideológica, omitindo-se, em documento público ou particular, declaração que dele devia constar ou nele inserir ou fazer inserir declaração falsa ou diversa da que devia ser escrita, com o fim de prejudicar direito, criar obrigação ou alterar a verdade sobre fato juridicamente relevante; m) falso reconhecimento de firma ou letra, no exercício de função pública; n) falsidade material ou ideológica de atestado ou certidão; o) falsificação de atestado médico; p) reprodução ou adulteração de selo ou peça filatélica; q) uso de documento falso; r) supressão de documento; s) falsificação do sinal empregado no contraste de metal precioso ou na fiscalização alfandegária; t) falsa identidade ou uso de documento de identidade alheia; u) uso pelo estrangeiro de nome que não seja o seu, para entrar ou permanecer no território nacional, ou atribuição àquele de falsa qualidade, a fim de promover sua entrada no País; v) falsidade em prejuízo da nacionalização de sociedade, consistente em um brasileiro emprestar seu nome figurando como "testa-de-ferro" de estrangeiro, aparecendo como proprietário ou possuidor de ação, títulos ou valor pertencentes àquele; x) adulteração de sinal identificador de veículo automotor.

CRIME CONTRA A FLORA. *Direito penal.* É o ato de: a) destruir ou danificar floresta considerada de preservação permanente, mesmo que em formação, ou utilizá-la com infringência das normas de proteção, sendo punido com multa,

ou ambas as penas cumulativamente; b) cortar árvores em floresta considerada de preservação permanente, sem permissão da autoridade competente, sendo punido com detenção ou multa, ou ambas as penas cumulativamente; c) causar dano direto ou indireto às Unidades de Conservação (Reservas Biológicas, Reservas Ecológicas, Estações Ecológicas, Parques Nacionais, Estaduais e Municipais, Florestas Nacionais, Estaduais e Municipais, Áreas de Proteção Ambiental, Áreas de Relevante Interesse Ecológico e Reservas Extrativistas ou outras a serem criadas pelo Poder Público), sendo apenado com multa; d) provocar incêndio em mata ou floresta, sendo punido com reclusão e multa; e) extrair de florestas de domínio público ou consideradas de preservação permanente, sem prévia autorização, pedra, areia, cal ou qualquer espécie de minerais, sendo punido com detenção e multa; f) cortar ou transformar em carvão madeira de lei, assim classificada por ato do Poder Público, para fins industriais, energéticos ou para qualquer outra exploração, econômica ou não, em desacordo com as determinações legais, sendo punido com reclusão e multa; g) receber ou adquirir, para fins comerciais ou industriais, madeira, lenha, carvão e outros produtos de origem vegetal, sem exigir a exibição de licença do vendedor, outorgada pela autoridade competente, e sem munir-se da via que deverá acompanhar o produto até final beneficiamento, sendo punido com detenção e multa, visto que incorre nas mesmas penas quem vende, expõe à venda, tem em depósito, transporta ou guarda madeira, lenha, carvão e outros produtos de origem vegetal, sem licença válida para todo o tempo da viagem ou do armazenamento, outorgada pela autoridade competente; h) impedir ou dificultar a regeneração natural de florestas e demais formas de vegetação, sendo punido com detenção e multa; i) destruir, danificar, lesar ou maltratar, por qualquer modo ou meio, plantas de ornamentação de logradouros públicos ou em propriedade privada alheia, sendo punido com detenção ou multa, ou ambas as penas cumulativamente; j) destruir ou danificar florestas nativas ou plantadas ou vegetação fixadora de dunas, protetora de mangues, objeto de especial preservação, sendo punido com detenção e multa; k) comercializar motosserra ou utilizá-la em florestas e nas demais formas de vegetação, sem licença ou registro da autoridade competente, sendo punido com detenção e multa; l) penetrar em Unidades de Conservação conduzindo substâncias ou instrumentos próprios para caça ou para exploração de produtos ou subprodutos florestais, sem licença da autoridade competente, sendo punido com detenção e multa; m) destruir ou danificar florestas nativas ou plantadas ou vegetação fixadora de dunas, protetoras de mangues, objeto de especial preservação, sob pena de multa; n) explorar área de reserva legal, florestas de origem nativa, tanto de domínio público quanto de domínio privado, sem aprovação prévia do órgão ambiental, bem como de adoção de técnicas de condução, exploração, manejo e reposição florestal, sob pena de multa; o) desmatar, a corte raso, área de reserva legal, sob pena de multa; p) fazer uso de fogo em áreas agropastoris sem autorização do órgão competente, sob pena de multa; q) desmatar, explorar economicamente ou degradar floresta, plantada ou nativa, em terras de domínio público ou devolutas, sem autorização do órgão competente, mas não será crime a conduta praticada quando necessária à subsistência imediata pessoal do agente ou de sua família. E se a área explorada for superior a 1.000 ha (mil hectares), a pena (de 2 a 4 anos), será aumentada de 1 (um) ano por milhar de hectare; r) elaborar ou apresentar, no licenciamento, concessão florestal ou qualquer outro procedimento administrativo, estudo, laudo ou relatório ambiental, total ou parcialmente, falso ou enganoso, inclusive por omissão, sob pena de reclusão, de 3 (três) a 6 (seis) anos, e multa. Mas se o crime for culposo, a pena será de detenção, de 1 (um) a 3 (três) anos. Tal pena será aumentada de 1/3 (um terço) a 2/3 (dois terços), se houver dano significativo ao meio ambiente, em decorrência do uso da informação falsa, incompleta ou enganosa.

CRIME CONTRA A HONRA. *Direito penal.* Ato atentatório, punível por lei, ao sentimento da pessoa humana, relativo a seus atributos físicos, intelectuais ou morais, como: a) calúnia; b) difamação; c) injúria.

CRIME CONTRA A HUMANIDADE. *Direito penal* e *direito internacional público.* Ato criminoso ofensivo aos valores essenciais de cunho humanitário reconhecidos pela ordem jurídica internacional, consistente, por exemplo, na destruição de povoados, na redução do povo à escravidão, na submissão popular a trabalhos forçados, na deportação em massa, no extermínio da população civil etc.

CRIME CONTRA A INCOLUMIDADE PÚBLICA. *Direito penal.* Ato punível praticado contra a segurança de uma coletividade ou de um número indeterminado de pessoas, como: a) o crime de perigo comum, que abrange o incêndio provocado ou culposo, a exposição a perigo de vida, a integridade física ou o patrimônio de alguém mediante explosão ou uso de gás tóxico ou asfixiante, a fabricação, o fornecimento, a aquisição, a posse ou o transporte de explosivos ou gás tóxico ou asfixiante, a inundação, o desabamento ou desmoronamento, a subtração, ocultação ou inutilização de material de salvamento e a difusão de doença ou praga; b) o crime contra a segurança dos meios de comunicação e transporte e de outros serviços públicos, que compreende: provocação de desastre ferroviário, atentado contra a segurança de transporte rodoviário, marítimo, fluvial ou aéreo ou de serviço de utilidade pública, arremesso de projétil contra veículo em movimento destinado ao transporte público por terra, água ou ar e a interrupção ou perturbação de serviço telegráfico ou telefônico; c) o crime contra a saúde pública.

CRIME CONTRA A INVIOLABILIDADE DE CORRESPONDÊNCIA. *Direito penal.* Ato punido por lei para proteger a liberdade de manifestação e comunicação do pensamento. Constitui crime contra a inviolabilidade de correspondência: a) violar, sonegar ou destruir correspondência dirigida a outrem; b) violar comunicação telegráfica, radioelétrica ou telefônica, gravando-a, divulgando-a ou impedindo-a; c) abusar da condição de sócio ou empregado de estabelecimento comercial ou industrial para, no todo ou em parte, desviar, sonegar, subtrair ou suprimir correspondência ou revelar a estranho seu conteúdo.

CRIME CONTRA A INVIOLABILIDADE DE DOMICÍLIO. *Direito penal.* Ato atentatório à tranquilidade doméstica consistente em entrar ou permanecer, clandestina, astuciosamente ou contra a vontade expressa ou tácita de quem de direito, em casa alheia ou em suas dependências.

CRIME CONTRA A INVIOLABILIDADE DE SEGREDO. *Direito penal.* Ato punível pela lei penal com o escopo de resguardar fatos cujo conhecimento possa prejudicar terceiro. São considerados crimes contra a inviolabilidade de segredo a divulgação, sem justa causa, de conteúdo de documento particular ou de correspondência confidencial, causando dano a outrem, e a revelação de sigilo profissional.

CRIME CONTRA A LIBERDADE DE TRABALHO. *Direito penal.* Consiste no ato de constranger alguém, mediante violência ou grave ameaça, a exercer ou não arte, ofício, profissão ou indústria, a trabalhar ou não durante certo tempo, a abrir ou fechar o seu estabelecimento de trabalho ou a participar de paralisação de atividade econômica, punido com detenção e multa.

CRIME CONTRA A LIBERDADE INDIVIDUAL. *Direito penal.* Ato atentatório da liberdade pessoal ou da inviolabilidade do domicílio, de correspondência e de segredo.

CRIME CONTRA A LIBERDADE PESSOAL. *Direito penal.* Ato atentatório da liberdade pessoal consistente em: constrangimento ilegal; ameaça; seqüestro e cárcere privado; redução a condição análoga à de escravo etc.

CRIME CONTRA A LIBERDADE SEXUAL. *Direito penal.* Ato punível que atenta contra a liberdade sexual consistente em estupro, atentado violento ao pudor, posse sexual, atentado ao pudor mediante fraude e assédio sexual.

CRIME CONTRA A NATUREZA. *Direito penal.* Aquele que ofende os sentimentos e instintos naturais.

CRIME CONTRA A ORDEM ECONÔMICA E O SISTEMA DE ESTOQUE DE COMBUSTÍVEL. *Direito penal.* Ato punível com detenção consistente em: a) adquirir, distribuir e revender derivados de petróleo, gás natural e suas frações recuperáveis, álcool etílico, hidratado carburante e demais combustíveis líquidos carburantes em desacordo com as normas legais; b) usar gás liquefeito de petróleo em motores de qualquer espécie, saunas, caldeiras e aquecimento de piscinas ou para fins automotivos em desacordo com as prescrições legais.

CRIME CONTRA A ORDEM TRIBUTÁRIA, ECONÔMICA E CONTRA AS RELAÇÕES DE CONSUMO. *Direito penal.* Ato punível consistente: a) no fato de particular suprimir ou reduzir tributo ou contribuição social mediante: omissão de informação; declaração falsa prestada à autoridade fazendária; fraude à fiscalização tributária, inserindo elementos inexatos ou omitindo operação de qualquer natureza em documento ou livro exigido pela lei fiscal; falsificação ou alteração de nota fiscal, fatura, duplicata, nota de venda ou qualquer outro documento relativo à operação tributável; elaboração, distribuição, fornecimento, emissão ou utilização de documento falso ou inexato; recusa de fornecimento, quando obrigatório, de nota fiscal, ou de documento equivalente, relativa à venda de mercadoria ou prestação de serviço; declaração falsa ou omissão de declaração sobre rendas, bens ou fatos para eximir-se, total ou parcialmente, de pagamento de tributo; falta de recolhimento aos cofres públicos a que estava obrigado, no prazo legal, de valor de tributo, ou de contribuição social, descontado ou cobrado, na qualidade de sujeito passivo da obrigação; exigência, pagamento ou recebimento, para si ou para o contribuinte beneficiário, de qualquer percentagem sobre a parcela dedutível ou deduzida de imposto ou de contribuição como incentivo fiscal; aplicação indevida de incentivo fiscal ou de parcelas de imposto liberadas por órgãos ou entidades de desenvolvimento; utilização ou divulgação de programa de processamento de dados que permita ao sujeito passivo da obrigação tributária possuir informação contábil diversa daquela que é, por lei, fornecida à Fazenda Pública; b) na circunstância de funcionário público: contrariar a ordem tributária extraviando ou inutilizando documentos fiscais, acarretando com isso pagamento indevido de tributo ou contribuição social; exigir ou receber vantagens indevidas para deixar de lançar ou cobrar tributo ou contribuição social ou para cobrá-los parcialmente; patrocinar, direta ou indiretamente, interesse privado perante a administração fazendária, valendo-se da qualidade de funcionário público; c) na prática de atos contrários à ordem econômica, tais como: abusar do poder econômico, dominando o mercado ou eliminando, total ou parcialmente, a concorrência; fazer acordo entre ofertantes, visando a fixação artificial de preços ou o controle regionalizado de mercado por empresa ou grupo de empresas ou de rede de distribuição; discriminar preços e inutilizar bens de produção e consumo para estabelecer monopólio; provocar fraudulentamente a oscilação de preços em detrimento da empresa concorrente ou do vendedor de matéria-prima; vender mercadoria abaixo do preço para impedir concorrência; elevar, injustificadamente, preços de bens ou serviços, valendo-se de monopólio natural ou de fato; exigir exclusividade de propaganda; subordinar venda de bem ou utilização de serviço à aquisição de outro;

recusar-se a prestar informação sobre o custo de produção ou preço de venda à autoridade competente; vender mercadoria ou oferecer serviço por preço superior ao de tabela oficial fixada pelo governo; aplicar fórmula de reajustamento de preço vedada por lei; d) no atentado às relações de consumo mediante: favorecimento de comprador; venda de mercadorias em embalagens indevidas; mistura de mercadorias, vendendo-as como puras; fraude de preços; elevação do valor cobrado nas vendas a prazo ou serviços, exigindo comissão ou taxa de juros ilegais; sonegação de insumos ou bens, retendo-os para fins especulativos; indicação falsa ou enganosa sobre a qualidade do bem ou serviço; destruição de matéria-prima para provocar alta de preço; venda de produto em condições impróprias para o consumo etc.

CRIME CONTRA A ORGANIZAÇÃO DA SEGURIDADE SOCIAL. *Direito penal.* Ato punível consistente em: a) deixar de incluir na folha de pagamentos da empresa os segurados, de lançar mensalmente nos títulos próprios da contabilidade da empresa o montante das quantias descontadas dos segurados e o das contribuições da empresa, de recolher, na época própria, contribuição devida à seguridade social, assim como deixar de pagar salário-família, salário-maternidade, auxílio-natalidade ou qualquer outro benefício devido a seguro; b) omitir, total ou parcialmente, receitas ou lucros auferidos, remunerações pagas e outros fatos geradores de contribuições, descumprindo leis; c) inserir, na folha de pagamento, pessoa que não possui a qualidade de segurado obrigatório, ou, na carteira de trabalho e previdência social do empregado ou em documentos contábeis, declaração falsa ou diversa da que deveria ser feita; d) obter vantagem ilícita, em prejuízo direto ou indireto da seguridade social.

CRIME CONTRA A ORGANIZAÇÃO DO TRABALHO. *Direito penal.* Ato punível consistente: no atentado contra a liberdade de trabalho, de contrato de trabalho e de associação profissional; na boicotagem violenta, constrangendo alguém a não fornecer ou a não adquirir de outrem matéria-prima ou produto industrial ou agrícola; na paralisação de trabalho seguida de violência, perturbação da ordem ou interrupção de obra pública ou serviço de interesse coletivo; na invasão de estabelecimento industrial, comercial ou agrícola; na sabotagem; na frustra-

ção de direito assegurado por lei trabalhista ou de obrigação legal relativa à nacionalização do trabalho; no exercício de atividade de que se está impedido por decisão administrativa; no aliciamento de trabalhadores para fins de emigração ou para levá-los de uma para outra localidade do território nacional etc.

CRIME CONTRA A PÁTRIA. *Direito penal.* Ato criminoso praticado contra a soberania nacional e a segurança do País.

CRIME CONTRA A PAZ PÚBLICA. 1. *Direito penal.* Ato punível consistente em: a) incitar, publicamente, a prática de crime; b) fazer, em público, apologia a fato criminoso ou a autor de crime; c) associar-se a mais de três pessoas, em quadrilha ou bando, para o fim de cometer crimes. **2.** *Direito internacional público.* a) Ato de relevância jurídica internacional com que uma nação vem a agredir outra; b) conclusão de acordo de participação em plano de agressão ou de infração a tratado relativo à integridade territorial ou à independência de um país.

CRIME CONTRA A PERSONALIDADE INTERNACIONAL DO ESTADO. *Vide* CRIME CONTRA A SEGURANÇA EXTERNA.

CRIME CONTRA A PESCA. *Direito penal.* Ato punível consistente em pescar espécies em período de reprodução e mediante o uso de explosivos ou substâncias tóxicas.

CRIME CONTRA A PESSOA. *Direito penal.* É todo ato punível atentatório da vida humana, da incolumidade pessoal e moral do homem e da liberdade individual. Constituem crimes contra a pessoa: o homicídio; o induzimento, a instigação ou o auxílio a suicídio; o infanticídio; o aborto provocado pela gestante ou por terceiro, com o seu consentimento; a lesão corporal; a periclitação da vida e da saúde; a rixa; a calúnia; a injúria; a difamação; o constrangimento ilegal; a ameaça; o seqüestro e o cárcere privado; a violação de domicílio, de correspondência, de comunicação telegráfica, radioelétrica ou telefônica e a divulgação de segredo.

CRIME CONTRA A PROPRIEDADE IMATERIAL. *Direito penal.* Ato punível que atinge a propriedade intelectual, a patente de invenção, as marcas de indústria e comércio e a concorrência.

CRIME CONTRA A PROPRIEDADE INTELECTUAL. *Direito penal.* Conduta delituosa punível pela lei consistente em: a) violar direito autoral, mediante reprodução, parcial ou total, de obra intelectual, de fonograma e videofonograma, para fins mercantis, sem anuência do autor, produtor ou de quem o represente; vender, introduzir no País, adquirir ou ocultar, para fins de venda, original ou cópia de obra intelectual, fonograma ou videofonograma produzidos com violação de direito autoral; b) usurpar nome ou pseudônimo alheio.

CRIME CONTRA A SAÚDE PÚBLICA. *Direito penal.* Conduta criminosa, punida pela lei penal, que consiste em: a) causar epidemia, mediante propagação de germes patogênicos; b) infringir determinação do Poder Público destinada a impedir a introdução ou a propagação de doença contagiosa; c) deixar o médico de denunciar à autoridade pública doença cuja notificação é compulsória; d) envenenar água potável ou substância alimentícia ou medicinal destinada a consumo; e) poluir água potável, tornando-a imprópria para o consumo ou nociva à saúde; f) adulterar ou falsificar não só bebida ou substância alimentícia ou medicinal destinada a consumo, tornando-a nociva à saúde, mas também matérias-primas, insumos farmacêuticos, cosméticos, saneantes e produtos de uso em diagnóstico; g) alterar substância alimentícia ou medicinal, modificando sua qualidade ou reduzindo seu valor nutritivo ou terapêutico; h) empregar, na fabricação de produto destinado ao consumo, processo proibido ou substância não permitida, i) inculcar, em invólucro de produto alimentício ou medicinal, a existência de substância que não se encontra em seu conteúdo ou que nele existe em quantidade menor que a mencionada; j) vender substância destinada à falsificação de alimentos ou remédios; k) fabricar ou vender substância nociva à saúde, mesmo que não destinada à alimentação ou a fins medicinais; l) vender, expor à venda, importar, ter em depósito bebida ou substância alimentícia ou medicamentosa avariada, adulterada ou falsificada; m) fornecer medicamentos em desacordo com a receita médica; n) exercer abusiva ou ilegalmente a profissão de médico, dentista ou farmacêutico; o) anunciar cura por meio secreto ou infalível; p) exercer o curandeirismo.

CRIME CONTRA A SEGURANÇA DO ESTADO *Direito penal.* Ato atentatório da ordem e da estrutura político-social do Estado, colocando em risco sua segurança.

CRIME CONTRA A SEGURANÇA DOS MEIOS DE COMUNICAÇÃO E TRANSPORTE E OUTROS SERVIÇOS PÚBLICOS. *Direito penal.* Ato punível consistente em: a) impedir ou perturbar serviço de estrada de ferro, causando desastre ferroviário ou perigo deste; b) atentar contra a segurança de transporte marítimo, fluvial ou aéreo; c) provocar naufrágio, submersão ou encalhe de embarcação ou a queda ou destruição de aeronave; d) arremessar projétil contra veículo em movimento, destinado ao transporte público; e) atentar contra a segurança de serviços de utilidade pública, como o de água ou luz; f) interromper ou perturbar serviço telegráfico, radiotelegráfico ou telefônico.

CRIME CONTRA A SEGURANÇA EXTERNA. *Direito penal militar.* Ato que atenta contra a personalidade internacional do país, como: hostilidade contra nação estrangeira; provocação de país estrangeiro; violação de território alienígena ou da integridade territorial de um Estado; espionagem; penetração ou sobrevôo em local proibido; entendimento com país estrangeiro para empenhar o Estado à neutralidade ou à guerra; supressão ou revelação de documentos; desenho de bens militares etc.

CRIME CONTRA A SEGURANÇA NACIONAL. *Direito penal militar.* Ato punível que coloque em perigo a integridade territorial e a soberania nacional, o regime representativo e democrático, a Federação, o Estado de Direito e a pessoa, dos chefes dos Poderes da União, como, por exemplo: fazer negociação com governo estrangeiro para provocar guerra contra o Brasil; tentar submeter o território nacional ao domínio de outra nação; aliciar habitantes de outro país para invasão do território nacional; tentar desmembrar parte do território nacional para constituir um Estado independente; importar armamento ou material militar sem autorização da autoridade federal competente; sabotar instalações militares; tentar mudar o regime vigente ou impedir o livre exercício de qualquer dos Poderes governamentais; apoderar-se, com violência ou ameaça grave, de qualquer meio de transporte coletivo; praticar atos de terrorismo; revelar segredos militares; fazer propaganda de guerra de discriminação racial ou religiosa; incitar à subversão da ordem político-social; manter organização ilegal de tipo militar etc.

CRIME CONTRA AS MARCAS DE INDÚSTRIA E CO-MÉRCIO. *História do direito.* Ato punível que consistia em: a) violar direito de marca de indústria ou comércio pertencente a outrem, reproduzindo-a indevidamente, usando-a, imitando-a ou utilizando marca legítima alheia em produto que não seja de sua fabricação, vendendo não só artigo ou produto revestido de marca abusivamente imitada ou produzida, no todo ou em parte, como também artigo ou produto que tenha a marca de outrem e não seja de fabricação deste; b) reproduzir e usar indevidamente armas, brasões e distintivos públicos, nacionais ou estrangeiros, em marca de indústria ou comércio; c) usar, em produto ou artigo, marca com falsa indicação de procedência. *Vide* CRIME CONTRA O REGISTRO DE MARCA E CRIME COMETIDO POR MEIO DE MARCA, TÍTULO DE ESTABELECIMENTO E SINAL DE PROPAGANDA.

CRIME CONTRA A VIDA. *Direito penal.* Conduta criminosa, punida pela lei penal, consistente em: a) matar alguém dolosa ou culposamente; b) retirar a vida de uma pessoa por motivo de relevante valor social ou moral ou sob o domínio de violenta emoção, logo após injusta provocação da vítima; c) matar alguém por motivo torpe ou fútil, por meio insidioso ou cruel ou de recurso que dificulte ou torne impossível a defesa do ofendido; d) causar morte de outrem para assegurar a execução, a ocultação, a impunidade ou vantagem de outro crime; e) provocar a morte de alguém por inobservância de regra técnica de profissão, arte ou ofício ou por omissão de socorro, não procurando diminuir as conseqüências de seu ato ou fugindo para evitar prisão em flagrante; f) induzir, instigar ou auxiliar alguém a suicidar-se; g) matar, sob influência do estado puerperal, o próprio filho, durante o parto ou logo após; h) provocar aborto em si mesma ou consentir que outrem lho provoque; i) provocar aborto com ou sem o consenso da gestante.

CRIME CONTRA O CASAMENTO. *Direito penal.* Ato punível atentatório ao casamento, como bigamia; induzimento a erro essencial do outro contraente, ocultando-lhe impedimento matrimonial; convolação de casamento com conhecimento prévio da existência de impedimento que lhe cause nulidade absoluta; simulação de autoridade para a celebração do ato nupcial; simulação de casamento.

CRIME CONTRA O COSTUME. *Direito penal.* Ato punível que compreende: o crime contra a liberdade sexual; a corrupção de menores; o lenocínio ou mediação para servir a lascívia de outrem e o tráfico de pessoas; o favorecimento da prostituição; o rufianismo; o ultraje público ao pudor; o escrito ou objeto obsceno para fins de comércio, distribuição ou exposição pública.

CRIME CONTRA O ESTADO. *Direito penal.* Crime político consistente em atentar contra: a soberania nacional; a segurança estatal; a estrutura orgânica e a ordem político-social do Estado; a forma de governo; as instituições nacionais; a vida, a incolumidade e a liberdade do chefe de Estado e de autoridades civis e militares que integram os Poderes Públicos.

CRIME CONTRA O ESTADO DE FILIAÇÃO. *Direito penal.* Conduta criminosa contra a segurança do estado de filiação, a fé pública e a Administração Pública, consistente em: promover no registro civil a inscrição de nascimento inexistente; dar parto alheio como próprio; registrar como seu filho de outrem; ocultar recém-nascido ou substituí-lo, suprimindo ou alterando direito inerente ao seu estado civil; deixar em asilo filho próprio ou alheio, ocultando-lhe a filiação ou atribuindo-lhe outra, com o propósito de lesar direito inerente ao seu estado civil.

CRIME CONTRA O MENOR. *Direito penal.* Ato comissivo ou omissivo cometido contra criança ou adolescente. É crime de ação pública incondicionada contra o menor: a) deixar o encarregado ou dirigente de estabelecimento de saúde de manter registro das atividades desenvolvidas e de fornecer à parturiente declaração de nascimento; b) deixar o médico, enfermeiro ou dirigente de estabelecimento de saúde de identificar corretamente o neonato e a parturiente; c) privar o menor de sua liberdade, procedendo à sua apreensão sem estar em flagrante de ato infracional ou inexistindo ordem escrita de autoridade judiciária competente; d) deixar a autoridade policial responsável pela apreensão de menor de fazer a imediata comunicação ao juiz e à família do apreendido; e) submeter menor sob sua guarda a vexame, constrangimento ou tortura; f) deixar a autoridade competente, sem justa causa, de ordenar a imediata liberação do menor, tão logo tenha ciência da ilegalidade da apreensão; g) descumprir, sem justa causa, prazo fixado legalmente em benefício de adolescente privado de liberdade; h) impedir ou embaraçar a ação do juiz, de membro do Conselho Tutelar ou de representante do Ministério Público; i) subtrair criança ou adolescente ao poder de quem o tem, legitimamente, sob sua guarda, com o fim de colocá-lo em lar substituto; j) prometer ou efetivar a entrega de filho ou pupilo a terceiro, mediante paga ou recompensa; k) promover ou auxiliar a efetivação de ato destinado ao envio de criança ou adolescente para o exterior com inobservância das formalidades legais ou com o intuito de obter lucro; l) contracenar, produzir ou dirigir representação teatral, televisiva ou película cinematográfica utilizando-se menor em cena de sexo explícito ou pornográfica; m) fotografar ou publicar cena de sexo explícito ou pornográfica envolvendo menor; n) vender ou fornecer fogos de artifício, armas, munição, explosivo, drogas ou tóxicos a menor.

CRIME CONTRA O PATRIMÔNIO. *Direito penal.* Ato ofensivo a qualquer bem, interesse ou direito economicamente relevante, público ou privado (Nélson Hungria). Dentre os crimes contra o patrimônio tem-se: furto; roubo; extorsão; usurpação; supressão ou alteração de marcas de animais; dano a coisa alheia; introdução ou abandono de animais em propriedade alheia; dano em coisa de valor artístico, arqueológico ou histórico; alteração sem licença da autoridade competente de local especialmente protegido por lei; apropriação indébita; estelionato; disposição de coisa alheia como própria; defraudação de penhor; fraude na substância, qualidade e quantidade de coisa que deve ser entregue a alguém; fraude para recebimento de indenização ou valor de seguro; emissão de cheque sem suficiente provisão de fundos em poder do sacado ou frustração de seu pagamento; expedição ou aceitação de duplicata simulada; abuso ao patrimônio de menores e incapazes; induzimento à especulação; fraude no exercício de atividade comercial para enganar adquirente ou consumidor; lesão ao patrimônio de dono de hotel, pensão, restaurante ou meios de transporte pelo uso de seus serviços sem dispor de recursos para pagá-los; fraudes e abusos na fundação ou administração de sociedade por ações; emissão irregular de conhecimento de depósito ou *warrant*; receptação.

CRIME CONTRA O PODER FAMILIAR, TUTELA OU CURATELA. *Direito penal.* Ato atentatório do poder familiar, tutela e curatela consistente em: a)

induzir menor de dezoito anos ou interdito a fugir do lugar em que se encontra por determinação judicial ou legal ou de quem sobre ele exerce autoridade; b) entregar arbitrariamente ou sonegar incapazes, confiando-os a outrem sem ordem do pai, tutor ou curador ou deixando de entregá-los, injustificadamente, a quem legitimamente os reclame; c) subtrair incapazes ao poder de quem os tem legitimamente, sob sua guarda.

CRIME CONTRA O PRIVILÉGIO DE INVENÇÃO. *História do direito.* Ato punível que consistia: a) na violação do direito de privilégio de invenção ou de descoberta, fabricando, sem a devida autorização, produto que seja objeto de privilégio; usando meio ou processo que seja objeto de privilégio, importando, vendendo, expondo à venda, ocultando ou recebendo, para fins de venda, produto fabricado com violação de privilégio; b) na falsa atribuição de privilégio; c) na usurpação ou indevida exploração de modelo ou desenho privilegiado; d) na falsa declaração de depósito em modelo ou desenho.

CRIME CONTRA O REGISTRO DE MARCA. *Direito penal.* Ato praticado por quem: a) reproduz, sem autorização do titular, no todo ou em parte, marca registrada, ou imita-a de modo que possa induzir confusão; ou b) altera marca registrada de outrem já aposta em produto colocado no mercado. Comete crime contra registro de marca quem importa, exporta, vende, oferece ou expõe à venda, oculta ou tem em estoque: a) produto assinalado com marca ilicitamente reproduzida ou imitada, de outrem, no todo ou em parte; ou b) produto de sua indústria ou comércio, contido em vasilhame, recipiente ou embalagem que contenha marca legítima de outrem. Todos esses atos são punidos com detenção e multa.

CRIME CONTRA O RESPEITO AOS MORTOS. *Direito penal.* Ato punível pela lei penal que pode consistir: a) no impedimento ou perturbação de cerimônia funerária; b) na violação de sepultura ou urna funerária; c) na destruição, subtração ou ocultação de cadáver; e d) no vilipêndio a cadáver ou suas cinzas.

CRIME CONTRA O SENTIMENTO RELIGIOSO. *Direito penal.* Ato atentatório ao sentimento religioso que compreende: o escárnio por motivo de religião ou pelo exercício de função religiosa; o impedimento ou a perturbação de culto religioso e o vilipêndio público de ato ou objeto de culto.

CRIME CONTRA O SISTEMA FINANCEIRO NACIO-NAL. *Direito penal.* Conduta atentatória da pessoa jurídica ou natural que capta ou administra seguros, câmbio, consórcio, capitalização ou qualquer tipo de poupança ou recursos de terceiros. É considerado crime contra o sistema financeiro nacional: a) imprimir, fabricar ou pôr em circulação, sem a devida autorização, certificado, cautela ou qualquer outro título representativo de valor mobiliário; b) fabricar, divulgar ou distribuir material de propaganda relativo àqueles papéis; c) divulgar informação falsa ou incompleta sobre instituição financeira; d) gerir, fraudulentamente, instituição financeira; e) apropriar-se, sendo controlador, gerente, administrador ou diretor, de qualquer dinheiro ou título, desviando-os em proveito próprio; f) sonegar informação a sócio, investidor ou repartição pública sobre operação ou situação financeira; g) emitir títulos ou valores mobiliários falsos, sem lastro, registro ou autorização; h) exigir ilegalmente juro ou comissão; i) fraudar fiscalização ou o investidor; j) inserir dados falsos em demonstrativos contábeis; k) manter ou movimentar recurso ou valor paralelamente à contabilidade exigida por lei; l) deixar, sendo ex-administrador, de apresentar ao interventor, liquidante ou administrador judicial, nos prazos legais, informações pedidas ou documentos de sua responsabilidade; m) desviar bem obtido pela indisponibilidade legal resultante de intervenção, liquidação extrajudicial ou falência de instituição financeira; n) apresentar, em liquidação extrajudicial ou em falência de instituição financeira, declaração de crédito ou reclamação falsa ou juntar a elas título falso ou simulado; o) fazer operar, sem a devida autorização, ou com autorização obtida mediante declaração falsa, instituição financeira; p) violar sigilo de operação ou serviço prestado por instituição financeira ou integrante do sistema de distribuição de títulos mobiliários de que tenha conhecimento em razão de ofício; q) obter, mediante fraude, financiamento em instituição financeira; r) atribuir a terceiro ou a si próprio falsa identidade para a realização de operação de câmbio; s) efetuar operação de câmbio não autorizada; t) omitir, retardar ou praticar, o funcionário público, contra a lei, ato de ofício necessário ao regular funcionamento do Sistema Financeiro Nacional etc.

CRIME CONTRA PATENTE DE INVENÇÃO OU DE MODELO DE UTILIDADE. *Direito penal.* Ato consistente em: 1. fabricar produto que seja objeto de patente de invenção ou de modelo de utilidade, sem autorização do titular; ou 2. usar meio ou processo que seja objeto de patente de invenção, sem autorização do titular. Comete crime contra patente de invenção ou de modelo de utilidade quem: 1. exporta, vende, expõe ou oferece à venda, tem em estoque, oculta ou recebe, para utilização com fins econômicos, produto fabricado com violação de patente de invenção ou de modelo de utilidade, ou obtido por meio ou processo patenteado; 2. importa produto que seja objeto de patente de invenção ou de modelo de utilidade ou obtido por meio ou processo patenteado no País, para os fins previstos no item anterior, e que não tenha sido colocado no mercado externo diretamente pelo titular da patente ou com seu consentimento; 3. fornece componente de um produto patenteado, ou material ou equipamento para realizar um processo patenteado, desde que a aplicação final do componente, material ou equipamento induza, necessariamente, à exploração do objeto da patente. Todos esses delitos são punidos com detenção ou multa, visto que tais crimes caracterizam-se ainda que a violação não atinja todas as reivindicações da patente ou se restrinja à utilização de meios equivalentes ao objeto da patente.

CRIME CONTRA TELECOMUNICAÇÃO. *Direito penal.* Comete delito contra a telecomunicação: 1. Aquele que no exercício da liberdade da radiodifusão: a) incitar a desobediência à lei ou decisões judiciárias; b) divulgar segredo de Estado ou assuntos que prejudiquem a defesa nacional; c) ultrajar a honra nacional; d) fazer propaganda de guerra ou de processos de subversão da ordem político-social; e) promover campanha discriminatória de classe, cor, raça ou religião; f) insuflar rebeldia ou indisciplina nas Forças Armadas ou nas organizações de segurança pública; g) comprometer relações internacionais do País; h) ofender a moral familiar, pública ou os bons costumes; i) caluniar, injuriar ou difamar os Poderes Legislativo, Executivo ou Judiciário ou os respectivos membros; j) veicular notícias falsas, com perigo para a ordem pública econômica e social; k) colaborar na prática de rebeldia, desordens ou manifestações proibidas. 2. Aquele que, violando lei ou regulamento: a) exibir autógrafo ou qualquer documento de arquivo; b) divulgar, comunicar, informar, captar, transmitir a outrem ou utilizar o conteúdo, resumo, significado, interpretação, indicação ou efeito de qualquer comunicação dirigida a terceiro; c) receber, divulgar ou utilizar telecomunicação interceptada, se atuar nos serviços fiscais das estações e postos oficiais.

CRIME CULPOSO. *Direito penal.* É o resultante de ação ou omissão voluntária do agente que, não querendo o resultado, o produz por imprudência, negligência ou imperícia. O resultado é causado pelo agente, mas não procurado, intencionalmente, por ele. A vontade é relativa à conduta e não ao resultado danoso dela decorrente.

CRIME DA MESMA NATUREZA. *Direito penal.* Crime homogêneo, cujo resultado configura diversos crimes da mesma espécie. Trata-se do concurso formal de crimes, quando o agente, com uma só ação criminosa, produz mais de um resultado danoso, por exemplo, o criminoso, com um só tiro, vem a matar duas pessoas, cometendo dois homicídios.

CRIME DE ABANDONO MATERIAL. *Vide* ABANDONO MATERIAL.

CRIME DE AÇÃO MÚLTIPLA. *Direito penal.* Trata-se do crime de conteúdo variado, em que a lei prevê, num mesmo dispositivo, para sua configuração, várias condutas delituosas, por exemplo, o crime de moeda falsa, em cuja pena prevista em lei incorre quem importar, exportar, adquirir, vender, trocar, ceder, emprestar, guardar ou introduzir moeda falsa.

CRIME DE AÇÃO PRIVADA. *Direito penal* e *direito processual penal.* Aquele cuja punibilidade deve ser provocada, mediante queixa pelo ofendido ou seu representante legal, pedindo a punição prevista em lei para o autor do crime.

CRIME DE AÇÃO PÚBLICA. *Direito penal* e *direito processual penal.* É aquele em que a punição do criminoso deve ser promovida por órgão do Ministério Público, *ex officio*, ou mediante representação do ofendido ou requisição do ministro da Justiça, quando a lei o exigir.

CRIME DE ADVOGADO. *Direito penal.* Ato cometido por advogado ou procurador contra a administração da justiça consistente no patrocínio infiel, na tergiversação ou na sonegação de documento ou objeto de valor probatório.

CRIME DE *APARTHEID.* *Direito penal.* Qualquer ato praticado no contexto de um regime institucionalizado de opressão e domínio sistemático de um grupo racial sobre um ou outros grupos nacionais e com a intenção de manter esse regime.

CRIME DE APROPRIAÇÃO INDÉBITA PREVIDENCIÁRIA. *Direito penal.* Ato de deixar de repassar à previdência social as contribuições recolhidas, no prazo e forma legal ou convencional, punido com reclusão e multa. Nas mesmas penas incorre quem deixar de: a) recolher, no prazo legal, contribuição ou outra importância destinada à previdência social que tenha sido descontada de pagamento efetuado a segurados, a terceiros ou arrecadada do público; b) recolher contribuições devidas à previdência social que tenham integrado despesas contábeis ou custos relativos à venda de produtos ou à prestação de serviços; c) pagar benefício devido a segurado, quando as respectivas cotas ou valores já tiverem sido reembolsados à empresa pela previdência social. É extinta a punibilidade se o agente, espontaneamente, declara, confessa e efetua o pagamento das contribuições, importâncias ou valores e presta as informações devidas à previdência social, na forma definida em lei ou regulamento, antes do início da ação fiscal. É facultado ao juiz deixar de aplicar a pena ou aplicar somente a de multa se o agente for primário e de bons antecedentes, desde que: a) tenha promovido, após o início da ação fiscal e antes de oferecida a denúncia, o pagamento da contribuição social previdenciária, inclusive acessórios; ou b) o valor das contribuições devidas, inclusive acessórios, seja igual ou inferior àquele estabelecido pela previdência social, administrativamente, como sendo o mínimo para o ajuizamento de suas execuções fiscais.

CRIME DE ASSÉDIO SEXUAL. *Direito penal.* Ato de constranger alguém com o intuito de obter vantagem ou favorecimento sexual, prevalecendo-se o agente da sua condição de superior hierárquico ou ascendência inerentes ao exercício de emprego, cargo ou função, punido com detenção de um a dois anos.

CRIME DE BAGATELA. *Direito penal.* Crime que causa dano de pequena monta, como furto de caixinha de ovos devendo seu agente ser punido com pena branda (Damásio E. de Jesus).

CRIME DE CALÚNIA. *Vide* CALÚNIA.

CRIME DE COLARINHO BRANCO. *Direito penal* e *sociologia jurídica.* Atividade ilegal de pessoas com elevado índice de escolaridade e com privilegiada posição socioeconômica, como médicos, advogados, executivos, altos funcionários, políticos etc. (Edwin Sutherland). Há uma relativa impunidade, pois obtêm tais pessoas vantagens acobertadas pelo manto da *naturalis licentia decipiendi,* mediante a prática de faltas ético-profissionais. Courakis divide esse crime em três categorias: a) crime em sentido próprio, previsto na lei penal, como falsidade de atestado médico, patrocínio infiel, tergiversação etc.; b) crime quase legal, para o qual não há sanção prevista em lei penal, mas há sanção civil ou administrativa, como ocorre com o delito em torno do mercado de capitais; c) crime não previsto em lei, constituindo um delito ante o princípio da reserva legal. É aquele crime cuja punibilidade compete à justiça federal, por atingir a ordem econômico-financeira ou o sistema financeiro.

CRIME DE COMISSÃO. *Vide* CRIME COMISSIVO.

CRIME DE CONCURSO. *Vide* CRIME COLETIVO.

CRIME DE CONCURSO NECESSÁRIO. *Vide* CRIME BILATERAL.

CRIME DE CONDUTA PLURAL. *Direito penal.* Aquele que requer, para sua configuração, a realização de várias condutas do agente para obter o resultado danoso punido por lei.

CRIME DE CONSUMAÇÃO ANTECIPADA. *Direito penal.* Trata-se do crime formal em que, para sua tipicidade, não se reclama a efetiva lesão do bem juridicamente protegido, uma vez que basta a simples probabilidade do resultado, sendo, portanto, suficiente a mera situação de perigo ou o dano potencial, por exemplo, no crime de falsidade documental, nota-se que o agente quis o resultado danoso, mas a caracterização do delito, todavia, independe da aceitação, ou não, do documento falso como verídico.

CRIME DE CONTEÚDO VARIADO. *Vide* CRIME DE AÇÃO MÚLTIPLA.

CRIME DE CONVERGÊNCIA. *Direito penal.* Trata-se do crime unilateral, que tem como um de seus pressupostos o concurso necessário de vários agentes para, mediante ação ou omissão, obter o mesmo resultado, por exemplo, greve, conspiração etc.

CRIME DE CORRUPÇÃO. *Vide* CRIME DE SUBORNO.

CRIME DE DANO. *Direito penal.* Trata-se do crime material, para cuja consumação é imprescindível a efetiva ocorrência do resultado danoso, atingindo o bem ou o interesse juridicamente tutelado, de tal sorte que sem tal lesão configura-se a simples tentativa.

CRIME DE DESOBEDIÊNCIA. *Direito penal* e *direito processual penal.* **1.** É o perpetrado por testemunha intimada que deixa, injustificadamente, de comparecer a juízo para depor, ficando sujeita ao pagamento de multa e à condenação das custas da diligência. **2.** Qualquer desobediência de particular à ordem legal de funcionário público.

CRIME DE DIFAMAÇÃO. *Vide* DIFAMAÇÃO.

CRIME DE DIVULGAÇÃO DE SEGREDO. *Direito penal.* É o que consiste em divulgar, sem justa causa, informações sigilosas ou reservadas, assim definidas em lei, contidas ou não nos sistemas de informações ou banco de dados da Administração Pública, punido com detenção e multa. E, se resultar prejuízo para a Administração Pública, a ação penal será incondicionada.

CRIME DE ENSAIO. *Direito penal.* É o provocado, insidiosamente, por uma pessoa que induz o agente a praticá-lo, criando condições para sua configuração, e, ao mesmo tempo, toma providências, junto à autoridade competente, para impedir sua execução.

CRIME DE EPIDEMIA. *Direito penal.* Ação criminosa de provocar uma epidemia, mediante a propagação de germes patogênicos.

CRIME DE ESCUTA TELEFÔNICA. *Direito penal.* Espionagem acústica que registra em fita magnética, por meio de gravação indevida, conversa telefônica, para utilizá-la posteriormente (Luiz Flávio Borges D'Urso).

CRIME DE ESTADO. *Vide* CRIME CONTRA O ESTADO.

CRIME DE ESTRANGEIRO. *Direito penal.* Ação punível consistente em usar o estrangeiro, para entrar ou permanecer no País, nome que não é o seu, ou reingressar no território nacional, tendo sido dele expulso.

CRIME DE EXPERIÊNCIA. *Vide* CRIME DE ENSAIO.

CRIME DE FALSIDADE. *Direito penal.* Atentado à fé pública, atingindo a certeza legal de relações jurídicas, a inteireza, a verdade ou o valor jurídico de meios probatórios e a força probante de sinais de atestação.

CRIME DE FALSIFICAÇÃO. *Direito penal.* Modalidade de crime de falsidade, que é contrário à fé pública, configurando-se por ato doloso de imitação da verdade, inerente a certos objetos, sinais ou formas, por meio de contrafação, alteração ou simulação, causando dano a terceiro, mesmo que seja potencial.

CRIME DE FALSIFICAÇÃO DE DOCUMENTO PÚBLICO. *Direito penal.* Ato de: 1. Inserir ou fazer inserir: a) na folha de pagamento ou em documento de informações que seja destinado a fazer prova perante a previdência social, pessoa que não possua a qualidade de segurado obrigatório; b) na Carteira de Trabalho e Previdência Social do empregado ou em documento que deva produzir efeito perante a previdência social, declaração falsa ou diversa da que deveria ter sido escrita; c) em documento contábil ou em qualquer outro documento relacionado com as obrigações da empresa perante a previdência social, declaração falsa ou diversa da que deveria ter constado. 2. Omitir em documentos o nome do segurado e seus dados pessoais, a remuneração, a vigência do contrato de trabalho ou de prestação de serviços.

CRIME DE FALSIFICAÇÃO DE SELO OU SINAL PÚBLICO. *Direito penal.* Ato de alterar, falsificar ou usar indevidamente marcas, logotipos, siglas ou quaisquer outros símbolos utilizados ou identificadores de órgãos ou entidades da Administração Pública.

CRIME DE FATO PERMANENTE. *Direito penal.* **1.** Ato punível em que a consumação não se esgota num só momento, protraindo-se por um período temporal mais ou menos longo, até que o agente o faça cessar, por exemplo, cárcere privado, curandeirismo, seqüestro etc. **2.** *Vide* CRIME CONTÍNUO.

CRIME DE FATO TRANSEUNTE. *Direito penal.* Trata-se da ação criminosa que não deixa vestígio aparente e visível, como ocorre, por exemplo, com a injúria verbal.

CRIME DE FLAGRANTE ESPERADO. *Direito penal.* Aquele em que a autoridade policial tem conhecimento de que haverá prática criminosa, colocando-se à espera do agente.

CRIME DE FORMA LIVRE. *Direito penal.* Aquele que é praticado por ação ou omissão do agente, não requerendo, para sua configuração, demonstração da ocorrência do resultado danoso ou do perigo. Consuma-se pela simples ação ou omissão criminosa, por exemplo, calúnia. É também denominado "crime de mera conduta" ou "de simples atividade".

CRIME DE FORMA VINCULADA. *Direito penal.* Aquele que, para sua consumação, requer a vinculação da atividade criminosa do agente à realização do resultado danoso, por exemplo, o homicídio só se consuma se houver morte da vítima.

CRIME DE GENOCÍDIO. *Direito penal.* É qualquer um dos atos que a seguir se enumeram, praticado com intenção de destruir, no todo ou em parte, um grupo nacional, étnico, racial ou religioso, enquanto tal: a) homicídio de membros do grupo; b) ofensas graves à integridade física ou mental de membros do grupo; c) sujeição intencional do grupo a condições de vida com vista a provocar a sua destruição física, total ou parcial; d) imposição de medidas destinadas a impedir nascimentos no seio do grupo; e) transferência, à força, de crianças do grupo para outro grupo.

CRIME DE ÍMPETO. *Direito penal.* Aquele em que o agente vem a praticar uma ação criminosa motivado por injusta provocação da vítima ou por violenta emoção ou paixão, atingindo repentinamente o resultado danoso, sem que o tenha preparado ou premeditado, esgotando num só instante todas as facetas do *iter criminis*.

CRIME DE IMPRENSA. *Direito penal.* Ato punível praticado por meio de jornais ou serviços de radiodifusão ou noticiosos consistente em: a) fazer propaganda de guerra, de processo para subversão da ordem político-social ou de preconceito de raça ou classe; b) publicar segredo de Estado, notícia sigilosa de interesse de segurança nacional ou fato verdadeiro deturpado provocador da perturbação na ordem pública, desconfiança no sistema bancário, prejuízo ao crédito da União, Estados, Distrito Federal ou Municípios, da cotação das mercadorias e dos títulos imobiliários no mercado financeiro; c) ofender a moral pública e os bons costumes; d) divulgar resultado de jogo proibido ou loteria não autorizada; e) obter vantagem para não fazer publicação de certa notícia; f) fazer, mediante pagamento, publicação que importe em crime; g) incitar à prática de infração à lei penal; h) caluniar, difamar ou injuriar pessoas vivas ou mortas etc.

CRIME DE INJÚRIA. *Direito penal.* Ato atentatório da dignidade ou decoro de alguém, através de palavra, escrita ou falada, sinal ou gesto aviltante. É crime contra a honra subjetiva da pessoa, que constitui o sentimento próprio alusivo a seus atributos físicos, morais ou intelectuais.

CRIME DE INTERCEPTAÇÃO DE COMUNICAÇÕES TELEFÔNICAS, DE INFORMÁTICA OU TELEMÁTICA. *Direito penal.* Delito consistente em interceptar comunicação telefônica ou o fluxo de comunicações em sistemas de informática e telemática fora dos casos admitidos em lei ou sem autorização judicial. Tal crime é punido com reclusão e multa.

CRIME DE INUNDAÇÃO. *Direito penal.* Ato punível com detenção, se culposo, ou com reclusão e multa, se doloso, consistente em causar, por qualquer meio, inundação, colocando em risco a vida, a integridade física ou o patrimônio de alguém.

CRIME DE LABORATÓRIO. *Direito penal.* Aquele praticado por paciente durante a hipnose por sugestão do hipnotizador (Voisin; Liébeault).

CRIME DE "LAVAGEM" OU OCULTAÇÃO DE BENS, DIREITOS E VALORES. *Direito penal.* Consiste em: ocultar ou dissimular a natureza, origem, localização, disposição, movimentação ou propriedade de bens, direitos ou valores provenientes, direta ou indiretamente, de crime: a) de tráfico ilícito de substâncias entorpecentes ou drogas afins; b) de terrorismo e seu financiamento; c) de contrabando ou tráfico de armas, munições ou material destinado à sua produção; d) de extorsão mediante seqüestro; e) contra a Administração Pública, inclusive a exigência, para si ou para outrem, direta ou indiretamente, de qualquer vantagem, como condição ou preço para a prática ou omissão de atos administrativos; f) contra o sistema financeiro nacional; g) praticado por organização criminosa. É punido com reclusão e multa. Incorre na mesma pena quem, para ocultar ou dissimular a utilização de bens, direitos ou valores provenientes de qualquer dos crimes acima referidos: a) os converte em ativos lícitos; b) os adquire, recebe, troca, negocia, dá ou recebe em garantia, guarda, tem em depósito, movimenta ou transfere; c) importa ou exporta bens com valores não correspondentes aos verdadeiros. Incorre, ainda, na mesma pena quem: a) utiliza, na atividade econômica ou financeira, bens, direitos ou valores que sabe serem provenientes de qualquer dos crimes antecedentes referidos neste artigo; b) participa de grupo, associação

ou escritório tendo conhecimento de que sua atividade principal ou secundária é dirigida à prática de crimes previstos em lei. A pena será aumentada de um a dois terços se o crime for cometido de forma habitual ou por intermédio de organização criminosa. A pena será reduzida de um a dois terços e começará a ser cumprida em regime aberto, podendo o juiz deixar de aplicá-la ou substituí-la por pena restritiva de direitos, se o autor, co-autor ou partícipe colaborar espontaneamente com as autoridades, prestando esclarecimentos que conduzam à apuração das infrações penais e de sua autoria ou à localização dos bens, direitos ou valores objeto do crime.

CRIME DE LESA-MAJESTADE. *Direito comparado.* Crime contra rei ou membro da família real ou contra o poder soberano de uma nação.

CRIME DE LESA-MAJESTADE DIVINA. *Direito canônico.* Sacrilégio.

CRIME DE LESA-PÁTRIA. *Direito comparado.* Ato ofensivo praticado por súdito contra o País.

CRIME DE MACROCORPORAÇÕES. *Direito penal.* Diz-se do decorrente de grupos empresariais (sociedades anônimas ou concessionárias de serviços públicos), cuja cúpula dirigente, aproveitando-se de seu poder e tecnologia e de sua assessoria mercadológica e jurídica, e destruindo a concorrência, visa a obtenção de lucro ilícito, praticando delitos contra a ordem tributária e econômica, os consumidores, o meio ambiente e o Estado (Rosivaldo Toscano dos Santos Júnior).

CRIME DE MÃO-PRÓPRIA. *Direito penal.* Aquele que pode ser praticado apenas pela pessoa indicada, ou seja, não pode ser levado a efeito *per alium*, por exemplo, falso testemunho e prevaricação (Flávio Augusto M. de Barros).

CRIME DE MERA CONDUTA. *Direito penal.* É aquele em que basta a ação ou omissão do agente para ficar constituído o elemento material da figura típica penal ou a ofensa ao direito tutelado, sem qualquer necessidade de se provar a ocorrência real do dano. Trata-se do "crime de forma livre", do "crime de simples atividade" ou do "crime sem resultado".

CRIME DE MERA SUSPEITA. *Direito penal.* Trata-se do crime que não é considerado nem omissivo nem comissivo, por exemplo, a posse injustificada e suspeita de instrumento destinado à prática de furto, que, na verdade, constitui contravenção penal (Nélson Hungria). Por tal razão, os autores, em sua maioria, não o enquadram na categoria dos crimes.

CRIME DE MULTIDÃO. *Direito penal.* **1.** Aquele que resulta do fato de ter sido o agente levado à prática do crime por instigação de um grupo de pessoas amotinadas ou de multidão em estado de tumulto, o que constitui circunstância atenuante na aplicação da pena cabível. **2.** É o praticado por multidão em estado de agitação, impulsionada pelo desespero ou ódio levado por líderes ou instigadores.

CRIME DE NATUREZA DIVERSA. *Direito penal.* É o crime heterogêneo, ou seja, aquele cujo ato do delinqüente acarreta resultados danosos que configuram delitos de espécies diferentes. Tal ocorre no concurso formal de crimes, quando o agente com uma só ação ou omissão alcança vários resultados puníveis, por exemplo com um tiro vem a ferir alguém e a causar dano em vidraças.

CRIME DE OPINIÃO. *Direito penal.* Ato que implica abuso no exercício da liberdade de manifestação do pensamento e informação.

CRIME DE PECULATO. *Vide* PECULATO.

CRIME DE PERIGO. *Direito penal.* Ato punível que cria uma situação de ameaça a um interesse ou bem tutelado juridicamente pela lei penal; logo, o agente, mesmo que não queira o resultado danoso, não pode deixar de prevê-lo, uma vez que, tendo ciência daquela situação, assume seu risco, por exemplo, o crime de perigo de contágio venéreo ou de moléstia grave etc.

CRIME DE PERIGO ATUAL. *Direito penal.* Diz-se daquele que está ocorrendo.

CRIME DE PERIGO COMUM. *Direito penal.* Aquele que coloca em risco a vida, a saúde e o patrimônio de diversas pessoas. Tal crime consiste em: a) causar incêndio, expondo a perigo a vida, a integridade física ou o patrimônio de outrem; b) expor a perigo a vida ou o patrimônio de outrem mediante explosão, arremesso, simples colocação de engenho de dinamite ou uso de gás tóxico; c) fabricar, fornecer, adquirir, possuir ou transportar, sem licença da autoridade, substância ou engenho explosivo, gás tóxico ou asfixiante ou material destinado à sua fabricação; d) causar inundação, expondo a perigo a vida, a integridade física ou o patrimônio de outrem; e) causar desmoronamento ou desabamento; f) subtrair, ocultar ou inutilizar, por ocasião de incêndio, inundação, naufrágio ou outra calamidade, aparelho ou material destinado ao salvamento; g) impedir ou dificultar serviço de socorro em desastres ou calamidades; h) difundir doença ou praga que possa causar dano a floresta, plantação ou animais de utilidade econômica.

CRIME DE PERIGO DE INUNDAÇÃO. *Direito penal.* Ato punível com reclusão e multa consistente em remover, destruir ou inutilizar, em prédio próprio ou alheio, expondo a perigo a vida, a integridade física ou o patrimônio de outrem, obstáculo natural ou obra destinada a impedir inundação.

CRIME DE PERIGO FUTURO. *Direito penal.* Aquele que pode, eventualmente, ocorrer.

CRIME DE PERIGO IMINENTE. *Direito penal.* Diz-se daquele que está prestes a acontecer (Geraldo Magela Alves).

CRIME DE PRECONCEITO RACIAL. *Direito penal.* Ato punível atentatório da pessoa de outra raça, consistente em: a) impedir acesso a cargo da Administração Pública; b) obstar acesso a estabelecimento comercial; c) negar emprego em empresa privada; d) recusar inscrição em estabelecimento de ensino ou hospedagem em hotel ou pensão; e) recusar atendimento em local aberto ao público; f) vedar uso de transportes coletivos; g) impedir acesso ao serviço militar em qualquer ramo das Forças Armadas; h) obstar, por qualquer meio, o casamento ou a convivência familiar e social; i) praticar, induzir ou incitar, pelos meios de comunicação social ou por publicação de qualquer natureza, a discriminação ou o preconceito de raça ou cor.

CRIME DE RESPONSABILIDADE. 1. *Direito penal.* É o perpetrado por pessoa que, investida de função pública, no exercício do cargo, viola o prestígio, o decoro, a incolumidade e a regularidade funcional da Administração Pública. Trata-se do crime funcional, que pode ser próprio, se praticado no exercício de função pública pelo funcionário público, ou impróprio, se, além da infração ao dever funcional, ocorrer um delito comum, por exemplo, o peculato, que envolve apropriação indébita. **2.** *Direito constitucional.* Crime político praticado pelo presidente da República, vice-presidente ou ministros de Estado, atentando contra a Constituição Federal, a separação de Poderes, a segurança nacional, a probidade administrativa ou o orçamento, fazendo com que o agente fique sujeito ao *impeachment*, que o impede de continuar a exercer seu alto cargo público.

CRIME DE RESULTADO. *Vide* CRIME DE DANO.

CRIME DE SIMPLES ATIVIDADE. *Vide* CRIME DE FORMA LIVRE.

CRIME DE SIMPLES OMISSÃO. *Vide* CRIME OMISSIVO PRÓPRIO.

CRIME DE SONEGAÇÃO FISCAL. *Direito penal.* Ato punível consistente em: a) prestar declaração falsa ou omitir, total ou parcialmente, informação, com o escopo de eximir-se do pagamento de tributo; b) inserir elementos inexatos ou omitir rendimentos ou operações de qualquer natureza em documentos ou livros exigidos pelas leis fiscais, com o intuito de exonerar-se do pagamento de tributos devidos à Fazenda Pública; c) alterar faturas ou quaisquer documentos atinentes às operações mercantis, para fraudar a Fazenda Pública; d) fornecer ou emitir documentos graciosos ou alterar despesas, majorando-as, com a finalidade de conseguir a dedução de tributos; e) exigir, pagar ou receber, para si ou para o contribuinte beneficiário da paga, qualquer percentagem sobre a parcela dedutível ou deduzida do imposto sobre a renda como incentivo fiscal.

CRIME DE SUBORNO. *Direito penal.* Trata-se do crime de corrupção, incluído no rol dos delitos praticados por particular ou por funcionário contra a Administração Pública, traduzindo-se pela venalidade que se opera em torno da função pública, bastando para sua configuração que o particular ofereça vantagens indevidas ao funcionário ou que o funcionário venha a solicitá-las ou a recebê-las, para si ou para outrem, direta ou indiretamente, com o propósito de praticar, omitir ou retardar ato de ofício.

CRIME DE SUSPEITA. *Direito penal.* Trata-se do delito que não se perfectibilizou, havendo tão-somente indícios de que tenha sido perpetrado pelo agente.

CRIME DE TORTURA. *Direito penal.* Consiste no ato de: a) constranger alguém com emprego de violência ou grave ameaça, causando-lhe sofrimento físico ou mental, com o fim de obter informação, declaração ou confissão da vítima ou de terceira pessoa; para provocar ação ou omissão de natureza criminosa; em razão de discriminação racial ou religiosa; b) submeter

alguém, sob sua guarda, poder ou autoridade, com emprego de violência ou grave ameaça, a intenso sofrimento físico ou mental, como forma de aplicar castigo pessoal ou medida de caráter preventivo. Tal crime é punido com pena de reclusão, de dois a oito anos. Na mesma pena incorre quem submete pessoa presa ou sujeita a medida de segurança a sofrimento físico ou mental, por intermédio da prática de ato não previsto em lei ou não resultante de medida legal. Aquele que se omite em face dessas condutas, quando tinha o dever de evitá-las ou apurá-las, incorre na pena de detenção de um a quatro anos. Em caso de lesão corporal de natureza grave ou gravíssima, a pena é de reclusão de quatro a dez anos; se resulta morte, a reclusão é de oito a dezesseis anos. Aumenta-se a pena de um sexto até um terço: a) se o crime é cometido por agente público; b) se o crime é cometido contra criança, gestante, deficiente e adolescente; c) se o crime é cometido mediante seqüestro. A condenação acarretará a perda do cargo, função ou emprego público e a interdição para seu exercício pelo dobro do prazo da pena aplicada. O crime de tortura é inafiançável e insuscetível de graça ou anistia, devendo o condenado, salvo em caso de omissão, após ser punido com detenção, iniciar o cumprimento da pena em regime fechado. Essas penas são aplicadas mesmo quando o crime não tenha sido cometido em território nacional, sendo a vítima brasileira ou encontrando-se o agente em local sob jurisdição brasileira.

CRIME DE TRÂNSITO. *Direito penal.* É o originário de infração das normas de trânsito, podendo provir de ato doloso ou culposo.

CRIME DE USURA PECUNIÁRIA. *Direito penal.* Espécie de crime contra a economia popular consistente na cobrança de juros, comissões ou descontos percentuais superiores à taxa legal sobre dívidas em dinheiro, na cobrança de ágio superior à taxa oficial de câmbio sobre quantia permutada por moeda estrangeira e no empréstimo sob penhor privativo de instituição oficial de crédito.

CRIME DE USURA REAL. *Direito penal.* Modalidade de crime contra a economia popular consistente na obtenção ou estipulação, em qualquer contrato, abusando da premente necessidade, inexperiência ou leviandade da outra parte, do lucro patrimonial excedente ao quinto do valor corrente ou justo da prestação feita ou prometida.

CRIME DE VIOLAÇÃO DE SIGILO FUNCIONAL. *Direito penal.* Ato de: a) permitir ou facilitar, mediante atribuição, fornecimento e empréstimo de senha ou qualquer outra forma, o acesso de pessoas não autorizadas a sistemas de informações ou banco de dados da Administração Pública; b) utilizar, indevidamente, o acesso restrito. Se da ação ou omissão resultar dano à Administração Pública ou a outrem, a pena será de reclusão, de dois a seis anos, e multa.

CRIME DISTANCIADO. *Vide* CRIME A DISTÂNCIA.

CRIME DOLOSO. *Direito penal.* Aquele em que o agente quis o resultado danoso ou assumiu o risco de produzi-lo. Tanto a ação ou omissão como o resultado são voluntários; há o propósito deliberado do agente de praticar o ato comissivo ou omissivo para a produção do dano.

CRIME DOS EPILÉPTICOS. *Medicina legal.* Práticas delituosas violentas levadas a efeito por pessoas epilépticas, que apresentam os seguintes caracteres: ausência de motivo ou de remorso; falta de premeditação; instantaneidade do ato; atrocidade na execução; multiplicidade de golpes e amnésia (Legrand Du Saulle).

CRIME ECONÔMICO. *Direito penal.* Conduta que, assimilando a feição por que se exterioriza na atividade produtora, busca o enriquecimento ilícito mediante fraude. Atinge bem jurídico inerente à intervenção do Estado na economia, procurando obter enorme proveito material à custa do maior número possível de pessoas, sendo executado, em regra, por meio de uma organização empresarial (Paulo Salvador Frontini).

CRIME ELEITORAL. *Direito penal.* Ato punível consistente em: a) inscrever-se eleitor mediante fraude; b) induzir alguém a se inscrever eleitor infringindo a lei; c) efetuar o juiz, fraudulentamente, a inscrição de alistando; d) negar ou retardar a autoridade judiciária, sem fundamento legal, a inscrição requerida; e) perturbar ou impedir de qualquer forma o alistamento; f) exercer o preparador atribuições fora da sede da localidade para a qual foi designado; g) reter título eleitoral contra a vontade do eleitor; h) promover desordem que prejudique os trabalhos eleitorais; i) impedir ou embaraçar o exercício do sufrágio; j) prender ou deter eleitor, membro da mesa receptora, fiscal, delegado de partido ou candidato; k) dar, oferecer, prometer, solicitar ou receber, para si ou para outrem, dinheiro, dádiva ou qualquer outra vantagem, para obter ou dar voto e para conseguir ou prometer abstenção, ainda que a oferta não seja aceita; l) valer-se o servidor público da sua autoridade para coagir alguém a votar ou não em determinado candidato ou partido; m) usar de violência ou grave ameaça para coagir alguém a votar, ou não, em determinado candidato ou partido, ainda que os fins visados não sejam conseguidos; n) rubricar e fornecer cédula oficial em outra oportunidade que não a de sua entrega ao eleitor; o) votar ou tentar votar mais de uma vez ou em lugar de outrem; p) praticar, como membro de mesa receptora, qualquer irregularidade; q) alterar nos mapas ou nos boletins de apuração a votação obtida por qualquer candidato; r) violar sigilo da urna ou destruir urna contendo votos; s) inscrever-se em dois ou mais partidos; t) difamar, injuriar ou caluniar alguém em propaganda eleitoral; u) escrever ou colocar cartazes de propaganda eleitoral em muros, fachadas ou local público, sem autorização; v) usar organização comercial de vendas, distribuição de mercadorias, prêmios para aliciamento de eleitores; w) recusar ou abandonar serviço eleitoral sem justa causa; x) falsificar, alterar ou usar documento público para fins eleitorais etc.

CRIME EMOCIONAL. *Direito penal.* É o praticado pelo agente sob violenta emoção.

CRIME ESPECIAL. *Direito penal.* É aquele que pressupõe no sujeito ativo uma qualidade pessoal que constitui fundamento do fato típico penal. Por exemplo, o crime falimentar requer que o agente seja empresário ou comerciante; o crime militar, que pertença às Forças Armadas; o crime funcional, que seja funcionário público; o auto-aborto, que seja gestante. Sem a qualidade especial de agente seria irrelevante o cometimento do fato punível.

CRIME EVENTUAL. *Direito penal.* Aquele de que o agente participa de modo indireto.

CRIME EXAURIDO. *Direito penal.* Diz-se daquele em que se deu o resultado danoso previsto ou querido pelo agente.

CRIME EXCEPCIONAL. *Direito penal.* O que tem forma de processo diverso do ordinário.

CRIME *EXCEPTUM*. *Direito penal.* Aquele a que se agrega uma circunstância atenuante da pena que lhe é aplicável, sendo por isso chamado de crime privilegiado.

CRIME FALENCIAL. *Vide* CRIME FALIMENTAR.

CRIME FALHO. *Direito penal.* Trata-se do "crime frustrado", em que não se alcança a consumação, apesar de ter o agente percorrido todo o *iter criminis* para a obtenção do resultado danoso, que não advém por motivos alheios à sua vontade ou ao seu modo de agir.

CRIME FALIMENTAR. *Direito penal.* **1.** Trata-se do crime ligado à falência e perpetrado por empresário, provocando fraudulentamente sua própria falência ou concorrendo com ela com alguns dos seguintes fatos: a) gastos pessoais ou familiares excessivos; b) emprego de meios ruinosos para obter recursos e retardar a declaração de falência; c) prejuízos vultosos em operações arriscadas, inclusive nas de Bolsa; d) falta de apresentação de balanço, dentro de sessenta dias após a data fixada para seu encerramento; e) simulação de capital ou de despesas para a obtenção de maior crédito; f) pagamento antecipado de alguns credores em prejuízo de outros; g) desvio de bens; h) falsificação material da escrituração; i) lançamento falso em livros; j) escrituração atrasada, confusa ou defeituosa; k) destruição de livros obrigatórios etc. **2.** Crimes de ação penal pública incondicionada, perpetrados para fraudar credores, consistentes em: a) praticar antes ou depois da sentença que decretar a falência, conceder a recuperação judicial ou homologar a recuperação extrajudicial, ato fraudulento de que resulte ou possa resultar prejuízo aos credores, com o fim de obter ou assegurar vantagem indevida para si ou para outrem, sob pena reclusão e multa. Tal pena será aumentada, se o agente: elabora escrituração contábil ou balanço com dados inexatos; omite, na escrituração contábil ou no balanço, lançamento que deles deveria constar, ou altera escrituração ou balanço verdadeiros; destrói, apaga ou corrompe dados contábeis ou negociais armazenados em computador ou sistema informatizado; simula a composição do capital social; destrói, oculta ou inutiliza, total ou parcialmente, os documentos de escrituração contábil obrigatórios. E também haverá aumento de pena se o devedor manteve ou movimentou recursos ou valores paralelamente à contabilidade exigida legalmente. Tratando-se de falência de microempresa ou de empresa de pequeno porte, e não se constatando prática habitual de condutas fraudulentas por parte do falido, poderá o juiz reduzir a pena de reclusão de 1/3 (um terço) a 2/3 (dois terços) ou substituí-la pelas penas restritivas de direitos, pelas de perda de bens e valores ou pelas de prestação de serviços à comunidade ou a entidades públicas; b) violar, explorar ou divulgar, sem justa causa, sigilo empresarial ou dados confidenciais sobre operações ou serviços, contribuindo para a condução do devedor a estado de inviabilidade econômica ou financeira, sob pena de reclusão e multa; c) divulgar ou propalar, por qualquer meio, informação falsa sobre devedor em recuperação judicial, com o fim de levá-lo à falência ou de obter vantagem, sob pena de reclusão e multa; d) sonegar ou omitir informações ou prestar informações falsas no processo de falência, de recuperação judicial ou de recuperação extrajudicial, com o fim de induzir a erro o juiz, o Ministério Público, os credores, a assembléia-geral de credores, o Comitê ou o administrador judicial, sob pena de reclusão e multa; e) praticar, antes ou depois da sentença que decretar a falência, conceder a recuperação judicial ou homologar plano de recuperação extrajudicial, ato de disposição ou oneração patrimonial ou gerador de obrigação, destinado a favorecer um ou mais credores em prejuízo dos demais, sob pena de reclusão e multa; f) apropriar-se, desviar ou ocultar bens pertencentes ao devedor sob recuperação judicial ou à massa falida, inclusive por meio da aquisição por interposta pessoa, sob pena de reclusão e multa; g) adquirir, receber, usar, ilicitamente, bem que sabe pertencer à massa falida ou influir para que terceiro, de boa-fé, o adquira, receba ou use, sob pena de reclusão e multa; h) apresentar, em falência, recuperação judicial ou recuperação extrajudicial, relação de créditos, habilitação de créditos ou reclamação falsas, ou juntar a elas título falso ou simulado, sob pena de reclusão e multa; i) exercer atividade para a qual foi inabilitado ou incapacitado por decisão judicial, sob pena de reclusão e multa; j) adquirir o juiz, o representante do Ministério Público, o administrador judicial, o gestor judicial, o perito, o avaliador, o escrivão, o oficial de justiça ou o leiloeiro, por si ou por interposta pessoa, bens de massa falida ou de devedor em recuperação judicial, ou, em relação a estes, entrar em alguma especulação de lucro, quando tenham atuado nos respectivos processos, sob pena de reclusão e multa; k) deixar de elaborar, escriturar ou autenticar, antes ou depois da sentença que decretar a falência, conceder a recuperação judicial ou homologar o plano de recuperação extrajudicial, os documentos de escrituração contábil obrigatórios, sob pena de detenção e multa, se o fato não constitui crime mais grave.

CRIME-FIM. *Direito penal.* Diz-se daquele que o agente pretende perpetrar. Por exemplo, para assegurar a execução, a ocultação, a impunidade ou a vantagem de um roubo (crime-fim), o agente mata quem o impedir (crime-meio).

CRIME FISCAL. *Direito penal.* É aquele definido pela lei penal como, por exemplo, contrabando, descaminho, apropriação indébita, peculato, corrupção. *Vide* CRIME TRIBUTÁRIO.

CRIME FLORESTAL. *Direito penal.* Trata-se, na verdade, de contravenção penal punível com prisão simples ou multa, ou com ambas as penas cumulativamente, consistente em: a) destruir, cortar ou danificar floresta considerada de preservação permanente; b) penetrar em floresta de preservação permanente conduzindo armas para caça proibida ou para exploração de produtos ou subprodutos florestais, sem estar devidamente autorizado; c) fazer fogo em floresta sem tomar as devidas precauções; d) causar dano a parques nacionais, estaduais ou municipais ou às reservas biológicas; e) fabricar, vender, transportar ou soltar balões que possam provocar incêndios em matas; f) impedir ou dificultar a regeneração natural de florestas; g) receber madeira, lenha, carvão ou outros produtos florestais sem exigir a exibição de licença do vendedor; h) transportar ou guardar lenha, carvão ou qualquer produto procedente de floresta sem licença outorgada pela autoridade competente; i) empregar, como combustível, produto florestal, sem uso de dispositivo que impeça a difusão de fagulhas suscetíveis de provocar incêndio na floresta; j) não tomar as devidas precauções para que animal de sua propriedade não penetre em floresta sujeita a regime especial; k) lesar plantas de ornamentação de logradouro público ou de propriedade privada alheia ou árvore imune de corte; l) extrair de florestas de domínio público ou consideradas de preservação permanente, sem prévia autorização, pedra, areia, cal ou qualquer outro tipo de mineral; m) transformar madeiras de lei em carvão sem licença de autoridade competente etc.

CRIME FORMAL. *Vide* CRIME DE SIMPLES ATIVIDADE E CRIME DE MERA CONDUTA.

CRIME FORMAL HOMOGÊNEO. *Vide* CRIME DA MESMA NATUREZA.

CRIME FRUSTRADO. *Vide* CRIME FALHO.

CRIME FUNCIONAL. *Vide* CRIME DE RESPONSABILIDADE.

CRIME GREGÁRIO. *Vide* CRIME COLETIVO.

CRIME HABITUAL. *Direito penal.* É o que se caracteriza pela reiteração de uma mesma ação, de modo a constituir um estilo de vida incidente em ato punível pela lei penal, por exemplo, curandeirismo, exercício ilegal da medicina, mantença de casa de prostituição etc.

CRIME HEDIONDO. *Direito penal.* Ato consumado ou tentado, punido pela lei, em consideração de seu caráter repulsivo ou sórdido. Constituem crimes hediondos: a) homicídio, quando praticado em atividade típica de grupo de extermínio, ainda que cometido por um só agente; b) homicídio qualificado; c) latrocínio; d) extorsão qualificada pela morte; e) extorsão mediante seqüestro; f) estupro; g) atentado violento ao pudor; h) epidemia com resultado morte; i) genocídio.

CRIME HETEROGÊNEO. *Vide* CRIME DE NATUREZA DIVERSA.

CRIME HOMOGÊNEO. *Vide* CRIME DA MESMA NATUREZA.

CRIME IMPERFEITO. *Direito penal.* Trata-se de crime tentado ou da tentativa de crime. É aquele que não se consumou por fatos alheios à vontade do agente.

CRIME IMPOSSÍVEL. *Direito penal.* Trata-se do quase-crime ou da tentativa inidônea, inadequada ou impossível. Pode-se ter: a) crime impossível por ineficácia absoluta do meio, por exemplo, se alguém tenta envenenar outrem, usando substância inofensiva ou se, pretendendo matar outrem, atira com arma sem munição; b) crime impossível por impropriedade absoluta do objeto, por exemplo, prática de manobra abortiva em mulher que não está grávida ou furto de objeto próprio.

CRIME INAFIANÇÁVEL. *Direito processual penal.* Aquele em que a lei não permite pagamento de fiança para que o réu responda em liberdade pelo delito.

CRIME INCOMPLETO. *Vide* CRIME FALHO.

CRIME INFAMANTE. *Direito penal.* Diz-se daquele em que, pelos meios empregados pelo agente e pelas circunstâncias de sua realização, provoca no meio social enorme reprovação, pela repulsa que vem a causar.

CRIME INSTANTÂNEO. *Direito penal.* Aquele que se consuma num só instante sem que haja prolongamento no tempo.

CRIME INSTANTÂNEO DE EFEITOS PERMANENTES. *Direito penal.* É o que se consuma num só momento, mas os efeitos de sua consumação se prolongam no tempo, independentemente da vontade do agente, por exemplo, furto, homicídio etc.

CRIME INTENCIONAL. *Vide* CRIME DOLOSO.

CRIME INTERNACIONAL. *Direito internacional público* e *direito internacional privado.* 1. Aquele cuja prática afeta vários países, que, por terem interesse em sua repressão, assinam tratados e convenções internacionais para puni-los. 2. Ato ilícito por parte do Estado faltoso que venha a acarretar dano material ou imaterial ao território, ao patrimônio estatal, aos serviços públicos, à pessoa do governante, aos bens do súdito, ao pavilhão nacional de outro sujeito de direito das gentes, gerando responsabilidade internacional. Há reparação de natureza compensatória. Isto é assim, como observa Rezek, porque o contencioso internacional é de compensação e não punitivo. Se o dano for moral, sua reparação pode dar-se mediante desagravo público, pedido formal de desculpa, restauração do *statu quo ante* etc., e, se o prejuízo for econômico, ter-se-á pagamento de uma quantia pecuniária a título de indenização.

CRIME INVOLUNTÁRIO. *Vide* CRIME CULPOSO.

CRIME LEGAL. *Direito penal.* Trata-se do crime legítimo, que é perpetrado em estado de necessidade, legítima defesa, estrito cumprimento de dever legal ou no exercício regular de um direito, circunstâncias essas que excluem sua criminalidade, não sendo, portanto, propriamente um crime.

CRIME LEGÍTIMO. *Vide* CRIME LEGAL.

CRIME MATERIAL. *Vide* CRIME DE DANO OU CRIME DE RESULTADO.

CRIME-MEIO. *Direito penal.* Aquele que é praticado pelo agente como um meio para consumar outro, que é o pretendido (chamado por isso de crime-fim). Por exemplo, o ladrão que mata

alguém para poder roubar uma casa pratica homicídio (crime-meio) para assegurar a execução do crime desejado, que é o roubo (crime-fim).

CRIME MILITAR. *Direito penal militar.* Violação de deveres de ofício militar (Pietro Vico). Pode ser: a) propriamente militar, se, além de estar catalogado no Código Penal Militar, só puder ser praticado por militar, como deserção, insubordinação, desacato ou abandono de posto; b) impropriamente militar, se, em sendo crime comum tipificado na lei penal, tornar-se militar por ser militar seu agente, pela natureza do local em que foi perpetrado ou pela anormalidade da época em que foi consumado, desde que lesivo à organização das Forças Armadas, às suas instituições, à administração militar ou ao patrimônio destinado à consecução das finalidades das Forças Armadas.

CRIME MULTITUDINÁRIO. *Vide* CRIME DE MULTIDÃO.

CRIME NÃO TRANSEUNTE. *Direito penal.* O que deixa vestígio, por exemplo, lesão corporal.

CRIME NATURAL. *Direito penal.* Espécie de crime especial que requer certa qualidade natural do agente, por exemplo, o de ser mãe, para matar filho em estado puerperal.

CRIME NECESSÁRIO. *Vide* CRIME LEGAL.

CRIMEN FALSI. *Vide* CRIME DE FALSIDADE.

CRIME OMISSIVO. *Direito penal.* Aquele em que o agente não age de conformidade com a lei, dando causa à consumação do delito. Trata-se da abstenção voluntária de uma conduta requerida pela lei. É uma omissão fundada na falta a um dever jurídico de agir, previsto legalmente, por exemplo, falta de notificação compulsória de doença por médico; omissão de socorro etc.

CRIME OMISSIVO IMPRÓPRIO. *Direito penal.* Trata-se da prática de um ato punível mediante uma omissão do agente, causando o resultado, por exemplo, a mãe que deixa seu filho morrer por privá-lo de alimento. A omissão é, portanto, um meio para atingir o resultado danoso. É também designado "crime comissivo por omissão".

CRIME OMISSIVO PRÓPRIO. *Direito penal.* É o crime de simples omissão. Constitui um ato omissivo, punível em si mesmo, pelo fato de seu agente deixar de cumprir a lei, causando um resultado danoso.

CRIME ORGANIZADO. *Direito penal.* Aquele planejado por quadrilha ou por criminosos profissionais.

CRIME PASSIONAL. *Direito penal.* É o perpetrado pelo agente, sob o impulso de uma violenta, desordenada e irreprimível paixão ou emoção.

CRIME PATRIMONIAL. *Vide* CRIME CONTRA O PATRIMÔNIO.

CRIME PERFEITO. *Vide* CRIME CONSUMADO.

CRIME PERMANENTE. *Vide* CRIME DE FATO PERMANENTE E CRIME CONTÍNUO.

CRIME PLURIOFENSIVO. *Direito penal.* É aquele onde se têm várias lesões a bem juridicamente tutelado pela lei penal.

CRIME PLURISSUBJETIVO. *Vide* CRIME BILATERAL.

CRIME PLURISSUBSISTENTE. *Direito penal.* É o que se compõe de vários atos criminosos sucessivos direcionados a um único resultado danoso.

CRIME POLÍTICO. *Direito penal.* **1.** Ato punível caracterizado pela ofensa ou ameaça à ordem política vigente numa nação, pondo em risco a segurança externa ou interna das instituições políticas. **2.** Ato que tem por fim a usurpação do poder.

CRIME POLÍTICO IMPRÓPRIO. *Direito penal.* Aquele que atinge um direito político do cidadão.

CRIME POLÍTICO PRÓPRIO. *Direito penal.* Ato que ofende à organização político-estatal, sem atingir qualquer outro bem.

CRIME POLÍTICO PURO. *Direito penal.* Aquele que tem caráter exclusivamente político, ofendendo ou ameaçando, direta ou indiretamente, a ordem política do Estado.

CRIME POLÍTICO RELATIVO. *Direito penal.* Aquele que ofende, concomitantemente, um direito político e um bem jurídico tutelado pelo direito penal comum.

CRIME POR AÇÃO. *Direito penal.* É o praticado em razão de deliberação volitiva, onde o agente faz, ou não, algo que provoque o resultado danoso punível pela lei penal.

CRIME POR ATIVIDADE NUCLEAR. *Direito penal.* Aquele que consiste no uso de material nuclear sem a devida autorização ou para finalidade não permitida legalmente.

CRIME POR COMISSÃO. *Vide* CRIME COMISSIVO.

CRIME POR OMISSÃO. *Vide* CRIME OMISSIVO.

CRIME PRATICADO POR FUNCIONÁRIO PÚBLICO CONTRA A ADMINISTRAÇÃO EM GERAL. *Direito penal.* **1.** Ato punível praticado pelo funcionário público que: a) se apropriar de bens, públicos ou particulares, de que tem a posse em razão do cargo, desviando-os em proveito próprio ou alheio; b) concorrer culposamente para o crime de peculato ou furto daqueles bens praticado por outrem; c) furtar os bens acima mencionados, valendo-se de sua condição perante a Administração Pública; d) apropriar-se de dinheiro ou qualquer utilidade que, no exercício do cargo, recebeu por erro de outrem; e) extraviar, sonegar ou inutilizar, total ou parcialmente, livro oficial ou qualquer documento de que tem a guarda em razão do cargo; f) desviar verbas ou rendas públicas, dando-lhes aplicação diversa da estabelecida em lei; g) exigir, para si ou para outrem, direta ou indiretamente, ainda que fora da função, ou antes de assumi-la, mas em razão dela, vantagem indevida; h) exigir imposto, taxa ou emolumento indevidos; i) empregar na cobrança de tributos meio vexatório ou gravoso não autorizado legalmente; j) desviar, em proveito próprio ou alheio, o que recebeu indevidamente para recolher aos cofres públicos; k) solicitar ou receber, para si ou para outrem, direta ou indiretamente, ainda que fora da função ou antes de assumi-la, mas em razão dela, vantagem indevida, ou aceitar promessa de tal vantagem; l) facilitar, com infração de dever funcional, a prática de contrabando ou descaminho; m) retardar ou deixar de praticar, indevidamente, ato de ofício, ou praticá-lo contra disposição expressa de lei, para satisfazer interesse ou sentimento pessoal; n) deixar, por indulgência, de responsabilizar subordinado que cometeu infração no exercício do cargo ou, quando lhe falte competência, não levar o fato ao conhecimento da autoridade competente; o) patrocinar, direta ou indiretamente, interesse privado perante a Administração Pública, valendo-se da qualidade de funcionário; p) praticar violência no exercício da função ou a pretexto de exercê-la; q) abandonar cargo público fora dos casos permitidos em lei; r) entrar no exercício de função pública antes de satisfeitas as exigências legais ou continuar a exercê-las, sem autorização, depois de saber oficialmente que foi exonerado, removido, substituído ou suspenso; s) revelar fato de que tem ciência em razão do cargo e que deva permanecer em segredo ou facilitar-lhe a revelação; t) violar sigilo de proposta de concorrência pública ou proporcionar a terceiro o ensejo de devassá-lo. **2.** Inserção de dados falsos em sistema de informações. Ato de o funcionário autorizado inserir ou facilitar a inserção de dados falsos, alterar ou excluir indevidamente dados corretos nos sistemas informatizados ou bancos de dados da Administração Pública com o fim de obter vantagem indevida para si ou para outrem ou para causar dano, punido com reclusão, de dois a doze anos, e multa. **3.** Modificação ou alteração não autorizada de sistema de informações, consistente em modificar ou alterar, o funcionário, sistema de informações ou programa de informática sem autorização ou solicitação de autoridade competente, sob pena de detenção, de três meses a dois anos, e multa. As penas são aumentadas de um terço até a metade se da modificação ou alteração resulta dano para a Administração Pública ou para o administrado.

CRIME PRATICADO POR PARTICULAR CONTRA A ADMINISTRAÇÃO EM GERAL. *Direito penal.* **1.** Ato punível perpetrado pelo particular que: a) usurpar exercício de função pública; b) opuser-se à execução de ato legal, mediante violência ou ameaça a funcionário público competente para executá-lo ou a quem lhe esteja prestando auxílio; c) desobedecer à ordem legal de funcionário público; d) desacatar funcionário público no exercício da função ou em razão dela; e) obtiver, para si ou para outrem, vantagem ou promessa de vantagem, a pretexto de influir em funcionário público no exercício da função; f) oferecer ou prometer vantagem indevida a funcionário público para determiná-lo a praticar, omitir ou retardar ato de ofício; g) importar ou exportar mercadoria proibida ou iludir, no todo ou em parte, o pagamento de direito ou imposto devido pela entrada, saída ou consumo de mercadoria; h) praticar navegação de cabotagem fora dos casos admitidos em lei; i) vender, expor à venda, manter em depósito ou, de qualquer forma, utilizar em proveito próprio ou alheio, no exercício de atividade comercial ou industrial, mercadoria de procedência estrangeira que introduziu clandestinamente no País, importou fraudulentamente ou que sabe ser produto de introdução clandestina no território nacional ou de importação fraudulenta por parte de outrem; j) adquirir, receber ou ocultar, em proveito próprio ou alheio, no exercício de atividade comercial ou industrial, mercadoria de procedência estrangeira desacompanhada de documentação legal, ou acompanhada de documentos que sabe serem falsos; k) exercer, irregular ou clandestinamente, o comércio de mercadorias estrangeiras, inclusive em residências; l) impedir, perturbar ou fraudar concorrência pública ou venda em hasta pública promovida pela Administração federal, estadual ou municipal ou por entidade paraestatal, assim como afastar ou procurar afastar concorrente ou licitante por meio de violência, grave ameaça, fraude ou oferecimento de vantagem; m) abster-se de concorrer ou licitar, em razão da vantagem oferecida; n) rasgar, inutilizar ou conspurcar edital afixado por ordem de funcionário público; o) violar ou inutilizar selo ou sinal empregado por determinação legal ou por ordem de funcionário público, para identificar ou cerrar qualquer objeto; p) subtrair ou inutilizar, total ou parcialmente, livro oficial, processo ou documento confiado à custódia de funcionário, em razão de ofício, ou de particular em serviço público. **2.** Trata-se da sonegação de contribuição previdenciária, que consiste em suprimir ou reduzir contribuição social previdenciária e qualquer acessório, mediante as seguintes condutas: a) omitir de folha de pagamento da empresa ou de documento de informações previsto pela legislação previdenciária segurados empregado, empresário, trabalhador avulso ou trabalhador autônomo ou a este equiparado que lhe prestem serviços; b) deixar de lançar mensalmente nos títulos próprios da contabilidade da empresa as quantias descontadas dos segurados ou as devidas pelo empregador ou pelo tomador de serviços; c) omitir, total ou parcialmente, receitas ou lucros auferidos, remunerações pagas ou creditadas e demais fatos geradores de contribuições sociais previdenciárias, punido com reclusão, de dois a cinco anos, e multa. É extinta a punibilidade se o agente, espontaneamente, declara e confessa as contribuições, importâncias ou valores e presta as informações devidas à previdência social, na forma definida em lei ou regulamento, antes do início da ação fiscal. É facultado ao juiz deixar de aplicar a pena ou aplicar somente a de multa se o agente for primário e de bons antecedentes, desde que o valor das contribuições devidas, inclusive acessórios, seja igual ou inferior àquele estabelecido pela previdência social, administrativamente, como sendo o mínimo para o ajuizamento de suas execuções fiscais. Se o empregador não é pessoa jurídica e sua folha de pagamento mensal não ultrapassa um mil, quinhentos e dez reais, o juiz poderá reduzir a pena de um terço até a metade ou aplicar apenas a de multa. Tal valor será reajustado nas mesmas datas e nos mesmos índices do reajuste dos benefícios da previdência social.

CRIMES PRATICADOS POR PARTICULAR CONTRA A ADMINISTRAÇÂO PÚBLICA ESTRANGEIRA. *Direito penal.* São atos envolvendo: a) corrupção ativa em transação comercial internacional, punida com reclusão e multa, consistente em prometer, oferecer ou dar, direta ou indiretamente, vantagem indevida a funcionário público estrangeiro, ou a terceira pessoa, para determiná-lo a praticar, omitir ou retardar ato de ofício relacionado à transação comercial internacional; b) tráfico de influência em transação comercial internacional que, punido com reclusão e multa, consiste no ato de solicitar, exigir, cobrar ou obter, para si ou para outrem, direta ou indiretamente, vantagem ou promessa de vantagem a pretexto de influir em ato praticado por funcionário público estrangeiro no exercício de suas funções, relacionado a transação comercial internacional.

CRIME *PRETER*. *Direito penal.* Diz-se do delito cujo resultado danoso é mais grave que o pretendido pelo agente, que vem a responder por isso, por exemplo, lesão corporal seguida de morte, ou morte resultante do abandono de incapaz, em que a intenção do agente não era matar, mas apenas ferir ou abandonar.

CRIME PRETERDOLOSO. *Direito penal.* Aquele em que o resultado ocorrido representa um excesso de fim, por ter ultrapassado o objetivo ou a intenção do agente. É aquele que produz um resultado não desejado pelo agente, excedendo à sua intenção criminosa, qualificando-se pelo resultado, tendo sua pena agravada, por ser aquele mais grave do que o assumido pelo agente.

CRIME PRETERINTENCIONAL. *Vide* CRIME PRETERDOLOSO.

CRIME PREVIDENCIÁRIO. *Direito penal.* Crime doloso praticado por empresário que se apropria de contribuições previdenciárias deduzidas das importâncias pagas a título de salário aos empregados, não as revertendo ao órgão de Previdência Social (Afonso Celso F. de Rezende).

CRIME PRINCIPAL. *Direito penal.* Aquele que antecede um crime acessório que não pode existir sem ele, por exemplo, o furto em relação à receptação. É, portanto, aquele que se configura independentemente de qualquer outro crime.

CRIME PRIVADO. *Direito penal.* Aquele cujo resultado danoso atinge bem ou interesse particular, competindo ao ofendido apresentar queixa para promover a ação penal privada.

CRIME PRIVILEGIADO. *Vide* CRIME *EXCEPTUM*.

CRIME *PRIVILEGIATUM*. *Vide* CRIME EX-*CEPTUM*.

CRIME PROFISSIONAL. *Direito penal.* Aquele perpetrado em razão da profissão do agente, por exemplo, o peculato ou o aborto provocado por médico.

CRIME PROGRESSIVO. *Direito penal.* Aquele em que o agente comete ato menos grave que um outro subseqüente, do qual é elemento constitutivo, por exemplo, lesão corporal seguida de homicídio ou violação de domicílio alheio para roubar. Sem a realização do primeiro ato criminoso, o segundo não pode dar-se.

CRIME PRÓPRIO. *Vide* CRIME ESPECIAL.

CRIME PSEUDOPASSIONAL. *Direito penal.* Diz-se daquele em que o agente simula estar acometido de violenta emoção ou paixão, quando, na verdade, pratica o crime premeditadamente, movido por vingança, ódio ou ciúme provocados pelo uso de substância excitante ou por qualquer outro meio, com o escopo de justificar defesa da honra ante provocação injusta da vítima.

CRIME PURAMENTE MILITAR. *Direito penal militar.* Aquele praticado por militar, infringindo seus deveres funcionais.

CRIME PUTATIVO. *Direito penal.* Aquele em que o agente supõe ou imagina que sua conduta é criminosa ou punível, quando, na realidade, não o é, por não ser definida como crime pela lei penal. O suposto crime deixa de existir por falta de tipicidade, por exemplo, se mulher, pensando estar grávida, ao ingerir substância abortiva, julga estar praticando aborto.

CRIME QUALIFICADO. *Direito penal.* **1.** Diz-se daquele que está configurado pela lei penal com título próprio, ao qual é cominada uma pena autônoma, ante o princípio de que "não há crime sem lei anterior que o defina nem pena sem prévia cominação legal". **2.** Aquele que se reveste, ante a ocorrência de certas circunstâncias agravantes, de forma mais grave, configurando, então, um crime à parte, com outro título e pena autônoma superior à do tipo fundamental, ou conservando seu *nomen juris*, caso em que se lhe comina uma pena maior (Nélson Hungria).

CRIME QUALIFICADO PELO EVENTO. *Vide* CRIME PRETERDOLOSO.

CRIME QUALIFICADO PELO RESULTADO. *Vide* CRIME PRETERDOLOSO.

CRIME REITERADO. *Direito penal.* Aquele que se dá em razão de reincidência do agente na prática criminosa.

CRIME RELATIVO À PROPRIEDADE INTELECTUAL DE PROGRAMAS DE COMPUTADOR. *Direito penal.* Ato punível com detenção e multa consistente em: a) violar direitos de autor de programas de computador; b) importar, expor, manter em depósito, para fins de comercialização, programas de computador de origem externa não cadastrados.

CRIMES AMBIENTAIS. *Direito penal.* Delito consistente em: a) causar poluição de qualquer natureza em níveis tais que resultem ou possam resultar em danos à saúde humana, ou que provoquem a mortandade de animais ou a destruição significativa da flora, sendo punido com multa. Haverá também tal pena se: tornar uma área, urbana ou rural, imprópria para a ocupação humana; causar poluição atmosférica que provoque a retirada, ainda que momentânea, dos habitantes das áreas afetadas, ou que cause danos diretos à saúde da população; causar poluição hídrica que torne necessária a interrupção do abastecimento público de água de uma comunidade; dificultar ou impedir o uso público das praias; ocorrer por lançamento de resíduos sólidos, líquidos ou gasosos, ou detritos, óleos ou substâncias oleosas, em desacordo com as exigências estabelecidas em leis ou regulamentos; deixar de adotar, quando assim o exigir a autoridade competente, medidas de precaução em caso de risco de dano ambiental grave ou irreversível; b) executar pesquisa, lavra ou extração de recursos minerais sem a competente autorização, permissão, concessão ou licença, ou em desacordo com a obtida, sendo punido com multa (na mesma pena incorre quem deixa de recuperar a área pesquisada ou explorada, nos termos da autorização, permissão, licença, concessão ou determinação do órgão competente); c) produzir, processar, embalar, importar, exportar, comercializar, fornecer, transportar, armazenar, guardar, ter em depósito ou usar produto ou a substância tóxica, perigosa ou nociva à saúde humana ou ao meio ambiente, em desacordo com as exigências estabelecidas em leis ou nos seus regulamentos, sendo punido com multa (na mesma pena incorre quem abandona os produtos ou substâncias acima referidos, ou os utiliza em desacordo com as normas de segurança, pois se o produto ou a substância for nuclear ou radioativa, a pena é aumentada no quíntuplo); d) construir, reformar, ampliar, instalar ou fazer funcionar, em qualquer parte do território nacional, estabelecimentos, obras ou serviços potencialmente poluidores, sem licença ou autorização dos órgãos ambientais competentes, ou contrariando as normas legais e regulamentares pertinentes, sendo punido com multa; e) disseminar doença ou praga ou espécies que possam causar dano à agricultura, à pecuária, à fauna, à flora ou aos ecossistemas, sendo apenado com multa; f) conduzir, permitir ou autorizar a condução de veículo automotor em desacordo com a lei, sob pena de multa; g) importar ou comercializar veículo automotor sem Licença para Uso da Configuração de Veículos ou Motor (LCVM) expedida pela autoridade competente, sob pena de multa e correção de todas as unidades de veículo ou motor que sofrerem alterações; h) alterar ou promover a conversão de qualquer item em veículos ou motores novos ou usados, que provoque alterações nos limites e exigências ambientais previstos em lei, sob pena de multa por veículo e correção da irregularidade. Quem, de qualquer forma, concorre para a prática desses crimes incide nas penas a estes cominadas, na medida da sua culpabilidade, bem como o diretor, o administrador, o membro de conselho e de órgão técnico, o auditor, o gerente, o preposto ou mandatário de pessoa jurídica que, sabendo da conduta criminosa de outrem, deixar de impedir a sua prática, quando podia agir para evitá-la. As pessoas jurídicas serão responsabilizadas administrativa, civil e penalmente nos casos em que a infração seja cometida por decisão de seu representante legal ou contratual, ou de seu órgão colegiado, no interesse ou benefício da sua entidade. A responsabilidade das pessoas jurídicas não exclui a das pessoas físicas, autoras, co-autoras ou partícipes do mesmo fato. Poderá ser desconsiderada a pessoa jurídica sempre que sua personalidade for obstáculo ao ressarcimento de prejuízos causados à qualidade do meio ambiente. Para imposição e gradação da penalidade, a autoridade competente observará: a) a gravidade do fato, tendo em vista os motivos da infração e suas conseqüências para a saúde pública e para o meio ambiente; b) os antecedentes do infrator quanto ao cumprimento da legislação de interesse ambiental; c) a situação econômica do infrator, no caso de multa. As penas, restritivas de direitos, são autônomas e substituem as privativas de liberdade quando: a) tratar-se de crime culposo ou for aplicada a pena privativa de liberdade inferior a quatro anos; b) a culpabilidade, os antecedentes, a conduta social e a personalidade do condenado, bem como os motivos e as circunstâncias do crime indicarem que a substituição seja suficiente para efeitos de reprovação do crime. As penas restritivas de direitos a que se refere este artigo terão a mesma duração da pena privativa de liberdade substituída. As penas restritivas de direito são: a) prestação de serviços à comunidade; b) interdição temporária de direitos; c) suspensão parcial ou total de atividades; d) prestação pecuniária; e) recolhimento domiciliar. A prestação de serviços à comunidade consiste na atribuição ao condenado de tarefas gratuitas junto a parques e jardins públicos e unidades de conservação, e, no caso de dano da coisa particular, pública ou tombada, na restauração desta, se possível. As penas de interdição temporária de direito são a proibição de o condenado contratar com o Poder Público, de receber incentivos fiscais ou quaisquer outros benefícios, bem como de participar de licitações, pelo prazo de cinco anos, no caso de crimes dolosos, e de três anos, no de crimes culposos. A suspensão de atividades será aplicada quando estas não estiverem obedecendo às prescrições legais. A prestação pecuniária consiste no pagamento em dinheiro à vítima ou à entidade púbica ou privada com fim social, de importância, fixada pelo juiz, não inferior a um salário mínimo nem superior a trezentos e sessenta salários mínimos. O valor pago será deduzido do montante de eventual reparação civil a que for condenado o infrator. O recolhimento domiciliar baseia-se na autodisciplina e senso de responsabilidade do condenado, que deverá, sem vigilância, trabalhar, freqüentar curso ou exercer atividade autorizada, permanecendo recolhido nos dias e horários de folga em residência ou em qualquer local destinado a sua moradia habitual, conforme estabelecido na sentença condenatória. São circunstâncias que atenuam a pena: a) baixo grau de instrução ou escolaridade do agente; b) arrependimento do infrator, manifestado pela espontânea reparação do dano, ou limitação significativa da degradação ambiental causada; c) comunicação prévia pelo agente do perigo iminente de degradação ambiental; d) colaboração com os agentes encarregados da vigilância e do controle ambiental. São circunstâncias que agravam a pena, quando não constituem ou qualificam o crime: a) reincidência nos crimes de natureza ambiental; b) ter o agente cometido a infração: para obter vantagem pecuniária; coagindo outrem para a execução material da infração; afetando ou expondo a perigo, de maneira grave, a saúde pública ou o meio ambiente, concorrendo para danos à propriedade alheia; atingindo áreas de unidades de conservação ou áreas urbanas ou quaisquer assentamentos humanos; em período de defeso à fauna; em domingos ou feriados; à noite; em épocas de seca ou inundações; no interior do espaço territorial especialmente protegido; com o emprego de métodos cruéis para abate ou captura de animais; mediante fraude ou abuso de confiança; mediante abuso do direito de licença, permissão ou autorização ambiental; no interesse de pessoa jurídica mantida, total ou parcialmente, por verbas públicas ou beneficiada por incentivos fiscais; atingindo espécies ameaçadas, listadas em relatórios oficiais das autoridades competentes; facilitada por funcionário público no exercício de suas funções. A suspensão condicional da pena pode ser aplicada nos casos de condenação à pena privativa de liberdade não superior a três anos. A verificação dessa reparação será feita mediante laudo de reparação do dano ambiental, e as condições a serem impostas pelo juiz deverão relacionar-se com a proteção ao meio ambiente. A multa será calculada segundo os critérios do Código Penal; se revelar-se ineficaz, ainda que aplicada no valor máximo, poderá ser aumentada até três vezes, tendo em vista o valor da vantagem econômica auferida. A perícia de constatação do dano ambiental, sempre que possível, fixará o montante do prejuízo causado para efeitos de prestação de fiança e cálculo de multa. A perícia produzida no inquérito civil ou no juízo cível poderá ser aproveitada no processo penal, instaurando-se o contraditório. A sentença penal condenatória, sempre que possível, fixará o valor mínimo para reparação dos danos causados pela infração, considerando os prejuízos sofridos pelo ofendido ou pelo meio ambiente. Transitada em julgado a sentença condenatória, a execução poderá efetuar-se pelo valor fixado em lei, sem prejuízo da liquidação para apuração do dano efetivamente sofrido. As penas aplicáveis isolada, cumulativa ou alternativamente às pessoas jurídicas são: a) multa; b) restritivas de direitos; c) prestação de serviços à comunidade. As penas restritivas de direitos da pessoa jurídica são: a) suspensão parcial ou total de atividades; b) interdição temporária de estabelecimento, obra ou atividade; c) proibição de contratar com o Poder Público, bem como dele obter subsídios, subvenções ou doações. A suspensão de atividades será aplicada quando estas não estiverem obedecendo às disposições legais ou regulamentares, relativas à proteção do meio ambiente. A interdição será aplicada quando o estabelecimento, obra ou atividade estiver funcionando sem a devida autorização, ou em desacordo com a concedida, ou com violação de disposição legal ou regulamentar. A proibição de contratar com o Poder Público e dele obter subsídios, subvenções ou doações não poderá exceder o prazo de dez anos. A prestação de serviços à comunidade pela pessoa jurídica consistirá em: a) custeio de programas e de projetos ambientais; b) execução de obras de recuperação de áreas degradadas; c) manutenção de espaços públicos; d) contribuições a entidades ambientais ou culturais públicas. A pessoa jurídica constituída ou utilizada, preponderantemente, com o fim de permitir, facilitar ou ocultar a prática de crime ambiental terá decretada sua liquidação forçada, seu patrimônio será considerado instrumento do crime e como tal perdido em favor do Fundo Penitenciário Nacional.

CRIMES CONTRA A ADMINISTRAÇÃO AMBIENTAL. *Direito penal.* São os punidos com multa e consistentes em: a) deixar de obter o registro no Cadastro Técnico Federal de Atividades Potencialmente Poluidoras ou Utilizadoras de Recursos Ambientais as pessoas físicas e jurídicas que se dedicam às atividades potencialmente poluidoras e à extração, produção, transporte e comercialização de produtos potencialmente perigosos ao meio ambiente, assim como de produtos e subprodutos da fauna e flora; b) deixar o jardim zoológico de ter o livro de registro do acervo faunístico ou mantê-lo de forma irregular; c) deixar o comerciante ou empresário de apresentar declaração de estoque e valores oriundos de comércio de animais silvestres; d) deixar o comandante de embarcação pesqueira de preencher e entregar, ao fim de cada viagem ou semanalmente, os mapas fornecidos pelo órgão competente; e) deixar de apresentar aos órgãos competentes as inovações concernentes aos dados fornecidos para o registro de agrotóxicos, seus componentes e afins; f) deixar de constar de propaganda comercial de agrotóxicos, seus componentes e afins em qualquer meio de comunicação, clara advertência sobre os riscos do produto à saúde humana, aos animais e ao meio ambiente ou desatender os demais preceitos legais; g) deixar o fabricante de cumprir os requisitos de garantia ao atendimento dos limites vigentes de emissão de poluentes atmosféricos e de ruído, durante os prazos e quilometragens previstos em norma, bem como deixar de fornecer aos usuários todas as orientações sobre a correta utilização e manutenção de veículos ou motores.

CRIMES CONTRA A HUMANIDADE. *Direito penal.* Qualquer um dos atos seguintes, quando cometido no quadro de um ataque, generalizado ou sistemático, contra qualquer população civil, havendo conhecimento desse ataque: a) homicídio; b) extermínio; c) escravidão; d) deportação ou transferência forçada de uma população; e) prisão ou outra forma de privação da liberdade física grave, em violação das normas fundamentais de direito internacional; f) tortura; g) agressão sexual, escravatura sexual, prostituição forçada, gravidez forçada, esterilização forçada ou qualquer outra forma de violência no campo sexual de gravidade comparável; h) perseguição de um grupo ou coletividade que possa ser identificado, por motivos políticos, raciais, nacionais, étnicos, culturais, religiosos ou de gênero, ou em função de outros critérios universalmente reconhecidos como inaceitáveis no direito internacional, relacionados com qualquer ato acima referido ou com qualquer crime da competência do Tribunal; i) desaparecimento forçado de pessoas; j) crime de *apartheid*; k) outros atos desumanos de caráter semelhante, que causem intencionalmente grande sofrimento, ou afetem gravemente a integridade física ou a saúde física ou mental.

CRIMES CONTRA A ORDEM TRIBUTÁRIA. *Direito penal.* Constitui crime contra a ordem tributária suprimir ou reduzir tributo, e qualquer acessório, mediante as seguintes condutas: a) omitir informação ou prestar declaração falsa às autoridades fazendárias; b) fraudar a fiscalização tributária, inserindo elementos inexatos, ou omitindo operação de qualquer natureza, em documento ou livro exigido pela lei fiscal; c) falsificar ou alterar nota fiscal, fatura, duplicata, nota de venda ou qualquer outro documento relativo a operação tributável; d) elaborar, distribuir, fornecer, emitir ou utilizar documento que saiba ou deva saber falso ou inexato; e) negar ou deixar de fornecer, quando obrigatório, nota fiscal ou documento equivalente, relativa à venda de mercadoria ou prestação de serviço, efetivamente realizada, ou fornecê-la em desacordo com a legislação. A falta de atendimento da exigência da autoridade fazendária, no prazo de dez dias, que poderá ser convertido em horas em razão da maior ou menor complexidade da matéria ou da dificuldade quanto ao atendimento da exigência, caracteriza esta última infração. Constitui crime da mesma natureza das condutas acima arroladas: a) fazer declaração falsa ou omitir declaração sobre rendas, bens ou fatos, ou empregar outra fraude, para eximir-se, total ou parcialmente, de pagamento de tributo; b) exigir, pagar ou receber, para si ou para o contribuinte beneficiário, qualquer percentagem sobre a parcela dedutível ou deduzida do imposto como incentivo fiscal; c) deixar de aplicar, ou aplicar em desacordo com o estatuído, incentivo fiscal ou parcelas de imposto liberadas por órgão ou entidade de desenvolvimento; d) utilizar ou divulgar programa de processamento de dados que permita ao sujeito passivo da obrigação tributária possuir informação contábil diversa da que é, por lei, fornecida à Fazenda Pública.

CRIMES CONTRA A PROPRIEDADE INDUSTRIAL. *Direito penal.* Abrangem: os crimes contra as patentes, os desenhos industriais e marcas; crimes cometidos por meio de marca, título de estabelecimento e sinal de propaganda; crimes contra indicações geográficas e demais indicações e crimes de concorrência desleal.

CRIMES CONTRA AS FINANÇAS PÚBLICAS. *Direito penal.* Constituem os de: 1. *Contratação de operação de crédito*, consistente em ordenar, autorizar ou realizar operação de crédito, interno ou externo, sem prévia autorização legislativa, punido com reclusão, de um a dois anos. Incide na mesma pena quem ordena, autoriza ou realiza operação de crédito, interno ou externo: a) com inobservância de limite, condição ou montante estabelecido em lei ou em resolução do Senado Federal; b) quando o montante da dívida consolidada ultrapassa o limite máximo autorizado por lei. 2. *Inscrição de despesas não empenhadas em restos a pagar*, ato de ordenar ou autorizar a inscrição em restos a pagar, de despesa que não tenha sido previamente empenhada ou que exceda limite estabelecido em lei, sob pena de detenção, de seis meses a dois anos. 3. *Assunção de obrigação no último ano do mandato ou legislatura*, conduta que ordena ou autoriza a assunção de obrigação, nos dois últimos quadrimestres do último ano do mandato ou legislatura, cuja despesa não possa ser paga no mesmo exercício financeiro ou, caso reste parcela a ser paga no exercício seguinte, que não tenha contrapartida suficiente de disponibilidade de caixa, apenado com reclusão, de um a quatro anos. 4. *Ordenação de despesa não autorizada*, consistente em ordenar despesa não autorizada por lei, sob pena de reclusão, de um a quatro anos. 5. *Prestação de garantia graciosa*, ato de prestar garantia em operação de crédito sem que tenha sido constituída contragarantia em valor igual ou superior ao valor da garantia prestada, na forma da lei, punido com detenção, de três meses a um ano. 6. *Não-cancelamento de restos a pagar*, que é o ato de deixar de ordenar, de autorizar ou de promover o cancelamento do montante de restos a pagar inscrito em valor superior ao permitido em lei, punido com detenção, de seis meses a dois anos. 7. *Aumento de despesa total com pessoal no último ano do mandato ou legislatura*, que consiste em ordenar, autorizar ou executar ato que acarrete aumento de despesa total com pessoal, nos cento e oitenta dias anteriores ao final do mandato ou da legislatura, sob pena de reclusão, de um a quatro anos. 8. *Oferta pública ou colocação de títulos no mercado*, relativo ao ato de ordenar, autorizar ou promover a oferta pública ou a colocação no mercado financeiro de títulos da dívida pública sem que tenham sido criados por lei ou sem que estejam registrados em sistema centralizado de liquidação e de custódia, punido com reclusão, de um a quatro anos.

CRIMES CONTRA IDOSO. *Direito penal.* São os crimes de ação penal pública incondicionada, consistentes em: a) discriminar pessoa idosa, impedindo ou dificultando seu acesso a operações bancárias, aos meios de transporte, ao direito de contratar ou por qualquer outro meio ou instrumento necessário ao exercício da cidadania, por motivo de idade; sob pena de reclusão de seis meses a um ano e multa. Na mesma pena incorre quem desdenhar, humilhar, menosprezar ou discriminar pessoa idosa, por qualquer motivo. Tal pena será aumentada de um terço se a vítima se encontrar sob os cuidados ou responsabilidade do agente; b) deixar de prestar assistência ao idoso, quando possível fazê-lo sem risco pessoal, em situação de iminente perigo, ou recusar, retardar ou dificultar sua assistência à saúde, sem justa causa, ou não pedir, nesses casos, o socorro de autoridade pública, caso em que a pena será de detenção de seis meses a um ano e multa. Essa pena é aumentada de metade, se da omissão resulta lesão corporal de natureza grave, e triplicada, se resulta a morte; c) abandonar o idoso em hospitais, casas de saúde, entidades de longa permanência, ou congêneres, ou não prover suas necessidades básicas, quando obrigado por lei ou mandado, sob pena de detenção de seis meses a três anos e multa; d) expor a perigo a integridade e a saúde, física ou psíquica, do idoso, submetendo-o a condições desumanas ou degradantes ou privando-o de alimentos e cuidados indispensáveis, quando obrigado a fazê-lo, ou sujeitando-o a trabalho excessivo ou inadequado, hipótese em que a pena é detenção de dois meses a um ano e multa. Se do fato resultar lesão corporal de natureza grave, a pena será de reclusão de um a quatro anos. E, se resultar a morte, a pena cabível será reclusão de quatro a doze anos; e) constitui crime punível com reclusão de seis meses a um ano e multa: obstar o acesso de alguém a qualquer cargo público por motivo de idade; negar a alguém, por motivo de idade, emprego ou trabalho; recusar, retardar ou dificultar atendimento ou deixar de prestar assistência à saúde, sem justa causa, a pessoa idosa; deixar de cumprir, retardar ou frustrar, sem justo motivo, a execução de ordem judicial expedida na ação civil; recusar, retardar ou omitir dados técnicos indispensáveis à propositura da ação civil, quando requisitados pelo Ministério Público; f) deixar de cumprir, retardar ou frustrar, sem justo motivo, a execução de ordem judicial expedida nas ações em que for parte ou interveniente o idoso, sob pena de detenção de seis meses a um ano e multa; g) apropriar-se de ou desviar bens, proventos, pensão ou qualquer outro rendimento do idoso, dando-lhes aplicação diversa da de sua finalidade. Crime apenado com reclusão de um a quatro anos e multa; h) negar o acolhimento ou a permanência do idoso como abrigado, por recusa deste em outorgar procuração à entidade de atendimento, caso em que a pena é de detenção de seis meses a um ano e multa; i) reter o cartão magnético de conta bancária relativa a benefícios, proventos ou pensão do idoso, bem como qualquer outro documento com objetivo de assegurar recebimento ou ressarcimento de dívida, sob pena de detenção de seis meses a dois anos e multa; j) exibir ou veicular, por qualquer meio de comunicação, informações ou imagens depreciativas ou injuriosas à pessoa do idoso, sob pena de detenção de um a três anos e multa; k) induzir pessoa idosa sem discernimento de seus atos a outorgar procuração para fins de administração de bens ou deles dispor livremente, caso em que a pena é de reclusão de dois a quatro anos; l) coagir, de qualquer modo, o idoso a doar, contratar, testar ou outorgar procuração, hipótese em que pena é reclusão de dois a cinco anos; m) lavrar ato notarial que envolva pessoa idosa sem discernimento de seus atos, sem a devida representação legal, sob pena de reclusão de dois a quatro anos.

CRIMES CONTRA INDICAÇÕES GEOGRÁFICAS E DEMAIS INDICAÇÕES. *Direito penal.* Atos punidos com detenção ou multa, consistentes em: a) fabricar, importar, exportar, vender, expor ou oferecer à venda ou ter em estoque produto que apresente falsa indicação geográfica; b) usar, em produto, recipiente, invólucro, cinta, rótulo, fatura, circular, cartaz ou em outro meio de divulgação ou propaganda, termos retificativos, tais como "tipo", "espécie", "gênero", "sistema", "semelhante", "sucedâneo", "idêntico", ou equivalente, não ressalvando a verdadeira procedência do produto; c) usar marca, nome comercial, título de estabelecimento, insígnia, expressão ou sinal de propaganda ou qualquer outra forma que indique procedência que não a verdadeira, ou vender ou expor à venda produto com esses sinais.

CRIMES CONTRA O MEIO AMBIENTE. *Direito penal.* São os delitos contra a fauna, a flora, o ordenamento urbano, o patrimônio cultural e a administração ambiental.

CRIMES CONTRA O MERCADO DE CAPITAIS. *Direito penal.* Tais crimes abrangem: 1. Manipulação do mercado. Ato de realizar operações simuladas ou executar outras manobras fraudulentas, com a finalidade de alterar artificialmente o regular funcionamento dos mercados de valores mobiliários em bolsa de valores, de mercadorias e de futuros, no mercado de balcão ou no mercado de balcão organizado, com o fim de obter vantagem indevida ou lucro, para si ou para outrem, ou causar dano a terceiros. Essa prática deve ser punida com reclusão, de um a oito anos, e multa de até três vezes o montante da vantagem ilícita obtida em decorrência do crime. 2. Uso indevido de informação privilegiada. É a utilização de informação relevante ainda não divulgada ao mercado, de que tenha conhecimento e da qual deva manter sigilo, capaz de propiciar, para si ou para outrem, vantagem indevida, mediante negociação, em nome próprio ou de terceiro, com valores mobiliários. Tal ato é apenado com reclusão, de um a cinco anos, e multa de até três vezes o montante da vantagem ilícita obtida em decorrência do crime. 3. Exercício irregular de cargo, profissão, atividade ou função. Ato de atuar, ainda que a título gratuito, no mercado de valores mobiliários, como instituição integrante do sistema de distribuição, administrador de carteira coletiva ou individual, agente autônomo de investimento, auditor independente, analista de valores mobiliários, agente fiduciário ou exercer qualquer cargo, profissão, atividade ou função, sem estar, para esse fim, autorizado ou registrado junto à autoridade administrativa competente, quando exigido por lei ou regulamento. Crime punido com a pena de detenção de seis meses a dois anos, e multa.

CRIMES CONTRA O ORDENAMENTO URBANO E O PATRIMÔNIO CULTURAL. *Direito penal.* Ato de: 1. destruir, inutilizar ou deteriorar: a) bem especialmente protegido por lei, ato administrativo ou decisão judicial; b) arquivo, registro, museu, biblioteca, pinacoteca, instalação científica ou similar protegido por lei, ato administrativo ou decisão judicial, sendo punido com reclusão e multa. 2. Alterar o aspecto ou estrutura de edificação ou local especialmente protegido por lei, ato administrativo ou decisão judicial, em razão de seu valor paisagístico, ecológico, turístico, artístico, histórico, cultural, religioso, arqueológico, etnográfico ou monumental, sem autorização da autoridade competente ou em desacordo com a concedida, sendo apenado com multa. 3. Promover construção em solo não edificável, ou no seu entorno, assim considerado em razão de seu valor paisagístico, ecológico, artístico, turístico, histórico, cultural, religioso, arqueológico, etnográfico ou monumental, sem autorização da autoridade competente ou em desacordo com a concedida, sendo punido com detenção e multa. 4. Pichar, grafitar ou por outro meio conspurcar edificação ou monumento urbano, sendo punido com detenção e multa em dobro. Se o ato for realizado em monumento ou coisa tombada em virtude do seu valor artístico, arqueológico ou histórico, a pena é aumentada em dobro.

CRIMES CONTRA OS DESENHOS INDUSTRIAIS. *Direito penal.* Ato de fabricar, sem autorização do titular, produto que incorpore desenho industrial registrado, ou imitação substancial que possa induzir em erro ou confusão e de cometer crime contra registro de desenho industrial: a) exportando, vendendo, expondo ou oferecendo à venda, tendo em estoque, ocultando ou recebendo, para utilização com fins econômicos, objeto que incorpore ilicitamente desenho industrial registrado, ou imitação substancial que possa induzir em erro ou confusão; ou b) importando produto que incorpore desenho industrial registrado no País, ou imitação substancial que possa induzir em erro ou confusão, para os fins previstos no inciso anterior, e que não tenha sido colocado no mercado externo diretamente pelo titular ou com seu consentimento. Esses crimes são punidos com detenção ou multa.

CRIMES CONTRA O TITULAR DE PROGRAMA DE COMPUTADOR. *Direito penal.* São delitos contra o titular de programa de computador: a) violação aos seus direitos autorais, sendo apenada com detenção ou multa; b) reprodução total ou parcial, por qualquer meio, de programa de computador, para fins de comércio, sem autorização expressa do autor ou de seu representante, sendo punida com reclusão e multa; c) venda, exposição à venda, introdução no País, aquisição, ocultação ou depósito, para comercialização, de original ou cópia de programa de computador, produzido com violação de direito autoral, crimes estes punidos com reclusão e multa.

CRIMES DA MESMA ESPÉCIE. *Direito penal.* Aqueles que, tendo o mesmo título penal, visam os mesmos fins criminosos (Marcelo Fortes Barbosa).

CRIMES DA MESMA NATUREZA. *Direito penal.* Atos violadores dos tipos penais principais e seus eventuais derivados. Aquele que cometer homicídio simples poderá ser considerado reincidente se vier a praticar, após o trânsito em julgado da decisão condenatória, um novo homicídio, desta feita qualificado. O mesmo se diga do roubo e extorsão, por serem crimes patrimoniais (Marcelo Fortes Barbosa).

CRIMES DE CONCORRÊNCIA DESLEAL. *Vide* CONCORRÊNCIA DESLEAL.

CRIMES DE GUERRA. *Direito penal* e *direito internacional público.* **1.** Infrações das leis e princípios disciplinadores do estado de guerra e dos direitos humanitários, cometidas por militares ou por pessoa que venha a participar das operações bélicas, por exemplo em serviços de espionagem. **2.** Graves violações de normas do direito internacional, por envolver ato desumano e cruel, desproporcionado ao fim preestabelecido pelo beligerante (Bianchi, Kelsen, Neumann e Maugham). **3.** Abrangem: a) As violações graves às Convenções de Genebra, de 12 de agosto de 1949, a saber, qualquer um dos seguintes atos dirigidos *contra pessoas ou bens* protegidos nos termos da Convenção de Genebra que for pertinente: homicídio doloso; tortura ou outros tratamentos desumanos, incluindo as experiências biológicas; o ato de causar intencionalmente grande sofrimento ou ofensas graves à integridade física ou à saúde; destruição ou apropriação de bens em larga escala, quando não justificadas por quaisquer necessidades militares e executadas de forma ilegal e arbitrária; o ato de compelir um prisioneiro de guerra ou outra pessoa sob proteção a servir nas forças armadas de uma potência inimiga; privação intencional de um prisioneiro de guerra ou de outra pessoa sob proteção do seu direito a um julgamento justo e imparcial; deportação ou transferência ilegais, ou privação ilegal de liberdade; tomada de reféns. b) Outras *violações graves das leis e costumes aplicáveis em conflitos armados internacionais no âmbito do direito internacional*, a saber, qualquer um dos seguintes atos: dirigir intencionalmente ataques à população civil em geral ou civis que não participem diretamente nas hostilidades; a bens civis, ou seja, a bens que não sejam objetivos militares, e ao pessoal, instalações, material, unidades ou veículos que participem numa missão de manutenção da paz ou de assistência humanitária, de acordo com a Carta das Nações Unidas, sempre que estes tenham direito à proteção conferida aos civis ou aos bens civis pelo direito internacional aplicável aos conflitos armados; lançar intencionalmente um ataque, sabendo que este causará perdas acidentais de vidas humanas ou ferimentos na população civil, danos em bens de caráter civil ou prejuízos extensos, duradouros e graves no meio ambiente que se revelem claramente excessivos em relação à vantagem militar global concreta e direta que se previa; atacar ou bombardear, por qualquer meio, cidades, vilarejos, habitações ou edifícios que não estejam defendidos e que não sejam objetivos militares; matar ou ferir um combatente que tenha deposto armas ou que, não tendo mais meios para se defender, se tenha incondicionalmente rendido; utilizar indevidamente uma bandeira de trégua, a bandeira nacional, as insígnias militares ou o uniforme do inimigo ou das Nações Unidas, assim como os emblemas distintivos das Convenções de Genebra, causando deste modo a morte ou ferimentos graves; a transferência, direta ou indireta, por uma potência ocupante de parte da sua população civil para o território que ocupa ou a deportação ou transferência da totalidade ou de parte da população do território ocupado, dentro ou para fora desse território; dirigir intencionalmente ataques a edifícios consagrados ao culto religioso, à educação, às artes, às ciências ou à beneficência, monumentos históricos, hospitais e lugares onde se agrupem doentes e feridos, sempre que não se trate de objetivos militares; submeter pessoas que se encontrem sob o domínio de uma parte beligerante a mutilações físicas ou a qualquer tipo de experiências médicas ou científicas que não sejam motivadas por um tratamento médico, dentário ou hospitalar, nem sejam efetuadas no interesse dessas pessoas, e que causem a morte ou coloquem seriamente em perigo a sua saúde; matar ou ferir à traição pessoas pertencentes à nação ou ao exército inimigo; declarar que não será dado quartel; destruir ou apreender bens do inimigo, a menos que tais destruições ou apreensões sejam imperativamente determinadas pelas necessidades da guerra; declarar abolidos, suspensos ou não admissíveis em tribunal os direitos e ações dos nacionais da parte inimiga; obrigar os nacionais da parte inimiga a participar em operações bélicas dirigidas contra o seu próprio país, ainda que eles tenham estado a serviço daquela parte beligerante antes do início da guerra; saquear uma cidade ou uma localidade, mesmo quando tomada de assalto; utilizar veneno, ou armas envenenadas, gases asfixiantes, tóxicos ou outros gases ou qualquer líquido, material ou dispositivo análogo; usar balas que se expandem ou achatam facilmente no interior do corpo humano, tais como balas de revestimento duro que não cobre totalmente o interior ou possui incisões; utilizar armas, projéteis, materiais e métodos de combate que, pela sua própria natureza, causem ferimentos supérfluos ou sofrimentos desnecessários ou que surtam efeitos indiscriminados, em violação do direito internacional aplicável aos conflitos armados, na medida em que tais armas, projéteis, materiais e métodos de combate sejam objeto de uma proibição geral; ultrajar a dignidade da pessoa, em particular por meio de tratamentos humilhantes e degradantes; cometer atos de violação, escravidão sexual, prostituição forçada, gravidez à força, esterilização à força e qualquer outra forma de violência sexual que constitua também um desrespeito grave às Convenções de Genebra; utilizar a presença de civis ou de outras pessoas protegidas para evitar que determinados pontos, zonas ou forças militares sejam alvo de operações militares; dirigir intencionalmente ataques a edifícios, material, unidades e veículos sanitários, assim como o pessoal que esteja usando os emblemas distintivos das Convenções de Genebra, em conformidade com o direito internacional; provocar deliberadamente a inanição da população civil como método de guerra, privando-a dos bens indispensáveis à sua sobrevivência, impedindo, inclusive, o envio de socorros; recrutar ou alistar menores de quinze anos nas forças armadas nacionais ou utilizá-los para participar ativamente nas hostilidades. c) Em caso de conflito armado que não seja de índole internacional, a saber, qualquer um dos atos que a seguir se indicam, cometidos contra pessoas que não participem diretamente nas hostilidades, incluindo os membros das forças armadas que tenham deposto armas e os que tenham ficado impedidos de continuar a combater devido a doença, lesões, prisão ou qualquer outro motivo: atos de violência contra a vida e contra a pessoa, em particular o homicídio sob todas as suas formas, as mutilações, os tratamentos cruéis e a tortura; ultrajes à dignidade da pessoa, em particular por meio de tratamentos humilhantes e degradantes; tomada de reféns; condenações proferidas e execuções efetuadas sem julgamento prévio por um tribunal regularmente constituído e que ofereça todas as garantias judiciais geralmente reconhecidas como indispensáveis. d) Conflitos armados que não tenham caráter internacional e, por conseguinte, não se aplica a situações de distúrbio e de tensão internas, tais como motins, atos de violência esporádicos ou isolados ou outros de caráter semelhante. e) *Outras violações graves das leis e costumes aplicáveis aos conflitos armados que não têm caráter internacional*, no quadro do direito internacional, a saber, qualquer um dos seguintes atos: dirigir intencionalmente ataques à população civil em geral ou civis que não participem diretamente nas hostilidades; a edifícios, material, unidades e veículos sanitários, bem como ao pessoal que esteja usando os emblemas distintivos das Convenções de Genebra, em conformidade com o direito internacional; ao pessoal, instalações, material, unidades ou veículos que participem numa missão de manutenção da paz ou de assistência humanitária, de acordo com a Carta das Nações Unidas, sempre que estes tenham direito à proteção conferida pelo direito internacional dos conflitos armados aos civis e aos bens civis; a edifícios consagrados ao culto religioso, à educação, às artes, às ciências ou à beneficência, monumentos históricos, hospitais e lugares onde se agrupem doentes e feridos, sempre que não se trate de objetivos militares; saquear um aglomerado populacional ou um local, mesmo quando tomado de assalto; cometer atos de agressão sexual, escravidão sexual, prostituição forçada, gravidez à força, esterilização à força ou qualquer outra forma de violência sexual; recrutar ou alistar menores de quinze anos nas forças armadas nacionais ou em grupos, ou utilizá-los para participar ativamente nas hostilidades; ordenar a deslocação da população civil por razões relacionadas com o conflito, salvo se assim o exigirem a segurança dos civis em questão ou razões militares imperiosas; matar ou ferir à traição um combatente de uma parte beligerante; declarar que não será dado quartel; submeter pessoas que se encontrem sob o domínio de outra parte beligerante a mutilações físicas ou a qualquer tipo de experiências médicas ou científicas que não sejam motivadas por um tratamento médico, dentário ou hospitalar nem sejam efetuadas no interesse dessa pessoa, e que causem a morte ou ponham seriamente a sua saúde em perigo; destruir ou apreender bens do inimigo, a menos que as necessidades da guerra assim o exijam.

CRIMES DE MANIPULAÇÃO GENÉTICA. *Direito penal.* Prática, vedada por lei, de atos realizados por meio de procedimentos experimentais, com fins não terapêuticos, que venham a produzir, selecionar ou alterar a constituição do genoma não patológico de seres vivos.

CRIMES DE MANIPULAÇÃO GINECOLÓGICA. *Direito penal.* São os relacionados com a reprodução humana por meios não naturais, com fins não terapêuticos, tais como: reprodução assistida *post mortem*, partenogênese, ectogênese; transferência de embrião manipulado geneticamente ao útero de uma mulher para obtenção de seres híbridos; produção e utilização de embriões humanos ou de suas células, tecidos e órgãos para fins experimentais; reprodução assistida não consentida pela mulher e gestação por substituição.

CRIMES DE MANIPULAÇÃO GINECOLÓGICA – DIAGNÓSTICA. *Direito penal.* Resultam de diagnóstico pré-conceptivo ou pré-natal, consistindo em: expor, culposamente, a vida ou a saúde do nascituro e da gestante a perigo; causar morte, lesão ou enfermidade em embrião ou nascituro.

CRIMES DE RACISMO. *Direito penal.* Os que decorrem de discriminação racial, religiosa, étnica etc.

CRIME SEM AÇÃO. *Direito penal.* Aquele que o agente perpetra sem qualquer movimento corporal próprio e sem que sua vontade participe, por estar, por exemplo, sob o domínio de forte coação, sendo um instrumento do coator, que responde pelo crime, por ser o real criminoso.

CRIME SEM EVENTO. *Vide* CRIME DE MERA CONDUTA.

CRIME SEM RESULTADO. *Vide* CRIME DE MERA CONDUTA.

CRIME SEXUAL. *Direito penal.* Ação criminosa perpetrada para a satisfação de impulso erótico ou de tendência libidinosa de agente pervertido sexualmente, por exemplo, estupro, incesto, atentado violento ao pudor mediante fraude, corrupção de menores, posse sexual mediante fraude, assédio sexual etc.

CRIME SIMPLES. *Direito penal.* **1.** Aquele em que não há intervenção de circunstâncias atenuantes ou agravantes de pena. **2.** Aquele que corresponde a um só tipo de infração penal.

CRIME SOCIAL. *Direito penal.* É o atentatório da ordem sociopolítica do Estado, sendo similar ao crime político.

CRIMES RELATIVOS À CONTRIBUIÇÃO PREVIDENCIÁRIA. *Direito penal.* Dentre eles temos: a) crime de apropriação indébita, consistente em: reter e não recolher contribuição previdenciária de segurado e lançar a contribuição previdenciária do empregador como custo ou despesa, não recolhendo à Previdência Social; b) crime de sonegação de contribuição previdenciária, como o de: omitir segurado na folha de pagamento ou em documento de informações à Previdência Social e omitir lançamentos contábeis de retenção de contribuição previdenciária ou valores na contabilidade que representem base de cálculo da contribuição previdenciária; c) crime de falsificação de documento público, como o de: inserir na folha de pagamento ou em documento de informações à Previdência Social pessoa que não seja segurado obrigatório, apor declaração falsa ou incorreta na carteira de trabalho, incluir declaração falsa ou incorreta nos lançamentos contábeis ligados às contribuições previdenciárias, omitir nos lançamentos contábeis, nas informações à Previdência Social ou na carteira de trabalho o nome de segurado ou os seus dados contratuais. A extinção da punibilidade apenas se dará com a comunicação espontânea do fato, acompanhada do recolhimento devido, antes de iniciada a ação fiscal. O juiz poderá deixar de aplicar as penas (reclusão e multa), ou impor somente a de multa, desde que o agente seja primário, tenha bons antecedentes e pague a contribuição devida, antes do oferecimento da denúncia.

CRIMES RELIGIOSOS. *Vide* CRIME CONTRA O SENTIMENTO RELIGIOSO.

CRIMES RESULTANTES DE PRECONCEITO DE RAÇA OU DE COR. *Direito penal.* Atos delituosos punidos com reclusão e multa resultantes de discriminação ou preconceito de raça, cor, etnia, religião ou procedência nacional, como os de: a) praticar, induzir ou incitar a discriminação ou preconceito de raça, cor, etnia, religião ou procedência nacional; b) fabricar, comercializar, distribuir ou veicular símbolos, emblemas, ornamentos, distintivos ou propaganda que utilizem a cruz suástica ou gamada para fins de divulgação do nazismo; c) cometer injúria utilizando elementos referentes a raça, cor, etnia, religião ou origem.

CRIME SUCESSIVO. *Vide* CRIME CONTÍNUO.

CRIME TENTADO. *Vide* CRIME IMPERFEITO.

CRIME TÓXICO. *Direito penal.* Comércio clandestino ou facilitação ilegal de uso de entorpecente.

CRIME TRANSEUNTE. *Direito penal.* Aquele que não deixa qualquer vestígio material, por exemplo, calúnia ou injúria, desde que verbais.

CRIME TRIBUTÁRIO. 1. *Vide* CRIME FISCAL. **2.** *Direito penal.* Ação criminosa que se subordina a lei penal como contrabando, descaminho, apropriação indébita, crime contra a Fazenda Pública, cujo agente é o funcionário público federal que facilitar a prática de delito contra a Fazenda Pública ou der causa ao não-recolhimento de tributos devidos à União (Paulo de Barros Carvalho).

CRIME UNILATERAL. *Direito penal.* **1.** *Vide* CRIME DE CONVERGÊNCIA. **2.** Aquele que, para sua prática, não requer a concorrência de duas ou mais pessoas, bastando, para sua configuração, a ação ou omissão criminosa de apenas uma pessoa, por exemplo, furto.

CRIME UNISSUBSISTENTE. *Direito penal.* Diz-se daquele que se opera num só ato, não admitindo, portanto, a tentativa, por exemplo, crime de perigo.

CRIME VAGO. *Direito penal.* Aquele em que o lesado é uma coletividade e não uma pessoa física ou jurídica considerada de modo isolado. O titular do bem jurídico ameaçado ou violado, ou sujeito passivo, é genérico.

CRIME VOLUNTÁRIO. *Vide* CRIME DOLOSO.

CRIMEZA. *Direito processual penal.* Rigor numa acusação.

CRIMINAÇÃO. *Direito processual penal.* Acusação; imputação de crime a alguém.

CRIMINADO. *Direito processual penal.* Acusado de um crime; aquele a quem se imputou a autoria de um delito.

CRIMINADOR. *Direito processual penal.* Acusador.

CRIMINAL. *Direito penal.* Relativo ao crime.

CRIMINALIDADE. *Direito penal.* **1.** Qualidade de quem é criminoso. **2.** Grau de crime. **3.** História e estatística de crime. **4.** Conjunto de crimes que atingem bens jurídicos tutelados pela lei num dado meio social. **5.** Qualidade da ação ou da omissão que é tida como crime pela lei penal.

CRIMINALIDADE PATOLÓGICA. *Medicina legal.* É a decorrente de um estado mórbido, físico ou mental, do agente.

CRIMINALISTA. *Direito penal.* **1.** Advogado que patrocina causas criminais. **2.** Especialista em *Direito penal.* **3.** Tratadista de Direito penal. **4.** Jurista ou jurisconsulto versado em matéria penal.

CRIMINALÍSTICA. *Direito penal.* **1.** Complexo de conhecimentos científicos empregados para esclarecer crimes, descobrir suas provas e identificar criminosos. **2.** Jurisprudência criminal.

CRIMINALIZAÇÃO. *Direito penal.* Lei que considera ser ato como crime.

CRIMINALIZAR. *Direito penal.* Tornar criminal.

CRIMINALÓIDE. *Medicina legal.* **1.** Diz-se da pessoa que tem caracteres similares aos de um criminoso. **2.** Criminoso nato; portador de estigmas da criminalidade.

CRIMINALOIDIA. *Medicina legal.* Estado mórbido que faz com que uma pessoa tenha tendência ao crime; estado patológico de pessoa que tem potencialidade criminosa.

CRIMINA QUISQUIS AGIT, TREMEBUNDO PECTORE VIVIT. *Expressão latina.* Quem teme, algo deve.

CRIMINAR. *Direito processual penal.* Acusar alguém de ter praticado um crime; incriminar; imputar delito a alguém; declarar-se criminoso.

CRIMINA SUOS DEBENT TENERE AUCTORES. *Aforismo jurídico.* Os crimes devem ter seus autores.

CRIMINÁVEL. *Direito processual penal.* Aquilo que pode ser considerado criminoso; diz-se da ação ou omissão punível pela lei penal.

CRIMINOBIOLOGIA. *Direito penal.* Ciência que visa estudar o crime por meio de métodos biológicos.

CRIMINOGÊNESE. *Direito penal.* Origem do crime.

CRIMINOGENÉTICO. *Direito penal.* Que produz crime.

CRIMINOGENIA. *Direito penal.* Estudo do crime como manifestação de patologia individual e social (Salgado Martins).

CRIMINOGRAFIA. *Direito penal.* Estudo científico sobre a classificação dos criminosos.

CRIMINOLOGIA. *Direito penal.* **1.** Complexo de teorias alusivas ao direito penal. **2.** Ciência que se ocupa das doutrinas penais. **3.** Ciência que estuda o crime e os criminosos como fenômenos sociais. **4.** Ciência que explica a conduta criminosa por meio de fatores sociais, psicológicos ou hereditários. **5.** Estudo da criminalidade.

CRIMINOLOGIA CIENTÍFICA. *Direito penal.* Estudo científico do crime, explicando, com método próprio, suas causas e motivos.

CRIMINOLOGIA PRAGMÁTICA. *Direito penal.* Ciência que tem por escopo descobrir fórmulas ou elementos que possibilitem a avaliação do grau de periculosidade do criminoso.

CRIMINOLÓGICO. *Direito penal.* Relativo à criminologia.

CRIMINOLOGISTA. *Direito penal.* Pessoa versada em criminologia; aquele que estuda cientificamente o crime.

CRIMINÓLOGO. *Vide* CRIMINOLOGISTA.

CRIMINOSE. *Medicina legal.* Neurose que se caracteriza pelo comportamento criminoso do paciente.

CRIMINOSO. **1.** *Direito penal.* a) Relativo ao crime; b) o que é contrário à lei penal; c) aquele que concebe o crime; d) o que serve para executar crime; e) inspirado por uma idéia de crime; f) aquele que perpetrou o crime por ação ou omissão; g) em que há crime. **2.** *Direito processual penal.* Réu; acusado; culpado.

CRIMINOSO ANÔMALO. *Direito penal* e *medicina legal.* Aquele que, embora sua anormalidade não vá até a loucura, deve ficar sob um regime preventivo que o impossibilite de causar dano à sociedade.

CRIMINOSO CIBERNÉTICO. *Direito virtual.* Aquele que usa conhecimentos de informática e tecnologia para: apropriar-se de informações; cometer estelionato; invadir intimidade ou privacidade das pessoas; injuriar, difamar ou caluniar desafetos; fazer apologia à pedofilia, ao racismo, ao nazismo e ao homofobismo; praticar fraudes bancárias; efetuar montagens de fotos; obter dados confidenciais, como número de cartão de crédito, de conta corrente e senha bancária por meio de programas espiões nos microcomputadores dos usuários.

CRIMINOSO DEGENERADO. *Vide* CRIMINOSO ANÔMALO.

CRIMINOSO DE GUERRA. *Direito internacional privado* e *direito internacional público.* Aquele que, por ação ou omissão, violou leis de guerra estipuladas em tratados e convenções internacionais.

CRIMINOSO DE OCASIÃO. *Medicina legal.* Aquele em que a ocorrência de um fato vem a despertar sua latente capacidade delitual ou sua predisposição para o crime, levando-o a praticar o delito, apesar de não ter tendência ativa para a criminalidade.

CRIMINOSO DE PROFISSÃO. *Direito penal.* Aquele que é levado a perpetrar crimes, em razão do meio em que vive.

CRIMINOSO FORTUITO. *Vide* CRIMINOSO PRIMÁRIO.

CRIMINOSO HABITUAL. *Direito penal.* Aquele que pratica crimes reiteradamente, demonstrando predisposição para o delito em razão de degradação moral, vício de educação, miséria etc.

CRIMINOSO LOUCO. *Medicina legal.* Aquele que pratica crime levado por um estado patológico que o afeta psicologicamente.

CRIMINOSO MERCENÁRIO. *Direito penal.* Aquele que pratica crimes mediante pagamento ou promessa de recompensa daquele que é o autor intelectual da ação criminosa por ele perpetrada.

CRIMINOSO NATO. *Medicina legal* e *direito penal.* Diz-se daquele que nasce com estigmas de criminalidade ou com tara congênita ou hereditária que o impelem à prática de crime.

CRIMINOSO OCASIONAL. *Vide* CRIMINOSO DE OCASIÃO.

CRIMINOSO POR ÍNDOLE. *Vide* CRIMINOSO NATO.

CRIMINOSO POR PAIXÃO. *Direito penal* e *medicina legal.* Aquele que pratica crime movido por violenta e súbita paixão.

CRIMINOSO POR TENDÊNCIA. *Direito penal* e *medicina legal.* **1.** *Vide* CRIMINOSO NATO. **2.** Aquele que possui aptidão para praticar crimes.

CRIMINOSO PRIMÁRIO. *Direito penal* e *direito processual penal.* Diz-se daquele que está sendo pela primeira vez julgado e condenado pela prática de crime.

CRIMINOSO REINCIDENTE. *Direito penal* e *direito processual penal.* Aquele que vem a perpetrar novo delito após o trânsito em julgado da sentença que o condenou por crime anteriormente cometido.

CRIMINÓTICO. *Medicina legal.* Aquele que sofre de criminose.

CRIMODINIA. *Medicina legal.* Dor reumática causada por umidade ou pelo frio.

CRIMOFOBIA. *Medicina legal.* Doença que impossibilita a aclimatação em locais frios.

CRIOCAUTÉRIO. *Medicina legal.* Instrumento usado nas operações de cataratas e no tratamento de cervicite e de inflamação do colo uterino.

CRIOSCOPIA. *Medicina legal.* Análise do ponto de congelação útil para determinar a causa da morte na asfixia por submersão e a natureza do meio líquido onde se deu.

CRIPTANALISTA. Pessoa especializada em decifrar códigos secretos.

CRIPTESTESIA. *Medicina legal* e *psicologia forense.* Percepção subconsciente de fatos, objetos ou pessoas não apreendidos pelos sentidos; clarividência.

CRIPTOCÉFALO. *Medicina legal.* Diz-se do feto anormal que tem cabeça inconspícua.

CRIPTOCOCOSE. *Medicina legal.* Doença infecciosa provocada por um fungo, caracterizando-se por formar abscessos nos tecidos subcutâneos, nos pulmões, nas meninges etc.

CRIPTOCOMUNISTA. *Ciência política.* Membro secreto do partido comunista.

CRIPTODÍDIMO. *Medicina legal.* Hipótese em que um gêmeo apresenta-se oculto no outro.

CRIPTOESTESIA. *Psicologia forense.* Telepatia; clarividência; criptestesia.

CRIPTOFASCISTA. *Ciência política.* Pessoa que secretamente simpatiza com o fascismo.

CRIPTOFTALMIA. *Medicina legal.* **1.** Deformação congênita do globo ocular. **2.** Ausência do globo ocular.

CRIPTOGRAFIA. *Direito virtual.* **1.** Arte de escrever por meio de códigos ou sinais convencionais. **2.** Programa que possibilita o acesso à Internet. **3.** Escrita que se baseia em um conjunto de símbolos, que permite que se criem textos incompreensíveis aos que não saibam o padrão de conversão necessário para a sua leitura (Davi Monteiro Diniz). **4.** É o processo de disfarçar uma mensagem de modo a ocultar seu conteúdo; um processo de criação de uma escrita secreta (Daniel C. Lynch). **5.** Arte ou ciência da escrita codificada.

CRIPTOGRAFIA ASSIMÉTRICA. *Vide* CRIPTOGRAFIA DE CHAVE PÚBLICA.

CRIPTOGRAFIA DE CHAVE PRIVADA. *Direito virtual.* É um programa que torna o texto indecifrável (criptografar), mas que utiliza a mesma chave para torná-lo decifrável (decriptar) (Valéria E. de Melo Gregores).

CRIPTOGRAFIA DE CHAVE PÚBLICA. *Direito virtual.* Programa codificador que se utiliza de uma chave privada para criptografar e de uma chave pública para decifrar.

CRIPTOGRAFIA SIMÉTRICA. *Vide* CRIPTOGRAFIA DE CHAVE PRIVADA.

CRIPTÓGRAFO. *Vide* CRIPTANALISTA.

CRIPTOGRAMA. Mensagem ou texto escrito em código secreto.

CRIPTOLALIA. *Direito comercial.* Codificação para efeito de sigilo mercantil.

CRIPTOLITÍASE. *Medicina legal.* Calcificação de tumor da pele.

CRIPTOLÓGICO. *Filosofia geral.* Ponto de vista que pretende desvendar o que no objeto se esconde (Ampère).

CRIPTOMENORRÉIA. *Medicina legal.* Estado de menstruação em que não ocorre exteriorização do sangue, em razão de imperfuração do hímen.

CRIPTOMNÉSIA. *Medicina legal.* Memória subconsciente; faculdade de memorizar fatos que ficam despercebidos no espírito, manifestando-se se ocorrerem circunstâncias com eles relacionadas. *Vide* HIPERMNÉSIA.

CRIPTORÍSTICO. *Filosofia geral.* Ponto de vista que visa a descoberta do que está escondido (Lalande).

CRIPTORQUIDIA. *Medicina legal.* Ausência de testículos nas bolsas, em razão de sua retenção no abdome ou no canal inguinal.

CRIPTOTÓXICO. *Medicina legal.* Diz-se daquilo que possui propriedades tóxicas ocultas.

CRÍQUETE. *Direito desportivo.* Jogo que se realiza com dois times de onze jogadores cada um, com bastões, pequena bola de madeira e postezinhos.

CRISE. 1. *Medicina legal.* a) Alteração súbita no curso de uma doença aguda; b) momento decisivo numa moléstia, quando torna o rumo do desenlace fatal ou da melhora. **2.** *Ciência política.* a) Momento anormal e grave pelo qual atravessa um país; b) situação em que um governo se encontra ante sérias dificuldades para manter-se no poder. **3.** *Direito econômico.* Fase crítica da economia do país. **4.** *Direito comercial.* Paralisação ou diminuição das operações mercantis ou dos negócios, em razão de desequilíbrio na oferta e na procura.

CRISE DE IDENTIDADE. *Psicologia forense.* Desajustamento da pessoa em relação à sua própria personalidade e ao meio circundante.

CRISE DE TRABALHO. *Direito do trabalho.* Complicação havida nas relações sociais resultante da falta de serviços aos menos abastados.

CRISE DO SISTEMA POLÍTICO. *Ciência política.* Ruptura no funcionamento do sistema que implique mudança do regime político ou alteração no ordenamento socioeconômico, inclusive nas relações sociais de produção, na distribuição da propriedade e na estrutura familiar (Pasquino).

CRISE ECONÔMICA. *Direito econômico.* **1.** Inflação. **2.** Recessão.

CRISE GOVERNAMENTAL. *Ciência política.* É a relativa ao funcionamento do governo.

CRISE INTERNACIONAL. *Direito internacional público.* Situação de conflito entre duas ou mais nações.

CRISE SISTÊMICA. *Vide* CRISE DO SISTEMA POLÍTICO.

CRISMA. *Direito canônico.* Sacramento da confirmação.

CRISOBULO. *História do direito.* **1.** Selo pendente feito de couro. **2.** Documento com esse selo.

CRISOFILIA. *Psicologia forense.* Apego exagerado ao ouro ou à riqueza.

CRISOFOBIA. *Psicologia forense.* Estado mórbido de horror à riqueza.

CRISPAÇÃO. *Medicina legal.* Contração espasmódica dos músculos.

CRISTALERIA. *Direito comercial.* Local onde se fabricam ou se vendem objetos de cristal.

CRISTALITE. *Medicina legal.* Inflamação do cristalino.

CRISTALIZAÇÃO. *Psicologia forense.* Fenômeno pelo qual o objeto de uma paixão é transfigurado pela imaginação (A. Cuvilier e Stendhal).

CRISTALOSCOPIA. *Psicologia forense.* Alucinação provocada pela fixação da vista sobre cristais.

CRISTANDADE. Conjunto dos povos cristãos.

CRISTÃOS-NOVOS. *História do direito.* Descendentes de judeus que, por imposição da Igreja e da Coroa portuguesa, se converteram ao catolicismo.

CRISTA PAPILAR. *Medicina legal.* Saliência da pele, formando desenhos, que constituem a impressão digital (Croce e Croce Jr.).

CRISTIANICÍDIO. *Direito penal.* Matança de cristãos.

CRISTIANISMO. *Direito canônico.* Conjunto de confissões religiosas baseadas nos ensinamentos de Cristo.

CRISTIANÍSSIMO. *História do direito.* Título honorífico dos reis da França.

CRISTIANIZAÇÃO. *Direito canônico.* Ato de propagar o cristianismo.

CRISTOCENTRISMO. *Direito canônico.* Colocação de Cristo no centro do pensamento teológico.

CRISTOLOGIA. *Direito canônico.* Tratado sobre a doutrina de Cristo.

CRITÉRIO. **1.** *Teoria geral do direito.* a) Aquilo que serve para analisar ou julgar; b) sinal aparente que possibilita o reconhecimento de algo; c) modo de estudar algo; d) ponto de vista. **2.** *Lógica jurídica.* a) Raciocínio; b) propriedade de um objeto, segundo a qual se faz sobre ele um juízo de apreciação (Lalande); c) característica extrínseca ou intrínseca que permite distinguir a verdade do erro.

CRITÉRIO CRONOLÓGICO. *Teoria geral do direito.* Princípio jurídico-positivo pelo qual lei posterior revoga lei anterior, sendo bastante útil na solução de antinomia aparente entre normas de direito interno pertencentes ao mesmo escalão. Por esse critério, havendo duas normas do mesmo nível conflitantes, a última prevalece sobre a anterior. O legislador pode revogar lei anterior, criando uma nova com ela incompatível, que ocupará seu lugar. É um dos mais importantes princípios de interpretação, mas sua força varia conforme os diferentes casos de inconsistência. Deveras, se: a) a inconsistência for total, será difícil deixar de lado o critério *lex posterior derogat legi priori*; b) a inconsistência for total-parcial, sendo a última norma especial, a *lex posterior* operará conjuntamente com a *lex specialis*; c) houver inconsistência de norma especial anterior e norma geral posterior, a *lex specialis* poderá, conforme o caso, prevalecer sobre a *lex posterior*; d) a inconsistência for parcial, a *lex posterior* apoiará a presunção de que a norma mais recente prefere à anterior, mas nem sempre. A *lex posterior* apenas será aplicada se se perceber que o legislador teve o propósito de afastar a anterior. Todavia, nada obsta que tenha tido a intenção de incorporar a nova norma, de modo harmônico, ao direito existente. A decisão sobre qual das duas possibilidades dever ser aplicada ao caso concreto dependerá de uma resolução alheia ao texto (Alf Ross).

CRITÉRIO DA CONEXÃO MAIS ESTREITA. *Direito internacional privado.* É o aplicado quando, em um contrato internacional, os contratantes não escolhem a lei aplicável àquele ou se há invalidação da *electio juris*, aplicando-se, então, a lei que se apresente em conexão mais estreita com o mencionado negócio jurídico. Para diminuir a incerteza que reina nesse critério, presume-se que o país ao qual o contrato se liga mais estreitamente é o da residência habitual, no momento da conclusão negocial (ou o da administração central, se se tratar de pessoa jurídica), da parte contratante que deve efetuar a prestação característica do contrato. Mas, se a avença for concluída no exercício da atividade profissional dessa parte, aplicar-se-á a lei do país da situação do seu principal estabelecimento ou a do país da situação do estabelecimento que, nos termos contratuais, deverá efetivar a prestação característica. Na fiança, aplicar-se-á normalmente a lei da residência habitual do fiador; nos contratos bancários, a lei do país onde a instituição financeira se situar; nos contratos que versem sobre imóvel, a do país da situação deste; no transporte de mercadorias, a do estabelecimento principal do transportador, desde que nesse país esteja situado o local de carga ou descarga ou o estabelecimento principal do expedidor. Se não se puder delinear a prestação característica do contrato, aplicar-se-á o critério da conexão mais estreita.

CRITÉRIO DA CONSCIÊNCIA. *Lógica jurídica.* Critério pelo qual a consciência leva à experiência interna, ou seja, ao conhecimento imediato (Puigarnau).

CRITÉRIO DA ESPECIALIDADE. *Teoria geral do direito.* É o utilizado para solucionar antinomia aparente entre duas normas, visando a consideração da matéria normada, com recurso aos meios interpretativos. É o princípio jurídico que assim se enuncia: *lex specialis derogat legi generali*. Entre a *lex specialis* e a *lex generalis* há um *quid specie* ou uma *genus au specie*. Uma norma é especial quando possui em sua definição legal todos os elementos típicos da norma geral e mais alguns de natureza objetiva ou subjetiva, denominados especializantes. A norma especial acresce um elemento próprio à descrição legal do tipo previsto na norma geral, tendo prevalência sobre esta, afastando-se assim o *bis in idem*, pois o comportamento só se enquadra na norma especial, embora também esteja previsto na geral. O tipo geral está contido no tipo especial. A norma geral só não se aplica ante a maior relevância jurídica dos elementos contidos na norma especial, que a tornam mais sucestível de atendibilidade do que a norma genérica. Há uma diversificação do desigual. Por esse critério procura-se tratar desigualmente os desiguais, na solução da antinomia, fazendo-se as diferenciações exigidas fática e axiologicamente, aplicando-se para isso à *ratio legis*.

CRITÉRIO DA EVIDÊNCIA. *Lógica jurídica.* Critério pelo qual se pode intuir, com a inteligência, cuja função é a intuição e a razão, a verdade universal ínsita nas proposições resultantes da comparação de idéias fundamentais mutuamente ordenadas (Puigarnau).

CRITÉRIO DA EXPERIÊNCIA EXTERNA. *Lógica jurídica.* Critério pelo qual se pode atingir, por meio dos sentidos, o conhecimento sensível com o que se elabora o conhecimento intelectual (Puigarnau).

CRITÉRIO DA EXPERIÊNCIA INTERNA. *Vide* CRITÉRIO DA CONSCIÊNCIA.

CRITÉRIO DA VERDADE. *Lógica jurídica.* Princípio que mostra a nota a qual permite reconhecer a verdade, distinguindo-a do que é falso, e garantir sua autenticidade.

CRITÉRIO DE AUTORIDADE. *Lógica jurídica.* Critério pelo qual a *opinio* daquele que argumenta, devido ao mérito ou à fama deste, merece respeito.

CRITÉRIO DO SENTIDO COMUM. *Lógica jurídica.* Critério que leva à propensão inata de acatar certas verdades comuns a todos os homens, antes mesmo que venham a se evidenciar, constituindo um hábito intelectual (Puigarnau).

CRITÉRIO DOS SENTIDOS. *Vide* CRITÉRIO DA EXPERIÊNCIA EXTERNA.

CRITÉRIO EM CONCURSO. Modo estipulado em regulamento ou edital para aferir os concorrentes.

CRITÉRIO ESPACIAL DA HIPÓTESE TRIBUTÁRIA. *Direito tributário.* Elemento previsto em lei para determinar o lugar da ocorrência do fato típico, tomado como núcleo da norma tributária, por exemplo, o IPTU só alcança os imóveis situados dentro dos limites do perímetro urbano do Município (Paulo de Barros Carvalho).

CRITÉRIO HIERÁRQUICO. *Teoria geral do direito.* Princípio jurídico pelo qual se pode solucionar antinomia aparente entre normas de escalões diferentes, baseando-se na superioridade de uma fonte de produção jurídica sobre a outra. O princípio *lex superior derogat legi inferiori* quer dizer que, num conflito entre normas de diferentes níveis, a de nível mais alto, qualquer que seja a ordem cronológica, terá preferência em relação à de nível mais baixo, por exemplo, uma norma constitucional prevalece sobre uma lei.

CRITERIOLOGIA. *Lógica jurídica.* Parte da lógica que visa o estabelecimento dos critérios.

CRITÉRIO MATERIAL DA HIPÓTESE TRIBUTÁRIA. *Direito tributário.* Elemento referente a um comportamento condicionado por circunstâncias espácio-temporais, considerado pela norma tributária como fato gerador de tributos.

CRITÉRIOS DE PROMOÇÃO DE GRADUADOS DO EXÉRCITO. *Direito militar.* Aqueles que são seguidos para promover militares graduados, como os de antigüidade, merecimento, bravura e *post mortem.*

CRITÉRIOS SOLUCIONADORES DE ANTINOMIA APARENTE. *Teoria geral do direito.* São critérios normativos, princípios jurídico-positivos, pressupostos implicitamente pelo legislador, aos quais o aplicador deverá recorrer para solucionar antinomia normativa aparente. Tal antinomia é aquela em que os critérios para solucioná-la são normas integrantes do ordenamento jurídico, tais como: a) o critério hierárquico, pelo qual lei superior revoga uma inferior; b) o critério cronológico, em que lei posterior revoga uma anterior; e c) o critério da especialidade, pelo qual lei especial prevalece sobre uma geral.

CRITÉRIO TEMPORAL DA HIPÓTESE TRIBUTÁRIA. *Direito tributário.* Elemento condicionante do procedimento-tipo, inscrito no núcleo da hipótese dos vários gravames, revelador do tempo em que se considera ocorrido o fato descrito na norma tributária, possibilitando ao sujeito da relação o exato conhecimento da existência do liame jurídico. Trata-se do momento que situa no tempo a inauguração de relação jurídico-tributária (Paulo de Barros Carvalho).

CRÍTICA. **1.** *Filosofia do direito.* Parte da filosofia que se ocupa dos critérios. **2.** *Lógica jurídica.* a) Parte da lógica que trata do juízo; b) exame de um fato ou de um princípio, fazendo-se um juízo de apreciação sobre ele; c) objeção a uma obra, refutando-a. **3.** *Teoria geral do direito.* a) Discussão para elucidar textos; b) apreciação de algo. **4.** *Direito processual civil.* a) Arte de julgar algo. b) apreciação de prova produzida nos autos; c) exame do valor dos documentos. **5.** *Direito autoral.* a) Opinião de críticos; b) juízo fundamentado sobre obra literária, científica ou artística; c) arte de julgar o mérito de obras científicas, artísticas ou literárias.

CRÍTICA FORMAL. *Teoria geral do direito.* Observância da validade da lei e de sua vigência.

CRÍTICA JURÍDICA. *Filosofia do direito.* Discurso que versa sobre as várias correntes da epistemologia jurídica, com o escopo de demonstrar que todo aquele que fala do direito, ocultando o caráter prescritivo de seu discurso, é um apologeta do poder (Oscar Correas).

CRÍTICA PESSOAL. *Direito autoral.* Aquela em que se trata mais do autor do que da obra.

CRÍTICA SUBSTANCIAL. *Teoria geral do direito.* Ato de verificar se uma lei é constitucionalmente válida ou se é compatível com lei posterior da mesma hierarquia (Othon Sidou).

CRITICIDADE. *Direito previdenciário.* Grau de importância da informação para a continuidade dos negócios da Previdência Social (disponibilidade e integridade).

CRITICISMO. *Filosofia do direito.* **1.** Sistema filosófico preconizado por Kant que visa determinar os limites da razão humana. **2.** Doutrina pela qual o espírito constitui o conhecimento em virtude de formas ou categorias que lhe são próprias e que são, concomitantemente, infalíveis nos limites da experiência e sem valor fora dela (Lalande). **3.** Racionalismo crítico.

CRITICISTA. *Filosofia do direito.* Prosélito do criticismo.

CRÍTICO. **1.** *Direito autoral.* Aquele que aprecia o valor de obra literária, artística ou científica. **2.** *Medicina legal.* Diz-se do estado indicativo de uma crise da doença ou da idade.

CRÍVEL. *Direito processual civil.* Aquilo que se pode acreditar e que, por isso, deve ser levado em consideração pelo órgão judicante na apreciação das provas produzidas nos autos.

CRM. 1. *Medicina legal.* Sigla de Conselho Regional de Medicina. Fiscaliza o exercício da profissão médica, recebe e apura denúncias, e registra diplomas. **2.** *Direito comercial.* Abreviação de *Customer Relationship Management.*

CROMATODISOPSIA. *Medicina legal.* Daltonismo em que seu portador apresenta tão-somente alguma dificuldade de distinguir pequenas diferenças de cores.

CROMATOPSEUDOPSIA. *Medicina legal.* Percepção anormal de certas cores, caracterizando-se pela dificuldade na percepção de cores simples.

CROMATOPSIA. *Medicina legal.* Visão anormal pela qual objetos incolores parecem ser coloridos.

CROMATÚRIA. *Medicina legal.* Emissão de urina anormalmente corada.

CROMIDOSE. *Medicina legal.* Secreção de suor corado.

CROMOINVERSÃO SEXUAL. *Medicina legal.* Atração que uma pessoa apresenta em relação a outra do sexo oposto, mas de cor diferente.

CROMOSPERMIA. *Medicina legal.* Coloração que o sêmen adquire *in vitro* ou *in vivo*.

CROMOSSOMO. *Medicina legal.* Corpúsculo considerado como sede dos genes.

CROMOSSOMO SEXUAL. *Medicina legal.* É o transmitido de modo diferente nos dois sexos e responsável pela determinação do sexo e dos caracteres a ele ligados.

CRÔNICA. *Direito autoral.* **1.** Artigo escrito em jornais ou periódicos sobre fatos da atualidade, arte, literatura ou assuntos variados, em que o autor revela sua opinião pessoal. **2.** Narração histórica seguindo a ordem cronológica dos fatos. **3.** Informação direta, interpretativa e valorativa de uma notícia.

CRÔNICO. *Medicina legal.* Diz-se do estado em que uma doença se prolonga, percorrendo, de modo lento, seus períodos.

CRONISTA. *Direito autoral.* Aquele que escreve crônicas.

CRONISTA SOCIAL. *Direito autoral.* Aquele que escreve notícias em jornal relativas à vida mundana ou *society*.

CRONOGRAMA. Previsão da execução de um trabalho, indicando os prazos em que deve dar-se.

CRONOGRAMA FÍSICO-FINANCEIRO. Previsão da execução de uma obra que, além dos prazos, estipula o ingresso das verbas necessárias para levá-la adiante.

CRONOINVERSÃO SEXUAL. *Medicina legal.* Diz-se quando uma pessoa se sente sexualmente atraída por outra do sexo oposto que apresenta uma grande diferença de idade, sendo muito mais velha ou mais moça.

CRONOLÓGICO. *Teoria geral do direito.* Ordenado conforme a sucessão dos acontecimentos no tempo.

CRONOMETRAGEM. 1. *Direito desportivo.* Determinação do tempo gasto pelo atleta ou desportista em sua *performance*. **2.** *Direito do trabalho* e *direito comercial.* Verificação do tempo que uma pessoa leva, em ritmo normal, para realizar sua tarefa, com o escopo de estabelecer a produção mínima para certo período de tempo de trabalho.

CRONOMETRIA. Medição de tempo.

CRONOMETRISTA. 1. *Direito desportivo.* Aquele que, nas provas desportivas, é encarregado da contagem oficial do tempo. **2.** *Direito comercial.* a) Aquele que fabrica ou vende cronômetros; b) aquele que tem por profissão a cronometragem industrial.

CRONOTACÓGRAFO. *Direito de trânsito.* Instrumento destinado a indicar e registrar, de forma simultânea e instantânea, a velocidade e a distância percorrida pelo veículo, assim como os parâmetros relacionados com o condutor do veículo, tais como: o tempo de trabalho e os tempos de parada e de direção.

CRONOTANATOGNOSE. *Medicina legal.* **1.** Determinação do instante ou da hora em que se deu o óbito, mediante a observação de certos fenômenos, como, por exemplo, resfriamento, hipóstases, rigidez cadavérica, grau de decomposição, cristais de sangue, fauna cadavérica etc. **2.** Conhecimento da data exata da morte para solucionar questões de comoriência ou premoriência ou para esclarecer homicídio, suicídio ou morte acidental.

CROSS DEFAULT CLAUSE. *Locução inglesa.* Cláusula contratual que prevê o vencimento de dívida hipotecária em decorrência de mora nos pagamentos oriundos de obrigações garantidas por hipotecas posteriores (Francisco Cláudio de Almeida Santos).

CROSS DOCKING. *Locução inglesa.* É um sistema no qual os bens entram e saem de um centro de distribuição (CD), sem ali serem armazenados. Permite aumentar o giro dos estoques. Pode englobar recebimento, separação, roteirização e despacho de produtos num mínimo intervalo de tempo, podendo envolver, em alguns casos, atividades que agregam valor físico como etiquetagem e reembalagem (James G. Heim).

CROSS DRESSERS. *Medicina legal* e *psicologia forense.* Aqueles que, apesar de heterossexuais, se trajam, fina e elegantemente, com vestes próprias do sexo oposto, para freqüentar clubes do gênero.

CROSTA. *Medicina legal.* Pequenas escamas que aparecem na pele em seguida a um ferimento ou escoriação.

CROUPIER. *Termo francês.* Crupiê.

CROWN PRINCE. *Locução inglesa.* Herdeiro da Coroa.

CROWN LAW. *Locução inglesa.* Direito penal inglês.

CROWNWITNESS. *Termo inglês.* Delator.

CRT. *Direito internacional privado.* Conhecimento de Transporte Internacional, por via rodoviária, assinado pelo exportador e transportador.

CRUCIAL. *Filosofia do direito.* **1.** Diz-se do fato pelo qual o espírito está suspenso entre duas causas, devendo encontrar algo que o possibilite optar por uma delas. **2.** Aquilo que é decisivo.

CRUCIFICAÇÃO. *História do direito.* Suplício da cruz a que se submetiam certos criminosos.

CRUEL. *Direito penal.* **1.** Ato que faz alguém sofrer, por ser doloroso, impiedoso, desumano ou sanguinário. **2.** Aquele que se compraz em causar sofrimento.

CRUELDADE. *Direito penal.* Qualidade do que é cruel; desumanidade.

CRUELDADE CONTRA ANIMAL. *Direito penal.* Contravenção penal consistente em fazer experiências científicas dolorosas em animal vivo, infligir-lhe maus-tratos, mantê-lo em local anti-higiênico, submetê-lo a trabalho excessivo ou superior a suas forças, feri-lo ou mutilá-lo etc.

CRUELDADE MENTAL. **1.** *Direito civil.* Constitui motivo para separação judicial litigiosa se a doença mental se manifesta após o casamento, tornando impossível a vida em comum, e desde que, após uma duração de dois anos, seja reconhecida de cura improvável. **2.** *Direito comparado.* Causa de divórcio em certos países.

CRUENTAÇÃO. *Medicina legal.* Emissão de sangue das feridas de um cadáver provocada pela pressão de gases.

CRUPE. **1.** *Medicina legal.* a) Doença que se caracteriza por uma respiração difícil e sufocativa e por espasmos laríngeos, podendo levar à morte por asfixia; b) angina diftérica. **2.** *Direito militar.* Espécie de canhão fabricado de acordo com o sistema de Krupp.

CRUPIÊ. *Direito comparado.* Empregado de cassino que auxilia o banqueiro na direção do jogo e no recebimento e pagamento das apostas feitas.

CRÚSTULA. *Medicina legal.* Equimose na conjuntiva.

CRUZA. *Direito agrário.* **1.** Produto do cruzamento de raças. **2.** Lã de ovelha mestiça.

CRUZADA. **1.** *História do direito.* Expedição da era medieval que ia até a Palestina para expulsar os muçulmanos. **2.** Na *linguagem jurídica* em geral indica defesa de uma idéia humanitária.

CRUZADAS. *História do direito.* Guerras, na era medieval, entre cavaleiros da Europa e hereges (mouros, turcos muçulmanos e bárbaros do norte do continente europeu).

CRUZADO. **1.** *Direito agrário.* Diz-se do gado mestiço. **2.** *Direito desportivo.* Contra-ataque, na luta de boxe, em que o soco passa por cima do braço do adversário. **3.** *História do direito.* a) Guerreiro integrante de uma cruzada; b) moeda de 400 réis; c) moeda de ouro que em 1470 foi emitida em Portugal, para cobrir despesas com as Cruzadas; d) moeda que vigorou, no Brasil, de 1986 a 1989.

CRUZADO NOVO. *História do direito.* Moeda brasileira que teve vigência nos anos de 1989 e 1990.

CRUZADOR. **1.** *Direito militar.* Navio de guerra que anda em cruzeiro. **2.** *Direito agrário.* O que cruza.

CRUZAMENTO. **1.** *Direito de trânsito.* Ponto em que duas vias se cortam, onde, não havendo sinalização, terá preferência de passagem o veículo que vier da direita. Trata-se da interseção de duas vias em nível. **2.** *Direito agrário.* Técnica empregada em zootecnia para ajuntar animais de diversas raças para criar outra de maior rendimento. Trata-se da reprodução entre animais de raças diferentes.

CRUZAMENTO CHEIO. *Vide* CRUZAMENTO ESPECIAL.

CRUZAMENTO EM PRETO. *Vide* CRUZAMENTO ESPECIAL.

CRUZAMENTO ESPECIAL. *Direito cambiário.* É o cruzamento cujas linhas paralelas designam um banco, fazendo com que o cheque só possa ser pago pelo sacado a esse banco e, se este for o sacado, a um cliente seu. Trata-se do cruzamento qualificado.

CRUZAMENTO GERAL. *Direito cambiário.* Cruzamento em que se traçam, na face do cheque, duas linhas paralelas.

CRUZAMENTO QUALIFICADO. *Vide* CRUZAMENTO ESPECIAL.

CRUZANTE. *Direito agrário.* Diz-se da raça animal que, no seu cruzamento com outra, a melhora.

CRUZAR. 1. *Direito agrário.* Acasalar animais de raças diferentes. **2.** *Direito marítimo.* Percorrer o mar, atingindo uma série de portos.

CRUZEIRO. 1. *História do direito.* a) Moeda nacional que já teve seu curso legal; b) Ordem militar do Brasil criada por D. Pedro I. **2.** *Direito marítimo.* a) Extensão do mar em que as embarcações cruzam; b) serviço de navio que anda cruzando; c) tempo de duração daquele serviço; d) navio que cruza.

CRUZEIRO DE PESCA. Viagem de embarcação pesqueira engajada diretamente em operações de pesca. A duração do cruzeiro de pesca inicia-se com a partida da embarcação armada, devidamente despachada pela Autoridade Marítima, e se encerra com o seu retorno, condicionado à descarga total do pescado.

CRUZEIRO REAL. *História do direito.* Moeda que vigorou no Brasil de 1993 a 1995.

CRUZ VERMELHA. *Direito internacional público.* Organismo internacional de fins humanitários que socorre as vítimas de guerra.

CRUZ VERMELHA BRASILEIRA. *Direito internacional público.* Órgão constituído para os fins previstos nas Convenções de Genebra das quais o Brasil é signatário, é uma sociedade de socorro voluntário, auxiliar dos poderes públicos e, em particular, dos serviços militares de saúde. Trata-se de uma entidade de utilidade pública internacional, declarada de caráter nacional, tendo natureza filantrópica e prazo de duração indeterminado. Todas as suas rendas e recursos serão aplicados na consecução de seus objetivos e fins estatutários, exclusivamente dentro do país, sem prejuízo de suas obrigações como integrante do Movimento Internacional da Cruz Vermelha, e seus membros, que não responderão, direta ou subsidiariamente, pelas obrigações sociais, não participarão de seus resultados, ou de seu patrimônio, na hipótese de dissolução, assim como não perceberão qualquer remuneração quando no exercício de cargos em órgãos de direção, fiscalização ou deliberação. Poderá, na hipótese de ocorrência de calamidades em outros países, captar recursos e doações especificamente para tais fins, enviando-os para referidos países, de conformidade com o estabelecido nas Convenções de Genebra e nos Estatutos da Federação Internacional da Cruz Vermelha e do Comitê Internacional da Cruz Vermelha.

CSLL. *Direito tributário.* Sigla de Contribuição Social sobre o Lucro Líquido.

CSMP. Sigla de Conselho Superior do Ministério Público.

CTA. Abreviação de Centro Técnico Aeroespacial.

CTNBio. Sigla de Comissão Técnica Nacional de Biossegurança.

CTPS. *Direito do trabalho.* Sigla de Carteira de Trabalho e Previdência Social.

CTPS PARA ATLETA PROFISSIONAL DE FUTEBOL. *Direito do trabalho.* Carteira de Trabalho e Previdência Social que serve para identificação do atleta profissional de futebol e é emitida pela Confederação Brasileira de Futebol, através de convênio assinado com a Delegacia Regional do Trabalho do Estado do Rio de Janeiro.

CTPS PARA ESTRANGEIRO. *Direito do trabalho.* Carteira de Trabalho e Previdência Social que serve para identificação de estrangeiro. A emissão para estrangeiros com estada legal no País será feita, exclusivamente, nas sedes das Delegacias Regionais do Trabalho, assinada pelo delegado ou obrigatoriamente por detentor de delegação de competência do mesmo. As subdelegacias, expressamente autorizadas pelo delegado regional do trabalho, podem emitir CTPS devendo o documento ser obrigatoriamente assinado pelo subdelegado. A CTPS é fornecida ao estrangeiro, mediante a apresentação de duas fotos 3 x 4, fundo branco, com ou sem data, coloridas ou branco e preto, iguais e recentes, no prazo mínimo de três e máximo de quinze dias úteis, nas seguintes condições: a) ao estrangeiro permanente, ao asilado político e ao refugiado, mediante apresentação de Cédula de Identidade de Estrangeiro (CIE), original, acompanhada de cópia frente/verso; b) ao refugiado cuja Cédula de Identidade de Estrangeiro (CIE) ainda não tenha sido expedida pelo Departamento de Polícia Federal, a CTPS é fornecida mediante apresentação do original do protocolo expedido pelo Departamento de Polícia Federal acompanhado de cópia, desde que contenha as informações necessárias ao preenchimento da qualificação civil do interessado e cópia da publicação no *Diário Oficial* do ato de concessão do *status* de refugiado; c) ao estrangeiro com visto temporário mediante a apresentação do extrato do contrato de trabalho visado pela Coordenação-Geral de Imigração (CGIg) e publicado no *Diário Oficial da União* e passaporte com respectivo visto. O prazo de validade da CTPS é idêntico ao da CIE, ou ao do contrato de trabalho, ou ao do protocolo expedido pelo Departamento de Polícia Federal, conforme o caso, sendo lançado no local reservado para carimbos utilizando-se modelo padronizado. A validade inicial estabelecida na CTPS de estrangeiros pode ser prorrogada mediante apresentação de documentação que justifique o pedido. Ao estrangeiro, natural de país limítrofe, pode ser concedida Carteira de Trabalho e Previdência Social (CTPS), devendo, nesse caso, ser aposto no espaço reservado a "carimbos" a inscrição "fronteiriço" e, no local próprio, a seguinte anotação: "Permitido o exercício de atividade remunerada no município fronteiriço ao país de que é natural o titular. Vedado ao titular afastar-se dos limites territoriais do município fronteiriço ou de qualquer modo internar-se no território brasileiro". Para a concessão da CTPS a estrangeiro fronteiriço é exigida a apresentação do documento de identidade especial para fronteiriço, fornecido pela autoridade local do Departamento de Polícia Federal, Carteira de Identidade Oficial emitida em seu país, prova de residência em localidade de seu país contígua ao território nacional, declaração de emprego ou contrato de trabalho e prova de que não possui antecedentes criminais em seu país. A CTPS concedida ao estrangeiro fronteiriço é emitida somente nas subdelegacias expressamente autorizadas, situadas nos municípios limítrofes ao país de nacionalidade do requerente. O fronteiriço residente em local cuja cidade limítrofe não possua Subdelegacia do Trabalho autorizada deverá ser atendido no município mais próximo, fazendo-se constar no campo próprio da CTPS observação que caracterize as restrições da validade ao município onde o estrangeiro haja sido cadastrado pela Polícia Federal.

CUARESMA VISCONTEA. *Locução latina* e *história do direito*. Pena de suplício que se iniciava com açoites, indo a torturas como fazer beber vinagre, arrancar olhos, cortar mãos, pés etc., até que, no quadragésimo dia, o acusado era enrodado e feito em pedaços.

CUBAGEM. *Direito de transporte*. Volume da bagagem a ser transportada medido em metros cúbicos.

CUBÍCULO. *Direito penitenciário*. Cela de estabelecimentos penais.

CUBISMO. *Direito autoral*. Escola de arte moderna que representa objetos sob forma geométrica.

CUI BONO? *Locução latina*. No interesse de quem?

CUIDADO. *Direito civil*. Precaução, atenção ou vigilância com o que se tem a guarda.

CUIDADOR DE IDOSOS. Pessoa capacitada para auxiliar o idoso que apresenta limitações para realizar atividades da vida diária.

CUILIBET IN ARTE SUA PERITO EST CREDENDUM. *Expressão latina*. Deve-se dar crédito àquele que é perito em sua arte.

CUI LICET QUOD EST PLUS, LICET UTIQUE QUOD EST MINUS. *Expressão latina*. Quem pode o mais, pode o menos.

CUI LICITUS EST FINIS, ETIAM LICENT MEDIA. *Expressão latina*. Se é lícito o fim, também o são os meios.

CUI NON LICET QUOD EST MINUS, UTIQUE NON LICET QUOD EST PLUS. *Expressão latina*. Quem não pode o menos, não pode o mais.

CUI PLUS LICET QUAM PAR EST, PLUS VULT QUAM LICET. *Expressão latina*. Aquele a quem é permitido mais do que é justo quer mais do que lhe é permitido.

CUI PRODEST? *Locução latina.* A quem aproveita?

CUI PRODEST SCELUS, IS FECIT. *Expressão latina.* Comete crime quem dele tirar proveito.

CUIQUE SUUM. *Locução latina.* A coisa a seu dono.

CUIQUE SUUM TRIBUERE. *Expressão latina.* Dar o seu ao seu dono.

CUIVIS DOLORI REMEDIUM EST PATIENTIA. *Expressão latina.* A paciência é remédio para o sofrimento.

CUJUS COMMODA EIUS INCOMMODA. *Expressão latina.* Quem retira as vantagens de uma situação deve suportar também os inconvenientes.

CUJUS EST DARE, EJUS EST DISPONERE. *Aforismo jurídico.* Quem doa tem o direito de regular a dádiva.

CUJUS EST INSTITUERE, EJUS EST ABROGARE. *Aforismo jurídico.* Quem pode instituir pode também ab-rogar.

CUJUS EST SOLUM, EJUS EST USQUE AD CAELUM (OU AD SIDERA) ET USQUE AD INFEROS. *Aforismo jurídico.* Quem é dono do solo possui tudo o que está em cima dele, até os céus, e o que está embaixo, até o inferno.

CUJUSQUE REI POTISSIMA PARS PRINCIPIUM EST. *Expressão latina.* De qualquer coisa, parte importantíssima é o princípio.

CUJUS REGIO, EJUS RELIGIO. *Expressão latina.* Tendência humana de aceitar a religião de seu país.

CULATRA. 1. *Direito militar.* Fecho na parte posterior do cano de arma de fogo. **2.** *Direito agrário.* Retaguarda de um rebanho, no Rio Grande do Sul.

CULMINAÇÃO. Apogeu; auge.

CULMINÂNCIA. 1. O mesmo que CULMINAÇÃO. **2.** Situação social ou política de grande proeminência.

CULPA. 1. *Direito administrativo.* Não-cumprimento do dever pelo agente público, gerando responsabilidade civil do Estado. **2.** *Direito civil.* Fundamento da responsabilidade civil, que, em sentido amplo, constitui a violação de um dever jurídico imputável a alguém, em decorrência de fato intencional ou de omissão de diligência ou cautela, compreendendo o dolo e a culpa. **3.** *Direito penal.* É aquela cometida pelo agente ao deixar de empregar a atenção ordinária a que estava obrigado, não prevendo o resultado danoso, agindo com imprudência, negligência ou imperícia. Ocorre, portanto, quando o agente dá causa ao resultado por imprudência, negligência ou imperícia, inobservando o dever de cuidado que se lhe impunha.

CULPA ADMINISTRATIVA. *Direito administrativo.* Teoria pela qual, ocorrendo dano ao administrado em razão de irregularidade no funcionamento do serviço público, só haverá responsabilidade do Estado se for provada a culpa do funcionário.

CULPA ANÔNIMA NO SERVIÇO PÚBLICO. *Direito administrativo.* Situação especial que ocorre na seara da responsabilidade do Estado na hipótese de dano por comportamento omissivo de funcionário público. O prejuízo ao administrado não é causado pelo Estado, mas por acontecimento alheio a ele, já que a omissão é condição do dano, ou melhor, é o evento cuja ausência enseja a ocorrência da lesão (Celso Antônio Bandeira de Mello). O Estado responde pela omissão quando, devendo agir, não o faz, caso em que sua responsabilidade é subjetiva, embora possa tratar-se de uma culpa não individualizável na pessoa de tal ou qual funcionário, mas atribuída ao serviço estatal genericamente. É a culpa anônima ou a falta de serviço que ocorre, por exemplo, na omissão do Estado em: prevenir enchentes, por não ter providenciado a canalização de rios ou por ter-se descurado da conservação do serviço de esgotos ou redes pluviais; obstar assalto em via pública; evitar depredação em estabelecimento comercial, por não manter a ordem em certos tumultos etc. Em todos esses casos aplica-se a teoria da falta de serviço, segundo a qual não é necessária a identificação de uma culpa individual para a configuração da responsabilidade estatal, que decorrerá da *culpa do serviço*, ou melhor, da falta de serviço ou daquele que funcione mal ou atrasado. Ensina-nos Oswaldo Aranha Bandeira de Mello que a responsabilidade do Estado por omissão só pode ocorrer na hipótese de culpa anônima de organização e funcionamento de serviço que não funcione, funcione mal ou com atraso, atingindo os usuários do serviço ou os nele interessados.

CULPA AQUILIANA. *Direito civil.* Violação de preceito geral de direito que manda respeitar a pessoa e os bens alheios. Trata-se da culpa extracontratual, por exemplo, a do proprietário de um automóvel que, imprudentemente, o empresta a um sobrinho menor, sem carta de habilitação, que ocasiona um acidente.

CULPABILIDADE. 1. *Direito penal.* a) Estado do que é imputável; b) possibilidade de ser imputável ao agente a autoria de um crime. **2.** *Direito civil.* Estado do que é culpável.

CULPABILIDADE DO AUTOR. *Direito penal.* Teoria pelo qual se deve colocar a pessoa do autor em primazia, de tal sorte que culpável não é o ato, mas o próprio agente. Destaca, portanto, o agente do fato, erigindo em objeto do juízo da culpabilidade sua maneira de ser, personalidade e conduta de vida.

CULPABILIDADE DO CARÁTER. *Direito penal.* Concepção pela qual a culpabilidade do autor do crime determina-se pela prática de certos atos, cuja reiteração implica predisposição do caráter, engendrando a propensão criminosa.

CULPABILIDADE FINALISTA. *Direito penal.* Teoria pela qual a culpabilidade penal é o mero juízo de reprovação, em que o agente tem ciência da antijuridicidade de sua conduta dolosa. A culpabilidade abrange, então, a imputabilidade (Welzel).

CULPABILIDADE NA FORMAÇÃO DA PERSONALIDADE. *Direito penal.* Teoria que explica a culpa penal através da análise da personalidade do criminoso.

CULPABILIDADE NORMATIVA. *Direito penal.* Teoria em que a culpabilidade é a reprovação de um injusto típico, de modo que a imputabilidade é pressuposto da culpabilidade (Frank, Fraudental e Goldschmidt).

CULPABILIDADE PELA CONDUTA DA VIDA. *Direito penal.* Doutrina que procura explicar a culpa jurídico-penal a partir dos modos de condução da vida do agente, acatando a idéia de que certos hábitos ou falsas noções adquiridas podem conduzir a uma inconsciente "cegueira jurídica" (Mezger).

CULPABILIDADE PELA DECISÃO DA VIDA. *Direito penal.* Teoria que explica a culpabilidade do delinqüente a partir de uma pretensa "decisão vital", no sentido de que ele poderia ser bom ou correto, mas opta pelo lado negativo de sua personalidade, conduzindo-se pela senda do crime (Bockelmann).

CULPABILIDADE PELO FATO. *Direito penal.* Teoria que destaca o fato do agente, optando pela culpabilidade do fato singular.

CULPABILIDADE PSICOLÓGICA. *Direito penal.* Teoria pela qual a culpabilidade é a relação psicológica entre a conduta e o resultado; logo, a imputabilidade é elemento da culpabilidade, da qual o dolo e a culpa constituem essências.

CULPA CIVIL. *Direito civil.* **1.** Em *sentido amplo,* é qualquer ação que venha a violar um dever jurídico, abrangendo o dolo e a culpa. **2.** Em *sentido estrito,* constitui a violação do dever caracterizada por imperícia, imprudência ou negligência, sem qualquer deliberação de causar o ato danoso.

CULPA COM PREVISÃO. *Direito penal.* É aquela que se dá quando o autor do crime tem a possibilidade de prever o resultado danoso, mas, apesar disso, pratica a ação ou omissão criminosa esperando que ele não ocorra.

CULPA CONCORRENTE. *Direito civil.* Aquele em que ambas as partes violam norma de conduta, causando prejuízo aos seus direitos.

CULPA CONSCIENTE. 1. *Direito civil.* É a culpa voluntária, em que não há intenção de provocar um dano, mas a de faltar a um dever. **2.** *Direito penal.* Vide CULPA COM PREVISÃO.

CULPA CONTRATUAL. *Direito civil.* Violação de um dever jurídico fundado num contrato, por exemplo, a do locatário que deve servir-se da coisa alugada para os usos convencionados e não cumpre essa obrigação.

CULPADO. 1. *Direito civil.* Responsável, civilmente, pela ação ou omissão que causou o dano. **2.** *Direito processual penal.* Réu; aquele que tem culpa pelo crime; indivíduo cuja culpa é apurada em processo penal; acusado.

CULPA EST NON PRAEVIDERE, QUOD FACILE POTEST EVENIRE. *Aforismo jurídico.* Culpa tem aquele que não prevê o que facilmente pode acontecer ou ocorrer.

CULPA EXTRACONTRATUAL. *Vide* CULPA AQUILIANA.

CULPA GRAVE. *Direito civil.* É a que ocorre quando, dolosamente, há negligência extrema do agente, não prevendo aquilo que é previsível ao mais comum dos homens.

CULPA IMPRÓPRIA. *Direito civil* e *direito penal.* Dá-se quando o agente pretende obter o resultado, mas se excede, por exemplo, o excesso culposo na legítima defesa.

CULPA *IN ABSTRACTO.* *Direito civil.* Quebra do dever legal imposto pela norma em confronto com o padrão esperado do bom pai de família, que deve agir com diligência. Considera-se *in* *abstracto* a culpa quando se faz uma análise comparativa da conduta do agente com a do homem médio ou da pessoa normal.

CULPA *IN COMMITTENDO.* *Direito civil.* Violação de um dever em razão da prática de um ato positivo (imprudência). Denomina-se também culpa *in faciendo.*

CULPA *IN CONCRETO.* *Direito civil* e *direito processual civil.* Considera-se *in concreto* a culpa quando se atém, no caso *sub judice*, ao exame da imprudência ou negligência do agente, ao confronto de sua própria maneira de agir e ao fato de não ter empregado, no cumprimento de seu dever, a diligência e a atenção que o caracterizam, habitualmente, em seus negócios.

CULPA INCONSCIENTE. *Direito civil* e *direito penal.* Aquela em que o agente, por imprudência, negligência ou imperícia, causa prejuízo a outrem, porque não pode prever a ocorrência do evento danoso.

CULPA *IN CONTRAHENDO.* *Direito civil.* **1.** Revogação injustificada da proposta de contrato, ou o fato de uma parte se retirar das tratativas de má-fé insinuando à outra parte a existência de causa de invalidade contratual (Trabucchi). **2.** Infração ao dever de atenção que se há de esperar de quem vai concluir contrato ou de quem levou alguém a concluí-lo (Pontes de Miranda). **3.** É a resultante do próprio contrato, quando seu objeto for ilícito ou impossível.

CULPA *IN CUSTODIENDO.* *Direito civil.* Violação do dever jurídico em razão da falta de cautela ou atenção em relação a uma pessoa, animal ou objeto que esteja sob os cuidados do agente.

CULPA INDIRETA. *Direito civil.* Aquela que gera a responsabilidade de alguém por ato de terceiro, com o qual tem vínculo legal de responsabilidade, ou por ato de animal ou coisa inanimada sob sua guarda.

CULPA *IN ELIGENDO.* *Direito civil.* É a que advém da má escolha daquele a quem se confia a prática de um ato ou o adimplemento de uma obrigação. Resulta da falta de cuidado que se deve ter por ocasião do cometimento de certo ato a outra pessoa. Trata-se da culpa em eleger sem a devida prudência. Haverá culpa *in eligendo* pelo dano causado por uma pessoa se esta tiver sido indicada mesmo sem habilitação legal ou sem possuir as aptidões requeridas. Mas, independentemente disso, a responsabilidade do empregador pelos atos lesivos de seu empre-

gado é, por lei, objetiva, tendo ação regressiva contra causador do dano.

CULPA *IN FACIENDO.* *Vide* CULPA *IN COMMITTENDO.*

CULPA *IN INSTRUENDO.* *Direito civil.* É a que ocorre quando alguém que deve dar ordens ou instruções relativas a um ato a ser realizado por outro não o faz ou o faz de modo errôneo.

CULPA *IN NON FACIENDO.* *Direito civil.* Resulta da circunstância de ter o agente deixado de fazer certo ato cuja comissão evitaria o dano. Por exemplo, um professor de natação que, por estar distraído, não acode seu aluno, que morre afogado, responde por culpa *in non faciendo.* Entretanto, a omissão só poderá ser considerada causa jurídica do dano se houver existência do dever de praticar o ato não cumprido e certeza ou grande probabilidade de o fato omitido ter impedido a produção do evento danoso.

CULPA *IN OMITTENDO.* *Vide* CULPA *IN NON FACIENDO.*

CULPA *IN RE IPSA.* *Direito civil.* Aquela em que, ante a dificuldade de se provar o nexo de causalidade entre a conduta culposa e o dano, reverte-se o ônus da prova, presumindo-se a culpa do agente, que deverá provar o contrário. Trata-se da culpa presumida.

CULPA *IN VIGILANDO.* *Direito civil.* **1.** É a decorrente da falta de atenção com o procedimento de animal, por cujo fato lesivo o responsável deve pagar. **2.** Já, em relação ao patrão, fiscalize, ou não, o exercício das funções incumbidas a seus empregados, deverá responder, em virtude de imposição legal, objetivamente pelo dano que causarem, mesmo que não tenha agido com *culpa in vigilando.*

CULPA LATA. *Vide* CULPA GRAVE.

CULPA LATA DOLO AEQUIPARATUR. *Brocardo latino.* A culpa grave equipara-se ao dolo.

CULPA LEVE. *Direito civil.* É a que ocorre quando a lesão de direito pode ser evitada com atenção ordinária ou adoção de diligências próprias de um *bonus pater familiae.*

CULPA LEVÍSSIMA. *Direito civil.* Dá-se quando a falta somente é evitável por uma atenção extraordinária ou especial habilidade e conhecimento singular.

CULPAM POENA PREMIT COMES. *Expressão latina.* A punição vai no encalço da culpa.

CULPA NÁUTICA. *Direito marítimo.* É a falta cometida na navegação ou no manejo da embarcação.

CULPANDO. 1. *Direito civil.* Aquele que deve ter responsabilidade civil subjetiva. **2.** *Direito processual penal.* Aquele que merece ser acusado.

CULPA NEGATIVA. *Vide* CULPA *IN NON FACIENDO.*

CULPA NON IMPUTATUR EI, QUI NON FACIT, QUOD FACTUM NON PROFUISSET. *Aforismo jurídico.* Não se imputa culpa a quem não fez o que, feito, não aproveitaria.

CULPA NON POTEST IMPUTARI EI, QUI NON FACIT, QUOD FACERE NON TENEBATUR. *Expressão latina.* Não se pode imputar culpa a quem não fez o que não era obrigado a fazer.

CULPA OBJETIVA. *Vide* CULPA *IN CONCRETO.*

CULPA PENAL. *Direito penal.* É a que resulta de imperícia, imprudência ou negligência, causando um resultado danoso não querido pelo agente.

CULPA POR IMPERÍCIA. *Direito civil* e *direito penal.* É a que se dá por inaptidão para o exercício de uma função, arte ou profissão ou por falta de habilitação exigida para a prática de certas atividades.

CULPA POR IMPRUDÊNCIA. *Direito civil* e *direito penal.* É a que consiste na prática de uma ação sem as devidas cautelas ou precauções.

CULPA POR NEGLIGÊNCIA. *Direito civil* e *direito penal.* É a que resulta da omissão da escolha de meios idôneos ou aptos para a execução de certo ato ou do retardamento ou relaxamento da execução de algo, causando dano a outrem (Galdino Siqueira).

CULPA POSITIVA. *Vide* CULPA *IN COMMITTENDO.*

CULPA PRESUMIDA. *Vide* CULPA *IN RE IPSA.*

CULPA PREVISÍVEL. *Direito civil.* Diz-se daquela em que o agente, apesar de prever a possibilidade da ocorrência do dano, confiando em sua diligência, não admite que ele aconteça (Geraldo Magela Alves).

CULPA PRÓPRIA. *Direito civil.* Aquela em que o dano é sempre previsível.

CULPAR. 1. *Direito processual penal.* Acusar; incriminar. **2.** *Direito processual civil.* Responsabilizar.

CULPA RECÍPROCA. 1. *Direito do trabalho.* Ação culposa de ambos, ou seja, do empregado e do empregador, na rescisão contratual, caso em que

o órgão judicante reduzirá o *quantum* indenizatório devido na hipótese de culpa exclusiva do patrão pela metade. **2.** *Direito civil.* a) Culpa comum da vítima e do agente, constituindo causa excludente de responsabilidade civil; b) inadimplemento de contrato bilateral tanto pelo credor como pelo devedor.

CULPA SUBJETIVA. *Vide* CULPA *IN ABSTRACTO.*

CULPA, UBI MAJOR EST, IBI GRAVIOR DEBET ESSE POENA. *Aforismo jurídico.* Quanto maior for a culpa, mais grave será a pena.

CULPA, UBI NON EST, NEC POENA ESSE DEBET. *Aforismo jurídico.* Onde não há culpa não deve haver pena.

CULPÁVEL. 1. *Direito penal.* Ação ou omissão que revela culpabilidade do agente. **2.** *Direito processual penal.* Aquele a quem se pode atribuir culpa pela prática de um crime. **3.** *Direito processual civil.* A quem se pode atribuir um ato ilícito, responsabilizando-o civilmente.

CULPOSO. 1. *Direito penal.* Diz-se do crime em que o agente, agindo por imperícia, negligência ou imprudência, vem a atingir um resultado danoso não querido por ele. **2.** *Direito civil.* Aquele que, por ação ou omissão voluntária, negligência, imprudência ou imperícia, causa dano a alguém, devendo repará-lo.

CULTIVABILIDADE. *Direito agrário.* Estado da terra cultivável.

CULTIVAÇÃO. *Direito agrário.* Cultura da terra; ato de cultivar a terra.

CULTIVADO. *Direito agrário.* Aquilo que é obtido por cultura; fertilizado.

CULTIVADOR. *Direito agrário.* **1.** Agricultor; lavrador. **2.** Charrua ou instrumento movido por trator ou tração animal, utilizado para sulcar o solo, conservar sua umidade e destruir ervas daninhas.

CULTIVAMENTO. *Direito agrário.* Ação de cultivar a terra.

CULTIVAR. *Direito agrário.* **1.** Exercer agricultura. **2.** Preparar a terra para produção agrícola. **3.** Fertilizar. **4.** É a variedade de qualquer gênero ou espécie vegetal superior que seja claramente distinguível de outras cultivares conhecidas por margem mínima de descritores, por sua denominação própria, que seja homogênea e estável quanto aos descritores através de gerações sucessivas e seja de espécie passível de uso pelo complexo agroflorestal, descrita em publicação especializada disponível e acessível ao público, bem como a linhagem componente de híbridos.

CULTIVAR DISTINTA. *Direito agrário.* É a cultivar que se distingue claramente de qualquer outra cuja existência na data do pedido de proteção seja reconhecida.

CULTIVAR ESSENCIALMENTE DERIVADA. *Direito agrário.* É a essencialmente derivada de outra cultivar se, cumulativamente: a) for predominantemente derivada da cultivar inicial ou de outra cultivar essencialmente derivada, sem perder a expressão das características essenciais que resultem do genótipo ou da combinação de genótipos da cultivar da qual derivou, exceto no que diz respeito às diferenças resultantes da derivação; b) for claramente distinta da cultivar da qual derivou, por margem mínima de descritores, de acordo com critérios estabelecidos pelo órgão competente; e c) não tenha sido oferecida à venda no Brasil há mais de doze meses em relação à data do pedido de proteção e que, observado o prazo de comercialização no Brasil, não tenha sido oferecida à venda em outros países, com o consentimento do obtentor, há mais de seis anos para espécies de árvores e videiras e há mais de quatro anos para as demais espécies.

CULTIVAR ESTÁVEL. *Direito agrário.* É a cultivar que, reproduzida em escala comercial, mantenha a sua homogeneidade através de gerações sucessivas.

CULTIVAR HOMOGÊNEA. *Direito agrário.* É a cultivar que, utilizada em plantio, em escala comercial, apresente variabilidade mínima quanto aos descritores que a identifiquem, segundo critérios estabelecidos pelo órgão competente.

CULTIVAR LOCAL, TRADICIONAL OU CRIOULA. *Direito agrário.* Variedade desenvolvida, adaptada ou produzida por agricultores familiares, assentados da reforma agrária ou indígenas, com características fenotípicas bem determinadas e reconhecidas pelas respectivas comunidades que, a critério do Mapa, considerados também os descritores socioculturais e ambientais, não se caracterizem como substancialmente semelhantes às cultivares comerciais.

CULTIVÁVEL. *Direito agrário.* O que pode ser cultivado.

CULTIVO. *Direito agrário.* **1.** *Vide* CULTIVAÇÃO. **2.** Exercício da agricultura.

CULTIVO DIRETO. *Direito agrário.* **1.** Exploração rural direta. **2.** Aquele em que o proprietário, o arrendatário ou o parceiro, e seu conjunto familiar, fazem uso de assalariados em número não superior aos membros daquele conjunto.

CULTO. **1.** *Direito constitucional.* Manifestação, garantida constitucionalmente, de crença religiosa. **2.** *Direito penal.* Objeto do crime de ultraje, impedimento ou perturbação de ato relativo a práticas religiosas. **3.** *Sociologia jurídica.* Diz-se do povo civilizado. **4.** *Direito agrário.* Cultivado. **5.** Na *linguagem comum,* quer dizer educado ou instruído.

CULTO DA PERSONALIDADE. *Ciência política.* Ato de exaltar, demasiadamente, o detentor do poder político.

CULTOR. **1.** Partidário ou prosélito de alguma corrente doutrinária ou idéia. **2.** Cultivador de terras. **3.** Pessoa que se dedica a certo estudo.

CULTO RELIGIOSO. *Direito constitucional.* Celebração de ato pelos que seguem uma religião.

CULTURA. **1.** *Medicina legal.* Técnica de laboratório consistente em fazer desenvolver germes ou fungos; cultivação de tecido vivo. **2.** *Direito agrário.* a) Ação de cultivar a terra; cultivação; b) terra cultivada; c) categoria de vegetais cultivados. **3.** *Direito comercial.* Uso industrial de determinadas produções naturais. **4.** *Sociologia jurídica.* a) Sistemas de idéias, conhecimentos ou padrões de conduta que caracterizam uma sociedade; b) estágio de desenvolvimento cultural de um povo; c) civilização. **5.** Na *linguagem comum,* é o desenvolvimento intelectual de uma pessoa. **6.** *Filosofia geral* e *filosofia do direito.* Aquilo que o ser humano acrescenta às coisas com a intenção de aperfeiçoá-las. Abrange tudo que é construído pelo homem em razão de um sistema de valores. O espírito humano projeta-se sobre a natureza, dando-lhe uma nova dimensão, que é o valor. Cultura é a natureza transformada ou ordenada pelo homem com o escopo de atender aos seus interesses. **7.** *Direito constitucional.* Conjunto de padrões de conduta, crenças, valores e instituições de uma coletividade protegido pela norma constitucional, uma vez que ela garante a todos o acesso às fontes de cultura, zela pela preservação do patrimônio cultural do povo brasileiro e incentiva não só a valorização como também a difusão das manifestações culturais.

CULTURA ALTERNATIVA. *Direito agrário.* É a que se realiza consorciada com outra, como, por exemplo, a do trigo e da soja no Rio Grande do Sul. Assim que há a colheita do trigo, prepara-se a terra para o cultivo da soja (Fernando Pereira Sodero).

CULTURA CÍVICA. *Ciência política.* Segundo Morlino, é uma cultura de participação de cidadãos orientados a assumir um papel ativo no apoio a um sistema político, resultando de um conjunto de atitudes que produzem tendências políticas moderadas e equilibradas.

CULTURA EFETIVA. *Direito agrário.* Transformação de uma terra inculta em bem de produção, através do seu plantio, da construção de benfeitorias etc.

CULTURA ESGOTANTE. *Direito agrário.* Aquela que vem a esgotar ou esterilizar o solo, depauperando-o.

CULTURA EXTENSIVA. *Direito agrário.* Aquela que explora a riqueza do solo, sem procurar conservá-lo, precisando por isso de grandes extensões de terra.

CULTURA HORTIFRUTIGRANJEIRA. *Direito agrário.* É a que compreende a avicultura, horticultura, floricultura, fruticultura, piscicultura, caprinocultura etc. Como tem ciclo curto, admite uma ou mais safras por ano, tendo em vista o abastecimento da população ou o atendimento à indústria ou comércio.

CULTURA INTENSIVA. *Direito agrário.* É a que acumula capital e trabalho numa pequena área de terra, procurando conservar sua fertilidade e os recursos naturais de que dispõe, buscando alta produtividade.

CULTURALISMO JURÍDICO. *Filosofia do direito.* Corrente jusfilosófica que considera a ciência jurídica como *ciência cultural*, "não como produto metódico de procedimentos formais, dedutivos e indutivos, mas como um conhecimento que constitui uma unidade imanente, de base concreta e real, que repousa sobre valorações" (Tércio Sampaio Ferraz Jr.). Tal concepção vê o direito como um objeto criado pelo homem, dotado de um sentido de conteúdo valorativo, sendo, portanto, pertencente ao campo da cultura (Luiz Fernando Coelho). Estuda o direito como um objeto cultural, isto é, uma realização do espírito humano, com um substrato e um sentido. Se o substrato do direito for um objeto físico, ter-se-á um objeto cultural mundanal ou objetivo, que corresponde ao "espírito objetivo" de Hegel e à "vida humana objetivada" de Recaséns Siches, e a corrente culturalista que o estudará será a *teoria cultural objetiva*, de que são representantes, dentre outros, Ortega y Gasset, Recaséns Siches e Miguel Reale. Se seu substrato for a conduta humana, será um objeto cultural egológico ou subjetivo, estudado pela *teoria egológica do direito*, representada por Carlos Cóssio, Aftalión e outros. Quatro são as direções principais das teorias culturalistas do direito: a concepção raciovitalista de Siches e Ortega y Gasset; a teoria de Emil Lask; o tridimensionalismo jurídico de Miguel Reale e a teoria egológica de Carlos Cóssio.

CULTURA PERMANENTE. *Direito agrário.* Aquela que, por possuir ciclo biológico longo, produz frutos em certos períodos, não havendo necessidade de replantio anual, por exemplo, a cafeicultura (Fernando Pereira Sodero).

CULTURA POLÍTICA. *Ciência política.* Conjunto de ações, normas, crenças partilhadas pelos membros de uma certa unidade social, tendo fenômenos políticos por objetivo (Giacomo Sani).

CULTURA TEMPORÁRIA. *Direito agrário.* É aquela que tem ciclo curto ou médio, requerendo plantio periódico, por exemplo, a triticultura, a rizicultura etc. (Fernando Pereira Sodero).

CULTUROLOGIA JURÍDICA. *Filosofia do direito.* Axiologia histórico-jurídica que estuda os valores determinantes da experiência jurídica, vivenciando-a como cultura, atendo-se aos fatos condicionantes da concreção histórica do justo e procurando receber os dados fornecidos pelo historiador do direito para indagar de seu sentido real (Miguel Reale).

CUM BONA GRATIA DIMITTERE ALIQUEM. *Expressão latina.* Despedir com bons modos.

CUM BRUTIS NON EST LUCTANDUM. *Expressão latina.* Com ignorantes, não há como argumentar.

CUM ERRANTIS NULLA VOLUNTAS SIT. *Expressão latina.* Quem erra não tem vontade.

CUM GRANO SALIS. **1.** *Locução latina.* a) com grão de sal; b) com tempero, comedimento ou moderação; c) com prudência. **2.** *Direito processual.* Prova ou afirmação recebida como pilhéria.

CUM HOC VEL POST HOC ERGO PROPTER HOC. *Expressão latina.* Com isto, depois disto, portanto, por causa disto.

CUM LAUDE. *Locução latina.* Com louvor.

CÚMPLICE. *Direito penal.* **1.** Co-autor; aquele que tomou parte na perpetração de um crime, facilitando-o ou concorrendo para sua execução de alguma forma. **2.** Aquele que, sem participar de uma ação criminosa, vem a colaborar para que o agente escape da ação da justiça, escondendo o produto do crime ou facilitando sua fuga.

CUMPLICIAR-SE. *Direito penal.* Aliciar alguém a executar ação criminosa.

CUMPLICIDADE. *Direito penal.* **1.** Ato ou efeito de unir-se a alguém para auxiliá-lo na prática de crime. **2.** Co-autoria. **3.** Ato ou qualidade de cúmplice. **4.** Participação ou colaboração na execução de um crime.

CUMPLICIDADE CORRESPECTIVA. *Direito penal.* Ocorre quando, havendo um concurso de agentes, é impossível apurar a responsabilidade de cada um, devido à natureza coletiva do delito, por exemplo, crime de multidão.

CUMPLICIDADE INTELECTUAL. *Direito penal.* Ato daquele que se limita a instigar o agente ou a apoiá-lo para que venha a realizar uma ação delituosa, sem, contudo, participar de sua execução.

CUMPLICIDADE MATERIAL. *Direito penal.* Co-participação na execução de um crime.

CUMPLICIDADE MORAL. *Vide* CUMPLICIDADE INTELECTUAL.

CUMPLICIDADE NEGATIVA. *Direito penal.* Ato daquele que, mediante omissão, colabora para que o delito seja perpetrado por outrem.

CUMPLICIDADE SUBSEQÜENTE. *Direito penal.* Ato de favorecer o criminoso após o delito. Por exemplo: a ação do cúmplice em receptação (Othon Sidou).

CUMPLIMENTÁRIO. *Direito comercial.* **1.** Aquele que administra ou dirige um estabelecimento mercantil. **2.** Sócio solidário de um estabelecimento empresarial sob cujo nome se institui a razão social, e a quem se confere o poder de dirigir e representar os negócios da firma; titular de firma (De Plácido e Silva).

CUMPRA-SE. *Direito processual civil.* **1.** Despacho judicial mandando executar os pedidos contidos em uma peça processual, em uma decisão sua ou de autoridade superior ou, ainda, um pedido formulado em precatória ou rogatória. **2.** Ordem exarada pelo magistrado em documentos que devem ser executados ou encaminhados somente por determinação sua. **3.** Decisão interlocutória.

CUMPRIDAMENTE. Qualidade do que é cabal ou completo.

CUMPRIMENTO. **1.** Na *linguagem jurídica* em geral, é o ato ou efeito de cumprir ou de executar algo; execução; realização. **2.** *Direito civil.* a) Realização da prestação a que o devedor está vinculado; b) adimplemento ou satisfação de uma obrigação; c) observância do dever imposto em lei ou de cláusulas contratuais. **3.** *Direito processual civil.* a) Realização de uma diligência; b) execução de uma decisão judicial. **4.** *Direito processual penal.* Ato de executar a pena imposta ao réu.

CUMPRIMENTO ANTECIPADO. *Direito civil.* Pagamento de uma prestação antes do vencimento do seu prazo, nos casos admitidos por lei.

CUMPRIMENTO DA PENA. *Direito penal.* Causa extintiva da punibilidade ante o fato de o condenado ter observado a pena que lhe foi imposta por sentença judicial.

CUMPRIMENTO DA SENTENÇA. *Direito processual civil.* Fase do processo de conhecimento em que há, tratando-se de obrigação por quantia certa, execução. Do ponto de vista estrutural para cumprimento da sentença há um prazo de espera de quinze dias, tão logo a condenação seja exigível, no curso do qual o vencido pode pagar a dívida sem a multa de dez por cento. Se o devedor, condenado ao pagamento de quantia certa ou já fixada em liquidação, não o efetuar dentro daqueles quinze dias, o montante da condenação será acrescido de multa no percentual de dez por cento e, a requerimento do credor, expedir-se-á mandado de penhora e avaliação. Do auto de penhora e de avaliação será de imediato intimado o executado, na pessoa de seu advogado, ou, na falta deste, o seu representante legal, ou pessoalmente, por mandado ou pelo correio, podendo oferecer impugnado no prazo de quinze dias. Aquela avaliação é feita pelo oficial de justiça ou pelo avaliador nomeado pelo juiz. O exeqüente poderá, em seu requerimento, indicar desde logo os bens a serem penhorados. *Vide* IMPUGNAÇÃO.

CUMPRIMENTO DEFEITUOSO. *Direito civil.* Realização pelo devedor de uma prestação contendo vícios que a tornam imprópria ou inadequada ao fim a que se destina.

CUMPRIMENTO DO DEVER. *Direito civil.* Ato de agir de conformidade com as obrigações legais ou contratuais.

CUMPRIMENTO DO DEVER LEGAL. 1. *Direito penal.* Excludente de criminalidade, porque aquele que pratica atos na observância de um dever imposto por lei não comete crime. **2.** Ato lesivo que não é ilícito, pois quem, ao exercer normalmente um direito reconhecido, prejudica direito alheio, não tem responsabilidade pelo dano causado, por não ser um procedimento prejudicial ao direito, por exemplo, o credor que penhora bens do devedor. Só há ilícito em caso de abuso do direito ou no seu exercício irregular ou anormal.

CUMPRIMENTO PARCIAL. *Direito civil.* Realização de apenas uma parte da prestação.

CUMPRIMENTO PONTUAL. *Direito civil.* Pontualidade do devedor na realização da prestação.

CUMPRIMENTO RETARDADO. *Direito civil.* É a não-realização de uma prestação pelo devedor no vencimento da obrigação assumida, dando origem à mora.

CUM PRINCIPALIS CAUSA NON CONSISTAS, PLERUMQUE NE EA QUIDEM, QUAE SEQUUNTUR, LOCUM HABENT. *Expressão latina.* Se falhar o principal, não se efetivam os conseqüentes.

CUM QUID UNA VIA PROHIBETUR ALICUI, AD ID ALIA NON DEBET ADMITTI. *Expressão latina.* O que de um modo está proibido por sua natureza não pode ser feito tomando-se outra via.

CUM QUIS IN JUS ALTERIUS SUCCEDIT, JUSTAM IGNORANTIAE CAUSAM HABERE CENSETUR. *Expressão latina.* Quem sucede ao direito de outrem pode ter uma justa causa de ignorância.

CUM RE PRESENTE DELIBERARE. *Expressão latina.* Deliberar de acordo com as circunstâncias.

CUM SUNT PARTIUM JURA OBSCURA, REO FAVENDUM EST POTIUS QUAM ACTORI. *Expressão latina.* No caso de dúvida, deve-se decidir antes a favor do réu que do autor.

CUMULAÇÃO. 1. Ato ou efeito de cumular; acumulação. **2.** Junção de várias coisas em uma só. **3.** Entrega de diversos cargos a uma só pessoa. **4.** Exercício simultâneo de funções. **5.** Reunião de direitos. **6.** Percepção simultânea de proventos, em razão de diferentes cargos exercidos por um mesmo indivíduo.

CUMULAÇÃO ALTERNATIVA. *Direito processual civil.* Aquela em que, apesar de haver formulação de vários pedidos, apenas um será tutelado juridicamente.

CUMULAÇÃO ALTERNATIVA DE PEDIDOS *Direito processual civil.* Formulação de mais de um pedido, em ordem sucessiva, para que o juiz venha a conhecer do posterior, caso não possa acolher o anterior.

CUMULAÇÃO DE AÇÕES. *Vide* ACUMULAÇÃO DE AÇÕES.

CUMULAÇÃO DE BENEFÍCIOS. *Direito previdenciário.* Reunião de proventos resultantes de pensão do INSS e de montepio decorrente de cargo público.

CUMULAÇÃO DE DELITOS. *Direito penal.* O mesmo que ACUMULAÇÃO DE DELITOS em razão de crime continuado e de concurso formal ou material de crimes.

CUMULAÇÃO DE EXECUÇÕES. *Direito processual civil.* Aquela em que, no processo de execução, se cumulam várias pretensões que sejam da competência do juiz que preside a causa e que tenham a mesma forma processual (Othon Sidou). Não é possível cumular a execução por título judicial com a execução por título extrajudicial; se tal ocorrer, ter-se-á cumulação indevida, que levará o juiz a indeferir liminarmente as execuções. Não o fazendo, o devedor poderá apresentar embargos à execução por cumulação indevida (Ernane F. dos Santos).

CUMULAÇÃO DE INVENTÁRIO. *Direito processual civil.* Dá-se quando há óbito do cônjuge herdeiro antes da partilha dos bens do pré-morto, caso em que os bens omitidos no inventário poderão ser descritos e partilhados no inventário do consorte herdeiro supérstite. As duas heranças poderão ser, ainda, cumulativamente inventariadas e partilhadas se os herdeiros de ambos os consortes forem os mesmos, havendo, por isso, um só inventariante, processando-se o segundo inventário em apenso ao primeiro.

CUMULAÇÃO DE PARTES. 1. *Vide* ACUMULAÇÃO DE PARTES. **2.** *Direito processual civil.* Litisconsórcio ou assistência. **3.** *Direito processual penal.* Co-autoria.

CUMULAÇÃO DE PEDIDOS. *Vide* ACUMULAÇÃO DE AÇÕES.

CUMULAÇÃO DE PENAS. *Vide* ACUMULAÇÃO DE PENAS.

CUMULAÇÃO DE SANÇÕES. *Direito administrativo.* Aplicabilidade de sanções de diversas naturezas, como a civil, a administrativa e a penal, para uma mesma falta cometida por funcionário público, no exercício de suas funções.

CUMULAÇÃO EVENTUAL. *Vide* CUMULAÇÃO SUCESSIVA.

CUMULAÇÃO OBJETIVA. *Direito processual civil.* Cumulação de pedidos numa mesma ação.

CUMULAÇÃO REAL. *Direito processual civil.* Cumulação de pedidos alusivos a várias pretensões, desde que os sujeitos da relação processual sejam os mesmos.

CUMULAÇÃO SIMPLES. *Direito processual civil.* Cumulação de pedidos que podem ser formulados em diferentes processos.

CUMULAÇÃO SUBJETIVA. 1. *Direito processual civil.* Litisconsórcio. **2.** *Direito civil.* Situação em que o sucessor de um direito de indenização é também atingido na forma de um dano por ricochete (Sérgio Severo). Há dois danos indenizáveis: o adquirido por via sucessória e o sofrido por ricochete.

CUMULAÇÃO SUCESSIVA. *Direito processual civil.* Cumulação de pedidos, em que um deles é prejudicial ao outro; logo, o segundo só pode vingar se o primeiro for acatado.

CUMULAR. 1. Reunir; acrescentar; juntar. **2.** Permitir a certos atos acréscimos ou aumentos.

CUMULATIVAMENTE. Termo utilizado para indicar que houve junção, reunião ou acréscimo a certos atos.

CUMULATIVE VOTING. *Locução inglesa.* Sistema, no direito americano, em que há autorização legal ou estatutária para que o acionista que possua ações com direito de voto cumulativo concentre, parcial ou totalmente, seu voto em um ou em alguns candidatos.

CUMULATIVO. 1. Aquilo que se faz ou exerce por acumulação. **2.** Acrescido; reunido; aumentado. **3.** O que se une. **4.** Feito por acumulação. **5.** Que faz parte do que se acumula. **6.** Diz-se do preceito legal que dispõe sobre caso já previsto por outro comando normativo.

CÚMULO. Aumento, acréscimo, reunião ou junção.

CÚMULO JURÍDICO. *Direito penal.* Forma de cômputo da pena pela unificação de diversas, sendo que a pena única será a mais grave, aumentada de metade do tempo da mais branda.

CÚMULO MATERIAL. *Direito penal.* Dá-se quando a pena única resulta da soma das demais, desde que da mesma espécie, correspondentes aos vários delitos cometidos pelo réu.

CÚMULO OBJETIVO. 1. *Vide* ACUMULAÇÃO DE AÇÕES. **2.** *Direito processual civil.* Reunião, num só processo, de vários pedidos contra um mesmo réu, ainda que não haja, entre eles, qualquer conexão.

CÚMULO SUBJETIVO. 1. *Vide* ACUMULAÇÃO DE PARTES. **2.** *Direito processual civil.* Litisconsórcio.

CUNCTA SUPERCILIO MOVENTIS. *Expressão latina.* Mover coisas com um simples franzir de sobrancelhas.

CUNHA. *Direito militar.* Força de combate introduzida no campo inimigo.

CUNHADA. *Direito civil.* Irmã de um dos cônjuges, que, em relação ao outro, é parente por afinidade.

CUNHADIO. *Direito civil.* Parentesco por afinidade que vincula cada cônjuge aos irmãos do outro.

CUNHADO. *Direito civil.* **1.** Irmão de um dos cônjuges em relação ao outro. **2.** O marido relativamente aos irmãos de sua esposa.

CUNHAGEM. *Direito bancário* e *direito econômico.* **1.** Fabrico de moedas. **2.** Ação ou efeito de cunhar moedas.

CUNHETE. *Direito militar.* Pequena caixa de madeira reforçada, no seu interior, com folha metálica, onde os cartuchos de arma de fogo são acondicionados.

CUNICULTOR. *Direito agrário.* Criador de coelhos.

CUNICULTURA. *Direito agrário.* Criação de coelhos.

CUNILÍNGUA. *Medicina legal* e *direito penal.* Ato libidinoso consistente em aplicar a língua à vulva, fazendo sucção ou fricção no clitóris, que pode configurar crime se praticado mediante violência ou grave ameaça.

CUPÃO. *Vide* CUPOM.

CUPIDEZ. Ambição ou cobiça.

CUPINCHA. *Ciência política.* Diz-se, na *linguagem popular,* daquele que é protegido de político influente.

CUPOM. 1. Parte destacável de uma obrigação ao portador que se corta por ocasião do pagamento de dividendos, juros ou bonificações. Constitui a parte integrante de um título de renda, do qual se destaca para percepção do rendimento, constituindo prova de seu pagamento, muito usual nos títulos ao portador e nos certificados de ações ao portador. **2.** Certificado que possibilita ao portador a percepção, na sociedade anônima, de dividendos. **3.** Cédula em concursos populares a serem cortadas de revistas, jornais etc. **4.** Pequeno impresso que deve ser colecionado para que alguém tenha direito a algum prêmio predeterminado. **5.** Título com que se pode concorrer a um sorteio.

CURA. 1. *Direito canônico.* a) Pároco; b) coadjutor de pároco. **2.** *Direito comparado.* Designa, no Japão, celeiro ou armazém. **3.** *Direito civil.* Cuidado que uma pessoa tem em relação a outra ou a coisa que está sob sua guarda. **4.** *Medicina legal.* a) Tratamento médico; b) restabelecimento da saúde. **5.** *Direito agrário.* Processo de secar ao sol ou ao calor do fogo.

CURABILIDADE. *Medicina legal.* Qualidade do que é curável.

CURA BONORUM ABSENTIS. *Expressão latina.* Curatela dos bens do ausente.

CURADO. 1. *Medicina legal.* Diz-se daquele que sarou; restabelecido de doença. **2.** *Direito agrário.* Seco ao sol ou ao calor do fogo.

CURADOR. 1. *Direito civil.* a) Pessoa encarregada judicialmente de administrar bens ou interesses alheios; b) aquele que rege a pessoa de interditos, como enfermos ou deficientes físicos ou mentais, ébrios habituais, toxicômanos, pródigos, surdos-mudos sem educação que os habilite a manifestar sua vontade, ou pródigos. **2.** *Direito processual penal.* Pessoa do Ministério Público ou o próprio defensor nomeado para atender, por exemplo, a ausente, a indiciado ou a acusado que, embora penalmente responsável, não completou vinte e um anos ou a acusado suspeito de insanidade mental. Há quem ache, que, ante a maioridade civil aos 18 anos, não há mais que se falar em nomeação de curador ao réu maior de 18, mas menor de 21 anos.

CURADOR *AD HOC*. É o nomeado para, em certo caso, exercer qualquer ato que requeira curatela.

CURADOR *AD LITEM*. *Direito processual civil.* É o nomeado para o litígio pelo juiz que preside a causa com o encargo de representar réu ausente, preso, revel citado por edital e com hora certa ou incapaz, desde que não tenha representante legal ou se seus interesses colidirem com os daquele.

CURADOR À HERANÇA. *Direito processual civil.* Aquele que é nomeado pelo magistrado, nos autos do inventário, no arrolamento ou na sobrepartilha, nas hipóteses em que o ausente não o tenha ou, então, quando o incapaz concorrer na partilha juntamente com seu representante legal.

CURADOR À HERANÇA JACENTE. *Direito processual civil.* Aquele que é incumbido de guardar, conservar e administrar bens de herança jacente até que sejam entregues ao sucessor legalmente habilitado ou até a declaração de vacância. Tal curador tem a incumbência de: representar a herança em juízo ou fora dele, com assistência do órgão do Ministério Público; guardar e conservar os bens arrecadados; promover a arrecadação de outros porventura existentes; executar as medidas conservatórias dos direitos da herança; apresentar mensalmente ao juiz um balancete da receita e da despesa e prestar contas ao final de sua gestão. Assim sendo, ao curador compete, sob controle judicial: a) a liquidação dos valores; b) a alienação de: bens móveis de conservação difícil e dispendiosa; semoventes, quando não empregados na exploração de alguma indústria; títulos de crédito, havendo receio de depreciação; ações de sociedade, quando, reclamada a integralização, não dispuser a herança de dinheiro para o pagamento; imóveis, se estiverem ameaçados de ruína ou, se hipotecados, não houver dinheiro para o pagamento. Entretanto, não se procederá à venda se a Fazenda Pública ou o habilitando adiantar a importância para as despesas; c) recolher o produto a estabelecimento oficial; d) promover atos assecuratórios de conservação e de administração; e) responder pelo prejuízos a que der causa culposamente, podendo até ser removido, se a autoridade judiciária julgar conveniente.

CURADOR AO ACUSADO. *Direito processual penal.* É o nomeado pelo juiz competente para atender ao acusado menor de vinte e um anos ou que aparenta ser portador de insanidade mental.

CURADOR AO INDICIADO. *Direito processual penal.* É o nomeado pela autoridade policial para acompanhar o indiciado menor ou insano mentalmente.

CURADOR AO NASCIMENTO. *Direito civil.* Também chamado de curador ao nascituro ou curador ao ventre, é o nomeado para tratar e resguardar os interesses do nascituro, se o pai deste tiver falecido e sua mãe estiver incapacitada para o exercício do poder familiar, desde que o nascituro tenha de receber herança, legado ou doação, sendo, portanto, titular de direito patrimonial, apesar de subordinado a condição suspensiva, ou seja, seu nascimento com vida. Se a gestante estiver interdita, seu curador será também o do nascituro.

CURADOR AO NASCITURO. *Vide* CURADOR AO NASCIMENTO.

CURADOR AO VENTRE. *Vide* CURADOR AO NASCIMENTO.

CURADOR AO VÍNCULO. *História do direito.* Era o designado pelo magistrado para defender o vínculo matrimonial nas ações que visavam sua anulabilidade ou nulidade.

CURADOR DE ACIDENTE DO TRABALHO. *Direito do trabalho.* Órgão do Ministério Público incumbido de exercer atribuições impostas pelas leis processuais e relativas a acidentes trabalhistas.

CURADOR DE AUSENTES. *Direito civil* e *direito processual civil.* É o nomeado pelo juiz para administrar bens daquele que desaparece de seu domicílio sem deixar notícia e representante ou procurador que queira ou possa reger seu patrimônio até a decretação de sua sucessão provisória.

CURADOR DE CASAMENTO. *Vide* CURADOR AO VÍNCULO.

CURADOR DE FAMÍLIA. *Direito processual civil.* É o órgão do Ministério Público que intervém em certas causas relativas a questões de família, como tutela, curatela, poder familiar, interdição, casamento, declaração de ausência etc.

CURADOR DE HERANÇA JACENTE. *Vide* CURADOR À HERANÇA JACENTE.

CURADOR DE MASSA FALIDA. *História do direito.* Órgão do Ministério Público que acompanhava e fiscalizava o processo falimentar e a concordata. A nova lei falimentar reduziu, sensivelmente, as intervenções do Ministério Público no processo falimentar, limitando-as às questões mais relevantes e efetivamente de interesse público.

CURADOR DE MENORES. *Direito processual civil* e *direito comercial.* Aquele que é nomeado para zelar pelos bens e interesses de menores, dando-lhes assistência em juízo, inclusive na liquidação de sociedade em que sejam interessados.

CURADOR DE NASCITURO. *Vide* CURADOR AO NASCIMENTO.

CURADOR DE ÓRFÃOS. *Direito processual civil.* Órgão do Ministério Público designado para defender interesses de órfãos nos processos em que participam ou dos quais dependem e nos casos submetidos à sua apreciação.

CURADOR DE RESÍDUOS. *Direito processual civil.* Aquele que intervém nos processos onde há remanescentes ou restos de bens legados e atuação de testamenteiros a ser fiscalizada, atuando, portanto, em casos de extinção de fideicomisso ou usufruto e nos inventários em que há testamento.

CURADOR DO FALIDO. *Direito comercial.* É o designado pelo magistrado para tratar dos interesses da massa, constatada a ausência do falido.

CURADOR DO RÉU. *Direito processual penal.* Aquele que é nomeado, no inquérito policial ou na ação penal, ao indiciado ou ao réu suspeito de insanidade mental.

CURADOR DO VÍNCULO. *Vide* CURADOR AO VÍNCULO.

CURADOR ESPECIAL. 1. *Direito processual penal.* Aquele que é nomeado, na ação penal, para o direito de queixa, se o ofendido for menor de dezoito anos ou mentalmente enfermo e não tiver representante legal ou se colidirem os interesses deste com os daquele. **2.** *Direito processual civil.* a) É o nomeado pelo juiz ao incapaz sem representante legal ou quando os interesses deste colidirem com os daquele; b) aquele que é nomeado judicialmente ao réu preso ou ao revel citado por edital ou com hora certa.

CURADOR GERAL DE ÓRFÃO. *Direito processual civil.* É o órgão do Ministério Público nomeado para defender interesses de órfãos, intervindo nos processos em que forem partes ou interessados.

CURADORIA. 1. Ofício ou cargo de curador. **2.** Poder outorgado a uma pessoa para gerir interesses alheios; curatela.

CURADORIAS ESPECIAIS. *Direito civil* e *direito processual civil.* São as curadorias oficiais que se distinguem por suas finalidades específicas, isto é, a administração dos bens e a defesa de interesses e não a regência de pessoas; uma vez exauridas, esgotam, automaticamente, as funções do curador. Dentre elas temos: a) a instituída pelo testador para os bens deixados a herdeiro ou legatário menor; b) a dada à herança jacente; c) a concedida ao filho sempre que no exercício do poder familiar colidam os interesses dos pais com os daquele; d) a dada ao incapaz que não tenha representante legal ou, tendo-o, seus interesses conflitem com os daquele; e) a conferida ao réu preso ou ao revel citado por edital ou com hora certa; f) a instituída a requerimento do enfermo ou portador de deficiência física, ou, se não puder fazê-lo, por causa transitória, de seus pais, tutor, cônjuge, parente ou órgão do Ministério Público, para cuidar de todos ou de alguns de seus negócios ou bens. Para atender a essas finalidades específicas, a Lei Orgânica do Ministério Público, as leis locais de organização judiciária e o Código de Processo Civil cometem a membros integrantes do Ministério Público as funções de curadoria, definindo suas atribuições. São elas: curadoria da família, curadoria das massas falidas, curadoria de resíduos, curadoria de órfãos, curadoria de menores, curadoria de ausentes e incapazes, curadoria do casamento, curadoria de acidentes e curadoria de heranças jacentes. São curadorias oficiais que assistem judicialmente nos negócios em que são interessados menores, órfãos, falidos, ausentes etc.

CURADORIAS OFICIAIS. *Vide* CURADORIAS ESPECIAIS.

CURADOR *IN LITEM*. *Direito processual civil.* Curador na lide.

CURADOR LEGÍTIMO. *Direito civil.* É o indicado por lei como curador natural daquele que sofreu processo de interdição.

CURADOR PROVISÓRIO. *Direito processual civil.* **1.** Administrador provisório que zela pelo espólio até que o inventariante preste compromisso. **2.** Aquele que é nomeado pelo juiz quando há, no inventário, herdeiro menor ou interdito.

CURAGEM. *Medicina legal.* Limpeza da cavidade uterina levada a efeito pela parteira ou pelo médico, que introduz os dedos na vagina para remover restos deixados em caso de aborto ou placenta retida, imediatamente após o parto (Croce e Croce Jr.).

CURANDEIRISMO. *Direito penal.* Crime contra a saúde pública consistente na habitual prática grosseira da cura por quem, não tendo noção de medicina, ministra ou prescreve substâncias, usa gestos ou palavras em rituais, como, por exemplo, benzimentos, ou faz diagnósticos, sem estar habilitado para isso.

CURANDEIRO. *Direito penal.* **1.** Que prática curandeirismo. **2.** Aquele que não tem nenhuma noção ou conhecimento de medicina e trata de pessoas doentes usando recursos e drogas inadequadas.

CURANDICE. *Direito penal.* Ato de curandeiro.

CURAR. 1. *Medicina legal.* a) Debelar uma moléstia; b) restabelecer a saúde; c) fazer a cura. **2.** *Direito agrário.* Secar ao sol ou ao fumeiro.

CURARE. *Medicina legal.* Veneno vegetal que pode ser usado como anestésico para reduzir espasmos causados pelo tétano ou para produzir relaxamento muscular na terapêutica de choque e nas cirurgias abdominais, podendo gerar responsabilidade médica se causar dano ao paciente, em razão de superdosagem, por exemplo.

CURARISMO. *Medicina legal.* Envenenamento por curare.

CURATELA. *Direito civil.* É o encargo público que a lei comete a alguém para reger, defender e administrar os bens de uma pessoa maior que, por si só, não está em condições de fazê-lo, em razão de enfermidade física ou mental.

CURATELADO. *Direito civil.* Aquele que está submetido à curatela.

CURATELA DO AUSENTE. *Direito civil.* É a que tem por escopo a salvaguarda de bens daquele que desapareceu de seu domicílio sem deixar notícia de seu paradeiro e representante ou procurador para administrar seu patrimônio. Também se declara a ausência e nomeia-se curador quando o ausente deixa mandatário que não quer ou não pode exercer ou continuar o mandato ou se os seus poderes são insuficientes. Assim, ocorrendo essa hipótese, a requerimento de qualquer interessado (cônjuge ou parente sucessível) ou do Ministério Público, o juiz nomeará curador, que, sob compromisso, inventariará os bens, administrando-os e percebendo-lhes as rendas para entregá-las ao ausente, quando retornar, ou aos seus herdeiros. Essa curatela extinguir-se-á após um ano de ausência, convertendo-se em sucessão provisória, se requerida pelos interessados.

CURATELA DO ENFERMO OU PORTADOR DE DEFICIÊNCIA FÍSICA. *Direito civil.* Encargo público cometido a uma pessoa (curador *ad negotia*) para cuidar de todos ou de alguns negócios ou bens de pessoa enferma ou portadora de deficiência física. Trata-se, na verdade, da curatela-mandato ou da curatela administrativa especial.

CURATELA DO NASCITURO. *Direito civil.* É a que visa resguardar direitos do nascituro, mediante nomeação de curador, se a mulher grávida enviuvar e não tiver condições de exercer o poder familiar desde que o nascituro seja titular de direito patrimonial, subordinado à condição de seu nascimento com vida.

CURATELA DOS PRÓDIGOS. *Direito civil.* É a que pretende zelar pelos interesses da família daqueles que dissipam desordenadamente seus haveres.

A lei só permite esse tipo de interdição quando há cônjuge, ascendentes ou descendentes que a promovam, ordenando que se levante tal interdição se não mais existirem consorte e aqueles parentes. O pródigo, sendo relativamente incapaz, pode apenas praticar atos de mera administração, necessitando de curador para efetivar atos que comprometam seu patrimônio, como emprestar, transigir, dar quitação, alienar, hipotecar, demandar ou ser demandado etc.

CURATELA DOS PSICOPATAS. *Direito civil.* É o encargo conferido a alguém para dirigir a pessoa e os bens de um portador de enfermidade mental, cessando assim que ele recobrar sua integridade psíquica, segundo o que se apurar em processo judicial de levantamento de sua interdição.

CURATELA DOS SURDOS-MUDOS. *Direito civil.* Encargo outorgado a alguém para cuidar da pessoa e dos interesses de deficiente que, sendo surdo-mudo, não recebeu educação apropriada que o possibilite emitir sua vontade.

CURATELA DOS TOXICÔMANOS. *Direito civil.* Encargos conferido a uma pessoa para dirigir os interesses dos viciados em tóxicos, provendo sua assistência.

CURATELA EXTENSIVA. *Direito civil.* Prorrogação da competência do curador de um adulto incapaz relativamente aos seus filhos menores, desde que necessário suprir o poder familiar. Essa extensão da curatela aos filhos do curatelado é uma simples tutela (Orlando Gomes e Pontes de Miranda).

CURATELA LEGAL. *Direito civil.* Aquela decorrente de lei como, por exemplo, a do ausente, a do interdito.

CURATELA *NONDUM CONCEPTUS*. *Direito civil.* É a exercida pelo curador que, após a partilha, zelará, na qualidade de guardião provisório, pelos bens da herança que couberem à prole eventual de pessoa indicada pelo testador.

CURATELA PROCESSUAL PENAL. *Direito processual penal.* Garantia obrigatória de defesa para menores de vinte e um anos, ou de insanos mentais, acusados ou indiciados, devendo os pais ou representante assisti-los.

CURATELLA EST POTESTAS ADMINISTRANDI BONA ET REM FAMILIAREM EORUM QUIBUS REBUS SUIS SUPERESSE NEQUEUNT. *Direito romano.* Curatela é o poder de administrar os bens e negócios da família daqueles que não podem zelar pelos seus interesses.

CURATIVO. *Medicina legal.* **1.** Aquilo que cura. **2.** Meio de curar. **3.** Relativo à cura. **4.** Aplicação de remédio ou atadura num ferimento. **5.** Tratamento.

CURATO. *Direito canônico.* **1.** Cargo de cura. **2.** Local onde mora o cura. **3.** Povoado pastoreado por um cura.

CURATOR BONORUM. *Expressão latina.* Curador de bens.

CURATORSHIP. *Termo inglês.* Curatela.

CURETA. *Medicina legal.* Instrumento cirúrgico em forma de pá, utilizado para raspagens e remoção de tecidos mórbidos ou materiais para diagnóstico.

CURETAGEM. *Medicina legal.* Ato de curetar ou de raspar a face interna do útero com cureta para coletar material para diagnóstico ou para eliminar restos placentários, em caso de aborto.

CÚRIA. **1.** *Direito romano.* a) Senado dos Municípios romanos; b) local de reunião desse Senado; c) décima parte das tribos romanas. **2.** *Direito canônico.* Complexo das entidades eclesiásticas que auxiliam o bispo na direção da diocese.

CÚRIA DIOCESANA. *Direito canônico.* Conjunto das pessoas que cooperam com o bispo, como o vigário-geral, o provedor, o fiscal, o defensor do vínculo, os juízes e examinadores sinodais, os párocos consultores, os auditores, os notários, os cursores e os aguazis, no governo e na administração da diocese, na direção da ação pastoral e no exercício do Poder Judiciário.

CURIAL. **1.** *Direito romano.* Membro do Senado romano. **2.** *Direito canônico.* a) Oficial da Cúria pontifícia; b) relativo à Cúria.

CÚRIA ROMANA. *Direito canônico.* **1.** Corte papal. **2.** Conjunto de corporações, congregações, tribunais, ofícios e ministros que governam a Igreja Católica, prestando auxílio ao Sumo Pontífice.

CURIETERAPIA. *Medicina legal.* Radioterapia.

CURRA. *Direito penal.* Violência praticada por um grupo de indivíduos devassos contra uma pessoa, para fins libidinosos. É o crime sexual em que vários homens mantêm relações sexuais ou praticam atos libidinosos com uma só mulher, usando de violência.

CURRAIS DE ESPERA E MANEJO. *Direito agrário.* São de existência obrigatória, devem possuir área mínima de 2,50m² por animal a ser ordenhado, pavimentação de paralelepípedos rejuntados, lajotas ou piso concretado, cercas de material adequado (tubos de ferro galvanizado, correntes, réguas de madeira etc.) e mangueiras com água sob pressão para sanitização. Destinados aos animais a serem ordenhados, o conjunto deve ser situado estrategicamente em relação à dependência de ordenha. Quando a granja possuir outras instalações destinadas a confinamento, abrigo de touros etc., que exijam a existência de currais específicos, devem ser separados dos currais dos animais de ordenha.

CURRAL. *Direito agrário.* Local onde se junta ou se recolhe o gado.

CURRALAGEM. *Direito agrário.* **Quantum** pecuniário cobrado pelo aluguel de um curral.

CURRALEIRO. *Direito agrário.* **1.** Diz-se do gado que fica no curral. **2.** Raça bovina, proveniente de Goiás, de baixa estatura, chifres pequenos e finos, pelagem baia, parda ou amarela com pigmentações negras, muito utilizada para corte e trabalho.

CURRENCY ADJUSTMENT FACTOR. *Direito marítimo e direito internacional privado.* Fator de ajuste cambial, ou seja, taxa a ser paga se ocorrer desvalorização da moeda na qual é cobrado o frete, operando como correção monetária por aplicar-se sobre o frete total (Daniel Azúa).

CURRENCY BOARD. *Locução inglesa.* Método de administração monetária em que um país garante trocar moeda nacional por moeda estrangeira a uma cotação fixa e determinada. O país só pode emitir moeda se houver acréscimo nas suas reservas em moeda estrangeira, e a emissão deve ser igual ao valor, em moeda local, do acréscimo de reservas, à taxa de câmbio predeterminada (Luiz Fernando Rudge).

CURRENCY EXCHANGE OFFICE. *Expressão inglesa.* Agência de câmbio.

CURRENCY PRINCIPLE. *Locução inglesa.* Princípio de circulação pelo qual o montante das notas em circulação deve basear-se no do encaixe metálico do banco.

CURRENCY SWAP. *Vide HEDGE* DE VALOR, *HEDGE* CAMBIAL ou *HEDGE* DE MOEDA.

CURRENTE CALAMO. *Locução latina.* Ao correr da pena, sem se fazer revisão.

CURRICULUM VITAE. *Locução latina.* **1.** Conjunto de dados pessoais ou profissionais de um candidato a emprego. **2.** Carreira de vida.

CURSO. 1. *Direito civil.* Leito ou comprimento de um rio; álveo. **2.** *Medicina legal.* Evacuação diar-

réica de matéria purulenta ou sanguinolenta. **3.** *Direito autoral.* Tratado que contém lições sobre determinado assunto. **4.** *Direito comercial.* a) Circulação; b) preço pelo qual uma mercadoria ou título é cotado em Bolsa. **5.** *Direito processual.* Andamento da ação; seguimento do tempo. **6.** Na *linguagem acadêmica,* indica o conjunto de matérias ministradas.

CURSO DA AÇÃO. *Direito processual civil.* **1.** Andamento da ação pela execução de atos processuais. **2.** Conjunto de formalidades que devem ser seguidas para a obtenção de uma decisão judicial.

CURSO DE ÁGUA. *Direito civil.* Conjunto formado pela água corrente e seu continente, leito e margens (Cid Tomanik Pompeu).

CURSO DE ALTOS ESTUDOS (CAE). *Direito internacional público.* Curso mantido pelo Instituto Rio Branco como parte integrante do sistema de treinamento e qualificação na carreira de diplomata, com o escopo de aprofundar e atualizar os conhecimentos necessários ao desempenho das funções exercidas pelos ministros de primeira e segunda classe. O CAE consiste das atividades de: a) preparo e apresentação da tese, que deve ter entre cem e duzentas páginas, não computados a bibliografia e anexos, sobre tema de relevância para a diplomacia brasileira; b) defesa oral da tese que tiver sido aceita por banca examinadora; c) assistência à defesa oral das demais teses aceitas no mesmo curso; d) participação em conferências, seminários, visitas e outras atividades programadas para o curso, logo após a argüição; e) outras atividades, como participação em ciclos de palestras organizados pelo Instituto Rio Branco.

CURSO DE APERFEIÇOAMENTO. Na *linguagem acadêmica,* é o curso superior que tem por finalidade aperfeiçoar os conhecimentos de certas disciplinas a pessoas já diplomadas.

CURSO DE APERFEIÇOAMENTO DE DIPLOMATAS (CAD). *Direito internacional.* Mantido pelo Instituto Rio Branco (IRBr) como parte integrante do sistema de treinamento e qualificação contínuos na Carreira de Diplomata, com objetivo de aprofundar e atualizar conhecimentos necessários ao desempenho das funções exercidas por Segundos e Primeiros Secretários. O diploma do CAD: a) constitui requisito para a progressão funcional de seu titular a Primeiro Secretário; b) assegura aos diplomatas lotados no exterior a vantagem de comissionamento como Conselheiros e aos funcionários lotados na Secretaria de Estado das Relações Exteriores (SERE) a vantagem da Gratificação de Habilitação Profissional e Acesso.

CURSO DE APERFEIÇOAMENTO PARA OFICIAIS DE NÁUTICA E DE MÁQUINAS. *Direito marítimo.* É o que tem como propósito permitir aos oficiais de náutica e de máquinas a ascensão aos níveis de gerência para exercício das funções de comando, imediatice e chefia de máquinas a bordo ou, ainda, para o desempenho de atividades gerenciais de cunho técnico, operacional e administrativo diretamente nas empresas de navegação. O curso de aperfeiçoamento para oficiais será aplicado exclusivamente no CIAGA, pois requer a utilização de simuladores e outros equipamentos somente lá existentes.

CURSO DE ATUALIZAÇÃO PARA OFICIAIS DA MARINHA MERCANTE. *Direito marítimo.* É o que tem como propósito permitir que o oficial da Marinha Mercante nas especialidades de náutica e de máquinas, afastado da profissão há mais de cinco anos, atualize seus conhecimentos de forma a restabelecer sua aptidão para o exercício da profissão e, ainda, que oficiais oriundos da MB ingressem na Marinha Mercante e adquiram conhecimento dos equipamentos e procedimentos específicos da navegação mercantil.

CURSO DE CÂMBIO. *Direito comercial.* Cotação do preço de títulos ou mercadorias na Bolsa ou na praça.

CURSO DE ESPECIALIZAÇÃO. Na *linguagem acadêmica,* é o curso superior que tem por escopo especializar profissionalmente pessoas já portadoras de um diploma.

CURSO DE ESPECIALIZAÇÃO EM ANÁLISE DE SISTEMAS (CEANSIS). *Direito aeronáutico.* Curso que, no Instituto Tecnológico de Aeronáutica, se destina a proporcionar conhecimentos teórico-práticos de projeto, desenvolvimento, instalação e manutenção de sistemas de informática, a oficiais dos quadros de carreira da ativa da Aeronáutica.

CURSO DE FORMAÇÃO DE OFICIAIS DA MARINHA MERCANTE. *Direito marítimo.* É o que tem por fim formar oficiais para a Marinha Mercante nas especialidades de náutica e máquinas, com nível de terceiro grau. O Curso de Formação de Oficiais será aplicado exclusivamente nos Centros de Instrução, com duração de quatro anos, e terá currículo fundamentado nas regras estabelecidas pelas convenções ratificadas pelo Brasil.

CURSO DE GRADUAÇÃO EM DIREITO. *Direito educacional.* Deve observar as Diretrizes Curriculares Nacionais que se expressa através do seu projeto pedagógico, abrangendo o perfil do formando, as competências e habilidades, os conteúdos curriculares, o estágio curricular supervisionado, as atividades complementares, o sistema de avaliação, o trabalho de curso como componente curricular obrigatório do curso, o regime acadêmico de oferta, a duração do curso, sem prejuízo de outros aspectos que tornem consistente o seu projeto pedagógico. O Projeto Pedagógico do curso, além da clara concepção do curso de direito, com suas peculiaridades, seu currículo pleno e sua operacionalização, abrangerá, sem prejuízo de outros, os seguintes elementos estruturais: a) concepção e objetivos gerais do curso, contextualizados em relação às suas inserções institucional, política, geográfica e social; b) condições objetivas de oferta e a vocação do curso; c) cargas horárias das atividades didáticas e da integralização do curso; d) formas de realização da interdisciplinaridade; e) modos de integração entre teoria e prática; f) formas de avaliação do ensino e da aprendizagem; g) modos de integração entre graduação e pós-graduação, quando houver; h) incentivo à pesquisa e à extensão, como necessário prolongamento da atividade de ensino e como instrumento para a iniciação científica; i) concepção e composição das atividades de estágio curricular supervisionado, suas diferentes formas e condições de realização, bem como a forma de implantação e a estrutura do Núcleo de Prática Jurídica; j) concepção e composição das atividades complementares; e k) inclusão obrigatória do Trabalho de Curso. Com base no princípio de educação continuada, as IES poderão incluir no Projeto Pedagógico do curso, oferta de cursos de pós-graduação *lato sensu*, nas respectivas modalidades, de acordo com as efetivas demandas do desempenho profissional. O curso de graduação em direito deverá assegurar, no perfil do graduando, sólida formação geral, humanística e axiológica, capacidade de análise, domínio de conceitos e da terminologia jurídica, adequada argumentação, interpretação e valorização dos fenômenos jurídicos e sociais, aliada a uma postura reflexiva e de visão crítica que fomente a capacidade e a aptidão para a aprendizagem autônoma e dinâmica, indispensável ao exercício da ciência do direito, da prestação da justiça e do desenvolvimento da cidadania. O curso de graduação em direito deverá possibilitar a formação profissional que revele, pelo menos, as seguintes habilidades e competências: a) leitura, compreensão e elaboração de textos, atos e documentos jurídicos ou normativos, com a devida utilização das normas técnico-jurídicas; b) interpretação e aplicação do direito; c) pesquisa e utilização da legislação, da jurisprudência, da doutrina e de outras fontes do direito; d) adequada atuação técnico-jurídica, em diferentes instâncias, administrativas ou judiciais, com a devida utilização de processos, atos e procedimentos; e) correta utilização da terminologia jurídica ou da ciência do direito; f) utilização de raciocínio jurídico, de argumentação, de persuasão e de reflexão crítica; g) julgamento e tomada de decisões; e h) domínio de tecnologias e métodos para permanente compreensão e aplicação do direito.

CURSO DE PÓS-GRADUAÇÃO. *Direito educacional.* É o que compreende programas de mestrado e doutorado, cursos de especialização e aperfeiçoamento, abertos a candidatos diplomados em cursos de graduação e que atendam às exigências das instituições de ensino.

CURSO DE TREINAMENTO DE CONDUTORES DE VEÍCULOS DE TRANSPORTES DE ESCOLARES. *Direito de trânsito.* Curso com a finalidade de formar especialistas na respectiva área de atuação, em virtude da responsabilidade desse tipo de transporte, habilitando-os à melhor condução de veículos transportadores de escolares. Para consecução de suas finalidades cabe a esse curso dar condições ao motorista para: a) permanecer atento para o que ocorre no interior do veículo e externamente; b) agir de forma adequada e correta no caso de eventualidades, sabendo tomar iniciativas quando houver necessidade; c) proporcionar segurança satisfatória aos seus passageiros e a si próprio; d) possuir um relacionamento harmonioso com as crianças que por ele são transportadas e com as famílias destas, ressaltando sua participação no processo educativo; e) conhecer e aplicar os preceitos de segurança vistos durante o treinamento, assim como fazer uso dos comportamentos preventivos.

CURSO ESPECIALIZADO. Na *linguagem acadêmica,* é o curso superior correspondente às profissões regulamentadas em lei.

CURSO FORÇADO. *Direito bancário.* **1.** Dá-se quando desaparece para os bilhetes de banco a obrigação de seu reembolso, retirando-se-lhes o caráter de substitutos do dinheiro, para apresentá-los como similares ao papel-moeda. **2.** Circulação do papel-moeda (De Plácido e Silva), com efeito liberatório, em razão de lei.

CURSO FORÇADO DA MOEDA. *Direito bancário* e *direito civil.* Dever legal de receber, como meio de pagamento, a moeda emitida pelo governo de um país, nesse país.

CURSO LEGAL DA MOEDA. *Direito civil* e *direito bancário.* Circulação de uma moeda num Estado, que não pode ser recusada, por ter efeito de pagamento reconhecido por lei.

CURSOR. *Direito canônico.* Mensageiro do Papa.

CURSOS JURÍDICOS. *Direito educacional.* Cursos de ciências jurídicas e sociais.

CURSOS PRESENCIAIS DE PÓS-GRADUAÇÃO *LATO SENSU* **FORA DA SEDE.** *Direito educacional.* Aqueles destinados à qualificação de docentes, que podem ser criados pelas Universidades e outras instituições que tenham conceitos "A" ou "B" da CAPES, no mestrado ou doutorado, afins a tais cursos, desde que aprovado pelo colegiado superior da entidade. Os cursos devem situar-se na unidade da Federação em que se localiza a entidade que os ofereçam. As instituições que não atendam aos mencionados requisitos podem submeter seus projetos de criação de cursos à Câmara de Educação Superior do Conselho Nacional de Educação, desde que tenham no mínimo especialização consolidada na área, ou em área correlata. O caráter dos cursos é sempre excepcional e emergencial, somente podendo tornar-se permanente se for instalado em um dos *campi* que integram a estrutura da Universidade. A autorização de funcionamento dos cursos é sempre específica para o local solicitado. Os projetos dos cursos devem evidenciar a existência, no local, entre outros requisitos, de biblioteca especializada e material de apoio, incluindo recursos disponíveis em informática e laboratórios, quando for o caso. Os projetos devem demonstrar corpo docente qualificado e comprovar, mediante informação detalhada, experiência de pós-graduação na área do curso pretendido ou em área correlata. Além disso, eles devem ser acompanhados de um plano de rigorosa avaliação dos cursos, a ser realizada pelas instituições que os ministrem. O calendário dos cursos é elaborado pelas próprias instituições sendo eles abertos à matrícula de graduados em nível superior. A qualificação mínima exigida do corpo docente é de três quartos de seus membros com o título de mestre ou doutor, obtido em cursos reconhecidos. Em casos excepcionais, previamente apreciados e aprovados pelo colegiado superior da instituição, em razão da insuficiência de cursos de pós-graduação *strictu sensu* no país, na área ou área afim, o limite estabelecido pode ser alterado mediante autorização da Câmara de Educação Superior do Conselho Nacional de Educação. A apreciação da qualificação de docente que não possua pelo menos o título de mestre leva em conta seu *curriculum vitae* e a adequação deste ao plano geral do curso e ao programa da disciplina pela qual fica responsável. A aprovação de docente que não possua pelo menos o título de mestre somente tem validade para o curso ou cursos de especialização para os quais tiver sido aceito. Os cursos referidos anteriormente têm a duração mínima de trezentas e sessenta horas, não computado o tempo de estudo individual ou em grupo sem assistência docente, inclusive o reservado à elaboração da monografia. Deve-se assegurar, na carga horária, além do conteúdo específico do curso, o indispensável enfoque pedagógico e bem assim trabalhos de iniciação à pesquisa. Todos os cursos de especialização devem incluir um trabalho de conclusão de curso (monografia), podem ser ministrados em uma ou mais etapas, não excedendo o prazo de dois anos consecutivos para o cumprimento da carga horária mínima. A instituição responsável pelo curso emite certificado de especialização a que farão jus os alunos que tiverem tido aproveitamento e freqüência, segundo critério de avaliação estabelecido pela instituição, assegurada a presença mínima de 75%. Os certificados expedidos devem conter ou ser acompanhados do respectivo histórico escolar, do qual constam, obrigatoriamente: a) a relação das disciplinas, sua carga horária, a nota ou conceito obtido pelo aluno, e o nome e a titulação do professor por elas responsável; b) o critério adotado para avaliação do aproveitamento; c) o período em que o curso foi ministrado e sua duração total em horas; d) a declaração de que o curso cumpriu todas as disposições da presente Resolução. Tais cursos somente podem, em certos casos, ser objeto de divulgação e publicidade depois de autorizados pela Câmara de Educação Superior do Conselho Nacional de Educação. Esses cursos não ficam sujeitos à supervisão dos órgãos competentes do sistema de ensino a que estão vinculadas as instituições que os ministrem, cabendo a cada sistema baixar normas a respeito. Os cursos já autorizados que não se enquadram nesta Resolução devem ter seus projetos submetidos ao Conselho Nacional de Educação, para novo exame, sem o que os seus certificados não terão validade.

CURSO SUPERIOR. Na *linguagem acadêmica,* é o oferecido nos estabelecimentos universitários ou nas faculdades tendo em vista a formação de profissionais, a pesquisa e o desenvolvimento de atividades científicas.

CURTIDOURO. *Direito agrário* e *direito empresarial.* Local onde as peles são curtidas ou onde se afoga o linho.

CURTIMENTO. *Direito empresarial.* 1. Ação ou efeito de curtir. 2. Tratamento de pele animal para evitar putrefação, transformando-a em couro, utilizado na indústria e no comércio.

CURTO-CIRCUITO. *Direito civil.* Contato entre fios de um mesmo circuito, com produção de calor que pode causar incêndio.

CURVA DE PARETO. *Economia política.* Controle da riqueza dos países e das empresas por uma minoria de pessoas (James G. Heim).

CUSTA. 1. Despesa; custo; preço; dispêndio; trabalho. 2. Despesa efetuada com o processo judicial, como, por exemplo, a de diligência ou viagem.

CUSTAGEM. 1. *Vide* CUSTO. 2. Complexo de elementos componentes do preço.

CUSTAS. *Direito processual.* São as taxas remuneratórias autorizadas em lei e cobradas pelo poder público em decorrência dos serviços prestados pelos serventuários da justiça para a realização dos atos processuais e emolumentos devidos ao juiz. Tais custas são, em regra, pagas pela parte vencida, ante o princípio da sucumbência.

CUSTAS DE RETARDAMENTO. *Direito processual.* São as decorrentes de atos ou diligências adiadas em virtude de desídia ou atraso injustificado da parte, que, então, suportará os ônus.

CUSTAS EM PROPORÇÃO. *Vide* CUSTAS *PRO RATA.*

CUSTAS *EX CAUSA*. São as devidas em caso de justiça gratuita ou processo de jurisdição graciosa, sendo pagas pelo próprio requerente.

CUSTAS *EX LEGE*. São as que devem ser pagas na forma da lei.

CUSTAS EXORBITANTES. *Direito processual.* Diz-se das que foram cobradas indevidamente.

CUSTAS EXTRAJUDICIAIS. São as devidas por atos praticados fora do juízo, como a lavratura de uma escritura pelo tabelião de notas etc.

CUSTAS JUDICIAIS. *Direito processual.* Aquelas que devem ser pagas em razão de atos praticados em juízo.

CUSTAS PROPORCIONAIS. *Vide* CUSTAS *PRO RATA.*

CUSTAS *PRO RATA.* *Direito processual civil.* Também chamadas "custas em proporção" ou "custas proporcionais", são aquelas cujo pagamento compete a ambas as partes, que as ratearão entre si.

CUSTEAMENTO. *Direito civil.* **1.** Conjunto de despesas que, em certo período de tempo, se efetua com alguém ou alguma coisa ou com uma construção. **2.** Ação ou efeito de custear. **3.** Rol escrito das despesas feitas com coisa ou pessoa.

CUSTEAR. *Direito civil.* Suportar ônus de despesa que se teve com alguma coisa; prover sucessivamente à despesa feita com algum bem ou pessoa, durante certo período de tempo.

CUSTEIO. **1.** *Direito civil.* *Vide* CUSTEAMENTO. **2.** *Direito agrário.* Diz-se do crédito rural que cobre despesas normais de um ou mais períodos de produção agrícola ou pecuária. **3.** *Direito comercial.* a) Soma de despesas ou gastos para o funcionamento de indústria ou estabelecimento mercantil, não computando o valor da mercadoria produzida ou adquirida; b) parcela de despesas havidas numa empresa em razão de expediente ou objetos indispensáveis para seu funcionamento, como luz, água, material de limpeza etc.

CUSTEIO BASEADO EM ATIVIDADES. *Direito comercial.* **1.** ABC (*Activity Based Costing*). **2.** Método contábil que permite que a empresa adquira um melhor entendimento sobre como e onde realiza seus lucros (James G. Heim).

CUSTEIO DA PREVIDÊNCIA SOCIAL. *Direito previdenciário.* Meios financeiros para cobrir gastos havidos com bens, serviços, prestações e administração da própria previdência social.

CUSTO. **1.** Valor em dinheiro. **2.** Preço de produção ou de aquisição de alguma coisa ou mercadoria calculado com base no que se despendeu em matéria-prima, mão-de-obra, transporte etc. É o valor exato da mercadoria produzida, ou seja, o *quantum* despendido pelo fabricante

ou o valor exato da mercadoria adquirida, isto é, o montante pago na sua aquisição. Difere, portanto, do preço de venda, que é mais alto para possibilitar lucro ao comerciante ou fabricante. **3.** Soma de valores de bens e serviços consumidos e prestados para a obtenção de um novo bem ou serviço (Américo M. Florentino). **4.** Gastos que uma empresa efetua para poder continuar em suas atividades negociais.

CUSTO DE DISTRIBUIÇÃO. *Direito empresarial.* É a despesa que fica a cargo do produtor relativa à colocação do produto na mão do consumidor, como propaganda, venda, transporte etc.

CUSTO DE VIDA. É o alusivo à aquisição de mercadorias e serviços incluídos num nível ou padrão de consumo aceito.

CUSTÓDIA. **1.** *Direito penitenciário.* a) Estado de quem é preso pela autoridade policial para averiguações, devendo ser conservado com segurança, vigilância e proteção; b) local onde se recolhem presos. **2.** *Direito civil.* Guarda de bem alheio que deve ser administrado e conservado até a entrega ao legítimo dono. **3.** *Direito canônico.* a) Residência de frade custódio; b) relicário; c) vaso onde se conserva a hóstia consagrada à adoração dos fiéis nas bênçãos do Santíssimo Sacramento nas procissões ou em atos extralitúrgicos do culto católico; d) guarda dos tesouros da Igreja pelo seu tesoureiro. **4.** *Direito virtual.* Consiste na responsabilidade de se guardar um ativo para terceiros. Entretanto, a custódia não permite automaticamente o acesso ao ativo, nem o direito de conceder acesso a outros.

CUSTÓDIA DE AÇÕES FUNGÍVEIS. *Direito comercial.* Depósito de ações de sociedade anônima numa instituição financeira autorizada, que as recebe como valores fungíveis, substituíveis por outras da mesma espécie, classe e companhia.

CUSTÓDIA DE NUMERÁRIO DO BANCO CENTRAL DO BRASIL. *Direito bancário.* É a atividade de manutenção de numerário não-monetizado do Bacen em instituição especialmente autorizada para esse fim, denominada Custodiante, com a finalidade de realizar certas operações. Poderão ser autorizados a executar o serviço de custódia de numerário: instituição financeira bancária e associação de instituições financeiras, constituída para essa finalidade. A prestação dos serviços de custódia será realizada em dependência da Custodiante, sob seu controle administrativo e operacional, devendo: a) impor o cumprimento das disposições normativas no âmbito da dependência; b) definir e aplicar a política de segurança da dependência; e c) implementar modificações necessárias nas instalações físicas da dependência.

CUSTÓDIA DE OURO. *Direito comercial.* Guarda do ouro negociado em Bolsa pelo banco depositário. Esse ouro custodiado serve como garantia das negociações efetivadas nas Bolsas.

CUSTÓDIA DE VALORES. *Direito bancário.* Depósito de títulos, documentos e objetos de valor feito pelo cliente no banco para que este os guarde.

CUSTÓDIA DO RÉU. *Direito processual penal.* Diz-se do ato de uma autoridade local (policial ou judiciária) conservar o réu sob sua guarda até que obtenha os devidos esclarecimentos e a solução das dúvidas sobre a legitimidade do executor da prisão do réu perseguido ou da legalidade do mandado que apresentar.

CUSTÓDIA ESCRITURAL. *Direito bancário.* Guarda de valores alheios representados pelo expresso na escrita contábil do depositante (Othon Sidou).

CUSTÓDIA INDEVIDA DE DOENTE MENTAL. *Direito penal.* Contravenção penal punida com prisão simples ou multa consistente em um particular receber irregularmente doente mental sob custódia em sua casa sem estar devidamente autorizado por quem de direito.

CUSTODIAL INTERROGATION. *Locução inglesa.* Interrogatório policial.

CUSTODIAR. Manter alguém ou alguma coisa sob guarda ou proteção.

CUSTÓDIO. *Direito canônico.* Frade franciscano que tem as funções do provincial na sua ausência.

CUSTO DO DINHEIRO. *Direito civil* e *direito bancário.* Taxa de juros ou pagamento de dividendos sobre material emprestado.

CUSTO FIXO. *Direito comercial.* É aquele que não varia com a produção, como aluguel, salário dos supervisores, seguro etc.

CUSTO LOGÍSTICO. *Direito comercial.* É a somatória do custo do transporte, do custo de armazenagem e do custo de manutenção de estoque (James G. Heim).

CUSTOMARY. *Termo inglês.* **1.** Livro de usos e costumes. **2.** Consuetudinário. **3.** Habitual.

CUSTOMARY LAW. *Locução inglesa.* Direito consuetudinário.

CUSTOMER. *Termo inglês.* Cliente habitual.

CUSTOMER. RELATIONSHIP MANAGEMENT (CRM). *Expressão inglesa.* **1.** Gerenciamento do relacionamento com o cliente. **2.** *Marketing One to One.*

CUSTOM HOUSE. *Locução inglesa.* Alfândega.

CUSTOMS. *Termo inglês.* Alfândega.

CUSTOMS BARRIERS. *Locução inglesa.* Barreiras alfandegárias.

CUSTOMS BROKER. *Locução inglesa.* Despachante aduaneiro.

CUSTOMS UNION. *Locução inglesa. Vide* UNIÃO ADUANEIRA.

CUSTOS DOS SERVIÇOS. *Direito administrativo.* Tarifas cobradas pelos concessionários de serviços públicos a título de remuneração das atividades que prestam e de retorno aos investimentos feitos, uma vez que, findo o prazo da concessão, os bens que lhes forem vinculados voltam ao Poder Público concedente.

CUSTO SEMIVARIÁVEL. *Direito comercial.* Aquele que varia com a produção, mas não na proporção direta da quantia produzida, como o despendido com o pagamento de hora extra, energia, serviços de escritório etc.

CUSTOS GLOBAIS DOS PROGRAMAS SETORIAIS DO GOVERNO. *Direito administrativo.* Atribuições incluídas na supervisão ministerial a que cada ministro do Estado está obrigado na área de sua competência, por ser instrumento básico para a ação governamental a elaboração desses referidos programas.

CUSTOS LEGIS. *Locução latina.* Guardião da lei.

CUSTO SOCIAL. *Direito ambiental* É o transferido para a sociedade, que arca com as conseqüências da produção ou do consumo, por exemplo, suportando gases emanados por automóveis, que poluem o ar.

CUSTOS OPERACIONAIS DA ADMINISTRAÇÃO. Despesas administrativas.

CUSTO UNITÁRIO BÁSICO (CUB). Parte do custo por metro quadrado da construção do projeto-padrão considerado, calculado pelos Sindicatos das Indústrias da Construção Civil de acordo com as normas da Associação Brasileira de Normas Técnicas (ABNT), sendo que o CUB é utilizado para a avaliação dos custos de construção das edificações.

CUSTO VARIÁVEL. *Direito comercial.* Aquele que pode sofrer variação em proporção direta à produção, como a despesa feita com matéria-prima.

CUT. *Direito do trabalho.* Sigla de Central Única dos Trabalhadores.

CUTÂNEO. *Medicina legal.* Relativo à pele.

CUTELO. 1. *Medicina legal.* Instrumento cortante cuja lâmina tem forma semicircular. **2.** *História do direito.* a) Espada curva, com gume na parte convexa, que era usada nas execuções por decapitação; b) senhor feudal que tinha o direito de julgar seus vassalos e até de impor-lhes pena capital. **3.** *Direito penal.* Objeto de contravenção penal consistente em conduzi-lo ou portá-lo fora de casa ou de suas dependências. **4.** *Direito marítimo.* Diz-se de cada uma das pequenas velas quadrangulares que servem de suplemento às outras.

CÚTER. *Direito marítimo.* Embarcação leve e ligeira de um só mastro e mastaréu.

CUTILADA. *Medicina legal* e *direito penal.* Lesão corporal causada por cutelo ou arma similar, como terçado, sabre, espada etc.

CUTIRREAÇÃO. *Medicina legal.* Reação cutânea inflamatória que se dá em certas doenças infecciosas, como sífilis, febre tifóide, lepra etc.

CUTISAR. *Medicina legal.* Converter uma mucosa em estado similar ao da pele.

CUTTING OF PRICES. *Expressão inglesa.* Venda momentânea com prejuízo para esmagar um rival (Henri Guitton).

CUVADE. *Sociologia jurídica.* Costume muito divulgado em sociedades rudimentares consistente num parto simulado pelo pai ou na sua segregação durante o parto da mulher.

CVM. *Direito bancário.* Sigla de Comissão de Valores Mobiliários, que é uma autarquia federal disciplinadora e fiscalizadora do mercado de valores mobiliários.

CYBERBULLYING. *Termo inglês* e *direito virtual.* Tipo de agressão consistente na divulgação na internet de cenas de adolescentes nus ou durante o ato sexual por eles praticado.

CYBERCRIMES. *Direito penal.* Crimes virtuais que podem ser: *puros*, invasões via Internet; *mistos*, se o computador for apenas uma ferramenta; e *comuns*, se o equipamento for tão-somente um meio. P. ex.: pirataria de *softwares*, lavagem de dinheiro, estelionato, pornografia infantil, terrorismo etc.

CYBERCRIMINOSO. *Direito penal.* Vide *HACKERS.*

CYBER SQUATTERS. *Locução inglesa* e *direito virtual.* Posseiros cibernéticos que entram nas empresas e passam a administrar algumas ações ou a realizar atos como o de alterar determinações de altos executivos, com a finalidade de desmoralizar a imagem da empresa.

CZAR. *História do direito.* Título que era outorgado ao imperador da Rússia.

CZARÉVICHE. *História do direito.* Filho do czar que era o herdeiro do trono.

CZAREVNA. *História do direito.* Título que era dado à princesa herdeira do trono da Rússia.

CZARINA. *História do direito.* Título que se dava à imperatriz da Rússia.

CZARISMO. *História do direito.* Poder do czar; despotismo russo.

CZARISTA. *História do direito.* Partidário do czarismo.

CZARIZADO. *História do direito.* O que é próprio do czarismo.

RR DONNELLEY

IMPRESSÃO E ACABAMENTO
Av Tucunaré 299 - Tamboré
Cep. 06460.020 - Barueri - SP - Brasil
Tel.: (55-11) 2148 3500 (55-21) 2286 8644
Fax: (55-11) 2148 3701 (55-21) 2286 8844

IMPRESSO EM SISTEMA CTP